PALÄSTINA
zur Zeit des
Neuen Testaments
Maßstab 1 : 2 000 000
0 10 20 30
Kilometer
I Römische Provinz Judäa (4 v. bis 6 n. Chr. Vierfürstentum des Archelaus)
Nordgrenze des eigentlichen Judäa
IIa u. IIb Vierfürstentum des Herodes Antipas (4 v. bis 39 n. Chr.)
III Vierfürstentum des Philippus (4 v. bis 34 n. Chr.)
IV Römische Provinz Syrien
V Vierfürstentum des Lysanias
VI Gebiet der Zehnstädte
Die Zahlen geben die Höhen in Meter an
Höhenschichten siehe Karte ›Palästina zur Zeit des Alten Testaments‹
MITTELLÄNDISCHES MEER
SYRO-PHOENIKIEN
GALILÄA
Se-bulon
SAMARIEN
JUDÄA
IDUMÄA
Nabatäer
GAULANITIS
BATANÄA
TRACHONITIS
AURANITIS
DEKAPOLIS
PERÄA
Moabitis
Saron
Karmel
Tabor
Garizim
Jordan
Totes Meer
See Semachonitis
See Gennesaret
Chalkis
Sarepta
Tyrus
Ptolemaïs
Gischala
Chorazin
Kapernaum
Julias
Betsaida
Gennesaret
Jotapata
Kana
Magdala
Tiberias
Hippos
Gamala?
Raphana?
Sepphoris
Gaba
Nazaret
Dion
Abila
Gadara
Nain
Dora
Cäsarea
Skythopolis
Pella
Ginäa
Bost
Sebaste
Neapolis
Mabortha
Sychar
Gerasa
Ammathus
Apollonia
Akrabata
Antipatris
Alexandreion
Joppe
Arimathäa
Phasaëlis
Tamna
Gadora
Lydda
Gofna
Archelaïs
Efraim
Modeïn
Philadelphia
Jamnia
Jericho
Abila
Herodeion?
Emmaus
Kypros
Livias
Esebon
Jerusalem
Betanien
Qumran
Azotos
Betletefa
Betlehem
Hyrkaneion
Medeba
Askalon
Herodeion
Betogabri
Kallirrhoë
Machärus
Anthedon
Hebron
Gaza
Engadi
Masada
Raphia
Malatha
Elusa
Zoara
70
1204
1208
546
588
-209
940
881
1247
1016
821
802
1019
-392
1065
A B C D E
1 2 3 4 5 6 7 8

Ralf Krämer

DIE BIBEL

DIE BIBEL

ODER

DIE GANZE HEILIGE SCHRIFT
DES ALTEN UND NEUEN
TESTAMENTS

nach der Übersetzung
Martin Luthers

Revidierter Text 1975

DEUTSCHE BIBELGESELLSCHAFT

Die Lutherbibel wurde im Auftrag des Rates der Evangelischen Kirche in Deutschland in den Jahren 1957–75 überarbeitet. Die Annahme des Textes erfolgte durch den Rat der Evangelischen Kirche in Deutschland im Einvernehmen mit der Kirchenkonferenz und dem Evangelischen Bibelwerk für das Alte Testament 1964, für die Apokryphen 1970 und für das Neue Testament 1975. Ein Nachdruck darf nur mit Genehmigung des Rates der Evangelischen Kirche in Deutschland erfolgen

ISBN
3 438 01221 9 Linson schwarz
3 438 01222 7 Linson farbig
3 438 01224 3 Plastik

Taschenbibel
Luthertext 1964/75

Druck und Einband Biblia-Druck Stuttgart
Printed in Germany

HINWEISE ZU DIESER BIBELAUSGABE

Der Bibeltext

Der Bibeltext, der hier abgedruckt wird, stellt eine überarbeitete (revidierte) Fassung der Bibelübersetzung Martin Luthers dar. Um der besseren Verständlichkeit willen ist die äußere Form der Lutherübersetzung vorsichtig dem heutigen Sprachgebrauch angepaßt worden. Dies geschah durch einen Kreis von Fachleuten, die der Rat der Evangelischen Kirche in Deutschland in Zusammenarbeit mit den Bibelgesellschaften berief. Die Revisionsarbeit wurde stufenweise abgeschlossen: für das Neue Testament 1956, für das Alte Testament 1964, für die Apokryphen 1970. Das Neue Testament erfuhr 1975 noch einmal eine tiefergreifende Bearbeitung.
Gleichzeitig mit der neuen Textfassung wurden Umfang und Überschriften der Sinnabschnitte festgelegt und eine Reihe von Vorschlägen für die Gestaltung der Lutherbibel gemacht, die in dieser Ausgabe ebenfalls berücksichtigt sind.

Besondere Schriftarten

Wichtige Bibelworte (Kernstellen) sowie sinnbetonte Einzelwörter sind mit Hilfe von *kursiver* Schrift hervorgehoben.
Das Wort »Herr« hat immer dann die Form HERR, wenn im hebräischen Grundtext der Gottesname »Jahwe« gebraucht wird (vgl. die Fußnote zu 2.Mose 3,15). Durch dieselbe Schriftart werden wiederkehrende Zeilen in den Psalmen, sog. Kehrverse, hervorgehoben (z.B. WAS BETRÜBST DU DICH, MEINE SEELE), ebenso die einführenden Angaben und musikalischen Zwischenbemerkungen der Psalmen, jedoch werden dabei keine großen Anfangsbuchstaben verwendet (z.B. EIN PSALM DAVIDS oder SELA).

Biblische Verweisstellen und sinnverwandte Abschnitte

Um die reichen Beziehungen innerhalb der Bibel wenigstens ansatzweise zu erschließen, wurden ungefähr 12000 Verweisstellen ausgewählt, die in dieser Ausgabe am Ende der Sinnabschnitte zu finden sind. Die dabei verwendeten Abkürzungen werden auf Seite 15 erklärt.
Hochgestellte kleine Buchstaben im Bibeltext stellen die Verbindung zu den Stellenangaben am Ende des Sinnabschnitts her. Wenn sich die angeführte Verweisstelle auf ein Einzelwort oder eine Wortgruppe bezieht, steht der Verweisbuchstabe unmittelbar davor; bezieht sie sich auf einen ganzen Vers, so steht er an dessen Ende; wenn sie mehrere Verse umfaßt, steht er zu Beginn des ersten Verses. Aus drucktechnischen Gründen liegt zwischen Verweisbuchstaben, die *vor* einem Wort stehen, und dem Wort selbst ein kleiner Abstand. Es bedarf deshalb einer gewissen Übung, um bei eng gesetzten Zeilen zu erkennen, ob ein Buchstabe zum vorangehenden oder zum folgenden Wort gehört, wie es in diesem Beispiel der Fall ist: »... Himmel und Erde. [f]Und die Erde...«. Buchstaben, die zum vorangehenden Wort gehören, sind stets sehr eng an dieses angeschlossen, z.B.: »... Himmel und Erde.[f] Und die Erde...«.
Wenn ganze Sinnabschnitte an anderer Stelle ähnlich oder gleichlautend überliefert sind, findet man einen entsprechenden Hinweis unter der Abschnittsüberschrift (vor allem in den Evangelien).

Verseinteilung

Die Versziffern stehen in dieser Ausgabe auf dem äußeren und inneren Rand. Das erleichtert ein zusammenhängendes Lesen des Textes und das rasche Auffinden von Einzelstellen. Wenn jedoch die Grenze zwischen zwei Versen mitten in einem Satz liegt, kann der Versanfang nicht immer mit Sicherheit bestimmt werden. In der Regel ist davon auszugehen, daß der neue Vers nach dem Satzzeichen beginnt, das die stärkste Trennung markiert (also eher nach Punkt als nach Strichpunkt, eher nach Strichpunkt als nach Komma); oft beginnt er auch ohne gliederndes Satzzeichen mit dem Bindewort »und«.

Fußnoten

Ein Stern * im Bibeltext verweist auf Fußnoten, die hinter den Verweisstellen am Ende des Sinnabschnitts stehen. Sie bringen Erläuterungen zur Übersetzung und Hinweise auf eine abweichende Verszählung in anderen Bibelausgaben. Im Neuen Testament geben sie Rechenschaft über die Textüberlieferung und begründen, warum bestimmte Stücke des Textes in eckige Klammern gesetzt oder nur in den Fußnoten angeführt sind.

Gedichtform der Psalmen

Nach einem Grundsatz der hebräischen Poesie gehören immer zwei Zeilen zu einem Paar zusammen. Um das gemeinsame Sprechen und Singen der Psalmen zu ermöglichen, wurden die Sinnzeilen durch Einrücken der jeweils zweiten Zeile eines Verspaares deutlich voneinander abgehoben. Wenn eine Zeile für den Psalmgesang zu lang ausfällt, weist ein gliedernder Schrägstrich / darauf hin, daß an dieser Stelle eine Flexa (Abweichung um einen Sekund- oder Terzschritt nach unten) zu singen ist.

Namensschreibung

Die Schreibung der Personen- und Ortsnamen folgt seit 1975 weitgehend den »Loccumer Richtlinien zur einheitlichen Schreibung biblischer Namen«, die im Interesse einer ökumenischen Vereinheitlichung der Namensformen von einer evangelisch-katholischen Kommission erarbeitet worden sind.

Orientierungs- und Verstehenshilfen

Zur Orientierung für den Leser enthält diese Ausgabe ein ausführliches Inhaltsverzeichnis und vor jedem biblischen Buch eine gegliederte Inhaltsangabe.
Als Hilfe zum besseren Verständnis des Bibeltextes findet man im *Anhang* eine Reihe von Beigaben: Sach- und Worterklärungen, Angaben über Maße, Münzen und Gewichte, eine Zeittafel der biblischen Geschichte und ein Ortsregister, das die farbigen Landkarten erschließt.
Für Anfänger im Bibellesen bringt die Ausgabe auf den beiden folgenden Seiten eine Liste mit Bibeltexten zu bestimmten Themen und eine Zusammenstellung ausgewählter Lesetexte, die in Grundlinien einen Durchblick durch die ganze Bibel vermitteln.

WICHTIGE TEXTE UND WO MAN SIE FINDET

A = Altes Testament N = Neues Testament

AUSGEWÄHLTE STÜCKE FÜR ANFÄNGER IM BIBELLESEN

INHALT DES ALTEN TESTAMENTS

Geschichtsbücher

Lehrbücher und Psalmen

Prophetenbücher

INHALT DES NEUEN TESTAMENTS

ALPHABETISCHES INHALTSVERZEICHNIS UND ABKÜRZUNGEN DER BIBLISCHEN BÜCHER

A = Altes Testament

N = Neues Testament

DAS ALTE TESTAMENT

DAS ERSTE BUCH MOSE

Inhaltsübersicht

Die Schöpfung

(vgl. Kap 2,4-25; Ps 104)

1 Am Anfang schuf Gott Himmel und
2 Erde.[a] Und die Erde war wüst und leer,
und es war finster auf der Tiefe; und
der Geist Gottes schwebte auf dem
Wasser.
3 Und Gott [b]sprach: Es werde Licht!
4 Und es ward Licht.[c] Und Gott sah, daß
das Licht gut war. Da schied Gott das
5 Licht von der Finsternis und nannte
das Licht Tag und die Finsternis
Nacht. Da ward aus Abend und Mor-
gen der erste Tag.
6 Und Gott sprach: Es werde eine Fe-
ste zwischen den Wassern, die da schei-
7 de zwischen den Wassern. Da machte
Gott die Feste und schied das Wasser
unter der Feste von dem Wasser über
8 der Feste. Und es geschah so.[d] Und
Gott nannte die Feste Himmel. Da
ward aus Abend und Morgen der zwei-
te Tag.
9 Und Gott sprach: Es sammle sich
das Wasser unter dem Himmel an be-
sondere Orte, daß man das Trockene
10 sehe. Und es geschah so.[e] Und Gott
nannte das Trockene Erde, und die
Sammlung der Wasser nannte er Meer.
11 Und Gott sah, daß es gut war. Und
Gott sprach: Es lasse die Erde aufgehen
Gras und Kraut, das Samen bringe,
und fruchtbare Bäume auf Erden, die
ein jeder nach seiner Art Früchte tra-
gen, in denen ihr Same ist. Und es ge-
12 schah so. Und die Erde ließ aufgehen
Gras und Kraut, das Samen bringt, ein
jedes nach seiner Art, und Bäume, die
da Früchte tragen, in denen ihr Same
ist, ein jeder nach seiner Art. Und Gott
sah, daß es gut war. Da ward aus Abend 13
und Morgen der dritte Tag.
Und Gott sprach: Es werden Lichter 14
an der Feste des Himmels, die da schei-
den Tag und Nacht und geben Zei-
chen, Zeiten, Tage und Jahre[f] und sei- 15
en Lichter an der Feste des Himmels,
daß sie scheinen auf die Erde. Und es
geschah so. Und Gott machte zwei gro- 16
ße Lichter: ein großes Licht, das den
Tag regiere, und ein kleines Licht, das
die Nacht regiere, dazu auch die Ster-
ne.[g] Und Gott setzte sie an die Feste 17
des Himmels, daß sie schienen auf die
Erde und den Tag und die Nacht re- 18
gierten und schieden Licht und Fin-
sternis. Und Gott sah, daß es gut war.
Da ward aus Abend und Morgen der 19
vierte Tag.
Und Gott sprach: Es wimmle das 20
Wasser von lebendigem Getier, und
Vögel sollen fliegen auf Erden unter der
Feste des Himmels. Und Gott schuf 21
große Walfische und alles Getier, das
da lebt und webt, davon das Wasser
wimmelt, ein jedes nach seiner Art, und
alle gefiederten Vögel, einen jeden nach
seiner Art. Und Gott sah, daß es gut
war.[h] Und Gott segnete sie und sprach: 22
Seid fruchtbar und mehret euch und
erfüllet das Wasser im Meer, und die
Vögel sollen sich mehren auf Erden. Da 23
ward aus Abend und Morgen der fünfte
Tag.
Und Gott sprach: Die Erde bringe 24
hervor lebendiges Getier, ein jedes
nach seiner Art: Vieh, Gewürm und
Tiere des Feldes, ein jedes nach seiner
Art. Und es geschah so. Und Gott 25

machte die Tiere des Feldes, ein jedes
nach seiner Art, und das Vieh nach sei-
ner Art und alles Gewürm des Erdbo-
dens nach seiner Art. Und Gott sah,
26 daß es gut war. Und Gott sprach: Las-
set uns Menschen machen, ein Bild, das
uns gleich sei, die da herrschen über die
Fische im Meer und über die Vögel un-
ter dem Himmel und über das Vieh und
über alle Tiere des Feldes und über al-
les Gewürm, das auf Erden kriecht.[i]
27 Und *Gott schuf den Menschen zu seinem*
Bilde, [j]*zum Bilde Gottes schuf er ihn;*
28 *und* [k]*schuf sie als Mann und Weib.* Und
Gott segnete sie und sprach zu ihnen:
Seid fruchtbar und mehret euch und
füllet die Erde und machet sie euch
untertan und herrschet über die Fische
im Meer und über die Vögel unter dem
Himmel und über das Vieh und über
29 alles Getier, das auf Erden kriecht. Und
Gott sprach: Sehet da, ich habe euch
gegeben alle Pflanzen, die Samen brin-
gen, auf der ganzen Erde, und alle Bäu-
me mit Früchten, die Samen bringen,
30 zu eurer Speise.[l] Aber allen Tieren auf
Erden und allen Vögeln unter dem
Himmel und allem Gewürm, das auf
Erden lebt, habe ich alles grüne Kraut
zur Nahrung gegeben. Und es geschah
31 so.[m] Und *Gott sah an alles, was er ge-*
macht hatte, und siehe, [n]*es war sehr gut.*
Da ward aus Abend und Morgen der
sechste Tag.

2 So wurden vollendet Himmel und
2 Erde mit ihrem ganzen Heer. Und so
vollendete Gott am siebenten Tage sei-
ne Werke, die er machte, und [o]ruhte
am siebenten Tage von allen seinen
3 Werken, die er gemacht hatte. Und
Gott segnete den siebenten Tag und
heiligte ihn, weil er an ihm ruhte von al-
len seinen Werken, die Gott geschaffen
und gemacht hatte.[p]

4 So sind Himmel und Erde geworden,
als sie geschaffen wurden.

a Hiob 38,4; Ps 90,2; Joh 1,1-3; Offb 4,11
b Ps 33,9; Hebr 11,3 *c* Jes 45,7 *d* Ps 19,2; 136,6; 148,4 *e* Hiob 38,8-11; Ps 24,2; 2.Petr 3,5
f 5.Mose 4,19; Ps 74,16; Jes 47,13 *g* Ps 136,7-9
h Ps 74,13.14; 148,7 *i* Ps 8,6-9; Eph 4,24; Kol 1,15; 3,10; Jak 3,9 *j* Kap 9,6 *k* Mt 19,4
l Mt 6,25-34 *m* Ps 145,16 *n* Mt 19,17; 1.Tim 4,4
o Hebr 4,4 *p* 2.Mose 20,11; Ps 95,11; Hes 20,12; Hebr 4,9.10

Das Paradies

Es war zu der Zeit, da Gott der HERR
5 Erde und Himmel machte. Und alle die
Sträucher auf dem Felde waren noch
nicht auf Erden, und all das Kraut auf
dem Felde war noch nicht gewachsen;
denn Gott der HERR hatte noch nicht
regnen lassen auf Erden, und kein
Mensch war da, der das Land bebaute;
aber ein Nebel stieg auf von der Erde 6
und feuchtete alles Land. Da machte 7
Gott der HERR den Menschen aus
[a]Erde vom Acker und blies ihm den
[b]Odem des Lebens in seine Nase. Und
so [c]ward der Mensch ein lebendiges
Wesen.

Und Gott der HERR pflanzte einen 8
Garten in Eden gegen Osten hin und
setzte den Menschen hinein, den er ge-
macht hatte. Und Gott der HERR ließ 9
aufwachsen aus der Erde allerlei Bäu-
me, verlockend anzusehen und gut zu
essen, und den [d]Baum des Lebens mit-
ten im Garten und den Baum der Er-
kenntnis des Guten und Bösen. Und es 10
ging aus von Eden ein Strom, den Gar-
ten zu bewässern, und teilte sich von da
in vier Hauptarme.[e] Der erste heißt Pi- 11
schon, der fließt um das ganze Land
Hewila, und dort findet man Gold; und 12
das Gold des Landes ist kostbar. Auch
findet man da Bedolachharz und den
Edelstein Schoham. Der zweite Strom 13
heißt Gihon, der fließt um das ganze
Land Kusch. Der dritte Strom heißt 14
Tigris, der fließt östlich von Assyrien.
Der vierte Strom ist der Eufrat.

Und Gott der HERR nahm den Men- 15
schen und setzte ihn in den Garten
Eden, daß er ihn bebaute und bewahr-
te. Und Gott der HERR gebot dem 16
Menschen und sprach: Du darfst essen
von allen Bäumen im Garten, aber von 17
dem Baum der Erkenntnis des Guten
und Bösen sollst du nicht essen; denn
an dem Tage, da du von ihm issest,
mußt du des Todes sterben.[f]

Und Gott der HERR sprach: *Es ist* 18
nicht gut, [g]*daß der Mensch allein sei; ich*
will ihm eine Gehilfin machen, die um ihn
*sei.** Und Gott der HERR machte aus 19
Erde alle die Tiere auf dem Felde und
alle die Vögel unter dem Himmel und
brachte sie zu dem Menschen, daß er
sähe, wie er sie nennte; denn wie der
Mensch jedes Tier nennen würde, so
sollte es heißen. Und der Mensch gab 20
einem jeden Vieh und Vogel unter dem
Himmel und Tier auf dem Felde seinen
Namen; aber für den Menschen ward
keine Gehilfin gefunden, die um ihn
wäre. Da ließ Gott der HERR einen tie- 21
fen Schlaf fallen auf den Menschen,
und er schlief ein. Und er nahm eine
seiner Rippen und schloß die Stelle mit
Fleisch. Und Gott der HERR baute ein 22

Weib aus der Rippe, die er von dem
Menschen nahm, und brachte sie zu
23 ihm. Da sprach der Mensch: Das ist
doch Bein von meinem Bein und
Fleisch von meinem Fleisch; man wird
sie Männin nennen, weil sie vom Man-
24 ne genommen ist.* Darum wird ein
Mann seinen Vater und seine Mutter
verlassen und seinem Weibe anhangen,
25 und sie werden sein *ein* Fleisch.[h] Und
sie waren beide nackt, der Mensch und
sein Weib, und schämten sich nicht.

a Kap 3,19; Hiob 10,9 *b* Hiob 33,4; Ps 104,29.30
c 1.Kor 15,45.47 *d* Kap 3,22; Offb 2,7; 22,2
e Hes 47,1-12 *f* Röm 6,23 *g* Pred 4,10
h Mt 19,5.6; 1.Kor 6,16; Eph 5,31
*Vers 18: Wörtlich: ich will ihm eine Hilfe schaffen als sein Gegenüber (d.h. die zu ihm paßt).
*Vers 23: Luther versucht mit »Männin« und »Mann« ein hebräisches Wortspiel wiederzugeben.

Der Sündenfall

3 Aber die [a]Schlange war listiger als alle
Tiere auf dem Felde, die Gott der HERR
gemacht hatte, und sprach zu dem Wei-
be: Ja, sollte Gott gesagt haben: ihr
sollt nicht essen von allen Bäumen im
2 Garten? Da sprach das Weib zu der
Schlange: Wir essen von den Früchten
3 der Bäume im Garten;[b] aber von den
Früchten des Baumes mitten im Gar-
ten hat Gott gesagt: Esset nicht davon,
rühret sie auch nicht an, daß ihr nicht
4 sterbet![c] Da sprach die Schlange zum
Weibe: Ihr werdet keineswegs des To-
5 des sterben,[d] sondern Gott weiß: an
dem Tage, da ihr davon esset, werden
eure Augen aufgetan, und ihr werdet
sein wie Gott und wissen, was gut und
böse ist.
6 Und das Weib [e]sah, daß von dem
Baum gut zu essen wäre und daß er eine
Lust für die Augen wäre und verlok-
kend, weil er klug machte. Und sie
[f]nahm von der Frucht und aß und gab
ihrem Mann, der bei ihr war, auch da-
7 von, und er aß. Da wurden ihnen bei-
den die Augen aufgetan, und sie wur-
den gewahr, daß sie [g]nackt waren, und
flochten Feigenblätter zusammen und
8 machten sich Schurze. Und sie hörten
Gott den HERRN, wie er im Garten
ging, als der Tag kühl geworden war.
Und Adam [h]versteckte sich mit seinem
Weibe vor dem Angesicht Gottes des
HERRN unter den Bäumen im Garten.
9 Und Gott der HERR rief Adam und
10 sprach zu ihm: Wo bist du? Und er
sprach: Ich hörte dich im Garten und
fürchtete mich; denn ich bin nackt,
11 darum versteckte ich mich. Und er
sprach: Wer hat dir gesagt, daß du
nackt bist? Hast du nicht gegessen von
dem Baum, von dem ich dir gebot, du
solltest nicht davon essen? Da sprach 12
Adam: Das Weib, das du mir zugesellt
hast, gab mir von dem Baum, und ich
aß. Da sprach Gott der HERR zum Wei- 13
be: Warum hast du das getan? Das
Weib sprach: [i]Die Schlange betrog
mich, so daß ich aß.
Da sprach Gott der HERR zu der 14
Schlange: Weil du das getan hast, seist
du verflucht, verstoßen aus allem Vieh
und allen Tieren auf dem Felde. Auf
deinem Bauche sollst du kriechen und
Erde fressen dein Leben lang. Und *ich* 15
will [j]*Feindschaft setzen zwischen dir und*
dem Weibe und zwischen deinem Nach-
kommen und ihrem Nachkommen; der
soll dir den Kopf zertreten, und du wirst
ihn in die Ferse stechen.
Und zum Weibe sprach er: Ich will 16
dir viel Mühsal schaffen, wenn du
schwanger wirst; unter Mühen sollst
du Kinder gebären. Und dein Verlan-
gen soll nach deinem Manne sein, aber
[k]er soll dein Herr sein.
Und zum Manne sprach er: Weil du 17
gehorcht hast der Stimme deines Wei-
bes und gegessen von dem Baum, von
dem ich dir gebot und sprach: Du sollst
nicht davon essen –, [l]verflucht sei der
Acker um deinetwillen! Mit Mühsal
sollst du dich von ihm nähren dein Le-
ben lang. Dornen und Disteln soll er dir 18
tragen, und du sollst das Kraut auf dem
Felde essen. Im Schweiße deines Ange- 19
sichts sollst du dein Brot essen, bis du
wieder zu Erde werdest, davon du ge-
nommen bist. Denn *du bist Erde und*
sollst zu Erde werden.[m]
Und Adam nannte sein Weib Eva; 20
denn sie wurde die Mutter aller, die da
leben. Und Gott der HERR machte 21
Adam und seinem Weibe Röcke von
Fellen und zog sie ihnen an. Und Gott 22
der HERR sprach: Siehe, der Mensch ist
geworden wie unsereiner und weiß, was
gut und böse ist. Nun aber, daß er nur
nicht ausstrecke seine Hand und breche
auch von dem Baum des Lebens und
esse und lebe ewiglich! Da wies ihn 23
Gott der HERR aus dem Garten Eden,
daß er die Erde bebaute, von der er ge-
nommen war.[n] Und er trieb den Men- 24
schen hinaus und ließ lagern vor dem
Garten Eden die Cherubim mit dem
flammenden, blitzenden Schwert, zu
bewachen den Weg zu dem Baum des
Lebens.

a Offb 12,9; 20,2 *b* Kap 2,16 *c* Kap 2,17

d Joh 8,44 *e* Jak 1,14.15 *f* 1.Tim 2,14
g Kap 2,25 *h* Ps 139,7-10; Jer 23,24 *i* 2.Kor 11,3
j Offb 12,4.5.15-17 *k* Eph 5,22.23; 1.Tim 2,12
l Kap 8,21.22; Hiob 31,38.39 *m* Kap 2,7; Ps 90,10;
104,29; Pred 12,7; 2.Thess 3,10 *n* Kap 2,15

Kains Brudermord

4 Und Adam erkannte sein Weib Eva,
und sie ward schwanger und gebar den
Kain und sprach: Ich habe einen Mann
2 gewonnen mit Hilfe des HERRN. Da-
nach gebar sie Abel, seinen Bruder.
Und Abel wurde ein Schäfer, Kain aber
3 wurde ein Ackermann. Es begab sich
aber nach etlicher Zeit, daß Kain dem
HERRN Opfer brachte von den [a]Früch-
4 ten des Feldes. Und auch Abel brachte
von den [b]Erstlingen seiner Herde und
von ihrem [c]Fett. Und der HERR sah
5 gnädig an Abel und sein Opfer, aber
Kain und sein Opfer [d]sah er nicht gnä-
dig an. Da ergrimmte Kain sehr und
6 senkte finster seinen Blick. Da sprach
der HERR zu Kain: Warum ergrimmst
du? Und warum senkst du deinen
7 Blick? Ist's nicht also? Wenn du fromm
bist, so kannst du frei den Blick erhe-
ben. Bist du aber nicht fromm, so
[e]lauert die Sünde vor der Tür, und
nach dir hat sie Verlangen; du aber
8 [f]herrsche über sie. Da sprach Kain zu
seinem Bruder Abel: Laß uns aufs Feld
gehen! Und es begab sich, als sie auf
dem Felde waren, erhob sich Kain wi-
der seinen Bruder Abel und schlug ihn
tot.[g]

9 Da sprach der HERR zu Kain: [h]Wo
ist dein Bruder Abel? Er sprach: Ich
weiß nicht; soll ich meines Bruders
10 Hüter sein? Er aber sprach: Was hast
du getan? Die [i]Stimme des Blutes dei-
nes Bruders schreit zu mir von der
11 Erde. Und nun: Verflucht seist du auf
der Erde, die ihr Maul hat aufgetan und
deines Bruders Blut von deinen Hän-
12 den empfangen.[j] Wenn du den Acker
bebauen wirst, soll er dir hinfort seinen
Ertrag nicht geben. Unstet und flüchtig
13 sollst du sein auf Erden. Kain aber
sprach zu dem HERRN: Meine Strafe ist
zu schwer, als daß ich sie tragen könn-
14 te.* Siehe, du treibst mich heute vom
Acker, und [k]ich muß mich vor deinem
Angesicht verbergen und muß unstet
und flüchtig sein auf Erden. So wird
mir's gehen, daß mich totschlägt, wer
15 mich findet. Aber der HERR sprach zu
ihm: Nein, sondern wer Kain tot-
schlägt, das soll siebenfältig gerächt
werden. Und der HERR machte ein
[l]Zeichen an Kain, daß ihn niemand er-
schlüge, der ihn fände. So ging Kain 16
hinweg von dem Angesicht des HERRN
und wohnte im Lande Nod, jenseits
von Eden, gegen Osten.

a 2.Mose 23,19 *b* 2.Mose 34,19 *c* 3.Mose 3,16
d 2.Mose 33,19; Hebr 11,4 *e* Gal 5,17
f Röm 6,12 *g* 1.Joh 3,12.15 *h* Kap 3,9 *i* Ps 9,13;
Mt 23,35; Hebr 12,24 *j* 4.Mose 35,33
k Hiob 15,20-24 *l* Hes 9,6; Offb 7,3.4
*Vers 13: Luther übersetzte: »Meine Sünde ist grö-
ßer, denn daß sie mir vergeben werden möge.«

Kains Nachkommen

Und Kain erkannte sein Weib; die 17
ward schwanger und gebar den He-
noch. Und er baute eine Stadt, die
nannte er nach seines Sohnes Namen
Henoch. Henoch aber zeugte Irad, Irad 18
zeugte Mahujaël, Mahujaël zeugte Me-
tuschaël, Metuschaël zeugte Lamech.
Lamech aber nahm zwei Frauen, eine 19
hieß Ada, die andere Zilla. Und Ada ge- 20
bar Jabal; von dem sind hergekommen,
die in Zelten wohnen und Vieh halten.
Und sein Bruder hieß Jubal; von dem 21
sind hergekommen alle Zither- und
Flötenspieler. Zilla aber gebar auch, 22
nämlich den Tubal-Kain; von dem
sind hergekommen alle Erz- und Eisen-
schmiede. Und die Schwester des Tu-
bal-Kain war Naëma.

Und Lamech sprach zu seinen Frau- 23
en: Ada und Zilla, höret meine Rede,
ihr Weiber Lamechs, merkt auf, was
ich sage: Einen Mann erschlug ich für
meine Wunde und einen Jüngling für
meine Beule. Kain soll siebenmal ge- 24
rächt werden, aber Lamech siebenund-
siebzigmal.[a]

a Vers 15; 3.Mose 19,18; 5.Mose 32,35; Mt 18,22

Set und Enosch

Adam erkannte abermals sein Weib, 25
und sie gebar einen Sohn, den nannte
sie Set; denn Gott hat mir, sprach sie,
einen andern Sohn gegeben für Abel,
den Kain erschlagen hat. Und Set 26
zeugte auch einen Sohn und nannte ihn
Enosch. Zu der Zeit fing man an, [a]den
Namen des HERRN anzurufen.

a Kap 12,8

Geschlechtsregister von Adam bis Noah

(vgl. 1.Chr 1,1-4)

Dies ist das Buch von [a]Adams Ge- 5
schlecht. Als Gott den Menschen
schuf, [b]machte er ihn nach dem Bilde
Gottes und schuf sie als Mann und 2
Weib und segnete sie und gab ihnen

den Namen »Mensch«* zur Zeit, da sie
geschaffen wurden.
3 Und Adam war 130 Jahre alt und
zeugte einen Sohn, ihm gleich und
[c]nach seinen Bilde, und nannte ihn Set;
4 und lebte danach 800 Jahre und zeugte
5 Söhne und Töchter, daß sein ganzes
Alter ward 930 Jahre, und starb.
6 Set war 105 Jahre alt und zeugte
7 Enosch und lebte danach 807 Jahre und
8 zeugte Söhne und Töchter, daß sein
ganzes Alter ward 912 Jahre, und starb.
9 Enosch war 90 Jahre alt und zeugte
10 Kenan und lebte danach 815 Jahre und
11 zeugte Söhne und Töchter, daß sein
ganzes Alter ward 905 Jahre, und starb.
12 Kenan war 70 Jahre alt und zeugte
13 Mahalalel und lebte danach 840 Jahre
14 und zeugte Söhne und Töchter, daß
sein ganzes Alter ward 910 Jahre, und
starb.
15 Mahalalel war 65 Jahre alt und zeug-
16 te Jared und lebte danach 830 Jahre
17 und zeugte Söhne und Töchter, daß
sein ganzes Alter ward 895 Jahre, und
starb.
18 Jared war 162 Jahre alt und zeugte
19 Henoch und lebte danach 800 Jahre
20 und zeugte Söhne und Töchter, daß
sein ganzes Alter ward 962 Jahre, und
starb.
21 Henoch war 65 Jahre alt und zeugte
22 Metuschelach. Und Henoch [d]wandelte
mit Gott. Und nachdem er Metusche-
lach gezeugt hatte, lebte er 300 Jahre
23 und zeugte Söhne und Töchter, daß
24 sein ganzes Alter ward 365 Jahre. Und
weil er mit Gott wandelte, nahm ihn
Gott hinweg, und er ward nicht mehr
gesehen.[e]
25 Metuschelach war 187 Jahre alt und
26 zeugte Lamech und lebte danach 782
Jahre und zeugte Söhne und Töchter,
27 daß sein ganzes Alter ward 969 Jahre,
und starb.
28 Lamech war 182 Jahre alt und zeugte
29 einen Sohn und nannte ihn Noah und
sprach: Der wird uns trösten in unserer
Mühe und Arbeit auf dem Acker, den
30 der HERR [f]verflucht hat. Danach lebte
er 595 Jahre und zeugte Söhne und
31 Töchter, daß sein ganzes Alter ward
777 Jahre, und starb.
32 Noah war 500 Jahre alt und zeugte
Sem, Ham und Jafet.

a Lk 3,37.38 *b* Kap 1,27 *c* Ps 51,7; 1.Kor 15,49
d Kap 6,9 *e* 2.Kön 2,11; Hebr 11,5 *f* Kap 3,17-19
*Vers 2: Mensch heißt auf Hebräisch Adam und wird teils als Eigenname, teils als Gattungsname gebraucht.

Gottessöhne und Menschentöchter

Als aber die Menschen sich zu mehren 6
begannen auf Erden und ihnen Töchter
geboren wurden, da sahen die [a]Gottes- 2
söhne*, wie schön die Töchter der
Menschen waren, und nahmen sich zu
Frauen, welche sie wollten. Da sprach 3
der HERR: Mein Geist soll nicht im-
merdar im Menschen walten, denn
auch der Mensch ist Fleisch. Ich will
ihm als Lebenszeit geben hundertund-
zwanzig Jahre. Zu der Zeit und auch 4
später noch, als die Gottessöhne zu den
Töchtern der Menschen eingingen und
sie ihnen Kinder gebaren, wurden dar-
aus die Riesen auf Erden. Das sind [b]die
Helden der Vorzeit, die hochberühm-
ten.

a Hiob 1,6; 2.Petr 2,4; Jud 6 *b* Hes 32,27
*Vers 2: Gottessöhne sind keine leiblichen Söhne Gottes, sondern gehören zur Umgebung Gottes (vgl. Hiob 1,6), wie das Gefolge zu einem König gehört.

Ankündigung der Sintflut. Noahs Erwählung. Bau der Arche

Als aber der HERR sah, daß der Men- 5
schen Bosheit groß war auf Erden und
[a]alles Dichten und Trachten ihres Her-
zens nur böse war immerdar, da [b]reute 6
es ihn, daß er die Menschen gemacht
hatte auf Erden, und es bekümmerte
ihn in seinem Herzen, und er sprach: 7
Ich will die Menschen, die ich geschaf-
fen habe, vertilgen von der Erde, vom
Menschen an bis hin zum Vieh und bis
zum Gewürm und bis zu den Vögeln
unter dem Himmel; denn es reut mich,
daß ich sie gemacht habe.[c] Aber Noah 8
fand Gnade vor dem HERRN.[d]
Dies ist die Geschichte von Noahs 9
Geschlecht. Noah war ein frommer
Mann und ohne Tadel zu seinen Zei-
ten; er [e]wandelte mit Gott. Und er 10
zeugte drei Söhne: Sem, Ham und Ja-
fet. Aber die Erde war verderbt vor 11
Gottes Augen und voller Frevel. Da 12
[f]sah Gott auf die Erde, und siehe, sie
war verderbt; denn alles Fleisch hatte
seinen Weg verderbt auf Erden. Da 13
sprach Gott zu Noah: Das [g]Ende alles
Fleisches ist bei mir beschlossen, denn
die Erde ist voller Frevel von ihnen;
und siehe, ich will sie verderben mit der
Erde. Mache dir einen Kasten von 14
Tannenholz und mache Kammern dar-
in und verpiche ihn mit Pech innen und
außen. Und mache ihn so: Dreihundert 15
Ellen sei die Länge, fünfzig Ellen die
Breite und dreißig Ellen die Höhe. Ein 16

Fenster sollst du daran machen obenan,
eine Elle groß. Die Tür sollst du mitten
in seine Seite setzen. Und er soll drei
Stockwerke haben, eines unten, das
zweite in der Mitte, das dritte oben.
17 Denn siehe, ich will eine Sintflut kom-
men lassen auf Erden, zu verderben al-
les Fleisch, darin Odem des Lebens ist,
unter dem Himmel. Alles, was auf Er-
18 den ist, soll untergehen. Aber mit dir
will ich meinen [h] Bund aufrichten, und
du sollst in die Arche gehen mit deinen
Söhnen, mit deiner Frau und mit den
19 Frauen deiner Söhne. Und du sollst in
die Arche bringen von allen Tieren,
von allem Fleisch, je ein Paar, Männ-
chen und Weibchen, daß sie leben blei-
20 ben mit dir. Von den Vögeln nach ihrer
Art, von dem Vieh nach seiner Art und
von allem Gewürm auf Erden nach sei-
ner Art: von den allen soll je ein Paar zu
dir hineingehen, daß sie leben bleiben.
21 Und du sollst dir von jeder Speise neh-
men, die gegessen wird, und sollst sie
bei dir sammeln, daß sie dir und ihnen
22 zur Nahrung diene. Und Noah tat alles,
was ihm Gott gebot.[i]

a Kap 8,21 *b* 1.Sam 15,11.35; Jer 18,7-10
c 4.Mose 23,19; Röm 3,3.4; 2.Tim 2,13
d Hebr 11,7 *e* Kap 5,22 *f* Ps 14,2.3 *g* Am 8,2
h Kap 9,9 *i* Hebr 11,7

Die Sintflut

7 Und der HERR sprach zu Noah: Geh in
die Arche, du und dein ganzes Haus;
denn [a] dich habe ich gerecht erfunden
2 vor mir zu dieser Zeit. Von allen [b] rei-
nen Tieren nimm zu dir je sieben, das
Männchen und sein Weibchen, von
den unreinen Tieren aber je ein Paar,
das Männchen und sein Weibchen.
3 Desgleichen von den Vögeln unter dem
Himmel je sieben, das Männchen und
sein Weibchen, um das Leben zu erhal-
4 ten auf dem ganzen Erdboden. Denn
von heute an in sieben Tagen will ich
regnen lassen auf Erden vierzig Tage
und vierzig Nächte und vertilgen von
dem Erdboden alles Lebendige, das ich
5 gemacht habe. Und Noah tat alles, was
6 ihm der HERR gebot. Er war aber sechs-
hundert Jahre alt, als die Sintflut auf
7 Erden kam. Und er ging in die Arche
mit seinen Söhnen, seiner Frau und
den Frauen seiner Söhne vor den Was-
8 sern der Sintflut.[c] Von den reinen Tie-
ren und von den unreinen, von den Vö-
geln und von allem Gewürm auf Erden
9 gingen sie zu ihm in die Arche [d] paar-
weise, je ein Männchen und Weibchen,
wie ihm Gott geboten hatte.
Und als die sieben Tage vergangen 10
waren, kamen die Wasser der Sintflut
auf Erden. In dem sechshundertsten 11
Lebensjahr Noahs am siebzehnten Tag
des zweiten Monats, an diesem Tag
brachen alle [e] Brunnen der großen Tie-
fe auf und taten sich die Fenster des
Himmels auf und ein Regen kam auf 12
Erden vierzig Tage und vierzig Nächte.
An eben diesem Tage ging Noah in die 13
Arche mit Sem, Ham und Jafet, seinen
Söhnen, und mit seiner Frau und den
drei Frauen seiner Söhne; dazu alles 14
wilde Getier nach seiner Art, alles Vieh
nach seiner Art, alles Gewürm, das auf
Erden kriecht, nach seiner Art und alle
Vögel nach ihrer Art, alles, was fliegen
konnte, alles, was Fittiche hatte; das 15
ging alles zu Noah in die Arche paar-
weise, von allem Fleisch, darin Odem
des Lebens war. Und das waren 16
[f] Männchen und Weibchen von allem
Fleisch, und sie gingen hinein, wie
denn Gott ihm geboten hatte. Und der
HERR schloß hinter ihm zu.
Und die Sintflut war vierzig Tage 17
auf Erden, und die Wasser wuchsen
und hoben die Arche auf und trugen sie
empor über die Erde. Und die Wasser 18
nahmen überhand und wuchsen sehr
auf Erden, und die Arche fuhr auf den
Wassern. Und die Wasser nahmen 19
überhand und wuchsen so sehr auf Er-
den, daß alle hohen Berge unter dem
ganzen Himmel bedeckt wurden.
Fünfzehn Ellen hoch gingen die Was- 20
ser über die Berge, so daß sie ganz be-
deckt wurden.
Da ging alles Fleisch unter, das sich 21
auf Erden regte, an Vögeln, an Vieh, an
wildem Getier und an allem, was da
wimmelte auf Erden, und alle Men-
schen.[g] Alles, was Odem des Lebens 22
hatte auf dem Trockenen, das starb. So 23
wurde vertilgt alles, was auf dem Erd-
boden war, vom Menschen an bis hin
zum Vieh und zum Gewürm und zu
den Vögeln unter dem Himmel; das
wurde alles von der Erde vertilgt. Al-
lein Noah blieb übrig und was mit ihm
in der Arche war. Und die Wasser 24
wuchsen gewaltig auf Erden hundert-
undfünfzig Tage.

a Kap 6,8 *b* Kap 8,20; 3.Mose 11 *c* 1.Petr 3,20
d Kap 6,19.20 *e* Offb 9,1 *f* Kap 6,19
g 2.Petr 3,5.6

Ende der Sintflut. Noahs Opfer. Verheißung des HERRN

Da gedachte Gott an Noah und an alles 8

wilde Getier und an alles Vieh, das mit
ihm in der Arche war, und ließ Wind
auf Erden kommen, und die Wasser fie-
2 len. Und die Brunnen der Tiefe wur-
den verstopft samt den Fenstern des
Himmels, und dem Regen vom Him-
3 mel wurde gewehrt. Da verliefen sich
die Wasser von der Erde und nahmen
4 ab nach hundertundfünfzig Tagen. Am
[a]siebzehnten Tag des siebenten Mo-
nats ließ sich die Arche nieder auf das
5 Gebirge Ararat. Es nahmen aber die
Wasser immer mehr ab bis auf den
zehnten Monat. Am ersten Tage des
zehnten Monats sahen die Spitzen der
Berge hervor.

6 Nach [b]vierzig Tagen tat Noah an der
Arche das Fenster auf, das er gemacht
7 hatte, und ließ einen Raben ausfliegen;
der flog immer hin und her, bis die
8 Wasser vertrockneten auf Erden. Da-
nach ließ er eine Taube ausfliegen, um
zu erfahren, ob die Wasser sich ver-
9 laufen hätten auf Erden. Da aber die
Taube nichts fand, wo ihr Fuß ruhen
konnte, kam sie wieder zu ihm in die
Arche; denn noch war Wasser auf dem
ganzen Erdboden. Da tat er die Hand
heraus und nahm sie zu sich in die Ar-
10 che. Da harrte er noch weitere sieben
Tage und ließ abermals eine Taube
11 fliegen aus der Arche. Die kam zu ihm
um die Abendzeit, und siehe, ein Öl-
blatt hatte sie abgebrochen und trug's
in ihrem Schnabel. Da merkte Noah,
daß die Wasser sich verlaufen hätten
12 auf Erden. Aber er harrte noch weitere
sieben Tage und ließ eine Taube aus-
fliegen; die kam nicht wieder zu ihm.

13 Im [c]sechshundertundersten Le-
bensjahr Noahs am ersten Tage des er-
sten Monats waren die Wasser ver-
trocknet auf Erden. Da tat Noah das
Dach von der Arche und sah, daß der
14 Erdboden trocken war. Und am sieben-
undzwanzigsten Tage des zweiten Mo-
15 nats war die Erde ganz trocken. Da re-
16 dete Gott mit Noah und sprach: Geh
aus der Arche, du und deine Frau, dei-
ne Söhne und die Frauen deiner Söhne
17 mit dir. Alles Getier, das bei dir ist, von
allem Fleisch, an Vögeln, an Vieh und
allem Gewürm, das auf Erden kriecht,
das gehe heraus mit dir, daß sie sich re-
gen auf Erden und fruchtbar seien und
18 sich mehren auf Erden. So ging Noah
heraus mit seinen Söhnen und mit sei-
ner Frau und den Frauen seiner Söh-
19 ne,[d] dazu alle wilden Tiere, alles Vieh,
alle Vögel und alles Gewürm, das auf
Erden kriecht; das ging aus der Arche,
ein jedes mit seinesgleichen.

Noah aber baute dem HERRN einen 20
Altar und nahm von allem [e]reinen Vieh
und von allen reinen Vögeln und opfer-
te Brandopfer auf dem Altar. Und der 21
HERR roch den lieblichen Geruch und
sprach in seinem Herzen: *Ich will hin-
fort nicht mehr die Erde verfluchen um
der Menschen willen; denn das [f]Dichten
und Trachten des menschlichen Herzens
ist böse von Jugend auf.* Und ich will hin-
fort nicht mehr schlagen alles, was da
lebt, wie ich getan habe. *Solange die* 22
*Erde steht, soll nicht aufhören Saat und
Ernte, Frost und Hitze, Sommer und
Winter, Tag und Nacht.*[g]

a Kap 7,11 *b* Kap 7,12.17 *c* Kap 7,11
d 2.Petr 2,5 *e* Kap 7,2 *f* Kap 6,5; Hiob 14,4;
Ps 14,3; Mt 15,19; Röm 3,23 *g* Jer 33,20.25

Gottes Bund mit Noah

Und Gott segnete Noah und seine Söh- **9**
ne und sprach: Seid fruchtbar und
mehret euch und füllet die Erde.[a]
Furcht und Schrecken vor euch sei 2
über allen Tieren auf Erden und über
allen Vögeln unter dem Himmel, über
allem, was auf dem Erdboden wimmelt,
und über allen Fischen im Meer; in
eure Hände seien sie gegeben. Alles, 3
was sich regt und lebt, das sei eure
Speise; wie [b]das grüne Kraut habe
ich's euch [c]alles gegeben. Allein esset 4
das Fleisch nicht mit seinem Blut, in
dem sein Leben ist![d] Auch will ich euer 5
eigen Blut, das ist das Leben eines je-
den unter euch, rächen und will es [e]von
allen Tieren fordern und will des Men-
schen Leben fordern von einem jeden
Menschen. Wer [f]Menschenblut ver- 6
gießt, dessen Blut soll auch durch Men-
schen vergossen werden; denn Gott hat
den Menschen zu seinem Bilde ge-
macht. Seid fruchtbar und mehret euch 7
und reget euch auf Erden, daß euer viel
darauf werden.

Und Gott sagte zu Noah und seinen 8
Söhnen mit ihm: Siehe, [g]ich richte mit 9
euch einen Bund auf und mit euren
Nachkommen und [h]mit allem lebendi- 10
gen Getier bei euch, an Vögeln, an Vieh
und an allen Tieren des Feldes bei
euch, von allem, was aus der Arche ge-
gangen ist, was für Tiere es sind auf Er-
den. Und ich richte meinen Bund so 11
mit euch auf, daß hinfort nicht mehr al-
les Fleisch verderbt werden soll durch
die Wasser der Sintflut und hinfort kei-

ne Sintflut mehr kommen soll, die die
Erde verderbe.
12 Und Gott sprach: Das ist das Zei-
chen des Bundes, den ich geschlossen
habe zwischen mir und euch und allem
lebendigen Getier bei euch auf ewig:
13 Meinen Bogen habe ich in die Wolken
gesetzt; der soll das Zeichen sein des
Bundes zwischen mir und der Erde.
14 Und wenn es kommt, daß ich Wetter-
wolken über die Erde führe, so soll man
meinen Bogen sehen in den Wolken.
15 Alsdann will ich gedenken an meinen
Bund zwischen mir und euch und allem
lebendigen Getier unter allem Fleisch,
daß hinfort keine Sintflut mehr kom-
16 me, die alles Fleisch verderbe.[i] Darum
soll mein Bogen in den Wolken sein,
daß ich ihn ansehe und gedenke an den
ewigen Bund zwischen Gott und allem
lebendigen Getier unter allem Fleisch,
17 das auf Erden ist. Und Gott sagte zu
Noah: Das sei das Zeichen des Bundes,
den ich aufgerichtet habe zwischen mir
und allem Fleisch auf Erden.

a Kap 1,28 *b* Kap 1,29 *c* Kol 2,16
d 3.Mose 3,17; 17,10-14; 5.Mose 12,23
e 2.Mose 21,28.29 *f* 2.Mose 21,12; 3.Mose 24,17; 4.Mose 35,33; Mt 26,52; Röm 13,4; Offb 13,10
g Kap 6,18 *h* Hos 2,20 *i* Jes 54,7-10

Noahs Fluch und Segen über seine Söhne

18 Die Söhne Noahs, die aus der Arche
gingen, sind diese: [a] Sem, Ham und Ja-
fet. Ham aber ist der Vater Kanaans.
19 Das sind die drei Söhne Noahs; von
ihnen kommen her alle Menschen auf
Erden.
20 Noah aber, der Ackermann, pflanzte
21 als erster einen Weinberg. Und da er
von dem Wein trank, ward er trunken
22 und lag im Zelt aufgedeckt. Als nun
Ham, Kanaans Vater, seines Vaters
Blöße sah, sagte er's seinen beiden Brü-
23 dern draußen.[b] Da nahmen Sem und
Jafet ein Kleid und legten es auf ihrer
beider Schultern und gingen rückwärts
hinzu und deckten ihres Vaters Blöße
zu; und ihr Angesicht war abgewandt,
damit sie ihres Vaters Blöße nicht sä-
24 hen. Als nun Noah erwachte von sei-
nem Rausch und erfuhr, was ihm sein
25 jüngster Sohn angetan hatte, sprach er:
Verflucht sei Kanaan und sei seinen
Brüdern ein Knecht aller Knechte!
26 Und sprach weiter: Gelobt sei der
HERR, der Gott Sems, und Kanaan sei
27 sein Knecht! Gott breite Jafet aus und
lasse ihn wohnen in den Zelten Sems,
und Kanaan sei sein Knecht!

Noah aber lebte nach der Sintflut 28
dreihundertundfünfzig Jahre, daß sein 29
ganzes Alter ward neunhundertund-
fünfzig Jahre, und starb.

a Kap 5,32 *b* 2.Mose 20,12; Spr 30,17

Die Völkertafel

(vgl. 1.Chr 1,5-23)

Dies ist das Geschlecht der Söhne **10**
Noahs: Sem, Ham und Jafet. Und es
wurden ihnen Söhne geboren nach der
Sintflut.
[a]Die Söhne Jafets sind diese: Go- 2
mer, Magog, Madai, Jawan, Tubal,
Meschech und Tiras.[b] Die Söhne Go- 3
mers sind diese: Aschkenas, Rifat und
Togarma. Die Söhne Jawans sind 4
diese: Elischa, Tarsis, die Kittiter und
die Rodaniter. Von diesen haben sich 5
ausgebreitet die Bewohner der Inseln
der Heiden. Das sind die Söhne Jafets
nach ihren Ländern, ihren Sprachen,
Geschlechtern und Völkern.
Die Söhne Hams sind diese: Kusch, 6
Mizraim, Put und Kanaan. Und die 7
Söhne des Kusch sind diese: Seba, He-
wila, Sabta, Ragma und Sabtecha. Aber
die Söhne Ragmas sind diese: Saba und
Dedan. Kusch aber zeugte den Nim- 8
rod. Der war der erste, der Macht ge-
wann auf Erden, und war ein gewaltiger 9
Jäger vor dem HERRN. Daher spricht
man: Das ist ein gewaltiger Jäger vor
dem HERRN wie [c]Nimrod. Und der An- 10
fang seines Reichs war Babel, Erech,
Akkad und Kalne im Lande Sinear.
Von diesem Lande ist er nach Assur ge- 11
kommen und baute Ninive und Reho-
bot-Ir und Kelach, dazu Resen zwi- 12
schen Ninive und Kelach. Das ist die
große Stadt. Mizraim zeugte die Ludi- 13
ter, die Anamiter, die Lehabiter, die
Naftuhiter, die Patrusiter, die Kasluhi- 14
ter und die Kaftoriter; von denen sind
gekommen die Philister. Kanaan aber 15
zeugte Sidon, seinen ersten Sohn, und
Het und den Jebusiter, den Amoriter, 16
den Girgasiter, den Hewiter, den Arki- 17
ter, den Siniter, den Arwaditer, den Ze- 18
mariter und den Hamatiter. Nachher
haben sich die Geschlechter der Kana-
aniter weiter ausgebreitet, und ihre 19
Grenzen waren von Sidon in der Rich-
tung auf Gerar bis nach Gaza, in der
Richtung auf Sodom, Gomorra, Adma,
Zeboïm bis nach Lascha. Das sind die 20
Söhne Hams nach ihren Geschlech-
tern, Sprachen, Ländern und Völkern.
Sem aber, dem Vater aller Söhne 21
Ebers, Jafets älterem Bruder, wurden

22 auch Söhne geboren.[d] Und dies sind
seine Söhne: Elam, Assur, Arpach-
23 schad, Lud und Aram. Aber die Söhne
Arams sind diese: Uz, Hul, Geter und
24 Masch.[e] Arpachschad aber zeugte
25 Schelach, Schelach zeugte Eber. Eber
wurden zwei Söhne geboren. Einer
hieß Peleg, weil zu seiner Zeit[f] die Erde
zerteilt wurde; und sein Bruder hieß
26 Joktan. Und Joktan zeugte Almodad,
27 Schalef, Hazarmawet, Jerach, Adoram,
28.29 Usal, Dikla, Obal, Abimaël, Saba, Ofir,
Hewila und Jobab. Das sind alles Söh-
30 ne Joktans. Und ihre Wohnsitze waren
von Mescha bis man kommt nach Se-
31 far, an das Gebirge im Osten. Das sind
die Söhne Sems nach ihren Geschlech-
tern, Sprachen, Ländern und Völkern.
32 Das sind nun die Nachkommen der
Söhne Noahs nach ihren Geschlech-
tern und Völkern. Von denen her haben
sich ausgebreitet die Völker auf Erden
nach der Sintflut.

a (2-31) Hes 27,13-22 *b* Hes 38,2; 39,1.6
c Mi 5,5 *d* Kap 11,10 *e* Kap 22,21 *f* Kap 11,8.9;
5.Mose 32,8

Der Turmbau zu Babel

11 Es hatte aber alle Welt einerlei Zunge
2 und Sprache. Als sie nun nach Osten
zogen, fanden sie eine Ebene im Lande
3 Sinear und wohnten daselbst. Und sie
sprachen untereinander: Wohlauf, laßt
uns Ziegel streichen und brennen! –
und nahmen Ziegel als Stein und Erd-
4 harz als Mörtel und sprachen: Wohl-
auf, laßt uns eine Stadt und einen
Turm bauen, dessen Spitze bis an den
Himmel reiche, damit wir uns einen
Namen machen; denn wir werden
5 sonst zerstreut in alle Länder. Da [a]fuhr
der HERR hernieder, daß er sähe die
Stadt und den Turm, die die Men-
6 schenkinder bauten. [b]Und der HERR
sprach: Siehe, es ist einerlei Volk und
einerlei Sprache unter ihnen allen, und
dies ist der Anfang ihres Tuns; nun
wird ihnen nichts mehr verwehrt wer-
den können von allem, was sie sich vor-
7 genommen haben zu tun. Wohlauf, laßt
uns herniederfahren und dort ihre
Sprache verwirren, daß keiner des an-
8 dern Sprache verstehe! So [c]zerstreute
sie der HERR von dort in alle Länder,
daß sie aufhören mußten, die Stadt zu
9 bauen. Daher heißt ihr Name Babel,
weil der HERR daselbst verwirrt hat al-
ler Länder Sprache und sie von dort
zerstreut hat in alle Länder.

a Kap 18,21; Ps 14,2 *b (6-9)* Apg 2,1-11
c 5.Mose 32,8; Lk 1,51

Geschlechtsregister von Sem bis Abram

[a]Dies ist das [b]Geschlecht Sems: Sem 10
war 100 Jahre alt und zeugte Arpach-
schad zwei Jahre nach der Sintflut und 11
lebte danach 500 Jahre und zeugte Söh-
ne und Töchter. Arpachschad war 35 12
Jahre alt und zeugte Schelach und lebte 13
danach 403 Jahre und zeugte Söhne
und Töchter. Schelach war 30 Jahre alt 14
und zeugte Eber und lebte danach 403 15
Jahre und zeugte Söhne und Töchter.
Eber war 34 Jahre alt und zeugte Peleg 16
und lebte danach 430 Jahre und zeugte 17
Söhne und Töchter. Peleg war 30 Jahre 18
alt und zeugte Regu und lebte danach 19
209 Jahre und zeugte Söhne und Töch-
ter. Regu war 32 Jahre alt und zeugte 20
Serug und lebte danach 207 Jahre und 21
zeugte Söhne und Töchter. Serug war 22
30 Jahre alt und zeugte Nahor und lebte 23
danach 200 Jahre und zeugte Söhne
und Töchter. Nahor war 29 Jahre alt 24
und zeugte Tarah und lebte danach 119 25
Jahre und zeugte Söhne und Töchter.
Tarah war 70 Jahre alt und zeugte Ab- 26
ram, Nahor und Haran.

a (10-26) 1.Chr 1,24-27; Lk 3,34-36
b Kap 10,21.22

Tarahs Geschlecht. Sein Zug von Ur nach Haran

Dies ist das Geschlecht Tarahs: Tarah 27
zeugte Abram, Nahor und Haran; und
Haran zeugte Lot. Haran aber starb vor 28
seinem Vater Tarah in seinem Vater-
land zu Ur in Chaldäa. Da nahmen sich 29
Abram und Nahor Frauen. Abrams
Frau hieß Sarai und Nahors Frau [a]Mil-
ka, Harans Tochter, der der Vater war
der Milka und der Jiska. Aber Sarai war 30
unfruchtbar und hatte kein Kind.
Da nahm [b]Tarah seinen Sohn Ab- 31
ram und Lot, den Sohn seines Sohnes
Haran, und seine Schwiegertochter Sa-
rai, die Frau seines Sohnes Abram, und
führte sie aus [c]Ur in Chaldäa, um ins
Land Kanaan zu ziehen. Und sie ka-
men nach Haran und wohnten dort.
Und Tarah wurde zweihundertund- 32
fünf Jahre alt und starb in Haran.

a Kap 22,20 *b* Jos 24,2 *c* Neh 9,7

Abrams Berufung und Zug nach Kanaan

Und der HERR sprach zu Abram: Geh **12**
aus deinem Vaterland und von deiner

Verwandtschaft und aus deines Vaters
Hause in ein Land, das ich dir zeigen
2 will.[a] Und ich will dich zum großen
Volk machen und [b]will dich segnen
und dir einen großen Namen machen,
3 und du sollst [c]ein Segen sein. Ich will
segnen, die dich segnen, und [d]verflu-
chen, die dich verfluchen; und [e]*in dir
sollen gesegnet werden alle Geschlechter
auf Erden.*
4 Da zog Abram aus, wie der HERR zu
ihm gesagt hatte, und Lot zog mit ihm.
Abram aber war fünfundsiebzig Jahre
5 alt, als er aus Haran zog. So nahm Ab-
ram Sarai, seine Frau, und Lot, seines
Bruders Sohn, mit aller ihrer Habe, die
sie gewonnen hatten, und die Leute, die
sie erworben hatten in Haran, und zo-
gen aus, um ins Land Kanaan zu reisen.
6 Und sie kamen in das Land, und Ab-
ram durchzog das Land bis an die Stät-
te bei [f]Sichem, bis zur Eiche More; es
wohnten aber zu der Zeit die Kana-
7 aniter im Lande. Da erschien der HERR
dem Abram und sprach: Deinen
[g]Nachkommen will ich dies Land ge-
ben. Und er baute dort einen Altar dem
8 HERRN, der ihm erschienen war. Da-
nach brach er von dort auf ins Gebirge
östlich der Stadt Betel und schlug sein
Zelt auf, so daß er Betel im Westen und
Ai im Osten hatte, und baute dort dem
HERRN einen Altar und [h]rief den Na-
9 men des HERRN an. Danach zog Abram
weiter ins Südland.

a 4. Mose 23,9; Apg 7,3; Hebr 11,8
b Kap 24,1.35 *c* Ps 72,17 *d* 2. Mose 23,22
e Kap 18,18; 22,18; 26,4; 28,14; Apg 3,25; Gal 3,8
f Kap 35,4; Jos 24,25.26 *g* Kap 13,15; 15,18; 17,8; 35,12; 2. Mose 6,4.8; 32,13; Jos 21,43; Apg 7,5
h Kap 4,26

Abram und Sarai in Ägypten

(vgl. Kap 20,1–18; 26,7–11)

10 Es kam aber eine Hungersnot in das
Land. Da zog Abram hinab nach Ägyp-
ten, daß er sich dort als ein Fremdling
aufhielte; denn der Hunger war groß
11 im Lande. Und als er nahe an Ägypten
war, sprach er zu Sarai, seiner Frau:
Siehe, ich weiß, daß du ein schönes
12 Weib bist. Wenn dich nun die Ägypter
sehen, so werden sie sagen: Das ist sei-
ne Frau, und werden mich umbringen
13 und dich leben lassen. So sage doch, du
seist meine Schwester, auf daß mir's
wohlgehe um deinetwillen und ich am
Leben bleibe um deinetwillen.
14 Als nun Abram nach Ägypten kam,
sahen die Ägypter, daß seine Frau sehr
15 schön war. Und die Großen des Pharao
sahen sie und priesen sie vor ihm. Da
wurde sie in das Haus des Pharao ge-
bracht. Und er tat Abram Gutes um ih- 16
retwillen; und er bekam Schafe, Rin-
der, Esel, Knechte und Mägde, Eselin-
nen und Kamele. Aber der HERR plagte 17
den Pharao und sein Haus mit großen
Plagen um Sarais, Abrams Frau, wil-
len.
Da rief der Pharao Abram zu sich 18
und sprach zu ihm: Warum hast du mir
das angetan? Warum sagtest du mir
nicht, daß sie deine Frau ist? Warum 19
sprachst du denn: Sie ist meine Schwe-
ster –, so daß ich sie mir zur Frau
nahm? Und nun siehe, da hast du deine
Frau; nimm sie und zieh hin. Und der 20
Pharao bestellte Leute um seinetwillen,
daß sie ihn geleiteten und seine Frau
und alles, was er hatte.

Abram und Lot trennen sich

So zog Abram herauf aus Ägypten mit **13**
seiner Frau und mit allem, was er hatte,
und Lot auch mit ihm, ins Südland.
Abram aber war sehr reich an Vieh, Sil- 2
ber und Gold. Und er zog immer weiter 3
vom Südland bis nach Betel, an die
Stätte, wo zuerst sein Zelt war, zwi-
schen Betel und Ai, eben an den Ort, 4
wo er früher den Altar errichtet hatte.
Dort [a]rief er den Namen des HERRN an.
Lot aber, der mit Abram zog, hatte 5
auch Schafe und Rinder und Zelte.
Und das Land konnte es nicht ertragen, 6
daß sie beieinander wohnten; denn ihre
Habe war groß, und sie konnten nicht
beieinander wohnen. Und es war im- 7
mer Zank zwischen den Hirten von Ab-
rams Vieh und den Hirten von Lots
Vieh. Es wohnten auch zu der Zeit die
Kanaaniter und Perisiter im Lande. Da 8
sprach Abram zu Lot: Laß doch nicht
Zank sein zwischen mir und dir und
zwischen meinen und deinen Hirten;
denn wir sind Brüder. Steht dir nicht 9
alles Land offen? Trenne dich doch
von mir! Willst du zur Linken, so will
ich zur Rechten, oder willst du zur
Rechten, so will ich zur Linken. Da hob 10
Lot seine Augen auf und besah die gan-
ze Gegend am Jordan. Denn ehe der
HERR Sodom und Gomorra vernichte-
te, war sie wasserreich, bis man nach
Zoar kommt, [b]wie der Garten des
HERRN, gleichwie Ägyptenland. Da er- 11
wählte sich Lot die ganze Gegend am
Jordan und zog nach Osten. Also trenn-
te sich ein Bruder von dem andern, so 12
daß Abram wohnte im Lande Kanaan

und Lot in den Städten am unteren Jor-
dan. Und Lot zog mit seinen Zelten bis
13 nach Sodom. Aber die Leute zu Sodom
waren böse und sündigten sehr wider
den HERRN.[c]

a Kap 12,8 *b* Kap 2,8–10 *c* Kap 18,20; 19,4–9

Der HERR wiederholt seine Verheißung an Abram

14 Als nun Lot sich von Abram getrennt
hatte, sprach der HERR zu Abram:
Hebe deine Augen auf und sieh von der
Stätte aus, wo du wohnst, nach Nor-
den, nach Süden, nach Osten und nach
15 Westen. Denn all das Land, das du
siehst, will ich dir und deinen Nach-
16 kommen geben für alle Zeit[a] und will
deine Nachkommen machen wie den
Staub auf Erden. Kann ein Mensch den
Staub auf Erden zählen, der wird auch
17 deine Nachkommen zählen.[b] Darum
mach dich auf und durchzieh das Land
in die Länge und Breite, denn dir will
18 ich's geben. Und Abram zog weiter mit
seinem Zelt und kam und wohnte im
Hain [c]Mamre, der bei Hebron ist, und
baute dort dem HERRN einen Altar.

a Kap 12,7 *b* Kap 28,14; 4.Mose 23,10; 1.Kön 4,20 *c* Kap 14,13.24

Abram errettet Lot und wird von Melchisedek gesegnet

14 Und es begab sich zu der Zeit des Kö-
nigs Amrafel von Sinear, Arjochs, des
Königs von Ellasar, Kedor-Laomers,
des Königs von Elam, und Tidals, des
2 [a]Königs von Völkern, daß sie Krieg
führten mit Bera, dem König von [b]So-
dom, und mit Birscha, dem König von
Gomorra, und mit Schinab, dem König
von Adma, und mit Schemeber, dem
König von Zeboïm, und mit dem Kö-
3 nig von Bela, das ist Zoar. Diese kamen
alle zusammen in das Tal Siddim, wo
4 nun das Salzmeer ist. Denn sie waren
zwölf Jahre dem König Kedor-Laomer
untertan gewesen, und im dreizehnten
Jahr waren sie von ihm abgefallen.
5 [c]Darum kamen Kedor-Laomer und die
Könige, die mit ihm waren, im vier-
zehnten Jahr und schlugen die Refaiter
zu Aschtarot-Karnajim und die Susiter
zu Ham und die Emiter in der Ebene
6 Kirjatajim und die Horiter auf ihrem
Gebirge Seïr bis El-Paran, das an die
7 Wüste stößt. Danach wandten sie um
und kamen nach En-Mischpat, das ist
Kadesch, und schlugen das ganze Land
der Amalekiter, dazu die Amoriter, die
zu Hazezon-Tamar wohnten.

Da zogen aus der König von Sodom, 8
der König von Gomorra, der König
von Adma, der König von Zeboïm und
der König von Bela, das ist Zoar, und
rüsteten sich, zu kämpfen im Tal Sid-
dim mit Kedor-Laomer, dem König 9
von Elam, und mit Tidal, dem König
von Völkern, und mit Amrafel, dem
König von Sinear, und mit Arjoch, dem
König von Ellasar, vier Könige gegen
fünf. Das Tal Siddim aber hatte viele 10
Erdharzgruben. Und die Könige von
Sodom und Gomorra wurden in die
Flucht geschlagen und fielen da hinein,
und was übrigblieb, floh auf das Gebir-
ge. Da nahmen sie alle Habe von So- 11
dom und Gomorra und alle Vorräte
und zogen davon. Sie nahmen auch mit 12
sich Lot, Abrams Brudersohn, und sei-
ne Habe, denn [d]er wohnte in Sodom,
und zogen davon.

Da kam einer, der entronnen war, 13
und sagte es Abram an, dem Hebräer,
der da wohnte im Hain Mamres, des
Amoriters, des Bruders von Eschkol
und Aner. Diese waren mit Abram im
Bund. Als nun Abram hörte, daß seines 14
Bruders Sohn gefangen war, wappnete
er seine Knechte, dreihundertundacht-
zehn, in seinem Hause geboren, und
jagte ihnen nach bis [e]Dan und teilte sei- 15
ne Schar, fiel des Nachts über sie her
mit seinen Knechten und schlug sie
und jagte sie bis nach Hoba, das nörd-
lich der Stadt Damaskus liegt. Und er 16
brachte alle Habe wieder zurück, dazu
auch Lot, seines Bruders Sohn, mit sei-
ner Habe, auch die Frauen und das
Volk.

[f]Als er nun zurückkam von dem Sieg 17
über Kedor-Laomer und die Könige
mit ihm, ging ihm entgegen der König
von Sodom in das Tal Schawe, das ist
das Königstal. Aber [g]Melchisedek, der 18
König von [h]Salem, trug Brot und Wein
heraus. Und er war ein Priester Gottes
des Höchsten und segnete ihn und 19
sprach: Gesegnet seist du, Abram, vom
höchsten Gott, der Himmel und Erde
geschaffen hat; und gelobt sei Gott der 20
Höchste, der deine Feinde in deine
Hand gegeben hat. Und Abram gab
ihm den [i]Zehnten von allem. Da sprach 21
der König von Sodom zu Abram: Gib
mir die Leute, die Güter behalte für
dich! Aber Abram sprach zu dem Kö- 22
nig von Sodom: Ich hebe meine Hand
auf zu dem HERRN, dem höchsten Gott,
der Himmel und Erde geschaffen hat,
daß ich von allem, was dein ist, nicht 23

einen Faden noch einen Schuhriemen
nehmen will, damit du nicht sagest, du
24 habest Abram reich gemacht, ausge-
nommen, was die Knechte verzehrt ha-
ben; doch laß die Männer Aner,
Eschkol und Mamre, die mit mir gezo-
gen sind, ihr Teil nehmen.

a Jos 12,23 *b* Kap 19,24 *c (5 und 6)* Kap 36,20-30 *d* Kap 13,10-12 *e* Jos 19,47; Ri 18,29 *f (17-19)* Hebr 7,1-4 *g* Ps 110,4 *h* Ps 76,3 *i* Kap 28,22; 3.Mose 27,30-32

Gott verheißt Abram einen Sohn und gewährt ihm den Bund

(vgl. Kap 17)

15 Nach diesen Geschichten begab sich's,
daß zu Abram das Wort des HERRN kam
in einer [a]Offenbarung: Fürchte dich
nicht, Abram! [b]Ich bin dein Schild und
2 dein sehr großer Lohn. Abram sprach
aber: HERR, mein Gott, was willst du
mir geben? Ich gehe dahin ohne Kin-
der, und mein Knecht Eliëser von Da-
3 maskus wird mein Haus besitzen. Und
Abram sprach weiter: Mir hast du kei-
ne Nachkommen gegeben; und siehe,
einer von meinen Knechten wird mein
4 Erbe sein. Und siehe, der HERR sprach
zu ihm: Er soll nicht dein Erbe sein,
sondern der von deinem Leibe kom-
5 men wird, der soll dein Erbe sein. Und
er hieß ihn hinausgehen und sprach:
Sieh gen Himmel und zähle die Sterne;
kannst du sie zählen? Und sprach zu
ihm: So zahlreich sollen deine Nach-
6 kommen sein![c] *Abram glaubte dem*
HERRN, *und das rechnete er ihm zur Ge-*
rechtigkeit.[d]
7 Und er sprach zu ihm: [e]Ich bin der
HERR, der dich aus [f]Ur in Chaldäa ge-
führt hat, auf daß ich dir dies Land zu
8 besitzen gebe. Abram aber sprach:
HERR, mein Gott, woran soll ich mer-
9 ken, daß ich's besitzen werde? Und er
sprach zu ihm: Bringe mir eine dreijäh-
rige Kuh, eine dreijährige Ziege, einen
dreijährigen Widder, eine Turteltaube
10 und eine andere Taube. Und er brachte
ihm dies alles und [g]zerteilte es in der
Mitte und legte je einen Teil dem an-
dern gegenüber; aber die Vögel zerteil-
11 te er nicht. Und die Raubvögel stießen
hernieder auf die Stücke, aber Abram
scheuchte sie davon.
12 Als nun die Sonne am Untergehen
war, fiel ein [h]tiefer Schlaf auf Abram,
und siehe, Schrecken und große Fin-
13 sternis überfiel ihn. Da sprach der
HERR zu Abram: Das sollst du wissen,
daß deine Nachkommen werden
Fremdlinge sein in einem Lande, das
nicht das ihre ist; und da wird man sie
zu dienen zwingen und plagen vierhun-
dert Jahre.[i] Aber ich will das Volk rich- 14
ten, dem sie dienen müssen. Danach
sollen sie ausziehen mit großem Gut.[j]
Und du sollst fahren zu deinen Vätern 15
mit Frieden und [k]in gutem Alter begra-
ben werden. Sie aber sollen erst nach 16
vier Menschenaltern wieder hierher
kommen; denn die Missetat der [l]Amo-
riter ist noch nicht voll.
Als nun die Sonne untergegangen 17
und es finster geworden war, siehe, da
war ein [m]rauchender Ofen, und eine
Feuerflamme fuhr zwischen den Stük-
ken hin. An dem Tage schloß der HERR 18
einen Bund mit Abram und sprach:
[n]Deinen Nachkommen will ich dies
Land geben, von dem [o]Strom Ägyp-
tens an bis an den großen [p]Strom Eu-
frat: die Keniter, die Kenisiter, die 19
Kadmoniter, die Hetiter, die Perisiter, 20
die Refaiter, die Amoriter, die Kana- 21
aniter, die Girgasiter, die Jebusiter.

a 4.Mose 24,4.16 *b* Ps 3,4 *c* Kap 22,17; 2.Mose 32,13; 5.Mose 1,10; Hebr 11,12 *d* Röm 4,3-5; Jak 2,23 *e* 2.Mose 3,14; Jes 45,5; Joh 8,24-29 *f* Kap 11,31 *g* Jer 34,18.19 *h* Kap 2,21; 1.Sam 26,12; Jes 29,10 *i* 2.Mose 1,13; 12,40; Apg 7,6 *j* 2.Mose 3,21.22; Apg 7,7 *k* Kap 25,7.8 *l* Apg 7,7 *m* 2.Mose 19,18 *n* Kap 12,7 *o* 1.Kön 8,65 *p* 1.Kön 5,1

Hagar und Ismael

(vgl. Kap 21,9-21)

Sarai, Abrams Frau, gebar ihm kein 16
Kind. Sie hatte aber eine ägyptische
Magd, die hieß Hagar. Und Sarai 2
sprach zu Abram: Siehe, der HERR hat
mich verschlossen, daß ich nicht gebä-
ren kann. Geh doch zu meiner Magd,
ob ich vielleicht durch sie zu einem
Sohn komme. [a]Und Abram gehorchte
der Stimme Sarais. Da nahm Sarai, Ab- 3
rams Frau, ihre ägyptische Magd Ha-
gar und gab sie Abram, ihrem Mann,
zur Frau, nachdem sie zehn Jahre im
Lande Kanaan gewohnt hatten.
Und er ging zu Hagar, die ward 4
schwanger. Als sie nun sah, daß sie
schwanger war, achtete sie ihre Herrin
gering. Da sprach Sarai zu Abram: Das 5
Unrecht, das mir geschieht, komme
über dich! Ich habe meine Magd dir in
die Arme gegeben; nun sie aber sieht,
daß sie schwanger geworden ist, bin ich
gering geachtet in ihren Augen. Der
HERR sei Richter zwischen mir und dir.
Abram aber sprach zu Sarai: Siehe, 6
deine Magd ist unter deiner Gewalt; tu
mit ihr, wie dir's gefällt.
Als nun Sarai sie demütigen wollte,

7 floh sie von ihr. Aber der [b]Engel des
HERRN fand sie bei einer Wasserquelle
in der Wüste, nämlich bei der Quelle
8 am Wege nach Schur. Der sprach zu
ihr: Hagar, Sarais Magd, wo kommst
du her, und wo willst du hin? Sie
sprach: Ich bin von Sarai, meiner Her-
9 rin, geflohen. Und der Engel des
HERRN sprach zu ihr: Kehre wieder um
zu deiner Herrin und demütige dich
10 unter ihre Hand. Und der Engel des
HERRN sprach zu ihr: Ich will deine
Nachkommen so mehren, daß sie der
großen Menge wegen nicht gezählt
11 werden können.[c] Weiter sprach der
Engel des HERRN zu ihr: Siehe, du bist
schwanger geworden und wirst einen
Sohn gebären, dessen Namen sollst du
Ismael nennen; denn [d]der HERR hat
12 dein Elend erhört. Er wird ein wilder
Mensch sein: seine Hand wider jeder-
mann und jedermanns Hand wider ihn,
und er wird wohnen all seinen Brüdern
zum Trotz.[e]

13 Und sie nannte den Namen des
HERRN, der mit ihr redete: [f]Du bist ein
Gott, der mich sieht. Denn sie sprach:
Gewiß hab ich hier hinter dem herge-
14 sehen, der mich angesehen hat. Darum
nannte man den Brunnen [g]»Brunnen
des Lebendigen, der mich sieht«. Er
liegt zwischen Kadesch und Bered.

15 Und Hagar gebar Abram einen
Sohn, und Abram nannte den Sohn,
16 den ihm Hagar gebar, Ismael. Und Ab-
ram war sechsundachtzig Jahre alt, als
ihm Hagar den Ismael gebar.

a Kap 30,3.9 *b* 2.Mose 14,19; 23,20; 4.Mose 22,22; 1.Kön 19,7; 2.Kön 19,35 *c* Kap 17,20 *d* 2.Mose 2,23; Hiob 34,28; Ps 9,13; Jes 41,17; Jak 5,4 *e* Kap 25,18 *f* Kap 22,14; 2.Mose 3,7; 2.Kön 13,4 *g* Kap 24,62; 25,11

Ewiger Bund und neue Namen. Verheißung Isaaks und Beschneidung

17 Als nun Abram neunundneunzig Jahre
alt war, erschien ihm der HERR und
sprach zu ihm: [a]Ich bin der allmächti-
ge Gott; [b]wandle vor mir und sei
2 fromm. Und ich will meinen Bund zwi-
schen mir und dir schließen und will
dich über alle Maßen mehren.

3 Da fiel Abram auf sein Angesicht.
Und Gott redete weiter mit ihm und
4 sprach: Siehe, *ich* habe meinen Bund
mit dir, und du sollst ein Vater vieler
5 Völker werden. Darum sollst du nicht
mehr Abram heißen, sondern Abraham
soll dein Name sein; denn [c]ich habe
dich gemacht zum Vater vieler Völker.
Und ich will dich sehr fruchtbar ma- 6
chen und will aus dir Völker machen,
und auch Könige sollen von dir kom-
men. Und ich will aufrichten meinen 7
Bund zwischen mir und dir und deinen
Nachkommen von Geschlecht zu Ge-
schlecht, daß es ein ewiger Bund sei, so
daß ich dein und deiner Nachkommen
Gott bin. Und ich will dir und deinem 8
Geschlecht nach dir das Land geben,
darin du ein [d]Fremdling bist, das ganze
Land Kanaan, [e]zu ewigem Besitz, und
will ihr Gott sein.

Und Gott sprach zu Abraham: So 9
haltet nun meinen Bund, du und deine
Nachkommen von Geschlecht zu Ge-
schlecht. Das aber ist mein Bund, den 10
ihr halten sollt zwischen mir und euch
und deinem Geschlecht nach dir: [f]Al-
les, was männlich ist unter euch, soll
beschnitten werden; eure Vorhaut sollt 11
ihr beschneiden. Das soll das [g]Zeichen
sein des Bundes zwischen mir und
euch.[h] Jedes Knäblein, wenn's acht 12
Tage alt ist, sollt ihr beschneiden bei
euren Nachkommen. Desgleichen auch
alles, was an Gesinde im Hause geboren
oder was gekauft ist von irgendwelchen
Fremden, die nicht aus eurem Ge-
schlecht sind. Beschnitten soll werden 13
alles Gesinde, was dir im Hause gebo-
ren oder was gekauft ist. Und so soll
mein Bund an eurem Fleisch zu einem
ewigen Bund werden. Wenn aber ein 14
Männlicher nicht beschnitten wird an
seiner Vorhaut, wird er ausgerottet
werden aus seinem Volk, weil er mei-
nen Bund gebrochen hat.

Und Gott sprach abermals zu Abra- 15
ham: Du sollst Sarai, deine Frau, nicht
mehr Sarai nennen, sondern Sara soll
ihr Name sein. Denn ich will sie [i]seg- 16
nen, und auch von ihr will ich dir einen
Sohn geben; ich will sie segnen, und
Völker sollen aus ihr werden und Köni-
ge über viele Völker. Da fiel Abraham 17
auf sein Angesicht und [j]lachte und
sprach in seinem Herzen: [k]Soll mir mit
hundert Jahren ein Kind geboren wer-
den, und soll Sara, neunzig Jahre alt,
gebären? Und Abraham sprach zu 18
Gott: Ach daß Ismael möchte leben
bleiben vor dir! Da sprach Gott: Nein, 19
Sara, deine Frau, wird dir einen Sohn
gebären, den sollst du Isaak nennen,
und mit ihm will ich meinen [l]ewigen
Bund aufrichten und mit seinem Ge-
schlecht nach ihm. Und für Ismael 20
habe ich dich auch erhört. Siehe, ich
habe ihn gesegnet und will ihn frucht-

bar machen und [m] über alle Maßen
mehren. [n] Zwölf Fürsten wird er zeugen,
gen, und ich will ihn zum großen Volk
21 machen. Aber meinen Bund will ich
aufrichten mit Isaak, den dir Sara gebären
ren soll um diese Zeit im nächsten Jahr.
22 Und er hörte auf, mit ihm zu reden.
Und Gott fuhr auf von Abraham.
23 Da nahm Abraham seinen Sohn Ismael
mael und alle Knechte, die im Hause
geboren, und alle, die gekauft waren,
und alles, was männlich war in seinem
Hause, und beschnitt ihre Vorhaut an
eben diesem Tage, wie ihm Gott gesagt
24 hatte. Und Abraham war neunundneunzig
neunzig Jahre alt, als er seine Vorhaut
25 beschnitt. Ismael aber, sein Sohn, war
dreizehn Jahre alt, als seine Vorhaut be-
26 schnitten wurde. Eben auf diesen Tag
wurden sie alle beschnitten, Abraham,
27 sein Sohn Ismael, und was männlich in
seinem Hause war, im Hause geboren
und gekauft von Fremden; es wurde alles
les mit ihm beschnitten.

a Kap 35,11; 2.Mose 6,3 *b* 5.Mose 10,12
c Röm 4,11.17 *d* Kap 35,27; Hebr 11,9.10
e Apg 7,5 *f* 3.Mose 12,3; Joh 7,22 *g* Hes 20,12
h 5.Mose 30,6; Röm 4,11 *i* Kap 12,2.3
j Kap 18,12; 21,6 *k* Lk 1,18; Röm 4,19-21
l Kap 26,3 *m* Kap 16,10; 21,13.18 *n* Kap 25,16

Der HERR bei Abraham in Mamre

18 Und der HERR erschien ihm im Hain
Mamre, während er an der Tür seines
Zeltes saß, als der Tag am heißesten
2 war. Und als er seine Augen aufhob
und sah, siehe, da standen drei Männer
vor ihm. Und als er sie sah, lief er ihnen
entgegen von der Tür seines Zeltes und
3 neigte sich zur Erde[a] und sprach: Herr,
hab ich Gnade gefunden vor deinen
Augen, so geh nicht an deinem Knecht
4 vorüber. Man soll euch ein wenig Wasser
ser bringen, eure Füße zu waschen, und
5 laßt euch nieder unter dem Baum. Und
ich will euch einen Bissen Brot bringen,
daß ihr euer Herz labet; danach mögt
ihr weiterziehen. Denn darum seid ihr
bei eurem Knecht vorübergekommen.
Sie sprachen: Tu, wie du gesagt hast.
6 Abraham eilte in das Zelt zu Sara
und sprach: Eile und menge drei Maß
feinstes Mehl, knete und backe Ku-
7 chen. Er aber lief zu den Rindern und
holte ein zartes gutes Kalb und gab's
dem Knechte; der eilte und bereitete es
8 zu. Und er trug Butter und Milch auf
und von dem Kalbe, das er zubereitet
hatte, und setzte es ihnen vor und blieb
stehen vor ihnen unter dem Baum, und
sie aßen.

Da sprachen sie zu ihm: Wo ist Sara, 9
deine Frau? Er antwortete: Drinnen im
Zelt. Da sprach er: Ich [b] will wieder zu 10
dir kommen übers Jahr; siehe, dann
soll Sara, deine Frau, einen Sohn haben.
ben. Das hörte Sara hinter ihm, hinter
der Tür des Zeltes. Und sie waren bei- 11
de, Abraham und Sara, alt und hochbetagt,
tagt, so daß es Sara nicht mehr ging
nach der Frauen Weise. Darum [c] lachte 12
sie bei sich selbst und sprach: Nun ich
alt bin, soll ich noch der Liebe pflegen,
und mein [d] Herr ist auch alt! Da sprach 13
der HERR zu Abraham: Warum lacht
Sara und spricht: Meinst du, daß es
wahr sei, daß ich noch gebären werde,
die ich doch alt bin? [e] *Sollte dem* HERRN 14
etwas unmöglich sein? Um diese Zeit will
ich wieder zu dir kommen übers Jahr;
dann soll Sara einen Sohn haben. Da 15
leugnete Sara und sprach: Ich habe
nicht gelacht –, denn sie fürchtete sich.
Aber er sprach: Es ist nicht so, du hast
gelacht.

a Hebr 13,2.3 *b* Kap 17,19; Röm 9,9
c Kap 17,17 *d* 1.Petr 3,6 *e* Mt 19,26; Lk 1,37

Abrahams Fürbitte für Sodom

Da brachen die Männer auf und wand- 16
ten sich nach Sodom, und Abraham
ging mit ihnen, um sie zu geleiten. Da 17
sprach der HERR: Wie könnte ich Abraham
ham verbergen, was ich tun will,[a] da er 18
doch ein großes und mächtiges Volk
werden soll und alle Völker auf Erden
in ihm gesegnet werden sollen?[b] Denn 19
dazu habe ich ihn auserkoren, daß er
[c] seinen Kindern befehle und seinem
Hause nach ihm, daß sie des HERRN
Wege halten und tun, was recht und gut
ist, auf daß der HERR auf Abraham
kommen lasse, was er ihm verheißen
hat. Und der HERR sprach: Es ist ein 20
großes [d] Geschrei über Sodom und Gomorra,
morra, daß ihre Sünden sehr schwer
sind. Darum will ich hinabfahren und 21
sehen, ob sie alles getan haben nach
dem Geschrei, das vor mich gekommen
ist, oder ob's nicht so sei, damit ich's
wisse. Und die Männer wandten ihr 22
Angesicht und gingen nach Sodom.
Aber Abraham blieb stehen vor dem
HERRN und trat zu ihm und sprach: 23
Willst du denn den Gerechten mit dem
Gottlosen umbringen?[e] Es könnten 24
vielleicht fünfzig Gerechte in der Stadt
sein; wolltest du die umbringen und
dem Ort nicht vergeben um fünfzig
Gerechter willen, die darin wären? Das 25
sei ferne von dir, daß du das tust und

tötest den Gerechten mit dem Gottlo-
sen, so daß der Gerechte wäre gleich
wie der Gottlose! Das sei ferne von dir!
Sollte der [f]Richter aller Welt nicht ge-
26 recht richten? Der HERR sprach: Finde
ich fünfzig Gerechte zu Sodom in der
Stadt, so will ich um ihretwillen dem
27 ganzen Ort vergeben.[g] Abraham ant-
wortete und sprach: Ach siehe, ich
habe mich unterwunden, zu reden mit
dem Herrn, wiewohl ich Erde und
28 Asche bin. Es könnten vielleicht fünf
weniger als fünfzig Gerechte darin
sein; wolltest du denn die ganze Stadt
verderben um der fünf willen? Er
sprach: Finde ich darin fünfundvier-
29 zig, so will ich sie nicht verderben. Und
er fuhr fort mit ihm zu reden und
sprach: Man könnte vielleicht vierzig
darin finden. Er aber sprach: Ich will
ihnen nichts tun um der vierzig willen.
30 Abraham sprach: Zürne nicht, Herr,
daß ich noch mehr rede. Man könnte
vielleicht dreißig darin finden. Er aber
sprach: Finde ich dreißig darin, so will
31 ich ihnen nichts tun. Und er sprach:
Ach siehe, ich habe mich unterwunden,
mit dem Herrn zu reden. Man könnte
vielleicht zwanzig darin finden. Er ant-
wortete: Ich will sie nicht verderben
32 um der zwanzig willen. Und er sprach:
[h]Ach, zürne nicht, Herr, daß ich nur
noch einmal rede. Man könnte viel-
leicht zehn darin finden. Er aber
sprach: Ich will sie nicht verderben um
33 der zehn willen. Und der HERR ging
weg, nachdem er aufgehört hatte, mit
Abraham zu reden; und Abraham
kehrte wieder um an seinen Ort.

a Am 3,7 *b* Kap 12,3 *c* 5.Mose 6,7; 32,46
d Kap 19,13 *e* 4.Mose 16,22 *f* Ps 82,1; 94,2
g Jes 65,8; Mt 24,22 *h* Ri 6,39

Untergang von Sodom und Gomorra. Lots Errettung

19 [a]Die zwei Engel kamen nach Sodom
am Abend; Lot aber saß zu Sodom un-
ter dem Tor. Und als er sie sah, stand
er auf, ging ihnen entgegen und neigte
2 sich bis zur Erde und sprach: Siehe, lie-
be Herren, kehrt doch ein im Hause eu-
res Knechts und bleibt über Nacht;
laßt eure Füße waschen und brecht
frühmorgens auf und zieht eure Straße.
Aber sie sprachen: Nein, wir wollen
3 über Nacht im Freien bleiben. Da nö-
tigte er sie sehr, und sie kehrten zu ihm
ein und kamen in sein Haus. Und er
machte ihnen ein Mahl und backte un-
gesäuerte Kuchen, und sie aßen.

Aber ehe sie sich legten, kamen die 4
Männer der Stadt Sodom und umga-
ben das Haus, jung und alt, das ganze
Volk aus allen Enden, [b]und riefen Lot 5
und sprachen zu ihm: Wo sind die
Männer, die zu dir gekommen sind
diese Nacht? Führe sie heraus zu uns,
daß wir uns über sie her machen. Lot 6
ging heraus zu ihnen vor die Tür und
schloß die Tür hinter sich zu und 7
sprach: Ach, liebe Brüder, tut nicht so
übel! Siehe, ich habe zwei Töchter, die 8
wissen noch von keinem Manne; die
will ich herausgeben unter euch, und
tut mit ihnen, was euch gefällt; aber
diesen Männern tut nichts, denn dar-
um sind sie unter den Schatten meines
Dachs gekommen. Sie aber sprachen: 9
Weg mit dir! Und sprachen auch: Du
bist der einzige Fremdling hier und
willst regieren? Wohlan, wir wollen
dich noch übler plagen als jene. Und sie
[c]drangen hart ein auf den Mann Lot.
Doch als sie hinzuliefen und die Tür
aufbrechen wollten, griffen die Männer 10
hinaus und zogen Lot herein zu sich ins
Haus und schlossen die Tür zu. Und 11
[d]sie schlugen die Leute vor der Tür des
Hauses, klein und groß, mit Blindheit,
so daß sie es aufgaben, die Tür zu fin-
den.

Und die Männer sprachen zu Lot: 12
Hast du hier noch einen Schwiegersohn
und Söhne und Töchter und wer dir
sonst angehört in der Stadt, den führe
weg von dieser Stätte. Denn wir wer- 13
den diese Stätte verderben, weil [e]das
Geschrei über sie groß ist vor dem
HERRN; der hat uns gesandt, sie zu ver-
derben. Da ging Lot hinaus und redete 14
mit den Männern, die seine Töchter
heiraten sollten: Macht euch auf und
[f]geht aus diesem Ort, denn der HERR
wird diese Stadt verderben. Aber es
war ihnen lächerlich.

Als nun die Morgenröte aufging, 15
drängten die Engel Lot zur Eile und
sprachen: Mach dich auf, nimm deine
Frau und deine beiden Töchter, die
hier sind, damit du nicht auch um-
kommst in der Missetat dieser Stadt.
Als er aber zögerte, ergriffen die Män- 16
ner ihn und seine Frau und seine bei-
den Töchter bei der Hand, weil der
HERR ihn verschonen wollte, und führ-
ten ihn hinaus und ließen ihn erst drau-
ßen vor der Stadt wieder los.

Und als sie ihn hinausgebracht hat- 17
ten, sprach der eine: Rette dein Leben
und sieh nicht hinter dich, bleib auch

nicht stehen in dieser ganzen Gegend.
[g]Auf das Gebirge rette dich, damit du
18 nicht umkommst! Aber Lot sprach zu
19 ihnen: Ach nein, Herr! Siehe, dein
Knecht hat Gnade gefunden vor deinen
Augen, und du hast deine Barmherzig-
keit groß gemacht, die du an mir getan
hast, als du mich am Leben erhieltest.
Ich kann mich nicht auf das Gebirge
retten; es könnte mich sonst das Unheil
20 ereilen, so daß ich stürbe. Siehe, da ist
eine Stadt nahe, in die ich fliehen kann,
und sie ist klein; dahin will ich mich
retten – ist sie doch klein –, damit ich
21 am Leben bleibe. Da sprach er zu ihm:
Siehe, ich habe auch darin dich angese-
hen, daß ich die Stadt nicht zerstöre,
22 von der du geredet hast. Eile und rette
dich dahin; denn ich kann nichts tun,
bis du hineinkommst. Daher ist diese
23 Stadt Zoar genannt. Und die Sonne
war aufgegangen auf Erden, als Lot
nach Zoar kam.
24 Da ließ der HERR Schwefel und
Feuer regnen vom Himmel herab auf
25 Sodom und Gomorra[h] und vernichtete
die Städte und die ganze Gegend und
alle Einwohner der Städte und was auf
26 dem Lande gewachsen war. Und Lots
Weib sah hinter sich und ward zur
Salzsäule.[i]
27 Abraham aber machte sich früh am
Morgen auf an den Ort, wo er vor dem
28 HERRN gestanden hatte, und wandte
sein Angesicht gegen Sodom und Go-
morra und alles Land dieser Gegend
und schaute, und siehe, da ging ein
Rauch auf vom Lande wie der Rauch
29 von einem Ofen. Und es geschah, als
Gott die Städte in der Gegend vernich-
tete, gedachte er an Abraham und gelei-
tete Lot aus den Städten, die er zerstör-
te, in denen Lot gewohnt hatte.

a Kap 18,22 *b* (5-8) 3.Mose 18,22-25; Ri 19,22-24; Röm 1,27 *c* 2.Petr 2,7.8 *d* 2.Kön 6,18 *e* Kap 18,20 *f* 4.Mose 16,21 *g* Mt 24,16 *h* 5.Mose 29,22; Ps 11,6; Jes 1,9.10; 13,19; Am 4,11; Lk 17,29; 2.Petr 2,6; Offb 14,10 *i* Lk 17,32

Lot und seine Töchter

30 Und Lot zog weg von Zoar und blieb
auf dem Gebirge mit seinen beiden
Töchtern; denn er fürchtete sich, in
Zoar zu bleiben; und so blieb er in einer
31 Höhle mit seinen beiden Töchtern. Da
sprach die ältere zu der jüngeren: Un-
ser Vater ist alt, und kein Mann ist
mehr im Lande, der zu uns eingehen
32 könnte nach aller Welt Weise. So
komm, laß uns unserm Vater Wein zu
trinken geben und uns zu ihm legen,
daß wir uns Nachkommen schaffen von
unserm Vater.[a] Da gaben sie ihrem Va- 33
ter Wein zu trinken in derselben Nacht.
Und die erste ging hinein und legte sich
zu ihrem Vater; und er ward's nicht ge-
wahr, als sie sich legte noch als sie auf-
stand. Am Morgen sprach die ältere zu 34
der jüngeren: Siehe, ich habe gestern
bei meinem Vater gelegen. Laß uns ihm
auch diese Nacht Wein zu trinken ge-
ben, daß du hineingehst und dich zu
ihm legst, damit wir uns Nachkommen
schaffen von unserm Vater. Da gaben 35
sie ihrem Vater auch diese Nacht Wein
zu trinken. Und die jüngere machte
sich auch auf und legte sich zu ihm;
und er ward's nicht gewahr, als sie sich
legte noch als sie aufstand.
So wurden die beiden Töchter Lots 36
schwanger von ihrem Vater. Und die 37
ältere gebar einen Sohn, den nannte sie
Moab. Von dem kommen her die Moa-
biter bis auf den heutigen Tag.[b] Und 38
die jüngere gebar auch einen Sohn, den
nannte sie Ben-Ammi. Von dem kom-
men her die [c]Ammoniter bis auf den
heutigen Tag.

a 3.Mose 18,7 *b* 5.Mose 2,9 *c* 5.Mose 2,19; 23,4

Abraham und Sara bei Abimelech

(vgl. Kap 12,10-20; 26,1-11)

Abraham aber zog von dannen ins Süd- **20**
land und wohnte zwischen Kadesch
und Schur und lebte nun als ein
Fremdling zu Gerar.[a] Er sagte aber von 2
Sara, seiner Frau: Sie ist meine Schwe-
ster. Da sandte Abimelech, der König
von Gerar, hin und ließ sie holen. Aber 3
Gott kam zu Abimelech des Nachts im
Traum und sprach zu ihm: Siehe, du
bist des Todes um des Weibes willen,
das du genommen hast; denn sie ist
eines Mannes Ehefrau. Abimelech aber 4
hatte sie nicht berührt und sprach:
Herr, willst du denn auch ein gerechtes
Volk umbringen? Hat er nicht zu mir 5
gesagt: sie ist meine Schwester? Und
sie hat auch gesagt: er ist mein Bruder.
Hab ich das doch getan mit einfältigem
Herzen und unschuldigen Händen.
Und Gott sprach zu ihm im Traum: 6
Ich weiß auch, daß du das mit einfälti-
gem Herzen getan hast. Darum habe
ich dich auch behütet, daß du nicht wi-
der mich sündigtest, und habe es nicht
zugelassen, daß du sie berührtest. So 7
gib nun dem Mann seine Frau wieder,
denn er ist ein Prophet, und [b]laß ihn für

dich bitten, so wirst du am Leben blei-
ben. Wenn du sie aber nicht wieder-
gibst, so wisse, daß du des Todes ster-
ben mußt und alles, was dein ist.
8 Da stand Abimelech früh am Mor-
gen auf und rief alle seine Großen und
sagte dieses alles vor ihren Ohren. Und
9 die Männer fürchteten sich sehr. Und
Abimelech rief Abraham auch herzu
und sprach zu ihm: Warum hast du uns
das angetan? Und was habe ich an dir
gesündigt, daß du eine so große Sünde
wolltest auf mich und mein Reich brin-
gen? Du hast an mir gehandelt, wie
10 man nicht handeln soll. Und Abime-
lech sprach weiter zu Abraham: Wie
bist du dazu gekommen, daß du solches
11 getan hast? Abraham sprach: Ich dach-
te, gewiß ist keine Gottesfurcht an
diesem Orte, und sie werden mich um
12 meiner Frau willen umbringen. Auch
ist sie wahrhaftig meine Schwester,
denn sie ist meines Vaters Tochter,
aber nicht meiner Mutter Tochter; so
13 ist sie meine Frau geworden.[c] Als mich
aber Gott aus meines Vaters Hause
wandern hieß, sprach ich zu ihr: Die
Liebe tu mir an, daß, wo wir hinkom-
men, du von mir sagst, ich sei dein Bru-
der.
14 Da nahm Abimelech Schafe und
Rinder, Knechte und Mägde und gab
sie Abraham und gab ihm Sara, seine
15 Frau, wieder und sprach: Siehe da,
mein Land steht dir offen; wohne, wo
16 dir's wohlgefällt. Und zu Sara sprach
er: Siehe da, ich habe deinem Bruder
tausend Silberstücke gegeben; siehe,
das soll eine Decke sein über den Augen
aller, die bei dir sind, dir zugute. Damit
17 ist dir bei allen Recht verschafft. Abra-
ham aber betete zu Gott. Da heilte Gott
Abimelech und seine Frau und seine
Mägde, daß sie wieder Kinder gebaren.
18 Denn der HERR hatte zuvor hart ver-
schlossen jeden Mutterschoß im Hause
Abimelechs um Saras, Abrahams Frau,
willen.

a Kap 12,9; 26,1 *b* 1.Kön 13,6 *c* 3.Mose 18,9

Isaaks Geburt

21 Und der HERR suchte Sara heim, wie er
gesagt hatte, und tat an ihr, wie er gere-
2 det hatte.[a] Und Sara ward schwanger
und gebar dem Abraham in seinem Al-
ter einen Sohn um die Zeit, von der
3 Gott zu ihm geredet hatte.[b] Und Abra-
ham nannte seinen Sohn, der ihm gebo-
ren war, Isaak, den ihm Sara gebar,[c]
4 und beschnitt ihn am achten Tage, wie
ihm Gott geboten hatte.[d] Hundert Jah- 5
re war Abraham alt, als ihm sein Sohn
Isaak geboren wurde.[e] Und Sara 6
sprach: Gott hat mir ein [f] Lachen zuge-
richtet; denn wer es hören wird, der
wird über mich lachen. Und sie sprach: 7
Wer hätte wohl von Abraham gesagt,
daß Sara Kinder stille! Und doch habe
ich ihm einen Sohn geboren in seinem
Alter.

a Kap 18,10 *b* Hebr 11,11 *c* Kap 17,19
d Kap 17,11.12; Apg 7,8 *e* Kap 17,17 *f* Kap 18,12

Austreibung Ismaels und seiner Mutter

Und das Kind wuchs heran und wurde 8
entwöhnt. Und Abraham machte ein
großes Mahl am Tage, da Isaak ent-
wöhnt wurde. Und Sara sah den Sohn 9
Hagars, der Ägypterin, den sie Abra-
ham geboren hatte, wie er Mutwillen
trieb. Da sprach sie zu Abraham: 10
[a] Treibe diese Magd aus mit ihrem
Sohn; denn der Sohn dieser Magd soll
nicht erben mit meinem Sohn Isaak.
Das Wort mißfiel Abraham sehr um 11
seines Sohnes willen. Aber Gott sprach 12
zu ihm: Laß es dir nicht mißfallen
wegen des Knaben und der Magd. Al-
les, was Sara dir gesagt hat, dem gehor-
che; denn nur [b] nach Isaak soll dein Ge-
schlecht benannt werden. Aber [c] auch 13
den Sohn der Magd will ich zu einem
Volk machen, weil er dein Sohn ist.
Da stand Abraham früh am Morgen 14
auf und nahm Brot und einen Schlauch
mit Wasser und legte es Hagar auf ihre
Schulter, dazu den Knaben, und
schickte sie fort. Da zog sie hin und irr-
te in der Wüste umher bei Beerseba.
Als nun das Wasser in dem Schlauch 15
ausgegangen war, warf sie den Knaben
unter einen Strauch und ging hin und 16
setzte sich gegenüber von ferne, einen
Bogenschuß weit; denn sie sprach: Ich
kann nicht ansehen des Knaben Ster-
ben. Und sie setzte sich gegenüber und
erhob ihre Stimme und weinte.[d] Da er- 17
hörte Gott die Stimme des Knaben.
Und der Engel Gottes rief Hagar vom
Himmel her und sprach zu ihr: Was ist
dir, Hagar? Fürchte dich nicht; denn
Gott hat gehört die Stimme des Kna-
ben, der dort liegt. Steh auf, nimm den 18
Knaben und führe ihn an deiner Hand;
denn ich will ihn zum großen Volk ma-
chen. Und [e] Gott tat ihr die Augen auf, 19
daß sie einen Wasserbrunnen sah. Da
ging sie hin und füllte den Schlauch mit
Wasser und tränkte den Knaben. Und 20

Gott war mit dem Knaben. Der wuchs
heran und wohnte in der Wüste und
21 wurde ein guter Schütze. Und er wohn-
te in der Wüste Paran, und seine Mut-
ter nahm ihm eine Frau aus [f]Ägypten-
land.

a Gal 4,30 *b* Kap 17,21; Röm 9,7.8; Hebr 11,18
c Kap 17,20 *d* Jes 49,15 *e* 2.Kön 6,17.20
f Kap 16,3

Abrahams Bund mit Abimelech

(vgl. Kap 26,15-33)

22 Zu der Zeit redete Abimelech zusam-
men mit Pichol, seinem Feldhaupt-
mann, zu Abraham und sprach: Gott
23 ist mit dir in allem, was du tust. So
schwöre mir nun bei Gott, daß du mir
und meinen Söhnen und meinen En-
keln keine Untreue erweisen wollest,
sondern die Barmherzigkeit, die ich an
dir getan habe, an mir auch tust und an
dem Lande, darin du ein Fremdling
24 bist.[a] Da sprach Abraham: Ich will
25 schwören. Und Abraham stellte Abi-
melech zur Rede um des Wasserbrun-
nens willen, den Abimelechs Knechte
26 mit Gewalt genommen hatten. Da ant-
wortete Abimelech: Ich habe es nicht
gewußt, wer das getan hat; weder hast
du mir's angesagt, noch hab ich's ge-
27 hört bis heute. Da nahm Abraham
Schafe und Rinder und gab sie Abime-
lech, und die beiden schlossen einen
28 Bund miteinander. Und Abraham
29 stellte sieben Lämmer besonders. Da
sprach Abimelech zu Abraham: Was
sollen die sieben Lämmer, die du be-
30 sonders gestellt hast? Er antwortete:
Sieben Lämmer sollst du von meiner
Hand nehmen, damit sie für mich ein
Zeugnis seien, daß ich diesen Brunnen
31 gegraben habe. Daher heißt die Stätte
Beerseba, weil sie beide miteinander da
32 geschworen haben. Und so schlossen
sie den Bund zu Beerseba.

Da machten sich auf Abimelech und
Pichol, sein Feldhauptmann, und zo-
33 gen wieder in der Philister Land. Abra-
ham aber pflanzte einen Tamarisken-
baum in Beerseba und [b]rief dort den
Namen des HERRN, des ewigen Gottes,
34 an. Und er war ein Fremdling in der
Philister Lande eine lange Zeit.

a Kap 20,15 *b* Kap 12,8; Röm 16,26

Abrahams Versuchung. Bestätigung der Verheißung

22 Nach diesen Geschichten [a]versuchte
Gott Abraham und sprach zu ihm: Ab-
raham! Und er antwortete: Hier bin
ich. Und er sprach: Nimm Isaak, dei- 2
nen einzigen Sohn, den du liebhast,
und geh hin in das Land Morija und
opfere ihn dort zum Brandopfer auf
einem Berge, den ich dir sagen werde.

Da stand Abraham früh am Morgen 3
auf und gürtete seinen Esel und nahm
mit sich zwei Knechte und seinen Sohn
Isaak und spaltete Holz zum Brand-
opfer, machte sich auf und ging hin an
den Ort, von dem ihm Gott gesagt hat-
te. Am dritten Tage hob Abraham seine 4
Augen auf und sah die Stätte von ferne
und sprach zu seinen Knechten: Bleibt 5
ihr hier mit dem Esel. Ich und der Kna-
be wollen dorthin gehen, und wenn wir
angebetet haben, wollen wir wieder zu
euch kommen.

Und Abraham nahm das Holz zum 6
Brandopfer und legte es auf seinen
Sohn Isaak. Er aber nahm das Feuer
und das Messer in seine Hand; und
gingen die beiden miteinander. Da 7
sprach Isaak zu seinem Vater Abra-
ham: Mein Vater! Abraham antworte-
te: Hier bin ich, mein Sohn. Und er
sprach: Siehe, hier ist Feuer und Holz;
wo ist aber das Schaf zum Brandopfer?
Abraham antwortete: Mein Sohn, Gott 8
wird sich ersehen ein Schaf zum Brand-
opfer. Und gingen die beiden miteinan-
der.

Und als sie an die Stätte kamen, die 9
ihm Gott gesagt hatte, baute Abraham
dort einen Altar und legte das Holz dar-
auf und band seinen Sohn Isaak, legte
ihn auf den Altar oben auf das Holz und 10
reckte seine Hand aus und faßte das
Messer, daß er seinen Sohn schlachte-
te.[b]

Da rief ihn der Engel des HERRN vom 11
Himmel und sprach: Abraham! Abra-
ham! Er antwortete: Hier bin ich. Er 12
sprach: Lege deine Hand nicht an den
Knaben und tu ihm nichts; denn nun
weiß ich, daß du Gott fürchtest und
[c]hast deines einzigen Sohnes nicht ver-
schont um meinetwillen. Da hob Abra- 13
ham seine Augen auf und sah einen
Widder hinter sich in der Hecke mit
seinen Hörnern hängen und ging hin
und nahm den Widder und opferte ihn
zum Brandopfer an seines Sohnes
Statt. Und Abraham nannte die Stätte 14
[d]»Der HERR sieht«. Daher man noch
heute sagt: Auf dem Berge, da der
HERR sieht.

Und der Engel des HERRN rief Abra- 15
ham abermals vom Himmel her und 16
sprach: [e]Ich habe bei mir selbst ge-

schworen, spricht der HERR: Weil du
solches getan hast und hast deines ein-
17 zigen Sohnes nicht verschont, will ich
[f]dein Geschlecht segnen und mehren
wie die Sterne am Himmel und wie den
Sand am Ufer des Meeres, und deine
Nachkommen sollen die Tore ihrer
18 Feinde besitzen; und durch [g]dein Ge-
schlecht sollen alle Völker auf Erden
gesegnet werden, weil du meiner Stim-
19 me gehorcht hast. So kehrte Abraham
zurück zu seinen Knechten. Und sie
machten sich auf und zogen miteinan-
der nach Beerseba, und Abraham blieb
daselbst.

a 2.Mose 15,25; 16,4; 20,20; 5.Mose 8,2; 13,4; Ri 2,22; Hebr 11,17; Jak 1,13 *b* Mt 26,39; Jak 2,21 *c* Röm 8,32; Hebr 11,17 *d* Kap 16,13 *e* 2.Mose 32,13; Jes 45,23; Am 6,8; Mi 7,20; Lk 1,73; Hebr 6,13 *f* Kap 13,16; Hebr 11,12 *g* Kap 12,3; Gal 3,16

Die Nachkommen Nahors

20 Nach diesen Geschichten begab sich's,
daß Abraham angesagt wurde: Siehe,
[a]Milka hat auch Söhne geboren deinem
21 Bruder Nahor, nämlich Uz, den Erst-
geborenen, und Bus, seinen Bruder,
und Kemuël, von dem die Aramäer
22 herkommen, und Kesed und Haso und
23 Pildasch und Jidlaf und Betuël. [b]Betuël
aber zeugte Rebekka. Diese acht gebar
Milka dem Nahor, Abrahams Bruder.
24 Und seine Nebenfrau, mit Namen Re-
huma, gebar auch, nämlich den Te-
bach, Gaham, Tahasch und Maacha.

a Kap 11,29 *b* Kap 24,15

Sara stirbt. Abraham erwirbt ein Erbbegräbnis

23 Sara wurde hundertsiebenundzwanzig
2 Jahre alt und starb in Kirjat-Arba – das
ist Hebron – im Lande Kanaan. Da
kam Abraham, daß er sie beklagte und
beweinte.
3 Danach stand er auf von seiner To-
ten und redete mit den Hetitern und
4 sprach: Ich bin ein [a]Fremdling und
Beisasse bei euch; gebt mir ein Erbbe-
gräbnis bei euch, daß ich meine Tote
5 hinaustrage und begrabe. Da antworte-
ten die Hetiter Abraham und sprachen
6 zu ihm: Höre uns, lieber Herr! Du bist
ein Fürst Gottes unter uns. Begrabe
deine Tote in einem unserer vornehm-
sten Gräber; kein Mensch unter uns
wird dir wehren, daß du in seinem Gra-
be deine Tote begrabest.
7 Da stand Abraham auf und verneigte
sich vor dem Volk des Landes, vor den
8 Hetitern. Und er redete mit ihnen und
sprach: Gefällt es euch, daß ich meine
Tote hinaustrage und begrabe, so höret
mich und bittet für mich Efron, den
Sohn Zohars, daß er mir gebe seine 9
Höhle in Machpela, die am Ende seines
Ackers liegt; er gebe sie mir um Geld,
soviel sie wert ist, zum Erbbegräbnis
unter euch. Efron aber saß unter den 10
Hetitern. Da antwortete Efron, der He-
titer, dem Abraham vor den Ohren der
Hetiter, vor allen, die beim Tor seiner
Stadt versammelt waren, und sprach:
Nein, mein Herr, sondern höre mir zu! 11
Ich schenke dir den Acker und die
Höhle darin und übergebe dir's vor den
Augen der Söhne meines Volks, um
deine Tote dort zu begraben.
Da verneigte sich Abraham vor dem 12
Volk des Landes und redete mit Efron, 13
so daß das Volk des Landes es hörte,
und sprach: Willst du ihn mir lassen, so
bitte ich, nimm von mir das Geld für
den Acker, das ich dir gebe, so will ich
meine Tote dort begraben. Efron ant- 14
wortete Abraham und sprach zu ihm:
Mein Herr, höre mich doch! Das Feld 15
ist vierhundert Lot Silber wert; was ist
das aber zwischen mir und dir? Begra-
be nur deine Tote! Abraham gehorchte 16
Efron und wog ihm die Summe dar, die
er genannt hatte vor den Ohren der He-
titer, vierhundert Lot Silber nach dem
Gewicht, das im Kauf gang und gäbe
war.
So wurde Efrons Acker in Machpela 17
östlich von Mamre Abraham zum Ei-
gentum bestätigt, mit der Höhle darin
und mit allen Bäumen auf dem Acker
umher, vor den Augen der Hetiter und 18
aller, die beim Tor seiner Stadt versam-
melt waren. Danach begrub Abraham 19
Sara, seine Frau, in der Höhle des Ak-
kers in Machpela östlich von Mamre,
das ist Hebron, im Lande Kanaan. So 20
wurden Abraham der Acker und [b]die
Höhle darin zum Erbbegräbnis bestä-
tigt von den Hetitern.

a Kap 17,8 *b* Kap 25,9.10; 47,30; 49,29-32; 50,13

Rebekka wird Isaaks Frau

Abraham war alt und hochbetagt, und **24**
der HERR hatte ihn gesegnet allenthal-
ben.[a] Und er sprach zu dem ältesten 2
Knecht seines Hauses, der allen seinen
Gütern vorstand: Lege deine Hand un-
ter meine Hüfte und schwöre mir bei 3
dem HERRN, dem Gott des Himmels
und der Erde, daß du meinem Sohn
[b]keine Frau nehmest von den Töchtern
der Kanaaniter, unter denen ich woh-

4 ne, sondern daß du ziehest in mein Va-
terland und zu meiner Verwandtschaft
und nehmest meinem Sohn Isaak dort
eine Frau.
5 Der Knecht sprach: Wie, wenn das
Mädchen mir nicht folgen wollte in dies
Land, soll ich dann deinen Sohn zu-
rückbringen in jenes Land, von dem du
6 ausgezogen bist? Abraham sprach zu
ihm: Davor hüte dich, daß du meinen
7 Sohn wieder dahin bringest! [c]Der
HERR, der Gott des Himmels, der mich
von meines Vaters Hause genommen
hat und von meiner Heimat, der mir
zugesagt und mir auch geschworen hat:
Dies Land will ich deinen Nachkom-
men geben –, der wird seinen Engel vor
dir her senden, daß du meinem Sohn
8 dort eine Frau nehmest. Wenn aber das
Mädchen dir nicht folgen will, so bist
du dieses Eides ledig. Nur bringe mei-
9 nen Sohn nicht wieder dorthin! Da leg-
te der Knecht seine Hand unter die
Hüfte Abrahams, seines Herrn, und
schwor es ihm.
10 So nahm der Knecht zehn Kamele
von den Kamelen seines Herrn und zog
hin und hatte mit sich allerlei Güter sei-
nes Herrn und machte sich auf und zog
nach Mesopotamien, zu der Stadt [d]Na-
11 hors. Da ließ er die Kamele sich lagern
draußen vor der Stadt bei dem Wasser-
brunnen des Abends um die Zeit, da die
Frauen pflegten herauszugehen und
12 Wasser zu schöpfen. Und er sprach:
HERR, du Gott Abrahams, meines
Herrn, laß es mir heute gelingen und tu
Barmherzigkeit an Abraham, meinem
13 Herrn! Siehe, ich stehe hier bei dem
Wasserbrunnen, und die Töchter der
Leute in dieser Stadt werden heraus-
kommen, um Wasser zu schöpfen.
14 Wenn nun ein Mädchen kommt, zu
dem ich spreche: Neige deinen Krug
und laß mich trinken, und es sprechen
wird: Trinke, ich will deine Kamele
auch tränken –, das sei die, die du dei-
nem Diener Isaak beschert hast, und
daran werde ich erkennen, daß du
Barmherzigkeit an meinem Herrn ge-
tan hast.
15 Und ehe er ausgeredet hatte, siehe,
da kam heraus [e]Rebekka, die Tochter
Betuëls, der ein Sohn der Milka war,
die die Frau Nahors, des Bruders Abra-
hams, war, und trug einen Krug auf ih-
16 rer Schulter. Und das Mädchen war
sehr schön von Angesicht, eine Jung-
frau, die noch von keinem Manne wuß-
te. Die stieg hinab zum Brunnen und
füllte den Krug und stieg herauf. Da 17
lief ihr der Knecht entgegen und
sprach: Laß mich ein wenig Wasser aus
deinem Kruge trinken. Und sie sprach: 18
Trinke, mein Herr! Und eilends ließ sie
den Krug hernieder auf ihre Hand und
gab ihm zu trinken. Und als sie ihm zu 19
trinken gegeben hatte, sprach sie: Ich
will deinen Kamelen auch schöpfen, bis
sie alle genug getrunken haben. Und 20
eilte und goß den Krug aus in die Trän-
ke und lief abermals zum Brunnen, um
zu schöpfen, und schöpfte allen seinen
Kamelen.
Der Mann aber betrachtete sie und 21
schwieg still, bis er erkannt hätte, ob
der HERR zu seiner Reise Gnade gege-
ben hätte oder nicht. Als nun die Ka- 22
mele alle getrunken hatten, nahm er
einen goldenen Stirnreif, sechs Gramm
schwer, und zwei goldene Armreifen
für ihre Hände, hundertundzwanzig
Gramm schwer, und sprach: Wessen 23
Tochter bist du? Das sage mir doch!
Haben wir auch Raum in deines Vaters
Hause, um zu herbergen? Sie sprach zu 24
ihm: Ich bin die Tochter Betuëls, des
Sohnes der Milka, den sie dem Nahor
geboren hat. Und sagte weiter zu ihm: 25
Es ist auch viel Stroh und Futter bei uns
und Raum genug, um zu herbergen.
Da neigte sich der Mann und betete 26
den HERRN an und sprach: Gelobt sei 27
der HERR, der Gott Abrahams, meines
Herrn, der seine Barmherzigkeit und
seine Treue von meinem Herrn nicht
hat weichen lassen; denn der HERR hat
mich geradeswegs geführt zum Hause
des Bruders meines Herrn. Und das 28
Mädchen lief und sagte dies alles in ih-
rer Mutter Hause.
Und Rebekka hatte einen Bruder, 29
der hieß Laban; und Laban lief zu dem
Mann draußen bei dem Brunnen.
Denn als er den Stirnreif und die Arm- 30
reifen an den Händen seiner Schwester
gesehen hatte und die Worte Rebekkas,
seiner Schwester, gehört hatte: So hat
mir der Mann gesagt –, da kam er zu
dem Mann, und siehe, er stand bei den
Kamelen am Brunnen. Und er sprach: 31
Komm herein, du Gesegneter des
HERRN! Warum stehst du draußen? Ich
habe das Haus bereitet und für die Ka-
mele auch Raum gemacht. Da führte er 32
den Mann ins Haus und zäumte die
Kamele ab und gab ihnen Stroh und
Futter, dazu auch Wasser, zu waschen
seine Füße und die Füße der Männer,
die mit ihm waren.

33 Und man setzte ihm Essen vor. Er
sprach aber: Ich will nicht essen, bis ich
zuvor meine Sache vorgebracht habe.
34 Sie antworteten: Sage an! Er sprach:
35 Ich bin Abrahams Knecht. Und der
HERR hat meinen Herrn reich gesegnet,
daß er groß geworden ist, und hat ihm
Schafe und Rinder, Silber und Gold,
Knechte und Mägde, Kamele und Esel
36 gegeben. Dazu hat Sara, die Frau mei-
nes Herrn, einen Sohn geboren mei-
nem Herrn in seinem Alter; dem hat er
37 alles gegeben, was er hat. Und mein
Herr hat einen Eid von mir genommen
und gesagt: Du sollst meinem Sohn
keine Frau nehmen von den Töchtern
der Kanaaniter, in deren Land ich woh-
38 ne, sondern zieh hin zu meines Vaters
Hause und zu meinem Geschlecht;
dort nimm meinem Sohn eine Frau.
39 Ich sprach aber zu meinem Herrn:
Wie, wenn mir das Mädchen nicht fol-
40 gen will? Da sprach er zu mir: Der
HERR, vor dem ich wandle, wird seinen
Engel mit dir senden und Gnade zu
deiner Reise geben, daß du meinem
Sohn eine Frau nehmest von meiner
Verwandtschaft und meines Vaters
41 Hause. Dann sollst du deines Eides le-
dig sein: Wenn du zu meiner Ver-
wandtschaft kommst und sie geben
sie dir nicht, so bist du deines Eides
ledig.

42 So kam ich heute zum Brunnen und
sprach: HERR, du Gott Abrahams, mei-
nes Herrn, hast du Gnade zu meiner
43 Reise gegeben, auf der ich bin, siehe, so
stehe ich hier bei dem Wasserbrunnen.
Wenn nun ein Mädchen herauskommt,
um zu schöpfen, und ich zu ihr spre-
che: Gib mir ein wenig Wasser zu trin-
44 ken aus deinem Krug, und sie sagen
wird: Trinke du, ich will deinen Kame-
len auch schöpfen –, das sei die Frau,
die der HERR dem Sohn meines Herrn
45 beschert hat. Ehe ich nun diese Worte
ausgeredet hatte in meinem Herzen,
siehe, da kommt Rebekka heraus mit
einem Krug auf ihrer Schulter und geht
hinab zum Brunnen und schöpft. Da
sprach ich zu ihr: Gib mir zu trinken.
46 Und sie nahm eilends den Krug von ih-
rer Schulter und sprach: Trinke, und
deine Kamele will ich auch tränken. Da
trank ich, und sie tränkte die Kamele
47 auch. Und ich fragte sie und sprach:
Wessen Tochter bist du? Sie antworte-
te: Ich bin die Tochter Betuëls, des
Sohnes Nahors, den ihm Milka gebo-
ren hat. Da legte ich einen Reif an ihre
Stirn und Armreifen an ihre Hände
und neigte mich und betete den HERRN 48
an und lobte den HERRN, den Gott Ab-
rahams, meines Herrn, der mich den
rechten Weg geführt hat, daß ich für
seinen Sohn die Tochter des Bruders
meines Herrn nehme.

Seid ihr nun die, die an meinem 49
Herrn Freundschaft und Treue bewei-
sen wollen, so sagt mir's; wenn nicht, so
sagt mir's auch, daß ich mich wende zur
Rechten oder zur Linken.

Da antworteten Laban und Betuël 50
und sprachen: Das kommt vom HERRN,
darum können wir nichts dazu sagen,
weder Böses noch Gutes. Da ist Rebek- 51
ka vor dir, nimm sie und zieh hin, daß
sie die Frau sei des Sohnes deines
Herrn, wie der HERR geredet hat. Als 52
Abrahams Knecht diese Worte hörte,
neigte er sich vor dem HERRN bis zur
Erde. Danach zog er hervor silberne 53
und goldene Kleinode und Kleider und
gab sie Rebekka; auch ihrem Bruder
und der Mutter gab er kostbare Ge-
schenke. Dann aß und trank er samt 54
den Männern, die mit ihm waren, und
sie blieben über Nacht allda.

Am Morgen aber standen sie auf,
und er sprach: Laßt mich ziehen zu
meinem Herrn. Aber ihr Bruder und 55
ihre Mutter sprachen: Laß doch das
Mädchen noch einige Tage bei uns
bleiben; danach sollst du ziehen. Da 56
sprach er zu ihnen: Haltet mich nicht
auf, denn der HERR hat Gnade zu mei-
ner Reise gegeben. Laßt mich, daß ich
zu meinem Herrn ziehe. Da sprachen 57
sie: Wir wollen das Mädchen rufen und
fragen, was sie dazu sagt. Und sie riefen 58
Rebekka und sprachen zu ihr: Willst du
mit diesem Manne ziehen? Sie antwor-
tete: Ja, ich will es. Da ließen sie Re- 59
bekka, ihre Schwester, ziehen mit ihrer
Amme, samt Abrahams Knecht und
seinen Leuten. Und sie segneten Re- 60
bekka und sprachen zu ihr: Du, unsere
Schwester, wachse zu vieltausendmal
tausend, und [f]dein Geschlecht besitze
die Tore seiner Feinde. So machte sich 61
Rebekka auf mit ihren Mägden, und sie
setzten sich auf die Kamele und zogen
dem Manne nach. Und der Knecht
nahm Rebekka und zog von dannen.

Isaak aber war gezogen zum [g]»Brun- 62
nen des Lebendigen, der mich sieht«
und wohnte im Südlande. Und er war 63
ausgegangen, um zu beten auf dem Fel-
de gegen Abend, und hob seine Augen
auf und sah, daß Kamele daherkamen.

64 Und Rebekka hob ihre Augen auf und
sah Isaak; da stieg sie eilends vom Ka-
65 mel und sprach zu dem Knecht: Wer
ist der Mann, der uns entgegenkommt
auf dem Felde? Der Knecht sprach:
Das ist mein Herr. Da nahm sie den
66 Schleier und verhüllte sich. Und der
Knecht erzählte Isaak alles, was er aus-
67 gerichtet hatte. Da führte sie Isaak in
das Zelt seiner Mutter Sara und nahm
die Rebekka, und sie wurde seine Frau,
und er gewann sie lieb. Also wurde
Isaak [h]getröstet über seine Mutter.

a Kap 12,2 *b* Kap 28,1; 2.Mose 34,16
c 2.Chr 36,23; Neh 2,20 *d* Kap 11,22-31
e Kap 22,23 *f* Kap 22,17 *g* Kap 16,14; 25,11
h Kap 23,1.2

Abrahams zweite Ehe. Sein Tod und Begräbnis

25 Abraham nahm wieder eine Frau, die
2 hieß Ketura. Die gebar ihm Simran
und Jokschan, Medan und Midian,
3 Jischbak und Schuach. Jokschan aber
zeugte Saba und Dedan. Die Söhne
Dedans aber waren: die Aschuriter, die
4 Letuschiter und die Lëumiter. Die
Söhne Midians waren: Efa, Efer, He-
noch, Abida und Eldaa. Diese alle sind
Söhne der Ketura.
5 Und Abraham gab all sein Gut Isaak.
6 Aber den Söhnen, die er von den Ne-
benfrauen hatte, gab er Geschenke und
schickte sie noch zu seinen Lebzeiten
fort von seinem Sohn Isaak, nach Osten
hin ins Morgenland.
7 Das ist aber Abrahams Alter, das er
erreicht hat: hundertundfünfundsieb-
8 zig Jahre.[a] Und Abraham verschied
und [b]starb in einem guten Alter, als er
alt und lebenssatt war, und wurde zu
9 seinen Vätern versammelt. [c]Und es be-
gruben ihn seine Söhne Isaak und Is-
mael in der Höhle von Machpela auf
dem Acker Efrons, des Sohnes Zohars,
des Hetiters, die da liegt östlich von
10 Mamre auf dem Felde, das Abraham
von den Hetitern gekauft hatte. Da ist
Abraham begraben mit Sara, seiner
11 Frau. Und nach dem Tode Abrahams
segnete Gott [d]Isaak, seinen Sohn. Und
er wohnte bei dem [e]»Brunnen des Le-
bendigen, der mich sieht«.

a Kap 12,4 *b* Kap 15,15
c (9 und 10) Kap 23,13-20 *d* Kap 17,19
e Kap 24,62

Ismaels Nachkommen

12 Dies ist [a]das Geschlecht Ismaels, des
Sohnes Abrahams, den ihm Hagar ge-
13 bar, die Magd Saras aus Ägypten; und
dies sind die Namen der Söhne Is-
maels, nach denen ihre Geschlechter
genannt sind: der erstgeborene Sohn
Ismaels Nebajot, dann Kedar, Adbeel,
Mibsam, Mischma, Duma, Massa, Ha- 14.15
dad, Tema, Jetur, Nafisch und Kedma.
Das sind die Söhne Ismaels mit ihren 16
Namen nach ihren Gehöften und Zelt-
dörfern, [b]zwölf Fürsten nach ihren
Stämmen. – Und das ist das Alter Is- 17
maels: hundertundsiebenunddreißig
Jahre. Und er verschied und starb und
wurde versammelt zu seinen Vätern. –
Und sie wohnten von Hewila an bis 18
nach Schur östlich von Ägypten nach
Assyrien hin. So [c]ließ er sich nieder all
seinen Brüdern zum Trotz.

a Kap 21,13 *b* Kap 17,20; 4.Mose 1,44
c Kap 16,12

Esaus und Jakobs Geburt

Dies ist das Geschlecht Isaaks, des 19
Sohnes Abrahams: Abraham zeugte
Isaak. Isaak aber war vierzig Jahre alt, 20
als er Rebekka zur Frau nahm, die
Tochter Betuëls, des Aramäers aus Me-
sopotamien, die Schwester des Ara-
mäers Laban.
Isaak aber bat den HERRN für seine 21
Frau, denn sie war unfruchtbar. Und
der HERR ließ sich erbitten, und Rebek-
ka, seine Frau, ward schwanger. Und 22
die Kinder stießen sich miteinander in
ihrem Leib. Da sprach sie: Wenn mir's
so gehen soll, warum bin ich schwanger
geworden? Und sie ging hin, den
HERRN zu befragen. Und der HERR 23
sprach zu ihr: Zwei Völker sind in dei-
nem Leibe, und zweierlei Volk wird
sich scheiden aus deinem Leibe; und
ein Volk wird dem andern überlegen
sein, und der Ältere wird dem Jüngeren
[a]dienen. Als nun die Zeit kam, daß sie 24
gebären sollte, siehe, da waren Zwil-
linge in ihrem Leibe. Der erste, der 25
herauskam, war rötlich, ganz rauh wie
ein Fell, und sie nannten ihn Esau. Da- 26
nach kam heraus sein Bruder, der [b]hielt
mit seiner Hand die Ferse des Esau,
und sie nannten ihn Jakob. Sechzig
Jahre alt war Isaak, als sie geboren wur-
den.
Und als nun die Knaben groß wur- 27
den, wurde Esau ein Jäger und streifte
auf dem Felde umher, Jakob aber ein
gesitteter Mann und blieb bei den Zel-
ten. Und Isaak hatte Esau lieb und aß 28
gern von seinem Wildbret; Rebekka
aber hatte Jakob lieb.

a Kap 27,29; Mal 1,2; Röm 9,10-12 *b* Hos 12,4

Esau verkauft sein Erstgeburtsrecht

29 Und Jakob kochte ein Gericht. Da kam
30 Esau vom Feld und war müde und
sprach zu Jakob: Laß mich essen das
rote Gericht; denn ich bin müde. Da-
31 her heißt er Edom. Aber Jakob sprach:
Verkaufe mir heute deine Erstgeburt.
32 Esau antwortete: Siehe, ich muß doch
sterben; was soll mir da die Erstgeburt?
33 Jakob sprach: So schwöre mir zuvor.
Und er schwor ihm und [a]verkaufte so
34 Jakob seine Erstgeburt. Da gab ihm Ja-
kob Brot und das Linsengericht, und er
aß und trank und stand auf und ging
davon. So verachtete Esau seine Erst-
geburt.

a Kap 27,36; Hebr 12,16

Erneute Verheißung. Isaak und Rebekka in Gerar

(vgl. Kap 12,10-20; 20,1-18)

26 Es kam aber eine Hungersnot ins Land
nach der früheren, die zu Abrahams
Zeiten war. Und Isaak zog zu Abime-
lech, dem König der Philister, nach
2 Gerar. Da erschien ihm der HERR und
sprach: Zieh nicht hinab nach Ägyp-
ten, sondern bleibe in dem Lande, das
3 ich dir sage. Bleibe als Fremdling in
diesem Lande, und ich will mit dir sein
und dich segnen; denn dir und deinen
Nachkommen will ich alle diese Länder
geben und will meinen Eid wahr ma-
chen, den ich deinem Vater Abraham
4 geschworen habe,[a] und will [b]deine
Nachkommen mehren wie die Sterne
am Himmel und will deinen Nachkom-
men alle diese Länder geben. Und
durch dein Geschlecht sollen alle Völ-
5 ker auf Erden gesegnet werden, weil
Abraham meiner Stimme gehorsam ge-
wesen ist und gehalten hat meine Rech-
te, meine Gebote, meine Weisungen
6 und mein Gesetz. So wohnte Isaak zu
7 Gerar. Und wenn die Leute am Ort
fragten nach seiner Frau, so sprach er:
Sie ist meine Schwester; denn er fürch-
tete sich zu sagen: Sie ist meine Frau.
Er dachte nämlich: Sie könnten mich
töten um Rebekkas willen, denn sie ist
schön von Gestalt.
8 Als er nun eine Zeit lang da war, sah
Abimelech, der König der Philister,
durchs Fenster und wurde gewahr, daß
Isaak scherzte mit Rebekka, seiner
9 Frau. Da rief Abimelech den Isaak und
sprach: Siehe, es ist deine Frau. Wie
hast du dann gesagt: sie ist meine
Schwester? Isaak antwortete ihm: Ich
dachte, ich würde vielleicht sterben
müssen um ihretwillen. Abimelech 10
sprach: Warum hast du uns das ange-
tan? Es wäre leicht geschehen, daß je-
mand vom Volk sich zu deiner Frau ge-
legt hätte, und du hättest so eine Schuld
auf uns gebracht. Da gebot Abimelech 11
allem Volk und sprach: Wer diesen
Mann oder seine Frau antastet, der soll
des Todes sterben.

a Kap 17,19; 22,16.17 *b* Kap 15,5

Isaaks Streit mit den Philistern. Sein Bund mit Abimelech

Und Isaak säte in dem Lande und ern- 12
tete in jenem Jahre hundertfältig; denn
[a]der HERR segnete ihn. Und er wurde 13
ein reicher Mann und nahm immer
mehr zu, bis er sehr reich wurde, so daß 14
er viel Gut hatte an kleinem und gro-
ßem Vieh und ein großes Gesinde.
Darum beneideten ihn die Philister.
[b]Nun hatten sie aber alle Brunnen 15
verstopft, die seines Vaters Knechte ge-
graben hatten zur Zeit Abrahams, sei-
nes Vaters, und hatten sie mit Erde ge-
füllt. Und Abimelech sprach zu ihm: 16
Zieh von uns, denn du bist uns zu
mächtig geworden. Da zog Isaak von 17
dannen und schlug seine Zelte auf im
Grunde von Gerar und wohnte da und 18
ließ die Wasserbrunnen wieder aufgra-
ben, die sie zur Zeit Abrahams, seines
Vaters, gegraben hatten und die die
Philister verstopft hatten nach Abra-
hams Tod, und nannte sie mit densel-
ben Namen, mit denen sein Vater sie
genannt hatte. Auch gruben Isaaks 19
Knechte im Grunde und fanden dort
eine Quelle lebendigen Wassers. Aber 20
die Hirten von Gerar zankten mit den
Hirten Isaaks und sprachen: Das Was-
ser ist unser. Da nannte er den Brunnen
»Zank«, weil sie mit ihm da gezankt hat-
ten. Da gruben sie einen andern Brun- 21
nen. Darüber stritten sie auch, darum
nannte er ihn »Streit«. Da zog er weiter 22
und grub noch einen andern Brunnen.
Darüber zankten sie sich nicht, darum
nannte er ihn »Weiter Raum« und
sprach: Nun hat uns der HERR Raum
gemacht, und wir können wachsen im
Lande.
Danach zog er von dannen nach 23
Beerseba. Und der HERR erschien ihm 24
in derselben Nacht und sprach: Ich bin
der Gott deines Vaters Abraham.
Fürchte dich nicht, denn ich bin mit dir

und will dich segnen und deine Nach-
kommen mehren um meines Knechtes
25 Abraham willen. Dann [c]baute er dort
einen Altar und rief den Namen des
HERRN an und schlug dort sein Zelt auf,
und seine Knechte gruben dort einen
Brunnen.

26 Und Abimelech ging zu ihm von Ge-
rar mit Ahusat, seinem Freund, und Pi-
27 chol, seinem Feldhauptmann. Aber
Isaak sprach zu ihnen: Warum kommt
ihr zu mir? Hasset ihr mich doch und
28 habt mich von euch getrieben. Sie spra-
chen: Wir [d]sehen mit sehenden Augen,
daß der HERR mit dir ist. Darum spra-
chen wir: Es soll ein Eid zwischen uns
und dir sein, und wir wollen einen
29 Bund mit dir schließen, daß du uns kei-
nen Schaden tust, gleichwie wir dich
nicht angetastet haben und dir nur alles
Gute getan und dich mit Frieden haben
ziehen lassen. Du bist ja doch der Ge-
30 segnete des HERRN. Da machte er ihnen
ein Mahl, und sie aßen und tranken.
31 Und früh am Morgen standen sie auf,
und einer schwor dem andern. Und
Isaak ließ sie gehen, und sie zogen von
ihm mit Frieden.

32 Am selben Tage kamen Isaaks
Knechte und sagten ihm von dem
Brunnen, den sie gegraben hatten, und
sprachen zu ihm: Wir haben Wasser
33 gefunden. Und er nannte ihn
»Schwur«; daher heißt die Stadt Beer-
seba* bis auf den heutigen Tag.

a Spr 10,22 *b (15-33)* Kap 21,22-34 *c* Kap 12,8
d 5.Mose 29,3; Mt 13,13
*Vers 33: d. h. Schwurbrunnen.

Esaus Frauen

34 Als Esau vierzig Jahre alt war, nahm er
zur Frau Judit, die Tochter Beeris, des
Hetiters, und Basemat, die Tochter
35 [a]Elons, des Hetiters. Die machten
Isaak und Rebekka lauter Herzeleid.

a Kap 36,2.3

Jakob gewinnt mit List den Erstgeburtssegen

27 Und es begab sich, als Isaak alt gewor-
den war und seine Augen zu schwach
zum Sehen wurden, rief er Esau, seinen
älteren Sohn, und sprach zu ihm: Mein
Sohn! Er aber antwortete ihm: Hier
2 bin ich. Und er sprach: Siehe, ich bin
alt geworden und weiß nicht, wann ich
3 sterben werde. So nimm nun dein Ge-
rät, Köcher und Bogen, und geh aufs
4 Feld und jage mir ein Wildbret und
mach mir ein Essen, wie ich's gern
habe, und bring mir's herein, daß ich
esse, auf daß dich meine Seele segne,
ehe ich sterbe. Rebekka aber hörte diese 5
Worte, die Isaak zu seinem Sohn Esau
sagte. Und Esau ging hin aufs Feld, daß
er ein Wildbret jagte und heimbrächte.

Da sprach Rebekka zu Jakob, ihrem 6
Sohn: Siehe, ich habe deinen Vater mit
Esau, deinem Bruder, reden hören:
Bringe mir ein Wildbret und mach mir 7
ein Essen, daß ich esse und dich segne
vor dem HERRN, ehe ich sterbe. So höre 8
nun, mein Sohn, auf mich und tu, was
ich dich heiße. Geh hin zu der Herde 9
und hole mir zwei gute Böcklein, daß
ich deinem Vater ein Essen davon ma-
che, wie er's gerne hat. Das sollst du 10
deinem Vater hineintragen, daß er esse,
auf daß er dich segne vor seinem Tod.
Jakob aber sprach zu seiner Mutter Re- 11
bekka: Siehe, mein Bruder [a]Esau ist
rauh, doch ich bin glatt; so könnte viel- 12
leicht mein Vater mich betasten, und
ich würde vor ihm dastehen, als ob ich
ihn betrügen wollte, und brächte über
mich einen Fluch und nicht einen Se-
gen. Da sprach seine Mutter zu ihm: 13
Der Fluch sei auf mir, mein Sohn; ge-
horche nur meinen Worten, geh und
hole mir.

Da ging er hin und holte und brachte 14
es seiner Mutter. Da machte seine
Mutter ein Essen, wie es sein Vater ger-
ne hatte, und nahm Esaus, ihres älteren 15
Sohnes, Feierkleider, die sie bei sich im
Hause hatte, und zog sie Jakob an, ih-
rem jüngeren Sohn. Aber die Felle von 16
den Böcklein tat sie ihm um seine Hän-
de und wo er glatt war am Halse. Und 17
so gab sie das Essen mit dem Brot, wie
sie es gemacht hatte, in die Hand ihres
Sohnes Jakob.

Und er ging hinein zu seinem Vater 18
und sprach: Mein Vater! Er antworte-
te: Hier bin ich. Wer bist du, mein
Sohn? Jakob sprach zu seinem Vater: 19
Ich bin Esau, dein erstgeborener Sohn;
ich habe getan, wie du mir gesagt hast.
Komm nun, setze dich und iß von mei-
nem Wildbret, auf daß mich deine See-
le segne.[b] Isaak aber sprach zu seinem 20
Sohn: Wie hast du so bald gefunden,
mein Sohn? Er antwortete: Der HERR,
dein Gott, bescherte mir's. Da sprach 21
Isaak zu Jakob: Tritt herzu, mein
Sohn, daß ich dich betaste, ob du mein
Sohn Esau bist oder nicht. So trat Ja- 22
kob zu seinem Vater Isaak. Und als er
ihn betastet hatte, sprach er: Die Stim-
me ist Jakobs Stimme, aber die Hände

23 sind Esaus Hände. Und er erkannte ihn
nicht, denn seine Hände waren rauh
wie Esaus, seines Bruders, Hände.
24 Und er segnete ihn und sprach: Bist
du mein Sohn Esau? Er antwortete: Ja,
25 ich bin's. Da sprach er: So bringe mir
her, mein Sohn, zu essen von deinem
Wildbret, daß dich meine Seele segne.
Da brachte er's ihm, und er aß; und er
trug ihm auch Wein hinein, und er
26 trank. Und Isaak, sein Vater, sprach zu
ihm: Komm her und küsse mich, mein
27 Sohn! Er trat hinzu und küßte ihn. Da
roch er den Geruch seiner Kleider und
segnete ihn und sprach: Siehe, der Ge-
ruch meines Sohnes ist wie der Geruch
des Feldes, das der HERR gesegnet hat.
28 [c]Gott gebe dir vom Tau des Himmels
und von der Fettigkeit der Erde und
29 Korn und Wein die Fülle. Völker sollen
dir dienen, und Stämme sollen dir zu
Füßen fallen. Sei [d]ein Herr über deine
Brüder, und deiner Mutter Söhne sol-
len dir zu Füßen fallen. [e]Verflucht sei,
wer dir flucht; gesegnet sei, wer dich
segnet!
30 Als nun Isaak den Segen über Jakob
vollendet hatte und Jakob kaum hin-
ausgegangen war von seinem Vater
Isaak, da kam Esau, sein Bruder, von
31 seiner Jagd und machte auch ein Essen
und trug's hinein zu seinem Vater und
sprach zu ihm: Richte dich auf, mein
Vater, und iß von dem Wildbret deines
Sohnes, daß mich deine Seele segne.
32 Da antwortete ihm Isaak, sein Vater:
Wer bist du? Er sprach: Ich bin Esau,
33 dein erstgeborener Sohn. Da entsetzte
sich Isaak über die Maßen sehr und
sprach: Wer? Wo ist denn der Jäger,
der mir gebracht hat, und ich habe von
allem gegessen, ehe du kamst, und hab
ihn gesegnet? Er wird auch gesegnet
bleiben.
34 Als Esau diese Worte seines Vaters
hörte, schrie er laut und wurde über die
Maßen sehr betrübt und sprach zu sei-
nem Vater: Segne mich auch, mein Va-
35 ter![f] Er aber sprach: Dein Bruder ist
gekommen mit List und hat deinen Se-
36 gen weggenommen. Da sprach er: Er
heißt mit Recht [g]Jakob*, denn er hat
mich nun zweimal überlistet. Meine
[h]Erstgeburt hat er genommen, und sie-
he, nun nimmt er auch meinen Segen.
Und er sprach: Hast du mir denn kei-
37 nen Segen vorbehalten? Isaak antwor-
tete und sprach zu ihm: Ich habe ihn
zum Herrn über dich gesetzt, und alle
seine Brüder hab ich ihm zu Knechten
gemacht, mit Korn und Wein hab ich
ihn versehen; was soll ich nun dir noch
tun, mein Sohn? Esau sprach zu seinem 38
Vater: Hast du denn nur *einen* Segen,
mein Vater? Segne mich auch, mein
Vater! Und er erhob seine Stimme und
weinte. Da antwortete Isaak, sein Va- 39
ter, und sprach zu ihm: Siehe, du wirst
wohnen ohne Fettigkeit der Erde und
ohne Tau des Himmels von oben her.
Von deinem Schwerte wirst du dich 40
nähren, und deinem Bruder sollst du
dienen. Aber es wird geschehen, daß du
einmal sein Joch von deinem Halse rei-
ßen wirst.[i]

a Kap 25,25 *b* 3.Mose 19,14
c (28 und 29) Hebr 11,20 *d* Kap 25,23
e Kap 12,3 *f* Hebr 12,17 *g* Kap 25,26
h Kap 25,33 *i* 2.Kön 8,20.22
*Vers 36: d. h. der Hinterlistige.

Jakobs Flucht nach Haran

Und Esau war Jakob gram um des Se- 41
gens willen, mit dem ihn sein Vater ge-
segnet hatte, und sprach in seinem Her-
zen: Es wird die Zeit bald kommen, daß
man um meinen Vater Leid tragen
muß; dann will ich meinen Bruder Ja-
kob umbringen. Da wurden Rebekka 42
angesagt diese Worte ihres älteren Soh-
nes Esau. Und sie schickte hin und ließ
Jakob, ihren jüngeren Sohn, rufen und
sprach zu ihm: Siehe, dein Bruder Esau
droht dir, daß er dich umbringen will.
Und nun höre auf mich, mein Sohn: 43
Mach dich auf und flieh zu meinem
Bruder [a]Laban nach Haran und bleib 44
eine Weile bei ihm, bis sich der Grimm
deines Bruders legt und bis sein Zorn 45
wider dich sich von dir wendet und er
vergißt, was du ihm getan hast; dann
will ich schicken und dich von dort ho-
len lassen. Warum sollte ich euer beider
beraubt werden auf *einen* Tag?
Und Rebekka sprach zu Isaak: Mich 46
verdrießt zu leben, wegen der Hetite-
rinnen. Wenn Jakob eine Frau nimmt
von den Hetiterinnen wie diese, eine
von den Töchtern des Landes, was soll
mir das Leben?[b]
Da rief Isaak seinen Sohn Jakob und **28**
segnete ihn und gebot ihm und sprach
zu ihm: [c]Nimm dir nicht eine Frau von
den Töchtern Kanaans, sondern mach 2
dich auf und zieh nach Mesopotamien
zum Hause [d]Betuëls, des Vaters deiner
Mutter, und nimm dir dort eine Frau
von den Töchtern [e]Labans, des Bru-
ders deiner Mutter. Und der allmächti- 3
ge Gott segne dich und mache dich
fruchtbar und mehre dich, daß du wer-

4 dest ein Haufe von Völkern, und gebe
dir den Segen Abrahams, dir und dei-
nen Nachkommen mit dir, daß du be-
sitzest das Land, darin du jetzt ein
Fremdling bist, das Gott dem Abraham
5 gegeben hat. So entließ Isaak den Ja-
kob, daß er nach Mesopotamien zog zu
Laban, dem Sohn des Aramäers Betuël,
dem Bruder Rebekkas, Jakobs und
Esaus Mutter.
6 Nun sah Esau, daß Isaak Jakob ge-
segnet und nach Mesopotamien entlas-
sen hatte, um sich dort eine Frau zu
nehmen; er hatte ihn nämlich gesegnet
und ihm geboten: Du sollst dir keine
Frau nehmen von den Töchtern Kana-
7 ans. Auch sah Esau, daß Jakob seinem
Vater und seiner Mutter gehorchte und
8 nach Mesopotamien zog und daß Isaak,
sein Vater, die Töchter Kanaans nicht
9 gerne sah. Da ging er hin zu [f]Ismael
und nahm zu den Frauen, [g]die er be-
reits hatte, Mahalat, die Tochter Is-
maels, des Sohnes Abrahams, die
Schwester [h]Nebajots, zur Frau.

a Kap 24,29 *b* Kap 26,34.35 *c* Kap 24,3
d Kap 22,23 *e* Kap 24,29 *f* Kap 16,16
g Kap 26,34 *h* Kap 25,13

Jakob schaut die Himmelsleiter

10 Aber Jakob zog aus von Beerseba und
machte sich auf den Weg nach Haran
11 und kam an eine Stätte, da blieb er über
Nacht, denn die Sonne war unterge-
gangen. Und er nahm einen Stein von
der Stätte und legte ihn zu seinen
Häupten und legte sich an der Stätte
12 schlafen. Und ihm träumte, und siehe,
eine Leiter stand auf Erden, die rührte
mit der Spitze an den Himmel, und sie-
he, die Engel Gottes stiegen daran auf
13 und nieder.[a] Und der HERR stand oben
darauf und sprach: Ich bin der HERR,
der Gott deines Vaters Abraham, und
Isaaks Gott; das Land, darauf du liegst,
will ich dir und deinen Nachkommen
14 geben. Und dein Geschlecht soll wer-
den wie der Staub auf Erden, und [b]du
sollst ausgebreitet werden gegen We-
sten und Osten, Norden und Süden,
und durch dich und deine Nachkom-
men sollen alle Geschlechter auf Erden
15 gesegnet werden. Und siehe, ich bin
mit dir und will dich behüten, wo du
hinziehst, und will dich wieder her-
bringen in dies Land. Denn ich will
dich nicht verlassen, bis ich alles tue,
was ich dir zugesagt habe.
16 Als nun Jakob von seinem Schlaf
aufwachte, sprach er: Fürwahr, der
HERR ist an dieser Stätte, und ich wußte
es nicht! Und [b]er fürchtete sich und 17
sprach: Wie [c]heilig ist diese Stätte!
Hier ist nichts anderes als Gottes Haus,
und hier ist die Pforte des Himmels.
[d]Und Jakob stand früh am Morgen auf 18
und nahm den Stein, den er zu seinen
Häupten gelegt hatte, und richtete ihn
auf zu einem Steinmal und goß Öl oben
darauf und nannte die Stätte Betel*; 19
vorher aber hieß die Stadt Lus.
Und Jakob tat ein Gelübde und 20
sprach: Wird Gott mit mir sein und
mich behüten auf dem Wege, den ich
reise, und mir Brot zu essen geben und
Kleider anzuziehen und mich mit Frie- 21
den wieder heim zu meinem Vater
bringen, so soll der HERR mein Gott
sein. Und [e]dieser Stein, den ich aufge- 22
richtet habe zu einem Steinmal, soll ein
Gotteshaus werden; und von allem,
was du mir gibst, will ich dir den Zehn-
ten geben.

a Joh 1,51 *b* Kap 13,14.15 *c* 2.Mose 3,5
d (*18 und 19*) Kap 35,14.15 *e* Kap 35,1
*Vers 19: d.h. Haus Gottes.

Jakob dient um Lea und Rahel

Da machte sich Jakob auf den Weg und **29**
ging in das Land, das im Osten liegt,
und sah sich um, und siehe, da war ein 2
Brunnen auf dem Felde; und siehe,
drei Herden Schafe lagen dabei, denn
von dem Brunnen pflegten sie die Her-
den zu tränken. Und ein großer Stein
lag vor dem Loch des Brunnens. Und 3
sie pflegten die Herden alle dort zu ver-
sammeln und den Stein von dem Brun-
nenloch zu wälzen und die Schafe zu
tränken und taten alsdann den Stein
wieder vor das Loch an seine Stelle.
Und Jakob sprach zu ihnen: Liebe 4
Brüder, wo seid ihr her? Sie antworte-
ten: Wir sind von Haran. Er sprach zu 5
ihnen: Kennt ihr auch Laban, den
Sohn [a]Nahors? Sie antworteten: Ja,
wir kennen ihn. Er sprach: Geht es ihm 6
auch gut? Sie antworteten: Es geht ihm
gut; und siehe, da kommt seine Toch-
ter Rahel mit den Schafen. Er sprach: 7
Es ist noch hoher Tag und ist noch
nicht Zeit, das Vieh einzutreiben;
tränkt die Schafe und geht hin und wei-
det sie. Sie antworteten: Wir können es 8
nicht, bis alle Herden zusammenge-
bracht sind und wir den Stein von des
Brunnens Loch wälzen und dann die
Schafe tränken.
Als er noch mit ihnen redete, kam 9
Rahel mit den Schafen ihres Vaters,

10 denn sie hütete die Schafe. Als Jakob
aber Rahel sah, die Tochter Labans,
des Bruders seiner Mutter, und die
Schafe Labans, des Bruders seiner
Mutter, trat er hinzu und wälzte den
Stein von dem Loch des Brunnens und
tränkte die Schafe Labans, des Bruders
11 seiner Mutter. Und er küßte Rahel und
12 weinte laut und sagte ihr, daß er ihres
Vaters Verwandter wäre und Rebekkas
Sohn. Da lief sie und sagte es ihrem Va-
13 ter. Als aber Laban hörte von Jakob,
seiner Schwester Sohn, lief er ihm ent-
gegen und herzte und küßte ihn und
führte ihn in sein Haus. Da erzählte er
14 Laban alles, was sich begeben hatte. Da
sprach Laban zu ihm: Fürwahr, du bist
von meinem Gebein und Fleisch.

Und als er nun einen Monat lang bei
15 ihm gewesen war, sprach Laban zu Ja-
kob: Zwar bist du mein Verwandter,
aber solltest du mir darum umsonst
dienen? Sage an, was soll dein Lohn
16 sein? Laban aber hatte zwei Töchter;
die ältere hieß Lea, die jüngere Rahel.
17 Aber Leas Augen waren ohne Glanz,
Rahel dagegen war schön von Gestalt
18 und von Angesicht. Und Jakob gewann
Rahel lieb und sprach: Ich will dir sie-
ben Jahre um Rahel, deine jüngere
19 Tochter, dienen. Laban antwortete: Es
ist besser, ich gebe sie dir als einem an-
dern; bleib bei mir.

20 So diente Jakob um Rahel sieben
Jahre, und es kam ihm vor, als wären's
21 einzelne Tage, so lieb hatte er sie. Und
Jakob sprach zu Laban: Gib mir nun
meine Braut; denn die Zeit ist da, daß
22 ich zu ihr gehe. Da lud Laban alle Leu-
te des Ortes ein und machte ein Hoch-
23 zeitsmahl. Am Abend aber nahm er sei-
ne Tochter Lea und brachte sie zu Ja-
24 kob; und er ging zu ihr. Und Laban gab
seiner Tochter Lea seine Magd Silpa
25 zur Leibmagd. Am Morgen aber, siehe,
da war es Lea. Und Jakob sprach zu La-
ban: Warum hast du mir das angetan?
Habe ich dir nicht um Rahel gedient?
Warum hast du mich denn betrogen?
26 Laban antwortete: Es ist nicht Sitte in
unserm Lande, daß man die jüngere
27 weggebe vor der älteren. Halte mit
dieser die Hochzeitswoche, so will ich
dir die andere auch geben für den
Dienst, den du bei mir noch weitere sie-
28 ben Jahre leisten sollst.[b] Das tat Jakob
und hielt die Hochzeitswoche. Da gab
ihm Laban seine Tochter Rahel zur
29 Frau. Und er gab seiner Tochter Rahel
30 seine Magd Bilha zur Leibmagd. So
[c]ging Jakob auch zu Rahel ein und hat-
te Rahel lieber als Lea; und er diente
bei ihm noch weitere sieben Jahre.

a Kap 24,10.24 *b* Kap 31,14.15 *c* 3.Mose 18,18

Jakobs Kinder

Als aber der HERR sah, daß Lea unge- 31
liebt war, machte er sie fruchtbar; Ra-
hel aber war unfruchtbar. Und Lea 32
ward schwanger und gebar einen Sohn;
den nannte sie Ruben und sprach: Der
HERR hat angesehen mein Elend; nun
wird mich mein Mann liebhaben. Und 33
sie ward abermals schwanger und gebar
einen Sohn und sprach: Der HERR hat
gehört, daß ich ungeliebt bin, und hat
mir diesen auch gegeben. Und nann-
te ihn Simeon. Abermals ward sie 34
schwanger und gebar einen Sohn und
sprach: Nun wird mein Mann mir doch
zugetan sein, denn ich habe ihm drei
Söhne geboren. Darum nannte sie ihn
Levi. Zum viertenmal ward sie schwan- 35
ger und gebar einen Sohn und sprach:
Nun will ich dem HERRN danken. Dar-
um nannte sie ihn Juda. Und sie hörte
auf, Kinder zu gebären.

Als Rahel sah, daß sie Jakob kein **30**
Kind gebar, beneidete sie ihre Schwe-
ster und sprach zu Jakob: Schaffe mir
Kinder, wenn nicht, so sterbe ich. Ja- 2
kob aber wurde sehr zornig auf Rahel
und sprach: Bin ich doch nicht Gott,
der dir [a]deines Leibes Frucht nicht ge-
ben will. Sie aber sprach: Siehe, da ist 3
meine Magd Bilha; geh zu ihr, [b]daß sie
auf meinem Schoß gebäre und ich doch
durch sie zu Kindern komme. So gab 4
sie ihm Bilha,ihre Leibmagd, zur Frau,
und Jakob ging zu ihr. Und Bilha ward 5
schwanger und gebar Jakob einen
Sohn. Da sprach Rahel: Gott hat mir 6
Recht verschafft und mich erhört und
mir einen Sohn gegeben. Darum nann-
te sie ihn Dan. Abermals ward Bilha, 7
Rahels Leibmagd, schwanger und ge-
bar Jakob ihren zweiten Sohn. Da 8
sprach Rahel: Über alle Maßen habe
ich gekämpft mit meiner Schwester,
und ich habe gesiegt. Und nannte ihn
Naftali.

Als nun Lea sah, daß sie aufgehört 9
hatte zu gebären, nahm sie ihre Leib-
magd Silpa und gab sie Jakob zur Frau.
Und Silpa, Leas Leibmagd, gebar Ja- 10
kob einen Sohn. Da sprach Lea: Glück 11
zu! Und nannte ihn Gad. Danach gebar 12
Silpa, Leas Leibmagd, Jakob ihren
zweiten Sohn. Da sprach Lea: Wohl 13

mir, denn mich werden selig preisen die
Töchter. Und nannte ihn Asser.
14 Ruben ging aus zur Zeit der Weizen-
ernte und fand Liebesäpfel auf dem
Felde und brachte sie heim zu seiner
Mutter Lea. Da sprach Rahel zu Lea:
Gib mir von den Liebesäpfeln deines
15 Sohnes. Sie antwortete: Hast du nicht
genug, daß du mir meinen Mann ge-
nommen hast, und willst auch die Lie-
besäpfel meines Sohnes nehmen? Ra-
hel sprach: Wohlan, laß ihn diese
Nacht bei dir schlafen für die Liebesäp-
16 fel deines Sohnes. Als nun Jakob am
Abend vom Felde kam, ging Lea hinaus
ihm entgegen und sprach: Zu mir sollst
du kommen, denn ich habe dich erkauft
mit den Liebesäpfeln meines Sohnes.
17 Und er schlief die Nacht bei ihr. Und
Gott erhörte Lea, und sie ward schwan-
ger und gebar Jakob ihren fünften Sohn
18 und sprach: Gott hat mir gelohnt, daß
ich meine Magd meinem Manne gege-
ben habe. Und nannte ihn Isaschar.
19 Abermals ward Lea schwanger und ge-
20 bar Jakob ihren sechsten Sohn und
sprach: Gott hat mich reich beschenkt;
nun wird mein Mann doch bei mir blei-
ben; denn ich habe ihm sechs Söhne
21 geboren. Und nannte ihn Sebulon. Da-
nach gebar sie eine Tochter, die nannte
sie Dina.
22 Gott [c] gedachte aber an Rahel und er-
23 hörte sie und machte sie fruchtbar. Da
ward sie schwanger und gebar einen
Sohn und sprach: Gott hat [d] meine
24 Schmach von mir genommen; und sie
nannte ihn Josef und sprach: [e] Der
HERR wolle mir noch einen Sohn dazu
geben!

a Ps 127,3 *b* Kap 16,2 *c* 1.Sam 1,19 *d* Jes 4,1; Lk 1,25 *e* Kap 35,17-19

Jakob kommt zu Reichtum

25 Als nun Rahel den Josef geboren hatte,
sprach Jakob zu Laban: Laß mich zie-
hen und reisen an meinen Ort und in
26 mein Land. Gib mir meine Frauen und
meine Kinder, um die ich dir gedient
habe, daß ich ziehe; denn du weißt, wie
27 ich dir gedient habe.[a] Laban sprach zu
ihm: Laß mich Gnade vor deinen Au-
gen finden. Ich spüre, daß mich [b] der
28 HERR segnet um deinetwillen. Bestim-
29 me den Lohn, den ich dir geben soll. Er
aber sprach zu ihm: Du weißt, wie ich
dir gedient habe und was aus deinem
30 Vieh geworden ist unter mir. Du hat-
test wenig, ehe ich herkam; nun aber
ist's geworden zu einer großen Menge,
und der HERR hat dich gesegnet auf je-
dem meiner Schritte. Und nun, wann
soll ich auch für mein Haus sorgen? Er 31
aber sprach: Was soll ich dir denn ge-
ben? Jakob sprach: Du sollst mir gar
nichts geben; sondern wenn du mir tun
willst, was ich dir sage, so will ich deine
Schafe wieder weiden und hüten. Ich 32
will heute durch alle deine Herden ge-
hen und aussondern alle gefleckten und
bunten Schafe und alle schwarzen
Schafe und die bunten und gefleckten
Ziegen. Was nun bunt und gefleckt sein
wird, das soll mein Lohn sein. So wird 33
meine Redlichkeit morgen für mich
zeugen, wenn du kommst wegen mei-
nes Lohnes, den ich von dir nehmen
soll: was nicht gefleckt oder bunt unter
den Ziegen und nicht schwarz sein wird
unter den Lämmern, das sei ein Dieb-
stahl, wenn es sich bei mir findet. Da 34
sprach Laban: Wohlan, es sei, wie du
gesagt hast. Und er sonderte an jenem 35
Tage aus die sprenkligen und bunten
Böcke und alle gefleckten und bunten
Ziegen, wo nur etwas Weißes daran
war, und alles, was schwarz war unter
den Lämmern, und tat's unter die
Hand seiner Söhne und machte einen 36
Raum, drei Tagereisen weit, zwischen
sich und Jakob. Jakob aber weidete die
übrigen Herden Labans.
Und Jakob nahm frische Stäbe von 37
Pappeln, Mandelbäumen und Platanen
und schälte weiße Streifen daran aus, so
daß an den Stäben das Weiße bloß wur-
de, und legte die Stäbe, die er geschält 38
hatte, in die Tränkrinnen, wo die Her-
den hinkommen mußten zu trinken,
daß sie da empfangen sollten, wenn sie
zu trinken kämen. So empfingen die 39
Herden über den Stäben und brachten
Sprenklige, Gefleckte und Bunte. Da 40
sonderte Jakob die Lämmer aus und
machte sich eigene Herden; die tat er
nicht zu den Herden Labans. Wenn 41
aber die Brunstzeit der kräftigen Tiere
war, legte er die Stäbe in die Rinnen vor
die Augen der Herde, daß sie über den
Stäben empfingen. Aber wenn die Tie- 42
re schwächlich waren, legte er sie nicht
hinein. So wurden die schwächlichen
Tiere dem Laban zuteil, aber die kräfti-
gen dem Jakob. Daher wurde der Mann 43
über die Maßen reich, so daß er viele
Schafe, Mägde und Knechte, Kamele
und Esel hatte.

a Kap 29,20.30; 31,43 *b* Kap 39,5

Jakobs Flucht mit den Seinen. Sein Vertrag mit Laban

31 Und es kamen vor ihn die Reden der
Söhne Labans, daß sie sprachen: [a]Ja-
kob hat alles Gut unseres Vaters an sich
gebracht, und nur von unseres Vaters
Gut hat er solchen Reichtum zuwege
2 gebracht. Und Jakob sah an das Ange-
sicht Labans, und siehe, er war gegen
ihn nicht mehr wie zuvor.
3 Und der HERR sprach zu Jakob: Zieh
wieder in deiner Väter Land und zu
deiner Verwandtschaft; ich will mit dir
4 sein.[b] Da sandte Jakob hin und ließ ru-
fen Rahel und Lea aufs Feld zu seiner
5 Herde und sprach zu ihnen: Ich sehe an
eures Vaters Angesicht, daß er gegen
mich nicht ist wie zuvor; aber der Gott
6 meines Vaters ist mit mir gewesen. Und
ihr wißt, daß ich aus allen meinen Kräf-
7 ten eurem Vater gedient habe. Und er
hat mich getäuscht und zehnmal mei-
nen Lohn verändert; aber Gott hat ihm
nicht gestattet, daß er mir Schaden täte.
8 Wenn er sprach: Die Bunten sollen
dein Lohn sein, so trug die ganze Herde
Bunte. Wenn er aber sprach: Die
Sprenkligen sollen dein Lohn sein, so
9 trug die ganze Herde Sprenklige. So
hat Gott die Güter eures Vaters ihm
10 entwunden und mir gegeben. Denn
wenn die Brunstzeit kam, hob ich mei-
ne Augen auf und sah im Traum, und
siehe, die Böcke, die auf die Herde
sprangen, waren sprenklig, gefleckt
11 und bunt. Und der Engel Gottes sprach
zu mir im Traum: Jakob! Und ich ant-
12 wortete: Hier bin ich. Er aber sprach:
Hebe deine Augen auf und sieh! Alle
Böcke, die auf die Herde springen, sind
sprenklig, gefleckt und bunt; denn ich
habe alles gesehen, was Laban dir an-
13 tut. Ich bin der Gott, der dir zu Betel
erschienen ist, wo du [c]den Stein gesalbt
hast, und du hast mir daselbst ein Ge-
lübde getan. Nun mach dich auf und
zieh aus diesem Lande und kehre zu-
rück in das Land deiner Verwandt-
schaft.
14 Da antworteten Rahel und Lea und
sprachen zu ihm: Wir haben doch kein
Teil noch Erbe mehr in unseres Vaters
15 Hause. Haben wir ihm doch gegolten
wie die Fremden, denn er hat uns ver-
kauft und unsern Kaufpreis verzehrt.[d]
16 Fürwahr, der ganze Reichtum, den
Gott unserm Vater entzogen hat, ge-
hört uns und unsern Kindern. Alles
17 nun, was Gott dir gesagt hat, das tu! Da
machte sich Jakob auf und lud seine
Kinder und Frauen auf die Kamele und 18
führte weg all sein Vieh und alle seine
Habe, die er in Mesopotamien erwor-
ben hatte, daß er käme zu Isaak, seinem
Vater, ins Land Kanaan. Laban aber 19
war gegangen, seine Herde zu scheren.
Und Rahel stahl ihres Vaters [e]Haus-
gott. Und Jakob täuschte Laban, den 20
Aramäer, damit, daß er ihm nicht an-
sagte, daß er ziehen wollte. So floh er 21
mit allem, was sein war, machte sich auf
und fuhr über den Eufrat und richtete
seinen Weg nach dem Gebirge Gilead.
Am dritten Tage wurde Laban ange- 22
sagt, daß Jakob geflohen wäre. Und er 23
nahm seine Brüder zu sich und jagte
ihm nach, sieben Tagereisen weit, und
ereilte ihn auf dem Gebirge [f]Gilead.
Aber Gott kam zu Laban, dem Ara- 24
mäer, im Traum des Nachts und sprach
zu ihm: Hüte dich, mit Jakob anders zu
reden als freundlich. Und Laban holte 25
Jakob ein. Jakob aber hatte sein Zelt
aufgeschlagen auf dem Gebirge, und
Laban mit seinen Brüdern schlug sein
Zelt auch auf dem Gebirge Gilead auf.
Da sprach Laban zu Jakob: Was hast 26
du getan, daß du mich getäuscht hast
und hast meine Töchter entführt, als
wenn sie im Krieg gefangen wären?
Warum bist du heimlich geflohen und 27
hast mich hintergangen und hast mir's
nicht angesagt, daß ich dich geleitet
hätte mit Freuden, mit Liedern, mit
Pauken und Harfen? Und hast mich 28
nicht einmal lassen meine Enkel und
Töchter küssen? Nun, du hast töricht
getan. Ich hätte wohl so viel Macht, daß 29
ich euch Böses antun könnte; aber eu-
res Vaters Gott hat diese Nacht zu mir
gesagt: Hüte dich, mit Jakob anders zu
reden als freundlich. Und wenn du 30
schon weggezogen bist und sehntest
dich so sehr nach deines Vaters Hause,
warum hast du mir dann aber meinen
Gott gestohlen? Jakob antwortete und 31
sprach zu Laban: Ich fürchtete mich
und dachte, du würdest deine Töchter
von mir reißen. Bei wem du aber deinen 32
Gott findest, der sterbe! Hier vor un-
sern Brüdern suche das Deine bei mir
und nimm's hin. Jakob wußte aber
nicht, daß [g]Rahel ihn gestohlen hatte.
Da ging Laban in die Zelte Jakobs 33
und Leas und der beiden Mägde und
fand nichts. Und ging aus dem Zelte
Leas in das Zelt Rahels. Rahel aber hat- 34
te den Hausgott genommen und unter
den Kamelsattel gelegt und sich darauf

gesetzt. Laban aber betastete das ganze
35 Zelt und fand nichts. Da sprach sie zu
ihrem Vater: Mein Herr, zürne nicht,
denn ich kann nicht aufstehen vor dir,
denn [h]es geht mir nach der Frauen
Weise. Daher fand er den Hausgott
36 nicht, wie sehr er auch suchte. Und Ja-
kob wurde zornig und schalt Laban
und sprach zu ihm: Was hab ich Übles
getan oder gesündigt, daß du so hitzig
37 hinter mir her bist? Du hast all meinen
Hausrat betastet. Was hast du von dei-
nem Hausrat gefunden? Lege das her
vor meinen und deinen Brüdern, daß
38 sie zwischen uns beiden richten. Diese
zwanzig Jahre bin ich bei dir gewesen,
deine Schafe und Ziegen haben keine
Fehlgeburt gehabt; die Widder deiner
39 Herde hab ich nie gegessen; was die
wilden Tiere zerrissen, brachte ich dir
nicht, ich mußte es ersetzen; du forder-
test es von meiner Hand, es mochte mir
des Tages oder des Nachts gestohlen
40 sein.[i] Des Tages kam ich um vor Hitze
und des Nachts vor Frost, und kein
41 Schlaf kam in meine Augen. So habe
ich diese zwanzig Jahre in deinem
Hause gedient, vierzehn [j]um deine
Töchter und sechs [k]um deine Herde,
und du hast mir meinen Lohn zehnmal
42 verändert. Wenn nicht der Gott meines
Vaters, der Gott Abrahams und der
Schrecken Isaaks*, [l]auf meiner Seite
gewesen wäre, du hättest mich leer zie-
hen lassen. Aber Gott hat mein Elend
und meine Mühe angesehen und hat
diese Nacht rechtes Urteil gesprochen.

43 Laban antwortete und sprach zu Ja-
kob: Die Töchter sind meine Töchter,
und die Kinder sind meine Kinder, und
die Herden sind meine Herden, und al-
les, was du siehst, ist mein. Was kann
ich heute für meine Töchter oder ihre
Kinder tun, die sie geboren haben?[m]
44 So komm nun und laß uns einen Bund
schließen, ich und du, der ein Zeuge sei
45 zwischen mir und dir. Da nahm Jakob
einen Stein und richtete ihn auf zu
46 einem Steinmal. Laban aber sprach zu
seinen Brüdern: Leset Steine auf! Und
sie nahmen Steine und machten davon
einen Haufen und aßen daselbst auf
47 dem Steinhaufen. Und Laban nannte
ihn Jegar-Sahaduta, Jakob aber nannte
ihn [n]Gilead.

48 Da sprach Laban: [o]Der Steinhaufe
sei heute Zeuge zwischen mir und dir.
49 Daher nennt man ihn Gilead* und
[p]Mizpa*; denn er sprach: Der HERR
wache als Späher über mir und dir,
wenn wir voneinander gegangen sind,
daß du meine Töchter nicht bedrückst 50
oder andere Frauen dazu nimmst zu
meinen Töchtern. Es ist hier kein
Mensch bei uns; siehe aber, Gott ist der
Zeuge zwischen mir und dir. Und La- 51
ban sprach weiter zu Jakob: Siehe, das
ist der Haufe, und das ist das Steinmal,
das ich aufgerichtet habe zwischen mir
und dir. Dieser Steinhaufe sei Zeuge, 52
und das Steinmal sei auch Zeuge, daß
ich nicht an diesem Haufen vorüberzie-
he zu dir hin oder du vorüberziehest zu
mir hin an diesem Haufen und diesem
Mal in böser Absicht! Der Gott Abra- 53
hams und der Gott Nahors sei Richter
zwischen uns – der Gott ihres Vaters!
Und Jakob schwor ihm bei dem 54
[q]Schrecken Isaaks, dem Gott seines
Vaters. Und Jakob opferte auf dem Ge-
birge und lud seine Brüder zum Essen.
Und als sie gegessen hatten, blieben sie
auf dem Gebirge über Nacht.

a Kap 30,35 *b* Kap 28,15 *c* Kap 28,18-22
d Kap 29,18.27 *e* Ri 17,5; 18,17; 1.Sam 19,13;
2.Kön 23,24; Sach 10,2 *f* Vers 47 *g* Vers 19
h 3.Mose 15,19.20 *i* 2.Mose 22,11.12
j Kap 29,20.30 *k* Kap 30,31-36 *l* Vers 24.54
m 2.Mose 21,4.5 *n* Vers 23 *o* Jos 24,27
p Ri 11,11 *q* Vers 42
*Vers 42: »Schrecken Isaaks« ist eine alte Bezeichnung für den von Isaak verehrten Gott.
*Vers 48: d.h. Steinhaufe des Zeugnisses.
*Vers 49: d.h. Spähort.

Jakob rüstet sich zur Begegnung mit Esau

*Am Morgen aber stand Laban früh 32
auf, küßte seine Enkel und Töchter und
segnete sie und zog hin und kam wieder
an seinen Ort. Jakob aber zog seinen 2
Weg. Und es begegneten ihm [a]die En-
gel Gottes. Und als er sie sah, sprach er: 3
Hier ist Gottes Heerlager, und nannte
diese Stätte Mahanajim.

Jakob aber schickte Boten vor sich 4
her zu seinem Bruder Esau ins Land
[b]Seïr, in das Gebiet von Edom, und be- 5
fahl ihnen und sprach: So sprecht zu
Esau, meinem Herrn: Dein Knecht Ja-
kob läßt dir sagen: Ich bin bisher bei
Laban lange in der Fremde gewesen
und habe Rinder und Esel, Schafe, 6
Knechte und Mägde, und habe ausge-
sandt, es dir, meinem Herrn, anzusa-
gen, damit ich Gnade vor deinen Augen
fände.

Die Boten kamen zu Jakob zurück 7
und sprachen: Wir kamen zu deinem
Bruder Esau, und er zieht dir auch ent-
gegen mit vierhundert Mann. Da 8
fürchtete sich Jakob sehr, und ihm

wurde bange. Und er teilte das Volk,
das bei ihm war, und die Schafe und die
Rinder und die Kamele in zwei Lager
9 und sprach: Wenn Esau über das eine
Lager kommt und macht es nieder, so
wird das andere entrinnen.
10 Weiter sprach Jakob: Gott meines
Vaters Abraham und Gott meines Va-
ters Isaak, [c]der du zu mir gesagt hast:
Zieh wieder in dein Land und zu deiner
Verwandtschaft, ich will dir wohltun –,
11 HERR, [d]*ich bin zu gering aller Barmher-
zigkeit und aller Treue, die du an deinem
Knechte getan hast;* denn ich hatte nicht
mehr als diesen Stab, als ich hier über
den Jordan ging, und nun sind aus mir
12 zwei Lager geworden. Errette mich von
der Hand meines Bruders, von der
Hand Esaus; denn ich fürchte mich vor
ihm, daß er komme und schlage mich,
13 die Mütter samt den Kindern. Du hast
[e]gesagt: Ich will dir wohltun und deine
Nachkommen machen wie den Sand
am Meer, den man der Menge wegen
nicht zählen kann.
14 Und er blieb die Nacht da und nahm
von dem, was er erworben hatte, ein
Geschenk für seinen Bruder Esau:
15 zweihundert Ziegen, zwanzig Böcke,
zweihundert Schafe, zwanzig Widder
16 und dreißig säugende Kamele mit ihren
Füllen, vierzig Kühe und zehn junge
Stiere, zwanzig Eselinnen und zehn
17 Esel, und tat sie unter die Hand seiner
Knechte, je eine Herde besonders, und
sprach zu ihnen: Geht vor mir her und
laßt Raum zwischen einer Herde und
18 der andern. Und er gebot dem ersten
und sprach: Wenn dir mein Bruder
Esau begegnet und dich fragt: Wem ge-
hörst du an und wo willst du hin und
wessen Eigentum ist das, was du vor dir
19 hertreibst?, sollst du sagen: Es gehört
deinem Knechte Jakob, der sendet es
als Geschenk seinem Herrn Esau und
20 zieht hinter uns her. Ebenso gebot er
auch dem zweiten und dem dritten und
allen, die den Herden nachgingen, und
sprach: Wie ich euch gesagt habe, so sa-
get zu Esau, wenn ihr ihm begegnet,
21 und saget ja auch: Siehe, dein Knecht
Jakob kommt hinter uns. Denn er
dachte: Ich will ihn versöhnen mit dem
Geschenk, das vor mir hergeht. Danach
will ich ihn sehen; vielleicht wird er
22 mich annehmen. So ging das Geschenk
vor ihm her; er aber blieb diese Nacht
im Lager.

a Kap 28,12 *b* Kap 36,8 *c* Kap 31,3.13
d 2.Sam 7,18 *e* Kap 28,13.14

*Vers 1: Abweichende Verszählung statt 32,1-33: 31,55-32,32.

Jakobs Kampf am Jabbok. Sein neuer Name

Und Jakob stand auf in der Nacht und 23
nahm seine beiden Frauen und die bei-
den Mägde und seine elf Söhne und zog
an die Furt des Jabbok, nahm sie und 24
führte sie über das Wasser, so daß hin-
überkam, was er hatte, und blieb allein 25
zurück.
[a]Da rang ein Mann mit ihm, bis die
Morgenröte anbrach. Und als er sah, 26
daß er ihn nicht übermochte, schlug er
ihn auf das Gelenk seiner Hüfte, und
das Gelenk der Hüfte Jakobs wurde
über dem Ringen mit ihm verrenkt.
Und er sprach: Laß mich gehen, denn 27
die Morgenröte bricht an. Aber Jakob
antwortete: [b]*Ich lasse dich nicht, du seg-
nest mich denn.* Er sprach: Wie heißest 28
du? Er antwortete: Jakob. Er sprach: 29
[c]Du sollst nicht mehr Jakob heißen,
sondern Israel; denn [d]du hast mit Gott
und mit Menschen gekämpft und hast
gewonnen. Und Jakob fragte ihn und 30
sprach: Sage doch, [e]wie heißest du? Er
aber sprach: Warum fragst du, wie ich
heiße? Und er segnete ihn daselbst.
Und Jakob nannte die Stätte Pniël*; 31
denn, sprach er, ich [f]habe Gott von An-
gesicht gesehen, und doch wurde mein
Leben gerettet. Und als er an Pniël vor- 32
überkam, ging ihm die Sonne auf; und
er hinkte an seiner Hüfte. Daher essen 33
die Israeliten nicht das Muskelstück
auf dem Gelenk der Hüfte bis auf den
heutigen Tag, weil er auf den Muskel
am Gelenk der Hüfte Jakobs geschla-
gen hatte.

a (25-29) Hos 12,4.5 *b* Mt 15,22-28
c Kap 35,10 *d* Jer 20,7 *e* Ri 13,17.18
f 2.Mose 33,20
*Vers 31: d.h. Angesicht Gottes.

Jakobs Versöhnung mit Esau

Jakob hob seine Augen auf und sah sei- **33**
nen Bruder [a]Esau kommen mit vier-
hundert Mann. Und er verteilte seine
Kinder auf Lea und auf Rahel und auf
die beiden Leibmägde und stellte die 2
Mägde mit ihren Kindern vornean und
Lea mit ihren Kindern dahinter und
Rahel mit Josef zuletzt. Und er ging vor 3
ihnen her und neigte sich siebenmal zur
Erde, bis er zu seinem Bruder kam.
Esau aber lief ihm entgegen und herzte 4
ihn und fiel ihm um den Hals und küßte
ihn, und sie weinten. Und Esau hob sei- 5
ne Augen auf und sah die Frauen mit

den Kindern und sprach: Wer sind
diese bei dir? Er antwortete: Es sind die
[b]Kinder, die Gott deinem Knecht be-
6 schert hat. Und die Mägde traten herzu
mit ihren Kindern und neigten sich vor
7 ihm. Lea trat auch herzu mit ihren Kin-
dern, und sie neigten sich vor ihm. Da-
nach traten Josef und Rahel herzu, und
sie neigten sich auch vor ihm.
8 Und Esau sprach: Was willst du mit
[c]all den Herden, denen ich begegnet
bin? Er antwortete: Daß ich Gnade
9 fände vor meinem Herrn. Esau sprach:
Ich habe genug, mein Bruder; behalte,
10 was du hast. Jakob antwortete: Ach
nein! Hab ich Gnade gefunden vor dir,
so nimm mein Geschenk von meiner
Hand; denn ich sah dein Angesicht,
[d]als sähe ich Gottes Angesicht, und du
11 hast mich freundlich angesehen. Nimm
doch diese Segensgabe von mir an, die
ich dir zugebracht habe; denn Gott hat
sie mir beschert, und ich habe von al-
lem genug. So nötigte er ihn, daß er sie
nahm.
12 Und Esau sprach: Laß uns aufbre-
chen und fortziehen; ich will mit dir
13 ziehen. Er aber sprach zu ihm: Mein
Herr weiß, daß ich zarte Kinder bei mir
habe, dazu säugende Schafe und Kühe;
wenn sie auch nur einen Tag übertrie-
ben würden, würde mir die ganze Her-
14 de sterben. Mein Herr ziehe vor seinem
Knechte her. Ich will gemächlich hin-
tennach treiben, wie das Vieh und die
Kinder gehen können, bis ich komme
15 zu meinem Herrn nach Seïr. Esau
sprach: So will ich doch bei dir lassen
etliche von meinen Leuten. Er antwor-
tete: Ist das denn nötig? Laß mich nur
16 Gnade vor meinem Herrn finden. So
zog Esau an jenem Tage wiederum sei-
nes Weges nach Seïr.

a Kap 32,7 *b* Ps 127,3 *c* Kap 32,14-21
d Kap 32,31

Jakob siedelt sich bei Sichem an

17 Und Jakob zog nach Sukkot und baute
sich ein Haus und machte seinem Vieh
Hütten; daher heißt die Stätte Suk-
18 kot*. Danach kam Jakob wohlbehalten
zu der Stadt Sichem, die im Lande Ka-
naan liegt, nachdem er aus Mesopota-
mien gekommen war, und lagerte vor
19 der Stadt und [a]kaufte das Land, wo er
sein Zelt aufgeschlagen hatte, von den
Söhnen Hemors, des Vaters Sichems,
20 um hundert Goldstücke und errichtete
dort einen Altar und nannte ihn »Gott
ist der Gott Israels«.[b]

a Jos 24,32 *b* Kap 12,7.8
*Vers 17: d.h. Hütten.

Die Schandtat an Dina und das Blutbad zu Sichem

[a]Dina aber, Leas Tochter, die sie Jakob 34
geboren hatte, ging aus, die Töchter
des Landes zu sehen. Als [b]Sichem sie 2
sah, der Sohn des Hewiters Hemor, der
des Landes Herr war, nahm er sie, legte
sich zu ihr und tat ihr Gewalt an. Und 3
sein Herz hing an ihr, und er hatte das
Mädchen lieb und redete freundlich
mit ihr. Und Sichem sprach zu seinem 4
Vater Hemor: Nimm mir das Mädchen
zur Frau.
Und Jakob erfuhr, daß seine Tochter 5
Dina geschändet war; und seine Söhne
waren mit dem Vieh auf dem Felde,
und Jakob schwieg, bis sie kamen. Da 6
ging Hemor, Sichems Vater, hinaus zu
Jakob, um mit ihm zu reden. Indessen 7
kamen die Söhne Jakobs vom Felde.
Und als sie es hörten, verdroß es die
Männer, und sie wurden sehr zornig,
daß er eine Schandtat an Israel began-
gen und bei Jakobs Tochter gelegen
hatte. Denn solches durfte nicht ge-
schehen.
Da redete Hemor mit ihnen und 8
sprach: Das Herz meines Sohnes Si-
chem sehnt sich nach eurer Tochter;
gebt sie ihm doch zur Frau. Verschwä- 9
gert euch mit uns; gebt uns eure Töch-
ter und nehmt ihr unsere Töchter und 10
wohnt bei uns. Das Land soll euch of-
fen sein; bleibt und treibt Handel und
werdet ansässig. Und Sichem sprach zu 11
ihrem Vater und zu ihren Brüdern:
Laßt mich Gnade bei euch finden; was
ihr mir sagt, das will ich geben. Fordert 12
nur getrost von mir [c]Brautpreis und
Geschenk, ich will's geben, wie ihr's
verlangt; gebt mir nur das Mädchen
zur Frau.
Da antworteten Jakobs Söhne dem 13
Sichem und seinem Vater Hemor hin-
terhältig, weil ihre Schwester Dina ge-
schändet war, und sprachen zu ihnen: 14
Wir können das nicht tun, daß wir un-
sere Schwester einem unbeschnittenen
Mann geben; denn das wäre uns eine
Schande. Doch dann wollen wir euch 15
zu Willen sein, wenn ihr uns gleich
werdet und alles, was männlich unter
euch ist, beschnitten wird.[d] Dann wol- 16
len wir unsere Töchter euch geben und
eure Töchter uns nehmen und bei euch
wohnen und *ein* Volk sein. Wenn ihr 17
aber nicht einwilligen wollt, euch zu

beschneiden, so wollen wir unsere
Schwester nehmen und davonziehen.
18 Die Rede gefiel Hemor und seinem
19 Sohn gut. Und der Jüngling zögerte
nicht, dies zu tun; denn er hatte großes
Gefallen an der Tochter Jakobs. Und er
war mehr angesehen als alle in seines
Vaters Hause.
20 Da kamen sie nun, Hemor und sein
Sohn Sichem, zum Tor ihrer Stadt und
redeten mit den Bürgern der Stadt und
21 sprachen: Diese Leute sind friedsam
bei uns; laßt sie im Lande wohnen und
Handel treiben; das Land ist weit genug für sie. Wir wollen uns ihre Töchter zu Frauen nehmen und ihnen unse-
22 re Töchter geben. Aber nur dann wollen sie uns zu Willen sein, daß sie bei
uns wohnen und *ein* Volk mit uns werden, wenn wir alles, was männlich unter uns ist, beschneiden, gleichwie sie
23 beschnitten sind. Ihr Vieh und ihre
Güter und alles, was sie haben, wird es
nicht unser sein? So wollen wir ihnen
nur zu Willen sein, damit sie bei uns
24 wohnen. Und sie gehorchten dem Hemor und Sichem, seinem Sohn, alle, die
zum Tor seiner Stadt aus- und eingingen, und beschnitten alles, was männlich war, das zu seiner Stadt aus- und
eingíng.
25 Aber am dritten Tage, als sie
Schmerzen hatten, nahmen die [e]zwei
Söhne Jakobs Simeon und Levi, die
Brüder der Dina, ein jeder sein Schwert
und überfielen die friedliche Stadt und
erschlugen alles, was männlich war,
26 und erschlugen auch Hemor und seinen Sohn Sichem mit der Schärfe des
Schwerts und nahmen ihre Schwester
Dina aus dem Hause Sichems und gin-
27 gen davon. Da kamen die Söhne Jakobs
über die Erschlagenen und plünderten
die Stadt, weil man ihre Schwester ge-
28 schändet hatte, und nahmen ihre
Schafe, Rinder, Esel und was in der
29 Stadt und auf dem Felde war und alle
ihre Habe; alle Kinder und Frauen
führten sie gefangen hinweg und plünderten alles, was in den Häusern war.
30 Aber Jakob sprach zu Simeon und
Levi: Ihr habt mich ins Unglück gestürzt und in Verruf gebracht bei den
Bewohnern dieses Landes, den Kanaanitern und Perisitern, und ich habe
nur wenige Leute. Wenn sie sich nun
gegen mich versammeln, werden sie
mich erschlagen. So werde ich vertilgt
31 samt meinem Hause. Sie antworteten
aber: Durfte er denn an unserer
Schwester wie an einer Hure handeln?

a Kap 30,21 *b* Ri 9,28 *c* 2.Mose 22,15
d Kap 17,10-14 *e* Kap 49,5-7

Gott segnet Jakob in Betel

Und Gott sprach zu Jakob: Mach dich 35
auf und zieh nach Betel und wohne daselbst und errichte dort einen Altar
dem Gott, der dir erschien, als du flohest vor deinem Bruder Esau.[a] Da 2
sprach Jakob zu seinem Hause und zu
allen, die mit ihm waren: Tut von euch
[b]die fremden Götter, die unter euch
sind, und reinigt euch und wechselt
eure Kleider, und laßt uns aufbrechen 3
und nach Betel ziehen, daß ich dort
einen Altar errichte dem Gott, der mich
erhört hat zur Zeit meiner Trübsal und
mit mir gewesen ist auf dem Wege, den
ich gezogen bin. Da gaben sie ihm alle 4
fremden Götter, die in ihren Händen
waren, und ihre Ohrringe, und er vergrub sie [c]unter der Eiche, die bei Sichem stand. Und sie brachen auf. Und 5
es kam ein [d]Gottesschrecken über die
Städte, die um sie her lagen, so daß sie
den Söhnen Jakobs nicht nachjagten.
So kam Jakob nach Lus im Lande Ka- 6
naan, das nun Betel heißt, samt all dem
Volk, das mit ihm war, und er baute 7
dort einen Altar und nannte die Stätte
El-Betel, weil Gott sich ihm daselbst
offenbart hatte, als er vor seinem Bruder floh. Da starb [e]Debora, die Amme 8
der Rebekka, und wurde begraben unterhalb von Betel unter der Eiche; die
wurde genannt die Klageeiche.
Und Gott erschien Jakob abermals, 9
nachdem er aus Mesopotamien gekommen war, und segnete ihn und sprach 10
zu ihm: Du heißt Jakob; aber du sollst
nicht mehr Jakob heißen, sondern [f]Israel sollst du heißen. Und so nannte er
ihn Israel. Und Gott sprach zu ihm: 11
Ich bin der [g]allmächtige Gott; sei
fruchtbar und mehre dich! Ein Volk
und eine Menge von Völkern sollen von
dir kommen, und [h]Könige sollen von
dir abstammen, und das Land, das ich 12
Abraham und Isaak gegeben habe, will
ich dir geben und will's deinem Geschlecht nach dir geben. Und Gott fuhr 13
auf von ihm an der Stätte, da er mit ihm
geredet hatte. [i]Jakob aber richtete ein 14
steinernes Mal auf an der Stätte, da er
mit ihm geredet hatte, und goß Trankopfer darauf und begoß es mit Öl. Und 15
Jakob nannte die Stätte, da Gott mit
ihm geredet hatte, Betel.

a Kap 28,11-22; 31,13 *b* Kap 31,19; 5.Mose 27,15;

Jos 24,23 *c* Jos 24,26; Ri 9,6 *d* 2.Mose 23,27; Jos 10,10 *e* Kap 24,59 *f* Kap 32,29 *g* Kap 17,1; 28,3.4 *h* Kap 17,6 *i* *(14 und 15)* Kap 28,18.19

Benjamins Geburt und Rahels Tod

16 Und sie brachen auf von Betel. Und als
es noch eine Strecke Weges war bis
Efrata, da gebar Rahel. Und es kam sie
17 hart an über der Geburt. Da ihr aber
die Geburt so schwer wurde, sprach die
Wehmutter zu ihr: Fürchte dich nicht,
denn auch diesmal wirst du einen
18 [a]Sohn haben. Als ihr aber das Leben
entwich und sie sterben mußte, nannte
sie ihn Ben-Oni*, aber sein Vater nann-
19 te ihn Ben-Jamin*. So starb Rahel und
wurde begraben an dem Wege nach
20 Efrata, das nun Betlehem heißt.[b] Und
Jakob richtete einen Stein auf über ih-
rem Grab; das ist das Grabmal Rahels
21 bis auf diesen Tag. Und Israel zog wei-
ter und schlug sein Zelt auf jenseits von
Migdal-Eder.
22 Und es begab sich, als Israel im
Lande wohnte, ging [c]Ruben hin und
legte sich zu Bilha, seines Vaters Ne-
benfrau. Und das kam vor Israel.

a Kap 30,24 *b* Kap 48,7; 1.Sam 10,2; Jer 31,15; Mt 2,18 *c* Kap 49,4
*Vers 18: d.h. Sohn meines Unglücks bzw. Sohn des Glücks.

Jakobs Söhne
(vgl. 1.Chr 2,1.2)

23 Es hatte aber Jakob zwölf Söhne. Die
Söhne Leas waren diese: Ruben, der
erstgeborene Sohn Jakobs, Simeon,
24 Levi, Juda, Isaschar und Sebulon. Die
Söhne Rahels waren: Josef und Benja-
25 min. Die Söhne Bilhas, Rahels Magd:
26 Dan und Naftali. Die Söhne Silpas,
Leas Magd: Gad und Asser. Das sind
die Söhne Jakobs, die ihm geboren sind
in Mesopotamien.

Jakobs Heimkehr. Isaaks Tod

27 Und Jakob kam zu seinem Vater Isaak
nach Mamre, nach Kirjat-Arba, das ist
Hebron, wo Abraham und Isaak als
28 Fremdlinge gelebt hatten. Und Isaak
wurde hundertundachtzig Jahre alt,
29 verschied und starb und wurde versam-
melt zu seinen Vätern, alt und lebens-
satt. Und seine Söhne Esau und Jakob
begruben ihn.

Geschlechtsregister Esaus
(vgl. 1.Chr 1,35-54)

36 Dies ist das Geschlecht Esaus, der auch
2 [a]Edom heißt: Esau nahm sich [b]Frauen
von den Töchtern Kanaans: Ada, die
Tochter Elons, des Hetiters, und Oho-
libama, die Tochter des Ana, des Soh-
nes Zibons, des Horiters, und [c]Base- 3
mat, Ismaels Tochter, Nebajots
Schwester. Und Ada gebar dem Esau 4
Elifas, und Basemat gebar Reguël.
Oholibama gebar Jëusch, Jalam und 5
Korah. Das sind Esaus Söhne, die ihm
geboren sind im Lande Kanaan. Und 6
Esau nahm seine Frauen, Söhne und
Töchter und alle Leute seines Hauses,
seine Habe und alles Vieh mit allen Gü-
tern, die er im Lande Kanaan erworben
hatte, und zog in das Land Seïr, hinweg
von seinem Bruder Jakob. Denn ihre 7
Habe war zu groß, als daß sie beieinan-
der wohnen konnten; das Land, darin
sie Fremdlinge waren, vermochte sie
nicht zu ernähren wegen der Menge ih-
res Viehs.[d] Daher wohnte Esau auf 8
dem Gebirge Seïr. Esau ist Edom.
Dies ist das Geschlecht Esaus, von 9
dem die Edomiter herkommen auf dem
Gebirge Seïr, und so heißen die Söhne 10
Esaus: Elifas, der Sohn Adas, der Frau
Esaus; Reguël, der Sohn Basemats, der
Frau Esaus. Des Elifas Söhne aber wa- 11
ren diese: Teman, Omar, Zefo, Gaëtam
und Kenas. Und Timna war eine Ne- 12
benfrau des Elifas, des Sohnes Esaus;
die gebar ihm Amalek. Das sind die
Söhne von Ada, der Frau Esaus. Die 13
Söhne aber Reguëls sind diese: Nahat,
Serach, Schamma, Misa. Das sind die
Söhne von Basemat, der Frau Esaus.
Die Söhne aber von Oholibama, der 14
Frau Esaus, der Tochter des Ana, des
Sohnes Zibons, die sie dem Esau gebar,
sind diese: Jëusch, Jalam und Korah.
Dies sind die Stammesfürsten der 15
Söhne Esaus. Die Söhne des Elifas, des
ersten Sohnes Esaus: Der Fürst Te-
man, der Fürst Omar, der Fürst Zefo,
der Fürst Kenas, der Fürst Korah, der 16
Fürst Gaëtam, der Fürst Amalek. Das
sind die Fürsten von Elifas im Lande
Edom und sind Söhne von der Ada.
Und dies sind die Söhne Reguëls, des 17
Sohnes Esaus: Der Fürst Nahat, der
Fürst Serach, der Fürst Schamma, der
Fürst Misa. Das sind die Fürsten von
Reguël im Lande der Edomiter und
sind Söhne von der Basemat, der Frau
Esaus. Dies sind die Söhne Oholiba- 18
mas, der Frau Esaus: Der Fürst Jëusch,
der Fürst Jalam, der Fürst Korah. Das
sind die Fürsten von Oholibama, der
Tochter des Ana, der Frau Esaus. Das 19
sind Esaus Söhne und ihre Fürsten.
Das ist Edom.

20 Die Söhne aber von Seïr, dem [e] Hori-
ter, die im Lande wohnten, sind diese:
21 Lotan, Schobal, Zibon, Ana, Dischon,
Ezer und Dischan. Das sind die Stam-
mesfürsten der Horiter, Söhne des
22 Seïr, im Lande Edom. Aber des Lotan
Söhne waren diese: Hori und Hemam;
23 und Lotans Schwester hieß Timna. Die
Söhne von Schobal waren diese: Al-
wan, Manahat, Ebal, Schefi und Onam.
24 Die Söhne von Zibon waren: Ajja und
Ana. Das ist der Ana, der in der Steppe
die warmen Quellen fand, als er die Esel
25 seines Vaters Zibon hütete. Der Sohn
Anas aber war: Dischon; und Oholiba-
26 ma war die Tochter Anas. Die Söhne
Dischons waren: Hemdan, Eschban,
27 Jitran und Keran. Die Söhne Ezers wa-
28 ren: Bilhan, Saawan und Akan. Die
Söhne Dischans waren: Uz und Aran.
29 Dies sind die Stammesfürsten der
Horiter: Der Fürst Lotan, der Fürst
Schobal, der Fürst Zibon, der Fürst
30 Ana, der Fürst Dischon, der Fürst
Ezer, der Fürst Dischan. Das sind die
Fürsten der Horiter nach ihren Stäm-
men im Lande Seïr.

a Kap 25,30; 5. Mose 23,8 *b* Kap 26,34 *c* Kap 28,9 *d* Kap 13,6 *e* Kap 14,6; 5. Mose 2,12.22

Die früheren Könige der Edomiter

31 Die [a] Könige aber, die im Lande Edom
regiert haben, bevor Israel Könige hat-
32 te, sind diese: Bela war König von
Edom, ein Sohn Beors, und seine Stadt
33 hieß Dinhaba. Und als Bela starb, wur-
de König an seiner Statt Jobab, ein
34 Sohn Serachs von Bozra. Als Jobab
starb, wurde an seiner Statt König Hu-
scham aus dem Lande der Temaniter.
35 Als Huscham starb, wurde König an
seiner Statt Hadad, ein Sohn Bedads,
der die Midianiter schlug auf dem Fel-
de der Moabiter; und seine Stadt hieß
36 Awwit. Als Hadad starb, regierte Samla
37 von Masrek. Als Samla starb, wurde
Saul von Rehobot am Strom König an
38 seiner Statt. Als Saul starb, wurde Kö-
nig an seiner Statt Baal-Hanan, der
39 Sohn Achbors. Als Baal-Hanan, Ach-
bors Sohn, starb, wurde König an sei-
ner Statt Hadar; und seine Stadt hieß
Pagu, und seine Frau hieß Mehetabel,
eine Tochter Matreds, die Mesahabs
Tochter war.

a 4. Mose 20,14

Die Stammesfürsten der Edomiter

So heißen die Fürsten von Esau nach 40
ihren Geschlechtern, Orten und Na-
men: Der Fürst Timna, der Fürst
Alwa, der Fürst Jetet, der Fürst Oholi- 41
bama, der Fürst Ela, der Fürst Pinon,
der Fürst Kenas, der Fürst Teman, der 42
Fürst Mibzar, der Fürst Magdiël, der 43
Fürst Iram. Das sind die Fürsten von
Edom nach ihren Wohnsitzen in ihrem
Erblande. Das ist Esau, der Stammva-
ter der Edomiter.

Josefs Träume

Jakob aber wohnte im Lande, in dem **37**
sein Vater ein Fremdling gewesen war,
im Lande Kanaan. Und dies ist die Ge- 2
schichte von Jakobs Geschlecht: Josef
war siebzehn Jahre alt und war ein Hir-
te bei den Schafen mit seinen Brüdern;
er war Gehilfe bei den Söhnen Bilhas
und Silpas, der Frauen seines Vaters,
und brachte es vor ihren Vater, wenn
etwas Schlechtes über sie geredet wur-
de.
Israel aber hatte Josef lieber als alle 3
seine Söhne, weil er der Sohn seines Al-
ters war, und machte ihm einen bunten
Rock. Als nun seine Brüder sahen, daß 4
ihn ihr Vater lieber hatte als alle seine
Brüder, wurden sie ihm feind und
konnten ihm kein freundliches Wort
sagen. Dazu hatte Josef einmal einen 5
Traum und sagte seinen Brüdern da-
von; da wurden sie ihm noch mehr
feind. Denn er sprach zu ihnen: Höret 6
doch, was mir geträumt hat. Siehe, wir 7
banden Garben auf dem Felde, und
meine Garbe richtete sich auf und
stand, aber eure Garben stellten sich
ringsumher und neigten sich vor mei-
ner Garbe. Da sprachen seine Brüder 8
zu ihm: Willst du unser König werden
und über uns herrschen? Und sie wur-
den ihm noch mehr feind um seines
Traumes und seiner Worte willen. Und 9
er hatte noch einen zweiten Traum, den
erzählte er seinen Brüdern und sprach:
Ich habe noch einen Traum gehabt;
siehe, die Sonne und der Mond und elf
Sterne neigten sich vor mir. Und als er 10
das seinem Vater und seinen Brüdern
erzählte, schalt ihn sein Vater und
sprach zu ihm: Was ist das für ein
Traum, den du geträumt hast? Soll ich
und deine Mutter und deine Brüder
kommen und vor dir niederfallen? Und 11

seine Brüder wurden neidisch auf ihn.
Aber sein Vater behielt diese Worte.

Josef wird nach Ägypten verkauft

12 Als nun seine Brüder hingegangen wa-
ren, um das Vieh ihres Vaters in [a]Si-
13 chem zu weiden, sprach Israel zu Josef:
Hüten nicht deine Brüder das Vieh in
Sichem? Komm, ich will dich zu ihnen
senden. Er aber sprach: Hier bin ich.
14 Und er sprach: Geh hin und sieh, ob's
gut steht um deine Brüder und um das
Vieh, und sage mir dann, wie sich's ver-
hält. Und er sandte ihn aus dem Tal
von [b]Hebron, und er kam nach Sichem.
15 Da fand ihn ein Mann, wie er umherirr-
te auf dem Felde; der fragte ihn und
16 sprach: Wen suchst du? Er antwortete:
Ich suche meine Brüder; sage mir
17 doch, wo sie hüten. Der Mann sprach:
Sie sind von dannen gezogen; denn ich
hörte, daß sie sagten: Laßt uns nach
Dotan gehen. Da zog Josef seinen Brü-
dern nach und fand sie in Dotan.
18 Als sie ihn nun sahen von ferne, ehe
er nahe zu ihnen kam, machten sie
einen Anschlag, daß sie ihn töteten,
19 und sprachen untereinander: Seht, der
20 Träumer kommt daher! So kommt nun
und laßt uns ihn töten und in eine Gru-
be werfen und sagen, ein böses Tier
habe ihn gefressen; so wird man sehen,
21 was seine Träume sind. Als das Ruben
hörte, wollte er ihn aus ihren Händen
erretten und sprach: Laßt uns ihn nicht
22 töten![c] Und weiter sprach Ruben zu
ihnen: Vergießt nicht Blut, sondern
werft ihn in die Grube hier in der Wü-
ste und legt die Hand nicht an ihn! Er
wollte ihn aber aus ihrer Hand erretten
und ihn seinem Vater wiederbringen.
23 Als nun Josef zu seinen Brüdern
kam, zogen sie ihm seinen Rock aus,
24 [d]den bunten Rock, den er anhatte, und
nahmen ihn und warfen ihn in die Gru-
be; aber die Grube war leer und kein
25 Wasser darin. Und sie setzten sich nie-
der, um zu essen. Indessen hoben sie
ihre Augen auf und sahen eine Karawa-
ne von Ismaelitern kommen von Gilead
mit ihren Kamelen; die trugen kostba-
res Harz, Balsam und Myrrhe und zo-
26 gen hinab nach Ägypten. Da sprach
Juda zu seinen Brüdern: Was hilft's
uns, daß wir unsern Bruder töten und
27 sein Blut verbergen? Kommt, laßt uns
ihn den Ismaelitern verkaufen, damit
sich unsere Hände nicht an ihm ver-
greifen; denn er ist unser Bruder, unser
Fleisch und Blut. Und sie gehorchten
ihm. Als aber die [e]midianitischen 28
Kaufleute vorüberkamen, zogen sie ihn
heraus aus der Grube und [f]verkauften
ihn um zwanzig Silberstücke den Is-
maelitern; die brachten ihn nach Ägyp-
ten.
Als nun Ruben wieder zur Grube 29
kam und Josef nicht darin fand, zerriß
er sein Kleid und kam wieder zu seinen 30
Brüdern und sprach: Der Knabe ist
nicht da! Wo soll ich hin? Da nahmen 31
sie Josefs Rock und schlachteten einen
Ziegenbock und tauchten den Rock ins
Blut und schickten den bunten Rock 32
hin und ließen ihn ihrem Vater bringen
und sagen: Diesen haben wir gefun-
den; sieh, ob's deines Sohnes Rock sei
oder nicht. Er erkannte ihn aber und 33
sprach: Es ist meines Sohnes Rock; ein
[g]böses Tier hat ihn gefressen, ein rei-
ßendes Tier hat Josef zerrissen! Und 34
Jakob zerriß seine Kleider und legte ein
härenes Tuch um seine Lenden und
trug Leid um seinen Sohn lange Zeit.
Und alle seine Söhne und Töchter ka- 35
men zu ihm, ihn zu trösten; aber er
wollte sich nicht trösten lassen und
sprach: Ich werde mit Leid hinunter-
fahren zu den Toten, zu meinem Sohn.
Und sein Vater beweinte ihn.
Aber die Midianiter verkauften ihn 36
in Ägypten an Potifar, des Pharao
Kämmerer und Obersten der Leibwa-
che.

a Kap 33,18.19 *b* Kap 35,27 *c* Kap 42,22
d Vers 3 *e* Kap 25,2 *f* 3.Mose 27,1-8 *g* Vers 20

Juda und Tamar

Es begab sich um diese Zeit, daß Juda **38**
hinabzog von seinen Brüdern und ge-
sellte sich zu einem Mann aus Adullam,
der hieß Hira. Und Juda sah dort die 2
Tochter eines Kanaaniters, der hieß
Schua, und nahm sie zur Frau. Und als
er zu ihr einging, ward sie schwanger 3
und gebar einen Sohn, den nannte er
Ger. Und sie ward abermals schwanger 4
und gebar einen Sohn, den nannte sie
Onan. Sie gebar abermals einen Sohn, 5
den nannte sie Schela; und sie war in
Kesib, als sie ihn gebar.
Und Juda gab seinem ersten Sohn 6
Ger eine Frau, die hieß Tamar. Aber 7
Ger war böse vor dem HERRN, darum
ließ ihn der HERR sterben. Da sprach 8
Juda zu Onan: Geh zu deines Bruders
Frau und nimm sie zur Schwagerehe,
auf daß du deinem Bruder Nachkom-
men schaffest.[a] Aber da Onan wußte, 9
daß die Kinder nicht sein eigen sein

sollten, ließ er's auf die Erde fallen und
verderben, wenn er einging zu seines
Bruders Frau, auf daß er seinem Bru-
10 der nicht Nachkommen schaffe. Dem
HERRN mißfiel aber, was er tat, und er
11 ließ ihn auch sterben. Da sprach Juda
zu seiner Schwiegertochter Tamar:
Bleibe eine Witwe in deines Vaters
Hause, bis mein Sohn Schela groß
wird. Denn er dachte, vielleicht würde
der auch sterben wie seine Brüder. So
ging Tamar hin und blieb in ihres Va-
ters Hause.

12 Als nun viele Tage verlaufen waren,
starb Judas Frau, die Tochter des
Schua. Und nachdem Juda ausge-
trauert hatte, ging er hinauf, seine
Schafe zu scheren, nach Timna mit sei-
13 nem Freunde Hira von Adullam. Da
wurde der Tamar gesagt: Siehe, dein
Schwiegervater geht hinauf nach
14 [b]Timna, seine Schafe zu scheren. Da
legte sie die Witwenkleider von sich,
die sie trug, deckte sich mit einem
Schleier und verhüllte sich und setzte
sich vor das Tor von Enajim an dem
Wege nach Timna; denn sie hatte ge-
sehen, daß Schela groß geworden war,
aber sie wurde ihm nicht zur Frau gege-
15 ben. Als Juda sie nun sah, meinte er, es
wäre eine Hure, denn sie hatte ihr An-
16 gesicht verdeckt. Und er machte sich zu
ihr am Wege und sprach: Laß mich
doch zu dir kommen; denn [c]er wußte
nicht, daß es seine Schwiegertochter
war. Sie antwortete: Was willst du mir
17 geben, wenn du zu mir kommst? Er
sprach: Ich will dir einen Ziegenbock
von der Herde senden. Sie antwortete:
So gib mir ein Pfand, bis du ihn mir
18 sendest. Er sprach: Was willst du für
ein Pfand, das ich dir geben soll? Sie
antwortete: Dein Siegel und deine
Schnur und deinen Stab, den du in der
Hand hast. Da gab er's ihr und kam zu
ihr; und sie ward von ihm schwanger.
19 Und sie machte sich auf und ging hin-
weg und legte den Schleier ab und zog
ihre Witwenkleider wieder an.

20 Juda aber sandte den Ziegenbock
durch seinen Freund von Adullam, da-
mit er das Pfand zurückholte von der
21 Frau. Und er fand sie nicht. Da fragte
er die Leute des Ortes und sprach: Wo
ist die Hure, die zu Enajim am Wege
saß? Sie antworteten: Es ist keine Hure
22 da gewesen. Und er kam wieder zu Juda
und sprach: Ich habe sie nicht gefun-
den; dazu sagen die Leute des Ortes, es
23 sei keine Hure da gewesen. Juda
sprach: Sie mag's behalten, damit wir
nur nicht in Verruf geraten! Siehe, ich
habe den Bock gesandt, und du hast sie
nicht gefunden.

Nach drei Monaten wurde Juda an- 24
gesagt: Deine Schwiegertochter Tamar
hat Hurerei getrieben; und siehe, sie ist
davon schwanger geworden. Juda
sprach: Führt sie heraus, daß sie ver-
brannt werde. Und als man sie hinaus- 25
führte, schickte sie zu ihrem Schwie-
gervater und sprach: Von dem Mann
bin ich schwanger, dem dies gehört.
Und sie sprach: Erkennst du auch,
wem dies Siegel und diese Schnur und
dieser Stab gehören? Juda erkannte es 26
und sprach: Sie ist gerechter als ich;
denn ich habe sie meinem Sohn Schela
nicht gegeben. Doch wohnte er ihr
nicht mehr bei.

Und als sie gebären sollte, wurden 27
Zwillinge in ihrem Leibe gefunden.
Und als sie gebar, tat sich eine Hand 28
heraus. Da nahm die Wehmutter einen
roten Faden und band ihn darum und
sprach: Der ist zuerst herausgekom-
men. Als aber der seine Hand wieder 29
hineinzog, kam sein Bruder heraus,
und sie sprach: Warum hast du um dei-
netwillen solchen Riß gerissen? Und
man nannte ihn [d]Perez. Danach kam 30
sein Bruder heraus, der den roten Fa-
den um seine Hand hatte. Und man
nannte ihn Serach.

a 5. Mose 25,5-10 *b* Jos 15,57 *c* 3. Mose 18,15
d Rut 4,18; Mt 1,3

Josef in Potifars Haus

Josef wurde hinab nach Ägypten ge- **39**
führt, und Potifar, ein ägyptischer
Mann, des Pharao Kämmerer und
Oberster der Leibwache, kaufte ihn
von den Ismaelitern, die ihn hinabge-
bracht hatten.[a] Und der HERR war mit 2
Josef, so [b]daß er ein Mann wurde, dem
alles glückte. Und er war in seines
Herrn, des Ägypters, Hause. Und sein 3
Herr sah, daß der HERR mit ihm war;
denn alles, was er tat, das ließ der HERR
in seiner Hand glücken, so daß er Gna- 4
de fand vor seinem Herrn und sein Die-
ner wurde. Der setzte ihn über sein
Haus; und alles, was er hatte, tat er un-
ter seine Hände. Und von der Zeit an, 5
da er ihn über sein Haus und alle seine
Güter gesetzt hatte, [c]segnete der HERR
des Ägypters Haus um Josefs willen,
und es war lauter Segen des HERRN in
allem, was er hatte, zu Hause und auf
dem Felde. Darum ließ er alles unter 6

Josefs Händen, was er hatte, und küm-
merte sich, da er ihn hatte, um nichts
außer um das, was er [d]aß und trank.
Und Josef war schön an Gestalt und
hübsch von Angesicht.
7 Und es begab sich danach, daß seines
Herrn Frau ihre Augen auf Josef warf
8 und sprach: Lege dich zu mir! Er wei-
gerte sich aber und sprach zu ihr: Sie-
he, mein Herr kümmert sich, da er
mich hat, um nichts, was im Hause ist,
und alles, was er hat, das hat er unter
9 meine Hände getan; er ist in diesem
Hause nicht größer als ich, und er hat
mir nichts vorenthalten außer dir, weil
du seine Frau bist. *Wie sollte ich denn
nun ein solch großes Übel tun und gegen
10 Gott sündigen?*[e] Und sie bedrängte Jo-
sef mit solchen Worten täglich. Aber er
gehorchte ihr nicht, daß er sich zu ihr
legte und bei ihr wäre.
11 Es begab sich eines Tages, daß Josef
in das Haus ging, seine Arbeit zu tun,
und kein Mensch vom Gesinde des
12 Hauses war dabei. Und sie erwischte
ihn bei seinem Kleid und sprach: Lege
dich zu mir! Aber er ließ das Kleid in
ihrer Hand und floh und lief zum
13 Hause hinaus. Als sie nun sah, daß er
sein Kleid in ihrer Hand ließ und hin-
14 aus entfloh, rief sie das Gesinde ihres
Hauses und sprach zu ihnen: Seht, er
hat uns den hebräischen Mann herge-
bracht, daß der seinen Mutwillen mit
uns treibe. Er kam zu mir herein und
wollte sich zu mir legen; aber ich rief
15 mit lauter Stimme. Und als er hörte,
daß ich ein Geschrei machte und rief,
da ließ er sein Kleid bei mir und floh
16 und lief hinaus. Und sie legte sein Kleid
17 neben sich, bis sein Herr heimkam, und
sagte zu ihm ebendieselben Worte und
sprach: Der hebräische Knecht, den du
uns hergebracht hast, kam zu mir her-
ein und wollte seinen Mutwillen mit
18 mir treiben. Als ich aber ein Geschrei
machte und rief, da ließ er sein Kleid
bei mir und floh hinaus.

a Kap 37,28.36 *b* Kap 26,24 *c* Kap 30,27
d Kap 43,32 *e* 2.Mose 20,14; 3.Mose 18,20

Josef im Gefängnis

19 Als sein Herr die Worte seiner Frau
hörte, die sie ihm sagte und sprach: So
hat dein Knecht an mir getan, wurde er
20 sehr zornig. Da nahm ihn sein Herr und
legte ihn ins Gefängnis, in dem des Kö-
nigs Gefangene waren. Und er lag allda
21 im Gefängnis. Aber der HERR war mit
ihm und neigte die Herzen zu ihm und
ließ ihn Gnade finden vor dem Amt-
mann über das Gefängnis, so daß er 22
ihm alle Gefangenen im Gefängnis un-
ter seine Hand gab und alles, was dort
geschah, durch ihn geschehen mußte.
Der Amtmann über das Gefängnis 23
kümmerte sich um nichts; denn der
HERR war mit Josef, und was er tat,
dazu gab der HERR Glück.

Josef legt zwei Gefangenen ihre Träume aus

Und es begab sich danach, daß sich der **40**
Mundschenk des Königs von Ägypten
und der Bäcker versündigten an ihrem
Herrn, dem König von Ägypten. Und 2
der Pharao wurde zornig über seine
beiden Kämmerer, gegen den Obersten
über die Schenken und gegen den
Obersten über die Bäcker, und ließ sie 3
setzen in des Amtmanns Haus ins Ge-
fängnis, wo Josef gefangen lag. Und der 4
Amtmann gab ihnen Josef bei, daß er
ihnen diente. Und sie saßen etliche Zeit
im Gefängnis.
Und es träumte ihnen beiden, dem 5
Schenken und dem Bäcker des Königs
von Ägypten, in *einer* Nacht einem je-
den ein eigener Traum, und eines jeden
Traum hatte seine Bedeutung. Als nun 6
am Morgen Josef zu ihnen hineinkam
und sah, daß sie traurig waren, fragte er 7
sie und sprach: Warum seid ihr heute
so traurig? Sie antworteten: Es hat uns 8
geträumt, und wir haben niemand, der
es uns auslege. Josef sprach: [a]Auslegen
gehört Gott zu; doch erzählt mir's.
Da erzählte der oberste Schenk sei- 9
nen Traum und sprach zu Josef: Mir
hat geträumt, daß ein Weinstock vor
mir wäre, der hatte drei Reben, und er 10
grünte, wuchs und blühte, und seine
Trauben wurden reif. Und ich hatte 11
den Becher des Pharao in meiner Hand
und nahm die Beeren und zerdrückte
sie in den Becher und gab den Becher
dem Pharao in die Hand. Josef sprach 12
zu ihm: Das ist seine Deutung: Drei
Reben sind drei Tage. Nach drei Tagen 13
wird der Pharao dein Haupt erheben
und dich wieder in dein Amt setzen,
daß du ihm den Becher in die Hand ge-
best wie vormals, als du sein Schenk
warst. Aber gedenke meiner, wenn dir's 14
wohlgeht, und tu Barmherzigkeit an
mir, daß du dem Pharao von mir sagst
und mich so aus diesem Hause bringst.
Denn [b]ich bin aus dem Lande der He- 15
bräer heimlich gestohlen worden; und
auch hier hab ich nichts getan, weswe-

gen sie mich hätten ins Gefängnis set-
zen dürfen.
16 Als der oberste Bäcker sah, daß die
Deutung gut war, sprach er zu Josef:
Mir hat auch geträumt, ich trüge drei
Körbe mit feinem Backwerk auf mei-
17 nem Haupt und im obersten Korbe al-
lerlei Gebackenes für den Pharao, und
die Vögel fraßen aus dem Korbe auf
18 meinem Haupt. Josef antwortete und
sprach: Das ist seine Deutung: Drei
19 Körbe sind drei Tage. Und nach drei
Tagen wird der Pharao dein Haupt er-
heben und dich an den Galgen hängen,
und die Vögel werden dein Fleisch von
dir fressen.
20 Und es geschah am dritten Tage, da
beging der Pharao seinen Geburtstag.
Und er machte ein Festmahl für alle
seine Großen und erhob das Haupt des
obersten Schenken und das Haupt des
obersten Bäckers unter seinen Großen
21 und setzte den obersten Schenken wie-
der in sein Amt, daß er den Becher rei-
22 che in des Pharao Hand, aber den ober-
sten Bäcker ließ er aufhängen, wie
23 ihnen Josef gedeutet hatte. Aber der
oberste Schenk dachte nicht an Josef,
sondern vergaß ihn.

a Kap 41,15.16; Dan 2,27.28 *b* Kap 37,28

Josef deutet die Träume des Pharao

41 Und nach zwei Jahren hatte der Pharao
2 einen Traum, er stünde am Nil und
sähe aus dem Wasser steigen sieben
schöne, fette Kühe; die gingen auf der
3 Weide im Grase. Nach diesen sah er an-
dere sieben Kühe aus dem Wasser auf-
steigen; die waren häßlich und mager
und traten neben die Kühe am Ufer des
4 Nils. Und die häßlichen und mageren
fraßen die sieben schönen, fetten Kühe.
Da erwachte der Pharao.
5 Und er schlief wieder ein, und ihm
träumte abermals, und er sah, daß sie-
ben Ähren aus *einem* Halm wuchsen,
6 voll und dick. Danach sah er sieben
dünne Ähren aufgehen, die waren vom
7 Ostwind versengt. Und die sieben ma-
geren Ähren verschlangen die sieben
dicken und vollen Ähren. Da erwachte
der Pharao und merkte, daß es ein
8 Traum war. Und als es Morgen wurde,
war sein Geist bekümmert, und er
schickte aus und ließ rufen [a] alle Wahr-
sager in Ägypten und alle Weisen und
erzählte ihnen seine Träume. Aber da
war keiner, der sie dem Pharao deuten
konnte.

Da redete der oberste Schenk zum 9
Pharao und sprach: Ich muß heute an
meine Sünden denken: Als der Pharao 10
zornig wurde über seine Knechte und
mich mit dem obersten Bäcker ins Ge-
fängnis legte in des Amtmanns Hause,
da träumte uns beiden in *einer* Nacht 11
einem jeden sein Traum, dessen Deu-
tung ihn betraf. Da war bei uns ein he- 12
bräischer Jüngling, des Amtmanns
Knecht, dem erzählten wir's. Und er
deutete uns unsere Träume, einem je-
den nach seinem Traum. Und wie er 13
uns deutete, so ist's gekommen; denn
ich bin wieder in mein Amt gesetzt,
aber jener wurde aufgehängt.

Da sandte der Pharao hin und ließ 14
Josef rufen, und sie ließen ihn eilends
aus dem Gefängnis. Und er ließ sich
scheren und zog andere Kleider an und
kam hinein zum Pharao. Da sprach der 15
Pharao zu ihm: Ich habe einen Traum
gehabt, und es ist niemand, der ihn
deuten kann. Ich habe aber von dir sa-
gen hören, wenn du einen Traum hörst,
so kannst du ihn deuten. Josef antwor- 16
tete dem Pharao und sprach: [b] Das
steht nicht bei mir; Gott wird jedoch
dem Pharao Gutes verkünden. Der 17
Pharao sprach zu Josef: Mir träumte,
ich stand am Ufer des Nils und sah aus 18
dem Wasser steigen sieben schöne, fet-
te Kühe; die gingen auf der Weide im
Grase. Und nach ihnen sah ich andere 19
sieben dürre, sehr häßliche und ma-
gere Kühe heraussteigen. Ich hab in
ganz Ägyptenland nicht so häßliche ge- 13
sehen. Und die sieben mageren und 20
häßlichen Kühe fraßen die sieben er-
sten, fetten Kühe auf. Und als sie die 21
hineingefressen hatten, merkte man's
ihnen nicht an, daß sie die gefressen
hatten, und waren häßlich wie zuvor.
Da wachte ich auf. Und ich sah aber- 22
mals in meinem Traum sieben Ähren
auf *einem* Halm wachsen, voll und dick.
Danach gingen auf sieben dürre Ähren, 23
dünn und versengt. Und die sieben 24
dünnen Ähren verschlangen die sieben
dicken Ähren. Und ich habe es den
Wahrsagern gesagt, aber die können's
mir nicht deuten.

Josef antwortete dem Pharao: Beide 25
Träume des Pharao bedeuten das glei-
che. Gott verkündet dem Pharao, was
er vorhat. Die sieben schönen Kühe 26
sind sieben Jahre, und die sieben guten
Ähren sind dieselben sieben Jahre. Es
ist ein und derselbe Traum. Die sieben 27
mageren und häßlichen Kühe, die nach

jenen aufgestiegen sind, das sind sieben
Jahre, und die sieben mageren und ver-
sengten Ähren sind sieben Jahre des
28 Hungers. Das meinte ich, wenn ich ge-
sagt habe zum Pharao, daß Gott dem
29 Pharao zeigt, was er vorhat. Siehe, sie-
ben reiche Jahre werden kommen in
30 ganz Ägyptenland. Und nach ihnen
werden sieben Jahre des Hungers kom-
men, so daß man vergessen wird alle
Fülle in Ägyptenland. Und der Hunger
31 wird das Land verzehren, daß man
nichts wissen wird von der Fülle im
Lande vor der Hungersnot, die danach
kommt; denn sie wird sehr schwer sein.
32 Daß aber dem Pharao zweimal ge-
träumt hat, bedeutet, daß Gott solches
gewiß und eilends tun wird.
33 Nun sehe der Pharao nach einem
verständigen und weisen Mann, den er
34 über Ägyptenland setze, und sorge da-
für, daß er Amtleute verordne im
Lande und nehme den Fünften in
Ägyptenland in den sieben reichen Jah-
35 ren und lasse sie sammeln den ganzen
Ertrag der guten Jahre, die kommen
werden, daß sie Getreide aufschütten
in des Pharao Kornhäusern zum Vorrat
36 in den Städten und es verwahren, damit
für Nahrung gesorgt sei für das Land in
den sieben Jahren des Hungers, die
über Ägyptenland kommen werden,
und das Land nicht vor Hunger verder-
be.

a Dan 2,2 *b* Kap 40,8

Josefs Erhöhung

37 Die Rede gefiel dem Pharao und allen
38 seinen Großen gut.[a] Und der Pharao
sprach zu seinen Großen: Wie könnten
wir einen Mann finden, in dem der
39 Geist Gottes ist wie in diesem?[b] Und er
sprach zu Josef: Weil dir Gott dies alles
kundgetan hat, ist keiner so verständig
40 und weise wie du. Du sollst über mein
Haus sein, und deinem Wort soll all
mein Volk gehorsam sein; allein um
den königlichen Thron will ich höher
41 sein als du.[c] Und weiter sprach der
Pharao zu Josef: Siehe, ich habe dich
42 über ganz Ägyptenland gesetzt.[d] Und
er [e]tat seinen Ring von seiner Hand
und gab ihn Josef an seine Hand und
kleidete ihn mit kostbarer Leinwand
und legte ihm eine [f]goldene Kette um
43 seinen Hals und ließ ihn auf seinem
zweiten Wagen fahren und ließ vor ihm
her ausrufen: Der ist des Landes Vater!
Und setzte ihn über ganz Ägypten-
44 land.[g] Und der Pharao sprach zu Josef:
Ich bin der Pharao, aber ohne deinen
Willen soll niemand seine Hand oder
seinen Fuß regen in ganz Ägyptenland.
Und er nannte ihn Zafenat-Paneach 45
und gab ihm zur Frau Asenat, die
Tochter Potiferas, des Priesters zu On.
Und [h]Josef war dreißig Jahre alt als er 46
vor dem Pharao stand, dem König von
Ägypten. Und er ging hinweg vom
Pharao und zog durch ganz Ägypten-
land.

a Spr 14,35 *b* 2. Mose 31,3; Spr 2,6 *c* Ps 113,7
d Apg 7,10 *e* Est 3,10 *f* Dan 5,29 *g* Est 10,3
h Kap 37,2

Josefs Fürsorge für Ägypten. Die Geburt seiner Söhne

Und das Land trug in den sieben rei- 47
chen Jahren die Fülle. Und Josef sam- 48
melte die ganze Ernte der sieben Jahre,
da Überfluß im Lande Ägypten war,
und tat sie in die Städte. Was an Getrei-
de auf dem Felde rings um eine jede
Stadt wuchs, das tat er hinein. So 49
schüttete Josef das Getreide auf, über
die Maßen viel wie Sand am Meer, so
daß er aufhörte zu zählen; denn man
konnte es nicht zählen.
Und Josef wurden zwei Söhne gebo- 50
ren, bevor die Hungerzeit kam; die ge-
bar ihm Asenat, die Tochter Potiferas,
des Priesters zu On. Und er nannte den 51
ersten Manasse; denn Gott, sprach er,
hat mich vergessen lassen all mein Un-
glück und mein ganzes Vaterhaus. Den 52
andern nannte er Efraim; denn Gott,
sprach er, hat mich wachsen lassen in
dem Lande meines Elends.
Als nun die sieben reichen Jahre um 53
waren im Lande Ägypten, da fingen an 54
die sieben Hungerjahre zu kommen,
wie Josef gesagt hatte. Und es ward eine
Hungersnot in allen Landen, aber in
ganz Ägyptenland war Brot. Als nun 55
ganz Ägyptenland auch Hunger litt,
schrie das Volk zum Pharao um Brot.
Aber der Pharao sprach zu allen Ägyp-
tern: Geht hin zu Josef; was der euch
sagt, das tut. Als nun im ganzen Lande 56
Hungersnot war, tat Josef alle Korn-
häuser auf und verkaufte den Ägyp-
tern; denn der Hunger ward je länger je
größer im Lande. Und alle Welt kam 57
nach Ägypten, um bei Josef zu kaufen;
denn der Hunger war groß in allen
Landen.

Erste Reise der Söhne Jakobs nach Ägypten

Als aber Jakob sah, daß Getreide in **42**

Ägypten zu haben war, sprach er zu sei-
nen Söhnen: Was seht ihr euch lange
2 an? Siehe, ich höre, es sei in Ägypten
Getreide zu haben; zieht hinab und
kauft uns Getreide, daß wir leben und
3 nicht sterben. Da zogen hinab zehn
Brüder Josefs, um in Ägypten Getreide
4 zu kaufen. Aber den Benjamin, Josefs
Bruder, ließ Jakob nicht mit seinen
Brüdern ziehen; denn er sprach: Es
könnte ihm ein Unfall begegnen.

5 So kamen die Söhne Israels, Getrei-
de zu kaufen, samt andern, die mit
ihnen zogen; denn es war auch im
6 Lande Kanaan Hungersnot. Aber Josef
war der Regent im Lande und ver-
kaufte Getreide allem Volk im Lande.
Als nun seine Brüder kamen, fielen sie
vor ihm nieder zur Erde auf ihr Antlitz.
7 Und er sah sie an und erkannte sie, aber
er stellte sich fremd gegen sie und rede-
te hart mit ihnen und sprach zu ihnen:
Woher kommt ihr? Sie sprachen: Aus
dem Lande Kanaan, Getreide zu
8 kaufen. Aber wiewohl er sie erkannte,
9 erkannten sie ihn doch nicht. Und Josef
dachte an die [a]Träume, die er von
ihnen geträumt hatte, und sprach zu
ihnen: Ihr seid Kundschafter und seid
gekommen zu sehen, wo das Land offen
10 ist. Sie antworteten ihm: Nein, mein
Herr! Deine Knechte sind gekommen,
11 Getreide zu kaufen. Wir sind alle *eines*
Mannes Söhne; wir sind redlich, und
deine Knechte sind nie Kundschafter
12 gewesen. Er sprach zu ihnen: Nein,
sondern ihr seid gekommen zu sehen,
13 wo das Land offen ist. Sie antworteten
ihm: Wir, deine Knechte, sind zwölf
Brüder, *eines* Mannes Söhne im Lande
Kanaan, und der jüngste ist noch bei
unserm Vater, aber der eine ist nicht
14 mehr vorhanden. Josef sprach zu
ihnen: Es ist, wie ich euch gesagt habe:
15 Kundschafter seid ihr. Daran will ich
euch prüfen: So wahr der Pharao lebt:
ihr sollt nicht von hier wegkommen, es
komme denn her euer jüngster Bruder!
16 Sendet einen von euch hin, der euren
Bruder hole, ihr aber sollt gefangen
sein. Daran will ich prüfen eure Rede,
ob ihr mit Wahrheit umgeht. Andern-
falls – so wahr der Pharao lebt! – seid
17 ihr Kundschafter! Und er ließ sie zu-
sammen in Gewahrsam legen drei Tage
lang.[b]

18 Am dritten Tage aber sprach er zu
ihnen: Wollt ihr leben, so tut nun dies,
19 denn ich fürchte Gott: Seid ihr redlich,
so laßt einen eurer Brüder gebunden
liegen in eurem Gefängnis; ihr aber
zieht hin und bringt heim, was ihr ge-
kauft habt für den Hunger. Und bringt 20
euren jüngsten Bruder zu mir, so will
ich euren Worten glauben, so daß ihr
nicht sterben müßt. Und sie gingen
darauf ein.

Sie sprachen aber untereinander: 21
Das haben wir an unserm Bruder ver-
schuldet! Denn wir sahen die Angst
seiner Seele, als er uns anflehte, und wir
wollten ihn nicht erhören; darum
kommt nun diese Trübsal über uns.[c]
Ruben antwortete ihnen und sprach: 22
Sagte ich's euch nicht, als ich sprach:
[d]Versündigt euch nicht an dem Kna-
ben, doch ihr wolltet nicht hören? Nun
wird sein Blut gefordert. Sie wußten 23
aber nicht, daß es Josef verstand; denn
er redete mit ihnen durch einen Dol-
metscher. Und er wandte sich von 24
ihnen und weinte. Als er sich nun wie-
der zu ihnen wandte und mit ihnen re-
dete, nahm er aus ihrer Mitte Simeon
und ließ ihn binden vor ihren Augen.

Und Josef gab Befehl, ihre Säcke mit 25
Getreide zu füllen und ihnen ihr Geld
wiederzugeben, einem jeden in seinen
Sack, dazu auch Zehrung auf den Weg;
und so tat man ihnen. Und sie luden 26
ihre Ware auf ihre Esel und zogen von
dannen. Als aber einer seinen Sack auf- 27
tat, daß er seinem Esel Futter gäbe in
der Herberge, sah er sein Geld, das
oben im Sack lag, und sprach zu seinen 28
Brüdern: Mein Geld ist wieder da, sie-
he, in meinem Sack ist es! Da entfiel
ihnen ihr Herz, und sie blickten einan-
der erschrocken an und sprachen: War-
um hat Gott uns das angetan?

Als sie nun heimkamen zu ihrem Va- 29
ter Jakob ins Land Kanaan, sagten sie
ihm alles, was ihnen begegnet war, und
sprachen: Der Mann, der im Lande 30
Herr ist, redete hart mit uns und hielt
uns für Kundschafter. Und wir ant- 31
worteten ihm: Wir sind redlich und nie
Kundschafter gewesen, sondern zwölf 32
Brüder, unseres Vaters Söhne; einer ist
nicht mehr vorhanden, und der jüngste
ist noch bei unserm Vater im Lande
Kanaan. Da sprach der Herr im Lande 33
zu uns: Daran will ich merken, ob ihr
redlich seid: [e]einen eurer Brüder laßt
bei mir und nehmt für euer Haus, wie-
viel ihr bedürft, und zieht hin und 34
bringt euren jüngsten Bruder zu mir, so
merke ich, daß ihr nicht Kundschafter,
sondern redlich seid; dann will ich euch
auch euren Bruder wiedergeben, und

ihr mögt im Lande Handel treiben.
35 Und als sie die Säcke ausschütteten,
fand ein jeder seinen Beutel Geld in sei-
nem Sack. Und als sie sahen, daß es die
Beutel mit ihrem Geld waren, erschra-
ken sie samt ihrem Vater.
36 Da sprach Jakob, ihr Vater, zu
ihnen: Ihr beraubt mich meiner Kin-
der! Josef ist nicht mehr da, Simeon ist
nicht mehr da, Benjamin wollt ihr auch
wegnehmen; es geht alles über mich.
37 Ruben antwortete seinem Vater und
sprach: Wenn ich ihn dir nicht wieder-
bringe, so töte meine zwei Söhne. Gib
ihn nur in meine Hand, ich will ihn dir
38 wiederbringen. Er sprach: Mein Sohn
soll nicht mit euch hinabziehen; denn
sein Bruder ist tot, und er ist allein
übriggeblieben. Wenn ihm ein Unfall
auf dem Wege begegnete, den ihr rei-
set, würdet ihr meine grauen Haare mit
Herzeleid hinunter zu den Toten brin-
gen.

a Kap 37,5-9 *b* Kap 37,24 *c* Ps 50,21
d Kap 37,21.22 *e* Vers 24

Zweite Reise der Söhne Jakobs nach Ägypten

43 Die Hungersnot aber drückte das
2 Land. Und als verzehrt war, was sie an
Getreide aus Ägypten gebracht hatten,
sprach ihr Vater zu ihnen: Zieht wieder
hin und kauft uns ein wenig Getreide.
3 Da antwortete ihm Juda und sprach:
Der Mann schärfte uns das hart ein und
sprach: Ihr sollt mein Angesicht nicht
sehen, es sei denn euer Bruder mit
4 euch.[a] Willst du nun unsern Bruder
mit uns senden, so wollen wir hinabzie-
5 hen und dir zu essen kaufen. Willst du
ihn aber nicht senden, so ziehen wir
nicht hinab. Denn der Mann hat zu uns
gesagt: Ihr sollt mein Angesicht nicht
sehen, euer Bruder sei denn mit euch.
6 Israel sprach: Warum habt ihr so übel
an mir getan, daß ihr dem Mann sagtet,
7 daß ihr noch einen Bruder habt? Sie
antworteten: Der Mann forschte so ge-
nau nach uns und unserer Verwandt-
schaft und sprach: Lebt euer Vater
noch? Habt ihr auch noch einen Bru-
der? Da antworteten wir ihm, wie er
uns fragte. Wie konnten wir wissen,
daß er sagen würde: Bringt euren Bru-
der mit herab?[b]
8 Da sprach Juda zu Israel, seinem Va-
ter: Laß den Knaben mit mir ziehen,
daß wir uns aufmachen und reisen und
leben und nicht sterben, wir und du
9 und unsere Kinder. Ich will Bürge für
ihn sein; von meinen Händen sollst du
ihn fordern. Wenn ich ihn dir nicht
wiederbringe und vor deine Augen stel-
le, so will ich mein Leben lang die
Schuld tragen. Denn wenn wir nicht 10
gezögert hätten, wären wir wohl schon
zweimal wiedergekommen. Da sprach 11
Israel, ihr Vater, zu ihnen: Wenn es
denn so ist, wohlan so tut's und nehmt
von des Landes besten Früchten in
eure Säcke und bringt dem Manne
[c]Geschenke hinab, ein wenig Balsam
und Honig, Harz und Myrrhe, Nüsse
und Mandeln. Nehmt auch anderes 12
Geld mit euch, und [d]das Geld, das ihr
obenauf in euren Säcken wiederbekom-
men habt, bringt auch wieder hin. Viel-
leicht ist ein Irrtum da geschehen.
Dazu nehmt euren Bruder, macht euch 13
auf und geht wieder zu dem Manne.
Aber der allmächtige Gott gebe euch 14
Barmherzigkeit vor dem Manne, daß er
mit euch ziehen lasse euren andern
Bruder und Benjamin. Ich aber muß
sein wie einer, der [e]seiner Kinder ganz
und gar beraubt ist.
Da nahmen sie diese Geschenke und 15
das doppelte Geld mit sich, dazu Benja-
min, machten sich auf, zogen nach
Ägypten und traten vor Josef. Als Josef 16
sie sah mit Benjamin, sprach er zu sei-
nem Haushalter: Führe diese Männer
ins Haus und schlachte und richte zu,
denn sie sollen zu Mittag mit mir essen.
Und der Mann tat, wie ihm Josef gesagt 17
hatte, und führte die Männer in Josefs
Haus.
Sie fürchteten sich aber, weil sie in 18
Josefs Haus geführt wurden, und spra-
chen: Wir sind hereingeführt um des
Geldes willen, das [f]wir in unsern Säk-
ken das vorige Mal wiedergefunden ha-
ben; man will auf uns eindringen und
über uns herfallen und uns zu Sklaven
machen und uns die Esel nehmen. Dar- 19
um traten sie zu Josefs Haushalter und
redeten mit ihm vor der Haustür und 20
sprachen: Mein Herr, wir sind das vo-
rige Mal herabgezogen, Getreide zu
kaufen, und als wir in die Herberge ka- 21
men und unsere Säcke auftaten, siehe,
da war eines jeden Geld oben in seinem
Sack mit vollem Gewicht. Darum ha-
ben wir's wieder mit uns gebracht, ha- 22
ben auch anderes Geld mit uns herab-
gebracht, Getreide zu kaufen. Wir wis-
sen aber nicht, wer uns unser Geld in
unsere Säcke gesteckt hat. Er aber 23
sprach: Seid guten Mutes, fürchtet
euch nicht! Euer Gott und eures Vaters

Gott hat euch einen Schatz gegeben in
eure Säcke. Euer Geld habe ich erhal-
ten. Und er führte [g]Simeon zu ihnen
24 heraus und brachte sie in Josefs Haus,
gab ihnen Wasser, daß sie ihre Füße
wuschen, und gab ihren Eseln Futter.
25 Sie aber richteten das Geschenk zu, bis
Josef mittags käme; denn sie hatten ge-
hört, daß sie dort essen sollten.
26 Als nun Josef ins Haus trat, brachten
sie ihm das Geschenk ins Haus, das sie
mitgebracht hatten, und fielen vor ihm
27 nieder zur Erde. Er aber grüßte sie
freundlich und sprach: Geht es eurem
alten Vater gut, von dem ihr mir sagtet?
28 Lebt er noch? Sie antworteten: Es geht
deinem Knechte, unserm Vater, gut,
und er lebt noch. Und sie [h]verneigten
29 sich und fielen vor ihm nieder. Und er
hob seine Augen auf und sah seinen
Bruder Benjamin, seiner Mutter Sohn,
und sprach: Ist das euer jüngster Bru-
der, von dem ihr mir sagtet? Und
sprach weiter: Gott sei dir gnädig, mein
30 Sohn! Und Josef eilte hinaus; denn
sein Herz entbrannte ihm gegen seinen
Bruder, und er suchte, wo er weinen
könnte, und ging in seine Kammer und
31 weinte daselbst. Und als er sein Ange-
sicht gewaschen hatte, ging er heraus
und hielt an sich und sprach: Legt die
32 Speisen auf! Und man trug ihm beson-
ders auf und [i]jenen auch besonders und
den Ägyptern, die mit ihm aßen, auch
besonders. Denn die Ägypter dürfen
nicht essen mit den Hebräern; denn es
33 ist ein [j]Greuel für sie. Und man setzte
sie ihm gegenüber, den Erstgeborenen
nach seiner Erstgeburt und den Jüng-
sten nach seiner Jugend. Darüber ver-
34 wunderten sie sich untereinander. Und
man trug ihnen Essen auf von seinem
Tisch, aber Benjamin bekam fünfmal
mehr als die andern. Und sie tranken
und wurden fröhlich mit ihm.

a Kap 42,15.34 *b* Kap 42,7-13 *c* Spr 18,16
d Kap 42,27.35 *e* Kap 42,36 *f* Kap 42,28
g Kap 42,24 *h* Kap 37,7.9 *i* Kap 39,6
j Kap 46,34; 2.Mose 8,22

Josefs Brüder werden hart geängstigt

44 Und Josef befahl seinem Haushalter
und sprach: Fülle den Männern ihre
Säcke mit Getreide, soviel sie fortbrin-
gen, und lege jedem sein Geld oben in
2 seinen Sack. Und meinen silbernen Be-
cher lege oben in des Jüngsten Sack mit
dem Gelde für das Getreide. Der tat,
wie ihm Josef gesagt hatte.
3 Am Morgen, als es licht ward, ließen
sie die Männer ziehen mit ihren Eseln.
Als sie aber zur Stadt hinaus waren und 4
noch nicht weit gekommen, sprach Jo-
sef zu seinem Haushalter: Auf, jage den
Männern nach, und wenn du sie ereilst,
so sprich zu ihnen: Warum habt ihr
Gutes mit Bösem vergolten? Warum 5
habt ihr den silbernen Becher gestoh-
len? Ist das nicht der, aus dem mein
Herr trinkt und aus dem er wahrsagt?
Ihr habt übel getan. Und als er sie ereil- 6
te, redete er mit ihnen diese Worte. Sie 7
antworteten ihm: Warum redet mein
Herr solche Worte? Es sei ferne von
deinen Knechten, solches zu tun. Sie- 8
he, [a]das Geld, das wir fanden oben in
unsern Säcken, haben wir wiederge-
bracht zu dir aus dem Lande Kanaan.
Wie sollten wir da aus deines Herrn
Hause Silber oder Gold gestohlen ha-
ben? Bei wem er gefunden wird unter 9
deinen Knechten, der sei des Todes;
dazu wollen auch wir meines Herrn
Sklaven sein. Er sprach: Ja, es sei, wie 10
ihr geredet habt. Bei wem er gefunden
wird, der sei mein Sklave, ihr aber sollt
frei sein. Und sie legten eilends ein je- 11
der seinen Sack ab auf die Erde, und ein
jeder tat seinen Sack auf. Und er suchte 12
und fing an beim Ältesten bis hin zum
Jüngsten. Da fand sich der Becher in
Benjamins Sack. Da zerrissen sie ihre 13
Kleider, und ein jeder belud seinen
Esel, und sie zogen wieder in die Stadt.
Und Juda ging mit seinen Brüdern in 14
Josefs Haus, denn er war noch dort.
Und sie fielen vor ihm nieder auf die
Erde. Josef aber sprach zu ihnen: Wie 15
habt ihr das tun können? Wußtet ihr
nicht, daß ein solcher Mann, wie ich
bin, wahrsagen kann? Juda sprach: 16
Was sollen wir meinem Herrn sagen,
oder wie sollen wir reden, und womit
können wir uns rechtfertigen? [b]Gott
hat die Missetat deiner Knechte gefun-
den. Siehe, wir und der, bei dem der
Becher gefunden ist, sind meines Herrn
Sklaven. Er aber sprach: Das sei ferne 17
von mir, solches zu tun! Der, bei dem
der Becher gefunden ist, soll mein Skla-
ve sein; ihr aber zieht hinauf mit Frie-
den zu eurem Vater.
Da trat Juda zu ihm und sprach: 18
Mein Herr, laß deinen Knecht ein
Wort reden vor den Ohren meines
Herrn, und dein Zorn entbrenne nicht
über deinen Knecht, denn du bist wie
der Pharao. Mein Herr fragte seine 19
Knechte und sprach: Habt ihr noch
einen Vater oder Bruder?[c] Da antwor- 20

teten wir: Wir haben einen Vater, der
ist alt, und einen jungen Knaben, in sei-
nem Alter geboren, und sein Bruder ist
tot, und er ist allein übriggeblieben von
seiner Mutter, und sein Vater hat ihn
21 lieb. Da sprachst du zu deinen Knech-
ten: Bringt ihn herab zu mir, ich will
22 ihm Gnade erweisen. Wir aber antwor-
teten meinem Herrn: Der Knabe kann
seinen Vater nicht verlassen; wenn er
23 ihn verließe, würde der sterben. Da
[d]sprachst du zu deinen Knechten:
Wenn euer jüngster Bruder nicht mit
euch herkommt, sollt ihr mein Ange-
24 sicht nicht mehr sehen. Da zogen wir
hinauf zu deinem Knecht, meinem Va-
ter, und sagten ihm meines Herrn
25 Rede. Da sprach unser Vater: Zieht
wieder hin und kauft uns ein wenig Ge-
26 treide. Wir aber sprachen: Wir können
nicht hinabziehen; nur wenn unser
jüngster Bruder mit uns ist, wollen wir
hinabziehen; denn wir dürfen des
Mannes Angesicht nicht sehen, wenn
unser jüngster Bruder nicht mit uns ist.
27 Da sprach dein Knecht, mein Vater, zu
uns: Ihr wißt, daß mir meine Frau zwei
28 Söhne geboren hat; *einer* ging von mir,
und [e] ich mußte mir sagen: Er ist zerris-
sen. Und ich hab ihn nicht gesehen bis-
29 her. Werdet [f]ihr diesen auch von mir
nehmen und widerfährt ihm ein Unfall,
so werdet ihr meine grauen Haare mit
Jammer hinunter zu den Toten brin-
30 gen. Nun, wenn ich heimkäme zu dei-
nem Knecht, meinem Vater, und der
Knabe wäre nicht mit uns, an dem er
31 mit ganzer Seele hängt, so wird's ge-
schehen, daß er stirbt, wenn er sieht,
daß der Knabe nicht da ist. So würden
wir, deine Knechte, die grauen Haare
deines Knechtes, unseres Vaters, mit
Herzeleid hinunter zu den Toten brin-
32 gen. Denn ich, dein Knecht, [g]bin Bür-
ge geworden für den Knaben vor mei-
nem Vater und sprach: Bringe ich ihn
dir nicht wieder, so will ich mein Leben
33 lang die Schuld tragen. Darum laß dei-
nen Knecht hier bleiben an des Knaben
Statt als Sklaven meines Herrn und den
Knaben mit seinen Brüdern hinaufzie-
34 hen. Denn wie soll ich hinaufziehen zu
meinem Vater, wenn der Knabe nicht
mit mir ist? Ich könnte den Jammer
nicht sehen, der über meinen Vater
kommen würde.

a Kap 43,21 *b* Kap 42,21.22 *c* Kap 42,7.13; 43,7
d Kap 42,15; 43,3-5 *e* Kap 37,32.33 *f* Kap 42,38
g Kap 43,9

Josef gibt sich seinen Brüdern zu erkennen

Da konnte Josef nicht länger an sich 45
halten vor allen, die um ihn her stan-
den, und er rief: Laßt jedermann von
mir hinausgehen! Und stand kein
Mensch bei ihm, als sich Josef seinen
Brüdern zu erkennen gab. Und er 2
weinte laut, daß es die Ägypter und das
Haus des Pharao hörten, und sprach zu 3
seinen Brüdern: Ich bin Josef. Lebt
mein Vater noch? Und seine Brüder
konnten ihm nicht antworten, so er-
schraken sie vor seinem Angesicht.

Er aber sprach zu seinen Brüdern: 4
Tretet doch her zu mir! Und sie traten
herzu. Und er sprach: Ich bin Josef,
euer Bruder, [a]den ihr nach Ägypten
verkauft habt. Und nun bekümmert 5
euch nicht und denkt nicht, daß ich
darum zürne, daß ihr mich hierher ver-
kauft habt; denn um [b]eures Lebens
willen hat mich Gott vor euch herge-
sandt. Denn es sind nun zwei Jahre, 6
daß Hungersnot im Lande ist, und sind
noch fünf Jahre, daß weder Pflügen
noch Ernten sein wird. Aber Gott hat 7
mich vor euch hergesandt, daß er euch
übriglasse auf Erden und euer Leben
erhalte zu einer großen Errettung. Und 8
nun, ihr habt mich nicht hergesandt,
sondern Gott; der hat mich dem Pha-
rao zum Vater gesetzt und zum Herrn
über sein ganzes Haus und zum Herr-
scher über ganz Ägyptenland.[c] Eilt nun 9
und zieht hinauf zu meinem Vater und
sagt ihm: Das läßt dir Josef, dein Sohn,
sagen: Gott hat mich zum Herrn über
ganz Ägypten gesetzt; komm herab zu
mir, säume nicht! Du sollst im Lande 10
Gosen wohnen und nahe bei mir sein,
du und deine Kinder und deine Kin-
deskinder, dein Kleinvieh und Groß-
vieh und alles, was du hast. Ich will 11
dich dort versorgen, denn es sind noch
fünf Jahre Hungersnot, damit du nicht
verarmst mit deinem Hause und allem,
was du hast. Siehe, eure Augen sehen es 12
und die Augen meines Bruders Benja-
min, daß ich leibhaftig mit euch rede.
Verkündet meinem Vater alle meine 13
Herrlichkeit in Ägypten und alles, was
ihr gesehen habt; eilt und kommt herab
mit meinem Vater hierher. Und er fiel 14
seinem Bruder Benjamin um den Hals
und weinte, und Benjamin weinte auch
an seinem Halse, und er küßte alle seine 15
Brüder und weinte an ihrer Brust. Da-
nach redeten seine Brüder mit ihm.

16 Und als das Gerücht kam in des Pha-
rao Haus, daß Josefs Brüder gekommen
wären, gefiel es dem Pharao gut und al-
17 len seinen Großen. Und der Pharao
sprach zu Josef: Sage deinen Brüdern:
Macht es so: Beladet eure Tiere, ziehet
18 hin! Und wenn ihr ins Land Kanaan
kommt, so nehmt euren Vater und alle
die Euren und kommt zu mir; ich will
euch das Beste geben in Ägyptenland,
daß ihr essen sollt das Fett des Landes.
19 Und gebiete ihnen: Macht es so:
Nehmt mit euch aus Ägyptenland Wa-
gen für eure Kinder und Frauen und
bringt euren Vater mit und kommt.
20 Und seht euren Hausrat nicht an; denn
das Beste des ganzen Landes Ägypten
soll euer sein.
21 Die Söhne Israels taten so. Und Josef
gab ihnen Wagen nach dem Befehl des
22 Pharao und Zehrung auf den Weg und
gab ihnen allen, einem jeden ein Feier-
kleid, aber Benjamin gab er dreihun-
dert Silberstücke und fünf Feierklei-
23 der. Und seinem Vater sandte er zehn
Esel, mit dem Besten aus Ägypten bela-
den, und zehn Eselinnen mit Getreide
und Brot und mit Zehrung für seinen
24 Vater auf den Weg. Damit entließ er
seine Brüder, und sie zogen hin. Und er
sprach zu ihnen: [d] Zanket nicht auf dem
Wege!
25 So zogen sie hinauf von Ägypten und
kamen ins Land Kanaan zu ihrem Va-
26 ter Jakob und verkündeten ihm und
sprachen: Josef lebt noch und ist Herr
über ganz Ägyptenland! Aber sein
Herz blieb kalt, denn er glaubte ihnen
27 nicht. Da sagten sie ihm alle Worte Jo-
sefs, die er zu ihnen gesagt hatte. Und
als er die Wagen sah, die ihm Josef ge-
sandt hatte, um ihn zu holen, wurde der
Geist Jakobs, ihres Vaters, lebendig.
28 Und Israel sprach: [e] Mir ist genug, daß
mein Sohn Josef noch lebt; ich will hin
und ihn sehen, ehe ich sterbe.

a Kap 37,28 *b* Kap 50,20 *c* Kap 41,39-43
d Kap 42,22 *e* Kap 46,30

Jakobs Reise nach Ägypten. Seine Kinder und Enkel

46 Israel zog hin mit allem, was er hatte.
Und als er nach [a] Beerseba kam, brach-
te er Opfer dar dem Gott seines Vaters
2 Isaak. Und Gott sprach zu ihm des
Nachts in einer Offenbarung: Jakob,
3 Jakob! Er sprach: Hier bin ich. Und er
sprach: Ich bin Gott, der Gott deines
Vaters; fürchte dich nicht, nach Ägyp-
ten hinabzuziehen; denn [b] daselbst will
ich dich zum großen Volk machen. Ich 4
will mit dir hinab nach Ägypten ziehen
und will dich auch wieder heraufffüh-
ren, und Josef soll dir mit seinen Hän-
den die Augen zudrücken. Da machte 5
sich Jakob auf von Beerseba. Und die
Söhne Israels hoben Jakob, ihren Va-
ter, mit ihren Kindern und Frauen auf
die Wagen, die der Pharao gesandt hat-
te, um ihn zu holen, und nahmen ihr 6
Vieh und ihre Habe, die sie im Lande
Kanaan erworben hatten, und kamen
so nach Ägypten, Jakob und sein ganzes
Geschlecht mit ihm. Seine Söhne und 7
seine Enkel, seine Töchter und seine
Enkelinnen und seine ganze Nachkom-
menschaft brachte er mit sich nach
Ägypten.
[c] Dies sind die Namen der Söhne Is- 8
raels, die nach Ägypten kamen: Jakob
und seine Söhne. Der erstgeborene
Sohn Jakobs: Ruben. Die Söhne Ru- 9
bens: Henoch, Pallu, Hezron und Kar-
mi. Die Söhne Simeons: Jemuël, Ja- 10
min, Ohad, Jachin, Zohar und Saul, der
Sohn der Kanaaniterin. Die Söhne Le- 11
vis: Gerson, Kehat und Merari. Die 12
Söhne Judas: Ger, Onan, Schela, Perez
und Serach. Aber Ger und Onan waren
gestorben im Lande Kanaan. Die Söh-
ne aber des Perez: Hezron und Ha-
mul.[d] Die Söhne Isaschars: Tola, Pua, 13
Jaschub und Schimron. Die Söhne Se- 14
bulons: Sered, Elon und Jachleel. Das 15
sind die Söhne der Lea, die sie Jakob
gebar in Mesopotamien, dazu seine
Tochter Dina. Die machen zusammen
mit ihren Söhnen und Töchtern
dreiunddreißig Seelen.
Die Söhne Gads: Zifjon, Haggi, 16
Schuni, Ezbon, Eri, Arodi und Areli.
Die Söhne Assers: Jimna, Jischwa, 17
Jischwi, Beria, dazu Serach, ihre
Schwester; und die Söhne Berias: He-
ber und Malkiël. Das sind die Söhne 18
der [e] Silpa, die Laban seiner Tochter
Lea gegeben hatte, und sie gebar Jakob
diese sechzehn Seelen.
Die Söhne Rahels, der Frau Jakobs: 19
Josef und Benjamin. Und dem Josef 20
wurden geboren in Ägyptenland Ma-
nasse und Efraim, die ihm Asenat ge-
bar, die Tochter Potiferas, des Priesters
zu On.[f] Die Söhne Benjamins: Bela, 21
Becher, Aschbel, Gera, Naaman, Ehi,
Rosch, Muppim, Huppim und Ard.
Das sind die Söhne der Rahel, die Ja- 22
kob geboren wurden, zusammen vier-
zehn Seelen.
Der Sohn Dans: Schuham. Die Söh- 23.24

ne Naftalis: Jachzeel, Guni, Jezer und
25 Schillem. Das sind die Söhne der [g]Bil-
ha, die Laban seiner Tochter Rahel ge-
geben hatte, und sie gebar Jakob diese
sieben Seelen.
26 [h]Alle Seelen, die mit Jakob nach
Ägypten kamen, seine Nachkommen –
ausgenommen die Frauen seiner Söhne
– sind alle zusammen sechsundsechzig
27 Seelen. Die Söhne Josefs, die in Ägyp-
ten geboren sind, waren zwei Seelen; so
daß alle Seelen des Hauses Jakobs, die
nach Ägypten kamen, waren siebzig.

a Kap 26,23-25 *b* Kap 47,27; 2.Mose 1,7
c (8-11) 2.Mose 6,14-16 *d* Kap 38,3.4.29.30
e Kap 29,24 *f* Kap 41,50-52 *g* Kap 29,29
h (26 und 27) 2.Mose 1,1-5

Jakobs Wiedersehen mit Josef

28 Und Jakob sandte Juda vor sich her zu
Josef, daß dieser ihm [a]Gosen anwiese.
Als sie in das Land Gosen kamen,
29 spannte Josef seinen Wagen an und zog
hinauf seinem Vater Israel entgegen
nach Gosen. Und als er ihn sah, fiel er
ihm um den Hals und weinte lange an
30 seinem Halse. Da sprach Israel zu Jo-
sef: Ich will nun gerne sterben, nach-
dem ich dein Angesicht gesehen habe,
daß du noch lebst.[b]
31 Josef sprach zu seinen Brüdern und
zu seines Vaters Hause: Ich will hin-
aufziehen und dem Pharao ansagen und
zu ihm sprechen: Meine Brüder und
meines Vaters Haus sind zu mir gekom-
32 men aus dem Lande Kanaan und sind
Viehhirten, denn es sind Leute, die
Vieh haben; ihr Kleinvieh und Groß-
vieh und alles, was sie haben, haben sie
33 mitgebracht. Wenn euch nun der Pha-
rao wird rufen und sagen: Was ist euer
34 Gewerbe?, so sollt ihr sagen: Deine
Knechte sind Leute, die Vieh haben,
von unserer Jugend an bis jetzt, wir und
unsere Väter –, damit ihr wohnen dürft
im Lande Gosen. Denn alle Viehhirten
sind [c]den Ägyptern ein Greuel.

a Kap 45,10 *b* Kap 45,28 *c* Kap 43,32

Jakob vor dem Pharao

47 Da kam Josef und sagte es dem Pharao
an und sprach: Mein Vater und meine
Brüder, ihr Kleinvieh und Großvieh
und alles, was sie haben, sind gekom-
men aus dem Lande Kanaan, und sie-
2 he, sie sind im Lande Gosen. Und er
nahm von allen seinen Brüdern fünf
3 und stellte sie vor den Pharao. Da
sprach der Pharao zu seinen Brüdern:
Was ist euer Gewerbe? Sie antworte-
ten: Deine Knechte sind [a]Viehhirten,
wir und unsere Väter. Und sagten wei- 4
ter zum Pharao: Wir sind gekommen,
bei euch zu wohnen im Lande; denn
deine Knechte haben nicht Weide für
ihr Vieh, so hart drückt die Hungersnot
das Land Kanaan. So laß doch nun dei-
ne Knechte im Land Gosen wohnen.
Der Pharao sprach zu Josef: Es ist dein 5
Vater, und es sind deine Brüder, die zu
dir gekommen sind. Das Land Ägypten 6
steht dir offen, laß sie am besten Ort des
Landes wohnen, laß sie im Lande Go-
sen wohnen; und wenn du weißt, daß
Leute unter ihnen sind, die tüchtig
sind, so setze sie über mein Vieh.
Josef brachte auch seinen Vater Ja- 7
kob hinein und stellte ihn vor den Pha-
rao. Und Jakob segnete den Pharao.
Der Pharao aber fragte Jakob: Wie alt 8
bist du? Jakob sprach zum Pharao: Die 9
Zeit meiner Wanderschaft ist hundert-
unddreißig Jahre; wenig und böse ist
die Zeit meines Lebens und reicht nicht
heran an die Zeit meiner Väter in ihrer
Wanderschaft.[b] Und Jakob segnete 10
den Pharao und ging hinaus von ihm.
Aber Josef ließ seinen Vater und sei- 11
ne Brüder in Ägyptenland wohnen und
gab ihnen Besitz am besten Ort des
Landes, im Lande Ramses, wie der
Pharao geboten hatte. Und er [c]versorg- 12
te seinen Vater und seine Brüder und
das ganze Haus seines Vaters mit Brot,
einen jeden nach der Zahl seiner Kin-
der.

a Kap 46,33.34 *b* Hebr 11,13 *c* Kap 45,11

Die Ägypter verkaufen ihre Habe und sich selbst dem Pharao

Es war aber kein Brot im ganzen 13
Lande; denn die Hungersnot war sehr
schwer, so daß Ägypten und Kanaan
verschmachteten vor Hunger. Und Jo- 14
sef brachte alles Geld zusammen, das in
Ägypten und Kanaan gefunden wurde,
für das Getreide, das sie kauften; und
er tat alles Geld in das Haus des Pharao.
Als es nun an Geld gebrach im Lande 15
Ägypten und in Kanaan, kamen alle
Ägypter zu Josef und sprachen: Schaf-
fe uns Brot! Warum läßt du uns vor dir
sterben, nun wir ohne Geld sind? Josef 16
sprach: Schafft euer Vieh her, so will
ich euch Brot als Entgelt für das Vieh
geben, weil ihr ohne Geld seid. Da 17
brachten sie Josef ihr Vieh, und er gab
ihnen Brot als Entgelt für ihre Pferde,
Schafe, Rinder und Esel. So ernährte er
sie mit Brot das Jahr hindurch für all
ihr Vieh.

18 Als das Jahr um war, kamen sie zu
ihm im zweiten Jahr und sprachen zu
ihm: Wir wollen unserm Herrn nicht
verbergen, daß nicht allein das Geld,
sondern auch alles Vieh dahin ist an un-
sern Herrn, und ist nichts mehr übrig
vor unserm Herrn als nur unsere Lei-
19 ber und unser Feld. Warum läßt du uns
vor dir sterben und unser Feld? Kaufe
uns und unser Land für Brot, daß wir
und unser Land leibeigen seien dem
Pharao; gib uns Korn zur Saat, daß wir
leben und nicht sterben und das Feld
20 nicht wüst werde. So kaufte Josef dem
Pharao das ganze Ägypten. Denn die
Ägypter verkauften ein jeder seinen
Acker, weil die Hungersnot schwer auf
ihnen lag. Und so wurde das Land dem
21 Pharao zu eigen. Und er machte das
Volk leibeigen von einem Ende Ägyp-
22 tens bis ans andere. Ausgenommen
[a]das Feld der Priester, das kaufte er
nicht; denn es war vom Pharao für die
Priester verordnet, daß sie sich nähren
sollten von dem Landanteil, den er
ihnen gegeben hatte. Darum durften
sie ihr Feld nicht verkaufen.
23 Da sprach Josef zu dem Volk: Siehe,
ich hab heute euch und euer Feld für
den Pharao gekauft; siehe, da habt ihr
Korn zur Saat, und nun besäet das
24 Feld. Und von dem Getreide sollt ihr
den Fünften dem Pharao geben; vier
Teile sollen euer sein, das Feld zu besä-
en und zu eurer Speise und für euer
25 Haus und eure Kinder. Sie sprachen:
Du hast uns beim Leben erhalten; laß
uns nur Gnade finden vor dir, unserm
Herrn, dann wollen wir dem Pharao
26 leibeigen sein. So machte es Josef zum
Gesetz bis auf diesen Tag, den Fünften
vom Feld der Ägypter dem Pharao zu
geben; ausgenommen blieb das Feld
der Priester, das wurde nicht dem Pha-
rao zu eigen.

a 4.Mose 18,20; Jos 13,14; Hes 44,28; 45,1-5

Jakobs letzter Wunsch

27 So wohnte Israel in Ägypten im Lande
Gosen, und sie hatten es inne und
28 wuchsen und mehrten sich sehr.[a] Und
Jakob lebte siebzehn Jahre in Ägypten-
land, daß sein ganzes Alter wurde hun-
29 dertundsiebenundvierzig Jahre. [b]Als
nun die Zeit herbeikam, daß Israel ster-
ben sollte, rief er seinen Sohn Josef und
sprach zu ihm: Hab ich Gnade vor dir
gefunden, so lege deine Hand unter
meine Hüfte, daß du die Liebe und
Treue an mir tust und begrabest mich
nicht in Ägypten, sondern [c]ich will lie- 30
gen bei meinen Vätern, und du sollst
mich aus Ägypten führen und in ihrem
Grab begraben. Er sprach: Ich will tun,
wie du gesagt hast. Er aber sprach: So 31
schwöre mir. Und er schwor ihm. Da
[d]neigte sich Israel anbetend über das
Kopfende des Bettes hin.

a Kap 46,3; 2.Mose 1,7.12 *b* *(29 und 30)* Kap 50,5 *c* Kap 23,20 *d* Hebr 11,21

Jakobs Segen über Efraim und Manasse

Danach wurde Josef gesagt: Siehe, dein **48**
Vater ist krank. Und er nahm mit sich
seine beiden Söhne Manasse und
Efraim. Da wurde Jakob angesagt: Sie- 2
he, dein Sohn Josef kommt zu dir. Und
Israel machte sich stark und setzte sich
auf im Bett und sprach zu Josef: [a]Der 3
allmächtige Gott erschien mir zu Lus
im Lande Kanaan und segnete mich
und sprach zu mir: Siehe, [b]ich will dich 4
wachsen lassen und mehren und will
dich zu einer Menge von Völkern ma-
chen und will dies Land zu eigen geben
deinen Nachkommen für alle Zeit. So 5
sollen nun deine [c]beiden Söhne Efraim
und Manasse, die dir geboren sind in
Ägyptenland, ehe ich hergekommen
bin zu dir, mein sein gleichwie Ruben
und Simeon. Die du aber nach ihnen 6
zeugst, sollen dein sein und genannt
werden nach dem Namen ihrer Brüder
in deren Erbteil. Und als ich aus Meso- 7
potamien kam, starb mir [d]Rahel im
Land Kanaan auf der Reise, als noch
eine Strecke Weges war nach Efrata,
und ich begrub sie dort an dem Wege
nach Efrata, das nun Betlehem heißt.
Und Israel sah die Söhne Josefs und 8
sprach: Wer sind die? Josef antwortete 9
seinem Vater: Es sind meine Söhne, die
mir Gott hier gegeben hat. Er sprach:
Bringe sie her zu mir, daß ich sie segne.
Denn die Augen Israels waren schwach 10
geworden vor Alter, und er konnte
nicht mehr sehen. Und Josef brachte
sie zu ihm. Er aber küßte sie und herzte
sie und sprach zu Josef: Siehe, ich habe 11
dein Angesicht gesehen, was ich [e]nicht
gedacht hätte, und siehe, Gott hat mich
[f]auch deine Söhne sehen lassen. Und 12
Josef nahm sie von seinem Schoß und
verneigte sich vor ihm zur Erde.
Dann nahm sie Josef beide, Efraim 13
an seine rechte Hand gegenüber Israels
linker Hand und Manasse an seine linke
Hand gegenüber Israels rechter Hand,
und brachte sie zu ihm. Aber Israel 14

streckte seine rechte Hand aus und leg-
te sie auf Efraims, des Jüngeren, Haupt
und seine linke auf Manasses Haupt
und kreuzte seine Arme, obwohl Ma-
15 nasse der Erstgeborene war. Und er
segnete Josef und sprach: Der Gott,
vor dem [g]meine Väter Abraham und
Isaak gewandelt sind, der Gott, der
[h]mein Hirte gewesen ist mein Leben
16 lang bis auf diesen Tag, [i]der Engel, der
mich erlöst hat von allem Übel, der seg-
ne die Knaben, daß durch sie mein und
meiner Väter Abraham und Isaak
Name fortlebe, daß sie wachsen und
viel werden auf Erden.
17 Als aber Josef sah, daß sein Vater die
rechte Hand auf Efraims Haupt legte,
mißfiel es ihm, und er faßte seines Va-
ters Hand, daß er sie von Efraims
Haupt auf Manasses Haupt wendete,
18 und sprach zu ihm: Nicht so, mein Va-
ter, dieser ist der Erstgeborene; lege
deine rechte Hand auf sein Haupt.
19 Aber sein Vater weigerte sich und
sprach: Ich weiß wohl, mein Sohn, ich
weiß wohl. Dieser soll auch ein Volk
werden und wird groß sein, aber sein
jüngerer Bruder wird größer als er wer-
den, und sein Geschlecht wird eine
20 Menge von Völkern werden.[j] So [k]seg-
nete er sie an jenem Tage und sprach:
Wer in Israel jemanden segnen will, der
sage: Gott mache dich wie Efraim und
Manasse! Und so setzte er Efraim vor
Manasse.
21 Und Israel sprach zu Josef: Siehe,
ich sterbe; aber Gott wird mit euch sein
und wird euch zurückbringen in das
22 Land eurer Väter. Ich gebe dir ein
Stück [l]Land vor deinen Brüdern, das
ich mit meinem Schwert und Bogen aus
der Hand der Amoriter genommen
habe.

a Kap 28,12-19 *b* Kap 35,11.12 *c* Kap 41,50-52
d Kap 35,19 *e* Kap 37,33.35; 45,26 *f* Ps 128,6
g Kap 32,10 *h* Ps 23,1 *i* Kap 32,25-30; Jes 41,14
j 4.Mose 1,33.35; 5.Mose 33,17 *k* Hebr 11,21
l Joh 4,5

Jakobs Segen über seine Söhne

(vgl. 5.Mose 33)

49 Und Jakob berief seine Söhne und
sprach: Versammelt euch, daß ich euch
verkünde, was euch begegnen wird in
2 künftigen Zeiten. Kommt zuhauf und
höret zu, ihr Söhne Jakobs, und höret
euren Vater Israel.
3 *Ruben,* mein erster Sohn bist du,
meine Kraft und der Erstling meiner
Stärke, der Oberste in der Würde und
4 der Oberste in der Macht.[a] Weil du
aufwalltest wie Wasser, sollst du nicht
der Oberste sein; denn [b]du bist auf dei-
nes Vaters Lager gestiegen, daselbst
hast du mein Bett entweiht, das du be-
stiegst.
[c]Die Brüder *Simeon* und *Levi,* ihre 5
Schwerter sind mörderische Waffen.
Meine Seele komme nicht in ihren Rat, 6
und mein Herz sei nicht in ihrer Ver-
sammlung; denn in ihrem Zorn haben
sie Männer gemordet, und in ihrem
Mutwillen haben sie Stiere gelähmt.
Verflucht sei ihr Zorn, daß er so heftig 7
ist, und ihr Grimm, daß er so grausam
ist. Ich will sie versprengen in Jakob
und zerstreuen in Israel.[d]
[e]*Juda,* du bist's! Dich werden deine 8
Brüder preisen. Deine Hand wird dei-
nen Feinden auf dem Nacken sein, vor
dir werden deines Vaters Söhne sich
verneigen. Juda ist ein [f]junger Löwe. 9
Du bist hochgekommen, mein Sohn,
vom Raube. Wie ein Löwe hat er sich
hingestreckt und wie eine Löwin sich
gelagert. Wer will ihn aufstören? *Es* 10
[g]*wird das Zepter von Juda nicht weichen*
noch der Stab des Herrschers von seinen
Füßen, [h]*bis daß der Held komme, und*
ihm werden die Völker anhangen. Er 11
wird seinen Esel an den Weinstock bin-
den und seiner Eselin Füllen an die edle
Rebe. Er wird [i]sein Kleid in Wein wa-
schen und seinen Mantel in Trauben-
blut. Seine Augen sind dunkel von 12
Wein und seine Zähne weiß von Milch.
[j]*Sebulon* wird am Gestade des Mee- 13
res wohnen und am Gestade der Schiffe
und reichen bis Sidon.
Isaschar wird ein knochiger Esel sein 14
und sich lagern zwischen den Sattel-
körben. Und er sah die Ruhe, daß sie 15
gut ist, und das Land, daß es lieblich
ist; da hat er seine Schultern geneigt, zu
tragen, und ist ein fronpflichtiger
Knecht geworden.
[k]*Dan* wird Richter sein in seinem 16
Volk wie nur irgend ein Stamm in Is-
rael. Dan wird eine Schlange werden 17
auf dem Wege und eine Otter auf dem
Steige und das Pferd in die Fersen bei-
ßen, daß sein Reiter zurückfalle. HERR, 18
ich warte auf dein Heil![l]
Gad wird gedrängt werden von 19
Kriegshaufen, er aber drängt ihnen
nach auf der Ferse.
[m]*Assers* Brot wird fett sein, und er 20
wird leckere Speise wie für Könige ge-
ben.
[n]*Naftali* ist ein schneller Hirsch, er 21
gibt schöne Rede.

22 *Josef* wird wachsen, er wird wachsen
wie ein Baum an der Quelle, daß die
Zweige emporsteigen über die Mauer.
23 Und wiewohl ihn die Schützen erzür-
nen und gegen ihn kämpfen und ihn
24 verfolgen, so bleibt doch sein Bogen
fest und seine Arme und Hände stark
durch die Hände des Mächtigen in Ja-
kob, durch ihn, den Hirten und [o]Fels
25 Israels. [p]Von deines Vaters Gott werde
dir geholfen, und von dem Allmächti-
gen seist du gesegnet mit Segen oben
vom Himmel herab, mit Segen von der
Flut, die drunten liegt, mit Segen der
26 Brüste und des Mutterleibes. Die Seg-
nungen deines Vaters waren stärker als
die Segnungen der ewigen Berge, die
köstlichen Güter der ewigen Hügel.
Mögen sie kommen auf das Haupt Jo-
sefs und auf den Scheitel des Geweih-
ten unter seinen Brüdern!
27 [q]*Benjamin* ist ein reißender Wolf;
des Morgens wird er Raub fressen und
des Abends wird er Beute austeilen.
28 Das sind die zwölf Stämme Israels
alle, und das ist's, was ihr Vater zu
ihnen geredet hat, als er sie segnete,
einen jeden mit einem besonderen Se-
gen.

a Kap 29,32; 5.Mose 21,17 *b* Kap 35,22 *c (5-7)* Kap 34,25 *d* Jos 19,1-9; 21,1-42 *e* 4.Mose 10,14; Ri 1,1.2 *f* 4.Mose 23,24; Hes 19,2; Offb 5,5 *g* 4.Mose 24,17; 1.Chr 5,2; 28,4; Hebr 7,14 *h* Hes 21,32 *i* Joel 4,18 *j* Jos 19,10-16 *k* Ri 13,2.24.25 *l* Ps 119,166; Hab 2,3 *m* Jos 19,24-31 *n* Ri 4,6-10 *o* 5.Mose 32,18 *p (25 und 26)* 5.Mose 28,3-6; 33,13 *q* Ri 20,25; 1.Sam 9,1.2

Jakobs Tod

29 [a]Und Jakob gebot ihnen und sprach zu
ihnen: Ich werde versammelt zu mei-
nem Volk; begrabt mich bei meinen
Vätern in der Höhle auf dem Acker
30 Efrons, des Hetiters, in der Höhle auf
dem Felde von Machpela, die östlich
von Mamre liegt im Lande Kanaan, die
Abraham kaufte samt dem Acker von
Efron, dem Hetiter, zum Erbbegräb-
31 nis. Da haben sie [b]Abraham begraben
und Sara, seine Frau. Da haben sie
auch [c]Isaak begraben und Rebekka,
seine Frau. Da habe ich auch Lea be-
32 graben, in dem Acker und der Höhle,
33 die von den Hetitern gekauft ist. Und
als Jakob dies Gebot an seine Söhne
vollendet hatte, tat er seine Füße zu-
sammen auf dem Bett und verschied
und wurde versammelt zu seinen Vä-
tern.

a (29-32) Kap 23,13-20 *b* Kap 25,9 *c* Kap 35,29

Jakobs Bestattung

Da warf sich Josef über seines Vaters 50
Angesicht und weinte über ihm und
küßte ihn. Und Josef befahl seinen Die- 2
nern, den Ärzten, daß sie seinen Vater
zum Begräbnis salbten. Und die Ärzte
salbten Israel, bis vierzig Tage um wa- 3
ren; denn so lange währen die Tage der
Salbung. Und die Ägypter beweinten
ihn siebzig Tage. Als nun die Trauerta- 4
ge vorüber waren, redete Josef mit den
Leuten des Pharao und sprach: Hab ich
Gnade vor euch gefunden, so redet mit
dem Pharao und sprecht: Mein Vater 5
hat einen Eid von mir genommen und
gesagt: Siehe, ich sterbe; [a]begrabe
mich in meinem Grabe, das ich mir im
Lande Kanaan gegraben habe. So will
ich nun hinaufziehen und meinen Vater
begraben und wiederkommen. Der 6
Pharao sprach: Zieh hinauf und begra-
be deinen Vater, wie du ihm geschwo-
ren hast.

Da zog Josef hinauf, seinen Vater zu 7
begraben. Und es zogen mit ihm alle
Großen des Pharao, die Ältesten seines
Hauses und alle Ältesten des Landes
Ägypten, dazu das ganze Haus Josefs 8
und seine Brüder und die vom Hause
seines Vaters. Allein ihre Kinder,
Schafe und Rinder ließen sie im Lande
Gosen. Und es zogen auch mit ihm hin- 9
auf Wagen und Gespanne, und es war
ein sehr großes Heer. Als sie nun nach 10
Goren-Atad kamen, das jenseits des
Jordan liegt, da hielten sie eine sehr
große und feierliche Klage. Und Josef
hielt Totenklage über seinen Vater sie-
ben Tage. Und als die Leute im Lande, 11
die Kanaaniter, die Klage bei Goren-
Atad sahen, sprachen sie: Die Ägypter
halten da große Klage. Daher nennt
man den Ort »Der Ägypter Klage«; er
liegt jenseits des Jordan.

Und seine Söhne taten, [b]wie er ihnen 12
befohlen hatte, und brachten ihn ins 13
Land Kanaan und begruben ihn in der
Höhle auf dem Felde von Machpela,
die [c]Abraham gekauft hatte mit dem
Acker zum Erbbegräbnis von Efron,
dem Hetiter, gegenüber Mamre. Als sie 14
ihn nun begraben hatten, zog Josef wie-
der nach Ägypten mit seinen Brüdern
und mit allen, die mit ihm hinaufgezo-
gen waren, seinen Vater zu begraben.

a Kap 47,29.30 *b* Kap 49,29 *c* Kap 23,13-20

Josefs Edelmut und sein Tod

15 Die Brüder Josefs aber fürchteten sich,
als ihr Vater gestorben war, und spra-
chen: Josef könnte uns gram sein und
uns alle Bosheit vergelten, die wir an
16 ihm getan haben.[a] Darum ließen sie
ihm sagen: Dein Vater befahl vor sei-
17 nem Tode und sprach: So sollt ihr zu
Josef sagen: Vergib doch deinen Brü-
dern die Missetat und ihre Sünde, daß
sie so übel an dir getan haben. Nun ver-
gib doch diese Missetat uns, den Die-
nern des Gottes deines Vaters! Aber
Josef weinte, als sie solches zu ihm sag-
ten.
18 Und seine Brüder gingen hin und
fielen vor ihm nieder und sprachen:
19 Siehe, wir sind deine Knechte. Josef
aber sprach zu ihnen: Fürchtet euch
nicht! Stehe ich denn an Gottes Statt?
20 *Ihr gedachtet es böse mit mir zu machen,*
aber [b]*Gott gedachte es gut zu machen,*
um zu tun, was jetzt am Tage ist, näm-
lich am Leben zu erhalten ein großes
Volk. So fürchtet euch nun nicht; ich 21
will euch und eure Kinder versorgen.
Und er tröstete sie und redete freund-
lich mit ihnen.
So wohnte Josef in Ägypten mit sei- 22
nes Vaters Hause und lebte hundert-
undzehn Jahre und sah Efraims Kinder 23
bis ins dritte Glied. Auch die Söhne
von Machir, Manasses Sohn, wurden
dem Hause Josefs zugerechnet. Und 24
Josef sprach zu seinen Brüdern: Ich
sterbe; aber Gott wird euch gnädig
heimsuchen und aus diesem Lande
führen in das Land, das er Abraham,
Isaak und Jakob zu geben geschworen
hat. Darum nahm er einen Eid von den 25
Söhnen Israels und sprach: Wenn euch
Gott heimsuchen wird, so nehmt meine
Gebeine mit von hier.[c] Und Josef 26
starb, als er hundertundzehn Jahre alt
war. Und sie salbten ihn und legten ihn
in einen Sarg in Ägypten.

a Kap 27,41 *b* Kap 45,5.7 *c* 2.Mose 13,19; Jos 24,32

DAS ZWEITE BUCH MOSE

Inhaltsübersicht

Israels Bedrückung in Ägypten

1 [a]Dies sind die Namen der Söhne Is-
raels, die mit Jakob nach Ägypten ka-
men; ein jeder kam mit seinem Hause:
2.3 Ruben, Simeon, Levi, Juda, Isa-
4 schar, Sebulon, Benjamin, Dan, Nafta-
5 li, Gad, Asser. Und alle leiblichen
Nachkommen Jakobs zusammen waren
siebzig an Zahl. Josef aber war schon
vorher in Ägypten.
6 Als nun [b]Josef gestorben war und
alle seine Brüder und alle, die zu der
7 Zeit gelebt hatten, [c]wuchsen die Nach-
kommen Israels und zeugten Kinder
und mehrten sich und wurden überaus
stark, so daß von ihnen das Land voll
ward. Da kam ein neuer König auf in 8
Ägypten, der wußte nichts von Josef
und sprach zu seinem Volk: Siehe, das 9
Volk Israel ist mehr und stärker als wir.
Wohlan, wir wollen sie mit List nieder- 10
halten, daß sie nicht noch mehr wer-
den. Denn wenn ein Krieg ausbräche,
könnten sie sich auch zu unsern Fein-
den schlagen und gegen uns kämpfen
und aus dem Lande ausziehen. Und 11
man setzte Fronvögte über sie, die sie
mit [d]Zwangsarbeit bedrücken sollten.
Und sie bauten dem Pharao die Städte
Pitom und [e]Ramses als Vorratsstädte.
Aber je mehr sie das Volk bedrückten, 12

desto stärker mehrte es sich und breite-
te sich aus. Und es kam sie ein Grauen
13 an vor Israel. Da [f]zwangen die Ägyp-
ter die Israeliten unbarmherzig zum
14 Dienst und machten ihnen ihr Leben
sauer mit schwerer Arbeit in Ton und
Ziegeln und mit mancherlei Frondienst
auf dem Felde, mit all ihrer Arbeit, die
sie ihnen auflegten ohne Erbarmen.
15 Und der König von Ägypten sprach
zu den hebräischen Hebammen, von
denen die eine Schifra hieß und die an-
16 dere Pua: Wenn ihr den hebräischen
Frauen helft und bei der Geburt seht,
daß es ein Sohn ist, so tötet ihn; ist's
aber eine Tochter, so laßt sie leben.
17 Aber die Hebammen fürchteten Gott
und taten nicht, wie der König von
Ägypten ihnen gesagt hatte, sondern
18 ließen die Kinder leben. Da rief der
König von Ägypten die Hebammen
und sprach zu ihnen: Warum tut ihr
19 das, daß ihr die Kinder leben laßt? Die
Hebammen antworteten dem Pharao:
Die hebräischen Frauen sind nicht wie
die ägyptischen, denn sie sind kräftige
Frauen. Ehe die Hebamme zu ihnen
20 kommt, haben sie geboren. Darum tat
Gott den Hebammen Gutes. Und das
Volk mehrte sich und wurde sehr stark.
21 Und weil die Hebammen Gott fürchte-
22 ten, segnete er ihre Häuser. Da gebot
der Pharao seinem ganzen Volk und
sprach: Alle Söhne, die geboren wer-
den, werft in den Nil, aber alle Töchter
laßt leben.

a (1-5) 1.Mose 46,8-27 *b* 1.Mose 50,26
c (7-22) Apg 7,17-19 *d* 1.Mose 15,13
e 1.Mose 47,11 *f* 1.Mose 15,13

Moses Geburt und wunderbare Errettung

2 Und es ging hin ein Mann vom Hause
Levi und nahm ein Mädchen aus dem
2 Hause Levi zur Frau.[a] Und sie ward
schwanger und gebar einen Sohn. Und
als sie sah, daß es ein [b]feines Kind war,
3 verbarg sie ihn drei Monate. Als sie ihn
aber nicht länger verbergen konnte,
machte sie ein Kästlein von Rohr und
verklebte es mit Erdharz und Pech und
legte das Kind hinein und setzte das
Kästlein in das Schilf am Ufer des Nils.
4 Aber seine [c]Schwester stand von ferne,
um zu erfahren, wie es ihm ergehen
würde.
5 Und die Tochter des Pharao ging
hinab und wollte baden im Nil, und
ihre Gespielinnen gingen am Ufer hin
und her. Und als sie das Kästlein im
Schilf sah, sandte sie ihre Magd hin
und ließ es holen. Und als sie es auftat, 6
sah sie das Kind, und siehe, das Knäb-
lein weinte. Da jammerte es sie, und sie
sprach: Es ist eins von den hebräischen
Kindlein. Da sprach seine Schwester 7
zu der Tochter des Pharao: Soll ich
hingehen und eine der hebräischen
Frauen rufen, die da stillt, daß sie dir
das Kindlein stille? Die Tochter des 8
Pharao sprach zu ihr: Geh hin. Das
Mädchen ging hin und rief die Mutter
des Kindes. Da sprach die Tochter des 9
Pharao zu ihr: Nimm das Kindlein mit
und stille es mir; ich will es dir lohnen.
Die Frau nahm das Kind und stillte es.
Und als das Kind groß war, brachte sie 10
es der Tochter des Pharao, und es ward
ihr Sohn, und sie nannte ihn Mose;
denn sie sprach: Ich habe ihn aus dem
Wasser gezogen.

a Kap 6,20; 4.Mose 26,59 *b* Apg 7,20;
Hebr 11,23 *c* 4.Mose 26,59*

Moses Flucht nach Midian

[a]Zu der Zeit, als Mose groß geworden 11
war, ging er hinaus zu seinen Brüdern
und sah ihren Frondienst und nahm
wahr, daß ein Ägypter einen seiner he-
bräischen Brüder schlug. Da schaute er 12
sich nach allen Seiten um, und als er
sah, daß kein Mensch da war, erschlug
er den Ägypter und verscharrte ihn im
Sande. Am andern Tage ging er wieder 13
hinaus und sah zwei hebräische Män-
ner miteinander streiten und sprach zu
dem, der im Unrecht war: Warum
schlägst du deinen Nächsten? Er aber 14
sprach: [b]Wer hat dich zum Aufseher
oder Richter über uns gesetzt? Willst
du mich auch umbringen, wie du den
Ägypter umgebracht hast? Da fürchte-
te sich Mose und sprach: Wie ist das
bekannt geworden? Und es kam vor 15
den Pharao; der trachtete danach,
Mose zu töten. Aber Mose floh vor dem
Pharao und hielt sich auf im Lande Mi-
dian. Und er setzte sich nieder bei
einem Brunnen.
[c]Der Priester aber in Midian hatte 16
sieben Töchter; die kamen, Wasser zu
schöpfen, und füllten die Rinnen, um
die Schafe ihres Vaters zu tränken. Da 17
kamen Hirten und stießen sie weg.
Mose aber stand auf und half ihnen und
tränkte ihre Schafe. Und als sie zu ih- 18
rem Vater Reguël kamen, sprach er:
Warum seid ihr heute so bald gekom-
men? Sie sprachen: Ein ägyptischer 19
Mann stand uns bei gegen die Hirten

und schöpfte für uns und tränkte die
20 Schafe. Er sprach zu seinen Töchtern:
Wo ist er? Warum habt ihr den Mann
draußen gelassen? Ladet ihn doch ein,
21 mit uns zu essen. Und Mose willigte
ein, bei dem Mann zu bleiben. Und er
gab Mose seine Tochter [d] Zippora zur
22 Frau. Die gebar einen Sohn, und er
nannte ihn [e] Gerschom; denn, sprach
er, ich bin ein Fremdling geworden im
fremden Lande.

23 Lange Zeit aber danach starb der
König von Ägypten. Und die Israeliten
seufzten über ihre Knechtschaft und
schrien, und ihr Schreien über ihre
24 Knechtschaft kam vor Gott. Und Gott
erhörte ihr Wehklagen und [f] gedachte
seines Bundes mit Abraham, Isaak und
25 Jakob. Und Gott sah auf die Israeliten
und nahm sich ihrer an.

a (11-22) Apg 7,23-29; Hebr 11,24-27
b Apg 7,35 *c* Kap 3,1 *d* 4.Mose 12,1
e Kap 18,3.4 *f* 1.Mose 15,18; 26,3; 28,13.14

Moses Berufung

3 [a] Mose aber hütete die Schafe Jetros,
seines Schwiegervaters, des Priesters in
Midian, und trieb die Schafe über die
Steppe hinaus und kam an den Berg
2 Gottes, den Horeb. Und der Engel des
HERRN erschien ihm in einer feurigen
Flamme aus dem [b] Dornbusch. Und er
sah, daß der Busch im Feuer brannte
3 und doch nicht verzehrt wurde. Da
sprach er: Ich will hingehen und die
wundersame Erscheinung besehen,
4 warum der Busch nicht verbrennt. Als
aber der HERR sah, daß er hinging, um
zu sehen, rief Gott ihn aus dem Busch
und sprach: Mose, Mose! Er antworte-
5 te: Hier bin ich. Gott sprach: Tritt
nicht herzu, zieh deine Schuhe von dei-
nen Füßen; denn [c] der Ort, darauf du
6 stehst, ist heiliges Land! Und er sprach
weiter: [d] Ich bin der Gott deines Va-
ters, der Gott Abrahams, der Gott
Isaaks und der Gott Jakobs. Und Mose
verhüllte sein Angesicht; denn er
7 fürchtete sich, Gott anzuschauen. Und
der HERR sprach: Ich habe das Elend
meines Volks in Ägypten gesehen und
ihr [e] Geschrei über ihre Bedränger ge-
hört; ich habe ihre Leiden erkannt.
8 Und ich bin herniedergefahren, daß ich
sie errette aus der Ägypter Hand und
sie herausführe aus diesem Lande in ein
gutes und weites Land, in ein Land,
darin Milch und Honig fließt, in das
Gebiet der Kanaaniter, Hetiter, Amo-
riter, Perisiter, Hewiter und Jebusiter.
Weil denn nun das Geschrei der Israe- 9
liten vor mich gekommen ist und ich
dazu ihre Not gesehen habe, wie die
Ägypter sie bedrängen, so geh nun hin, 10
[f] ich will dich zum Pharao senden, da-
mit du mein Volk, die Israeliten, aus
Ägypten führst. Mose sprach zu Gott: 11
[g] Wer bin ich, daß ich zum Pharao gehe
und führe die Israeliten aus Ägypten?
Er sprach: [h] Ich will mit dir sein. Und 12
das soll dir das Zeichen sein, daß ich
dich gesandt habe: Wenn du mein Volk
aus Ägypten geführt hast, werdet ihr
Gott opfern auf diesem Berge.

Mose sprach zu Gott: Siehe, wenn 13
ich zu den Israeliten komme und spre-
che zu ihnen: Der Gott eurer Väter hat
mich zu euch gesandt! und sie mir sa-
gen werden: Wie ist sein Name?, was
soll ich ihnen sagen? Gott sprach zu 14
Mose: [i] *Ich werde sein, der ich sein werde.*
Und sprach: So sollst du zu den Israeli-
ten sagen: »Ich werde sein«, der hat
mich zu euch gesandt. Und Gott sprach 15
weiter zu Mose: So sollst du zu den Is-
raeliten sagen: Der HERR*, der Gott
eurer Väter, der Gott Abrahams, der
Gott Isaaks, der Gott Jakobs, hat mich
zu euch gesandt. Das ist [j] mein Name
auf ewig, mit dem man mich anrufen
soll von Geschlecht zu Geschlecht.
Darum geh hin und versammle die Äl- 16
testen von Israel und sprich zu ihnen:
Der HERR, der Gott eurer Väter, ist mir
erschienen, der Gott Abrahams, der
Gott Isaaks, der Gott Jakobs, und hat
gesagt: Ich habe mich euer angenom-
men und gesehen, was euch in Ägypten
widerfahren ist, und habe gesagt: Ich 17
will euch aus dem Elend Ägyptens füh-
ren in das Land der Kanaaniter, Heti-
ter, Amoriter, Perisiter, Hewiter und
Jebusiter, in das Land, darin Milch und
Honig fließt. Und sie werden auf dich 18
hören. Danach sollst du mit den Älte-
sten Israels hineingehen zum König
von Ägypten und zu ihm sagen: [k] Der
HERR, der Gott der Hebräer, ist uns er-
schienen. So laß uns nun gehen drei
Tagereisen weit in die Wüste, daß wir
opfern dem HERRN, unserm Gott. Aber 19
ich weiß, daß euch der König von
Ägypten nicht wird ziehen lassen, er
werde denn gezwungen durch eine
starke Hand. Daher werde ich meine 20
Hand ausstrecken und Ägypten schla-
gen mit all den Wundern, die ich darin
tun werde. Danach wird er euch ziehen
lassen. Auch will ich diesem Volk 21
Gunst verschaffen bei den Ägyptern,

daß, wenn ihr auszieht, ihr [l]nicht leer
22 auszieht, sondern jede Frau soll sich
von ihrer Nachbarin und Hausgenossin
silbernes und goldenes Geschmeide
und Kleider geben lassen. Die sollt ihr
euren Söhnen und Töchtern anlegen
und von den Ägyptern als Beute neh-
men.

4 Mose antwortete und sprach: Siehe,
sie werden mir nicht glauben und nicht
auf mich hören, sondern werden sagen:
2 Der HERR ist dir nicht erschienen. Der
HERR sprach zu ihm: Was hast du da in
deiner Hand? Er sprach: Einen Stab.
3 Der HERR sprach: Wirf ihn auf die
Erde. Und er warf ihn auf die Erde; da
ward er zur [m]Schlange, und Mose floh
4 vor ihr. Aber der HERR sprach zu ihm:
Strecke deine Hand aus und erhasche
sie beim Schwanz. Da streckte er seine
Hand aus und ergriff sie, und sie ward
5 zum Stab in seiner Hand. Und der
HERR sprach: Darum werden sie glau-
ben, daß dir erschienen ist der HERR,
der Gott ihrer Väter, der Gott Abra-
hams, der Gott Isaaks, der Gott Jakobs.
6 Und der HERR sprach weiter zu ihm:
Stecke deine Hand in den Bausch dei-
nes Gewandes. Und er steckte sie hin-
ein. Und als er sie wieder herauszog,
siehe, da war sie aussätzig wie Schnee.
7 Und er sprach: Tu sie wieder in den
Bausch deines Gewandes. Und er tat
sie wieder hinein. Und als er sie heraus-
zog, siehe, da war sie wieder wie sein
8 anderes Fleisch. Und der HERR sprach:
Wenn sie dir nun nicht glauben und
nicht auf dich hören werden bei dem
einen Zeichen, so werden sie dir doch
glauben bei dem andern Zeichen.
9 Wenn sie aber diesen zwei Zeichen
nicht glauben und nicht auf dich hören
werden, so nimm Wasser aus dem Nil
und gieß es auf das trockene Land;
[n]dann wird das Wasser, das du aus dem
Strom genommen hast, Blut werden
auf dem trockenen Land.
10 Mose aber sprach zu dem HERRN:
Ach, mein Herr, [o]ich bin von jeher
nicht beredt gewesen, auch jetzt nicht,
seitdem du mit deinem Knecht redest;
denn ich hab eine schwere Sprache und
11 eine schwere Zunge. Der HERR sprach
zu ihm: Wer hat dem Menschen den
Mund geschaffen? Oder wer hat den
Stummen oder Tauben oder Sehenden
oder Blinden gemacht? Habe ich's
12 nicht getan, der HERR?[p] So geh nun
hin: Ich will mit deinem Munde sein
und dich lehren, was du sagen sollst.[q]
Mose aber sprach: Mein Herr, sende, 13
wen du senden willst. Da wurde der 14
HERR sehr zornig über Mose und
sprach: Weiß ich denn nicht, daß dein
Bruder Aaron aus dem Stamm Levi be-
redt ist? Und siehe, er wird dir entge-
genkommen, und wenn er dich sieht,
wird er sich von Herzen freuen. Du 15
sollst zu ihm reden und die Worte in
seinen Mund legen. Und ich will mit
deinem und seinem Munde sein und
euch lehren, was ihr tun sollt. Und [r]er 16
soll für dich zum Volk reden; er soll
dein Mund sein, und du sollst für ihn
Gott sein. Und diesen Stab nimm in 17
deine Hand, mit dem du die Zeichen
tun sollst.

a (1-12) Apg 7,30-34 *b* 5.Mose 33,16
c 1.Mose 28,17; Jos 5,15 *d* 1.Mose 17,1; 28,1-4;
35,9-11; Mt 22,32 *e* Kap 2,23 *f* Kap 7,16;
Ri 6,14 *g* Kap 4,10; 1.Mose 32,11; 2.Sam 7,18;
Jes 6,5.8; Jer 1,6 *h* Jer 1,8 *i* Kap 6,2; Mal 3,6;
Offb 1,4.8 *j* Kap 6,2.3; Jes 42,8 *k* Kap 5,1.3
l Kap 11,2.3; 12,35.36; 1.Mose 15,14 *m* Kap 7,10
n Kap 7,17-21 *o* Kap 3,11; 6,12.30 *p* Ps 94,9
q 5.Mose 18,18; Mt 10,19 *r* Kap 7,1.2
*Kap 3,15: Im Hebräischen lautet der Gottesname Jahwe; daraus wurde durch ein Mißverständnis des Mittelalters »Jehova«. An unserer Stelle wird der Gottesname Jahwe von dem hebräischen Zeitwort für »sein« her gedeutet. Nach altem, schon vorchristlichem Herkommen wird für Jahwe die Bezeichnung »der HERR« gebraucht.

Moses Rückkehr nach Ägypten

Mose ging hin und kam wieder zu [a]Jet- 18
ro, seinem Schwiegervater, und sprach
zu ihm: Laß mich doch gehen, daß ich
wieder zu meinen Brüdern komme, die
in Ägypten sind, und sehe, ob sie noch
leben. Jetro sprach zu ihm: Geh hin mit
Frieden. Auch sprach der HERR zu 19
Mose in Midian: Geh hin und zieh wie-
der nach Ägypten, denn die Leute sind
tot, die dir nach dem Leben trachteten.
So nahm denn Mose seine Frau und 20
[b]seinen Sohn und setzte sie auf einen
Esel und zog wieder nach Ägyptenland
und nahm den Stab Gottes in seine
Hand. Und der HERR sprach zu Mose: 21
Sieh zu, wenn du wieder nach Ägypten
kommst, daß du alle die Wunder tust
vor dem Pharao, die ich in deine Hand
gegeben habe. Ich aber will [c]sein Herz
verstocken, daß er das Volk nicht zie-
hen lassen wird. Und du sollst zu ihm 22
sagen: So spricht der HERR: [d]Israel ist
mein erstgeborener Sohn; und ich ge- 23
biete dir, daß du meinen Sohn ziehen
läßt, daß er mir diene. Wirst du dich
weigern, so will ich [e]deinen erstgebore-
nen Sohn töten.
[f]Und als Mose unterwegs in der 24
Herberge war, kam ihm der HERR ent-

25 gegen und wollte ihn töten. Da nahm
Zippora [g] einen scharfen Stein und be-
schnitt ihrem Sohn die Vorhaut und
berührte damit seine Scham und
sprach: Du bist mir ein Blutbräutigam.
26 Da ließ er von ihm ab. Sie sagte aber
Blutbräutigam um der Beschneidung
willen.
27 Und der HERR sprach zu Aaron: Geh
hin Mose entgegen in die Wüste. Und
er ging hin und begegnete ihm am Ber-
28 ge Gottes und küßte ihn. Und Mose tat
Aaron kund alle Worte des HERRN, der
ihn gesandt hatte, und alle Zeichen, die
29 er ihm befohlen hatte. Und sie gingen
hin und versammelten alle Ältesten der
30 Israeliten. Und Aaron sagte alle Worte,
die der HERR mit Mose geredet hatte,
und Mose tat die Zeichen vor dem
31 Volk. Und das Volk glaubte. Und als sie
hörten, daß [h] der HERR sich der Israeli-
ten angenommen und ihr Elend ange-
sehen habe, neigten sie sich und beteten
an.

a Kap 3,1 *b* Kap 18,3.4 *c* Kap 7,3.13; 5.Mose 29,3; Jes 6,10; Röm 9,18 *d* 5.Mose 32,6 *e* Kap 11,5; 12,29 *f* (24-26) 1.Mose 17,14; 32,25 *g* Jos 5,2 *h* Kap 3,16

Noch härtere Bedrückung Israels

5 Danach gingen Mose und Aaron hin
und sprachen zum Pharao: So spricht
der HERR, der Gott Israels: [a] Laß mein
Volk ziehen, daß es mir ein Fest halte
2 in der Wüste. Der Pharao antwortete:
[b] Wer ist der HERR, daß ich ihm gehor-
chen müsse und Israel ziehen lasse? Ich
weiß nichts von dem HERRN, will auch
3 Israel nicht ziehen lassen. Sie spra-
chen: Der Gott der Hebräer ist uns er-
schienen. So laß uns nun hinziehen drei
Tagereisen weit in die Wüste und dem
HERRN, unserm Gott, opfern, daß er
uns nicht schlage mit Pest oder
4 Schwert. Da sprach der König von
Ägypten zu ihnen: Mose und Aaron,
warum wollt ihr das Volk von seiner
Arbeit freimachen? Gehet hin an eure
Dienste!
5 Weiter sprach der Pharao: Siehe,
[c] sie sind schon mehr als das Volk des
Landes, und ihr wollt sie noch feiern
6 lassen von ihrem Dienst! Darum befahl
der Pharao am selben Tage den Vögten
des Volks und ihren Aufsehern und
7 sprach: Ihr sollt dem Volk nicht mehr
Häcksel geben, daß sie Ziegel machen,
wie bisher; laßt sie selbst hingehen und
8 Stroh dafür zusammenlesen. Aber die
Zahl der Ziegel, die sie bisher gemacht
haben, sollt ihr ihnen gleichwohl aufer-
legen und nichts davon ablassen, denn
sie gehen müßig; darum schreien sie
und sprechen: Wir wollen hinziehen
und unserm Gott opfern. Man drücke 9
die Leute mit Arbeit, daß sie zu schaf-
fen haben und sich nicht um falsche
Reden kümmern.
Da gingen die Vögte des Volks und 10
ihre Aufseher hinaus und sprachen
zum Volk: So spricht der Pharao: Man
wird euch kein Häcksel mehr geben.
Geht ihr selbst hin und beschafft euch 11
Häcksel, wo ihr's findet; aber von eurer
Arbeit soll euch nichts erlassen werden.
Da zerstreute sich das Volk ins ganze 12
Land Ägypten, um Stroh zu sammeln,
damit sie Häcksel hätten. Und die Vög- 13
te trieben sie an und sprachen: Erfüllt
euer Tagewerk wie damals, als ihr
Häcksel hattet. Und die Aufseher aus 14
den Reihen der Israeliten, die die Vögte
des Pharao über sie gesetzt hatten, wur-
den geschlagen, und es wurde zu ihnen
gesagt: Warum habt ihr nicht auch
heute euer festgesetztes Tagewerk ge-
tan wie bisher? Da gingen die Aufseher 15
der Israeliten hin und schrien zu dem
Pharao: Warum verfährst du so mit
deinen Knechten? Man gibt deinen 16
Knechten kein Häcksel, und wir sollen
dennoch die Ziegel machen, die uns be-
stimmt sind; und siehe, deine Knechte
werden geschlagen, und du versündigst
dich an deinem Volke. Der Pharao 17
sprach: Ihr seid müßig, müßig seid ihr;
darum sprecht ihr: Wir wollen hinzie-
hen und dem HERRN opfern. So geht 18
nun hin und tut euren Frondienst!
Häcksel soll man euch nicht geben,
aber die Anzahl Ziegel sollt ihr schaf-
fen.
Da sahen die Aufseher der Israeliten, 19
daß es mit ihnen übel stand, weil man
sagte: Ihr sollt nichts ablassen von dem
Tagewerk an Ziegeln. Und als sie von 20
dem Pharao weggingen, begegneten sie
Mose und Aaron, die dastanden und
auf sie warteten, und sprachen zu 21
ihnen: Der HERR richte seine Augen
wider euch und strafe es, daß ihr uns in
Verruf gebracht habt vor dem Pharao
und seinen Großen und habt ihnen so
das Schwert in ihre Hände gegeben,
uns zu töten. Mose aber kam wieder zu 22
dem HERRN und sprach: Herr, warum
tust du so übel an diesem Volk? Warum
hast du mich hergesandt? Denn seit- 23
dem ich hingegangen bin zum Pharao,
um mit ihm zu reden in deinem Na-
men, hat er das Volk noch härter ge-

plagt, und du hast dein Volk nicht er-
6 rettet. Da sprach der HERR zu Mose:
Nun sollst du sehen, was ich dem Pha-
rao antun werde; denn durch eine star-
ke Hand gezwungen muß er sie ziehen
lassen, ja, er muß sie durch eine starke
Hand gezwungen aus seinem Lande
treiben.[d]

a Kap 3,18; 7,16.26; 8,16; 9,1.13 *b* 2.Kön 18,35; Hiob 21,15; Dan 3,15 *c* Kap 1,7.12 *d* Kap 11,1; 12,33

Erneuter Bericht über Moses Sendung

2 [a]Und Gott redete mit Mose und sprach
3 zu ihm: Ich bin der HERR und bin er-
schienen Abraham, Isaak und Jakob als
der allmächtige Gott, aber mit meinem
Namen »HERR« habe ich mich ihnen
4 nicht offenbart. Auch habe ich [b]meinen
Bund mit ihnen aufgerichtet, daß ich
ihnen geben will das Land Kanaan, das
Land, in dem sie Fremdlinge gewesen
5 sind. Auch habe ich gehört die Wehkla-
ge der Israeliten, die die Ägypter mit
Frondienst beschweren, und habe an
6 meinen Bund gedacht. Darum sage den
Israeliten: Ich bin der HERR und will
euch wegführen von den Lasten, die
euch die Ägypter auflegen, und will
euch erretten von eurem Frondienst
und will euch erlösen mit ausgerecktem
7 Arm und durch große Gerichte; ich
will euch annehmen zu meinem Volk
und will euer Gott sein, daß ihr's erfah-
ren sollt, daß ich der HERR bin, euer
Gott, der euch wegführt von den La-
sten, die euch die Ägypter auflegen,
8 und euch bringt in das Land, um des-
sentwillen [c]ich meine Hand zum
Schwur erhoben habe, daß ich's geben
will Abraham, Isaak und Jakob; das
will ich euch zu eigen geben, ich, der
9 HERR. Mose sagte das den Israeliten;
aber sie hörten nicht auf ihn vor Klein-
mut und harter Arbeit.
10 Da redete der HERR mit Mose und
11 sprach: Geh hin und rede mit dem Pha-
rao, dem König von Ägypten, daß er Is-
rael aus seinem Lande ziehen lasse.
12 Mose aber redete vor dem HERRN und
sprach: Siehe, die Israeliten hören
nicht auf mich; wie sollte denn der Pha-
rao auf mich hören! [d]Dazu bin ich un-
13 geschickt zum Reden. So redete der
HERR mit Mose und Aaron und ordnete
sie ab an die Israeliten und an den Pha-
rao, den König von Ägypten, um Israel
aus Ägypten zu führen.

a (2 und 3) Kap 3,14.15; 1.Mose 17,1 *b* 1.Mose 17,7.8 *c* 1.Mose 22,16 *d* Vers 30; Kap 4,10

Die Vorfahren Moses und Aarons

[a]Dies sind die Häupter ihrer Sippen: 14
Die Söhne Rubens, des ersten Soh-
nes Israels, sind diese: Henoch, Pallu,
Hezron, Karmi. Das sind die Ge-
schlechter von Ruben.
Die Söhne Simeons sind diese: Je- 15
muël, Jamin, Ohad, Jachin, Zohar und
Saul, der Sohn der Kanaaniterin. Das
sind Simeons Geschlechter.
[b]Dies sind die Namen der Söhne Le- 16
vis nach ihrem Stammesverzeichnis:
Gerson, Kehat, Merari. Und Levi wur-
de 137 Jahre alt.
Die Söhne Gersons sind diese: Libni 17
und Simeï nach ihren Geschlechtern.
Die Söhne Kehats sind diese: Am- 18
ram, Jizhar, Hebron, Usiël. Kehat aber
wurde 133 Jahre alt.
Die Söhne Meraris sind diese: 19
Machli und Muschi. Das sind die Ge-
schlechter Levis nach ihrem Stammes-
verzeichnis.
[c]Amram nahm Jochebed, die 20
[d]Schwester seines Vaters, zur Frau; die
gebar ihm Aaron und Mose. Und Am-
ram wurde 137 Jahre alt.
Die Söhne [e]Jizhars sind diese: Ko- 21
rah, Nefeg, Sichri. Die Söhne [f]Usiëls 22
sind diese: Mischaël, Elizafan, Sitri.
Aaron nahm zur Frau Elischeba, die 23
Tochter Amminadabs, Nachschons
Schwester; die gebar ihm [g]Nadab,
Abihu, Eleasar, Itamar.
Die Söhne Korahs sind diese: Assir, 24
Elkana, Abiasaf. Das sind die Ge-
schlechter der Korahiter.
Eleasar aber, Aarons Sohn, nahm 25
eine Frau von den Töchtern Putiëls;
die gebar ihm den [h]Pinhas. Das sind die
Häupter der Leviten nach ihren Ge-
schlechtern.
Das sind Aaron und Mose, zu denen 26
der HERR sprach: [i]Führt die Israeliten
nach ihren Scharen geordnet aus Ägyp-
tenland! Sie sind es, die mit dem Pha- 27
rao, dem König von Ägypten, redeten,
um die Israeliten aus Ägypten zu füh-
ren. Das sind Mose und Aaron.
Und als der HERR mit Mose in Ägyp- 28
tenland redete, sprach er zu ihm: Ich 29
bin der HERR; sage dem Pharao, dem
König von Ägypten, alles, was ich mit
dir rede. Und er antwortete vor dem 30
HERRN: Siehe, [j]ich bin ungeschickt
zum Reden; wie wird denn der Pharao
auf mich hören?

a (14-16) 1.Mose 46,9-11
b (16-19) 1.Chr 5,27-30; 6,1-4 *c* Kap 2,1
d 3.Mose 18,12 *e* 4.Mose 16,1 *f* 3.Mose 10,4
g Kap 28,1 *h* 4.Mose 25,7 *i* Vers 13 *j* Vers 12

Moses erstes Wunder vor dem Pharao

7 Der HERR sprach zu Mose: Siehe, ich
habe dich [a]zum Gott gesetzt für den
Pharao, und Aaron, dein Bruder, soll
2 dein Prophet sein. Du sollst alles reden,
was ich dir gebieten werde; aber Aaron,
dein Bruder, soll es vor dem Pharao re-
den, damit er die Israeliten aus seinem
3 Lande ziehen lasse. Aber [b]ich will das
Herz des Pharao verhärten und viele
Zeichen und Wunder tun in Ägypten-
4 land. Und der Pharao wird nicht auf
euch hören. Dann werde ich meine
Hand auf Ägypten legen und durch
große Gerichte meine Heerscharen,
mein Volk Israel, aus Ägyptenland füh-
5 ren. Und die Ägypter sollen innewer-
den, daß ich [c]der HERR bin, wenn ich
meine Hand über Ägypten ausstrecken
und die Israeliten aus ihrer Mitte weg-
6 führen werde. Mose und Aaron taten,
7 wie ihnen der HERR geboten hatte. Und
Mose war achtzig Jahre und Aaron
dreiundachtzig Jahre alt, als sie mit
dem Pharao redeten.
8 Und der HERR sprach zu Mose und
9 Aaron: Wenn der Pharao zu euch sagen
wird: Weist euch aus durch ein Wun-
der!, so sollst du zu Aaron sagen:
[d]Nimm deinen Stab und wirf ihn hin
vor dem Pharao, daß er zur Schlange
10 werde! Da gingen Mose und Aaron
hinein zum Pharao und taten, wie ihnen
der HERR geboten hatte. Und Aaron
warf seinen Stab hin vor dem Pharao
und vor seinen Großen, und er ward
11 zur Schlange. Da ließ der Pharao die
Weisen und Zauberer rufen, und die
[e]ägyptischen Zauberer taten ebenso
12 mit ihren Künsten: Ein jeder warf sei-
nen Stab hin, da wurden Schlangen
daraus; aber Aarons Stab verschlang
13 ihre Stäbe. Aber [f]das Herz des Pharao
wurde verstockt, und er hörte nicht auf
sie, wie der HERR gesagt hatte.

a Kap 4,16 *b* Kap 4,21 *c* Vers 17; Kap 8,18; 9,29; 1.Sam 17,46; 1.Kön 20,28; 2.Kön 19,19; Hes 29,6
d Kap 4,3 *e* Vers 22; Kap 8,3; 1.Mose 41,8; 2.Tim 3,8 *f* Kap 4,21

Die erste Plage: Verwandlung aller Gewässer in Blut

14 Und der HERR sprach zu Mose: Das
Herz des Pharao ist hart; er weigert
15 sich, das Volk ziehen zu lassen. Geh hin
zum Pharao morgen früh. Siehe, er
wird ans Wasser gehen; so tritt ihm
entgegen am Ufer des Nils und nimm
den Stab in deine Hand, der zur
Schlange wurde, und sprich zu ihm: 16
Der HERR, der Gott der Hebräer, hat
mich zu dir gesandt und dir sagen las-
sen: [a]Laß mein Volk ziehen, daß es mir
diene in der Wüste. Aber du hast bisher
nicht hören wollen. Darum spricht der 17
HERR: Daran sollst du erfahren, daß ich
der HERR bin: Siehe, ich will mit dem
Stabe, den ich in meiner Hand habe,
auf das Wasser schlagen, das im Nil ist,
und es soll [b]in Blut verwandelt werden,
daß die Fische im Strom sterben und 18
der Strom stinkt. Und die Ägypter wird
es ekeln, das Wasser aus dem Nil zu
trinken.
Und der HERR sprach zu Mose: Sage 19
Aaron: Nimm deinen Stab und [c]recke
deine Hand aus über die Wasser in
Ägypten, über ihre Ströme und Kanäle
und Sümpfe und über alle Wasserstel-
len, daß sie zu Blut werden, und es sei
Blut in ganz Ägyptenland, selbst in den
hölzernen und steinernen Gefäßen.
Mose und Aaron taten, wie ihnen der 20
HERR geboten hatte, und Mose hob den
Stab und schlug ins Wasser, das im Nil
war, vor dem Pharao und seinen Gro-
ßen. Und alles Wasser im Strom wurde
in Blut verwandelt. Und die Fische im 21
Strom starben, und der Strom wurde
stinkend, so daß die Ägypter das Was-
ser aus dem Nil nicht trinken konnten;
und es war Blut in ganz Ägyptenland.
Und die [d]ägyptischen Zauberer taten 22
ebenso mit ihren Künsten. So wurde
das Herz des Pharao verstockt, und er
hörte nicht auf Mose und Aaron, wie
der HERR gesagt hatte. Und der Pharao 23
wandte sich und ging heim und nahm's
nicht zu Herzen. Aber alle Ägypter 24
gruben am Nil entlang nach Wasser
zum Trinken, denn das Wasser aus
dem Strom konnten sie nicht trinken.
Und das währte sieben Tage lang, 25
nachdem der HERR den Strom geschla-
gen hatte.

a Kap 5,1 *b* Kap 4,9 *c* Offb 11,6 *d* Vers 11

Die zweite Plage: Frösche

*Da sprach der HERR zu Mose: Geh hin 26
zum Pharao und sage zu ihm: So
spricht der HERR: [a]Laß mein Volk zie-
hen, daß es mir diene! Wenn du dich 27
aber weigerst, siehe, so will ich dein
ganzes Gebiet mit Fröschen plagen,
daß der Nil von Fröschen wimmeln 28
soll. Die sollen heraufkriechen und in

dein Haus kommen, in deine Schlaf-
kammer, auf dein Bett, auch in die
Häuser deiner Großen und deines
Volks, in deine Backöfen und in deine
29 Backtröge; ja, die Frösche sollen auf
dich selbst und auf dein Volk und auf
alle deine Großen kriechen.
8 Und der HERR sprach zu Mose: Sage
Aaron: Recke deine Hand aus mit dei-
nem Stabe über die Ströme, Kanäle
und Sümpfe und laß Frösche über
2 Ägyptenland kommen. Und Aaron
reckte seine Hand aus über die Wasser
in Ägypten, und es kamen Frösche her-
auf, so daß Ägyptenland bedeckt wur-
3 de. Da taten die [b]Zauberer ebenso mit
ihren Künsten und ließen Frösche über
4 Ägyptenland kommen. Da ließ der
Pharao Mose und Aaron rufen und
sprach: [c]Bittet den HERRN für mich,
daß er die Frösche von mir und von
meinem Volk nehme, so will ich das
Volk ziehen lassen, daß es dem HERRN
5 opfere. Mose sprach: Bestimme über
mich in deiner Majestät, wann ich für
dich, für deine Großen und für dein
Volk bitten soll, daß bei dir und in dei-
nem Haus die Frösche vertilgt werden
6 und allein im Nil bleiben. Er sprach:
Morgen. Mose antwortete: Ganz wie
du gesagt hast; auf daß du erfahrest,
daß [d]niemand ist wie der HERR, unser
7 Gott. Die Frösche sollen von dir, von
deinem Hause, von deinen Großen und
von deinem Volk weichen und allein im
8 Nil übrigbleiben. So gingen Mose und
Aaron vom Pharao. Und Mose schrie
zu dem HERRN wegen der Frösche, wie
9 er dem Pharao zugesagt hatte. Und der
HERR tat, wie Mose gesagt hatte, und
die Frösche starben in den Häusern, in
10 den Höfen und auf dem Felde. Und
man häufte sie zusammen, hier einen
Haufen und da einen Haufen, und das
11 Land stank davon. Als aber der Pharao
merkte, daß er Luft gekriegt hatte,
[e]verhärtete er sein Herz und hörte
nicht auf sie, wie der HERR gesagt hatte.

a Kap 5,1 *b* Kap 7,11 *c* Vers 24; Kap 9,28; 10,17 *d* Kap 9,14; 15,11; 5.Mose 33,26; 2.Sam 7,22; Jer 10,6 *e* Kap 4,21
*Kap 7,26: Abweichende Verszählung statt 7,26–8,28: 8,1–32.

Die dritte Plage: Stechmücken

12 Und der HERR sprach zu Mose: Sage
Aaron: Strecke deinen Stab aus und
schlag in den Staub der Erde, daß er zu
Stechmücken werde in ganz Ägypten-
13 land. Sie taten so, und Aaron reckte sei-
ne Hand aus mit seinem Stabe und
schlug in den Staub auf der Erde. Und
es kamen Mücken und setzten sich an
die Menschen und an das Vieh; aller
Staub der Erde ward zu Mücken in
ganz Ägyptenland. Die [a]Zauberer ta- 14
ten ebenso mit ihren Künsten, um
Mücken hervorzubringen; aber sie
konnten es nicht. Und die Mücken wa-
ren sowohl an den Menschen als am
Vieh. Da sprachen die Zauberer zum 15
Pharao: Das ist [b]Gottes Finger. Aber
das Herz des Pharao wurde verstockt,
und er hörte nicht auf sie, wie der HERR
gesagt hatte.

a Kap 7,11 *b* Ps 64,10; 72,18; Lk 11,20

Die vierte Plage: Stechfliegen

Und der HERR sprach zu Mose: Mach 16
dich morgen früh auf und tritt vor den
Pharao, wenn er hinaus ans Wasser
geht, und sage zu ihm: So spricht der
HERR: [a]Laß mein Volk ziehen, daß es
mir diene; wenn nicht, siehe, so will ich 17
Stechfliegen kommen lassen über dich,
deine Großen, dein Volk und dein
Haus, daß die Häuser der Ägypter und
das Land, auf dem sie wohnen, voller
Stechfliegen werden sollen. An dem 18
Lande Gosen aber, wo sich mein Volk
aufhält, will ich an dem Tage etwas Be-
sonderes tun, daß dort keine Stechflie-
gen seien, damit du innewerdest, daß
[b]ich der HERR bin, inmitten dieses
Landes, und ich will einen Unter- 19
schied machen zwischen meinem und
deinem Volk. Morgen schon soll das
Zeichen geschehen. Und der HERR tat 20
so, und es kamen viele Stechfliegen in
das Haus des Pharao, in die Häuser sei-
ner Großen und über ganz Ägypten-
land, und das Land wurde verheert von
den Stechfliegen.
Da ließ der Pharao Mose und Aaron 21
rufen und sprach: Geht hin, opfert eu-
rem Gott hier im Lande. Mose sprach: 22
Das geht nicht an, denn was wir dem
HERRN, unserm Gott, opfern, ist [c]den
Ägyptern ein Greuel. Siehe, wenn wir
vor ihren Augen opfern, was ihnen ein
Greuel ist, werden sie uns dann nicht
steinigen? [d]Drei Tagereisen weit wol- 23
len wir in die Wüste ziehen und dem
HERRN, unserm Gott, opfern, wie er
uns gesagt hat. Der Pharao sprach: 24
[e]Ich will euch ziehen lassen, daß ihr
dem HERRN, eurem Gott, opfert in der
Wüste. Nur zieht nicht zu weit, und
bittet für mich! Mose sprach: Siehe, 25
wenn ich jetzt von dir hinausgegangen
bin, so will ich den HERRN bitten, daß

die Stechfliegen morgen vom Pharao
und seinen Großen und seinem Volk
weichen; nur täusche uns nicht aber-
mals, daß du das Volk nicht ziehen läßt,
26 dem HERRN zu opfern. Und Mose ging
hinaus vom Pharao und [f]bat den
27 HERRN. Und der HERR tat, wie Mose
gesagt hatte, und schaffte die Stechflie-
gen weg vom Pharao, von seinen Gro-
ßen und von seinem Volk, so daß auch
28 nicht eine übrigblieb. Aber der Pharao
[g]verhärtete sein Herz auch diesmal und
ließ das Volk nicht ziehen.

a Kap 5,1 *b* Kap 7,5 *c* 1.Mose 43,32; 46,34
d Kap 3,18 *e* Vers 4 *f* Vers 8 *g* Kap 4,21

Die fünfte Plage: Viehpest

9 Da sprach der HERR zu Mose: Geh hin
zum Pharao und sage zu ihm: So
spricht der HERR, der Gott der He-
bräer: [a]Laß mein Volk ziehen, daß sie
2 mir dienen! Wenn du dich [b]weigerst
3 und sie weiter aufhältst, siehe, so wird
[c]die Hand des HERRN kommen über
dein Vieh auf dem Felde, über die Pfer-
de, Esel, Kamele, Rinder und Schafe,
4 mit sehr schwerer Pest. Aber der HERR
wird einen Unterschied machen zwi-
schen dem Vieh der Israeliten und dem
der Ägypter, daß nichts sterbe von al-
5 lem, was die Israeliten haben.[d] Und der
HERR bestimmte eine Zeit und sprach:
Morgen wird der HERR solches an dem
6 Lande tun. Und der HERR tat es am an-
dern Morgen; da starb alles Vieh der
Ägypter, aber von dem Vieh der Israe-
7 liten starb nicht eins. Und der Pharao
sandte hin, und siehe, es war von dem
Vieh Israels nicht eins gestorben. Aber
das [e]Herz des Pharao wurde verstockt,
und er ließ das Volk nicht ziehen.

a Kap 5,1 *b* Jes 1,20 *c* Kap 3,20 *d* Kap 8,18
e Kap 4,21

Die sechste Plage: Blattern

8 Da sprach der HERR zu Mose und
Aaron: Füllt eure Hände mit Ruß aus
dem Ofen, und Mose werfe ihn vor dem
9 Pharao gen Himmel, daß er über ganz
Ägyptenland staube und böse Blattern
aufbrechen an den Menschen und am
10 Vieh in ganz Ägyptenland.[a] Und sie
nahmen Ruß aus dem Ofen und traten
vor den Pharao, und Mose warf den
Ruß gen Himmel. Da brachen auf
[b]böse Blattern an den Menschen und
11 am Vieh, so daß die Zauberer nicht vor
Mose treten konnten wegen der bösen
Blattern; denn es waren an den Zaube-
rern ebenso böse Blattern wie an allen
Ägyptern. Aber der HERR [c]verstockte 12
das Herz des Pharao, daß er nicht auf
sie hörte, wie denn der HERR zu Mose
gesagt hatte.

a 5.Mose 28,27 *b* Offb 16,2 *c* Kap 4,21

Die siebente Plage: Hagel

Da sprach der HERR zu Mose: Mach 13
dich morgen früh auf und tritt vor den
Pharao und sage zu ihm: So spricht der
HERR, der Gott der Hebräer: [a]Laß
mein Volk ziehen, daß es mir diene;
sonst werde ich diesmal alle meine Pla- 14
gen über dich selbst senden, über deine
Großen und über dein Volk, damit du
innewirst, daß [b]meinesgleichen nicht
ist in allen Landen. Denn ich hätte 15
schon meine Hand ausrecken und dich
und dein Volk mit Pest schlagen kön-
nen, daß du von der Erde vertilgt wür-
dest, aber dazu habe ich dich erhalten, 16
daß meine Kraft an dir erscheine und
mein Name verkündigt werde in allen
Landen.[c] Du stellst dich noch immer 17
wider mein Volk und willst es nicht zie-
hen lassen. Siehe, ich will morgen um 18
diese Zeit einen sehr großen Hagel fal-
len lassen, wie er noch nie in Ägypten
gewesen ist von der Zeit an, als es ge-
gründet wurde, bis heute. Und nun 19
sende hin und verwahre dein Vieh und
alles, was du auf dem Felde hast. Denn
alle Menschen und das Vieh, alles, was
auf dem Felde gefunden und nicht in
die Häuser gebracht wird, muß ster-
ben, wenn der Hagel auf sie fällt. Wer 20
nun von den Großen des Pharao das
Wort des HERRN fürchtete, der ließ sei-
ne Knechte und sein Vieh in die Häuser
fliehen. Wessen Herz sich aber nicht an 21
des HERRN Wort kehrte, der ließ seine
Knechte und sein Vieh auf dem Felde.
Da sprach der HERR zu Mose: Recke 22
deine Hand aus gen Himmel, daß es ha-
gelt über ganz Ägyptenland, über Men-
schen, über Vieh und über alles Ge-
wächs auf dem Felde in Ägyptenland.
Da streckte Mose seinen Stab gen Him- 23
mel, und der HERR ließ donnern und
[d]hageln, und Feuer schoß auf die Erde
nieder. So ließ der HERR Hagel fallen
über Ägyptenland, und Blitze zuckten 24
dazwischen, und der Hagel war so
schwer, wie er noch nie in ganz Ägyp-
tenland gewesen war, seitdem Leute
dort wohnen. Und der Hagel erschlug 25
in ganz Ägyptenland alles, was auf dem
Felde war, Menschen und Vieh, und
zerschlug alles Gewächs auf dem Felde
und zerbrach alle Bäume auf dem Fel-

26 de. Nur im Lande Gosen, wo die Israe-
liten waren, da hagelte es nicht.[e]
27 Da schickte der Pharao hin und ließ
Mose und Aaron rufen und sprach zu
ihnen: Diesmal hab ich mich versün-
digt; der HERR ist im Recht, ich aber
28 und mein Volk sind schuldig. [f]Bittet
aber den HERRN, daß er ein Ende mache
mit diesem Donnern und Hageln, so
will ich euch ziehen lassen, daß ihr
29 nicht länger hier bleiben müßt. Mose
sprach zu ihm: Wenn ich zur Stadt hin-
auskomme, will ich meine Hände aus-
breiten zum HERRN, so wird der Don-
ner aufhören und kein Hagel mehr fal-
len, damit du [g]innewirst, daß die Erde
30 des HERRN ist. Ich weiß aber: Du und
deine Großen, ihr fürchtet euch noch
31 nicht vor Gott dem HERRN. So wurden
zerschlagen der Flachs und die Gerste,
denn die Gerste stand in Ähren und der
32 Flachs in Blüte. Aber der Weizen und
das Korn wurden nicht zerschlagen,
33 denn es ist Spätgetreide. So ging nun
Mose von dem Pharao zur Stadt hinaus
und breitete seine Hände aus zum
HERRN, und Donner und Hagel hörten
auf, und der Regen troff nicht mehr auf
34 die Erde. Als aber der Pharao sah, daß
Regen, Donner und Hagel aufhörten,
versündigte er sich weiter und verhär-
35 tete sein Herz, er und seine Großen. So
wurde [h]des Pharao Herz verstockt, daß
er die Israeliten nicht ziehen ließ, wie
der HERR durch Mose gesagt hatte.

a Kap 5,1 *b* Kap 8,6 *c* Kap 14,4; Röm 9,17
d Offb 16,21 *e* Vers 4; Kap 8,18 *f* Kap 8,4
g Kap 7,5 *h* Kap 4,21

Die achte Plage: Heuschrecken

10 Da sprach der HERR zu Mose: Geh hin
zum Pharao; denn ich habe sein und
seiner Großen Herz verhärtet, auf daß
ich diese meine Zeichen unter ihnen tue
2 und auf daß du verkündigest vor den
Ohren deiner Kinder und deiner Kin-
deskinder, wie ich mit den Ägyptern
verfahren bin und welche Zeichen ich
unter ihnen getan habe, damit ihr wis-
3 set: [a]Ich bin der HERR. So gingen Mose
und Aaron hin zum Pharao und spra-
chen zu ihm: So spricht der HERR, der
[b]Gott der Hebräer: Wie lange weigerst
du dich, dich vor mir zu demütigen?
Laß mein Volk ziehen, daß es mir die-
4 ne! Weigerst du dich aber, mein Volk
ziehen zu lassen, siehe, so will ich mor-
gen Heuschrecken kommen lassen über
5 dein Gebiet, daß sie das Land so bedek-
ken, daß man von ihm nichts mehr se-
hen kann. Und sie sollen fressen, was
euch noch übrig und verschont geblie-
ben ist von dem Hagel, und sollen alle
Bäume kahlfressen, die wieder sprossen
auf dem Felde; und sie sollen füllen 6
deine Häuser und die Häuser deiner
Großen und aller Ägypter, wie es nicht
gesehen haben deine Väter und deiner
Väter Väter, seit sie auf Erden waren,
bis auf diesen Tag. Und er wandte sich
und ging vom Pharao hinaus.
Da sprachen die Großen des Pharao 7
zu ihm: Wie lange soll dieser Mann uns
Verderben bringen? Laß die Leute zie-
hen, daß sie dem HERRN, ihrem Gott,
dienen. Willst du erst erfahren, daß
Ägypten untergegangen ist? Da wur- 8
den Mose und Aaron wieder vor den
Pharao gebracht. Der sprach zu ihnen:
Geht hin und dienet dem HERRN, eu-
rem Gott. Wer von euch soll aber hin-
ziehen? Mose sprach: Wir wollen zie- 9
hen mit jung und alt, mit Söhnen und
Töchtern, mit Schafen und Rindern;
denn wir haben ein [c]Fest des HERRN.
Er sprach zu ihnen: O ja, der HERR sei 10
mit euch, so gewiß wie ich euch und
eure Kinder ziehen lasse! Ihr seht doch
selbst, daß ihr Böses vorhabt! Nein, 11
nur ihr Männer zieht hin und dient
dem HERRN! Denn das ist es doch, was
ihr begehrt habt. Und man stieß sie
hinaus vom Pharao.
Da sprach der HERR zu Mose: Recke 12
deine Hand über Ägyptenland, daß
Heuschrecken auf Ägyptenland kom-
men und alles auffressen, was im Lande
wächst, alles, was [d]der Hagel übrigge-
lassen hat. Mose streckte seinen Stab 13
über Ägyptenland, und der HERR trieb
einen Ostwind ins Land, den ganzen
Tag und die ganze Nacht. Und am
Morgen führte der Ostwind [e]die Heu-
schrecken herbei. Und sie kamen über 14
ganz Ägyptenland und ließen sich nie-
der überall in Ägypten, so viele, wie nie
zuvor gewesen sind noch hinfort sein
werden. Denn sie bedeckten den Erd- 15
boden so dicht, daß er ganz dunkel
wurde. Und sie fraßen alles, was im
Lande wuchs, und alle Früchte auf den
Bäumen, die der Hagel übriggelassen
hatte, und ließen nichts Grünes übrig
an den Bäumen und auf dem Felde in
ganz Ägyptenland. Da ließ der Pharao 16
eilends Mose und Aaron rufen und
sprach: [f]Ich habe mich versündigt an
dem HERRN, eurem Gott, und an euch.
Vergebt mir meine Sünde nur noch 17
diesmal und [g]bittet den HERRN, euren

Gott, daß er doch diesen Tod von mir
18 wegnehme. Und Mose ging hinaus vom
19 Pharao und betete zum HERRN. Da
wendete der HERR den Wind, so daß er
sehr stark aus Westen kam; der hob die
Heuschrecken auf und warf sie ins
Schilfmeer, daß nicht eine übrigblieb
20 in ganz Ägypten. Aber der HERR [h]ver-
stockte das Herz des Pharao, daß er die
Israeliten nicht ziehen ließ.

a Kap 6,2-8 *b* Kap 5,3 *c* Kap 5,1 *d* Kap 9,32
e Joel 1,2-12; 2,1-11 *f* Kap 9,27 *g* Kap 8,4
h Kap 4,21

Die neunte Plage: Finsternis

21 Da sprach der HERR zu Mose: Recke
deine Hand gen Himmel, daß eine sol-
che Finsternis werde in Ägyptenland,
22 daß man sie greifen kann. Und Mose
reckte seine Hand gen Himmel. Da
ward eine so dicke Finsternis in ganz
23 Ägyptenland drei Tage lang, daß nie-
mand den andern sah noch weggehen
konnte von dem Ort, wo er gerade war,
drei Tage lang. Aber bei allen Israeliten
24 war es licht in ihren Wohnungen. Da
rief der Pharao nach Mose und sprach:
Zieht hin und dienet dem HERRN! Nur
eure Schafe und Rinder laßt hier; aber
eure Frauen und [a]Kinder dürfen mit
25 euch ziehen. Mose sprach: Willst du
uns denn Schlachtopfer und Brand-
opfer mitgeben, die wir unserm Gott,
26 dem HERRN, darbringen? Auch unser
Vieh soll mit uns gehen – nicht eine
Klaue darf dahintenbleiben –; denn da-
von müssen wir nehmen zum Dienst
unseres Gottes, des HERRN. Wir wissen
nicht, womit wir dem HERRN dienen
27 sollen, bis wir dorthin kommen. Aber
der HERR [b]verstockte das Herz des Pha-
rao, daß er sie nicht ziehen lassen woll-
28 te. Und der Pharao sprach zu ihm: Geh
von mir und hüte dich, daß du mir
nicht mehr vor die Augen kommst;
denn an dem Tage, da du mir vor die
29 Augen kommst, sollst du sterben. Mose
antwortete: Wie du gesagt hast; ich
werde dir nicht mehr vor die Augen
kommen.

a Vers 10 *b* Kap 4,21

Ankündigung der zehnten Plage: Tötung der Erstgeburt

11 Und der HERR sprach zu Mose: *Eine*
Plage noch will ich über den Pharao
und Ägypten kommen lassen. Dann
wird er euch von hier wegziehen lassen,
und nicht nur das, sondern er wird euch
2 von hier sogar vertreiben. So sage nun
zu dem Volk, daß ein jeder sich von sei-
nem Nachbarn und eine jede von ihrer
Nachbarin silbernes und goldenes Ge-
schmeide geben lasse.[a] Und der HERR 3
verschaffte dem Volk Gunst bei den
Ägyptern, und Mose war ein sehr ange-
sehener Mann in Ägyptenland vor den
Großen des Pharao und vor dem Volk.
Und Mose sprach: So spricht der 4
HERR: Um Mitternacht will ich durch
Ägyptenland gehen, und [b]alle Erstge- 5
burt in Ägyptenland soll sterben, vom
ersten Sohn des Pharao an, der auf sei-
nem Thron sitzt, bis zum ersten Sohn
der Magd, die hinter ihrer Mühle
hockt, und alle Erstgeburt unter dem
Vieh. Und es wird ein großes Geschrei 6
sein in ganz Ägyptenland, wie nie zuvor
gewesen ist noch werden wird; aber ge- 7
gen ganz Israel soll nicht ein Hund
mucken, weder gegen Mensch noch
Vieh, auf daß ihr erkennt, daß der HERR
einen [c]Unterschied macht zwischen
Ägypten und Israel. Dann werden zu 8
mir herabkommen alle diese deine Gro-
ßen und mir zu Füßen fallen und sa-
gen: Zieh aus, du und alles Volk, das dir
nachgeht. Und daraufhin werde ich
ausziehen.
Und Mose ging vom Pharao mit
grimmigem Zorn. Der HERR aber 9
sprach zu Mose: Der Pharao wird nicht
auf euch hören, auf daß meiner Wun-
der noch mehr werden in Ägyptenland.
Und Mose und Aaron haben diese 10
Wunder alle getan vor dem Pharao;
aber der HERR [d]verstockte ihm das
Herz, so daß er die Israeliten nicht zie-
hen ließ aus seinem Lande.

a Kap 3,21.22 *b* Kap 4,23 *c* Kap 9,4 *d* Kap 4,21

Einsetzung des Passafestes

(vgl. 4.Mose 9,1-14; 5.Mose 16,1-8)

Der HERR aber sprach zu Mose und **12**
Aaron in Ägyptenland: [a]Dieser Monat 2
soll bei euch der erste Monat sein, und
von ihm an sollt ihr die Monate des Jah-
res zählen. Sagt der ganzen Gemeinde 3
Israel: Am zehnten Tage dieses Mo-
nats nehme jeder Hausvater ein Lamm,
je ein Lamm für ein Haus. Wenn aber 4
in einem Hause für ein Lamm zu weni-
ge sind, so nehme er's mit seinem
Nachbarn, der seinem Hause am näch-
sten wohnt, bis es so viele sind, daß sie
das Lamm aufessen können. Ihr sollt 5
aber ein solches Lamm nehmen, [b]an
dem kein Fehler ist, ein männliches
Tier, ein Jahr alt. Von den Schafen und
Ziegen sollt ihr's nehmen und sollt es 6

verwahren bis zum vierzehnten Tag
des Monats. Da soll es die ganze Ge-
meinde Israel schlachten gegen Abend.
7 Und sie sollen von seinem Blut nehmen
und beide Pfosten an der Tür und die
obere Schwelle damit bestreichen an
8 den Häusern, in denen sie's essen,[c] und
sollen das Fleisch essen in derselben
Nacht, am Feuer gebraten, und unge-
säuertes Brot dazu, und sollen es mit
9 bitteren Kräutern essen. Ihr sollt es we-
der roh essen noch mit Wasser gekocht,
sondern am Feuer gebraten mit Kopf,
10 Schenkeln und inneren Teilen.[d] Und
ihr sollt nichts davon übriglassen bis
zum Morgen; wenn aber etwas übrig-
bleibt bis zum Morgen, sollt ihr's mit
11 Feuer verbrennen. So sollt ihr's aber
essen: Um eure Lenden sollt ihr gegür-
tet sein und eure Schuhe an euren Fü-
ßen haben und den Stab in der Hand
und sollt es essen [e] als die, die hinweg-
12 eilen; es ist des HERRN Passa. Denn ich
will in derselben Nacht durch Ägyp-
tenland gehen und alle Erstgeburt
schlagen in Ägyptenland unter Mensch
und Vieh und will [f] Strafgericht halten
über alle Götter der Ägypter, ich, der
13 HERR. Dann aber soll [g] das Blut euer
Zeichen sein an den Häusern, in denen
ihr seid: Wo ich das Blut sehe, will ich
an euch vorübergehen, und [h] die Plage
soll euch nicht widerfahren, die das
Verderben bringt, wenn ich Ägypten-
14 land schlage. Ihr sollt diesen Tag als
Gedenktag haben und sollt ihn feiern
als ein Fest für den HERRN, ihr und alle
eure Nachkommen, als ewige Ord-
15 nung. [i] Sieben Tage sollt ihr ungesäuer-
tes Brot essen. Schon am ersten Tag
sollt ihr den Sauerteig aus euren Häu-
sern tun. Wer gesäuertes Brot ißt, vom
ersten Tag an bis zum siebenten, der
16 soll ausgerottet werden aus Israel. Am
ersten Tag soll heilige Versammlung
sein, und am siebenten soll auch heilige
Versammlung sein. Keine Arbeit sollt
ihr dann tun; nur was jeder zur Speise
braucht, das allein dürft ihr euch
17 zubereiten. Haltet das Gebot der unge-
säuerten Brote. Denn eben an diesem
Tage habe ich eure Scharen aus Ägyp-
tenland geführt; darum sollt ihr diesen
Tag halten, ihr und alle eure Nachkom-
18 men, als ewige Ordnung. Am vierzehn-
ten Tage des ersten Monats am Abend
sollt ihr ungesäuertes Brot essen bis
zum Abend des einundzwanzigsten
19 Tages des Monats, so daß man sieben
Tage lang keinen Sauerteig finde in eu-
ren Häusern. Denn wer gesäuertes Brot
ißt, der soll ausgerottet werden aus der
Gemeinde Israel, auch ein Fremdling
oder ein Einheimischer des Landes.
Keinerlei gesäuertes Brot sollt ihr es- 20
sen, sondern nur ungesäuertes Brot, wo
immer ihr wohnt.

Und Mose berief alle Ältesten Israels 21
und sprach zu ihnen: Leset Schafe aus
und nehmt sie für euch nach euren Ge-
schlechtern und schlachtet das Passa.
Und nehmt ein Büschel Ysop und 22
taucht es in [j] das Blut in dem Becken
und bestreicht damit die Oberschwelle
und die beiden Pfosten. Und kein
Mensch gehe zu seiner Haustür heraus
bis zum Morgen. Denn der HERR wird 23
umhergehen und die Ägypter schlagen.
Wenn er aber das Blut sehen wird an
der Oberschwelle und an den beiden
Pfosten, wird er an der Tür vorüberge-
hen und den Verderber nicht in eure
Häuser kommen lassen, um euch zu
schlagen. Darum so halte diese Ord- 24
nung für dich und deine Nachkommen
ewiglich.

Und wenn ihr in das Land kommt, 25
das euch der HERR geben wird, wie er
gesagt hat, so haltet diesen Brauch.
Und wenn eure Kinder zu euch sagen 26
werden: Was habt ihr da für einen
Brauch?, sollt ihr sagen: Es ist das 27
Passaopfer des HERRN, der an den Is-
raeliten vorüberging in Ägypten, als er
die Ägypter schlug und unsere Häuser
errettete. Da neigte sich das Volk und
betete an. Und die Israeliten gingen hin 28
und taten, wie der HERR es Mose und
Aaron geboten hatte.

a Kap 13,4 *b* 3.Mose 22,20 *c* Vers 13.22
d 5.Mose 16,7 *e* 5.Mose 16,3; Jes 52,12
f 4.Mose 33,4 *g* Hebr 11,28 *h* Kap 30,12
i (15-20) Kap 13,7; 23,15 *j* Vers 13

Das Sterben der Erstgeburt Ägyptens. Der Auszug Israels

Und zur Mitternacht schlug der HERR 29
[a] alle Erstgeburt in Ägyptenland vom
ersten Sohn des Pharao an, der auf sei-
nem Thron saß, bis zum ersten Sohn
des Gefangenen im Gefängnis und alle
Erstgeburt des Viehs. Da stand der 30
Pharao auf in derselben Nacht und alle
seine Großen und alle Ägypter, und es
ward [b] ein großes Geschrei in Ägypten;
denn es war kein Haus, in dem nicht ein
Toter war. Und er ließ Mose und 31
Aaron rufen in der Nacht und sprach:
Macht euch auf und ziehet weg aus
meinem Volk, ihr und die Israeliten.
Geht hin und dienet dem HERRN, wie

32 ihr gesagt habt. Nehmt auch mit euch
eure [c]Schafe und Rinder, wie ihr gesagt
habt. Geht hin und [d]bittet auch um Se-
33 gen für mich. Und die Ägypter [e]dräng-
ten das Volk und trieben es eilends aus
dem Lande; denn sie sprachen: Wir
34 sind alle des Todes. Und das Volk trug
den rohen Teig, ehe er durchsäuert
war, ihre Backschüsseln in ihre Mäntel
35 gewickelt, auf ihren Schultern. Und die
Israeliten hatten getan, wie Mose ge-
sagt hatte, und hatten sich von den
Ägyptern [f]silbernes und goldenes Ge-
schmeide und Kleider geben lassen.
36 Dazu hatte der HERR dem Volk [g]Gunst
verschafft bei den Ägyptern, daß sie
ihnen willfährig waren, und so nahmen
37 sie es von den Ägyptern zur Beute. Also
zogen die Israeliten aus von Ramses
nach Sukkot, sechshunderttausend
Mann zu Fuß ohne die Frauen und
38 Kinder. Und es zog auch mit ihnen viel
fremdes Volk, dazu Schafe und Rinder,
39 sehr viel Vieh. Und sie backten aus dem
rohen Teig, den sie aus Ägypten mit-
brachten, ungesäuerte Brote; denn er
war nicht gesäuert, weil sie aus Ägypten
weggetrieben wurden und sich nicht
länger aufhalten konnten und keine
40 Wegzehrung zubereitet hatten. Die
Zeit aber, die die Israeliten in Ägypten
gewohnt haben, ist [h]vierhundertund-
41 dreißig Jahre. Als diese um waren, an
eben diesem Tage zog das ganze Heer
42 des HERRN aus Ägyptenland. Eine
Nacht des Wachens war dies für den
HERRN, um sie aus Ägyptenland zu füh-
ren; [i]darum sollen die Israeliten diese
Nacht dem HERRN zu Ehren wachen,
sie und ihre Nachkommen.

43 Und der HERR sprach zu Mose und
Aaron: Dies ist die Ordnung für das
Passa: Kein Ausländer soll davon es-
44 sen. Ist er ein [j]gekaufter Sklave, so be-
schneide man ihn; dann darf er davon
45 essen. Ist er aber ein Beisasse oder Ta-
gelöhner, so darf er nicht davon essen.
46 In *einem* Hause soll man es verzehren;
ihr sollt nichts von seinem Fleisch hin-
aus vor das Haus tragen und sollt [k]kei-
47 nen Knochen an ihm zerbrechen. Die
ganze Gemeinde Israel soll das tun.
48 Wenn ein Fremdling bei dir wohnt und
dem HERRN das Passa halten will, der
beschneide alles, was männlich ist; als-
dann trete er herzu, daß er es halte, und
er sei wie ein Einheimischer des Lan-
des. Aber ein Unbeschnittener darf
49 nicht davon essen. Ein und dasselbe
Gesetz gelte für den Einheimischen
und den Fremdling, der unter euch
wohnt.[l] Und alle Israeliten taten, wie 50
der HERR es Mose und Aaron geboten
hatte. An eben diesem Tage führte der 51
HERR die Israeliten aus Ägyptenland,
Schar um Schar.

a Kap 4,23 *b* Kap 11,6.7 *c* Kap 10,26
d Esr 6,10 *e* Kap 6,1 *f* Kap 11,2 *g* Kap 3,21
h 1.Mose 15,13 *i* Jes 30,29 *j* 1.Mose 17,12.13
k Joh 19,36 *l* 3.Mose 19,34; 24,22

Heiligung der Erstgeburt Israels. Fest der ungesäuerten Brote

Und der HERR redete mit Mose und 13
sprach: Heilige mir alle [a]Erstgeburt bei 2
den Israeliten; alles, was zuerst den
Mutterschoß durchbricht bei Mensch
und Vieh, das ist mein.

Da sprach Mose zum Volk: Geden- 3
ket an diesen Tag, an dem ihr aus
Ägypten, aus der Knechtschaft, gezo-
gen seid, denn der HERR hat euch mit
mächtiger Hand von dort herausge-
führt; [b]darum sollst du nicht gesäuer-
tes Brot essen. Heute zieht ihr aus, im 4
Monat Abib.[c] Wenn dich nun der 5
HERR bringen wird in das Land der Ka-
naaniter, Hetiter, Amoriter, Hewiter
und Jebusiter, das er dir geben wird,
[d]wie er deinen Vätern geschworen hat,
ein Land, darin Milch und Honig
fließt, so sollst du diesen Brauch halten
in diesem Monat. Sieben Tage sollst du 6
ungesäuertes Brot essen, und am sie-
benten Tage ist des HERRN Fest.[e] Du 7
sollst sieben Tage ungesäuertes Brot
essen, daß bei dir [f]weder Sauerteig
noch gesäuertes Brot gesehen werde an
allen deinen Orten. Ihr sollt euren Söh- 8
nen sagen an demselben Tage: Das hal-
ten wir um dessentwillen, was uns der
HERR getan hat, als wir aus Ägypten zo-
gen. Darum soll es dir wie ein [g]Zeichen 9
sein auf deiner Hand und wie ein Merk-
zeichen zwischen deinen Augen, damit
des HERRN Gesetz in deinem Munde
sei; denn der HERR hat dich mit mächti-
ger Hand aus Ägypten geführt. Darum 10
halte diese Ordnung Jahr für Jahr zu
ihrer Zeit.

Wenn dich nun der HERR ins Land 11
der Kanaaniter gebracht hat, wie er dir
und deinen Vätern geschworen hat,
und es dir gegeben hat, so sollst du dem 12
HERRN alles aussondern, was zuerst den
Mutterschoß durchbricht. Alle männ-
liche Erstgeburt unter dem Vieh gehört
dem HERRN. Die Erstgeburt vom Esel 13
sollst du auslösen mit einem Schaf;
wenn du sie aber nicht auslöst, so brich
ihr das Genick. Beim Menschen aber

sollst du alle Erstgeburt unter deinen
14 Söhnen auslösen. [h]Und wenn dich
heute oder morgen dein Sohn fragen
wird: Was bedeutet das?, sollst du ihm
sagen: Der HERR hat uns mit mächtiger
Hand aus Ägypten, aus der Knecht-
15 schaft, geführt. Denn als der Pharao
hartnäckig war und uns nicht ziehen
ließ, erschlug der HERR alle Erstgeburt
in Ägyptenland, von der Erstgeburt des
Menschen bis zur Erstgeburt des
Viehs. Darum opfere ich dem HERRN
alles Männliche, das zuerst den Mut-
terschoß durchbricht, aber die Erstge-
16 burt meiner Söhne löse ich aus. Und
das soll dir wie ein Zeichen auf deiner
Hand sein und wie ein Merkzeichen
zwischen deinen Augen; denn der
HERR hat uns mit mächtiger Hand aus
Ägypten geführt.

a Vers 12.13; Kap 22,28; 4.Mose 8,17.18; 18,15; Hes 20,25.26; Lk 2,23 *b* Kap 12,33.34
c Kap 12,2 *d* 1.Mose 15,18 *e* Kap 12,15.16
f 1.Kor 5,8 *g* 5.Mose 6,8; 11,18
h (14 und 15) Kap 12,26.29

Die Wolken- und Feuersäule

17 Als nun der Pharao das Volk hatte zie-
hen lassen, führte sie Gott nicht den
Weg durch das Land der Philister, der
am nächsten war; denn Gott dachte, es
könnte das Volk gereuen, wenn sie
Kämpfe vor sich sähen, und sie könn-
ten wieder nach Ägypten umkehren.
18 Darum ließ er das Volk einen Umweg
machen und führte es durch die Wüste
zum Schilfmeer. Und Israel zog wohl-
19 geordnet aus Ägyptenland. Und Mose
nahm mit sich die [a]Gebeine Josefs;
denn dieser hatte den Söhnen Israels
einen Eid abgenommen und gespro-
chen: Gott wird sich gewiß euer anneh-
men; dann führt meine Gebeine von
20 hier mit euch fort. So zogen sie aus von
Sukkot und lagerten sich in Etam am
21 Rande der Wüste. Und der HERR zog
vor ihnen her, am Tage in einer [b]Wol-
kensäule, um sie den rechten Weg zu
führen, und bei Nacht in einer Feuer-
säule, um ihnen zu leuchten, damit sie
22 Tag und Nacht wandern konnten. Nie-
mals wich die Wolkensäule von dem
Volk bei Tage noch die Feuersäule bei
Nacht.

a 1.Mose 50,25; Jos 24,32 *b* Kap 40,36-38; 4.Mose 9,15-23; Ps 78,14; 1.Kor 10,1

Israels Durchzug durchs Schilfmeer

14 Und der HERR redete mit Mose und
2 sprach: Rede zu den Israeliten und
sprich, daß sie umkehren und sich la-
gern bei Pihachirot zwischen Migdol
und dem Meer, vor Baal-Zefon; diesem
gegenüber sollt ihr euch lagern. Der 3
Pharao aber wird sagen von den Israeli-
ten: Sie haben sich verirrt im Lande;
die Wüste hat sie eingeschlossen. Und 4
ich will [a]sein Herz verstocken, daß er
ihnen nachjage, und will meine Herr-
lichkeit erweisen an dem Pharao und al-
ler seiner Macht, und die Ägypter sol-
len innewerden, [b]daß ich der HERR bin.
– Und sie taten so. Als es dem König 5
von Ägypten angesagt wurde, daß das
Volk geflohen war, wurde sein Herz
verwandelt und das Herz seiner Gro-
ßen gegen das Volk, und sie sprachen:
Warum haben wir das getan und haben
Israel ziehen lassen, so daß sie uns nicht
mehr dienen? Und er spannte seinen 6
Wagen an und nahm sein Volk mit sich
und nahm sechshundert auserlesene 7
Wagen und was sonst an Wagen in
Ägypten war mit Kämpfern auf jedem
Wagen. Und der HERR verstockte das 8
Herz des Pharao, des Königs von
Ägypten, daß er den Israeliten nachjag-
te. [c]Aber die Israeliten waren unter der
Macht einer starken Hand ausgezogen.
Und die Ägypter jagten ihnen nach mit 9
Rossen, Wagen und ihren Männern
und mit dem ganzen Heer des Pharao
und holten sie ein, als sie sich gelagert
hatten am Meer bei Pihachirot vor
Baal-Zefon.

Und als der Pharao nahe herankam, 10
hoben die Israeliten ihre Augen auf,
und siehe, die Ägypter zogen hinter
ihnen her. Und sie fürchteten sich sehr
und schrien zu dem HERRN und spra- 11
chen zu Mose: Waren nicht Gräber in
Ägypten, daß du uns wegführen muß-
test, damit wir in der Wüste sterben?
Warum hast du uns das angetan, daß du
uns aus Ägypten geführt hast? Haben 12
wir's dir nicht schon in Ägypten gesagt:
Laß uns in Ruhe, wir wollen den Ägyp-
tern dienen? Es wäre besser für uns,
den Ägyptern zu dienen, als in der Wü-
ste zu sterben. Da sprach Mose zum 13
Volk: Fürchtet euch nicht, stehet fest
und sehet zu, was für ein Heil der HERR
heute an euch tun wird. Denn wie ihr
die Ägypter heute seht, werdet ihr sie
niemals wiedersehen. [d]*Der HERR wird* 14
für euch streiten, und ihr werdet stille
sein.

Und der HERR sprach zu Mose: Was 15
schreist du zu mir? Sage den Israeliten,
daß sie weiterziehen. Du aber hebe dei- 16

nen Stab auf und recke deine Hand
über das Meer und teile es mitten
durch, so daß die Israeliten auf dem
Trockenen mitten durch das Meer ge-
17 hen. Siehe, ich will das Herz der Ägypter
verstocken, daß sie hinter euch herzie-
hen, und will meine Herrlichkeit erwei-
sen an dem Pharao und aller seiner
Macht, an seinen Wagen und Män-
18 nern. Und die Ägypter sollen innewer-
den, daß ich der HERR bin, wenn ich
meine Herrlichkeit erweise an dem
Pharao und an seinen Wagen und Män-
nern.
19 Da erhob sich der [e] Engel Gottes, der
vor dem Heer Israels herzog, und stell-
te sich hinter sie. [f] Und die Wolkensäu-
le vor ihnen erhob sich und trat hinter
20 sie und kam zwischen das Heer der
Ägypter und das Heer Israels. Und
dort war die Wolke finster, und [g] hier
erleuchtete sie die Nacht, und so kamen
die Heere die ganze Nacht einander
21 nicht näher. Als nun Mose seine Hand
über das Meer reckte, ließ es der HERR
zurückweichen durch einen starken
Ostwind die ganze Nacht und machte
das Meer trocken, und die Wasser teil-
22 ten sich. Und die Israeliten gingen hin-
ein mitten ins Meer auf dem Trocke-
nen, und das Wasser war ihnen eine
Mauer zur Rechten und zur Linken.[h]
23 Und die Ägypter folgten und zogen
hinein ihnen nach, alle Rosse des Pha-
rao, seine Wagen und Männer, mitten
24 ins Meer. Als nun die Zeit der Morgen-
wache kam, schaute der HERR auf das
Heer der Ägypter aus der Feuersäule
und der Wolke und brachte einen
25 Schrecken über ihr Heer und hemmte
die Räder ihrer Wagen und machte,
daß sie nur schwer vorwärtskamen. Da
sprachen die Ägypter: Laßt uns fliehen
vor Israel; der HERR streitet für sie wi-
26 der Ägypten. Aber der HERR sprach zu
Mose: Recke deine Hand aus über das
Meer, daß das Wasser wiederkomme
und herfalle über die Ägypter, über
27 ihre Wagen und Männer. Da reckte
Mose seine Hand aus über das Meer,
und das Meer kam gegen Morgen wie-
der in sein Bett, und die Ägypter flohen
ihm entgegen. So stürzte der HERR sie
28 mitten ins Meer. Und das Wasser kam
wieder und bedeckte Wagen und Män-
ner, das ganze Heer des Pharao, das
ihnen nachgefolgt war ins Meer, so daß
29 nicht einer von ihnen übrigblieb. Aber
die Israeliten gingen trocken mitten
durchs Meer, und das Wasser war
ihnen eine Mauer zur Rechten und zur
Linken. So errettete der HERR an jenem 30
Tage Israel aus der Ägypter Hand.
Und sie sahen die Ägypter tot am Ufer
des Meeres liegen. So sah Israel die 31
mächtige Hand, mit der der HERR an
den Ägyptern gehandelt hatte. Und das
Volk fürchtete den HERRN, und sie
glaubten ihm und [i] seinem Knecht
Mose.

a Kap 4,21 *b* Hes 28,22 *c* Kap 3,19.20
d 5.Mose 1,30; 2.Chr 20,15.29; Jes 51,9
e 1.Mose 16,7 *f* Kap 13,21 *g* Ps 105,39
h Jos 4,23; 2.Kön 2,8; Jes 11,15.16; 1.Kor 10,1;
Hebr 11,29 *i* Kap 19,9; 2.Chr 20,20

Moses Lobgesang

Damals sangen Mose und die Israeliten **15**
[a] dies Lied dem HERRN und sprachen:
Ich will dem HERRN singen, denn er hat
eine herrliche Tat getan, Roß und
Mann hat er ins Meer gestürzt. Der 2
[b] HERR ist meine Stärke und mein Lob-
gesang und ist mein Heil. Das ist mein
Gott, ich will ihn preisen, er ist meines
Vaters Gott, ich will ihn erheben.
Der HERR ist der rechte [c] Kriegs- 3
mann, [d] HERR ist sein Name. Des Pha- 4
rao Wagen und seine Macht warf er ins
Meer, seine auserwählten Streiter ver-
sanken im Schilfmeer. Die Tiefe hat sie 5
bedeckt, sie sanken auf den Grund wie
die Steine. HERR, deine rechte Hand tut 6
große Wunder; HERR, deine rechte
Hand hat die Feinde zerschlagen. Und 7
mit deiner großen Herrlichkeit hast du
deine Widersacher gestürzt; denn als
du deinen Grimm ausließest, verzehrte
er sie wie Stoppeln. Durch dein 8
Schnauben türmten die Wasser sich
auf, die Fluten standen wie ein Wall;
die Tiefen erstarrten mitten im Meer.[e]
Der Feind gedachte: Ich will nachjagen 9
und ergreifen und den Raub austeilen
und meinen Mut an ihnen kühlen. Ich
will mein Schwert ausziehen, und mei-
ne Hand soll sie verderben. Da ließest 10
du deinen Wind blasen, und das Meer
bedeckte sie, und sie sanken unter wie
Blei im mächtigen Wasser.
HERR, [f] wer ist dir gleich unter den 11
Göttern? Wer ist dir gleich, der so
mächtig, heilig, schrecklich, löblich
und wundertätig ist? Als du deine rech- 12
te Hand ausrecktest, verschlang sie die
Erde. Du hast geleitet durch deine 13
Barmherzigkeit dein Volk, das du erlöst
hast, und hast sie geführt durch deine
Stärke zu deiner heiligen Wohnung.
Als das die Völker hörten, [g] erbebten 14
sie; Angst kam die Philister an. Da er- 15

schraken die Fürsten Edoms, Zittern
kam die Gewaltigen Moabs an, alle Be-
16 wohner Kanaans wurden feig. Es fiel
auf sie Erschrecken und Furcht; vor
deinem mächtigen Arm erstarrten sie
wie die Steine, bis dein Volk, HERR,
hindurchzog, bis das Volk hindurch-
17 zog, das du erworben hast. Du brach-
test sie hinein und pflanztest sie ein auf
dem [h]Berge deines Erbteils, den du,
HERR, dir zur Wohnung gemacht hast,
zu deinem Heiligtum, Herr, das deine
18 Hand bereitet hat. Der HERR wird Kö-
nig sein immer und ewig.[i]
19 Denn der Pharao zog hinein ins Meer
mit Rossen und Wagen und Männern.
Und der HERR ließ das Meer wieder
über sie kommen. Aber die Israeliten
gingen trocken mitten durchs Meer.[j]
20 Da nahm Mirjam, die Prophetin,
Aarons Schwester, eine [k]Pauke in ihre
Hand, und alle Frauen folgten ihr nach
21 mit Pauken im Reigen. Und Mirjam
sang ihnen vor: Laßt uns dem HERRN
singen, denn er hat eine herrliche Tat
getan, Roß und Mann hat er ins Meer
gestürzt.

a Offb 15,3 *b* Ps 118,14; Jes 12,2 *c* Kap 14,14; Ps 46,10 *d* Kap 3,15 *e* Jes 51,10 *f* Kap 8,6; 18,11; Ps 86,8 *g* Jos 2,9-11 *h* Ps 78,54 *i* Ps 93,1 *j* Kap 14,22-29 *k* Ps 68,26

Israel in Mara und Elim

22 Mose ließ Israel ziehen vom Schilfmeer
hinaus zu der Wüste [a]Schur. Und sie
wanderten drei Tage in der Wüste und
23 fanden kein Wasser. Da kamen sie nach
Mara; aber sie konnten das Wasser von
Mara nicht trinken, denn es war sehr
bitter. Daher nannte man den Ort
24 Mara. Da [b]murrte das Volk wider
Mose und sprach: Was sollen wir trin-
25 ken? Er schrie zu dem HERRN, und der
HERR zeigte ihm ein Holz; das warf er
ins Wasser, da wurde es süß.
Dort gab er ihnen Gesetz und Recht
26 und [c]versuchte sie und sprach: Wirst
du der Stimme des HERRN, deines Got-
tes, gehorchen und tun, was recht ist
vor ihm, und merken auf seine Gebote
und halten alle seine Gesetze, so will ich
dir keine der [d]Krankheiten auferlegen,
die ich den Ägyptern auferlegt habe;
denn *ich bin der* HERR, *dein* [e] *Arzt.*
27 Und sie kamen nach Elim; da waren
zwölf Wasserquellen und siebzig Palm-
bäume. Und sie lagerten sich dort am
Wasser.

a 1. Mose 20,1 *b* Kap 16,2 *c* 1. Mose 22,1 *d* 5. Mose 7,15 *e* 1. Mose 20,17; 5. Mose 32,39; Ps 30,3; Jes 57,18

Speisung mit Wachteln und Manna

Von Elim zogen sie aus, und die ganze **16**
Gemeinde der Israeliten kam in die
Wüste Sin, die zwischen Elim und Si-
nai liegt, am fünfzehnten Tage des
zweiten Monats, nachdem sie von
Ägypten ausgezogen waren.
Und es murrte die ganze Gemeinde 2
der Israeliten wider Mose und Aaron in
der Wüste.[a] Und sie sprachen: [b]Wollte 3
Gott, wir wären in Ägypten gestorben
durch des HERRN Hand, als wir bei den
Fleischtöpfen saßen und hatten Brot
die Fülle zu essen. Denn ihr habt uns
dazu herausgeführt in diese Wüste, daß
ihr diese ganze Gemeinde an Hunger
sterben laßt. Da sprach der HERR zu 4
Mose: Siehe, ich will euch [c]Brot vom
Himmel regnen lassen, und das Volk
soll hinausgehen und täglich sammeln,
was es für den Tag bedarf, daß ich's
[d]prüfe, ob es in meinem Gesetz wandle
oder nicht. Am sechsten Tage aber 5
wird's geschehen, wenn sie zubereiten,
was sie einbringen, daß es doppelt so-
viel sein wird, wie sie sonst täglich sam-
meln. Mose und Aaron sprachen zu 6
ganz Israel: Am Abend sollt ihr inne-
werden, daß euch der HERR aus Ägyp-
tenland geführt hat, und am Morgen 7
werdet ihr des HERRN Herrlichkeit se-
hen, denn er hat euer Murren wider
den HERRN gehört. Was sind wir, daß
ihr wider uns murret? Weiter sprach 8
Mose: Der HERR wird euch am Abend
Fleisch zu essen geben und am Morgen
Brot die Fülle, weil der HERR euer
Murren gehört hat, womit ihr wider ihn
gemurrt habt. Denn was sind wir? Euer
Murren ist nicht wider uns, sondern
wider den HERRN.
Und Mose sprach zu Aaron: Sage 9
der ganzen Gemeinde der Israeliten:
Kommt herbei vor den HERRN, denn er
hat euer Murren gehört. Und als Aaron 10
noch redete zu der ganzen Gemeinde
der Israeliten, wandten sie sich zur
Wüste hin, und siehe, die [e]Herrlichkeit
des HERRN erschien in der Wolke. Und 11
der HERR sprach zu Mose: Ich habe das 12
Murren der Israeliten gehört. Sage
ihnen: Gegen Abend sollt ihr Fleisch
zu essen haben und am Morgen von
Brot satt werden und sollt innewerden,
daß ich, der HERR, euer Gott bin.
Und am Abend kamen [f]Wachteln 13
herauf und bedeckten das Lager. Und
am Morgen lag Tau rings um das La-

14 ger. Und als der Tau weg war, siehe, da
lag's in der Wüste rund und klein wie
15 Reif auf der Erde. Und als es die Israe-
liten sahen, sprachen sie untereinan-
der: Man hu*? Denn sie wußten nicht,
was es war. Mose aber sprach zu ihnen:
Es ist [g]das Brot, das euch der HERR zu
16 essen gegeben hat. Das ist's aber, was
der HERR geboten hat: Ein jeder samm-
le, soviel er zum Essen braucht, einen
Krug voll für jeden nach der Zahl der
17 Leute in seinem Zelte. Und die Israeli-
ten taten's und sammelten, einer viel,
18 der andere wenig. Aber als man's nach-
maß, [h]hatte der nicht darüber, der viel
gesammelt hatte, und der nicht darun-
ter, der wenig gesammelt hatte. Jeder
hatte gesammelt, soviel er zum Essen
19 brauchte. Und Mose sprach zu ihnen:
Niemand lasse etwas davon übrig bis
20 zum nächsten Morgen.[i] Aber sie ge-
horchten Mose nicht. Und etliche lie-
ßen davon übrig bis zum nächsten
Morgen; da wurde es voller Würmer
und stinkend. Und Mose wurde zornig
21 auf sie. Sie sammelten aber alle Mor-
gen, soviel ein jeder zum Essen brauch-
te. Wenn aber die Sonne heiß schien,
zerschmolz es.
22 Und am sechsten Tage sammelten
sie doppelt soviel Brot, je zwei Krüge
voll für einen. Und alle Vorsteher der
Gemeinde kamen hin und verkünde-
23 ten's Mose. Und er sprach zu ihnen:
Das ist's, was der HERR gesagt hat:
Morgen ist Ruhetag, heiliger [j]Sabbat
für den HERRN. Was ihr backen wollt,
das backt, und was ihr kochen wollt, das
kocht; was aber übrig ist, das legt bei-
seite, daß es aufgehoben werde bis zum
24 nächsten Morgen. Und sie legten's bei-
seite bis zum nächsten Morgen, wie
Mose geboten hatte. Da wurde es nicht
stinkend, und war auch kein Wurm
25 darin. Da sprach Mose: Eßt dies heute,
denn heute ist der Sabbat des HERRN;
ihr werdet heute nichts finden auf dem
26 Felde. Sechs Tage sollt ihr sammeln;
aber der siebente Tag ist der Sabbat, an
dem wird nichts da sein.
27 Aber am siebenten Tage gingen et-
liche vom Volk hinaus, um zu sammeln,
28 und fanden nichts. Da sprach der HERR
zu Mose: Wie lange weigert ihr euch,
meine Gebote und Weisungen zu hal-
29 ten? Sehet, der HERR hat euch den Sab-
bat gegeben; darum gibt er euch am
sechsten Tage für zwei Tage Brot. So
bleibe nun ein jeder, wo er ist, und nie-
mand verlasse seinen Wohnplatz am
siebenten Tage. Also ruhte das Volk am 30
siebenten Tage. – Und das Haus Israel 31
nannte es Manna. Und es war wie wei-
ßer Koriandersamen und hatte einen
Geschmack wie Semmel mit Honig.
Und Mose sprach: Das ist's, was der 32
HERR geboten hat: Fülle einen Krug
davon, um es aufzubewahren für eure
Nachkommen, auf daß man sehe das
Brot, mit dem ich euch gespeist habe in
der Wüste, als ich euch aus Ägypten-
land führte. Und Mose sprach zu 33
Aaron: Nimm ein [k]Gefäß und tu Man-
na hinein, den zehnten Teil eines
Scheffels, und stelle es hin vor den
HERRN, daß es aufbewahrt werde für
eure Nachkommen. Wie der HERR es 34
Mose geboten hatte, so stellte Aaron
das Gefäß vor die Lade mit dem Ge-
setz, damit es aufbewahrt werde. Und 35
die Israeliten aßen Manna vierzig Jahre
lang, bis sie in bewohntes Land kamen;
bis an die Grenze des Landes Kanaan
aßen sie Manna.[l] Ein Krug aber ist der 36
zehnte Teil eines Scheffels.

a Kap 17,2.3 *b* Kap 14,11 *c* Vers 15
d 1.Mose 22,1 *e* 4.Mose 12,5; 14,10; 16,19
f 4.Mose 11,31 *g* Vers 4; 5.Mose 8,3; Joh 6,31;
1.Kor 10,3 *h* 2.Kor 8,15 *i* Vers 4; Mt 6,34;
Lk 11,3 *j* 1.Mose 2,2.3 *k* Hebr 9,4 *l* Jos 5,12
*Vers 15: d. h. Was ist das?

Israel in Massa und Meriba

Und die ganze Gemeinde der Israeliten 17
zog aus der Wüste Sin weiter ihre Ta-
gereisen, wie ihnen der HERR befahl,
und sie lagerten sich in Rafidim. Da
hatte das Volk kein Wasser zu trinken.[a]
Und sie haderten mit Mose und spra- 2
chen: Gib uns Wasser, daß wir trinken.
Mose sprach zu ihnen: Was hadert ihr
mit mir? Warum [b]versucht ihr den
HERRN? Als aber dort das Volk nach 3
Wasser dürstete, [c]murrten sie wider
Mose und sprachen: Warum hast du
uns aus Ägypten ziehen lassen, daß du
uns, unsere Kinder und unser Vieh vor
Durst sterben läßt? Mose schrie zum 4
HERRN und sprach: Was soll ich mit
dem Volk tun? Es fehlt nicht viel, so
werden sie mich noch [d]steinigen. Der 5
HERR sprach zu ihm: Tritt hin vor das
Volk und nimm einige von den Ältesten
Israels mit dir und nimm deinen Stab
in deine Hand, mit dem du [e]den Nil
schlugst, und geh hin. Siehe, ich will 6
dort vor dir stehen auf dem Fels am
Horeb. Da sollst du [f]an den Fels schla-
gen, so wird Wasser herauslaufen, daß
das [g]Volk trinke. Und Mose tat so vor
den Augen der Ältesten von Israel. Da 7

nannte er den Ort [h] Massa und Meriba,
weil die Israeliten dort gehadert und
den HERRN versucht und gesagt hatten:
[i] Ist der HERR unter uns oder nicht?

a 4.Mose 33,12-14 *b* 5.Mose 6,16 *c* Kap 15,24; 16,2; 4.Mose 14; 17,6-28 *d* 4.Mose 14,10 *e* Kap 7,20 *f* 4.Mose 20,11 *g* 1.Kor 10,4 *h* Ps 95,8.9 *i* Mi 3,11

Sieg über die Amalekiter

8 Da kam [a] Amalek und kämpfte gegen
9 Israel in Rafidim. Da sprach Mose zu
[b] Josua: Erwähle uns Männer, zieh aus
und kämpfe gegen Amalek. Morgen
will ich oben auf dem Hügel stehen mit
10 dem Stab Gottes in meiner Hand. Und
Josua tat, wie Mose ihm sagte, und
kämpfte gegen Amalek. Mose aber und
[c] Aaron und Hur gingen auf die Höhe
11 des Hügels. Und wenn Mose seine
Hand emporhielt, siegte Israel; wenn
er aber seine Hand sinken ließ, siegte
12 Amalek. Aber Mose wurden die Hände
schwer; darum nahmen die beiden
einen Stein und legten ihn hin, daß er
sich daraufsetzte. Aaron aber und Hur
stützten ihm die Hände, auf jeder Seite
einer. So blieben seine Hände erhoben,
13 bis die Sonne unterging. Und Josua
überwältigte Amalek und sein Volk
durch des Schwertes Schärfe.
14 Und der HERR sprach zu Mose:
Schreibe dies zum Gedächtnis in ein
Buch und präge es Josua ein; denn ich
will Amalek unter dem Himmel austil-
gen, daß man seiner nicht mehr geden-
15 ke.[d] Und Mose baute einen Altar und
nannte ihn: Der HERR mein Feldzei-
16 chen. Und er sprach: Die Hand an den
[e] Thron des HERRN! Der HERR führt
Krieg gegen Amalek von Kind zu Kin-
deskind.

a 1.Mose 36,12.16 *b* 4.Mose 13,8.16 *c* Kap 24,14 *d* 5.Mose 25,17-19; 1.Sam 15,2.3 *e* Jer 3,17

Jetros Besuch bei Mose

18 Und [a] Jetro, der Priester in Midian,
Moses Schwiegervater, hörte alles, was
Gott an Mose und seinem Volk Israel
getan hatte, daß der HERR Israel aus
2 Ägypten geführt hatte. Da nahm er mit
sich [b] Zippora, die Frau des Mose, die
3 er zurückgesandt hatte, samt ihren bei-
den Söhnen; von denen hieß einer
[c] Gerschom, denn Mose sprach: Ich
bin ein Gast geworden in fremdem
4 Lande, und der andere [d] Eliëser, denn
er sprach: Der Gott meines Vaters ist
meine Hilfe gewesen und hat mich er-
5 rettet vor dem Schwert des Pharao. Als
nun Jetro, Moses Schwiegervater, und
seine Söhne und seine Frau zu ihm in
die Wüste kamen, an den Berg Gottes,
wo er sich gelagert hatte, ließ er Mose 6
sagen: Ich, Jetro, dein Schwiegervater,
bin zu dir gekommen und deine Frau
und ihre beiden Söhne mit ihr. Da ging 7
Mose hinaus ihm entgegen und neigte
sich vor ihm und küßte ihn. Und als sie
sich untereinander gegrüßt hatten, gin-
gen sie in das Zelt. Da erzählte Mose 8
seinem Schwiegervater alles, was der
HERR um Israels willen dem Pharao
und den Ägyptern angetan hatte, und
alle die Mühsal, die ihnen auf dem
Wege begegnet war, und wie sie der
HERR errettet hatte. Jetro aber freute 9
sich über all das Gute, das der HERR an
Israel getan hatte, wie er sie errettet
hatte aus der Ägypter Hand. Und Jetro 10
sprach: Gelobt sei der HERR, der euch
errettet hat aus der Ägypter und des
Pharao Hand. Nun weiß ich, daß der 11
HERR größer ist als alle Götter; denn er
hat das Volk aus der Ägypter Hand er-
rettet, [e] weil sie vermessen an Israel
gehandelt haben. Und Jetro, Moses 12
Schwiegervater, brachte Gott ein
Brandopfer und Schlachtopfer dar. Da
kamen Aaron und alle Ältesten von Is-
rael, um mit Moses Schwiegervater das
Mahl zu halten vor Gott.[f]

a Kap 3,1 *b* Kap 4,20 *c* Kap 2,22 *d* 1.Chr 23,15.17 *e* Neh 9,10; Jer 50,29 *f* 1.Mose 31,54

Einsetzung von Helfern für Mose

Am andern Morgen setzte sich Mose, 13
um dem Volk Recht zu sprechen. Und
das Volk stand um Mose her vom Mor-
gen bis zum Abend. Als aber sein 14
Schwiegervater alles sah, was er mit
dem Volk tat, sprach er: Was tust du
denn mit dem Volk? Warum mußt du
ganz allein da sitzen, und alles Volk
steht um dich her vom Morgen bis zum
Abend? Mose antwortete ihm: Das 15
Volk kommt zu mir, um Gott zu befra-
gen. Denn wenn sie einen Streitfall ha- 16
ben, kommen sie zu mir, damit ich rich-
te zwischen dem einen und dem andern
und tue ihnen kund die Satzungen Got-
tes und seine Weisungen. Sein Schwie- 17
gervater sprach zu ihm: Es ist nicht gut,
wie du das tust. Du machst dich zu 18
müde, dazu auch das Volk, das mit dir
ist. Das Geschäft ist dir zu schwer; du
kannst es allein nicht ausrichten.[a] Aber 19
gehorche meiner Stimme; ich will dir
raten, und Gott wird mit dir sein. Ver-

tritt du das Volk vor Gott und bringe
20 ihre Anliegen vor Gott und tu ihnen die
Satzungen und Weisungen kund, daß
du sie lehrest den Weg, auf dem sie
wandeln, und die Werke, die sie tun
21 sollen. Sieh dich aber unter dem ganzen
Volk um nach redlichen Leuten, die
Gott fürchten, wahrhaftig sind und
dem ungerechten Gewinn feind. Die
setze über sie als Oberste über tausend,
über hundert, über fünfzig und über
22 zehn, daß sie das Volk allezeit richten.
Nur wenn es eine größere Sache ist, sol-
len sie diese vor dich bringen, alle ge-
ringeren Sachen aber sollen sie selber
richten. So mach dir's leichter und laß
23 sie mit dir tragen. Wirst du das tun, so
kannst du ausrichten, was dir Gott ge-
bietet, und dies ganze Volk kann mit
24 Frieden an seinen Ort kommen. Mose
gehorchte dem Wort seines Schwieger-
25 vaters und tat alles, was er sagte, und
erwählte redliche Leute aus ganz Israel
und machte sie zu Häuptern über das
Volk, zu Obersten über tausend, über
hundert, über fünfzig und über zehn,
26 daß sie das Volk allezeit richteten, die
schwereren Sachen vor Mose brächten
und die kleineren Sachen selber richte-
27 ten. Und Mose ließ seinen Schwieger-
vater wieder in sein Land ziehen.

a 4.Mose 11,14; 5.Mose 1,9

Ankunft am Sinai. Zurüstung des Volkes. Erscheinung des HERRN

19 Am ersten Tag des dritten Monats nach
dem Auszug der Israeliten aus Ägyp-
tenland, genau auf den Tag, kamen sie
2 in die Wüste Sinai. Denn sie waren aus-
gezogen von Rafidim und kamen in die
Wüste Sinai und lagerten sich dort in
der Wüste gegenüber dem Berge.
3 Und Mose stieg hinauf zu Gott. Und
der HERR rief ihm vom Berge zu und
sprach: So sollst du sagen zu dem
Hause Jakob und den Israeliten ver-
4 kündigen: Ihr habt gesehen, was ich
mit den Ägyptern getan habe und wie
ich euch [a]getragen habe auf Adlerflü-
5 geln und euch zu mir gebracht. *Werdet
ihr nun meiner Stimme gehorchen und
[b]meinen Bund halten, so sollt ihr [c]mein
Eigentum sein vor allen Völkern; denn
6 die ganze Erde ist mein. Und ihr sollt mir
ein Königreich von [d]Priestern und ein
[e]heiliges Volk sein.* Das sind die Worte,
die du den Israeliten sagen sollst.
7 Mose kam und berief die Ältesten
des Volks und legte ihnen alle diese
Worte vor, die ihm der HERR geboten
hatte. Und alles Volk antwortete [f]ein- 8
mütig und sprach: Alles, was der HERR
geredet hat, wollen wir tun. Und Mose
sagte die Worte des Volks dem HERRN
wieder. Und der HERR sprach zu Mose: 9
Siehe, ich will zu dir kommen in [g]einer
dichten Wolke, auf daß dies Volk es
höre, wenn ich mit dir rede, und [h]dir
für immer glaube. Und Mose verkün-
dete dem HERRN die Worte des Volks.
Und der HERR sprach zu Mose: Geh 10
hin zum Volk und [i]heilige sie heute und
morgen, daß sie ihre Kleider waschen
und bereit seien für den dritten Tag; 11
denn am dritten Tage wird der HERR
vor allem Volk herabfahren auf den
Berg Sinai. [j]Und zieh eine Grenze um 12
das Volk und sprich zu ihnen: Hütet
euch, auf den Berg zu steigen oder sei-
nen Fuß anzurühren; denn wer den
Berg anrührt, der soll des Todes ster-
ben. [k]Keine Hand soll ihn anrühren, 13
sondern er soll gesteinigt oder erschos-
sen werden; es sei Tier oder Mensch,
sie sollen nicht leben bleiben. Wenn
aber das Widderhorn lange tönen wird,
dann soll man auf den Berg steigen.
Mose stieg vom Berge zum Volk herab 14
und heiligte sie, und sie wuschen ihre
Kleider. Und er sprach zu ihnen: Seid 15
bereit für den dritten Tag, und keiner
[l]rühre eine Frau an.
Als nun der dritte Tag kam und es 16
Morgen ward, da erhob sich ein Don-
nern und Blitzen und eine dichte Wolke
auf dem Berge und der Ton einer sehr
starken Posaune. Das ganze Volk aber,
das im Lager war, erschrak. Und Mose 17
führte das Volk aus dem Lager Gott
entgegen, und es trat unten an den
Berg. Der ganze Berg Sinai aber rauch- 18
te, weil der HERR auf den Berg herab-
fuhr im Feuer; und der Rauch stieg auf
wie der Rauch von einem Schmelzofen,
und der ganze Berg bebte sehr.[m] Und 19
der Posaune Ton ward immer stärker.
Und Mose redete, und [n]Gott antworte-
te ihm laut. Als nun der HERR hernie- 20
dergekommen war auf den Berg Sinai,
oben auf seinen Gipfel, berief er Mose
hinauf auf den Gipfel des Berges, und
Mose stieg hinauf. Da sprach der HERR 21
zu ihm: Steig hinab und verwarne das
Volk, daß sie nicht durchbrechen zum
HERRN, ihn zu sehen, und viele von
ihnen fallen. Auch die Priester, die 22
sonst zum HERRN nahen dürfen, sollen
sich heiligen, daß sie der HERR nicht
zerschmettere. Mose aber sprach zum 23
HERRN: Das Volk kann nicht auf den

Berg Sinai steigen, denn du hast uns
verwarnt und gesagt: Zieh eine Grenze
24 um den Berg und heilige ihn. Und der
HERR sprach zu ihm: Geh hin, steig
hinab und komm wieder herauf, du und
Aaron mit dir; aber die Priester und das
Volk sollen nicht durchbrechen, daß sie
hinaufsteigen zu dem HERRN, damit er
25 sie nicht zerschmettere.[o] Und Mose
stieg hinunter zum Volk und sagte es
ihm.

a 5.Mose 32,11 *b* 5.Mose 5,2 *c* 5.Mose 7,6
d Jes 61,6; 1.Petr 2,9; Offb 1,6 *e* 3.Mose 19,2
f Kap 24,3-8 *g* Kap 16,10; 34,5; Ps 18,12
h Kap 14,31 *i* 3.Mose 11,44; Jos 3,5; Hiob 1,5
j *(12-19)* Kap 34,3 *k* Hebr 12,18-20
l 1.Sam 21,4.5; 1.Kor 7,5 *m* 1.Mose 15,17
n Kap 33,11; Apg 7,38 *o* Kap 24,9-11

Die zehn Gebote

(vgl. 5.Mose 5,6-18)

20 Und [a]Gott redete alle diese Worte:
2 *Ich bin der* HERR, *dein Gott, der ich*
dich aus Ägyptenland, aus der Knecht-
3 *schaft, geführt habe.*[b] *Du sollst keine an-*
4 *deren Götter haben neben mir.*[c] *Du sollst*
dir [d]*kein Bildnis noch irgendein Gleich-*
nis machen, weder von dem, was oben im*
Himmel, noch von dem, was unten auf Er-
den, noch von dem, was im Wasser unter
5 *der Erde ist: Bete sie nicht an und diene*
ihnen nicht! Denn ich, der HERR, *dein*
Gott, bin ein [e]*eifernder Gott,* [f]*der die*
Missetat der Väter heimsucht bis ins drit-
te und vierte Glied an den Kindern derer,
6 *die mich hassen, aber Barmherzigkeit er-*
weist an vielen Tausenden, die mich lieben
und meine Gebote halten.[g]
7 *Du sollst* [h]*den Namen des* HERRN, *dei-*
nes Gottes, nicht mißbrauchen; denn der
HERR *wird den nicht ungestraft lassen,*
der seinen Namen mißbraucht.
8 *Gedenke des Sabbattages, daß du ihn*
9 *heiligest.*[i] *Sechs Tage sollst du arbeiten*
10 *und alle deine Werke tun. Aber am sie-*
benten Tage ist der [j]*Sabbat des* HERRN,
deines Gottes. Da sollst du keine Arbeit
tun, auch nicht dein Sohn, deine Tochter,
dein Knecht, deine Magd, dein Vieh,
auch nicht dein Fremdling, der in deiner
11 *Stadt lebt. Denn in sechs Tagen hat der*
HERR *Himmel und Erde gemacht und das*
Meer und alles, was darinnen ist, und
ruhte am siebenten Tage. Darum segnete
der HERR *den Sabbattag und heiligte*
ihn.[k]
12 *Du sollst deinen Vater und deine Mut-*
ter ehren, auf daß du lange lebest in dem
Lande, das dir der HERR, *dein Gott, geben*
wird.[l]
13 *Du sollst nicht töten.*[m]
Du sollst nicht ehebrechen.[n] 14
Du sollst nicht stehlen.[o] 15
Du sollst nicht falsch Zeugnis reden wi- 16
der deinen Nächsten.[p]
Du sollst nicht begehren deines Näch- 17
sten Haus.
Du sollst nicht begehren deines Näch-
sten Weib, Knecht, Magd, Rind, Esel
noch alles, was dein Nächster hat.[q]
Und alles Volk wurde Zeuge von 18
dem Donner und Blitz und dem Ton
der Posaune und dem Rauchen des
Berges. Als sie aber solches sahen, flo-
hen sie und blieben in der Ferne stehen
und sprachen zu Mose: Rede du mit 19
uns, wir wollen hören; aber laß Gott
nicht mit uns reden, wir könnten sonst
sterben. Mose aber sprach zum Volk: 20
Fürchtet euch nicht, denn Gott ist ge-
kommen, euch zu [r]versuchen, damit
ihr's vor Augen habt, wie er zu fürchten
sei, und ihr nicht sündigt. So stand das 21
Volk von ferne, aber Mose nahte sich
[s]dem Dunkel, darinnen Gott war.

a Mt 5,17-48 *b* Ri 6,8; Jer 34,13 *c* 5.Mose 6,4.5;
Jes 45,5.6; 1.Kor 8,5.6 *d* 3.Mose 26,1;
5.Mose 4,15-19; 27,15; Jes 40,18-26; Röm 1,23
e Kap 34,14; 5.Mose 4,24; 5,9; 6,15 *f* Hiob 21,19;
Jer 31,29.30; Hes 18,5-20 *g* Kap 34,7; 5.Mose 7,9
h 3.Mose 19,12; 24,16 *i* Kap 16,25.29
j Kap 31,13-17; Hes 20,12; Mk 2,27.28;
Kol 2,16.17 *k* 1.Mose 2,2.3 *l* Kap 21,17;
5.Mose 27,16; Mt 15,4-6; Eph 6,2.3 *m* Kap 21,12;
1.Mose 9,5.6; Jak 2,10.11 *n* 3.Mose 20,10;
Mt 15,19 *o* Kap 21,16; 3.Mose 19,11; Eph 4,28
p Kap 23,1; 5.Mose 19,18.19; Eph 4,25
q Röm 7,7; 13,9 *r* 1.Mose 22,1 *s* 1.Kön 8,12
*Vers 4: d. h. hier Abbild.

Vom rechten Gottesdienst in Israel

Und der HERR sprach zu ihm: So sollst 22
du den Israeliten sagen: Ihr habt ge-
sehen, daß ich mit euch vom Himmel
geredet habe. Darum sollt ihr euch kei- 23
ne andern Götter neben mir machen,
weder silberne noch goldene sollt ihr
euch machen.
Einen [a]Altar von Erde mache mir, 24
auf dem du dein Brandopfer und Dank-
opfer, deine Schafe und Rinder, op-
ferst. [b]An jedem Ort, wo ich meines
Namens gedenken lasse, da will ich zu
dir kommen und dich segnen. Und 25
wenn du mir einen [c]steinernen Altar
machen willst, sollst du ihn nicht von
behauenen Steinen bauen; denn wenn
du mit deinem Eisen darüber kommst,
so wirst du ihn entweihen. Du sollst 26
auch nicht auf Stufen zu meinem Altar
hinaufsteigen, daß nicht deine Blöße
aufgedeckt werde vor ihm.

a Kap 17,15; 27,1.8 *b* 5.Mose 12,5 *c* 5.Mose 27,5;
Jos 8,31

RECHTSORDNUNGEN (KAP 21,1-23,19)

21 Dies sind die Rechtsordnungen, die du
ihnen vorlegen sollst:

Rechte hebräischer Sklaven

2 Wenn du einen hebräischen Sklaven
kaufst, so soll er dir sechs Jahre dienen;
im siebenten Jahr aber soll er freigelas-
3 sen werden ohne Lösegeld.[a] Ist er ohne
Frau gekommen, so soll er auch ohne
Frau gehen; ist er aber mit seiner Frau
gekommen, so soll sie mit ihm gehen.
4 Hat ihm aber sein HERR eine Frau gege-
ben und hat sie ihm Söhne oder Töch-
ter geboren, so sollen Frau und Kinder
seinem Herrn gehören, er aber soll
5 ohne Frau gehen. Spricht aber der
Sklave: Ich habe meinen Herrn lieb
und mein Weib und Kind, ich will
6 nicht frei werden, so [b]bringe ihn sein
Herr vor Gott und stelle ihn an die Tür
oder den Pfosten und durchbohre mit
einem Pfriemen sein Ohr, und er sei
sein Sklave für immer.
7 Verkauft jemand seine Tochter als
Sklavin, so darf sie nicht [c]freigelassen
8 werden wie die Sklaven. Hat ihr Herr
sie für sich genommen und sie gefällt
ihm nicht, so soll er sie auslösen lassen.
Er hat aber nicht Macht, sie unter ein
fremdes Volk zu verkaufen, nachdem er
9 sie verschmäht hat. Hat er sie aber für
seinen Sohn bestimmt, so soll er nach
dem Recht der Töchter an ihr tun.
10 Nimmt er sich aber noch eine andere,
so soll er der ersten an Nahrung, Klei-
dung und ehelichem Recht nichts ab-
11 brechen. Erfüllt er an ihr diese drei
Pflichten nicht, so soll sie umsonst frei-
gelassen werden, ohne Lösegeld.

a 3.Mose 25,39-41; 5.Mose 15,12-17; Jer 34,14
b 5.Mose 1,17; Ps 82,1 *c* Vers 2

Vergehen gegen Leib und Leben

12 Wer einen Menschen schlägt, daß er
13 stirbt, der soll des Todes sterben.[a] Hat
er ihm aber nicht nachgestellt, sondern
hat Gott es seiner Hand widerfahren
lassen, so will ich dir [b]einen Ort be-
14 stimmen, wohin er fliehen kann. Wenn
aber jemand an seinem Nächsten fre-
velt und ihn mit Hinterlist umbringt, so
sollst du ihn [c]von meinem Altar weg-
reißen, daß man ihn töte.
15 Wer Vater oder Mutter schlägt, der
soll des Todes sterben.
16 Wer einen [d]Menschen raubt, sei es,
daß er ihn verkauft, sei es, daß man ihn
bei ihm findet, der soll des Todes ster-
ben.
Wer Vater oder Mutter flucht, der 17
soll des Todes sterben.[e]
Wenn Männer miteinander streiten 18
und einer schlägt den andern mit einem
Stein oder mit der Faust, daß er nicht
stirbt, sondern zu Bett liegen muß und 19
wieder aufkommt und ausgehen kann
an seinem Stock, so soll der, der ihn
schlug, nicht bestraft werden; er soll
ihm aber bezahlen, was er versäumt
hat, und das Arztgeld geben.
Wer seinen Sklaven oder seine Skla- 20
vin schlägt mit einem Stock, daß sie un-
ter seinen Händen sterben, der soll da-
für bestraft werden. Bleiben sie aber 21
einen oder zwei Tage am Leben, so soll
er nicht dafür bestraft werden; denn es
ist sein Geld.
Wenn Männer miteinander streiten 22
und stoßen dabei eine schwangere
Frau, so daß ihr die Frucht abgeht, ihr
aber sonst kein Schaden widerfährt, so
soll man ihn um Geld strafen, wieviel
ihr Ehemann ihm auferlegt, und er
soll's geben durch die Hand der Rich-
ter.
[f]Entsteht ein dauernder Schaden, so 23
sollst du geben Leben um Leben, Auge 24
um Auge, Zahn um Zahn, Hand um
Hand, Fuß um Fuß, Brandmal um 25
Brandmal, Beule um Beule, Wunde um
Wunde.
Wenn jemand seinen Sklaven oder 26
seine Sklavin ins Auge schlägt und zer-
stört es, der soll sie freilassen um des
Auges willen. Desgleichen, wenn er sei- 27
nem Sklaven oder seiner Sklavin einen
Zahn ausschlägt, soll er sie freilassen
um des Zahnes willen.
[g]Wenn ein Rind einen Mann oder 28
eine Frau stößt, daß sie sterben, so soll
man das Rind steinigen und sein
Fleisch nicht essen; aber der Besitzer
des Rindes soll nicht bestraft werden.
Ist aber das Rind zuvor stößig gewesen 29
und seinem Besitzer war's bekannt und
er hat das Rind nicht verwahrt und es
tötet nun einen Mann oder eine Frau,
so soll man das Rind steinigen, und sein
Besitzer soll sterben. Will man ihm 30
aber ein Lösegeld auferlegen, so soll er
geben, was man ihm auferlegt, um sein
Leben auszulösen. Ebenso soll man mit 31
ihm verfahren, wenn das Rind einen
Sohn oder eine Tochter stößt. Stößt es 32
aber einen Sklaven oder eine Sklavin,
so soll der Besitzer ihrem Herrn dreißig
man steinigen.

a Kap 20,13; 1.Mose 9,6; Mt 5,21.22
b 4.Mose 35,6-29; 5.Mose 19,4-13
c 1.Kön 2,29-31 *d* 5.Mose 24,7; 1.Tim 1,10
e 5.Mose 27,16; Spr 20,20; Mt 15,4
f (23 und 24) 3.Mose 24,19.20; 5.Mose 19,21;
Mt 5,38 *g (28 und 29)* 1.Mose 9,5; 4.Mose 35,33

Ersatzleistungen

33 [a]Wenn jemand eine Zisterne aufdeckt
oder gräbt eine Zisterne und deckt sie
nicht zu und es fällt ein Rind oder Esel
34 hinein, so soll der Besitzer der Zisterne
mit Geld dem andern Ersatz leisten,
das tote Tier aber soll ihm gehören.
35 Wenn jemandes Rind eines andern
Rind stößt, daß es stirbt, so sollen sie
das lebendige Rind verkaufen und das
Geld teilen und das tote Tier auch tei-
36 len. Ist's aber bekannt gewesen, daß das
Rind zuvor stößig gewesen ist, und sein
Besitzer hat es nicht verwahrt, so soll er
ein Rind für das andere erstatten und
das tote Tier haben.
37 *Wenn jemand ein Rind oder ein
Schaf stiehlt und schlachtet's oder ver-
kauft's, so soll er fünf Rinder für ein
Rind wiedergeben und vier Schafe für
ein Schaf.[b]
22 Wenn ein Dieb ergriffen wird beim
Einbruch und wird dabei geschlagen,
daß er stirbt, so liegt keine Blutschuld
2 vor. War aber schon die Sonne aufge-
gangen, so liegt Blutschuld vor.
Es soll aber ein Dieb wiedererstat-
ten; hat er nichts, so verkaufe man ihn
3 um den Wert des Gestohlenen. Findet
man bei ihm das Gestohlene lebendig,
es sei Rind, Esel oder Schaf, so soll er's
zweifach erstatten.
4 Wenn jemand in einem Acker oder
Weinberg Schaden anrichtet, weil er
sein Vieh das Feld eines andern abwei-
den läßt, so soll er's mit dem Besten sei-
nes Ackers und Weinberges erstatten.
5 Wenn ein Feuer ausbricht und er-
greift die Dornen und verbrennt einen
Garbenhaufen oder das Getreide, das
noch steht, oder den Acker, so soll Er-
satz leisten, wer das Feuer angezündet
hat.
6 Wenn jemand seinem Nächsten
Geld oder Gegenstände zu verwahren
gibt und es wird ihm aus seinem Hause
gestohlen: findet man den Dieb, so soll
7 er's zweifach erstatten; findet man aber
den Dieb nicht, so soll der Herr des
Hauses vor Gott treten, ob er nicht
etwa seine Hand an seines Nächsten
Habe gelegt hat.
8 [c]Wenn einer den andern einer Ver-
untreuung beschuldigt, es handle sich
um Rind oder Esel oder Schaf oder
Kleider oder um etwas, was sonst noch
verloren gegangen ist, so soll beider Sa-
che vor Gott kommen. Wen Gott für
schuldig erklärt, der soll's seinem
Nächsten zweifach erstatten.
Wenn jemand seinem Nächsten 9
einen Esel oder ein Rind oder ein Schaf
oder irgendein Stück Vieh in Obhut
gibt und es stirbt ihm oder kommt zu
Schaden oder wird ihm weggetrieben,
ohne daß es jemand sieht, so soll es un- 10
ter ihnen zum Eid vor dem HERRN
kommen, ob er nicht etwa seine Hand
an seines Nächsten Habe gelegt hat,
und der Besitzer soll es hinnehmen, so
daß jener nicht Ersatz zu leisten
braucht.
Stiehlt es ihm aber ein Dieb, so soll 11
er's dem Besitzer ersetzen. Wird es zer- 12
rissen, so soll er es zum Zeugnis herbei-
bringen und nicht ersetzen.[d] Wenn es 13
jemand von seinem Nächsten leiht und
es kommt zu Schaden oder stirbt, wenn
der Besitzer nicht dabei ist, so soll er's
ersetzen. Ist aber der Besitzer dabei, 14
soll er's nicht ersetzen. Wenn es gemie-
tet ist, so soll es auf den Mietpreis ange-
rechnet werden.
Wenn jemand eine Jungfrau beredet, 15
die noch nicht verlobt ist, und ihr bei-
wohnt, so soll er den Brautpreis für sie
geben und sie zur Frau nehmen.[e] Wei- 16
gert sich aber ihr Vater, sie ihm zu
geben, so soll er Geld darwägen, so-
viel einer Jungfrau als Brautpreis ge-
bührt.

a (33-36) 3.Mose 7,24; 17,15 *b* 2.Sam 12,6;
Spr 6,31; Lk 19,8 *c (8-10)* 1.Kön 8,31.32
d 1.Mose 31,39 *e* 5.Mose 22,28.29
*Kap 21,37: Abweichende Verszählung statt 21,37-
22,30: 22,1-31.

Todeswürdige Vergehen

Die Zauberinnen sollst du nicht am Le- 17
ben lassen.[a]
Wer einem Vieh beiwohnt, der soll 18
des Todes sterben.[b]
Wer den Göttern opfert und nicht 19
dem HERRN allein, der soll dem Bann
verfallen.[c]

a 3.Mose 20,6.27; 5.Mose 18,10; 1.Sam 28,9;
Mal 3,5 *b* 3.Mose 18,23; 5.Mose 27,21
c Kap 20,3.5; 5.Mose 13,7-19; 17,2-7

Rechtsschutz für die Schwachen

Die Fremdlinge sollst du nicht bedrän- 20
gen und bedrücken; denn ihr seid auch
Fremdlinge in Ägyptenland gewesen.[a]
Ihr sollt Witwen und Waisen nicht 21
bedrücken.[b] Wirst du sie bedrücken 22

und werden sie zu mir schreien, so wer-
23 de ich ihr Schreien erhören. Dann wird
mein Zorn entbrennen, daß ich euch
mit dem Schwert töte und eure Frauen
zu Witwen und eure Kinder zu Waisen
werden.
24 Wenn du Geld verleihst an einen aus
meinem Volk, an einen Armen neben
dir, so sollst du an ihm nicht wie ein
Wucherer handeln; du sollst keinerlei
Zinsen von ihm nehmen.[c]
25 Wenn du den Mantel deines Näch-
sten zum Pfande nimmst, sollst du ihn
wiedergeben, ehe die Sonne unter-
26 geht,[d] denn sein Mantel ist seine einzi-
ge Decke für seinen Leib; worin soll er
sonst schlafen? Wird er aber zu mir
schreien, so werde ich ihn erhören;
denn ich bin gnädig.

a 3.Mose 19,33.34; 5.Mose 10,18.19
b 5.Mose 27,19; Jes 1,17; Sach 7,10
c 3.Mose 25,36; 5.Mose 23,20; Spr 28,8
d 5.Mose 24,10-13

Einzelne Gebote der Gottesfurcht

27 [a]Gott sollst du nicht lästern, und einem
[b]Obersten in deinem Volk sollst du
nicht fluchen.
28 [c]Den Ertrag deines Feldes und den
Überfluß deines Weinberges sollst du
nicht zurückhalten.
[d]Deinen ersten Sohn sollst du mir
29 geben. So sollst du auch tun mit deinem
Stier und deinem Kleinvieh. [e]Sieben
Tage laß es bei seiner Mutter sein, am
achten Tage sollst du es mir geben.
30 Ihr sollt mir [f]heilige Leute sein;
[g]darum sollt ihr kein Fleisch essen, das
auf dem Felde von Tieren zerrissen ist,
sondern es vor die Hunde werfen.

a 3.Mose 24,14-16 *b* Apg 23,5 *c* Kap 23,19; 5.Mose 18,4; Spr 3,9.10 *d* Kap 13,2.13
e 3.Mose 22,27 *f* 3.Mose 19,2; 1.Petr 1,15
g 3.Mose 7,24; 5.Mose 14,21; Hes 4,14; 44,31

Gebote der Gerechtigkeit und Nächstenliebe

23 Du sollst kein falsches Gerücht ver-
breiten; du sollst nicht einem Schuldi-
gen Beistand leisten und kein falscher
Zeuge sein.[a]
2 Du sollst der Menge nicht auf dem
Weg zum Bösen folgen und nicht so
antworten vor Gericht, daß du der
Menge nachgibst und vom Rechten ab-
weichst.
3 Du sollst den Geringen nicht begün-
stigen in seiner Sache.[b]
4 Wenn du dem Rind oder Esel deines
[c]Feindes begegnest, die sich verirrt ha-
ben, so sollst du sie ihm wieder zufüh-
5 ren. Wenn du den Esel deines Widersa-
chers unter seiner Last liegen siehst, so
laß ihn ja nicht im Stich, sondern hilf
mit ihm zusammen dem Tiere auf.
Du sollst das Recht deines Armen 6
nicht beugen in seiner Sache.[d]
Halte dich ferne von einer Sache, bei 7
der Lüge im Spiel ist. Den Unschuldi-
gen und den, der im Recht ist, sollst du
nicht töten; denn ich lasse den Schuldi-
gen nicht Recht haben. Du sollst dich 8
nicht [e]durch Geschenke bestechen las-
sen; denn Geschenke machen die Se-
henden blind und verdrehen die Sache
derer, die im Recht sind.
Die Fremdlinge sollt ihr nicht unter- 9
drücken; denn ihr wisset um der
Fremdlinge Herz, weil ihr auch
Fremdlinge in Ägyptenland gewesen
seid.[f]

a Kap 20,16; 3.Mose 19,16; Ps 15,3; Spr 19,9
b 3.Mose 19,15 *c* Hiob 31,29; Spr 25,21.22; Lk 6,27 *d* 5.Mose 27,19; Ps 82,2-4; Pred 5,7; Jes 1,17 *e* 5.Mose 27,25; 1.Sam 8,3; Spr 17,23
f Kap 22,20

Sabbatjahr und Sabbat

Sechs Jahre sollst du dein Land besäen 10
und seine Früchte einsammeln.[a] Aber 11
im siebenten Jahr sollst du es ruhen
und liegen lassen, daß die Armen unter
deinem Volk davon essen; und was
übrig bleibt, mag das Wild auf dem
Felde fressen. Ebenso sollst du es hal-
ten mit deinem Weinberg und deinen
Ölbäumen.
Sechs Tage sollst du deine Arbeit 12
tun; aber am siebenten Tage sollst du
feiern, auf daß dein Rind und Esel ru-
hen und deiner Sklavin Sohn und der
Fremdling sich erquicken.[b]
Alles, was ich euch gesagt habe, das 13
haltet. Aber die Namen [c]anderer Göt-
ter sollt ihr nicht anrufen, und aus eu-
rem Munde sollen sie nicht gehört wer-
den.

a 3.Mose 25,1-7.18-22 *b* Kap 20,8-11 *c* Jos 23,7; Sach 13,2

Die drei großen Jahresfeste. Opfervorschriften

[a]Dreimal im Jahr sollt ihr mir ein Fest 14
feiern: Das [b]Fest der ungesäuerten 15
Brote sollst du so halten, daß du sieben
Tage ungesäuertes Brot ißt, wie ich dir
geboten habe, im Monat Abib, denn zu
dieser Zeit bist du aus Ägypten gezogen
– erscheint aber nicht mit leeren Hän-
den vor mir! –, und das [c]Fest der Ernte, 16
der Erstlinge deiner Früchte, die du auf
dem Felde gesät hast, und das Fest der
Lese am Ausgang des Jahres, wenn du

den Ertrag deiner Arbeit eingesammelt
hast vom Felde.
17 Dreimal im Jahre soll erscheinen vor
dem HERRN, dem Herrscher, alles, was
männlich ist unter dir.
18 Du sollst das Blut meines Opfers
nicht zugleich mit dem Sauerteig
opfern, und das Fett von meinem Fest
soll nicht über Nacht bleiben bis zum
Morgen.[d]
19 Das Beste von den [e]Erstlingen dei-
nes Feldes sollst du in das Haus des
HERRN, deines Gottes, bringen.

Du sollst [f]das Böcklein nicht kochen
in seiner Mutter Milch.

a (*14-19*) Kap 34,18-26; 3.Mose 23,4-44;
5.Mose 16,1-17 *b* Kap 12,15-20 *c* Kap 34,22
d Kap 12,7-10; 34,25 *e* 1.Mose 4,3;
5.Mose 26,1-11; Neh 10,36 *f* 5.Mose 14,21

Mahnungen und Verheißungen für die Zukunft

20 Siehe, ich sende einen [a]Engel vor dir
her, der dich behüte auf dem Wege und
dich bringe an den Ort, den ich be-
21 stimmt habe. Hüte dich vor ihm und
gehorche seiner Stimme und [b]sei nicht
widerspenstig gegen ihn; denn er wird
euer Übertreten nicht vergeben, weil
22 mein Name in ihm ist. Wirst du aber
auf seine Stimme hören und alles tun,
was ich dir sage, so will ich deiner Fein-
de Feind und deiner Widersacher Wi-
23 dersacher sein. Ja, mein Engel wird vor
dir hergehen und dich bringen zu den
Amoritern, Hetitern, Perisitern, Kana-
anitern, Hewitern und Jebusitern, und
24 ich will sie vertilgen. Du sollst [c]ihre
Götter nicht anbeten noch ihnen die-
nen noch tun, [d]wie sie tun, sondern du
sollst ihre Steinmale umreißen und zer-
25 brechen. Aber dem HERRN, eurem
Gott, sollt ihr dienen, so wird er dein
Brot und dein Wasser segnen, und ich
26 will alle [e]Krankheit von dir wenden. Es
soll keine Frau in deinem Lande eine
Fehlgeburt haben oder unfruchtbar
sein, und ich will dich lassen alt wer-
27 den. Ich will meinen [f]Schrecken vor dir
her senden und alle Völker verzagt ma-
chen, wohin du kommst, und will ge-
ben, daß alle deine Feinde vor dir flie-
28 hen. Ich will [g]Angst und Schrecken vor
dir her senden, die vor dir her vertrei-
ben die Hewiter, Kanaaniter und Heti-
29 ter. Aber ich will sie nicht in *einem* Jahr
ausstoßen vor dir, auf daß nicht das
Land wüst werde und sich die wilden
30 Tiere wider dich mehren. [h]Einzeln
nacheinander will ich sie vor dir her
ausstoßen, bis du zahlreich bist und das
Land besitzt. Und ich will deine [i]Gren- 31
ze festsetzen von dem Schilfmeer bis an
das Philistermeer und von der Wüste
bis an den Eufratstrom. Denn ich will
dir in deine Hand geben die Bewohner
des Landes, daß du sie ausstoßen sollst
vor dir her. Du sollst mit ihnen und mit 32
ihren Göttern keinen Bund schließen.[j]
Laß sie nicht wohnen in deinem Lande, 33
daß sie dich nicht verführen zur Sünde
wider mich; denn wenn du ihren Göt-
tern dienst, wird dir das zum Fallstrick
werden.

a Kap 14,19 *b* Jes 63,10 *c* Kap 20,5;
5.Mose 12,30 *d* 3.Mose 18,3 *e* Kap 15,26
f 1.Mose 35,5; Jos 2,9-11; 1.Sam 14,15
g 5.Mose 7,20; Jos 24,12 *h* 5.Mose 7,22
i 1.Mose 15,18 *j* Kap 34,12

Der Bundesschluß am Sinai

Und zu Mose sprach er: Steig herauf **24**
zum HERRN, du und [a]Aaron, Nadab
und Abihu und [b]siebzig von den Älte-
sten Israels, und betet an von ferne.
Aber Mose allein nahe sich zum HERRN 2
und lasse jene sich nicht nahen, und das
Volk komme auch nicht mit ihm her-
auf.

Mose kam und sagte dem Volk [c]alle 3
Worte des HERRN und alle Rechtsord-
nungen. Da antwortete alles Volk wie
aus einem Munde: Alle Worte, die der
HERR gesagt hat, wollen wir tun. Da 4
[d]schrieb Mose alle Worte des HERRN
nieder und machte sich früh am Mor-
gen auf und baute einen Altar unten am
Berge und [e]zwölf Steinmale nach den
zwölf Stämmen Israels und sandte 5
[f]junge Männer von den Israeliten hin,
daß sie darauf dem HERRN Brandopfer
opferten und Dankopfer von jungen
Stieren. Und Mose nahm die Hälfte des 6
Blutes und goß es in die Becken, die an-
dere Hälfte aber sprengte er an den Al-
tar. Und er nahm das Buch des Bundes 7
und las es vor den Ohren des Volks.
Und sie sprachen: Alles, was der HERR
gesagt hat, wollen wir tun und darauf
hören. Da [g]nahm Mose das Blut und 8
besprengte das Volk damit und sprach:
Seht, das ist [h]das Blut des Bundes, den
der HERR mit euch geschlossen hat auf
Grund aller dieser Worte.

Da stiegen Mose und Aaron, Nadab 9
und Abihu und siebzig von den Älte-
sten Israels hinauf und sahen den Gott 10
Israels. Unter seinen Füßen war es wie
eine Fläche von [i]Saphir und wie der
Himmel, wenn es klar ist. Und [j]er reck- 11
te seine Hand nicht aus wider die Edlen

Israels. Und [k]als sie Gott geschaut hat-
ten, aßen und tranken sie.

a Kap 28,1; 3.Mose 10,1 *b* 4.Mose 11,16
c Kap 19,8 *d* Kap 34,27 *e* Jos 4,20 *f* Ri 17,7
g Hebr 9,19-22 *h* Mk 14,24 *i* Hes 1,26
j Kap 19,21.22 *k* Kap 33,20-23

Mose soll die Gesetzestafeln empfangen

12 Und der HERR sprach zu Mose: Komm
herauf zu mir auf den Berg und bleib
daselbst, daß ich dir gebe die [a]stei-
nernen Tafeln, Gesetz und Gebot, die
ich geschrieben habe, um sie zu unter-
13 weisen. Da machte sich Mose auf mit
seinem Diener Josua und stieg auf den
14 Berg Gottes.[b] Aber zu den Ältesten
sprach er: Bleibt hier, bis wir zu euch
zurückkommen. Siehe, [c]Aaron und
Hur sind bei euch; hat jemand eine
Rechtssache, der wende sich an sie.
15 Als nun Mose auf den Berg kam, be-
16 deckte die Wolke den Berg, und [d]die
Herrlichkeit des HERRN ließ sich nieder
auf dem Berg Sinai, und die Wolke be-
deckte ihn sechs Tage; und am sieben-
ten Tage erging der Ruf des HERRN an
17 Mose aus der Wolke. Und die Herrlich-
keit des HERRN war anzusehen wie [e]ein
verzehrendes Feuer auf dem Gipfel des
18 Berges vor den Israeliten. Und Mose
ging mitten in die Wolke hinein und
stieg auf den Berg und blieb auf dem
Berge [f]vierzig Tage und vierzig Näch-
te.

a Kap 31,18; 2.Kor 3,3.6 *b* Kap 33,11
c Kap 17,12 *d* Kap 16,10 *e* 5.Mose 4,24; 9,3;
Hebr 12,29 *f* Kap 34,28

GESETZE FÜR DIE STIFTSHÜTTE
(KAP 25-31)

Gaben für die Stiftshütte

25 Und der HERR redete mit Mose und
sprach:
2 Sage den Israeliten, daß sie für mich
eine [a]Opfergabe erheben von jedem,
3 der es [b]freiwillig gibt. Das ist aber die
Opfergabe, die ihr von ihnen erheben
4 sollt: Gold, Silber, Kupfer, blauer und
roter Purpur, Scharlach, feine Lein-
5 wand, Ziegenhaar, rotgefärbte Widder-
6 felle, Dachsfelle, Akazienholz, Öl für
die Lampen, Spezerei zum Salböl und
zu wohlriechendem Räucherwerk,
7 Onyxsteine und eingefaßte Steine zum
Priesterschurz und zur Brusttasche.
8 Und sie sollen mir ein Heiligtum ma-
9 chen, daß ich unter ihnen wohne.[c] Ge-
nau nach dem [d]Bild, das ich dir [e]von
der Wohnung und ihrem ganzen Gerät
zeige, sollt ihr's machen.

a Kap 35,4-7 *b* 1.Chr 29,5; Esr 2,68.69
c Hes 37,26-28 *d* Vers 40 *e* Kap 26,30; 27,8

Die Bundeslade
(vgl. Kap 37,1-9)

Macht eine Lade aus Akazienholz; zwei 10
und eine halbe Elle soll die Länge sein,
anderthalb Ellen die Breite und andert-
halb Ellen die Höhe. Du sollst sie mit 11
feinem Gold überziehen innen und au-
ßen und einen goldenen Kranz an ihr
ringsherum machen. Und gieß vier gol- 12
dene Ringe und tu sie an ihre vier Ek-
ken, so daß zwei Ringe auf der einen
Seite und zwei auf der andern seien.
[a]Und mache Stangen von Akazienholz 13
und überziehe sie mit Gold und stecke 14
sie in die Ringe an den Seiten der Lade,
daß man sie damit trage. Sie sollen in 15
den Ringen bleiben und nicht heraus-
getan werden. Und du sollst in die Lade 16
das Gesetz legen, das ich dir geben wer-
de. [b]Du sollst auch einen Gnadenthron 17
machen aus feinem Golde; zwei und
eine halbe Elle soll seine Länge sein
und anderthalb Ellen seine Breite. Und 18
du sollst zwei Cherubim machen aus
getriebenem Golde an beiden Enden
des Gnadenthrones, so daß ein Cherub 19
sei an diesem Ende, der andere an je-
nem, daß also zwei Cherubim seien an
den Enden des Gnadenthrones. Und 20
die Cherubim sollen ihre Flügel nach
oben ausbreiten, daß sie mit ihren Flü-
geln den Gnadenthron bedecken und
eines jeden Antlitz gegen das des an-
dern stehe; und ihr Antlitz soll zum
Gnadenthron gerichtet sein. Und du 21
sollst den Gnadenthron oben auf die
Lade tun und in die Lade das [c]Gesetz
legen, das ich dir geben werde. Dort 22
will ich dir begegnen, und vom Gna-
denthron aus, der auf der Lade mit dem
Gesetz ist, [d]zwischen den beiden Che-
rubim will ich mit dir alles reden, was
ich dir gebieten will für die Israeliten.

a (13-15) 1.Kön 8,8 *b (17-22)* 3.Mose 16,12-15;
Hebr 4,16; 9,5 *c* Kap 34,29; 1.Kön 8,9
d 4.Mose 7,89; 2.Sam 6,2

Der Tisch für die Schaubrote
(vgl. Kap 37,10-16)

Du sollst auch einen Tisch machen aus 23
Akazienholz; zwei Ellen soll seine Län-
ge sein, eine Elle seine Breite und an-
derthalb Ellen seine Höhe. Und du 24
sollst ihn überziehen mit feinem Gold

und einen goldenen Kranz ringsherum
25 machen und eine Leiste ringsherum
eine Handbreit hoch und einen golde-
nen Kranz an der Leiste ringsherum;
26 und du sollst vier goldene Ringe ma-
chen an die vier Ecken an seinen vier
27 Füßen. Dicht unter der Leiste sollen
die Ringe sein, so daß man Stangen
hineintun und den Tisch tragen könne.
28 Und du sollst die Stangen aus Akazien-
holz machen und sie mit Gold überzie-
hen, daß der Tisch damit getragen wer-
29 de. Du sollst auch aus feinem Golde
seine Schüsseln und Schalen machen,
seine Kannen und Becher, in denen
30 man das Trankopfer darbringe. Und
du sollst auf den Tisch allezeit Schau-
brote legen vor mein Angesicht.[a]

a 3.Mose 24,5.6

Der Leuchter

(vgl. Kap 37,17-24)

31 Du sollst auch einen Leuchter aus fei-
nem Golde machen, Fuß und Schaft in
getriebener Arbeit, mit Kelchen,
32 Knäufen und Blumen. Sechs Arme sol-
len von dem Leuchter nach beiden Sei-
ten ausgehen, nach jeder Seite drei
33 Arme. Jeder Arm soll drei Kelche wie
Mandelblüten haben mit Knäufen und
Blumen. So soll es sein bei den sechs
34 Armen an dem Leuchter. Aber der
Schaft am Leuchter soll vier Kelche
wie Mandelblüten haben mit Knäufen
35 und Blumen, und je einen Knauf unter
zwei von den sechs Armen, die von dem
36 Leuchter ausgehen. Beide, Knäufe und
Arme, sollen aus einem Stück mit ihm
sein, lauteres Gold in getriebener
37 Arbeit. Und du sollst sieben Lampen
machen und sie oben anbringen, so daß
38 sie nach vorn leuchten, und Lichtsche-
ren und Löschnäpfe aus feinem Golde.
39 Aus einem Zentner feinen Goldes sollst
du den Leuchter machen mit allen
diesen Geräten.
40 Und sieh zu, daß du alles machest
[a]nach dem Bilde, das dir auf dem Berge
gezeigt ist.

a Vers 9; Kap 26,30; Apg 7,44; Hebr 8,5

Die Stiftshütte

(vgl. Kap 36,8-38)

26 Die Wohnung sollst du machen aus
zehn Teppichen von gezwirnter feiner
Leinwand, von blauem und rotem Pur-
pur und von Scharlach. Cherubim
sollst du einweben in kunstreicher
2 Arbeit. Die Länge eines Teppichs soll
achtundzwanzig Ellen sein, die Breite
vier Ellen, und sie sollen alle zehn
gleich sein; und es sollen je fünf zu 3
einem Stück zusammengefügt werden,
einer an den andern. Und du sollst 4
Schlaufen machen von blauem Purpur
bei jedem Stück an dem Rand, wo die
zwei Stücke zusammengeheftet wer-
den, fünfzig Schlaufen an jedem Stück, 5
daß eine Schlaufe der andern gegen-
übersteh. Und du sollst fünfzig golde- 6
ne Haken machen, mit denen man die
Teppiche zusammenhefte, einen an
den andern, damit es *eine* Wohnung
werde.
Du sollst auch Teppiche aus Ziegen- 7
haar machen als Zelt über der Woh-
nung, elf Teppiche. Die Länge eines 8
Teppichs soll dreißig Ellen sein, die
Breite aber vier Ellen, und sie sollen alle
elf gleich groß sein. Fünf sollst du 9
aneinanderfügen und die sechs andern
auch, damit du den sechsten Teppich
vorn an dem Zelt doppelt legst; und 10
sollst an jedes Stück fünfzig Schlaufen
machen an dem Rand, wo die Stücke
zusammengeheftet werden. Und du 11
sollst fünfzig Haken aus Kupfer ma-
chen und die Haken in die Schlaufen
tun, daß beide Stücke zu einem einzi-
gen Zelt zusammengefügt werden.
Aber vom Überhang der Teppiche des 12
Zeltes sollst du einen halben Teppich
hinten an dem Zelte überhängen lassen
und auf beiden Seiten je eine Elle, daß 13
der Überhang an den Seiten des Zeltes
sei und es auf beiden Seiten bedecke.
Über die Decke des Zeltes sollst du eine 14
Decke von rotgefärbten Widderfellen
machen und darüber noch eine Decke
von Dachsfellen.
Du sollst auch Bretter machen für 15
die Wohnung, aus Akazienholz, zum
Aufstellen; zehn Ellen lang soll ein 16
Brett sein und anderthalb Ellen breit.
Zwei Zapfen soll ein Brett haben, daß 17
eins an das andere gesetzt werden kön-
ne. So sollst du alle Bretter der Woh-
nung machen. Zwanzig von ihnen sol- 18
len nach Süden stehen. Die sollen vier- 19
zig silberne Füße unten haben, je zwei
Füße unter jedem Brett für seine zwei
Zapfen. Ebenso sollen auf der andern 20
Seite, nach Norden, auch zwanzig
Bretter stehen mit vierzig silbernen Fü- 21
ßen, je zwei Füße unter jedem Brett.
Und für die Rückseite der Wohnung 22
nach Westen sollst du sechs Bretter ma-
chen; dazu zwei Bretter für die zwei 23
Ecken an der Rückseite der Wohnung,
daß beide mit ihren Eckbrettern unten 24

und oben verbunden sind und so die
25 Ecken bilden. Acht Bretter sollen es
sein mit ihren silbernen Füßen; sech-
zehn Füße sollen es sein, je zwei unter
einem Brett.
26 Und du sollst Riegel machen aus
Akazienholz, fünf zu den Brettern auf
27 der einen Langseite der Wohnung und
fünf zu den Brettern auf der andern
Langseite der Wohnung und fünf zu
den Brettern auf der Rückseite der
28 Wohnung nach Westen, und sollst
einen Mittelriegel in halber Höhe an
den Brettern entlanglaufen lassen von
29 einem Ende zu dem andern. Und du
sollst die Bretter mit Gold überziehen
und ihre Ringe aus Gold machen, in die
30 man die Riegel hineintut. Und die Rie-
gel sollst du mit Gold überziehen. So
sollst du die Wohnung in der Weise
aufrichten, [a]wie du sie auf dem Berge
gesehen hast.
31 Du sollst einen [b]Vorhang machen
aus blauem und rotem Purpur, Schar-
lach und gezwirnter feiner Leinwand
und sollst Cherubim einweben in
32 kunstreicher Arbeit und sollst ihn auf-
hängen an vier Säulen von Akazien-
holz, die mit Gold überzogen sind und
goldene Nägel und vier silberne Füße
33 haben. Und du sollst den [c]Vorhang an
die [d]Haken hängen und die Lade mit
dem Gesetz hinter den Vorhang setzen,
daß er euch eine Scheidewand sei zwi-
schen dem Heiligen und dem Allerhei-
ligsten.
34 Und du sollst den Gnadenthron auf
die Lade mit dem Gesetz tun, die im
35 Allerheiligsten steht.[e] Den [f]Tisch aber
setze außen vor den Vorhang und den
Leuchter dem Tisch gegenüber an die
Südseite in der Wohnung, daß der
Tisch nach Norden zu steht.
36 Und du sollst eine Decke machen für
den Eingang des Zeltes aus blauem und
rotem Purpur, Scharlach und gezwirn-
ter feiner Leinwand in Buntwirker-
37 arbeit und für die Decke fünf Säulen
aus Akazienholz, mit Gold überzogen,
mit goldenen Nägeln, und sollst für sie
fünf Füße aus Kupfer gießen.

a Kap 25,9 *b* 2.Chr 3,14 *c* Mt 27,51; Hebr 9,3
d Vers 6.11 *e* Kap 25,21 *f* Kap 25,23-30; 40,22

Der Brandopferaltar
(vgl. Kap 38,1-7)

27 Du sollst einen Altar machen aus Aka-
zienholz, fünf Ellen lang und ebenso
breit, daß er viereckig sei, und drei El-
2 len hoch. Und du sollst auf seinen vier
Ecken [a]Hörner machen, die sollen mit
ihm verbunden sein, und sollst ihn mit
Kupfer überziehen. Mache auch Töpfe 3
für die Asche, Schaufeln, Becken, Ga-
beln, Kohlenpfannen; alle seine Geräte
sollst du aus Kupfer machen. Du sollst 4
auch ein Gitterwerk aus Kupfer ma-
chen wie ein Netz und vier Ringe aus
Kupfer an seine vier Enden. Du sollst 5
es aber von untenher um den Altar le-
gen unterhalb der Einfassung, daß das
Gitter bis zur Mitte des Altars reiche.
Und du sollst zu dem Altar auch Stan- 6
gen machen aus Akazienholz, mit Kup-
fer überzogen. Und man soll die Stan- 7
gen in die Ringe tun, daß die Stangen
an beiden Seiten des Altars seien, wenn
man ihn trägt. Als einen Kasten von 8
Brettern sollst du ihn machen, daß er
inwendig hohl sei, [b]wie er dir auf dem
Berge gezeigt wurde.

a 3.Mose 16,18; 1.Kön 1,50; Ps 118,27
b Kap 26,30

Der Vorhof
(vgl. Kap 38,9-20)

Du sollst einen Vorhof für die Woh- 9
nung machen, Behänge von gezwirnter
feiner Leinwand, für eine Seite hundert
Ellen lang, für die Südseite, und zwan- 10
zig Säulen auf zwanzig Füßen von
Kupfer und ihre Nägel und ihre Ring-
bänder von Silber. Ebenso sollen an der 11
Nordseite Behänge sein, hundert Ellen
lang, und zwanzig Säulen auf zwanzig
Füßen von Kupfer und ihre Nägel und
ihre Ringbänder von Silber. Und nach 12
Westen soll die Breite des Vorhofes Be-
hänge haben, fünfzig Ellen lang, zehn
Säulen auf zehn Füßen. Nach Osten 13
aber soll die Breite des Vorhofes fünfzig
Ellen haben, fünfzehn Ellen Behänge 14
auf einer Seite, dazu drei Säulen auf
drei Füßen, und wieder fünfzehn Ellen 15
auf der andern Seite, dazu drei Säulen
auf drei Füßen. Und in dem Tor des 16
Vorhofes soll eine Decke sein, zwanzig
Ellen breit, gewirkt aus blauem und ro-
tem Purpur, Scharlach und gezwirnter
feiner Leinwand, dazu vier Säulen auf
ihren vier Füßen. Alle Säulen um den 17
Vorhof her sollen silberne Ringbänder
und silberne Nägel und kupferne Füße
haben. Die Länge des Vorhofes soll 18
hundert Ellen sein, die Breite fünfzig
Ellen, die Höhe fünf Ellen, und alle Be-
hänge sollen von gezwirnter feiner
Leinwand sein und seine Füße aus
Kupfer. Alle Geräte der Wohnung für 19
den gesamten Dienst und alle ihre Zelt-

pflöcke und alle Zeltpflöcke des Vorho-
fes sollen aus Kupfer sein.

Das Öl für den Leuchter

20 [a]Gebiete den Israeliten, daß sie zu dir
bringen das allerreinste Öl aus zersto-
ßenen Oliven für den Leuchter, daß
man ständig Lampen aufsetzen könne.
21 In der Stiftshütte, außen vor dem Vor-
hang, der vor der Lade mit dem Gesetz
hängt, sollen Aaron und seine Söhne
den Leuchter zurichten, daß er brenne
vom Abend bis zum Morgen vor dem
HERRN. Das soll eine ewige Ordnung
sein für ihre Nachkommen bei den Is-
raeliten.

a (20 und 21) 3.Mose 24,2-4

Die Kleidung der Priester

(vgl. Kap 39,1-31)

28 Du sollst Aaron, deinen Bruder, und
seine Söhne zu dir herantreten lassen
aus der Mitte der Israeliten, daß er
mein [a]Priester sei, er und [b]seine Söhne
Nadab, Abihu, Eleasar und Itamar.
2 Und du sollst Aaron, deinem Bruder,
heilige Kleider machen, die herrlich
3 und schön seien, und sollst reden mit
allen, die sich darauf verstehen, die ich
[c]mit dem Geist der Weisheit erfüllt
habe, daß sie Aaron Kleider machen zu
seiner Weihe, daß er mein Priester sei.
4 Dies sind aber die Kleider, die sie
machen sollen: Brusttasche, Schurz,
Obergewand, gewirktes Untergewand,
Kopfbund und Gürtel. Diese heiligen
Kleider sollen sie deinem Bruder Aaron
und seinen Söhnen machen, daß er
5 mein Priester sei. Sie sollen Gold, blau-
en und roten Purpur, Scharlach und
feine Leinwand dazu nehmen.[d]
6 Den Priesterschurz sollen sie ma-
chen aus Gold, blauem und rotem Pur-
pur, Scharlach und gezwirnter feiner
7 Leinwand, kunstreich gewirkt. Zwei
Schulterteile soll er haben, die angefügt
sind; an seinen beiden Enden soll er zu-
8 sammengebunden werden. Und die
Binde, die daran ist, um ihn anlegen zu
können, soll von derselben Arbeit und
aus einem Stück mit ihm sein, aus
Gold, blauem und rotem Purpur,
Scharlach und gezwirnter feiner Lein-
9 wand. Und du sollst zwei [e]Onyxsteine
nehmen und darauf eingraben die Na-
10 men der Söhne Israels, auf jeden sechs
Namen nach der Ordnung ihres Alters.
11 Das sollst du tun in Steinschneider-
arbeit nach der Weise der Siegelste-
cher, und sie sollen mit Goldgeflecht
eingefaßt werden. Und du sollst sie auf 12
die Schulterteile des Schurzes heften,
daß es Steine seien zum gnädigen Ge-
denken an die Israeliten, so daß Aaron
ihre Namen auf seinen beiden Schul-
tern trage vor dem HERRN, damit der
HERR ihrer gedenke. Und du sollst an- 13
dere Goldgeflechte machen und zwei 14
Ketten von feinem Golde wie gedrehte
Schnüre und sollst die geflochtenen
Ketten an diese Goldgeflechte tun.
Die Brusttasche für die Losentschei- 15
dungen sollst du wie den Priesterschurz
machen, kunstreich gewirkt, aus Gold,
blauem und rotem Purpur, Scharlach
und gezwirnter feiner Leinwand. Vier- 16
eckig soll sie sein und doppelt gelegt;
eine Spanne soll ihre Länge sein und
eine Spanne ihre Breite. Und du sollst 17
sie besetzen mit vier Reihen von Stei-
nen. Die erste Reihe sei ein Sarder, ein
Topas und ein Smaragd, die andere ein 18
Rubin, ein Saphir und ein Diamant, die 19
dritte ein Lynkurer, ein Achat und ein
Amethyst, die vierte ein Türkis, ein 20
Onyx und ein Jaspis; in Goldgeflecht
sollen sie gefaßt sein. Zwölf sollen es 21
sein in Siegelstecherarbeit nach den
Namen der Söhne Israels, daß auf je-
dem ein Name stehe nach den zwölf
Stämmen.
Und du sollst Ketten zu der Tasche 22
wie gedrehte Schnüre machen aus fei-
nem Golde und zwei goldene Ringe für 23
die Tasche, so daß du die beiden Ringe
an zwei Ecken der Tasche heftest und 24
die beiden goldenen Ketten in die bei-
den Ringe an den Ecken der Tasche
tust. Aber die beiden andern Enden der 25
zwei Ketten sollst du an den beiden
Goldgeflechten befestigen und sie an
die Schulterteile des Priesterschurzes
vorn anheften. Und du sollst zwei an- 26
dere goldene Ringe machen und an die
beiden andern Ecken der Tasche heften
an ihren Rand innen zum Schurz hin.
Und du sollst abermals zwei goldene 27
Ringe machen und sie unten an die bei-
den Schulterteile vorn am Schurz an-
heften, wo der Schurz zusammengeht,
oben über der Binde des Schurzes. Und 28
man soll die Tasche mit ihren Ringen
mit einer Schnur von blauem Purpur
an die Ringe des Schurzes knüpfen, daß
sie über der Binde des Schurzes anliege
und die Tasche sich nicht von dem
Schurz losmache. So soll Aaron die Na- 29
men der Söhne Israels in der Brustta-
sche auf seinem Herzen tragen, wenn er
in das Heiligtum geht, zum gnädigen

Gedenken vor dem HERRN allezeit.
30 Und du sollst in die Brusttasche tun die
Lose[f] »Licht und Recht«, so daß sie auf
dem Herzen Aarons seien, wenn er hin-
eingeht vor den HERRN, daß er die Ent-
scheidungen für die Israeliten auf sei-
nem Herzen trage vor dem HERRN alle-
zeit.
31 Du sollst auch das Obergewand un-
ter dem Schurz ganz aus blauem Pur-
32 pur machen. Und oben in der Mitte soll
eine Öffnung sein und eine Borte um
die Öffnung herum in Weberarbeit wie
bei einem Panzerhemd, daß sie nicht
33 einreiße. Und unten an seinem Saum
sollst du Granatäpfel machen aus
blauem und rotem Purpur und Schar-
lach ringsherum und zwischen sie gol-
34 dene Schellen auch ringsherum, daß
eine goldene Schelle sei, danach ein
Granatapfel, und wieder eine goldene
Schelle und wieder ein Granatapfel
ringsherum an dem Saum des Oberge-
35 wandes. Und Aaron soll ihn anhaben,
wenn er dient, daß man seinen Klang
höre, wenn er hineingeht ins Heiligtum
vor dem HERRN und wieder heraus-
kommt;[g] so wird er nicht sterben.
36 Du sollst auch ein Stirnblatt machen
aus feinem Golde und darauf eingra-
ben, wie man Siegel eingräbt: »Heilig
37 dem HERRN«. Und du sollst es heften an
eine Schnur von blauem Purpur vorn
38 an den Kopfbund. Und es soll sein auf
der Stirn Aarons, damit Aaron bei allen
ihren Opfern alle Sünde trage, die an
den heiligen Gaben der Israeliten haf-
tet. Und es soll allezeit an seiner Stirn
sein, daß sie wohlgefällig seien vor dem
HERRN.
39 Du sollst auch das Untergewand
kunstreich wirken aus feiner Leinwand
und einen Kopfbund aus feiner Lein-
wand machen und einen buntgewirkten
40 Gürtel. Und den Söhnen Aarons sollst
du Untergewänder, Gürtel und hohe
Mützen machen, die herrlich und
41 schön seien,[h] und sollst sie deinem
Bruder Aaron samt seinen Söhnen an-
legen und sollst sie salben und ihre
Hände füllen* und sie weihen, daß sie
42 meine Priester seien.[i] Und du sollst
ihnen leinene Beinkleider machen, um
ihre Blöße zu bedecken, von den Hüf-
43 ten bis an die Schenkel. Und Aaron und
seine Söhne sollen sie anhaben, wenn
sie in die Stiftshütte gehen oder hinzu-
treten zum Altar, um im Heiligtum zu
dienen, damit sie keine Schuld auf sich
laden und sterben müssen. Das soll für
ihn und sein Geschlecht nach ihm eine
ewige Ordnung sein.

a 1.Chr 23,13 *b* Kap 6,23 *c* Kap 31,3
d Kap 26,1 *e* Kap 25,7 *f* 3.Mose 8,8;
4.Mose 27,21; 5.Mose 33,8 *g* Kap 30,21;
3.Mose 16,2.13 *h* Vers 2 *i* Kap 29,9.29-36
*Vers 41: Damit ist eine besondere Opfersitte bei der Priesterweihe gemeint, vgl. Kap 29,24 und 3.Mose 8,12.22-31.

Weihe der Priester und des Altars

(vgl. 3.Mose 8)

Dies ist's, was du mit ihnen tun sollst, 29
daß sie mir zu Priestern geweiht wer-
den: Nimm einen jungen Stier und
zwei Widder ohne Fehler, ungesäuertes 2
Brot und ungesäuerte Kuchen, mit Öl
vermengt, und ungesäuerte Fladen, mit
Öl bestrichen; aus feinem Weizenmehl
sollst du das alles machen und sollst es 3
in einen Korb legen und in dem Korbe
herzubringen samt dem Stier und den
beiden Widdern. Und du sollst Aaron 4
und seine Söhne vor die Tür der Stifts-
hütte treten lassen und sie mit Wasser
waschen und die Kleider nehmen und 5
Aaron anziehen das Untergewand und
das Obergewand und den Priester-
schurz und die Brusttasche und sollst
ihm den Schurz mit der Binde umgür-
ten und den Kopfbund auf sein Haupt 6
setzen und den heiligen [a] Kronreif am
Kopfbund befestigen. Und du sollst 7
das [b] Salböl nehmen und auf sein Haupt
gießen und ihn salben. Und seine Söh- 8
ne sollst du auch herzuführen und
ihnen das Untergewand anziehen und 9
sie, Aaron und seine Söhne, mit Gür-
teln umgürten und den Söhnen die ho-
hen Mützen aufsetzen, daß sie das
Priestertum haben nach ewiger Ord-
nung. Und du sollst Aaron und seinen
Söhnen [c] die Hände füllen. Und du 10
sollst den jungen Stier herzuführen vor
die Stiftshütte, und Aaron und seine
Söhne sollen [d] ihre Hände auf den Kopf
des Stieres legen. Und du sollst den 11
Stier schlachten vor dem HERRN, vor
der Tür der Stiftshütte, und sollst von 12
seinem Blut nehmen und mit deinem
Finger an die Hörner des Altars strei-
chen und alles andere Blut an den Fuß
des Altars schütten. Und du sollst alles 13
Fett am Eingeweide nehmen und den
Lappen an der Leber und die beiden
Nieren mit dem Fett daran und [e] sollst
es auf dem Altar in Rauch aufgehen las-
sen. Aber Fleisch, Fell und Mist des 14
Stieres sollst du draußen vor dem La-
ger mit Feuer verbrennen; denn es ist
ein Sündopfer.[f] Und den einen Widder 15

sollst du nehmen, und Aaron und seine
Söhne sollen ihre Hände auf seinen
16 Kopf legen. Dann sollst du ihn schlach-
ten und sein Blut nehmen und ringsum
17 an den Altar sprengen. Aber den Wid-
der sollst du in seine Stücke zerlegen
und seine Eingeweide und Schenkel
waschen und sie zu seinen Stücken und
18 seinem Kopf legen und den ganzen
Widder in Rauch aufgehen lassen auf
dem Altar; denn es ist dem HERRN ein
Brandopfer, ein lieblicher Geruch, ein
19 [g] Feueropfer für den HERRN. Den an-
dern Widder aber sollst du nehmen,
und Aaron und seine Söhne sollen ihre
20 Hände auf seinen Kopf legen, und du
sollst ihn schlachten und von seinem
Blut nehmen und es Aaron und seinen
Söhnen an das rechte Ohrläppchen
streichen und an den Daumen ihrer
rechten Hand und an die große Zehe
ihres rechten Fußes; und du sollst das
Blut ringsum an den Altar sprengen.
21 Und du sollst von dem Blut auf dem Al-
tar nehmen und Salböl und sollst Aaron
und seine Kleider, seine Söhne und
ihre Kleider damit besprengen. So wer-
den er und seine Kleider, seine Söhne
22 und ihre Kleider geweiht. Danach
sollst du nehmen [h] das Fett von dem
Widder, den Fettschwanz und das Fett
am Eingeweide, den Lappen an der Le-
ber und die beiden Nieren mit dem Fett
daran und die rechte Keule – denn es ist
23 der Widder der Einsetzung – und ein
Brot und einen Ölkuchen und einen
Fladen aus dem Korbe mit dem unge-
säuerten Brot, der vor dem HERRN
24 steht. Dann lege das alles auf die Hände
Aarons und seiner Söhne und schwinge
es als Schwingopfer vor dem HERRN.
25 Danach nimm es von ihren Händen
und laß es in Rauch aufgehen auf dem
Altar über dem Brandopfer zum lieb-
lichen Geruch vor dem HERRN; denn es
26 ist ein Feueropfer für den HERRN. Und
du sollst die Brust vom Widder der
Einsetzung Aarons nehmen und sie vor
dem HERRN schwingen. Das soll dein
27 Anteil sein. So sollst du [i] heiligen die
Brust als Schwingopfer und die Keule
als Hebopfer, die von dem Widder der
Einsetzung Aarons und seiner Söhne
28 genommen sind. Und das soll Aaron
und seinen Söhnen gehören als ewiges
Anrecht bei den Israeliten, denn es ist
ein Hebopfer. Und ein Hebopfer von
den Israeliten soll es sein von ihren
Dankopfern, ihr Hebopfer für den
HERRN.

Und die heiligen Kleider Aarons sol- 29
len nach ihm seine Söhne haben, [j] daß
sie darin gesalbt und ihre Hände gefüllt
werden. Wer von seinen Söhnen an sei- 30
ner Statt Priester wird, der soll sie sie-
ben Tage anziehen, wenn er in die
Stiftshütte geht, um im Heiligtum zu
dienen. Und du sollst den Widder der 31
Einsetzung nehmen und sein Fleisch an
einem heiligen Ort kochen. Und Aaron 32
mit seinen Söhnen soll das Fleisch des
Widders samt dem Brot im Korbe es-
sen vor der Tür der Stiftshütte. Sie sol- 33
len die Stücke essen, mit denen die
Sühnung für sie vollzogen wurde, als
man ihre Hände füllte und sie weihte.
Kein anderer darf es essen, denn es ist
heilig.[k] Wenn aber etwas übrigbleibt 34
von dem Fleisch der Einsetzung und
von dem Brot bis zum Morgen, sollst
du es mit Feuer verbrennen. Es darf
nicht gegessen werden, denn es ist hei-
lig. So sollst du mit Aaron und seinen 35
Söhnen alles tun, was ich dir geboten
habe. Sieben Tage sollst du ihre Hände
füllen und täglich einen jungen Stier 36
zum Sündopfer schlachten zur Süh-
nung und sollst den Altar entsündigen,
indem du die Sühnung an ihm voll-
ziehst, und sollst ihn salben, daß er ge-
weiht werde. Sieben Tage sollst du an 37
dem Altar die Sühnung vollziehen und
ihn [l] weihen; so wird er ein Hochheili-
ges. Wer den Altar anrührt, der ist dem
Heiligtum verfallen.

a Kap 28,36; 39,30 *b* Kap 30,25 *c* Kap 28,41
d 3.Mose 1,4 *e* 3.Mose 3,16.17 *f* 3.Mose 4,11.12
g 1.Sam 2,28 *h* 3.Mose 3,3.4 *i* 4.Mose 18,18
j Kap 28,40.41 *k* 3.Mose 10,17 *l* Kap 30,29

Das tägliche Opfer

(vgl. 4.Mose 28,3-8)

Und dies sollst du auf dem Altar tun: 38
Zwei einjährige Schafe sollst du an je-
dem Tage darauf opfern, ein Schaf am 39
Morgen, das andere gegen Abend.[a]
Und zu dem einen Schaf einen Krug 40
feinsten Mehls, vermengt mit einer
viertel Kanne [b] zerstoßener Oliven, und
eine viertel Kanne Wein zum Trank-
opfer. Mit dem andern Schaf sollst du 41
tun gegen Abend wie mit dem Speis-
opfer und Trankopfer vom Morgen,
zum lieblichen Geruch, ein Feueropfer
für den HERRN.

Das soll das [c] tägliche Brandopfer 42
sein bei euren Nachkommen am [d] Ein-
gang der Stiftshütte vor dem HERRN,
wo ich euch begegnen und mit dir re-
den will. Daselbst will ich den Israeli- 43
ten begegnen, und das Heiligtum wird

geheiligt werden durch meine Herr-
44 lichkeit.[e] Und ich will die Stiftshütte
und den Altar heiligen und Aaron und
seine Söhne heiligen, daß sie meine
45 Priester seien. Und ich will [f]unter den
Israeliten wohnen und [g]ihr Gott sein,
46 daß sie erkennen sollen, ich sei [h]der
HERR, ihr Gott, der sie aus Ägypten-
land führte, damit ich unter ihnen woh-
ne, ich, der HERR, ihr Gott.

a 2.Kön 16,15; Ps 141,2 *b* Kap 27,20 *c* Kap 33,7
d Kap 25,2 *e* Kap 33,10; 40,34 *f* Kap 25,8;
Sach 2,14 *g* 3.Mose 26,12 *h* Kap 20,2

Der Räucheraltar
(vgl. Kap 37,25-28)

30 Du sollst auch einen Räucheraltar ma-
2 chen aus Akazienholz, eine Elle lang und
ebenso breit, viereckig, und zwei Ellen
3 hoch mit seinen Hörnern. Und du sollst
ihn mit feinem Golde überziehen, seine
Platte und seine Wände ringsherum
und seine Hörner. Und sollst einen
Kranz von Gold ringsherum machen
4 und zwei goldene Ringe unter dem
Kranz zu beiden Seiten, daß man Stan-
5 gen hineintue und ihn damit trage. Die
Stangen sollst du auch aus Akazienholz
6 machen und mit Gold überziehen. Und
du sollst ihn setzen vor den Vorhang,
der vor der Lade mit dem Gesetz hängt,
und vor den Gnadenthron, der auf der
Lade mit dem Gesetz ist, [a]wo ich dir
7 begegnen werde. Und Aaron soll dar-
auf verbrennen gutes [b]Räucherwerk je-
den Morgen, wenn er die Lampen zu-
8 richtet. Desgleichen, wenn er die Lam-
pen anzündet gegen Abend, soll er sol-
ches Räucherwerk auch verbrennen.
Das soll das tägliche Räucheropfer sein
vor dem HERRN bei euren Nachkom-
9 men. Ihr sollt kein [c]fremdes Räucher-
werk darauf tun, auch kein Brandopfer,
Speisopfer oder Trankopfer darauf
10 opfern. Und Aaron soll [d]an den Hör-
nern dieses Altars einmal im Jahr die
Sühnung vollziehen mit dem Blut des
Sündopfers, das zur Sühnung darge-
bracht wird. Solche Sühnung soll jähr-
lich einmal geschehen bei euren Nach-
kommen. Hochheilig ist der Altar dem
HERRN.

a Kap 25,21.22 *b* Ps 141,2 *c* 3.Mose 10,1.2
d 3.Mose 16,18

Die Steuer für das Heiligtum

11 Und der HERR redete mit Mose und
12 sprach: Wenn du die Israeliten [a]zählst,
so soll ein jeder dem HERRN ein Sühne-
geld geben, um sein Leben auszulösen,
damit ihnen nicht eine Plage widerfah-
re, wenn sie gezählt werden. Es soll 13
aber jeder, der gezählt ist, einen halben
Taler geben nach dem Münzgewicht
des Heiligtums; ein Taler wiegt zwan-
zig Gramm. Dieser halbe Taler soll als
[b]Opfergabe für den HERRN erhoben
werden. Wer gezählt ist von zwanzig 14
Jahren an und darüber, der soll diese
Opfergabe dem HERRN geben. Der Rei- 15
che soll nicht mehr geben und der
Arme nicht weniger als den halben Ta-
ler als Opfergabe für den HERRN zur
Sühnung für euer Leben. Und du sollst 16
solches Sühnegeld nehmen von den Is-
raeliten und es zum Dienst an der
Stiftshütte geben, daß es sei für die Is-
raeliten zum gnädigen Gedenken vor
dem HERRN, zur Sühnung für euer Le-
ben.

a 4.Mose 1,3; 2.Sam 24,2.3 *b* Mt 17,27

Das kupferne Becken

Und der HERR redete mit Mose und 17
sprach: Du sollst auch ein Becken aus 18
Kupfer machen mit einem Gestell aus
Kupfer zum Waschen und sollst es set-
zen zwischen die Stiftshütte und den
Altar und Wasser hineintun,[a] daß 19
Aaron und seine Söhne ihre Hände und
Füße darin waschen, wenn sie in die 20
Stiftshütte gehen oder zum Altar, um
zu dienen und Feueropfer zu verbren-
nen für den HERRN, auf daß sie nicht 21
sterben. Das soll eine ewige Ordnung
sein für ihn und sein Geschlecht bei
ihren Nachkommen.

a Kap 38,8

Salböl und Räucherwerk

Und der HERR redete mit Mose und 22
sprach: Nimm dir die beste Spezerei: 23
die edelste Myrrhe, fünfhundert Lot,
und Zimt, die Hälfte davon, zweihun-
dertundfünfzig, und Kalmus, auch
zweihundertundfünfzig Lot, und Kas- 24
sia, fünfhundert nach dem Gewicht des
Heiligtums, und eine Kanne Olivenöl.
Und mache daraus ein heiliges Salböl 25
nach der Kunst des Salbenbereiters.[a]
Und du sollst damit salben die Stifts- 26
hütte und die Lade mit dem Gesetz,
den Tisch mit all seinem Gerät, den 27
Leuchter mit seinem Gerät, den Räu-
cheraltar, den Brandopferaltar mit all 28
seinem Gerät und das Becken mit sei-
nem Gestell. So sollst du sie weihen, 29
daß sie [b]hochheilig seien. Wer sie an-
rührt, der ist dem Heiligtum verfallen.
Aaron und seine Söhne sollst du auch 30

[c]salben und sie mir zu Priestern wei-
31 hen. Und du sollst mit den Israeliten
reden und sprechen: Eine heilige Salbe
soll mir dies Öl bei euren Nachkommen
32 sein. Auf keines andern Menschen Leib
soll es gegossen werden; du sollst es
auch sonst in der gleichen Mischung
nicht herstellen, denn es ist heilig; dar-
33 um soll es euch als heilig gelten. Wer
solche Salbe macht oder einem Unbe-
rufenen davon gibt, der soll aus seinem
Volk ausgerottet werden.
34 Und der HERR sprach zu Mose:
Nimm dir Spezerei: Balsam, Stakte,
Galbanum und reinen Weihrauch, vom
35 einen soviel wie vom andern, und ma-
che Räucherwerk daraus, gemengt
nach der Kunst des Salbenbereiters,
gesalzen, rein, zum heiligen Gebrauch.
36 Und du sollst es zu Pulver stoßen und
sollst etwas davon vor die Lade mit dem
Gesetz in der Stiftshütte bringen, [d]wo
ich dir begegnen werde. Es soll euch ein
37 Hochheiliges sein. Aber solches Räu-
cherwerk sollt ihr für euch nicht ma-
chen, sondern es soll dir als dem HERRN
38 geheiligt gelten. Wer es macht, damit er
sich an dem Geruch erfreue, der soll
ausgerottet werden aus seinem Volk.

a Kap 37,29 *b* Vers 10 *c* Kap 29,7 *d* Vers 6

Berufung der Kunsthandwerker für die Stiftshütte

31 [a]Und der HERR redete mit Mose und
2 sprach: Siehe, ich habe mit Namen be-
rufen Bezalel, den Sohn Uris, des Soh-
3 nes Hurs, vom Stamm Juda, und habe
ihn erfüllt mit dem Geist Gottes, mit
Weisheit und Verstand und Erkenntnis
4 und mit aller Geschicklichkeit, kunst-
reich zu arbeiten in Gold, Silber, Kup-
5 fer, kunstreich Steine zu schneiden und
einzusetzen und kunstreich zu schnit-
zen in Holz, um jede Arbeit zu vollbrin-
6 gen. Und siehe, ich habe ihm beigege-
ben Oholiab, den Sohn Ahisamachs,
vom Stamm Dan, und habe allen
Künstlern die Weisheit ins Herz gege-
ben, daß sie alles machen können, was
7 ich dir geboten habe: [b]die Stiftshütte,
die Lade mit dem Gesetz, den Gna-
denthron darauf und alle Geräte in der
8 Hütte, den Tisch und sein Gerät, den
Leuchter von reinem Gold und all sein
9 Gerät, den Räucheraltar, den Brand-
opferaltar mit all seinem Gerät, das
10 Becken mit seinem Gestell, die Amts-
kleider, die heiligen Kleider des Prie-
sters Aaron und die Kleider seiner Söh-
11 ne für den priesterlichen Dienst, das
Salböl und das Räucherwerk von Spe-
zerei für das Heiligtum. Ganz so, wie
ich dir geboten habe, sollen sie es ma-
chen.

a (1-6) Kap 35,30-35 *b (7-11)* Kap 35,11-19

Gebot der Sabbatfeier
(vgl. Kap 35,1-3)

Und der HERR redete mit Mose und 12
sprach: Sage den Israeliten: Haltet 13
meinen Sabbat; denn er ist ein Zeichen
zwischen mir und euch von Geschlecht
zu Geschlecht, damit ihr erkennt, daß
ich der HERR bin, der euch heiligt.[a]
Darum haltet meinen Sabbat, denn er 14
soll euch heilig sein. Wer ihn entheiligt,
der soll des Todes sterben. Denn [b]wer
eine Arbeit am Sabbat tut, der soll aus-
gerottet werden aus seinem Volk. Sechs 15
Tage soll man arbeiten, aber am sieben-
ten Tag ist Sabbat, völlige Ruhe, heilig
dem HERRN. Wer eine Arbeit tut am
Sabbattag, soll des Todes sterben. Dar- 16
um sollen die Israeliten den Sabbat hal-
ten, daß sie ihn auch bei ihren Nach-
kommen halten als ewigen Bund.[c] Er 17
ist ein ewiges Zeichen zwischen mir
und den Israeliten. Denn in sechs Ta-
gen machte der HERR Himmel und
Erde, aber am siebenten Tage ruhte er
und erquickte sich.[d]

a Kap 20,8; Hes 20,12 *b* 4. Mose 15,32-35; Jer 17,21-23 *c* Mk 2,27.28 *d* Kap 16,23.25; 1. Mose 2,2

Übergabe der zwei Gesetzestafeln an Mose

Und als der HERR mit Mose zu Ende 18
geredet hatte auf dem Berge Sinai, gab
er ihm die beiden [a]Tafeln des Geset-
zes; die waren aus Stein und beschrie-
ben von dem Finger Gottes.

a Kap 24,12; 32,15.16; 34,28; 5. Mose 4,13; 5,22; 9,10; 10,1-5

Das goldene Stierbild

[a]Als aber das Volk sah, daß Mose aus- 32
blieb und nicht wieder von dem Berge
zurückkam, sammelte es sich gegen
Aaron und sprach zu ihm: Auf, mach
uns einen Gott, der vor uns hergehe!
Denn wir wissen nicht, was diesem
Mann Mose widerfahren ist, der uns
aus Ägyptenland geführt hat. Aaron 2
sprach zu ihnen: Reißet ab die golde-
nen Ohrringe an den Ohren eurer
Frauen, eurer Söhne und eurer Töch-
ter und bringt sie zu mir. Da riß alles 3
Volk sich die goldenen Ohrringe von
den Ohren und brachte sie zu Aaron.

4 Und er nahm sie von ihren Händen und
bildete das Gold in einer Form und
[b]machte ein gegossenes Kalb. Und sie
sprachen: Das ist dein Gott, Israel, der
5 dich aus Ägyptenland geführt hat! Als
das Aaron sah, baute er einen Altar vor
ihm und ließ ausrufen und sprach:
6 Morgen ist des HERRN Fest. Und sie
standen früh am Morgen auf und
opferten Brandopfer und brachten
dazu Dankopfer dar. Danach [c]setzte
sich das Volk, um zu essen und zu trinken,
und sie standen auf, um ihre Lust
zu treiben.

a (1-24) 5.Mose 9,8-21 *b* 1.Kön 12,28; Ps 106,19.20; Apg 7,41 *c* 1.Kor 10,7

Moses Fürbitte

7 Der HERR sprach aber zu Mose: Geh,
steig hinab; denn dein Volk, das du aus
Ägyptenland geführt hast, hat schänd-
8 lich gehandelt. Sie sind schnell von
dem Wege gewichen, den ich ihnen geboten
habe. Sie haben sich ein gegossenes
Kalb gemacht und haben's angebetet
und ihm geopfert und gesagt: Das
ist dein Gott, Israel, der dich aus Ägyp-
9 tenland geführt hat.[a] Und der HERR
sprach zu Mose: Ich sehe, daß es ein
10 [b]halsstarriges Volk ist. Und nun laß
mich, daß mein Zorn über sie entbrenne
und sie vertilge; dafür will ich dich
11 zum großen Volk machen.[c] Mose aber
flehte vor dem HERRN, seinem Gott,
und sprach: Ach, HERR, warum will
dein Zorn entbrennen über dein Volk,
das du mit großer Kraft und starker
Hand aus Ägyptenland geführt hast?
12 [d]Warum sollen die Ägypter sagen: Er
hat sie zu ihrem Unglück herausgeführt,
daß er sie umbrächte im Gebirge
und vertilgte sie von dem Erdboden?
Kehre dich ab von deinem grimmigen
Zorn und laß dich des Unheils gereuen,
das du über dein Volk bringen willst.
13 Gedenke an deine Knechte Abraham,
Isaak und Israel, denen du bei dir selbst
geschworen und verheißen hast: Ich
will [e]eure Nachkommen mehren wie
die Sterne am Himmel, und dies ganze
Land, das ich verheißen habe, will ich
euren Nachkommen geben, und sie sol-
14 len es besitzen für ewig. Da gereute den
HERRN das Unheil, das er seinem Volk
zugedacht hatte.[f]

a Kap 20,4.23 *b* 5.Mose 9,6; Jes 48,4; Apg 7,51 *c* 4.Mose 14,11-20 *d* 5.Mose 9,28; Jos 7,9 *e* 1.Mose 15,5; 22,16.17; 26,4 *f* Ps 85

Die Strafe für den Abfall

Mose wandte sich und stieg vom Berge 15
und hatte die zwei Tafeln des Gesetzes
in seiner Hand; die waren beschrieben
auf beiden Seiten. Und Gott hatte sie 16
selbst gemacht und selber die Schrift
eingegraben.[a] Als nun Josua das Ge- 17
schrei des Volks hörte, sprach er zu
Mose: Es ist ein Kriegsgeschrei im La-
ger. Er antwortete: Es ist kein Geschrei 18
wie bei einem Sieg, und es ist kein Geschrei
wie bei einer Niederlage, ich
höre Geschrei wie beim Tanz. Als 19
Mose aber nahe zum Lager kam und
das Kalb und das Tanzen sah, entbrannte
sein Zorn, und er warf die Tafeln
aus der Hand und zerbrach sie un-
ten am Berge und nahm das Kalb, das 20
sie gemacht hatten, und ließ es im
Feuer zerschmelzen und zermalmte es
zu Pulver und streute es aufs Wasser
und gab's den Israeliten zu trinken.
Und er sprach zu Aaron: Was hat dir 21
das Volk getan, daß du eine so große
Sünde über sie gebracht hast? Aaron 22
sprach: Mein Herr lasse seinen Zorn
nicht entbrennen. Du weißt, daß dies
Volk böse ist. Sie sprachen zu mir: Ma- 23
che uns einen Gott, der vor uns hergehe;
denn wir wissen nicht, was mit
diesem Mann Mose geschehen ist, der
uns aus Ägyptenland geführt hat. Ich 24
sprach zu ihnen: Wer Gold hat, der reiße
es ab und gebe es mir. Und ich warf
es ins Feuer; daraus ist das Kalb geworden.

Als nun Mose sah, daß das Volk 25
zuchtlos geworden war – denn Aaron
hatte sie zuchtlos werden lassen zum
Gespött ihrer Widersacher –, trat er in 26
das Tor des Lagers und rief: Her zu
mir, wer dem HERRN angehört! Da
sammelten sich zu ihm alle Söhne Levi.
Und er sprach zu ihnen: So spricht der 27
HERR, der Gott Israels: Ein jeder gürte
sein Schwert um die Lenden und gehe
durch das Lager hin und her von einem
Tor zum andern und erschlage seinen
Bruder, Freund und Nächsten. Die 28
Söhne Levi taten, wie ihnen Mose gesagt
hatte; und es fielen an dem Tage
vom Volk dreitausend Mann. Da 29
sprach Mose: [b]Füllet heute eure Hände
zum Dienst für den HERRN – denn
ein jeder ist wider seinen Sohn und
Bruder gewesen –, damit euch heute
[c]Segen gegeben werde.

a Kap 31,18 *b* Kap 28,41 *c* 4.Mose 3,6-10; 5.Mose 33,8-11

Die Demütigung des Volkes

30 Am nächsten Morgen sprach Mose
zum Volk: Ihr habt eine große Sünde
getan; nun will ich hinaufsteigen zu
dem HERRN, ob ich vielleicht Verge-
bung erwirken kann für eure Sünde.
31 Als nun Mose wieder zu dem HERRN
kam, sprach er: Ach, das Volk hat eine
große Sünde getan, und sie haben sich
32 einen Gott von Gold gemacht. Vergib
ihnen doch ihre Sünde; wenn nicht,
dann tilge mich aus deinem Buch, das
33 du geschrieben hast.[a] Der HERR sprach
zu Mose: Ich will den aus meinem
34 Buch tilgen, der an mir sündigt. So geh
nun hin und führe das Volk, wohin ich
dir gesagt habe. Siehe, [b]mein Engel soll
vor dir hergehen. [c]Ich werde aber ihre
Sünde heimsuchen, wenn meine Zeit
35 kommt. Und der HERR schlug das Volk,
weil sie sich das Kalb gemacht hatten,
das Aaron angefertigt hatte.

33 Der HERR sprach zu Mose: Geh, zieh
von dannen, du und das Volk, das du
aus Ägyptenland geführt hast, in das
Land, von dem ich [d]Abraham, Isaak
und Jakob geschworen habe: Deinen
2 Nachkommen will ich's geben. Und ich
will [e]vor dir her senden einen Engel
und ausstoßen die Kanaaniter, Amori-
ter, Hetiter, Perisiter, Hewiter und Je-
3 busiter und will dich bringen in das
Land, darin Milch und Honig fließt.
Ich selbst will nicht mit dir hinaufzie-
hen, denn du bist ein [f]halsstarriges
Volk; ich würde dich unterwegs vertil-
4 gen. Als das Volk diese harte Rede hör-
te, trugen sie Leid, und niemand tat sei-
5 nen Schmuck an. Und der HERR sprach
zu Mose: Sage zu den Israeliten: Ihr
seid ein halsstarriges Volk. Wenn ich
nur einen Augenblick mit dir hinaufzö-
ge, würde ich dich vertilgen. Und nun
[g]lege deinen Schmuck ab, dann will ich
6 sehen, was ich dir tue. Und die Israeli-
ten [h]taten ihren Schmuck von sich an
dem Berge Horeb.

a Ps 69,29; Lk 10,20; Röm 9,3 *b* Kap 33,2.14
c *(34b und 35)* 4.Mose 14,27-30 *d* 1.Mose 12,7
e Kap 23,20 *f* Kap 32,9.10 *g* Joel 2,13 *h* Jona 3,6

Das heilige Zelt. Gottes Umgang mit Mose

7 Mose aber nahm das Zelt und schlug es
draußen auf, fern von dem Lager, und
nannte es Stiftshütte. Und [a]wer den
HERRN befragen wollte, mußte heraus-
gehen zur Stiftshütte vor das Lager.
8 Und wenn Mose hinausging zur Stifts-
hütte, so stand alles Volk auf, und jeder
trat in seines Zeltes Tür und sah ihm
nach, bis er zur Stiftshütte kam. Und 9
wenn Mose zur Stiftshütte kam, so kam
die Wolkensäule hernieder und stand in
der Tür der Stiftshütte, und der Herr
redete mit Mose.[b] Und alles Volk sah 10
die Wolkensäule in der Tür der Stifts-
hütte stehen, und sie standen auf und
neigten sich, ein jeder in seines Zeltes
Tür. Der HERR aber [c]redete mit Mose 11
von Angesicht zu Angesicht, wie ein
Mann mit seinem Freunde redet. Dann
kehrte er zum Lager zurück; aber sein
Diener und Jünger Josua, der Sohn
Nuns, wich nicht aus der Stiftshütte.

a Kap 29,42 *b* 4.Mose 11,25; 5.Mose 31,15
c Vers 20; 4.Mose 12,8; 5.Mose 34,10

Mose begehrt, des HERRN Herrlichkeit zu schauen

Und Mose sprach zu dem HERRN: Sie- 12
he, du sprichst zu mir: Führe das Volk
hinauf! und läßt mich nicht wissen,
wen du mit mir senden willst, wo du
doch gesagt hast: Ich kenne dich mit
Namen, und du hast Gnade vor meinen
Augen gefunden.[a] Hab ich denn Gna- 13
de vor deinen Augen gefunden, so laß
mich [b]deinen Weg wissen, damit ich
dich erkenne und Gnade vor deinen
Augen finde. Und sieh doch, daß dies
Volk dein Volk ist. Er sprach: Mein 14
[c]Angesicht soll vorangehen; ich will
dich zur [d]Ruhe leiten. Mose aber 15
sprach zu ihm: Wenn nicht dein Ange-
sicht vorangeht, so führe uns nicht von
hier hinauf. Denn woran soll erkannt 16
werden, daß ich und dein Volk vor dei-
nen Augen Gnade gefunden haben,
wenn nicht daran, daß du mit uns
gehst, [e]so daß ich und dein Volk erho-
ben werden vor allen Völkern, die auf
dem Erdboden sind? Der HERR sprach 17
zu Mose: Auch das, was du jetzt gesagt
hast, will ich tun; denn [f]du hast Gnade
vor meinen Augen gefunden, und [g]ich
kenne dich mit Namen.
Und Mose sprach: Laß mich deine 18
[h]Herrlichkeit sehen! Und er sprach: 19
Ich will vor deinem Angesicht all meine
Güte vorübergehen lassen und will vor
dir kundtun den Namen des HERRN:
[i]*Wem ich gnädig bin, dem bin ich gnädig,*
und wessen ich mich erbarme, dessen er-
barme ich mich. Und er sprach weiter: 20
Mein Angesicht kannst du nicht sehen;
denn kein Mensch wird leben, der mich
sieht.[j] Und der HERR sprach weiter: 21
Siehe, es ist ein Raum bei mir, da sollst

22 du auf dem Fels stehen.[k] Wenn dann
[l]meine Herrlichkeit vorübergeht, will
ich dich in die Felskluft stellen und
[m]meine Hand über dir halten, bis ich
23 vorübergegangen bin. Dann will ich
meine Hand von dir tun, und du darfst
hinter mir her sehen; aber mein Angesicht kann man nicht sehen.

a Vers 2.3.17 *b* Ps 103,7 *c* Jes 63,9 *d* Jos 21,44; Hebr 4,9 *e* 5.Mose 4,6-8 *f* Vers 12 *g* Jes 43,1; 2.Tim 2,19 *h* Joh 1,14; 2.Kor 3,18 *i* Röm 9,15 *j* Kap 24,11; 1.Mose 32,31; Ri 6,22.23; 13,22.23; Jes 6,5; 33,14; 1.Tim 6,16 *k* 1.Kön 19,8-13 *l* Kap 34,5.6 *m* Kap 24,11a

Neue Gesetzestafeln. Bundesschluß und Bundespflichten

34 Und der HERR sprach zu Mose: Haue
dir zwei steinerne Tafeln zu, wie die ersten waren, daß ich die Worte darauf
schreibe, die auf den ersten Tafeln
standen, welche [a]du zerbrochen hast.
2 Und sei morgen bereit, daß du früh auf
den Berg Sinai steigest und dort zu mir
3 tretest auf dem Gipfel des Berges. Und
laß niemand mit dir hinaufsteigen; es
soll auch niemand gesehen werden auf
dem ganzen Berge. Auch kein Schaf
und Rind laß weiden gegen diesen Berg
4 hin.[b] Und Mose hieb zwei steinerne
Tafeln zu, wie die ersten waren, und
stand am Morgen früh auf und stieg auf
den Berg Sinai, wie ihm der HERR geboten hatte, und nahm die zwei steinernen
5 Tafeln in seine Hand. Da kam der HERR
hernieder in einer Wolke, und Mose
trat daselbst zu ihm und rief den Na-
6 men des HERRN an. Und der HERR ging
vor seinem Angesicht vorüber, und er
rief aus: HERR, HERR, *Gott, barmherzig
und gnädig und geduldig und von großer*
7 *Gnade und Treue,*[c] *der da Tausenden
Gnade bewahrt und vergibt Missetat,
Übertretung und Sünde, aber ungestraft
läßt er niemand, sondern sucht die Missetat der Väter heim an Kindern und Kindeskindern bis ins dritte und vierte*
8 *Glied!*[d] Und Mose neigte sich eilends
9 zur Erde und betete an und sprach:
Hab ich, Herr, Gnade vor deinen Augen gefunden, so gehe der Herr in unserer Mitte, denn es ist ein [e]halsstarriges
Volk; und vergib uns unsere Missetat
und Sünde und laß uns dein [f]Erbbesitz
sein.
10 Und der HERR sprach: Siehe, ich will
einen [g]Bund schließen: Vor deinem
ganzen Volk will ich Wunder tun, wie
sie nicht geschehen sind in allen Landen und unter allen Völkern, und das
ganze Volk, in dessen Mitte du bist, soll
des HERRN Werk sehen; denn wunderbar wird sein, was ich an dir tun werde.
Halte, was ich dir heute gebiete. Siehe, 11
ich will vor dir her ausstoßen die Amoriter, Kanaaniter, Hetiter, Perisiter,
Hewiter und Jebusiter. [h]Hüte dich, 12
einen Bund zu schließen mit den Bewohnern des Landes, in das du
kommst, damit sie dir nicht zum Fallstrick werden in deiner Mitte; sondern 13
[i]ihre Altäre sollst du umstürzen und
ihre Steinmale zerbrechen und ihre
heiligen Pfähle umhauen; denn du 14
sollst keinen andern Gott anbeten.
Denn der HERR heißt ein Eiferer; ein
eifernder Gott ist er.[j] Hüte dich, einen 15
Bund zu schließen mit den Bewohnern
des Landes, damit sie, wenn sie ihren
Göttern nachlaufen und ihnen opfern,
dich nicht einladen und du von ihrem
Opfer essest, und damit du für deine 16
Söhne ihre Töchter nicht zu Frauen
nehmest und diese dann ihren Göttern
nachlaufen und machen, daß deine
Söhne auch ihren Göttern nachlaufen![k]

Du sollst dir keine gegossenen Göt- 17
terbilder machen.[l]

[m]Das Fest der ungesäuerten Brote 18
sollst du halten. Sieben Tage sollst du
ungesäuertes Brot essen, wie ich dir geboten habe, zur Zeit des Monats Abib;
denn im Monat Abib bist du aus Ägypten gezogen.

Alle Erstgeburt ist mein, alle männ- 19
liche Erstgeburt von deinem Vieh, es
sei Stier oder Schaf.[n] Aber den Erstling 20
des Esels sollst du mit einem Schaf auslösen. Wenn du ihn aber nicht auslöst,
so brich ihm das Genick. Alle Erstgeburt unter deinen Söhnen sollst du auslösen.[o]

Und daß niemand vor mir mit leeren
Händen erscheine!

Sechs Tage sollst du arbeiten; am 21
siebenten Tage sollst du ruhen, auch in
der Zeit des Pflügens und des Erntens.
Das Wochenfest* sollst du halten mit 22
den Erstlingen der Weizenernte, und
das Fest der Lese, wenn das Jahr um
ist. Dreimal im Jahr soll alles, was 23
männlich ist, erscheinen vor dem Herrscher, dem HERRN, dem Gott Israels.
Denn ich werde die Heiden vor dir aus- 24
stoßen und dein Gebiet weit machen,
und niemand soll dein Land begehren,
während du dreimal im Jahr hinaufgehst, um vor dem HERRN, deinem
Gott, zu erscheinen.

25 Du sollst das Blut meines Opfers
nicht darbringen zugleich mit dem
Sauerteig, und das Opfer des Passafe-
stes soll nicht über Nacht bleiben bis
zum Morgen.
26 Das Beste von den ersten Früchten
deines Ackers sollst du in das Haus des
HERRN, deines Gottes, bringen.
[p] Du sollst das Böcklein nicht kochen
in seiner Mutter Milch.
27 Und der HERR sprach zu Mose:
[q] Schreib dir diese Worte auf; denn auf
Grund dieser Worte habe ich mit dir
und mit Israel einen Bund geschlossen.
28 Und er war allda bei dem HERRN [r] vier-
zig Tage und vierzig Nächte und aß
kein Brot und trank kein Wasser. Und
er schrieb auf die [s] Tafeln die Worte des
Bundes, die Zehn Worte.

a Kap 32,19 *b* Kap 19,12.13 *c* Kap 33,18-23; 4.Mose 14,18; Ps 103,8; Nah 1,3; 1.Joh 4,16
d Kap 20,5.6; Nah 1,2 *e* Kap 33,3 *f* 5.Mose 32,9; Ps 28,9 *g* Kap 19,5 *h* Kap 23,32.33 *i* Kap 23,24
j Kap 20,3.5 *k* 5.Mose 7,3; Ri 3,6; 1.Kön 11,2
l Kap 20,4 *m* *(18-26)* Kap 23,14-19
n 1.Mose 4,4 *o* Kap 13,12-16 *p* Kap 23,19
q Kap 24,4 *r* Kap 24,18; Mt 4,2 *s* Kap 31,18
*Vers 22: d. i. das Erntefest (vgl. Kap 23,16), das sieben Wochen nach dem Fest der ungesäuerten Brote gehalten wurde (vgl. 3.Mose 23,15.16; 5.Mose 16,9.10).

Der Glanz auf Moses Angesicht

29 Als nun Mose vom Berge Sinai herab-
stieg, hatte er die zwei Tafeln des Ge-
setzes in seiner Hand und wußte nicht,
daß die Haut seines Angesichts glänzte,
30 weil er mit Gott geredet hatte. Als aber
Aaron und ganz Israel sahen, daß die
Haut seines Angesichts glänzte, fürch-
31 teten sie sich, ihm zu nahen.[a] Da rief sie
Mose, und sie wandten sich wieder zu
ihm, Aaron und alle Obersten der Ge-
32 meinde, und er redete mit ihnen. Da-
nach nahten sich ihm auch alle Israeli-
ten. Und er gebot ihnen alles, was der
HERR mit ihm geredet hatte auf dem
33 Berge Sinai. Und als er dies alles mit
ihnen geredet hatte, legte er eine Decke
34 auf sein Angesicht. Und wenn er [b] hin-
einging vor den HERRN, mit ihm zu re-
den, tat er die Decke ab, bis er wieder
herausging. Und wenn er herauskam
und zu den Israeliten redete, was ihm
35 geboten war, sahen die Israeliten, wie
die Haut seines Angesichts glänzte.
Dann tat er die Decke auf sein Ange-
sicht, bis er wieder hineinging, mit ihm
zu reden.

a 2.Kor 3,7-18 *b* Kap 33,8.9

DIE ERRICHTUNG DER STIFTSHÜTTE (KAP 35-40)

Die Sabbatordnung

(vgl. Kap 31,12-17)

Und Mose versammelte die ganze Ge- 35
meinde der Israeliten und sprach zu
ihnen: Dies ist's, was der HERR geboten
hat, daß ihr es tun sollt: Sechs Tage 2
sollt ihr arbeiten, den siebenten Tag
aber sollt ihr heilig halten als einen Sab-
bat völliger Ruhe, heilig dem HERRN.
Wer an diesem Tag arbeitet, soll ster-
ben.[a] Ihr sollt kein Feuer anzünden am 3
Sabbattag in allen euren Wohnungen.

a Kap 20,8-11; 34,21

Freiwillige Gaben für die Stiftshütte

(vgl. Kap 25,3-9; 31,7-11)

Und Mose sprach zu der ganzen Ge- 4
meinde der Israeliten: Dies ist's, was
der HERR geboten hat: Erhebt von eu- 5
rem Besitz eine [a] Opfergabe für den
HERRN, so daß ein jeder die Opfergabe
für den HERRN freiwillig bringe: Gold,
Silber, Kupfer, blauen und roten Pur- 6
pur, Scharlach, feine Leinwand und
Ziegenhaar, rotgefärbte Widderfelle, 7
Dachsfelle und Akazienholz, Öl für die 8
Lampen und Spezerei zum Salböl und
zu wohlriechendem Räucherwerk,
Onyxsteine und eingefaßte Steine zum 9
Priesterschurz und zum Brustschild.
Und wer unter euch kunstverständig 10
ist, der komme und mache, was der
HERR geboten hat, nämlich die Woh- 11
nung mit ihrem Zelt und ihrer Decke,
ihren Haken, Brettern, Riegeln, Säulen
und Füßen, die Lade mit ihren Stan- 12
gen, den Gnadenthron und Vorhang,
den Tisch mit seinen Stangen und all 13
seinem Gerät und die Schaubrote, den 14
Leuchter und sein Gerät und seine
Lampen und das Öl zum Licht, den 15
Räucheraltar mit seinen Stangen, das
Salböl und das wohlriechende Räu-
cherwerk, die Decke vor der Tür der
Wohnung, den Brandopferaltar mit 16
seinem Gitter aus Kupfer, seinen Stan-
gen und all seinem Gerät, das Becken
mit seinem Gestell; den Behang des 17
Vorhofs, seine Säulen und Füße und
die Decke des Tors am Vorhof, die 18
Zeltpflöcke der Wohnung und des Vor-
hofs mit ihren Seilen, die Amtskleider 19
zum Dienst im Heiligtum, die heiligen
Kleider Aarons, des Priesters, samt den

Kleidern seiner Söhne für den priester-
lichen Dienst.
20 Da ging die ganze Gemeinde der Is-
21 raeliten von Mose weg. Und alle, die es
[b]gern und freiwillig gaben, kamen und
brachten dem HERRN die Opfergabe
zur Errichtung der Stiftshütte und für
allen Dienst darin und für die heiligen
22 Kleider. Es brachten aber Männer und
Frauen freiwillig Spangen, Ohrringe,
Ringe und Geschmeide und allerlei
goldenes Gerät, ein jeder das Gold, das
er zur Gabe für den HERRN bestimmt
23 hatte. Und wer bei sich blauen und ro-
ten Purpur fand, Scharlach, feine Lein-
wand, Ziegenhaar, rotgefärbte Widder-
felle und Dachsfelle, der brachte sie.
24 Und wer eine Opfergabe von Silber
und Kupfer geben wollte, der brachte
es dem HERRN als Opfergabe. Und wer
Akazienholz hatte, der brachte es zu al-
25 lerlei Verwendung für den Dienst. Und
alle Frauen, die diese Kunst verstan-
den, spannen mit ihren Händen und
brachten ihr Gespinst, blauen und ro-
ten Purpur, Scharlach und feine Lein-
26 wand. Und alle Frauen, die solche
Arbeit verstanden und willig dazu wa-
27 ren, spannen Ziegenhaare. Die Stam-
mesfürsten aber brachten Onyxsteine
und eingefaßte Steine für den Priester-
28 schurz und die Brusttasche und Speze-
rei und Öl für den Leuchter und für das
Salböl und für das wohlriechende Räu-
29 cherwerk. So brachten die Israeliten,
Männer und Frauen, die ihr Herz dazu
trieb, freiwillige Gaben zu allem Werk,
das der HERR durch Mose geboten hat-
te.

a Kap 25,2 *b* 1.Chr 29,5.9; 2.Kor 9,7

Beauftragung der Kunsthandwerker

(vgl. Kap 31,1-6)

30 Und Mose sprach zu den Israeliten:
Sehet, der HERR hat mit Namen beru-
fen den Bezalel, den Sohn Uris, des
31 Sohnes Hurs, vom Stamm Juda, und
hat ihn erfüllt mit dem Geist Gottes,
daß er weise, verständig und geschickt
32 sei zu jedem Werk, kunstreich zu arbei-
33 ten in Gold, Silber und Kupfer, Edel-
steine zu schneiden und einzusetzen,
Holz zu schnitzen, um jede kunstreiche
34 Arbeit zu vollbringen. Und er hat ihm
auch die Gabe zu unterweisen ins Herz
gegeben, ihm und Oholiab, dem Sohn
35 Ahisamachs, vom Stamm Dan. Er hat
ihr Herz mit Weisheit erfüllt, zu ma-
chen alle Arbeiten des Goldschmieds
und des Kunstwirkers und des Bunt-
wirkers mit blauem und rotem Purpur,
Scharlach und feiner Leinwand und
des Webers, daß sie jedes Werk ausfüh-
ren und kunstreiche Entwürfe ersinnen
können.
So sollen denn arbeiten Bezalel und 36
Oholiab und alle Künstler, denen der
HERR Weisheit und Verstand gegeben
hat zu wissen, wie sie alle Arbeit aus-
führen sollen zum Dienst des Heilig-
tums, ganz nach dem Gebot des
HERRN. Und Mose berief Bezalel und 2
Oholiab und alle Künstler, denen der
HERR Weisheit ins Herz gegeben hatte,
alle, die sich freiwillig erboten, ans
Werk zu gehen und es auszurichten.
Und sie empfingen von Mose alle 3
Opfer, die die Israeliten gebracht hat-
ten, um die Arbeiten zum Dienst des
Heiligtums auszuführen. Und man
brachte auch weiterhin alle Morgen
freiwillige Gaben zu ihm.
Da kamen alle Künstler, die am 4
Werk des Heiligtums arbeiteten, ein je-
der von der Arbeit, die er machte, und 5
sprachen zu Mose: Das Volk bringt zu
viel, mehr als zum Dienst dieses Wer-
kes nötig ist, das der HERR zu machen
geboten hat. Da gebot Mose, daß man 6
durchs Lager rufen ließe: Niemand,
weder Mann noch Frau, soll hinfort
noch etwas bringen als Opfergabe für
das Heiligtum. Da brachte das Volk
nichts mehr. Denn es war genug ge- 7
bracht worden zu allen Arbeiten, die zu
machen waren, und es war noch übrig
geblieben.

Die Herstellung des Heiligtums

(vgl. Kap 26)

So machten alle Künstler unter den Ar- 8
beitern die Wohnung aus zehn Teppi-
chen von gezwirnter feiner Leinwand,
blauem und rotem Purpur und Schar-
lach, und Cherubim waren eingewebt
in kunstreicher Arbeit. Die Länge eines 9
Teppichs war achtundzwanzig Ellen
und die Breite vier Ellen, und alle wa-
ren von *einem* Maß. Und er fügte je fünf 10
Teppiche zu einem Stück zusammen,
einen an den andern. Und er machte 11
blaue Schlaufen an jedes Stück am
Rande, wo die beiden Stücke zusam-
mengeheftet werden sollten, fünfzig 12
Schlaufen an jedes Stück, daß eine
Schlaufe der andern gegenüberstünde.
Und er machte fünfzig goldene Haken 13
und heftete die Teppiche mit den Ha-
ken einen an den andern zusammen,

14 daß es *eine* Wohnung würde. Und er
machte elf Teppiche von Ziegenhaaren
15 zum Zelte über die Wohnung, dreißig
Ellen lang und vier Ellen breit, alle von
16 *einem* Maß, und fügte fünf zusammen
zu dem einen Stück und sechs zusam-
17 men zum andern Stück. Und er machte
fünfzig Schlaufen an jedes Stück an
dem Rande, wo die Stücke zusammen-
18 geheftet werden sollten, und machte je
fünfzig Haken aus Kupfer, damit das
Zelt mit ihnen zusammengefügt würde.
19 Und er machte eine Decke über das
Zelt von rotgefärbten Widderfellen
und darüber noch eine Decke von
20 Dachsfellen. Und er machte Bretter für
die Wohnung, aus Akazienholz, zum
21 Aufstellen, ein jedes zehn Ellen lang
22 und anderthalb Ellen breit und an je-
dem zwei Zapfen, damit eins an das an-
dere gesetzt würde. So machte er alle
23 Bretter für die Wohnung, daß zwanzig
24 Bretter nach Süden standen. Und er
machte vierzig silberne Füße darunter,
unter jedes Brett zwei Füße für seine
25 zwei Zapfen. Ebenso machte er auf der
andern Seite der Wohnung nach Nor-
26 den zwanzig Bretter mit vierzig silber-
nen Füßen, unter jedes Brett zwei
27 Füße. Und für die Rückseite der Woh-
nung nach Westen machte er sechs
28 Bretter und zwei andere für die zwei
Ecken an der Rückseite der Wohnung,
29 daß beide mit ihren Eckbrettern unten
und oben durch Zapfen verbunden
30 wurden, so daß es acht Bretter wurden
und sechzehn silberne Füße, unter je-
dem zwei Füße.

31 Und er machte Riegel aus Akazien-
holz, fünf zu den Brettern auf der einen
32 Langseite der Wohnung und fünf auf
der andern Langseite und fünf auf der
33 Rückseite nach Westen. Und er machte
den Mittelriegel, daß er in halber Höhe
an den Brettern entlanglief von einem
34 Ende zum andern. Und er überzog die
Bretter mit Gold, und ihre Ringe
machte er aus Gold, daß man die Riegel
hineintäte, und überzog die Riegel mit
Gold.

35 Und er machte den Vorhang mit den
Cherubim in kunstreicher Arbeit, aus
blauem und rotem Purpur, Scharlach
36 und gezwirnter feiner Leinwand, und
für ihn vier Säulen aus Akazienholz
und überzog sie mit Gold, und ihre Nä-
gel waren aus Gold, und er goß dazu
37 vier silberne Füße. Und er machte eine
Decke für den Eingang des Zeltes aus
blauem und rotem Purpur, Scharlach
und gezwirnter feiner Leinwand, in
Buntwirkerarbeit, und dazu fünf Säu- 38
len mit ihren Nägeln und überzog ihre
Köpfe und Ringbänder mit Gold und
machte fünf Füße aus Kupfer daran.

Die Bundeslade
(vgl. Kap 25,10-22)

Und Bezalel machte die Lade aus Aka- **37**
zienholz, zwei und eine halbe Elle lang,
anderthalb Ellen breit und ebenso
hoch, und überzog sie mit feinem Gol- 2
de innen und außen und machte ihr
einen goldenen Kranz ringsherum.
Und er goß vier goldene Ringe für ihre 3
vier Ecken, für jede Seite zwei, und 4
machte Stangen aus Akazienholz und
überzog sie mit Gold und tat sie in die 5
Ringe an den Seiten der Lade, so daß
man sie tragen konnte. Und er machte 6
den Gnadenthron aus feinem Golde,
zwei und eine halbe Elle lang und an-
derthalb Ellen breit, und zwei Cheru- 7
bim aus getriebenem Golde an die bei-
den Enden des Gnadenthrones, einen 8
Cherub an diesem, den andern an je-
nem Ende. Und die Cherubim breite- 9
ten ihre Flügel nach oben aus und be-
deckten damit den Gnadenthron, und
sie standen Antlitz gegen Antlitz und
sahen auf den Gnadenthron.

Der Tisch für die Schaubrote
(vgl. Kap 25,23-30)

Und er machte den Tisch aus Akazien- 10
holz, zwei Ellen lang, eine Elle breit
und anderthalb Ellen hoch, und über- 11
zog ihn mit feinem Golde und machte
ihm einen goldenen Kranz ringsherum
und machte ihm eine Leiste ringsher- 12
um, eine Handbreit hoch, und einen
goldenen Kranz um die Leiste. Und er 13
goß für ihn vier goldene Ringe und be-
festigte sie an den vier Ecken an seinen
vier Füßen, dicht unter der Leiste, daß 14
man die Stangen hineintun und den
Tisch tragen könnte. Und er machte 15
die Stangen aus Akazienholz und über-
zog sie mit Gold, daß man den Tisch
damit trüge. Und er machte auch aus 16
feinem Golde das Gerät für den Tisch:
Schüsseln und Schalen, Kannen und
Becher, in denen man das Trankopfer
darbringen sollte.

Der Leuchter
(vgl. Kap 25,31-40)

Und er machte den Leuchter aus fei- 17
nem, getriebenem Golde. Daran waren
der Fuß und der Schaft, Kelche und

18 Knäufe und Blumen. Sechs Arme gin-
gen von seinen Seiten aus, nach jeder
19 Seite drei Arme. Drei Kelche waren an
jedem Arm mit Knäufen und Blumen.
20 An dem Leuchter aber waren vier Kel-
21 che mit Knäufen und Blumen, je ein
Knauf unter zwei von den sechs Ar-
22 men, die von ihm ausgingen. Und die
Knäufe und Arme waren aus einem
Stück mit ihm, und alles war aus getrie-
23 benem, feinem Gold. Und er mach-
te die sieben Lampen mit ihren
Lichtscheren und Löschnäpfen aus fei-
24 nem Gold. Aus einem Zentner feinen
Goldes machte er ihn und all sein Ge-
rät.

Räucheraltar, Salböl und Räucherwerk

(vgl. Kap 30,1-5.22-38)

25 Er machte auch den Räucheraltar aus
Akazienholz, eine Elle lang und ebenso
breit, viereckig, und zwei Ellen hoch
26 mit seinen Hörnern und überzog ihn
mit feinem Golde, seine Platte und sei-
ne Wände ringsherum und seine Hör-
ner, und machte ihm einen Kranz
27 ringsherum von Gold und zwei goldene
Ringe unter dem Kranz zu beiden Sei-
ten, daß man Stangen hineintäte und
28 ihn damit trüge. Und die Stangen
machte er aus Akazienholz und überzog
sie mit Gold.
29 Und er machte das heilige Salböl und
das Räucherwerk aus reiner Spezerei
nach der Kunst des Salbenbereiters.

Der Brandopferaltar und das kupferne Becken

(vgl. Kap 27,1-8; 30,18-21)

38 Und er machte den Brandopferaltar aus
Akazienholz, fünf Ellen lang und eben-
so breit, viereckig, und drei Ellen hoch,
2 und vier Hörner, die mit ihm verbun-
den waren, auf seinen vier Ecken und
3 überzog ihn mit Kupfer. Und er mach-
te alle Geräte zu dem Altar, Töpfe für
die Asche, Schaufeln, Becken, Gabeln,
4 Kohlenpfannen, alles aus Kupfer. Und
er machte am Altar ein Gitterwerk aus
Kupfer wie ein Netz ringsherum von
5 untenher bis zur Mitte des Altars und
goß vier Ringe an die vier Enden des
kupfernen Gitters für die Stangen.
6 Diese machte er aus Akazienholz und
7 überzog sie mit Kupfer und tat sie in
die Ringe an den Seiten des Altars, daß
man ihn damit trüge. Und er machte
ihn so, daß er inwendig hohl war.
8 Und er machte das Becken aus Kup-
fer und sein Gestell auch aus Kupfer
von den Spiegeln der Frauen, die vor
der Tür der Stiftshütte Dienst taten.

Der Vorhof

(vgl. Kap 27,9-19)

Und er machte den Vorhof: nach Sü- 9
den Behänge, hundert Ellen lang, von
gezwirnter feiner Leinwand, mit zwan- 10
zig Säulen und zwanzig Füßen aus
Kupfer, aber ihre Nägel und Ringbän-
der aus Silber; desgleichen nach Nor- 11
den, hundert Ellen lang mit zwanzig
Säulen und zwanzig Füßen aus Kupfer,
aber ihre Nägel und Ringbänder aus
Silber; nach Westen aber fünfzig Ellen 12
lang mit zehn Säulen und zehn Füßen,
aber ihre Nägel und Ringbänder aus
Silber; nach Osten auch fünfzig Ellen; 13
fünfzehn Ellen auf einer Seite mit drei 14
Säulen und drei Füßen, und auf der an- 15
dern Seite auch fünfzehn Ellen mit drei
Säulen und drei Füßen, zu beiden Sei-
ten des Tors am Vorhof. Alle Behänge 16
des Vorhofs waren von gezwirnter fei-
ner Leinwand und die Füße der Säulen 17
aus Kupfer und ihre Nägel aus Silber,
und ihre Köpfe waren überzogen mit
Silber, und ihre Ringbänder waren sil-
bern an allen Säulen des Vorhofs. Und 18
die Decke für das Tor des Vorhofs
machte er in Buntwirkerarbeit aus
blauem und rotem Purpur, Scharlach
und gezwirnter feiner Leinwand,
zwanzig Ellen lang und fünf Ellen
hoch, nach dem Maß der Behänge des
Vorhofs, dazu vier Säulen und vier 19
Füße aus Kupfer und ihre Nägel aus
Silber und ihre Köpfe und ihre Ring-
bänder, überzogen mit Silber. Und alle 20
Zeltpflöcke der Wohnung und des Vor-
hofs ringsherum waren aus Kupfer.

Die Aufwendungen für das Heiligtum

Dies ist die Summe der Aufwendungen 21
für die Wohnung des Gesetzes, die
nach dem Gebot des Mose errechnet
wurde von den Leviten unter der Lei-
tung [a] Itamars, des Sohnes Aarons, des
Priesters. [b] Bezalel aber, der Sohn Uris, 22
des Sohnes Hurs, vom Stamme Juda,
hatte alles gemacht, was der HERR dem
Mose geboten hatte, und mit ihm Oho- 23
liab, der Sohn Ahisamachs, vom Stam-
me Dan, ein Schmied, Schnitzer,
Kunstweber und Buntwirker in blauem
und rotem Purpur, Scharlach und fei-
ner Leinwand. Alles Gold, das verar- 24
beitet ist zu diesem ganzen Werk des

Heiligtums und das als Gabe gespendet
war, beträgt 29 Zentner 730 Lot nach
25 dem Gewicht des Heiligtums. Das Sil-
ber aber, das die Zählung der Gemein-
de erbrachte, betrug 100 Zentner 1775
Lot nach dem Gewicht des Heiligtums,
26 auf den Kopf [c] ein halbes Lot nach dem
Gewicht des Heiligtums von allen, die
gezählt wurden von zwanzig Jahren an
27 und darüber, [d] 603 550 Mann. Aus den
hundert Zentnern Silber goß man die
Füße der Bretter und die Füße des Vor-
hangs, hundert Füße aus hundert Zent-
nern, je einen Zentner für einen Fuß.
28 Und aus den 1775 Lot wurden die Nä-
gel der Säulen gemacht und ihre Köpfe
29 und ihre Ringbänder überzogen. Das
Kupfer aber, das gespendet war, betrug
30 70 Zentner 2400 Lot. Daraus wurden
gemacht die Füße an der Tür der
Stiftshütte und der Altar und das Git-
terwerk daran und alle Geräte des Al-
31 tars, dazu die Füße des Vorhofs rings-
herum und die Füße des Tors am Vor-
hof, alle Zeltpflöcke der Wohnung und
alle Zeltpflöcke des Vorhofs ringsher-
um.

a 4.Mose 4,28 *b* *(22 und 23)* Kap 31,1-11
c Kap 30,12-16 *d* 4.Mose 1,46

Die Kleidung der Priester

(vgl. Kap 28)

39 Und aus dem blauen und roten Purpur
und dem Scharlach machten sie Amts-
kleider zum Dienst im Heiligtum, und
sie machten die heiligen Kleider für
Aaron, wie der HERR es Mose geboten
2 hatte. Und sie machten den Priester-
schurz aus Gold, blauem und rotem
Purpur, Scharlach und gezwirnter fei-
3 ner Leinwand. Und sie schlugen Gold-
platten und schnitten sie zu Fäden, daß
man sie in Kunstwirkerarbeit unter den
blauen und roten Purpur, den Schar-
lach und die feine Leinwand einweben
4 konnte. Schulterteile machten sie, die
an den Schurz angefügt wurden, und
an seinen beiden Enden wurde er zu-
5 sammengebunden. Und seine Binde
war von derselben Arbeit, aus einem
Stück mit ihm, aus Gold, blauem und
rotem Purpur, Scharlach und gezwirn-
ter feiner Leinwand, wie der HERR es
Mose geboten hatte.
6 Und sie faßten zwei Onyxsteine
ringsherum mit Gold ein und gruben
darauf ein nach der Weise der Siegel-
stecher die Namen der Söhne Israels.
7 Und er heftete sie auf die Schulterteile
des Schurzes, daß es Steine seien zum
gnädigen Gedenken an die Israeliten
vor dem HERRN, wie der HERR es Mose
geboten hatte.
Und sie machten die Brusttasche, 8
kunstreich gewirkt wie der Priester-
schurz, aus Gold, blauem und rotem
Purpur, Scharlach und gezwirnter fei-
ner Leinwand, daß sie viereckig war 9
und doppelt gelegt, eine Spanne lang
und ebenso breit, und besetzten sie mit 10
vier Reihen Steinen: die erste Reihe
war ein Sarder, ein Topas und ein Sma-
ragd, die andere ein Rubin, ein Saphir 11
und ein Diamant, die dritte ein Lynku- 12
rer, ein Achat und ein Amethyst, die 13
vierte ein Türkis, ein Onyx und ein Jas-
pis, ringsherum eingefaßt mit Gold in
allen Reihen. Und die Steine trugen die 14
zwölf Namen der Söhne Israels, einge-
graben in Siegelstecherarbeit, so daß
auf einem jeden ein Name stand nach
den zwölf Stämmen. Und sie machten 15
an der Tasche Ketten wie gedrehte
Schnüre, aus feinem Golde, und zwei 16
Goldgeflechte und zwei goldene Ringe
und hefteten die beiden Ringe an die
beiden oberen Ecken der Tasche. Und 17
die beiden goldenen Ketten taten sie in
die beiden Ringe an den Ecken der Ta-
sche. Aber die beiden andern Enden 18
der Ketten taten sie an die beiden
Goldgeflechte und hefteten sie vorne
auf die Schulterteile des Schurzes. Und 19
sie machten zwei andere goldene Ringe
und hefteten sie an die beiden andern
Ecken der Tasche an ihren Rand innen
zum Schurz hin; und sie machten zwei 20
andere goldene Ringe, die taten sie un-
ten an die beiden Schulterteile vorn am
Schurz, wo er zusammengeht, oben
über der Binde des Schurzes, und 21
knüpften die Tasche mit ihren Ringen
an die Ringe des Schurzes mit einer
Schnur aus blauem Purpur, daß sie
über der Binde des Schurzes anliege
und sich nicht von dem Schurz losma-
che, wie der HERR es Mose geboten hat-
te.
Und dazu machte er das Oberge- 22
wand zum Priesterschurz, gewirkt,
ganz aus blauem Purpur, und seine 23
Öffnung oben in der Mitte und eine
Borte um die Öffnung herum wie bei
einem Panzerhemd, daß sie nicht ein-
reiße. Und sie machten an seinen Saum 24
Granatäpfel aus blauem und rotem
Purpur, Scharlach und gezwirnter fei-
ner Leinwand und machten Schellen 25
aus feinem Golde; die taten sie zwi-
schen die Granatäpfel ringsherum am

26 Saum des Obergewandes, je einen Gra-
natapfel und eine Schelle ringsherum
am Saum, für den Dienst, wie der HERR
27 es Mose geboten hatte. Und sie mach-
ten auch die Untergewänder aus feiner
Leinwand, gewebt, für Aaron und seine
28 Söhne, und den Kopfbund aus feiner
Leinwand und die hohen Mützen aus
feiner Leinwand und Beinkleider aus
29 gezwirnter feiner Leinwand und den
Gürtel in Buntwirkerarbeit aus ge-
zwirnter feiner Leinwand, blauem und
rotem Purpur und Scharlach, wie der
HERR es Mose geboten hatte.

30 Sie machten auch das Stirnblatt, den
[a]heiligen Kronreif, aus feinem Gold
und gruben als Schrift ein: »Heilig dem
31 HERRN.« Und sie banden eine Schnur
aus blauem Purpur daran, daß sie an
dem Kopfbund oben angeheftet würde,
wie der HERR es Mose geboten hatte.

a Kap 29,6; 3.Mose 8,9

Mose prüft die vollendeten Arbeiten

32 Also wurde vollendet das ganze Werk
der Wohnung der Stiftshütte. Und die
Israeliten taten alles, was der HERR dem
33 Mose geboten hatte. Und sie brachten
die Wohnung zu Mose: das Zelt und
alle seine Geräte, Haken, Bretter, Rie-
34 gel, Säulen, Füße, die Decke von rotge-
färbten Widderfellen, die Decke von
35 Dachsfellen und den Vorhang, die
Lade mit dem Gesetz samt ihren Stan-
36 gen, den Gnadenthron, den Tisch und
alle seine Geräte und die Schaubrote,
37 den Leuchter aus feinem Gold mit den
Lampen zum Aufsetzen und all seinem
38 Gerät und das Öl für den Leuchter, den
goldenen Altar und das Salböl und das
wohlriechende Räucherwerk, die Dek-
39 ke für den Eingang des Zeltes, den kup-
fernen Altar und sein kupfernes Gitter
mit seinen Stangen und seinem ganzen
Gerät, das Becken mit seinem Gestell,
40 die Behänge des Vorhofs mit seinen
Säulen und Füßen, die Decke vor dem
Tor des Vorhofs mit seinen Seilen und
Zeltpflöcken und alles Gerät zum
Dienst der Wohnung der Stiftshütte,
41 die Amtskleider des Priesters Aaron für
den Dienst im Heiligtum und die Klei-
der seiner Söhne für den priesterlichen
42 Dienst. Ganz so, wie der HERR es Mose
geboten hatte, hatten die Israeliten alle
43 Arbeiten ausgeführt. Und Mose sah
dies ganze Werk an, und siehe, sie hat-
ten es gemacht, wie der HERR geboten
hatte. Und er segnete sie.

Aufrichtung und Einweihung der Stiftshütte

Und der HERR redete mit Mose und 40
sprach: Du sollst die Wohnung der 2
Stiftshütte aufrichten [a]am ersten Tage
des ersten Monats. Und du sollst die 3
Lade mit dem Gesetz hineinstellen und
vor die Lade den Vorhang hängen; und 4
du sollst den Tisch hineinbringen und
die Schaubrote auflegen und den
Leuchter hineinstellen und die Lam-
pen darauf setzen; und du sollst den 5
goldenen Räucheraltar vor die Lade
mit dem Gesetz stellen und die Decke
in der Tür der Wohnung aufhängen.
Den Brandopferaltar aber sollst du au- 6
ßen vor die Tür der Wohnung der
Stiftshütte setzen und das Becken zwi- 7
schen die Stiftshütte und den Altar und
Wasser hineintun und den Vorhof 8
ringsherum herstellen und die Decke in
der Tür des Vorhofs aufhängen. Und 9
du sollst das Salböl nehmen und die
Wohnung und alles, was darin ist, sal-
ben und sollst sie weihen mit ihrem
ganzen Gerät, daß sie heilig sei. Und du 10
sollst den Brandopferaltar salben mit
seinem ganzen Gerät und weihen, daß
er hochheilig sei. Und du sollst auch 11
das Becken und sein Gestell salben und
weihen. Und du sollst Aaron und seine 12
Söhne vor die Tür der Stiftshütte tre-
ten lassen und sie mit Wasser waschen
und Aaron die heiligen Kleider anzie- 13
hen und ihn salben und weihen, daß er
mein Priester sei; und du sollst seine 14
Söhne auch herzuführen und ihnen die
Untergewänder anziehen und sie sal- 15
ben, wie du ihren Vater gesalbt hast,
daß sie meine Priester seien. Und diese
Salbung sollen sie haben zum ewigen
Priestertum von Geschlecht zu Ge-
schlecht. Und Mose tat alles, wie ihm 16
der HERR geboten hatte.

Also wurde die Wohnung aufgerich- 17
tet im zweiten Jahr am ersten Tage des
ersten Monats. Und Mose richtete die 18
Wohnung auf und setzte ihre Füße hin
und stellte die Bretter darauf und
brachte die Riegel an und richtete die
Säulen auf und breitete das Zeltdach 19
aus über der Wohnung und legte die
Decke des Zeltes oben darauf, wie der
HERR ihm geboten hatte.

Und er nahm das Gesetz und legte es 20
in die Lade und tat die Stangen an die
Lade und setzte den Gnadenthron
oben auf die Lade und brachte die Lade 21
in die Wohnung und hängte den Vor-

hang auf und verhüllte so die Lade des
Gesetzes, wie ihm der HERR geboten
22 hatte, und setzte den Tisch in die
Stiftshütte an die Seite der Wohnung
nach Norden, außen vor dem Vorhang,
23 und legte die Schaubrote auf vor dem
HERRN, wie ihm der HERR geboten hat-
24 te, und setzte den Leuchter auch hinein
gegenüber dem Tisch an die Seite der
25 Wohnung nach Süden und setzte die
Lampen auf vor dem HERRN, wie ihm
26 der HERR geboten hatte. Und er setzte
den goldenen Altar hinein vor den Vor-
27 hang und räucherte darauf mit wohlrie-
chendem Räucherwerk, wie ihm der
28 HERR geboten hatte, und hängte die
Decke in die Tür der Wohnung.
29 Und den Brandopferaltar setzte er
vor die Tür der Wohnung der Stifts-
hütte und opferte darauf Brandopfer
und Speisopfer, wie ihm der HERR ge-
30 boten hatte. Und das Becken setzte er
zwischen die Stiftshütte und den Altar
und tat Wasser hinein zum Waschen.
31 Und Mose, Aaron und seine Söhne wu-
schen ihre Hände und Füße darin.
32 Denn sie müssen sich waschen, wenn
sie in die Stiftshütte gehen oder hinzu-
treten zum Altar, wie der HERR es Mose
geboten hatte. Und er richtete den Vor- 33
hof auf rings um die Wohnung und um
den Altar und hängte die Decke in das
Tor des Vorhofs. Also vollendete Mose
das ganze Werk.

a Vers 17; Kap 12,2; 19,1

Der HERR bekennt sich zu seinem Heiligtum

Da bedeckte die Wolke die Stiftshütte, 34
und [a]die Herrlichkeit des HERRN er-
füllte die Wohnung. Und Mose [b]konn- 35
te nicht in die Stiftshütte hineingehen,
weil die Wolke darauf ruhte und die
Herrlichkeit des HERRN die Wohnung
erfüllte. Und immer, wenn die [c]Wolke 36
sich erhob von der Wohnung, brachen
die Israeliten auf, solange ihre Wande-
rung währte. Wenn sich aber die Wolke 37
nicht erhob, so zogen sie nicht weiter
bis zu dem Tag, an dem sie sich erhob.
Denn die Wolke des HERRN war bei 38
Tage über der Wohnung, und bei
Nacht ward sie voll Feuers vor den Au-
gen des ganzen Hauses Israel, solange
die Wanderung währte.

a Hes 43,1-9 *b* 4.Mose 7,89 *c* Kap 13,21; 4.Mose 9,15-23; 10,34-36; 1.Kön 8,10.11; Jes 4,5

DAS DRITTE BUCH MOSE

Inhaltsübersicht

Opfergesetze	Kap 1–7
Aaron und seine Nachkommen werden als Priester eingesetzt	8–10
Gesetze über kultische Reinheit und Unreinheit	11–15
Gesetze über den Versöhnungstag, das Gemeinschaftsleben und den Gottesdienst	16–27

Gesetz über Brandopfer
(vgl. Kap 6,1-6)

1 Und der HERR rief Mose und redete mit
ihm aus der Stiftshütte und sprach:
2 Rede mit den Israeliten und sprich zu
ihnen: Wer unter euch dem HERRN ein
Opfer darbringen will, der bringe es
von dem Vieh, von Rindern oder von
3 Schafen und Ziegen. Will er ein Brand-
opfer darbringen von Rindern, so
opfere er ein männliches Tier, das ohne
Fehler ist, [a]vor der Tür der Stiftshütte,
damit es ihn wohlgefällig mache vor
dem HERRN, und lege seine Hand auf 4
den Kopf des Brandopfers, damit es ihn
wohlgefällig mache und für ihn Sühne
schaffe. Dann soll er das Rind schlach- 5
ten vor dem HERRN, und die Priester,
Aarons Söhne, sollen das Blut herzu-
bringen und ringsum an den Altar
sprengen, der vor der Tür der Stifts-
hütte ist. Und er soll dem Brandopfer 6
das Fell abziehen und es in seine Stücke
zerlegen.[b] Und die Priester, Aarons 7
Söhne, sollen ein Feuer auf dem Altar

machen und Holz oben darauf legen
8 und sollen die Stücke samt dem Kopf
und dem Fett auf das Holz legen, das
über dem Feuer auf dem Altar liegt.
9 Die Eingeweide aber und die Schenkel
soll er mit Wasser waschen, und der
Priester soll das alles auf dem Altar in
Rauch aufgehen lassen. Das ist ein
Brandopfer, ein Feueropfer zum [c]lieb-
lichen Geruch für den HERRN.

10 Will er aber von Schafen oder Ziegen
ein Brandopfer darbringen, so opfere er
ein männliches Tier, das ohne Fehler
11 ist. Und er schlachte es an der Seite des
Altars nach Norden zu vor dem HERRN.
Und die Priester, Aarons Söhne, sollen
das Blut ringsum an den Altar spren-
12 gen. Und er zerlege es in seine Stücke,
und der Priester soll sie samt dem Kopf
und dem Fett auf das Holz über dem
13 Feuer legen, das auf dem Altar ist. Aber
die Eingeweide und die Schenkel soll er
mit Wasser waschen, und der Priester
soll das alles auf dem Altar opfern und
in Rauch aufgehen lassen. Das ist ein
Brandopfer, ein Feueropfer zum lieb-
lichen Geruch für den HERRN.

14 Will er aber von Vögeln dem HERRN
ein Brandopfer darbringen, so bringe
er's von Turteltauben oder andern
15 Tauben. Und der Priester soll's zum
Altar bringen und ihm den Kopf ab-
knicken und – er soll es ja auf dem Altar
in Rauch aufgehen lassen – das Blut
ausbluten lassen an der Wand des Al-
16 tars. Und den Kropf mit seinem Inhalt
soll man neben dem Altar nach Osten
17 zu auf den Aschenhaufen werfen und
soll seine Flügel einreißen, aber nicht
abbrechen. Und so soll's der Priester
auf dem Altar in Rauch aufgehen lassen
auf dem Holz über dem Feuer. Das ist
ein Brandopfer, ein Feueropfer zum
lieblichen Geruch für den HERRN.

a Kap 17,4 *b* Kap 7,8 *c* 1.Mose 8,21; 2.Mose 29,18

Gesetz über Speisopfer

(vgl. Kap 6,7-11)

2 [a]Wenn jemand dem HERRN ein [b]Speis-
opfer darbringen will, so soll es von
feinstem Mehl sein, und er soll Öl dar-
auf gießen und Weihrauch darauf legen
2 und es bringen zu den Priestern,
Aarons Söhnen. Und der Priester soll
eine Handvoll nehmen von dem Mehl
und Öl samt dem ganzen Weihrauch
und es als Gedenkopfer in Rauch auf-
gehen lassen auf dem Altar als ein
Feueropfer zum lieblichen Geruch für
den HERRN. Das übrige aber vom 3
Speisopfer soll Aaron und seinen Söh-
nen gehören als ein [c]Hochheiliges von
den Feueropfern des HERRN.

[d]Willst du aber als Speisopfer etwas 4
im Ofen Gebackenes darbringen, so
nimm Kuchen von feinstem Mehl, un-
gesäuert, mit Öl vermengt, oder unge-
säuerte Fladen, mit Öl bestrichen. Ist 5
aber dein Speisopfer etwas auf der
Pfanne Gebackenes, so soll's von unge-
säuertem Mehl sein, mit Öl vermengt,
und du sollst es in Stücke zerteilen und 6
Öl darauf gießen. Das ist ein Speis-
opfer.

Ist aber dein Speisopfer etwas im 7
Tiegel Bereitetes, so sollst du es von
feinstem Mehl mit Öl machen und 8
sollst das Speisopfer, das du davon be-
reitet hast, dem HERRN darbringen und
sollst es zu dem Priester bringen, und
der soll damit zu dem Altar treten. Und 9
der Priester soll von dem Speisopfer
das Gedenkopfer abheben und in
Rauch aufgehen lassen auf dem Altar
als ein Feueropfer zum lieblichen Ge-
ruch für den HERRN. Das übrige aber 10
soll Aaron und seinen Söhnen gehören
als ein Hochheiliges von den Feuer-
opfern des HERRN.

Alle Speisopfer, die ihr dem HERRN 11
opfern wollt, sollt ihr ohne Sauerteig
machen; denn weder Sauerteig noch
Honig sollt ihr dem HERRN zum Feuer-
opfer in Rauch aufgehen lassen. Als 12
[e]Erstlingsgabe mögt ihr sie dem HERRN
bringen; aber auf den Altar sollen sie
nicht kommen zum lieblichen Geruch.
Alle deine Speisopfer sollst du salzen, 13
und dein Speisopfer soll niemals ohne
[f]Salz des Bundes deines Gottes sein;
bei allen deinen Opfern sollst du Salz
darbringen.

Willst du aber ein Speisopfer dem 14
HERRN darbringen [g]von den ersten
Früchten, so sollst du Ähren am Feuer
rösten, die Körner zerstoßen und dar-
bringen als das Speisopfer deiner ersten
Früchte und sollst Öl darauf tun und 15
Weihrauch darauf legen. Das ist ein
Speisopfer. Und der Priester soll das 16
Gedenkopfer von dem Zerstoßenen
und vom Öl mit dem ganzen Weih-
rauch in Rauch aufgehen lassen als ein
Feueropfer für den HERRN.

a (1-3) Kap 7,10 *b* 4.Mose 15,4 *c* Kap 6,22
d (4-10) Kap 7,9 *e* 4.Mose 18,12.13; 2.Chr 31,5
f 4.Mose 18,19; 2.Chr 13,5; Mk 9,49
g 5.Mose 26,2-11

Gesetz über Dankopfer

(vgl. Kap 7,11-21.28-34)

3 Ist aber sein Opfer ein Dankopfer und
will er ein Rind darbringen, es sei ein
männliches oder ein weibliches, so soll
er vor dem HERRN ein Tier opfern, das
2 ohne Fehler ist. Und er soll seine Hand
auf den Kopf seines Opfers legen und
es schlachten vor der Tür der Stiftshüt-
te. Und die Priester, Aarons Söhne, sol-
len das Blut ringsum an den Altar
3 sprengen. Und er soll von dem Dank-
opfer dem HERRN ein Feueropfer dar-
bringen, nämlich das Fett, das die Ein-
geweide bedeckt, und alles Fett an den
4 Eingeweiden, die beiden Nieren mit
dem Fett, das daran ist, an den Lenden,
und den Lappen an der Leber; an den
5 Nieren soll er ihn ablösen. Und Aarons
Söhne sollen es in Rauch aufgehen las-
sen auf dem Altar zum Brandopfer auf
dem Holz, das über dem Feuer liegt, als
ein Feueropfer zum lieblichen Geruch
für den HERRN.

6 Will er aber dem HERRN ein Dank-
opfer vom Kleinvieh darbringen, es sei
ein männliches oder ein weibliches
7 Tier, so soll es ohne Fehler sein. Ist es
ein Lamm, so soll er's vor den HERRN
8 bringen und soll seine Hand auf den
Kopf seines Opfers legen und es
schlachten vor der Stiftshütte. Und die
Söhne Aarons sollen sein Blut ringsum
9 an den Altar sprengen. Und er soll von
dem Dankopfer dem HERRN ein Feuer-
opfer darbringen, nämlich sein Fett,
den ganzen Fettschwanz, vom Rück-
grat abgelöst, dazu das Fett, das die
Eingeweide bedeckt, und alles Fett an
10 den Eingeweiden, die beiden Nieren
mit dem Fett, das daran ist, an den
Lenden, und den Lappen an der Le-
ber; an den Nieren soll er ihn ablösen.
11 Und der Priester soll es in Rauch aufge-
hen lassen auf dem Altar als Feuer-
opferspeise für den HERRN.

12 Ist aber sein Opfer eine Ziege, so
13 bringe er sie vor den HERRN und lege
seine Hand auf ihren Kopf und
schlachte sie vor der Stiftshütte. Und
die Söhne Aarons sollen das Blut rings-
14 um an den Altar sprengen. Und er soll
davon sein Opfer darbringen, ein
Feueropfer für den HERRN, nämlich das
Fett, das die Eingeweide bedeckt, und
15 alles Fett an den Eingeweiden, die bei-
den Nieren mit dem Fett, das daran ist,
an den Lenden, und den Lappen an der
Leber; an den Nieren soll er ihn ablö-
sen. Und der Priester soll es in Rauch 16
aufgehen lassen auf dem Altar als
Feueropferspeise zum lieblichen Ge-
ruch. Alles Fett ist für den HERRN. Das 17
sei eine ewige Ordnung für eure Nach-
kommen, überall, wo ihr wohnt, daß ihr
weder Fett noch Blut esset.[a]

[a] Kap 7,23.26; 17,10-14; 1.Mose 9,4; 5.Mose 12,16.23; Apg 15,20.29

Gesetz über Sündopfer

Und der HERR redete mit Mose und 4
sprach: Rede mit den Israeliten und 2
sprich: Wenn jemand aus Versehen ge-
gen irgendein Gebot des HERRN sün-
digte und täte, was er nicht tun sollte:
wenn etwa der Priester, der gesalbt ist, 3
sündigte, so daß er eine Schuld auf das
Volk brächte, so soll er für seine Sünde,
die er getan hat, einen jungen Stier dar-
bringen, der ohne Fehler ist, dem
HERRN zum Sündopfer. Und er soll den 4
Stier vor die Tür der Stiftshütte brin-
gen vor den HERRN und seine Hand auf
den Kopf des Stieres legen und ihn
schlachten vor dem HERRN. Und der 5
Priester, der gesalbt ist, soll vom Blut
des Stieres nehmen und es in die Stifts-
hütte bringen und soll seinen Finger in 6
das Blut tauchen und damit siebenmal
sprengen vor dem HERRN, an den Vor-
hang im Heiligen.[a] Und soll vor dem 7
HERRN etwas von dem Blut an die Hör-
ner des [b]Räucheraltars tun, der in der
Stiftshütte steht, und alles andere Blut
an den Fuß des Brandopferaltars gie-
ßen, der [c]vor der Tür der Stiftshütte
steht. Und alles Fett des Sündopfers 8
soll er abheben, nämlich das Fett, das
die Eingeweide bedeckt, und alles Fett
an den Eingeweiden, die beiden Nieren 9
mit dem Fett, das daran ist, an den
Lenden, und den Lappen an der Leber,
an den Nieren abgelöst, gleichwie man 10
es abhebt vom Rind beim Dankopfer,
und soll es in Rauch aufgehen lassen auf
dem Brandopferaltar. [d]Aber das Fell 11
des Stieres mit allem Fleisch samt Kopf
und Schenkeln und die Eingeweide
und den Mist, das soll er alles [e]hinaus- 12
tragen aus dem Lager an eine reine
Stätte, wo man die Asche hinschüttet,
und soll's verbrennen auf dem Holz mit
Feuer.

[f]Wenn aber die ganze Gemeinde Is- 13
rael aus Versehen sich versündigte und
die Tat vor ihren Augen verborgen
wäre, wenn sie gegen irgendein Gebot
des HERRN gehandelt hätten, was sie
nicht tun sollten, und so sich verschul-

14 det hätten, und sie würden danach ihrer
Sünde inne, die sie getan hätten, so sol-
len sie einen jungen Stier darbringen
als Sündopfer und vor die Tür der
15 Stiftshütte stellen. Und die Ältesten
der Gemeinde sollen ihre Hände auf
seinen Kopf legen vor dem HERRN und
den Stier schlachten vor dem HERRN.
16 Und der Priester, der gesalbt ist, soll
Blut von dem Stier in die Stiftshütte
17 bringen und mit seinem Finger hinein-
tauchen und siebenmal sprengen vor
18 dem HERRN, an den Vorhang. Und er
soll etwas von dem Blut an die Hörner
des Altars tun, der vor dem HERRN
steht in der Stiftshütte, und alles ande-
re Blut an den Fuß des Brandopferal-
tars gießen, der vor der Tür der Stifts-
19 hütte steht. All sein Fett aber soll er ab-
heben und auf dem Altar in Rauch auf-
20 gehen lassen und soll mit dem Stier tun,
wie er mit dem Stier des Sündopfers
getan hat. So soll der Priester die Süh-
nung für sie vollziehen, und ihnen wird
21 vergeben. Und er soll den Stier hinaus
vor das Lager tragen und [g] verbrennen,
wie er den vorigen Stier verbrannt hat.
Das ist das Sündopfer der Gemeinde.

22 Wenn aber ein Stammesfürst sün-
digt und aus Versehen irgend etwas ge-
gen des HERRN, seines Gottes, Gebote
tut, was er nicht tun sollte, und so sich
23 verschuldet und wird seiner Sünde
inne, die er getan hat, so soll er zum
Opfer bringen einen Ziegenbock ohne
24 Fehler und seine Hand auf den Kopf
des Bockes legen und ihn schlachten an
der Stätte, wo man die Brandopfer
schlachtet vor dem HERRN; es ist ein
25 Sündopfer. Da soll dann der Priester
mit seinem Finger etwas von dem Blut
des Sündopfers nehmen und es an die
Hörner des Brandopferaltars tun und
das andere Blut an den Fuß des
26 Brandopferaltars gießen. Und all sein
Fett soll er auf dem Altar in Rauch auf-
gehen lassen gleichwie das Fett des
Dankopfers. So soll der Priester die
Sühnung für ihn vollziehen, und ihm
wird vergeben.

27 [h] Wenn aber sonst jemand aus dem
Volk aus Versehen sündigt, daß er ge-
gen irgendeines der Gebote des HERRN
handelt, was er nicht tun sollte, und so
28 sich verschuldet und seiner Sünde in-
newird, die er getan hat, so soll er zum
Opfer eine Ziege bringen ohne Fehler
29 für die Sünde, die er getan hat, und soll
seine Hand auf den Kopf des
Sündopfers legen und es schlachten an
der Stätte des Brandopfers. Und der 30
Priester soll mit seinem Finger etwas
von dem Blut nehmen und an die Hör-
ner des Brandopferaltars tun und alles
andere Blut an den Fuß des Altars gie-
ßen. All sein Fett aber soll er abheben, 31
wie man [i] das Fett des Dankopfers ab-
hebt, und soll es in Rauch aufgehen las-
sen auf dem Altar zum lieblichen Ge-
ruch für den HERRN. So soll der Priester
die Sühnung für ihn vollziehen, und
ihm wird vergeben. Will er aber ein 32
Schaf zum Sündopfer bringen, so brin-
ge er ein weibliches, das ohne Fehler
ist, und lege seine Hand auf den Kopf 33
des Sündopfers und schlachte es zum
Sündopfer an der Stätte, wo man die
Brandopfer schlachtet. Und der Prie- 34
ster soll mit seinem Finger etwas von
dem Blut nehmen und an die Hörner
des Brandopferaltars tun und alles an-
dere Blut an den Fuß des Altars gießen.
Aber all sein Fett soll er abheben, wie 35
man das Fett vom Schaf des Dank-
opfers abhebt, und soll es auf dem
Altar in Rauch aufgehen lassen als
Feueropfer für den HERRN. So soll der
Priester die Sühnung für ihn vollziehen
für die Sünde, die er getan hat, und ihm
wird vergeben.

Wenn jemand damit sündigt, daß er **5**
den Fluch aussprechen hört und Zeuge
ist, weil er es gesehen oder erfahren hat,
es aber nicht anzeigt* und so sich ver-
schuldet; oder wenn jemand etwas Un- 2
reines anrührt, es sei ein [j] Aas von
einem unreinen Wild oder Vieh oder
Gewürm, und wußte es nicht und
wird's inne und hat sich so verschuldet;
oder wenn er einen Menschen in dessen 3
Unreinheit anrührt, in irgendeiner
[k] Unreinheit, womit der Mensch unrein
werden kann, und wußte es nicht und
wird's inne und hat sich so verschuldet;
oder wenn jemand schwört, daß ihm 4
über die Lippen fährt, er wolle Schaden
oder Gutes tun, wie denn einem Men-
schen ein Schwur entfahren mag, und
er bedachte es nicht und er wird's inne
und hat sich so oder so schuldig ge-
macht: wenn's also geschieht, daß er 5
sich so oder so schuldig gemacht hat, so
[l] soll er bekennen, womit er gesündigt
hat, und soll als Buße für diese seine 6
Sünde, die er getan hat, dem HERRN
darbringen von der Herde ein Mutter-
tier, Schaf oder Ziege, zum Sündopfer,
daß der Priester die Sühnung für ihn
vollziehe wegen seiner Sünde. Vermag 7
er aber nicht ein Schaf zu geben, so

bringe er dem HERRN für seine Schuld,
die er getan hat, zwei Turteltauben
oder zwei andere Tauben, die eine zum
Sündopfer, die andere zum Brand-
8 opfer, und bringe sie dem Priester. Der
soll die erste als Sündopfer darbringen
und ihr den Kopf abknicken hinter dem
9 Genick und nicht ganz abtrennen, und
er sprenge etwas von dem Blut des
Sündopfers an die Seite des Altars und
lasse das übrige Blut ausbluten am
Fuße des Altars; es ist ein Sündopfer.
10 Die andere Taube aber soll er als
Brandopfer darbringen der Ordnung
gemäß. So soll der Priester die Süh-
nung für ihn vollziehen wegen seiner
Sünde, die er getan hat, und ihm wird
11 vergeben. Vermag er aber auch nicht
zwei Turteltauben oder zwei andere
Tauben zu geben, so bringe er für seine
Sünde als sein Opfer ein Zehntel Schef-
fel feinstes Mehl als Sündopfer dar. Er
soll aber kein Öl darauf gießen noch
Weihrauch darauf tun; denn es ist ein
12 Sündopfer. Und er soll es zum Priester
bringen. Der Priester aber soll eine
Handvoll davon nehmen als Gedenk-
opfer und in Rauch aufgehen lassen auf
dem Altar zum Feueropfer für den
13 HERRN; es ist ein Sündopfer. So soll der
Priester wegen seiner Sünde, die er in
einem jener Fälle getan hat, die Süh-
nung für ihn vollziehen, und ihm wird
vergeben. Und das übrige soll dem
Priester gehören [m]wie beim Speisopfer.

a Kap 9,9 *b* 2.Mose 30,1.6 *c* 2.Mose 40,6
d (11 und 12) Kap 8,17 *e* Kap 6,4
f (13-21) 4.Mose 15,22-26 *g* Vers 11.12
h (27 und 28) 4.Mose 15,27.28 *i* Kap 3,14.15
j Kap 11,24 *k* 4.Mose 19,13.20 *l* Kap 16,21;
4.Mose 5,7; Jos 7,20 *m* Kap 2,3
*Kap 5,1: Bei einem ungeklärten Verbrechen wurden verflucht: der unbekannte Täter und alle, die als Mitwisser ihr Zeugnis zurückhalten (Ri 17,2; Spr 29,24).

Vom Schuldopfer

(vgl. Kap 7,1-10)

14 Und der HERR redete mit Mose und
15 sprach: Wenn jemand sich vergreift
und aus Versehen sich versündigt an
dem, was dem HERRN geweiht ist, so
soll er für seine Schuld dem HERRN
einen Widder ohne Fehler von der Her-
de bringen, nach deiner Schätzung
zwei Silberstücke wert nach dem Ge-
wicht des Heiligtums, als Schuldopfer.
16 Dazu soll er, was er gesündigt hat an
dem Geweihten, [a]erstatten und den
fünften Teil hinzufügen und es dem
Priester geben. Der soll die Sühnung
für ihn vollziehen mit dem Widder des
Schuldopfers, so wird ihm vergeben.
Wenn jemand sündigt und handelt ge- 17
gen irgendein Gebot des HERRN, was er
nicht tun sollte, und hat es nicht ge-
wußt und versündigt sich und lädt eine
Schuld auf sich, so soll er zum Priester 18
einen Widder bringen von der Herde,
ohne Fehler, nach deiner Schätzung als
Schuldopfer. Der soll die Sühnung für
ihn vollziehen für das, was er versehen
hat, ohne daß er es wußte, so wird ihm
vergeben. Das ist ein Schuldopfer; ver- 19
schuldet hat er sich an dem HERRN.
*Und der HERR redete mit Mose und 20
sprach: [b]Wenn jemand sündigte und 21
sich damit an dem HERRN vergriffe, daß
er seinem Nächsten ableugnet, was ihm
dieser anvertraut hat oder was ihm zu
treuer Hand gegeben ist oder was er mit
Gewalt genommen oder mit Unrecht
an sich gebracht hat, oder wenn er et- 22
was Verlorenes gefunden hat und es ab-
leugnet und einen falschen Eid schwört
über irgend etwas, worin ein Mensch
gegen seinen Nächsten Sünde tut:
wenn es so geschieht, daß er sündigt 23
und sich verschuldet, [c]so soll er wieder-
geben, was er mit Gewalt genommen
oder mit Unrecht an sich gebracht oder
was ihm anvertraut war oder was er ge-
funden hatte oder worüber er den fal- 24
schen Eid geschworen hat; das soll er
alles ganz wiedergeben und darüber
hinaus den fünften Teil. Dem soll er's
geben, dem es gehört, an dem Tag,
wenn er sein Schuldopfer darbringt.
Aber für seine Schuld soll er dem 25
HERRN einen Widder ohne Fehler von
der Herde zu dem Priester bringen
nach deiner Schätzung als Schuld-
opfer. So soll der Priester die Sühnung 26
für ihn vollziehen vor dem HERRN, und
ihm wird alles vergeben, was er getan
und womit er sich verschuldet hat.

a Vers 23.24; Kap 22,14; 27,13
b (21-26) 4.Mose 5,6-8 *c* Hes 33,15
*Vers 20: Abweichende Verszählung statt 5,20-26: 6,1-7.

Von Brand-, Speis- und Sündopfern

*Und der HERR redete mit Mose und 6
sprach: Gebiete Aaron und seinen Söh- 2
nen und sprich: Dies ist das [a]Gesetz
über das Brandopfer. Das Brandopfer
soll bleiben auf dem Herd des Altars die
ganze Nacht bis zum Morgen, und es
soll des Altars Feuer brennend darauf
erhalten werden. Und der Priester soll 3
sein leinenes Gewand anziehen und die
[b]leinenen Beinkleider für seine Blöße

und soll die Asche wegnehmen, die das
Feuer des Brandopfers auf dem Altar
gemacht hat, und soll sie neben den Al-
4 tar schütten und soll danach seine Klei-
der ausziehen und andere Kleider an-
ziehen und [c]die Asche hinaustragen aus
5 dem Lager an eine reine Stätte. Das
Feuer auf dem Altar soll brennen und
nie verlöschen. Der Priester soll alle
Morgen Holz darauf anzünden und
oben darauf das Brandopfer zurichten
und das Fett der Dankopfer oben dar-
6 auf in Rauch aufgehen lassen. Ständig
soll das Feuer auf dem Altar brennen
und nie verlöschen.
7 Und dies ist [d]das Gesetz des Speis-
opfers. Aarons Söhne sollen es bringen
8 vor den HERRN an den Altar. Es soll
einer abheben eine Handvoll vom Mehl
des Speisopfers und vom Öl und den
ganzen Weihrauch, der auf dem Speis-
opfer liegt, und soll's in Rauch aufge-
hen lassen auf dem Altar zum lieblichen
Geruch als Gedenkopfer für den
9 HERRN. Das übrige aber sollen Aaron
und seine Söhne verzehren; sie sollen
es ungesäuert essen an heiliger Stätte
10 im Vorhof der Stiftshütte. Sie sollen es
nicht mit Sauerteig backen; denn es ist
ihr Anteil, den ich ihnen gegeben habe
von meinen Feueropfern. Es ist ein
Hochheiliges gleichwie das Sündopfer
11 und das Schuldopfer. Wer männlich ist
unter den Nachkommen Aarons, der
soll's essen. Das sei ein ewiges Anrecht
für eure Nachkommen an den Feuer-
opfern des HERRN. Wer sie anrührt, soll
dem Heiligtum gehören.
12 Und der HERR redete mit Mose und
13 sprach: Dies soll das Opfer Aarons und
seiner Söhne sein, das sie dem HERRN
opfern sollen [e]am Tage ihrer Salbung:
ein Zehntel Scheffel feinstes Mehl, das
tägliche Speisopfer, die eine Hälfte
14 morgens, die andere abends. In der
Pfanne sollst du es mit Öl bereiten;
durchgeröstet sollst du es herbeibrin-
gen, und in Stücke gebrochen sollst du
es opfern zum lieblichen Geruch für
15 den HERRN. Und der Priester, der unter
Aarons Söhnen an seiner Statt gesalbt
wird, soll solches tun. Das ist ein ewiges
Anrecht des HERRN. Als Ganzopfer soll
16 es verbrannt werden; denn jedes Speis-
opfer eines Priesters soll als Ganzopfer
verbrannt und nicht gegessen werden.
17 Und der HERR redete mit Mose und
18 sprach: Sage Aaron und seinen Söhnen
und sprich: [f]Dies ist das Gesetz des
Sündopfers. An der Stätte, wo du das
Brandopfer schlachtest, sollst du auch
das Sündopfer schlachten vor dem
HERRN. Es ist ein Hochheiliges. Der 19
Priester, der das Sündopfer darbringt,
soll es essen an heiliger Stätte im Vor-
hof der Stiftshütte; wer das Fleisch des 20
Opfers anrührt, soll dem Heiligtum ge-
hören. Und wer von seinem Blut ein
Kleid besprengt, der soll das bespreng-
te Stück waschen an heiliger Stätte.
Und den irdenen Topf, darin es ge- 21
kocht ist, soll man zerbrechen. Ist's
aber ein kupferner Topf, so soll man
ihn scheuern und mit Wasser spülen.
Wer männlich ist in den Familien der 22
Priester, darf davon essen; es ist ein
Hochheiliges. Aber von allen Sünd- 23
opfern, von deren Blut etwas in die
Stiftshütte gebracht worden ist, um die
Sühnung zu vollziehen im Heiligen,
soll man nichts essen, sondern sie mit
Feuer verbrennen.

a Kap 1 *b* 2.Mose 28,42 *c* Kap 4,12 *d* Kap 2
e Kap 7,37; 2.Mose 29 *f* Kap 4
*Vers 1: Abweichende Verszählung statt 6,1-23: 6,8-30.

Weitere Opfergesetze

Und dies ist [a]das Gesetz des 7
Schuldopfers. Es ist ein Hochheiliges.
An der Stätte, wo man [b]das Brandopfer 2
schlachtet, soll man auch das Schuld-
opfer schlachten und sein Blut ringsum
an den Altar sprengen. [c]Und all sein 3
Fett soll man opfern, den Fettschwanz
und das Fett, das die Eingeweide be-
deckt, die beiden Nieren mit dem Fett, 4
das daran ist, an den Lenden, und den
Lappen an der Leber; an den Nieren
soll er ihn ablösen. Und der Priester soll 5
es auf dem Altar in Rauch aufgehen las-
sen zum Feueropfer für den HERRN; es
ist ein Schuldopfer. Wer männlich ist 6
unter den Priestern, soll das essen an
heiliger Stätte; es ist ein Hochheiliges.
Wie das Sündopfer, so soll auch das 7
Schuldopfer sein; für beide soll ein und
dasselbe Gesetz gelten; sie sollen dem
Priester gehören, der damit die Süh-
nung vollzieht. Dem Priester, der je- 8
mandes Brandopfer opfert, soll das
[d]Fell des Brandopfers gehören, das er
geopfert hat. Und [e]alle Speisopfer, die 9
im Ofen oder im Tiegel oder in der
Pfanne gebacken sind, sollen dem Prie-
ster gehören, der sie opfert. Aber alle 10
Speisopfer, die mit Öl vermengt oder
trocken sind, sollen allen Söhnen
Aarons gehören, einem wie dem an-
dern.[f]
Und dies ist [g]das Gesetz des 11

Dankopfers, das man dem HERRN
12 opfert. [h]Wollen sie es als Lobopfer dar-
bringen, so sollen sie außer dem
Schlachtopfer ungesäuerte Kuchen
opfern, mit Öl vermengt, und unge-
säuerte Fladen, mit Öl bestrichen, und
feinstes Mehl, durchgerührt, als Ku-
13 chen mit Öl vermengt. Sie sollen aber
solche Opfergabe darbringen nebst
Kuchen von gesäuertem Brot zu ihrem
14 Lob- und Dankopfer, und zwar sollen
sie je ein Teil als Opfergabe für den
HERRN darbringen; es soll dem Priester
gehören, der das Blut des Dankopfers
15 sprengt. Und das Fleisch ihres Lob-
und Dankopfers soll an demselben
Tage gegessen werden, an dem es ge-
opfert wird, und soll nichts übriggelas-
16 sen werden bis zum Morgen. Ist es aber
ein Gelübde oder freiwilliges Opfer, so
soll es zwar an demselben Tage, da es
geopfert ist, gegessen werden; wenn
aber etwas übrigbleibt, darf man's am
17 andern Tage essen. Aber was vom ge-
opferten Fleisch am dritten Tage noch
übrig ist, soll mit Feuer verbrannt wer-
18 den. Und wenn jemand am dritten
Tage essen wird von dem geopferten
Fleisch seines Dankopfers, so wird es
nicht wohlgefällig sein, und dem, der es
geopfert hat, wird es auch nicht zuge-
rechnet werden, sondern es wird ein
Greuel sein; und wer davon ißt, der
19 lädt eine Schuld auf sich. Auch das
Fleisch, das mit etwas Unreinem in Be-
rührung gekommen ist, soll nicht ge-
gessen, sondern mit Feuer verbrannt
werden. Jeder, der rein ist, darf vom
20 Opferfleisch essen. Wer aber essen
wird von dem Fleisch des Dankopfers,
das dem HERRN gehört, und hat eine
Unreinheit an sich, der wird ausgerot-
21 tet werden aus seinem Volk. Und wenn
jemand mit etwas Unreinem in Berüh-
rung gekommen ist, es sei ein unreiner
Mensch, ein unreines Vieh oder was
sonst ein Greuel ist, und dann vom
Fleisch des Dankopfers ißt, das dem
HERRN gehört, der wird ausgerottet
werden aus seinem Volk.

22 Und der HERR redete mit Mose und
23 sprach: Rede mit den Israeliten und
sprich: Ihr sollt [i]kein Fett essen von
24 Stieren, Schafen und Ziegen. Das Fett
von gefallenen und zerrissenen Tieren
dürft ihr zwar zu allerlei benutzen; aber
25 [j]essen dürft ihr's nicht. Denn wer das
Fett ißt von solchen Tieren, von denen
man dem HERRN Feueropfer bringt,
der wird ausgerottet werden aus seinem
Volk. Ihr sollt auch kein Blut essen, we- 26
der vom Vieh noch von Vögeln, überall,
wo ihr wohnt. Jeder, der Blut ißt, wird 27
ausgerottet werden aus seinem Volk.

Und der HERR redete mit Mose und 28
sprach: Rede mit den Israeliten und 29
sprich: Wer dem HERRN sein Dank-
opfer darbringen will, der soll herzu-
bringen, was vom Dankopfer dem
HERRN gehört. Er soll es aber mit eige- 30
ner Hand herzubringen zum Feuer-
opfer für den HERRN; nämlich das Fett
soll er bringen samt der Brust, um sie
als ein [k]Schwingopfer zu schwingen
vor dem HERRN. Und der Priester soll 31
das Fett in Rauch aufgehen lassen auf
dem Altar, aber die Brust soll Aaron
und seinen Söhnen gehören. Und die 32
rechte [l]Keule sollt ihr dem Priester
geben zum Hebopfer von ihren
Dankopfern. Wer von Aarons Söhnen 33
das Blut und das Fett der Dankopfer
opfert, dem soll die rechte Keule gehö-
ren als sein Anteil. Denn die Brust des 34
Schwingopfers und die Keule des Heb-
opfers nehme ich von den Israeliten,
von ihren Dankopfern, und gebe sie
dem Priester Aaron und seinen Söhnen
als ewiges Anrecht bei den Israeliten.

Das ist der Anteil Aarons und seiner 35
Söhne an den Feueropfern des HERRN,
der ihnen bestimmt wurde an dem
Tage, da der HERR sie sich nahen ließ,
damit sie seine Priester seien, der An- 36
teil, von dem der HERR an dem Tage, da
er sie salbte, gebot, daß er ihnen gege-
ben werden sollte von den Israeliten als
ewiges Anrecht bei allen ihren Nach-
kommen. Das ist das Gesetz des 37
Brandopfers, des Speisopfers, des
Sündopfers, des Schuldopfers, des
Einsetzungsopfers und des Dank-
opfers, wie der HERR es Mose gebot auf 38
dem Berge Sinai an dem Tage, da er
den Israeliten befahl, ihre Opfer dem
HERRN zu opfern in der Wüste Sinai.

a Kap 5,14-26 *b* Kap 1,3.5 *c* *(3 und 4)* Kap 3,9.10 *d* Kap 1,6 *e* Kap 2,4.5.7 *f* Kap 2,1-3 *g* Kap 3 *h* *(12-15)* Kap 19,5-8; 22,29.30 *i* Kap 3,17 *j* 2.Mose 22,30 *k* 2.Mose 29,24 *l* Kap 9,21

Mose weiht Aaron und seine Söhne zum Priesteramt

(vgl. 2.Mose 29)

Und der HERR redete mit Mose und **8**
sprach: [a]Nimm Aaron und seine Söhne 2
und die Kleider und das Salböl und den
jungen Stier zum Sündopfer, die bei-
den Widder und den Korb mit unge-
säuertem Brot und versammle die gan- 3

ze Gemeinde vor der Tür der Stiftshüt-
4 te. Mose tat, wie ihm der HERR geboten
hatte, und versammelte die Gemeinde
5 vor der Tür der Stiftshütte und sprach
zu ihnen: Dies ist's, was der HERR ge-
6 boten hat zu tun. Und Mose ließ herzu-
treten Aaron und seine Söhne und
7 wusch sie mit Wasser und legte ihm das
leinene Gewand an und gürtete ihn mit
dem Gürtel und zog ihm das Oberge-
wand an und tat ihm den Priesterschurz
um und gürtete ihn mit dem Gurt des
8 Schurzes. Dann tat er ihm die Brustta-
sche an und legte in die Tasche die Lose
9 [b]»Licht und Recht« und setzte ihm den
Kopfbund auf sein Haupt und befestig-
te an dem Kopfbund vorn [c]das goldene
Stirnblatt, den heiligen Reif, wie der
10 HERR es Mose geboten hatte. Und
Mose nahm das [d]Salböl und salbte das
Heiligtum und alles, was darin war,
11 und weihte es; er sprengte damit sie-
benmal an den Altar und salbte den Al-
tar mit all seinem Gerät und das Becken
mit seinem Gestell, daß alles geweiht
12 würde. Und er goß von dem Salböl auf
Aarons Haupt und salbte ihn, daß er
13 geweiht würde, und brachte herzu
Aarons Söhne und zog ihnen das leine-
ne Gewand an und gürtete sie mit dem
Gürtel und setzte ihnen hohe Mützen
auf, wie ihm der HERR geboten hatte.
14 Und er ließ herzuführen den Stier
zum [e]Sündopfer. Und Aaron und seine
Söhne legten ihre Hände auf seinen
15 Kopf. Und Mose schlachtete ihn und
nahm das Blut und tat es mit seinem
Finger ringsum auf die Hörner des Al-
tars und entsündigte den Altar und goß
das Blut an den Fuß des Altars und
weihte ihn, indem er ihn entsühnte.
16 Und er nahm alles Fett am Eingeweide,
den Lappen an der Leber und die bei-
den Nieren mit dem Fett daran und ließ
es in Rauch aufgehen auf dem Altar.
17 Aber den Stier mit seinem Fell, dem
Fleisch und dem Mist verbrannte er
mit Feuer draußen vor dem Lager, wie
18 ihm der HERR geboten hatte. Und er
brachte herzu den einen Widder zum
[f]Brandopfer. Und Aaron und seine
Söhne legten ihre Hände auf seinen
19 Kopf. Und Mose schlachtete ihn und
sprengte das Blut ringsum an den Altar,
20 zerlegte den Widder in seine Stücke
und verbrannte den Kopf, die Stücke
21 und das Fett und wusch die Eingeweide
und Schenkel mit Wasser und ließ dann
den ganzen Widder in Rauch aufgehen
auf dem Altar. Das war ein Brandopfer
zum lieblichen Geruch, ein Feueropfer
für den HERRN, wie ihm der HERR gebo-
ten hatte. Er brachte auch herzu den 22
andern Widder zum Einsetzungsopfer.
Und Aaron und seine Söhne legten ihre
Hände auf seinen Kopf. Und Mose 23
schlachtete ihn und nahm von seinem
Blut und tat es Aaron auf sein rechtes
Ohrläppchen und auf den Daumen sei-
ner rechten Hand und auf die große
Zehe seines rechten Fußes. Und er 24
brachte herzu Aarons Söhne und tat
von dem Blut auf ihr rechtes Ohrläpp-
chen und auf den Daumen ihrer rech-
ten Hand und auf die große Zehe ihres
rechten Fußes und [g]sprengte das Blut
ringsum an den Altar. Und er nahm das 25
Fett und den Fettschwanz und alles
Fett am Eingeweide und den Lappen
an der Leber, die beiden Nieren mit
dem Fett daran und die rechte Keule;
dazu nahm er von dem Korb mit dem 26
ungesäuerten Brot, der vor dem HERRN
stand, einen ungesäuerten Kuchen und
einen Brotkuchen mit Öl und einen
Fladen und legte es auf das Fett und auf
die rechte Keule. Und er legte das alles 27
auf die Hände Aarons und seiner Söhne
und schwang es als Schwingopfer vor
dem HERRN und nahm alles wieder von 28
ihren Händen und ließ es in Rauch auf-
gehen auf dem Altar, oben auf dem
Brandopfer. Das war ein Einsetzungs-
opfer zum lieblichen Geruch, ein
Feueropfer für den HERRN. Und Mose 29
nahm die Brust und schwang sie als ein
Schwingopfer vor dem HERRN; die er-
hielt Mose als seinen Anteil an dem
Widder des Einsetzungsopfers, wie
ihm der HERR geboten hatte. Und Mose 30
nahm von dem Salböl und dem Blut auf
dem Altar und sprengte es auf Aaron
und seine Kleider, auf seine Söhne und
ihre Kleider; so weihte er Aaron und
seine Kleider, seine Söhne und ihre
Kleider.

Und Mose sprach zu Aaron und sei- 31
nen Söhnen: Kocht das Fleisch vor der
Tür der Stiftshütte und eßt es daselbst,
dazu auch das Brot im Korbe des Ein-
setzungsopfers, wie mir geboten ist,
daß es Aaron und seine Söhne essen
sollen. Was aber übrigbleibt vom 32
Fleisch und Brot, das sollt ihr mit
Feuer verbrennen. Und ihr sollt sieben 33
Tage lang nicht weggehen von der Tür
der Stiftshütte, bis die Tage eures Ein-
setzungsopfers um sind; denn sieben
Tage sollen eure Hände gefüllt werden.
Wie es am heutigen Tage geschehen ist, 34

so hat der HERR geboten, auch ferner-
hin zu tun, auf daß ihr entsühnt werdet.
35 Und ihr sollt vor der Tür der Stiftshüt-
te Tag und Nacht bleiben sieben Tage
lang und sollt nach dem Gebot des
HERRN tun, daß ihr nicht sterbet; denn
36 so ist es mir geboten. Und Aaron und
seine Söhne taten alles, was der HERR
durch Mose geboten hatte.

a (2-5) 2.Mose 28,39-43 *b* 2.Mose 28,30
c 2.Mose 28,36-38; 39,30 *d* 2.Mose 30,25.26
e Kap 4,1-12 *f* Kap 1,10-13 *g* Kap 17,11

Das erste Opfer Aarons und seiner Söhne

9 Und [a] am achten Tage rief Mose Aaron
und seine Söhne und die Ältesten in Is-
2 rael und sprach zu Aaron: Nimm dir
einen jungen Stier zum Sündopfer und
einen Widder zum Brandopfer, beide
ohne Fehler, und bringe sie vor den
3 HERRN. Und rede mit den Israeliten
und sprich: Nehmt einen Ziegenbock
zum Sündopfer und ein Kalb und ein
Schaf, beide ein Jahr alt und ohne Feh-
4 ler, zum Brandopfer und einen Stier
und einen Widder zum Dankopfer, daß
wir sie vor dem HERRN opfern, und ein
Speisopfer, mit Öl vermengt. Denn
heute wird euch der HERR erscheinen.
5 Und sie brachten, was Mose geboten
hatte, vor die Tür der Stiftshütte, und
es trat herzu die ganze Gemeinde und
6 stellte sich auf vor dem HERRN. Da
sprach Mose: Das ist's, was der HERR
geboten hat, daß ihr es tun sollt, auf daß
euch des HERRN Herrlichkeit erscheine.
7 Und Mose sprach zu Aaron: Tritt zum
Altar und [b] bringe dar dein Sündopfer
und dein Brandopfer und entsühne
dich und dein Haus. Danach bringe dar
die Opfergabe des Volks und entsühne
es auch, wie der HERR geboten hat.
8 Und Aaron trat zum Altar und
schlachtete den jungen Stier als sein
9 Sündopfer. Und seine Söhne brachten
das Blut zu ihm, und er tauchte mit sei-
nem Finger ins Blut und tat es auf die
Hörner des Altars und goß das Blut an
10 den Fuß des Altars. Aber das [c] Fett und
die Nieren und den Lappen an der Le-
ber vom Sündopfer ließ er in Rauch
aufgehen auf dem Altar, wie der HERR
11 es Mose geboten hatte. Und das Fleisch
und das Fell verbrannte er mit Feuer
draußen vor dem Lager.
12 Danach schlachtete er das [d] Brand-
opfer; und Aarons Söhne brachten das
Blut zu ihm, und er sprengte es rings-
13 um an den Altar. Und sie brachten das
Brandopfer zu ihm, Stück um Stück,
und den Kopf, und er ließ es in Rauch
aufgehen auf dem Altar. Und er wusch 14
die Eingeweide und die Schenkel und
ließ sie in Rauch aufgehen oben auf
dem Brandopfer auf dem Altar.
Danach brachte er herzu die Opfer- 15
gabe des Volks und nahm den Bock, das
Sündopfer des Volks, und schlachtete
ihn und machte ein Sündopfer daraus
wie das vorige. Und brachte das Brand- 16
opfer herzu und tat damit der Ordnung
gemäß. Und brachte herzu das Speis- 17
opfer und nahm eine Handvoll und ließ
es in Rauch aufgehen auf dem Altar,
außer dem Brandopfer am Morgen.
Danach schlachtete er den Stier und 18
den Widder als Dankopfer des Volks.
Und seine Söhne brachten ihm das
Blut; das sprengte er ringsum an den
Altar. Aber das Fett vom Stier und vom 19
Widder, den Fettschwanz und das Fett
am Eingeweide und die Nieren und den
Lappen an der Leber, all dieses Fett 20
legten sie auf die Brust, und er ließ das
Fett auf dem Altar in Rauch aufgehen.
Aber die Brust und die rechte Keule 21
schwang Aaron als Schwingopfer vor
dem HERRN, wie der HERR es Mose ge-
boten hatte.[e]
Und Aaron hob seine Hände auf zum 22
Volk und [f] segnete sie und stieg herab,
nachdem er das Sündopfer, Brandopfer
und Dankopfer dargebracht hatte. Und 23
Mose und Aaron gingen in die Stifts-
hütte. Und als sie wieder herauskamen,
segneten sie das Volk. [g] Da erschien die
Herrlichkeit des HERRN allem Volk.
Und [h] ein Feuer ging aus von dem 24
HERRN und verzehrte das Brandopfer
und das Fett auf dem Altar. Da alles
Volk das sah, frohlockten sie und fielen
auf ihr Antlitz.

a Kap 8,33 *b* Kap 16,6.11.15; Hebr 5,3; 7,27
c Kap 4,8-12; 8,14-17 *d* Kap 1,10-13
e Kap 7,30-34 *f* 4.Mose 6,22-27 *g* 2.Mose 16,10;
40,34 *h* Ri 6,21; 1.Kön 18,38; 1.Chr 21,26;
2.Chr 7,1

Der Tod Nadabs und Abihus und seine Folgen

Und [a] Aarons Söhne Nadab und Abihu 10
nahmen ein jeder seine Pfanne und ta-
ten Feuer hinein und legten Räucher-
werk darauf und brachten so ein [b] frem-
des Feuer vor den HERRN, das er ihnen
nicht geboten hatte. [c] Da fuhr ein Feuer 2
aus von dem HERRN und verzehrte sie,
daß sie starben vor dem HERRN.[d] Da 3
sprach Mose zu Aaron: Das ist's, was
der HERR gesagt hat: *Ich erzeige mich*

heilig an denen, die mir nahe sind, und vor
allem Volk erweise ich mich herrlich.
4 Und Aaron schwieg. Mose aber rief
[e]Mischaël und Elizafan, die Söhne
Usiëls, des Oheims Aarons, und sprach
zu ihnen: Tretet hinzu und tragt eure
Brüder von dem Heiligtum hinaus vor
5 das Lager. Und sie traten hinzu und
trugen sie hinaus mit ihren leinenen
Gewändern vor das Lager, wie Mose
6 gesagt hatte. Da sprach Mose zu Aaron
und seinen Söhnen Eleasar und Itamar:
Ihr sollt euer [f]Haupthaar nicht
wirr hängen lassen und eure Kleider
nicht zerreißen, daß ihr nicht sterbet
und der Zorn über die ganze Gemeinde
komme. Laßt aber eure Brüder, das
ganze Haus Israel, weinen über diesen
Brand, den der HERR angerichtet hat.
7 Ihr sollt auch nicht hinweggehen von
der Tür der Stiftshütte, ihr würdet
sonst sterben; denn das Salböl des
HERRN ist auf euch. Und sie taten, wie
Mose sagte.
8 Der HERR aber redete mit Aaron und
9 sprach: Du und deine Söhne, [g]ihr sollt
weder Wein noch starke Getränke trinken,
wenn ihr in die Stiftshütte geht,
damit ihr nicht sterbt. Das sei eine ewige
Ordnung für alle eure Nachkom-
10 men. Ihr sollt unterscheiden, was heilig
und unheilig, was unrein und rein ist,[h]
11 und Israel lehren alle Ordnungen, die
der HERR ihnen durch Mose verkündet
hat.
12 Und Mose redete mit Aaron und mit
seinen Söhnen Eleasar und Itamar, die
ihm noch geblieben waren: Nehmt das
Speisopfer, das übriggeblieben ist von
den Feueropfern des HERRN, und esset
es ungesäuert bei dem Altar; denn es ist
13 ein Hochheiliges.[i] Ihr sollt es aber an
heiliger Stätte essen; [j]denn das ist dein
und deiner Söhne Anrecht an den
Feueropfern des HERRN; denn so ist
14 mir's geboten. Auch die [k]Brust des
Schwingopfers und die Keule des Hebopfers
sollst du mit deinen Söhnen und
deinen Töchtern essen an reiner Stätte;
denn solches Anrecht an den Dankopfern
Israels ist dir und deinen Kin-
15 dern gegeben. Denn diese Keule und
diese Brust soll man zu den Feueropfern
des Fettes bringen, daß sie als
Schwingopfer geschwungen werden
vor dem HERRN; es gehört dir und deinen
Söhnen als ewiges Anrecht, wie der
HERR geboten hat.[l]
16 Und Mose suchte den [m]Bock des
Sündopfers und fand ihn verbrannt.
Und er wurde zornig über Eleasar und
Itamar, Aarons Söhne, die ihm noch
geblieben waren, und sprach: Warum 17
habt ihr das Sündopfer nicht gegessen
an heiliger Stätte? Denn es ist ein
Hochheiliges, und der HERR hat es euch
gegeben, daß ihr die Schuld der Gemeinde
wegnehmen und sie vor ihm
entsühnen sollt. Siehe, sein Blut ist 18
nicht in das Heilige hineingebracht
worden. [n]Ihr solltet das Opfer im Heiligen
gegessen haben, wie ich geboten
hatte. Aaron aber sprach zu Mose: Sie- 19
he, heute haben sie ihr Sündopfer und
ihr Brandopfer vor dem HERRN geopfert,
und es ist mir so ergangen, wie
du siehst; und ich sollte heute essen
vom Sündopfer? Sollte das dem HERRN
gefallen? Als Mose das hörte, ließ er 20
sich's gefallen.

a 2.Mose 6,23; 28,1 *b* 2.Mose 30,9 *c* (*2 und 3*) Jer 25,29; 1.Petr 4,17 *d* 4.Mose 16,35 *e* 2.Mose 6,22 *f* Kap 21,10 *g* Hes 44,21; Hos 4,11; Am 2,8 *h* Hes 22,26; 44,23 *i* Kap 9,17.18 *j* Kap 2,3 *k* Kap 7,34 *l* Kap 9,20.21 *m* Kap 9,15 *n* Kap 6,19.22

Gesetz über reine und unreine Tiere

(vgl. 5.Mose 14,3-20)

Und der HERR redete mit Mose und **11**
Aaron und sprach zu ihnen: Redet mit 2
den Israeliten und sprecht: [a]Dies sind
die Tiere, die ihr essen dürft unter allen
Tieren auf dem Lande. Alles, was ge- 3
spaltene Klauen hat, ganz durchgespalten,
und wiederkäut unter den Tieren,
das dürft ihr essen. Nur diese dürft ihr 4
nicht essen von dem, was wiederkäut
und gespaltene Klauen hat: das Kamel,
denn es ist zwar ein Wiederkäuer, hat
aber keine durchgespaltenen Klauen;
darum soll es euch unrein sein; den 5
Klippdachs, denn er ist zwar ein
Wiederkäuer, hat aber keine durchgespaltenen
Klauen; darum soll er euch
unrein sein; den Hasen, denn er ist 6
auch ein Wiederkäuer, hat aber keine
durchgespaltenen Klauen; darum soll
er euch unrein sein; das [b]Schwein, 7
denn es hat wohl durchgespaltene
Klauen, ist aber kein Wiederkäuer;
darum soll es euch unrein sein. Vom 8
Fleisch dieser Tiere dürft ihr weder essen
noch ihr Aas anrühren; denn sie
sind euch unrein.
Dies dürft ihr essen von dem, was im 9
Wasser lebt: alles, was Flossen und
Schuppen hat im Wasser, im Meer und
in den Bächen, dürft ihr essen. Alles 10
aber, was nicht Flossen und Schuppen

hat im Meer und in den Bächen von al-
lem, was sich regt im Wasser, und al-
lem, was lebt im Wasser, soll euch ein
11 Greuel sein. Von ihrem Fleisch dürft
ihr nicht essen und ihr Aas sollt ihr ver-
abscheuen, denn sie sind ein Greuel für
12 euch. Denn alles, was nicht Flossen
und Schuppen hat im Wasser, sollt ihr
verabscheuen.
13 Und diese sollt ihr verabscheuen un-
ter den Vögeln, daß ihr sie nicht esset,
denn ein Greuel sind sie: den Adler,
14 den Habicht, den Fischaar, den Geier,
15 die Weihe mit ihrer Art und alle Raben
16 mit ihrer Art, den Strauß, die Nachteu-
le, den Kuckuck, den Sperber mit sei-
17 ner Art, das Käuzchen, den Schwan,
18 den Uhu, die Fledermaus, die Rohr-
19 dommel, den Storch, den Reiher, den
Häher mit seiner Art, den Wiedehopf
und die Schwalbe.
20 Auch alles kleine Getier, das Flügel
hat und auf vier Füßen geht, soll euch
21 ein Greuel sein. Doch dies dürft ihr es-
sen von allem, was sich regt und Flügel
hat und auf vier Füßen geht: was ober-
halb der Füße noch zwei Schenkel hat,
22 womit es auf Erden hüpft. Von diesen
könnt ihr essen die Heuschrecken, als
da sind: den Arbe mit seiner Art, den
Solam mit seiner Art, den Hargol mit
seiner Art und den Hagab mit seiner
23 Art. Alles aber, was sonst Flügel und
vier Füße hat, soll euch ein Greuel sein.
24 An diesen werdet ihr euch verunrei-
nigen – wer ihr [c]Aas anrührt, der wird
25 unrein sein bis zum Abend; und wer ihr
Aas trägt, soll seine Kleider waschen
und wird unrein sein bis zum Abend –:
26 an allem Getier, das gespaltene Klauen
hat, aber nicht ganz durchgespaltene,
und nicht wiederkäut. Unrein soll es
euch sein, und wer es anrührt, wird un-
27 rein sein. Und alles, was auf Tatzen
geht unter den Tieren, die auf vier Fü-
ßen gehen, soll euch unrein sein. Wer
ihr Aas anrührt, wird unrein sein bis
28 zum Abend. Und wer ihr Aas trägt, soll
seine Kleider waschen und unrein sein
bis zum Abend; denn sie sind euch un-
rein.
29 Diese sollen euch auch unrein sein
unter den Tieren, die auf der Erde
wimmeln: das Wiesel, die [d]Maus, die
30 Kröte, ein jedes mit seiner Art, der
Gecko, der Molch, die Eidechse, die
31 Blindschleiche und der Maulwurf. Die
sind euch unrein unter allem, was da
kriecht. Wer ihr Aas anrührt, der wird
32 unrein sein bis zum Abend. Und alles,
worauf ihr Aas fällt, das wird unrein, je-
des hölzerne Gefäß oder Kleider oder
Fell oder Sack. Und alles Gerät, das
zum Gebrauch dient, soll man ins Was-
ser tun; es ist unrein bis zum Abend
und dann wieder rein. Ist es aber ein ir- 33
denes Gefäß, in das ein solches Aas hin-
einfällt, so wird alles unrein, was darin
ist, und ihr sollt es zerbrechen. Alle 34
Speise, die man essen könnte, wird un-
rein, wenn jenes Wasser darankommt;
und alles Getränk, das man trinken
könnte, wird in solchen Gefäßen un-
rein. Und alles, worauf ein solches Aas 35
fällt, wird unrein, es sei Ofen oder
Herd; man soll es zerbrechen, denn es
ist unrein und soll euch unrein sein.
Nur die Brunnen und Zisternen, in de- 36
nen sich Wasser sammelt, bleiben rein.
Wer aber das Aas darin anrührt, ist un-
rein. Und wenn ein solches Aas auf Sa- 37
men fällt, den man sät, so bleibt er doch
rein. Wenn man aber Wasser über den 38
Samen gegossen hat und es fällt danach
ein solches Aas darauf, so wird er euch
unrein.
Wenn eins von den Tieren stirbt, die 39
euch zur Speise dienen: wer ihr Aas an-
rührt, wird unrein bis zum Abend. Wer 40
von solchem [e]Aas ißt, der soll sein
Kleid waschen; er wird unrein sein bis
zum Abend. Auch wer ein solches Aas
trägt, soll sein Kleid waschen; er wird
unrein sein bis zum Abend.
Was auf der Erde kriecht, das soll 41
euch ein Greuel sein, und man soll es
nicht essen. Alles, was auf dem Bauch 42
kriecht, und alles, was auf vier oder
mehr Füßen geht, unter allem, was auf
der Erde kriecht, dürft ihr nicht essen;
denn es soll euch ein Greuel sein.
Macht euch selbst nicht zum Greuel an 43
allem kleinen Getier, das da wimmelt,
und macht euch nicht unrein an ihm, so
daß ihr dadurch unrein werdet. Denn 44
ich bin der HERR, euer Gott. Darum
sollt ihr euch heiligen, so daß ihr heilig
werdet, [f]denn ich bin heilig; und ihr
sollt euch nicht unrein machen an ir-
gendeinem Getier, das auf der Erde
kriecht. Denn ich bin der HERR, der 45
euch aus Ägyptenland geführt hat, daß
ich euer Gott sei. Darum sollt ihr heilig
sein, denn ich bin heilig.
Das ist das Gesetz von den vierfüßi- 46
gen Tieren und Vögeln und von allen
Tieren, die sich regen im Wasser, und
von allen Tieren, die auf der Erde krie-
chen, auf daß ihr unterscheidet, was 47
unrein und rein ist und welches Tier

man essen und welches man nicht essen
darf.

a Apg 10,12-15; Kol 2,16; 1.Tim 4,3.4 *b* Jes 65,4; 66,17 *c* Kap 5,2 *d* Jes 66,17 *e* 2.Mose 22,30 *f* Kap 19,2

Gesetz für die Wöchnerinnen

12 Und der HERR redete mit Mose und
2 sprach: Rede mit den Israeliten und
sprich: Wenn eine Frau empfängt und
einen Knaben gebiert, [a]so soll sie sie-
ben Tage unrein sein, wie wenn sie ihre
3 Tage hat. Und am achten Tage soll
4 man ihn beschneiden.[b] Und sie soll da-
heimbleiben dreiunddreißig Tage im
Blut ihrer Reinigung. Kein Heiliges
soll sie anrühren, und zum Heiligtum
soll sie nicht kommen, bis die Tage ih-
5 rer Reinigung um sind. Gebiert sie aber
ein Mädchen, so soll sie zwei Wochen
unrein sein, wie wenn sie ihre Tage hat,
und soll sechsundsechzig Tage da-
heimbleiben in dem Blut ihrer Reini-
gung.
6 Und wenn die Tage ihrer Reinigung
für den Sohn oder für die Tochter um
sind, soll sie dem Priester ein einjähri-
ges Schaf bringen zum Brandopfer und
eine Taube oder Turteltaube zum
Sündopfer vor die Tür der Stiftshütte.
7 Der soll es opfern vor dem HERRN und
sie entsühnen, so wird sie rein von ih-
rem Blutfluß. Das ist das Gesetz für die
Frau, die einen Knaben oder ein Mäd-
8 chen gebiert. Vermag sie aber nicht ein
Schaf aufzubringen, so nehme sie [c]zwei
Turteltauben oder zwei andere Tau-
ben, eine zum Brandopfer, die andere
zum Sündopfer; so soll sie der Priester
entsühnen, daß sie rein werde.

a Kap 15,19 *b* 1.Mose 17,10-12; Lk 2,21; Joh 7,22 *c* Kap 5,7; Lk 2,24

Gesetz über die Feststellung von Aussatz

13 [a]Und der HERR redete mit Mose und
2 Aaron und sprach: Wenn bei einem
Menschen an seiner Haut eine Erhö-
hung oder ein Ausschlag oder ein wei-
ßer Flecken entsteht und zu einer aus-
sätzigen Stelle an der Haut wird, soll
man ihn zum Priester Aaron führen
oder zu einem unter seinen Söhnen,
3 den Priestern. Und wenn der Priester
die Stelle an der Haut sieht, daß die
Haare dort weiß geworden sind und die
Stelle tiefer ist als die übrige Haut, so
ist es eine aussätzige Stelle. Wenn der
Priester das an ihm sieht, soll er ihn un-
4 rein sprechen. Wenn aber ein weißer
Flecken an seiner Haut ist und doch die
Stelle nicht tiefer anzusehen ist als die
übrige Haut und die Haare nicht weiß
geworden sind, so soll der Priester ihn
einschließen sieben Tage und am sie- 5
benten Tage besehen. Ist es so, daß die
Stelle geblieben ist, wie er sie zuvor ge-
sehen hat, und hat nicht weitergefres-
sen auf der Haut, so soll ihn der Priester
abermals sieben Tage einschließen.
Und wenn er ihn erneut nach sieben 6
Tagen besieht und findet, daß die Stel-
le blaß geworden ist und nicht weiter-
gefressen hat auf der Haut, so soll er ihn
rein sprechen; denn es ist nur ein Aus-
schlag. Und er soll seine Kleider wa-
schen, so ist er rein. Wenn aber der 7
Ausschlag weiterfrißt auf der Haut,
nachdem er vom Priester besehen wor-
den ist, ob er rein sei, und er wird nun
erneut vom Priester besehen und wenn 8
der Priester dann sieht, daß der Aus-
schlag weitergefressen hat auf der
Haut, so soll er ihn unrein sprechen; es
ist Aussatz.
Wenn an einem Menschen eine aus- 9
sätzige Stelle ist, so soll man ihn zum
Priester bringen. Wenn der sieht und 10
findet, daß eine weiße Erhöhung auf
der Haut ist und die Haare dort weiß
geworden sind und wildes Fleisch in
der Erhöhung ist, so ist es schon alter 11
Aussatz auf seiner Haut. Darum soll
ihn der Priester unrein sprechen und
nicht erst einschließen; denn er ist
schon unrein. Wenn aber Aussatz aus- 12
bricht auf der Haut und bedeckt die
ganze Haut, vom Kopf bis zum Fuß, al-
les, was dem Priester vor Augen sein
mag, und wenn der Priester ihn dann 13
besieht und findet, daß der Aussatz den
ganzen Leib bedeckt hat, so soll er ihn
rein sprechen, weil alles an ihm weiß
geworden ist; er ist rein. Findet sich 14
aber wildes Fleisch an dem Tage, da er
besehen wird, so ist er unrein. Und 15
wenn der Priester das wilde Fleisch be-
sieht, soll er ihn unrein sprechen, denn
das wilde Fleisch ist unrein; es ist Aus-
satz. Verändert sich aber das wilde 16
Fleisch und wird wieder weiß, so soll er
zum Priester kommen. Und wenn ihn 17
der Priester besieht und findet, daß die
Stelle weiß geworden ist, soll er ihn rein
sprechen; er ist rein.
Wenn jemand auf der Haut ein Ge- 18
schwür bekommt und es heilt wieder,
danach aber an derselben Stelle eine 19
weiße Erhöhung oder ein weißrötlicher
Flecken entsteht, so soll er vom Priester

20 besehen werden. Wenn dann der Prie-
ster sieht, daß die Stelle tiefer anzuse-
hen ist als die übrige Haut und das Haar
dort weiß geworden ist, so soll er ihn
unrein sprechen; es ist Aussatz, der in
21 dem Geschwür ausgebrochen ist. Sieht
aber der Priester und findet, daß die
Haare nicht weiß sind und die Stelle
nicht tiefer ist als die übrige Haut und
blaß geworden ist, so soll er ihn sieben
22 Tage einschließen. Frißt es weiter auf
der Haut, so soll er ihn unrein spre-
chen; es ist eine aussätzige Stelle.
23 Bleibt aber der weiße Flecken so stehen
und frißt nicht weiter, so ist es die Nar-
be von einem Geschwür, und der Prie-
ster soll ihn rein sprechen.

24 Wenn sich jemand an der Haut ver-
brennt und das Brandmal weißrötlich
25 oder weiß ist und der Priester es besieht
und findet das Haar weiß geworden an
dem Brandmal und die Stelle erscheint
tiefer als die übrige Haut, so ist es Aus-
satz, der in dem Brandmal ausgebro-
chen ist. Darum soll ihn der Priester
unrein sprechen; es ist eine aussätzige
26 Stelle. Sieht aber der Priester und fin-
det, daß die Haare am Brandmal nicht
weiß geworden sind und es nicht tiefer
ist als die übrige Haut und dazu blaß
geworden ist, so soll er ihn sieben Tage
27 einschließen, und am siebenten Tage
soll er ihn besehen. Hat es weitergefres-
sen auf der Haut, so soll er ihn unrein
sprechen; es ist eine aussätzige Stelle.
28 Ist aber der Flecken stehengeblieben
und hat nicht weitergefressen auf der
Haut und ist dazu blaß geworden, so ist
es nur die Erhöhung eines Brandmals.
Und der Priester soll ihn rein sprechen;
denn es ist die Narbe eines Brandmals.

29 Wenn ein Mann oder eine Frau auf
dem Kopf oder am Bart eine Stelle hat
30 und der Priester die Stelle besieht und
findet, daß sie tiefer aussieht als die
übrige Haut und das Haar dort gold-
gelb und dünn ist, so soll er ihn unrein
sprechen; denn es ist Grind, das ist der
Aussatz des Kopfes oder des Bartes.
31 Sieht aber der Priester, daß der Grind
nicht tiefer anzusehen ist als die Haut,
aber das Haar dort nicht schwarz ist,
soll er ihn sieben Tage einschließen.
32 Und wenn er ihn am siebenten Tage
besieht und findet, daß der Grind nicht
weitergefressen hat und kein goldgel-
bes Haar da ist und der Grind nicht tie-
33 fer aussieht als die übrige Haut, so soll
er sich scheren, doch so, daß er die grin-
dige Stelle nicht schere; und der Prie-
ster soll ihn abermals sieben Tage ein-
schließen. Und wenn er ihn am sieben- 34
ten Tage besieht und findet, daß der
Grind nicht weitergefressen hat auf der
Haut und nicht tiefer aussieht als die
übrige Haut, so soll ihn der Priester
rein sprechen; und er soll seine Kleider
waschen, so ist er rein. Frißt aber der 35
Grind weiter auf der Haut, nachdem er
rein gesprochen ist, und der Priester 36
besieht ihn und findet, daß der Grind
weitergefressen hat auf der Haut, so soll
er nicht mehr danach fragen, ob die
Haare goldgelb sind; denn er ist unrein.
Ist es aber vor Augen, daß der Grind 37
stehengeblieben und schwarzes Haar
dort aufgegangen ist, so ist der Grind
heil, und er ist rein. Darum soll ihn der
Priester rein sprechen.

Wenn bei einem Mann oder einer 38
Frau auf der Haut weiße Flecken ent-
stehen und der Priester besieht es und 39
es sind blasse weiße Flecken, so ist es
ein gutartiger Ausschlag, der auf der
Haut ausgebrochen ist; er ist rein.

Wenn einem Mann die Haupthaare 40
ausfallen, daß er am Hinterkopf kahl
wird, der ist rein. Fallen sie ihm vorn 41
am Kopf aus und entsteht eine Glatze,
so ist er rein. Bildet sich aber an der 42
Glatze eine weißrötliche Stelle, so ist
bei ihm Aussatz an der Glatze ausge-
brochen. Wenn ihn der Priester nun 43
besieht und findet, daß eine weißröt-
liche Erhöhung an seiner Glatze ist,
daß es aussieht wie sonst Aussatz auf
der Haut, so ist er aussätzig und unrein, 44
und der Priester soll ihn unrein spre-
chen; er hat Aussatz an seinem Kopf.

Wer nun aussätzig ist, soll zerrissene 45
Kleider tragen und das Haar lose und
den Bart verhüllt und soll rufen: Un-
rein, unrein! Und solange die Stelle an 46
ihm ist, soll er unrein sein, allein woh-
nen, und seine Wohnung soll außerhalb
des Lagers sein.[b]

Wenn eine aussätzige Stelle an einem 47
Kleid ist, es sei wollen oder leinen, an 48
Gewebtem oder Gewirktem, es sei lei-
nen oder wollen, oder an Leder oder an
allem, was aus Leder gemacht wird,
und wenn die Stelle grünlich oder röt- 49
lich ist am Kleid oder am Leder oder
am Gewebten oder Gewirkten oder an
irgendeinem Ding, das von Leder ge-
macht ist, so ist das eine aussätzige Stel-
le; darum soll es der Priester besehen.
Und wenn er die Stelle besehen hat, soll 50
er es einschließen sieben Tage. Und 51
wenn er am siebenten Tage sieht, daß

die Stelle weitergefressen hat am Kleid,
am Gewebten oder am Gewirkten, am
Leder oder an allem, was man aus Le-
der macht, so ist die Stelle fressender
52 Aussatz, und es ist unrein. Und man
soll das Kleid verbrennen oder das Ge-
webte oder Gewirkte, es sei wollen oder
leinen, oder allerlei Lederwerk, woran
solche Stelle ist; denn es ist fressender
Aussatz, und man soll es mit Feuer ver-
53 brennen. Sieht aber der Priester, daß
die Stelle nicht weitergefressen hat am
Kleid oder am Gewebten oder am Ge-
54 wirkten oder an allerlei Lederwerk, so
soll er gebieten, daß man das wasche,
woran die Stelle ist, und soll es ein-
55 schließen weitere sieben Tage. Und
wenn der Priester sieht, nachdem die
Stelle gewaschen ist, daß die Stelle un-
verändert ist vor seinen Augen und
auch nicht weitergefressen hat, so ist es
unrein, und du sollst es mit Feuer ver-
brennen; denn es ist tief eingefressen
an der kahlen Stelle außen oder innen.
56 Wenn aber der Priester sieht, daß die
Stelle verblaßt ist nach dem Waschen,
so soll er sie herausreißen aus dem
Kleid, dem Leder, dem Gewebten oder
57 Gewirkten. Zeigt sie sich aber wieder-
um am Kleid, am Gewebten, am Ge-
wirkten oder an allerlei Lederwerk, so
ist es ausbrechender Aussatz, und du
sollst mit Feuer verbrennen, woran sol-
58 che Stelle ist. Das Kleid aber oder das
Gewebte oder Gewirkte oder allerlei
Lederwerk, das gewaschen ist und von
dem die Stelle gewichen ist, soll man
zum zweiten Mal waschen, so ist es
rein.

59 Das ist das Gesetz über die aussätzi-
gen Stellen an Kleidern, sie seien wol-
len oder leinen, an Gewebtem oder an
Gewirktem und an allerlei Lederwerk,
wie sie rein oder unrein zu sprechen
sind.

a (1 und 2) 4.Mose 12,10-12; 5.Mose 24,8.9; Hiob 18,13 *b* 4.Mose 5,2.3; 2.Kön 15,5

Gesetz über die Reinigung von Aussätzigen

14 Und der HERR redete mit Mose und
2 sprach: Dies ist das Gesetz über den
Aussätzigen, wenn er gereinigt werden
soll. [a]Er soll zum Priester kommen,
3 und der Priester soll aus dem Lager ge-
hen und feststellen, daß die kranke
Stelle am Aussätzigen heil geworden
4 ist, und soll gebieten, daß man für den,
der zu reinigen ist, zwei lebendige Vö-
gel nehme, [b]reine Tiere, und Zedern-
holz und scharlachfarbene Wolle und
Ysop, und soll gebieten, den einen Vo- 5
gel zu schlachten in ein irdenes Gefäß
über frischem Wasser. Und er soll den 6
lebendigen Vogel nehmen zusammen
mit dem Zedernholz, der scharlachfar-
benen Wolle und dem Ysop und ihn in
das Blut des Vogels tauchen, der über
dem frischen Wasser geschlachtet ist,
und siebenmal den besprengen, der 7
vom Aussatz zu reinigen ist, und ihn so
reinigen und [c]den lebendigen Vogel ins
freie Feld fliegen lassen. Der aber, der 8
sich reinigt, soll seine Kleider waschen
und [d]alle seine Haare abscheren und
sich mit Wasser abwaschen, so ist er
rein. Danach gehe er ins Lager; doch
soll er sieben Tage außerhalb seines
Zeltes bleiben. Und am siebenten Tage 9
soll er alle seine Haare abscheren auf
dem Kopf, am Bart, an den Augen-
brauen, daß alle Haare abgeschoren sei-
en, und soll seine Kleider waschen und
seinen Leib mit Wasser abwaschen, so
ist er rein.

Und am achten Tage soll er zwei 10
Lämmer nehmen, männliche Tiere
ohne Fehler, und ein einjähriges Schaf
ohne Fehler und drei Zehntel feinstes
Mehl zum Speisopfer, mit Öl ver-
mengt, und einen Becher Öl. Und der 11
Priester soll den, der sich reinigt, und
dies alles darstellen vor dem HERRN, an
der Tür der Stiftshütte. Und er soll das 12
eine Lamm nehmen und zum Schuld-
opfer darbringen mit dem Becher Öl
und soll beides vor dem HERRN als
Schwingopfer schwingen und danach 13
das Lamm schlachten, wo man das
Sündopfer und Brandopfer schlachtet,
nämlich an heiliger Stätte; denn [e]wie
das Sündopfer, so gehört auch das
Schuldopfer dem Priester; es ist ein
Hochheiliges. Und der Priester soll von 14
dem Blut des Schuldopfers nehmen
und es dem, der sich reinigt, [f]auf das
Läppchen des rechten Ohrs tun und
auf den Daumen seiner rechten Hand
und auf die große Zehe seines rechten
Fußes. Danach soll er von dem Becher 15
Öl nehmen und es in seine eigene linke
Hand gießen und mit seinem rechten 16
Finger in das Öl tauchen, das in seiner
linken Hand ist, und etwas vom Öl mit
seinem Finger [g]siebenmal sprengen
vor dem HERRN. Auf das Blut des 17
Schuldopfers aber soll er von dem übri-
gen Öl in seiner Hand dem, der sich rei-
nigt, auf das Läppchen des rechten
Ohrs tun und auf den rechten Daumen

und auf die große Zehe seines rechten
18 Fußes. Das übrige Öl aber in seiner
Hand soll er auf den Kopf dessen tun,
der sich reinigt, und ihn entsühnen vor
19 dem HERRN. Dann soll er das Sünd-
opfer zurichten und den, der sich rei-
nigt, von seiner Unreinheit entsühnen
und soll danach das Brandopfer
20 schlachten und soll es auf dem Altar
opfern samt dem Speisopfer und ihn
entsühnen, so ist er rein.
21 Ist er aber arm und vermag nicht so
viel aufzubringen, so nehme er ein
männliches Lamm zum Schuldopfer
als Schwingopfer zu seiner Entsüh-
nung und ein Zehntel feinstes Mehl,
mit Öl vermengt, zum Speisopfer und
22 einen Becher Öl und [h]zwei Turteltau-
ben oder zwei andere Tauben, die er
aufbringen kann, die eine als Sünd-
23 opfer, die andere als Brandopfer, und
bringe sie am achten Tage seiner Reini-
gung zum Priester an die Tür der
24 Stiftshütte vor den HERRN. Da soll der
Priester das Lamm des Schuldopfers
nehmen und den Becher Öl und soll al-
25 les schwingen vor dem HERRN und das
Lamm des Schuldopfers schlachten,
von dem Blut des Schuldopfers neh-
men und es dem, der sich reinigt, auf
das Läppchen seines rechten Ohrs tun
und auf den Daumen seiner rechten
Hand und auf die große Zehe seines
26 rechten Fußes und soll von dem Öl in
27 seine eigene linke Hand gießen und mit
seinem rechten Finger von dem Öl, das
in seiner linken Hand ist, siebenmal
28 sprengen vor dem HERRN. Auf das Blut
des Schuldopfers aber soll er von dem
übrigen Öl in seiner Hand dem, der
sich reinigt, auf das Läppchen seines
rechten Ohrs tun und auf den Daumen
seiner rechten Hand und auf die große
29 Zehe seines rechten Fußes. Das übrige
Öl aber in seiner Hand soll er dem, der
sich reinigt, auf den Kopf tun, um ihn
30 zu entsühnen vor dem HERRN, und da-
nach die eine Turteltaube oder andere
Taube, wie er sie hat aufbringen kön-
31 nen, zum Sündopfer, die andere zum
Brandopfer bereiten samt dem Speis-
opfer. So soll der Priester den, der sich
32 reinigt, entsühnen vor dem HERRN. Das
ist das Gesetz für den Aussätzigen, der
nicht so viel aufbringen kann zu seiner
Reinigung.[i]

a Mt 8,4 *b* Kap 11,3-20; 4.Mose 19,6
c Kap 16,22 *d* 4.Mose 8,7 *e* Kap 7,7 *f* Kap 8,23;
2.Mose 29,20 *g* Kap 4,6.17 *h* Kap 5,7
i Kap 13,47-59

Gesetz über Aussatz an Häusern

Und der HERR redete mit Mose und 33
Aaron und sprach: Wenn ihr ins Land 34
Kanaan kommt, das ich euch zum Be-
sitz gebe, und ich lasse an irgendeinem
Hause eures Landes eine aussätzige
Stelle entstehen, so soll der kommen, 35
dem das Haus gehört, es [a]dem Priester
ansagen und sprechen: Es sieht mir
aus, als sei Aussatz an meinem Hause.
Da soll der Priester gebieten, daß sie 36
das Haus ausräumen, ehe der Priester
hineingeht, die Stelle zu besehen, da-
mit nicht alles unrein werde, was im
Hause ist. Danach soll der Priester hin-
eingehen, das Haus zu besehen. Wenn 37
er nun den Ausschlag besieht und fin-
det, daß an der Wand des Hauses grün-
liche oder rötliche Stellen sind, die [b]tie-
fer aussehen als sonst die Wand, so soll 38
er aus dem Hause herausgehen, an die
Tür treten und das Haus für sieben
Tage verschließen. Und wenn er am 39
siebenten Tage wiederkommt und
sieht, daß der Ausschlag weitergefres-
sen hat an der Wand des Hauses, so soll 40
er die Steine ausbrechen lassen, an de-
nen der Ausschlag ist, und hinaus vor
die Stadt an einen unreinen Ort werfen.
Und das Haus soll man innen ringsher- 41
um abschaben und den abgeschabten
Lehm hinaus vor die Stadt an einen un-
reinen Ort schütten und andere Steine 42
nehmen und statt jener einsetzen und
andern Lehm nehmen und das Haus
neu bewerfen.

Wenn dann der Ausschlag wieder- 43
kommt und ausbricht am Hause, nach-
dem man die Steine ausgebrochen und
das Haus neu beworfen hat, so soll der 44
Priester hineingehen. Und wenn er
sieht, daß der Ausschlag weitergefres-
sen hat am Hause, so ist es gewiß ein
fressender Aussatz am Hause, und es ist
unrein. Darum soll man das Haus ab- 45
brechen, Steine und Holz und allen
Lehm am Hause, und soll es hinaus-
bringen vor die Stadt an einen unreinen
Ort. Und wer in das Haus geht, solange 46
es verschlossen ist, der ist [c]unrein bis
zum Abend. Und wer darin schläft oder 47
darin ißt, der soll seine Kleider wa-
schen.

Wenn aber der Priester hineingeht 48
und sieht, daß der Ausschlag nicht wei-
ter am Hause gefressen hat, nachdem es
neu beworfen ist, so soll er es rein spre-
chen; denn der Ausschlag ist heil ge-
worden. Und er soll für das Haus zur 49

Entsündigung zwei Vögel nehmen, Ze-
dernholz, karmesinfarbene Wolle und
50 Ysop [d] und den einen Vogel schlachten
in ein irdenes Gefäß über frischem
51 Wasser. Und er soll nehmen das Ze-
dernholz, die karmesinfarbene Wolle,
den Ysop und den lebendigen Vogel
und sie in des geschlachteten Vogels
Blut und in das frische Wasser tauchen
und das Haus siebenmal besprengen
52 und soll so das Haus entsündigen mit
dem Blut des Vogels und mit dem fri-
schen Wasser, mit dem lebendigen Vo-
gel, mit dem Zedernholz, mit dem Ysop
und mit der karmesinfarbenen Wolle
53 und soll den lebendigen Vogel hinaus
vor die Stadt ins freie Feld fliegen las-
sen und das Haus entsühnen, so ist es
rein.
54 Das ist das Gesetz über alle Arten des
55 Aussatzes und Grindes, über den Aus-
56 satz an Kleidern und Häusern, über Er-
höhungen, Ausschlag und weiße Flek-
57 ken, damit man Weisung habe, wann
etwas unrein oder rein ist. Das ist das
Gesetz über den Aussatz.

a Kap 13,2 *b* Kap 13,3 *c* Kap 11,24 *d (50-53)* Vers 4-7

Gesetz über das Verhalten bei unreinen Ausflüssen

15 Und der HERR redete mit Mose und
2 Aaron und sprach: Redet mit den Is-
raeliten und sprecht zu ihnen: Wenn
ein Mann an seinem Glied einen [a] Aus-
3 fluß hat, so ist er unrein. Mag sein
Glied den Fluß ausfließen lassen oder
4 nicht, so ist er unrein. Jedes Lager,
worauf er liegt, und alles, worauf er
5 sitzt, wird unrein. Und wer sein Lager
anrührt, der soll seine Kleider waschen
und sich mit Wasser abwaschen und
6 unrein sein bis zum Abend. Und wer
sich hinsetzt, wo jener gesessen hat, der
soll seine Kleider waschen und sich mit
Wasser abwaschen und unrein sein bis
7 zum Abend. Wer ihn anrührt, der soll
seine Kleider waschen und sich mit
Wasser abwaschen und unrein sein bis
8 zum Abend. Wenn er seinen Speichel
auswirft auf den, der rein ist, so soll der
seine Kleider waschen und sich mit
Wasser abwaschen und unrein sein bis
9 zum Abend. Auch der Sattel, auf dem
10 er reitet, wird unrein. Und wer irgend
etwas anrührt, das er unter sich hat, der
wird unrein bis zum Abend. Und wer
solches trägt, der soll seine Kleider wa-
schen und sich mit Wasser abwaschen
11 und unrein sein bis zum Abend. Und
wen er anrührt, ehe er die Hände gewa-
schen hat, der soll seine Kleider wa-
schen und sich mit Wasser abwaschen
und unrein sein bis zum Abend. Wenn 12
er ein [b] irdenes Gefäß anrührt, das soll
man zerbrechen, aber das hölzerne Ge-
fäß soll man mit Wasser spülen.
Und wenn er rein wird von seinem 13
Fluß, so soll er sieben Tage zählen,
nachdem er rein geworden ist, und
dann seine Kleider waschen und sich
mit frischem Wasser abwaschen, so ist
er rein. [c] Und am achten Tage soll er 14
zwei Turteltauben oder zwei andere
Tauben nehmen und vor den HERRN
bringen an die Tür der Stiftshütte und
dem Priester geben. Und der Priester 15
soll die eine zum Sündopfer bereiten
und die andere zum Brandopfer und
ihn vor dem HERRN entsühnen seines
Ausflusses wegen.
Wenn einem Mann [d] im Schlaf der 16
Same abgeht, der soll seinen ganzen
Leib mit Wasser abwaschen und unrein
sein bis zum Abend. Und jedes Kleid 17
und jedes Fell, das mit solchem Samen
befleckt ist, soll abgewaschen werden
mit Wasser, und es soll unrein sein bis
zum Abend. Und wenn eine Frau bei 18
einem Manne liegt, dem der Same ab-
geht, dann sollen sie sich mit Wasser
abwaschen und unrein sein bis zum
Abend.
Wenn eine Frau ihren Blutfluß hat, 19
so soll sie sieben Tage für unrein gelten.
[e] Wer sie anrührt, der wird unrein bis
zum Abend. Und alles, worauf sie liegt, 20
solange sie ihre Zeit hat, wird unrein,
und alles, worauf sie sitzt, wird unrein.
Und wer ihr Lager anrührt, der soll sei- 21
ne Kleider waschen und sich mit Was-
ser abwaschen und unrein sein bis zum
Abend. Und wer irgend etwas anrührt, 22
worauf sie gesessen hat, soll seine Klei-
der waschen und sich mit Wasser abwa-
schen und unrein sein bis zum Abend.
Und wer etwas anrührt, das auf ihrem 23
Lager gewesen ist oder da, wo sie geses-
sen hat, soll unrein sein bis zum Abend.
Und wenn ein Mann bei ihr liegt und 24
es kommt sie ihre Zeit an bei ihm, der
wird sieben Tage unrein, und das La-
ger, darauf er gelegen hat, wird unrein.
Wenn aber eine Frau den Blutfluß 25
eine lange Zeit hat, zu ungewöhnlicher
Zeit oder über die gewöhnliche Zeit
hinaus, so wird sie unrein, solange sie
ihn hat; wie zu ihrer gewöhnlichen
Zeit, so soll sie auch da unrein sein. Je- 26
des Lager, worauf sie liegt die ganze

Zeit ihres Blutflusses, soll gelten wie ihr
Lager zu ihrer gewöhnlichen Zeit. Und
alles, worauf sie sitzt, wird unrein wie
bei der Unreinheit ihrer gewöhnlichen
27 Zeit. Wer davon etwas anrührt, der
wird unrein und soll seine Kleider wa-
schen und sich mit Wasser abwaschen
28 und unrein sein bis zum Abend. Wird
sie aber rein von ihrem Blutfluß, so soll
sie sieben Tage zählen, und danach soll
29 sie rein sein. Und am achten Tage soll
sie zwei Turteltauben oder zwei andere
Tauben nehmen und zum Priester
bringen vor die Tür der Stiftshütte.
30 Und der Priester soll die eine zum
Sündopfer bereiten und die andere
zum Brandopfer und die Frau entsüh-
nen vor dem HERRN wegen ihres Blut-
flusses, der sie unrein macht.
31 Und ihr sollt die Israeliten wegen ih-
rer Unreinheit absondern, damit sie
nicht sterben in ihrer Unreinheit, wenn
sie meine Wohnung unrein machen, die
mitten unter ihnen ist.
32 Das ist das Gesetz über den, der
einen Ausfluß hat und dem der Same
im Schlaf abgeht, daß er unrein davon
33 wird, und über die, die ihren Blutfluß
hat, und wer sonst einen Ausfluß hat, es
sei Mann oder Frau, und wenn ein
Mann bei einer Unreinen liegt.

a 4.Mose 5,2 *b* Kap 11,33 *c* *(14und 15)* Kap 5,7 *d* Kap 22,4 *e* Kap 18,19

Gesetz für den großen Versöhnungstag

(vgl. Kap 23,26-32; 4.Mose 29,7-11; Hebr 9,7-14)

16 Und der HERR redete mit Mose, nach-
dem die [a]zwei Söhne Aarons gestorben
waren, als sie vor dem HERRN opferten,
2 und sprach: Sage deinem Bruder
Aaron, daß er nicht zu jeder Zeit in das
Heiligtum gehe hinter den [b]Vorhang
vor den Gnadenthron, der auf der Lade
ist, damit er nicht sterbe; denn ich er-
scheine in der Wolke über dem Gna-
3 denthron. Er soll hineingehen mit
einem jungen [c]Stier zum Sündopfer
und mit einem Widder zum [d]Brand-
4 opfer und [e]soll das heilige leinene Ge-
wand anlegen, und leinene Beinkleider
sollen seine Blöße bedecken, und er soll
sich mit einem leinenen Gürtel gürten
und den leinenen Kopfbund umbin-
den, denn das sind die heiligen Kleider;
er soll seinen Leib [f]mit Wasser abwa-
5 schen und sie dann anlegen. Und er soll
von der Gemeinde der Israeliten zwei
Ziegenböcke entgegennehmen zum
Sündopfer und einen Widder zum
Brandopfer.[g] Und Aaron soll einen 6
[h]Stier, sein Sündopfer, darbringen,
daß er für sich und sein Haus Sühne
schaffe,[i] und danach zwei Böcke neh- 7
men und vor den HERRN stellen an der
Tür der Stiftshütte und soll das Los 8
werfen über die zwei Böcke: ein Los
dem HERRN und das andere dem Asasel,
und soll den Bock, auf welchen das Los 9
für den HERRN fällt, opfern zum Sünd-
opfer. Aber den Bock, auf welchen das 10
Los für Asasel fällt, soll er lebendig vor
den HERRN stellen, daß er über ihm
Sühne vollziehe und ihn zu Asasel in
die Wüste schicke.
[j]Und Aaron soll den Stier seines 11
Sündopfers herzubringen und sich und
sein Haus entsühnen und soll ihn
schlachten und soll eine Pfanne voll 12
Glut vom Altar nehmen, der vor dem
HERRN steht, und beide Hände voll zer-
stoßenen Räucherwerks und es hinein
hinter den Vorhang bringen und das 13
Räucherwerk aufs Feuer tun vor dem
HERRN, daß die Wolke vom Räucher-
werk den [k]Gnadenthron bedecke, der
auf der Lade mit dem Gesetz ist, damit
er nicht sterbe. Und soll etwas vom 14
Blut des Stieres nehmen und es mit sei-
nem Finger gegen den Gnadenthron
sprengen; vor den Gnadenthron aber
soll er siebenmal mit seinem Finger von
dem Blut sprengen. Danach soll er 15
den Bock, das Sündopfer des Volks,
schlachten und sein Blut hineinbringen
hinter den Vorhang und soll mit seinem
Blut tun, wie er mit dem Blut des Stie-
res getan hat, und etwas davon auch
sprengen gegen den Gnadenthron und
vor den Gnadenthron[l] und soll so das 16
Heiligtum entsühnen wegen der Ver-
unreinigungen der Israeliten und we-
gen ihrer Übertretungen, mit denen
sie sich versündigt haben. So soll er tun
der Stiftshütte, die bei ihnen ist inmit-
ten ihrer Unreinheit. Kein Mensch soll 17
in der Stiftshütte sein, wenn er hinein-
geht, Sühne zu schaffen im Heiligtum,
bis er herauskommt. So soll er Sühne
schaffen für sich und sein Haus und die
ganze Gemeinde Israel. Und er soll 18
hinausgehen zum Altar, der vor dem
HERRN steht, und ihn [m]entsühnen und
soll vom Blut des Stieres und vom Blut
des Bockes nehmen und es ringsum an
die Hörner des Altars streichen und soll 19
mit seinem Finger vom Blut darauf
sprengen siebenmal und ihn reinigen
und heiligen von den Verunreinigun-

20 gen der Israeliten. Und wenn er die
Entsühnung des Heiligtums vollbracht
hat, der Stiftshütte und des Altars, so
soll er den lebendigen Bock herzubrin-
21 gen. Dann soll Aaron seine beiden
Hände auf dessen Kopf legen und über
ihm bekennen alle Missetat der Israeli-
ten und alle ihre Übertretungen, mit
denen sie sich versündigt haben, und
soll sie dem Bock auf den Kopf legen
und ihn durch einen Mann, der bereit
22 steht, in die Wüste bringen lassen, daß
also der Bock alle ihre Missetat auf sich
nehme und in die Wildnis trage; und
man lasse ihn in der Wüste.
23 Und Aaron soll in die Stiftshütte ge-
hen und die leinenen Kleider auszie-
hen, die er anzog, als er in das Heilig-
24 tum ging, und sie dort lassen, und er
soll sich mit Wasser abwaschen an hei-
liger Stätte und seine eigenen Kleider
anziehen und wieder hinausgehen und
sein Brandopfer und des Volkes Brand-
opfer darbringen und sich und das Volk
25 entsühnen und das Fett vom Sünd-
opfer auf dem Altar in Rauch aufgehen
26 lassen. Der Mann aber, der den Bock
für Asasel hinausgebracht hat, soll sei-
ne Kleider waschen und sich mit Was-
ser abwaschen und erst danach ins La-
27 ger kommen. Und den jungen Stier
und den Bock vom Sündopfer, deren
Blut in das Heiligtum zur Entsühnung
gebracht wurde, soll man hinausschaf-
fen vor das Lager und mit Feuer ver-
brennen samt Fell, Fleisch und Mist.[n]
28 Und der sie verbrennt, soll seine Klei-
der waschen und sich mit Wasser abwa-
schen und erst danach ins Lager kom-
men.
29 Auch soll euch dies eine ewige Ord-
nung sein: Am [o]zehnten Tage des sie-
benten Monats sollt ihr fasten und kei-
ne Arbeit tun, weder ein Einheimischer
30 noch ein Fremdling unter euch. Denn
an diesem Tage geschieht eure Entsüh-
nung, daß ihr gereinigt werdet; von al-
len euren Sünden werdet ihr gereinigt
31 vor dem HERRN. Darum soll es euch ein
hochheiliger Sabbat sein, und ihr sollt
32 fasten. Eine ewige Ordnung sei das. Es
soll aber solche Entsühnung schaffen
ein Priester, den man gesalbt und des-
sen Hände man gefüllt hat, daß er Prie-
ster sei an seines Vaters Statt. Und er
soll die leinenen Kleider anlegen, die
33 heiligen Kleider,[p] und soll so entsüh-
nen das Allerheiligste, die Stiftshütte,
den Altar, die Priester und alles Volk
34 der Gemeinde. Das soll euch eine ewige
Ordnung sein, daß ihr Israel [q]einmal
im Jahr entsühnt wegen aller seiner
Sünden.
Und Aaron tat, wie der HERR es
Mose geboten hatte.

a Kap 10,1.2 *b* 2.Mose 26,33.34 *c* Kap 4,3
d Kap 1,10 *e* 2.Mose 28,39.42 *f* 2.Mose 29,4;
30,19.20 *g* Kap 9,3.15.16 *h* Kap 9,2.8-11
i Hebr 7,27 *j* *(11-15)* Röm 3,25
k 2.Mose 25,17-22 *l* Hebr 4,16; 9,5
m 2.Mose 30,10 *n* Kap 4,12; 6,23; Hebr 13,11
o Kap 23,27-32; 4.Mose 29,7 *p* 2.Mose 28,41.42
q 2.Mose 30,10; Hebr 10,3

Gesetz über die Stätte des Opfers

Und der HERR redete mit Mose und 17
sprach: Sage Aaron und seinen Söhnen 2
und allen Israeliten und sprich zu
ihnen: Dies ist's, was der HERR geboten
hat. Wer aus dem Haus Israel einen 3
Stier, ein Schaf oder eine Ziege
schlachtet im Lager oder draußen vor
dem Lager und sie nicht vor die Tür 4
der Stiftshütte bringt, daß sie dem
HERRN zum Opfer gebracht werde vor
der Wohnung des HERRN, dem soll es
als Blutschuld angerechnet werden:
[a]Blut hat er vergossen, und ein solcher
Mensch soll ausgerottet werden aus sei-
nem Volk. Darum sollen die Israeliten 5
ihre Schlachttiere, die sie auf freiem
Feld schlachten wollen, dem HERRN
bringen vor die Tür der Stiftshütte
zum Priester und sie dort als Dankopfer
dem HERRN opfern. Und der Priester 6
soll das Blut an den Altar des HERRN
sprengen vor der Tür der Stiftshütte
und das Fett in Rauch aufgehen lassen
zum lieblichen Geruch für den HERRN.
Und [b]sie sollen ihre Opfer nicht mehr 7
den Feldgeistern opfern, mit denen sie
Abgötterei treiben. Das soll ihnen eine
ewige Ordnung sein von Geschlecht zu
Geschlecht. Darum sollst du zu ihnen 8
sagen: Wer aus dem Hause Israel oder
von den Fremdlingen, die unter euch
sind, ein Brandopfer oder Schlacht-
opfer darbringt und bringt es nicht [c]vor 9
die Tür der Stiftshütte, um es dem
HERRN zu opfern, der wird ausgerottet
werden aus seinem Volk.

a 1.Mose 9,6 *b* 5.Mose 32,17 *c* 5.Mose 12,14

Verbot des Genusses von Blut und verendeten Tieren

Und wer vom Haus Israel oder von den 10
Fremdlingen unter euch irgendwelches
[a]Blut ißt, gegen den will ich mein Ant-
litz kehren und will ihn aus seinem Volk
ausrotten. Denn des Leibes Leben ist 11
im Blut, und ich habe es euch für den
Altar gegeben, daß ihr damit entsühnt

werdet. Denn [b] das Blut ist die Entsüh-
12 nung, weil das Leben in ihm ist. Darum
habe ich den Israeliten gesagt: Keiner
unter euch soll Blut essen, auch kein
13 Fremdling, der unter euch wohnt. Und
wer vom Haus Israel oder von den
Fremdlingen unter euch auf der Jagd
ein Tier oder einen Vogel fängt, die
man essen darf, soll ihr Blut ausfließen
14 lassen und mit Erde zuscharren. Denn
[c] des Leibes Leben ist in seinem Blut,
und ich habe den Israeliten gesagt: Ihr
sollt keines Leibes Blut essen; denn des
Leibes Leben ist in seinem Blut. Wer es
15 ißt, der wird ausgerottet werden. Und
wer ein gefallenes oder zerrissenes Tier
ißt, er sei ein Einheimischer oder
Fremdling, der soll sein Kleid waschen
und sich mit Wasser abwaschen und
unrein sein bis zum Abend; dann ist er
16 rein.[d] Wenn er seine Kleider nicht
wäscht und sich nicht abwäscht, so
muß er seine Schuld tragen.

a Kap 3,17 *b* Hebr 9,22 *c* 1.Mose 9,4
d Kap 11,40; 22,8; 2.Mose 21,33-36; 22,30;
Apg 15,20

Verbot geschlechtlicher Verirrungen

18 Und der HERR redete mit Mose und
2 sprach: Rede mit den Israeliten und
sprich zu ihnen: Ich bin der HERR, euer
3 Gott. Ihr sollt nicht tun nach der Weise
des Landes Ägypten, darin ihr gewohnt
habt, auch nicht nach der Weise des
Landes Kanaan, wohin ich euch führen
will. Ihr sollt auch nicht nach ihren Sat-
4 zungen wandeln,[a] sondern nach mei-
nen Rechten sollt ihr tun und meine
Satzungen sollt ihr halten, daß ihr darin
wandelt; ich bin der HERR, euer Gott.
5 Darum sollt ihr meine Satzungen hal-
ten und meine Rechte. Denn [b] der
Mensch, der sie tut, wird durch sie le-
ben; ich bin der HERR.
6 Keiner unter euch soll sich irgend-
welchen Blutsverwandten nahen, um
mit ihnen geschlechtlichen Umgang zu
7 haben; ich bin der HERR. Du sollst mit
[c] deinem Vater und deiner leiblichen
Mutter nicht Umgang haben. Es ist
deine Mutter, darum sollst du nicht mit
8 ihr Umgang haben. Du sollst mit der
[d] Frau deines Vaters nicht Umgang ha-
ben; denn damit schändest du deinen
9 Vater. Du sollst mit [e] deiner Schwester,
die deines Vaters oder deiner Mutter
Tochter ist, sie sei in oder außer der
10 Ehe geboren, nicht Umgang haben. Du
sollst mit der Tochter deines Sohnes
oder deiner Tochter nicht Umgang ha-
ben, damit schändest du dich selbst.
Du sollst mit der Tochter der Frau dei- 11
nes Vaters, die deinem Vater geboren
ist und deine Schwester ist, nicht Um-
gang haben. Du sollst mit der [f] Schwe- 12
ster deines Vaters nicht Umgang ha-
ben; denn sie ist deines Vaters Bluts-
verwandte. Du sollst mit der Schwester 13
deiner Mutter nicht Umgang haben;
denn sie ist deiner Mutter Blutsver-
wandte. Du sollst den Bruder deines 14
Vaters nicht damit schänden, daß du
seine Frau nimmst; denn sie ist deine
Verwandte. Du sollst mit [g] deiner 15
Schwiegertochter nicht Umgang ha-
ben, denn sie ist deines Sohnes Frau;
darum sollst du nicht mit ihr Umgang
haben. Du sollst mit [h] der Frau deines 16
Bruders nicht Umgang haben; denn
damit schändest du deinen Bruder. Du 17
sollst nicht mit einer Frau und mit ihrer
Tochter Umgang haben, noch mit ihres
Sohnes Tochter oder ihrer Tochter
Tochter; denn sie sind ihre Blutsver-
wandten, und es ist eine Schandtat. Du 18
sollst die Schwester deiner Frau nicht
zur Nebenfrau nehmen und mit ihr
Umgang haben, solange deine Frau
noch lebt.
Du sollst nicht zu einer Frau gehen, 19
solange sie ihre Tage hat, um in ihrer
Unreinheit mit ihr Umgang zu haben.[i]
Du sollst auch nicht bei [j] der Frau dei- 20
nes Nächsten liegen, daß du an ihr
nicht unrein werdest. Du sollst auch 21
nicht eins deiner Kinder geben, daß es
[k] dem Moloch geweiht werde, damit du
nicht entheiligst den Namen deines
Gottes; ich bin der HERR. Du sollst 22
nicht bei einem Mann liegen wie bei
einer Frau; es ist ein Greuel.[l] Du sollst 23
auch [m] bei keinem Tier liegen, daß du
an ihm unrein werdest. Und [n] keine
Frau soll mit einem Tier Umgang ha-
ben; es ist ein schändlicher Frevel.
Ihr sollt euch mit nichts dergleichen 24
unrein machen; denn mit alledem ha-
ben sich die Völker unrein gemacht, die
ich vor euch her vertreiben will. Das 25
Land wurde dadurch unrein, und ich
suchte seine Schuld an ihm heim, daß
das Land seine Bewohner ausspie. Dar- 26
um haltet meine Satzungen und Rechte
und tut keine dieser Greuel, weder der
Einheimische noch der Fremdling un-
ter euch – denn alle solche Greuel ha- 27
ben die Leute dieses Landes getan, die
vor euch waren, und haben das Land
unrein gemacht –, damit nicht auch 28

euch das Land ausspeie, wenn ihr es
unrein macht, wie es die Völker ausge-
29 spien hat, die vor euch waren. Denn
alle, die solche Greuel tun, werden aus-
30 gerottet werden aus ihrem Volk. Dar-
um haltet meine Satzungen, daß ihr
nicht tut nach den schändlichen Sitten
derer, die vor euch waren, und dadurch
unrein werdet; ich bin der HERR, euer
Gott.

a 2.Mose 23,24 *b* Neh 9,29; Hes 20,11; Röm 7,10; 10,5; Gal 3,12 *c* 1.Mose 19,32 *d* 1.Mose 35,22; 5.Mose 27,20; 2.Sam 16,22; 1.Kor 5,1 *e* 5.Mose 27,22 *f* 2.Mose 6,20 *g* 1.Mose 38,16 *h* Kap 20,21; Mk 6,18 *i* Kap 15,19.24; Hes 18,6; 22,10 *j* 2.Sam 11,4 *k* 5.Mose 18,10; 2.Kön 21,6; Ps 106,37; Jer 7,31 *l* Kap 20,13; 1.Mose 19,5; Röm 1,27; 1.Kor 6,9 *m* 2.Mose 22,18 *n* Kap 20,16

Gesetze zur Heiligung des täglichen Lebens

19 Und der HERR redete mit Mose und
2 sprach: Rede mit der ganzen Gemeinde
der Israeliten und sprich zu ihnen: [a] *Ihr
sollt heilig sein, denn ich bin heilig, der*
3 HERR, *euer Gott.* Ein jeder [b] fürchte sei-
ne Mutter und seinen Vater. [c] Haltet
meine Feiertage; ich bin der HERR, euer
4 Gott. Ihr sollt euch [d] nicht zu den Göt-
zen wenden und sollt euch [e] keine ge-
gossenen Götter machen; ich bin der
HERR, euer Gott.
5 Und wenn ihr dem HERRN ein
[f] Dankopfer bringen wollt, sollt ihr es so
opfern, daß es euch wohlgefällig macht.
6 Ihr sollt es an dem Tag essen, an dem
ihr's opfert, und am nächsten Tage.
Was aber bis zum dritten Tag übrig-
bleibt, soll man mit Feuer verbrennen.
7 Wird aber am dritten Tage davon ge-
gessen, so ist es ein Greuel und wird
8 nicht wohlgefällig sein; und wer davon
ißt, muß seine Schuld tragen, weil er
das Heilige des HERRN entheiligt hat,
und ein solcher Mensch wird ausgerot-
tet werden aus seinem Volk.
9 Wenn du dein Land aberntest, sollst
du nicht alles bis an die Ecken deines
Feldes abschneiden, auch nicht Nach-
10 lese halten.[g] Auch sollst du in deinem
Weinberg nicht Nachlese halten noch
die abgefallenen Beeren auflesen, son-
dern dem Armen und Fremdling sollst
du es lassen; ich bin der HERR, euer
Gott.
11 Ihr sollt nicht stehlen noch lügen
noch betrügerisch handeln einer mit
dem andern.[h]
12 Ihr sollt nicht falsch schwören bei
meinem Namen und den Namen eures
Gottes nicht entheiligen; ich bin der
HERR.[i]

Du sollst deinen Nächsten nicht be- 13
drücken noch berauben. [j] Es soll des
Tagelöhners Lohn nicht bei dir bleiben
bis zum Morgen.
Du sollst dem Tauben nicht fluchen 14
und sollst [k] vor den Blinden kein Hin-
dernis legen, denn du sollst dich vor
deinem Gott fürchten; ich bin der
HERR.
Du sollst nicht unrecht handeln im 15
Gericht: du sollst den Geringen nicht
vorziehen, aber auch den Großen nicht
begünstigen, sondern du sollst deinen
Nächsten recht richten.[l]
Du sollst nicht als Verleumder um- 16
hergehen unter deinem Volk. [m] Du
sollst auch nicht auftreten gegen deines
Nächsten Leben; ich bin der HERR. Du 17
sollst deinen Bruder nicht hassen in
deinem Herzen, sondern [n] du sollst dei-
nen Nächsten zurechtweisen, damit du
nicht seinetwegen Schuld auf dich la-
dest. Du sollst dich nicht rächen noch 18
Zorn bewahren gegen die Kinder dei-
nes Volks. *Du sollst deinen Nächsten lie-
ben wie dich selbst; ich bin der* HERR.[o]
Meine Satzungen sollt ihr halten: 19
Laß nicht zweierlei Art unter deinem
Vieh sich paaren und besäe dein Feld
nicht mit zweierlei Samen und lege kein
Kleid an, das aus zweierlei Faden ge-
webt ist.[p]
Wenn ein Mann bei einer Frau liegt, 20
die eine leibeigne Magd ist und einem
Mann zur Ehe bestimmt, doch nicht
losgekauft oder freigelassen ist, so soll
das bestraft werden. Aber sie sollen
nicht sterben, denn sie ist nicht frei ge-
wesen.[q] Der Mann soll aber als seine 21
Buße dem HERRN vor die Tür der
Stiftshütte einen Widder zum Schuld-
opfer bringen; und [r] der Priester soll 22
ihn entsühnen mit dem Schuldopfer
vor dem HERRN wegen der Sünde, die
er getan hat, so wird ihm Gott seine
Sünde vergeben, die er getan hat.
Wenn ihr in das Land kommt und al- 23
lerlei Bäume pflanzt, von denen man
ißt, so laßt ihre ersten Früchte stehen,
als wären sie unrein wie Unbeschnitte-
ne. Drei Jahre lang sollt ihr die Früchte
als unrein ansehen, daß ihr sie nicht
eßt; im vierten Jahr sollen alle ihre 24
Früchte unter Jubel dem HERRN ge-
weiht werden; erst im fünften Jahr sollt 25
ihr die Früchte essen, damit ihr künftig
um so reicheren Ertrag einsammelt; ich
bin der HERR, euer Gott.
[s] Ihr sollt nichts essen, in dem noch 26
Blut ist.

Ihr sollt nicht [t] Wahrsagerei noch
Zauberei treiben.
27 [u] Ihr sollt euer Haar am Haupt nicht
rundherum abschneiden noch euren
Bart stutzen.
28 Ihr sollt um eines Toten willen an
eurem Leibe keine Einschnitte machen
noch euch Zeichen einätzen; ich bin
der HERR.
29 Du sollst deine Tochter nicht zur
[v] Hurerei anhalten, daß nicht das Land
Hurerei treibe und werde voll Schandtat.
30 Meine Feiertage haltet und fürchtet
mein Heiligtum; ich bin der HERR.[w]
31 Ihr sollt euch nicht wenden zu den
[x] Geisterbeschwörern und Zeichendeutern und sollt sie nicht befragen, daß ihr
nicht an ihnen unrein werdet; ich bin
der HERR, euer Gott.
32 *Vor einem grauen Haupt sollst du aufstehen und die Alten ehren und sollst dich fürchten vor deinem Gott; ich bin der* HERR.
33 Wenn ein Fremdling bei euch wohnt
in eurem Lande, den sollt ihr nicht be-
34 drücken.[y] Er soll bei euch wohnen wie
ein Einheimischer unter euch, und du
sollst ihn lieben wie dich selbst; denn
ihr seid auch Fremdlinge gewesen in
Ägyptenland. Ich bin der HERR, euer
Gott.
35 Ihr sollt nicht unrecht handeln im
Gericht, mit der Elle, mit Gewicht, mit
36 Maß. [z] Rechte Waage, rechtes Gewicht, rechter Scheffel und rechtes
Maß sollen bei euch sein; ich bin der
HERR, euer Gott, der euch aus Ägyp-
37 tenland geführt hat, daß ihr alle meine
Satzungen und alle meine Rechte haltet
und tut; ich bin der HERR.

a Kap 11,44.45; Mt 5,48; 1.Petr 1,15.16
b 2.Mose 20,12 *c* 2.Mose 20,8 *d* 2.Mose 20,3
e 2.Mose 34,17 *f* Kap 7,12-18 *g* Kap 23,22;
5.Mose 24,19; Rut 2,2.15.16 *h* 2.Mose 20,15.16;
1.Thess 4,6 *i* 2.Mose 20,7; Mt 5,33
j 5.Mose 24,14.15; Jer 22,13; Jak 5,4
k 1.Mose 27,19; 5.Mose 27,18 *l* 2.Mose 23,3.6;
5.Mose 16,19.20 *m* 2.Mose 23,7 *n* Ps 141,5;
Mt 18,15 *o* 2.Kön 6,22; 2.Chr 28,9-15;
Mt 5,43-48; 22,39; Lk 10,25-37; Joh 13,34;
Röm 13,9; Gal 5,14; Jak 2,8 *p* 5.Mose 22,9-11
q 2.Mose 21,7-11 *r* Kap 5,17.18 *s* Kap 3,17
t 5.Mose 18,10 *u* *(27 und 28)* Kap 21,5;
5.Mose 14,1 *v* 5.Mose 23,18; 2.Kön 23,7
w Kap 26,2 *x* Kap 20,6; 5.Mose 18,10.11;
1.Sam 28,7 *y* 2.Mose 22,20 *z* 5.Mose 25,13-16;
Spr 11,1

Strafbestimmungen für schwere Sünden

20 Und der HERR redete mit Mose und
2 sprach: Sage zu den Israeliten: Wer
unter den Israeliten oder den Fremdlingen in Israel eins seiner Kinder dem
Moloch gibt, der soll des Todes sterben; das Volk des Landes soll ihn steinigen. Und ich will mein Antlitz kehren 3
gegen einen solchen Menschen und will
ihn aus seinem Volk ausrotten, weil er
dem Moloch eins seiner Kinder gegeben und mein Heiligtum unrein gemacht und meinen heiligen Namen
entheiligt hat. Und wenn das Volk des 4
Landes bei dem Menschen durch die
Finger sehen würde, der eins seiner
Kinder dem Moloch gegeben hat, daß
es ihn nicht tötet, so will doch ich mein 5
Antlitz gegen diesen Menschen kehren
und gegen sein Geschlecht und will ihn
und alle, die wie er mit dem Moloch
Abgötterei getrieben haben, aus ihrem
Volk ausrotten.
Wenn sich jemand zu den [a] Geister- 6
beschwörern und Zeichendeutern wendet, daß er mit ihnen Abgötterei treibt,
so will ich mein Antlitz gegen ihn kehren und will ihn aus seinem Volk ausrotten. Darum [b] heiligt euch und seid 7
heilig; denn ich bin der HERR, euer
Gott. Und haltet meine Satzungen und 8
tut sie; ich bin der HERR, der euch heiligt.
Wer seinem Vater oder seiner Mut- 9
ter flucht, der soll des Todes sterben.
Seine Blutschuld komme über ihn, weil
er seinem Vater oder seiner Mutter geflucht hat.[c] Wenn jemand die Ehe 10
bricht mit der Frau seines Nächsten, so
sollen beide des Todes sterben, Ehebrecher und Ehebrecherin, weil er mit
der Frau seines Nächsten die Ehe gebrochen hat.[d]
[e] Wenn jemand mit der Frau seines 11
Vaters Umgang pflegt und damit seinen Vater schändet, so sollen beide des
Todes sterben; ihre Blutschuld komme
über sie. Wenn jemand mit seiner 12
Schwiegertochter Umgang pflegt, so
sollen sie beide des Todes sterben,
denn sie haben einen schändlichen Frevel begangen; ihr Blut lastet auf ihnen.
Wenn jemand bei einem Manne liegt 13
wie bei einer Frau, so haben sie getan,
was ein Greuel ist, und sollen beide des
Todes sterben; Blutschuld lastet auf
ihnen. Wenn jemand eine Frau nimmt 14
und ihre Mutter dazu, der hat eine
Schandtat begangen; man soll ihn mit
Feuer verbrennen und die beiden
Frauen auch, damit keine Schandtat
unter euch sei.
Wenn jemand bei einem Tiere liegt, 15
der soll des Todes sterben, und auch

16 das Tier soll man töten. Wenn eine
Frau sich irgendeinem Tier naht, um
mit ihm Umgang zu haben, so sollst du
sie töten und das Tier auch. Des Todes
sollen sie sterben; ihre Blutschuld
komme über sie.
17 Wenn jemand seine Halbschwester
nimmt, seines Vaters Tochter oder sei-
ner Mutter Tochter, und sie miteinan-
der Umgang haben, so ist das Blut-
schande; sie sollen ausgerottet werden
vor den Leuten ihres Volks. Er hat mit
seiner Schwester Umgang gehabt; sie
sollen ihre Schuld tragen.
18 Wenn ein Mann bei einer Frau liegt
zur Zeit ihrer Tage und mit ihr Um-
gang hat und so den Brunnen ihres Blu-
tes aufdeckt und sie den Brunnen ihres
Blutes aufdeckt, so sollen beide aus ih-
rem Volk ausgerottet werden.[f]
19 Mit der Schwester deiner Mutter
und mit der Schwester deines Vaters
sollst du nicht Umgang haben. Wer das
tut, schändet seine Blutsverwandte; sie
20 sollen ihre Schuld tragen. Wenn je-
mand mit der Frau seines Oheims Um-
gang hat, der hat seinen Oheim ge-
schändet. Sie sollen ihre Schuld tragen;
21 ohne Kinder sollen sie sterben. Wenn
jemand die Frau seines Bruders nimmt,
so ist das eine abscheuliche Tat. Sie sol-
len ohne Kinder sein, denn er hat damit
seinen Bruder geschändet.
22 So haltet nun alle meine Satzungen
und meine Rechte und tut danach, auf
daß euch nicht das Land ausspeie, in
das ich euch führen will, damit ihr dar-
23 in wohnet. Und wandelt nicht in den
Satzungen der Völker, die ich vor euch
her vertreiben werde. Denn das alles
haben sie getan, und ich habe einen
24 Ekel an ihnen gehabt. Euch aber sagte
ich: [g]Ihr Land soll euch zufallen; und
ich will es euch zum Erbe geben, ein
Land, darin Milch und Honig fließt.
Ich bin der HERR, euer Gott, der euch
25 von den Völkern abgesondert hat, daß
ihr auch absondern sollt das reine Vieh
vom unreinen und die unreinen Vögel
von den reinen und euch nicht unrein
machet an Vieh, an Vögeln und an al-
lem, was auf Erden kriecht, das ich ab-
gesondert habe, daß es euch unrein
26 sei.[h] Darum sollt ihr mir heilig sein;
denn ich, der HERR, bin heilig, der euch
abgesondert hat von den Völkern, daß
ihr mein wäret.
27 Wenn ein Mann oder eine Frau Gei-
ster beschwören oder Zeichen deuten
kann, so sollen sie des Todes sterben;
man soll sie steinigen; ihre Blutschuld
komme über sie.[i]

a Kap 19,31 *b* Kap 19,2 *c* 2.Mose 21,17
d 2.Mose 20,14; 2.Sam 11,4; Joh 8,5
e (*11-21*) Kap 18,6-23 *f* Kap 15,24
g 2.Mose 19,5.6 *h* Kap 11 *i* 2.Mose 22,17

Gesetz für die Priester

[a]Und der HERR sprach zu Mose: Sage 21
den Priestern, den Söhnen Aarons, und
sprich zu ihnen: Ein Priester soll sich
an keinem Toten seines Volks unrein
machen außer an seinen nächsten 2
Blutsverwandten: an seiner Mutter, an
seinem Vater, an seinem Sohn, an sei-
ner Tochter, an seinem Bruder und an 3
seiner Schwester, die noch Jungfrau
und noch bei ihm ist, die keines Man-
nes Frau gewesen ist. An deren Leiche
darf er sich unrein machen. Sonst soll 4
er sich nicht unrein machen an irgend-
einem, der ihm zugehört unter seinem
Volk; er würde sich entheiligen.
Sie sollen auch keine Glatze scheren 5
auf ihrem Haupt noch ihren Bart stut-
zen und an ihrem Leibe kein Mal ein-
schneiden.[b] Sie sollen ihrem Gott hei- 6
lig sein und nicht entheiligen den Na-
men ihres Gottes, denn sie opfern die
Feueropfer des HERRN, die Speise ihres
Gottes; darum sollen sie heilig sein.
Sie sollen keine Hure zur Frau neh- 7
men noch eine, die nicht mehr Jungfrau
ist oder die von ihrem Mann verstoßen
ist; denn sie sind heilig ihrem Gott.
Darum sollst du den Priester heilig hal- 8
ten, denn er opfert die Speise deines
Gottes. Er soll dir heilig sein; denn ich
bin heilig, der HERR, der euch heiligt.
Wenn eines Priesters Tochter sich 9
durch Hurerei entheiligt, so soll man
sie mit Feuer verbrennen; denn sie hat
ihren Vater entheiligt.
Wer Hoherpriester ist unter seinen 10
Brüdern, auf dessen Haupt das [c]Salböl
gegossen und dessen Hand gefüllt ist
und der angezogen ist mit den heiligen
Kleidern, der soll sein [d]Haupthaar
nicht wirr hängen lassen und seine
Kleider nicht zerreißen und soll zu kei- 11
nem Toten kommen und soll sich we-
der an Vater noch an Mutter unrein
machen.[e] Aus dem Heiligtum soll er 12
nicht gehen, daß er nicht entheilige das
Heiligtum seines Gottes; denn die
Weihe des Salböls seines Gottes ist auf
ihm. Ich bin der HERR. Eine Jungfrau 13
soll er zur Frau nehmen, keine Witwe 14
oder Verstoßene oder Entehrte oder
Hure, sondern eine Jungfrau seines
Volks soll er zur Frau nehmen, damit er 15

seine Nachkommen nicht entheilige
unter seinem Volk; denn ich bin der
HERR, der ihn heiligt.
16 Und der HERR redete mit Mose und
17 sprach: Sage zu Aaron: Wenn einer
deiner Nachkommen in künftigen Ge-
schlechtern einen Fehler hat, der soll
nicht herzutreten, um die Speise seines
18 Gottes zu opfern. Denn keiner, an dem
ein Fehler ist, soll herzutreten, er sei
blind, lahm, mit einem entstellten Ge-
19 sicht, mit irgendeiner Mißbildung oder
wer einen gebrochenen Fuß oder eine
20 gebrochene Hand hat oder bucklig oder
verkümmert ist oder wer einen weißen
Fleck im Auge hat oder Krätze oder
Flechten oder beschädigte Hoden hat.
21 Wer nun unter Aarons, des Priesters,
Nachkommen einen Fehler an sich hat,
der soll nicht herzutreten, zu opfern die
Feueropfer des HERRN; denn er hat
einen Fehler. Darum soll er sich nicht
nahen, um die Speise seines Gottes zu
22 opfern. Doch essen darf er die Speise
seines Gottes, vom Heiligen und vom
23 Hochheiligen. Aber zum Vorhang soll
er nicht kommen noch zum Altar na-
hen, weil ein Fehler an ihm ist, damit er
nicht entheilige mein Heiligtum; denn
ich bin der HERR, der sie heiligt.
24 Mose aber sagte dies zu Aaron und
zu seinen Söhnen und zu allen Israeli-
ten.

a (1-4) Hes 44,25-27 *b* Kap 19,27.28 *c* Kap 8,12; 2.Mose 28,41; 29,7 *d* Kap 10,6 *e* Vers 2

Gesetz über den Genuß der Opfergaben

22 Und der HERR redete mit Mose und
2 sprach: Sage Aaron und seinen Söh-
nen, daß sie achtsam seien mit dem
Heiligen der Israeliten, den Gaben, die
sie mir heiligen, damit sie meinen heili-
gen Namen nicht entheiligen. Ich bin
3 der HERR. So sage ihnen nun für ihre
Nachkommen: Wer von euren Nach-
kommen herzutritt zu dem Heiligen,
das die Israeliten dem HERRN heiligen,
und hat eine Unreinheit an sich, der
wird ausgerottet werden vor meinem
4 Antlitz. Ich bin der HERR. Wer von den
Nachkommen Aarons [a]aussätzig ist
oder einen Ausfluß hat, der soll nicht
essen von dem Heiligen, bis er wieder
rein ist. Wer etwa einen anrührt, der an
einem Toten unrein geworden ist, oder
5 wem der Same abgeht im Schlaf, und
wer irgendein Gewürm anrührt, wo-
durch er unrein wird, oder einen Men-
schen, durch den er unrein wird, oder
irgend etwas, was ihn unrein macht,
wer deren eins anrührt, der ist unrein 6
bis zum Abend und soll von dem Heili-
gen nicht essen, sondern soll zuvor sei-
nen Leib mit Wasser abwaschen.[b] Und 7
wenn die Sonne untergegangen ist, so
ist er rein. Dann darf er davon essen,
denn es ist seine Nahrung. Ein [c]veren- 8
detes oder zerrissenes Tier soll er nicht
essen, damit er nicht unrein daran wer-
de. Ich bin der HERR. Darum sollen sie 9
meine Satzungen halten, daß sie nicht
Sünde auf sich laden und daran ster-
ben, wenn sie sich entheiligen. Ich bin
der HERR, der sie heiligt.
Kein Fremder soll von dem Heiligen 10
essen noch des Priesters Beisasse noch
sein Tagelöhner. Wenn aber der Prie- 11
ster einen Sklaven für Geld kauft, so
darf der davon essen. Und der Sklave,
der ihm in seinem Hause geboren wird,
der darf auch von seiner Speise essen.
Wenn aber des Priesters Tochter die 12
Frau eines Mannes wird, der nicht aus
einer priesterlichen Sippe ist, so soll sie
nicht von der heiligen Opfergabe essen.
Wird sie aber eine Witwe oder versto- 13
ßen und hat keine Kinder und kehrt zu-
rück in ihres Vaters Haus, so darf sie es-
sen von ihres Vaters Speise wie in ihrer
Jugend. Aber kein Fremder soll davon
essen.
Wer aus Versehen von dem Heiligen 14
ißt, der soll den [d]fünften Teil dazutun
und ihn dem Priester geben samt dem
Heiligen. Denn die Priester sollen nicht 15
entheiligen lassen das Heilige der Israe-
liten, die Opfergabe für den HERRN,
und dadurch die Israeliten mit Schuld 16
beladen, daß diese ihr Geheiligtes es-
sen; denn ich bin der HERR, der sie hei-
ligt.

a Kap 13–15 *b* Kap 11 *c* Kap 7,24 *d* Kap 5,16

Die Opfer sollen ohne Mängel sein

Und der HERR redete mit Mose und 17
sprach: Sage Aaron und seinen Söhnen 18
und allen Israeliten: Wer aus dem
Hause Israel oder von den Fremd-
lingen in Israel sein Opfer darbringen
will, es sei auf ein Gelübde hin oder aus
freiem Willen, was sie dem HERRN als
Brandopfer darbringen wollen, – damit 19
es euch wohlgefällig mache, soll es ein
männliches Tier sein, ohne Fehler, von
Rindern oder Schafen oder Ziegen. Al- 20
les, was einen Fehler hat, sollt ihr nicht
opfern, denn es wird euch nicht wohl-
gefällig machen.[a]
Und wenn jemand ein Dankopfer 21

dem HERRN darbringen will, um ein
Gelübde zu erfüllen oder aus freiem
Willen, von Rindern oder Schafen, so
soll das ohne Gebrechen sein, damit es
wohlgefällig sei. Es soll keinen Fehler
22 haben. Ist es blind oder hat es ein ge-
brochenes Glied oder eine Wunde oder
ein Geschwür oder Krätze oder Flech-
ten, so sollt ihr es dem HERRN nicht
opfern und davon kein Feueropfer
bringen auf den Altar des HERRN.
23 Rinder oder Schafe, die zu lange oder
zu kurze Glieder haben, magst du aus
freiem Willen opfern, aber für ein Ge-
24 lübde sind sie nicht wohlgefällig. Du
sollst auch dem HERRN kein Tier zum
Opfer bringen, dem die Hoden zer-
drückt oder zerschlagen oder zerrissen
oder ausgeschnitten sind. So etwas sollt
ihr in eurem Lande an Tieren nicht
25 tun.[b] Ihr sollt auch solche Tiere nicht
aus der Hand eines Ausländers nehmen
und als Speise eures Gottes opfern;
denn sie taugen nicht und haben einen
Fehler. Darum wird es euch nicht
wohlgefällig machen.

a 5.Mose 15,21; 17,1; Mal 1,8 *b* 5.Mose 23,2

Weitere Opfergesetze

26 Und der HERR redete mit Mose und
27 sprach: Wenn ein Rind oder Schaf oder
eine Ziege geboren ist, so soll das Junge
[a]sieben Tage bei seiner Mutter sein;
aber am achten Tage und danach darf
man's dem HERRN opfern, so ist es
28 wohlgefällig. Ein Rind oder Schaf soll
man nicht mit seinem Jungen an *einem*
Tage schlachten.[b]
29 [c]Wenn ihr aber dem HERRN ein Lob-
opfer darbringen wollt, das euch wohl-
30 gefällig macht, so sollt ihr's an demsel-
ben Tage essen und sollt nichts übrig
behalten bis zum Morgen; ich bin der
HERR.
31 Darum haltet meine Gebote und tut
32 danach; ich bin der HERR. Entheiliget
nicht meinen heiligen Namen, damit
ich geheiligt werde unter den Israeli-
ten; ich bin der HERR, der euch heiligt,[d]
33 der euch aus Ägyptenland geführt hat,
um euer Gott zu sein. Ich bin der HERR.

a 2.Mose 22,29 *b* 5.Mose 22,6.7
c *(29 und 30)* Kap 7,15 *d* Vers 9.16

Gesetze über den Sabbat und die jährlichen Feste

23 Und der HERR redete mit Mose und
2 sprach: Sage den Israeliten und sprich
zu ihnen: Dies sind die Feste des
HERRN, die ihr ausrufen sollt als heilige
Versammlungen; dies sind meine Fe-
ste: Sechs Tage sollst du arbeiten; der 3
siebente Tag aber ist ein feierlicher
Sabbat, heilige Versammlung. Keine
Arbeit sollt ihr an ihm tun; denn es ist
ein Sabbat für den HERRN, überall, wo
ihr wohnt.[a]
Dies sind aber die [b]Feste des HERRN, 4
die ihr ausrufen sollt als heilige Ver-
sammlungen an ihren Tagen: Am vier- 5
zehnten Tage des ersten Monats gegen
Abend ist des HERRN Passa.[c] Und am 6
fünfzehnten desselben Monats ist das
Fest der ungesäuerten Brote für den
HERRN; da sollt ihr sieben Tage unge-
säuertes Brot essen. Am ersten Tage 7
sollt ihr eine heilige Versammlung hal-
ten; da sollt ihr keine Arbeit tun. Und 8
[d]sieben Tage sollt ihr dem HERRN
Feueropfer darbringen. Am siebenten
Tage soll wieder eine heilige Versamm-
lung sein; da sollt ihr auch keine Arbeit
tun.
Und der HERR redete mit Mose und 9
sprach: Sage den Israeliten und sprich 10
zu ihnen: Wenn ihr in das Land
kommt, das ich euch geben werde, und
es aberntet, so sollt ihr die erste Garbe
eurer Ernte zu dem Priester bringen.
Der soll die Garbe als Schwingopfer 11
schwingen vor dem HERRN, daß sie
euch wohlgefällig mache. Das soll aber
der Priester tun am Tage nach dem
Sabbat. Und ihr sollt am Tage, da eure 12
Garbe geschwungen wird, ein Brand-
opfer dem HERRN bringen von einem
einjährigen Schaf, ohne Fehler, samt 13
dem Speisopfer: zwei Zehntel feinstes
Mehl, mit Öl vermengt, als ein Feuer-
opfer für den HERRN zum lieblichen
Geruch; dazu das Trankopfer: eine
viertel Kanne Wein. Und ihr sollt von 14
der neuen Ernte kein Brot noch gerö-
stete oder frische Körner essen, bis zu
dem Tag, da ihr eurem Gott seine Gabe
bringt. Das soll eine ewige Ordnung
sein bei euren Nachkommen, überall,
wo ihr wohnt.
Danach sollt ihr zählen vom Tage 15
nach dem Sabbat, da ihr die Garbe als
Schwingopfer darbrachtet, [e]sieben
ganze Wochen. Bis zu dem Tag nach 16
dem siebenten Sabbat, nämlich fünfzig
Tage, sollt ihr zählen und dann ein neu-
es Speisopfer dem HERRN opfern. Ihr 17
sollt aus euren Wohnungen zwei Brote
bringen als Schwingopfer, von zwei
Zehnteln feinstem Mehl, gesäuert und
gebacken, als Erstlingsgabe für den
HERRN. Und ihr sollt herzubringen ne- 18

ben eurem Brot sieben einjährige
Schafe ohne Fehler und einen jungen
Stier und zwei Widder – das soll des
HERRN Brandopfer sein – mit ihren
Speisopfern und Trankopfern als ein
Feueropfer zum lieblichen Geruch für
19 den HERRN. Dazu sollt ihr opfern einen
Ziegenbock zum Sündopfer und zwei
20 einjährige Schafe zum Dankopfer. Und
der Priester soll sie als Schwingopfer
schwingen samt den Erstlingsbroten
vor dem HERRN. Das alles soll als ein
Schwingopfer dem HERRN heilig sein
21 und dem Priester gehören. Und ihr
sollt an diesem Tag eine heilige Ver-
sammlung ausrufen; keine Arbeit sollt
ihr tun. Eine ewige Ordnung soll das
sein bei euren Nachkommen, überall,
wo ihr wohnt.
22 Wenn ihr aber euer Land aberntet,
sollt ihr nicht alles bis an die Ecken des
Feldes abschneiden, auch nicht Nach-
lese halten, sondern sollt es den Armen
und Fremdlingen lassen. Ich bin der
HERR, euer Gott.[f]
23 Und der HERR redete mit Mose und
24 sprach: Sage zu den Israeliten: Am er-
sten Tage des siebenten Monats sollt
ihr Ruhetag halten mit Posaunenblasen
zum Gedächtnis, eine heilige Ver-
25 sammlung.[g] Da sollt ihr keine Arbeit
tun und sollt dem HERRN Feueropfer
darbringen.
26 Und der HERR redete mit Mose und
27 sprach: Am zehnten Tage in diesem
siebenten Monat ist der [h] Versöhnungs-
tag. Da sollt ihr eine heilige Versamm-
lung halten und fasten und dem HERRN
28 Feueropfer darbringen und sollt keine
Arbeit tun an diesem Tage, denn es ist
der Versöhnungstag, daß ihr entsühnt
werdet vor dem HERRN, eurem Gott.
29 Denn wer nicht fastet an diesem Tage,
der wird aus seinem Volk ausgerottet
30 werden. Und wer an diesem Tage ir-
gendeine Arbeit tut, den will ich vertil-
31 gen aus seinem Volk. Darum sollt ihr
keine Arbeit tun. Das soll eine ewige
Ordnung sein bei euren Nachkommen,
32 überall, wo ihr wohnt. Ein feierlicher
Sabbat soll er euch sein, und ihr sollt fa-
sten. Am neunten Tage des Monats, am
Abend, sollt ihr diesen Ruhetag halten,
vom Abend an bis wieder zum Abend.
33 Und der HERR redete mit Mose und
34 sprach: Sage zu den Israeliten: [i] Am
fünfzehnten Tage dieses siebenten Mo-
nats ist das Laubhüttenfest für den
35 HERRN, sieben Tage lang. Am ersten
Tage soll eine heilige Versammlung
sein; keine Arbeit sollt ihr tun. Sieben 36
Tage sollt ihr dem HERRN Feueropfer
darbringen. Am [j] achten Tage sollt ihr
wieder eine heilige Versammlung hal-
ten und sollt Feueropfer dem HERRN
darbringen. Es ist eine Festversamm-
lung; keine Arbeit sollt ihr tun.
Das sind die Feste des HERRN, die ihr 37
als heilige Versammlungen ausrufen
sollt, um dem HERRN Feueropfer dar-
zubringen: Brandopfer, Speisopfer,
Schlachtopfer und Trankopfer, ein je-
des an seinem Tage, abgesehen von den 38
Sabbaten des HERRN und euren andern
Gaben und Gelübden und freiwilligen
Gaben, die ihr dem HERRN gebt.
Am fünfzehnten Tage des siebenten 39
Monats, wenn ihr die Früchte des
Landes einbringt, sollt ihr ein Fest des
HERRN halten sieben Tage lang. Am er-
sten Tage ist Ruhetag und am achten
Tage ist auch Ruhetag. Ihr sollt am 40
ersten Tage Früchte nehmen [k] von
schönen Bäumen, Palmwedel und
Zweige von Laubbäumen und Bach-
weiden und sieben Tage fröhlich sein
vor dem HERRN, eurem Gott, und sollt 41
das Fest dem HERRN halten jährlich sie-
ben Tage lang. Das soll eine ewige Ord-
nung sein bei euren Nachkommen, daß
sie im siebenten Monat so feiern. Sie- 42
ben Tage sollt ihr in Laubhütten woh-
nen. Wer einheimisch ist in Israel, soll
in Laubhütten wohnen, daß eure 43
Nachkommen wissen, wie ich die Israe-
liten habe in Hütten wohnen lassen, als
ich sie aus Ägyptenland führte. Ich bin
der HERR, euer Gott.
Und Mose tat den Israeliten die Fe- 44
ste des HERRN kund.

a 2.Mose 20,8-11 *b* 2.Mose 23,14-19
c 2.Mose 12 *d* 2.Mose 13,6 *e* 4.Mose 28,26-31;
5.Mose 16,9-12 *f* Kap 19,9.10 *g* 4.Mose 29,1-6;
10,10 *h* Kap 16 *i* 4.Mose 29,12-39;
5.Mose 16,13-15 *j* Joh 7,37 *k* Neh 8,14-16

Gesetze über die Lampen und Schaubrote

Und der HERR redete mit Mose und **24**
sprach: Gebiete den Israeliten, daß sie 2
zu dir bringen reines Öl aus zerstoße-
nen Oliven für den Leuchter, daß man
beständig Lampen aufsetzen kann.[a]
Außen vor dem Vorhang, der vor der 3
Lade mit dem Gesetz hängt, in der
Stiftshütte soll Aaron den Leuchter
herrichten, daß er vom Abend bis zum
Morgen beständig leuchte vor dem
HERRN. Das sei eine ewige Ordnung bei
euren Nachkommen. Er soll die Lam- 4
pen auf dem Leuchter von feinem Gold

herrichten, daß sie vor dem HERRN be-
ständig leuchten.
5 Und du sollst feinstes Mehl nehmen
und davon zwölf Brote backen – zwei
6 Zehntel soll ein Brot haben – und sollst
sie legen in zwei Reihen, je sechs in
einer Reihe, auf den Tisch von feinem
7 Gold vor dem HERRN.[b] Und sollst auf
sie legen reinen Weihrauch, daß er als
Gedenkopfer bei den Broten sei, ein
8 Feueropfer für den HERRN. An jedem
Sabbat soll er sie zurichten vor dem
HERRN als beständige Gabe der Israeli-
9 ten, eine Ordnung für immer, und sie
sollen Aaron und seinen Söhnen gehö-
ren. Die sollen sie essen an heiliger
Stätte; denn als ein Hochheiliges von
den Opfern des HERRN gehören sie
Aaron als ewiges Recht.

a 2.Mose 27,20 *b* 2.Mose 25,30

Strafen für Gotteslästerung, Totschlag und Gewalt

10 Es ging aber der Sohn einer israeliti-
schen Frau und eines ägyptischen
Mannes mitten unter die Israeliten und
zankte sich im Lager mit einem israeli-
11 tischen Mann und lästerte den Namen
des HERRN und fluchte. Da brachten sie
ihn zu Mose – seine Mutter aber hieß
Schelomit, eine Tochter Dibris vom
12 Stamm Dan – und legten ihn gefangen,
bis ihnen [a]klare Antwort würde durch
13 den Mund des HERRN. Und der HERR
14 redete mit Mose und sprach: Führe
den Flucher hinaus vor das Lager und
laß alle, die es gehört haben, ihre Hände
auf sein Haupt legen und laß die ganze
15 Gemeinde ihn [b]steinigen und sage zu
den Israeliten: Wer seinem Gott flucht,
16 der soll seine Schuld tragen. [c]Wer des
HERRN Namen lästert, der soll des To-
des sterben; die ganze Gemeinde soll
ihn steinigen. Ob Fremdling oder Ein-
heimischer, wer den Namen lästert, soll
sterben.
17 Wer irgendeinen Menschen er-
schlägt, der soll des Todes sterben.[d]
18 Wer aber ein Stück Vieh erschlägt, der
19 soll's ersetzen, Leben um Leben.[e] Und
wer seinen Nächsten verletzt, dem soll
20 man tun, wie er getan hat,[f] Schaden um
Schaden, Auge um Auge, Zahn um
Zahn; wie er einen Menschen verletzt
21 hat, so soll man ihm auch tun. Wer ein
Stück Vieh erschlägt, der soll's erstat-
ten; wer aber einen Menschen er-
22 schlägt, der soll sterben. Es soll [g]ein
und dasselbe Recht unter euch sein für
den Fremdling wie für den Einheimi-
schen; ich bin der HERR, euer Gott.
Mose aber sagte es den Israeliten, 23
und sie führten den Flucher hinaus vor
das Lager und steinigten ihn. So taten
die Israeliten, wie der HERR es Mose ge-
boten hatte.

a 4.Mose 15,34 *b* 4.Mose 15,36; 5.Mose 17,5; Apg 7,56 *c* 2.Mose 20,7; Mt 26,65.66 *d* 2.Mose 21,12 *e* 2.Mose 21,33-37 *f* 2.Mose 21,23-25 *g* Kap 19,34; 2.Mose 12,49

Gesetz über Sabbatjahr und Erlaßjahr

Und der HERR sprach zu Mose auf dem **25**
Berge Sinai: Rede mit den Israeliten 2
und sprich zu ihnen: Wenn ihr in das
Land kommt, das ich euch geben wer-
de, so soll das Land dem HERRN einen
Sabbat feiern. [a]Sechs Jahre sollst du 3
dein Feld besäen und sechs Jahre dei-
nen Weinberg beschneiden und die
Früchte einsammeln, aber im siebenten 4
Jahr soll das Land dem HERRN einen
feierlichen Sabbat halten; da sollst du
dein Feld nicht besäen noch deinen
Weinberg beschneiden.
Was von selber nach deiner Ernte 5
wächst, sollst du nicht ernten, und die
Trauben, die ohne deine Arbeit wach-
sen, sollst du nicht lesen; ein Sabbat-
jahr des Landes soll es sein. Was das 6
Land während seines Sabbats trägt, da-
von sollt ihr essen, du und dein Knecht
und deine Magd, dein Tagelöhner und
dein Beisasse, die bei dir weilen, dein 7
Vieh und das Wild in deinem Lande;
all sein Ertrag soll zur Nahrung dienen.
Und du sollst zählen sieben Sabbat- 8
jahre, siebenmal sieben Jahre, daß die
Zeit der sieben Sabbatjahre neunund-
vierzig Jahre mache. Da sollst du die 9
Posaune blasen lassen durch euer gan-
zes Land am [b]zehnten Tage des sieben-
ten Monats, am Versöhnungstag. Und 10
ihr sollt das fünfzigste Jahr heiligen
und sollt eine Freilassung ausrufen im
Lande für alle, die darin wohnen; es
soll ein [c]Erlaßjahr für euch sein. Da soll
ein jeder bei euch wieder zu seiner
Habe und zu seiner Sippe kommen. Als 11
Erlaßjahr soll das fünfzigste Jahr euch
gelten. Ihr sollt nicht säen und, was von
selber wächst, nicht ernten, auch, was
ohne Arbeit wächst, im Weinberg nicht
lesen; denn das Erlaßjahr soll euch hei- 12
lig sein; vom Felde weg dürft ihr essen,
was es trägt.
Das ist das Erlaßjahr, da jedermann 13
wieder zu dem Seinen kommen soll.
Wenn du nun deinem Nächsten etwas 14

verkaufst oder ihm etwas abkaufst, soll
[d]keiner seinen Bruder übervorteilen,
15 sondern nach der Zahl der Jahre vom
Erlaßjahr an sollst du es von ihm
kaufen; danach, wieviel Jahre noch Er-
trag bringen, soll er dir's verkaufen.
16 Sind es noch viele Jahre, so darfst du
den Kaufpreis steigern; sind es noch
wenige Jahre, sollst du den Kaufpreis
verringern; denn die Zahl der Ernten
17 verkauft er dir. So übervorteile nun kei-
ner seinen Nächsten, sondern fürchte
dich vor deinem Gott; denn ich bin der
18 HERR, euer Gott. Darum tut nach mei-
nen Satzungen und haltet meine Rech-
te, daß ihr danach tut, auf daß ihr im
19 Lande [e] sicher wohnen könnt. Denn das
Land soll euch seine Früchte geben,
daß ihr genug zu essen habt und sicher
20 darin wohnt. Und wenn ihr sagt: Was
sollen wir essen im siebenten Jahr?
Denn wenn wir nicht säen, so sammeln
21 wir auch kein Getreide ein –, so will ich
[f]meinem Segen über euch im sechsten
Jahr gebieten, daß er Getreide schaffen
22 soll für drei Jahre, daß ihr säet im ach-
ten Jahr und von dem alten Getreide
esset bis in das neunte Jahr, so daß ihr
vom alten esset, bis wieder neues Ge-
23 treide kommt. Darum sollt ihr das
Land nicht verkaufen für immer; denn
das Land ist mein, und ihr seid
[g]Fremdlinge und Beisassen bei mir.
24 Und bei all eurem Grundbesitz sollt ihr
für das Land die Einlösung gewähren.

a (3 und 4) 2.Mose 23,10.11 *b* Kap 23,27
c Jes 61,2; Lk 4,19 *d* 1.Thess 4,6 *e* Kap 26,5;
1.Kön 5,5 *f* 5.Mose 28,8 *g* Ps 39,13

Gesetz über Einlösung im Blick auf das Erlaßjahr

25 Wenn dein Bruder verarmt und etwas
von seiner Habe verkauft, so soll sein
nächster Verwandter kommen und ein-
lösen, was sein Bruder verkauft hat.[a]
26 Wenn aber jemand keinen Löser hat
und selbst so viel aufbringen kann, um
27 es einzulösen, so soll er die Jahre ab-
rechnen, seitdem er's verkauft hat, und
was noch übrig ist, dem Käufer zurück-
zahlen und so wieder zu seiner Habe
28 kommen. Kann er aber nicht so viel
aufbringen, um es ihm zurückzuzahlen,
so soll, was er verkauft hat, in der Hand
des Käufers bleiben bis zum Erlaßjahr.
Dann soll es frei werden und er wieder
zu seiner Habe kommen.
29 Wer ein Wohnhaus verkauft in einer
Stadt mit Mauern, der hat ein ganzes
Jahr Frist, es wieder einzulösen. Das
soll die Zeit sein, darin er es einlösen
kann. Wenn er's aber nicht einlöst, ehe 30
das ganze Jahr um ist, so soll es der
Käufer für immer behalten und seine
Nachkommen, und es soll nicht frei
werden im Erlaßjahr. Ist's aber ein 31
Haus auf dem Dorf, um das keine
Mauer ist, so soll man es dem Feld des
Landes gleich rechnen, und es soll im-
mer eingelöst werden können und im
Erlaßjahr frei werden. [b]Was aber die 32
Städte der Leviten anlangt, so sollen sie
die Häuser in den Städten, die ihnen
gehören, jederzeit einlösen können.
Wenn einer von den Leviten nicht ein- 33
löst, so soll das verkaufte Haus in der
Stadt, die ihnen gehört, im Erlaßjahr
frei werden; denn die Häuser in den
Städten der Leviten sind ihr Besitz in-
mitten der Israeliten. Auch das Weide- 34
land vor ihren Städten soll man nicht
verkaufen; denn das ist ihr Eigentum
für immer.

Wenn dein Bruder neben dir verarmt 35
und nicht mehr bestehen kann, so sollst
du dich seiner annehmen wie eines
Fremdlings oder Beisassen, daß er ne-
ben dir leben könne; [c]und du sollst 36
nicht Zinsen von ihm nehmen noch
Aufschlag, sondern sollst dich vor dei-
nem Gott fürchten, daß dein Bruder
neben dir leben könne. Denn du sollst 37
ihm dein Geld nicht auf Zinsen leihen
noch Speise geben gegen Aufschlag.
Ich bin der HERR, euer Gott, der euch 38
aus Ägyptenland geführt hat, um euch
das Land Kanaan zu geben und euer
Gott zu sein.

Wenn dein Bruder neben dir verarmt 39
und sich dir verkauft, so sollst du ihn
nicht als Sklaven dienen lassen;[d] son- 40
dern wie ein Tagelöhner, wie ein Bei-
sasse soll er bei dir sein und bis an das
Erlaßjahr bei dir dienen. Dann soll er 41
von dir frei ausgehen und seine Kinder
mit ihm und soll zurückkehren zu sei-
ner Sippe und wieder zu seiner Väter
Habe kommen. Denn sie sind meine 42
Knechte, die ich aus Ägyptenland ge-
führt habe. Darum soll man sie nicht als
Sklaven verkaufen. Du sollst [e]nicht mit 43
Härte über sie herrschen, sondern dich
fürchten vor deinem Gott.

Willst du aber Sklaven und Sklavin- 44
nen haben, so sollst du sie kaufen von
den Völkern, die um euch her sind, und 45
auch von den Beisassen, die als Fremd-
linge unter euch wohnen, und von
ihren Nachkommen, die sie bei euch in
eurem Lande zeugen. Die mögt ihr zu

46 eigen haben und sollt sie vererben eu-
ren Kindern zum Eigentum für immer;
die sollt ihr Sklaven sein lassen. Aber
von euren Brüdern, den Israeliten, soll
keiner über den andern herrschen mit
Härte.
47 Wenn irgendein Fremdling oder
Beisasse bei dir zu Besitz kommt und
dein Bruder neben ihm verarmt und
sich dem Fremdling oder Beisassen bei
dir oder jemandem von dessen Sippe
48 verkauft, so soll er, nachdem er sich
verkauft hat, das Recht haben, wieder
frei zu werden, und es soll ihn jemand
49 unter seinen Brüdern einlösen oder sein
Oheim oder sein Vetter oder sonst sein
nächster Blutsverwandter aus seinem
Geschlecht; oder wenn er selbst so viel
aufbringen kann, so soll er selbst sich
50 einlösen. Und er soll mit seinem Käufer
rechnen vom Jahr an, da er sich ver-
kauft hatte, bis aufs Erlaßjahr. Und das
Geld, um das er sich verkauft hat, soll
nach der Zahl der Jahre berechnet wer-
den, als wäre er die ganze Zeit Tagelöh-
51 ner bei ihm gewesen. Sind noch viele
Jahre bis zum Erlaßjahr, so soll er ent-
sprechend mehr zu seiner Einlösung
erstatten von dem Gelde, für das er ge-
52 kauft wurde. Sind aber nur wenige Jah-
re übrig bis zum Erlaßjahr, so soll er sie
berechnen und entsprechend weniger
53 zu seiner Einlösung erstatten. Wie ein
Tagelöhner soll er von Jahr zu Jahr bei
ihm sein, doch soll er [f]nicht mit Härte
über ihn herrschen vor deinen Augen.
54 Wird er aber nicht auf diese Weise ein-
gelöst, so soll er im Erlaßjahr frei ausge-
55 hen und seine Kinder mit ihm. Denn
mir gehören die Israeliten als Knechte;
meine Knechte sind sie, die ich aus
Ägyptenland geführt habe. Ich bin der
HERR, euer Gott.

a Rut 4,3.4 *b* (32-34) 4.Mose 35,2-5
c (36 und 37) 2.Mose 22,24; 5.Mose 23,20
d 2.Mose 21,2 *e* 2.Mose 21,20.21 *f* Vers 43

Segen und Fluch

(vgl. 2.Mose 23,20-33; 5.Mose 28)

26 Ihr sollt euch keine Götzen machen
und euch weder Bild noch Steinmal
aufrichten, auch keinen Stein mit Bild-
werk setzen in eurem Lande, um davor
anzubeten; denn ich bin der HERR, euer
2 Gott.[a] Haltet [b]meine Sabbate und habt
Ehrfurcht vor meinem Heiligtum. Ich
bin der HERR.
3 Werdet ihr in meinen Satzungen
wandeln und meine Gebote halten und
4 tun, so will ich euch Regen geben zur
rechten Zeit, und das Land soll sein
Gewächs geben und die Bäume auf
dem Felde ihre Früchte bringen.[c] Und 5
die Dreschzeit soll reichen bis zur
Weinernte, und die Weinernte soll rei-
chen bis zur Zeit der Saat. [d]Und ihr
sollt Brot die Fülle haben und sollt
sicher in eurem Lande wohnen. Ich will 6
Frieden geben in eurem Lande, daß ihr
schlafet und euch niemand aufschrek-
ke. [e]Ich will die wilden Tiere aus eurem
Lande wegschaffen, und kein Schwert
soll durch euer Land gehen. Ihr sollt 7
eure Feinde jagen, und sie sollen vor
euch her dem Schwert verfallen. Fünf 8
von euch sollen hundert jagen, und
hundert von euch sollen zehntausend
jagen; denn eure Feinde sollen vor euch
her dem Schwert verfallen.[f] Und ich 9
will mich zu euch wenden und will euch
fruchtbar machen und euch mehren
und will meinen Bund mit euch hal-
ten.[g] Und ihr werdet noch von dem 10
Vorjährigen essen und, wenn das Neue
kommt, das Vorjährige wegtun müs-
sen. Ich will meine Wohnung unter 11
euch haben und will euch nicht verwer-
fen. Und ich will unter euch wandeln 12
und will euer Gott sein, und ihr sollt
mein Volk sein.[h] Denn ich bin der 13
HERR, euer Gott, der euch aus Ägyp-
tenland geführt hat, damit ihr nicht
ihre Knechte bleibt, und habe [i]euer
Joch zerbrochen und habe euch auf-
recht einhergehen lassen.
Werdet ihr mir aber nicht gehorchen 14
und nicht alle diese Gebote tun und 15
werdet ihr meine Satzungen verachten
und meine Rechte verwerfen, daß ihr
nicht tut alle meine Gebote, und werdet
ihr meinen Bund brechen, so will auch 16
ich euch dieses tun: Ich will euch heim-
suchen mit Schrecken, mit Auszehrung
und Fieber, daß euch die Augen erlö-
schen und das Leben hinschwindet. Ihr
sollt umsonst euren Samen säen, und
eure Feinde sollen ihn essen. Und ich 17
will mein Antlitz gegen euch richten,
und ihr sollt geschlagen werden vor eu-
ren Feinden, und die euch hassen, sol-
len über euch herrschen, und ihr sollt
fliehen, ohne daß euch einer jagt.
Wenn ihr mir aber auch dann noch 18
nicht gehorcht, so will ich euch noch
weiter strafen, siebenfältig, um eurer
Sünden willen, daß ich euren Stolz und 19
eure Halsstarrigkeit breche, und will
euren [j]Himmel wie Eisen und eure
Erde wie Erz machen. Und eure Mühe 20
und Arbeit soll verloren sein, daß euer
Land sein Gewächs nicht gebe und die

Bäume im Lande ihre Früchte nicht
bringen.
21 Und wenn ihr mir zuwiderhandelt
und mich nicht hören wollt, so will ich
euch noch weiter schlagen, siebenfältig,
22 um eurer Sünden willen. Und ich will
[k]wilde Tiere unter euch senden, die
sollen eure Kinder fressen und euer
Vieh zerreißen und euch vermindern,
und eure Straßen sollen verlassen sein.
23 [l]Werdet ihr euch aber damit noch
nicht von mir zurechtbringen lassen
24 und mir zuwiderhandeln, so will auch
ich euch zuwiderhandeln und will euch
siebenfältig mehr schlagen um eurer
25 Sünden willen und will ein [m]Rache-
schwert über euch bringen, das meinen
Bund rächen soll. Und wenn ihr euch
auch in eure Städte flüchtet, will ich
doch die Pest unter euch senden und
will euch in die Hände eurer Feinde ge-
26 ben. Dann will ich euch den [n]Vorrat an
Brot verderben; zehn Frauen sollen
euer Brot in *einem* Ofen backen, und
[o]euer Brot soll man euch nach Gewicht
zuteilen, und wenn ihr eßt, sollt ihr
nicht satt werden.
27 Werdet ihr mir aber auch dann noch
nicht gehorchen und mir zuwiderhan-
28 deln, so will auch ich euch im Grimm
zuwiderhandeln und will euch sieben-
fältig mehr strafen um eurer Sünden
29 willen, daß ihr sollt eurer Söhne und
30 Töchter Fleisch essen.[p] Und ich will
eure Opferhöhen vertilgen und eure
[q]Rauchopfersäulen ausrotten und will
eure Leichname auf die Leichname eu-
rer Götzen werfen und werde an euch
31 Ekel haben. Und ich will eure Städte
wüst machen und eure Heiligtümer
verheeren und will den lieblichen Ge-
ruch eurer Opfer nicht mehr riechen.
32 So will ich das Land wüst machen, daß
eure Feinde, die darin wohnen werden,
33 sich davor entsetzen. Euch aber will ich
unter die Völker zerstreuen und mit ge-
zücktem Schwert hinter euch her sein,
daß euer Land soll wüst sein und eure
Städte zerstört.
34 Alsdann wird [r]das Land seine Sab-
bate nachholen, solange es wüst liegt
und ihr in der Feinde Land seid; ja,
dann wird das Land ruhen und seine
35 Sabbate nachholen. Solange es wüst
liegt, wird es ruhen, weil es nicht ruhen
konnte, als ihr es solltet ruhen lassen,
36 während ihr darin wohntet. Und de-
nen, die von euch übrigbleiben, will ich
ein feiges Herz machen in ihrer Feinde
Land, daß sie ein raschelndes Blatt soll
jagen, und sie sollen davor fliehen, als
jagte sie ein Schwert, und fallen, wo sie
doch niemand jagt. Und einer soll über 37
den andern hinfallen, als wäre das
Schwert hinter ihnen, wo sie doch nie-
mand jagt, und ihr sollt nicht bestehen
können gegen eure Feinde. Und ihr 38
sollt umkommen unter den Völkern,
und eurer Feinde Land soll euch fres-
sen. Die aber von euch übrigbleiben, 39
die sollen in der Feinde Land dahin-
schwinden wegen ihrer [s]Missetat, aber
auch um der Missetat ihrer Väter wil-
len.

a 2.Mose 20,4.5 *b* Kap 19,30 *c* 5.Mose 11,14
d Am 9,13 *e* Hes 34,25 *f* 5.Mose 32,30; Jos 23,10
g Hes 36,11 *h* Jer 7,23; 2.Kor 6,16 *i* Hes 34,27.28
j 5.Mose 11,17 *k* Hes 5,17 *l (23 und 24)*
2.Sam 22,27 *m* Jes 1,20.24 *n* Jes 3,1
o Hes 4,16 *p* 5.Mose 28,53; Jer 19,9 *q* Hes 6,4.6
r Kap 25,2; 2.Chr 36,21 *s* Hes 24,23; 33,10

Umkehr des Volkes und Treue des Herrn

Da werden sie dann [a]bekennen ihre 40
Missetat und ihrer Väter Missetat, daß
sie mir untreu gewesen sind und mir
zuwidergehandelt haben. – Darum 41
habe auch ich ihnen zuwidergehandelt
und sie in das Land ihrer Feinde getrie-
ben. – Da wird sich ja ihr [b]unbeschnit-
tenes Herz demütigen, und dann wer-
den sie die Strafe für ihre Missetat ab-
tragen. Und ich werde [c]an meinen 42
Bund mit Jakob gedenken und an mei-
nen Bund mit Isaak und an meinen
Bund mit Abraham und werde an das
Land gedenken. Aber das Land wird 43
von ihnen verlassen sein und seine Sab-
bate nachholen, solange es wüst liegt,
und sie werden die Strafe für ihre Mis-
setat abtragen, weil sie meine Rechte
verachtet und an meinen Satzungen
Ekel gehabt haben. Aber wenn sie auch 44
in der Feinde Land sind, [d]verwerfe ich
sie dennoch nicht, und es ekelt mich
nicht vor ihnen, so daß es mit ihnen aus
sein sollte und mein Bund mit ihnen
nicht mehr gelten sollte; denn ich bin
der Herr, ihr Gott. Und ich will ihnen 45
zugut an meinen [e]Bund mit den Vor-
fahren gedenken, die ich aus Ägypten-
land führte vor den Augen der Völker,
auf daß ich ihr Gott wäre, ich, der
Herr.
Dies sind die Satzungen und Rechte 46
und Gesetze, die der Herr zwischen
sich und den Israeliten aufgerichtet hat
auf dem Berge Sinai durch die Hand
des Mose.

a 5.Mose 4,30 *b* 5.Mose 10,16; Jer 9,25

c 2.Mose 2,24; 2.Kön 13,23 d Hos 11,9
e 1.Mose 12,7

Was man geloben und nach der Schätzung des Priesters ablösen darf und was nicht

27 Und der HERR redete mit Mose und
2 sprach: Rede mit den Israeliten und
sprich zu ihnen: Wenn jemand dem
HERRN ein Gelübde getan hat, das ab-
gelöst werden soll, und es sich um einen
3 Menschen handelt, [a]so soll das deine
Schätzung sein: Einen Mann von
zwanzig bis sechzig Jahren sollst du
schätzen auf fünfzig Lot Silber nach
4 dem Gewicht des Heiligtums, eine
5 Frau auf dreißig Lot Silber. Von fünf
Jahren bis zwanzig Jahren sollst du,
wenn es ein Mann ist, schätzen auf
zwanzig Lot Silber, eine Frau aber auf
6 zehn Lot Silber. Von einem Monat an
bis auf fünf Jahre sollst du, wenn es ein
Knabe ist, schätzen auf fünf Lot Silber,
ein Mädchen aber auf drei Lot Silber.
7 Bei sechzig Jahren und darüber sollst
du, wenn es ein Mann ist, schätzen auf
fünfzehn Lot Silber, eine Frau aber auf
8 zehn Lot Silber. Ist er aber zu arm,
diese Schätzung zu zahlen, so soll er je-
nen Menschen vor den Priester stellen,
und der Priester soll ihn schätzen; er
soll ihn aber schätzen nach dem, was
der zu geben vermag, der das Gelübde
getan hat.

9 Ist es aber ein Tier, das man dem
HERRN opfern darf: Jedes Tier, das
10 man dem HERRN gibt, ist heilig. Man
soll es nicht auswechseln noch tau-
schen, ein gutes gegen ein schlechtes
oder ein schlechtes gegen ein gutes.
Wenn aber jemand auswechselt ein
Tier gegen das andere, so sollen sie bei-
11 de heilig sein. Ist aber das Tier unrein,
daß man es dem HERRN nicht opfern
darf, so soll man es vor den Priester
12 stellen, und der Priester soll es schät-
zen, ob es gut oder schlecht sei, und es
soll bei des Priesters Schätzung blei-
13 ben. Will's aber jemand ablösen, der
soll den [b]fünften Teil über die Schät-
zung hinaus geben.

14 Wenn jemand sein Haus dem HERRN
gelobt, daß es ihm heilig sei, so soll es
der Priester schätzen, ob es gut oder
schlecht sei, und wie es der Priester
15 schätzt, so soll's bleiben. Wenn es aber
der, der es gelobt hat, ablösen will, so
soll er den fünften Teil des Geldes, zu
dem es geschätzt ist, hinzulegen, dann
soll es ihm wieder gehören.

Wenn jemand ein Stück Acker von 16
seinem Erbgut dem HERRN gelobt, so
soll es geschätzt werden nach der Aus-
saat. Ist die Aussaat ein Sack Gerste, so
soll der Acker [c]fünfzig Lot Silber gel-
ten. Gelobt er seinen Acker vom [d]Er- 17
laßjahr an, so soll es bei dieser Schät-
zung bleiben. Hat er ihn aber nach dem 18
Erlaßjahr gelobt, so soll der Priester das
Geld berechnen nach den übrigen Jah-
ren bis zum Erlaßjahr und ihn danach
geringer schätzen. Will aber der, der 19
ihn gelobt hat, den Acker ablösen, so
soll er den fünften Teil des Geldes, auf
das er geschätzt ist, hinzulegen, so soll
er wieder sein werden. Wenn er ihn 20
aber nicht ablöst und verkauft ihn den-
noch einem andern, so kann er nicht
mehr abgelöst werden, sondern wenn 21
dieser Acker im Erlaßjahr frei wird, soll
er dem HERRN heilig sein wie ein ge-
bannter Acker und soll des Priesters Ei-
gentum sein. Wenn aber jemand dem 22
HERRN einen Acker gelobt, den er ge-
kauft hat und der also nicht sein Erbgut
ist, so soll der Priester berechnen, was 23
er gilt bis zum Erlaßjahr, und er soll
diese Summe am selben Tage geben,
daß sie dem HERRN heilig sei. Aber im 24
Erlaßjahr soll der Acker wieder an den
gelangen, von dem er ihn gekauft hat,
dem er als sein Erbgut gehört. Alle 25
Schätzung soll geschehen nach dem
Gewicht des Heiligtums; ein Lot aber
hat zwanzig Gramm.

Die [e]Erstgeburt unter dem Vieh, die 26
dem HERRN auch sonst gebührt, soll
niemand geloben, es sei ein Stier oder
Schaf; es gehört dem HERRN. Ist es aber 27
unreines Vieh, so soll man es ablösen
nach der Schätzung und darüber hin-
aus geben den fünften Teil. Will man es
nicht ablösen, so werde es verkauft
nach der Schätzung.

[f]Man soll Gebanntes nicht ver- 28
kaufen oder ablösen, das jemand dem
HERRN durch einen Bann geweiht hat,
von allem, was sein ist, es seien Men-
schen, Vieh oder Erbacker; denn alles
Gebannte ist ein Hochheiliges dem
HERRN. Man soll auch keinen gebann- 29
ten Menschen loskaufen; er soll des
Todes sterben.[g]

Alle [h]Zehnten im Lande, vom Ertrag 30
des Landes und von den Früchten der
Bäume, gehören dem HERRN und sollen
dem HERRN heilig sein. Will aber je- 31
mand seinen Zehnten ablösen, der soll
den fünften Teil darüber hinaus geben.
Und alle [i]Zehnten von Rindern und 32

Schafen, alles, was unter dem Hirten-
stabe hindurchgeht, jedes zehnte davon
33 soll heilig sein dem HERRN. Man soll
nicht fragen, ob es gut oder schlecht sei,
man soll's auch nicht auswechseln.
Wenn es aber jemand auswechselt, soll
beides heilig sein und darf nicht abge-
löst werden.
Das sind die Gebote, die der HERR 34
dem Mose gebot für die Israeliten auf
dem Berge Sinai.[j]

a (3-7) Ri 11,31; 1.Sam 1,11 *b* Kap 5,16
c 2.Sam 24,24 *d* Kap 25,8-55
e 2.Mose 13,2.12.13; 4.Mose 18,15
f (28 und 29) 4.Mose 18,14; 21,2; Jos 6,18.26;
Hes 44,29 *g* Jos 6,17.18; 1.Sam 15,3.9
h 4.Mose 18,21; 5.Mose 14,22-29; Neh 13,12
i 2.Chr 31,6 *j* Kap 7,38; 25,1; 26,46

DAS VIERTE BUCH MOSE

Inhaltsübersicht

Zählung der Männer für den Heerbann
(vgl. Kap 26,2-51)

1 Und der HERR redete mit Mose in der
Wüste Sinai in der Stiftshütte[a] am er-
sten Tage des zweiten Monats im zwei-
ten Jahr, nachdem sie aus Ägyptenland
2 gezogen waren, und sprach: Nehmt die
Summe der ganzen Gemeinde der Is-
raeliten auf nach ihren Geschlechtern
und [b]Sippen und Namen, alles, was
3 männlich ist, Kopf für Kopf,[c] von
zwanzig Jahren an und darüber, was
wehrfähig ist in Israel. Ihr sollt sie zäh-
len nach ihren Heerscharen, du und
4 Aaron. Und es soll euch beistehen je ein
Mann von jedem Stamm, nämlich das
5 Haupt seiner Sippen. Dies sind aber die
Namen der Männer, die euch beistehen
sollen: von Ruben: Elizur, der Sohn
6 Schedëurs; von Simeon: Schelumiël,
7 der Sohn Zurischaddais; von Juda:
[d]Nachschon, der Sohn Amminadabs;
8 von Isaschar: Natanael, der Sohn
9 Zuars; von Sebulon: Eliab, der Sohn
10 Helons; von den Söhnen Josefs: von
Efraim: [e]Elischama, der Sohn Ammi-
huds; und von [f]Manasse: Gamliël, der
11 Sohn Pedazurs; von Benjamin: Abi-
12 dan, der Sohn des Gideoni; von Dan:
Ahiëser, der Sohn Ammischaddais;
13 von Asser: Pagiël, der Sohn Ochrans;
von Gad: Eljasaf, der Sohn Deguëls; 14
von Naftali: Ahira, der Sohn Enans. 15
Das sind die Berufenen aus der Ge- 16
meinde, die Fürsten unter den Stam-
men ihrer Väter, die da Häupter über
die Tausende in Israel waren.
Und Mose und Aaron nahmen diese 17
Männer zu sich, wie sie da mit Namen
genannt sind, und versammelten die 18
ganze Gemeinde am ersten Tage des
zweiten Monats, und sie ließen sich
einschreiben nach ihren Geschlechtern
und Sippen und Namen, von zwanzig
Jahren an und darüber, Kopf für Kopf,
wie der HERR es Mose geboten hatte. So 19
zählte er sie in der Wüste Sinai. Die 20
Söhne Rubens, des ersten Sohnes Is-
raels, nach ihrer Abstammung und
ihren Geschlechtern, ihren Sippen und
Namen, Kopf für Kopf, alles, was
männlich war, von zwanzig Jahren an
und darüber, was wehrfähig war, so 21
viele ihrer vom Stamm Ruben gezählt
wurden, waren 46500. Die Söhne Si- 22
meon nach ihrer Abstammung und
ihren Geschlechtern, ihren Sippen und
Namen, Kopf für Kopf, alles, was
männlich war, von zwanzig Jahren an
und darüber, was wehrfähig war, so 23
viele ihrer vom Stamm Simeon gezählt
wurden, waren 59300. Die Söhne Gad 24
nach ihrer Abstammung und ihren Ge-
schlechtern, ihren Sippen und Namen,

von zwanzig Jahren an und darüber, al-
25 les, was wehrfähig war, so viele ihrer
vom Stamm Gad gezählt wurden, wa-
26 ren 45650. Die Söhne Juda nach ihrer
Abstammung und ihren Geschlech-
tern, ihren Sippen und Namen, von
zwanzig Jahren an und darüber, alles,
27 was wehrfähig war, so viele ihrer vom
Stamm Juda gezählt wurden, waren
28 74600. Die Söhne Isaschar nach ihrer
Abstammung und ihren Geschlech-
tern, ihren Sippen und Namen, von
zwanzig Jahren an und darüber, al-
29 les, was wehrfähig war, so viele ihrer
vom Stamm Isaschar gezählt wurden,
30 waren 54400. Die Söhne Sebulon nach
ihrer Abstammung und ihren Ge-
schlechtern, ihren Sippen und Namen,
von zwanzig Jahren an und darüber, al-
31 les, was wehrfähig war, so viele ihrer
vom Stamm Sebulon gezählt wurden,
32 waren 57400. Die Söhne Josef: die
Söhne Efraim nach ihrer Abstammung
und ihren Geschlechtern, ihren Sippen
und Namen, von zwanzig Jahren an
und darüber, alles, was wehrfähig war,
33 so viele ihrer vom Stamm Efraim ge-
34 zählt wurden, waren 40500; und die
Söhne Manasse nach ihrer Abstam-
mung und ihren Geschlechtern, ihren
Sippen und Namen, von zwanzig Jah-
ren an und darüber, alles, was wehrfä-
35 hig war, so viele ihrer vom Stamm Ma-
nasse gezählt wurden, waren 32200.
36 Die Söhne Benjamin nach ihrer Ab-
stammung und ihren Geschlechtern,
ihren Sippen und Namen, von zwanzig
Jahren an und darüber, alles, was wehr-
37 fähig war, so viele ihrer vom Stamm
Benjamin gezählt wurden, waren 35400.
38 Die Söhne Dan nach ihrer Abstam-
mung und ihren Geschlechtern, ihren
Sippen und Namen, von zwanzig
Jahren an und darüber, alles, was wehr-
39 fähig war, so viele ihrer vom Stamm
40 Dan gezählt wurden, waren 62700. Die
Söhne Asser nach ihrer Abstammung
und ihren Geschlechtern, ihren Sippen
und Namen, von zwanzig Jahren an
und darüber, alles, was wehrfähig war,
41 so viele ihrer vom Stamm Asser gezählt
42 wurden, waren 41500. Die Söhne Naf-
tali nach ihrer Abstammung und ihren
Geschlechtern, ihren Sippen und Na-
men, von zwanzig Jahren an und dar-
43 über, alles, was wehrfähig war, so viele
ihrer vom Stamm Naftali gezählt wur-
den, waren 53400.

44 Dies sind die Männer, die Mose
zählte mit Aaron und den [g]zwölf Für-
sten Israels, von denen jeder seinen
Sippen vorstand. Und die Summe der 45
Israeliten nach ihren Sippen, von
zwanzig Jahren an und darüber,
alles, was wehrfähig war in Israel, war 46
[h]603550. Die aber Leviten waren nach 47
dem Stamm ihrer Väter, wurden nicht
mit darunter gezählt.

Und der HERR redete mit Mose und 48
sprach: Den [i]Stamm Levi sollst du 49
nicht zählen noch seine Summe auf-
nehmen unter die Israeliten, sondern 50
du sollst sie zum Dienst bestellen an der
Wohnung des Gesetzes, an all ihrem
Gerät und allem, was dazu gehört. Sie
[j]sollen die Wohnung tragen und alle
Geräte und sollen sie in ihre Obhut
nehmen und [k]um die Wohnung her
sich lagern. Und wenn man weiter- 51
zieht, so sollen die Leviten die Woh-
nung abbrechen. Wenn aber das Heer
sich lagert, sollen sie die Wohnung auf-
schlagen. Und [l]wenn ein Fremder sich
naht, so soll er sterben. Die Israeliten 52
sollen sich lagern, ein jeder in seinem
Lager und bei dem Banner seiner Heer-
schar. Aber die Leviten sollen sich um 53
die Wohnung des Gesetzes her lagern,
damit nicht ein [m]Zorn über die Ge-
meinde der Israeliten komme. So sollen
die Leviten ihren Dienst versehen an
der Wohnung des Gesetzes. Und die 54
Israeliten taten alles, wie der HERR es
Mose geboten hatte.

a 2.Mose 40,17 *b* 1.Mose 35,23-26
c 2.Mose 30,12 *d* 2.Mose 6,23 *e* 1.Chr 7,26
f 1.Mose 48,5 *g* 1.Mose 17,20; 25,16 *h* Kap 2,32;
2.Mose 12,37 *i* Kap 2,33; 3,15-39 *j* Kap 4,1-49
k Kap 3,23-38 *l* Kap 3,10.38; 17,5 *m* Kap 17,11;
18,5; Jos 9,20; 2.Sam 24,1; 2.Chr 19,2; Jes 57,17;
64,4-6

Ordnung der Stämme im Lager und unterwegs

Und der HERR redete mit Mose und **2**
Aaron und sprach: Die Israeliten sollen 2
um die Stiftshütte her sich lagern, ein
jeder bei seinem Banner und Zeichen,
nach ihren Sippen.

Nach Osten soll sich lagern das Ban- 3
ner des Lagers Juda mit seinen Heer-
scharen: sein Fürst Nachschon, der
Sohn Amminadabs, und sein Heer, 4
74600 Mann. Neben ihm soll sich 5
lagern der Stamm Isaschar: sein
Fürst Natanael, der Sohn Zuars, und 6
sein Heer, 54400 Mann. Dazu der 7
Stamm Sebulon: sein Fürst Eliab, der
Sohn Helons, und sein Heer, 57400 8
Mann – so daß alle, die ins Lager Juda 9
gehören, seien nach ihren Heerscharen

zusammen 186400 Mann. Und die sol-
len vornean ziehen.
10 Nach Süden soll sein das Banner des
Lagers Ruben mit seinen Heerscharen:
sein Fürst Elizur, der Sohn Schedëurs,
11 und sein Heer, 46500 Mann. Neben
12 ihm soll sich lagern der Stamm Si-
meon: sein Fürst Schelumiël, der Sohn
13 Zurischaddais, und sein Heer, 59300
14 Mann. Dazu der Stamm Gad: sein
15 Fürst Eljasaf, der Sohn Reguëls, und
16 sein Heer, 45650 Mann – so daß alle,
die ins Lager Ruben gehören, seien
nach ihren Heerscharen zusammen
151450 Mann. Und sie sollen die
zweiten beim Auszug sein.
17 Danach [a]soll die Stiftshütte aufbre-
chen mit dem Lager der Leviten, in der
Mitte zwischen den andern Lagern;
und wie sie lagern, so sollen sie auch
ausziehen, ein jeder an seinem Platz un-
ter seinem Banner.
18 Nach Westen soll sein das Banner
des Lagers Efraim mit seinen Heer-
scharen: sein Fürst soll sein Elischama,
19 der Sohn Ammihuds, und sein Heer,
20 40500 Mann. Neben ihm soll sich
lagern der Stamm Manasse: sein
21 Fürst Gamliël, der Sohn Pedazurs, und
22 sein Heer, 32200 Mann. Dazu der
Stamm Benjamin: sein Fürst Abidan,
23 der Sohn des Gideoni, und sein Heer,
24 35400 Mann – so daß alle, die ins Lager
Efraim gehören, seien nach ihren Heer-
scharen zusammen 108 100 Mann. Und
sie sollen die dritten beim Auszug sein.
25 Nach Norden soll sein das Banner
des Lagers Dan mit seinen Heerscha-
ren: sein Fürst Ahiëser, der Sohn Am-
26 mischaddais, und sein Heer, 62700
27 Mann. Neben ihm soll sich lagern der
Stamm Asser: sein Fürst Pagiël, der
28 Sohn Ochrans, und sein Heer, 41500
29 Mann. Dazu der Stamm Naftali: sein
30 Fürst Ahira, der Sohn Enans, und sein
31 Heer, 53400 Mann – so daß alle, die ins
Lager Dan gehören, seien zusammen
157600 Mann. Und sie sollen die letz-
ten sein beim Auszug mit ihrem Banner.
32 Dies ist die Summe der Israeliten
nach ihren Sippen, Lagern und Heer-
33 scharen: [b]603 550 Mann. Aber [c]die Le-
viten wurden unter den Israeliten nicht
mitgezählt, wie der HERR es Mose ge-
34 boten hatte. Und die Israeliten taten al-
les, wie der HERR es Mose geboten hat-
te; wie sie bei ihren Bannern lagerten,
so zogen sie aus, ein jeder bei seinem
Geschlecht und seiner Sippe.

a Kap 10,17-21 *b* Kap 1,46 *c* Kap 1,48.49

Aarons Familie. Amt der Leviten

Dies ist das Geschlecht [a]Aarons und 3
Moses zu der Zeit, da der HERR mit
Mose redete auf dem Berge Sinai. Und 2
dies sind die Namen der Söhne Aarons:
Der Erstgeborene Nadab, danach Abi-
hu, Eleasar und Itamar. Das sind die 3
Namen der Söhne Aarons, die [b]zu Prie-
stern gesalbt waren und denen man die
Hände füllte zum Priestertum. Aber 4
[c]Nadab und Abihu starben vor dem
HERRN, als sie fremdes Feuer opferten
vor dem HERRN in der Wüste Sinai, und
sie hatten keine Söhne. Eleasar aber
und Itamar versahen Priesterdienst un-
ter ihrem Vater Aaron.
Und der HERR redete mit Mose und 5
sprach: Bringe den Stamm Levi herzu 6
und stelle sie vor den Priester Aaron,
daß sie ihm dienen.[d] Sie sollen [e]den 7
Dienst für ihn und für die ganze Ge-
meinde versehen vor der Stiftshütte
und so[f] ihr Amt bei der Wohnung aus-
üben und sollen alles Gerät der Stifts- 8
hütte in ihre Obhut nehmen und den
Dienst für die Israeliten versehen und
ihr Amt bei der Wohnung ausüben.[g]
Und du sollst die Leviten dem Aaron 9
und seinen Söhnen übergeben als
Gabe der Israeliten. Aaron aber und 10
seine Söhne sollst du bestellen, daß sie
auf ihr Priesteramt achthaben. [h]Wenn
ein Fremder sich naht, so soll er ster-
ben.
Und der HERR redete mit Mose und 11
sprach: Siehe, ich habe die [i]Leviten ge- 12
nommen aus den Israeliten statt aller
[j]Erstgeburt, die den Mutterschoß
durchbricht in Israel, so daß die Levi-
ten mir gehören sollen. Denn die Erst- 13
geburten sind mein. An dem Tage, da
ich alle Erstgeburt schlug in Ägypten-
land, da heiligte ich mir alle Erstgeburt
in Israel, vom Menschen an bis auf das
Vieh, daß sie mir gehören sollen. Ich
bin der HERR.

a 2.Mose 6,23 *b* 2.Mose 40,15 *c* 3.Mose 10,1.2
d 2.Mose 32,29 *e* Kap 18,3 *f* Kap 16,9 *g* Kap 4
h Kap 1,51 *i* Kap 8,16 *j* 2.Mose 13,2

Die Geschlechter der Leviten und ihr Dienst

Und der HERR redete mit Mose in der 14
Wüste Sinai und sprach: Zähle die 15
Söhne Levi nach ihren Sippen und Ge-
schlechtern, alles, was männlich ist,
einen Monat alt und darüber. Also 16
zählte sie Mose nach dem Wort des
HERRN, wie er ihm geboten hatte.

17 Und dies waren die Söhne Levis mit
Namen: [a]Gerson, [b]Kehat und Merari.
18 Die Namen aber der Söhne Gersons
nach ihren Geschlechtern waren: Libni
19 und Simeï. Die Söhne Kehats nach
ihren Geschlechtern waren: Amram,
20 Jizhar, Hebron und Usiël. Die Söhne
Meraris nach ihren Geschlechtern wa-
ren: Machli und Muschi. Das sind die
Geschlechter Levis nach ihren Sippen.
21 Dies sind die Geschlechter von Ger-
22 son: die Libniter und die Simeïter. Ihre
Zahl war 7500, alles, was männlich war,
23 einen Monat alt und darüber. Und die
Geschlechter der Gersoniter sollen sich
lagern hinter der Wohnung nach We-
24 sten. Ihr Fürst sei Eljasaf, der Sohn
25 Laëls. Und sie sollen an der Stiftshütte
in Obhut nehmen die Wohnung und
das Zelt und seine Decken und den
26 Vorhang in der Tür der Stiftshütte, die
Umhänge am Vorhof und den Vorhang
in der Tür des Vorhofs, der die Woh-
nung und den Altar umgibt, und ihre
Seile und was sonst zu ihrem Amt ge-
hört.
27 Dies sind die Geschlechter von Ke-
hat: die Amramiter, die Jizhariter, die
28 Hebroniter und die Usiëliter, alles, was
männlich war, einen Monat alt und
darüber, an Zahl 8600, die den Dienst
29 am Heiligtum versehen. Die Ge-
schlechter der Söhne Kehat sollen sich
lagern an der Seite der Wohnung nach
30 Süden. Ihr Fürst sei [c]Elizafan, der
31 Sohn Usiëls. Und sie sollen in Obhut
nehmen die Lade, den Tisch, den
Leuchter, die Altäre und alle Geräte
des Heiligtums, an denen sie dienen,
und den Vorhang und was sonst zu ih-
32 rem Amt gehört.[d] Aber der Fürst über
alle Fürsten der Leviten soll Eleasar
sein, der Sohn Aarons, des Priesters,
zur Aufsicht über die, welche den
Dienst am Heiligtum versehen.
33 Dies sind die Geschlechter Meraris:
34 die Machliter und die Muschiter, die an
Zahl waren 6200, alles, was männlich
35 war, einen Monat alt und darüber. Ihr
Fürst sei Zuriël, der Sohn Abihails. Sie
sollen sich lagern an der Seite der Woh-
36 nung nach Norden. Und ihr Amt soll
sein, in Obhut zu nehmen die Bretter
und Riegel und Säulen und Füße der
Wohnung und alle ihre Geräte und was
37 sonst zu ihrem Amt gehört, dazu die
Säulen um den Vorhof mit ihren Füßen
38 und Pflöcken und Seilen. Aber vor der
Wohnung, vor der Stiftshütte, nach
Osten sollen sich lagern Mose und
Aaron und seine Söhne, daß sie auf das
Heiligtum achthaben für die Israeliten.
Wenn sich ein Fremder naht, so soll er
sterben. Alle Leviten zusammen, die 39
Mose mit Aaron zählte nach ihren Ge-
schlechtern nach dem Wort des HERRN,
alles, was männlich war, einen Monat
alt und darüber, waren 22000.

a 2. Mose 6,16-19 *b* Kap 26,57-64 *c* 3. Mose 10,4
d Kap 7,9

Die Auslösung der Erstgeburten

Und der HERR sprach zu Mose: Zähle 40
alle Erstgeburt, was männlich ist unter
den Israeliten, einen Monat alt und
darüber, und nimm die Zahl ihrer Na-
men auf. Und du sollst mir – denn ich 41
bin der HERR – [a]die Leviten ausson-
dern statt aller Erstgeburt der Israeli-
ten und das Vieh der Leviten statt aller
Erstgeburt unter dem Vieh der Israeli-
ten. Und Mose zählte, wie ihm der 42
HERR geboten hatte, alle Erstgeburt un-
ter den Israeliten, und die Zahl der Na- 43
men aller männlichen Erstgeburt,
einen Monat alt und darüber, betrug
22273.
Und der HERR redete mit Mose und 44
sprach: Nimm die Leviten statt aller 45
Erstgeburt unter den Israeliten und das
Vieh der Leviten statt ihres Viehs, daß
die Leviten mir gehören sollen. Ich bin
der HERR. Aber als Lösegeld für die 273 46
Erstgeburten der Israeliten, die die
Zahl der Leviten übersteigen, sollst du 47
fünf Lot Silber erheben für jeden Kopf.
Nach dem Gewicht, wie es am Heilig-
tum gilt, sollst du sie erheben, das Lot
zu zwanzig Gramm. Und du sollst das 48
Silber für die, welche überzählig sind
unter ihnen, Aaron und seinen Söhnen
als Lösegeld geben. Da nahm Mose das 49
Lösegeld von denen, die die Zahl der
Leviten überstiegen. Von den Erstge- 50
borenen der Israeliten nahm er 1365
Lot Silber nach dem Gewicht, wie es
am Heiligtum gilt, und gab's Aaron 51
und seinen Söhnen nach dem Wort des
HERRN, wie der HERR es Mose geboten
hatte.

a Kap 18,15

Der Dienst der Leviten beim Aufbruch des Lagers

Und der HERR redete mit Mose und 4
Aaron und sprach: Nimm die Summe 2
der Söhne Kehat aus den Söhnen Levi
auf nach ihren Geschlechtern und Sip-
pen, von [a]dreißig Jahren an und dar- 3
über bis ins fünfzigste Jahr, alle, die

zum Dienst kommen, daß sie ihre
4 Arbeit tun an der Stiftshütte. Dies soll
aber das Amt der Söhne Kehat an der
Stiftshütte sein: der Dienst am Hoch-
5 heiligen. Wenn das Heer aufbricht, so
sollen Aaron und seine Söhne hineinge-
hen und den inneren Vorhang abneh-
men und die Lade mit dem Gesetz da-
6 mit umhüllen und darauf eine Decke
von Dachsfellen legen und oben darauf
eine ganz blaue Decke breiten und ihre
7 Stangen durchstecken und über den
Schaubrottisch auch eine blaue Decke
breiten und darauf legen die Schüsseln
und Löffel, die Schalen und Kannen
des Trankopfers, und das Schaubrot
8 soll darauf liegen. Und sie sollen dar-
über breiten eine scharlachrote Decke
und sie mit einer Decke von Dachsfel-
len bedecken und seine Stangen durch-
9 stecken und sollen eine blaue Decke
nehmen und damit umhüllen den
[b]Leuchter und seine Lampen mit sei-
nen Lichtscheren und Pfannen und al-
len Ölgefäßen, die zum Dienst gehören,
10 und sollen um das alles eine Decke von
Dachsfellen tun und sollen es auf Trag-
11 stangen legen. Ebenso sollen sie auch
über den [c]goldenen Altar eine blaue
Decke breiten und sie bedecken mit
einer Decke von Dachsfellen und seine
12 Stangen durchstecken. Alle Geräte,
womit sie Dienst tun im Heiligtum, sol-
len sie nehmen und in eine blaue Decke
tun und sie mit einer Decke von Dachs-
fellen bedecken und auf Tragstangen
13 legen. Sie sollen auch die Asche vom
Altar fegen und eine Decke von rotem
14 Purpur über ihn breiten und alle seine
Geräte darauf legen, womit sie an ihm
Dienst tun: Kohlenpfannen, Gabeln,
Schaufeln, Becken, alle Geräte des Al-
tars; und sollen darüber breiten eine
Decke von Dachsfellen und seine Stan-
15 gen durchstecken. Wenn nun Aaron
und seine Söhne beim Aufbruch des
Heeres dies alles ausgerichtet und das
Heilige und all sein Gerät bedeckt ha-
ben, dann sollen die Söhne Kehat kom-
men, [d]um es zu tragen. [e]Sie sollen aber
das Heilige selbst nicht anrühren, daß
sie nicht sterben. Dies ist es, was die
Söhne Kehat von der Stiftshütte zu tra-
16 gen haben. Und Eleasar, dem Sohn
Aarons, des Priesters, ist anvertraut das
Öl zum Licht und die Spezerei zum
Räucherwerk und das tägliche Speis-
opfer und das Salböl und die Aufsicht
über die ganze Wohnung und alles, was
darin ist an heiligem Gerät.

Und der HERR redete mit Mose und 17
Aaron und sprach: Ihr sollt den Stamm 18
der Geschlechter der Kehatiter nicht
zugrunde gehen lassen unter den Levi-
ten, sondern das sollt ihr mit ihnen tun, 19
damit sie leben und nicht sterben, wenn
sie dem Hochheiligen nahen: Aaron
und seine Söhne sollen hineingehen
und einen jeden anstellen zu seinem
Amt und seiner Traglast. Sie aber sol- 20
len nicht selbst hineingehen, auch nur
einen Augenblick [f]das Heilige zu
schauen, daß sie nicht sterben.

Und der HERR redete mit Mose und 21
sprach: Nimm auch die Summe der 22
Söhne Gerson auf nach ihren Sippen
und Geschlechtern, von dreißig Jahren 23
an und darüber bis ins fünfzigste Jahr,
und stelle alle, die zum Dienst kom-
men, an, daß sie ihr Amt ausüben an
der Stiftshütte. Dies soll aber das Amt 24
der Geschlechter der Gersoniter sein,
was sie tun und tragen sollen: Sie sollen 25
die Teppiche der Wohnung, der Stifts-
hütte, tragen, ihre Decke und die Dek-
ke von Dachsfellen, die obendrüber ist,
und den Vorhang in der Tür der Stifts-
hütte und die Umhänge des Vorhofs 26
und den Vorhang in der Tür des Tors
am Vorhof, der die Wohnung und den
Altar umgibt, und ihre Seile und alle
Geräte ihres Dienstes und alles, was zu
ihrem Amt gehört. Nach dem Wort 27
Aarons und seiner Söhne soll aller
Dienst der Söhne Gerson geschehen,
alles, was sie tragen und tun sollen, und
ihr sollt zusehen, daß sie alles ausrich-
ten, was sie zu tragen haben. Das soll 28
das Amt der Geschlechter der Gersoni-
ter sein an der Stiftshütte, und ihr
Dienst soll geschehen [g]unter der Lei-
tung Itamars, des Sohnes Aarons, des
Priesters.

Die Söhne Merari nach ihren Ge- 29
schlechtern und Sippen sollst du auch
bestellen, von dreißig Jahren an und 30
darüber bis ins fünfzigste Jahr, alle, die
zum Dienst kommen, daß sie ihr Amt
ausüben an der Stiftshütte. Dies alles 31
soll ihr Dienst an der Stiftshütte sein,
daß sie tragen die Bretter der Wohnung
und ihre Riegel und Säulen und Füße,
dazu die Säulen um den Vorhof und 32
ihre Füße und Pflöcke und Seile mit al-
len ihren Geräten, ganz wie es ihr Amt
erfordert. Und ihr sollt ihnen die ein-
zelnen Geräte zuweisen, die sie zu tra-
gen haben. Das sei das Amt der Ge- 33
schlechter der Söhne Merari, alles, was
sie ausrichten sollen an der Stiftshütte

unter der Leitung Itamars, des Sohnes
Aarons, des Priesters.
34 Und Mose und Aaron samt den Für-
sten der Gemeinde zählten die Kehati-
ter nach ihren Geschlechtern und Sip-
35 pen, von dreißig Jahren an und darüber
bis ins fünfzigste, alle, die zum Dienst
kamen, daß sie ihr Amt ausübten an
36 der Stiftshütte. Und ihre Summe war
37 2750. Das ist die Summe der Ge-
schlechter der Kehatiter, aller, die zu
dienen hatten an der Stiftshütte und die
Mose und Aaron zählten nach dem
Wort des HERRN, das durch Mose er-
gangen war.
38 Die Söhne Gerson wurden auch ge-
zählt nach ihren Geschlechtern und
39 Sippen, von dreißig Jahren an und dar-
über bis ins fünfzigste, alle, die zum
Dienst kamen, daß sie ihr Amt an der
40 Stiftshütte ausübten. Und ihre Summe
41 war 2630. Das ist die Summe der Ge-
schlechter der Söhne Gerson, aller, die
zu dienen hatten an der Stiftshütte und
die Mose und Aaron zählten nach dem
Wort des HERRN.
42 Die Söhne Merari wurden auch ge-
zählt nach ihren Geschlechtern und
43 Sippen, von dreißig Jahren an und dar-
über bis ins fünfzigste, alle, die zum
Dienst kamen, daß sie ihr Amt an der
44 Stiftshütte ausübten. Und ihre Summe
45 war 3200. Das ist die Summe der Ge-
schlechter der Söhne Merari, die Mose
und Aaron zählten nach dem Wort des
HERRN, das durch Mose ergangen war.
46 Die Summe aller Leviten, die Mose
und Aaron samt den Fürsten Israels
zählten nach ihren Geschlechtern und
47 Sippen, von dreißig Jahren an und dar-
über bis ins fünfzigste, aller, die zum
Dienst kamen, daß sie ihr Amt ausüb-
ten an der Stiftshütte und Lasten trü-
48.49 gen, war 8580. Sie wurden bestellt nach
dem Wort des HERRN, das durch Mose
ergangen war, ein jeder zu seinem Amt
und seiner Traglast, wie der HERR es
Mose geboten hatte.

a Kap 8,24.25; 1.Chr 23,24 *b* 2.Mose 25,31
c 2.Mose 40,26.27 *d* Kap 7,9 *e* 2.Sam 6,6.7
f 1.Sam 6,19 *g* 2.Mose 38,21

Verfahren bei Unreinheit, bei Versündigung und bei Verdacht von Ehebruch

5 Und der HERR redete mit Mose und
2 sprach: Gebiete den Israeliten, daß sie
[a]aus dem Lager schicken alle Aussätzi-
gen und [b]alle, die Eiterfluß haben und
[c]die an Toten unrein geworden sind.
Männer wie Frauen sollt ihr [d]hinaus- 3
schicken vor das Lager, daß sie nicht
das Lager unrein machen, darin [e]ich
unter euch wohne. Und die Israeliten 4
taten so und schickten sie hinaus vor
das Lager, wie der HERR zu Mose gere-
det hatte.
Und der HERR redete mit Mose und 5
sprach: [f]Sage den Israeliten: Wenn ein 6
Mann oder eine Frau irgendeine Sünde
gegen einen Menschen tut und sich da-
mit an dem HERRN versündigt, so liegt
eine Schuld auf ihnen. Und sie sollen 7
ihre Sünde bekennen, die sie getan ha-
ben, und sollen ihre Schuld voll erstat-
ten und darüber hinaus den fünften
Teil dazutun und dem geben, an dem
sie sich verschuldet haben. Ist aber nie- 8
mand da, dem man's erstatten kann, so
soll man's dem HERRN geben für den
Priester zusammen mit dem Widder
der Versöhnung, mit dem der Priester
für ihn die Sühnung vollzieht. Desglei- 9
chen sollen alle Abgaben von allen hei-
ligen Gaben der Israeliten, die sie dem
Priester bringen, dem Priester gehö-
ren.[g] Und was jemand heiligt, das soll 10
auch dem Priester gehören; und was je-
mand dem Priester gibt, das soll ihm
auch gehören.
Und der HERR redete mit Mose und 11
sprach: Sage den Israeliten und sprich 12
zu ihnen: Wenn irgendeines Mannes
Frau ihm untreu wird und sich an ihm
versündigt und jemand bei ihr liegt und 13
es bliebe dem Mann verborgen und es
würde nicht entdeckt, daß sie unrein
geworden ist, und es ist kein Zeuge wi-
der sie da, denn sie ist nicht dabei er-
griffen worden, und der Geist der Ei- 14
fersucht kommt über ihn, daß er auf
seine Frau eifersüchtig wird, sie sei un-
rein oder nicht unrein: so soll der Mann 15
sie zum Priester bringen und ein Opfer
ihretwegen darbringen, ein Zehntel
Scheffel Gerstenmehl, und er soll kein
Öl darauf gießen noch Weihrauch dar-
auf tun. Denn es ist ein Eifersuchts-
opfer, ein Erinnerungsopfer, das
Schuld ans Licht bringt. Und der Prie- 16
ster soll sie heranführen und vor den
HERRN stellen und heiliges Wasser neh- 17
men in ein irdenes Gefäß und Staub
vom Boden der Stiftshütte ins Wasser
tun. Und er soll die Frau vor den 18
HERRN stellen und ihr Haupthaar lösen
und das Erinnerungsopfer, das ein Ei-
fersuchtsopfer ist, auf ihre Hand legen.
Und der Priester soll in seiner Hand das
bittere, fluchbringende Wasser haben

19 und soll die Frau beschwören und zu
ihr sagen: Hat kein Mann bei dir gelegen
und bist du deinem Mann nicht untreu
geworden, daß du dich unrein gemacht
hast, so soll dir dies bittere,
fluchbringende Wasser nicht schaden.
20 Wenn du aber deinem Mann untreu geworden
bist, daß du unrein wurdest,
und hat jemand bei dir gelegen außer
21 deinem Mann, – so soll der Priester mit
einem Verwünschungsschwur die Frau
beschwören und zu ihr sagen: Der
HERR mache deinen Namen zum Fluch
und zur Verwünschung unter deinem
Volk, dadurch, daß der HERR deine
Hüfte schwinden und deinen Bauch
22 schwellen läßt! So gehe nun das fluchbringende
Wasser in deinen Leib, daß
dein Bauch schwelle und deine Hüfte
schwinde! Und die Frau soll sagen:
23 Amen! Amen! Dann soll der Priester
diese Flüche auf einen Zettel schreiben
und mit dem bitteren Wasser abwa-
24 schen und soll der Frau von dem [h] bitteren,
fluchbringenden Wasser zu trinken
geben. Und wenn das fluchbringende,
bittere Wasser in sie gegangen
25 ist, soll der Priester von ihrer Hand das
Eifersuchtsopfer nehmen und als
Speisopfer vor dem HERRN schwingen
26 und auf dem Altar opfern, nämlich: er
soll eine Handvoll vom Speisopfer nehmen
als Gedenkopfer und es auf dem
Altar in Rauch aufgehen lassen und danach
der Frau das Wasser zu trinken
27 geben. Und wenn sie das Wasser getrunken
hat und unrein ist und sich an
ihrem Mann versündigt hat, so wird
das fluchbringende Wasser in sie gehen
und ihr zum Verderben werden, daß
ihr der Bauch schwellen und die Hüfte
schwinden wird, und es wird die Frau
zum Fluch werden unter ihrem Volk.
28 Hat sich aber eine solche Frau nicht unrein
gemacht, sondern ist sie rein, so
wird's ihr nicht schaden, und sie kann
schwanger werden.

29 Das also ist das Eifersuchtsgesetz:
Wenn eine Frau ihrem Mann untreu ist
30 und unrein wird oder wenn der Geist
der Eifersucht über einen Mann
kommt und er auf seine Frau eifersüchtig
wird, so stelle er sie vor den HERRN,
und der Priester tue mit ihr alles nach
31 diesem Gesetz. Und der Mann soll frei
sein von Schuld; aber die Frau soll ihre
Schuld tragen.

a 3.Mose 13,46 *b* 3.Mose 15,2 *c* Kap 9,6.7
d Kap 12,14.15 *e* 2.Mose 25,8 *f* *(6-8)*
3.Mose 5,21-26 *g* Kap 18,8 *h* Ps 109,18

Das Gesetz über die Gottgeweihten

Und der HERR redete mit Mose und 6
sprach: Sage den Israeliten und sprich 2
zu ihnen: Wenn jemand, Mann oder
Frau, das besondere Gelübde tut, sich
dem HERRN zu weihen,[a] so soll er sich 3
[b] des Weins und starken Getränkes enthalten;
Würzwein und starken Würztrank
soll er auch nicht trinken, auch
nichts, was aus Weinbeeren gemacht
wird; er soll weder frische noch gedörrte
Weinbeeren essen. Solange sein Ge- 4
lübde währt, soll er nichts essen, was
man vom Weinstock nimmt, von den
unreifen bis zu den überreifen Trauben.
Solange die Zeit seines Gelübdes 5
währt, soll kein [c] Schermesser über sein
Haupt fahren. Bis die Zeit um ist, für
die er sich dem HERRN geweiht hat, ist
er heilig und soll das Haar auf seinem
Haupt frei wachsen lassen. Während 6
der ganzen Zeit, für die er sich dem
HERRN geweiht hat, soll er zu keinem
Toten gehen. Er soll sich auch [d] nicht 7
unrein machen beim Tode seines Vaters,
seiner Mutter, seines Bruders oder
seiner Schwester; denn das Gelübde
seines Gottes ist auf seinem Haupt.
Während der ganzen Zeit seines Ge- 8
lübdes soll er dem HERRN heilig sein.
Wenn aber jemand neben ihm plötzlich 9
stirbt und dadurch sein geweihtes
Haupt unrein wird, so soll er sein
Haupt scheren an dem Tage, da er wieder
rein wird, das ist [e] am siebenten
Tage. Und am achten Tage soll er [f] zwei 10
Turteltauben oder zwei andere Tauben
zum Priester bringen vor die Tür der
Stiftshütte. Und der Priester soll die 11
eine als Sündopfer und die andere als
Brandopfer darbringen und ihn entsühnen,
weil er sich an einem Toten
verunreinigt und dadurch versündigt
hat. Dann soll er sein Haupt an demselben
Tage von neuem heiligen, daß er 12
sich dem HERRN weihe für die Zeit seines
Gelübdes. Und er soll ein einjähriges
Schaf bringen als Schuldopfer.
Aber die vorigen Tage sollen umsonst
gewesen sein, weil sein geweihtes
Haupt unrein geworden war.

Dies ist das Gesetz des Gottgeweih- 13
ten: Wenn die Zeit seines Gelübdes um
ist, so soll man ihn vor die Tür der
Stiftshütte führen. Und er soll dem 14
HERRN sein Opfer bringen, ein einjähriges
Schaf ohne Fehler als Brandopfer
und ein einjähriges Schaf ohne Fehler
als Sündopfer und einen Widder ohne

15 Fehler als Dankopfer und einen Korb
mit ungesäuerten Kuchen von feinstem
Mehl, mit Öl vermengt, und unge-
säuerte Fladen, mit Öl bestrichen, und
was dazu gehört an Speisopfern und
16 Trankopfern. Und der Priester soll's
vor den HERRN bringen und soll sein
Sündopfer und sein Brandopfer zu-
17 richten. Und den Widder soll er dem
HERRN als Dankopfer zurichten samt
dem Korbe mit dem ungesäuerten Brot
und soll auch sein Speisopfer und sein
18 Trankopfer darbringen. Und der Ge-
weihte [g]soll sein geweihtes Haupt
scheren vor der Tür der Stiftshütte und
soll sein geweihtes Haupthaar nehmen
und aufs Feuer werfen, das unter dem
19 Dankopfer brennt. Und der Priester
soll eine gekochte Vorderkeule von dem
Widder nehmen und einen ungesäuer-
ten Kuchen aus dem Korbe und einen
ungesäuerten Fladen und soll's dem
Geweihten auf seine Hände legen,
nachdem er sein geweihtes Haar abge-
20 schoren hat. Und [h]der Priester soll's
vor dem HERRN schwingen. Das ist der
heilige Anteil für den Priester samt der
Brust des Schwingopfers und der Keu-
le des Hebopfers. Danach darf der Ge-
weihte Wein trinken.
21 Das ist das Gesetz des Gottgeweih-
ten, der sein Opfer dem HERRN gelobt
hat, wegen seines Gelübdes, abgesehen
von dem, was er sonst noch vermag.
Wie er gelobt hat, soll er tun nach dem
Gesetz seines Gelübdes.

a 1.Sam 1,11 *b* Am 2,11.12; Lk 1,15 *c* Ri 13,5
d 3.Mose 21,11 *e* Kap 19,11.14.16 *f* 3.Mose 5,7
g Apg 18,18 *h* 2.Mose 29,23.24.27

Der priesterliche Segen

22 Und der HERR redete mit Mose und
23 sprach: Sage Aaron und seinen Söhnen
und sprich: So sollt ihr sagen zu den Is-
24 raeliten, wenn ihr sie [a]segnet: [b]*Der*
25 HERR *segne dich und* [c]*behüte dich; der*
HERR [d]*lasse sein Angesicht leuchten über*
26 *dir und sei dir* [e]*gnädig; der* HERR *hebe*
sein [f]*Angesicht über dich und gebe dir*
27 [g]*Frieden*. Denn ihr sollt meinen Namen
auf die Israeliten legen, daß ich sie seg-
ne.

a 3.Mose 9,22.23; 5.Mose 10,8 *b* 1.Mose 24.1.35
c Ps 121 *d* Ps 80,4 *e* 2.Mose 34,6.7
f Ps 69,17.18 *g* Ps 85,9; Jes 57,19

Weihegaben der Stammesfürsten zur Einweihung der Stiftshütte

7 Und als Mose die Wohnung aufgerich-
tet und sie gesalbt und geheiligt hatte
mit all ihrem Gerät, dazu auch den Al-
tar mit all seinem Gerät gesalbt und ge-
heiligt hatte,[a] da opferten die Fürsten 2
Israels, die Häupter waren in ihren Sip-
pen; denn sie waren die Fürsten unter
den Stämmen und standen über denen,
die gezählt waren. Und sie brachten 3
ihre Gabe vor den HERRN: sechs be-
deckte Wagen und zwölf Rinder, je
einen Wagen für zwei Fürsten und je
einen Stier für einen Fürsten, und sie
brachten sie vor die Wohnung.
Und der HERR sprach zu Mose: 4
Nimm's von ihnen für den Dienst an 5
der Stiftshütte und gib's den Leviten,
einem jeden für seinen Dienst. Da 6
nahm Mose die Wagen und Rinder und
gab sie den Leviten. Zwei Wagen und 7
vier Rinder gab er den Söhnen Gerson
für ihren Dienst. Und vier Wagen und 8
acht Rinder gab er den Söhnen Merari
für ihren Dienst unter der Leitung
[b]Itamars, des Sohnes Aarons, des Prie-
sters. Den Söhnen Kehat aber gab er 9
nichts, weil sie den Dienst am Heilig-
tum hatten und es [c]auf ihren Schultern
tragen mußten.
Und die Fürsten opferten zur Ein- 10
weihung des Altars an dem Tage, da er
gesalbt wurde, und opferten ihre Gabe
vor dem Altar. Und der HERR sprach zu 11
Mose: Laß an jedem Tag je einen
[d]Fürsten sein Opfer bringen zur Ein-
weihung des Altars. Am ersten Tage 12
opferte seine Gabe Nachschon, der
Sohn Amminadabs, vom Stamme Ju-
da. Und seine Gabe war eine silberne 13
Schüssel, hundertdreißig Lot schwer,
eine silberne Schale, siebzig Lot schwer
nach dem Gewicht des Heiligtums, bei-
de voll feinstem Mehl, mit Öl ver-
mengt, zum Speisopfer, dazu ein golde- 14
ner Löffel, zehn Lot schwer, voll Räu-
cherwerk, ein junger Stier, ein Widder, 15
ein einjähriges Schaf zum Brandopfer,
ein Ziegenbock zum Sündopfer, und 16.17
zum Dankopfer zwei Rinder, fünf Wid-
der, fünf Böcke und fünf einjährige
Schafe. Das ist die Gabe Nachschons,
des Sohnes Amminadabs.
Am zweiten Tage opferte Natanael, 18
der Sohn Zuars, der Fürst Isaschars.
Seine Gabe war eine silberne Schüssel, 19
hundertdreißig Lot schwer, eine silber-
ne Schale, siebzig Lot schwer nach dem
Gewicht des Heiligtums, beide voll
feinstem Mehl, mit Öl vermengt, zum
Speisopfer, dazu ein goldener Löffel, 20
zehn Lot schwer, voll Räucherwerk, ein 21
junger Stier, ein Widder, ein einjähri-

22 ges Schaf zum Brandopfer, ein Ziegen-
23 bock zum Sündopfer, und zum Dank-
opfer zwei Rinder, fünf Widder, fünf
Böcke und fünf einjährige Schafe. Das
ist die Gabe Natanaels, des Sohnes
Zuars.
24 Am dritten Tage der Fürst der Söh-
ne Sebulon, Eliab, der Sohn Helons.
25 Seine Gabe war eine silberne Schüssel,
hundertdreißig Lot schwer, eine silber-
ne Schale, siebzig Lot schwer nach dem
Gewicht des Heiligtums, beide voll
feinstem Mehl, mit Öl vermengt, zum
26 Speisopfer, dazu ein goldener Löffel,
27 zehn Lot schwer, voll Räucherwerk, ein
junger Stier, ein Widder, ein einjähri-
28 ges Schaf zum Brandopfer, ein Ziegen-
29 bock zum Sündopfer, und zum Dank-
opfer zwei Rinder, fünf Widder, fünf
Böcke und fünf einjährige Schafe. Das
ist die Gabe Eliabs, des Sohnes Helons.
30 Am vierten Tage der Fürst der Söh-
ne Ruben, Elizur, der Sohn Schedëurs.
31 Seine Gabe war eine silberne Schüssel,
hundertdreißig Lot schwer, eine silber-
ne Schale, siebzig Lot schwer nach dem
Gewicht des Heiligtums, beide voll
feinstem Mehl, mit Öl vermengt, zum
32 Speisopfer, dazu ein goldener Löffel,
33 zehn Lot schwer, voll Räucherwerk, ein
junger Stier, ein Widder, ein einjähri-
34 ges Schaf zum Brandopfer, ein Ziegen-
35 bock zum Sündopfer, und zum Dank-
opfer zwei Rinder, fünf Widder, fünf
Böcke und fünf einjährige Schafe. Das
ist die Gabe Elizurs, des Sohnes Sche-
dëurs.
36 Am fünften Tage der Fürst der Söh-
ne Simeon, Schelumiël, der Sohn Zuri-
37 schaddais. Seine Gabe war eine silber-
ne Schüssel, hundertdreißig Lot
schwer, eine silberne Schale, siebzig
Lot schwer nach dem Gewicht des Hei-
ligtums, beide voll feinstem Mehl, mit
38 Öl vermengt, zum Speisopfer, dazu ein
goldener Löffel, zehn Lot schwer, voll
39 Räucherwerk, ein junger Stier, ein
Widder, ein einjähriges Schaf zum
40 Brandopfer, ein Ziegenbock zum
41 Sündopfer, und zum Dankopfer zwei
Rinder, fünf Widder, fünf Böcke und
fünf einjährige Schafe. Das ist die Gabe
Schelumiëls, des Sohnes Zurischad-
dais.
42 Am sechsten Tage der Fürst der
Söhne Gad, Eljasaf, der Sohn Deguëls.
43 Seine Gabe war eine silberne Schüssel,
hundertdreißig Lot schwer, eine silber-
ne Schale, siebzig Lot schwer nach dem
Gewicht des Heiligtums, beide voll
feinstem Mehl, mit Öl vermengt, zum
Speisopfer, dazu ein goldener Löffel, 44
zehn Lot schwer, voll Räucherwerk, ein 45
junger Stier, ein Widder, ein einjähri-
ges Schaf zum Brandopfer, ein Ziegen- 46
bock zum Sündopfer, und zum Dank- 47
opfer zwei Rinder, fünf Widder, fünf
Böcke, fünf einjährige Schafe. Das ist
die Gabe Eljasafs, des Sohnes Deguëls.
Am siebenten Tage der Fürst der 48
Söhne Efraim, Elischama, der Sohn
Ammihuds. Seine Gabe war eine sil- 49
berne Schüssel, hundertdreißig Lot
schwer, eine silberne Schale, siebzig
Lot schwer nach dem Gewicht des Hei-
ligtums, beide voll feinstem Mehl, mit
Öl vermengt, zum Speisopfer, dazu ein 50
goldener Löffel, zehn Lot schwer, voll
Räucherwerk, ein junger Stier, ein 51
Widder, ein einjähriges Schaf zum
Brandopfer, ein Ziegenbock zum 52
Sündopfer, und zum Dankopfer zwei 53
Rinder, fünf Widder, fünf Böcke, fünf
einjährige Schafe. Das ist die Gabe Eli-
schamas, des Sohnes Ammihuds.
Am achten Tage der Fürst der Söhne 54
Manasse, Gamliël, der Sohn Pedazurs.
Seine Gabe war eine silberne Schüssel, 55
hundertdreißig Lot schwer, eine silber-
ne Schale, siebzig Lot schwer nach dem
Gewicht des Heiligtums, beide voll
feinstem Mehl, mit Öl vermengt, zum
Speisopfer, dazu ein goldener Löffel, 56
zehn Lot schwer, voll Räucherwerk, ein 57
junger Stier, ein Widder, ein einjähri-
ges Schaf zum Brandopfer, ein Ziegen- 58
bock zum Sündopfer, und zum Dank- 59
opfer zwei Rinder, fünf Widder, fünf
Böcke, fünf einjährige Schafe. Das ist
die Gabe Gamliëls, des Sohnes Peda-
zurs.
Am neunten Tage der Fürst der Söh- 60
ne Benjamin, Abidan, der Sohn des Gi-
deoni. Seine Gabe war eine silberne 61
Schüssel, hundertdreißig Lot schwer,
eine silberne Schale, siebzig Lot schwer
nach dem Gewicht des Heiligtums, bei-
de voll feinstem Mehl, mit Öl ver-
mengt, zum Speisopfer, dazu ein golde- 62
ner Löffel, zehn Lot schwer, voll Räu-
cherwerk, ein junger Stier, ein Widder, 63
ein einjähriges Schaf zum Brandopfer,
ein Ziegenbock zum Sündopfer, und 64
zum Dankopfer zwei Rinder, fünf Wid- 65
der, fünf Böcke, fünf einjährige Schafe.
Das ist die Gabe Abidans, des Sohnes
des Gideoni.
Am zehnten Tage der Fürst der Söh- 66
ne Dan, Ahiëser, der Sohn Ammi-
schaddais. Seine Gabe war eine silber- 67

ne Schüssel, hundertdreißig Lot
schwer, eine silberne Schale, siebzig
Lot schwer nach dem Gewicht des Hei-
ligtums, beide voll feinstem Mehl, mit
68 Öl vermengt, zum Speisopfer, dazu ein
goldener Löffel, zehn Lot schwer, voll
69 Räucherwerk, ein junger Stier, ein
Widder, ein einjähriges Schaf zum
70 Brandopfer, ein Ziegenbock zum
71 Sündopfer, und zum Dankopfer zwei
Rinder, fünf Widder, fünf Böcke, fünf
einjährige Schafe. Das ist die Gabe
Ahiësers, des Sohnes Ammischaddais.
72 Am elften Tage der Fürst der Söhne
73 Asser, Pagiël, der Sohn Ochrans. Seine
Gabe war eine silberne Schüssel, hun-
dertdreißig Lot schwer, eine silberne
Schale, siebzig Lot schwer nach dem
Gewicht des Heiligtums, beide voll
feinstem Mehl, mit Öl vermengt, zum
74 Speisopfer, dazu ein goldener Löffel,
75 zehn Lot schwer, voll Räucherwerk, ein
junger Stier, ein Widder, ein einjähri-
76 ges Schaf zum Brandopfer, ein Ziegen-
77 bock zum Sündopfer, und zum Dank-
opfer zwei Rinder, fünf Widder, fünf
Böcke, fünf einjährige Schafe. Das ist
die Gabe Pagiëls, des Sohnes Ochrans.
78 Am zwölften Tage der Fürst der
Söhne Naftali, Ahira, der Sohn Enans.
79 Seine Gabe war eine silberne Schüssel,
hundertdreißig Lot schwer, eine silber-
ne Schale, siebzig Lot schwer nach dem
Gewicht des Heiligtums, beide voll
feinstem Mehl, mit Öl vermengt, zum
80 Speisopfer, dazu ein goldener Löffel,
81 zehn Lot schwer, voll Räucherwerk, ein
junger Stier, ein Widder, ein einjähri-
82 ges Schaf zum Brandopfer, ein Ziegen-
83 bock zum Sündopfer, und zum Dank-
opfer zwei Rinder, fünf Widder, fünf
Böcke, fünf einjährige Schafe. Das ist
die Gabe Ahiras, des Sohnes Enans.
84 Das war die Gabe der Fürsten Israels
zur Einweihung des Altars zur Zeit, da
er gesalbt wurde: zwölf silberne Schüs-
seln, zwölf silberne Schalen, zwölf gol-
85 dene Löffel, jede Schüssel hundert-
dreißig Lot Silber und jede Schale sieb-
zig Lot schwer. Die Summe des Silbers
aller Gefäße betrug zweitausendvier-
hundert Lot nach dem Gewicht des
86 Heiligtums. Und von den zwölf golde-
nen Löffeln voll Räucherwerk hatte je-
der zehn Lot nach dem Gewicht des
Heiligtums, so daß die Summe des
Goldes der Löffel hundertzwanzig Lot
87 betrug. Die Summe der Tiere zum
Brandopfer war zwölf junge Stiere,
zwölf Widder, zwölf einjährige Schafe
samt ihren Speisopfern und zwölf Zie-
genböcke zum Sündopfer. Und die 88
Summe der Tiere zum Dankopfer war
vierundzwanzig junge Stiere, sechzig
Widder, sechzig Böcke, sechzig einjäh-
rige Schafe. Das war die Einweihung
des Altars, als er gesalbt wurde.
Und als Mose in die Stiftshütte ging, 89
um mit Ihm zu reden, da hörte er die
Stimme zu sich reden von dem [e]Gna-
denthron, der auf der Lade mit dem
Gesetz war, zwischen den beiden Che-
rubim; und [f]Er redete zu ihm.

a 2.Mose 40,9.10.17 *b* Kap 4,28.33 *c* Kap 4,15
d Kap 1,4-16; 2,3-29 *e* 2.Mose 25,17-22
f 2.Mose 29,42; 33,7; 1.Sam 3,3-14

Von dem goldenen Leuchter

Und der HERR redete mit Mose und **8**
sprach: [a]Rede mit Aaron und sprich zu 2
ihm: Wenn du die Lampen aufsetzt,
sollst du sie so setzen, daß sie alle sieben
von dem Leuchter nach vorwärts schei-
nen. Und Aaron tat so und setzte die 3
Lampen auf, daß sie von dem Leuchter
nach vorwärts schienen, wie der HERR
es Mose geboten hatte. Der Leuchter 4
aber war getriebenes Gold, sein Schaft
und seine Blumen. Nach dem Bild, das
der HERR dem Mose gezeigt hatte,
machte er den Leuchter.

a (2-4) 2.Mose 25,9.31-40

Weihe der Leviten

Und der HERR redete mit Mose und 5
sprach: Nimm aus den Israeliten die 6
Leviten und reinige sie. So sollst du 7
aber mit ihnen tun, wenn du sie rei-
nigst: [a]Du sollst Wasser zur Entsündi-
gung auf sie sprengen, und sie sollen
[b]alle ihre Haare ganz abscheren und
ihre Kleider waschen und sich so reini-
gen. Dann sollen sie einen jungen Stier 8
nehmen und dazu als Speisopfer fein-
stes Mehl, mit Öl vermengt. Und einen
andern jungen Stier sollst du zum
Sündopfer nehmen und sollst die Levi- 9
ten vor die Stiftshütte bringen und die
ganze Gemeinde der Israeliten versam-
meln und die Leviten vor den HERRN 10
bringen. Und die Israeliten sollen ihre
Hände auf die Leviten legen, und 11
[c]Aaron soll die Leviten vor dem HERRN
darbringen als Schwingopfer von den
Israeliten, damit sie den Dienst des
HERRN versehen können. Und die Le- 12
viten sollen ihre Hände auf den Kopf
der jungen Stiere legen, und der eine
soll zum Sündopfer, der andere zum
Brandopfer dem HERRN dargebracht

werden, um für die Leviten Sühne zu
13 schaffen. Und du sollst die Leviten vor
Aaron und seine Söhne stellen und dem
HERRN als Schwingopfer darbringen
14 und sollst so die Leviten absondern von
den Israeliten, [d]daß sie mir gehören.
15 Danach sollen sie hingehen, um ihr
Amt an der Stiftshütte auszuüben. So
sollst du sie reinigen und als Schwing-
16 opfer darbringen; denn sie sind mir als
Gabe übergeben aus der Mitte der Is-
raeliten, und [e]ich habe sie mir genom-
men statt allem, was zuerst den Mutter-
schoß durchbricht, nämlich statt der
17 Erstgeburt aller Israeliten. Denn alle
Erstgeburt unter den Israeliten gehört
mir, von Menschen und Vieh. [f]An dem
Tage, da ich alle Erstgeburt in Ägyp-
18 tenland schlug, heiligte ich sie mir und
nahm die Leviten statt aller Erstgeburt
19 unter den Israeliten und [g]gab sie aus
der Mitte der Israeliten zur Gabe
Aaron und seinen Söhnen, daß sie das
Amt ausüben sollten für die Israeliten
an der Stiftshütte und für die Israeliten
Sühne schaffen, [h]damit es nicht unter
den Israeliten eine Plage gäbe, wenn sie
sich zum Heiligtum nahen wollten.
20 Mose und Aaron samt der ganzen
Gemeinde der Israeliten taten mit den
Leviten alles, wie der HERR es Mose ge-
21 boten hatte. Und die Leviten entsün-
digten sich und wuschen ihre Kleider,
und Aaron brachte die Leviten vor dem
HERRN als Schwingopfer dar und
schaffte für sie Sühne, daß sie rein wur-
22 den. Danach gingen sie hin, um an der
Stiftshütte ihr Amt auszuüben vor
Aaron und seinen Söhnen. Wie der
HERR es Mose geboten hatte über die
Leviten, so taten sie mit ihnen.

a Kap 19,9.17 *b* 3.Mose 14,8 *c* 2.Mose 29,24
d Kap 3,45 *e* Kap 3,12.13 *f* 2.Mose 13,2
g Kap 3,9 *h* Kap 1,53

Dienstalter der Leviten

23 Und der HERR redete mit Mose und
24 sprach: Das ist's, was für die Leviten
gilt: Von [a]fünfundzwanzig Jahren an
und darüber sollen sie zum Dienst
kommen und ihr Amt ausüben an der
25 Stiftshütte, aber von dem fünfzigsten
Jahr an sollen sie frei sein vom Amt und
26 sollen nicht mehr dienen, sondern nur
ihren Brüdern helfen beim Dienst an
der Stiftshütte; das Amt aber sollen sie
nicht mehr ausüben. So sollst du mit
den Leviten tun, daß ein jeder seinen
Dienst versehe.

a Kap 4,3.23.30.47; 1.Chr 23,3.24

Vorschriften für die Passafeier

(vgl. 2.Mose 12; 3.Mose 23,5-8)

Und der HERR redete mit Mose in der 9
Wüste Sinai im zweiten Jahr, nachdem
sie aus Ägyptenland gezogen waren, im
ersten Monat und sprach: Laß die Is- 2
raeliten Passa halten zur festgesetzten
Zeit; am vierzehnten Tage dieses Mo- 3
nats gegen Abend zur festgesetzten Zeit
sollt ihr es halten nach all seinen Sat-
zungen und Ordnungen.

Und Mose redete mit den Israeliten, 4
daß sie das Passa hielten. Und sie hiel- 5
ten Passa am vierzehnten Tage des er-
sten Monats gegen Abend in der Wüste
Sinai; ganz, wie der HERR es Mose ge-
boten hatte, so taten die Israeliten.

Da waren einige Männer [a]unrein ge- 6
worden an einem toten Menschen, so
daß sie nicht Passa halten konnten an
diesem Tage. Die traten vor Mose und
Aaron am gleichen Tage und sprachen 7
zu ihm: Wir sind unrein geworden an
einem toten Menschen. Warum sollen
wir zurückstehen, daß wir unsere Gabe
dem HERRN nicht bringen dürfen zur
festgesetzten Zeit mit den Israeliten?
Mose sprach zu ihnen: Wartet, ich will 8
hören, was euch der HERR gebietet.

Und der HERR redete mit Mose und 9
sprach: Sage den Israeliten: Wenn je- 10
mand unter euch oder unter euren
Nachkommen unrein geworden ist an
einem Toten oder auf einer weiten Rei-
se ist, so soll er dennoch dem HERRN
Passa halten, aber erst im zweiten Mo- 11
nat am vierzehnten Tage gegen Abend,
und soll es mit ungesäuertem Brot und
bitteren Kräutern essen. Und sie sollen 12
nichts davon übriglassen bis zum Mor-
gen, auch keinen Knochen davon zer-
brechen und sollen's ganz nach der
Ordnung des Passa halten. Wer aber 13
rein ist und wer nicht auf einer Reise ist
und unterläßt es, das Passa zu halten,
der soll ausgerottet werden aus seinem
Volk, weil er seine Gabe nicht zur fest-
gesetzten Zeit dem HERRN gebracht
hat. Er soll seine Sünde tragen. Und 14
wenn ein Fremdling bei euch wohnt
und auch dem HERRN Passa halten will,
so soll er's halten nach der Satzung und
der Ordnung des Passa. Einerlei Sat-
zung soll bei euch sein für den Fremd-
ling wie für den Einheimischen.

a Kap 19,11

Die Wolken- und Feuersäule über der Stiftshütte

15 Und an dem Tage, da die Wohnung
aufgerichtet wurde, bedeckte eine
[a]Wolke die Wohnung, die Hütte des
Gesetzes, und vom Abend bis zum
Morgen stand sie über der Wohnung
16 wie ein feuriger Schein. So geschah es
die ganze Zeit, daß die Wolke sie be-
deckte und bei Nacht ein feuriger
17 Schein. Sooft sich aber die Wolke von
dem Zelt erhob, brachen die Israeliten
auf; und wo die Wolke sich niederließ,
18 da lagerten sich die Israeliten.[b] Nach
dem Wort des HERRN brachen sie auf,
und nach seinem Wort lagerten sie sich.
Solange die Wolke auf der Wohnung
19 blieb, so lange lagerten sie. Und wenn
die Wolke viele Tage stehenblieb über
der Wohnung, so beachteten die Israe-
liten die Weisung des HERRN und zogen
20 nicht weiter. Und wenn die Wolke auf
der Wohnung nur wenige Tage blieb,
so lagerten sie sich nach dem Wort des
HERRN und brachen auf nach dem Wort
21 des HERRN. Wenn die Wolke da war
vom Abend bis zum Morgen und sich
dann erhob, so zogen sie weiter; oder
wenn sie sich bei Tage oder bei Nacht
22 erhob, so brachen sie auch auf. Wenn
sie aber zwei Tage oder einen Monat
oder noch länger auf der Wohnung
blieb, so lagerten die Israeliten und zo-
gen nicht weiter; und wenn sie sich
23 dann erhob, so brachen sie auf. Denn
nach des HERRN Befehl lagerten sie
sich, und nach des HERRN Befehl bra-
chen sie auf und beachteten so die Wei-
sung des HERRN, wie er sie durch Mose
geboten hatte.

a 2.Mose 40,34.35 *b* 2.Mose 40,36-38

Vom Blasen der Trompeten

10 Und der HERR redete mit Mose und
2 sprach: Mache dir zwei [a]Trompeten
von getriebenem Silber und gebrauche
sie, um die Gemeinde zusammenzuru-
fen und wenn das Heer aufbrechen soll.
3 Wenn man mit beiden bläst, soll sich
bei dir versammeln die ganze Gemein-
4 de vor der Tür der Stiftshütte. Wenn
man nur mit einer bläst, so sollen sich
bei dir versammeln die Fürsten, die
Häupter über die Tausende in Israel.
5 Wenn ihr aber laut trompetet, so sollen
die Lager aufbrechen, die nach Osten
6 zu liegen. Und wenn ihr zum zweiten
Mal laut trompetet, so sollen die Lager
aufbrechen, die nach Süden zu liegen.
Denn wenn sie weiterziehen sollen, so
sollt ihr laut trompeten. Wenn aber die 7
Gemeinde zu versammeln ist, sollt ihr
nur blasen und nicht laut trompeten. Es 8
sollen aber blasen mit den Trompeten
die Söhne Aarons, die Priester; und das
soll eine ewige Ordnung sein für euch
und eure Nachkommen.

Wenn ihr in den Krieg zieht in eurem 9
Lande gegen eure Feinde, die euch be-
drängen, so [b]sollt ihr laut trompeten
mit den Trompeten, daß euer gedacht
werde vor dem HERRN, eurem Gott,
und ihr errettet werdet vor euren Fein-
den. Desgleichen, wenn ihr fröhlich 10
seid [c]an euren Festen und an euren
Neumonden, sollt ihr mit den Trompe-
ten blasen bei euren Brandopfern und
Dankopfern, damit euer Gott an euch
denke. Ich bin der HERR, euer Gott.

a Kap 31,6 *b* Ri 6,34 *c* 3.Mose 23,24; 2.Kön 11,14; 2.Chr 7,6

Aufbruch des Volkes vom Sinai

Am [a]zwanzigsten Tage im zweiten 11
Monat des zweiten Jahres erhob sich
die Wolke von der Wohnung des Ge-
setzes. Und die Israeliten brachen auf 12
aus der Wüste Sinai, und die Wolke
machte halt in der Wüste Paran. So 13
brachen sie zum ersten Male auf nach
dem Wort des HERRN durch Mose,[b]
nämlich [c]das Banner des Lagers der 14
Söhne Juda brach zuerst auf, Heer-
schar nach Heerschar, und über ihr
Heer gebot Nachschon, der Sohn Am-
minadabs. Und über das Heer des 15
Stammes der Söhne Isaschar gebot Na-
tanael, der Sohn Zuars. Und über das 16
Heer des Stammes der Söhne Sebulon
gebot Eliab, der Sohn Helons.

Dann zerlegte man die Wohnung, 17
und es brachen auf die Söhne Gerson
und Merari und trugen die Wohnung.
Danach brach auf das Banner des La- 18
gers Ruben, Heerschar nach Heer-
schar, und über ihr Heer gebot Elizur,
der Sohn Schedëurs. Und über das 19
Heer des Stammes der Söhne Simeon
gebot Schelumiël, der Sohn Zurischad-
dais, und Eljasaf, der Sohn Deguëls, 20
über das Heer des Stammes der Söhne
Gad. Dann brachen auf die Kehatiter 21
und trugen die heiligen Geräte; und
man richtete die Wohnung auf, bis
diese nachkamen. Danach brach auf 22
das Banner des Lagers der Söhne
Efraim, Heerschar nach Heerschar,
und über ihr Heer gebot Elischama, der
Sohn Ammihuds, und Gamliël, der 23

Sohn Pedazurs, über das Heer des
24 Stammes der Söhne Manasse, und Abi-
dan, der Sohn des Gideoni, über das
Heer des Stammes der Söhne Benja-
25 min. Danach brach auf das Banner des
Lagers der Söhne Dan als letztes aller
Lager, Heerschar nach Heerschar, und
Ahiëser, der Sohn Ammischaddais, ge-
26 bot über ihr Heer, und Pagiël, der Sohn
Ochrans, über das Heer des Stammes
27 der Söhne Asser, und Ahira, der Sohn
Enans, über das Heer des Stammes der
28 Söhne Naftali. So brachen die Israeli-
ten auf, Heerschar nach Heerschar.
29 Und Mose sprach zu seinem Schwa-
ger [d]Hobab, dem Sohn [e]Reguëls, aus
Midian: Wir ziehen dahin in das Land,
von dem der HERR gesagt hat: »Ich will
es euch geben.« Komm nun mit uns, so
wollen wir Gutes an dir tun, denn der
30 HERR hat Israel Gutes zugesagt. Er aber
antwortete: Ich will nicht mit euch,
sondern in mein Land zu meiner Ver-
31 wandtschaft ziehen. Mose sprach: Ver-
laß uns doch nicht, denn du weißt, wo
wir in der Wüste uns lagern sollen, und
32 du sollst unser Auge sein. Und wenn du
mit uns ziehst – was der HERR Gutes an
uns tut, das wollen wir an dir tun.
33 So zogen sie von dem Berge des
HERRN drei Tagereisen weit, und die
Lade des Bundes des HERRN zog vor
ihnen her die drei Tagereisen, um
ihnen zu zeigen, wo sie ruhen sollten.
34 Und die [f]Wolke des HERRN war bei
Tage über ihnen, wenn sie aus dem La-
ger zogen.[g]
35 Und wenn die Lade aufbrach, so
sprach Mose: [h]HERR, steh auf! Laß
deine Feinde zerstreut werden und alle,
die dich hassen, flüchtig werden vor
36 dir! Und wenn sie sich niederließ, so
sprach er: Komm wieder, HERR, zu der
Menge der Tausende in Israel!

a Kap 1,1 *b* Kap 2 *c* 1.Mose 49,8 *d* 2.Mose 2,18; 18,1 *e* Ri 1,16; 4,11 *f* 2.Mose 13,21
g Kap 9,15-23 *h* 2.Chr 6,41; Ps 3,8; 9,20; 10,12; 17,13; 68,2; 132,8

Mose erhält Beistand. Das murrende Volk wird gestraft

11 Und das Volk klagte vor den Ohren des
HERRN, daß es ihm schlecht gehe. Und
als es der HERR hörte, entbrannte sein
Zorn, und [a]das Feuer des HERRN loder-
te auf unter ihnen und fraß am Rande
2 des Lagers. Da schrie das Volk zu
Mose, und Mose bat den HERRN; da
3 verschwand das Feuer. Und man nann-
te die Stätte Tabera, weil hier das Feuer
des HERRN unter ihnen aufgelodert
war.
[b]Das fremde Volk aber unter ihnen 4
war lüstern geworden. Da fingen auch
die Israeliten wieder an zu weinen und
sprachen: Wer wird uns Fleisch zu es-
sen geben?[c] Wir denken an die Fische, 5
die wir in Ägypten umsonst aßen, und
an die Kürbisse, die Melonen, den
Lauch, die Zwiebeln und den Knob-
lauch. Nun aber ist unsere Seele matt, 6
denn unsere Augen sehen nichts als das
Manna. Es war aber das [d]Manna wie 7
Koriandersamen und anzusehen wie
Bedolachharz. Und das Volk lief hin 8
und her und sammelte und zerrieb es
mit Mühlen oder zerstieß es in Mörsern
und kochte es in Töpfen und machte
sich Kuchen daraus; und es hatte einen
Geschmack wie Ölkuchen. Und wenn 9
bei Nacht der Tau über das Lager fiel,
so fiel das Manna mit darauf.
Als nun Mose das Volk weinen hörte, 10
alle Geschlechter miteinander, einen
jeden in der Tür seines Zeltes, da ent-
brannte der Zorn des HERRN sehr. Und
auch Mose verdroß es. Und Mose 11
sprach zu dem HERRN: Warum beküm-
merst du deinen Knecht? Und warum
finde ich keine Gnade vor deinen Au-
gen, daß du die Last dieses ganzen
Volks auf mich legst? Hab ich denn all 12
das Volk empfangen oder geboren, daß
du zu mir sagen könntest: Trag es in
deinen Armen, wie eine Amme ein
Kind trägt, in das Land, das du ihren
Vätern zugeschworen hast? Woher soll 13
ich Fleisch nehmen, um es all diesem
Volk zu geben? Sie weinen vor mir und
sprechen: Gib uns Fleisch zu essen. Ich 14
vermag all das Volk nicht allein zu tra-
gen, denn es ist mir zu schwer. Willst 15
du aber doch so mit mir tun, so [e]töte
mich lieber, wenn anders ich Gnade vor
deinen Augen gefunden habe, damit
ich nicht mein Unglück sehen muß.
Und der HERR sprach zu Mose: 16
Sammle mir siebzig Männer unter den
[f]Ältesten Israels, von denen du weißt,
daß sie Älteste im Volk und seine Amt-
leute sind, und bringe sie vor die Stifts-
hütte und stelle sie dort vor dich, so will 17
ich herniederkommen und dort mit dir
reden und von deinem Geist, der auf
dir ist, nehmen und auf sie legen, damit
sie mit dir die Last des Volks tragen
und du nicht allein tragen mußt.
Und zum Volk sollst du sagen: [g]Hei- 18
ligt euch für morgen, so sollt ihr Fleisch
zu essen haben; denn euer Weinen ist

vor die Ohren des HERRN gekommen,
die ihr sprecht: »Wer gibt uns Fleisch
zu essen? Denn es ging uns gut in
Ägypten.« Darum wird euch der HERR
19 Fleisch zu essen geben, nicht nur einen
Tag, nicht zwei, nicht fünf, nicht zehn,
20 nicht zwanzig Tage lang, sondern einen
Monat lang, bis ihr's nicht mehr rie-
chen könnt und es euch zum Ekel wird,
weil ihr den HERRN verworfen habt, der
unter euch ist, und weil ihr vor ihm ge-
weint und gesagt habt: Warum sind wir
aus Ägypten gegangen?
21 Und Mose sprach: Sechshundert-
tausend Mann Fußvolk sind es, mit de-
nen ich lebe, und du sprichst: Ich will
ihnen Fleisch geben, daß sie einen Mo-
22 nat lang zu essen haben. Kann man so
viele Schafe und Rinder schlachten,
daß es für sie genug sei? Oder kann man
alle Fische des Meeres einfangen, daß
23 es für sie genug sei? Der HERR aber
sprach zu Mose: Ist denn [h]die Hand
des HERRN zu kurz? Aber du sollst jetzt
sehen, ob sich dir mein Wort erfüllt
oder nicht.
24 Und Mose ging heraus und sagte
dem Volk die Worte des HERRN und
versammelte siebzig Männer aus den
Ältesten des Volks und stellte sie rings
25 um die Stiftshütte. Da kam der HERR
hernieder in der Wolke und redete mit
ihm und nahm von dem Geist, der auf
ihm war, und legte ihn auf die siebzig
Ältesten. Und als der Geist auf ihnen
ruhte, gerieten sie in Verzückung wie
Propheten und hörten nicht auf.
26 Es waren aber noch zwei Männer im
Lager geblieben; der eine hieß Eldad,
der andere Medad. Und der Geist kam
über sie, denn sie waren auch aufge-
schrieben, jedoch nicht hinausgegan-
gen zu der Stiftshütte, und sie gerieten
27 in Verzückung im Lager. Da lief ein
junger Mann hin und sagte es Mose
und sprach: Eldad und Medad sind in
28 Verzückung im Lager. Da antwortete
[i]Josua, der Sohn Nuns, der dem Mose
diente von seiner Jugend an, und
sprach: Mose, mein Herr, wehre
29 ihnen! Aber Mose sprach zu ihm: Ei-
ferst du um meinetwillen? Wollte Gott,
daß alle im Volk des HERRN Propheten
wären und der HERR seinen Geist über
30 sie kommen ließe![j] Darauf kehrte Mose
zum Lager zurück mit den Ältesten Is-
raels.
31 Da erhob sich ein Wind, vom HERRN
gesandt, und ließ [k]Wachteln kommen
vom Meer und ließ sie auf das Lager
fallen, eine Tagereise weit rings um das
Lager, zwei Ellen hoch auf der Erde.
Da machte sich das Volk auf und sam- 32
melte Wachteln diesen ganzen Tag und
die ganze Nacht und den andern gan-
zen Tag; und wer am wenigsten sam-
melte, der sammelte hundert Scheffel.
Und sie breiteten sie rings um das La-
ger aus, um sie zu dörren. Als aber das 33
Fleisch noch zwischen ihren Zähnen
war und ehe es ganz aufgebraucht war,
da entbrannte der Zorn des HERRN ge-
gen das Volk, und er schlug sie mit
einer sehr großen Plage. Daher heißt 34
die Stätte »Lustgräber«, weil man dort
das lüsterne Volk begrub. Von den 35
»Lustgräbern« aber zog das Volk weiter
nach Hazerot, und sie blieben in Haze-
rot.

a 3.Mose 10,2 *b* 2.Mose 12,38 *c* 2.Mose 16,3; 1.Kor 10,6 *d* 2.Mose 16,14-31 *e* 2.Mose 32,32 *f* 2.Mose 18,21-26; 24,1.9-11 *g* 2.Mose 19,10 *h* Jes 50,2; 59,1 *i* Kap 13,16; 2.Mose 24,13 *j* Joel 3,1; Mk 9,38.39 *k* 2.Mose 16,13

Mirjam wird aussätzig

Da redeten Mirjam und Aaron gegen **12**
Mose um seiner Frau willen, der Ku-
schiterin, die er genommen hatte. Er
hatte sich nämlich eine kuschitische
Frau genommen.[a] Und sie sprachen: 2
Redet denn der HERR allein durch
Mose? Redet er nicht auch durch uns?
Und der HERR hörte es. Aber Mose war 3
ein sehr demütiger Mensch, mehr als
alle Menschen auf Erden. Und sogleich 4
sprach der HERR zu Mose und zu Aaron
und zu Mirjam: Geht hinaus, ihr drei,
zu der Stiftshütte! Und sie gingen alle
drei hinaus. Da [b]kam der HERR hernie- 5
der in der Wolkensäule und trat in die
Tür der Stiftshütte und rief Aaron und
Mirjam, und die gingen beide hin. Und 6
er sprach: Hört meine Worte: Ist je-
mand unter euch ein Prophet des
HERRN, dem will ich mich kundmachen
in Gesichten oder will mit ihm reden in
Träumen. Aber so steht es nicht mit 7
meinem Knecht Mose; [c]ihm ist mein
ganzes Haus anvertraut. [d]Von Mund 8
zu Mund rede ich mit ihm, nicht durch
dunkle Worte oder Gleichnisse, und er
sieht den HERRN in seiner Gestalt. War-
um habt ihr euch denn nicht gefürch-
tet, gegen meinen Knecht Mose zu re-
den? Und der Zorn des HERRN ent- 9
brannte gegen sie, und er wandte sich
weg; auch wich die Wolke von der 10
Stiftshütte. Und siehe, [e]da war Mirjam
aussätzig wie Schnee. Und Aaron
wandte sich zu Mirjam und wird ge-

11 wahr, daß sie aussätzig ist, und sprach
zu Mose: Ach, mein Herr, laß die Sün-
de nicht auf uns bleiben, mit der wir tö-
richt getan und uns versündigt haben.
12 Laß Mirjam nicht sein wie ein Totge-
borenes, das von seiner Mutter Leibe
kommt und von dem schon die Hälfte
seines Fleisches geschwunden ist.
13 Mose aber schrie zu dem HERRN: Ach
14 Gott, [f]heile sie! Der HERR sprach zu
Mose: Wenn ihr Vater ihr ins Ange-
sicht gespien hätte, würde sie nicht sie-
ben Tage sich schämen? [g]Laß sie abge-
sondert sein sieben Tage außerhalb des
Lagers; danach soll sie wieder aufge-
15 nommen werden. So wurde Mirjam
sieben Tage abgesondert außerhalb des
Lagers. Und das Volk zog nicht weiter,
bis Mirjam wieder aufgenommen wur-
16 de. *Danach brach das Volk von Haze-
rot auf und lagerte sich in der Wüste
Paran.

a 2.Mose 2,21 *b* 2.Mose 16,10 *c* Hebr 3,2
d 2.Mose 33,11; 5.Mose 34,10 *e* 5.Mose 24,9
f 2.Mose 15,26 *g* 3.Mose 13,46
*Vers 16: Abweichende Verszählung statt 12,16: 13,1.

Aussendung und Rückkehr der Kundschafter

(vgl. 5.Mose 1,19-25)

13 *Und der HERR redete mit Mose und
2 sprach: Sende Männer aus, die das
Land Kanaan erkunden, das ich den Is-
raeliten geben will, aus jedem Stamm
ihrer Väter je einen Mann, lauter Älte-
3 ste. Da entsandte Mose aus der Wüste
Paran nach dem Wort des HERRN lauter
Männer, die Häupter waren unter den
4 Israeliten. Und sie hießen: Schammua,
der Sohn Sakkurs, vom Stamme Ru-
5 ben; Schafat, der Sohn Horis, vom
6 Stamme Simeon; [a]Kaleb, der Sohn Je-
7 funnes, vom Stamme Juda; Jigal, der
Sohn Josefs, vom Stamme Isaschar;
8 [b]Hosea, der Sohn Nuns, vom Stamme
9 Efraim; Palti, der Sohn Rafus, vom
10 Stamme Benjamin; Gaddiël, der Sohn
11 Sodis, vom Stamme Sebulon; Gaddi,
der Sohn Susis, vom Stamme Josef,
12 von Manasse; Ammiël, der Sohn Ge-
13 mallis, vom Stamme Dan; Setur, der
Sohn Michaels, vom Stamme Asser;
14 Nachbi, der Sohn Wofsis, vom Stamme
15 Naftali; Geüël, der Sohn Machis, vom
16 Stamme Gad. Das sind die Namen der
Männer, die Mose aussandte, um das
Land zu erkunden. Aber Hosea, [c]den
Sohn Nuns, nannte Mose Josua.
17 Als sie nun Mose aussandte, das
Land Kanaan zu erkunden, sprach er
zu ihnen: Zieht da hinauf ins Südland
und geht auf das Gebirge und seht euch 18
das Land an, wie es ist, und das Volk,
das darin wohnt, ob's stark oder
schwach, wenig oder viel ist; und was es 19
für ein Land ist, darin sie wohnen, ob's
gut oder schlecht ist; und was es für
Städte sind, in denen sie wohnen, ob sie
in Zeltdörfern oder festen Städten
wohnen; und wie der Boden ist, ob fett 20
oder mager, und ob Bäume da sind oder
nicht. Seid mutig und bringt mit von
den Früchten des Landes. Es war aber
eben um die Zeit der ersten Weintrau-
ben.
Und sie gingen hinauf und erkunde- 21
ten das Land von der Wüste Zin bis
nach Rehob, von wo man nach Hamat
geht. Sie gingen hinauf ins Südland 22
und kamen bis nach Hebron; da lebten
Ahiman, Scheschai und Talmai, die
Söhne Enaks. Hebron aber war erbaut
worden sieben Jahre vor Zoan in Ägyp-
ten. Und sie kamen bis an den Bach 23
Eschkol und schnitten dort eine Rebe
ab mit *einer* Weintraube und trugen sie
zu zweien auf einer Stange, dazu auch
Granatäpfel und Feigen. Der Ort heißt 24
Bach Eschkol* nach der Traube, die die
Israeliten dort abgeschnitten hatten.
Und nach vierzig Tagen, als sie das 25
Land erkundet hatten, kehrten sie um,
gingen hin und kamen zu Mose und 26
Aaron und zu der ganzen Gemeinde
der Israeliten in die Wüste Paran nach
[d]Kadesch und brachten ihnen und der
ganzen Gemeinde Kunde, wie es stand,
und ließen sie die Früchte des Landes
sehen. Und sie erzählten ihnen und 27
sprachen: Wir sind in das Land gekom-
men, in das ihr uns sandtet; es fließt
wirklich [e]Milch und Honig darin, und
dies sind seine Früchte. Aber stark ist 28
das Volk, das darin wohnt, und die
Städte sind befestigt und sehr groß;
und wir sahen dort auch Enaks Söhne.
Es wohnen die Amalekiter im Südland, 29
die Hetiter und Jebusiter und Amoriter
wohnen auf dem Gebirge, die Kana-
aniter aber wohnen am Meer und am
Jordan. [f]Kaleb aber beschwichtigte das 30
Volk, das gegen Mose murrte, und
sprach: Laßt uns hinaufziehen und das
Land einnehmen, denn wir können es
überwältigen. Aber die Männer, die 31
mit ihm hinaufgezogen waren, spra-
chen: Wir vermögen nicht hinaufzuzie-
hen gegen dies Volk, denn sie sind uns
zu stark. Und sie brachten über das 32
Land, das sie erkundet hatten, ein böses

Gerücht auf unter den Israeliten und
sprachen: Das Land, durch das wir ge-
gangen sind, um es zu erkunden, frißt
seine Bewohner, und alles Volk, das wir
darin sahen, sind Leute von großer
33 Länge. Wir sahen dort auch Riesen,
[g]Enaks Söhne aus dem Geschlecht der
Riesen, und wir waren in unsern Augen
wie Heuschrecken und waren es auch in
ihren Augen.

a Jos 14,7 *b* Vers 16 *c* Kap 11,28; 1.Chr 7,27
d Kap 20,1; 1.Mose 16,14; 20,1; 5.Mose 1,19.46;
Jos 14,6.7 *e* 2.Mose 3,8.17 *f* Kap 14,6
g 5.Mose 1,28; 9,2
*Vers 1: Abweichende Verszählung statt 13,1-33:
13,2-34.
*Vers 24: d.h. Traubenbach.

14 Da fuhr die ganze Gemeinde auf und
schrie, und das Volk weinte die ganze
2 Nacht.[a] Und alle Israeliten [b]murrten
gegen Mose und Aaron, und die ganze
Gemeinde sprach zu ihnen: Ach daß
wir in Ägyptenland gestorben wären
oder noch in dieser Wüste stürben!
3 [c]Warum führt uns der HERR in dies
Land, damit wir durchs Schwert fallen
und unsere Frauen und unsere Kinder
ein Raub werden? Ist's nicht besser,
4 wir ziehen wieder nach Ägypten? Und
einer sprach zu dem andern: Laßt uns
einen Hauptmann über uns setzen und
5 wieder nach Ägypten ziehen! Mose
aber und Aaron [d]fielen auf ihr Ange-
sicht vor der ganzen Versammlung der
6 Gemeinde der Israeliten. Und Josua,
der Sohn Nuns, und Kaleb, der Sohn
Jefunnes, die auch das Land erkundet
7 hatten, zerrissen ihre Kleider[e] und
sprachen zu der ganzen Gemeinde der
Israeliten: Das Land, das wir durchzo-
gen haben, um es zu erkunden, ist sehr
8 gut. Wenn der HERR uns gnädig ist, so
wird er uns in dies Land bringen und es
uns geben, [f]ein Land, darin Milch und
9 Honig fließt. Fallt nur nicht ab vom
HERRN und fürchtet euch vor dem Volk
dieses Landes nicht, denn wir wollen
sie [g]wie Brot auffressen. Es ist ihr
Schutz von ihnen gewichen, der HERR
aber ist mit uns. Fürchtet euch nicht
vor ihnen!

10 Aber das ganze Volk sprach, man
sollte sie [h]steinigen. Da [i]erschien die
Herrlichkeit des HERRN über der Stifts-
11 hütte allen Israeliten. Und der HERR
sprach zu Mose: Wie lange lästert mich
dies Volk? Und wie lange wollen sie
nicht an mich glauben trotz all der Zei-
chen, die ich unter ihnen getan habe?
12 Ich will sie mit der Pest schlagen und
sie [j]vertilgen und dich zu einem größe-
ren und mächtigeren Volk machen als
dieses. Mose aber sprach zu dem 13
HERRN: Dann werden's die Ägypter
hören; denn du hast dies Volk mit dei-
ner Kraft aus ihrer Mitte herausge-
führt. Auch wird man es sagen zu den 14
Bewohnern dieses Landes, die da ge-
hört haben, daß du, HERR, unter diesem
Volk bist, daß du von Angesicht geseh-
en wirst und deine Wolke über ihnen
steht und daß du, HERR, vor ihnen her-
gehst in der [k]Wolkensäule am Tage
und in der Feuersäule bei Nacht.[l] Wür- 15
dest du nun dies Volk töten wie *einen*
Mann, so würden die Völker, die solch
ein Gerücht über dich hören, sagen:
Der HERR vermochte es nicht, dies Volk 16
in das Land zu bringen, das er ihnen zu
geben geschworen hatte; darum hat er
sie hingeschlachtet in der Wüste.[m] So 17
laß nun deine Kraft, o Herr, groß wer-
den, wie du gesagt hast: »Der HERR ist 18
geduldig und von großer Barmherzig-
keit und vergibt Missetat und Übertre-
tung, aber er läßt niemand ungestraft,
sondern sucht heim die Missetat der
Väter an den Kindern bis ins dritte und
vierte Glied.«[n] So vergib nun die Mis- 19
setat dieses Volks nach deiner großen
Barmherzigkeit, wie du auch diesem
Volk vergeben hast von Ägypten an bis
hierher.[o]

Und der HERR sprach: Ich habe ver- 20
geben, wie du es erbeten hast. Aber so 21
wahr ich lebe und [p]alle Welt der Herr-
lichkeit des HERRN voll werden soll: alle 22
die Männer, die meine Herrlichkeit
und meine Zeichen gesehen haben, die
ich getan habe in Ägypten und in der
Wüste, und mich nun zehnmal ver-
sucht und meiner Stimme nicht ge-
horcht haben, von denen soll keiner das 23
Land sehen, das ich ihren Vätern zu ge-
ben geschworen habe; auch keiner soll
es sehen, der mich gelästert hat.[q] Nur 24
meinen Knecht [r]Kaleb, weil ein ande-
rer Geist in ihm ist und er mir treu
nachgefolgt ist, den will ich in das Land
bringen, in das er gekommen ist, und
seine Nachkommen sollen es einneh-
men, während die Amalekiter und Ka- 25
naaniter in der Ebene wohnen bleiben.
Morgen wendet euch und zieht in die
Wüste auf dem Wege zum Schilfmeer!

Und der HERR redete mit Mose und 26
Aaron und sprach: [s]Wie lange murrt 27
diese böse Gemeinde gegen mich? Ich
habe das Murren der Israeliten, womit
sie gegen mich gemurrt haben, gehört.
Darum sprich zu ihnen: So wahr ich 28

lebe, spricht der HERR: ich will mit
euch tun, wie ihr vor meinen Ohren ge-
29 sagt habt. Eure Leiber sollen in dieser
Wüste verfallen. Alle, die ihr gezählt
seid von zwanzig Jahren an und dar-
über, die ihr gegen mich [t] gemurrt habt,
30 wahrlich, ihr sollt nicht in das Land
kommen, über das ich meine Hand zum
Schwur erhoben habe, euch darin woh-
nen zu lassen, außer Kaleb, dem Sohn
Jefunnes, und Josua, dem Sohn Nuns.
31 Eure Kinder aber, von denen ihr sag-
tet: Sie werden ein Raub sein, die will
ich hineinbringen, daß sie das Land
32 kennenlernen, das ihr verwerft. Aber
eure eigenen Leiber sollen in dieser
33 Wüste verfallen. Und eure Kinder sol-
len Hirten sein in der Wüste [u] vierzig
Jahre und eure Untreue tragen, bis eure
Leiber aufgerieben sind in der Wüste.
34 Nach der Zahl der vierzig Tage, in de-
nen ihr das Land erkundet habt – je ein
Tag soll ein Jahr gelten –, [v] sollt ihr
vierzig Jahre eure Schuld tragen, auf
[w] daß ihr innewerdet, was es sei, wenn
35 ich die Hand abziehe. Ich, der HERR,
habe es gesagt, und wahrlich, das will
ich auch tun mit dieser ganzen bösen
Gemeinde, die sich gegen mich empört
hat. In dieser Wüste sollen sie aufgerie-
ben werden und dort sterben.
36 So starben vor dem HERRN durch
eine Plage alle die Männer, die Mose
ausgesandt hatte, um das Land zu er-
kunden, und die zurückgekommen wa-
ren und die ganze Gemeinde gegen ihn
37 zum Murren verleitet hatten,[x] dadurch
daß sie über das Land ein böses Ge-
38 rücht aufbrachten. Aber Josua, der
Sohn Nuns, und Kaleb, der Sohn Je-
funnes, blieben am Leben von den
Männern, die gegangen waren, um das
Land zu erkunden.
39 Als Mose diese Worte allen Israeliten
40 sagte, da trauerte das Volk sehr. Und
sie machten sich früh am Morgen auf
und zogen auf die Höhe des Gebirges
und sprachen: [y] Hier sind wir und wol-
len hinaufziehen in das Land, von dem
der HERR geredet hat; denn wir haben
41 gesündigt. Mose aber sprach: Warum
wollt ihr das Wort des HERRN übertre-
42 ten? Es wird euch nicht gelingen. Zieht
nicht hinauf – denn der HERR ist nicht
unter euch –, daß ihr nicht geschlagen
43 werdet vor euren Feinden. Denn die
Amalekiter und Kanaaniter stehen
euch dort gegenüber, und ihr werdet
durchs Schwert fallen, weil ihr euch
vom HERRN abgekehrt habt, und der
HERR wird nicht mit euch sein. Aber sie 44
waren so vermessen und zogen hinauf
auf die Höhe des Gebirges; aber die
Lade des Bundes des HERRN und Mose
wichen nicht aus dem Lager. Da kamen 45
die Amalekiter und Kanaaniter, die auf
dem Gebirge wohnten, herab und
schlugen und zersprengten sie bis nach
[z] Horma.

a 5.Mose 1,26-44 *b* Kap 11,1; 2.Mose 16,2.3; 17,2.3 *c* Ps 106,24-26 *d* Kap 16,4 *e* Kap 13,6.8.16.30 *f* Kap 13,27 *g* Kap 13,32 *h* 2.Mose 17,4 *i* 2.Mose 16,10 *j* 2.Mose 32,10-14 *k* 2.Mose 13,21.22 *l* Kap 9,15-23 *m* 5.Mose 9,28; Jos 7,8.9 *n* 2.Mose 34,6.7 *o* 2.Mose 34,10 *p* 2.Mose 9,16 *q* Ps 95,11; Hebr 3,11.17-19 *r* Jos 14,6.9 *s (27-30)* 2.Mose 32,34b.35 *t* 1.Kor 10,10 *u* 2.Mose 16,35; 5.Mose 2,7; 8,4 *v* Jer 2,19 *w* Kap 32,13 *x* 1.Kor 10,5.10; Jud 5 *y* 5.Mose 1,41 *z* Kap 21,3; 5.Mose 1,44

Von Speis- und Trankopfern

Und der HERR redete mit Mose und 15
sprach: Rede mit den Israeliten und 2
sprich zu ihnen: Wenn ihr in das Land
kommt, das ich euch zur Wohnung ge-
ben werde, und ihr dem HERRN Feuer- 3
opfer darbringen wollt von Rindern
oder von Schafen, es sei ein Brandopfer
oder ein Schlachtopfer oder um ein be-
sonderes Gelübde zu erfüllen oder als
freiwillige Gabe oder bei euren Festen,
um dem HERRN einen lieblichen Ge-
ruch zu bereiten, dann soll, wer nun 4
seine Gabe dem HERRN opfern will, als
[a] Speisopfer [b] ein Zehntel feinstes Mehl
dazutun, vermengt mit einer viertel
Kanne Öl, und als [c] Trankopfer auch 5
eine viertel Kanne Wein zu dem Brand-
opfer oder zu dem Schlachtopfer, zu je-
dem Schaf, das geopfert wird. Wenn 6
aber ein Widder geopfert wird, sollst du
als Speisopfer darbringen zwei Zehntel
feinstes Mehl, mit einer drittel Kanne
Öl vermengt, und als Trankopfer auch 7
eine drittel Kanne Wein. Das sollst du
dem HERRN zum lieblichen Geruch
opfern. Willst du aber ein Rind zum 8
Brandopfer oder zum besonderen Ge-
lübdeopfer oder zum Dankopfer dem
HERRN darbringen, so sollst du zu dem 9
Rind als Speisopfer hinzutun drei
Zehntel feinstes Mehl, mit einer halben
Kanne Öl vermengt, und als Trank- 10
opfer auch eine halbe Kanne Wein. Das
ist ein Feueropfer für den HERRN zum
lieblichen Geruch. So sollst du tun mit 11
einem Stier, mit einem Widder, mit
einem Schaf oder mit einer Ziege. Wie 12
die Zahl dieser Opfer, so soll auch die
Zahl der Speisopfer und Trankopfer
sein. Wer ein Einheimischer ist, der soll 13

es so halten, wenn er dem HERRN
opfern will ein Feueropfer zum lieb-
14 lichen Geruch. Und wenn ein Fremd-
ling bei euch wohnt oder unter euch bei
euren Nachkommen lebt und will dem
HERRN ein Feueropfer zum lieblichen
Geruch darbringen, so soll er es halten
15 wie ihr. Für die ganze Gemeinde gelte
nur eine Satzung, für euch wie auch für
die Fremdlinge. Eine ewige Satzung
soll das sein für eure Nachkommen,
daß vor dem HERRN der Fremdling sei
16 wie ihr.[d] Einerlei Gesetz, einerlei
Recht soll gelten für euch und für den
Fremdling, der bei euch wohnt.
17 Und der HERR redete mit Mose und
18 sprach: Rede mit den Israeliten und
sprich zu ihnen: Wenn ihr in das Land
kommt, in das ich euch bringen werde,
19 und ihr eßt von dem Brot des Landes,
so sollt ihr dem HERRN eine Opfergabe
20 darbringen: Als [e]Erstling eures Teigs
sollt ihr einen Kuchen als Opfergabe
darbringen. Wie die Opfergabe von der
21 Tenne, so sollt ihr auch dem HERRN
den Erstling eures Teigs geben für alle
Zeit.

a 3.Mose 2 *b* Kap 28,5 *c* Kap 28,7; 2.Mose 29,40; 3.Mose 23,13 *d* 2.Mose 12,48.49 *e* Neh 10,38; Hes 44,30

Über Sünden aus Versehen und aus Vorsatz

22 [a]Und wenn ihr aus Versehen eines
dieser Gebote nicht tut, die der HERR
23 dem Mose gesagt hat, irgendeins von
allem, was der HERR euch durch Mose
geboten hat, von dem Tage an, da er an-
fing zu gebieten, und fortan für alle
24 Zeit, – wenn nun ohne Wissen der Ge-
meinde etwas versehen würde, so soll
die ganze Gemeinde einen jungen Stier
als Brandopfer darbringen zum lieb-
lichen Geruch für den HERRN samt sei-
nem Speisopfer und Trankopfer, wie es
recht ist, und einen Ziegenbock als
25 Sündopfer. Und so soll der Priester für
die ganze Gemeinde der Israeliten
Sühne schaffen, und es wird ihnen ver-
geben sein; denn es war ein Versehen.
Wenn sie diese ihre Gabe darbringen
zum Feueropfer für den HERRN und ihr
Sündopfer vor dem HERRN für ihr Ver-
26 sehen, so wird's vergeben der ganzen
Gemeinde der Israeliten, dazu auch
dem Fremdling, der unter euch wohnt,
weil das ganze Volk an solchem Verse-
hen teilhat.
27 Wenn aber ein Einzelner aus Verse-
hen sündigen wird, so soll er eine ein-
jährige Ziege zum Sündopfer bringen.[b]
Und der Priester soll Sühne schaffen 28
vor dem HERRN für den, der aus Verse-
hen gesündigt hat, daß er für ihn Sühne
schaffe und ihm vergeben werde. Und 29
es soll einerlei Gesetz gelten für die, die
ein Versehen begehen, für den Einhei-
mischen unter den Israeliten und für
den Fremdling, der unter euch wohnt.
Wenn aber ein Einzelner [c]aus Vor- 30
satz frevelt, es sei ein Einheimischer
oder Fremdling, so hat der den HERRN
geschmäht. Er soll ausgerottet werden
aus seinem Volk; denn er hat des 31
HERRN Wort verachtet und sein Gebot
gebrochen. Ja, der soll ausgerottet wer-
den; seine Schuld bleibt auf ihm.

a (22-26) 3.Mose 4,13-21 *b* 3.Mose 4,27.28 *c* Apg 13,38; Hebr 10,26-29

Strafe für Sabbatschändung

Als nun die Israeliten in der Wüste wa- 32
ren, fanden sie einen Mann, der [a]Holz
auflas am Sabbattag. Und die ihn dabei 33
gefunden hatten, wie er Holz auflas,
brachten ihn zu Mose und Aaron und
vor die ganze Gemeinde. Und sie legten 34
ihn gefangen, denn es war nicht klar be-
stimmt, was man mit ihm tun sollte.[b]
Der HERR aber sprach zu Mose: [c]Der 35
Mann soll des Todes sterben; die ganze
Gemeinde soll ihn steinigen draußen
vor dem Lager. Da führte die ganze 36
Gemeinde ihn hinaus vor das Lager
und steinigte ihn, so daß er starb, wie
der HERR dem Mose geboten hatte.

a 2.Mose 20,8-10 *b* 3.Mose 24,12 *c* 2.Mose 31,14.15; 35,2.3

Von den Quasten an den Kleidern

Und der HERR sprach zu Mose: Rede 37.38
mit den Israeliten und sprich zu ihnen,
daß sie und ihre Nachkommen sich
[a]Quasten machen an den Zipfeln ihrer
Kleider und [b]blaue Schnüre an die
Quasten der Zipfel tun. Und dazu sol- 39
len die Quasten euch dienen: sooft ihr
sie anseht, sollt ihr an alle Gebote des
HERRN denken und sie tun, damit ihr
euch nicht von eurem Herzen noch von
euren Augen verführen laßt und abgöt-
tisch werdet, sondern ihr sollt an alle 40
meine Gebote denken und sie tun, daß
ihr heilig seid eurem Gott. Ich bin der 41
HERR, euer Gott, der euch aus Ägyp-
tenland geführt hat, daß ich euer Gott
sei, ich, der HERR, euer Gott.

a 5.Mose 22,12; Mt 23,5 *b* 2.Mose 39,1

Aufruhr und Untergang der Rotte Korah

16 Und [a]Korah, der Sohn Jizhars, des
Sohnes Kehats, des Sohnes Levis,
[b]dazu Datan und Abiram, die Söhne
Eliabs, und On, der Sohn Pelets, die
2 Söhne Rubens, die [c]empörten sich
gegen Mose, dazu zweihundertund-
fünfzig Männer unter den Israeliten,
Vorsteher der Gemeinde, von der
Versammlung berufen, namhafte
3 Leute. Und sie versammelten sich ge-
gen Mose und Aaron und sprachen zu
ihnen: Ihr geht zu weit! Denn die
ganze Gemeinde, sie alle sind heilig,
und der HERR ist unter ihnen. Warum
erhebt ihr euch über die Gemeinde des
HERRN?
4 Als Mose das hörte, [d]fiel er auf sein
5 Angesicht und sprach zu Korah und zu
seiner ganzen Rotte: Morgen wird der
HERR kundtun, [e]wer ihm gehört, wer
heilig ist und zu ihm nahen soll; wen er
6 erwählt, der soll zu ihm nahen. Dies tut
morgen: Nehmt euch Pfannen, Korah
7 und seine ganze Rotte, und legt Feuer
hinein und tut Räucherwerk darauf vor
dem HERRN. Wen dann der HERR er-
wählt, der ist heilig. Ihr geht zu weit,
ihr Söhne Levi!
8 Und Mose sprach zu Korah: Höret
9 doch, ihr Söhne Levi! Ist's euch zu we-
nig, daß euch der Gott Israels [f]ausge-
sondert hat aus der Gemeinde Israel,
ihm zu nahen, damit ihr euer Amt aus-
übt an der Wohnung des HERRN und
vor die Gemeinde tretet, um ihr zu die-
10 nen? Er hat dich und mit dir alle deine
Brüder, die Söhne Levi, zu sich nahen
lassen; und ihr sucht nun auch das
11 Priestertum? Du und deine ganze Rot-
te, ihr macht einen Aufruhr wider den
HERRN! Es ist nicht Aaron, gegen den
12 ihr murrt. Und Mose schickte hin und
ließ Datan und Abiram rufen, die Söh-
ne Eliabs. Sie aber sprachen: Wir kom-
13 men nicht! Ist's nicht genug, daß du
uns aus dem Lande geführt hast, darin
Milch und Honig fließt, und uns tötest
in der Wüste? Mußt du auch noch über
14 uns herrschen? Wie fein hast du uns ge-
bracht in [g]ein Land, darin Milch und
Honig fließt, und hast uns Äcker und
Weinberge zum Erbteil gegeben!
Willst du den Leuten auch die Augen
15 ausreißen? Wir kommen nicht! Da er-
grimmte Mose sehr und sprach zu dem
HERRN: Wende dich nicht zu ihrem
Opfer. Ich habe [h]nicht einen Esel von
ihnen genommen und habe keinem von
ihnen ein Leid getan.
Und Mose sprach zu Korah: Du und 16
deine ganze Rotte, ihr sollt morgen vor
den HERRN kommen, du und sie und
Aaron. Und ein jeder nehme seine 17
Pfanne und lege Räucherwerk darauf,
und tretet hin vor den HERRN, ein jeder
mit seiner Pfanne, zweihundertund-
fünfzig Pfannen; auch du und Aaron,
ein jeder mit seiner Pfanne. Und ein je- 18
der nahm seine Pfanne und legte Feuer
hinein und tat Räucherwerk darauf,
und sie traten vor die Tür der Stiftshüt-
te und Mose und Aaron auch. Und Ko- 19
rah versammelte gegen sie die ganze
Gemeinde vor der Tür der Stiftshütte.
Da erschien die [i]Herrlichkeit des
HERRN vor der ganzen Gemeinde. Und 20
der HERR redete mit Mose und Aaron
und sprach: Scheidet euch von dieser 21
Gemeinde, damit ich sie im Nu vertil-
ge.[j] Sie fielen aber auf ihr Angesicht 22
und sprachen: Ach Gott, der du bist
der [k]Gott des Lebensgeistes für alles
Fleisch, [l]wenn ein einziger Mann ge-
sündigt hat, willst du darum gegen die
ganze Gemeinde wüten? Und der HERR 23
redete mit Mose und sprach: Sage der 24
Gemeinde: Weicht ringsherum zurück
von der Wohnung Korahs und Datans
und Abirams. Und Mose stand auf und 25
ging zu Datan und Abiram, und die Äl-
testen Israels folgten ihm nach; und er 26
redete mit der Gemeinde und sprach:
Weicht von den Zelten dieser gottlosen
Menschen und rührt nichts an, was sie
haben, damit ihr nicht auch umkommt
durch all ihre Sünde. Und sie gingen 27
hinweg von der Wohnung Korahs, Da-
tans und Abirams. Datan aber und Abi-
ram gingen heraus und traten an die
Tür ihrer Zelte mit ihren Frauen und
Söhnen und kleinen Kindern. Und 28
Mose sprach: Daran sollt ihr merken,
daß mich der HERR gesandt hat, alle
diese Werke zu tun, und daß ich sie
nicht tue aus meinem eigenen Herzen:
Werden sie sterben, wie alle Menschen 29
sterben, oder heimgesucht, wie alle
Menschen heimgesucht werden, so hat
mich der HERR nicht gesandt; wird aber 30
der HERR etwas Neues schaffen, daß die
Erde ihren Mund auftut und sie ver-
schlingt mit allem, was sie haben, daß
sie lebendig hinunter zu den Toten fah-
ren, so werdet ihr erkennen, daß diese
Leute den HERRN gelästert haben.
[m]Und als er alle diese Worte beendet 31
hatte, zerriß die Erde unter ihnen und 32

tat ihren Mund auf und verschlang sie
mit ihren Sippen, mit allen Menschen,
die zu Korah gehörten, und mit all ihrer
33 Habe. Und sie fuhren lebendig zu den
Toten hinunter mit allem, was sie hat-
ten, und die Erde deckte sie zu, und sie
kamen um, mitten aus der Gemeinde
34 heraus. Und ganz Israel, das um sie her
war, floh vor ihrem Geschrei; denn sie
dachten: Daß uns die Erde nicht auch
verschlinge!
35 Und [n] Feuer fuhr aus von dem
HERRN und fraß die zweihundertund-
fünfzig Männer, die das Räucherwerk
opferten.
17 *Und der HERR redete mit Mose und
2 sprach: Sage [o] Eleasar, dem Sohn des
Priesters Aaron, daß er die Pfannen
aufhebe aus dem Brand und streue das
3 Feuer weit hinweg. Denn die Pfannen
dieser Sünder, die umgekommen sind,
gehören dem Heiligtum. Man schlage
sie zu breiten Blechen, daß man den Al-
tar damit überziehe; denn sie haben sie
hingebracht vor den HERRN, so daß sie
geheiligt sind; sie sollen den Israeliten
4 ein Zeichen sein. Und Eleasar, der
Priester, nahm die kupfernen Pfannen,
die die Verbrannten herangebracht
hatten, und schlug sie zu Blechen, um
5 den Altar zu überziehen; als Mahnzei-
chen für die Israeliten, daß [p] kein
Fremder, der nicht vom Geschlecht
Aarons ist, sich nahe, um Räucherwerk
zu opfern vor dem HERRN, damit es ihm
nicht gehe wie Korah und seiner Rotte,
wie der HERR zu ihm geredet hatte
durch Mose.

a 2.Mose 6,16.18.21 *b* Kap 26,7-9; Jud 11
c Kap 12,1.2 *d* Kap 14,5 *e* 2.Tim 2,19
f Kap 3,6-13; 4,4-20 *g* 2.Mose 3,8 *h* 1.Sam 12,3
i Kap 14,10 *j* 1.Mose 19,14 *k* Hiob 10,12; 12,10
l 2.Sam 24,17 *m (31-33)* 5.Mose 11,6
n 3.Mose 10,1.2; Ps 106,17.18 *o* Kap 3,4;
2.Mose 6,25 *p* Kap 3,10
*Kap 17,1: Abweichende Verszählung statt 17,1-15: 16,36-50.

Empörung der ganzen Gemeinde gegen Mose und Aaron

6 Am andern Morgen aber [a] murrte die
ganze Gemeinde der Israeliten gegen
Mose und Aaron, und sie sprachen: Ihr
7 habt des HERRN Volk getötet. Und als
sich die Gemeinde versammelte gegen
Mose und Aaron, wandten sie sich zu
der Stiftshütte: Und siehe, da wurde
sie bedeckt von der Wolke, und die
8 Herrlichkeit der HERRN erschien. Und
Mose und Aaron gingen hin vor die
Stiftshütte.
9 Und der HERR redete mit Mose und
sprach: Hebt euch hinweg aus dieser 10
Gemeinde; ich will sie im Nu vertilgen!
Und sie fielen auf ihr Angesicht. Und 11
Mose sprach zu Aaron: Nimm die
Pfanne und tu Feuer hinein vom Altar
und lege Räucherwerk darauf und geh
eilends zu der Gemeinde und schaffe
für sie [b] Sühne; denn der [c] Zorn ist von
dem HERRN ausgegangen, und die Pla-
ge hat angefangen. Und Aaron tat, wie 12
ihm Mose gesagt hatte, und lief mitten
unter die Gemeinde; und siehe, die
Plage hatte schon angefangen unter
dem Volk. Da räucherte er und schaffte
Sühne für das Volk und stand zwischen 13
den Toten und den Lebenden. Da wur-
de der Plage gewehrt. Die aber gestor- 14
ben waren an der Plage, waren vier-
zehntausendsiebenhundert, außer de-
nen, die mit Korah starben. Und Aaron 15
kam wieder zu Mose vor die Tür der
Stiftshütte, und der Plage war gewehrt.

a 2.Mose 17,3 *b* 3.Mose 16,12.13.17 *c* Kap 1,53

Aarons grünender Stab

*Und der HERR redete mit Mose und 16
sprach: Rede mit den Israeliten und 17
nimm von ihnen zwölf Stäbe, von je-
dem Fürsten ihrer Sippen je einen, und
schreib eines jeden Namen auf seinen
Stab. Aber den Namen Aarons sollst du 18
schreiben auf den Stab Levis. Denn für
jedes Haupt ihrer Sippen soll je ein
Stab sein. Und lege sie in der Stiftshüt- 19
te nieder vor der Lade mit dem Gesetz,
[a] wo ich mich euch bezeuge. Und [b] wen 20
ich erwählen werde, dessen Stab wird
grünen. So will ich das Murren der Is-
raeliten, mit dem sie gegen euch mur-
ren, stillen.
Mose redete mit den Israeliten, und 21
alle ihre Fürsten gaben ihm zwölf Stä-
be, ein jeder Fürst je einen Stab, nach
ihren Sippen, und der Stab Aarons war
auch unter ihren Stäben. Und Mose 22
legte die Stäbe vor dem HERRN nieder
in der Hütte des Gesetzes. Am näch- 23
sten Morgen, als Mose in die Hütte des
Gesetzes ging, fand er den Stab Aarons
vom Hause Levi grünen und die Blüte
aufgegangen und Mandeln tragen. Und 24
Mose trug die Stäbe alle heraus von
dem HERRN zu allen Israeliten, daß sie
es sahen, und ein jeder nahm seinen
Stab. Der HERR aber sprach zu Mose: 25
[c] Trage den Stab Aarons wieder vor die
Lade mit dem Gesetz, damit er ver-
wahrt werde zum Zeichen für die Un-
gehorsamen, daß ihr Murren vor mir
aufhöre und sie nicht sterben. Mose 26

tat, wie ihm der HERR geboten hatte.
27 Und die Israeliten sprachen zu
Mose: Siehe, wir verderben und kom-
men um; wir werden alle vertilgt und
28 kommen um. Wer sich naht zu der
Wohnung des HERRN, der stirbt. Sollen
wir denn ganz und gar untergehen?[d]

a 2.Mose 25,22 *b* Kap 16,5.7 *c* Hebr 9,4
d Ps 130,3.4
*Vers 16: Abweichende Verszählung statt 17,16-28: 17,1-13.

Vom Amt und Anrecht der Priester und Leviten

18 Und der HERR sprach zu Aaron: Du
und deine Söhne und deine Sippe, ihr
sollt [a]die Schuld tragen, wenn eine
Verfehlung begangen wird am Heilig-
tum; und du und deine Söhne mit dir,
ihr sollt die Schuld tragen, wenn eine
Verfehlung begangen wird bei eurem
2 Priesterdienst. Aber deine Brüder aus
dem Stamme deines Vaters [b]Levi sollst
du zu dir nehmen, daß sie bei dir seien
und dir dienen; du aber und deine Söh-
ne mit dir sollen dienen vor der Hütte
3 des Gesetzes. Und sie sollen dir dienen
und den Dienst an der ganzen Stifts-
hütte versehen. Doch zu dem Gerät des
Heiligtums und zu dem Altar sollen sie
sich nicht nahen, damit nicht beide
4 sterben, sie und ihr, sondern sie sollen
bei dir sein, daß sie ihren Dienst verse-
hen an der Stiftshütte, alles, was das
Amt erfordert; und kein Fremder soll
5 sich neben euch zum Dienste nahen. So
verseht nun den Dienst am Heiligtum
und den Dienst am Altar, damit hinfort
nicht mehr ein [c]Zorn komme über die
6 Israeliten. Denn siehe, ich habe die Le-
viten, eure Brüder, genommen aus den
Israeliten euch zum Geschenk, als die
dem HERRN zu eigen gegeben sind, da-
mit sie das Amt ausüben an der Stifts-
7 hütte.[d] Du aber und deine Söhne mit
dir, ihr sollt auf euer Priesteramt acht-
haben, daß ihr dienet in allen Verrich-
tungen am Altar und drinnen hinter
dem Vorhang; denn euer Priesteramt ge-
be ich euch zum Geschenk. [e]Wenn ein
Fremder sich naht, so soll er sterben.
8 Und der HERR sagte zu Aaron: Siehe,
dies überlasse ich dir bei dem Dienst an
meinen Opfergaben: von allen heiligen
Gaben der Israeliten gebe ich dir einen
Anteil, dir und deinen Söhnen, als ewi-
9 ges Anrecht.[f] Das sollst du haben von
den hochheiligen Gaben, soweit sie
nicht verbrannt werden: alle ihre Ga-
ben bei allen ihren Speisopfern und bei
allen ihren Sündopfern und bei allen
ihren Schuldopfern, die sie mir erstat-
ten; als Hochheiliges gebe ich es dir
und deinen Söhnen. [g]Am hochheiligen 10
Ort sollst du es essen. Was männlich ist,
darf davon essen; denn es soll dir heilig
sein. Auch das soll dir gehören: die hei- 11
lige Abgabe von ihren Gaben; von allen
Schwingopfern der Israeliten gebe ich
sie dir und deinen Söhnen und Töch-
tern mit dir als ewiges Anrecht. Wer
rein ist in deinem Hause, darf davon es-
sen. Alles Beste vom Öl und alles Beste 12
vom Wein und Korn, die Erstlingsga-
be, die sie dem HERRN bringen, habe
ich dir gegeben. [h]Die Erstlinge, die sie 13
dem HERRN bringen von allem, was in
ihrem Lande ist, sollen dir gehören.
Wer rein ist in deinem Hause, darf da-
von essen. Alles Gebannte in Israel soll 14
dir gehören.[i] Alles, was zuerst den 15
Mutterschoß durchbricht bei allem
Fleisch, es sei Mensch oder Vieh, das
sie dem HERRN bringen, soll dir gehö-
ren. Doch sollst du die Erstgeburt eines
Menschen auslösen lassen, und die
Erstgeburt eines unreinen Viehs sollst
du auch auslösen lassen.[j] Du sollst es 16
aber auslösen, wenn's einen Monat alt
ist, und du sollst es [k]auslösen lassen
nach der Ordnung, die dir gegeben ist,
um fünf Silberstücke nach dem Ge-
wicht des Heiligtums, das Silberstück
zu zwanzig Gramm. Aber die Erstge- 17
burt eines Rindes, eines Schafes oder
einer Ziege sollst du nicht auslösen las-
sen; denn sie sind heilig. Ihr Blut sollst
du an den Altar gießen, und ihr Fett
sollst du in Rauch aufgehen lassen als
Feueropfer für den HERRN zum lieb-
lichen Geruch. Ihr Fleisch soll dir ge- 18
hören, wie auch die Brust des
Schwingopfers und die rechte Schulter
dir gehören. Alle heiligen Opfergaben, 19
die die Israeliten dem HERRN darbrin-
gen, habe ich dir gegeben und deinen
Söhnen und deinen Töchtern mit dir
als ewiges Anrecht. Das soll ein [l]Salz-
bund sein für immer vor dem HERRN
für dich und für deine Nachkommen
mit dir.

Und der HERR sprach zu Aaron: Du 20
sollst in ihrem Lande kein Erbgut be-
sitzen, auch keinen Anteil unter ihnen
haben; denn [m]ich bin dein Anteil und
dein Erbgut inmitten der Israeliten.
Den Söhnen Levi aber habe ich [n]alle 21
Zehnten gegeben in Israel zum Erbgut
für ihr Amt, das sie an der Stiftshütte
ausüben. Hinfort sollen sich die Israeli- 22
ten nicht zur Stiftshütte nahen, damit

sie nicht Sünde auf sich laden und ster-
23 ben, sondern die Leviten sollen das
Amt ausüben an der Stiftshütte, und sie
sollen die Schuld für ihre Verfehlung
tragen; das sei eine ewige Ordnung bei
euren Nachkommen. Und sie sollen
unter den Israeliten kein Erbgut besit-
24 zen; denn den Zehnten der Israeliten,
den sie dem HERRN als Opfergabe ge-
ben, habe ich den Leviten zum Erbgut
bestimmt; darum habe ich zu ihnen ge-
sagt, daß sie unter den Israeliten kein
Erbgut besitzen sollen.
25 Und der HERR redete mit Mose und
26 sprach: Sage den Leviten und sprich zu
ihnen: Wenn ihr den Zehnten nehmt
von den Israeliten, den ich euch von
ihnen bestimmt habe als euer Erbgut,
so sollt ihr davon eine heilige Abgabe
dem HERRN geben, je den Zehnten von
27 dem Zehnten; und diese eure heilige
Abgabe soll euch angerechnet werden,
als gäbet ihr Korn von der Tenne und
28 Wein aus der Kelter. So sollt auch ihr
die heiligen Abgaben dem HERRN ge-
ben von allen euren Zehnten, die ihr
nehmt von den Israeliten, und sollt
diese heilige Abgabe für den HERRN
29 dem Priester Aaron geben. Von allem,
was euch gegeben wird, sollt ihr dem
HERRN die heilige Abgabe geben, von
allem Besten die davon gebührende
30 heilige Gabe. Und sprich zu ihnen:
Wenn ihr also das Beste davon als heili-
ge Abgabe nehmt, so soll's den Leviten
angerechnet werden wie ein Ertrag von
der Tenne und wie ein Ertrag von der
31 Kelter. Ihr dürft es essen an allen Or-
ten, ihr und eure Kinder; denn es ist
[o]euer Lohn für euer Amt an der Stifts-
32 hütte. Ihr werdet dabei nicht Sünde auf
euch laden, wenn ihr das Beste davon
abgebt, und werdet nicht entweihen die
heiligen Gaben der Israeliten und nicht
sterben.

a 2.Mose 28,38; 3.Mose 16,32.33 *b* Kap 3,6-10
c Kap 17,11 *d* Kap 3,12.45 *e* Kap 1,51
f 3.Mose 2,3.10; 6,9-11.19-22; 7,6-10
g 3.Mose 6,9; 10,12.14 *h* 2.Mose 23,19;
5.Mose 18,3.4 *i* 3.Mose 27,28 *j* 2.Mose 13,2;
34,19.20 *k* 3.Mose 27,6.27 *l* 3.Mose 2,13;
2.Chr 13,5 *m* Kap 35; 5. Mose 10,9; 12,12;
Jos 13,14.33; Ps 16,5; 73,26; Hes 44,28
n 3.Mose 27,30 *o* Mt 10,10

Vom Reinigungswasser

19 Und der HERR redete mit Mose und
2 Aaron und sprach: Dies ist die Ord-
nung des Gesetzes, das der HERR gebo-
ten hat: Sage den Israeliten, daß sie zu
dir führen eine [a]rötliche Kuh ohne
Fehler, an der [b]kein Gebrechen ist und
[c]auf die noch nie ein Joch gekommen
ist. Und gebt sie dem Priester Eleasar; 3
der soll sie hinaus vor das Lager führen
und dort vor seinen Augen schlachten
lassen. Und der Priester Eleasar soll et- 4
was von ihrem Blut mit seinem Finger
nehmen und in Richtung auf die Stifts-
hütte [d]siebenmal sprengen, und er soll 5
die Kuh vor seinen Augen verbrennen
lassen, ihr [e]Fell und ihr Fleisch, dazu
ihr Blut samt ihrem Mist.[f] Und der 6
Priester soll Zedernholz und Ysop und
scharlachrote Wolle nehmen und auf
die brennende Kuh werfen[g] und soll 7
[h]seine Kleider waschen und seinen
Leib mit Wasser abwaschen und da-
nach ins Lager gehen und unrein sein
bis zum Abend. Und der sie verbrannt 8
hat, soll auch seine Kleider mit Wasser
waschen und seinen Leib mit Wasser
abwaschen und unrein sein bis zum
Abend. Und ein reiner Mann soll die 9
Asche von der Kuh sammeln und sie
draußen vor dem Lager an eine reine
Stätte schütten, damit sie dort verwahrt
werde für die Gemeinde der Israeliten
für das Reinigungswasser; es ist ein
Sündopfer. Und derselbe, der die 10
Asche der Kuh gesammelt hat, soll sei-
ne Kleider waschen und unrein sein bis
zum Abend.
Und dies soll eine ewige Ordnung
sein für die Israeliten und die Fremd-
linge, die unter euch wohnen: Wer ir- 11
gendeinen toten Menschen anrührt,
der wird sieben Tage unrein sein. Er 12
soll sich mit dem Reinigungswasser
entsündigen am dritten Tage und am
siebenten Tage, so wird er rein. Und
wenn er sich nicht am dritten Tage und
am siebenten Tage entsündigt, so wird
er nicht rein. Wenn aber jemand ir- 13
gendeinen toten Menschen anrührt
und sich nicht entsündigen will, so
macht er die Wohnung des HERRN [i]un-
rein, und solch ein Mensch soll ausge-
rottet werden aus Israel. Weil das Rei-
nigungswasser nicht über ihn ge-
sprengt ist, ist er unrein; seine Unrein-
heit bleibt an ihm.
Dies ist das Gesetz: Wenn ein 14
Mensch in seinem Zelt stirbt, soll jeder,
der in das Zelt geht, und wer im Zelt ist,
unrein sein sieben Tage. Auch jedes of- 15
fene Gefäß, auf das kein Deckel gebun-
den ist, wird unrein. Auch wer auf dem 16
freien Feld einen berührt, der mit dem
Schwert erschlagen ist, oder einen Ge-
storbenen oder eines Menschen Gebein
oder ein Grab anrührt, der ist unrein

17 sieben Tage. So soll man nun für den
Unreinen Asche nehmen von dem ver-
brannten Sündopfer und fließendes
18 Wasser darauf tun in ein Gefäß. Und
ein reiner Mann soll Ysop nehmen und
ins Wasser tauchen und das Zelt be-
sprengen und alle Gefäße und alle Leu-
te, die darin sind; ebenso auch den, der
eines Toten Gebein oder einen Er-
schlagenen oder Gestorbenen oder ein
19 Grab berührt hat. Es soll aber der Rei-
ne den Unreinen am dritten Tage und
am siebenten Tage besprengen und ihn
am siebenten Tage entsündigen, und
der soll seine Kleider waschen und sich
mit Wasser abwaschen, so wird er am
20 Abend rein.[j] Wer aber unrein wird und
sich nicht entsündigen will, der soll
ausgerottet werden aus der Gemeinde;
denn er hat das Heiligtum des HERRN
unrein gemacht und ist nicht mit Reini-
gungswasser besprengt; darum ist er
21 unrein. Und das soll euch eine ewige
Ordnung sein. Und auch der, der mit
dem Reinigungswasser gesprengt hat,
soll seine Kleider waschen, und wer das
Reinigungswasser berührt, der soll un-
22 rein sein bis zum Abend. Und alles, was
der Unreine berührt, wird unrein wer-
den, und wer ihn berührt, soll unrein
sein bis zum Abend.

a Hebr 9,13 *b* 3.Mose 22,20 *c* 5.Mose 21,3
d 3.Mose 4,6.17 *e* 3.Mose 7,8 *f* 3.Mose 4,11.12
g 3.Mose 14,6 *h* 3.Mose 16,28 *i* 3.Mose 15,31
j Vers 12.13

Mirjams Tod. Moses Zweifel beim Haderwasser

20 Und die ganze Gemeinde der Israeliten
kam in die [a]Wüste Zin im ersten Mo-
nat, und das Volk lagerte sich in Ka-
desch. Und [b]Mirjam starb dort und
wurde dort begraben.
2 [c]Und die Gemeinde hatte kein Was-
ser, und sie versammelten sich gegen
3 Mose und Aaron. Und das Volk hader-
te mit Mose und sprach: Ach daß wir
umgekommen wären, als unsere Brü-
4 der umkamen vor dem HERRN! Warum
habt ihr die Gemeinde des HERRN in
diese Wüste gebracht, daß wir hier ster-
5 ben mit unserm Vieh? Und warum
habt ihr uns aus Ägypten geführt an
diesen bösen Ort, wo man nicht säen
kann, wo weder Feigen noch Weinstök-
ke noch Granatäpfel sind und auch kein
6 Wasser zum Trinken ist? Da gingen
Mose und Aaron von der Gemeinde
hinweg zur Tür der Stiftshütte und fie-
len auf ihr Angesicht, und die Herrlich-
keit des HERRN erschien ihnen.

Und der HERR redete mit Mose und 7
sprach: Nimm den Stab und versamm- 8
le die Gemeinde, du und dein Bruder
Aaron, und redet zu dem Felsen vor
ihren Augen; der wird sein Wasser ge-
ben. So sollst du ihnen Wasser aus dem
Felsen hervorbringen und die Gemein-
de tränken und ihr Vieh. Da nahm 9
Mose den [d]Stab, der vor dem HERRN
lag, wie er ihm geboten hatte. Und 10
Mose und Aaron versammelten die Ge-
meinde vor dem Felsen, und er sprach
zu ihnen: Höret, ihr Ungehorsamen,
[e]werden wir euch wohl Wasser hervor-
bringen können aus diesem Felsen?
Und Mose erhob seine Hand und 11
schlug den Felsen mit dem Stab zwei-
mal. Da kam viel Wasser heraus, so daß
die Gemeinde trinken konnte und ihr
Vieh. Der HERR aber sprach zu Mose 12
und Aaron: Weil ihr nicht an mich ge-
glaubt habt und mich nicht geheiligt
habt vor den Israeliten, darum sollt ihr
diese Gemeinde nicht ins Land brin-
gen, das ich ihnen geben werde.[f]
Das ist das [g]Haderwasser, wo die Is- 13
raeliten mit dem HERRN haderten und
er sich heilig an ihnen erwies.

a Kap 13,21 *b* Kap 12,15 *c* (2-13)
2.Mose 17,1-7 *d* Kap 17,25 *e* Ps 106,32.33
f Kap 27,14; 5.Mose 1,37; 3,26; 4,21; 32,50.51
g Ps 81,8

Die Edomiter verweigern den Durchzug

Und Mose sandte Botschaft aus Ka- 14
desch zu dem König der [a]Edomiter: So
läßt dir dein Bruder Israel sagen: Du
kennst all die Mühsal, die uns betroffen
hat, daß unsere Väter nach Ägypten 15
hinabgezogen sind und wir lange Zeit
in Ägypten gewohnt haben und daß die
Ägypter uns und unsere Väter schlecht
behandelt haben. Und wir schrien zu 16
dem HERRN; der hat unsere Stimme ge-
hört und einen [b]Engel gesandt und uns
aus Ägypten geführt. Und siehe, wir
sind in Kadesch, einer Stadt an deiner
Grenze. Laß uns durch dein Land zie- 17
hen. Wir wollen nicht durch Äcker oder
Weinberge gehen, auch nicht Wasser
aus den Brunnen trinken. Die Land-
straße wollen wir ziehen, weder zur
Rechten noch zur Linken weichen, bis
wir durch dein Gebiet hindurchgekom-
men sind.[c] Edom aber sprach zu ihnen: 18
Du sollst nicht hindurchziehen, oder
ich werde dir mit dem Schwert entge-
gentreten. Die Israeliten sprachen zu 19
ihm: Wir wollen auf der gebahnten
Straße ziehen, und wenn wir von dei-

nem Wasser trinken, wir und unser
Vieh, so wollen wir's bezahlen. Wir
wollen nichts als nur zu Fuß hindurch-
20 ziehen. Er aber sprach: Du sollst nicht
hindurchziehen. Und die Edomiter zo-
gen aus, ihnen entgegen, mit mächti-
21 gem Heer und starker Hand. So wei-
gerten sich die Edomiter, Israel zu ge-
statten, durch ihr Gebiet zu ziehen.
Und Israel wich ihnen aus.

a 1.Mose 36,1.31; 5.Mose 2,1-8; 23,8
b 2.Mose 23,20 *c* Kap 21,22; 5.Mose 2,1-8;
Ri 11,17

Aarons Tod

22 Und die Israeliten brachen auf von Ka-
desch und kamen mit der ganzen Ge-
23 meinde an den Berg Hor.[a] Und der
HERR redete mit Mose und Aaron am
Berge Hor an der Grenze des Landes
24 der Edomiter und sprach: Aaron soll
versammelt werden zu seinen Vätern;
denn er soll nicht in das Land kommen,
das ich den Israeliten gegeben habe,
weil ihr meinem Munde ungehorsam
gewesen seid bei dem Haderwasser.
25 Nimm aber Aaron und seinen Sohn
Eleasar und führe sie auf den Berg Hor
26 und [b]zieh Aaron seine Kleider aus und
zieh sie seinem Sohn Eleasar an. Und
Aaron soll dort zu seinen Vätern ver-
27 sammelt werden und sterben. Da tat
Mose, wie ihm der HERR geboten hatte,
und sie stiegen auf den Berg Hor vor
28 der ganzen Gemeinde. Und Mose zog
Aaron seine Kleider aus und zog sie sei-
nem Sohn Eleasar an. [c]Und Aaron
starb dort oben auf dem Berge. Mose
aber und Eleasar stiegen herab vom
29 Berge. Und als die ganze Gemeinde
sah, daß Aaron tot war, [d]beweinten sie
ihn dreißig Tage, das ganze Haus Is-
rael.

a Kap 33,37 *b* 2.Mose 29,4-7 *c* Kap 33,38.39;
5.Mose 10,6 *d* 5.Mose 34,8

Sieg über die Kanaaniter im Südland

21 Und als der König von Arad, der Kana-
aniter, der im Südland wohnte, hörte,
daß Israel herankam auf dem Wege von
Atarim, zog er in den Kampf gegen Is-
2 rael und führte etliche gefangen.[a] Da
gelobte Israel dem HERRN ein Gelübde
und sprach: Wenn du dies Volk in mei-
ne Hand gibst, so will ich an ihren Städ-
3 ten den [b]Bann vollstrecken. Und der
HERR hörte auf die Stimme Israels und
gab die Kanaaniter in ihre Hand, und
sie vollstreckten den Bann an ihnen und
ihren Städten, und man nannte die Ge-
gend [c]Horma*.

a Kap 14,44.45; Ri 1,11-15 *b* 5.Mose 13,16;
20,14.16.17; Jos 6,17; Ri 1,17; 1.Sam 15,3
c Kap 14,45; 5.Mose 1,44
*Vers 3: d. h. Bann.

Mose richtet die eherne Schlange auf

[a]Da brachen sie auf von dem Berge Hor 4
in Richtung auf das Schilfmeer, um das
Land der Edomiter zu umgehen. Und
das Volk wurde verdrossen auf dem
Wege und redete wider Gott und wider 5
Mose: Warum hast du uns aus Ägypten
geführt, daß wir sterben in der Wüste?
Denn es ist kein Brot noch Wasser hier,
und uns ekelt vor dieser mageren Spei-
se. Da sandte der HERR [b]feurige 6
Schlangen unter das Volk; die bissen
das Volk, daß viele aus Israel starben.
Da kamen sie zu Mose und sprachen: 7
Wir haben [c]gesündigt, daß wir wider
den HERRN und wider dich geredet ha-
ben. Bitte den HERRN, daß er die
Schlangen von uns nehme. Und Mose
bat für das Volk. Da sprach der HERR zu 8
Mose: Mache dir eine [d]eherne Schlan-
ge und richte sie an einer Stange hoch
auf. Wer gebissen ist und sieht sie an,
der soll leben. Da machte Mose eine 9
eherne Schlange und richtete sie hoch
auf. Und wenn jemanden eine Schlange
biß, so sah er die eherne Schlange an
und blieb leben.

a (4 und 5) Kap 11,4-6 *b* 1.Kor 10,9
c 2.Mose 32,30-34 *d* 2.Kön 18,4; Joh 3,14

Zug bis an den Arnon und ins Moabiterland

Und die Israeliten zogen aus und lager- 10
ten sich in Obot. Und von Obot zogen 11
sie aus und lagerten sich in Ijjim-
Abarim, in der Wüste östlich von
Moab. Von da zogen sie weiter und la- 12
gerten sich am Bach Sered. Von da zo- 13
gen sie weiter und lagerten sich in der
Wüste südlich des Arnon, der im Ge-
biet der Amoriter entspringt; denn der
Arnon ist die Grenze Moabs zwischen
Moab und den Amoritern. Daher heißt 14
es in dem [a]Buch von den Kriegen des
HERRN: »Das Waheb in Sufa und die
Bäche am Arnon und den Abhang der 15
Bäche, der sich hinzieht zur Stadt Ar
und sich lehnt an die Grenze Moabs.«
Und von da zogen sie nach Beer. Das ist 16
der Brunnen, von dem der HERR zu
Mose sagte: Versammle das Volk, ich
will ihnen Wasser geben. Damals sang 17
Israel dies Lied: »Brunnen, steige auf!

18 Singet von ihm: Das ist der Brunnen,
den die Fürsten gegraben haben; die
Edlen im Volk haben ihn gegraben mit
dem Zepter, mit ihren Stäben.« Und
19 von Beer zogen sie nach Mattana und
von Mattana nach Nahaliël; und von
20 Nahaliël nach Bamot; und von Bamot
in das Tal, das im Feld von Moab liegt
bei dem Gipfel des Pisga, der hinunter-
blickt auf das Jordantal.

a Jos 10,13; 2.Sam 1,18

Sieg über die Könige Sihon und Og

21 [a]Und Israel sandte Boten zu Sihon,
dem König der Amoriter, und ließ ihm
22 sagen: Laß mich durch dein Land zie-
hen. Wir wollen nicht abbiegen in die
Äcker noch in die Weingärten, wollen
auch vom Brunnenwasser nicht trin-
ken; die Landstraße wollen wir ziehen,
bis wir durch dein Gebiet hindurchge-
23 kommen sind.[b] Aber Sihon gestattete
den Israeliten nicht den Zug durch sein
Gebiet, sondern sammelte sein ganzes
Kriegsvolk und zog aus, Israel entge-
gen in die Wüste. Und als er nach Jahza
24 kam, kämpfte er gegen Israel. Israel
aber schlug ihn mit der Schärfe des
Schwerts und nahm sein Land ein vom
Arnon bis an den Jabbok und bis zu den
Ammonitern; das Gebiet der Ammoni-
25 ter aber reichte bis Jaser. So nahm Is-
rael alle diese Städte ein und wohnte in
allen Städten der Amoriter, in Hesbon
26 und in allen seinen Ortschaften. Denn
Hesbon war die Stadt Sihons, des Kö-
nigs der Amoriter, und er hatte zuvor
mit dem König der Moabiter gekämpft
und ihm all sein Land abgewonnen bis
27 zum Arnon. Daher sagt man im Lied:
Kommt nach Hesbon, daß man die
28 Stadt Sihons baue und aufrichte. Denn
Feuer ist aus Hesbon gefahren, eine
Flamme von der Stadt Sihons; die hat
gefressen Ar in Moab und verzehrt die
29 Höhen am Arnon. Weh dir, Moab! Du
Volk des [c]Kemosch bist verloren! Man
hat seine Söhne in die Flucht geschla-
gen und seine Töchter gefangen ge-
führt zu Sihon, dem König der Amori-
30 ter. Seine Herrlichkeit ist zunichte ge-
worden von Hesbon bis nach Dibon, sie
ist zerstört bis nach Nofach, bis nach
31 Medeba. So wohnte Israel im Lande
der Amoriter.
32 Und Mose sandte Kundschafter aus
nach Jaser; und sie eroberten es mit sei-
nen Ortschaften und vertrieben die
33 Amoriter, die darin waren, [d]und wand-
ten sich und zogen hinauf den Weg
nach Basan. Da zog ihnen entgegen Og,
der König von Basan, mit seinem gan-
zen Kriegsvolk, um bei Edreï zu kämp-
fen. Und der HERR sprach zu Mose: 34
Fürchte dich nicht vor ihm, denn ich
habe ihn in deine Hand gegeben mit
Land und Leuten, und du sollst mit
ihm tun, wie du mit [e]Sihon, dem König
der Amoriter, getan hast, der in Hesbon
wohnte. Und sie schlugen ihn und seine 35
Söhne und sein ganzes Kriegsvolk, bis
keiner mehr übrig blieb, und nahmen
das Land ein.

a (21-31) 5.Mose 2,26-37 *b* Kap 20,17
c Ri 11,24; 1.Kön 11,7 *d (33-35)* 5.Mose 3,1-11
e Ps 136,17-22

Bileam soll Israel verfluchen, aber er muß es segnen

Danach zogen die Israeliten weiter und 22
lagerten sich im Jordantal der Moabiter
gegenüber Jericho. Und Balak, der 2
Sohn Zippors, sah alles, was Israel den
Amoritern angetan hatte. Und die 3
Moabiter fürchteten sich sehr vor dem
Volk, das so groß war, und den Moabi-
tern graute vor den Israeliten. Und sie 4
sprachen zu den Ältesten der Midiani-
ter: Nun wird dieser Haufe auffressen,
was um uns herum ist, wie ein Rind das
Gras auf dem Felde abfrißt. Balak aber,
der Sohn Zippors, war zu der Zeit Kö-
nig der Moabiter. Und er sandte Boten 5
aus zu [a]Bileam, dem Sohn Beors, nach
Petor, das am Eufrat liegt, ins Land der
Söhne seines Volks, um ihn herbeizu-
rufen, und ließ ihm sagen: Siehe, es ist
ein Volk aus Ägypten gezogen, das be-
deckt das ganze Land und lagert mir
gegenüber. So komm nun und verflu- 6
che mir das Volk, denn es ist mir zu
mächtig; vielleicht kann ich's dann
schlagen und aus dem Lande vertrei-
ben; denn ich weiß: wen du segnest,
der ist gesegnet, und wen du verfluchst,
der ist verflucht. Und die Ältesten der 7
Moabiter gingen hin mit den Ältesten
der Midianiter und hatten den [b]Lohn
für das Wahrsagen in ihren Händen
und kamen zu Bileam und sagten ihm
die Worte Balaks. Und er sprach zu 8
ihnen: Bleibt hier über Nacht, so will
ich euch antworten, wie mir's der HERR
sagen wird. Da blieben die Fürsten der
Moabiter bei Bileam.
Und Gott kam zu Bileam und 9
sprach: Wer sind die Leute, die bei dir
sind? Bileam sprach zu Gott: Balak, 10
der Sohn Zippors, der König der Moa-
biter, hat zu mir gesandt: Siehe, ein 11

Volk ist aus Ägypten gezogen und be-
deckt das ganze Land. So komm nun
und verfluche es; vielleicht kann ich
dann mit ihm kämpfen und es vertrei-
12 ben. Gott aber sprach zu Bileam: Geh
nicht mit ihnen, verfluche das Volk
13 auch nicht; denn es ist gesegnet. Da
stand Bileam am Morgen auf und
sprach zu den Fürsten Balaks: Geht hin
in euer Land; denn der HERR will's
nicht gestatten, daß ich mit euch ziehe.
14 Und die Fürsten der Moabiter
machten sich auf, kamen zu Balak und
sprachen: Bileam weigert sich, mit uns
15 zu ziehen. Da sandte Balak noch mehr
und noch mächtigere Fürsten, als jene
16 waren. Als die zu Bileam kamen, spra-
chen sie zu ihm: So läßt dir sagen Ba-
lak, der Sohn Zippors: Wehre dich
doch nicht dagegen, zu mir zu ziehen;
17 denn ich will dich hoch ehren, und was
du mir sagst, das will ich tun; komm
18 doch und verfluche mir dies Volk. Bi-
leam antwortete und sprach zu den Ge-
sandten Balaks: [c]Wenn mir Balak sein
Haus voll Silber und Gold gäbe, so
könnte ich doch nicht übertreten das
Wort des HERRN, meines Gottes, weder
19 im Kleinen noch im Großen. So bleibt
auch ihr nun hier diese Nacht, daß ich
erfahre, was der HERR weiter mit mir
20 reden wird. Da kam Gott in der Nacht
zu Bileam und sprach zu ihm: Sind die
Männer gekommen, dich zu rufen, so
mach dich auf und zieh mit ihnen; doch
nur was ich dir sagen werde, sollst du
tun.
21 Da stand Bileam am Morgen auf und
sattelte seine Eselin und zog mit den
22 Fürsten der Moabiter. Aber der Zorn
Gottes entbrannte darüber, daß er hin-
zog. Und der [d]Engel des HERRN trat in
den Weg, um ihm zu widerstehen. Er
aber ritt auf seiner Eselin, und zwei
23 Knechte waren mit ihm. Und die Ese-
lin sah den Engel des HERRN auf dem
Wege stehen [e]mit einem bloßen
Schwert in seiner Hand. Und die Eselin
wich vom Weg ab und ging auf dem
Felde; Bileam aber schlug sie, um sie
24 wieder auf den Weg zu bringen. Da trat
der Engel des HERRN auf den Pfad zwi-
schen den Weinbergen, wo auf beiden
25 Seiten Mauern waren. Und als die Ese-
lin den Engel des HERRN sah, drängte
sie sich an die Mauer und klemmte Bi-
leam den Fuß ein an der Mauer, und er
26 schlug sie noch mehr. Da ging der En-
gel des HERRN weiter und trat an eine
enge Stelle, wo kein Platz mehr war
auszuweichen, weder zur Rechten noch
zur Linken. Und als die Eselin den En- 27
gel des HERRN sah, fiel sie in die Knie
unter Bileam. Da entbrannte der Zorn
Bileams, und er schlug die Eselin mit
dem Stecken. Da tat der HERR der Ese- 28
lin den Mund auf, und sie sprach zu Bi-
leam: Was hab ich dir getan, daß du
mich nun dreimal geschlagen hast?[f] Bi- 29
leam sprach zur Eselin: Weil du Mut-
willen mit mir treibst! Ach daß ich jetzt
ein Schwert in der Hand hätte, ich
wollte dich töten! Die Eselin sprach zu 30
Bileam: Bin ich nicht deine Eselin, auf
der du geritten bist von jeher bis auf
diesen Tag? War es je meine Art, es so
mit dir zu treiben? Er sprach: Nein. Da 31
öffnete der HERR dem Bileam die Au-
gen, daß er den Engel des HERRN auf
dem Wege stehen sah mit einem bloßen
Schwert in seiner Hand, und er neigte
sich und fiel nieder auf sein Angesicht.
Und der Engel des HERRN sprach zu 32
ihm: Warum hast du deine Eselin nun
dreimal geschlagen? Siehe, ich habe
mich aufgemacht, um dir zu widerste-
hen; denn dein Weg ist verkehrt in mei-
nen Augen. Und die Eselin hat mich 33
gesehen und ist mir dreimal ausgewi-
chen. Sonst, wenn sie mir nicht ausge-
wichen wäre, so hätte ich dich jetzt ge-
tötet, aber die Eselin am Leben gelas-
sen. Da sprach Bileam zu dem Engel 34
des HERRN: Ich habe gesündigt; ich
hab's ja nicht gewußt, daß du mir ent-
gegenstandest auf dem Wege. Und
nun, wenn dir's nicht gefällt, will ich
wieder umkehren. Der Engel des 35
HERRN sprach zu ihm: Zieh hin mit den
Männern, aber nichts anderes, als was
ich zu dir sagen werde, sollst du reden.
So zog Bileam mit den Fürsten Balaks.
Als Balak hörte, daß Bileam kam, zog 36
er aus, ihm entgegen nach Ar in Moab,
das am Arnon liegt, an der äußersten
Grenze, und sprach zu ihm: Hab ich 37
nicht zu dir gesandt und dich rufen las-
sen? Warum bist du denn nicht zu mir
gekommen? Meinst du, ich könnte dich
nicht ehren? Bileam antwortete ihm: 38
Siehe, ich bin zu dir gekommen, aber
wie kann ich etwas anderes reden, als
was mir Gott in den Mund gibt? Nur
das kann ich reden! So zog Bileam mit 39
Balak, und sie kamen nach Kirjat-Hu-
zot. Und Balak opferte Rinder und 40
Schafe und sandte davon an Bileam
und an die Fürsten, die bei ihm waren.

Und am Morgen nahm Balak den Bi- 41
leam und führte ihn hinauf nach [g]Ba-

mot-Baal, daß er von dort das ganze
Volk Israel überblicken konnte.

a Kap 31,8; Jos 24,9; Mi 6,5 *b* 2.Petr 2,15
c 1.Kön 13,8 *d* 1.Mose 16,7 *e* Jos 5,13
f 2.Petr 2,16 *g* Jos 13,17

23 Und Bileam sprach zu Balak: Baue
mir hier sieben Altäre und schaffe mir
her sieben junge Stiere und sieben
2 Widder. Balak tat, wie ihm Bileam sag-
te, und beide, Balak und Bileam, opfer-
ten auf jedem Altar einen jungen Stier
3 und einen Widder. Und Bileam sprach
zu Balak: Tritt zu deinem Brandopfer;
ich will hingehen, ob mir vielleicht der
HERR begegnet, daß ich dir sage, was er
mir zeigt. Und er ging hin auf einen
4 kahlen Hügel. Und Gott begegnete Bi-
leam; er aber sprach zu ihm: Sieben Al-
täre hab ich hergerichtet und auf jedem
Altar einen jungen Stier und einen
5 Widder geopfert. Der HERR aber gab
das Wort dem Bileam in den Mund und
sprach: Geh zurück zu Balak und
6 sprich so! Und als er zu ihm kam, siehe,
da stand er bei seinem Brandopfer samt
7 allen Fürsten der Moabiter. Da hob Bi-
leam an mit seinem Spruch und sprach:
Aus Aram hat mich Balak, der König
der Moabiter, holen lassen von dem
Gebirge im Osten: Komm, verfluche
mir Jakob! Komm, verwünsche Israel!
8 Wie soll ich fluchen, dem Gott nicht
flucht? Wie soll ich verwünschen, den
9 der HERR nicht verwünscht? Denn von
der Höhe der Felsen sehe ich ihn, und
von den Hügeln schaue ich ihn. Siehe,
das Volk wird abgesondert wohnen und
10 sich nicht zu den Heiden rechnen. Wer
kann zählen den [a]Staub Jakobs, auch nur
den vierten Teil Israels? Meine Seele
möge sterben den Tod der Gerechten,
und mein Ende werde wie ihr Ende!
11 Da sprach Balak zu Bileam: Was tust
du mir an? Ich habe dich holen lassen,
um meinen Feinden zu fluchen, und
12 siehe, du segnest. Er antwortete und
sprach: Muß ich nicht das halten und
[b]reden, was mir der HERR in den Mund
13 gibt? Balak sprach zu ihm: Komm
doch mit mir an einen andern Ort, von
wo aus du nur sein äußerstes Ende
siehst, aber nicht ganz Israel, und ver-
14 fluche es mir von dort. Und er führte
ihn zum Späherfeld auf dem Gipfel des
Pisga und baute sieben Altäre und
opferte auf jedem Altar einen jungen
15 Stier und einen Widder. Und Bileam
sprach zu Balak: Tritt zu deinem
Brandopfer, ich aber will dort dem
Herrn begegnen.

Und der HERR begegnete Bileam und 16
gab ihm das Wort in seinen Mund und
sprach: Geh zurück zu Balak und
sprich so! Und als er zu ihm kam, siehe, 17
da stand er bei seinem Brandopfer samt
den Fürsten der Moabiter. Und Balak
sprach zu ihm: Was hat der HERR ge-
sagt? Und er hob an mit seinem Spruch 18
und sprach: Steh auf, Balak, und höre!
Nimm zu Ohren, was ich sage, du Sohn
Zippors! *Gott ist nicht ein Mensch, daß* 19
er lüge, noch ein Menschenkind, daß ihn
etwas gereue. Sollte er etwas sagen und
nicht tun? Sollte er etwas reden und nicht
halten?[c] Siehe, zu segnen ist mir befoh- 20
len; er hat gesegnet, und ich kann's
nicht wenden. Man sieht kein Unheil in 21
Jakob und kein Verderben in Israel.
Der HERR, sein Gott, ist bei ihm, und
es jauchzt dem König zu. Gott, der sie 22
aus Ägypten geführt hat, ist für sie wie
das Horn des Wildstiers. Denn es gibt 23
kein Zaubern in Jakob und kein Wahr-
sagen in Israel. Zu rechter Zeit wird Ja-
kob und Israel gesagt, welche Wunder
Gott tut. Siehe, das Volk wird aufste- 24
hen wie ein junger Löwe und wird sich
erheben [d]wie ein Löwe; es wird sich
nicht legen, bis es den Raub verzehrt
und das Blut der Erschlagenen trinkt.
Da sprach Balak zu Bileam: Du sollst 25
es weder verfluchen noch segnen. Bi- 26
leam antwortete und sprach zu Balak:
Hab ich dir nicht gesagt, alles, was der
HERR redet, das würde ich tun? Balak 27
sprach zu ihm: Komm doch, ich will
dich an einen andern Ort führen; viel-
leicht gefällt es Gott, daß du sie mir
dort verfluchst. Und [e]Balak führte ihn 28
auf den Gipfel des Berges [f]Peor, der
hinunterblickt auf das Jordantal. Und 29
Bileam sprach zu Balak: Baue mir hier
sieben Altäre und schaffe mir her sie-
ben junge Stiere und sieben Widder.
Balak tat, wie Bileam sagte, und opferte 30
auf jedem Altar einen jungen Stier und
einen Widder.

a 1.Mose 13,16 *b* Kap 22,38 *c* 1.Sam 15,29
d Kap 24,9; Hes 19,2 *e* Kap 22,41 *f* Kap 25,3

Als nun Bileam sah, daß es dem **24**
HERRN gefiel, Israel zu segnen, ging er
nicht wie bisher auf Zeichen aus, son-
dern richtete sein Angesicht zur Wüste,
hob seine Augen auf und sah Israel, wie 2
sie lagerten nach ihren Stämmen. Und
der Geist Gottes kam auf ihn, und er 3
hob an mit seinem Spruch und sprach:
Es sagt Bileam, der Sohn Beors, es sagt
der Mann, dem [a]die Augen geöffnet
sind; es sagt der Hörer göttlicher Rede, 4

der des Allmächtigen Offenbarung
sieht, dem die Augen geöffnet werden,
5 wenn er niederkniet: Wie fein sind dei-
ne Zelte, Jakob, und deine Wohnun-
6 gen, Israel! Wie die Täler, die sich aus-
breiten, wie die Gärten an den Was-
sern, wie die Aloebäume, die der HERR
pflanzt, wie die Zedern an den Was-
7 sern. Sein Eimer fließt von Wasser
über, und seine Saat hat Wasser die
Fülle. Sein König wird höher werden
als Agag, und sein Reich wird sich erhe-
8 ben. Gott, der ihn aus Ägypten geführt
hat, ist für ihn wie das Horn des Wild-
stiers. Er wird die Völker, seine Verfol-
ger, auffressen und ihre Gebeine zer-
malmen und mit seinen Pfeilen zer-
9 schmettern. Er [b]hat sich hingestreckt,
sich niedergelegt wie ein Löwe und wie
ein junger Löwe – wer will ihn aufstö-
ren? [c]Gesegnet sei, wer dich segnet,
und verflucht, wer dich verflucht!
10 Da entbrannte Balaks Zorn gegen Bi-
leam, und er schlug die Hände zusam-
men und sprach zu ihm: Ich habe dich
gerufen, daß du meine Feinde verflu-
chen solltest, und siehe, du hast sie nun
11 dreimal gesegnet. Geh nun weg in dein
Land! Ich dachte, ich wollte dich eh-
ren, aber der HERR hat dir die Ehre ver-
12 wehrt. Bileam antwortete ihm: Hab ich
nicht schon zu deinen Boten gesagt, die
13 du zu mir sandtest: Wenn mir Balak
sein Haus voll Silber und Gold gäbe, so
könnte ich doch an des HERRN Wort
nicht vorüber und Böses und Gutes tun
nach meinem Herzen, sondern was der
HERR redet, das würde ich auch re-
14 den?[d] Und nun siehe, ich ziehe zu mei-
nem Volk. So komm, ich will dir kund-
tun, was dies Volk deinem Volk tun
15 wird zur letzten Zeit. Und er hob an mit
seinem Spruch und sprach: Es sagt Bi-
leam, der Sohn Beors, es sagt der
16 Mann, dem die Augen geöffnet sind, es
sagt der Hörer göttlicher Rede und der
die Erkenntnis des Höchsten hat, der
die Offenbarung des Allmächtigen
sieht und dem die Augen geöffnet wer-
17 den, wenn er niederkniet: Ich sehe ihn,
aber nicht jetzt; ich schaue ihn, aber
nicht von nahem. Es wird ein [e]Stern
aus Jakob aufgehen und ein [f]Zepter aus
Israel aufkommen und wird [g]zer-
schmettern die Schläfen der Moabiter
und den Scheitel aller Söhne Sets.
18 [h]Edom wird er einnehmen, und Seïr,
sein Feind, wird unterworfen sein;
19 Israel aber wird Sieg haben. Aus
Jakob wird [i]der Herrscher kommen
und umbringen, was übrig ist von den
Städten.
Und als er die Amalekiter sah, hob er 20
an mit seinem Spruch und sprach:
Amalek ist das erste unter den Völkern;
aber [j]zuletzt wird es umkommen.
Und als er die [k]Keniter sah, hob er 21
an mit seinem Spruch und sprach: Fest
ist deine Wohnung, und du hast dein
Nest in einen Fels gebaut. Dennoch 22
wird Kain ausgetilgt werden. Wie lange
noch, dann führt Assur dich gefangen
hinweg! Und er hob abermals an mit 23
seinem Spruch und sprach: Ach, wer
wird am Leben bleiben, wenn Gott das
tun wird? Und Schiffe aus [l]Kittim 24
werden verderben [m]Assur und [n]Eber;
das aber wird auch umkommen.
Und [o]Bileam machte sich auf und 25
zog hin und kam wieder in sein Land,
und Balak zog seinen Weg.

a 1.Sam 9,9 *b* Kap 23,24; 1.Mose 49,9
c 1.Mose 12,3; 27,29 *d* Kap 22,18 *e* Mt 2,2;
Lk 1,78 *f* 1.Mose 49,10 *g* 2.Sam 8,2
h 2.Sam 8,14; Jer 49,7-22 *i* Mi 5,1.7.8
j 2.Mose 17,14; 1.Sam 15,2.3.7 *k* 1.Sam 15,6
l 1.Mose 10,4 *m* 1.Mose 10,22 *n* 1.Mose 10,21
o Kap 31,8.16

Israels Götzendienst mit dem Baal-Peor. Der Eifer des Pinhas für den HERRN

Und Israel lagerte in [a]Schittim. Da **25**
fing das Volk an zu [b]huren mit den
Töchtern der Moabiter; die luden das 2
Volk zu den Opfern ihrer Götter. Und
das Volk aß und betete ihre Götter an.
Und Israel hängte sich an den [c]Baal- 3
Peor. Da entbrannte des HERRN Zorn
über Israel, und er sprach zu Mose: 4
Nimm alle Oberen des Volks und [d]hän-
ge sie vor dem HERRN auf im Angesicht
der Sonne, damit sich der grimmige
Zorn des HERRN von Israel wende. Und 5
Mose sprach zu den Richtern Israels:
[e]Töte ein jeder seine Leute, die sich an
den Baal-Peor gehängt haben.
Und siehe, ein Mann aus Israel kam 6
und brachte unter seine Brüder eine
[f]Midianiterin vor den Augen des Mose
und der ganzen Gemeinde der Israeli-
ten, die da weinten vor der Tür der
Stiftshütte. Als das [g]Pinhas sah, der 7
Sohn Eleasars, des Sohnes des Priesters
Aaron, stand er auf aus der Gemeinde
und nahm einen Spieß in seine Hand
und ging dem israelitischen Mann nach 8
in die Kammer und durchstach sie bei-
de, den israelitischen Mann und die
Frau, durch ihren Leib. Da hörte die
Plage auf unter den Israeliten. Es waren 9

aber durch die Plage getötet worden
vierundzwanzigtausend.[h]
10 Und der HERR redete mit Mose und
11 sprach: Pinhas, der Sohn Eleasars, des
Sohnes des Priesters Aaron, hat meinen
Grimm von den Israeliten gewendet
durch seinen Eifer um mich, daß ich
nicht in meinem Eifer die Israeliten
12 vertilgte. Darum sage: Siehe, ich gebe
13 ihm meinen [i]Bund des Friedens, und
dieser Bund soll ihm und seinen Nach-
kommen das ewige Priestertum zutei-
len, weil er für seinen Gott geeifert und
für die Israeliten Sühne geschafft hat.
14 Der israelitische Mann aber, der er-
schlagen wurde mit der Midianiterin,
hieß Simri, der Sohn Salus, der Ober-
15 ste einer Sippe der Simeoniter. Die mi-
dianitische Frau, die auch erschlagen
wurde, hieß Kosbi, eine Tochter Zurs,
des Hauptes eines Geschlechtes unter
den Midianitern.
16 Und der HERR redete mit Mose und
17 sprach: Tut den Midianitern Schaden
18 und schlagt sie;[j] denn sie haben euch
Schaden getan mit ihrer List, die sie ge-
gen euch geübt haben durch den Peor
und durch ihre Schwester Kosbi, die
Tochter eines Obersten der Midianiter,
die erschlagen wurde am Tag der Plage,
die um des Peor willen kam.

a Kap 33,49 *b* 1.Kor 10,8 *c* 5.Mose 4,3;
Ps 106,28 *d* 5.Mose 21,22.23; 2.Sam 21,6.9
e 2.Mose 32,27 *f* Kap 31,16 *g* 2.Mose 6,25
h Ps 106,29-31 *i* 1.Chr 9,20; Jes 54,10; Hes 34,25;
Mal 2,5 *j* Kap 31,2-10

Neue Zählung der Stämme des Volkes

26 Und es geschah nach der Plage*, da
sprach der HERR zu Mose und Eleasar,
2 dem Sohn des Priesters Aaron: Nehmt
die Summe der ganzen Gemeinde der
Israeliten auf, von zwanzig Jahren an
und darüber nach ihren Sippen, alle,
3 die wehrfähig sind in Israel.[a] Und
Mose und Eleasar, der Priester, zählten
sie im Jordantal der Moabiter gegen-
4 über Jericho, die zwanzig Jahre alt wa-
ren und darüber, wie der HERR es Mose
geboten hatte. Dies aber waren die Is-
raeliten, die aus Ägypten gezogen wa-
ren:
5 [b]Ruben, der Erstgeborene Israels.
Die Söhne Rubens aber waren: He-
noch, von dem das Geschlecht der He-
nochiter kommt; Pallu, von dem das
6 Geschlecht der Palluiter kommt; Hez-
ron, von dem das Geschlecht der Hez-
roniter kommt; Karmi, von dem das
Geschlecht der Karmiter kommt. Das 7
sind die Geschlechter von Ruben, und
ihre Zahl war 43730. Aber die Söhne 8
Pallus waren Eliab. Und die Söhne 9
Eliabs waren Nemuël und [c]Datan und
Abiram. Das sind der Datan und Abi-
ram, die von der Versammlung berufen
waren, aber die sich gegen Mose und
Aaron auflehnten in der Rotte Korah,
als sie sich gegen den HERRN auflehn-
ten. Und die Erde tat ihren Mund auf 10
und verschlang sie mit Korah, während
die Rotte starb, indem das Feuer zwei-
hundertundfünfzig Männer fraß und
sie zum Zeichen wurden. Aber die Söh- 11
ne Korahs starben nicht alle.
Die Söhne Simeons nach ihren Ge- 12
schlechtern waren: Nemuël, daher
kommt das Geschlecht der Nemuëli-
ter; Jamin, daher kommt das Ge-
schlecht der Jaminiter; Jachin, daher
das Geschlecht der Jachiniter kommt;
[d]Serach, daher das Geschlecht der Se- 13
rachiter kommt; Saul, daher das Ge-
schlecht der Sauliter kommt. Das sind 14
die Geschlechter von Simeon, 22200.
Die Söhne Gads nach ihren Ge- 15
schlechtern waren: Zifjon, daher das
Geschlecht der Zifjoniter kommt;
Haggi, daher das Geschlecht der Hag-
giter kommt; Schuni, daher das Ge-
schlecht der Schuniter kommt; Osni, 16
daher das Geschlecht der Osniter
kommt; Eri, daher das Geschlecht der
Eriter kommt; Arod, daher das Ge- 17
schlecht der Aroditer kommt; Areli,
daher das Geschlecht der Areliter
kommt. Das sind die Geschlechter der 18
Söhne Gads, an Zahl 40500.
Die Söhne Judas waren: Ger und 19
Onan, die beide im Lande Kanaan star-
ben.[e] Es waren aber die Söhne Judas 20
nach ihren Geschlechtern: Schela, da-
her das Geschlecht der Schelaniter
kommt; Perez, daher das Geschlecht
der Pereziter kommt; Serach, daher das
Geschlecht der Serachiter kommt.
Aber die Söhne des [f]Perez waren: Hez- 21
ron, daher das Geschlecht der Hezroni-
ter kommt; Hamul, daher das Ge-
schlecht der Hamuliter kommt. Das 22
sind die Geschlechter Judas, an Zahl
76500.
Die Söhne Isaschars nach ihren Ge- 23
schlechtern waren: Tola, daher das Ge-
schlecht der Tolaiter kommt; Pua, da-
her das Geschlecht der Puniter kommt;
Jaschub, daher das Geschlecht der Ja- 24
schubiter kommt; Schimron, daher das
Geschlecht der Schimroniter kommt.

25 Das sind die Geschlechter Isaschars, an
Zahl 64300.
26 Die Söhne Sebulons nach ihren Ge-
schlechtern waren: Sered, daher das
Geschlecht der Serediter kommt; Elon,
daher das Geschlecht der Eloniter
kommt; Jachleel, daher das Geschlecht
27 der Jachleeliter kommt. Das sind die
Geschlechter Sebulons, an Zahl 60500.
28 Die Söhne Josefs nach ihren Ge-
schlechtern waren: Manasse und
29 Efraim.[g] Die Söhne Manasses aber wa-
ren: Machir, daher kommt das Ge-
schlecht der Machiriter; Machir zeugte
Gilead, daher kommt das Geschlecht
30 der Gileaditer. Dies sind die Söhne Gi-
leads: Hiëser, daher kommt das Ge-
schlecht der Hiëseriter; Helek, daher
kommt das Geschlecht der Helekiter;
31 Asriël, daher kommt das Geschlecht
der Asriëliter; Sichem, daher kommt
das Geschlecht der Sichemiter;
32 Schemida, daher kommt das Ge-
schlecht der Schemidaiter; Hefer, da-
her kommt das Geschlecht der Heferi-
33 ter. Zelofhad aber war Hefers Sohn und
hatte keine Söhne, sondern Töchter;
die hießen Machla, Noa, Hogla, Milka
34 und Tirza.[h] Das sind die Geschlechter
Manasses, an Zahl 52700.
35 Die Söhne Efraims nach ihren Ge-
schlechtern waren: Schutelach, daher
kommt das Geschlecht der Schutela-
chiter; Becher, daher kommt das Ge-
schlecht der Becheriter; Tahan, daher
kommt das Geschlecht der Tahaniter.
36 Die Söhne Schutelachs aber waren:
Eran, daher kommt das Geschlecht der
37 Eraniter. Das sind die Geschlechter der
Söhne Efraims, an Zahl 32500. Das
sind die Söhne Josefs nach ihren Ge-
schlechtern.
38 Die Söhne Benjamins nach ihren
Geschlechtern waren: Bela, daher
kommt das Geschlecht der Belaiter;
Aschbel, daher kommt das Geschlecht
der Aschbeliter; Ahiram, daher kommt
das Geschlecht der Ahiramiter;
39 Schufam, daher kommt das Geschlecht
der Schufamiter; Hufam, daher kommt
40 das Geschlecht der Hufamiter. Die
Söhne Belas aber waren: Ard und Na-
aman, daher kommt das Geschlecht der
41 Arditer und Naamaniter. Das sind die
Söhne Benjamins nach ihren Ge-
schlechtern, an Zahl 45600.
42 Die Söhne Dans nach ihren Ge-
schlechtern waren: Schuham, daher
kommt das Geschlecht der Schuhami-
ter. Das sind die Geschlechter Dans
nach ihren Geschlechtern. Alle Ge- 43
schlechter der Schuhamiter waren an
Zahl 64400.
Die Söhne Assers nach ihren Ge- 44
schlechtern waren: Jimna, daher
kommt das Geschlecht der Jimniter;
Jischwi, daher kommt das Geschlecht
der Jischwiter; Beria, daher kommt das
Geschlecht der Beriiter. Aber die Söh- 45
ne Berias waren: Heber, daher kommt
das Geschlecht der Heberiter; Malkiël,
daher kommt das Geschlecht der Mal-
kiëliter. Und die Tochter Assers hieß 46
Serach. Das sind die Geschlechter der 47
Söhne Assers, an Zahl 53400.
Die Söhne Naftalis nach ihren Ge- 48
schlechtern waren: Jachzeel, daher
kommt das Geschlecht der Jachzeeli-
ter; Guni, daher kommt das Ge-
schlecht der Guniter; Jezer, daher 49
kommt das Geschlecht der Jezeriter;
Schillem, daher kommt das Geschlecht
der Schillemiter. Das sind die Ge- 50
schlechter von Naftali nach ihren Sip-
pen, an Zahl 45400.
Das ist die Summe der Israeliten, 51
601730.
Und der HERR redete mit Mose und 52
sprach: Diesen sollst du das Land aus- 53
teilen zum Erbe nach der Zahl der Na-
men. Dem Geschlecht, das groß ist an 54
Zahl, sollst du viel zum Erbe geben,
und dem Geschlecht, das gering ist an
Zahl, wenig; einem jeden soll man ge-
ben nach seiner Zahl. [i] Doch soll man 55
das Land durchs Los austeilen; nach
den Namen der Stämme ihrer Väter
sollen sie ihr Erbteil erhalten. Nach 56
dem Los sollst du ihr Erbe austeilen
zwischen den vielen und wenigen.

a Kap 1,2-47 *b (5-50)* 1.Mose 35,23-26; 46,8-27; 1.Chr 4-8 *c* Kap 16,1.12 *d* 1.Mose 36,13 *e* 1.Mose 38,7-10 *f* Rut 4,18 *g (29-33)* Jos 17,1-6 *h* Kap 27,1 *i (55 und 56)* Kap 33,54; Jos 14,2

*Vers 1: Der Satzanfang bis »Plage« zählt als Kap 25,19.

Die Geschlechter der Leviten

Und dies ist die Summe der Leviten 57
nach ihren Geschlechtern: Gerson, da-
her das Geschlecht der Gersoniter; Ke-
hat, daher das Geschlecht der Kehati-
ter; Merari, daher das Geschlecht der
Merariter.[a] Dies sind die Geschlechter 58
Levis: das Geschlecht der [b] Libniter,
das Geschlecht der [c] Hebroniter, das
Geschlecht der Machliter, das Ge-
schlecht der Muschiter, das Geschlecht
der Korahiter. Kehat aber zeugte Am-
ram. Und Amrams Frau hieß Joche- 59
bed, eine Tochter Levis, die ihm gebo-

ren wurde in Ägypten. Und sie gebar
dem Amram Aaron und Mose und ihre
60 Schwester Mirjam. Dem Aaron aber
wurden geboren Nadab, Abihu, Elea-
61 sar und Itamar. Nadab aber und Abihu
starben, als sie fremdes Feuer dar-
62 brachten vor dem HERRN.[d] Und ihre
Summe war 23 000, alles, was männlich
war, von einem Monat an und darüber.
Sie wurden nämlich nicht gezählt zu-
sammen mit den Israeliten; denn man
gab ihnen kein Erbe unter den Israeli-
ten.
63 Das ist die Summe der Israeliten, die
Mose und Eleasar, der Priester, zählten
im Jordantal der Moabiter gegenüber
64 Jericho. Unter diesen aber war keiner
mehr von denen aus Israel, die Mose
und Aaron, der Priester, gezählt hatten
65 in der Wüste Sinai.[e] Denn der HERR
hatte ihnen gesagt, sie sollten des Todes
sterben in der Wüste. [f]Und so blieb
keiner von ihnen übrig als Kaleb, der
Sohn Jefunnes, und Josua, der Sohn
Nuns.

a Kap 3,17-20; 2.Mose 6,16-25 *b* Kap 33,20
c Kap 13,22 *d* 3.Mose 10,1.2 *e* Kap 1
f Kap 14,22-38

Erbrecht der Töchter
(vgl. Kap 36)

27 Und [a]die Töchter Zelofhads, des Soh-
nes Hefers, des Sohnes Gileads, des
Sohnes Machirs, des Sohnes Manasses,
von den Geschlechtern Manasses, des
Sohnes Josefs, mit Namen Machla,
Noa, Hogla, Milka und Tirza kamen
2 herzu und traten vor Mose und vor
Eleasar, den Priester, und vor die
Stammesfürsten und die ganze Ge-
meinde vor der Tür der Stiftshütte und
3 sprachen: Unser Vater ist gestorben in
der Wüste und war nicht mit unter der
Rotte, die sich [b]gegen den HERRN em-
pörte, unter der Rotte Korah, sondern
ist um seiner eigenen Sünde willen ge-
4 storben und hatte keine Söhne. Warum
soll denn unseres Vaters Name in sei-
nem Geschlecht untergehen, weil er
keinen Sohn hat? Gebt uns auch ein
Erbgut unter den Brüdern unseres Va-
ters.
5 Mose brachte ihre Sache vor den
6 HERRN. Und der HERR sprach zu ihm:
7 Die Töchter Zelofhads haben recht ge-
redet. Du sollst ihnen ein Erbgut unter
den Brüdern ihres Vaters geben und
sollst ihres Vaters Erbe ihnen zuwen-
8 den. Und sage den Israeliten: Wenn je-
mand stirbt und keinen Sohn hat, so
sollt ihr sein Erbe seiner Tochter zu-
wenden. Hat er keine Tochter, sollt 9
ihr's seinen Brüdern geben. Hat er kei- 10
ne Brüder, sollt ihr's den Brüdern sei-
nes Vaters geben. Hat sein Vater keine 11
Brüder, sollt ihr's seinen nächsten Ver-
wandten geben, die ihm angehören in
seinem Geschlecht, damit sie es in Be-
sitz nehmen. Das soll den Israeliten
Gesetz und Recht sein, wie der HERR
dem Mose geboten hat.

a Kap 26,33; Jos 17,3-6 *b* Kap 16,2; 1.Mose 3,19

Josua wird zum Nachfolger des Mose bestellt

[a]Und der HERR sprach zu Mose: Steig 12
auf dies Gebirge Abarim und sieh auf
das Land, das ich den Israeliten geben
werde. Und wenn du es gesehen hast, 13
sollst du auch zu deinen Vätern ver-
sammelt werden, wie dein Bruder
Aaron zu ihnen versammelt ist,[b] weil 14
ihr meinem Wort ungehorsam gewesen
seid in der Wüste Zin, als die Gemeinde
haderte und [c]ihr mich vor ihnen heili-
gen solltet durch das Wasser. Das ist
das Haderwasser zu Kadesch in der
Wüste Zin.
Und Mose redete mit dem HERRN 15
und sprach: Der HERR, der [d]Gott des 16
Lebensgeistes für alles Fleisch, wolle
einen Mann setzen über die Gemeinde,
der vor ihnen her aus- und eingeht und 17
sie aus- und einführt, damit die Ge-
meinde des HERRN nicht sei [e]wie die
Schafe ohne Hirten.
Und der HERR sprach zu Mose: 18
Nimm [f]Josua zu dir, den Sohn Nuns,
einen Mann, in dem der Geist ist, und
lege deine Hände auf ihn; und laß ihn 19
treten vor den Priester Eleasar und vor
die ganze Gemeinde und bestelle ihn
vor ihren Augen und lege [g]von deiner 20
Hoheit auf ihn, damit ihm gehorche die
ganze Gemeinde der Israeliten. Und er 21
soll treten vor Eleasar, den Priester, der
soll für ihn [h]mit den heiligen Losen den
HERRN befragen. Nach dessen Befehl
sollen aus- und einziehen er und alle Is-
raeliten mit ihm und die ganze Ge-
meinde. Mose tat, wie ihm der HERR 22
geboten hatte, und nahm Josua und ließ
ihn treten vor den Priester Eleasar und
vor die ganze Gemeinde und legte seine 23
Hand auf ihn und bestellte ihn, wie der
HERR durch Mose geredet hatte.

a (12-14) Kap 21,11; 5.Mose 32,48-52
b Kap 20,24-28 *c* Kap 20,12.13 *d* Kap 16,22
e Mi 5,3; Mt 9,36 *f* 2.Mose 33,11; 5.Mose 34,9
g 2.Mose 34,29.30; 2.Kön 2,9.15 *h* 2.Mose 28,30;
5.Mose 33,8

Gesetze über die regelmäßigen Opfer des Jahres

28 Und der HERR redete mit Mose und
2 sprach: Gebiete den Israeliten und
sprich zu ihnen: Ihr sollt achthaben,
daß ihr zur rechten Zeit meine Opfer-
gaben darbringt, meine [a]Feueropfer-
speise mir zum lieblichen Geruch.
3 [b]Und sprich zu ihnen: Dies sind die
Feueropfer, die ihr dem HERRN opfern
sollt: einjährige Schafe, die ohne Feh-
ler sind, täglich zwei zum täglichen
4 Brandopfer, ein Schaf am Morgen, das
5 andere gegen Abend; dazu ein Zehntel
Scheffel feinstes Mehl zum Speisopfer,
mit Öl vermengt, das gestoßen ist, eine
6 viertel Kanne. Das ist das tägliche
Brandopfer, das ihr am Berge Sinai ge-
opfert habt zum lieblichen Geruch, ein
7 Feueropfer für den HERRN. Dazu sein
Trankopfer zu je einem Schaf eine vier-
tel Kanne. Im Heiligtum soll man den
Wein des Trankopfers dem HERRN dar-
8 bringen. Das andere Schaf sollst du ge-
gen Abend zurichten. Mit einem Speis-
opfer wie am Morgen und mit seinem
Trankopfer sollst du es zurichten als
Feueropfer für den HERRN zum lieb-
lichen Geruch.
9 Am [c]Sabbattag aber zwei einjährige
Schafe ohne Fehler und zwei Zehntel
feinstes Mehl zum Speisopfer, mit Öl
10 vermengt, und sein Trankopfer. Das ist
das Brandopfer an jedem Sabbat außer
dem täglichen Brandopfer samt seinem
Trankopfer.
11 [d]Aber am ersten Tage eurer Monate
sollt ihr dem HERRN ein Brandopfer
opfern: zwei junge Stiere, einen Wid-
der, sieben einjährige Schafe ohne Feh-
12 ler und [e]je drei Zehntel feinstes Mehl
zum Speisopfer, mit Öl vermengt, zu je
einem jungen Stier und zwei Zehntel
feinstes Mehl zum Speisopfer, mit Öl
13 vermengt, zu dem einen Widder und je
ein Zehntel feinstes Mehl zum Speis-
opfer, mit Öl vermengt, zu je einem
Schaf. Das ist ein Brandopfer des lieb-
lichen Geruchs, ein Feueropfer für den
14 HERRN. Und was dazu gehört an
Trankopfern, soll sein: eine halbe Kan-
ne Wein zu je einem jungen Stier, eine
drittel Kanne zum Widder, eine viertel
Kanne zu je einem Schaf. Das ist das
Brandopfer zum Neumond eines jeden
15 Monats im Jahr. Dazu soll man einen
Ziegenbock dem HERRN zum Sünd-
opfer zurichten außer dem täglichen
Brandopfer und seinem Trankopfer.

[f]Aber am vierzehnten Tag des ersten 16
Monats ist das Passa des HERRN. Und 17
am fünfzehnten Tage desselben Mo-
nats ist Festfeier. Sieben Tage soll man
ungesäuertes Brot essen. Am ersten 18
Tag soll heilige Versammlung sein;
keine Arbeit sollt ihr an diesem Tage
tun und sollt dem HERRN Brandopfer 19
darbringen: zwei junge Stiere, einen
Widder, sieben einjährige Schafe ohne
Fehler samt ihren Speisopfern: drei 20
Zehntel feinstes Mehl, mit Öl ver-
mengt, zu je einem jungen Stier und
zwei Zehntel zu dem Widder und je ein 21
Zehntel auf ein Schaf unter den sieben
Schafen, dazu einen Bock zum Sünd- 22
opfer, um für euch Sühne zu schaffen.
Und ihr sollt das alles darbringen außer 23
dem Brandopfer am Morgen, welches
das tägliche Brandopfer ist. Nach 24
dieser Weise sollt ihr alle Tage, die sie-
ben Tage lang, das Opfer zurichten als
Feueropferspeise zum lieblichen Ge-
ruch für den HERRN, außer dem täg-
lichen Brandopfer samt seinem Trank-
opfer. Am siebenten Tag aber soll heili- 25
ge Versammlung sein; keine Arbeit
sollt ihr an diesem Tage tun.
[g]Und am Tag der Erstlinge, wenn 26
ihr das neue Speisopfer dem HERRN
opfert, an eurem Wochenfest, soll heili-
ge Versammlung sein; keine Arbeit
sollt ihr an diesem Tage tun. Und ihr 27
sollt dem HERRN als Brandopfer dar-
bringen zum lieblichen Geruch: zwei
junge Stiere, einen Widder, sieben ein-
jährige Schafe samt ihrem Speisopfer: 28
drei Zehntel feinstes Mehl, mit Öl ver-
mengt, zu je einem jungen Stier, zwei
Zehntel zu dem Widder und je ein 29
Zehntel zu je einem Schaf von den sie-
ben Schafen, und einen Ziegenbock, 30
um für euch Sühne zu schaffen. Das al- 31
les sollt ihr darbringen außer dem täg-
lichen Brandopfer mit seinem Speis-
opfer. Ohne Fehler soll's sein, dazu ihre
Trankopfer.

a 3.Mose 21,6 *b (3-8)* 2.Mose 29,38-42
c Mt 12,5 *d (11-15)* Kap 10,10; Hes 46,1.3.6;
Jes 1,13 *e* Kap 15,2-12 *f (16-25)* 3.Mose 23,5-14
g (26-31) 3.Mose 23,15-21; 5.Mose 16,10

[a]Und am ersten Tag des siebenten **29**
Monats soll heilige Versammlung sein;
keine Arbeit sollt ihr an diesem Tage
tun; ein Tag des Posaunenblasens soll
er für euch sein. Und ihr sollt als 2
Brandopfer darbringen zum lieblichen
Geruch für den HERRN: einen jungen
Stier, einen Widder, sieben einjährige
Schafe ohne Fehler, dazu als Speis- 3
opfer: drei Zehntel feinstes Mehl, mit

Öl vermengt, zu dem jungen Stier, zwei
4 Zehntel zu dem Widder und ein Zehn-
tel zu je einem Schaf von den sieben
5 Schafen, auch einen Ziegenbock zum
Sündopfer, um für euch Sühne zu
6 schaffen, außer dem Brandopfer des
Neumondes und seinem Speisopfer
und außer dem täglichen Brandopfer
mit seinem Speisopfer und mit ihren
Trankopfern, ihrer Ordnung gemäß,
zum lieblichen Geruch als ein Feuer-
opfer für den HERRN.

7 [b]Am zehnten Tag dieses siebenten
Monats soll heilige Versammlung sein,
und ihr sollt fasten und keine Arbeit an
8 diesem Tage tun, sondern als Brand-
opfer dem HERRN zum lieblichen Ge-
ruch opfern: einen jungen Stier, einen
Widder, sieben einjährige Schafe ohne
9 Fehler mit ihren Speisopfern: drei
Zehntel feinstes Mehl, mit Öl ver-
mengt, zu dem jungen Stier, zwei
10 Zehntel zu dem Widder und ein Zehn-
11 tel zu je einem der sieben Schafe, dazu
einen Ziegenbock zum Sündopfer au-
ßer dem Sündopfer zur Sühnung und
dem täglichen Brandopfer mit seinem
Speisopfer und mit ihren Trank-
opfern.[c]

12 [d]Am fünfzehnten Tag des siebenten
Monats soll heilige Versammlung sein;
keine Arbeit sollt ihr an diesem Tage
tun und sollt dem HERRN das Fest sie-
13 ben Tage feiern und sollt an
Brandopfern darbringen, als Feuer-
opfer des lieblichen Geruchs für den
HERRN: dreizehn junge Stiere, zwei
Widder, vierzehn einjährige Schafe
14 ohne Fehler samt ihrem Speisopfer:
drei Zehntel feinstes Mehl, mit Öl ver-
mengt, zu je einem der dreizehn jungen
Stiere, zwei Zehntel zu je einem der
15 zwei Widder und ein Zehntel zu je
16 einem der vierzehn Schafe, dazu einen
Ziegenbock zum Sündopfer außer dem
täglichen Brandopfer mit seinem
Speisopfer und seinem Trankopfer.
17 Am zweiten Tage: zwölf junge Stiere,
zwei Widder, vierzehn einjährige
18 Schafe ohne Fehler mit ihrem Speis-
opfer und ihren Trankopfern zu den
jungen Stieren, zu den Widdern und zu
den Schafen nach ihrer Zahl, der Ord-
19 nung gemäß, dazu einen Ziegenbock
zum Sündopfer außer dem täglichen
Brandopfer mit seinem Speisopfer und
20 ihren Trankopfern. Am dritten Tage:
elf junge Stiere, zwei Widder, vierzehn
21 einjährige Schafe ohne Fehler mit ih-
rem Speisopfer und ihren Trankopfern
zu den jungen Stieren, zu den Widdern
und zu den Schafen nach ihrer Zahl,
der Ordnung gemäß, dazu einen Bock 22
zum Sündopfer außer dem täglichen
Brandopfer mit seinem Speisopfer und
seinem Trankopfer. Am vierten Tage: 23
zehn junge Stiere, zwei Widder, vier-
zehn einjährige Schafe ohne Fehler
samt ihrem Speisopfer und ihren 24
Trankopfern zu den jungen Stieren, zu
den Widdern und zu den Schafen nach
ihrer Zahl, der Ordnung gemäß, dazu 25
einen Ziegenbock zum Sündopfer au-
ßer dem täglichen Brandopfer mit sei-
nem Speisopfer und seinem Trank-
opfer. Am fünften Tage: neun junge 26
Stiere, zwei Widder, vierzehn einjähri-
ge Schafe ohne Fehler samt ihrem 27
Speisopfer und ihren Trankopfern zu
den jungen Stieren, zu den Widdern
und zu den Schafen nach ihrer Zahl,
der Ordnung gemäß, dazu einen Bock 28
zum Sündopfer außer dem täglichen
Brandopfer mit seinem Speisopfer und
seinem Trankopfer. Am sechsten 29
Tage: acht junge Stiere, zwei Widder,
vierzehn einjährige Schafe ohne Fehler
samt ihrem Speisopfer und ihren 30
Trankopfern zu den jungen Stieren, zu
den Widdern und zu den Schafen nach
ihrer Zahl, der Ordnung gemäß, dazu 31
einen Bock zum Sündopfer außer dem
täglichen Brandopfer mit seinem
Speisopfer und seinen Trankopfern.
Am siebenten Tage: sieben junge Stie- 32
re, zwei Widder, vierzehn einjährige
Schafe ohne Fehler samt ihrem Speis- 33
opfer und ihren Trankopfern zu den
jungen Stieren, zu den Widdern und zu
den Schafen nach ihrer Zahl, ihrer
Ordnung gemäß, dazu einen Bock zum 34
Sündopfer außer dem täglichen Brand-
opfer mit seinem Speisopfer und sei-
nem Trankopfer. Am achten sollt ihr 35
Festversammlung halten; keine Arbeit
sollt ihr an diesem Tage tun und sollt 36
als Brandopfer opfern, als Feueropfer
des lieblichen Geruchs für den HERRN:
einen jungen Stier, einen Widder, sie-
ben einjährige Schafe ohne Fehler samt 37
ihrem Speisopfer und ihren Trank-
opfern zu dem jungen Stier, zu dem
Widder und zu den Schafen nach ihrer
Zahl, der Ordnung gemäß, dazu einen 38
Bock zum Sündopfer außer dem täg-
lichen Brandopfer mit seinem Speis-
opfer und seinem Trankopfer. Das alles 39
sollt ihr dem HERRN darbringen an eu-
ren Festen, außer dem, was ihr gelobt
und freiwillig gebt an Brandopfern,

Speisopfern, Trankopfern und Dank-
opfern.
30 Und Mose sagte den Israeliten alles,
was ihm der HERR geboten hatte.

a (1-6) Kap 10,10; 3.Mose 23,24.25 *b (7-11)* 3.Mose 23,27-32 *c* 3.Mose 16,11-28 *d (12-38)* 3.Mose 23,34-43

Gesetze über die Verbindlichkeit von Gelübden

2 Und Mose redete mit den Häuptern
der Stämme Israels und sprach: Dies
ist's, was der HERR geboten hat:
3 Wenn jemand dem HERRN ein [a]Ge-
lübde tut oder einen Eid schwört, daß
er sich zu etwas verpflichten will, so soll
er sein Wort nicht brechen, sondern al-
les tun, wie es über seine Lippen gegan-
gen ist.[b]
4 Wenn eine Frau dem HERRN ein Ge-
lübde tut und sich zu etwas verpflich-
tet, solange sie im Hause ihres Vaters
5 und ledig ist, und ihr Vater hört von ih-
rem Gelübde und ihrer Verpflichtung,
die sie sich auferlegt hat, und er
schweigt dazu, so gelten alle ihre Ge-
lübde, und jede Verpflichtung, die sie
sich auferlegt hat, soll auch gelten.
6 Wenn aber ihr Vater ihr's verwehrt an
dem Tage, da er's hört, so gilt das Ge-
lübde und die Verpflichtung nicht, die
sie sich auferlegt hat, und der HERR
wird ihr gnädig sein, weil ihr Vater es
ihr verwehrt hat.
7 Wird sie aber eines Mannes Frau
und liegt noch ein Gelübde auf ihr oder
hat sie unbedacht etwas versprochen,
8 durch das sie sich gebunden hat, und
ihr Mann hört es und schweigt dazu an
demselben Tage, so gilt ihr Gelübde
und ihre Verpflichtung, die sie sich auf-
9 erlegt hat. Wenn aber ihr Mann ihr's
verwehrt an dem Tage, da er's hört, so
macht er sie ihres Gelübdes ledig, das
auf ihr liegt, und ihres unbedachten
Versprechens, durch das sie sich ge-
bunden hat; und der HERR wird ihr
gnädig sein.
10 Das Gelübde einer Witwe oder einer
Verstoßenen, alles, was sie sich aufer-
legt hat, das gilt für sie.
11 [c]Wenn eine Frau im Hause ihres
Mannes etwas gelobt und sich mit
12 einem Eide bindet und ihr Mann hört
es und schweigt dazu und verwehrt es
ihr nicht, so gelten alle ihre Gelübde
und alles, wozu sie sich verpflichtet hat.
13 Macht aber ihr Mann sie ihres Gelüb-
des ledig an dem Tage, da er's hört, so
gilt das nicht, was über ihre Lippen ge-
gangen ist, was sie gelobt oder wozu sie
sich verpflichtet hat; denn ihr Mann
hat sie ihres Gelübdes ledig gemacht,
und der HERR wird ihr gnädig sein. Alle 14
Gelübde und alle Eide, mit denen sie
sich verpflichtet hat zu fasten, kann ihr
Mann bekräftigen oder aufheben, also:
wenn er dazu schweigt von einem Tage 15
zum andern, so bekräftigt er alle ihre
Gelübde und Verpflichtungen, die auf
ihr liegen, weil er geschwiegen hat an
dem Tage, da er's hörte; hat er's aber 16
gehört und hebt es erst später auf, so
soll er ihre Schuld tragen.
Das sind die Satzungen, die der 17
HERR dem Mose geboten hat, zwischen
Mann und Frau, zwischen Vater und
Tochter, solange sie noch ledig ist in ih-
res Vaters Hause.

a 3.Mose 27,2-25; 5.Mose 23,22; Ri 11,35; Pred 5,3.4 *b* Kap 6,1-21 *c (11-16)* Jer 44,19.25

Sieg über die Midianiter und Verteilung der Beute

Und der HERR redete mit Mose und **31**
sprach: Übe [a]Rache für die Israeliten 2
an den Midianitern, und danach sollst
du [b]versammelt werden zu deinen Vä-
tern. Da redete Mose mit dem Volk und 3
sprach: Rüstet unter euch Leute zum
Kampf gegen die Midianiter, die die
Rache des HERRN an den Midianitern
vollstrecken. Aus jedem Stamm je tau- 4
send Mann sollt ihr aus allen Stämmen
Israels in das Heer schicken. Und sie 5
nahmen aus den Tausendschaften Is-
raels je tausend eines Stammes, zwölf-
tausend Mann gerüstet zum Kampf.
Und Mose schickte sie mit Pinhas, dem 6
Sohn des Priesters Eleasar, in den
Kampf, und er hatte die heiligen Gerä-
te und die [c]Kriegstrompeten bei sich.
Und sie zogen aus zum Kampf gegen 7
die Midianiter, wie der HERR es Mose
geboten hatte, und [d]töteten alles, was
männlich war. Samt diesen Erschlage- 8
nen töteten sie auch die Könige der Mi-
dianiter, nämlich [e]Ewi, Rekem, Zur,
Hur und Reba, die fünf Könige der Mi-
dianiter. Auch [f]Bileam, den Sohn
Beors, töteten sie mit dem Schwert.
Und die Israeliten nahmen gefangen 9
die Frauen der Midianiter und ihre
Kinder; all ihr Vieh, alle ihre Habe und
alle ihre Güter raubten sie und ver- 10
brannten mit Feuer alle ihre Städte, wo
sie wohnten, und alle ihre Zeltdörfer.
Und sie nahmen allen Raub und alles, 11
was zu nehmen war, Menschen und
Vieh, und brachten's zu Mose und zu 12

Eleasar, dem Priester, und zu der Ge-
meinde der Israeliten, nämlich die Ge-
fangenen und das genommene Vieh
und das geraubte Gut, ins Lager im
Jordantal der Moabiter gegenüber Jeri-
13 cho. Und Mose und Eleasar, der Prie-
ster, und alle Fürsten der Gemeinde
gingen ihnen entgegen, hinaus vor das
Lager.
14 Und Mose wurde zornig über die
Hauptleute des Heeres, die Hauptleute
über tausend und über hundert, die aus
15 dem Feldzug kamen, und sprach zu
ihnen: Warum habt ihr alle Frauen le-
16 ben lassen? Siehe, haben nicht diese die
Israeliten durch Bileams Rat abwendig
gemacht, daß sie[g] sich versündigten am
HERRN durch den Baal-Peor, so daß der
Gemeinde des HERRN eine Plage wider-
17 fuhr? [h] So tötet nun alles, was männlich
ist unter den Kindern, und alle Frauen,
18 die nicht mehr Jungfrauen sind; aber
alle Mädchen, die unberührt sind, die
19 laßt für euch leben. Und lagert euch
draußen vor dem Lager sieben Tage,
alle, die jemand getötet oder die Er-
schlagene angerührt haben, daß ihr
euch entsündigt am dritten und sieben-
ten Tage samt denen, die ihr gefangen-
20 genommen habt.[i] Auch alle Kleider
und alles Lederzeug und alles Pelzwerk
und alle hölzernen Geräte sollt ihr ent-
sündigen.
21 Und Eleasar, der Priester, sprach zu
dem Kriegsvolk, das in den Kampf ge-
zogen war: Dies ist das Gesetz, das der
22 HERR dem Mose geboten hat: Gold,
Silber, Kupfer, Eisen, Zinn und Blei
23 und alles, was Feuer verträgt, sollt ihr
durchs Feuer gehen lassen, so wird es
rein; nur daß es mit dem Reinigungs-
wasser entsündigt werde. Aber alles,
was Feuer nicht verträgt, sollt ihr
24 durchs Wasser gehen lassen. Und ihr
sollt eure Kleider waschen am sieben-
ten Tage, so werdet ihr rein. Danach
sollt ihr ins Lager kommen.
25 Und der HERR redete mit Mose und
26 sprach: Nimm die gesamte Beute an
Menschen und Vieh, die weggeführt
wurde, auf, du und der Priester Eleasar
und die Häupter der Sippen der Ge-
27 meinde, und gib die eine Hälfte denen,
die in den Kampf gezogen sind und die
Schlacht geschlagen haben, und die an-
28 dere Hälfte der ganzen Gemeinde.[j] Du
sollst aber für den HERRN als Abgabe
erheben von den Kriegsleuten, die in
den Kampf gezogen waren, je eins von
fünfhundert, an Menschen, Rindern,
Eseln und Schafen. Von ihrer Hälfte 29
sollst du sie erheben und dem Priester
Eleasar geben als Opfergabe für den
HERRN. Aber von der Hälfte der Israeli- 30
ten sollst du je eins von fünfzig erhe-
ben, an Menschen, Rindern, Eseln und
Schafen und von allem Vieh, und sollst
sie den Leviten geben, die den Dienst
versehen an der Wohnung des HERRN.
Und Mose und der Priester Eleasar ta- 31
ten, wie der HERR es Mose geboten hat-
te.
Und es betrug die Beute, soviel am 32
Leben geblieben war von dem, was das
Kriegsvolk erbeutet hatte, 675000
Schafe, 72000 Rinder, 61000 Esel, an 33/35
Menschen aber 32000 Mädchen, die
nicht von Männern berührt waren.
Und die Hälfte, die denen gehörte, 36
die in den Kampf gezogen waren,
betrug 337500 Schafe; davon waren 37
Abgabe für den HERRN 675 Schafe.
Desgleichen 36000 Rinder; davon wa- 38
ren Abgabe für den HERRN 72. Desglei- 39
chen 30500 Esel; davon waren Abgabe
für den HERRN 61. Desgleichen 16000 40
Menschen; davon waren Abgabe für
den HERRN 32. Und Mose gab diese 41
Abgabe als Opfergabe für den HERRN
dem Priester Eleasar, wie ihm der HERR
geboten hatte. Aber die andere Hälfte, 42
die Mose für die Israeliten absonderte
von dem Anteil der Kriegsleute, näm- 43
lich die Hälfte, die der Gemeinde
zukam, betrug auch 337500 Schafe,
36000 Rinder, 30500 Esel und 16000 44/46
Menschen. Und Mose nahm von dieser 47
Hälfte der Israeliten je eins von fünfzig,
sowohl vom Vieh als von den Men-
schen, und gab's den Leviten, die den
Dienst versahen an der Wohnung des
HERRN, wie der HERR es Mose geboten
hatte.
Und es traten an Mose heran die 48
Anführer der Tausendschaften des
Kriegsvolks, nämlich die Hauptleute
über tausend und über hundert, und 49
sprachen zu ihm: Wir, deine Knechte,
haben die Summe der Kriegsleute auf-
genommen, die unter unserm Befehl
standen, und es fehlt nicht einer. Dar- 50
um bringen wir dem HERRN als Gabe,
was jeder gefunden hat an goldenem
Gerät, Ketten, Armgeschmeide, Rin-
gen, Ohrringen und Spangen, um für
uns Sühne zu schaffen vor dem
HERRN.[k] Und Mose samt dem Priester 51
Eleasar nahm von ihnen das Gold, al-
lerlei Geschmeide. Und alles Gold, das 52
die Hauptleute über tausend und über

hundert als Opfergabe für den HERRN
53 darbrachten, wog 16750 Lot. Aber von
den Kriegsleuten hatte jeder nur für
54 sich selber Beute gemacht. Und Mose
und der Priester Eleasar nahmen das
Gold von den Hauptleuten über tausend
und über hundert und brachten es
in die Stiftshütte, damit es dazu diene,
daß der HERR gnädig der Israeliten gedenke.[l]

a Kap 25,6-9.17 *b* Kap 27,13 *c* Kap 10,2
d 5.Mose 20,13 *e* Jos 13,21.22 *f* Kap 22,5
g Kap 25,1.3; Offb 2,14 *h* (*17 und 18*) Ri 21,11.12
i Kap 19,11-20 *j* Jos 22,8; 1.Sam 30,24.25
k Ri 8,24-26 *l* 2.Mose 30,12.16

Verteilung des Ostjordanlandes an die Stämme Ruben, Gad und Manasse

(vgl. 5.Mose 3,12-22)

32 Die Söhne Ruben und die Söhne Gad
hatten sehr viel Vieh und sahen das
Land Jaser und Gilead an als gute Wei-
2 de für ihr Vieh und kamen und spra-
chen zu Mose und zu dem Priester
Eleasar und zu den Fürsten der Ge-
3 meinde: Das Land Atarot, Dibon, Ja-
ser, Nimra, Hesbon, Elale, Sibma,
4 Nebo und Beon, das der HERR geschla-
gen hat vor der Gemeinde Israel, ist gut
zur Weide, und wir, deine Knechte, ha-
5 ben Vieh. Und sie sprachen weiter: Ha-
ben wir Gnade vor dir gefunden, so gib
dies Land deinen Knechten zu eigen
und laß uns nicht über den Jordan zie-
hen.
6 Mose sprach zu ihnen: Eure Brüder
sollen in den Kampf ziehen, und ihr
7 wollt hier bleiben? Warum macht ihr
die Herzen der Israeliten abwendig,
daß sie nicht hinüberziehen in das
Land, das ihnen der HERR geben wird?
8 So machten es auch eure Väter, [a]als ich
sie aussandte von Kadesch-Barnea, um
9 das Land zu erkunden; und als sie hin-
aufgekommen waren bis an den Bach
Eschkol und das Land sahen, machten
sie das Herz der Israeliten abwendig,
daß sie nicht in das Land wollten, das
10 ihnen der HERR geben wollte. Und des
HERRN Zorn entbrannte zur selben
11 Zeit, und er schwor: Wahrlich, [b]diese
Leute, die aus Ägypten gezogen sind,
von zwanzig Jahren an und darüber,
sollen das Land nicht sehen, das ich
Abraham, Isaak und Jakob zu geben
geschworen habe, weil sie mir nicht
12 treu nachgefolgt sind, ausgenommen
[c]Kaleb, der Sohn Jefunnes, des Kenisi-
ters, und Josua, der Sohn Nuns; denn
sie sind dem HERRN treu nachgefolgt.
So entbrannte des HERRN Zorn über Is- 13
rael, und er ließ sie hin und her in der
Wüste ziehen vierzig Jahre, bis es zu
Ende war mit dem ganzen Geschlecht,
das übelgetan hatte vor dem HERRN.
Und siehe, ihr seid aufgetreten an eurer 14
Väter Statt, damit die Sünder immer
mehr werden und auch ihr den Zorn
und Grimm des HERRN gegen Israel
noch vermehrt. Denn wenn ihr euch 15
von ihm wendet, so wird er das Volk
noch länger in der Wüste lassen, und
ihr werdet's ganz zugrunde richten.
Da traten sie heran und sprachen: 16
Wir wollen nur Schafhürden hier bau-
en für unser Vieh und Städte für unsere
Kinder; wir aber wollen gerüstet vor 17
Israel einherziehen, bis wir sie an ihren
Ort gebracht haben. Unsere Kinder
aber sollen in den festen Städten blei-
ben um der Bewohner des Landes wil-
len. Wir wollen nicht heimkehren, bis 18
von den Israeliten ein jeder sein Erbe
eingenommen hat. Denn wir wollen 19
nicht mit ihnen erben jenseits des Jor-
dan, sondern [d]unser Erbteil soll uns
diesseits des Jordan nach Osten hin zu-
fallen.
Mose sprach zu ihnen: Wenn ihr das 20
tun wollt, so [e]rüstet euch zum Kampf
vor dem HERRN. Wer unter euch gerü- 21
stet ist, der ziehe über den Jordan vor
dem HERRN, bis er seine Feinde vertrei-
be vor sich her und das Land untertan 22
werde vor dem HERRN. Danach dürft
ihr umkehren und werdet ohne Schuld
sein vor dem HERRN und vor Israel und
sollt dies Land zu eigen haben vor dem
HERRN. Wenn ihr das aber nicht tun 23
wollt, siehe, so werdet ihr euch an dem
HERRN versündigen und werdet eure
Sünde erkennen, wenn sie euch treffen
wird. So baut nun Städte für eure Kin- 24
der und Hürden für euer Vieh und tut,
was ihr gesagt habt.
Die Söhne Gad und die Söhne Ru- 25
ben sprachen zu Mose: Deine Knechte
werden tun, wie mein Herr geboten
hat. Unsere Kinder und Frauen, unsere 26
Habe und all unser Vieh sollen in den
Städten Gileads bleiben; wir aber, dei- 27
ne Knechte, wollen alle gerüstet zum
Heer in den Kampf ziehen vor dem
HERRN, wie mein Herr gesagt hat.
Da gebot Mose ihretwegen dem 28
Priester Eleasar und Josua, dem Sohn
Nuns, und den Häuptern der Sippen
unter den Stämmen Israels und sprach 29
zu ihnen: Wenn die Söhne Gad und die
Söhne Ruben mit euch über den Jordan

ziehen, alle gerüstet zum Kampf vor
dem HERRN, und das Land euch unter-
tan ist, so gebt ihnen das Land Gilead
30 zu eigen. Ziehen sie aber nicht gerüstet
mit euch hinüber, so sollen sie mit euch
31 erben im Lande Kanaan. Die Söhne
Gad und die Söhne Ruben antworteten
und sprachen: Wie der HERR redet zu
deinen Knechten, so wollen wir tun.
32 Wir wollen gerüstet hinüberziehen vor
dem HERRN ins Land Kanaan und un-
ser Erbgut besitzen diesseits des Jor-
dan.
33 Also gab Mose den Söhnen Gad und
den Söhnen Ruben und dem halben
Stamm Manasses, des Sohnes Josefs,
das Königreich Sihons, des Königs der
Amoriter, und das Königreich Ogs, des
Königs von Basan, das Land samt den
Städten ringsumher mit ihrem ganzen
34 Gebiet.[f] Und die Söhne Gad bauten
35 Dibon, Atarot, Aroër, Atarot-Schofan,
36 Jaser, Jogbeha, Bet-Nimra und Bet-
Haran, feste Städte und Schafhürden.
37 Die Söhne Ruben bauten Hesbon, Ela-
38 le, Kirjatajim, Nebo, Baal-Meon und
Sibma und gaben den Städten, die sie
bauten, ihre bisherigen Namen.
39 Und die Söhne Machirs, des Sohnes
Manasses, gingen nach Gilead und er-
oberten es und vertrieben die Amoriter,
40 die darin waren. Da gab Mose dem Ma-
chir, dem Sohn Manasses, Gilead, und
41 er wohnte darin. Jaïr aber, der Sohn
Manasses, ging hin und eroberte ihre
Dörfer und nannte sie »Dörfer Jaïrs«.[g]
42 Nobach ging hin und eroberte Kenat
mit seinen Ortschaften und nannte es
Nobach nach seinem Namen.

a Kap 13 *b* Kap 14,22-38; 26,65 *c* Kap 14,7-9; Jos 14,6-15 *d* Jos 13,8 *e* Jos 1,12-15 *f* Jos 13,15-32 *g* 5.Mose 3,14; Ri 10,3.4

Verzeichnis der Lagerplätze beim Wüstenzug

33 Dies sind die Lagerplätze der Israeli-
ten, als sie aus Ägyptenland gezogen
sind mit ihrem Heer unter Mose und
2 Aaron. Und Mose schrieb auf nach
dem Befehl des HERRN ihre Wanderun-
gen nach ihren Lagerplätzen. Dies sind
ihre Lagerplätze auf ihren Wanderun-
gen:
3 Sie zogen aus von [a] Ramses am fünf-
zehnten Tag des [b] ersten Monats, dem
zweiten Tage des Passa, durch [c] eine
starke Hand, daß es alle Ägypter sahen,
4 als sie eben die Erstgeburt begruben,
die der HERR unter ihnen geschlagen
hatte; denn der HERR hatte [d] an ihren
Göttern Gericht geübt. Als sie von 5
Ramses auszogen, lagerten sie sich in
Sukkot[e] und zogen aus von Sukkot und 6
lagerten sich in Etam, das am Rande
der Wüste liegt.[f] Von Etam zogen sie 7
aus und blieben in Pihachirot, das vor
Baal-Zefon liegt, und lagerten sich vor
Migdol.[g] Von Pihachirot zogen sie aus 8
und [h] gingen mitten durchs Meer in die
Wüste und zogen drei Tagereisen in
der Wüste Etam und lagerten sich in
[i] Mara. Von Mara zogen sie aus und ka- 9
men nach Elim; da waren zwölf Was-
serquellen und siebzig Palmen, und sie
lagerten sich dort.[j] Von Elim zogen sie 10
aus und lagerten sich am Schilfmeer.
Vom Schilfmeer zogen sie aus und la- 11
gerten sich in der Wüste Sin.[k] Von der 12
Wüste Sin zogen sie aus und lagerten
sich in Dofka. Von Dofka zogen sie aus 13
und lagerten sich in Alusch. Von 14
Alusch zogen sie aus und lagerten sich
in Rafidim; dort hatte das Volk kein
Wasser zu trinken.[l] Von Rafidim zogen 15
sie aus und lagerten sich in der [m] Wüste
Sinai. [n] Von der Wüste Sinai zogen sie 16
aus und lagerten sich bei den Lustgrä-
bern. Von den Lustgräbern zogen sie 17
aus und lagerten sich in Hazerot. Von 18
Hazerot zogen sie aus und lagerten sich
in Ritma.[o] Von Ritma zogen sie aus 19
und lagerten sich in Rimmon-Perez.
Von Rimmon-Perez zogen sie aus und 20
lagerten sich in Libna. Von Libna zo- 21
gen sie aus und lagerten sich in Rissa.
Von Rissa zogen sie aus und lagerten 22
sich in Kehelata. Von Kehelata zogen 23
sie aus und lagerten sich im Gebirge
Schefer. Vom Gebirge Schefer zogen 24
sie aus und lagerten sich in Harada.
Von Harada zogen sie aus und lagerten 25
sich in Makhelot. Von Makhelot zogen 26
sie aus und lagerten sich in Tahat. Von 27
Tahat zogen sie aus und lagerten sich in
Tarach. Von Tarach zogen sie aus und 28
lagerten sich in Mitka. Von Mitka zo- 29
gen sie aus und lagerten sich in Hasch-
mona. Von Haschmona zogen sie aus 30
und lagerten sich in Moserot. [p] Von 31
Moserot zogen sie aus und lagerten sich
in Bene-Jaakan. Von Bene-Jaakan zo- 32
gen sie aus und lagerten sich in Hor-
Haggidgad. Von Hor-Haggidgad zogen 33
sie aus und lagerten sich in Jotbata. Von 34
Jotbata zogen sie aus und lagerten sich
in Abrona. Von Abrona zogen sie aus 35
und lagerten sich in [q] Ezjon-Geber.
Von Ezjon-Geber zogen sie aus und la- 36
gerten sich in der [r] Wüste Zin, das ist
Kadesch. [s] Von Kadesch zogen sie aus 37

und lagerten sich an dem Berge Hor, an
38 der Grenze des Landes Edom. Da ging
der Priester Aaron auf den Berg Hor
nach dem Befehl des HERRN und starb
dort im vierzigsten Jahr des Auszugs
der Israeliten aus Ägyptenland am er-
39 sten Tag des fünften Monats, als er
hundertdreiundzwanzig Jahre alt war.
40 Und der König der Kanaaniter zu
Arad, der da wohnte im Süden des
Landes Kanaan, hörte, daß die Israeli-
41 ten kamen.[t] Und von dem Berge Hor
zogen sie aus und lagerten sich in Zal-
42 mona. Von Zalmona zogen sie aus und
43 lagerten sich in Punon. [u]Von Punon zo-
gen sie aus und lagerten sich in Obot.
44 Von Obot zogen sie aus und lagerten
sich in Ijjim-Abarim, im Gebiet der
45 Moabiter. Von Ijjim zogen sie aus und
46 lagerten sich in [v]Dibon-Gad. Von Di-
bon-Gad zogen sie aus und lagerten
47 sich in Almon-Diblatajim. Von Almon-
Diblatajim zogen sie aus und lagerten
sich in dem Gebirge Abarim östlich
48 vom Nebo.[w] Von dem Gebirge Abarim
zogen sie aus und lagerten sich im Jor-
dantal der Moabiter gegenüber Jeri-
49 cho.[x] Sie lagerten sich aber am Jordan
von Bet-Jeschimot bis Abel-Schittim
im Jordantal der Moabiter.[y]

a 2.Mose 1,11 *b* 2.Mose 12,2.6 *c* 2.Mose 3,19
d 2.Mose 12,12; Jes 19,1 *e* 2.Mose 12,37
f 2.Mose 13,20 *g* 2.Mose 14,2 *h* 2.Mose 14,22
i 2.Mose 15,23 *j* 2.Mose 15,27 *k* 2.Mose 16,1
l 2.Mose 17,1 *m* 2.Mose 19,1 *n (16 und 17)*
Kap 11,34 *o* Kap 12,16 *p (31-33)* 5.Mose 10,6.7
q 1.Kön 9,26; 22,49 *r* Kap 20,1 *s (37-39)*
Kap 20,22-29; 5.Mose 34,1-12 *t* Kap 21,1
u (43 und 44) Kap 21,10.11 *v* Kap 32,34
w Kap 21,20 *x* Kap 22,1; 5.Mose 32,49
y Kap 25,1

Befehl zur Vertreibung der Kanaaniter

50 Und der HERR redete mit Mose im Jor-
dantal der Moabiter gegenüber Jericho
51 und sprach: [a]Rede mit den Israeliten
und sprich zu ihnen: Wenn ihr über
den Jordan gegangen seid in das Land
52 Kanaan, so sollt ihr alle Bewohner ver-
treiben vor euch her und alle ihre Göt-
zenbilder und alle ihre gegossenen Bil-
der zerstören und alle ihre Opferhöhen
53 vertilgen und sollt das Land einnehmen
und darin wohnen; denn euch habe ich
das Land gegeben, daß ihr's in Besitz
54 nehmt. Und ihr sollt das Land austeilen
durchs Los unter eure Geschlechter.
Dem Geschlecht, das groß ist, sollt ihr
ein großes Erbe geben, und dem, das
klein ist, sollt ihr ein kleines Erbe ge-
ben. Worauf das Los für jeden fällt, das
soll er haben. Nach den Stämmen eurer
Väter sollt ihr's austeilen.[b] Wenn ihr 55
aber die Bewohner des Landes nicht
vor euch her vertreibt, so werden euch
die, die ihr übriglaßt, zu Dornen in eu-
ren Augen werden und zu Stacheln in
euren Seiten und werden euch bedrän-
gen in dem Lande, in dem ihr wohnt.[c]
So wird's dann geschehen, daß ich euch 56
tun werde, wie ich gedachte, ihnen zu
tun.

a (51 und 52) 2.Mose 23,23.24; 34,12-14
b Kap 26,54.55 *c* 2.Mose 23,31-33; Jos 23,12.13

Die Grenzen des Landes Kanaan

Und der HERR redete mit Mose und 34
sprach: [a]Gebiete den Israeliten und 2
sprich zu ihnen: Wenn ihr ins Land
Kanaan kommt, so soll das Land, das
euch als Erbteil zufällt, das Land Kana-
an sein [b]nach diesen Grenzen: [c]Der 3
Südzipfel eures Gebietes soll sich er-
strecken von der Wüste Zin an Edom
entlang. Eure Grenze im Süden soll
ausgehen vom Ende des Salzmeers, das
im Osten liegt. Und sie soll südlich vom 4
Skorpionensteig sich hinaufziehen und
hinübergehen nach Zin und weitergeh-
en südlich von Kadesch-Barnea und
gelangen nach Hazar-Addar und hin-
übergehen nach Azmon und sich von 5
Azmon ziehen an den Bach Ägyptens,
und ihr Ende sei an dem Meer.
Aber die Grenze nach Westen zu soll 6
sein das große Meer und seine Küste.
Das sei eure Grenze nach Westen.
Die Grenze nach Norden zu soll 7
diese sein: Ihr sollt sie ziehen von dem
großen Meer bis an den Berg Hor und 8
von dem Berge Hor bis dahin, wo es
nach Hamat geht, daß die Grenze wei-
tergehe bei Zedad und auslaufe nach 9
Sifron, und ihr Ende sei bei Hazar-
Enan. Das sei eure Grenze nach Nor-
den.
Und ihr sollt die Grenze nach Osten 10
ziehen von Hazar-Enan nach Schefam,
und die Grenze gehe herab von 11
Schefam nach Ribla östlich von Ajin.
Danach gehe sie herab und ziehe sich
hin längs der Höhen östlich vom See
Kinneret und komme herab an den Jor- 12
dan, daß ihr Ende sei das Salzmeer. Das
sei euer Land mit seiner Grenze rings-
umher.
Und Mose gebot den Israeliten: Das 13
ist das Land, das ihr durchs Los unter
euch teilen sollt, wie der HERR geboten
hat, es den neun Stämmen und dem
halben Stamm zu geben. Denn der 14

Stamm der Söhne Ruben nach seinen
Sippen und der Stamm der Söhne Gad
nach seinen Sippen und der halbe
Stamm Manasse haben ihr Erbteil be-
15 kommen.[d] Die zwei Stämme und der
halbe Stamm haben schon ihr Erbteil
diesseits des Jordan gegenüber Jericho
nach Osten zu.

a (2-12) Hes 47,13-20 *b* 5.Mose 32,8 *c (3-5)* Jos 15,2-4 *d* Kap 32,29-33

Namen der Männer, die das Land austeilen sollen

16 Und der HERR redete mit Mose und
17 sprach: Dies sind die Namen der Män-
ner, die das Land unter euch austeilen
sollen: der Priester [a]Eleasar und [b]Jo-
18 sua, der Sohn Nuns. Dazu sollt ihr neh-
men von einem jeden Stamm einen
Fürsten, um das Land auszuteilen.
19 Und dies sind die Namen der Männer:
[c]Kaleb, der Sohn Jefunnes, vom
20 Stamm Juda; Samuel, der Sohn Am-
21 mihuds, vom Stamm Simeon; Elidad,
der Sohn Kislons, vom Stamm Benja-
22 min; Bukki, der Sohn Joglis, Fürst des
23 Stammes der Söhne Dan; Hanniël, der
Sohn Efods, Fürst des Stammes der
Söhne Manasse, von den Söhnen Josef;
24 Kemuël, der Sohn Schiftans, Fürst des
25 Stammes der Söhne Efraim; Elizafan,
der Sohn Parnachs, Fürst des Stammes
26 der Söhne Sebulon; Paltiël, der Sohn
Asans, Fürst des Stammes der Söhne
27 Isaschar; Ahihud, der Sohn Schelomis,
Fürst des Stammes der Söhne Asser;
28 Pedahel, der Sohn Ammihuds, Fürst
29 des Stammes der Söhne Naftali. Das
sind die, denen der HERR gebot, daß sie
den Israeliten das Erbe austeilten im
Lande Kanaan.

a Jos 14,1 *b* 5.Mose 1,38 *c* Kap 13,6.30

Von den Städten der Leviten und den Freistädten

35 [a]Und der HERR redete mit Mose im
Jordantal der Moabiter gegenüber Jeri-
2 cho und sprach: Gebiete den Israeliten,
daß sie von ihren Erbteilen den Leviten
Städte zur Wohnung geben. Auch Wei-
deland um die Städte her sollt ihr den
3 Leviten geben,[b] daß sie in den Städten
wohnen und auf den Weiden ihr Vieh
und ihre Herden und alle ihre Tiere ha-
4 ben. Das Weideland aber vor den Städ-
ten, die ihr den Leviten gebt, soll sich
tausend Ellen weit draußen um die
5 Stadtmauer herum erstrecken. So sollt
ihr nun abmessen außerhalb der Stadt
auf der Seite nach Osten zweitausend
Ellen und auf der Seite nach Süden
zweitausend Ellen und auf der Seite
nach Westen zweitausend Ellen und
auf der Seite nach Norden zweitausend
Ellen, daß die Stadt in der Mitte sei.
Das soll ihnen als Weide bei den Städ-
ten gehören.
Und von den Städten, die ihr den 6
Leviten geben werdet, sollt ihr sechs zu
Freistädten bestimmen, damit [c]dahin
fliehen kann, wer einen Totschlag ge-
tan hat. Dazu aber sollt ihr noch zwei-
undvierzig Städte geben, daß alle Städ- 7
te, die ihr den Leviten gebt, seien acht-
undvierzig mit ihrem Weideland. [d]Ihr 8
sollt mehr geben an Städten vom Besitz
derer, die viel besitzen unter den Israe-
liten, und weniger vom Besitz derer, die
wenig besitzen; ein jeder soll nach sei-
nem Erbteil, das ihm zugeteilt wird,
den Leviten Städte geben.
[e]Und der HERR redete mit Mose und 9
sprach: Rede mit den Israeliten und 10
sprich zu ihnen: Wenn ihr über den
Jordan ins Land Kanaan kommt, sollt 11
ihr Städte auswählen, daß sie für euch
Freistädte seien, wohin fliehen soll, wer
einen Totschlag aus Versehen tut. Und 12
es sollen unter euch diese Städte eine
Zuflucht sein vor dem Bluträcher, daß
der nicht sterben muß, der einen Tot-
schlag getan hat, bis er vor der Gemein-
de vor Gericht gestanden hat. Und die 13
Städte, die ihr zu Freistädten be-
stimmt, sollen sechs sein. Drei sollt ihr 14
bestimmen diesseits des Jordan und
drei im Lande Kanaan. Das sind die 15
sechs Freistädte für die Israeliten und
für die Fremdlinge und die Beisassen
unter euch, damit dahin fliehen kann,
wer einen Totschlag getan hat aus Ver-
sehen.

a (1-8) Jos 21,1-3 *b* Kap 18,20; 3.Mose 25,32-34 *c* 2.Mose 21,13 *d* Kap 26,54 *e (9-15)* 5.Mose 4,41-43; 19,1-3; Jos 20

Gesetze über Mord und über Totschlag

(vgl. 5.Mose 19,4-13)

Wer jemand mit einem Eisen schlägt, 16
daß er stirbt, der ist ein Mörder und soll
des Todes sterben. Wirft er ihn mit 17
einem Stein, mit dem jemand getötet
werden kann, daß er daran stirbt, so ist
er ein Mörder und soll des Todes ster-
ben. Schlägt er ihn mit einem Holz, mit 18
dem jemand totgeschlagen werden
kann, daß er stirbt, so ist er ein Mörder
und soll des Todes sterben. Der Blut- 19
rächer soll den Mörder zum Tode brin-

gen; wo er ihm begegnet, soll er ihn tö-
20 ten. Stößt er jemand aus Haß oder wirft
er etwas auf ihn mit Hinterlist, daß er
21 stirbt, oder schlägt er ihn aus Feind-
schaft mit seiner Hand, daß er stirbt, so
soll der des Todes sterben, der ihn ge-
schlagen hat; er ist ein Mörder. Der
Bluträcher soll ihn zum Tode bringen,
wo er ihm begegnet.
22 Wenn er ihn aber aus Versehen stößt
ohne Feindschaft oder wirft irgend et-
23 was auf ihn ohne Absicht oder wirft ir-
gendeinen Stein auf ihn, woran man
sterben kann, aber er hat's nicht gese-
hen, so daß jener stirbt, und er ist nicht
sein Feind, hat ihm auch nichts Böses
24 antun wollen, so soll die Gemeinde
richten zwischen dem, der geschlagen
hat, und dem Bluträcher nach diesen
25 Rechtsordnungen. Und die Gemeinde
soll den Totschläger erretten aus der
Hand des Bluträchers und soll ihn zu-
rückbringen lassen zu der Freistadt,
dahin er geflohen war. Und er soll dort
bleiben, bis der Hohepriester stirbt,
den man [a]mit dem heiligen Öl gesalbt
26 hat. Geht aber der Totschläger über die
Grenze seiner Freistadt, in die er geflo-
27 hen ist, und der Bluträcher findet ihn
außerhalb der Grenze seiner Freistadt
und schlägt ihn tot, so soll er des Bluts
28 nicht schuldig sein. Denn er sollte in
seiner Freistadt bleiben bis zum Tod
des Hohenpriesters und nach dem Tod
des Hohenpriesters in das Land seines
29 Erbbesitzes zurückkehren. Das soll
euch Gesetz und Recht für immer sein,
überall, wo ihr wohnt.
30 Wer einen Menschen erschlägt, den
soll man töten auf den Mund von Zeu-
gen hin. [b]Ein einzelner Zeuge aber soll
keine Aussage machen, um einen Men-
31 schen zum Tode zu bringen. Und ihr
sollt kein [c]Sühnegeld nehmen für das
Leben des Mörders; denn er ist des To-
des schuldig und soll des Todes ster-
32 ben. Und ihr sollt kein Sühnegeld neh-
men für den, der zur Freistadt geflohen
ist, daß er zurückkehren darf, um im
Lande zu wohnen, bis der Priester
33 stirbt. Und schändet das Land nicht,
darin ihr wohnt; denn wer des Blutes
schuldig ist, der schändet das Land,
und das Land kann nicht entsühnt wer-
den vom Blut, das darin vergossen
wird, außer durch das Blut dessen, der
34 es vergossen hat.[d] [e]Macht das Land
nicht unrein, darin ihr wohnt, darin
auch ich wohne; denn ich bin der HERR,
der [f]mitten unter den Israeliten wohnt.

a 3.Mose 21,10 *b* 5.Mose 17,6; 19,15 *c* Ps 49,8.9
d 1.Mose 9,6 *e* 3.Mose 18,24-28 *f* 2.Mose 29,45

Erbtöchter sollen nicht außerhalb des väterlichen Stammes heiraten

(vgl. Kap 27,1-11)

Und die Häupter der Sippen der Söhne 36
Gileads, des Sohnes Machirs, der Ma-
nasses Sohn war, von den Geschlech-
tern der Söhne Josef, traten heran und
redeten vor Mose und vor den Fürsten,
den Häuptern der Sippen Israels, und 2
sprachen: Der HERR hat geboten un-
serm Herrn, daß man das Land den Is-
raeliten durch das [a]Los zum Erbteil ge-
ben sollte. Auch wurde ihm geboten
von dem HERRN, daß man das Erbteil
Zelofhads, unseres Bruders, seinen
Töchtern geben soll. Wenn diese je- 3
mand aus den Stämmen Israels zur
Frau nimmt, so wird das Erbteil unse-
rer Väter weniger werden, und soviel
sie haben, wird zu dem Erbteil des
Stammes kommen, in den sie einheira-
ten; also wird das Los unseres Erbteils
verringert. Wenn denn nun das [b]Erlaß- 4
jahr der Israeliten kommt, so wird ihr
Erbteil zu dem Erbteil des Stammes
kommen, in den sie eingeheiratet
haben; also wird das Erbteil des Stam-
mes unserer Väter um das verringert,
was sie haben.
Mose gebot den Israeliten nach dem 5
Befehl des HERRN und sprach: Der
Stamm der Söhne Josef hat recht gere-
det. Dies ist's, was der HERR gebietet 6
über die Töchter Zelofhads: Laß sie
heiraten, wie es ihnen gefällt; nur sollen
sie heiraten in ein Geschlecht aus dem
Stamm ihres Vaters, damit nicht die 7
Erbteile der Israeliten von einem
Stamm an den andern fallen; denn ein
jeder unter den Israeliten soll festhalten
an dem Erbe des Stammes seiner Väter.
Und alle Töchter, die Erbteil erlangen 8
unter den Stämmen Israels, sollen hei-
raten einen von dem Geschlecht des
Stammes ihres Vaters, damit ein jeder
unter den Israeliten das Erbe seiner Vä-
ter behalte und nicht ein Erbteil von 9
einem Stamm an den andern falle, son-
dern ein jeder soll festhalten an seinem
Erbe unter den Stämmen Israels.
Wie der HERR es Mose geboten hatte, 10
so taten die Töchter Zelofhads, [c]Mach- 11
la, Tirza, Hogla, Milka und Noa, und
heirateten die Söhne ihrer Oheime aus 12
dem Geschlecht der Söhne Manasses,
des Sohnes Josefs. Also blieb ihr Erb-

teil bei dem Stamm des Geschlechts ih-
res Vaters.
13 Das sind die Gebote und Rechte, die
der HERR durch Mose den Israeliten
gebot im Jordantal der Moabiter ge-
genüber Jericho.

a Kap 26,55 *b* 3.Mose 25,10-13 *c* Kap 26,29-34

DAS FÜNFTE BUCH MOSE

Inhaltsübersicht

Rückblick auf die Wüstenwanderung vom Horeb bis Kadesch

1 Dies sind die Worte, die Mose zu ganz
Israel redete jenseits des Jordan in der
Wüste, im Jordantal gegenüber Suf,
zwischen Paran und Tofel, Laban, Ha-
2 zerot und Di-Sahab. Elf Tagereisen
weit ist es vom Horeb bis Kadesch-Bar-
nea auf dem Wege zum Gebirge Seïr.
3 Und es geschah im [a]vierzigsten Jahr
am ersten Tage des elften Monats, da
redete Mose mit den Israeliten alles,
wie es ihm der HERR für sie geboten
4 hatte, nachdem er Sihon geschlagen
hatte, den König der Amoriter, der zu
Hesbon herrschte, dazu bei Edreï den
Og, den König von Basan, der zu
5 Aschtarot herrschte.[b] Jenseits des Jor-
dan im Lande Moab fing Mose an, dies
Gesetz auszulegen, und sprach:
6 Der HERR, unser Gott, redete mit
uns am Berge Horeb und sprach: [c]Ihr
seid lange genug an diesem Berge gewe-
7 sen; wendet euch und zieht hin, daß ihr
zu dem Gebirge der Amoriter kommt
und zu allen ihren Nachbarn im Jor-
dantal, auf dem Gebirge und in dem
Hügelland, im Südland und am Ufer
des Meeres, ins Land Kanaan und zum
Berge Libanon, bis an den großen
8 Strom, den Eufrat. Siehe, ich habe das
Land vor euren Augen dahingegeben.
Zieht hinein und [d]nehmt das Land ein,
von dem der HERR euren Vätern Abra-
ham, Isaak und Jakob geschworen hat,
daß er's ihnen und ihren Nachkommen
geben wolle.
Da sprach ich zur selben Zeit zu 9
euch: Ich kann euch nicht mehr allein
tragen;[e] denn der HERR, euer Gott, hat 10
euch so zahlreich werden lassen, daß
ihr heute seid wie die Menge der Sterne
am Himmel.[f] Der HERR, der Gott eurer 11
Väter, mache aus euch noch vieltau-
sendmal mehr und segne euch, wie er
euch zugesagt hat! Wie kann ich allein 12
tragen eure Mühe und Last und euren
Streit? Schafft herbei weise, verständi- 13
ge und erfahrene Leute unter euren
Stämmen, die will ich über euch zu
Häuptern setzen. Da antwortetet ihr 14
mir und spracht: Ja, das ist eine gute
Sache, die du tun willst. Da nahm ich 15
die Häupter eurer Stämme, weise und
erfahrene Männer, und setzte sie über
euch als [g]Oberste über tausend, über
hundert, über fünfzig und über zehn
und als Amtleute für eure Stämme.
Und ich gebot euren Richtern zur sel- 16
ben Zeit und sprach: Hört eure Brüder
an und [h]richtet recht, wenn einer etwas
mit seinem Bruder hat oder mit dem
Fremdling, der bei ihm ist. Beim Rich- 17
ten sollt ihr [i]die Person nicht ansehen,
sondern sollt den Kleinen hören wie
den Großen und vor niemand euch
scheuen; denn das Gericht ist Gottes.
Wird aber euch eine Sache zu schwer
sein, die [j]laßt an mich gelangen, damit
ich sie höre. So gebot ich euch zu der 18
Zeit alles, was ihr tun sollt.

19 Da brachen wir auf vom Horeb und
zogen durch die ganze Wüste, die groß
und furchtbar ist, wie ihr gesehen habt,
auf der Straße zum Gebirge der Amori-
ter, wie uns der HERR, unser Gott, ge-
boten hatte, und kamen bis nach [k]Ka-
20 desch-Barnea. Da sprach ich zu euch:
Ihr seid an das Gebirge der Amoriter
gekommen, das uns der HERR, unser
21 Gott, geben wird. Sieh her, der HERR,
dein Gott, hat dir das Land hingege-
ben; zieh hinauf und nimm's ein, wie
der HERR, der Gott deiner Väter, dir
zugesagt hat. Fürchte dich nicht und
22 laß dir nicht grauen. Da kamt ihr alle zu
mir und spracht: [l]Laßt uns Männer vor
uns her senden, die uns das Land er-
kunden und uns den Weg sagen, auf
dem wir hineinziehen sollen, und die
Städte, zu denen wir kommen werden.
23 Das gefiel mir gut, und ich nahm von
euch zwölf Männer, von jedem Stamm
einen.
24 Als diese weggingen und hinaufzo-
gen auf das Gebirge und an den Trau-
benbach kamen, da erkundeten sie das
25 Land und nahmen Früchte des Landes
mit sich und brachten sie herab zu uns
und gaben uns Bericht und sprachen:
Das Land ist gut, das der HERR, unser
26 Gott, uns gegeben hat. – Aber ihr woll-
tet nicht hinaufziehen und wurdet un-
gehorsam dem Munde des HERRN, eu-
27 res Gottes, und murrtet in euren Zelten
und spracht: Der HERR ist uns gram;
darum hat er uns aus Ägyptenland ge-
führt, daß er uns in die Hände der
Amoriter gebe, um uns zu vertilgen.[m]
28 Wo sollen wir hinziehen? Unsere Brü-
der haben unser Herz verzagt gemacht
und gesagt, das Volk sei größer und
höher gewachsen als wir, die Städte sei-
en groß und bis an den Himmel um-
mauert; dazu haben wir dort Enakiter
29 gesehen.[n] Ich sprach aber zu euch:
Entsetzt euch nicht und fürchtet euch
30 nicht vor ihnen. Der HERR, euer Gott,
zieht vor euch hin und [o]wird für euch
streiten, wie er's mit euch getan hat in
31 Ägypten vor euren Augen und in der
Wüste. Da hast du gesehen, daß dich
der HERR, dein Gott, [p]getragen hat, wie
ein Mann seinen Sohn trägt, auf dem
ganzen Wege, den ihr gewandert seid,
32 bis ihr an diesen Ort kamt. Und trotz-
dem glaubtet ihr dem HERRN, eurem
33 Gott, nicht, der auf dem Weg vor euch
herging, euch die Stätte zu weisen, wo
ihr euch lagern solltet, bei Nacht im
Feuer, um euch den Weg zu zeigen, den
ihr gehen solltet, und bei Tage in der 34
Wolke.[q] Als aber der HERR euer Ge-
schrei hörte, wurde er zornig und
schwor und sprach: [r]Es soll keiner von 35
diesem bösen Geschlecht das gute
Land sehen, das ich ihren Vätern zu ge-
ben geschworen habe, außer Kaleb, 36
dem Sohn Jefunnes; der soll es sehen.
Ihm und seinen Nachkommen will ich
das Land geben, das er betreten hat,
weil er dem HERRN treu gefolgt ist.
Auch über mich wurde der HERR zornig 37
um euretwillen und sprach: Du sollst
auch nicht hineinkommen.[s] Aber Jo- 38
sua, der Sohn Nuns, der dein Diener
ist, der soll hineinkommen. Dem stärke
den Mut; denn [t]er soll Israel das Erbe
austeilen. Und eure Säuglinge, von de- 39
nen ihr sagtet, sie würden zum Raube
werden, und eure Kinder, die jetzt we-
der Gutes noch Böses verstehen, die
sollen hineinkommen; ihnen will ich's
geben, und sie sollen es besitzen. Ihr 40
aber, wendet euch und zieht wieder in
die Wüste den Weg zum Schilfmeer.[u]
Da antwortetet ihr und spracht zu mir: 41
[v]Wir haben an dem HERRN gesündigt;
wir wollen hinaufziehen und kämpfen,
wie uns der HERR, unser Gott, geboten
hat. Als ihr euch nun rüstetet, ein jeder
mit seinen Waffen, und es für ein
Leichtes hieltet, ins Gebirge hinaufzu-
ziehen, da sprach der HERR zu mir: 42
Sage ihnen, daß sie nicht hinaufziehen,
auch nicht kämpfen – denn ich bin
nicht unter euch –, damit ihr nicht ge-
schlagen werdet von euren Feinden.
Als ich euch das sagte, gehorchtet ihr 43
nicht und wurdet ungehorsam dem
Munde des HERRN und waret vermes-
sen und zogt hinauf ins Gebirge. Da zo- 44
gen die Amoriter aus, die auf dem Ge-
birge wohnten, euch entgegen und jag-
ten euch, wie's die Bienen tun, und
schlugen euch von Seïr bis nach Hor-
ma.[w] Als ihr nun wiederkamt und vor 45
dem HERRN weintet, wollte der HERR
eure Stimme nicht hören und neigte
seine Ohren nicht zu euch. So bliebt ihr 46
in Kadesch [x]eine lange Zeit.

a 4.Mose 33,38 *b* 4.Mose 21,21-35
c 4.Mose 10,11.12 *d* 1.Mose 12,7 *e* 2.Mose 18,18;
4.Mose 11,14 *f* Kap 10,22; 1.Mose 15,5
g 2.Mose 18,25 *h* 3.Mose 19,15 *i* Kap 16,19;
2.Chr 19,6.7 *j* 2.Mose 21,6 *k* 4.Mose 20,1
l 4.Mose 13,2 *m* 4.Mose 14 *n* Kap 9,1.2;
4.Mose 13,33 *o* 2.Mose 14,14.25; Jos 10,14
p Kap 8,5; 2.Mose 19,4 *q* 2.Mose 13,21
r *(35 und 36)* 4.Mose 14,23.24 *s* 4.Mose 20,12
t 4.Mose 34,17 *u* 4.Mose 14,25 *v* 4.Mose 14,40
w 4.Mose 14,45 *x* Kap 2,14

Zug durch die Wüste bis zum Sieg über Sihon

2 Dann wandten wir uns und [a]zogen wie-
der in die Wüste auf der Straße zum
Schilfmeer, wie der HERR zu mir gesagt
hatte, und umzogen das Gebirge Seïr
2 eine lange Zeit. Und der HERR sprach
3 zu mir: Ihr habt dies Gebirge nun ge-
nug umzogen; wendet euch nach Nor-
4 den. Und gebiete dem Volk und sprich:
Ihr werdet durch das Land eurer [b]Brü-
der, der Söhne Esau, ziehen, die auf
dem Seïr wohnen, und sie werden sich
vor euch fürchten. Aber hütet euch ja
5 davor, sie zu bekriegen; ich werde euch
von ihrem Lande nicht einen Fuß breit
geben, denn das [c]Gebirge Seïr habe ich
den Söhnen Esau zum Besitz gegeben.
6 Speise sollt ihr für Geld von ihnen
kaufen, damit ihr zu essen habt, und
Wasser sollt ihr für Geld von ihnen
kaufen, damit ihr zu trinken habt.
7 Denn der HERR, dein Gott, hat dich ge-
segnet in allen Werken deiner Hände.
Er hat dein Wandern durch diese große
Wüste auf sein Herz genommen. [d]Vier-
zig Jahre ist der HERR, dein Gott, bei
dir gewesen. An nichts hast du Mangel
gehabt.
8 Als wir nun von unsern Brüdern, den
Söhnen Esau, die auf dem Gebirge Seïr
wohnten, weggezogen waren, weg von
dem Weg durch die Steppe, weg von
Elat und Ezjon-Geber, wandten wir
uns und zogen den Weg zum Weide-
9 land der Moabiter. Da sprach der HERR
zu mir: Du sollst den [e]Moabitern kei-
nen Schaden tun noch sie bekriegen;
ich will dir von ihrem Lande nichts
zum Besitz geben, denn ich habe Ar
den Söhnen Lot zum Besitz gegeben. –
10 Die Emiter haben vorzeiten darin ge-
wohnt; das war ein großes, starkes und
hochgewachsenes Volk wie die [f]Enaki-
11 ter. Man hielt sie auch für Riesen wie
die Enakiter; und die Moabiter nennen
12 sie Emiter. Auch [g]wohnten vorzeiten
auf dem Seïr die Horiter; und die Söh-
ne Esau vertrieben und vertilgten sie
vor sich her und wohnten an ihrer Statt,
gleichwie Israel mit dem Lande tat, das
13 ihnen der HERR zum Besitz gab. – So
macht euch nun auf und zieht durch
den [h]Bach Sered! Und wir zogen hin-
14 durch. Die Zeit aber, die wir von Ka-
desch-Barnea zogen, bis wir durch den
Bach Sered kamen, betrug achtund-
dreißig Jahre, bis alle Kriegsleute aus
dem Lager gestorben waren, wie der
HERR ihnen geschworen hatte.[i] So war 15
die [j]Hand des HERRN wider sie, um sie
aus dem Lager zu vertilgen bis auf den
letzten Mann.
Und als alle Kriegsleute aus dem 16
Volk gestorben waren, redete der HERR 17
mit mir und sprach: Du wirst heute 18
durch das Gebiet der Moabiter ziehen
bei [k]Ar und wirst in die Nähe der [l]Am- 19
moniter kommen. Denen sollst du kei-
nen Schaden tun noch sie bekriegen;
ich will dir vom Lande der Ammoniter
nichts zum Besitz geben, denn ich hab's
den Söhnen Lot zum Besitz gegeben. –
Auch dies gilt als Land der Riesen, und 20
es haben auch vorzeiten Riesen darin
gewohnt, und die Ammoniter nennen
sie Samsummiter. Das war ein großes, 21
starkes und hochgewachsenes Volk wie
die Enakiter. Und der HERR vertilgte
sie vor ihnen und ließ sie ihr Land be-
sitzen, so daß sie an ihrer Statt dort
wohnten, gleichwie er's getan hat mit 22
den Söhnen Esau, die auf dem Gebirge
Seïr wohnen, als er die Horiter vor
ihnen vertilgte und sie deren Land be-
sitzen ließ, so daß sie dort an ihrer Statt
wohnten bis auf diesen Tag. Und die 23
[m]Kaftoriter zogen aus Kaftor und ver-
tilgten die [n]Awwiter, die in Gehöften
wohnten bis nach Gaza, und wohnten
dort an ihrer Statt. – Macht euch auf 24
und zieht aus und geht über den Ar-
non! Siehe, ich habe Sihon, den König
der Amoriter zu Hesbon, in deine Hän-
de gegeben mit seinem Lande. Fange
an, es einzunehmen, und kämpfe mit
ihm. Von heute an will ich Furcht und 25
Schrecken vor dir auf alle Völker unter
dem ganzen Himmel legen, damit,
wenn sie von dir hören, ihnen bange
und weh werden soll vor deinem Kom-
men.[o]
Da [p]sandte ich Boten aus der Wüste 26
Kedemot an Sihon, den König von
Hesbon, mit friedlicher Botschaft und
ließ ihm sagen: Ich will durch dein 27
Land ziehen. Nur wo die Straße geht,
will ich gehen; ich will weder zur Rech-
ten noch zur Linken vom Weg abwei-
chen. Speise sollst du mir für Geld ver- 28
kaufen, damit ich zu essen habe, und
Wasser sollst du mir für Geld geben,
damit ich zu trinken habe. Ich will nur
hindurchziehen – wie mir die Söhne 29
Esau gestattet haben, die auf dem Ge-
birge Seïr wohnen, und die Moabiter,
die zu Ar wohnen –, bis ich über den
Jordan komme in das Land, das uns der
HERR, unser Gott, geben wird. Aber Si- 30

hon, der König von Hesbon, wollte uns
nicht hindurchziehen lassen; denn der
HERR, dein Gott, verhärtete seinen
Sinn und [q]verstockte ihm sein Herz,
um ihn in deine Hände zu geben, so wie
31 es heute ist. Und der HERR sprach zu
mir: Siehe, ich habe angefangen, Sihon
mit seinem Lande vor deinen Augen
[r]dahinzugeben; fangt ihr an, sein Land
32 in Besitz zu nehmen. Und Sihon zog
aus uns entgegen mit seinem ganzen
Kriegsvolk zum Kampf nach Jahza.
33 Aber der HERR, unser Gott, gab ihn vor
unsern Augen dahin, daß wir ihn schlu-
gen mit seinen Söhnen und seinem gan-
34 zen Kriegsvolk. Da nahmen wir zu der
Zeit alle seine Städte ein und voll-
streckten den Bann an allen Städten, an
Männern, Frauen und Kindern, und
35 ließen niemand übrigbleiben. Nur das
Vieh raubten wir für uns und die Beute
aus den Städten, die wir eingenommen
36 hatten. Von [s]Aroër an, das am Ufer des
Arnon liegt, und von der Stadt im
Bachtal bis nach Gilead war keine
Stadt, die sich vor uns schützen konn-
te; der HERR, unser Gott, gab alles vor
37 unsern Augen dahin. Nur zu dem
Lande der Ammoniter kamst du nicht,
weder zum Ufer des Jabbok noch zu
den Städten auf dem Gebirge, ganz wie
uns der HERR, unser Gott, geboten hat-
te.

a 4.Mose 21,4 *b* 4.Mose 20,14 *c* 1.Mose 36,8
d 4.Mose 14,33 *e* 1.Mose 19,36.37 *f* Kap 1,28
g 1.Mose 14,6 *h* 4.Mose 21,12 *i* 4.Mose 14,34
j 4.Mose 16,31.32; 21,6; 25,3-5 *k* 4.Mose 21,13.15
l 1.Mose 19,38 *m* 1.Mose 10,14 *n* Jos 13,3
o 2.Mose 23,27 *p* 4.Mose 21,21-26
q 2.Mose 4,21 *r* Jos 10,12; Jer 24,8; Röm 1,24;
4,25; 8,32 *s* Jos 13,9; 2.Sam 24,5

Sieg über Og von Basan

3 Und wir wandten uns und zogen hinauf
den Weg nach Basan. Und [a]Og, der
König von Basan, zog aus uns entgegen
mit seinem ganzen Kriegsvolk, um bei
2 Edreï zu kämpfen. Aber der HERR
sprach zu mir: Fürchte dich nicht vor
ihm, denn ich habe ihn und sein ganzes
Kriegsvolk mit seinem Land in deine
Hände gegeben. Und du sollst mit ihm
tun, wie du mit Sihon, dem König der
Amoriter, getan hast, der zu Hesbon
3 herrschte. So gab der HERR, unser
Gott, auch den König Og von Basan in
unsere Hände mit seinem ganzen
Kriegsvolk, daß wir ihn schlugen, bis
4 ihm keiner übrig blieb. Da nahmen wir
zu der Zeit alle seine Städte ein, und es
gab keine Stadt, die wir ihnen nicht
nahmen: sechzig Städte, die ganze Ge-
gend von Argob, das Königreich Ogs
von Basan, lauter Städte, die befestigt 5
waren mit hohen Mauern, Toren und
Riegeln, außerdem sehr viele offene
Städte. Und wir vollstreckten den Bann 6
an ihnen, gleichwie wir an Sihon, dem
König von Hesbon, taten. An allen
Städten vollstreckten wir den Bann, an
Männern, Frauen und Kindern. Aber 7
[b]alles Vieh und die Beute aus den Städ-
ten raubten wir für uns. [c]So nahmen 8
wir zu der Zeit den beiden Königen der
Amoriter das Land jenseits des Jordan
von dem Fluß Arnon bis an den Berg
Hermon – die Sidonier nennen ihn Sir- 9
jon, aber die Amoriter nennen ihn Se-
nir –, alle Städte auf der Hochebene 10
und das ganze Gilead und das ganze
Basan bis nach Salcha und Edreï, die
Städte des Königreichs Ogs von Basan.
Denn allein der König Og von Basan 11
war noch übrig von den Riesen. Siehe,
in Rabbat-Ammon ist sein steinerner
Sarg, neun Ellen lang und vier Ellen
breit nach gewöhnlicher Elle.

a 4.Mose 21,33-35 *b* Kap 20,13-18 *c (8 und 9)*
Kap 4,48; 1.Chr 5,23; Ps 29,6

Die Verteilung des Ostjordanlandes
(vgl. 4.Mose 32)

Dies Land nahmen wir damals ein. Von 12
Aroër an, das am Fluß Arnon liegt, gab
ich's den Rubenitern und Gaditern
samt dem halben Gebirge Gilead mit
seinen Städten. Aber das übrige Gilead 13
und das ganze Basan, das Königreich
Ogs, gab ich dem halben Stamm Ma-
nasse, die ganze Gegend von Argob.
Dies ganze Basan heißt »Land der Rie-
sen«. Jaïr, der Sohn Manasses, bekam 14
die ganze Gegend von Argob bis an die
Grenze der Geschuriter und Maachati-
ter und nannte Basan nach seinem Na-
men »Dörfer Jaïrs« bis auf den heutigen
Tag. Machir aber gab ich Gilead. Und 15
den Rubenitern und Gaditern gab ich 16
ein Gebiet von Gilead bis zum Arnon,
bis zur Mitte des Flusses mit seinem
Uferland, und bis zum Jabbok, dem
Grenzfluß der Ammoniter; dazu das 17
Jordantal mit dem Jordan und seinem
Uferland, von [a]Kinneret bis an das
Meer am Jordantal, das ist das Salz-
meer, am Fuße des Gebirges Pisga, al-
les, was nach Osten zu liegt. Und ich 18
gebot ihnen zu der Zeit: Der HERR,
euer Gott, hat euch dies Land gegeben,
um es einzunehmen. So zieht nun gerü-

stet vor euren Brüdern, den Israeliten,
19 her, all ihr Kriegsleute. Nur eure Frau-
en und Kinder und euer Vieh – denn
ich weiß, daß ihr viel Vieh habt – laßt
in euren Städten bleiben, die ich euch
20 gegeben habe, bis der HERR eure Brü-
der auch zur Ruhe bringt wie euch, daß
sie auch das Land einnehmen, das
ihnen der HERR, euer Gott, geben wird
jenseits des Jordan. Danach sollt ihr
dann zurückkehren zu eurem Besitz,
21 den ich euch gegeben habe. Und [b]Josua
gebot ich zur selben Zeit und sprach:
Deine Augen haben alles gesehen, was
der HERR, euer Gott, mit diesen beiden
Königen getan hat. So wird der HERR
auch mit allen Königreichen tun, in die
22 du ziehst. Fürchtet euch nicht vor
ihnen; denn der HERR, euer Gott, strei-
tet für euch.[c]

a Jos 11,2; 19,35; Mk 6,53 *b* 4.Mose 27,18.22
c Kap 1,29.30

Mose soll nicht in das gelobte Land kommen

23 Und ich bat den HERRN zur selben Zeit
24 und sprach: Herr HERR, du hast ange-
fangen, deinem Knecht zu offenbaren
deine Herrlichkeit und deine starke
Hand. Denn wo ist ein Gott im Himmel
und auf Erden, der es deinen Werken
und deiner Macht gleichtun könnte?
25 Laß mich hinübergehen und sehen das
gute Land jenseits des Jordan, dies gute
26 Bergland und den Libanon. Aber der
HERR war erzürnt auf mich um euret-
willen und erhörte mich nicht, sondern
sprach zu mir: Laß es genug sein! Rede
27 mir davon nicht mehr![a] Steige auf den
Gipfel des Gebirges Pisga und hebe
deine Augen auf nach Westen und nach
Norden und nach Süden und nach
Osten und sieh es mit deinen Augen;
denn du wirst nicht über den Jordan
28 hier gehen. Und gebiete dem Josua,
daß er getrost und unverzagt sei; denn
[b]er soll über den Jordan ziehen vor dem
Volk her und soll ihnen das Land aus-
29 teilen, das du sehen wirst. So blieben
wir im Tal gegenüber Bet-Peor.

a 4.Mose 20,12 *b* Kap 31,3.7

Ermahnung zum Gehorsam gegen das Gesetz

4 Und nun höre, Israel, die Gebote und
Rechte, die ich euch lehre, daß ihr sie
tun sollt, auf daß ihr lebet und hinein-
kommt und das Land einnehmt, das
euch der HERR, der Gott eurer Väter,
2 gibt. *Ihr sollt nichts dazutun zu dem, was*
ich euch gebiete, und sollt auch nichts da-
vontun, auf daß ihr bewahrt die Gebote
des HERRN, *eures Gottes, die ich euch ge-*
biete.[a] Eure Augen haben gesehen, was 3
der HERR getan hat wider den Baal-
Peor; denn alle, die dem Baal-Peor
folgten, hat der HERR, dein Gott, ver-
tilgt unter euch.[b] Aber ihr, die ihr dem 4
HERRN, eurem Gott, anhinget, lebt alle
heute noch. Sieh, ich hab euch gelehrt 5
Gebote und Rechte, wie mir der HERR,
mein Gott, geboten hat, daß ihr danach
tun sollt im Lande, in das ihr kommen
werdet, um es einzunehmen. So haltet 6
sie nun und tut sie! Denn dadurch wer-
det ihr als [c]weise und verständig gelten
bei allen Völkern, daß, wenn sie alle
diese Gebote hören, sie sagen müssen:
Ei, was für weise und verständige Leute
sind das, ein herrliches Volk! Denn 7
[d]wo ist so ein herrliches Volk, dem ein
Gott so nahe ist wie uns der HERR, un-
ser Gott, sooft wir ihn anrufen? Und 8
wo ist so ein großes Volk, das so gerech-
te Ordnungen und Gebote hat wie [e]dies
ganze Gesetz, das ich euch heute vorle-
ge? Hüte dich nur und bewahre deine 9
Seele gut, daß du [f]nicht vergißt, was
deine Augen gesehen haben, und daß es
nicht aus deinem Herzen kommt dein
ganzes Leben lang. Und du sollst dei-
nen Kindern und Kindeskindern
kundtun den Tag, da du [g]vor dem 10
HERRN, deinem Gott, standest an dem
Berge Horeb, als der HERR zu mir sag-
te: Versammle mir das Volk, daß sie
meine Worte hören und so mich fürch-
ten lernen alle Tage ihres Lebens auf
Erden und [h]ihre Kinder lehren. Da tra- 11
tet ihr herzu und standet unten an dem
Berge; der Berg aber stand in Flammen
bis in den Himmel hinein, und da war
Finsternis, Wolken und Dunkel. Und 12
der HERR redete mit euch [i]mitten aus
dem Feuer. Seine Worte hörtet ihr,
aber ihr saht keine Gestalt, nur eine
Stimme war da. Und er verkündigte 13
euch seinen Bund, den er euch gebot zu
halten, nämlich die Zehn Worte, und
[j]schrieb sie auf zwei steinerne Tafeln.
Und der HERR gebot mir zur selben 14
Zeit, euch Gebote und Rechte zu leh-
ren, daß ihr danach tun sollt in dem
Lande, in das ihr zieht, es einzuneh-
men. So hütet euch nun wohl – denn ihr 15
habt keine Gestalt gesehen an dem
Tage, da der HERR mit euch redete aus
dem Feuer auf dem Berge Horeb –, daß 16
ihr euch nicht versündigt und euch [k]ir-
gendein Bildnis macht, das gleich sei

17 einem Mann oder Weib, einem Tier auf
dem Land oder Vogel unter dem Him-
18 mel, dem Gewürm auf der Erde oder
einem Fisch im Wasser unter der Erde.
19 Hebe auch nicht deine Augen auf gen
Himmel, daß du [l]die Sonne sehest und
den Mond und die Sterne, das ganze
Heer des Himmels, und fallest ab und
betest sie an und dienest ihnen. Denn
der HERR, dein Gott, hat sie zugewiesen
allen andern Völkern unter dem ganzen
20 Himmel; euch aber hat der HERR ange-
nommen und aus dem [m]glühenden
Ofen, nämlich aus Ägypten, geführt,
daß ihr [n]das Volk sein sollt, das allein
21 ihm gehört, wie ihr es jetzt seid. Und
der HERR war so erzürnt über mich um
eures Tuns willen, daß er schwor, ich
sollte nicht über den Jordan gehen noch
in das gute Land kommen, das dir der
HERR, dein Gott, zum Erbteil geben
22 wird,[o] sondern ich muß in diesem
Lande sterben und werde nicht über
den Jordan gehen. Ihr aber werdet hin-
übergehen und dies gute Land einneh-
23 men. So hütet euch nun, daß ihr den
Bund des HERRN, eures Gottes, nicht
vergeßt, den er mit euch geschlossen
hat, und nicht ein Bildnis macht von ir-
gendeiner Gestalt, wie es der HERR,
24 dein Gott, geboten hat. Denn *der* HERR,
*dein Gott, ist [p]ein verzehrendes Feuer
und [q]ein eifernder Gott.*
25 Wenn ihr nun Kinder zeugt und
Kindeskinder und im Lande wohnt
und versündigt euch und macht euch
Bildnisse von irgendeiner Gestalt, so
daß ihr übeltut vor dem HERRN, eurem
26 Gott, und ihn erzürnet, so [r]rufe ich
heute Himmel und Erde zu Zeugen
über euch, daß ihr bald weggerafft wer-
det aus dem Lande, in das ihr geht über
den Jordan, um es einzunehmen. Ihr
werdet nicht lange darin bleiben, son-
27 dern werdet vertilgt werden. Und der
HERR wird euch zerstreuen unter die
Völker, und es wird von euch nur eine
geringe Zahl übrig bleiben unter den
Heiden, zu denen euch der HERR weg-
28 führen wird. Dort wirst du dienen den
Götzen, die das Werk von Menschen-
händen sind, Holz und Stein, die weder
sehen noch hören noch essen noch rie-
29 chen können.[s] Wenn du aber dort den
HERRN, deinen Gott, suchen wirst, so
wirst du ihn finden, wenn du ihn von
ganzem Herzen und von ganzer Seele
30 suchen wirst.[t] Wenn du geängstet sein
wirst und dich das alles treffen wird in
künftigen Zeiten, so wirst du dich [u]be-
kehren zu dem HERRN, deinem Gott,
und seiner Stimme gehorchen. Denn 31
der HERR, dein Gott, ist ein barmherzi-
ger Gott; er wird dich nicht verlassen
noch verderben, wird auch den Bund
nicht vergessen, den er deinen Vätern
geschworen hat. Denn frage nach den 32
früheren Zeiten, die vor dir gewesen
sind, von dem Tage an, da Gott den
Menschen auf Erden geschaffen hat,
und von einem Ende des Himmels zum
andern, ob je so Großes geschehen oder
desgleichen je gehört sei, daß ein Volk 33
die [v]Stimme Gottes aus dem Feuer hat
reden hören, wie du sie gehört hast, und
dennoch am Leben blieb? Oder ob je 34
ein Gott versucht hat, hinzugehen und
sich ein Volk mitten aus einem Volk
herauszuholen durch [w]Machtproben,
durch Zeichen, durch Wunder, durch
Krieg und durch seine mächtige Hand
und durch seinen ausgereckten Arm
und durch große Schrecken, wie das al-
les der HERR, euer Gott, für euch getan
hat in Ägypten vor deinen Augen? Du 35
aber hast's gesehen, auf daß du [x]wis-
sest, daß der HERR allein Gott ist und
sonst keiner. Vom Himmel hat er dich 36
seine Stimme hören lassen, um dich zu-
rechtzubringen; und auf Erden hat er
dir gezeigt sein großes Feuer, und seine
Worte hast du aus dem Feuer gehört.[y]
Weil er deine Väter geliebt und ihre 37
Nachkommen erwählt hat, [z]hat er dich
herausgeführt mit seinem Angesicht
durch seine große Kraft aus Ägypten,
damit er vor dir her Völker vertriebe, 38
die größer und stärker sind als du, und
dich hineinbrächte, um dir ihr Land
zum Erbteil zu geben, wie es jetzt ist. So 39
sollst du nun heute wissen und zu Her-
zen nehmen, daß der HERR Gott ist
oben im Himmel und unten auf Erden
und sonst keiner, und sollst halten seine 40
Rechte und Gebote, die ich dir heute
gebiete; so wird's dir und deinen Kin-
dern nach dir wohlgehen und dein Le-
ben lange währen in dem Lande, das dir
der HERR, dein Gott, gibt für immer.

a Kap 13,1; Spr 30,6; Offb 22,18.19
b 4.Mose 25,3-9 *c* Jes 2,3 *d* 2.Sam 7,23 *e* Jer 8,8
f Ps 103,2 *g* 2.Mose 19,17 *h* Kap 6,7
i Kap 5,4.24 *j* 2.Mose 31,18 *k* 2.Mose 20,4
l Kap 17,3; Röm 1,23 *m* 1.Kön 8,51; Jes 48,10;
Jer 11,4 *n* 2.Mose 19,5.6; Jes 19,25 *o* Kap 3,26
p Kap 9,3; 2.Mose 24,17; Jes 10,17; Hebr 12,29
q 2.Mose 20,5 *r* Kap 30,19; 31,28; 32,1
s Kap 28,36; Ps 115,4-7 *t* Ps 27,8; Jer 29,13.14
u Kap 30,2 *v* 2.Mose 20,1.19 *w* Kap 7,19; 29,2
x Kap 32,39 *y* 2.Mose 20,1.18.20 *z* 2.Mose 33,14

Freistädte im Ostjordanland

41 Da sonderte Mose[a] drei Städte aus jen-
seits des Jordan gegen Sonnenaufgang,
42 damit dorthin fliehen könnte, wer sei-
nen Nächsten totschlägt ohne Vorsatz
und ihm zuvor nicht feind gewesen ist;
der soll in eine dieser Städte fliehen, da-
43 mit er am Leben bleibe: Bezer auf der
Hochebene für die Rubeniter und Ra-
mot in Gilead für die Gaditer und Go-
lan in Basan für die Manassiter.

a Kap 19,2-13; 4.Mose 35,6-29

Überleitung zum Gesetz

44 Dies ist das Gesetz, das Mose den Is-
45 raeliten vorlegte. Dies sind die Ermah-
nungen und Gebote und Rechte, die
Mose den Israeliten kundtat, als sie aus
46 Ägypten gezogen waren, jenseits des
Jordan im Tal gegenüber Bet-Peor, im
Lande Sihons, des Königs der Amori-
ter, der zu Hesbon herrschte. [a]Den
schlugen Mose und die Israeliten, als
47 sie aus Ägypten gezogen waren, und
nahmen sein Land ein, dazu das Land
Ogs, des Königs von Basan, der beiden
Könige der Amoriter, die jenseits des
Jordan waren gegen Sonnenaufgang,
48 von Aroër an, das am Ufer des Arnon
liegt, bis an den Berg Sion, das ist der
49 [b]Hermon, und das ganze Jordantal öst-
lich des Jordan gegen Aufgang der Son-
ne bis an das Meer am Jordantal am
Fuße des Gebirges Pisga.

a 4.Mose 21,24 *b* Kap 3,8.9

Wiederholung der zehn Gebote
(vgl. 2.Mose 20)

5 Und Mose rief ganz Israel zusammen
und sprach zu ihnen: Höre, Israel, die
Gebote und Rechte, die ich heute vor
euren Ohren rede, und lernet sie und
2 bewahrt sie, daß ihr danach tut! Der
HERR, unser Gott, hat einen Bund mit
3 uns geschlossen am Horeb[a] und hat
nicht mit unsern Vätern diesen Bund
geschlossen, sondern mit uns, die wir
4 heute hier sind und alle leben.[b] Er hat
von Angesicht zu Angesicht mit euch
[c]aus dem Feuer auf dem Berge geredet.
5 Ich stand zu derselben Zeit zwischen
dem HERRN und euch, um euch des
HERRN Wort zu verkündigen; denn ihr
fürchtetet euch vor dem Feuer und
gingt nicht auf den Berg. Und er
sprach:
6 *Ich bin der* HERR, *dein Gott, der dich*
aus Ägyptenland geführt hat, aus der
7 *Knechtschaft. Du sollst keine anderen*
Götter haben neben mir.[d] *Du sollst dir* 8
[e]*kein Bildnis machen in irgendeiner Ge-*
stalt, weder von dem, was oben im Him-
mel, noch von dem, was unten auf Erden,
noch von dem, was im Wasser unter der
Erde ist. Du sollst sie nicht anbeten noch 9
ihnen dienen. Denn ich, der HERR, *dein*
Gott, bin[f] *ein eifernder Gott, der die Mis-*
setat der Väter heimsucht bis ins dritte
und vierte Glied an den Kindern derer,
die mich hassen, aber Barmherzigkeit er- 10
weist an vielen Tausenden, die mich lieben
und meine Gebote halten.

Du sollst den Namen des HERRN, *dei-* 11
nes Gottes, nicht mißbrauchen; denn der
HERR *wird den nicht ungestraft lassen,*
der seinen Namen mißbraucht.

Den Sabbattag sollst du halten, daß du 12
ihn heiligest, wie dir der HERR, *dein Gott,*
geboten hat. Sechs Tage sollst du arbeiten 13
und alle deine Werke tun. Aber am sie- 14
benten Tag ist der Sabbat des HERRN,
deines Gottes. Da sollst du keine Arbeit
tun, auch nicht dein Sohn, deine Tochter,
dein Knecht, deine Magd, dein Rind, dein
Esel, all dein Vieh, auch nicht dein
Fremdling, der in deiner Stadt lebt, auf
daß dein Knecht und deine Magd ruhen
gleichwie du. Denn [g]*du sollst daran den-* 15
ken, daß auch du Knecht in Ägyptenland
warst und der HERR, *dein Gott, dich von*
dort herausgeführt hat mit mächtiger
Hand und ausgerecktem Arm. Darum hat
dir der HERR, *dein Gott, geboten, daß du*
den Sabbattag halten sollst.

Du sollst deinen Vater und deine Mut- 16
ter ehren, wie dir der HERR, *dein Gott, ge-*
boten hat, auf daß du lange lebest und
dir's wohlgehe in dem Lande, das dir der
HERR, *dein Gott, geben wird.*

Du sollst nicht töten. 17

Du sollst nicht ehebrechen. 18

Du sollst nicht stehlen. 19

Du sollst nicht falsch Zeugnis reden wi- 20
der deinen Nächsten.

Du sollst nicht begehren deines Näch- 21
sten Weib.

Du sollst [h]*nicht begehren deines Näch-*
sten Haus, Acker, Knecht, Magd, Rind,
Esel noch alles, was sein ist.

Das sind die Worte, die der HERR re- 22
dete zu eurer ganzen Gemeinde auf
dem Berge, aus dem Feuer und der
Wolke und dem Dunkel mit großer
Stimme, und tat nichts hinzu und
schrieb sie auf [i]zwei steinerne Tafeln
und gab sie mir.

a 2.Mose 19,5 *b* Kap 29,14 *c* Vers 24
d Kap 11,16.28 *e* Kap 27,15 *f* Kap 4,24
g Kap 15,15; 16,12; 24,18.22 *h* Mi 2,2
i 2.Mose 31,18

Mose als Mittler zwischen Gott und Israel

23 Als ihr aber die Stimme aus der Fin-
sternis hörtet und den Berg im Feuer
brennen saht, tratet ihr zu mir, alle eure
Stammeshäupter und eure Ältesten,
24 und spracht: Siehe, der HERR, unser
Gott, hat uns sehen lassen seine Herr-
lichkeit und seine Majestät, und [a]wir
haben seine Stimme aus dem Feuer ge-
hört. Heute haben wir zwar gesehen,
daß Gott mit Menschen redet und sie
25 am Leben bleiben. Aber nun, warum
sollen wir sterben? Dies große Feuer
wird uns noch verzehren! Wenn wir
des HERRN, unseres Gottes, Stimme
weiter hören, so müssen wir sterben.
26 Denn welcher Mensch kann die Stim-
me des lebendigen Gottes aus dem
Feuer reden hören wie wir und doch am
27 Leben bleiben? Tritt du hinzu und
höre alles, was der HERR, unser Gott,
sagt, und sage es uns. Alles, was der
HERR, unser Gott, mit dir reden wird,
das wollen wir hören und tun.
28 Als aber der HERR eure Worte hörte,
die ihr mit mir redetet, sprach er zu
mir: Ich habe gehört die Worte dieses
Volks, die sie mit dir geredet haben; es
29 ist alles gut, was sie geredet haben. Ach
daß sie [b]ein solches Herz hätten, mich
zu fürchten und zu halten alle meine
Gebote ihr Leben lang, auf daß es
ihnen und ihren Kindern wohlginge
30 ewiglich! Geh hin und sage ihnen:
31 Geht heim in eure Zelte! Du aber sollst
hier vor mir stehen bleiben, damit ich
dir verkündige das ganze Gesetz, die
Gebote und Rechte, die du sie lehren
sollst, daß sie danach tun in dem
Lande, das ich ihnen geben werde, um
32 es einzunehmen. So habt nun acht, daß
ihr tut, wie euch der HERR, euer Gott,
geboten hat, und [c]weicht nicht, weder
33 zur Rechten noch zur Linken, sondern
wandelt in allen Wegen, die euch der
HERR, euer Gott, geboten hat, damit ihr
leben könnt und es euch wohlgeht und
ihr lange lebt in dem Lande, das ihr ein-
nehmen werdet.

a Kap 4,12.13.33 *b* Kap 29,3 *c* Kap 4,2; 28,14; Jos 1,7; Spr 4,27

Ermahnung zur Liebe und zum Gehorsam gegen den HERRN

6 Dies sind die Gesetze und Gebote und
Rechte, die der HERR, euer Gott, gebo-
ten hat, daß ihr sie lernen und tun sollt
in dem Lande, in das ihr zieht, es einzu-
nehmen, damit du dein Leben lang den 2
HERRN, deinen Gott, fürchtest und alle
seine Rechte und Gebote hältst, die ich
dir gebiete, du und deine Kinder und
deine Kindeskinder, auf daß du lange
lebest. Israel, [a]du sollst es hören und 3
festhalten, daß du es tust, auf daß dir's
wohlgehe und du groß an Zahl werdest,
wie der HERR, der Gott deiner Väter,
dir zugesagt hat, in dem Lande, darin
Milch und Honig fließt.
Höre, Israel, der HERR *ist unser Gott,* 4
der HERR *allein.*[b] *Und du sollst den* 5
HERRN, *deinen Gott, liebhaben von gan-*
zem Herzen, von ganzer Seele und mit al-
ler deiner Kraft.[c] Und diese Worte, die 6
ich dir heute gebiete, sollst du zu Her-
zen nehmen[d] und [e]sollst sie deinen 7
Kindern einschärfen und davon reden,
wenn du in deinem Hause sitzt oder
unterwegs bist, wenn du dich nieder-
legst oder aufstehst. Und du [f]sollst sie 8
binden zum Zeichen auf deine Hand,
und sie sollen dir ein Merkzeichen zwi-
schen deinen Augen sein, und du sollst 9
sie schreiben auf die Pfosten deines
Hauses und an die Tore.
Wenn dich nun der HERR, dein Gott, 10
in das Land bringen wird, von dem er
deinen Vätern Abraham, Isaak und Ja-
kob geschworen hat, es dir zu geben –
große und schöne Städte, die du nicht
gebaut hast, und Häuser voller Güter, 11
die du nicht gefüllt hast, und ausge-
hauene Brunnen, die du nicht ausge-
hauen hast, und Weinberge und Ölbäu-
me, die du nicht gepflanzt hast –, und
[g]wenn du nun ißt und satt wirst, so 12
hüte dich, daß du nicht den HERRN ver-
gißt, der dich aus Ägyptenland, aus der
Knechtschaft, geführt hat, sondern du 13
sollst den HERRN, deinen Gott, fürch-
ten und ihm dienen und bei seinem Na-
men schwören.[h] Und du sollst nicht 14
andern Göttern nachfolgen, den Göt-
tern der Völker, die um euch her sind
– denn der HERR, dein Gott, ist [i]ein ei- 15
fernder Gott in deiner Mitte –, daß
nicht der Zorn des HERRN, deines Got-
tes, über dich entbrenne und dich ver-
tilge von der Erde. Ihr [j]sollt den 16
HERRN, euren Gott, nicht versuchen,
wie ihr ihn [k]versucht habt in Massa,
sondern sollt halten die Gebote des 17
HERRN, eures Gottes, seine Vermah-
nungen und seine Rechte, die er dir ge-
boten hat, daß du tust, was recht und 18
gut ist vor den Augen des HERRN, auf
daß dir's wohlgehe und du hineinkom-
mest und einnehmest das gute Land,

von dem der HERR deinen Vätern ge-
19 schworen hat, daß er verjagen wolle alle
deine Feinde vor dir, wie der HERR es
zugesagt hat.[l]
20 Wenn dich nun [m]dein Sohn morgen
fragen wird: Was sind das für Vermah-
nungen, Gebote und Rechte, die euch
21 der HERR, unser Gott, geboten hat?, so
[n]sollst du deinem Sohn sagen: Wir wa-
ren Knechte des Pharao in Ägypten,
und der HERR führte uns aus Ägypten
22 mit mächtiger Hand; und der HERR tat
große und furchtbare Zeichen und
Wunder an Ägypten und am Pharao
und an seinem ganzen Hause vor un-
23 sern Augen und führte uns von dort
weg, um uns hineinzubringen und uns
das Land zu geben, wie er unsern Vä-
24 tern geschworen hatte. Und der HERR
hat uns geboten, nach all diesen Rech-
ten zu tun, daß wir den HERRN, unsern
Gott, fürchten, auf daß es uns wohlge-
he unser Leben lang, so wie es heute ist.
25 Und das wird [o]unsere Gerechtigkeit
sein, daß wir alle diese Gebote tun und
halten vor dem HERRN, unserm Gott,
wie er uns geboten hat.

a Lk 11,28 *b* Mk 12,29; 1.Kor 8,4.6 *c* Kap 10,12; 2.Kön 23,25; Mt 22,37 *d* Kap 11,18-20 *e* 1.Mose 18,19 *f* 2.Mose 13,9; Mt 23,5 *g* Kap 8,10 *h* Kap 10,20; Mt 4,10 *i* 2.Mose 20,5 *j* Mt 4,7 *k* 2.Mose 17,2.7 *l* 2.Mose 23,27.28 *m* 2.Mose 13,14 *n* Ps 44,2 *o* Kap 9,5.6; Röm 2,13.19-24

Warnung vor Gemeinschaft mit den Heiden

7 Wenn dich der HERR, dein Gott, ins
Land bringt, in das du kommen wirst,
es [a]einzunehmen, und er ausrottet viele
Völker vor dir her, die Hetiter, Girgasi-
ter, Amoriter, Kanaaniter, Perisiter,
Hewiter und Jebusiter, sieben Völker,
2 die größer und stärker sind als du, und
wenn sie der HERR, dein Gott, vor dir
dahingibt, daß du sie schlägst, so sollst
du an ihnen [b]den Bann vollstrecken.
Du sollst keinen Bund mit ihnen schlie-
ßen und keine Gnade gegen sie üben
3 und sollst dich mit ihnen nicht ver-
schwägern; eure Töchter sollt ihr nicht
geben ihren Söhnen, und ihre Töchter
sollt ihr nicht nehmen für eure Söhne.[c]
4 Denn sie werden eure Söhne mir ab-
trünnig machen, daß sie andern Göt-
tern dienen; so wird dann des HERRN
Zorn entbrennen über euch und euch
5 bald vertilgen. Sondern so sollt ihr mit
ihnen tun: Ihre Altäre sollt ihr einrei-
ßen, ihre Steinmale zerbrechen, ihre
heiligen Pfähle abhauen und ihre Göt-
zenbilder mit Feuer verbrennen.[d]
Denn du bist ein heiliges Volk dem 6
HERRN, deinem Gott. [e]Dich hat der
HERR, dein Gott, erwählt zum Volk des
Eigentums aus allen Völkern, die auf
Erden sind. *Nicht hat euch der HERR an-* 7
genommen und [f]euch erwählt, weil ihr
größer wäret als alle Völker – denn du bist
das kleinste unter allen Völkern –, son- 8
dern [g]weil er euch geliebt hat und damit
er seinen Eid hielte, den er euren Vä-
tern geschworen hat. Darum hat er
euch herausgeführt mit mächtiger
Hand und hat dich erlöst von der
Knechtschaft, aus der Hand des Pha-
rao, des Königs von Ägypten. So sollst 9
du nun wissen, daß der HERR, dein
Gott, allein Gott ist, der treue Gott, der
den Bund und [h]die Barmherzigkeit bis
ins tausendste Glied hält denen, die ihn
lieben und seine Gebote halten, und 10
[i]vergilt ins Angesicht denen, die ihn
hassen, und bringt sie um und säumt
nicht, zu vergelten ins Angesicht de-
nen, die ihn hassen. So halte nun die 11
Gebote und Gesetze und Rechte, die
ich dir heute gebiete, daß du danach
tust.

a Kap 31,3 *b* Kap 20,16.17 *c* 2.Mose 34,15.16 *d* Kap 12,2.3 *e* 2.Mose 19,5.6 *f* Kap 10,15 *g* Hos 11,1 *h* 2.Mose 20,6 *i* Nah 1,2

Verheißung des göttlichen Segens

Und wenn ihr diese Rechte hört und sie 12
haltet und danach tut, so wird der
HERR, dein Gott, auch halten den Bund
und die Barmherzigkeit, wie er deinen
Vätern geschworen hat,[a] und wird dich 13
lieben und segnen und mehren, und er
wird segnen die Frucht deines Leibes
und [b]den Ertrag deines Ackers, dein
Getreide, Wein und Öl, und das Jung-
vieh deiner Kühe und deiner Schafe in
dem Lande, das er dir geben wird, wie
er deinen Vätern geschworen hat. Ge- 14
segnet wirst du sein vor allen Völkern.
Es wird niemand unter dir unfruchtbar
sein, auch nicht eins deiner Tiere. Der 15
HERR [c]wird von dir nehmen alle
Krankheit und wird dir keine von all
den bösen Seuchen der Ägypter aufle-
gen, die du kennst, sondern wird sie al-
len deinen Hassern auflegen. Du wirst 16
alle Völker vertilgen, die der HERR, dein
Gott, dir geben wird. Du sollst sie nicht
schonen und ihren Göttern nicht die-
nen; denn das würde dir zum Fallstrick
werden.[d]
Wirst du aber in deinem Herzen sa- 17
gen: Diese [e]Völker sind größer als ich;

18 wie kann ich sie vertreiben?, so fürchte
dich nicht vor ihnen. Denke daran, was
der HERR, dein Gott, dem Pharao und
19 allen Ägyptern getan hat durch [f]große
Machtproben, die du mit eigenen Au-
gen gesehen hast, und durch Zeichen
und Wunder, durch mächtige Hand
und ausgereckten Arm, womit dich der
HERR, dein Gott, herausführte. So wird
der HERR, dein Gott, allen Völkern tun,
20 vor denen du dich fürchtest. Dazu wird
der HERR, dein Gott, [g]Angst und
Schrecken unter sie senden, bis umge-
bracht sein wird, was übrig ist und sich
21 verbirgt vor dir. Laß dir nicht grauen
vor ihnen; denn der HERR, dein Gott,
ist in deiner Mitte, der große und
22 schreckliche Gott. Er, der HERR, dein
Gott, wird diese Leute ausrotten vor
dir, einzeln nacheinander. Du kannst
sie nicht auf einmal vertilgen, damit
sich nicht die wilden Tiere wider dich
23 vermehren. Der HERR, dein Gott, wird
sie vor dir dahingeben und wird eine
große Verwirrung über sie bringen, bis
24 er sie vertilgt hat, und wird ihre Könige
in deine Hände geben, und du sollst
ihren Namen auslöschen unter dem
Himmel. Es wird dir niemand wider-
25 stehen, bis du sie vertilgt hast. Die Bil-
der ihrer Götter sollst du mit Feuer
verbrennen und sollst nicht begehren
das Silber oder Gold, das daran ist,
oder es zu dir nehmen, damit du dich
nicht darin verstrickst; denn das ist
dem HERRN, deinem Gott, ein Greuel.
26 Darum sollst du solchen Greuel nicht
in dein Haus bringen, damit du nicht
dem Bann verfällst wie jene, sondern
du sollst Ekel und Abscheu davor ha-
ben; denn es steht unter dem Bann.[h]

a 2.Mose 23,22-31 *b* Hos 2,7-12
c 2.Mose 9,1-12 *d* 2.Mose 23,33; 34,12; Jos 23,13
e 4.Mose 13,31; 14,1-4 *f* Kap 4,34; 29,2
g 2.Mose 23,28-30 *h* Jos 7,11.12

Ermahnung zur Dankbarkeit gegen den HERRN

8 Alle Gebote, die ich dir heute gebiete,
sollt ihr halten, daß ihr danach tut, da-
mit ihr lebt und zahlreich werdet und
hineinkommt und das Land einnehmt,
das der HERR euren Vätern zugeschwo-
2 ren hat. Und gedenke des ganzen We-
ges, den dich der HERR, dein Gott, ge-
leitet hat diese vierzig Jahre in der Wü-
ste, auf daß er dich demütigte und [a]ver-
suchte, damit kundwürde, was in dei-
nem Herzen wäre, ob du seine Gebote
3 halten würdest oder nicht. Er demütig-
te dich und ließ dich hungern und
[b]speiste dich mit Manna, das du und
deine Väter nie gekannt hatten, auf daß
er dir kundtäte, daß [c]der Mensch nicht
lebt vom Brot allein, sondern von al-
lem, was aus dem Mund des HERRN
geht. Deine Kleider sind nicht zerris- 4
sen an dir, und deine Füße sind nicht
geschwollen diese vierzig Jahre.[d] So er- 5
kennst du ja in deinem Herzen, daß der
HERR, dein Gott, dich [e]erzogen hat, wie
ein Mann seinen Sohn erzieht. So halte 6
nun die Gebote des HERRN, deines Got-
tes, daß du in seinen Wegen wandelst
und ihn fürchtest. Denn der HERR, dein 7
Gott, führt dich in ein gutes Land, ein
Land, darin Bäche und Brunnen und
Seen sind, die an den Bergen und in den
Auen fließen, ein Land, darin Weizen, 8
Gerste, Weinstöcke, Feigenbäume und
Granatäpfel wachsen, ein Land, darin
es Ölbäume und Honig gibt, ein Land, 9
wo du Brot genug zu essen hast, wo dir
nichts mangelt, ein Land, in dessen
Steinen Eisen ist, wo du Kupfererz aus
den Bergen haust. Und wenn du geges- 10
sen hast und satt bist, sollst du den
HERRN, deinen Gott, loben für das gute
Land, das er dir gegeben hat.

So hüte dich nun davor, den HERRN, 11
deinen Gott, zu vergessen, so daß du
seine Gebote und seine Gesetze und
Rechte, die ich dir heute gebiete, nicht
hältst. Wenn du nun gegessen hast und 12
satt bist und schöne Häuser erbaust
und darin wohnst und deine Rinder 13
und Schafe und Silber und Gold und
alles, was du hast, sich mehrt, dann 14
hüte dich, daß dein Herz sich nicht
überhebt und du den HERRN, deinen
Gott, vergißt, der dich aus Ägypten-
land geführt hat, aus der Knechtschaft,
und dich geleitet hat durch die große 15
und furchtbare Wüste, wo [f]feurige
Schlangen und Skorpione und lauter
Dürre und kein Wasser war, und ließ
dir [g]Wasser aus dem harten Felsen her-
vorgehen und speiste dich mit Manna 16
in der Wüste, von dem deine Väter
nichts gewußt haben, auf daß er dich
demütigte und versuchte, damit er dir
hernach wohltäte. Du könntest sonst 17
sagen in deinem Herzen: Meine Kräfte
und meiner Hände Stärke haben mir
diesen Reichtum gewonnen. Sondern 18
gedenke an den HERRN, deinen Gott;
denn er ist's, der dir Kräfte gibt, Reich-
tum zu gewinnen, auf daß er [h]hielte sei-
nen Bund, den er deinen Vätern ge-
schworen hat, so wie es heute ist.

19 Wirst du aber den HERRN, deinen
Gott, vergessen und andern Göttern
nachfolgen und ihnen dienen und sie
anbeten, so bezeuge ich euch heute, daß
20 ihr umkommen werdet; eben wie die
Heiden, die der HERR umbringt vor eurem Angesicht, so werdet ihr auch umkommen, weil ihr nicht gehorsam seid der Stimme des HERRN, eures Gottes.

a Kap 13,4; 1.Mose 22,1; 2.Mose 16,4; 20,20; Ri 2,22 *b* 2.Mose 16,13-15 *c* Mt 4,4 *d* Kap 29,4 *e* Jes 28,26; Jer 30,11; 46,28 *f* 4.Mose 21,6 *g* 2.Mose 17,6 *h* Kap 4,31

Ermahnung zur Demut

9 Höre, Israel, du wirst heute über den
Jordan gehen, damit du hineinkommst,
das Land der Völker einzunehmen, die
größer und stärker sind als du, [a]große
Städte, ummauert bis an den Himmel,
2 ein [b]großes, hochgewachsenes Volk,
die Enakiter, die du kennst, von denen
du auch hast sagen hören: Wer kann
3 wider die Enakiter bestehen? So sollst
du nun heute wissen, daß der HERR,
dein Gott, vor dir hergeht, ein [c]verzehrendes Feuer. Er wird sie vertilgen und
wird sie demütigen vor dir, und du
wirst sie vertreiben und bald vernichten, wie dir der HERR zugesagt hat.
4 [d]Wenn nun der HERR, dein Gott, sie
ausgestoßen hat vor dir her, so sprich
nicht in deinem Herzen: Der HERR hat
mich hereingeführt, dies Land einzunehmen, um meiner Gerechtigkeit willen –, da doch der HERR diese Völker
vertreibt vor dir her um ihres gottlosen
5 Treibens willen. [e]Denn du kommst
nicht herein, ihr Land einzunehmen,
um deiner Gerechtigkeit und deines
aufrichtigen Herzens willen, sondern
der HERR, dein Gott, vertreibt diese
Völker um ihres gottlosen Treibens
willen, damit er das Wort halte, das er
geschworen hat deinen Vätern Abraham, Isaak und Jakob. So wisse nun,
6 ham, Isaak und Jakob. So wisse nun,
daß der HERR, dein Gott, dir nicht um
deiner Gerechtigkeit willen dies gute
Land zum Besitz gibt, da du doch ein
[f]halsstarriges Volk bist.

a Kap 1,28 *b* 4.Mose 13,32.33 *c* Kap 4,24 *d* (*4 und 5*) Kap 8,17; 1.Mose 15,16 *e* (*5 und 6*) Kap 6,25 *f* 2.Mose 32,9

Erinnerung an Israels Untreue

7 Denke daran und vergiß nicht, wie du
den HERRN, deinen Gott, erzürntest in
der Wüste. Von dem Tage an, als du
aus Ägyptenland zogst, bis ihr gekommen seid an diesen Ort, seid ihr unge-
8 horsam gewesen dem HERRN. [a]Denn
am Horeb erzürntet ihr den HERRN so,
daß er vor Zorn euch vertilgen wollte,
als ich auf den Berg gegangen war, die 9
steinernen Tafeln zu empfangen, die
Tafeln des Bundes, den der HERR mit
euch schloß, und ich vierzig Tage und
vierzig Nächte auf dem Berge blieb und
kein Brot aß und kein Wasser trank[b]
und mir der HERR die zwei steinernen 10
Tafeln gab, mit dem Finger Gottes beschrieben, und darauf alle Worte, die
der HERR mit euch aus dem Feuer auf
dem Berge geredet hatte am Tage der
Versammlung. Und nach den vierzig 11
Tagen und vierzig Nächten gab mir der
HERR die zwei steinernen Tafeln des
Bundes und sprach zu mir: Mach dich 12
auf, geh eilends hinab von hier; denn
dein Volk, das du aus Ägypten geführt
hast, hat sich versündigt. Sie sind
schnell abgewichen von dem Wege, den
ich ihnen geboten habe; sie haben sich
ein gegossenes Bild gemacht. Und der 13
HERR sprach zu mir: Ich sehe, daß dies
Volk ein halsstarriges Volk ist. Laß ab 14
von mir, damit ich sie vertilge und
ihren Namen austilge unter dem Himmel; aber aus dir will ich ein stärkeres
und größeres Volk machen als dieses.
Und als ich mich wandte und von dem 15
Berge herabging, der im Feuer brannte,
und die zwei Tafeln des Bundes in meinen beiden Händen hatte, da sah ich, 16
und siehe, da hattet ihr euch an dem
HERRN, eurem Gott, versündigt und
euch ein gegossenes Kalb gemacht und
wart schnell von dem Wege abgewichen, den euch der HERR geboten hatte.
Da faßte ich beide Tafeln und warf sie 17
aus meinen Händen und zerbrach sie
vor euren Augen und fiel nieder vor 18
dem HERRN wie das erstemal, vierzig
Tage und vierzig Nächte, und aß kein
Brot und trank kein Wasser um all eurer Sünde willen, die ihr getan hattet,
als ihr solches Unrecht tatet vor dem
HERRN, um ihn zu erzürnen. Denn ich 19
[c]fürchtete mich vor dem Zorn und
Grimm, mit dem der HERR über euch
erzürnt war, so daß er euch vertilgen
wollte. Aber der HERR erhörte mich
auch diesmal. Auch war der HERR sehr 20
zornig über Aaron, so daß er ihn vertilgen wollte; aber ich bat auch für Aaron
zur selben Zeit. Aber eure Sünde, das 21
Kalb, das ihr gemacht hattet, nahm ich
und verbrannte es mit Feuer und zerschlug es und zermalmte es, bis es
Staub ward, und warf den Staub in den
Bach, der vom Berge fließt.

22 So erzürntet ihr den HERRN auch in
[d]Tabera und in [e]Massa und bei den
23 [f]Lustgräbern. Und als er euch aus Kadesch-Barnea sandte und sprach: Geht
hinauf und nehmt das Land ein, das ich
euch gegeben habe!, da wart ihr ungehorsam dem Mund des HERRN, eures
Gottes, und glaubtet nicht an ihn und
24 gehorchtet seiner Stimme nicht.[g] So
seid ihr dem HERRN ungehorsam gewesen, solange ich euch gekannt habe.
25 Ich aber [h]fiel nieder und lag vor dem
HERRN vierzig Tage und vierzig Nächte; denn der HERR sprach, er wolle euch
26 vertilgen. Und ich bat den HERRN und
sprach: Herr HERR, verdirb dein Volk
und dein Erbe nicht, das du durch deine große Kraft erlöst und mit mächtiger Hand aus Ägypten geführt hast!
27 Gedenke an deine Knechte Abraham,
Isaak und Jakob! Sieh nicht an die
Halsstarrigkeit und das gottlose Trei-
28 ben und die Sünde dieses Volks, damit
das Land, aus dem du uns geführt hast,
nicht sage: Der HERR konnte sie nicht
in das Land bringen, das er ihnen zugesagt hatte, und hat sie darum herausgeführt, weil er ihnen gram war, um sie zu
29 töten in der Wüste.[i] Denn sie sind dein
Volk und dein Erbe, das du mit deiner
großen Kraft und mit deinem ausgereckten Arm herausgeführt hast.

a (8-21) 2.Mose 32,1-24 *b* 2.Mose 34,28
c Hebr 12,21 *d* 4.Mose 11,3 *e* 2.Mose 17,7
f 4.Mose 11,34 *g* 4.Mose 13,2.31; 14,1-4
h Vers 18 *i* 4.Mose 14,16

Die neuen Tafeln des Gesetzes

10 Zu derselben Zeit sprach der HERR zu
mir: [a]Haue dir zwei steinerne Tafeln
zu wie die ersten und komm zu mir auf
den Berg und mache dir eine [b]hölzerne
2 Lade, so will ich auf die Tafeln die
Worte schreiben, die auf den ersten waren, die du [c]zerbrochen hast; und du
3 sollst sie in die Lade legen. So machte
ich eine Lade aus Akazienholz und hieb
zwei steinerne Tafeln zu, wie die ersten
waren, und ging auf den Berg und hatte
die beiden Tafeln in meinen Händen.
4 Da schrieb er auf die Tafeln, wie die erste Schrift war, die Zehn Worte, die der
HERR zu euch geredet hatte mitten aus
dem Feuer auf dem Berge zur Zeit der
Versammlung; und der HERR gab sie
5 mir. Und ich wandte mich und ging
vom Berge herab und [d]legte die Tafeln
in die Lade, die ich gemacht hatte, und
sie blieben darin, wie mir der HERR geboten hatte.

a 2.Mose 34,1 *b* 2.Mose 25,10 *c* 2.Mose 32,19
d 2.Mose 25,21

Aarons Tod. Aussonderung der Leviten

[a]Und die Israeliten zogen aus von Be- 6
erot-Bene-Jaakan nach Moser. Dort
starb Aaron und wurde daselbst begraben. Und sein Sohn Eleasar wurde
Priester an seiner Statt. Von da zogen 7
sie aus nach Gudgoda, von Gudgoda
nach Jotbata, in ein Land mit Wasserbächen.
Zur selben Zeit sonderte der HERR 8
den Stamm Levi aus, die Lade des
Bundes des HERRN zu tragen und [b]zu
stehen vor dem HERRN, ihm zu dienen
und [c]in seinem Namen zu segnen bis
auf diesen Tag. Darum werden die Le- 9
viten weder Anteil noch Erbe haben
mit ihren Brüdern. Denn [d]der HERR ist
ihr Erbteil, wie der HERR, dein Gott,
ihnen zugesagt hat.

a (6 und 7) 4.Mose 33,31-33; 20,28; 33,37-39
b Kap 18,5 *c* 4.Mose 6,23-27 *d* 4.Mose 18,20

Was der HERR von Israel fordert

Ich aber stand auf dem Berge wie das 10
erstemal, [a]vierzig Tage und vierzig
Nächte, und der HERR erhörte mich
auch diesmal und wollte dich nicht verderben. Er sprach zu mir: Mach dich 11
auf, geh hin und zieh vor dem Volk her,
damit sie hineinkommen und das Land
einnehmen, das ich ihnen geben will,
wie ich ihren Vätern geschworen habe.
Nun, Israel, was [b]fordert der HERR, *dein* 12
Gott, noch von dir, als daß du den
HERRN, *deinen Gott, fürchtest, daß du in*
allen seinen Wegen wandelst und ihn
liebst und dem HERRN, *deinem Gott,*
dienst von ganzem Herzen und von ganzer Seele, daß du die Gebote des HERRN 13
hältst und seine Rechte, die ich dir heute gebiete, auf daß dir's wohlgehe? Sie- 14
he, der Himmel und aller Himmel
Himmel und die Erde und alles, was
darinnen ist, das ist des HERRN, deines
Gottes. Und doch hat er nur [c]deine Vä- 15
ter angenommen, daß er sie liebte, und
hat ihre Nachkommen, nämlich euch,
erwählt aus allen Völkern, so wie es
heute ist.
So [d]beschneidet nun eure Herzen 16
und seid hinfort nicht halsstarrig. Denn 17
der HERR, euer Gott, ist der Gott aller
Götter und der Herr über alle Herren,
der große Gott, der Mächtige und der
Schreckliche, der die Person nicht ansieht und kein Geschenk nimmt und 18

schafft Recht den Waisen und Witwen
und hat die Fremdlinge lieb, daß er
19 ihnen Speise und Kleider gibt. Darum
sollt ihr auch die Fremdlinge lieben;
denn ihr seid auch Fremdlinge gewesen
20 in Ägyptenland.[e] Den HERRN, deinen
Gott, sollst du fürchten, ihm sollst du
dienen, ihm sollst du anhangen und bei
21 seinem Namen schwören. Er ist dein
Ruhm und dein Gott, der bei dir solche
großen und schrecklichen Dinge getan
hat, die deine Augen gesehen haben.
22 Deine Väter zogen hinab nach Ägypten
mit [f]siebzig Seelen; aber nun hat dich
der HERR, dein Gott, [g]zahlreich gemacht wie die Sterne am Himmel.

a Kap 9,9 *b* Mi 6,8 *c* Kap 7,6 *d* Kap 30,6
e 2.Mose 22,20-23 *f* 1.Mose 46,27 *g* Kap 1,10

Erinnerung an Gottes Wohltaten

11 So sollst du nun den HERRN, deinen
Gott, lieben und sein Gesetz, seine
Ordnungen, seine Rechte und seine
2 Gebote halten dein Leben lang. Und
erkennt heute, was eure Kinder nicht
wissen noch gesehen haben, nämlich
die [a]Erziehung durch den HERRN, euren Gott, dazu seine Herrlichkeit, seine
mächtige Hand und seinen ausgereckten Arm
3 ten Arm und seine Zeichen und Werke,
die er getan hat unter den Ägyptern, an
dem Pharao, dem König von Ägypten,
4 und an seinem ganzen Lande; und was
er an der Heeresmacht der Ägypter getan hat, an ihren Rossen und Wagen,
wie er das Wasser des Schilfmeers über
sie brachte, als sie euch nachjagten und
sie der HERR umkommen ließ, bis auf
5 diesen Tag;[b] und was er euch getan hat
in der Wüste, bis ihr an diesen Ort ge-
6 kommen seid, was er Datan und Abiram getan hat, den Söhnen Eliabs, des
Sohnes Rubens, wie die Erde ihren
Mund auftat und sie verschlang mit all
ihren Leuten und ihren Zelten und allem ihrem Gut, das sie erworben hat-
7 ten, mitten unter ganz Israel.[c] Denn
eure Augen haben die großen Werke
des HERRN gesehen, die er getan hat.

a Kap 4,36 *b* 2.Mose 14,25.27 *c* 4.Mose 16,25-34

Segen des Gehorsams – Fluch des Ungehorsams

8 Darum sollt ihr alle die Gebote halten,
die ich dir heute gebiete, auf daß ihr
stark werdet, hineinzukommen und das
Land einzunehmen, dahin ihr zieht, es
9 einzunehmen, und daß du lange lebest
in dem Lande, das der HERR, wie er euren Vätern geschworen hat, ihnen und
ihren Nachkommen geben will, ein
[a]Land, darin Milch und Honig fließt.
Denn das Land, in das du kommst, es 10
einzunehmen, ist nicht wie Ägyptenland, von dem ihr ausgezogen seid, wo
du deinen Samen säen und selbst tränken mußtest wie einen Garten, sondern 11
es hat Berge und Auen, die der Regen
vom Himmel tränkt, – ein Land, auf das 12
der HERR, dein Gott, achthat und die
Augen des HERRN, deines Gottes, immerdar sehen vom Anfang des Jahres
bis an sein Ende.

[b]Werdet ihr nun auf meine Gebote 13
hören, die ich euch heute gebiete, daß
ihr den HERRN, euren Gott liebet und
ihm dienet von ganzem Herzen und
von ganzer Seele, so will ich eurem 14
Lande Regen geben zu seiner Zeit,
Frühregen und Spätregen, daß du einsammelst dein Getreide, deinen Wein
und dein Öl, und will deinem Vieh 15
Gras geben auf deinem Felde, daß ihr
esset und satt werdet. Hütet euch aber, 16
daß sich euer Herz nicht betören lasse,
daß ihr abfallet und dienet andern Göttern und betet sie an, und daß dann der 17
Zorn des HERRN entbrenne über euch
und [c]schließe den Himmel zu, so daß
kein Regen kommt und die Erde ihr
Gewächs nicht gibt und ihr bald ausgetilgt werdet aus dem guten Lande, das
euch der HERR gegeben hat.

[d]So nehmt nun diese Worte zu Her- 18
zen und in eure Seele und bindet sie
zum Zeichen auf eure Hand und macht
sie zum Merkzeichen zwischen euren
Augen und lehrt sie eure Kinder, daß 19
du davon redest, wenn du in deinem
Hause sitzt oder unterwegs bist, wenn
du dich niederlegst und wenn du aufstehst. Und schreibe sie an die Pfosten 20
deines Hauses und an deine Tore, auf 21
daß ihr und eure Kinder lange lebt in
dem Lande, das der HERR, wie er deinen Vätern geschworen hat, ihnen geben will, solange die Tage des Himmels
über der Erde währen. Denn wenn ihr 22
diese Gebote alle halten werdet, die ich
euch gebiete, und danach tut, daß ihr
den HERRN, euren Gott, liebet und
wandelt in allen seinen Wegen und ihm
anhanget, so wird der HERR alle diese 23
Völker vor euch her vertreiben, daß ihr
größere und stärkere Völker beerbt, als
ihr es seid.[e] Alles Land, darauf eure 24
Fußsohle tritt, soll euer sein: von der
Wüste bis an den Berg Libanon und
von dem Strom Eufrat bis ans Meer im
Westen soll euer Gebiet sein. Niemand 25

wird euch widerstehen können. Furcht
und [f]Schrecken vor euch wird der
HERR über alles Land kommen lassen,
das ihr betretet, wie er euch zugesagt
hat.
26 Siehe, ich lege euch heute vor [g]den
27 Segen und den Fluch: [h]den Segen,
wenn ihr gehorcht den Geboten des
HERRN, eures Gottes, die ich euch heu-
28 te gebiete; den Fluch aber, wenn ihr
nicht gehorchen werdet den Geboten
des HERRN, eures Gottes, und abweicht
von dem Wege, den ich euch heute ge-
biete, daß ihr andern Göttern nach-
29 wandelt, die ihr nicht kennt. Wenn dich
nun der HERR, dein Gott, in das Land
bringt, in das du kommen sollst, es ein-
zunehmen, so sollst du den Segen spre-
chen lassen auf dem Berge [i]Garizim
30 und den Fluch auf dem Berge Ebal, die
jenseits des Jordan liegen an der Straße
gegen Sonnenuntergang im Lande der
Kanaaniter, die im Jordantal wohnen,
Gilgal gegenüber bei der [j]Eiche More.
31 Denn ihr werdet über den Jordan ge-
hen, daß ihr hineinkommt, das Land
einzunehmen, das euch der HERR, euer
Gott, gegeben hat, damit ihr's ein-
32 nehmt und darin wohnt. So habt nun
acht, daß ihr tut nach allen Geboten und
Rechten, die ich euch heute vorlege.

a 2.Mose 3,17 *b (13-15)* 3.Mose 26,3-5; Jer 5,24
c Kap 28,23.24; 3.Mose 26,19.20
d (18-20) Kap 6,6-9 *e* Kap 7,1.2 *f* 2.Mose 23,27
g Kap 30,1.15.19 *h (27 und 28)* Kap 28,2.15
i Kap 27,12.13; Jos 8,33-34 *j* 1.Mose 12,6

MOSE VERKÜNDIGT DIE GESETZE (KAP 12-26)

Die von Gott erwählte Opferstätte

12 Dies sind die Gebote und Rechte, die
ihr halten sollt, daß ihr danach tut im
Lande, das der HERR, der Gott deiner
Väter, dir gegeben hat, es einzuneh-
2 men, solange du im Lande lebst: Zer-
stört alle heiligen Stätten, wo die Hei-
den, die ihr vertreiben werdet, ihren
Göttern gedient haben, es sei auf hohen
Bergen, auf Hügeln oder unter grünen
3 Bäumen,[a] und reißt um ihre Altäre und
zerbrecht ihre Steinmale und ver-
brennt mit Feuer ihre heiligen Pfähle,
zerschlagt die Bilder ihrer Götzen und
vertilgt ihren Namen von jener Stätte.
4 Ihr sollt dem HERRN, eurem Gott, so
5 nicht dienen, sondern die Stätte, die
der HERR, euer Gott, erwählen wird aus
allen euren Stämmen, daß er seinen
Namen daselbst wohnen läßt, sollt ihr
aufsuchen und dahin kommen. Dort- 6
hin sollt ihr bringen eure Brandopfer
und eure Schlachtopfer, eure Zehnten
und eure heiligen Abgaben, eure Ge-
lübdeopfer, eure freiwilligen Opfer und
die Erstgeburt eurer Rinder und
Schafe. Und ihr und euer Haus sollt 7
dort vor dem HERRN, eurem Gott, essen
und fröhlich sein über alles, was eure
Hand erworben hat, womit euch der
HERR, euer Gott, gesegnet hat. Ihr sollt 8
es nicht so halten, wie wir es heute hier
tun, ein jeder, was ihm recht dünkt.
Denn ihr seid bisher noch nicht zur 9
Ruhe und zu dem Erbteil gekommen,
das dir der HERR, dein Gott, geben
wird. Ihr werdet aber über den Jordan 10
gehen und in dem Lande wohnen, das
euch der HERR, euer Gott, zum Erbe
austeilen wird, und er wird euch [b]Ruhe
geben vor allen euren Feinden um euch
her, und ihr werdet sicher wohnen.
Wenn nun der HERR, dein Gott, eine 11
Stätte erwählt, daß sein Name daselbst
wohne, sollt ihr dahin bringen alles,
was ich euch gebiete: eure Brandopfer,
eure Schlachtopfer, eure Zehnten, eure
heiligen Abgaben und alle eure auserle-
senen Gelübdeopfer, die ihr dem
HERRN geloben werdet. Und ihr sollt 12
fröhlich sein vor dem HERRN, eurem
Gott, ihr und eure Söhne und eure
Töchter, eure Knechte und eure Mäg-
de und die [c]Leviten, die in euren Städ-
ten wohnen; denn sie haben weder An-
teil noch Erbe mit euch.
[d]Hüte dich, daß du deine Brand- 13
opfer nicht an jeder Stätte opferst, die
du siehst; sondern an der Stätte, die der 14
HERR erwählt in einem deiner Stämme,
da sollst du dein Brandopfer opfern
und alles tun, was ich dir gebiete. Doch 15
darfst du in allen deinen Städten ganz
nach Herzenslust schlachten und
Fleisch essen nach dem Segen des
HERRN, deines Gottes, den er dir gege-
ben hat. Der Reine wie der Unreine
dürfen davon essen, so wie man [e]Reh
oder Hirsch ißt. Nur [f]das Blut sollst du 16
nicht essen, sondern auf die Erde gie-
ßen wie Wasser. Du darfst aber nicht 17
essen in deinen Städten vom Zehnten
deines Getreides, deines Weins, deines
Öls, auch nicht von der Erstgeburt dei-
ner Rinder und deiner Schafe oder von
irgendeiner Gabe, die du gelobt hast,
oder von deinem freiwilligen Opfer
oder von deiner heiligen Abgabe, son- 18
dern [g]vor dem HERRN, deinem Gott,

sollst du das alles essen an der Stätte,
die der HERR, dein Gott, erwählt, du
und deine Söhne, deine Töchter, deine
Knechte, deine Mägde und der Levit,
der in deiner Stadt lebt, und sollst fröh-
lich sein vor dem HERRN, deinem Gott,
über alles, was deine Hand erworben
19 hat. Und hüte dich, daß du den Leviten
nicht leer ausgehen läßt, solange du in
deinem Lande lebst.[h]
20 Wenn aber der HERR, dein Gott, dein
Gebiet erweitern wird, wie er dir zuge-
sagt hat, und du sprichst: Ich will
Fleisch essen –, weil es dich gelüstet,
Fleisch zu essen, so iß Fleisch ganz
21 nach Herzenslust. Ist aber die Stätte
fern von dir, die der HERR, dein Gott,
erwählt hat, daß er seinen Namen da-
selbst wohnen lasse, so schlachte von
deinen Rindern oder Schafen, die dir
der HERR gegeben hat, wie ich dir gebo-
ten habe, und iß es in deiner Stadt ganz
22 nach Herzenslust. So wie man [i]Reh
oder Hirsch ißt, darfst du es essen; der
Reine wie der Unreine dürfen's beide
23 essen. Allein achte darauf, daß du [j]das
Blut nicht ißt; denn das Blut ist das Le-
ben; darum sollst du nicht zugleich mit
24 dem Fleisch das Leben essen, sondern
du sollst das Blut auf die Erde gießen
25 wie Wasser und sollst es nicht essen, auf
daß dir's wohlgehe und deinen Kin-
dern nach dir, weil du getan hast, was
26 recht ist vor dem HERRN. Aber deine
heiligen Gaben, die dir geboten sind,
und was du gelobst, das sollst du aufla-
den und an die Stätte bringen, die der
27 HERR erwählt hat, und sollst dein
Brandopfer mit Fleisch und Blut legen
auf den Altar des HERRN, deines Got-
tes. Das Blut deiner [k]Schlachtopfer soll
gegossen werden auf den Altar des
HERRN, deines Gottes, aber das Fleisch
28 sollst du essen. Sieh zu und höre auf alle
diese Worte, die ich dir gebiete, auf daß
dir's wohlgehe und deinen Kindern
nach dir ewiglich, weil du getan hast,
was recht und wohlgefällig ist vor dem
HERRN, deinem Gott.
29 Wenn der HERR, dein Gott, vor dir
her die Völker ausrottet, zu denen du
kommst, ihr Land einzunehmen, und
du es eingenommen hast und darin
30 wohnst, so hüte dich, daß du dich nicht
verführen läßt, es ihnen nachzutun,
nachdem sie vertilgt sind vor dir, und
daß du nicht fragst nach ihren Göttern
und sprichst: Wie haben diese Völker
ihren Göttern gedient? [l]Ebenso will
31 auch ich es tun! So sollst du dem
HERRN, deinem Gott, nicht dienen;
denn sie haben ihren Göttern alles ge-
tan, was dem HERRN ein Greuel ist und
was er haßt; denn sie haben ihren Göt-
tern sogar ihre Söhne und Töchter mit
Feuer verbrannt.

a Kap 7,5.25; 2.Mose 34,13 *b* Jos 1,13; 21,44; 1.Kön 5,5; Ps 95,11; Hos 2,20; Hebr 4,11 *c* Kap 10,9 *d (13 und 14)* Jos 22,16; 3.Mose 17,8.9 *e* Vers 22; Kap 14,5 *f* 3.Mose 3,17; 17,11 *g* Kap 14,23 *h* Vers 12; Kap 14,27 *i* Vers 15 *j* Vers 16 *k* Vers 6 *l* 2.Mose 23,24; Hes 20,32

Strafe für falsche Propheten und Verführer zum Götzendienst

*Alles, was ich euch gebiete, das sollt 13
ihr halten und danach tun. [a]Ihr sollt
nichts dazutun und nichts davontun.
Wenn ein Prophet oder Träumer un- 2
ter euch aufsteht und dir ein Zeichen
oder Wunder ankündigt und das Zei- 3
chen oder Wunder trifft ein, von dem er
dir gesagt hat, und er spricht: Laß uns
andern Göttern folgen, die ihr nicht
kennt, und ihnen dienen, so sollst du 4
nicht gehorchen den Worten eines sol-
chen Propheten oder Träumers; denn
der HERR, euer Gott, [b]versucht euch,
um zu erfahren, ob ihr ihn von ganzem
Herzen und von ganzer Seele liebhabt.
Dem HERRN, eurem Gott, sollt ihr fol- 5
gen und ihn fürchten und seine Gebote
halten und seiner Stimme gehorchen
und ihm dienen und ihm anhangen.
Der [c]Prophet aber oder der Träumer 6
soll sterben, weil er euch gelehrt hat,
abzufallen von dem HERRN, eurem
Gott, der euch aus Ägyptenland ge-
führt und dich aus der Knechtschaft er-
löst hat, und weil er dich von dem Wege
abbringen wollte, auf dem du wandeln
sollst, wie der HERR, dein Gott, geboten
hat –, auf daß du [d]das Böse aus deiner
Mitte wegtust.
Wenn dich dein Bruder, deiner Mut- 7
ter Sohn, oder dein Sohn oder deine
Tochter oder deine Frau in deinen Ar-
men oder dein Freund, der dir so lieb
ist wie dein Leben, heimlich überreden
würde und sagen: Laß uns hingehen
und andern Göttern dienen, die du
nicht kennst noch deine Väter, von den 8
Göttern der Völker, die um euch her
sind, sie seien dir nah oder fern, von
einem Ende der Erde bis ans andere, so 9
willige nicht ein und gehorche ihm
nicht. Auch soll dein Auge ihn nicht
schonen, und du sollst dich seiner nicht
erbarmen und seine Schuld nicht ver-
heimlichen, sondern sollst ihn zum 10
Tode bringen. [e]Deine Hand soll die er-

ste wider ihn sein, ihn zu töten, und da-
11 nach die Hand des ganzen Volks. Man
soll ihn zu Tode steinigen, denn er hat
dich abbringen wollen von dem HERRN,
deinem Gott, der dich aus Ägypten-
land, aus der Knechtschaft, geführt
12 hat, auf daß ganz Israel aufhorche und
sich fürchte und man nicht mehr solch
Böses tue unter euch.
13 Wenn du von irgendeiner Stadt, die
dir der HERR, dein Gott, gegeben hat,
14 darin zu wohnen, sagen hörst: Es sind
etliche heillose Leute aufgetreten aus
deiner Mitte und haben die Bürger ih-
rer Stadt verführt und gesagt: Laßt uns
hingehen und andern Göttern dienen,
15 die ihr nicht kennt, so sollst du gründ-
lich suchen, forschen und fragen. Und
wenn sich findet, daß es gewiß ist, daß
solch ein Greuel unter euch geschehen
16 ist, so sollst du die Bürger dieser Stadt
erschlagen mit der Schärfe des
Schwerts und an ihr den Bann voll-
strecken, an allem, was darin ist, auch
an ihrem Vieh, mit der Schärfe des
17 Schwerts.[f] Und alles, was in ihr erbeu-
tet wird, sollst du sammeln mitten auf
dem Marktplatz und mit Feuer ver-
brennen die Stadt und alle ihre Beute
als ein Ganzopfer für den HERRN, dei-
nen Gott, daß sie in Trümmern liege
für immer und nie wieder aufgebaut
18 werde. Und [g]laß nichts von dem, was
dem Bann verfallen ist, an deiner Hand
kleben, auf daß der HERR von seinem
grimmigen Zorn abgewendet werde
und gebe dir Barmherzigkeit und er-
barme sich deiner und mehre dich, wie
19 er deinen Vätern geschworen hat, wenn
du der Stimme des HERRN, deines Got-
tes, gehorchst und alle seine Gebote
hältst, die ich dir heute gebiete, daß du
tust, was recht ist vor den Augen des
HERRN, deines Gottes.

a Kap 4,2 *b* Kap 8,2 *c* Kap 18,20 *d* 1.Kor 5,9.13
e Kap 17,7 *f* Kap 20,16-18 *g* Jos 7
*Vers 1: Abweichende Verszählung statt 13,1-19: 12,32-13,18.

Verbot heidnischer Trauergebräuche. Reine und unreine Speisen
(vgl. 3. Mose 11)

14 Ihr seid Kinder des HERRN, eures Got-
tes. Ihr [a]sollt euch um eines Toten wil-
len nicht [b]wund ritzen noch [c]kahl
2 scheren über den Augen. Denn du bist
ein heiliges Volk dem HERRN, deinem
Gott, und der HERR hat dich erwählt,
daß du sein Eigentum seist, aus allen
Völkern, die auf Erden sind.
Du sollst nichts essen, was dem 3
Herrn ein Greuel ist. Dies aber sind die 4
Tiere, die ihr essen dürft: Rind, Schaf,
Ziege, Hirsch, Reh, Damhirsch, Stein- 5
bock, Gemse, Auerochs und Antilope.
Jedes Tier, das gespaltene Klauen hat, 6
ganz durchgespalten, und das wieder-
käut, dürft ihr essen. Diese Tiere aber 7
sollt ihr nicht essen unter denen, die
wiederkäuen und die gespaltene Klau-
en haben: das Kamel, den Hasen und
den Klippdachs, die wiederkäuen, de-
ren Klauen aber nicht ganz durchge-
spalten sind; darum sollen sie euch un-
rein sein. Das Schwein, das zwar 8
durchgespaltene Klauen hat, aber nicht
wiederkäut, soll euch darum unrein
sein. Ihr Fleisch sollt ihr nicht essen,
und ihr Aas sollt ihr nicht anrühren.
Dies ist, was ihr essen dürft von allem, 9
was im Wasser lebt: alles, was Flossen
und Schuppen hat, dürft ihr essen. Was 10
aber weder Flossen noch Schuppen
hat, sollt ihr nicht essen; denn es ist
euch unrein. Alle reinen Vögel esset. 11
Diese aber sind es, die ihr nicht 12
essen sollt: der Adler, der Habicht, der
Fischaar, der Taucher, die Weihe, der 13
Geier mit seinen Arten und alle Raben 14
mit ihren Arten, der Strauß, die Nacht- 15
eule, der Kuckuck, der Sperber mit sei-
nen Arten, das Käuzchen, der Uhu, die 16
Fledermaus, die Rohrdommel, der 17
Storch, der Schwan, der Reiher, der 18
Häher mit seinen Arten, der Wiede-
hopf, die Schwalbe. Auch alles, was 19
Flügel hat und kriecht, soll euch unrein
sein, und ihr sollt es nicht essen. Die 20
reinen Vögel dürft ihr essen.
Ihr sollt [d]kein Aas essen; dem 21
Fremdling in deiner Stadt darfst du's
geben, daß er's esse oder daß er's ver-
kaufe einem Ausländer; denn du bist
ein heiliges Volk dem HERRN, deinem
Gott. Du sollst [e]das Böcklein nicht ko-
chen in der Milch seiner Mutter.

a 3.Mose 19,27.28 *b* Jer 47,5 *c* Hes 7,18
d 2.Mose 22,30 *e* 2.Mose 23,19

Abgabe des Zehnten

Du sollst alle Jahre den Zehnten abson- 22
dern von allem Ertrag deiner Saat, der
aus deinem Acker kommt,[a] und sollst 23
davon [b]essen vor dem HERRN, deinem
Gott, an der Stätte, die er erwählt, daß
sein Name daselbst wohne, nämlich
vom Zehnten deines Getreides, deines
Weins, deines Öls und von der Erstge-
burt deiner Rinder und deiner Schafe,
auf daß du fürchten lernst den HERRN,

24 deinen Gott, dein Leben lang. Wenn
aber der Weg zu weit ist für dich, daß
du's nicht hintragen kannst, weil die
Stätte dir zu fern ist, die der HERR, dein
Gott, erwählt hat, daß er seinen Namen
daselbst wohnen lasse, wenn der HERR,
25 dein Gott, dich gesegnet hat, so mache
es zu Geld und nimm das Geld in deine
Hand und geh an die Stätte, die der
26 HERR, dein Gott, erwählt hat, und gib
das Geld für alles, woran dein Herz
Lust hat, es sei für Rinder, Schafe,
Wein, starkes Getränk oder für alles,
was dein Herz wünscht, und iß dort vor
dem HERRN, deinem Gott, und sei fröh-
27 lich, du und dein Haus und der Levit,
der in deiner Stadt lebt; den sollst du
nicht leer ausgehen lassen, denn [c]er hat
weder Anteil noch Erbe mit dir.
28 Alle drei Jahre sollst du aussondern
den ganzen Zehnten vom Ertrag dieses
Jahres und sollst ihn hinterlegen in dei-
29 ner Stadt.[d] Dann soll kommen der Le-
vit, der weder Anteil noch Erbe mit dir
hat, und der Fremdling und die Waise
und die Witwe, die in deiner Stadt le-
ben, und sollen essen und sich sättigen,
auf daß dich der HERR, dein Gott, segne
in allen Werken deiner Hand, die du
tust.

a 3.Mose 27,30 *b* Kap 12,17.18; 15,19-23
c Kap 12,12.19 *d* Kap 26,12-15; 3.Mose 27,32.33

Das Erlaßjahr

15 Alle sieben Jahre sollst du ein Erlaßjahr
2 halten.[a] So aber soll's zugehen mit dem
Erlaßjahr: Wenn einer seinem Näch-
sten etwas geborgt hat, der soll's ihm
erlassen und soll's nicht eintreiben von
seinem Nächsten oder von seinem Bru-
der; denn man hat ein [b]Erlaßjahr aus-
3 gerufen dem HERRN. Von einem Aus-
länder darfst du es eintreiben; aber
dem, der dein Bruder ist, sollst du es er-
4 lassen. Es sollte überhaupt kein Armer
unter euch sein; denn der HERR wird
dich segnen in dem Lande, das dir der
HERR, dein Gott, zum Erbe geben wird,
5 wenn du nur der Stimme des HERRN,
deines Gottes, gehorchst und alle diese
Gebote hältst, die ich dir heute gebiete,
6 daß du danach tust! Denn der HERR,
dein Gott, wird dich segnen, wie er dir
zugesagt hat. [c]Dann wirst du vielen
Völkern leihen, doch du wirst von nie-
mand borgen; du wirst über viele Völ-
ker herrschen, doch über dich wird nie-
mand herrschen.
7 Wenn einer deiner Brüder arm ist in
irgendeiner Stadt in deinem Lande, das
der HERR, dein Gott, dir geben wird, so
sollst du dein Herz nicht verhärten und
deine Hand nicht zuhalten gegenüber
deinem armen Bruder,[d] sondern sollst 8
sie ihm auftun und [e]ihm leihen, soviel
er Mangel hat. Hüte dich, daß nicht in 9
deinem Herzen ein arglistiger Gedanke
aufsteige, daß du sprichst: Es naht das
siebente Jahr, das Erlaßjahr –, und daß
du deinen armen Bruder nicht un-
freundlich ansiehst und ihm nichts
gibst; sonst wird er wider dich zu dem
HERRN rufen, und bei dir wird Sünde
sein. Sondern du sollst ihm geben, und 10
dein Herz soll sich's nicht verdrießen
lassen, daß du ihm gibst; denn dafür
wird dich der HERR, dein Gott, segnen
in allen deinen Werken und in allem,
was du unternimmst.[f]
Es werden allezeit [g]Arme sein im 11
Lande; darum [h]gebiete ich dir und
sage, daß du deine Hand auftust dei-
nem Bruder, der bedrängt und arm ist
in deinem Lande.

a 2.Mose 23,10.11 *b* Neh 5,10; 10,32
c Kap 28,12 *d* 1.Joh 3,17 *e* Lk 6,34.35
f 2.Kor 9,6.7 *g* Mt 26,11 *h* Jes 58,7; Jak 2,15.16

Über die Freilassung hebräischer Sklaven

(vgl. 2. Mose 21,1-6)

Wenn sich dein Bruder, ein Hebräer 12
oder eine Hebräerin, dir verkauft, so
soll er dir sechs Jahre dienen; [a]im sie-
benten Jahr sollst du ihn als frei entlas-
sen. Und wenn du ihn freigibst, sollst 13
du ihn nicht mit leeren Händen von dir
gehen lassen, sondern du sollst ihm auf- 14
laden von deinen Schafen, von deiner
Tenne, von deiner Kelter, so daß du
gibst von dem, womit dich der HERR,
dein Gott, gesegnet hat, und sollst dar- 15
an denken, [b]daß du auch Knecht warst
in Ägyptenland und der HERR, dein
Gott, dich erlöst hat; darum gebiete ich
dir solches heute. Wird er aber zu dir 16
sprechen: Ich will nicht fortgehen von
dir, denn ich habe dich und dein Haus
lieb – weil ihm wohl bei dir ist –, so 17
nimm einen Pfriemen und durchbohre
ihm sein Ohr an dem Pfosten der Tür
und laß ihn für immer deinen Knecht
sein. Mit deiner Magd sollst du ebenso
tun. Und laß dir's nicht schwerfallen, 18
daß du ihn freiläßt, denn er hat dir
sechs Jahre wie zwei Tagelöhner ge-
dient; so wird der HERR, dein Gott,
dich segnen in allem, was du tust.

a Jer 34,14 *b* Kap 5,15

Heiligung der Erstgeburt

19 Alle [a]Erstgeburt, die unter deinen Rin-
dern und Schafen geboren wird, sollst
du, wenn sie männlich ist, dem HERRN,
deinem Gott, heiligen. Du sollst nicht
ackern mit dem Erstling deiner Rinder
und nicht scheren die Erstlinge deiner
20 Schafe. [b]Vor dem HERRN, deinem
Gott, sollst du sie essen jährlich an der
Stätte, die der HERR erwählt, du und
21 dein Haus. Wenn's aber einen Fehler
hat, daß es hinkt oder blind ist oder
sonst irgendeinen bösen [c]Fehler hat, so
sollst du es nicht opfern dem HERRN,
22 deinem Gott; sondern in deiner Stadt
sollst du es essen, du seist unrein oder
23 rein, wie man [d]Reh und Hirsch ißt, nur
daß du [e]sein Blut nicht ißt, sondern es
auf die Erde gießt wie Wasser!

a 2.Mose 13,2.13-16 *b* Kap 14,23
c 3.Mose 22,20 *d* Kap 12,15.22 *e* Kap 12,16

Von den drei jährlichen Hauptfesten

(vgl. 2.Mose 23,14-17; 34,18-24; 3.Mose 23)

16 Achte auf den Monat Abib, daß du
[a]Passa hältst dem HERRN, deinem
Gott; denn im Monat Abib hat dich der
HERR, dein Gott, bei Nacht aus Ägyp-
2 ten geführt. Und du sollst dem HERRN,
deinem Gott, das Passa schlachten,
Schafe und Rinder, an der Stätte, die
der HERR erwählen wird, daß sein
3 Name daselbst wohne. Du sollst kein
Gesäuertes dazu essen. Sieben Tage
sollst du Ungesäuertes essen, Brot des
Elends – denn [b]in Hast bist du aus
Ägyptenland geflohen –, auf daß du des
Tages deines Auszugs aus Ägyptenland
4 gedenkst dein Leben lang. Es soll sie-
ben Tage lang kein Sauerteig gesehen
werden in deinem ganzen Lande und
soll auch nichts vom Fleisch, das am
Abend des ersten Tages geschlachtet
ist, über Nacht bleiben bis zum Mor-
gen.
5 Du darfst nicht Passa schlachten in
irgendeiner deiner Städte, die dir der
6 HERR, dein Gott, gegeben hat, sondern
an der Stätte, die der HERR, dein Gott,
erwählen wird, daß sein Name daselbst
wohne. Da sollst du das Passa schlach-
ten am Abend, wenn die Sonne unter-
gegangen ist, zu der Zeit, als du aus
7 Ägypten zogst, und sollst es kochen
und essen an der Stätte, die der HERR,
dein Gott, erwählen wird, und sollst am
Morgen umkehren und heimgehen in
8 deine Wohnung. Sechs Tage sollst du
Ungesäuertes essen, und am siebenten
Tag ist Festversammlung für den
HERRN, deinen Gott; da sollst du keine
Arbeit tun.
Sieben Wochen sollst du zählen und 9
damit anfangen, wenn man zuerst die
Sichel an die Halme legt, und sollst das 10
[c]Wochenfest halten dem HERRN, dei-
nem Gott, und eine freiwillige Gabe
deiner Hand geben je nach dem, wie
dich der HERR, dein Gott, gesegnet hat.
Und sollst fröhlich sein vor dem 11
HERRN, deinem Gott, du und dein
Sohn, deine Tochter, dein Knecht, dei-
ne Magd und der Levit, der in deiner
Stadt lebt, der Fremdling, die Waise
und die Witwe, die in deiner Mitte
sind, an der Stätte, die der HERR, dein
Gott, erwählen wird, daß sein Name da
wohne. [d]Denke daran, daß du Knecht 12
in Ägypten gewesen bist, und beachte
und halte diese Gebote.
Das Laubhüttenfest sollst du halten 13
sieben Tage, wenn du eingesammelt
hast von deiner Tenne und von deiner
Kelter, und du sollst fröhlich sein an 14
deinem Fest, du und dein Sohn, deine
Tochter, dein Knecht, deine Magd, der
Levit, der Fremdling, die Waise und
die Witwe, die in deiner Stadt leben.[e]
Sieben Tage sollst du dem HERRN, dei- 15
nem Gott, das Fest halten an der Stätte,
die der HERR erwählen wird. Denn der
HERR, dein Gott, wird dich segnen in
deiner ganzen Ernte und in allen Wer-
ken deiner Hände; darum sollst du
fröhlich sein.
Dreimal im Jahr soll alles, was männ- 16
lich ist in deiner Mitte, vor dem HERRN,
deinem Gott, erscheinen, an der Stätte,
die der HERR erwählen wird: zum Fest
der ungesäuerten Brote, zum Wochen-
fest und zum Laubhüttenfest. Sie sol-
len aber nicht mit leeren Händen vor
dem HERRN erscheinen, sondern ein je- 17
der mit dem, was er zu geben vermag,
nach dem Segen, den dir der HERR,
dein Gott, gegeben hat.

a 2.Mose 12 *b* 2.Mose 12,11 *c* 2.Mose 34,22
d Kap 5,15 *e* Kap 26,11; Jes 30,29

Von den Richtern und Amtleuten

[a]Richter und [b]Amtleute sollst du dir 18
bestellen in allen Toren deiner Städte,
die dir der HERR, dein Gott, geben
wird, in jedem deiner Stämme, daß sie
das Volk richten mit gerechtem Ge-
richt. Du sollst das Recht nicht beugen 19
und sollst auch die Person nicht anse-
hen und keine Geschenke nehmen;

denn Geschenke machen die Weisen
blind und verdrehen die Sache der Ge-
20 rechten.[c] Was recht ist, dem sollst du
nachjagen, damit du leben und das
Land einnehmen kannst, das dir der
HERR, dein Gott, geben wird.

a Kap 1,16-18 *b* 4.Mose 11,16 *c* 1.Sam 8,3

Verbot heidnischer Kultbräuche. Strafe für Abgötterei

21 Du sollst dir [a]keinen Holzpfahl als
[b]Ascherabild errichten bei dem Altar
des HERRN, deines Gottes, den du dir
22 machst. Du sollst dir [c]kein Steinmal
aufrichten; denn das haßt der HERR,
dein Gott.

17 Du sollst dem HERRN, deinem Gott,
kein Rind oder Schaf opfern, das einen
Fehler oder irgend etwas Schlimmes an
sich hat; denn das ist dem HERRN, dei-
nem Gott, ein Greuel.[d]
2 [e]Wenn bei dir in einer deiner Städte,
die dir der HERR, dein Gott, geben
wird, jemand gefunden wird, Mann
oder Frau, der da tut, was dem HERRN,
deinem Gott, mißfällt, daß er seinen
3 Bund übertritt und hingeht und dient
andern Göttern und betet sie an, es sei
[f]Sonne oder Mond oder das ganze Heer
des Himmels, was ich nicht geboten
4 habe, und es wird dir angezeigt, und du
hörst es, so sollst du gründlich danach
forschen. Und wenn du findest, daß es
gewiß wahr ist, daß solch ein Greuel in
5 Israel geschehen ist, so sollst du den
Mann oder die Frau, die eine solche
Übeltat begangen haben, hinausführen
zu deinem Tor und sollst sie zu Tode
6 steinigen.[g] Auf zweier oder dreier Zeu-
gen Mund soll sterben, wer des Todes
wert ist, aber auf nur *eines* Zeugen
7 Mund soll er nicht sterben.[h] Die Hand
der Zeugen soll die erste sein, ihn zu tö-
ten, und danach die Hand des ganzen
Volks, daß du das Böse aus deiner Mitte
wegtust.

a Kap 7,5 *b* 2.Kön 23,4 *c* 3.Mose 26,1; Jer 2,27
d 3.Mose 22,20; Mal 1,6-9 *e* (2-7) Kap 13,7-12
f Kap 4,19 *g* 3.Mose 24,14 *h* Kap 19,15;
1.Kön 21,10; Hebr 10,28

Einsetzung eines Obergerichtes

8 Wenn eine Sache vor Gericht dir zu
schwer sein wird, es gehe um Blut-
schuld, um Schaden, um Gewalttat
oder was sonst Streitsachen sind in dei-
nen Toren, so sollst du dich aufmachen
und hinaufgehen zu der Stätte, die der
9 HERR, dein Gott, erwählen wird, und
zu den [a]levitischen Priestern kommen
und zu dem Richter, der zu der Zeit
sein wird, und sie befragen. Die sollen
dir das Urteil sagen. Und du sollst tun 10
nach dem, was sie dir sagen an der Stät-
te, die der HERR erwählen wird, und
sollst es halten, daß du tust nach allem,
was sie dich lehren werden. An die 11
Weisung, die sie dir geben, und an das
Urteil, das sie dir sagen, sollst du dich
halten, so daß du davon nicht abweichst
weder zur Rechten noch zur Linken.
Und wenn jemand vermessen handeln 12
würde, daß er dem Priester nicht ge-
horcht, der dort im Dienst des HERRN,
deines Gottes, steht, oder dem Richter,
der soll sterben, und du sollst das Böse
aus Israel wegtun, auf daß alles Volk 13
aufhorche und sich fürchte und nicht
mehr vermessen sei.

a 2.Chr 19,8.11

Das Königsgesetz

Wenn du in das Land kommst, das dir 14
der HERR, dein Gott, geben wird, und
es einnimmst und darin wohnst und
dann sagst: Ich will einen [a]König über
mich setzen, wie ihn alle Völker um
mich her haben, so sollst du den zum 15
König über dich setzen, den der HERR,
dein Gott, erwählen wird. Du sollst
aber einen aus deinen Brüdern zum
König über dich setzen. Du darfst nicht
irgendeinen Ausländer, der nicht dein
Bruder ist, über dich setzen. Nur daß er 16
[b]nicht viele Rosse halte und führe das
Volk nicht wieder nach Ägypten, um
die Zahl seiner Rosse zu mehren, weil
der HERR euch gesagt hat, daß ihr hin-
fort nicht wieder diesen Weg gehen
sollt. Er [c]soll auch nicht viele Frauen 17
nehmen, daß sein Herz nicht abge-
wandt werde, und [d]soll auch nicht viel
Silber und Gold sammeln. Und wenn 18
er nun sitzen wird auf dem Thron sei-
nes Königreichs, soll er eine Abschrift
dieses Gesetzes, wie es den levitischen
Priestern vorliegt, in ein Buch schrei-
ben lassen. Das soll bei ihm sein, und er 19
soll darin lesen sein Leben lang, damit
er den HERRN, seinen Gott, fürchten
lernt, daß er halte alle Worte dieses Ge-
setzes und diese Rechte und danach
tue. Sein Herz soll sich nicht erheben 20
über seine Brüder und [e]soll nicht wei-
chen von dem Gebot weder zur Rech-
ten noch zur Linken, auf daß er verlän-
gere die Tage seiner Herrschaft, er und
seine Söhne, in Israel.

a 1.Sam 8,5-9 *b* 1.Kön 10,26-29 *c* 1.Kön 11,1-8
d 1.Kön 10,14 *e* Kap 5,29

Recht der Priester und Leviten

18 Die [a]levitischen Priester, der ganze
Stamm Levi, sollen weder Anteil noch
Erbe haben mit Israel. Von den
[b]Feueropfern des HERRN und dem, was
2 ihm gebührt, sollen sie essen. Darum
sollen sie kein Erbe unter ihren Brü-
dern haben; der HERR ist ihr Erbteil,
wie er ihnen zugesagt hat.
3 Das soll aber das Recht der Priester
sein an das Volk, an die, die ein
Schlachtopfer darbringen, es sei Rind
oder Schaf, daß man dem Priester gebe
die Vorderkeule und beide Kinnbacken
4 und den Magen und die [c]Erstlinge dei-
nes Korns, deines Weins und deines
Öls und die Erstlinge von der Schur
5 deiner Schafe. Denn der HERR, dein
Gott, hat ihn erwählt aus allen deinen
Stämmen, daß er stehe im Dienst im
Namen des HERRN, er und seine Söhne
für alle Zeit.
6 Wenn ein Levit kommt aus einer dei-
ner Städte aus ganz Israel, wo er ein
[d]Gast ist, und kommt ganz nach seines
Herzens Wunsch an die Stätte, die der
7 HERR erwählen wird, so soll er dienen
im Namen des HERRN, seines Gottes,
wie alle seine Brüder, die Leviten, die
8 dort vor dem HERRN stehen. Sie sollen
gleichen Anteil zu essen haben außer
dem, was einer hat von dem verkauften
Gut seiner Väter.

a Kap 10,9 *b* 4.Mose 18,8-20; 1.Sam 2,28;
1.Kor 9,13 *c* 2.Mose 23,19 *d* Ri 17,7; 19,1

Von falscher und rechter Prophetie

9 Wenn du in das Land kommst, das dir
der HERR, dein Gott, geben wird, so
sollst du nicht lernen, die Greuel dieser
10 Völker zu tun, daß nicht jemand unter
dir gefunden werde, der seinen Sohn
oder seine Tochter [a]durchs Feuer ge-
hen läßt oder [b]Wahrsagerei, Hellsehe-
rei, geheime Künste oder Zauberei
11 treibt oder Bannungen oder Geisterbe-
schwörungen oder [c]Zeichendeuterei
vornimmt oder [d]die Toten befragt.
12 Denn wer das tut, der ist dem HERRN
ein Greuel, und um solcher Greuel wil-
len vertreibt der HERR, dein Gott, die
13 Völker vor dir. Du aber sollst [e]untade-
lig sein vor dem HERRN, deinem Gott.
14 Denn diese Völker, deren Land du
einnehmen wirst, hören auf Zeichen-
deuter und Wahrsager; dir aber hat der
HERR, dein Gott, so etwas verwehrt.
15 *Einen Propheten wie mich wird dir der*
HERR, *dein Gott, erwecken aus dir und*
aus deinen Brüdern; dem sollt ihr gehor-
chen.[f] Ganz so wie du es von dem 16
HERRN, deinem Gott, [g]erbeten hast am
Horeb am Tage der Versammlung und
sprachst: Ich will hinfort nicht mehr
hören die Stimme des HERRN, meines
Gottes, und dies große Feuer nicht
mehr sehen, damit ich nicht sterbe.
Und der HERR sprach zu mir: [h]Sie ha- 17
ben recht geredet. Ich will ihnen einen 18
Propheten, wie du bist, erwecken aus
ihren Brüdern und meine Worte [i]in sei-
nen Mund geben; der soll zu ihnen re-
den alles, was ich ihm gebieten werde.
Doch wer meine Worte nicht hören 19
wird, die er in meinem Namen redet,
von dem will ich's fordern.
Doch wenn ein Prophet so vermes- 20
sen ist, daß er redet in meinem Namen,
was ich ihm nicht geboten habe, und
wenn einer redet in dem Namen ande-
rer Götter, dieser Prophet soll sterben.[j]
Wenn du aber in deinem Herzen sagen 21
würdest: Wie kann ich merken, wel-
ches Wort der HERR nicht geredet hat?
– wenn der Prophet redet in dem Na- 22
men des HERRN und es wird nichts dar-
aus und es tritt nicht ein, dann ist das
ein Wort, das der HERR nicht geredet
hat. Der Prophet hat's aus Vermessen-
heit geredet; darum scheue dich nicht
vor ihm.[k]

a 3.Mose 18,21 *b* 3.Mose 19,26.31
c 3.Mose 20,27 *d* 1.Sam 28,3-20 *e* 1.Mose 6,9;
17,1 *f* 4.Mose 12,6-8; Joh 1,45; 6,14; 7,40;
Apg 3,22; 7,37 *g* 2.Mose 20,19; Hebr 12,19
h Kap 5,25 *i* 2.Mose 4,12; Jes 6,8; Jer 1,9;
Mt 10,19 *j* Kap 13,2-6; Jer 14,13-15 *k* Jer 23,14;
28; Hes 13,3-16

Aussonderung von Freistädten als Asyl

Wenn der HERR, dein Gott, die Völker **19**
ausgerottet hat, deren Land dir der
HERR, dein Gott, geben wird, daß du es
einnimmst und in ihren Städten und
Häusern wohnst, sollst du dir [a]drei 2
Städte aussondern im Lande, das dir
der HERR, dein Gott, geben wird, es
einzunehmen. Und du sollst den Weg 3
dahin herrichten und das Gebiet deines
Landes, das dir der HERR, dein Gott, zu
eigen geben wird, in drei Kreise teilen,
damit dahin fliehen kann, wer einen
Totschlag getan hat.
Und in diesem Fall soll ein Totschlä- 4
ger, der dahin flieht, am Leben blei-
ben: Wenn jemand seinen Nächsten er-
schlägt, nicht vorsätzlich, und hat vor-
her keinen Haß gegen ihn gehabt, etwa 5

wenn jemand mit seinem Nächsten in
den Wald ginge, Holz zu hauen, und
seine Hand holte mit der Axt aus, das
Holz abzuhauen, und das Eisen führe
vom Stiel und träfe seinen Nächsten, so
daß er stirbt: der soll in eine dieser
Städte fliehen, damit er am Leben
6 bleibt; auf daß nicht der Bluträcher
dem Totschläger nachjage in der Hitze
seines Zornes und ihn einhole, weil der
Weg so weit ist, und ihn totschlage, wo
er doch nicht des Todes schuldig ist,
weil er vorher keinen Haß gegen ihn ge-
7 habt hat. Darum gebiete ich dir, daß du
drei Städte aussonderst.
8 Und wenn der HERR, dein Gott, dein
Gebiet erweitern wird, wie er deinen
Vätern geschworen hat, und dir alles
Land gibt, das er zugesagt hat, deinen
9 Vätern zu geben – wenn du nur alle
diese Gebote halten wirst, daß du da-
nach tust, die ich dir heute gebiete, daß
du den HERRN, deinen Gott, liebst und
in seinen Wegen wandelst dein Leben
lang –, so sollst du noch drei Städte zu
10 diesen dreien hinzutun, auf daß nicht
unschuldiges Blut in deinem Lande
vergossen werde, das dir der HERR, dein
Gott, zum Erbe gibt, und so Blutschuld
auf dich komme.
11 Wenn aber jemand Haß trägt gegen
seinen Nächsten und lauert auf ihn und
macht sich über ihn her und schlägt ihn
12 tot und flieht in eine dieser Städte, so
sollen die Ältesten seiner Stadt hin-
schicken und ihn von da holen lassen
und ihn in die Hände des Bluträchers
13 geben, daß er sterbe. Deine Augen sol-
len ihn nicht schonen, und du sollst das
[b]unschuldig vergossene Blut aus Israel
wegtun, daß dir's wohlgehe.

a Kap 4,41-43 *b* Kap 21,8.9

Gegen Landraub und falsches Zeugnis

14 Du sollst deines [a]Nächsten Grenze, die
die Vorfahren festgesetzt haben, nicht
verrücken in deinem Erbteil, das du
erbst, im Lande, das dir der HERR, dein
Gott, gegeben hat, es einzunehmen.
15 Es soll kein einzelner Zeuge gegen je-
mand auftreten wegen irgendeiner
Missetat oder Sünde, was für eine Sün-
de es auch sei, die man tun kann, son-
dern durch zweier oder dreier Zeugen
Mund soll eine Sache gültig sein.[b]
16 Wenn ein frevelhafter Zeuge gegen je-
mand auftritt, um ihn einer Übertre-
17 tung zu beschuldigen, so sollen die bei-
den Männer, die eine Sache miteinan-
der haben, vor den HERRN treten, vor
die Priester und Richter, die zu jener
Zeit sein werden, und die Richter sollen 18
gründlich nachforschen. Und wenn der
falsche Zeuge ein falsches Zeugnis wi-
der seinen Bruder gegeben hat, so sollt 19
ihr mit ihm tun, wie er gedachte, sei-
nem Bruder zu tun, damit du das Böse
aus deiner Mitte wegtust, auf daß die 20
andern aufhorchen, sich fürchten und
hinfort nicht mehr solche bösen Dinge
tun in deiner Mitte. Dein Auge soll ihn 21
nicht schonen: [c]Leben um Leben,
Auge um Auge, Zahn um Zahn, Hand
um Hand, Fuß um Fuß.

a Kap 27,17 *b* Kap 17,6; 4.Mose 35,30; Joh 8,17; 2.Kor 13,1; Hebr 10,28 *c* 2.Mose 21,23-25

Kriegsgesetze

Wenn du in einen Krieg ziehst gegen **20**
deine Feinde und siehst Rosse und Wa-
gen eines Heeres, das größer ist als du,
so fürchte dich nicht vor ihnen; denn
der HERR, dein Gott, der dich aus
Ägyptenland geführt hat, ist mit dir.
Wenn ihr nun auszieht zum Kampf, so 2
soll der Priester herzutreten und mit
dem Volk reden und zu ihnen spre- 3
chen: Israel, höre zu! Ihr zieht heute in
den Kampf gegen eure Feinde. Euer
Herz verzage nicht, fürchtet euch nicht
und erschreckt nicht und laßt euch
nicht grauen vor ihnen; denn der HERR, 4
euer Gott, geht mit euch, daß er für
euch streite mit euren Feinden, um
euch zu helfen.
Und die [a]Amtleute sollen mit dem 5
Volk reden und sagen: Wer ein neues
Haus gebaut hat und hat's noch nicht
eingeweiht, der mache sich auf und
kehre heim, auf daß er nicht sterbe im
Krieg und ein anderer es einweihe. Wer 6
einen Weinberg gepflanzt hat und hat
seine [b]Früchte noch nicht genossen,
der mache sich auf und kehre heim, daß
er nicht im Kriege sterbe und ein ande-
rer seine Früchte genieße. Wer mit 7
einem Mädchen verlobt ist und [c]hat es
noch nicht heimgeholt, der mache sich
auf und kehre heim, daß er nicht im
Kriege sterbe und ein anderer hole es
heim. Und die Amtleute sollen weiter 8
mit dem Volk reden und sprechen:
[d]Wer sich fürchtet und ein verzagtes
Herz hat, der mache sich auf und kehre
heim, auf daß er nicht auch das Herz
seiner Brüder feige mache, wie sein
Herz ist. Und wenn die Amtleute dies 9
alles zu dem Volk geredet haben, so sol-

len sie Heerführer an die Spitze des
Volks stellen.
10 Wenn du vor eine Stadt ziehst, um
gegen sie zu kämpfen, so sollst du ihr
11 zuerst den Frieden anbieten. Antwortet
sie dir friedlich und tut dir ihre Tore
auf, so soll das ganze Volk, das darin ge-
funden wird, dir fronpflichtig sein und
12 dir dienen. Will sie aber nicht Frieden
machen mit dir, sondern mit dir Krieg
13 führen, so belagere sie. [e]Und wenn sie
der HERR, dein Gott, dir in die Hand
gibt, so sollst du alles, was männlich
darin ist, mit der Schärfe des Schwerts
14 erschlagen. Nur die Frauen, die Kinder
und das Vieh und alles, was in der Stadt
ist, und alle Beute sollst du unter dir
austeilen und sollst essen von der Beute
deiner Feinde, die dir der HERR, dein
15 Gott, gegeben hat. So sollst du mit allen
Städten tun, die sehr fern von dir liegen
und nicht zu den Städten dieser Völker
hier gehören.
16 [f]Aber in den Städten dieser Völker
hier, die dir der HERR, dein Gott, zum
Erbe geben wird, sollst du nichts leben
17 lassen, was Odem hat, sondern sollst an
ihnen den Bann vollstrecken, nämlich
an den Hetitern, Amoritern, Kana-
anitern, Perisitern, Hewitern und Je-
busitern, wie dir der HERR, dein Gott,
18 geboten hat, damit sie euch nicht leh-
ren, all die Greuel zu tun, die sie im
Dienst ihrer Götter treiben, und ihr
euch so versündigt an dem HERRN, eu-
rem Gott.
19 Wenn du vor einer Stadt lange Zeit
liegen mußt, gegen die du kämpfst, um
sie zu erobern, so sollst du ihre Bäume
nicht verderben und mit Äxten umhau-
en, denn du kannst davon essen; darum
sollst du sie nicht fällen. Die Bäume auf
dem Felde sind doch nicht Menschen,
20 daß du sie belagern müßtest! Die Bäu-
me aber, von denen du weißt, daß man
nicht davon ißt, die darfst du verderben
und fällen und ein Bollwerk daraus
bauen gegen die Stadt, die mit dir
Krieg führt, bis du sie besiegt hast.

a Kap 1,15; 16,18 *b* Kap 28,30; 3.Mose 19,24.25
c Kap 24,5 *d* Ri 7,3 *e* *(13-15)* Kap 3,6.7;
4.Mose 31,7.14-18 *f* *(16-18)* 4.Mose 21,1-3;
Jos 10,40

Sühnung eines Mordes von unbekannter Hand

21 Wenn man einen Erschlagenen findet
in dem Lande, das dir der HERR, dein
Gott, geben wird, es einzunehmen, und
er liegt auf freiem Felde und man weiß
2 nicht, wer ihn erschlagen hat, so sollen
deine Ältesten und Richter hinausge-
hen und den Weg abmessen von dem
Erschlagenen bis zu den umliegenden
Städten. Welche Stadt am nächsten 3
liegt, deren Älteste sollen eine junge
Kuh nehmen, mit der man noch nicht
gearbeitet und die noch nicht am Joch
gezogen hat, und sollen sie hinabführen 4
in einen Talgrund, der weder bearbei-
tet noch besät ist, und dort im Tal-
grund ihr das Genick brechen. Und die 5
Priester, die Leviten, sollen herzutre-
ten, denn der HERR, dein Gott, hat sie
erwählt, daß sie ihm dienen und in sei-
nem Namen segnen, und [a]nach ihrem
Urteil sollen alle Sachen und alle
Schäden gerichtet werden. Und alle Äl- 6
testen der Stadt, die dem Erschlagenen
am nächsten liegt, sollen [b]ihre Hände
waschen über der jungen Kuh, der im
Talgrund das Genick gebrochen ist.
Und sie sollen anheben und sagen: Un- 7
sere Hände haben dies Blut nicht ver-
gossen, und unsere Augen haben's
nicht gesehen. Entsühne dein Volk Is- 8
rael, das du, der HERR, erlöst hast; lege
nicht das unschuldig vergossene Blut
auf dein Volk Israel! So wird für sie die
Blutschuld gesühnt sein. So sollst du 9
das [c]unschuldig vergossene Blut aus
deiner Mitte wegtun, damit du han-
delst, wie es recht ist vor den Augen des
HERRN.

a Kap 17,8.9 *b* Mt 27,24 *c* 4.Mose 35,33

Ehe mit kriegsgefangenen Frauen

Wenn du in einen Krieg ziehst gegen 10
deine Feinde und der HERR, dein Gott,
gibt sie dir in deine Hände, daß du
Gefangene von ihnen wegführst, und 11
siehst unter den Gefangenen ein
schönes Mädchen und gewinnst sie
lieb, daß du sie zur Frau nimmst, so 12
führe sie in dein Haus und laß sie ihr
Haar abscheren und ihre Nägel be-
schneiden und die Kleider ablegen, in 13
denen sie gefangen genommen wurde,
und laß sie in deinem Hause sein und
einen Monat lang ihren Vater und ihre
Mutter beweinen. Danach geh zu ihr
und nimm sie zur Ehe und laß sie deine
Frau sein. Wenn du aber kein Gefallen 14
mehr an ihr hast, so sollst du sie gehen
lassen, wohin sie will; du sollst sie aber
nicht um Geld verkaufen oder als Skla-
vin behandeln, weil du zu ihr eingegan-
gen bist.

Vom Recht des Erstgeborenen

15 Wenn jemand zwei Frauen hat, eine,
die er liebhat, und eine, die er nicht
liebhat, und beide ihm Kinder gebären,
die Frau, die er liebhat, und die unge-
liebte, und [a]der Erstgeborene ist von
16 der ungeliebten Frau und die Zeit
kommt, daß er seinen Söhnen das Erbe
austeile, so kann er nicht den Sohn der
Frau, die er liebhat, zum erstgeborenen
Sohn machen vor dem erstgeborenen
17 Sohn der ungeliebten; sondern er soll
den Sohn der ungeliebten Frau als den
ersten Sohn anerkennen und ihm zwei
Teile geben von allem, was vorhanden
ist; denn dieser ist der [b]Erstling seiner
Kraft, und sein ist das Recht der Erst-
geburt.

a 1.Mose 29,30-32 *b* 1.Mose 49,3

Todesstrafe für ungeratene Söhne

18 Wenn jemand einen widerspenstigen
und ungehorsamen Sohn hat, der [a]der
Stimme seines Vaters und seiner Mut-
ter nicht gehorcht und auch, wenn sie
ihn züchtigen, ihnen nicht gehorchen
19 will, so sollen ihn Vater und Mutter er-
greifen und zu den Ältesten der Stadt
20 führen und zu dem Tor des Ortes und
zu den Ältesten der Stadt sagen: Dieser
unser Sohn ist widerspenstig und unge-
horsam und gehorcht unserer Stimme
nicht und ist ein Prasser und Trunken-
21 bold. So sollen ihn steinigen alle Leute
seiner Stadt, daß er sterbe, und du
sollst so das Böse aus deiner Mitte weg-
tun, daß ganz Israel aufhorche und sich
fürchte.

a Kap 27,16; 2.Mose 20,12

Bestattung eines Aufgehängten

22 [a]Wenn jemand eine Sünde getan hat,
die des Todes würdig ist, und wird ge-
23 tötet und man hängt ihn an ein Holz, so
soll sein Leichnam [b]nicht über Nacht
an dem Holz bleiben, sondern du sollst
ihn am selben Tage begraben – denn
[c]ein Aufgehängter ist verflucht bei
Gott –, auf daß du dein Land nicht un-
rein machst, das dir der HERR, dein
Gott, zum Erbe gibt.

a (22 und 23) 4.Mose 25,4; Jos 8,29; 10,26.27; 1.Sam 31,10; 2.Sam 4,12; 21,6.9 *b* Jos 8,29; 10,27; Joh 19,31 *c* Gal 3,13

Verschiedene Vorschriften

22 Wenn du deines Bruders Rind oder
Schaf irregehen siehst, so sollst du dich
ihrer annehmen und sie wieder zu dei-
nem Bruder führen.[a] Wenn aber dein 2
Bruder nicht nahe bei dir wohnt und du
kennst ihn nicht, so sollst du sie in dein
Haus nehmen, daß sie bei dir bleiben,
bis sie dein Bruder sucht, und sollst sie
ihm dann wiedergeben. So sollst du tun 3
mit seinem Esel, mit seinem Kleid und
mit allem Verlorenen, das dein Bruder
verliert und du findest; du darfst dich
dem nicht entziehen.

Wenn du deines Bruders Esel oder 4
Rind unterwegs fallen siehst, so sollst
du dich ihrer annehmen und ihnen auf-
helfen.

Eine Frau soll nicht Männersachen 5
tragen, und ein Mann soll nicht
Frauenkleider anziehen; denn wer das
tut, der ist dem HERRN, deinem Gott,
ein Greuel.

Wenn du unterwegs ein Vogelnest 6
findest auf einem Baum oder auf der
Erde mit Jungen oder mit Eiern und die
Mutter sitzt auf den Jungen oder auf
den Eiern, so sollst du nicht die Mutter
mit den Jungen nehmen, sondern du 7
darfst die Jungen nehmen, aber die
Mutter sollst du fliegen lassen, auf daß
dir's wohlgehe und du lange lebest.

Wenn du ein neues Haus baust, so 8
mache ein Geländer ringsum auf dei-
nem Dache, damit du nicht Blutschuld
auf dein Haus ladest, wenn jemand her-
abfällt.

[b]Du sollst deinen Weinberg nicht 9
mit Zweierlei bepflanzen, damit dem
Heiligtum nicht das Ganze verfalle: der
Same, den du gesät hast, und der Ertrag
des Weinbergs. Du sollst nicht ackern 10
zugleich mit einem Rind und einem
Esel. Du sollst nicht anziehen ein 11
Kleid, das aus Wolle und Leinen zu-
gleich gemacht ist.

Du sollst dir [c]Quasten machen an 12
den vier Zipfeln deines Mantels, mit
dem du dich bedeckst.

a 2.Mose 23,4 *b (9-11)* 3.Mose 19,19
c 4.Mose 15,38

Gesetze zum Schutz der Verleumdeten und Vergewaltigten

Wenn jemand ein Mädchen zur Frau 13
nimmt und wird ihrer überdrüssig,
nachdem er zu ihr gegangen ist, und 14
legt ihr etwas Schändliches zur Last
und bringt ein böses Gerücht über sie
auf und spricht: Dies Mädchen hab ich
geheiratet, und als ich zu ihr ging, fand
ich sie nicht als Jungfrau, so sollen Va- 15
ter und Mutter des Mädchens die Zei-
chen ihrer Jungfräulichkeit nehmen

und vor die Ältesten der Stadt im Tor
16 bringen. Und der Vater des Mädchens
soll zu den Ältesten sagen: Ich habe
diesem Mann meine Tochter zur Frau
gegeben; nun ist er ihrer überdrüssig
17 geworden und legt ihr Schändliches zur
Last und spricht: Ich habe deine Toch-
ter nicht als Jungfrau gefunden. Hier
aber sind die Zeichen der Jungfräu-
lichkeit meiner Tochter. Und sie sollen
die Decke vor den Ältesten der Stadt
18 ausbreiten. Und die Ältesten der Stadt
sollen den Mann nehmen und züchti-
19 gen und ihm [a]eine Buße von hundert
Silberstücken auferlegen und sie dem
Vater des Mädchens geben, weil er
über eine Jungfrau in Israel ein böses
Gerücht aufgebracht hat. Und er soll
sie als Frau behalten und darf sie sein
20 Leben lang nicht entlassen. Ist's aber
die Wahrheit, daß das Mädchen nicht
21 mehr Jungfrau war, so soll man sie her-
aus vor die Tür des Hauses ihres Vaters
führen, und die Leute der Stadt sollen
sie zu Tode steinigen, weil sie eine
[b]Schandtat in Israel begangen und in
ihres Vaters Hause Hurerei getrieben
hat; so sollst du das Böse aus deiner
Mitte wegtun.
22 Wenn jemand dabei ergriffen wird,
daß er einer [c]Frau beiwohnt, die einen
Ehemann hat, so sollen sie beide ster-
ben, der Mann und die Frau, der er bei-
gewohnt hat; so sollst du das Böse aus
Israel wegtun.
23 Wenn eine Jungfrau verlobt ist und
ein Mann trifft sie innerhalb der Stadt
24 und wohnt ihr bei, so sollt ihr sie alle
beide zum Stadttor hinausführen und
sollt sie beide steinigen, daß sie sterben,
die Jungfrau, weil sie nicht geschrien
hat, obwohl sie doch in der Stadt war,
den Mann, weil er seines Nächsten
Braut geschändet hat; so sollst du das
Böse aus deiner Mitte wegtun.
25 Wenn aber jemand ein verlobtes
Mädchen auf freiem Felde trifft und er-
greift sie und wohnt ihr bei, so soll der
Mann allein sterben, der ihr beige-
26 wohnt hat, aber dem Mädchen sollst du
nichts tun, denn sie hat keine Sünde ge-
tan, die des Todes wert ist; sondern
dies ist so, wie wenn jemand sich gegen
seinen Nächsten erhöbe und ihn tot-
27 schlüge. Denn er fand sie auf freiem
Felde, und das verlobte Mädchen
schrie, und niemand war da, der ihr
half.
28 [d]Wenn jemand eine Jungfrau trifft,
die nicht verlobt ist, und ergreift sie
und wohnt ihr bei und wird dabei be-
troffen, so soll, der ihr beigewohnt hat, 29
ihrem Vater fünfzig Silberstücke geben
und soll sie zur Frau haben, weil er ihr
Gewalt angetan hat; er darf sie nicht
entlassen sein Leben lang.
*Niemand soll seines Vaters Frau 23
nehmen und aufdecken seines Vaters
Decke.[e]

a Vers 29 *b* 1.Mose 34,7 *c* 3.Mose 20,10; 2.Sam 11,4 *d* (28 und 29) 2.Mose 22,15 *e* 3.Mose 18,8; 2.Sam 16,22
*Kap 23,1: Abweichende Verszählung statt 23,1-26: 22,30-23,25.

Wer in die Gemeinde des HERRN nicht aufgenommen werden darf

Kein Entmannter oder Verschnitte- 2
ner soll in die Gemeinde des HERRN
kommen.[a]
Es soll auch kein Mischling in die 3
Gemeinde des HERRN kommen; auch
seine Nachkommenschaft bis ins zehn-
te Glied soll nicht in die Gemeinde des
HERRN kommen.[b]
Die Ammoniter und Moabiter sollen 4
nicht in die Gemeinde des HERRN kom-
men, auch nicht ihre Nachkommen bis
ins zehnte Glied; sie sollen nie hinein-
kommen,[c] weil sie euch nicht entge- 5
genkamen mit Brot und Wasser auf
dem Wege, als ihr aus Ägypten zogt,
vielmehr gegen euch den [d]Bileam ding-
ten, den Sohn Beors aus Petor in Meso-
potamien, daß er dich verfluchen sollte.
Aber der HERR, dein Gott, wollte Bi- 6
leam nicht hören und wandelte dir den
Fluch in Segen um, weil dich der HERR,
dein Gott, liebhatte. Du sollst nie ihren 7
Frieden noch ihr Bestes suchen dein
Leben lang.[e]
Den Edomiter sollst du nicht verab- 8
scheuen; er ist dein Bruder. Den Ägyp-
ter sollst du auch nicht verabscheuen;
denn du bist ein Fremdling in seinem
Lande gewesen. Die Kinder, die sie im 9
dritten Glied zeugen, dürfen in die Ge-
meinde des HERRN kommen.

a Jes 56,3.4; Apg 8,27 *b* Esr 9; 10
c 1.Mose 19,37.38 *d* 4.Mose 22,5.6 *e* Esr 9,12

Reinhaltung des Kriegslagers

Wenn du ausziehst gegen deine Feinde 10
und ein Lager aufschlägst, so hüte dich
vor allem Bösen. Wenn jemand unter 11
dir ist, der [a]nicht rein ist, weil ihm des
Nachts etwas widerfahren ist, der soll
hinaus vor das Lager gehen und nicht
wieder hineinkommen, bis er vor dem 12
Abend sich mit Wasser gewaschen hat;

und wenn die Sonne untergegangen ist,
soll er wieder ins Lager gehen.
13 Und du sollst draußen vor dem La-
ger einen Platz haben, wohin du zur
14 Notdurft hinausgehst. Und du sollst
eine Schaufel haben, und wenn du dich
draußen setzen willst, sollst du damit
graben; und wenn du gesessen hast,
sollst du zuscharren, was von dir gegan-
15 gen ist. Denn der HERR, dein Gott,
[b]zieht mit dir inmitten deines Lagers,
um dich zu erretten und deine Feinde
vor dir dahinzugeben. Darum soll dein
Lager heilig sein, daß nichts Schänd-
liches unter dir gesehen werde und er
sich von dir wende.

a 3.Mose 15,16.18 *b* 3.Mose 26,12

Gebote für das Leben des Volkes

16 Du sollst den Knecht nicht seinem
Herrn ausliefern, der von ihm zu dir ge-
17 flüchtet ist. Er soll bei dir bleiben an
dem Ort, den er erwählt, in einer deiner
Städte, wo es ihm gefällt. Du sollst ihn
nicht bedrücken.[a]
18 Es soll keine [b]Tempeldirne sein un-
ter den Töchtern Israel und kein
[c]Tempelhurer unter den Söhnen Is-
19 rael. Du sollst keinen Hurenlohn noch
[d]Hundegeld in das Haus des HERRN,
deines Gottes, bringen aus irgendei-
nem Gelübde; denn das ist dem
HERRN, deinem Gott, beides ein
Greuel.
20 Du sollst von deinem Bruder [e]nicht
Zinsen nehmen, weder für Geld noch
für Speise noch für alles, wofür man
21 Zinsen nehmen kann. Von dem Aus-
länder darfst du Zinsen nehmen, aber
nicht von deinem Bruder, auf daß dich
der HERR, dein Gott, segne in allem,
was du unternimmst in dem Lande, da-
hin du kommst, es einzunehmen.
22 Wenn du dem HERRN, deinem Gott,
ein[f] Gelübde tust, so sollst du nicht zö-
gern, es zu erfüllen; denn der HERR,
dein Gott, wird's von dir fordern, und
23 es wird Schuld auf dich fallen. Wenn
du das Geloben unterläßt, so wird keine
24 Schuld auf dich fallen. Aber was über
deine Lippen gegangen ist, sollst du
halten und danach tun, wie du dem
HERRN, deinem Gott, freiwillig gelobt
und mit deinem Mund geredet hast.
25 Wenn du in deines Nächsten Wein-
berg gehst, so darfst du Trauben essen
nach deinem Wunsch, bis du satt bist,
aber du sollst nichts in dein Gefäß tun.
26 Wenn du in das Kornfeld deines Näch-
sten gehst, so [g]darfst du mit der Hand
Ähren abrupfen, aber mit der Sichel
sollst du nicht dreinfahren.

a Phlm 12-16 *b* Hos 4,14 *c* 1.Kön 14,24; 2.Kön 23,7 *d* Offb 22,15 *e* 2.Mose 22,24; 3.Mose 25,36 *f* 4.Mose 30,3 *g* Mt 12,1

Weitere Ehegesetze

Wenn jemand eine Frau zur Ehe nimmt 24
und sie nicht Gnade findet vor seinen
Augen, weil er etwas Schändliches an
ihr gefunden hat, und er einen [a]Schei-
debrief schreibt und ihr in die Hand
gibt und sie aus seinem Hause entläßt
und wenn sie dann aus seinem Hause 2
gegangen ist und hingeht und wird
eines andern Frau und dieser andere 3
Mann ihrer auch überdrüssig wird und
einen Scheidebrief schreibt und ihr in
die Hand gibt und sie aus seinem Hause
entläßt oder wenn dieser andere Mann
stirbt, der sie sich zur Frau genommen
hatte, so kann sie ihr erster Mann, der 4
sie entließ, nicht wieder zur Frau neh-
men, nachdem sie unrein geworden ist
– denn solches ist ein Greuel vor dem
HERRN –, damit du nicht Sünde über
das Land bringst, das dir der HERR,
dein Gott, zum Erbe gegeben hat.
Wenn jemand sich kurz vorher eine 5
Frau genommen hat, [b]soll er nicht mit
dem Heer ausziehen, und man soll ihm
nichts auferlegen. Er soll frei in seinem
Hause sein ein Jahr lang, daß er fröh-
lich sei mit seiner Frau, die er genom-
men hat.

a Mt 5,31.32 *b* Kap 20,7

Das Recht der Schwachen und Armen

Du sollst nicht zum Pfande nehmen 6
den unteren und oberen Mühlstein;
denn damit hättest du das Leben zum
Pfand genommen.
Wenn jemand ergriffen wird, der von 7
seinen Brüdern, den Israeliten, [a]einen
Menschen raubt und ihn gewalttätig
behandelt oder ihn verkauft: solch ein
Dieb soll sterben, daß du das Böse aus
deiner Mitte wegtust.
Hüte dich beim Auftreten von [b]Aus- 8
satz, daß du alles genau hältst und tust,
was dich die levitischen Priester lehren;
wie ich ihnen geboten habe, so sollt
ihr's halten und danach tun. Bedenke, 9
was der HERR, dein Gott, [c]mit Mirjam
tat auf dem Wege, als ihr aus Ägypten
zogt.
Wenn du deinem Nächsten irgend 10
etwas borgst, so sollst du nicht in sein
Haus gehen und ihm ein Pfand neh-

11 men, sondern du sollst draußen stehen,
und er, dem du borgst, soll sein Pfand
12 zu dir herausbringen. Ist er aber be-
dürftig, so sollst du dich nicht schlafen
13 legen mit seinem Pfand, sondern sollst
ihm sein [d] Pfand wiedergeben, wenn die
Sonne untergeht, daß er in seinem
Mantel schlafe und dich segne. So wird
das [e] deine Gerechtigkeit sein vor dem
HERRN, deinem Gott.
14 Dem Tagelöhner, der bedürftig und
arm ist, sollst du [f] seinen Lohn nicht
vorenthalten, er sei von deinen Brüdern
oder den Fremdlingen, die in deinem
15 Land und in deinen Städten sind, son-
dern du sollst ihm seinen Lohn am sel-
ben Tage geben, daß die Sonne nicht
darüber untergehe – denn er ist bedürf-
tig und verlangt danach –, damit er
nicht wider dich den HERRN anrufe und
es dir zur Sünde werde.
16 Die Väter sollen nicht für die Kinder
noch die Kinder für die Väter sterben,
sondern ein jeder soll für seine Sünde
sterben.[g]
17 Du sollst das Recht des [h] Fremdlings
und der Waise nicht beugen und sollst
der [i] Witwe nicht das Kleid zum Pfand
18 nehmen. Denn du sollst daran denken,
daß du [j] Knecht in Ägypten gewesen
bist und der HERR, dein Gott, dich von
dort erlöst hat. Darum gebiete ich dir,
daß du solches tust.
19 Wenn du auf deinem Acker geerntet
und eine Garbe vergessen hast auf dem
Acker, so sollst du nicht umkehren, sie
zu holen, sondern sie soll dem Fremd-
ling, der Waise und der Witwe zufallen,
auf daß dich der HERR, dein Gott, segne
20 in allen Werken deiner Hände.[k] Wenn
du deine Ölbäume geschüttelt hast, so
sollst du nicht nachschütteln; es soll
dem Fremdling, der Waise und der
21 Witwe zufallen. Wenn du deinen
Weinberg abgelesen hast, so sollst du
nicht nachlesen; es soll dem Fremd-
ling, der Waise und der Witwe zufallen.
22 Denn du sollst daran denken, daß du
Knecht in Ägyptenland gewesen bist.
Darum gebiete ich dir, daß du solches
tust.

a 2.Mose 21,16 *b* 3.Mose 13; 14
c 4.Mose 12,10-15 *d* 2.Mose 22,25; Hiob 22,6;
Am 2,8 *e* Kap 6,25 *f* 3.Mose 19,13; Jak 5,4
g 2.Kön 14,6 *h* 2.Mose 22,20; 23,6.9
i 2.Mose 22,21 *j* Kap 5,15 *k* 3.Mose 19,9.10

Weitere Schutzbestimmungen

25 Wenn eine Streitsache zwischen Män-
nern ist und sie vor Gericht kommen
und man sie richtet, so soll man [a] den,
der im Recht ist, gerecht sprechen und
den Schuldigen schuldig sprechen.
Und wenn der Schuldige Schläge ver- 2
dient hat, soll ihn der Richter hinlegen
lassen, und man soll ihm vor dem Rich-
ter eine Anzahl Schläge geben nach
dem Maß seiner Schuld. Wenn man 3
ihm [b] vierzig Schläge gegeben hat, soll
man nicht weiter schlagen, damit, wenn
man mehr Schläge gibt, er nicht zuviel
geschlagen werde und dein Bruder ent-
ehrt werde in deinen Augen.
Du sollst dem Ochsen, der da 4
drischt, nicht das Maul verbinden.[c]
Wenn Brüder beieinander wohnen 5
und einer stirbt ohne Söhne, so soll sei-
ne Witwe nicht die Frau eines Mannes
aus einer andern Sippe werden, son-
dern ihr Schwager soll zu ihr gehen und
sie zur Frau nehmen und mit ihr die
Schwagerehe schließen.[d] Und der erste 6
Sohn, den sie gebiert, soll gelten als der
Sohn seines verstorbenen Bruders, da-
mit dessen Name nicht ausgetilgt wer-
de aus Israel. Gefällt es aber dem Mann 7
nicht, seine Schwägerin zu nehmen, so
soll sie, seine Schwägerin, hingehen ins
Tor vor die Ältesten und sagen: Mein
Schwager weigert sich, seinem Bruder
seinen Namen zu erhalten in Israel,
und will mich nicht ehelichen. Dann 8
sollen ihn die Ältesten der Stadt zu sich
rufen und mit ihm reden. Wenn er aber
darauf besteht und spricht: Es gefällt
mir nicht, sie zu nehmen –, so soll seine 9
Schwägerin zu ihm treten vor den Älte-
sten und ihm den Schuh vom Fuß zie-
hen und ihm ins Gesicht speien und soll
antworten und sprechen: So soll man
tun einem jeden Mann, der seines Bru-
ders Haus nicht bauen will! Und sein 10
Name soll in Israel heißen »des Barfü-
ßers Haus«.
Wenn zwei Männer gegeneinander 11
handgreiflich werden und des einen
Frau läuft hinzu, um ihren Mann zu er-
retten von der Hand dessen, der ihn
schlägt, und sie streckt ihre Hand aus
und ergreift ihn bei seiner Scham, so 12
sollst du ihr die Hand abhauen, und
dein Auge soll sie nicht schonen.
Du sollst nicht zweierlei Gewicht, 13
groß und klein, in deinem Beutel ha-
ben,[e] und in deinem Hause soll nicht 14
zweierlei Maß, groß und klein, sein. Du 15
sollst ein volles und rechtes Gewicht
und ein volles und rechtes Maß haben,
auf daß dein Leben lange währe in dem
Lande, das dir der HERR, dein Gott, ge-
ben wird. Denn wer das tut, der ist dem 16

HERRN, deinem Gott, ein Greuel, ein
jeder, der übeltut.

a 2.Mose 23,7 *b* 2.Kor 11,24 *c* 1.Kor 9,9; 1.Tim 5,18 *d* 1.Mose 38,8; Rut 4,5; Mt 22,24 *e* 3.Mose 19,35.36; Hes 45,10; Am 8,5; Mi 6,11

Amaleks Schuld darf nicht vergessen werden

17 Denke daran, was dir die Amalekiter ta-
ten auf dem Wege, als ihr aus Ägypten
18 zogt:[a] wie sie dich unterwegs angriffen
und deine Nachzügler erschlugen, alle
die Schwachen, die hinter dir zurück-
geblieben waren, als du müde und matt
warst, und wie sie Gott nicht fürchte-
19 ten. Wenn nun der HERR, dein Gott,
dich vor allen deinen Feinden ringsum-
her zur Ruhe bringt im Lande, das dir
der HERR, dein Gott, zum Erbe gibt, es
einzunehmen, so [b]sollst du die Erinne-
rung an die Amalekiter austilgen unter
dem Himmel. Das vergiß nicht!

a 2.Mose 17,8-16 *b* 1.Sam 15,2.3

Darbringung der Erstlingsfrüchte und des Zehnten

26 Wenn du in das Land kommst, das dir
der HERR, dein Gott, zum Erbe geben
wird, und es einnimmst und darin
2 wohnst, so sollst du nehmen die [a]Erst-
linge aller Feldfrüchte, die du von dei-
nem Lande einbringst, das der HERR,
dein Gott, dir gibt, und sollst sie in
einen Korb legen und hingehen an die
Stätte, die der HERR, dein Gott, erwäh-
len wird, daß sein Name daselbst woh-
3 ne, und sollst zu dem Priester kommen,
der zu der Zeit sein wird, und zu ihm
sagen: Ich bekenne heute dem HERRN,
deinem Gott, daß ich gekommen bin in
das Land, das der HERR, wie er unsern
Vätern geschworen hat, uns geben
4 wollte. Und der Priester soll den Korb
aus deiner Hand nehmen und ihn vor
dem Altar des HERRN, deines Gottes,
5 niedersetzen. [b]Dann sollst du anheben
und sagen vor dem HERRN, deinem
Gott: Mein Vater war ein Aramäer,
dem Umkommen nahe, und zog hinab
nach Ägypten und war dort ein Fremd-
ling mit wenig Leuten und wurde dort
ein großes, starkes und zahlreiches
6 Volk. Aber die Ägypter behandelten
uns schlecht und bedrückten uns und
7 legten uns einen harten Dienst auf. Da
schrien wir zu dem HERRN, dem Gott
unserer Väter. Und der HERR erhörte
unser Schreien und sah unser Elend,
8 unsere Angst und Not und führte uns
aus Ägypten mit mächtiger Hand und
ausgerecktem Arm und mit großem
Schrecken, durch Zeichen und Wun-
der, und brachte uns an diese Stätte 9
und gab uns dies Land, darin Milch
und Honig fließt. Nun bringe ich die 10
Erstlinge der Früchte des Landes, das
du, HERR, mir gegeben hast. – Und du
sollst sie niederlegen vor dem HERRN,
deinem Gott, und anbeten vor dem
HERRN, deinem Gott, und [c]sollst fröh- 11
lich sein über alles Gut, das der HERR,
dein Gott, dir und deinem Hause gege-
ben hat, du und der Levit und der
Fremdling, der bei dir lebt.
Wenn du den Zehnten deines ganzen 12
Ertrages zusammengebracht hast [d]im
dritten Jahr, das ist das Zehnten-Jahr,
so sollst du ihn dem Leviten, dem
Fremdling, der Waise und der Witwe
geben, daß sie in deiner Stadt essen und
satt werden. Und du sollst sprechen vor 13
dem HERRN, deinem Gott: Ich hab aus
meinem Hause gebracht, was geheiligt
ist, und hab's gegeben den Leviten, den
Fremdlingen, den Waisen und den
Witwen ganz nach deinem Gebot, das
du mir geboten hast. Ich habe deine
Gebote nicht übertreten noch verges-
sen. Ich habe nichts davon gegessen, als 14
ich in Trauer war; ich habe nichts da-
von weggebracht, als ich unrein war;
ich habe nichts davon gegeben als Gabe
für die Toten. Ich bin der Stimme des
HERRN, meines Gottes, gehorsam ge-
wesen und habe alles getan, wie du es
mir geboten hast.[e] Sieh nun herab von 15
deiner heiligen Wohnung, vom Him-
mel, und segne dein Volk Israel und das
Land, das du uns gegeben hast, wie du
unsern Vätern geschworen hast, ein
Land, darin Milch und Honig fließt.

a 2.Mose 23,19; 3.Mose 2,14 *b* (5-9) Kap 6,20-25; Jos 24,2-13; Ps 78; 105; 136 *c* Kap 16,11.14 *d* Kap 14,27-29 *e* 4.Mose 19,14.15; Hes 24,17.22; Hos 9,4

Die Bundeszusagen

Heute gebietet dir der HERR, dein Gott, 16
daß du tust nach allen diesen Geboten
und Rechten, daß du sie hältst und da-
nach tust von ganzem Herzen und von
ganzer Seele. Du hast dir heute vom 17
HERRN sagen lassen, daß er dein Gott
sein wolle und daß du sollest in allen
seinen Wegen wandeln und halten sei-
ne Gesetze, Gebote und Rechte und
seiner Stimme gehorchen. Und der 18
HERR hat dich heute sagen lassen, daß
du sein eigenes Volk sein wollest, wie er
dir zugesagt hat, und alle seine Gebote
halten wollest und daß er [a]dich zum 19

höchsten über alle Völker machen wer-
de, die er geschaffen hat, und du ge-
rühmt, gepriesen und geehrt werdest,
damit du dem HERRN, deinem Gott, ein
heiliges Volk seist, wie er zugesagt hat.

a Kap 28,1

Die Denksteine mit dem Gesetz

27 Und Mose samt den Ältesten Israels
gebot dem Volk und sprach: Haltet alle
Gebote, die ich euch heute gebiete.
2 Und zu der Zeit, wenn ihr über den
Jordan geht in das Land, das dir der
HERR, dein Gott, geben wird, sollst du
große Steine aufrichten und sie mit
3 Kalk tünchen und darauf schreiben alle
Worte dieses Gesetzes. Das sollst du
tun, wenn du hinübergehst, auf daß du
kommest in das Land, das der HERR,
dein Gott, dir geben wird, ein Land,
darin Milch und Honig fließt, wie der
HERR, der Gott deiner Väter, dir zuge-
4 sagt hat. Wenn ihr nun über den Jordan
geht, so sollt ihr, wie ich euch heute ge-
biete, diese Steine auf dem Berge Ebal
5 aufrichten und mit Kalk tünchen. Und
dort sollst du dem HERRN, deinem
Gott, einen [a]Altar bauen aus Steinen,
6 die kein Eisen berührt hat. Von unbe-
hauenen Steinen sollst du diesen Altar
dem HERRN, deinem Gott, bauen und
Brandopfer darauf opfern dem HERRN,
7 deinem Gott, und Dankopfer darbrin-
gen und dort essen und [b]fröhlich sein
8 vor dem HERRN, deinem Gott. Und du
sollst auf die Steine alle Worte dieses
Gesetzes schreiben, klar und deutlich.
9 Und Mose und die levitischen Prie-
ster redeten mit ganz Israel und spra-
chen: Merke auf und höre, Israel! [c]Am
heutigen Tage bist du ein Volk des
10 HERRN, deines Gottes, geworden, daß
du der Stimme des HERRN, deines Got-
tes, gehorsam seist und tust nach seinen
Geboten und Rechten, die ich dir heute
gebiete.

a 2.Mose 20,25 *b* Kap 12,7 *c* Kap 26,18.19

Die zwölf Fluchworte

11 Und Mose gebot dem Volk an diesem
12 Tage und sprach: Diese sollen stehen
[a]auf dem Berge Garizim, um das Volk
zu segnen, wenn ihr über den Jordan
gegangen seid: Simeon, Levi, Juda,
13 Isaschar, Josef und Benjamin. Und
diese sollen stehen auf dem Berge Ebal,
um zu verfluchen: Ruben, Gad, Asser,
Sebulon, Dan und Naftali.
14 Und die Leviten sollen anheben und
zu allen Männern Israels mit lauter
Stimme sagen: Verflucht sei, wer einen 15
[b]Götzen oder ein gegossenes Bild
macht, einen Greuel für den HERRN,
ein Werk von den Händen der Werk-
meister, und es heimlich aufstellt! Und
alles Volk soll antworten und sagen:
Amen. – Verflucht sei, [c]wer seinen Va- 16
ter oder seine Mutter verunehrt! Und
alles Volk soll sagen: Amen. – Ver- 17
flucht sei, [d]wer seines Nächsten Gren-
ze verrückt! Und alles Volk soll sagen:
Amen. – Verflucht sei, [e]wer einen Blin- 18
den irreführt auf dem Wege! Und alles
Volk soll sagen: Amen. – Verflucht sei, 19
[f]wer das Recht des Fremdlings, der
Waise und der Witwe beugt! Und alles
Volk soll sagen: Amen. – Verflucht sei, 20
[g]wer bei der Frau seines Vaters liegt,
denn er hat die Decke seines Vaters auf-
gedeckt! Und alles Volk soll sagen:
Amen. – Verflucht sei, [h]wer bei irgend- 21
einem Tier liegt! Und alles Volk soll sa-
gen: Amen. – Verflucht sei, [i]wer bei 22
seiner Schwester liegt, die seines Vaters
oder seiner Mutter Tochter ist! Und al-
les Volk soll sagen: Amen. – Verflucht 23
sei, [j]wer bei seiner Schwiegermutter
liegt! Und alles Volk soll sagen: Amen.
– Verflucht sei, [k]wer seinen Nächsten 24
heimlich erschlägt! Und alles Volk soll
sagen: Amen. – Verflucht sei, [l]wer Ge- 25
schenke nimmt, daß er unschuldiges
Blut vergieße! Und alles Volk soll sa-
gen: Amen. – Verflucht sei, [m]wer nicht 26
alle Worte dieses Gesetzes erfüllt, daß
er danach tue! Und alles Volk soll sa-
gen: Amen.

a Kap 11,29 *b* 2.Mose 20,4.23 *c* 2.Mose 21,17
d Kap 19,14 *e* 3.Mose 19,14 *f* 2.Mose 22,20.21
g 3.Mose 18,8 *h* 2.Mose 22,18 *i* 3.Mose 18,9.11
j 3.Mose 18,17 *k* 2.Mose 21,12; 4.Mose 35,20
l 2.Mose 23,8 *m* Gal 3,10

Ankündigung von Segen und Fluch

Wenn du nun der Stimme des HERRN, 28
deines Gottes, gehorchen wirst, daß du
hältst und tust alle seine Gebote, die ich
dir heute gebiete, so wird dich der
HERR, dein Gott, [a]zum höchsten über
alle Völker auf Erden machen, und weil 2
du der Stimme des HERRN, deines Got-
tes, gehorsam gewesen bist, werden
über dich kommen und dir zuteil wer-
den alle diese Segnungen:
[b]Gesegnet wirst du sein in der Stadt, 3
gesegnet wirst du sein auf dem Acker.
Gesegnet wird sein die Frucht deines 4
Leibes, der Ertrag deines Ackers und
die Jungtiere deines Viehs, deiner Rin-
der und deiner Schafe. Gesegnet wird 5
sein dein Korb und dein Backtrog. Ge- 6

segnet wirst du sein bei deinem Ein-
gang und gesegnet bei deinem Aus-
gang.[c]
7 Und der HERR wird deine Feinde, die
sich gegen dich erheben, vor dir schla-
gen. Auf *einem* Weg sollen sie ausziehen
wider dich und auf *sieben* Wegen vor dir
8 fliehen. Der HERR wird [d]gebieten dem
Segen, daß er mit dir sei in dem, was du
besitzt, und in allem, was du unter-
nimmst, und wird dich segnen in dem
Land, das dir der HERR, dein Gott, ge-
9 geben hat. Der HERR wird dich [e]zum
heiligen Volk für sich erheben, wie er
dir geschworen hat, weil du die Gebote
des HERRN, deines Gottes, hältst und in
10 seinen Wegen wandelst. Und alle Völ-
ker auf Erden werden sehen, daß über
dir der Name des HERRN genannt ist,
11 und werden sich vor dir fürchten. Und
der HERR wird machen, daß du Über-
fluß an Gutem haben wirst, an Frucht
deines Leibes, an Jungtieren deines
Viehs, an Ertrag deines Ackers, in dem
Lande, das der HERR deinen Vätern ge-
12 schworen hat, dir zu geben. Und der
HERR wird dir seinen guten Schatz auf-
tun, den Himmel, daß er deinem Land
Regen gebe zur rechten Zeit und daß er
segne alle Werke deiner Hände. Und
[f]du wirst vielen Völkern leihen, aber
13 von niemand borgen. Und der HERR
wird dich zum Kopf machen und nicht
zum Schwanz, und du wirst immer auf-
wärts steigen und nicht heruntersin-
ken, weil du gehorsam bist den Gebo-
ten des HERRN, deines Gottes, die ich
dir heute gebiete zu halten und zu tun,
14 und nicht abweichst von all den Wor-
ten, die ich euch heute gebiete, weder
zur Rechten noch zur Linken, und
nicht andern Göttern nachwandelst,
um ihnen zu dienen.[g]
15 Wenn du aber nicht gehorchen wirst
der Stimme des HERRN, deines Gottes,
und wirst nicht halten und tun alle sei-
ne Gebote und Rechte, die ich dir heute
gebiete, so werden alle diese Flüche
über dich kommen und dich treffen:[h]
16 Verflucht wirst du sein in der Stadt,
verflucht wirst du sein auf dem Acker.
17 Verflucht wird sein dein Korb und dein
18 Backtrog. Verflucht wird sein die
Frucht deines Leibes, der Ertrag deines
Ackers, das Jungvieh deiner Rinder
19 und Schafe. Verflucht wirst du sein bei
deinem Eingang und verflucht bei dei-
nem Ausgang.
20 Der HERR wird unter dich senden
Unfrieden, Unruhe und Unglück in al-
lem, was du unternimmst, bis du ver-
tilgt bist und bald untergegangen bist
um deines bösen Treibens willen, weil
du mich verlassen hast. Der HERR wird 21
dir die Pest anhängen, bis er dich ver-
tilgt hat in dem Lande, in das du
kommst, es einzunehmen. Der HERR 22
wird dich schlagen mit Auszehrung,
Entzündung und hitzigem Fieber, Ge-
treidebrand und Dürre; die werden
dich verfolgen, bis du umkommst. Der 23
Himmel, der über deinem Haupt ist,
wird ehern werden und die Erde unter
dir eisern.[i] Statt des Regens für dein 24
Land wird der HERR Staub und Asche
vom Himmel auf dich geben, bis du
vertilgt bist. Der HERR wird dich vor 25
deinen Feinden schlagen. Auf *einem*
Weg wirst du wider sie ausziehen, und
auf *sieben* Wegen wirst du vor ihnen
fliehen und wirst zum Entsetzen wer-
den für alle Reiche auf Erden. Deine 26
Leichname werden zum Fraß werden
allen Vögeln des Himmels und allen
Tieren des Landes, und niemand wird
sie verscheuchen. Der HERR wird dich 27
schlagen [j]mit ägyptischem Geschwür,
mit Pocken, mit Grind und Krätze, daß
du nicht geheilt werden kannst. Der 28
HERR wird dich schlagen mit Wahn-
sinn, Blindheit und Verwirrung des
Geistes. Und du wirst [k]tappen am Mit- 29
tag, wie ein Blinder tappt im Dunkeln,
und wirst auf deinem Wege kein Glück
haben und wirst Gewalt und Unrecht
leiden müssen dein Leben lang, und
niemand wird dir helfen. Mit einem 30
Mädchen wirst du dich verloben; aber
ein anderer wird es sich nehmen. [l]Ein
Haus wirst du bauen; aber du wirst
nicht darin wohnen. Einen Weinberg
wirst du pflanzen; aber du wirst seine
Früchte nicht genießen. Dein Rind 31
wird vor deinen Augen geschlachtet
werden; aber du wirst nicht davon es-
sen. Dein Esel wird vor deinem Ange-
sicht mit Gewalt genommen und dir
nicht wiedergegeben werden. Dein
Schaf wird deinen Feinden gegeben
werden, und niemand wird dir helfen.
Deine Söhne und deine Töchter wer- 32
den einem andern Volk gegeben wer-
den, daß deine Augen zusehen müssen
und täglich vor Verlangen nach ihnen
vergehen, und in deinen Händen wird
keine Kraft sein. Den [m]Ertrag deines 33
Ackers und alle deine Arbeit wird ein
Volk verzehren, das du nicht kennst,
und du wirst geplagt und geschunden
werden dein Leben lang und wirst 34

wahnsinnig werden bei dem, was deine
35 Augen sehen müssen. Der HERR wird
dich schlagen mit bösen Geschwüren
an den Knien und Waden, daß du nicht
geheilt werden kannst, von den Fuß-
36 sohlen bis zum Scheitel. Der HERR wird
dich und deinen König, den du über
dich gesetzt hast, unter ein Volk trei-
ben, das du nicht kennst noch deine Vä-
ter, und [n]du wirst dort andern Göttern
37 dienen: Holz und Steinen. Und du
wirst zum Entsetzen, [o]zum Sprichwort
und zum Spott werden unter allen Völ-
kern, zu denen der HERR dich treibt.
38 Du wirst viel Samen auf das Feld säen,
aber wenig einsammeln; denn die Heu-
39 schrecken werden's abfressen.[p] Wein-
berge wirst du pflanzen und bauen,
aber weder Wein trinken noch Trauben
lesen; denn die Würmer werden's ver-
40 zehren. Ölbäume wirst du haben in dei-
nem ganzen Gebiet, aber du wirst dich
nicht salben mit Öl; denn dein Ölbaum
41 wird seine Frucht abwerfen. Söhne und
Töchter wirst du zeugen und doch
nicht behalten; denn sie werden gefan-
42 gen weggeführt werden. Alle Bäume
und Früchte deines Landes wird das
43 Ungeziefer fressen. Der Fremdling,
der bei dir ist, wird immer höher über
dich emporsteigen; du aber wirst im-
44 mer tiefer heruntersinken. Er wird dir
leihen, du aber wirst ihm nicht leihen
können; [q]er wird der Kopf sein, und du
wirst der Schwanz sein.
45 Alle diese Flüche werden über dich
kommen und dich verfolgen und tref-
fen, bis du vertilgt bist, weil du der
Stimme des HERRN, deines Gottes,
nicht gehorcht und seine Gebote und
Rechte nicht gehalten hast, die er dir
46 geboten hat. Und diese Flüche werden
Zeichen und Wunder sein an dir und an
47 deinen Nachkommen immerdar, weil
du dem HERRN, deinem Gott, nicht ge-
dient hast mit Freude und Lust deines
Herzens, obwohl du Überfluß hattest
48 an allem. Und du wirst deinem Feinde,
den der HERR gegen dich schicken wird,
dienen in Hunger und Durst, in Blöße
und allerlei Mangel, und er wird ein
[r]eisernes Joch auf deinen Hals legen,
49 bis er dich vertilgt hat. Der HERR wird
ein Volk über dich schicken von ferne,
vom Ende der Erde, wie ein [s]Adler
fliegt, ein Volk, [t]dessen Sprache du
50 nicht verstehst, ein freches Volk, das
nicht Rücksicht nimmt auf die Alten
51 und die Jungen nicht schont.[u] Es wird
verzehren die Jungtiere deines Viehs
und den Ertrag deines Ackers, bis du
vertilgt bist, und wird dir nichts übrig-
lassen vom Korn, Wein und Öl und
vom Jungvieh deiner Rinder und
Schafe, bis es dich umgebracht hat. Es 52
wird dich ängstigen in allen deinen
Städten, bis es niedergeworfen hat dei-
ne hohen und festen Mauern, auf die du
dich verläßt, in deinem ganzen Lande;
und du wirst geängstigt werden in allen
deinen Städten, in deinem ganzen
Lande, das dir der HERR, dein Gott, ge-
geben hat. Du wirst die [v]Frucht deines 53
Leibes, das Fleisch deiner Söhne und
deiner Töchter, die dir der HERR, dein
Gott, gegeben hat, essen in der Angst
und Not, mit der dich dein Feind be-
drängen wird. Ein Mann unter euch, 54
der zuvor verwöhnt und in Üppigkeit
gelebt hat, wird seinem Bruder und der
Frau in seinen Armen und dem Sohn,
der noch übrig ist von seinen Söhnen,
nichts gönnen von dem Fleisch seiner 55
Söhne, das er ißt, weil ihm nichts übrig
geblieben ist von allem Gut in der
Angst und Not, mit der dich dein Feind
bedrängen wird in allen deinen Städ-
ten. Eine Frau unter euch, die zuvor so 56
verwöhnt und in Üppigkeit gelebt hat,
daß sie nicht einmal versucht hat, ihre
Fußsohle auf die Erde zu setzen, vor
Verwöhnung und Wohlleben, die wird
dem Mann in ihren Armen und ihrem
Sohn und ihrer Tochter nicht gönnen
die Nachgeburt, die von ihr ausgegan- 57
gen ist, und ihr Kind, das sie geboren
hat; denn sie wird beides vor Mangel an
allem heimlich essen in der Angst und
Not, mit der dich dein Feind bedrän-
gen wird in deinen Städten.
Wenn du nicht darauf hältst, daß du 58
alle Worte dieses Gesetzes tust, die in
diesem Buch geschrieben sind, und
nicht fürchtest diesen herrlichen und
heiligen Namen, den HERRN, deinen
Gott, so wird der HERR schrecklich mit 59
dir umgehen und dich und deine Nach-
kommen schlagen mit großen und an-
haltenden Plagen, mit bösen und anhal-
tenden Krankheiten. Und er wird auch 60
alle [w]Seuchen Ägyptens über dich
bringen, vor denen du dich fürchtest,
und sie werden dich nicht loslassen;
dazu wird der HERR alle Krankheiten 61
und alle Plagen, die nicht geschrieben
sind in dem Buch dieses Gesetzes, über
dich kommen lassen, bis du vertilgt
bist. Und nur wenige werden übrig- 62
bleiben von euch, die ihr zuvor zahl-
reich gewesen seid wie die Sterne am

Himmel, weil du nicht gehorcht hast
der Stimme des HERRN, deines Gottes.
63 Und wie sich der HERR zuvor freute,
euch Gutes zu tun und euch zu mehren,
[x]so wird er sich nun freuen, euch um-
zubringen und zu vertilgen, und ihr
werdet herausgerissen werden aus dem
Lande, in das du jetzt ziehst, es einzu-
64 nehmen. Denn der HERR wird dich zer-
streuen unter alle Völker von einem
Ende der Erde bis ans andere, und du
wirst dort andern Göttern dienen, die
du nicht kennst noch deine Väter: Holz
65 und Steinen. Dazu wirst du unter jenen
Völkern keine Ruhe haben, und deine
Füße werden keine Ruhestatt finden.
Denn der HERR wird dir dort ein be-
bendes Herz geben und erlöschende
66 Augen und eine verzagende Seele, und
dein Leben wird immerdar in Gefahr
schweben; Nacht und Tag wirst du
dich fürchten und deines Lebens nicht
67 sicher sein. Morgens wirst du sagen:
Ach daß es Abend wäre! und abends
wirst du sagen: Ach daß es Morgen
wäre! vor Furcht deines Herzens, die
dich schrecken wird, und vor dem, was
68 du mit deinen Augen sehen wirst. Und
der HERR wird dich mit Schiffen [y]wie-
der nach Ägypten führen, auf dem
Wege, von dem ich dir gesagt habe: Du
sollst ihn nicht mehr sehen. Und ihr
werdet dort euren Feinden als Knechte
und Mägde verkauft werden, aber es
wird kein Käufer dasein.

a Kap 26,19 *b* (3-6) 1.Mose 49,25.26 *c* Ps 121,8
d 3.Mose 25,21 *e* 2.Mose 19,5.6 *f* Kap 15,6
g Kap 5,29.32 *h* Dan 9,11 *i* Kap 11,17
j 2.Mose 9,9 *k* Jes 59,10 *l* Jes 65,22 *m* Ri 6,3
n Kap 4,28 *o* 1.Kön 9,7; Jer 24,9 *p* Mi 6,15
q Vers 12.13 *r* Jer 28,13.14 *s* Hab 1,8
t Jes 33,19; Jer 5,15 *u* Klgl 5,12.13
v 3.Mose 26,29; 2.Kön 6,28.29; Jer 19,9; Klgl 2,20;
4,10; Hes 5,10 *w* Vers 27 *x* Spr 1,26
y Kap 17,16; Hos 8,13

Der Bund des HERRN mit Israel im Lande Moab

69 *Dies sind die Worte des Bundes, den
der HERR dem Mose geboten hat, mit
Israel zu schließen im Lande Moab, ne-
ben dem Bund, den er mit ihnen ge-
schlossen hatte am [a]Horeb.

29 Und Mose berief ganz Israel und
sprach zu ihnen: [b]Ihr habt alles gese-
hen, was der HERR vor euren Augen in
Ägypten dem Pharao und allen seinen
Großen und seinem ganzen Lande ge-
2 tan hat, die [c]gewaltigen Proben seiner
Macht, die deine Augen gesehen ha-
ben, die großen Zeichen und Wunder.
3 Und der HERR hat euch bis auf diesen
heutigen Tag noch nicht ein Herz gege-
ben, das verständig wäre, Augen, die da
sähen, und Ohren, die da hörten.[d] Er 4
hat euch vierzig Jahre in der Wüste
wandern lassen. [e]Eure Kleider sind
euch nicht zerrissen, auch deine
Schuhe nicht an deinen Füßen; ihr 5
habt kein Brot gegessen und keinen
Wein getrunken und kein starkes Ge-
tränk, auf daß ihr erkennen solltet, daß
ich der HERR, euer Gott, bin. Und als 6
ihr kamt an diesen Ort, zogen aus der
König Sihon von Hesbon und der Kö-
nig Og von Basan uns entgegen, mit uns
zu kämpfen. Und wir haben sie ge-
schlagen[f] und ihr Land eingenommen 7
und zum Erbteil gegeben den Rubeni-
tern und Gaditern und dem halben
Stamm Manasse.[g] So haltet nun die 8
Worte dieses Bundes und tut danach,
auf daß ihr glücklich ausrichten könnt
all euer Tun.

Ihr steht heute alle vor dem HERRN, 9
eurem Gott, die Häupter eurer Stäm-
me, eure Ältesten, eure Amtleute, jeder
Mann in Israel, eure Kinder, eure 10
Frauen, dein Fremdling, der in deinem
Lager ist, dein [h]Holzhauer und dein
Wasserschöpfer, damit du tretest in 11
den Bund des HERRN, deines Gottes,
und unter den Eid, den der HERR, dein
Gott, dir heute auflegt, daß er dich heu- 12
te zum Volk für sich erhebe und er dein
Gott sei, wie er dir zugesagt hat und wie
er deinen Vätern Abraham, Isaak und
Jakob geschworen hat. Denn ich schlie- 13
ße diesen Bund und diesen Eid [i]nicht
mit euch allein, sondern mit euch, die 14
ihr heute hier seid und mit uns steht vor
dem HERRN, unserm Gott, wie auch mit
denen, die heute nicht mit uns sind.

Denn ihr wißt, wie wir in Ägypten- 15
land gewohnt haben und mitten durch
die Völker gezogen sind, durch deren
Land ihr zogt. Ihr saht ihre Greuel und 16
ihre Götzen, die bei ihnen waren, Holz
und Stein, Silber und Gold. Laßt ja 17
nicht einen Mann oder eine Frau, ein
Geschlecht oder einen Stamm unter
euch sein, dessen Herz sich heute ab-
wendet von dem HERRN, unserm Gott,
daß jemand hingehe und diene den
Göttern dieser Völker. Laßt unter euch
nicht [j]eine Wurzel aufwachsen, die da
Gift und Wermut hervorbringt. Laßt 18
niemand, der die Worte dieses Fluches
hört, sich dennoch in seinem Herzen
segnen und sprechen: Mir wird es
wohlgehen, auch wenn ich wandle nach
meinem verstockten Herzen –, damit

nicht fortgerafft werde das wasserrei-
19 che mit dem dürren Land! Einem sol-
chen Mann wird der HERR nicht gnädig
sein, sondern sein Zorn und Eifer wird
entbrennen gegen ihn, und es werden
sich auf ihn legen [k]alle Flüche, die in
diesem Buch geschrieben sind, und sei-
nen Namen wird der HERR austilgen
20 unter dem Himmel und wird ihn zum
Unheil absondern aus allen Stämmen
Israels nach allen Flüchen des Bundes,
der in dem Buch dieses Gesetzes ge-
21 schrieben ist. Dann werden sagen künf-
tige Geschlechter, eure Kinder, die
nach euch aufkommen, und die Frem-
den, die aus fernen Landen kommen,
wenn sie die Plagen dieses Landes se-
hen und die Krankheiten, mit denen
22 der HERR es beladen hat – all ihr Land
hat er mit Schwefel und Salz verbrannt,
daß es weder besät werden kann noch
etwas wächst noch Kraut darin aufgeht,
gleichwie [l]Sodom und Gomorra, Adma
und Zeboïm zerstört sind, die der HERR
in seinem Zorn und Grimm zerstört
23 hat –, ja, alle Völker werden sagen:
Warum hat der HERR an diesem Lande
so gehandelt? Was ist das für ein gro-
24 ßer, grimmiger Zorn? Dann wird man
sagen: Darum, weil sie den Bund des
HERRN, des Gottes ihrer Väter, verlas-
sen haben, den er mit ihnen schloß, als
25 er sie aus Ägyptenland führte, und sind
hingegangen und haben andern Göt-
tern gedient und sie angebetet, Götter,
die sie nicht kennen und die er ihnen
26 nicht zugewiesen hat, darum ist des
HERRN Zorn entbrannt gegen dies
Land, daß er über sie hat kommen las-
sen alle Flüche, die in diesem Buch ge-
27 schrieben stehen. Und der HERR hat sie
aus ihrem Lande gestoßen in großem
Zorn, Grimm und ohne Erbarmen und
hat sie in ein anderes Land geworfen, so
wie es heute ist.

28 *Was [m]verborgen ist, ist des* HERRN, *un-
seres Gottes; was aber offenbart ist, das
gilt uns und unsern Kindern ewiglich, daß
wir tun sollen alle Worte dieses Gesetzes.*

a Kap 5,2 *b* 2.Mose 19,4 *c* Kap 4,34; 7,19
d Kap 5,26 *e* Kap 8,4 *f* 4.Mose 21,21-35
g 4.Mose 32 *h* Jos 9,27 *i* Kap 5,3; 1.Mose 17,7
j Kap 32,32; Hos 10,4; Am 6,12; Hebr 12,15
k Kap 28,15-68 *l* 1.Mose 19,24 *m* Kap 32,34
*Kap 28,69: Abweichende Verszählung statt 28,69-29,28: 29,1-29.

Die Wahl zwischen Leben und Tod

30 Wenn nun dies alles über dich kommt,
es sei der [a]Segen oder der Fluch, die ich
dir vorgelegt habe, und du es zu Herzen
nimmst, wenn du unter den Heiden
bist, unter die dich der HERR, dein
Gott, verstoßen hat, und du dich [b]be- 2
kehrst zu dem HERRN, deinem Gott,
daß du seiner Stimme gehorchst, du
und deine Kinder, von ganzem Herzen
und von ganzer Seele in allem, was ich
dir heute gebiete, so wird der HERR, 3
dein Gott, deine [c]Gefangenschaft wen-
den und sich deiner erbarmen und wird
dich [d]wieder sammeln aus allen Völ-
kern, unter die dich der HERR, dein
Gott, verstreut hat. Wenn du bis ans 4
Ende des Himmels verstoßen wärst, so
wird dich doch der HERR, dein Gott,
von dort sammeln und dich von dort
holen[e] und wird dich in das Land brin- 5
gen, das deine Väter besessen haben,
und du wirst es einnehmen, und er wird
dir Gutes tun und dich zahlreicher ma-
chen, als deine Väter waren. Und der 6
HERR, dein Gott, wird dein [f]Herz be-
schneiden und das Herz deiner Nach-
kommen, damit du den HERRN, deinen
Gott, liebst von ganzem Herzen und
von ganzer Seele, auf daß du am Leben
bleibst. Aber alle diese Flüche wird der 7
HERR, dein Gott, auf deine Feinde le-
gen und auf die, die dich hassen und
verfolgen. Du aber wirst umkehren und 8
der Stimme des HERRN gehorchen, daß
du tust alle seine Gebote, die ich dir
heute gebiete. Und der HERR, dein 9
Gott, wird dir Glück geben zu allen
Werken deiner Hände, zu der Frucht
deines Leibes, zu den Jungtieren deines
Viehs, zum Ertrag deines Ackers, daß
dir's zugute komme. Denn der HERR
wird sich wieder über dich freuen, dir
zugut, wie er sich über deine Väter ge-
freut hat, weil du der Stimme des 10
HERRN, deines Gottes, gehorchst und
hältst seine Gebote und Rechte, die ge-
schrieben stehen im Buch dieses Geset-
zes, wenn du dich bekehrst zu dem
HERRN, deinem Gott, von ganzem Her-
zen und von ganzer Seele.

Denn das Gebot, das ich dir heute 11
gebiete, ist dir nicht zu hoch und nicht
zu fern. Es ist nicht im Himmel, daß du 12
sagen müßtest: [g]Wer will für uns in
den Himmel fahren und es uns holen,
daß wir's hören und tun? Es ist auch 13
nicht jenseits des Meeres, daß du sagen
müßtest: Wer will für uns über das
Meer fahren und es uns holen, daß
wir's hören und tun? Denn *es ist das* 14
*Wort ganz nahe bei dir, in deinem Munde
und in deinem Herzen, daß du es tust.*

Siehe, ich habe dir heute [h]vorgelegt 15

das Leben und das Gute, den Tod und
16 das Böse. Wenn du gehorchst den Ge-
boten des HERRN, deines Gottes, die ich
dir heute gebiete, daß du den HERRN,
deinen Gott, liebst und wandelst in sei-
nen Wegen und seine Gebote, Gesetze
und Rechte hältst, so wirst du leben
und dich mehren, und der HERR, dein
Gott, wird dich segnen in dem Lande,
17 in das du ziehst, es einzunehmen. Wen-
det sich aber dein Herz und du ge-
horchst nicht, sondern läßt dich ver-
führen, daß du andere Götter anbetest
18 und ihnen dienst, so verkünde ich euch
heute, daß ihr [i]umkommen und nicht
lange in dem Lande bleiben werdet, in
das du über den Jordan ziehst, es einzu-
19 nehmen. Ich nehme[j] Himmel und Erde
heute über euch zu Zeugen: Ich habe
euch Leben und Tod, Segen und Fluch
vorgelegt, damit du das Leben erwählst
und am Leben bleibst, du und deine
20 Nachkommen, indem ihr den HERRN,
euren Gott, liebt und seiner Stimme
gehorcht und ihm anhanget. Denn das
bedeutet für dich, daß du lebst und alt
wirst und wohnen bleibst in dem
Lande, das der HERR deinen Vätern
Abraham, Isaak und Jakob geschworen
hat, ihnen zu geben.

a Kap 28 *b* Kap 4,30; 3.Mose 26,40 *c* Hes 16,53; Jer 29,14; Am 9,14 *d* Jer 32,37 *e* Kap 28,64; Neh 1,9 *f* Kap 10,16; Jer 4,4; Hes 11,19; Röm 2,29 *g* Röm 10,6-8 *h* Kap 11,26 *i* Kap 8,19 *j* Kap 4,26

Mose setzt Josua zu seinem Nachfolger ein

31 Und Mose ging hin und redete diese
2 Worte mit ganz Israel und sprach zu
ihnen:
Ich bin heute [a]hundertundzwanzig
Jahre alt, ich kann nicht mehr aus- und
eingehen. Dazu hat der HERR zu mir ge-
sagt: Den [b]Jordan hier sollst du nicht
3 überschreiten! Der HERR, dein Gott,
wird selber vor dir hergehen. [c]Er selber
wird diese Völker vor dir her vertilgen,
damit du ihr Land einnehmen kannst.
Josua, der soll vor dir hinübergehen,
4 wie der HERR zugesagt hat. Und der
HERR wird mit ihnen tun, wie er getan
hat [d]mit Sihon und Og, den Königen
der Amoriter, und ihrem Lande, die er
5 vertilgt hat. Wenn sie nun der HERR vor
euren Augen dahingeben wird, so sollt
ihr mit ihnen tun ganz nach dem Ge-
6 bot, das ich euch gegeben habe.[e] Seid
getrost und unverzagt, fürchtet euch
nicht und laßt euch nicht vor ihnen
grauen; denn der HERR, dein Gott,
[f]wird selber mit dir ziehen und wird die
Hand nicht abtun und dich nicht ver-
lassen.
Und Mose rief Josua und sprach zu 7
ihm vor den Augen von ganz Israel: Sei
getrost und unverzagt; denn du wirst
dies Volk in das Land bringen, das der
HERR ihren Vätern geschworen hat,
ihnen zu geben, und du wirst es unter
sie austeilen.[g] Der HERR aber, der sel- 8
ber vor euch hergeht, der wird mit dir
sein und wird die Hand nicht abtun
und dich nicht verlassen. Fürchte dich
nicht und erschrick nicht!

a 2.Mose 7,7 *b* 4.Mose 20,12 *c* Kap 3,22 *d* 4.Mose 21,21-35 *e* 2.Mose 23,32.33 *f* Kap 1,29.30 *g* Kap 3,28; Jos 1,6

Alle sieben Jahre soll das Gesetz öffentlich verlesen werden

Und Mose schrieb dies Gesetz und 9
gab's den Priestern, den Söhnen Levi,
die die Lade des Bundes des HERRN
trugen, und allen Ältesten Israels und 10
gebot ihnen und sprach: Jeweils nach
sieben Jahren, zur Zeit des [a]Erlaßjahrs,
am [b]Laubhüttenfest, wenn ganz Israel 11
kommt, zu erscheinen vor dem Ange-
sicht des HERRN, deines Gottes, an der
Stätte, die er erwählen wird, sollst du
dies Gesetz vor ganz Israel ausrufen
lassen vor ihren Ohren. Versammle das 12
Volk, die Männer, Frauen und Kinder
und den Fremdling, der in deinen
Städten lebt, damit sie es hören und ler-
nen und den HERRN, euren Gott, fürch-
ten und alle Worte dieses Gesetzes hal-
ten und tun und daß ihre Kinder, die es 13
nicht kennen, es auch hören und ler-
nen, den HERRN, euren Gott, zu fürch-
ten alle Tage, die ihr in dem Lande lebt,
in das ihr zieht über den Jordan, um es
einzunehmen.

a Kap 15,1 *b* Kap 16,13

Gottes Befehl, das Lied des Mose aufzuschreiben

Und der HERR sprach zu Mose: Siehe, 14
deine Zeit ist herbeigekommen, daß du
sterben mußt. Rufe Josua, und tretet
hin zur Stiftshütte, daß ich ihm Befehl
gebe. Mose ging hin mit Josua, und sie
traten hin zur Stiftshütte. Der HERR 15
aber erschien in der Hütte in einer Wol-
kensäule, und [a]die Wolkensäule stand
in der Tür der Hütte. Und der HERR 16
sprach zu Mose: Siehe, du wirst schla-
fen bei deinen Vätern, und dies Volk
wird sich erheben und nachlaufen den
fremden Göttern des Landes, in das sie

kommen, und wird mich verlassen und
den Bund brechen, den ich mit ihm ge-
17 schlossen habe. Da wird mein Zorn
entbrennen über sie zur selben Zeit,
und ich werde sie verlassen und mein
Antlitz vor ihnen verbergen, so daß sie
völlig verzehrt werden. Und wenn sie
dann viel Unglück und Angst treffen
wird, werden sie sagen: Hat mich nicht
dies Übel alles getroffen, weil mein
18 Gott nicht mit mir ist? Ich aber werde
mein Antlitz verborgen halten zu der
Zeit um all des Bösen willen, das sie ge-
tan haben, weil sie sich zu andern Göt-
tern wandten.
19 So schreibt euch nun dies [b]Lied auf
und lehrt es die Israeliten und legt es in
ihren Mund, daß mir das Lied ein
20 Zeuge sei unter den Israeliten. Denn
ich will sie in das Land bringen, das ich
ihren Vätern zu geben geschworen
habe, darin Milch und Honig fließt.
Und wenn sie essen und satt und fett
werden, so werden sie sich zu andern
Göttern wenden und ihnen dienen,
mich aber lästern und meinen Bund
21 brechen. Und wenn sie dann viel Un-
glück und Angst treffen wird, so soll
dies Lied vor ihnen als Zeuge reden;
denn es soll nicht vergessen werden im
Mund ihrer Nachkommen. Denn ich
[c]weiß ihre Gedanken, mit denen sie
schon jetzt umgehen, ehe ich sie in das
Land bringe, wie ich geschworen habe.
22 – Also schrieb Mose dies Lied zur sel-
ben Zeit auf und lehrte es die Israeliten.
23 Und der Herr befahl Josua, dem Sohn
Nuns, und sprach: Sei getrost und un-
verzagt, denn du sollst die Israeliten in
das Land führen, wie ich ihnen ge-
schworen habe, und ich will mit dir sein.

a 2.Mose 33,9 *b* Kap 32,1-43 *c* Ps 139,2

Die Aufbewahrung des Gesetzbuches

24 Als nun Mose damit fertig war, die
Worte dieses Gesetzes vollständig in
25 ein Buch zu schreiben, gebot er den Le-
viten, die die Lade des Bundes des
26 HERRN trugen, und sprach: Nehmt das
Buch dieses Gesetzes und legt es neben
die Lade des Bundes des HERRN, eures
Gottes, daß es dort [a]ein Zeuge sei wider
27 dich. Denn ich kenne deinen Ungehor-
sam und deine Halsstarrigkeit. Siehe,
jetzt schon, während ich noch bei euch
lebe, seid ihr ungehorsam gewesen ge-
gen den HERRN; wieviel mehr nach
meinem Tode!

a Joh 5,45

Aufforderung an Israel, das Lied des Mose zu hören

Versammelt vor mir alle Ältesten eurer 28
Stämme und eure Amtleute, daß ich
diese Worte vor ihren Ohren rede und
[a]Himmel und Erde wider sie zu Zeu-
gen nehme. Denn ich weiß, daß ihr 29
euch nach meinem Tode sehr versündi-
gen werdet und von dem Wege abwei-
chen, den ich euch geboten habe. So
wird euch am Ende der Tage das Un-
heil treffen, weil ihr tut, was böse ist in
den Augen des HERRN, und ihn erzürnt
durch eurer Hände Werk.
Und Mose trug vor den Ohren der 30
ganzen Gemeinde Israel dies Lied bis
zum letzten Wort vor:

a Kap 32,1

Das Lied des Mose

[a]Merkt auf, ihr Himmel, ich will reden, **32**
und die Erde höre die Rede meines
Mundes. Meine Lehre rinne wie der 2
Regen, und meine Rede riesele wie
Tau, wie der Regen auf das Gras und
wie die Tropfen auf das Kraut.[b] Denn 3
ich will den Namen des HERRN preisen.
Gebt unserm Gott allein die Ehre!
Er ist ein Fels. Seine Werke sind 4
vollkommen; denn alles, was er tut, das
ist recht. Treu ist Gott und kein Böses
an ihm, gerecht und wahrhaftig ist er.
[c]Das verkehrte und böse Geschlecht 5
hat gesündigt wider ihn; sie sind
Schandflecken und nicht seine Kinder.
Dankst du so dem HERRN, deinem 6
Gott, du tolles und törichtes Volk? Ist
er nicht dein [d]Vater und dein Herr?
Ist's nicht er allein, der dich gemacht
und bereitet hat?
Gedenke der vorigen Zeiten und hab 7
acht auf die Jahre von Geschlecht zu
Geschlecht. Frage deinen Vater, der
wird dir's verkünden, deine Ältesten,
die werden dir's sagen. Als der Höchste 8
[e]den Völkern Land zuteilte und der
Menschen Kinder voneinander schied,
da [f]setzte er die Grenzen der Völker
nach der Zahl der Söhne Israels. Denn 9
des HERRN Teil ist sein Volk, Jakob ist
sein [g]Erbe.
Er fand ihn in der Wüste, in der dür- 10
ren Einöde sah er ihn. Er umfing ihn
und hatte acht auf ihn. Er [h]behütete ihn
wie seinen Augapfel. Wie ein [i]Adler 11
ausführt seine Jungen und über ihnen
schwebt, so breitete er seine Fittiche
aus und nahm ihn und trug ihn auf sei-
nen Flügeln. Der HERR allein leitete 12

ihn, und kein fremder Gott war mit
13 ihm. Er ließ ihn einherfahren über die
Höhen der Erde und nährte ihn mit den
Früchten des Feldes und ließ ihn [j] Honig saugen aus dem Felsen und Öl aus
14 hartem Gestein, Butter von den Kühen
und Milch von den Schafen samt dem
Fett von den Lämmern, feiste Widder
und Böcke und das Beste vom Weizen
und tränkte ihn mit edlem Traubenblut.
15 Als aber [k] Jeschurun fett ward, wurde er übermütig. Er ist [l] fett und dick
und feist geworden und hat den Gott
verworfen, der ihn gemacht hat. Er hat
den Fels seines Heils gering geachtet
16 und hat ihn zur Eifersucht gereizt
durch fremde Götter; durch Greuel hat
17 er ihn erzürnt. Sie haben den bösen
Geistern geopfert und nicht ihrem
Gott, den Göttern, die sie nicht kannten, den neuen, die vor kurzem erst aufgekommen sind, die eure Väter nicht
18 geehrt haben. Deinen [m] Fels, der dich
gezeugt hat, hast du außer acht gelassen
und hast vergessen den Gott, der dich
gemacht hat.
19 Und als es der HERR sah, ward er zor-
20 nig über seine Söhne und Töchter, und
er sprach: Ich will mein Antlitz vor
ihnen verbergen, will sehen, was ihnen
zuletzt widerfahren wird; denn es ist
ein verkehrtes Geschlecht, es sind un-
21 treue Kinder. Sie haben mich gereizt
durch einen Nicht-Gott, durch ihre
[n] Abgötterei haben sie mich erzürnt.
Ich aber will sie wieder reizen durch ein
[o] Nicht-Volk, durch ein gottloses Volk
22 will ich sie erzürnen. Denn ein Feuer ist
entbrannt durch meinen Zorn und wird
brennen bis in die unterste Tiefe und
wird verzehren das Land mit seinem
Gewächs und wird anzünden die
23 Grundfesten der Berge. Ich will alles
Unglück über sie häufen, ich will alle
24 meine Pfeile auf sie schießen. Vor Hunger sollen sie verschmachten und verzehrt werden vom Fieber und von jähem Tod. Ich will der Tiere Zähne unter sie schicken und der Schlangen
25 Gift. Draußen wird das [p] Schwert ihre
Kinder rauben und drinnen der
Schrecken den jungen Mann wie das
Mädchen, den Säugling wie den Greis.
26 Ich hätte gesagt: Es soll aus sein mit
ihnen, ich will ihren Namen tilgen un-
27 ter den Menschen –, wenn ich nicht den
Spott der Feinde gescheut hätte; ihre
Widersacher hätten es nicht erkannt
und gesagt: Unsere Macht ist groß,
und nicht der HERR hat dies alles getan.
– Denn Israel ist ein Volk, dem man 28
nicht mehr raten kann, und [q] kein Verstand wohnt in ihnen. O daß sie weise 29
wären und dies verstünden, daß sie
merkten, was ihnen hernach begegnen
wird! Wie geht's zu, [r] daß einer tausend 30
verjagt und zwei sogar zehntausend
flüchtig machen? Kommt's nicht daher, daß ihr Fels sie verkauft hat und
der HERR sie dahingegeben hat? Denn 31
unserer Feinde [s] Fels ist nicht wie unser
Fels; so müssen sie selber urteilen.
Denn ihr Weinstock stammt von So- 32
doms Weinstock und von dem Weinberg Gomorras; ihre Trauben sind
Gift, sie haben bittere Beeren, ihr 33
Wein ist Drachengift und verderbliches Gift der Ottern.
Ist dies nicht bei mir verwahrt und 34
versiegelt in meinen Schatzkammern? [t]
[u] Die Rache ist mein, ich will vergelten 35
zur Zeit, da ihr Fuß gleitet; denn die
Zeit ihres Unglücks ist nahe, und was
über sie kommen soll, eilt herzu. Denn 36
der HERR wird seinem Volk Recht
schaffen, und über seine Knechte wird
er sich erbarmen. Denn er wird sehen,
daß ihre Macht dahin ist und es aus ist
mit ihnen ganz und gar. Und er wird sa- 37
gen: Wo sind ihre Götter, ihr [v] Fels, auf
den sie trauten, die das Fett ihrer 38
Schlachtopfer essen sollten und trinken
den Wein ihrer Trankopfer? [w] Laßt sie
aufstehen und euch helfen und euch
schützen! Sehet nun, daß [x] ich's allein 39
bin und ist kein Gott neben mir! Ich
kann [y] töten und lebendig machen, ich
kann schlagen und kann [z] heilen, und
niemand ist da, der aus meiner Hand
errettet.
Denn ich will meine Hand zum Him- 40
mel heben und will sagen: So wahr ich
ewig lebe: [aa] wenn ich mein blitzendes 41
Schwert schärfe und meine Hand zur
Strafe greift, so will ich mich rächen an
meinen Feinden und denen, die mich
hassen, vergelten. Ich will meine Pfeile 42
mit Blut trunken machen, und mein
Schwert soll Fleisch fressen, mit Blut
von Erschlagenen und Gefangenen,
von den Köpfen streitbarer Feinde!
[ab] Preiset, ihr Heiden, sein Volk; 43
denn er wird das Blut seiner Knechte
rächen und wird an seinen Feinden Rache nehmen und [ac] entsühnen das Land
seines Volks!

a Jes 1,2 *b* Jes 55,10.11 *c* Jes 1,2-4; Mt 17,17
d 2.Mose 4,22; Jes 63,16; Jer 3,4; 31,9; Hos 11,1;
Mal 1,6 *e* 1.Mose 11,8 *f* Apg 17,26

g Kap 9,26.29 *h* Ps 17,8; Hes 16,4-14; Sach 2,12
i 2.Mose 19,4 *j* Ps 81,17 *k* Kap 33,5.26; Jes 44,2
l Kap 31,20; Neh 9,25 *m* 1.Mose 49,24; Ps 18,32;
78,15.16 *n* Ps 78,58; Jer 2,11 *o* Röm 10,19
p Hes 5,17; 14,21 *q* Jes 27,11; Jer 4,22
r 3.Mose 26,36.37; Jes 30,17 *s* Vers 4.37
t Kap 29,28 *u* Ps 94,1; Röm 12,19; Hebr 10,30
v Vers 31 *w* Ri 10,14; Jer 2,28 *x* Kap 4,35;
Jes 45,5 *y* 1.Sam 2,6 *z* 2.Mose 15,26; Hiob 5,18;
Hos 6,1.2 *aa (41 und 42)* Jer 46,10
ab Röm 15,10 *ac* Kap 21,8; 4.Mose 35,33.34

Moses letzte Mahnung an das Volk

44 Und Mose kam und redete alle Worte
dieses Liedes vor den Ohren des Volks,
45 er und Josua, der Sohn Nuns. Als nun
Mose das alles zu Ende geredet hatte
46 vor ganz Israel, sprach er zu ihnen:
Nehmt zu Herzen alle Worte, die ich
euch heute bezeuge, daß ihr [a]euren
Kindern befehlt, alle Worte dieses Ge-
47 setzes zu halten und zu tun. Denn *es ist
nicht ein leeres Wort an euch, sondern* [b]*es
ist euer Leben,* und durch dies Wort
werdet ihr lange leben in dem Lande, in
das ihr zieht über den Jordan, um es
einzunehmen.

a Kap 6,7 *b* 3.Mose 18,5

Gott bereitet Mose auf seinen Tod vor

48 Und der HERR redete mit Mose am sel-
49 ben Tage und sprach: Geh auf das Ge-
birge [a]Abarim, auf den Berg Nebo, der
da liegt im Lande Moab gegenüber Je-
richo, und schaue das Land Kanaan,
das ich den Israeliten zum Eigentum
50 geben werde. Dann stirb auf dem Ber-
ge, auf den du hinaufgestiegen bist, und
laß dich zu deinem Volk versammeln,
[b]wie dein Bruder Aaron starb auf dem
Berge Hor und zu seinem Volk versam-
51 melt wurde; denn ihr habt euch an mir
versündigt unter den Israeliten bei dem
Haderwasser zu Kadesch in der Wüste
Zin, [c]weil ihr mich nicht heiligtet in-
52 mitten der Israeliten. Denn du sollst
das Land vor dir sehen, das ich den Is-
raeliten gebe, aber du sollst nicht hin-
einkommen.

a 4.Mose 27,12; 33,48 *b* 4.Mose 20,23-29
c 4.Mose 20,12.13

Mose segnet die Stämme Israels
(vgl. 1.Mose 49)

33 Dies ist der Segen, mit dem Mose, der
Mann Gottes, die Israeliten vor seinem
2 Tode segnete. Er sprach: Der HERR ist
vom Sinai gekommen und ist ihnen
aufgeleuchtet von [a]Seïr her. Er ist er-
schienen vom Berge Paran her und ist
gezogen nach Meribat-Kadesch; in sei-
ner Rechten ist ein feuriges Gesetz für
sie. Wie hat er sein Volk so lieb! Alle 3
Heiligen sind in deiner Hand. Sie wer-
den sich setzen zu deinen Füßen und
werden lernen von deinen Worten.
Mose hat uns das Gesetz geboten, das 4
Erbe der Gemeinde Jakobs. Und der 5
Herr ward [b]König über [c]Jeschurun,
[d]als sich versammelten die Häupter des
Volks samt den Stämmen Israels.
Ruben lebe und sterbe nicht; seine 6
Mannschaft gewinne an Zahl!
Dies ist der Segen über *Juda.* Und er 7
sprach: HERR, erhöre die Stimme Judas
und bringe ihn zu seinem Volk; laß sei-
ne Macht groß werden und sei ihm Hil-
fe wider seine Feinde!
Und über *Levi* sprach er: Deine Lose 8
[e]»Licht und Recht« sollen bleiben bei
deinem Getreuen, den du [f]versucht
hast zu Massa, für den du gestritten
hast am Haderwasser, der [g]von seinem 9
Vater und von seiner Mutter spricht:
»Ich sehe ihn nicht«, und von seinem
Bruder: »Ich kenne ihn nicht«, und von
seinem Sohn: »Ich weiß nichts von
ihm«. Die hüten dein Wort und bewah-
ren deinen Bund; sie lehren Jakob dei- 10
ne Rechte und Israel dein Gesetz; sie
bringen Räucherwerk vor dein Ange-
sicht und Ganzopfer auf deinen Altar.
HERR, segne seine Macht, und laß dir 11
gefallen die Werke seiner Hände! Zer-
schlage den Rücken derer, die sich wi-
der ihn auflehnen, und derer, die ihn
hassen, daß sie nicht aufkommen!
Und über *Benjamin* sprach er: Der 12
Geliebte des HERRN wird sicher woh-
nen; allezeit wird Er die Hand über ihm
halten und wird zwischen seinen Hö-
hen wohnen.
Und über *Josef* sprach er: [h]Gesegnet 13
vom HERRN ist sein Land mit dem
Köstlichsten vom Himmel droben,
dem Tau, und mit der Flut, die drunten
liegt, mit dem Köstlichsten, was die 14
Sonne hervorbringt, und mit dem
Köstlichsten, was die Monde erzeugen,
mit dem Besten uralter Berge und mit 15
dem Köstlichsten der ewigen Hügel,
mit dem Köstlichsten der Erde und ih- 16
rer Fülle. Die Gnade dessen, der in
dem [i]Dornbusch wohnte, komme auf
das [j]Haupt Josefs, auf den Scheitel des
Geweihten unter seinen Brüdern. Sein 17
erstgeborener Stier ist voll Herrlich-
keit, und seine Hörner sind wie die
Hörner wilder Stiere; mit ihnen wird er
die Völker stoßen bis an die Enden der
Erde. Das sind die Zehntausende

[k]*Efraims* und die Tausende *Manasses.*
18 Und über *Sebulon* sprach er: Sebu-
lon, freue dich deiner Fahrten; und
19 *Isaschar,* freue dich deiner Zelte. Sie
werden die Stämme auf den Berg rufen
und daselbst opfern rechte Opfer.
Denn sie werden den Reichtum des
Meeres gewinnen und die verborgenen
Schätze im Sande.
20 Und über *Gad* sprach er: Gelobt sei,
der Gad Raum schafft! Gad liegt da wie
ein Löwe und zerreißt Schenkel und
21 Scheitel. Und [l]er ersah sich ein Erst-
lingserbe; denn daselbst war für ihn
eines Anführers Teil. Und es versam-
melten sich die Häupter des Volks, und
er vollstreckte die Gerechtigkeit des
HERRN und seine Gerichte zusammen
mit Israel.
22 Und über *Dan* sprach er: Dan ist ein
junger Löwe, der hervorspringt aus Ba-
san.
23 Und über *Naftali* sprach er: Naftali
hat viel Gnade und ist voll Segens des
HERRN; gegen Westen und Süden hat
er Besitz.
24 Und über *Asser* sprach er: Asser ist
gesegnet unter den Söhnen. Er sei der
Liebling seiner Brüder und tauche sei-
25 nen Fuß in Öl. Von Eisen und Erz sei
der Riegel deiner Tore; dein Alter sei
wie deine Jugend!
26 Es ist kein Gott wie der [m]Gott Je-
schuruns, der am Himmel daherfährt
dir zur Hilfe und in seiner Hoheit auf
27 den Wolken. *Zuflucht ist bei dem alten
Gott und unter den ewigen Armen.* Er hat
vor dir her deinen Feind vertrieben und
28 geboten: Vertilge! Israel [n]wohnt si-
cher, der [o]Brunnquell Jakobs unbehel-
ligt in dem Lande, da [p]Korn und Wein
ist, dessen Himmel von Tau trieft.
29 [q]Wohl dir, Israel! Wer ist dir gleich?
Du Volk, das sein Heil empfängt durch
den HERRN, der deiner Hilfe Schild und
das Schwert deines Sieges ist! Deine
Feinde werden dir huldigen, und du
wirst auf ihren Höhen einherschreiten.

a Ri 5,4 *b* 2.Mose 15,18 *c* Kap 32,15
d 2.Mose 19,7 *e* 2.Mose 28,30; 1.Sam 14,41
f 2.Mose 17,2.7; Ps 95,8 *g* 2.Mose 32,27-29;
Mt 10,37 *h* 1.Mose 49,25 *i* 2.Mose 3,2-4
j 1.Mose 49,26 *k* 1.Mose 46,20
l 4.Mose 32,29-32 *m* Kap 32,15 *n* 3.Mose 25,18;
1.Kön 5,5 *o* Ps 68,27.28; Jes 51,1.2
p 1.Mose 27,28 *q* Kap 4,7.8; Ps 33,12; 144,15

Moses Tod

34
Und Mose stieg aus dem Jordantal der
Moabiter auf den Berg Nebo, den Gip-
fel des Gebirges Pisga, gegenüber Jeri-
cho. Und der HERR [a]zeigte ihm das
ganze Land: Gilead bis nach Dan und 2
das ganze Naftali und das ganze Land
Efraim und Manasse und das ganze
Land Juda bis an das Meer im Westen
und das Südland und die Gegend am 3
Jordan, die Ebene von Jericho, der
[b]Palmenstadt, bis nach Zoar. Und der 4
HERR sprach zu ihm: Dies ist das Land,
von dem ich Abraham, Isaak und Jakob
geschworen habe: [c]Ich will es deinen
Nachkommen geben. – Du hast es mit
deinen Augen gesehen, aber du sollst
nicht hinübergehen. So starb Mose, der 5
Knecht des HERRN, daselbst im Lande
Moab nach dem Wort des HERRN.[d]
Und er begrub ihn im Tal, im Lande 6
Moab gegenüber Bet-Peor. Und nie-
mand hat sein Grab erfahren bis auf
den heutigen Tag. Und [e]Mose war 7
hundertundzwanzig Jahre alt, als er
starb. Seine Augen waren nicht
schwach geworden, und seine Kraft
war nicht verfallen. Und die Israeliten 8
beweinten Mose im Jordantal der Moa-
biter [f]dreißig Tage, bis die Zeit des
Weinens und Klagens über Mose voll-
endet war.
Josua aber, der Sohn Nuns, [g]wurde 9
erfüllt mit dem Geist der Weisheit;
denn Mose hatte [h]seine Hände auf ihn
gelegt. Und die Israeliten gehorchten
ihm und taten, wie der HERR es Mose
geboten hatte.
Und es stand hinfort kein Prophet in 10
Israel auf wie Mose, den [i]der HERR er-
kannt hätte von Angesicht zu Ange-
sicht, mit all den Zeichen und Wun- 11
dern, mit denen der HERR ihn gesandt
hatte, daß er sie täte in Ägyptenland am
Pharao und an allen seinen Großen und
an seinem ganzen Lande, und mit all 12
der mächtigen Kraft und den großen
Schreckenstaten, die Mose vollbrachte
vor den Augen von ganz Israel.

a Kap 3,27 *b* 2.Chr 28,15 *c* 1.Mose 12,7
d Kap 32,50 *e* Kap 31,2 *f* 4.Mose 20,29
g 4.Mose 27,18-23 *h* 1.Tim 4,14; 2.Tim 1,6
i 2.Mose 33,11; 4.Mose 12,6-8; 1.Kor 13,12

DAS BUCH JOSUA

Inhaltsübersicht

Zurüstung für den Einzug in das verheißene Land

1 Nachdem Mose, der Knecht des
HERRN, gestorben war, sprach der
HERR zu Josua, dem Sohn Nuns, Moses
2 Diener: Mein Knecht [a]Mose ist ge-
storben; so mach dich nun auf und zieh
über den Jordan, du und dies ganze
Volk, in das Land, das ich ihnen, den
3 Israeliten, gegeben habe. Jede Stätte,
auf die eure Fußsohlen treten werden,
habe ich euch gegeben, wie ich Mose
4 zugesagt habe.[b] Von der Wüste bis zum
Libanon und von dem großen Strom
Eufrat bis an das große Meer gegen
Sonnenuntergang, das ganze Land der
5 Hetiter, soll euer Gebiet sein. Es soll dir
niemand widerstehen dein Leben lang.
Wie ich mit Mose gewesen bin, so will
ich auch mit dir sein. [c]Ich will dich
nicht verlassen noch von dir weichen.
6 Sei [d]getrost und unverzagt; denn du
sollst diesem Volk das Land austeilen,
das ich ihnen zum Erbe geben will, wie
7 ich ihren Vätern geschworen habe. Sei
nur getrost und ganz unverzagt, daß du
[e]hältst und tust in allen Dingen nach
dem Gesetz, das dir Mose, mein
Knecht, geboten hat. Weiche nicht da-
von, weder zur Rechten noch zur Lin-
ken, damit du es recht ausrichten
8 kannst, wohin du auch gehst. Und laß
das Buch dieses Gesetzes nicht von dei-
nem Munde kommen, sondern [f]be-
trachte es Tag und Nacht, daß du hältst
und tust in allen Dingen nach dem, was
darin geschrieben steht. Dann wird es
dir auf deinen Wegen gelingen, und du
9 wirst es recht ausrichten. *Siehe, ich habe
dir geboten, daß du getrost und unverzagt
seist. Laß dir nicht grauen und entsetze
dich nicht; denn der* HERR, *dein Gott, ist
mit dir in allem, was du tun wirst.*
10 Da gebot Josua den Amtleuten des
Volks und sprach: Geht durch das La- 11
ger und gebietet dem Volk und sprecht:
Schafft euch Vorrat; denn nach drei
Tagen werdet ihr hier über den Jordan
gehen, daß ihr hineinkommt und das
Land einnehmt, das euch der HERR,
euer Gott, geben wird. [g]Und zu den 12
Rubenitern, Gaditern und dem halben
Stamm Manasse sprach Josua: Denkt 13
an das Wort, das euch Mose, der
Knecht des HERRN, geboten hat: Der
HERR, euer Gott, hat euch zur Ruhe ge-
bracht und euch dies Land gegeben.
Eure Frauen und Kinder und euer Vieh 14
laßt im Land bleiben, das euch Mose
gegeben hat, diesseits des Jordan. Ihr
aber sollt, so viele von euch streitbare
Männer sind, vor euren Brüdern gerü-
stet hinüberziehen und ihnen helfen,
bis der HERR eure Brüder auch zur 15
Ruhe bringt wie euch, daß auch sie ein-
nehmen das Land, das ihnen der HERR,
euer Gott, geben wird. Dann sollt ihr
wieder zurückkehren in euer Land, das
euch Mose, der Knecht des HERRN,
zum Besitz gegeben hat diesseits des
Jordan, gegen den Aufgang der Sonne.
Und sie antworteten Josua und spra- 16
chen: Alles, was du uns geboten hast,
das wollen wir tun, und wo du uns hin-
sendest, da wollen wir hingehen. Wie 17
wir Mose gehorsam gewesen sind, so
wollen wir auch dir gehorsam sein; nur,
daß der HERR, dein Gott, mit dir sei,
wie er mit Mose war! Wer deinem 18
Mund ungehorsam ist und nicht ge-
horcht deinen Worten in allem, was du
uns gebietest, der soll sterben. [h]Sei nur
getrost und unverzagt!

a 5.Mose 34,5 *b* 5.Mose 11,24 *c* 5.Mose 31,7.8; Hebr 13,5 *d* 5.Mose 3,28 *e* 5.Mose 5,29; 29,8; 1.Kön 2,3 *f* Ps 1,2.3 *g* *(12-18)* 5.Mose 3,12-20; 4.Mose 32,20-29 *h* Vers 6

Die Kundschafter in Jericho

2 Josua aber, der Sohn Nuns, sandte von
Schittim zwei Männer heimlich als
Kundschafter aus und sagte ihnen:
Geht hin, seht das Land an, auch Jeri-
cho. Die gingen hin und kamen in das
Haus einer Hure, die hieß [a]Rahab, und
2 kehrten dort ein. Da wurde dem König
von Jericho angesagt: Siehe, es sind in
dieser Nacht Männer von Israel herein-
gekommen, um das Land zu erkunden.
3 Da sandte der König von Jericho zu
Rahab und ließ ihr sagen: Gib die
Männer heraus, die zu dir in dein Haus
gekommen sind; denn sie sind gekom-
men, um das ganze Land zu erkunden.
4 Aber die Frau verbarg die beiden Män-
ner und sprach: Ja, es sind Männer zu
mir hereingekommen, aber ich wußte
5 nicht, woher sie waren. Und als man die
Stadttore zuschließen wollte, als es fin-
ster wurde, gingen sie hinaus, und ich
weiß nicht, wo sie hingegangen sind.
Jagt ihnen eilends nach, dann werdet
6 ihr sie ergreifen. Sie aber hatte sie auf
das Dach steigen lassen und unter den
Flachsstengeln versteckt, die sie auf
7 dem Dach ausgebreitet hatte. Die aber
jagten den Männern nach auf dem
Wege zum Jordan bis an die Furten,
und man schloß das Tor zu, als die
draußen waren, die ihnen nachjagten.
8 Und ehe die Männer sich schlafen leg-
ten, stieg sie zu ihnen hinauf auf das
9 Dach und sprach zu ihnen: Ich weiß,
daß der HERR euch das Land gegeben
hat; denn [b]ein Schrecken vor euch ist
über uns gefallen, und alle Bewohner
des Landes sind vor euch feige gewor-
10 den. Denn wir haben gehört, wie der
HERR [c]das Wasser im Schilfmeer aus-
getrocknet hat vor euch her, als ihr aus
Ägypten zogt, und was ihr den beiden
Königen der Amoriter, [d]Sihon und Og,
jenseits des Jordan getan habt, wie ihr
an ihnen den Bann vollstreckt habt.
11 Und seitdem wir das gehört haben, [e]ist
unser Herz verzagt, und es wagt keiner
mehr vor euch zu atmen; denn [f]der
HERR, euer Gott, ist Gott oben im Him-
12 mel und unten auf Erden. So schwört
mir nun bei dem HERRN, weil ich an
euch Barmherzigkeit getan habe, daß
auch ihr [g]an meines Vaters Hause
Barmherzigkeit tut, und gebt mir ein si-
13 cheres Zeichen, daß ihr leben laßt mei-
nen Vater, meine Mutter, meine Brü-
der und meine Schwestern und alles,
was sie haben, und uns vom Tode erret-
tet. Die Männer sprachen zu ihr: Tun 14
wir nicht Barmherzigkeit und Treue an
dir, wenn uns der HERR das Land gibt,
so wollen wir selbst des Todes sein, so-
fern du unsere Sache nicht verrätst. Da 15
ließ Rahab sie an einem Seil durchs
Fenster hernieder; denn ihr Haus war
an der Stadtmauer, und sie wohnte an
der Mauer. Und sie sprach zu ihnen: 16
Geht auf das Gebirge, daß euch nicht
begegnen, die euch nachjagen, und ver-
bergt euch dort drei Tage, bis die zu-
rückkommen, die euch nachjagen; da-
nach geht eure Straße. Die Männer 17
aber sprachen zu ihr: Wir wollen den
Eid so einlösen, den du uns hast schwö-
ren lassen: Wenn wir ins Land kom- 18
men, so sollst du dies rote Seil in das
Fenster knüpfen, durch das du uns her-
niedergelassen hast, und zu dir ins
Haus versammeln deinen Vater, deine
Mutter, deine Brüder und deines Va-
ters ganzes Haus. Und wer zur Tür dei- 19
nes Hauses herausgeht, dessen Blut
komme über ihn, aber wir seien un-
schuldig; doch das Blut aller, die in dei-
nem Hause sind, soll über uns kom-
men, wenn Hand an sie gelegt wird.
Und wenn du etwas von dieser unserer 20
Sache verrätst, so sind wir des Eides
los, den du uns hast schwören lassen.
Sie sprach: Es sei, wie ihr sagt! und ließ 21
sie gehen. Und sie gingen weg. Und sie
knüpfte das rote Seil ins Fenster. Sie 22
aber gingen weg und kamen aufs Ge-
birge und blieben drei Tage dort, bis
die zurückgekommen waren, die ihnen
nachjagten. Denn sie hatten sie gesucht
auf allen Straßen und doch nicht gefun-
den. Da kehrten die beiden Männer um 23
und gingen vom Gebirge herab und
setzten über und kamen zu Josua, dem
Sohn Nuns, und erzählten ihm alles,
was ihnen begegnet war, und sprachen 24
zu Josua: Der HERR hat uns das ganze
Land in unsere Hände gegeben, und
[h]es sind auch alle Bewohner des Landes
vor uns feige geworden.

a Mt 1,5; Hebr 11,31; Jak 2,25 *b* 2.Mose 23,27
c 2.Mose 14,21 *d* 4.Mose 21,21-26 *e* Kap 5,1;
2.Mose 15,14.15 *f* 5.Mose 4,39 *g* Kap 6,23.25
h Vers 9

Israel geht durch den Jordan

Und Josua machte sich früh auf, und 3
sie zogen aus [a]Schittim und kamen an
den Jordan, er und alle Israeliten, und
blieben dort über Nacht, ehe sie hin-
überzogen. Nach drei Tagen aber gin- 2
gen die Amtleute durchs Lager und ge- 3
boten dem Volk: Wenn ihr die Lade

des Bundes des HERRN, eures Gottes,
seht und wie die Priester aus dem
Stamm Levi sie tragen, so brecht auf
4 von eurem Ort und folgt ihr nach; doch
daß zwischen euch und ihr ein Abstand
sei von ungefähr zweitausend Ellen!
Ihr sollt ihr nicht zu nahe kommen.
Aber ihr müßt ja wissen, auf welchem
Wege ihr gehen sollt; denn ihr seid den
5 Weg bisher noch nicht gegangen. Und
Josua sprach zum Volk: [b]Heiligt euch,
denn morgen wird der HERR Wunder
6 unter euch tun. Und zu den Priestern
sprach er: [c]Hebt die Bundeslade auf
und geht vor dem Volk her! Da hoben
sie die Bundeslade auf und gingen vor
7 dem Volk her. Und der HERR sprach zu
Josua: Heute will ich anfangen, [d]dich
groß zu machen vor ganz Israel, damit
sie wissen: [e]wie ich mit Mose gewesen
8 bin, so werde ich auch mit dir sein. Und
du gebiete den Priestern, die die Bun-
deslade tragen, und sprich: Wenn ihr
an das Wasser des Jordan herankommt,
so bleibt im Jordan stehen.

9 Und Josua sprach zu den Israeliten:
Herzu! Hört die Worte des HERRN, eu-
10 res Gottes! Daran sollt ihr merken, daß
ein lebendiger Gott unter euch ist und
daß er vor euch vertreiben wird die Ka-
naaniter, Hetiter, Hewiter, Perisiter,
Girgasiter, Amoriter und Jebusiter:
11 Siehe, die Lade des Bundes des Herr-
schers über alle Welt wird vor euch her-
12 gehen in den Jordan. So nehmt nun
zwölf Männer aus den Stämmen Is-
13 raels, aus jedem Stamm einen. Wenn
dann die Fußsohlen der Priester, die
die Lade des HERRN, des [f]Herrschers
über alle Welt, tragen, in dem Wasser
des Jordan stillstehen, so wird das Was-
ser des Jordan, das von oben herab-
fließt, nicht weiter laufen, sondern ste-
14 hen bleiben wie ein einziger Wall. Als
nun das Volk aus seinen Zelten auszog,
um durch den Jordan zu gehen, und als
die Priester die Bundeslade vor dem
15 Volk hertrugen und an den Jordan ka-
men und ihre Füße vorn ins Wasser
tauchten – der Jordan aber war die gan-
ze Zeit der Ernte über alle seine Ufer
16 getreten –, da stand das Wasser, das von
oben herniederkam, aufgerichtet wie
ein einziger Wall, sehr fern, bei der
Stadt Adam, die zur Seite von Zaretan
liegt; aber das Wasser, das zum Meer
hinunterlief, zum Salzmeer, das nahm
ab und floß ganz weg. So ging das Volk
17 hindurch gegenüber von Jericho.[g] Und
die Priester, die die Lade des Bundes
des HERRN trugen, standen still im
Trockenen mitten im Jordan. Und
ganz Israel ging auf trockenem Boden
hindurch, bis das ganze Volk über den
Jordan gekommen war.

a 4.Mose 25,1 b 2.Mose 19,10 c Kap 6,6
d Kap 4,14 e Kap 1,5.17 f Ps 97,5; Mi 4,13;
Sach 4,14 g 2.Mose 14,21.22; Ps 114,3

Denksteine des Durchzugs

Als nun das Volk ganz über den Jordan 4
gegangen war, sprach der HERR zu Jo-
sua: Nehmt euch aus dem Volk zwölf 2
Männer, aus jedem Stamm einen, und 3
gebietet ihnen: Hebt mitten aus dem
Jordan zwölf Steine auf von der Stelle,
wo die Füße der Priester stillstehen,
und bringt sie mit euch hinüber, und
legt sie in dem Lager nieder, wo ihr
diese Nacht bleiben werdet. Da rief Jo- 4
sua die zwölf Männer, die er bestellt
hatte aus Israel, aus jedem Stamm
einen, und sprach zu ihnen: Geht hin- 5
über vor der Lade des HERRN, eures
Gottes, mitten in den Jordan, und ein
jeder hebe einen Stein auf seine Schul-
ter, nach der Zahl der Stämme Israels,
damit sie ein Zeichen seien unter euch. 6
Wenn [a]eure Kinder später einmal fra-
gen: Was bedeuten euch diese Steine?,
so sollt ihr ihnen sagen: Weil das Was- 7
ser des Jordan weggeflossen ist vor der
Lade des Bundes des HERRN, als sie
durch den Jordan ging, sollen diese
Steine für Israel ein ewiges Andenken
sein. Da taten die Israeliten, wie ihnen 8
Josua geboten hatte, und trugen zwölf
Steine mitten aus dem Jordan, wie der
HERR zu Josua gesagt hatte, nach der
Zahl der Stämme Israels, und brachten
sie mit sich hinüber in das Lager und
legten sie dort nieder.

Und Josua richtete zwölf Steine auf 9
mitten im Jordan, wo die Füße der
Priester gestanden hatten, die die Bun-
deslade trugen; diese sind noch dort bis
auf den heutigen Tag.

Die Priester aber, die die Lade tru- 10
gen, standen mitten im Jordan, bis alles
ausgerichtet war, was der HERR dem Jo-
sua geboten hatte, dem Volk zu sagen,
genau wie Mose dem Josua geboten
hatte. Und das Volk ging eilends hin-
über. Als nun das Volk ganz hinüberge- 11
gangen war, da ging die Lade des
HERRN auch hinüber und die Priester
vor dem Volk her. Und die Rubeniter 12
und Gaditer und der halbe Stamm Ma-
nasse gingen gerüstet vor den Israeliten
her, wie Mose zu ihnen geredet hatte.[b]

13 An vierzigtausend zum Krieg gerüstete
Männer gingen vor dem HERRN her
zum Kampf ins Jordantal von Jericho.
14 An diesem Tage [c]machte der HERR den
Josua groß vor ganz Israel. Und sie
fürchteten ihn, wie sie Mose gefürchtet
hatten, sein Leben lang.
15.16 Und der HERR sprach zu Josua: Ge-
biete den Priestern, die die Lade mit
dem Gesetz tragen, daß sie aus dem
17 Jordan heraufsteigen. Da gebot Josua
den Priestern: Steigt herauf aus dem
18 Jordan! Und als die Priester, die die
Lade des Bundes des HERRN trugen,
aus dem Jordan heraufstiegen und mit
ihren Fußsohlen aufs Trockene traten,
kam das Wasser des Jordan wieder an
seine Stätte und floß wie vorher über
19 alle seine Ufer. Es war aber der zehnte
Tag des ersten Monats, als das Volk aus
dem Jordan heraufstieg. Und sie lager-
ten sich in [d]Gilgal, östlich der Stadt Je-
20 richo. Und die zwölf Steine, die sie aus
dem Jordan genommen hatten, richtete
21 Josua auf in Gilgal und sprach zu Is-
rael: [e]Wenn eure Kinder später einmal
ihre Väter fragen: Was bedeuten diese
22 Steine?, so sollt ihr ihnen kundtun und
sagen: Israel ging auf trockenem Boden
23 durch den Jordan, als der HERR, euer
Gott, den Jordan vor euch austrockne-
te, bis ihr hinübergegangen wart, wie
der HERR, euer Gott, am Schilfmeer ge-
tan hatte, das er vor uns austrocknete,
24 bis wir hindurchgegangen waren;[f] da-
mit alle Völker auf Erden die Hand des
HERRN erkennen, wie mächtig sie ist,
und den HERRN, euren Gott, fürchten
allezeit.

5 Als nun alle Könige der Amoriter,
die jenseits des Jordan nach Westen zu
wohnten, und alle Könge der Kana-
aniter am Meer hörten, wie der HERR
[g]das Wasser des Jordan ausgetrocknet
hatte vor den Israeliten, bis sie hin-
übergegangen waren, da [h]verzagte ihr
Herz, und es wagte keiner mehr zu at-
men vor Israel.

a 2.Mose 12,26 *b* Kap 1,12-16 *c* Kap 3,7
d Kap 5,9.10 *e* Vers 6 *f* Kap 3,9-17;
2.Mose 14,21.22 *g* Kap 3,16 *h* Kap 2,24

Beschneidung und Feier des Passa in Kanaan

2 Zu dieser Zeit sprach der HERR zu Jo-
sua: Mache dir [a]steinerne Messer und
[b]beschneide die Israeliten wie schon
3 früher. Da machte sich Josua steinerne
Messer und beschnitt die Israeliten auf
4 dem Hügel der Vorhäute. Und das ist
der Grund, warum Josua sie beschnit-
ten hat: das ganze Volk, das aus Ägyp-
ten gezogen war, die Männer, alle
Kriegsleute, waren unterwegs in der
Wüste gestorben, als sie aus Ägypten
zogen. Und das ganze Volk, das auszog, 5
war beschnitten gewesen; aber das gan-
ze Volk, das unterwegs in der Wüste ge-
boren war, als sie aus Ägypten zogen,
das war nicht beschnitten. Denn die Is- 6
raeliten wanderten vierzig Jahre in der
Wüste, bis es mit dem ganzen Volk, den
Kriegsmännern, die aus Ägypten gezo-
gen waren, zu Ende gegangen war, weil
sie der Stimme des HERRN nicht ge-
horcht hatten; wie denn der HERR
ihnen geschworen hatte, [c]sie sollten das
Land nicht sehen, das der HERR, wie er
ihren Vätern geschworen hatte, uns ge-
ben wollte, ein Land, darin Milch und
Honig fließt. Ihre Söhne, die er an ihrer 7
Statt hatte aufwachsen lassen, be-
schnitt Josua; denn sie waren noch un-
beschnitten und unterwegs nicht be-
schnitten worden. Und als das ganze 8
Volk beschnitten war, blieben sie an ih-
rem Ort im Lager, bis sie genesen wa-
ren. Und der HERR sprach zu Josua: 9
Heute habe ich die Schande Ägyptens
von euch abgewälzt. Und diese Stätte
wurde [d]Gilgal genannt bis auf diesen
Tag.
[e]Und als die Israeliten in Gilgal das 10
Lager aufgeschlagen hatten, hielten sie
Passa am vierzehnten Tage des Monats
am Abend im Jordantal von Jericho
und aßen vom Getreide des Landes am 11
Tag nach dem Passa, nämlich unge-
säuertes Brot und geröstete Körner. An
eben diesem Tage hörte das [f]Manna 12
auf, weil sie jetzt vom Getreide des
Landes aßen, so daß Israel vom näch-
sten Tag an kein Manna mehr hatte. Sie
aßen schon von der Ernte des Landes
Kanaan in diesem Jahr.

a 2.Mose 4,25 *b* 1.Mose 17,12-14
c 4.Mose 14,22.23 *d* Kap 4,19 *e* (*10 und 11*)
2.Mose 12,6.39; 3.Mose 23,10.14; 2.Kön 23,21.22;
Hos 9,15 *f* 2.Mose 16,35

Der Fürst über das Heer des HERRN erscheint dem Josua

Und es begab sich, als Josua bei Jericho 13
war, daß er seine Augen aufhob und ge-
wahr wurde, daß [a]ein Mann ihm ge-
genüberstand und ein bloßes Schwert
in seiner Hand hatte. Und Josua ging
zu ihm und sprach zu ihm: Gehörst du
zu uns oder zu unsern Feinden? Er 14
sprach: Nein, sondern ich bin der Fürst

über das Heer des HERRN und bin jetzt
gekommen. Da fiel Josua auf sein An-
gesicht zur Erde nieder, betete an und
sprach zu ihm: Was sagt mein Herr sei-
15 nem Knecht? Und der Fürst über das
Heer des HERRN sprach zu Josua: [b]Zieh
deine Schuhe von deinen Füßen; denn
die Stätte, darauf du stehst, ist heilig.
Und so tat Josua.

a 4.Mose 22,23.31 *b* 2.Mose 3,5

Jericho wird erobert und zerstört

6 Jericho aber war verschlossen und ver-
wahrt vor den Israeliten, so daß nie-
mand heraus- oder hineinkommen
2 konnte. Aber der HERR sprach zu Jo-
sua: Sieh, ich habe Jericho samt seinem
König und seinen Kriegsleuten in dei-
3 ne Hand gegeben. Laß alle Kriegsmän-
ner rings um die Stadt herumgehen *ein-*
4 *mal*, und tu so sechs Tage lang. Und laß
sieben Priester sieben Posaunen tragen
vor der Lade her, und am siebenten
Tage zieht siebenmal um die Stadt, und
laß die Priester die Posaunen blasen.
5 Und wenn man die Posaune bläst und
es lange tönt, so soll das ganze Kriegs-
volk ein großes Kriegsgeschrei erhe-
ben, wenn ihr den Schall der Posaune
hört. Dann wird die Stadtmauer einfal-
len, und das Kriegsvolk soll hinaufstei-
gen, ein jeder stracks vor sich hin.
6 Da rief Josua, der Sohn Nuns, die
Priester und sprach zu ihnen: Bringt
die Bundeslade, und sieben Priester
sollen sieben Posaunen tragen vor der
7 Lade des HERRN. Zum Volk aber
sprach er: Geht hin und zieht um die
Stadt; und die Kriegsleute sollen vor
8 der Lade des HERRN hergehen. Als Jo-
sua das dem Volk gesagt hatte, trugen
die sieben Priester sieben Posaunen vor
der Lade des HERRN her und gingen
und bliesen die Posaunen, und die Lade
des Bundes des HERRN folgte ihnen
9 nach. Und die Kriegsleute gingen vor
den Priestern her, die die Posaunen
bliesen, und das übrige Volk folgte der
Lade nach, und man blies immerfort
10 die Posaunen. Josua aber gebot dem
Kriegsvolk und sprach: Ihr sollt kein
Kriegsgeschrei erheben noch eure
Stimmen hören lassen, noch soll ein
Wort aus eurem Munde gehen bis auf
den Tag, an dem ich zu euch sage:
»Macht ein Kriegsgeschrei!« Dann sollt
11 ihr das Kriegsgeschrei erheben. So ließ
er die Lade des HERRN rings um die
Stadt ziehen *einmal*, und sie kamen zu-
rück in das Lager und blieben darin
über Nacht. Und Josua machte sich 12
früh am Morgen auf, und die Priester
trugen die Lade des HERRN. So trugen 13
die sieben Priester die sieben Posaunen
vor der Lade des HERRN her und blie-
sen immerfort die Posaunen; und die
Kriegsleute gingen vor ihnen her, und
das übrige Volk folgte der Lade des
HERRN, und man blies immerfort die
Posaunen. Am zweiten Tage gingen sie 14
auch *einmal* um die Stadt und kamen
zurück ins Lager. So taten sie sechs
Tage. Am siebenten Tage aber, als die 15
Morgenröte aufging, machten sie sich
früh auf und zogen in derselben Weise
siebenmal um die Stadt; nur an diesem
Tag zogen sie siebenmal um die Stadt.
Und beim siebenten Mal, als die Prie- 16
ster die Posaunen bliesen, sprach Josua
zum Volk: Macht ein Kriegsgeschrei!
Denn der HERR hat euch die Stadt ge-
geben. Aber diese Stadt und alles, was 17
darin ist, soll [a]dem Bann des HERRN
verfallen sein. [b]Nur die Hure Rahab
soll am Leben bleiben und alle, die mit
ihr im Hause sind; denn sie hat die Bo-
ten verborgen, die wir aussandten. Al- 18
lein hütet euch [c]vor dem Gebannten
und laßt euch nicht gelüsten, etwas von
dem Gebannten zu nehmen und das
Lager Israels in Bann und Unglück zu
bringen. Aber alles Silber und Gold 19
samt dem kupfernen und eisernen Ge-
rät soll dem HERRN geheiligt sein, daß
es zum Schatz des HERRN komme. Da 20
erhob das Volk ein Kriegsgeschrei, und
man blies die Posaunen. Und als das
Volk den Hall der Posaunen hörte, er-
hob es ein großes Kriegsgeschrei. Da
[d]fiel die Mauer um, und das Volk stieg
zur Stadt hinauf, ein jeder stracks vor
sich hin. So eroberten sie die Stadt und 21
vollstreckten den Bann an allem, was in
der Stadt war, mit der Schärfe des
Schwerts, an Mann und Weib, jung
und alt, Rindern, Schafen und Eseln.
[e]Aber Josua sprach zu den beiden 22
Männern, die das Land erkundet hat-
ten: Geht in das Haus der Hure und
führt die Frau von da heraus mit allem,
was sie hat, wie ihr es ihr geschworen
habt. Da gingen die Männer, die 23
Kundschafter, hinein und führten Ra-
hab heraus samt ihrem Vater und ihrer
Mutter und ihren Brüdern und alles,
was sie hatte, und ihr ganzes Ge-
schlecht und brachten sie [f]außerhalb
des Lagers Israels unter. Aber die Stadt 24
verbrannten sie mit Feuer und alles,
was darin war. Nur das Silber und Gold

und die kupfernen und eisernen Geräte
taten sie zum Schatz in das Haus des
25 HERRN. [g]Rahab aber, die Hure, samt
dem Hause ihres Vaters und alles, was
sie hatte, [h]ließ Josua leben. Und sie
blieb in Israel wohnen bis auf diesen
Tag, weil sie die Boten verborgen hatte,
die Josua gesandt hatte, um Jericho
auszukundschaften.
26 Zu dieser Zeit ließ Josua schwören:
Verflucht vor dem HERRN sei der
Mann, der sich aufmacht und diese
Stadt Jericho wieder aufbaut! [i]Wenn er
ihren Grund legt, das koste ihn seinen
erstgeborenen Sohn, und wenn er ihre
Tore setzt, das koste ihn seinen jüng-
27 sten Sohn! So war der HERR mit Josua,
daß man ihn rühmte im ganzen Lande.

a 5.Mose 20,16.17 *b* Kap 2,12.13; Hebr 11,31
c 3.Mose 27,28; 5.Mose 13,18 *d* Hebr 11,30
e (22 und 23) Kap 2,12-14 *f* 4.Mose 31,19
g Mt 1,5 *h* Ri 1,25 *i* 1.Kön 16,34

Achans Diebstahl

7 Aber die Israeliten vergriffen sich an
dem Gebannten; denn Achan, der
Sohn Karmis, des Sohnes Sabdis, des
Sohnes Serachs, vom Stamm Juda,
[a]nahm etwas vom Gebannten. Da ent-
brannte der Zorn des HERRN über die
Israeliten.
2 Und Josua sandte Männer aus von
Jericho nach Ai, das bei Bet-Awen liegt
östlich von Betel, und sprach zu ihnen:
Geht hinauf und erkundet das Land.
Und als sie hinaufgegangen waren und
3 Ai erkundet hatten, kamen sie zu Josua
zurück und sprachen zu ihm: Laß nicht
das ganze Kriegsvolk hinaufziehen,
sondern etwa zwei- oder dreitausend
Mann sollen hinaufziehen und Ai
schlagen, damit nicht das ganze Volk
sich dorthin bemühe; denn ihrer sind
4 wenige. So zogen hinauf vom Volk etwa
dreitausend Mann; aber sie flohen vor
5 den Männern von Ai. Und die Männer
von Ai erschlugen von ihnen etwa
sechsunddreißig Mann; sie hatten sie
nämlich von dem Tor bis zu den Stein-
brüchen gejagt und am Abhang er-
schlagen. Da verzagte das Herz des
6 Volks und ward zu Wasser. Josua aber
zerriß seine Kleider und fiel auf sein
Angesicht zur Erde vor der Lade des
HERRN bis zum Abend samt den Älte-
sten Israels, und sie warfen Staub auf
7 ihr Haupt. Und Josua sprach: Ach,
Herr HERR, warum hast du dies Volk
über den Jordan geführt und gibst uns
in die Hände der Amoriter, um uns um-
zubringen? O daß wir doch jenseits des
Jordan geblieben wären! Ach, Herr, 8
was soll ich sagen, nachdem Israel sei-
nen Feinden den Rücken gekehrt hat?
Wenn das die Kanaaniter und alle Be- 9
wohner des Landes hören, so werden
sie uns umringen und unsern Namen
ausrotten von der Erde. Was willst du
dann für deinen großen Namen tun?[b]
Da sprach der HERR zu Josua: Steh 10
auf! Warum liegst du da auf deinem
Angesicht? Israel hat sich versündigt, 11
sie haben meinen Bund übertreten, den
ich ihnen geboten habe, und haben von
dem Gebannten genommen und ge-
stohlen und haben's verheimlicht und
zu ihren Geräten gelegt. Darum kann 12
Israel nicht bestehen vor seinen Fein-
den, sondern sie müssen ihren Feinden
den Rücken kehren; denn sie sind dem
Bann verfallen. Ich werde hinfort nicht
mit euch sein, wenn ihr nicht das Ge-
bannte aus eurer Mitte tilgt. Steh auf, 13
heilige das Volk und sprich: [c]Heiligt
euch auf morgen! Denn so spricht der
HERR, der Gott Israels: Es ist Gebann-
tes in deiner Mitte, Israel; darum
kannst du nicht bestehen vor deinen
Feinden, bis ihr das Gebannte von euch
tut. Und morgen früh sollt ihr herzu- 14
treten, ein Stamm nach dem andern;
und welchen Stamm der HERR treffen
wird, der soll herzutreten, ein Ge-
schlecht nach dem andern; und wel-
ches Geschlecht der HERR treffen wird,
das soll herzutreten, ein Haus nach dem
andern; und welches Haus der HERR
treffen wird, das soll herzutreten,
Mann für Mann. Und wer so mit dem 15
Gebannten angetroffen wird, den soll
man mit Feuer verbrennen mit allem,
was er hat, weil er den Bund des HERRN
übertreten und einen Frevel in Israel
begangen hat.
Da machte sich Josua früh am Mor- 16
gen auf und ließ Israel herzutreten,
einen Stamm nach dem andern; und es
wurde getroffen der Stamm Juda.[d]
Und als er die Geschlechter Judas her- 17
zutreten ließ, wurde getroffen das [e]Ge-
schlecht der Serachiter. Und als er das
Geschlecht der Serachiter herzutreten
ließ, wurde Sabdi getroffen. Und als er 18
sein Haus herzutreten ließ, Mann für
Mann, wurde getroffen Achan, der
Sohn Karmis, des Sohnes Sabdis, des
Sohnes Serachs, aus dem Stamm Juda.
Und Josua sprach zu Achan: Mein 19
Sohn, gib dem HERRN, dem Gott Is-
raels, die Ehre und bekenne es ihm und

sage mir, was du getan hast, und ver-
20 hehle mir nichts. Da antwortete Achan
Josua und sprach: Wahrlich, [f]ich habe
mich versündigt an dem HERRN, dem
21 Gott Israels. So habe ich getan: Ich sah
unter der Beute einen kostbaren baby-
lonischen Mantel und zweihundert Lot
Silber und eine Stange von Gold, fünf-
zig Lot schwer; danach gelüstete mich,
und ich nahm es. Und siehe, es ist ver-
scharrt in der Erde in meinem Zelt und
22 das Silber darunter. Da sandte Josua
Boten hin, die liefen zum Zelt; und sie-
he, es war verscharrt in seinem Zelt und
23 das Silber darunter. Und sie nahmen's
aus dem Zelt und brachten's zu Josua
und zu allen Israeliten und legten's nie-
24 der vor dem HERRN. Da [g]nahmen Josua
und ganz Israel mit ihm Achan, den
Sohn Serachs, samt dem Silber, dem
Mantel und der Stange von Gold, seine
Söhne und Töchter, seine Rinder und
Esel und Schafe, sein Zelt und alles,
was er hatte, und führten sie hinauf ins
25 Tal Achor. Und Josua sprach: Weil du
uns betrübt hast, so betrübe dich der
HERR an diesem Tage. [h]Und ganz Is-
rael steinigte ihn und verbrannte sie mit
Feuer. Und als sie sie gesteinigt hatten,
26 machten sie über ihm einen großen
Steinhaufen; der ist geblieben bis auf
diesen Tag. So kehrte sich der HERR ab
von dem Grimm seines Zorns. Daher
nennt man diesen Ort [i]»Tal Achor«* bis
auf diesen Tag.

a Kap 6,18 *b* 2.Mose 32,12 *c* Kap 3,5
d 1.Sam 10,20.21; 14,41.42 *e* 4.Mose 26,20
f 4.Mose 21,7; Ri 10,10; 1.Sam 7,6; Ps 51,5.6
g 3.Mose 24,14.15 *h* 5.Mose 13,16.17 *i* Jes 65,10;
Hos 2,17
*Vers 26: d.h. Unglückstal.

Eroberung der Stadt Ai

8 Und der HERR sprach zu Josua: Fürch-
te dich nicht und verzage nicht! Nimm
mit dir das ganze Kriegsvolk und ma-
che dich auf und zieh hinauf nach Ai!
Sieh, ich habe den König von Ai samt
seinem Volk in seiner Stadt und seinem
2 Land in deine Hände gegeben. Und du
sollst mit Ai und seinem König tun,
[a]wie du mit Jericho und seinem König
getan hast, nur daß ihr [b]die Beute und
das Vieh unter euch teilen sollt. Lege
3 einen Hinterhalt hinter die Stadt! Da
machte sich Josua auf und das ganze
Kriegsvolk, um nach Ai hinaufzuzie-
hen. Und Josua erwählte dreißigtau-
send streitbare Männer und sandte sie
4 aus bei Nacht und gebot ihnen: Seht
zu, ihr sollt der Hinterhalt sein hinter
der Stadt. Entfernt euch aber nicht all-
zu weit von der Stadt und seid allesamt
bereit! Ich aber und das ganze Kriegs- 5
volk, das bei mir ist, wollen nahe an die
Stadt heranrücken. Und wenn sie aus-
ziehen uns entgegen wie das erste Mal,
so wollen wir vor ihnen fliehen, damit 6
sie uns nachjagen, bis wir sie von der
Stadt weglocken. Denn sie werden den-
ken, wir fliehen vor ihnen [c]wie das erste
Mal. Und wenn wir vor ihnen fliehen,
sollt ihr hervorbrechen aus dem Hin- 7
terhalt und die Stadt einnehmen; denn
der HERR, euer Gott, wird sie in eure
Hände geben. Wenn ihr aber die Stadt 8
eingenommen habt, so steckt sie mit
Feuer an und tut nach dem Wort des
HERRN. Siehe, ich hab's euch geboten.

So sandte sie Josua hin. Und sie zo- 9
gen in den Hinterhalt und lagerten sich
zwischen Betel und Ai, westlich von Ai.
Josua aber blieb die Nacht unter dem
Volk und machte sich früh am Morgen 10
auf und ordnete das Volk und zog hin-
auf mit den Ältesten Israels vor dem
Volk her nach Ai. Und das ganze 11
Kriegsvolk, das bei ihm war, zog hin-
auf, und sie kamen nahe vor die Stadt
und lagerten sich nördlich von Ai, so
daß nur ein Tal war zwischen ihnen
und Ai. Er hatte aber etwa fünftausend 12
Mann genommen und in den Hinter-
halt gelegt zwischen Betel und Ai west-
lich von der Stadt. Und sie stellten das 13
Volk des ganzen Lagers, das nördlich
vor der Stadt war, so auf, daß sein Ende
reichte bis westlich von der Stadt. Und
Josua zog hin in dieser Nacht mitten in
das Tal.

Als aber der König von Ai das sah, 14
machten die Männer der Stadt sich ei-
lends früh auf und zogen aus an einen
bestimmten Ort nach dem Jordantal
zu, um Israel zum Kampf zu begegnen,
er mit seinem ganzen Kriegsvolk. Denn
er wußte nicht, daß ihm ein Hinterhalt
gelegt war auf der andern Seite der
Stadt. Josua aber und ganz Israel stell- 15
ten sich, als würden sie vor ihnen ge-
schlagen, und flohen auf dem Wege zur
Wüste. Da wurde das ganze Volk in der 16
Stadt zusammengerufen, um ihnen
nachzujagen. Und sie jagten Josua nach
und wurden von der Stadt weggelockt,
so daß nicht *ein* Mann in Ai und Betel 17
zurückblieb, der nicht ausgezogen wä-
re, um Israel nachzujagen, und ließen
die Stadt offen stehen und jagten Israel
nach.

Da sprach der HERR zu Josua: Strek- 18

ke die Lanze in deiner Hand aus auf Ai
zu; denn ich will es in deine Hand ge-
ben. Und als Josua die Lanze in seiner
19 Hand gegen die Stadt ausstreckte, da
brach der Hinterhalt eilends auf aus
seinem Versteck, und sie liefen, nach-
dem er seine Hand ausgestreckt hatte,
und kamen in die Stadt und nahmen sie
ein und eilten und steckten sie mit
20 Feuer an. Und die Männer von Ai
wandten sich um und sahen hinter sich
und sahen den Rauch der Stadt aufstei-
gen gen Himmel und vermochten nicht
zu fliehen, weder hierhin noch dorthin.
Denn das Volk, das zur Wüste floh,
kehrte um gegen die, die ihnen nachjag-
21 ten. Und als Josua und ganz Israel sa-
hen, daß der Hinterhalt die Stadt ein-
genommen hatte, weil von der Stadt
Rauch aufstieg, kehrten sie um und
22 schlugen die Männer von Ai. Und die
in der Stadt kamen auch heraus ihnen
entgegen, und die Männer von Ai ge-
rieten mitten unter Israel, von hierher
und von dorther. Und sie erschlugen
sie, bis niemand mehr von ihnen übrig-
23 blieb noch entrinnen konnte, und er-
griffen den König von Ai lebendig und
24 brachten ihn zu Josua. Und als Israel
alle Einwohner von Ai getötet hatte auf
dem Felde und in der Wüste, wohin sie
ihnen nachgejagt waren, und alle durch
die Schärfe des Schwerts gefallen und
umgekommen waren, da kehrte sich
ganz Israel gegen Ai und schlug es mit
25 der Schärfe des Schwerts. Und alle, die
an diesem Tage fielen, Männer und
Frauen, waren zwölftausend, alle Leute
26 von Ai. Josua aber zog nicht eher seine
Hand zurück, mit der er die Lanze aus-
gestreckt hatte, bis der Bann vollstreckt
27 war an allen Einwohnern von Ai. Nur
das Vieh und die Beute der Stadt teilte
Israel unter sich nach dem Wort des
HERRN, das er Josua geboten hatte.
28 Und Josua brannte Ai nieder und
machte es zu einem Schutthaufen für
29 immer, der noch heute daliegt, und
[d]ließ den König von Ai an einen Baum
hängen bis zum Abend. Als aber die
Sonne untergegangen war, gebot er,
daß man seinen Leichnam vom Baum
nehmen sollte, und sie warfen ihn unter
das Stadttor und machten einen großen
Steinhaufen über ihm, der bis auf
diesen Tag da ist.

a Kap 6,21 *b* 5.Mose 20,10-18 *c* Kap 7,5
d 5.Mose 21,22.23

Altarbau und Verkündigung des Gesetzes

Damals [a]baute Josua dem HERRN, dem 30
Gott Israels, einen Altar auf dem Berge
Ebal, [b]wie Mose, der Knecht des 31
HERRN, den Israeliten geboten hatte,
wie geschrieben steht im Gesetzbuch
des Mose: einen Altar von unversehr-
ten Steinen, die mit keinem Eisen be-
hauen waren. Und sie opferten dem
HERRN darauf Brandopfer und brach-
ten Dankopfer dar, und er schrieb dort 32
auf die Steine [c]eine Abschrift des Ge-
setzes, das Mose vor den Augen der Is-
raeliten geschrieben hatte. [d]Und ganz 33
Israel stand mit seinen Ältesten und
Amtleuten und Richtern zu beiden Sei-
ten der Lade gegenüber den Priestern
aus dem Stamm Levi, die die Lade des
Bundes des HERRN trugen, die Fremd-
linge sowohl als auch die Einheimi-
schen, die eine Hälfte zum Berge Gari-
zim hin und die andere Hälfte zum Ber-
ge Ebal hin, wie Mose, der Knecht des
HERRN, vormals geboten hatte, das
Volk Israel zu segnen. Danach ließ er 34
ausrufen alle Worte des Gesetzes, den
Segen und den Fluch, ganz wie es ge-
schrieben steht im Gesetzbuch. Es war 35
kein Wort, das Mose geboten hatte, das
Josua nicht hätte ausrufen lassen vor
der ganzen Gemeinde Israel und vor
den Frauen und Kindern und Fremd-
lingen, die mit ihnen zogen.

a 5.Mose 27,2-8 *b* *(31 und 32)* 2.Mose 20,25;
24,1-8 *c* 5.Mose 17,18 *d* *(33-35)* 5.Mose 11,29;
27,12-26; 28

Die List der Gibeoniter

Als das nun alle Könige hörten, die jen- 9
seits des Jordan waren auf dem Gebirge
und im Hügelland und am ganzen Ufer
des großen Meeres nach dem Libanon
hin, nämlich die Hetiter, Amoriter, Ka-
naaniter, Perisiter, Hewiter und Jebu-
siter, fanden sie sich zusammen, um 2
einmütig gegen Josua und gegen Israel
zu kämpfen.

Aber die Bürger von Gibeon hörten, 3
was Josua mit [a]Jericho und [b]Ai getan
hatte. Da erdachten auch sie eine List, 4
gingen hin und versahen sich mit Spei-
se und nahmen alte Säcke auf ihre Esel
und alte, zerrissene, geflickte Wein-
schläuche und alte, geflickte Schuhe an 5
ihre Füße und zogen alte Kleider an,
und alles Brot, das sie mit sich nahmen,
war hart und zerbröckelt. Und sie gin- 6
gen zu Josua ins Lager nach Gilgal und

sprachen zu ihm und zu den Männern
Israels: Wir kommen aus fernen Lan-
den; so schließt nun einen Bund mit
7 uns. Da sprachen die Männer Israels zu
den [c]Hewitern: Vielleicht wohnt ihr
mitten unter uns; wie könnten wir dann
8 [d]einen Bund mit euch schließen? Sie
aber sprachen zu Josua: Wir sind deine
Knechte. Josua sprach zu ihnen: Wer
9 seid ihr, und woher kommt ihr? Sie
sprachen: Deine Knechte sind aus sehr
fernen Landen gekommen um des Na-
mens des HERRN, deines Gottes, willen;
denn wir haben von ihm gehört alles,
10 was er in Ägypten getan hat, und alles,
was er den beiden Königen der Amori-
ter jenseits des Jordan getan hat, Sihon,
dem König von Hesbon, und Og, dem
König von Basan, der zu Aschtarot
11 wohnte.[e] Darum sprachen unsere Älte-
sten und alle Bewohner unseres Landes
zu uns: Nehmt Speise mit euch auf die
Reise und geht ihnen entgegen und
sprecht zu ihnen: Wir sind eure
Knechte. So schließt nun einen Bund
12 mit uns! Dies unser Brot, das wir aus
unsern Häusern zu unserer Speise mit-
nahmen, war noch warm, als wir zu
euch auszogen, nun aber, siehe, ist es
13 hart und zerbröckelt; und diese Wein-
schläuche waren neu, als wir sie füllten,
und siehe, sie sind zerrissen; und diese
unsere Kleider und Schuhe sind alt ge-
14 worden über der sehr langen Reise. Da
nahmen die Obersten von ihrer Speise,
aber [f]befragten den Mund des HERRN
15 nicht. Und Josua machte Frieden mit
ihnen und schloß einen Bund mit
ihnen, daß sie am Leben bleiben soll-
ten. Und die Obersten der Gemeinde
schworen es ihnen.
16 Aber drei Tage, nachdem sie mit
ihnen einen Bund geschlossen hatten,
kam es vor sie, daß jene aus ihrer Nähe
wären und mitten unter ihnen wohn-
17 ten. Denn als die Israeliten weiter zo-
gen, kamen sie am dritten Tage zu
ihren Städten; die hießen Gibeon, Ke-
18 fira, Beerot und Kirjat-Jearim. Aber
die Israeliten erschlugen sie nicht, weil
ihnen die Obersten der Gemeinde ge-
schworen hatten bei dem HERRN, dem
Gott Israels. Als aber die ganze Ge-
meinde gegen die Obersten murrte,
19 sprachen alle Obersten zu der ganzen
Gemeinde: Wir haben ihnen geschwo-
ren bei dem HERRN, dem Gott Israels;
darum können wir sie nicht antasten.
20 Aber das wollen wir tun: Laßt sie le-
ben, daß nicht ein [g]Zorn über uns kom-
me um des Eides willen, den wir ihnen
geschworen haben. Und die Obersten 21
sprachen weiter zu ihnen: Laßt sie le-
ben, damit sie Holzhauer und Wasser-
schöpfer seien für die ganze Gemeinde,
wie ihnen die Obersten gesagt haben.
Da rief sie Josua und redete mit ihnen 22
und sprach: Warum habt ihr uns betro-
gen und gesagt: »Wir sind sehr fern von
euch«, wo ihr doch mitten unter uns
wohnt? Darum sollt ihr verflucht sein 23
und sollt nicht aufhören, Knechte zu
sein, die Holz hauen und Wasser
schöpfen für das Haus meines Gottes.
Sie antworteten Josua: Es wurde dei- 24
nen Knechten angesagt, daß der HERR,
dein Gott, seinem Knecht Mose gebo-
ten habe, daß er euch das ganze Land
geben und vor euch her alle Bewohner
des Landes vertilgen wolle. Da fürchte-
ten wir sehr für unser Leben und haben
das so gemacht. Nun aber, siehe, wir 25
sind in deinen Händen; was dich gut
und recht dünkt, mit uns zu tun, das tu.
Und so tat er mit ihnen und errettete sie 26
aus der Hand der Israeliten, daß sie sie
nicht töteten. So machte sie Josua an 27
diesem Tage zu [h]Holzhauern und Was-
serschöpfern für die Gemeinde und
den Altar des HERRN bis auf diesen
Tag, [i]an der Stätte, die er erwählen
würde.

a Kap 6,20.21 *b* Kap 8,26.28 *c* Kap 11,19
d 2.Mose 23,32 *e* 4.Mose 21,21-35
f 4.Mose 27,21 *g* 4.Mose 1,53; 2.Sam 24,1
h 5.Mose 29,10 *i* 1.Chr 21,29; 2.Chr 1,3

Josuas Sieg bei Gibeon und Eroberung des südlichen Kanaan

Als aber Adoni-Zedek, der König von **10**
Jerusalem, hörte, daß Josua Ai erobert
und an ihm den Bann vollstreckt und
mit Ai samt seinem König getan hatte,
wie er mit Jericho und seinem König
getan hatte, und daß die von Gibeon
Frieden mit Israel gemacht hätten und
mitten unter ihnen wohnten,[a] fürchte- 2
ten sie sich sehr; denn Gibeon war eine
große Stadt wie eine der Königsstädte
und größer als Ai, und alle seine Bürger
streitbare Männer. Und Adoni-Zedek, 3
der König von Jerusalem, sandte zu
Hoham, dem König von Hebron, und
zu Piram, dem König von Jarmut, und
zu Jafia, dem König von Lachisch, und
zu Debir, dem König von Eglon, und
ließ ihnen sagen: Kommt herauf zu mir 4
und helft mir, daß wir Gibeon schla-
gen; denn es hat mit Josua und den Is-
raeliten Frieden gemacht. Da sammel- 5
ten sich und zogen hinauf die fünf Kö-

nige der Amoriter, der König von Jeru-
salem, der König von Hebron, der Kö-
nig von Jarmut, der König von La-
chisch, der König von Eglon mit ihrem
ganzen Kriegsvolk und belagerten Gi-
beon und kämpften gegen die Stadt.
6 Aber die von Gibeon sandten zu Jo-
sua ins Lager nach Gilgal und ließen
ihm sagen: Zieh deine Hand nicht ab
von deinen Knechten; komm eilends
zu uns herauf, rette und hilf uns! Denn
es haben sich gegen uns versammelt alle
Könige der Amoriter, die auf dem Ge-
7 birge wohnen. Da zog Josua hinauf von
Gilgal und das ganze Kriegsvolk mit
8 ihm und alle streitbaren Männer. Und
der HERR sprach zu Josua: Fürchte
dich nicht vor ihnen; denn ich habe sie
in deine Hände gegeben. Niemand un-
ter ihnen wird vor dir bestehen können.
9 So kam Josua plötzlich über sie; denn
die ganze Nacht war er heraufgezogen
10 von Gilgal. Und der HERR erschreckte
sie vor Israel, daß sie eine große
Schlacht schlugen bei Gibeon, und sie
jagten ihnen nach, den Weg hinab nach
Bet-Horon, und schlugen sie bis nach
11 Aseka und Makkeda hin. Und als sie
vor Israel flohen den Weg hinab nach
Bet-Horon, ließ der HERR große Steine
vom Himmel auf sie fallen bis Aseka,
daß sie starben. Und von ihnen starben
viel mehr durch die [b]Hagelsteine, als
die Israeliten mit dem Schwert töteten.
12 Damals redete Josua mit dem HERRN
an dem Tage, da der HERR die Amoriter
vor den Israeliten dahingab, und er
sprach in Gegenwart Israels: Sonne,
steh still zu Gibeon, und Mond, im Tal
13 Ajalon! Da [c]stand die Sonne still und
der Mond blieb stehen, bis sich das
Volk an seinen Feinden gerächt hatte.
Ist dies nicht geschrieben im [d]Buch des
Redlichen? So blieb die Sonne stehen
mitten am Himmel und beeilte sich
nicht unterzugehen fast einen ganzen
14 Tag. Und es war kein Tag diesem
gleich, weder vorher noch danach, daß
der HERR so auf die Stimme eines Men-
schen hörte; denn [e]der HERR stritt für
15 Israel. Josua aber kehrte ins Lager nach
Gilgal zurück und ganz Israel mit ihm.[f]
16 Aber die fünf Könige waren geflohen
und hatten sich versteckt in der Höhle
17 bei Makkeda. Da wurde Josua ange-
sagt: Wir haben die fünf Könige gefun-
den, verborgen in der Höhle bei Mak-
18 keda. Josua sprach: So wälzt große
Steine vor den Eingang der Höhle und
stellt Männer davor, die sie bewachen;
ihr aber, bleibt nicht stehen, sondern 19
jagt euren Feinden nach und faßt sie
von hinten; laßt sie nicht in ihre Städte
entrinnen; denn der HERR, euer Gott,
hat sie in eure Hände gegeben. Und als 20
Josua und Israel sie ganz geschlagen
hatten in dieser sehr großen Schlacht –
was übrigblieb von ihnen, entkam in
die festen Städte –, da kam das ganze 21
Volk ins Lager zurück zu Josua nach
Makkeda mit Frieden, und es wagte
niemand, gegen Israel seine Zunge zu
regen. Josua aber sprach: Macht den 22
Eingang der Höhle auf und bringt die
fünf Könige heraus zu mir! Sie taten so 23
und brachten die fünf Könige zu ihm
aus der Höhle: den König von Jerusa-
lem, den König von Hebron, den Kö-
nig von Jarmut, den König von La-
chisch, den König von Eglon. Als aber 24
die fünf Könige zu ihm herausgebracht
waren, rief Josua alle Männer Israels zu
sich und sprach zu den Obersten des
Kriegsvolks, die mit ihm zogen:
Kommt her und setzt eure Füße auf
den Nacken dieser Könige. Und sie ka-
men und setzten ihre Füße auf ihren
Nacken. Und Josua sprach zu ihnen: 25
Fürchtet euch nicht und erschreckt
nicht, seid getrost und unverzagt; denn
ebenso wird der HERR allen euren Fein-
den tun, gegen die ihr kämpft. Und Jo- 26
sua schlug sie danach tot und hängte sie
an fünf Bäume, und sie hingen an den
Bäumen bis zum Abend. Als aber [g]die 27
Sonne untergegangen war, gebot er,
daß man sie von den Bäumen nehmen
und in die Höhle werfen sollte, in die sie
sich verkrochen hatten. Und sie legten
große Steine vor den Eingang der Höh-
le. Die sind noch da bis auf diesen Tag.
An diesem Tag eroberte Josua auch 28
Makkeda und schlug es mit der Schärfe
des Schwerts samt seinem König und
vollstreckte den Bann an der Stadt und
an allen, die darin waren, und ließ nie-
mand übrig und tat mit dem König von
Makkeda, wie er mit dem König von
Jericho getan hatte.
Da zogen Josua und ganz Israel mit 29
ihm von Makkeda nach Libna und
kämpften gegen Libna. Und der HERR 30
gab auch dieses mit seinem König in die
Hand Israels; und er schlug die Stadt
mit der Schärfe des Schwerts und alle,
die darin waren, und ließ niemand dar-
in übrig und tat mit ihrem König, wie
er mit dem König von Jericho getan
hatte.
Danach zogen Josua und ganz Israel 31

mit ihm von Libna nach Lachisch, und
er belagerte die Stadt und kämpfte ge-
32 gen sie. Und der HERR gab auch La-
chisch in die Hände Israels, daß sie es
am nächsten Tag eroberten und es
schlugen mit der Schärfe des Schwerts
und alle, die darin waren, ganz wie sie
mit Libna getan hatten.
33 Zu dieser Zeit zog Horam, der König
von Geser, hinauf, um Lachisch zu hel-
fen; aber Josua schlug ihn und sein
Kriegsvolk, bis niemand übrigblieb.
34 Und Josua zog von Lachisch mit ganz
Israel nach Eglon und belagerte die
35 Stadt und kämpfte gegen sie; und sie
eroberten sie an diesem Tag und schlu-
gen sie mit der Schärfe des Schwerts,
und Josua vollstreckte den Bann an al-
len, die darin waren, an diesem Tage,
ganz wie er mit Lachisch getan hatte.
36 Danach zog Josua hinauf mit ganz
Israel von Eglon nach Hebron, und sie
37 kämpften gegen die Stadt und erober-
ten sie und schlugen sie mit der Schärfe
des Schwerts, samt ihrem König und
allen ihren Städten und allen, die darin
waren; und er ließ niemand übrig, ganz
wie er mit Eglon getan hatte, und voll-
streckte an ihm den Bann und an allen,
38 die darin waren. Da kehrte Josua um
mit ganz Israel nach Debir und kämpf-
39 te gegen die Stadt und eroberte sie samt
ihrem König und allen ihren Städten,
und sie schlugen sie mit der Schärfe des
Schwerts und vollstreckten den Bann
an allen, die darin waren, und er ließ
niemand übrig. Wie er mit Hebron ge-
tan hatte und wie er mit Libna und sei-
nem König getan hatte, so tat er auch
mit Debir und seinem König.
40 So schlug Josua das ganze Land auf
dem Gebirge und im Süden und im
Hügelland und an den Abhängen mit
allen seinen Königen und ließ niemand
übrig und [h] vollstreckte den Bann an al-
lem, was Odem hatte, wie der HERR, der
41 Gott Israels, geboten hatte. Und er
schlug sie von Kadesch-Barnea an bis
Gaza und das ganze Land [i] Goschen bis
42 Gibeon und unterwarf alle diese Köni-
ge mit ihrem Lande auf einmal; denn
der HERR, der Gott Israels, stritt für Is-
rael.
43 Und Josua kehrte ins Lager nach
Gilgal zurück mit ganz Israel.[j]

a Kap 6; 8; 9 *b* 2.Mose 9,22-25; Hiob 38,22.23
c Hab 3,11 *d* 2.Sam 1,18 *e* 2.Mose 14,25
f Vers 43 *g* 5.Mose 21,22.23 *h* 5.Mose 20,16-18
i Kap 11,16 *j* Vers 15

Sieg am Wasser von Merom und Eroberung des nördlichen Kanaan

Als aber Jabin, der König von Hazor, 11
das hörte, sandte er zu Jobab, dem Kö-
nig von Madon, und zum König von
Schimron und zum König von Ach-
schaf und zu den Königen, die im Nor- 2
den auf dem Gebirge und im Jordantal
südlich von Kinneret und im Hügel-
land und auf den Hügeln von Dor am
Meer wohnten, zu den Kanaanitern im 3
Osten und Westen, den Amoritern,
Hetitern, Perisitern und Jebusitern auf
dem Gebirge, dazu den Hewitern am
Fuße des Berges Hermon, im Lande
Mizpa. Diese zogen aus mit ihrem gan- 4
zen Heer, ein großes Volk, so viel wie
der Sand am Meer, und sehr viele Ros-
se und Wagen. Alle diese Könige ver- 5
sammelten sich und kamen und lager-
ten sich gemeinsam am Wasser von
Merom, um mit Israel zu kämpfen.
Und der HERR sprach zu Josua: 6
Fürchte dich nicht vor ihnen! Denn
morgen um diese Zeit will ich sie alle
vor Israel dahingeben und sie erschla-
gen; ihre Rosse sollst du lähmen und
ihre Wagen mit Feuer verbrennen. Da 7
kamen Josua und das ganze Kriegsvolk
mit ihm plötzlich über sie am Wasser
von Merom und überfielen sie. Und 8
der HERR gab sie in die Hände Israels,
und sie schlugen sie und jagten ihnen
nach bis Sidon, der großen Stadt, und
bis [a] Misrefot-Majim und bis an die
Ebene von Mizpe im Osten und er-
schlugen sie, bis niemand mehr unter
ihnen übrigblieb. Da tat Josua mit 9
ihnen, wie der HERR ihm gesagt hatte,
und lähmte ihre Rosse und verbrannte
ihre Wagen und kehrte um zu dieser 10
Zeit und eroberte Hazor und erschlug
seinen König mit dem Schwert; denn
Hazor war vorher die Hauptstadt aller
dieser Königreiche. Und sie erschlugen 11
alle, die darin waren, mit der Schärfe
des Schwerts und [b] vollstreckten den
Bann an ihnen, und nichts blieb übrig,
was Odem hatte, und er verbrannte Ha-
zor mit Feuer. Dazu eroberte Josua alle 12
Städte dieser Könige mit ihren Köni-
gen und erschlug sie mit der Schärfe
des Schwerts und vollstreckte den
Bann an ihnen, wie Mose, der Knecht
des HERRN, geboten hatte. Doch die 13
Städte, die auf ihren Hügeln standen,
verbrannte Israel nicht; sondern Hazor
allein verbrannte Josua. Und die ganze 14
Beute dieser Städte und das Vieh teil-

ten die Israeliten unter sich; aber alle
Menschen erschlugen sie mit der
Schärfe des Schwerts, bis sie vertilgt
waren, und ließen nichts übrig, was
15 Odem hatte.[c] Wie der HERR dem Mose,
seinem Knecht, und Mose dem Josua
geboten hatte, so tat Josua, daß nichts
fehlte an allem, was der HERR dem
Mose geboten hatte.

a Kap 13,6 *b* Kap 10,40 *c* 5.Mose 20,10-15

Das ganze Land in der Hand Israels

16 So nahm Josua dies ganze Land ein, das
Gebirge und alles, was im Süden liegt,
und das [a]ganze Land Goschen und das
Hügelland und das Jordantal und das
Gebirge Israel mit seinem Hügelland,
17 von dem kahlen Gebirge an, das auf-
steigt nach Seïr hin bis nach Baal-Gad
in der Ebene beim Gebirge Libanon,
am Fuße des Berges Hermon. Alle ihre
Könige nahm er gefangen und schlug
18 sie nieder und tötete sie. Er kämpfte
aber eine lange Zeit mit diesen Köni-
19 gen. Es war keine Stadt, die Frieden
machte mit den Israeliten, ausgenom-
men die [b]Hewiter, die in Gibeon wohn-
ten; sondern sie eroberten sie alle im
20 Kampf. So geschah es von dem HERRN,
daß ihr Herz [c]verstockt wurde, im
Kampf Israel zu begegnen, damit sie
mit dem [d]Bann geschlagen würden und
ihnen keine Gnade widerführe, son-
dern sie vertilgt würden, wie der HERR
dem Mose geboten hatte.
21 [e]Zu der Zeit kam Josua und rottete
aus die Enakiter von dem Gebirge, von
Hebron, von Debir, von Anab und vom
ganzen Gebirge Juda und vom ganzen
Gebirge Israel, und er vollstreckte an
22 ihnen den Bann mit ihren Städten und
ließ keine Enakiter übrig im Lande der
Israeliten außer in Gaza, in [f]Gat, in As-
dod; dort blieben einige von ihnen
übrig.
23 So nahm Josua das ganze Land ein,
ganz so, wie der HERR zu Mose geredet
hatte, und gab es Israel zum Besitz,
einem jeden Stamm sein Teil. Und
[g]das Land war zur Ruhe gekommen
vom Kriege.

12 Dies sind die Könige des Landes, die
die Israeliten schlugen und deren Land
sie einnahmen jenseits des Jordan ge-
gen Sonnenaufgang von dem Arnon-
fluß an bis an den Berg Hermon und
das ganze Jordantal im Osten:
2 Sihon, der König der Amoriter, der
in Hesbon wohnte und herrschte von
Aroër an, das am Ufer des Arnonflusses
liegt, und von der Mitte des Tals an
und über das halbe Gilead bis an den
Jabbokfluß, die Grenze der Ammoni-
ter,[h] und über das Jordantal bis an die 3
Ostseite des Sees Kinneret und bis an
die Ostseite des Meeres im Jordantal –
das ist das Salzmeer – auf Bet-Je-
schimot zu und im Süden bis unten an
die Abhänge des Gebirges Pisga. Dazu 4
das Gebiet des Königs Og von Basan,
der noch von den Riesen übriggeblie-
ben war und in Aschtarot und Edreï
wohnte[i] und herrschte über den Berg 5
Hermon, über Salcha und über ganz
Basan bis an das Gebiet der Geschuri-
ter und Maachatiter und über das halbe
Gilead bis zum Gebiet Sihons, des Kö-
nigs von Hesbon. Mose, der Knecht 6
des HERRN, und die Israeliten hatten sie
geschlagen. Und Mose, der Knecht des
HERRN, [j]hatte ihr Land den Rubeni-
tern, Gaditern und dem halben Stamm
Manasse zum Besitz gegeben.
Dies sind die Könige des Landes, die 7
Josua und die Israeliten schlugen, dies-
seits des Jordan im Westen, von Baal-
Gad im Tal beim Gebirge Libanon bis
an das kahle Gebirge, das ansteigt nach
Seïr. Und Josua gab das Land den
Stämmen Israels zum Besitz, einem je-
den sein Teil, was auf den Gebirgen, im 8
Hügelland, im Jordantal, an den Ab-
hängen, in der Wüste und im Süden
war, die [k]Hetiter, Amoriter, Kana-
aniter, Perisiter, Hewiter und Jebusi-
ter: der König von [l]Jericho, der König 9
von [m]Ai, das zur Seite von Betel liegt,
[n]der König von Jerusalem, der König 10
von Hebron, der König von Jarmut, 11
der König von Lachisch, der König von 12
Eglon, der König von Geser, der König 13
von [o]Debir, der König von Geder, der 14
König von [p]Horma, der König von
[q]Arad, der König von [r]Libna, der Kö- 15
nig von Adullam, der König von [s]Mak- 16
keda, der König von Betel, [t]der König 17
von Tappuach, der König von Hefer,
der König von Afek, der König von Sa- 18
ron, [u]der König von Madon, der König 19
von Hazor, der König von Schimron- 20
Meron, der König von Achschaf, der 21
König von Taanach, der König von
Megiddo,[v] der König von [w]Kedesch, 22
der König von [x]Jokneam am Karmel,
der König von Dor, das an den Hügeln 23
von Dor liegt, der [y]König von Völkern
in Galiläa, der König von [z]Tirza. Das 24
sind zusammen einunddreißig Könige.

a Kap 10,41 *b* Kap 9,15 *c* 2.Mose 4,21
d 5.Mose 7,2 *e* (*21 und 22*) Kap 14,6-15;

5.Mose 9,2 *f* 1.Sam 17,4; 2.Sam 21,22
g Kap 14,15 *h* 4.Mose 21,24 *i* 4.Mose 21,33;
5.Mose 3,10.11 *j* 4.Mose 32,33 *k* Kap 11,3
l Kap 6,2 *m* Kap 8,29 *n* (*10-12*) Kap 10
o Kap 10,38; Ri 1,11 *p* Ri 1,17 *q* 4.Mose 21,1
r Kap 10,29.30 *s* Kap 10,28 *t* (*17 und 18*)
Kap 15,53; 1.Sam 4,1; 1.Chr 5,16 *u* (*19 und 20*)
Kap 11,1.10 *v* Kap 17,11 *w* Kap 19,37
x Kap 19,11 *y* 1.Mose 14,1.9 *z* 1.Kön 14,17

Die Verteilung des Landes wird angeordnet

13 Als nun Josua alt war und hochbetagt,
sprach der HERR zu ihm: Du bist alt ge-
worden und hochbetagt, und vom
Lande bleibt noch sehr viel einzuneh-
2 men, nämlich alle Gebiete der Philister
3 und ganz [a]Geschur, vom Schihor an,
der vor Ägypten fließt, bis zum Gebiet
Ekrons nach Norden, das den Kana-
anitern zugerechnet wird, fünf Fürsten
der Philister, nämlich von Gaza, As-
dod, Askalon, Gat und Ekron, und
4 dazu die Awwiter im Süden; das ganze
Land der Kanaaniter und Meara, das
den Sidoniern gehört, bis Afek, bis an
5 die Grenze der Amoriter; dazu das
Land der Gebaliter und der ganze Li-
banon gegen Sonnenaufgang, von Baal-
Gad am Fuße des Gebirges Hermon bis
6 dorthin, wo es nach Hamat geht. Alle,
die auf dem Gebirge wohnen, vom Li-
banon an bis nach Misrefot-Majim, alle
Sidonier: Ich will sie vertreiben vor
den Israeliten; wirf nur das Los darum,
um sie auszuteilen unter Israel, wie ich
7 dir geboten habe. So teile nun dies
Land zum Besitz unter die neun Stäm-
me und unter den halben Stamm Ma-
8 nasse. Denn die [b]Rubeniter und Gadi-
ter haben mit dem andern halben
Stamm Manasse ihr Erbteil empfan-
gen, das ihnen Mose gab jenseits des
Jordan im Osten, wie es ihnen Mose,
der Knecht des HERRN, gegeben hatte
9 von Aroër an, das am Ufer des Arnon-
flusses liegt, und von der Stadt mitten
im Tal und die ganze Ebene von Mede-
10 ba bis Dibon und alle Städte Sihons,
des Königs der Amoriter, der in Hes-
bon herrschte, bis an die Grenze der
11 Ammoniter, dazu Gilead und das Ge-
biet von [c]Geschur und Maacha und das
ganze Gebirge Hermon und ganz Basan
12 bis Salcha, das ganze Reich Ogs von
Basan, der in Aschtarot und Edreï
herrschte und der noch übriggeblieben
war von den Riesen. Mose aber hatte sie
13 geschlagen und vertrieben. Die Israeli-
ten vertrieben aber die von Geschur
und von Maacha nicht, sondern es
wohnten beide, Geschur und Maacha,
mitten unter Israel bis auf diesen Tag.
Aber dem Stamm der [d]Leviten gab er 14
kein Erbteil; denn die Feueropfer des
HERRN, des Gottes Israels, gehören
ihnen; er selbst ist ihr Erbteil, wie er
ihnen zugesagt hat.

a 1.Sam 27,8 *b* Vers 15-32 *c* 5.Mose 3,14;
2.Sam 3,3; 15,8 *d* Vers 33; 1.Mose 49,5;
4.Mose 18,20.21

Die Verteilung im Ostjordanland

[a]So gab Mose dem Stamm der Söhne 15
[b]Ruben für ihre Geschlechter als ihr 16
Gebiet: das Land von Aroër an, das am
Ufer des Arnonflusses liegt, und die
Stadt mitten im Tal mit allem ebenen
Felde bis Medeba; Hesbon und alle sei- 17
ne Städte, die im ebenen Felde liegen,
Dibon, Bamot-Baal und Bet-Baal-
Meon, Jahza, Kedemot, Mefaat, Kirja- 18.19
tajim, Sibma, Zeret-Schahar auf dem
Berge in der Talebene, Bet-Peor, die 20
Abhänge am Pisga und Bet-Jeschimot
und alle Städte der Ebene und das gan- 21
ze Reich Sihons, des Königs der Amo-
riter, der in Hesbon herrschte und den
Mose schlug samt den Fürsten Midians
– Ewi, Rekem, Zur, Hur und Reba –,
den Gewaltigen des Königs Sihon, die
im Lande wohnten. Dazu töteten die 22
Israeliten [c]Bileam, den Sohn Beors,
den Wahrsager, mit dem Schwert au-
ßer den schon von ihnen Erschlagenen.
Und die Grenze der Söhne Ruben war 23
der Jordan. Das ist das Erbteil der Söh-
ne Ruben für ihre Geschlechter, die
Städte mit ihren Gehöften.
Dem Stamm der Söhne [d]Gad für 24
ihre Geschlechter gab Mose als ihr Ge- 25
biet: Jaser und alle Städte in Gilead
und das halbe Land der Ammoniter bis
Aroër, das östlich von Rabba liegt, und 26
von Hesbon bis Ramat-Mizpe und Be-
tonim und von Mahanajim bis zum Ge-
biet von Lo-Dabar, im Tal aber Bet- 27
Haram, Bet-Nimra, Sukkot und Zafon,
was übrig war von dem Reich Sihons,
des Königs von Hesbon, den Jordan
und sein Gebiet bis ans Ende des Sees
Kinneret, jenseits des Jordan im Osten.
Das ist das Erbteil der Söhne Gad für 28
ihre Geschlechter, die Städte mit ihren
Gehöften.
Dem halben Stamm der Söhne Ma- 29
nasse für ihre Geschlechter gab Mose
als ihr Gebiet: ganz [e]Basan, von Maha- 30
najim an, das ganze Reich Ogs, des Kö-
nigs von Basan, und alle [f]Dörfer Jaïrs,
die in Basan liegen, nämlich sechzig
Städte. Und das halbe Gilead, Aschta- 31

rot, Edreï, die Königsstädte Ogs von
Basan, gab er den Söhnen Machirs, des
Sohnes Manasses, – nämlich der Hälfte
der Söhne Machir – für ihre Ge-
schlechter.
32 Das sind die Gebiete, die Mose aus-
geteilt hat in dem Jordantal der Moabi-
ter, jenseits des Jordan östlich von Jeri-
33 cho. Aber [g] dem Stamm Levi gab Mose
kein Erbteil; denn der HERR, der Gott
Israels, ist selbst ihr Erbteil, wie er
ihnen zugesagt hat.

a (15-32) 4.Mose 32 *b* 1.Mose 49,3
c 4.Mose 22,5; 31,8 *d* 1.Mose 49,19 *e* Kap 17,1
f Ri 10,3.4 *g* Vers 14

Beginn der Verteilung des Westjordanlandes

14 Dies aber sind die Gebiete, die die Is-
raeliten als Erbteil erhielten im Lande
Kanaan, die unter sie ausgeteilt haben
der Priester [a] Eleasar und Josua, der
Sohn Nuns, und die Häupter der Sip-
2 pen unter den Stämmen Israels. Sie
teilten diese Gebiete [b] durchs Los unter
sie, wie der HERR durch Mose geboten
hatte, sie den neuneinhalb Stämmen zu
3 geben. Denn den zweieinhalb Stäm-
men hatte Mose Erbteil gegeben jen-
seits des Jordan; [c] den Leviten aber hat-
te er kein Erbteil unter ihnen gegeben.
4 Denn die Söhne Josef bestanden aus
zwei Stämmen, Manasse und Efraim.
Den Leviten aber gab man keinen
Anteil am Lande, sondern [d] Städte
zum Wohnen samt Weideplätzen
5 für ihr Vieh, das sie besaßen. Wie
der HERR dem Mose geboten hatte,
so taten die Israeliten und verteilten
das Land.

a 4.Mose 34,17 *b* 4.Mose 26,55 *c* Kap 13,14.33;
5.Mose 10,9 *d* Kap 21

Kalebs Erbteil

6 Da traten herzu die von Juda zu Josua
in Gilgal; und [a] Kaleb, der Sohn Jefun-
nes, der Kenisiter, sprach zu ihm: Du
weißt, was der HERR zu Mose, dem
Mann Gottes, sagte meinet- und dei-
7 netwegen in Kadesch-Barnea. Ich war
vierzig Jahre alt, als mich Mose, der
Knecht des HERRN, aussandte von Ka-
desch-Barnea, um das Land zu erkun-
den, und [b] ich ihm Bericht gab nach be-
8 stem Wissen. Aber meine Brüder, die
mit mir hinaufgezogen waren, machten
dem Volk das Herz verzagt; ich aber
folgte dem HERRN, meinem Gott, treu-
9 lich. Da schwor Mose an jenem Tage
und sprach: Das Land, das dein Fuß
betreten hat, soll dein und deiner
Nachkommen Erbteil sein für immer,
weil du dem HERRN, meinem Gott,
treulich gefolgt bist. Und nun siehe, 10
der HERR hat mich am Leben gelassen,
wie er mir zugesagt hat. Es sind nun
fünfundvierzig Jahre her, daß der HERR
dies zu Mose sagte, als Israel in der
Wüste umherzog. Und nun siehe, ich
bin heute fünfundachtzig Jahre alt und 11
bin noch heute so stark, wie ich war an
dem Tage, da mich Mose aussandte.
Wie meine Kraft damals war, so ist sie
noch jetzt, zu kämpfen und aus- und
einzuziehen. So gib mir nun dies Ge- 12
birge, von dem der HERR geredet hat an
jenem Tage; denn du hast's gehört am
selben Tage, daß dort die [c] Enakiter
wohnen und große und feste Städte
sind. Vielleicht wird der HERR mit mir
sein, damit ich sie vertreibe, wie der
HERR zugesagt hat. Da segnete ihn Jo- 13
sua und gab Kaleb, dem Sohn Jefun-
nes, Hebron zum Erbteil.[d] Daher wur- 14
de Hebron das Erbteil Kalebs, des Soh-
nes Jefunnes, des Kenisiters, bis auf
diesen Tag, [e] weil er dem HERRN, dem
Gott Israels, treulich gefolgt war. Aber 15
[f] Hebron hieß vorzeiten Stadt des Arba,
der der größte Mensch war unter den
Enakitern.
Und [g] das Land war zur Ruhe ge-
kommen vom Kriege.

a 4.Mose 14,24; 5.Mose 1,36 *b* 4.Mose 13,6.30
c Kap 11,21 *d* Kap 15,13-19; 21,11.12
e 4.Mose 32,12 *f* 4.Mose 13,22 *g* Kap 11,23.

Grenzen des Stammes Juda

Das Los des Stammes [a] Juda für seine 15
Geschlechter lag gegen die [b] Grenze
Edoms hin, nach der Wüste Zin zu im
äußersten Süden. Seine Südgrenze 2
ging vom Ende des Salzmeeres, von sei-
ner südlichen Spitze, und geht dann 3
südwärts vom Skorpionensteig und
geht weiter nach Zin und führt hinauf
südlich von Kadesch-Barnea bis hin-
über nach Hezron und führt hinauf
nach Addar und biegt um nach Karka
und berührt Azmon und läuft aus am 4
Bach Ägyptens, so daß das Ende der
Grenze das Meer wird. Das sei eure
Grenze nach Süden. Die Ostgrenze ist 5
das Salzmeer bis dort, wo der Jordan
hineinfließt. Die Nordgrenze beginnt
am Meer dort, wo der Jordan hinein-
fließt, und führt hinauf nach Bet-Hogla 6
und zieht sich hin nördlich von Bet-
Araba und kommt herauf zum [c] Stein
Bohans, des Sohnes Rubens, und führt 7

hinauf nach Debir vom Tal Achor und
wendet sich nordwärts nach Gilgal, ge-
genüber der Steige von Adummim, die
südlich vom Bachtal liegt. Danach geht
sie zu dem Wasser von En-Schemesch
8 und läuft aus zur [d]Quelle Rogel. Da-
nach führt sie hinauf zum [e]Tal des
Sohnes Hinnoms südlich des Berg-
hangs der Jebusiter – das ist Jerusalem
– und kommt hinauf auf den Gipfel des
Berges, der westlich vor dem Tal Hin-
nom liegt und an der Nordecke der
9 Ebene Refaim. Danach kommt sie von
dem Berggipfel zur Quelle Meneftoach
und läuft aus zu den Städten des Gebir-
ges Efron und neigt sich nach Baala –
10 das ist [f]Kirjat-Jearim – und biegt um
von Baala nach Westen zum Gebirge
Seïr und geht an der Nordseite des Ge-
birges Jearim – das ist Kesalon – und
kommt herab nach Bet-Schemesch und
11 geht durch [g]Timna und kommt heraus
am Nordhang des Berges Ekron und
zieht sich nach Schikkaron und geht
hinüber zum Berge von Baala und
kommt heraus bei Jabneel, so daß ihr
12 Ende das Meer ist. Die Westgrenze
aber ist das große Meer und sein Gesta-
de. Das ist die Grenze von Juda rings-
umher für seine Geschlechter.

a 1.Mose 49,8.9 *b* 4.Mose 34,3-5 *c* Kap 18,17 *d* 2.Sam 17,17 *e* 2.Chr 28,3 *f* Vers 60; Kap 9,17; 18,15 *g* Kap 19,43, Ri 14,1

Kaleb erhält Hebron. Otniël erobert Debir

13 [a]Kaleb aber, dem Sohn Jefunnes, wur-
de sein Teil gegeben mitten unter Juda,
wie der HERR dem Josua befahl, näm-
lich die Stadt des Arba, des Vaters
14 Enaks, das ist Hebron. Und Kaleb ver-
trieb von dort die drei Söhne Enaks:
Scheschai, Ahiman und Talmai, die
15 Nachkommen Enaks, und zog von dort
hinauf gegen die Einwohner von Debir.
Debir aber hieß vorzeiten Kirjat-Sefer.
16 Und Kaleb sprach: Wer Kirjat-Sefer
schlägt und erobert, dem will ich meine
17 Tochter Achsa zur Frau geben.[b] Da er-
oberte es [c]Otniël, der Sohn des Kenas,
des Bruders Kalebs. Und Kaleb gab
ihm seine Tochter Achsa zur Frau.
18 Und es begab sich, als sie zu ihm kam,
beredete er sie, einen Acker zu fordern
von ihrem Vater. Und sie stieg vom
Esel. Da sprach Kaleb zu ihr: Was
19 willst du? Sie sprach: Gib mir eine
Segensgabe; denn du hast mich nach
dem dürren Südland gegeben; gib mir
auch Wasserquellen! Da gab er ihr
die oberen und die unteren Quellen.

a (13-19) Kap 14,6-15; Ri 1,10-15 *b* Ri 1,12 *c* Ri 3,9

Die Städte des Stammes Juda

Dies ist das Erbteil des Stammes Juda 20
für seine Geschlechter. Und die Städte 21
des Stammes Juda nach der Grenze von
Edom zu, im Südland, waren diese:
Kabzeel, Eder, Jagur, Kina, Dimona, 22
Adada, Kedesch, Hazor, Jitnan, Sif, 23.24
Telem, Bealot, Hazor-Hadatta, Keri- 25
jot-Hezron – das ist Hazor –, Amam, 26
Schema, Molada, Hazar-Gadda, 27
Heschmon, Bet-Pelet, Hazar-Schual, 28
Beerseba und seine Ortschaften, Baala, 29
Ijjim, Ezem, Eltolad, Kesil, Horma, 30
Ziklag, Madmanna, Sansanna, Lebaot, 31.32
Schilhim, Ajin, Rimmon. Das sind
neunundzwanzig Städte mit ihren Ge-
höften.

Im Hügelland aber waren [a]Eschtaol, 33
Zora, Aschna, Sanoach, En-Gannim, 34
Tappuach, Enam, Jarmut, Adullam, 35
Socho, Aseka, Schaarajim, Aditajim, 36
Gedera und Gederotajim. Das sind
vierzehn Städte mit ihren Gehöften.

Zenan, Hadascha, Migdal-Gad, Di- 37.38
lan, Mizpe, Jokteel, Lachisch, Bozkat, 39
Eglon, Kabbon, Lachmas, Kitlisch, 40
Gederot, Bet-Dagon, Naama, Makke- 41
da. Das sind sechzehn Städte mit ihren
Gehöften.

Libna, Eter, Aschan, Jiftach, Asch- 42.43
na, Nezib, Kegila, [b]Achsib, Marescha. 44
Das sind neun Städte mit ihren Gehöf-
ten.

[c]Ekron mit seinen Ortschaften und 45
Gehöften. Von Ekron nach dem Meere 46
zu alles, was nach der Seite von Asdod
und seinen Gehöften liegt: [d]Asdod mit 47
seinen Ortschaften und Gehöften,
[e]Gaza mit seinen Ortschaften und Ge-
höften bis an den Bach Ägyptens, und
die Grenze ist das große Meer und sein
Gestade.

Auf dem Gebirge aber waren Scha- 48
mir, Jattir, Socho, Danna, Kirjat-San- 49
na – das ist Debir –, Anab, Eschtemo, 50
Anim, Goschen, Holon, Gilo. Das sind 51
elf Städte mit ihren Gehöften.

Arab, Duma, Eschan, Janum, Bet- 52.5
Tappuach, Afeka, Humta, Kirjat-Arba 54
– das ist Hebron –, Zior. Das sind neun
Städte mit ihren Gehöften.

Maon, Karmel, Sif, Jutta, Jesreel, 55.5
Jokdeam, Sanoach, Kain, Gibea, Tim- 57
na. Das sind zehn Städte mit ihren Ge-
höften.

Halhul, Bet-Zur, Gedor, Maarat, 58.

Bet-Anot, Eltekon. Das sind sechs
Städte mit ihren Gehöften.
Tekoa, Efrata – das ist Betlehem –,
Peor, Etam, Kolon, Tatam, Sores, Ke-
rem, Gallim, Bet-Ter, Manocho. Das
sind elf Städte mit ihren Gehöften.*
60 Kirjat-Baal – das ist [f]Kirjat-Jearim –,
Rabba; zwei Städte mit ihren Gehöf-
ten.
61 In der Wüste aber waren Bet-Araba,
62 Middin, Sechacha, Nibschan und die
Salzstadt und En-Gedi. Das sind sechs
Städte mit ihren Gehöften.
63 Die Jebusiter aber wohnten in Jeru-
salem, und Juda konnte sie nicht ver-
treiben. So blieben die [g]Jebusiter mit
denen von Juda in Jerusalem wohnen
bis auf diesen Tag.

a Ri 13,25; 16,31 *b* Kap 19,29 *c* (*45-47*) 1.Sam 5,10; Kap 19,41-46 *d* 1.Sam 5,1 *e* Ri 1,18 *f* Kap 9,17; 18,14 *g* Kap 18,28; 2.Sam 5,6.7
*Vers 59: Der Abschnitt ab Tekoa stammt aus anderer Überlieferung.

Erbteil der Josefstämme

16 Das Los des Stammes [a]*Josef* nahm sei-
nen Anfang am Jordan bei Jericho, an
den Wassern von Jericho im Osten.
Von Jericho an geht die Grenze durch
die Wüste auf das Gebirge nach Betel
2 und kommt [illegible] Betel heraus nach Lus
und geht durch zum Gebiet der Arkiter
3 nach Atarot und zieht sich hernieder
westwärts zu dem Gebiet der Jafletiter
bis an das Gebiet des unteren Bet-Ho-
ron und bis nach Geser, und ihr Ende
ist am Meer.
4 Und die Söhne Josefs, *Manasse* und
5 *Efraim*, erhielten ihr Erbteil. Das Ge-
biet des Stammes *Efraim* für seine Ge-
schlechter: Die Grenze seines Erbteils
ostwärts war Atarot-Addar bis zum
6 oberen Bet-Horon und läuft aus bis
zum Meer; bei Michmetat, das im Nor-
den liegt, biegt sie um ostwärts nach
Taanat-Silo und geht da hindurch öst-
7 lich von Janoha und kommt herab von
Janoha nach Atarot und Naara und
stößt an Jericho und läuft aus am Jor-
8 dan. Von Tappuach geht die Grenze
westwärts zum Bach Kana, und ihr
Ende ist am Meer. Das ist das Erbteil
des Stammes Efraim für seine Ge-
9 schlechter; dazu alle Städte mit ihren
Gehöften, die [b]für Efraim ausgeson-
dert waren mitten unter dem Erbteil
10 des Stammes Manasse. Und sie vertrie-
ben die Kanaaniter nicht, die in [c]Geser
wohnten. So blieben die Kanaaniter
mitten unter Efraim bis auf diesen Tag
und wurden fronpflichtig.

Und das Los fiel für den Stamm *Ma-* 17
nasse, denn er ist Josefs erstgeborener
Sohn, und es fiel auf [d]Machir, den erst-
geborenen Sohn Manasses, den Vater
Gileads, denn er war ein Kriegsmann,
und es wurden ihm zuteil Gilead und
Basan. Auf die andern Söhne Manasses 2
aber nach ihren Geschlechtern fiel das
Los auch, nämlich auf die Söhne [e]Abi-
ësers, die Söhne Heleks, die Söhne As-
riëls, die Söhne Sichems, die Söhne
Hefers und die Söhne Schemidas. Das
sind die Nachkommen Manasses, des
Sohnes Josefs, die Männer nach ihren
Geschlechtern.
Aber [f]Zelofhad, der Sohn Hefers, 3
des Sohnes Gileads, des Sohnes Ma-
chirs, des Sohnes Manasses, hatte keine
Söhne, sondern [g]nur Töchter, und ihre
Namen sind diese: Machla, Noa, Hog-
la, Milka, Tirza. Und sie traten vor den 4
Priester Eleasar und vor Josua, den
Sohn Nuns, und vor die Obersten und
sprachen: Der HERR hat Mose geboten,
daß er uns solle Erbteil geben unter un-
sern Brüdern. Und man gab ihnen Erb-
teil unter den Brüdern ihres Vaters
nach dem Befehl des HERRN. Es fielen 5
aber auf Manasse zehn Erbteile außer
dem Lande Gilead und Basan, das jen-
seits des Jordan liegt; denn die Töchter 6
Manasses empfingen Erbteil unter sei-
nen Söhnen. Das Land Gilead aber
wurde den andern Söhnen Manasses
zuteil.
Und die Grenze Manasses war von 7
Asser an nach Michmetat, das östlich
von Sichem liegt, und reicht rechts an
das Gebiet von En-Tappuach; das 8
Land von Tappuach wurde dem Ma-
nasse zuteil, aber Tappuach selbst an
der Grenze Manasses wurde Efraim
zuteil. Danach kommt sie herab zum 9
Bach Kana an der Südseite des Baches;
diese Städte gehören Efraim inmitten
der Städte Manasses. Die Grenze Ma-
nasses aber geht weiter an der Nordsei-
te des Baches und endet am Meer;
Efraim lag südwärts, Manasse nord- 10
wärts, und das Meer ist die Grenze.
Manasse stößt an Asser im Norden und
an Isaschar im Osten.
[h]Es hatte aber Manasse im Gebiet von 11
Isaschar und Asser: Bet-Schean und
seine Ortschaften, Jibleam und seine
Ortschaften und die Einwohner von
Dor und seine Ortschaften und die von
Endor und seine Ortschaften, die von
Taanach und seine Ortschaften und die
von Megiddo und seine Ortschaften

12 samt den drei Höhen. Und der Stamm
Manasse konnte diese Städte nicht er-
obern, sondern die Kanaaniter ver-
13 mochten im Lande zu bleiben. Als aber
die Israeliten mächtig wurden, mach-
ten sie die Kanaaniter fronpflichtig;
aber sie vertrieben sie nicht völlig.[i]
14 Da redeten die Nachkommen Josefs
mit Josua und sprachen: Warum hast
du mir nur *ein* Los und *ein* Erbteil gege-
ben? Und ich bin doch ein großes Volk,
15 da mich der HERR so gesegnet hat. Da
sprach Josua zu ihnen: Weil du ein gro-
ßes Volk bist, so geh hinauf ins Waldge-
birge und rode dort für dich im Lande
der Perisiter und Refaiter, wenn dir das
16 Gebirge Efraim zu eng ist. Da sprachen
die Nachkommen Josefs: Das Gebirge
wird nicht Raum genug für uns haben;
dazu gibt es eiserne Wagen bei allen
Kanaanitern, die im ebenen Land woh-
nen, bei denen zu Bet-Schean und sei-
nen Ortschaften und bei denen in der
17 Ebene Jesreel. Josua sprach zum Hause
Josef, zu Efraim und Manasse: Du bist
ein großes Volk, und weil du so stark
bist, sollst du nicht nur *ein* Los haben,
18 sondern das Gebirge soll dein sein, wo
der Wald ist; dort kannst du roden, und
er soll dein sein, so weit er reicht; dann
wirst du die Kanaaniter vertreiben, ob-
wohl sie eiserne Wagen haben, denn du
wirst mächtiger sein als sie.*

a 1.Mose 49,22 *b* Kap 17,9 *c* Ri 1,29; 1.Kön 9,16 *d* Kap 13,31; 4.Mose 26,29 *e* Ri 6,11.24; 8,32 *f* 4.Mose 26,33 *g* 4.Mose 27,1-8; 36 *h* *(11 und 12)* Ri 1,27.28 *i* Kap 16,10

*Vers 18: Nach anderer Überlieferung: denn sie sind mächtig.

Verteilung des noch übrigen Landes. Benjamins Erbteil

18 Und es versammelte sich die ganze Ge-
meinde der Israeliten in [a]Silo und rich-
tete dort die Stiftshütte auf, und das
Land war ihnen unterworfen.
2 Und es waren noch sieben Stämme
von Israel, die ihr Erbteil nicht erhalten
3 hatten. Und Josua sprach zu Israel:
Wie lange seid ihr so lässig, daß ihr
nicht hingeht, das Land einzunehmen,
das euch der HERR, der Gott eurer Vä-
4 ter, gegeben hat? Nehmt euch aus je-
dem Stamm drei Männer, damit ich sie
sende und sie sich aufmachen und
durchs Land gehen und es aufschrei-
ben nach ihren Erbteilen und wieder zu
5 mir kommen. Teilt das Land in sieben
Teile! Juda soll bleiben auf seinem Ge-
biet im Süden, und das Haus Josef soll
bleiben auf seinem Gebiet im Norden.
Ihr aber, schreibt die sieben Teile des 6
Landes auf und tut mir's kund; dann
will ich für euch das Los werfen hier
vor dem HERRN, unserm Gott. Denn 7
die [b]Leviten erhalten keinen Anteil un-
ter euch, sondern das Priestertum des
HERRN ist ihr Erbteil. Gad aber und
Ruben und der halbe Stamm Manasse
haben ihr Teil bekommen jenseits des
Jordan im Osten, das ihnen Mose, der
Knecht des HERRN, gegeben hat. Da 8
machten sich die Männer auf und gin-
gen hin. Und Josua gebot ihnen, als sie
auszogen, das Land aufzuschreiben,
und sprach: Geht hin und durchwan-
dert das Land; schreibt es auf und
kehrt zu mir zurück, damit ich für euch
hier das Los werfe vor dem HERRN in
Silo. So gingen die Männer hin und 9
durchzogen das Land und schrieben's
auf in ein Buch, Stadt für Stadt, in sie-
ben Teilen, und kamen wieder zu Josua
ins Lager nach Silo. Da warf Josua das 10
Los für sie in Silo vor dem HERRN und
verteilte dort das Land unter die Israe-
liten, einem jeden Stamm sein Teil.
Da fiel das Los des Stammes [c]*Benja-* 11
min für seine Geschlechter, und sein
Gebiet war zwischen Juda und Josef.
Und seine Grenze war an der Nordseite 12
vom Jordan an und geht hinauf auf den
Hang nördlich von Jericho und kommt
aufs Gebirge westwärts und geht aus
nach der Wüste von [d]Bet-Awen und 13
geht von da nach Lus – das ist [e]Betel –
an den Abhang südwärts von Lus und
kommt hinab nach Atarot-Addar an
den Berg, der südwärts liegt von dem
unteren Bet-Horon. Danach neigt sie 14
sich und biegt in ihrem westlichen Teil
nach Süden um von dem Berge an, der
südlich vor Bet-Horon liegt, und endet
bei Kirjat-Baal – das ist [f]Kirjat-Jea-
rim –, einer Stadt in Juda. Das ist die Sei-
te nach Westen. Aber auf der Seite nach 15
Süden läuft die Grenze von [g]Kirjat-
Jearim an und geht zuerst nach Westen
und läuft dann hin zur Quelle Menef-
toach und geht hinab an den Fuß des 16
Berges, der vor dem Tal des Sohnes
Hinnoms liegt, an der Nordecke der
Ebene Refaim, und geht herab durchs
Tal Hinnom am Südhang der Jebusi-
terstadt und kommt hinab zur Quelle
Rogel und zieht sich nordwärts und 17
läuft hin nach En-Schemesch und
kommt hinaus zu den Steinkreisen ge-
genüber der Steige von Adummim und
kommt hinab zum Stein Bohans, des
Sohnes Rubens, und geht zu dem Hang 18

nördlich von Bet-Araba und kommt
19 hinab nach Bet-Araba und geht zu dem
Hang nördlich von Bet-Hogla, und ihr
Ende ist am nördlichen Ufer des Salz-
meers, dort, wo der Jordan hineinfließt.
20 Das ist die Südgrenze. Aber die Seite
nach Osten soll der Jordan begrenzen.
Das ist das Erbteil Benjamins in seinen
Grenzen ringsumher für seine Ge-
schlechter.
21 Die Städte aber des Stammes Benja-
min für seine Geschlechter sind diese:
22 Jericho, Bet-Hogla, Emek-Keziz, Bet-
23 Araba, Zemarajim, Betel, Awwim,
24 Para, Ofra, Kefar-Ammoni, Ofni, Ge-
ba. Das sind zwölf Städte mit ihren Ge-
höften.
25.26 Gibeon, Rama, Beerot, Mizpe, Kefi-
27.28 ra, Moza, Rekem, Jirpeel, Tarala, Zela,
Elef und die Stadt der [h] Jebusiter – das
ist Jerusalem –, Gibea, Kirjat-Jearim;
vierzehn Städte mit ihren Gehöften.
Das ist das Erbteil des Stammes Benja-
min für seine Geschlechter.

a Ri 21,19; 1.Sam 1,3; 4,4; Jer 7,12-15
b Kap 13,14.33 *c* 1.Mose 49,27 *d* Kap 7,2
e 1.Mose 12,8; 28,19 *f* Kap 15,6-9.60
g Kap 15,9 *h* Kap 15,63; Ri 1,21

Das Erbteil der übrigen sechs Stämme

19 Danach fiel das zweite Los auf den
Stamm [a] *Simeon* für seine Geschlech-
ter; und ihr Erbteil war inmitten des
2 Erbteils von Juda. Und es ward ihnen
zum Erbteil [b] Beerseba, Schema, Mola-
3.4 da, Hazar-Schual, Bala, Ezem, Eltolad,
5 Betul, Horma, Ziklag, Bet-Markabot,
6 Hazar-Susa, Bet-Lebaot, Scharuhen.
Das sind dreizehn Städte mit ihren Ge-
7 höften. Ajin, Rimmon, Eter, Aschan.
Das sind vier Städte mit ihren Gehöf-
8 ten, dazu alle Gehöfte, die um diese
Städte liegen, bis Baalat-Beer; das ist
Ramat im Südland. Das ist das Erbteil
des Stammes Simeon für seine Ge-
9 schlechter. Denn das Erbteil des Stam-
mes Simeon ist von dem Anteil des
Stammes Juda genommen. Weil der
Anteil des Stammes Juda zu groß für
ihn war, darum erbte der Stamm Si-
meon mitten in dessen Erbteil.
10 Das dritte Los fiel auf den Stamm
[c] *Sebulon* für seine Geschlechter. Und
die Grenze seines Erbteils war bis Sarid
11 und geht hinauf westwärts nach Marala
und stößt an Dabbeschet und dann an
den Bach, der gegenüber von Jokneam
12 fließt, und wendet sich von Sarid gegen
Sonnenaufgang bis an das Gebiet Kis-
lot-Tabor und läuft hin nach Daberat
und reicht hinauf nach Jafia. Und von 13
da geht sie gegen Osten nach Gat-Hefer
und Et-Kazin und läuft hin nach Rim-
mon, neigt sich nach Nea und biegt um 14
im Norden nach Hannaton und endet
im Tal von Jiftach-El. Dazu Kattat, 15
[d] Nahalal, Schimron, Jidala und Betle-
hem. Das sind zwölf Städte mit ihren
Gehöften. Das ist das Erbteil des Stam- 16
mes Sebulon für seine Geschlechter;
das sind seine Städte und Gehöfte.
Das vierte Los fiel auf den Stamm 17
[e] *Isaschar* für seine Geschlechter. Und 18
sein Gebiet war Jesreel, Kesullot, [f] Su-
nem, Hafarajim, Schion, Anaharat, 19
Rabbit, Kischjon, Ebez, Remet, En- 20.21
Gannim, En-Hadda, Bet-Pazzez; und 22
die Grenze stößt an Tabor, Schahaza-
jim, Bet-Schemesch, und ihr Ende ist
am Jordan. Sechzehn Städte mit ihren
Gehöften. Das ist das Erbteil des Stam- 23
mes Isaschar für seine Geschlechter,
die Städte mit ihren Gehöften.
Das fünfte Los fiel auf den Stamm 24
[g] *Asser* für seine Geschlechter. Und 25
sein Gebiet war Helkat, Hali, Beten,
Achschaf, Alammelech, Amad, Mi- 26
schal, und die Grenze stößt im Westen
an den Karmel und an den Fluß Libnat
und wendet sich gegen Osten nach Bet- 27
Dagon und stößt an Sebulon und an das
Tal Jiftach-El nordwärts, stößt an Bet-
Emek, Negiël und läuft hin nach Kabul
zur Linken, Ebron, Rehob, Hammon, 28
Kana bis nach Sidon, der großen Stadt,
und wendet sich nach Rama bis zu der 29
festen Stadt Tyrus und wendet sich
nach Hosa und endet am Meer. Dazu
Machaleb, [h] Achsib, Umma, Afek, Re- 30
hob. Zweiundzwanzig Städte mit ihren
Gehöften. Das ist das Erbteil des Stam- 31
mes Asser für seine Geschlechter, die
Städte mit ihren Gehöften.
Das sechste Los fiel auf den Stamm 32
[i] *Naftali* für seine Geschlechter. Und 33
seine Grenze war von Helef, von der
Eiche bei Zaanannim an, dazu Adami-
Nekeb und Jabneel, bis Lakkum und
endet am Jordan; und die Grenze wen- 34
det sich westwärts nach Asnot-Tabor
und läuft von da nach Hukkok und
stößt an Sebulon im Süden und an As-
ser im Westen und an den Jordan im
Osten. Und feste Städte sind: Ziddim, 35
Zer, Hammat, Rakkat, Kinneret, Ada- 36
ma, Rama, Hazor, Kedesch, Edreï, En- 37
Hazor, Jiron, Migdal-El, Horem, [j] Bet- 38
Anat, Bet-Schemesch. Neunzehn
Städte mit ihren Gehöften. Das ist das 39

Erbteil des Stammes Naftali für seine
Geschlechter, die Städte mit ihren Ge-
höften.
40 Das siebente Los fiel auf den Stamm
41 [k]*Dan* für seine Geschlechter. Und das
Gebiet seines Erbteils war Zora,
42 Eschtaol, Ir-Schemesch, Schaalabbin,
43.44 Ajalon, Jitla, Elon, [l]Timna, Ekron, El-
45 teke, Gibbeton, Baalat, Jehud, Bene-
46 Berak, Gat-Rimmon, Me-Jarkon, Rak-
47 kon mit dem Gebiet bei [m]Jafo. Dem
Stamm Dan aber ging sein Gebiet ver-
loren, und er zog hinauf und kämpfte
gegen Leschem und eroberte und
schlug es mit der Schärfe des Schwerts
und nahm es ein und wohnte darin und
nannte es Dan nach seines Vaters Na-
48 men.[n] Das ist das Erbteil des Stammes
Dan für seine Geschlechter, die Städte
mit ihren Gehöften.
49 Und als sie das ganze Land ausgeteilt
hatten, nach seinen Gebieten, gaben
die Israeliten dem Josua, dem Sohn
50 Nuns, ein Erbteil in ihrer Mitte und ga-
ben ihm nach dem Befehl des HERRN
die Stadt, die er forderte, nämlich
[o]Timnat-Serach auf dem Gebirge Ef-
raim. Dann baute er die Stadt auf und
wohnte darin.
51 Das sind die Erbteile, die [p]Eleasar,
der Priester, und Josua, der Sohn
Nuns, und die Häupter der Sippen un-
ter den Stämmen Israels durchs Los
austeilten in [q]Silo vor dem HERRN, vor
der Tür der Stiftshütte; und sie vollen-
deten so die Verteilung des Landes.

a 1.Mose 49,5 *b* 1.Mose 21,14.31.33
c 1.Mose 49,13 *d* Ri 1,30 *e* 1.Mose 49,14
f 2.Kön 4,8 *g* 1.Mose 49,20 *h* Kap 15,44; Ri 1,31
i 1.Mose 49,21 *j* Ri 1,33 *k* 1.Mose 49,16
l Kap 15,10 *m* Jona 1,3 *n* Ri 18,27-29
o Kap 24,30; Ri 2,9 *p* Kap 14,1 *q* Kap 18,1

Bestimmung von Freistädten

20 Und der HERR redete mit Josua und
2 sprach: Sage den Israeliten: Bestimmt
unter euch [a]Freistädte, von denen ich
3 euch durch Mose gesagt habe. Dahin
kann ein Totschläger fliehen, der je-
mand aus Versehen und ohne Vorsatz
erschlägt, damit sie euch eine Freistatt
4 sind vor dem Bluträcher. Und wer zu
einer dieser Städte flieht, soll draußen
vor dem Stadttor stehen bleiben und
vor den Ältesten der Stadt seine Sache
vorbringen; dann sollen sie ihn zu sich
in die Stadt nehmen und ihm Raum ge-
5 ben, bei ihnen zu wohnen. Und wenn
der Bluträcher ihm nachjagt, sollen sie
den Totschläger nicht in seine Hände
übergeben, weil er ohne Vorsatz seinen
Nächsten erschlagen hat und ihm vor-
her nicht feind gewesen ist. So soll er in 6
der Stadt wohnen, bis er vor der Ge-
meinde vor Gericht gestanden hat und
bis der Hohepriester gestorben ist, der
zu jener Zeit im Amt sein wird. Dann
darf der Totschläger zurückkommen in
seine Stadt und in sein Haus, zur Stadt,
aus der er geflohen ist. Da weihten sie 7
[b]Kedesch in Galiläa auf dem Gebirge
Naftali und Sichem auf dem Gebirge
Efraim und [c]Kirjat-Arba – das ist Heb-
ron – auf dem Gebirge Juda; und jen- 8
seits des Jordan, im Osten von Jericho,
[d]bestimmten sie Bezer in der Wüste auf
der Ebene im Gebiet des Stammes Ru-
ben und Ramot in Gilead im Gebiet des
Stammes Gad und Golan in Basan im
Gebiet des Stammes Manasse. Das wa- 9
ren die Städte, bestimmt für alle Israe-
liten und die Fremdlinge, die in ihrer
Mitte wohnten, daß dahin fliehen kön-
ne, wer jemand aus Versehen erschlägt,
damit er nicht stirbt durch den Blut-
rächer, bis er vor der Gemeinde gestan-
den hat.

a 4.Mose 35,9-29 *b* Kap 19,37 *c* Kap 15,13
d 5.Mose 4,41-43

Wohnstätten der Leviten

(vgl. 1.Chr 6,39-66)

[a]Da traten herzu die Häupter der Sip- **21**
pen unter den *Leviten* zu dem Priester
Eleasar und zu Josua, dem Sohn Nuns,
und zu den Häuptern der Sippen unter
den Stämmen Israels und redeten mit 2
ihnen in Silo im Lande Kanaan und
sprachen: Der HERR hat geboten durch
Mose, daß man uns Städte geben solle,
um darin zu wohnen, und dazu Weide-
plätze für unser Vieh. Da gaben die Is- 3
raeliten den Leviten von ihren Erbtei-
len nach dem Befehl des HERRN diese
Städte und ihre Weideplätze.
Und das Los fiel auf die Geschlech- 4
ter der Kehatiter, und es wurden unter
den Leviten den Söhnen des Priesters
Aaron durchs Los zugeteilt dreizehn
Städte von dem Stamm Juda, von dem
Stamm Simeon und von dem Stamm
Benjamin.[b] Den übrigen Söhnen Ke- 5
hat aber wurden durchs Los zugeteilt
zehn Städte von den Geschlechtern des
Stammes Efraim, von dem Stamm Dan
und von dem halben Stamm Manasse.
Aber den Söhnen Gerson wurden 6
durchs Los zugeteilt dreizehn Städte
von den Geschlechtern des Stammes
Isaschar, von dem Stamm Asser und
von dem Stamm Naftali und von dem

7 halben Stamm Manasse in Basan. Den
Söhnen Merari wurden für ihre Ge-
schlechter zugeteilt zwölf Städte von
dem Stamm Ruben, von dem Stamm
8 Gad und von dem Stamm Sebulon. So
gaben die Israeliten den Leviten durchs
Los diese Städte und ihre Weideplätze,
wie der HERR durch Mose geboten hat-
te.
9 Von dem Stamm Juda und von dem
Stamm Simeon gaben sie diese Städte,
10 die sie mit Namen nannten, den Söh-
nen Aaron vom Geschlecht der Kehati-
ter aus den Leviten; denn das erste Los
11 war ihnen zuteil geworden. Sie gaben
ihnen [c]die Stadt des Arba, des Vaters
Enaks, – das ist Hebron – auf dem Ge-
birge Juda und ihre Weideplätze um sie
12 her. Aber das Ackerland der Stadt mit
ihren Gehöften gaben sie [d]Kaleb, dem
13 Sohn Jefunnes, zu seinem Besitz. Sie
gaben den Söhnen des Priesters Aaron
die Freistadt für die Totschläger: Heb-
ron und seine Weideplätze, Libna und
14 seine Weideplätze, Jattir und seine
Weideplätze, Eschtemoa und seine
15 Weideplätze, Holon und seine Weide-
plätze, Debir und seine Weideplätze,
16 Ajin und seine Weideplätze, Jutta und
seine Weideplätze, [e]Bet-Schemesch
und seine Weideplätze, neun Städte
von diesen zwei Stämmen.
17 Von dem Stamm Benjamin aber ga-
ben sie vier Städte: Gibeon und seine
Weideplätze, Geba und seine Weide-
18 plätze, [f]Anatot und seine Weideplätze,
19 Almon und seine Weideplätze, so daß
alle Städte der Söhne Aaron, der Prie-
ster, waren dreizehn mit ihren Weide-
plätzen.
20 Die Geschlechter der übrigen Söhne
Kehat, die Leviten, erhielten als ihren
Losanteil von dem Stamm Efraim vier
21 Städte: Sie gaben ihnen die Freistadt
für die Totschläger: [g]Sichem und seine
Weideplätze auf dem Gebirge Efraim,
ferner Geser und seine Weideplätze,
22 Kibzajim und seine Weideplätze, Bet-
23 Horon und seine Weideplätze. Von
dem Stamm Dan vier Städte: Elteke
und seine Weideplätze, Gibbeton und
24 seine Weideplätze, Ajalon und seine
Weideplätze, Gat-Rimmon und seine
25 Weideplätze. Von dem halben Stamm
Manasse zwei Städte: Taanach und sei-
ne Weideplätze, Gat-Rimmon und sei-
26 ne Weideplätze, so daß alle Städte der
Geschlechter der übrigen Söhne Kehat
waren zehn mit ihren Weideplätzen.
27 Den Söhnen Gerson aber aus den
Geschlechtern der Leviten wurden ge-
geben von dem halben Stamm Manasse
zwei Städte: die Freistadt für die Tot-
schläger: [h]Golan in Basan und seine
Weideplätze, ferner Bet-Aschtarot und
seine Weideplätze. Von dem Stamm 28
Isaschar vier Städte: Kischjon und sei-
ne Weideplätze, Daberat und seine
Weideplätze, Jarmut und seine Weide- 29
plätze, En-Gannim und seine Weide-
plätze. Von dem Stamm Asser vier 30
Städte: Mischal und seine Weideplät-
ze, Abdon und seine Weideplätze, Hel- 31
kat und seine Weideplätze, Rehob und
seine Weideplätze. Von dem Stamm 32
Naftali drei Städte: die Freistadt für
die Totschläger: [i]Kedesch in Galiläa
und seine Weideplätze, ferner Ham-
mot-Dor und seine Weideplätze, Kar-
tan und seine Weideplätze, so daß alle 33
Städte des Geschlechts der Gersoniter
waren dreizehn mit ihren Weideplät-
zen.
Den Geschlechtern der Söhne Mera- 34
ri aber, den noch übrigen Leviten, wur-
den gegeben von dem Stamm Sebulon
vier Städte: Jokneam und seine Weide-
plätze, Karta und seine Weideplätze,
Dimna und seine Weideplätze, Nahalal 35
und seine Weideplätze. Von dem 36
Stamm Ruben vier Städte: die Frei-
stadt für die Totschläger: [j]Bezer und
seine Weideplätze, ferner Jahza und
seine Weideplätze, Kedemot und seine 37
Weideplätze, Mefaat und seine Weide-
plätze. Von dem Stamm Gad vier Städ- 38
te: die Freistadt für die Totschläger:
[k]Ramot in Gilead und seine Weideplät-
ze, ferner Mahanajim und seine Weide- 39
plätze, Hesbon und seine Weideplätze,
Jaser und seine Weideplätze, so daß alle 40
Städte der Söhne Merari nach ihren
Geschlechtern, der noch übrigen Levi-
ten, waren zwölf nach ihrem Los.
Alle Städte der Leviten unter dem 41
Erbe Israels waren achtundvierzig mit
ihren Weideplätzen. Und jede von 42
diesen Städten hatte ihren Weideplatz
um sich her, eine wie die andere.

a (1-3) Kap 14,1; 4.Mose 35,2-8
b 4.Mose 3,17-39 *c* Kap 20,7 *d* Kap 14,14;
15,13 *e* 1.Sam 6,12.15 *f* Jer 1,1 *g* Kap 20,7
h Kap 20,8 *i* Kap 20,7 *j* Kap 20,8 *k* Kap 20,8

Ruhe für das ganze Land

So hat der HERR Israel das ganze Land 43
gegeben, das er geschworen hatte, ihren
Vätern zu geben, und sie nahmen's ein
und wohnten darin.[a] Und der HERR 44
gab ihnen [b]Ruhe ringsumher, ganz wie
er ihren Vätern geschworen hatte; und

keiner ihrer Feinde widerstand ihnen,
sondern alle ihre Feinde gab er in ihre
45 Hände. *Es war [c]nichts dahingefallen von
all dem guten Wort, das der* HERR *dem
Hause Israel verkündigt hatte. Es war al-
les gekommen.*

a 1.Mose 12,7 *b* 5.Mose 12,9.10 *c* Kap 23,14; 1.Kön 8,56

Josua entläßt die zweieinhalb Stämme in ihre Heimat

22 Da rief Josua die Rubeniter und Gadi-
ter und den halben Stamm Manasse
2 und sprach zu ihnen: Ihr habt alles ge-
halten, was euch Mose, der Knecht des
HERRN, [a]geboten hat, und habt ge-
horcht meiner Stimme in allem, was ich
3 euch geboten habe. Ihr habt eure Brü-
der diese lange Zeit bis zum heutigen
Tag nicht verlassen und habt festgehal-
ten an dem Gebot des HERRN, eures
4 Gottes. Weil nun der HERR, euer Gott,
eure Brüder [b]zur Ruhe gebracht hat,
wie er ihnen zugesagt hat, so wendet
euch nun und zieht hin zu euren Wohn-
stätten in das Land eures Erbes, das
euch Mose, der Knecht des HERRN, ge-
5 geben hat jenseits des Jordan. Achtet
aber nur genau darauf, daß ihr tut nach
dem Gebot und Gesetz, das euch Mose,
der Knecht des HERRN, geboten hat,
daß ihr den HERRN, euren Gott, liebt
und wandelt in allen seinen Wegen und
seine Gebote haltet und ihm anhangt
und ihm dient von ganzem Herzen und
6 von ganzer Seele.[c] So segnete sie Josua
und ließ sie gehen, und sie gingen zu
ihren Wohnstätten.

7 Dem einen halben Stamm Manasse
hatte Mose Erbteil gegeben in Basan,
der andern Hälfte gab Josua ihr Erbteil
unter ihren Brüdern diesseits des Jor-
dan nach Westen zu. Und als er sie ge-
hen ließ zu ihren Wohnstätten und sie
8 gesegnet hatte, sprach er zu ihnen: Ihr
kommt wieder heim mit großem Gut zu
euren Wohnstätten, mit sehr viel Vieh,
Silber, Gold, Kupfer, Eisen und Klei-
dern. [d]So teilt nun die Beute eurer
Feinde mit euren Brüdern.

a 4.Mose 32,20-22; 5.Mose 3,18-20 *b* Hebr 4,8 *c* 5.Mose 10,12 *d* 4.Mose 31,27

Errichtung eines Altars am Jordan

9 Da kehrten zurück die Söhne Ruben,
die Söhne Gad und der halbe Stamm
Manasse und gingen von den Israeliten
weg aus Silo, das im Lande Kanaan
liegt, damit sie ins Land Gilead zögen
zum Lande ihres Erbes, das sie nach
dem Befehl des HERRN durch Mose
geerbt hatten. Und als sie zu den Stein- 10
kreisen des Jordan kamen, die noch im
Lande Kanaan liegen, bauten die Söh-
ne Ruben, die Söhne Gad und der hal-
be Stamm Manasse dort am Jordan
einen Altar, groß und ansehnlich. Als 11
aber die Israeliten sagen hörten: Siehe,
der Stamm Ruben, der Stamm Gad
und der halbe Stamm Manasse haben
einen Altar gebaut an den Grenzen des
Landes Kanaan, bei den Steinkreisen
des Jordan, an der Grenze des Gebiets
von Israel, da versammelte sich die 12
ganze Gemeinde Israel in Silo, um ge-
gen sie zu Felde zu ziehen. Und Israel 13
sandte zu ihnen ins Land Gilead den
[a]Pinhas, den Sohn Eleasars, den Prie-
ster, und mit ihm zehn Fürsten, aus je- 14
der Sippe der Stämme Israels einen,
und jeder war Haupt seiner Sippe über
tausend in Israel. Und als sie zu ihnen 15
ins Land Gilead kamen, redeten sie mit
ihnen und sprachen: So läßt euch sagen 16
die ganze Gemeinde des HERRN: Wie
versündigt ihr euch an dem Gott Is-
raels, daß ihr euch heute abkehrt von
dem HERRN und [b]daß ihr euch einen
Altar baut und von dem HERRN abfallt?
Ist's nicht genug mit der Schuld von 17
[c]Peor, von der wir bis zum heutigen
Tag noch nicht gereinigt sind und um
derentwillen eine Plage unter die Ge-
meinde des HERRN kam? Und ihr wen- 18
det euch heute von dem HERRN weg.
Dann wird es geschehen: heute lehnt
ihr euch auf gegen den HERRN, und
morgen wird er über die ganze Ge-
meinde Israel zürnen. Haltet ihr das 19
Land eures Erbes für unrein, so kommt
herüber ins Land, das dem HERRN ge-
hört, wo die Wohnung des HERRN
steht, und empfangt Erbteil unter uns;
aber lehnt euch nicht auf gegen den
HERRN und gegen uns, daß ihr euch
einen Altar baut außer dem Altar des
HERRN, unseres Gottes. Versündigte 20
sich nicht [d]Achan, der Sohn Serachs,
am Gebannten, und kam nicht der
Zorn über die ganze Gemeinde Israel,
obgleich er nur ein einzelner Mann
war? Ging er nicht zugrunde wegen
seiner Missetat?

Da antworteten die Söhne Ruben 21
und die Söhne Gad und der halbe
Stamm Manasse und sagten zu den
[e]Obersten über tausend in Israel: Der 22
starke Gott, der HERR, der starke Gott,
der HERR, weiß es; so wisse es auch Is-
rael: fallen wir ab oder lehnen wir uns

auf gegen den HERRN, so helfe er uns
23 heute nicht! Und wenn wir darum den
Altar gebaut haben, daß wir uns von
dem HERRN abwenden wollten, um
Brandopfer oder Speisopfer darauf zu
opfern oder Dankopfer darauf darzu-
bringen, so suche es der HERR heim!
24 Haben wir es nicht vielmehr aus Sorge
darum getan, daß wir dachten: Künftig
könnten eure Söhne zu unsern Söhnen
sagen: Was geht euch der HERR, der
25 Gott Israels, an? Der HERR hat den Jor-
dan zur Grenze gesetzt zwischen uns
und euch, ihr Söhne Ruben und Gad,
ihr habt kein Teil am HERRN. Damit
würden eure Nachkommen unsere
Nachkommen von der Furcht des
26 HERRN abwenden. Darum sprachen
wir: Laßt uns einen Altar bauen, nicht
zum Brandopfer noch zum Schlacht-
27 opfer, sondern damit er ein [f]Zeuge sei
zwischen uns und euch und unsern
Nachkommen, daß wir dem HERRN
Dienst tun wollen vor ihm mit un-
sern Brandopfern, Dankopfern und
Schlachtopfern, und eure Söhne künf-
tig nicht sagen dürfen zu unsern Söh-
nen: Ihr habt kein Teil an dem HERRN.
28 Und wir sagten uns: Wenn sie künftig
zu uns oder zu unsern Nachkommen so
reden würden, so könnten wir sagen:
Seht, wie der Altar des HERRN gebaut
ist, den unsere Väter gemacht haben,
nicht zum Brandopfer noch zum
Schlachtopfer, sondern zum Zeugen
29 zwischen uns und euch. Das sei ferne
von uns, daß wir uns auflehnen gegen
den HERRN und uns heute von ihm ab-
wenden und einen Altar bauen zum
Brandopfer und zum Speisopfer und
zum Schlachtopfer außer dem Altar des
HERRN, unseres Gottes, der vor seiner
Wohnung steht.
30 Als aber Pinhas, der Priester, und die
Fürsten der Gemeinde, die Obersten
über tausend in Israel, die bei ihm wa-
ren, diese Worte hörten, die die Söhne
Ruben, Gad und Manasse sagten, ge-
31 fielen sie ihnen gut. Und Pinhas, der
Sohn Eleasars, der Priester, sprach zu
den Söhnen Ruben, Gad und Manasse:
Heute erkennen wir, daß der HERR un-
ter uns ist, weil ihr euch nicht an dem
HERRN versündigt habt mit dieser Tat.
Nun habt ihr die Israeliten errettet aus
32 der Hand des HERRN. Da kehrten Pin-
has, der Sohn Eleasars, der Priester,
und die Obersten aus dem Land Gilead
von den Söhnen Ruben und Gad ins
Land Kanaan zu den Israeliten zurück
und sagten's ihnen an. Das gefiel den 33
Israeliten gut, und sie lobten Gott und
sagten, daß sie nicht mehr gegen sie zu
Felde ziehen wollten, um das Land zu
verderben, darin die Söhne Ruben und
Gad wohnten. Und die Söhne Ruben 34
und Gad benannten den Altar*; denn
»Zeuge ist er zwischen uns, daß der
HERR Gott ist«.

a 4.Mose 25,7 *b* 3.Mose 17,8.9; 5.Mose 12,13.14
c 4.Mose 25 *d* Kap 7 *e* 4.Mose 1,16; 10,4
f Kap 24,27
*Vers 34: In einer anderen Überlieferung ist der Name »Altar des Zeugnisses« erhalten.

Josuas letzte Vermahnung

Und nach langer Zeit, als der HERR Is- 23
rael [a]Ruhe gegeben hatte vor allen sei-
nen Feinden ringsumher und Josua
nun alt und hochbetagt war, berief er 2
ganz Israel, seine Ältesten, Häupter,
Richter und Amtleute und sprach zu
ihnen: Ich bin alt und hochbetagt, und 3
ihr habt alles gesehen, was der HERR,
euer Gott, getan hat an allen diesen
Völkern vor euch her; denn der HERR,
euer Gott, hat selber für euch gestrit-
ten. Seht, ich hab euch diese Völker, die 4
noch übrig waren, durchs Los zuge-
teilt, einem jeden Stamm sein Erbteil,
alle Völker, die ich ausgerottet habe
vom Jordan an bis zum großen Meer,
wo die Sonne untergeht. Und der 5
HERR, euer Gott, wird sie vor euch aus-
stoßen und vor euch vertreiben, und ihr
werdet ihr Land einnehmen, wie euch
der HERR, euer Gott, zugesagt hat. So 6
haltet nun ganz fest daran, daß ihr alles
tut, was geschrieben steht im Gesetz-
buch des Mose, und nicht davon
weicht, weder zur Rechten noch zur
Linken,[b] damit ihr euch nicht mengt 7
unter diese Völker, die noch übrig sind
bei euch, und nicht anruft und
[c]schwört bei dem Namen ihrer Götter
noch ihnen dient noch sie anbetet, son- 8
dern dem HERRN, eurem Gott, an-
hangt, wie ihr bis auf diesen Tag getan
habt. [d]Der HERR hat vor euch große 9
und mächtige Völker vertrieben, und
niemand hat euch widerstanden bis auf
diesen Tag. Einer von euch jagt tau- 10
send; denn der HERR, euer Gott, strei-
tet für euch, wie er euch zugesagt hat.
Darum achtet ernstlich darauf um euer 11
selbst willen, daß ihr den HERRN, euren
Gott, liebhabt.[e] Denn wenn ihr euch 12
abwendet und diesen Völkern, die noch
übrig sind, anhangt und euch mit ihnen
verheiratet, daß ihr zu ihnen eingeht

13 und sie zu euch, so wißt, daß der HERR,
euer Gott, nicht mehr alle diese Völker
vor euch vertreiben wird, sondern [f]sie
werden euch zum Fallstrick und Netz
werden und zur Geißel für euren Rük-
ken und zum Stachel in euren Augen,
bis ihr ausgerottet seid aus dem guten
Land, das euch der HERR, euer Gott,
gegeben hat.
14 Siehe, ich gehe heute dahin wie alle
Welt; und ihr sollt wissen von ganzem
Herzen und von ganzer Seele, daß
[g]nichts dahingefallen ist von all den gu-
ten Worten, die der HERR, euer Gott,
euch verkündigt hat. Es ist alles gekom-
15 men und nichts dahingefallen. [h]Wie
nun all das gute Wort gekommen ist,
das der HERR, euer Gott, euch verkün-
digt hat, so wird der HERR auch über
euch kommen lassen all das böse Wort,
bis er euch vertilgt hat aus diesem guten
Lande, das euch der HERR, euer Gott,
16 gegeben hat. Wenn ihr übertretet den
Bund des HERRN, eures Gottes, den er
euch geboten hat, und hingeht und an-
dern Göttern dient und sie anbetet, so
wird der Zorn des HERRN über euch
entbrennen, und ihr werdet bald ausge-
rottet sein aus dem guten Land, das er
euch gegeben hat.

a Kap 21,44 *b* 5.Mose 5,29 *c* 2.Mose 23,13.24
d (*9 und 10*) 3.Mose 26,7.8; 5.Mose 28,7
e 5.Mose 6,5 *f* 4.Mose 33,55; 5.Mose 7,16; Ri 2,3
g Kap 21,45 *h* (*15 und 16*) 5.Mose 28,15-47

Josuas Landtag zu Sichem

24 Josua versammelte alle Stämme Israels
nach Sichem und berief die Ältesten
von Israel, seine Obersten, Richter und
Amtleute. Und als sie vor Gott getreten
2 waren, sprach er zum ganzen Volk: So
spricht der HERR, der Gott Israels:
Eure Väter wohnten vorzeiten jenseits
des Eufratstroms, [a]Tarah, Abrahams
und Nahors Vater, und [b]dienten an-
3 dern Göttern. Da nahm ich euren Vater
Abraham von jenseits des Stroms und
ließ ihn umherziehen im ganzen Land
Kanaan und mehrte sein Geschlecht
4 und gab ihm Isaak. Und Isaak gab ich
Jakob und Esau und gab Esau das Ge-
birge [c]Seïr zum Besitz. [d]Jakob aber
und seine Söhne zogen hinab nach
5 Ägypten. Da sandte ich Mose und
Aaron und plagte Ägypten, wie ich un-
6 ter ihnen getan habe.[e] Danach [f]führte
ich euch und eure Väter aus Ägypten.
Und als ihr ans Meer kamt und die
Ägypter euren Vätern nachjagten mit
Wagen und Gespannen ans Schilfmeer,
da schrien sie zum HERRN. [g]Der setzte 7
eine Finsternis zwischen euch und die
Ägypter und ließ das Meer über sie
kommen, und es bedeckte sie. Eure Au-
gen haben gesehen, was ich in Ägypten
getan habe. Und ihr habt gewohnt in
der Wüste eine lange Zeit. Und [h]ich 8
habe euch gebracht in das Land der
Amoriter, die jenseits des Jordan
wohnten. Und als sie gegen euch
kämpften, gab ich sie in eure Hände, so
daß ihr ihr Land einnahmt, und vertilg-
te sie vor euch her. Da machte sich auf 9
Balak, der Sohn Zippors, der König der
Moabiter, und kämpfte mit Israel und
sandte hin und ließ rufen Bileam, den
Sohn Beors, um euch zu verfluchen.[i]
Aber ich wollte ihn nicht hören, son- 10
dern [j]er mußte euch segnen, und ich
errettete euch aus seinen Händen. Und 11
als ihr über den Jordan gingt und nach
Jericho kamt, kämpften gegen euch die
Bürger von Jericho, die Amoriter, Peri-
siter, Kanaaniter, Hetiter, Girgasiter,
Hewiter und Jebusiter; aber ich gab sie
in eure Hände.[k] Und ich sandte [l]Angst 12
und Schrecken vor euch her; die trie-
ben sie vor euch weg, [m]die beiden Kö-
nige der Amoriter, und nicht dein
Schwert noch dein Bogen. Und ich 13
habe euch ein Land gegeben, um das
ihr euch nicht gemüht habt, und Städ-
te, die ihr nicht gebaut habt, um darin
zu wohnen, und ihr eßt von Weinber-
gen und Ölbäumen, die ihr nicht ge-
pflanzt habt.[n] So fürchtet nun den 14
HERRN und dient ihm treulich und
rechtschaffen und [o]laßt fahren die Göt-
ter, denen eure Väter gedient haben
jenseits des Eufratstroms und in Ägyp-
ten, und dient dem HERRN. Gefällt es 15
euch aber nicht, dem HERRN zu dienen,
so wählt euch heute, [p]wem ihr dienen
wollt: den Göttern, denen eure Väter
gedient haben jenseits des Stroms, oder
den Göttern der Amoriter, in deren
Land ihr wohnt. *Ich aber und mein Haus
wollen dem* HERRN *dienen.*
Da antwortete das Volk und sprach: 16
Das sei ferne von uns, daß wir den
HERRN verlassen und andern Göttern
dienen! Denn der HERR, unser Gott, 17
hat uns und unsere Väter aus Ägypten-
land geführt, aus der Knechtschaft,
und hat vor unsern Augen diese großen
Zeichen getan und uns behütet auf dem
ganzen Wege, den wir gezogen sind,
und unter allen Völkern, durch die wir
gegangen sind, und hat ausgestoßen vor 18
uns her alle Völker und die Amoriter,

die im Lande wohnten. Darum wollen
wir auch dem HERRN dienen; denn er
ist unser Gott.
19 Josua sprach zum Volk: Ihr [q]könnt
dem HERRN nicht dienen; denn er ist
ein heiliger Gott, ein [r]eifernder Gott,
der eure Übertretungen und Sünden
20 nicht vergeben wird. Wenn ihr den
HERRN verlaßt und fremden Göttern
dient, so wird er sich abwenden und
euch plagen und euch ausrotten, nach-
21 dem er euch Gutes getan hatte. Das
Volk aber sprach zu Josua: Nein, son-
dern wir wollen dem HERRN dienen.
22 Da sprach Josua zum Volk: Ihr seid
Zeugen gegen euch selbst, daß ihr euch
den HERRN erwählt habt, um ihm zu
23 dienen. Und sie sprachen: Ja! – So [s]tut
nun von euch die fremden Götter, die
unter euch sind, und neigt euer Herz zu
24 dem HERRN, dem Gott Israels. Und das
Volk sprach zu Josua: Wir wollen dem
HERRN, unserm Gott, dienen und sei-
ner Stimme gehorchen.
25 So schloß Josua an diesem Tag einen
[t]Bund für das Volk und legte ihnen Ge-
26 setze und Rechte vor in Sichem. Und
Josua schrieb dies alles ins Buch des
Gesetzes Gottes und nahm einen gro-
ßen Stein und richtete ihn dort auf un-
ter einer [u]Eiche, die bei dem Heiligtum
27 des HERRN war, und sprach zum ganzen
Volk: Siehe, dieser Stein soll [v]Zeuge
sein unter uns, denn er hat gehört alle
Worte des HERRN, die er mit uns gere-
det hat, und soll ein Zeuge unter euch
sein, daß ihr euren Gott nicht verleug-
net. So entließ Josua das Volk, einen je- 28
den in sein Erbteil.

a 1.Mose 11,26 *b* 1.Mose 31,19; 35,2
c 1.Mose 32,4 *d* 1.Mose 46,6 *e* 2.Mose 3,10
f 2.Mose 12,33.51 *g* 2.Mose 14
h 4.Mose 21,25.31 *i* 4.Mose 22
j 4.Mose 23,11.20 *k* Kap 3,10; 6,1-21
l 2.Mose 23,28 *m* Kap 10,1.2 *n* 5.Mose 6,10.11
o Vers 2; 2.Mose 32 *p* 5.Mose 6,13.14
q 5.Mose 29,3 *r* 2.Mose 20,5 *s* 1.Mose 35,2
t 2.Kön 23,3 *u* 1.Mose 35,4; Ri 9,6 *v* Kap 22,27;
1.Mose 31,48

Josuas und Eleasars Tod. Bestattung der Gebeine Josefs

Und es begab sich nach diesen Ge- 29
schichten, daß [a]Josua, der Sohn Nuns,
der Knecht des HERRN, starb, als er
hundertundzehn Jahre alt war. Und 30
man begrub ihn in dem Gebiet seines
Erbteils in [b]Timnat-Serach, das auf
dem Gebirge Efraim liegt, nördlich
vom Berge Gaasch. Und Israel diente 31
dem HERRN, solange Josua lebte und
die Ältesten, die noch lange Zeit nach
Josua lebten und alle Werke des HERRN
kannten, die er an Israel getan hatte.[c]
Die [d]Gebeine Josefs, die die Israeli- 32
ten aus Ägypten gebracht hatten, be-
gruben sie zu Sichem [e]auf dem Stück
Feld, das Jakob von den Söhnen He-
mors, des Vaters von Sichem, für hun-
dert Goldstücke gekauft hatte und das
das Erbteil der Söhne Josef ward. Auch 33
[f]Eleasar, der Sohn Aarons, starb, und
sie begruben ihn in Gibea, der Stadt
seines Sohnes Pinhas, die ihm gegeben
war auf dem Gebirge Efraim.

a 4.Mose 27,18-23 *b* Kap 19,50 *c* Ri 2,7
d 1.Mose 50,25 *e* 1.Mose 33,19 *f* 5.Mose 10,6

DAS BUCH DER RICHTER

Inhaltsübersicht

Israels Kämpfe bei der Einwanderung

1 [a]Nach dem Tod Josuas [b]befragten die
Israeliten den HERRN und sprachen:
Wer soll unter uns zuerst hinaufziehen,
Krieg zu führen gegen die Kanaaniter?
2 Der HERR sprach: Juda soll hinaufzie-
hen. Siehe, ich habe das Land in seine
3 Hand gegeben. Da sprach Juda zu sei-
nem Bruder Simeon: Zieh mit mir hin-
auf in mein Erbteil und laß uns mit den
Kanaanitern kämpfen, dann will auch
ich mit dir ziehen in dein Erbteil. So
4 zog Simeon mit ihm. Als nun Juda hin-
aufzog, gab der HERR die Kanaaniter
und Perisiter in ihre Hände, und sie
schlugen bei Besek zehntausend Mann
5 und fanden den Adoni-Besek zu Besek
und kämpften mit ihm und schlugen
6 die Kanaaniter und Perisiter. Aber
Adoni-Besek floh, und sie jagten ihm
nach. Und als sie ihn ergriffen, hieben
sie ihm die Daumen ab an seinen Hän-
7 den und Füßen. Da sprach Adoni-Be-
sek: Siebzig Könige mit abgehauenen
Daumen an Händen und Füßen lasen
auf unter meinem Tisch. Wie ich getan
habe, so hat mir Gott vergolten. Und
man brachte ihn nach Jerusalem; dort
8 starb er. Aber Juda [c]kämpfte gegen Je-
rusalem und eroberte es und schlug es
mit der Schärfe des Schwerts und zün-
dete die Stadt an.
9 Danach zog Juda hinab, um gegen
die Kanaaniter zu kämpfen, die [d]auf
dem Gebirge und im Südland und im
10 Hügelland wohnten. [e]Und Juda zog
gegen die Kanaaniter, die in Hebron
wohnten – Hebron aber hieß vorzeiten
Kirjat-Arba –, und sie erschlugen den
Scheschai und Ahiman und Talmai
und zogen von dort gegen die Einwoh- 11
ner von Debir. Debir aber hieß vorzei-
ten Kirjat-Sefer. Und Kaleb sprach: 12
Wer Kirjat-Sefer schlägt und erobert,
dem will ich meine Tochter Achsa zur
Frau geben.[f] Da eroberte es Otniël, der 13
Sohn des Kenas, des jüngsten Bruders
von Kaleb. Und Kaleb gab ihm seine
Tochter Achsa zur Frau. Und es begab 14
sich, als sie zu ihm kam, beredete er sie,
ein Stück Land zu fordern von ihrem
Vater. Und sie stieg vom Esel. Da
sprach Kaleb zu ihr: Was willst du? Sie 15
sprach: Gib mir eine Segensgabe!
Denn du hast mich nach dem dürren
Südland gegeben; gib mir auch Was-
serquellen! Da gab er ihr die oberen
und unteren Quellen.
Und die Nachkommen des Keniters 16
[g]Hobab, mit dem Mose verschwägert
war, zogen herauf aus der Palmenstadt
mit den Männern von Juda in die Wü-
ste Juda, die im Süden von [h]Arad liegt,
und gingen hin und wohnten mitten
unter dem Volk.
Und Juda zog hin mit seinem Bruder 17
Simeon, und sie erschlugen die Kana-
aniter in Zefat und [i]vollstreckten den
Bann an ihnen und nannten die Stadt
Horma. Doch eroberte Juda nicht Gaza 18
mit seinem Gebiet und Askalon mit sei-
nem Gebiet und Ekron mit seinem Ge-
biet. Dennoch war der HERR mit Juda, 19
daß es das Gebirge einnahm; es konnte
aber die Bewohner der Ebene nicht ver-
treiben, weil sie eiserne Wagen hatten.
Und sie[j] gaben dem Kaleb Hebron, wie 20
Mose gesagt hatte, und er vertrieb dar-
aus die drei Söhne des Enak.
Aber Benjamin vertrieb die Jebusiter 21

nicht, die in Jerusalem wohnten, son-
dern die Jebusiter wohnten bei denen
von Benjamin in Jerusalem bis auf
diesen Tag.[k]
22 Auch das Haus Josef zog hinauf nach
Betel, und der HERR war mit ihnen.
23 Und das Haus Josef ließ [l]Betel aus-
kundschaften; die Stadt hieß vorzeiten
24 Lus. Und die Späher sahen einen
Mann aus der Stadt gehen und spra-
chen zu ihm: Zeige uns, wo wir in die
Stadt kommen, so wollen wir Barmher-
25 zigkeit an dir tun. Und als er ihnen
zeigte, wo sie in die Stadt kämen, schlu-
gen sie die Stadt mit der Schärfe des
Schwerts; aber [m]den Mann und sein
26 ganzes Geschlecht ließen sie gehen. Da
zog der Mann ins Land der Hetiter und
baute eine Stadt und nannte sie Lus;
die heißt noch heutigentags so.
27 Und Manasse vertrieb nicht Bet-
Schean und seine Ortschaften noch Ta-
anach und seine Ortschaften noch die
Einwohner von Dor und seinen Ort-
schaften noch die Einwohner von Jible-
am und seinen Ortschaften noch die
Einwohner von Megiddo und seinen
Ortschaften. So blieben die Kanaaniter
28 dort im Lande wohnen.[n] Als aber Israel
mächtig wurde, machte es die Kana-
aniter fronpflichtig, vertrieb sie jedoch
29 nicht. Auch Efraim vertrieb die Kana-
aniter nicht, die in [o]Geser wohnten,
sondern die Kanaaniter wohnten mit-
ten unter ihnen in Geser.
30 Auch Sebulon vertrieb nicht die Ein-
wohner von Kitron und [p]Nahalol, son-
dern die Kanaaniter wohnten mitten
unter ihnen und waren fronpflichtig.
31 Asser vertrieb nicht die Einwohner
von Akko noch die Einwohner von Si-
don, von Achlab, von Achsib, von Hel-
32 ba, von Afek und von Rehob; sondern
die von Asser saßen mitten unter den
Kanaanitern, die im Land wohnten,
denn sie vertrieben sie nicht.
33 Naftali vertrieb die Einwohner nicht
von [q]Bet-Schemesch noch von Bet-
Anat, sondern saß mitten unter den
Kanaanitern, die im Lande wohnten.
Aber die von Bet-Schemesch und von
Bet-Anat wurden fronpflichtig.
34 Und die Amoriter drängten die Da-
niter aufs Gebirge und ließen nicht zu,
daß sie herunter in die Ebene kämen.
35 Und die Amoriter blieben wohnen auf
dem Gebirge Heres, in [r]Ajalon und in
Schaalbim. Doch wurde ihnen die
Hand des Hauses Josef zu schwer, und
sie wurden fronpflichtig.
Und das Gebiet der Edomiter ging 36
vom Skorpionensteig, von der Felsen-
stadt und weiter hinauf.

a (1 und 2) 1.Mose 49,8 *b* Kap 18,5; 20,18;
2.Mose 28,30; 4.Mose 27,21 *c* Vers 21
d Jos 10,40; 11,16-20 *e* (10-15) Jos 15,13-19
f Jos 15,16 *g* Kap 4,11; 4.Mose 10,29 *h* Jos 12,14
i 5.Mose 20,12-18 *j* Jos 14,6-15 *k* Vers 8;
Jos 15,63; 18,28 *l* 1.Mose 28,19; Jos 12,16
m Jos 6,25 *n* Jos 17,11-13 *o* Jos 16,10
p Jos 19,15 *q* Jos 19,38 *r* Jos 19,42

Der Engel des HERRN droht Israel

Es kam aber der Engel des HERRN her- **2**
auf von Gilgal nach Bochim und
sprach: Ich habe euch aus Ägypten
heraufgeführt und ins Land gebracht,
das ich euren Vätern zu geben ge-
schworen habe, und gesprochen, ich
wollte meinen Bund mit euch nicht
brechen ewiglich. Ihr aber solltet [a]kei- 2
nen Bund schließen mit den Bewoh-
nern dieses Landes und ihre Altäre zer-
brechen. Aber ihr habt meiner Stimme
nicht gehorcht. Warum habt ihr das ge-
tan? Da sprach ich: Ich will sie nicht 3
vor euch vertreiben, [b]damit sie euch
zum Fangstrick werden und ihre Göt-
ter zur Falle. Und als der Engel des 4
HERRN diese Worte zu ganz Israel gere-
det hatte, erhob das Volk seine Stimme
und weinte. Und sie nannten die Stätte 5
Bochim* und opferten dort dem
HERRN.

a 5.Mose 7,2-5 *b* Jos 23,13
*Vers 5: d. h. die Weinenden.

Israels Untreue gegen Gott während der Richterzeit

[a]Als Josua das Volk entlassen hatte und 6
die Israeliten hingezogen waren, ein je-
der in sein Erbteil, um das Land einzu-
nehmen, diente das Volk dem HERRN, 7
solange Josua lebte und die Ältesten,
die noch lange nach Josua lebten und
alle die großen Werke des HERRN ge-
sehen hatten, die er an Israel getan hat-
te. Da starb Josua, der Sohn Nuns, der 8
Knecht des HERRN, als er hundertund-
zehn Jahre alt war. Und sie begruben 9
ihn im Gebiet seines Erbteils in Tim-
nat-Heres auf dem Gebirge Efraim,
nördlich vom Berge Gaasch. Als auch 10
alle, die zu der Zeit gelebt hatten, zu
ihren Vätern versammelt waren, kam
nach ihnen ein anderes Geschlecht auf,
das den HERRN nicht kannte noch die
Werke, die er an Israel getan hatte. Da 11
taten die Israeliten, was dem HERRN
mißfiel, und dienten den Baalen und 12
verließen den HERRN, den Gott ihrer
Väter, der sie aus Ägyptenland geführt

hatte, und folgten andern Göttern nach
von den Göttern der Völker, die um sie
her wohnten, und beteten sie an und er-
13 zürnten den HERRN. Denn sie verließen
je und je den HERRN und dienten dem
14 Baal und den Astarten. So entbrannte
denn der Zorn des HERRN über Israel,
und er gab sie in die Hand von Räu-
bern, die sie beraubten, und verkaufte
sie in die Hände ihrer Feinde ringsum-
her. Und sie konnten nicht mehr ihren
15 Feinden widerstehen, sondern sooft sie
auszogen, [b]war des HERRN Hand wider
sie zum Unheil, wie denn der HERR
ihnen gesagt und geschworen hatte.
16 Und sie wurden hart bedrängt. Wenn
dann der HERR [c]Richter erweckte, die
ihnen halfen aus der Hand der Räuber,
17 so gehorchten sie den Richtern auch
nicht, sondern liefen andern Göttern
nach und beteten sie an und wichen
bald von dem Wege, auf dem ihre Väter
gegangen waren, als sie des HERRN Ge-
boten gehorchten; sie jedoch taten
18 nicht wie diese. Wenn aber der HERR
ihnen Richter erweckte, so war der
HERR mit dem Richter und errettete sie
aus der Hand ihrer Feinde, solange der
Richter lebte. Denn es jammerte den
HERRN ihr Wehklagen über die, die sie
19 unterdrückten und bedrängten. Wenn
aber der Richter gestorben war, so fie-
len sie wieder ab und trieben es ärger als
ihre Väter, indem sie andern Göttern
folgten, ihnen zu dienen und sie anzu-
beten. Sie ließen nicht von ihrem Tun
noch von ihrem [d]halsstarrigen Wandel.
20 Darum entbrannte der Zorn des HERRN
über Israel, und er sprach: Weil dies
Volk meinen Bund übertreten hat, den
ich ihren Vätern geboten habe, und ge-
21 horcht meiner Stimme nicht, so will ich
auch hinfort die Völker nicht vertrei-
ben, die Josua übriggelassen hat, als er
22 starb, damit ich Israel durch sie [e]prüfe,
ob sie auf dem Wege des HERRN bleiben
und darauf wandeln, wie ihre Väter ge-
23 blieben sind, oder nicht. So ließ der
HERR diese Völker, die er nicht in Jo-
suas Hand gegeben hatte, übrig, ohne
sie sogleich zu vertreiben.[f]

a (6-10) Jos 24,29-31 *b* 3.Mose 26,17; 5.Mose 2,15; 28,20; 1.Sam 12,15 *c* Apg 13,20 *d* 2.Mose 32,9 *e* Kap 3,1.4; 5.Mose 8,2 *f* Kap 1,28; Ps 106,34

Die in Kanaan übriggebliebenen Völker

3 Dies sind die Völker, die der HERR
übrig ließ – damit er durch sie Israel
[a]prüfte, alle, die nichts wußten von den
Kriegen um Kanaan, und die Ge- 2
schlechter Israels Krieg führen lehrte,
die früher nichts davon wußten –, näm- 3
lich die [b]fünf Fürsten der Philister und
alle Kanaaniter und Sidonier und He-
witer, die am Gebirge Libanon wohn-
ten, vom Berg Baal-Hermon an bis
dorthin, wo man nach Hamat kommt.
Diese blieben, um Israel durch sie zu 4
prüfen, damit es kund würde, ob sie
den Geboten des HERRN gehorchten,
die er ihren Vätern durch Mose gebo-
ten hatte. Als nun die Israeliten wohn- 5
ten unter den Kanaanitern, Hetitern,
Amoritern, Perisitern, Hewitern und
Jebusitern, nahmen sie deren Töchter 6
zu Frauen und gaben ihre Töchter de-
ren Söhnen und dienten deren Göt-
tern.[c]

a Kap 2,22 *b* Jos 13,3 *c* 5.Mose 7,3

Der Richter Otniël

Und die Israeliten taten, was dem 7
HERRN mißfiel, und vergaßen den
HERRN, ihren Gott, und dienten den
Baalen und den Ascheren. Da ent- 8
brannte der Zorn des HERRN über Is-
rael, und er verkaufte sie in die Hand
Kuschan-Rischatajims, des Königs von
Mesopotamien; und so diente Israel
dem Kuschan-Rischatajim acht Jahre.
Da schrien die Israeliten zu dem 9
HERRN, und der HERR erweckte ihnen
einen Retter, der sie errettete, [a]Otniël,
den Sohn des Kenas, des jüngsten Bru-
ders von Kaleb. Und der [b]Geist des 10
HERRN kam auf ihn, und er wurde
Richter in Israel und zog aus zum
Kampf. Und der HERR gab den König
von Mesopotamien Kuschan-Rischata-
jim in seine Hand, so daß seine Hand
über ihn stark wurde. Da hatte das 11
Land Ruhe vierzig Jahre. Und Otniël,
der Sohn des Kenas, starb.

a Kap 1,13; Jos 15,17.18 *b* Kap 6,34

Die Richter Ehud und Schamgar

Aber die Israeliten taten wiederum, 12
was dem HERRN mißfiel. Da machte der
HERR den Eglon, den König der Moa-
biter, stark gegen Israel, weil sie taten,
was dem HERRN mißfiel Und er sam- 13
melte zu sich die Ammoniter und die
Amalekiter und zog hin und schlug Is-
rael und nahm die [a]Palmenstadt ein.
Und die Israeliten dienten Eglon, dem 14
König der Moabiter, achtzehn Jahre.
Da schrien sie zu dem HERRN, und der 15
HERR erweckte ihnen einen Retter,

Ehud, den Sohn Geras, den Benjamini-
ter; der war linkshändig.
Und als die Israeliten durch ihn Tri-
but sandten an Eglon, den König der
16 Moabiter, machte sich Ehud einen
zweischneidigen Dolch, eine Hand
lang, und gürtete ihn unter sein Kleid
17 auf seine rechte Hüfte und brachte
Eglon, dem König der Moabiter, den
Tribut. Eglon aber war ein sehr fetter
18 Mann. Und als er den Tribut überge-
ben hatte, entließ er die Leute, die den
19 Tribut getragen hatten. Er selbst aber
kehrte um bei den Steinbildern zu Gil-
gal und ließ sagen: Ich habe, o König,
dir heimlich etwas zu sagen. Der aber
gebot: Hinaus! Da gingen hinaus von
20 ihm alle, die um ihn standen. Und
Ehud kam zu ihm hinein. Er aber saß in
dem kühlen Obergemach, das für ihn
allein bestimmt war. Und Ehud
sprach: Ich habe ein Wort von Gott an
dich. Da stand er auf von seinem
21 Thron. Ehud aber streckte seine linke
Hand aus und nahm den Dolch von sei-
ner rechten Hüfte und stieß ihm den in
22 den Bauch,[b] daß nach der Schneide
noch der Griff hineinfuhr und das Fett
die Schneide umschloß; denn er zog
den Dolch nicht aus seinem Bauch.
23 Aber Ehud ging zum Nebenraum hin-
aus, machte die Tür des Obergemachs
hinter sich zu und verschloß sie.
24 Als er nun hinausgegangen war, ka-
men die Leute des Königs und sahen,
daß die Tür verschlossen war, und
sprachen: Er ist vielleicht austreten ge-
gangen in die Kammer am Oberge-
25 mach. Als sie aber allzu lange gewartet
hatten und niemand die Tür des Gema-
ches auftat, nahmen sie den Schlüssel
und schlossen auf. Siehe, da lag ihr
26 Herr auf der Erde tot. Ehud aber war
entronnen, während sie gewartet hat-
ten, und ging an den Steinbildern vor-
27 über und entkam bis nach Seïra. Und
als er hineinkam, blies er die Posaune
auf dem Gebirge Efraim. Und die Is-
raeliten zogen mit ihm vom Gebirge
28 und er vor ihnen her, und er sprach zu
ihnen: Schnell mir nach! Denn der
HERR hat die Moabiter, eure Feinde, in
eure Hände gegeben! Und sie jagten
ihm nach und besetzten die Furten am
Jordan, die nach Moab gehen, und lie-
29 ßen niemand hinüber und erschlugen
zu jener Zeit die Moabiter, etwa zehn-
tausend Mann, alles starke und streit-
bare Männer, so daß auch nicht einer
30 entrann. So wurden die Moabiter zu je-
ner Zeit unter die Hand Israels gede-
mütigt. Und das Land hatte Ruhe acht-
zig Jahre.
Nach ihm kam [c]Schamgar, der Sohn 31
Anats. Der erschlug sechshundert Phi-
lister mit einem Ochsenstecken, und
auch er errettete Israel.

a Kap 1,16 *b* 2.Sam 20,9.10 *c* Kap 5,6

Die Richterin Debora und Barak besiegen Sisera

Aber die Israeliten taten wiederum, 4
was dem HERRN mißfiel, als Ehud ge-
storben war. Und der HERR verkaufte 2
sie in die Hand [a]Jabins, des Königs von
Kanaan, der zu Hazor herrschte, und
sein Feldhauptmann war Sisera; der
wohnte in Haroschet der Heiden. Und 3
die Israeliten schrien zum HERRN, denn
Jabin hatte neunhundert eiserne Wa-
gen und unterdrückte die Israeliten mit
Gewalt zwanzig Jahre.
Zu der Zeit war Richterin in Israel 4
die Prophetin Debora, die Frau Lappi-
dots. Sie hatte ihren Sitz unter der 5
[b]Palme Deboras zwischen Rama und
Betel auf dem Gebirge Efraim. Und die
Israeliten kamen zu ihr hinauf zum Ge-
richt. Und sie sandte hin und ließ rufen 6
Barak, den Sohn Abinoams aus [c]Ke-
desch in Naftali, und ließ ihm sagen:
Hat dir nicht der HERR, der Gott Is-
raels, geboten: Geh hin und zieh auf
den Berg Tabor und nimm zehntau-
send Mann mit dir von Naftali und Se-
bulon? Ich aber will Sisera, den Feld- 7
hauptmann Jabins, dir zuführen an den
Bach Kison mit seinen Wagen und mit
seinem Heer und will ihn in deine Hän-
de geben. Barak sprach zu ihr: Wenn 8
du mit mir ziehst, so will auch ich zie-
hen; ziehst du aber nicht mit mir, so
will auch ich nicht ziehen. Sie sprach: 9
Ich will mit dir ziehen; aber der Ruhm
wird nicht dein sein auf diesem Kriegs-
zug, den du unternimmst, sondern der
HERR wird Sisera in eines Weibes Hand
geben. So machte sich Debora auf und
zog mit Barak nach Kedesch. Da rief 10
Barak Sebulon und Naftali nach Ke-
desch; und es zogen hinauf ihm nach
zehntausend Mann. Debora zog auch
mit ihm. Heber aber, der Keniter, war 11
von den Kenitern, vom Geschlecht
[d]Hobabs, mit dem Mose verschwägert
war, weggezogen und hatte sein Zelt
aufgeschlagen bei der Eiche in Zaanan-
nim bei Kedesch.
Da wurde Sisera angesagt, daß Ba- 12
rak, der Sohn Abinoams, auf den Berg

13 Tabor gezogen wäre. Und er rief alle
seine Kriegswagen zusammen, neun-
hundert eiserne Wagen, und das ganze
Volk, das mit ihm war, aus Haroschet
14 der Heiden an den Bach Kison. Debora
aber sprach zu Barak: Auf! Das ist der
Tag, an dem dir der HERR den Sisera in
deine Hand gegeben hat, denn der
HERR ist ausgezogen vor dir her. So zog
Barak von dem Berge Tabor hinab und
15 die zehntausend Mann ihm nach. Und
der HERR [e]erschreckte den Sisera samt
allen seinen Wagen und dem ganzen
Heer vor der Schärfe von Baraks
Schwert, so daß Sisera von seinem Wa-
16 gen sprang und zu Fuß floh. Barak aber
jagte den Wagen und dem Heer nach
bis Haroschet der Heiden. Und Siseras
ganzes Heer fiel durch die Schärfe des
Schwerts, so daß auch nicht einer
übrigblieb.
17 Sisera aber floh zu Fuß in das Zelt
Jaëls, der Frau des Keniters Heber.
Denn der König Jabin von Hazor und
das Haus Hebers, des Keniters, lebten
18 miteinander im Frieden. Jaël aber ging
hinaus Sisera entgegen und sprach zu
ihm: Kehre ein, mein Herr, kehre ein
bei mir und fürchte dich nicht! Und er
kehrte bei ihr ein in ihr Zelt, und sie
19 deckte ihn mit einer Decke zu. Er aber
sprach zu ihr: Gib mir doch ein wenig
Wasser zu trinken, denn ich habe
Durst. Da öffnete sie den Schlauch mit
Milch und gab ihm zu trinken und
20 deckte ihn wieder zu. Und er sprach zu
ihr: Tritt in die Tür des Zeltes, und
wenn einer kommt und fragt, ob je-
21 mand hier sei, so sprich: Niemand. Da
nahm Jaël, die Frau Hebers, einen
Pflock von dem Zelt und einen Ham-
mer in ihre Hand und ging leise zu ihm
hinein und schlug ihm den Pflock
durch seine Schläfe, daß er in die Erde
drang. Er aber war ermattet in einen
22 tiefen Schlaf gesunken. So starb er. Als
aber Barak Sisera nachjagte, ging ihm
Jaël entgegen und sprach zu ihm:
Komm her! Ich will dir den Mann zei-
gen, den du suchst. Und als er zu ihr
hereinkam, lag Sisera tot da, und der
Pflock steckte in seiner Schläfe.
23 So demütigte Gott zu der Zeit Jabin,
24 den König von Kanaan, vor Israel. Und
die Hand der Israeliten legte sich im-
mer härter auf Jabin, den König von
Kanaan, bis sie ihn vernichteten.

a Jos 11,1 b 1.Mose 35,8 c Jos 21,32 d Kap 1,16; 4.Mose 10,29 e Kap 5,20; 1.Mose 35,5; 2.Mose 23,27; 5.Mose 2,25; Jos 2,9-11

Deboras Siegeslied

Da sangen Debora und Barak, der Sohn 5
Abinoams, zu jener Zeit: Lobet den 2
HERRN, daß man sich in Israel zum
Kampf rüstete und das Volk willig dazu
gewesen ist. Höret zu, ihr Könige, und 3
merket auf, ihr Fürsten! Ich will sin-
gen, dem HERRN will ich singen, dem
HERRN, dem Gott Israels, will ich spie-
len.
HERR, als du von [a]Seïr auszogst und 4
einhergingst vom Gefilde Edoms, da
[b]erzitterte die Erde, der Himmel troff,
und die Wolken troffen von Wasser.
Die Berge wankten vor dem HERRN, der 5
Sinai vor dem HERRN, dem Gott Is-
raels.[c]
Zu den Zeiten [d]Schamgars, des Soh- 6
nes Anats, zu den Zeiten Jaëls waren
verlassen die Wege, und die da auf
Straßen gehen sollten, die wanderten
auf ungebahnten Wegen. Still war's bei 7
den Bauern, ja, still in Israel, bis du,
Debora, aufstandest, bis du aufstan-
dest, eine Mutter in Israel. Man er- 8
wählte sich neue Götter; es gab kein
Brot in den Toren. Es war [e]kein Schild
noch Speer unter vierzigtausend in Is-
rael zu sehen.
Mein Herz ist mit den Gebietern Is- 9
raels, mit denen, die willig waren unter
dem Volk. Lobet den HERRN! Die ihr 10
auf weißen Eselinnen reitet, die ihr auf
Teppichen sitzet und die ihr auf dem
Wege gehet: Singet! Horch, wie sie ju- 11
beln zwischen den Tränkrinnen! Da
sage man von der Gerechtigkeit des
HERRN, von der Gerechtigkeit an sei-
nen Bauern in Israel, als des HERRN
Volk herabzog zu den Toren. Auf, auf, 12
Debora! Auf, auf und singe ein Lied!
Mach dich auf, Barak, und fange, die
dich fingen, du Sohn Abinoams!
Da zog herab, was übrig war von 13
Herrlichen im Volk. Der HERR zog mit
mir herab unter den Helden: aus 14
Efraim zogen sie herab ins Tal, und
nach ihm Benjamin mit seinem Volk.
Von [f]Machir zogen Gebieter herab und
von Sebulon, die den Führerstab hal-
ten, und die Fürsten in Isaschar mit 15
Debora, wie Isaschar so Barak; ins Tal
folgte er ihm auf dem Fuß. An Rubens
Bächen überlegten sie lange. Warum 16
saßest du zwischen den Sattelkörben,
zu hören bei den Herden das Flöten-
spiel? An Rubens Bächen überlegten
sie lange. Gilead blieb jenseits des Jor- 17
dan. Und warum dient Dan auf frem-

den Schiffen? Asser saß am Ufer des
Meeres und blieb ruhig an seinen
18 Buchten. Sebulons Volk aber wagte
sein Leben in den Tod, Naftali auch auf
der Höhe des Gefildes.
19 Könige kamen und stritten; damals
stritten die Könige Kanaans zu Ta-
anach am Wasser Megiddos, aber Sil-
20 ber gewannen sie dabei nicht. Vom
Himmel her kämpften die Sterne, von
ihren Bahnen stritten sie wider Sisera.[g]
21 Der Bach Kison riß sie hinweg, der
uralte Bach, der Bach Kison. Tritt ein-
22 her, meine Seele, mit Kraft! Da
stampften die Hufe der Rosse, ein Ja-
gen ihrer mächtigen Renner.
23 Fluchet der Stadt Meros, sprach der
Engel des HERRN, fluchet, fluchet ihren
Bürgern, daß sie nicht kamen dem
HERRN zu Hilfe, zu Hilfe dem HERRN
24 unter den Helden! Gepriesen sei unter
den Frauen Jaël, das Weib Hebers, des
Keniters; gepriesen sei sie im Zelt un-
25 ter den Frauen! Milch gab sie, als er
Wasser forderte, Sahne reichte sie dar
26 in einer herrlichen Schale.[h] Sie griff
mit ihrer Hand den Pflock und mit ih-
rer Rechten den Schmiedehammer und
zerschlug Siseras Haupt und zermalm-
27 te und durchbohrte seine Schläfe. Zu
ihren Füßen krümmte er sich, fiel nie-
der und lag da. Er krümmte sich, fiel
nieder zu ihren Füßen; wie er sich
krümmte, so lag er erschlagen da.
28 Die Mutter Siseras spähte zum Fen-
ster hinaus und klagte durchs Gitter:
Warum zögert sein Wagen, daß er nicht
kommt? Warum säumen die Hufe sei-
29 ner Rosse? Die weisesten unter ihren
Fürstinnen antworten, und sie selbst
30 wiederholt ihre Worte: Sie werden
wohl Beute finden und verteilen, ein
Weib, zwei Weiber für jeden Mann,
und für Sisera bunte gestickte Kleider
zur Beute, gewirkte bunte Tücher um
den Hals als Beute.
31 So sollen umkommen, HERR, alle
deine Feinde! [i] Die ihn aber liebhaben,
sollen sein, wie die Sonne aufgeht in ih-
rer Pracht!

Und das Land hatte Ruhe vierzig
Jahre.

a 5.Mose 33,2 *b* Hab 3,3-6 *c* Ps 68,9
d Kap 3,31 *e* 1.Sam 13,19.22 *f* Jos 17,1
g 2.Mose 14,25; Jos 10,14 *h* Kap 4,19
i 5.Mose 6,5

Israel von den Midianitern bedrängt

6 Und als die Israeliten taten, was dem
HERRN mißfiel, gab sie der HERR in die
Hand der Midianiter sieben Jahre. Und 2
als die Hand der Midianiter zu stark
wurde über Israel, machten sich die Is-
raeliten in den Bergen Schluchten zu-
recht und Höhlen und Festungen. Und 3
immer, [a] wenn Israel gesät hatte, kamen
die Midianiter und Amalekiter und die
aus dem Osten herauf über sie und la- 4
gerten sich gegen sie und vernichteten
die Ernte im Land bis hin nach Gaza
und ließen nichts übrig an Nahrung in
Israel, weder Schafe noch Rinder noch
Esel. Denn sie kamen herauf mit ihrem 5
Vieh und ihren Zelten wie eine große
Menge Heuschrecken, so daß weder sie
noch ihre Kamele zu zählen waren, und
fielen ins Land, um es zu verderben. So 6
wurde Israel sehr schwach vor den Mi-
dianitern. Da schrien die Israeliten
zum HERRN.
Als sie aber zum HERRN schrien um 7
der Midianiter willen, sandte der HERR 8
einen Propheten zu ihnen, der sprach
zu ihnen: So spricht der HERR, der Gott
Israels: Ich habe euch aus Ägypten ge-
führt und aus der Knechtschaft ge-
bracht und habe euch errettet aus der 9
Hand der Ägypter und aus der Hand al-
ler, die euch bedrängten, und habe sie
vor euch her ausgestoßen und ihr Land
euch gegeben und zu euch gesprochen: 10
Ich bin der HERR, euer Gott! Ihr sollt
nicht fürchten die Götter der Amoriter,
in deren Land ihr wohnt. Aber ihr habt
meiner Stimme nicht gehorcht.

a 5.Mose 28,33

Gideon zum Richter berufen

Und der Engel des HERRN kam und 11
setzte sich unter die Eiche bei Ofra; die
gehörte Joas, dem [a] Abiësriter. Und
sein Sohn Gideon drosch Weizen in der
Kelter, damit er ihn berge vor den Mi-
dianitern. Da erschien ihm der Engel 12
des HERRN und sprach zu ihm: Der
HERR mit dir, du streitbarer Held! Gi- 13
deon aber sprach zu ihm: Ach, mein
Herr! Ist der HERR mit uns, warum ist
uns dann das alles widerfahren? Und
wo sind alle seine Wunder, die uns un-
sere Väter erzählten und sprachen: Der
HERR hat uns aus Ägypten geführt?
Nun aber hat uns der HERR verstoßen
und in die Hände der Midianiter gege-
ben. Der HERR aber wandte sich zu ihm 14
und sprach: Geh hin in dieser deiner
Kraft; du sollst Israel erretten aus den
Händen der Midianiter. Siehe, ich habe
dich gesandt![b] Er aber sprach zu ihm: 15
Ach, mein Herr, womit soll ich Israel

erretten? Siehe, mein Geschlecht ist
das geringste in Manasse, und ich bin
der Jüngste in meines Vaters Hause.
16 Der HERR aber sprach zu ihm: [c] Ich will
mit dir sein, daß du die Midianiter
17 schlagen sollst wie *einen* Mann. Er aber
sprach zu ihm: Hab ich Gnade vor dir
gefunden, so mach mir doch ein Zeichen,
daß du es bist, der mit mir redet.
18 [d] Geh nicht fort, bis ich wieder zu dir
komme und bringe meine Gabe und
lege sie vor dir hin. Er sprach: Ich will
19 bleiben, bis du wiederkommst. Und
Gideon ging hin und richtete ein [e] Ziegenböcklein
zu und ungesäuerte Brote
von einem Scheffel Mehl und legte das
Fleisch in einen Korb und tat die Brühe
in einen Topf und brachte es zu ihm
hinaus unter die Eiche und trat hinzu.
20 Aber der Engel Gottes sprach zu ihm:
Nimm das Fleisch und die Brote und
lege es hin auf den Fels hier und gieß
21 die Brühe darüber. Und er tat es. Da
streckte der Engel des HERRN den Stab
aus, den er in der Hand hatte, und berührte
mit der Spitze das Fleisch und
die Brote. Da fuhr [f] Feuer aus dem Fels
und verzehrte das Fleisch und die Brote.
Und der Engel des HERRN ent-
22 schwand seinen Augen. [g] Als nun Gideon
sah, daß es der Engel des HERRN
war, sprach er: Ach, Herr HERR! Habe
ich wirklich den Engel des HERRN von
23 Angesicht zu Angesicht gesehen! Aber
der HERR sprach zu ihm: Friede sei mit
dir! Fürchte dich nicht, du wirst nicht
24 sterben. Da baute Gideon dem HERRN
dort einen Altar und nannte ihn »Der
HERR ist Friede«. Der steht noch bis auf
den heutigen Tag in Ofra, der Stadt der
Abiësriter.

a Jos 17,2 *b* Vers 32; 1.Sam 12,11; Hebr 11,23
c 2.Mose 3,12 *d* Kap 13,15.16 *e* 3.Mose 4,28
f 3.Mose 9,24 *g* (*22 und 23*) Kap 13,22;
2.Mose 33,20

Gideons Eifer für Gott

25 Und in derselben Nacht sprach der
HERR zu ihm: Nimm einen jungen Stier
von den Stieren deines Vaters und
einen zweiten Stier, der siebenjährig
ist, und [a] reiße nieder den Altar Baals,
der deinem Vater gehört, und haue um
das [b] Bild der Aschera, das dabei steht,
26 und baue dem HERRN, deinem Gott,
oben auf der Höhe dieses Felsens einen
Altar und rüste ihn zu und nimm den
zweiten Stier und bringe ein Brandopfer
dar mit dem Holz des Ascherabil-
27 des, das du umgehauen hast. Da nahm
Gideon zehn Mann von seinen Leuten
und tat, wie ihm der HERR gesagt hatte.
Aber er fürchtete sich vor seines Vaters
Haus und vor den Leuten in der Stadt,
das am Tage zu tun, und tat's in der
Nacht. Als nun die Leute in der Stadt 28
früh am Morgen aufstanden, siehe, da
war der Altar Baals niedergerissen und
das Ascherabild daneben umgehauen
und der zweite Stier als Brandopfer
dargebracht auf dem Altar, der gebaut
war. Und einer sprach zum andern: 29
Wer hat das getan? Und als sie suchten
und nachfragten, wurde gesagt: Gideon,
der Sohn des Joas, hat das getan.
Da sprachen die Leute der Stadt zu 30
Joas: Gib deinen Sohn heraus; er muß
sterben, weil er den Altar Baals niedergerissen
und das Ascherabild daneben
umgehauen hat. Joas aber sprach zu al- 31
len, die bei ihm standen: Wollt ihr für
Baal streiten? Wollt ihr ihm helfen?
Wer für ihn streitet, der soll noch
diesen Morgen sterben. Ist er Gott, so
streite er für sich selbst, weil sein Altar
niedergerissen ist.[c] Von dem Tag an 32
nannte man Gideon [d] Jerubbaal, das
heißt »Baal streite mit ihm«, weil er seinen
Altar niedergerissen hat.

a 2.Kön 11,18 *b* 2.Kön 23,12-15
c 1.Kön 18,21-39 *d* Kap 7,1

Gideons Zurüstung zum Kampf

Als nun alle Midianiter und Amalekiter 33
und die aus dem Osten sich versammelt
hatten, zogen sie herüber und lagerten
sich in der Ebene Jesreel. Da erfüllte 34
der [a] Geist des HERRN den Gideon.
Und er ließ die Posaune blasen und rief
die Abiësriter auf, ihm zu folgen. Und 35
er sandte Botschaft zu ganz Manasse
und rief sie auf, daß auch sie ihm folgten.
Er sandte auch Botschaft zu Asser
und Sebulon und Naftali; die kamen
herauf, ihm entgegen.

Und Gideon sprach zu Gott: Willst 36
du Israel durch meine Hand erretten,
wie du zugesagt hast, so will ich abge- 37
schorene Wolle auf die Tenne legen:
Wird der Tau allein auf der Wolle sein
und der ganze Boden umher trocken, so
will ich daran erkennen, daß du Israel
erretten wirst durch meine Hand, wie
du zugesagt hast. Und so geschah es. 38
Und als er am andern Morgen früh aufstand,
drückte er den Tau aus der Wolle,
eine Schale voll Wasser! Und Gi- 39
deon sprach zu Gott: [b] Dein Zorn entbrenne
nicht gegen mich, wenn ich
noch einmal rede. Ich will's nur noch
einmal versuchen mit der Wolle: es sei

allein auf der Wolle trocken und Tau
40 auf dem ganzen Boden. Und Gott
machte es so in derselben Nacht, daß es
trocken war allein auf der Wolle und
Tau überall auf dem Boden.

[a] Kap 3,10; 11,29; 13,25 [b] 1.Mose 18,30

Gideons Sieg über Midian

7 Da machte sich [a] Jerubbaal – das ist Gi-
deon – früh auf und das ganze Kriegs-
volk, das mit ihm war, und sie lagerten
sich an der Quelle Harod, so daß er das
Heerlager der Midianiter nördlich von
2 dem Hügel More im Tal hatte. Der
HERR aber sprach zu Gideon: Zu zahl-
reich ist das Volk, das bei dir ist, als daß
ich Midian in seine Hände geben sollte;
Israel könnte sich rühmen wider mich
und sagen: Meine Hand hat mich erret-
3 tet. So laß nun ausrufen vor den Ohren
des Volks: [b] Wer ängstlich und verzagt
ist, der kehre um. So sichtete sie Gi-
deon. Da kehrten vom Kriegsvolk
zweiundzwanzigtausend um, so daß
4 nur zehntausend übrigblieben. Und
der HERR sprach zu Gideon: Das Volk
ist noch zu zahlreich. Führe sie hinab
ans Wasser; dort will ich sie dir sichten.
Und von wem ich dir sagen werde, daß
er mit dir ziehen soll, der soll mit dir
ziehen; von wem ich aber sagen werde,
daß er nicht mit dir ziehen soll, der soll
5 nicht mitziehen. Und er führte das
Volk hinab ans Wasser. Und der HERR
sprach zu Gideon: Wer mit seiner Zun-
ge Wasser leckt, wie ein Hund leckt,
den stelle besonders; ebenso, wer nie-
6 derkniet, um zu trinken. Da war die
Zahl derer, die geleckt hatten, dreihun-
dert Mann. Alles übrige Volk hatte
kniend getrunken aus der Hand zum
7 Mund. Und der HERR sprach zu Gi-
deon: Durch die [c] dreihundert Mann,
die geleckt haben, will ich euch erretten
und die Midianiter in deine Hände ge-
ben; aber alles übrige Volk laß gehen an
8 seinen Ort. Und sie nahmen die Ver-
pflegung des Volks und ihre Posaunen
an sich. Aber die übrigen Israeliten ließ
er alle gehen, jeden in sein Zelt; die
dreihundert Mann aber behielt er bei
sich. Und das Heer der Midianiter lag
unten vor ihm in der Ebene.

9 Und der HERR sprach in derselben
Nacht zu Gideon: Steh auf und geh
hinab zum Lager; denn ich habe es in
10 deine Hände gegeben. Fürchtest du
dich aber hinabzugehen, so laß deinen
Diener Pura mit dir hinabgehen zum
11 Lager, damit du hörst, was sie reden.
Danach werden deine Hände stark sein,
und du wirst hinabziehen zum Lager.
Da ging Gideon mit seinem Diener
Pura hinab bis an den Ort der Schild-
wache, die im Lager war. Und die Mi- 12
dianiter und Amalekiter und alle aus
dem Osten hatten sich niedergelassen
in der Ebene wie eine Menge Heu-
schrecken, und ihre Kamele waren
nicht zu zählen wegen ihrer großen
Menge, wie der Sand am Ufer des Mee-
res. Als nun Gideon kam, siehe, da er- 13
zählte einer einem andern einen Traum
und sprach: Siehe, ich habe geträumt:
ein Laib Gerstenbrot rollte zum Lager
der Midianiter; und er kam an das Zelt,
stieß es um, daß es einfiel, und kehrte
es um, das Oberste zu unterst, so daß
das Zelt am Boden lag. Da antwortete 14
der andere: Das ist nichts anderes als
das Schwert Gideons, des Sohnes des
Joas, des Israeliten. Gott hat die Midi-
aniter in seine Hände gegeben mit dem
ganzen Heerlager. Als Gideon diesen 15
Traum erzählen hörte und seine Ausle-
gung, fiel er anbetend nieder und kam
zurück ins Lager Israels und sprach:
Macht euch auf, denn der HERR hat das
Lager der Midianiter in eure Hände ge-
geben! Und er teilte die dreihundert 16
Mann in drei Heerhaufen und gab je-
dem eine Posaune in die Hand und lee-
re Krüge mit Fackeln darin und sprach 17
zu ihnen: Seht auf mich und tut eben-
so; wenn ich nun an das Lager komme
– wie ich tue, so tut ihr auch! Wenn ich 18
die Posaune blase und alle, die mit mir
sind, so sollt ihr auch die Posaunen bla-
sen rings um das ganze Heerlager und
rufen: Für den HERRN und für Gideon!

So kam Gideon mit hundert Mann 19
an das Lager zu Anfang der mittleren
Nachtwache, als sie eben die Wachen
aufgestellt hatten, und sie bliesen die
Posaunen und zerschlugen die Krüge
in ihren Händen. Da bliesen alle drei 20
Heerhaufen die Posaunen und zerbra-
chen die Krüge. Sie hielten aber die
Fackeln in ihrer linken Hand und die
Posaunen in ihrer rechten Hand, um zu
blasen, und riefen: Hier Schwert des
HERRN und Gideons! Und sie blieben 21
stehen, jeder an seiner Stelle, rings um
das Lager her. Da fing das ganze Heer
an zu laufen, und sie schrien und flo-
hen. Und während die dreihundert 22
Mann die Posaunen bliesen, schaffte
der HERR, daß im ganzen Heerlager
eines jeden Schwert gegen den andern
war. Und das Heer floh bis Bet-Schitta

auf Zereda zu, bis an die Grenze von
Abel-Mehola bei Tabbat.[d]
23 Und die Männer Israels von Naftali,
von Asser und von ganz Manasse wur-
den zusammengerufen und jagten den
24 Midianitern nach. Und Gideon sandte
Botschaft auf das ganze Gebirge Efraim
und ließ sagen: Kommt herab den Mi-
dianitern entgegen und nehmt ihnen
die Wasserstellen weg bis nach Bet-
Bara und auch den Jordan. Da wurden
zusammengerufen alle, die von Efraim
waren, und nahmen ihnen die Wasser-
stellen weg bis nach Bet-Bara und auch
25 den Jordan. Und sie fingen zwei Für-
sten der Midianiter, Oreb und Seeb,
und erschlugen Oreb am Felsen Oreb*
und Seeb bei der Kelter Seeb* und jag-
ten den Midianitern nach und brachten
die Häupter Orebs und Seebs zu Gi-
deon über den Jordan.
8 Da sprachen die Männer von
[e]Efraim zu ihm: Warum hast du uns
das angetan, daß du uns nicht riefst, als
du in den Kampf zogst gegen die Midi-
aniter? Und sie zankten heftig mit ihm.
2 Er aber sprach zu ihnen: Was hab ich
jetzt getan, das eurer Tat gleich sei? Ist
nicht die Nachlese Efraims besser als
3 die ganze Weinernte [f]Abiësers? Gott
hat die Fürsten der Midianiter, Oreb
und Seeb, in eure Hände gegeben. Was
hab ich zu tun vermocht gegen das, was
ihr getan habt? Als er das sagte, ließ ihr
Zorn von ihm ab.

a Kap 6,32 *b* 5.Mose 20,8 *c* 1.Sam 14,6
d Ps 83,10; Jes 9,3; 10,26 *e* Kap 12,1
f Kap 6,11.15
*Kap 7,25: Die Namen bedeuten »Rabenfels« und »Wolfskelter«.

Weitere Taten Gideons und sein Tod

4 Als nun Gideon an den Jordan kam,
ging er hinüber mit den dreihundert
Mann, die bei ihm waren; die waren
5 müde und jagten den Feinden nach. Da
bat er die Leute von [a]Sukkot: Gebt
doch dem Volk, das mir auf dem Fuße
folgt, Brote; denn sie sind müde, und
ich muß nachjagen den Königen der
Midianiter, Sebach und Zalmunna.
6 Aber die Oberen von Sukkot sprachen:
Sind die Fäuste Sebachs und Zalmun-
nas schon in deinen Händen, daß wir
7 deinem Heer Brot geben sollen? Gi-
deon sprach: Wohlan, wenn der HERR
Sebach und Zalmunna in meine Hand
gibt, will ich euer Fleisch mit Dornen
aus der Wüste und mit Stacheln zerdre-
8 schen. Und er zog von dort hinauf nach
Pnuël und redete ebenso mit ihnen.
Und die Leute von Pnuël antworteten
ihm dasselbe wie die von Sukkot. Und 9
er sprach auch zu den Leuten von
Pnuël: Komm ich heil wieder, so will
ich diese Burg niederreißen.
Sebach aber und Zalmunna waren in 10
Karkor und ihr Heerlager mit ihnen,
etwa fünfzehntausend, alle, die übrig-
geblieben waren vom ganzen Heer de-
rer aus dem Osten; denn hundertund-
zwanzigtausend waren gefallen, die das
Schwert ziehen konnten. Und Gideon 11
zog herauf auf der Straße derer, die in
Zelten wohnen, östlich von Nobach
und Jogbeha, und schlug das Heerla-
ger, während es ohne Sorge lagerte.
Und Sebach und Zalmunna flohen; 12
aber er jagte ihnen nach und nahm ge-
fangen die beiden Könige der Midiani-
ter, Sebach und Zalmunna, und setzte
das ganze Heerlager in Schrecken.
Als nun Gideon, der Sohn des Joas, 13
vom Kampf zurückkam, auf der Steige
von Heres, griff er sich einen Knaben 14
von den Leuten von Sukkot und fragte
ihn aus. Der schrieb ihm auf die Obe-
ren von Sukkot und ihre Ältesten, sie-
benundsiebzig Mann. Und er kam zu 15
den Leuten von Sukkot und sprach:
Siehe, hier sind Sebach und Zalmunna,
um derentwillen ihr mich verspottet
habt und gesprochen: Ist denn Sebachs
und Zalmunnas Faust schon in deinen
Händen, daß wir deinen Leuten, die
müde sind, Brot geben sollen? Und er 16
nahm die Ältesten der Stadt und holte
Dornen aus der Wüste und Stacheln
und ließ es die Leute zu Sukkot fühlen.
Und die Burg von Pnuël riß er nieder 17
und erschlug die Leute der Stadt.
Und Gideon sprach zu Sebach und 18
Zalmunna: Wie waren die Männer, die
ihr am Tabor erschlagen habt? Sie
sprachen: Sie waren wie du, jeder an-
zusehen wie ein Königssohn. Er aber 19
sprach: Es sind meine Brüder, meiner
Mutter Söhne, gewesen. So wahr der
HERR lebt: wenn ihr sie am Leben ge-
lassen hättet, würde ich euch nicht tö-
ten.[b] Und er sprach zu seinem erstge- 20
borenen Sohn Jeter: Steh auf und er-
schlage sie. Aber der Knabe zog sein
Schwert nicht; denn er fürchtete sich,
weil er noch ein Knabe war. Sebach 21
aber und Zalmunna sprachen: Steh du
auf und mache dich an uns; denn wie
der Mann ist, so ist auch seine Kraft.
Da stand Gideon auf und erschlug Se-
bach und Zalmunna und nahm die klei-

nen Monde, die an den Hälsen ihrer
Kamele waren.
22 Da sprachen die Männer von Israel
zu Gideon: Sei Herrscher über uns, du
und dein Sohn und deines Sohnes
Sohn, weil du uns aus der Hand der
23 Midianiter errettet hast. Aber Gideon
sprach zu ihnen: Ich will nicht Herr-
scher über euch sein, und mein Sohn
soll auch nicht Herrscher über euch
sein, sondern der HERR soll Herrscher
24 über euch sein. Und Gideon sprach zu
ihnen: Eins begehre ich von euch: jeder
gebe mir die Ringe, die er als Beute ge-
nommen hat. Denn weil es Ismaeliter
25 waren, hatten sie goldene Ringe. Sie
sprachen: Die wollen wir geben. Und
sie breiteten einen Mantel aus, und ein
jeder warf die Ringe darauf, die er als
26 Beute genommen hatte. Und die golde-
nen Ringe, die er gefordert hatte, wo-
gen tausendsiebenhundert Lot Gold
ohne die kleinen Monde und Ohrringe
und Purpurkleider, die die Könige der
Midianiter getragen hatten, und ohne
27 die Spangen ihrer Kamele.[c] Und Gi-
deon machte einen [d]Efod daraus und
stellte ihn in seiner Stadt Ofra auf. Und
ganz Israel trieb dort mit ihm Abgötte-
rei. Und er wurde Gideon und seinem
Hause zum Fallstrick.
28 So wurden die Midianiter gedemü-
tigt vor den Israeliten und hoben ihren
Kopf nicht mehr empor. Und [e]das
Land hatte Ruhe vierzig Jahre, solange
Gideon lebte.
29 Und Jerubbaal, der Sohn des Joas,
ging hin und wohnte in seinem Hause.
30 Und Gideon hatte siebzig leibliche
Söhne, denn er hatte viele Frauen.
31 Auch seine Nebenfrau, die er in Sichem
hatte, gebar ihm einen Sohn; den nann-
32 te er Abimelech. Und Gideon, der
Sohn des Joas, starb in hohem Alter
und wurde begraben im Grab seines
Vaters Joas in [f]Ofra, der Stadt der
Abiësriter.
33 Als aber Gideon gestorben war,
kehrten sich die Israeliten ab und [g]lie-
fen den Baalen nach und machten
34 [h]Baal-Berit zu ihrem Gott. Und sie
dachten nicht an den HERRN, ihren
Gott, der sie errettet hatte aus der Hand
35 aller ihrer Feinde ringsumher, und [i]er-
zeigten sich nicht dankbar dem Hause
des Jerubbaal – das ist Gideon – für al-
les Gute, das er an Israel getan hatte.

a 1.Mose 33,17 *b* 4.Mose 35,31 *c* 4.Mose 31,50
d Kap 17,5 *e* Kap 3,11; 5,31 *f* Kap 6,11
g Kap 2,11 *h* Kap 9,4 *i* Kap 9,5.19.24

Abimelechs Königtum

[a]Abimelech aber, der Sohn Jerubbaals, 9
ging hin nach Sichem zu den Brüdern
seiner Mutter und redete mit ihnen und
mit dem ganzen Geschlecht des Hauses
seiner Mutter und sprach: Redet doch 2
vor den Ohren aller Männer von Si-
chem: [b]Was ist euch besser, daß siebzig
Männer, alle die Söhne Jerubbaals,
über euch Herrscher seien oder daß *ein*
Mann über euch Herrscher sei? Denkt
auch daran, daß ich euer Gebein und
Fleisch bin. Da redeten die Brüder sei- 3
ner Mutter seinetwegen alle diese Wor-
te vor den Ohren aller Männer von Si-
chem. Und ihr Herz neigte sich Abime-
lech zu; denn sie dachten: Er ist unser
Bruder. Und sie gaben ihm siebzig Sil- 4
berstücke aus dem Tempel des [c]Baal-
Berit. Und Abimelech warb damit lose,
verwegene Männer an, die ihm nach-
folgten. Und er kam in das Haus seines 5
Vaters nach Ofra und tötete seine Brü-
der, die Söhne Jerubbaals, siebzig
Mann, auf *einem* Stein. Es blieb aber
übrig Jotam, der jüngste Sohn Jerub-
baals; denn er hatte sich versteckt. Und 6
es versammelten sich alle Männer von
Sichem und alle Bewohner des Millo,
gingen hin und machten Abimelech
zum König bei der [d]Eiche am Steinmal
von Sichem.
Als das dem Jotam angesagt wurde, 7
ging er hin und stellte sich auf den Gip-
fel des Berges Garizim, erhob seine
Stimme, rief und sprach zu ihnen: Hö-
ret mich, ihr Männer von Sichem, daß
euch Gott auch höre.
Die Bäume gingen hin, um einen 8
König über sich zu salben, und spra-
chen zum Ölbaum: Sei unser König!
Aber der Ölbaum antwortete ihnen: 9
Soll ich meine Fettigkeit lassen, die
Götter und Menschen an mir preisen,
und hingehen, über den Bäumen zu
schweben? Da sprachen die Bäume 10
zum Feigenbaum: Komm du und sei
unser König! Aber der Feigenbaum 11
sprach zu ihnen: Soll ich meine Süßig-
keit und meine gute Frucht lassen und
hingehen, über den Bäumen zu schwe-
ben? Da sprachen die Bäume zum 12
Weinstock: Komm du und sei unser
König! Aber der Weinstock sprach zu 13
ihnen: Soll ich meinen Wein lassen, der
Götter und Menschen fröhlich macht,
und hingehen, über den Bäumen zu
schweben? Da sprachen alle Bäume 14
zum [e]Dornbusch: Komm du und sei

15 unser König! Und der Dornbusch
sprach zu den Bäumen: Ist's wahr, daß
ihr mich zum König über euch salben
wollt, so kommt und bergt euch in mei-
nem Schatten; wenn nicht, so gehe
Feuer vom Dornbusch aus und verzeh-
re die Zedern Libanons.
16 Habt ihr nun recht und redlich ge-
tan, daß ihr Abimelech zum König ge-
macht habt? Und habt ihr wohlgetan
an Jerubbaal und an seinem Hause, und
habt ihr ihm getan, wie er's um euch
17 verdient hat? Denn mein Vater hat für
euch gekämpft und sein Leben gewagt,
um euch aus der Hand der Midianiter
18 zu erretten. Aber ihr habt euch heute
gegen meines Vaters Haus aufgelehnt
und seine Söhne getötet, siebzig Mann
auf *einem* Stein, und habt Abimelech,
seiner Magd Sohn, zum König über die
Männer von Sichem gemacht, weil er
19 euer Bruder ist. Habt ihr nun heute
recht und redlich gehandelt an Jerub-
baal und an seinem Hause, so seid fröh-
lich über Abimelech, und er sei fröhlich
20 über euch. Wenn nicht, [f] so gehe Feuer
aus von Abimelech und verzehre die
Männer von Sichem und die Bewohner
des Millo, und gehe auch Feuer aus von
den Männern von Sichem und von den
Bewohnern des Millo und verzehre
21 Abimelech. Und Jotam floh vor seinem
Bruder Abimelech und entwich und
ging nach Beer und wohnte dort.
22 Als nun Abimelech drei Jahre über
23 Israel geherrscht hatte, sandte Gott
[g] einen bösen Geist zwischen Abime-
lech und die Männer von Sichem. Und
die Männer von Sichem wurden Abi-
24 melech untreu, damit der Frevel an den
siebzig Söhnen Jerubbaals und ihr
[h] Blut käme auf Abimelech, ihren Bru-
der, der sie getötet hatte, und auf die
Männer von Sichem, die ihm seine
Hand dazu gestärkt hatten, daß er seine
25 Brüder tötete. Und die Männer von Si-
chem legten einen Hinterhalt auf den
Höhen der Berge und beraubten alle,
die auf der Straße bei ihnen vorüberka-
men. Und es wurde Abimelech ange-
sagt.
26 Es kamen aber Gaal, der Sohn
Ebeds, und seine Brüder und zogen in
Sichem ein. Und die Männer von Si-
27 chem verließen sich auf ihn und zogen
hinaus aufs Feld und ernteten ihre
Weinberge ab und kelterten und hiel-
ten ein Freudenfest und gingen in das
Haus ihres Gottes, aßen und tranken
28 und fluchten dem Abimelech. Und
Gaal, der Sohn Ebeds, sprach: Wer ist
Abimelech, und wer ist denn dieser Si-
chemiter, daß wir ihm dienen sollten?
Ist er nicht Jerubbaals Sohn und hat
Sebul, seinen Vogt, hergesetzt? Dienet
den Leuten [i] Hemors, des Vaters von
Sichem! Warum sollten wir jenem die-
nen? Wollte Gott, das Volk wäre unter 29
meiner Hand, so würde ich den Abime-
lech vertreiben und ihm sagen: Mehre
dein Heer und zieh in den Kampf!
Als aber Sebul, der Stadthaupt- 30
mann, die Worte Gaals, des Sohnes
Ebeds, hörte, entbrannte sein Zorn,
und er sandte heimlich Botschaft zu 31
Abimelech und ließ ihm sagen: Siehe,
Gaal, der Sohn Ebeds, und seine Brü-
der sind nach Sichem gekommen und
machen dir die Stadt aufrührerisch. So 32
mach dich nun auf bei Nacht, du und
dein Volk, das bei dir ist, und lege einen
Hinterhalt im Felde. Und am Morgen, 33
wenn die Sonne aufgeht, mache dich
auf und überfalle die Stadt. Und wenn
er und das Volk, das bei ihm ist, gegen
dich hinauszieht, so tu mit ihm, wie du
es vermagst.
Abimelech machte sich auf bei Nacht 34
und alles Volk, das bei ihm war, und sie
legten einen Hinterhalt gegen Sichem
mit vier Heerhaufen. Und Gaal, der 35
Sohn Ebeds, zog heraus und trat vor
das Stadttor. Aber Abimelech machte
sich auf aus dem Hinterhalt samt dem
Volk, das mit ihm war. Als nun Gaal 36
das Volk sah, sprach er zu Sebul: Siehe,
da kommt Kriegsvolk von der Höhe des
Gebirges herab. Sebul aber sprach zu
ihm: Du siehst die Schatten der Berge
für Leute an. Gaal redete noch weiter 37
und sprach: Siehe, Kriegsvolk kommt
herab [j] vom Nabel der Erde*, und ein
Heerhaufe kommt daher auf dem Wege
von der Zaubereiche. Da sprach Sebul 38
zu ihm: Wo ist nun dein Maul, das da
sagte: Wer ist Abimelech, daß wir ihm
dienen sollten? Ist das nicht das
Kriegsvolk, das du verachtet hast? Zieh
nun hin und kämpfe mit ihm! Gaal zog 39
aus vor den Männern von Sichem her
und kämpfte mit Abimelech. Aber Abi- 40
melech jagte ihm nach, daß er vor ihm
floh, und viele blieben erschlagen lie-
gen bis an das Tor. Und Abimelech 41
blieb in Aruma. Sebul aber verjagte den
Gaal und seine Brüder, so daß sie in Si-
chem nicht bleiben konnten.
Am Morgen aber ging das Volk her- 42
aus aufs Feld. Als das Abimelech ange-
sagt wurde, nahm er das Kriegsvolk, 43

teilte es in drei Heerhaufen und legte
einen Hinterhalt im Feld. Als er nun
sah, daß das Volk aus der Stadt ging, er-
hob er sich gegen sie und erschlug sie.
44 Abimelech und der Heerhaufe, der bei
ihm war, überfielen sie und stellten sich
am Stadttor auf. Die beiden andern
Heerhaufen aber überfielen alle, die auf
dem Felde waren, und erschlugen sie.
45 So kämpfte Abimelech gegen die Stadt
den ganzen Tag und eroberte sie und
tötete das Volk, das darin war, und zer-
störte die Stadt und streute Salz darauf.
46 Als das alle Männer der Burg von Si-
chem hörten, gingen sie in das Gewölbe
47 des Tempels des [k]Baal-Berit. Und als
Abimelech hörte, daß sich alle Männer
der Burg von Sichem versammelt hat-
48 ten, ging er auf den Berg Zalmon mit
seinem ganzen Kriegsvolk, das bei ihm
war, und nahm eine Axt in seine Hand
und hieb einen Ast vom Baum und hob
ihn auf und legte ihn auf seine Schulter
und sprach zu allem Volk, das mit ihm
war: Was ihr mich tun seht, das beeilt
49 euch auch zu tun. Da hieb jeder vom
Volk einen Ast ab, und sie folgten Abi-
melech und legten die Äste auf das Ge-
wölbe und setzten über ihnen das Ge-
wölbe in Brand, so daß auch alle in der
Burg von Sichem starben, etwa tausend
Männer und Frauen.

a Kap 8,31 *b* Vers 18 *c* Kap 8,33 *d* 1.Mose 35,4; Jos 24,26 *e* 2.Kön 14,9 *f* Vers 57 *g* 1.Sam 16,14; 18,10; 19,9 *h* 1.Mose 9,6 *i* 1.Mose 34,2 *j* Hes 38,12 *k* Kap 8,33
*Vers 37: Der Berg Garizim galt als Mitte der Erdscheibe.

Abimelechs Ende

50 Abimelech aber zog nach Tebez, bela-
51 gerte es und eroberte es. Es war aber
eine starke Burg mitten in der Stadt.
Dahin flohen alle Männer und Frauen
und alle Bürger der Stadt, schlossen
hinter sich zu und stiegen auf das Dach
52 der Burg. Da kam Abimelech zur Burg
und kämpfte gegen sie und näherte sich
dem Burgtor, um es mit Feuer zu ver-
53 brennen. Aber eine Frau warf einen
Mühlstein Abimelech auf den Kopf
und zerschmetterte ihm den Schädel.
54 Da rief Abimelech eilends seinen Waf-
fenträger herbei und sprach zu ihm:
[a]Zieh dein Schwert und töte mich, daß
man nicht von mir sage: [b]Ein Weib hat
ihn erschlagen. Da durchstach ihn sein
55 Waffenträger, und er starb. Als aber die
Israeliten, die mit ihm waren, sahen,
daß Abimelech tot war, ging jeder
56 heim. So vergalt Gott dem Abimelech
das Böse, das er seinem Vater angetan
hatte, [c]als er seine siebzig Brüder töte-
te. Desgleichen alle bösen Taten der 57
Männer von Sichem vergalt ihnen Gott
auf ihren Kopf, und es kam über sie der
[d]Fluch Jotams, des Sohnes Jerubbaals.

a 1.Sam 31,4 *b* 2.Sam 11,21 *c* Vers 5 *d* Vers 20

Die Richter Tola und Jaïr

Nach Abimelech stand auf, Israel zu er- **10**
retten, [a]Tola, ein Mann aus Isaschar,
ein Sohn Puas, des Sohnes Dodos. Er
wohnte in Schamir auf dem Gebirge
Efraim und richtete Israel dreiund- 2
zwanzig Jahre und starb und wurde be-
graben in Schamir.
Nach ihm stand auf [b]Jaïr, ein Gilea- 3
diter, und richtete Israel zweiundzwan-
zig Jahre. Der hatte dreißig Söhne, die 4
auf dreißig Eseln ritten. Und sie hatten
dreißig Städte, die heißen [c]»Dörfer
Jaïrs« bis auf diesen Tag und liegen in
Gilead. Und Jaïr starb und wurde be- 5
graben in Kamon.

a 1.Mose 46,13; 4.Mose 26,23 *b* 4.Mose 32,41 *c* 5.Mose 3,14

Gericht über Israels Untreue

Aber die Israeliten taten wiederum, 6
was dem HERRN mißfiel, und dienten
den Baalen und den Astarten und den
Göttern von Aram und den Göttern
von Sidon und den Göttern Moabs und
den Göttern der Ammoniter und den
Göttern der Philister und verließen den
HERRN und dienten ihm nicht. Da ent- 7
brannte der Zorn des HERRN über Is-
rael, und er verkaufte sie unter die
Hand der Philister und Ammoniter.
Und sie zertraten und zerschlugen Is- 8
rael zu jener Zeit achtzehn Jahre lang,
nämlich ganz Israel jenseits des Jordan
im Land der Amoriter, das in Gilead
liegt. Dazu zogen die Ammoniter über 9
den Jordan und kämpften gegen Juda,
Benjamin und das Haus Efraim, so daß
Israel sehr geängstigt wurde.
Da schrien die Israeliten zu dem 10
HERRN und sprachen: Wir haben an dir
gesündigt, denn wir haben unsern Gott
verlassen und den Baalen gedient.[a]
Aber der HERR sprach zu den Israeli- 11
ten: Haben euch nicht auch unter-
drückt die Ägypter, die Amoriter, die
Ammoniter, die Philister, die Sidonier, 12
die Amalekiter und Maoniter? Aber ich
half euch aus ihren Händen, als ihr zu
mir schriet. Dennoch habt ihr mich 13
verlassen und andern Göttern gedient.
Darum will ich euch nicht mehr erret-

14 ten. Geht hin und schreit zu den Göt-
tern, die ihr erwählt habt; [b]laßt diese
euch helfen zur Zeit eurer Bedrängnis!
15 Aber die Israeliten sprachen zum
HERRN: Wir haben gesündigt, mache
du es mit uns, wie dir's gefällt; nur er-
16 rette uns heute! Und sie [c]taten von sich
die fremden Götter und dienten dem
HERRN. Da [d]jammerte es ihn, daß Is-
rael so geplagt wurde.

a 1.Sam 12,10 *b* 5.Mose 32,37.38; Jer 2,28
c Jos 24,23 *d* Kap 2,18

Der Richter Jeftah

17 Und die Ammoniter wurden aufgebo-
ten und lagerten sich in Gilead; aber Is-
rael versammelte sich und lagerte sich
18 in [a]Mizpa. Und die Oberen des Volks
von Gilead sprachen untereinander:
Wer ist der Mann, der anfängt, mit den
Ammonitern zu kämpfen? Der soll das
[b]Haupt sein über alle, die in Gilead
wohnen.

11 Jeftah, ein Gileaditer, war ein streit-
barer Mann, aber der Sohn einer Hure.
2 Gilead hatte Jeftah gezeugt. Als aber
die Ehefrau Gileads ihm Söhne gebar
und die Söhne dieser Frau groß wur-
den, stießen sie Jeftah aus und sprachen
zu ihm: Du [c]sollst nicht erben in unse-
rer Familie, denn du bist der Sohn
3 einer andern. Da floh er vor seinen Brü-
dern und wohnte im Lande Tob. Und
[d]es sammelten sich bei ihm lose Leute
4 und zogen mit ihm aus. Und einige Zeit
danach kämpften die Ammoniter mit
5 Israel. Als nun die Ammoniter mit Is-
rael kämpften, gingen die Ältesten von
Gilead hin, um Jeftah aus dem Lande
6 Tob zu holen, und sprachen zu ihm:
Komm und sei unser Hauptmann, da-
mit wir gegen die Ammoniter kämpfen.
7 Aber Jeftah sprach zu den Ältesten von
Gilead: Seid ihr es nicht, die mich has-
sen und aus meiner Familie ausgesto-
ßen haben? Und nun kommt ihr zu
8 mir, weil ihr in Bedrängnis seid? Die
Ältesten von Gilead sprachen zu Jef-
tah: Darum kommen wir nun wieder zu
dir, damit du mit uns ziehst und uns
hilfst, gegen die Ammoniter zu kämp-
fen, und unser [e]Haupt seist über alle,
9 die in Gilead wohnen. Jeftah sprach zu
den Ältesten von Gilead: Wenn ihr
mich wieder holt, um gegen die Ammo-
niter zu kämpfen, und der HERR sie mir
in die Hand gibt, soll ich dann euer
10 Haupt sein? Die Ältesten von Gilead
sprachen zu Jeftah: Der HERR sei Oh-
renzeuge zwischen uns und strafe uns,
wenn wir nicht tun, wie du gesagt hast.
So ging Jeftah mit den Ältesten von Gi- 11
lead, und das Volk setzte ihn zum
Haupt und Obersten über sich. Und
Jeftah redete alles, was er zu sagen hat-
te, vor dem HERRN in [f]Mizpa.
Dann sandte Jeftah Botschaft zum 12
König der Ammoniter und ließ ihm sa-
gen: Was hast du mit mir zu schaffen,
daß du zu mir kommst, um gegen mein
Land zu kämpfen? Der König der Am- 13
moniter antwortete den Boten Jeftahs:
Weil Israel mein Land genommen hat,
als sie aus Ägypten zogen, vom Arnon
an bis an den Jabbok und bis an den
Jordan, so gib mir's nun gutwillig zu-
rück. Jeftah aber sandte abermals Bo- 14
ten zum König der Ammoniter; die 15
sprachen zu ihm: So spricht Jeftah: Is-
rael hat kein Land genommen, [g]weder
den Moabitern noch den Ammonitern.
Denn als sie aus Ägypten heraufkamen, 16
zog Israel durch die Wüste bis ans
Schilfmeer und kam nach Kadesch. Da 17
[h]sandte Israel Boten zum König der
Edomiter und sprach: Laß mich durch
dein Land ziehen. Aber der König der
Edomiter hörte nicht auf sie. Auch
sandten sie zum König der Moabiter;
der wollte auch nicht. So blieb Israel in
Kadesch und zog in der Wüste umher. 18
Und sie umgingen das Land der Edo-
miter und Moabiter und kamen von
Sonnenaufgang her an das Land der
Moabiter und lagerten sich [i]jenseits des
Arnon, aber sie kamen nicht ins Gebiet
der Moabiter; denn der Arnon ist die
Grenze von Moab. Und Israel sandte 19
Boten zu Sihon, dem König der Amori-
ter zu Hesbon, und ließ ihm sagen: Laß
uns durch dein Land ziehen bis an un-
sern Ort.[j] Aber Sihon traute Israel 20
nicht und ließ es nicht durch sein Ge-
biet ziehen, sondern versammelte sein
ganzes Kriegsvolk und lagerte sich bei
Jahza und kämpfte mit Israel. Der 21
HERR aber, der Gott Israels, gab Sihon
mit seinem ganzen Kriegsvolk in die
Hände Israels, und sie erschlugen sie.
So nahm Israel das ganze Land der
Amoriter ein, die in jenem Land wohn-
ten. Sie nahmen das ganze Gebiet der 22
Amoriter ein vom Arnon bis an den
Jabbok und von der Wüste bis an den
Jordan. So hat nun der HERR, der Gott 23
Israels, die Amoriter vertrieben vor sei-
nem Volk Israel, und du willst ihr Land
einnehmen? Du solltest das Land derer 24
einnehmen, die dein Gott [k]Kemosch
vertreibt, uns dagegen das Land derer

einnehmen lassen, die der HERR, unser
25 Gott, vor uns vertrieben hat. Meinst
du, daß du ein besseres Recht hättest
als [l]Balak, der Sohn Zippors, der König
der Moabiter? Hat dieser auch je mit
26 Israel gerechtet oder gekämpft, obwohl
Israel dreihundert Jahre gewohnt hat in
Hesbon und in Aroër und ihren Ort-
schaften und in allen Städten, die am
Arnon liegen? Warum habt ihr sie nicht
mit Gewalt genommen in dieser Zeit?
27 Ich habe mich nicht an dir versündigt,
du aber tust so Böses an mir, daß du mit
mir kämpfst. Der HERR, der da Richter
ist, richte heute zwischen Israel und
28 den Ammonitern. Aber der König der
Ammoniter hörte nicht auf die Worte
29 Jeftahs, die er ihm sagen ließ. Da kam
der [m]Geist des HERRN auf Jeftah, und
er zog durch Gilead und Manasse und
nach Mizpe, das in Gilead liegt, und
von Mizpe, das in Gilead liegt, gegen
die Ammoniter.
30 Und Jeftah gelobte dem HERRN ein
[n]Gelübde und sprach: Gibst du die
31 Ammoniter in meine Hand, so soll, was
mir aus meiner Haustür entgegengeht,
wenn ich von den Ammonitern heil zu-
rückkomme, dem HERRN gehören, und
ich will's [o]als Brandopfer darbringen.
32 So zog Jeftah auf die Ammoniter los,
um gegen sie zu kämpfen. Und der
33 HERR gab sie in seine Hände. Und er
schlug sie mit gewaltigen Schlägen von
Aroër an bis hin nach Minnit, zwanzig
Städte, und bis nach Abel-Keramim.
So wurden die Ammoniter gedemütigt
vor den Israeliten.
34 Als nun Jeftah nach Mizpa zu seinem
Hause kam, siehe, da geht seine Toch-
ter heraus ihm entgegen mit Pauken
und Reigen; und sie war sein einziges
Kind, und er hatte sonst keinen Sohn
35 und keine Tochter. Und als er sie sah,
zerriß er seine Kleider und sprach:
Ach, meine Tochter, wie beugst du
mich und betrübst mich! Denn [p]ich
habe meinen Mund aufgetan vor dem
HERRN und kann's nicht widerrufen.
36 Sie aber sprach: Mein Vater, hast du
deinen Mund aufgetan vor dem HERRN,
so tu mit mir, wie dein Mund geredet
hat, nachdem der HERR dich gerächt
hat an deinen Feinden, den Ammoni-
37 tern. Und sie sprach zu ihrem Vater:
Du wollest mir das gewähren: Laß mir
zwei Monate, daß ich hingehe auf die
Berge und meine Jungfrauschaft be-
38 weine mit meinen Gespielen. Er
sprach: Geh hin! und ließ sie zwei Mo-
nate gehen. Da ging sie hin mit ihren
Gespielen und beweinte ihre Jungfrau-
schaft auf den Bergen. Und nach zwei 39
Monaten kam sie zurück zu ihrem Va-
ter. Und [q]er tat ihr, wie er gelobt hatte,
und sie hatte nie einen Mann erkannt.
Und es ward Brauch in Israel, daß die 40
Töchter Israel jährlich hingehen, zu
klagen um die Tochter Jeftahs, des Gi-
leaditers, vier Tage im Jahr.

a Kap 11,29 *b* Kap 11,6-11 *c* 1.Mose 21,10
d Kap 9,4; 1.Sam 22,2 *e* Kap 10,18 *f* Vers 29;
Kap 10,17 *g* 5.Mose 2,9.19 *h* 4.Mose 20,14-21
i 4.Mose 21,13 *j* 4.Mose 21,21-31
k 4.Mose 21,29 *l* 4.Mose 22,2; Jos 24,9
m Kap 6,34 *n* 2.Sam 15,8 *o* 2.Kön 3,27
p 4.Mose 30,3 *q* Vers 31; 5.Mose 12,29-31

Jeftahs Kampf mit Efraim

Und die [a]Männer von Efraim wurden **12**
aufgeboten und zogen nordwärts und
sprachen zu Jeftah: Warum bist du in
den Kampf gezogen gegen die Ammo-
niter und hast uns nicht gerufen, damit
wir mit dir ziehen? Wir wollen dein
Haus samt dir mit Feuer verbrennen.
Jeftah sprach zu ihnen: Ich und mein 2
Volk hatten einen harten Kampf mit
den Ammonitern und ich rief euch auf,
aber ihr halft mir nicht aus ihren Hän-
den. Als ich nun sah, daß ihr nicht hel- 3
fen wolltet, [b]wagte ich mein Leben dar-
an und zog gegen die Ammoniter, und
der HERR gab sie in meine Hand. War-
um kommt ihr nun zu mir herauf, mit
mir zu kämpfen? Und Jeftah sammelte 4
alle Männer von Gilead und kämpfte
gegen Efraim. Und die Männer von Gi-
lead schlugen Efraim – denn diese hat-
ten gesagt: Ihr seid Flüchtlinge aus
Efraim; denn Gilead liegt mitten in
Efraim und Manasse –; und die Gilea- 5
diter besetzten die Furten des Jordan
vor Efraim. Wenn nun einer von den
Flüchtlingen Efraims sprach: Laß
mich hinübergehen!, so sprachen die
Männer von Gilead zu ihm: Bist du ein
Efraimiter? Wenn er dann antwortete:
Nein!, ließen sie ihn sprechen: Schib- 6
bolet. Sprach er aber: Sibbolet, weil
er's nicht richtig aussprechen konnte,
dann ergriffen sie ihn und erschlugen
ihn an den Furten des Jordan, so daß zu
der Zeit von Efraim fielen zweiundvier-
zigtausend.
Jeftah aber richtete Israel sechs Jah- 7
re. Und Jeftah, der Gileaditer, starb
und wurde begraben in seiner Stadt in
Gilead.

a Kap 8,1 *b* Kap 5,18; 9,17

Die Richter Ibzan, Elon und Abdon

8 Nach ihm richtete Israel Ibzan aus Bet-
9 lehem. Der hatte dreißig Söhne. Und
dreißig Töchter gab er nach auswärts,
und dreißig Töchter nahm er von aus-
wärts für seine Söhne. Er richtete Israel
10 sieben Jahre und starb und wurde be-
graben in Betlehem.
11 Nach ihm richtete Israel Elon, ein
Sebuloniter; er richtete Israel zehn
12 Jahre und starb und wurde begraben in
Ajalon im Lande [a] Sebulon.
13 Nach ihm richtete Israel Abdon, ein
14 Sohn Hillels aus Piraton. Der hatte
vierzig Söhne und dreißig Enkel, die
auf siebzig Eseln ritten. Er richtete Is-
15 rael acht Jahre und starb und wurde be-
graben in Piraton im Lande Efraim, auf
dem Gebirge der Amalekiter.

a 4.Mose 26,26

Simsons Geburt

13 Und die Israeliten taten wiederum, was
dem HERRN mißfiel, und der HERR gab
sie in die Hände der Philister vierzig
Jahre.
2 Es war aber ein Mann in Zora von
einem Geschlecht der Daniter, mit Na-
men Manoah, und seine Frau war un-
3 fruchtbar und hatte keine Kinder. Und
der Engel des HERRN erschien der Frau
und sprach zu ihr: Siehe, du bist [a] un-
fruchtbar und hast keine Kinder, aber
du wirst schwanger werden und einen
4 Sohn gebären. [b] So hüte dich nun,
Wein oder starkes Getränk zu trinken
5 und Unreines zu essen; denn du wirst
schwanger werden und einen Sohn ge-
bären, dem kein Schermesser aufs
Haupt kommen soll. Denn der Knabe
wird ein Geweihter Gottes sein von
Mutterleibe an; und er wird anfangen,
Israel zu erretten aus der Hand der Phi-
6 lister. Da kam die Frau und sagte es ih-
rem Mann und sprach: Es kam ein
Mann Gottes zu mir, und seine Gestalt
war anzusehen wie der Engel Gottes,
zum Erschrecken, so daß ich ihn nicht
fragte, woher oder wohin; und er sagte
7 mir nicht, wie er hieß. Er sprach aber zu
mir: Siehe, du wirst schwanger werden
und einen Sohn gebären. So trinke nun
keinen Wein oder starkes Getränk und
iß nichts Unreines; denn der Knabe
soll ein Geweihter Gottes sein von
Mutterleibe an bis zum Tag seines To-
8 des. Da bat Manoah den HERRN und
sprach: Ach, Herr, laß den Mann Got-
tes wieder zu uns kommen, den du ge-
sandt hast, damit er uns lehre, was wir
mit dem Knaben tun sollen, der gebo-
ren werden soll. Und Gott erhörte Ma- 9
noah, und der Engel Gottes kam wieder
zu der Frau. Sie saß aber auf dem Fel-
de, und ihr Mann Manoah war nicht
bei ihr. Da lief sie eilends und sagte es 10
ihrem Mann und sprach zu ihm: Siehe,
der Mann ist mir erschienen, der heute
Nacht zu mir kam. Manoah machte 11
sich auf und ging hinter seiner Frau her
und kam zu dem Mann und sprach zu
ihm: Bist du der Mann, der mit der
Frau geredet hat? Er sprach: Ja. Und 12
Manoah sprach: Wenn nun eintrifft,
was du gesagt hast: Wie sollen wir's mit
dem Knaben halten und tun? Der En- 13
gel des HERRN sprach zu Manoah: Vor
allem, was ich der Frau gesagt habe, soll
sie sich hüten: sie [c] soll nicht essen, was 14
vom Weinstock kommt, und soll keinen
Wein oder starkes Getränk trinken und
nichts Unreines essen; alles, was ich ihr
geboten habe, soll sie halten. [d] Manoah 15
sprach zum Engel des HERRN: Wir
möchten dich gern hier behalten und
dir ein Ziegenböcklein zurichten. Aber 16
der Engel des HERRN antwortete Ma-
noah: Wenn du mich auch hier hältst,
so esse ich doch von deiner Speise
nicht. Willst du aber dem HERRN ein
Brandopfer bringen, so kannst du es
opfern. Manoah aber wußte nicht, daß
es der Engel des HERRN war. [e] Und Ma- 17
noah sprach zum Engel des HERRN:
Wie heißt du? Denn wir wollen dich
ehren, wenn nun eintrifft, was du ge-
sagt hast. Aber der Engel des HERRN 18
sprach zu ihm: Warum fragst du nach
meinem Namen, der doch geheimnis-
voll ist? [f] Da nahm Manoah ein Ziegen- 19
böcklein und Speisopfer und brachte es
auf einem Felsen dem HERRN dar, der
geheimnisvolle Dinge tut. Manoah
aber und seine Frau sahen zu. Und als 20
die Flamme aufloderte vom Altar gen
Himmel, fuhr der Engel des HERRN auf
in der Flamme des Altars. Als das Ma-
noah und seine Frau sahen, fielen sie
zur Erde auf ihr Angesicht. Und der 21
Engel des HERRN erschien Manoah und
seiner Frau nicht mehr. Damals er-
kannte Manoah, daß es der Engel des
HERRN war, und sprach zu seiner Frau: 22
Wir müssen des Todes sterben, weil
wir Gott gesehen haben. [g] Aber seine 23
Frau antwortete ihm: Wenn es dem
HERRN gefallen hätte, uns zu töten, so
hätte er das Brandopfer und Speisopfer
nicht angenommen von unsern Hän-

den. Er hätte uns auch das alles weder
sehen noch hören lassen, wie jetzt ge-
24 schehen ist. Und die Frau gebar einen
Sohn und nannte ihn Simson. Und
der Knabe wuchs heran, und der
25 HERR [h]segnete ihn. Und der [i]Geist
des HERRN fing an, ihn umzutreiben
im Lager Dans zwischen Zora und
Eschtaol.

a 1.Mose 15,2; 25,21; 29,31 *b* (*4 und 5*) 4.Mose 6,2-21; 3.Mose 11; 1.Sam 1,11 *c* Vers 4 *d* (*15 und 16*) Kap 6,18 *e* (*17 und 18*) 1.Mose 32,30 *f* (*19 und 20*) Kap 6,21 *g* 2.Mose 33,20 *h* 1.Mose 24,1; 35,9; 4.Mose 22,6 *i* Kap 3,9.10; 6,34; 14,6.19; 15,14; 4.Mose 24,2.4; 1.Sam 10,6.10; 16,13; Hes 11,5

Simsons Hochzeit

14 Simson ging hinab nach [a]Timna und
sah ein Mädchen in Timna unter den
2 Töchtern der Philister. Und als er her-
aufkam, sagte er's seinem Vater und
seiner Mutter und sprach: Ich hab ein
Mädchen gesehen in Timna unter den
Töchtern der Philister; nehmt mir nun
3 diese zur Frau. Sein Vater und seine
Mutter sprachen zu ihm: Ist denn nun
kein Mädchen unter den Töchtern dei-
ner Brüder und in deinem ganzen Volk,
daß du hingehst und [b]willst eine Frau
nehmen von den Philistern, die unbe-
schnitten sind? Simson sprach zu sei-
nem Vater: Nimm mir diese, denn sie
4 gefällt meinen Augen. Aber sein Vater
und seine Mutter wußten nicht, daß es
von dem HERRN kam; denn er suchte
einen Anlaß gegen die Philister. Die
Philister aber herrschten zu der Zeit
über Israel.
5 So ging Simson hinab mit seinem
Vater und seiner Mutter nach Timna.
Und als sie kamen an die Weinberge
von Timna, siehe, da kam ein junger
6 Löwe brüllend ihm entgegen. Und der
[c]Geist des HERRN geriet über ihn, und
er zerriß ihn, wie man ein Böcklein zer-
reißt, und hatte doch gar nichts in sei-
ner Hand. Er sagte aber seinem Vater
und seiner Mutter nicht, was er getan
7 hatte. Als er nun hinkam, redete er mit
dem Mädchen, und Simson hatte Ge-
8 fallen an ihr. Und nach einigen Tagen
kam er wieder, um sie zu holen, und
bog vom Wege ab, um nach dem Aas
des Löwen zu sehen. Siehe, da war ein
Bienenschwarm in dem Leibe des Lö-
9 wen und Honig. Und er nahm davon in
seine Hand und aß unterwegs und ging
zu seinem Vater und zu seiner Mutter
und gab ihnen, daß sie auch aßen. Er
sagte ihnen aber nicht, daß er den Ho-
nig aus dem Leibe des Löwen genom-
men hatte.
Und als sein Vater hinkam zu dem 10
Mädchen, machte Simson dort ein
Hochzeitsgelage, wie es die jungen
Leute zu tun pflegen. Und als sie ihn 11
sahen, gaben sie ihm dreißig Gesellen,
die bei ihm sein sollten. Simson aber 12
sprach zu ihnen: Ich will euch ein Rät-
sel aufgeben. Wenn ihr mir das erratet
und trefft in diesen sieben Tagen des
Gelages, so will ich euch dreißig Ge-
wänder geben und dreißig Feierkleider.
Könnt ihr's aber nicht erraten, so sollt 13
ihr mir dreißig Gewänder und dreißig
Feierkleider geben. Und sie sprachen
zu ihm: Gib dein Rätsel auf, laß uns hö-
ren! Er sprach zu ihnen: Speise ging 14
aus vom Fresser und Süßigkeit vom
Starken. Und sie konnten in drei Tagen
das Rätsel nicht erraten. Am vierten 15
Tage sprachen sie zu Simsons Frau:
Überrede deinen Mann, daß er uns des
Rätsels Lösung sagt, oder wir werden
dich und deines Vaters Haus mit Feuer
verbrennen. Habt ihr uns hierher gela-
den, um uns arm zu machen? Da wein- 16
te Simsons Frau vor ihm und sprach:
Du bist meiner überdrüssig und hast
mich nicht lieb. Du hast den Söhnen
meines Volks ein Rätsel aufgegeben
und hast mir's nicht gesagt. Er aber
sprach zu ihr: Siehe, ich hab's meinem
Vater und meiner Mutter nicht gesagt
und sollte dir's sagen? Und sie weinte 17
vor ihm die sieben Tage, die sie feier-
ten; [d]aber am siebenten Tage sagte er
es ihr, denn sie drang in ihn. Sie aber
sagte des Rätsels Lösung den Söhnen
ihres Volks. Da sprachen die Männer 18
der Stadt zu ihm am siebenten Tage,
ehe die Sonne unterging: Was ist süßer
als Honig? Was ist stärker als der
Löwe? Aber er sprach zu ihnen: Wenn
ihr nicht mit meinem Kalb gepflügt
hättet, so hättet ihr mein Rätsel nicht
getroffen. Und der Geist des HERRN ge- 19
riet über ihn, und er ging hinab nach
Askalon und erschlug dreißig Mann
unter ihnen und nahm ihre Gewänder
und gab Feierkleider denen, die das
Rätsel erraten hatten. Und sein Zorn
entbrannte, und er ging hinauf in seines
Vaters Haus. Aber Simsons Frau wur- 20
de [e]seinem Gesellen gegeben, der sein
Brautführer gewesen war.

a Jos 19,43 *b* 1.Mose 34,14; 2.Mose 34,16 *c* Kap 13,25 *d* Kap 16,16.17 *e* Kap 15,2

Simsons Streit mit den Philistern

15 Es begab sich aber nach einigen Tagen,
um die Weizenernte, daß Simson seine
Frau besuchte mit einem Ziegenböck-
lein. Und als er dachte: Ich will zu mei-
ner Frau in die Kammer gehen, da
wollte ihn ihr Vater nicht hinein lassen
2 und sprach: Ich meinte, du bist ihrer
ganz überdrüssig geworden, und ich
habe sie [a] deinem Gesellen gegeben. Sie
hat aber eine jüngere Schwester, die ist
3 schöner als sie; die nimm statt ihrer. Da
sprach Simson zu ihnen: Diesmal bin
ich frei von Schuld, wenn ich den Phili-
stern Böses tue.
4 Und Simson ging hin und fing drei-
hundert Füchse, nahm Fackeln und
kehrte je einen Schwanz zum andern
und tat eine Fackel je zwischen zwei
5 Schwänze und zündete die Fackeln an
und ließ die Füchse in das Korn der
Philister laufen und zündete so die
Garben samt dem stehenden Korn
6 an und Weinberge und Ölbäume. Da
sprachen die Philister: Wer hat das
getan? Da sagte man: Simson, der
Schwiegersohn des Timniters, weil er
ihm seine Frau genommen und seinem
Gesellen gegeben hat. Da zogen die
Philister hin und verbrannten sie samt
7 ihrer Familie mit Feuer. Simson aber
sprach zu ihnen: Wenn ihr das tut, so
will ich nicht ruhen, bis ich mich an
8 euch gerächt habe. Und er schlug sie
zusammen mit mächtigen Schlägen
und zog hinab und wohnte in der Fel-
senkluft von Etam.
9 Da zogen die Philister hinauf und la-
gerten sich in Juda und breiteten sich
10 aus bei Lehi. Aber die von Juda spra-
chen: Warum seid ihr gegen uns her-
aufgezogen? Sie antworteten: Wir sind
heraufgekommen, Simson zu binden,
daß wir ihm tun, wie er uns getan hat.
11 Da zogen dreitausend Mann von Juda
hinab in die Felsenkluft zu Etam und
sprachen zu Simson: Weißt du nicht,
daß die Philister über uns herrschen?
Warum hast du uns denn das angetan?
Er sprach zu ihnen: Wie sie mir getan
haben, so hab ich ihnen wieder getan.
12 Sie sprachen zu ihm: Wir sind herabge-
kommen, dich zu binden und in die
Hände der Philister zu geben. Simson
sprach zu ihnen: So schwört mir, daß
13 ihr selber mir nichts antun wollt. Sie
antworteten ihm: Nein, sondern wir
wollen dich nur binden und in ihre
Hände geben und wollen dich nicht tö-
ten. Und sie banden ihn mit zwei neuen
Stricken und führten ihn aus der Fel-
senkluft hinauf. Und als er nach Lehi 14
kam, jauchzten die Philister ihm entge-
gen. Aber der [b] Geist des HERRN geriet
über ihn, und die Stricke an seinen Ar-
men wurden wie Fäden, die das Feuer
versengt hat, so daß die Fesseln an sei-
nen Händen zerschmolzen. Und er 15
fand einen frischen Eselskinnbacken.
Da streckte er seine Hand aus und
nahm ihn und erschlug damit tausend
Mann. Und Simson sprach: Mit eines 16
Esels Kinnbacken hab ich sie geschun-
den; mit eines Esels Kinnbacken hab
ich tausend Mann erschlagen.
Und als er das gesagt hatte, warf er 17
den Kinnbacken aus seiner Hand, und
man nannte die Stätte Ramat-Lehi*.
Als ihn aber sehr dürstete, rief er den 18
HERRN an und sprach: Du hast solch
großes Heil gegeben durch die Hand
deines Knechts; nun aber muß ich vor
Durst sterben und in die Hände der
Unbeschnittenen fallen. Da spaltete 19
Gott die Höhlung im Kinnbacken, daß
Wasser herausfloß. Und als er trank,
kehrte sein Geist zurück, und er lebte
wieder auf. Darum heißt der Ort »Quel-
le des Rufenden«; die ist in Lehi bis auf
den heutigen Tag.
Und er richtete Israel zu den Zeiten 20
der Philister zwanzig Jahre.
Simson ging nach Gaza und sah dort 16
eine Hure und ging zu ihr. Da wurde 2
den Gazitern gesagt: Simson ist hier-
hergekommen! Und sie umstellten ihn
und ließen auf ihn lauern am Stadttor;
aber die ganze Nacht verhielten sie sich
still und dachten: Morgen, wenn's licht
wird, wollen wir ihn umbringen. Sim- 3
son aber lag bis Mitternacht. Da stand
er auf um Mitternacht und ergriff beide
Torflügel am Stadttor samt den beiden
Pfosten, hob sie aus mit den Riegeln
und legte sie auf seine Schultern und
trug sie hinauf auf die Höhe des Berges
vor Hebron.

a Kap 14,20 *b* Kap 13,25
*Kap 15,17: d.h. Kinnbackenhöhe.

Simsons Fall und Rache

Danach gewann er ein Mädchen lieb im 4
Tal Sorek, die hieß Delila. Zu der ka- 5
men die Fürsten der Philister und spra-
chen zu ihr: Überrede ihn und sieh,
wodurch er so große Kraft hat und wo-
mit wir ihn überwältigen können, daß
wir ihn binden und bezwingen, so wol-
len wir dir ein jeder tausendeinhundert

6 Silberstücke geben. Und Delila sprach
zu Simson: Sage mir doch, worin deine
große Kraft liegt und womit man dich
binden muß, um dich zu bezwingen?
7 Simson sprach zu ihr: Wenn man mich
bände mit sieben Seilen von frischem
Bast, die noch nicht getrocknet sind, so
würde ich schwach und wäre wie ein
8 anderer Mensch. Da brachten die Für-
sten der Philister ihr sieben Seile von
frischem Bast, die noch nicht getrock-
9 net waren, und sie band ihn damit. Man
lauerte ihm aber auf bei ihr in der Kam-
mer. Da sprach sie zu ihm: Philister
über dir, Simson! Er aber zerriß die
Seile, wie eine Flachsschnur zerreißt,
wenn sie ans Feuer kommt. Und so
wurde nicht kund, worin seine Kraft
10 lag. Da sprach Delila zu Simson: Siehe,
du hast mich getäuscht und mich belo-
gen. So sage mir nun doch, womit kann
11 man dich binden? Er antwortete ihr:
Wenn sie mich bänden mit neuen
Stricken, mit denen noch nie eine
Arbeit getan worden ist, so würde ich
schwach und wie ein anderer Mensch.
12 Da nahm Delila neue Stricke und band
ihn damit und sprach: Philister über
dir, Simson! – man lauerte ihm aber auf
in der Kammer –, und er riß sie von sei-
nen Armen herunter wie einen Faden.
13 Da sprach Delila zu ihm: Bisher hast
du mich getäuscht und mich belogen.
Sage mir doch, womit kann man dich
binden? Er antwortete ihr: Wenn du
die sieben Locken meines Hauptes zu-
sammenflöchtest mit dem Aufzug dei-
nes Webstuhls und heftetest sie mit
dem Pflock an, so würde ich schwach
14 und wie ein anderer Mensch. Da ließ
sie ihn einschlafen und flocht die sieben
Locken seines Hauptes zusammen mit
dem Gewebe und heftete sie mit dem
Pflock an und sprach zu ihm: Philister
über dir, Simson! Er aber wachte auf
von seinem Schlaf und riß die gefloch-
tenen Locken mit Pflock und Gewebe
15 heraus. Da sprach sie zu ihm: Wie
kannst du sagen, du habest mich lieb,
wenn doch dein Herz nicht mit mir ist?
Dreimal hast du mich getäuscht und
mir nicht gesagt, worin deine große
Kraft liegt.
16 Als sie aber mit ihren Worten alle
Tage [a] in ihn drang und ihm zusetzte,
17 wurde seine Seele sterbensmatt, und er
tat ihr sein ganzes Herz auf und sprach
zu ihr: Es ist nie ein [b] Schermesser auf
mein Haupt gekommen; denn ich bin
ein Geweihter Gottes von Mutterleib
an. Wenn ich geschoren würde, so wi-
che meine Kraft von mir, so daß ich
schwach würde und wie alle andern
Menschen. Als nun Delila sah, daß er 18
ihr sein ganzes Herz aufgetan hatte,
sandte sie hin und ließ die Fürsten der
Philister rufen und sagen: Kommt
noch einmal her, denn er hat mir sein
ganzes Herz aufgetan. Da kamen die
Fürsten der Philister zu ihr und brach-
ten das Geld in ihrer Hand mit. Und sie 19
ließ ihn einschlafen in ihrem Schoß und
rief einen, der ihm die sieben Locken
seines Hauptes abschnitt. Und sie fing
an, ihn zu bezwingen – da war seine
Kraft von ihm gewichen. Und sie 20
sprach zu ihm: Philister über dir, Sim-
son! Als er nun von seinem Schlaf er-
wachte, dachte er: Ich will frei ausge-
hen, wie ich früher getan habe, und will
mich losreißen. Aber er wußte nicht,
daß [c] der HERR von ihm gewichen war.
Da ergriffen ihn die Philister und sta- 21
chen ihm die Augen aus, führten ihn
hinab nach Gaza und legten ihn in Ket-
ten; und er mußte die Mühle drehen im
Gefängnis. Aber das Haar seines Haup- 22
tes fing wieder an zu wachsen, nachdem
es geschoren war.

Als aber die Fürsten der Philister 23
sich versammelten, um ihrem Gott
[d] Dagon ein großes Opfer darzubringen
und ein Freudenfest zu feiern, spra-
chen sie: Unser Gott hat uns unsern
Feind Simson in unsere Hände gege-
ben. *Als nun ihr Herz guter Dinge 25
war, sprachen sie: Laßt Simson holen,
daß er vor uns seine Späße treibe. Da
holten sie Simson aus dem Gefängnis,
und er trieb seine Späße vor ihnen, und
sie stellten ihn zwischen die Säulen.
*Als das Volk ihn sah, lobten sie ihren 24
Gott, denn sie sprachen: Unser Gott
hat uns unsern Feind in unsere Hände
gegeben, der unser Land verwüstete
und viele von uns erschlug. Simson 26
aber sprach zu dem Knaben, der ihn an
der Hand führte: Laß mich los, daß ich
nach den Säulen taste, auf denen das
Haus steht, damit ich mich daran lehne.
Das Haus aber war voller Männer und 27
Frauen. Es waren auch alle Fürsten der
Philister da, und auf dem Dach waren
etwa dreitausend Männer und Frauen,
die zusahen, wie Simson seine Späße
trieb. Simson aber rief den HERRN an 28
und sprach: Herr HERR, denke an mich
und gib mir Kraft, Gott, noch dies eine
Mal, damit ich mich für meine beiden
Augen *einmal* räche an den Philistern!

29 Und er umfaßte die zwei Mittelsäulen,
auf denen das Haus ruhte, die eine mit
seiner rechten und die andere mit sei-
ner linken Hand, und stemmte sich ge-
30 gen sie und sprach: Ich will sterben mit
den Philistern! Und [e]er neigte sich mit
aller Kraft. Da fiel das Haus auf die
Fürsten und auf alles Volk, das darin
war, so daß es mehr Tote waren, die er
durch seinen Tod tötete, als die er zu
seinen Lebzeiten getötet hatte.
31 Da kamen seine Brüder herab und
das ganze Haus seines Vaters, und sie
hoben ihn auf und brachten ihn hinauf
und begruben ihn im Grab seines Va-
ters Manoah zwischen [f]Zora und
Eschtaol. [g]Er hatte aber Israel zwanzig
Jahre gerichtet.

a Kap 14,17 *b* Kap 13,5 *c* 1.Sam 16,14
d 1.Sam 5,2 *e* Hebr 11,32-34 *f* Kap 13,25
g Kap 15,20
*Verse 24 und 25: Der Zusammenhang erfordert die hier vorgenommene Umstellung der Verse.

Michas Gottesbild und sein Priester

17 Es war ein Mann auf dem Gebirge
2 Efraim mit Namen Micha. Der sprach
zu seiner Mutter: Die tausendeinhun-
dert Silberstücke, die dir genommen
worden sind und derenthalben du den
[a]Fluch gesprochen und ihn auch vor
meinen eigenen Ohren gesagt hast –
siehe, dies Geld ist bei mir; ich selbst
hab's genommen. Da sprach seine
Mutter: Gesegnet seist du, mein Sohn,
3 vom HERRN! So gab er seiner Mutter
die tausendeinhundert Silberstücke zu-
rück. Und seine Mutter sprach: Ich
weihe nun das Geld dem HERRN; es
kommt aus meiner Hand für meinen
Sohn, damit man ein geschnitztes und
gegossenes Bild davon machen soll.
4 Darum gebe ich's dir nun wieder. Aber
er gab seiner Mutter das Geld zurück.
Da nahm seine Mutter zweihundert
Silberstücke und gab sie dem Gold-
schmied; der machte ein geschnitztes
und gegossenes Bild daraus; das kam
5 danach in das Haus Michas. Der Mann
Micha hatte nämlich ein Gotteshaus
und machte einen [b]Efod und [c]Haus-
götzen und [d]füllte einem seiner Söhne
die Hand, so daß er sein Priester wurde.
6 Zu der Zeit war [e]kein König in Israel,
und jeder tat, was ihn recht dünkte.
7 Es war aber ein junger Mann von
Betlehem in Juda aus dem Geschlecht
Judas; der war ein [f]Levit und war dort
8 fremd. Er zog aber aus der Stadt Betle-
hem in Juda, um einen Ort zu finden,
wo er bleiben konnte. Als er so seines
Weges zog, kam er aufs Gebirge Efraim
zum Hause Michas. Da fragte ihn Mi- 9
cha: Wo kommst du her? Er antwortete
ihm: Ich bin ein Levit aus Betlehem in
Juda und wandere, um einen Ort zu
finden, wo ich bleiben kann. Micha 10
sprach zu ihm: Bleibe bei mir, du sollst
mir Vater und Priester sein. Ich will dir
jährlich zehn Silberstücke und deine
Kleidung und Nahrung geben. Der Le- 11
vit willigte ein, bei dem Mann zu blei-
ben; und der hielt ihn wie einen Sohn.
Und Micha [g]füllte dem Leviten die 12
Hand, daß er sein Priester wurde, und
so war er im Haus Michas. Und Micha 13
sprach: Nun weiß ich, daß mir der
HERR wohltun wird, weil ich einen Le-
viten zum Priester habe.

a 3.Mose 5,1; Spr 29,24 *b* Kap 8,27
c 1.Mose 31,19 *d* 2.Mose 28,41 *e* Kap 18,1; 19,1;
21,25 *f* Kap 18,3; 5.Mose 18,6-8 *g* 2.Mose 28,41

Der Stamm Dan gewinnt Wohnsitz und Heiligtum

Zu der Zeit war kein König in Israel. **18**
Und [a]der Stamm der Daniter suchte
sich zu der Zeit ein Erbteil, wo sie woh-
nen könnten; denn es war ihm bis auf
den Tag noch kein Erbe zuteil gewor-
den unter den Stämmen Israels. Und 2
die Daniter sandten von ihrem Ge-
schlecht aus ihrem Gebiet, aus [b]Zora
und Eschtaol, fünf tüchtige Männer
aus, um das Land zu erkunden und zu
erforschen, und sprachen zu ihnen:
Zieht hin und erforscht das Land! Und
sie kamen auf das Gebirge Efraim zum
Haus Michas und blieben dort über
Nacht. Und während sie dort bei Mi- 3
chas Leuten waren, fiel ihnen die Stim-
me des jungen [c]Leviten auf, und sie
gingen dorthin und sprachen zu ihm:
Wer hat dich hierhergebracht? Was
machst du hier? Und was hast du hier
vor? Er antwortete ihnen: So und so 4
hat Micha an mir getan und hat mich in
Dienst genommen, daß ich sein Prie-
ster sei. Sie sprachen zu ihm: Befrage 5
doch Gott, daß wir erfahren, ob unser
Weg, den wir gehen, auch zum Ziel
führt. Der Priester antwortete ihnen: 6
Ziehet hin mit Frieden; euer Weg, den
ihr geht, ist dem HERRN vor Augen. Da 7
gingen die fünf Männer hin und kamen
nach Lajisch und sahen das Volk, das
darin war, sicher wohnen in der Weise
der Sidonier, ruhig und sicher. Sie wa-
ren reich an Besitz, und es fehlte ihnen
nichts an alledem, was es auf Erden

gibt. Und sie waren ferne von den Sido-
niern und hatten mit Aramäern nichts
zu tun.
8 Und sie kamen zu ihren Brüdern
nach Zora und Eschtaol, und ihre Brü-
der sprachen zu ihnen: Wie steht's mit
9 euch? Sie sprachen: Auf, laßt uns ge-
gen sie hinaufziehen! Denn wir haben
das Land angesehen, und siehe, es ist
sehr gut. Und ihr sitzt noch untätig da?
Seid doch nicht faul hinzuziehen, daß
ihr kommt und das Land einnehmt.
10 Wenn ihr hinzieht, werdet ihr zu einem
Volk kommen, das sicher wohnt, und
das Land ist weit nach allen Seiten;
denn Gott hat's in eure Hände gegeben,
einen Ort, an dem nichts von alledem
fehlt, was es auf Erden gibt.
11 [d]Da zogen von dort aus dem Ge-
schlecht Dan, aus Zora und Eschtaol,
sechshundert Mann, gerüstet mit ihren
12 Waffen zum Kampf, und sie zogen hin-
auf und lagerten sich bei Kirjat-Jearim
in Juda. Daher heißt die Stätte »Lager
Dans« bis auf diesen Tag; es liegt hinter
13 Kirjat-Jearim. Und von dort gingen sie
auf das Gebirge Efraim und kamen
14 zum Hause Michas. Da hoben die fünf
Männer an, die ausgezogen waren, um
das Land bei Lajisch zu erkunden, und
sprachen zu ihren Brüdern: Wißt ihr
auch, daß es in diesen Häusern einen
Efod und einen Hausgötzen und ein ge-
schnitztes und gegossenes Bild gibt?
15 Bedenkt nun, was ihr zu tun habt. Da
gingen sie dorthin und kamen an das
Haus des jungen Leviten in Michas
Hause und grüßten ihn freundlich.
16 Während die sechshundert zum Krieg
gerüsteten Männer, die von den Dani-
17 tern waren, vor dem Tor standen, gin-
gen die fünf Männer, die das Land zu
erkunden ausgezogen waren, hinauf,
drangen dort ein und nahmen das ge-
schnitzte und gegossene Bild, den
[e]Efod und den Hausgötzen; unterdes-
sen stand der Priester vor dem Tor bei
den sechshundert zum Krieg gerüste-
18 ten Männern. Als nun jene in das Haus
Michas gekommen waren und das ge-
schnitzte und gegossene Bild, den Efod
und den Hausgötzen nahmen, sprach
der Priester zu ihnen: Was macht ihr?
19 Sie antworteten ihm: Schweig und halt
den Mund und zieh mit uns, daß du uns
Vater und Priester seist. Ist es für dich
besser, Priester in *eines* Mannes Haus
zu sein oder unter einem ganzen
20 Stamm und Geschlecht in Israel? Das
gefiel dem Priester gut, und er nahm
den Efod, den Hausgötzen und das ge-
schnitzte Bild und schloß sich dem
Volk an. Und sie wandten sich und zo- 21
gen hin und schickten die Frauen und
die Kinder und das Vieh, und was sie an
wertvollem Gut hatten, vor sich her.
Als sie sich nun von Michas Haus ent- 22
fernt hatten, wurden die Männer in den
Häusern, die bei Michas Haus waren,
zusammengerufen, und sie jagten den
Danitern nach und riefen hinter ihnen 23
her. Sie aber wandten sich um und
sprachen zu Micha: Was hast du, daß
du die Leute zusammengerufen hast?
Er antwortete: Ihr habt meine Götter 24
genommen, die ich gemacht hatte, und
den Priester und seid fortgezogen. Was
hab ich nun noch? Und da fragt ihr,
was mir fehlt? Aber die Daniter spra- 25
chen zu ihm: Laß deine Stimme nicht
weiter bei uns hören, damit nicht etwa
zornige Leute über euch herfallen und
dein Leben und das Leben deiner Leu-
te hingerafft werde. So gingen die Da- 26
niter ihres Weges. Und als Micha sah,
daß sie ihm zu stark waren, wandte er
sich um und kehrte zurück zu seinem
Hause.
Sie aber nahmen, was Micha ge- 27
macht hatte, und den Priester, den er
hatte, und fielen über Lajisch her, über
ein Volk, das ruhig und sicher wohnte,
und schlugen es mit der Schärfe des
Schwerts und verbrannten die Stadt
mit Feuer. Und es war niemand, der sie 28
errettet hätte; denn die Stadt lag fern
von Sidon, und sie hatten mit den Ara-
mäern nichts zu schaffen; und die Stadt
lag in der Ebene bei Bet-Rehob. Dann
bauten sie die Stadt wieder auf und
wohnten darin und nannten sie [f]Dan 29
nach dem Namen ihres Vaters Dan, der
dem Israel geboren war. Vorzeiten aber
hieß die Stadt Lajisch.
Und die [g]Daniter richteten für sich 30
das Schnitzbild auf. Und Jonatan, der
Sohn [h]Gerschoms, des Sohnes des
Mose*, und seine Söhne waren Priester
im Stamm der Daniter bis auf die Zeit,
da sie [i]aus dem Lande gefangen wegge-
führt wurden. So stellten sie das 31
Schnitzbild, das Micha gemacht hatte,
bei sich auf, solange das Haus Gottes zu
[j]Silo stand.

a Kap 1,34; Jos 19,40-48 *b* Kap 13,25
c Kap 17,7 *d* (*11 und 12*) Kap 13,2.25
e Kap 17,5 *f* Jos 19,47 *g* 1.Kön 12,29; Am 8,14
h 2.Mose 18,3 *i* 2.Kön 15,29 *j* Jos 18,1; Jer 7,12
*Vers 30: Andere Überlieferung: »des Sohnes Ma-
nasses«..

Die Schandtat von Gibea in Benjamin

19 Zu der Zeit war [a]kein König in Israel.
Und ein Levit wohnte als Fremdling
weit hinten im Gebirge Efraim und
hatte sich eine Nebenfrau genommen
2 aus Betlehem in Juda. Und als sie über
ihn erzürnt war, lief sie von ihm fort zu
ihres Vaters Hause nach Betlehem in
Juda und war dort vier Monate lang.
3 Da machte sich ihr Mann auf und zog
ihr nach, um freundlich mit ihr zu re-
den und sie zu sich zurückzuholen; und
er hatte seinen Knecht und ein Paar
Esel bei sich. Und sie führte ihn in ihres
Vaters Haus. Als ihn aber der Vater der
jungen Frau sah, wurde er froh und
4 ging ihm entgegen. Und sein Schwie-
gervater, der Vater der jungen Frau,
hielt ihn fest, daß er drei Tage bei ihm
blieb. Sie aßen und tranken und blie-
5 ben dort über Nacht. Am vierten Tag
erhoben sie sich früh am Morgen, und
er machte sich auf und wollte fortzie-
hen. Da sprach der Vater der jungen
Frau zu seinem Schwiegersohn: Labe
dich zuvor mit einem Bissen Brot, da-
6 nach könnt ihr ziehen. Und sie setzten
sich und aßen beide miteinander und
tranken. Da sprach der Vater der jun-
gen Frau zu dem Mann: Bleib doch
über Nacht und laß dein Herz guter
7 Dinge sein. Als aber der Mann aufstand
und ziehen wollte, nötigte ihn sein
Schwiegervater, daß er noch einmal
8 über Nacht dablieb. Am Morgen des
fünften Tages machte er sich früh auf
und wollte ziehen. Da sprach der Vater
der jungen Frau: Labe dich doch und
laß uns warten, bis sich der Tag neigt.
Und so aßen die beiden miteinander.
9 Da machte sich der Mann auf und woll-
te mit seiner Nebenfrau und mit seinem
Knecht fortziehen. Aber sein Schwie-
gervater, der Vater der jungen Frau,
sprach zu ihm: Siehe, der Tag hat sich
geneigt, und es will Abend werden;
bleib über Nacht und laß dein Herz gu-
ter Dinge sein. Morgen mögt ihr früh
aufstehen und eures Weges ziehen zu
10 deinem Zelt. Aber der Mann wollte
nicht mehr über Nacht bleiben, son-
dern machte sich auf und zog hin und
kam bis gegenüber von [b]Jebus – das ist
Jerusalem – und hatte ein Paar belade-
ne Esel bei sich und seine Nebenfrau
und seinen Knecht.
11 Als sie nun nahe bei Jebus waren,
dunkelte es schnell; da sprach der
Knecht zu seinem Herrn: Komm doch
und laß uns in diese Stadt der Jebusiter
einkehren und über Nacht dort blei-
ben. Aber sein Herr sprach zu ihm: Wir 12
wollen nicht in die Stadt der Fremden
einkehren, die nicht von den Israeliten
sind, sondern wollen hinüber auf Gibea
zu. Und er sprach zu seinem Knecht: 13
Geh weiter, damit wir an einen andern
Ort kommen und über Nacht in Gibea
oder in Rama bleiben. Und sie zogen 14
weiter ihres Weges, und die Sonne ging
unter, als sie nahe bei [c]Gibea waren,
das in Benjamin liegt. Und sie bogen ab 15
vom Wege, um nach Gibea zu kommen
und dort über Nacht zu bleiben. Als er
aber hineinkam, blieb er auf dem Platze
der Stadt; denn es war niemand, der sie
die Nacht im Hause beherbergen woll-
te. Und siehe, da kam ein alter Mann 16
von seiner Arbeit vom Felde am
Abend; der war auch vom Gebirge
Efraim und ein Fremdling in Gibea,
aber die Leute des Orts waren Benjami-
niter. Und als er seine Augen aufhob, 17
sah er den Wanderer auf dem Platze
und sprach zu ihm: Wo willst du hin?
Und wo kommst du her? Er aber ant- 18
wortete ihm: Wir reisen von Betlehem
in Juda weit ins Gebirge Efraim hinein,
wo ich her bin. Ich bin nach Betlehem
in Juda gezogen und kehre jetzt nach
Hause zurück, doch niemand will mich
beherbergen. Wir haben Stroh und 19
Futter für unsere Esel und Brot und
Wein für mich, deinen Knecht, und für
deine Magd und den Knecht, der bei
mir ist, so daß uns nichts fehlt. Der alte 20
Mann sprach: Friede sei mit dir! Alles,
was dir mangelt, findest du bei mir;
bleib nur nicht über Nacht auf dem
Platze. Und er führte ihn in sein Haus 21
und gab den Eseln Futter, und sie wu-
schen ihre Füße und aßen und tranken.
[d]Und als ihr Herz nun guter Dinge 22
war, siehe, da kamen die Leute der
Stadt, ruchlose Männer, und umstell-
ten das Haus und pochten an die Tür
und sprachen zu dem alten Mann, dem
Hauswirt: Gib den Mann heraus, der
in dein Haus gekommen ist, daß wir
uns über ihn hermachen. Aber der 23
Mann, der Hauswirt, ging zu ihnen
hinaus und sprach zu ihnen: Nicht,
meine Brüder, tut doch nicht solch ein
Unrecht! Nachdem dieser Mann in
mein Haus gekommen ist, tut nicht
solch eine Schandtat! Siehe, ich habe 24
eine Tochter, noch eine Jungfrau, und
dieser hat eine Nebenfrau; die will ich

euch herausbringen. Die könnt ihr
schänden und mit ihnen tun, was euch
gefällt, aber an diesem Mann tut nicht
25 solch eine Schandtat! Aber die Leute
wollten nicht auf ihn hören. Da faßte
der Mann seine Nebenfrau und brachte
sie zu ihnen hinaus. Die machten sich
über sie her und trieben ihren Mutwil-
len mit ihr die ganze Nacht bis an den
Morgen. Und als die Morgenröte an-
26 brach, ließen sie sie gehen. Da kam die
Frau, als der Morgen anbrach, und fiel
hin vor der Tür des Hauses, in dem ihr
Herr war, und lag da, bis es licht wurde.
27 Als nun ihr Herr am Morgen aufstand
und die Tür des Hauses auftat und her-
ausging, um seines Weges zu ziehen,
siehe, da lag seine Nebenfrau vor der
Tür des Hauses, die Hände auf der
28 Schwelle. Er sprach zu ihr: Steh auf,
laß uns ziehen! Aber sie antwortete
nicht. Da legte er sie auf den Esel,
machte sich auf und zog an seinen Ort.
29 Als er nun heimkam, nahm er ein Mes-
ser, faßte seine Nebenfrau und zerstük-
kelte sie Glied für Glied in zwölf Stücke
und sandte sie in das ganze Gebiet Is-
30 raels.[e] Wer das sah, der sprach: [f]Sol-
ches ist nicht geschehen noch gesehen,
seitdem Israel aus Ägyptenland gezo-
gen ist, bis auf diesen Tag. Nun denkt
darüber nach, beratet und sprecht!

a Kap 17,6 *b* Kap 1,21; 1.Chr 11,4 *c* Jos 18,28
d (22-24) 1.Mose 19,5-8 *e* 1.Sam 11,7 *f* Hos 10,9

Strafgericht am Stamm Benjamin

20 Da zogen die Israeliten aus, und die
Gemeinde versammelte sich wie *ein*
Mann – von Dan bis nach Beerseba und
vom Lande Gilead – vor dem HERRN in
2 [a]Mizpa. Und es traten zusammen die
Obersten des ganzen Volks aller Stäm-
me Israels in der Versammlung des
Volkes Gottes, vierhunderttausend
Mann zu Fuß, die das Schwert führten.
3 Aber die Benjaminiter hörten, daß ganz
Israel hinauf nach Mizpa gezogen war.
Und die Israeliten sprachen: Sagt,
4 wie ist die Schandtat zugegangen? Da
antwortete der Levit, der Mann der
Frau, die getötet worden war, und
sprach: Ich kam nach [b]Gibea in Benja-
min mit meiner Nebenfrau, um da über
5 Nacht zu bleiben. Da machten sich ge-
gen mich auf die Bürger von Gibea und
umstellten meinetwegen das Haus des
Nachts. Mich wollten sie töten, und
meine Nebenfrau haben sie geschän-
6 det, so daß sie gestorben ist. Da nahm
ich meine Nebenfrau und zerstückelte
sie und sandte die Stücke in das ganze
Gebiet des Erbbesitzes von Israel;
denn sie haben ein Verbrechen und
eine [c]Schandtat getan in Israel. Siehe, 7
da seid ihr Israeliten alle. So sprecht
und beratet hier! Da erhob sich alles 8
Volk wie *ein* Mann und sprach: Es soll
niemand in sein Zelt gehen und in sein
Haus heimkehren, sondern das wollen 9
wir jetzt mit Gibea tun: Auf, laßt uns
gegen die Stadt hinaufziehen nach dem
Los! Laßt uns nehmen zehn Mann von 10
hundert und hundert von tausend und
tausend von zehntausend aus allen
Stämmen Israels, damit sie Speise ho-
len für das Volk, das gekommen ist, um
Gibea in Benjamin seine große Schand-
tat zu vergelten, die es in Israel getan
hat. So versammelten sich gegen die 11
Stadt alle Männer Israels, geschlossen
wie *ein* Mann.
Und die Stämme Israels sandten 12
Männer zu allen Geschlechtern Benja-
mins und ließen ihnen sagen: Was ist
das für eine Untat, die bei euch ge-
schehen ist? So gebt nun heraus die 13
Männer, die ruchlosen Leute von Gi-
bea, [d]daß wir sie töten und das Böse aus
Israel austilgen. Aber die Benjaminiter
wollten nicht hören auf die Stimme ih-
rer Brüder, der Israeliten, sondern sie 14
versammelten sich aus den Städten
nach Gibea, um in den Kampf gegen
die Israeliten auszuziehen. Und es wur- 15
den an jenem Tage gezählt von Benja-
min aus den Städten sechsundzwanzig-
tausend Mann, die das Schwert führ-
ten, außer den Bürgern von Gibea; von
ihnen wurden siebenhundert gezählt,
auserlesene Männer. Und unter diesem 16
ganzen Volk waren siebenhundert aus-
erlesene Männer, die linkshändig wa-
ren und mit der Schleuder ein Haar
treffen konnten, ohne zu fehlen. Aber 17
von Israel – außer denen von Benjamin
– wurden gezählt vierhunderttausend
Mann, die das Schwert führten, lauter
streitbare Männer. Die machten sich 18
auf und zogen hinauf nach Betel und
[e]befragten Gott und sprachen: Wer
von uns soll zuerst hinaufziehen in den
Kampf gegen Benjamin? Der HERR
sprach: Juda soll anfangen. So machten 19
sich die Israeliten am Morgen auf und
lagerten sich vor Gibea. Und die Män- 20
ner von Israel zogen heraus, um gegen
Benjamin zu kämpfen, und stellten sich
auf zum Kampf gegen Gibea. Da fielen 21
die Benjaminiter aus Gibea aus und
schlugen an dem Tage von Israel zwei-

23 undzwanzigtausend zu Boden. *Da zo-
gen die Israeliten hinauf und hielten
Klage vor dem HERRN bis zum Abend
und befragten den HERRN und spra-
chen: Sollen wir wieder in den Kampf
ziehen gegen die Benjaminiter, unsere
Brüder? Der HERR sprach: Zieht hin
22 gegen sie! *Da ermannte sich das
Kriegsvolk von Israel und stellte sich
abermals auf, um am selben Ort noch
weiter zu kämpfen, an dem sie sich am
24 vorigen Tag aufgestellt hatten. Und als
die Israeliten am andern Tage nahe
herankamen an die Benjaminiter,
25 [f]machten die Benjaminiter auch am
zweiten Tag einen Ausfall aus Gibea
und schlugen von Israel noch acht-
zehntausend zu Boden, die alle das
Schwert führten.

26 Da zogen alle Israeliten, das ganze
Kriegsvolk, hinauf und kamen nach
[g]Betel und hielten Klage und blieben
dort vor dem HERRN und fasteten an
diesem Tag bis zum Abend und opfer-
ten Brandopfer und Dankopfer vor
27 dem HERRN. Und die Israeliten befrag-
ten den HERRN. – Es war aber zu jener
Zeit die Lade des Bundes Gottes dort,
28 und [h]Pinhas, der Sohn [i]Eleasars, des
Sohnes Aarons, versah den Dienst vor
ihm in jener Zeit. – Und sie sprachen:
Sollen wir abermals ausziehen, um ge-
gen die Benjaminiter, unsere Brüder,
zu kämpfen, oder sollen wir es lassen?
Der HERR sprach: Zieht hinauf; mor-
gen will ich sie in eure Hände geben.

29 Und Israel [j]legte einen Hinterhalt
30 rings um Gibea her. So zog Israel hin-
auf am dritten Tage gegen die Benjami-
niter und stellte sich auf gegen Gibea
31 wie schon zweimal vorher. Da machten
die Benjaminiter einen Ausfall, dem
Kriegsvolk entgegen, und wurden weg-
gezogen von der Stadt und erschlugen
anfangs einige vom Kriegsvolk – wie
schon zweimal vorher – auf den Stra-
ßen, von denen die eine nach Betel und
die andere nach Gibeon führt, auf offe-
nem Feld etwa dreißig Mann von Is-
32 rael. Da dachten die Benjaminiter: Sie
sind geschlagen vor uns wie vorher.
Aber die Israeliten hatten verabredet:
Laßt uns fliehen, damit wir sie von der
Stadt wegziehen auf die beiden Stra-
33 ßen! Da machten sich alle Männer von
Israel auf von ihrem Ort und stellten
sich bei Baal-Tamar auf. Und der Hin-
terhalt Israels brach hervor aus seinem
34 Versteck westlich von Geba. Und sie
rückten gegen Gibea an, zehntausend
Mann, auserlesen aus ganz Israel, so
daß der Kampf hart wurde; jene aber
wußten nicht, daß sie das Unglück tref-
fen würde. So schlug der HERR die Ben- 35
jaminiter vor den Männern von Israel,
daß die Israeliten an dem Tag um-
brachten fünfundzwanzigtausendein-
hundert Mann von Benjamin, die alle
das Schwert führten. Denn als die Ben- 36
jaminiter sahen, daß sie geschlagen wa-
ren, gaben ihnen die Männer Israels
Raum; denn sie verließen sich auf den
Hinterhalt, den sie bei Gibea angelegt
hatten. Und der Hinterhalt brach ei- 37
lends hervor auf Gibea zu und zog hin
und schlug die ganze Stadt mit der
Schärfe des Schwerts. Sie hatten aber 38
verabredet miteinander, die Männer
von Israel und der Hinterhalt, sie soll-
ten eine Rauchsäule von der Stadt auf-
steigen lassen. Als nun die Männer von 39
Israel sich im Kampf abgewandt hatten
und die Benjaminiter anfangs etwa
dreißig Mann von Israel erschlagen
hatten, so daß sie dachten: sie sind vor
uns geschlagen wie im vorigen Kampf,
da begann eine Rauchsäule von der 40
Stadt gerade empor aufzusteigen. Und
die Benjaminiter wandten sich um, und
siehe, da ging die Stadt ganz in Flam-
men auf zum Himmel. Und die Män- 41
ner von Israel machten kehrt; da er-
schraken die Männer von Benjamin,
denn sie sahen, daß das Unglück sie ge-
troffen hatte, und wandten sich weg 42
von den Männern Israels auf den Weg
zur Steppe. Aber der Kampf folgte
ihnen auch dorthin, und die von der
Stadt her kamen, vernichteten in ihrer
Mitte die Benjaminiter. Sie umringten 43
diese und jagten ihnen nach, ohne
ihnen Ruhe zu lassen, und zertraten sie
bis östlich von Gibea, gegen Sonnen-
aufgang. Und es fielen von Benjamin 44
achtzehntausend Mann, lauter streit-
bare Männer.

Da wandten sie sich um und flohen 45
zur Steppe hin zum Fels Rimmon; aber
die Männer von Israel hielten auf den
Straßen eine Nachlese von fünftausend
Mann und verfolgten sie weiter bis Gi-
dom und erschlugen von ihnen noch
zweitausend. So fielen an diesem Tage 46
von Benjamin fünfundzwanzigtausend
Mann, die das Schwert führten, lauter
streitbare Männer. Nur sechshundert 47
Mann wandten sich um und flohen zur
Steppe hin zum Fels Rimmon und blie-
ben [k]auf dem Fels Rimmon vier Mona-
te. Und die Männer Israels kehrten um 48

zu den Benjaminitern und schlugen in
der Stadt mit der Schärfe des Schwerts
Leute und Vieh und alles, was man
fand. Und alle Städte, die man fand,
verbrannte man mit Feuer.[l]

a Jos 18,26; 1.Sam 7,5 *b* Kap 19,14; Jos 18,28
c 1.Mose 34,7 *d* 2.Mose 21,12; 4.Mose 35,33.34
e Kap 1,1.2; 4.Mose 27,21 *f* 1.Mose 49,27
g Vers 18; Jos 18,21.22 *h* 4.Mose 25,7
i Jos 24,33 *j* Jos 8,12.14 *k* Kap 21,13
l 1.Mose 34,25-29; 4.Mose 35,30-34;
5.Mose 13,13-19
*Verse 22 und 23: Der Zusammenhang erfordert die hier vorgenommene Umstellung der Verse.

Israel verhilft Benjamin zu Frauen

21 Die Männer Israels aber hatten in
[a]Mizpa geschworen und gesagt: Nie-
mand soll seine Tochter den Benjami-
2 nitern zur Frau geben. Und [b]das Volk
kam nach Betel und saß da bis zum
Abend vor Gott, und sie erhoben ihre
3 Stimme und weinten sehr und spra-
chen: O HERR, Gott Israels, warum ist
das geschehen in Israel, daß heute Is-
rael um einen Stamm weniger gewor-
den ist?
4 Am andern Morgen machte sich das
Volk früh auf und baute dort einen Al-
tar und opferte Brandopfer und Dank-
5 opfer. Und die Israeliten sprachen:
Wer von allen Stämmen Israels ist
nicht mit der Gemeinde heraufgekom-
men zum HERRN? Denn es war ein gro-
ßer Schwur getan worden, daß, wer
nicht hinaufkäme zum HERRN nach
Mizpa, der sollte des Todes sterben.
6 Und es tat den Israeliten leid um ihren
Bruder Benjamin, und sie sprachen:
Heute ist *ein* Stamm von Israel abge-
7 schlagen. Wie können wir ihnen helfen,
daß die übriggebliebenen Benjaminiter
zu Frauen kommen? Denn wir haben
geschworen bei dem HERRN, daß wir
ihnen von unsern Töchtern keine zu
8 Frauen geben. Und sie sprachen: Ist
einer von den Stämmen Israels nicht
heraufgekommen zum HERRN nach
Mizpa? Und siehe, da war ins Lager
der Gemeinde niemand gekommen von
9 Jabesch in Gilead. Denn sie zählten das
Volk, und siehe, da war kein Bürger da
von Jabesch in Gilead.
10 Da sandte die Gemeinde zwölftau-
send streitbare Männer dorthin und ge-
bot ihnen: Geht hin und schlagt mit der
Schärfe des Schwerts die Bürger von
Jabesch in Gilead mit Weib und Kind.
11 [c]Doch so sollt ihr tun: An allem, was
männlich ist, und an allen Frauen, die
einem Mann angehört haben, sollt ihr
12 den Bann vollstrecken! Und sie fanden
bei den Bürgern von Jabesch in Gilead
vierhundert Mädchen, die Jungfrauen
waren und keinem Mann angehört hat-
ten. Die brachten sie ins Lager nach
Silo, das da liegt im Lande Kanaan. Da 13
sandte die ganze Gemeinde hin und
verhandelte mit den Benjaminitern, die
[d]auf dem Fels Rimmon waren, und
sagten ihnen Frieden zu. So kamen 14
die Benjaminiter zurück zu jener Zeit.
Und sie gaben ihnen die Mädchen,
die sie am Leben gelassen hatten
von den Frauen aus Jabesch in Gilead;
aber diese waren noch nicht genug
für sie.
Da tat es dem Volk leid um Benja- 15
min, daß der HERR einen Riß gemacht
hatte zwischen den Stämmen Israels.
Und die Ältesten der Gemeinde spra- 16
chen: Was wollen wir tun, daß die
übriggebliebenen Benjaminiter zu
Frauen kommen? Denn die Frauen in
Benjamin sind ausgerottet. Und sie 17
sprachen: Die Entronnenen von Benja-
min müssen doch ihr Erbe behalten,
damit nicht ein Stamm ausgetilgt wer-
de von Israel. Wir aber können ihnen 18
unsere Töchter nicht zu Frauen geben;
denn die Israeliten haben geschworen
und gesagt: Verflucht sei, wer den Ben-
jaminitern Frauen gibt! Und sie spra- 19
chen: Siehe, jedes Jahr findet ein Fest
des HERRN statt zu [e]Silo, das nördlich
von Betel liegt, östlich von der Straße,
die hinaufführt von Betel nach Sichem,
und südlich von Lebona. Und sie gebo- 20
ten den Benjaminitern und sprachen:
Geht hin und legt euch auf die Lauer in
den Weinbergen. Wenn ihr dann seht, 21
daß die Töchter Silos zum Reigentanz
herausgehen, so brecht hervor aus den
Weinbergen und [f]raubt euch jeder eine
Frau von den Töchtern Silos und geht
heim ins Land Benjamin. Wenn aber 22
ihre Väter oder ihre Brüder kommen,
um mit uns zu rechten, wollen wir zu
ihnen sagen: Gönnt sie uns, denn wir
haben nicht für jeden eine Frau gewon-
nen im Kampf; auch habt nicht ihr sie
ihnen gegeben, sonst wäret ihr jetzt
schuldig. Die Benjaminiter taten das 23
und nahmen sich Frauen nach ihrer
Zahl von den Mädchen, die im Reigen
tanzten und die sie geraubt hatten, und
zogen heim in ihr Erbteil, bauten die
Städte wieder auf und wohnten darin.
Auch die Israeliten gingen zu der Zeit 24
von dort auseinander, jeder zu seinem
Stamm und zu seinem Geschlecht, und
zogen von dort weg, jeder zu seinem

25 Erbteil. Zu der Zeit war [g]kein König in
Israel; jeder tat, was ihn recht dünkte.

a Kap 20,1 *b* Kap 20,18.23.26
c (*11 und 12*) 4.Mose 31,17.18 *d* Kap 20,47
e Jos 18,1 *f* 2.Mose 21,16; 5.Mose 24,7
g Kap 17,6

DAS BUCH RUT

Eine Ausländerin findet Heimat in Israel Kap 1–4

Rut zieht mit Naëmi nach Betlehem

1 Zu der Zeit, als die [a]Richter richteten,
entstand eine Hungersnot im Lande.
Und [b]ein Mann von Betlehem in Juda
zog aus ins Land der Moabiter, um dort
als Fremdling zu wohnen, mit seiner
2 Frau und seinen beiden Söhnen. Der
hieß Elimelech und seine Frau Naëmi
und seine beiden Söhne Machlon und
Kiljon; die waren [c]Efratiter aus Betle-
hem in Juda. Und als sie ins Land der
Moabiter gekommen waren, blieben sie
3 dort. [d]Und Elimelech, Naëmis Mann,
starb, und sie blieb übrig mit ihren bei-
4 den Söhnen. Die nahmen moabitische
Frauen; die eine hieß Orpa, die andere
Rut. Und als sie ungefähr zehn Jahre
5 dort gewohnt hatten, starben auch die
beiden, Machlon und Kiljon, so daß die
Frau beide Söhne und ihren Mann
überlebte.

6 Da machte sie sich auf mit ihren bei-
den Schwiegertöchtern und [e]zog aus
dem Land der Moabiter wieder zu-
rück; denn sie hatte erfahren im Moa-
biterland, daß der HERR sich seines
Volkes angenommen und ihnen Brot
7 gegeben hatte. Und sie ging aus von
dem Ort, wo sie gewesen war, und ihre
beiden Schwiegertöchter mit ihr. Und
als sie unterwegs waren, um ins Land
8 Juda zurückzukehren, sprach sie zu
ihren beiden Schwiegertöchtern: Geht
hin und kehrt um, eine jede ins Haus
ihrer Mutter! Der HERR tue an euch
Barmherzigkeit, wie ihr an den Toten
9 und an mir getan habt. Der HERR gebe
euch, daß ihr [f]Ruhe findet, eine jede in
ihres Mannes Hause! Und sie küßte sie.
Da erhoben sie ihre Stimme und wein-
10 ten und sprachen zu ihr: Wir wollen
11 mit dir zu deinem Volk gehen. Aber
Naëmi sprach: Kehrt um, meine Töch-
ter! Warum wollt ihr mit mir gehen?
Wie kann ich noch einmal Kinder in
meinem Schoße haben, die eure Män-
ner werden könnten? Kehrt um, meine 12
Töchter, und geht hin; denn ich bin
nun zu alt, um wieder einen Mann zu
nehmen. Und wenn ich dächte: Ich
habe noch Hoffnung! und diese Nacht
einen Mann nehmen und Söhne gebä-
ren würde, wolltet ihr warten, bis sie 13
groß würden? Wolltet ihr euch so lange
einschließen und keinen Mann neh-
men? Nicht doch, meine Töchter!
Mein Los ist zu bitter für euch, denn
des HERRN Hand ist gegen mich gewe-
sen. Da erhoben sie ihre Stimme und 14
weinten noch mehr. Und Orpa küßte
ihre Schwiegermutter, Rut aber blieb
bei ihr. Sie aber sprach: Siehe, deine 15
Schwägerin ist umgekehrt zu ihrem
Volk und zu ihrem Gott; kehre auch du
um, deiner Schwägerin nach. Rut ant- 16
wortete: Rede mir nicht ein, daß ich
dich verlassen und von dir umkehren
sollte. *Wo du hin gehst, da will ich auch
hin gehen; wo du bleibst, da bleibe ich
auch. Dein Volk ist mein Volk, und dein
Gott ist mein Gott. Wo du stirbst, da ster-* 17
*be ich auch, da will ich auch begraben
werden. Der* HERR *tue mir dies und das,
nur der Tod wird mich und dich scheiden.*
Als sie nun sah, daß sie festen Sinnes 18
war, mit ihr zu gehen, ließ sie ab, ihr zu-
zureden. So gingen die beiden mitein- 19
ander, bis sie nach Betlehem kamen.
Und als sie nach Betlehem hineinka-
men, erregte sich die ganze Stadt über
sie, und die Frauen sprachen: Ist das
die Naëmi? Sie aber sprach zu ihnen: 20
Nennt mich nicht Naëmi, sondern
[g]Mara*; denn der Allmächtige hat mir
viel Bitteres angetan. Voll zog ich aus, 21
aber leer hat mich der HERR wieder
heimgebracht. Warum nennt ihr mich
denn Naëmi, da doch der HERR gegen
mich gesprochen und der Allmächtige
mich betrübt hat?

Es war aber um die Zeit, da die Ger- 22

stenernte anging, als Naëmi mit ihrer
Schwiegertochter Rut, der Moabiterin,
zurückkam vom Moabiterland nach
Betlehem.

a 4.Mose 25,1-5 *b* 1.Sam 22,3.4 *c* 1.Mose 48,7; Mi 5,1 *d* (3 *und* 4) 5.Mose 7,3; 23,4; Neh 13,23 *e* 2.Kön 8,3 *f* Kap 3,1 *g* 2.Mose 15,23
*Vers 20: Naëmi bedeutet »lieblich«, Mara »bitter«.

Rut liest Ähren auf dem Feld des Boas

2 Es war aber ein Mann, ein Verwandter
des Mannes der Naëmi, von dem Ge-
schlecht Elimelechs, mit Namen Boas;
2 der war ein angesehener Mann. Und
Rut, die Moabiterin, sprach zu Naëmi:
Laß mich aufs Feld gehen und Ähren
auflesen, bei einem, vor dessen Augen
ich Gnade finde. Sie aber sprach zu ihr:
3 Geh hin, meine Tochter! Sie ging hin
und las auf, den Schnittern nach, auf
dem Felde. Und es traf sich, daß dies
Feld dem Boas gehörte, der von dem
4 Geschlecht Elimelechs war. Und siehe,
Boas kam eben von [a]Betlehem und
sprach zu den Schnittern: Der HERR sei
mit euch! Sie antworteten: Der HERR
5 segne dich! Und Boas sprach zu seinem
Knecht, der über die Schnitter gestellt
war: Zu wem gehört das Mädchen?
6 Der Knecht, der über die Schnitter ge-
stellt war, antwortete und sprach: Es ist
eine Moabiterin, die mit Naëmi gekom-
men ist aus dem Land der Moabiter.
7 Sie hat gesagt: Laßt mich doch auflesen
und sammeln hinter den Garben den
Schnittern nach, und ist gekommen
und dageblieben vom Morgen an bis
8 jetzt und hat nur wenig ausgeruht. Da
sprach Boas zu Rut: Hörst du wohl,
meine Tochter? Du sollst nicht auf
einen andern Acker gehen, um aufzule-
sen; geh auch nicht von hier weg, son-
9 dern halt dich zu meinen Mägden. Und
sieh, wo sie schneiden im Felde, da geh
ihnen nach. Ich habe meinen Knechten
geboten, daß dich niemand antaste.
Und wenn dich dürstet, so geh hin zu
den Gefäßen und trinke von dem, was
10 meine Knechte schöpfen. Da fiel sie auf
ihr Angesicht und beugte sich nieder
zur Erde und sprach zu ihm: Womit
hab ich Gnade gefunden vor deinen
Augen, daß du mir freundlich bist, [b]die
11 ich doch eine Fremde bin? Boas ant-
wortete und sprach zu ihr: Man hat mir
alles angesagt, was du getan hast an
deiner Schwiegermutter nach deines
Mannes Tod; [c]daß du verlassen hast
deinen Vater und deine Mutter und
dein Vaterland und zu einem Volk ge-
zogen bist, das du vorher nicht kann-
test. Der HERR vergelte dir deine Tat, 12
und dein Lohn möge vollkommen sein
bei dem HERRN, dem Gott Israels, zu
dem du gekommen bist, daß du [d]unter
seinen Flügeln Zuflucht hättest. Sie 13
sprach: Laß mich Gnade vor deinen
Augen finden, mein Herr; denn du hast
mich getröstet und deine Magd freund-
lich angesprochen, und ich bin doch
nicht einmal wie eine deiner Mägde.
Boas sprach zu ihr, als Essenszeit war: 14
Komm hierher und iß vom Brot und
tauche deinen Bissen in den Essig-
trank! Und sie setzte sich zur Seite der
Schnitter. Er aber legte ihr geröstete
Körner vor, und sie aß und wurde satt
und ließ noch übrig. Und als sie sich 15
aufmachte zu lesen, gebot Boas seinen
Knechten und sprach: Laßt sie auch
zwischen den Garben lesen und be-
schämt sie nicht; auch zieht etwas für 16
sie aus den Garben heraus und laßt es
liegen, daß sie es auflese, und niemand
schelte sie darum.[e] So las sie bis zum 17
Abend auf dem Felde und klopfte die
Ähren aus, die sie aufgelesen hatte, und
es war ungefähr ein Scheffel Gerste.
Und sie hob's auf und kam in die 18
Stadt, und ihre Schwiegermutter sah,
was sie gelesen hatte. Da zog Rut her-
vor und gab ihr, was sie übrigbehalten
hatte, nachdem sie satt geworden war.
Da sprach ihre Schwiegermutter zu 19
ihr: Wo hast du heute gelesen, und wo
hast du gearbeitet? Gesegnet sei, der
dir freundlich gewesen ist! Sie aber
sagte ihrer Schwiegermutter, bei wem
sie gearbeitet hatte, und sprach: Der
Mann, bei dem ich heute gearbeitet
habe, heißt Boas. Naëmi aber sprach zu 20
ihrer Schwiegertochter: Gesegnet sei
er vom HERRN, der seine Barmherzig-
keit nicht abgewendet hat von den Le-
bendigen und von den Toten. Und
Naëmi sprach zu ihr: Der Mann steht
uns nahe; [f]er gehört zu unsern Lösern.
Rut, die Moabiterin, sprach: Er sprach 21
auch das zu mir: Du sollst dich zu mei-
nen Leuten halten, bis sie mir alles ein-
geerntet haben. Naëmi sprach zu Rut, 22
ihrer Schwiegertochter: Es ist gut, mei-
ne Tochter, daß du mit seinen Mägden
hinausgehst, damit dir nicht jemand
auf einem andern Acker etwas zu Leide
tue. So hielt sie sich beim Ährenlesen 23
zu den Mägden des Boas, bis die Ger-
stenernte und Weizenernte beendet
war. Und dann blieb sie bei ihrer
Schwiegermutter.

a Kap 1,2 *b* 5.Mose 23,4-6 *c* Kap 1,16.17
d Ps 36,8 *e* 3.Mose 19,9.10 *f* Kap 4,4

Rut befolgt Naëmis Rat

3 Und Naëmi, ihre Schwiegermutter,
sprach zu ihr: Meine Tochter, ich will
dir eine [a]Ruhestatt suchen, daß dir's
2 wohlgehe. Siehe, Boas, unser Ver-
wandter, bei dessen Mägden du gewe-
sen bist, worfelt diese Nacht Gerste auf
3 seiner Tenne. So bade dich und salbe
dich und lege dein Kleid an und geh
hinab auf die Tenne. Gib dich dem
Mann nicht zu erkennen, bis er geges-
4 sen und getrunken hat. Wenn er sich
dann schlafen legt, so merke dir die
Stelle, wo er sich hinlegt, und geh hin
und decke zu seinen Füßen auf und leg
dich hin, so wird er dir sagen, was du
5 tun sollst. Sie sprach zu ihr: Alles, was
6 du mir sagst, will ich tun. Sie ging hin-
ab zur Tenne und tat alles, was ihre
Schwiegermutter ihr geboten hatte.
7 Und als Boas gegessen und getrun-
ken hatte, ward sein Herz guter Dinge,
und er ging hin und legte sich hinter
einen Kornhaufen. Und sie kam leise
und deckte zu seinen Füßen auf und
8 legte sich hin. Als es nun Mitternacht
ward, erschrak der Mann und beugte
sich vor; und siehe, eine Frau lag zu sei-
9 nen Füßen. Und er sprach: Wer bist
du? Sie antwortete: Ich bin Rut, deine
Magd. [b]Breite den Zipfel deines Ge-
wandes über deine Magd, denn [c]du bist
10 der Löser. Er aber sprach: Gesegnet
seist du vom HERRN, meine Tochter!
Du hast deine Liebe jetzt noch besser
erzeigt als [d]vorher, daß du nicht den
jungen Männern nachgegangen bist,
weder den reichen noch den armen.
11 Nun, meine Tochter, fürchte dich
nicht. Alles, was du sagst, will ich dir
tun; denn das ganze Volk in meiner
Stadt weiß, daß du ein tugendsames
12 Weib bist. Ja, es ist wahr, daß ich ein
Löser bin; aber es ist noch ein Löser da,
13 näher verwandt als ich. Bleib über
Nacht hier. Will er dich dann am Mor-
gen lösen, gut, so mag er's tun; hat er
aber keine Lust, dich zu lösen, so will
ich dich lösen, so wahr der HERR lebt.
14 Schlaf bis zum Morgen! Und sie schlief
bis zum Morgen zu seinen Füßen. Und
sie stand auf, ehe einer den andern er-
kennen konnte. Und er dachte: Wenn
nur niemand erfährt, daß eine Frau auf
15 die Tenne gekommen ist. Und er
sprach: Nimm das Tuch, das du um-
hast, und halt es auf. Und sie hielt es
hin. Und er maß sechs Maß Gerste hin-
ein und lud ihr's auf. Und er ging in die
Stadt.
Sie aber kam zu ihrer Schwiegermut- 16
ter. Die sprach: Wie steht's mit dir,
meine Tochter? Und sie sagte ihr alles,
was ihr der Mann getan hatte, und 17
sprach: Diese sechs Maß Gerste gab er
mir; denn er sagte: Du sollst nicht mit
leeren Händen zu deiner Schwieger-
mutter kommen. Sie aber sprach: War- 18
te nun ab, meine Tochter, bis du er-
fährst, wo es hinaus will; denn der
Mann wird nicht ruhen, er bringe es
denn heute zu Ende.

a Kap 1,9 *b* Hes 16,8 *c* Kap 4,4 *d* Kap 2,11

Die Lösung

Boas ging hinauf ins Tor und setzte sich **4**
daselbst. Und siehe, als der Löser vor-
überging, von dem er geredet hatte,
sprach Boas: Komm, mein Lieber, und
setze dich hierher! Und er kam herüber
und setzte sich dort hin. Und Boas 2
nahm zehn Männer von den Ältesten
der Stadt und sprach: Setzt euch hier-
her! Und sie setzten sich. Da sprach er 3
zu dem Löser: Naëmi, die aus dem
Lande der Moabiter zurückgekommen
ist, bietet feil den Anteil an dem Feld,
der unserm Bruder Elimelech gehörte.
Darum gedachte ich's vor deine Ohren 4
zu bringen und zu sagen: Willst du es
lösen, so kaufe es vor den Bürgern und
vor den Ältesten meines Volks; willst
du es aber nicht lösen, so sage mir's,
daß ich's wisse; denn es ist kein anderer
Löser da als du, und ich nach dir. Er
sprach: Ich will's lösen.[a] Boas sprach: 5
An dem Tage, da du von Naëmi das
Feld kaufst, mußt du auch Rut, die
Moabiterin, die Frau des Verstorbe-
nen, nehmen, um den Namen des Ver-
storbenen zu erhalten auf seinem Erb-
teil.[b] Da antwortete er: Ich vermag es 6
nicht zu lösen, sonst würde ich mein
Erbteil schädigen. Löse dir zugut, was
ich hätte lösen sollen; denn ich vermag
es nicht zu lösen. Es war aber von alters 7
her ein Brauch in Israel: Wenn einer
eine Sache bekräftigen wollte, die eine
Lösung oder einen Tausch betraf, so
[c]zog er seinen Schuh aus und gab ihn
dem andern; das diente zur Bezeugung
in Israel. Und der Löser sprach zu 8
Boas: Kaufe du es! und zog seinen
Schuh aus. Und Boas sprach zu den Äl- 9
testen und zu allem Volk: Ihr seid heu-
te Zeugen, daß ich von Naëmi alles ge-
kauft habe, was Elimelech, und alles,

was Kiljon und Machlon gehört hat.
10 Dazu habe ich mir auch Rut, die Moa-
biterin, die Frau Machlons, zum Weibe
genommen, daß ich den Namen des
Verstorbenen erhalte auf seinem Erb-
teil und sein Name nicht ausgerottet
werde unter seinen Brüdern und aus
dem Tor seiner Stadt; dessen seid ihr
11 heute Zeugen. Und alles Volk, das im
Tor war, samt den Ältesten sprach:
Wir sind Zeugen. Der HERR mache die
Frau, die in dein Haus kommt, wie Ra-
hel und Lea, die beide das Haus Israel
gebaut haben; sei stark in Efrata, und
dein Name werde gepriesen zu Betle-
12 hem. Und dein Haus werde wie das
Haus des [d]Perez, den Tamar dem Juda
gebar, durch die Nachkommen, die dir
der HERR geben wird von dieser jungen
Frau.

a 3.Mose 25,25; Jer 32 *b* 5.Mose 25,5.6
c 5.Mose 25,7-10 *d* 1.Mose 38,29

Boas heiratet Rut, die Stammutter Davids

13 So nahm Boas die Rut, daß sie seine
Frau wurde. Und als er zu ihr einging,
gab ihr der HERR, daß sie schwanger
ward, und sie gebar einen Sohn. Da 14
sprachen die Frauen zu Naëmi: Gelobt
sei der HERR, der dir zu dieser Zeit
einen Löser nicht versagt hat! Dessen
Name werde gerühmt in Israel! Der 15
wird dich erquicken und dein Alter ver-
sorgen. Denn deine Schwiegertochter,
die dich geliebt hat, hat ihn geboren,
die dir mehr wert ist als sieben Söhne.
Und Naëmi nahm das Kind und legte 16
es auf ihren Schoß und ward seine Wär-
terin. Und ihre Nachbarinnen gaben 17
ihm einen Namen und sprachen: Naë-
mi ist ein Sohn geboren; und sie nann-
ten ihn [a]Obed. Der ist der Vater Isais,
welcher Davids Vater ist.

Dies ist das Geschlecht des [b]Perez: 18
Perez zeugte Hezron; Hezron zeugte 19
Ram; Ram zeugte Amminadab;[c] Am- 20
minadab zeugte [d]Nachschon; Nach-
schon zeugte Salmon; Salmon zeugte 21
Boas; Boas zeugte Obed; Obed zeugte 22
Isai; Isai zeugte David.[e]

a Mt 1,5.6; Lk 3,32 *b* 1.Mose 46,12; 1.Chr 2,5
c 1.Chr 2,9-15 *d* 4.Mose 1,7 *e* 1.Sam 16,1.11-13

DAS ERSTE BUCH SAMUEL

Inhaltsübersicht

Hannas Gebet und Samuels Geburt

1 Es war ein Mann von Ramatajim-Zo-
fim, vom Gebirge Efraim, der hieß [a]El-
kana, ein Sohn Jerohams, des Sohnes
Elihus, des Sohnes Tohus, des Sohnes
2 Zufs, ein Efraimiter. Und er hatte zwei
Frauen; die eine hieß Hanna, die ande-
re Peninna. Peninna aber hatte Kinder,
3 und Hanna hatte keine Kinder.[b] Dieser
Mann ging jährlich hinauf von seiner
Stadt, um anzubeten und dem HERRN
Zebaot zu opfern in [c]Silo. Dort aber
waren Hofni und Pinhas, die beiden
4 Söhne Elis, Priester des HERRN. Wenn
nun der Tag kam, daß Elkana opferte,
gab er seiner Frau Peninna und allen
ihren Söhnen und Töchtern Stücke
vom Opferfleisch. Aber Hanna gab er 5
ein Stück traurig; denn er hatte Hanna
lieb, obgleich der HERR ihren Leib ver-
schlossen hatte. Und ihre Widersache- 6
rin kränkte und reizte sie sehr, weil der
HERR ihren Leib verschlossen hatte. So 7
ging es alle Jahre; wenn sie hinaufzog
zum Haus des HERRN, kränkte jene sie.
Dann weinte Hanna und aß nichts. El- 8
kana aber, ihr Mann, sprach zu ihr:
Hanna, warum weinst du, und warum
issest du nichts? Und warum ist dein
Herz so traurig? Bin ich dir nicht mehr
wert als zehn Söhne?

Da stand Hanna auf, nachdem sie in 9
Silo gegessen und getrunken hatten. Eli
aber, der Priester, saß auf einem Stuhl

am Türpfosten des Tempels des
10 HERRN. Und sie war von Herzen be-
trübt und betete zum HERRN und wein-
11 te sehr und gelobte ein Gelübde und
sprach: HERR Zebaot, wirst du das
Elend deiner Magd ansehen und an
mich gedenken und deiner Magd nicht
vergessen und wirst du deiner Magd
einen Sohn geben, so [d]will ich ihn dem
HERRN geben sein Leben lang, und es
soll [e]kein Schermesser auf sein Haupt
12 kommen. Und als sie lange betete vor
dem HERRN, achtete Eli auf ihren
13 Mund; denn Hanna redete in ihrem
Herzen, nur ihre Lippen bewegten
sich, ihre Stimme aber hörte man nicht.
14 Da meinte Eli, sie wäre betrunken, und
sprach zu ihr: Wie lange willst du be-
trunken sein? Gib den Wein von dir,
15 den du getrunken hast! Hanna aber
antwortete und sprach: Nein, mein
Herr! Ich bin ein betrübtes Weib;
Wein und starkes Getränk hab ich nicht
getrunken, sondern mein Herz vor dem
16 HERRN ausgeschüttet. Du wollest deine
Magd nicht für ein zuchtloses Weib
halten, denn ich hab aus meinem gro-
ßen Kummer und Herzeleid so lange
17 geredet. Eli antwortete und sprach:
Geh hin mit Frieden; der Gott Israels
wird dir die Bitte erfüllen, die du an ihn
18 gerichtet hast. Sie sprach: Laß deine
Magd Gnade finden vor deinen Augen.
Da ging die Frau ihres Weges und aß
und sah nicht mehr so traurig drein.
19 Und am andern Morgen machten sie
sich früh auf. Und als sie angebetet hat-
ten vor dem HERRN, kehrten sie wieder
um und kamen heim nach Rama. Und
Elkana erkannte Hanna, seine Frau,
20 und [f]der HERR gedachte an sie. Und
Hanna ward schwanger; und als die
Tage um waren, gebar sie einen Sohn
und nannte ihn Samuel; denn, so
sprach sie, ich hab ihn von dem HERRN
erbeten.
21 Und als der Mann Elkana hinaufzog
mit seinem ganzen Hause, um das jähr-
liche Opfer dem HERRN zu opfern und
22 sein Gelübde zu erfüllen, zog Hanna
nicht mit hinauf, sondern sprach zu ih-
rem Mann: Wenn der Knabe entwöhnt
ist, will ich ihn bringen, daß er vor dem
HERRN erscheine und dort für immer
23 bleibe. Ihr Mann Elkana sprach zu ihr:
So tu, wie dir's gefällt! Bleib, bis du ihn
entwöhnt hast; der HERR aber bestäti-
ge, was er geredet hat. So blieb die Frau
und stillte ihren Sohn, bis sie ihn ent-
24 wöhnt hatte. Nachdem sie ihn ent-
wöhnt hatte, nahm sie ihn mit sich hin-
auf nach Silo, dazu [g]einen dreijährigen
Stier, einen Scheffel Mehl und einen
Krug Wein und brachte ihn in das
Haus des HERRN. Der Knabe war aber
noch jung. Und sie schlachteten den 25
Stier und brachten den Knaben zu Eli.
Und sie sprach: Ach, mein Herr, so 26
wahr du lebst, mein Herr: ich bin die
Frau, die hier bei dir stand, um zum
HERRN zu beten. Um diesen Knaben 27
bat ich. Nun hat der HERR mir die Bitte
erfüllt, die ich an ihn gerichtet hatte.
Darum [h]gebe ich ihn dem HERRN wie- 28
der sein Leben lang, weil er vom HERRN
erbeten ist. Und sie beteten dort den
HERRN an.

a 1.Chr 6,11.12.19.20 *b* 1.Mose 29,31 *c* Jos 18,1
d Am 2,11 *e* Ri 13,5 *f* 1.Mose 30,22
g 4.Mose 15,3.8-11 *h* Vers 11

Lobgesang der Hanna

[a]Und Hanna betete und sprach: Mein **2**
Herz ist fröhlich in dem HERRN, mein
Haupt ist erhöht in dem HERRN. Mein
Mund hat sich weit aufgetan wider
meine Feinde, denn ich freue mich dei-
nes Heils.
Es ist niemand heilig wie der HERR, 2
[b]außer dir ist keiner, und ist kein [c]Fels,
wie unser Gott ist. Laßt euer großes 3
Rühmen und Trotzen, freches Reden
gehe nicht aus eurem Munde; denn der
HERR ist ein Gott, der es merkt, und
von ihm werden Taten gewogen. Der 4
Bogen der Starken ist zerbrochen, und
die Schwachen sind umgürtet mit Stär-
ke. Die da satt waren, müssen um Brot 5
dienen, und die Hunger litten, hungert
nicht mehr. Die Unfruchtbare hat sie-
ben geboren, und die viele Kinder hat-
te, welkt dahin. Der HERR [d]tötet und 6
macht lebendig, führt hinab zu den To-
ten und [e]wieder herauf. Der HERR 7
macht arm und macht reich; er [f]ernied-
rigt und erhöht. Er [g]hebt auf den Dürf- 8
tigen aus dem Staub und erhöht den
Armen aus der Asche, daß er ihn setze
unter die Fürsten und den Thron der
Ehre erben lasse.
Denn der Welt Grundfesten sind des
HERRN, und er hat die Erde darauf ge-
setzt. Er wird behüten die Füße seiner 9
Heiligen, aber die Gottlosen sollen zu-
nichte werden in Finsternis; denn [h]viel
Macht hilft doch niemand. Die mit 10
dem HERRN hadern, sollen zugrunde
gehen. Der Höchste im Himmel wird
sie zerschmettern, der HERR wird rich-
ten der Welt Enden. Er wird Macht ge-

ben seinem Könige und erhöhen das
Haupt seines Gesalbten.
11 Und Elkana ging heim nach Rama in
sein Haus; der Knabe aber war des
HERRN Diener vor dem Priester Eli.

a (1-10) Lk 1,46-55 *b* 5.Mose 4,35
c 1.Mose 49,24; 5.Mose 32,18; Ps 18,32
d 5.Mose 32,39 *e* Ps 71,20 *f* Ps 75,8
g Ps 113,7.8 *h* Ps 33,16

Die Bosheit der Söhne Elis

12 Aber die Söhne Elis waren ruchlose
Männer; die fragten nichts nach dem
13 HERRN [a]noch danach, was dem Priester
zustände vom Volk. Wenn jemand ein
Opfer bringen wollte, so kam des Prie-
sters Diener, wenn das Fleisch kochte,
und hatte eine Gabel mit drei Zacken in
14 seiner Hand und stieß in den Tiegel
oder Kessel oder Pfanne oder Topf,
und was er mit der Gabel hervorzog,
das nahm der Priester für sich. So taten
sie allen in Israel, die dorthin kamen
15 nach Silo. Desgleichen, ehe sie das Fett
in Rauch aufgehen ließen, kam des
Priesters Diener und sprach zu dem,
der das Opfer brachte: Gib mir Fleisch
für den Priester zum Braten, denn er
will nicht gekochtes Fleisch von dir
16 nehmen, sondern rohes. Wenn dann je-
mand zu ihm sagte: Laß erst das Fett in
Rauch aufgehen und nimm dann, was
dein Herz begehrt, so sprach er zu ihm:
Du sollst mir's jetzt geben; wenn nicht,
17 so nehme ich's mit Gewalt. So war die
Sünde der Männer sehr groß vor dem
HERRN; denn sie verachteten das Opfer
des HERRN.
18 [b]Samuel aber war ein Diener vor
dem HERRN, und der Knabe war um-
gürtet mit einem leinenen Priester-
19 schurz. Dazu machte ihm seine Mutter
ein kleines Oberkleid und brachte es
ihm Jahr für Jahr, wenn sie mit ihrem
Mann hinaufging, um das jährliche
20 Opfer darzubringen. Und Eli segnete
Elkana und seine Frau und sprach: Der
HERR gebe dir Kinder von dieser Frau
anstelle des Erbetenen, den sie vom
HERRN erbeten hat. Und sie gingen zu-
21 rück an ihren Ort. Und der HERR such-
te Hanna heim, daß sie schwanger
ward, und sie gebar noch drei Söhne
und zwei Töchter. Aber der Knabe Sa-
muel [c]wuchs auf bei dem HERRN.
22 Eli aber war sehr alt geworden.
Wenn er nun alles erfuhr, was seine
Söhne ganz Israel antaten und daß sie
[d]bei den Frauen schliefen, die vor der
23 Tür der Stiftshütte dienten, sprach er
zu ihnen: Warum tut ihr solche bösen
Dinge, von denen ich höre im ganzen
Volk? Nicht doch, meine Söhne! Das 24
ist kein gutes Gerücht, von dem ich re-
den höre in des HERRN Volk. Wenn je- 25
mand [e]gegen einen Menschen sündigt,
so kann es Gott entscheiden. Wenn
aber jemand gegen den HERRN sündigt,
wer soll es dann für ihn entscheiden?
Aber sie gehorchten der Stimme ihres
Vaters nicht; denn der HERR war wil-
lens, sie zu töten. Aber der Knabe Sa- 26
muel [f]nahm immer mehr zu an Alter
und Gunst bei dem HERRN und bei den
Menschen.

a (13-16) 3.Mose 3,2-5; 7,11-17.28-34
b (18 und 19) Kap 22,18; 2.Mose 28,4-6
c Lk 1,80 *d* 2.Mose 38,8 *e* Hiob 16,20.21
f Lk 2,52

Ankündigung des Gerichts über das Haus Elis

Es kam aber ein Mann Gottes zu Eli 27
und sprach zu ihm: So spricht der
HERR: Ich habe mich offenbart dem
Hause deines Vaters, als die Israeliten
noch in Ägypten dem Hause des Pharao
gehörten, und hab's mir erwählt aus al- 28
len Stämmen Israels zum Priestertum,
[a]um auf meinem Altar zu opfern und
Räucherwerk zu verbrennen und den
Priesterschurz vor mir zu tragen, und
ich habe dem Hause deines Vaters alle
[b]Feueropfer Israels gegeben. Warum 29
tretet ihr denn mit Füßen meine
Schlachtopfer und Speisopfer, die ich
für meine Wohnung geboten habe?
Und du ehrst deine Söhne mehr als
mich, daß ihr euch mästet von dem Be-
sten aller Opfer meines Volkes Israel.
Darum spricht der HERR, der Gott Is- 30
raels: Ich hatte gesagt, [c]dein Haus und
deines Vaters Haus sollten immerdar
vor mir einhergehen. Aber nun spricht
der HERR: Das sei ferne von mir! [d]Son-
dern *wer mich ehrt, den will ich auch eh-*
ren; wer aber mich verachtet, der soll wie-
der verachtet werden. Siehe, [e]es wird die 31
Zeit kommen, daß ich deinen Arm und
den Arm des Hauses deines Vaters ab-
hauen will, daß es keinen Alten geben
wird in deinem Hause und daß du dei- 32
nen Widersacher im Heiligtum sehen
wirst bei allem Guten, das Israel ge-
schehen wird, und es wird niemand alt
werden in deines Vaters Hause immer-
dar. Doch nicht einen jeden will ich dir 33
von meinem Altar ausrotten, daß nicht
deine Augen verschmachten und deine
Seele sich gräme. Aber der größe Teil
deines Hauses soll sterben, wenn sie

34 Männer geworden sind. Und das soll
dir ein Zeichen sein, das über deine bei-
den Söhne, Hofni und Pinhas, kommen
wird: [f]an *einem* Tag werden sie beide
35 sterben. Ich aber [g]will mir einen treuen
Priester erwecken, der wird tun, wie es
meinem Herzen und meiner Seele ge-
fällt. Dem will ich ein beständiges Haus
bauen, daß er vor meinem Gesalbten
36 immerdar einhergehe. Und wer übrig
ist von deinem Hause, der wird kom-
men und vor jenem niederfallen um ein
Silberstück oder eine Scheibe Brot und
wird sagen: Laß mich doch Anteil ha-
ben am Priesteramt, daß ich einen Bis-
sen Brot zu essen habe.

a 5.Mose 18,1 *b* 4.Mose 18,8-20 *c* 2.Mose 28,1
d Mal 3,16-18 *e* 1.Kön 2,27 *f* Kap 4,11
g 1.Kön 2,35; Hebr 5,4-6

Samuels Berufung

3 Und zu der Zeit, als der Knabe Samuel
dem HERRN diente unter Eli, [a]war des
HERRN Wort selten, und es gab kaum
2 noch Offenbarung. Und es begab sich
zur selben Zeit, daß Eli lag an seinem
Ort, und seine Augen hatten angefan-
gen, schwach zu werden, so daß er nicht
3 mehr sehen konnte. [b]Die Lampe Got-
tes war noch nicht verloschen. Und Sa-
muel hatte sich gelegt im Heiligtum des
4 HERRN, wo die Lade Gottes war. Und
der HERR rief Samuel. Er aber antwor-
5 tete: Siehe, hier bin ich! und lief zu Eli
und sprach: Siehe, hier bin ich! Du
hast mich gerufen. Er aber sprach: Ich
habe nicht gerufen; geh wieder hin und
lege dich schlafen. Und er ging hin und
6 legte sich schlafen. Der HERR rief aber-
mals: Samuel! Und Samuel stand auf
und ging zu Eli und sprach: Siehe, hier
bin ich! Du hast mich gerufen. Er aber
sprach: Ich habe nicht gerufen, mein
Sohn; geh wieder hin und lege dich
7 schlafen. Aber Samuel hatte den
HERRN noch nicht erkannt, und des
HERRN Wort war ihm noch nicht offen-
8 bart. Und der HERR rief Samuel wieder,
zum drittenmal. Und er stand auf und
ging zu Eli und sprach: Siehe, hier bin
ich! Du hast mich gerufen. Da merkte
9 Eli, daß der HERR den Knaben rief, und
sprach zu ihm: Geh wieder hin und
lege dich schlafen; und wenn du geru-
fen wirst, so sprich: Rede, HERR, denn
dein Knecht hört. Samuel ging hin und
legte sich an seinen Ort.

10 Da kam der HERR und trat herzu und
rief wie vorher: Samuel, Samuel! Und
Samuel sprach: *Rede, denn dein Knecht
hört*. Und der HERR sprach zu Samuel: 11
Siehe, ich werde etwas tun in Israel,
wovon jedem, der es hören wird, beide
Ohren gellen werden. An dem Tage 12
will ich über Eli kommen lassen, was
ich gegen sein Haus geredet habe; ich
will es anfangen und vollenden. Denn 13
ich hab's ihm angesagt, daß ich sein
Haus für immer richten will um der
Schuld willen, daß er wußte, wie sich
seine Söhne schändlich verhielten, und
ihnen nicht gewehrt hat.[c] Darum habe 14
ich dem Hause Eli geschworen, daß die
Schuld des Hauses Eli nicht gesühnt
werden solle, weder mit Schlachtop-
fern noch mit Speisopfern immerdar.

Und Samuel lag bis an den Morgen 15
und tat dann die Türen auf am Hause
des HERRN. Samuel aber fürchtete sich,
Eli anzusagen, was ihm offenbart wor-
den war. Da rief ihn Eli und sprach: Sa- 16
muel, mein Sohn! Er antwortete: Sie-
he, hier bin ich! Er sprach: Was war das 17
für ein Wort, das er dir gesagt hat? Ver-
schweige mir nichts. Gott tue dir dies
und das, wenn du mir etwas ver-
schweigst von all den Worten, die er dir
gesagt hat. Da sagte ihm Samuel alles 18
und verschwieg ihm nichts. Er aber
sprach: Es ist der HERR; [d]er tue, was
ihm wohlgefällt.

Samuel aber wuchs heran, und der 19
HERR war mit ihm und ließ keines von
allen seinen Worten zur Erde fallen.
Und ganz Israel von Dan bis Beerseba 20
erkannte, daß Samuel damit betraut
war, Prophet des HERRN zu sein. Und 21
der HERR erschien weiter zu Silo, denn
der HERR offenbarte sich Samuel zu
Silo durch sein Wort. *Und Samuels
Wort erging an ganz Israel.

a Am 8,11 *b* *(3 und 4)* 4.Mose 7,89
c Kap 2,27-36 *d* 2.Sam 15,26
*Vers 21: Abweichende Verszählung statt 3,21b: 4,1.

Die Bundeslade wird Israel genommen

Und es begab sich zu der Zeit, daß die **4**
Philister sich sammelten zum Kampf
gegen Israel. Israel aber zog aus, den
Philistern entgegen, in den Kampf und
lagerte sich bei Eben-Ezer. Die Phili-
ster aber hatten sich gelagert bei [a]Afek
und stellten sich Israel gegenüber auf. 2
Und der Kampf breitete sich aus, und
Israel wurde von den Philistern ge-
schlagen. Sie erschlugen in der Feld-
schlacht etwa viertausend Mann. Und 3
als das Volk ins Lager kam, sprachen
die Ältesten Israels: Warum hat uns

der HERR heute vor den Philistern ge-
schlagen? Laßt uns [b] die Lade des Bun-
des des HERRN zu uns holen von Silo
und laßt sie mit uns ziehen, damit er
uns errette aus der Hand unserer Fein-
4 de. Da sandte das Volk nach Silo und
ließ von dort holen die Lade des Bun-
des des HERRN Zebaot, [c] der über den
Cherubim thront. Es waren aber die
beiden Söhne Elis bei der Lade des
5 Bundes Gottes, Hofni und Pinhas. Und
als die Lade des Bundes des HERRN in
das Lager kam, jauchzte ganz Israel mit
gewaltigem Jauchzen, so daß die Erde
6 erdröhnte. Als aber die Philister das
Jauchzen hörten, sprachen sie: Was ist
das für ein gewaltiges Jauchzen im La-
ger der Hebräer? Und als sie erfuhren,
daß die Lade des HERRN ins Lager ge-
7 kommen sei, fürchteten sie sich und
sprachen: Gott ist ins Lager gekom-
men, und riefen: Wehe uns, denn sol-
ches ist bisher noch nicht geschehen!
8 Wehe uns! Wer will uns erretten aus
der Hand dieser mächtigen Götter?
Das sind die Götter, die Ägypten schlu-
9 gen mit allerlei Plage in der Wüste. So
seid nun stark und seid Männer, ihr
Philister, damit ihr nicht dienen müßt
den Hebräern, [d] wie sie euch gedient
10 haben! Seid Männer und kämpft! Da
zogen die Philister in den Kampf, und
Israel wurde geschlagen, und ein jeder
floh in sein Zelt. Und die Niederlage
war sehr groß, und es fielen aus Israel
11 dreißigtausend Mann Fußvolk. Und
die Lade Gottes wurde weggenommen,
und [e] die beiden Söhne Elis, Hofni und
Pinhas, kamen um.

a Jos 15,53 *b* 2.Mose 25,10; Jos 3,6.11
c 2.Mose 25,22; 2.Sam 6,2 *d* Ri 13,1 *e* Kap 2,34

Elis Tod

12 Da lief einer von Benjamin aus dem
Heerlager und kam am selben Tage
nach Silo und hatte seine Kleider zer-
rissen und Erde auf sein Haupt ge-
13 streut. Und siehe, als er hinkam, saß Eli
auf seinem Stuhl und gab acht nach der
Straße hin; denn sein Herz bangte um
die Lade Gottes. Und als der Mann in
die Stadt kam, tat er's kund, und die
14 ganze Stadt schrie auf. Und als Eli das
laute Schreien hörte, fragte er: Was ist
das für ein großer Lärm? Da kam der
15 Mann eilends und sagte es Eli. Eli aber
war achtundneunzig Jahre alt, und
[a] seine Augen waren so schwach, daß er
16 nicht mehr sehen konnte. Der Mann
aber sprach zu Eli: Ich komme vom
Heerlager und bin heute aus der
Schlacht geflohen. Er aber sprach: Wie
ist's gegangen, mein Sohn? Da antwor- 17
tete der Bote: Israel ist geflohen vor
den Philistern, und das Volk ist hart ge-
schlagen, und deine beiden Söhne,
Hofni und Pinhas, sind tot; und die
Lade Gottes ist weggenommen. Als er 18
aber von der Lade Gottes sprach, fiel
Eli rücklings vom Stuhl an der Tür und
brach seinen Hals und starb, denn er
war alt und ein schwerer Mann. Er
richtete aber Israel vierzig Jahre.

Seine Schwiegertochter aber, des 19
Pinhas Frau, war schwanger und sollte
bald gebären. Als sie davon hörte, daß
die Lade Gottes weggenommen und ihr
Schwiegervater und ihr Mann tot wa-
ren, kauerte sie sich nieder und gebar;
denn ihre Wehen überfielen sie. Und 20
als sie im Sterben lag, sprachen die
Frauen, die um sie standen: [b] Fürchte
dich nicht, du hast einen Sohn gebo-
ren! Aber sie antwortete nicht und
nahm's auch nicht mehr zu Herzen.
Und sie nannte den Knaben [c] Ikabod, 21
das ist »Die [d] Herrlichkeit ist hinweg
aus Israel!« – weil die Lade Gottes weg-
genommen war, und wegen ihres
Schwiegervaters und ihres Mannes.
Darum sprach sie: Die Herrlichkeit ist 22
hinweg aus Israel; denn die Lade Got-
tes ist weggenommen.

a Kap 3,2 *b* 1.Mose 35,17 *c* Kap 14,3 *d* Ps 78,61

Die Bundeslade bei den Philistern

Die Philister aber hatten die Lade Got- 5
tes weggenommen und brachten sie
von Eben-Ezer nach [a] Asdod. Dann 2
nahmen sie die Lade Gottes und brach-
ten sie in das Haus [b] Dagons und stell-
ten sie neben Dagon. Und als die Leute 3
von Asdod am andern Morgen sich
früh aufmachten und in das Haus Da-
gons kamen, sahen sie Dagon auf sei-
nem Antlitz liegen auf der Erde vor der
Lade des HERRN. Und sie nahmen Da-
gon und stellten ihn wieder an seinen
Ort. Aber als sie am andern Morgen 4
sich wieder früh aufmachten, fanden
sie Dagon abermals auf seinem Antlitz
auf der Erde vor der Lade des HERRN
liegen, aber sein Haupt und seine bei-
den Hände abgeschlagen auf der
Schwelle, so daß der Rumpf allein da-
lag. Darum treten die Priester Dagons 5
und alle, die in Dagons Haus gehen,
nicht auf [c] die Schwelle Dagons in As-
dod bis auf diesen Tag.

Aber die Hand des HERRN lag schwer 6

auf den Leuten von Asdod, und er
brachte Verderben über sie und
[d]schlug sie mit bösen Beulen, Asdod
7 und sein Gebiet. Als aber die Leute von
Asdod sahen, daß es so zuging, spra-
chen sie: Laßt die Lade des Gottes Is-
raels nicht bei uns bleiben; denn seine
Hand liegt zu hart auf uns und unserm
8 Gott Dagon. Und sie sandten hin und
versammelten alle Fürsten der Philister
zu sich und sprachen: Was sollen wir
mit der Lade des Gottes Israels ma-
chen? Da antworteten sie: Laßt die
Lade des Gottes Israels nach [e]Gat tra-
gen. Und sie trugen die Lade des Got-
9 tes Israels dorthin. Als sie aber die Lade
dahin getragen hatten, entstand in der
Stadt ein sehr großer Schrecken durch
die Hand des HERRN; denn er schlug
die Leute in der Stadt, klein und groß,
10 so daß an ihnen Beulen ausbrachen. Da
sandten sie die Lade Gottes nach
[f]Ekron. Als aber die Lade Gottes nach
Ekron kam, schrien die Leute von
Ekron: Sie haben die Lade des Gottes
Israels hergetragen zu mir, damit sie
11 mich töte und mein Volk! Da sandten
sie hin und versammelten alle Fürsten
der Philister und sprachen: Sendet die
Lade des Gottes Israels zurück an ihren
Ort, damit sie mich und mein Volk
nicht töte. Denn es kam ein tödlicher
Schrecken über die ganze Stadt; die
12 Hand Gottes lag schwer auf ihr. Und
die Leute, die nicht starben, wurden
geschlagen mit Beulen, und das Ge-
schrei der Stadt stieg auf gen Himmel.

a Jos 15,47 *b* Ri 16,23 *c* Zef 1,9 *d* Ps 78,66
e Jos 11,22 *f* Jos 15,45

Die Bundeslade kommt zurück

6 So war die Lade des HERRN sieben Mo-
2 nate im Lande der Philister. Und die
Philister beriefen ihre Priester und
Wahrsager und sprachen: Was sollen
wir mit der Lade des HERRN machen?
Laßt uns wissen, wie wir sie an ihren
3 Ort senden sollen! Sie sprachen: Wollt
ihr die Lade des Gottes Israels zurück-
senden, so sendet sie nicht ohne eine
Gabe, sondern gebt ihm eine Sühnega-
be; so werdet ihr gesund werden, und
es wird euch kundwerden, warum seine
4 Hand nicht von euch abläßt. Sie aber
sprachen: Was ist die Sühnegabe, die
wir ihm geben sollen? Sie antworteten:
Fünf goldene Beulen und fünf goldene
Mäuse nach der Zahl der [a]fünf Fürsten
der Philister, denn es ist ein und diesel-
be Plage gewesen über euch alle und
über eure Fürsten. So macht nun Ab- 5
bilder eurer Beulen und eurer Mäuse,
die euer Land zugrunde gerichtet ha-
ben, daß ihr dem Gott Israels die Ehre
gebt. Vielleicht wird seine Hand leich-
ter werden über euch und über euren
Gott und über euer Land. Warum 6
[b]verstockt ihr euer Herz, wie die Ägyp-
ter und der Pharao ihr Herz verstock-
ten? Ist's nicht so: als der HERR seine
Macht an ihnen bewies, [c]ließen sie sie
ziehen, so daß sie gehen konnten? So 7
laßt nun einen neuen Wagen machen
und nehmt zwei säugende Kühe, auf
die noch kein Joch gekommen ist;
spannt sie an den Wagen und laßt ihre
Kälber daheimbleiben. Aber die Lade 8
des HERRN nehmt und stellt sie auf den
Wagen, und die Dinge aus Gold, die ihr
ihm zur Sühnegabe gebt, tut in ein
Kästlein daneben. So sendet sie hin
und laßt sie gehen. Und seht zu: Geht 9
sie den Weg hinauf in ihr Land auf Bet-
Schemesch zu, so hat Er uns dies große
Übel angetan; wenn nicht, so wissen
wir, daß nicht seine Hand uns getroffen
hat, sondern es uns zufällig widerfah-
ren ist.

So taten die Leute und nahmen zwei 10
säugende Kühe und spannten sie an
einen Wagen und behielten ihre Kälber
daheim und stellten die Lade des 11
HERRN auf den Wagen, dazu das Käst-
lein mit den goldenen Mäusen und mit
den Abbildern ihrer Beulen. Und die 12
Kühe gingen geradeswegs auf [d]Bet-
Schemesch zu, immer auf derselben
Straße, und brüllten immerfort und wi-
chen weder zur Rechten noch zur Lin-
ken; und die Fürsten der Philister gin-
gen ihnen nach bis zum Gebiet von
Bet-Schemesch. Die Leute von Bet- 13
Schemesch aber schnitten eben den
Weizen im Grund, und als sie ihre Au-
gen aufhoben, sahen sie die Lade und
freuten sich, sie zu sehen. Der Wagen 14
aber kam auf den Acker Josuas von Bet-
Schemesch und stand dort still. Und
dort lag ein großer Stein. Da spalteten
sie das Holz des Wagens und opferten
die Kühe dem HERRN zum Brandopfer.
Die Leviten aber hoben die Lade des 15
HERRN herab samt dem Kästlein, das
daneben stand und worin die Dinge aus
Gold waren, und stellten sie auf den
großen Stein. Und die Leute von Bet-
Schemesch opferten dem HERRN am
selben Tage Brandopfer und Schlacht-
opfer. Als aber die fünf Fürsten der 16

Philister das gesehen hatten, zogen sie
am selben Tage wieder nach Ekron.
17 Dies sind die goldenen Beulen, die
die Philister dem HERRN als Sühnegabe
erstatteten: für Asdod eine, für Gaza
eine, für Askalon eine, für Gat eine und
18 für Ekron eine; und goldene Mäuse
nach der Zahl aller Städte der Philister
unter den fünf Fürsten, der festen
Städte und der Dörfer. Und Zeuge ist
der große Stein, auf den sie die Lade
des HERRN gestellt hatten. Er liegt bis
auf diesen Tag auf dem Acker Josuas
von Bet-Schemesch.

a Jos 13,3 *b* 2.Mose 4,21 *c* 2.Mose 12,31
d Jos 15,10

Die Lade kommt nach Kirjat-Jearim

19 Aber die Söhne Jechonjas freuten sich
nicht mit den Leuten von Bet-Sche-
mesch, daß [a]sie die Lade des HERRN sa-
hen. Und der HERR schlug unter ihnen
siebzig Mann. Da trug das Volk Leid,
daß er das Volk so hart geschlagen hat-
20 te. Und die Leute von Bet-Schemesch
sprachen: Wer kann bestehen vor dem
HERRN, diesem heiligen Gott? Und zu
21 wem soll er von uns wegziehen? Und
sie sandten Boten zu den Bürgern von
[b]Kirjat-Jearim und ließen ihnen sagen:
Die Philister haben die Lade des
HERRN zurückgebracht; kommt herab
und holt sie zu euch hinauf.[c]

7 Da kamen die Leute von Kirjat-Jea-
rim und holten die Lade des HERRN
herauf und brachten sie ins Haus Abi-
nadabs auf dem Hügel, und seinen
Sohn Eleasar [d]weihten sie, daß er über
die Lade des HERRN wache.

a 4.Mose 4,20; 2.Sam 6,6.7 *b* 1.Chr 13,6
c Ps 132,3-6 *d* 3.Mose 8

Samuels Richteramt

2 Aber von dem Tage an, [a]da die Lade
des HERRN zu Kirjat-Jearim blieb, ver-
ging eine lange Zeit; es wurden zwanzig
Jahre. Dann wandte sich das ganze
Haus Israel zum HERRN.[b]
3 Samuel aber sprach zum ganzen
Hause Israel: Wenn ihr euch von gan-
zem Herzen zu dem HERRN bekehren
wollt, so [c]tut von euch die fremden
Götter und die Astarten und richtet
euer Herz zu dem HERRN und dient ihm
allein, so wird er euch erretten aus der
4 Hand der Philister. Da taten die Israeli-
ten von sich die Baale und Astarten und
5 dienten dem HERRN allein.[d] Samuel
aber sprach: Versammelt ganz Israel in
[e]Mizpa, daß ich für euch zum HERRN
bete. Und sie kamen zusammen in Miz- 6
pa und [f]schöpften Wasser und gossen
es aus vor dem HERRN und fasteten an
demselben Tage und sprachen dort:
Wir haben an dem HERRN gesündigt.
So richtete Samuel die Israeliten zu
Mizpa.
Als aber die Philister hörten, daß die 7
Israeliten zusammengekommen waren
in Mizpa, zogen die Fürsten der Phili-
ster hinauf gegen Israel. Und die Israe-
liten hörten es und fürchteten sich vor
den Philistern. [g]Und sie sprachen zu 8
Samuel: Laß nicht ab, für uns zu
schreien zu dem HERRN, unserm Gott,
daß er uns helfe aus der Hand der Phili-
ster. Samuel nahm ein Milchlamm und 9
opferte dem HERRN ein Brandopfer –
als Ganzopfer – und schrie zum HERRN
für Israel, und der HERR erhörte ihn.
Und während Samuel das Brandopfer 10
opferte, kamen die Philister heran zum
Kampf gegen Israel. Aber der HERR
ließ donnern mit großem Schall über
die Philister am selben Tage und
[h]schreckte sie, daß sie vor Israel ge-
schlagen wurden. Da zogen die Männer 11
Israels aus von Mizpa und jagten den
Philistern nach und schlugen sie bis un-
terhalb von Bet-Kar. Da nahm Samuel 12
einen Stein und stellte ihn auf zwischen
Mizpa und Schen und nannte ihn
»Eben-Ezer«* und sprach: Bis hierher
hat uns der HERR geholfen.
So wurden die Philister gedemütigt 13
und kamen nicht mehr in das Gebiet Is-
raels. Und die Hand des HERRN lag
schwer auf den Philistern, solange Sa-
muel lebte. Auch eroberte Israel die 14
Städte zurück, die die Philister ihnen
genommen hatten, von Ekron bis Gat
samt ihrem Gebiet; die errettete Israel
aus der Hand der Philister. Und Israel
hatte Frieden mit den Amoritern.
Samuel aber [i]richtete Israel sein Le- 15
ben lang und zog Jahr für Jahr umher 16
und kam nach Betel und Gilgal und
Mizpa. Und wenn er Israel an allen
diesen Orten gerichtet hatte, kam er 17
wieder nach [j]Rama – denn da war sein
Haus –, und dort richtete er Israel.
Auch baute er dort dem HERRN einen
Altar.

a Kap 6,21 *b* Kap 4,22; 1.Chr 13,6
c 1.Mose 35,2; Jos 24,23 *d* Ri 10,16 *e* Kap 10,17; Jos 18,26; Ri 20,1 *f* 2.Sam 23,16 *g* *(8 und 9)* Kap 12,23; 1.Mose 20,7; 1.Kön 13,6; Jer 37,3; 7,16 *h* 1.Mose 35,5; 2.Mose 14,24; 23,27; Jos 10,10; Ri 4,15 *i* Ri 10,1-5; 12,7-14 *j* Jos 18,25
*Vers 12: d.h. Stein der Hilfe.

Israel begehrt einen König

8 Als aber Samuel alt geworden war,
setzte er seine Söhne als Richter über
2 Israel ein. Sein erstgeborener Sohn
hieß Joel und der andere [a]Abia, und sie
3 waren Richter zu [b]Beerseba. Aber seine
Söhne wandelten nicht in seinen
Wegen, sondern suchten ihren Vorteil
und [c]nahmen Geschenke und beugten
4 das Recht. Da versammelten sich alle
Ältesten Israels und kamen nach
5 [d]Rama zu Samuel und sprachen zu
ihm: Siehe, du bist alt geworden, und
deine Söhne wandeln nicht in deinen
Wegen. So [e]setze nun einen König
über uns, der uns richte, wie ihn alle
6 Heiden haben. Das mißfiel Samuel,
daß sie sagten: Gib uns einen König,
der uns richte. Und Samuel betete zum
7 HERRN. Der HERR aber sprach zu Sa-
muel: Gehorche der Stimme des Volks
in allem, was sie zu dir gesagt haben;
denn sie haben nicht dich, sondern
mich verworfen, [f]daß ich nicht mehr
8 König über sie sein soll. Sie tun dir, wie
sie immer getan haben von dem Tage
an, da ich sie aus Ägypten führte, bis
auf diesen Tag, daß sie mich verlassen
9 und andern Göttern gedient haben. So
gehorche nun ihrer Stimme. Doch war-
ne sie und verkünde ihnen das Recht
des Königs, der über sie herrschen
wird.

10 Und Samuel sagte alle Worte des
HERRN dem Volk, das von ihm einen
11 König forderte, und sprach: Das wird
des Königs Recht sein, der über euch
herrschen wird: Eure Söhne wird er
nehmen für seinen Wagen und seine
Gespanne, und daß sie vor seinem Wa-
12 gen her laufen, und zu Hauptleuten
über tausend und über fünfzig, und daß
sie ihm seinen Acker bearbeiten und
seine Ernte einsammeln, und daß sie
seine Kriegswaffen machen und was zu
13 seinen Wagen gehört. Eure Töchter
aber wird er nehmen, daß sie Salben
14 bereiten, kochen und backen. Eure be-
sten Äcker und Weinberge und Ölgär-
ten wird er nehmen und seinen Großen
15 geben. Dazu von euren Kornfeldern
und Weinbergen wird er den Zehnten
nehmen und seinen Kämmerern und
16 Großen geben. Und eure Knechte und
Mägde und eure besten Rinder und
eure Esel wird er nehmen und in seinen
17 Dienst stellen. Von euren Herden wird
er den Zehnten nehmen, und ihr müßt
18 seine Knechte sein. Wenn ihr dann
schreien werdet zu der Zeit über euren
König, den ihr euch erwählt habt, so
wird euch der HERR zu derselben Zeit
nicht erhören.

Aber das Volk weigerte sich, auf die 19
Stimme Samuels zu hören, und sie
sprachen: Nein, sondern ein König soll
über uns sein, daß wir auch seien wie 20
alle Heiden, daß uns unser König richte
und vor uns her ausziehe und unsere
Kriege führe!

Und als Samuel alle Worte des Volks 21
gehört hatte, sagte er sie vor den Ohren
des HERRN. Der HERR aber sprach zu 22
Samuel: Gehorche ihrer Stimme und
mache ihnen einen König. Und Samuel
sprach zu den Männern Israels: Geht
hin, ein jeder in seine Stadt.

a 1.Chr 6,13 *b* Am 8,14 *c* 5.Mose 16,19
d Kap 7,17 *e* 5.Mose 17,14-20; Hos 13,10;
Apg 13,21 *f* 2.Mose 15,18; 4.Mose 23,21;
5.Mose 33,5; Ps 24,7-10; 74,12; Jes 6,5

Saul sucht Eselinnen und kommt zu Samuel

Es war ein Mann von Benjamin, mit 9
Namen Kis, ein Sohn Abiëls, des Soh-
nes Zerors, des Sohnes Bechorats, des
Sohnes Afiachs, des Sohnes eines Ben-
jaminiters, ein angesehener Mann. Der 2
hatte einen Sohn mit Namen Saul; der
war ein junger, schöner Mann, und es
war niemand unter den Israeliten so
schön wie er, eines Hauptes länger als
alles Volk. Es hatte aber Kis, der Vater 3
Sauls, die Eselinnen verloren. Und er
sprach zu seinem Sohn Saul: Nimm
einen der Knechte mit dir, mach dich
auf, geh hin und suche die Eselinnen.
Und sie gingen durch das Gebirge 4
Efraim und durch das Gebiet von
Schalischa und fanden sie nicht; sie
gingen durch das Gebiet von Schaalim,
und sie waren nicht da; sie gingen
durchs Gebiet von Benjamin und fan-
den sie nicht. Als sie aber ins Gebiet 5
von Zuf kamen, sprach Saul zu dem
Knecht, der bei ihm war: Komm, laß
uns wieder heimgehen; [a]mein Vater
könnte sich sonst statt um die Eselin-
nen um uns sorgen. Der aber sprach: 6
Siehe, es ist ein berühmter Mann Got-
tes in dieser Stadt; alles, was er sagt, das
trifft ein. Nun laß uns dahin gehen;
vielleicht sagt er uns unsern Weg, den
wir gehen sollen. Saul aber sprach zu 7
seinem Knecht: Wenn wir schon hin-
gehen, was bringen wir dem Mann?
Denn das Brot in unserm Sack ist ver-
zehrt, und wir haben keine Gabe, die
wir dem Mann Gottes bringen könn-

8 ten. Was haben wir sonst? Der Knecht
antwortete Saul abermals und sprach:
Siehe, ich hab einen Viertel-Silbertaler
bei mir; den wollen wir dem Mann
Gottes geben, daß er uns unsern Weg
10 sage. *Saul sprach zu seinem Knecht:
Du hast recht geredet; komm, laß uns
gehen! Und als sie hingingen nach der
11 Stadt, wo der Mann Gottes war, und
den Aufgang zur Stadt hinaufstiegen,
trafen sie Mädchen, die herausgingen,
um Wasser zu schöpfen. Zu ihnen spra-
9 chen sie: Ist der Seher hier? – *Vorzei-
ten sagte man in Israel, wenn man ging,
Gott zu befragen: Kommt, laßt uns zu
dem [b] Seher gehen! Denn die man jetzt
Propheten nennt, die nannte man vor-
12 zeiten Seher. – Sie antworteten ihnen:
Ja, er war gerade vor dir da; eile, denn
er ist heute in die Stadt gekommen, weil
das Volk heute ein Opferfest hat auf der
13 Höhe. Wenn ihr in die Stadt kommt, so
werdet ihr ihn finden, ehe er hinaufgeht
auf die Höhe, um zu essen. Denn das
Volk wird nicht essen, bis er kommt; er
segnet erst das Opfer, danach essen die,
die geladen sind. Darum geht hinauf,
14 denn jetzt werdet ihr ihn treffen. Und
als sie hinauf zur Stadt kamen und in
die Stadt eintraten, siehe, da kam Sa-
muel heraus ihnen entgegen und wollte
auf die Höhe gehen.

a Kap 10,2 *b* 4.Mose 24,3.4; 2.Kön 17,13; 1.Chr 9,22
*Verse 10 und 9 Der Zusammenhang erfordert die hier vorgenommene Umstellung der Verse.

Samuel salbt Saul zum König

15 Aber der HERR hatte Samuel das Ohr
aufgetan einen Tag, bevor Saul kam,
16 und gesagt: Morgen um diese Zeit will
ich einen Mann zu dir senden aus dem
Lande Benjamin, den sollst du zum
Fürsten salben über mein Volk Israel,
daß er mein Volk errette aus der Phili-
ster Hand. Denn ich habe das Elend
meines Volks angesehen, und sein
17 Schreien ist vor mich gekommen. Als
nun Samuel Saul sah, tat ihm der HERR
kund: Siehe, das ist der Mann, von dem
ich dir gesagt habe, daß er über mein
18 Volk herrschen soll. Da trat Saul auf
Samuel zu im Tor und sprach: Sage
mir, wo ist hier das Haus des Sehers?
19 Samuel antwortete Saul: Ich bin der
Seher. Geh vor mir hinauf auf die
Höhe, denn [a] ihr sollt heute mit mir es-
sen; morgen früh will ich dir das Geleit
geben, und auf alles, was du auf dem
Herzen hast, will ich dir Antwort ge-
20 ben. Und um die Eselinnen, die du vor
drei Tagen verloren hast, sorge dich
jetzt nicht; sie sind gefunden. Wem ge-
hört denn alles, was wertvoll ist in Is-
rael? Gehört es nicht dir und dem gan-
zen Hause deines Vaters? Saul antwor- 21
tete: Bin ich nicht ein Benjaminiter und
aus einem der kleinsten Stämme Is-
raels, und [b] ist nicht mein Geschlecht
das geringste unter allen Geschlechtern
des Stammes Benjamin? Warum sagst
du mir solches? Samuel aber nahm 22
Saul und seinen Knecht und führte sie
in die Halle und setzte sie obenan unter
die Geladenen; und das waren etwa
dreißig Mann. Und Samuel sprach zu 23
dem Koch: Gib das Stück her, das ich
dir gab und dabei befahl, du solltest es
bei dir zurückbehalten. Da trug der 24
Koch eine Keule auf und den Fett-
schwanz. Und er legte sie Saul vor und
sprach: Siehe, hier ist das Übriggeblie-
bene, lege es vor dich hin und iß; denn
als ich das Volk einlud, ist es für dich
aufbewahrt worden für diese Stunde.
So aß Saul an jenem Tage mit Samuel.
Und als sie hinabgegangen waren von 25
der Höhe der Stadt, machten sie Saul
ein Lager auf dem Dach, und er legte 26
sich schlafen. Und als die Morgenröte
aufging, rief Samuel zum Dach hinauf
und sprach zu Saul: Steh auf, daß ich
dich geleite! Und Saul stand auf, und
die beiden gingen miteinander hinaus,
er und Samuel. Und als sie hinabkamen 27
an das Ende der Stadt, sprach Samuel
zu Saul: Sage dem Knecht, daß er uns
vorangehe – und er ging voran –, du
aber steh jetzt still, daß ich dir kundtue,
was Gott gesagt hat.

Da nahm Samuel den Krug mit Öl **10**
und goß es auf sein Haupt und küßte
ihn und sprach: Siehe, der HERR hat
dich zum Fürsten über sein Erbteil ge-
salbt. Wenn du jetzt von mir gehst, so 2
wirst du zwei Männer finden bei dem
[c] Grabe Rahels an der Grenze Benja-
mins bei Zelzach; die werden zu dir sa-
gen: Die Eselinnen sind gefunden, die
du zu suchen ausgezogen bist; aber sie-
he, dein Vater hat die Esel nicht mehr
im Sinn und sorgt sich um euch und
spricht: Was soll ich wegen meines
Sohnes tun? Und wenn du von da wei-
ter gehst, wirst du zur Eiche Tabor 3
kommen; dort werden dich drei Män-
ner treffen, die hinaufgehen zu Gott
nach Betel. Einer trägt drei Böcklein,
der andere drei Brote, der dritte einen
Krug mit Wein. Und sie werden dich 4
freundlich grüßen und dir zwei Brote

geben. Die sollst du von ihren Händen
5 annehmen. Danach wirst du nach Gi-
bea Gottes kommen, wo die Wache der
Philister ist; und wenn du dort in die
Stadt kommst, wird dir eine Schar von
Propheten begegnen, die von der Höhe
herabkommen, und vor ihnen her Har-
fe und Pauke und Flöte und Zither, und
6 sie werden in Verzückung sein. Und
der [d]Geist des HERRN wird über dich
kommen, daß du mit ihnen in Verzük-
kung gerätst; da wirst du umgewandelt
7 und ein anderer Mensch werden. Wenn
bei dir nun diese Zeichen eintreffen, so
tu, was dir vor die Hände kommt; denn
8 Gott ist mit dir. Du sollst aber vor mir
hinabgehen nach Gilgal; siehe, da will
ich zu dir hinabkommen, um Brand-
opfer und Dankopfer zu opfern. [e]Sie-
ben Tage sollst du warten, bis ich zu dir
komme und dir kundtue, was du tun
sollst.
9 Und als Saul sich wandte, um von
Samuel wegzugehen, gab ihm Gott ein
anderes Herz, und alle diese Zeichen
10 trafen ein an demselben Tag. [f]Und als
sie nach Gibea kamen, siehe, da kam
ihm eine Prophetenschar entgegen,
und der Geist Gottes geriet über ihn,
daß er mit ihnen in Verzückung geriet.
11 Als sie sahen, daß er mit den Propheten
in Verzückung war, sprachen alle, die
ihn früher gekannt hatten, untereinan-
der: Was ist mit dem Sohn des Kis ge-
schehen? Ist Saul auch unter den Pro-
12 pheten? Und einer von dort sprach:
Wer ist denn schon ihr Vater? Daher ist
das Sprichwort gekommen: Ist Saul
auch unter den Propheten?
13 Und als seine Verzückung aufgehört
14 hatte, kam er nach Gibea. Es sprach
aber Sauls Oheim zu ihm und zu sei-
nem Knecht: Wo seid ihr hingegan-
gen? Er antwortete: Die Eselinnen zu
suchen; und als wir sahen, daß sie nicht
15 da waren, gingen wir zu Samuel. Da
sprach der Oheim Sauls: Sage mir, was
16 sagte euch Samuel? Saul antwortete
seinem Oheim: Er sagte uns, daß die
Eselinnen gefunden seien. Aber was
Samuel von dem Königtum gesagt hat-
te, sagte er ihm nicht.

a 2.Mose 24,11 *b* Kap 15,17 *c* 1.Mose 35,19
d Ri 13,25 *e* Kap 13,8 *f* (10-12) Kap 19,20-24

Saul wird als König anerkannt

17 Samuel aber rief das Volk zusammen
18 zum HERRN nach [a]Mizpa und sprach
zu den Israeliten: So sagt der HERR, der
Gott Israels: Ich habe Israel aus Ägyp-
ten geführt und euch aus der Hand der
Ägypter errettet und aus der Hand aller
Königreiche, die euch bedrängten. Ihr 19
aber habt heute [b]euren Gott verworfen,
der euch aus aller eurer Not und Be-
drängnis geholfen hat, und habt ge-
sprochen: Nein, setze vielmehr einen
König über uns! Wohlan, so tretet nun
vor den HERRN nach euren Stämmen
und Tausendschaften! Als nun Samuel 20
alle Stämme Israels herantreten ließ,
[c]fiel das Los auf den Stamm Benjamin.
Und als er den Stamm Benjamin heran- 21
treten ließ mit seinen Geschlechtern,
fiel das Los auf das Geschlecht Matri,
und als er das Geschlecht Matri heran-
treten ließ, Mann für Mann, fiel das
Los auf Saul, den Sohn des Kis. Und
sie suchten ihn, aber sie fanden ihn
nicht. Da befragten sie abermals den 22
HERRN: Ist denn der Mann überhaupt
hergekommen? Der HERR antwortete:
Siehe, er hat sich bei dem Troß ver-
steckt. Da liefen sie hin und holten ihn 23
von dort. Und als er unter das Volk trat,
war er eines Hauptes länger als alles
Volk. Und Samuel sprach zu allem 24
Volk: Da seht ihr, wen der HERR er-
wählt hat; ihm ist keiner gleich im gan-
zen Volk. Da [d]jauchzte das ganze Volk
und sprach: Es lebe der König! Samuel 25
aber tat dem Volk [e]das Recht des Kö-
nigtums kund und schrieb's in ein Buch
und legte es vor dem HERRN nieder.
Und Samuel entließ das ganze Volk,
einen jeden in sein Haus.
Auch Saul ging heim nach Gibea, 26
und mit ihm gingen die vom Heer, de-
nen Gott das Herz gerührt hatte. Aber 27
einige ruchlose Leute sprachen: [f]Was
soll der uns helfen? Und sie verachte-
ten ihn und brachten ihm kein Ge-
schenk. Aber er tat, als hörte er's nicht.

a Kap 7,5 *b* Kap 8,7 *c* Kap 14,41.42; Jos 7,16
d Mt 21,9 *e* 5.Mose 17,14-20 *f* Kap 11,12

Sauls Sieg über die Ammoniter

Es zog aber herauf Nahasch, der Am- 11
moniter, und belagerte [a]Jabesch in Gi-
lead. Und alle Männer von Jabesch
sprachen zu Nahasch: Schließ einen
Bund mit uns, so wollen wir dir unter-
tan sein. Aber Nahasch, der Ammoni- 2
ter, antwortete ihnen: Das soll der
Bund sein, den ich mit euch schließen
will, daß ich euch allen das rechte Auge
aussteche und bringe damit Schmach
über ganz Israel. Da sprachen zu ihm 3
die Ältesten von Jabesch: Gib uns sie-
ben Tage, daß wir Boten in das ganze

Gebiet Israels senden; ist dann nie-
mand da, der uns rette, so wollen wir zu
4 dir hinausgehen. Da kamen die Boten
nach Gibea Sauls und sagten diese
Worte vor den Ohren des Volks. Da er-
hob das ganze Volk seine Stimme und
5 weinte. Und siehe, da kam Saul vom
Felde hinter den Rindern her und frag-
te: Was ist mit dem Volk, daß es weint?
Da berichteten sie ihm die Worte der
6 Männer von Jabesch. Da geriet der
[b]Geist Gottes über Saul, als er diese
Worte hörte, und sein Zorn entbrannte
7 sehr. Und er nahm ein Paar Rinder und
[c]zerstückte sie und sandte davon in das
ganze Gebiet Israels durch die Boten
und ließ sagen: Wer nicht mit Saul und
Samuel auszieht, mit dessen Rindern
soll man ebenso tun. Da fiel der Schrek-
ken des HERRN auf das Volk, so
8 daß sie auszogen wie *ein* Mann. Und er
musterte sie bei Besek, und die von Is-
rael waren dreihunderttausend Mann
und die Männer Judas dreißigtausend.
9 Und er sagte den Boten, die gekommen
waren: So sagt den Männern von Ja-
besch in Gilead: Morgen soll euch Hilfe
werden, wenn die Sonne beginnt, heiß
zu scheinen. Als die Boten heimkamen
und das den Männern von Jabesch ver-
10 kündeten, wurden diese froh. Und die
Männer von Jabesch ließen den Am-
monitern sagen: Morgen wollen wir zu
euch hinausgehen, daß ihr mit uns alles
11 tut, was euch gefällt. Aber am andern
Morgen teilte Saul das Volk in drei
Heerhaufen, und sie kamen ins Lager
um die Zeit der Morgenwache und
schlugen die Ammoniter, bis der Tag
heiß wurde; die aber übrigblieben, wur-
den zerstreut, so daß von ihnen nicht
zwei beieinander blieben.
12 Da sprach das Volk zu Samuel: Wer
sind die, die gesagt haben: [d]Sollte Saul
über uns herrschen? Gebt sie her, die
13 Männer, daß wir sie töten. Saul aber
sprach: Es soll an diesem Tage nie-
mand sterben; denn [e]der HERR hat
heute Heil gegeben in Israel.
14 Samuel sprach zum Volk: Kommt,
laßt uns nach [f]Gilgal gehen und dort
15 das Königtum erneuern. Da ging das
ganze Volk nach Gilgal, und sie mach-
ten Saul dort zum König vor dem
HERRN in Gilgal und opferten Dank-
opfer vor dem HERRN. Saul aber und
alle Männer Israels freuten sich dort
gar sehr.

a Kap 31,11 *b* Ri 13,25 *c* Ri 19,29 *d* Kap 10,27
e Kap 14,45 *f* Kap 10,8

Samuel legt sein Richteramt nieder

Da sprach Samuel zu ganz Israel: Sie- **12**
he, ich [a]habe eurer Stimme gehorcht in
allem, was ihr mir gesagt habt, und
[b]habe einen König über euch gesetzt.
Siehe, nun wird euer König vor euch 2
herziehen; ich aber bin alt und grau ge-
worden, und meine Söhne sind bei
euch. Ich bin vor euch hergegangen
von meiner Jugend an bis auf diesen
Tag. Hier stehe ich. Nun tretet gegen 3
mich auf vor dem HERRN und seinem
Gesalbten! [c]Wessen Rind oder Esel
hab ich genommen, wem hab ich Ge-
walt oder Unrecht getan? Aus wessen
Hand hab ich ein Geschenk angenom-
men, um mir damit die Augen blenden
zu lassen? Ich will's euch zurückgeben.
Sie sprachen: Du hast uns weder Ge- 4
walt noch Unrecht getan und von nie-
mand etwas genommen. Er sprach zu 5
ihnen: Der HERR ist euch gegenüber
Zeuge und heute auch sein Gesalbter,
daß ihr nichts in meiner Hand gefun-
den habt. Sie sprachen: Ja, Zeuge sol-
len sie sein.
Und Samuel sprach zum Volk: Der 6
HERR ist's, der Mose und Aaron einge-
setzt und eure Väter aus Ägyptenland
geführt hat. So tretet nun her, daß ich 7
mit euch rechte vor dem HERRN wegen
aller Wohltaten des HERRN, die er an
euch und euren Vätern getan hat. Als 8
Jakob nach Ägypten gekommen war,
[d]schrien eure Väter zu dem HERRN,
und der HERR sandte Mose und Aaron,
um eure Väter aus Ägypten zu führen
und sie in diesem Land wohnen zu las-
sen. Aber als sie den HERRN, ihren 9
Gott, vergaßen, verkaufte er sie in die
Hand [e]Siseras, des Feldhauptmanns
von Hazor, und in die Hand der [f]Phili-
ster und in die Hand des [g]Königs von
Moab; die kämpften gegen sie. Und sie 10
schrien zum HERRN und sprachen:
[h]Wir haben gesündigt, daß wir den
HERRN verlassen und den Baalen und
den Astarten gedient haben; nun aber
errette uns aus der Hand unserer Fein-
de, so wollen wir dir dienen. Da sandte 11
der HERR [i]Jerubbaal, [j]Barak, [k]Jeftah
und [l]Samuel und errettete euch aus
der Hand eurer Feinde ringsum und
ließ euch sicher wohnen. Als ihr aber 12
saht, daß [m]Nahasch, der König der
Ammoniter, gegen euch zog, spracht
ihr zu mir: Nein, sondern [n]ein König
soll über uns herrschen, obwohl doch

der HERR, euer Gott, euer König ist.
13 Nun, da ist euer König, den ihr erwählt
und erbeten habt; denn siehe, der HERR
hat einen König über euch gesetzt.
14 Möchtet ihr doch den HERRN fürchten
und ihm dienen und seiner Stimme ge-
horchen und dem Munde des HERRN
nicht ungehorsam sein, und möchtet
ihr und euer König, der über euch
herrscht, dem HERRN, eurem Gott, fol-
15 gen! Werdet ihr aber der Stimme des
HERRN nicht gehorchen, sondern sei-
nem Munde ungehorsam sein, so wird
die [o]Hand des HERRN gegen euch sein
wie gegen eure Väter.
16 So tretet nun herzu und seht, was der
HERR Großes vor euren Augen tun
17 wird. Ist nicht jetzt die Weizenernte?
Ich will aber den HERRN anrufen, daß
er soll donnern und regnen lassen, da-
mit ihr innewerdet und seht, daß ihr ge-
tan habt, was dem HERRN mißfiel, als
ihr euch einen König erbeten habt.
18 Und als Samuel den HERRN anrief, ließ
der HERR donnern und regnen an dem-
selben Tage. Da fürchtete das ganze
Volk den HERRN und Samuel gar sehr
19 und sprach zu Samuel: Bitte für deine
Knechte den HERRN, deinen Gott, daß
wir nicht sterben; denn zu allen unsern
Sünden haben wir noch das Unrecht
getan, daß wir uns einen König erbeten
20 haben. Samuel aber sprach zum Volk:
Fürchtet euch nicht! Ihr habt zwar all
das Unrecht getan, doch weicht nicht
vom HERRN ab, sondern dienet dem
21 HERRN von ganzem Herzen und folgt
nicht den nichtigen Götzen nach; denn
[p]sie nützen nicht und können nicht er-
22 retten, weil sie [q]nichtig sind. Der HERR
verstößt sein Volk nicht um seines gro-
ßen Namens willen; denn es hat dem
HERRN gefallen, [r]euch zu seinem Volk
23 zu machen. Es sei aber auch ferne von
mir, mich an dem HERRN dadurch zu
versündigen, daß ich davon abließe,
[s]für euch zu beten und euch zu lehren
24 den guten und richtigen Weg! Nur
[t]fürchtet den HERRN und dienet ihm
treu von ganzem Herzen; denn seht
doch, wie große Dinge er an euch getan
25 hat. Werdet ihr aber Unrecht tun, so
werdet ihr und euer König verloren
sein.

a Kap 8,7.22 *b* Kap 11,15 *c* 4.Mose 16,15
d 2.Mose 3,7 *e* Ri 4,2 *f* Ri 10,7; 13,1 *g* Ri 3,12
h 4.Mose 21,7; Jos 7,20; Ri 10,10; Dan 9,9-19
i Ri 6,14.32 *j* Ri 4,6 *k* Ri 11,29 *l* Kap 7,3
m Kap 11,1.2 *n* Kap 8,19 *o* Ri 2,15
p 5.Mose 32,37.38 *q* Jes 41,29 *r* 2.Mose 19,6
s Kap 7,8.9; 1.Mose 18,23-32; 2.Mose 32,11-14.32
t 5.Mose 6,12-15

Beginn des Krieges gegen die Philister

Saul war … Jahre alt, als er König wur- 13
de, und zwei Jahre* regierte er über Is-
rael. Er erwählte sich dreitausend 2
Mann aus Israel. Zweitausend waren
mit Saul in Michmas und auf dem Ge-
birge von Betel und eintausend mit Jo-
natan zu Gibea in Benjamin. Das übri-
ge Volk aber entließ er, einen jeden in
sein Zelt. Da erschlug [a]Jonatan die 3
Wache der Philister, die in Gibea war;
und die Philister hörten, daß die He-
bräer abgefallen waren. Saul aber hatte
die Posaune blasen lassen im ganzen
Land. Und ganz Israel hörte: Saul hat 4
die Wache der Philister erschlagen, und
Israel hat sich in Verruf gebracht bei
den Philistern. Und alles Volk wurde
zusammengerufen, um Saul nach Gil-
gal zu folgen.
Da sammelten sich die Philister zum 5
Kampf mit Israel, dreitausend Wagen,
sechstausend Gespanne und Fußvolk,
so viel wie Sand am Ufer des Meeres,
und zogen herauf und lagerten sich bei
Michmas, östlich von Bet-Awen. Als 6
aber die Männer Israels sahen, daß das
Volk in Gefahr und Bedrängnis war,
verkrochen sie sich in die Höhlen und
Klüfte und Felsen und Gewölbe und
Gruben. Es gingen aber auch Hebräer 7
durch die Furten des Jordan ins Land
Gad und Gilead.
Saul aber war noch in Gilgal; und al-
les Volk, das ihm folgte, war voll Angst.
Da wartete er [b]sieben Tage bis zu der 8
Zeit, die von Samuel bestimmt war.
Und als Samuel nicht nach Gilgal kam,
begann das Volk von Saul wegzulaufen.
Da sprach er: Bringt mir her das 9
Brandopfer und die Dankopfer. Und er
brachte das Brandopfer dar. Als er aber 10
das Brandopfer vollendet hatte, siehe,
da kam Samuel. Da ging Saul ihm ent-
gegen, um ihm den Segensgruß zu ent-
bieten. Samuel aber sprach: Was hast 11
du getan? Saul antwortete: Ich sah, daß
das Volk von mir wegzulaufen begann,
und du kamst nicht zur bestimmten
Zeit, während doch die Philister sich
schon in Michmas versammelt hatten.
Da dachte ich: Nun werden die Phili- 12
ster zu mir herabkommen nach Gilgal,
und ich habe die Gnade des HERRN
noch nicht gesucht; da wagte ich's und
opferte Brandopfer. Samuel aber 13
sprach zu Saul: Du hast töricht gehan-
delt und nicht gehalten das Gebot des

HERRN, deines Gottes, das er dir geboten hat. Er hätte dein Königtum bestä-
14 tigt über Israel für und für. Aber nun
wird dein Königtum nicht bestehen. [c]Der HERR hat sich einen Mann gesucht nach seinem Herzen, und der HERR hat ihn bestellt zum Fürsten über sein Volk; denn du hast das Gebot des HERRN nicht gehalten.
15 Und Samuel machte sich auf und
ging von Gilgal hinauf und zog seines Weges. Die Übrigen vom Volk aber zogen hinter Saul her dem Kriegsvolk entgegen von Gilgal hinauf nach Gibea in Benjamin. Und Saul musterte das Volk, das bei ihm war, etwa sechshun-
16 dert Mann. Und Saul und sein Sohn
Jonatan und das Volk, das bei ihnen war, blieben in Gibea in Benjamin. Die Philister aber hatten sich gelagert bei
17 Michmas. Da zogen aus dem Lager der
Philister drei Heerhaufen, das Land zu verheeren. Einer wandte sich in Richtung auf Ofra ins Gebiet von Schual;
18 der andere wandte sich in Richtung auf
Bet-Horon; der dritte wandte sich in Richtung auf das Gebiet, das nach dem Tal Zeboïm der Wüste zu gelegen ist.
19 Es war aber kein [d]Schmied im ganzen
Lande Israel zu finden; denn die Philister dachten, die Hebräer könnten sich
20 Schwert und Spieß machen. Und ganz
Israel mußte hinabziehen zu den Philistern, wenn jemand eine Pflugschar, Hacke, Beil oder Sense zu schärfen hat-
21 te. Das Schärfen aber geschah für ein
Zweidrittellot Silber bei Pflugscharen, Hacken, Gabeln, Beilen und um die
22 Stacheln gerade zu machen. Als nun
der Tag des Kampfes kam, wurde kein Schwert noch Spieß gefunden in der Hand des ganzen Volks, das mit Saul und Jonatan war; nur Saul und sein
23 Sohn hatten Waffen. Aber eine Wache
der Philister zog heran gegen den engen Weg von Michmas.

a Kap 14,49 *b* Kap 10,8 *c* Kap 16,1; Apg 13,22 *d* Ri 5,8
*Vers 1: Die Angabe über das Alter Sauls ist ausgefallen; für die Regierungszeit Sauls finden sich verschiedene Überlieferungen; vgl. Apg 13,21.

Jonatans Heldentat und Israels Sieg

14 Es begab sich eines Tages, daß Jonatan,
der Sohn Sauls, zu seinem Waffenträger sprach: Komm, laß uns hinübergehen zu der Wache der Philister, die da drüben ist. Aber seinem Vater sagte er
2 nichts. Saul aber saß am Rande des Ge-
bietes von Gibea unter dem Granatapfelbaum, der in Migron steht; und die Leute bei ihm waren etwa sechshundert
Mann. Und Ahia, der Sohn [a]Ahitubs, 3
des Bruders [b]Ikabods, des Sohnes des Pinhas, des Sohnes Elis, des Priesters des HERRN zu Silo, trug den [c]Priesterschurz. Das Volk wußte aber nicht, daß
Jonatan weggegangen war. Es waren 4
aber an dem engen Wege, wo Jonatan hinüberzugehen suchte zu der Wache der Philister, zwei Felsklippen, die eine diesseits, die andere jenseits; die eine
hieß Bozez, die andere Senne. Die eine 5
Felsklippe stand im Norden gegenüber Michmas und die andere im Süden ge-
genüber Geba. Und Jonatan sprach zu 6
seinem Waffenträger: Komm, laß uns hinübergehen zu der Wache dieser Unbeschnittenen! Vielleicht wird der HERR etwas für uns tun, denn [d]*es ist dem* HERRN *nicht schwer, durch viel oder we-*
nig zu helfen. Da antwortete ihm sein 7
Waffenträger: Tu alles, was in deinem Herzen ist; geh nur hin! Siehe, ich bin
mit dir, wie dein Herz will. Jona- 8
tan sprach: Wohlan, wir gehen zu den Männern hinüber und zeigen uns
ihnen. Werden sie dann zu uns sagen: 9
Steht still, bis wir zu euch herankommen!, so wollen wir an unserm Ort stehenbleiben und nicht zu ihnen
hinaufgehen. Werden sie aber sagen: 10
Kommt zu uns herauf!, so wollen wir zu ihnen hinaufsteigen; dann hat sie der HERR in unsere Hände gegeben.
Das soll uns zum Zeichen sein. Als sie 11
sich nun beide der Wache der Philister zeigten, sprachen die Philister: Siehe, die Hebräer sind aus den Löchern hervorgekommen, in die sie sich ver-
krochen hatten. Und die Männer der 12
Wache riefen Jonatan und seinem Waffenträger zu und sprachen: Kommt herauf zu uns, so wollen wir's euch schon lehren! Da sprach Jonatan zu seinem Waffenträger: Steig mir nach! Der HERR hat sie in die Hände Israels
gegeben. Und Jonatan kletterte mit 13
Händen und Füßen hinauf und sein Waffenträger ihm nach. Da fielen sie zu Boden vor Jonatan, und sein Waffen-
träger hinter ihm tötete sie. So traf der 14
erste Schlag, den Jonatan und sein Waffenträger taten, ungefähr zwanzig Mann etwa auf einer halben Hufe Ak-
ker, die ein Joch Rinder pflügt. Und es 15
entstand ein [e]Schrecken im Lager und auf dem freien Felde; und das ganze Kriegsvolk, die Wache und die streifenden Rotten erschraken; und die

Erde erbebte. Und so geschah ein Got-
tesschrecken.
16 Und die Wächter Sauls zu Gibea in
Benjamin sahen, wie das Getümmel der
17 Philister hin und her wogte. Da sprach
Saul zu dem Volk, das bei ihm war:
Zählt und seht, wer von uns weggegan-
gen ist! Und als sie zählten, siehe, da
waren Jonatan und sein Waffenträger
18 nicht da. Da sprach Saul zu Ahia: Brin-
ge den [f]Efod herbei! Denn er trug den
19 Efod in jener Zeit vor Israel. Und als
Saul noch mit dem Priester redete,
wurde das Getümmel im Lager der
Philister immer größer. Und Saul
20 sprach zum Priester: Laß es sein! Und
Saul und das ganze Volk, das bei ihm
war, sammelten sich und kamen zum
Kampfplatz. Und siehe, [g]da ging eines
jeden Schwert gegen den andern, und
21 es war ein sehr großes Getümmel. Auch
die Hebräer, die vorher bei den Phili-
stern gewesen und mit ihnen ins Feld
gezogen waren, gingen über zu denen
von Israel, die mit Saul und Jonatan
22 waren. Und als alle Männer von Israel,
die sich auf dem Gebirge Efraim ver-
krochen hatten, hörten, daß die Phili-
ster flohen, jagten sie hinter ihnen her
23 im Kampf. So half der HERR Israel an
diesem Tage. Und der Kampf breitete
sich aus bis Bet-Awen.
24 Und als die Männer Israels in Be-
drängnis kamen an jenem Tage, belegte
Saul das Volk mit seinem Fluch und
schwor: Verflucht sei jedermann, der
etwas ißt bis zum Abend, bis ich mich
an meinen Feinden räche! Da aß das
25 ganze Volk nichts. Es waren aber Ho-
26 nigwaben auf dem Felde, und als das
Volk hinkam zu den Waben, siehe, da
floß der Honig. Aber niemand nahm
davon etwas mit der Hand in seinen
Mund; denn das Volk fürchtete den
27 Schwur. Jonatan aber hatte nicht ge-
hört, daß sein Vater das Volk mit einem
Schwur belegt hatte. Und er streckte
seinen Stab aus, den er in seiner Hand
hatte, und tauchte die Spitze in den
Honigseim und führte seine Hand zum
28 Munde; da strahlten seine Augen. Da
hob einer aus dem Volk an und sprach:
Dein Vater hat das Volk mit einem
Fluch belegt und geschworen: Ver-
flucht sei jedermann, der heute etwas
ißt! So ist das Volk nun matt geworden.
29 Da sprach Jonatan: Mein Vater bringt
das Land ins Unglück; seht, wie strah-
lend sind meine Augen geworden, weil
ich ein wenig von diesem Honig geko-
stet habe. Fürwahr, hätte doch das Volk 30
heute gegessen von der Beute seiner
Feinde, die es gemacht hat! Wäre dann
die Niederlage der Philister nicht noch
größer geworden? Sie schlugen aber 31
die Philister an jenem Tage von Mich-
mas bis nach Ajalon. Und das Volk
wurde sehr matt.
Und das Volk fiel über die Beute her, 32
und sie nahmen Schafe und Rinder und
Kälber und schlachteten sie, daß das
Blut auf die Erde floß, und [h]aßen das
Fleisch über dem Blut. Da sagte man 33
Saul: Siehe, das Volk versündigt sich
am HERRN; denn es ißt das Fleisch über
dem Blut. Er sprach: Ihr habt gefre-
velt; wälzt her zu mir einen großen
Stein. Und Saul sprach weiter: Zer- 34
streut euch unter das Volk und sagt
ihnen, daß ein jeder seinen Stier und
sein Schaf zu mir bringen soll, und
schlachtet's hier und esset, damit ihr
euch nicht an dem HERRN versündigt
mit dem Essen über dem Blut. Da
brachte alles Volk, ein jeder, was er
hatte, noch in der Nacht herzu, und
sie schlachteten es dort. Und Saul 35
baute dem HERRN einen Altar. Das
war der erste Altar, den er dem HERRN
baute.
Und Saul sprach: Laßt uns noch in 36
der Nacht hinabziehen den Philistern
nach und sie berauben, bis es lichter
Morgen wird, und laßt niemand von
ihnen übrig. Sie antworteten: Tu alles,
was dir gefällt! Aber der Priester
sprach: So laßt uns erst hierher vor
Gott treten. Und Saul [i]befragte Gott: 37
Soll ich hinabziehen den Philistern
nach? Willst du sie in Israels Hände ge-
ben? Aber er antwortete ihm an diesem
Tage nicht. Da sprach Saul: Laßt her- 38
zutreten alle Obersten des Volks und
forschet und seht, an wem heute die
Schuld liegt. Denn so wahr der HERR 39
lebt, der Heiland Israels: auch wenn sie
bei meinem Sohn Jonatan wäre, so soll
er sterben! Aber niemand aus dem gan-
zen Volk antwortete ihm. Und er 40
sprach zu ganz Israel: Tretet ihr auf die
eine Seite, ich und mein Sohn Jonatan
wollen auf die andere Seite treten. Das
Volk sprach zu Saul: Tu, was dir ge-
fällt. Und Saul sprach zum HERRN: 41
Gott Israels, warum hast du deinem
Knecht heute nicht geantwortet?
[j]Liegt die Schuld bei mir oder bei mei-
nem Sohn Jonatan, HERR, Gott Israels,
so gib das Los »Licht«; liegt die Schuld
aber an deinem Volk Israel, so gib das

Los »Recht«. Da fiel das Los auf Jona-
tan und Saul, aber das Volk ging frei
42 aus. Saul sprach: Werft das Los über
mich und meinen Sohn Jonatan! Da
43 fiel das Los auf Jonatan. Und Saul
sprach zu Jonatan: Sage mir, [k]was hast
du getan? Jonatan sagte es ihm und
sprach: Ich habe ein wenig Honig ge-
kostet mit der Spitze des Stabes, den
ich in meiner Hand hatte; siehe, ich bin
44 bereit zu sterben. Da sprach Saul: Gott
tue mir dies und das; Jonatan, du mußt
45 des Todes sterben! Aber das Volk
sprach zu Saul: Sollte Jonatan sterben,
der dies große Heil in Israel vollbracht
hat? Das sei ferne! So wahr der HERR
lebt: es soll kein Haar von seinem
Haupt auf die Erde fallen, denn Gott
hat heute durch ihn geholfen. Und so
löste das Volk Jonatan aus, so daß er
46 nicht sterben mußte. Aber Saul ließ
von den Philistern ab und zog hinauf,
und die Philister zogen in ihr Land.

a 2.Sam 8,17 *b* Kap 4,19-21 *c* 2.Mose 28,6-30
d Ri 7,7; 2.Chr 14,10 *e* Kap 7,10 *f* Kap 21,10
g Ri 7,22; 2.Chr 20,23 *h* 3.Mose 3,17 *i* Vers 18;
Kap 23,9-12 *j* Kap 28,6; 2.Mose 28,30;
4.Mose 27,21; 5.Mose 33,8 *k* Jos 7,19

Sauls Kriege. Seine Familie

47 Als Saul die Königsherrschaft über Is-
rael erlangt hatte, kämpfte er gegen alle
seine Feinde ringsumher: gegen die
Moabiter, die Ammoniter, die Edomi-
ter, gegen die Könige Zobas und gegen
die Philister. Und wo er sich hinwand-
48 te, da gewann er den Sieg. Und er voll-
brachte tapfere Taten und schlug die
Amalekiter und errettete Israel aus der
Hand aller, die es ausplünderten.

49 [a]Sauls Söhne waren: Jonatan, Jisch-
wi, Malkischua. Und seine zwei Töch-
ter hießen: die erstgeborene Merab
50 und die jüngere Michal. Und Sauls
Frau hieß Ahinoam und war eine
Tochter des Ahimaaz. Und [b]sein Feld-
hauptmann hieß Abner, ein Sohn Ners,
51 der Sauls Oheim war. [c]Kis, Sauls Va-
ter, und Ner, Abners Vater, waren Söh-
ne Abiëls.

52 Es war aber der Krieg gegen die Phi-
lister schwer, solange Saul lebte. Und
wo Saul einen tapferen und rüstigen
Mann sah, den nahm er in seinen
Dienst.

a 1.Chr 9,39 *b* Kap 17,55 *c* 1.Chr 9,36.39

Saul wird verworfen

15 Samuel sprach zu Saul: [a]Der HERR hat
mich gesandt, daß ich dich zum König
salben sollte über sein Volk Israel; so
höre nun auf die Worte des HERRN! [b]So 2
spricht der HERR Zebaot: Ich habe be-
dacht, was Amalek Israel angetan und
wie es ihm den Weg verlegt hat, als Is-
rael aus Ägypten zog. So zieh nun hin 3
und schlag Amalek und vollstrecke den
Bann an ihm und an allem, was es hat;
verschone sie nicht, sondern töte Mann
und Frau, Kinder und Säuglinge, Rin-
der und Schafe, Kamele und Esel. Da 4
bot Saul das Volk auf, und er musterte
sie zu Telaim: zweihunderttausend
Mann Fußvolk und zehntausend Mann
aus Juda. Und als Saul zu der Stadt der 5
Amalekiter kam, legte er einen Hinter-
halt im Tal. Und Saul ließ den [c]Keni- 6
tern sagen: Geht, weicht und zieht weg
von den Amalekitern, daß ich euch
nicht mit ihnen aufreibe; denn ihr tatet
Barmherzigkeit an allen Israeliten, als
sie aus Ägypten zogen. Da zogen die
Keniter fort von den Amalekitern. Da 7
schlug Saul die Amalekiter von Hewila
bis nach Schur, das vor Ägypten liegt,
und nahm Agag, den König von Ama- 8
lek, lebendig gefangen, und an allem
Volk vollstreckte er den Bann mit der
Schärfe des Schwerts. Aber Saul und 9
das Volk verschonten Agag und die be-
sten Schafe und Rinder und das Mast-
vieh und die Lämmer und alles, was
von Wert war, und sie wollten den
Bann daran nicht vollstrecken; was
aber nichts taugte und gering war, daran
vollstreckten sie den Bann.

Da geschah des HERRN Wort zu Sa- 10
muel: Es [d]reut mich, daß ich Saul zum 11
König gemacht habe; denn er hat sich
von mir abgewandt und meine Befehle
nicht erfüllt. Darüber wurde Samuel
zornig und schrie zu dem HERRN die
ganze Nacht. Und Samuel machte sich 12
früh auf, um Saul am Morgen zu be-
gegnen. Und ihm wurde angesagt, daß
Saul nach [e]Karmel gekommen sei und
sich ein Siegeszeichen aufgerichtet ha-
be und weitergezogen und nach Gil-
gal hinabgekommen sei. Als nun Sa- 13
muel zu Saul kam, sprach Saul zu ihm:
Gesegnet seist du vom HERRN! Ich
habe des HERRN Wort erfüllt. Samuel 14
antwortete: Und was ist das für ein Blö-
ken von Schafen, das zu meinen Ohren
kommt, und ein Brüllen von Rindern,
das ich höre? Saul sprach: Von den 15
Amalekitern hat man sie gebracht;
denn das Volk verschonte die besten
Schafe und Rinder, um sie zu opfern
dem HERRN, deinem Gott; an dem an-
dern haben wir den Bann vollstreckt.

16 Samuel aber antwortete Saul: Halt ein,
ich will dir sagen, was der HERR mit mir
diese Nacht geredet hat. Er sprach: Sag
17 an! Samuel sprach: Ist's nicht so: Ob-
schon du vor dir selbst [f] gering warst, so
bist du doch das Haupt der Stämme Is-
raels; denn der HERR hat dich zum Kö-
18 nig über Israel gesalbt. Und der HERR
sandte dich auf den Weg und sprach:
Zieh hin und vollstrecke den Bann an
den Frevlern, den Amalekitern, und
kämpfe mit ihnen, bis du sie vertilgt
19 hast! Warum hast du der Stimme des
HERRN nicht gehorcht, sondern hast
dich an die Beute gemacht und getan,
20 was dem HERRN mißfiel? Saul antwor-
tete Samuel: Ich habe doch der Stimme
des HERRN gehorcht und bin den Weg
gezogen, den mich der HERR sandte,
und habe Agag, den König von Ama-
lek, hergebracht und an den Amaleki-
21 tern den Bann vollstreckt. Aber das
Volk hat von der Beute genommen
Schafe und Rinder, das Beste vom Ge-
bannten, um es dem HERRN, deinem
22 Gott, zu opfern in Gilgal. Samuel aber
sprach: Meinst du, daß der HERR
Gefallen habe am Brandopfer und
Schlachtopfer gleichwie am Gehorsam
gegen die Stimme des HERRN? Siehe,
Gehorsam ist besser als Opfer und Auf-
merken bessser als das Fett von Wid-
23 dern.[g] Denn Ungehorsam ist Sünde
wie Zauberei, und Widerstreben ist wie
Abgötterei und Götzendienst. Weil du
des HERRN Wort verworfen hast, [h] hat
er dich auch verworfen, daß du nicht
24 mehr König seist. Da sprach Saul zu
Samuel: Ich habe gesündigt, daß ich
des HERRN Befehl und deine Worte
übertreten habe; denn ich fürchtete das
Volk und gehorchte seiner Stimme.
25 Und nun, vergib mir die Sünde und
kehre mit mir um, daß ich den HERRN
26 anbete. Samuel sprach zu Saul: Ich will
nicht mit dir umkehren; denn du hast
des HERRN Wort verworfen, und der
HERR hat dich auch verworfen, daß du
nicht mehr König über Israel seist.
27 Und als sich Samuel umwandte, um
wegzugehen, ergriff ihn Saul bei einem
28 Zipfel seines Rocks; aber der riß ab. Da
sprach Samuel zu ihm: [i] Der HERR hat
das Königtum Israels heute von dir ge-
rissen und einem andern gegeben, der
29 besser ist als du. Auch lügt der nicht,
der Israels Ruhm ist, und es gereut ihn
nicht; denn [j] er ist nicht ein Mensch,
30 daß ihn etwas gereuen könnte. Saul
aber sprach: Ich habe gesündigt; aber
ehre mich doch jetzt vor den Ältesten
meines Volks und vor Israel und kehre
mit mir um, daß ich den HERRN, deinen
Gott, anbete. Da kehrte Samuel um 31
und folgte Saul, und Saul betete den
HERRN an.

Und Samuel sprach: Bringt Agag, 32
den König von Amalek, zu mir! Und
Agag ging hin zu ihm zitternd und
sprach: Fürwahr, bitter ist der Tod!
Samuel aber sprach: Wie dein Schwert 33
Frauen ihrer Kinder beraubt hat, so
soll auch deine Mutter der Kinder be-
raubt sein unter den Frauen. Und Sa-
muel hieb den Agag in Stücke vor dem
HERRN in Gilgal. Und Samuel ging hin 34
nach Rama; Saul aber zog hinauf in
sein Haus zu Gibea Sauls. Und Samuel 35
sah Saul fortan nicht mehr bis an den
Tag seines Todes. Aber doch trug Sa-
muel Leid um Saul, weil es den HERRN
gereut hatte, daß er Saul zum König
über Israel gemacht hatte.

a Kap 10,1 *b* (*2 und 3*) 2.Mose 17,8-16; 5.Mose 25,17-19 *c* Ri 1,16 *d* 1.Mose 6,6 *e* Jos 15,55 *f* Kap 9,21 *g* Jes 1,11-17; Jer 7,22; Hos 6,6; Am 5,21.22; Mi 6,6-8; Sach 7,5-7; Mt 9,13; 12,7 *h* Kap 16,1 *i* Kap 28,17 *j* 4.Mose 23,19

David wird zum König gesalbt

Und der HERR sprach zu Samuel: Wie **16**
lange trägst du Leid um Saul, [a] den ich
verworfen habe, daß er nicht mehr Kö-
nig sei über Israel? Fülle dein Horn mit
Öl und geh hin: ich will dich senden zu
dem Betlehemiter Isai; denn unter sei-
nen Söhnen hab ich mir einen zum Kö-
nig ersehen. Samuel aber sprach: Wie 2
kann ich hingehen? Saul wird's erfah-
ren und mich töten. Der HERR sprach:
Nimm eine junge Kuh mit dir und
sprich: Ich bin gekommen, dem HERRN
zu opfern. Und du sollst Isai zum Opfer 3
laden. Da will ich dich wissen lassen,
was du tun sollst, daß du mir den sal-
best, den ich dir nennen werde.

Samuel tat, wie ihm der HERR gesagt 4
hatte, und kam nach Betlehem. Da ent-
setzten sich die Ältesten der Stadt und
gingen ihm entgegen und sprachen:
Bedeutet dein Kommen Heil? Er 5
sprach: Ja, es bedeutet Heil! Ich bin
gekommen, dem HERRN zu opfern; hei-
ligt euch und kommt mit mir zum
Opfer. Und er heiligte den Isai und sei-
ne Söhne und lud sie zum Opfer. Als sie 6
nun kamen, sah er den Eliab an und
dachte: Fürwahr, da steht vor dem
HERRN sein Gesalbter. Aber der HERR 7
sprach zu Samuel: Sieh nicht an sein

Aussehen und seinen hohen Wuchs;
ich habe ihn verworfen. Denn nicht
sieht der HERR auf das, worauf ein
Mensch sieht. *Ein Mensch sieht, was vor*
Augen ist; [b] *der* HERR *aber sieht das Herz*
8 *an.*[c] Da rief Isai den Abinadab und ließ
ihn an Samuel vorübergehen. Und er
sprach: Auch diesen hat der HERR nicht
9 erwählt. Da ließ Isai vorübergehen
Schamma. Er aber sprach: Auch diesen
10 hat der HERR nicht erwählt. So ließ Isai
[d] seine sieben Söhne an Samuel vor-
übergehen; aber Samuel sprach zu
Isai: [e] Der HERR hat keinen von ihnen
11 erwählt. Und Samuel sprach zu Isai:
Sind das die Knaben alle? Er aber
sprach: Es ist noch übrig [f] der jüngste;
siehe, er hütet die Schafe. Da sprach
Samuel zu Isai: Sende hin und laß ihn
holen; denn wir werden uns nicht wie-
12 der setzen, bis er hierherkommt. Da
sandte er hin und ließ ihn holen. Und
er war bräunlich, mit schönen Augen
und von guter Gestalt. Und der HERR
sprach: Auf, salbe ihn, denn der ist's.
13 Da nahm Samuel sein Ölhorn und
[g] salbte ihn mitten unter seinen Brü-
dern. Und der Geist des HERRN geriet
über David von dem Tag an und wei-
terhin. Samuel aber machte sich auf
und ging nach Rama.

a Kap 15,23.35 *b* Jer 17,10; Offb 2,23
c Apg 10,34 *d* 1.Chr 2,13-15 *e* Kap 17,12
f Kap 17,14 *g* 2.Sam 2,4; 5,3; Ps 89,21

David kommt an Sauls Hof

14 Der Geist des HERRN aber wich von
Saul, und [a] ein böser Geist vom HERRN
15 ängstigte ihn. Da sprachen die Großen
Sauls zu ihm: Siehe, ein böser Geist
16 von Gott ängstigt dich. Unser Herr be-
fehle nun seinen Knechten, die vor ihm
stehen, daß sie einen Mann suchen, der
auf der Harfe gut spielen kann, damit er
mit seiner Hand darauf spiele, wenn
der böse Geist Gottes über dich
17 kommt, und es besser mit dir werde. Da
sprach Saul zu seinen Leuten: Seht
euch um nach einem Mann, der des
Saitenspiels kundig ist, und bringt ihn
18 zu mir. Da antwortete einer der jungen
Männer und sprach: Ich habe gesehen
einen Sohn Isais, des Betlehemiters,
der ist des Saitenspiels kundig, ein tap-
ferer Mann und tüchtig zum Kampf,
verständig in seinen Reden und schön
19 gestaltet, und der HERR ist mit ihm. Da
sandte Saul Boten zu Isai und ließ ihm
sagen: Sende zu mir deinen Sohn Da-
20 vid, der bei den Schafen ist. Da nahm
Isai einen Esel und Brot und einen
Schlauch Wein und ein Ziegenböcklein
und sandte es Saul durch seinen Sohn
David. So kam David zu Saul und dien- 21
te vor ihm. Und Saul gewann ihn sehr
lieb, und er wurde sein Waffenträger.
Und Saul sandte zu Isai und ließ ihm 22
sagen: Laß David mir dienen, denn er
hat Gnade gefunden vor meinen Au-
gen. Sooft nun der böse Geist von Gott 23
über Saul kam, nahm David die Harfe
und spielte darauf mit seiner Hand. So
wurde es Saul leichter, und es ward
besser mit ihm, und der böse Geist
wich von ihm.

a Kap 18,10

David und Goliat

Die Philister sammelten ihre Heere **17**
zum Kampf und kamen zusammen bei
Socho in Juda und lagerten sich [a] zwi-
schen Socho und Aseka bei Efes-Dam-
mim. Und Saul und die Männer Israels 2
kamen zusammen und lagerten sich im
Eichgrund und rüsteten sich zum
Kampf gegen die Philister. Und die 3
Philister standen auf einem Berge jen-
seits und die Israeliten auf einem Berge
diesseits, so daß das Tal zwischen ihnen
war.

Da trat aus den Reihen der Philister 4
ein Riese* heraus mit Namen Goliat
aus [b] Gat, sechs Ellen und eine Hand-
breit groß. Der hatte einen ehernen 5
Helm auf seinem Haupt und einen
Schuppenpanzer an, und das Gewicht
seines Panzers war fünftausend Lot
Erz, und hatte eherne Schienen an sei- 6
nen Beinen und einen ehernen Wurf-
spieß auf seiner Schulter. Und der 7
Schaft seines Spießes war wie ein [c] We-
berbaum, und die eiserne Spitze seines
Spießes wog sechshundert Lot, und
sein Schildträger ging vor ihm her.
Und er stellte sich hin und rief dem 8
Heer Israels zu: Was seid ihr ausgezo-
gen, euch zum Kampf zu rüsten? Bin
ich nicht ein Philister und ihr Sauls
Knechte? Erwählt einen unter euch,
der zu mir herabkommen soll. Vermag 9
er gegen mich zu kämpfen und er-
schlägt er mich, so wollen wir eure
Knechte sein; vermag ich aber über ihn
zu siegen und erschlage ich ihn, so sollt
ihr unsere Knechte sein und uns die-
nen. Und der Philister sprach: Ich habe 10
heute dem Heere Israels [d] hohngespro-
chen, als ich sagte: Gebt mir einen
Mann und laßt uns miteinander kämp-
fen.

11 Als Saul und ganz Israel diese Rede
des Philisters hörten, entsetzten sie sich
und fürchteten sich sehr.
12 [e]David aber war der Sohn jenes
Efratiters aus Betlehem in Juda, der
Isai hieß. Der hatte acht Söhne und war
zu Sauls Zeiten schon zu alt, um unter
13 die Kriegsleute zu gehen. Aber die drei
ältesten Söhne Isais waren mit Saul in
den Krieg gezogen, und sie hießen:
Eliab, der erstgeborene, Abinadab, der
14 zweite, und Schamma, der dritte. Und
David war der jüngste; die drei ältesten
15 aber waren Saul gefolgt. Und David
ging ab und zu von Saul hinweg nach
Betlehem, um die Schafe seines Vaters
16 zu hüten. Aber der Philister kam heraus
frühmorgens und abends und stellte
17 sich hin, vierzig Tage lang. Isai aber
sprach zu seinem Sohn David: Nimm
für deine Brüder diesen Scheffel gerö-
stete Körner und diese zehn Brote und
bringe sie eilends ins Lager zu deinen
18 Brüdern; und diese zehn frischen Käse
bringe dem Hauptmann und sieh nach
deinen Brüdern, ob's ihnen gut geht,
und bringe auch ein Unterpfand von
19 ihnen mit. Saul und sie und alle Män-
ner Israels sind im Eichgrund und
kämpfen gegen die Philister.
20 Da machte sich David früh am Mor-
gen auf und überließ die Schafe einem
Hüter, lud auf und ging hin, wie ihm
Isai geboten hatte, und kam zum Lager.
Das Heer aber war ausgezogen und hat-
te sich aufgestellt zum Kampf, und sie
21 erhoben das Kriegsgeschrei. Und Is-
rael und die Philister hatten sich aufge-
stellt, Schlachtreihe gegen Schlachtrei-
22 he. Da ließ David sein Gepäck, das er
trug, bei der Wache des Trosses und
lief zu dem Heer, kam hin und fragte
23 seine Brüder, ob's ihnen gut gehe. Und
als er noch mit ihnen redete, siehe, da
kam herauf der Riese mit Namen Go-
liat, der Philister von Gat, von dem
Heer der Philister und redete dieselben
24 Worte, und David hörte es. Und wer
von Israel den Mann sah, floh vor ihm
25 und fürchtete sich sehr. Und die Män-
ner von Israel sprachen: Habt ihr den
Mann heraufkommen sehen? Er
kommt herauf, um Israel hohnzuspre-
chen. Wer ihn erschlägt, den will der
König sehr reich machen und ihm seine
Tochter geben und will ihm seines Va-
ters Haus freimachen von Lasten in Is-
26 rael. Da sprach David zu den Männern,
die bei ihm standen: Was wird man
dem geben, der diesen Philister er-
schlägt und die Schande von Israel ab-
wendet? Denn wer ist dieser unbe-
schnittene Philister, der das Heer des
lebendigen Gottes verhöhnt? Da sagte 27
ihm das Volk wie vorher: Das und das
wird man dem geben, der ihn erschlägt.
Und als Eliab, sein ältester Bruder, ihn 28
reden hörte mit den Männern, wurde er
zornig über David und sprach: Warum
bist du hergekommen? Und wem hast
du die wenigen Schafe dort in der Wü-
ste überlassen? Ich kenne deine Ver-
messenheit wohl und deines Herzens
Bosheit. Du bist nur gekommen, um
dem Kampf zuzusehen. David antwor- 29
tete: Was hab ich denn getan? Ich habe
doch nur gefragt! Und er wandte sich 30
von ihm zu einem andern und sprach,
wie er vorher gesagt hatte. Da antwor-
tete ihm das Volk wie das erstemal.
Und als sie [f]die Worte hörten, die 31
David sagte, brachten sie es vor Saul,
und er ließ ihn holen. Und David 32
sprach zu Saul: Seinetwegen lasse kei-
ner den Mut sinken; dein Knecht wird
hingehen und mit diesem Philister
kämpfen. Saul aber sprach zu David: 33
Du kannst nicht hingehen, um mit
diesem Philister zu kämpfen; denn du
bist zu jung dazu, dieser aber ist ein
Kriegsmann von Jugend auf. David 34
aber sprach zu Saul: Dein Knecht hü-
tete die Schafe seines Vaters; und kam
dann ein Löwe oder ein Bär und trug
ein Schaf weg von der Herde, so lief ich 35
ihm nach, schlug auf ihn ein und erret-
tete es aus seinem Maul. Wenn er aber
auf mich losging, ergriff ich ihn bei sei-
nem Bart und schlug ihn tot. So hat 36
dein Knecht den Löwen und den Bären
erschlagen, und diesem unbeschnitte-
nen Philister soll es ergehen wie einem
von ihnen; denn er hat das Heer des le-
bendigen Gottes verhöhnt. Und David 37
sprach: Der HERR, der mich von dem
Löwen und Bären errettet hat, der wird
mich auch erretten von diesem Phili-
ster. Und Saul sprach zu David: Geh
hin, der HERR sei mit dir! Und Saul leg- 38
te David seine Rüstung an und setzte
ihm einen ehernen Helm auf sein
Haupt und legte ihm einen Panzer an.
Und David gürtete Sauls Schwert über 39
seine Rüstung und mühte sich vergeb-
lich, damit zu gehen; denn er hatte es
noch nie versucht. Da sprach David zu
Saul: Ich kann so nicht gehen, denn ich
bin's nicht gewohnt; und er legte es ab
und nahm seinen Stab in die Hand und 40
wählte fünf glatte Steine aus dem Bach

und tat sie in die Hirtentasche, die ihm
als Köcher diente, und nahm die
Schleuder in die Hand und ging dem
Philister entgegen.
41 Der Philister aber kam immer näher
an David heran, und sein Schildträger
42 ging vor ihm her. Als nun der Philister
aufsah und David anschaute, verachte-
te er ihn; denn er war noch jung, und
43 er war [g]bräunlich und schön. Und der
Philister sprach zu David: Bin ich denn
ein Hund, daß du mit Stecken zu mir
kommst? Und der Philister fluchte
44 dem David bei seinem Gott und sprach
zu David: Komm her zu mir, ich will
dein Fleisch den Vögeln unter dem
Himmel geben und den Tieren auf dem
45 Felde. David aber sprach zu dem Phili-
ster: Du kommst zu mir mit Schwert,
Lanze und Spieß, ich aber komme zu
dir im Namen des HERRN Zebaot, des
Gottes des Heeres Israels, den du ver-
46 höhnt hast. Heute wird dich der HERR
in meine Hand geben, daß ich dich er-
schlage und dir den Kopf abhaue und
gebe deinen Leichnam und die Leich-
name des Heeres der Philister heute
den Vögeln unter dem Himmel und
dem Wild auf der Erde, damit alle Welt
innewerde, daß Israel einen Gott hat,
47 und damit diese ganze Gemeinde inne-
werde, daß der HERR nicht durch
Schwert oder Spieß hilft; denn [h]der
Krieg ist des HERRN, und er wird euch
in unsere Hände geben.
48 Als sich nun der Philister aufmachte
und daherging und sich David nahte,
lief David eilends von der Schlachtrei-
49 he dem Philister entgegen. Und David
tat seine Hand in die Hirtentasche und
nahm einen Stein daraus und schleu-
derte ihn und traf den Philister an die
Stirn, daß der Stein in seine Stirn fuhr
und er zur Erde fiel auf sein Angesicht.
50 So überwand David den Philister mit
Schleuder und Stein und traf und töte-
te ihn. David aber hatte kein Schwert in
51 seiner Hand. Da lief er hin und trat zu
dem Philister und nahm dessen
Schwert und zog es aus der Scheide
und tötete ihn vollends und hieb ihm
den Kopf damit ab. Als aber die Phili-
ster sahen, daß ihr Stärkster tot war,
flohen sie.
52 Und die Männer Israels und Judas
machten sich auf, erhoben das Kampf-
geschrei und jagten den Philistern
nach, bis nach Gat und bis an die Tore
Ekrons. Und die Philister blieben er-
schlagen liegen auf dem Wege von
Schaarajim bis nach Gat und Ekron.
Und die Israeliten kehrten um von der 53
Verfolgung der Philister und plünder-
ten ihr Lager. David aber nahm des 54
Philisters Haupt und brachte es nach
Jerusalem, seine Waffen aber legte er in
sein Zelt.
Als Saul aber David dem Philister 55
entgegengehen sah, sprach er zu Abner,
seinem Feldhauptmann: Wessen Sohn
ist der Junge? Abner sprach: Bei dei-
nem Leben, König: ich weiß es nicht.
Der König sprach: So frage danach, 56
wessen Sohn der junge Mann ist. Als 57
nun David zurückkam vom Sieg über
den Philister, nahm ihn Abner und
brachte ihn vor Saul, und er hatte des
Philisters Haupt in seiner Hand. Und 58
Saul sprach zu ihm: Wessen Sohn bist
du, mein Junge? David sprach: Ich bin
ein Sohn deines Knechts Isai, des Bet-
lehemiters.

a Jos 15,35 *b* Jos 11,22 *c* 1.Chr 11,23
d 2.Kön 19,16; Ps 74,18; Zef 2,8
e (*12 und 13*) Kap 16,1-13 *f* Vers 26 *g* Kap 16,12
h 2.Mose 15,3; Ps 20,8; Sach 4,6
*Vers 4: Wörtlich: Vorkämpfer zwischen den Fronten.

David gewinnt Jonatan zum Freund

Als David aufgehört hatte, mit Saul zu **18**
reden, verband sich das Herz Jonatans
mit dem Herzen Davids, und Jonatan
gewann ihn lieb wie sein eigenes Herz.
Und Saul [a]nahm ihn an diesem Tage 2
zu sich und [b]ließ ihn nicht wieder in
seines Vaters Haus zurückkehren. Und 3
Jonatan schloß mit David [c]einen Bund,
denn [d]er hatte ihn lieb wie sein eigenes
Herz. Und Jonatan zog seinen Rock 4
aus, den er anhatte, und gab ihn David,
dazu seine Rüstung, sein Schwert, sei-
nen Bogen und seinen Gurt.

a Kap 16,22 *b* Kap 17,15 *c* Kap 23,18; 2.Sam 21,7 *d* Kap 19,1; 20,17; 2.Sam 1,26

Sauls Eifersucht auf David

Und David zog in den Kampf und rich- 5
tete alles recht aus, wohin Saul ihn auch
sandte. Und Saul setzte ihn über die
Kriegsleute, und es gefiel allem Volk
gut und auch den Großen Sauls.
Es begab sich aber, als David zurück- 6
kam vom Sieg über die Philister, daß
die [a]Frauen aus allen Städten Israels
herausgingen mit Gesang und Reigen
dem König Saul entgegen unter Jauch-
zen, mit Pauken und mit Zimbeln. Und 7
die Frauen sangen im Reigen und spra-
chen: [b]Saul hat tausend erschlagen,

8 aber David zehntausend. Da ergrimm-
te Saul sehr, und das Wort mißfiel ihm,
und er sprach: Sie haben David zehn-
tausend gegeben und mir tausend; ihm
9 wird noch das Königtum zufallen. Und
Saul sah David scheel an von dem Tage
an und hinfort.
10 Am andern Tage kam der [c]böse
Geist von Gott über Saul, und er geriet
in Raserei in seinem Hause; David aber
spielte auf den Saiten mit seiner Hand,
wie er täglich zu tun pflegte. Und Saul
11 hatte einen Spieß in der Hand und
[d]zückte den Spieß und dachte: Ich will
David an die Wand spießen. David
12 aber wich ihm zweimal aus. Und Saul
fürchtete sich vor David; denn der
HERR war mit ihm, aber von Saul war
13 er gewichen. Da entfernte ihn Saul aus
seiner Nähe und setzte ihn zum Ober-
sten über tausend Mann. Und David
zog aus und ein vor dem Kriegsvolk
14 und [e]richtete all sein Tun recht aus,
15 und der HERR war mit ihm. Als nun
Saul sah, daß David alles so gut gelang,
16 graute es ihm vor David. Aber ganz Is-
rael und Juda hatte David lieb, denn er
zog aus und ein vor ihnen her.

a Ri 11,34 *b* Kap 21,12; 29,5 *c* Kap 16,14.23
d Kap 19,10; 20,33 *e* Vers 5

David gewinnt Sauls Tochter zur Frau

17 Und Saul sprach zu David: Siehe, mei-
ne älteste Tochter Merab will ich dir
zur Frau geben; sei nur ein tapferer
Mann und führe des HERRN Kriege.
Denn Saul dachte: Meine Hand soll
nicht gegen ihn sein, sondern die Hand
18 der Philister. David aber antwortete
Saul: [a]Wer bin ich? Und was ist meine
Sippe, das Geschlecht meines Vaters,
in Israel, daß ich des Königs Schwie-
19 gersohn werden soll? Als aber die Zeit
kam, daß Merab, die Tochter Sauls,
David gegeben werden sollte, wurde sie
dem Adriël von Mehola zur Frau gege-
ben.
20 Aber Michal, Sauls Tochter, hatte
David lieb. Als das Saul angesagt wur-
21 de, war es ihm recht. Und Saul sagte
sich: Ich will sie ihm geben, damit sie
ihm zum Fallstrick wird und die Hände
der Philister gegen ihn sind. Und Saul
sprach zu David: Heute in zwei Jahren
kannst du mein Schwiegersohn wer-
22 den. Und Saul gebot seinen Großen:
Redet mit David heimlich und sprecht:
Siehe, der König hat Gefallen an dir,
und alle seine Großen lieben dich; so
werde nun [b]des Königs Schwieger-
sohn. Und die Großen Sauls sagten 23
diese Worte vor den Ohren Davids.
David aber sprach: Dünkt euch das ein
Geringes, des Königs Schwiegersohn
zu werden? Ich bin nur ein armer, ge-
ringer Mann. Und die Großen Sauls 24
sagten es ihm weiter und sprachen:
Diese Worte hat David gesagt. Saul 25
sprach: So sagt zu David: Der König
begehrt keinen andern Brautpreis als
hundert Vorhäute von Philistern, um
an den Feinden des Königs Vergeltung
zu üben. Aber Saul trachtete danach,
David umzubringen durch die Hände
der Philister. Da sagten seine Großen 26
David diese Worte, und es dünkte Da-
vid gut, des Königs Schwiegersohn zu
werden. Und die Zeit war noch nicht 27
um, da machte sich David auf und zog
hin mit seinen Männern und erschlug
unter den Philistern zweihundert
Mann. Und David brachte ihre Vor-
häute dem König in voller Zahl, um des
Königs Schwiegersohn zu werden. Da
gab ihm Saul seine Tochter Michal zur
Frau.
Als aber Saul sah und merkte, daß 28
der HERR mit David war und daß seine
Tochter Michal ihn liebhatte, da 29
[c]fürchtete sich Saul noch mehr vor Da-
vid und wurde sein Feind sein Leben
lang. Und sooft die Fürsten der Phili- 30
ster in den Kampf zogen, richtete Da-
vid mehr gegen sie aus als alle Großen
Sauls, wenn sie auszogen, so daß sein
Name hoch gepriesen wurde.

a 2.Sam 7,18 *b* Kap 22,14 *c* Vers 12

Jonatan rettet David vor Sauls Nachstellungen

Saul aber redete mit seinem Sohn Jona- **19**
tan und mit allen seinen Großen davon,
daß er David töten wolle. Aber Jonatan,
Sauls Sohn, [a]hatte David sehr lieb und 2
sagte es ihm weiter und sprach: Mein
Vater Saul trachtet danach, dich zu tö-
ten. Nun, so hüte dich morgen früh und
verstecke dich und bleibe verborgen.
Ich aber will hinausgehen und mich ne- 3
ben meinen Vater stellen auf dem Fel-
de, wo du bist, und über dich mit mei-
nem Vater sprechen; und was ich er-
fahre, will ich dir kundtun. Und Jona- 4
tan redete das Beste von David mit sei-
nem Vater Saul und sprach zu ihm: Es
versündige sich der König nicht an sei-
nem Knechte David, denn er hat sich
nicht an dir versündigt, und sein Tun
ist dir sehr nützlich. Er hat sein Leben 5

gewagt und [b]den Philister erschlagen,
und der HERR hat großes Heil für ganz
Israel vollbracht. Das hast du gesehen
und dich darüber gefreut. Warum
willst du dich denn an unschuldigem
Blut versündigen, daß du David ohne
6 Grund tötest? Da hörte Saul auf die
Stimme Jonatans und schwor: So wahr
7 der HERR lebt: er soll nicht sterben! Da
rief Jonatan David und sagte ihm alle
diese Worte und brachte ihn zu Saul;
und David diente ihm wie früher.

a Kap 18,3 *b* Kap 17,50

Michal rettet David

8 Es erhob sich aber wieder ein Kampf,
und David zog aus und kämpfte gegen
die Philister und schlug sie so hart, daß
9 sie vor ihm flohen. [a]Aber der böse
Geist vom HERRN kam über Saul, und
Saul saß in seinem Hause und hatte sei-
nen Spieß in der Hand. David aber
spielte mit der Hand auf den Saiten.
10 Und Saul trachtete danach, David mit
dem Spieß an die Wand zu spießen. Er
aber wich aus vor Saul, und der Spieß
fuhr in die Wand. David aber floh und
11 entrann. In jener Nacht aber sandte
Saul Boten zu Davids Haus, [b]ihn zu be-
wachen, um ihn am Morgen zu töten.
Doch Michal, Davids Frau, sagte es ih-
rem Mann und sprach: Wirst du nicht
diese Nacht dein Leben retten, so mußt
12 du morgen sterben. Da ließ ihn Michal
durchs Fenster hinab, daß er floh und
13 entrinnen konnte. Dann nahm Michal
das [c]Götzenbild und legte es aufs Bett
und ein Geflecht von Ziegenhaaren zu
seinen Häupten und deckte ein Kleid
14 darauf. Da sandte Saul Boten, um Da-
vid zu holen. Sie aber sprach: Er ist
15 krank. Saul sandte abermals Boten,
nach David zu sehen, und sprach:
Bringt ihn her zu mir samt dem Bett,
16 daß er getötet werde! Als nun die Boten
kamen, siehe, da lag das Götzenbild im
Bett und das Geflecht von Ziegenhaa-
17 ren zu seinen Häupten. Da sprach Saul
zu Michal: Warum hast du mich betro-
gen und meinen Feind entrinnen las-
sen? Michal antwortete Saul: Er sagte
zu mir: Laß mich gehen, oder ich töte
dich!

a (*9 und 10*) Kap 18,10.11 *b* Ps 59,1
c 1.Mose 31,19

David flieht zu Samuel

18 David aber floh und konnte entrinnen
und kam zu Samuel nach Rama und
sagte ihm alles, was ihm Saul angetan
hatte. Und er ging mit Samuel, und sie
blieben zu Najot. Und es wurde Saul 19
angesagt: Siehe, David ist zu Najot in
Rama. Da sandte Saul Boten, um Da- 20
vid zu holen. Und sie sahen [a]die Schar
der Propheten in Verzückung und Sa-
muel an ihrer Spitze. Da kam der Geist
Gottes auf die Boten Sauls, so daß auch
sie in Verzückung gerieten. Als das 21
Saul angesagt wurde, sandte er andere
Boten; die gerieten auch in Verzückung.
Da sandte er die dritten Boten; die ge-
rieten auch in Verzückung. Da ging er 22
selbst nach Rama. Und als er zum gro-
ßen Brunnen kam, der in Sechu ist,
fragte er: Wo sind Samuel und David?
Da wurde ihm gesagt: Siehe, zu Najot
in Rama. Und er machte sich von dort 23
auf nach Najot in Rama. Und der Geist
Gottes kam auch über ihn, und er ging
einher in Verzückung, bis er nach Najot
in Rama kam. Da zog auch er seine 24
Kleider aus und war in Verzückung vor
Samuel und fiel hin und lag nackt den
ganzen Tag und die ganze Nacht. Da-
her sagt man: Ist Saul auch unter den
Propheten?

a Kap 10,10-12

David und Jonatan befestigen ihren Freundschaftsbund

David aber floh von Najot in Rama und **20**
kam und redete vor Jonatan: Was hab
ich getan? Was ist meine Schuld? Was
hab ich gesündigt vor deinem Vater,
daß er mir nach dem Leben trachtet?
Er aber sprach zu ihm: Das sei ferne; 2
du sollst nicht sterben. Siehe, mein Va-
ter tut nichts, weder Großes noch Klei-
nes, ohne es mir kundzutun. Warum
sollte denn mein Vater dies vor mir ver-
bergen? Es ist nicht so. Da antwortete 3
David und schwor: Dein Vater weiß
sehr wohl, daß ich Gnade vor deinen
Augen gefunden habe; darum dachte
er: Jonatan soll das nicht wissen, es
könnte ihn bekümmern. Wahrlich, so
wahr der HERR lebt und so wahr du
lebst: es ist nur ein Schritt zwischen
mir und dem Tode! Jonatan sprach zu 4
David: Ich will für dich tun, was dein
Herz begehrt. David sprach zu Jona- 5
tan: Siehe, morgen ist Neumond; da
sollte ich mit dem König zu Tisch sit-
zen; aber laß mich, daß ich mich auf
dem Felde verberge bis zum Abend des
dritten Tages. Wird dein Vater nach 6
mir fragen, so sprich: David bat mich,
daß er nach Betlehem, seiner Stadt, ge-
hen dürfe; denn dort ist das jährliche

Opferfest für das ganze Geschlecht.
7 Wird er sagen: Es ist recht, so steht es
gut um deinen Knecht; wird er aber er-
grimmen, so wirst du merken, daß Bö-
8 ses bei ihm beschlossen ist. So tu nun
Barmherzigkeit an deinem Knecht,
denn [a]du hast mit deinem Knecht
einen Bund im HERRN geschlossen.
Liegt aber eine Schuld auf mir, so töte
du mich; warum willst du mich zu dei-
9 nem Vater bringen? Jonatan sprach:
Das sei ferne von dir, daß ich es dir
nicht sagen sollte, wenn ich merke, daß
bei meinem Vater beschlossen ist, Bö-
10 ses über dich zu bringen. David aber
sprach zu Jonatan: Wer wird mir's sa-
gen, wenn dir dein Vater etwas Hartes
11 antwortet? Jonatan sprach zu David:
Komm, laß uns hinaus aufs Feld ge-
hen! Und sie gingen beide hinaus aufs
12 Feld. Und Jonatan sprach zu David:
Bei dem HERRN, dem Gott Israels:
wenn ich meinen Vater ausforsche
morgen und am dritten Tage, daß es
gut steht mit David, und wenn ich dann
nicht hinsende zu dir und es dir nicht
13 kundtue, so tue der HERR dem Jonatan
dies und das. Wenn aber mein Vater
Böses gegen dich sinnt, so will ich es dir
auch kundtun und dich ziehen lassen,
daß du mit Frieden weggehen kannst.
Und der HERR sei mit dir, wie er mit
14 meinem Vater gewesen ist. Du aber
wollest die Barmherzigkeit des HERRN
an mir tun, solange ich lebe, und wenn
15 ich sterbe, so nimm die Barmherzigkeit
niemals fort von meinem Hause. Und
wenn der HERR die Feinde Davids aus-
rotten wird, Mann für Mann, aus dem
16 Lande, so möge der Name Jonatans
nicht ausgelöscht werden neben dem
Hause Davids! Vielmehr möge der
HERR Rache nehmen nur an den Fein-
17 den Davids! Und Jonatan ließ nun
auch David schwören bei seiner Liebe
zu ihm; denn er hatte ihn so lieb wie
sein eigenes Herz.
18 Und Jonatan sprach zu ihm: Morgen
ist Neumond; da wird man dich ver-
19 missen, wenn dein Platz leer bleibt. Am
dritten Tage wirst du erst recht vermißt
werden. Du aber komm an den Ort, wo
du dich verborgen hattest am Tage je-
ner Tat, und setze dich dort neben den
20 Steinhaufen. So will ich nach seiner
Seite drei Pfeile schießen, als ob ich
21 nach dem Ziele schösse. Und ich will
den Knaben hinschicken: Geh, suche
die Pfeile! Werde ich zum Knaben sa-
gen: Siehe, die Pfeile liegen herwärts
von dir, hole sie!, so komm; denn es
steht gut um dich und hat keine Gefahr,
so wahr der HERR lebt. Sage ich aber 22
zum Knaben: Siehe, die Pfeile liegen
hinwärts von dir!, so geh hin; denn der
HERR befiehlt dir fortzugehen. Für das 23
Wort aber, das du und ich miteinander
geredet haben: siehe, dafür steht der
HERR zwischen mir und dir ewiglich.

a Kap 18,3

Sauls Zorn gegen Jonatan um Davids willen

David verbarg sich auf dem Felde. Und 24
als der Neumond kam, setzte sich der
König zu Tisch, um zu essen. Und der 25
König saß an seinem Platz, wie er ge-
wohnt war, an der Wand, und Jonatan
saß gegenüber; Abner aber setzte sich
an die Seite Sauls. Davids Platz aber
war leer. Und Saul sagte an diesem 26
Tage nichts; denn er dachte: Es ist ihm
etwas widerfahren, so daß er [a]nicht rein
ist. Am andern Tage aber nach dem 27
Neumond, als Davids Platz leer blieb,
sprach Saul zu seinem Sohn Jonatan:
Warum ist der Sohn Isais nicht zu
Tisch gekommen, weder gestern noch
heute? Jonatan antwortete Saul: Er bat 28
mich sehr, daß er nach Betlehem gehen
dürfe, und sprach: Laß mich hingehen, 29
denn unser Geschlecht hat zu opfern in
der Stadt, und mein Bruder hat mir's
selbst geboten. Hab ich nun Gnade vor
deinen Augen gefunden, so laß mich
hingehen und meine Brüder sehen.
Darum ist er nicht zum Tisch des Kö-
nigs gekommen. Da entbrannte der 30
Zorn Sauls über Jonatan, und er sprach
zu ihm: Du Sohn einer ehrlosen Mut-
ter! Ich weiß sehr wohl, daß du den
Sohn Isais erkoren hast, dir und deiner
Mutter, die dich geboren hat, zur
Schande! Denn solange der Sohn Isais 31
lebt auf Erden, wirst du und auch dein
Königtum nicht bestehen. So sende
nun hin und laß ihn herholen zu mir,
denn er ist ein Kind des Todes. Jonatan 32
antwortete seinem Vater Saul und
sprach zu ihm: Warum soll er sterben?
Was hat er getan? Da [b]zückte Saul den 33
Spieß nach ihm, um ihn zu durchboh-
ren. Da merkte Jonatan, daß es bei sei-
nem Vater fest beschlossen war, David
zu töten, und stand vom Tisch auf in 34
grimmigem Zorn und aß am zweiten
Tage nach dem Neumond nichts; denn
er war bekümmert um David, und daß
ihm sein Vater solchen Schimpf antat.

a 3.Mose 15,16 *b* Kap 18,11

Davids Abschied von Jonatan

35 Am Morgen ging Jonatan hinaus aufs
Feld, wohin er David bestellt hatte,
36 und ein Knabe mit ihm. Und er sprach
zu dem Knaben: Lauf und suche mir
die Pfeile, die ich schieße! Und als der
Knabe lief, schoß er einen Pfeil über
37 ihn hin. Und als der Knabe an den Ort
kam, wohin Jonatan den Pfeil geschos-
sen hatte, rief ihm Jonatan nach und
sprach: Der Pfeil liegt hinwärts von dir.
38 Und Jonatan rief abermals dem Kna-
ben nach: Rasch, eile und halte dich
nicht auf! Da las der Knabe Jonatans
den Pfeil auf und brachte ihn zu seinem
39 Herrn. Der Knabe aber merkte nichts;
nur Jonatan und David wußten um die
40 Sache. Da gab Jonatan seine Waffen
dem Knaben, den er bei sich hatte, und
sprach zu ihm: Geh und trage sie in die
41 Stadt. Und als der Knabe weggegangen
war, stand David auf hinter dem Stein-
haufen und fiel auf sein Antlitz zur
Erde und beugte sich dreimal nieder,
und sie küßten einander und weinten
miteinander, David aber am allermei-
42 sten. Und Jonatan sprach zu David:
Geh hin mit Frieden! Für das, was wir
beide geschworen haben im Namen des
HERRN, dafür stehe der HERR zwischen
mir und dir, zwischen meinen Nach-
kommen und deinen Nachkommen in
Ewigkeit.
21 *Und David machte sich auf und
ging seines Weges; Jonatan aber ging in
die Stadt.

*Kap 21,1: Abweichende Verszählung statt 21,1-16: 20,43-21,15.

David bei den Priestern von Nob

2 Und als David nach [a]Nob kam zum
Priester Ahimelech, entsetzte sich Ahi-
melech, als er David entgegenging, und
sprach zu ihm: Warum kommst du al-
3 lein und ist kein Mann mit dir? David
sprach zu dem Priester Ahimelech: Der
König hat mir eine Sache befohlen und
sprach zu mir: Niemand darf auch nur
das Geringste von der Sache wissen, in
der ich dich gesandt habe und die ich
dir befohlen habe. Darum hab ich mei-
ne Leute an den und den Ort beschie-
4 den. Hast du nun etwas bei der Hand,
etwa fünf Brote, oder was sonst vorhan-
5 den ist, das gib mir in meine Hand. Der
Priester antwortete David: Ich habe
kein gewöhnliches Brot bei der Hand,
sondern nur [b]heiliges Brot; nur müssen
die Leute sich [c]der Frauen enthalten
haben. David antwortete dem Priester: 6
Sicher, Frauen waren uns schon etliche
Tage verwehrt. Als ich auszog, war der
Leib der Leute nicht unrein, obgleich
es nur um ein gewöhnliches Vorhaben
ging; um wieviel mehr werden sie heute
am Leibe rein sein. Da [d]gab ihm der 7
Priester von dem heiligen Brot, weil
kein anderes da war als die Schaubrote,
die man vor dem HERRN nur hinweg-
nimmt, um frisches Brot aufzulegen an
dem Tage, an dem man das andere
wegnimmt.
Es war aber am selben Tage ein 8
Mann von den Großen Sauls dort [e]ein-
geschlossen vor dem HERRN mit Na-
men [f]Doëg, ein Edomiter, der über die
Hirten Sauls gesetzt war. Und David 9
sprach zu Ahimelech: Ist nicht hier bei
dir ein Spieß oder ein Schwert? Ich
habe mein Schwert und meine Waffen
nicht mit mir genommen, denn die Sa-
che des Königs war eilig. Der Priester 10
sprach: [g]Das Schwert des Philisters
Goliat, den du im Eichgrund erschla-
gen hast, das ist hier, in einen Mantel
gewickelt, hinter dem [h]Efod. Willst du
das, so nimm es, denn es ist kein ande-
res hier als dies. David sprach: Seines-
gleichen gibt es nicht; gib mir's!

a Kap 22,9.19 *b* 3.Mose 24,5-9 *c* 2.Mose 19,15
d Mt 12,3.4 *e* 2.Mose 21,13; 3.Mose 13,4.31
f Kap 22,9.18 *g* Kap 17,50.51 *h* Ri 8,27

David flieht zum König Achis von Gat

Und David machte sich auf und floh an 11
jenem Tage vor Saul und kam zu Achis,
dem König von [a]Gat. Aber die Großen 12
des Achis sprachen zu ihm: Ist das
nicht David, der König des Landes,
von dem sie im Reigen sangen: [b]Saul
schlug tausend, David aber zehntau-
send? Und David nahm sich die Worte 13
zu Herzen und fürchtete sich sehr vor
Achis, dem König von Gat. Und er 14
[c]stellte sich wahnsinnig vor ihren Au-
gen und tobte unter ihren Händen und
rannte gegen die Pforte des Tores und
ließ seinen Speichel in seinen Bart flie-
ßen. Da sprach Achis zu seinen Gro- 15
ßen: Ihr seht ja, daß der Mann wahn-
sinnig ist; warum habt ihr ihn zu mir
gebracht? Hab ich zu wenig Wahnsin- 16
nige, daß ihr diesen herbrachtet, bei
mir zu toben? Sollte der in mein Haus
kommen?

a Ps 56,1 *b* Kap 18,7 *c* Ps 34,1

David wird Anführer einer Streifschar

22 David ging von da hinweg und [a]rettete
sich in die Höhle [b]Adullam. Als das sei-
ne Brüder hörten und das ganze Haus
seines Vaters, kamen sie zu ihm dahin.
2 Und [c]es sammelten sich bei ihm allerlei
Männer, die in Not und Schulden und
verbitterten Herzens waren, und er
wurde ihr Oberster; und es waren bei
3 ihm etwa vierhundert Mann. Und Da-
vid ging von da nach Mizpe ins Land
der [d]Moabiter und sprach zum König
von Moab: Laß meinen Vater und mei-
ne Mutter bei euch bleiben, bis ich er-
4 fahre, was Gott mit mir tun wird. Und
er brachte sie vor den König von Moab,
und sie blieben bei ihm, solange David
5 auf der Bergfeste war. Aber der Pro-
phet Gad sprach zu David: Bleib nicht
auf der Bergfeste, sondern geh hin [e]ins
Land Juda. Da ging David weg und
kam nach Jaar-Heret.

a Ps 57,1 *b* Jos 15,35 *c* Ri 11,3 *d* 2.Sam 8,2; Rut 1,1 *e* Ps 63,1

Saul nimmt Rache an den Priestern von Nob

6 Und es kam vor Saul, daß David und
die Männer, die bei ihm waren, von
sich reden machten. Und Saul saß zu
Gibea unter dem Tamariskenbaum auf
der Höhe, den Spieß in der Hand, und
7 alle seine Großen standen um ihn. Da
sprach Saul zu seinen Großen, die um
ihn standen: Hört, ihr Benjaminiter!
Wird der Sohn Isais euch allen auch
Äcker und Weinberge geben und euch
alle zu Obersten über tausend und über
8 hundert machen, daß ihr euch alle ver-
schworen habt gegen mich und daß nie-
mand da ist, der es mir zu Ohren bräch-
te, daß [a]mein Sohn sich mit dem Sohn
Isais verbunden hat? Ist niemand unter
euch, der sich um mich gegrämt und
der es mir zu Ohren gebracht hätte, daß
mein Sohn meinen Knecht gegen mich
aufgereizt hat, daß er mir nachstellt,
9 wie es jetzt am Tage ist? [b]Da antworte-
te Doëg, der Edomiter, der unter den
Großen Sauls stand, und sprach: Ich
sah den Sohn Isais, wie er nach Nob
kam zu Ahimelech, dem Sohn Ahitubs.
10 Der befragte den HERRN für ihn und
gab ihm Wegzehrung und das Schwert
11 des Philisters Goliat. Da sandte der
König hin und ließ rufen den Priester
Ahimelech, den Sohn Ahitubs, und das
ganze Haus seines Vaters, die Priester,
die zu Nob waren. Und sie kamen alle
zum König. Und Saul sprach: Höre, du 12
Sohn Ahitubs! Er sprach: Hier bin ich,
mein Herr. Und Saul sprach zu ihm: 13
Warum habt ihr euch verschworen ge-
gen mich, du und der Sohn Isais, daß
du ihm Brot und ein Schwert gegeben
und Gott für ihn befragt hast, damit er
sich gegen mich empöre und mir nach-
stelle, wie es jetzt am Tage ist? Ahime- 14
lech antwortete dem König und
sprach: Wer ist unter allen deinen
Knechten so treu wie David, dazu [c]des
Königs Schwiegersohn und der Ober-
ste deiner Leibwache und geehrt in dei-
nem Hause? Hab ich denn heute erst 15
angefangen, Gott für ihn zu befragen?
Das sei ferne von mir! Der König lege
solches seinem Knecht nicht zur Last
noch meines Vaters ganzem Hause;
denn dein Knecht hat von alledem
nichts gewußt, weder Kleines noch
Großes. Aber der König sprach: Ahi- 16
melech, du mußt des Todes sterben, du
und deines Vaters ganzes Haus! Und 17
der König sprach zu seiner Leibwache,
die um ihn stand: Tretet heran und tö-
tet die Priester des HERRN; denn ihre
Hand ist mit David, und obwohl sie
wußten, daß er auf der Flucht war, ha-
ben sie mir's nicht zu Ohren gebracht!
Aber die Männer des Königs wollten
ihre Hände nicht an die Priester des
HERRN legen, sie zu erschlagen. Da 18
sprach der König zu Doëg: Tritt du
heran und erschlage die Priester! Doëg,
der Edomiter, trat heran und erschlug
die Priester, daß an diesem Tage star-
ben fünfundachtzig Männer, die den
leinenen Priesterschurz trugen. Auch 19
[d]Nob, die Stadt der Priester, schlug er
mit der Schärfe des Schwerts, Mann
und Frau, Kinder und Säuglinge, Rin-
der und Esel und Schafe, mit der
Schärfe des Schwerts.

Es entrann aber *ein* Sohn Ahime- 20
lechs, des Sohnes Ahitubs, der hieß
[e]Abjatar, und floh zu David und ver- 21
kündete ihm, daß Saul die Priester des
HERRN getötet habe. David aber sprach 22
zu Abjatar: Ich wußte es schon an dem
Tage, als der Edomiter [f]Doëg dort war,
daß er's Saul verraten werde. Ich bin
schuldig am Leben aller aus deines Va-
ters Haus. Bleibe bei mir und fürchte 23
dich nicht. Denn der, der mir nach dem
Leben trachtet, der trachtet auch dir
nach dem Leben; du bist bei mir in Si-
cherheit.[g]

a Kap 18,3 *b (9 und 10)* Ps 52,2; Kap 21,1-10
c Kap 18,22.27 *d* Kap 21,2 *e* Kap 23,6; Mk 2,26
f Vers 9 *g* 1.Kön 2,26.27

David in Kegila

23 Und es wurde David angesagt: Siehe,
die Philister kämpfen gegen [a]Kegila
2 und berauben die Tennen. Da befragte
David den HERRN und sprach: Soll ich
hinziehen und diese Philister schlagen?
Und der HERR sprach zu David: Zieh
hin, du wirst die Philister schlagen und
3 Kegila erretten! Aber die Männer bei
David sprachen zu ihm: Siehe, wir
fürchten uns schon hier in Juda und
wollen nun hinziehen nach Kegila ge-
4 gen das Heer der Philister? Da befragte
David wieder den HERRN, und der
HERR antwortete ihm: Auf, zieh hin
nach Kegila, denn ich will die Philister
5 in deine Hände geben! So zog David
mit seinen Männern nach Kegila und
kämpfte gegen die Philister und trieb
ihnen ihr Vieh weg und schlug sie hart.
So errettete David die Leute von Kegi-
la.
6 Als aber [b]Abjatar, der Sohn Ahime-
lechs, zu David geflohen war, zog er mit
herab nach Kegila und brachte den
7 [c]Efod mit. Da wurde Saul angesagt,
daß David nach Kegila gekommen sei,
und Saul dachte: Gott hat ihn in meine
Hände gegeben, denn er ist einge-
schlossen, nun er in eine Stadt mit To-
8 ren und Riegeln gekommen ist. Und
Saul ließ das ganze Kriegsvolk aufrufen,
zum Kampf hinabzuziehen nach Kegi-
la, damit sie David und seine Männer
9 belagerten. Als aber David merkte, daß
Saul Böses gegen ihn im Sinne hatte,
sprach er zu dem Priester Abjatar:
10 [d]Bringe den Efod her! Und David
sprach: HERR, Gott Israels, dein
Knecht hat gehört, daß Saul danach
trachtet, nach Kegila zu ziehen, um die
Stadt zu verderben um meinetwillen.
11 Werden mich die Bürger von Kegila
übergeben in seine Hände? Und wird
Saul herabkommen, wie dein Knecht
gehört hat? Das verkünde, HERR, Gott
Israels, deinem Knecht! Und der HERR
12 sprach: Er wird herabkommen. David
fragte weiter: Werden die Bürger von
Kegila mich und meine Männer über-
geben in die Hände Sauls? Der HERR
13 sprach: Ja. Da machte sich David auf
samt seinen Männern, etwa sechshun-
dert, und sie zogen fort von Kegila und
streiften da und dort umher. Als nun
Saul angesagt wurde, daß David aus
Kegila entronnen war, stand er ab von
seinem Zuge.

a Jos 15,44 *b* Kap 22,20 *c* Ri 8,27 *d* Kap 30,7.8

David in der Wüste Sif

David aber blieb in der Wüste, auf den 14
Bergfesten; und zwar blieb er im Ge-
birge, in der Wüste Sif. Und Saul such-
te ihn die ganze Zeit; aber Gott gab ihn
nicht in seine Hände. Und als David 15
sah, daß Saul ausgezogen war, um ihm
nach dem Leben zu trachten, blieb er in
der Wüste Sif in Horescha. Da machte 16
sich Jonatan, Sauls Sohn, auf und ging
hin zu David nach Horescha und stärk-
te sein Vertrauen auf Gott und sprach 17
zu ihm: Fürchte dich nicht! [a]Sauls,
meines Vaters, Hand wird dich nicht
erreichen, und [b]du wirst König werden
über Israel, und ich werde der Zweite
nach dir sein; auch mein Vater weiß das
sehr wohl. Und sie schlossen beide 18
[c]einen Bund miteinander vor dem
HERRN. David blieb in Horescha, aber
Jonatan zog wieder heim.
Aber die [d]Sifiter zogen zu Saul hin- 19
auf nach Gibea und sprachen: David
hält sich bei uns verborgen auf den
Bergfesten in Horescha in Gibea-Ha-
chila, das südlich liegt von Jeschimon.
Ist's nun, König, deines Herzens Ver- 20
langen hinabzukommen, so komm; wir
wollen ihn in des Königs Hände über-
geben. Da sprach Saul: Gesegnet seid 21
ihr vom HERRN, daß ihr euch meiner er-
barmt habt! So geht nun und gebt wei- 22
ter acht, daß ihr wißt und seht, an wel-
chem Ort sein Fuß weilt und wer ihn
dort gesehen hat; denn man hat mir ge-
sagt, daß er sehr listig ist. Beobachtet 23
und erkundet jeden versteckten Ort, wo
er sich verkriecht, und kommt wieder
zu mir, wenn ihr's gewiß seid, so will
ich mit euch ziehen. Ist er im Lande, so
will ich ihn aufspüren unter allen Tau-
sendschaften Judas. Da machten sie 24
sich auf und gingen vor Saul her nach
[e]Sif. David aber und seine Männer wa-
ren in der Wüste Maon, in der Steppe
südlich von Jeschimon. Als nun Saul 25
hinzog mit seinen Männern, David zu
suchen, wurde es David angesagt. Und
er ging zu dem Felsen hinab, der in der
Wüste Maon ist. Als das Saul hörte,
jagte er David nach in die Wüste Maon.
Und Saul ging auf der einen Seite eines 26
Berges, David mit seinen Männern auf
der andern Seite des Berges. David
aber eilte, Saul zu entgehen, während
Saul samt seinen Männern David und

seine Männer umstellte, um sie zu fan-
27 gen. Aber es kam ein Bote zu Saul und
sprach: Komm eilends, denn die Phili-
28 ster sind ins Land eingefallen. Da ließ
Saul davon ab, David nachzujagen, und
zog hin, den Philistern entgegen. Daher
nennt man den Ort Sela-Machlekot*.

a Kap 20,30.31 *b* Kap 24,21 *c* Kap 18,3
d Kap 26,1; Ps 54,2 *e* Jos 15,55
*Vers 28: d.h. vermutlich »Trennungsfelsen«.

David verschont Saul in der Höhle von En-Gedi

24 Und David zog von dort hinauf und
blieb in den Bergfesten bei [a]En-Gedi.
2 Als nun Saul zurückkam von der Ver-
folgung der Philister, wurde ihm ge-
sagt: Siehe, David ist in der Wüste En-
3 Gedi. Und Saul nahm dreitausend aus-
erlesene Männer aus ganz Israel und
zog hin, David samt seinen Männern zu
suchen, in Richtung auf die Steinbock-
4 felsen. Und als er kam zu den Schaf-
hürden am Wege, war dort eine Höhle,
und Saul ging hinein, um seine Füße zu
decken. [b]David aber und seine Männer
5 saßen hinten in der Höhle. Da sprachen
die Männer Davids zu ihm: Siehe, das
ist der Tag, von dem der HERR zu dir
gesagt hat: Siehe, ich will deinen Feind
in deine Hände geben, daß du mit ihm
tust, was dir gefällt. Und David stand
auf und schnitt leise einen Zipfel vom
6 Rock Sauls. Aber danach schlug ihm
sein Herz, daß er den Zipfel vom Rock
7 Sauls abgeschnitten hatte, und er
sprach zu seinen Männern: Das lasse
der HERR ferne von mir sein, daß ich
das tun sollte und [c]meine Hand legen
an meinen Herrn, den Gesalbten des
HERRN; denn er ist der Gesalbte des
8 HERRN. Und David wies seine Männer
von sich mit harten Worten und ließ sie
sich nicht an Saul vergreifen.
Als aber Saul sich aufmachte aus der
9 Höhle und seines Weges ging, machte
sich auch David auf ihm nach und ging
aus der Höhle und rief Saul nach und
sprach: Mein Herr und König! Saul
sah sich um. Und David neigte sein
10 Antlitz zur Erde und fiel nieder. Und
David sprach zu Saul: Warum hörst du
auf das Geschwätz der Menschen, die
da sagen: David sucht dein Unglück?
11 Siehe, heute haben deine Augen gese-
hen, daß dich der HERR in meine Hand
gegeben hat in der Höhle, und man hat
mir gesagt, daß ich dich töten sollte.
Aber ich habe dich verschont; denn ich
dachte: Ich will meine Hand nicht an
meinen Herrn legen; denn er ist der
Gesalbte des HERRN. Mein Vater, sieh 12
doch hier den Zipfel deines Rocks in
meiner Hand! Daß ich den Zipfel von
deinem Rock schnitt und dich nicht tö-
tete, daran erkenne und sieh, daß meine
Hände rein sind von Bosheit und Em-
pörung. Ich habe mich nicht an dir ver-
sündigt; aber du jagst mir nach, um mir
das Leben zu nehmen. Der HERR wird 13
Richter sein zwischen mir und dir und
mich an dir rächen, aber meine Hand
soll dich nicht anrühren;[d] wie man sagt 14
nach dem alten Sprichwort: Von Bösen
kommt Böses; aber meine Hand soll
dich nicht anrühren. Wem zieht der 15
König von Israel nach? Wem jagst du
nach? Einem toten Hund, einem ein-
zelnen Floh! Der HERR sei Richter und 16
richte zwischen mir und dir und sehe
darein und führe meine Sache, daß er
mir Recht schaffe wider dich!
Als nun David diese Worte zu Saul 17
geredet hatte, sprach Saul: Ist das nicht
deine Stimme, mein Sohn David? Und
Saul erhob seine Stimme und weinte
und sprach zu David: Du bist gerechter 18
als ich, du hast mir Gutes erwiesen; ich
aber habe dir Böses erwiesen. Und du 19
hast mir heute gezeigt, wie du Gutes an
mir getan hast, als mich der HERR in
deine Hände gegeben hatte und du
mich doch nicht getötet hast. Wo ist je- 20
mand, der seinen Feind findet und läßt
ihn mit Frieden seinen Weg gehen?
Der HERR vergelte dir Gutes für das,
was du heute an mir getan hast! Nun 21
siehe, [e]ich weiß, daß du König werden
wirst und das Königtum über Israel
durch deine Hand Bestand haben wird.
So schwöre mir nun bei dem HERRN, 22
daß du mein Geschlecht nach mir nicht
ausrotten und meinen Namen nicht
austilgen wirst aus meines Vaters
Hause. Und David schwor es Saul. Da 23
zog Saul heim. David aber mit seinen
Männern zog hinauf auf die Bergfeste.

a Jos 15,62 *b* Ps 142,1 *c* 2.Sam 1,14
d Röm 12,19; 1.Petr 2,23 *e* Kap 23,17

Samuels Tod

Und [a]Samuel starb, und ganz Israel **25**
versammelte sich und hielt ihm die To-
tenklage. Und sie begruben ihn in sei-
nem Hause zu Rama.

a Kap 28,3

David und Abigail

David aber machte sich auf und zog
hinab in die Wüste Maon.

2 Und es war ein Mann in [a] Maon, der
hatte seine Tätigkeit in Karmel, und
der Mann hatte sehr großes Vermögen
und besaß dreitausend Schafe und tau-
send Ziegen. Und es begab sich, daß er
3 eben seine Schafe schor in Karmel. Der
Mann hieß Nabal, seine Frau aber hieß
Abigail. Und sie war eine Frau von
Verstand und schön von Angesicht, der
Mann aber war roh und boshaft in sei-
nem Tun und war einer von Kaleb.
4 Als nun David in der Wüste hörte,
5 daß Nabal seine Schafe schor, sandte er
zehn seiner Leute aus und sprach zu
ihnen: Geht hinauf nach Karmel, und
wenn ihr zu Nabal kommt, so grüßt ihn
6 freundlich in meinem Namen und
sprecht zu meinem Bruder: Friede sei
mit dir und deinem Hause und mit al-
7 lem, was du hast! Ich habe gehört, daß
du Schafschur hast. Nun, deine Hirten
sind mit uns zusammen gewesen; wir
haben ihnen nichts zuleide getan, und
sie haben nichts vermißt, solange sie in
8 Karmel gewesen sind. Frage deine
Leute danach, die werden's dir sagen.
Und laß meine Leute Gnade finden vor
deinen Augen, denn wir sind an einem
Festtag gekommen. Gib deinen
Knechten und deinem Sohn David,
9 was du zur Hand hast. Und als die Leu-
te Davids hingekommen waren und in
Davids Namen alle diese Worte mit
Nabal geredet hatten und ruhig warte-
10 ten, antwortete Nabal den Knechten
Davids: Wer ist David? Und wer ist
der Sohn Isais! Es gibt jetzt viele
Knechte, die ihren Herren davonge-
11 laufen sind. Sollte ich mein Brot und
mein Wasser nehmen und mein
Fleisch, das ich für meine Scherer ge-
schlachtet habe, und Leuten geben,
von denen ich nicht weiß, wo sie her
12 sind? Da wandten sich die Leute Da-
vids um und gingen ihres Weges. Und
als sie zu ihm zurückkamen, sagten sie
13 ihm das alles. Da sprach David zu sei-
nen Männern: Gürte sich ein jeder sein
Schwert um! Und jeder gürtete sich
sein Schwert um, und auch David gür-
tete sich sein Schwert um, und etwa
vierhundert Mann zogen ihm nach,
aber zweihundert blieben bei dem
Troß.
14 Aber der Abigail, Nabals Frau, sagte
es einer von den Leuten und sprach:
Siehe, David hat Boten gesandt aus der
Wüste, unsern Herrn zu grüßen, er
15 aber hat sie angeschrien. Aber die Män-
ner sind uns doch sehr nützlich gewe-
sen und haben uns nichts zuleide getan,
und wir haben nichts vermißt, solange
wir mit ihnen umherzogen, wenn wir
auf dem Felde waren, sondern sie sind 16
wie Mauern um uns gewesen Tag und
Nacht, solange wir die Schafe in ihrer
Nähe gehütet haben. So bedenke nun 17
und sieh zu, was du tust; denn es ist ge-
wiß ein Unheil beschlossen über un-
sern Herrn und über sein ganzes Haus.
Er aber ist ein heilloser Mensch, dem
niemand etwas zu sagen wagt.
Da eilte Abigail und nahm zweihun- 18
dert Brote und zwei Krüge Wein und
fünf zubereitete Schafe und fünf Maß
Röstkorn und hundert Rosinenkuchen
und zweihundert Feigenkuchen und
lud alles auf Esel und sprach zu ihren 19
Leuten: Geht vor mir her; siehe, ich
will sogleich hinter euch her kommen.
Und sie sagte ihrem Mann Nabal nichts
davon. Und als sie auf dem Esel ritt und 20
hinabzog im Schutz des Berges, siehe,
da kam David mit seinen Männern ihr
entgegen, so daß sie auf sie stieß. David 21
aber hatte gedacht: Nun hab ich alles
umsonst behütet, was der da in der Wü-
ste hat, so daß nichts vermißt wurde
von allem, was er hat; und er vergilt mir
Gutes mit Bösem! Gott tue David dies 22
und noch mehr, wenn ich ihm bis zum
lichten Morgen *einen* übriglasse, der
männlich ist, von allem, was er hat. Als 23
nun Abigail David sah, stieg sie eilends
vom Esel und fiel vor David nieder und
beugte sich zur Erde und fiel ihm zu 24
Füßen und sprach: Ach, mein Herr,
auf mich allein falle die Schuld! Laß
deine Magd reden vor deinen Ohren
und höre die Worte deiner Magd! Mein 25
Herr errege sich nicht über Nabal,
diesen heillosen Menschen; denn wie
sein Name, so ist er: er heißt »Tor«, und
Torheit ist bei ihm. Ich aber, deine
Magd, habe die Leute meines Herrn
nicht gesehen, die du gesandt hast. Nun 26
aber, mein Herr, so wahr der HERR lebt
und so wahr du selbst lebst: der HERR
hat dich davor bewahrt, in Blutschuld
zu geraten und dir mit eigener Hand zu
helfen. So sollen deine Feinde und alle,
die meinem Herrn übel wollen, wie Na-
bal werden! Hier ist die Segensgabe, 27
die deine Magd meinem Herrn ge-
bracht hat; das soll den Leuten gegeben
werden, die meinem Herrn folgen. Ver- 28
gib deiner Magd die Anmaßung! Der
HERR wird meinem Herrn ein [b] bestän-
diges Haus bauen, denn du führst des
HERRN Kriege. Es möge nichts Böses an

dir gefunden werden dein Leben lang.
29 Und wenn sich ein Mensch erheben
wird, dich zu verfolgen und dir nach
dem Leben zu trachten, so soll das Le-
ben meines Herrn eingebunden sein im
[c]Bündlein der Lebendigen bei dem
HERRN, deinem Gott, aber das Leben
deiner Feinde soll er fortschleudern mit
30 der Schleuder. Wenn dann der HERR
meinem Herrn all das Gute tun wird,
was er dir zugesagt hat, und dich zum
31 [d]Fürsten bestellt hat über Israel, so
wird das Herz meines Herrn frei sein
von dem Anstoß und Ärgernis, daß du
unschuldiges Blut vergossen und dir
selber geholfen habest. Und wenn der
HERR meinem Herrn wohltun wird, so
32 wollest du an deine Magd denken. Da
sprach David zu Abigail: Gelobt sei der
HERR, der Gott Israels, der dich heute
33 mir entgegengesandt hat, und gesegnet
sei deine Klugheit, und gesegnet seist
du, daß du mich heute davon zurückge-
halten hast, in Blutschuld zu geraten
und mir mit eigener Hand zu helfen.
34 Wahrlich, so wahr der HERR, der Gott
Israels, lebt, der mich davor bewahrt
hat, übel an dir zu tun: wärest du nicht
eilends mir begegnet, so wäre dem Na-
bal bis zum lichten Morgen nicht *einer*,
35 der männlich ist, übriggeblieben. Also
nahm David aus ihrer Hand, was sie
ihm gebracht hatte, und sprach zu ihr:
Zieh mit Frieden hinauf in dein Haus;
sieh, ich habe auf deine Stimme gehört
und dein Antlitz wieder erhoben.
36 Als aber Abigail zu Nabal kam, siehe,
da hatte er ein Mahl zubereitet in sei-
nem Hause wie eines Königs Mahl, und
sein Herz war guter Dinge, und er war
sehr betrunken. Sie aber sagte ihm
nichts, weder wenig noch viel, bis an
37 den lichten Morgen. Als es aber Mor-
gen geworden und die Betrunkenheit
von Nabal gewichen war, sagte ihm sei-
ne Frau alles. Da erstarb sein Herz in
seinem Leibe, und er ward wie ein
38 Stein. Und nach zehn Tagen schlug der
39 HERR den Nabal, daß er starb. Als Da-
vid hörte, daß Nabal tot war, sprach
er: Gelobt sei der HERR, der meine
Schmach gerächt hat an Nabal und sei-
nen Knecht abgehalten hat von einer
bösen Tat! Der HERR hat dem Nabal
seine böse Tat auf seinen Kopf vergol-
ten.
Und David sandte hin und ließ Abi-
gail sagen, daß er sie zur Frau nehmen
40 wolle. Und als die Knechte Davids zu
Abigail nach Karmel kamen, redeten
sie mit ihr und sprachen: David hat uns
zu dir gesandt, daß er dich zur Frau
nehme. Sie stand auf und fiel nieder auf 41
ihr Angesicht zur Erde und sprach:
Siehe, deine Magd ist bereit, den
Knechten meines Herrn zu dienen und
ihre Füße zu waschen. Und [e]Abigail 42
machte sich eilends auf und setzte sich
auf einen Esel, und ihre fünf Mägde
gingen hinter ihr her. Und sie zog den
Boten Davids nach und wurde seine
Frau.
Auch hatte David Ahinoam von Jes- 43
reel zur Frau genommen; sie wurden
beide seine Frauen. Saul aber hatte sei- 44
ne Tochter Michal, Davids Frau, [f]Pal-
ti, dem Sohn des Lajisch aus Gallim,
gegeben.

a Jos 15,55 *b* 2.Sam 7,16 *c* Ps 69,29 *d* 2.Sam 5,2
e Kap 27,3; 30,5; 2.Sam 3,3 *f* 2.Sam 3,14.15

David verschont Saul zum zweitenmal

Die Leute von Sif aber kamen zu Saul **26**
nach Gibea und sprachen: David hält
sich verborgen auf dem Hügel Hachila,
der Jeschimon gegenüber liegt.[a] Da 2
machte sich Saul auf und zog hinab zur
Wüste Sif und mit ihm dreitausend
auserlesene Männer aus Israel, um Da-
vid in der Wüste Sif zu suchen. Und 3
Saul lagerte sich auf dem Hügel Hachi-
la, der Jeschimon gegenüber liegt am
Wege. David aber hielt sich in der Wü-
ste auf. Und als er merkte, daß Saul ihm
nachkam in die Wüste, sandte er Kund- 4
schafter aus und erfuhr, daß Saul gewiß
gekommen sei. Und David machte sich 5
auf und kam an den Ort, wo Saul sein
Lager hielt, und sah die Stätte, wo Saul
lag mit seinem Feldhauptmann [b]Ab-
ner, dem Sohn Ners. Saul aber lag im
innersten Lagerring und das Kriegs-
volk um ihn her. Da hob David an und 6
sprach zu Ahimelech, dem Hetiter, und
zu Abisai, dem Sohn der Zeruja, dem
Bruder Joabs: Wer will mit mir hinab
zu Saul ins Lager? Abisai sprach: Ich
will mit dir hinab. So kam David mit 7
Abisai in der Nacht zum Lager. Und
siehe, Saul lag und schlief im innersten
Lagerring, und sein Spieß steckte in
der Erde zu seinen Häupten. Abner
aber und das Volk lagen um ihn her. Da 8
sprach Abisai zu David: Gott hat dei-
nen Feind heute in deine Hand gege-
ben; [c]so will ich ihn nun mit seinem
Speer an den Boden spießen mit einem
Mal, daß es keines zweiten mehr be-
darf. David aber sprach zu Abisai: Tu 9

ihm nichts zuleide; denn wer könnte
die Hand an den Gesalbten des HERRN
10 legen und ungestraft bleiben? Weiter
sprach David: So wahr der HERR lebt:
[d]der HERR wird ihn schlagen, wenn sei-
ne Zeit kommt, daß er sterbe, oder er
wird in den Krieg ziehen und umkom-
11 men. Von mir lasse der HERR fern sein,
daß ich meine Hand sollte an den Ge-
salbten des HERRN legen. Nimm nun
den Spieß zu seinen Häupten und den
12 Wasserkrug und laß uns gehen. So
nahm David den Spieß und den Was-
serkrug zu Häupten Sauls, und sie gin-
gen weg, und es war niemand, der es
sah oder merkte oder der erwachte, son-
dern sie schliefen alle; denn es war ein
[e]tiefer Schlaf vom HERRN auf sie gefal-
len.

13 Als nun David auf die andere Seite
hinübergekommen war, stellte er sich
auf den Gipfel des Berges von ferne, so
daß ein weiter Raum zwischen ihnen
14 war. Und David rief zum Kriegsvolk
und zu Abner, dem Sohn Ners, und
sprach: Antwortest du nicht, Abner?
Und Abner antwortete: Wer bist du,
15 daß du so schreist zum König hin? Und
David sprach zu Abner: Bist du nicht
ein Mann? Und wer ist dir gleich in Is-
rael? Warum hast du denn deinen
Herrn, den König, nicht bewacht?
Denn es ist einer vom Volk hineinge-
kommen, deinen Herrn, den König,
16 umzubringen. Das war nicht recht, was
du getan hast. So wahr der HERR lebt:
ihr seid Kinder des Todes, weil ihr eu-
ren Herrn, den Gesalbten des HERRN,
nicht bewacht habt! Nun sieh doch
nach, wo der Spieß des Königs ist und
der Wasserkrug, der zu seinen Häupten
17 war. Da erkannte Saul die Stimme Da-
vids und sprach: Ist das nicht deine
Stimme, mein Sohn David? David
sprach: Es ist meine Stimme, mein
18 Herr und König. Und sprach weiter:
Warum verfolgt denn mein Herr seinen
Knecht? Was hab ich getan? Und was
19 ist Böses in meiner Hand? So höre doch
nun mein Herr, der König, die Worte
seines Knechts: Reizt dich der HERR
gegen mich, so lasse man ihn [f]ein
Speisopfer riechen; tun's aber Men-
schen, so seien sie verflucht vor dem
HERRN, weil sie mich heute verstoßen
und nicht an dem [g]Erbteil des HERRN
teilhaben lassen und sprechen: [h]Geh
20 hin, diene andern Göttern! So fließe
nun mein Blut nicht auf die Erde fern
vom Angesicht des HERRN! Denn der
König von Israel ist ja ausgezogen, zu
suchen einen einzelnen Floh, wie man
ein Rebhuhn jagt auf den Bergen. Und 21
Saul sprach: Ich habe gesündigt;
komm wieder, mein Sohn David, ich
will dir hinfort nichts Böses mehr tun,
weil mein Leben heute in deinen Augen
teuer gewesen ist. Siehe, ich habe tö-
richt und sehr unrecht getan. David 22
antwortete: Siehe, hier ist der Spieß
des Königs; es komme einer von den
jungen Leuten herüber und hole ihn.
Der HERR aber wird einem jeden seine 23
Gerechtigkeit und Treue vergelten.
Denn der HERR hat dich heute in meine
Hand gegeben, ich aber wollte meine
Hand nicht an den Gesalbten des
HERRN legen. Und siehe, wie heute dein 24
Leben in meinen Augen wert geachtet
gewesen ist, so werde mein Leben wert
geachtet in den Augen des HERRN, und
er errette mich aus aller Not! Saul 25
sprach zu David: Gesegnet seist du,
mein Sohn David; du wirst's ausführen
und vollenden. Und David zog seine
Straße; Saul aber kehrte zurück an sei-
nen Ort.

a Kap 23,19-24,23; Ps 54,2 *b* Kap 14,50
c 2.Sam 16,9 *d* Kap 24,13 *e* 1.Mose 15,12
f 1.Mose 8,21 *g* 5.Mose 32.9 *h* 2.Kön 5,17

David bei den Philistern

David aber dachte in seinem Herzen: **27**
[a]Ich werde doch eines Tages Saul in
die Hände fallen; es gibt nichts Besse-
res für mich, als daß ich entrinne ins
Philisterland. Dann wird Saul davon
ablassen, mich fernerhin zu suchen im
ganzen Gebiet Israels, und ich werde
seinen Händen entrinnen. Und David 2
machte sich auf und zog hin mit den
sechshundert Mann, die bei ihm waren,
zu [b]Achis, dem Sohn Maochs, dem
König von Gat. Und David blieb bei 3
Achis in Gat mit seinen Männern, ein
jeder mit seinem Hause; David auch
mit seinen [c]beiden Frauen, Ahinoam,
der Jesreeliterin, und Abigail, Nabals
Frau, der Karmeliterin. Und als Saul 4
angesagt wurde, daß David nach Gat
geflohen sei, suchte er ihn nicht mehr.

Und David sprach zu Achis: Hab ich 5
Gnade vor deinen Augen gefunden, so
mag man mir einen Wohnort geben in
einer der Städte auf dem Lande, daß
ich darin wohne; warum soll dein
Knecht in der Königsstadt bei dir woh-
nen? Da gab ihm Achis an diesem Tage 6
[d]Ziklag. Daher gehört Ziklag den Kö-
nigen von Juda bis auf diesen Tag. Die 7

Zeit aber, die David im Philisterlande
wohnte, war ein Jahr und vier Monate.
8 David zog hinauf mit seinen Män-
nern und fiel ins Land der Geschuriter
und Girsiter und Amalekiter ein; denn
diese waren von alters her die Bewoh-
ner des Landes bis hin nach Schur und
9 Ägyptenland. Und sooft David in das
Land einfiel, ließ er weder Mann noch
Frau leben und nahm mit Schafe, Rin-
der, Esel, Kamele und Kleider und
kehrte wieder zurück. Kam er dann zu
10 Achis und Achis sprach: Wo seid ihr
heute eingefallen?, so sprach David: In
das Südland Judas, oder: In das Süd-
land der Jerachmeeliter, oder: In das
11 Südland der Keniter. David aber ließ
weder Mann noch Frau lebend nach
Gat kommen; denn er dachte: Sie
könnten uns verraten. So tat David,
und das war seine Art, solange er im
12 Philisterland wohnte. Und Achis
glaubte David; denn er dachte: Er hat
sich in Verruf gebracht bei seinem Volk
Israel; darum wird er für immer mein
Knecht sein.

28 Und es begab sich zu der Zeit, daß
die Philister ihr Heer sammelten, um in
den Kampf zu ziehen gegen Israel. Und
Achis sprach zu David: Du sollst wis-
sen, daß du und deine Männer mit mir
2 ausziehen sollen im Heer. David sprach
zu Achis: Wohlan, du sollst erfahren,
was dein Knecht tun wird. Achis
sprach zu David: So will ich dich zu
meinem Leibwächter setzen für die
ganze Zeit.

a Kap 23,23 *b* Kap 21,11-16 *c* Kap 25,40-43
d Jos 15,31

Saul bei der Totenbeschwörerin in Endor

3 [a]Samuel aber war gestorben, und ganz
Israel hatte ihm die Totenklage gehal-
ten und ihn begraben in seiner Stadt
Rama. Und [b]Saul hatte die Geisterbe-
schwörer und Zeichendeuter aus dem
Lande vertrieben.
4 Als nun die Philister sich versammel-
ten und herankamen und sich lagerten
bei [c]Sunem, versammelte Saul auch
ganz Israel, und sie lagerten sich auf
5 dem Gebirge Gilboa. Als aber Saul das
Heer der Philister sah, fürchtete er sich,
6 und sein Herz verzagte sehr. Und er be-
fragte den HERRN; aber der HERR ant-
wortete ihm nicht, weder durch Träu-
me noch durch das [d]Los »Licht« noch
7 durch Propheten. Da sprach Saul zu
seinen Getreuen: Sucht mir ein Weib,
das [e]Tote beschwören kann, daß ich zu
ihr gehe und sie befrage. Seine Männer
sprachen zu ihm: Siehe, in Endor ist
ein Weib, das kann Tote beschwören.
Und Saul machte sich unkenntlich und 8
zog andere Kleider an und ging hin und
zwei Männer mit ihm, und sie kamen
bei Nacht zu dem Weibe. Und Saul
sprach: Wahrsage mir, weil du Geister
beschwören kannst, und hole mir her-
auf, wen ich dir nenne. Das Weib 9
sprach zu ihm: Siehe, du weißt doch
selbst, was Saul getan hat, wie er die
Geisterbeschwörer und Zeichendeuter
ausgerottet hat im Lande; warum willst
du mir denn eine Falle stellen, daß ich
getötet werde? Saul aber schwor ihr bei 10
dem HERRN und sprach: So wahr der
HERR lebt: es soll dich in dieser Sache
keine Schuld treffen. Da sprach das 11
Weib: Wen soll ich dir denn heraufho-
len? Er sprach: Hol mir Samuel her-
auf! Als nun das Weib merkte, daß es 12
um Samuel ging, schrie sie laut und
sprach zu Saul: Warum hast du mich
betrogen? Du bist Saul. Und der König 13
sprach zu ihr: Fürchte dich nicht! Was
siehst du? Das Weib sprach zu Saul:
Ich sehe einen Geist heraufsteigen aus
der Erde. Er sprach: Wie ist er gestal- 14
tet? Sie sprach: Es kommt ein alter
Mann herauf und ist bekleidet mit
einem Priesterrock. Da erkannte Saul,
daß es Samuel war, und neigte sich mit
seinem Antlitz zur Erde und fiel nieder.
Samuel aber sprach zu Saul: Warum 15
hast du meine Ruhe gestört, daß
du mich heraufsteigen lässest? Saul
sprach: Ich bin in großer Bedrängnis,
die Philister kämpfen gegen mich, und
Gott ist von mir gewichen und antwor-
tet mir nicht, weder durch Propheten
noch durch Träume; darum hab ich
dich rufen lassen, daß du mir kundtust,
was ich tun soll. Samuel sprach: War- 16
um willst du mich befragen, da doch
der HERR von dir gewichen und dein
Feind geworden ist? Der HERR hat dir 17
getan, wie er durch mich geredet hat,
und hat [f]das Königtum aus deiner
Hand gerissen und David, deinem
Nächsten, gegeben. Weil du der Stim- 18
me des HERRN nicht gehorcht und sei-
nen grimmigen Zorn nicht an [g]Amalek
vollstreckt hast, darum hat der HERR
dir das jetzt getan. Dazu wird der 19
HERR mit dir auch Israel in die Hände
der Philister geben. [h]Morgen wirst du
mit deinen Söhnen bei mir sein. Auch
wird der HERR das Heer Israels in die

20 Hände der Philister geben. Da stürzte
Saul zur Erde, so lang er war, und geriet
in große Furcht über die Worte Sa-
muels. Auch war keine Kraft mehr in
ihm; denn er hatte nichts gegessen den
21 ganzen Tag und die ganze Nacht. Und
das Weib trat zu Saul und sah, daß er
sehr erschrocken war, und sprach zu
ihm: Siehe, deine Magd hat deiner
Stimme gehorcht, und ich habe mein
Leben aufs Spiel gesetzt, als ich die
Worte hörte, die du zu mir gesagt hast.
22 So gehorche du nun auch der Stimme
deiner Magd! Ich will dir einen Bissen
Brot vorsetzen, daß du issest und zu
Kräften kommst und deine Straße ge-
23 hen kannst. Er aber weigerte sich und
sprach: Ich will nicht essen. Da nötig-
ten ihn seine Männer und das Weib, bis
er auf sie hörte. Und er stand auf von
24 der Erde und setzte sich aufs Bett. Das
Weib aber hatte im Haus ein gemäste-
tes Kalb; das schlachtete sie eilends
und nahm Mehl und knetete es und
25 backte [i] ungesäuertes Brot und setzte es
Saul und seinen Männern vor. Und als
sie gegessen hatten, standen sie auf und
gingen fort noch in der Nacht.

a Kap 25,1 *b* 2.Mose 22,17 *c* Jos 19,18
d Kap 14,41; 2.Mose 28,30 *e* 3.Mose 19,31
f Kap 15,28 *g* Kap 15,18.19; 2.Mose 17,14.16
h Kap 31,6 *i* 2.Mose 12,39

David wird von den Philistern zurückgeschickt

29 Die Philister aber versammelten ihr
ganzes Heer bei [a]Afek, und Israel la-
gerte sich an der Quelle bei [b]Jesreel.
2 Und die [c]Fürsten der Philister zogen
daher mit ihren Hundertschaften und
Tausendschaften, David aber und sei-
ne Männer zogen hinterher mit Achis.
3 Da sprachen die Obersten der Phili-
ster: Was sollen diese Hebräer? Achis
sprach zu ihnen: Das ist David, der
Knecht Sauls, des Königs von Israel,
[d]der nun bei mir gewesen ist Jahr und
Tag; ich habe nichts an ihm gefunden
seit der Zeit, da er abgefallen ist, bis
4 heute. Aber die Obersten der Philister
wurden zornig auf ihn und sprachen zu
ihm: Schick den Mann zurück! Er soll
an den Ort zurückkehren, den du ihm
angewiesen hast, damit er nicht mit uns
hinziehe zum Kampf und unser Wider-
sacher werde im Kampf. Denn womit
könnte er seinem Herrn einen größeren
Gefallen tun als mit den Köpfen unse-
5 rer Männer? Ist das denn nicht dersel-
be David, von dem sie sangen im Rei-
gen: [e]Saul hat tausend geschlagen, Da-
vid aber zehntausend? Da rief Achis 6
David und sprach zu ihm: So wahr der
HERR lebt: ich halte dich für redlich,
und daß du mit mir aus- und einzögest
im Heer, gefiele mir gut, denn ich habe
nichts Arges an dir gespürt seit der
Zeit, da du zu mir gekommen bist, bis
heute; aber du gefällst den Fürsten
nicht. So kehre nun um und zieh hin 7
mit Frieden, damit du nicht tust, was
den Fürsten der Philister nicht gefällt.
David aber sprach zu Achis: Was hab 8
ich getan, und was hast du gespürt an
deinem Knecht seit der Zeit, da ich dir
gedient habe, bis heute, daß ich nicht
mitziehen darf und kämpfen gegen die
Feinde meines Herrn, des Königs?
Achis antwortete David: Ich weiß es 9
wohl; denn [f]du bist mir lieb wie ein En-
gel Gottes. Aber die Obersten der Phi-
lister haben gesagt: Laß ihn nicht mit
uns hinaufziehen in den Kampf! So 10
mach dich nun früh am Morgen auf mit
den Knechten deines Herrn, die mit dir
gekommen sind; macht euch früh am
Morgen auf und zieht weg, sobald es
Tag ist. Da machten sich David und 11
seine Männer früh am Morgen auf, um
wegzuziehen und ins Philisterland zu-
rückzukehren. Die Philister aber zogen
hinauf nach Jesreel.

a Kap 4,1; Jos 15,53 *b* Jos 15,56 *c* Jos 13,3
d Kap 27,7 *e* Kap 18,7 *f* 2.Sam 14,17

Davids Sieg über die Amalekiter

Als nun David mit seinen Männern am **30**
dritten Tage nach [a]Ziklag kam, waren
die Amalekiter eingefallen ins Südland
und in Ziklag und hatten Ziklag einge-
nommen und mit Feuer verbrannt und 2
hatten die Frauen und alles, was in der
Stadt war, klein und groß, gefangenge-
nommen. Sie hatten aber niemand ge-
tötet, sondern sie weggeführt und wa-
ren abgezogen. Als nun David mit sei- 3
nen Männern zur Stadt kam und sah,
daß sie mit Feuer verbrannt war und
ihre Frauen, Söhne und Töchter gefan-
gen waren, erhoben David und die 4
Leute, die bei ihm waren, ihre Stimme
und weinten, bis sie nicht mehr weinen
konnten. Auch die [b]beiden Frauen Da- 5
vids waren gefangengenommen wor-
den: Ahinoam, die Jesreeliterin, und
Abigail, Nabals, des Karmeliters, Frau.
Und David geriet in große Bedrängnis, 6
weil die Leute ihn steinigen wollten;
denn die Seele des ganzen Volks war er-
bittert, ein jeder wegen seiner Söhne
und Töchter.

David aber stärkte sich in dem
7 HERRN, seinem Gott, und sprach zu
dem Priester Abjatar, dem Sohn Ahi-
melechs: [c]Bringe mir den Efod her!
Und als Abjatar den Efod zu David ge-
8 bracht hatte, befragte David den
HERRN und sprach: Soll ich dieser
Schar nachjagen, und werde ich sie ein-
holen? Er sprach: Jage ihr nach! Du
wirst sie einholen und die Gefangenen
9 befreien. Da zog David hin mit den
sechshundert Mann, die bei ihm waren.
Und als sie an den Bach Besor kamen,
10 blieben etliche zurück. David aber und
vierhundert Mann jagten der Schar
nach; die zweihundert Mann aber, die
zurückblieben, waren zu müde, um
über den Bach Besor zu gehen.
11 Und sie fanden einen Ägypter auf
dem Felde; den führten sie zu David
und gaben ihm Brot zu essen und Was-
12 ser zu trinken und gaben ihm ein Stück
Feigenkuchen und zwei Rosinenku-
chen. Und als er gegessen hatte, kam er
wieder zu sich; denn er hatte in drei
Tagen und drei Nächten nichts teges-
13 sen und kein Wasser getrunken. David
sprach zu ihm: Zu wem gehörst du?
Und woher bist du? Er sprach: Ich bin
ein junger Ägypter, eines Amalekiters
Knecht, und mein Herr hat mich zu-
rückgelassen; denn ich wurde vor drei
14 Tagen krank. Wir sind eingefallen in
das Südland der [d]Kreter und in Juda
und in das Südland [e]Kalebs und haben
15 Ziklag mit Feuer verbrannt. David
sprach zu ihm: Willst du mich hinfüh-
ren zu dieser Schar? Er sprach: Schwö-
re mir bei Gott, daß du mich nicht töten
noch in meines Herrn Hand übergeben
wirst, so will ich dich hinführen zu
16 dieser Schar. Und er führte ihn hin.
Und siehe, sie hatten sich ausgebreitet
über das ganze Land, aßen und tranken
und feierten ein Fest wegen all der gro-
ßen Beute, die sie mitgenommen hatten
aus dem Philisterland und aus Juda.
17 Und David schlug sie vom Morgen bis
zum Abend des nächsten Tages, so daß
keiner von ihnen entrann außer vier-
hundert jungen Männern; die stiegen
18 auf die Kamele und flohen. So gewann
David alles zurück, was die Amalekiter
genommen hatten, auch seine beiden
19 Frauen, und es fehlte nichts, weder
klein noch groß, weder Söhne noch
Töchter noch Beute noch alles, was sie
sich genommen hatten; David brachte
20 es alles zurück und nahm die Schafe
und Rinder, und sie trieben das Vieh
vor David her und sprachen: Das ist
Davids Beute.
Und als David zu den zweihundert 21
Männern kam, die zu müde gewesen
waren, um David zu folgen, und am
Bach Besor geblieben waren, gingen sie
David entgegen und den Leuten, die
mit ihm waren. Und David trat zu
ihnen und grüßte sie freundlich. Da 22
sprachen böse und heillose Leute unter
den Männern, die mit David gezogen
waren: Weil sie nicht mit uns gezogen
sind, soll man ihnen nichts geben von
der Beute, die wir zurückgewonnen ha-
ben; sondern jeder nehme nur seine
Frau und seine Kinder mit sich und
gehe seines Weges. Da sprach David: 23
Ihr sollt nicht so tun, meine Brüder,
mit dem, was uns der HERR gegeben
hat; er hat uns behütet und diese Schar,
die über uns gekommen war, in unsere
Hände gegeben. Wer sollte in dieser 24
Sache auf euch hören? [f]Wie der Anteil
derjenigen, die in den Kampf gezogen
sind, so soll auch der Anteil derjenigen
sein, die beim Troß geblieben sind; je-
der soll den gleichen Anteil haben. Und 25
so blieb es weiterhin von diesem Tag
an; und er machte es zu Satzung und
Recht für Israel bis auf diesen Tag.
Und als David nach Ziklag kam, 26
sandte er von der Beute den Ältesten in
Juda, seinen Freunden, und ließ sagen:
Da habt ihr eine Segensgabe aus der
Beute der Feinde des HERRN, – nämlich 27
denen zu Betul, denen zu Ramot im
Südland, denen zu Jattir, denen zu 28
Arara, denen zu Sifamot, denen zu
Eschtemoa, denen zu Karmel, denen in 29
den Städten der [g]Jerachmeeliter, de-
nen in den Städten der Keniter, denen 30
zu Horma, denen zu Bor-Aschan, de-
nen zu Atach, denen zu Hebron und al- 31
len Orten, wo David mit seinen Män-
nern aus- und eingegangen war.

a Kap 27,6 *b* Kap 25,42.43 *c* Kap 23,9
d 2.Sam 8,18 *e* Jos 14,13 *f* 4.Mose 31,27
g Kap 27,10

Das Ende Sauls und seiner Söhne

(vgl. 1.Chr 10,1-12)

Die Philister aber kämpften gegen Is- 31
rael, und die Männer Israels flohen vor
den Philistern und blieben erschlagen
liegen auf dem Gebirge Gilboa. Und 2
die Philister waren hinter Saul und sei-
nen Söhnen her und erschlugen Jona-
tan und Abinadab und Malkischua, die
Söhne Sauls. Und der Kampf tobte 3
heftig um Saul, und die Bogenschützen

fanden ihn, und er wurde schwer ver-
4 wundet von den Schützen. Da sprach
Saul zu seinem Waffenträger: [a]Zieh
dein Schwert und erstich mich damit,
daß nicht diese Unbeschnittenen kom-
men und mich erstechen und treiben
ihren Spott mit mir. Aber sein Waffen-
träger wollte nicht, denn er fürchtete
sich sehr. Da nahm Saul das Schwert
5 und stürzte sich hinein. Als nun sein
Waffenträger sah, daß Saul tot war,
stürzte auch er sich in sein Schwert und
6 starb mit ihm. So starben Saul und sei-
ne drei Söhne und sein Waffenträger
und alle seine Männer miteinander an
7 diesem Tage. Als aber die Männer Is-
raels, die jenseits der Ebene und gegen
den Jordan hin wohnten, sahen, daß die
Männer Israels geflohen und Saul und
seine Söhne tot waren, verließen sie die
Städte und flohen auch. Da kamen die
Philister und wohnten darin.
8 Am andern Tage kamen die Phili-
ster, um die Erschlagenen auszuplün-
dern, und fanden Saul und seine drei
Söhne, wie sie gefallen auf dem Gebir-
ge Gilboa lagen. Da hieben sie ihm sein 9
Haupt ab und nahmen ihm seine Rü-
stung ab und sandten sie im Philister-
land umher, um es zu verkünden im
Hause ihrer Götzen und unter dem
Volk. Und sie legten seine Rüstung in 10
das Haus der Astarte, aber [b]seinen
Leichnam hängten sie auf an der Mauer
von Bet-Schean. Als die Leute von [c]Ja- 11
besch in Gilead hörten, was die Phili-
ster Saul angetan hatten, machten sich 12
alle streitbaren Männer auf und gingen
die ganze Nacht hindurch und nahmen
die Leichname Sauls und seiner Söhne
von der Mauer zu Bet-Schean und
brachten sie nach Jabesch und salbten
sie dort. Und sie nahmen ihre Gebeine 13
und begruben sie unter dem Tamaris-
kenbaum bei Jabesch und [d]fasteten sie-
ben Tage.

a Ri 9,54 *b* 5.Mose 21,22.23 *c* Kap 11,1-11
d 2.Sam 1,12

DAS ZWEITE BUCH SAMUEL

Inhaltsübersicht

David läßt den Überbringer von Sauls Krone töten

1 Nach dem Tode Sauls, als David aus
der Schlacht mit den Amalekitern zu-
rückgekommen und zwei Tage in [a]Zik-
2 lag geblieben war, siehe, da kam am
dritten Tage ein Mann aus dem Heer
von Saul mit zerrissenen Kleidern und
mit Erde auf seinem Haupt. Und als er
zu David kam, fiel er nieder zur Erde
3 und huldigte ihm. David aber sprach zu
ihm: Wo kommst du her? Er sprach zu
ihm: Aus dem Heer Israels bin ich ent-
4 ronnen. David sprach zu ihm: Sage
mir, wie steht es? Er sprach: Das Volk
ist geflohen aus der Schlacht, und es
sind viele vom Volk gefallen; dazu ist
auch Saul tot und sein Sohn Jonatan.
5 David sprach zu dem jungen Mann, der
ihm das sagte: Woher weißt du, daß
Saul und sein Sohn Jonatan tot sind?
Der junge Mann, der ihm das sagte, 6
sprach: Ich kam von ungefähr aufs
[b]Gebirge Gilboa, und siehe, Saul lehn-
te sich auf seinen Spieß, und die Wagen
mit ihren Kämpfern waren hart an ihm.
Und er wandte sich um und sah mich 7
und rief mich. Und ich sprach: Hier
bin ich. Und er sprach zu mir: Wer bist 8
du? Ich sprach zu ihm: Ich bin ein
Amalekiter. Und er sprach zu mir: 9
Tritt her zu mir und töte mich; denn
mir wird schwarz vor den Augen, aber
mein Leben ist noch ganz in mir. Da 10
trat ich zu ihm und tötete ihn, denn ich
wußte, daß er nicht leben könnte nach
seinem Fall; und ich nahm die Krone
von seinem Haupt und das Armge-
schmeide von seinem Arm und habe es
hergebracht zu dir, meinem Herrn. Da 11
faßte David seine Kleider und [c]zerriß

sie, und ebenso taten alle Männer, die
12 bei ihm waren, und sie hielten Toten-
klage und weinten und [d]fasteten bis
zum Abend um Saul und seinen Sohn
Jonatan und um das Volk des HERRN
und um das Haus Israel, weil sie durchs
13 Schwert gefallen waren. Und David
sprach zu dem jungen Mann, der es
ihm angesagt hatte: Wo bist du her? Er
sprach: Ich bin der Sohn eines Fremd-
14 lings, eines Amalekiters. David sprach
zu ihm: Wie, du hast dich nicht ge-
fürchtet, [e]deine Hand zu erheben ge-
gen den Gesalbten des HERRN, um ihn
15 zu töten! Und David rief einen seiner
Leute und sprach: Komm her und
[f]schlag ihn nieder! Und er schlug ihn
16 nieder, daß er starb. Und David sprach
zu ihm: Dein Blut komme auf dein
Haupt; denn dein Mund hat gegen dich
selbst geredet, als du sagtest: Ich habe
den Gesalbten des HERRN getötet.

a 1.Sam 30,26 *b* 1.Sam 31,1-3 *c* 1.Sam 4,12
d 1.Sam 31,13 *e* 1.Sam 24,7; 26,9 *f* Kap 4,10.12

Davids Klagelied über Saul und Jonatan

17 Und David sang dies Klagelied über
18 Saul und Jonatan, seinen Sohn, und be-
fahl, man solle die Leute von Juda das
[a]Bogenlied lehren. Siehe, es steht ge-
19 schrieben im [b]Buch des Redlichen: Die
Edelsten in Israel sind auf deinen Hö-
hen erschlagen. Wie sind die Helden
20 gefallen! Sagt's nicht an in Gat, ver-
kündet's nicht auf den Gassen in Aska-
lon, daß sich nicht freuen die Töchter
der Philister, daß nicht frohlocken die
21 Töchter der Unbeschnittenen. Ihr Ber-
ge von Gilboa, es soll weder tauen noch
regnen auf euch, ihr trügerischen Ge-
filde; denn daselbst ist der Helden
Schild verworfen, der Schild Sauls, als
22 sei er nicht gesalbt mit Öl. Der Bogen
Jonatans hat nie gefehlt, und das
Schwert Sauls ist nie leer zurückge-
kommen von dem Blut der Erschlage-
23 nen und vom Mark der Helden. Saul
und Jonatan, geliebt und einander zu-
getan, im Leben und im Tod nicht ge-
schieden; schneller waren sie als die
24 Adler und stärker als die Löwen. Ihr
Töchter Israel, weinet über Saul, der
euch kleidete mit kostbarem Purpur
und euch schmückte mit goldenen
25 Kleinoden an euren Kleidern. Wie sind
die Helden gefallen im Streit! Jonatan
26 ist auf deinen Höhen erschlagen! Es ist
mir leid um dich, mein Bruder Jonatan,
ich habe große Freude und Wonne an
dir gehabt; deine Liebe ist mir wunder-
samer gewesen, als Frauenliebe ist. Wie 27
sind die Helden gefallen und die Streit-
baren umgekommen.

a Vers 22 *b* Jos 10,13

David wird König über Juda, Isch-Boschet über Israel

Bald danach [a]befragte David den **2**
HERRN und sprach: Soll ich hinauf in
eine der Städte Judas ziehen? Und der
HERR sprach zu ihm: Zieh hinauf! Da-
vid sprach: Wohin? Er sprach: Nach
Hebron. So zog David dorthin mit sei- 2
nen [b]beiden Frauen, Ahinoam, der Jes-
reeliterin, und mit Abigail, der Frau
Nabals, des Karmeliters. Auch die 3
Männer, die bei ihm waren, führte Da-
vid hinauf, einen jeden mit seinem
Hause, und sie wohnten in den Städten
von Hebron. Und die Männer Judas 4
kamen und [c]salbten dort David zum
König über das Haus Juda.
Und als David angesagt wurde, daß
[d]die Männer von Jabesch in Gilead
Saul begraben hatten, sandte er Boten 5
zu ihnen und ließ ihnen sagen: Geseg-
net seid ihr vom HERRN, weil ihr solche
Barmherzigkeit an Saul, eurem Herrn,
getan und ihn begraben habt. So tue 6
nun der HERR an euch Barmherzigkeit
und Treue, und auch ich will euch Gu-
tes tun, weil ihr das getan habt. Seid 7
nun getrosten Mutes und wackere
Männer; denn Saul, euer Herr, ist tot,
und mich hat das Haus Juda über sich
zum König gesalbt.
[e]Abner aber, der Sohn Ners, der 8
Sauls Feldhauptmann war, nahm Isch-
Boschet*, Sauls Sohn, und führte ihn
nach [f]Mahanajim und machte ihn zum 9
König über Gilead, Asser, Jesreel,
Efraim, Benjamin und über ganz Israel.
Und Isch-Boschet, Sauls Sohn, war 10
vierzig Jahre alt, als er König wurde
über Israel, und regierte zwei Jahre.
Doch das Haus Juda hielt es mit David.
Die Zeit aber, die David König war zu 11
Hebron über das Haus Juda, war sieben
Jahre und sechs Monate.

a 1.Sam 23,6.9; 30,7.8 *b* 1.Sam 25,42.43
c Kap 5,3; 1.Sam 16,13 *d* 1.Sam 31,11-13
e 1.Sam 14,50 *f* 1.Mose 32,2.3
*Vers 8: Der Name lautet in 1. Chr 8,33; 9,39
Eschbaal, in 1. Sam 14,49 Jischwi.

Bruderkrieg zwischen Israel und Juda

Und Abner, der Sohn Ners, zog aus mit 12
den Männern Isch-Boschets, des Soh-
nes Sauls, von Mahanajim nach Gi-

13 beon, und Joab, der Sohn der [a]Zeruja,
zog aus mit den Männern Davids. Und
sie stießen aufeinander am Teich von
[b]Gibeon und lagerten sich, die einen
auf dieser Seite des Teiches, die andern
14 auf jener. Und Abner sprach zu Joab:
Laß die jungen Männer sich aufmachen
zum Kampfspiel vor uns! Joab
15 sprach: Es sei! Da machten sich auf
und gingen hin zwölf an der Zahl aus
Benjamin auf der Seite Isch-Boschets,
des Sohnes Sauls, und zwölf von den
16 Männern Davids. Und ein jeder ergriff
den andern bei dem Kopf und stieß ihm
sein Schwert in die Seite, und sie fielen
miteinander. Daher wird der Ort »Helkat-Hazzurim«* genannt; er liegt bei
Gibeon.
17 Und es erhob sich ein sehr harter
Kampf an diesem Tage. Abner aber
und die Männer von Israel wurden ge-
18 schlagen von den Männern Davids. Es
waren aber die [c]drei Söhne der Zeruja
dabei, Joab, Abisai und Asahel. Asahel
aber war schnellfüßig wie ein Reh auf
19 dem Felde und jagte Abner nach und
wich nicht von ihm weder zur Rechten
20 noch zur Linken. Da wandte sich Abner
um und sprach: Bist du es, Asahel?
21 Er sprach: Ja. Abner sprach zu ihm:
Wende dich zur Rechten oder zur Linken
und mach dich an einen der Männer
heran und nimm ihm seine Waffen.
Aber Asahel wollte nicht von ihm ab-
22 lassen. Da sprach Abner noch einmal
zu Asahel: Laß ab von mir! Warum
willst du, daß ich dich zu Boden schlage?
Wie dürfte ich dann mein Antlitz
aufheben vor deinem Bruder Joab?
23 Aber er weigerte sich, von ihm abzulassen.
Da [d]stieß ihn Abner mit dem
Schaft des Spießes in den Leib, so daß
der Spieß hinten herauskam; und er fiel
hin und starb an eben der Stelle. Und
wer an die Stelle kam, wo Asahel tot lag,
24 der blieb stehen. Aber Joab und Abisai
jagten Abner nach, bis die Sonne unterging.
Und als sie auf den Hügel Amma
kamen, der vor Giach liegt auf dem
25 Wege zur Steppe von Geba, versammelten
sich die Benjaminiter um Abner
und bildeten *eine* Schar und traten oben
26 auf den Hügel. Und Abner rief Joab zu
und sprach: Soll denn das Schwert
ohne Ende fressen? Weißt du nicht,
daß daraus am Ende nur Jammer kommen
wird? Wie lange willst du dem
Volk nicht sagen, daß es ablassen soll
27 von seinen Brüdern? Joab sprach: So
wahr Gott lebt: wenn du das eher gesagt
hättest, so hätte schon heute morgen
jeder im Volk von seinem Bruder
abgelassen. Und Joab ließ die Posaune 28
blasen, und das ganze Volk stand still
und jagte Israel nicht mehr nach und
kämpfte auch nicht weiter. Abner aber 29
und seine Männer gingen die ganze
Nacht durchs Jordantal und gingen
über den Jordan und zogen durchs ganze
Bitron, bis sie nach Mahanajim kamen.
Joab aber wandte sich von Abner 30
ab und sammelte das ganze Volk, und
es fehlten von den Männern Davids
neunzehn Mann und Asahel. Aber die 31
Männer Davids hatten von Benjamin
und den Männern Abners dreihundertundsechzig
Mann erschlagen. Und sie 32
hoben Asahel auf und begruben ihn in
seines Vaters Grab in Betlehem. Und
Joab und seine Männer zogen weiter
die ganze Nacht, bis ihnen das Tageslicht
anbrach in Hebron.

a 1.Sam 26,6 *b* Jos 9,3.17 *c* 1.Chr 2,16
d Kap 3,27
*Vers 16: d.h. »Feld der Felsen«, vermutlich verschrieben aus »Feld der Seiten«.

Davids Söhne

3 Und es war ein langer Kampf zwischen
dem Hause Sauls und dem Hause Davids.
[a]David aber nahm immer mehr zu
an Macht, und das Haus Sauls nahm
immer mehr ab. [b]Und es wurden Da- 2
vid Söhne geboren zu Hebron. Sein
erstgeborener Sohn war Amnon, von
Ahinoam, der Jesreeliterin; der zweite: 3
Kilab, von Abigail, der Frau des Karmeliters
Nabal; der dritte: [c]Absalom,
der Sohn der Maacha, der Tochter Talmais,
des Königs von Geschur; der 4
vierte: [d]Adonia, der Sohn der Haggit;
der fünfte: Schefatja, der Sohn der
Abital; der sechste: Jitream, von Egla, 5
der Frau Davids. Diese wurden David
geboren zu Hebron.

a Kap 5,10 *b* *(2-5)* 1.Chr 3,1-4; Kap 13,1
c Kap 15,1 *d* 1.Kön 1,5

Abner geht zu David über

[a]Solange der Kampf währte zwischen 6
dem Hause Sauls und dem Hause Davids,
stärkte Abner das Haus Sauls.
Und Saul hatte eine Nebenfrau, die 7
hieß Rizpa, eine Tochter Ajjas. Und
Isch-Boschet sprach zu Abner: Warum
bist du zu meines Vaters Nebenfrau
eingegangen? Da wurde Abner sehr 8
zornig über die Worte Isch-Boschets
und sprach: Bin ich denn ein Hundskopf
aus Juda? Heute erweise ich mich
freundlich dem Hause Sauls, deines

Vaters, und seinen Brüdern und
Freunden und habe dich nicht in Da-
vids Hände gegeben, und du rechnest
mir heute eine Schuld an wegen eines
9 Weibes? Gott tue Abner dies und das,
wenn ich nicht tue, wie der HERR dem
10 David geschworen hat, daß das König-
tum vom Hause Sauls genommen und
der Thron Davids aufgerichtet werde
über Israel und Juda von Dan bis Beer-
11 seba! Da konnte er Abner kein Wort
mehr antworten, so fürchtete er sich
vor ihm.

12 Und Abner sandte Boten für sich zu
David und ließ ihm sagen: Wem gehört
das Land? Schließe du einen Bund mit
mir; siehe, meine Hand soll mit dir
sein, daß ich dir ganz Israel zuführe.
13 David sprach: Gut, ich will einen Bund
mit dir schließen. Aber eins fordere ich
von dir: Du sollst mein Angesicht nicht
sehen, es sei denn, du bringst Michal,
Sauls Tochter, zu mir, wenn du
kommst, mein Angesicht zu sehen.
14 Auch sandte David Boten zu Isch-Bo-
schet, dem Sohn Sauls, und ließ ihm sa-
gen: [b]Gib mir meine Frau Michal, die
ich mir gewonnen habe mit hundert
15 Vorhäuten der Philister. Isch-Boschet
sandte hin und ließ sie wegnehmen ih-
rem Mann [c]Paltiël, dem Sohn des La-
16 jisch. Und ihr Mann ging mit ihr und
weinte hinter ihr her bis Bahurim. Da
sprach Abner zu ihm: Kehre um und
geh heim! Und er kehrte um.

17 Und Abner besprach sich mit den
Ältesten in Israel und sprach: Ihr habt
schon längst danach verlangt, daß Da-
18 vid König über euch sei. So tut's nun,
denn der HERR hat von David gesagt:
Durch die Hand meines Knechtes Da-
vid will ich mein Volk Israel erretten
aus der Hand der Philister und aller sei-
19 ner Feinde. Das tat Abner auch Benja-
min kund und ging dann hin, um auch
David in Hebron alles kundzutun, was
Israel und das ganze Haus Benjamin
20 für gut hielten. Als nun Abner nach
Hebron zu David kam und mit ihm
zwanzig Mann, machte ihnen David
21 ein Mahl. Und Abner sprach zu David:
Ich will mich aufmachen und hinge-
hen, um ganz Israel zu meinem Herrn,
dem König, zu sammeln, damit sie
einen Bund mit dir schließen, auf daß
du König seist, wie es dein Herz be-
gehrt. Dann entließ David den Abner,
so daß er hinging mit Frieden.

a (6 und 7) Kap 21,8; 3.Mose 18,20
b 1.Sam 18,25-27 *c* 1.Sam 25,44

Abners Tod

Und siehe, die Männer Davids und 22
Joab kamen von einem Streifzug zu-
rück und brachten eine große Beute
mit. Abner aber war nicht mehr bei Da-
vid in Hebròn, sondern er hatte ihn ent-
lassen, so daß er mit Frieden weggegan-
gen war. Als aber Joab und das ganze 23
Heer mit ihm kam, wurde ihm ange-
sagt, daß Abner, der Sohn Ners, zum
König gekommen sei, und der habe ihn
entlassen, so daß er mit Frieden wegge-
gangen war. Da ging Joab zum König 24
hinein und sprach: Was hast du getan?
Siehe, Abner ist zu dir gekommen;
warum hast du ihn fortgelassen, daß er
weggegangen ist? Kennst du Abner, 25
den Sohn Ners, nicht? Er ist gekom-
men, dich zu überlisten, daß er erkunde
dein Kommen und Gehen und alles er-
fahre, was du tust. Und als Joab von 26
David wegging, sandte er Abner Boten
nach, um ihn zurückzuholen von Bor-
Hassira; aber David wußte nichts da-
von. Als nun Abner nach Hebron zu- 27
rückkam, führte ihn Joab im Tor bei-
seite, um heimlich mit ihm zu reden,
und [a]stach ihn dort in den Leib, daß er
starb, um des Blutes seines Bruders
[b]Asahel willen. Als David das hernach 28
erfuhr, sprach er: Ich und mein König-
tum sind unschuldig vor dem HERRN
ewiglich an dem Blut Abners, des Soh-
nes Ners; es falle aber auf den Kopf 29
Joabs und auf das ganze Haus seines
Vaters, und es soll nicht aufhören im
Hause Joabs, daß einer Eiterfluß und
Aussatz habe oder am Stabe gehe oder
durchs Schwert falle oder an Brot Man-
gel habe! Joab und sein Bruder Abisai 30
hatten Abner nach dem Leben getrach-
tet, weil er ihren Bruder Asahel im
Kampf bei Gibeon getötet hatte.[c]

David aber sprach zu Joab und allem 31
Volk, das bei ihm war: Zerreißt eure
Kleider und gürtet euch den Sack um
und haltet die Totenklage um Abner!
Und der König folgte der Bahre. Und 32
als sie Abner begruben in Hebron, er-
hob der König seine Stimme und wein-
te bei dem Grabe Abners, und auch al-
les Volk weinte. Und der König klagte 33
um Abner und sprach: Mußte Abner
sterben, wie ein Gottloser stirbt? Deine 34
Hände waren nicht gebunden, deine
Füße waren nicht in Ketten gelegt.
Und doch bist du gefallen, wie man vor
Ruchlosen fällt.

Da beweinte ihn alles Volk noch

35 mehr. Als nun alles Volk kam, während
es noch Tag war, um David zum Essen
zu nötigen, schwor David und sprach:
Gott tue mir dies und das, wenn ich
Brot oder sonst etwas zu mir nehme,
36 ehe die Sonne untergeht! Und alles
Volk nahm es wahr, und es gefiel ihnen
gut, wie alles, was der König tat, dem
37 ganzen Volke wohlgefiel. Und alles
Volk und ganz Israel merkten an
diesem Tage, daß es nicht vom König
ausgegangen war, daß Abner, der Sohn
38 Ners, getötet wurde. Und der König
sprach zu seinen Männern: [d]Wißt ihr
nicht, daß an diesem Tag ein Fürst und
39 Großer gefallen ist in Israel? Ich aber
bin heute noch schwach, obwohl ich
zum König gesalbt bin. Aber diese
Männer, die [e]Söhne der Zeruja, sind
härter als ich. Der HERR vergelte dem,
der Böses tut, nach seiner Bosheit.

a 1.Kön 2,5 *b* Kap 2,23 *c* Ri 8,18-21; 2.Kön 14,5
d 1.Sam 26,15 *e* Kap 2,18

Isch-Boschets Ende

4 Als aber der Sohn Sauls hörte, daß
[a]Abner in Hebron umgekommen war,
entfiel ihm der Mut, und ganz Israel er-
2 schrak. Es hatte aber der Sohn Sauls
zwei Männer als Hauptleute der Streif-
scharen; der eine hieß Baana, der ande-
re Rechab, Söhne Rimmons von [b]Be-
erot aus dem Stamm Benjamin. Denn
Beerot wurde auch zu Benjamin ge-
3 rechnet; dann aber flohen die Beeroti-
ter nach [c]Gittajim und wohnten dort
gastweise bis auf den heutigen Tag.
4 Auch hatte Jonatan, der Sohn Sauls,
einen Sohn, der war lahm an beiden
Füßen; er war nämlich fünf Jahre alt,
als die Kunde von Saul und Jonatan aus
Jesreel kam, und seine Amme hatte ihn
aufgehoben und war geflohen, und
während sie eilends floh, fiel er hin und
[d]war fortan lahm. Er hieß Mefibo-
5 schet*. So gingen nun Rechab und Ba-
ana, die Söhne Rimmons von Beerot,
hin und kamen zum Hause [e]Isch-Bo-
schets, als der Tag am heißesten war;
und er schlief auf seinem Lager am
6 Mittag. Und die Pförtnerin des Hauses
hatte Weizen gereinigt und war fest
eingeschlafen. Da schlichen sich Re-
chab und sein Bruder Baana hinein und
7 kamen ins Haus. Da lag er auf seinem
Bett in seiner Schlafkammer. Und sie
stachen ihn tot und hieben ihm den
Kopf ab und nahmen seinen Kopf und
gingen durch das Jordantal die ganze
8 Nacht und brachten das Haupt Isch-
Boschets zu David nach Hebron und
sprachen zum König: Siehe, da ist das
Haupt Isch-Boschets, des Sohnes
Sauls, deines Feindes, der dir nach dem
Leben getrachtet hat. Der HERR hat
heute meinen Herrn, den König, ge-
rächt an Saul und an seinem Ge-
schlecht. Da antwortete ihnen David: 9
So wahr der HERR lebt, der mich aus al-
ler Bedrängnis erlöst hat: ich habe den, 10
der mir verkündete: Saul ist tot, und
meinte, er sei ein guter Bote, ergriffen
und [f]getötet in Ziklag, dem ich doch
Lohn für eine gute Botschaft hätte ge-
ben sollen. Und diese gottlosen Leute 11
haben einen gerechten Mann in seinem
Hause auf seinem Lager getötet – sollte
ich sein Blut nicht fordern von euren
Händen und euch von der Erde vertil-
gen?[g] Und David gebot seinen Leuten; 12
die schlugen sie nieder und hieben
ihnen Hände und Füße ab und [h]häng-
ten sie auf am Teich bei Hebron. Aber
das Haupt Isch-Boschets nahmen sie
und begruben es in Abners Grab in He-
bron.

a Kap 3,27 *b* Jos 9,17 *c* Neh 11,33 *d* Kap 9,3
e Kap 2,8 *f* Kap 1,15 *g* Kap 3,32
h 5.Mose 21,22.23
*Vers 4: Der Name lautet in 1.Chr 8,34; 9,40 Me-
rib-Baal.

David wird König über ganz Israel
(vgl. 1. Chr 11,1-3)

Und es kamen alle Stämme Israels zu **5**
David nach Hebron und sprachen: Sie-
he, [a]wir sind von deinem Gebein und
deinem Fleisch. Schon früher, als Saul 2
über uns König war, [b]führtest du Israel
ins Feld und wieder heim. Dazu hat der
HERR dir gesagt: Du sollst mein Volk
Israel weiden und sollst [c]Fürst sein
über Israel. Und es kamen alle Ältesten 3
in Israel zum König nach Hebron. Und
der König David schloß mit ihnen
einen Bund in Hebron vor dem HERRN,
und sie [d]salbten David zum König über
Israel. [e]Dreißig Jahre war David alt, als 4
er König wurde, und regierte vierzig
Jahre. Zu Hebron regierte er sieben 5
Jahre und sechs Monate über Juda, und
zu Jerusalem regierte er dreiunddreißig
Jahre über ganz Israel und Juda.

a Kap 19,13 *b* 1.Sam 18,13.16 *c* 1.Sam 13,14;
25,30 *d* Kap 2,4; 1.Sam 16,13
e (4 und 5) 1.Kön 2,11; 1.Chr 3,4; 29,27

David erobert Jerusalem
(vgl. 1. Chr 11,4-9; 14,1-7)

Und der König zog mit seinen Män- 6

nern vor Jerusalem gegen die [a]Jebusi-
ter, die im Lande wohnten. Sie aber
sprachen zu David: Du wirst nicht hier
hereinkommen, sondern Blinde und
Lahme werden dich abwehren. Damit
meinten sie, daß David nicht dort hin-
7 einkommen könnte. David aber erober-
te die Burg Zion; das ist Davids Stadt.
8 Da sprach David an diesem Tage: Wer
die Jebusiter schlägt und durch den
Schacht hinaufsteigt und die Lahmen
und Blinden erschlägt, die David ver-
haßt sind, der soll Hauptmann und
Oberster sein. Da stieg Joab, der Sohn
der Zeruja, zuerst hinauf und wurde
Hauptmann.* Daher spricht man: Laß
keinen Blinden und Lahmen ins Haus!
9 So wohnte David auf der Burg und
nannte sie »Stadt Davids«. Und David
baute ringsumher, vom Millo an nach
10 innen zu. Und [b]Davids Macht nahm
immer mehr zu, und der HERR, der
Gott Zebaot, war mit ihm.
11 Und Hiram, der König von Tyrus,
sandte Boten zu David mit Zedernholz,
dazu Zimmerleute und Steinmetzen,
12 daß sie David ein Haus bauten. Und
David erkannte, daß der HERR ihn zum
König über Israel bestätigt und sein
Königtum erhöht hatte um seines Vol-
kes Israel willen.
13 [c]Und David nahm noch mehr Frau-
en und Nebenfrauen in Jerusalem,
nachdem er von Hebron gekommen
war, und es wurden ihm noch mehr
14 Söhne und Töchter geboren. Dies sind
die Namen der Söhne, die ihm zu Jeru-
salem geboren sind: Schammua,
15 Schobab, [d]Natan, [e]Salomo, Jibhar,
16 Elischua, Nefeg, Jafia, Elischama, Elja-
da, Elifelet.

a Jos 15,63; Ri 1,21; 19,10-12 *b* Kap 3,1
c *(13-16)* Kap 3,2-5; 1.Chr 3,5-9 *d* Lk 3,31
e Mt 1,6
*Vers 8: Der Text von »der soll Hauptmann« ab wurde aus 1.Chr 11,6 eingesetzt.

Davids Siege über die Philister
(vgl. 1. Chr 14,8-17)

17 Als die Philister hörten, daß man David
zum König über Israel gesalbt hatte,
zogen sie alle herauf, um sich Davids zu
bemächtigen. Sobald das David erfuhr,
18 [a]zog er hinab nach der [b]Bergfeste. Aber
die Philister kamen und breiteten sich
19 aus in der [c]Ebene Refaim. Und David
[d]befragte den HERRN und sprach: Soll
ich hinaufziehen gegen die Philister?
Wirst du sie in meine Hand geben? Der
HERR sprach zu David: Zieh hinauf, ich
werde die Philister in deine Hand ge-
ben. Und David kam nach [e]Baal-Pera- 20
zim und schlug sie dort und sprach:
Der HERR hat meine Feinde vor
mir durchbrochen, wie Wasserfluten
durchbrechen. Daher nannte man den
Ort »Baal-Perazim«*. Und sie ließen 21
ihre Götzenbilder dort zurück; David
aber und seine Männer nahmen sie mit.
Die Philister aber zogen abermals 22
herauf und breiteten sich aus in der
Ebene Refaim. Und David befragte 23
den HERRN; der sprach: Du sollst nicht
hinaufziehen ihnen entgegen, sondern
komm von hinten über sie, daß du sie
angreifst vom Bakawalde her. Und 24
wenn du hörst, wie das Rauschen in den
Wipfeln der Bakabäume einhergeht, so
eile; denn dann ist der HERR ausgezo-
gen vor dir her, zu schlagen das Heer
der Philister. David tat, wie der HERR 25
ihm geboten hatte, und schlug die Phi-
lister von Gibeon an bis hin nach [f]Ge-
ser.

a 1.Sam 22,1 *b* Kap 23,13 *c* Jos 15,8; 18,16
d 1.Sam 30,8 *e* Jes 28,21 *f* Ri 1,29
*Vers 20: d.h. »Herr der Durchbrüche«.

David holt die Bundeslade nach Jerusalem
(vgl. 1. Chr 13; 15; 16)

Und David sammelte abermals die gan- 6
ze junge Mannschaft in Israel, dreißig-
tausend Mann, und machte sich auf 2
und zog mit dem ganzen Volk, das bei
ihm war, nach [a]Baala in Juda, um die
Lade Gottes von dort heraufzuholen;
diese ist genannt nach dem Namen des
HERRN Zebaot, [b]der über den Cheru-
bim thront. Und sie setzten die Lade 3
Gottes auf einen neuen Wagen und
[c]holten sie aus dem Hause Abinadabs,
der auf dem Hügel wohnte. Usa aber
und Achjo, die Söhne Abinadabs, führ-
ten den neuen Wagen. Und als sie ihn 4
mit der Lade Gottes aus dem Hause
Abinadabs führten, der auf dem Hügel
wohnte, und Achjo vor der Lade her-
ging, tanzten David und ganz Israel vor 5
dem HERRN her mit aller Macht im Rei-
gen, mit Liedern, mit Harfen und Psal-
tern und Pauken und Schellen und
Zimbeln. Und als sie zur Tenne Na- 6
chons kamen, griff Usa zu und hielt die
Lade Gottes fest, denn die Rinder glit-
ten aus. Da entbrannte des HERRN Zorn 7
über Usa, und [d]Gott schlug ihn dort,
weil er [e]seine Hand nach der Lade aus-
gestreckt hatte, so daß er dort starb bei
der Lade Gottes. Da ergrimmte David, 8
daß der HERR den Usa so wegriß, und

man nannte die Stätte »Perez-Usa«* bis
9 auf diesen Tag. Und David fürchtete
sich vor dem HERRN an diesem Tage
und sprach: Wie soll die Lade des
10 HERRN zu mir kommen? Und er wollte
sie nicht zu sich bringen lassen in die
Stadt Davids, sondern ließ sie bringen
ins Haus Obed-Edoms, des Gatiters.
11 So blieb die Lade des HERRN drei Mo-
nate im Hause Obed-Edoms, des Gati-
ters, und der HERR segnete ihn und sein
ganzes Haus.
12 Und es wurde dem König David an-
gesagt, daß der HERR das Haus Obed-
Edoms segnete und alles, was er hatte,
um der Lade Gottes willen. Da ging er
hin und holte die Lade Gottes aus dem
Hause Obed-Edoms herauf in die Stadt
13 Davids mit Freuden. Und als die Trä-
ger mit der Lade des HERRN sechs
Schritte gegangen waren, opferte man
14 einen Stier und ein fettes Kalb.[f] Und
David tanzte mit aller Macht vor dem
HERRN her und war umgürtet mit
15 einem [g]leinenen Priesterschurz. Und
David mit dem ganzen Hause Israel
führte die Lade des HERRN herauf mit
16 Jauchzen und Posaunenschall. Und als
die Lade des HERRN in die Stadt Davids
kam, guckte Michal, die Tochter Sauls,
durchs Fenster und sah den König Da-
vid springen und tanzen vor dem
HERRN und verachtete ihn in ihrem
Herzen.
17 Als sie die Lade des HERRN hinein-
brachten, stellten sie sie an ihren Platz
mitten in dem Zelt, das David für sie
aufgeschlagen hatte. Und David opfer-
te Brandopfer und Dankopfer vor dem
18 HERRN. Und als David die Brandopfer
und Dankopfer beendet hatte, [h]segnete
er das Volk in dem Namen des HERRN
19 Zebaot, und er ließ austeilen allem
Volk, der ganzen Menge Israels, Mann
und Frau, einem jeden einen Brotku-
chen, ein Stück Fleisch und einen Rosi-
nenkuchen. Danach kehrte alles Volk
heim, ein jeder in sein Haus.
20 Als aber David heimkam, seinem
Haus den Segensgruß zu bringen, ging
Michal, die Tochter Sauls, heraus ihm
entgegen und sprach: Wie herrlich ist
heute der König von Israel gewesen, als
er sich vor den Mägden seiner Männer
entblößt hat, wie sich die losen Leute
21 entblößen! David aber sprach zu Mi-
chal: Ich will vor dem HERRN tanzen,
der mich erwählt hat vor deinem Vater
und vor seinem ganzen Hause, um
mich [i]zum Fürsten zu bestellen über
das Volk des HERRN, über Israel, und 22
ich will noch geringer werden als jetzt
und will niedrig sein in meinen Augen;
aber bei den Mägden, von denen du ge-
redet hast, will ich zu Ehren kommen.
Aber Michal, Sauls Tochter, hatte kein 23
Kind bis an den Tag ihres Todes.

a Jos 15,9 *b* 2.Mose 25,22 *c* 1.Sam 7,1
d 1.Sam 6,19 *e* 4.Mose 4,15 *f* 1.Kön 8,5
g 2.Mose 28,6; 1.Sam 2,18; 22,18 *h* 1.Kön 8,55
i Kap 5,2
*Vers 8: d.h. »Wegreißen Usas«.

Gottes Verheißung für David und sein Königtum

(vgl. 1. Chr 17)

Als nun der König in seinem Hause saß 7
und der HERR ihm Ruhe gegeben hatte
vor allen seinen Feinden umher, sprach 2
er zu dem Propheten Natan: Sieh doch,
[a]ich wohne in einem Zedernhause, und
die Lade Gottes wohnt unter Zeltdek-
ken. Natan sprach zu dem König: 3
Wohlan, alles, was in deinem Herzen
ist, das tu, denn der HERR ist mit dir.
In der Nacht aber kam das Wort des 4
HERRN zu Natan: Geh hin und sage zu 5
meinem Knecht David: So spricht der
HERR: [b]Solltest du mir ein Haus bauen,
daß ich darin wohne? Habe ich doch 6
[c]in keinem Hause gewohnt seit dem
Tag, da ich die Israeliten aus Ägypten
führte, bis auf diesen Tag, sondern ich
bin umhergezogen in einem Zelt als
Wohnung. Habe ich die ganze Zeit, als 7
ich mit den Israeliten umherzog, je ge-
redet zu einem der Richter Israels, de-
nen ich befohlen hatte, mein Volk Is-
rael zu weiden, und gesagt: Warum
baut ihr mir nicht ein Zedernhaus?
Darum sollst du nun so zu meinem 8
Knechte David sagen: So spricht der
HERR Zebaot: [d]Ich habe dich genom-
men von den Schafhürden, damit du
[e]Fürst über mein Volk Israel sein sollst,
und bin mit dir gewesen, wo du hinge- 9
gangen bist, und habe alle deine Feinde
vor dir ausgerottet; und ich will dir
einen großen Namen machen gleich
dem Namen der Großen auf Erden.
Und ich will meinem Volk Israel eine 10
Stätte geben und will es pflanzen, daß
es dort wohne und sich nicht mehr äng-
stigen müsse und die Kinder der Bos-
heit es nicht mehr bedrängen. Und wie
vormals, seit der Zeit, da ich Richter 11
über mein Volk Israel bestellt habe, will
ich dir Ruhe geben vor allen deinen
Feinden. Und *der* HERR *verkündigt dir,*
daß der HERR *dir ein Haus bauen will.*
Wenn nun deine Zeit um ist und du dich 12

zu deinen Vätern schlafen legst, [f] *will ich*
dir einen Nachkommen erwecken, der von
deinem Leibe kommen wird; dem will ich
13 *sein Königtum bestätigen. Der* [g] *soll mei-*
nem Namen ein Haus bauen, und [h] *ich will*
seinen Königsthron bestätigen ewiglich.
14 [i] Ich will sein Vater sein, und er soll
mein Sohn sein. Wenn er sündigt, will
ich ihn mit Menschenruten und mit
15 menschlichen Schlägen strafen; aber
meine Gnade soll nicht von ihm wei-
chen, [j] wie ich sie habe weichen lassen
von Saul, den ich vor dir weggenom-
16 men habe. Aber dein Haus und dein
Königtum sollen beständig sein in
Ewigkeit vor mir, und dein Thron soll
ewiglich bestehen.[k]
17 Als Natan alle diese Worte und dies
18 Gesicht David gesagt hatte, kam der
König David und setzte sich vor dem
HERRN nieder und sprach: [l] *Wer bin ich,*
Herr HERR, *und was ist mein Haus, daß*
19 *du mich bis hierher gebracht hast?* Aber
nun hast du das noch für zu wenig ge-
halten, Herr HERR, und hast dem
Hause deines Knechtes sogar für die
ferne Zukunft Zusagen gegeben, und
das nach Menschenweise, Herr HERR!
20 Und was soll David noch mehr reden
mit dir? Du kennst ja deinen Knecht,
21 Herr HERR! Um deines Wortes willen
und nach deinem Herzen hast du alle
diese großen Dinge getan, um sie dei-
22 nem Knecht kundzutun. Darum bist
du groß, Herr HERR! Denn es ist keiner
wie du, und ist kein Gott außer dir nach
allem, was wir mit unsern Ohren gehört
23 haben. Und [m] wo ist ein Volk auf Erden
wie dein Volk Israel, um dessentwillen
Gott hingegangen ist, es zu erlösen, daß
es sein Volk sei, und ihm einen Namen
zu machen und so große und furchtbare
Dinge zu tun, damit du Völker und ihre
Götter vertriebest vor deinem Volk, das
24 du dir aus Ägypten erlöst hast? Und du
hast dir dein Volk Israel zubereitet, dir
zum Volk für ewig, und du, HERR, bist
25 ihr Gott geworden. So bekräftige nun,
HERR, Gott, das Wort in Ewigkeit, das
du über deinen Knecht und über sein
Haus geredet hast, und tu, wie du gere-
26 det hast! So wird dein Name groß wer-
den in Ewigkeit, daß man sagen wird:
Der HERR Zebaot ist Gott über Israel,
und das Haus deines Knechtes David
27 wird bestehen vor dir. Denn du, HERR
Zebaot, du Gott Israels, hast das [n] Ohr
deines Knechts geöffnet und gesagt:
Ich will dir ein Haus bauen. Darum hat
dein Knecht sich ein Herz gefaßt, daß
er dies Gebet zu dir gebetet hat. Nun, 28
Herr HERR, du bist Gott, und deine
Worte sind Wahrheit. Du hast all dies
Gute deinem Knecht zugesagt.[o] So 29
fange nun an, zu segnen das Haus dei-
nes Knechts, damit es ewiglich vor dir
sei; denn du, Herr HERR, hast's gere-
det, und mit deinem Segen wird deines
Knechtes Haus gesegnet sein ewiglich.

a Ps 132,3-5 *b* 1.Chr 22,8; 1.Kön 5,17
c 1.Kön 8,16.27; Jes 66,1 *d* 1.Sam 16,11-13
e Kap 5,2 *f* 1.Kön 8,20 *g* 1.Kön 5,19; 6,12
h Ps 89,4.5; Jes 9,6 *i* Ps 2,7; 89,27; Lk 1,32;
Hebr 1,5 *j* 1.Sam 15,23.26 *k* Ps 72; Jes 55,3
l 2.Mose 3,11 *m* 5.Mose 4,7 *n* Jes 50,5
o 1.Kön 8,26

Davids Kriege und Siege

(vgl. 1. Chr 18,1-13)

Und es begab sich danach, daß David **8**
die Philister schlug und sie unterwarf
und daß er den Dienstzaum den Phili-
stern aus der Hand nahm. Er schlug 2
auch die [a] Moabiter und ließ sie sich auf
den Boden legen und maß sie mit der
Meßschnur ab; und er maß zwei
Schnurlängen ab, so viele tötete er, und
eine volle Schnurlänge, so viele ließ er
am Leben. So wurden die Moabiter
David untertan, daß sie ihm Abgaben
bringen mußten.
David schlug auch Hadad-Eser, den 3
Sohn Rehobs, den König von [b] Zoba,
als er hinzog, um seine Macht wieder
aufzurichten am Eufratstrom. Und Da- 4
vid nahm von ihnen gefangen tausend-
undsiebenhundert Gespanne und
zwanzigtausend Mann Fußvolk und
[c] lähmte alle Pferde und behielt hundert
übrig. Es kamen aber die Aramäer von 5
Damaskus, um Hadad-Eser, dem Kö-
nig von Zoba, zu helfen. Und David
schlug von den Aramäern zweiund-
zwanzigtausend Mann. Und er setzte 6
Statthalter ein im Aramäerreich von
Damaskus. So wurde Aram David
untertan, daß sie ihm Abgaben bringen
mußten; denn der HERR half David, wo
er auch hinzog. Und David nahm die 7
goldenen Schilde, die Hadad-Esers
Männer gehabt hatten, und brachte sie
nach Jerusalem. Und von Betach und 8
Berotai, den Städten Hadad-Esers,
nahm der König David sehr viel Kup-
fer.
Als aber Toï, der König von Hamat, 9
hörte, daß David die ganze Streitmacht
Hadad-Esers geschlagen hatte, sandte 10
er seinen Sohn Joram zum König Da-
vid, ihm Frieden und Segen zu wün-
schen, weil er gegen Hadad-Eser ge-

kämpft und ihn geschlagen hatte – denn
Toï führte Krieg mit Hadad-Eser –,
und Joram brachte mit sich silberne,
11 goldene und kupferne Kleinode. Auch
diese heiligte der König David dem
HERRN samt dem Silber und Gold, das
er geheiligt hatte von allen Heiden, die
12 er unterworfen hatte, von Edom, von
Moab, von den Ammonitern, von den
Philistern, von Amalek und von dem,
was er erbeutet hatte von Hadad-Eser,
dem Sohn Rehobs, dem König von
13 Zoba. So machte sich David einen Na-
men. Als er zurückkam vom Sieg über
die Aramäer, schlug er die Edomiter im
14 Salztal, achtzehntausend Mann,[d] und
setzte in ganz Edom Statthalter ein,
und [e]ganz Edom wurde David unter-
tan; denn der HERR half David, wo er
auch hinzog.

a 1.Sam 22,3 *b* 1.Sam 14,47 *c* Jos 11,9
d Ps 60,2 *e* 1.Mose 27,40; 4.Mose 24,18

Davids Beamte
(vgl. 1.Chr 18,14-17)

15 So war David König über ganz Israel,
und er schaffte Recht und Gerechtig-
16 keit seinem ganzen Volk. [a]Joab, der
Sohn der Zeruja, war über das Heer ge-
setzt; Josafat aber, der Sohn Ahiluds,
17 war Kanzler; [b]Zadok, der Sohn [c]Ahi-
tubs, und Ahimelech, der Sohn [d]Abja-
tars, waren Priester; Seraja war Schrei-
18 ber; Benaja, der Sohn Jojadas, war über
die [e]Kreter und Pleter gesetzt; auch die
Söhne Davids sind Priester gewesen.

a (16-18) Kap 20,23-26 *b* Kap 15,24
c 1.Sam 22,20 *d* 1.Kön 2,27 *e* Kap 15,18

David holt Mefiboschet an seinen Hof

9 Und David sprach: Ist noch jemand
übriggeblieben von dem Hause Sauls,
damit ich Barmherzigkeit an ihm tue
2 um Jonatans willen? Es war aber ein
Knecht vom Hause Sauls, der hieß
[a]Ziba; den riefen sie zu David. Und der
König sprach zu ihm: Bist du Ziba? Er
3 sprach: Ja, dein Knecht ist es. Der Kö-
nig sprach: Ist da noch jemand vom
Hause Sauls, damit ich Gottes Barm-
herzigkeit an ihm tue? Ziba sprach zum
König: [b]Es ist noch ein Sohn Jonatans
4 da, lahm an den Füßen. Der König
sprach zu ihm: Wo ist er? Ziba sprach
zum König: Siehe, er ist in Lo-Dabar
im Hause [c]Machirs, des Sohnes Am-
5 miëls. Da sandte der König David hin
und ließ ihn holen von Lo-Dabar aus
dem Hause Machirs, des Sohnes Am-
miëls. Als nun Mefiboschet, der Sohn 6
Jonatans, des Sohnes Sauls, zu David
kam, fiel er auf sein Angesicht und hul-
digte ihm. David aber sprach: Mefibo-
schet! Er sprach: Hier bin ich, dein
Knecht. David sprach zu ihm: Fürchte 7
dich nicht, denn ich will Barmherzig-
keit an dir tun um deines Vaters Jona-
tan willen und will dir den ganzen Be-
sitz deines Vaters Saul zurückgeben;
du aber sollst täglich an meinem Tisch
essen. Er aber fiel nieder und sprach: 8
Wer bin ich, dein Knecht, daß du dich
wendest zu einem toten Hunde, wie ich
es bin? [d]Da rief der König den Ziba, 9
den Knecht Sauls, und sprach zu ihm:
Alles, was Saul gehört hat und seinem
ganzen Hause, hab ich dem Sohn dei-
nes Herrn gegeben. So bearbeite ihm 10
nun seinen Acker, du und deine Söhne
und deine Knechte, und bring die Ern-
te ein, damit es das Brot sei des Sohnes
deines Herrn und er sich davon nähre;
aber Mefiboschet, der Sohn deines
Herrn, soll täglich an meinem Tisch es-
sen. Ziba aber hatte fünfzehn Söhne
und zwanzig Knechte. Und Ziba 11
sprach zum König: Ganz so, wie mein
Herr, der König, seinem Knechte ge-
boten hat, wird dein Knecht tun. Und
Mefiboschet, sprach David, esse an
meinem Tische wie einer der Königs-
söhne. Und Mefiboschet hatte einen 12
kleinen Sohn, der hieß Micha. Und
alle, die im Hause Zibas wohnten, dien-
ten Mefiboschet. Mefiboschet aber 13
wohnte hinfort in Jerusalem, denn er aß
täglich an des Königs Tisch. Und er
war [e]lahm an seinen beiden Füßen.

a Kap 16,1 *b* Kap 4,4 *c* Kap 17,27
d (9-11) Kap 19,29.30 *e* Vers 3

Davids Kampf mit den Ammonitern
(vgl. 1.Chr 19,1-20,3)

Und es begab sich danach, daß der Kö- **10**
nig der Ammoniter starb, und sein
Sohn Hanun wurde König an seiner
Statt. Da sprach David: Ich will Ha- 2
nun, dem Sohn des [a]Nahasch, Freund-
schaft erweisen, wie sein Vater mir
Freundschaft erwiesen hat. Und er
sandte hin und ließ ihn durch seine Ge-
sandten über seinen Vater trösten. Als
nun die Gesandten Davids ins Land
der Ammoniter kamen, sprachen die 3
Obersten der Ammoniter zu ihrem
Herrn Hanun: Meinst du, daß David
deinen Vater vor deinen Augen ehren

wolle, wenn er Tröster zu dir gesandt
hat? Meinst du nicht, daß er dazu seine
Boten zu dir gesandt hat, damit er die
Stadt erforsche und erkunde und zer-
4 störe? Da nahm Hanun die Gesandten
Davids und ließ ihnen den Bart halb
abscheren und die Kleider halb ab-
schneiden bis unter den Gürtel und ließ
5 sie gehen. Als das David angesagt wur-
de, sandte er ihnen Boten entgegen;
denn die Männer waren sehr geschän-
det. Und der König ließ ihnen sagen:
Bleibt in Jericho, bis euer Bart gewach-
sen ist; dann kommt zurück.
6 Als aber die Ammoniter sahen, daß
sie sich bei David in Verruf gebracht
hatten, sandten sie hin und warben an
die Aramäer von Bet-Rehob und die
Aramäer von Zoba, zwanzigtausend
Mann Fußvolk, und von dem König
von Maacha tausend Mann und von
7 Tob zwölftausend Mann. Als das Da-
vid hörte, sandte er Joab mit dem gan-
8 zen Heer der Kriegsleute. Und die Am-
moniter zogen aus und stellten sich auf
zum Kampf vor dem Eingang des To-
res. Die Aramäer aber von Zoba, von
Rehob, von Tob und von Maacha stan-
9 den für sich auf freiem Feld. Als Joab
nun sah, daß der Angriff gegen ihn ge-
richtet war von vorn und von hinten,
wählte er aus der ganzen jungen Mann-
schaft in Israel einen Teil aus und stell-
10 te sich den Aramäern entgegen. Und
das übrige Kriegsvolk tat er unter die
Hand seines Bruders Abisai, daß er sie
11 gegen die Ammoniter aufstelle, und
sprach: Werden mir die Aramäer über-
legen sein, so komm mir zu Hilfe; wer-
den aber die Ammoniter dir überlegen
sein, so will ich dir zu Hilfe kommen.
12 Sei ganz getrost, damit wir die Stärke-
ren bleiben für unser Volk und die
Städte unseres Gottes. Der HERR aber
13 tue, was ihm gefällt. Und Joab rückte
an mit dem Volk, das bei ihm war, um
gegen die Aramäer zu kämpfen, und sie
14 flohen vor ihm. Und als die Ammoniter
sahen, daß die Aramäer flohen, flohen
sie auch vor Abisai in die Stadt hinein.
Da ließ Joab ab von den Ammonitern
und kam nach Jerusalem.
15 Und als die Aramäer sahen, daß sie
von Israel geschlagen waren, sammel-
16 ten sie sich. Und Hadad-Eser sandte
hin und ließ die Aramäer jenseits des
Stromes in den Kampf ziehen, und sie
kamen nach Helam, und Schobach, der
Feldhauptmann Hadad-Esers, an ihrer
17 Spitze. Als das David angesagt wurde,
sammelte er ganz Israel und zog über
den Jordan und kam nach Helam. Und
die Aramäer stellten sich gegen David
auf, um mit ihm zu kämpfen. Aber die 18
Aramäer flohen vor Israel, und David
vernichtete von den Aramäern sieben-
hundert Wagen und vierzigtausend
Mann; und Schobach, den Feldhaupt-
mann, erschlug er, daß er dort starb.
Als aber alle Könige, die unter Hadad- 19
Eser waren, sahen, daß sie von Israel
geschlagen waren, machten sie Frieden
mit Israel und wurden ihm untertan.
Und die Aramäer fürchteten sich, den
Ammonitern hinfort zu helfen.

a 1.Sam 11,1

Davids Ehebruch und Blutschuld

Und als das Jahr um war, zur Zeit, da **11**
die Könige ins Feld zu ziehen pflegen,
sandte David Joab und seine Männer
mit ihm und ganz Israel, damit sie das
Land der Ammoniter verheerten und
Rabba belagerten. David aber blieb in
Jerusalem.[a] Und es begab sich, daß 2
David um den Abend aufstand von sei-
nem Lager und sich auf dem Dach des
Königshauses erging; da [b]sah er vom
Dach aus eine Frau sich waschen; und
die Frau war von sehr schöner Gestalt.
Und David sandte hin und ließ nach 3
der Frau fragen, und man sagte: Das ist
doch Batseba, die Tochter Eliams, die
Frau [c]Urias, des Hetiters. Und David 4
sandte Boten hin und ließ sie holen.
Und als sie zu ihm kam, [d]wohnte er ihr
bei; sie aber hatte sich gerade gereinigt
von ihrer [e]Unreinheit. Und sie kehrte
in ihr Haus zurück. Und die Frau ward 5
schwanger und sandte hin und ließ Da-
vid sagen: Ich bin schwanger gewor-
den.

David aber sandte zu Joab: Sende zu 6
mir Uria, den Hetiter. Und Joab sandte
Uria zu David. Und als Uria zu ihm 7
kam, fragte David, ob es mit Joab und
mit dem Heer und mit dem Krieg gut
stünde. Und David sprach zu Uria: 8
Geh hinab in dein Haus und wasch dei-
ne Füße. Und als Uria aus des Königs
Haus hinausging, wurde ihm ein Ge-
schenk des Königs nachgetragen. Aber 9
Uria legte sich schlafen vor der Tür des
Königshauses, wo alle Kriegsleute sei-
nes Herrn lagen, und ging nicht hinab
in sein Haus. Als man aber David an- 10
sagte: Uria ist nicht hinab in sein Haus
gegangen, sprach David zu ihm: Bist
du nicht von weither gekommen? War-
um bist du nicht hinab in dein Haus ge-

11 gangen? Uria aber sprach zu David:
Die Lade und Israel und Juda wohnen
in Zelten, und Joab, mein Herr, und
meines Herrn Kriegsleute liegen auf
freiem Felde, und ich sollte in mein
Haus gehen, um zu essen und zu trin-
ken und bei meinem Weibe zu liegen?
So wahr der HERR lebt und so wahr du
12 lebst: ich tue so etwas nicht. David
sprach zu Uria: Bleib heute hier, mor-
gen will ich dich gehen lassen. So blieb
Uria in Jerusalem an diesem Tage und
13 auch am nächsten. Und David lud ihn
ein, so daß er bei ihm aß und trank, und
machte ihn betrunken. Aber am Abend
ging er hinaus, um sich schlafen zu le-
gen auf sein Lager bei den Männern
seines Herrn, und ging nicht hinab in
sein Haus.
14 Am andern Morgen schrieb David
einen Brief an Joab und sandte ihn
15 durch Uria. Er schrieb aber in dem
Brief: Stellt Uria vornehin, wo der
Kampf am härtesten ist, und zieht euch
hinter [e]ihm zurück, daß er erschlagen
16 werde und sterbe.[f] Als nun Joab die
Stadt belagerte, stellte er Uria dorthin,
wo er wußte, daß streitbare Männer
17 standen. Und als die Männer der Stadt
einen Ausfall machten und mit Joab
kämpften, fielen einige vom Volk, von
den Männern Davids, und Uria, der
18 Hetiter, starb auch. Da sandte Joab hin
und ließ David alles sagen, was sich bei
19 dem Kampf begeben hatte, und gebot
dem Boten: Wenn du dem König alles
bis zu Ende gesagt hast, was sich bei
20 dem Kampf begeben hat, und siehst,
daß der König zornig wird und zu dir
spricht: Warum seid ihr so nahe an die
Stadt herangerückt im Kampf? Wißt
ihr nicht, daß von der Mauer geschos-
21 sen wird? Wer erschlug Abimelech,
den Sohn Jerubbaals? [g]Warf nicht ein
Weib einen Mühlstein auf ihn von der
Mauer, so daß er in Tebez starb? War-
um seid ihr so nahe an die Mauer her-
angerückt?, – so sollst du sagen: Auch
dein Knecht Uria, der Hetiter, ist tot.
22 Der Bote ging hin und kam und sagte
David alles, weswegen Joab ihn gesandt
23 hatte. Und der Bote sprach zu David:
Die Männer waren uns übermächtig
und zogen heraus aufs Feld gegen uns;
wir aber gingen gegen sie an bis an den
24 Eingang des Tores. Und die Schützen
schossen von der Mauer auf deine
Knechte und töteten einige von den
Männern des Königs, und auch Uria,
25 dein Knecht, der Hetiter, ist tot. David
sprach zum Boten: So sollst du Joab sa-
gen: »Laß dir das nicht leid sein, denn
das Schwert frißt bald diesen, bald je-
nen. Fahre fort mit dem Kampf gegen
die Stadt und zerstöre sie.« So sollst du
ihm Mut zusprechen.
Und als Urias Frau hörte, daß ihr 26
Mann Uria tot war, hielt sie die Toten-
klage um ihren Eheherrn. Sobald sie 27
aber ausgetrauert hatte, sandte David
hin und ließ sie in sein Haus holen, und
sie wurde seine Frau und gebar ihm
einen Sohn. Aber dem HERRN mißfiel
die Tat, die David getan hatte.

a 1.Chr 20,1 b Mt 5,28.29 c Kap 23,39
d 2.Mose 20,14; 3.Mose 20,10; 5.Mose 22,22
e 3.Mose 15,19 f 2.Mose 20,13 g Ri 9,53.54

Natans Strafrede. David bekennt seine Sünde und empfängt Vergebung

[a]Und der HERR sandte Natan zu David. 12
Als der zu ihm kam, sprach er zu ihm:
Es waren zwei Männer in einer Stadt,
der eine reich, der andere arm. Der Rei- 2
che hatte sehr viele Schafe und Rinder;
aber der Arme hatte nichts als ein einzi- 3
ges kleines Schäflein, das er gekauft
hatte. Und er nährte es, daß es groß
wurde bei ihm zugleich mit seinen Kin-
dern. Es aß von seinem Bissen und
trank aus seinem Becher und schlief in
seinem Schoß, und er hielt's wie eine
Tochter. Als aber zu dem reichen 4
Mann ein Gast kam, brachte er's nicht
über sich, von seinen Schafen und Rin-
dern zu nehmen, um dem Gast etwas
zuzurichten, der zu ihm gekommen
war, sondern er nahm das Schaf des ar-
men Mannes und richtete es dem Mann
zu, der zu ihm gekommen war. Da ge- 5
riet David in großen Zorn über den
Mann und sprach zu Natan: So wahr
der HERR lebt: der Mann ist ein Kind
des Todes, der das getan hat! Dazu soll 6
er das Schaf [b]vierfach bezahlen, weil er
das getan und sein eigenes geschont
hat.
Da sprach Natan zu David: [c]Du bist 7
der Mann! So spricht der HERR, der
Gott Israels: Ich habe dich zum König
gesalbt über Israel und habe dich erret-
tet aus der Hand Sauls und habe dir 8
deines Herrn Haus gegeben, dazu seine
Frauen, und habe dir das Haus Israel
und Juda gegeben; und ist das zu we-
nig, will ich noch dies und das dazu tun.
Warum hast du denn das Wort des 9
HERRN verachtet, daß du getan hast,
was ihm mißfiel? [d]Uria, den Hetiter,

hast du erschlagen mit dem Schwert,
seine Frau hast du dir zur Frau genom-
men, ihn aber hast du umgebracht
10 durchs Schwert der Ammoniter. Nun,
so [e]soll von deinem Hause das Schwert
nimmermehr lassen, weil du mich ver-
achtet und die Frau Urias, des Hetiters,
genommen hast, daß sie deine Frau sei.
11 So spricht der HERR: Siehe, ich will
Unheil über dich kommen lassen aus
deinem eigenen Hause und will deine
Frauen nehmen vor deinen Augen und
will sie deinem Nächsten geben, daß er
[f]bei ihnen liegen soll an der lichten
12 Sonne. Denn du hast's heimlich getan,
ich aber will dies tun vor ganz Israel
und im Licht der Sonne.
13 Da sprach David zu Natan: [g]Ich
habe gesündigt gegen den HERRN. Na-
tan sprach zu David: [h]So hat auch der
HERR deine Sünde weggenommen; du
14 wirst nicht sterben. Aber weil du die
Feinde des HERRN durch diese Sache
zum Lästern gebracht hast, wird der
[i]Sohn, der dir geboren ist, des Todes
15 sterben. Und Natan ging heim.
Und der HERR schlug das Kind, das
Urias Frau David geboren hatte, so daß
16 es todkrank wurde. Und David suchte
Gott um des Knäbleins willen und fa-
stete, und wenn er heimkam, lag er über
17 Nacht auf der Erde. Da traten herzu die
Ältesten seines Hauses und wollten ihn
aufrichten von der Erde; er aber wollte
18 nicht und aß auch nicht mit ihnen. Am
siebenten Tage aber starb das Kind.
Und die Männer Davids fürchteten
sich, ihm zu sagen, daß das Kind tot
sei; denn sie dachten: Siehe, als das
Kind noch am Leben war, redeten wir
mit ihm, und er hörte nicht auf uns; wie
könnten wir ihm nun sagen: Das Kind
ist tot! Er könnte ein Unheil anrichten.
19 Als aber David sah, daß seine Männer
leise redeten, merkte er, daß das Kind
tot sei, und sprach zu seinen Männern:
20 Ist das Kind tot? Sie sprachen: Ja. Da
stand David von der Erde auf und
wusch sich und salbte sich und zog an-
dere Kleider an und ging in das Haus
des HERRN und betete an. Und als er
wieder heimkam, ließ er sich Speise
21 auftragen und aß. Da sprachen seine
Männer zu ihm: Was soll das, was du
tust? Als das Kind lebte, hast du gefa-
stet und geweint; nun es aber gestorben
22 ist, stehst du auf und issest? Er sprach:
Als das Kind noch lebte, fastete ich und
weinte; denn ich dachte: Wer weiß, ob
mir der HERR nicht gnädig wird und das
Kind am Leben bleibt. Nun es aber tot 23
ist, was soll ich fasten? Kann ich es wie-
der zurückholen? Ich werde wohl zu
ihm fahren; es kommt aber nicht wie-
der zu mir zurück. Und als David seine 24
Frau Batseba getröstet hatte, ging er zu
ihr hinein und wohnte ihr bei. Und sie
gebar einen Sohn, den nannte er Salo-
mo. Und der HERR liebte ihn. Und er 25
tat ihn unter die Hand des Propheten
Natan; der nannte ihn Jedidja* um des
HERRN willen.

a (1-6) 2.Mose 20,17 *b* 2.Mose 21,37
c 1.Kön 20,40 *d* Kap 11; 1.Kön 15,5
e Kap 13,28.29; 18,14; 1.Kön 2,24.25; 2.Kön 25,7
f Kap 16,22; 20,3; Hiob 31,9.10 *g* Kap 24,10;
Ps 51,3 *h* Hes 18,21-23 *i* Kap 11,27
*Vers 25: d. h. »Geliebter des HERRN«.

Eroberung der Hauptstadt der Ammoniter

(vgl. 1.Chr 20,1-3)

So kämpfte nun Joab gegen [a]Rabba, 26
die Stadt der Ammoniter, und eroberte
die Königsstadt und sandte Boten zu 27
David und ließ ihm sagen: Ich habe ge-
kämpft gegen Rabba und schon die
Wasserstadt eingenommen. So bring 28
nun das übrige Kriegsvolk zusammen
und belagere die Stadt und erobere sie,
damit nicht ich sie erobere und mein
Name über ihr ausgerufen werde. So 29
brachte David das ganze Kriegsvolk
zusammen und zog hin und kämpfte
gegen Rabba und eroberte es und nahm 30
seinem König die Krone vom Haupt;
die war an Gewicht einen Zentner Gold
schwer, und an ihr war ein Edelstein;
und sie wurde David aufs Haupt ge-
setzt. Und er führte aus der Stadt viel
Beute weg. Aber das Volk darin führte 31
er heraus und stellte sie als Fronarbei-
ter an die Sägen, die eisernen Pickel
und an die eisernen Äxte und ließ sie an
den Ziegelöfen arbeiten. So tat er mit
allen Städten der Ammoniter. Danach
kehrten David und das ganze Kriegs-
volk nach Jerusalem zurück.

a Kap 11,1; Jer 49,2

Amnons Schandtat an Absaloms Schwester

Und es begab sich danach: [a]Absalom, 13
der Sohn Davids, hatte eine schöne
Schwester, die Tamar hieß; und Am-
non, der Sohn Davids, gewann sie lieb.
Und Amnon grämte sich, so daß er fast 2
krank wurde, um seiner Schwester Ta-
mar willen; denn sie war eine Jungfrau,
und es schien Amnon unmöglich zu
sein, ihr etwas anzutun. Amnon aber 3

hatte einen Freund, der hieß Jonadab,
ein Sohn von [b]Davids Bruder Schima,
und dieser Jonadab war ein sehr erfah-
4 rener Mann. Der sprach zu ihm: War-
um wirst du so mager von Tag zu Tag,
du Königssohn? Willst du mir's nicht
sagen? Da sprach Amnon zu ihm: Ich
habe Tamar, die Schwester meines
5 Bruders Absalom, lieb gewonnen. Jo-
nadab sprach zu ihm: Lege dich auf
dein Bett und stelle dich krank. Wenn
dann dein Vater kommt, dich zu besu-
chen, so sprich zu ihm: Laß doch meine
Schwester Tamar kommen, damit sie
mir Krankenkost gebe und vor meinen
Augen das Essen bereite, daß ich zuse-
he und von ihrer Hand nehme und esse.
6 So legte sich Amnon hin und stellte sich
krank. Als nun der König kam, ihn zu
besuchen, sprach Amnon zum König:
Laß doch meine Schwester Tamar
kommen, daß sie vor meinen Augen
einen Kuchen oder zwei mache und ich
7 von ihrer Hand nehme und esse. Da
sandte David zu Tamar ins Haus und
ließ ihr sagen: Geh hin ins Haus deines
Bruders Amnon und mache ihm eine
8 Krankenspeise. Tamar ging hin ins
Haus ihres Bruders Amnon; er aber lag
zu Bett. Und sie nahm den Teig und
knetete ihn und bereitete ihn vor seinen
9 Augen und backte die Kuchen. Und sie
nahm die Pfanne und schüttete sie vor
ihm aus; aber er weigerte sich zu essen.
Und Amnon sprach: Laßt jedermann
von mir hinausgehen. Und es ging je-
10 dermann von ihm hinaus. Da sprach
Amnon zu Tamar: Bringe die Kran-
kenspeise in die Kammer, damit ich
von deiner Hand nehme und esse. Da
nahm Tamar die Kuchen, die sie ge-
macht hatte, und brachte sie zu Am-
non, ihrem Bruder, in die Kammer.
11 [c]Und als sie diese zu ihm brachte, da-
mit er esse, ergriff er Tamar und sprach
zu ihr: Komm, meine Schwester, lege
12 dich zu mir! Sie aber sprach zu ihm:
Nicht doch, mein Bruder, schände
mich nicht; denn so tut man nicht in Is-
rael. Tu nicht solch eine Schandtat!
13 Wo soll ich mit meiner Schande hin?
Und du wirst in Israel sein wie ein
Ruchloser. Rede aber mit dem König,
14 der wird mich dir nicht versagen. Aber
er wollte nicht auf sie hören und ergriff
sie und überwältigte sie und wohnte ihr
15 bei. Und Amnon wurde ihrer über-
drüssig, so daß sein Widerwille größer
war als vorher seine Liebe. Und Am-
non sprach zu ihr: Auf, geh deiner
Wege! Sie aber sprach zu ihm: Daß du 16
mich von dir stößt, dies Unrecht ist
größer als das andere, das du an mir ge-
tan hast. Aber er wollte nicht auf sie hö-
ren, sondern rief seinen Diener, der 17
ihm aufwartete, und sprach: Treibe
diese von mir hinaus und schließ die
Tür hinter ihr zu! Und sie hatte ein Är- 18
melkleid an; denn solche Kleider tru-
gen des Königs Töchter, solange sie
Jungfrauen waren. Und als sein Diener
sie hinausgetrieben und die Tür hinter
ihr zugeschlossen hatte, warf Tamar 19
Asche auf ihr Haupt und zerriß das Är-
melkleid, das sie anhatte, und legte ihre
Hand auf das Haupt und ging laut
schreiend davon. Und ihr Bruder Ab- 20
salom sprach zu ihr: Ist dein Bruder
Amnon bei dir gewesen? Nun, meine
Schwester, schweig still; es ist dein
Bruder, nimm dir die Sache nicht so zu
Herzen. So blieb Tamar einsam im
Hause ihres Bruders Absalom.

Und als der König David dies alles 21
hörte, wurde er sehr zornig. Aber er tat
seinem Sohn Amnon nichts zuleide,
denn er liebte ihn, weil er sein Erstge-
borener war. Doch Absalom redete
nicht mit Amnon, weder Böses noch
Gutes. Denn Absalom haßte Amnon, 22
weil er seine Schwester Tamar ge-
schändet hatte.

a Kap 3,2.3 *b* 1.Sam 17,13 *c* *(11 und 12)* 3.Mose 18,9

Absaloms Rache an Amnon

Nach zwei Jahren aber hatte Absalom 23
Schafschur in Baal-Hazor, das bei
Efraim liegt. Und Absalom lud alle
Söhne des Königs ein und kam zum 24
König und sprach: Siehe, dein Knecht
hat Schafschur; der König und seine
Großen mögen mit seinem Knecht hin-
gehen. Der König aber sprach zu Absa- 25
lom: Nicht doch, mein Sohn, laß uns
nicht alle gehen, damit wir dich nicht
beschweren. Und obgleich er ihn nötig-
te, wollte er doch nicht hingehen, son-
dern entließ ihn mit seinem Segen. Ab- 26
salom sprach: Soll dann nicht mein
Bruder Amnon mit uns gehen? Der
König sprach zu ihm: Warum soll er
mit dir gehen? Da nötigte ihn Absalom, 27
daß er Amnon und alle Söhne des Kö-
nigs mit ihm gehen ließ. Und Absalom
machte ein Mahl, wie wenn der König
ein Mahl gibt.

Absalom aber gebot seinen Leuten: 28
Seht darauf, wenn Amnon guter Dinge
wird vom Wein und ich zu euch spre-

che: Schlagt Amnon nieder!, so [a]sollt
ihr ihn töten. Fürchtet euch nicht, denn
ich hab's euch geboten; seid nur getrost
29 und geht tapfer dran! So taten die Leu-
te Absaloms mit Amnon, wie ihnen Ab-
salom geboten hatte. Da sprangen alle
Söhne des Königs auf, und jeder setzte
sich auf sein Maultier, und sie flohen.
30 Und als sie noch auf dem Wege waren,
kam das Gerücht vor David, Absalom
habe alle Söhne des Königs erschlagen,
daß nicht *einer* von ihnen übriggeblie-
31 ben sei. Da stand der König auf und
zerriß seine Kleider und legte sich auf
die Erde, und alle seine Großen, die um
ihn her standen, zerrissen ihre Kleider.
32 Da hob Jonadab, der Sohn Schimas,
des Bruders Davids, an und sprach:
Mein Herr denke nicht, daß alle jungen
Männer, die Söhne des Königs, tot
sind; sondern Amnon allein wird tot
sein. Denn das hatte Absalom im Sinn
von dem Tage an, da jener seine
33 Schwester Tamar geschändet hatte. So
möge nun mein Herr, der König, nicht
meinen, daß alle Söhne des Königs tot
seien, sondern Amnon allein ist tot.
34 Absalom aber floh. Und als der
Knecht auf der Warte seine Augen auf-
hob und ausschaute, siehe, da war viel
Volk auf dem Wege nach Horonajim,
35 am Abhang. Da sprach Jonadab zum
König: Siehe, die Söhne des Königs
kommen; wie dein Knecht gesagt hat,
36 so ist's ergangen. Und nachdem er das
gesagt hatte, siehe, da kamen die Söhne
des Königs und erhoben ihre Stimme
und weinten. Der König und alle seine
37 Großen weinten auch gar sehr. Absa-
lom aber floh und ging zu [b]Talmai,
dem Sohn Ammihuds, dem König von
[c]Geschur. David aber trug Leid um
seinen Sohn alle Tage.

a 3.Mose 20,17 *b* Kap 3,3 *c* Kap 14,23; Jos 13,11

Joab erwirbt Gnade für Absalom

38 Als aber Absalom geflohen und nach
Geschur gezogen war, blieb er dort drei
39 Jahre. Und der König David hörte auf,
Absalom zu grollen; denn er hatte sich
getröstet über Amnon, daß er tot war.

14 Joab aber, der Sohn der Zeruja,
merkte, daß des Königs Herz an Absa-
2 lom hing, und sandte hin nach Tekoa
und ließ von dort eine kluge Frau holen
und sprach zu ihr: Stelle dich wie eine
Trauernde und zieh Trauerkleider an
und salbe dich nicht mit Öl, sondern
stelle dich wie ein Weib, das eine lange
Zeit Leid getragen hat um einen Toten.
Und du sollst zum König hineingehen 3
und mit ihm reden so und so. Und Joab
legte ihr die Worte in den Mund, die sie
reden sollte. Und als die Frau aus Te- 4
koa zum König kam, fiel sie auf ihr Ant-
litz zur Erde und huldigte ihm und
sprach: Hilf mir, König! Der König 5
sprach zu ihr: Was hast du? Sie sprach:
Ach, ich bin eine Witwe, und mein
Mann ist gestorben. Und deine Magd 6
hatte zwei Söhne, die zankten mitein-
ander auf dem Felde, und weil keiner
da war, der zwischen ihnen schlichtete,
schlug der eine seinen Bruder nieder
und tötete ihn. Und siehe, nun steht die 7
ganze Sippe auf gegen deine Magd, und
sie sagen: Gib den her, der seinen Bru-
der erschlagen hat, [a]damit wir ihn töten
für das Leben seines Bruders, den er
umgebracht hat; so wollen sie auch den
Erben vertilgen und den Funken aus-
löschen, der mir noch übriggeblieben
ist, so daß meinem Mann kein Name
und kein Nachkomme bleibt auf Erden.
Der König sprach zu der Frau: Geh 8
heim, ich will die Sache für dich ord-
nen. Und die Frau aus Tekoa sprach 9
zum König: Mein Herr und König, die
Schuld wird man auf mich und meines
Vaters Haus legen, den König aber und
seinen Thron ohne Schuld sein lassen.
Der König sprach: Wer gegen dich re- 10
det, den bringe zu mir; er soll dich
nicht mehr antasten. Sie sprach: Der 11
König möge doch den Namen des
HERRN, seines Gottes, nennen, damit
der [b]Bluträcher nicht noch mehr Ver-
derben anrichte und sie meinen Sohn
nicht vertilgen. Er sprach: So wahr der
HERR lebt: es soll kein Haar von deinem
Sohn auf die Erde fallen. Und die Frau 12
sprach: Laß deine Magd meinem
Herrn und König etwas sagen. Er
sprach: Sage an! Die Frau sprach: 13
Warum bist du so gesinnt gegen Gottes
Volk? Denn da der König nun ein sol-
ches Urteil gefällt hat, ist er wie ein
Schuldiger, wenn er den nicht zurück-
holen läßt, den er verstoßen hat. Denn 14
wir sterben des Todes und sind wie
Wasser, das auf die Erde gegossen wird
und das man nicht wieder sammeln
kann; aber [c]Gott will nicht das Leben
wegnehmen, sondern er ist darauf be-
dacht, daß das Verstoßene nicht auch
vom ihm verstoßen werde. So bin ich 15
nun gekommen, mit meinem Herrn
und König solches zu reden; denn das
Volk macht mir angst. Deine Magd
dachte: Ich will mit dem König reden;

vielleicht wird er tun, was seine Magd
16 sagt. Denn der König wird seine Magd
erhören, daß er mich errette aus der
Hand aller, die mich samt meinem
Sohn vertilgen wollen vom Erbe Got-
17 tes. Und deine Magd dachte: Meines
Herrn, des Königs, Wort soll mir ein
Trost sein; denn mein Herr, der König,
ist [d] wie der Engel Gottes, daß er Gutes
und Böses unterscheiden kann. Der
HERR, dein Gott, möge mit dir sein!
18 Der König antwortete und sprach zu
der Frau: Verhehle mir nicht, was ich
dich frage. Die Frau sprach: Mein
19 Herr, der König, rede! Der König
sprach: Ist nicht die Hand Joabs mit dir
in alledem? Die Frau antwortete: So
wahr du lebst, mein Herr und König:
man kann nicht vorüber an dem, was
mein Herr und König geredet hat, we-
der zur Rechten noch zur Linken. Ja,
dein Knecht Joab hat mir's geboten,
und er hat alle diese Worte deiner
20 Magd in den Mund gelegt. Daß ich
diese Sache so wenden sollte, das hat
dein Knecht Joab gemacht. Aber mein
Herr gleicht an Weisheit dem [e] Engel
Gottes, so daß er alles weiß, was auf Er-
den geschieht.
21 Da sprach der König zu Joab: Siehe,
ich will es tun; so geh hin und bringe
22 meinen Sohn Absalom zurück. Da fiel
Joab auf sein Antlitz zur Erde, huldigte
und dankte dem König und sprach:
Heute erkennt dein Knecht, daß ich
Gnade gefunden habe vor deinen Au-
gen, mein Herr und König, da der Kö-
23 nig tut, was sein Knecht sagt. So mach-
te sich Joab auf und zog nach [f] Geschur
und brachte Absalom nach Jerusalem.
24 Aber der König sprach: Laß ihn wieder
in sein Haus gehen, doch mein Ange-
sicht soll er nicht sehen. So kam Absa-
lom wieder in sein Haus, doch des Kö-
nigs Angesicht sah er nicht.
25 Es war aber in ganz Israel kein Mann
so schön wie Absalom, und er hatte
dieses Lob vor allen; von der Fußsohle
bis zum Scheitel war nicht ein Fehl an
26 ihm. Und wenn man sein Haupt schor
– das geschah alle Jahre, denn es war
ihm zu schwer, so daß man es ab-
scheren mußte –, so wog sein Haupt-
haar zweihundert Lot nach dem könig-
27 lichen Gewicht. Und Absalom wurden
drei Söhne geboren und eine Tochter,
die hieß [g] Tamar, und sie war ein
schönes Mädchen.
28 Und Absalom wohnte zwei Jahre in
Jerusalem, ohne des Königs Angesicht
zu sehen. Und Absalom sandte zu Joab, 29
um ihn zum König zu senden; aber
Joab wollte nicht zu ihm kommen. Er
aber sandte zum zweitenmal; aber er
wollte immer noch nicht kommen. Da 30
sprach er zu seinen Knechten: Seht das
Stück Acker Joabs neben meinem; er
hat Gerste darauf. So geht hin und
steckt's in Brand. Da steckten die
Knechte Absaloms das Stück in Brand.
Da machte sich Joab auf und kam zu 31
Absalom ins Haus und sprach zu ihm:
Warum haben deine Knechte mein
Feld in Brand gesteckt? Absalom 32
sprach zu Joab: Siehe, ich sandte zu dir
und ließ dir sagen: Komm her, damit
ich dich zum König sende und fragen
lasse: Warum bin ich von Geschur
hierher gekommen? Es wäre mir bes-
ser, daß ich noch dort wäre. So laß mich
nun das Angesicht des Königs sehen;
liegt aber eine Schuld auf mir, so soll er
mich töten. Und Joab ging hinein zum 33
König und sagte es ihm an. Und er rief
Absalom, daß er hinein zum König
kam; und er fiel nieder vor dem König
auf sein Antlitz zur Erde, und der Kö-
nig küßte Absalom.

a 5.Mose 19,11-13 *b* 4.Mose 35,19-21
c Hes 18,23 *d* Kap 19,28; 1.Sam 29,9 *e* Vers 17
f Kap 13,37 *g* Kap 13,1

Absaloms Aufruhr

Und es begab sich danach, daß Absa- **15**
lom [a] sich einen Wagen anschaffte und
Rosse und fünfzig Mann, die seine
Leibwache waren. Auch machte sich 2
Absalom des Morgens auf und trat an
den Weg bei dem Tor. Und wenn je-
mand einen Rechtshandel hatte und
deshalb zum König vor Gericht gehen
wollte, rief ihn Absalom zu sich und
sprach: Aus welcher Stadt bist du?
Wenn der dann sprach: Dein Knecht
ist aus dem und dem Stamm Israels, so 3
sprach Absalom zu ihm: Siehe, deine
Sache ist gut und recht; aber du hast
keinen beim König, der dich hört. Und 4
Absalom sprach: Oh, wer setzt mich
zum Richter im Lande, daß jedermann
zu mir käme, der eine Sache und Ge-
richtshandel hat, damit ich ihm zum
Recht hülfe! Und wenn jemand ihm 5
nahte und vor ihm niederfallen wollte,
so streckte er seine Hand aus und er-
griff ihn und küßte ihn. Auf diese Wei- 6
se tat Absalom mit ganz Israel, wenn sie
vor Gericht kamen zum König. So stahl
Absalom das Herz der Männer Israels.
Nach vier Jahren sprach Absalom 7

zum König: Ich will hingehen und
mein Gelübde in Hebron erfüllen, das
8 ich dem HERRN gelobt habe. Denn dein
Knecht hat ein [b]Gelübde getan, als ich
in [c]Geschur in Aram wohnte, und ge-
sprochen: Wenn mich der HERR nach
Jerusalem zurückbringt, so will ich
dem HERRN einen Gottesdienst halten.
9 Der König sprach zu ihm: Geh hin mit
Frieden! Und er machte sich auf und
10 ging nach Hebron. Absalom aber hatte
heimlich Boten ausgesandt in alle
Stämme Israels und sagen lassen:
Wenn ihr den Schall der Posaune hört,
so ruft: Absalom ist König geworden
11 zu Hebron. Es gingen aber mit Absa-
lom zweihundert Mann von Jerusalem,
die geladen waren, und sie gingen ohne
Argwohn und wußten nichts von der
12 Sache. Als aber Absalom die Opfer dar-
brachte, sandte er auch zu [d]Ahitofel,
dem Giloniter, Davids Ratgeber, und
ließ ihn holen aus seiner Stadt [e]Gilo.
Und die Verschwörung wurde stark,
und es sammelte sich immer mehr Volk
um Absalom.

a 1.Kön 1,5 *b* 1.Mose 28,20.21 *c* Kap 13,37.38
d Kap 23,34 *e* Jos 15,51

David verläßt Jerusalem

13 Da kam einer, der sagte es David an
und sprach: Jedermanns Herz in Israel
14 hat sich Absalom zugewandt. David
aber sprach zu allen seinen Großen, die
bei ihm in Jerusalem waren: Auf, laßt
uns fliehen! Denn hier wird kein Ent-
rinnen sein vor Absalom. Eilt, daß wir
gehen, damit er uns nicht einholt und
uns ergreift und Unheil über uns bringt
und die Stadt schlägt mit der Schärfe
15 des Schwerts. Da sprachen die Großen
des Königs zu ihm: Ganz wie unser
Herr und König will; siehe, wir sind
16 deine Knechte. Und der König zog
hinaus und sein ganzes Haus ihm nach.
Der König aber ließ zehn Nebenfrauen
zurück, um das Haus zu bewahren.
17 Und als der König und alles Volk,
das ihm nachfolgte, hinauskamen, blie-
18 ben sie stehen beim letzten Hause. Und
alle seine Großen blieben an seiner Sei-
te; aber alle [a]Kreter und Pleter, auch
alle Gatiter, sechshundert Mann, die
von Gat ihm nachgefolgt waren, zogen
19 an dem König vorüber. Und der König
sprach zu [b]Ittai, dem [c]Gatiter: Warum
gehst auch du mit uns? Kehre um und
bleibe bei dem neuen König, denn du
bist ein Ausländer und von deiner Hei-
20 mat hierher gezogen. Gestern bist du
gekommen, und heute sollte ich dich
mit uns hin- und herziehen lassen?
Denn ich muß gehen, wohin ich gehen
kann. Kehre um und nimm deine Brü-
der mit dir; dir widerfahre Barmher-
zigkeit und Treue. Ittai antwortete dem 21
König und sprach: So wahr der HERR
lebt, und so wahr mein Herr und König
lebt: wo immer mein Herr, der König,
ist, es gerate zum Tod oder zum Leben,
da wird dein Knecht auch sein. David 22
sprach zu Ittai: So komm und zieh vor-
über! Da zog Ittai, der Gatiter, vor-
über, und alle seine Männer und der
ganze Haufe von Frauen und Kindern,
die bei ihm waren. Und das ganze Land 23
weinte mit lauter Stimme, während das
ganze Kriegsvolk vorüberzog. Und der
König ging über den Bach Kidron, und
das ganze Kriegsvolk zog weiter auf
dem Wege, der zur Wüste geht.
Und siehe, Zadok war auch da und 24
alle Leviten, die bei ihm waren, und sie
trugen die Lade des Bundes Gottes und
stellten sie nieder. Und Abjatar brachte
Opfer dar, bis das ganze Kriegsvolk aus
der Stadt vorübergezogen war. Aber 25
der König sprach zu Zadok: Bringe die
Lade Gottes in die Stadt zurück. Wer-
de ich Gnade finden vor dem HERRN, so
wird er mich zurückbringen, daß ich sie
und ihre Stätte wiedersehe. Spricht er 26
aber: Ich habe kein Wohlgefallen an dir
– siehe, hier bin ich. Er mach's mit mir,
wie es ihm wohlgefällt. Und der König 27
sprach zu dem Priester Zadok: Wohl-
an, du und Abjatar, kehrt zurück in die
Stadt mit Frieden und mit euch eure
beiden Söhne, Ahimaaz, dein Sohn,
und [d]Jonatan, der Sohn Abjatars! Sie- 28
he, ich will warten bei den Furten in der
Wüste, bis von euch Botschaft zu mir
kommt. So brachten Zadok und Abja- 29
tar die Lade Gottes zurück nach Jeru-
salem und blieben dort.
David aber ging den Ölberg hinan 30
und weinte, und sein Haupt war ver-
hüllt, und er ging barfuß. Auch alle
vom Volk, die bei ihm waren, hatten ihr
Haupt verhüllt und gingen hinan und
weinten. Und als David gesagt wurde, 31
daß Ahitofel im Bund mit Absalom sei,
sprach er: HERR, [e]mache den Ratschlag
Ahitofels zur Torheit! Und als David 32
auf die [f]Höhe kam, wo man Gott anzu-
beten pflegte, siehe, da begegnete ihm
Huschai, der [g]Arkiter, mit zerrissenem
Rock und Erde auf seinem Haupt. Und 33
David sprach zu ihm: Wenn du mit mir
gehst, wirst du mir eine Last sein.

34 Wenn du aber in die Stadt zurück-
kehrst und zu Absalom sprichst: Ich
will dein Knecht sein, König; wie ich
zuvor deines Vaters Knecht war, will
ich nun dein Knecht sein –, so [h]könn-
test du mir zugut den Ratschlag Ahito-
35 fels zunichte machen. Auch sind die
Priester Zadok und Abjatar mit dir. Al-
les, was du hörst aus des Königs Hause,
sollst du den Priestern Zadok und Ab-
36 jatar sagen. Siehe, es sind bei ihnen ihre
beiden Söhne: Ahimaaz, Zadoks Sohn,
und Jonatan, Abjatars Sohn. Durch die
könnt ihr mir alles zukommen lassen,
37 was ihr hören werdet.[i] So kam [j]Hu-
schai, der Freund Davids, in die Stadt.
Und Absalom zog in Jerusalem ein.

a Kap 8,18 *b* Kap 18,2 *c* 1.Sam 27,2
d 1.Kön 1,42 *e* Kap 17,14 *f* 1.Kön 3,2 *g* Jos 16,2
h Kap 17,7 *i* Kap 17,15-21 *j* 1.Chr 27,33

David auf der Flucht zum Jordan

16 Und als David ein wenig über die Höhe
hinabgegangen war, siehe, da begegne-
te ihm [a]Ziba, der Knecht Mefibo-
schets, mit einem Paar gesattelter Esel;
darauf waren zweihundert Brote und
hundert Rosinenkuchen und hundert
frische Früchte und ein Schlauch
2 Wein. Da sprach der König zu Ziba:
Was willst du damit machen? Ziba
sprach: Die Esel sollen für das Haus
des Königs sein, um darauf zu reiten,
und die Brote und die Früchte sind für
die Leute zum Essen und der Wein
zum Trinken, wenn sie müde werden in
3 der Wüste. [b]Der König sprach: Wo ist
der Sohn deines Herrn? Ziba sprach
zum König: Siehe, er blieb in Jerusa-
lem; denn er denkt: Heute wird mir das
Haus Israel meines Vaters Königtum
4 zurückgeben. Der König sprach zu
Ziba: Siehe, es soll dein sein alles, was
Mefiboschet hat. Ziba sprach: Ich nei-
ge mich; laß mich auch ferner Gnade
finden vor dir, mein Herr und König.
5 Als aber der König David nach Ba-
hurim kam, siehe, da kam ein Mann
von dort heraus, vom Geschlecht des
Hauses Saul, der hieß [c]Simeï, der Sohn
Geras; der kam heraus und [d]fluchte
6 und warf mit Steinen nach David und
allen Großen des Königs David, ob-
wohl das ganze Kriegsvolk und alle sei-
ne Helden zu seiner Rechten und Lin-
7 ken waren. So aber rief Simeï, als er
fluchte: Hinaus, hinaus, du Bluthund,
8 du ruchloser Mann! Der HERR hat über
dich gebracht alles Blut des Hauses
Sauls, an dessen Statt du König gewor-
den bist. Jetzt hat der HERR das König-
tum gegeben in die Hand deines Soh-
nes Absalom; und siehe, nun steckst du
in deinem Unglück, denn du bist ein
Bluthund. Aber [e]Abisai, der Sohn der 9
Zeruja, sprach zu dem König: Sollte
dieser tote Hund meinem Herrn, dem
König, fluchen dürfen? Ich will hinge-
hen und ihm den Kopf abhauen. [f]Der 10
König sprach: Ihr Söhne der Zeruja,
was hab ich mit euch zu schaffen? Laßt
ihn fluchen; denn der HERR hat ihm ge-
boten: Fluche David! Wer darf dann
sagen: Warum tust du das? Und David 11
sprach zu Abisai und zu allen seinen
Großen: Siehe, mein Sohn, der von
meinem Leibe gekommen ist, trachtet
mir nach dem Leben; warum nicht
auch jetzt der Benjaminiter? Laßt ihn
ruhig fluchen, denn der HERR hat's ihm
geboten. Vielleicht wird der HERR mein 12
Elend ansehen und mir mit Gutem ver-
gelten sein heutiges Fluchen. So ging 13
David mit seinen Leuten des Weges;
aber Simeï ging am Hang des Berges
entlang, ihm gegenüber, und fluchte
und warf mit Steinen nach ihm und be-
warf ihn mit Erdklumpen. Und der 14
König kam mit allem Volk, das bei ihm
war, müde an den Jordan und ruhte
dort aus.

a Kap 9,2 *b (3 und 4)* Kap 19,25-31
c 1.Kön 2,8.9 *d* 2.Mose 22,27 *e* 1.Sam 26,8
f (10-12) Kap 19,17-24

Die Ratschläge Huschais und Ahitofels

Aber Absalom und alles Volk, die Män- 15
ner Israels, kamen nach Jerusalem und
Ahitofel mit ihm. Als aber [a]Huschai, 16
der Arkiter, Davids Freund, zu Absa-
lom hineinkam, rief er Absalom zu: Es
lebe der König! Es lebe der König! Ab- 17
salom aber sprach zu Huschai: Ist das
deine Liebe zu deinem Freunde? War-
um bist du nicht mit deinem Freunde
gezogen? Huschai aber sprach zu Absa- 18
lom: Nein! sondern wen der HERR er-
wählt und dies Volk und alle Männer in
Israel, zu dem gehöre ich und bei dem
will ich bleiben. Zum andern, wem die- 19
ne ich? Ist es nicht sein Sohn, dem ich
diene? Wie ich deinem Vater gedient
habe, so will ich auch vor dir sein.
Und Absalom sprach zu Ahitofel: 20
Gebt euren Rat, was sollen wir tun?
Ahitofel sprach zu Absalom: [b]Geh ein 21
zu den Nebenfrauen deines Vaters, die
er zurückgelassen hat, um das Haus zu
bewahren, so wird ganz Israel hören,

daß du dich bei deinem Vater in Verruf
gebracht hast; dann werden alle, die zu
22 dir stehen, desto kühner werden. Da
machten sie Absalom ein Zelt auf dem
Dach, und Absalom [c]ging zu den Ne-
benfrauen seines Vaters [d]vor den Au-
23 gen ganz Israels. Wenn damals Ahitofel
einen Rat gab, dann war das, als wenn
man Gott um etwas befragt hätte; so
viel galten alle Ratschläge Ahitofels bei
David und bei Absalom.

17 Und Ahitofel sprach zu Absalom:
Ich will zwölftausend Mann auswählen
und mich aufmachen und David nach-
2 jagen in dieser Nacht und will ihn über-
fallen, solange er matt und verzagt ist.
Wenn ich ihn dann erschrecke und das
ganze Kriegsvolk, das bei ihm ist,
flieht, will ich den König allein erschla-
3 gen und das ganze Kriegsvolk zu dir zu-
rückbringen, wie die junge Frau zu ih-
rem Mann zurückkehrt. Du trachtest ja
nur *einem* Mann nach dem Leben, aber
das ganze Volk soll in Frieden bleiben.
4 Die Rede gefiel Absalom gut und allen
Ältesten in Israel.
5 Aber Absalom sprach: Laßt doch
auch [e]Huschai, den Arkiter, rufen und
6 hören, was er dazu sagt. Und als Hu-
schai hinein zu Absalom kam, sprach
Absalom zu ihm: Das und das hat Ahi-
tofel geredet; sage du, sollen wir's tun
7 oder nicht? Da sprach Huschai zu Ab-
salom: Es ist kein guter Rat, den Ahito-
8 fel diesmal gegeben hat. Und Huschai
sprach weiter: Du kennst deinen Vater
und seine Leute, daß sie stark sind und
zornigen Gemüts wie eine Bärin auf
dem Felde, der die Jungen geraubt
sind. Dazu ist dein Vater ein Kriegs-
mann und wird seinen Leuten keine
9 Nachtruhe gönnen. Siehe, er hat sich
jetzt vielleicht verkrochen in irgendei-
ner Schlucht oder sonst einem Ver-
steck. Wenn's dann geschähe, daß
gleich zu Anfang einige unter ihnen fal-
len, und es käme das Gerücht auf: Das
Heer, das Absalom nachfolgt, ist ge-
10 schlagen worden, so würde jedermann
verzagt werden, auch wenn er ein Krie-
ger ist und ein Herz hat wie ein Löwe.
Denn es weiß ganz Israel, daß dein Va-
ter ein Held ist und seine Leute tapfere
11 Krieger sind. Darum rate ich, daß du
zu dir versammelst ganz Israel von Dan
bis Beerseba, so viel wie der Sand am
Meer, und daß du selbst mit ihnen
12 ziehst. So wollen wir ihn überfallen, wo
wir ihn finden, und wollen über ihn
kommen, wie der Tau auf die Erde fällt,
daß wir von ihm und allen seinen Män-
nern nicht einen einzigen übrig lassen.
Zieht er sich aber in eine Stadt zurück, 13
so soll ganz Israel Stricke an die Stadt
legen und sie ins Tal schleifen, so daß
man nicht einen Stein mehr dort finde.
Da sprachen Absalom und jedermann 14
in Israel: Der Rat Huschais, des
Arkiters, ist besser als Ahitofels
Rat. [f]So schickte es der HERR, daß der
kluge Rat Ahitofels verhindert wurde,
damit der HERR Unheil über Absalom
brächte.
Und Huschai sprach zu den Prie- 15
stern Zadok und Abjatar: So und so hat
Ahitofel Absalom und den Ältesten in
Israel geraten, ich aber habe so und so
geraten. So sendet nun eilends hin und 16
laßt David sagen: Bleibe nicht über
Nacht an den Furten der Wüste, son-
dern geh gleich hinüber, damit der Kö-
nig nicht vernichtet werde und das gan-
ze Volk, das bei ihm ist.
[g]Jonatan aber und Ahimaaz standen 17
bei der [h]Quelle Rogel; und eine Magd
ging von Zeit zu Zeit hin und brachte
ihnen Nachricht, die sie dem König
David weitersagten; denn sie durften
sich in der Stadt nicht sehen lassen. Es 18
sah sie aber ein Knabe und sagte es Ab-
salom an. Da gingen die beiden eilends
fort und kamen in das Haus eines Man-
nes in Bahurim; der hatte einen Brun-
nen in seinem Hofe. Dahinein stiegen
sie. Und die Frau nahm eine Decke und 19
breitete sie über das Brunnenloch und
schüttete Körner darüber, so daß man
nichts merkte. Als nun die Leute Absa- 20
loms zu der Frau ins Haus kamen, spra-
chen sie: Wo sind Ahimaaz und Jona-
tan? Sie sprach zu ihnen: Sie gingen
weiter zum Wasser. Und als die Leute
Absaloms sie suchten und nicht fanden,
kehrten sie nach Jerusalem zurück.
Und als sie weg waren, stiegen jene aus 21
dem Brunnen und gingen hin und sag-
ten's dem König David an und spra-
chen zu David: Macht euch auf und
geht eilends über den Fluß, denn Ahi-
tofel hat gegen euch den und den Rat
gegeben. Da machte sich David auf und 22
das ganze Volk, das bei ihm war, und sie
gingen über den Jordan, und als es
lichter Morgen wurde, fehlte nicht ein
einziger, der nicht über den Jordan ge-
gangen war.
Als aber Ahitofel sah, daß sein Rat 23
nicht ausgeführt wurde, sattelte er sei-
nen Esel, machte sich auf und zog heim
in seine Stadt und bestellte sein Haus

und [i] erhängte sich und starb und wur-
de begraben in seines Vaters Grab.

a Kap 15,37 *b* Kap 15,16 *c* 3.Mose 18,8 *d* Kap 12,11 *e* Kap 16,16 *f* Kap 15,31.34 *g* Kap 15,36 *h* Jos 15,7.8 *i* 1.Sam 31,4; 1.Kön 16,18; Mt 27,5

David in Mahanajim

24 Und David kam nach [a] Mahanajim.
Aber Absalom zog über den Jordan und
25 alle Männer Israels mit ihm. Und Ab-
salom hatte [b] Amasa an Joabs Statt über
das Heer gesetzt. Amasa aber war der
Sohn eines Mannes mit Namen Jitra,
eines Israeliters, der zu Abigal, der
Tochter des Nahasch, eingegangen
war; diese war eine Schwester der [c] Ze-
26 ruja, Joabs Mutter. Israel aber und Ab-
27 salom lagerten sich in Gilead. Als Da-
vid nach Mahanajim gekommen war,
da brachten Schobi, der Sohn des [d] Na-
hasch von Rabbat-Ammon, und [e] Ma-
chir, der Sohn Ammiëls von Lo-Dabar,
und [f] Barsillai, ein Gileaditer von Rog-
28 lim, Betten, Becken, irdene Gefäße,
Weizen, Gerste, Mehl, geröstete Kör-
29 ner, Bohnen, Linsen, Honig, Butter,
Kuh- und Schafkäse, um David und
das Volk, das bei ihm war, zu stärken.
Denn sie dachten: Das Volk wird
hungrig, müde und durstig geworden
sein in der Wüste.

a Kap 2,8 *b* Kap 19,14 *c* 1.Chr 2,16.17 *d* 1.Chr 19,1 *e* Kap 9,4 *f* 1.Kön 2,7

Absaloms Ende

18 Und David ordnete das Kriegsvolk, das
bei ihm war, und setzte über sie Haupt-
leute über tausend und über hundert
2 und stellte ein Drittel des Volks unter
Joab und ein Drittel unter Abisai, den
Sohn der Zeruja, Joabs Bruder, und ein
Drittel unter [a] Ittai, den Gatiter. Und
der König sprach zum Kriegsvolk: Ich
3 will auch mit euch ausziehen. Aber das
Kriegsvolk sprach: Du sollst nicht aus-
ziehen, denn wenn wir fliehen oder die
Hälfte von uns stirbt, so werden sie un-
ser nicht achten; aber du bist wie zehn-
tausend von uns. So ist's nun besser,
daß du uns von der Stadt aus helfen
4 kannst. Der König sprach zu ihnen:
Was euch gefällt, das will ich tun. Und
der König trat ans Tor, und das ganze
Kriegsvolk zog aus zu hundert und zu
5 tausend. Und der König gebot Joab
und Abisai und Ittai und sprach: [b] Ver-
fahrt mir schonend mit meinem Sohn
Absalom! Und das ganze Kriegsvolk
hörte es, als der König allen Hauptleu-
ten Absaloms wegen diesen Befehl gab.
Und als das Heer hinauskam aufs Feld 6
Israel entgegen, kam es zum Kampf im
Walde Efraim. Und das Heer Israels 7
wurde dort geschlagen von den Män-
nern Davids, so daß an diesem Tag eine
große Schlacht geschah – zwanzigtau-
send Mann. Und der Kampf breitete 8
sich dort aus über die ganze Gegend,
und der Wald fraß an diesem Tage viel
mehr Volk, als das Schwert fraß.

Und Absalom begegnete den Män- 9
nern Davids und ritt auf einem Maul-
tier. Und als das Maultier unter eine
große Eiche mit dichten Zweigen kam,
blieb sein Haupt an der Eiche hängen,
und er schwebte zwischen Himmel und
Erde; denn sein Maultier lief unter ihm
weg. Als das ein Mann sah, tat er's Joab 10
kund und sprach: Siehe, ich sah Absa-
lom an einer Eiche hängen. Und Joab 11
sprach zu dem Mann, der's ihm kund-
getan hatte: Wenn du das gesehen hast,
warum schlugst du ihn nicht gleich zu
Boden? So hätte ich dir zehn Silber-
stücke und einen Gürtel gegeben. Der 12
Mann sprach zu Joab: Wenn du mir
tausend Silberstücke in meine Hand
gewogen hättest, so hätte ich dennoch
meine Hand nicht an des Königs Sohn
gelegt; denn der König gebot dir und
Abisai und Ittai vor unsern Ohren:
[c] Gebt ja acht auf meinen Sohn Absa-
lom! Oder wenn ich etwas Falsches ge- 13
tan hätte unter Lebensgefahr, würdest
du selbst dich gegen mich stellen, weil
dem König ja nichts verborgen bleibt.
Joab sprach: Ich kann nicht so lange bei 14
dir verweilen. Da nahm Joab drei Stäbe
in seine Hand und stieß sie Absalom ins
Herz, als er noch lebend an der Eiche
hing. Und zehn Knappen, Joabs Waf- 15
fenträger, umringten ihn und schlugen
ihn tot.

Da ließ Joab die Posaune blasen, und 16
das Volk jagte Israel nicht weiter nach;
denn Joab gebot dem Volk Halt. Und sie 17
nahmen Absalom und warfen ihn im
Wald in eine große Grube und [d] legten
einen sehr großen Haufen Steine auf
ihn. Und ganz Israel floh, ein jeder in
sein Zelt. Absalom aber hatte sich eine 18
Säule aufgerichtet, als er noch lebte;
die steht im Königsgrund. Denn er
sprach: [e] Ich habe keinen Sohn, der
meinen Namen lebendig erhält. Und er
nannte die Säule nach seinem Namen,
und sie heißt auch bis auf diesen Tag
»Absaloms Mal«.

a Kap 15,19 *b* Vers 12 *c* Vers 5 *d* Jos 8,29 *e* Kap 14,27

Davids Trauer um Absalom

19 [a]Ahimaaz, der Sohn Zadoks, sprach:
Laß mich doch laufen und dem König
die gute Botschaft bringen, daß der
HERR ihm Recht verschafft hat gegen
20 seine Feinde. Joab aber sprach zu ihm:
Du bist heute nicht der Mann für eine
gute Botschaft. An einem andern Tag
darfst du eine Botschaft bringen, aber
heute nicht; denn des Königs Sohn ist
21 tot. Und Joab befahl dem Mohren:
Geh hin und sage dem König an, was
du gesehen hast. Und der Mohr neigte
22 sich vor Joab und lief hin. Ahimaaz
aber, der Sohn Zadoks, sprach aber-
mals zu Joab: Komme, was da will, ich
möchte auch laufen, dem Mohren
nach. Joab sprach: Was willst du
laufen, mein Sohn? Du hast keine gute
23 Botschaft zu bringen. Ahimaaz sprach:
Komme, was da will, ich laufe. Er
sprach zu ihm: So lauf! Da lief Ahi-
maaz auf dem Weg durchs Jordantal
24 und kam dem Mohren zuvor. David
aber saß zwischen den beiden Toren.
Und der Wächter ging aufs Dach des
Tores an der Mauer und hob seine Au-
gen auf und sah einen Mann laufen al-
25 lein und rief und sagte es dem König
an. Der König aber sprach: Ist er allein,
so ist eine gute Botschaft in seinem
Munde. Und als der Mann immer nä-
26 her kam, sah der Wächter einen zweiten
Mann laufen und rief in das Tor: Siehe,
da kommt noch ein Mann allein. Der
König aber sprach: Der ist auch ein gu-
27 ter Bote. Der Wächter sprach: Ich sehe
den ersten laufen, wie Ahimaaz, der
Sohn Zadoks, läuft. Und der König
sprach: Es ist ein guter Mann und
28 bringt eine gute Botschaft. Ahimaaz
aber rief und sprach zum König: Frie-
de! Und er fiel nieder vor dem König
auf sein Antlitz zur Erde und sprach:
Gelobt sei der HERR, dein Gott, der die
Leute dahingegeben hat, die ihre Hand
gegen meinen Herrn, den König, erho-
29 ben haben. Der König aber sprach:
Geht es auch meinem Sohn Absalom
gut? Ahimaaz sprach: Ich sah ein gro-
ßes Getümmel, als Joab des Königs
Knecht und mich, deinen Knecht,
sandte, aber ich weiß nicht, was es war.
30 Der König sprach: Tritt zur Seite und
stell dich dahin. Und er trat zur Seite
31 und blieb stehen. Siehe, da kam der
Mohr und sprach: Hier gute Botschaft,
mein Herr und König! Der HERR hat
dir heute Recht verschafft gegen alle,
die sich gegen dich auflehnten. Der 32
König aber sprach zu dem Mohren:
Geht es meinem Sohn Absalom auch
gut? Der Mohr sprach: Es müsse den
Feinden meines Herrn, des Königs, er-
gehen, wie es dem jungen Mann ergan-
gen ist, und auch allen, die sich böswil-
lig gegen dich auflehnen.

*Da erbebte der König und ging hin- **19**
auf in das Obergemach des Tores und
weinte, und im Gehen rief er: Mein
Sohn Absalom! Mein Sohn, mein Sohn
Absalom! Wollte Gott, ich wäre für
dich gestorben! O Absalom, mein
Sohn, mein Sohn!

Und es wurde Joab angesagt: Siehe, 2
der König weint und trägt Leid um Ab-
salom. So wurde aus dem Sieg an 3
diesem Tag eine Trauer unter dem
ganzen Kriegsvolk; denn das Volk hat-
te an diesem Tage gehört, daß sich der
König um seinen Sohn gräme. Und das 4
Kriegsvolk stahl sich weg an diesem
Tage in die Stadt, wie sich Kriegsvolk
wegstiehlt, das sich schämen muß, weil
es im Kampf geflohen ist. Der König 5
aber hatte sein Angesicht verhüllt und
schrie laut: Ach, mein Sohn Absalom!
Absalom, mein Sohn, mein Sohn! Joab 6
aber kam zum König ins Haus und
sprach: Du hast heute schamrot ge-
macht alle deine Knechte, die dir heute
das Leben gerettet haben und deinen
Söhnen, deinen Töchtern, deinen
Frauen und Nebenfrauen, weil du lieb- 7
hast, die dich hassen, und hassest, die
dich liebhaben. Denn du läßt heute
merken, daß dir nichts gelegen ist an
den Obersten und Kriegsleuten. Ja, ich
merke heute wohl: wenn nur Absalom
lebte und wir heute alle tot wären, das
wäre dir recht. So mache dich nun auf 8
und komm heraus und rede mit deinen
Knechten freundlich. Denn ich schwö-
re dir bei dem HERRN: Wirst du nicht
herauskommen, so wird kein Mann bei
dir bleiben diese Nacht. Das wird für
dich ärger sein als alles Übel, das über
dich gekommen ist von deiner Jugend
auf bis hierher. Da stand der König auf 9
und setzte sich ins Tor. Und man sagte
es allem Kriegsvolk: Siehe, der König
sitzt im Tor. Da kam alles Volk vor den
König.

a Kap 15,36; 17,17
*Kap 19,1: Abweichende Verszählung statt 19,1-44: 18,33-19,43.

Davids Rückkehr nach Jerusalem

Als Israel geflohen war, ein jeder in sein

10 Zelt, stritt sich alles Volk in allen Stäm-
men Israels, und sie sprachen: Der Kö-
nig hat uns errettet aus der Hand unse-
rer Feinde und uns erlöst aus der Hand
der Philister und hat jetzt aus dem
Lande fliehen müssen vor Absalom.
11 Aber Absalom, den wir über uns ge-
salbt hatten, ist gefallen im Kampf.
Warum seid ihr nun so still und holt
12 den König nicht wieder zurück? Es
kam aber die Rede ganz Israels vor den
König. Und der König sandte zu den
Priestern Zadok und Abjatar und ließ
ihnen sagen: Redet mit den Ältesten in
Juda und sprecht: Warum wollt ihr die
Letzten sein, den König zurückzuholen
13 in sein Haus? Ihr seid meine Brüder,
[a]von meinem Gebein und Fleisch;
warum wollt ihr denn die Letzten sein,
14 den König zurückzuholen? Und zu
[b]Amasa sprecht: Bist du nicht von mei-
nem Gebein und Fleisch? Gott tue mir
dies und das, wenn du nicht Feldhaupt-
mann sein sollst vor mir dein Leben
15 lang an Joabs Statt. Und er wandte das
Herz aller Männer Judas wie *eines*
Mannes Herz, und sie sandten hin zum
König: Komm zurück, du und alle dei-
16 ne Leute! So kam der König zurück.
Und als er an den Jordan kam, waren
die Männer Judas nach Gilgal gekom-
men, um dem König entgegenzuziehen
und den König über den Jordan zu füh-
ren.
17 Und [c]Simeï, der Sohn Geras, der
Benjaminiter, der in Bahurim wohnte,
zog eilends mit den Männern von Juda
18 hinab dem König David entgegen und
mit ihm tausend Mann von Benjamin,
dazu auch [d]Ziba, der Knecht des Hau-
ses Saul, mit seinen fünfzehn Söhnen
und zwanzig Knechten, und sie gingen
durch den Jordan, bevor der König
19 kam, und machten eine Furt durch den
Jordan, damit sie das Haus des Königs
hinüberführten und täten, was ihm ge-
fiele. Simeï aber, der Sohn Geras, fiel
vor dem König nieder, als dieser über
20 den Jordan gehen wollte, und sprach
zum König: Mein Herr rechne es mir
nicht als Schuld an und denke nicht
mehr daran, daß dein Knecht sich an
dir vergangen hat an dem Tage, da
mein Herr, der König, aus Jerusalem
ging, und der König nehme es nicht zu
21 Herzen. Denn dein Knecht erkennt,
daß ich gesündigt habe. Und siehe, ich
bin heute als erster vom ganzen Hause
Josef gekommen, daß ich meinem
Herrn, dem König, entgegenzöge.

Aber Abisai, der Sohn der Zeruja, hob 22
an und sprach: Sollte Simeï nicht ster-
ben, da er doch dem Gesalbten des
HERRN geflucht hat? David aber 23
sprach: [e]Was hab ich mit euch zu
schaffen, ihr Söhne der Zeruja, daß ihr
mir heute zum Satan werden wollt?
Sollte heute jemand sterben in Israel?
Meinst du, ich wisse nicht, daß ich heu-
te wieder König über Israel geworden
bin? Und der König sprach zu Simeï: 24
Du sollst nicht sterben. Und der König
schwor es ihm.[f]

Mefiboschet, der [g]Enkel Sauls, kam 25
auch herab, dem König entgegen. Und
er hatte seine Füße und seinen Bart
nicht gereinigt und seine Kleider nicht
gewaschen von dem Tage an, da der
König weggegangen war, bis zu dem
Tag, da er wohlbehalten zurückkäme.
Als er nun von Jerusalem kam, dem 26
König zu begegnen, sprach der König
zu ihm: Warum bist du nicht mit mir
gezogen, Mefiboschet? Und er sprach: 27
Mein Herr und König, mein Knecht
hat mich betrogen. Dein Knecht dach-
te: Ich will einen Esel satteln und dar-
auf reiten und zum König ziehen, denn
dein Knecht ist lahm. Dazu hat er dei- 28
nen Knecht [h]verleumdet vor meinem
Herrn, dem König. Aber mein Herr,
der König, ist [i]wie der Engel Gottes;
tu, was dir wohlgefällt. Meines Vaters 29
ganzes Haus hätte ja den Tod erleiden
müssen von meinem Herrn, dem Kö-
nig; du aber hast deinen Knecht gesetzt
unter die, die an deinem Tisch essen.
Was hab ich weiter für Recht oder An-
spruch, zum König um Hilfe zu schrei-
en?[j] Der König sprach zu ihm: Was re- 30
dest du noch weiter? Nun bestimme
ich: Du und Ziba, teilt den Besitz mit-
einander.[k] Mefiboschet sprach zum 31
König: Er nehme ihn auch ganz, nach-
dem mein Herr und König wohlbehal-
ten heimgekommen ist.

[l]Und Barsillai, der Gileaditer, kam 32
herab von Roglim und zog mit dem Kö-
nig an den Jordan, um ihn über den
Jordan zu geleiten. Und Barsillai war 33
sehr alt, wohl achtzig Jahre. Er hatte
den König versorgt, als er in Mahana-
jim war; denn er war ein Mann von gro-
ßem Vermögen. Und der König sprach 34
zu Barsillai: Du sollst mit mir ziehen,
ich will dich versorgen bei mir in Jeru-
salem. Aber Barsillai sprach zum Kö- 35
nig: Was ist's noch, das ich zu leben
habe, daß ich mit dem König hinaufzie-
hen sollte nach Jerusalem? Ich bin heu- 36

te achtzig Jahre alt. Wie kann ich noch
unterscheiden, was gut und schlecht
ist, oder schmecken, was ich esse und
trinke, oder hören, was die Sänger und
Sängerinnen singen? Warum sollte
dein Knecht meinen Herrn, den König,
37 noch beschweren? Dein Knecht wird
ein kleines Stück mit dem König über
den Jordan gehen. Warum will mir der
38 König so reichlich vergelten? Laß dei-
nen Knecht umkehren, daß ich sterbe
in meiner Stadt bei meines Vaters und
meiner Mutter Grab. Siehe, da ist dein
Knecht [m]Kimham, den laß mit mei-
nem Herrn, dem König, ziehen und tu
39 ihm, was dir wohlgefällt. Der König
sprach: Kimham soll mit mir ziehen,
und ich will ihm tun, was dir wohlge-
fällt; auch alles, was du von mir be-
40 gehrst, will ich dir tun. Und als das gan-
ze Volk über den Jordan gegangen war
und der König auch, küßte der König
den Barsillai und segnete ihn. Und er
41 kehrte zurück in seine Heimat. Und der
König zog weiter nach Gilgal, und
Kimham zog mit ihm. Und das ganze
Volk von Juda hatte den König hin-
übergeführt und auch die Hälfte des
Volks von Israel.

a Kap 5,1 *b* Kap 17,25 *c* Kap 16,5-14; 1.Kön 2,8
d Kap 9,2.10; 16,1-4 *e* Kap 16,10 *f* 1.Kön 2,8.9
g Kap 9,6 *h* Kap 16,3 *i* Kap 14,17 *j* Kap 9,7
k Kap 9,9.10; 16,3.4 *l* *(32 und 33)* Kap 17,27;
1.Kön 2,7 *m* Jer 41,17

Streit zwischen Juda und Israel um den König

42 Und siehe, da kamen alle Männer von
Israel zum König und sprachen zu
ihm: Warum haben dich unsere Brü-
der, die Männer von Juda, gestohlen
und haben den König und sein Haus
über den Jordan gebracht und alle
43 Männer Davids mit ihm? Da antworte-
ten alle Männer von Juda denen von Is-
rael: [a]Der König steht uns doch näher;
warum zürnt ihr darüber? Meint ihr,
daß wir etwa ein Stück vom König auf-
gegessen oder ihn für uns wegge-
44 schleppt hätten? Aber es antworteten
die von Israel denen von Juda: Wir ha-
ben zehnfachen Anteil am König und
sind auch die Erstgeborenen vor euch.
Warum habt ihr uns denn so gering ge-
achtet? Und haben wir nicht zuerst da-
von geredet, uns unsern König zurück-
zuholen? Aber die von Juda redeten
noch heftiger als die von Israel.[b]

a Vers 12.13 *b* Vers 10.11

Schebas Aufstand

Es traf sich aber, daß dort ein ruchloser **20**
Mann war, der hieß Scheba, ein Sohn
Bichris, ein Benjaminiter. Der blies die
Posaune und sprach: [a]Wir haben kein
Teil an David noch Erbe am Sohn
Isais. Ein jeder gehe in sein Zelt, Israel!
Da fiel jedermann in Israel von David 2
ab, und sie folgten Scheba, dem Sohn
Bichris. Aber die Männer von Juda
hingen ihrem König an und geleiteten
ihn vom Jordan bis Jerusalem.
Als aber der König David heimkam 3
nach Jerusalem, nahm er [b]die zehn Ne-
benfrauen, die er zurückgelassen hatte,
um das Haus zu bewahren, und tat sie
in ein besonderes Haus und versorgte
sie; aber er ging nicht ein zu ihnen.
Und so waren sie eingeschlossen bis an
ihren Tod und lebten wie Witwen.
Und der König sprach zu Amasa: 4
Ruf mir alle Männer von Juda auf den
dritten Tag zusammen, und du sollst
dann auch hier stehen. Und Amasa 5
ging hin, um Juda zusammenzurufen;
aber er blieb über die Zeit hinaus, die
ihm bestimmt war. Da sprach David zu 6
Abisai: Nun wird uns Scheba, der
Sohn Bichris, mehr Schaden tun als
Absalom. Nimm du die Männer deines
Herrn und jage ihm nach, damit er
nicht etwa für sich feste Städte gewinne
und entreiße sie vor unsern Augen. Da 7
zogen die Männer Joabs aus und folg-
ten Abisai, dazu die [c]Kreter und Pleter
und alle Helden. Sie zogen aber aus von
Jerusalem, um Scheba, dem Sohn
Bichris, nachzujagen.
Als sie aber bei dem großen Stein bei 8
Gibeon waren, war Amasa vor ihnen
angekommen. Joab aber trug einen
Waffenrock und darüber einen Gürtel
mit einem Dolch; der war befestigt an
seiner Hüfte in der Scheide, und wenn
diese heraustrat, entfiel ihr der Dolch.
Und Joab sprach zu Amasa: Friede mit 9
dir, mein Bruder! Und Joab faßte mit
seiner rechten Hand Amasa bei dem
Bart, [d]um ihn zu küssen. Und [e]Amasa 10
hatte nicht acht auf den Dolch in der
linken Hand Joabs. Der stach ihn damit
in den Bauch, so daß seine Eingeweide
auf die Erde fielen, und gab ihm keinen
Stich mehr, und er starb. Joab aber und
sein Bruder Abisai jagten Scheba, dem
Sohn Bichris, nach. Und es trat ein 11
Mann von den Leuten Joabs neben ihn
und rief: Wer's mit Joab hält und für
David ist, der folge Joab nach! Amasa 12

aber lag in seinem Blut mitten auf der
Straße. Als aber der Mann sah, daß al-
les Volk da stehen blieb, wälzte er Ama-
sa von der Straße auf den Acker und
warf Kleider auf ihn, weil er sah, daß je-
der stehen blieb, der an ihm vorbeikam.
13 Als er nun von der Straße wegge-
schafft war, folgte jedermann Joab
nach, um Scheba, dem Sohn Bichris,
14 nachzujagen. Und der zog durch alle
Stämme Israels bis Abel-Bet-Maacha,
und es versammelten sich alle Bichriter
15 und folgten ihm nach. Aber die Leute
Joabs kamen und belagerten ihn in
Abel-Bet-Maacha und schütteten ei-
nen Wall gegen die Stadt auf, daß er bis
an die Vormauer reichte, und stürmten
und wollten die Mauer niederwerfen.
16 Da rief eine kluge Frau aus der Stadt:
Hört her! Hört her! Sprecht zu Joab:
Komm hierher, ich will mit dir reden.
17 Und als er zu ihr kam, sprach die Frau:
Bist du Joab? Er sprach: Ja. Sie sprach
zu ihm: Höre die Rede deiner Magd. Er
18 sprach: Ich höre. Sie sprach: Vorzeiten
sagte man: Man frage doch nach in
19 Abel und in Dan, so geht es gut aus; ich
bin eine von den friedsamen und treuen
Städten in Israel, und du willst eine
Stadt und Mutter in Israel zugrunde
richten? Warum willst du das [f]Erbteil
20 des HERRN verderben? Joab antworte-
te: Das sei ferne, das sei ferne von mir,
daß ich verderben und vernichten will!
21 So steht es nicht! Sondern ein Mann
vom Gebirge Efraim mit Namen
Scheba, der Sohn Bichris, hat sich em-
pört gegen den König David. Gebt ihn
allein heraus, so will ich von der Stadt
abziehen. Die Frau sprach zu Joab:
Siehe, sein Kopf soll zu dir über die
22 Mauer geworfen werden. Und die Frau
beredete das ganze Volk mit ihrer
Klugheit. Und sie hieben Scheba, dem
Sohn Bichris, den Kopf ab und warfen
ihn zu Joab hinaus. Da blies er die Po-
saune, und sie zogen ab von der Stadt
und zerstreuten sich, ein jeder in sein
Zelt. Joab aber kam zurück nach Jeru-
salem zum König.

a 1.Kön 12,16 *b* Kap 16,21 *c* Kap 8,18
d Mt 26,48-50 *e* 1.Kön 2,5 *f* 5.Mose 32,9

Beamte in Davids Reich

23 [a]Joab aber war über das ganze Heer Is-
raels gesetzt, Benaja, der Sohn Jojadas,
24 über die Kreter und Pleter. Adoram
war über die Fronarbeiter gesetzt. Josa-
fat, der Sohn Ahiluds, war Kanzler.
25 Scheja war Schreiber, Zadok und Abja-
tar waren Priester. Auch Ira, der Jaïri- 26
ter, war Davids Priester.

a (23-26) Kap 8,16-18; 1.Kön 4,4.6

Die Vollendung des Gerichts am Hause Sauls

Es war eine Hungersnot zu Davids Zei- **21**
ten drei Jahre nacheinander. Und Da-
vid suchte das Angesicht des HERRN,
und der HERR sprach: Auf Saul und auf
seinem Hause liegt eine Blutschuld,
weil er die Gibeoniter getötet hat. Da 2
ließ der König die Gibeoniter rufen
und sprach mit ihnen. Die Gibeoniter
aber gehörten nicht zu den Israeliten,
sondern waren übriggeblieben von den
Amoritern. Und [a]die Israeliten hatten
einen Bund mit ihnen geschlossen; je-
doch suchte Saul sie auszurotten in sei-
nem Eifer für Israel und Juda. Da 3
sprach David zu den Gibeonitern: Was
soll ich für euch tun? Und womit soll
ich Sühne schaffen, daß ihr das [b]Erb-
teil des HERRN segnet? Die Gibeoniter 4
sprachen zu ihm: Es ist uns nicht um
Gold noch Silber zu tun bei Saul und
seinem Hause, auch steht es uns nicht
zu, jemand zu töten in Israel. Er
sprach: Was wollt ihr dann, daß ich für
euch tun soll? Sie sprachen zum Kö- 5
nig: Von dem Mann, der uns zunichte
gemacht hat und der uns vertilgen woll-
te, daß uns nichts bleibe in allen Lan-
den Israels – aus seinem Hause gebt uns 6
sieben Männer, damit wir sie [c]aufhän-
gen vor dem HERRN in Gibeon, auf dem
Berge des HERRN. Der König sprach:
Ich will sie euch herausgeben. Aber der 7
König verschonte Mefiboschet, den
Sohn Jonatans, des Sohnes Sauls, [d]um
des Eides willen, den David und Jona-
tan, der Sohn Sauls, einander vor dem
HERRN geschworen hatten. Aber die 8
beiden Söhne der [e]Rizpa, der Tochter
Ajjas, die sie Saul geboren hatte, Armo-
ni und Mefiboschet, dazu die fünf Söh-
ne der Merab, der Tochter Sauls, die
sie dem [f]Adriël geboren hatte, dem
Sohn Barsillais aus Mehola, nahm der
König und gab sie in die Hand der Gi- 9
beoniter. Die hängten sie auf dem Ber-
ge vor dem HERRN auf. So kamen diese
sieben auf einmal um und starben in
den ersten Tagen der Ernte, wenn die
Gerstenernte anfängt.

a Jos 9,3.15.19 *b* 5.Mose 32,9 *c* 5.Mose 21,22.23
d 1.Sam 20,15-17 *e* Kap 3,7 *f* 1.Sam 18,19

David läßt die Gebeine Sauls und seiner Nachkommen bestatten

10 Da nahm Rizpa, die Tochter Ajjas, ein
Sackgewand und breitete es für sich aus
auf dem Fels am Anfang der Ernte, bis
Regen vom Himmel auf die Toten
troff, und ließ am Tage die Vögel des
Himmels nicht an sie kommen noch des
11 Nachts die Tiere des Feldes. Und es
wurde David angesagt, was Rizpa, die
Tochter Ajjas, Sauls Nebenfrau, getan
12 hatte. Und David ging hin und nahm
die Gebeine Sauls und die Gebeine seines
Sohnes Jonatan von den Bürgern
von Jabesch in Gilead. [a]Die hatten sie
vom Platz am Tor Bet-Scheans heimlich
weggenommen, wohin die Philister
sie gehängt hatten zu der Zeit, da die
Philister Saul schlugen auf dem Berge
13 Gilboa. Und David brachte sie von dort
herauf, und sie sammelten die Gebeine
14 der Gehängten und begruben sie mit
den Gebeinen Sauls und seines Sohnes
Jonatan im Lande Benjamin in Zela im
Grabe seines Vaters Kis und taten alles,
wie der König geboten hatte. [b]Danach
wurde Gott dem Lande wieder gnädig.

a 1.Sam 31,12 *b* Kap 24,25

Heldentaten der Krieger Davids

(vgl. 1.Chr 20,4-8)

15 Es erhob sich aber wieder ein Krieg der
Philister mit Israel. Und David zog
hinab und seine Männer mit ihm, und
sie blieben in Gob, um mit den Philistern
zu kämpfen. Und David wurde
16 müde. Aber da war einer der Riesensöhne,
und das Gewicht seines Speers
war dreihundert Lot Kupfer, dazu hatte
er eine neue Rüstung. Der wollte Da-
17 vid erschlagen. Aber [a]Abisai, der Sohn
der Zeruja, half David und schlug den
Philister tot. Da beschworen David seine
Männer und sprachen: Du sollst
nicht mehr mit uns ausziehen in den
Kampf, damit nicht die [b]Leuchte in Israel
verlischt.

18 Danach erhob sich noch ein Krieg
bei Gob mit den Philistern. Da erschlug
Sibbechai, der Huschatiter, den
Saf, der auch einer vom Geschlecht der
19 Riesen war. Und es erhob sich noch ein
Krieg bei Gob mit den Philistern. Da
erschlug Elhanan, der Sohn Jaïrs aus
Betlehem, den Goliat, den Gatiter; der
hatte einen [c]Spieß, dessen Schaft war
wie ein Weberbaum.

20 Und es erhob sich noch ein Krieg bei
Gat. Da war ein langer Mann, der hatte
sechs Finger an seinen Händen und
sechs Zehen an seinen Füßen, das sind
vierundzwanzig an der Zahl, und auch
er war vom Geschlecht der Riesen.
Und [d]als er Israel hohnsprach, er- 21
schlug ihn Jonatan, der Sohn Schimas,
der ein Bruder Davids war. Diese vier 22
stammten vom Geschlecht der Riesen
in Gat und fielen durch die Hand Davids
und seiner Kriegleute.

a Kap 23,18 *b* Kap 22,29 *c* 1.Sam 17,7
d 1.Sam 17,10

Davids Danklied

(Ps 18)

Und David redete vor dem HERRN die **22**
Worte dieses Liedes zur Zeit, als ihn
der HERR errettet hatte aus der Hand aller
seiner Feinde und aus der Hand
Sauls, und sprach: Der HERR ist mein 2
Fels und meine Burg und mein Erret-
ter. Gott ist mein Hort, auf den ich 3
traue, mein Schild und Berg meines
Heils, mein Schutz und meine Zuflucht,
mein Heiland, der du mir hilfst
vor Gewalt. Ich rufe an den HERRN, den 4
Hochgelobten, so werde ich vor meinen
Feinden errettet.

Es hatten mich umfangen die Wogen 5
des Todes, und die Fluten des Unheils
erschreckten mich. Des Totenreichs 6
Bande umfingen mich, und des Todes
Stricke überwältigten mich. Als mir 7
angst war, rief ich den HERRN an und
schrie zu meinem Gott. Da erhörte er
meine Stimme von seinem Tempel,
und mein Schreien kam vor ihn zu seinen
Ohren. Die Erde bebte und wank- 8
te, die Grundfesten des Himmels bewegten
sich und bebten, da er zornig
war. Rauch stieg auf von seiner Nase 9
und verzehrend Feuer aus seinem
Munde, Flammen sprühten von ihm
aus. Er neigte den Himmel und fuhr 10
herab, und Dunkel war unter seinen
Füßen. Und er fuhr auf dem Cherub 11
und flog daher, und er schwebte auf
den Fittichen des Windes. Er machte 12
Finsternis ringsum zu seinem Zelt und
schwarze, dicke Wolken. Aus dem 13
Glanz vor ihm brach hervor flammendes
Feuer. Der HERR donnerte vom 14
Himmel, und der Höchste ließ seine
Stimme erschallen. Er schoß seine Pfei- 15
le und streute sie aus, er sandte Blitze
und jagte sie dahin. Da sah man das 16
Bett des Meeres, und des Erdbodens
Grund ward aufgedeckt bei dem Schelten
des HERRN, vor dem Odem und
Schnauben seines Zornes.

17 Er streckte seine Hand aus von der
Höhe und faßte mich und zog mich aus
18 großen Wassern. Er errettete mich von
meinen starken Feinden, von meinen
19 Hassern, die mir zu mächtig waren; sie
überwältigten mich zur Zeit meines
Unglücks, aber der HERR ward mein
20 Halt. Er führte mich hinaus ins Weite,
er riß mich heraus; denn er hatte Lust
zu mir.

21 Der HERR tut wohl an mir nach mei-
ner Gerechtigkeit; er vergilt mir nach
22 der Reinheit meiner Hände. Denn ich
halte die Wege des HERRN und bin
23 nicht gottlos wider meinen Gott. Denn
alle seine Rechte hab ich vor Augen,
und seine Gebote werfe ich nicht von
24 mir, sondern ich bin ohne Tadel vor
25 ihm und hüte mich vor Schuld. Darum
vergilt mir der HERR nach meiner Ge-
rechtigkeit, nach der Reinheit meiner
Hände vor seinen Augen.

26 Gegen die Heiligen bist du heilig, ge-
27 gen die Treuen bist du treu, gegen die
Reinen bist du rein, und gegen die Ver-
28 kehrten bist du verkehrt. Denn du
hilfst dem elenden Volk, und die Augen
29 aller Stolzen erniedrigest du. Ja, du,
HERR, bist meine Leuchte; der HERR
30 macht meine Finsternis licht. Denn mit
dir kann ich Kriegsvolk zerschlagen
und mit meinem Gott über Mauern
31 springen. Gottes Wege sind vollkom-
men, des HERRN Worte sind durchläu-
tert. Er ist ein Schild allen, die ihm ver-
trauen.

32 Denn wer ist Gott, wenn nicht der
HERR? Und wer ist ein Fels, wenn nicht
33 unser Gott? Gott stärkt mich mit Kraft
34 und weist mir den rechten Weg. Er
macht meine Füße gleich den Hirschen
35 und stellt mich auf meine Höhen. Er
lehrt meine Hände streiten und meinen
36 Arm den ehernen Bogen spannen. Du
gibst mir den Schild deines Heils, und
37 deine Huld macht mich groß. Du gibst
meinen Schritten weiten Raum, daß
meine Knöchel nicht wanken.

38 Meinen Feinden jagte ich nach und
vertilgte sie, und ich kehre nicht um,
39 bis ich sie umgebracht habe. Ich brach-
te sie um und hab sie zerschmettert,
daß sie nicht mehr aufstehen können;
40 sie sind unter meine Füße gefallen. Du
hast mich gerüstet mit Stärke zum
Streit; du kannst mir unterwerfen, die
41 sich gegen mich erheben. Du hast mei-
ne Feinde zur Flucht gewandt, daß ich
42 vernichte, die mich hassen. Sie sehen
sich um – aber da ist kein Helfer – nach
dem HERRN, aber er antwortet ihnen
nicht. Ich will sie zerstoßen zu Staub 43
der Erde, wie Dreck auf der Gasse will
ich sie zerstäuben und zertreten.

Du hast mir aus dem Aufruhr meines 44
Volkes geholfen und machst mich zum
Haupt über Heiden; ein Volk, das ich
nicht kannte, dient mir. Die Söhne der 45
Fremde huldigen mir und gehorchen
mir mit gehorsamen Ohren. Die Söhne 46
der Fremde verschmachten und kom-
men mit Zittern aus ihren Burgen. Der 47
HERR lebt, und gelobt sei mein Fels,
und Gott, der Fels meines Heils, sei
hoch erhoben, der Gott, der mir Ver- 48
geltung schafft und mir die Völker
unterwirft. Er hilft mir aus von meinen 49
Feinden. Du erhöhst mich über die, die
sich gegen mich erheben, vor dem
Mann der Gewalttat rettest du mich.

Darum will ich dir danken, HERR, 50
unter den Heiden und deinem Namen
lobsingen, der seinem Könige großes 51
Heil gibt und Gnade erweist seinem
Gesalbten, David und seinem Hause
ewiglich.

Davids letzte Worte

Dies sind die letzten Worte Davids. Es **23**
spricht David, der Sohn Isais, es
spricht der Mann, der hoch erhoben ist,
der [a]Gesalbte des Gottes Jakobs, der
Liebling der Lieder Israels:

Der Geist des HERRN hat durch mich 2
geredet, und sein Wort ist auf meiner
Zunge. Es hat der Gott Israels zu mir 3
gesprochen, der Fels Israels hat gere-
det: Wer gerecht herrscht unter den
Menschen, wer herrscht in der Furcht
Gottes, der ist [b]wie das Licht des Mor- 4
gens, wenn die Sonne aufgeht, am
Morgen ohne Wolken. Und wie das
Gras nach dem Regen aus der Erde
bricht, so ist [c]mein Haus fest bei Gott; 5
denn er hat mir einen ewigen Bund ge-
setzt, in allem wohl geordnet und gesi-
chert. All mein Heil und all mein Be-
gehren wird er gedeihen lassen. Aber 6
die nichtswürdigen Leute sind allesamt
wie verwehte Disteln, die man nicht
mit der Hand fassen kann; sondern wer 7
sie angreifen will, muß Eisen und Spieß
in der Hand haben; sie werden mit
Feuer verbrannt an ihrer Stätte.

a 1.Sam 16,13 *b* Ri 5,31 *c* Kap 7,16

Die Helden Davids
(vgl. 1.Chr 11,10-47)

Dies sind die Namen der Helden Da- 8
vids: Jischbaal, der Hachmoniter, der

Erste unter den Dreien; der schwang
seinen Spieß über achthundert, die auf
9 einmal erschlagen waren. Nach ihm
war unter den drei Helden Eleasar, der
Sohn Dodos, der Ahoachiter. Er war
mit David in Pas-Dammim, als die Phi-
lister dort versammelt waren zum
Kampf und die Männer Israels sich zu-
10 rückzogen; er aber hielt stand und
schlug die Philister, bis seine Hand
müde war und am Schwert erstarrte.
Und der HERR gab großes Heil an je-
nem Tage, so daß das Volk sich wieder
umwandte hinter ihm her, um zu plün-
11 dern. Nach ihm war Schamma, der
Sohn Ages aus Harar. Als die Philister
sich sammelten in Lehi – es war dort ein
Stück Acker mit Linsen – und das Volk
12 vor den Philistern floh, da trat er mitten
auf das Stück und entriß es den Phili-
stern und schlug sie, und Gott gab gro-
ßes Heil.
13 Und drei von den dreißig Helden ka-
men zu Beginn der Ernte hinab zu Da-
vid, zu der [a]Höhle Adullam, und das
Lager der Philister lag in der Ebene Re-
14 faim. David aber war damals in der
Bergfeste, und die Wache der Philister
15 lag in Betlehem. Und David gelüstete
es, und er sprach: Wer will mir Wasser
zu trinken holen aus dem Brunnen am
16 Tor in Betlehem? Da brachen die drei
Helden in das Lager der Philister ein
und [b]schöpften Wasser aus dem Brun-
nen am Tor in Betlehem und trugen's
und brachten's zu David. Aber er woll-
te es nicht trinken, sondern goß es aus
17 für den HERRN und sprach: Das lasse
der HERR fern von mir sein, daß ich das
tue! Ist's nicht das Blut der Männer,
die ihr Leben gewagt haben und hinge-
gangen sind? Und er wollte es nicht
trinken. Das taten die drei Helden.
18 [c]Abisai, Joabs Bruder, der Sohn der
Zeruja, war der Erste der Dreißig. Er
schwang seinen Spieß über dreihun-
dert Erschlagenen und war berühmt
19 unter den Dreißig. Er war hochgeehrt
unter den Dreißig und war ihr Ober-
ster, aber er kam nicht an jene Drei her-
an.
20 Und [d]Benaja, der Sohn Jojadas, ein
streitbarer Mann von großen Taten,
war aus [e]Kabzeel; der erschlug die bei-
den »Gotteslöwen« der Moabiter. Er
stieg hinab und erschlug einen Löwen
in einem Brunnen, als Schnee gefallen
21 war. Er erschlug auch einen ägypti-
schen Mann, einen Riesen, der hatte
einen Spieß in seiner Hand. Er aber
ging zu ihm hinab mit einem Stecken
und riß dem Ägypter den Spieß aus der
Hand und durchbohrte ihn mit dessen
eigenem Spieß. Das tat Benaja, der 22
Sohn Jojadas. Er war berühmt unter
den dreißig Helden und war hoch- 23
geehrt unter den Dreißig, aber er kam
nicht an jene Drei heran. Und David
setzte ihn über seine Leibwache.
[f]Asahel, der Bruder Joabs, war unter 24
den Dreißig; auch Elhanan, der Sohn
Dodos aus Betlehem; Schamma, der 25
Haroditer; Elika, der Haroditer; [g]He- 26
lez, der Peletiter; [h]Ira, der Sohn des Ik-
kesch, aus Tekoa; Abiëser, der Anatoti- 27
ter; Sibbechai, der Huschatiter; Zal- 28
mon, der Ahoachiter; Mahrai, der Ne-
tofatiter; Heled, der Sohn Baanas, der 29
Netofatiter; Ittai, der Sohn Ribais, aus
Gibea in Benjamin; Benaja, der Pirato- 30
niter; Hiddai, aus Nahale-Gaasch;
Abialbon, der Arbatiter; Asmawet, der 31
Bahurimiter; Eljachba, der Schaalbo- 32
niter; Jaschen, der Guniter, und Jona-
tan, der Sohn des Schamma, der Hara- 33
riter; Ahiam, der Sohn Scharars, der
Harariter; Elifelet, der Sohn Ahasbais, 34
der Maachatiter; Eliam, der Sohn
[i]Ahitofels, der Giloniter; Hezro, der 35
Karmeliter; Paarai, der Arabiter; Jigal, 36
der Sohn Natans, aus Zoba; Bani, der
Gaditer; Zelek, der Ammoniter; Nach- 37
rai, der Beerotiter, ein Waffenträger
Joabs, des Sohnes der Zeruja; Ira, der 38
Jattiriter; Gareb, der Jattiriter; [j]Uria, 39
der Hetiter. Das sind zusammen sie-
benunddreißig.

a 1.Sam 22,1 *b* 1.Sam 7,6 *c* Kap 21,17
d Kap 8,18 *e* Jos 15,21 *f* Kap 2,18
g 1.Chr 27,10 *h* 1.Chr 27,9 *i* Kap 15,12
j Kap 11,3

Gott läßt David den Tempelplatz finden

(vgl. 1.Chr 21)

Und der Zorn des HERRN entbrannte **24**
abermals gegen Israel, und er reizte
David gegen das Volk und sprach: Geh
hin, zähle Israel und Juda! [a]Und der 2
König sprach zu Joab und zu den
Hauptleuten, die bei ihm waren: Geht
umher in allen Stämmen Israels von
Dan bis Beerseba und zählt das Kriegs-
volk, damit ich weiß, wieviel ihrer sind.
Joab sprach zu dem König: Der HERR, 3
dein Gott, tue zu diesem Volk, wie es
jetzt ist, noch hundertmal soviel hinzu,
daß mein Herr, der König, seiner Au-
gen Lust daran habe; aber warum ver-
langt es meinen Herrn, den König, sol-
ches zu tun? Aber des Königs Wort 4

stand fest gegen Joab und die Haupt-
leute des Heeres. So zog Joab mit den
Hauptleuten des Heeres aus von dem
König, um das Volk Israel zu zählen.
5 Und sie gingen über den Jordan und
fingen an bei [b] Aroër und bei der Stadt,
die mitten im Bachtal liegt, nach Gad
6 und nach Jaser zu und kamen nach Gi-
lead und zum Land der Hetiter nach
Kadesch zu und darauf nach Dan, und
von Dan wandten sie sich nach Sidon
7 zu. Dann kamen sie zu der festen Stadt
Tyrus und allen Städten der Hewiter
und Kanaaniter und in das Südland Ju-
8 das nach Beerseba. So durchzogen sie
das ganze Land und kamen nach neun
Monaten und zwanzig Tagen nach Je-
9 rusalem zurück. Und Joab gab dem
König die Summe des Volks an, das ge-
zählt war. Und es waren in Israel acht-
hunderttausend streitbare Männer, die
das Schwert trugen, und in Juda fünf-
hunderttausend Mann.

10 Aber das Herz schlug David, nach-
dem das Volk gezählt war. Und David
sprach zum HERRN: [c] Ich habe schwer
gesündigt, daß ich das getan habe. Und
nun, HERR, nimm weg die Schuld dei-
nes Knechts; denn ich hab sehr töricht
getan.

11 Und als David am Morgen aufstand,
kam des HERRN Wort zu [d] Gad, dem
12 Propheten, Davids Seher: Geh hin und
rede mit David: So spricht der HERR:
Dreierlei lege ich dir vor; erwähle dir
13 eins davon, daß ich es dir tue. Gad kam
zu David und sagte es ihm an und
sprach zu ihm: Willst du, daß drei Jah-
re lang Hungersnot in dein Land
kommt oder daß du drei Monate vor
deinen Widersachern fliehen mußt und
sie dich verfolgen oder daß drei Tage
Pest in deinem Lande ist? So bedenke
nun wohl, was ich antworten soll dem,
14 der mich gesandt hat.[e] David sprach zu
Gad: Es ist mir sehr angst, aber laß uns
in die Hand des HERRN fallen, denn sei-
ne Barmherzigkeit ist groß; ich will
15 nicht in der Menschen Hand fallen. Da
ließ der HERR die Pest über Israel kom-
men vom Morgen an bis zur bestimm-
ten Zeit, so daß von dem Volk starben
von Dan bis Beerseba siebzigtausend
16 Mann. Als aber der Engel seine Hand
ausstreckte über Jerusalem, um es zu
verderben, reute den HERRN das Übel,
und er sprach zum Engel, [f] der das Ver-
derben anrichtete im Volk: Es ist ge-
nug; laß nun deine Hand ab! Der Engel
des HERRN aber war bei der Tenne
Arawnas, des Jebusiters. Als aber Da- 17
vid den Engel sah, der das Volk schlug,
sprach er zum HERRN: Siehe, *ich* habe
gesündigt, *ich* habe die Missetat getan;
was haben diese Schafe getan? Laß dei-
ne Hand gegen mich und meines Vaters
Haus sein![g]

Und Gad kam zu David an jenem 18
Tage und sprach zu ihm: Geh hinauf
und errichte dem HERRN einen Altar
auf der Tenne Arawnas, des Jebusiters.
Da ging David hinauf, wie Gad nach 19
des HERRN Gebot gesagt hatte. Und als 20
Arawna aufschaute, sah er den König
mit seinen Großen zu ihm herüber-
kommen und fiel nieder vor dem König
auf sein Angesicht zur Erde und 21
sprach: Warum kommt mein Herr, der
König, zu seinem Knecht? David
sprach: Um von dir die Tenne zu
kaufen und dem HERRN einen Altar zu
bauen, damit die Plage vom Volk wei-
che. Aber Arawna sprach zu David: 22
Mein Herr, der König, nehme und
opfere, wie es ihm gefällt. Siehe, da sind
die Rinder zum Brandopfer und auch
die Dreschschlitten und das Geschirr
der Rinder als Brennholz; das alles gibt 23
Arawna dem König. Und Arawna
sprach zum König: Der HERR, dein
Gott, sei dir gnädig. Aber der König 24
sprach zu Arawna: Nicht doch, son-
dern ich will dir's abkaufen für seinen
Preis; denn ich will dem HERRN, mei-
nem Gott, nicht Brandopfer darbrin-
gen, die ich umsonst habe. So kaufte
David die Tenne und die Rinder für
fünfzig Lot Silber. Und David baute 25
dort dem HERRN einen Altar und opfer-
te Brandopfer und Dankopfer. Und
[h] der HERR wurde dem Land wieder
gnädig, und die Plage wich von dem
Volk Israel.

a (2 und 3) 2.Mose 30,12 *b* 5.Mose 2,36
c Kap 12,13 *d* 1.Sam 22,5; 1.Chr 29,29;
2.Chr 29,25 *e* Jer 24,10; Hes 6,11.12
f 1.Mose 19,13; 2.Mose 12,23; Jes 54,16
g 4.Mose 16,22 *h* Kap 21,14

DAS ERSTE BUCH DER KÖNIGE

Inhaltsübersicht

Salomo wird zum König gesalbt

I Als aber der König David alt war und
hochbetagt, konnte er nicht warm wer-
den, wenn man ihn auch mit Kleidern
2 bedeckte. Da sprachen seine Großen zu
ihm: Man suche unserm Herrn, dem
König, eine Jungfrau, die vor dem Kö-
nig stehe und ihn umsorge und in sei-
nen Armen schlafe und unsern Herrn,
3 den König, wärme. Und sie suchten ein
schönes Mädchen im ganzen Gebiet Is-
raels und fanden Abisag von Sunem
4 und brachten sie dem König. Und sie
war ein sehr schönes Mädchen und um-
sorgte den König und diente ihm. Aber
der König erkannte sie nicht.
5 [a]Adonia aber, der Sohn der Haggit,
empörte sich und sprach: Ich will Kö-
nig werden! Und [b]er schaffte sich Wa-
gen und Gespanne an und fünfzig
6 Mann als seine Leibwache. Und sein
Vater hatte ihm nie etwas verwehrt sein
Leben lang, daß er gesagt hätte: War-
um tust du das? Und er war auch ein
sehr schöner Mann und war David ge-
boren als der nächste Sohn nach Absa-
7 lom. Und er beriet sich mit Joab, dem
Sohn der Zeruja, und mit Abjatar, dem
8 Priester; die hielten zu Adonia.[c] Aber
Zadok, der Priester, und Benaja, der
Sohn Jojadas, und Natan, der Prophet,
und Schimi und Reï und die Helden
9 Davids waren nicht mit Adonia. Und
als Adonia Schafe und Rinder und ge-
mästetes Vieh opferte bei dem Stein
Sohelet, der neben der [d]Quelle Rogel
liegt, lud er alle seine Brüder, des Kö-
nigs Söhne, ein und alle Männer Judas,
10 die dem König dienten. Aber den Pro-
pheten Natan und Benaja und die Hel-
den und seinen Bruder Salomo lud er
nicht ein.

Da sprach Natan zu Batseba, Salo- 11
mos Mutter: Hast du nicht gehört, daß
Adonia, der Sohn der Haggit, König
geworden ist, und David, unser Herr,
weiß nichts davon? So komm nun, ich 12
will dir einen Rat geben, daß du dein
Leben und das Leben deines Sohnes
Salomo errettest. Auf, geh zum König 13
David hinein und sprich zu ihm: Hast
du nicht, mein Herr und König, deiner
Magd geschworen: [e]Dein Sohn Salo-
mo soll nach mir König sein, und er soll
auf meinem Thron sitzen? Warum ist
dann Adonia König geworden? Siehe, 14
während du noch da bist und mit dem
König redest, will ich nach dir hinein-
kommen und deine Worte zu Ende füh-
ren. Und Batseba ging hinein zum Kö- 15
nig in das Gemach. Der König aber war
sehr alt, und Abisag von Sunem diente
dem König. Und Batseba neigte sich 16
und fiel vor dem König nieder. Der
König aber sprach: Was willst du? Sie 17
sprach zu ihm: Mein Herr, du hast dei-
ner Magd geschworen bei dem HERRN,
deinem Gott: Dein Sohn Salomo soll
König sein nach mir und auf meinem
Thron sitzen. Nun aber siehe, Adonia 18
ist König geworden, und du, mein Herr
und König, weißt nichts davon. Er hat 19
Stiere und gemästetes Vieh und viele
Schafe geopfert und hat alle Söhne des
Königs geladen, dazu Abjatar, den
Priester, und Joab, den Feldhaupt-
mann; aber deinen Knecht Salomo hat
er nicht geladen. Du aber, mein Herr 20
und König, die Augen von ganz Israel
sehen auf dich, daß du ihnen kundtust,
wer auf dem Thron meines Herrn und
Königs nach ihm sitzen soll. Wenn aber 21
mein Herr und König sich zu seinen
Vätern gelegt hat, so werden ich und
mein Sohn Salomo als Empörer daste-

22 hen. Während sie noch mit dem König
23 redete, kam der Prophet Natan. Und
sie sagten dem König an: Siehe, da ist
der Prophet Natan. Und als er hinein
vor den König kam, fiel er vor dem Kö-
nig nieder auf sein Angesicht zur Erde
24 und sprach: Mein Herr und König,
hast du gesagt: Adonia soll nach mir
König sein und auf meinem Thron sit-
25 zen? Denn er ist heute hinabgegangen
und hat geopfert Stiere und Mastvieh
und viele Schafe und hat alle Söhne des
Königs geladen und die Hauptleute,
dazu den Priester Abjatar. Und siehe,
sie essen und trinken vor ihm und ru-
26 fen: Es lebe der König Adonia! Aber
mich, deinen Knecht, und Zadok, den
Priester, und Benaja, den Sohn Jojadas,
und deinen Knecht Salomo hat er nicht
27 geladen. Ist das von meinem Herrn und
König befohlen, und du hast deine
Großen nicht wissen lassen, wer auf
dem Thron meines Herrn und Königs
28 nach ihm sitzen soll? Der König David
antwortete und sprach: Ruft mir Batse-
ba! Und sie kam hinein vor den König.
Und als sie vor dem König stand,
29 schwor der König und sprach: So wahr
der HERR lebt, der mich erlöst hat aus
30 aller Not: ich will heute tun, wie ich dir
geschworen habe bei dem HERRN, dem
Gott Israels, als ich sagte: Salomo, dein
Sohn, soll nach mir König sein, und er
soll für mich auf meinem Thron sitzen.
31 Da neigte sich Batseba mit ihrem Ant-
litz zur Erde und fiel vor dem König
nieder und sprach: Lang lebe mein
Herr, der König David!
32 Und der König David sprach: Ruft
mir den Priester Zadok und den Pro-
pheten Natan und Benaja, den Sohn
Jojadas! Und als sie hineinkamen vor
33 den König, sprach der König zu ihnen:
Nehmt mit euch die Großen eures
Herrn und setzt meinen Sohn Salomo
auf mein Maultier und führt ihn hinab
34 zum Gihon. Und der Priester Zadok
samt dem Propheten Natan salbe ihn
dort zum König über Israel. Und blast
die Posaunen und ruft: Es lebe der Kö-
35 nig Salomo! Und zieht wieder herauf
hinter ihm her, und er soll kommen und
sitzen auf meinem Thron und für mich
König sein. Denn ihn setze ich zum
36 Fürsten über Israel und Juda ein. Da
antwortete Benaja, der Sohn Jojadas,
dem König und sprach: So sei es! Der
HERR, der Gott meines Herrn und Kö-
37 nigs, bestätige es! Wie der HERR mit
meinem Herrn, dem König, gewesen
ist, so sei er auch mit Salomo, daß sein
Thron größer werde als der Thron mei-
nes Herrn, des Königs David! Da gin- 38
gen hinab der Priester Zadok und der
Prophet Natan und [f]Benaja, der Sohn
Jojadas, und die Kreter und Pleter und
setzten Salomo auf das Maultier des
Königs David und führten ihn zum
Gihon. Und der Priester Zadok nahm 39
das Ölhorn aus dem Zelt und salbte
Salomo. Und sie bliesen die Posaunen,
und alles Volk rief: Es lebe der König
Salomo![g] Und alles Volk zog wieder 40
herauf hinter ihm her, und das Volk
blies mit Flöten und war sehr fröhlich,
so daß die Erde von ihrem Geschrei
erbebte.

Und Adonia hörte es und alle, die er 41
geladen hatte und die bei ihm waren,
und sie hatten schon gegessen. Und als
Joab den Schall der Posaune hörte,
sprach er: Was soll das Geschrei und
Getümmel der Stadt? Als er noch rede- 42
te, siehe, da kam [h]Jonatan, der Sohn
des Priesters Abjatar. Und Adonia
sprach: Komm her, denn du bist ein
redlicher Mann und bringst gute Bot-
schaft. Jonatan antwortete und sprach 43
zu Adonia: Nein, denn unser Herr, der
König David, hat Salomo zum König
gemacht und hat mit ihm gesandt den 44
Priester Zadok und den Propheten Na-
tan und Benaja, den Sohn Jojadas, und
die Kreter und Pleter, und sie haben
ihn auf des Königs Maultier gesetzt.
Und Zadok, der Priester, samt dem 45
Propheten Natan hat ihn gesalbt zum
König beim Gihon, und sie sind von da
heraufgezogen mit Freuden, so daß die
Stadt voll Getümmel wurde. Das ist
das Geschrei, das ihr gehört habt. Und 46
schon sitzt Salomo auf dem königlichen
Thron, und die Großen des Königs 47
sind hineingegangen, zu segnen unsern
Herrn, den König David, und haben
gesagt: Dein Gott mache Salomos Na-
men herrlicher als deinen Namen und
lasse seinen Thron größer werden als
deinen Thron! Und der König hat sich
verneigt auf seinem Lager und hat so 48
gesagt: Gelobt sei der HERR, der Gott
Israels, der heute einen meiner Söhne
auf meinen Thron gesetzt hat, daß es
meine Augen gesehen haben. Da er- 49
schraken alle, die bei Adonia geladen
waren, und machten sich auf und gin-
gen hin, jeder seinen Weg. Aber Adonia 50
fürchtete sich vor Salomo und machte
sich auf, ging hin und faßte die Hörner
des Altars.

51 Und es wurde Salomo angesagt: Sie-
he, Adonia fürchtet den König Salomo,
und siehe, [i] er faßt die Hörner des Al-
tars und spricht: Der König Salomo
schwöre mir heute, daß er seinen
Knecht nicht töten wird mit dem
52 Schwert. Salomo sprach: Wird er red-
lich sein, so [j] soll kein Haar von ihm auf
die Erde fallen; wird aber Böses an ihm
53 gefunden, so soll er sterben. Und der
König Salomo sandte hin und ließ ihn
vom Altar holen. Und als er kam, fiel er
vor dem König Salomo nieder. Salomo
aber sprach zu ihm: Geh in dein Haus!

a 2.Sam 3,4 *b* 2.Sam 15,1 *c* Kap 2,22
d Jos 15,7.8 *e* 1.Chr 28,5–10 *f* 2.Sam 8,18
g 1.Chr 23,1; 29,22 *h* 2.Sam 15,27.36 *i* Kap 2,28
j 2.Sam 14,11

Davids letzter Wille und sein Tod

2 Als nun die Zeit herbeikam, daß David
sterben sollte, gebot er seinem Sohn
2 Salomo und sprach: Ich gehe hin den
Weg aller Welt. So sei getrost und sei
3 ein Mann und diene dem HERRN, dei-
nem Gott, daß du wandelst in seinen
Wegen und hältst seine Satzungen, Ge-
bote, Rechte und Ordnungen, [a] wie ge-
schrieben steht im Gesetz des Mose,
damit dir alles gelinge, was du tust und
4 wohin du dich wendest; damit der
HERR sein Wort erfülle, das er über
mich geredet hat: Werden deine Söhne
auf ihre Wege achten, daß sie vor mir in
Treue und von ganzem Herzen und
von ganzer Seele wandeln, so soll dir's
niemals fehlen an einem Mann auf dem
5 Thron Israels. Auch weißt du sehr
wohl, was mir getan hat Joab, der Sohn
der Zeruja, was er tat den zwei Feld-
hauptleuten Israels, [b] Abner, dem Sohn
Ners, und [c] Amasa, dem Sohn Jeters,
wie er sie ermordet hat und so im Krieg
vergossenes Blut im Frieden gerächt
und unschuldiges Blut an den Gürtel
seiner Lenden und an die Schuhe sei-
6 ner Füße gebracht hat. Tu nach deiner
Weisheit, daß du seine grauen Haare
nicht in Frieden hinunter zu den Toten
7 bringst. Aber den Söhnen [d] Barsillais,
des Gileaditers, sollst du Barmherzig-
keit erweisen, daß sie an deinem Tisch
essen. Denn sie taten wohl an mir, als
[e] ich vor deinem Bruder Absalom floh.
8 Und siehe, du hast bei dir [f] Simeï, den
Sohn Geras, den Benjaminiter von Ba-
hurim, der mir schändlich fluchte zu
der Zeit, als ich nach Mahanajim ging.
Dann aber kam er mir entgegen am Jor-
dan. Da schwor ich ihm bei dem HERRN
und sprach: Ich will dich nicht töten
mit dem Schwert. Du aber laß ihn nicht 9
frei ausgehen; denn du bist ein weiser
Mann und wirst sehr wohl wissen, was
du ihm tun sollst, daß du seine grauen
Haare mit Blut hinunter zu den Toten
bringst.
Also legte sich David zu seinen Vä- 10
tern und wurde begraben in der Stadt
Davids. Die Zeit aber, die David König 11
gewesen ist über Israel, ist vierzig Jah-
re: sieben Jahre war er König zu He-
bron und dreiunddreißig Jahre zu Jeru-
salem.[g] Und Salomo saß auf dem 12
Thron seines Vaters David, und seine
Herrschaft hatte festen Bestand.

a 5.Mose 17,14-20; Jos 1,7 *b* 2.Sam 3,27
c 2.Sam 20,10 *d* 2.Sam 17,27; 19,32-41
e 2.Sam 15 *f* 2.Sam 16,5; 19,17-24 *g* 2.Sam 5,4,5;
1.Chr 29,27

Salomos Maßnahmen beim Antritt der Regierung

Aber Adonia, der Sohn der Haggit, 13
kam zu Batseba, der Mutter Salomos.
Und sie sprach: Kommst du auch mit
Frieden? Er sprach: Ja! Und er sprach: 14
Ich habe mit dir zu reden. Sie sprach:
Sage an! Er sprach: Du weißt, daß das 15
Königtum mein war und ganz Israel
hatte sich auf mich gerichtet, daß ich
König sein sollte; aber nun hat sich das
Königtum gewandt und ist meinem
Bruder zuteil geworden – von dem
HERRN ist's ihm zuteil geworden. Nun 16
bitte ich *eins* von dir; du wollest mich
nicht abweisen! Sie sprach zu ihm:
Sage an! Er sprach: Rede mit dem Kö- 17
nig Salomo, denn er wird dich nicht ab-
weisen, daß er mir gebe [a] Abisag von
Sunem zur Frau. Batseba sprach: Gut, 18
ich will mit dem König deinetwegen re-
den.
Und Batseba ging hin zum König 19
Salomo, um mit ihm zu reden Adonias
wegen. Und der König stand auf und
ging ihr entgegen und neigte sich vor
ihr und setzte sich auf seinen Thron.
Und es wurde der Mutter des Königs
ein Thron hingestellt, und sie setzte
sich zu seiner Rechten. Und sie sprach: 20
Ich habe *eine* kleine Bitte an dich; du
wollest mich nicht abweisen. Der Kö-
nig sprach zu ihr: Bitte, meine Mutter,
ich will dich nicht abweisen. Sie 21
sprach: Gib doch Abisag von Sunem
deinem Bruder Adonia zur Frau! Da 22
antwortete der König Salomo und
sprach zu seiner Mutter: Warum bit-
test du um Abisag von Sunem für Ado-

nia? Erbitte ihm doch auch das König-
tum! Denn er ist mein älterer Bruder,
und [b]zu ihm hält der Priester Abjatar
23 und Joab, der Sohn der Zeruja. Und
der König Salomo schwor bei dem
HERRN und sprach: Gott tue mir dies
und das, diese Bitte soll Adonia sein
24 Leben kosten! Und nun, so wahr der
HERR lebt, der mich bestätigt hat und
gesetzt auf den Thron meines Vaters
David und der mir ein Haus gemacht
hat, wie er zugesagt hat: heute noch soll
25 Adonia sterben! Und der König Salo-
mo sandte hin Benaja, den Sohn Joja-
das; der stieß ihn nieder, daß er starb.
26 Und zu dem [c]Priester Abjatar sprach
der König: Geh hin nach Anatot zu
deinem Besitz, denn du bist des Todes.
Aber ich will dich heute nicht töten,
denn du hast die Lade Gottes des
HERRN vor meinem Vater David getra-
gen und hast alles mitgelitten, was mein
27 Vater gelitten hat. So verstieß Salomo
den Abjatar, daß er nicht mehr Priester
des HERRN sein durfte, [d]damit erfüllt
würde des HERRN Wort, das er über das
Haus Elis geredet hatte in Silo.
28 Und die Kunde davon kam vor Joab;
denn Joab hatte Adonia angehangen
und nicht Absalom. Da floh Joab in das
Zelt des HERRN und [e]faßte die Hörner
29 des Altars. Und es wurde dem König
Salomo angesagt: Joab ist zum Zelt des
HERRN geflohen, und siehe, er steht am
Altar. Da sandte Salomo hin Benaja,
den Sohn Jojadas, und sprach: Geh,
30 stoß ihn nieder![f] Und als Benaja zum
Zelt des HERRN kam, sprach er zu Joab:
So sagt der König: Geh heraus! Er
sprach: Nein, hier will ich sterben.
Und Benaja sagte das dem König wie-
der und sprach: So hat Joab geredet,
31 und so hat er mir geantwortet. Der Kö-
nig sprach zu ihm: Tu, wie er gesagt
hat, und stoß ihn nieder und begrabe
ihn, damit du das Blut, das Joab ohne
Grund vergossen hat, von mir tust und
32 von meines Vaters Hause. Und der
HERR lasse das Blut auf sein Haupt
kommen, weil er zwei Männer erschla-
gen hat, die gerechter und besser waren
als er, und sie getötet hat mit dem
Schwert, ohne daß mein Vater David
darum wußte, nämlich Abner, den
Sohn Ners, den Feldhauptmann über
Israel, und Amasa, den Sohn Jeters,
33 den Feldhauptmann über Juda.[g] Ihr
Blut komme auf das Haupt Joabs und
seiner Nachkommen für immer; aber
David und seine Nachkommen, sein
Haus und sein Thron sollen Frieden
haben ewiglich von dem HERRN! Und 34
Benaja, der Sohn Jojadas, ging hin und
stieß ihn nieder und tötete ihn. Und er
wurde begraben in seinem Hause in der
Wüste. Und der König setzte [h]Benaja, 35
den Sohn Jojadas, an seiner Statt über
das Heer, und den Priester Zadok setzte
der König an die Stelle Abjatars.
Und der König sandte hin und ließ 36
Simeï rufen und sprach zu ihm: Baue
dir ein Haus in Jerusalem und wohne
dort und geh von da nicht heraus, we-
der hierhin noch dahin. An dem Tag, 37
an dem du hinausgehen und über den
Bach Kidron gehen wirst – so wisse,
daß du des Todes sterben mußt; dein
Blut komme dann auf dein Haupt! Si- 38
meï sprach zum König: Das ist recht
so; wie mein Herr, der König, geredet
hat, so wird dein Knecht tun. So wohn-
te Simeï in Jerusalem lange Zeit. Es be- 39
gab sich aber nach drei Jahren, daß
zwei Knechte dem Simeï entliefen zu
Achis, dem Sohn Maachas, dem König
von Gat. Und es wurde Simeï angesagt:
Siehe, deine Knechte sind in Gat. Da 40
machte sich Simeï auf und sattelte sei-
nen Esel und zog hin nach Gat zu
Achis, um seine Knechte zu suchen.
Und als er hinkam, brachte er seine
Knechte von Gat zurück. Und es wur- 41
de Salomo angesagt, daß Simeï von Je-
rusalem nach Gat gezogen und wieder-
gekommen wäre. Da sandte der König 42
hin und ließ Simeï rufen und sprach zu
ihm: Hab ich dich nicht schwören las-
sen bei dem HERRN und dich gewarnt:
an dem Tag, an dem du die Stadt ver-
läßt und hierhin oder dorthin gehst,
sollst du wissen, daß du des Todes ster-
ben mußt? Und du sprachst zu mir: Es
ist recht so; ich habe es gehört. Warum 43
hast du denn nicht gehalten den
Schwur vor dem HERRN und das Ge-
bot, das ich dir geboten habe? Und der 44
König sprach zu Simeï: [i]Du weißt all
das Böse, dessen dein Herz sich bewußt
ist und das du meinem Vater David an-
getan hast. Nun läßt der HERR dies Böse
auf dein Haupt kommen; aber der Kö- 45
nig Salomo ist gesegnet, und der Thron
Davids wird feststehen vor dem HERRN
ewiglich. Und der König gebot Benaja, 46
dem Sohn Jojadas; der ging hin und
stieß ihn nieder, daß er starb.

Und das Königtum wurde gefestigt
durch Salomos Hand.

a Kap 1,3; 2.Sam 3,7 *b* Kap 1,6.7 *c* Kap 1,7;
1.Sam 22,20-23; 30,7; 2.Sam 15,24

d 1.Sam 2,31.32 *e* Kap 1,51 *f* 2.Mose 21,12-14
g Vers 5 *h* Kap 4,4 *i* Vers 8

Salomos Gebet um Weisheit
(vgl. 2.Chr 1,1-12)

3 Und Salomo verschwägerte sich mit
dem [a]Pharao, dem König von Ägypten,
und nahm eine [b]Tochter des Pharao
zur Frau und brachte sie in die Stadt
Davids, bis er sein Haus und des HERRN
Haus und die Mauer um Jerusalem ge-
2 baut hatte. Aber das Volk opferte noch
auf den Höhen; denn es war noch kein
Haus gebaut dem Namen des HERRN
3 bis auf diese Zeit. Salomo aber hatte
den HERRN lieb und wandelte nach den
Satzungen seines Vaters David, nur
daß er auf den Höhen opferte und räu-
4 cherte. [c]Und der König ging hin nach
Gibeon, um dort zu opfern; denn das
war die bedeutendste Höhe. Und Salo-
mo opferte dort tausend Brandopfer
auf dem Altar.
5 Und der HERR erschien Salomo zu
Gibeon im Traum des Nachts, und
Gott sprach: Bitte, was ich dir geben
6 soll! Salomo sprach: Du hast an mei-
nem Vater David, deinem Knecht, gro-
ße Barmherzigkeit getan, wie er denn
vor dir gewandelt ist in Wahrheit und
Gerechtigkeit und mit aufrichtigem
Herzen vor dir, und hast ihm auch die
große Barmherzigkeit erwiesen und
ihm einen Sohn gegeben, [d]der auf sei-
nem Thron sitzen sollte, wie es denn
7 jetzt ist. Nun, HERR, mein Gott, du hast
deinen Knecht zum König gemacht an
meines Vaters David Statt. Ich aber bin
noch jung, weiß weder aus noch ein.
8 Und dein Knecht steht mitten in dei-
nem Volk, das du erwählt hast, einem
Volk, [e]so groß, daß es wegen seiner
Menge niemand zählen noch berech-
9 nen kann. So wollest du deinem Knecht
ein gehorsames Herz geben, damit er
dein Volk richten könne und verstehen,
was gut und böse ist. Denn wer vermag
dies dein mächtiges Volk zu richten?
10 Das gefiel dem Herrn gut, daß Salo-
11 mo darum bat. Und Gott sprach zu
ihm: Weil du darum bittest und bittest
weder um langes Leben noch um
Reichtum noch um deiner Feinde Tod,
sondern um Verstand, zu hören und
12 recht zu richten, siehe, [f]so tue ich nach
deinen Worten. Siehe, ich gebe dir ein
weises und verständiges Herz, so daß
deinesgleichen vor dir nicht gewesen ist
und nach dir nicht aufkommen wird.
Und dazu gebe ich dir, [g]worum du 13
nicht gebeten hast, nämlich Reichtum
und Ehre, so daß deinesgleichen keiner
unter den Königen ist zu deinen Zeiten.
Und wenn du in meinen Wegen wan- 14
deln wirst, daß du hältst meine Satzun-
gen und Gebote, wie dein Vater David
gewandelt ist, so werde ich dir ein lan-
ges Leben geben. Und als Salomo er- 15
wachte, siehe, da war es ein Traum.
Und er kam nach Jerusalem und trat
vor die Lade des Bundes des Herrn und
opferte Brandopfer und Dankopfer
und machte ein großes Festmahl für
alle seine Großen.

a 5.Mose 23,8 *b* Kap 11,1.2 *c* (*4 und 5*)
1.Chr 21,29; Kap 9,2 *d* Kap 1,48 *e* Kap 4,20
f 5.Mose 26,14 *g* Mt 6,33

Salomos Urteil

Zu der Zeit kamen zwei Huren zum 16
König und traten vor ihn. Und die eine 17
Frau sprach: Ach, mein Herr, ich und
diese Frau wohnten in *einem* Hause,
und ich gebar bei ihr im Hause. Und 18
drei Tage, nachdem ich geboren hatte,
gebar auch sie. Und wir waren bei-
einander, und kein Fremder war mit
uns im Hause, nur wir beide. Und der 19
Sohn dieser Frau starb in der Nacht;
denn sie hatte ihn im Schlaf erdrückt.
Und sie stand in der Nacht auf und 20
nahm meinen Sohn von meiner Seite,
als deine Magd schlief, und legte ihn in
ihren Arm, und ihren toten Sohn legte
sie in meinen Arm. Und als ich des 21
Morgens aufstand, um meinen Sohn zu
stillen, siehe, da war er tot. Aber am
Morgen sah ich ihn genau an, und sie-
he, es war nicht mein Sohn, den ich ge-
boren hatte. Die andere Frau sprach: 22
Nein, mein Sohn lebt, doch dein Sohn
ist tot. Jene aber sprach: Nein, dein
Sohn ist tot, doch mein Sohn lebt. Und
so redeten sie vor dem König. Und der 23
König sprach: Diese spricht: Mein
Sohn lebt, doch dein Sohn ist tot. Jene
spricht: Nein, dein Sohn ist tot, doch
mein Sohn lebt. Und der König 24
sprach: Holt mir ein Schwert! Und als
das Schwert vor den König gebracht
wurde, sprach der König: Teilt das le- 25
bendige Kind in zwei Teile und gebt
dieser die Hälfte und jener die Hälfte.
[a]Da sagte die Frau, deren Sohn lebte, 26
zum König – denn ihr mütterliches
Herz entbrannte in Liebe für ihren
Sohn – und sprach: Ach, mein Herr,
gebt ihr das Kind lebendig und tötet es
nicht! Jene aber sprach: Es sei weder

27 mein noch dein; laßt es teilen! Da ant-
wortete der König und sprach: Gebt
dieser das Kind lebendig und tötet's
28 nicht; die ist seine Mutter. Und ganz
Israel hörte von dem Urteil, das der
König gefällt hatte, und sie fürchteten
den König; denn sie sahen, daß die
Weisheit Gottes in ihm war, Gericht zu
halten.

a (26 und 27) Jes 49,15

Salomos Beamte und Amtleute

4 So war Salomo König über ganz Israel.
2 Und dies waren seine Großen: Asarja,
3 der Sohn Zadoks, war Priester; Eliho-
ref und Ahia, die Söhne Schischas, wa-
ren Schreiber; Josafat, der Sohn Ahi-
4 luds, war Kanzler; [a]Benaja, der Sohn
Jojadas, war Feldhauptmann; Zadok
5 und Abjatar waren Priester; Asarja, der
Sohn Natans, stand den Amtleuten
vor; Sabud, der Sohn Natans, war des
6 Königs Freund; Ahischar war Hofmei-
ster; [b]Adoniram, der Sohn Abdas, war
Fronvogt.
7 Und Salomo hatte zwölf Amtleute
über ganz Israel, [c]die den König und
sein Haus versorgten, und zwar ein je-
8 der im Jahr einen Monat lang. Sie hie-
ßen: Der Sohn Hurs auf dem Gebirge
9 Efraim; der Sohn Dekers in Makaz und
in Schaalbim und in Bet-Schemesch
10 und in Elon und Bet-Hanan; der Sohn
Heseds in Arubbot, und hatte dazu So-
11 cho und das ganze Land Hefer; der
Sohn [d]Abinadabs über das ganze Hü-
gelland von Dor; er hatte Tafat, eine
12 Tochter Salomos, zur Frau; Baana, der
Sohn Ahiluds, in Taanach und in Me-
giddo und über ganz Bet-Schean, das
liegt neben Zaretan unterhalb von Jes-
reel, von Bet-Schean bis Abel-Mehola,
13 bis jenseits von Jokmeam; der Sohn
Gebers zu Ramot in Gilead; er hatte die
[e]Dörfer Jaïrs, des Sohnes Manasses, in
Gilead und die Gegend Argob, die in
Basan liegt, sechzig große Städte, um-
14 mauert und mit ehernen Riegeln; Ahi-
nadab, der Sohn Iddos, in Mahanajim;
15 Ahimaaz in Naftali; auch er hatte eine
Tochter Salomos, Basemat, zur Frau
16 genommen; Baana, der Sohn Huschais,
17 in Asser und Bealot; Josafat, der Sohn
18 Paruachs, in Isaschar; Schimi, der
19 Sohn Elas, in Benjamin; Geber, der
Sohn Uris, im Lande Gilead, im Lande
Sihons, des Königs der Amoriter, und
Ogs, des Königs in Basan. *Ein* Amt-
mann war in diesem Lande.
20 Juda aber und Israel waren [f]zahl-
reich wie der Sand am Meer, und sie
aßen und tranken und waren fröhlich.

a Kap 2,34.35; 2.Sam 23,20 *b* Kap 5,28
c 1.Sam 8,11-18 *d* 1.Sam 16,8 *e* 4.Mose 32,41
f Kap 3,8; 1.Mose 13,16

Salomos Macht und Weisheit

*So war Salomo Herr über alle König- **5**
reiche, vom [a]Eufratstrom bis zum Phi-
listerland und bis an die Grenze Ägyp-
tens; die brachten ihm Geschenke und
dienten ihm sein Leben lang. Und Sa- 2
lomo mußte täglich zur Speisung haben
dreißig Sack feinstes Mehl, sechzig
Sack anderes Mehl, zehn gemästete 3
Rinder und zwanzig Rinder von der
Weide und hundert Schafe, ohne die
Hirsche und Gazellen und Rehe und
das gemästete Federvieh. Denn er 4
herrschte im ganzen Lande diesseits
des Eufrat, von Tifsach bis nach Gaza,
über alle Könige diesseits des Eufrat,
und hatte Frieden mit allen seinen
Nachbarn ringsum, so daß Juda und Is- 5
rael [b]sicher wohnten, jeder unter sei-
nem Weinstock und unter seinem
Feigenbaum, von Dan bis Beerseba, so-
lange Salomo lebte. Und Salomo hatte 6
viertausend Gespanne für seine
Kriegswagen und zwölftausend Leute
für die Pferde.[c] Und die Amtleute ver- 7
sorgten den König Salomo und alles,
was zum Tisch des Königs gehörte, je-
der in seinem Monat, und ließen es an
nichts fehlen. Auch Gerste und Stroh 8
für die Pferde brachten sie an den Ort,
wo diese waren, jeder nach seiner Ord-
nung.
Und Gott gab Salomo sehr große 9
Weisheit und Verstand und einen
Geist, so weit, wie Sand am Ufer des
Meeres liegt, daß die Weisheit Salomos 10
größer war als die Weisheit von allen,
die im Osten wohnen, und als die Weis-
heit der Ägypter. Und er war weiser als 11
alle Menschen, auch weiser als Etan,
der Esrachiter, Heman, Kalkol und
Darda, die Söhne Mahols, und war be-
rühmt unter allen Völkern ringsum.
Und er [d]dichtete dreitausend Sprüche 12
und tausendundfünf Lieder. Er dichte- 13
te von den Bäumen, von der Zeder an
auf dem Libanon bis zum Ysop, der aus
der Wand wächst. Auch dichtete er von
den Tieren des Landes, von Vögeln,
vom Gewürm und von Fischen.
Und aus allen Völkern kam man, zu 14
hören die Weisheit Salomos, und von
allen Königen auf Erden, die von seiner
Weisheit gehört hatten.

a 1.Mose 15,18 *b* 3.Mose 25,18 *c* 2.Chr 9,25
d Pred 12,9
*Vers 1: Abweichende Verszählung statt 5,1-32: 4,21-34; 5,1-18.

Salomos Vertrag mit Hiram von Tyrus. Vorbereitung zum Tempelbau

(vgl. 2.Chr 2)

15 Und [a]Hiram, der König von Tyrus,
sandte seine Botschafter zu Salomo;
denn er hatte gehört, daß sie ihn zum
König gesalbt hatten an seines Vaters
Statt. Denn Hiram liebte David sein
16 Leben lang. Und Salomo sandte zu Hi-
17 ram und ließ ihm sagen: Du weißt, daß
mein Vater David nicht ein Haus bauen
konnte dem Namen des HERRN, seines
Gottes, um des Krieges willen, der um
ihn her war, bis der HERR seine Feinde
18 unter seine Füße gab. Nun aber hat mir
der HERR, mein Gott, Ruhe gegeben
ringsum, so daß weder ein Widersacher
noch ein böses Hindernis mehr da ist.
19 Siehe, so hab ich gedacht, dem Namen
des HERRN, meines Gottes, ein Haus zu
bauen, wie der HERR zu meinem Vater
David gesagt hat: [b]Dein Sohn, den ich
an deiner Statt auf deinen Thron setzen
werde, der soll meinem Namen das
20 Haus bauen. So befiehl nun, daß man
mir Zedern im Libanon fällt, und mei-
ne Leute sollen mit deinen Leuten sein.
Und den Lohn deiner Leute will ich dir
geben, alles, wie du es sagst. Denn du
weißt, daß bei uns niemand ist, der
Holz zu hauen versteht wie die Sido-
21 nier. Als Hiram aber die Worte Salo-
mos hörte, freute er sich sehr und
sprach: [c]Gelobt sei der HERR heute, der
David einen weisen Sohn gegeben hat
22 über dies große Volk. Und Hiram sand-
te zu Salomo und ließ ihm sagen: Ich
habe die Botschaft gehört, die du mir
gesandt hast. Ich will alle deine Wün-
sche nach Zedern- und Zypressenholz
23 erfüllen. Meine Leute sollen die Stäm-
me vom Libanon hinabbringen ans
Meer, und ich will sie in Flöße zusam-
menlegen lassen auf dem Meer bis an
den Ort, den du mir sagen lassen wirst,
und will sie dort zerlegen, und du sollst
sie holen lassen. Aber du sollst auch
meine Wünsche erfüllen und Speise ge-
24 ben für meinen Hof. So gab Hiram Sa-
lomo Zedern- und Zypressenholz nach
25 allen seinen Wünschen. Salomo aber
gab Hiram zwanzigtausend Sack Wei-
zen zum Unterhalt für seinen Hof und
zwanzigtausend Eimer gepreßtes Öl.
Das gab Salomo jährlich dem Hiram.[d]
Und der HERR gab Salomo Weisheit, 26
wie er ihm zugesagt hatte. Und es war
Friede zwischen Hiram und Salomo,
und sie schlossen miteinander einen
Vertrag.
Und Salomo hob Fronarbeiter aus 27
von ganz Israel, und ihre Zahl war drei-
ßigtausend Mann, und sandte sie auf 28
den Libanon, je einen Monat zehntau-
send, so daß sie einen Monat auf dem
Libanon waren und zwei Monate da-
heim. Und [e]Adoniram war der Fron-
vogt. Und Salomo hatte siebzigtausend 29
Lastträger und achtzigtausend Stein-
hauer im Gebirge, ohne die Vögte Salo- 30
mos, die über die Arbeiten gesetzt wa-
ren: dreitausenddreihundert, welche
den Leuten geboten, die die Arbeit ta-
ten. Und der König gebot, große und 31
kostbare Steine auszubrechen, behaue-
ne Steine zum Grund des Hauses. Und 32
die Bauleute Salomos und die Bauleute
Hirams und die [f]Gebaliter hieben sie
zurecht; so bereiteten sie Holz und
Steine zu, um das Haus zu bauen.

a 2.Sam 5,11 *b* 2.Sam 7,13 *c* Kap 10,9 *d* Vers 2
e Kap 4,6 *f* Jos 13,5; Hes 27,9

Der Bau des Tempels

(vgl. 2. Chr 3,1-14)

Im [a]vierhundertundachtzigsten Jahr **6**
nach dem Auszug Israels aus Ägypten-
land, im vierten Jahr der Herrschaft
Salomos über Israel, im Monat Siw,
das ist der zweite Monat, wurde das
Haus dem HERRN gebaut. Das Haus 2
aber, das der König Salomo dem
HERRN baute, war sechzig Ellen lang,
zwanzig Ellen breit und dreißig Ellen
hoch. Und er baute eine [b]Vorhalle vor 3
der Tempelhalle des Hauses, zwanzig
Ellen lang nach der Breite des Hauses
und zehn Ellen breit vor dem Hause
her. Und er machte am Hause Fenster 4
mit festen Stäben davor. Und er baute 5
einen Umgang an der Wand des Hauses
ringsumher, so daß er um die Tempel-
halle und um den Chorraum herging,
und machte Seitengemächer ringsum-
her. Der untere Gang war fünf Ellen 6
weit und der mittlere sechs Ellen weit
und der dritte sieben Ellen weit; denn
er machte Absätze außen am Hause
ringsumher, so daß die Balken nicht in
die Wände des Hauses eingriffen. Und 7
als das Haus gebaut wurde, waren die
Steine bereits ganz zugerichtet, so daß
man weder Hammer noch Beil noch ir-
gendein eisernes Werkzeug beim Bau-
en hörte. Die Tür zum unteren Seiten- 8

gemach war auf der rechten Seite des
Hauses, so daß man durch eine Wen-
deltreppe hinaufging auf die mittleren
Seitengemächer und von den mittleren
9 auf die dritten. So baute er das Haus
und vollendete es. Und er deckte das
Haus mit Balken und Tafelwerk von
10 Zedern. Und er baute Gänge um das
ganze Haus herum, je fünf Ellen hoch,
und verband sie mit dem Hause durch
Balken von Zedernholz.
11 Und es geschah des HERRN Wort zu
12 Salomo: So sei es mit dem Hause, das
du baust: Wirst du in meinen Satzun-
gen wandeln und nach meinen Rechten
tun und alle meine Gebote halten und
in ihnen wandeln, [c]so will ich mein
Wort an dir wahrmachen, das ich dei-
13 nem Vater David gegeben habe, und
[d]will wohnen unter Israel und will
mein Volk Israel nicht verlassen.
14 Und Salomo baute das Haus und
15 vollendete es.[e] Er bedeckte die Wände
des Hauses innen mit Brettern von Ze-
dernholz. Vom Boden des Hauses bis
an die Decke täfelte er es innen mit
Holz, und den Boden des Hauses täfelte
er mit Brettern von Zypressenholz.
16 Und er baute zwanzig Ellen von der
Rückseite des Hauses entfernt eine
Wand aus zedernen Brettern vom Bo-
den bis an die Decke und baute so im
Innern den Chorraum, das Allerheilig-
17 ste. Die Tempelhalle vor dem Chor-
18 raum war vierzig Ellen lang. Innen war
das ganze Haus lauter Zedernholz mit
gedrehten Knoten und Blumenwerk, so
19 daß man keinen Stein sah. Den Chor-
raum machte er im Innern des Hauses,
damit man die Lade des Bundes des
20 HERRN dahin stellte. Und vor dem
Chorraum, der zwanzig Ellen lang,
zwanzig Ellen breit und zwanzig Ellen
hoch war und überzogen mit lauterem
Gold,[f] machte er den Altar aus Zedern-
21 holz. Und Salomo überzog das Haus
innen mit lauterem Gold und zog gol-
dene Riegel vor dem Chorraum her,
22 den er mit Gold überzogen hatte, so
daß das ganze Haus ganz mit Gold
überzogen war. Dazu überzog er auch
den ganzen Altar vor dem Chorraum
23 mit Gold. Er machte im Chorraum
zwei [g]Cherubim, zehn Ellen hoch, von
24 Ölbaumholz. Fünf Ellen hatte ein Flü-
gel eines jeden Cherubs, so daß zehn
Ellen waren von dem Ende seines einen
Flügels bis zum Ende seines andern
25 Flügels. So hatte auch der andere Che-
rub zehn Ellen, und beide Cherubim
hatten das gleiche Maß und die gleiche
Gestalt. Auch war jeder Cherub zehn 26
Ellen hoch. Und er stellte die Cheru- 27
bim mitten ins Allerheiligste. Und die
Cherubim breiteten ihre Flügel aus, so
daß der Flügel des einen Cherubs die
eine Wand berührte und der Flügel des
andern Cherubs die andere Wand be-
rührte. Aber in der Mitte berührte ein
Flügel den andern. Und er überzog die 28
Cherubim mit Gold. An allen Wänden 29
des Allerheiligsten ließ er ringsum
Schnitzwerk machen von Cherubim,
Palmen und Blumenwerk, innen und
außen. Auch überzog er innen den Bo- 30
den mit Goldblech. Und an der Tür des 31
Chorraums machte er zwei Türflügel
von Ölbaumholz mit fünfeckigen Pfo-
sten und ließ Schnitzwerk darauf ma- 32
chen von Cherubim, Palmen und Blu-
menwerk und überzog sie mit Gold-
blech. Ebenso machte er auch an der 33
Tür der Tempelhalle viereckige Pfo-
sten von Ölbaumholz und zwei Türen 34
von Zypressenholz, so daß jede Tür
zwei Flügel hatte, die sich drehten, und 35
machte Schnitzwerk darauf von Cheru-
bim, Palmen und Blumenwerk und
überzog es mit Gold, genau wie es ein-
gegraben war. Er baute auch den inne- 36
ren Vorhof von drei Schichten behaue-
ner Steine und von einer Schicht Ze-
dernbalken.
Im [h]vierten Jahr, im Monat Siw, 37
wurde der Grund gelegt zum Hause des
HERRN, und im elften Jahr, im Monat 38
Bul, das ist der achte Monat, wurde das
Haus vollendet, wie es sein sollte, so
daß sie sieben Jahre daran bauten.

a Mt 1,17 *b* Kap 7,15-21 *c* 2.Sam 7,13
d 2.Mose 29,45 *e* Apg 7,47 *f* Kap 7,48
g 2.Mose 37,7-9 *h* Vers 1

Der Bau der königlichen Paläste

Aber an seinen Königshäusern baute 7
Salomo dreizehn Jahre, bis er sie ganz
vollendet hatte.[a] So baute er das [b]Liba- 2
non-Waldhaus, hundert Ellen lang,
fünfzig Ellen breit und dreißig Ellen
hoch. Auf drei Reihen von Zedernsäu-
len legte er eine Decke von Zedernbal-
ken und deckte auch mit Zedernholz 3
die Gemächer über den Säulen; und es
waren fünfundvierzig Säulen, je fünf-
zehn in einer Reihe. Und Gebälk lag in 4
drei Reihen, und Fenster waren einan-
der gegenüber dreimal. Und alle Türen 5
und Fenster waren viereckig, und die
Fenster waren einander gegenüber
dreimal.

6 Er baute auch eine Halle von Säulen,
fünfzig Ellen lang und dreißig Ellen
breit, und noch eine Halle vor diese mit
7 Säulen und einem Aufgang davor; und
baute auch die Thronhalle, in der er
Gericht hielt, die Gerichtshalle, und tä-
felte sie vom Boden bis zur Decke mit
8 Zedernholz; dazu sein Haus, in dem er
wohnte, im andern Hof, hinten an der
Halle, gebaut wie die andern; und bau-
te noch ein Haus wie diese Halle [c]für
die Tochter des Pharao, die Salomo zur
9 Frau genommen hatte. Das alles war
von kostbaren Steinen, nach dem Win-
keleisen gehauen, mit Sägen geschnit-
ten auf allen Seiten, vom Grund bis an
das Dach und von außen bis zum gro-
10 ßen Hof. Die Grundsteine waren auch
kostbare und große Steine, zehn und
11 acht Ellen lang, und darauf kostbare
Steine, nach dem Winkeleisen gehau-
12 en, und Zedernholz. Aber der große
Hof hatte ringsum drei Schichten be-
hauene Steine und eine Schicht Ze-
dernbalken, wie auch [d]der innere Vor-
hof am Hause des HERRN und die Halle
am Hause.

a Kap 9,10 *b* Jes 22,8 *c* Kap 3,1 *d* Kap 6,36

Die beiden Säulen vor dem Tempel und die heiligen Geräte

(vgl. 2.Chr 3,15-5,1)

13 Und der König Salomo sandte hin und
14 ließ holen [a]Hiram von Tyrus – den
Sohn einer Witwe aus dem Stamm
Naftali, sein Vater aber war aus Tyrus
gewesen –; der war ein Kupferschmied,
voll Weisheit, Verstand und Kunst in
allerlei Kupferarbeit. Der kam zum
König Salomo und machte ihm alle sei-
ne Werke.
15 Er goß zwei [b]Säulen aus Kupfer,
jede achtzehn Ellen hoch, und eine
Schnur von zwölf Ellen war das Maß
16 um jede Säule herum. Und er machte
zwei Knäufe, aus Kupfer gegossen,
oben auf die Säulen zu setzen; jeder
17 Knauf war fünf Ellen hoch. Und es war
an jedem Knauf oben auf den Säulen
Gitterwerk, sieben geflochtene Reifen
18 wie Ketten. Und er machte an jedem
Knauf zwei Reihen Granatäpfel rings-
umher an dem Gitterwerk, mit denen
19 der Knauf bedeckt wurde. Und die
Knäufe oben auf den Säulen waren wie
20 Lilien, jeder vier Ellen dick. Und es wa-
ren zweihundert Granatäpfel in den
Reihen ringsum, oben und unten an
dem Gitterwerk, das um die Rundung
des Knaufs her ging, an jedem Knauf
auf beiden Säulen. Und er richtete die 21
Säulen auf vor der Vorhalle des Tem-
pels; die er zur rechten Hand setzte,
nannte er Jachin, und die er zur linken
Hand setzte, nannte er Boas. Und oben 22
auf den Säulen war Lilienschmuck. So
wurde vollendet das Werk der Säulen.
Und er machte das Meer, gegossen, 23
von einem Rand zum andern zehn El-
len weit rundherum und fünf Ellen
hoch, und eine Schnur von dreißig Ellen
war das Maß ringsherum. Und um das 24
Meer gingen Knoten an seinem Rand
ringsherum, je zehn auf eine Elle; es
hatte zwei Reihen Knoten, die beim
Guß mitgegossen waren. Und es stand 25
auf zwölf Rindern, von denen drei nach
Norden gewandt waren, drei nach We-
sten, drei nach Süden und drei nach
Osten, und das Meer stand obendrauf,
und ihre Hinterteile waren alle nach in-
nen gekehrt. Die Wanddicke des Mee- 26
res aber war eine Hand breit, und sein
Rand war wie der Rand eines Bechers,
wie eine aufgegangene Lilie, und es
gingen zweitausend Eimer hinein.
Er machte auch zehn Gestelle aus 27
Kupfer, jedes vier Ellen lang und breit
und drei Ellen hoch. Es war aber das 28
Gestell so gemacht, daß es Seiten hatte
zwischen den Leisten. Und an den Sei- 29
ten zwischen den Leisten waren Lö-
wen, Rinder und Cherubim, und eben-
so auf den Leisten und oberhalb und
unterhalb der Löwen und Rinder wa-
ren herabhängende Kränze. Und jedes 30
Gestell hatte vier kupferne Räder mit
kupfernen Achsen. Und auf den vier
Ecken waren Träger gegossen, jeder
dem andern gegenüber, unten an den
Kessel gegossen. Aber der Hals mitten 31
auf dem Gestell war eine Elle hoch und
rund, anderthalb Ellen weit, und es wa-
ren Buckel an dem Hals in Feldern, die
viereckig waren und nicht rund. Die 32
vier Räder aber waren unten an den
Seiten, und die Achsen der Räder wa-
ren am Gestell. Jedes Rad war andert-
halb Ellen hoch. Es waren Räder wie 33
Wagenräder, und ihre Achsen, Naben,
Speichen und Felgen waren alle gegos-
sen. Und die vier Träger auf den vier 34
Ecken eines jeden Gestells waren auch
am Gestell. Und oben auf dem Gestell, 35
eine halbe Elle hoch, rundherum, wa-
ren Griffe und Leisten am Gestell. Und 36
er ließ auf die Flächen der Griffe und
Leisten eingraben Cherubim, Löwen
und Palmenbäume, soviel Platz auf je-
dem war, und Kränze ringsherum dar-

37 an. Auf diese Weise machte er zehn Ge-
stelle, alle von einem Guß, einem Maß
und einer Gestalt.
38 Und er machte zehn Kessel aus Kup-
fer, daß vierzig Eimer in einen Kessel
gingen, und jeder war vier Ellen weit,
und auf jedem Gestell war ein Kessel.
39 Und er stellte fünf Gestelle an die rech-
te Seite des Hauses und die andern fünf
an die linke Seite; aber das Meer stellte
er rechts vor das Haus nach Süden hin.
40 Und Hiram machte auch Töpfe,
Schaufeln, Becken; und so vollendete
er alle Werke, die der König Salomo am
41 Hause des HERRN machen ließ: die zwei
Säulen und die kugligen Knäufe oben
auf den zwei Säulen und die zwei Git-
terwerke, die die beiden kugligen
Knäufe auf den Säulen bedecken soll-
42 ten, und die vierhundert Granatäpfel
an den zwei Gitterwerken, je zwei Rei-
hen Granatäpfel an *einem* Gitterwerk,
die die beiden kugligen Knäufe auf den
43 Säulen bedecken sollten, dazu die zehn
Gestelle und zehn Kessel obendrauf
44 und das Meer und die zwölf Rinder un-
45 ter dem Meer und die Töpfe, Schaufeln
und Becken. Und alle diese Geräte, die
Hiram dem König Salomo machte für
das Haus des HERRN, waren von blan-
46 kem Kupfer. In der Gegend des unte-
ren Jordan ließ sie der König gießen in
der Gießerei von Adama zwischen Suk-
47 kot und Zaretan. Und Salomo ließ alle
Geräte ungewogen wegen der sehr gro-
ßen Menge des Kupfers.
48 Auch ließ Salomo alles Gerät ma-
chen, das zum Hause des HERRN gehör-
te: den goldenen Altar, den goldenen
Tisch, auf dem die Schaubrote liegen,
49 fünf Leuchter zur rechten Hand und
fünf Leuchter zur linken vor dem
Chorraum von lauterem Gold, mit gol-
denen Blumen, Lampen und Licht-
50 scheren; dazu Schalen, Messer, Bek-
ken, Löffel und Pfannen von lauterem
Gold. Auch waren die Angeln an den
Türen zum Allerheiligsten innen im
Hause und an den Türen der Tempel-
halle von Gold.
51 So wurde das ganze Werk vollendet,
das der König Salomo gemacht hatte
am Hause des HERRN. Und Salomo
brachte hinein, was sein Vater David
geheiligt hatte an Silber und Gold und
Geräten, und legte es in den Schatz des
Hauses des HERRN.

a 2.Chr 2,12.13 *b* 2.Kön 25,17

Einweihung des Tempels. Salomos Gebet und Opfer

(vgl. 2.Chr 5,2-7,10)

Da versammelte der König Salomo zu 8
sich die Ältesten in Israel, alle Häupter
der Stämme und Obersten der Sippen
in Israel nach Jerusalem, um die Lade
des Bundes des HERRN heraufzubrin-
gen aus der Stadt Davids, das ist Zion.
Und es versammelten sich beim König 2
Salomo alle Männer in Israel am Fest
im Monat Etanim, das ist der siebente
Monat. Und als alle Ältesten Israels ka- 3
men, hoben die Priester die Lade des
HERRN auf und brachten sie hinauf, 4
dazu die Stiftshütte und alles Gerät des
Heiligtums, das in der Stiftshütte war.
Das taten die Priester und Leviten.
Und der König Salomo und die ganze 5
Gemeinde Israel, die sich bei ihm ver-
sammelt hatte, ging mit ihm vor der
Lade her und [a] opferte Schafe und Rin-
der, so viel, daß man sie nicht zählen
noch berechnen konnte. So [b] brachten 6
die Priester die Lade des Bundes des
HERRN an ihren Platz in den Chorraum
des Hauses, in das Allerheiligste, [c] un-
ter die Flügel der Cherubim. Denn die 7
Cherubim breiteten die Flügel aus an
dem Ort, wo die Lade stand, und be-
deckten die Lade und ihre Stangen von
obenher. Und [d] die Stangen waren so 8
lang, daß ihre Enden gesehen wurden
in dem Heiligen, das ist die Tempelhal-
le, vor dem Chorraum; aber von außen
sah man sie nicht. Und dort sind sie bis
auf diesen Tag. Und es war nichts in 9
der Lade als [e] nur die zwei steinernen
Tafeln des Mose, die er hineingelegt
hatte am Horeb, die Tafeln des Bundes,
den der HERR mit Israel schloß, als sie
aus Ägyptenland gezogen waren. Als 10
aber die Priester aus dem Heiligen gin-
gen, erfüllte die Wolke das Haus des
HERRN, so daß die Priester nicht zum 11
Dienst hinzutreten konnten wegen der
Wolke; denn [f] die Herrlichkeit des
HERRN erfüllte das Haus des HERRN.
Da sprach Salomo: Die Sonne hat 12
der HERR an den Himmel gestellt; er
hat aber gesagt, [g] er wolle im Dunkel
wohnen. So habe ich nun ein Haus ge- 13
baut dir zur Wohnung, eine Stätte, daß
du ewiglich da wohnest. Und der Kö- 14
nig wandte sein Angesicht und segnete
die ganze Gemeinde Israel, und die
ganze Gemeinde Israel stand. Und er 15
sprach: Gelobt sei der HERR, der Gott
Israels, der durch seinen Mund mei-

nem Vater David zugesagt und es
durch seine Hand erfüllt hat und ge-
16 sagt: Von dem Tage an, als ich mein
Volk Israel aus Ägypten führte, hab ich
keine Stadt erwählt unter irgendeinem
Stamm Israels, daß mir ein Haus ge-
baut würde, damit mein Name da wäre.
Jerusalem hab ich erwählt, daß mein
Name da wäre, und David hab ich er-
wählt, daß er über mein Volk Israel
17 Herr sein sollte. Mein Vater David hat-
te es zwar im Sinn, dem Namen des
HERRN, des Gottes Israels, ein Haus zu
18 bauen,[h] aber der HERR sprach zu mei-
nem Vater David: Daß du im Sinn
hast, meinem Namen ein Haus zu bau-
en, daran hast du wohlgetan, daß du dir
19 das vornahmst. Doch nicht du sollst das
Haus bauen, sondern dein Sohn, der
dir geboren wird, der soll meinem Na-
20 men ein Haus bauen. Und der HERR hat
sein Wort wahr gemacht, das er gege-
ben hat; denn ich bin zur Macht ge-
kommen an meines Vaters David Statt
und sitze auf dem Thron Israels, wie
der HERR zugesagt hat, und habe ge-
baut ein Haus dem Namen des HERRN,
21 des Gottes Israels, und habe dort eine
Stätte zugerichtet der Lade, in der die
Tafeln des Bundes sind, den er ge-
schlossen hat mit unsern Vätern, als er
sie aus Ägyptenland führte.

22 Und Salomo trat vor den Altar des
HERRN angesichts der ganzen Gemein-
de Israel und breitete seine Hände aus
23 gen Himmel und sprach: HERR, Gott
Israels, es ist kein Gott weder droben
im Himmel noch unten auf Erden dir
gleich, der du hältst den Bund und die
Barmherzigkeit deinen Knechten, die
vor dir wandeln von ganzem Herzen;
24 der du gehalten hast deinem Knecht,
meinem Vater David, was du ihm zuge-
sagt hast. Mit deinem Mund hast du es
geredet, und mit deiner Hand hast du
es erfüllt, wie es offenbar ist an diesem
25 Tage. Nun, HERR, Gott Israels, halt
deinem Knecht, meinem Vater David,
was du ihm zugesagt hast: Es soll dir
nicht fehlen an einem Mann, der vor
mir steht, der da sitzt auf dem Thron
Israels, wenn nur deine Söhne auf ihren
Weg achthaben, daß sie vor mir wan-
deln, wie du vor mir gewandelt bist.
26 Nun, Gott Israels, laß dein Wort wahr
werden, das du deinem Knecht, mei-
27 nem Vater David, zugesagt hast. Aber
sollte Gott wirklich auf Erden wohnen?
Siehe, [i] der Himmel und aller Himmel
Himmel können dich nicht fassen – wie
sollte es dann dies Haus tun, das ich ge-
baut habe?[j] Wende dich aber zum Ge- 28
bet deines Knechts und zu seinem Fle-
hen, HERR, mein Gott, damit du hörest
das Flehen und Gebet deines Knechts
heute vor dir: Laß [k] deine Augen offen 29
stehen über diesem Hause Nacht und
Tag, über der [l] Stätte, von der du gesagt
hast: Da soll mein Name sein. Du wol-
lest hören das Gebet, das dein Knecht
an dieser Stätte betet, und wollest erhö- 30
ren das Flehen deines Knechts und dei-
nes Volkes Israel, wenn sie hier bitten
werden an dieser Stätte; und wenn du
es hörst in deiner Wohnung, im Him-
mel, wollest du gnädig sein.

Wenn jemand an seinem Nächsten 31
sündigt und es wird ihm ein Fluch auf-
erlegt, sich selbst zu verfluchen, und er
kommt und verflucht sich vor deinem
Altar in diesem Hause, so wollest du 32
hören im Himmel und Recht schaffen
deinen Knechten, daß du den Frevler
als Frevler erkennen und seine Tat auf
sein Haupt kommen läßt, den aber, der
im Recht ist, gerecht sprichst und ihm
gibst nach seiner Gerechtigkeit.

Wenn dein Volk Israel vor dem 33
Feind geschlagen wird, weil sie an dir
gesündigt haben, und sie bekehren sich
dann zu dir und bekennen deinen Na-
men und beten und flehen zu dir in
diesem Hause, so wollest du hören im 34
Himmel und die Sünde deines Volkes
Israel vergeben und sie zurückbringen
in das Land, das du ihren Vätern gege-
ben hast.

Wenn [m] der Himmel verschlossen 35
wird, daß es nicht regnet, weil sie an dir
gesündigt haben, und sie beten dann zu
dieser Stätte hin und bekennen deinen
Namen und bekehren sich von ihren
Sünden, weil du sie bedrängst, so wol- 36
lest du hören im Himmel und vergeben
die Sünde deiner Knechte und deines
Volkes Israel, daß du ihnen den guten
Weg weist, auf dem sie wandeln sollen,
und regnen läßt auf das Land, das du
deinem Volk zum Erbe gegeben hast.

Wenn eine Hungersnot oder Pest 37
oder Dürre oder Getreidebrand oder
Heuschrecken oder Raupen im Lande
sein werden oder sein Feind im Lande
seine Städte belagert oder irgendeine
Plage oder Krankheit da ist – wer dann 38
bittet und fleht, es seien Einzelne oder
dein ganzes Volk Israel, die da ihre Pla-
ge spüren, jeder in seinem Herzen, und
breiten ihre Hände aus zu diesem
Hause, so wollest du hören im Himmel, 39

an dem Ort, wo du wohnst, und gnädig
sein und schaffen, daß du jedem gibst,
wie er gewandelt ist, wie du sein Herz
erkennst – denn [n]du allein kennst das
40 Herz aller Menschenkinder –, damit sie
dich fürchten allezeit, solange sie in
dem Lande leben, das du unsern Vätern gegeben hast.
41 Auch wenn ein [o]Fremder, der nicht
von deinem Volk Israel ist, aus fernem
Lande kommt um deines Namens wil-
42 len – denn sie werden hören von dei-
nem großen Namen und von deiner
mächtigen Hand und von deinem aus-
gereckten Arm –, wenn er kommt, um
43 zu diesem Hause hin zu beten, so wol-
lest du hören im Himmel, an dem Ort,
wo du wohnst, und alles tun, worum
der Fremde dich anruft, auf daß alle
Völker auf Erden deinen Namen erkennen, damit auch sie dich fürchten wie
dein Volk Israel, und daß sie innewerden, daß dein Name über diesem Hause
genannt ist, das ich gebaut habe.
44 Wenn dein Volk auszieht in den
Krieg gegen seine Feinde auf dem Weg,
den du sie senden wirst, und sie beten
werden zum HERRN nach der Stadt hin,
die du erwählt hast, und nach dem
Hause hin, das ich deinem Namen ge-
45 baut habe, so wollest du ihr Gebet und
Flehen hören im Himmel und ihnen
Recht schaffen.
46 Wenn sie an dir sündigen werden –
[p]denn es gibt keinen Menschen, der
nicht sündigt – und du zürnst ihnen
und gibst sie dahin vor ihren Feinden,
daß sie sie gefangen führen in das Land
47 der Feinde, fern oder nahe, und sie
nehmen sich's zu Herzen im Lande, in
dem sie gefangen sind, und bekehren
sich und flehen zu dir im Lande ihrer
Gefangenschaft und sprechen: [q]Wir
haben gesündigt und übelgetan und
48 sind gottlos gewesen, und bekehren
sich zu dir von ganzem Herzen und von
ganzer Seele im Lande ihrer Feinde,
die sie weggeführt haben, und beten zu
dir nach ihrem Lande hin, das du ihren
Vätern gegeben hast, [r]nach der Stadt
hin, die du erwählt hast, und nach dem
Hause hin, das ich deinem Namen ge-
49 baut habe: so wollest du ihr Gebet und
Flehen hören im Himmel, an dem Ort,
wo du wohnst, und ihnen Recht schaf-
50 fen und wollest vergeben deinem Volk,
das an dir gesündigt hat, alle ihre Übertretungen, mit denen sie gegen dich gesündigt haben, und wollest sie Erbarmen finden lassen bei denen, die sie ge-
fangen halten, so daß sie sich ihrer er-
barmen. Denn sie sind dein Volk und 51
dein Erbe, die du aus Ägypten, aus dem
glühenden Ofen, geführt hast.
Laß deine Augen offen sein für das 52
Flehen deines Knechts und deines Volkes Israel, daß du sie hörst, sooft sie
dich anrufen; denn [s]du hast sie dir aus- 53
gesondert zum Erbe aus allen Völkern
auf Erden, wie du geredet hast durch
deinen Knecht Mose, als du unsere Väter aus Ägypten führtest, Herr HERR!
Und als Salomo dies Gebet und Fle- 54
hen vor dem HERRN vollendet hatte,
stand er auf von dem Altar des HERRN
und hörte auf zu knien und die Hände
zum Himmel auszubreiten und trat hin 55
und segnete die ganze Gemeinde Israel
mit lauter Stimme und sprach: Gelobet 56
sei der HERR, der seinem Volk Israel
Ruhe gegeben hat, wie er es zugesagt
hat. [t]*Es ist nicht* eins *dahingefallen von
allen seinen guten Worten, die er geredet
hat durch seinen Knecht Mose.* Der 57
HERR, unser Gott, sei mit uns, wie er
mit unsern Vätern gewesen ist. Er verlasse uns nicht und ziehe die Hand
nicht ab von uns. Er neige unser Herz 58
zu ihm, daß wir wandeln in allen seinen
Wegen und halten seine Gebote, Satzungen und Rechte, die er unsern Vä-
tern geboten hat. Mögen diese Worte, 59
die ich vor dem HERRN gefleht habe,
nahe sein dem HERRN, unserm Gott,
Tag und Nacht, daß er Recht schaffe
seinem Knecht und seinem Volk Israel
alle Tage, damit alle Völker auf Erden 60
erkennen, daß der HERR Gott ist, und
sonst keiner mehr! Und euer Herz sei 61
ungeteilt bei dem HERRN, unserm Gott,
daß ihr wandelt in seinen Satzungen
und haltet seine Gebote, wie es heute
geschieht.
Und der König und ganz Israel 62
opferten vor dem HERRN Opfer. Und 63
Salomo opferte Dankopfer, die er dem
HERRN opferte, zweiundzwanzigtausend Rinder und hundertzwanzigtausend Schafe. So weihten sie das Haus
des HERRN ein, der König und ganz Is-
rael. An demselben Tage weihte der 64
König die Mitte des Vorhofes, der vor
dem Hause des HERRN war, dadurch,
daß er Brandopfer, Speisopfer und das
Fett der Dankopfer dort darbrachte.
Denn der kupferne Altar, der vor dem
HERRN stand, war zu klein für die
Brandopfer, Speisopfer und das Fett
der Dankopfer. Und Salomo beging zu 65
der Zeit das Fest und ganz Israel mit

ihm – eine große Versammlung von der
Grenze Hamats bis an den Bach Ägyp-
tens – vor dem HERRN, unserm Gott,
sieben Tage und noch sieben Tage, das
66 waren vierzehn Tage. Und er entließ
das Volk am achten Tage. Und sie seg-
neten den König und gingen heim fröh-
lich und guten Mutes über all das Gute,
das der HERR an David, seinem Knecht,
und an seinem Volk Israel getan hatte.

a 2.Sam 6,13 *b* 2.Sam 6,17 *c* Kap 6,27
d 2.Mose 25,13-15 *e* 2.Mose 25,21; 5.Mose 10,5
f 2.Mose 40,34.35 *g* 2.Mose 20,21 *h* 2.Sam 7
i Jes 66,1 *j* Apg 17,24 *k* Sach 12,4
l 2.Mose 20,24 *m* Kap 17,1 *n* Ps 139,1.2
o 4.Mose 15,14-16 *p* Ps 14,3.4; Röm 3,23
q Neh 9,33; Dan 9,5 *r* Dan 6,11 *s* 2.Mose 19,5.6
t Jos 21,45

Gott ermahnt Salomo

(vgl. 2.Chr 7,11-22)

9 Und als Salomo das Haus des HERRN
gebaut hatte und das Haus des Königs
und alles, was er zu machen gewünscht
2 hatte, erschien ihm der HERR zum zwei-
tenmal, [a]wie er ihm erschienen war in
3 Gibeon. Und der HERR sprach zu ihm:
Ich habe dein Gebet und Flehen ge-
hört, das du vor mich gebracht hast,
und habe dies Haus geheiligt, das du
gebaut hast, daß ich [b]meinen Namen
dort wohnen lasse ewiglich, und meine
Augen und mein Herz sollen da sein al-
4 lezeit. Und du, wenn du vor mir wan-
delst, wie dein Vater David gewandelt
ist, mit rechtschaffenem Herzen und
aufrichtig, daß du alles tust, was ich dir
geboten habe, und meine Gebote und
5 meine Rechte hältst, so [c]will ich bestä-
tigen den Thron deines Königtums
über Israel ewiglich, wie ich deinem
Vater David zugesagt habe: [d]Es soll dir
nicht fehlen an einem Mann auf dem
6 Thron Israels. Werdet ihr euch aber
von mir abwenden, ihr und eure Kin-
der, und nicht halten meine Gebote
und Rechte, die ich euch vorgelegt
habe, und hingehen und andern Göt-
7 tern dienen und sie anbeten, [e]so werde
ich Israel ausrotten aus dem Lande, das
ich ihnen gegeben habe, und das Haus,
das ich meinem Namen geheiligt habe,
will ich verwerfen von meinem Ange-
sicht; und Israel wird ein Spott und
8 Hohn sein unter allen Völkern. Und
dies Haus wird eingerissen werden, so
daß alle, die vorübergehen, sich entset-
zen werden und höhnen und sagen:
Warum hat der HERR diesem Lande
9 und diesem Hause das angetan? Dann
wird man antworten: Weil sie den
HERRN, ihren Gott, verlassen haben,
der ihre Väter aus Ägyptenland führte,
und andere Götter angenommen und
sie angebetet und ihnen gedient haben
– darum hat der HERR all dies Unheil
über sie gebracht.

a Kap 3,5 *b* Kap 8,29 *c* 2.Sam 7,12 *d* Jer 33,17
e (*7 und 8*) 5.Mose 4,26; 8,19.20; Mt 23,38

Verschiedene Regierungsmaßnahmen Salomos

(vgl. 2.Chr 8,7-11)

Als nun die zwanzig Jahre um waren, in 10
denen Salomo die beiden Häuser baute,
[a]des HERRN Haus und [b]des Königs
Haus – dazu hatte Hiram, der König 11
von Tyrus, Salomo Zedernbäume und
Zypressen und Gold nach all seinen
Wünschen gegeben –, da gab der König
Salomo Hiram [c]zwanzig Städte im
Lande Galiläa. Und Hiram zog aus von 12
Tyrus, die Städte zu besehen, die ihm
Salomo gegeben hatte, und sie gefielen
ihm nicht. Und er sprach: Was sind das 13
für Städte, mein Bruder, die du mir ge-
geben hast? Und man nannte sie das
Land Kabul bis auf diesen Tag. Und 14
Hiram hatte dem König hundertund-
zwanzig Zentner Gold gesandt.

Und so verhielt sich's mit den Fron- 15
leuten, die der König Salomo aushob,
um zu bauen des HERRN Haus und sein
Haus und den Millo und die Mauer Je-
rusalems und Hazor und Megiddo und
Geser – denn der Pharao, der König 16
von Ägypten, war heraufgezogen und
hatte [d]Geser eingenommen und mit
Feuer verbrannt und die Kanaaniter
erschlagen, die in der Stadt wohnten,
und hatte [e]seiner Tochter, Salomos
Frau, den Ort zum Geschenk gegeben;
und Salomo baute Geser wieder auf 17
und das untere Bet-Horon und Baalat 18
und Tamar in der Wüste im Lande
Juda und alle Städte mit Kornspei- 19
chern, die Salomo hatte, und alle Städte
der Wagen und [f]die Städte der Ge-
spanne und was er zu bauen wünschte
in Jerusalem, im Libanon und im gan-
zen Lande seiner Herrschaft –: alles 20
Volk, das noch übrig war von den Amo-
ritern, Hetitern, Perisitern, Hewitern
und Jebusitern, die nicht zu den Israe-
liten gehörten, deren Nachkommen, 21
die übriggeblieben waren im Lande, an
denen Israel den Bann nicht hatte voll-
strecken können, die machte Salomo zu
[g]Fronleuten bis auf diesen Tag. Aber 22
aus Israel machte er niemand zu Fron-
leuten, sondern ließ sie Kriegsleute und
seine Räte und Oberste und Ritter und

Hauptleute über seine Wagen und Ge-
23 spanne sein. Und die Zahl der obersten
Amtleute, die über Salomos Bauarbei-
ten gesetzt waren, betrug fünfhundert-
undfünfzig; diese geboten über die
Leute, die die Arbeiten taten.
24 Und die Tochter des Pharao zog her-
auf von der Stadt Davids in ihr Haus,
das Salomo für sie gebaut hatte. Dann
baute er auch den Millo.
25 Und Salomo opferte dreimal im Jahr
Brandopfer und Dankopfer auf dem
Altar, den er dem HERRN gebaut hatte,
und räucherte auf ihm vor dem HERRN.
Und so wurde das Haus fertig.
26 [h]Und Salomo baute auch Schiffe in
Ezjon-Geber, das bei Elat liegt am Ufer
des Schilfmeers im Lande der Edomi-
27 ter. Und Hiram sandte auf die Schiffe
seine Leute, die gute Schiffsleute und
auf dem Meer erfahren waren, zusam-
28 men mit den Leuten Salomos.[i] Und sie
kamen nach [j]Ofir und holten dort vier-
hundertundzwanzig Zentner Gold und
brachten's dem König Salomo.

a Kap 6,38 *b* Kap 7,1 *c* 2.Chr 8,2 *d* Jos 16,10
e Kap 3,1 *f* Kap 10,26 *g* Jos 16,10 *h* (26-28)
4.Mose 33,35; 2.Chr 8,17.18 *i* Kap 10,11
j 1.Mose 10,29

Besuch der Königin von Saba

(vgl. 2.Chr 9,1-12)

10 Und als die [a]Königin von Saba die
Kunde von Salomo vernahm, kam sie,
um Salomo mit Rätselfragen zu prü-
2 fen.[b] Und sie kam nach Jerusalem mit
einem sehr großen Gefolge, mit Kame-
len, die Spezerei trugen und viel Gold
und Edelsteine. Und als sie zum König
Salomo kam, redete sie mit ihm alles,
3 was sie sich vorgenommen hatte. Und
Salomo gab ihr Antwort auf alles, und
es war dem König nichts verborgen,
4 was er ihr nicht hätte sagen können. Als
aber die Königin von Saba alle Weis-
heit Salomos sah und das Haus, das er
5 gebaut hatte, und die Speisen für sei-
nen Tisch und die Rangordnung seiner
Großen und das Aufwarten seiner Die-
ner und ihre Kleider und seine Mund-
schenken und seine Brandopfer, die er
in dem Hause des HERRN opferte, geriet
6 sie vor Staunen außer sich und sprach
zum König: Es ist wahr, was ich in mei-
nem Lande von deinen Taten und von
7 deiner Weisheit gehört habe. Und ich
hab's nicht glauben wollen, bis ich ge-
kommen bin und es mit eigenen Augen
gesehen habe. Und siehe, nicht die
Hälfte hat man mir gesagt. Du hast
mehr Weisheit und Güter, als die Kun-
de sagte, die ich vernommen habe.
Glücklich sind deine Männer und dei- 8
ne Großen, die allezeit vor dir stehen
und deine Weisheit hören. [c]Gelobt sei 9
der HERR, dein Gott, der an dir Wohl-
gefallen hat, so daß er dich auf den
Thron Israels gesetzt hat! Weil der
HERR Israel lieb hat ewiglich, hat er
dich zum König gesetzt, daß du Recht
und Gerechtigkeit übst. Und sie gab 10
dem König hundertundzwanzig Zent-
ner Gold und sehr viel Spezerei und
Edelsteine. Es kam nie mehr so viel
Spezerei ins Land, wie die Königin von
Saba dem König Salomo gab.
Auch brachten [d]die Schiffe Hirams, 11
die Gold aus Ofir einführten, sehr viel
Sandelholz und Edelsteine. Und der 12
König ließ Pfeiler machen aus dem
Sandelholz im Hause des HERRN und
im Hause des Königs und Harfen und
Zithern für die Sänger. Es kam nie
mehr so viel Sandelholz ins Land, wur-
de auch nicht gesehen bis auf diesen
Tag.
Und der König Salomo gab der 13
Königin von Saba alles, was ihr ge-
fiel und was sie erbat, außer dem, was er
ihr von sich aus gab. Und sie wandte
sich und zog in ihr Land mit ihrem
Gefolge.

a Mt 12,42 *b* Kap 5,14 *c* Kap 5,21 *d* Kap 9,27.28

Salomos Reichtum

(vgl. 2.Chr 9,13-28)

Und das Gewicht des Goldes, das für 14
Salomo in einem Jahr einkam, war
sechshundertsechsundsechzig Zent-
ner, außer dem, was von den Händlern 15
und vom Gewinn der Kaufleute und
von allen Königen Arabiens und von
den Statthaltern kam.
Und der König Salomo [a]ließ zwei- 16
hundert große Schilde vom besten
Gold machen – sechshundert Lot Gold
nahm er zu einem Schild – und drei- 17
hundert kleine Schilde vom besten
Gold, je drei Pfund Gold zu einem klei-
nen Schild. Und der König brachte sie
in das [b]Libanon-Waldhaus.
Und der König machte einen großen 18
Thron von Elfenbein und überzog ihn
mit dem edelsten Gold. Und der Thron 19
hatte sechs Stufen, und hinten am
Thron waren Stierköpfe, und es waren
Lehnen auf beiden Seiten am Sitz, und
zwei Löwen standen an den Lehnen.
Und zwölf Löwen standen auf den 20
sechs Stufen zu beiden Seiten. Dergle-
chen ist nie gemacht worden in allen

21 Königreichen. Alle Trinkgefäße des
Königs Salomo waren aus Gold, und
alle Gefäße im Libanon-Waldhaus wa-
ren auch aus lauterem Gold; denn das
Silber achtete man zu den Zeiten Salo-
22 mos für nichts. Denn der König hatte
Tarsisschiffe, die auf dem Meer zusam-
men mit den Schiffen Hirams fuhren.
Diese kamen in drei Jahren *einmal* und
brachten Gold, Silber, Elfenbein, Af-
fen und Pfauen.
23 So war der König Salomo größer an
Reichtum und Weisheit als alle Könige
24 auf Erden. Und alle Welt begehrte, Sa-
lomo zu sehen, damit sie die Weisheit
hörten, die ihm Gott in sein Herz gege-
25 ben hatte. Und jedermann brachte ihm
jährlich Geschenke, silberne und gol-
dene Geräte, Kleider und Waffen, Spe-
zerei, Rosse und Maultiere.
26 Und Salomo brachte Wagen und
Gespanne zusammen, so daß er tau-
sendvierhundert Wagen und [c]zwölf-
tausend Gespanne hatte, und er legte
sie in die Wagenstädte und zum König
27 nach Jerusalem. Und der König brach-
te es dahin, daß es in Jerusalem so viel
Silber gab wie Steine, und Zedernholz
so viel wie wilde Feigenbäume im Hü-
28 gelland. Und man brachte Salomo
Pferde aus Ägypten und aus Koë; und
die Kaufleute des Königs kauften sie
29 aus Koë zu ihrem Preis. Und sie brach-
ten herauf aus Ägypten den Wagen für
sechshundert Silberstücke und das
Pferd für hundertundfünfzig. Dann
führten sie diese wieder aus an alle Kö-
nige der Hetiter und an die Könige von
Aram.

a Kap 14,26 *b* Kap 7,2 *c* Kap 5,6

Salomos heidnische Frauen und seine Abgötterei

11 Aber der König Salomo liebte [a]viele
ausländische Frauen: die Tochter des
Pharao und moabitische, ammoniti-
sche, edomitische, sidonische und heti-
2 tische – aus solchen Völkern, von denen
der HERR den Israeliten gesagt hatte:
Geht nicht zu ihnen und laßt sie nicht
zu euch kommen; [b]sie werden gewiß
eure Herzen ihren Göttern zuneigen.
3 An diesen hing Salomo mit Liebe. Und
er hatte siebenhundert Hauptfrauen
und dreihundert Nebenfrauen; und
seine Frauen verleiteten sein Herz.
4 Und als er nun alt war, neigten seine
Frauen sein Herz fremden Göttern zu,
so daß sein Herz nicht ungeteilt bei
dem HERRN, seinem Gott, war, wie das
Herz seines Vaters David. So diente 5
Salomo der Astarte, der Göttin derer
von Sidon, und dem Milkom, dem
greulichen Götzen der Ammoniter.
Und Salomo tat, was dem HERRN miß- 6
fiel, und folgte nicht völlig dem HERRN
wie sein Vater David.
Damals baute Salomo eine Höhe 7
dem [c]Kemosch, dem greulichen Göt-
zen der Moabiter, auf dem Berge, der
vor Jerusalem liegt, und dem Moloch,
dem greulichen Götzen der Ammoni-
ter. Ebenso tat Salomo für alle seine 8
ausländischen Frauen, die ihren Göt-
tern räucherten und opferten. Der 9
HERR aber wurde zornig über Salomo,
daß er sein Herz von dem HERRN, dem
Gott Israels, abgewandt hatte, [d]der
ihm zweimal erschienen war und ihm 10
geboten hatte, daß er nicht andern Göt-
tern nachwandelte. Er aber hatte nicht
gehalten, was ihm der HERR geboten
hatte. Darum sprach der HERR zu Salo- 11
mo: Weil das bei dir geschehen ist und
du meinen Bund und meine Gebote
nicht gehalten hast, die ich dir geboten
habe, so [e]will ich das Königtum von dir
reißen und einem deiner Großen ge-
ben. Doch zu deiner Zeit will ich das 12
noch nicht tun um deines Vaters David
willen, sondern aus der Hand deines
Sohnes will ich's reißen.[f] Doch will ich 13
nicht das ganze Reich losreißen; *einen*
Stamm will ich deinem Sohn lassen um
Davids willen, meines Knechts, und
um Jerusalems willen, das ich erwählt
habe.

a 5.Mose 17,17 *b* 2.Mose 34,16 *c* 4.Mose 21,29; 2.Kön 23,13 *d* Kap 3,5; 9,2 *e* 1.Sam 15,28 *f* Kap 12,19

Salomos Feinde Hadad und Reson

Und der HERR erweckte Salomo einen 14
Widersacher, den Edomiter Hadad,
vom königlichen Geschlecht in Edom.
Denn [a]als David die Edomiter schlug – 15
damals als der Feldhauptmann Joab
hinaufgezogen war, um die Erschlage-
nen Israels zu begraben, da erschlug er
alles, was männlich war in Edom; sechs 16
Monate blieb Joab und ganz Israel
dort, bis er ausgerottet hatte alles, was
männlich war in Edom –, da floh Hadad 17
und mit ihm einige Edomiter vom Ge-
folge seines Vaters, um nach Ägypten
zu entkommen. Hadad aber war noch
ein sehr junger Mann. Und sie machten 18
sich auf von Midian und kamen nach
Paran und nahmen Leute mit sich aus
Paran und kamen nach Ägypten zum

Pharao, dem König von Ägypten. Der
gab ihm ein Haus und Nahrung und
19 wies ihm Land an. Und Hadad fand
große Gnade vor dem Pharao, so daß er
ihm sogar die Schwester seiner Gemah-
lin, der Königin Tachpenes, zur Frau
20 gab. Und die Schwester der Tachpenes
gebar ihm Genubat, seinen Sohn, und
Tachpenes zog ihn auf im Hause des
Pharao, so daß Genubat im Hause des
Pharao unter den Kindern des Pharao
21 war. Als nun Hadad hörte in Ägypten,
daß David sich zu seinen Vätern gelegt
hatte und daß der Feldhauptmann Joab
tot war, sprach er zum Pharao: Laß
22 mich in mein Land ziehen! Der Pharao
sprach zu ihm: Was fehlt dir bei mir,
daß du in dein Land ziehen willst? Er
sprach: Nichts, aber laß mich ziehen!
25b *Und Hadad kehrte in sein Land zu-
rück und hatte einen Haß auf Israel und
wurde König über Edom.

23 Auch erweckte Gott dem Salomo
noch einen Widersacher, Reson, den
Sohn Eljadas, der von seinem Herrn,
[b]Hadad-Eser, dem König von Zoba,
24 geflohen war. Der hatte Männer um
sich gesammelt und war Hauptmann
einer Schar geworden – [c]als David die
Aramäer schlug –, und er zog nach Da-
maskus und nahm es ein und wurde
25a König in Damaskus. Und er war Israels
Widersacher, solange Salomo lebte.
Das kam zu dem Schaden, den Hadad
tat.

a 2.Sam 8,14 *b* 2.Sam 8,3 *c* 2.Sam 10,18
*Vers 25b: Der Zusammenhang erfordert die hier vorgenommene Umstellung des halben Verses.

Ahias Verheißung an Jerobeam. Salomos Tod

26 Auch Jerobeam, der Sohn Nebats, ein
Efraimiter von Zereda, Salomos Vogt –
seine Mutter hieß Zeruga, eine Wit-
we –, hob die Hand auf gegen den Kö-
27 nig. Und so ging es zu, als er die Hand
gegen den König aufhob: Salomo baute
den [a]Millo und schloß damit die Lücke
28 in der Stadt Davids, seines Vaters. Und
Jerobeam war ein tüchtiger Mann. Und
als Salomo sah, daß der Jüngling viel
schaffte, setzte er ihn über alle Fron-
arbeit des Hauses Josef.

29 Es begab sich aber zu der Zeit, daß
Jerobeam aus Jerusalem hinausging,
und es traf ihn der Prophet Ahia von
Silo auf dem Wege und hatte einen
neuen Mantel an, und es waren die bei-
30 den allein auf dem Felde. Und Ahia
faßte den neuen Mantel, den er anhatte,
und riß ihn in zwölf Stücke und sprach 31
zu Jerobeam: Nimm zehn Stücke zu
dir! Denn so spricht der HERR, der Gott
Israels: Siehe, ich will das Königtum
aus der Hand Salomos reißen und dir
zehn Stämme geben[b] – *einen* Stamm 32
soll er haben um meines Knechts David
willen und um der Stadt Jerusalem wil-
len, [c]die ich erwählt habe aus allen
Stämmen Israels –, weil er mich verlas- 33
sen hat und angebetet die Astarte, die
Göttin der Sidonier, Kemosch, den
Gott der Moabiter, und Milkom, den
Gott der Ammoniter, und nicht in mei-
nen Wegen gewandelt ist und nicht ge-
tan hat, was mir wohlgefällt, meine Ge-
bote und Rechte, wie sein Vater David.
Ich will aber aus seiner Hand das Reich 34
noch nicht nehmen, sondern ich will
ihn Fürst sein lassen sein Leben lang
um meines Knechtes David willen,
[d]den ich erwählt habe und der meine
Gebote und Rechte gehalten hat. Aber 35
[e]aus der Hand seines Sohnes will ich
das Königtum nehmen und will dir
zehn Stämme und seinem Sohn *einen* 36
Stamm geben, damit mein Knecht Da-
vid vor mir eine [f]Leuchte habe allezeit
in der Stadt Jerusalem, die ich mir er-
wählt habe, um meinen Namen dort
wohnen zu lassen. So will ich nun dich 37
nehmen, daß du regierst über alles, was
dein Herz begehrt, und König sein
sollst über Israel. Wirst du nun [g]gehor- 38
chen allem, was ich dir gebieten werde,
und in meinen Wegen wandeln und
tun, was mir gefällt, und meine Rechte
und Gebote halten, wie mein Knecht
David getan hat, so will ich mit dir sein
und dir ein beständiges Haus bauen,
wie ich es David gebaut habe, und will
dir Israel geben und will das Ge- 39
schlecht Davids deswegen demütigen,
doch nicht für alle Zeit.

Salomo aber trachtete danach, Jero- 40
beam zu töten. Da machte sich Jero-
beam auf und floh nach Ägypten
zu [h]Schischak, dem König von Ägyp-
ten, und blieb in Ägypten, bis Salomo
starb.

Was mehr von Salomo zu sagen ist 41
und alles, was er getan hat, und seine
Weisheit, das steht geschrieben in der
Chronik von Salomo.[i] Die Zeit aber, 42
die Salomo König war zu Jerusalem
über ganz Israel, ist vierzig Jahre. Und 43
Salomo legte sich zu seinen Vätern und
wurde begraben in der Stadt Davids,
seines Vaters. Und sein Sohn Reha-
beam wurde König an seiner Statt.

a Kap 9,15.24 *b* Kap 12,15; 14,2 *c* Ps 132,13
d 2.Sam 7,12 *e* Kap 12,16.17 *f* Kap 15,4;
2.Kön 8,19 *g* Kap 9,4 *h* Kap 14,25
i 2.Chr 9,29-31

Abfall der zehn Stämme vom Hause David

(vgl. 2.Chr 10)

12 Und Rehabeam zog nach Sichem, denn
ganz Israel war nach Sichem gekom-
men, um ihn zum König zu machen.
2 Und Jerobeam, der Sohn Nebats, hörte
das, als er noch in Ägypten war, [a]wohin
er vor dem König Salomo geflohen war,
3 und kehrte aus Ägypten zurück. Und
sie sandten hin und ließen ihn rufen.
Und Jerobeam und die ganze Gemein-
de Israel kamen und redeten mit Reha-
4 beam und sprachen: Dein Vater hat
unser Joch zu hart gemacht. Mache du
nun den harten Dienst und das schwere
Joch leichter, das er uns aufgelegt hat,
5 so wollen wir dir untertan sein. Er aber
sprach zu ihnen: Geht hin bis zum drit-
ten Tag, dann kommt wieder zu mir.
6 Und das Volk ging hin. Und der König
Rehabeam hielt einen Rat mit den Älte-
sten, die vor seinem Vater Salomo ge-
standen hatten, als er noch lebte, und
sprach: Wie ratet ihr, daß wir diesem
7 Volk Antwort geben? Sie sprachen zu
ihm: Wirst du heute diesem Volk einen
Dienst tun und ihnen zu Willen sein
und sie erhören und ihnen gute Worte
geben, so werden sie dir untertan sein
8 dein Leben lang. Aber er kehrte sich
nicht an den Rat der Ältesten, den sie
ihm gegeben hatten, und hielt einen
Rat mit den Jüngeren, die mit ihm auf-
gewachsen waren und vor ihm standen.
9 Und er sprach zu ihnen: Was ratet ihr,
daß wir antworten diesem Volk, das zu
mir gesagt hat: Mache das Joch leich-
ter, das dein Vater auf uns gelegt hat?
10 Und die Jüngeren, die mit ihm aufge-
wachsen waren, sprachen zu ihm: Du
sollst zu dem Volk, das zu dir sagt:
»Dein Vater hat unser Joch zu schwer
gemacht; mache du es uns leichter«, so
sagen: Mein kleiner Finger soll dicker
11 sein als meines Vaters Lenden. Nun,
mein Vater hat auf euch ein schweres
Joch gelegt, ich aber will's euch noch
schwerer machen. Mein Vater hat euch
mit Peitschen gezüchtigt, ich will euch
12 mit Skorpionen züchtigen. Als nun Je-
robeam und das ganze Volk zu Reha-
beam kamen am dritten Tage, wie der
König gesagt hatte: Kommt wieder zu
13 mir am dritten Tage, da gab der König
dem Volk eine [b]harte Antwort und
kehrte sich nicht an den Rat, den ihm
die Ältesten gegeben hatten, und redete 14
mit ihnen nach dem Rat der Jüngeren
und sprach: Mein Vater hat euer Joch
schwer gemacht, ich aber will's euch
noch schwerer machen. Mein Vater hat
euch mit Peitschen gezüchtigt, ich aber
will euch mit Skorpionen züchtigen. So 15
hörte der König nicht auf das Volk;
denn so war es bestimmt von dem
HERRN, damit er sein Wort wahr mach-
te, das er durch [c]Ahia von Silo geredet
hatte zu Jerobeam, dem Sohn Nebats.
Als aber ganz Israel sah, daß der Kö- 16
nig sie nicht hören wollte, gab das Volk
dem König Antwort und sprach: [d]Was
haben wir für Teil an David oder Erbe
am Sohn Isais? Auf zu deinen Hütten,
Israel! So sorge nun du für dein Haus,
David! – Da ging Israel heim, so daß 17
Rehabeam nur über die Israeliten re-
gierte, die in den Städten Judas wohn-
ten. Und als der König Rehabeam den 18
Fronvogt Adoram hinsandte, warf ihn
ganz Israel mit Steinen zu Tode. Aber
der König Rehabeam stieg eilends auf
einen Wagen und floh nach Jerusalem.
Also fiel Israel ab vom Hause David bis 19
auf diesen Tag.

a Kap 11,40 *b* Spr 15,1 *c* Kap 11,29-31
d 2.Sam 20,1

Jerobeam wird König über die zehn Stämme. Seine Abgötterei

(vgl. 2.Chr 11,1-4)

Als nun ganz Israel hörte, daß Jero- 20
beam zurückgekommen war, sandten
sie hin und ließen ihn rufen zu der Ge-
meinde und machten ihn zum König
über ganz Israel; niemand folgte dem
Hause David als der Stamm Juda al-
lein. Und als Rehabeam nach Jerusa- 21
lem kam, sammelte er das ganze Haus
Juda und den Stamm Benjamin, hun-
dertachtzigtausend streitbare Männer,
um gegen das Haus Israel zu kämpfen
und das Königtum an Rehabeam, den
Sohn Salomos, zurückzubringen. Es 22
kam aber Gottes Wort zu Schemaja,
dem Mann Gottes: Sage Rehabeam, 23
dem Sohn Salomos, dem König von
Juda, und dem ganzen Hause Juda und
Benjamin und dem übrigen Volk und
sprich: So spricht der HERR: Ihr sollt 24
nicht hinaufziehen und gegen eure
Brüder, die von Israel, kämpfen. Jeder-
mann gehe wieder heim, denn das alles
ist von mir geschehen. Und sie ge-
horchten dem Wort des HERRN, kehr-

ten um und gingen heim, wie der HERR
gesagt hatte.
25 Jerobeam aber baute Sichem auf
dem Gebirge Efraim aus und wohnte
darin und zog von da fort und baute
26 Pnuël aus. Und Jerobeam dachte in sei-
nem Herzen: Das Königtum wird nun
27 wieder an das Haus David fallen. Wenn
dies Volk hinaufgeht, um Opfer darzu-
bringen im Hause des HERRN zu Jeru-
salem, so wird sich das Herz dieses
Volks wenden zu ihrem Herrn Reha-
beam, dem König von Juda, und sie
werden mich umbringen und wieder
Rehabeam, dem König von Juda, zufal-
28 len. Und der König hielt einen Rat und
machte zwei [a]goldene Kälber und
sprach zum Volk: Es ist zu viel für
euch, daß ihr hinauf nach Jerusalem
geht; siehe, da ist dein Gott, Israel, der
29 dich aus Ägyptenland geführt hat. Und
er stellte eins in Betel auf, und das an-
30 dere tat er nach [b]Dan. Und das [c]geriet
zur Sünde, denn das Volk ging hin vor
das eine in Betel und vor das andre in
Dan.
31 Er baute auch ein Höhenheiligtum
und machte Priester aus allerlei Leu-
ten, die nicht von den Söhnen Levi wa-
32 ren. Und er machte ein Fest am fünf-
zehnten Tag des achten Monats wie das
Fest in Juda und opferte auf dem Altar.
So tat er in Betel, daß er den Kälbern
opferte, die er gemacht hatte, und be-
stellte in Betel Priester für die Höhen,
die er gemacht hatte.

a 2.Mose 32,4.8 *b* Ri 18,30 *c* Kap 14,16

Reich Israel: Ein Prophet verkündet Jerobeam eine Strafe für seine Abgötterei

33 Einst opferte Jerobeam auf dem Altar,
den er gemacht hatte in Betel, am fünf-
zehnten Tage im achten Monat, den er
sich in seinem Herzen ausgedacht hat-
te, und machte den Israeliten ein Fest
und stieg auf den Altar, um zu opfern.
13 Und siehe, ein Mann Gottes kam von
Juda auf das Wort des HERRN hin nach
Betel, während Jerobeam noch auf dem
2 Altar stand und opferte. Und er rief ge-
gen den Altar auf das Wort des HERRN
hin und sprach: Altar, Altar! So spricht
der HERR: Siehe, es wird ein Sohn dem
Hause David geboren werden, mit Na-
men Josia; der wird auf dir schlachten
die Priester der Höhen, die auf dir
opfern, und wird Menschengebein auf
3 dir verbrennen.[a] Und er gab an dem
Tag ein Wunderzeichen und sprach:
Das ist das Zeichen dafür, daß der
HERR geredet hat: Siehe, der Altar wird
bersten und die Asche verschüttet wer-
den, die darauf ist. Als aber der König 4
das Wort von dem Mann Gottes hörte,
der gegen den Altar in Betel rief, streck-
te er seine Hand aus auf dem Altar und
sprach: Greift ihn! Und seine Hand
verdorrte, die er gegen ihn ausgestreckt
hatte, und er konnte sie nicht wieder an
sich ziehen. Und der Altar barst, und 5
die Asche wurde verschüttet vom Altar
nach dem Wunderzeichen, das der
Mann Gottes gegeben hatte auf das
Wort des HERRN hin. Und der König 6
hob an und sprach zu dem Mann Got-
tes: [b]Flehe doch den HERRN, deinen
Gott, an und bitte für mich, daß ich
meine Hand wieder an mich ziehen
kann. Da flehte der Mann Gottes den
HERRN an, und der König konnte seine
Hand wieder an sich ziehen, und sie
wurde, wie sie vorher war. Und der Kö- 7
nig redete mit dem Mann Gottes:
Komm mit mir heim und labe dich; ich
will dir ein Geschenk geben. Aber der 8
Mann Gottes sprach zum König:
Wenn du mir auch die Hälfte deiner
Habe geben wolltest, so käme ich doch
nicht mit dir; denn ich will an diesem
Ort kein Brot essen noch Wasser trin-
ken. Denn das ist mir geboten durch 9
des HERRN Wort: Du sollst kein Brot
essen und kein Wasser trinken und
nicht den Weg zurückgehen, den du ge-
kommen bist. Und er ging einen andern 10
Weg und nicht wieder den Weg, den er
nach Betel gekommen war.

a 2.Kön 23,16.20 *b* 2.Mose 8,4

Der Prophet wird für seinen Ungehorsam gestraft

Es wohnte aber ein alter Prophet in 11
Betel; zu dem kamen seine Söhne und
erzählten ihm alles, was der Mann Got-
tes getan hatte an diesem Tag in Betel,
und die Worte, die er zum König gere-
det hatte. Und ihr Vater sprach zu 12
ihnen: Wo ist der Weg, den er gezogen
ist? Und seine Söhne zeigten ihm den
Weg, den der Mann Gottes gezogen
war, der von Juda gekommen war. Er 13
aber sprach zu seinen Söhnen: Sattelt
mir den Esel! Und als sie ihm den Esel
gesattelt hatten, ritt er auf ihm und zog 14
dem Mann Gottes nach und fand ihn
unter einer Eiche sitzen und sprach zu
ihm: Bist du der Mann Gottes, der von
Juda gekommen ist? Er sprach: Ja. Er 15
sprach zu ihm: Komm mit mir heim

16 und iß Brot mit mir! Er aber sprach:
Ich kann nicht mit dir umkehren und
mit dir kommen; ich will auch nicht
Brot essen noch Wasser trinken mit dir
17 an diesem Ort. Denn es ist zu mir geredet worden durch das Wort des HERRN:
Du sollst dort weder Brot essen noch
Wasser trinken; du sollst nicht den
Weg zurückgehen, den du gekommen
18 bist. Er sprach zu ihm: Ich bin auch ein
Prophet wie du, und ein Engel hat zu
mir geredet auf das Wort des HERRN
hin: Führe ihn wieder mit dir heim,
daß er Brot esse und Wasser trinke. Er
19 belog ihn aber. Und er führte ihn wieder zurück, daß er Brot aß und Wasser
20 trank in seinem Hause. Und als sie zu
Tisch saßen, kam das Wort des HERRN
zum Propheten, der ihn zurückgeführt
21 hatte. Und er rief dem Mann Gottes zu,
der von Juda gekommen war: So
spricht der HERR: Weil du dem Mund
des HERRN ungehorsam gewesen bist
und nicht gehalten hast das Gebot, das
dir der HERR, dein Gott, geboten hat,
22 und umgekehrt bist, Brot gegessen hast
und Wasser getrunken an dem Ort, von
dem er dir sagte: Du sollst weder Brot
essen noch Wasser trinken –, so soll
dein Leichnam nicht in deiner Väter
Grab kommen.
23 Und nachdem er gegessen und getrunken hatte, sattelte man für ihn den
Esel des Propheten, der ihn zurückge-
24 führt hatte. Und als er seines Weges
zog, fand ihn ein [a]Löwe auf dem Wege
und tötete ihn. Und sein Leichnam
blieb auf dem Wege liegen, und der
Esel stand neben ihm, und der Löwe
25 stand neben dem Leichnam. Und als
Leute vorübergingen, sahen sie den
Leichnam auf dem Wege liegen und
den Löwen bei dem Leichnam stehen
und kamen und sagten es in der Stadt,
26 in der der alte Prophet wohnte. Als das
der Prophet hörte, der ihn zurückgeführt hatte, sprach er: Es ist der Mann
Gottes, der dem Mund des HERRN ungehorsam gewesen ist. Darum hat ihn
der HERR dem Löwen gegeben; der hat
ihn zerrissen und getötet nach dem
Wort, das ihm der HERR gesagt hat.
27 Und er sprach zu seinen Söhnen: Sattelt mir den Esel! Und als sie ihn gesat-
28 telt hatten, zog er hin und fand den
Leichnam auf dem Wege liegen und
den Esel und den Löwen neben dem
Leichnam stehen. Der Löwe hatte
nichts gefressen vom Leichnam und
29 den Esel nicht zerrissen. Da hob der
Prophet den Leichnam des Mannes
Gottes auf und legte ihn auf den Esel
und brachte ihn zurück und kam in seine Stadt, um die Totenklage zu halten
und ihn zu begraben. Und er legte den 30
Leichnam in sein eigenes Grab, und sie
hielten ihm die Totenklage: [b]Ach, Bruder! Und als sie ihn begraben hatten, 31
sprach er zu seinen Söhnen: Wenn ich
sterbe, so begrabt mich in dem Grabe,
in dem der Mann Gottes begraben ist,
und legt mein Gebein neben sein Gebein. Denn es wird sich erfüllen, was er 32
gerufen hat gegen den Altar in Betel auf
das Wort des HERRN hin und gegen alle
Heiligtümer auf den Höhen, die in den
Städten Samariens sind.

Aber nach diesem Geschehnis kehrte 33
Jerobeam nicht um von seinem bösen
Wege, sondern [c]bestellte wieder Priester für die Höhen aus allem Volk. Wer
da wollte, dessen [d]Hand füllte er, und
der wurde Priester für die Höhen. Und 34
dies geriet zur Sünde dem Hause Jerobeams, so daß es zugrunde gerichtet
und von der Erde vertilgt wurde.

a Kap 20,36 *b* Jer 22,18 *c* Kap 12,31
d 2.Mose 28,41

Jerobeams Tod

Zu der Zeit war Abia, der Sohn Jero- **14**
beams, krank. Und Jerobeam sprach zu 2
seiner Frau: Mache dich auf und verkleide dich, damit niemand merkt, daß
du Jerobeams Frau bist, und geh hin
nach Silo. Siehe, dort ist der [a]Prophet
Ahia, der mir zugesagt hat, daß ich König sein sollte über dies Volk. Und 3
nimm mit dir zehn Brote, Kuchen und
einen Krug mit Honig und geh zu ihm,
damit er dir sagt, wie es dem Knaben
ergehen wird.

Und Jerobeams Frau tat das und 4
machte sich auf und ging hin nach Silo
und kam ins Haus Ahias. Ahia aber
konnte nicht sehen, denn seine Augen
standen starr vor Alter. Aber der HERR 5
sprach zu Ahia: Siehe, Jerobeams Frau
kommt, um dich wegen ihres Sohnes zu
befragen; denn er ist krank. So rede
nun mit ihr so und so. Als sie nun hineinkam, stellte sie sich fremd. Als aber 6
Ahia das Geräusch ihrer Tritte hörte,
wie sie zur Tür hereinkam, sprach er:
Komm herein, du Frau Jerobeams!
Warum stellst du dich so fremd? Ich
bin zu dir gesandt als ein harter Bote.
Geh hin und sage Jerobeam: So spricht 7
der HERR, der Gott Israels: Ich [b]habe
dich erhoben aus dem Volk und zum

Fürsten über mein Volk Israel gesetzt
8 und habe das Königtum von Davids
Hause gerissen und dir gegeben. Du
aber bist nicht gewesen wie mein
Knecht David, der meine Gebote hielt
und mir von ganzem Herzen nachwan-
delte, daß er nur tat, was mir wohlge-
9 fiel. Du hast mehr Böses getan als alle,
die vor dir gewesen sind, bist hingegan-
gen und hast dir andre Götter gemacht
und gegossene Bilder, um mich zum
Zorn zu reizen, und hast mir den Rük-
10 ken gekehrt. Darum siehe, [c]ich will
Unheil über das Haus Jerobeam brin-
gen und ausrotten von Jerobeam alles,
was männlich ist, bis auf den letzten
Mann in Israel und will die Nachkom-
men des Hauses Jerobeam ausfegen,
wie man Unrat ausfegt, bis es ganz mit
11 ihm aus ist. Wer von Jerobeam stirbt in
der Stadt, den sollen die Hunde fres-
sen; wer aber auf dem Felde stirbt, den
sollen die Vögel des Himmels fressen;
12 denn der HERR hat's geredet.[d] So ma-
che dich nun auf und geh heim; und
wenn dein Fuß die Stadt betritt, wird
13 das Kind sterben. Und es wird ihm
ganz Israel die Totenklage halten, und
sie werden ihn begraben; denn dieser
allein von Jerobeam wird zu Grabe
kommen, weil der HERR, der Gott Is-
raels, etwas Gutes an ihm gefunden hat
14 im Hause Jerobeam. Der HERR aber
wird sich einen König über Israel er-
wecken, [e]der wird das Haus Jerobeam
15 ausrotten – wie es heute ist. Und der
HERR wird Israel schlagen, daß es
schwankt, wie das Rohr im Wasser be-
wegt wird, und [f]wird Israel ausreißen
aus diesem guten Lande, das er ihren
Vätern gegeben hat, und wird sie zer-
streuen jenseits des Eufrat, weil sie sich
Ascherabilder gemacht haben, den
16 HERRN zu erzürnen. Und er wird Israel
dahingeben [g]um der Sünden Jero-
beams willen, der da gesündigt hat und
Israel sündigen gemacht hat.
17 Und Jerobeams Frau machte sich
auf, ging heim und kam nach Tirza.
Und als sie auf die Schwelle des Hauses
18 kam, starb der Knabe. Und sie begru-
ben ihn, und ganz Israel hielt ihm die
Totenklage nach dem Wort des HERRN,
das er geredet hatte durch seinen
Knecht Ahia, den Propheten.
19 Was mehr von Jerobeam zu sagen ist,
wie er Krieg geführt und regiert hat,
siehe, das steht geschrieben in der
20 Chronik der Könige von Israel. Die
Zeit aber, die Jerobeam regierte, sind
zweiundzwanzig Jahre. Und er legte
sich zu seinen Vätern, und sein Sohn
[h]Nadab wurde König an seiner Statt.

a Kap 11,29-31 *b* Kap 11,37 *c* Kap 15,29; 21,21
d Kap 16,4; 21,24 *e* Kap 15,29 *f* 2.Kön 17,23
g Kap 12,28-30; 13,34 *h* Kap 15,25

Reich Juda: Rehabeam

(vgl. 2.Chr 12)

Und [a]Rehabeam, der Sohn Salomos, 21
wurde König in Juda. Einundvierzig
Jahre alt war Rehabeam, als er König
wurde; und er regierte siebzehn Jahre
zu Jerusalem, in der Stadt, die der
HERR erwählt hatte aus allen Stämmen
Israels, damit er dort seinem Namen
eine Stätte bereite. Seine Mutter hieß
Naama, eine Ammoniterin. Und Juda 22
tat, was dem HERRN mißfiel; und sie
reizten ihn mehr, als alles ihn reizte,
was ihre Väter getan hatten mit ihren
Sünden, die sie taten. Denn auch sie 23
machten sich Höhen, Steinmale und
Ascherabilder auf allen hohen Hügeln
und unter allen grünen Bäumen.[b] Es 24
waren auch [c]Tempelhurer im Lande;
und sie taten alle die Greuel der Hei-
den, die der HERR vor Israel vertrieben
hatte.

Aber im fünften Jahr des Königs Re- 25
habeam zog [d]Schischak, der König von
Ägypten, herauf gegen Jerusalem und 26
nahm die Schätze aus dem Hause des
HERRN und aus dem Hause des Königs,
alles, was zu nehmen war, und nahm
alle [e]goldenen Schilde, die Salomo hat-
te machen lassen. An ihrer Statt ließ der 27
König Rehabeam kupferne Schilde
machen und gab sie in die Hand der
Obersten der Leibwache, die das Tor
hüteten am Hause des Königs. Und 28
sooft der König in das Haus des HERRN
ging, trug die Leibwache die Schilde
und brachte sie wieder in die Wach-
stube zurück.

Was aber mehr von Rehabeam zu sa- 29
gen ist und alles, was er getan hat, siehe,
das steht geschrieben in der Chronik
der Könige von Juda. Es war aber 30
Krieg zwischen Rehabeam und Jero-
beam ihr Leben lang. Und Rehabeam 31
legte sich zu seinen Vätern und wurde
begraben bei seinen Vätern in der Stadt
Davids. Und seine Mutter hieß Naama,
eine Ammoniterin. Und sein Sohn
Abia wurde König an seiner Statt.

a Kap 12,17 *b* 2.Kön 16,1-4 *c* 5.Mose 23,18;
2.Kön 23,7 *d* Kap 11,40 *e* Kap 10,16

Reich Juda: Abia. Asa

15 [a]Im achtzehnten Jahr des Königs Jero-
beam, des Sohnes Nebats, wurde Abia
2 König über Juda und regierte drei Jah-
re zu Jerusalem. Seine Mutter hieß
3 Maacha, eine Tochter Abisaloms. Und
er wandelte in allen Sünden seines Va-
ters, die dieser vor ihm getan hatte, und
sein Herz war nicht ungeteilt bei dem
HERRN, seinem Gott, wie das Herz sei-
4 nes Vaters David. Denn um Davids
willen gab der HERR, sein Gott, ihm
eine [b]Leuchte zu Jerusalem, daß er sei-
nen Sohn nach ihm erweckte und Jeru-
5 salem erhielt, weil David getan hatte,
was dem HERRN wohlgefiel, und nicht
gewichen war von allem, was er ihm ge-
bot, sein Leben lang, außer in der Sache
6 mit [c]Uria, dem Hetiter. Es war aber
Krieg zwischen Rehabeam und Jero-
beam ihr Leben lang.

7 Was aber mehr von Abia zu sagen ist
und alles, was er getan hat, siehe, das
steht geschrieben in der Chronik der
Könige von Juda. Es war aber Krieg
8 zwischen Abia und Jerobeam. Und
Abia legte sich zu seinen Vätern, und
sie begruben ihn in der Stadt Davids.
Und sein Sohn Asa wurde König an
seiner Statt.

9 Im zwanzigsten Jahr Jerobeams, des
Königs von Israel, wurde Asa König
10 über Juda und regierte einundvierzig
Jahre zu Jerusalem. Seine Mutter hieß
11 Maacha, eine Tochter Abisaloms. Und
Asa tat, was dem HERRN wohlgefiel, wie
12 sein Vater David. Er tat die [d]Tempel-
hurer aus dem Lande und [e]entfernte
alle Götzenbilder, die seine Väter ge-
13 macht hatten. [f]Dazu setzte er auch sei-
ne Mutter Maacha ab, daß sie nicht
mehr Herrin war, weil sie ein Greuel-
bild der Aschera gemacht hatte. Und
Asa zerschlug ihr Greuelbild und ver-
14 brannte es am Bach Kidron. Aber [g]die
Höhen entfernten sie nicht; jedoch das
Herz Asas war ungeteilt bei dem HERRN
15 sein Leben lang. Und das Silber und
Gold und die Geräte, die sein Vater ge-
heiligt hatte, und was von ihm selbst
geheiligt war, brachte er zum Hause des
HERRN.

16 [h]Und es war Krieg zwischen Asa und
Baësa, dem König von Israel, ihr Leben
17 lang. Baësa aber, der König von Israel,
zog herauf gegen Juda und baute Rama
aus, damit niemand aus- und einziehen
18 sollte bei Asa, dem König von Juda. Da
nahm Asa [i]alles Silber und Gold, das
noch übrig war im Schatz des Hauses
des HERRN und im Schatz des Hauses
des Königs, und gab's in die Hände sei-
ner Räte und sandte sie zu Benhadad,
dem Sohn Tabrimmons, des Sohnes
Hesjons, dem König von Aram, der zu
Damaskus herrschte, und ließ ihm sa-
gen: Es ist ein Bund zwischen mir und 19
dir und zwischen meinem Vater und
deinem Vater; darum schicke ich dir
ein Geschenk, Silber und Gold, daß du
den Bund mit Baësa, dem König von
Israel, aufgibst, damit er von mir ab-
zieht. Benhadad hörte auf die Bitte des 20
Königs Asa und sandte seine Obersten
gegen die Städte Israels und schlug [j]Ij-
jon und Dan und Abel-Bet-Maacha,
das ganze Kinneret samt dem ganzen
Lande Naftali. Als das Baësa hörte, ließ 21
er davon ab, Rama auszubauen, und
zog wieder nach Tirza. Der König Asa 22
aber bot ganz Juda auf, niemand ausge-
nommen, und sie nahmen die Steine
und das Holz von Rama weg, womit
Baësa gebaut hatte; und der König Asa
baute damit Geba in Benjamin und
Mizpa aus.

[k]Was aber mehr von Asa zu sagen ist 23
und alle seine tapferen Taten und alles,
was er getan hat, und die Städte, die er
ausgebaut hat, siehe, das steht geschrie-
ben in der Chronik der Könige von
Juda. Nur war er in seinem Alter an sei-
nen Füßen krank. Und Asa legte sich zu 24
seinen Vätern und wurde begraben bei
seinen Vätern in der Stadt Davids, sei-
nes Vaters. Und sein Sohn [l]Josafat
wurde König an seiner Statt.

a (1-8) 2.Chr 13 *b* Kap 11,36 *c* 2.Sam 11; 12,9
d 2.Kön 23,7 *e* 2.Chr 14,1-4 *f (13 und 14)*
2.Chr 15,16-18 *g* Kap 22,44 *h (16-22)*
2.Chr 16,1-6 *i* 2.Kön 12,19 *j* 2.Kön 15,29
k (23 und 24) 2.Chr 16,11-14 *l* Kap 22,41

Reich Israel: Nadab. Baësa

[a]Nadab aber, der Sohn Jerobeams, 25
wurde König über Israel im zweiten
Jahr Asas, des Königs von Juda, und
regierte über Israel zwei Jahre und [b]tat, 26
was dem HERRN mißfiel, und wandelte
in dem Wege seines Vaters und in sei-
ner Sünde, womit dieser Israel sündi-
gen gemacht hatte. Aber Baësa, der 27
Sohn Ahias, aus dem Stamme Isaschar,
machte eine Verschwörung gegen ihn
und erschlug ihn zu [c]Gibbeton, das den
Philistern gehörte. Denn Nadab und
ganz Israel belagerten Gibbeton. So tö- 28
tete ihn Baësa im dritten Jahr Asas, des
Königs von Juda, und wurde König an
seiner Statt. Als er nun König war, er- 29

schlug er das ganze Haus Jerobeam; er
ließ auch nicht einen übrig vom Hause
Jerobeam, [d]bis er es ganz vertilgt hatte
nach dem Wort des HERRN, das er gere-
det hatte durch seinen Knecht Ahia von
30 Silo, um der Sünden Jerobeams willen,
die er tat und womit er Israel sündigen
machte und den HERRN, den Gott Is-
raels, zum Zorn reizte.
31 Was aber mehr von Nadab zu sagen
ist und alles, was er getan hat, siehe, das
steht geschrieben in der Chronik der
32 Könige von Israel. Und es war Krieg
zwischen Asa und Baësa, dem König
von Israel, ihr Leben lang.
33 Im dritten Jahr Asas, des Königs von
Juda, wurde Baësa, der Sohn Ahias,
König über ganz Israel und regierte zu
34 Tirza vierundzwanzig Jahre. Und er
tat, was dem HERRN mißfiel, und wan-
delte in dem Wege Jerobeams und in
seiner Sünde, womit er Israel sündigen
gemacht hatte.
16 Es kam aber das Wort des HERRN zu
Jehu, dem Sohn Hananis, gegen Baësa:
2 Weil [e]ich dich aus dem Staub erhoben
habe und zum Fürsten gemacht über
mein Volk Israel und du doch wandelst
in dem Wege Jerobeams und mein Volk
Israel sündigen machst, daß sie mich
3 erzürnen durch ihre Sünde, siehe, so
will ich ausrotten Baësa und sein Haus
und will dein Haus machen [f]wie das
Haus Jerobeams, des Sohnes Nebats:
4 Wer vom Hause Baësas stirbt in der
Stadt, den sollen die Hunde fressen;
und wer von ihm stirbt auf dem Felde,
den sollen die Vögel des Himmels fres-
sen.[g]
5 Was aber mehr von Baësa zu sagen ist
und was er getan hat und seine tapferen
Taten, siehe, das steht geschrieben in
der Chronik der Könige von Israel.
6 Und Baësa legte sich zu seinen Vätern
und wurde begraben zu Tirza. Und
sein Sohn Ela wurde König an seiner
7 Statt. – Auch war das Wort des HERRN
durch den Propheten Jehu, den Sohn
Hananis, über Baësa gekommen und
über sein Haus wegen all des Unrechts,
das er vor dem HERRN tat, ihn zu erzür-
nen durch die Werke seiner Hände, daß
es ihm ergehen sollte wie dem Hause
Jerobeam, und weil er dieses ausgetilgt
hatte.

a Kap 14,20 *b* Kap 12,28-30 *c* Jos 19,44
d Kap 14,10.11 *e* Kap 14,7 *f* Kap 15,29
g Kap 14,11

Reich Israel: Ela, Simri und Omri

Im sechsundzwanzigsten Jahr Asas, 8
des Königs von Juda, wurde Ela, der
Sohn Baësas, König über Israel und re-
gierte zu Tirza zwei Jahre. Aber sein 9
Knecht Simri, der Oberste über die
Hälfte der Kriegswagen, machte eine
Verschwörung gegen ihn. Er aber war
in Tirza, trank und wurde trunken im
Hause Arzas, des Hofmeisters in Tirza.
Und [a]Simri kam hinein und schlug ihn 10
tot im siebenundzwanzigsten Jahr
Asas, des Königs von Juda, und wurde
König an seiner Statt. Und als er König 11
war und auf seinem Thron saß, er-
schlug er das ganze Haus Baësa und ließ
nichts übrig, was männlich war, dazu
seine Verwandten und seine Freunde.
So vertilgte Simri das ganze Haus Baë- 12
sa nach dem Wort des HERRN, das er
über Baësa geredet hatte durch den
Propheten Jehu, um all der Sünden 13
willen Baësas und seines Sohnes Ela,
die sie taten und durch die sie Israel
sündigen machten, den HERRN, den
Gott Israels, zu erzürnen durch ihre
Abgötterei. – Was aber mehr von Ela zu 14
sagen ist und alles, was er getan hat, sie-
he, das steht geschrieben in der Chro-
nik der Könige von Israel.

Im siebenundzwanzigsten Jahr Asas, 15
des Königs von Juda, wurde Simri Kö-
nig und regierte sieben Tage zu Tirza.
Und das Volk lag vor [b]Gibbeton, das
den Philistern gehörte. Als aber das 16
Volk im Lager sagen hörte, daß Simri
eine Verschwörung gemacht und auch
den König erschlagen hätte, da machte
ganz Israel am selben Tag im Lager
Omri, den Feldhauptmann, zum König
über Israel. Und Omri zog herauf und 17
ganz Israel mit ihm von Gibbeton, und
sie belagerten Tirza. Als aber Simri 18
sah, daß die Stadt eingenommen wer-
den würde, ging er in den Burgturm im
Hause des Königs und [c]verbrannte sich
mit dem Hause des Königs und starb
um seiner Sünden willen, die er getan 19
hatte, dadurch daß er tat, was dem
HERRN mißfiel, und wandelte in dem
Wege Jerobeams und in seiner Sünde,
die er tat, daß er Israel sündigen mach-
te. – Was aber mehr von Simri zu sagen 20
ist und wie er eine Verschwörung
machte, siehe, das steht geschrieben in
der Chronik der Könige von Israel.

Damals teilte sich das Volk Israel in 21
zwei Teile. Eine Hälfte hing Tibni an,
dem Sohn Ginats, und machte ihn zum

König, die andere Hälfte aber hing
22 Omri an. Aber das Volk, das Omri an-
hing, wurde stärker als das Volk, das
Tibni anhing, dem Sohn Ginats. Und
Tibni starb; da wurde Omri König.
23 Im einunddreißigsten Jahr Asas, des
Königs von Juda, wurde Omri König
über Israel und regierte zwölf Jahre,
24 und davon zu Tirza sechs Jahre. Er
kaufte den Berg Samaria von Semer für
zwei Zentner Silber und baute auf dem
Berg eine Stadt und nannte sie Samaria
nach dem Namen Semers, dem der
25 Berg gehört hatte. Und [d]Omri tat, was
dem HERRN mißfiel, und trieb es ärger
26 als alle, die vor ihm gewesen waren, und
wandelte in allen Wegen Jerobeams, des
Sohnes Nebats, und in seiner Sünde,
durch die dieser Israel sündigen mach-
te, daß sie den HERRN, den Gott Israels,
erzürnten durch ihre Abgötterei.
27 Was aber mehr von Omri zu sagen ist
und alles, was er getan hat, und seine
tapferen Taten, siehe, das steht ge-
schrieben in der Chronik der Könige
28 von Israel. Und Omri legte sich zu sei-
nen Vätern und wurde begraben zu Sa-
maria. Und sein Sohn Ahab wurde Kö-
nig an seiner Statt.

a 2.Kön 9,31 *b* Kap 15,27 *c* 2.Sam 17,23
d Mi 6,16

Reich Israel: Ahab

29 Im achtunddreißigsten Jahr Asas, des
Königs von Juda, wurde Ahab, der
Sohn Omris, König über Israel und re-
gierte über Israel zu Samaria zweiund-
30 zwanzig Jahre und tat, was dem HERRN
mißfiel, mehr als alle, die vor ihm gewe-
31 sen waren. Es war noch das Geringste,
daß er wandelte in der Sünde Jero-
beams, des Sohnes Nebats; er nahm so-
gar Isebel, die Tochter Etbaals, des
Königs der Sidonier, zur Frau und ging
hin und diente Baal und betete ihn an
32 und richtete ihm einen Altar auf im
Tempel Baals, den er ihm zu Samaria
33 baute,[a] und machte ein Bild der
Aschera, so daß Ahab mehr tat, den
HERRN, den Gott Israels, zu erzürnen,
als alle Könige von Israel, die vor ihm
gewesen waren.
34 Zur selben Zeit baute Hiël von Betel
Jericho wieder auf. [b]Es kostete ihn sei-
nen erstgeborenen Sohn Abiram, als er
den Grund legte, und seinen jüngsten
Sohn Segub, als er die Tore einsetzte,
nach dem Wort des HERRN, das er gere-
det hatte durch Josua, den Sohn Nuns.

a 2.Kön 3,2; 10,27.28; 11,18 *b* Jos 6,26

Elia am Bach Krit und bei der Witwe zu Zarpat

Und es sprach Elia, der Tisbiter, aus 17
Tisbe in Gilead zu Ahab: So wahr der
HERR, der Gott Israels, lebt, vor dem
ich stehe: [a]es soll diese Jahre weder
Tau noch Regen kommen, ich sage es
denn.
Da kam das Wort des HERRN zu ihm: 2
Geh weg von hier und wende dich nach 3
Osten und verbirg dich am Bach Krit,
der zum Jordan fließt. Und du sollst 4
aus dem Bach trinken, und ich habe den
Raben geboten, daß sie dich dort ver-
sorgen sollen. Er aber ging hin und tat 5
nach dem Wort des HERRN und setzte
sich nieder am Bach Krit, der zum Jor-
dan fließt. Und die Raben brachten 6
ihm Brot und Fleisch des Morgens und
des Abends, und er trank aus dem
Bach.
Und es geschah nach einiger Zeit, 7
daß der Bach vertrocknete; denn es war
kein Regen im Lande. Da kam das 8
Wort des HERRN zu ihm: Mach dich auf 9
und geh nach Zarpat, das bei Sidon
liegt, und bleibe dort; denn ich habe
dort einer Witwe geboten, dich zu ver-
sorgen.[b] Und er machte sich auf und 10
ging nach Zarpat. Und als er an das Tor
der Stadt kam, siehe, da war eine Wit-
we, die las Holz auf. Und er rief ihr zu
und sprach: Hole mir ein wenig Wasser
im Gefäß, daß ich trinke! Und als sie 11
hinging zu holen, rief er ihr nach und
sprach: Bringe mir auch einen Bissen
Brot mit! Sie sprach: So wahr der 12
HERR, dein Gott, lebt: ich habe nichts
Gebackenes, nur eine Handvoll Mehl
im Topf und ein wenig Öl im Krug.
Und siehe, ich hab ein Scheit Holz oder
zwei aufgelesen und gehe heim und will
mir und meinem Sohn zurichten, daß
wir essen – und sterben. Elia sprach zu 13
ihr: Fürchte dich nicht! Geh hin und
mach's, wie du gesagt hast. Doch ma-
che zuerst mir etwas Gebackenes davon
und bringe mir's heraus; dir aber und
deinem Sohn sollst du danach auch et-
was backen. Denn so spricht der HERR, 14
der Gott Israels: *Das Mehl im Topf soll
nicht verzehrt werden, und [c]dem Ölkrug
soll nichts mangeln bis auf den Tag, an
dem der* HERR *regnen lassen wird auf Er-
den*. Sie ging hin und tat, wie Elia gesagt 15
hatte. Und er aß und sie auch und ihr
Sohn Tag um Tag. Das Mehl im Topf 16
wurde nicht verzehrt, und dem Ölkrug
mangelte nichts nach dem Wort des

HERRN, das er durch Elia geredet hatte.
17 Und nach diesen Geschichten wurde
der Sohn seiner Hauswirtin krank, und
seine Krankheit wurde so schwer, daß
18 kein Odem mehr in ihm blieb. Und sie
sprach zu Elia: Was hab ich mit dir zu
schaffen, du Mann Gottes? Du bist zu
mir gekommen, daß meiner Sünde ge-
19 dacht und mein Sohn getötet würde. Er
sprach zu ihr: Gib mir deinen Sohn!
Und er nahm ihn von ihrem Schoß und
ging hinauf ins Obergemach, wo er
20 wohnte, und legte ihn auf sein Bett und
rief den HERRN an und sprach: HERR,
mein Gott, tust du sogar der Witwe, bei
der ich ein Gast bin, so Böses an, daß
21 du ihren Sohn tötest? Und er legte sich
auf das Kind dreimal und rief den
HERRN an und sprach: HERR, mein
Gott, laß sein Leben in dies Kind zu-
22 rückkehren![d] Und der HERR erhörte
die Stimme Elias, und das Leben kehr-
te in das Kind zurück, und es wurde
23 wieder lebendig. Und Elia nahm das
Kind und brachte es hinab vom Ober-
gemach ins Haus und [e]gab es seiner
Mutter und sprach: Sieh da, dein Sohn
24 lebt! Und die Frau sprach zu Elia: Nun
erkenne ich, daß du ein Mann Gottes
bist, und des HERRN Wort in deinem
Munde ist Wahrheit.

a Kap 8,35; Lk 4,25; Jak 5,17; Offb 11,6
b Lk 4,25.26 *c* 2.Kön 4,2-4 *d* 2.Kön 4,34;
Apg 20,10 *e* Lk 7,15; Hebr 11,35

Das Gottesurteil auf dem Karmel

18 Nach einer langen Zeit kam das Wort
des HERRN zu Elia, im dritten Jahr:
Geh hin und zeige dich Ahab, denn ich
2 will regnen lassen auf die Erde. Und
Elia ging hin, um sich Ahab zu zeigen.
Es war aber eine große Hungersnot
3 in Samaria. Und Ahab rief Obadja, sei-
nen Hofmeister – Obadja aber fürchte-
4 te den HERRN sehr; denn als Isebel die
Propheten des HERRN ausrottete, nahm
Obadja hundert Propheten und ver-
steckte sie in Höhlen, hier fünfzig und
da fünfzig, und versorgte sie mit Brot
5 und Wasser –; und Ahab sprach zu
Obadja: Wohlan, wir wollen durchs
Land ziehen zu allen Wasserquellen
und Bächen, ob wir Gras finden und
die Rosse und Maultiere erhalten könn-
ten, damit nicht alles Vieh umkommt.
6 Und sie teilten sich ins Land, daß sie es
durchzogen. Ahab zog allein auf dem
einen Weg und Obadja auch allein auf
dem andern Weg.
7 |Als nun Obadja auf dem Wege war,
siehe, da begegnete ihm Elia. Und als er
ihn erkannte, fiel er auf sein Antlitz und
sprach: Bist du es nicht, Elia, mein
Herr? Er sprach: Ja! Geh hin und sage 8
deinem Herrn: Siehe, Elia ist da!
Obadja aber sprach: Was hab ich ge- 9
sündigt, daß du deinen Knecht in die
Hände Ahabs geben willst, daß er mich
tötet? So wahr der HERR, dein Gott, 10
lebt: es gibt kein Volk noch König-
reich, wohin mein Herr nicht gesandt
hat, dich zu suchen. Und wenn sie spra-
chen: Er ist nicht hier, nahm er einen
Eid von dem Königreich und Volk, daß
man dich nicht gefunden hätte. Und 11
nun sprichst du: Geh hin, sage deinem
Herrn: Siehe, Elia ist da! Wenn ich nun 12
hinginge von dir, so könnte dich der
Geist des HERRN entführen, und ich
wüßte nicht wohin; und wenn ich dann
käme und sagte es Ahab an und er fände
dich nicht, so tötete er mich. Und doch
fürchtet dein Knecht den HERRN von
seiner Jugend auf. Ist's meinem Herrn 13
Elia nicht angesagt, was ich getan habe,
als Isebel die Propheten des HERRN tö-
tete? Daß ich von den Propheten des
HERRN hundert versteckte, hier fünfzig
und da fünfzig, in Höhlen und versorg-
te sie mit Brot und Wasser? Und nun 14
sprichst du: Geh hin, sage deinem
Herrn: Elia ist da! Dann wird er mich
töten. Elia sprach: So wahr der HERR 15
Zebaot lebt, vor dem ich stehe: ich will
mich ihm heute zeigen.
Da ging Obadja hin Ahab entgegen 16
und sagte es ihm an. Und Ahab ging hin
Elia entgegen. Und als Ahab Elia sah, 17
sprach Ahab zu ihm: Bist du nun da,
[a]der Israel ins Unglück stürzt? [b]Er 18
aber sprach: Nicht ich stürze Israel ins
Unglück, sondern du und deines Vaters
Haus dadurch, daß ihr des HERRN Ge-
bote verlassen habt und wandelt den
Baalen nach. Wohlan, so sende nun hin 19
und versammle zu mir ganz Israel auf
den Berg Karmel und die vierhundert-
undfünfzig Propheten Baals, auch die
vierhundert Propheten der Aschera,
die vom Tisch Isebels essen. So sandte 20
Ahab hin zu ganz Israel und versam-
melte die Propheten auf den Berg Kar-
mel.
Da trat Elia zu allem Volk und 21
sprach: *Wie lange [c]hinket ihr auf beiden
Seiten? Ist der* HERR *Gott, so wandelt
ihm nach, ist's aber Baal, so wandelt ihm
nach.* Und das Volk antwortete ihm
nichts. Da sprach Elia zum Volk: Ich 22
bin allein übriggeblieben als Prophet

des HERRN, aber die Propheten Baals
23 sind vierhundertundfünfzig Mann. So
gebt uns nun zwei junge Stiere und laßt
sie wählen *einen* Stier und ihn zerstük-
ken und aufs Holz legen, aber kein
Feuer daran legen; dann will ich den
andern Stier nehmen und aufs Holz le-
gen und auch kein Feuer daran legen.
24 Und ruft ihr den Namen eures Gottes
an, aber ich will den Namen des HERRN
anrufen. Welcher Gott nun [d] mit Feuer
antworten wird, der ist wahrhaftig
Gott. Und das ganze Volk antwortete
25 und sprach: Das ist recht. Und Elia
sprach zu den Propheten Baals: Wählt
ihr einen Stier und richtet zuerst zu,
denn ihr seid viele, und ruft den Namen
eures Gottes an, aber legt kein Feuer
26 daran. Und sie nahmen den Stier, den
man ihnen gab, und richteten zu und
riefen den Namen Baals an vom Mor-
gen bis zum Mittag und sprachen:
Baal, erhöre uns! Aber es war da keine
Stimme noch Antwort. Und sie hinkten
um den Altar, den sie gemacht hatten.
27 Als es nun Mittag wurde, verspottete
sie Elia und sprach: Ruft laut! Denn er
ist ja ein Gott; er ist in Gedanken oder
hat zu schaffen oder ist über Land oder
28 schläft vielleicht, daß er aufwache. Und
sie riefen laut und ritzten sich mit Mes-
sern und Spießen nach ihrer Weise, bis
29 ihr Blut herabfloß. Als aber der Mittag
vergangen war, waren sie in Verzük-
kung bis um die Zeit, zu der man das
[e] Speisopfer darbringt; aber da war kei-
ne Stimme noch Antwort noch einer,
der aufmerkte.
30 Da sprach Elia zu allem Volk:
Kommt her zu mir! Und als alles Volk
zu ihm trat, baute er den Altar des
HERRN wieder auf, der zerbrochen war,
31 und nahm [f] zwölf Steine nach der Zahl
der Stämme der Söhne Jakobs – zu dem
das Wort des HERRN ergangen war: Du
32 sollst [g] Israel heißen – und baute von
den Steinen einen Altar im Namen des
HERRN und machte um den Altar her
einen Graben, so breit wie für zwei
33 Kornmaß Aussaat, und richtete das
Holz zu und zerstückte den Stier und
34 legte ihn aufs Holz. Und Elia sprach:
Holt vier Eimer voll Wasser und gießt
es auf das Brandopfer und aufs Holz!
Und er sprach: Tut's noch einmal!
Und sie taten's noch einmal. Und er
sprach: Tut's zum drittenmal! Und sie
35 taten's zum drittenmal. Und das Was-
ser lief um den Altar her, und der Gra-
ben wurde auch voll Wasser.

Und als es Zeit war, das Speisopfer 36
zu opfern, trat der Prophet Elia herzu
und sprach: HERR, Gott Abrahams,
Isaaks und Israels, laß heute kundwer-
den, daß du Gott in Israel bist und ich
dein Knecht und daß ich das alles nach
deinem Wort getan habe! Erhöre mich, 37
HERR, erhöre mich, damit dies Volk er-
kennt, daß du, HERR, Gott bist und ihr
Herz wieder zu dir kehrst! Da fiel [h] das 38
Feuer des HERRN herab und fraß
Brandopfer, Holz, Steine und Erde und
leckte das Wasser auf im Graben. Als 39
das alles Volk sah, fielen sie auf ihr An-
gesicht und sprachen: Der HERR ist
Gott, der HERR ist Gott! Elia aber 40
sprach zu ihnen: [i] Greift die Propheten
Baals, daß keiner von ihnen entrinne!
Und sie ergriffen sie. Und Elia führte
sie hinab an den Bach Kison und tötete
sie daselbst.
[j] Und Elia sprach zu Ahab: Zieh hin- 41
auf, iß und trink; denn es rauscht, als
wollte es sehr regnen. Und als Ahab 42
hinaufzog, um zu essen und zu trinken,
ging Elia auf den Gipfel des Karmel
und bückte sich zur Erde und hielt sein
Haupt zwischen seine Knie und sprach 43
zu seinem Diener: Geh hinauf und
schaue zum Meer! Er ging hinauf und
schaute und sprach: Es ist nichts da.
Elia sprach: Geh wieder hin, und der
Diener ging wieder hin, siebenmal.
Und beim siebentenmal sprach er: Sie- 44
he, es steigt eine kleine Wolke auf aus
dem Meer wie eines Mannes Hand.
Elia sprach: Geh hin und sage Ahab:
Spann an und fahre hinab, damit dich
der Regen nicht aufhält! Und ehe man 45
sich's versah, wurde der Himmel
schwarz von Wolken und Wind, und es
kam ein großer Regen. Ahab aber fuhr
hinab nach Jesreel. Und die Hand des 46
HERRN kam über Elia, und er gürtete
seine Lenden und lief vor Ahab hin, bis
er kam nach Jesreel.

a Jer 38,4 *b (18 und 19)* Kap 16,31-33
c Jos 24,15; Mt 6,24 *d* 1.Mose 15,17
e 4.Mose 28,4.5 *f* 2.Mose 24,4 *g* 1.Mose 32,29
h 3.Mose 9,24 *i* 2.Mose 22,19; 5.Mose 13,6-9
j (41-45) Jak 5,18

Elia am Horeb

Und Ahab sagte Isebel alles, was Elia **19**
getan hatte und wie er alle Propheten
Baals mit dem Schwert umgebracht
hatte. Da sandte Isebel einen Boten zu 2
Elia und ließ ihm sagen: Die Götter
sollen mir dies und das tun, wenn ich
nicht morgen um diese Zeit dir tue, wie
du diesen getan hast! Da fürchtete er 3

sich, machte sich auf und lief um sein
Leben und kam nach Beerseba in Juda
4 und ließ seinen Diener dort. Er aber
ging hin in die Wüste eine Tagereise
weit und kam und setzte sich unter
einen Wacholder und wünschte sich zu
sterben und sprach: Es ist genug, [a]so
nimm nun, HERR, meine Seele; ich bin
5 nicht besser als meine Väter. Und er
legte sich hin und schlief unter dem
Wacholder. Und siehe, ein Engel rührte
te ihn an und sprach zu ihm: Steh auf
6 und iß! Und er sah sich um, und siehe,
zu seinen Häupten lag ein geröstetes
Brot und ein Krug mit Wasser. Und als
er gegessen und getrunken hatte, legte
7 er sich wieder schlafen. Und der Engel
des HERRN kam zum zweitenmal wieder
und rührte ihn an und sprach: Steh auf
und iß! Denn du hast einen weiten Weg
8 vor dir. Und er stand auf und aß und
trank und ging durch die Kraft der
Speise [b]vierzig Tage und vierzig Nächte
te bis zum Berg Gottes, dem Horeb.
9 Und er kam dort in eine Höhle und
blieb dort über Nacht. Und siehe, das
Wort des HERRN kam zu ihm: Was
10 machst du hier, Elia? Er sprach: [c]Ich
habe geeifert für den HERRN, den Gott
Zebaot; denn [d]Israel hat deinen Bund
verlassen und deine Altäre zerbrochen
und deine Propheten mit dem Schwert
getötet, und ich bin allein übriggeblieben,
ben, und sie trachten danach, daß sie
11 mir mein Leben nehmen. Der Herr
sprach: Geh heraus und tritt hin auf
den Berg vor den HERRN! Und siehe,
[e]der HERR wird vorübergehen. Und ein
großer, starker Wind, der die Berge
zerriß und die Felsen zerbrach, kam vor
dem HERRN her; der HERR aber war
nicht im Winde. Nach dem Wind aber
kam ein Erdbeben; aber der HERR war
12 nicht im Erdbeben. Und nach dem
Erdbeben kam ein Feuer; aber der
HERR war nicht im Feuer. Und nach
dem Feuer kam ein stilles, sanftes Sausen.
13 sen. Als das Elia hörte, verhüllte er sein
Antlitz mit seinem Mantel und ging
hinaus und trat in den Eingang der
Höhle. Und siehe, da kam eine Stimme
zu ihm und sprach: Was hast du hier zu
14 tun, Elia? Er sprach: Ich habe für den
HERRN, den Gott Zebaot, geeifert;
denn Israel hat deinen Bund verlassen,
deine Altäre zerbrochen, deine Prophe-
ten mit dem Schwert getötet, und ich
bin allein übriggeblieben, und sie
trachten danach, daß sie mir das Leben
15 nehmen. Aber der HERR sprach zu ihm:
Geh wieder deines Weges durch die
Wüste nach Damaskus und geh hinein
und salbe [f]Hasaël zum König über
Aram und [g]Jehu, den Sohn Nimschis, 16
zum König über Israel und Elisa, den
Sohn Schafats, von Abel-Mehola zum
Propheten an deiner Statt. Und es soll 17
geschehen: Wer dem Schwert Hasaëls
entrinnt, den soll Jehu töten, und wer
dem Schwert Jehus entrinnt, den soll
Elisa töten. Und [h]*ich will übriglassen* 18
siebentausend in Israel, alle Knie, die sich
nicht gebeugt haben vor Baal, und jeden
Mund, der ihn nicht geküßt hat.

Und Elia ging von dort weg und fand 19
Elisa, den Sohn Schafats, als er pflügte
mit zwölf Jochen vor sich her, und er
war selbst bei dem zwölften. Und Elia
ging zu ihm und warf seinen Mantel
über ihn. Und er verließ die Rinder und 20
lief Elia nach und sprach: [i]Laß mich
meinen Vater und meine Mutter küssen,
sen, dann will ich dir nachfolgen. Er
sprach zu ihm: Wohlan, kehre um! Bedenke,
denke, was ich dir getan habe! Und Eli- 21
sa wandte sich von ihm weg und nahm
ein Joch Rinder und opferte es und mit
den Jochen der Rinder kochte er das
Fleisch und gab's den Leuten, daß sie
aßen. Und er machte sich auf und folgte
Elia nach und diente ihm.

a Hiob 7,15; Jona 4,3 *b* 2.Mose 24,18 *c* Ps 69,10; Jes 49,4 *d* Kap 18,22; Röm 11,3 *e* 2.Mose 33,22 *f* 2.Kön 8,13.15 *g* 2.Kön 9,2.3 *h* Röm 11,4 *i* Lk 9,61.62

Ahabs Kriege mit dem König Benhadad

Und Benhadad, der König von Aram, **20**
versammelte seine ganze Streitmacht,
und es waren zweiunddreißig Könige
mit ihm und Roß und Wagen. Und er
zog herauf und belagerte Samaria und
kämpfte gegen die Stadt und sandte 2
Boten zu Ahab, dem König von Israel,
in die Stadt und ließ ihm sagen: So 3
spricht Benhadad: Dein Silber und
dein Gold ist mein, und deine Frauen
und deine besten Söhne sind auch
mein. Der König von Israel antwortete 4
und sprach: Mein Herr und König, wie
du geredet hast! Ich bin dein und alles,
was ich habe. Aber die Boten kamen zu- 5
rück und sprachen: So spricht Benhadad:
dad: Ich habe zu dir gesandt und sagen
lassen: Dein Silber und dein Gold, deine
ne Frauen und deine Söhne sollst du
mir geben. Doch will ich morgen um 6
diese Zeit meine Leute zu dir senden,
daß sie dein Haus und die Häuser deiner
ner Untertanen durchsuchen, und was

ihnen gefällt, sollen sie nehmen und
7 wegtragen. Da rief der König von Israel
alle Ältesten des Landes zu sich und
sprach: Merkt doch und seht, wie böse
er's meint! Er hat zu mir gesandt um
meine Frauen und Söhne, Silber und
Gold, und ich hab ihm nichts verwei-
8 gert. Da sprachen zu ihm alle Ältesten
und alles Volk: Du sollst nicht gehor-
9 chen und nicht einwilligen. Und Ahab
sprach zu den Boten Benhadads: Sagt
meinem Herrn, dem König: Alles, was
du zuerst deinem Knecht entboten
hast, will ich tun; aber dies kann ich
nicht tun. Und die Boten gingen hin
10 und sagten ihm das wieder. Da sandte
Benhadad zu ihm und ließ ihm sagen:
Die Götter sollen mir dies und das tun,
wenn der Staub Samarias genug sein
sollte, die Hände der Leute zu füllen,
11 die mit mir ziehen! Aber der König von
Israel antwortete: Sagt ihm: Wer den
Harnisch anlegt, soll sich nicht rühmen
12 wie der, der ihn abgelegt hat. Als das
Benhadad hörte, der gerade mit den
Königen in den Zelten trank, sprach er
zu seinen Leuten: Greift an! Und sie
griffen die Stadt an.

13 Und siehe, ein Prophet trat zu Ahab,
dem König von Israel, und sprach: So
spricht der HERR: Siehst du diese große
Menge? Wahrlich, ich will sie heute in
deine Hand geben, daß du wissen
14 sollst: Ich bin der HERR. Ahab sprach:
Durch wen soll's geschehen? Er
sprach: So spricht der HERR: Durch die
Leute der Landvögte. Ahab sprach:
Wer soll die Schlacht beginnen? Er
15 sprach: Du. Da zählte Ahab die Leute
der Landvögte, und es waren zweihun-
dertzweiunddreißig; und nach ihnen
zählte er das ganze Volk Israel, und es
16 waren siebentausend Mann. Und sie
zogen aus am Mittag. Benhadad aber
trank und war trunken im Zeltlager
samt den zweiunddreißig Königen, die
17 ihm zu Hilfe gekommen waren. Und
die Leute der Landvögte zogen zuerst
aus. Benhadad aber hatte Leute ausge-
sandt; die brachten ihm Botschaft und
sprachen: Es ziehen Männer aus Sama-
18 ria heran. Er sprach: Greift sie leben-
dig, ob sie nun zum Frieden oder zum
19 Kampf ausgezogen sind! Als aber die
Leute der Landvögte aus der Stadt her-
ausgezogen waren und das Heer ihnen
20 nach, erschlug jeder den, der vor ihn
kam. Und die Aramäer flohen, und Is-
rael jagte ihnen nach. Aber Benhadad,
der König von Aram, entrann auf
einem Roß, und Gespanne mit ihm.
Und der König von Israel zog aus und 21
schlug Roß und Wagen. So schlug er
die Aramäer in einer großen Schlacht.

Da trat der Prophet zum König von 22
Israel und sprach zu ihm: Wohlan, rü-
ste dich und merke auf und sieh zu, was
du tust! Denn der König von Aram
wird gegen dich heraufziehen, wenn
das Jahr um ist.

Aber die Großen des Königs von 23
Aram sprachen zu ihm: Ihre Götter
sind Berggötter, darum haben sie uns
überwunden. Aber wenn wir mit ihnen
in der Ebene kämpfen könnten – was
gilt's, wir wollten sie überwinden! Tu 24
nun das: Setze die Könige alle ab und
setze Statthalter an ihre Stelle und 25
schaffe dir ein Heer, wie das Heer war,
das du verloren hast, und ebensoviele
Rosse und Wagen wie zuvor, und laß
uns gegen sie kämpfen in der Ebene –
was gilt's, wir werden sie überwinden!
Er gehorchte ihrer Stimme und tat das.
Als nun das Jahr um war, bot Benhadad 26
die Aramäer auf und zog herauf nach
Afek, um gegen Israel zu kämpfen.
Und Israel wurde auch aufgeboten, 27
versorgte sich und zog hin ihnen ent-
gegen und lagerte sich ihnen gegen-
über wie zwei kleine Herden Ziegen.
Von den Aramäern aber war das Land
voll.

Und es trat der Mann Gottes herzu 28
und sprach zum König von Israel: So
spricht der HERR: Weil die Aramäer ge-
sagt haben, der HERR sei ein Gott der
Berge und nicht ein Gott der Täler, so
habe ich diese große Menge in deine
Hand gegeben, damit ihr erkennt: [a]Ich
bin der HERR. Und sie lagen einander 29
gegenüber sieben Tage. Am siebenten
Tage zogen sie in den Kampf, und Is-
rael schlug von den Aramäern hun-
derttausend Mann Fußvolk an *einem*
Tag. Und die übrigen flohen nach Afek 30
in die Stadt, und die Mauer fiel auf die
Übriggebliebenen, siebenundzwanzig-
tausend Mann.

Und auch Benhadad floh in die Stadt
und verkroch sich von einer Kammer in
die andere. Da sprachen seine Großen 31
zu ihm: Siehe, wir haben gehört, daß
die Könige des Hauses Israel barmher-
zige Könige sind. So laßt uns Säcke um
unsere Lenden tun und Stricke um un-
sere Köpfe und zum König von Israel
hinausgehen; vielleicht läßt er dich am
Leben. Und sie gürteten Säcke um ihre 32
Lenden und Stricke um ihre Köpfe und

kamen zum König von Israel und spra-
chen: Dein Knecht Benhadad läßt dir
sagen: Laß mich doch am Leben! Er
aber sprach: Lebt er noch? Er ist mein
33 Bruder! Und die Männer nahmen es als
ein gutes Zeichen und sprachen: Ja,
Benhadad ist dein Bruder. Er sprach:
Geht und bringt ihn! Da ging Benha-
dad zu ihm heraus. Und Ahab ließ ihn
34 auf den Wagen steigen. Und Benhadad
sprach zu ihm: Die Städte, die mein
Vater deinem Vater genommen hat,
will ich dir zurückgeben, und mache du
dir Märkte in Damaskus, wie mein Va-
ter in Samaria getan hat. Und Ahab
sprach: Ich will dich auf diesen Bund
hin ziehen lassen. Da schloß er mit ihm
den Bund und ließ ihn ziehen.
35 Da sprach ein Mann von den Pro-
phetenjüngern zu seinem Nächsten auf
des HERRN Gebot: Schlage mich! Er
36 aber weigerte sich, ihn zu schlagen. Da
sprach er zu ihm: Weil du der Stimme
des HERRN nicht gehorcht hast, siehe,
so wird dich ein [b] Löwe schlagen, wenn
du von mir gehst. Und als er von ihm
ging, fand ihn ein Löwe und schlug ihn.
37 Und der Prophet fand einen andern
Mann und sprach: Schlage mich! Und
38 der Mann schlug ihn wund. Da ging
der Prophet hin, trat an den Weg, den
der König zog, und verhüllte sein An-
39 gesicht mit einer Binde. Und als der
König vorüberzog, rief er den König an
und sprach: Dein Knecht war ausgezo-
gen in die Schlacht. Und siehe, ein
Mann trat zu mir und brachte mir einen
und sprach: Bewache diesen Mann;
wenn man ihn vermissen wird, [c] so soll
dein Leben für sein Leben einstehen,
oder du sollst einen Zentner Silber zah-
40 len. Und als dein Knecht hier und da zu
tun hatte, war der Mann nicht mehr da.
Der König von Israel sprach zu ihm:
Das ist dein Urteil; du hast's selbst ge-
41 fällt. Da tat er eilends die Binde von sei-
nem Angesicht, und der König von Is-
rael erkannte, daß er einer der Prophe-
42 ten war. Und er sprach zu ihm: So
spricht der HERR: Weil du den Mann,
auf dem mein Bann lag, von dir gelas-
sen hast, so soll dein Leben für sein Le-
ben einstehen und dein Volk für sein
43 Volk. Aber der König von Israel zog
heim, voller Unmut und zornig, und
kam nach Samaria.

a 2.Mose 7,5 *b* Kap 13,24 *c* 2.Kön 10,24

Nabots Weinberg

21 Nach diesen Geschichten begab es
sich: Nabot, ein Jesreeliter, hatte einen
Weinberg in Jesreel, bei dem Palast
Ahabs, des Königs von Samaria. Und 2
Ahab redete mit Nabot und sprach:
Gib mir deinen Weinberg; ich will mir
einen Kohlgarten daraus machen, weil
er so nahe an meinem Hause liegt. Ich
will dir einen besseren Weinberg dafür
geben, oder, wenn dir's gefällt, will ich
dir Silber dafür geben, soviel er wert
ist. Aber Nabot sprach zu Ahab: Das 3
lasse der HERR fern von mir sein, daß
ich dir meiner Väter Erbe geben sollte!
Da kam Ahab heim voller Unmut 4
und zornig um des Wortes willen, das
Nabot, der Jesreeliter, zu ihm gesagt
hatte: Ich will dir meiner Väter Erbe
nicht geben. Und er legte sich auf sein
Bett und wandte sein Antlitz ab und aß
nicht. Da kam seine Frau Isebel zu ihm 5
hinein und redete mit ihm: Was ist's,
daß dein Geist so voller Unmut ist und
daß du nicht issest? Er sprach zu ihr: 6
Ich habe mit Nabot, dem Jesreeliter,
geredet und gesagt: Gib mir deinen
Weinberg für Geld, oder, wenn es dir
lieber ist, will ich dir einen andern da-
für geben. Er aber sprach: Ich will dir
meinen Weinberg nicht geben. Da 7
sprach seine Frau Isebel zu ihm: Du
bist doch König über Israel! Steh auf
und iß und sei guten Mutes! Ich werde
dir den Weinberg Nabots, des Jesreeli-
ters, verschaffen.
Und sie schrieb Briefe unter Ahabs 8
Namen und versiegelte sie mit seinem
Siegel und sandte sie zu den Ältesten
und Oberen, die mit Nabot in seiner
Stadt wohnten. Und schrieb in den 9
Briefen: Laßt ein Fasten ausrufen und
setzt Nabot obenan im Volk, und stellt 10
ihm [a] zwei ruchlose Männer gegenüber,
die da zeugen und sprechen: [b] Du hast
Gott und den König gelästert! Und
führt ihn hinaus und steinigt ihn, daß er
stirbt. Und die Ältesten und Oberen, 11
die mit ihm in seiner Stadt wohnten, ta-
ten, wie ihnen Isebel entboten hatte,
wie sie in den Briefen geschrieben hat-
te, die sie zu ihnen sandte, und sie lie- 12
ßen ein Fasten ausrufen und ließen Na-
bot obenan im Volk sitzen. Da kamen 13
die zwei ruchlosen Männer und stellten
sich ihm gegenüber und verklagten Na-
bot vor dem Volk und sprachen: Nabot
hat Gott und den König gelästert! Da
führten sie ihn vor die Stadt hinaus und

14 steinigten ihn, daß er starb. Und sie
sandten zu Isebel und ließen ihr sagen:
15 Nabot ist gesteinigt und tot. Als aber
Isebel hörte, daß Nabot gesteinigt und
tot war, sprach sie zu Ahab: Steh auf
und nimm in Besitz den Weinberg Na-
bots, des Jesreeliters, der sich geweigert
hat, ihn dir für Geld zu geben; denn
Nabot lebt nicht mehr, sondern ist tot.
16 Als Ahab hörte, daß Nabot tot war,
stand er auf, um hinabzugehen zum
Weinberge Nabots, des Jesreeliters,
und ihn in Besitz zu nehmen.
17 Aber das Wort des HERRN kam zu
18 Elia, dem Tisbiter: Mach dich auf und
geh hinab Ahab, dem König von Israel
zu Samaria, entgegen – siehe, er ist im
Weinberge Nabots, wohin er hinabge-
gangen ist, um ihn in Besitz zu nehmen
19 – und rede mit ihm und sprich: So
spricht der HERR: Du hast gemordet,
dazu auch fremdes Erbe geraubt! An
der Stätte, wo Hunde das Blut Nabots
geleckt haben, [c] sollen Hunde auch dein
20 Blut lecken. Und Ahab sprach zu Elia:
Hast du mich gefunden, mein Feind?
Er aber sprach: Ja, ich habe dich gefun-
den, weil du dich verkauft hast, Un-
21 recht zu tun vor dem HERRN. Siehe, ich
will Unheil über dich bringen und dich
vertilgen samt deinen Nachkommen
und [d] will von Ahab ausrotten, was
männlich ist, bis auf den letzten Mann
22 in Israel und will dein Haus machen
wie das [e] Haus Jerobeams, des Sohnes
Nebats, und wie das [f] Haus Baësas, des
Sohnes Ahias, um des Zornes willen,
daß du mich erzürnt und Israel sündi-
23 gen gemacht hast. Und auch über Ise-
bel hat der HERR geredet und gespro-
chen: [g] Die Hunde sollen Isebel fressen
24 an der Mauer Jesreels. Wer von Ahab
stirbt in der Stadt, den sollen die Hun-
de fressen, und wer auf dem Felde
stirbt, den sollen die Vögel unter dem
Himmel fressen.
25 Es war niemand, der sich so verkauft
hätte, Unrecht zu tun vor dem HERRN,
wie Ahab, den seine Frau Isebel ver-
26 führte. Und er versündigte sich da-
durch über die Maßen, daß er den Göt-
zen nachwandelte, ganz wie die Amori-
ter getan hatten, die der HERR vor Israel
vertrieben hatte.
27 Als aber Ahab diese Worte hörte,
zerriß er seine Kleider und legte ein hä-
renes Tuch um seinen Leib und fastete
und schlief darin und ging bedrückt
28 einher. Und das Wort des HERRN kam
29 zu Elia, dem Tisbiter: Hast du nicht
gesehen, wie sich Ahab vor mir gede-
mütigt hat? Weil er sich nun vor mir
gedemütigt hat, will ich das Unheil
nicht kommen lassen zu seinen Lebzei-
ten, aber [h] zu seines Sohnes Lebzeiten
will ich das Unheil über sein Haus brin-
gen.

a 5.Mose 17,6; Mt 26,59-61 *b* 2.Mose 22,27
c Kap 22,38 *d* 2.Kön 9,7.8 *e* Kap 15,29
f Kap 16,11.12 *g* 2.Kön 9,33-36 *h* 2.Kön 9,26

Ahabs Krieg gegen die Aramäer. Michas Weissagung und Ahabs Untergang

(vgl. 2.Chr 18)

Und es vergingen drei Jahre, daß kein **22**
Krieg war zwischen den Aramäern und
Israel. Im dritten Jahr aber zog [a] Josa- 2
fat, der König von Juda, hinab zum
König von Israel. Und der König von 3
Israel sprach zu seinen Großen: Wisset
ihr nicht, daß [b] Ramot in Gilead unser
ist, und wir sitzen still und nehmen es
nicht dem König von Aram ab? Und er 4
sprach zu Josafat: Willst du mit mir
ziehen in den Kampf gegen Ramot in
Gilead? Josafat sprach zum König von
Israel: [c] Ich will sein wie du, und mein
Volk wie dein Volk, und meine Rosse
wie deine Rosse.
Und Josafat sprach zum König von 5
Israel: Frage doch zuerst nach dem
Wort des HERRN! Da versammelte der 6
König von Israel Propheten, etwa vier-
hundert Mann, und sprach zu ihnen:
Soll ich gegen Ramot in Gilead in den
Kampf ziehen, oder soll ich's lassen?
Sie sprachen: Zieh hinauf! Der Herr
wird's in die Hand des Königs geben.
Josafat aber sprach: Ist hier kein Pro- 7
phet des HERRN mehr, daß wir durch
ihn den Herrn befragen?[d] Der König 8
von Israel sprach zu Josafat: Es ist noch
einer hier, Micha, der Sohn Jimlas,
durch den man den HERRN befragen
kann. Aber ich bin ihm gram; denn er
weissagt mir nichts Gutes, sondern nur
Böses. Josafat sprach: Der König rede
so nicht![e] Da rief der König von Israel 9
einen Kämmerer und sprach: Bringe
eilends her Micha, den Sohn Jimlas!
Der König von Israel aber und Josa- 10
fat, der König von Juda, saßen jeder auf
seinem Thron in ihren königlichen
Kleidern auf dem Platz vor dem Tor
Samarias, und alle Propheten fingen
an, vor ihnen zu weissagen. Und Zede- 11
kia, der Sohn Kenaanas, hatte sich ei-
serne Hörner gemacht und sprach: So
spricht der HERR: Hiermit wirst du die

Aramäer niederstoßen, bis du sie ver-
12 nichtest. Und alle Propheten weissag-
ten ebenso und sprachen: Zieh hin ge-
gen Ramot in Gilead; es wird dir ge-
lingen! Der HERR wird's in die Hand
des Königs geben.
13 Und der Bote, der hingegangen war,
um Micha zu rufen, sprach zu ihm:
Siehe, die Worte der Propheten sind
einmütig gut für den König; so laß nun
auch dein Wort wie ihr Wort sein und
14 rede Gutes. Micha sprach: So wahr der
HERR lebt: ich will reden, was der HERR
15 mir sagen wird. Und als er zum König
kam, sprach der König zu ihm: Micha,
sollen wir gegen Ramot in Gilead in den
Kampf ziehen, oder sollen wir's lassen?
Er sprach zu ihm: Ja, zieh hinauf; es
soll dir gelingen! Der HERR wird's in
16 die Hand des Königs geben. Der König
entgegnete ihm: Wie oft soll ich dich
beschwören, daß du mir im Namen des
HERRN nichts als die Wahrheit sagst!
17 Micha sprach: Ich sah ganz Israel zer-
streut auf den Bergen [f] wie Schafe, die
keinen Hirten haben. Der HERR aber
sprach: Diese haben keinen Herrn; ein
jeder kehre wieder heim mit Frieden.
18 Da sprach der König von Israel zu
Josafat: Hab ich dir nicht gesagt, daß er
mir nichts Gutes weissagt, sondern nur
19 Böses? Micha sprach: Darum höre nun
das Wort des HERRN! Ich sah den
HERRN sitzen auf seinem Thron und
das ganze himmlische Heer neben ihm
stehen zu seiner Rechten und Linken.[g]
20 Und der HERR sprach: Wer will Ahab
betören, daß er hinaufzieht und vor Ra-
mot in Gilead fällt? Und einer sagte
21 dies, der andere das. Da trat ein [h] Geist
vor und stellte sich vor den HERRN und
sprach: Ich will ihn betören. Der HERR
22 sprach zu ihm: Womit? Er sprach: Ich
will ausgehen und [i] will ein Lügengeist
sein im Munde aller seiner Propheten.
Er sprach: Du sollst ihn betören und
sollst es ausrichten; geh aus und tu das!
23 Nun siehe, der HERR hat einen Lügen-
geist gegeben in den Mund aller deiner
Propheten; und der HERR hat Unheil
24 gegen dich geredet. Da trat herzu Zede-
kia, der Sohn Kenaanas, und schlug
Micha auf die Backe und sprach: Wie?
Ist der Geist des HERRN von mir gewi-
25 chen, daß er mit dir redet? Micha
sprach: Wahrlich, an dem Tage wirst
du's sehen, wenn du von einer Kammer
in die andere gehst, um dich zu verkrie-
26 chen. Der König von Israel sprach:
Nimm Micha und bring ihn zu Amon,
dem Stadthauptmann, und zu Joas,
dem Sohn des Königs, und sprich: So 27
spricht der König: Diesen werft in den
Kerker und speist ihn nur kärglich mit
Brot und Wasser, bis ich mit Frieden
wiederkomme. Micha sprach: Kommst 28
du mit Frieden wieder, so hat der HERR
nicht durch mich geredet. Und er
sprach: Höret, alle Völker!
So zogen der König von Israel und 29
Josafat, der König von Juda, hinauf ge-
gen Ramot in Gilead. Und der König 30
von Israel sprach zu Josafat: Ich will
mich verkleiden und in den Kampf zie-
hen, du aber behalte deine königlichen
Kleider an. Und der König von Israel
verkleidete sich und zog in den Kampf.
Aber der König von Aram gebot den 31
Obersten über seine Wagen – es waren
zweiunddreißig – und sprach: Ihr sollt
nicht kämpfen gegen Geringe und
Hohe, sondern allein gegen den König
von Israel. Und als die Obersten der 32
Wagen Josafat sahen, meinten sie, er
wäre der König von Israel, und wand-
ten sich gegen ihn zum Kampf, aber Jo-
safat schrie. Als aber die Obersten der 33
Wagen merkten, daß er nicht der König
von Israel war, wandten sie sich von
ihm ab. Ein Mann aber spannte den 34
Bogen in aller Einfalt und schoß den
König von Israel zwischen Panzer und
Wehrgehänge. Da sprach er zu seinem
Wagenlenker: Wende um und führe
mich aus dem Kampf, denn ich bin ver-
wundet! Aber der Kampf nahm immer 35
mehr zu an demselben Tage, und der
König blieb im Wagen stehen gegen-
über den Aramäern bis zum Abend,
und das Blut floß von der Wunde mit-
ten in den Wagen. Und er starb am
Abend. Und man ließ ausrufen im 36
Heer, als die Sonne unterging: Ein je-
der gehe in seine Stadt und in sein
Land; denn der König ist tot! Und sie 37
gingen nach Samaria und begruben den
König in Samaria. Und als sie den Wa- 38
gen wuschen bei dem Teich Samarias,
[j] leckten die Hunde sein Blut – und die
Huren wuschen sich darin – nach dem
Wort des HERRN, das er geredet hatte.

Was mehr von Ahab zu sagen ist und 39
alles, was er getan hat, und das Elfen-
beinhaus, das er baute, und alle Städte,
die er ausgebaut hat, siehe, das steht ge-
schrieben in der Chronik der Könige
von Israel.

Also legte sich Ahab zu seinen Vä- 40
tern, und sein Sohn Ahasja wurde Kö-
nig an seiner Statt.

a Vers 41 *b* Jos 21,38 *c* 2.Kön 3,7 *d* 2.Kön 3,11
e 2.Chr 18,7-27 *f* 4.Mose 27,17; Mt 9,36
g 2.Chr 18,18; Hiob 1,6; Jes 6,1 *h* Jes 19,14
i 1.Joh 4,6 *j* Kap 21,19; 2.Kön 9,25.26

Reich Juda: Josafat

(vgl. 2.Chr 20,31-21,1)

41 Und [a]Josafat, der Sohn Asas, wurde
König über Juda im vierten Jahr
42 Ahabs, des Königs von Israel, und war
fünfunddreißig Jahre alt, als er König
wurde; und er regierte fünfundzwanzig
Jahre zu Jerusalem. Seine Mutter hieß
43 Asuba, eine Tochter Schilhis. Und er
wandelte in allen Wegen seines Vaters
Asa und wich nicht davon ab und tat,
44 was dem HERRN wohlgefiel. Doch [b]ent-
fernte er nicht die Höhen, und das Volk
opferte und räucherte noch auf den Hö-
45 hen. Und er hatte Frieden mit dem Kö-
nig von Israel.
46 Was aber mehr von Josafat zu sagen
ist und seine tapferen Taten, die er ge-
tan hat, und wie er Kriege geführt hat,
siehe, das steht geschrieben in der
47 [c]Chronik der Könige von Juda. Auch
tat er aus dem Lande, was noch übrig
war an [d]Tempelhurern, die zur Zeit
seines Vaters Asa übriggeblieben wa-
ren.
48 Und es war kein König in Edom; ein
Statthalter war im Lande. Und Josafat 49
hatte Tarsisschiffe machen lassen, die
nach [e]Ofir fahren sollten, um Gold zu
holen. Aber sie fuhren nicht, denn sie
zerschellten bei Ezjon-Geber. Damals 50
sprach Ahasja, der Sohn Ahabs, zu Jo-
safat: Laß meine Leute mit deinen
Leuten auf den Schiffen fahren! Josafat
aber wollte nicht. Und Josafat legte sich 51
zu seinen Vätern und wurde begraben
bei seinen Vätern in der Stadt Davids,
seines Vaters. Und sein Sohn [f]Joram
wurde König an seiner Statt.

a Kap 15,24 *b* Kap 15,14; 2.Kön 12,4
c 2.Chr 17-20 *d* Kap 15,12 *e* Kap 9,28
f 2.Kön 8,16

Reich Israel: Ahasja

[a]Ahasja, der Sohn Ahabs, wurde König 52
über Israel zu Samaria im siebzehnten
Jahr Josafats, des Königs von Juda, und
regierte über Israel zwei Jahre. Und er 53
tat, was dem HERRN mißfiel, und wan-
delte in den Wegen seines Vaters und
seiner Mutter und in dem Wege [b]Jero-
beams, des Sohnes Nebats, der Israel
sündigen machte, und diente dem Baal 54
und betete ihn an und erzürnte den
HERRN, den Gott Israels, wie sein Vater
tat.[c]

a Vers 40 *b* Kap 12,28-30 *c* Kap 16,31-33

DAS ZWEITE BUCH DER KÖNIGE

Inhaltsübersicht

Reich Israel: Ahasja und der Prophet Elia

1 Es fielen aber die [a]Moabiter ab von Is-
2 rael, als Ahab tot war.[b] Und Ahasja fiel
durch das Gitter in seinem Oberge-
mach in Samaria und wurde krank.
Und er sandte Boten und sprach zu
ihnen: [c]Geht hin und befragt Baal-Se-
bub, den Gott von Ekron, ob ich von
3 dieser Krankheit genesen werde. Aber
der Engel des HERRN redete mit Elia,
dem Tisbiter: Auf und geh den Boten
des Königs von Samaria entgegen und
sprich zu ihnen: [d]Ist denn nun kein
Gott in Israel, daß ihr hingeht, zu be-
fragen Baal-Sebub, den Gott von
Ekron? Darum spricht der HERR: Du 4
sollst nicht mehr von dem Bett herun-
terkommen, auf das du dich gelegt hast,
sondern sollst des Todes sterben. Und
Elia ging. Und als die Boten zum König 5

zurückkamen, sprach er zu ihnen:
6 Warum kommt ihr zurück? Sie spra-
chen zu ihm: Es kam ein Mann herauf
uns entgegen und sprach zu uns: Geht
wieder hin zu dem König, der euch ge-
sandt hat, und sprecht zu ihm: So
spricht der HERR: Ist denn kein Gott in
Israel, daß du hinsendest, zu befragen
Baal-Sebub, den Gott von Ekron? Dar-
um sollst du nicht mehr herunterkom-
men von dem Bett, auf das du dich ge-
legt hast, sondern sollst des Todes ster-
7 ben. Er sprach zu ihnen: Von welcher Art
war denn der Mann, der euch begegnete
8 und das zu euch sagte? Sie sprachen
zu ihm: Er hatte [e]langes Haar und einen
[f]Ledergurt um seine Lenden. Er aber
sprach: Es ist Elia, der Tisbiter.
9 Und der König sandte zu Elia einen
Hauptmann über fünfzig samt seinen
fünfzig Mann. Und als der zu ihm hin-
aufkam, siehe, da saß er oben auf dem
Berge. Er aber sprach zu ihm: Du
Mann Gottes, der König sagt: Du sollst
10 herabkommen! Elia antwortete dem
Hauptmann über fünfzig: Bin ich ein
Mann Gottes, [g]so falle Feuer vom
Himmel und fresse dich und deine
fünfzig Mann. Da fiel Feuer vom Him-
mel und fraß ihn und seine fünfzig
11 Mann. Und der König sandte wieder-
um einen andern Hauptmann über
fünfzig zu ihm samt seinen fünfzig
Mann. Der kam zu ihm hinauf und
sprach zu ihm: Du Mann Gottes, so
spricht der König: Komm eilends her-
12 ab! Elia antwortete: Bin ich ein Mann
Gottes, so falle Feuer vom Himmel und
fresse dich und deine fünfzig Mann. Da
fiel das Feuer Gottes vom Himmel und
13 fraß ihn und seine fünfzig Mann. Da
sandte der König wiederum den dritten
Hauptmann über fünfzig samt seinen
fünfzig Mann. Als der zu ihm hin-
aufkam, beugte er seine Knie vor Elia
und flehte ihn an und sprach zu ihm:
Du Mann Gottes, laß mein Leben und
das Leben deiner Knechte, dieser fünf-
14 zig, vor dir etwas gelten! Siehe, Feuer
ist vom Himmel gefallen und hat die er-
sten zwei Hauptleute über fünfzig mit
ihren fünfzig Mann gefressen; nun
aber laß mein Leben etwas gelten vor
15 dir. Da sprach der Engel des HERRN zu
Elia: Geh mit ihm hinab und fürchte
dich nicht vor ihm! Und er machte sich
auf und ging mit ihm hinab zum König.
16 Und er sprach zu ihm: So spricht der
HERR: Weil du Boten hingesandt hast
und hast befragen lassen Baal-Sebub,
den Gott von Ekron, als wäre kein Gott
in Israel, dessen Wort man erfragen
könnte, so sollst du von dem Bett nicht
mehr herunterkommen, auf das du dich
gelegt hast, sondern sollst des Todes
sterben.
So starb Ahasja nach dem Wort des 17
HERRN, das Elia geredet hatte. Und
[h]Joram wurde König an seiner Statt im
zweiten Jahr Jorams, des Sohnes Josa-
fats, des Königs von Juda; denn Ahasja
hatte keinen Sohn. Was aber mehr von 18
Ahasja zu sagen ist, was er getan hat,
siehe, das steht geschrieben in der
Chronik der Könige von Israel.

a 2.Sam 8,2 *b* Kap 3,4-27 *c* 1.Kön 22,52-54
d Jes 8,19 *e* Ri 16,17 *f* Mt 3,4 *g* Lk 9,54;
Offb 11,5 *h* Kap 3,1

Elia wird entrückt, und Elisa tritt seine Nachfolge an

Als aber der HERR Elia im Wetter gen 2
Himmel holen wollte, gingen Elia und
Elisa von Gilgal weg. Und Elia sprach 2
zu Elisa: Bleibe du hier, denn der HERR
hat mich nach Betel gesandt. Elisa aber
sprach: So wahr der HERR lebt und du
lebst: ich verlasse dich nicht. Und als
sie hinab nach Betel kamen, gingen die 3
Prophetenjünger, die in Betel waren,
heraus zu Elisa und sprachen zu ihm:
Weißt du auch, daß der HERR heute
deinen Herrn von dir hinwegnehmen
wird? Er aber sprach: Auch ich weiß es
wohl; schweigt nur still. Und Elia 4
sprach zu ihm: Elisa, bleib du hier,
denn der HERR hat mich nach Jericho
gesandt. Er aber sprach: So wahr der
HERR lebt und du lebst: ich verlasse
dich nicht. Und als sie nach Jericho ka-
men, traten die Prophetenjünger, die in 5
Jericho waren, zu Elisa und sprachen
zu ihm: Weißt du auch, daß der HERR
heute deinen Herrn von dir hinweg-
nehmen wird? Er aber sprach: Auch
ich weiß es wohl; schweigt nur still.
Und Elia sprach zu ihm: Bleib du hier, 6
denn der HERR hat mich an den Jordan
gesandt. Er aber sprach: So wahr der
HERR lebt und du lebst: ich verlasse
dich nicht. Und es gingen die beiden
miteinander. Und fünfzig von den Pro- 7
phetenjüngern gingen hin und standen
von ferne; aber die beiden standen am
Jordan. Da nahm Elia seinen Mantel 8
und wickelte ihn zusammen und schlug
ins Wasser; das teilte sich nach beiden
Seiten, so daß die beiden [a]auf trocke-
nem Boden hinübergingen. Und als sie 9
hinüberkamen, sprach Elia zu Elisa:

Bitte, was ich dir tun soll, ehe ich von
dir genommen werde. Elisa sprach:
Daß mir [b]zwei Anteile von deinem
10 Geiste zufallen. Er sprach: Du hast
Schweres erbeten. Doch wenn du mich
sehen wirst, wie ich von dir genommen
werde, so wird's geschehen; wenn
11 nicht, so wird's nicht sein. Und als sie
miteinander gingen und redeten, siehe,
da kam ein feuriger Wagen mit feurigen
Rossen, die schieden die beiden voneinander.
Und Elia fuhr im Wetter gen
12 Himmel.[c] Elisa aber sah es und schrie:
[d]Mein Vater, mein Vater, du Wagen
Israels und sein Gespann! und sah ihn
nicht mehr. Da faßte er seine Kleider,
13 zerriß sie in zwei Stücke und hob den
Mantel auf, der Elia entfallen war, und
kehrte um und trat wieder an das Ufer
14 des Jordan. Und er nahm den Mantel,
der Elia entfallen war, und schlug ins
Wasser und sprach: Wo ist nun der
HERR, der Gott Elias? und schlug ins
Wasser. Da teilte es sich nach beiden
15 Seiten, und Elisa ging hindurch. Und
als das die Prophetenjünger sahen, die
gegenüber bei Jericho waren, sprachen
sie: Der Geist Elias ruht auf Elisa, und
sie gingen ihm entgegen und fielen vor
16 ihm nieder zur Erde und sprachen zu
ihm: Siehe, es sind unter deinen
Knechten fünfzig starke Männer, die
laß gehen und deinen Herrn suchen.
Vielleicht hat ihn der Geist des HERRN
genommen und auf irgendeinen Berg
oder in irgendein Tal geworfen. Er aber
17 sprach: Laßt sie nicht gehen! Aber sie
nötigten ihn, bis er nachgab und
sprach: Laßt sie hingehen! Und sie
sandten hin fünfzig Männer, und diese
suchten Elia drei Tage; aber sie fanden
18 ihn nicht. Und sie kamen zu Elisa zurück,
als er noch in Jericho war, und er
sprach zu ihnen: Sagte ich euch nicht,
ihr solltet nicht hingehen?

a 2.Mose 14,21.22; Jos 3,16 *b* 5.Mose 21,17
c 1.Mose 5,24 *d* Kap 6,21; 13,14

Elisa macht eine Quelle gesund und straft die spottenden Knaben

19 Und die Männer der Stadt sprachen zu
Elisa: Siehe, es ist gut wohnen in dieser
Stadt, wie mein Herr sieht; aber es ist
böses Wasser, und es macht unfrucht-
20 bar. Er sprach: Bringt mir her eine
neue Schale und tut Salz hinein! Und
21 sie brachten's ihm. Da ging er hinaus zu
der Wasserquelle und warf das Salz
hinein und sprach: So spricht der
HERR: Ich habe dies Wasser gesund gemacht;
es soll hinfort weder Tod noch
Unfruchtbarkeit von ihm kommen. So 22
wurde das Wasser gesund bis auf diesen
Tag nach dem Wort Elisas, das er sprach.
Und er ging hinauf nach Betel. Und 23
als er den Weg hinanging, kamen kleine
Knaben zur Stadt heraus und verspotteten
ihn und sprachen zu ihm: Kahlkopf,
komm herauf! Kahlkopf, komm
herauf! Und er wandte sich um, und als 24
er sie sah, verfluchte er sie im Namen
des HERRN. Da kamen zwei Bären aus
dem Walde und zerrissen zweiundvierzig
von den Kindern. Von da ging er auf 25
den Berg Karmel und kehrte von da
nach Samaria zurück.

Reich Israel: Jorams Krieg gegen die Moabiter und Elisas Hilfe

[a]Joram, der Sohn Ahabs, wurde König 3
über Israel zu Samaria im achtzehnten
Jahr Josafats, des Königs von Juda, und
regierte zwölf Jahre. Und er tat, was 2
dem HERRN mißfiel, doch nicht wie sein
Vater und seine Mutter. Denn er entfernte
das [b]Steinmal Baals, das sein Vater
hatte machen lassen; aber er blieb 3
hangen [c]an den Sünden Jerobeams, des
Sohnes Nebats, der Israel sündigen
machte, und ließ nicht ab davon.
Mescha aber, der König der Moabi- 4
ter, besaß viele Schafe und hatte dem
König von Israel Wolle zu entrichten
von hunderttausend Lämmern und von
hunderttausend Widdern. Als aber 5
Ahab tot war, fiel der König der Moabiter
ab vom König von Israel. Und als- 6
bald zog der König Joram aus von Samaria
und bot ganz Israel auf und sand- 7
te hin zu Josafat, dem König von Juda,
und ließ ihm sagen: Der König der
Moabiter ist von mir abgefallen; komm
mit mir, um gegen die Moabiter zu
kämpfen! Er sprach: Ich will kommen;
[d]ich bin wie du, und mein Volk wie
dein Volk, und meine Rosse wie deine
Rosse. Und Joram sprach: Welchen 8
Weg wollen wir hinaufziehen? Josafat
sprach: Den Weg durch die Wüste
Edom. So zogen hin der König von Is- 9
rael, der König von Juda und der König
von Edom. Und als sie sieben Tagereisen
weit gezogen waren, hatte das Heer
und das Vieh, das bei ihnen war, kein
Wasser. Da sprach der König von Is- 10
rael: O weh! Der HERR hat diese drei
Könige hergerufen, um sie in die Hände
der Moabiter zu geben! Josafat aber 11
sprach: [e]Ist kein Prophet des HERRN
hier, damit wir den HERRN durch ihn

befragen? Da antwortete einer unter
den Männern des Königs von Israel
und sprach: Hier ist [f]Elisa, der Sohn
Schafats, der Elia Wasser auf die Hän-
12 de goß. Josafat sprach: Des HERRN
Wort ist bei ihm. So zogen zu ihm hin-
ab der König von Israel und Josafat
13 und der König von Edom. Elisa aber
sprach zum König von Israel: Was
habe ich mit dir zu schaffen? Geh hin
zu den Propheten deines Vaters und zu
den Propheten deiner Mutter! Der Kö-
nig von Israel sprach zu ihm: Nicht
doch! Denn der HERR hat diese drei
Könige hergerufen, um sie in die Hän-
14 de der Moabiter zu geben. Elisa sprach:
[g]So wahr der HERR Zebaot lebt, vor
dem ich stehe: wenn ich nicht Josafat,
den König von Juda, ehrte, ich wollte
15 dich nicht ansehen noch achten. So
bringt mir nun einen Spielmann! Und
als der Spielmann auf den Saiten spiel-
te, kam die Hand des HERRN auf Elisa,[h]
16 und er sprach: So spricht der HERR:
Macht hier und da Gruben in diesem
17 Tal. Denn so spricht der HERR: Ihr
werdet weder Wind noch Regen sehen;
dennoch soll das Tal voll Wasser wer-
den, daß ihr und euer Heer und euer
18 Vieh trinken könnt. Und das ist noch
ein Geringes vor dem HERRN; er wird
auch die Moabiter in eure Hände ge-
19 ben, so daß ihr wüste machen werdet
alle festen Städte und alle auserwählten
Städte und fällen alle guten Bäume und
verstopfen alle Wasserbrunnen und alle
guten Äcker mit Steinen verderben.
20 Aber am nächsten Morgen, zur Zeit, da
man [i]Speisopfer opfert, siehe, da kam
Wasser von Edom her und füllte das
Land mit Wasser.
21 Als aber alle Moabiter hörten, daß
die Könige heraufzogen, um gegen sie
zu kämpfen, riefen sie alle auf, die zur
Rüstung alt genug und darüber waren,
und stellten sich an der Grenze auf.
22 Und als sie sich früh am Morgen auf-
machten und die Sonne aufging über
dem Gewässer, schien den Moabitern
das Gewässer in der Ferne rot zu sein
23 wie Blut. Und sie sprachen: Das ist
Blut! Die Könige haben sich mit dem
Schwert umgebracht, und einer wird
den andern erschlagen haben. Ha,
Moab, mach dich nun auf zur Beute!
24 Aber als sie zum Lager Israels kamen,
machte sich Israel auf und schlug die
Moabiter, und sie flohen vor ihnen.
Aber Israel jagte ihnen nach und schlug
25 Moab. Die Städte zerstörten sie, und
jeder warf einen Stein auf alle guten
Äcker, und sie machten sie voll davon
und verstopften alle Wasserbrunnen
und fällten alle guten Bäume, bis nur
Kir-Hareset übrigblieb. Aber die
Schleuderer umringten die Stadt und
schossen auf sie. Als aber der König der 26
Moabiter sah, daß ihm der Kampf zu
stark war, nahm er siebenhundert
Mann mit sich, die das Schwert führ-
ten, um beim König von Edom durch-
zubrechen; aber sie konnten's nicht.
Da nahm er seinen erstgeborenen 27
Sohn, der an seiner Statt König werden
sollte, und opferte ihn zum Brandopfer
auf der Mauer. Da kam ein großer Zorn
über Israel, so daß sie von ihm abzogen
und in ihr Land zurückkehrten.

a Kap 1,17 *b* 1.Kön 16,32 *c* 1.Kön 12,28-30
d 1.Kön 22,4 *e* 1.Kön 22,5.7 *f* 1.Kön 19,19-21
g 1.Kön 18,15 *h* 1.Sam 16,16 *i* 4.Mose 28,4.5

Elisa mehrt das Öl der Witwe

Und es schrie eine Frau unter den 4
Frauen der Prophetenjünger zu Elisa
und sprach: Dein Knecht, mein Mann,
ist gestorben; und du weißt ja, daß dein
Knecht den HERRN fürchtete. [a]Nun
kommt der Schuldherr und will meine
beiden Kinder nehmen zu [b]leibeigenen
Knechten. Elisa sprach zu ihr: Was soll 2
ich dir tun? Sage mir, was hast du im
Hause? Sie sprach: Deine Magd hat
nichts im Hause als einen [c]Ölkrug. Er 3
sprach: Geh hin und erbitte draußen
von allen deinen Nachbarinnen leere
Gefäße, aber nicht zu wenig, und geh 4
ins Haus und schließ die Tür zu hinter
dir und deinen Söhnen und gieß in alle
Gefäße; und wenn du sie gefüllt hast,
so stelle sie beiseite. Sie ging hin und tat 5
so und schloß die Tür zu hinter sich
und ihren Söhnen; diese brachten ihr
die Gefäße herbei, und sie goß ein. Und 6
als die Gefäße voll waren, sprach sie zu
ihrem Sohn: Reiche mir noch ein Ge-
fäß her! Er sprach zu ihr: Es ist kein
Gefäß mehr hier. Da stand das Öl. Und 7
sie ging hin und sagte es dem Mann
Gottes an. Er sprach: Geh hin, ver-
kaufe das Öl und bezahle deinen
Schuldherrn; du aber und deine Söh-
ne, nährt euch von dem übrigen.

a Am 2,6; Mi 2,9 *b* 3.Mose 25,39 *c* 1.Kön 17,12

Elisa verheißt der Sunamiterin einen Sohn und erweckt das tote Kind

Und es begab sich eines Tages, daß Eli- 8
sa nach [a]Sunem ging. Dort war eine

reiche Frau; die nötigte ihn, daß er bei
ihr aß. Und sooft er dort durchkam,
9 kehrte er bei ihr ein und aß bei ihr. Und
sie sprach zu ihrem Mann: Siehe, ich
merke, daß dieser Mann Gottes heilig
10 ist, der immer hier durchkommt. Laß
uns ihm eine kleine Kammer oben ma-
chen und Bett, Tisch, Stuhl und
Leuchter hineinstellen, damit er dort
einkehren kann, wenn er zu uns
kommt.
11 Und es begab sich eines Tages, daß
Elisa dort einkehrte und sich oben in
die Kammer legte und darin schlief.
12 Danach sprach er zu seinem Diener
Gehasi: Ruf die Sunamiterin! Und als
13 Gehasi sie rief, trat sie vor ihn. Elisa
aber hatte zu Gehasi gesprochen: Sage
ihr: Siehe, du hast uns all diesen Dienst
getan; was soll ich dir tun? Brauchst du
Fürsprache beim König oder beim
Feldhauptmann? Sie sprach: Ich woh-
14 ne sicher unter meinen Leuten. Elisa
sprach: Was soll ich ihr dann tun? Ge-
hasi sprach: Ach, sie hat keinen Sohn,
15 und ihr Mann ist alt. Er sprach: Ruf sie
her! Und als er sie rief, trat sie in die
16 Tür. Und er sprach: [b]Um diese Zeit
übers Jahr sollst du einen Sohn herzen.
Sie sprach: Ach nicht, mein Herr, du
Mann Gottes! Täusche deine Magd
17 nicht! Und die Frau ward schwanger
und gebar einen Sohn um dieselbe Zeit
übers Jahr, wie ihr Elisa zugesagt hatte.
18 Als aber das Kind groß wurde, begab
es sich, daß es hinaus zu seinem Vater
19 zu den Schnittern ging und sprach zu
seinem Vater: O mein Kopf, mein
Kopf! Er sprach zu einem Knecht:
20 Bringe ihn zu seiner Mutter! Und der
nahm ihn und brachte ihn hinein zu sei-
ner Mutter, und sie setzte ihn auf ihren
21 Schoß bis zum Mittag; da starb er. Und
sie ging hinauf und legte ihn aufs Bett
des Mannes Gottes, schloß zu und ging
22 hinaus und rief ihren Mann und
sprach: Schicke mir einen der Knechte
und eine Eselin; ich will eilends zu dem
Mann Gottes und bald zurückkom-
23 men. Er sprach: Warum willst du zu
ihm? Ist doch heute weder Neumond
noch Sabbat. Sie sprach: Laß es gut
24 sein! Und sie sattelte die Eselin und
sprach zum Knecht: Treib an und halte
mich nicht auf beim Reiten, bis ich dir's
25 sage! So zog sie hin und kam zu dem
Mann Gottes [c]auf den Berg Karmel.
Als aber der Mann Gottes sie kommen
sah, sprach er zu seinem Diener Geha-
26 si: Siehe, die Sunamiterin ist da! So
lauf ihr nun entgegen und frage sie, ob
es ihr, ihrem Mann und ihrem Sohn gut
gehe. Sie sprach: Gut! Als sie aber zu 27
dem Mann Gottes auf den Berg kam,
umfing sie seine Füße; Gehasi aber trat
herzu, um sie wegzustoßen. Aber der
Mann Gottes sprach: Laß sie, denn
ihre Seele ist betrübt, und der HERR hat
mir's verborgen und nicht kundgetan!
Sie sprach: Wann hab ich einen Sohn 28
erbeten von meinem Herrn? [d]Sagte ich
nicht, du solltest mich nicht täuschen?
Er sprach zu Gehasi: Gürte deine Len- 29
den und nimm meinen Stab in deine
Hand und geh hin, und wenn dir je-
mand begegnet, so [e]grüße ihn nicht,
und grüßt dich jemand, so danke ihm
nicht, und lege meinen Stab auf des
Knaben Antlitz. Aber die Mutter des 30
Knaben sprach: So wahr der HERR lebt
und so wahr du lebst: ich lasse nicht
von dir! Da machte er sich auf und ging
ihr nach. Gehasi aber ging vor ihnen 31
hin und legte den Stab dem Knaben
aufs Antlitz: da war aber keine Stimme
und kein Empfinden. Und er ging zu-
rück Elisa entgegen und sagte ihm: Der
Knabe ist nicht aufgewacht. Und als 32
Elisa ins Haus kam, siehe, da lag der
Knabe tot auf seinem Bett. Und er ging 33
hinein und schloß die Tür hinter sich
zu und [f]betete zu dem HERRN und stieg 34
aufs Bett und [g]legte sich auf das Kind
und legte seinen Mund auf des Kindes
Mund und seine Augen auf dessen Au-
gen und seine Hände auf dessen Hände
und breitete sich so über ihn; da wurde
des Kindes Leib warm. Er aber stand 35
wieder auf und ging im Haus einmal
hierhin und dahin und stieg wieder aufs
Bett und breitete sich über ihn. Da
nieste der Knabe siebenmal; danach tat
der Knabe seine Augen auf. Und Elisa 36
rief Gehasi und sprach: Ruf die Suna-
miterin! Und als er sie rief, kam sie hin-
ein zu ihm. Er sprach: [h]Da, nimm hin
deinen Sohn! Da kam sie und fiel nie- 37
der zu seinen Füßen und neigte sich zur
Erde und nahm ihren Sohn und ging
hinaus.

a Jos 19,18 *b* 1.Mose 18,10.14 *c* Kap 2,25
d Vers 16 *e* Lk 10,4 *f* Apg 9,40 *g* 1.Kön 17,21
h Lk 7,15; Hebr 11,35

Elisa macht schädliche Speise gesund und speist viele mit zwanzig Broten

Als aber Elisa wieder nach Gilgal kam, 38
war Hungersnot im Lande. Und als die
Prophetenjünger vor ihm saßen, sprach

er zu seinem Diener: Setze einen gro-
ßen Topf auf und koche ein Gemüse
39 für die Prophetenjünger! Da ging einer
aufs Feld, um Kraut zu sammeln, und
fand ein Rankengewächs und pflückte
sein Kleid voll mit wilden Gurken.
Und als er kam, schnitt er's in den Topf
zum Gemüse – sie kannten's aber nicht
40 – und legte es den Männern zum Essen
vor. Als sie nun von dem Gemüse aßen,
schrien sie und sprachen: O Mann
Gottes, der Tod im Topf! Denn sie
41 konnten's nicht essen. Er aber sprach:
Bringt Mehl her! Und er tat's in den
Topf und sprach: Lege es den Leuten
vor, daß sie essen! Da war nichts Böses
mehr in dem Topf.
42 [a]Es kam aber ein Mann von Baal-
Schalischa und brachte dem Mann
Gottes Erstlingsbrot, nämlich zwanzig
Gerstenbrote, und neues Getreide in
seinem Kleid. Er aber sprach: Gib's
43 den Leuten, daß sie essen! Sein Diener
sprach: Wie soll ich davon hundert
Mann geben? Er sprach: Gib den Leu-
ten, daß sie essen! Denn so spricht der
HERR: Man wird essen, und es wird
44 noch übrigbleiben. Und er legte es
ihnen vor, daß sie aßen; und es blieb
noch übrig nach dem Wort des HERRN.

a (42-44) Mt 15,33-37; 16,9.10; Joh 6,9

Elisa heilt den aramäischen Feldhauptmann Naëman und bestraft den Gehasi

5 Naëman, der Feldhauptmann des Kö-
nigs von Aram, war ein trefflicher
Mann vor seinem Herrn und wert ge-
halten; denn durch ihn gab der HERR
den Aramäern Sieg. Und er war ein ge-
2 waltiger Mann, jedoch aussätzig. Aber
die Kriegsleute der Aramäer waren
ausgezogen und hatten ein junges Mäd-
chen weggeführt aus dem Lande Israel;
die war im Dienst der Frau Naëmans.
3 Die sprach zu ihrer Herrin: Ach, daß
mein Herr wäre bei dem Propheten in
Samaria! Der könnte ihn von seinem
4 Aussatz befreien. Da ging Naëman hin-
ein zu seinem Herrn und sagte es ihm
an und sprach: So und so hat das Mäd-
chen aus dem Lande Israel geredet.
5 Der König von Aram sprach: So zieh
hin, ich will dem König von Israel
einen Brief schreiben. Und er zog hin
und nahm mit sich zehn Zentner Silber
und sechstausend Goldgulden und
6 zehn Feierkleider und brachte den
Brief dem König von Israel; der laute-
te: Wenn dieser Brief zu dir kommt,
siehe, so wisse, ich habe meinen Knecht
Naëman zu dir gesandt, damit du ihn
von seinem Aussatz befreist. Und als 7
der König von Israel den Brief las, zer-
riß er seine Kleider und sprach: Bin ich
denn Gott, daß ich töten und lebendig
machen könnte, daß er zu mir schickt,
ich solle den Mann von seinem Aussatz
befreien? Merkt und seht, wie er Streit
mit mir sucht!
Als Elisa, der Mann Gottes, hörte, 8
daß der König von Israel seine Kleider
zerrissen hatte, sandte er zu ihm und
ließ ihm sagen: Warum hast du deine
Kleider zerrissen? Laß ihn zu mir kom-
men, damit er innewerde, daß ein Pro-
phet in Israel ist. So kam Naëman mit 9
Rossen und Wagen und hielt vor der
Tür am Hause Elisas. Da sandte Elisa 10
einen Boten zu ihm und ließ ihm sagen:
Geh hin und wasche dich siebenmal im
Jordan, so wird dir dein Fleisch wieder
heil und du wirst rein werden. Da wur- 11
de Naëman zornig und zog weg und
sprach: Ich meinte, er selbst sollte zu
mir herauskommen und hertreten und
den Namen des HERRN, seines Gottes,
anrufen und seine Hand hin zum Hei-
ligtum erheben und mich so von dem
Aussatz befreien. Sind nicht die Flüsse 12
von Damaskus, Amana und Parpar,
besser als alle Wasser in Israel, so daß
ich mich in ihnen waschen und rein
werden könnte? Und er wandte sich
und zog weg im Zorn. Da machten sich 13
seine Diener an ihn heran, redeten mit
ihm und sprachen: Lieber Vater, wenn
dir der Prophet etwas Großes geboten
hätte, hättest du es nicht getan? Wieviel
mehr, wenn er zu dir sagt: Wasche
dich, so wirst du rein! Da stieg er ab 14
und [a]tauchte unter im Jordan sieben-
mal, wie der Mann Gottes geboten hat-
te. Und sein Fleisch wurde wieder heil
wie das Fleisch eines jungen Knaben,
und [b]er wurde rein. Und er kehrte zu- 15
rück zu dem Mann Gottes mit allen sei-
nen Leuten. Und als er hinkam, trat er
vor ihn und sprach: Siehe, nun weiß
ich, daß kein Gott ist in allen Landen,
außer in Israel; so nimm nun eine [c]Se-
gensgabe von deinem Knecht. Elisa 16
aber sprach: So wahr der HERR lebt, vor
dem ich stehe: ich nehme es nicht. Und
er nötigte ihn, daß er es nehme; aber er
wollte nicht. Da sprach Naëman: 17
Wenn nicht, so könnte doch deinem
Knecht gegeben werden von dieser
Erde eine Last, soviel zwei Maultiere

tragen! Denn dein Knecht will nicht
mehr andern Göttern opfern und
Brandopfer darbringen, sondern allein
18 dem HERRN. Nur darin wolle der HERR
deinem Knecht gnädig sein: wenn
mein König in den Tempel Rimmons
geht, um dort anzubeten, und er sich
auf meinen Arm lehnt und ich auch an-
bete im Tempel Rimmons, dann möge
19 der HERR deinem Knecht vergeben. Er
sprach zu ihm: Zieh hin mit Frieden!
Und als er von ihm eine Strecke
20 Weges fortgezogen war, sagte sich Ge-
hasi, der Diener Elisas, des Mannes
Gottes: Siehe, mein Herr hat diesen
Aramäer Naëman verschont, daß er
nichts von ihm genommen hat, was er
gebracht hat. So wahr der HERR lebt:
ich will ihm nachlaufen und mir etwas
21 von ihm geben lassen. So jagte Gehasi
dem Naëman nach. Und als Naëman
sah, daß er ihm nachlief, stieg er vom
Wagen, ging ihm entgegen und sprach:
22 Geht's gut? Er sprach: Ja. Aber mein
Herr hat mich gesandt und läßt dir sa-
gen: Siehe, jetzt sind zu mir gekommen
vom Gebirge Efraim zwei von den Pro-
phetenjüngern. Gib ihnen doch einen
Zentner Silber und zwei Feierkleider!
23 Naëman sprach: Nimm zwei Zentner!
Und er nötigte ihn und band zwei Zent-
ner Silber in zwei Beutel und zwei
Feierkleider und gab's seinen beiden
24 Dienern; die trugen's vor ihm her. Und
als Gehasi an den Hügel kam, nahm er's
von ihren Händen und legte es beiseite
im Hause und ließ die Männer gehen.
25 Und als sie weggegangen waren, trat er
vor seinen Herrn. Und Elisa sprach zu
ihm: Woher, Gehasi? Er sprach: Dein
Knecht ist weder hierhin noch dorthin
26 gegangen. Er aber sprach zu ihm: Bin
ich nicht im Geist mit dir gegangen, als
der Mann sich umwandte von seinem
Wagen dir entgegen? Wohlan, du hast
nun das Silber und die Kleider genom-
men und wirst dir schaffen Ölgärten,
Weinberge, Schafe, Rinder, Knechte
27 und Mägde. Aber der Aussatz Naë-
mans wird dir anhangen und deinen
Nachkommen allezeit. Da ging Gehasi
von ihm hinaus, aussätzig wie Schnee.

a 3.Mose 14,7-9 *b* Lk 4,27 *c* Vers 5

Elisa macht Eisen schwimmen

6 Die Prophetenjünger sprachen zu Eli-
sa: Siehe, der Raum, wo wir vor dir
2 wohnen, ist uns zu eng. Laß uns an den
Jordan gehen, und jeder von uns soll
dort einen Stamm holen, damit wir uns
eine Stätte bauen, wo wir wohnen kön-
nen. Er sprach: Geht hin! Und einer 3
sprach: Geh doch mit deinen Knech-
ten! Er sprach: Ich will mitgehen. Und 4
er ging mit ihnen. Und als sie an den
Jordan kamen, hieben sie Bäume um.
Und als einer einen Stamm fällte, fiel 5
ihm das Eisen ins Wasser. Und er
schrie: O weh, mein Herr! Und dazu
ist's noch entliehen! Aber der Mann 6
Gottes sprach: Wo ist's hingefallen?
Und als er ihm die Stelle zeigte, schnitt
er einen Stock ab und stieß dahin. Da
schwamm das Eisen. Und er sprach: 7
Heb's auf! Da streckte er seine Hand
aus und nahm es.

Die Aramäer werden mit Blindheit geschlagen

Und der König von Aram führte Krieg 8
mit Israel und beriet sich mit seinen
Obersten und sprach: Wir wollen da
und da einen Hinterhalt legen. Aber 9
der Mann Gottes sandte zum König
von Israel und ließ ihm sagen: Hüte
dich, daß du nicht an diesem Ort vor-
überziehst, denn die Aramäer lauern
dort. So sandte denn der König von Is- 10
rael hin an den Ort, den ihm der Mann
Gottes gesagt und vor dem er ihn ge-
warnt hatte, und war dort auf der Hut;
und tat das nicht nur einmal oder zwei-
mal. Da wurde das Herz des Königs 11
von Aram voller Unmut darüber, und
er rief seine Obersten und sprach zu
ihnen: Wollt ihr mir denn nicht sagen,
wer von den Unsern es mit dem König
von Israel hält? Da sprach einer seiner 12
Obersten: Nicht doch, mein Herr und
König, sondern Elisa, der Prophet in
Israel, sagt alles dem König von Israel,
auch was du in der Kammer redest, wo
dein Lager ist. Er sprach: So geht hin 13
und seht, wo er ist, damit ich hinsende
und ihn holen lasse. Und sie sagten es
ihm an und sprachen: Siehe, er ist in
Dotan. Da sandte er hin Rosse und Wa- 14
gen und ein großes Heer. Und als sie
bei Nacht hinkamen, umstellten sie die
Stadt.
Und der Diener des Mannes Gottes 15
stand früh auf und trat heraus, und sie-
he, da lag ein Heer um die Stadt mit
Rossen und Wagen. Da sprach sein
Diener zu ihm: O weh, mein Herr! Was
sollen wir nun tun? Er sprach: Fürchte 16
dich nicht, denn derer sind mehr, die
bei uns sind, als derer, die bei ihnen
sind! Und Elisa betete und sprach: 17
HERR, öffne ihm die Augen, daß er

sehe! [a]Da öffnete der HERR dem Die-
ner die Augen, und er sah, und siehe, da
war der Berg voll feuriger Rosse und
18 Wagen um Elisa her. Und als die Ara-
mäer zu ihm herabkamen, betete Elisa
und sprach: HERR, schlage dies Volk
mit Blindheit! Und [b]er schlug sie mit
19 Blindheit nach dem Wort Elisas. Und
Elisa sprach zu ihnen: Dies ist nicht der
Weg und nicht die Stadt. Folgt mir
nach! Ich will euch führen zu dem
Mann, den ihr sucht. Und er führte sie
20 nach Samaria. Und als sie nach Samaria
kamen, sprach Elisa: HERR, öffne
diesen die Augen, daß sie sehen! Und
der HERR öffnete ihnen die Augen, und
sie sahen, und siehe, da waren sie mit-
21 ten in Samaria. Und als der König von
Israel sie sah, sprach er zu Elisa: Mein
22 Vater, soll ich sie töten? Er sprach: Du
sollst sie nicht töten. Erschlägst du
denn die, die du mit Schwert und Bo-
gen gefangen hast? [c]Setze ihnen Brot
und Wasser vor, daß sie essen und trin-
ken, und laß sie zu ihrem Herrn ziehen!
23 Da wurde ein großes Mahl bereitet.
Und als sie gegessen und getrunken
hatten, ließ er sie gehen, daß sie zu ih-
rem Herrn zogen. Seitdem kamen strei-
fende Rotten der Aramäer nicht mehr
ins Land Israel.

a Jos 5,13 *b* 1.Mose 19,11 *c* 3.Mose 19,18; 2.Chr 28,9-15; Spr 25,21.22

Belagerung und Errettung Samarias

24 Danach begab es sich, daß Benhadad,
der König von Aram, sein ganzes Heer
versammelte und heraufzog und Sama-
25 ria belagerte. Und es war eine große
Hungersnot in Samaria. Sie aber bela-
gerten die Stadt, bis ein Eselskopf acht-
zig Silberstücke und eine Handvoll
Taubenmist fünf Silberstücke galt.*
26 Und als der König von Israel auf der
Mauer einherging, schrie ihn eine Frau
an und sprach: Hilf mir, mein Herr und
27 König! Er sprach: Hilft dir der HERR
nicht, woher soll ich dir helfen? Von
28 der Tenne oder von der Kelter? [a]Und
der König sprach zu ihr: Was ist dir?
Sie sprach: Diese Frau da sprach zu
mir: Gib deinen Sohn her, daß wir ihn
heute essen; morgen wollen wir meinen
29 Sohn essen. So haben wir meinen Sohn
gekocht und gegessen. Und ich sprach
zu ihr am nächsten Tage: Gib deinen
Sohn her und laß uns ihn essen! Aber
30 sie hat ihren Sohn versteckt. Als der
König die Worte der Frau hörte, zerriß
er seine Kleider, während er auf der
Mauer ging. Da sah alles Volk, daß er
darunter ein härenes Tuch um seinen
Leib geschlungen hatte. Und er 31
sprach: Gott tue mir dies und das,
wenn das Haupt Elisas, des Sohnes
Schafats, heute auf ihm bleiben wird!
Elisa aber saß in seinem Hause, und 32
die Ältesten saßen bei ihm. Und der
König sandte einen Mann vor sich her.
Aber ehe der Bote zu ihm kam, sprach
Elisa zu den Ältesten: Habt ihr gese-
hen, wie dieser Mörder hergesandt hat,
daß er mir das Haupt abschlage? Seht
zu, wenn der Bote eintritt, daß ihr die
Tür zuschließt und ihn gegen die Tür
stoßt. Siehe, ich höre schon das Ge-
räusch der Tritte seines Herrn hinter
ihm her. Als er noch so mit ihnen rede- 33
te, siehe, da kam schon der König zu
ihm hinab und sprach: Siehe, [b]dies
Übel kommt von dem HERRN! Was soll
ich noch von dem HERRN erwarten?
[c]Elisa aber sprach: Hört des HERRN 7
Wort! So spricht der HERR: Morgen
um diese Zeit wird ein Maß feinstes
Mehl ein Silberstück gelten und zwei
Maß Gerste ein Silberstück im Tor von
Samaria. Da antwortete der Ritter, auf 2
dessen Arm sich der König lehnte, dem
Mann Gottes und sprach: Und wenn
der HERR Fenster am Himmel machte,
wie könnte das geschehen? Er sprach:
Siehe, mit deinen Augen wirst du es se-
hen, doch du wirst nicht davon essen!
Und es waren vier aussätzige Män- 3
ner [d]vor dem Tor, und einer sprach
zum andern: Was sollen wir hier blei-
ben, bis wir sterben? Wenn wir auch in 4
die Stadt gehen wollten, so ist Hun-
gersnot in der Stadt, und wir müßten
doch dort sterben. Bleiben wir aber
hier, so müssen wir auch sterben. So
laßt uns nun hingehen und zu dem
Heer der Aramäer laufen. Lassen sie
uns leben, so leben wir, töten sie uns, so
sind wir tot. Und sie machten sich in 5
der Dämmerung auf, um zum Heer der
Aramäer zu kommen. Und als sie vorn
an das Lager kamen, siehe, da war nie-
mand mehr da. Denn [e]der Herr hatte 6
die Aramäer hören lassen ein Getüm-
mel von Rossen, Wagen und großer
Heeresmacht, so daß sie untereinander
sprachen: Siehe, der König von Israel
hat sich gegen uns verbündet mit den
Königen der Hetiter und den Königen
der Ägypter, daß sie über uns kommen
sollen. Und sie machten sich auf und 7
flohen in der Dämmerung und ließen

ihre Zelte, Rosse und Esel im Lager,
wie es stand, und flohen, um ihr Leben
8 zu retten. Als nun die Aussätzigen vorn
an das Lager kamen, gingen sie in eins
der Zelte, aßen und tranken und nahmen
Silber, Gold und Kleider und gingen
hin und verbargen's und kamen
wieder und gingen in ein anderes Zelt
und nahmen daraus und gingen hin
9 und verbargen's. Aber einer sprach
zum andern: Laßt uns so nicht tun;
dieser Tag ist ein Tag guter Botschaft.
Wenn wir das verschweigen und warten,
bis es lichter Morgen wird, so wird
uns Schuld treffen. So laßt uns nun
hingehen und es dem Hause des Königs
10 ansagen. Und als sie kamen, riefen sie
die Torhüter der Stadt und sagten's
ihnen an und sprachen: Wir sind zum
Lager der Aramäer gekommen, und
siehe, da ist niemand mehr da und keine
Menschenstimme, sondern Rosse und
Esel angebunden und die Zelte, wie sie
11 dastehen. Da riefen es die Torhüter
aus, und man sagte es drinnen im
Hause des Königs an.
12 Und der König stand auf, als es noch
dunkel war, und sprach zu seinen
Obersten: Laßt euch sagen, wie es die
Aramäer mit uns machen. Sie wissen,
daß wir Hunger leiden, und sind aus
dem Lager gegangen, um sich im Felde
zu verbergen, und denken: Wenn sie
aus der Stadt gehen, wollen wir sie lebendig
ergreifen und in die Stadt ein-
13 dringen. Da antwortete einer seiner
Obersten: Man nehme fünf Rosse von
denen, die noch in der Stadt übriggeblieben
sind – ihnen wird es ja doch gehen
wie der ganzen Menge, die hier
noch übriggeblieben oder schon dahin
ist. Die laßt uns senden, um nachzuse-
14 hen. Da nahmen sie zwei Wagen mit
Rossen, und der König sandte sie dem
Heer der Aramäer nach und sprach:
15 Zieht hin und seht nach! Und als sie
ihnen nachzogen bis an den Jordan, siehe,
da lag der Weg voll von Kleidern
und Geräten, die die Aramäer in der
Eile weggeworfen hatten. Und als die
Boten zurückkamen und es dem König
16 ansagten, ging das Volk hinaus und
plünderte das Lager der Aramäer. Und
es galt ein Maß feinstes Mehl ein Silberstück
und zwei Maß Gerste auch ein
Silberstück nach dem Wort des HERRN.
17 Aber der König bestellte den Ritter,
auf dessen Arm er sich lehnte, in das
Tor. Und das Volk zertrat ihn im Tor,
so daß er starb, wie der Mann Gottes
gesagt hatte, als der König zu ihm hinabkam.
Und es geschah, wie der Mann 18
Gottes dem König gesagt hatte, als er
sprach: Morgen um diese Zeit werden
zwei Maß Gerste ein Silberstück gelten
und ein Maß feinstes Mehl ein Silberstück
im Tor von Samaria. Und der 19
Ritter hatte dem Mann Gottes geantwortet:
Und siehe, wenn der HERR
Fenster am Himmel machte, wie könnte
das geschehen? Elisa aber hatte gesprochen:
Siehe, mit deinen Augen
wirst du es sehen, doch du wirst nicht
davon essen! Und genau so erging es 20
ihm; denn das Volk zertrat ihn im Tor,
so daß er starb.

a (28 und 29) 5.Mose 28,53 *b* Am 3,6 *c (1 und 2)* Vers 16–19 *d* 3.Mose 13,46 *e* Kap 19,7
*Kap 6,25: Wahrscheinlich Bezeichnung für minderwertige Speisen.

Die Sunamiterin erhält ihren Besitz zurück

8
Elisa redete mit der Frau, [a]deren Sohn
er lebendig gemacht hatte, und sprach:
Mach dich auf und zieh fort mit deinem
Hause und wohne in der Fremde, wo
du kannst; denn der HERR wird eine
Hungersnot rufen, die wird ins Land
kommen sieben Jahre lang. Die Frau 2
machte sich auf und tat, wie der Mann
Gottes sagte, und zog hin mit ihrem
Hause und wohnte im Land der Philister
sieben Jahre. Als aber die sieben 3
Jahre um waren, kam die Frau aus dem
Land der Philister zurück. Und sie ging
hin, den König anzurufen wegen ihres
Hauses und ihres Ackers.
Der König aber redete mit Gehasi, 4
dem Diener des Mannes Gottes, und
sprach: Erzähle mir alle großen Taten,
die Elisa getan hat! Und während er 5
dem König erzählte, daß er einen Toten
lebendig gemacht hätte, siehe, da
kam eben die Frau dazu, deren Sohn er
lebendig gemacht hatte, und rief den
König an wegen ihres Hauses und ihres
Ackers. Da sprach Gehasi: Mein Herr
und König, dies ist die Frau, und dies
ist ihr Sohn, den Elisa lebendig gemacht
hat. Und der König fragte die 6
Frau, und sie erzählte es ihm. Da gab
ihr der König einen Kämmerer mit und
sprach: Verschaffe ihr alles wieder, was
ihr gehört, dazu allen Ertrag des Ackers
seit der Zeit, da sie das Land verlassen
hat, bis jetzt!

a Kap 4,35

Benhadads Tod. Hasaël wird König von Aram

7 Und Elisa kam nach Damaskus. Da lag
Benhadad, der König von Aram, krank,
und man sagte ihm: Der Mann Gottes
8 ist hierher gekommen. Da sprach der
König zu Hasaël: Nimm Geschenke
mit dir und geh dem Mann Gottes ent-
gegen und befrage den HERRN durch
ihn, ob ich von dieser Krankheit gene-
9 sen könne. Hasaël ging ihm entgegen
und nahm Geschenke mit sich und al-
lerlei kostbare Dinge von Damaskus,
eine Last für vierzig Kamele. Und als er
hinkam, trat er vor Elisa und sprach:
Dein Sohn Benhadad, der König von
Aram, hat mich zu dir gesandt und läßt
dir sagen: Kann ich von dieser Krank-
10 heit genesen? Elisa sprach zu ihm: Geh
hin und sage ihm: Du wirst genesen! –
Aber der HERR hat mir gezeigt, daß er
11 des Todes sterben wird. [a]Und der
Mann Gottes schaute starr und lange
12 vor sich hin und weinte. Da sprach Ha-
saël: Warum weint mein Herr? Er
sprach: Ich weiß, was du den Israeliten
antun wirst: [b]du wirst ihre festen Städ-
te mit Feuer verbrennen und ihre junge
Mannschaft mit dem Schwert erschla-
gen und ihre jungen Kinder töten und
ihre schwangern Frauen aufschlitzen.
13 Hasaël sprach: Was ist dein Knecht,
der Hund, daß er so große Dinge tun
sollte? Elisa sprach: Der HERR hat mir
gezeigt, daß du [c]König über Aram sein
14 wirst. Und er ging weg von Elisa und
kam zu seinem Herrn. Der sprach zu
ihm: Was sagte dir Elisa? Er sprach: Er
15 sagte mir: Du wirst genesen. Am an-
dern Tage aber nahm er die Decke und
tauchte sie in Wasser und breitete sie
über des Königs Angesicht. Da starb
er, und Hasaël wurde König an seiner
Statt.

a (11 und 12) Lk 19,41-44 *b* Kap 10,32
c 1.Kön 19,15

Reich Juda: Joram. Ahasja

(vgl. 2.Chr 21,1.5-10; 22,1-6)

16 Im fünften Jahr Jorams, des Sohnes
Ahabs, des Königs von Israel, wurde –
Josafat war noch König von Juda – [a]Jo-
ram, der Sohn Josafats, König von
17 Juda. Zweiunddreißig Jahre alt war er,
als er König wurde, und er regierte acht
18 Jahre zu Jerusalem und wandelte auf
dem Wege der Könige von Israel, wie
das Haus Ahab tat; denn Ahabs Toch-
ter war seine Frau. Und er tat, was dem
HERRN mißfiel. Aber der HERR wollte 19
Juda nicht verderben um seines
Knechtes David willen, [b]wie er ihm zu-
gesagt hatte, ihm eine [c]Leuchte zu ge-
ben und seinen Söhnen immerdar.
Zu seiner Zeit fielen die Edomiter 20
von Juda ab und setzten einen König
über sich. Da zog Joram nach Zaïr und 21
alle Wagen mit ihm, und er machte sich
des Nachts auf und schlug die Edo-
miter, die ihn umringt hatten, dazu die
Obersten über die Wagen, so daß das
Volk in seine Wohnungen floh. Doch 22
blieben die Edomiter abtrünnig von
Juda bis auf diesen Tag. Auch fiel zur
selben Zeit Libna ab. Was aber mehr 23
von Joram zu sagen ist und alles, was er
getan hat, siehe, das steht geschrieben
in der Chronik der Könige von Juda.
Und Joram legte sich zu seinen Vätern 24
und wurde begraben bei seinen Vätern
in der Stadt Davids. Und sein Sohn
Ahasja wurde König an seiner Statt.
Im zwölften Jahr Jorams, des Sohnes 25
Ahabs, des Königs von Israel, wurde
Ahasja, der Sohn Jorams, König von
Juda. Zweiundzwanzig Jahre alt war 26
Ahasja, als er König wurde; und er re-
gierte ein Jahr zu Jerusalem. Seine
Mutter hieß [d]Atalja, eine Tochter Om-
ris, des Königs von Israel. Und er wan- 27
delte auf dem Wege des Hauses Ahab
und tat, was dem HERRN mißfiel, wie
das Haus Ahab; denn er war verwandt
mit dem Hause Ahab. Und er zog mit 28
Joram, dem Sohn Ahabs, in den Kampf
um Ramot in Gilead gegen Hasaël, den
König von Aram; aber die Aramäer
verwundeten Joram. Da [e]kehrte der 29
König Joram zurück, um sich in Jesreel
von den Wunden heilen zu lassen, die
ihm die Aramäer bei Rama geschlagen
hatten, als er mit Hasaël, dem Kö-
nig von Aram, kämpfte. Und Ahasja,
der Sohn Jorams, der König von Juda,
kam hinab, um in Jesreel Joram, den
Sohn Ahabs, zu besuchen; denn er lag
krank.

a 1.Kön 22,51 *b* 2.Sam 7,11-16 *c* 1.Kön 11,36
d Kap 11,1 *e* Kap 9,14-16

Reich Israel: Jehu, zum König gesalbt, tötet Joram, Ahasja und Isebel

Aber der Prophet Elisa rief einen der **9**
Prophetenjünger und sprach zu ihm:
Gürte deine Lenden und nimm diesen
Krug mit Öl mit dir und geh hin nach
Ramot in Gilead. Und wenn du dahin 2
kommst, wirst du dort Jehu sehen, den

Sohn Josafats, des Sohnes Nimschis.
Und geh hinein und laß ihn aufstehen
unter seinen Gefährten und führe ihn
3 in die innerste Kammer und nimm den
Krug mit Öl und gieß es auf sein Haupt
und sprich: So sagt der HERR: [a]Ich
habe dich zum König über Israel ge-
salbt! – und dann sollst du die Tür auf-
tun und fliehen und nicht zögern.

4 Und der Prophetenjünger ging hin
5 nach Ramot in Gilead. Und als er hin-
kam, siehe, da saßen die Hauptleute des
Heeres beisammen. Und er sprach: Ich
habe dir, Hauptmann, etwas zu sagen.
Jehu sprach: Wem von uns allen? Er
6 sprach: Dir, Hauptmann! Da stand er
auf und ging hinein. Er aber goß das Öl
auf sein Haupt und sagte zu ihm: So
spricht der HERR, der Gott Israels: Ich
habe dich zum König gesalbt über Is-
7 rael, das Volk des HERRN. Und du sollst
das Haus Ahabs, deines Herrn, schla-
gen, daß ich [b]das Blut meiner Knechte,
der Propheten, und das Blut aller
Knechte des HERRN räche, das die
8 Hand Isebels vergossen hat, so daß das
ganze Haus Ahab umkomme. [c]Und ich
will von Ahab ausrotten, was männlich
ist, bis auf den letzten Mann in Israel,
9 und will das Haus Ahab machen [d]wie
das Haus Jerobeams, des Sohnes Ne-
bats, und [e]wie das Haus Baësas, des
10 Sohnes Ahias. Und [f]die Hunde sollen
Isebel fressen auf dem Acker in Jesreel,
und niemand soll sie begraben. Und er
tat die Tür auf und floh.

11 Und als Jehu herausging zu den Leu-
ten seines Herrn, sprach man zu ihm:
Steht es gut? Warum ist dieser Rasende
zu dir gekommen? Er sprach zu ihnen:
Ihr kennt doch den Mann und sein Ge-
12 schwätz. Sie sprachen: Das ist nicht
wahr; sage es uns an! Er sprach: So und
so hat er mit mir geredet und gesagt: So
spricht der HERR: Ich habe dich zum
13 König über Israel gesalbt. Da [g]nahm
jeder eilends sein Kleid und legte es vor
ihn hin auf die hohen Stufen, und sie
bliesen die Posaune und riefen: Jehu ist
14 König geworden! So machte Jehu, der
Sohn Josafats, des Sohnes Nimschis,
gegen Joram eine Verschwörung.

Joram aber hatte mit ganz Israel vor
Ramot in Gilead gelegen wider Hasaël,
15 den König von Aram. [h]Und der König
Joram war zurückgekommen, um sich
in Jesreel heilen zu lassen von den
Wunden, die ihm die Aramäer geschla-
gen hatten, als er mit Hasaël kämpfte,
dem König von Aram.

Und Jehu sprach: Wenn ihr wollt,
dann soll niemand aus der Stadt entrin-
nen, daß er hingehen und es in Jesreel
ansagen könne. Und er stieg auf seinen 16
Wagen und fuhr nach Jesreel, denn Jo-
ram lag dort. Und Ahasja, der König
von Juda, war hinabgezogen, um Joram
zu besuchen. Aber der Wächter, der auf 17
dem Turm in Jesreel stand, sah die
Staubwolke, als Jehu herankam, und
sprach: Ich sehe eine Staubwolke. Da
sprach Joram: Nimm einen Reiter, den
sende ihnen entgegen und laß ihn fra-
gen: Ist's Friede? Und der Reiter ritt 18
hin ihm entgegen und sprach: So sagt
der König: Ist's Friede? Jehu sprach:
Was geht dich der Friede an? Wende
um, folge mir! Der Wächter verkünde-
te und sprach: Der Bote ist bei ihnen
angekommen und kommt nicht zurück.
Da sandte Joram einen zweiten Reiter. 19
Als der zu ihnen kam, sprach er: So
spricht der König: Ist's Friede? Jehu
sprach: Was geht dich der Friede an?
Wende um, folge mir! Das verkündete 20
der Wächter und sprach: Er ist bei
ihnen angekommen und kommt nicht
zurück. Und es ist ein Jagen wie das Ja-
gen Jehus, des Sohnes Nimschis; denn
er jagt, wie wenn er unsinnig wäre. Da 21
sprach Joram: Spannt an! Und man
spannte seinen Wagen an. Und sie zo-
gen aus, Joram, der König von Israel,
und Ahasja, der König von Juda, jeder
auf seinem Wagen, um Jehu entgegen-
zufahren; und sie trafen ihn [i]auf dem
Acker Nabots, des Jesreeliters. Und als 22
Joram Jehu sah, sprach er: Jehu, ist's
Friede? Er aber sprach: Was, Friede?
Deiner Mutter Isebel Abgötterei und
ihre viele Zauberei haben noch kein
Ende! Da wandte Joram um und floh 23
und sprach zu Ahasja: Verräterei,
Ahasja! Aber Jehu faßte den Bogen und 24
schoß Joram zwischen die Arme, daß
der Pfeil durch sein Herz fuhr und Jo-
ram in seinem Wagen zusammenbrach.
Und Jehu sprach zu seinem Ritter Bid- 25
kar: Nimm und [j]wirf ihn auf den Acker
Nabots, des Jesreeliters! Denn ich den-
ke daran, wie du mit mir auf einem Wa-
gen seinem Vater Ahab nachfuhrst, als
der HERR diese [k]Last auf ihn legte:
Fürwahr, ich will dir das Blut Nabots 26
und seiner Kinder, das ich gestern ge-
sehen habe, vergelten auf diesem Ak-
ker! – So nimm ihn nun und wirf ihn
auf den Acker nach dem Wort des
HERRN. [l]Als das Ahasja, der König von 27
Juda, sah, floh er auf Bet-Haggan zu.

Jehu aber jagte ihm nach und ließ auch
ihn töten auf dem Wagen, und sie
schossen auf ihn auf der Höhe von Gur,
die bei Jibleam liegt. Und er floh nach
28 Megiddo und starb dort. Und seine
Männer brachten ihn nach Jerusalem
und begruben ihn in seinem Grabe bei
seinen Vätern in der Stadt Davids.
29 Ahasja aber war König geworden über
Juda im elften Jahr Jorams, des Sohnes
Ahabs.
30 Und als Jehu nach Jesreel kam und
Isebel das erfuhr, schminkte sie ihr An-
gesicht und schmückte ihr Haupt und
31 schaute zum Fenster hinaus. Und als
Jehu unter das Tor kam, sprach sie:
Geht's gut, du [m] Simri, der seinen
32 Herrn erschlug? Und er hob sein Ange-
sicht auf zum Fenster und sprach: Wer
hält's hier mit mir? Da sahen zwei oder
33 drei Kämmerer zu ihm heraus. Er
sprach: Stürzt sie hinab! Und sie stürz-
ten Isebel hinab, so daß die Wand und
die Rosse mit ihrem Blut besprengt
34 wurden; und sie wurde zertreten. Und
als er hineinkam und gegessen und ge-
trunken hatte, sprach er: Seht doch
nach der Verfluchten und begrabt sie;
35 denn sie ist eines Königs Tochter! Als
sie aber hingingen, um sie zu begraben,
fanden sie nichts von ihr als den
Schädel und die Füße und ihre Hände.
36 Und sie kamen zurück und sagten's
Jehu an. Er aber sprach: Das ist's, [n] was
der HERR geredet hat durch seinen
Knecht Elia, den Tisbiter, als er
sprach: Auf dem Acker von Jesreel sol-
len die Hunde das Fleisch Isebels fres-
37 sen, und der Leichnam Isebels soll wie
Mist auf dem Felde sein im Gefilde von
Jesreel, daß man nicht sagen könne:
Das ist Isebel.

a 1.Kön 19,16 *b* 1.Kön 18,13; 21,13
c 1.Kön 14,10 *d* 1.Kön 15,29 *e* 1.Kön 16,3.11
f 1.Kön 21,23 *g* Mt 21,7 *h* *(15 und 16)*
Kap 8,28.29 *i* 1.Kön 21,1 *j* 1.Kön 21,19
k Jes 13,1; Jer 23,33-40 *l* *(27-29)* 2.Chr 22,7-9
m 1.Kön 16,16.18 *n* 1.Kön 21,23

Jehu rottet das Haus Ahab aus

10 Ahab aber hatte siebzig Söhne in Sama-
ria. Und Jehu schrieb Briefe und sandte
sie nach Samaria, zu den Obersten der
Stadt, zu den Ältesten und Vormün-
dern der Söhne Ahabs; die lauteten:
2 Wenn dieser Brief zu euch kommt, bei
denen eures Herrn Söhne sind und Wa-
gen, Rosse, feste Städte und Rüstung,
3 so seht, welcher der beste und geschick-
teste sei unter den Söhnen eures Herrn,
und setzt ihn auf seines Vaters Thron
und kämpft für eures Herrn Haus. Sie 4
aber fürchteten sich gar sehr und spra-
chen: Siehe, zwei Könige konnten ihm
nicht widerstehen; wie könnten wir
ihm dann widerstehen? Und der Hof- 5
meister und der Stadtvogt und die Äl-
testen und Vormünder sandten hin zu
Jehu und ließen ihm sagen: Wir sind
deine Knechte. Wir wollen alles tun,
was du uns sagst; wir wollen niemand
zum König machen. Tu, was dir gefällt.
Da schrieb er einen zweiten Brief an sie, 6
der lautete: Wenn ihr zu mir haltet und
meiner Stimme gehorcht, so nehmt die
Köpfe der Söhne eures Herrn und
bringt sie zu mir morgen um diese Zeit
nach Jesreel. Es waren aber siebzig
Söhne des Königs, und die Großen der
Stadt erzogen sie. Als nun der Brief zu 7
ihnen kam, nahmen sie des Königs
Söhne und töteten die siebzig und leg-
ten ihre Köpfe in Körbe und schickten
sie zu Jehu nach Jesreel. Und als der 8
Bote kam und ihm sagte: Sie haben die
Köpfe der Söhne des Königs gebracht,
sprach er: Legt sie in zwei Haufen vor
das Tor bis morgen. Und am Morgen, 9
als er ausging, trat er hin und sprach zu
allem Volk: Ihr seid ohne Schuld. Sie-
he, ich habe gegen meinen Herrn eine
Verschwörung gemacht und ihn getö-
tet. Wer aber hat denn diese alle er-
schlagen? So erkennt denn, daß kein 10
Wort des HERRN auf die Erde gefallen
ist, [a] das der HERR geredet hat gegen das
Haus Ahab. Der HERR hat getan, wie er
geredet hat durch seinen Knecht Elia.
So [b] erschlug Jehu alle Übriggebliebe- 11
nen vom Hause Ahab in Jesreel, alle
seine Großen, seine Verwandten und
seine Priester, bis nicht ein einziger
übrigblieb.
Und Jehu machte sich auf und zog 12
auf Samaria zu. Aber als er unterwegs
nach Bet-Eked der Hirten kam, [c] da traf 13
Jehu die Brüder Ahasjas, des Königs
von Juda, und sprach: Wer seid ihr?
Sie sprachen: Wir sind Brüder Ahasjas
und ziehen hin, um die Söhne des Kö-
nigs und die Söhne der Königinmutter
zu grüßen. Er aber sprach: Ergreift sie 14
lebendig! Und sie ergriffen sie lebendig
und töteten sie bei dem Brunnen von
Bet-Eked, zweiundvierzig Mann, und
er ließ nicht einen einzigen von ihnen
übrig.

a 1.Kön 21,21 *b* Hos 1,4
c *(13 und 14)* 2.Chr 22,8

Jehu rottet den Baalsdienst aus. Sein Tod

15 Und als er von dort weiterzog, traf er
[a]Jonadab, den Sohn Rechabs, der ihm
begegnete. Und er grüßte ihn und
sprach zu ihm: Ist dein Herz aufrichtig
gegen mich wie mein Herz gegen dein
Herz? Jonadab sprach: Ja. Da sprach
Jehu: Wenn es so ist, dann gib mir dei-
ne Hand! Und Jonadab gab ihm seine
Hand. Und Jehu ließ ihn zu sich auf
16 den Wagen steigen und sprach: Komm
mit mir und sieh meinen Eifer für den
HERRN! Und er ließ ihn mit sich fahren
17 auf seinem Wagen. Und als er nach Sa-
maria kam, erschlug er alles, was übrig
war von Ahab in Samaria, bis er sein
Haus vertilgt hatte nach dem [b]Wort des
HERRN, das er zu Elia geredet hatte.
18 Und Jehu versammelte alles Volk
und ließ ihnen sagen: [c]Ahab hat Baal
wenig gedient; Jehu will ihm besser
19 dienen. So laßt nun zu mir rufen alle
Propheten Baals, die in seinem Dienst
stehen, und alle seine Priester, daß man
niemand vermisse; denn ich habe ein
großes Opfer dem Baal zu bringen.
Wen man vermissen wird, der soll nicht
am Leben bleiben. Aber Jehu tat dies
mit Hinterlist, um die Diener Baals
20 umzubringen. Und Jehu sprach: Feiert
dem Baal ein heiliges Fest! Und sie lie-
21 ßen es ausrufen. Auch sandte Jehu um-
her in ganz Israel und ließ alle Diener
Baals kommen, daß niemand übrig war,
der nicht gekommen wäre. Und sie gin-
gen in das Haus Baals, so daß das Haus
22 Baals voll wurde an allen Enden. Da
sprach er zu denen, die über die Klei-
derkammer gesetzt waren: Bringt allen
Dienern Baals Feierkleider heraus!
Und sie brachten die Kleider heraus.
23 Und Jehu ging in das Haus Baals mit
Jonadab, dem Sohn Rechabs, und
sprach zu den Dienern Baals: Forschet
und seht zu, daß hier nicht jemand un-
ter euch sei von den Knechten des
HERRN, sondern allein Baals Diener.
24 Und sie kamen hinein, um Schlacht-
opfer und Brandopfer darzubringen.
Jehu aber stellte außen achtzig Mann
auf und sprach: Wenn einer der Män-
ner entrinnt, die ich in eure Hände
gebe, so soll euer Leben für sein Leben
25 sein! Als er nun die Brandopfer vollen-
det hatte, sprach Jehu zu der Leibwa-
che und den Rittern: Geht hinein und
[d]erschlagt jedermann; laßt niemand
entkommen! Und sie schlugen sie mit
der Schärfe des Schwerts. Und die
Leibwache und die Ritter warfen die
Leichname hinaus und drangen in das
Innere des Hauses Baals und [e]brachten 26
hinaus die Bilder der Aschera aus dem
Hause Baals und verbrannten sie und 27
zerbrachen die Steinmale Baals samt
dem Hause Baals und machten Stätten
des Unrats daraus bis auf diesen Tag.
So vertilgte Jehu den Baal aus Israel; 28
aber von den [f]Sünden Jerobeams, des 29
Sohnes Nebats, der Israel sündigen
machte, ließ Jehu nicht ab, von den gol-
denen Kälbern in Betel und in Dan.
Und der HERR sprach zu Jehu: Weil 30
du willig gewesen bist, zu tun, was mir
gefallen hat, und am Hause Ahab alles
getan hast, was in meinem Herzen war,
sollen dir auf dem Thron Israels sitzen
deine Söhne bis ins vierte Glied. Aber 31
doch hielt Jehu nicht das Gesetz des
HERRN, des Gottes Israels, daß er darin
wandelte von ganzem Herzen; denn er
ließ nicht ab von den Sünden Jero-
beams, der Israel sündigen gemacht
hatte.
Zur selben Zeit fing der HERR an, 32
Stücke von Israel abzutrennen; denn
[g]Hasaël schlug sie im ganzen Gebiet Is-
raels vom Jordan gegen der Sonne Auf- 33
gang, das ganze Land Gilead, die Gadi-
ter, Rubeniter und Manassiter, von
Aroër an, das am Arnon liegt, Gilead
und Basan.
Was aber mehr von Jehu zu sagen ist 34
und alles, was er getan hat, und alle sei-
ne tapferen Taten, siehe, das steht ge-
schrieben in der Chronik der Könige
von Israel. Und Jehu legte sich zu sei- 35
nen Vätern, und sie begruben ihn zu
Samaria. Und sein Sohn [h]Joahas wurde
König an seiner Statt. Die Zeit aber, die 36
Jehu über Israel regiert hat zu Samaria,
sind achtundzwanzig Jahre.

a Jer 35,6 *b* 1.Kön 21,21 *c* 1.Kön 16,31-33
d 1.Kön 18,40 *e* Kap 11,18 *f* 1.Kön 12,26-33
g Kap 8,12 *h* Kap 13,1

Reich Juda: Herrschaft der Atalja. Joas wird König

(vgl. 2.Chr 22,10-23,21)

Als aber Atalja, [a]Ahasjas Mutter, sah, **11**
daß [b]ihr Sohn tot war, machte sie sich
auf und brachte alle aus dem kö-
niglichen Geschlecht um. Aber Jo- 2
scheba, die Tochter des Königs Joram,
Ahasjas Schwester, nahm Joas, den
Sohn Ahasjas, und stahl ihn aus der
Mitte der Söhne des Königs, die getötet
wurden, und brachte ihn mit seiner

Amme in die Bettenkammer und ver-
barg ihn vor Atalja, so daß er nicht ge-
3 tötet wurde. Und er war bei Joscheba
versteckt im Hause des HERRN sechs
Jahre lang. Atalja aber war Königin
über das Land.
4 Im siebenten Jahr aber sandte Jojada
hin und nahm die Hauptleute über
hundert von der Garde und der Leib-
wache und ließ sie zu sich ins Haus des
HERRN kommen und schloß einen
Bund mit ihnen und nahm einen Eid
von ihnen im Hause des HERRN und
5 zeigte ihnen den Sohn des Königs und
gebot ihnen: Das ist's, was ihr tun sollt:
Ein Drittel von euch, die ihr am Sabbat
antretet, soll Wache halten im Haus des
6 Königs, und ein Drittel soll Wache hal-
ten am Tor Sur und ein Drittel am Tor
hinter dem Haus der Leibwache; so
sollt ihr Wache halten rings um das
7 Haus. Aber zwei Abteilungen von
euch, die am Sabbat abtreten, sollen
Wache halten im Hause des HERRN um
8 den König her, und ihr sollt euch rings
um den König stellen, jeder mit seiner
Waffe in der Hand, und wer her-
einkommt zwischen die Reihen, der soll
sterben. Und ihr sollt um den König
9 sein, wenn er aus- und eingeht. Und die
Hauptleute über hundert taten alles,
was ihnen der Priester Jojada geboten
hatte, und nahmen zu sich ihre Män-
ner, die am Sabbat antraten, mit denen,
die am Sabbat abtraten, und kamen zu
10 dem Priester Jojada. Und der Priester
gab den Hauptleuten die Spieße und
[c]Schilde, die dem König David gehört
hatten und in dem Hause des HERRN
11 waren. Und die Leibwache stand, jeder
mit seiner Waffe in der Hand, von der
Seite des Tempels im Süden bis zur
Seite im Norden, vor dem Altar und
dem Tempel, rings um den König her-
12 um. Und Jojada ließ den Sohn des Kö-
nigs hervortreten und setzte ihm die
Krone auf und [d]gab ihm die Ordnung,
machte ihn zum König und [e]salbte ihn,
und sie klatschten in die Hände und rie-
fen: Es lebe der König!
13 Und als Atalja das Geschrei des
Volks hörte, das herzulief, kam sie zum
14 Volk in das Haus des HERRN und sah,
und siehe, da stand der König an der
Säule, wie es Brauch war, und die
Hauptleute und die Trompeter bei dem
König. Und alles Volk des Landes war
fröhlich und blies die Trompeten. Atal-
ja aber zerriß ihre Kleider und rief:
15 Aufruhr, Aufruhr! Aber der Priester
Jojada gebot den Hauptleuten über
hundert, die über das Heer gesetzt wa-
ren, und sprach zu ihnen: Führt sie
zwischen den Reihen hinaus, und wer
ihr folgt, der sterbe durchs Schwert!
Denn der Priester hatte gesagt, sie soll-
te nicht im Hause des HERRN getötet
werden. Und sie legten die Hände an 16
Atalja, und sie ging hin den Weg, wo
die Rosse zum Hause des Königs ge-
hen, und wurde dort getötet. Und Joja- 17
da schloß einen Bund zwischen dem
HERRN und dem König samt dem Volk,
daß sie des HERRN Volk sein sollten;
desgleichen auch zwischen dem König
und dem Volk. Da ging alles Volk des 18
Landes in das Haus Baals und brach
seine Altäre ab, und sie zerschlugen alle
seine Götzenbilder und töteten Mat-
tan, den Priester Baals, vor den Altä-
ren.[f]
Der Priester Jojada aber bestellte die
Wachen am Hause des HERRN und 19
nahm die Hauptleute über hundert und
die Garde und die Leibwache und alles
Volk des Landes, und sie führten den
König hinab vom Hause des HERRN
und kamen durchs Tor der Leibwache
zum Hause des Königs. Und er setzte
sich auf den königlichen Thron. Und 20
alles Volk des Landes war fröhlich, aber
die Stadt blieb still. Atalja aber töteten
sie mit dem Schwert bei des Königs
Hause.

a Kap 8,26 *b* Kap 9,27 *c* 2.Sam 8,7
d 5.Mose 17,18.19 *e* 1.Kön 1,39 *f* Kap 10,26.27;
Ri 6,25

Joas. Ausbesserung des Tempels

(vgl. 2.Chr 24)

*Und Joas war sieben Jahre alt, als er **12**
König wurde. Im siebenten Jahr Jehus 2
wurde Joas König und regierte vierzig
Jahre zu Jerusalem. Seine Mutter hieß
Zibja, aus Beerseba. Und Joas tat, was 3
recht war und dem HERRN wohlgefiel,
solange ihn der Priester Jojada lehrte,
nur, daß die Höhen nicht entfernt wur- 4
den; denn das Volk opferte und räu-
cherte noch auf den Höhen.[a]
Und Joas sprach zu den Priestern: 5
Alles für das Heiligtum bestimmte
Geld, das in das Haus des HERRN ge-
bracht wird – Geld, wie es gang und
gäbe ist –, nämlich das Geld, das jeder-
mann gibt, wie er geschätzt wird, und
alles Geld, das jedermann aus freiem
Herzen opfert, daß er's in das Haus des
HERRN bringe, das sollen die Priester zu 6
sich nehmen, jeder von seinem Bekann-

ten. Davon sollen sie ausbessern, was
baufällig ist am Hause, wo sie finden,
7 daß es baufällig ist. Als aber die Priester
bis ins dreiundzwanzigste Jahr des Kö-
nigs Joas nicht ausgebessert hatten, was
8 baufällig war am Hause, rief der König
Joas den Priester Jojada samt den Prie-
stern und sprach zu ihnen: Warum bes-
sert ihr nicht aus, was baufällig ist am
Hause? Darum sollt ihr nun nicht mehr
das Geld an euch nehmen, jeder von
seinen Bekannten, sondern sollt's ge-
ben zur Ausbesserung für das, was bau-
9 fällig ist am Hause. Und die Priester
willigten ein, daß sie vom Volk kein
Geld mehr nehmen sollten, aber auch
das Baufällige am Hause nicht mehr
auszubessern brauchten.
10 Da nahm der Priester Jojada eine
Lade und bohrte oben ein Loch hinein
und stellte sie auf zur rechten Hand ne-
ben dem Altar, wo man in das Haus des
HERRN geht. Und die Priester, die an
der Schwelle wachten, taten alles Geld
hinein, das zu dem Hause des HERRN
11 gebracht wurde. Wenn sie dann sahen,
daß viel Geld in der Lade war, kam der
Schreiber des Königs mit dem Hohen-
priester herauf, und sie zählten das
Geld, das sich in dem Hause des HERRN
vorfand, und banden es zusammen.
12 Und man übergab das Geld abgezählt
den Werkmeistern, die bestellt waren
für das Haus des HERRN, und sie gaben
es aus an die Zimmerleute und Bauleu-
te, die am Hause des HERRN arbeiteten,
13 nämlich an die Maurer und Steinmet-
zen und an die, die Holz und gehauene
Steine kaufen sollten, daß das Baufälli-
ge am Hause des HERRN ausgebessert
werde, und für alles, was not war, um
14 am Hause auszubessern. Doch ließ man
nicht machen silberne Schalen, Mes-
ser, Becken, Trompeten, auch kein gol-
denes oder silbernes Gerät im Hause
des HERRN von dem Geld, das zu des
15 HERRN Hause gebracht wurde, sondern
man gab's den Arbeitern, daß sie damit
das Baufällige am Hause des HERRN
16 ausbesserten. Auch [b]brauchten die
Männer nicht Rechnung zu legen, de-
nen man das Geld übergab, daß sie es
den Arbeitern gäben, sondern sie han-
17 delten auf Treu und Glauben. Aber das
Geld von Schuldopfern und Sünd-
opfern kam nicht für das Haus des
HERRN ein, denn es gehörte den Prie-
stern.
18 Zu der Zeit zog [c]Hasaël, der König
von Aram, herauf und kämpfte gegen
Gat und eroberte es. Und als Hasaël
sich wandte, um gegen Jerusalem hin-
aufzuziehen, nahm Joas, der König von 19
Juda, alle [d]heiligen Gaben, die seine
Väter Josafat, Joram und Ahasja, die
Könige von Juda, geheiligt hatten, und
was er selbst geheiligt hatte, dazu alles
Gold, das man fand im Schatz des Hau-
ses des HERRN und im Hause des Kö-
nigs, und schickte es Hasaël, dem Kö-
nig von Aram. Da zog er von Jerusalem
ab.
Was aber mehr von Joas zu sagen ist 20
und alles, was er getan hat, das steht ge-
schrieben in der Chronik der Könige
von Juda. Und [e]seine Großen empör- 21
ten sich und machten eine Verschwö-
rung und erschlugen ihn im Haus des
Millo, wo man hinabgeht nach Silla.
Josachar, der Sohn Schimats, und Josa- 22
bad, der Sohn Schomers, seine Gro-
ßen, schlugen ihn tot. Und man begrub
ihn bei seinen Vätern in der Stadt Da-
vids. Und sein Sohn [f]Amazja wurde
König an seiner Statt.

a Kap 14,4; 1.Kön 22,44 *b* Kap 22,7 *c* Kap 10,32
d 1.Kön 15,18 *e* Kap 14,5 *f* Kap 14,1
*Vers 1: Abweichende Verszählung statt 12,1-22:
11,21-12,21.

Reich Israel: Joahas. Joas

Im dreiundzwanzigsten Jahr des Joas, **13**
des Sohnes Ahasjas, des Königs von
Juda, wurde [a]Joahas, der Sohn Jehus,
König über Israel und regierte zu Sa-
maria siebzehn Jahre. Und er tat, was 2
dem HERRN mißfiel, und [b]wandelte
nach den Sünden Jerobeams, des Soh-
nes Nebats, der Israel sündigen mach-
te, und ließ nicht davon ab. Und des 3
HERRN Zorn entbrannte über Israel,
und er gab sie in die Hand [c]Hasaëls, des
Königs von Aram, und Benhadads, des
Sohnes Hasaëls, die ganze Zeit. – Aber 4
Joahas flehte zum HERRN, und der
HERR erhörte ihn; denn [d]er sah den
Jammer Israels an, wie der König von
Aram es bedrängte. Und der HERR gab 5
Israel einen [e]Retter, der sie aus der Ge-
walt der Aramäer befreite, daß die Is-
raeliten in ihren Häusern wohnen
konnten wie zuvor. Doch ließen sie 6
nicht ab von der Sünde des Hauses Je-
robeams, der Israel sündigen machte,
sondern wandelten darin. Auch blieb
das [f]Bild der Aschera zu Samaria ste-
hen. – Denn es waren vom Kriegsvolk 7
des Joahas nicht mehr übriggeblieben
als fünfzig Gespannpferde, zehn Wa-
gen und zehntausend Mann Fußvolk;
denn der König von Aram hatte sie um-

gebracht und sie gemacht wie Staub
8 beim Dreschen. Was aber mehr von
Joahas zu sagen ist und alles, was er ge-
tan hat, und seine tapferen Taten, sie-
he, das steht geschrieben in der Chro-
9 nik der Könige von Israel. Und Joahas
legte sich zu seinen Vätern, und man
begrub ihn zu Samaria. Und sein Sohn
Joas wurde König an seiner Statt.
10 Im siebenunddreißigsten Jahr des
Joas, des Königs von Juda, wurde Joas,
der Sohn des Joahas, König über Israel
und regierte zu Samaria sechzehn Jah-
11 re. Und er tat, was dem HERRN mißfiel,
und ließ nicht ab von allen Sünden Je-
robeams, des Sohnes Nebats, der Israel
sündigen machte, sondern wandelte
12 darin. Was aber mehr von Joas zu sagen
ist und was er getan hat und seine tapfe-
ren Taten, [g]wie er mit Amazja, dem
König von Juda, gekämpft hat, siehe,
das steht geschrieben in der Chronik
13 der Könige von Israel. Und Joas legte
sich zu seinen Vätern, und auf seinen
Thron setzte sich [h]Jerobeam. Joas aber
wurde begraben zu Samaria bei den
Königen von Israel.

a Kap 10,35 *b* 1.Kön 12,28-30 *c* Kap 10,32
d 1.Mose 16,13 *e* Kap 14,27 *f* 1.Kön 16,33
g Kap 14,8-16 *h* Kap 14,23

Elisas Tod. Joas' Siege über Benhadad

14 Als aber Elisa an der Krankheit er-
krankte, an der er sterben sollte, kam
Joas, der König von Israel, zu ihm hin-
ab und weinte vor ihm und sprach:
[a]Mein Vater, mein Vater! Du Wagen
15 Israels und sein Gespann! Elisa aber
sprach zu ihm: Nimm Bogen und Pfei-
le! Und als er den Bogen und die Pfeile
16 nahm, sprach er zum König von Israel:
Spanne mit deiner Hand den Bogen!
Und er spannte ihn mit seiner Hand.
Und Elisa legte seine Hand auf des Kö-
17 nigs Hand und sprach: Tu das Fenster
auf nach Osten! Und er tat's auf. Und
Elisa sprach: Schieß! Und er schoß.
Elisa aber rief: Ein Pfeil des Siegs vom
HERRN, ein Pfeil des Siegs gegen Aram!
Du wirst die Aramäer schlagen bei
18 Afek, bis sie aufgerieben sind. Und er
sprach: Nimm die Pfeile! Und als er sie
nahm, sprach er zum König von Israel:
Schlag auf die Erde! Und er schlug
19 dreimal und hielt inne. Da wurde der
Mann Gottes zornig auf ihn und
sprach: Hättest du fünf- oder sechsmal
geschlagen, so hättest du die Aramäer
geschlagen, bis sie aufgerieben wären;
nun aber wirst du sie nur dreimal schla-
gen.
Als aber Elisa gestorben war und 20
man ihn begraben hatte, fielen streifen-
de Rotten der Moabiter ins Land Jahr
um Jahr. Und es begab sich, daß man 21
einen Mann zu Grabe trug. Als man
aber einige Leute von ihnen sah, warf
man den Mann in Elisas Grab. Und als
er die Gebeine Elisas berührte, wurde
er lebendig und trat auf seine Füße.
Hasaël, der König von Aram, be- 22
drängte Israel, solange Joahas lebte.
Aber der HERR gab ihnen Gnade und 23
erbarmte sich ihrer und wandte sich
ihnen wieder zu [b]um seines Bundes
willen mit Abraham, Isaak und Jakob
und wollte sie nicht verderben, verwarf
sie auch nicht von seinem Angesicht bis
auf diese Stunde. Und Hasaël, der Kö- 24
nig von Aram, starb, und sein Sohn
Benhadad wurde König an seiner Statt.
Joas aber gewann die Städte zurück aus 25
der Hand Benhadads, des Sohnes Ha-
saëls, die er im Kampf seinem Vater
Joahas genommen hatte. [c]Dreimal
schlug ihn Joas und gewann so die
Städte Israels zurück.

a Kap 2,12 *b* 3.Mose 26,42 *c* Vers 19

Reich Juda und Israel: Amazja von Juda und Joas von Israel

(vgl. 2.Chr 25)

Im zweiten Jahr des Joas, des Sohnes 14
des Joahas, des Königs von Israel, wur-
de [a]Amazja König, der Sohn des Joas,
des Königs von Juda. Fünfundzwanzig 2
Jahre alt war er, als er König wurde;
und er regierte neunundzwanzig Jahre
zu Jerusalem. Seine Mutter hieß Joad-
dan, aus Jerusalem. Und er tat, was 3
dem HERRN wohlgefiel, doch nicht wie
sein Vater David, sondern [b]wie sein
Vater Joas tat auch er. Denn [c]die Hö- 4
hen wurden nicht entfernt, sondern das
Volk opferte und räucherte noch auf
den Höhen. Als er nun das Königtum 5
fest in seiner Hand hatte, [d]brachte er
die Großen um, die seinen Vater, den
König, erschlagen hatten. Aber die 6
Söhne der Totschläger tötete er nicht,
[e]wie es denn geschrieben steht im Ge-
setzbuch des Mose, wo der HERR gebo-
ten hat: Die Väter sollen nicht um der
Söhne willen sterben, und die Söhne
sollen nicht um der Väter willen ster-
ben, sondern jeder soll um seiner Sün-
de willen sterben. Er schlug auch die 7
Edomiter im Salztal, zehntausend
Mann, und eroberte die Stadt Sela im

Kampf und nannte sie Jokteel bis auf
diesen Tag.
8 Und Amazja sandte Boten zu Joas,
dem Sohn des Joahas, des Sohnes Je-
hus, dem König von Israel, und ließ
ihm sagen: Komm her, wir wollen uns
9 miteinander messen! Aber Joas, der
König von Israel, sandte zu Amazja,
dem König von Juda, und antwortete
ihm: Der [f]Dornstrauch, der im Liba-
non ist, sandte zur Zeder im Libanon
und ließ ihr sagen: Gib deine Tochter
meinem Sohn zur Frau! Aber das Wild
auf dem Libanon lief über den Dorn-
10 strauch und zertrat ihn. Du hast die
Edomiter geschlagen; darüber erhebt
sich dein Herz. Habe den Ruhm und
bleib daheim! Warum suchst du dein
Unglück, daß du zu Fall kommst und
11 Juda mit dir? Aber Amazja hörte nicht
darauf. Da zog Joas, der König von Is-
rael, herauf, und sie maßen sich mitein-
ander, er und Amazja, der König von
Juda, bei [g]Bet-Schemesch, das in Juda
12 liegt. Aber Juda wurde vor Israel her
geschlagen, und sie flohen, jeder in sein
13 Haus. Und Joas, der König von Israel,
nahm Amazja gefangen, den Sohn des
Joas, des Sohnes des Ahasja, den König
von Juda, in Bet-Schemesch und kam
nach Jerusalem und riß die Mauer Je-
rusalems ein von dem Tor Efraim bis
an das Ecktor, vierhundert Ellen lang,
14 und er nahm alles Gold und Silber und
Gerät, das gefunden wurde im Hause
des HERRN und im Schatz des Königs-
hauses, dazu die Geiseln, und zog nach
15 Samaria zurück. Was aber mehr von
Joas zu sagen ist, was er getan hat, und
seine tapferen Taten und wie er mit
Amazja, dem König von Juda, ge-
kämpft hat, siehe, das steht geschrieben
in der Chronik der Könige von Israel.
16 Und [h]Joas legte sich zu seinen Vä-
tern und wurde begraben zu Samaria
bei den Königen von Israel. Und sein
Sohn Jerobeam wurde König an seiner
Statt.
17 Amazja aber, der Sohn des Joas, des
Königs von Juda, lebte nach dem Tod
des Joas, des Sohnes des Joahas, des
Königs von Israel, noch fünfzehn Jah-
18 re. Was aber mehr von Amazja zu sagen
ist, das steht geschrieben in der Chro-
19 nik der Könige von Juda. Und sie
[i]machten eine Verschwörung gegen ihn
in Jerusalem; er aber floh nach La-
chisch. Und sie sandten hin, ihm nach,
bis nach Lachisch und töteten ihn dort.
20 Und sie brachten ihn auf Rossen, und
er wurde begraben zu Jerusalem bei
seinen Vätern in der Stadt Davids.
Und das ganze Volk von Juda nahm 21
[j]Asarja in seinem sechzehnten Jahr und
machte ihn zum König anstatt seines
Vaters Amazja. Er baute [k]Elat aus und 22
brachte es wieder an Juda, nachdem der
König sich zu seinen Vätern gelegt hat-
te.

a Kap 12,22 b Kap 12,3.4 c Kap 15,4
d Kap 12,21.22; 2.Sam 3,30 e 5.Mose 24,16
f Ri 9,14 g Jos 15,10 h Kap 13,13 i Kap 12,21
j Kap 15,1.2 k Kap 16,6

Reich Israel: Jerobeam der Zweite

Im fünfzehnten Jahr Amazjas, des Soh- 23
nes des Joas, des Königs von Juda, wur-
de [a]Jerobeam, der Sohn des Joas, Kö-
nig über Israel und regierte zu Samaria
einundvierzig Jahre. Und er tat, was 24
dem HERRN mißfiel, und [b]ließ nicht ab
von allen Sünden Jerobeams, des Soh-
nes Nebats, der Israel sündigen mach-
te.
Er stellte wieder her das Gebiet Is- 25
raels von Hamat bis ans Salzmeer nach
dem Wort des HERRN, des Gottes Is-
raels, das er geredet hatte durch seinen
Knecht [c]Jona, den Sohn Amittais, den
Propheten, der von Gat-Hefer war.
Denn der HERR sah den bitteren Jam- 26
mer Israels an, daß sie allesamt dahin
waren und kein Helfer in Israel war.
Und der HERR hatte nicht gesagt, daß er 27
den Namen Israels austilgen wollte un-
ter dem Himmel, und [d]errettete sie
durch Jerobeam, den Sohn des Joas.
Was aber mehr von Jerobeam zu sagen 28
ist und alles, was er getan hat, und seine
tapferen Taten, wie er gekämpft hat,
und wie er Damaskus und Hamat wie-
der an Israel gebracht hat, siehe, das
steht geschrieben in der Chronik der
Könige von Israel. Und Jerobeam legte 29
sich zu seinen Vätern, den Königen von
Israel. Und sein Sohn [e]Sacharja wurde
König an seiner Statt.

a Hos 1,1; Am 1,1 b 1.Kön 12,28-30 c Jona 1,1
d Kap 13,5 e Kap 15,8

Reich Juda: Asarja (Usia)

[a]Im siebenundzwanzigsten Jahr Jero- 15
beams, des Königs von Israel, wurde
[b]Asarja* König, der Sohn Amazjas, des
Königs von Juda. Sechzehn Jahre war 2
er alt, als er König wurde, und er re-
gierte zweiundfünfzig Jahre zu Jerusa-
lem. Seine Mutter hieß Jecholja, aus
Jerusalem. Und er tat, was dem HERRN 3
wohlgefiel, ganz wie sein Vater Amazja,
nur, daß die Höhen nicht entfernt wur- 4

den; denn das Volk opferte und räu-
5 cherte noch auf den Höhen.[c] Der HERR
aber plagte den König, daß er [d]aussät-
zig war bis an seinen Tod, und er wohn-
te in einem besonderen Hause. Jotam
aber, der Sohn des Königs, stand dem
Hause des Königs vor und richtete das
6 Volk des Landes. – Was aber mehr von
Asarja zu sagen ist und alles, was er ge-
tan hat, siehe, das steht geschrieben in
7 der Chronik der Könige von Juda. Und
Asarja legte sich zu seinen Vätern, und
man begrub ihn bei seinen Vätern in
der Stadt Davids. Und sein Sohn [e]Jo-
tam wurde König an seiner Statt.

a (1-7) 2.Chr 26 *b* Kap 14,21 *c* Kap 14,3.4
d 3.Mose 13,46 *e* Vers 32
*Vers 1: Asarja trägt auch den Namen Usia.

Reich Israel: Sacharja. Schallum. Menahem. Pekachja. Pekach. Anfang der assyrischen Gefangenschaft

8 Im achtunddreißigsten Jahr Asarjas,
des Königs von Juda, wurde [a]Sacharja,
der Sohn Jerobeams, König über Israel
und regierte zu Samaria sechs Monate.
9 Und er tat, was dem HERRN mißfiel, wie
seine Väter getan hatten. [b]Er ließ nicht
ab von den Sünden Jerobeams, des
Sohnes Nebats, der Israel sündigen
10 machte. Und Schallum, der Sohn des
Jabesch, machte eine Verschwörung
gegen ihn und schlug ihn tot und wurde
11 König an seiner Statt. – Was aber mehr
von Sacharja zu sagen ist, siehe, das
steht geschrieben in der Chronik der
12 Könige von Israel. Und das ist's, was
der HERR zu Jehu geredet hatte: [c]Dir
sollen Söhne auf dem Thron Israels sit-
zen bis ins vierte Glied. Und so ist es
geschehen.
13 Schallum aber, der Sohn des Ja-
besch, wurde König im neununddrei-
ßigsten Jahr Usias, des Königs von
Juda, und regierte einen Monat zu Sa-
14 maria. Denn Menahem, der Sohn Ga-
dis, zog herauf von Tirza und kam nach
Samaria und schlug Schallum, den
Sohn des Jabesch, in Samaria tot und
15 wurde König an seiner Statt. Was aber
mehr von Schallum zu sagen ist und
seine Verschwörung, die er gemacht
hat, siehe, das steht geschrieben in der
16 Chronik der Könige von Israel. Damals
schlug Menahem die Stadt Tifsach und
alle, die darin waren, und ihr Gebiet
von [d]Tirza aus, weil sie ihn nicht ein-
lassen wollten, und schlug sie, und [e]alle
ihre Schwangeren ließ er aufschlitzen.

Im neununddreißigsten Jahr Asar- 17
jas, des Königs von Juda, wurde Mena-
hem, der Sohn Gadis, König über Is-
rael und regierte zehn Jahre zu Sama-
ria. Und er tat, was dem HERRN mißfiel. 18
Er ließ sein Leben lang nicht ab von
den Sünden Jerobeams, des Sohnes
Nebats, der Israel sündigen machte.
Und es kam Pul, der König von Assyri- 19
en*, ins Land. Und Menahem gab Pul
tausend Zentner Silber, [f]damit er's mit
ihm hielte und sein Königtum befestig-
te. Und Menahem legte eine [g]Steuer 20
auf die Reichsten in Israel, fünfzig Sil-
berstücke auf jeden Mann, um es dem
König von Assyrien zu geben. So zog
der König von Assyrien wieder heim
und blieb nicht im Lande. Was aber 21
mehr von Menahem zu sagen ist und al-
les, was er getan hat, siehe, das steht ge-
schrieben in der Chronik der Könige
von Israel. Und Menahem legte sich zu 22
seinen Vätern, und sein Sohn Pekachja
wurde König an seiner Statt.

Im fünfzigsten Jahr Asarjas, des Kö- 23
nigs von Juda, wurde Pekachja, der
Sohn Menahems, König über Israel
und regierte zu Samaria zwei Jahre.
Und er tat, was dem HERRN mißfiel, 24
denn er ließ nicht ab von der Sünde Je-
robeams, des Sohnes Nebats, der Israel
sündigen machte. Und es machte Pe- 25
kach, der Sohn Remaljas, sein Ritter,
eine [h]Verschwörung gegen ihn – und
mit ihm waren fünfzig Mann von den
Gileaditern – und schlug ihn tot in Sa-
maria im Burgturm des Königshauses
samt Argob und Arje und wurde König
an seiner Statt. – Was aber mehr von 26
Pekachja zu sagen ist und alles, was er
getan hat, siehe, das steht geschrieben
in der Chronik der Könige von Israel.

Im zweiundfünfzigsten Jahr Asarjas, 27
des Königs von Juda, wurde Pekach,
der Sohn Remaljas, König über Israel
und regierte zu Samaria zwanzig Jahre.
Und er tat, was dem HERRN mißfiel, 28
denn er ließ nicht ab von der Sünde Je-
robeams, des Sohnes Nebats, der Israel
sündigen machte. Zu der Zeit Pekachs, 29
des Königs von Israel, kam Tiglat-Pile-
ser, der König von Assyrien, und nahm
Ijjon, Abel-Bet-Maacha, Janoach, Ke-
desch, Hazor, Gilead und von Galiläa
das ganze Land Naftali und führte sie
weg nach Assyrien.[i] Und [j]Hosea, der 30
Sohn Elas, machte eine [k]Verschwö-
rung gegen Pekach, den Sohn Remal-
jas, und schlug ihn tot und wurde Kö-
nig an seiner Statt im zwanzigsten Jahr

31 Jotams, des Sohnes Usias. – Was aber
mehr von Pekach zu sagen ist und alles,
was er getan hat, siehe, das steht geschrieben in der Chronik der Könige
von Israel.

a Kap 14,29 *b* 1.Kön 12,28-30; Am 7,9
c Kap 10,30 *d* Jos 12,24 *e* Kap 8,12 *f* Vers 29
g Kap 23,35 *h* Vers 10.15.30 *i* 1.Chr 5,26
j Kap 17,1 *k* Vers 25
*Vers 19: Sein eigentlicher Name ist Tiglat-Pileser; als König von Babel wird er auch Pul genannt.

Reich Juda: Jotam

32 [a]Im zweiten Jahr Pekachs, des Sohnes
Remaljas, des Königs von Israel, wurde
Jotam König, der Sohn Usias, des Kö-
33 nigs von Juda. Er war fünfundzwanzig
Jahre alt, als er König wurde; und er regierte sechzehn Jahre zu Jerusalem.
Seine Mutter hieß Jeruscha, eine
34 Tochter Zadoks. [b]Und er tat, was dem
HERRN wohlgefiel, ganz wie sein Vater
35 Usia getan hatte, nur, daß die Höhen
nicht entfernt wurden; denn das Volk
opferte und räucherte noch auf den Höhen. Er baute das obere Tor am Hause
36 des HERRN. – Was aber mehr von Jotam
zu sagen ist und alles, was er getan hat,
siehe, das steht geschrieben in der
37 Chronik der Könige von Juda. Zu der
Zeit begann der HERR, gegen Juda zu
senden [c]Rezin, den König von Aram,
38 und Pekach, den Sohn Remaljas. Und
Jotam legte sich zu seinen Vätern und
wurde begraben bei seinen Vätern in
der Stadt Davids, seines Vaters. Und
sein Sohn Ahas wurde König an seiner
Statt.

a (32-35) 2.Chr 27,1-7 *b (34 und 35)* Vers 3.4
c Kap 16,5

Reich Juda: Ahas stellt einen heidnischen Altar auf und baut den Tempel um

16 [a]Im siebzehnten Jahr Pekachs, des
Sohnes Remaljas, wurde Ahas König,
der Sohn Jotams, des Königs von Juda.
2 Zwanzig Jahre war Ahas alt, als er König wurde; und er regierte sechzehn
Jahre zu Jerusalem. Und er tat nicht,
was dem HERRN, seinem Gott, wohlge-
3 fiel, wie sein Vater David, denn er wandelte auf dem Wege der Könige von Israel. Dazu [b]ließ er seinen Sohn durchs
Feuer gehen nach den greulichen Sitten der Heiden, die der HERR vor den
4 Israeliten vertrieben hatte, und brachte
Opfer dar und räucherte auf den Höhen
und auf den Hügeln und unter allen
grünen Bäumen.
5 Damals zogen [c]Rezin, der König von
Aram, und Pekach, der Sohn Remaljas,
der König von Israel, hinauf, um gegen
Jerusalem zu kämpfen, und belagerten
Ahas in der Stadt; aber sie konnten sie
nicht erobern. Zu dieser Zeit brachte 6
Rezin, der König von Aram, [d]Elat wieder an Edom und vertrieb die Judäer
aus Elat. Danach kamen die Edomiter
und wohnten darin bis auf diesen Tag.
[e]Aber Ahas sandte Boten zu Tiglat-Pi- 7
leser, dem König von Assyrien, und
ließ ihm sagen: Ich bin dein Knecht
und dein Sohn. Komm herauf und hilf
mir aus der Hand des Königs von Aram
und des Königs von Israel, die sich gegen mich aufgemacht haben! Und Ahas 8
[f]nahm das Silber und Gold, das sich in
dem Hause des HERRN und in den
Schätzen des Königshauses fand, und
sandte dem König von Assyrien Geschenke. Und der König von Assyrien 9
hörte auf ihn und zog herauf gegen Damaskus und eroberte es und führte die
Einwohner weg nach Kir und tötete
Rezin.
Und der König Ahas zog Tiglat-Pi- 10
leser entgegen, dem König von Assyrien, nach Damaskus. Und als er den Altar sah, der in Damaskus war, sandte
der König Ahas zum Priester Uria
Maße und Abbild des Altars, ganz wie
dieser gemacht war. Und der Priester 11
Uria baute einen Altar und machte ihn
so, wie der König Ahas zu ihm gesandt
hatte von Damaskus, bis er selbst von
Damaskus kam. Und als der König aus 12
Damaskus zurückkam und den Altar
sah, trat er heran, stieg hinauf und ver- 13
brannte darauf sein Brandopfer und
Speisopfer und goß darauf sein Trankopfer und sprengte das Blut der Dankopfer, die er opferte, an den Altar. Aber 14
den kupfernen Altar, der vor dem
HERRN stand, tat er weg, damit er nicht
stehe zwischen dem Altar und dem
Hause des HERRN, sondern setzte ihn
an die Seite des neuen Altars gegen
Norden. Und der König Ahas gebot 15
dem Priester Uria: Auf dem großen Altar sollst du anzünden die Brandopfer
des Morgens und die Speisopfer des
Abends und die Brandopfer des Königs
und sein Speisopfer und die Brandopfer des ganzen Volks samt ihrem
Speisopfer und Trankopfer; und alles
Blut der Brandopfer und das Blut der
Schlachtopfer sollst du daran sprengen.
Aber wegen des kupfernen Altars will
ich bedenken, was ich mache. Der Prie- 16
ster Uria tat alles, was ihm der König

17 Ahas geboten hatte. Und der König
Ahas brach die Leisten der Gestelle ab
und nahm die Kessel von ihnen herun-
ter. Und das Meer nahm er von den
kupfernen Rindern herunter, die dar-
unter waren, und setzte es auf ein stei-
18 nernes Pflaster.[g] Auch die bedeckte
Sabbathalle, die am Tempel gebaut
war, und den äußeren Königseingang
am Hause des HERRN änderte er, dem
19 König von Assyrien zuliebe. Was aber
mehr von Ahas zu sagen ist, was er ge-
tan hat, siehe, das steht geschrieben in
20 der Chronik der Könige von Juda. Und
Ahas legte sich zu seinen Vätern und
wurde begraben bei seinen Vätern in
der Stadt Davids. Und sein Sohn [h] His-
kia wurde König an seiner Statt.

a (1-4) 2.Chr 28,1-6 *b* 3.Mose 18,21 *c* Jes 7,1-9
d Kap 14,22 *e (7-20)* 2.Chr 28,16-27
f 1.Kön 15,18 *g* 1.Kön 7,23-39 *h* Kap 18,1

Reich Israel: Hosea letzter König. Eroberung Samarias. Die assyrische Gefangenschaft

17 [a]Im zwölften Jahr des Ahas, des Kö-
nigs von Juda, wurde [b]Hosea, der Sohn
Elas, König über Israel und regierte zu
2 Samaria neun Jahre. Und er tat, was
dem HERRN mißfiel, doch nicht wie die
Könige von Israel, die vor ihm waren.
3 Gegen ihn zog herauf Salmanasser,
der König von Assyrien. Und Hosea
wurde ihm untertan und brachte ihm
4 Abgaben. Als aber der König von Assy-
rien innewurde, daß Hosea eine Ver-
schwörung gemacht und Boten gesandt
hatte zu So, dem König von Ägypten,
und [c]keine Abgaben dem König von
Assyrien brachte wie alle Jahre, nahm
er ihn fest und legte ihn ins Gefängnis.
5 Und der König von Assyrien zog durch
das ganze Land und gegen Samaria und
6 belagerte es drei Jahre lang.[d] Und im
neunten Jahr Hoseas eroberte der Kö-
nig von Assyrien Samaria und führte
Israel weg nach Assyrien und ließ sie
wohnen in Helach und am Habor, dem
Fluß von Gosan, und in den Städten
der Meder.

a (1-6) Kap 18,9-12 *b* Kap 15,30 *c* Hos 12,2
d Jes 28,2

Der Grund für die Verwerfung des Reiches Israel

7 Denn die Israeliten hatten gegen den
HERRN, ihren Gott, gesündigt, der sie
aus Ägyptenland geführt hatte, aus der
Hand des Pharao, des Königs von
Ägypten, und fürchteten andere Götter
und [a]wandelten nach den Satzungen 8
der Heiden, die der HERR vor Israel
vertrieben hatte, und taten wie die Kö-
nige von Israel. Und die Israeliten er- 9
sannen, was nicht recht war gegen den
HERRN, ihren Gott, so daß sie sich Hö-
hen bauten in allen Orten, von den
Wachttürmen bis zu den festen Städ-
ten, und richteten Steinmale auf und 10
Ascherabilder auf allen hohen Hügeln
und unter allen grünen Bäumen[b] und 11
opferten auf allen Höhen wie die Hei-
den, die der HERR vor ihnen weggetrie-
ben hatte, und trieben böse Dinge, wo-
mit sie den HERRN erzürnten, und dien- 12
ten den Götzen, von denen der HERR zu
ihnen gesagt hatte: [c]Das sollt ihr nicht
tun! Und doch hatte der HERR Israel 13
und Juda gewarnt durch alle Propheten
und alle Seher und ihnen sagen lassen:
Kehrt um von euren bösen Wegen und
haltet meine Gebote und Rechte nach
dem ganzen Gesetz, das ich euren Vä-
tern geboten habe und das ich zu euch
gesandt habe durch meine Knechte, die
Propheten. Aber sie gehorchten nicht, 14
sondern versteiften ihren Nacken wie
ihre Väter, die nicht an den HERRN,
ihren Gott, glaubten. Dazu verachteten 15
sie seine Gebote und seinen Bund, den
er mit ihren Vätern geschlossen hatte,
und seine Warnungen, die er ihnen gab,
und wandelten ihren nichtigen Götzen
nach und trieben Nichtiges. [d]Sie taten
wie die Heiden um sie her, von denen
der HERR ihnen geboten hatte, sie soll-
ten nicht wie diese tun. Aber sie verlie- 16
ßen alle Gebote des HERRN, ihres Got-
tes, und [e]machten sich zwei gegossene
Kälber und ein [f]Bild der Aschera und
beteten alles Heer des Himmels an und
dienten Baal und [g]ließen ihre Söhne 17
und Töchter durchs Feuer gehen und
gingen mit Wahrsagen und Zauberei
um und verkauften sich, zu tun, was
dem HERRN mißfiel, um ihn zu erzür-
nen. Da wurde der HERR sehr zornig 18
über Israel und tat es von seinem Ange-
sicht weg, so daß nichts übrigblieb als
der Stamm Juda allein. – Auch Juda 19
hielt nicht die Gebote des HERRN, sei-
nes Gottes, sondern wandelte nach den
Satzungen, nach denen Israel gelebt
hatte. – Darum verwarf der HERR das 20
ganze Geschlecht Israel und bedrängte
sie und gab sie in die Hände der Räu-
ber, bis er sie von seinem Angesicht
wegstieß. Denn der Herr [h]riß Israel 21
vom Hause David los, und sie machten
zum König Jerobeam, den Sohn Ne-

bats. Der wandte Israel ab vom HERRN
und machte, daß sie schwer sündigten.
22 So wandelte Israel in allen Sünden Je-
robeams, die er getan hatte, und sie lie-
23 ßen nicht davon ab, bis der HERR Israel
von seinem Angesicht wegtat, [i]wie er
geredet hatte durch alle seine Knechte,
die Propheten. So wurde Israel aus sei-
nem Lande weggeführt nach Assyrien
bis auf diesen Tag.

a Kap 16,3 *b* Kap 16,4; 1.Kön 14,23
c 2.Mose 20,23; 23,13 *d* 2.Mose 23,24
e 1.Kön 12,28 *f* 1.Kön 16,33 *g* 3.Mose 18,21
h 1.Kön 12,20 *i* 5.Mose 28,63.64

Die Entstehung des Volkes der Samaritaner

24 Der König von Assyrien aber ließ Leu-
te von Babel kommen, von Kuta, von
Awwa, von Hamat und Sefarwajim,
und ließ sie wohnen in den Städten von
Samarien an Israels Statt. Und sie nah-
men Samarien ein und wohnten in sei-
25 nen Städten. Als sie aber anfingen, dort
zu wohnen, und den HERRN nicht
fürchteten, sandte der HERR unter sie
26 [a]Löwen, die töteten sie. Und man ließ
dem König von Assyrien sagen: Die
Völker, die du hergebracht und mit de-
nen du die Städte Samariens besetzt
hast, wissen nichts von der Verehrung
des Gottes dieses Landes. Darum hat er
Löwen unter sie gesandt, und siehe,
diese töten sie, weil sie nichts wissen
von der Verehrung des Gottes dieses
27 Landes. Der König von Assyrien ge-
bot: Bringt dorthin einen der Priester,
die von dort weggeführt sind; er ziehe
hin und wohne dort und lehre sie die
28 Verehrung des Gottes des Landes. Da
kam einer der Priester, die von Samari-
en weggeführt waren, und wohnte in
Betel und lehrte sie, wie sie den HERRN
29 fürchten sollten. Aber jedes Volk
machte sich seinen Gott und tat ihn in
die Heiligtümer auf den Höhen, die die
Samaritaner gemacht hatten, jedes
Volk in seinen Städten, in denen es
30 wohnte. Die von Babel machten sich
Sukkot-Benot, die von Kuta machten
sich Nergal, die von Hamat machten
31 sich Aschima, die von Awwa machten
sich Nibhas und Tartak; die von Sefar-
wajim [b]verbrannten ihre Söhne dem
Adrammelech und Anammelech, den
32 Göttern derer von Sefarwajim. Und
weil sie auch den HERRN fürchteten,
[c]bestellten sie sich Priester auf den Hö-
hen aus allem Volk unter ihnen; die
opferten für sie in den Heiligtümern
33 auf den Höhen. So fürchteten sie den
HERRN, dienten aber auch den Göttern
nach dem Brauch der Völker, von de-
nen man sie hergebracht hatte. Und bis 34
auf diesen Tag tun sie nach den frühe-
ren Bräuchen: sie fürchteten weder den
HERRN, noch halten sie Satzungen und
Rechte nach dem Gesetz und Gebot,
das der HERR geboten hat den Söhnen
[d]Jakobs, dem er den Namen Israel gab;
hatte doch der HERR einen Bund mit 35
ihnen geschlossen und ihnen geboten:
[e]Fürchtet keine andern Götter und be-
tet sie nicht an und dienet ihnen nicht
und opfert ihnen nicht, sondern den 36
HERRN, der euch aus Ägyptenland ge-
führt hat mit großer Kraft und ausge-
strecktem Arm, den fürchtet, den betet
an und dem opfert. Und die Satzungen, 37
Rechte, Gesetze und Gebote, die er
euch hat aufschreiben lassen, die haltet,
daß ihr danach tut allezeit, und fürchtet
nicht andere Götter. Und vergeßt nicht 38
den Bund, den er mit euch geschlossen
hat, und fürchtet nicht andere Götter,
sondern fürchtet den HERRN, euren 39
Gott; der wird euch erretten von allen
euren Feinden.[f] Aber sie gehorchten 40
nicht, sondern taten nach ihren frühe-
ren Bräuchen. So fürchteten diese Völ- 41
ker den HERRN und dienten zugleich
ihren Götzen. Auch ihre Kinder und
Kindeskinder tun, wie ihre Väter getan
haben, bis auf diesen Tag.

a Hos 13,8 *b* Vers 17 *c* 1.Kön 12,31
d 1.Mose 32,29 *e* 2.Mose 23,24 *f* 5.Mose 6,12-19

Reich Juda: Hiskia

(vgl. 2.Chr 29-31)

Im dritten Jahr Hoseas, des Sohnes **18**
Elas, des Königs von Israel, wurde
[a]Hiskia König, der Sohn des Ahas, des
Königs von Juda. Er war fünfund- 2
zwanzig Jahre alt, als er König wurde;
und er regierte neunundzwanzig Jahre
zu Jerusalem. Seine Mutter hieß Abi,
eine Tochter Sacharjas. Und [b]er tat, 3
was dem HERRN wohlgefiel, ganz wie
sein Vater David. Er [c]entfernte die Hö- 4
hen und zerbrach die Steinmale und
hieb das Bild der Aschera um und [d]zer-
schlug die eherne Schlange, die Mose
gemacht hatte. Denn bis zu dieser Zeit
hatte ihr Israel geräuchert, und man
nannte sie Nehuschtan. Er vertraute 5
dem HERRN, dem Gott Israels, [e]so daß
unter allen Königen von Juda seines-
gleichen nach ihm nicht war noch vor
ihm gewesen ist. Er hing dem HERRN an 6
und wich nicht von ihm ab und hielt
seine Gebote, die der HERR dem Mose

7 geboten hatte. Und der HERR war mit
ihm, und alles, was er sich vornahm, ge-
lang ihm.
Und er wurde abtrünnig vom König
von Assyrien und war ihm nicht mehr
8 untertan. Er schlug auch die Philister
bis nach Gaza und seinem Gebiet, von
den Wachttürmen bis zu den festen
Städten.
9 [f]Im vierten Jahr Hiskias, des Königs
von Juda – das war das siebente Jahr
Hoseas, des Sohnes Elas, des Königs
von Israel –, zog Salmanasser, der Kö-
nig von Assyrien, herauf gegen Samaria
10 und belagerte es und nahm es ein nach
drei Jahren. Im sechsten Jahr Hiskias,
das ist im neunten Jahr Hoseas, des Kö-
nigs von Israel, wurde Samaria einge-
11 nommen. Und der König von Assyrien
führte Israel weg nach Assyrien und
ließ sie wohnen in Helach und am Ha-
bor, dem Fluß von Gosan, und in den
12 Städten der Meder, weil sie nicht ge-
horcht hatten der Stimme des HERRN,
ihres Gottes, und seinen Bund übertre-
ten hatten und alles, was Mose, der
Knecht des HERRN, geboten hatte; sie
hatten nicht gehorcht und nicht danach
getan.

a Kap 16,20 *b* Kap 20,3 *c* Kap 15,35
d 4.Mose 21,8.9 *e* Kap 23,25 *f (9-12)* Kap 17,3-6

Sanherib zieht gegen Jerusalem
(vgl. 2.Chr 32,1-19; Jes 36)

13 Im vierzehnten Jahr des Königs Hiskia
zog herauf Sanherib, der König von
Assyrien, gegen alle festen Städte Judas
14 und nahm sie ein. Da sandte Hiskia, der
König von Juda, zum König von As-
syrien nach Lachisch und ließ ihm sa-
gen: Ich hab Unrecht getan, zieh weg
von mir. Was du mir auferlegst, will ich
tragen. Da legte der König von As-
syrien Hiskia, dem König von Juda,
dreihundert Zentner Silber auf und
15 dreißig Zentner Gold. So gab Hiskia all
das Silber, das sich im Hause des
HERRN und in den Schätzen des Hauses
16 des Königs fand.[a] Zur selben Zeit zer-
brach Hiskia, der König von Juda, die
Türen am Tempel des HERRN und das
Goldblech, das er selbst hatte darüber-
ziehen lassen, und gab es dem König
von Assyrien.
17 Und der König von Assyrien sandte
den Tartan und den Rabsaris und den
Rabschake von Lachisch zum König
Hiskia mit großer Heeresmacht nach
Jerusalem, und sie zogen hinauf. Und
als sie hinkamen, hielten sie an der
[b]Wasserleitung des oberen Teiches,
der an der Straße bei dem Acker des
Walkers liegt. Und sie riefen nach dem 18
Könige. Da kamen zu ihnen heraus der
Hofmeister Eljakim, der Sohn Hilkias,
und der Schreiber Schebna und der
Kanzler Joach, der Sohn Asafs. Und 19
der Rabschake sprach zu ihnen: Sagt
doch dem König Hiskia: So spricht der
große König, der König von Assyrien:
Was ist das für ein Vertrauen, das du da
hast? Meinst du, bloße Worte seien 20
schon Rat und Macht zum Kämpfen?
Auf wen verläßt du dich denn, daß du
von mir abtrünnig geworden bist? Sie- 21
he, verläßt du dich auf diesen zerbro-
chenen [c]Rohrstab, auf Ägypten, der je-
dem, der sich darauf stützt, in die Hand
dringen und sie durchbohren wird? So
ist der Pharao, der König von Ägypten,
für alle, die sich auf ihn verlassen. Oder 22
wollt ihr zu mir sagen: Wir verlassen
uns auf den HERRN, unsern Gott! Ist er
es denn nicht, dessen Höhen und Altäre
Hiskia entfernt und zu Juda und zu Je-
rusalem gesagt hat: [d]Nur vor diesem
Altar, der in Jerusalem ist, sollt ihr an-
beten? Wohlan, nimm eine Wette an 23
mit meinem Herrn, dem König von As-
syrien: Ich will dir zweitausend Rosse
geben, ob du Reiter dazu stellen
kannst? Wie willst du denn zurücktrei- 24
ben auch nur einen der Geringsten von
meines Herrn Untertanen? Und du
verläßt dich auf Ägypten um der Wa-
gen und Gespanne willen. Meinst du 25
aber, ich sei ohne den HERRN heraufge-
zogen, daß ich diese Stätte verderbe?
Der HERR hat mir's geboten: Zieh hin-
auf in dies Land und verdirb es!
Da sprachen Eljakim, der Sohn Hil- 26
kias, und Schebna und Joach zum Rab-
schake: Rede mit deinen Knechten ara-
mäisch, denn wir verstehen's, und rede
nicht mit uns hebräisch vor den Ohren
des Volks, das auf der Mauer ist. Aber 27
der Rabschake sprach zu ihnen: Hat
mich denn mein Herr zu deinem Herrn
oder zu dir gesandt, daß ich solche
Worte rede, und nicht vielmehr zu den
Männern, die auf der Mauer sitzen, daß
sie mit euch ihren eigenen Mist fressen
und ihren Harn saufen? Da trat der 28
Rabschake hin und rief mit lauter Stim-
me auf hebräisch und sprach: Hört das
Wort des großen Königs, des Königs
von Assyrien! So spricht der König: 29
Laßt euch von Hiskia nicht betrügen,
denn er vermag euch nicht zu erretten
aus meiner Hand. Und laßt euch von 30

Hiskia nicht vertrösten auf den HERRN,
wenn er sagt: Der HERR wird uns erret-
ten, und diese Stadt wird nicht in die
Hände des Königs von Assyrien gege-
31 ben werden. Hört nicht auf Hiskia!
Denn so spricht der König von Assyri-
en: Schließt Freundschaft mit mir und
kommt zu mir heraus, so soll jeder-
mann [e]von seinem Weinstock und sei-
nem Feigenbaum essen und von seinem
32 Brunnen trinken, bis ich komme und
euch hole in ein Land, das eurem
Lande gleich ist, darin Korn, Wein,
Brot, Weinberge, Ölbäume und Honig
sind; dann werdet ihr am Leben blei-
ben und nicht sterben. Hört nicht auf
Hiskia, denn er verführt euch, wenn er
spricht: Der HERR wird uns erretten.
33 Haben etwa [f]die Götter der andern
Völker ihr Land errettet aus der Hand
34 des Königs von Assyrien? Wo sind die
Götter von Hamat und Arpad? Wo
sind die Götter von Sefarwajim, Hena
und Iwwa? Wo sind die Götter des
Landes Samarien? Haben sie Samaria
35 errettet aus meiner Hand? Wo ist ein
Gott unter den Göttern aller Länder,
[g]der sein Land aus meiner Hand erret-
tet hätte, daß allein der HERR Jerusalem
36 aus meiner Hand erretten sollte? Das
Volk aber schwieg still und antwortete
ihm nichts, denn der König hatte gebo-
37 ten: Antwortet ihm nichts. Da kamen
der Hofmeister Eljakim, der Sohn Hil-
kias, und der Schreiber Schebna und
der Kanzler Joach, der Sohn Asafs, zu
Hiskia mit zerrissenen Kleidern und
sagten ihm die Worte des Rabschake
an.

a Kap 16,8 *b* Jes 7,3 *c* Hes 29,6.7
d 5.Mose 12,14 *e* 1.Kön 5,5 *f* Jes 10,10.11
g Dan 3,15

Hiskias Gebet. Jesaja verheißt Rettung

(vgl. 2.Chr 32,20-23; Jes 37,1-35)

19 Als der König Hiskia das hörte, zerriß
er seine Kleider und legte einen Sack an
2 und ging in das Haus des HERRN. Und
er sandte den Hofmeister Eljakim und
den Schreiber Schebna samt den Älte-
sten der Priester, mit Säcken angetan,
zu dem Propheten Jesaja, dem Sohn
3 des Amoz. Und sie sprachen zu ihm: So
sagt Hiskia: Das ist ein Tag der Not,
der Strafe und der Schmach – wie wenn
Kinder eben geboren werden sollen,
aber die Kraft fehlt, sie zu gebären.
4 Vielleicht hört der HERR, dein Gott, alle
Worte des Rabschake, den sein Herr,
der König von Assyrien, gesandt hat,
um [a]hohnzusprechen dem lebendigen
Gott, und straft [b]die Worte, die der
HERR, dein Gott, gehört hat. So erhebe
dein Gebet für die Übriggebliebenen,
die noch vorhanden sind. Und als die 5
Großen des Königs Hiskia zu Jesaja ka-
men, sprach Jesaja zu ihnen: So sagt 6
eurem Herrn: So spricht der HERR:
Fürchte dich nicht vor den Worten, die
du gehört hast, mit denen mich die
Knechte des Königs von Assyrien gelä-
stert haben. Siehe, ich will einen Geist 7
über ihn bringen, daß er ein [c]Gerücht
hören und in sein Land zurückziehen
wird, und [d]will ihn durchs Schwert fäl-
len in seinem Lande.

Und als der Rabschake zurückkam, 8
fand er den König von Assyrien gegen
Libna kämpfen, denn er hatte gehört,
daß er von Lachisch abgezogen war.
Der König von Assyrien hatte nämlich 9
gehört über Tirhaka, den König von
Kusch: Siehe, er ist ausgezogen, mit dir
zu kämpfen. Da sandte er abermals Bo-
ten zu Hiskia und ließ ihm sagen: So 10
sprecht zu Hiskia, dem König von
Juda: Laß dich von deinem Gott nicht
betrügen, auf den du dich verläßt und
sprichst: [e]Jerusalem wird nicht in die
Hand des Königs von Assyrien gegeben
werden. Siehe, du hast gehört, was die 11
Könige von Assyrien allen Ländern ge-
tan haben, daß sie den Bann an ihnen
vollstreckten, und du allein solltest er-
rettet werden? Haben [f]die Götter der 12
Völker, die von meinen Vätern ver-
nichtet sind, sie errettet: Gosan, Ha-
ran, Rezef und die Leute von Eden, die
zu Telassar waren? Wo ist der König 13
von Hamat, der König von Arpad und
der König der Stadt Sefarwajim, von
Hena und Iwwa?

Als Hiskia den Brief von den Boten 14
empfangen und gelesen hatte, ging er
hinauf zum Hause des HERRN und brei-
tete ihn aus vor dem HERRN und betete 15
vor dem HERRN und sprach: HERR,
Gott Israels, [g]der du über den Cheru-
bim thronst, du bist allein Gott über
alle Königreiche auf Erden, du hast
Himmel und Erde gemacht. HERR, nei- 16
ge deine Ohren und höre, tu deine Au-
gen auf und sieh und höre die Worte
Sanheribs, der hergesandt hat, um dem
lebendigen Gott hohnzusprechen. Es 17
ist wahr, HERR, die Könige von Assyri-
en haben die Völker mit dem Schwert
umgebracht und ihre Länder verwüstet
und haben ihre Götter ins Feuer ge- 18

worfen, denn es waren nicht Götter,
sondern Werk von Menschenhänden,
Holz und Stein; darum haben sie sie
19 vertilgt. Nun aber, HERR, unser Gott,
errette uns aus seiner Hand, damit alle
Königreiche auf Erden erkennen, daß
du, HERR, allein Gott bist.
20 Da sandte Jesaja, der Sohn des
Amoz, zu Hiskia und ließ ihm sagen:
So spricht der HERR, der Gott Israels:
Was du zu mir gebetet hast um Sanhe-
ribs willen, des Königs von Assyrien,
21 das habe ich gehört. Das ist's, was der
HERR gegen ihn geredet hat: Die Jung-
frau, die Tochter Zion, verachtet dich
und spottet deiner. Die Tochter Jeru-
salem schüttelt ihr Haupt hinter dir
22 her. Wen hast du gehöhnt und gelä-
stert? Über wen hast du deine Stimme
erhoben? Du hast deine Augen erho-
23 ben wider den Heiligen Israels! Du
hast den HERRN durch deine Boten ver-
höhnt und gesagt: Ich bin mit der
Menge meiner Wagen auf die Höhen
der Berge gestiegen, in den innersten
Libanon. Ich habe seine hohen Zedern
und auserlesenen Zypressen abgehauen
und bin gekommen bis zur äußersten
Herberge darin im dichtesten Walde.
24 Ich habe gegraben und getrunken die
fremden Wasser und werde austrock-
nen mit meinen Fußsohlen alle Flüsse
25 Ägyptens. – Hast du nicht gehört, daß
ich es lange zuvor bereitet und von An-
fang an geplant habe? Nun aber habe
ich's kommen lassen, daß du feste Städ-
te zerstörtest zu wüsten Steinhaufen.
26 Und die darin wohnen, wurden ohne
Kraft und fürchteten sich und wurden
zuschanden. Sie wurden wie das Gras
auf dem Felde und wie das grüne
Kraut, wie Gras auf den Dächern, das
27 verdorrt, ehe es reif wird. Ich weiß von
deinem Aufstehen und Sitzen, deinem
Ausziehen und Einziehen, und daß du
28 tobst gegen mich. Weil du denn gegen
mich tobst und dein Übermut vor mei-
ne Ohren gekommen ist, so will ich dir
meinen Ring in deine Nase legen und
meinen Zaum in dein Maul und will
dich den Weg wieder zurückführen,
den du hergekommen bist.
29 Und das sei dir, Hiskia, ein Zeichen:
In diesem Jahr iß, was von selber nach-
wächst, im nächsten Jahr, was auch
dann noch wächst, im dritten Jahr sät
und erntet und pflanzt Weinberge und
30 eßt ihre Früchte. Und was vom Hause
Juda errettet und übriggeblieben ist,
wird von neuem nach unten Wurzeln
schlagen und oben Frucht tragen.
Denn von Jerusalem werden ausgehen, 31
die übriggeblieben sind, und die Erret-
teten vom Berge Zion. [h]Der Eifer des
HERRN Zebaot wird solches tun.
Darum spricht der HERR über den 32
König von Assyrien: Er soll nicht in
diese Stadt kommen und keinen Pfeil
hineinschießen und mit keinem Schild
davorkommen und soll keinen Wall ge-
gen sie aufschütten, sondern er soll den 33
Weg wieder zurückziehen, den er ge-
kommen ist, und soll in diese Stadt
nicht kommen; der HERR sagt's. Und 34
[i]ich will diese Stadt beschirmen, daß
ich sie errette um meinetwillen und um
meines Knechtes David willen.
[j]Und in dieser Nacht fuhr aus der 35
Engel des HERRN und schlug im Lager
von Assyrien hundertfünfundachtzig-
tausend Mann. Und als man sich früh
am Morgen aufmachte, siehe, da lag al-
les voller Leichen. So brach Sanherib, 36
der König von Assyrien, auf und zog
ab, kehrte um und blieb zu Ninive.
Und als er anbetete im Haus seines 37
Gottes Nisroch, [k]erschlugen ihn mit
dem Schwert seine Söhne Adramme-
lech und Sarezer, und sie entkamen ins
Land Ararat. Und sein Sohn Asar-
Haddon wurde König an seiner Statt.

a 1.Sam 17,10 *b* Kap 18,35 *c* Vers 9
d Vers 35-37 *e* Kap 18,30 *f* Kap 18,33.34
g 2.Mose 25,22; Ps 80,2 *h* Jes 9,6 *i* Kap 20,6
j (35-37) Jes 37,36-38 *k* Vers 7

Hiskias Krankheit und Genesung

(vgl. 2.Chr 32,24-26; Jes 38,1-8)

Zu dieser Zeit wurde Hiskia todkrank. **20**
Und der Prophet Jesaja, der Sohn des
Amoz, kam zu ihm und sprach zu ihm:
So spricht der HERR: Bestelle dein
Haus, denn du wirst sterben und nicht
am Leben bleiben. Er aber wandte sein 2
Antlitz zur Wand und betete zum
HERRN und sprach: Ach, HERR, geden- 3
ke doch, daß ich vor dir in Treue und
mit rechtschaffenem Herzen gewandelt
bin und getan habe, was dir wohlgefällt.
Und Hiskia weinte sehr. Als aber Jesaja 4
noch nicht zum mittleren Hof hinaus-
gegangen war, kam des HERRN Wort zu
ihm: Kehre um und sage Hiskia, dem 5
Fürsten meines Volks: So spricht der
HERR, der Gott deines Vaters David:
Ich habe dein Gebet gehört und deine
Tränen gesehen. Siehe, ich will dich
gesund machen – am dritten Tage wirst
du hinauf in das Haus des HERRN ge-
hen –, und ich will fünfzehn Jahre zu 6
deinem Leben hinzutun und dich und

diese Stadt erretten vor dem König von
Assyrien und [a]diese Stadt beschirmen
um meinetwillen und um meines
7 Knechtes David willen. Und Jesaja
sprach: Bringt her ein Pflaster von Fei-
gen! Und als sie das brachten, legten sie
es auf das Geschwür, und er wurde ge-
sund.
8 Hiskia aber sprach zu Jesaja: Was ist
das Zeichen, daß mich der HERR ge-
sund machen wird und ich in des
HERRN Haus hinaufgehen werde am
9 dritten Tage? Jesaja sprach: Dies Zei-
chen wirst du vom HERRN haben, daß
der HERR tun wird, was er zugesagt hat:
Soll der Schatten an der Sonnenuhr
zehn Striche vorwärts gehen oder zehn
10 Striche zurückgehen? Hiskia sprach:
Es ist leicht, daß der Schatten zehn
Striche vorwärts gehe. Das will ich
nicht, sondern daß er zehn Striche zu-
11 rückgehe. Da rief der Prophet Jesaja
den HERRN an, und der Herr ließ den
Schatten an der Sonnenuhr des Ahas
zehn Striche zurückgehen, die er vor-
wärts gegangen war.

a Kap 19,34

Gesandtschaft des Königs von Babel

(vgl. 2.Chr 32,31; Jes 39)

12 Zu dieser Zeit sandte Merodach-Bala-
dan, der Sohn Baladans, der König von
Babel, Brief und Geschenke an Hiskia;
denn er hatte gehört, daß Hiskia krank
13 gewesen war. Hiskia aber freute sich
über die Boten und zeigte ihnen das
ganze Schatzhaus, Silber, Gold, Speze-
rei und das beste Öl und das Zeughaus
und alles, was an Schätzen vorhanden
war. Es war nichts in seinem Hause und
in seiner ganzen Herrschaft, was ihnen
14 Hiskia nicht gezeigt hätte. Da kam der
Prophet Jesaja zum König Hiskia und
sprach zu ihm: Was haben diese Leute
gesagt? Und woher sind sie zu dir ge-
kommen? Hiskia sprach: Sie sind aus
fernen Landen zu mir gekommen, aus
15 Babel. Er sprach: Was haben sie gese-
hen in deinem Hause? Hiskia sprach: Sie
haben alles gesehen, was in meinem
Hause ist, und es gibt von meinen
Schätzen nichts, was ich ihnen nicht
16 gezeigt hätte. Da sprach Jesaja zu His-
17 kia: Höre des HERRN Wort: Siehe, es
kommt die Zeit, daß [a]alles nach Babel
weggeführt werden wird, was in dei-
nem Hause ist und was deine Väter ge-
sammelt haben bis auf diesen Tag, und
es wird nichts übriggelassen werden,
spricht der HERR. Dazu werden von 18
den Söhnen, die von dir kommen, die
du zeugen wirst, einige genommen
werden, daß sie [b]Kämmerer seien im
Palast des Königs von Babel. Hiskia 19
aber sprach zu Jesaja: [c]Das Wort ist
gut, das der HERR geredet hat durch
dich; denn er dachte: Es wird doch
Friede und Sicherheit sein zu meinen
Zeiten.
Was mehr von Hiskia zu sagen ist 20
und alle seine tapferen Taten und wie
er den Teich und die Wasserleitung ge-
baut hat, durch die er Wasser in die
Stadt geleitet hat, siehe, das steht ge-
schrieben in der Chronik der Könige
von Juda. Und Hiskia legte sich zu sei- 21
nen Vätern. Und sein Sohn Manasse
wurde König an seiner Statt.

a Kap 24,13.14 *b* Dan 1,3.4 *c* Kap 22,20

Reich Juda: Manasse. Amon

(vgl. 2.Chr 33)

Manasse war zwölf Jahre alt, als er Kö- 21
nig wurde; und er regierte fünfund-
fünfzig Jahre zu Jerusalem. Seine Mut-
ter hieß Hefzibah. Und er tat, was dem 2
HERRN mißfiel, nach den greulichen
Sitten der Heiden, die der HERR vor Is-
rael vertrieben hatte, und baute wieder 3
die Höhen auf, die sein Vater Hiskia
zerstört hatte, und richtete dem Baal
Altäre auf und machte ein Bild der
Aschera, [a]wie Ahab, der König von Is-
rael, getan hatte, und betete alles Heer
des Himmels an und diente ihnen. Und 4
er baute Altäre im Hause des HERRN,
von dem der HERR gesagt hatte: Ich will
meinen Namen zu Jerusalem wohnen
lassen, und er baute allem Heer des 5
Himmels [b]Altäre in beiden Vorhöfen
am Hause des HERRN. Und er ließ [c]sei- 6
nen Sohn durchs Feuer gehen und ach-
tete auf Vogelgeschrei und Zeichen und
hielt Geisterbeschwörer und Zeichen-
deuter; so tat er viel von dem, was dem
HERRN mißfiel, um ihn zu erzürnen. Er 7
stellte auch das Bild der Aschera, das er
gemacht hatte, in das Haus, von dem
der HERR zu David und zu seinem Sohn
Salomo gesagt hatte: In diesem Hause
und in Jerusalem, das ich erwählt habe
aus allen Stämmen Israels, [d]will ich
meinen Namen wohnen lassen ewig-
lich, und ich will den Fuß Israels nicht 8
mehr weichen lassen von dem Lande,
das ich ihren Vätern gegeben habe, so-
fern sie alles halten und tun, was ich ge-
boten habe, das ganze Gesetz, das mein
Knecht Mose ihnen geboten hat. Aber 9

sie gehorchten nicht, sondern Manasse
verführte sie, daß sie es ärger trieben als
die Heiden, die der HERR vor Israel ver-
tilgt hatte.
10 Da redete der HERR durch seine
Knechte, die Propheten, und sprach:
11 Weil Manasse, der König von Juda,
diese Greuel getan hat, die ärger sind
als alle Greuel, die die Amoriter getan
haben, die vor ihm gewesen sind, und
weil er auch Juda sündigen gemacht hat
12 mit seinen Götzen, darum spricht der
HERR, der Gott Israels: Siehe, [e]ich will
Unheil über Jerusalem und Juda brin-
gen, so daß dem, der es hören wird, bei-
13 de Ohren gellen sollen. Und ich will an
Jerusalem die Meßschnur anlegen wie
an Samaria und das Lot wie ans Haus
Ahab und will Jerusalem auswischen,
wie man Schüsseln auswischt, und
14 will's umstürzen. Und wer von meinem
Erbteil übrigbleiben wird, den will ich
verstoßen und will sie geben in die
Hände ihrer Feinde, daß sie Raub und
15 Beute aller ihrer Feinde werden, weil
sie getan haben, was mir mißfällt, und
mich erzürnt haben von dem Tage an,
da ihre Väter aus Ägypten gezogen
sind, bis auf diesen Tag.
16 Auch [f]vergoß Manasse sehr viel un-
schuldiges Blut, bis Jerusalem ganz voll
davon war – außer der Sünde, durch die
er Juda sündigen machte, daß sie taten,
17 was dem HERRN mißfiel. Was aber
mehr von Manasse zu sagen ist und al-
les, was er getan hat, und seine Sünde,
die er tat, siehe, das steht geschrieben in
18 der Chronik der Könige von Juda. Und
Manasse legte sich zu seinen Vätern
und wurde begraben im Garten an sei-
nem Hause, im Garten Usas. Und sein
Sohn Amon wurde König an seiner
Statt.
19 Zweiundzwanzig Jahre alt war
Amon, als er König wurde; und er re-
gierte zwei Jahre zu Jerusalem. Seine
Mutter hieß Meschullemet, eine Toch-
20 ter des Haruz aus Jotba. Und er tat, was
dem HERRN mißfiel, wie sein Vater Ma-
21 nasse getan hatte, und wandelte ganz in
dem Wege, den sein Vater gewandelt
war, und diente den Götzen, denen sein
Vater gedient hatte, und betete sie an
22 und verließ den HERRN, den Gott seiner
Väter, und wandelte nicht im Wege des
23 HERRN. Und seine Großen machten
eine Verschwörung gegen Amon und
töteten den König in seinem Hause.
24 Aber das Volk des Landes erschlug alle,
die die Verschwörung gegen den König
Amon gemacht hatten. Und das Volk
des Landes machte seinen Sohn Josia
zum König an seiner Statt. Was aber 25
Amon mehr getan hat, siehe, das steht
geschrieben in der Chronik der Könige
von Juda. Und man begrub ihn in sei- 26
nem Grabe im Garten Usas. Und sein
Sohn Josia wurde König an seiner
Statt.

a 1.Kön 16,33 *b* Kap 23,12 *c* Kap 16,3; 3.Mose 18,21 *d* 1.Kön 8,29; 9,3 *e* Jer 19,3 *f* Kap 24,4; Ps 106,38

Reich Juda: Josia und die Auffindung des Gesetzbuches

(vgl. 2.Chr 34,1-28)

Josia war acht Jahre alt, als er König **22**
wurde; und er regierte einunddreißig
Jahre zu Jerusalem. Seine Mutter hieß
Jedida, eine Tochter Adajas aus Boz-
kat. Und er tat, [a]was dem HERRN wohl- 2
gefiel, und wandelte ganz in dem Wege
seines Vaters David und wich nicht da-
von ab, weder zur Rechten noch zur
Linken.
Und im achtzehnten Jahr des Königs 3
Josia sandte der König den Schreiber
Schafan, den Sohn Azaljas, des Sohnes
Meschullams, in das Haus des HERRN
und sprach: Geh hinauf zu dem Ho- 4
henpriester Hilkia, daß er abgebe alles
Geld, was zum Hause des HERRN ge-
bracht ist, [b]das die Hüter an der
Schwelle gesammelt haben vom Volk,
damit man es gebe den Werkmeistern, 5
die bestellt sind im Hause des HERRN,
und sie es geben den Arbeitern am
Hause des HERRN, damit sie ausbes-
sern, was baufällig ist am Hause, näm- 6
lich den Zimmerleuten und Bauleuten
und Maurern und denen, die Holz und
gehauene Steine kaufen sollen, um das
Haus auszubessern; doch daß sie keine 7
Rechnung zu legen brauchten von dem
Geld, das ihnen gegeben wird, sondern
daß sie auf Treu und Glauben han-
deln.[c]
Und der Hohepriester Hilkia sprach 8
zu dem Schreiber Schafan: Ich habe
dies Gesetzbuch gefunden im Hause
des HERRN. Und Hilkia gab das Buch
Schafan, und der las es. Und der 9
Schreiber Schafan kam zum König und
gab ihm Bericht und sprach: Deine
Knechte haben das Geld ausgeschüttet,
das im Hause des Herrn gesammelt ist,
und haben's den Werkmeistern gege-
ben, die bestellt sind am Hause des
HERRN. Dazu sagte der Schreiber 10
Schafan dem König: Der Priester Hil-

kia gab mir ein Buch. Und Schafan las
11 es vor dem König. Als aber der König
die Worte des Gesetzbuches hörte, zer-
12 riß er seine Kleider. Und der König ge-
bot dem Priester Hilkia und [d]Ahikam,
dem Sohn Schafans, und Achbor, dem
Sohn Michajas, und Schafan, dem
Schreiber, und Asaja, dem Kämmerer
13 des Königs, und sprach: Geht hin und
befragt den HERRN für mich, für das
Volk und für ganz Juda über die Worte
dieses Buches, das gefunden ist; denn
groß ist der Grimm des HERRN, der
über uns entbrannt ist, weil unsere Vä-
ter nicht den Worten dieses Buches ge-
horcht haben und nicht alles taten, was
darin geschrieben ist.
14 Da gingen hin der Priester Hilkia,
Ahikam, Achbor, Schafan und Asaja zu
der Prophetin Hulda, der Frau Schal-
lums, des Sohnes Tikwas, des Sohnes
des Harhas, des Hüters der Kleider,
und sie wohnte in Jerusalem im zweiten
Bezirk der Stadt; und sie redeten mit
15 ihr. Sie aber sprach zu ihnen: So
spricht der HERR, der Gott Israels: Sagt
dem Mann, der euch zu mir gesandt
16 hat: So spricht der HERR: Siehe, ich
will Unheil über diese Stätte und ihre
Einwohner bringen, alle Worte des Bu-
ches, das der König von Juda hat lesen
17 lassen, weil sie mich verlassen und an-
dern Göttern geopfert haben, [e]mich zu
erzürnen mit allen Werken ihrer Hän-
de; darum wird mein Grimm gegen
diese Stätte entbrennen und nicht aus-
18 gelöscht werden. Aber dem König von
Juda, der euch gesandt hat, den HERRN
zu befragen, sollt ihr sagen: So spricht
der HERR, der Gott Israels: Was die
19 Worte angeht, die du gehört hast: Weil
du im Herzen betroffen bist und dich
gedemütigt hast vor dem HERRN, als du
hörtest, was ich geredet habe gegen
diese Stätte und ihre Einwohner, daß
sie sollen zum Entsetzen und zum
Fluch werden, und weil du deine Klei-
der zerrissen hast und vor mir geweint
hast, so habe ich's auch erhört, spricht
20 der HERR. Darum will ich dich zu dei-
nen Vätern versammeln, [f]damit du mit
Frieden in dein Grab kommst und dei-
ne Augen nicht sehen all das Unheil,
das ich über diese Stätte bringen will.
Und sie sagten es dem König wieder.

a Kap 18,3 *b* Kap 12,11 *c* Kap 12,16
d Jer 26,24 *e* 5.Mose 31,29; 32,21-23
f Kap 20,19; Jes 57,1.2

Josia erneuert den Bund mit Gott und schafft den Götzendienst ab

(vgl. 2.Chr 34,29-35,25)

Und der König sandte hin, und es ver- 23
sammelten sich bei ihm alle Ältesten
Judas und Jerusalems. Und der König 2
ging hinauf ins Haus des HERRN und
alle Männer Judas und alle Einwohner
von Jerusalem mit ihm, Priester und
Propheten und alles Volk, klein und
groß. Und man las vor ihren Ohren alle
Worte aus dem Buch des Bundes, das
im Hause des HERRN gefunden war.
Und der König trat an die Säule und 3
[a]schloß einen Bund vor dem HERRN,
daß sie dem HERRN nachwandeln soll-
ten und seine Gebote, Ordnungen und
Rechte halten von ganzem Herzen und
von ganzer Seele, um zu erfüllen die
Worte dieses Bundes, die geschrieben
stehen in diesem Buch. Und alles Volk
trat in den Bund.
Und der König gebot dem Hohen- 4
priester Hilkia und dem zweitobersten
Priester und den Hütern der Schwelle,
daß sie aus dem Tempel des HERRN
hinaustun sollten alle Geräte, die [b]dem
Baal und der Aschera und allem Heer
des Himmels gemacht waren. Und er
ließ sie verbrennen draußen vor Jerusa-
lem im Tal Kidron und ihre Asche nach
Betel bringen. Und er setzte die Göt- 5
zenpriester ab, die die Könige von Juda
eingesetzt hatten, um auf den Höhen zu
opfern in den Städten Judas und um Je-
rusalem her; auch die dem Baal ge-
opfert hatten, der Sonne und dem
Mond und den Planeten und allem
Heer am Himmel. Und er ließ [c]das Bild 6
der Aschera aus dem Hause des HERRN
bringen hinaus vor Jerusalem an den
Bach Kidron und verbrennen am Bach
Kidron und zu Staub mahlen und den
Staub auf die Gräber des einfachen
Volks werfen. Und er brach ab die 7
Häuser der [d]Tempelhurer, die an dem
Hause des HERRN waren, in denen die
Frauen Gewänder für die Aschera
wirkten. Und er ließ kommen alle Prie- 8
ster aus den Städten Judas und machte
unrein die Höhen, wo die Priester
opferten, von Geba an bis nach Beerse-
ba und brach ab die Höhe der Feldgei-
ster, die vor dem Tore Josuas, des
Stadtvogts, war zur Linken, wenn man
zum Tor der Stadt hineingeht. Doch 9
durften die Priester der Höhen nicht
opfern auf dem Altar des HERRN in Je-
rusalem, sondern aßen ungesäuertes

10 Brot unter ihren Brüdern. Er machte
auch unrein das Tofet im Tal Ben-Hin-
nom, damit [e] niemand seinen Sohn oder
seine Tochter dem Moloch durchs
11 Feuer gehen ließe. Und er schaffte die
Rosse ab, die die Könige von Juda für
den Dienst der Sonne bestimmt hatten
am Eingang des Hauses des HERRN, bei
der Kammer Netan-Melechs, des
Kämmerers, die am Parwarhause war,
und die Wagen der Sonne verbrannte
12 er mit Feuer. Und die Altäre [f] auf dem
Dach, dem Obergemach des Ahas, die
die Könige von Juda gemacht hatten,
und [g] die Altäre, die Manasse gemacht
hatte in den beiden Vorhöfen des Hau-
ses des HERRN, brach der König ab und
ging hin und warf ihren Staub in den
13 Bach Kidron. Auch die Höhen, die öst-
lich von Jerusalem waren, zur Rechten
am Berge des Verderbens, die [h] Salomo,
der König von Israel, gebaut hatte der
Astarte, dem greulichen Götzen von
Sidon, und Kemosch, dem greulichen
Götzen von Moab, und Milkom, dem
greulichen Götzen der Ammoniter,
14 machte der König unrein und zerbrach
die Steinmale und hieb die Ascherabil-
der um und füllte ihre Stätte mit Men-
15 schenknochen. Auch den Altar in Betel,
die Höhe, die [i] Jerobeam gemacht hatte,
der Sohn Nebats, der Israel sündigen
machte, diesen Altar brach er ab, zer-
schlug seine Steine und machte sie zu
Staub und verbrannte das Bild der
16 Aschera. Und Josia wandte sich um
und sah die Gräber, die auf dem Berge
waren, und sandte hin und ließ die
Knochen aus den Gräbern holen und
verbrannte sie auf dem Altar und
[j] machte ihn unrein nach dem Wort des
HERRN, das der Mann Gottes ausgeru-
17 fen hatte, als er es verkündete. Und er
sprach: Was ist das für ein [k] Grabmal,
das ich sehe? Und die Leute in der
Stadt sprachen zu ihm: Es ist das Grab
des Mannes Gottes, der von Juda kam
und ausrief, was du getan hast an dem
18 Altar in Betel. Und er sprach: Laßt ihn
liegen, niemand rühre seine Gebeine
an! Und so blieben mit seinen Gebei-
nen auch die Gebeine des Propheten
unberührt, der von Samaria gekommen
war.

19 Und er entfernte auch alle Heiligtü-
mer auf den Höhen in den Städten Sa-
mariens, die die Könige von Israel ge-
macht hatten, um den HERRN zu erzür-
nen, und tat mit ihnen, ganz wie er in
20 Betel getan hatte. Und er ließ alle Prie-
ster der Höhen, die dort waren,
schlachten auf den Altären und ver-
brannte Menschengebeine darauf und
kam nach Jerusalem zurück.

Und der König gebot dem Volk: 21
Haltet dem HERRN, eurem Gott, [l] Passa,
wie es geschrieben steht in diesem Buch
des Bundes! Denn [m] es war kein Passa 22
so gehalten worden wie dies von der
Zeit der Richter an, die Israel gerichtet
haben, und in allen Zeiten der Könige
von Israel und der Könige von Juda,
sondern im achtzehnten Jahr des Kö- 23
nigs Josia wurde in Jerusalem dies Pas-
sa gehalten dem HERRN. Auch rottete 24
Josia aus alle [n] Geisterbeschwörer, Zei-
chendeuter, Abgötter und [o] Götzen
und alle Greuel, die im Lande Juda und
in Jerusalem zu sehen waren, damit er
erfüllte die Worte des Gesetzes, die ge-
schrieben standen in dem Buch, das der
Priester Hilkia im Hause des HERRN ge-
funden hatte.

[p] Seinesgleichen war vor ihm kein 25
König gewesen, [q] der so von ganzem
Herzen, von ganzer Seele, von allen
Kräften sich zum HERRN bekehrte,
ganz nach dem Gesetz des Mose, und
nach ihm kam seinesgleichen nicht auf.
Doch kehrte sich der HERR nicht ab von 26
dem Grimm seines großen Zorns, mit
dem er über Juda erzürnt war um all
der Ärgernisse willen, durch die ihn
[r] Manasse erzürnt hatte. Und der HERR 27
sprach: Ich will auch Juda von meinem
Angesicht tun, [s] wie ich Israel weggetan
habe, und will diese Stadt verwerfen,
die ich erwählt hatte, Jerusalem, und
[t] das Haus, von dem ich gesagt hatte:
Mein Name soll dort sein. Was aber 28
mehr von Josia zu sagen ist und alles,
was er getan hat, siehe, das steht ge-
schrieben in der Chronik der Könige
von Juda.

Zu seiner Zeit zog der Pharao Necho, 29
der König von Ägypten, herauf gegen
den König von Assyrien an den Strom
Eufrat. Und der König Josia zog ihm
entgegen, aber Necho tötete ihn in Me-
giddo, als er ihn sah. Und seine Männer 30
brachten den Toten von Megiddo und
führten ihn nach Jerusalem und begru-
ben ihn in seinem Grabe. Und das Volk
des Landes nahm Joahas, den Sohn Jo-
sias, und sie salbten ihn und machten
ihn zum König an seines Vaters Statt.

a 2.Mose 24,3-8; Jos 24,25 *b* Kap 21,3 *c* Kap 21,7
d 1.Kön 14,24 *e* Kap 17,17; 3.Mose 18,21
f 2.Chr 28,24 *g* Kap 21,4.5 *h* 1.Kön 11,7
i 1.Kön 12,32 *j* 1.Kön 13,2 *k* 1.Kön 13,30-32
l 5.Mose 16,1-8; Jos 5,10.11 *m* Ri 2,10.16.17

n 3.Mose 20,27 *o* 5.Mose 29,16.17 *p* Kap 18,5
q 5.Mose 6,5 *r* Kap 21,11-16 *s* Kap 17,18
t 1.Kön 8,29

Reich Juda: Joahas. Jojakim
(vgl. 2.Chr 36,1-8)

31 Dreiundzwanzig Jahre war Joahas alt,
als er König wurde; und er regierte drei
Monate zu Jerusalem. Seine Mutter
hieß Hamutal, eine Tochter Jeremias
32 aus Libna. Und er tat, was dem HERRN
mißfiel, wie seine Väter getan hatten.
33 Aber der Pharao Necho [a] legte ihn ins
Gefängnis in Ribla im Lande Hamat,
damit er nicht mehr in Jerusalem regie-
ren sollte, und legte eine Geldbuße aufs
Land von hundert Zentnern Silber und
34 einem Zentner Gold. Und der Pharao
Necho machte Eljakim, den Sohn Jo-
sias, zum König anstatt seines Vaters
Josia und wandelte seinen Namen um
in [b] Jojakim. Aber Joahas nahm er und
brachte ihn nach Ägypten; dort starb
35 er. Und Jojakim gab das Silber und
Gold dem Pharao. Doch [c] legte er eine
Steuer auf das Land, um das Geld auf-
zubringen, auf Befehl des Pharao. Von
jedem unter dem Volk des Landes trieb
er Silber und Gold ein, je nach seinem
Vermögen, um es dem Pharao Necho
36 zu geben. Fünfundzwanzig Jahre alt
war Jojakim, als er König wurde; und
er regierte elf Jahre zu Jerusalem. Seine
Mutter hieß Sebuda, eine Tochter Pe-
37 dajas aus Ruma. Und er tat, was dem
HERRN mißfiel, wie seine Väter getan
hatten.
24 [d] Zu seiner Zeit zog herauf Nebukad-
nezar, der König von Babel, und Joja-
kim war ihm untertan drei Jahre. Aber
2 er wurde wieder abtrünnig von ihm. Da
ließ der HERR über ihn Scharen von
Kriegsleuten kommen aus Chaldäa, aus
Aram, aus Moab und aus Ammon und
sandte sie gegen Juda, daß sie ihn ver-
nichteten nach dem Wort des HERRN,
das er geredet hatte durch seine Knech-
3 te, die Propheten.[e] Aber [f] das geschah
Juda nach dem Wort des HERRN, daß er
es von seinem Angesicht täte um der
Sünden Manasses willen, die er getan
4 hatte, auch um des unschuldigen Blutes
willen, das er vergoß, so daß er Jerusa-
lem mit unschuldigem Blut erfüllte.
Das wollte der HERR nicht vergeben.
5 Was aber mehr zu sagen ist von Jojakim
und alles, was er getan hat, siehe, das
steht geschrieben in der Chronik der
6 Könige von Juda. Und Jojakim legte
sich zu seinen Vätern, und sein Sohn
Jojachin wurde König an seiner Statt.
Und der König von Ägypten zog 7
nicht mehr aus seinem Lande; denn der
König von Babel hatte ihm alles ge-
nommen, was dem König von Ägypten
gehörte, vom Bach Ägyptens bis an den
Strom Eufrat.

a Hes 19,4 *b* 1.Chr 3,15 *c* Kap 15,20 *d (1-4)*
Jer 22,13-19 *e* Jer 20,4-6 *f* Kap 21,10-16;
23,26.27

Reich Juda: Jojachin und die erste Wegführung nach Babel
(vgl. 2.Chr 36,9.10)

[a] Achtzehn Jahre alt war Jojachin, als er 8
König wurde; und er regierte drei Mo-
nate zu Jerusalem. Seine Mutter hieß
Nehuschta, eine Tochter Elnatans aus
Jerusalem. Und er tat, was dem HERRN 9
mißfiel, wie sein Vater getan hatte.[b]
Zu der Zeit zogen herauf die Kriegs- 10
leute Nebukadnezars, des Königs von
Babel, gegen Jerusalem und belagerten
die Stadt. Und Nebukadnezar kam zur 11
Stadt, als seine Kriegsleute sie belager-
ten. Aber Jojachin, der König von 12
Juda, ging hinaus zum König von Babel
mit seiner Mutter, mit seinen Großen,
mit seinen Obersten und Kämmerern.
Und der König von Babel nahm ihn ge-
fangen im achten Jahr seiner Herr-
schaft. Und er [c] nahm von dort weg alle 13
Schätze im Hause des HERRN und im
Hause des Königs und zerschlug alle
goldenen Gefäße, die Salomo, der Kö-
nig von Israel, gemacht hatte im Tem-
pel des HERRN, wie denn der HERR ge-
redet hatte. Und er führte weg das 14
ganze Jerusalem, alle Obersten, alle
Kriegsleute, zehntausend Gefangene
und alle Zimmerleute und alle Schmie-
de und ließ nichts übrig als geringes
Volk des Landes.[d] Und er führte weg 15
nach Babel [e] Jojachin und die Mutter
des Königs, die Frauen des Königs und
seine Kämmerer; dazu die Mächtigen
im Lande führte er auch gefangen von
Jerusalem nach Babel. Und von den be- 16
sten Leuten siebentausend und von den
Zimmerleuten und Schmieden tau-
send, lauter starke Kriegsmänner, die
brachte der König von Babel gefangen
nach Babel. Und der König von Babel 17
machte Mattanja, Jojachins Oheim,
zum König an seiner Statt und wandel-
te seinen Namen um in Zedekia.

a (8-16) Jer 22,24-30 *b* Kap 23,37 *c* Kap 20,17
d Jer 24,1 *e* Jer 22,26

Reich Juda: Zedekia letzter König. Zerstörung Jerusalems. Wegführung nach Babel

(vgl. 2.Chr 36,11-21; Jer 52,1-30)

18 Einundzwanzig Jahre alt war Zedekia,
als er König wurde; und er regierte elf
Jahre zu Jerusalem. Seine Mutter hieß
Hamutal, eine Tochter Jeremias aus
19 Libna. Und er tat, was dem HERRN
mißfiel, wie Jojakim getan hatte.[a]
20 Denn so geschah es mit Jerusalem und
Juda um des Zornes des HERRN willen,
[b]bis er sie von seinem Angesicht weg-
stieß.
25 Und Zedekia wurde abtrünnig vom
1 König von Babel. [c]Im neunten Jahr
seiner Herrschaft, am zehnten Tag des
zehnten Monats, zog heran Nebukad-
nezar, der König von Babel, mit seiner
ganzen Macht gegen Jerusalem, und sie
belagerten die Stadt und bauten Boll-
2 werke um sie her. So wurde die Stadt
belagert bis ins elfte Jahr des Königs
3 Zedekia. Aber am neunten Tage des
vierten Monats wurde der Hunger
stark in der Stadt, so daß das Volk des
4 Landes nichts mehr zu essen hatte. Da
brach man in die Stadt ein. Und der
König und alle Kriegsmänner flohen
bei Nacht durch das Tor zwischen den
zwei Mauern auf dem Wege, der zu
dem Garten des Königs geht. Aber die
Chaldäer lagen um die Stadt. Und der
5 König floh zum Jordantal hin. Aber die
Kriegsleute der Chaldäer jagten dem
König nach, und sie holten ihn ein im
Jordantal von Jericho, und alle Kriegs-
leute, die bei ihm waren, zerstreuten
6 sich von ihm. Die Chaldäer aber nah-
men den König gefangen und führten
ihn hinauf zum König von Babel nach
Ribla, und sie sprachen das Urteil über
7 ihn. Und sie erschlugen die Söhne Ze-
dekias vor seinen Augen und blendeten
Zedekia die Augen und legten ihn in
Ketten und führten ihn nach Babel.[d]
8 Am siebenten Tage des fünften Mo-
nats, das ist das neunzehnte Jahr Nebu-
kadnezars, des Königs von Babel, kam
Nebusaradan, der Oberste der Leibwa-
che, als Feldhauptmann des Königs
9 von Babel nach Jerusalem und ver-
brannte das Haus des HERRN und das
Haus des Königs und alle Häuser in Je-
rusalem; alle großen Häuser verbrann-
10 te er mit Feuer. Und die ganze Heeres-
macht der Chaldäer, die dem Obersten
der Leibwache unterstand, riß die
11 Mauern Jerusalems nieder. Das Volk
aber, das übrig war in der Stadt, und
die zum König von Babel abgefallen
waren und was übrig war von den
Werkleuten, führte Nebusaradan, der
Oberste der Leibwache, weg; aber von 12
den Geringen im Lande ließ er Wein-
gärtner und Ackerleute zurück. Die 13
kupfernen Säulen am Hause des HERRN
und die Gestelle und das kupferne
Meer, das am Hause des HERRN war,
zerbrachen die Chaldäer und brachten
das Kupfer nach Babel.[e] Und die Töp- 14
fe, Schaufeln, Messer, Löffel und alle
kupfernen Gefäße, die man beim
Opferdienst brauchte, nahmen sie weg.
Dazu nahm der Oberste der Leibwache 15
die Pfannen und Becken, alles, was gol-
den und silbern war, die [f]beiden Säu- 16
len, das [g]Meer und die [h]Gestelle, die
Salomo gemacht hatte für das Haus des
HERRN. Das Kupfer aller dieser Gefäße
aber war nicht zu wägen. Achtzehn El- 17
len hoch war eine Säule, und ihr Knauf
darauf war auch aus Kupfer und drei
Ellen hoch, und das Gitterwerk und die
Granatäpfel an dem Knauf umher, alles
war aus Kupfer. Genauso war auch die
andere Säule mit ihrem Gitterwerk.

Und der Oberste der Leibwache 18
nahm den obersten Priester Seraja und
Zefanja, den zweitobersten Priester,
und die drei Hüter an der Schwelle und 19
aus der Stadt einen Kämmerer, der
über die Kriegsmänner gesetzt war,
und fünf Männer, die stets vor dem
König waren, die sich in der Stadt fan-
den, und den Schreiber des Feldhaupt-
manns, der das Volk des Landes zum
Heere aufbot, und sechzig Mann vom
Volk des Landes, die in der Stadt sich
fanden, – diese alle nahm Nebusaradan, 20
der Oberste der Leibwache, und brach-
te sie zum König von Babel nach Ribla.
Und der König von Babel schlug sie tot 21
in [i]Ribla im Lande Hamat. So wurde
Juda weggeführt aus seinem Lande.

a Kap 23,37 *b* Kap 23,27 *c* *(1 und 2)* Jer 34,1
d 2.Sam 12,10 *e* Jer 27,19-22 *f* 1.Kön 7,15
g 1.Kön 7,23 *h* 1.Kön 7,27 *i* Kap 23,33

Gedalja als Statthalter

(vgl. Jer 40,5-41,3)

Aber über das Volk, das übrig war im 22
Lande Juda, das Nebukadnezar, der
König von Babel, übriggelassen hatte,
setzte er Gedalja, den Sohn Ahikams,
des Sohnes Schafans. Als nun alle 23
Hauptleute des Kriegsvolkes und ihre
Männer hörten, daß der König von Ba-
bel Gedalja eingesetzt hatte, kamen sie

zu Gedalja nach Mizpa, nämlich Is-
mael, der Sohn Netanjas, und Johanan,
der Sohn Kareachs und Seraja, der
Sohn Tanhumets, der Netofatiter, und
Jaasanja, der Sohn eines Maachatiters,
24 samt ihren Männern. Und Gedalja
schwor ihnen und ihren Männern und
sprach zu ihnen: Fürchtet euch nicht
vor den Chaldäern; bleibt im Lande
und seid dem König von Babel unter-
tan, so wird's euch gut gehen.
25 Aber im siebenten Monat kam Is-
mael, der Sohn Netanjas, des Sohnes
Elischamas, von königlichem Ge-
schlecht, und zehn Männer mit ihm
und schlugen Gedalja tot, dazu die Ju-
däer und Chaldäer, die bei ihm waren
26 in Mizpa. Da machte sich das ganze
Volk auf, klein und groß, und die Ober-
sten des Kriegsvolkes und [a]zogen nach
Ägypten; denn sie fürchteten sich vor
den Chaldäern.

a 5.Mose 28,68

Jojachin wird begnadigt

(vgl. Jer 52,31-34)

Aber im siebenunddreißigsten Jahr, 27
nachdem [a]Jojachin, der König von
Juda, weggeführt war, am siebenund-
zwanzigsten Tage des zwölften Monats
ließ Evil-Merodach, der König von Ba-
bel, im ersten Jahr seiner Herrschaft
Jojachin, den König von Juda, aus dem
Kerker kommen und redete freundlich 28
mit ihm und setzte seinen Sitz über die
Sitze der Könige, die bei ihm waren zu
Babel. Und Jojachin legte die Kleider 29
seiner Gefangenschaft ab, und er aß alle
Tage bei dem König sein Leben lang.
Und es wurde ihm vom König sein 30
ständiger Unterhalt bestimmt, den
man ihm gab an jedem Tag sein ganzes
Leben lang.

a Kap 24,15

DAS ERSTE BUCH DER CHRONIK

Inhaltsübersicht

Stammbaum von Adam bis Abraham

I [a]Adam, Set, Enosch, Kenan, Maha-
3 lalel, Jared, Henoch, Metuschelach,
4 Lamech, Noah, Sem, Ham, Jafet.
5 [b]Die Söhne Jafets sind diese: Go-
mer, Magog, Madai, Jawan, Tubal,
6 Meschech, Tiras. Die Söhne Gomers
aber sind: Aschkenas, Rifat, Togarma.
7 Die Söhne Jawans sind: Elischa, Tar-
sis, die Kittiter, die Rodaniter.
8 [c]Die Söhne Hams sind: Kusch, Miz-
9 raim, Put, Kanaan. Die Söhne von
Kusch aber sind: Seba, Hewila, Sabta,
Ragma, Sabtecha. Die Söhne Ragmas
10 aber sind: Saba und Dedan. Kusch aber
zeugte Nimrod; der war der erste, der
11 Macht gewann auf Erden. Mizraim zeug-
te die Luditer, die Anamiter, die Leha-
12 biter, die Naftuhiter, die Patrusiter, die
Kasluhiter und die Kaftoriter, von de-
13 nen die Philister ausgegangen sind. Ka-
naan aber zeugte Sidon, seinen Erstgebo-
renen, und Het und den Jebusiter, den 14
Amoriter, den Girgasiter, den Hewiter, 15
den Arkiter, den Siniter, den Arwaditer, 16
den Zemariter und den Hamatiter.
[d]Die Söhne Sems sind diese: Elam, 17
Assur, Arpachschad, Lud, Aram. Und
die Söhne Arams sind: Uz, Hul, Geter
und Masch. Arpachschad aber zeugte 18
Schelach, Schelach zeugte Eber. Eber 19
aber wurden zwei Söhne geboren: der
eine hieß Peleg, weil zu seiner Zeit [e]die
Erde zerteilt wurde; und sein Bruder
hieß Joktan. Joktan aber zeugte Almo- 20
dad, Schalef, Hazarmawet, Jerach, Ha- 21
doram, Usal, Dikla, Obal, Abimaël, 22
Saba, Ofir, Hewila und Jobab. Diese 23
alle sind Söhne Joktans.
[f]Sem, Arpachschad, Schelach, Eber, 24.25
Peleg, Regu, Serug, Nahor, Tarah, Ab- 26.27
ram, das ist Abraham.
Die Söhne Abrahams aber sind: 28
[g]Isaak und [h]Ismael.

a (1-4) 1.Mose 5 *b (5-7)* 1.Mose 10,2-5
c (8-16) 1.Mose 10,6-20
d (17-23) 1.Mose 10,21-31 *e* 1.Mose 11,1-9
f (24-27) 1.Mose 11,10-26 *g* 1.Mose 21,3
h 1.Mose 16,15

Die Geschlechter der Söhne Abrahams

29 [a]Und dies ist ihr Geschlecht:
Der Erstgeborene Ismaels Nebajot,
30 ferner Kedar, Adbeel, Mibsam, Misch-
31 ma, Duma, Massa, Hadad, Tema, Je-
tur, Nafisch, Kedma. Das sind die Söh-
ne Ismaels.
32 [b]Aber die Söhne Keturas, der Ne-
benfrau Abrahams: sie gebar Simran,
Jokschan, Medan, Midian, Jischbak,
Schuach. Die Söhne Jokschans aber
33 sind: Saba und Dedan. Und die Söhne
Midians sind: Efa, Efer, Henoch, Abi-
da, Eldaa. Diese alle sind Söhne der
Ketura.
34 Abraham zeugte Isaak. [c]Die Söhne
Isaaks aber sind: Esau und Israel.
35 [d]Die Söhne Esaus sind: Elifas, Re-
36 guël, Jëusch, Jalam, Korah. Die Söhne
des Elifas sind: Teman, Omar, Zefo,
37 Gaëtam, Kenas, Timna, Amalek. Die
Söhne Reguëls sind: Nahat, Serach,
38 Schamma und Misa. Die Söhne Seïrs
sind: Lotan, Schobal, Zibon, Ana, Di-
39 schon, Ezer, Dischan. Die Söhne Lo-
tans sind: Hori, Hemam; und Timna
40 war eine Schwester Lotans. Die Söhne
Schobals sind: Alwan, Manahat, Ebal,
Schefi, Onam. Die Söhne Zibons sind:
41 Ajja und Ana. Der Sohn Anas: Di-
schon. Die Söhne Dischons sind:
42 Hemdan, Eschban, Jitran, Keran. Die
Söhne Ezers sind: Bilhan, Saawan,
Akan. Die Söhne Dischans sind: Uz
und Aran.
43 [e]Dies sind die Könige, die im Lande
Edom regiert haben, ehe in Israel ein
König regierte: Bela, der Sohn Beors,
44 und seine Stadt hieß Dinhaba. Und als
Bela starb, wurde König an seiner Statt
Jobab, der Sohn Serachs von Bozra.
45 Und als Jobab starb, wurde König an
seiner Statt Huscham aus dem Lande
46 der Temaniter. Als Huscham starb,
wurde König an seiner Statt Hadad,
der Sohn Bedads, der die Midianiter
schlug auf dem Felde der Moabiter,
47 und seine Stadt hieß Awwit. Als Hadad
starb, wurde König an seiner Statt
48 Samla von Masrek. Als Samla starb,
wurde König an seiner Statt Saul von
49 Rehobot am Strom. Als Saul starb,
wurde König an seiner Statt Baal-Ha-
nan, der Sohn Achbors. Als Baal-Ha- 50
nan starb, wurde König an seiner Statt
Hadad, und seine Stadt hieß Pagu; und
seine Frau hieß Mehetabel, eine Toch-
ter Matreds, die Mesahabs Tochter
war. Und als Hadad starb, waren Für- 51
sten von Edom: Fürst Timna, Fürst
Alwa, Fürst Jetet, Fürst Oholibama, 52
Fürst Ela, Fürst Pinon, Fürst Kenas, 53
Fürst Teman, Fürst Mibzar, Fürst 54
Magdiël, Fürst Iram. Das sind die Für-
sten von Edom.
[f]Dies sind die Söhne Israels: Ruben, **2**
Simeon, Levi, Juda, Isaschar, Sebulon,
Dan, Josef, Benjamin, Naftali, Gad, 2
Asser.

a (29-31) 1.Mose 25,13-16 *b (32 und 33)*
1.Mose 25,1-4 *c* 1.Mose 25,19-26
d (35-42) 1.Mose 36,10-14.20-28
e (43-54) 1.Mose 36,31-43
f (1 und 2) 1.Mose 35,22-26

Die Geschlechter Judas

(vgl. Kap 4)

Die Söhne Judas sind: Ger, Onan, 3
Schela. Diese drei wurden ihm geboren
von der Kanaaniterin, der Tochter
Schuas. [a]Ger aber, der Erstgeborene
Judas, war böse vor dem HERRN; dar-
um ließ er ihn sterben. Tamar aber, sei- 4
ne Schwiegertochter, [b]gebar ihm Perez
und Serach, so daß die Söhne Judas zu-
sammen fünf waren. Die Söhne des Pe- 5
rez sind: Hezron und Hamul.[c] Die 6
Söhne Serachs aber sind: Simri, Etan,
Heman, Kalkol, Dara. Das sind zusam-
men fünf. Der Sohn Karmis ist: 7
[d]Achan, der Israel ins Unglück brach-
te, als er sich am Gebannten vergriff.
Der Sohn Etans ist: Asarja. 8
Die Söhne [e]Hezrons aber, die ihm 9
geboren wurden, sind: Jerachmeel,
Ram, [f]Kelubai. Ram aber zeugte Am- 10
minadab. Amminadab zeugte [g]Nach-
schon, den Fürsten von Juda. Nach- 11
schon zeugte Salmon. Salmon zeugte
Boas. Boas zeugte Obed. Obed zeugte 12
Isai. Isai zeugte seinen Erstgeborenen 13
[h]Eliab, Abinadab als zweiten Sohn,
Schima als dritten, Natanael als vier- 14
ten, Raddai als fünften, Ozem als sechs- 15
ten, [i]David als siebenten. Und ihre 16
Schwestern waren: Zeruja und Abigal.
[j]Die Söhne der Zeruja sind: Abisai,
Joab, Asahel, diese drei. Abigal aber ge- 17
bar Amasa. [k]Der Vater Amasas aber
war Jeter, ein Ismaeliter.
[l]Kaleb, der Sohn Hezrons, zeugte 18
mit Asuba, seiner Frau, die Jerigot.
Und dies sind ihre Söhne: Jescher,

19 Schobab und Ardon. Als aber Asuba
starb, [m]nahm Kaleb Efrata; die gebar
20 ihm Hur. Hur zeugte Uri. Uri zeugte
21 Bezalel.[n] Danach kam Hezron zu der
Tochter Machirs, des Vaters* Gileads,
und er nahm sie, als er sechzig Jahre alt
22 war, und sie gebar ihm Segub. [o]Segub
aber zeugte Jaïr. Der hatte dreiund-
23 zwanzig Städte im Lande Gilead. Aber
die Geschuriter und Aramäer nahmen
ihnen die »Dörfer Jaïrs«, dazu Kenat
mit seinen Ortschaften, sechzig Städte.
Diese alle sind Söhne Machirs, des Va-
24 ters Gileads. Nach dem Tode Hezrons
kam Kaleb zu Efrata, der Frau Hez-
rons, seines Vaters, und sie gebar ihm
[p]Aschhur, den Vater Tekoas.

25 [q]Jerachmeel, der Erstgeborene Hez-
rons, hatte Söhne: den Erstgeborenen
Ram, ferner Buna, Oren, Ozem, Ahia.
26 Und Jerachmeel hatte noch eine andere
Frau, die hieß Atara; die ist die Mutter
27 Onams. Die Söhne Rams, des Erstge-
borenen Jerachmeels, sind: Maaz, Ja-
28 min und Eker. Aber Onam hatte Söh-
ne: Schammai und Jada. Die Söhne
Schammais aber sind: Nadab und Abi-
29 schur. Die Frau Abischurs aber hieß
Abihail; die gebar ihm Achban und
30 Molid. Die Söhne Nadabs aber sind:
Seled und Appajim. Und Seled starb
31 ohne Söhne. Der Sohn Appajims ist
Jischi. Der Sohn Jischis ist Scheschan.
32 Der Sohn Scheschans ist Achlai. Aber
die Söhne Jadas, des Bruders Scham-
mais, sind: Jeter und Jonatan. Jeter
33 aber starb ohne Söhne. Die Söhne Jo-
natans aber sind: Pelet und Sasa. Das
sind die Söhne Jerachmeels.

34 [r]Scheschan aber hatte keine Söhne,
sondern nur Töchter. Und Scheschan
hatte einen ägyptischen Knecht, der
35 hieß Jarha. Und Scheschan gab seinem
Knecht Jarha seine Tochter zur Frau;
36 die gebar ihm Attai. Attai zeugte Na-
37 tan. Natan zeugte Sabad. Sabad zeugte
38 Eflal. Eflal zeugte Obed. Obed zeugte
39 Jehu. Jehu zeugte Asarja. Asarja zeugte
40 Helez. Helez zeugte Elasa. Elasa zeugte
Sisamai. Sisamai zeugte Schallum.
41 Schallum zeugte Jekamja. Jekamja
zeugte Elischama.

42 Die Söhne [s]Kalebs, des Bruders Je-
rachmeels, sind: Mescha, sein Erstge-
borener, der Vater Sifs, und die Söhne
43 Mareschas, des Vaters Hebrons. Die
Söhne Hebrons aber sind: Korah, Tap-
44 puach, Rekem und Schema. Schema
aber zeugte Raham, den Vater Jor-
45 koams. Rekem zeugte Schammai. Der
Sohn Schammais aber hieß Maon, und
Maon war der Vater Bet-Zurs. Efa 46
aber, die Nebenfrau Kalebs, gebar Ha-
ran, Moza und Gases. Haran aber zeug-
te Gases. Die Söhne Jahdais aber sind: 47
Regem, Jotam, Geschan, Pelet, Efa und
Schaaf. Maacha aber, die Nebenfrau 48
Kalebs, gebar Scheber und Tirhana
und gebar auch Schaaf, den Vater 49
Madmannas, und Schewa, den Vater
Machbenas und den Vater Gibeas.
Aber [t]Achsa war Kalebs Tochter. Dies 50
waren die Söhne Kalebs.

Die Söhne [u]Hurs, des Erstgebore-
nen von der Efrata, waren: Schobal,
der Vater Kirjat-Jearims, Salmon, der 51
Vater Betlehems, Haref, der Vater Bet-
Gaders. Und Schobal, der Vater Kir- 52
jat-Jearims, hatte Söhne: Reaja und die
Hälfte der Manachtiter. Die Ge- 53
schlechter von Kirjat-Jearim aber wa-
ren: die Jitriter, Putiter, Schumatiter
und Mischraiter. Von diesen sind aus-
gegangen die [v]Zoratiter und Eschtaoli-
ter.

Die Söhne Salmons sind: Betlehem 54
und die [w]Netofatiter, Atarot-Bet-Joab
und die Hälfte der Manachtiter, das
sind die Zoratiter. Und die Geschlech- 55
ter der Schreiber, die in Jabez wohnten,
sind die Tiratiter, Schimatiter, Sucha-
titer. Das sind die [x]Kiniter, die da ge-
kommen sind von Hammat, dem Vater
des Hauses [y]Rechab.

a 1.Mose 38,1-7 *b* 1.Mose 38,27-30
c 1.Mose 46,12 *d* Jos 7 *e* Rut 4,19-22; Mt 1,3
f Vers 18.42 *g* 4.Mose 1,7; 2,3; 7,11.12
h 1.Sam 16,5-10 *i* 1.Sam 17,12 *j* 2.Sam 2,18
k 2.Sam 17,25 *l* Vers 9.42 *m* Vers 50
n 2.Mose 31,2 *o (22 und 23)* Ri 10,3-6;
1.Kön 4,13 *p* Kap 4,5 *q* Vers 9
r (34 und 35) Vers 31; 4.Mose 27,7 *s* Vers 18
t Jos 15,16; Ri 1,12 *u* Vers 19 *v* Kap 4,2
w Kap 9,16 *x* Ri 1,16 *y* Jer 35
*Vers 21: »Vater« vor einem Orts- oder Landschaftsnamen bezeichnet in Kap 2 und 4 denjenigen, der den Ort oder die Landschaft zuerst besiedelte.

Die Söhne Davids, die Könige Judas, die Nachkommen Jechonjas

[a]Dies sind die Söhne Davids, die ihm **3**
zu Hebron geboren sind: der Erstgebo-
rene Amnon, von Ahinoam, der Jesree-
literin; der zweite Daniel, von Abigail,
der Karmeliterin; der dritte Absalom, 2
der Sohn der Maacha, der Tochter Tal-
mais, des Königs von Geschur; der
vierte Adonia, der Sohn der Haggit;
der fünfte Schefatja, von der Abital; 3
der sechste Jitream, von seiner Frau
Egla. Diese sechs sind ihm geboren zu 4
Hebron; denn er regierte dort sieben

Jahre und sechs Monate. Aber zu Jeru-
salem regierte er dreiunddreißig Jahre.
5 [b]Und diese sind ihm geboren zu Jeru-
salem: Schammua, Schobab, Natan,
Salomo, diese vier von Bat-Schua, der
6 Tochter Ammiëls; dazu Jibhar, Eli-
7 schama, Elifelet, Nogah, Nefeg, Jafia,
8 Elischama, Eljada, Elifelet, diese neun.
9 Das sind alles Söhne Davids, außer den
Söhnen der Nebenfrauen. Und [c]Ta-
mar war ihre Schwester.
10 [d]Salomos Sohn war Rehabeam; des-
sen Sohn war Abia; dessen Sohn war
11 Asa; dessen Sohn war Josafat; dessen
Sohn war Joram; dessen Sohn war
12 Ahasja; dessen Sohn war Joas; dessen
Sohn war Amazja; dessen Sohn war
13 Asarja; dessen Sohn war Jotam; dessen
Sohn war Ahas; dessen Sohn war His-
14 kia; dessen Sohn war Manasse; dessen
Sohn war Amon; dessen Sohn war Jo-
15 sia. Josias Söhne aber waren: der Erst-
geborene Johanan, der zweite Sohn Jo-
jakim, der dritte Zedekia, der vierte
16 Schallum. Aber die Söhne Jojakims
waren: Jechonja und Zedekia.
17 Die Söhne [e]Jechonjas, der gefangen
18 wurde, waren: Schealtiël, Malkiram,
Pedaja, Schenazzar, Jekamja, Ho-
19 schama, Nedabja. Die Söhne Pedajas
waren: [f]Serubabel und Simeï. Die
Söhne Serubabels waren: Meschullam
und Hananja, und ihre Schwester war
20 Schelomit; ferner Haschuba, Ohel, Be-
rechja, Hasadja, Juschab-Hesed, diese
21 fünf. Die Söhne Hananjas aber waren:
Pelatja, Jesaja, Refaja, Arnan, Obadja,
22 Schechanja. Die Söhne Schechanjas
aber waren: Schemaja, Hattusch, Jigal,
Bariach, Nearja, Schafat, diese sechs.
23 Die Söhne Nearjas aber waren: Eljoë-
24 nai, Hiskia, Asrikam, diese drei. Die
Söhne Eljoënais aber waren: Hodawja,
Eljaschib, Pelaja, Akkub, Johanan, De-
laja, Anani, diese sieben.

a (1-4) 2.Sam 3,2-5 *b (5-9)* Kap 14,4-7; 2.Sam 5,14-16 *c* 2.Sam 13,1 *d (10-16)* Mt 1,7-12 *e* 2.Chr 36,9.10 *f* Esr 3,2.8

Die Geschlechter Judas

4 Die [a]Söhne Judas waren: Perez, Hez-
2 ron, Karmi, Hur und Schobal. Reaja
aber, der Sohn Schobals, zeugte Jahat.
Jahat zeugte Ahumai und Lahad. Das
sind die Geschlechter der [b]Zoratiter.
3 Und dies sind die Söhne Hurs, des Va-
ters Etams: Jesreel, Jischma, Jidbasch;
und ihre Schwester hieß Hazlelponi;
4 und Pnuël, der Vater Gedors, und Eser,
der Vater Huschas. Das sind die Söhne
[c]Hurs, des Erstgeborenen der Efrata,
des Vaters* Betlehems. Aschhur aber, 5
der Vater Tekoas, hatte zwei Frauen:
Hela und Naara. Und Naara gebar ihm 6
Ahusam, Hefer, Temni und den
Ahaschtariter. Das sind die Söhne Naa-
ras. Aber die Söhne Helas waren: Ze- 7
ret, Sohar, Etnan und Koz. Koz aber 8
zeugte Anub und Hazzobeba. Die Ge-
schlechter Aharhels, des Sohnes Ha-
rums: Jabez war angesehener als seine 9
Brüder. Und seine Mutter nannte ihn
Jabez; denn sie sprach: Ich habe ihn
mit Kummer geboren. Und Jabez rief 10
den Gott Israels an und sprach: Ach
daß du mich segnetest und mein Gebiet
mehrtest und deine Hand mit mir wäre
und schafftest, daß mich kein Übel be-
kümmere! Und Gott ließ kommen,
worum er bat.
Kalub aber, der Bruder Schuhas, 11
zeugte Mehir; der ist der Vater
Eschtons. Eschton aber zeugte Bet- 12
Rafa, Paseach und Tehinna, den Vater
der Stadt Nahasch. Das sind die Män-
ner von Recha. Die [d]Söhne des Kenas 13
waren: Otniël und Seraja. Die Söhne
Otniëls aber waren: Hatat und Meono-
tai. Und Meonotai zeugte Ofra. Und 14
Seraja zeugte Joab, den Vater des Tals
der Zimmerleute; denn sie waren Zim-
merleute. Die Söhne [e]Kalebs, des Soh- 15
nes Jefunnes, aber waren: Iru, Ela und
Naam; und der Sohn des Ela: Kenas.
Die Söhne Jehallelels aber waren: Sif, 16
Sifa, Tirja und Asarel. Die Söhne Esras 17
aber waren: Jeter, Mered, Efer und Ja-
lon. Und Jeter zeugte Mirjam, Scham-
mai, Jischbach, den Vater Eschtemoas.
Und seine judäische Frau gebar Jered, 18
den Vater Gedors, Heber, den Vater
Sochos, Jekutiël, den Vater Sanoachs.
Auch Bitja, die Tochter des Pharao, die
Mered nahm, hatte Söhne. Die Söhne 19
der Frau des Hodija, der Schwester
Nahams, des Vaters Kegilas, waren:
Hagarmi und Eschtemoa, der Maacha-
titer. Die Söhne Schimons waren: Am- 20
non und Rinna, Ben-Hanan und Tilon.
Die Söhne Jischis waren: Sohet und
Ben-Sohet. Die Söhne [f]Schelas aber, 21
des Sohnes Judas, waren: Ger, der Va-
ter Lechas, Lada, der Vater Mareschas,
und die Geschlechter der Leinweber
von Bet-Aschbea, dazu Jokim und die 22
Männer von Koseba und Joas und Sa-
raf, die da Herren waren über Moab,
und sie kehrten nach Betlehem zurück,
wie die alte Rede lautet. Sie waren 23
Töpfer und wohnten in Netaim und

Gedera bei dem König; in seinem
Dienst wohnten sie dort.

a Kap 2,4.5.7.19.50 *b* Kap 2,53 *c* Kap 2,19.50
d Jos 15,17; Ri 1,13 *e* 4.Mose 13,6; 14,6 *f* Kap 2,3
*Vers 4: Vgl. Anmerkung zu Kap 2,21.

Die Geschlechter Simeons

24 Die Söhne Simeons waren: Jemuël, Ja-
25 min, Jarib, Serach, Saul.[a] Dessen Sohn
war Schallum, dessen Sohn war Mib-
26 sam, dessen Sohn war Mischma. Die
Söhne Mischmas aber waren: Ham-
27 muël, Sakkur, Schimi. Und Schimi
hatte sechzehn Söhne und sechs Töch-
ter; aber seine Brüder hatten nicht viel
Kinder, und ihr ganzes Geschlecht
mehrte sich nicht so wie die Söhne Ju-
28 das. [b]Sie wohnten aber zu Beerseba,
29 Molada, Hazar-Schual, Bilha, Ezem,
30.31 Tolad, Betuël, Horma, Ziklag, Bet-
Markabot, Hazar-Susa, Bet-Biri, Scha-
arajim. Das waren ihre Städte bis auf
32 den König David: Etam, Ajin, Rim-
mon, Tochen, Aschan, die fünf Orte,
33 dazu ihre Gehöfte, und alle Gehöfte,
die um diese Orte her lagen bis nach
Baal. Dort wohnten sie, und sie hatten
ihr eigenes Geschlechtsregister.
34 Und Meschobab, Jamlech, Joscha,
35 der Sohn Amazjas, Joel, Jehu, der Sohn
Joschibjas, des Sohnes Serajas, des
36 Sohnes Asiëls, Eljoënai, Jaakoba, Je-
schohaja, Asaja, Adiël, Ismeel und Be-
37 naja, Sisa, der Sohn Schifis, des Sohnes
Allons, des Sohnes Jedajas, des Sohnes
Schimris, des Sohnes Schemajas: die-
38 se, die mit Namen genannt sind, wa-
ren Fürsten in ihren Geschlechtern,
und ihre Sippen breiteten sich sehr aus.
39 Und sie zogen hin nach Gedor bis öst-
lich des Tals, um Weide zu suchen für
40 ihre Schafe, und fanden fette und gute
Weide und ein Land weit an Raum, still
und ruhig; denn früher wohnten dort
41 die von [c]Ham. Und diese mit Namen
Genannten kamen zur Zeit [d]Hiskias,
des Königs von Juda, und fielen her
über die Zelte Hams und über die Mëu-
niter, die sie dort fanden, und voll-
streckten den Bann an ihnen bis auf
diesen Tag und wohnten an ihrer Statt;
denn dort war Weide für ihre Schafe.
42 Auch gingen von ihnen, von den Söh-
nen Simeons, fünfhundert Männer
zum Gebirge Seïr: Pelatja, Nearja, Re-
faja und Usiël, die Söhne Jischis, an ih-
43 rer Spitze, und sie [e]erschlugen, die
übriggeblieben waren von den Entron-
nenen der Amalekiter, und wohnten
dort bis auf diesen Tag.

a 1.Mose 46,10 *b* (28-33) Jos 19,2-8
c Kap 1,8-16 *d* 2.Kön 18,1 *e* 1.Sam 15,3.8

Die Geschlechter Rubens, Gads und des halben Stammes Manasse

Die Söhne Rubens, des Erstgeborenen 5
Israels – denn er war zwar der Erstge-
borene, aber [a]weil er seines Vaters Bett
entweihte, wurde sein Erstgeburtsrecht
gegeben den Söhnen Josefs, des Sohnes
Israels, doch wurde er nicht in das Ge-
schlechtsregister als Erstgeborener auf-
gezeichnet; denn [b]Juda war mächtig 2
unter seinen Brüdern, und einem aus
seinem Stamm wurde das Fürstentum
gegeben, [c]Josef aber erhielt das Erstge-
burtsrecht – die Söhne Rubens, des 3
Erstgeborenen Israels, sind: Henoch,
Pallu, Hezron und Karmi.[d] Die Söhne 4
Joels aber waren: Schemaja, dessen
Sohn war Gog, dessen Sohn war
Schimi, dessen Sohn war Micha, des- 5
sen Sohn war Reaja, dessen Sohn war
Baal, dessen Sohn war Beera, den [e]Tig- 6
lat-Pileser, der König von Assur, ge-
fangen wegführte. Er aber war ein
Fürst der Rubeniter. Aber seine Brüder 7
nach ihren Geschlechtern, wie sie in
das Geschlechtsregister aufgezeichnet
wurden, waren: Jeïël, der Erste, und
Sacharja und Bela, der Sohn des Asas, 8
des Sohnes Schemas, des Sohnes Joels.
Der wohnte zu Aroër und bis nach
Nebo und Baal-Meon und wohnte nach 9
Osten zu bis an die Wüste am Eufrat-
strom; denn sie hatten viel Vieh im
Lande Gilead. Und zur Zeit Sauls 10
führten sie Krieg gegen die Hagariter,
und diese fielen durch ihre Hand, und
sie wohnten in deren Zelten auf der
ganzen Ostgrenze von Gilead.
Die Söhne Gad aber wohnten ihnen 11
gegenüber im Lande Basan bis nach
Salcha: Joel, der Erste, und Schafam, 12
der Zweite, ferner Janai und Schafat in
Basan. Und ihre Brüder nach ihren 13
Sippen waren: Michael, Meschullam,
Scheba, Jorai, Jakan, Sia und Eber,
diese sieben. Das sind die Söhne Abi- 14
hails, des Sohnes Huris, des Sohnes Ja-
roachs, des Sohnes Gileads, des Sohnes
Michaels, des Sohnes Jeschischais, des
Sohnes Jachdos, des Sohnes des Bus.
Ahi, der Sohn Abdiëls, des Sohnes Gu- 15
nis, war eins ihrer Sippenhäupter. Und 16
sie wohnten zu Gilead in Basan und in
seinen Ortschaften und in allen Fluren
Scharons bis an ihre Enden. Diese wur- 17
den alle aufgezeichnet [f]zur Zeit Jo-

tams, des Königs von Juda, und [g]Jero-
beams, des Königs von Israel.
18 Von den Rubenitern, den Gaditern
und dem halben Stamm Manasse zähl-
ten die streitbaren Männer, die Schild
und Schwert führen und Bogen span-
nen konnten und kriegskundig waren,
vierundvierzigtausendsiebenhundert-
undsechzig, die in den Kampf ziehen
19 konnten. Und sie kämpften gegen die
Hagariter und gegen Jetur, Nafisch
20 und Nodab. Und es wurde ihnen gehol-
fen gegen sie, und die Hagariter wur-
den in ihre Hände gegeben und alle, die
mit ihnen waren. Denn sie schrien zu
Gott im Kampf, und er ließ sich erbit-
21 ten; denn sie vertrauten ihm. Und sie
führten weg ihr Vieh, fünfzigtausend
Kamele, zweihundertfünfzigtausend
Schafe, zweitausend Esel, und hun-
22 derttausend Menschen. Dazu waren
viele erschlagen liegen geblieben, denn
der Krieg war von Gott. Und sie wohn-
ten an ihrer Statt bis zur Zeit, wo sie ge-
fangen weggeführt wurden.
23 Der halbe Stamm Manasse aber
wohnte im Lande von Basan bis Baal-
Hermon und bis zum [h]Senir und bis
zum Berg Hermon. Und ihrer waren
24 viele. Und dies waren die Häupter ihrer
Sippen: Efer, Jischi, Eliël, Asriël, Jere-
mia, Hodawja, Jachdiël, gewaltige
Männer und berühmte Sippenhäupter.
25 Da sie sich aber an dem Gott ihrer Vä-
ter versündigten und abfielen zu den
Götzen der Völker des Landes, die
26 Gott vor ihnen vertilgt hatte, erweckte
der Gott Israels den Geist des [i]Pul*,
des Königs von Assyrien, und den
Geist [j]Tiglat-Pilesers*, des Königs von
Assyrien, und er führte weg die Rube-
niter, Gaditer und den halben Stamm
Manasse und brachte sie nach Helach
und an den Habor und nach Hara und
an den Fluß Gosan bis auf diesen Tag.

a 1.Mose 35,22; 49,3.4 *b* 1.Mose 49,8.10; 5.Mose 33,7 *c* 1.Mose 49,22; 5.Mose 33,13-17 *d* 2.Mose 6,14 *e* Vers 26 *f* 2.Kön 15,32 *g* 2.Kön 14,23 *h* 5.Mose 3,8.9 *i* 2.Kön 15,19 *j* 2.Kön 15,29
*Vers 26: Pul und Tiglat-Pileser sind Namen desselben Königs, vgl. die Anmerkung zu 2.Kön 15,19.

Die Geschlechter Levis

27 *Die Söhne Levis waren: Gerson, Ke-
28 hat und Merari.[a] Die Söhne Kehats
aber waren: Amram, Jizhar, Hebron
29 und Usiël. Die Söhne Amrams waren:
[b]Aaron und Mose; dazu Mirjam. Die
Söhne Aarons waren: [c]Nadab, Abihu,
30 Eleasar und Itamar. [d]Eleasar zeugte
Pinhas. Pinhas zeugte Abischua. Abi- 31
schua zeugte Bukki. Bukki zeugte Usi.
Usi zeugte Serachja. Serachja zeugte 32
Merajot. Merajot zeugte Amarja. 33
Amarja zeugte Ahitub. Ahitub zeugte 34
Zadok. [e]Zadok zeugte Ahimaaz. Ahi- 35
maaz zeugte Asarja. Asarja zeugte Jo-
hanan. Johanan zeugte Asarja; das ist 36
der, der Priester war im Tempel, den
Salomo gebaut hatte zu Jerusalem.
Asarja zeugte Amarja. Amarja zeugte 37
Ahitub. Ahitub zeugte Zadok. Zadok 38
zeugte Schallum. Schallum zeugte 39
[f]Hilkia. Hilkia zeugte Asarja. Asarja 40
zeugte [g]Seraja. Seraja zeugte [h]Jozadak.
Jozadak aber wurde mit weggeführt, 41
[i]als der HERR Juda und Jerusalem
durch Nebukadnezar gefangen weg-
führen ließ.

[j]Die Söhne Levis sind diese: Ger- **6**
son, Kehat, Merari. So heißen aber die 2
Söhne Gersons: Libni und Simeï. Aber 3
die Söhne Kehats heißen: Amram, Jiz-
har, Hebron und Usiël. Die Söhne Me- 4
raris heißen: Machli und Muschi. Das
sind die Geschlechter der Leviten nach
ihren Sippen.

Gersons Sohn war Libni, dessen 5
Sohn war Jahat, dessen Sohn war Sim-
ma. Dessen Sohn war Joach, dessen 6
Sohn war Iddo, dessen Sohn war Se-
rach, dessen Sohn war Jeotrai.

Kehats Sohn aber war Amminadab, 7
dessen Sohn war [k]Korah, dessen Sohn
war Assir, dessen Sohn war Elkana, 8
dessen Sohn war Abiasaf, dessen Sohn
war Assir, dessen Sohn war Tahat, des- 9
sen Sohn war Uriël, dessen Sohn war
Usia, dessen Sohn war Saul.

Die Söhne Elkanas waren: Amasai 10
und Ahimot, dessen Sohn war Elkana, 11
dessen Sohn war Zofai, dessen Sohn
war Nahat, dessen Sohn war Eliab, des- 12
sen Sohn war Jeroham, dessen Sohn
war [l]Elkana, dessen Sohn war Samuel.
Und die Söhne Samuels waren: der 13
Erstgeborene Joel und der zweite Sohn
Abia.[m]

Meraris Sohn war Machli, dessen 14
Sohn war Libni, dessen Sohn war Si-
meï, dessen Sohn war Usa, dessen Sohn 15
war Schima, dessen Sohn war Haggia,
dessen Sohn war Asaja.

a Kap 6,1 *b* 2.Mose 6,20; 15,20; 4.Mose 26,59; Mi 6,4 *c* 2.Mose 6,23; 4.Mose 26,60 *d* *(30-34)* Kap 6,35-38 *e* 2.Sam 8,17; 15,27.36 *f* 2.Kön 22,4 *g* 2.Kön 25,18; Esr 7,1 *h* Neh 12,26 *i* 2.Kön 25,21 *j* *(1-4)* 2.Mose 6,16-19 *k* Kap 9,19; 2.Mose 6,24 *l* 1.Sam 1,1 *m* 1.Sam 8,2
*Kap 5,27: Abweichende Verszählung statt 5,27-6,66: 6,1-81.

Die levitischen Sängerfamilien

16 Dies sind aber die, welche David be-
stellte, um im Hause des HERRN zu sin-
gen, [a]als die Lade zur Ruhe gekommen
17 war, und sie dienten vor der Wohnung
der Stiftshütte mit Singen, bis Salomo
das Haus des HERRN baute zu Jerusa-
lem, und taten ihren Dienst nach ihrer
18 Ordnung. Diese sind es, die des Amtes
walteten, und ihre Söhne: Von den
Söhnen Kehat war [b]Heman, der Sän-
ger, der Sohn Joels, des Sohnes Sa-
19 muels, des Sohnes Elkanas, des Sohnes
Jerohams, des Sohnes Eliëls, des Soh-
20 nes Toachs, des Sohnes Zufs, des Soh-
nes Elkanas, des Sohnes Mahats, des
21 Sohnes Amasais, des Sohnes Elkanas,
des Sohnes Joels, des Sohnes Asarjas,
22 des Sohnes Zefanjas, des Sohnes Ta-
hats, des Sohnes Assirs, des Sohnes
23 Abiasafs, des Sohnes Korahs, des Soh-
nes Jizhars, des Sohnes Kehats, des
Sohnes Levis, des Sohnes Israels.
24 Und sein Bruder [c]Asaf stand zu sei-
ner Rechten. Und er, Asaf, war ein
Sohn Berechjas, des Sohnes Schimas,
25 des Sohnes Michaels, des Sohnes Baa-
26 sejas, des Sohnes Malkias, des Sohnes
Etnis, des Sohnes Serachs, des Sohnes
27 Adajas, des Sohnes Etans, des Sohnes
28 Simmas, des Sohnes Simëis, des Soh-
nes Jahats, des Sohnes Gersons, des
Sohnes Levis.
29 Ihre Brüder aber, die Söhne Merari,
standen zur Linken: nämlich [d]Etan,
der Sohn Kuschis, des Sohnes Abdis,
30 des Sohnes Malluchs, des Sohnes Ha-
schabjas, des Sohnes Amazjas, des Soh-
31 nes Hilkias, des Sohnes Amzis, des
Sohnes Banis, des Sohnes Schemers,
32 des Sohnes Machlis, des Sohnes Mu-
schis, des Sohnes Meraris, des Sohnes
Levis.

a 2.Sam 6,17 *b* Kap 15,17.19 *c* Kap 15,17.19
d Kap 15,19

Der Dienst Aarons und seine Nachkommen

33 Ihre Brüder aber, die Leviten, waren
bestellt zu allem Dienst an der Woh-
34 nung des Hauses Gottes. [a]Aaron dage-
gen und seine Söhne waren verordnet
zum Dienst am Brandopferaltar und
am Räucheraltar und zu allem Dienst
im Allerheiligsten und [b]Sühne zu
schaffen für Israel, wie Mose, der
Knecht Gottes, geboten hatte.
35 [c]Dies sind aber die Söhne Aarons:
Eleasar, sein Sohn, dessen Sohn war
Pinhas, dessen Sohn war Abischua,
dessen Sohn war Bukki, dessen Sohn 36
war Usi, dessen Sohn war Serachja,
dessen Sohn war Merajot, dessen Sohn 37
war Amarja, dessen Sohn war Ahitub,
dessen Sohn war Zadok, dessen Sohn 38
war Ahimaaz.

a 2.Mose 28,1 *b* 3.Mose 16 *c (35-38)*
Kap 5,30-34

Die Wohnsitze der levitischen Geschlechter

(vgl. Jos 21)

Und dies sind ihre Wohnsitze nach 39
ihren Zeltdörfern in ihrem Gebiet,
nämlich der Söhne Aaron vom Ge-
schlecht der Kehatiter, denn das Los
fiel ihnen zuerst zu, und man gab ihnen 40
Hebron im Lande Juda mit seinem
Weideland ringsumher. Aber die Fel- 41
der der Stadt und ihre Dörfer gaben sie
Kaleb, dem Sohn Jefunnes. So gaben 42
sie nun den Söhnen Aaron die Freistäd-
te Hebron und Libna mit ihrem Weide-
land, Jattir und Eschtemoa mit ihrem
Weideland, Holon, Debir, Aschan und 43.44
Bet-Schemesch mit ihrem Weideland;
und aus dem Stamm Benjamin: Geba, 45
Alemet und Anatot mit ihrem Weide-
land, so daß die Zahl aller Städte in
ihren Geschlechtern dreizehn war.
Aber den andern Söhnen Kehat nach 46
ihren Geschlechtern wurden durchs
Los aus dem Stamm Efraim, aus dem
Stamm Dan und aus dem halben
Stamm Manasse zehn Städte gegeben.[a]
Den Söhnen Gerson nach ihren Ge- 47
schlechtern wurden aus dem Stamm
Isaschar und aus dem Stamm Asser
und aus dem Stamm Naftali und aus
dem Stamm Manasse in Basan drei-
zehn Städte gegeben.[b]
Den Söhnen Merari nach ihren Ge- 48
schlechtern wurden durchs Los aus
dem Stamm Ruben und aus dem
Stamm Gad und aus dem Stamm Se-
bulon zwölf Städte gegeben.[c]
Und Israel gab den Leviten die Städ- 49
te mit ihrem Weideland, nämlich 50
durchs Los aus dem Stamm Juda und
aus dem Stamm Simeon und aus dem
Stamm Benjamin diese Städte, die sie
mit Namen bestimmten.
Aber den Geschlechtern der Söhne 51
Kehat wurden Städte ihres Gebiets aus
dem Stamm Efraim gegeben. So gaben 52
sie nun dem Geschlecht der andern
Söhne Kehat die Freistädte: Sichem
auf dem Gebirge Efraim, Geser, Jok- 53
meam, Bet-Horon, Ajalon und Gat- 54

55 Rimmon mit ihrem Weideland. Dazu
aus dem halben Stamm Manasse: Aner
56 und Bileam mit ihrem Weideland. Aber
den Söhnen Gerson nach ihren Ge-
schlechtern gaben sie aus dem halben
Stamm Manasse: Golan in Basan und
57 Aschtarot mit ihrem Weideland; aus
dem Stamm Isaschar: Kedesch, Dabe-
58 rat, Ramot und Anem mit ihrem Wei-
59 deland; aus dem Stamm Asser: Mi-
60 schal, Abdon, Hukkok und Rehob mit
61 ihrem Weideland; aus dem Stamm
Naftali: Kedesch in Galiläa, Hammon
und Kirjatajim mit ihrem Weideland.
62 Den andern Söhnen Merari gaben sie
aus dem Stamm Sebulon: Rimmon
63 und Tabor mit ihrem Weideland; und
jenseits des Jordan gegenüber Jericho,
östlich vom Jordan, aus dem Stamm
64 Ruben: Bezer in der Wüste, Jahza, Ke-
demot und Mefaat mit ihrem Weide-
65 land; aus dem Stamm Gad: Ramot in
66 Gilead, Mahanajim, Hesbon und Jaser
mit ihrem Weideland.

a Vers 51-55 *b* Vers 56-61 *c* Vers 62-66

Die Geschlechter von Isaschar, Benjamin, Naftali, Halb-Manasse, Efraim und Asser

7 Die Söhne Isaschars waren: Tola, Pua,
Jaschub und Schimron, diese vier.[a]
2 Die Söhne Tolas aber waren: Usi, Re-
faja, Jeriël, Jachmai, Jibsam und Sa-
muel, Sippenhäupter von Tola und ge-
waltige Männer; nach dem Ge-
schlechtsregister an Zahl zu Davids
Zeiten zweiundzwanzigtausendsechs-
3 hundert. Der Sohn Usis war: Jisrachja.
Und die Söhne Jisrachjas waren: Mi-
chael, Obadja, Joel und Jischia, diese
fünf; sie waren alle Sippenhäupter.
4 Und nach ihrem Geschlechtsregister,
nach ihren Sippen waren unter ihnen
zum Kampf gerüstetes Heervolk sechs-
unddreißigtausend; denn sie hatten
5 viele Frauen und Kinder. Und ihre
Brüder in allen Geschlechtern Isa-
schars waren gewaltige Männer, sie-
benundachtzigtausend, und wurden
alle aufgezeichnet.
6 Die [b]Söhne Benjamins waren: Bela,
7 Becher und Jediaël, diese drei. Aber die
Söhne Belas waren: Ezbon, Usi, Usiël,
Jerimot und Ir, diese fünf, Sippen-
häupter, gewaltige Männer. Und es
wurden aufgezeichnet zweiundzwan-
8 zigtausendvierunddreißig. Die Söhne
Bechers waren: Semira, Joas, Eliëser,
Eljoënai, Omri, Jerimot, Abia, Anatot
und Alemet; die waren alle Söhne des
Becher und wurden aufgezeichnet in 9
ihren Geschlechtern nach ihren Sip-
penhäuptern, gewaltige Männer, zwan-
zigtausendzweihundert. Der Sohn Je- 10
diaëls aber war: Bilhan. Bilhans Söhne
aber waren: Jëusch, Benjamin, Ehud,
Kenaana, Setan, Tarsis und Ahischa-
har. Die waren alle Söhne Jediaëls, Sip- 11
penhäupter, gewaltige Männer, sieb-
zehntausendzweihundert, die als Heer
ausziehen konnten zum Kampf. Und 12
Schuppim und Huppim waren Söhne
Irs; Huschim aber war ein Sohn Ahers.

Die Söhne Naftalis waren: Jachzeel, 13
Guni, Jezer und Schillem, Söhne der
Bilha.[c]

Die Söhne Manasses waren diese: 14
Asriël, den seine aramäische Nebenfrau
geboren hatte; auch gebar sie Machir,
den Vater Gileads.[d] Und Machir gab 15
Huppim und Schuppim Frauen; und
seine Schwester hieß Maacha. Sein an-
derer Sohn hieß Zelofhad, und [e]Zelof-
had hatte nur Töchter. Und Maacha, 16
Machirs Frau, gebar einen Sohn; den
nannte sie Peresch. Und sein Bruder
hieß Scheresch, und dessen Söhne wa-
ren Ulam und Rekem. Ulams Sohn 17
aber war Bedan. Das sind die Söhne
Gileads, des Sohnes Machirs, des Soh-
nes Manasses. Und seine Schwester 18
Molechet gebar Ischhod, Abiëser und
Machla. Und Schemida hatte diese 19
Söhne: Achjan, Sichem, Likhi und
Aniam.

Die Söhne Efraims waren diese: 20
[f]Schutelach – dessen Sohn war Bered,
dessen Sohn war Tahat, dessen Sohn
war Elada, dessen Sohn war Tahat,
dessen Sohn war Sebad, dessen Sohn 21
war Schutelach – und Eser und Elad.
Und die Männer von Gat, die Einhei-
mischen im Lande, töteten sie, weil sie
hinabgezogen waren, ihnen das Vieh
wegzunehmen. Und ihr Vater Efraim 22
trug Leid lange Zeit, und seine Brüder
kamen, ihn zu trösten. Und er ging ein 23
zu seiner Frau; die ward schwanger
und gebar einen Sohn, den nannte er
Beria, weil in seinem Hause Unglück
war. Seine Tochter aber war Scheera, 24
die baute das untere und obere Bet-Ho-
ron und Usen-Scheera. Sein Sohn war 25
Refach, auch Reschef, dessen Sohn war
Telach, dessen Sohn war Tahan, des- 26
sen Sohn war Ladan, dessen Sohn war
[g]Ammihud, dessen Sohn war Eli-
schama, dessen Sohn war Nun, dessen 27
Sohn war Josua.[h] Und ihr Besitz und 28
ihre Wohnung war [i]Betel und seine

Ortschaften, und gegen Osten Naaran,
und gegen Westen [j]Geser und seine
Ortschaften, Sichem und seine Ort-
schaften bis nach Ajja und seinen Ort-
29 schaften, und an der Seite der Söhne
Manasses Bet-Schean und seine Ort-
schaften, Taanach und seine Ortschaf-
ten, Megiddo und seine Ortschaften,
Dor und seine Ortschaften. In diesen
wohnten die Söhne Josefs, des Sohnes
Israels.[k]
30 [l]Die Söhne Assers waren diese: Jim-
na, Jischwa, Jischwi, Beria; und Serach
31 war ihre Schwester. Die Söhne Berias
waren: Heber und Malkiël; das ist der
32 Vater Birsajits. Heber aber zeugte Jaf-
let, Schemer, Hotam und ihre Schwe-
33 ster Schua. Die Söhne Jaflets waren:
Pasach, Bimhal und Aschwat; das wa-
34 ren die Söhne Jaflets. Die Söhne
Schemers waren: Ahi, Rohga, Hubba
35 und Aram. Und die Söhne seines Bru-
ders Hotam waren: Zofach, Jimna,
36 Schelesch und Amal. Die Söhne Zo-
fachs waren: Suach, Harnefer, Schual,
37 Beri, Jimra, Bezer, Hod, Schamma,
38 Schilscha, Jitran und Beera. Die Söhne
Jeters waren: Jefunne, Pispa und Ara.
39 Die Söhne Ullas waren: Arach, Han-
40 niël und Rizja. Diese alle waren Söhne
Assers, Sippenhäupter, auserlesene,
gewaltige Männer und Erste der Für-
sten. Und sie wurden aufgezeichnet als
Kriegsleute; ihre Zahl war sechsund-
zwanzigtausend Mann.

a 1.Mose 46,13; 4.Mose 26,23.24 *b* Kap 8,1.2; 1.Mose 46,21 *c* 1.Mose 46,24 *d* 4.Mose 26,29-33 *e* 4.Mose 27,1 *f* 4.Mose 26,35 *g* 4.Mose 1,10 *h* 4.Mose 13,8.16 *i* Jos 16,1 *j* Jos 16,10 *k* Jos 17,11 *l* (*30 und 31*) 1.Mose 46,17

Die Geschlechter Benjamins. Die Sippe Sauls

8 Benjamin aber zeugte Bela, seinen
Erstgeborenen, Aschbel als zweiten
2 Sohn, Achrach als dritten,[a] Noha als
3 vierten, Rafa als fünften. Und Bela hat-
4 te Söhne: Addar, Gera, Abihud, Abi-
5 schua, Naaman, Ahoach, Gera, Sche-
6 fufan und Huram. Dies sind die Söhne
Ehuds, die Sippenhäupter waren unter
den Bürgern zu Geba, und man führte
7 sie gefangen weg nach Manahat, näm-
lich: Naaman, Ahia und Gera, dieser
führte sie weg; und er zeugte Usa und
8 Ahihud. Und Schaharajim zeugte im
Lande Moab, als er seine Frauen Hu-
9 schim und Baara entlassen hatte, und er
zeugte mit seiner Frau Hodesch: Jo-
10 bab, Zibja, Mescha, Malkam, Jëuz, Sa-
cheja und Mirma. Das sind seine Söh-
ne, Sippenhäupter. Mit Huschim aber 11
hatte er Abitub und Elpaal gezeugt. Die 12
Söhne Elpaals aber waren: Eber, Mi-
scham und Schemed. Dieser baute Ono
und Lod und ihre Ortschaften. Und 13
Beria und Schema waren Sippenhäup-
ter unter den Bürgern von Ajalon; sie
verjagten die Einwohner von Gat. Und 14
ihre Brüder waren: Elpaal, Schaschak,
Jeremot, Sebadja, Arad, Ader, Mi- 15.16
chael, Jischpa und Joha; das sind die
Söhne Berias. Sebadja, Meschullam, 17
Hiski, Heber, Jischmerai, Jislia, Jobab; 18
das sind die Söhne Elpaals. Jakim, 19
Sichri, Sabdi, Eljoënai, Zilletai, Eliël, 20
Adaja, Beraja und Schimrat; das sind 21
die Söhne Simeïs. Jischpan, Eber, 22
Eliël, Abdon, Sichri, Hanan, Hananja, 23.24
Elam, Antotja, Jifdeja und Pnuël; das 25
sind die Söhne Schaschaks. Scham- 26
scherai, Scheharja, Atalja, Jaareschja, 27
Elia und Sichri; das sind die Söhne Je-
rohams. Das sind die Sippenhäupter 28
ihrer Geschlechter, die in Jerusalem
wohnten. [b]Aber in Gibeon wohnte 29
Jeïël, der Vater Gibeons, und seine
Frau hieß Maacha. Und sein Erstgebo- 30
rener war Abdon, ferner Zur, Kis, Baal,
Ner, Nadab, Gedor, Achjo, Secher und 31
Miklot. Miklot aber zeugte Schimam. 32
Und auch sie wohnten mit ihren Brü-
dern in Jerusalem, ihnen gegenüber.
Ner zeugte Abner, und [c]Kis zeugte 33
Saul. Saul zeugte Jonatan, Malkischua,
Abinadab und [d]Eschbaal. Der Sohn 34
Jonatans aber war Merib-Baal. Merib-
Baal zeugte Micha. Die Söhne Michas 35
waren: Piton, Melech, Tachrea und
Ahas. Ahas aber zeugte Joadda. Joadda 36
zeugte Alemet, Asmawet und Simri.
Simri zeugte Moza. Moza zeugte Bina; 37
dessen Sohn war Rafa, dessen Sohn war
Elasa, dessen Sohn war Azel. Azel aber 38
hatte sechs Söhne, die hießen: Asri-
kam, sein Erstgeborener, Ismael,
Schearja, Obadja, Hanan. Die waren
alle Söhne Azels. Die Söhne seines 39
Bruders Eschek waren: Ulam, sein
Erstgeborener, Jëusch, der zweite
Sohn, Elifelet, der dritte. Die Söhne 40
Ulams aber waren gewaltige Leute und
geschickt mit Bogen und hatten viele
Söhne und Enkel, hundertundfünfzig.
Diese alle sind von den Söhnen Benja-
min.
Und ganz Israel wurde im Ge- 9
schlechtsregister aufgezeichnet, und
siehe, sie sind aufgeschrieben im Buch
der Könige von Israel.

a 1.Mose 46,21 *b* (29-38) Kap 9,35-44
c 1.Sam 14,51 *d* 2.Sam 2,8

Die Einwohner Jerusalems

Und [a] Juda wurde weggeführt nach Ba-
2 bel um seines Treubruchs willen. Und
die zuerst auf ihrem Besitz und in ihren
Städten wohnten, waren Israeliten,
Priester, Leviten und [b] Tempelsklaven.
3 [c] Und in Jerusalem wohnten einige
der Söhne Juda, einige der Söhne Ben-
jamin, einige der Söhne Efraim und
4 Manasse; von den Söhnen Juda: Utai,
der Sohn Ammihuds, des Sohnes Om-
ris, des Sohnes Imris, des Sohnes Banis
von den Nachkommen des Perez, des
5 Sohnes Judas; von den Schelanitern
aber Asaja, der Erstgeborene, und seine
6 Söhne; von den Söhnen Serach: Jeguël
und seine Brüder, sechshundertund-
neunzig.
7 Von den Söhnen Benjamin: Sallu,
der Sohn Meschullams, des Sohnes
8 Hodawjas, des Sohnes Hassenuas, und
Jibneja, der Sohn Jerohams, und Ela,
der Sohn Usis, des Sohnes Michris,
und Meschullam, der Sohn Schefatjas,
des Sohnes Reguëls, des Sohnes Jibne-
9 jas. Dazu ihre Brüder nach ihren Ge-
schlechtern, neunhundertsechsund-
fünfzig. Alle diese Männer waren Sip-
penhäupter.
10 Von den Priestern aber: Jedaja, Joja-
11 rib, Jachin und Asarja, der Sohn [d] Hil-
kias, des Sohnes Meschullams, des
Sohnes Zadoks, des Sohnes Merajots,
des Sohnes Ahitubs, der Vorsteher im
12 Hause Gottes, und Adaja, der Sohn Je-
rohams, des Sohnes Paschhurs, des
Sohnes Malkias, und Masai, der Sohn
Adiëls, des Sohnes Jachseras, des Soh-
nes Meschullams, des Sohnes Meschil-
13 lemits, des Sohnes Immers, dazu ihre
Brüder, Sippenhäupter, tausendsie-
benhundertundsechzig, tüchtige Leute
im Dienst des Amtes im Hause Gottes.
14 Von den Leviten aber aus den Söh-
nen Merari: Schemaja, der Sohn Ha-
schubs, des Sohnes Asrikams, des Soh-
15 nes Haschabjas, und Bakbakkar, He-
resch und Galal und Mattanja, der
Sohn Michas, des Sohnes Sichris, des
16 Sohnes Asafs, und Obadja, der Sohn
Schemajas, des Sohnes Galals, des
Sohnes Jeduthuns, und Berechja, der
Sohn Asas, des Sohnes Elkanas, der in
den Gehöften der [e] Netofatiter wohnte.

a 2.Kön 24,15.16 *b* Jos 9,23.27; Esr 8,20 *c* (3-16)
Neh 11,3-19 *d* Kap 5,38.39 *e* Kap 2,54

Die Ämter der Leviten

Die Torhüter aber waren: Schallum, 17
Akkub, Talmon, Ahiman; und ihr Bru-
der Schallum war der Vorsteher, und er 18
steht bis jetzt am Tor des Königs im
Osten. Das waren die Torhüter in den
Lagern der Leviten. Und Schallum, 19
der Sohn Kores, des Sohnes Abiasafs,
des Sohnes Korahs, und seine Brüder
aus seiner Sippe, die Korahiter, waren
im Dienst des Amtes, daß sie hüteten
die Schwelle der Stiftshütte, [a] wie auch
ihre Väter im Lager des HERRN den
Eingang gehütet hatten. [b] Pinhas aber, 20
der Sohn Eleasars, – der HERR sei mit
ihm! – war vorzeiten Vorsteher über
sie. Sacharja aber, der Sohn Me- 21
schelemjas, war Hüter am Tor der
Stiftshütte. Alle diese waren auserlesen 22
zu Hütern an der Schwelle, zweihun-
dertzwölf; diese waren zwar aufge-
zeichnet in ihren Gehöften, aber David
und Samuel, der [c] Seher, hatten sie in
ihr Amt eingesetzt, daß sie und ihre 23
Söhne als Wächter hüten sollten die
Tore am Hause des HERRN, nämlich an
der Stiftshütte. Es waren aber diese 24
Torhüter nach den vier Himmelsrich-
tungen aufgestellt: nach Osten, nach
Westen, nach Norden und Süden. Ihre 25
Brüder aber waren auf ihren Gehöften
und mußten zur verordneten Zeit für
jeweils sieben Tage hereinkommen, um
mit ihnen Dienst zu tun. Denn die vier 26
obersten Torhüter standen immerfort
im Amt.

Und einige von den Leviten waren
über die Kammern und Schätze im
Hause Gottes gesetzt. Auch blieben sie 27
die Nacht über um das Haus Gottes,
denn sie mußten Wache halten und alle
Morgen die Türen auftun. Und einige 28
von ihnen waren gesetzt über die Gerä-
te für den Dienst; denn sie mußten sie
abgezählt heraus- und hineintragen.
Und einige von ihnen waren bestellt 29
über die Gefäße und über alle heiligen
Geräte, über Feinmehl, über Wein,
über Öl, über Weihrauch, über Speze-
rei. Und einige der Söhne der Priester 30
machten [d] Salböl aus der Spezerei. Und 31
Mattitja von den Leviten, dem Erstge-
borenen Schallums, des Korahiters,
waren die Pfannen anvertraut. Von den 32
Kehatitern aber, ihren Brüdern, waren
einige bestellt über die Schaubrote, sie
zuzurichten auf alle Sabbate.[e]

Das sind die Sänger, die Sippen- 33
häupter der Leviten, die in den Kam-

mern keinen Dienst hatten, denn Tag
34 und Nacht waren sie in ihrem Amt. Das
sind die Sippenhäupter unter den Leviten nach ihren Geschlechtern. Diese wohnten in Jerusalem.

a 2.Chr 34,9 *b* 4.Mose 25,7-13 *c* 1.Sam 9,8-11 *d* 2.Mose 30,23-25 *e* 3.Mose 24,5-8

Die Sippe Sauls

(vgl. Kap 8,29-38)

35 In Gibeon wohnten Jeïël, der Vater Gi-
36 beons; seine Frau hieß Maacha und
sein Erstgeborener Abdon; ferner Zur,
37 Kis, Baal, Ner, Nadab, Gedor, Achjo,
38 Sacharja, Miklot. Miklot aber zeugte
Schimam. Auch sie wohnten mit ihren Brüdern in Jerusalem, ihnen gegenüber.
39 Ner aber zeugte Abner. Kis zeugte
Saul. Saul zeugte Jonatan, Malkischua,
40 Abinadab, Eschbaal. Der Sohn Jona-
tans aber war Merib-Baal. Merib-Baal
41 aber zeugte Micha. Die Söhne Michas
waren: Piton, Melech, Tachrea und
42 Ahas. Ahas zeugte Jara. Jara zeugte
Alemet, Asmawet und Simri. Simri
43 zeugte Moza. Moza zeugte Bina; des-
sen Sohn war Rafaja, dessen Sohn war
44 Elasa, dessen Sohn war Azel. Azel aber
hatte sechs Söhne; die hießen: Asrikam, der Erstgeborene, Ismael, Schearja, Obadja, Hanan. Das sind die Söhne Azels.

Sauls Untergang

(vgl. 1.Sam 31)

10 Die Philister kämpften gegen Israel,
und die Männer Israels flohen vor den
Philistern und blieben erschlagen lie-
2 gen auf dem Gebirge Gilboa. Aber die
Philister waren hinter Saul und seinen Söhnen her und erschlugen Jonatan, Abinadab und Malkischua, die Söhne
3 Sauls. Und der Kampf tobte heftig um
Saul, und die Bogenschützen fanden ihn, und er wurde verwundet von den
4 Schützen. Da sprach Saul zu seinem
Waffenträger: Zieh dein Schwert und erstich mich damit, daß nicht diese Unbeschnittenen kommen und treiben ihren Spott mit mir. Aber sein Waffenträger wollte nicht; denn er fürchtete sich sehr. Da nahm Saul sein Schwert
5 und stürzte sich hinein. Als aber sein
Waffenträger sah, daß Saul tot war, stürzte auch er sich ins Schwert und
6 starb. So starben Saul und zugleich sei-
ne drei Söhne und sein ganzes Haus.
7 Als aber die Männer Israels, die in der
Ebene wohnten, sahen, daß sie geflohen waren und daß Saul und seine Söhne tot waren, verließen sie ihre Städte und flohen, und die Philister kamen
und wohnten darin. Am andern Tage 8
kamen die Philister, um die Erschlagenen auszuplündern, und fanden Saul und seine Söhne, wie sie gefallen auf
dem Gebirge Gilboa lagen. Da plün- 9
derten sie ihn aus und nahmen sein Haupt und seine Rüstung und sandten sie im Land der Philister umher und ließen's verkünden vor ihren Götzen
und dem Volk. Und sie legten seine Rü- 10
stung nieder im Haus ihres Gottes, und seinen Schädel hefteten sie ans Haus Dagons.
Als aber jedermann von Jabesch in 11
Gilead hörte, was die Philister Saul al-
les angetan hatten, machten sie sich auf, 12
alle streitbaren Männer, und [a]nahmen die Leichname Sauls und seiner Söhne und brachten sie nach Jabesch und begruben ihre Gebeine unter der Eiche bei Jabesch und fasteten sieben Tage.
So starb Saul um seines Treubruchs 13
willen, mit dem er sich an dem HERRN versündigt hatte, [b]weil er das Wort des HERRN nicht hielt, auch [c]weil er die
Wahrsagerin befragt, den HERRN aber 14
nicht befragt hatte. Darum ließ er ihn sterben und wandte das Königtum David, dem Sohn Isais, zu.

a 2.Sam 2,4.5 *b* 1.Sam 15,23 *c* 1.Sam 28,8

David wird zum König gesalbt und erobert Jerusalem

(vgl. 2.Sam 5,1-10)

Und ganz Israel sammelte sich bei Da- **11**
vid in Hebron und sprach: Siehe, [a]wir sind dein Gebein und dein Fleisch.
Schon damals, als Saul König war, 2
führtest du Israel aus und ein. Und der HERR, dein Gott, hat zu dir geredet: Du sollst mein Volk Israel weiden, und du sollst Fürst sein über mein Volk Israel.
Und alle Ältesten Israels kamen zum 3
König nach Hebron. Und David schloß einen Bund mit ihnen in Hebron vor dem HERRN. Und [b]sie salbten David zum König über Israel nach dem Wort des HERRN durch Samuel.
Und David und ganz Israel zogen 4
hin nach Jerusalem, das ist Jebus; denn die Jebusiter wohnten dort im Lande.
Und die Bürger von Jebus sprachen zu 5
David: Du wirst nicht hereinkommen.
David aber eroberte die Burg Zion, das
ist Davids Stadt. Und David sprach: 6
Wer die Jebusiter zuerst schlägt, der soll Hauptmann und Oberster sein. Da

stieg Joab, der Sohn der Zeruja, zuerst
7 hinauf und wurde Hauptmann. David
aber wohnte auf der Burg, daher nennt
8 man sie »Stadt Davids«. Und er baute
die Stadt ringsum, vom Millo an rund-
umher. Joab aber stellte die übrige
9 Stadt wieder her. Und David nahm im-
mer mehr zu an Macht, und der HERR
Zebaot war mit ihm.

a 1.Mose 29,14 *b* 1.Sam 16,1.3.11.12

Die Helden Davids und ihre Taten
(vgl. 2.Sam 23,8-39)

10 Dies sind die Helden Davids, die sich
treu zu ihm hielten in seinem König-
tum mit ganz Israel, daß man ihn zum
König machte nach dem Wort des
11 HERRN über Israel. Und dies ist die
Zahl der Helden Davids: Jaschobam,
der Sohn Hachmonis, der Erste unter
den Dreien; er schwang seinen Spieß
und erschlug dreihundert auf einmal.
12 Nach ihm war Eleasar, der Sohn Do-
dos, der [a]Ahoachiter; er war unter den
13 drei Helden. Dieser war mit David in
Pas-Dammim, als die Philister sich
dort zum Kampf versammelt hatten.
Dort war ein Stück Acker mit Gerste.
Und das Volk floh vor den Philistern.
14 Und er trat mitten aufs Feld, sicherte es
und schlug die Philister. Und der HERR
gab großes Heil.
15 Und drei aus den dreißig Helden zo-
gen hinab zum Felsen zu David in die
[b]Höhle Adullam. Aber das Lager der
16 Philister lag in der Ebene Refaim. Da-
vid aber war in der Bergfeste; und die
Wache der Philister war damals in Bet-
17 lehem. Und David gelüstete es, und er
sprach: Wer will mir Wasser zu trinken
geben aus dem Brunnen am Tor in Bet-
18 lehem? Da brachen die Drei in das La-
ger der Philister ein und schöpften
Wasser aus dem Brunnen am Tor in
Betlehem und trugen's und brachten's
zu David. Er aber wollte es nicht trin-
ken, sondern goß es aus für den HERRN
19 als Trankopfer und sprach: Das lasse
mein Gott fern von mir sein, daß ich
solches tue und trinke das Blut dieser
Männer, die sich der Gefahr ausgesetzt
haben; denn sie haben das Wasser un-
ter Lebensgefahr hergebracht. Darum
wollte er's nicht trinken. Das taten die
drei Helden.
20 Abisai, der Bruder Joabs, war der Er-
ste unter den Dreißig, und er schwang
seinen Spieß und erschlug dreihundert.
Und er war unter den Dreißig berühmt
21 und hochgeehrt unter den Dreißig und
war ihr Oberster, aber an jene Drei kam
er nicht heran.
Benaja, der Sohn Jojadas, ein streit- 22
barer Mann von großen Taten, war aus
Kabzeel. Er erschlug die beiden »Got-
teslöwen« der Moabiter. Er stieg hinab
und erschlug einen Löwen in einem
Brunnen, als Schnee gefallen war. Er 23
erschlug auch einen ägyptischen Mann,
der war fünf Ellen groß und hatte einen
Spieß in der Hand, der war [c]wie ein
Weberbaum. Aber er ging zu ihm hinab
mit einem Stecken und nahm ihm den
Spieß aus der Hand und tötete ihn mit
dessen eigenem Spieß. Das tat [d]Benaja, 24
der Sohn Jojadas, und er war berühmt
unter den dreißig Helden und hoch- 25
geehrt unter den Dreißig, aber an jene
Drei kam er nicht heran. David aber
setzte ihn über seine Leibwache.
Die streitbaren Helden waren diese: 26
Asahel, der Bruder Joabs; Elhanan, der
Sohn Dodos aus Betlehem; Schammot, 27
der Haroriter; [e]Helez, der Peletiter;
Ira, der Sohn des Ikkesch, aus Tekoa; 28
Abiëser, der Anatotiter; Sibbechai, der 29
Huschatiter; Ilai, der Ahoachiter;
Mahrai, der Netofatiter; Heled, der 30
Sohn Baanas, der Netofatiter; Ittai, der 31
Sohn Ribais, von Gibea in Benjamin;
Benaja, der Piratoniter; Hiddai, von 32
Nahale-Gaasch; Abiël, der Arbatiter;
Asmawet, der Bahurimiter; Eljachba, 33
der Schaalboniter; Jaschen, der Guni- 34
ter; Jonatan, der Sohn Schages, der
Harariter; Ahiam, der Sohn Sachars, 35
der Harariter; Elifal, der Sohn Urs;
Hefer, der Mecheratiter; Ahia, der Pa- 36
loniter; Hezro, der Karmeliter; Naarai, 37
der Sohn Esbais; Joel, der Bruder Na- 38
tans; Mibhar, der Sohn Hagris; Zelek, 39
der Ammoniter; Nachrai, der Beeroti-
ter, ein Waffenträger Joabs, des Sohnes
der Zeruja; Ira, der Jattiriter; Gareb, 40
der Jattiriter; [f]Uria, der Hetiter; Sa- 41
bad, der Sohn Achlais; Adina, der 42
Sohn Schisas, der Rubeniter, ein
Hauptmann der Rubeniter, und drei-
ßig Mann waren bei ihm; Hanan, der 43
Sohn Maachas; Josafat, der Mitniter;
Usia, der Aschtarotiter; Schama und 44
Jehiël, die Söhne Hotams, des Aroëri-
ters; Jediaël, der Sohn Schimris; Joha, 45
sein Bruder, der Tiziter; Eliël, der Ma- 46
hanaiter; Jeribai und Joschawja, die
Söhne Elnaams; Jitma, der Moabiter;
Eliël, Obed, Jaasiël aus Zoba. 47

a Kap 27,4 *b* 1.Sam 22,1 *c* 1.Sam 17,7
d Kap 27,5.6 *e* Kap 27,10 *f* 2.Sam 11,3

Davids Mitkämpfer in Ziklag zur Zeit Sauls

12 Dies sind die Männer, die zu David
nach [a]Ziklag kamen, als er sich von
Saul, dem Sohn des Kis, fernhalten
mußte; und sie gehörten auch zu den
2 Helden, den Helfern im Kampf, mit
Bogen gerüstet, geschickt mit beiden
Händen, Steine zu schleudern und
Pfeile zu schießen.
Von den Stammesbrüdern Sauls, die
3 aus Benjamin waren: der Erste Ahiëser,
und Joas, die Söhne Schemaas, des Gi-
beatiters; Jesiël und Pelet, die Söhne
Asmawets; Beracha und Jehu, der Ana-
4 totiter; Jischmaja, der Gibeoniter, ge-
waltig unter den Dreißig und über die
5 Dreißig; *Jeremia, Jahasiël, Johanan,
6 Josabad, der Gederatiter; Elusai, Jeri-
mot, Bealja, Schemarja, Schefatja, der
7 Harufiter; Elkana, Jischia, Asarel, Joë-
8 ser, Jaschobam, die Korahiter; Joëla
und Sebadja, die Söhne Jerohams von
Gedor.
9 Von den Gaditern gingen über zu
David nach der Bergfeste in der Wüste
starke Helden und Kriegsleute, die
Schild und Spieß führten, und ihr An-
gesicht war wie das der Löwen, und sie
waren schnell wie Rehe auf den Ber-
10 gen: Der erste Eser, der zweite Obadja,
11 der dritte Eliab, der vierte Maschman-
12 na, der fünfte Jeremia, der sechste At-
13 tai, der siebente Eliël, der achte Joha-
14 nan, der neunte Elsabad, der zehnte Je-
15 remia, der elfte Machbannai. Diese wa-
ren von den Gaditern, Hauptleute im
Heer, der Geringste über hundert und
16 der Größte über tausend. Die sind es,
die über den Jordan gingen im ersten
Monat, als er voll war bis zu beiden
Ufern und alle Täler gegen Osten und
Westen abriegelte.
17 Es kamen aber auch Männer von
Benjamin und Juda zu David in die
18 Bergfeste. David aber ging heraus zu
ihnen und sprach zu ihnen: Kommt ihr
im Frieden zu mir und um mir zu hel-
fen, so soll mein Herz mit euch sein;
kommt ihr aber mit List und um gegen
mich zu sein, da doch kein Frevel an
mir ist, so sehe der Gott unserer Väter
19 drein und strafe es! Aber der Geist er-
griff Amasai, den Ersten der Dreißig,
und er sprach: Dein sind wir, David,
und mit dir halten wir's, du Sohn Isais!
Friede, Friede sei mit dir! Friede sei
mit deinen Helfern, denn dein Gott
hilft dir! Da nahm David sie an und
setzte sie zu Hauptleuten über die
Streifschar.
Und von Manasse gingen einige zu 20
David über, als er mit den Philistern
auszog gegen Saul zum Kampf. Er aber
half ihnen nicht, denn [b]die Fürsten der
Philister hielten Rat und schickten ihn
weg und sprachen: Wenn er wieder zu
Saul, seinem Herrn, überginge, so
könnte es uns den Hals kosten. Als er 21
nun nach Ziklag zog, fielen ihm zu von
Manasse: Adnach, Josabad, Jediaël,
Michael, Josabad, Elihu, Zilletai,
Oberste über tausend in Manasse. Und 22
sie halfen David gegen streifende Rot-
ten; denn sie waren alle streitbare Hel-
den und wurden Hauptleute über das
Heer. So kamen alle Tage einige zu Da- 23
vid, ihm zu helfen, bis es ein großes
Heer wurde wie ein Heer Gottes.

a 1.Sam 27,6 *b* 1.Sam 29,3.4
*Vers 5: Abweichende Verszählung statt 12,5-41: 12,4b-40.

Die Krieger, die zu David nach Hebron kamen

Und dies ist die Zahl der zum Heeres- 24
dienst gerüsteten Männer, die zu David
nach Hebron kamen, um das Königtum
Sauls ihm zuzuwenden nach dem Wort
des HERRN: Der Männer von Juda, 25
die Schild und Spieß trugen, waren
sechstausendachthundert, gerüstet
zum Heeresdienst; der Männer von Si- 26
meon waren streitbare Helden für den
Heeresdienst siebentausendeinhun-
dert; der Männer von Levi viertau- 27
sendsechshundert; und Jojada, der 28
Vorsteher über das Haus Aaron, mit
dreitausendsiebenhundert; und [a]Za- 29
dok, ein junger streitbarer Held, mit
seiner Sippe, zweiundzwanzig Haupt-
leute; der Männer von Benjamin, Sauls 30
Brüder, dreitausend, denn bis zu dieser
Zeit hielten noch viele von ihnen zum
Hause Sauls; der Männer von Efraim 31
zwanzigtausendachthundert, streitbare
Helden und berühmte Männer in ihren
Sippen; vom halben Stamm Manasse 32
achtzehntausend, die namentlich be-
stimmt waren, daß sie kämen und Da-
vid zum König machten; der Männer 33
von Isaschar, die erkannten und rieten,
was Israel zu jeder Zeit tun sollte, zwei-
hundert Hauptleute, und alle ihre Brü-
der folgten ihrem Befehl; von Sebulon 34
wehrfähige Männer, zum Kampf gerü-
stet mit allerlei Waffen, fünfzigtau-
send, David einmütig zu helfen; von 35
Naftali tausend Hauptleute und mit

ihnen siebenunddreißigtausend mit
36 Schild und Spieß; von Dan, zum
Kampf gerüstet, achtundzwanzigtau-
37 sendsechshundert; von Asser wehrfä-
hige Männer, gerüstet zum Kampf,
38 vierzigtausend; von jenseits des Jor-
dan, von den Rubenitern, Gaditern
und dem halben Stamm Manasse, hun-
dertzwanzigtausend mit allerlei Waffen
zum Kampf.
39 Alle diese Kriegsleute, in Heeresord-
nung, kamen von ganzem Herzen nach
Hebron, um David zum König zu ma-
chen über ganz Israel. Auch war das
ganze übrige Israel *eines* Herzens, daß
40 man David zum König machte. Und sie
waren dort bei David drei Tage, aßen
und tranken; denn ihre Brüder hatten
41 für sie gesorgt. Auch die, die ihnen
nahe waren, bis nach Isaschar, Sebulon
und Naftali, brachten Nahrung auf
Eseln, Kamelen, Maultieren und Rin-
dern: Brot, Kuchen von Feigen und
Rosinen, Wein, Öl, dazu Rinder und
Schafe in Menge; denn Freude war in
Israel.

a Kap 5,34; 2.Sam 15,24

David holt die Bundeslade und bringt sie in das Haus Obed-Edoms

(vgl. 2.Sam 6,1-11)

13 Und David hielt einen Rat mit den
Hauptleuten über tausend und über
2 hundert und mit allen Anführern und
sprach zu der ganzen Gemeinde Israel:
Gefällt es euch und ist's dem HERRN,
unserm Gott, angenehm, so laßt uns
hinschicken zu unsern Brüdern in allen
Landen Israels, dazu auch zu den Prie-
stern und Leviten in ihren Wohnstät-
ten, daß sie sich bei uns versammeln.
3 Und laßt uns die Lade unseres Gottes
wieder zu uns holen; denn zu Sauls
4 Zeiten fragten wir nicht nach ihr. Da
sprach die ganze Gemeinde, man solle
das tun; denn es gefiel allem Volk gut.
5 So versammelte David ganz Israel, vom
Schihor Ägyptens an bis dorthin, wo es
nach Hamat geht, um die Lade Gottes
6 von Kirjat-Jearim zu holen. Und David
zog hin mit ganz Israel nach [a]Baala, das
ist Kirjat-Jearim, das in Juda liegt, um
von da heraufzubringen die Lade Got-
tes, des HERRN, der über den Cherubim
thront, wo sein Name angerufen wird.
7 Und sie ließen die Lade Gottes auf
einem neuen Wagen aus dem Hause
Abinadabs fahren. Usa aber und sein
8 Bruder lenkten den Wagen. David aber
und ganz Israel tanzten mit aller Macht
vor Gott her, mit Liedern, mit Harfen,
mit Psaltern, mit Pauken, mit Zimbeln
und mit Trompeten. Als sie aber zur 9
Tenne Kidons kamen, streckte Usa sei-
ne Hand aus, um die Lade zu halten;
denn die Rinder glitten aus. Da ent- 10
brannte der Grimm des HERRN über
Usa, und er schlug ihn, weil er seine
Hand nach der Lade ausgestreckt hatte,
so daß er dort starb vor Gott. Da er- 11
grimmte David, daß der HERR den Usa
so wegriß, und man nannte die Stätte
»Perez-Usa«* bis auf diesen Tag. Und 12
an jenem Tage fürchtete sich David vor
Gott und sprach: Wie darf ich da noch
die Lade Gottes zu mir bringen? Dar- 13
um ließ er die Lade Gottes nicht zu sich
bringen in die Stadt Davids, sondern
ließ sie hinbringen ins Haus Obed-
Edoms, des Gatiters. So blieb die Lade 14
Gottes bei Obed-Edom in seinem
Hause drei Monate. Und der HERR seg-
nete das Haus Obed-Edoms und alles,
was er hatte.

a Jos 15,9
*Vers 11: d. h. Wegreißen Usas.

Davids weitere Söhne. Seine Siege über die Philister

(vgl. 2.Sam 5,11-25)

Und Hiram, der König von Tyrus, 14
sandte Boten zu David und Zedern-
holz, Steinmetzen und Zimmerleute,
daß sie ihm ein Haus bauten. Und Da- 2
vid erkannte, daß der HERR ihn zum
König über Israel bestätigt hatte; denn
sein Königtum war hoch erhoben wor-
den um seines Volkes Israel willen.
Und David nahm noch mehr Frauen zu 3
Jerusalem und zeugte noch mehr Söh-
ne und Töchter. Die Söhne, die ihm zu 4
Jerusalem geboren wurden, hießen:
Schammua, Schobab, Natan, Salo-
mo, Jibhar, Elischua, Elpelet, Nogah, 5.6
Nefeg, Jafia, Elischama, Beeljada, Eli- 7
felet.
Als aber die Philister hörten, daß Da- 8
vid zum König gesalbt war über ganz
Israel, zogen sie alle herauf, um sich
Davids zu bemächtigen. Als das David
hörte, zog er aus gegen sie. Und die 9
Philister kamen und ließen sich nieder
in der Ebene Refaim. David aber be- 10
fragte Gott und sprach: Soll ich hin-
aufziehen gegen die Philister, und
willst du sie in meine Hand geben? Der
HERR sprach zu ihm: Zieh hinauf! Ich
will sie in deine Hände geben. Und 11
als sie hinaufzogen nach Baal-Perazim,

schlug sie David dort. Und David
sprach: Gott hat durch meine Hand die
Reihen meiner Feinde durchbrochen,
wie das Wasser einen Damm durch-
bricht. Daher nannte man die Stätte
12 »Baal-Perazim«*. Und sie ließen ihre
Götter dort zurück; die befahl David
[a]mit Feuer zu verbrennen.
13 Aber die Philister kamen wieder und
14 ließen sich nieder in der Ebene. Und
David befragte Gott abermals, und
Gott sprach zu ihm: Du sollst nicht
hinaufziehen hinter ihnen her, sondern
umgehe sie, daß du an sie herankommst
15 von den Bakabäumen her. Wenn du
dann hören wirst, wie das Rauschen
oben in den Bakabäumen einhergeht,
so brich hervor zum Kampf; denn Gott
ist dann vor dir ausgezogen, zu schla-
16 gen das Heer der Philister. Und David
tat, wie ihm Gott geboten hatte, und sie
schlugen das Heer der Philister von Gi-
17 beon an bis Geser. Und Davids Name
ging aus in alle Lande, und der HERR
ließ Furcht vor ihm über alle Völker
kommen.

a 5.Mose 7,5.25
*Vers 11: d. h. Herr der Durchbrüche.

Die Bundeslade wird nach Jerusalem gebracht

(vgl. 2.Sam 6,12-16)

15 Und David baute sich Häuser in der
Stadt Davids und bereitete der Lade
Gottes eine Stätte und richtete ein Zelt
2 für sie auf. Damals sprach David: Die
Lade Gottes soll niemand tragen außer
den Leviten; denn diese hat der HERR
erwählt, daß sie die Lade des HERRN
3 tragen und ihm dienen allezeit. Da ver-
sammelte David ganz Israel nach Jeru-
salem, damit sie die Lade des HERRN
hinaufbrächten an die Stätte, die er
4 dazu bereitet hatte. Und David brachte
zusammen die Söhne Aaron und die
5 Leviten: von den Söhnen Kehat: Uriël,
den Obersten, samt seinen Brüdern,
6 hundertundzwanzig; von den Söhnen
Merari: Asaja, den Obersten, samt sei-
nen Brüdern, zweihundertundzwan-
7 zig; von den Söhnen Gerson: Joel, den
Obersten, samt seinen Brüdern, hun-
8 dertunddreißig; von den Söhnen Eliza-
fan: Schemaja, den Obersten, samt sei-
9 nen Brüdern, zweihundert; von den
Söhnen Hebron: Eliël, den Obersten,
10 samt seinen Brüdern, achtzig; von den
Söhnen Usiël: Amminadab, den Ober-
sten, samt seinen Brüdern, hundert-
undzwölf.

[a]Und David rief die Priester Zadok 11
und Abjatar und die Leviten, nämlich
Uriël, Asaja, Joel, Schemaja, Eliël, Am-
minadab, und sprach zu ihnen: Ihr seid 12
die Häupter der Sippen unter den Le-
viten; so heiligt nun euch und eure
Brüder, daß ihr die Lade des HERRN,
des Gottes Israels, heraufbringt an den
Ort, den ich ihr bereitet habe. Denn 13
das erste Mal, als ihr nicht da waret,
[b]machte der HERR, unser Gott, einen
Riß unter uns, weil wir ihn nicht be-
fragt hatten, wie sich's gebührt. So hei- 14
ligten sich die Priester und Leviten, da-
mit sie die Lade des HERRN, des Gottes
Israels, heraufbrächten. Und die Levi- 15
ten [c]trugen die Lade Gottes auf ihren
Schultern mit den Stangen, wie Mose
geboten hatte nach dem Wort des
HERRN. Und David befahl den Ober- 16
sten der Leviten, daß sie ihre Brüder,
die Sänger, bestellen sollten mit Saiten-
spielen, mit Psaltern, Harfen und hel-
len Zimbeln, daß sie laut sängen und
mit Freuden. Da bestellten die Leviten 17
Heman, den Sohn Joels, und von sei-
nen Brüdern Asaf, den Sohn Berechjas,
und von den Söhnen Merari, ihren
Brüdern, Etan, den Sohn Kuschajas,
und mit ihnen ihre Brüder der zweiten 18
Ordnung: Sacharja, Jaasiël, Schemira-
mot, Jehiël, Unni, Eliab, Benaja, Ma-
aseja, Mattitja, Elifelehu, Mikneja,
Obed-Edom, Jeïël, die Torhüter. Denn 19
[d]Heman, [e]Asaf und [f]Etan waren Sän-
ger [g]mit kupfernen, hell klingenden
Zimbeln; Sacharja aber, Jaasiël, Sche- 20
miramot, Jehiël, Unni, Eliab, Maaseja
und Benaja mit Psaltern zu spielen;
Mattitja aber, Elifelehu, Mikneja, 21
Obed-Edom, Jeïël und Asasja mit Har-
fen von acht Saiten zu spielen; Kenanja 22
aber, der Leviten Oberster, der Sing-
meister, unterwies sie im Singen; denn
er verstand sich darauf. Und Berechja 23
und Elkana waren Torhüter bei der
Lade. Aber Schebanja, Josafat, Nata- 24
nael, Amasai, Sacharja, Benaja, Eliëser,
die Priester, bliesen mit Trompeten vor
der Lade Gottes; und Obed-Edom und
Jehia waren Torhüter bei der Lade.

So zogen David und die Ältesten Is- 25
raels und die Obersten über tausend
hin, um die Lade des Bundes des
HERRN heraufzuholen aus dem Hause
Obed-Edoms mit Freuden. Und weil 26
Gott den Leviten half, die die Lade des
Bundes des HERRN trugen, opferten sie
sieben junge Stiere und sieben Widder.
Und David hatte ein Obergewand aus 27

feinem Leinen an, desgleichen alle Le-
viten, die die Lade trugen, und die Sän-
ger und Kenanja, der Oberste beim Ge-
sang der Sänger; auch trug David den
28 leinenen [h]Priesterschurz. So brachte
ganz Israel die Lade des Bundes des
HERRN hinauf mit Jauchzen, Posaunen,
Trompeten und hellen Zimbeln, mit
29 Psaltern und Harfen. Als nun die Lade
des Bundes des HERRN in die Stadt Da-
vids kam, sah Michal, die Tochter
Sauls, zum Fenster hinaus, und als sie
den König David tanzen und spielen
sah, verachtete sie ihn in ihrem Herzen.

a (11 und 12) 2.Sam 15,29 *b* Kap 13,9-11
c 2.Mose 25,14; 4.Mose 4,15 *d* Kap 6,18
e Kap 6,24 *f* Kap 6,29 *g* Kap 25,1 *h* 2.Mose 25,7

Aufstellung der Bundeslade und Ordnung des Dienstes

(vgl. 2.Sam 6,17-19)

16 Und als sie die Lade Gottes hinein-
brachten, setzte man sie in das Zelt, das
David für sie aufgerichtet hatte, und
opferte Brandopfer und Dankopfer vor
2 Gott. Und als David die Brandopfer
und Dankopfer beendet hatte, segnete
3 er das Volk im Namen des HERRN und
teilte aus an jedermann in Israel, an
Männer und Frauen, ein Brot, ein
Stück Fleisch und einen Rosinenku-
4 chen. Und er bestellte einige Leviten zu
Dienern vor der Lade des HERRN, daß
sie priesen, dankten und lobten den
5 HERRN, den Gott Israels, nämlich Asaf
als Vorsteher, Sacharja als Zweiten,
Jeiël, Schemiramot, Jehiël, Mattitja,
Eliab, Benaja, Obed-Edom und Jeiël
mit Psaltern und Harfen, Asaf aber mit
6 hellen Zimbeln, die Priester Benaja und
Jahasiël aber, allezeit mit Trompeten
zu blasen vor der Lade des Bundes
Gottes.

Davids Danklied

(vgl. Ps 105,1-15; 96; 106,1.47.48)

7 Zu der Zeit ließ David zum ersten Mal
dem HERRN danken durch Asaf und sei-
ne Brüder:
8 Danket dem HERRN, ruft seinen Na-
men an, tut kund unter den Völkern
9 sein Tun! Singet und spielet ihm, redet
10 von allen seinen Wundern! Rühmet
seinen heiligen Namen; es freue sich
das Herz derer, die den HERRN suchen!
11 Fraget nach dem HERRN und nach sei-
ner Macht, suchet sein Angesicht alle-
12 zeit! Gedenket seiner Wunder, die er
getan hat, seiner Zeichen und der Ur-
13 teile seines Mundes, ihr, das Ge-
schlecht Israels, seines Knechts, ihr
Söhne Jakobs, seine Auserwählten!
Er ist der HERR, unser Gott, er rich- 14
tet in aller Welt. Gedenket ewig seines 15
Bundes, des Wortes, das er verheißen
hat für tausend Geschlechter, den er 16
gemacht hat mit Abraham, und seines
Eides, den er Isaak geschworen hat, den 17
er Jakob gesetzt hat zur Satzung und
Israel zum ewigen Bund und sprach: 18
Dir will ich das Land Kanaan geben,
das Los eures Erbteils. Als sie noch 19
gering an Zahl waren, wenige und
Fremdlinge im Lande, da zogen sie von 20
einem Volk zum andern und von einem
Königreich zum andern. Er ließ nie- 21
mand ihnen Schaden tun und [a]wies
Könige zurecht um ihretwillen: Tastet 22
meine Gesalbten nicht an, und tut mei-
nen Propheten kein Leid!
Singet dem HERRN, alle Lande, ver- 23
kündiget täglich sein Heil! Erzählet un- 24
ter den Heiden seine Herrlichkeit und
unter allen Völkern seine Wunder!
Denn der HERR ist groß und hoch zu lo- 25
ben und mehr zu fürchten als alle Göt-
ter. Denn aller Heiden Götter sind 26
Götzen, der HERR aber hat den Himmel
gemacht. Hoheit und Pracht sind vor 27
ihm, Macht und Freude in seinem Hei-
ligtum.
[b]Bringet dar dem HERRN, ihr Völker, 28
bringet dar dem HERRN Ehre und
Macht! Bringet dar dem HERRN die 29
Ehre seines Namens, bringet Geschen-
ke und kommt vor ihn und betet den
HERRN an in heiligem Schmuck! Es 30
fürchte ihn alle Welt. Er hat den Erd-
kreis gegründet, daß er nicht wankt.
Es freue sich der Himmel, und die 31
Erde sei fröhlich, und man sage unter
den Heiden, daß der HERR regiert! Das 32
Meer brause und was darinnen ist, und
das Feld sei fröhlich und alles, was dar-
auf ist. Es sollen jauchzen alle Bäume 33
im Wald vor dem HERRN; denn er
kommt, zu richten die Erde.
Danket dem HERRN, denn er ist 34
freundlich, und seine Güte währet
ewiglich.[c] Und sprecht: Hilf uns, Gott, 35
unser Heiland, und sammle uns und er-
rette uns von den Heiden, daß wir dei-
nen heiligen Namen preisen und dir
Lob sagen! [d]Gelobt sei der HERR, der 36
Gott Israels, von Ewigkeit zu Ewigkeit!
Und alles Volk sagte: Amen! und:
Lobe den HERRN!
Und David ließ dort vor der Lade 37
des Bundes des HERRN den Asaf und
seine Brüder, damit sie Dienst täten vor

der Lade allezeit, wie es jeder Tag er-
38 forderte; dazu Obed-Edom und seine
Brüder, achtundsechzig Mann, und
Obed-Edom, den Sohn Jedutuns, und
39 Hosa als Torhüter. Und den Priester
Zadok und seine Brüder, die Priester,
bestellte er bei der Wohnung des
40 HERRN [e] auf der Höhe bei Gibeon, daß
sie dem HERRN [f] täglich Brandopfer
darbrächten auf dem Brandopferaltar,
am Morgen und am Abend, wie ge-
schrieben steht im Gesetz des HERRN,
41 das er Israel geboten hat, und mit ihnen
Heman und Jedutun und die andern
Erwählten, die namentlich bestimmt
waren, um dem HERRN zu danken, daß
42 seine Güte ewiglich währt, mit Trom-
peten und hellklingenden Zimbeln und
mit Saitenspiel zur Ehre Gottes. Die
Söhne Jedutuns aber machte er zu Tor-
43 hütern. Und alles Volk zog hin, ein je-
der in sein Haus, und David kehrte
auch heim, sein Haus zu segnen.

a 1.Mose 12,17; 20,3.7; 26,9 *b* (*28 und 29*) Ps 29,1.2 *c* 2.Chr 20,21 *d* Ps 41,14 *e* Kap 21,29 *f* 2.Mose 29,38.39

Das Haus Davids wird in das Königtum Gottes eingesetzt

(vgl. 2.Sam 7,1-16)

17 Es begab sich, als David in seinem
Hause wohnte, sprach er zu dem Pro-
pheten Natan: Siehe, ich wohne in
einem Zedernhause, und die Lade des
Bundes des HERRN ist unter Zeltdek-
2 ken. Natan sprach zu David: Alles, was
in deinem Herzen ist, das tu; denn Gott
3 ist mit dir. Aber in derselben Nacht
4 kam das Wort Gottes zu Natan: Geh
hin und sage meinem Knecht David:
So spricht der HERR: Nicht du sollst
mir ein Haus bauen zur Wohnung.
5 Denn ich habe in keinem Hause ge-
wohnt von dem Tage an, als ich Israel
herausführte, bis auf diesen Tag, son-
dern ich bin umhergezogen von Zelt zu
Zelt und von Wohnung zu Wohnung.
6 Habe ich jemals, solange ich mit ganz
Israel umherzog, zu einem der Richter
in Israel, denen ich gebot zu weiden
mein Volk, ein Wort gesagt und gespro-
chen: Warum baut ihr mir nicht ein Ze-
7 dernhaus? So sprich nun zu meinem
Knecht David: So spricht der HERR
Zebaot: Ich habe dich von der Weide
hinter den Schafen weggenommen, daß
du ein Fürst über mein Volk Israel sein
8 solltest, und ich bin mit dir gewesen,
wo du hingegangen bist, und habe dei-
ne Feinde ausgerottet vor dir und dir
einen Namen gemacht, wie die Großen
auf Erden Namen haben. Und ich will 9
meinem Volk Israel eine Stätte geben
und will es pflanzen, daß es dort woh-
nen soll, und es soll sich nicht mehr
ängstigen, und die Gewalttätigen sollen
es nicht mehr bedrängen wie vormals
und zu den Zeiten, als ich Richter über 10
mein Volk Israel verordnete. Und ich
will alle deine Feinde demütigen und
verkündige dir, daß der HERR dir ein
Haus bauen will. *Wenn aber deine Tage* 11
um sind, daß du zu deinen Vätern hin-
gehst, so will ich dir einen Nachkommen,
einen deiner Söhne, erwecken; dem will
ich sein Königtum bestätigen. [a] *Der soll* 12
mir ein Haus bauen, und ich will seinen
Thron bestätigen ewiglich. Ich will sein 13
Vater sein, und er soll mein Sohn sein.
Und ich will meine Gnade nicht von
ihm wenden, wie ich sie von dem ge-
wandt habe, der vor dir war, sondern 14
ich will ihn einsetzen in mein Haus und
in mein Königtum ewiglich, daß sein
Thron beständig sei ewiglich.

a (*12 und 13*) Kap 22,10; 28,6

Davids Dankgebet

(vgl. 2.Sam 7,17-29)

Und als Natan nach all diesen Worten 15
und diesem Gesicht mit David geredet
hatte, kam der König David, ließ sich 16
vor dem HERRN nieder und sprach:
[a] Wer bin ich, HERR, Gott, und was ist
mein Haus, daß du mich bis hierher ge-
bracht hast? Aber das war dir noch zu 17
wenig, Gott, und du hast über das Haus
deines Knechtes auch von ferner Zu-
kunft geredet. Du hast mich schauen
lassen, wie ein Mensch ein Gesicht
empfängt, und hast mich hoch erhöht,
HERR, Gott. Was kann David noch 18
mehr zu dir sagen, da du deinen Knecht
so herrlich machst? Du kennst deinen
Knecht. HERR, um deines Knechtes 19
willen hast du nach deinem Herzen all
diese großen Dinge getan, daß du
kundtätest alle Herrlichkeit. HERR, kei- 20
ner ist dir gleich, und [b] es ist kein Gott
außer dir, nach allem, was wir mit un-
sern Ohren gehört haben. Und wo ist 21
ein Volk auf Erden wie dein Volk Israel,
um dessentwillen Gott hingegangen ist,
sich ein Volk zu erlösen, sich selbst
einen Namen zu machen durch große
und schreckliche Dinge und Völker
auszutreiben vor deinem Volk her, das
du aus Ägypten erlöst hast? Du hast dir 22
dein Volk Israel zum Volk gemacht für
ewig, und du, HERR, bist ihr Gott ge-

23 worden. Nun, HERR, das Wort, das du
über deinen Knecht und über sein
Haus geredet hast, werde wahr in
Ewigkeit, und tu, wie du geredet hast!
24 Und dein Name werde wahr und groß
ewiglich, daß man sage: Der HERR Ze-
baot, der Gott Israels, ist Gott in Israel;
und das Haus deines Knechtes David
25 sei beständig vor dir. Denn du, mein
Gott, hast das Ohr deines Knechtes
geöffnet und gesagt, daß du ihm ein
Haus bauen willst. Darum hat dein
Knecht den Mut gefunden, daß er vor
26 dir betet. Nun, HERR, du bist Gott und
hast deinem Knecht dies Gute zuge-
27 sagt. So fange nun an, zu segnen das
Haus deines Knechtes, daß es ewiglich
vor dir sei; denn [c] *was du,* HERR, *segnest,*
das ist gesegnet ewiglich.

a 1.Mose 32,11 *b* Jes 44,6 *c* 1.Mose 12,3

Davids Kriegsbeute wird für den Tempelbau bestimmt

(vgl. 2.Sam 8,1-14)

18 Danach schlug David die Philister und
demütigte sie und nahm Gat und seine
Ortschaften aus der Philister Hand.
2 Auch schlug er die Moabiter, so daß die
Moabiter David untertan wurden und
Abgaben brachten.
3 Er schlug auch Hadad-Eser, den Kö-
nig von Zoba, bis Hamat hin, als er aus-
zog, seine Macht aufzurichten am Eu-
4 fratstrom. Und David gewann ihm ab
tausend Wagen, siebentausend Reiter
und zwanzigtausend Mann zu Fuß.
Und David ließ alle Wagenpferde läh-
5 men und behielt hundert übrig. Und
die Aramäer von Damaskus kamen,
um Hadad-Eser, dem König|von Zo-
ba, zu helfen. Aber David schlug von
den Aramäern zweiundzwanzigtausend
6 Mann und setzte Statthalter ein im
Aramäerreich von Damaskus, und so
wurden die Aramäer David untertan
und gaben ihm Tribut; denn der HERR
7 half David, wo er auch hinzog. Und
David nahm die goldenen Schilde, die
Hadad-Esers Gefolge gehabt hatte,
8 und brachte sie nach Jerusalem. Auch
nahm David aus den Städten Hadad-
Esers, Tibhat und Kun, sehr viel Kup-
fer. Davon machte Salomo [a] das kup-
ferne Meer und [b] die Säulen und kup-
9 fernen Gefäße. Als aber Toï, der König
von Hamat, hörte, daß David die ganze
Streitmacht Hadad-Esers, des Königs
10 von Zoba, geschlagen hatte, sandte er
seinen Sohn Hadoram zum König Da-
vid und ließ ihn grüßen und ihm Segen
wünschen, daß er mit Hadad-Eser ge-
kämpft und ihn geschlagen hatte, denn
Toï führte Krieg mit Hadad-Eser; und
Hadoram brachte mit allerlei goldene,
silberne und kupferne Gefäße. Auch 11
diese heiligte der König David dem
HERRN wie auch das Silber und Gold,
das er den Heiden genommen hatte,
den Edomitern, Moabitern, Ammoni-
tern, Philistern und Amalekitern. Und 12
Abisai, der Sohn der Zeruja, schlug die
Edomiter im Salztal, achtzehntausend
Mann, und David setzte Statthalter in 13
Edom ein, so daß alle Edomiter David
untertan waren; denn der HERR half
David, wo er auch hinzog.

a 1.Kön 7,23 *b* 1.Kön 7,15

Davids Beamte

(vgl. 2.Sam 8,15-18)

So regierte David über ganz Israel und 14
schaffte Recht und Gerechtigkeit sei-
nem ganzen Volk. Joab, der Sohn der 15
Zeruja, war über das Heer gesetzt. Jo-
safat, der Sohn Ahiluds, war Kanzler.
Zadok, der Sohn Ahitubs, und [a] Abi- 16
melech, der Sohn Abjatars, waren Prie-
ster. Schawscha war Schreiber. Benaja, 17
der Sohn Jojadas, war über die Kreter
und Pleter gesetzt. Und die Söhne Da-
vids waren die Ersten an der Seite des
Königs.

a Kap 24,6

Davids Kampf mit den Ammonitern

(vgl. 2.Sam 10; 11,1; 12,26-31)

Und danach starb [a] Nahasch, der Kö- **19**
nig der Ammoniter, und sein Sohn
wurde König an seiner Statt. Da dachte 2
David: Ich will Hanun, dem Sohn des
Nahasch, Freundschaft erweisen, denn
sein Vater hat mir Freundschaft erwie-
sen, und sandte Boten hin, ihn zu trö-
sten über seinen Vater. Und als die Ge-
sandten Davids ins Land der Ammoni-
ter kamen zu Hanun, ihn zu trösten,
sprachen die Obersten der Ammoniter 3
zu Hanun: Meinst du, daß David dei-
nen Vater vor deinen Augen ehren wol-
le, wenn er Tröster zu dir gesandt hat?
Sind seine Gesandten nicht vielmehr
zu dir gekommen, um das Land zu er-
forschen, zu erkunden und auszuspä-
hen? Da nahm Hanun die Gesandten 4
Davids und schor sie und schnitt ihre
Kleider halb ab bis an die Lenden und
ließ sie gehen. Und sie gingen weg, und 5
man berichtete David über die Män-
ner. Er aber sandte ihnen entgegen,

denn die Männer waren sehr geschän-
det. Und der König ließ ihnen sagen:
Bleibt in Jericho, bis euer Bart gewach-
sen ist; dann kommt zurück.
6 Als aber die Ammoniter sahen, daß
sie bei David in Verruf gekommen wa-
ren, sandten Hanun und die Ammoni-
ter tausend Zentner Silber, um Männer
mit Streitwagen und Reiter anzuwer-
ben in Mesopotamien, im Aramäerland
7 von Maacha und in Zoba. Und sie war-
ben zweiunddreißigtausend Männer
mit Streitwagen an und den König von
Maacha mit seinem Volk. Die kamen
und lagerten sich vor Medeba. Und die
Ammoniter sammelten sich auch aus
ihren Städten und kamen zum Kampf.
8 Als das David hörte, sandte er Joab hin
9 mit dem ganzen Heer der Helden. Die
Ammoniter aber waren ausgezogen
und stellten sich zum Kampf auf vor
dem Tor der Stadt. Die Könige aber,
die gekommen waren, standen für sich
10 auf freiem Feld. Als nun Joab sah, daß
vor und hinter ihm sich der Kampf ge-
gen ihn richtete, erwählte er aus der
ganzen jungen Mannschaft in Israel
einen Teil und stellte sich gegen die
11 Aramäer. Das übrige Kriegsvolk aber
tat er unter die Hand seines Bruders
Abisai, daß sie sich gegen die Ammoni-
12 ter stellten, und sprach: Wenn mir die
Aramäer zu stark werden, so komm mir
zu Hilfe; wenn aber die Ammoniter dir
13 zu stark werden, will ich dir helfen. Sei
getrost und laß uns getrost handeln für
unser Volk und für die Städte unseres
Gottes. Der HERR tue, was ihm gefällt!
14 Und Joab rückte vor mit dem Volk, das
bei ihm war, gegen die Aramäer zu
15 kämpfen, und sie flohen vor ihm. Als
aber die Ammoniter sahen, daß die
Aramäer flohen, flohen sie auch vor sei-
nem Bruder Abisai und zogen in die
Stadt. Joab aber kam nach Jerusalem.
16 Als aber die Aramäer sahen, daß sie von
Israel geschlagen waren, sandten sie
Boten hin und ließen auch die Aramäer
jenseits des Stromes in den Kampf zie-
hen. Und Schobach, der Feldhaupt-
mann Hadad-Esers, zog vor ihnen her.
17 Als das David angesagt wurde, sam-
melte er ganz Israel und zog über den
Jordan. Und als er an sie herankam, rü-
stete er sich gegen sie. Und David stell-
te sich gegen die Aramäer zum Kampf,
18 und sie kämpften mit ihm. Aber die
Aramäer flohen vor Israel. Und David
vernichtete von den Aramäern sieben-
tausend Wagen und tötete vierzigtau-
send Mann zu Fuß; dazu tötete er
Schobach, den Feldhauptmann. Als 19
aber die Großen Hadad-Esers sahen,
daß sie von Israel geschlagen waren,
schlossen sie Frieden mit David und
wurden ihm untertan. Und die Ara-
mäer wollten den Ammonitern nicht
mehr helfen.

Und als das Jahr um war, zur Zeit, **20**
wenn die Könige ausziehen, führte
Joab die Heeresmacht aus und verwü-
stete das Land der Ammoniter und kam
und belagerte Rabba. David aber blieb
in Jerusalem. Und Joab schlug Rabba
und zerstörte es. Und David nahm ih- 2
rem König die Krone vom Haupt – und
es fand sich, daß sie einen Zentner Gold
wog und an ihr ein Edelstein war –, und
sie wurde auf Davids Haupt gesetzt.
Auch führte er aus der Stadt sehr viel
Beute weg. Aber das Volk darin führte 3
er heraus und ließ sie mit Sägen und ei-
sernen Hacken und Äxten Frondienste
leisten. So tat David mit allen Städten
der Ammoniter. Und David zog samt
dem Kriegsvolk wieder nach Jerusa-
lem.

a 1.Sam 11,1

Heldentaten in den Philisterkämpfen

(vgl. 2.Sam 21,18-22)

Danach erhob sich ein Krieg bei Geser 4
mit den Philistern. Damals erschlug
[a]Sibbechai, der Huschatiter, den Sip-
pai, der vom Geschlecht der Riesen
war, und sie wurden gedemütigt. Und 5
es erhob sich noch ein Krieg mit den
Philistern. Da erschlug Elhanan, der
Sohn Jaïrs, den Lachmi, den Bruder
Goliats, den Gatiter, dessen Spieß-
schaft wie ein Weberbaum war. Aber- 6
mals erhob sich ein Krieg bei Gat. Da
war ein großer Mann, der hatte je sechs
Finger und sechs Zehen, die machen
zusammen vierundzwanzig, und auch
er war vom Geschlecht der Riesen. Der 7
[b]sprach Israel hohn, aber Jonatan, der
Sohn Schimas, der ein Bruder Davids
war, erschlug ihn. Diese stammten vom 8
Geschlecht der Riesen in Gat und fie-
len durch die Hand Davids und seiner
Kriegsleute.

a Kap 27,11 *b* 1.Sam 17,10

Gott läßt David den Tempelplatz finden

(vgl. 2.Sam 24)

Und der Satan stellte sich gegen Israel **21**
und reizte David, daß er Israel zählen

2 ließe. Und David sprach zu Joab und
zu den Obersten des Volks: Geht hin,
zählt Israel von Beerseba bis Dan und
bringt mir Kunde, damit ich weiß, wie
3 viel ihrer sind. Joab sprach: Der HERR
tue zu seinem Volk, wie es jetzt ist, hun-
dertmal soviel hinzu! Aber, mein Herr
und König, sind sie nicht alle meinem
Herrn untertan? [a]Warum fragt denn
mein Herr danach? Warum soll eine
4 Schuld auf Israel kommen? Aber des
Königs Wort blieb fest gegenüber Joab.
Und Joab ging hin und zog durch ganz
Israel und kam nach Jerusalem zurück
5 und gab David die Zahl des gezählten
Volks an. Es waren von ganz Israel elf-
mal hunderttausend Mann, die das
Schwert trugen, und von Juda vierhun-
dertsiebzigtausend Mann, die das
6 Schwert trugen. Levi aber und Benja-
min zählte er nicht mit; denn Joab war
des Königs Wort ein Greuel.
7 Dies alles aber [b]mißfiel Gott sehr,
8 und er schlug Israel. Da sprach David
zu Gott: Ich habe schwer gesündigt,
daß ich das getan habe. Nun aber nimm
weg die Schuld deines Knechts; denn
9 ich habe sehr töricht getan. Und der
HERR redete mit Gad, dem Seher Da-
10 vids, und sprach: Geh hin, rede mit
David und sprich: So spricht der
HERR: Dreierlei lege ich dir vor; erwäh-
le dir eins davon, daß ich es dir tue.
11 Und als Gad zu David kam, sprach er
zu ihm: So spricht der HERR: Erwähle
12 dir entweder drei Jahre Hungersnot
oder drei Monate Flucht vor deinen
Widersachern und vor dem Schwert
deiner Feinde, daß es dich ergreife,
oder drei Tage das Schwert des HERRN
und Pest im Lande, daß der Engel des
HERRN Verderben anrichte im ganzen
Gebiet Israels. So sieh nun zu, was ich
antworten soll dem, der mich gesandt
13 hat. David sprach zu Gad: Mir ist sehr
angst, doch ich will in die Hand des
HERRN fallen, denn seine Barmherzig-
keit ist sehr groß; aber ich will nicht in
14 Menschenhände fallen. Da ließ der
HERR eine Pest über Israel kommen, so
daß siebzigtausend Menschen aus Is-
rael starben.
15 Und Gott sandte den Engel nach Je-
rusalem, es zu verderben. Aber wäh-
rend des Verderbens sah der HERR dar-
ein, und es reute ihn das Übel. Und er
sprach zum Engel, der das Verderben
anrichtete: Es ist genug; laß deine
Hand ab! Der Engel des HERRN aber
stand bei der Tenne Ornans, des Jebu-
siters. Und David hob seine Augen auf 16
und sah den Engel des HERRN stehen
zwischen Himmel und Erde und ein
bloßes Schwert in seiner Hand ausge-
streckt über Jerusalem. Da fielen David
und die Ältesten, mit Säcken angetan,
auf ihr Antlitz. Und David sprach zu 17
Gott: Bin ich's nicht, der das Volk zäh-
len ließ? Ich bin's doch, der gesündigt
und das Übel getan hat; diese Schafe
aber, was haben sie getan? HERR, mein
Gott, laß deine Hand gegen mich und
meines Vaters Haus sein und nicht ge-
gen dein Volk, es zu plagen.
Und der Engel des HERRN sprach zu 18
Gad, er solle David sagen, daß David
hinaufgehe und dem HERRN einen Altar
aufrichte auf der Tenne Ornans, des Je-
busiters. Da ging David hinauf nach 19
dem Wort Gads, das dieser geredet hat-
te in des HERRN Namen. Ornan aber 20
wandte sich um und sah den Engel und
versteckte sich und seine vier Söhne
mit ihm. Ornan aber drosch Weizen.
Als nun David zu Ornan kam, sah Or- 21
nan auf und ward David gewahr. Und
er ging von der Tenne weg und fiel vor
David zur Erde nieder auf sein Antlitz.
Und David sprach zu Ornan: Gib mir 22
den Platz der Tenne, daß ich dem
HERRN einen Altar darauf baue; für den
vollen Preis sollst du ihn mir geben, da-
mit die Plage unter dem Volk aufhöre.
Ornan aber sprach zu David: Nimm 23
ihn dir und mache, mein Herr und Kö-
nig, wie dir's gefällt. Sieh, ich gebe
die Rinder zum Brandopfer und die
Dreschschlitten als Brennholz und
Weizen zum Speisopfer; das alles gebe
ich. Aber der König David sprach zu 24
Ornan: Nicht doch! Sondern für den
vollen Preis will ich's kaufen; denn ich
will nicht, was dein ist, für den HERRN
nehmen und will's nicht umsonst zum
Brandopfer haben. So gab David dem 25
Ornan für den Platz Gold im Gewicht
von sechshundert Lot. Und David bau- 26
te dem HERRN dort einen Altar und
opferte Brandopfer und Dankopfer.
Und als er den HERRN anrief, [c]erhörte
er ihn durch das Feuer, das vom Him-
mel fiel auf den Altar mit dem Opfer.
Und der HERR gebot dem Engel, daß er 27
sein Schwert in seine Scheide stecke.
Damals, als David sah, daß ihn der 28
HERR erhört hatte auf der Tenne Or-
nans, des Jebusiters, und er dort Opfer
darbrachte – aber die Wohnung des 29
HERRN, die Mose in der Wüste gemacht
hatte, und der Brandopferaltar waren

zu der Zeit [d]auf der Höhe bei Gibeon;
30 David aber konnte nicht hingehen und
vor ihn treten, um Gott zu befragen, so
erschrocken war er vor dem Schwert
22 des Engels des HERRN –, da sprach Da-
vid: [e]Hier soll das Haus Gottes, des
HERRN, sein, und dies der Altar für die
Brandopfer Israels.

a 2.Mose 30,12 *b* Kap 27,24 *c* 1.Kön 18,24
d 1.Kön 3,4; 2.Chr 1,3.6 *e* 2.Chr 3,1

David überträgt Salomo den Bau des Tempels

2 Und David ließ [a]die Fremdlinge ver-
sammeln, die im Land Israel waren,
und bestellte Steinmetzen, Steine zu
hauen, um das Haus Gottes zu bauen.
3 Und David schaffte viel Eisen herbei zu
Nägeln für die Türen der Tore und zu
Klammern und so viel Kupfer, daß es
4 nicht zu wiegen war, auch Zedernholz
ohne Zahl; denn die von Sidon und Ty-
rus brachten viel Zedernholz zu David.
5 Denn David dachte: [b]Mein Sohn Salo-
mo ist noch jung und zart; das Haus
aber, das dem HERRN gebaut werden
soll, soll groß sein, daß sein Name und
Ruhm erhoben werde in allen Landen.
Darum will ich ihm Vorrat schaffen. So
schaffte David viel Vorrat vor seinem
Tod.
6 [c]Und er rief seinen Sohn Salomo
und gebot ihm, dem HERRN, dem Gott
7 Israels, ein Haus zu bauen, und sprach
zu ihm: Mein Sohn, ich hatte im Sinn,
dem Namen des HERRN, meines Got-
8 tes, ein Haus zu bauen, aber das Wort
des HERRN kam zu mir: Du hast viel
Blut vergossen und große Kriege ge-
führt; darum sollst du meinem Namen
nicht ein Haus bauen, weil du vor mir
so viel Blut auf die Erde vergossen hast.
9 Siehe, der Sohn, der dir geboren wer-
den soll, der wird ein Mann der Ruhe
sein; denn ich will ihm Ruhe schaffen
vor allen seinen Feinden ringsumher.
Er soll Salomo heißen; denn ich will Is-
rael Frieden und Ruhe geben, solange
10 er lebt. Der soll meinem Namen ein
Haus bauen. Er soll mein Sohn sein,
und ich will sein Vater sein. Und ich
will seinen königlichen Thron über Is-
11 rael bestätigen ewiglich. So wird nun,
mein Sohn, der HERR mit dir sein, und
es wird dir gelingen, daß du dem
HERRN, deinem Gott, ein Haus baust,
12 wie er von dir gesagt hat. Auch wird der
HERR dir geben Klugheit und Verstand
und wird dich bestellen über Israel, daß
du haltest das Gesetz des HERRN, dei-
nes Gottes. Dann aber wird es dir ge- 13
lingen, [d]wenn du die Gebote und
Rechte befolgst, die der HERR dem
Mose für Israel geboten hat. Sei getrost
und unverzagt, fürchte dich nicht und
laß dich nicht erschrecken! Siehe, [e]ich 14
habe in meiner Mühsal herbeigeschafft
für das Haus des HERRN hunderttau-
send Zentner Gold und tausendmal
tausend Zentner Silber, dazu Kupfer
und Eisen, das nicht zu wiegen ist, denn
es ist zu viel; auch Holz und Steine
habe ich herbeigeschafft, davon kannst
du noch mehr anschaffen. Auch hast du 15
viel Arbeiter, Steinmetzen und Leute,
die in Stein und Holz arbeiten, und al-
lerlei Meister für jede Arbeit in Gold, 16
Silber, Kupfer und Eisen, ohne Zahl.
So mache dich auf und richte es aus!
Der HERR wird mit dir sein.
Und David gebot allen Oberen Is- 17
raels, seinem Sohn Salomo zu helfen.
Ist nicht der HERR, euer Gott, mit euch 18
und [f]hat euch Ruhe gegeben ringsum-
her? Denn er hat die Bewohner des
Landes in meine Hand gegeben, und
das Land ist unterworfen dem HERRN
und seinem Volk. So richtet nun euer 19
Herz und euren Sinn darauf, den
HERRN, euren Gott, zu suchen. Und
macht euch auf und baut Gott, dem
HERRN, ein Heiligtum, daß man die
Lade des Bundes des HERRN und die
heiligen Geräte Gottes in das Haus
bringe, das dem Namen des HERRN ge-
baut werden soll.

a 2.Chr 2,16.17 *b* Kap 29,1 *c* (6-10)
Kap 17,1-14; 28,2-7 *d* 1.Kön 2,2.3 *e* Kap 29,2
f Vers 9; Kap 23,25

Die Leviten, ihre Abteilungen und Ämter

Als David alt und lebenssatt war, 23
machte er seinen Sohn Salomo zum
König über Israel[a] und versammelte 2
alle Oberen Israels und die Priester und
Leviten.
Und man zählte die Leviten von 3
dreißig Jahren an und darüber, und die
Zahl der Männer, nach Köpfen abge-
zählt, betrug achtunddreißigtausend.
Von diesen wurden vierundzwanzig- 4
tausend für die Arbeit am Hause des
HERRN verordnet und sechstausend zu
Amtleuten und Richtern und viertau- 5
send zu Torhütern und viertausend zu
Sängern des HERRN mit den Instru-
menten, die David zum Lobgesang hat-
te machen lassen.
Und David teilte sie in Ordnungen 6

ein, [b]nach den Söhnen Levis: Gerson,
7 Kehat und Merari. Die Gersoniter wa-
8 ren Ladan und Simeï, die Söhne [c]La-
dans: Jehiël, der Erste, ferner Setam
9 und Joel, diese drei. Söhne Simeïs wa-
ren: Schelomit, Hasiël und Haran,
diese drei. Diese waren die Häupter der
10 Sippen von Ladan. Simeïs Söhne wa-
ren: Jahat, Sisa, Jëusch und Beria.
11 Diese vier waren Simeïs Söhne. Jahat
aber war der Erste, Sisa der Zweite.
Aber Jëusch und Beria hatten nicht vie-
le Söhne, darum galten sie als *eine* Sip-
pe, eine Dienstgruppe.
12 Die Söhne [d]Kehats waren: Amram,
Jizhar, Hebron und Usiël, diese vier.
13 Die [e]Söhne Amrams waren: Aaron und
Mose. [f]Aaron aber wurde ausgeson-
dert, daß er heilige das Hochheilige, er
und seine Söhne für alle Zeiten, zu
opfern vor dem HERRN und ihm zu die-
nen und [g]zu segnen im Namen des
14 Herrn für alle Zeiten. Aber die Söhne
des Mose, des Mannes Gottes, wurden
15 gerechnet zum Stamm der Leviten. Die
Söhne des Mose waren: [h]Gerschom
16 und Eliëser; der Sohn Gerschoms:
17 [i]Schubaël, der Erste. [j]Der Sohn Elië-
sers: Rehabja, der Erste. Und Eliëser
hatte keine andern Söhne. Aber die
Söhne Rehabjas waren überaus viele.
18 Der Sohn Jizhars war: Schelomit, der
19 Erste. Die Söhne Hebrons waren: Je-
ria, der Erste, Amarja, der zweite Sohn,
Jahasiël, der dritte, und Jekamam, der
20 vierte. Die Söhne Usiëls waren: Micha,
der Erste, und Jischia, der zweite Sohn.
21 Die Söhne [k]Meraris waren: Machli
und Muschi. Die Söhne Machlis wa-
22 ren: Eleasar und Kis. Eleasar aber starb
und hatte keine Söhne, sondern nur
Töchter; und die Söhne des Kis, ihre
23 Vettern, nahmen sie zu Frauen. Die
Söhne Muschis waren: Machli, Eder
und Jeremot, diese drei.
24 Das sind die Söhne Levi nach ihren
Sippen, nämlich die Häupter der Sip-
pen, gemustert und Mann für Mann
nach den Namen aufgezählt, die das
Amt im Hause des HERRN verrichteten,
von zwanzig Jahren an und darüber.
25 Denn David sprach: Der HERR, der
Gott Israels, hat seinem Volk Ruhe ge-
geben und [l]wird zu Jerusalem wohnen
26 ewiglich. So brauchten auch die Söhne
Levi die Wohnung nicht mehr zu tra-
gen mit allem Gerät für ihren Dienst –
27 denn nach den späteren Ordnungen
Davids wurden die Leviten gezählt von
28 zwanzig Jahren an und darüber –, son-
dern sie sollten stehen zur Seite der
Söhne Aaron zum Dienst im Hause des
HERRN in den Vorhöfen und Kammern
und zur Reinigung alles Heiligen und
zu allem Dienst im Hause Gottes, für 29
Schaubrote, für feinstes Mehl zum
Speisopfer, für die ungesäuerten Fla-
den, für die Pfanne, fürs Rösten und für
alles Gewicht und Maß. Und an jedem 30
Morgen sollten sie stehen, den HERRN
zu loben und ihm zu danken, und eben-
so an jedem Abend, und alle Brand- 31
opfer dem HERRN zu opfern an den
Sabbaten, Neumonden und Festen
nach der vorgeschriebenen Zahl, täg-
lich vor dem HERRN; so sollten sie den 32
Dienst versehen an der Stiftshütte, am
Heiligtum sowie an den Söhnen Aaron,
ihren Brüdern, damit zu dienen im
Hause des HERRN.

a 1.Kön 1,28-40 *b* Kap 6,1 *c* Kap 26,21
d Kap 5,28 *e* Kap 5,29 *f* Kap 6,34; 5.Mose 10,8
g 4.Mose 6,24-27 *h* 2.Mose 18,3.4 *i* Kap 26,24
j *(17-23)* Kap 24,21-30 *k* Kap 6,4 *l* Joel 4,21

Die vierundzwanzig Abteilungen der Priester

Dies waren die [a]Ordnungen der Söhne **24**
Aaron. Die [b]Söhne Aarons waren: Na-
dab, Abihu, Eleasar und Itamar. Aber 2
[c]Nadab und Abihu starben vor ihrem
Vater und hatten keine Söhne. Und
[d]Eleasar und Itamar wurden Priester.
Und David zusammen mit Zadok von 3
den Söhnen Eleasar und mit Ahimelech
von den Söhnen Itamar [e]teilte sie ein
nach ihrer Dienstgruppe und ihrem
Amt. Und es fand sich bei den Söhnen 4
Eleasar eine größere Zahl an Männern
als bei den Söhnen Itamar. Und sie teil-
ten sie ein: Von den Söhnen Eleasar
sechzehn Sippenhäupter und von den
Söhnen Itamar acht Sippenhäupter.
Und sie teilten sie beide durchs Los; 5
denn es waren Oberste im Heiligtum
und Oberste vor Gott unter den Söh-
nen Eleasar und unter den Söhnen Ita-
mar. Und der Schreiber Schemaja, der 6
Sohn Natanaels, ein Levit, schrieb sie
auf vor dem König und vor den Oberen
und vor dem Priester Zadok und vor
[f]Ahimelech, dem Sohn Abjatars, und
vor den Sippenhäuptern der Priester
und Leviten, nämlich je zwei Sippen
für Eleasar und eine für Itamar. Und 7
das erste Los fiel auf Jojarib, das zweite
auf Jedaja, das dritte auf Harim, das 8
vierte auf Seorim, das fünfte auf Mal- 9
kia, das sechste auf Mijjamin, das sie- 10
bente auf Hakkoz, das achte auf [g]Abia,
das neunte auf Jeschua, das zehnte auf 11

12 Schechanja, das elfte auf Eljaschib, das
13 zwölfte auf Jakim, das dreizehnte auf
Huppa, das vierzehnte auf Jeschebab,
14 das fünfzehnte auf Bilga, das sechzehn-
15 te auf Immer, das siebzehnte auf Hesir,
16 das achtzehnte auf Happizzez, das
neunzehnte auf Petachja, das zwanzig-
17 ste auf Jeheskel, das einundzwanzigste
auf Jachin, das zweiundzwanzigste auf
18 Gamul, das dreiundzwanzigste auf De-
laja, das vierundzwanzigste auf Maasja.
19 Das sind ihre Dienstgruppen nach ih-
rem Amt, in das Haus des HERRN zu ge-
hen nach der Vorschrift, die ihnen ihr
Vater Aaron gegeben hat, wie ihm der
HERR, der Gott Israels, geboten hatte.

a Kap 23,6 *b* Kap 5,29 *c* 3.Mose 10,1.2
d 3.Mose 10,12 *e* 2.Chr 8,14 *f* Kap 18,16
g Lk 1,5

Die Familien der Leviten

20 Von den andern Söhnen Levi waren
da: von den Söhnen Amram: Schubaël,
von den Söhnen Schubaëls: Jechdeja;
21 [a]von den Söhnen Rehabjas war der Er-
22 ste Jischia; von den Jizharitern:
Schelomot; von den Söhnen Schelo-
23 mots: Jahat. Die Söhne Hebrons wa-
ren: Jeria, der Erste, Amarja, der zwei-
te Sohn, Jahasiël, der dritte, Jekamam,
24 der vierte; die Söhne Usiëls waren: Mi-
cha, von den Söhnen Michas: Schamir.
25 Der Bruder Michas war Jischia, von
26 den Söhnen Jischias: Sacharja. Die
Söhne Merari waren: Machli und Mu-
schi und die Söhne Jaasias, seines Soh-
27 nes. Die Söhne Merari von Jaasia, sei-
nem Sohn, waren: Schoham, Sakkur
28 und Ibri, von Machli: Eleasar; der hat-
29 te keine Söhne. Von Kis, von den Söh-
30 nen des Kis war: Jerachmeel. Die Söh-
ne Muschis waren: Machli, Eder und
Jeremot.
Das sind die Leviten nach ihren Sip-
31 pen. Und man warf auch für sie das Los
wie für ihre Brüder, die Söhne Aaron,
vor König David und vor Zadok und
Ahimelech und vor den Sippenhäup-
tern der Priester und Leviten [b]für den
jüngsten Bruder ebenso wie für das
Sippenhaupt.

a (21-30) Kap 23,17-23; 26,23 *b* Kap 25,8

Die vierundzwanzig Abteilungen der Sänger

25 Und David und die Feldhauptleute
sonderten aus zum Dienst die Söhne
[a]Asafs, Hemans und Jedutuns, pro-
phetische Männer, die auf Harfen,
Psaltern und Zimbeln spielen sollten.
Und es war die Zahl derer, die Dienst
taten in ihrem Amt: Von den Söhnen 2
Asafs: Sakkur, Josef, Netanja, Asarela,
Söhne Asafs, unter der Leitung Asafs,
der als prophetischer Mann nach An-
weisung des Königs spielte. Von Jedu- 3
tun: Jedutuns Söhne: Gedalja, Zeri,
Jesaja, Haschabja, Mattitja, Simeï,
diese sechs, unter der Leitung ihres Va-
ters Jedutun, der als prophetischer
Mann auf der Harfe spielte, dem
HERRN zu danken und ihn zu loben.
Von Heman: Hemans Söhne: Bukkia, 4
Mattanja, Usiël, Schubaël, Jerimot,
Hananja, Hanani, Eliata, Giddalti, Ro-
mamti-Eser, Joschbekasa, Malloti, Ho-
tir und Mahasiot. Diese alle waren Söh- 5
ne Hemans, des [b]Sehers des Königs
nach der Zusage Gottes, sein Haupt zu
erhöhen; denn Gott hatte Heman vier-
zehn Söhne und drei Töchter gegeben.
Diese alle sangen unter der Leitung ih- 6
rer Väter Asaf, Jedutun und Heman im
Hause des HERRN mit Zimbeln, Psal-
tern und Harfen für den Dienst im
Hause Gottes nach Anweisung des Kö-
nigs. Und es war ihre Zahl mit ihren 7
Brüdern, die im Gesang des HERRN
geübt waren, allesamt Meister, zwei-
hundertachtundachtzig.
Und sie warfen das Los um ihre Äm- 8
ter, [c]für den Jüngeren wie für den Älte-
ren, für den Meister wie für den
Schüler. Und das erste Los fiel unter 9
Asaf auf Josef. Das zweite auf Gedalja
samt seinen Brüdern und Söhnen; ih-
rer waren zwölf. Das dritte auf Sakkur 10
samt seinen Söhnen und Brüdern; ih-
rer waren zwölf. Das vierte auf Zeri 11
samt seinen Söhnen und Brüdern; ih-
rer waren zwölf. Das fünfte auf Netanja 12
samt seinen Söhnen und Brüdern; ih-
rer waren zwölf. Das sechste auf Bukkia 13
samt seinen Söhnen und Brüdern; ih-
rer waren zwölf. Das siebente auf Asa- 14
rela samt seinen Söhnen und Brüdern;
ihrer waren zwölf. Das achte auf Jesaja 15
samt seinen Söhnen und Brüdern; ih-
rer waren zwölf. Das neunte auf Mat- 16
tanja samt seinen Söhnen und Brü-
dern; ihrer waren zwölf. Das zehnte auf 17
Simeï samt seinen Söhnen und Brü-
dern; ihrer waren zwölf. Das elfte auf 18
[d]Asarel samt seinen Söhnen und Brü-
dern; ihrer waren zwölf. Das zwölfte 19
auf Haschabja samt seinen Söhnen und
Brüdern; ihrer waren zwölf. Das drei- 20
zehnte auf Schubaël samt seinen Söh-
nen und Brüdern; ihrer waren zwölf.
Das vierzehnte auf Mattitja samt seinen 21

Söhnen und Brüdern; ihrer waren
22 zwölf. Das fünfzehnte auf Jeremot samt
seinen Söhnen und Brüdern; ihrer wa-
23 ren zwölf. Das sechzehnte auf Hananja
samt seinen Söhnen und Brüdern; ih-
24 rer waren zwölf. Das siebzehnte auf
Joschbekasa samt seinen Söhnen und
25 Brüdern; ihrer waren zwölf. Das acht-
zehnte auf Hanani samt seinen Söhnen
26 und Brüdern; ihrer waren zwölf. Das
neunzehnte auf Malloti samt seinen
Söhnen und Brüdern; ihrer waren
27 zwölf. Das zwanzigste auf Eliata samt
seinen Söhnen und Brüdern; ihrer wa-
28 ren zwölf. Das einundzwanzigste auf
Hotir samt seinen Söhnen und Brü-
29 dern; ihrer waren zwölf. Das zweiund-
zwanzigste auf Giddalti samt seinen
Söhnen und Brüdern; ihrer waren
30 zwölf. Das dreiundzwanzigste auf Ma-
hasiot samt seinen Söhnen und Brü-
31 dern; ihrer waren zwölf. Das vierund-
zwanzigste auf Romamti-Eser samt sei-
nen Söhnen und Brüdern; ihrer waren
zwölf.

a Kap 15,19 *b* 2.Chr 35,15 *c* Kap 24,31
d Kap 12,7

Bestellung der Torhüter

26 Von den [a]Ordnungen der Torhüter.
Von den Korahitern: Meschelemja,
der Sohn des Kore, von den Söhnen
2 Asafs. Die Söhne Meschelemjas waren
diese: der Erstgeborene Sacharja, der
zweite Sohn Jediaël, der dritte Sebadja,
3 der vierte Jatniël, der fünfte Elam, der
sechste Johanan, der siebente Eljoënai.
4 Die Söhne [b]Obed-Edoms waren diese:
der Erstgeborene Schemaja, der zweite
Sohn Josabad, der dritte Joach, der
5 vierte Sachar, der fünfte Natanael, der
sechste Ammiël, der siebente Isaschar,
der achte Pegulletai; denn Gott hatte
6 ihn gesegnet. Und seinem Sohn Sche-
maja wurden auch Söhne geboren, die
in ihren Sippen herrschten; denn es
7 waren angesehene Männer. Die Söhne
Schemajas waren: Otni, Refaël, Obed
und Elsabad und seine Brüder, angese-
hene Männer, Elihu und Samachja.
8 Diese alle gehörten zu den Söhnen
Obed-Edoms. Sie samt ihren Söhnen
und Brüdern, angesehene Männer, ge-
schickt zu Ämtern, waren zweiund-
9 sechzig von Obed-Edom. Meschelem-
jas Söhne und Brüder, angesehene
10 Männer, waren achtzehn. Die Söhne
Hosas, der zu den Söhnen Merari ge-
hörte, waren: der Erste Schimri – denn
der Erstgeborene war nicht mehr da,
daher machte ihn sein Vater zum Er-
sten –, der zweite Sohn Hilkia, der drit- 11
te Tebalja, der vierte Sacharja. Alle
Söhne und Brüder Hosas waren drei-
zehn. Diesen, den Ordnungen der Tor- 12
hüter, fiel nach der Zahl der Männer
das Amt zu wie ihren Brüdern, zu die-
nen im Hause des HERRN.
Und das Los wurde geworfen für die 13
kleinen wie für die großen Sippen über
ein jedes Tor. Das Los für den Osten 14
fiel auf Meschelemja. Auch für seinen
Sohn Sacharja, der ein kluger Ratgeber
war, warf man das Los, und es fiel für
ihn auf den Norden; für Obed-Edom 15
aber auf den Süden, und für seine Söh-
ne auf das Vorratshaus; für Schuppim 16
und Hosa auf den Westen beim Tor
Schallechet, wo die Straße hinaufgeht.
Jede Wache umfaßte: Im Osten für den 17
Tag sechs, im Norden für den Tag vier,
im Süden für den Tag vier, beim Vor-
ratshause aber je zwei, am Parbar aber 18
im Westen: vier an der Straße und zwei
am Parbar selbst. Dies sind die Ord- 19
nungen der Torhüter aus den Korahi-
tern und den Meraritern.

a 2.Chr 8,14; 35,15 *b* 2.Sam 6,11

Die levitischen Schatzmeister

Von den Leviten, ihren Brüdern, die 20
über die Schätze des Hauses Gottes ge-
setzt waren und über die Schätze, die
geheiligt wurden, waren da: die [a]Söhne 21
Ladan, die Nachkommen des Gersoni-
ters Ladan. Sie waren Häupter der Sip-
pen der Jehiëliter. Die Söhne der Jehië- 22
liter, Setam und sein Bruder Joel, wa-
ren über die Schätze des Hauses des
HERRN gesetzt. Von den Amramitern, 23
Jizharitern, Hebronitern und Usiëli-
tern war [b]Schubaël, der Sohn Ger- 24
schoms, des Sohnes des Mose, Vorste-
her der Schätze. Sein Bruder [c]Eliëser 25
hatte einen Sohn Rehabja; dessen Sohn
war Jesaja, dessen Sohn war Joram,
dessen Sohn war Sichri, dessen Sohn
war Schelomit. Dieser Schelomit und 26
seine Brüder waren gesetzt über alle
Schätze der geheiligten Gaben, die ge-
heiligt hatten der König David und die
Häupter der Sippen, die Obersten über
tausend und über hundert und die
Obersten im Heer. Aus der Kriegsbeu- 27
te hatten sie's geheiligt, um das Haus
des HERRN zu errichten. Auch alles, was 28
Samuel, der Seher, und Saul, der Sohn
des Kis, und Abner, der Sohn des Ner,
und Joab, der Sohn der Zeruja, gehei-

ligt hatten, alle diese geheiligten Gaben
waren unter der Hand Schelomits und
seiner Brüder.

a Kap 23,8 *b* Kap 23,16 *c* Kap 23,17

Die levitischen Amtleute und Richter

29 Von den Jizharitern waren Kenanja
und seine Söhne draußen in Israel zum
Dienst als Amtleute und Richter be-
30 stellt. Von den Hebronitern waren Ha-
schabja und seine Brüder, angesehene
Männer, tausendsiebenhundert zur
Verwaltung Israels westlich des Jordan
bestellt für alle Geschäfte des HERRN
31 und zum Dienst des Königs. Von den
Hebronitern bestellte David auch Jeria,
den Ersten, – unter den Nachkommen
Hebrons wurden in seinen Geschlech-
tern und Sippen im vierzigsten Jahr der
Herrschaft Davids angesehene Männer
gesucht und gefunden zu Jaser in Gi-
32 lead – und seine Brüder, angesehene
Männer, zweitausendsiebenhundert,
Häupter der Sippen, über die Rubeni-
ter, Gaditer und den halben Stamm
Manasse zu allem Dienst Gottes und
des Königs.

Die Führer der Abteilungen des Heeres, die Stammesfürsten und die königlichen Beamten

27 Dies sind die Männer Israels nach ihrer
Zahl, die Häupter der Sippen und die
Obersten über tausend und über hun-
dert und die Amtleute, die dem König
dienten. Von allen Ordnungen, die ab-
und zuzogen, jeden Monat eine, in allen
Monaten des Jahres, hatte jede vier-
undzwanzigtausend.

2 Über die erste Ordnung, für den er-
sten Monat, war gesetzt Jaschobam,
der Sohn Sabdiëls, und in seiner Ord-
nung waren vierundzwanzigtausend.
3 Er war von den Söhnen Perez und war
der Erste aller Hauptleute des Heeres
4 im ersten Monat. Über die Ordnung
des zweiten Monats war gesetzt Dodai,
der Ahoachiter, und Miklot war der
Vorsteher seiner Ordnung, und in sei-
ner Ordnung waren vierundzwanzig-
5 tausend. Der dritte Feldhauptmann,
für den dritten Monat, war [a]Benaja,
der Sohn des Hohenpriesters Jojada,
und in seiner Ordnung waren vierund-
6 zwanzigtausend. Das ist der Benaja, der
Held der Dreißig und über die Dreißig,
und seine Ordnung war unter seinem
7 Sohn Ammisabad. Der vierte, für den
vierten Monat, war [b]Asahel, Joabs
Bruder, und nach ihm sein Sohn Se-
badja, und in seiner Ordnung waren
vierundzwanzigtausend. Der fünfte, 8
für den fünften Monat, war Schamhut,
der Jisrachiter, und in seiner Ordnung
waren vierundzwanzigtausend. Der 9
sechste, für den sechsten Monat, war
[c]Ira, der Sohn des Ikkesch, aus Tekoa,
und in seiner Ordnung waren vierund-
zwanzigtausend. Der siebente, für den 10
siebenten Monat, war [d]Helez, der Pele-
titer, von den Söhnen Efraim, und in
seiner Ordnung waren vierundzwan-
zigtausend. Der achte, für den achten 11
Monat, war [e]Sibbechai, der Huschati-
ter, aus den Serachitern, und in seiner
Ordnung waren vierundzwanzigtau-
send. Der neunte, für den neunten Mo- 12
nat, war [f]Abiëser, der Anatotiter, von
den Söhnen Benjamin, und in seiner
Ordnung waren vierundzwanzigtau-
send. Der zehnte, für den zehnten Mo- 13
nat, war [g]Mahrai, der Netofatiter, aus
den Serachitern, und in seiner Ord-
nung waren vierundzwanzigtausend.
Der elfte, für den elften Monat, war 14
[h]Benaja, der Piratoniter, von den Söh-
nen Efraim, und in seiner Ordnung
waren vierundzwanzigtausend. Der 15
zwölfte, für den zwölften Monat, war
Heldai, der Netofatiter, von den Nach-
kommen Otniëls, und in seiner Ord-
nung waren vierundzwanzigtausend.

Über die Stämme Israels waren diese 16
gesetzt: bei den Rubenitern war Fürst:
Eliëser, der Sohn Sichris; bei den Si-
meonitern Schefatja, der Sohn Maa-
chas; bei den Leviten Haschabja, der 17
Sohn Kemuëls; bei den Aaronitern Za-
dok; bei Juda Elihu, einer der Brüder 18
Davids; bei Isaschar Omri, der Sohn
Michaels; bei Sebulon Jischmaja, der 19
Sohn Obadjas; bei Naftali Jeremot, der
Sohn Asriëls; bei den Söhnen Efraim 20
Hosea, der Sohn Asasjas; beim halben
Stamm Manasse Joel, der Sohn Peda-
jas; beim halben Stamm Manasse in 21
Gilead Iddo, der Sohn Sacharjas; bei
Benjamin Jaasiël, der Sohn Abners; bei 22
Dan Asarel, der Sohn Jerohams.

Das sind die Fürsten der Stämme Is-
raels.

Aber David nahm die Zahl derer 23
nicht auf, die zwanzig Jahre und darun-
ter waren; denn [i]der HERR hatte zuge-
sagt, Israel zu mehren wie die Sterne
am Himmel. Joab, der Sohn der Zeruja, 24
hatte angefangen zu zählen, aber er
vollendete es nicht; denn [j]deswegen
kam ein Zorn über Israel. Darum kam

die Zahl nicht in die Chronik des Kö-
nigs David.
25 Über die Vorräte des Königs war ge-
setzt Asmawet, der Sohn Adiëls, und
über die Vorräte auf dem Lande, in den
Städten, Dörfern und Türmen war ge-
26 setzt Jonatan, der Sohn Usias; über die
Ackerleute, die das Land bebauten, war
27 gesetzt Esri, der Sohn Kelubs; über die
Weinberge Simeï, der Ramatiter; über
die Vorräte an Wein in den Weinbergen
28 Sabdi, der Schifmiter; über die Ölbäu-
me und Maulbeerbäume im Hügelland
Baal-Hanan, der Gederiter; über die
29 Ölvorräte Joas; über die Rinder in der
Saron-Ebene Schitrai, der Saroniter,
aber über die Rinder in den Tälern
30 Schafat, der Sohn Adlais; über die Ka-
mele Obil, der Ismaeliter, über die Esel
31 Jechdeja, der Meronotiter; über die
Schafe Jasis, der Hagariter. Diese alle
waren Vorsteher über die Güter des
Königs David.
32 Jonatan aber, Davids Oheim, war
Ratgeber, ein verständiger und schrift-
kundiger Mann. Und Jehiël, der Sohn
Hachmonis, war bei den Söhnen des
33 Königs. [k]Ahitofel war auch Ratgeber
des Königs. [l]Huschai, der Arkiter, war
34 des Königs Freund. Nach Ahitofel wa-
ren es Jojada, der Sohn Benajas, und
Abjatar. [m]Joab aber war Feldhaupt-
mann des Königs.

a Kap 11,22-25 *b* Kap 11,26 *c* Kap 11,28 *d* Kap 11,27 *e* Kap 11,29; 20,4 *f* Kap 11,28 *g* Kap 11,30 *h* Kap 11,31 *i* 1.Mose 22,17 *j* Kap 21,7.14 *k* 2.Sam 15,12 *l* 2.Sam 15,37; 16,16 *m* 2.Sam 8,16

David stellt dem Volk Salomo als seinen Nachfolger vor

28 Und David versammelte nach Jerusa-
lem alle Oberen Israels, nämlich die
Fürsten der Stämme, die Obersten
über die Ordnungen, die dem König
dienten, die Obersten über tausend und
über hundert, die Vorsteher über die
Güter und Herden des Königs und sei-
ner Söhne, sowie die Kämmerer, die
Helden und alle angesehenen Männer.
2 [a]Und der König David stand auf und
sprach: Hört mir zu, meine Brüder und
mein Volk! Ich hatte mir vorgenom-
men, ein Haus zu bauen als Ruhestätte
für die Lade des Bundes des HERRN
und für den Schemel der Füße unseres
Gottes, und hatte mich angeschickt, es
3 zu bauen. Aber Gott ließ mir sagen:
[b]Nicht du sollst meinem Namen ein
Haus bauen; denn du bist ein Kriegs-
4 mann und hast Blut vergossen. Nun hat
der HERR, der Gott Israels, mich er-
wählt aus meines Vaters ganzem
Hause, daß ich König über Israel sein
sollte immerdar. Denn er hat [c]Juda er-
wählt zum Fürsten und im Stamm Juda
meines Vaters Haus, und [d]unter mei-
nes Vaters Söhnen hat er an mir Gefal-
len gehabt, daß er mich zum König
machte über ganz Israel. Und von allen 5
meinen Söhnen – denn der HERR hat
mir viele Söhne gegeben – [e]hat er mei-
nen Sohn Salomo erwählt, daß er sitzen
soll auf dem Thron des Königtums des
HERRN über Israel, und er hat zu mir 6
gesagt: [f]Dein Sohn Salomo soll mein
Haus und meine Vorhöfe bauen; denn
ich habe ihn mir erwählt zum Sohn,
und ich will sein Vater sein und will 7
sein Königtum bestätigen ewiglich,
wenn er daran festhält, zu tun nach
meinen Geboten und Rechten, wie es
heute geschieht. Nun denn – vor den 8
Augen ganz Israels, der Gemeinde des
HERRN, und vor den Ohren unseres
Gottes –: Haltet und sucht alle Gebote
des HERRN, eures Gottes, damit ihr das
gute Land besitzt und auf eure Kinder
nach euch für alle Zeiten vererbt! Und 9
du, mein Sohn Salomo, erkenne den
Gott deines Vaters und diene ihm mit
ganzem Herzen und mit williger Seele.
Denn der HERR erforscht alle Herzen
und versteht alles Dichten und Trach-
ten der Gedanken. [g]Wirst du ihn su-
chen, so wirst du ihn finden; [h]wirst du
ihn aber verlassen, so wird er dich ver-
werfen ewiglich! So sieh nun zu, denn 10
der HERR hat dich erwählt, daß du ein
Haus baust als Heiligtum. Sei getrost
und richte es aus!

a (2-7) Kap 2,6-10; Ps 99,5; 132,7 *b* 2.Sam 7,5 *c* 1.Mose 49,10 *d* 1.Sam 16,1.12 *e* 1.Kön 1,13 *f* Kap 17,11-14 *g* Jer 29,13.14 *h* 1.Kön 11,31.33

David gibt Salomo den Entwurf des Tempels

Und David gab seinem Sohn Salomo 11
[a]einen Entwurf für die Vorhalle des
Tempels und für seinen Bau, seine Ge-
mächer und Obergemächer und inne-
ren Kammern und für den Raum des
Gnadenthrones; dazu Entwürfe für al- 12
les, was ihm durch den Geist in den
Sinn gekommen war: für die Vorhöfe
am Hause des HERRN und alle Gemä-
cher ringsum, bestimmt für die Schätze
im Hause Gottes und für die Schätze
der geheiligten Gaben und für die Ord- 13
nungen der Priester und Leviten und
für alle Geschäfte und Geräte des

14 Dienstes im Hause des HERRN. Und er
setzte fest das Goldgewicht für alle Geräte je nach ihrem Zweck und alles Silbergewicht für alle Geräte je nach ih-
15 rem Zweck und das Gewicht für die
goldenen Leuchter und goldenen Lampen, für jeden Leuchter und seine Lampen sein Gewicht, auch für die silbernen Leuchter, für jeden Leuchter und seine Lampen, nach dem Zweck
16 eines jeden Leuchters. Auch setzte er
das Goldgewicht fest für die Tische der Schaubrote, für jeden Tisch sein Gewicht; ebenso auch das des Silbers für
17 die silbernen Tische; und für die Ga-
beln, Becken und Kannen von lauterem Gold und für die goldenen Becher, für jeden Becher sein Gewicht, und für die silbernen Becher, für jeden Becher sein
18 Gewicht, und für den Räucheraltar
vom allerlautersten Gold sein Gewicht. Auch gab er einen Entwurf des Thronwagens mit den goldenen Cherubim, die sich ausbreiteten und oben die Lade des Bundes des HERRN bedeck-
19 ten. – Das alles steht in einer Schrift,
gegeben von der Hand des HERRN, der mich unterwies über alle Werke des Entwurfes.

20 Und David sprach zu seinem Sohn
Salomo: [b]Sei getrost und unverzagt und richte es aus! Fürchte dich nicht und laß dich nicht erschrecken! Gott der HERR, mein Gott, wird mit dir sein und wird die Hand nicht abziehen und dich nicht verlassen, bis du jedes Werk für den Dienst im Hause des HERRN
21 vollendet hast. Siehe, da sind die Ord-
nungen der Priester und Leviten zu jedem Dienst im Hause Gottes; auch hast du zu jedem Werk Leute, die willig und weise sind zu jedem Dienst, dazu auch die Fürsten und alles Volk zu allem, was du tun wirst.

a 2.Mose 25,9 *b* Kap 22,13; 5.Mose 31,6

Reiche Beisteuer zum Tempelbau und Davids Dankgebet

29 Und der König David sprach zu der
ganzen Gemeinde: Gott hat [a]Salomo, einen meiner Söhne, erwählt, der noch jung und zart ist. Das Werk aber ist groß; denn es ist nicht die Wohnung eines Menschen, sondern Gottes, des
2 HERRN. Ich aber habe aus allen meinen
Kräften herbeigeschafft zum Hause Gottes Gold zu goldenem, Silber zu silbernem, Kupfer zu kupfernem, Eisen zu eisernem, Holz zu hölzernem Gerät, Onyxsteine und eingefaßte Steine, Rubine und bunte Steine und mancherlei Edelsteine und Marmorsteine die
Menge. Aus Wohlgefallen am Hause 3
meines Gottes aber und da ich noch eigenes Gut an Gold und Silber habe,
gebe ich für das Haus meines Gottes 4
außer allem, was ich schon zum heiligen Hause beschafft habe, dreitausend Zentner Ofirgold und siebentausend Zentner lauteres Silber, um die Wände
des Hauses zu überziehen,[b] daß golden 5
werde, was golden, und silbern, was silbern sein soll, und zu allem Werk durch die Hand der Werkmeister. Und wer ist nun willig, heute seine Hand mit einer
Gabe für den HERRN zu füllen? Da wa- 6
ren die Häupter der Sippen, die Fürsten der Stämme Israels, die Obersten über tausend und über hundert und die Vorsteher über des Königs Besitzun-
gen willig, und sie gaben zur Arbeit am 7
Hause Gottes fünftausend Zentner Gold und zehntausend Gulden und zehntausend Zentner Silber, achtzehntausend Zentner Kupfer und hundert-
tausend Zentner Eisen. Und wer im- 8
mer bei sich [c]edle Steine hatte, der gab sie zum Schatz des Hauses des HERRN unter die Hand Jehiëls, des Gersoniters.

Und das Volk war fröhlich, daß sie so 9
willig waren; denn sie gaben's dem HERRN freiwillig von ganzem Herzen. Und der König David war hoch er-
freut, und er lobte den HERRN vor der 10
ganzen Gemeinde und sprach:

Gelobt seist du, HERR, Gott Israels, unseres Vaters, von Ewigkeit zu Ewig-
keit! [d]Dein, HERR, ist die Majestät und 11
Gewalt, Herrlichkeit, Sieg und Hoheit. Denn alles, was im Himmel und auf Erden ist, das ist dein. Dein, HERR, ist das Reich, und du bist erhöht zum Haupt
über alles. Reichtum und Ehre kommt 12
von dir, du herrschest über alles. [e]In deiner Hand steht Kraft und Macht, in deiner Hand steht es, jedermann groß
und stark zu machen. Nun, unser Gott, 13
wir danken dir und rühmen deinen
herrlichen Namen. Denn was bin ich? 14
Was ist mein Volk, daß wir freiwillig so viel zu geben vermochten? Von dir ist alles gekommen, und von deiner Hand
haben wir dir's gegeben. Denn [f]wir 15
sind Fremdlinge und Gäste vor dir wie unsere Väter alle. Unser Leben auf Erden ist [g]wie ein Schatten und bleibet
nicht. HERR, unser Gott, all dies Viele, 16
das wir herbeigebracht haben, dir ein Haus zu bauen, deinem heiligen Na-

men, ist von deiner Hand gekommen,
17 es ist alles dein. *Ich weiß, mein Gott, daß*
du [h] *das Herz prüfst, und Aufrichtigkeit*
ist dir angenehm. Darum habe ich dies
alles aus aufrichtigem Herzen freiwillig
gegeben und habe jetzt mit Freuden ge-
sehen, wie dein Volk, das hier vor dir
steht, dir alles freiwillig gegeben hat.
18 HERR, Gott Abrahams, Isaaks und Is-
raels, unserer Väter, bewahre für im-
mer solchen Sinn und solche Gedanken
im Herzen deines Volks und richte ihre
19 Herzen auf dich! Und meinem Sohn
Salomo gib ein rechtschaffenes Herz,
daß er halte deine Gebote, Ordnungen
und Rechte und daß er alles ausführe
und diese Wohnung baue, die ich vor-
bereitet habe.
20 Und David sprach zur ganzen Ge-
meinde: Lobet den HERRN, euren
Gott! Und die ganze Gemeinde lobte
den HERRN, den Gott ihrer Väter, und
sie neigten sich und fielen nieder vor
21 dem HERRN und vor dem König und
opferten dem HERRN Schlachtopfer.
Und am andern Morgen opferten sie
dem HERRN Brandopfer, tausend junge
Stiere, tausend Widder, tausend Läm-
mer und ihre Trankopfer, sowie
Schlachtopfer in Menge für ganz Is-
22 rael. Und sie aßen und tranken am sel-
ben Tage vor dem HERRN mit großen
Freuden und [i] machten zum zweiten-
mal Salomo, den Sohn Davids, zum
König und salbten ihn dem HERRN zum
Fürsten und Zadok zum Priester.

a Kap 22,5 *b* Kap 22,14; 2.Mose 35,4-9
c 2.Mose 35,27 *d* Offb 4,11; 5,13 *e* 2.Chr 20,6
f Ps 39,13; Hebr 11,13 *g* Hiob 14,2 *h* Ps 7,10
i Kap 23,1

Salomo wird König. Davids Tod

So [a] setzte sich Salomo auf den Thron 23
des HERRN als König an seines Vaters
David Statt und fand Anerkennung.
Und ganz Israel wurde ihm gehorsam.
Und alle Obersten und Helden, auch 24
alle Söhne des Königs David stellten
sich unter den König Salomo. Und der 25
HERR machte Salomo immer größer vor
ganz Israel und gab ihm ein herrliches
Königreich, wie es keiner vor ihm über
Israel gehabt hatte.
So ist nun David, der Sohn Isais, 26
König gewesen über ganz Israel. Die 27
Zeit aber, die er König über Israel ge-
wesen ist, ist vierzig Jahre. Zu Hebron
regierte er sieben Jahre und zu Jerusa-
lem dreiunddreißig Jahre.[b] Und er 28
starb in gutem Alter, [c] satt an Leben,
Reichtum und Ehre. Und sein Sohn
Salomo wurde König an seiner Statt.
Die Geschichte aber des Königs David, 29
die frühere und die spätere, siehe, die
steht geschrieben in der Geschichte Sa-
muels, des Sehers, und in der Ge-
schichte des Propheten Natan und in
der Geschichte [d] Gads, des Sehers,
dazu auch seine Regierung und seine 30
tapferen Taten sowie die Geschehnisse,
die über ihn und Israel und über die
Königreiche in allen Landen dahinge-
gangen sind.

a Kap 28,5; 1.Kön 1,34.35.39 *b* 1.Kön 2,11
c 1.Mose 25,8; 35,29; 2.Chr 24,15; Hiob 42,17
d Kap 21,9

DAS ZWEITE BUCH DER CHRONIK

Inhaltsübersicht

Salomos Opfer und sein Gebet um Weisheit

(vgl. 1.Kön 3,1-15)

1 Und [a] Salomo, der Sohn Davids, wurde
mächtig in seinem Königtum, und der
HERR, sein Gott, war mit ihm und
machte ihn immer größer. Und Salomo 2
redete mit ganz Israel, mit den Ober-
sten über tausend und über hundert,
mit den Richtern und mit allen Fürsten
in Israel, mit den Häuptern der Sippen,
daß sie hingingen, Salomo und die gan- 3
ze Gemeinde mit ihm, zu der [b] Höhe,

die bei Gibeon war; denn dort war die
Stiftshütte Gottes, die Mose, der
Knecht des HERRN, in der Wüste ge-
4 macht hatte. – Nur die Lade Gottes
hatte David heraufgebracht von Kirjat-
Jearim an den Ort, den er ihr bereitet
hatte; denn er hatte ihr ein Zelt aufge-
5 schlagen zu Jerusalem.[c] – Auch [d]der
kupferne Altar, den Bezalel, der Sohn
Uris, des Sohnes Hurs, gemacht hatte,
war dort vor der Wohnung des HERRN.
Und Salomo und die Gemeinde pfleg-
6 ten ihn aufzusuchen. Und Salomo op-
ferte vor dem HERRN tausend Brand-
opfer auf dem kupfernen Altar, der vor
der Stiftshütte stand.
7 In derselben Nacht aber erschien
Gott dem Salomo und sprach zu ihm:
8 Bitte, was ich dir geben soll. Und Salo-
mo sprach zu Gott: Du hast große
Barmherzigkeit an meinem Vater Da-
vid getan und hast mich an seiner Statt
9 zum König gemacht. So laß nun, HERR,
Gott, dein Wort an meinen Vater Da-
vid wahr werden; denn du hast mich
zum König gemacht über ein Volk, das
10 so viel ist wie Staub auf Erden. So gib
mir nun Weisheit und Erkenntnis, daß
ich vor diesem Volk aus- und eingehe;
denn wer kann dies dein großes Volk
11 richten? Da sprach Gott zu Salomo:
Weil du dies im Sinn hast und nicht ge-
beten um Reichtum noch um Gut noch
um Ehre noch um deiner Feinde Tod
noch um langes Leben, sondern hast
um Weisheit und Erkenntnis gebeten,
mein Volk zu richten, über das ich dich
12 zum König gemacht habe, so sei dir
Weisheit und Erkenntnis gegeben.
Dazu will ich dir Reichtum, Gut und
Ehre geben, wie sie die Könige vor dir
nicht gehabt haben und auch die nach
13 dir nicht haben werden. So kam Salo-
mo von der Höhe, die bei Gibeon war,
von der Stiftshütte, nach Jerusalem
und regierte über Israel.

a 1.Kön 2,12.46 *b* 1.Chr 16,39 *c* 1.Chr 13,6; 15,3.28; 16,1 *d* 2.Mose 38,1-8

Salomos Heeresmacht und Reichtum

(vgl. 1.Kön 10,26-29)

14 Und Salomo brachte Wagen und Reiter
zusammen, so daß er tausendvier-
hundert Wagen und zwölftausend Rei-
ter hatte, und legte sie in die Wagen-
städte und zum König nach Jerusalem.
15 Und der König brachte es dahin, daß es
in Jerusalem so viel Silber und Gold
gab wie Steine und so viele Zedern wie
Maulbeerbäume im Hügelland. Und 16
man brachte Salomo Pferde aus Ägyp-
ten und aus Koë; die Kaufleute des Kö-
nigs kauften sie aus Koë zu ihrem Preis;
aus Ägypten aber brachten sie herauf 17
den Wagen für sechshundert Silber-
stücke und das Pferd für hundertfünf-
zig. Dann führten sie diese wieder aus
an alle Könige der Hetiter und an die
Könige von Aram.

Salomos Vertrag mit Hiram von Tyrus

(vgl. 1.Kön 5,15-32)

*Und Salomo gedachte dem Namen 18
des HERRN ein Haus zu bauen und auch
ein Haus für sich als König.

Und Salomo zählte siebzigtausend **2**
ab, die Lasten tragen, und achtzigtau-
send, die im Gebirge Steine hauen soll-
ten, und dreitausendsechshundert Auf-
seher über sie. Und Salomo sandte zu 2
[a]Hiram, dem König von Tyrus, und
ließ ihm sagen: Wie du mit meinem Va-
ter David tatest und ihm Zedern sand-
test, daß er sich ein Haus baute, in dem
er wohnte, – siehe, ich will dem Namen 3
des HERRN, meines Gottes, ein Haus
bauen, das ihm geheiligt werde, um gu-
tes Räucherwerk vor ihm darzubringen
und ständig Schaubrote zuzurichten
und Brandopfer am Morgen und am
Abend, an den Sabbaten und Neumon-
den und an den Festen des HERRN, un-
seres Gottes, wie es allezeit für Israel
gilt. Und das Haus, das ich bauen will, 4
soll groß sein; denn [b]unser Gott ist grö-
ßer als alle Götter. Aber wer vermag es, 5
ihm ein Haus zu bauen? Denn [c]der
Himmel und aller Himmel Himmel
können ihn nicht fassen. Wer bin ich
denn, daß ich ihm ein Haus baue, es sei
denn, um vor ihm zu opfern? So sende 6
mir nun einen tüchtigen Mann, der mit
Gold, Silber, Kupfer, Eisen, rotem
Purpur, Scharlach und blauem Purpur
arbeiten kann und der Bildwerk zu
schnitzen versteht zusammen mit den
Meistern, die bei mir in Juda und Jeru-
salem sind und die mein Vater David
bestellt hat. Und sende mir Zedern-, 7
Zypressen- und Sandelholz vom Liba-
non; denn ich weiß, daß deine Leute
verstehen, das Holz auf dem Libanon
zu hauen. Und siehe, meine Leute sol-
len mit deinen Leuten sein, daß man 8
mir viel Holz zubereite; denn das Haus,
das ich bauen will, soll groß und präch-
tig sein. Und siehe, ich will den Holz- 9
hauern, deinen Leuten, die das Holz

behauen, zweihunderttausend Schef-
fel Weizen und zweihunderttausend
Scheffel Gerste und zwanzigtausend
Eimer Wein und zwanzigtausend Ei-
mer Öl zur Speise geben.
10 Da antwortete Hiram, der König von
Tyrus, in einem Brief und sandte zu
Salomo: Da der HERR sein Volk liebt,
hat er dich zum König über sie ge-
11 macht. Und Hiram schrieb weiter: Ge-
lobt sei der HERR, der Gott Israels, der
Himmel und Erde gemacht hat, daß er
dem König David einen weisen, klugen
und verständigen Sohn gegeben hat,
der dem HERRN ein Haus bauen will
und auch ein Haus für sich als König!
12 So sende ich nun einen tüchtigen und
verständigen Mann, [d]Hiram, meinen
13 Berater; er ist der Sohn einer Frau von
den Töchtern Dan, und sein Vater ist
ein Tyrer gewesen. Der [e]versteht zu ar-
beiten mit Gold, Silber, Kupfer, Eisen,
Steinen, Holz, rotem und blauem Pur-
pur, feiner Leinwand und Scharlach,
und Bildwerk zu schnitzen und alles,
was man ihm aufgibt, kunstreich zu
machen mit deinen Meistern und mit
den Meistern meines Herrn, des Kö-
14 nigs David, deines Vaters. Mein Herr
sende nun seinen Leuten, wie er gesagt
15 hat, Weizen, Gerste, Öl und Wein, so
wollen wir das Holz hauen auf dem Li-
banon, soviel du bedarfst, und wollen
es auf Flößen übers Meer nach Jafo
bringen. Von da mußt du es hinauf
nach Jerusalem schaffen.
16 [f]Und Salomo ließ alle Fremdlinge
im Lande Israel zählen, nachdem schon
sein Vater David sie gezählt hatte, und
17 es fanden sich 153600. Und er machte
von ihnen 70000 zu Trägern und 80000
zu Steinhauern im Gebirge und 3600
zu Aufsehern, die die Leute zum
Dienst anhielten.

a 1.Chr 14,1 *b* Ps 86,8 *c* Kap 6,18; 1.Kön 8,27
d 1.Kön 7,13 *e* 2.Mose 31,2-6 *f (16 und 17)* 1.Chr 22,2
*Kap 1,18: Abweichende Verszählung statt 1,18-2,17: 2,1-18.

Der Bau des Tempels
(vgl. 1.Kön 6)

3 Und Salomo fing an, das Haus des
HERRN zu bauen in Jerusalem auf dem
Berge Morija, wo der HERR seinem Va-
ter David erschienen war, an der Stätte,
die David auf der [a]Tenne Ornans, des
2 Jebusiters, zubereitet hatte. Im zweiten
Monat am zweiten Tage im vierten
Jahr seiner Herrschaft fing er an zu
3 bauen. Und dies sind die Maße, nach
denen Salomo das Haus Gottes baute:
die Länge sechzig Ellen nach altem
Maß, die Breite zwanzig Ellen. Und die 4
Vorhalle, die sich davor befand, war
nach der Breite des Hauses zwanzig El-
len lang, die Höhe aber war hundert-
zwanzig* Ellen, und er überzog sie in-
nen mit lauterem Gold. Die große Hal- 5
le aber täfelte er mit Zypressenholz und
überzog sie mit dem besten Gold und
brachte darauf Palmen und Blumen-
werk an. Und er zierte die Halle mit ed- 6
len Steinen zum Schmuck, das Gold
aber war Parwajim-Gold. Und er über- 7
zog die Halle, die Balken und die
Schwellen samt ihren Wänden und Tü-
ren mit Gold und ließ auf die Wände
Cherubim schnitzen. Er machte auch 8
den Raum des Allerheiligsten. Dessen
Länge war zwanzig Ellen nach der
Breite des Baues, und seine Breite war
auch zwanzig Ellen, und er überzog ihn
mit dem besten Gold, an sechshundert
Zentner; und er gab auch für die Nägel 9
fünfzig Lot Gold an Gewicht und über-
zog die Obergemächer mit Gold. Er 10
machte auch im Raum des Allerheilig-
sten zwei Cherubim, kunstreiche Wer-
ke, und überzog sie mit Gold. Und die 11
Länge der Flügel der Cherubim war
zwanzig Ellen, so daß ein Flügel fünf
Ellen hatte und die Wand des Hauses
berührte und der andere Flügel auch
fünf Ellen hatte und den Flügel des an-
dern Cherubs berührte. So hatte auch 12
der eine Flügel des andern Cherubs
fünf Ellen und berührte die Wand des
Hauses, und sein anderer Flügel hatte
auch fünf Ellen und berührte den Flü-
gel des andern Cherubs, so daß diese 13
Flügel der Cherubim zwanzig Ellen
weit ausgebreitet waren. Und sie stan-
den auf ihren Füßen, und ihr Antlitz
war zur Halle hingewandt. Er machte 14
auch einen Vorhang von blauem und
rotem Purpur, von Scharlach und fei-
ner Leinwand und brachte Cherubim
darauf an.[b]

a 1.Chr 21,18-26 *b* 2.Mose 26,31
*Vers 4: Nach anderer Überlieferung: zwanzig Ellen.

Die beiden Säulen vor dem Tempel
(vgl. 1.Kön 7,15-22)

Und er machte vor dem Hause zwei 15
Säulen, fünfunddreißig Ellen hoch,
und den Knauf oben darauf fünf Ellen
und machte Ketten zum Gitterwerk 16
und tat sie oben an die Säulen und
machte hundert Granatäpfel und tat sie

17 an die Ketten und richtete die Säulen
auf vor dem Tempel, eine zur Rechten
und die andere zur Linken, und nannte
die zur Rechten Jachin und die zur Lin-
ken Boas.

Beschreibung einzelner Geräte des Tempels

(vgl. 1.Kön 7,23-51)

4 Er machte auch einen [a]kupfernen Al-
tar, zwanzig Ellen lang und breit und
zehn Ellen hoch.
2 Und er machte das Meer, gegossen,
von einem Rand zum andern zehn El-
len breit, ganz rund, fünf Ellen hoch,
und eine Schnur von dreißig Ellen
3 konnte es umspannen. Und unter ihm
umgaben es ringsum Gestalten, Rin-
dern vergleichbar; und es waren um
das Meer her zehn Knoten je Elle; zwei
Reihen bildeten die Knoten, die bei
4 dem Guß mit angegossen waren. Es
stand aber auf zwölf Rindern, von de-
nen drei nach Norden gewandt waren,
drei nach Westen, drei nach Süden und
drei nach Osten, und das Meer stand
oben auf ihnen; und ihre Hinterteile
5 waren alle nach innen gekehrt. Die
Stärke seiner Wand war eine Hand
breit, und sein Rand war wie eines Be-
chers Rand, wie eine aufgegangene Li-
lie, und es faßte dreitausend Eimer.
6 Und er machte zehn Kessel. Von
ihnen stellte er fünf zur Rechten und
fünf zur Linken, um in ihnen zu wa-
schen – nämlich was zum Brandopfer
gehört, sollte man darin abspülen –; das
Meer aber stellte er auf, daß sich die
Priester darin waschen sollten.
7 Er machte auch zehn [b]goldene
Leuchter, wie sie sein sollten, und stell-
te sie in die Tempelhalle, fünf zur
8 Rechten und fünf zur Linken, und
machte zehn Tische und tat sie in die
Tempelhalle, fünf zur Rechten und
fünf zur Linken, und machte hundert
goldene Schalen.
9 Er machte auch einen Vorhof für die
Priester und einen großen Vorhof und
Türen für den Vorhof und überzog die
10 Türen mit Kupfer und setzte das Meer
rechts vor das Haus nach Süden hin.
11 Und Hiram machte Töpfe, Schau-
feln und Becken.
Danach vollendete Hiram die Arbeit,
die er für den König Salomo tat am
12 Hause Gottes, nämlich die zwei Säulen
mit den kugligen Knäufen oben auf
beiden Säulen und die zwei Gitterwer-
ke, zu bedecken beide kugligen Knäufe
oben auf den Säulen, und die vierhun- 13
dert Granatäpfel an den beiden Gitter-
werken, zwei Reihen Granatäpfel an je-
dem Gitterwerk, zu bedecken beide
kugligen Knäufe, die oben auf den Säu-
len waren. Auch machte er die Gestelle 14
und die Kessel auf den Gestellen und 15
das Meer und die zwölf Rinder darun-
ter; dazu machte [c]Hiram, sein Berater, 16
dem König Salomo Töpfe, Schaufeln,
Gabeln samt allen Gefäßen für das
Haus des HERRN von geglättetem Kup-
fer. In der Gegend des unteren Jordan 17
ließ sie der König gießen in der Gieße-
rei von Adama, zwischen Sukkot und
Zereda. Und Salomo machte sehr viele 18
von allen diesen Geräten, so daß das
Gewicht des Kupfers nicht zu erfor-
schen war. Und Salomo machte alles 19
Gerät für das Haus Gottes, nämlich
den goldenen Altar und die Tische mit
den Schaubroten darauf, die Leuchter 20
mit ihren Lampen von lauterem Gold,
daß sie brennen vor dem Chorraum
nach der Ordnung. Und die Blumen 21
und die Lampen und die Scheren wa-
ren golden, das war alles ganz aus Gold;
auch die Messer, Schalen, Löffel und 22
Pfannen waren von lauterem Gold.
Und an den Eingängen des Hauses wa-
ren die inneren Türen zum Allerheilig-
sten und die Türen zur Tempelhalle
aus Gold.
Also wurde alle Arbeit vollbracht, **5**
die Salomo am Hause des HERRN tat.
Und Salomo brachte hinein [d]alles, was
sein Vater David geheiligt hatte, und
[e]legte das Silber und Gold und alle Ge-
räte in den Schatz im Hause Gottes.

a Kap 7,7 *b* 2.Mose 37,17-24 *c* Kap 2,12
d 1.Chr 18,11 *e* 1.Chr 29,2-4

Einweihung des Tempels

(vgl. 1.Kön 8,1-11)

Da versammelte Salomo alle Ältesten 2
Israels, alle Häupter der Stämme und
die Fürsten der Sippen Israels in Jeru-
salem, damit sie die Lade des Bundes
des HERRN hinaufbrächten aus der
Stadt Davids, das ist Zion. Und es ver- 3
sammelten sich beim König alle Män-
ner Israels [a]zum Fest, das im siebenten
Monat gefeiert wird. Und es kamen alle 4
Ältesten Israels, und die Leviten hoben
die Lade auf und brachten sie hinauf 5
samt der Stiftshütte und allem heiligen
Gerät, das in der Stiftshütte war; es
brachten sie hinauf die Priester und Le-
viten. Aber der König Salomo und die 6
ganze Gemeinde Israel, die bei ihm vor

der Lade versammelt war, opferten
Schafe und Rinder so viel, daß es nie-
mand zählen noch berechnen konnte.
7 So brachten die Priester die Lade des
Bundes des HERRN an ihre Stätte, in
den Chorraum des Hauses, in das Al-
lerheiligste, unter die Flügel der Che-
8 rubim, daß die Cherubim ihre Flügel
ausbreiteten über die Stätte der Lade.
Und die Cherubim bedeckten die Lade
9 und ihre Stangen von obenher. Die
Stangen aber waren so lang, daß man
ihre Enden vor dem Chorraum in der
Tempelhalle sah, aber von außen sah
man sie nicht. Und sie war dort bis auf
10 diesen Tag. Und [b]es war nichts in der
Lade außer den zwei Tafeln, die Mose
am Horeb hineingelegt hatte, die Ta-
feln des Bundes, den der HERR mit Is-
rael geschlossen hatte, als sie aus Ägyp-
11 ten zogen. Und die Priester gingen her-
aus aus dem Heiligtum – denn alle Prie-
ster, die sich eingefunden hatten, hat-
ten sich geheiligt, ohne daß sie sich an
12 [c]die Ordnungen hielten –, und alle
Leviten, die [d]Sänger waren, nämlich
[e]Asaf, [f]Heman und Jedutun und ihre
Söhne und Brüder, angetan mit feiner
Leinwand, standen östlich vom Altar
mit Zimbeln, Psaltern und Harfen und
bei ihnen hundertundzwanzig Priester,
13 die mit Trompeten bliesen. Und es
war, als wäre es *einer*, der trompetete
und sänge, als hörte man *eine* Stimme
loben und danken dem HERRN. Und als
sich die Stimme der Trompeten, Zim-
beln und Saitenspiele erhob und man
den HERRN lobte: [g]»Er ist gütig, und
seine Barmherzigkeit währt ewig«, da
wurde das Haus des HERRN erfüllt mit
14 einer Wolke, so daß die Priester nicht
zum Dienst hinzutreten konnten wegen
der Wolke; denn [h]die Herrlichkeit des
HERRN erfüllte das Haus Gottes.

a 3.Mose 23,34 *b* 5.Mose 10,5; Hebr 9,4
c Kap 8,14; Lk 1,8.9 *d* 1.Chr 15,19
e 1.Chr 16,37 *f* 1.Chr 16,41.42 *g* 1.Chr 16,34;
Ps 106,1 *h* Kap 7,1-3; 2.Mose 40,35

Salomos Gebet bei der Einweihung des Tempels

(vgl. 1.Kön 8,12-53)

6 Da sprach Salomo: Der HERR hat ge-
2 sagt, er wolle im Dunkel wohnen. So
habe ich nun ein Haus gebaut dir zur
Wohnung und einen Sitz, da du ewig-
lich wohnest.

3 Und der König wandte sein Antlitz
und segnete die ganze Gemeinde Israel,
4 während sie stand, und sprach: Gelobt
sei der HERR, der Gott Israels, der
durch seinen Mund meinem Vater Da-
vid zugesagt und es mit seiner Hand er-
füllt hat, als er sagte: Seit der Zeit, da 5
ich mein Volk aus Ägyptenland geführt
habe, habe ich keine Stadt erwählt aus
allen Stämmen Israels, ein Haus zu
bauen, daß mein Name daselbst sein
sollte, und habe auch keinen Mann er-
wählt, daß er Fürst sein sollte über
mein Volk Israel; aber Jerusalem habe 6
ich erwählt, daß mein Name daselbst
sei, und David habe ich erwählt, daß er
über mein Volk Israel Herr sei. Und als 7
mein Vater David im Sinn hatte, dem
Namen des HERRN, des Gottes Israels,
ein Haus zu bauen,[a] sprach der HERR 8
zu meinem Vater David: Du hast wohl-
getan, daß du im Sinn hast, meinem
Namen ein Haus zu bauen. Doch nicht 9
du sollst das Haus bauen, sondern dein
Sohn, der von dir kommen wird, soll
meinem Namen das Haus bauen. So 10
hat nun der HERR sein Wort wahr ge-
macht, das er geredet hat; denn ich bin
zur Macht gekommen an meines Vaters
David Statt und sitze auf dem Thron
Israels, wie der HERR zugesagt hat, und
[b]habe dem Namen des HERRN, des
Gottes Israels, ein Haus gebaut und 11
habe die Lade hineingebracht, [c]in der
die Tafeln des Bundes des HERRN sind,
den er mit den Israeliten geschlossen
hat.

Und er trat vor den Altar des HERRN 12
angesichts der ganzen Gemeinde Israel
und breitete seine Hände aus – aber Sa- 13
lomo hatte eine Kanzel aus Kupfer ge-
macht und mitten in den Vorhof ge-
stellt, fünf Ellen lang und breit und drei
Ellen hoch; auf diese trat er und fiel
nieder auf seine Knie angesichts der
ganzen Gemeinde Israel und breitete
seine Hände aus gen Himmel – und 14
sprach: HERR, Gott Israels, es ist kein
Gott dir gleich weder im Himmel noch
auf Erden, der du hältst den Bund und
die Barmherzigkeit deinen Knechten,
die vor dir wandeln von ganzem Her-
zen. Du hast deinem Knecht David, 15
meinem Vater, gehalten, was du ihm
zugesagt hast; mit deinem Mund hast
du es geredet, und mit deiner Hand
hast du es erfüllt, so wie es heute ist.
Nun, HERR, Gott Israels, halte deinem 16
Knecht David, meinem Vater, [d]was du
ihm zugesagt hast: Es soll dir nicht feh-
len an einem Mann, der vor mir steht,
der auf dem Thron Israels sitzt, sofern
deine Söhne ihren Weg bewahren, daß
sie wandeln in meinem Gesetz, wie du

17 vor mir gewandelt bist. Nun, HERR,
Gott Israels, laß dein Wort wahr werden, das du deinem Knecht David zugesagt hast.
18 Aber sollte Gott wirklich bei den
Menschen auf Erden wohnen? Siehe,
[e]der Himmel und aller Himmel Himmel können dich nicht fassen; wie sollte
es dann dies Haus tun, das ich gebaut
19 habe? Wende dich aber, HERR, mein
Gott, zu dem Gebet deines Knechts
und zu seinem Flehen, daß du erhörest
das Bitten und Beten deines Knechtes
20 vor dir! Laß deine Augen offen sein
über diesem Hause Tag und Nacht,
über der Stätte, von der du gesagt hast,
[f]du wollest deinen Namen daselbst
wohnen lassen, daß du hörest das Gebet, das dein Knecht an dieser Stätte
21 beten wird. So höre nun das Flehen
deines Knechts und deines Volkes Israel, wenn sie bitten werden an dieser
Stätte; höre es von der Stätte deiner
Wohnung, vom Himmel her, und wenn
du es hörst, wollest du gnädig sein!
22 Wenn jemand an seinem Nächsten
sündigt und [g]es wird ihm ein Fluch
auferlegt, sich selbst zu verfluchen, und
er kommt und [h]verflucht sich vor dei-
23 nem Altar in diesem Hause, so wollest
du hören im Himmel und Recht schaffen deinen Knechten, daß du den Frevler als Frevler erkennen und seine Tat
auf sein Haupt kommen läßt, den aber,
der im Recht ist, gerecht sprichst und
ihm gibst nach seiner Gerechtigkeit.
24 Wenn dein Volk Israel [i]vor dem
Feind geschlagen wird, weil sie an dir
gesündigt haben, und sie bekehren sich
dann und bekennen deinen Namen,
bitten und flehen vor dir in diesem
25 Hause, so wollest du hören vom Himmel her und vergeben die Sünde deines
Volkes Israel und sie in das Land zurückbringen, das du ihnen und ihren
Vätern gegeben hast.
26 Wenn [j]der Himmel verschlossen ist,
daß es nicht regnet, weil sie an dir gesündigt haben, und sie beten dann an
dieser Stätte und bekennen deinen Namen und bekehren sich von ihren Sün-
27 den, weil du sie bedrängt hast, so wollest du hören im Himmel und vergeben
die Sünde deiner Knechte und deines
Volkes Israel, daß du sie den guten Weg
lehrest, auf dem sie wandeln sollen, und
regnen lassest auf dein Land, das du
deinem Volk zum Erbe gegeben hast.
28 Wenn eine Hungersnot im Lande
sein wird oder Pest oder Dürre, Getreidebrand, Heuschrecken, Raupen, oder
wenn sein Feind im Lande seine Städte
belagert oder irgendeine Plage oder
Krankheit da ist, – wer dann bittet oder 29
fleht, es seien einzelne Menschen oder
dein ganzes Volk Israel, wenn jemand
seine Plage und Schmerzen fühlt und
seine Hände ausbreitet zu diesem
Hause, so wollest du hören vom Him- 30
mel her, vom Sitz deiner Wohnung,
und gnädig sein und jedermann geben
nach all seinem Wandel, [k]wie du sein
Herz erkennst – denn du allein erkennst
das Herz der Menschenkinder –, damit 31
sie dich fürchten und wandeln in deinen Wegen alle Tage, solange sie in
dem Lande leben, das du unsern Vätern gegeben hast.
Auch wenn ein Fremder, der nicht 32
von deinem Volk Israel ist, aus fernen
Landen kommt um deines großen Namens und deiner mächtigen Hand und
deines ausgereckten Arms willen und
zu diesem Hause hin betet, so wollest 33
du hören vom Himmel her, vom Sitz
deiner Wohnung, und alles tun, worum
er dich anruft, auf daß alle Völker auf
Erden deinen Namen erkennen und
dich fürchten wie dein Volk Israel und
innewerden, daß dein Name über
diesem Hause genannt ist, das ich gebaut habe.
Wenn dein Volk auszieht in den 34
Krieg gegen seine Feinde auf dem
Wege, den du sie senden wirst, und [l]sie
zu dir beten nach dieser Stadt hin, die
du erwählt hast, und nach dem Hause
hin, das ich deinem Namen gebaut
habe, so wollest du ihr Gebet und Fle- 35
hen hören vom Himmel her und ihnen
zu ihrem Recht helfen.
Wenn sie an dir sündigen werden – 36
denn es gibt keinen Menschen, der
nicht sündigt — und du über sie zürnst
und sie vor ihren Feinden dahingibst
und diese sie gefangen wegführen in ein
fernes oder nahes Land und sie nehmen 37
es sich dann zu Herzen in dem Lande,
in dem sie gefangen sind, und bekehren
sich und flehen zu dir im Lande ihrer
Feinde und sprechen: [m]»Wir haben gesündigt, übel getan und sind gottlos gewesen«, und sich von ganzem Herzen 38
und von ganzer Seele zu dir bekehren
im Lande ihrer Feinde, in dem man sie
gefangen hält, und sie beten nach ihrem
Lande hin, das du ihren Vätern gegeben hast, und nach der Stadt hin, die du
erwählt hast, und nach dem Hause hin,
das ich deinem Namen gebaut habe, so 39

wollest du ihr Gebet und Flehen hören
vom Himmel her, vom Sitz deiner
Wohnung, und ihnen zu ihrem Recht
helfen und deinem Volk vergeben, das
an dir gesündigt hat.
40 So laß nun, mein Gott, deine Augen
offen sein und deine Ohren aufmerken
41 auf das Gebet an dieser Stätte. Und
nun [n]mache dich auf, HERR, Gott, zu
deiner Ruhe, du und die Lade deiner
Macht. Laß deine Priester, HERR, Gott,
mit Heil angetan werden und deine
42 Heiligen sich freuen des Guten. Du,
HERR, Gott, weise nicht ab das Antlitz
deines Gesalbten! [o]Gedenk an die
Gnaden, die du deinem Knechte David
verheißen hast.

a 2.Sam 7,2-13 *b* Sach 4,9 *c* 5.Mose 9,9; 10,5
d 2.Sam 7,16 *e* Kap 2,5 *f* 2.Mose 20,24
g 5.Mose 27,26 *h* 2.Mose 22,10 *i* 5.Mose 28,25
j 5.Mose 28,23.24 *k* Ps 139,1-4.23 *l* Dan 6,11
m Dan 9,5 *n* Ps 132,8 *o* Ps 89,4.5

Salomos Festopfer

(vgl. 1.Kön 8,54-66)

7 Und als Salomo sein Gebet vollendet
hatte, [a]fiel Feuer vom Himmel und
verzehrte das Brandopfer und die
Schlachtopfer, und [b]die Herrlichkeit
2 des HERRN erfüllte das Haus, so daß die
Priester nicht ins Haus des HERRN hin-
eingehen konnten, weil des HERRN
Herrlichkeit das Haus des HERRN füll-
3 te. Und alle Israeliten sahen das Feuer
herabfallen und die Herrlichkeit des
HERRN über dem Hause, und sie fielen
auf ihre Knie mit dem Antlitz zur Erde
aufs Pflaster und beteten an und dank-
ten dem HERRN, [c]daß er gütig ist und
seine Barmherzigkeit ewiglich währt.
4 Der König aber und das ganze Volk
5 opferten vor dem HERRN; zweiund-
zwanzigtausend Rinder und hundert-
zwanzigtausend Schafe opferte der Kö-
nig Salomo. Und so weihten der König
und das ganze Volk das Haus Gottes
6 ein. Die Priester aber übten ihren
Dienst aus, und die Leviten standen
dabei mit den Saitenspielen des HERRN,
die der König David hatte machen las-
sen, dem HERRN zu danken, daß seine
Barmherzigkeit ewiglich währt, mit
den Psalmen Davids, die sie sangen.
Und die Priester bliesen Trompeten
ihnen gegenüber, und ganz Israel
7 stand. Und Salomo weihte die Mitte
des Vorhofes, der vor dem Hause des
HERRN war; denn er hatte dort Brand-
opfer und das Fett der Dankopfer dar-
gebracht. Denn der [d]kupferne Altar,
den Salomo hatte machen lassen, konn-
te nicht alle Brandopfer, Speisopfer
und das Fett fassen.
Und Salomo hielt damals das Fest 8
sieben Tage lang und ganz Israel mit
ihm, eine sehr große Gemeinde, von
Hamat an bis an den Bach Ägyptens.
Am achten Tage aber hielten sie eine 9
Versammlung; denn [e]die Einweihung
des Altars hielten sie sieben Tage und
das Fest auch sieben Tage. So ließ er 10
am dreiundzwanzigsten Tage des sie-
benten Monats das Volk fröhlich heim-
gehen und guten Mutes über all das
Gute, das der HERR an David, Salomo
und seinem Volk Israel getan hatte. So 11
vollendete Salomo das Haus des HERRN
und das Haus des Königs. Und es ge-
lang ihm alles, was ihm in den Sinn ge-
kommen war, am Hause des HERRN
und an seinem Hause auszuführen.

a 3.Mose 9,24; 1.Kön 18,38 *b* 2.Mose 40,34
c Kap 5,13.14; Ps 106,1 *d* Kap 4,1 *e* 4.Mose 7,10

Gottes Antwort auf Salomos Gebet

(vgl. 1.Kön 9,1-9)

Und der HERR erschien Salomo des 12
Nachts und sprach zu ihm: Ich habe
dein Gebet erhört und [a]diese Stätte mir
zum Opferhaus erwählt. Siehe, wenn 13
ich den Himmel verschließe, daß es
nicht regnet, oder die Heuschrecken
das Land fressen oder eine Pest unter
mein Volk kommen lasse und dann 14
mein Volk, über das mein Name ge-
nannt ist, sich demütigt, daß sie beten
und mein Angesicht suchen und sich
von ihren bösen Wegen bekehren, so
will ich vom Himmel her hören und
ihre Sünde vergeben und ihr Land hei-
len. So sollen nun meine Augen offen 15
sein und meine Ohren aufmerken auf
das Gebet an dieser Stätte.[b] So habe ich 16
nun dies Haus erwählt und geheiligt,
daß mein Name dort sein soll ewiglich,
und meine Augen und mein Herz sollen
dort sein allezeit. Und wenn du vor mir 17
wandelst, wie dein Vater David gewan-
delt ist, daß du alles tust, was ich dich
heiße, und meine Gebote und Rechte
hältst, so will ich den Thron deines Kö- 18
nigtums bestätigen, wie ich mit deinem
Vater David einen Bund geschlossen
habe und gesagt: [c]Es soll dir nicht feh-
len an einem Mann, der über Israel
Herr sei. Werdet ihr euch aber abkeh- 19
ren und meine Rechte und Gebote, die
ich euch vorgelegt habe, verlassen und
hingehen und andern Göttern dienen
und sie anbeten, so werde ich Israel 20
[d]ausreißen aus meinem Lande, das ich

ihnen gegeben habe, und dies Haus, das
ich meinem Namen geheiligt habe,
werde ich von meinem Angesicht ver-
werfen und werde es zum Hohn ma-
chen und zum Spott unter allen Völ-
21 kern. [e]Und vor diesem Hause, das so
hoch erhoben wurde, werden sich ent-
setzen alle, die vorübergehen, und sa-
gen: Warum ist der HERR mit diesem
Lande und mit diesem Hause so ver-
22 fahren? Und man wird sagen: Weil sie
den HERRN, den Gott ihrer Väter, ver-
lassen haben, der sie aus Ägyptenland
geführt hat, und sie sich an andere Göt-
ter gehängt und sie angebetet und
ihnen gedient haben, darum hat er all
dies Unheil über sie gebracht.

a 5.Mose 12,5.6; Jes 56,7; Mk 11,17; Joh 2,16
b Kap 6,40 *c* Kap 6,16 *d* 5.Mose 28,63;
1.Kön 14,15 *e (21 und 22)* 5.Mose 29,23-28;
Jer 22,8.9

Salomos weitere Maßnahmen

(vgl. 1.Kön 9,10-28)

8 Und nach zwanzig Jahren, in denen Sa-
lomo des HERRN Haus und sein Haus
2 gebaut hatte – er hatte auch die Städte,
die Hiram Salomo gegeben hatte, aus-
gebaut und ließ die Israeliten darin
3 wohnen –, da zog Salomo gegen Ha-
4 mat-Zoba und eroberte es. Er baute
Tadmor in der Wüste aus und alle
Städte mit Kornspeichern, die er in
5 Hamat angelegt hatte; auch das obere
und untere Bet-Horon, daß sie feste
Städte wurden mit Mauern, Toren und
6 Riegeln; dazu Baalat und alle Städte
mit Kornspeichern, die Salomo hatte,
und alle Wagen- und Reiterstädte und
alles, was Salomo in Jerusalem und auf
dem Libanon und im ganzen Lande
seiner Herrschaft zu bauen wünschte.

7 Alles Volk, das noch übrig war von
den Hetitern, Amoritern, Perisitern,
Hewitern und Jebusitern, die nicht zu
8 Israel gehörten – ihre Nachkommen,
die im Lande übriggeblieben waren,
[a]die Israel nicht vertilgt hatte –, machte
Salomo zu Fronarbeitern bis auf diesen
9 Tag. Aber von den Israeliten machte
Salomo keinen zum Knecht für sein
Werk, sondern sie waren Kriegsleute,
seine Obersten und Ritter und Haupt-
leute über seine Wagen und Reiter.
10 Und es waren zweihundertundfünfzig
oberste Amtleute des Königs Salomo,
die über die Leute geboten.

11 Und Salomo führte die [b]Tochter des
Pharao herauf aus der Stadt Davids in
das Haus, das er für sie gebaut hatte.
Denn er sprach: Eine Frau soll mir
nicht wohnen im Hause Davids, des
Königs von Israel; denn es ist geheiligt,
weil die Lade des HERRN hineingekom-
men ist.

Von da an opferte Salomo dem 12
HERRN Brandopfer [c]auf dem Altar des
HERRN, den er gebaut hatte vor der
Vorhalle, wie es vorgeschrieben war im 13
Gesetz des Mose, zu opfern an jedem
Tag, an den Sabbaten, Neumonden
und Festen des Jahres dreimal, nämlich
am Fest der ungesäuerten Brote, am
Wochenfest und am Laubhüttenfest.[d]
Und er bestellte [e]die Ordnungen der 14
Priester zu ihrem Amt, wie es sein Va-
ter David bestimmt hatte, und die Le-
viten zu ihrem Dienst, daß sie lobten
und dienten vor den Priestern, wie es
jeder Tag erforderte, und die Torhüter
nach ihren Ordnungen, jede an ihrem
Tor. Denn so hatte es David, der Mann
Gottes, befohlen. Und man wich in kei- 15
ner Hinsicht vom Gebot des Königs
über die Priester und Leviten, auch
nicht bei den Schätzen. So wurde alles 16
Werk Salomos ausgeführt von dem
Tage an, da des HERRN Haus gegründet
wurde, bis er das Haus des HERRN ganz
vollendet hatte.

Zu der Zeit zog Salomo nach Ezjon- 17
Geber und nach Elat am Ufer des Mee-
res im Lande Edom. Und Hiram sandte 18
ihm durch seine Leute Schiffe und
auch Leute, die des Meeres kundig wa-
ren, und sie fuhren mit den Leuten Sa-
lomos nach Ofir und holten von da vier-
hundertundfünfzig Zentner Gold und
brachten's dem König Salomo.

a Jos 16,10 *b* 1.Kön 3,1 *c* Kap 4,1 *d* 3.Mose 23;
4.Mose 28,2.9.11.17.26; 29,12 *e* 1.Chr 23-26

Besuch der Königin von Saba

(vgl. 1.Kön 10,1-13)

Und als [a]die Königin von Saba die 9
Kunde von Salomo vernahm, kam sie
mit einem sehr großen Gefolge nach Je-
rusalem, mit Kamelen, die viel Speze-
rei und Gold trugen und Edelsteine,
um Salomo mit Rätselfragen zu prüfen.
Und als sie zu Salomo kam, redete sie
mit ihm alles, was sie sich vorgenom-
men hatte. Und der König gab ihr Ant- 2
wort auf alles, was sie fragte, und es war
Salomo nichts verborgen, was er ihr
nicht hätte sagen können. Und als die 3
Königin von Saba die Weisheit Salo-
mos sah und das Haus, das er gebaut
hatte, die Speisen für seinen Tisch, die 4
Rangordnung seiner Großen, das Auf-
warten seiner Diener und ihre Kleider,

seine Mundschenken mit ihren Klei-
dern und seine Brandopfer, die er im
Hause des HERRN darbrachte, da geriet
5 sie vor Staunen außer sich und sprach
zum König: Es ist wahr, was ich in mei-
nem Lande von deinen Taten und von
6 deiner Weisheit gehört habe. Ich aber
wollte es nicht glauben, bis ich gekom-
men bin und es mit meinen Augen ge-
sehen habe. Und siehe, nicht die Hälfte
von deiner großen Weisheit hat man
mir gesagt. Du bist größer, als die Kun-
de sagte, die ich vernommen habe.
7 Glücklich sind deine Männer und
glücklich diese deine Großen, die alle-
zeit vor dir stehen und deine Weisheit
8 hören. Der HERR, dein Gott, sei gelobt,
der dich lieb hat, [b]daß er dich auf sei-
nen Thron gesetzt hat zum König des
HERRN, deines Gottes. Weil dein Gott
Israel lieb hat, auf daß er es ewiglich be-
stehen lasse, darum hat er dich über sie
zum König gesetzt, daß du Recht und
9 Gerechtigkeit übest. Und sie gab dem
König hundertzwanzig Zentner Gold
und sehr viel Spezerei und Edelsteine.
Es gab keine Spezerei wie diese, die die
Königin von Saba dem König Salomo
gab.
10 Die Leute Hirams und die Leute Sa-
lomos, die Gold aus Ofir einführten,
brachten auch Sandelholz und Edel-
11 steine. Und Salomo ließ aus dem San-
delholz Treppen im Hause des HERRN
und im Hause des Königs machen und
Harfen und Zithern für die Sänger.
Solches Holz hatte man früher im
Lande Juda nie gesehen.
12 Und der König Salomo gab der Kö-
nigin von Saba alles, was ihr gefiel und
was sie erbat, mehr als die Gastge-
schenke, die sie dem König gebracht
hatte. Und sie wandte sich und zog in
ihr Land mit ihrem Gefolge.

a Mt 12,42 *b* 1.Chr 29,23

Salomos Reichtum

(vgl. 1.Kön 10,14-29)

13 Und es war das Gewicht des Goldes,
das Salomo in *einem* Jahr gebracht
wurde, sechshundertsechsundsechzig
14 Zentner, außer dem, was die Händler
und Kaufleute brachten. Auch alle Kö-
nige der Araber und die Statthalter
brachten Gold und Silber zu Salomo.
15 Daraus machte der König Salomo
zweihundert große Schilde von bestem
Gold, so daß sechshundert Lot Gold
16 auf *einen* Schild kam, und dreihundert
kleine Schilde von bestem Gold, so daß
dreihundert Lot Gold auf *einen* kleinen
Schild kam. Und der König brachte sie
in das [a]Libanon-Waldhaus. Und der 17
König machte einen großen elfenbei-
nernen Thron und überzog ihn mit lau-
terem Gold. Und der Thron hatte sechs 18
Stufen und einen goldenen Fuß-
schemel am Thron, und er hatte Leh-
nen auf beiden Seiten am Sitz, und zwei
Löwen standen neben den Lehnen.
Und zwölf Löwen standen auf den 19
sechs Stufen zu beiden Seiten. Derglei-
chen ist nicht gemacht worden in ir-
gendeinem Königreich. Und alle 20
Trinkgefäße des Königs Salomo waren
aus Gold, und alle Gefäße des Liba-
non-Waldhauses waren aus lauterem
Gold – denn das Silber wurde zur Zeit
Salomos für nichts geachtet –. Denn die 21
Schiffe des Königs, die mit den Leuten
Hirams nach Tarsis fuhren, kamen in
drei Jahren *einmal* und brachten Gold,
Silber, Elfenbein, Affen und Pfauen.
So wurde der König Salomo größer an 22
Reichtum und Weisheit als alle Könige
auf Erden. Und alle Könige auf Erden 23
begehrten, Salomo zu sehen, um seine
Weisheit zu hören, die ihm Gott in sein
Herz gegeben hatte. Und sie brachten 24
ihm jährlich ein jeder sein Geschenk,
silberne und goldene Gefäße, Kleider,
Waffen, Spezerei, Rosse und Maultie-
re.
[b]Und Salomo hatte viertausend 25
Pferde und Wagen und zwölftausend
Reiter, und man legte sie in die Wagen-
städte und zu dem König nach Jerusa-
lem. Und er war ein Herr über alle Kö- 26
nige vom Eufrat an bis zu dem Land
der Philister und bis zu der Grenze
Ägyptens. Und der König brachte es 27
dahin, daß es in Jerusalem so viel Silber
gab wie Steine und so viele Zedern wie
Maulbeerbäume im Hügelland. Und 28
man führte für Salomo Rosse ein aus
Ägypten und aus allen Ländern.

a 1.Kön 7,2 *b* *(25-28)* Kap 1,14-17; 1.Kön 5,6

Salomos Tod

(vgl. 1.Kön 11,41-43)

Was aber mehr von Salomo zu sagen 29
ist, das Frühere und das Spätere, siehe,
das steht geschrieben in der Geschichte
des Propheten Natan, sowie in den Pro-
phezeiungen [a]Ahias von Silo und in
den Gesichten des Sehers Jedo gegen
Jerobeam, den Sohn Nebats. Und Sa- 30
lomo regierte zu Jerusalem über ganz
Israel vierzig Jahre. Und Salomo legte 31
sich zu seinen Vätern, und man begrub

ihn in der Stadt Davids, seines Vaters.
Und sein Sohn [b]Rehabeam wurde König an seiner Statt.

a 1.Kön 11,29-39 *b* 1.Kön 14,21

Israels Abfall vom Hause David

(vgl. 1.Kön 12,1-24)

10 Rehabeam zog nach Sichem; denn ganz
Israel war nach Sichem gekommen, um
2 ihn zum König zu machen. Und als das
Jerobeam hörte, der Sohn Nebats, der
in Ägypten war, [a]wohin er vor dem König Salomo geflohen war, kam er aus
3 Ägypten zurück. Und sie sandten hin
und ließen ihn rufen. Und Jerobeam
kam mit ganz Israel, und sie redeten
4 mit Rehabeam und sprachen: Dein Vater hat unser Joch zu hart gemacht. So
erleichtere nun du den harten Dienst
deines Vaters und das schwere Joch,
das er auf uns gelegt hat, so wollen wir
5 dir untertan sein. Er sprach zu ihnen:
Kommt nach drei Tagen wieder zu
6 mir! Und das Volk ging hin. Und der
König Rehabeam hielt einen Rat mit
den Ältesten, die vor seinem Vater Salomo gestanden hatten, als er noch am
Leben war, und sprach: Wie ratet ihr,
7 daß ich diesem Volk Antwort gebe? Sie
sprachen zu ihm: Wirst du zu diesem
Volk freundlich sein und sie gütig behandeln und ihnen gute Worte geben,
so werden sie dir untertan sein allezeit.
8 Er aber ließ außer acht den Rat der Ältesten, den sie ihm gegeben hatten, und
hielt einen Rat mit den Jüngeren, die
mit ihm aufgewachsen waren und vor
9 ihm standen, und sprach zu ihnen: Was
ratet ihr, daß wir diesem Volk antworten, das zu mir gesagt hat: Erleichtere
das Joch, das dein Vater auf uns gelegt
10 hat? Die Jüngeren aber, die mit ihm
aufgewachsen waren, sprachen zu ihm:
So sollst du sagen zu dem Volk, das zu
dir gesprochen hat: »Dein Vater hat unser Joch zu schwer gemacht; mach du
unser Joch leichter« – so sollst du zu
ihnen sagen: Mein kleiner Finger soll
dicker sein als meines Vaters Lenden.
11 Hat nun mein Vater auf euch ein
schweres Joch gelegt, so will ich euer
Joch noch schwerer machen. Mein Vater hat euch mit Peitschen gezüchtigt,
ich will euch mit Skorpionen züchtigen.
12 Als nun Jerobeam und alles Volk am
dritten Tage zu Rehabeam kam, wie
der König gesagt hatte: »Kommt wie-
13 der zu mir am dritten Tage«, antwortete
ihnen der König hart. Und der König
Rehabeam ließ außer acht den Rat der
Ältesten und redete mit ihnen nach 14
dem Rat der Jüngeren und sprach: Hat
mein Vater euer Joch schwer gemacht,
so will ich's noch schwerer machen.
Mein Vater hat euch mit Peitschen gezüchtigt, ich aber will euch mit Skorpionen züchtigen. So hörte der König 15
nicht auf das Volk; denn es war so von
Gott bestimmt, damit der HERR sein
Wort wahr machte, das er durch Ahia
von Silo zu Jerobeam, dem Sohn Nebats, gesagt hatte.[b] Als aber ganz Israel 16
sah, daß der König nicht auf es hörte,
antwortete das Volk dem König und
sprach: Was haben wir für Teil an David oder Erbe am Sohn Isais? Jedermann von Israel, auf zu seiner Hütte!
So sorge nun du für dein Haus, David!
– Und ganz Israel ging heim, so daß Re- 17
habeam nur über die Israeliten regierte,
die in den Städten Judas wohnten. Und 18
als der König Rehabeam den Fronvogt
Adoram sandte, steinigten ihn die von
Israel zu Tode. Aber der König Rehabeam stieg eilends auf seinen Wagen
und floh nach Jerusalem. Also fiel Is- 19
rael ab vom Hause David bis auf diesen
Tag.

[c]Und als Rehabeam nach Jerusalem **11**
kam, sammelte er das Haus Juda und
Benjamin, hundertundachtzigtausend
streitbare Männer, um gegen Israel zu
kämpfen, damit sie das Königtum an
Rehabeam zurückbrächten. Aber des 2
HERRN Wort kam zu Schemaja, dem
Mann Gottes: Sage Rehabeam, dem 3
Sohn Salomos, dem König von Juda,
und all denen von Israel, die in Juda
und Benjamin wohnen: So spricht der 4
HERR: Ihr sollt nicht hinaufziehen und
gegen eure Brüder kämpfen. Ein jeder
gehe wieder heim; denn das ist von mir
geschehen! – Sie gehorchten den Worten des HERRN, kehrten um und zogen
nicht gegen Jerobeam.

a 1.Kön 11,40 *b* 1.Kön 11,29.31 *c (1-4)* 1.Kön 12,21-24

Rehabeams erste Regierungsjahre

Rehabeam aber wohnte in Jerusalem 5
und baute Städte in Juda zu Festungen
aus, nämlich: Betlehem, Etam, Tekoa, 6
Bet-Zur, Socho, Adullam, Gat, Mare- 7.8
scha, Sif, Adorajim, Lachisch, Aseka, 9
Zora, Ajalon und Hebron. Das waren 10
die festen Städte in Juda und Benjamin.
Und er machte die Festungen stark und 11
setzte Hauptleute über sie und legte
Vorrat von Speise, Öl und Wein, sowie 12

Schilde und Spieße in alle Städte; so
machte er sie sehr stark. Und Juda und
Benjamin waren ihm untertan.
13 Die Priester aber und die Leviten
von ganz Israel hielten sich zu ihm aus
14 ihrem ganzen Gebiet; denn die Leviten
verließen ihre Ortschaften und ihre
Habe und kamen nach Juda und Jerusalem. – Denn [a]Jerobeam und seine
Söhne hatten sie verstoßen, daß sie das
Priesteramt vor dem HERRN nicht mehr
15 ausüben konnten, und [b]er bestellte sich
Priester für die Höhen und die Feldgeister und für die Kälber, die er machen
16 ließ. – Und die den HERRN, den Gott
Israels, von Herzen suchten, folgten
den Leviten aus allen Stämmen Israels
nach Jerusalem, daß sie opferten dem
17 HERRN, dem Gott ihrer Väter.[c] So
machten sie das Königreich Juda
mächtig und stärkten Rehabeam, den
Sohn Salomos, für drei Jahre; denn
drei Jahre wandelten sie in dem Wege
Davids und Salomos.
18 Und Rehabeam nahm zur Frau Mahalat, die Tochter Jerimots, des Sohnes
Davids, und der Abihail, der Tochter
19 [d]Eliabs, des Sohnes Isais. Die gebar
ihm diese Söhne: Jëusch, Schemarja
20 und Saham. Nach ihr nahm er Maacha,
die Tochter Absaloms, zur Frau; die
gebar ihm Abia, Attai, Sisa und Schelomit.
21 mit. Aber Rehabeam hatte Maacha, die
Tochter Absaloms, lieber als alle seine
Frauen und Nebenfrauen; denn er hatte achtzehn Frauen und sechzig Nebenfrauen und zeugte achtundzwanzig
22 Söhne und sechzig Töchter. Und Rehabeam setzte Abia, den Sohn der
Maacha, als Ersten unter seinen Brüdern, als Thronfolger, ein; denn er gedachte, ihn zum König zu machen.
23 Und er handelte klug und [e]verteilte alle
seine Söhne in die Gebiete von Juda
und Benjamin, in alle festen Städte,
und gab ihnen Nahrung in Menge und
verschaffte ihnen viele Frauen.

a Kap 13,9 *b* 1.Kön 12,31 *c* 1.Kön 12,26.27
d 1.Sam 16,6 *e* Kap 21,3

Rehabeams Demütigung vor Gott
(vgl. 1.Kön 14,25-31)

12 Als aber das Königtum Rehabeams sich
gefestigt hatte und er mächtig war, verließ er das Gesetz des HERRN und ganz
2 Israel mit ihm. Da zog im fünften Jahr
des Königs Rehabeam herauf Schischak, der König von Ägypten, gegen
Jerusalem – denn sie hatten sich am
3 HERRN versündigt – mit tausendzweihundert Wagen und mit sechzigtausend Reitern; und das Volk war nicht
zu zählen, das mit ihm aus Ägypten
kam, Libyer, Sukkijiter und Kuschiter.
Und er nahm die [a]festen Städte ein, die 4
in Juda waren, und kam bis vor Jerusalem.
Da kam der Prophet Schemaja zu 5
Rehabeam und zu den Obersten Judas,
die sich in Jerusalem aus Furcht vor
Schischak versammelt hatten, und
sprach zu ihnen: So spricht der HERR:
Ihr habt mich verlassen; darum habe
ich euch auch verlassen und in
Schischaks Hand gegeben. Da demütigten sich die Obersten in Israel mit 6
dem König und sprachen: Der HERR ist
gerecht. Als aber der HERR sah, daß sie 7
sich demütigten, kam das Wort des
HERRN zu Schemaja: Sie haben sich gedemütigt; darum will ich sie nicht verderben, sondern ich will sie in Kürze
erretten, daß mein Grimm sich nicht
durch Schischak auf Jerusalem ergieße.
Doch sollen sie ihm untertan sein, da- 8
mit sie innewerden, was es heißt, mir zu
dienen oder den Königreichen der
Länder.
So zog Schischak, der König von 9
Ägypten, gegen Jerusalem herauf und
nahm die Schätze im Hause des HERRN
und die Schätze im Hause des Königs;
alles nahm er weg, auch die goldenen
Schilde, die Salomo hatte machen lassen. An ihrer Statt ließ der König Re- 10
habeam kupferne Schilde machen und
übergab sie den Obersten der Leibwache, die das Tor am Haus des Königs
bewachte. Und sooft der König in des 11
HERRN Haus ging, kam die Leibwache
und trug sie und brachte sie dann wieder in ihre Kammer. Und [b]weil er sich 12
demütigte, wandte sich des HERRN
Zorn von ihm, daß er ihn nicht ganz
verdarb; denn auch in Juda war noch
manches Gute. Und der König Reha- 13
beam wurde wieder mächtig in Jerusalem und regierte weiter.
Einundvierzig Jahre alt war Rehabeam, als er König wurde, und regierte
siebzehn Jahre zu Jerusalem in der
Stadt, die der HERR erwählt hatte aus
allen Stämmen Israels, daß er [c]seinen
Namen daselbst wohnen lasse. Seine
Mutter hieß Naama, eine Ammoniterin. Aber er tat übel und richtete sein 14
Herz nicht darauf, daß er den HERRN
suchte. Die Geschichte Rehabeams 15
aber, die frühere und die spätere, steht
geschrieben in den Geschichten des

Propheten Schemaja und des Sehers
[d]Iddo, ebenso auch die Kriege zwi-
schen Rehabeam und Jerobeam, die sie
16 ihr Leben lang führten. Und Reha-
beam legte sich zu seinen Vätern und
wurde begraben in der Stadt Davids.
Und sein Sohn Abia wurde König an
seiner Statt.

a Kap 11,5-10 *b* Kap 32,26 *c* Kap 6,20
d Kap 13,22

Abia

(vgl. 1.Kön 15,1-8)

13 Im achtzehnten Jahr des Königs Jero-
2 beam wurde Abia König über Juda und
regierte drei Jahre zu Jerusalem. Seine
Mutter hieß Michaja, eine Tochter
Uriëls, aus Gibea. Es war aber Krieg
3 zwischen Abia und Jerobeam. Und
Abia rüstete sich zum Kampf mit
einem Heer von Kriegsleuten, vierhun-
derttausend Mann, auserlesenen Leu-
ten. Jerobeam aber rüstete sich, gegen
ihn zu kämpfen, mit achthunderttau-
send auserlesenen Leuten, streitbaren
Männern.

4 Und Abia stellte sich hin oben auf
den Berg Zemarajim, der im Gebirge
Efraim liegt, und sprach: Hört mir zu,
5 Jerobeam und ganz Israel! Wisset ihr
nicht, daß der HERR, der Gott Israels,
das Königtum über Israel David gege-
ben hat ewiglich, ihm und seinen Söh-
6 nen durch einen [a]Salzbund? Aber Je-
robeam, der Sohn Nebats, der Knecht
Salomos, des Sohnes Davids, erhob
sich und wurde seinem Herrn abtrün-
7 nig. Und es schlugen sich auf seine Sei-
te ruchlose Leute, böse Menschen, und
wurden mächtiger als Rehabeam, der
Sohn Salomos; denn Rehabeam war
noch jung und zaghaft, so daß er sich
8 nicht gegen sie wehrte. Nun denkt ihr
euch zu empören gegen das Königtum
des HERRN, das in der Hand der Söhne
Davids ist, weil ihr ein großer Haufe
seid und die [b]goldenen Kälber bei euch
habt, die euch Jerobeam zu Göttern ge-
9 macht hat. Habt ihr nicht [c]die Priester
des HERRN, die Söhne Aaron, und die
Leviten verstoßen und euch [d]eigene
Priester gemacht wie sonst die Völker
in den Ländern? Wer da kam mit einem
jungen Stier und sieben Widdern, um
sich die Hand füllen zu lassen, der wur-
de Priester derer, die nicht Götter sind.
10 Wir aber sind gewiß: Der HERR ist un-
ser Gott; ihn haben wir nicht verlassen;
denn die Priester, die dem HERRN die-
nen, sind die Söhne Aaron, und die Le-
viten stehen in ihrem Amt, um dem 11
HERRN [e]alle Morgen und alle Abende
Brandopfer darzubringen, dazu das
gute Räucherwerk, und Brote aufzule-
gen auf den Tisch aus reinem Gold und
den goldenen Leuchter anzuzünden
mit seinen Lampen alle Abende; denn
wir halten die Gebote des HERRN, unse-
res Gottes, ihr aber habt ihn verlassen.
Siehe, mit uns ist an der Spitze Gott 12
und seine Priester und die [f]Kriegs-
trompeten, um sie gegen euch zu bla-
sen. Ihr Israeliten, streitet nicht gegen
den HERRN, den Gott eurer Väter; denn
es wird euch nicht gelingen!

Aber Jerobeam legte einen Hinter- 13
halt, daß er ihnen in den Rücken fiele,
so daß sie vor Juda waren und der Hin-
terhalt hinter Juda. Als sich nun Juda 14
umwandte, siehe, da wurden sie von
vorn und von hinten angegriffen. Da
schrien sie zum HERRN, und die Prie-
ster bliesen die Trompeten, und die 15
Männer von Juda erhoben das Kriegs-
geschrei. Und als sie schrien, schlug
Gott Jerobeam und ganz Israel vor
Abia und Juda. Und Israel floh vor 16
Juda, und Gott gab sie in ihre Hände,
so daß Abia mit seinem Volk sie hart 17
schlug, und es blieben von Israel er-
schlagen liegen fünfhunderttausend
auserlesene Leute. Also wurden die 18
Männer von Israel zu der Zeit gedemü-
tigt, aber die Männer von Juda blieben
unverzagt; denn sie verließen sich auf
den HERRN, den Gott ihrer Väter. Und 19
Abia jagte Jerobeam nach und gewann
ihm Städte ab: Betel mit seinen Ort-
schaften, Jeschana mit seinen Ortschaf-
ten und Efron mit seinen Ortschaften,
so daß Jerobeam keine Macht mehr 20
hatte, solange Abia lebte. Und der
HERR schlug ihn, daß er starb.

Abia aber wurde mächtig. Und er 21
nahm vierzehn Frauen und zeugte
zweiundzwanzig Söhne und sechzehn
Töchter. Was aber mehr von Abia zu 22
sagen ist, sein Wandel und seine Worte,
das steht geschrieben in der Geschichte
des Propheten [g]Iddo. *Und Abia legte 23
sich zu seinen Vätern, und sie begruben
ihn in der Stadt Davids. Und sein Sohn
Asa wurde König an seiner Statt. Zu
dessen Zeiten hatte das Land zehn Jah-
re Ruhe.

a 3.Mose 2,13; 4.Mose 18,19 *b* 1.Kön 12,28
c 2.Mose 28,41 *d* Kap 11,15 *e* 4.Mose 28,3-8
f 4.Mose 10,9 *g* Kap 12,15
*Vers 23: Abweichende Verszählung statt 13,23:
14,1.

Asas erste Regierungsmaßnahmen

(vgl. 1.Kön 15,9-12)

14 *Und Asa tat, was recht war und dem
2 HERRN, seinem Gott, wohlgefiel, und
entfernte die Altäre der fremden Götter
und die Opferhöhen und zerbrach die
Steinmale und hieb die Bilder der
3 Aschera um und gebot Juda, daß sie
den HERRN, den Gott ihrer Väter, such-
ten und täten nach dem Gesetz und Ge-
4 bot. Und er entfernte aus allen Städten
Judas die Opferhöhen und die Rauch-
opfersäulen; und das Königreich hatte
5 Ruhe unter ihm. Und er baute feste
Städte in Juda, weil das Land Ruhe
hatte und in diesen Jahren kein Krieg
gegen ihn war; denn [a]der HERR hatte
6 ihm Ruhe gegeben. Und er sprach zu
Juda: Laßt uns diese Städte ausbauen
und um sie Mauern herumführen mit
Türmen, Toren und Riegeln, solange
das Land noch unser ist; denn wir ha-
ben den HERRN, unsern Gott, gesucht,
und er hat uns Ruhe gegeben ringsum-
her. – Also bauten sie, und es ging
7 glücklich vonstatten. Und Asa hatte
eine Heeresmacht, aus Juda dreihun-
derttausend, die große Schilde und
Spieße trugen, und aus Benjamin zwei-
hundertachtzigtausend, die kleine
Schilde trugen und mit dem Bogen
schießen konnten; und diese alle waren
starke Kriegsleute.

a Kap 15,15
*Vers 1: Abweichende Verszählung statt 14,1-14: 14,2-15.

Asas Sieg über die Kuschiter

8 Es zog aber gegen sie Serach, der Ku-
schiter, mit einer Heeresmacht von
tausendmal tausend, dazu dreihundert
Wagen, und sie kamen bis nach Mare-
9 scha. Und Asa zog ihm entgegen; und
sie rüsteten sich zum Kampf im Tal Ze-
10 fata bei Marescha. Und Asa rief den
HERRN, seinen Gott, an und sprach:
[a]HERR, es ist dir nicht schwer, dem
Schwachen gegen den Starken zu hel-
fen. Hilf uns, HERR, unser Gott; denn
wir verlassen uns auf dich, und in dei-
nem Namen sind wir gekommen gegen
diese Menge. HERR, du bist unser Gott,
gegen dich vermag kein Mensch etwas.
11 Und der HERR schlug die Kuschiter
vor Asa und vor Juda, so daß sie flohen.
12 Und Asa samt dem Volk, das bei ihm
war, jagte ihnen nach bis nach Gerar.
Und die Kuschiter fielen, so daß keiner
von ihnen am Leben blieb, sondern sie
wurden zerschlagen vor dem HERRN
und vor seinem Heer. Und Juda trug
sehr viel Beute davon. Und sie schlugen 13
alle Städte um Gerar her; denn der
Schrecken des HERRN kam über sie.
Und sie plünderten alle Städte; denn es
war viel Beute darin. Auch schlugen sie 14
die Zeltlager der Hirten und führten
eine Menge Schafe und Kamele weg
und kamen wieder nach Jerusalem.

a 1.Sam 14,6

Der Prophet Asarja und Asas Reformen

Und auf Asarja, den Sohn Odeds, kam 15
der Geist Gottes. Da zog er hinaus Asa 2
entgegen und sprach zu ihm: Höret mir
zu, Asa und ganz Juda und Benjamin!
Der HERR ist mit euch, weil ihr mit ihm
seid; und wenn ihr ihn sucht, wird er
sich von euch finden lassen. Werdet ihr
ihn aber verlassen, so wird er euch auch
verlassen. Lange Zeit hindurch war Is- 3
rael ohne rechten Gott, ohne Priester,
der da lehrte, und ohne Gesetz.[a] Als sie 4
sich aber in ihrer Not zu dem HERRN,
dem Gott Israels, bekehrten und [b]ihn
suchten, ließ er sich von ihnen finden.
Zu der Zeit gab es keine Sicherheit für 5
den, der aus- und einging; denn es war
große Verwirrung bei allen, die in
diesen Ländern wohnten. Denn [c]ein 6
Volk zerschlug das andere und eine
Stadt die andere; denn Gott erschreck-
te sie mit Ängsten aller Art. Ihr aber, 7
seid getrost und laßt eure Hände nicht
sinken; denn [d]euer Werk hat seinen
Lohn.
Als aber Asa diese Worte hörte und 8
die Weissagung, die der Prophet Asar-
ja, der Sohn Odeds, gesprochen hatte,
ward er getrost, und er tat weg die greu-
lichen Götzen aus dem ganzen Lande
Juda und Benjamin und aus den Städ-
ten, die er auf dem Gebirge Efraim er-
obert hatte, und erneuerte den Altar
des HERRN, der vor der Vorhalle des
HERRN stand. Und er versammelte ganz 9
Juda und Benjamin und alle aus
Efraim, Manasse und Simeon, die bei
ihnen wohnten; denn es fiel ihm eine
große Menge aus Israel zu, als sie sa-
hen, daß der HERR, sein Gott, mit ihm
war.[e] Und sie versammelten sich in Je- 10
rusalem im dritten Monat des fünf-
zehnten Jahres der Herrschaft Asas
und opferten dem HERRN am selben 11
Tage von der Beute, die sie hergebracht
hatten, siebenhundert Rinder und sie-
bentausend Schafe. Und sie traten in 12

den Bund, den HERRN, den Gott ihrer
Väter, zu suchen von ganzem Herzen
13 und von ganzer Seele.[f] Wer aber den
HERRN, den Gott Israels, nicht suchen
würde, sollte sterben, klein und groß,
14 Mann und Frau. Und sie schworen
dem HERRN mit lauter Stimme, unter
Freudengeschrei und unter Trompe-
15 ten- und Posaunenschall. Und ganz
Juda war fröhlich über den Schwur;
denn sie hatten geschworen von gan-
zem Herzen, und sie suchten den Herrn
mit ganzem Willen, und er ließ sich von
ihnen finden. Und [g]der HERR gab
ihnen Ruhe ringsumher.
16 [h]Auch setzte der König Asa seine
Mutter Maacha ab, daß sie nicht mehr
Herrin war, weil sie der Aschera ein
Greuelbild gemacht hatte. Und Asa
zerschlug ihr Greuelbild und zermalm-
te es und verbrannte es am Bach Kid-
17 ron. Aber die Opferhöhen in Israel
wurden nicht entfernt; doch war das
Herz Asas rechtschaffen sein Leben
18 lang. Und er brachte ins Haus Gottes,
was sein Vater geheiligt und was er ge-
heiligt hatte, Silber, Gold und Gefäße.
19 Und es war kein Krieg bis in das fünf-
unddreißigste Jahr der Herrschaft
Asas.

a Hos 3,4 *b* Jer 29,13.14 *c* Lk 21,10
d 1.Kor 15,58 *e* Kap 11,16; Jer 41,5 *f* Jos 24,25
g Kap 14,5.6; 20,30 *h* *(16-18)* 1.Kön 15,13-15

Asas Abfall und Tod

(vgl. 1.Kön 15,16-24)

16 Im sechsunddreißigsten Jahr der Herr-
schaft Asas zog Baësa, der König von
Israel, herauf gegen Juda und baute
Rama aus, damit niemand bei Asa, dem
König von Juda, aus- und eingehen
2 sollte. Aber Asa nahm aus dem Schatz
im Hause des HERRN und aus dem
Schatz im Hause des Königs Silber und
Gold und sandte zu Benhadad, dem
König von Aram, der zu Damaskus
3 herrschte, und ließ ihm sagen: Es ist ein
Bund zwischen mir und dir, zwischen
meinem und deinem Vater. Darum
schicke ich dir Silber und Gold, daß du
den Bund mit Baësa, dem König von
Israel, aufgibst, damit er von mir ab-
4 zieht. Benhadad hörte auf die Bitte des
Königs Asa und sandte seine Obersten
gegen die Städte Israels; die schlugen
Ijjon, Dan und Abel-Majim und von
Naftali alle Städte mit Kornspeichern.
5 Als Baësa das hörte, ließ er ab, Rama
auszubauen, und hörte auf mit seinem
6 Werk. Aber der König Asa bot ganz
Juda auf, und sie nahmen die Steine
und das Holz von Rama weg, womit
Baësa gebaut hatte, und er baute damit
Geba und Mizpa aus.
Zu der Zeit kam der Seher Hanani zu 7
Asa, dem König von Juda, und sprach
zu ihm: [a]Weil du dich auf den König
von Aram verlassen hast und nicht auf
den HERRN, deinen Gott, darum ist das
Heer des Königs von Aram deiner
Hand entronnen. Hatten nicht die Ku- 8
schiter und Libyer eine große Heeres-
macht mit sehr viel Wagen und Rei-
tern? Doch der HERR gab sie in deine
Hand, da du dich auf ihn verließest.[b]
Denn [c]*des* HERRN *Augen schauen alle* 9
Lande, daß er stärke, die mit ganzem
Herzen bei ihm sind. Du hast töricht ge-
tan, darum wirst du auch von nun an
Krieg haben. Aber Asa wurde zornig 10
über den Seher und [d]legte ihn ins
Gefängnis; denn er grollte ihm dar-
über. Auch bedrückte er zu dieser Zeit
einige vom Volk.
Die Geschichte Asas aber, die frühe- 11
re und die spätere, siehe, die steht ge-
schrieben im Buch der Könige von
Juda und Israel. Und Asa wurde krank 12
an seinen Füßen im neununddreißig-
sten Jahr seiner Herrschaft, und seine
Krankheit nahm sehr zu; und er suchte
auch in seiner Krankheit nicht den
HERRN, sondern die Ärzte. So legte sich 13
Asa zu seinen Vätern und starb im ein-
undvierzigsten Jahr seiner Herrschaft.
Und man begrub ihn in seinem Grabe, 14
das er sich in der Stadt Davids hatte
aushauen lassen. Und sie legten ihn auf
sein Lager, das man mit gutem Räu-
cherwerk und allerlei kunstvoll zube-
reiteter Spezerei gefüllt hatte, und [e]sie
machten ihm zu Ehren einen sehr gro-
ßen Brand.

a Jer 17,5 *b* Kap 14,8-12 *c* Spr 15,3
d Kap 18,26; Mt 14,3 *e* Kap 21,19; Jer 34,5

Josafats Regierung

Und sein Sohn [a]Josafat wurde König **17**
an seiner Statt und wurde mächtig ge-
genüber Israel. Er legte Kriegsvolk in 2
alle festen Städte Judas und setzte
Amtleute ein im Lande Juda und in den
Städten Efraims, die sein Vater Asa er-
obert hatte. Und der HERR war mit Jo- 3
safat; denn er wandelte wie vormals
sein Vater David und suchte nicht die
Baale, sondern den Gott seines Vaters 4
und wandelte in seinen Geboten und
nicht so wie Israel. Darum stärkte der 5
HERR das Königtum in seiner Hand.

Und ganz Juda gab Josafat Geschenke,
und [b]er hatte großen Reichtum und
6 viel Ehre. Und als er in den Wegen des
HERRN noch mutiger wurde, entfernte
er wieder die Opferhöhen und die
Ascherabilder aus Juda.

7 Im dritten Jahr seiner Herrschaft
sandte er seine Oberen Ben-Hajil,
Obadja, Sacharja, Natanael und Mi-
chaja, daß sie in den Städten Judas leh-
8 ren sollten, und mit ihnen die Leviten
Schemaja, Netanja, Sebadja, Asaël,
Schemiramot, Jonatan, Adonia, Tobia
und Tob-Adonia und mit ihnen die
9 Priester Elischama und Joram. Und sie
lehrten in Juda und hatten das Gesetz-
buch des HERRN bei sich und zogen in
allen Städten Judas umher und lehrten
das Volk.

10 Da kam der Schrecken des HERRN
über alle Königreiche der Länder, die
um Juda herum lagen, so daß sie nicht
11 gegen Josafat kämpften. Sogar einige
von den Philistern brachten Josafat
[c]Geschenke und Silber als Abgabe;
auch die Araber brachten ihm sieben-
tausendundsiebenhundert Widder und
siebentausendundsiebenhundert Bök-
ke.

12 So wurde Josafat immer mächtiger.
Und er baute in Juda Burgen und Städ-
13 te mit Kornspeichern und hatte viel
Vorrat in den Städten Judas und
Kriegsleute, streitbare Männer, zu Je-
14 rusalem. Und dies war ihre Ordnung
nach ihren Sippen: in Juda waren
Oberste über tausend: Adna, der Ober-
ste, und unter ihm dreihunderttausend
15 streitbare Männer; neben ihm Joha-
nan, der Oberste, und unter ihm zwei-
16 hundertundachtzigtausend; neben ihm
Amasja, der Sohn Sichris, der sich frei-
willig in den Dienst des HERRN gestellt
hatte, und unter ihm zweihunderttau-
17 send streitbare Männer; und aus Ben-
jamin: Eljada, ein streitbarer Mann,
und unter ihm zweihunderttausend,
die mit Bogen und Schild gerüstet wa-
18 ren; neben ihm Josabad und unter
ihm hundertundachtzigtausend zum
19 Kampf gerüstete Männer. Diese alle
dienten dem König außer denen, die
der König in die festen Städte von ganz
Juda gelegt hatte.

a 1.Kön 15,24 *b* Kap 18,1 *c* 1.Kön 5,1

Josafats Verbindung mit Ahab von Israel

(vgl. 1.Kön 22)

18 Und Josafat hatte [a]großen Reichtum
und viel Ehre und verschwägerte sich
mit Ahab. Und nach einigen Jahren zog 2
er hinab zu Ahab nach Samaria. Und
Ahab ließ für ihn und für das Volk, das
bei ihm war, viele Schafe und Rinder
schlachten. Und er beredete ihn, daß er
hinaufzöge nach Ramot in Gilead.
Ahab, der König von Israel, sprach zu 3
Josafat, dem König von Juda: Willst du
mit mir nach Ramot in Gilead ziehen?
Er sprach zu ihm: Ich bin wie du und
mein Volk wie dein Volk; wir wollen
mit dir in den Kampf.

Aber Josafat sprach zum König von 4
Israel: [b]Frage doch zuerst nach dem
Wort des HERRN! Und der König von 5
Israel versammelte vierhundert Pro-
pheten und sprach zu ihnen: Sollen wir
nach Ramot in Gilead in den Kampf
ziehen, oder soll ich's lassen? Sie spra-
chen: Zieh hinauf! Gott wird es in des
Königs Hand geben. Josafat aber 6
sprach: Ist nicht noch irgendein Pro-
phet des HERRN hier, daß wir durch ihn
den Herrn befragen? Der König von 7
Israel sprach zu Josafat: Es ist noch *ein*
Mann hier, durch den man den HERRN
befragen kann; aber ich bin ihm gram,
denn er weissagt über mich nichts Gu-
tes, sondern immer nur Böses, näm-
lich Micha, der Sohn Jimlas. Josafat
sprach: Der König rede so nicht.

Und der König von Israel rief einen 8
seiner Kämmerer und sprach: Bringe
eilends her Micha, den Sohn Jimlas!
Und der König von Israel und Josafat, 9
der König von Juda, saßen ein jeder auf
seinem Thron, mit ihren königlichen
Kleidern angetan. Sie saßen aber auf
dem Platz vor dem Tor von Samaria,
und alle Propheten fingen an, vor ihnen
zu weissagen. Und [c]Zedekia, der Sohn 10
Kenaanas, machte sich eiserne Hörner
und sprach: So spricht der HERR: Hier-
mit wirst du die Aramäer niederstoßen,
bis du sie aufreibst. Und alle Propheten 11
weissagten ebenso und sprachen: Zieh
hinauf nach Ramot in Gilead! Es wird
dir gelingen, der HERR wird es in des
Königs Hand geben. Und der Bote, der 12
hingegangen war, um Micha zu rufen,
sprach zu ihm: Siehe, die Worte der
Propheten sind einmütig gut für den
König. Laß doch auch dein Wort wie
ihr Wort sein und rede Gutes. Micha 13
aber sprach: So wahr der HERR lebt:
was mein Gott sagen wird, das will ich
reden.

Und als er zum König kam, sprach 14
der König zu ihm: Micha, sollen wir

nach Ramot in Gilead in den Kampf
ziehen, oder soll ich's lassen? Er
sprach: Ja, zieht hinauf! Es wird euch
gelingen, sie werden in eure Hände ge-
15 geben werden. Aber der König sprach
zu ihm: Wie oft soll ich dich beschwö-
ren, daß du mir im Namen des HERRN
16 nichts als die Wahrheit sagst! Da
sprach er: Ich sah ganz Israel zerstreut
auf den Bergen [d] wie Schafe, die keinen
Hirten haben. Und der HERR sprach:
Diese haben keinen Herrn. Ein jeder
17 kehre wieder heim mit Frieden! – Da
sprach der König von Israel zu Josafat:
Sagte ich dir nicht: Er weissagt nichts
Gutes über mich, sondern nur Böses?
18 Micha aber sprach: Darum höret des
HERRN Wort! [e] Ich sah den HERRN sit-
zen auf seinem Thron, und das ganze
himmlische Heer stand zu seiner Rech-
19 ten und zu seiner Linken. Und der
HERR sprach: Wer will Ahab, den Kö-
nig von Israel, betören, daß er hin-
aufziehe und falle bei Ramot in Gilead?
Und als dieser so und jener anders re-
20 dete, trat [f] ein Geist vor und stellte sich
vor den HERRN und sprach: Ich will ihn
betören. Der HERR aber sprach zu ihm:
21 Womit? Er sprach: Ich will ausfahren
und ein Lügengeist sein in aller seiner
Propheten Mund. Und der Herr
sprach: Du wirst ihn betören und wirst
22 es ausrichten; fahr hin und tu das! Nun
siehe, der HERR hat einen Lügengeist in
den Mund dieser deiner Propheten ge-
geben, und der HERR hat Unheil gegen
23 dich geredet. Da trat herzu [g] Zedekia,
der Sohn Kenaanas, und schlug Micha
auf die Backe und sprach: Auf welchem
Wege sollte der Geist des HERRN von
mir gewichen sein, um nun durch dich
24 zu reden? Micha sprach: Wahrlich, an
jenem Tage wirst du's sehen, wenn du
von einer Kammer in die andere gehst,
25 um dich zu verstecken. Aber der König
von Israel sprach: Nehmt Micha und
bringt ihn zu Amon, dem Stadthaupt-
mann, und zu Joas, dem Sohn des Kö-
26 nigs, und sagt: So spricht der König:
[h] Legt diesen ins Gefängnis und speist
ihn nur kärglich mit Brot und Wasser,
27 bis ich wiederkomme mit Frieden! Mi-
cha sprach: Kommst du mit Frieden
wieder, so hat der HERR nicht durch
mich geredet. Und er sprach: Höret,
alle Völker!

28 So zogen der König von Israel und
Josafat, der König von Juda, hinauf
29 nach Ramot in Gilead. Und der König
von Israel sprach zu Josafat: Ich will
mich verkleiden und in den Kampf zie-
hen, du aber behalte deine königlichen
Kleider an! Und der König von Israel
verkleidete sich, und sie zogen in den
Kampf. Aber der König von Aram hat- 30
te den Obersten über seine Wagen ge-
boten: Ihr sollt nicht kämpfen gegen
Geringe und Hohe, sondern allein ge-
gen den König von Israel. Als nun die 31
Obersten der Wagen Josafat sahen,
dachten sie, es sei der König von Israel,
und umringten ihn, um gegen ihn zu
kämpfen. Aber Josafat schrie, und der
HERR half ihm, und Gott lockte sie von
ihm weg. Denn als die Obersten der 32
Wagen merkten, daß er nicht der König
von Israel war, wandten sie sich von
ihm ab. Es spannte aber ein Mann sei- 33
nen Bogen von ungefähr und schoß den
König von Israel zwischen Panzer und
Wehrgehänge. Da sprach er zu seinem
Wagenlenker: Wende um und führe
mich aus dem Kampf; denn ich bin
verwundet! Aber der Kampf nahm im- 34
mer mehr zu an jenem Tage, und der
König von Israel blieb in seinem Wa-
gen stehen gegenüber den Aramäern
bis zum Abend; und er starb, als die
Sonne unterging.

Josafat aber, der König von Juda, 19
kam wieder heim mit Frieden nach Je-
rusalem. Und es ging ihm der Seher 2
Jehu, der Sohn Hananis, entgegen und
sprach zum König Josafat: Sollst du so
dem Gottlosen helfen und die lieben,
die den HERRN hassen? Darum kommt
über dich der Zorn vom HERRN. Etwas 3
Gutes ist aber doch an dir gefunden,
daß du [i] die Bilder der Aschera aus dem
Lande ausgetilgt und dein Herz darauf
gerichtet hast, Gott zu suchen.

a Kap 17,5 *b* 2.Kön 3,11 *c* Vers 23 *d* Mt 9,36
e Jes 6,1 *f* Hiob 1,6 *g* Vers 10 *h* Kap 16,10
i Kap 17,3.6

Josafat ordnet die Rechtsprechung

Und Josafat blieb in Jerusalem. Und er 4
zog wieder im Volk umher von Beerse-
ba an bis auf das Gebirge Efraim und
brachte sie zurück zu dem HERRN, dem
Gott ihrer Väter. Und er bestellte Rich- 5
ter im Lande in allen festen Städten Ju-
das, Stadt für Stadt, und sprach zu den 6
Richtern: Seht zu, was ihr tut! Denn
ihr haltet Gericht nicht im Namen von
Menschen, sondern im Namen des
HERRN, und er ist bei euch, wenn ihr
Recht sprecht.[a] Darum laßt [b] die 7
Furcht des HERRN bei euch sein, haltet
und tut das Recht; denn [c] bei dem

HERRN, unserm Gott, ist kein Unrecht,
weder Ansehen der Person noch An-
8 nehmen von Geschenken. Auch be-
stellte Josafat in Jerusalem einige aus
den Leviten und Priestern und Sippen-
häuptern Israels [d] für das Gericht des
HERRN und für die Streitfälle der Ein-
9 wohner Jerusalems. Ihnen gebot er und
sprach: Tut also in der Furcht des
HERRN, in Treue und mit ganzem Her-
10 zen! In allen Streitfällen, die vor euch
kommen von euren Brüdern, die in
ihren Städten wohnen, es gehe um
Bluttat, um Gesetz und Gebot, um Sat-
zungen und Rechte, da sollt ihr sie
unterrichten, daß sie sich nicht am
HERRN verschulden und ein Zorn über
euch und eure Brüder komme. Tut
also, so werdet ihr euch nicht verschul-
11 den. Siehe, der Hohepriester Amarja ist
über euch bestellt in allen Sachen des
HERRN, und Sebadja, der Sohn Is-
maels, der Vorsteher im Hause Juda, in
allen Sachen des Königs; und als Amt-
leute habt ihr die Leviten bei euch.
Geht unverzagt ans Werk, und der
HERR wird mit dem Guten sein.

a 5.Mose 1,17 *b* 2.Mose 18,21 *c* 5.Mose 10,17; Röm 2,11 *d* 5.Mose 17,8.9; 19,17

Josafats Sieg über die Ammoniter und Moabiter

20 Danach kamen die Moabiter, die Am-
moniter und mit ihnen auch Mëuniter,
2 um gegen Josafat zu kämpfen. Und
man kam und sagte zu Josafat: Es
kommt gegen dich eine große Menge
von jenseits des Salzmeeres, von Edom,
und siehe, sie sind schon in Hazezon-
3 Tamar, das ist En-Gedi. Josafat aber
fürchtete sich und richtete sein Ange-
sicht darauf, den HERRN zu suchen;
und er ließ in ganz Juda ein Fasten aus-
4 rufen. Und Juda kam zusammen, den
HERRN zu suchen; auch aus allen Städ-
ten Judas kamen sie, den HERRN zu su-
chen.[a]

5 Und Josafat trat hin unter die Ge-
meinde Judas und Jerusalems im
Hause des HERRN vorn im neuen Vor-
6 hof und sprach: HERR, du Gott unserer
Väter, [b] bist du nicht Gott im Himmel
und Herrscher über alle Königreiche
der Heiden? Und [c] in deiner Hand ist
Kraft und Macht, und es ist niemand,
7 der dir zu widerstehen vermag. Hast
du, unser Gott, nicht die Bewohner
dieses Landes vertrieben vor deinem
Volk Israel und hast es den Nachkom-
men Abrahams, deines Freundes, gege-
ben für immer? Und sie wohnten darin 8
und haben dir ein Heiligtum für deinen
Namen gebaut und gesagt: [d] Wenn Un- 9
glück, Schwert, Strafe, Pest oder Hun-
gersnot über uns kommen, werden wir
vor diesem Hause und vor dir stehen –
denn dein Name ist in diesem Hause –
und zu dir schreien in unserer Not, und
du wirst hören und helfen. Nun siehe, 10
die Ammoniter, Moabiter und die vom
Gebirge Seïr, durch die du Israel nicht
hindurchziehen ließest, als sie aus
Ägyptenland kamen – sondern sie
mußten vor ihnen weichen und durften
sie nicht ausrotten –,[e] siehe, sie lassen 11
uns das entgelten und kommen, uns
auszutreiben aus deinem Eigentum,
das du uns gegeben hast. Unser Gott, 12
willst du sie nicht richten? Denn in uns
ist keine Kraft gegen dies große Heer,
das gegen uns kommt. Wir wissen
nicht, was wir tun sollen, sondern unse-
re Augen sehen nach dir.

Und ganz Juda stand vor dem HERRN 13
mit seinen Alten, Frauen und Kindern.
Aber der Geist des HERRN kam mitten 14
in der Gemeinde auf Jahasiël, den Sohn
Sacharjas, des Sohnes Benajas, des
Sohnes Jehiëls, des Sohnes Mattanjas,
den Leviten aus den Söhnen Asaf.
[f] Und Jahasiël sprach: Merket auf, ganz 15
Juda und ihr Einwohner von Jerusalem
und du, König Josafat! So spricht der
HERR zu euch: Ihr sollt euch nicht
fürchten und nicht verzagen vor diesem
großen Heer; denn nicht ihr kämpft,
sondern Gott. Morgen sollt ihr gegen 16
sie hinabziehen. Wenn sie den Höhen-
weg von Ziz heraufkommen, werdet ihr
auf sie treffen, wo das Tal endet, vor
der Wüste Jeruël. Aber nicht ihr werdet 17
dabei kämpfen; tretet nur hin und steht
und seht die Hilfe des HERRN, der mit
euch ist, Juda und Jerusalem! Fürchtet
euch nicht und verzaget nicht! Morgen
zieht ihnen entgegen! Der HERR ist mit
euch.

Da beugte sich Josafat mit seinem 18
Antlitz zur Erde, und ganz Juda und
die Einwohner von Jerusalem fielen vor
dem HERRN nieder und beteten den
HERRN an. Und die Leviten von den 19
Söhnen Kehat und von den Söhnen
Korah schickten sich an, den HERRN,
den Gott Israels, zu loben mit laut
schallender Stimme.

Und sie machten sich früh am Mor- 20
gen auf und zogen aus zur Wüste Te-
koa. Und als sie auszogen, trat Josafat
hin und sprach: Höret mir zu, Juda und

ihr Einwohner von Jerusalem! [g] Glau-
bet an den HERRN, euren Gott, so wer-
det ihr sicher sein, und glaubet seinen
Propheten, so wird es euch gelingen.
21 Und er beriet sich mit dem Volk und
bestellte Sänger für den HERRN, daß sie
in heiligem Schmuck Loblieder sängen
und vor den Kriegsleuten herzögen
und sprächen: [h] Danket dem HERRN;
denn seine Barmherzigkeit währet
22 ewiglich. Und als sie anfingen mit Dan-
ken und Loben, ließ der HERR einen
Hinterhalt kommen über die Ammoni-
ter und Moabiter und die vom Gebirge
Seïr, die gegen Juda ausgezogen waren,
23 und sie wurden geschlagen. Es stellten
sich die Ammoniter und Moabiter ge-
gen die Leute vom Gebirge Seïr, um sie
auszurotten und zu vertilgen. Und als
sie die Leute vom Gebirge Seïr alle auf-
gerieben hatten, kehrte sich einer gegen
den andern, und sie wurden einander
24 zum Verderben. Als aber Juda an den
Ort kam, wo man in die Wüste sehen
kann, und sie sich gegen das Heer wen-
den wollten, siehe, da lagen nur Leich-
name auf der Erde; keiner war entron-
25 nen. Und Josafat kam mit seinem Volk,
die Beute auszuteilen, und sie fanden
Vieh in Menge und Güter und Kleider
und kostbare Geräte und nahmen sich
so viel weg, daß es kaum zu tragen war,
und teilten drei Tage die Beute aus;
26 denn es war viel. Am vierten Tage aber
kamen sie zusammen im Lobetal; denn
dort lobten sie den HERRN. Daher heißt
die Stätte »Lobetal« bis auf diesen Tag.
27 So kehrte jedermann von Juda und
Jerusalem wieder um und Josafat an
der Spitze, daß sie nach Jerusalem zö-
gen mit Freuden; denn der HERR hatte
ihnen Freude gegeben an ihren Fein-
28 den. Und sie zogen in Jerusalem ein mit
Psaltern, Harfen und Trompeten zum
29 Hause des HERRN. Und der Schrecken
Gottes kam über alle Königreiche der
Länder, als sie hörten, daß der HERR
gegen die Feinde Israels gestritten hat-
30 te. Also hatte das Königreich Josafats
Frieden, und [i] sein Gott gab ihm Ruhe
ringsumher.

a Kap 15,9-15 *b* 1.Mose 18,25 *c* 1.Chr 29,12
d Kap 6,28-30 *e* 5.Mose 2,4.5.9.19 *f (15-17)*
2.Mose 14,13.14 *g* Jes 7,9; 28,16 *h* Ps 106,1
i Kap 15,15

Josafats Vertrag mit Ahasja von Israel

(vgl. 1.Kön 22,41-50)

31 Und Josafat regierte über Juda; er war
fünfunddreißig Jahre alt, als er König
wurde; und er regierte fünfundzwanzig
Jahre zu Jerusalem. Seine Mutter hieß
Asuba, eine Tochter Schilhis. Und er 32
wandelte in dem Wege seines Vaters
Asa und ließ nicht davon ab und tat,
was dem HERRN wohlgefiel. Nur die 33
Opferhöhen wurden nicht entfernt;
denn das Volk hatte sein Herz noch
nicht ganz zu dem Gott seiner Väter ge-
wandt. Was aber mehr von Josafat zu 34
sagen ist, die frühere und die spätere
Geschichte, siehe, das steht geschrie-
ben in den Geschichten Jehus, des Soh-
nes Hananis, die aufgenommen sind in
das Buch der Könige von Israel.
Danach schloß Josafat, der König 35
von Juda, einen Vertrag mit [a] Ahasja,
dem König von Israel, der gottlos war
in seinem Tun. Er kam mit ihm über- 36
ein, Schiffe zu bauen, um nach Tarsis
zu fahren; und sie bauten die Schiffe in
Ezjon-Geber. Aber Eliëser, der Sohn 37
Dodawas von Marescha, weissagte ge-
gen Josafat und sprach: Weil du mit
Ahasja übereingekommen bist, zerstört
der HERR dein Werk. Und die Schiffe
zerschellten und konnten nicht nach
Tarsis fahren.

a 1.Kön 22,52-54

Jorams gottlose Regierung

(vgl. 1.Kön 22,51; 2.Kön 8,16-22)

Und Josafat legte sich zu seinen Vätern **21**
und wurde begraben bei seinen Vätern
in der Stadt Davids. Und sein Sohn Jo-
ram wurde König an seiner Statt.
Und Joram hatte Brüder, Josafats 2
Söhne: Asarja, Jehiël, Sacharja, Asarja,
Michael und Schefatja; diese alle waren
Söhne Josafats, des Königs von Juda.
Und ihr Vater gab ihnen viele Gaben an 3
Silber, Gold und Kleinoden, dazu feste
Städte in Juda; aber das Königtum gab
er Joram; denn der war der Erstgebore-
ne. Als aber Joram das Königtum sei- 4
nes Vaters übernommen hatte und
mächtig wurde, erschlug er alle seine
Brüder mit dem Schwert, dazu auch
einige Obere in Israel.
Zweiunddreißig Jahre alt war Joram, 5
als er König wurde; und er regierte acht
Jahre zu Jerusalem und wandelte in 6
dem Wege der Könige von Israel, wie
das Haus Ahab getan hatte; denn
Ahabs Tochter war seine Frau. Und er
tat, was dem HERRN mißfiel. Aber der 7
HERR wollte das Haus David nicht ver-
derben um des Bundes willen, den er
[a] mit David geschlossen hatte, und wie
er ihm zugesagt hatte, ihm eine

[b]Leuchte zu geben und seinen Söhnen
immerdar.
8 Zu seiner Zeit fielen die Edomiter
von Juda ab und setzten einen König
9 über sich. Da zog Joram hin mit seinen
Obersten und alle Wagen mit ihm, und
er machte sich des Nachts auf und
schlug die Edomiter, die ihn umringt
hatten, und die Obersten über die Wa-
10 gen. Doch blieben die Edomiter ab-
trünnig von Juda bis auf diesen Tag.
Zur selben Zeit fiel Libna auch von ihm
ab; denn er hatte den HERRN, den Gott
seiner Väter, verlassen.
11 Auch machte er Opferhöhen in den
Städten Judas und verleitete die Ein-
wohner von Jerusalem zur Abgötterei
und verführte Juda.
12 Es kam aber ein Brief zu ihm von
dem Propheten Elia, der lautete: So
spricht der HERR, der Gott deines Va-
ters David: Weil du nicht gewandelt
bist in den Wegen deines Vaters Josafat
und nicht in den Wegen Asas, des Kö-
13 nigs von Juda, sondern wandelst in dem
Wege der Könige von Israel und verlei-
test Juda und die Bewohner von Jerusa-
lem zur Abgötterei nach der Abgötterei
des Hauses Ahab und weil du dazu er-
schlagen hast deine Brüder, deines Va-
14 ters Haus, die besser waren als du, sie-
he, so wird dich der HERR mit einer gro-
ßen Plage schlagen an deinem Volk,
an deinen Kindern, an deinen Frauen
15 und an aller deiner Habe. Du aber wirst
viel Krankheit haben in deinen Ein-
geweiden, bis über Jahr und Tag dei-
ne Eingeweide vor Krankheit heraus-
treten.
16 Und der HERR erweckte gegen Joram
den Geist der Philister und Araber, die
17 neben den Kuschitern wohnen. Und
sie zogen herauf und brachen in Juda
ein und führten alle Habe weg, die vor-
handen war im Hause des Königs, dazu
seine Söhne und seine Frauen, so daß
ihm kein Sohn übrigblieb außer Joahas,
seinem jüngsten Sohn.
18 Und nach dem allen plagte ihn der
HERR mit einer Krankheit in seinen
Eingeweiden; die war nicht zu heilen.
19 Und als das über Jahr und Tag währte,
bis die Zeit von zwei Jahren um war,
traten in seiner Krankheit seine Einge-
weide heraus, und er starb unter
schlimmen Schmerzen. Und man
machte keinen Brand ihm zu Ehren,
[c]wie man seinen Vätern getan hatte.
20 Zweiunddreißig Jahre alt war er, als er
König wurde; und er regierte acht Jah-
re zu Jerusalem und ging dahin unbe-
dauert. Und [d]sie begruben ihn in der
Stadt Davids, aber nicht in den Grä-
bern der Könige.

a 2.Sam 7,12 *b* 1.Kön 11,36; Ps 132,17
c Kap 16,14 *d* Kap 24,25

Ahasjas gottlose Regierung

(vgl. 2.Kön 8,25-29)

Und die Einwohner von Jerusalem **22**
machten Ahasja, Jorams jüngsten
Sohn, zum König an seiner Statt; denn
die streifende Rotte, die mit den Ara-
bern ins Lager gekommen war, hatte
die älteren Söhne alle erschlagen. Dar-
um wurde Ahasja König, der Sohn Jo-
rams, des Königs von Juda. Zweiund- 2
zwanzig Jahre alt war Ahasja, als er Kö-
nig wurde; und er regierte ein Jahr zu
Jerusalem. Seine Mutter hieß Atalja,
die Tochter Omris. Und auch er wan- 3
delte in den Wegen des Hauses Ahab;
denn seine Mutter hielt ihn dazu an,
gottlos zu sein. Darum tat er, was dem 4
HERRN mißfiel, wie das Haus Ahab;
denn sie waren seine Ratgeber nach sei-
nes Vaters Tod, ihm zum Verderben.
Er wandelte nach ihrem Rat; denn er 5
zog hin mit Joram, dem Sohn Ahabs,
dem König von Israel, in den Kampf
nach Ramot in Gilead gegen Hasaël,
den König von Aram. Aber die Ara-
mäer verwundeten Joram, so daß er 6
umkehrte, um sich in Jesreel heilen zu
lassen von den Wunden, die ihm bei
Rama geschlagen waren, als er mit Ha-
saël, dem König von Aram, kämpfte.
Und Ahasja, der Sohn Jorams, der Kö-
nig von Juda, zog hinab, um Joram, den
Sohn Ahabs, in Jesreel zu besuchen,
weil er krank lag; denn es war von Gott 7
über Ahasja zu seinem Verderben be-
schlossen, daß er zu Joram käme. Und
als er kam, zog er mit Joram aus gegen
[a]Jehu, den Sohn Nimschis, den der
HERR gesalbt hatte, [b]um das Haus
Ahab auszurotten. Als nun Jehu die 8
Strafe am Hause Ahab vollzog, traf er
auf einige Obere aus Juda und auf die
Söhne der Brüder Ahasjas, die Ahasja
dienten, und er tötete sie.[c] Und er 9
suchte Ahasja, und man fing ihn in Sa-
maria, wo er sich versteckt hatte, und er
wurde zu Jehu gebracht. [d]Der tötete
ihn, und man begrub ihn; denn sie
sprachen: Er ist Josafats Sohn, der von
ganzem Herzen den HERRN suchte.
Und es war niemand mehr aus dem
Hause Ahasjas, der zum Königtum
tüchtig war.

a 1.Kön 19,16 *b* 2.Kön 9,6.7 *c* 2.Kön 10,12-14
d 2.Kön 9,27-29

Joas wird gegen Atalja zum König erhoben

(vgl. 2.Kön 11)

10 Als aber Atalja, die Mutter Ahasjas,
sah, daß ihr Sohn tot war, machte sie
sich auf und brachte um alle vom kö-
niglichen Geschlecht im Hause Juda.
11 Aber Joschabat, eine Königstochter,
nahm Joas, den Sohn Ahasjas, und
stahl ihn aus der Mitte der Söhne des
Königs, die getötet wurden, und brach-
te ihn mit seiner Amme in die Betten-
kammer. So verbarg ihn Joschabat, die
Tochter des Königs Joram, die Frau
des Priesters Jojada, – denn sie war
Ahasjas Schwester – vor Atalja, so daß
12 er nicht getötet wurde. Und er war bei
ihnen im Hause Gottes versteckt sechs
Jahre, solange Atalja im Lande Königin
war.

23 Aber im siebenten Jahr faßte Jojada
Mut und schloß einen Bund mit den
Hauptleuten über hundert, nämlich
mit Asarja, dem Sohn Jerohams, Is-
mael, dem Sohn Johanans, Asarja, dem
Sohn Obeds, Maaseja, dem Sohn Ada-
jas, und Elischafat, dem Sohn Sichris.
2 Die zogen umher in Juda und brachten
die Leviten aus allen Städten Judas zu-
sammen und die Häupter der Sippen in
Israel, daß sie nach Jerusalem kämen.
3 Und die ganze Gemeinde schloß einen
Bund im Hause Gottes mit dem König.
Und Jojada sprach zu ihnen: Siehe, des
Königs Sohn soll König sein, wie der
HERR den Söhnen David zugesagt hat.
4 So sollt ihr nun tun: Ein Drittel von
euch, den Priestern und Leviten, die
am Sabbat ihren Dienst antreten, soll
5 Wache halten an den Toren und ein
Drittel im Hause des Königs und ein
Drittel am Grundtor; aber alles Volk
soll in den Vorhöfen am Hause des
6 HERRN sein. Und daß niemand in das
Haus des HERRN gehe! Nur die Priester
und *die* Leviten, die Dienst tun, die sol-
len hineingehen, denn sie sind heilig;
und alles Volk tue nach dem Gebot des
7 HERRN. Und die Leviten sollen sich
rings um den König herumstellen, ein
jeder mit seiner Waffe in der Hand.
Und wer in das Haus des Herrn geht,
der sei des Todes! Und sie sollen um
den König sein, wenn er aus- und ein-
geht.
8 Und die Leviten und ganz Juda ta-
ten, wie der Priester Jojada geboten
hatte, und ein jeder nahm seine Leute,
die am Sabbat antraten, samt denen,
die am Sabbat abtraten. Denn der Prie-
ster Jojada ließ die Abteilungen nicht
auseinandergehen. Und der Priester 9
Jojada gab den Hauptleuten über hun-
dert die Spieße und Schilde und Waf-
fen des Königs David, die im Hause
Gottes waren, und stellte alles Volk auf, 10
einen jeden mit seiner Waffe in der
Hand, von der rechten Seite des Hauses
im Süden bis zur linken Seite im Nor-
den vor dem Altar und dem Hause um
den König herum. Und sie führten den 11
Sohn des Königs heraus und setzten
ihm die Krone auf und gaben ihm die
Ordnung und machten ihn zum König.
Und Jojada und seine Söhne salbten
ihn und sprachen: Es lebe der König!
Als aber Atalja das Geschrei des 12
Volks hörte, das herzulief und den Kö-
nig umjubelte, ging sie zum Volk in das
Haus des HERRN. Und sie sah, und sie- 13
he, der König stand an seiner Stätte im
Eingang und die Oberen und die
Trompeter um den König, und alles
Volk des Landes war fröhlich, und man
blies die Trompeten, und die Sänger
mit allerlei Saitenspiel standen da und
gaben das Zeichen zum Jubel. Da zer-
riß Atalja ihre Kleider und rief: Auf-
ruhr, Aufruhr! Aber der Priester Jojada 14
gebot den Hauptleuten über hundert,
die über das Heer gesetzt waren: Führt
sie zwischen den Reihen hinaus, und
wer ihr nachfolgt, den soll man mit dem
Schwert töten! Denn der Priester hatte
befohlen, man sollte sie nicht töten im
Hause des HERRN. Und sie legten die 15
Hände an sie, und als sie zum Eingang
des Roßtors kam am Hause des Königs,
töteten sie sie dort.
Und Jojada [a] schloß einen Bund zwi- 16
schen dem HERRN und dem ganzen
Volk und dem König, daß sie des
HERRN Volk sein sollten. Da ging das 17
ganze Volk in das Haus Baals und brach
es ab, und seine Altäre und Bilder zer-
brachen sie und töteten Mattan, den
Priester Baals, vor den Altären. Und 18
Jojada bestellte die Ämter am Hause
des HERRN aus den Priestern und den
Leviten, die David für das Haus des
HERRN verordnet hatte, dem HERRN
Brandopfer zu bringen, wie es geschrie-
ben steht im Gesetz des Mose, mit
Freuden und mit Liedern, nach Davids
Weisung,[b] und er stellte Wachen an die 19
Tore am Hause des HERRN, daß nie-
mand hineinkäme, der sich an irgend

20 etwas unrein gemacht hatte. Und er
nahm die Hauptleute über hundert und
die Mächtigen und die Herren im Volk
und alles Volk des Landes und führte
den König vom Hause des HERRN hin-
ab; und sie zogen durch das obere Tor
in das Haus des Königs und ließen den
König sich auf den königlichen Thron
21 setzen. Und alles Volk des Landes war
fröhlich, aber die Stadt blieb still, ob-
wohl Atalja mit dem Schwert erschla-
gen war.

a Kap 15,12 *b* Kap 7,6; 29,25-30

Joas' Sorge für den Tempel

(vgl. 2.Kön 12,1-17)

24 Joas war sieben Jahre alt, als er König
wurde; und er regierte vierzig Jahre zu
Jerusalem. Seine Mutter hieß Zibja,
2 aus Beerseba. Und Joas tat, was dem
HERRN wohlgefiel, solange der Priester
3 Jojada lebte. Und Jojada nahm zwei
Frauen für Joas, und er zeugte Söhne
und Töchter.
4 Danach nahm sich Joas vor, das
5 Haus des HERRN zu erneuern, und ver-
sammelte die Priester und Leviten und
sprach zu ihnen: Zieht hin in alle Städ-
te Judas und sammelt Geld aus ganz Is-
rael, um jährlich das Haus eures Gottes
auszubessern, und eilet, solches zu tun!
6 Aber die Leviten eilten nicht. Da rief
der König den Hohenpriester Jojada
und sprach zu ihm: Warum hast du
nicht acht auf die Leviten, daß sie von
Juda und Jerusalem die Steuer einbrin-
gen, die [a] Mose, der Knecht des HERRN,
und die Gemeinde für die Stiftshütte
zu sammeln Israel geboten haben?
7 Denn die gottlose Atalja und [b] ihre Söh-
ne haben das Haus Gottes verfallen las-
sen, und alles, was dem Hause des
HERRN geheiligt war, haben sie an die
Baale gebracht.
8 Da befahl der König, daß man eine
Lade machte, und man stellte sie außen
9 ins Tor am Hause des HERRN; und sie
ließen in Juda und Jerusalem ausrufen,
daß man dem HERRN die Steuer brin-
gen solle, die in der Wüste von Mose,
dem Knecht Gottes, auf Israel gelegt
10 war. Da freuten sich alle Oberen und
alles Volk und brachten's und warfen's
11 in die Lade, bis sie voll wurde. Und
wenn man die Lade durch die Leviten
zur Verwaltung des Königs brachte
und man sah, daß viel Geld darin war,
so kam der Schreiber des Königs und
der Beauftragte des Hohenpriesters,
und man schüttete die Lade aus, und
sie trugen sie wieder hin an ihren Ort.
So taten sie alle Tage und brachten viel
Geld zusammen. Und der König und 12
Jojada gaben es den Werkmeistern, die
am Hause des HERRN arbeiteten. Diese
stellten Steinmetzen und Zimmerleute
an, um das Haus des HERRN zu er-
neuern, und auch Meister in Eisen und
Kupfer, um das Haus des HERRN aus-
zubessern. Und die Werkmeister sorg- 13
ten dafür, daß durch sie die Ausbesse-
rung fortschritt, und so stellten sie das
Haus Gottes nach seinem alten Maß
wieder her. Und als sie es vollendet hat- 14
ten, brachten sie das übrige Geld vor
den König und Jojada. Davon machte
man Geräte für das Haus des HERRN,
Geräte für den Dienst und für die
Brandopfer, Löffel und goldene und
silberne Geräte. Und sie opferten
Brandopfer im Hause des HERRN alle-
zeit, solange Jojada lebte.
Und Jojada ward [c] alt und lebenssatt 15
und starb und war hundertunddreißig
Jahre alt, als er starb. Und sie begruben 16
ihn in der Stadt Davids bei den Köni-
gen, weil er an Israel und an Gott und
seinem Hause wohlgetan hatte.

a 2.Mose 30,12.13 *b* Kap 22,3.4 *c* 1.Chr 29,28

Joas' Abfall und Ende

Und nach dem Tode Jojadas kamen die 17
Oberen Judas und huldigten dem Kö-
nig; da hörte der König auf sie. Und sie 18
verließen das Haus des HERRN, des
Gottes ihrer Väter, und dienten den
Bildern der Aschera und den Götzen.
Da kam der Zorn über Juda und Jeru-
salem um dieser ihrer Schuld willen.
Der HERR aber sandte Propheten zu 19
ihnen, daß sie sich zum HERRN bekeh-
ren sollten, und die ermahnten sie, aber
sie nahmen's nicht zu Ohren.
[a] Und der Geist Gottes ergriff Sa- 20
charja, den Sohn des Priesters Jojada.
Der trat vor das Volk und sprach zu
ihnen: So spricht Gott: Warum über-
tretet ihr die Gebote des HERRN, so daß
ihr kein Gelingen habt? Denn ihr habt
den HERRN verlassen, darum wird er
euch auch verlassen. Aber sie machten 21
eine Verschwörung gegen ihn und stei-
nigten ihn auf Befehl des Königs im
Vorhof am Hause des HERRN. Und der 22
König Joas gedachte nicht an die Barm-
herzigkeit, die Jojada, der Vater Sa-
charjas, an ihm getan hatte, sondern tö-
tete seinen Sohn. Der aber sprach, als
er starb: Der HERR wird es sehen und
strafen.[b]

23 [c]Und als das Jahr um war, zog herauf
das Heer der Aramäer, und sie kamen
nach Juda und Jerusalem und brachten
alle Oberen im Volk um, und all ihren
Raub sandten sie dem König von Da-
24 maskus. Denn obwohl das Heer der
Aramäer mit wenigen Männern kam,
gab der HERR ein sehr großes Heer in
ihre Hand, weil Juda den HERRN, den
Gott ihrer Väter, verlassen hatte. Da-
mit vollzogen sie an Joas die Strafe.
25 Und als sie von ihm zogen, ließen sie
ihn in großer Krankheit zurück. Es
machten aber seine Großen eine Ver-
schwörung gegen ihn um der Blut-
schuld willen an dem Sohn des Prie-
sters Jojada und töteten ihn auf seinem
Bett, und er starb. Und [d]man begrub
ihn in der Stadt Davids, aber nicht in
26 den Gräbern der Könige. Diese aber
machten die Verschwörung gegen ihn:
Sabad, der Sohn der Schimat, der Am-
moniterin, und Josabad, der Sohn der
27 Schimrit, der Moabiterin. Aber seine
Söhne und die Menge der Steuern, die
er veranlaßte, und der Bau des Hauses
Gottes, siehe, das steht geschrieben in
den Geschichten im Buch der Könige.
Und sein Sohn Amazja wurde König an
seiner Statt.

a (20 und 21) Mt 23,35; Hebr 11,37 *b* Kap 23
c (23-27) 2.Kön 12,18-22 *d* Kap 21,20

Amazja

(vgl. 2.Kön 14,1-20)

25 Fünfundzwanzig Jahre alt war Amazja,
als er König wurde; und er regierte
neunundzwanzig Jahre zu Jerusalem.
Seine Mutter hieß Joaddan, aus Jerusa-
2 lem. Und er tat, was dem HERRN wohl-
gefiel, doch nicht von ganzem Herzen.
3 Als er nun das Königtum fest in der
Hand hatte, tötete er [a]seine Großen,
die den König, seinen Vater, erschlagen
4 hatten. Aber ihre Söhne tötete er nicht,
denn so steht es geschrieben im Gesetz,
im Buch des Mose, wo der HERR gebie-
tet: [b]Die Väter sollen nicht sterben für
die Kinder und die Kinder nicht für die
Väter, sondern ein jeder soll nur um
seiner Sünde willen sterben.

5 Und Amazja bot Juda auf und ordne-
te sie, ganz Juda und Benjamin, nach
ihren Sippen unter die Obersten über
tausend und unter die Hauptleute über
hundert und musterte sie von zwanzig
Jahren an und darüber, und es fanden
sich dreihunderttausend auserlesene
Leute, die in den Krieg ziehen und
Spieß und Schild führen konnten.
Dazu warb er aus Israel hunderttau- 6
send Kriegsleute für hundert Zentner
Silber.

Es kam aber ein Mann Gottes zu ihm 7
und sprach: König, laß nicht das Heer
Israels mit dir ziehen, denn der HERR
ist nicht mit Israel, mit allen Männern
von Efraim; denn wenn du denkst, mit 8
ihnen stark zu sein zum Kampf, so wird
Gott dich vor den Feinden fallen las-
sen. Denn bei Gott steht die Kraft zu
helfen und fallen zu lassen. Amazja 9
sprach zu dem Mann Gottes: Was soll
man dann tun mit den hundert Zent-
nern, die ich den Kriegsleuten aus Is-
rael gegeben habe? Der Mann Gottes
sprach: Es steht beim HERRN, dir mehr
zu geben als dies. Da sonderte Amazja 10
die Kriegsleute ab, die zu ihm aus
Efraim gekommen waren, daß sie wie-
der heimkehrten. Da entbrannte ihr
Zorn sehr gegen Juda, und sie zogen
zurück an ihren Ort mit grimmigem
Zorn. Und Amazja ward getrost und 11
führte sein Volk aus und zog ins Salztal
und erschlug zehntausend Männer von
Seïr. Und die Männer von Juda fingen 12
zehntausend von ihnen lebendig; die
führten sie auf die Spitze eines Felsens
und stürzten sie von der Spitze des Fel-
sens, daß sie alle zerschellten. Aber die 13
Kriegsleute, die Amazja hatte ziehen
lassen, daß sie nicht mit seinem Volk in
den Kampf zögen, fielen in die Städte
Judas ein von Samaria bis nach Bet-Ho-
ron und erschlugen dreitausend Mann
von ihnen und gewannen viel Beute.

Und als Amazja vom Siege über die 14
Edomiter wiederkam, brachte er die
Götter der Leute von Seïr mit und
stellte sie sich als Götter auf und betete
sie an und opferte ihnen. Da entbrannte 15
der Zorn des HERRN über Amazja, und
er sandte einen Propheten zu ihm. Der
sprach zu ihm: Warum suchst du die
Götter des Volks, die ihr Volk nicht aus
deiner Hand erretten konnten? Und als 16
er so mit ihm redete, sprach der König
zu ihm: Hat man dich zu des Königs
Ratgeber gemacht? Höre auf! Warum
willst du getötet werden? Da hörte der
Prophet auf und sprach: Ich merke
wohl, daß Gott beschlossen hat, dich zu
verderben, weil du solches getan und
auf meinen Rat nicht gehört hast.

Und Amazja, der König von Juda, 17
entschloß sich, hinzusenden zu Joas,
dem Sohn des Joahas, des Sohnes Je-
hus, dem König von Israel, und ließ
ihm sagen: Komm, wir wollen uns mit-

18 einander messen! Aber Joas, der König
von Israel, sandte zu Amazja, dem Kö-
nig von Juda, und antwortete ihm: Der
[c]Dornstrauch im Libanon sandte zur
Zeder im Libanon und ließ ihr sagen:
Gib deine Tochter meinem Sohn zur
Frau! Aber das Wild im Libanon lief
über den Dornstrauch und zertrat ihn.
19 Du denkst: Siehe, ich habe die Edomi-
ter geschlagen. Darüber erhebt sich
dein Herz, und du suchst noch mehr
Ruhm. Bleib doch daheim. Warum
suchst du dein Unglück, daß du zu Fall
kommst und Juda mit dir?
20 Aber Amazja hörte nicht darauf;
denn es geschah von Gott, um sie in die
Hand des Joas zu geben, weil sie die
Götter der Edomiter gesucht hatten.
21 Da zog Joas, der König von Israel, her-
auf, und sie maßen sich miteinander, er
und Amazja, der König von Juda, bei
22 Bet-Schemesch, das in Juda liegt. Aber
Juda wurde vor Israel her geschlagen,
und sie flohen, ein jeder in sein Haus.
23 Aber Amazja, den Sohn des Joas, den
König von Juda, nahm Joas, der Sohn
des Joahas, der König von Israel, bei
Bet-Schemesch gefangen und brachte
ihn nach Jerusalem und riß die Mauer
von Jerusalem ein vom Tor Efraim bis
an das Ecktor, vierhundert Ellen lang.
24 Und alles Gold und Silber und alle Ge-
räte, die im Hause Gottes unter der Ob-
hut von [d]Obed-Edom vorhanden wa-
ren, und die Schätze im Hause des Kö-
nigs und die Geiseln nahm er mit sich
nach Samaria.
25 Und Amazja, der Sohn des Joas, der
König von Juda, lebte nach dem Tode
des Joas, des Sohnes des Joahas, des
Königs von Israel, noch fünfzehn Jah-
26 re. Was aber mehr von Amazja zu sagen
ist, die frühere und die spätere Ge-
schichte, siehe, das steht geschrieben
im Buch der Könige von Juda und Is-
27 rael. Und von der Zeit an, da Amazja
von dem HERRN wich, machten sie eine
[e]Verschwörung gegen ihn in Jerusa-
lem. Er aber floh nach Lachisch. Da
sandten sie hinter ihm her nach La-
28 chisch und töteten ihn dort. Und sie
brachten ihn auf Rossen und begruben
ihn bei seinen Vätern in der Stadt Da-
vids.

a Kap 24,25 *b* 5.Mose 24,16 *c* Ri 9,14
d 1.Chr 26,13.15 *e* Kap 24,25

Usia

(vgl. 2.Kön 14,21.22; 15,1-7)

26 Da nahm das ganze Volk von Juda den
Usia – der war sechzehn Jahre alt –, und
sie machten ihn zum König an seines
Vaters Amazja Statt. Der baute Elat aus 2
und brachte es wieder an Juda, nach-
dem der König sich zu seinen Vätern
gelegt hatte. Sechzehn Jahre alt war 3
Usia, als er König wurde; und er re-
gierte zweiundfünfzig Jahre zu Jerusa-
lem. Seine Mutter hieß Jecholja, aus
Jerusalem. Und [a]er tat, was dem 4
HERRN wohlgefiel, ganz wie sein Vater
Amazja getan hatte. Und er suchte 5
Gott, solange Sacharja lebte, der ihn
unterwies in der Furcht Gottes; und
solange er den HERRN suchte, ließ es
ihm Gott gelingen.
Er zog aus und kämpfte gegen die 6
Philister und riß nieder die Mauer von
Gat und die Mauer von Jabne und die
Mauer von Asdod und baute Festun-
gen um Asdod und im Philisterland;
denn Gott half ihm gegen die Philister, 7
gegen die Araber, die in Gur-Baal
wohnten, und gegen die Mëuniter.
Und die Ammoniter gaben Usia Ge- 8
schenke, und er wurde berühmt bis hin
nach Ägypten; denn er wurde immer
mächtiger. Und Usia baute Türme in 9
Jerusalem am Ecktor und am Taltor
und am Winkel und befestigte sie. Er 10
baute auch Türme in der Wüste und
grub viele Brunnen; denn er hatte viel
Vieh sowohl im Hügelland wie in der
Ebene, auch Ackerleute und Weingärt-
ner auf den Bergen und am Karmel;
denn er hatte Lust am Ackerbau. Und 11
Usia hatte ein kriegstüchtiges Heer, das
in Abteilungen in den Kampf zog,
nach seiner Zahl aufgestellt durch den
Schreiber Jeïël und den Amtmann Ma-
aseja unter dem Befehl Hananjas, eines
der Obersten des Königs. Und die Zahl 12
der Häupter der Sippen unter den
Kriegern war 2600, und unter ihrem 13
Befehl stand eine Heeresmacht von
307500 sehr kriegstüchtigen Männern,
um dem König gegen die Feinde zu hel-
fen. Und Usia beschaffte für das ganze 14
Heer Schilde, Spieße, Helme, Panzer,
Bogen und Schleudersteine und mach-
te in Jerusalem kunstvolle Geschütze, 15
die auf den Türmen und Ecken stehen
sollten, um mit Pfeilen und großen
Steinen zu schießen. Und sein Name
drang weit hinaus, weil ihm wunderbar
geholfen wurde, bis er sehr mächtig war.
Und als er mächtig geworden war, 16
[b]überhob sich sein Herz zu seinem
Verderben; denn er verging sich gegen
den HERRN, seinen Gott, und ging in

das Haus des HERRN, um auf dem Räu-
17 cheraltar zu räuchern. Aber der Prie-
ster Asarja ging ihm nach und achtzig
Priester des HERRN mit ihm, zuverlässi-
18 ge Leute, und sie traten Usia, dem Kö-
nig, entgegen und sprachen zu ihm: Es
gebührt nicht dir, Usia, dem HERRN zu
räuchern, sondern [c]den Priestern, den
Söhnen Aaron, die [d]geweiht sind zu
räuchern. Geh hinaus aus dem Heilig-
tum; denn du vergehst dich, und es
wird dir keine Ehre bringen vor Gott,
19 dem HERRN. Da wurde Usia zornig, als
er bereits ein Räuchergefäß in der
Hand hatte, um zu räuchern; und wie
er so über die Priester zornig wurde,
brach der Aussatz aus an seiner Stirn
vor den Augen der Priester im Hause
20 des HERRN am Räucheraltar. Und der
Hohepriester Asarja wandte das Ange-
sicht ihm zu und alle Priester, und sie-
he, da war der König aussätzig an seiner
Stirn. Und sie stießen ihn fort, und er
eilte auch selbst hinauszugehen; denn
21 seine Plage war vom HERRN. So war der
König Usia aussätzig bis an seinen Tod
und [e]wohnte als Aussätziger in einem
besondern Hause; denn er war versto-
ßen vom Hause des HERRN. Jotam aber,
sein Sohn, stand dem Hause des Kö-
nigs vor und richtete das Volk des
Landes.

22 Was aber mehr von [f]Usia zu sagen
ist, die frühere und die spätere Ge-
schichte, hat beschrieben der Prophet
23 [g]Jesaja, der Sohn des Amoz. Und Usia
legte sich zu seinen Vätern, und sie be-
gruben ihn bei seinen Vätern auf dem
Felde neben der Grabstätte der Köni-
ge; denn sie sprachen: Er ist aussätzig.
Und sein Sohn Jotam wurde König an
seiner Statt.

a Kap 25,2 *b* Kap 25,19 *c* 4.Mose 18,7
d 2.Mose 30,7 *e* 4.Mose 5,2 *f* Jes 6,1 *g* Jes 1,1

Jotam
(vgl. 2.Kön 15,32-38)

27 Jotam war fünfundzwanzig Jahre alt,
als er König wurde; und er regierte
sechzehn Jahre zu Jerusalem. Seine
Mutter hieß Jeruscha, eine Tochter Za-
2 doks. Und er tat, was dem HERRN wohl-
gefiel, ganz wie sein Vater Usia getan
hatte, nur [a]drang er nicht in den Tem-
pel des HERRN ein. Das Volk aber han-
delte noch immer böse.

3 Er baute das obere Tor am Hause des
HERRN, und an der Mauer des Ofel
4 baute er viel und baute Städte auf dem
Gebirge Juda, und in den Wäldern
[b]baute er Burgen und Türme. Auch 5
kämpfte er mit dem König der Ammo-
niter und unterwarf sie, so daß ihm die
Ammoniter in diesem Jahr hundert
Zentner Silber, hunderttausend Schef-
fel Weizen und hunderttausend Schef-
fel Gerste gaben. So viel gaben ihm die
Ammoniter auch im zweiten und im
dritten Jahr. So wurde Jotam mächtig; 6
denn er wandelte recht vor dem HERRN,
seinem Gott.

Was aber mehr von Jotam zu sagen 7
ist und alle seine Kriege und wie er
wandelte, siehe, das steht geschrieben
im Buch der Könige von Israel und
Juda. Fünfundzwanzig Jahre alt war er, 8
als er König wurde; und er regierte
sechzehn Jahre zu Jerusalem. Und Jo- 9
tam legte sich zu seinen Vätern, und sie
begruben ihn in der Stadt Davids. Und
sein Sohn Ahas wurde König an seiner
Statt.

a Kap 26,16 *b* Kap 26,10

Ahas
(vgl. 2.Kön 16)

Ahas war zwanzig Jahre alt, als er Kö- **28**
nig wurde; und er regierte sechzehn
Jahre zu Jerusalem. Er tat nicht, was
dem HERRN wohlgefiel, wie sein Vater
David, sondern wandelte in den Wegen 2
der Könige von Israel. Dazu machte er
den Baalen gegossene Bilder und opfer- 3
te im Tal Ben-Hinnom und [a]verbrann-
te seine Söhne im Feuer nach den greu-
lichen Sitten der Heiden, die der HERR
vor den Israeliten vertrieben hatte, und 4
opferte und [b]räucherte auf den Höhen
und auf den Hügeln und unter allen
grünen Bäumen. Darum gab ihn der 5
HERR, sein Gott, in die Hand des Kö-
nigs von Aram, daß sie ihn schlugen
und eine große Menge der Seinen ge-
fangen wegführten und nach Damas-
kus brachten. Auch wurde er in die
Hand des Königs von Israel gegeben;
der schlug ihn hart; denn Pekach, 6
der Sohn Remaljas, schlug in Juda
hundertundzwanzigtausend streitbare
Männer auf *einen* Tag, weil sie den
HERRN, den Gott ihrer Väter, verlassen
hatten. Und Sichri, ein Kriegsmann 7
aus Efraim, erschlug Maaseja, den Kö-
nigssohn, und Asrikam, den Vorsteher
des Königshauses, und Elkana, den Er-
sten nach dem König. Und die von Is- 8
rael führten von ihren Brüdern zwei-
hunderttausend Frauen, Söhne und
Töchter gefangen weg und nahmen

dazu große Beute von ihnen und brachten sie nach Samaria.
9 [c]Es war aber dort ein Prophet des
HERRN, der hieß Oded. Der ging hinaus
dem Heer entgegen, das nach Samaria
kam, und sprach zu ihnen: Siehe, weil
der HERR, der Gott eurer Väter, über
Juda zornig ist, hat er sie in eure Hände
gegeben; ihr aber habt sie mit solcher
Wut erschlagen, daß es gen Himmel
10 schreit. Nun gedenkt ihr, die Leute von
Juda und Jerusalem zu unterwerfen,
daß sie eure Sklaven und Sklavinnen
seien. Ist denn das nicht Schuld bei
euch gegenüber dem HERRN, eurem
11 Gott? So hört nun auf mich und bringt
die Gefangenen wieder hin, die ihr aus
euren Brüdern weggeführt habt; denn
des HERRN Zorn ist über euch ent-
12 brannt. Da traten auf einige Sippen-
häupter von Efraim – Asarja, der Sohn
Johanans, Berechja, der Sohn Meschil-
lemots, Jehiskia, der Sohn Schallums,
und Amasa, der Sohn Hadlais – gegen
13 die, die aus dem Kampf kamen, und
sprachen zu ihnen: Ihr sollt die Gefan-
genen nicht hierherbringen; denn ihr
bringt Schuld vor dem HERRN über
uns, so daß ihr unsere Sünde und
Schuld nur noch größer macht. Es ist
schon genug der Schuld, und der Zorn
14 des HERRN ist über Israel entbrannt. Da
gaben die Kriegsleute die Gefangenen
und die Beute frei vor den Obersten
15 und vor der ganzen Gemeinde. Und
jene Männer, die mit Namen genannt
sind, [d]nahmen die Gefangenen und be-
kleideten alle, die bloß unter ihnen wa-
ren, mit Kleidern aus der Beute und zo-
gen ihnen Schuhe an und gaben ihnen
zu essen und zu trinken und salbten sie,
und alle, die schwach waren, führten sie
auf Eseln und brachten sie nach Jeri-
cho, zur Palmenstadt, zu ihren Brüdern
und kehrten nach Samaria zurück.
16 Zu derselben Zeit sandte der König
Ahas zu dem König von Assur, daß er
17 ihm helfe. Und es kamen abermals die
Edomiter und schlugen Juda und führ-
18 ten einige weg. Auch die Philister fielen
ein in die Städte im Hügelland und im
Südlande Judas und eroberten [e]Bet-
Schemesch, Ajalon, Gederot und So-
cho mit seinen Ortschaften und Timna
mit seinen Ortschaften und Gimso mit
seinen Ortschaften und wohnten darin;
19 denn der HERR demütigte Juda um des
Ahas willen, des Königs von Juda, weil
er in Juda ein zuchtloses Wesen auf-
kommen ließ und sich am HERRN ver-
sündigte. So zog auch gegen ihn Tiglat- 20
Pileser, der König von Assur; der be-
drängte ihn und half ihm nicht; denn 21
obwohl Ahas das Haus des HERRN und
das Haus des Königs und die Häuser
der Oberen plünderte und es dem Kö-
nig von Assur gab, half es ihm nichts.
Dazu versündigte sich der König Ahas 22
in seiner Not noch mehr am HERRN und 23
opferte den Göttern von Damaskus, die
ihn geschlagen hatten, und sprach: Die
Götter der Könige von Aram helfen
ihnen; darum will ich ihnen opfern,
daß sie mir auch helfen. Aber diese
brachten ihn und ganz Israel zu Fall.
Und Ahas brachte die Geräte des Hau- 24
ses Gottes zusammen und zerschlug sie
und schloß die Türen zu am Hause des
HERRN und machte sich Altäre in allen
Winkeln Jerusalems. Und in den Städ- 25
ten Judas hin und her machte er Hö-
hen, um andern Göttern zu opfern, und
reizte den HERRN, den Gott seiner Vä-
ter.
Was aber mehr von ihm zu sagen ist 26
und sein ganzer Wandel, der frühere
und der spätere, siehe, das steht ge-
schrieben im Buch der Könige von
Juda und Israel. Und Ahas legte sich zu 27
seinen Vätern, und sie begruben ihn in
der Stadt, in Jerusalem; denn [f]sie
brachten ihn nicht in die Gräber der
Könige von Israel. Und sein Sohn His-
kia wurde König an seiner Statt.

a 5.Mose 18,9-12 *b* 1.Kön 14,22.23
c *(9-15)* 3.Mose 19,18 *d* 2.Kön 6,22;
Spr 25,21.22 *e* Jos 15,10 *f* Kap 21,20

Hiskia stellt den rechten Gottesdienst wieder her
(vgl. 2.Kön 18,1-6)

Hiskia war fünfundzwanzig Jahre alt, **29**
als er König wurde; und er regierte
neunundzwanzig Jahre zu Jerusalem.
Seine Mutter hieß Abia, eine Tochter
Sacharjas. Und er tat, was dem HERRN 2
wohlgefiel, wie sein Vater David. Er 3
[a]tat auf die Türen am Hause des HERRN
im ersten Monat des ersten Jahres sei-
ner Herrschaft und besserte sie aus und 4
ließ die Priester und Leviten kommen
und versammelte sie auf dem Platz im
Osten und sprach zu ihnen: Hört mir 5
zu, ihr Leviten! Heiligt euch nun, daß
ihr weihet das Haus des HERRN, des
Gottes eurer Väter, und tut heraus den
Unrat aus dem Heiligtum. Denn unse- 6
re Väter haben sich versündigt und ge-
tan, was dem HERRN, unserm Gott,
mißfällt, und haben ihn verlassen und

haben ihr Angesicht von der Wohnung
des HERRN abgewandt und ihr den
7 Rücken zugekehrt; sie haben sogar die
Türen an der Vorhalle zugeschlossen
und die Lampen ausgelöscht und kein
Räucherwerk geräuchert und dem Gott
Israels kein Brandopfer im Heiligtum
8 dargebracht. Daher ist der Zorn des
HERRN über Juda und Jerusalem ge-
kommen, und er hat sie dahingegeben
zum Entsetzen und zum Erschrecken,
daß man sie verspottet, wie ihr mit eu-
9 ren Augen seht; denn siehe, um des-
sentwillen sind unsere Väter durchs
Schwert gefallen und unsere Söhne,
10 Töchter und Frauen weggeführt.[b] Nun
habe ich im Sinn, einen Bund zu schlie-
ßen mit dem HERRN, dem Gott Israels,
daß sein Zorn und Grimm sich von uns
11 wende. Nun, meine Söhne, seid nicht
lässig; denn euch hat der HERR erwählt,
daß ihr zum Dienst vor ihm stehen sollt
und daß ihr seine Diener seid und ihm
Opfer bringt!

12 Da machten sich auf die Leviten Ma-
hat, der Sohn Amasais, und Joel, der
Sohn Asarjas, aus den Söhnen Kehat;
aus den Söhnen Merari aber Kis, der
Sohn Abdis, und Asarja, der Sohn Je-
hallelels; und aus den Söhnen Gerson
Joach, der Sohn Simmas, und Eden,
13 der Sohn Joachs; aus den Söhnen Eli-
zafan Schimri und Jeïël; aus den Söh-
14 nen Asaf Sacharja und Mattanja; aus
den Söhnen Heman Jehiël und Simeï;
aus den Söhnen Jedutun Schemaja und
15 Usiël. Sie versammelten ihre Brüder
und heiligten sich und gingen hinein,
um das Haus des HERRN zu reinigen,
wie der König nach dem Wort des
16 HERRN geboten hatte. Die Priester aber
gingen ins Innere des Hauses des
HERRN, um es zu reinigen, und taten al-
les Unreine, das im Tempel des HERRN
gefunden wurde, auf den Vorhof am
Hause des HERRN, und die Leviten
nahmen es auf und trugen es hinaus an
17 den Bach Kidron. Mit der Weihe aber
fingen sie am ersten Tage des ersten
Monats an, und am achten Tage des
Monats gingen sie in die Vorhalle des
HERRN und weihten das Haus des
HERRN acht Tage lang, und am sech-
zehnten Tage des ersten Monats voll-
18 endeten sie das Werk. Und sie gingen
hin zum König Hiskia und sprachen:
Wir haben gereinigt das ganze Haus des
HERRN, den Brandopferaltar und alle
seine Geräte, den Tisch der Schaubrote
19 und alle seine Geräte; und alle Geräte,
die der König Ahas, als er König war,
hatte wegwerfen lassen, als er sich ver-
sündigte, die haben wir wieder aufge-
stellt und geweiht; siehe, sie sind vor
dem Altar des HERRN.

Da machte sich der König Hiskia 20
früh auf und versammelte die Oberen
der Stadt und ging hinauf zum Hause
des HERRN. Und sie brachten herzu sie- 21
ben junge Stiere, sieben Widder, sieben
Lämmer und sieben Ziegenböcke zum
Sündopfer für das Königreich, für das
Heiligtum und für Juda, und er sprach
zu den Priestern, den Söhnen Aaron,
daß sie auf dem Altar des HERRN opfern
sollten. Da schlachteten sie die Rinder, 22
und die Priester nahmen das Blut und
sprengten es an den Altar, und sie
schlachteten die Widder und sprengten
das Blut an den Altar, und sie schlach-
teten die Lämmer und sprengten das
Blut an den Altar. [c]Und sie brachten 23
die Böcke zum Sündopfer vor den
König und die Gemeinde und legten
ihre Hände auf sie; und die Priester 24
schlachteten sie und taten ihr Blut zur
Entsündigung an den Altar, um Sühne
zu schaffen für ganz Israel; denn der
König hatte befohlen, Brandopfer und
Sündopfer darzubringen für ganz Is-
rael. Und er stellte die [d]Leviten auf im 25
Hause des HERRN mit Zimbeln, Psal-
tern und Harfen, wie es David befohlen
hatte und Gad, der Seher des Königs,
und der Prophet Natan; denn es war
des HERRN Gebot durch seine Prophe-
ten. Und so standen die Leviten mit 26
den Saitenspielen Davids und die Prie-
ster mit den Trompeten. Und Hiskia 27
gebot, das Brandopfer auf dem Altar
darzubringen. Und um die Zeit, da das
Brandopfer anfing, begann auch [e]der
Gesang für den HERRN und die Trom-
peten und dazu die mancherlei Saiten-
spiele Davids, des Königs von Israel.
Und die ganze Gemeinde betete an, 28
und der Gesang erscholl und die Trom-
peten ertönten; und das alles währte so
lange, bis das Brandopfer vollendet
war. Als nun das Brandopfer verrichtet 29
war, beugten der König und alle, die
sich bei ihm befanden, die Knie und
beteten an. Und der König Hiskia samt 30
den Oberen gebot den Leviten, den
HERRN zu loben mit den [f]Liedern Da-
vids und des Sehers Asaf. Und sie lob-
ten mit Freuden und neigten sich und
beteten an.

Und Hiskia hob an und sprach: Nun 31
habt ihr für den HERRN eure Hände

gefüllt. Tretet herzu und bringt die
Schlachtopfer und Lobopfer zum
Hause des HERRN! Und die Gemeinde
brachte herzu Schlachtopfer und Lob-
opfer, dazu jeder, der willigen Herzens
32 war, Brandopfer. Und die Zahl der
Brandopfer, die die Gemeinde brachte,
war siebzig Rinder, hundert Widder
und zweihundert Lämmer, dies alles
33 zum Brandopfer für den HERRN. Es wa-
ren aber der geweihten Tiere sechshun-
dert Rinder und dreitausend Schafe.
34 Aber die Priester waren zu wenig, um
allen Brandopfern die Haut abziehen
zu können. Darum [g]halfen ihnen ihre
Brüder, die Leviten, bis die Arbeit ver-
richtet war und bis sich die Priester ge-
heiligt hatten; denn die Leviten waren
williger gewesen als die Priester, sich zu
35 heiligen. Auch waren es viele Brand-
opfer mit dem [h]Fett der Dankopfer
und mit den [i]Trankopfern zu den
Brandopfern.

So wurde der Dienst am Hause des
36 HERRN geordnet. Und Hiskia freute
sich samt allem Volk über das, was Gott
dem Volke bereitet hatte; denn es war
unvermutet schnell gekommen.

a Kap 28,24 *b* Kap 28,5-8
c (*23 und 24*) 3.Mose 16,15-22 *d* 1.Chr 25,1
e 1.Chr 23,5 *f* Kap 23,18 *g* Kap 30,3.16.17
h 3.Mose 3,16 *i* 4.Mose 15,4-10

Hiskias Erneuerung des Passafestes

30 Und Hiskia sandte hin zu ganz Israel
und Juda und schrieb Briefe an Efraim
und Manasse, daß sie zum Hause des
HERRN nach Jerusalem kommen soll-
ten, [a]Passa zu halten dem HERRN, dem
2 Gott Israels. Und der König beriet sich
mit seinen Oberen und der ganzen Ge-
meinde in Jerusalem, das Passa [b]erst im
3 zweiten Monat zu halten; denn sie
konnten's nicht zur rechten Zeit halten,
weil sich nicht genug Priester geheiligt
hatten und das Volk noch nicht nach
Jerusalem zusammengekommen war.
4 Das gefiel dem König und der ganzen
5 Gemeinde gut, und so beschlossen sie,
durch ganz Israel von Beerseba an bis
nach Dan auszurufen, daß man kom-
men sollte, dem HERRN, dem Gott Is-
raels, Passa zu halten in Jerusalem;
denn es war nicht von der ganzen Men-
ge gehalten worden, wie es geschrieben
6 steht. Und die Läufer gingen hin mit
den Briefen von der Hand des Königs
und seiner Oberen durch ganz Israel
und Juda nach dem Befehl des Königs
und sprachen: Ihr Israeliten, kehret
um zu dem HERRN, dem Gott Abra-
hams, Isaaks und Israels, so wird er sich
zu den Erretteten kehren, die die Köni-
ge von Assur von euch übriggelassen
haben; und seid nicht wie eure Väter 7
und Brüder, die sich am HERRN, dem
Gott ihrer Väter, versündigt haben, so
daß er sie in die Verwüstung dahingab,
wie ihr selber seht. So seid nun nicht 8
halsstarrig wie eure Väter, sondern gebt
eure Hand dem HERRN und kommt zu
seinem Heiligtum, das er geheiligt hat
für alle Zeit, und dienet dem HERRN,
eurem Gott, so wird sich sein grimmi-
ger Zorn von euch wenden; denn wenn 9
ihr euch bekehrt zu dem HERRN, so
werden eure Brüder und Kinder Barm-
herzigkeit finden bei denen, die sie ge-
fangen halten, so daß sie in dies Land
zurückkehren. Denn der HERR, euer
Gott, ist gnädig und barmherzig und
wird sein Angesicht nicht von euch
wenden, wenn ihr euch zu ihm bekehrt.

Und die Läufer gingen von einer 10
Stadt zur andern im Lande Efraim und
Manasse und bis nach Sebulon. Aber
die verlachten und verspotteten sie.
Doch einige von Asser und Manasse 11
und Sebulon demütigten sich und [c]ka-
men nach Jerusalem. Auch war Gottes 12
Hand über Juda, daß er ihnen einerlei
Sinn gab zu tun, wie der König und die
Oberen geboten hatten nach dem Wort
des HERRN.

Und es kam viel Volk in Jerusalem 13
zusammen, um im zweiten Monat das
Fest der ungesäuerten Brote zu halten,
eine sehr große Gemeinde. Und sie 14
machten sich auf und entfernten die Al-
täre, die in Jerusalem waren; und alles,
was man zum Räuchern braucht, taten
sie weg und warfen es hin an den Bach
Kidron. Und sie schlachteten das Passa 15
[d]am vierzehnten Tage des zweiten Mo-
nats. Und die Priester und Leviten be-
kannten ihre Schuld und heiligten sich
und brachten die Brandopfer zum
Hause des HERRN und stellten sich an 16
ihren Platz, wie sich's gebührt nach
dem Gesetz des Mose, des Mannes
Gottes. Und die Priester nahmen das
Blut aus der Hand der Leviten und
sprengten es; denn es waren viele in der 17
Gemeinde, die sich nicht geheiligt hat-
ten; darum schlachteten die Leviten
das Passa für alle, die nicht rein waren,
daß sie dem HERRN geheiligt würden.
Denn eine Menge Volk, vor allem von 18
Efraim, Manasse, Isaschar und Sebu-
lon, hatte sich nicht gereinigt und [e]aß

das Passa nicht so, wie geschrieben
steht. Doch Hiskia betete für sie und
sprach: Der HERR, der gütig ist, wolle
19 gnädig sein allen, die ihr Herz darauf
richten, Gott zu suchen, den HERRN,
den Gott ihrer Väter, auch wenn sie
nicht die für das Heiligtum nötige
20 Reinheit haben. Und der HERR erhörte
Hiskia und [f]vergab dem Volk.
21 So hielten die Israeliten, die in Jerusalem versammelt waren, das Fest der
ungesäuerten Brote sieben Tage lang
mit großer Freude. Und die Leviten
und Priester lobten den HERRN alle
Tage mit den mächtigen Saitenspielen
22 des HERRN. Und Hiskia redete herzlich
zu allen Leviten, die sich gut auf den
Dienst des HERRN verstanden hatten.
Und sie aßen das Fest über, sieben
Tage lang, und opferten Dankopfer
und dankten dem HERRN, dem Gott ih-
23 rer Väter. Und die ganze Gemeinde be-
schloß, noch weitere sieben Tage zu
halten, und sie hielten auch diese sieben
24 Tage mit Freuden. Denn Hiskia, der
König von Juda, spendete für die Gemeinde tausend junge Stiere und siebentausend Schafe. Die Oberen aber
spendeten für die Gemeinde tausend
junge Stiere und zehntausend Schafe.
Auch von den Priestern hatten sich vie-
25 le geheiligt. Und es freute sich die gan-
ze Gemeinde Judas, die Priester und
die Leviten und die ganze Gemeinde,
die aus Israel gekommen war, und die
Fremdlinge, die aus dem Lande Israel
gekommen waren, und die, die in Juda
26 wohnten. Und es war eine große Freu-
de in Jerusalem; denn seit der Zeit Salomos, des Sohnes Davids, des Königs
von Israel, war solches in Jerusalem
27 nicht geschehen. Und die Priester und
die Leviten standen auf und segneten
das Volk, und ihre Stimme wurde erhört, und ihr Gebet kam in Gottes heilige Wohnung im Himmel.

31 Und [g]als dies alles vollendet war, zog
ganz Israel, soweit es sich versammelt
hatte, in die Städte Judas, und sie [h]zerbrachen die Steinmale und hieben die
Bilder der Aschera um und brachen ab
die Opferhöhen und Altäre in ganz
Juda, Benjamin, Efraim und Manasse,
bis sie alles vernichtet hatten. Und die
Israeliten zogen alle wieder heim zu ihrem Besitz in ihre Städte.

Hiskia ordnet die Versorgung der Priester und Leviten

Hiskia aber stellte die Priester und Le- 2
viten nach ihren Ordnungen auf, einen
jeden nach seinem Amt, Priester und
Leviten, für die Brandopfer und Dankopfer, daß sie dienten, dankten und
lobten in den Toren des Lagers des
HERRN. Und der König gab von seiner 3
Habe seinen Anteil für die Brandopfer
am Morgen und am Abend und für die
Brandopfer an den Sabbaten und an
den Neumonden und Festen, [a]wie es
geschrieben steht im Gesetz des
HERRN. Und er sagte dem Volk, das in 4
Jerusalem wohnte, daß auch sie ihr Teil
den Priestern und Leviten geben sollten, damit diese um so besser sich an
das Gesetz des HERRN halten könnten.
Und als dies Wort erging, gaben die Is- 5
raeliten reichlich die [b]Erstlinge von
Getreide, Wein, Öl, Honig und allem
Ertrag des Feldes; und auch [c]den
Zehnten von allem brachten sie in
Menge. Und die von Israel und Juda, 6
die in den Städten Judas wohnten,
brachten auch den Zehnten von Rindern und Schafen und [d]den Zehnten
von dem Geweihten, das sie dem
HERRN, ihrem Gott, geweiht hatten,
und legten es in Haufen zusammen. Im 7
dritten Monat fingen sie an es aufzuhäufen, und im siebenten Monat vollendeten sie's.
Und als Hiskia mit den Oberen hin- 8
ging und sie die Haufen sahen, lobten
sie den HERRN und sein Volk Israel.
Und Hiskia befragte die Priester und 9
Leviten wegen der Haufen. Und der 10
Priester Asarja, der Erste im Hause Zadok, sprach zu ihm: Seit der Zeit, da
man angefangen hat, die Abgaben ins
Haus des HERRN zu bringen, haben wir
gegessen und sind satt geworden, und
es ist noch viel übriggeblieben; denn
der HERR hat sein Volk gesegnet, darum
ist so viel übriggeblieben.
Da befahl der König, daß man Kam- 11
mern herrichten sollte am Hause des
HERRN. Und sie richteten sie her und 12
taten die Abgaben, die Zehnten und das
Geweihte gewissenhaft hinein. Und
Vorsteher darüber wurde der Levit Kananja und als Zweiter sein Bruder Simeï. Und Jehiël, Asasja, Nahat, Asahel, 13
Jerimot, Josabad, Eliël, Jismachja, Mahat und Benaja wurden Aufseher unter
Kananja und seinem Bruder Simeï
nach dem Befehl des Königs Hiskia

a Kap 35,1 *b* Vers 15 *c* Kap 11,16
d 4.Mose 9,10-13 *e* 2.Mose 12 *f* Kap 7,14
g Kap 29 *h* 5.Mose 7,5; 2.Kön 18,4

und Asarjas, des Vorstehers im Hause
14 Gottes. Und der Levit Kore, der Sohn
Jimnas, der Torhüter am Osttor, wurde
über die freiwilligen Gaben für Gott
gesetzt, daß er ausgebe die Abgaben für
15 den HERRN und das Hochheilige. Und
ihm zur Seite standen Eden, Minjamin,
Jeschua, Schemaja, Amarja und Sche-
chanja in den Städten der Priester, um
ihren Brüdern nach ihren Ordnungen
gewissenhaft auszugeben, dem Kleinen
16 wie dem Großen, allen denen, die auf-
gezeichnet waren als männlich, drei
Jahre alt und darüber, allen, die in das
Haus des HERRN gingen, je an ihrem
Tage zu ihrem Amt in ihrem Dienst
17 nach ihren Ordnungen. – Die Priester
waren aufgezeichnet nach ihren Sippen
und die Leviten von zwanzig Jahren an
und darüber nach ihrem Dienst in
18 ihren Ordnungen. – Und man zeichne-
te sie auf mit allen Alten, Frauen, Söh-
nen und Töchtern für die ganze Ge-
meinde; denn in ihrer Treue heiligten
sie sich für das Heilige.

19 Auch waren Männer namentlich be-
stellt für die Söhne Aaron, die Priester,
in dem Gebiet ihrer Städte, für jede
Stadt, daß sie Anteile ausgäben allem,
was männlich war unter den Priestern,
und allen, die als Leviten aufgezeichnet
20 waren. So tat Hiskia in ganz Juda; er
tat, was gut, recht und wahrhaftig war
21 vor dem HERRN, seinem Gott. Und al-
les, was er anfing für den Dienst des
Hauses Gottes nach dem Gesetz und
Gebot, seinen Gott zu suchen, tat er
von ganzem Herzen, und [e]es gelang
ihm.

a 4.Mose 28;29 *b* 2.Mose 23,19
c 5.Mose 14,22.23 *d* 3.Mose 27,32 *e* Ps 1,3

Jerusalem wird von Sanherib belagert und wunderbar errettet

(vgl. 2. Kön 18,13-19,37; Jes 36; 37)

32 Nach solch [a]treuem Verhalten kam
Sanherib, der König von Assur, und
zog heran gegen Juda und lagerte sich
vor die festen Städte und gedachte, sie
2 an sich zu reißen. Und als Hiskia sah,
daß Sanherib kam und willens war, ge-
3 gen Jerusalem zu kämpfen, beriet er
sich mit seinen Obersten und Kriegs-
helden, ob man die Wasserquellen ver-
decken sollte, die draußen vor der Stadt
4 waren; und sie stimmten ihm zu. Und
es versammelte sich viel Volk, und [b]sie
verdeckten alle Quellen und den Bach,
der durch die Erde geleitet wird, und
sprachen: Daß die Könige von Assur
nur kein Wasser finden, wenn sie kom-
men! Und Hiskia ward getrost und bes- 5
serte alle Mauern aus, [c]wo sie Lücken
hatten, und führte Türme auf und bau-
te draußen noch eine andere Mauer
und befestigte den Millo an der Stadt
Davids und machte viele Waffen und
Schilde und setzte Hauptleute über das 6
Kriegsvolk und sammelte sie zu sich
auf dem Platz am Tor der Stadt und re-
dete ihnen zu Herzen und sprach: Seid 7
getrost und unverzagt, fürchtet euch
nicht und verzaget nicht vor dem Kö-
nig von Assur noch vor dem ganzen
Heer, das bei ihm ist; denn [d]mit uns ist
ein Größerer als mit ihm. Mit ihm ist 8
ein [e]fleischlicher Arm, mit uns aber ist
der HERR, unser Gott, daß er uns helfe
und führe unsern Streit. Und das Volk
verließ sich auf die Worte Hiskias, des
Königs von Juda.

Danach sandte Sanherib, der König 9
von Assur, seine Großen nach Jerusa-
lem – denn er lag vor Lachisch und sei-
ne ganze Heeresmacht mit ihm – zu
Hiskia, dem König von Juda, und zu
ganz Juda, das in Jerusalem war, und
ließ ihm sagen: So spricht Sanherib, 10
der König von Assur: Worauf wollt ihr
euch verlassen, die ihr in dem belager-
ten Jerusalem wohnt? Hiskia verführt 11
euch und gibt euch in den Tod durch
Hunger und Durst, wenn er spricht:
Der HERR, unser Gott, wird uns erret-
ten aus der Hand des Königs von As-
sur. – Ist das nicht der Hiskia, der die 12
Opferhöhen und Altäre seines Gottes
entfernt und zu Juda und Jerusalem ge-
sagt hat: Vor *einem* Altar sollt ihr anbe-
ten und darauf opfern? Wißt ihr nicht, 13
was ich und meine Väter getan haben
allen Völkern in den Ländern? Haben
die Götter der Völker in den Ländern
ihr Land erretten können aus meiner
Hand? Wo ist einer unter allen Göttern 14
dieser Völker, die meine Väter mit dem
Bann geschlagen haben, der sein Volk
hätte erretten können aus meiner
Hand, daß euer Gott euch aus meiner
Hand sollte erretten können? So laßt 15
euch nun von Hiskia nicht betrügen
und laßt euch dadurch nicht verführen
und glaubt ihm nicht; denn wenn kein
Gott eines Volkes und Königreichs sein
Volk aus meiner und meiner Väter
Hand hat erretten können, so wird euch
auch euer Gott nicht erretten aus mei-
ner Hand. Dazu redeten seine Großen 16
noch mehr gegen Gott, den HERRN,
und gegen seinen Knecht Hiskia.

17 Auch schrieb er einen Brief, um dem
HERRN, dem Gott Israels, hohnzuspre-
chen, und redete gegen ihn: Wie die
Götter der Völker in den Ländern ihr
Volk nicht aus meiner Hand errettet
haben, so wird auch der Gott Hiskias
sein Volk nicht erretten aus meiner
18 Hand. – Und sie riefen mit lauter Stim-
me auf hebräisch zum Volk von Jerusa-
lem, das auf der Mauer war, um sie
furchtsam zu machen und zu erschrek-
19 ken, damit sie die Stadt eroberten, und
redeten gegen den Gott Jerusalems wie
gegen die Götter der Völker auf Erden,
die doch Werke von Menschenhänden
waren.
20 Aber der König Hiskia und der Pro-
phet Jesaja, der Sohn des Amoz, bete-
ten gegen solche Lästerung und schrien
21 gen Himmel. Und der HERR sandte
einen Engel; der vertilgte alle Kriegs-
leute und Obersten und Hauptleute im
Lager des Königs von Assur, daß er mit
Schanden wieder in sein Land zog.
Und als er in seines Gottes Haus ging,
fällten ihn dort durchs Schwert seine
Söhne, die von seinem eigenen Leibe
22 gekommen waren. So half der HERR
dem Hiskia und denen zu Jerusalem
aus der Hand Sanheribs, des Königs
von Assur, und aus der Hand aller an-
dern und gab ihnen Ruhe ringsumher,
23 daß viele dem HERRN Geschenke
brachten nach Jerusalem und Kleinode
für Hiskia, den König von Juda. Und er
wurde danach hoch erhoben vor allen
Heiden.

a Kap 31,20.21 *b* Vers 30 *c* Kap 25,23
d 5.Mose 32,39 *e* Jer 17,5.7

Das Ende der Regierung Hiskias
(vgl. 2.Kön 20; Jes 38; 39)

24 Zu dieser Zeit wurde Hiskia todkrank;
und er betete zum HERRN. Der redete
mit ihm und tat an ihm ein Wunder.
25 Aber Hiskia vergalt nicht nach dem,
was ihm geschehen war; denn [a]sein
Herz überhob sich. Darum kam der
Zorn über ihn und über Juda und Jeru-
26 salem. Da demütigte sich Hiskia dar-
über, daß sein Herz sich überhoben
hatte, samt denen in Jerusalem. Darum
kam der Zorn des HERRN nicht mehr
über sie, solange Hiskia lebte.
27 Und Hiskia hatte sehr großen Reich-
tum und Ehre und sammelte sich
Schätze von Silber, Gold, Edelsteinen,
Spezerei, Schilden und allerlei kostba-
28 rem Gerät und baute Vorratshäuser für
den Ertrag an Getreide, Wein und Öl
und Ställe für die verschiedenen Arten
von Vieh und Hürden für die Schafe.
Und er baute sich Städte und hatte 29
Vieh die Menge an Schafen und Rin-
dern; denn Gott gab ihm sehr großes
Gut. Das ist der Hiskia, der die obere 30
Wasserquelle des Gihon verschloß und
sie hinunterleitete westwärts zur Stadt
Davids; denn es gelangen Hiskia alle
seine Werke. Als aber die Botschafter 31
der Fürsten von Babel zu ihm gesandt
waren, um nach dem Wunder zu fra-
gen, das im Lande geschehen war, ver-
ließ ihn Gott, um ihn zu versuchen, da-
mit kundwürde alles, was in seinem
Herzen war.
Was aber mehr von Hiskia zu sagen 32
ist, und seine barmherzigen Taten, sie-
he, das steht geschrieben in den Ge-
sichten des Propheten Jesaja, des Soh-
nes des Amoz, im Buch der Könige von
Juda und Israel. Und Hiskia legte sich 33
zu seinen Vätern, und sie begruben ihn
über den Gräbern der Söhne Davids.
Und ganz Juda und die Einwohner von
Jerusalem [b]gaben ihm Ehre bei seinem
Tod. Und sein Sohn Manasse wurde
König an seiner Statt.

a Kap 26,16 *b* Kap 16,14

Manasse
(vgl. 2. Kön 21,1-18)

Manasse war zwölf Jahre alt, als er Kö- **33**
nig wurde; und er regierte fünfund-
fünfzig Jahre zu Jerusalem und tat, was 2
dem HERRN mißfiel, [a]nach den greu-
lichen Sitten der Heiden, die der HERR
vor den Israeliten vertrieben hatte. Er 3
baute die Opferhöhen wieder auf, [b]die
sein Vater Hiskia zerstört hatte, und er-
richtete den Baalen Altäre und machte
Bilder der Aschera und betete das gan-
ze Heer des Himmels an und diente
ihnen. Er baute auch Altäre im Hause 4
des HERRN, von dem doch der HERR ge-
sagt hatte: [c]Zu Jerusalem soll mein
Name sein ewiglich, und baute Altäre 5
dem ganzen Heer des Himmels in bei-
den Vorhöfen am Hause des HERRN.
Und er [d]ließ seine Söhne durchs Feuer 6
gehen im Tal Ben-Hinnom und [e]achte-
te auf Zeichen und Vogelgeschrei und
trieb Zauberei und bestellte Geisterbe-
schwörer und Zeichendeuter und tat
viel, was dem HERRN mißfiel, um ihn zu
erzürnen. Er stellte auch das Bild des 7
Götzen, das er machen ließ, ins Haus
Gottes, von dem Gott zu David gesagt
hatte und zu seinem Sohn Salomo: In
diesem Hause zu Jerusalem, das ich er-

wählt habe vor allen Stämmen Israels,
will ich meinen Namen wohnen lassen
8 ewiglich und will nicht mehr den Fuß
Israels weichen lassen von dem Lande,
das ich ihren Vätern bestimmt habe, so-
fern sie halten und alles tun, was ich
ihnen durch Mose geboten habe, nach
dem ganzen Gesetz, den Geboten und
Rechten.
9 Aber Manasse verführte Juda und
die Einwohner von Jerusalem, daß sie
es ärger trieben als die Heiden, die der
HERR vor den Israeliten vertilgt hatte.
10 Und wenn der HERR zu Manasse und
seinem Volk reden ließ, merkten sie
11 nicht darauf. Darum ließ der HERR
über sie kommen die Obersten des
Heeres des Königs von Assur; die nah-
men Manasse gefangen mit Fesseln
und legten ihn in Ketten und brachten
12 ihn nach Babel. Und als er in Angst
war, flehte er zu dem HERRN, seinem
Gott, und demütigte sich vor dem Gott
13 seiner Väter. Und als er bat, ließ sich
der Herr erbitten und erhörte sein Fle-
hen und brachte ihn wieder nach Jeru-
salem in sein Königreich. Da erkannte
Manasse, daß [f] der HERR Gott ist.
14 Danach baute er die äußere Mauer
an der Stadt Davids westwärts zum Gi-
hon hin im Tal und wo man zum Fisch-
tor hineingeht, und [g] führte sie um den
Ofel und machte sie sehr hoch. Und er
legte Hauptleute in alle festen Städte
15 Judas. Er entfernte die fremden Götter
und den Götzen aus dem Hause des
HERRN und alle Altäre, die er gebaut
hatte auf dem Berge des Hauses des
HERRN und in Jerusalem, und warf sie
16 hinaus vor die Stadt. Und er stellte den
Altar des HERRN wieder her und opferte
darauf Dankopfer und Lobopfer und
befahl Juda, daß sie dem HERRN, dem
17 Gott Israels, dienen sollten. Aber das
Volk opferte noch auf den Höhen, je-
doch dem HERRN, ihrem Gott.
18 Was aber mehr von Manasse zu sa-
gen ist, und sein Gebet zu seinem Gott
und die Reden der Seher, die zu ihm re-
deten im Namen des HERRN, des Gottes
Israels, siehe, das alles steht in den Ge-
19 schichten der Könige von Israel. Und
sein Gebet und wie der HERR ihn erhör-
te und alle seine Sünde und Missetat
und die Stätten, wo er die Opferhöhen
baute und die Bilder der Aschera und
Götzenbilder aufstellte, ehe er sich de-
mütigte, siehe, das steht geschrieben in
20 den Geschichten der Seher. Und Ma-
nasse legte sich zu seinen Vätern, und
sie begruben ihn in seinem Hause. Und
sein Sohn Amon wurde König an seiner
Statt.

a 5.Mose 18,9 *b* 2.Kön 18,4 *c* 5.Mose 12,5.11; 1.Kön 9,3 *d* Kap 28,3 *e* 3.Mose 20,6 *f* 1.Kön 18,39 *g* Kap 27,3

Amon

(vgl. 2. Kön 21,19-26)

Zweiundzwanzig Jahre alt war Amon, 21
als er König wurde; und er regierte
zwei Jahre zu Jerusalem und tat, was 22
dem HERRN mißfiel, wie sein Vater Ma-
nasse getan hatte. Und Amon opferte
allen Götzen, die sein Vater Manasse
gemacht hatte, und diente ihnen. Aber 23
er demütigte sich nicht vor dem HERRN,
wie sich sein Vater Manasse gedemü-
tigt hatte, sondern häufte noch mehr
Schuld auf. Und seine Großen mach- 24
ten eine Verschwörung gegen ihn und
töteten ihn in seinem Hause. Da er- 25
schlug das Volk des Landes alle, die die
Verschwörung gegen den König Amon
gemacht hatten. Und das Volk des
Landes machte seinen Sohn Josia zum
König an seiner Statt.

Josia rottet den Götzendienst aus

(vgl. 2. Kön 22,1.2; 23,4-14)

Acht Jahre alt war Josia, als er König 34
wurde; und er regierte einunddreißig
Jahre zu Jerusalem und [a] tat, was dem 2
HERRN wohlgefiel, und wandelte in den
Wegen seines Vaters David und wich
weder zur Rechten noch zur Linken.
[b] Im achten Jahr seiner Herrschaft 3
fing er an, obwohl er noch jung war,
den Gott seines Vaters David zu su-
chen, und im zwölften Jahr fing er an,
Juda und Jerusalem zu reinigen von
den Opferhöhen und den Bildern der
Aschera, von den Götzen und gegosse-
nen Bildern. Und er ließ vor seinen Au- 4
gen abbrechen die Altäre der Baale,
und die Rauchopfersäulen oben darauf
hieb er ab, und die Bilder der Aschera
und die geschnitzten und gegossenen
Götzenbilder zerbrach er und machte
sie zu Staub und streute ihn auf die
Gräber derer, die ihnen geopfert hat-
ten, und [c] verbrannte die Gebeine der 5
Priester auf ihren Altären und reinigte
so Juda und Jerusalem. So tat er auch 6
ringsumher in den Städten Manasses,
Efraims, Simeons und bis nach Naftali
auf ihren Plätzen.[d] Und als er im gan- 7
zen Lande Israel die Altäre und Bilder
der Aschera abgebrochen und die Göt-
zenbilder zertrümmert und zermalmt

und alle Rauchopfersäulen umgehauen
hatte, kehrte er zurück nach Jerusalem.

a Kap 29,2 *b* (*3 und 4*) 3.Mose 26,30
c 1.Kön 13,2 *d* Kap 31,1

Das Gesetzbuch wird gefunden und das Volk darauf verpflichtet

(vgl. 2. Kön 22,3-20; 23,1-3)

8 Im achtzehnten Jahr seiner Herrschaft,
als er das Land und das Haus des Herrn
gereinigt hatte, sandte er Schafan, den
Sohn Azaljas, und den Stadthaupt-
mann Maaseja und den Kanzler Joach,
den Sohn des Joahas, das Haus des
HERRN, seines Gottes, auszubessern.
9 Und sie kamen zu dem Hohenpriester
Hilkia, und man gab ihnen das Geld,
das zum Hause Gottes gebracht war
und das die Leviten, die an der Schwel-
le Wache hielten, von Manasse, Efraim
und von allen in Israel Übriggebliebe-
nen gesammelt hatten und von ganz
Juda und Benjamin und von denen, die
10 in Jerusalem wohnten. Und sie gaben's
in die Hände der Werkmeister, die be-
stellt waren am Hause des HERRN; und
diese, die da arbeiteten am Hause des
HERRN, daß sie das Haus ausbesserten
11 und instand setzten, gaben's den Zim-
merleuten und Bauleuten, um gehaue-
ne Steine zu kaufen und Holz zu Klam-
mern und Balken für die Gebäude, die
die Könige von Juda hatten verfallen
12 lassen. Und die Männer arbeiteten am
Werk auf Treu und Glauben.
Und es waren über sie gesetzt als
Aufseher Jahat und Obadja, die Levi-
ten von den Söhnen Merari, Sacharja
und Meschullam von den Söhnen der
Kehatiter. Und die Leviten – alle waren
13 kundig des Saitenspiels – waren über
die Lastträger gesetzt und waren auch
Aufseher über die Arbeiter bei jedem
Werk; einige der Leviten waren
Schreiber, Amtleute und Torhüter.
14 Und als sie das Geld herausnahmen,
das zum Hause des HERRN gebracht
worden war, fand der Priester Hilkia
das Buch des Gesetzes des HERRN, das
15 durch Mose gegeben war. Und Hilkia
hob an und sprach zu dem Schreiber
Schafan: Ich habe dies Gesetzbuch ge-
funden im Hause des HERRN. Und Hil-
16 kia gab das Buch Schafan. Schafan aber
brachte es zum König und gab ihm Be-
richt und sprach: Alles, was deinen
17 Knechten befohlen ist, tun sie. Sie ha-
ben das Geld ausgeschüttet, das im
Hause des HERRN gesammelt ist, und
haben's denen gegeben, die bestellt
sind, und den Arbeitern. Und der 18
Schreiber Schafan sagte dem König:
Der Priester Hilkia hat mir ein Buch
gegeben. Und Schafan las vor dem Kö-
nig daraus vor. Und als der König die 19
Worte des Gesetzes hörte, zerriß er sei-
ne Kleider. Und der König gebot Hil- 20
kia und Ahikam, dem Sohn Schafans,
und Abdon, dem Sohn Michas, und
Schafan, dem Schreiber, und Asaja,
dem Kämmerer des Königs, und
sprach: Geht hin, befragt den HERRN 21
für mich und für die Übriggebliebenen
von Israel und Juda über die Worte des
Buches, das gefunden ist; denn groß ist
der Grimm des HERRN, der über uns
entbrannt ist, weil unsere Väter nicht
gehalten haben das Wort des HERRN
und nicht alles taten, was geschrieben
steht in diesem Buch.
Da ging Hilkia samt den andern, die 22
der König gesandt hatte, hin zu der
Prophetin Hulda, der Frau Schallums,
des Sohnes Tokhats, des Sohnes Has-
ras, des Kleiderhüters, die in Jerusalem
wohnte im zweiten Bezirk der Stadt,
und sagten ihr dies. Und sie sprach zu 23
ihnen: So spricht der HERR, der Gott
Israels: Sagt dem Mann, der euch zu
mir gesandt hat: So spricht der HERR: 24
Siehe, ich will Unheil bringen über
diesen Ort und seine Einwohner, [a] alle
die Flüche, die geschrieben stehen in
dem Buch, aus dem man vor dem Kö-
nig von Juda gelesen hat, weil sie mich 25
verlassen und andern Göttern geopfert
haben, um mich zu erzürnen mit allen
Werken ihrer Hände. Und mein
Grimm soll über diesen Ort entbren-
nen und nicht ausgelöscht werden.
Und zum König von Juda, der euch ge- 26
sandt hat, den HERRN zu befragen, sollt
ihr so sagen: So spricht der HERR, der
Gott Israels: Was die Worte angeht, die
du gehört hast: »Weil du im Herzen be- 27
troffen bist und dich gedemütigt hast
vor Gott, als du seine Worte hörtest ge-
gen diesen Ort und gegen seine Ein-
wohner, und dich vor mir gedemütigt
hast und deine Kleider zerrissen und
vor mir geweint, so habe ich dich auch
erhört, spricht der HERR.[b] Siehe, ich 28
will dich versammeln zu deinen Vätern,
daß du mit Frieden in dein Grab
kommst und deine Augen nicht sehen
all das Unheil, das ich über diesen Ort
und seine Einwohner bringen will.«
Und sie sagten's dem König wieder.
Da sandte der König hin und ließ zu- 29
sammenkommen alle Ältesten Judas

30 und Jerusalems. Und der König ging
hinauf ins Haus des HERRN und alle
Männer Judas und die Einwohner von
Jerusalem, die Priester, die Leviten
und alles Volk, klein und groß, und es
wurden vor ihren Ohren gelesen alle
Worte aus dem Buch des Bundes, das
im Hause des HERRN gefunden war.
31 Und der König trat an seinen Platz und
[c]schloß einen Bund vor dem HERRN,
daß man dem HERRN nachwandeln und
seine Gebote, Ordnungen und Rechte
von ganzem Herzen und von ganzer
Seele halten wolle, zu tun nach allen
Worten des Bundes, die geschrieben
32 stehen in diesem Buch. Und er ließ hin-
treten alle, die in Jerusalem und in Ben-
jamin waren. Und die Einwohner von
Jerusalem taten nach dem Bund Got-
33 tes, des Gottes ihrer Väter. Und Josia
entfernte alle greulichen Götzen aus al-
len Gebieten Israels und brachte es da-
hin, daß alle in Israel dem HERRN, ih-
rem Gott, dienten. Solange Josia lebte,
wichen sie nicht von dem HERRN, dem
Gott ihrer Väter.

a 5.Mose 28,15-68 *b* Kap 33,12.13 *c* Kap 15,12

Josia hält Passa nach dem Gesetz Gottes

(vgl. 2. Kön 23,21-23)

35 Und Josia hielt dem HERRN Passa in Je-
rusalem, und sie schlachteten das Passa
[a]am vierzehnten Tage des ersten Mo-
2 nats. Und er bestellte die Priester zu ih-
rem Dienst und ermutigte sie zu ihrem
3 Amt im Hause des HERRN und sprach
zu den Leviten, die ganz Israel lehrten
und dem HERRN geheiligt waren:
[b]Bringt die heilige Lade ins Haus, das
Salomo, der Sohn Davids, des Königs
von Israel, gebaut hat. [c]Nun sollt ihr sie
nicht mehr auf den Schultern tragen.
So dient nun dem HERRN, eurem Gott,
4 und seinem Volk Israel und seid bereit
nach euren Sippen in euren Ordnun-
gen, wie sie aufgeschrieben sind von
David, dem König von Israel, und sei-
5 nem Sohn Salomo,[d] und stellt euch im
Heiligtum auf, entsprechend den Ab-
teilungen der Sippen eurer Brüder aus
dem Volk je eine Abteilung einer Sippe
6 der Leviten, und schlachtet das Passa
und heiligt euch und bereitet es für eure
Brüder, daß sie tun nach dem Wort des
HERRN durch Mose.
7 Und Josia gab als Opfergabe für das
Volk Lämmer und junge Ziegen – alles
zu dem Passa für alle, die sich versam-
melt hatten – an Zahl dreißigtausend,
und dreitausend Rinder, alles von dem
Gut des Königs. Seine Oberen aber ga- 8
ben als Opfergabe freiwillig für das
Volk und für die Priester und Leviten.
Hilkia, Sacharja und Jehiël, die Vorste-
her im Hause Gottes, gaben den Prie-
stern zum Passa zweitausendsechshun-
dert Lämmer und Ziegen, dazu drei-
hundert Rinder. Kananja aber und sei- 9
ne Brüder, Schemaja und Natanael, so-
wie Haschabja, Jeïël und Josabad, die
Vorsteher der Leviten, gaben als
Opfergabe den Leviten zum Passa
fünftausend Lämmer und Ziegen und
dazu fünfhundert Rinder.
So wurde der Gottesdienst geordnet. 10
Und die Priester standen an ihren Plät-
zen und die Leviten in ihren Abtei-
lungen nach dem Gebot des Königs.
Und sie schlachteten das Passa, und die 11
Priester nahmen das Blut aus der Hand
der Leviten und sprengten, und die Le-
viten zogen die Haut ab. Und die 12
Brandopfer sonderten sie ab, um sie
den Abteilungen der Sippen des Volkes
zu geben, damit diese dem HERRN
opferten, wie es geschrieben steht im
Buch des Mose. So taten sie auch mit
den Rindern. Und [e]sie kochten das 13
Passa am Feuer, wie sich's gebührt.
Aber was geheiligt war, kochten sie in
Töpfen, Kesseln und Schüsseln und
brachten es schnell allem Volk. Danach 14
aber bereiteten sie auch für sich und für
die Priester; denn die Priester, die Söh-
ne Aaron, hatten mit dem Brandopfer
und dem Fett bis in die Nacht zu tun;
darum mußten die Leviten für sich und
für die Priester, die Söhne Aaron,
zubereiten. Und die [f]Sänger, die Söh- 15
ne Asaf, standen an ihren Plätzen nach
dem Gebot Davids und Asafs und He-
mans und Jedutuns, der Seher des Kö-
nigs, und die [g]Torhüter an allen To-
ren, und sie wichen nicht von ihrem
Dienst; denn die Leviten, ihre Brüder,
bereiteten auch für sie zu.
So wurde geordnet aller Gottes- 16
dienst des HERRN an diesem Tage, um
hinfort Passa zu halten und Brandopfer
darzubringen auf dem Altar des HERRN
nach dem Gebot des Königs Josia. So 17
hielten die Israeliten, die sich versam-
melt hatten, zu dieser Zeit das Passa
und das Fest der ungesäuerten Brote
sieben Tage lang. Man hatte aber [h]kein 18
Passa gehalten in Israel wie dies von der
Zeit des Propheten Samuel an, und
kein König in Israel hatte das Passa so
gehalten, wie Josia Passa hielt, mit den

Priestern, Leviten, ganz Juda und al-
len, die von Israel sich versammelt hat-
ten, und den Einwohnern von Jerusa-
19 lem. Im achtzehnten Jahr der Herr-
schaft Josias wurde dies Passa gehalten.

a 2.Mose 12,6 *b* Kap 5,4.5; 1.Chr 23,26.28
c 2.Mose 25,13-15 *d* 1.Chr 23 *e* 2.Mose 12,3-10
f 1.Chr 25 *g* 1.Chr 26,1-19 *h* Kap 30,26

Josias Tod im Kampf gegen den Pharao Necho

(vgl. 2. Kön 23,28-30)

20 Nachdem aber Josia das Haus des
Herrn hergerichtet hatte, zog Necho,
der König von Ägypten, herauf, um
Krieg zu führen bei Karkemisch am
Eufrat. Und Josia zog aus ihm entge-
21 gen. Aber Necho sandte Boten zu ihm
und ließ ihm sagen: Was hab ich mit dir
zu tun, König von Juda? Ich komme
jetzt nicht gegen dich, sondern gegen
das Königreich, mit dem ich Krieg
habe, und Gott hat gesagt, ich soll eilen.
Vergreif dich nicht an Gott, der mit mir
ist, daß er dich nicht verderbe!
22 Aber Josia ließ nicht ab von ihm,
sondern schickte sich an, mit ihm zu
kämpfen, und hörte nicht auf die Worte
Nechos, die Gott zu ihm gesprochen
hatte, und kam, mit ihm zu kämpfen in
23 der Ebene von Megiddo. Aber die
Schützen schossen auf den König Josia,
und der König sprach zu seinen Män-
nern: Führt mich fort; denn ich bin
24 schwer verwundet! Und seine Männer
hoben ihn von dem Wagen und brach-
ten ihn auf einen von seinen andern
Wagen und führten ihn nach Jerusa-
lem. Und er starb und wurde begraben
in den Gräbern seiner Väter. Und ganz
Juda und Jerusalem trugen Leid um
25 Josia. Und Jeremia sang ein Klagelied
über Josia, und alle Sänger und Sänge-
rinnen klagten in ihren Liedern über
Josia bis auf diesen Tag, und das wurde
zum festen Brauch in Israel. Siehe,
diese Lieder stehen geschrieben unter
26 den Klageliedern. Was aber mehr von
Josia zu sagen ist und seine barmherzi-
gen Taten, wie sie dem Gesetz des
27 HERRN entsprachen, und seine Ge-
schichte, die frühere und die spätere,
siehe, das alles steht geschrieben im
Buch der Könige von Israel und Juda.

Joahas, Jojakim, Jojachin

(vgl. 2. Kön 23,30–24,17)

36 Und das Volk des Landes nahm Joahas,
den Sohn Josias, und machte ihn zum
König an seines Vaters Statt zu Jerusa-
lem. Dreiundzwanzig Jahre alt war Joa- 2
has, als er König wurde; und er regierte
drei Monate zu Jerusalem; denn der 3
König von Ägypten setzte ihn ab in Je-
rusalem und legte eine Geldbuße auf
das Land von hundert Zentnern Silber
und einem Zentner Gold. Und der Kö- 4
nig von Ägypten machte Eljakim, sei-
nen Bruder, zum König über Juda und
Jerusalem und wandelte seinen Namen
um in Jojakim. Aber seinen Bruder Joa-
has nahm Necho und brachte ihn nach
Ägypten.[a]
Fünfundzwanzig Jahre alt war Joja- 5
kim, als er König wurde; und er regier-
te elf Jahre zu Jerusalem und tat, was
dem HERRN, seinem Gott, mißfiel. Und 6
Nebukadnezar, der König von Babel,
zog gegen ihn herauf und legte ihn in
Ketten, um ihn nach Babel zu führen.[b]
Auch brachte Nebukadnezar einige 7
Geräte des Hauses des HERRN nach Ba-
bel und tat sie in seinen Tempel in Ba-
bel.[c] Was aber mehr von Jojakim zu sa- 8
gen ist, und seine Greueltaten, die er
tat, und was ihm sonst widerfuhr, siehe,
das steht geschrieben im Buch der Kö-
nige von Israel und Juda. Und sein
Sohn Jojachin wurde König an seiner
Statt.
Achtzehn Jahre alt war Jojachin, als 9
er König wurde; und er regierte drei
Monate und zehn Tage zu Jerusalem
und tat, was dem HERRN mißfiel. Als 10
aber das Jahr zu Ende ging, [d]sandte
Nebukadnezar hin und ließ ihn nach
Babel holen mit den kostbaren Geräten
aus dem Hause des HERRN und machte
seinen Bruder Zedekia zum König über
Juda und Jerusalem.

a Jer 22,10-12 *b* Jer 22,18 *c* Esr 1,7
d Jer 22,24-30

Zedekia und die Wegführung nach Babel

(vgl. 2. Kön 24,18-25,21; Jer 52,1-30)

Einundzwanzig Jahre alt war Zedekia, 11
als er König wurde; und er regierte elf
Jahre zu Jerusalem und tat, was dem 12
HERRN, seinem Gott, mißfiel, und de-
mütigte sich nicht vor dem Propheten
Jeremia, der da redete, wie der HERR zu
ihm gesprochen hatte.[a] Auch wurde 13
er abtrünnig von Nebukadnezar, dem
König von Babel, der einen Eid bei
Gott von ihm genommen hatte, und
wurde halsstarrig und verstockte sein
Herz, so daß er sich nicht bekehrte zu
dem HERRN, dem Gott Israels. Auch 14

alle Oberen Judas und die Priester und
das Volk versündigten sich noch mehr
[b]mit all den greulichen Sitten der Hei-
den und machten unrein das Haus des
HERRN, das er geheiligt hatte in Jerusa-
15 lem. Und der HERR, der Gott ihrer Vä-
ter, ließ [c]immer wieder gegen sie reden
durch seine Boten; denn er hatte Mit-
leid mit seinem Volk und seiner Woh-
16 nung. Aber sie verspotteten die Boten
Gottes und verachteten seine Worte
und [d]verhöhnten seine Propheten, bis
der Grimm des HERRN über sein Volk
wuchs und es kein Vergeben mehr gab.
17 Da führte er gegen sie heran den König
der Chaldäer und ließ ihre junge
Mannschaft mit dem Schwert erschla-
gen im Hause ihres Heiligtums und
verschonte weder die Jünglinge noch
die Jungfrauen, weder die Alten noch
die Greise; alle gab er sie in seine Hand.
18 Und alle Geräte im Hause Gottes, gro-
ße und kleine, die Schätze im Hause des
HERRN und die Schätze des Königs und
seiner Oberen, alles ließ er nach Babel
19 führen. Und [e]sie verbrannten das Haus
Gottes und rissen die Mauer Jerusa-
lems ein, und alle ihre Burgtürme
brannten sie mit Feuer aus, so daß alle
ihre kostbaren Geräte zunichte wur-
20 den. Und er führte weg nach Babel alle,
die das Schwert übriggelassen hatte,
und sie wurden seine und seiner Söhne
Knechte, bis das Königtum der Perser
zur Herrschaft kam, damit erfüllt wür- 21
de das Wort des HERRN durch den
Mund Jeremias. Das Land hatte die
ganze Zeit über, [f]da es wüste lag, Sab-
bat, bis es [g]an seinen Sabbaten genug
hatte, auf daß siebzig Jahre voll wur-
den.

a Jer 37; 38 *b* 5.Mose 18,9 *c* Jer 25,4
d Lk 20,10-12; Apg 7,52 *e* Jer 26,6 *f* Jer 25,11
g 3.Mose 26,34; Klgl 2,6

Ende der babylonischen Gefangenschaft

(vgl. Esr 1,1-3)

[a]Aber im ersten Jahr des Cyrus, des 22
Königs von Persien, erweckte der HERR
– damit erfüllt würde das Wort des
HERRN durch den Mund Jeremias – den
Geist des Cyrus, des Königs von Persi-
en, daß er in seinem ganzen Königreich
mündlich und auch schriftlich verkün-
den ließ: So spricht Cyrus, der König 23
von Persien: Der HERR, der Gott des
Himmels, hat mir alle Königreiche der
Erde gegeben und hat mir befohlen,
ihm ein Haus zu bauen zu Jerusalem in
Juda. Wer nun unter euch von seinem
Volk ist, mit dem sei der HERR, sein
Gott, und er ziehe hinauf!

a (22 und 23) Jer 29,10; Jes 44,28

DAS BUCH ESRA

Inhaltsübersicht

Erlaubnis zur Heimkehr und zum Tempelbau

(vgl. 2.Chr 36,22.23)

1 Im ersten Jahr des Cyrus, des Königs
von Persien, erweckte der HERR – [a]da-
mit erfüllt würde das Wort des HERRN,
das durch den Mund Jeremias gespro-
chen war – den Geist des Cyrus, des
Königs von Persien, daß er in seinem
ganzen Königreich mündlich und auch
schriftlich verkünden ließ: So spricht 2
Cyrus, der König von Persien: Der
HERR, der Gott des Himmels, hat mir
[b]alle Königreiche der Erde gegeben,
und [c]er hat mir befohlen, ihm ein Haus

3 zu Jerusalem in Juda zu bauen. Wer
nun unter euch von seinem Volk ist, mit
dem sei sein Gott, und er ziehe hinauf
nach Jerusalem in Juda und baue das
Haus des HERRN, des Gottes Israels;
das ist der Gott, der zu Jerusalem ist.
4 Und wo auch immer einer übriggeblie-
ben ist, dem sollen die Leute des Orts,
an dem er als Fremdling gelebt hat, hel-
fen mit Silber und Gold, Gut und Vieh
außer dem, was sie aus freiem Willen
für das Haus Gottes zu Jerusalem ge-
ben.
5 Da machten sich auf die Häupter der
Sippen aus Juda und Benjamin und die
Priester und Leviten, alle, deren Geist
Gott erweckt hatte, um hinaufzuziehen
und das Haus des HERRN zu Jerusalem
6 zu bauen. Und alle, die um sie her
wohnten, halfen ihnen mit allem, mit
Silber und Gold, mit Gut und Vieh und
Kleinoden außer dem, was sie freiwillig
gaben.
7 Und der König Cyrus gab heraus die
Geräte des Hauses des HERRN, [d]die Ne-
bukadnezar aus Jerusalem genommen
und in das Haus seines Gottes gebracht
8 hatte. Und Cyrus, der König von Persi-
en, übergab sie dem Schatzmeister
Mitredat; der zählte sie [e]Scheschbazar,
9 dem Fürsten Judas, vor. Und dies war
ihre Zahl: Dreißig goldene Becken und
tausendneunundzwanzig silberne Bek-
10 ken, dreißig goldene Becher und vier-
hundertzehn silberne Becher und tau-
11 send andere Geräte. Alle Geräte, golde-
ne und silberne, waren fünftausend-
vierhundert*. Alles brachte Schesch-
bazar hinauf, als man aus der Gefan-
genschaft von Babel nach Jerusalem
hinaufzog.

a Jer 25,11; 29,10 *b* Jes 45,1 *c* Jes 44,28
d 2.Chr 36,7.18 *e* Kap 5,14
*Vers 11: Durch spätere Abänderungen entspricht die Gesamtzahl jetzt nicht mehr der Summe der Einzelangaben.

Verzeichnis der Heimkehrer
(vgl. Neh 7,5-72)

2 Dies sind die Leute der Landschaft
Juda, die heraufzogen aus der Gefan-
genschaft, die Nebukadnezar, der Kö-
nig von Babel, nach Babel weggeführt
hatte, und die nach Jerusalem und Juda
zurückkehrten, ein jeder in seine Stadt.
2 Sie kamen mit Serubabel, Jeschua, Ne-
hemia, Seraja, Reelaja, Mardochai, Bil-
schan, Mispar, Bigewai, Rehum und
Baana. Dies ist die Zahl der Männer des
3 Volkes Israel: die Söhne Parosch 2172;
die Söhne Schefatja 372; die Söhne 4.5
Arach 775; die Söhne Pahat-Moab, 6
nämlich die Söhne Jeschua und die
Söhne Joab, 2812; die Söhne Elam 1254; 7
die Söhne Sattu 945; die Söhne Sakkai 8.9
760; die Söhne Bani 642; die Söhne 10.11
Bebai 623; die Söhne Asgad 1222; die 12.13
Söhne Adonikam 666; die Söhne Bi- 14
gewai 2056; die Söhne Adin 454; die 15.16
Söhne Ater, nämlich die Söhne Hiskia,
98; die Söhne Bezai 323; die Söhne Jo- 17.18
rah 112; die Söhne Haschum 223; 19
die Söhne Gibbar 95; die Männer von 20.21
Betlehem 123; die Männer von Netofa 22
56; die Männer von Anatot 128; die Män- 23.24
ner von Bet-Asmawet 42; die Männer 25
von Kirjat-Jearim, Kefira und Beerot
743; die Männer von Rama und Geba 26
621; die Männer von Michmas 122; 27
die Männer von Betel und Ai 223; die 28.29
Söhne Nebo 52; die Söhne Magbisch 30
156; die Söhne des andern Elam 1254; 31
die Söhne Harim 320; die Männer von 32.33
Lod, Hadid und Ono 725; die Männer 34
von Jericho 345; die Söhne Senaa 3630. 35
Die Zahl der Priester: die Söhne Je- 36
daja, nämlich das Haus Jeschua, 973;
die Söhne Immer 1052; die Söhne 37.38
Paschhur 1247; die Söhne Harim 1017. 39
Die Zahl der Leviten: die Söhne [a]Je- 40
schua, nämlich Kadmiël, Binnui und
Hodawja, 74.
Die Zahl der Sänger: die Söhne Asaf 41
128.
Die Zahl der Torhüter: die Söhne 42
Schallum, die Söhne Ater, die Söhne
Talmon, die Söhne Akkub, die Söhne
Hatita und die Söhne Schobai, insge-
samt 139.
Die [b]Zahl der Tempelsklaven: die 43
Söhne Ziha, die Söhne Hasufa, die
Söhne Tabbaot, die Söhne Keros, die 44
Söhne Sia, die Söhne Padon, die Söhne 45
Lebana, die Söhne Hagaba, die Söhne
Akkub, die Söhne Hagab, die Söhne 46
Salmai, die Söhne Hanan, die Söhne 47
Giddel, die Söhne Gahar, die Söhne
Reaja, die Söhne Rezin, die Söhne Ne- 48
koda, die Söhne Gasam, die Söhne Usa, 49
die Söhne Paseach, die Söhne Besai, die 50
Söhne Asna, die Söhne der Meuniter,
die Söhne der Nefusiter, die Söhne 51
Bakbuk, die Söhne Hakufa, die Söhne
Harhur, die Söhne Bazlut, die Söhne 52
Mehida, die Söhne Harscha, die Söhne 53
Barkos, die Söhne Sisera, die Söhne
Temach, die Söhne Neziach, die Söhne 54
Hatifa.
Die Zahl der Nachkommen der 55
[c]Sklaven Salomos: die Söhne Sotai, die

56 Söhne Soferet, die Söhne Peruda, die
Söhne Jaala, die Söhne Darkon, die
57 Söhne Giddel, die Söhne Schefatja, die
Söhne Hattil, die Söhne Pocheret von
58 Zebajim, die Söhne Amon. Alle [d]Tem-
pelsklaven und Nachkommen der Skla-
ven Salomos waren zusammen 392.
59 Und von denen, die heraufzogen aus
Tel-Melach, Tel-Harscha, Kerub-Ad-
don und Immer, konnten nicht ange-
ben, ob ihre Sippe und ihre Nachkom-
60 men aus Israel stammten: die Söhne
Delaja, die Söhne Tobia, die Söhne
61 Nekoda, 652. Und von den Priestern:
die Söhne Habaja, die Söhne Hakkoz,
die Söhne Barsillai, deren Urahn eine
von den Töchtern des Gileaditers [e]Bar-
sillai zur Frau genommen hatte und
nach dessen Namen genannt wurde.
62 Die suchten ihre Geschlechtsregister
und fanden sie nicht; darum wurden sie
für das Priestertum als untauglich er-
63 klärt. Und der Statthalter gebot ihnen,
sie sollten nicht essen vom [f]Hochheili-
gen, bis ein Priester für die [g]heiligen
Lose »Licht und Recht« aufstände.
64 Die ganze Gemeinde zählte insge-
65 samt 42360, ausgenommen ihre
Knechte und Mägde; diese waren
7337; dazu 200 Sänger und Sängerin-
66 nen. Und sie hatten 736 Rosse, 245
67 Maultiere, 435 Kamele und 6720 Esel.
68 Und als einige Häupter der Sippen
zum Hause des HERRN in Jerusalem ka-
men, gaben sie freiwillig für das Haus
Gottes, damit man's an seiner früheren
69 Stätte erbaue, und gaben nach ihrem
Vermögen zum Schatz für das Werk
61000 Gulden und 5000 Pfund Silber
und 100 Priesterkleider.
70 So ließen sich die Priester und die
Leviten und einige andere Leute in Je-
rusalem nieder und die Sänger und die
Torhüter und die Tempelsklaven in
ihren Städten und alle übrigen aus Is-
rael in ihren Städten.

a Neh 12,8 *b* Kap 8,20 *c* 1.Kön 9,21 *d* Jos 9,23
e 2.Sam 17,27; 19,32 *f* 4.Mose 18,9
g 2.Mose 28,30; 1.Sam 14,41

Errichtung des Brandopferaltars und Beginn des Opferdienstes

3 Und als der siebente Monat herbeikam
und die Israeliten nun in ihren Städten
waren, versammelte sich das ganze
2 Volk wie *ein* Mann in Jerusalem. Und
es machten sich auf [a]Jeschua, der Sohn
Jozadaks, und seine Brüder, die Prie-
ster, und Serubabel, der Sohn Scheal-
tiëls, und seine Brüder und bauten den
Altar des Gottes Israels, um Brand-
opfer darauf zu opfern, [b]wie es ge-
schrieben steht im Gesetz des Mose,
des Mannes Gottes. Und sie richteten 3
den Altar wieder her an seiner früheren
Stätte – denn es war Furcht über sie ge-
kommen vor den Völkern des Landes –
und opferten dem HERRN Brandopfer
darauf des Morgens und des Abends.
Und sie hielten das [c]Laubhüttenfest, 4
wie geschrieben steht, und brachten
Brandopfer dar alle Tage nach der
Zahl, wie sich's gebührt und jeder Tag
es erforderte, danach auch das tägliche 5
Brandopfer und die Opfer für die Neu-
monde und alle heiligen Festtage des
HERRN und was sonst einer dem HERRN
freiwillig darbrachte. Am ersten Tage 6
des siebenten Monats fingen sie an,
dem HERRN Brandopfer zu bringen.
Aber der Grund des Tempels des
HERRN war noch nicht gelegt. Und sie 7
gaben Geld den Steinmetzen und Zim-
merleuten und Speise und Trank und
Öl den Leuten von Sidon und Tyrus,
damit sie Zedernholz vom Libanon zur
See nach Jafo brächten, wie es ihnen
Cyrus, der König von Persien, erlaubt
hatte.[d]

a Kap 2,2 *b* 2.Mose 27,1; 3.Mose 6,2
c 3.Mose 23,34-43 *d* 1.Kön 5,16-25

Beginn des Tempelbaus

Im zweiten Jahr nach ihrer Ankunft 8
beim Hause Gottes in Jerusalem, im
zweiten Monat, begannen Serubabel,
der Sohn Schealtiëls, und Jeschua, der
Sohn Jozadaks, und die übrigen ihrer
Brüder, Priester und Leviten, und alle,
die aus der Gefangenschaft nach Jeru-
salem gekommen waren, die Leviten
von zwanzig Jahren an und darüber zu
bestellen, damit sie die Arbeit am
Hause des HERRN leiteten. Und [a]Je- 9
schua mit seinen Söhnen und seinen
Brüdern Kadmiël, Binnui und Hodaw-
ja traten einmütig an, um die Arbeiter
am Hause Gottes anzuleiten, dazu die
Söhne Henadads mit ihren Söhnen und
ihren Brüdern, die Leviten. Und als die 10
Bauleute den Grund legten zum Tem-
pel des HERRN, stellten sich die Priester
auf in ihren Amtskleidern mit Trompe-
ten und die Leviten, die Söhne Asaf,
mit Zimbeln, um den HERRN zu loben
nach der Ordnung Davids, des Königs
von Israel. Und sie stimmten den Lob- 11
preis an und dankten dem HERRN:
Denn [b]er ist gütig, und seine Barmher-
zigkeit währt ewiglich über Israel. Und

das ganze Volk jauchzte laut beim Lobe
des HERRN, weil der Grund zum Hause
12 des HERRN gelegt war. Und viele von
den betagten Priestern, Leviten und
Sippenhäuptern, die [c]das frühere Haus
noch gesehen hatten, weinten laut, als
nun dies Haus vor ihren Augen gegrün-
det wurde. Viele aber jauchzten mit
Freuden, so daß das Geschrei laut er-
13 scholl. Und man konnte das Jauchzen
mit Freuden und das laute Weinen im
Volk nicht unterscheiden; denn das
Volk jauchzte laut, so daß man den
Schall weithin hörte.

a Kap 2,40 *b* 2.Chr 5,13; Ps 118,1 *c* Hag 2,3

Behinderung des Tempelbaus

4 Als aber die Widersacher Judas und
Benjamins hörten, daß die, die aus der
Gefangenschaft zurückgekommen wa-
ren, dem HERRN, dem Gott Israels, den
2 Tempel bauten, kamen sie zu Serubba-
bel, Jeschua und den Sippenhäuptern
und sprachen zu ihnen: Wir wollen mit
euch bauen; denn auch wir suchen eu-
ren Gott und [a]haben ihm geopfert seit
der Zeit [b]Asar-Haddons, des Königs
von Assur, der uns hierher gebracht
3 hat. Aber Serubabel und Jeschua und
die andern Häupter der Sippen in Is-
rael antworteten ihnen: Es ziemt sich
nicht, daß ihr und wir miteinander das
Haus unseres Gottes bauen, sondern
wir allein wollen bauen dem HERRN,
dem Gott Israels, wie uns Cyrus, der
4 König von Persien, geboten hat. Da
machte das Volk des Landes die Juden
mutlos und schreckte sie vom Bauen
5 ab. Und sie dingten Ratgeber gegen sie
und hinderten ihr Vorhaben, solange
Cyrus, der König von Persien, lebte,
[c]bis zur Herrschaft des Darius, des Kö-
nigs von Persien.
6 Und als Ahasveros König war, im
Anfang seiner Herrschaft, schrieb man
eine Anklage gegen die Bewohner von
Juda und Jerusalem.
7 Und zu den Zeiten Artahsastas
schrieben Bischlam, Mitredat, Tabeel
und ihre andern Genossen an Artahsa-
sta, den König von Persien. Der Brief
war in aramäischer Schrift geschrieben
8 und ins Aramäische übertragen. Der
Kanzler Rehum und der Schreiber
Schimschai schrieben einen Brief ge-
gen Jerusalem an den König Artahsa-
9 sta: Wir, Rehum, der Kanzler, und
Schimschai, der Schreiber, und die an-
dern Genossen, die Richter, die Be-
fehlshaber, die Schreiber, die Beamten,
die Männer von Erech, von Babel, von
Susa, das sind die Elamiter, und die an- 10
dern Völker, die der große und be-
rühmte Osnappar* hergebracht und
in den Städten Samariens und in den
andern Orten jenseits des Eufrat* ange-
siedelt hat. Und dies ist die Abschrift 11
des Briefes, den sie an ihn sandten: An
König Artahsasta, deine Knechte, die
Männer jenseits des Eufrat. Und nun 12
sei dem König kundgetan, daß die Ju-
den, die von dir heraufgezogen und zu
uns nach Jerusalem gekommen sind,
die aufrührerische und böse Stadt wie-
der aufbauen wollen; sie haben begon-
nen, die Mauern zu errichten, und die
Fundamente sind schon gelegt. So sei 13
nun dem König kundgetan: Wenn
diese Stadt wieder aufgebaut wird und
die Mauern wieder errichtet werden, so
werden sie Steuern, Abgaben und Zoll
nicht mehr geben, und zuletzt wird es
den Königen Schaden bringen. Weil 14
wir aber das Salz des Königshauses es-
sen und die Schmach des Königs nicht
länger sehen wollen, darum schicken
wir hin und lassen es den König wissen.
Man lasse in den Chroniken deiner Vä- 15
ter suchen, so wirst du in den Chroni-
ken finden und erfahren, daß diese
Stadt aufrührerisch ist und Königen
und Ländern Schaden gebracht hat
und man in ihr auch von alters her Auf-
ruhr gemacht hat, – darum ist diese
Stadt auch zerstört worden. Und nun 16
tun wir dem König kund, daß du her-
nach nichts behalten wirst von dem,
was jenseits des Eufrat liegt, wenn diese
Stadt wieder aufgebaut wird und ihre
Mauern wieder errichtet werden.
Da sandte der König folgende Ant- 17
wort: An Rehum, den Kanzler, und
Schimschai, den Schreiber, und ihre
andern Genossen, die in Samaria woh-
nen und in den andern Orten jenseits
des Eufrat: Friede zuvor! Und nun, der 18
Brief, den ihr uns zugeschickt habt, ist
mir Wort für Wort vorgelesen worden.
Und auf meinen Befehl hat man nach- 19
geforscht, und man fand bestätigt, daß
diese Stadt von alters her gegen die Kö-
nige sich empört hat und Aufruhr und
Abfall in ihr geschehen ist. Auch hat es 20
mächtige Könige zu Jerusalem gege-
ben, die geherrscht haben über alles,
was jenseits des Eufrat ist, so daß ihnen
Steuern, Abgaben und Zoll gegeben
wurden. So gebt nun den Befehl, daß 21
man diesen Männern wehre, damit die
Stadt nicht wieder aufgebaut werde, bis

22 von mir der Befehl gegeben wird! Seht
euch vor, daß ihr nicht lässig hierin
seid, damit nicht den Königen großer
Schaden entstehe!
23 Als nun der Brief des Königs Artah-
sasta gelesen wurde von Rehum und
dem Schreiber Schimschai und von
ihren andern Genossen, zogen sie ei-
lends hin nach Jerusalem zu den Juden
24 und wehrten ihnen mit Gewalt. Da
hörte die Arbeit am Hause Gottes in Je-
rusalem auf und blieb liegen bis ins
zweite Jahr des Darius, des Königs von
Persien.[d]

a Jer 41,5 *b* 2.Kön 17,24-33; 19,37 *c* Vers 24
d Vers 5; Kap 6,15
*Vers 10: Osnappar ist Asar-Haddon (Vers 2). Mit »jenseits des Eufrat« wird die persische Provinz westlich des Eufrat bezeichnet.

Wiederaufnahme des Tempelbaus

5 Es weissagten aber die Propheten
[a]Haggai und [b]Sacharja, der Sohn Id-
dos, den Juden, die in Juda und Jerusa-
lem wohnten, im Namen des Gottes Is-
2 raels, der über ihnen war. Da machten
sich auf Serubabel, der Sohn Scheal-
tiëls, und Jeschua, der Sohn Jozadaks,
und fingen an, das Haus Gottes zu Je-
rusalem aufzubauen, und mit ihnen die
Propheten Gottes, die sie stärkten.
3 Zu der Zeit kamen zu ihnen Tatnai,
der Statthalter des Gebietes jenseits des
Eufrat, und Schetar-Bosnai und ihre
Genossen und sprachen: Wer hat euch
befohlen, dies Haus aufzubauen und
4 diese Mauern zu errichten? Dann sag-
ten sie zu ihnen: Wie heißen die Män-
5 ner, die diesen Bau aufführen? Aber
[c]das Auge ihres Gottes war über den
Ältesten der Juden, so daß ihnen nicht
gewehrt wurde, bis man den Bericht an
Darius gelangen ließe und darüber ein
Brief käme.
6 Dies ist die Abschrift des Briefes
Tatnais, des Statthalters jenseits des
Eufrat, und Schetar-Bosnais und ihrer
Genossen, der Beamten, die jenseits
des Eufrat waren, an den König Darius.
7 Die Botschaft, die sie ihm sandten, lau-
tete: Dem König Darius allen Frieden!
8 Es sei dem König kundgetan, daß wir
ins jüdische Land gekommen sind zu
dem Hause des großen Gottes; dies
baute man mit behauenen Steinen und
legte Balken in die Wände, und die
Arbeit ging unter ihrer Hand frisch
9 vonstatten. Wir aber haben die Ältesten
gefragt und zu ihnen gesagt: Wer hat
euch befohlen, dies Haus zu bauen und
10 diese Mauern zu errichten? Auch frag-
ten wir, wie sie hießen, damit wir es dir
kundtäten und die Namen der Männer
aufschrieben, die an ihrer Spitze ste-
hen. Sie aber gaben uns dies zur Ant- 11
wort: Wir sind Knechte des Gottes des
Himmels und der Erde und bauen das
Haus wieder auf, das einst vor vielen
Jahren hier gestanden und das ein gro-
ßer König Israels gebaut und vollendet
hat. Aber als unsere Väter den Gott des 12
Himmels erzürnten, [d]gab er sie in die
Hand Nebukadnezars, des Königs von
Babel, des Chaldäers; der [e]zerstörte
dies Haus und führte das Volk weg
nach Babel. Aber im ersten Jahr des 13
Cyrus, des Königs von Babel, befahl
der König Cyrus, dies Haus Gottes
wieder zu bauen.[f] Auch die goldenen 14
und silbernen Geräte im Hause Gottes,
die Nebukadnezar aus dem Tempel zu
Jerusalem genommen und in den Tem-
pel zu Babel gebracht hatte, nahm der
König Cyrus aus dem Tempel zu Babel
und gab sie [g]Scheschbazar, den er zum
Statthalter einsetzte, und sprach zu 15
ihm: Nimm diese Geräte, zieh hin und
bringe sie in den Tempel zu Jerusalem,
und das Haus Gottes soll gebaut wer-
den an seiner früheren Stätte. Da kam 16
jener Scheschbazar und legte den
Grund zum Hause Gottes zu Jerusa-
lem. Seit der Zeit baut man, und es ist
noch nicht vollendet. Gefällt es nun 17
dem König, so lasse er in Babel im
Schatzhaus des Königs suchen, [h]ob es
von dem König Cyrus befohlen sei, das
Haus Gottes zu Jerusalem wieder auf-
zubauen, und man sende uns des Kö-
nigs Meinung darüber.

a Hag 1,1 *b* Sach 1,1 *c* 5.Mose 11,12; 1.Kön 8,29 *d* 2.Kön 24,10-14 *e* 2.Kön 25,9 *f* Kap 1,1.2 *g* Kap 1,7.8 *h* Kap 8,36

Der Erlaß des Cyrus über den Tempelbau

Da befahl der König Darius, daß man 6
in Babel in den Schatzhäusern, in de-
nen die Bücher aufbewahrt wurden,
nachforschen sollte. Da fand man in der 2
Festung Achmeta, die in Medien liegt,
eine Schriftrolle, auf der geschrieben
stand: Aufzeichnung. Im ersten Jahr 3
des Königs Cyrus befahl der König Cy-
rus, das Haus Gottes in Jerusalem wie-
der aufzubauen als eine Stätte, an der
man opfert, und seinen Grund zu le-
gen: seine Höhe sechzig Ellen und sei-
ne Breite auch sechzig Ellen, und drei 4
Schichten von behauenen Steinen und
eine Schicht von Holz, und die Mittel

sollen vom Hause des Königs gegeben
5 werden. Auch soll man zurückgeben
die goldenen und silbernen Geräte des
Hauses Gottes, die Nebukadnezar aus
dem Tempel zu Jerusalem weggenom-
men und nach Babel gebracht hat; man
soll sie zurückbringen in den Tempel
zu Jerusalem an ihre Stätte im Hause
Gottes.

Vollendung des Tempelbaus unter Darius

6 So haltet euch nun fern von dieser Sa-
che, du, Tatnai, Statthalter jenseits des
Eufrat, und Schetar-Bosnai mit euren
Genossen, ihr Beamten, die ihr jenseits
7 des Eufrat seid! Laßt sie arbeiten am
Hause Gottes, damit der Statthalter der
Juden und ihre Ältesten das Haus Got-
tes an seiner früheren Stätte wieder
8 aufbauen. Auch ist von mir befohlen
worden, was ihr den Ältesten der Juden
darreichen sollt, um das Haus Gottes
zu bauen, nämlich daß man aus des Kö-
nigs Schatz von dem, was einkommt
aus der Landschaft jenseits des Eufrat,
mit Sorgfalt nehme und gebe den Leu-
9 ten regelmäßig, was sie bedürfen. Und
was sie bedürfen an Stieren, Widdern
und Lämmern zum Brandopfer für den
Gott des Himmels, an Weizen, Salz,
Wein und Öl nach dem Wort der Prie-
ster in Jerusalem, das soll man ihnen
täglich geben, und es soll nicht lässig
10 geschehen, damit sie opfern zum lieb-
lichen Geruch dem Gott des Himmels
und bitten für das Leben des Königs
11 und seiner Söhne. Ferner wird von mir
befohlen: Wenn irgend jemand diesen
Erlaß übertritt, so soll ein Balken aus
seinem Haus herausgerissen und er
daran aufrecht angeschlagen werden,
und sein Haus soll um seiner Tat willen
zum Schutthaufen gemacht werden.
12 Der Gott aber, der seinen Namen dort
wohnen läßt, bringe jeden König um
und jedes Volk, das seine Hand aus-
reckt, diesen Erlaß zu übertreten und
das Haus Gottes in Jerusalem zu zer-
stören. Ich, Darius, habe diesen Befehl
gegeben, damit er sorgfältig befolgt
werde.
13 Da taten Tatnai, der Statthalter jen-
seits des Eufrat, und Schetar-Bosnai
und ihre Genossen sorgfältig nach dem,
was der König Darius ihnen befohlen
14 hatte. Und die Ältesten der Juden bau-
ten, und es ging vonstatten durch die
Weissagung der Propheten Haggai und
Sacharja, des Sohnes Iddos, und sie
bauten und vollendeten es nach dem
Befehl des Gottes Israels und nach dem
Befehl des Cyrus, Darius und Artahsa-
sta, der Könige von Persien, und sie 15
vollendeten das Haus bis zum dritten
Tag des Monats Adar im sechsten Jahr
der Herrschaft des Königs Darius. Und 16
die Israeliten, die Priester, die Leviten
und die andern, die aus der Gefangen-
schaft zurückgekommen waren, hielten
[a]die Einweihung des Hauses Gottes
mit Freuden und [b]opferten zur Einwei- 17
hung des Hauses Gottes hundert Stie-
re, zweihundert Widder, vierhundert
Lämmer und zum Sündopfer für ganz
Israel zwölf Ziegenböcke nach der Zahl
der Stämme Israels und bestellten die 18
Priester nach ihren Abteilungen und
die Leviten nach ihren Ordnungen zum
Dienst am Hause Gottes in Jerusalem,
[c]wie es im Buch des Mose geschrieben
steht.

a 1.Kön 8,62-66 *b* 4.Mose 7,10 *c* 4.Mose 3,6

Feier des Passafestes

Und die, die aus der Gefangenschaft 19
zurückgekommen waren, [a]hielten Pas-
sa am vierzehnten Tage des ersten Mo-
nats. Denn die Leviten hatten sich ge- 20
reinigt Mann für Mann, so daß sie alle
rein waren, und schlachteten das Passa
für alle, die aus der Gefangenschaft zu-
rückgekommen waren, und für ihre
Brüder, die Priester, und für sich. Und 21
[b]es aßen das Passa die Israeliten, die
aus der Gefangenschaft zurückgekom-
men waren, und alle, die sich zu ihnen
abgesondert hatten von der Unreinheit
der Heiden im Lande, um den HERRN,
den Gott Israels, zu suchen. Und sie 22
hielten das Fest der ungesäuerten Brote
sieben Tage lang mit Freuden; denn
der HERR hatte sie fröhlich gemacht
und das Herz des Königs von Assur*
ihnen zugewandt, damit sie gestärkt
würden zur Arbeit am Hause des Got-
tes, der der Gott Israels ist.

a 2.Mose 12,6 *b* 5.Mose 16,1-9
*Vers 22: Gemeint ist hiermit der König von Persien.

Esras Beauftragung durch Artaxerxes

Nach diesen Geschichten zog unter der 7
Regierung des Artahsasta, des Königs
von Persien, Esra herauf, der Sohn
[a]Serajas, des Sohnes Asarjas, des Soh-
nes Hilkias, des Sohnes Schallums, des 2
Sohnes Zadoks, des Sohnes Ahitubs,
des Sohnes Amarjas, des Sohnes Asar- 3

4 jas, des Sohnes Merajots, des Sohnes
Serachjas, des Sohnes Usis, des Sohnes
5 Bukkis, des Sohnes Abischuas, des
Sohnes des Pinhas, des Sohnes Elea-
sars, des Sohnes Aarons, des Hohen-
6 priesters. Dieser Esra zog von Babel
herauf. Er war ein Schriftgelehrter,
kundig im Gesetz des Mose, das der
HERR, der Gott Israels, gegeben hatte.
Und der König gab ihm alles, was er er-
bat, weil [b]die Hand des HERRN, seines
7 Gottes, über ihm war. Und mit ihm zo-
gen herauf einige von den Israeliten
und von den Priestern und Leviten,
von den Sängern, Torhütern und Tem-
pelsklaven nach Jerusalem im sieben-
8 ten Jahr des Königs Artahsasta. Und er
kam nach Jerusalem im fünften Monat,
9 im siebenten Jahr des Königs. Am er-
sten Tage des ersten Monats nämlich
hatte er beschlossen, von Babel her-
aufzuziehen, und am ersten Tage des
fünften Monats kam er nach Jerusalem,
weil die gnädige Hand Gottes über ihm
10 war. Denn Esra richtete sein Herz dar-
auf, das Gesetz des HERRN zu erfor-
schen und danach zu tun und Gebote
und Rechte in Israel zu lehren.

a 1.Chr 5,39.40 *b* Vers 9.28; 8,18.22; Neh 2,8

Erlaß des Königs Artaxerxes über Esras Vollmacht

11 Und dies ist die Abschrift des Schrei-
bens, das der König Artahsasta Esra
gab, dem Priester und Schriftgelehr-
ten, der kundig war in den Worten der
Gebote und Satzungen des HERRN für
12 Israel: Artahsasta, König aller Könige,
an Esra, den Priester und Beauftragten
für das Gesetz des Gottes des Him-
13 mels: Friede zuvor! Und nun, von mir
ist befohlen worden, daß alle, die von
dem Volk Israel und den Priestern und
Leviten in meinem Reich willig sind,
nach Jerusalem zu ziehen, mit dir zie-
14 hen können, weil du vom König und
seinen sieben Räten gesandt bist, um
auf Grund des Gesetzes deines Gottes,
das in deiner Hand ist, nachzuforschen,
15 wie es in Juda und Jerusalem steht, und
hinzubringen Silber und Gold, das der
König und seine Räte freiwillig geben
dem Gott Israels, dessen Wohnung zu
16 Jerusalem ist, und was du sonst an Sil-
ber und Gold erhältst in der ganzen
Landschaft Babel samt dem, was das
Volk und die Priester freiwillig geben
für das Haus ihres Gottes zu Jerusalem.
17 Alles das nimm und kaufe mit Sorgfalt
von diesem Geld Stiere, Widder, Läm-
mer und Speisopfer und Trankopfer
dazu, damit man sie opfere auf dem Al-
tar des Hauses eures Gottes zu Jerusa-
lem. Dazu, was dir und deinen Brüdern 18
mit dem übrigen Gelde zu tun gefällt,
das tut nach dem Willen eures Gottes.
Und die Geräte, die dir gegeben sind 19
zum Dienst im Hause deines Gottes,
übergib alle vor Gott in Jerusalem.
Auch was du sonst noch brauchst für 20
das Haus deines Gottes, was du ausge-
ben mußt, das bekommst du aus den
Schatzhäusern des Königs. Ich, König 21
Artahsasta, habe allen Schatzmeistern
jenseits des Eufrat befohlen: Alles, was
Esra, der Priester und Beauftragte für
das Gesetz des Gottes des Himmels,
von euch fordert, das tut mit Sorgfalt,
bis zu hundert Zentner Silber und hun- 22
dert Sack Weizen und hundert Eimer
Wein und hundert Eimer Öl, und Salz
in jeder Menge. Alles, was dir Gott be- 23
fohlen hat, daß es gegeben werde, das
soll für das Haus des Gottes des Him-
mels mit Hingabe geleistet werden, da-
mit nicht der Zorn über das Reich des
Königs und seiner Söhne komme. Und 24
euch sei kundgetan, daß ihr nicht
Macht habt, Steuern, Abgaben und
Zoll zu legen auf irgendeinen Priester,
Leviten, Sänger, Torhüter, Tempel-
sklaven, auf alle, die im Hause dieses
Gottes Dienst tun. Du aber, Esra, setze 25
nach der Weisheit deines Gottes, die
in deiner Hand ist, Richter und
Rechtspfleger ein, die allem Volk Recht
sprechen, das jenseits des Eufrat
wohnt, nämlich allen, die das Gesetz
deines Gottes kennen; und wer es nicht
kennt, den sollt ihr es lehren. Aber je- 26
der, der nicht sorgfältig das Gesetz dei-
nes Gottes und das Gesetz des Königs
hält, der soll sein Urteil empfangen, es
sei Tod oder Acht oder Buße an Hab
und Gut oder Gefängnis.

Gelobt sei der HERR, der Gott unse- 27
rer Väter, der solches dem König einge-
geben hat, daß er das Haus des HERRN
in Jerusalem so herrlich mache, und der 28
mir die Gunst des Königs und seiner
Räte und aller mächtigen Oberen des
Königs zugewandt hat! Und ich ward
getrost, weil [a]die Hand des HERRN,
meines Gottes, über mir war, und sam-
melte aus Israel Sippenhäupter, daß sie
mit mir hinaufzögen.

a Vers 6

Verzeichnis der mit Esra Zurückgekehrten

8 Dies sind die Häupter der Sippen mit
ihren Geschlechtsregistern, die mit mir
heraufzogen von Babel zur Zeit, als der
2 König Artahsasta regierte.[a] Von den
Söhnen Pinhas: Gerschom; von den
Söhnen Itamar: Daniel; von den Söh-
nen David: Hattusch, der Sohn
3 [b]Schechanjas; von den Söhnen [c]Pa-
rosch: Sacharja und mit ihm verzeich-
4 net hundertundfünfzig Männer; von
den Söhnen [d]Pahat-Moab: Eljoënai,
der Sohn Serachjas, und mit ihm zwei-
5 hundert Männer; von den Söhnen
[e]Sattu: Schechanja, der Sohn Jaha-
siëls, und mit ihm dreihundert Män-
6 ner; von den Söhnen Adin: Ebed, der
Sohn Jonatans, und mit ihm fünfzig
7 Männer; von den Söhnen Elam: Jesaja,
der Sohn Ataljas, und mit ihm siebzig
8 Männer; von den Söhnen Schefatja:
Sebadja, der Sohn Michaels, und mit
9 ihm achtzig Männer; von den Söhnen
Joab: Obadja, der Sohn Jehiëls, und
mit ihm zweihundertundachtzehn
10 Männer; von den Söhnen [f]Bani:
Schelomit, der Sohn Josifjas, und mit
11 ihm hundertundsechzig Männer; von
den Söhnen Bebai: Sacharja, der Sohn
Bebais, und mit ihm achtundzwanzig
12 Männer; von den Söhnen Asgad: Joha-
nan, der Sohn Hakkatans, und mit ihm
13 hundertundzehn Männer; von den
Söhnen Adonikam: die letzten, und sie
hießen: Elifelet, Jeïël und Schemaja,
14 und mit ihnen sechzig Männer; von
den Söhnen Bigewai: Utai, der Sohn
Sabbuds, und mit ihm siebzig Männer.

a Kap 7,1.7 *b* 1.Chr 3,22 *c* Kap 2,3 *d* Kap 2,6 *e* Kap 2,8 *f* Kap 2,10

Vorbereitung zum Aufbruch nach Jerusalem

15 Und ich versammelte sie am Fluß, der
nach Ahawa fließt, und wir blieben dort
drei Tage. Und ich sah wohl Volk und
Priester, aber ich fand keine Leviten.
16 Da sandte ich hin Eliëser, Ariël,
Schemaja, Elnatan, Jarib, Elnatan, Na-
tan, Sacharja und Meschullam, ver-
17 ständige Sippenhäupter, und schickte
sie zu Iddo, dem Vorsteher in Kasifja,
damit sie uns Diener für das Haus un-
seres Gottes holten. Und ich legte
ihnen in den Mund, was sie reden soll-
ten mit Iddo und seinen Brüdern, die in
18 Kasifja waren. Und sie brachten uns,
weil [a]die gnädige Hand unseres Gottes
über uns war, einen klugen Mann von
den Söhnen Machlis, des Sohnes Levis,
des Sohnes Israels, nämlich Scherebja
mit seinen Söhnen und Brüdern, acht-
zehn; und Haschabja und Jesaja, seinen 19
Bruder, von den Söhnen Merari und
ihre Söhne, zwanzig; und von den 20
[b]Tempelsklaven, die David und die
Oberen bestimmt hatten, den Leviten
zu dienen, zweihundertundzwanzig.
Sie alle sind mit Namen aufgezeichnet.
Und ich ließ dort am Fluß bei Ahawa 21
ein Fasten ausrufen, damit wir uns vor
unserm Gott demütigten, um von ihm
eine Reise ohne Gefahren zu erbitten
für uns und unsere Kinder und alle un-
sere Habe. Denn ich schämte mich, 22
vom König Geleit und Reiter zu for-
dern, um uns auf dem Wege vor Fein-
den zu helfen. Denn wir hatten dem
König gesagt: [c]*Die Hand unseres Gottes
ist zum Besten über allen, die ihn suchen,
und seine Stärke und sein Zorn gegen alle,
die ihn verlassen.* So fasteten wir und er- 23
baten solches von unserm Gott; und er
erhörte uns.
Und ich sonderte zwölf der obersten 24
Priester aus, dazu Scherebja und Ha-
schabja und mit ihnen zehn von ihren
Brüdern, und wog ihnen dar das Silber 25
und Gold und die Geräte als Abgabe
für das Haus unseres Gottes, die der
König und seine Räte und Oberen und
ganz Israel, soviel ihrer waren, gegeben
hatten. Ich wog ihnen dar und gab in 26
ihre Hand sechshundertundfünfzig
Zentner Silber und an silbernen Gerä-
ten hundert Zentner und an Gold hun-
dert Zentner, zwanzig goldene Becher, 27
tausend Gulden wert, und zwei schöne
Gefäße aus goldglänzendem Kupfer, so
kostbar wie Gold, und sprach zu ihnen: 28
Ihr seid heilig dem HERRN, und die Ge-
räte sind heilig, und das Silber und
Gold sind eine freiwillige Gabe für den
HERRN, den Gott eurer Väter. Seid nun 29
wachsam und bewahrt es, bis ihr es dar-
wägt in Jerusalem in den Kammern des
Hauses des HERRN vor den obersten
Priestern und Leviten und den Sippen-
häuptern in Israel. Da nahmen die 30
Priester und Leviten das dargewogene
Silber und Gold und die Geräte, um sie
nach Jerusalem zum Hause unseres
Gottes zu bringen.

a Kap 7,6 *b* 1.Chr 9,2 *c* Kap 7,6

Ankunft in Jerusalem

Dann brachen wir auf von dem Fluß 31
bei Ahawa am zwölften Tage des ersten

Monats, um nach Jerusalem zu ziehen.
Und die Hand unseres Gottes war über
uns und errettete uns vor Feinden und
vor solchen, die uns auf dem Wege
32 nachstellten. Und wir kamen nach Je-
rusalem und ruhten dort drei Tage aus.
33 Aber am vierten Tage wurden im
Hause unseres Gottes das Silber und
Gold und die Geräte dargewogen dem
Priester Meremot, dem Sohn Urias,
und mit ihm Eleasar, dem Sohn des
Pinhas, und mit ihnen den Leviten Jo-
sabad, dem Sohn Jeschuas, und Noad-
34 ja, dem Sohn Binnuis, nach Zahl und
Gewicht eines jeden Stückes; und das
ganze Gewicht wurde aufgeschrieben.
35 Zu dieser Zeit opferten die Leute, die
aus der Gefangenschaft gekommen wa-
ren, Brandopfer dem Gott Israels,
zwölf junge Stiere für ganz Israel,
sechsundneunzig Widder, siebenund-
siebzig Lämmer, [a]zwölf Böcke zum
Sündopfer, alles zum Brandopfer für
den HERRN.
36 Und sie [b]übergaben die Befehle des
Königs den Amtleuten des Königs und
den Statthaltern jenseits des Eufrat.
Und diese halfen dem Volk und dem
Hause Gottes.

a Kap 6,17 *b* Kap 5,17; 7,12-26

Esras Bußgebet wegen der Mischehen

9 Als das alles ausgerichtet war, traten die
Oberen zu mir und sprachen: Das Volk
Israel und die Priester und Leviten ha-
ben sich nicht abgesondert von den
Völkern des Landes mit ihren Greueln,
nämlich von den Kanaanitern, Heti-
tern, Perisitern, Jebusitern, Ammoni-
tern, Moabitern, Ägyptern und Amori-
2 tern; denn [a]sie haben deren Töchter
genommen für sich und für ihre Söhne,
und das heilige Volk hat sich vermischt
mit den Völkern des Landes. Und die
Oberen und Ratsherren waren die er-
3 sten bei diesem Treubruch. Als ich dies
hörte, zerriß ich mein Kleid und mei-
nen Mantel und raufte mir Haupthaar
und Bart und setzte mich bestürzt hin.
4 Und es versammelten sich bei mir alle,
die über die Worte des Gottes Israels
erschrocken waren wegen des Treu-
bruchs derer, die aus der Gefangen-
schaft gekommen waren; und ich saß
bestürzt da bis zum Abendopfer.
5 Und um das Abendopfer faßte ich
mich und stand auf in meinem zerrisse-
nen Kleid und Mantel, fiel auf meine
Knie und breitete meine Hände aus zu
dem HERRN, meinem Gott, und sprach: 6
Mein Gott, [b]ich schäme mich und
scheue mich, meine Augen aufzuheben
zu dir, mein Gott; denn unsere Misse-
tat ist über unser Haupt gewachsen,
und unsere Schuld ist groß bis an den
Himmel. Von der Zeit unserer Väter an 7
sind wir in großer Schuld gewesen bis
auf diesen Tag, und um unserer Misse-
tat willen sind wir und unsere Könige
und Priester in die Hand der Könige
der Länder gegeben worden, ins
Schwert, ins Gefängnis, zum Raub und
zur Schmach, so wie es heute ist. Nun 8
aber ist uns einen kleinen Augenblick
Gnade von dem HERRN, unserm Gott,
geschehen, daß er uns noch Errettete
übriggelassen und uns einen festen
Halt an seiner heiligen Stätte gegeben
hat, um unsere Augen aufleuchten und
uns ein wenig aufleben zu lassen in un-
serer Knechtschaft. Denn wir sind 9
Knechte, aber unser Gott hat uns nicht
verlassen in unserer Knechtschaft und
hat uns die Gunst der Könige von Per-
sien zugewandt, daß er uns wieder auf-
leben läßt, um das Haus unseres Gottes
aufzubauen und es aus seinen Trüm-
mern wieder aufzurichten, damit er uns
ein Bollwerk in Juda und Jerusalem
gebe.
Und nun, unser Gott, was sollen wir 10
nach alledem sagen? Wir haben deine
Gebote verlassen, die du durch deine 11
Knechte, die Propheten, gegeben hast,
als sie sagten: Das Land, in das ihr
kommt, um es in Besitz zu nehmen, ist
ein [c]unreines Land durch die Unrein-
heit der Völker des Landes mit ihren
Greueln, mit denen sie es von einem
Ende bis zum andern Ende in ihrer Un-
reinheit angefüllt haben. So [d]sollt ihr 12
nun eure Töchter nicht ihren Söhnen
geben, und ihre Töchter sollt ihr nicht
für eure Söhne nehmen. Und laßt sie
nicht zu Frieden und Wohlstand kom-
men ewiglich, damit ihr mächtig wer-
det und das Gut des Landes eßt und es
euren Kindern vererbt auf ewige Zei-
ten. – Aber nach allem, was über uns 13
gekommen ist um unserer bösen Werke
und großen Schuld willen – und du,
unser Gott, hast unsere Missetat nicht
bestraft, wie wir's verdient hätten, und
hast uns diese Schar von Erretteten ge-
geben –, sollten wir wiederum deine 14
Gebote übertreten, daß wir uns ver-
mischten mit den Völkern, die diese
Greuel tun? Wirst du nicht über uns
zürnen, bis es ganz aus ist, so daß es we-

der einen Rest noch Entronnene gibt?
15 HERR, Gott Israels, du bist getreu;
denn wir sind übriggeblieben als Errettete, wie es heute ist. Siehe, hier sind wir vor dir in unserer Schuld; darum können wir nicht bestehen vor deinem Angesicht.

a 5.Mose 7,3; 23,3; Neh 13,23 *b* Dan 9,7.8
c 3.Mose 18,24.25 *d* Vers 2

Auflösung der Mischehen

10 Und wie nun Esra vor dem Hause Gottes auf den Knien lag und weinend betete und bekannte, sammelte sich um ihn aus Israel eine sehr große Gemeinde von Männern, Frauen und Kindern;
2 denn das Volk weinte sehr. Und
Schechanja, der Sohn Jehiëls, von den Söhnen Elam, hob an und sprach zu Esra: Wir haben unserm Gott die Treue gebrochen, als wir uns fremde Frauen von den Völkern des Landes genommen haben. Nun, es ist trotz al-
3 lem noch Hoffnung für Israel! So laßt
uns nun mit unserm Gott einen Bund schließen, daß wir alle fremden Frauen und die Kinder, die von ihnen geboren sind, hinaustun nach dem Rat meines Herrn und derer, die die Gebote unseres Gottes fürchten, daß man tue nach
4 dem Gesetz. So steh nun auf! Denn dir
gebührt's zu handeln, und wir wollen mit dir sein. Sei getrost und tu es!
5 Da stand Esra auf und nahm einen
Eid von den obersten Priestern, den Leviten und ganz Israel, daß sie nach diesem Wort tun sollten. Und sie
6 schworen. Und Esra ging fort von dem
Platz vor dem Hause Gottes und ging in die Kammer Johanans, des Sohnes Eljaschibs. Und er blieb dort über Nacht, aß kein Brot und trank kein Wasser; denn er trug Leid um den Treubruch derer, die aus der Gefangenschaft gekommen waren.
7 Und man ließ ausrufen in Juda und
Jerusalem für alle, die in der Gefangenschaft gewesen waren, daß sie sich in
8 Jerusalem versammeln sollten; und
wer nicht in drei Tagen nach dem Ratschluß der Oberen und Ältesten käme, dessen ganze Habe sollte dem Bann verfallen und er selbst ausgeschlossen sein aus der Gemeinde derer, die aus der Gefangenschaft gekommen waren.
9 Da versammelten sich alle Männer von
Juda und Benjamin in Jerusalem auf den dritten Tag, den zwanzigsten im neunten Monat. Und alles Volk saß auf dem Platz vor dem Hause Gottes, zitternd wegen der Sache und des strömenden Regens. Und Esra, der Prie- 10
ster, stand auf und sprach zu ihnen: Ihr habt dem Herrn die Treue gebrochen, als ihr euch fremde Frauen genommen und so die Schuld Israels gemehrt habt.
Bekennt sie nun dem HERRN, dem Gott 11
eurer Väter, und tut seinen Willen und scheidet euch von den Völkern des Landes und von den fremden Frauen.
Da antwortete die ganze Gemeinde und 12
sprach mit lauter Stimme: Es geschehe,
wie du uns gesagt hast! Aber es ist viel 13
Volk hier, und es ist Regenzeit, und man kann nicht draußen stehen; auch ist es nicht in ein oder zwei Tagen getan, denn wir haben in dieser Sache viel
gesündigt. Unsere Oberen sollen die 14
ganze Gemeinde vertreten, daß alle, die sich in unsern Städten fremde Frauen genommen haben, zu bestimmten Zeiten kommen und mit ihnen die Ältesten einer jeden Stadt und ihre Richter, bis der Zorn unseres Gottes um dieser Sache willen von uns gewendet werde.
Nur Jonatan, der Sohn Asahels, und 15
Jachseja, der Sohn Tikwas, widersetzten sich, und Meschullam und Schab-
betai, der Levit, halfen ihnen. Doch die 16
aus der Gefangenschaft gekommen waren, taten, wie sie versprochen hatten. Und der Priester Esra sonderte sich Männer aus, die Häupter ihrer Sippen, alle namentlich genannt, und sie traten zusammen am ersten Tage des zehnten Monats, um diese Sache zu untersu-
chen. Und sie brachten's zum Ab- 17
schluß bei allen Männern, die fremde Frauen hatten, bis zum ersten Tage des ersten Monats.
Und es wurden gefunden unter den 18
Priestern, die sich fremde Frauen genommen hatten: bei den Söhnen [a]Jeschuas, des Sohnes Jozadaks, und seinen Brüdern: Maaseja, Eliëser, Jarib
und Gedalja, und sie gaben die Hand 19
darauf, daß sie ihre Frauen ausstoßen und einen Widder für ihre Schuld als
Schuldopfer geben wollten; bei den 20
Söhnen Immer: Hanani und Sebadja;
bei den Söhnen Harim: Maaseja, Elia, 21
Schemaja, Jehiël und Usia; bei den 22
Söhnen Paschhur: Eljoënai, Maaseja, Ismael, Natanael, Josabad und Elasa;
unter den Leviten: Josabad, Simeï und 23
Kelaja, das ist [b]Kelita, Petachja, Juda
und Eliëser; unter den Sängern: Elja- 24
schib; unter den Torhütern: Schallum,
Telem und Uri. Unter den übrigen Is- 25
raeliten: bei den Söhnen Parosch:

Ramja, Jisia, Malkia, Mijjamin, Elea-
26 sar, Haschabja und Benaja; bei den
Söhnen Elam: Mattanja, Sacharja, Je-
27 hiël, Abdi, Jeremot und Elia; bei den
Söhnen Sattu: Eljoënai, Eljaschib,
Mattanja, Jeremot, Sabad und Asisa;
28 bei den Söhnen Bebai: Johanan, Ha-
29 nanja, Sabbai und Atlai; bei den Söh-
nen Bigewai: Meschullam, Malluch,
Adaja, Jaschub, Scheal und Jeremot;
30 bei den Söhnen Pahat-Moab: Adna,
Kelal, Benaja, Maaseja, Mattanja, Be-
31 zalel, Binnui und Manasse; bei den
Söhnen Harim: Eliëser, Jischia, Mal-
32 kia, Schemaja, Simeon, Benjamin,
33 /Malluch und Schemarja; bei den Söh-
nen Haschum: Mattenai, Mattatta, Sa-
bad, Elifelet, Jeremai, Manasse und Si-
meï; bei den Söhnen Bani: Maadai, 34
Amram, Uël, Benaja, Bedja, Keluhi, 35
Wanja, Meremot, Eljaschib, Mattanja, 36.37
Mattenai, Jaasai; bei den Söhnen Bin- 38
nui: Simeï, Schelemja, Natan, Adaja, 39
Machnadbai, Schaschai, Scharai, Asar- 40.41
el, Schelemja, Schemarja, Schallum, 42
Amarja und Josef; bei den Söhnen 43
Nebo: Jeïël, Mattitja, Sabad, Sebina,
Jaddai, Joel und Benaja. Diese alle hat- 44
ten sich fremde Frauen genommen;
und nun entließen sie Frauen und Kin-
der.

a Kap 3,2 *b* Neh 8,7; 10,11

DAS BUCH NEHEMIA

Inhaltsübersicht

Nehemias Trauer um Jerusalem und sein Gebet

I Dies ist die Geschichte Nehemias, des
Sohnes Hachaljas.
Es geschah im Monat Kislew des
zwanzigsten Jahres*, als ich in der Fe-
2 stung Susa war, da kam Hanani, einer
meiner Brüder, mit einigen Männern
aus Juda. Und ich fragte sie, wie es den
Juden ginge, den Entronnenen, die aus
der Gefangenschaft zurückgekehrt wa-
3 ren, und wie es Jerusalem ginge. Und
sie sprachen zu mir: Die Entronnenen,
die zurückgekehrt sind aus der Gefan-
genschaft, sind dort im Lande in gro-
ßem Unglück und in Schmach; [a]die
Mauern Jerusalems liegen zerbrochen,
und seine Tore sind mit Feuer ver-
4 brannt. Als ich aber diese Worte hörte,
[b]setzte ich mich nieder und weinte und
trug Leid tagelang und fastete und be-
5 tete vor dem Gott des Himmels und
sprach: Ach, HERR, Gott des Himmels,
[c]du großer und furchtbarer Gott, der
da hält den Bund und die Treue denen,
die ihn lieben und seine Gebote halten!
Laß doch deine Ohren aufmerken und 6
deine Augen offen sein, daß du das Ge-
bet deines Knechtes hörst, das ich jetzt
vor dir bete Tag und Nacht für die Is-
raeliten, deine Knechte, und bekenne
die Sünden der Israeliten, die wir an dir
getan haben; und ich und meines Va-
ters Haus haben auch gesündigt. Wir 7
haben übel an dir getan, daß wir nicht
gehalten haben die Gebote, Befehle
und Rechte, die du geboten hast dei-
nem Knecht Mose. Gedenke aber doch 8
des Wortes, das du deinem Knecht
Mose gebotest und sprachst: Wenn ihr
mir die Treue brecht, so [d]will ich euch
unter die Völker zerstreuen. Wenn ihr 9
euch aber zu mir bekehrt und meine
Gebote haltet und sie tut, so will ich,
[e]auch wenn ihr versprengt wäret bis an
des Himmels Ende, euch doch von da
sammeln und will euch bringen an den
Ort, den ich erwählt habe, damit mein
Name dort wohne. Sie sind ja doch dei- 10
ne Knechte und dein Volk, das du er-
löst hast durch deine große Kraft und
deine mächtige Hand. Ach, Herr, laß 11
deine Ohren aufmerken auf das Gebet

deines Knechtes und auf das Gebet dei-
ner Knechte, die von Herzen deinen
Namen fürchten. Und laß es deinem
Knecht heute gelingen und gib ihm
Gnade vor diesem Mann! – Denn ich
war des Königs Mundschenk.

a 2.Chr 36,19 *b* Esr 9,3 *c* Dan 9,4
d 5.Mose 4,27 *e* 5.Mose 30,4-9
*Vers 1: Gemeint ist das zwanzigste Jahr des Königs Artaxerxes, d. i. 445 v. Chr.

Nehemia erlangt vom König die Erlaubnis, nach Jerusalem zu reisen

2 Im Monat Nisan des zwanzigsten Jah-
res des Königs Artahsasta, als Wein vor
ihm stand, nahm ich den Wein und gab
ihn dem König, und ich stand traurig
2 vor ihm. Da sprach der König zu mir:
Warum siehst du so traurig drein? Du
bist doch nicht krank? Das ist's nicht,
sondern sicher bedrückt dich etwas.
3 Ich aber fürchtete mich sehr und
sprach zum König: Der König lebe
ewig! Sollte ich nicht traurig dreinse-
hen? Die Stadt, in der meine Väter be-
graben sind, liegt wüst, und ihre Tore
4 sind vom Feuer verzehrt. Da sprach der
König zu mir: Was begehrst du denn?
Da betete ich zu dem Gott des Him-
5 mels und sprach zum König: Gefällt es
dem König und hat dein Knecht Gnade
gefunden vor dir, so wollest du mich
nach Juda reisen lassen, in die Stadt, wo
meine Väter begraben sind, damit ich
6 sie wieder aufbaue. Und der König
sprach zu mir, während die Königin
neben ihm saß: Wie lange wird deine
Reise dauern, und wann wirst du
wiederkommen? Und als es dem König
gefiel, mich reisen zu lassen, nannte ich
7 ihm eine bestimmte Zeit und sprach
zum König: Gefällt es dem König, so
gebe man mir Briefe an die Statthalter
jenseits des Eufrat, damit sie mir Geleit
8 geben, bis ich nach Juda komme, und
auch Briefe an Asaf, den obersten Auf-
seher über die Wälder des Königs, da-
mit er mir Holz gebe zu Balken für die
Pforten der Burg beim Tempel und für
die Stadtmauer und für das Haus, in
das ich einziehen soll. Und der König
gab sie mir, weil *a* die gnädige Hand
9 meines Gottes über mir war. Und als
ich zu den Statthaltern jenseits des Eu-
frat kam, gab ich ihnen die Briefe des
Königs. Der König hatte aber Haupt-
10 leute und Reiter mit mir gesandt. Als
das hörten Sanballat, der Horoniter,
und Tobia, der ammonitische Knecht,
verdroß es sie sehr, daß einer gekom-
men war, der für die Israeliten Gutes
suchte.

a Esr 7,6

Nehemia untersucht den Zustand der Mauern Jerusalems

Und als ich nach Jerusalem kam und 11
drei Tage da gewesen war, machte ich 12
mich in der Nacht auf und wenige
Männer mit mir; denn ich hatte keinem
Menschen gesagt, was mir mein Gott
eingegeben hatte, für Jerusalem zu tun;
und es war kein Tier bei mir außer dem,
auf dem ich ritt. Und ich ritt zum Tal- 13
tor hinaus bei Nacht und am Drachen-
quell vorbei und an das Misttor und
forschte genau, wo die Mauern Jerusa-
lems eingerissen waren und die Tore
vom Feuer verzehrt. Und ich ritt hin- 14
über zu dem *a* Quelltor und zu des Kö-
nigs Teich, und es war da kein Raum,
daß mein Tier mit mir weiterkommen
konnte. Da stieg ich bei Nacht das 15
Bachtal hinauf und achtete genau auf
die Mauern und kehrte um und kam
durch das Taltor wieder heim. Und die 16
Ratsherren wußten nicht, wohin ich ge-
gangen war und was ich gemacht hatte;
denn ich hatte bis dahin den Juden,
nämlich den Priestern, den Vornehmen
und den Ratsherren und den andern,
die am Werk arbeiten sollten, nichts ge-
sagt. Und ich sprach zu ihnen: Ihr seht 17
das Unglück, in dem wir sind, daß Je-
rusalem wüst liegt und seine Tore mit
Feuer verbrannt sind. Kommt, laßt uns
die Mauern Jerusalems wieder aufbau-
en, damit wir nicht weiter ein Gespött
seien! Und ich sagte ihnen, wie gnädig 18
die Hand meines Gottes über mir ge-
wesen war, dazu auch die Worte des
Königs, die er mir gesagt hatte. Und sie
sprachen: Auf, laßt uns bauen! Und sie
nahmen das gute Werk in die Hand.
Als das aber Sanballat, der Horo- 19
niter, und Tobia, der ammonitische
Knecht, und Geschem, der Araber,
hörten, verspotteten und verhöhnten
sie uns und sprachen: Was ist das, was
ihr da macht? Wollt ihr von dem König
abfallen? Da antwortete ich ihnen: Der 20
Gott des Himmels wird es uns gelingen
lassen; denn wir, seine Knechte, haben
uns aufgemacht und bauen wieder auf.
Für euch gibt es keinen Anteil, kein
Anrecht noch Gedenken in Jerusalem.

a Kap 3,15

Der Bau der Stadtmauer und die Liste der Bauleute

3 Und [a]Eljaschib, der Hohepriester,
machte sich mit seinen Brüdern, den
Priestern, auf, und sie bauten das
Schaftor. Sie deckten es und setzten
seine Türen ein. Sie bauten aber weiter
bis an den Turm Mea und bis an den
2 [b]Turm Hananel. Neben ihnen bauten
die Männer von Jericho. Und daneben
3 baute Sakkur, der Sohn Imris. Aber das
Fischtor bauten die Söhne Senaa; sie
deckten es und setzten seine Türen ein,
4 seine Schlösser und Riegel. Neben
ihnen baute Meremot, der Sohn Urias,
des Sohnes des Hakkoz. Neben ihm
baute Meschullam, der Sohn Berech-
jas, des Sohnes Meschesabels. Neben
ihm baute Zadok, der Sohn Baanas.
5 Neben ihm bauten die Leute von Te-
koa, aber ihre Vornehmen beugten
ihren Nacken nicht zum Dienst für ihre
6 Herren. Das alte Tor bauten Jojada,
der Sohn Paseachs, und Meschullam,
der Sohn Besodjas; sie deckten es und
setzten seine Türen ein, seine Schlösser
7 und Riegel. Neben ihnen bauten Me-
latja von Gibeon und Jadon von Mero-
not, die Männer von Gibeon und von
Mizpa, die unter die Herrschaft des
Statthalters jenseits des Eufrat gehör-
8 ten. Daneben baute Usiël, der Sohn
Harhajas, der Goldschmied. Neben
ihm baute Hananja, der zu den Salben-
bereitern gehört. Sie bauten in Jerusa-
9 lem bis an die breite Mauer. Neben
ihnen baute Refaja, der Sohn Hurs, der
Vorsteher des halben Bezirkes von Je-
10 rusalem. Neben ihm baute Jedaja, der
Sohn Harumafs, gegenüber seinem
Hause. Neben ihm baute Hattusch, der
11 Sohn Haschabnejas. Aber Malkia, der
Sohn Harims, und Haschub, der Sohn
Pahat-Moabs, bauten ein weiteres
12 Stück bis zum Ofenturm. Daneben
baute Schallum, der Sohn des Hallo-
hesch, der Vorsteher des andern halben
Bezirkes von Jerusalem, er und seine
13 Töchter. Das Taltor bauten Hanun
und die Bürger von Sanoach; sie bau-
ten es und setzten seine Türen ein, sei-
ne Schlösser und Riegel – und tausend
Ellen an der Mauer bis an das Misttor.
14 Das Misttor aber baute Malkia, der
Sohn Rechabs, der Vorsteher des Be-
zirkes von Bet-Kerem; er baute es und
setzte seine Türen ein, seine Schlösser
15 und Riegel. Aber das [c]Quelltor baute
Schallun, der Sohn Kolhoses, der Vor-
steher des Bezirkes von Mizpa; er baute
es und deckte es und setzte seine Türen
ein, seine Schlösser und Riegel, dazu
die Mauer am [d]Teich der Wasserlei-
tung bei dem Garten des Königs bis an
die Stufen, die von der Stadt Davids
hinabführen. Nach ihm baute Nehe- 16
mia, der Sohn Asbuks, der Vorsteher
des halben Bezirkes von Bet-Zur, bis
gegenüber den Gräbern Davids und bis
an den Teich, den man angelegt hatte,
und bis an das Haus der Kriegsleute.
Nach ihm bauten die Leviten: Rehum, 17
der Sohn Banis. Neben ihm baute Ha-
schabja, der Vorsteher des halben Be-
zirkes von Kegila, für seinen Bezirk.
Nach ihm bauten ihre Brüder, unter 18
Binnui, dem Sohn Henadads, dem
Vorsteher des andern halben Bezirkes
von Kegila. Neben ihm baute Eser, der 19
Sohn Jeschuas, der Vorsteher von Miz-
pa, ein weiteres Stück an dem Winkel
gegenüber dem Aufgang zum Zeug-
haus. Nach ihm zum Berge hin baute 20
Baruch, der Sohn Sabbais, ein weiteres
Stück vom Winkel bis an die Haustür
[e]Eljaschibs, des Hohenpriesters. Nach 21
ihm baute [f]Meremot, der Sohn Urias,
des Sohnes des Hakkoz, ein weiteres
Stück von der Haustür Eljaschibs bis
an das Ende des Hauses Eljaschibs.
Nach ihm bauten die Priester, die Män- 22
ner aus der Gegend am Jordan. Nach 23
ihnen bauten Benjamin und Haschub,
gegenüber ihrem Hause. Nach ihnen
baute Asarja, der Sohn Maasejas, des
Sohnes Ananjas, neben seinem Hause.
Nach ihm baute Binnui, der Sohn He- 24
nadads, ein weiteres Stück vom Hause
Asarjas bis an den Winkel und bis an
die Ecke. Palal, der Sohn Usais, baute 25
gegenüber dem Winkel und dem obe-
ren Turm, der vom Königshause her-
vortritt bei dem [g]Wachthof. Nach ihm
baute Pedaja, der Sohn des Parosch,
*bis gegenüber dem Wassertor im 26b
Osten und dem Turm, der hervortritt.
Nach ihm bauten die Leute von Tekoa 27
ein weiteres Stück gegenüber dem gro-
ßen Turm, der hervortritt, und bis an
die Mauer des Ofel. Am Ofel wohnten 26a
die Tempelsklaven. Aber oberhalb des 28
[h]Roßtors bauten die Priester, ein jeder
gegenüber seinem Hause. Nach ihnen 29
baute Zadok, der Sohn Immers, gegen-
über seinem Hause. Nach ihm baute
Schemaja, der Sohn Schechanjas, der
Torhüter des Osttors. Nach ihm bau- 30
ten Hananja, der Sohn Schelemjas, und
Hanun, der sechste Sohn Zalafs, ein

weiteres Stück. Nach ihnen baute Me-
schullam, der Sohn Berechjas, gegen-
31 über seiner Kammer. Nach ihm baute
Malkia, der zu den Goldschmieden ge-
hört, bis an das Haus der Tempelskla-
ven und der Händler gegenüber dem
Wachttor und bis an das Obergemach
32 an der Mauerecke. Und zwischen dem
Obergemach an der Ecke und dem
Schaftor bauten die Goldschmiede und
die Händler.

a Kap 12,10 *b* Jer 31,38 *c* Kap 2,14
d 2.Kön 20,20; Joh 9,7 *e* Vers 1 *f* Esr 8,33
g Jer 32,2 *h* 2.Kön 11,16
*Vers 26b: Der Zusammenhang erfordert die hier vorgenommene Umstellung des halben Verses.

Maßnahmen zum Schutz des Mauerbaus

33 *Als aber [a]Sanballat hörte, daß wir die
Mauer bauten, wurde er zornig und
sehr entrüstet und spottete über die Ju-
34 den und sprach vor seinen Brüdern und
den Kriegsleuten in Samaria: Was ma-
chen die ohnmächtigen Juden? Wird
man sie gewähren lassen? Werden sie es
mit Opfern einweihen? Werden sie es
in diesen Tagen schon vollenden? Wer-
den sie aus den Schutthaufen die Steine
lebendig machen, die doch verbrannt
35 sind? Aber Tobia, der Ammoniter,
stand neben ihm und sprach: Laß sie
nur bauen; wenn ein Fuchs auf ihre
steinerne Mauer hinaufspringt, reißt er
sie ein.

36 Höre, unser Gott, wie verachtet sind
wir! Laß ihren Hohn auf ihren Kopf
kommen, daß du sie der Plünderung
preisgibst in einem Land, in das man
37 sie gefangen führt! Decke ihre Missetat
nicht zu, und ihre Sünde tilge nicht vor
dir; denn sie haben die Bauleute gelä-
38 stert! – Aber wir bauten die Mauer und
schlossen sie bis zur halben Höhe. Und
das Volk gewann neuen Mut zu arbei-
ten.

4 Als aber Sanballat und Tobia und die
Araber und Ammoniter und Asdoditer
hörten, daß die Mauern Jerusalems
ausgebessert wurden, weil die Lücken
angefangen hatten sich zu schließen,
2 wurden sie sehr zornig und verschwo-
ren sich alle miteinander hinzuziehen,
um gegen Jerusalem zu streiten und bei
3 uns Verwirrung anzurichten. Wir aber
beteten zu unserm Gott und stellten ge-
gen sie Tag und Nacht Wachen auf
4 zum Schutz vor ihnen. Und das Volk
von Juda sprach: Die Kraft der Träger
ist zu schwach, und der Schutt ist zu
viel; wir können an der Mauer nicht
weiterbauen. Unsere Widersacher aber 5
dachten: Sie sollen's nicht erfahren
noch sehen, bis wir mitten unter sie
kommen und sie töten und dem Werk
ein Ende machen.

Als nun die Juden, die nahe bei ihnen 6
wohnten, kamen und uns wohl zehnmal
sagten: Aus allen Orten, wo sie um uns
wohnen, ziehen sie gegen uns heran, –
da stellte man sich auf unten hinter der 7
Mauer an den offenen Stellen, und ich
ließ das Volk antreten nach seinen Ge-
schlechtern mit Schwertern, Spießen
und Bogen. Und als ich ihre Furcht 8
sah, machte ich mich auf und sprach zu
den Vornehmen und Ratsherren und
dem übrigen Volk: Fürchtet euch nicht
vor ihnen; gedenket an den Herrn, [b]der
groß und furchtbar ist, und streitet für
eure Brüder, Söhne, Töchter, Frauen
und Häuser!

Als aber unsere Feinde hörten, daß 9
es uns kundgeworden war, und Gott so
ihren Rat zunichte gemacht hatte,
kehrten wir alle wieder zur Mauer zu-
rück, ein jeder zu seiner Arbeit. Und es 10
geschah hinfort, daß die Hälfte meiner
Leute am Bau arbeitete, die andere
Hälfte aber hielt Spieße, Schilde, Bo-
gen und Panzer bereit und stand hinter
dem ganzen Hause Juda, das an der 11
Mauer baute. Die da Lasten trugen, ar-
beiteten so: mit der einen Hand taten
sie die Arbeit, und mit der andern hiel-
ten sie die Waffe. Und ein jeder, der 12
baute, hatte sein Schwert um die Len-
den gegürtet und baute so; und der die
Posaune zu blasen hatte, stand neben
mir.

Und ich sprach zu den Vornehmen 13
und Ratsherren und zum übrigen Volk:
Das Werk ist groß und weit, und wir
sind auf der Mauer weit verstreut und
fern voneinander. Woher ihr nun die 14
Posaune tönen hört, dorthin sammelt
euch zu uns. [c]Unser Gott wird für uns
streiten. So arbeiteten wir am Bau, 15
während die Hälfte die Spieße bereit
hielt, vom Aufgang der Morgenröte,
bis die Sterne hervorkamen.

Auch sprach ich damals zum Volk: 16
Ein jeder bleibe mit seinen Leuten über
Nacht in Jerusalem, damit wir in der
Nacht für die Wache Leute haben und
am Tage für die Arbeit. Aber ich und 17
meine Brüder und meine Leute und die
Wache, die mir folgte, wir zogen unsere
Kleider nicht aus; ein jeder hatte seinen
Spieß zur Rechten.

a Kap 2,10.19 *b* Kap 1,5 *c* 2.Mose 14,14

*Kap 3,33: Abweichende Verszählung statt 3,33-4,17: 4,1-23.

Nehemia beseitigt die Beschwerden der Armen

5 Und es erhob sich ein großes Geschrei
der Leute aus dem Volk und ihrer
Frauen gegen ihre jüdischen Brüder.
2 Die einen sprachen: Unsere Söhne und
Töchter müssen wir verpfänden, um
Getreide zu kaufen, damit wir essen
3 und leben können. Die andern spra-
chen: Unsere Äcker, Weinberge und
Häuser müssen wir versetzen, damit
wir Getreide kaufen können in dieser
4 Hungerzeit. Und wieder andere spra-
chen: Wir haben auf unsere Äcker und
Weinberge Geld aufnehmen müssen,
um dem König Steuern zahlen zu kön-
5 nen. Nun sind wir doch wie unsere
Brüder, von gleichem Fleisch und Blut,
und unsere Kinder sind wie ihre Kin-
der; und siehe, wir müssen unsere Söh-
ne und Töchter als Sklaven dienen las-
sen, und schon sind einige unserer
Töchter erniedrigt worden, und wir
können nichts dagegen tun, und unsere
Äcker und Weinberge gehören an-
dern.[a]
6 Als ich aber ihr Schreien und diese
Worte hörte, wurde ich sehr zornig.
7 Und ich hielt Rat mit mir selbst und
schalt die Vornehmen und die Ratsher-
ren und sprach zu ihnen: Wollt ihr
einer gegen den andern [b]Wucher trei-
ben? Und ich brachte eine große Ver-
8 sammlung gegen sie zusammen und
sprach zu ihnen: Wir haben unsere jü-
dischen Brüder losgekauft, [c]die den
Heiden verkauft waren, soweit es uns
möglich war; wollt ihr nun eure Brüder
verkaufen, damit wir sie wieder zurück-
kaufen müssen? Da schwiegen sie und
9 fanden nichts zu antworten. Und ich
sprach: Es ist nicht gut, was ihr tut.
Solltet ihr nicht in der Furcht Gottes
wandeln um des Hohnes der Heiden
10 willen, die ja unsere Feinde sind? Ich
und meine Brüder und meine Leute ha-
ben unsern Brüdern auch Geld gelie-
hen und Getreide; [d]wir wollen ihnen
11 doch diese Schuld erlassen! Gebt ihnen
noch heute ihre Äcker, Weinberge, Öl-
gärten und Häuser zurück und erlaßt
ihnen die Schuld an Geld, Getreide,
Wein und Öl, die ihr von ihnen zu for-
12 dern habt. Da sprachen sie: Wir wollen
es zurückgeben und wollen nichts von
ihnen fordern und wollen tun, wie du
gesagt hast. Und ich rief die Priester
und nahm einen Eid von ihnen, daß sie
so tun sollten. Auch schüttelte ich mein 13
Gewand aus und sprach: So schüttle
Gott einen jeden aus seinem Hause und
aus seinem Besitz, der dies Wort nicht
hält: so sei er ausgeschüttelt und leer!
Und die ganze Gemeinde sprach
»Amen« und lobte den HERRN. Und das
Volk tat so.

a 3.Mose 25,39; 2.Kön 4,1; Jes 50,1; Am 2,6; Mt 18,25 *b* 2.Mose 22,24 *c* 3.Mose 25,47-49 *d* 5.Mose 15,1-11

Nehemias Uneigennützigkeit

Und von der Zeit an, als mir befohlen 14
wurde, ihr Statthalter zu sein im Lande
Juda, nämlich vom zwanzigsten Jahr an
bis in das zweiunddreißigste Jahr des
Königs Artahsasta, das sind zwölf Jah-
re, verzichtete ich für mich und meine
Brüder auf meine Einkünfte als Statt-
halter. Denn die früheren Statthalter, 15
die vor mir gewesen waren, hatten das
Volk belastet und hatten für Brot und
Wein täglich vierzig Silberstücke von
ihnen genommen; auch ihre Leute wa-
ren gewalttätig mit dem Volk umgegan-
gen. Ich aber tat nicht so um der Furcht
Gottes willen. Auch arbeitete ich an der 16
Mauer und kaufte keinen Acker, und
alle meine Leute mußten sich dort zur
Arbeit versammeln. Dazu waren von 17
den Juden, nämlich den Ratsherren,
hundertfünfzig an meinem Tisch und
auch die, die zu uns kamen aus den Völ-
kern, die um uns her wohnten. Und da- 18
für brauchte man täglich einen Stier
und sechs auserlesene Schafe und Ge-
flügel und jeweils für zehn Tage eine
bestimmte Menge Wein. Dennoch for-
derte ich nicht die Einkünfte eines
Statthalters; denn der Dienst lag schon
schwer genug auf dem Volk.
Gedenke, mein Gott, zu meinem Be- 19
sten an alles, was ich für dies Volk getan
habe![a]

a Kap 13,14.22.31

Nehemia begegnet den Nachstellungen seiner Feinde

Und als Sanballat, Tobia und Ge- 6
schem, der Araber, und unsere andern
Feinde erfuhren, daß ich die Mauer ge-
baut hätte und keine Lücke mehr darin
sei, wiewohl ich die Türen zu der Zeit
noch nicht in die Tore gehängt hatte,
sandten Sanballat und Geschem zu mir 2
und ließen mir sagen: Komm und laß
uns in Kefirim im Tal Ono zusammen-
kommen! Sie gedachten mir aber Böses

3 anzutun. Ich aber sandte Boten zu
ihnen und ließ ihnen sagen: Ich hab ein
großes Werk auszurichten, ich kann
nicht hinabkommen; es könnte das
Werk liegenbleiben, wenn ich die Hand
4 abtäte und zu euch hinabkäme. Sie
sandten aber viermal zu mir in dieser
Weise, und ich antwortete ihnen in der
5 gleichen Weise. Da sandte Sanballat
zum fünftenmal seinen Diener zu mir
mit einem offenen Brief in seiner Hand.
6 Darin war geschrieben: Unter den
Leuten geht das Gerücht, und [a]Ge-
schem hat's gesagt, daß du und die Ju-
den abfallen wollen, daß du darum
auch [b]die Mauer baust, und du wollest
7 ihr König werden; und du habest dir
Propheten bestellt, die in Jerusalem
von dir ausrufen und sagen sollen: Er
ist der König in Juda! Nun, das wird
vor den König kommen. So komm nun
und laß uns miteinander Rat halten!
8 Ich aber sandte zu ihm und ließ ihm sa-
gen: Es ist nichts von dem geschehen,
was du da sagst; du hast es dir in dei-
9 nem Herzen ausgedacht. Denn sie alle
wollten uns furchtsam machen und
dachten: Sie sollen die Hand abtun
vom Werk, damit es nicht fertig werde.
Da stärkte ich um so mehr meine Hän-
de.
10 Und ich kam ins Haus Schemajas,
des Sohnes Delajas, des Sohnes Mehe-
tabels, der gerade behindert war, und er
sprach: Laß uns zusammenkommen im
Hause Gottes, im Innern des Tempels,
und die Türen des Tempels zuschlie-
ßen; denn sie werden kommen, dich zu
töten, in der Nacht werden sie kom-
11 men, damit sie dich töten. Ich aber
sprach: Sollte ein Mann wie ich flie-
hen? Sollte ein Mann wie ich in den
Tempel gehen, um am Leben zu blei-
12 ben? Ich will nicht hineingehen. Denn
ich merkte, daß nicht Gott ihn gesandt
hatte. Denn er sagte die Weissagung
über mich, weil Tobia und Sanballat
13 ihm Geld gegeben hatten, damit ich
mich fürchten und so handeln und
mich verfehlen sollte, daß ein böses Ge-
rücht aufkäme, damit sie mich verhöh-
nen könnten.
14 Gedenke, mein Gott, des Tobia und
Sanballat nach diesem ihrem Tun,
auch der Prophetin Noadja und der an-
dern Propheten, die mich abschrecken
wollten.[c]

a Kap 2,19 *b* Esr 4,12 *c* Kap 3,33-37

Vollendung des Mauerbaus

Und die Mauer wurde am fünfund- 15
zwanzigsten Tage des Monats Elul in
zweiundfünfzig Tagen fertig. Und als 16
alle unsere Feinde das hörten, fürchte-
ten sich alle Völker, die um uns her
wohnten, und der Mut entfiel ihnen;
denn sie merkten, daß dies Werk von
Gott war. Auch sandten viele Vorneh- 17
me aus Juda in jenen Tagen Briefe an
Tobia, und von Tobia kamen Briefe zu
ihnen. Es gab nämlich viele in Juda, die 18
sich ihm verschworen hatten; denn er
war ein Schwiegersohn Schechanjas,
des Sohnes Arachs, und sein Sohn Jo-
hanan hatte zur Frau die Tochter Me-
schullams, des Sohnes Berechjas. Und 19
sie sagten vor mir Gutes von ihm und
trugen ihm meine Worte zu. Da sandte
Tobia Briefe, um mich abzuschrecken.

Sicherung der Stadt

Als wir nun die Mauer gebaut hatten, 7
hängte ich die Türen ein, und es wur-
den die Torhüter, Sänger und Leviten
eingesetzt. Und ich setzte über Jerusa- 2
lem meinen Bruder Hanani und den
Burgvogt Hananja, der ein treuer
Mann war und gottesfürchtig vor vie-
len andern. Und ich sprach zu ihnen: 3
Man soll die Tore Jerusalems nicht auf-
tun, ehe die Sonne heiß scheint; und
während sie noch am Himmel steht,
soll man die Tore schließen und verrie-
geln. Und man soll Wachen aufstellen
aus den Bürgern Jerusalems, die einen
bei ihrer Wachmannschaft, die andern
ihrem Hause gegenüber.

Verzeichnis der aus Babel Zurückgekehrten

(vgl. Esr 2,1-67)

Die Stadt aber war weit und groß, aber 4
wenig Volk darinnen, und Häuser wa-
ren noch nicht wieder gebaut. Und 5
mein Gott gab mir ins Herz, daß ich die
Vornehmen und die Ratsherren und
das Volk versammelte, um sie aufzu-
zeichnen nach Geschlechtern. Und ich
fand das Geschlechtsregister derer, die
zuerst heimgekehrt waren, und fand
darin geschrieben: Dies sind die Leute 6
der Landschaft Juda, die aus der Ge-
fangenschaft heraufgezogen sind, die
Nebukadnezar, der König von Babel,
weggeführt hatte, und die wieder nach
Jerusalem und nach Juda zurückkehr-
ten, ein jeder in seine Stadt, und die ge- 7
kommen sind mit Serubabel, Jeschua,

Nehemia, Asarja, Raamja, Nahamani,
Mardochai, Bilschan, Misperet, Bige-
wai, Nehum und Baana. Dies ist die
8 Zahl der Männer vom Volk Israel: die
9 Söhne Parosch 2172; die Söhne
10 Schefatja 372; die Söhne Arach 652;
11 die Söhne Pahat-Moab, nämlich die
Söhne Jeschua und die Söhne
12.13 Joab, 2818; die Söhne Elam 1254; die
14 Söhne Sattu 845; die Söhne Sakkai
15.16 760; die Söhne Binnui 648; die Söhne
17.18 Bebai 628; die Söhne Asgad 2322; die
19 Söhne Adonikam 667; die Söhne Bige-
20.21 wai 2067; die Söhne Adin 655; die
Söhne Ater, nämlich die Söhne Hiskia,
22.23 98; die Söhne Haschum 328; die Söhne
24.25 Bezai 324; die Söhne Harif 112; die
26 Männer von Gibeon 95; die Männer
27 von Betlehem und Netofa 188; die
28 Männer von Anatot 128; die Männer
29 von Bet-Asmawet 42; die Männer von
Kirjat-Jearim, Kefira und Beerot 743;
30 die Männer von Rama und Geba 621;
31.32 die Männer von Michmas 122; die
33 Männer von Betel und Ai 123; die Söh-
34 ne des andern Nebo 52; die Söhne des
35 andern Elam 1254; die Söhne Harim
36 320; die Männer von Jericho 345;
37 die Männer von Lod, Hadid und Ono
38 721; die Söhne Senaa 3930.
39 Die Priester: die Söhne Jedaja, näm-
40 lich das Haus Jeschua, 973; die Söhne
41 Immer 1052; die Söhne Paschhur 1247;
42 die Söhne Harim 1017.
43 Die Leviten: die Söhne Jeschua,
nämlich Kadmiël, Binnui und Hodaw-
ja, 74.
44 Die Sänger: die Söhne Asaf 148.
45 Die Torhüter: die Söhne Schallum,
die Söhne Ater, die Söhne Talmon, die
Söhne Akkub, die Söhne Hatita, die
Söhne Schobai, insgesamt 138.
46 Die Tempelsklaven: die Söhne Ziha,
die Söhne Hasufa, die Söhne Tabbaot,
47 die Söhne Keros, die Söhne Sia, die
48 Söhne Padon, die Söhne Lebana, die
49 Söhne Hagaba, die Söhne Salmai, die
Söhne Hanan, die Söhne Giddel, die
50 Söhne Gahar, die Söhne Reaja, die
51 Söhne Rezin, die Söhne Nekoda, die
Söhne Gasam, die Söhne Usa, die Söh-
52 ne Paseach, die Söhne Besai, die Söhne
der Mëuniter, die Söhne der Nefusiter,
53 die Söhne Bakbuk, die Söhne Hakufa,
54 die Söhne Harhur, die Söhne Bazlit, die
55 Söhne Mehida, die Söhne Harscha, die
Söhne Barkos, die Söhne Sisera, die
56 Söhne Temach, die Söhne Neziach, die
Söhne Hatifa.
57 Die Nachkommen der Sklaven Salo-
mos: die Söhne Sotai, die Söhne Sofe-
ret, die Söhne Peruda, die Söhne Jaala, 58
die Söhne Darkon, die Söhne Giddel,
die Söhne Schefatja, die Söhne Hattil, 59
die Söhne Pocheret von Zebajim, die
Söhne Amon. Alle Tempelsklaven und 60
Nachkommen der Sklaven Salomos
waren 392.
Und dies sind die Leute, die auch mit 61
heraufzogen von Tel-Melach, Tel-
Harscha, Kerub-Addon und Immer,
aber nicht angeben konnten, ob ihre
Sippe und deren Nachkommen aus Is-
rael stammten: die Söhne Delaja, die 62
Söhne Tobia und die Söhne Neko-
da 642. Und von den Priestern: die 63
Söhne Habaja, die Söhne Hakkoz,
die Söhne Barsillai, deren Urahn eine
von den Töchtern des Gileaditers Bar-
sillai zur Frau genommen hatte und
nach dessen Namen genannt wurde.
Diese suchten ihr Geschlechtsregister, 64
und als sie es nicht fanden, wurden sie
für das Priestertum als untauglich er-
klärt. Und der Statthalter gebot ihnen, 65
sie sollten nicht essen vom [a] Hochheili-
gen, bis ein Priester für die [b] heiligen
Lose »Licht und Recht« aufstände.
Die ganze Gemeinde zählte insge- 66
samt 42360, ausgenommen ihre Skla- 67
ven und Sklavinnen; die waren 7337,
dazu 245 Sänger und Sängerinnen.
Und sie hatten 736 Rosse, 245 Maultie- 68
re, *435 Kamele, 6720 Esel.

a 4.Mose 18,9 *b* 2.Mose 28,30; 1.Sam 14,41
*Vers 68: Abweichende Verszählung s. zu Vers 69.

Freiwillige Beiträge zum Tempelbau

(vgl. Esr 2,68.69)

*Und einige Häupter der Sippen gaben 69
für das Werk. Der Statthalter gab zum
Schatz tausend Gulden, fünfzig Bek-
ken, fünfhundertdreißig Priesterklei-
der. Und einige Häupter der Sippen 70
gaben zum Schatz für das Werk zwan-
zigtausend Gulden, zweitausendzwei-
hundert Pfund Silber. Und das übrige 71
Volk gab zwanzigtausend Gulden und
zweitausend Pfund Silber und sieben-
undsechzig Priesterkleider. Und die 72
Priester und die Leviten, die Torhüter,
die Sänger und einige andere Leute
und die Tempelsklaven und ganz Israel
ließen sich in ihren Städten nieder.

*Vers 69: Abweichende Verszählung statt 68b-72: 69-73.

Vorlesung des Gesetzes durch Esra

72b Als nun der siebente Monat herange-
kommen war und die Israeliten in ihren
8 Städten waren, versammelte sich das
ganze Volk wie ein Mann auf dem Platz
vor dem Wassertor, und sie sprachen zu
[a]Esra, dem Schriftgelehrten, er solle
das Buch des Gesetzes des Mose holen,
2 das der HERR Israel geboten hat. Und
Esra, der Priester, [b]brachte das Gesetz
vor die Gemeinde, Männer und Frauen
und alle, die es verstehen konnten, am
3 ersten Tage des siebenten Monats und
las daraus auf dem Platz vor dem Was-
sertor vom lichten Morgen an bis zum
Mittag vor Männern und Frauen und
wer's verstehen konnte. Und die Ohren
des ganzen Volks waren dem Gesetz-
4 buch zugekehrt. Und Esra, der Schrift-
gelehrte, stand auf einer hölzernen
Kanzel, die sie dafür gemacht hatten,
und es standen neben ihm Mattitja,
Schema, Anaja, Uria, Hilkia und Ma-
aseja zu seiner Rechten, aber zu seiner
Linken Pedaja, Mischaël, Malkia, Ha-
schum, Haschbaddana, Sacharja und
5 Meschullam. Und Esra tat das Buch
auf vor aller Augen, denn er überragte
alles Volk; und als er's auftat, stand al-
6 les Volk auf. Und Esra lobte den
HERRN, den großen Gott. Und alles
Volk antwortete: »Amen! Amen!« und
sie hoben ihre Hände empor und neig-
ten sich und beteten den HERRN an mit
7 dem Antlitz zur Erde. Und die Leviten
Jeschua, Bani, Scherebja, Jamin, Ak-
kub, Schabbetai, Hodia, Maaseja, Keli-
ta, Asarja, Josabad, Hanan, Pelaja
unterwiesen das Volk im Gesetz, und
8 das Volk stand auf seinem Platz. Und
sie legten das Buch des Gesetzes Gottes
klar und verständlich aus, so daß man
verstand, was gelesen worden war.
9 Und Nehemia, der [c]Statthalter, und
Esra, der Priester und Schriftgelehrte,
und die Leviten, die das Volk unterwie-
sen, sprachen zu allem Volk: Dieser
Tag ist heilig dem HERRN, eurem Gott;
darum seid nicht traurig und weinet
nicht! Denn alles Volk weinte, als sie
10 die Worte des Gesetzes hörten. Darum
sprach er zu ihnen: Geht hin und eßt
fette Speisen und trinkt süße Getränke
und sendet davon auch denen, die
nichts für sich bereitet haben; denn
dieser Tag ist heilig unserm Herrn.
Und seid nicht bekümmert; denn *die*
11 *Freude am* HERRN *ist eure Stärke.* Und
die Leviten trösteten alles Volk und
sprachen: Seid still, denn der Tag ist
heilig; seid nicht bekümmert! Und al- 12
les Volk ging hin, um zu essen, zu trin-
ken und davon auszuteilen und ein gro-
ßes Freudenfest zu machen; denn sie
hatten die Worte verstanden, die man
ihnen kundgetan hatte.

a Esr 7,6 *b* 5.Mose 31,10-13 *c* Kap 5,14

Feier des Laubhüttenfestes

Und am zweiten Tage versammelten 13
sich die Häupter der Sippen des ganzen
Volks und die Priester und Leviten bei
Esra, dem Schriftgelehrten, damit er
sie in den Worten des Gesetzes unter-
richte. Und sie fanden im Gesetz ge- 14
schrieben, das der HERR durch Mose
geboten hatte, daß die Israeliten [a]am
Fest im siebenten Monat [b]in Laubhüt-
ten wohnen sollten. Da ließen sie es 15
kundtun und ausrufen in allen ihren
Städten und in Jerusalem und sagen:
Geht hinaus auf die Berge und [c]holt
Ölzweige, Balsamzweige, Myrtenzwei-
ge, Palmzweige und Zweige von Laub-
bäumen, daß man Laubhütten mache,
wie es geschrieben steht. Und das Volk 16
ging hinaus und holte sie und machte
sich Laubhütten, ein jeder auf seinem
Dach und in seinem Hof und in den
Vorhöfen am Hause Gottes und [d]auf
dem Platz am Wassertor und auf dem
Platz am Tor Efraim. Und die ganze 17
Gemeinde derer, die aus der Gefangen-
schaft wiedergekommen waren, machte
Laubhütten und wohnte darin. Denn
dies hatten die Israeliten seit der Zeit
Josuas, des Sohnes Nuns, bis auf diesen
Tag nicht mehr getan. Und es war eine
sehr große Freude. Und es wurde jeden 18
Tag aus dem Buch des Gesetzes Gottes
vorgelesen, vom ersten Tag an bis zum
letzten. Und sie hielten das Fest sieben
Tage und am achten Tage die Ver-
sammlung, wie sich's gebührt.

a 3.Mose 23,34-36 *b* 3.Mose 23,42
c 3.Mose 23,40 *d* Vers 1

Bußgebet des Volkes

Am vierundzwanzigsten Tage dieses **9**
Monats kamen die Israeliten zu einem
Fasten zusammen, in Säcke gehüllt und
mit Erde auf ihren Häuptern. Und es 2
sonderten sich die Nachkommen Is-
raels von allem fremden Volk ab und
traten hin und bekannten ihre Sünden
und die Missetaten ihrer Väter. Und sie 3
standen an ihrem Platz auf, und man las
vor aus dem Buch des Gesetzes des
HERRN, ihres Gottes, drei Stunden

lang, und drei Stunden bekannten sie
und beteten zum HERRN, ihrem Gott.
4 Und auf dem erhöhten Platz für die Le-
viten standen Jeschua, Bani, Kadmiël,
Schebanja, Bunni, Scherebja, Bani und
Kenani und schrien laut zu dem
5 HERRN, ihrem Gott. Und die Leviten
Jeschua, Kadmiël, Bani, Haschabneja,
Scherebja, Hodia, Schebanja, Petachja
sprachen: Auf! lobet den HERRN, euren
Gott, von Ewigkeit zu Ewigkeit! Und
man lobe deinen herrlichen Namen,
der erhaben ist über allen Preis und
6 Ruhm! HERR, du bist's allein, du hast
gemacht den Himmel und aller Him-
mel Himmel mit ihrem ganzen Heer,
die Erde und alles, was darauf ist, die
Meere und alles, was darinnen ist; du
machst alles lebendig, und das himmli-
7 sche Heer betet dich an. HERR, du bist
Gott, der du Abram erwählt hast und
ihn aus [a]Ur in Chaldäa geführt und
8 [b]Abraham genannt hast und hast sein
Herz treu erfunden vor dir und einen
Bund mit ihm geschlossen, [c]seinen
Nachkommen zu geben das Land der
Kanaaniter, Hetiter, Amoriter, Perisi-
ter, Jebusiter und Girgasiter, und hast
dein Wort gehalten; denn du bist ge-
9 recht. Und du hast das Elend unserer
Väter in Ägypten angesehen und ihr
10 Schreien am Schilfmeer erhört[d] und
Zeichen und Wunder getan am Pharao
und allen seinen Großen und an dem
ganzen Volk seines Landes – denn du
erkanntest, daß sie [e]gegen Israel ver-
messen waren – und hast dir einen Na-
11 men gemacht, so wie er heute ist. Und
du hast [f]das Meer vor ihnen zerteilt, so
daß sie mitten durchs Meer trocken
hindurchgingen, und [g]hast ihre Verfol-
ger in die Tiefe geworfen wie Steine in
12 mächtige Wasser und hast sie geführt
am Tage in einer Wolkensäule und des
Nachts in einer Feuersäule, um ihnen
zu leuchten auf dem Wege, den sie zo-
13 gen. Und du bist [h]herabgestiegen auf
den Berg Sinai und hast mit ihnen vom
Himmel her geredet und [i]ein wahrhaf-
tiges Recht und rechte Gesetze und
gute Satzungen und Gebote ihnen ge-
14 geben und hast deinen heiligen Sabbat
ihnen kundgetan und Gebote, Satzun-
gen und Gesetz ihnen geboten durch
15 deinen Knecht Mose und hast ihnen
[j]Brot vom Himmel gegeben, als sie
hungerte, und [k]Wasser aus dem Felsen
fließen lassen, als sie dürstete, und
ihnen geboten, sie sollten hingehen und
das Land einnehmen, über das du deine
Hand zum Schwur erhobst, um es
ihnen zu geben.

Aber unsere Väter wurden stolz und 16
[l]halsstarrig, so daß sie deinen Geboten
nicht gehorchten, und weigerten sich 17
zu hören und gedachten auch nicht an
deine Wunder, die du an ihnen tatest,
sondern sie wurden halsstarrig und
nahmen sich fest vor, zu ihrer Knecht-
schaft in Ägypten zurückzukehren.
Aber du, mein Gott, vergabst und
[m]warst gnädig, barmherzig, geduldig
und von großer Güte und verließest sie
nicht. Und [n]obwohl sie ein gegossenes 18
Kalb machten und sprachen: »Das ist
dein Gott, der dich aus Ägyptenland
geführt hat« und große Lästerungen re-
deten, verließest du sie doch nicht in 19
der Wüste nach deiner großen Barm-
herzigkeit, und die Wolkensäule wich
nicht von ihnen am Tage, um sie auf
dem Wege zu führen, noch die Feuer-
säule in der Nacht, um ihnen auf dem
Wege zu leuchten, den sie zogen. Und 20
[o]du gabst ihnen deinen guten Geist,
um sie zu unterweisen, und [p]dein Man-
na versagtest du nicht ihrem Munde
und [q]gabst ihnen Wasser, als sie dür-
stete. [r]Vierzig Jahre versorgtest du sie 21
in der Wüste, so daß ihnen nichts man-
gelte. Ihre Kleider zerfielen nicht, und
ihre Füße schwollen nicht an. Und du 22
gabst ihnen Königreiche und Völker
und teiltest sie ihnen zu, daß sie das
Land [s]Sihons, des Königs von Hesbon,
einnahmen und das Land [t]Ogs, des
Königs von Basan. Und du mehrtest 23
ihre Kinder wie die Sterne am Himmel
und brachtest sie ins Land, das du ihren
Vätern zugesagt hast, daß sie dort ein-
ziehen und es einnehmen sollten. Und 24
die Kinder zogen hinein und nahmen
das Land ein. Und du demütigtest vor
ihnen die Bewohner des Landes, die
Kanaaniter, und gabst sie in ihre Hän-
de, ihre Könige und die Völker im
Lande, daß sie mit ihnen täten nach ih-
rem Willen.[u] Und sie eroberten [v]feste 25
Städte und ein fettes Land und nahmen
Häuser voller Güter in Besitz, ausge-
hauene Brunnen, Weinberge, Ölgärten
und Obstbäume in Fülle, und sie aßen
und wurden [w]satt und fett und lebten
in Wonne durch deine große Güte.

Aber sie wurden ungehorsam und 26
widerstrebten dir und warfen dein Ge-
setz hinter sich und töteten deine Pro-
pheten, die sie vermahnten, daß sie sich
zu dir bekehren sollten, und redeten
große Lästerungen. [x]Darum gabst du 27

sie in die Hand ihrer Feinde, die sie
ängsteten. Und zur Zeit ihrer Angst
schrien sie zu dir, und du erhörtest sie
vom Himmel, und durch deine große
Barmherzigkeit gabst du ihnen Retter,
die ihnen aus der Hand ihrer Feinde
28 halfen. Wenn sie aber zur Ruhe kamen,
taten sie wieder übel vor dir. Da gabst
du sie dahin in ihrer Feinde Hand, daß
die über sie herrschten. So schrien sie
dann wieder zu dir, und du erhörtest sie
vom Himmel her und errettetest sie
nach deiner großen Barmherzigkeit
29 viele Male. Und du vermahntest sie,
um sie zu deinem Gesetz zurückzufüh-
ren. Aber sie waren stolz und gehorch-
ten deinen Geboten nicht und sündig-
ten an deinen Rechten, [y] durch die der
Mensch lebt, wenn er sie tut, und kehr-
ten dir den Rücken zu und wurden
30 halsstarrig und gehorchten nicht. Und
du hattest viele Jahre Geduld mit ihnen
und warntest sie durch deinen Geist in
deinen Propheten, aber [z] sie nahmen's
nicht zu Ohren. Darum hast du sie ge-
geben in die Hand der Völker in den
31 Ländern. Aber nach deiner großen
Barmherzigkeit hast du mit ihnen nicht
ein Ende gemacht noch sie verlassen;
denn du bist ein [aa] gnädiger und barm-
herziger Gott.
32 Nun, unser Gott, du großer Gott, du
Mächtiger und Furchtbarer, [ab] der du
Bund und Treue hältst, achte all das
Elend nicht gering, das uns getroffen
hat, unsere Könige, Fürsten, Priester,
Propheten, Väter und dein ganzes Volk
seit der Zeit der Könige von Assur bis
33 auf diesen Tag. Du bist gerecht in al-
lem, was du über uns gebracht hast;
denn du hast recht getan, wir aber sind
34 gottlos gewesen.[ac] Und unsere Könige,
Fürsten, Priester und Väter haben
nicht nach deinem Gesetz getan und
nicht achtgehabt auf deine Gebote und
Ordnungen, die du ihnen hast bezeu-
35 gen lassen. Und sie haben dir nicht ge-
dient zur Zeit ihrer Macht bei all deiner
großen Güte, die du ihnen erwiesen
hast, in dem weiten und fetten Lande,
das du ihnen gegeben hast, und haben
sich von ihrem bösen Tun nicht be-
36 kehrt. Siehe, wir sind heute Knechte;
und in dem Lande, das du unsern Vä-
tern gegeben hast, seine Früchte und
Güter zu genießen, siehe, in ihm sind
37 wir Knechte. Und all sein Ertrag bringt
den Königen großen Gewinn, die du
über uns gesetzt hast um unserer Sün-
den willen; und sie herrschen über un-
sere Leiber und unser Vieh nach ihrem
Willen, und wir sind in großer Not.

a 1.Mose 11,31 *b* 1.Mose 17,5
c 1.Mose 15,18-21 *d* 2.Mose 3,7 *e* 2.Mose 18,11
f 2.Mose 14,21 *g* 2.Mose 15,5.10 *h* 2.Mose 19,18
i 2.Mose 20,1-17 *j* 2.Mose 16,4.14.15
k 2.Mose 17,6 *l* 2.Mose 32,1.9 *m* 2.Mose 34,6
n 2.Mose 32,4 *o* 4.Mose 11,17.25
p 2.Mose 16,35; Ps 78,23.24 *q* 2.Mose 17,6;
Ps 78,15.16 *r* 5.Mose 8,4 *s* 4.Mose 21,23.24
t 4.Mose 21,33.35 *u* Jos 12 *v* 5.Mose 6,10.11
w 5.Mose 32,15 *x* *(27 und 28)* Ri 3,9.15; 2,14-22
y 3.Mose 18,5 *z* Jer 7,25.26; 44,4-6
aa 2.Mose 34,6; Klgl 3,22 *ab* Kap 1,5;
5.Mose 7,9.12; 1.Kön 8,23 *ac* Dan 9,5.7

Das Volk verpflichtet sich zur Beobachtung des Gesetzes

*Und darum wollen wir eine feste Ab- **10**
machung treffen, sie aufschreiben, und
unsere Fürsten, Leviten und Priester
sollen sie versiegeln und unterschrei-
ben: nämlich Nehemia, der Statthalter, 2
der Sohn Hachaljas, und Zedekia, Se- 3
raja, Asarja, Jeremia, Paschhur, Amar- 4
ja, Malkia, Hattusch, Schebanja, Mal- 5
luch, Harim, Meremot, Obadja, Da- 6.7
niel, Ginneton, Baruch, Meschullam, 8
Abia, Mijjamin, Maasja, Bilgai und 9
Schemaja; das sind die Priester.
Die Leviten aber sind: Jeschua, der 10
Sohn Asanjas, Binnui von den Söhnen
Henadads, Kadmiël, und ihre Brüder: 11
Schechanja, Hodia, Kelita, Pelaja, Ha-
nan, Micha, Rehob, Haschabja, Sak- 12.13
kur, Scherebja, Schebanja, Hodia, Bani 14
und Beninu.
Die Oberen des Volks sind: Parosch, 15
Pahat-Moab, Elam, Sattu, Bani, Bunni, 16
Asgad, Bebai, Adonia, Bigewai, Adin, 17
Ater, Hiskia, Asur, Hodia, Haschum, 18.19
Bezai, Harif, Anatot, Nobai, Magpiasch, 20.21
Meschullam, Hesir, Meschesabel, 22
Zadok, Jaddua, Pelatja, Hanan, Anaja, 23
Hosea, Hananja, Haschub, Hallohesch, 24.25
Pilha, Schobek, Rehum, Haschabna, 26
Maaseja, Ahia, Hanan, Anan, Malluch, 27.28
Harim und Baana.
Und das übrige Volk, Priester, Levi- 29
ten, Torhüter, Sänger, Tempelsklaven,
und alle, die sich von den Völkern der
Länder abgesondert haben und sich
zum Gesetz Gottes halten, samt ihren
Frauen, Söhnen und Töchtern, alle, die
es verstehen können: sie sollen sich 30
ihren Brüdern, den Mächtigen unter
ihnen, anschließen und der Abma-
chung beitreten und sich mit einem Eid
verpflichten, zu wandeln im Gesetz
Gottes, das durch Mose, den Knecht
Gottes, gegeben ist, und alle Gebote,
Rechte und Satzungen des HERRN, un-
seres Herrschers, zu halten und zu tun.

31 Wir wollen [a]unsere Töchter nicht
den Völkern des Landes geben und
[b]ihre Töchter nicht für unsere Sohne
nehmen;
32 wir wollen nicht von den Völkern des
Landes [c]am Sabbat und an den heiligen
Tagen Waren und allerlei Getreide
nehmen, wenn sie diese am Sabbattag
zum Verkauf bringen;
wir wollen auf die Abgaben in jedem
siebenten Jahr und auf [d]Schuldforde-
rungen jeder Art verzichten;
33 wir wollen uns das Gebot auferlegen,
[e]jährlich den dritten Teil eines Silber-
stücks zum Dienst im Hause unseres
34 Gottes zu geben, nämlich für die
[f]Schaubrote, für das tägliche Speis-
opfer, für das tägliche Brandopfer, für
die Opfer am Sabbat und Neumond,
für die Festtage, für das Hochheilige
und für das Sündopfer, womit für Is-
rael Sühne geschafft wird, und für alle
Arbeit im Hause unseres Gottes;
35 wir wollen das Los unter den Prie-
stern, den Leviten und dem Volk wer-
fen, in welcher Reihenfolge unsere Sip-
pen jedes Jahr [g]das Brennholz für das
Haus unseres Gottes zur bestimmten
Zeit geben sollen, damit man es auf
dem Altar des HERRN, unseres Gottes,
verbrenne, wie es im Gesetz geschrie-
ben steht;
36 wir wollen alljährlich die [h]Erstlinge
unseres Landes und die Erstlinge aller
Früchte von allen Bäumen zum Hause
des HERRN bringen;
37 wir wollen die [i]Erstgeburt unserer
Söhne und unseres Viehs, wie es im
Gesetz geschrieben steht, und die Erst-
geburt unserer Rinder und unserer
Schafe zum Hause unseres Gottes zu
den Priestern bringen, die im Hause
unseres Gottes dienen;
38 wir wollen [j]den ersten Teil von un-
serm Brotteig und unsere Abgaben und
Früchte von allen Bäumen, von Wein
und Öl für die Priester in die Kammern
am Hause unseres Gottes bringen und
[k]den Zehnten unseres Landes für die
Leviten; die sollen den Zehnten ein-
nehmen aus allen unsern Orten mit Ak-
39 kerland. Und ein Priester, ein Sohn
Aarons, soll bei den Leviten sein, wenn
sie den Zehnten einnehmen, und [l]die
Leviten sollen den Zehnten ihrer Zehn-
ten heraufbringen zum Hause unseres
Gottes in die Kammern im Vorrats-
40 haus. Denn die Israeliten und die Levi-
ten sollen die Abgaben von Getreide,
Wein und Öl herauf in die Kammern
bringen. Dort sind die heiligen Geräte
und die Priester, die da dienen, und die
Torhuter und Sänger. So wollen wir es
im Haus unseres Gottes an nichts feh-
len lassen.

a 5.Mose 7,3 *b* 2.Mose 34,16; Esr 9,2
c Kap 13,15-18; Jer 17,21-27 *d* Kap 5,10;
5.Mose 15,1-11 *e* 2.Chr 24,6; Mt 17,24
f 2.Mose 25,30 *g* 3.Mose 6,5 *h* 2.Mose 23,19
i 2.Mose 13,2 *j* 4.Mose 15,20.21 *k* 4.Mose 18,21
l 4.Mose 18,26.28
*Vers 1: Abweichende Verszählung statt 10,1-40:
9,38-10,39.

Verzeichnis der Einwohner Jerusalems und der Landbewohner

(vgl. 1.Chr 9,2-17)

Und die Oberen des Volks wohnten in 11
Jerusalem. Das übrige Volk aber warf
das Los darum, wer von jeweils zehn
nach Jerusalem, in die heilige Stadt,
ziehen sollte, um dort zu wohnen, und
die neun in den andern Städten. Und 2
das Volk segnete alle die Männer, die
freiwillig in Jerusalem wohnen wollten.
Dies sind die Oberen der Landschaft 3
Juda, die in Jerusalem und in den Städ-
ten Judas wohnten; sie wohnten aber
jeder in seinem Eigentum in ihren
Städten: Israeliten, Priester, Leviten,
Tempelsklaven und die Nachkommen
der Sklaven Salomos.
In Jerusalem wohnten einige von den 4
Söhnen Juda und einige von den Söh-
nen Benjamin. Von den Söhnen Juda:
Ataja, der Sohn Usias, des Sohnes Sa-
charjas, des Sohnes Amarjas, des Soh-
nes Schefatjas, des Sohnes Mahalalels,
von den Söhnen Perez; und Maaseja, 5
der Sohn Baruchs, des Sohnes Kolho-
ses, des Sohnes Hasajas, des Sohnes
Adajas, des Sohnes Jojaribs, des Soh-
nes Sacharjas, von den Söhnen Schela.
Alle Nachkommen des Perez, die in Je- 6
rusalem wohnten, waren 468, angese-
hene Männer*. Von den Söhnen Benja- 7
min: Sallu, der Sohn Meschullams, des
Sohnes Joëds, des Sohnes Pedajas, des
Sohnes Kolajas, des Sohnes Maasejas,
des Sohnes Itiëls, des Sohnes Jesajas,
und seine Brüder Gabbai, Sallai, 928. 8
Und Joel, der Sohn Sichris, war ihr 9
Vorsteher, und Juda, der Sohn Hasse-
nuas, war als Zweiter über die Stadt
gesetzt.
Von den Priestern: Jedaja, Jojarib, 10
Jachin und Seraja, der Sohn Hilkias, 11
des Sohnes Meschullams, des Sohnes
Zadoks, des Sohnes Merajots, des Soh-
nes Ahitubs, der Vorsteher im Hause
Gottes, und ihre Brüder, die am Hause 12
Gottes Dienst taten, 822; und Adaja,

der Sohn Jerohams, des Sohnes Pelal-
jas, des Sohnes Amzis, des Sohnes Sa-
charjas, des Sohnes Paschhurs, des
13 Sohnes Malkias, und seine Brüder,
Häupter der Sippen, 242; und
Amaschsai, der Sohn Asarels, des Soh-
nes Ahasais, des Sohnes Meschille-
14 mots, des Sohnes Immers, und ihre
Brüder, tüchtige Männer, 128; und ihr
Vorsteher war Sabdiël, der Sohn Hag-
gadols.
15 Von den Leviten: Schemaja, der
Sohn Haschubs, des Sohnes Asrikams,
des Sohnes Haschabjas, des Sohnes
16 Bunnis, und Schabbetai und Josabad
von den Häuptern der Leviten für den
17 äußeren Dienst am Hause Gottes, und
Mattanja, der Sohn Michas, des Soh-
nes Sabdis, des Sohnes Asafs, hatte
beim Gebet den Lobgesang anzustim-
men, und Bakbukja war unter seinen
Brüdern der Zweite in diesem Dienst,
– und Abda, der Sohn Schammuas, des
Sohnes Galals, des Sohnes Jedutuns.
18 Alle Leviten in der heiligen Stadt wa-
ren 284.
19 Und die Torhüter: Akkub und Tal-
mon und ihre Brüder, die an den Toren
Wache hielten, 172.
20 Das übrige Israel aber, Priester und
Leviten, blieb in allen Städten Judas,
21 ein jeder auf seinem Erbteil. Und die
Tempelsklaven wohnten am Ofel, und
Ziha und Gischpa waren über die Tem-
22 pelsklaven gesetzt. Der Vorsteher der
Leviten aber in Jerusalem war Usi, der
Sohn Banis, des Sohnes Haschabjas,
des Sohnes Mattanjas, des Sohnes Mi-
chas, von den Söhnen Asaf, die beim
Dienst im Hause Gottes zu singen hat-
23 ten. Denn es gab ein Gebot des Königs
für sie und eine feste Abmachung, an
welchem Tag jeder zu singen hatte.
24 Und Petachja, der Sohn Meschesa-
bels, von den Söhnen Serachs, des Soh-
nes Judas, stand dem König zur Seite in
allem, was das Volk betraf.
25 Und einige von den Söhnen Juda
wohnten draußen in Höfen auf ihren
Fluren in [a]Kirjat-Arba und seinen Ort-
schaften und in Dibon und seinen Ort-
schaften und in Kabzeel und seinen
26 Gehöften und in Jeschua, Molada, Bet-
27 Pelet, Hazar-Schual, Beerseba und sei-
28 nen Ortschaften und in [b]Ziklag und
29 Mechona und seinen Ortschaften und
30 in En-Rimmon, Zora, Jarmut, Sa-
noach, Adullam und ihren Gehöften, in
Lachisch und seinen Fluren, in Aseka
und seinen Ortschaften. So ließen sie
sich nieder von Beerseba bis zum Tal
Hinnom.
Die Söhne Benjamin aber wohnten 31
in Geba, Michmas, Ajja, [c]Betel und
seinen Ortschaften und in Anatot, Nob, 32
Ananja, Hazor, Rama, Gittajim, Ha- 33.34
did, Zeboïm, Neballat, Lod und Ono 35
und im Tal der Zimmerleute.
Und von den Leviten wohnten Ord- 36
nungen auch in Juda und in Benjamin.

a Jos 20,7 *b* Jos 15,31 *c* Jos 18,22

Listen von Priestern und Leviten

Dies sind die Priester und Leviten, die **12**
mit Serubabel, dem Sohn Schealtiëls,
und Jeschua zurückgekehrt waren: Se-
raja, Jeremia, Esra, Amarja, Malluch, 2
Hattusch, Schechanja, Rehum, Mere- 3
mot, Iddo, Ginneton, [a]Abia, Mijjamin, 4.5
Maadja, Bilga, Schemaja, Jojarib, Jeda- 6
ja, Sallu, Amok, Hilkia und Jedaja. Das 7
waren die Häupter der Priester und ih-
rer Brüder zur Zeit Jeschuas.
Die Leviten aber waren diese: Je- 8
schua, Binnui, Kadmiël, Scherebja,
Juda und Mattanja; er und seine Brü-
der waren für die Danklieder einge-
setzt, Bakbukja aber, Unni und ihre 9
Brüder standen ihnen gegenüber beim
Dienst.
Jeschua zeugte Jojakim, Jojakim 10
zeugte [b]Eljaschib, Eljaschib zeugte Jo-
jada, Jojada zeugte Johanan, Johanan 11
zeugte Jaddua.
Und zur Zeit Jojakims waren diese 12
die Häupter der Sippen unter den Prie-
stern: nämlich von der Sippe Seraja:
Meraja; von Jeremia: Hananja; von 13
Esra: Meschullam; von Amarja: Joha-
nan; von Malluch: Jonatan; von 14
Schebanja: Josef; von Harim: Adna; 15
von Merajot: Helkai; von Iddo: Sa- 16
charja; von Ginneton: Meschullam;
von Abia: Sichri; von Mijjamin-Maad- 17
ja: Piltai; von Bilga: Schammua; von 18
Schemaja: Jonatan; von Jojarib: Mat- 19
tenai; von Jedaja: Usi; von Sallu: Kal- 20
lai; von Amok: Eber; von Hilkia: Ha- 21
schabja; von Jedaja: Natanael.
Und zur Zeit Eljaschibs, Jojadas, Jo- 22
hanans und Jadduas wurden aufge-
zeichnet die Häupter der Sippen unter
den Leviten und die Priester bis zur
Herrschaft des Darius, des Königs von
Persien. Es wurden aber von den Levi- 23
ten die Häupter der Sippen aufgezeich-
net in einer Chronik bis zur Zeit Joha-
nans, des Sohnes Eljaschibs. Und dies 24
waren die Häupter der Leviten: Ha-
schabja, Scherebja und Jeschua, Bin-

nui, Kadmiël; und ihre Brüder standen
ihnen gegenüber, [c]zu loben und zu
danken, wie es David, der Mann Got-
tes, geboten hatte, Chor um Chor,
25 nämlich Mattanja, Bakbukja und
Obadja. Aber Meschullam, Talmon
und Akkub, die [d]Torhüter, hatten die
[e]Wache an den Vorratskammern der
Tore.
26 Diese lebten zur Zeit Jojakims, des
Sohnes Jeschuas, des Sohnes [f]Joza-
daks, und zur Zeit des Statthalters Ne-
hemia und des Priesters Esra, des
Schriftgelehrten.

a Lk 1,5 *b* Kap 3,1 *c* 1.Chr 25; 2.Chr 29,25
d 2.Chr 8,14 *e* Vers 44 *f* 1.Chr 5,40.41

Einweihung der Stadtmauer

27 Und bei der Einweihung der Mauer Je-
rusalems holte man die Leviten aus al-
len ihren Orten nach Jerusalem, um
Einweihung zu halten mit Freuden, mit
Danken und Singen, mit Zimbeln,
28 Psaltern und Harfen. Und es versam-
melten sich die Sänger aus der Gegend
um Jerusalem und von den Gehöften
29 der Netofatiter und von Bet-Gilgal und
von den Fluren um Geba und Asma-
wet; denn die Sänger hatten sich rings
30 um Jerusalem her Gehöfte gebaut. Und
die Priester und Leviten reinigten sich
und reinigten das Volk, die Tore und
die Mauer.
31 Und ich ließ die Oberen von Juda
oben auf die Mauer steigen und stellte
zwei große Dankchöre auf. Die einen
gingen zur Rechten oben auf der Mauer
32 zum Misttor hin, und hinter ihnen her
gingen Hoschaja und die Hälfte der
33 Oberen von Juda und Asarja, Esra, Me-
34 schullam, Juda, Benjamin, Schemaja
35 und Jeremia und einige der Priester mit
Trompeten, nämlich Sacharja, der
Sohn Jonatans, des Sohnes Schemajas,
des Sohnes Mattanjas, des Sohnes Mi-
chajas, des Sohnes Sakkurs, des Sohnes
36 Asafs, und seine Brüder, Schemaja,
Asarel, Milalai, Gilalai, Maai, Natanael
und Juda, Hanani, mit den Saitenspie-
len Davids, des Mannes Gottes; Esra
aber, der Schriftgelehrte, ging vor
37 ihnen her. Und sie zogen zum Quelltor
hin und stiegen geradeaus die Stufen
zur Stadt Davids hinauf, wo die Mauer
oberhalb des Hauses Davids bis an das
38 Wassertor im Osten verläuft. Der ande-
re Dankchor ging zur Linken hin, und
ich ging hinter ihm her und die andere
Hälfte der Oberen des Volks oben auf
der Mauer oberhalb des Ofenturms bis
an die breite Mauer und oberhalb des 39
Tores Efraim zum alten Tor und zum
Fischtor und zum Turm Hananel und
zum Turm Mea bis an das Schaftor,
und sie blieben am Wachttor stehen. So 40
standen die beiden Dankchöre am
Hause Gottes und ich und die Hälfte
der Ratsherren mit mir und die Prie- 41
ster, nämlich Eljakim, Maaseja, Mijja-
min, Michaja, Eljoënai, Sacharja, Ha-
nanja mit Trompeten, und Maaseja, 42
Schemaja, Eleasar, Usi, Johanan, Mal-
kia, Elam und Eser. Und die Sänger
sangen laut, und Jisrachja stand ihnen
vor. Und es wurden an diesem Tage 43
große Opfer dargebracht, und sie wa-
ren fröhlich, denn Gott hatte ihnen eine
große Freude gemacht, so daß sich
auch Frauen und Kinder freuten, und
man hörte die Freude Jerusalems schon
von ferne.

Bestellung von Amtleuten für die Abgaben an die Priester und Leviten

Zu der Zeit wurden Männer über die 44
Kammern bestellt für die Vorräte, für
die Abgaben, Erstlinge und Zehnten,
um in ihnen die Anteile von den Äckern
um die Städte her zu sammeln, die nach
dem Gesetz für die Priester und Levi-
ten bestimmt waren; denn Juda hatte
seine Freude an den Priestern und Le-
viten, die im Amt standen, daß sie den 45
Dienst Gottes und den Dienst der Rei-
nigung versahen. Und auch die Sänger
und Torhüter taten nach dem Gebot
Davids und seines Sohnes Salomo.
Denn schon zu den Zeiten Davids und 46
Asafs wurden die Vorsteher der Sänger
eingesetzt, um Gott zu loben und zu
danken.[a] Und zur Zeit Serubabels und 47
zur Zeit Nehemias gab ganz Israel den
Sängern und Torhütern Anteil an den
heiligen Gaben Tag für Tag; denn Is-
rael gab das Geheiligte den Leviten,
[b]die Leviten aber gaben davon den hei-
ligen Anteil den Söhnen Aaron.

a 1.Chr 25 *b* Kap 10,39; 4.Mose 18,26

Alle Fremden werden aus dem Gottesvolk ausgeschieden

Und in dieser Zeit las man aus dem **13**
Buch des Mose vor den Ohren des
Volks und fand darin geschrieben, daß
[a]die Ammoniter und Moabiter niemals
in die Gemeinde Gottes kommen dürf-
ten, weil sie den Israeliten nicht mit 2
Brot und Wasser entgegenkamen und
[b]gegen sie Bileam dingten, damit er sie

verfluche; aber unser Gott wandte den
3 Fluch in Segen. Als sie nun dies Gesetz
hörten, schieden sie alles fremde Volk
aus Israel aus.

a 5.Mose 23,4-6 *b* 4.Mose 22,5.6

Nehemia beseitigt Mißstände im Tempel

4 Und es hatte einst der Priester Elja-
schib, der über die Kammern bestellt
war am Hause unseres Gottes, ein Ver-
5 wandter des [a]Tobia, diesem eine große
Kammer gegeben, in die man früher
die Speisopfer gelegt hatte, den Weih-
rauch, die Geräte und den Zehnten
vom Getreide, Wein und Öl, die Ge-
bühr für die Leviten, Sänger und Tor-
hüter, dazu die Abgaben für die Prie-
6 ster. Aber bei alledem war ich nicht in
Jerusalem; denn im zweiunddreißig-
sten Jahr Artahsastas, des Königs von
Babel, war ich zum König gereist und
hatte erst nach längerer Zeit den König
gebeten, daß er mich wieder ziehen lie-
7 ße. Und als ich nach Jerusalem kam,
merkte ich, daß es Unrecht war, was El-
jaschib für Tobia getan hatte, als er ihm
eine Kammer im Vorhof des Hauses
8 Gottes gab. Und es verdroß mich sehr,
und ich warf allen Hausrat des Tobia
9 hinaus vor die Kammer und befahl, daß
sie die Kammer reinigten. Und ich
brachte wieder hinein, was zum Hause
Gottes gehörte, Speisopfer und Weih-
rauch.

10 Und ich erfuhr, daß [b]die Anteile der
Leviten nicht eingegangen waren und
deshalb die Leviten und Sänger, die
den Dienst ausrichten sollten, fortge-
gangen waren, ein jeder auf sein Land.
11 Da schalt ich die Ratsherren und
sprach: Warum wird das Haus Gottes
vernachlässigt? Und ich holte sie zu-
rück und stellte sie wieder in ihren
12 Dienst. Da brachte ganz Juda den
Zehnten vom Getreide, Wein und Öl in
13 die Vorratskammern.[c] Und ich bestell-
te über die Vorräte den Priester
Schelemja und Zadok, den Schreiber,
und von den Leviten Pedaja und ihnen
zur Hand Hanan, den Sohn Sakkurs,
des Sohnes Mattanjas; denn sie galten
als zuverlässig, und ihnen wurde befoh-
len, ihren Brüdern auszuteilen.

14 Gedenke, mein Gott, um dessentwil-
len an mich und lösche nicht aus, was
ich in Treue am Hause meines Gottes
und für den Dienst in ihm getan habe![d]

a Kap 2,19 *b* Kap 12,47 *c* 4.Mose 18,21
d Kap 5,19

Nehemia setzt die Heiligung des Sabbats durch

Zur selben Zeit sah ich in Juda, [a]daß 15
man am Sabbat die Kelter trat und Ge-
treide herbeibrachte und auf Esel lud
und auch Wein, Trauben, Feigen und
allerlei Last nach Jerusalem brachte am
Sabbattag. Und ich verwarnte sie an
dem Tage, als sie die Nahrung ver-
kauften. Es wohnten auch Tyrer dort; 16
die brachten Fische und allerlei Ware
und verkauften sie am Sabbat den Leu-
ten in Juda und in Jerusalem. Da schalt 17
ich die Vornehmen von Juda und
sprach zu ihnen: Was ist das für eine
böse Sache, die ihr da tut, und enthei-
ligt den Sabbattag? Taten das nicht 18
auch eure Väter, und unser Gott brach-
te all das Unheil über uns und über
diese Stadt? Und ihr bringt noch mehr
Zorn über Israel dadurch, daß ihr [b]den
Sabbat entheiligt! Und vor dem An- 19
bruch des Sabbats, als es in den Toren
Jerusalems dunkel wurde, ließ ich die
Tore schließen und befahl, man sollte
sie erst nach dem Sabbat auftun. Und
ich stellte einige meiner Leute an die
Tore, damit man keine Last herein-
bringe am Sabbattag. Da blieben die 20
Händler und Verkäufer von allerlei
Ware über Nacht draußen vor Jerusa-
lem, ein- oder zweimal. Da verwarnte 21
ich sie und sprach zu ihnen: Warum
bleibt ihr über Nacht vor der Mauer?
Werdet ihr das noch einmal tun, so
werde ich Hand an euch legen. Von der
Zeit an kamen sie am Sabbat nicht
mehr. Und ich befahl den Leviten, daß 22
sie sich reinigten und kämen und die
Tore bewachten, um den Sabbattag zu
heiligen.

Mein Gott, [c]gedenke auch um des-
sentwillen an mich und sei mir gnädig
nach deiner großen Barmherzigkeit!

a Kap 10,32 *b* Hes 20,12.13 *c* Vers 14

Nehemia verbietet die Ehe mit ausländischen Frauen

Zu dieser Zeit sah ich auch Juden, die 23
sich Frauen genommen hatten aus As-
dod, Ammon und Moab. Und die Hälf- 24
te ihrer Kinder sprach asdodisch oder
in der Sprache eines der andern Völker,
aber jüdisch konnten sie nicht spre-
chen. Und ich schalt sie und fluchte 25
ihnen und schlug einige Männer und
packte sie bei den Haaren und be-
schwor sie bei Gott: [a]Ihr sollt eure
Töchter nicht ihren Söhnen geben

noch ihre Töchter für eure Söhne oder
26 euch selbst nehmen. Hat nicht Salomo,
der König von Israel, gerade damit gesündigt? Und es war doch unter vielen
Völkern kein König ihm gleich, und er
war seinem Gott lieb, und Gott setzte
ihn zum König über ganz Israel. [b] Dennoch verleiteten ihn die ausländischen
27 Frauen zur Sünde. Und von euch muß
man das hören, daß ihr ein so großes
Unrecht tut und unserm Gott die
Treue brecht damit, daß ihr euch ausländische Frauen nehmt?
28 Und einer von den Söhnen Jojadas,
des Sohnes [c] Eljaschibs, des Hohenpriesters, war der Schwiegersohn des
Horoniters [d] Sanballat; aber ich jagte
ihn von mir.

Gedenke ihrer, mein Gott, daß sie 29
das Priestertum befleckt und [e] den
Bund des Priestertums und [f] der Leviten gebrochen haben!

So reinigte ich sie von allem Aus- 30
ländischen und ordnete die Ämter der
Priester und Leviten, für einen jeden
nach seinem Dienst, und die Lieferung 31
von Brennholz zu bestimmten Zeiten
und die Abgabe der Erstlinge.

Gedenke mir's, mein Gott, zum Besten!

a 5.Mose 7,3 *b* 1.Kön 11,3-8 *c* Kap 12,10
d Kap 2,10.19 *e* 4.Mose 25,12.13 *f* Mal 2,8

DAS BUCH ESTER

Inhaltsübersicht

Der König Ahasveros verstößt seine Gemahlin

I Zu den Zeiten des Ahasveros, der König war vom Indus bis zum Nil über
hundertundsiebenundzwanzig Länder,
2 als er auf seinem königlichen Thron saß
3 in der Festung Susa, im dritten Jahr
seiner Herrschaft, machte er ein Festmahl für alle seine Fürsten und Großen, die Heerführer von Persien und
Medien, die Edlen und Obersten in sei-
4 nen Ländern, damit er sehen ließe den
herrlichen Reichtum seines Königtums
und die köstliche Pracht seiner Majestät viele Tage lang, hundertundacht-
5 zig Tage. Und als die Tage um waren,
machte der König ein Festmahl für alles Volk, das in der Festung Susa war,
vom Größten bis zum Kleinsten, sieben Tage lang im Hofe des Gartens
6 beim königlichen Palast. Da hingen
weiße, rote und blaue Tücher, mit leinenen und scharlachroten Schnüren
eingefaßt, in silbernen Ringen an Marmorsäulen. Da waren Polster, golden
und silbern, auf grünem, weißem, gelbem und schwarzem Marmor. Und die 7
Getränke trug man auf in goldenen Gefäßen, von denen keins wie das andere
war, königlichen Wein in Menge nach
königlicher Weise. Und man schrieb 8
niemand vor, was er trinken sollte;
denn der König hatte allen Vorstehern
in seinem Palast befohlen, daß jeder tun
sollte, wie es ihm wohlgefiele. Und die 9
Königin Vasti machte auch ein Festmahl für die Frauen im königlichen Palast des Königs Ahasveros.

Und am siebenten Tage, als der Kö- 10
nig guter Dinge war vom Wein, befahl
er Mehuman, Biseta, Harbona, Bigta,
Abagta, Setar und Karkas, den sieben
Kämmerern, die vor dem König Ahasveros dienten, daß sie die Königin Vasti 11
mit ihrer königlichen Krone holen sollten vor den König, um dem Volk und
den Fürsten ihre Schönheit zu zeigen;
denn sie war schön. Aber die Königin 12
Vasti wollte nicht kommen, wie der
König durch seine Kämmerer geboten
hatte. Da wurde der König sehr zornig,
und sein Grimm entbrannte in ihm.
Und der König sprach zu den Weisen, 13

die sich auf die Gesetze verstanden –
denn des Königs Sachen mußten vor
alle kommen, die sich auf Recht und
14 Gesetz verstanden; unter ihnen aber
waren ihm am nächsten Karschena,
Schetar, Admata, Tarsis, Meres, Mar-
sena und Memuchan, die sieben Für-
sten der Perser und Meder, die das An-
gesicht des Königs sehen durften und
15 obenan saßen im Königreich –: Was
soll man nach dem Gesetz mit der Kö-
nigin Vasti tun, weil sie nicht getan hat,
wie der König durch seine Kämmerer
16 geboten hatte? Da sprach Memuchan
vor dem König und den Fürsten: Die
Königin Vasti hat sich nicht allein an
dem König verfehlt, sondern auch an
allen Fürsten und an allen Völkern in
allen Ländern des Königs Ahasveros.
17 Denn es wird diese Tat der Königin al-
len Frauen bekanntwerden, so daß sie
ihre Männer verachten und sagen: Der
König Ahasveros gebot der Königin
Vasti, vor ihn zu kommen; aber sie
18 wollte nicht. Dann werden die Fürstin-
nen in Persien und Medien auch so sa-
gen zu allen Fürsten des Königs, wenn
sie von dieser Tat der Königin hören;
und es wird Verachtung und Zorn ge-
19 nug geben. Gefällt es dem König, so
lasse man ein königliches Gebot von
ihm ausgehen und [a]unter die Gesetze
der Perser und Meder aufnehmen, so
daß man es nicht aufheben darf, daß
Vasti nicht mehr vor den König Ahas-
veros kommen dürfe und der König
ihre königliche Würde einer andern ge-
20 ben solle, die besser ist als sie. Und
wenn dieser Erlaß des Königs, den er
geben wird, bekannt würde in seinem
ganzen Reich, welches groß ist, so wür-
den alle Frauen ihre Männer in Ehren
halten bei Hoch und Niedrig.
21 Das gefiel dem König und den Für-
sten, und der König tat nach dem Wort
22 Memuchans. Da [b]wurden Schreiben
ausgesandt in alle Länder des Königs,
in jedes Land nach seiner Schrift und
zu jedem Volk nach seiner Sprache, daß
ein jeder Mann der Herr in seinem
Hause sei.

a Dan 6,9 *b* Kap 3,12; 8,9

Der König sucht eine neue Gemahlin

2 Nach diesen Geschichten, als der
Grimm des Königs Ahasveros sich ge-
legt hatte, dachte er an das, was Vasti
getan hatte und was über sie beschlos-
2 sen war. Da sprachen die Männer des
Königs, die ihm dienten: Man suche
dem König schöne Jungfrauen, und der 3
König bestelle Männer in allen Län-
dern seines Königreichs, daß sie alle
schönen Jungfrauen zusammenbringen
auf das Schloß zu Susa ins Frauenhaus
unter die Hand Hegais, des königlichen
Kämmerers, des Hüters der Frauen,
und daß man ihre Schönheit pflege;
und das Mädchen, das dem König ge- 4
fällt, werde Königin an Vastis Statt.
Das gefiel dem König, und er tat so.
Es war ein jüdischer Mann im 5
Schloß zu Susa, der hieß Mardochai,
ein Sohn Jaïrs, des Sohnes Simeïs, des
Sohnes des [a]Kis, ein Benjaminiter, der 6
mit weggeführt war von Jerusalem, als
Jechonja, der König von Juda, durch
Nebukadnezar, den König von Babel,
in die Gefangenschaft geführt wurde.[b]
Und er war der [c]Pflegevater der Hadas- 7
sa, das ist Ester, einer Tochter seines
Oheims; denn sie hatte weder Vater
noch Mutter. Und sie war ein schönes
und feines Mädchen. Und als ihr Vater
und ihre Mutter starben, nahm sie
Mardochai als Tochter an. Als nun das 8
Gebot und Gesetz des Königs bekannt
wurde und viele Jungfrauen zusam-
mengebracht wurden auf das Schloß zu
Susa unter die Hand Hegais, wurde
auch Ester in des Königs Palast geholt
unter die Hand Hegais, des Hüters der
Frauen. Und das Mädchen gefiel He- 9
gai, und sie fand Gunst bei ihm. Und er
beeilte sich, ihre Schönheit zu pflegen
und ihr genügend Speise zu geben und
dazu sieben auserlesene Dienerinnen
aus dem Palast des Königs. Und er
brachte sie mit ihren Dienerinnen an
den besten Ort im Frauenhaus. Aber 10
Ester sagte ihm nichts von ihrem Volk
und ihrer Herkunft; denn Mardochai
hatte ihr geboten, sie solle es nicht sa-
gen. Und Mardochai kam alle Tage am 11
Hof des Frauenhauses vorbei, um zu
erfahren, ob's Ester gut gehe und was
mit ihr geschehen würde.
Wenn aber die bestimmte Zeit für 12
eine jede Jungfrau kam, daß sie zum
König Ahasveros kommen sollte, nach-
dem sie zwölf Monate nach der Vor-
schrift für die Frauen gepflegt worden
war – denn ihre Pflege brauchte so viel
Zeit, nämlich sechs Monate mit Balsam
und Myrrhe und sechs Monate mit
kostbarer Spezerei und was sonst zur
weiblichen Pflege gehört –, dann ging 13
die Jungfrau zum König, und alles, was
sie wollte, mußte man ihr geben, daß sie

damit vom Frauenhaus in den Palast
14 des Königs ginge. Und wenn sie am
Abend hineingegangen war, ging sie am
Morgen von ihm in das andere Frauen-
haus, unter die Hand des Schaaschgas,
des königlichen Kämmerers, des Hü-
ters der Nebenfrauen. Und sie durfte
nicht wieder zum König kommen, es
sei denn, sie gefiele dem König und er
ließe sie mit Namen rufen.

a 1.Sam 9,1 *b* 2.Kön 24,15 *c* Kap 8,1

Ester wird Königin

15 Als nun für Ester, die Tochter Abihails,
des Oheims Mardochais, die er als
Tochter angenommen hatte, die Zeit
herankam, daß sie zum König kommen
sollte, begehrte sie nichts, als was He-
gai, des Königs Kämmerer, der Hüter
der Frauen, sagte. Und Ester fand
16 Gunst bei allen, die sie sahen. Es wurde
aber Ester zum König Ahasveros ge-
bracht in den königlichen Palast im
zehnten Monat, der da heißt Tebet, im
17 siebenten Jahr seiner Herrschaft. Und
der König gewann Ester lieber als alle
Frauen, und sie fand Gnade und Gunst
bei ihm vor allen Jungfrauen. Und er
setzte die königliche Krone auf ihr
Haupt und machte sie zur Königin an
18 Vastis Statt. Und der König machte ein
großes Festmahl für alle seine Fürsten
und Großen, das Festmahl Esters, und
gewährte den Ländern Steuererlaß und
teilte königliche Geschenke aus.

Mardochai entdeckt eine Verschwörung gegen den König

19 Und als man nun die übrigen Jungfrau-
en in das andere Frauenhaus brachte,
20 saß Mardochai im Tor des Königs. Und
Ester hatte noch nichts gesagt von ihrer
Herkunft und von ihrem Volk, wie ihr
Mardochai geboten hatte; denn Ester
tat nach dem Wort Mardochais wie zur
21 Zeit, als er ihr Pflegevater war. [a]In je-
nen Tagen, als Mardochai im Tor des Kö-
nigs saß, gerieten zwei Kämmerer des
Königs, Bigtan und Teresch, die die Tür
hüteten, in Zorn und trachteten danach,
Hand an den König Ahasveros zu le-
22 gen. Als das Mardochai zu wissen bekam,
sagte er es der Königin Ester, und Ester
sagte es dem König in Mardochais Na-
23 men. Und als man nachforschte, wurde
es als richtig befunden, und sie wur-
den beide an den Galgen gehängt. Und
es wurde aufgezeichnet im Buch der
täglichen Meldungen für den König.

a (21-23) Kap 6,1.2

Hamans Anschlag zur Vertilgung der Juden

Nach diesen Geschichten erhob der 3
König Ahasveros den Haman, den
Sohn Hammedatas, den [a]Agagiter, und
machte ihn groß und setzte seinen
Stuhl über alle Fürsten, die bei ihm wa-
ren.[b] Und alle Großen des Königs, die 2
im Tor des Königs waren, beugten die
Knie und fielen vor Haman nieder;
denn der König hatte es so geboten.
Aber [c]Mardochai beugte die Knie
nicht und fiel nicht nieder. Da sprachen 3
die Großen des Königs, die im Tor des
Königs waren, zu Mardochai: Warum
übertrittst du des Königs Gebot? Und 4
als sie das täglich zu ihm sagten und er
nicht auf sie hörte, sagten sie es Haman,
damit sie sähen, ob solch ein Tun Mar-
dochais bestehen würde; denn er hatte
ihnen gesagt, daß er ein Jude sei.

Und als Haman sah, daß Mardochai 5
nicht die Knie beugte noch vor ihm nie-
derfiel, wurde er voll Grimm. Aber es 6
war ihm zu wenig, daß er nur an Mar-
dochai die Hand legen sollte, denn sie
hatten ihm gesagt, von welchem Volk
Mardochai sei; sondern er trachtete da-
nach, das Volk Mardochais, alle Juden,
die im ganzen Königreich des Ahasve-
ros waren, zu vertilgen. Im [d]ersten Mo- 7
nat, das ist der Monat Nisan, im zwölf-
ten Jahr des Königs Ahasveros, wurde
das [e]Pur, das ist das Los, geworfen vor
Haman, von einem Tage zum andern
und von Monat zu Monat, und das Los
fiel auf den dreizehnten Tag im zwölf-
ten Monat, das ist der Monat Adar.
Und Haman sprach zum König Ahas- 8
veros: Es gibt ein Volk, zerstreut und
abgesondert unter allen Völkern in al-
len Ländern deines Königreichs, und
[f]ihr Gesetz ist anders als das aller Völ-
ker, und sie tun nicht nach des Königs
Gesetzen. Es ziemt dem König nicht,
sie gewähren zu lassen. Gefällt es dem 9
König, so lasse er schreiben, daß man
sie umbringe; so will ich [g]zehntausend
Zentner Silber darwägen in die Hand
der Amtleute, daß man's bringe in die
Schatzkammer des Königs. Da [h]tat der 10
König seinen Ring von der Hand und
gab ihn Haman, dem Sohn Hammeda-
tas, dem Agagiter, dem Feind der Ju-
den. Und der König sprach zu Haman: 11
Das Silber sei dir gegeben, dazu das
Volk, daß du mit ihm tust, was dir ge-
fällt.

Da rief man die Schreiber des Kö- 12

nigs am dreizehnten Tage des ersten
Monats; und es wurde geschrieben, wie
Haman befahl, an die Fürsten des Kö-
nigs und an die Statthalter hin und her
in den Ländern und an die Obersten
eines jeden Volks in den Ländern hin
und her in der Schrift eines jeden Volks
und in seiner Sprache, im Namen des
Königs Ahasveros und mit des Königs
13 Ring gesiegelt. Und die Schreiben wur-
den gesandt durch die Läufer in alle
Länder des Königs, man solle vertil-
gen, töten und umbringen alle Juden,
jung und alt, Kinder und Frauen, auf
einen Tag, nämlich am dreizehnten Tag
des zwölften Monats, das ist der Monat
Adar, und ihr Hab und Gut plündern.
14 Eine Abschrift des Schreibens sollte als
Gesetz erlassen werden in allen Län-
dern, um allen Völkern zu eröffnen,
daß sie sich auf diesen Tag bereithalten
15 sollten. Und die Läufer gingen eilends
aus nach des Königs Wort, und in der
Festung Susa wurde das Gesetz ange-
schlagen. Und der König und Haman
saßen und tranken; aber die Stadt Susa
war bestürzt.

a 1.Sam 15,32 *b* 2.Mose 17,14-16 *c* Mt 4,9.10
d 2.Mose 13,4; 12,2 *e* Kap 9,24 *f* 5.Mose 4,5-8
g Kap 4,7 *h* Kap 8,2; 1.Mose 41,42

Mardochai bestimmt Ester, beim König für die Juden einzutreten

4 Als Mardochai alles erfuhr, was ge-
schehen war, zerriß er seine Kleider
und legte den Sack an und tat Asche
aufs Haupt und ging hinaus mitten in
2 die Stadt und schrie laut klagend und
kam bis vor das Tor des Königs; denn
es durfte niemand in das Tor des Kö-
nigs eintreten, der einen Sack anhatte.
3 Und in allen Ländern, wohin des Kö-
nigs Wort und Gebot gelangte, war ein
großes Klagen unter den Juden, und
viele fasteten, weinten, trugen Leid
4 und lagen in Sack und Asche. Da ka-
men die Dienerinnen Esters und ihre
Kämmerer und erzählten ihr davon. Da
erschrak die Königin sehr. Und sie
sandte Kleider, daß Mardochai sie an-
zöge und den Sack ablegte; er aber
5 nahm sie nicht an. Da rief Ester Ha-
tach, einen von des Königs Kämme-
rern, der ihr diente, und gab ihm Befehl
wegen Mardochai, um zu erfahren, was
6 das sei und warum er so tue. Da ging
Hatach hinaus zu Mardochai auf den
Platz der Stadt, der vor dem Tor des
7 Königs war. Und Mardochai sagte ihm
alles, was ihm begegnet war, auch die
[a]Summe des Silbers, das Haman ver-
sprochen hatte in des Königs Schatz-
kammer darzuwägen, wenn die Juden
vertilgt würden, und gab ihm eine Ab- 8
schrift des Gesetzes, das in Susa ange-
schlagen war, sie zu vertilgen, damit
er's Ester zeige und es ihr sage und ihr
gebiete, daß sie zum König hineingehe
und zu ihm flehe und bei ihm Fürbitte
tue für ihr Volk. Und als Hatach hin- 9
einkam und Ester die Worte Mardo-
chais sagte, sprach Ester zu Hatach und 10
gebot ihm, Mardochai zu sagen: Es 11
wissen alle Großen des Königs und das
Volk in den Ländern des Königs, daß
jeder, der ungerufen zum König hin-
eingeht in den inneren Hof, Mann oder
Weib, nach dem Gesetz sterben muß,
es sei denn, [b]der König strecke das gol-
dene Zepter gegen ihn aus, damit er am
Leben bleibe. Ich aber bin nun seit
dreißig Tagen nicht gerufen worden,
zum König hineinzukommen.

Und als Esters Worte Mardochai ge- 12
sagt wurden, ließ Mardochai Ester ant- 13
worten: Denke nicht, daß du dein Le-
ben errettest, weil du im Palast des Kö-
nigs bist, du allein von allen Juden.
Denn wenn du zu dieser Zeit schweigen 14
wirst, so [c]wird eine Hilfe und Erret-
tung von einem andern Ort her den Ju-
den erstehen, du aber und deines Va-
ters Haus, ihr werdet umkommen. Und
wer weiß, ob du nicht gerade um dieser
Zeit willen zur königlichen Würde ge-
kommen bist? Ester ließ Mardochai 15
antworten: So geh hin und versammle 16
alle Juden, die in Susa sind, und fastet
für mich, daß ihr nicht eßt und trinkt
drei Tage lang, weder Tag noch Nacht.
Auch ich und meine Dienerinnen wol-
len so fasten. Und dann will ich zum
König hineingehen entgegen dem Ge-
setz. Komme ich um, so komme ich
um. Mardochai ging hin und tat alles, 17
was ihm Ester geboten hatte.

a Kap 3,9 *b* Kap 5,2; 8,4 *c* 1.Mose 45,7

Ester geht zum König und lädt ihn und Haman zum Mahle

Und am dritten Tage zog sich Ester kö- **5**
niglich an und trat in den inneren Hof
am Palast des Königs gegenüber dem
Palast des Königs. Und der König saß
auf seinem königlichen Thron im kö-
niglichen Saale gegenüber dem Tor des
Palastes. Und als der König die Köni- 2
gin Ester im Hofe stehen sah, fand sie
Gnade vor seinen Augen. Und [a]der
König streckte das goldene Zepter in

seiner Hand gegen Ester aus. Da trat
Ester herzu und rührte die Spitze des
3 Zepters an. Da sprach der König zu
ihr: Was hast du, Ester, Königin? Und
was begehrst du? [b]Auch die Hälfte des
Königreichs soll dir gegeben werden.
4 Ester sprach: Gefällt es dem König, so
komme der König mit Haman heute zu
5 dem Mahl, das ich bereitet habe. Der
König sprach: Eilt und holt Haman,
damit geschehe, was Ester gesagt hat!
Als nun der König und Haman zu
dem Mahl kamen, das Ester bereitet
6 hatte, sprach der König zu Ester, als er
Wein getrunken hatte: Was bittest du,
Ester? Es soll dir gegeben werden. Und
was begehrst du? Wäre es auch die
Hälfte des Königreichs, es soll gesche-
7 hen. Da antwortete Ester: Meine Bitte
8 und mein Begehren ist: Hab ich Gnade
gefunden vor dem König und gefällt es
dem König, meine Bitte zu gewähren
und zu tun nach meinem Begehren, [c]so
komme der König mit Haman zu dem
Mahl, das ich für sie bereiten will. Mor-
gen will ich dann tun, was der König
gesagt hat.

a Kap 4,11 *b* Mk 6,23 *c* Kap 6,14

Haman beschließt, sich an Mardochai zu rächen

9 Da ging Haman an dem Tage hinaus
fröhlich und guten Mutes. Aber als er
Mardochai im Tor des Königs sah, wie
er nicht aufstand und sich nicht vor ihm
fürchtete, wurde er voll Zorn über
10 Mardochai. Aber er hielt an sich. Und
als er heimkam, sandte er hin und ließ
seine Freunde holen und seine Frau Se-
11 resch und zählte ihnen auf die Herr-
lichkeit seines Reichtums und die Men-
ge seiner Söhne und alles, wie ihn der
König so groß gemacht habe, und daß
er über die Fürsten und Großen des
12 Königs erhoben sei. Auch sprach Ha-
man: Und die Königin Ester hat nie-
mand kommen lassen mit dem König
zum Mahl, das sie bereitet hat, als nur
mich, und auch morgen bin ich zu ihr
13 geladen mit dem König. Aber das alles
ist mir nicht genug, solange ich den Ju-
den Mardochai sitzen sehe im Tor des
14 Königs. Da sprachen zu ihm seine Frau
Seresch und alle seine Freunde: Man
mache einen Galgen, fünfzig Ellen
hoch, und morgen früh sage dem Kö-
nig, daß man Mardochai daran aufhän-
ge. Dann geh du mit dem König fröh-
lich zum Mahl. Das gefiel Haman gut,
und er ließ einen Galgen aufrichten.

Haman muß Mardochai ehren

6

[a]In derselben Nacht konnte der König
nicht schlafen und ließ sich das Buch
mit den täglichen Meldungen bringen.
Als diese dem König vorgelesen wur-
den, fand sich's geschrieben, daß Mar- 2
dochai angezeigt hatte, wie die zwei
Kämmerer des Königs, Bigtan und Te-
resch, die an der Schwelle die Wache
hielten, danach getrachtet hatten,
Hand an den König Ahasveros zu le-
gen. Und der König sprach: Welche 3
Ehre und Würde hat Mardochai dafür
bekommen? Da sprachen die Diener
des Königs, die um ihn waren: Er hat
nichts bekommen. Und der König 4
sprach: Wer ist im Vorhof? Haman
aber war in den Vorhof gekommen
draußen vor des Königs Palast, um dem
König zu sagen, daß man [b]Mardochai
an den Galgen hängen sollte, den er für
ihn aufgerichtet hatte. Und des Königs 5
Diener sprachen zu ihm: Siehe, Haman
steht im Vorhof. Der König sprach:
Laßt ihn hereintreten. Und als Haman 6
hereinkam, sprach der König zu ihm:
Was soll man dem Mann tun, den der
König gern ehren will? Haman aber
dachte in seinem Herzen: Wen anders
sollte der König gern ehren wollen als
mich? Und Haman sprach zum König: 7
Dem Mann, den der König gern ehren
will, soll man [c]königliche Kleider brin- 8
gen, die der König zu tragen pflegt, und
ein Roß, darauf der König reitet und
dessen Kopf königlichen Schmuck
trägt, und man soll Kleid und Roß 9
einem Fürsten des Königs geben, daß
er den Mann bekleide, den der König
gern ehren will, und ihn auf dem Roß
über den Platz der Stadt führen und vor
ihm her ausrufen lassen: So tut man
dem Mann, den der König gern ehren
will.[d] Der König sprach zu Haman: 10
Eile und nimm Kleid und Roß, wie du
gesagt hast, und tu so mit Mardochai,
dem Juden, der im Tor des Königs
sitzt, und laß nichts fehlen an allem,
was du gesagt hast.
Da nahm Haman Kleid und Roß und 11
zog Mardochai an und führte ihn über
den Platz der Stadt und rief aus vor ihm
her: So geschieht dem Mann, den der
König gern ehren will. Und Mardochai 12
kam wieder zum Tor des Königs. Ha-
man aber eilte nach Hause, traurig und
mit verhülltem Haupt, und erzählte 13
seiner Frau Seresch und allen seinen
Freunden alles, was ihm begegnet war.

Da sprachen zu ihm seine Freunde und
seine Frau Seresch: Ist Mardochai, vor
dem du zu fallen angefangen hast, vom
Geschlecht der Juden, so vermagst du
nichts gegen ihn, sondern du wirst vor
ihm vollends zu Fall kommen.
14 Als sie aber noch mit ihm redeten,
kamen des Königs Kämmerer und geleiteten Haman eilends [e]zu dem Mahl,
das Ester bereitet hatte.

a (1 und 2) Kap 2,21-23 *b* Kap 5,14 *c* Dan 5,29 *d* 1.Mose 41,42.43 *e* Kap 5,8

Haman wird an den Galgen gehängt

7 Und als der König mit Haman zu dem
Mahl kam, das die Königin Ester berei-
2 tet hatte, sprach der König zu Ester
auch an diesem zweiten Tage, als er
Wein getrunken hatte: Was bittest du,
Königin Ester, das man dir geben soll?
Und was begehrst du? Wäre es auch
das halbe Königreich, es soll gesche-
3 hen. Die Königin Ester antwortete:
Hab ich Gnade vor dir gefunden, o König, und gefällt es dem König, so gib
mir mein Leben um meiner Bitte willen
und mein Volk um meines Begehrens
4 willen. Denn wir sind verkauft, ich und
mein Volk, daß wir vertilgt, getötet und
umgebracht werden. Wären wir nur zu
Knechten und Mägden verkauft, so
wollte ich schweigen; denn die Bedrängnis wäre nicht so groß, daß man
den König darum belästigen müßte.
5 Der König Ahasveros antwortete und
sprach zu der Königin Ester: Wer ist
der oder wo ist der, der sich hat in den
Sinn kommen lassen, solches zu tun?
6 Ester sprach: Der Feind und Widersacher ist dieser niederträchtige Haman! Haman aber erschrak vor dem
König und der Königin.
7 Und der König stand auf vom Weingelage in seinem Grimm und ging in
den Garten am Palast. Aber Haman trat
vor und bat die Königin Ester um sein
Leben; denn er sah, daß sein Unglück
vom König schon beschlossen war.
8 Und als der König zurückkam aus dem
Garten am Palast in den Saal, wo man
gegessen hatte, lag Haman vor dem Lager, auf dem Ester ruhte. Da sprach der
König: Will er auch der Königin Gewalt antun bei mir im Palast? Als das
Wort aus des Königs Munde gekommen war, verhüllten sie Haman das
9 Antlitz. Und Harbona, einer der Kämmerer vor dem König, sprach: Siehe, es
steht ein Galgen beim Hause Hamans,
fünfzig Ellen hoch, den er für Mardochai aufgerichtet hat, der doch zum
Wohl des Königs geredet hat. Der Kö-
nig sprach: Hängt ihn daran auf! So 10
hängte man Haman an den Galgen, den
er für Mardochai aufgerichtet hatte. Da
legte sich des Königs Zorn.

Die Wendung zugunsten der Juden

An dem Tage schenkte der König 8
Ahasveros der Königin Ester das Haus
Hamans, des Judenfeindes. Und Mardochai wurde vom König empfangen;
denn Ester hatte ihm gesagt, [a]wie er
mit ihr verwandt sei. Und [b]der König 2
tat ab seinen Fingerreif, den er Haman
genommen hatte, und gab ihn Mardochai. Und Ester setzte Mardochai über
das Haus Hamans.
Und Ester redete noch einmal vor 3
dem König und fiel ihm zu Füßen und
weinte und flehte ihn an, daß er zunichte mache die Bosheit Hamans, des Agagiters, und seine Anschläge, die er ge-
gen die Juden erdacht hatte. Und [c]der 4
König streckte das goldene Zepter gegen Ester aus. Da stand Ester auf und
trat vor den König und sprach: Gefällt 5
es dem König, und habe ich Gnade gefunden vor ihm, und dünkt es den König recht, und gefalle ich ihm, so möge
man die Schreiben mit den Anschlägen
Hamans, des Sohnes Hammedatas, des
Agagiters, widerrufen, die er geschrieben hat, um die Juden umzubringen in
allen Ländern des Königs. Denn wie 6
kann ich dem Unheil zusehen, das mein
Volk treffen würde? Und wie kann ich
zusehen, daß mein Geschlecht umkä-
me? Da sprach der König Ahasveros 7
zur Königin Ester und zu Mardochai,
dem Juden: Siehe, ich habe Ester das
Haus Hamans geschenkt, und ihn hat
man an einen Galgen gehängt, weil er
seine Hand an die Juden gelegt hat. So 8
schreibt nun ihr wegen der Juden, wie
es euch gefällt, in des Königs Namen
und siegelt's mit des Königs Ring.
Denn ein Schreiben, das in des Königs
Namen geschrieben und mit des Königs Ring gesiegelt war, durfte niemand
widerrufen.
Da wurden gerufen des Königs 9
Schreiber zu jener Zeit im dritten Monat, das ist der Monat Siwan, am
dreiundzwanzigsten Tage, und es wurde geschrieben, wie Mardochai gebot,
an die Juden und an die Fürsten, Statthalter und Obersten in den Ländern
vom Indus bis zum Nil, hundertund-

siebenundzwanzig Ländern, einem je-
den Lande in seiner Schrift, einem je-
den Volk in seiner Sprache und auch
den Juden in ihrer Schrift und Sprache.
10 Und es wurde geschrieben in des Kö-
nigs Ahasveros Namen und mit des
Königs Ring gesiegelt. Und man sandte
die Schreiben durch reitende Boten auf
11 den besten Pferden. Darin gab der Kö-
nig den Juden, in welchen Städten sie
auch waren, die Erlaubnis, sich zu ver-
sammeln und ihr Leben zu verteidigen
und alle Macht des Volks und Landes,
die sie angreifen würden, zu vertilgen,
zu töten und umzubringen samt den
Kindern und Frauen und ihr Hab und
12 Gut zu plündern[d] an *einem* Tag in allen
Ländern des Königs Ahasveros, näm-
lich am dreizehnten Tage des zwölften
13 Monats, das ist der Monat Adar. Eine
Abschrift des Schreibens aber sollte als
Gesetz erlassen werden in allen Län-
dern, um allen Völkern zu eröffnen,
daß die Juden sich für diesen Tag be-
reithalten würden, sich zu rächen an
ihren Feinden.
14 Und die reitenden Boten auf den be-
sten Pferden ritten aus schnell und ei-
lends nach dem Wort des Königs, und
das Gesetz wurde in der Festung Susa
angeschlagen.
15 Mardochai aber ging hinaus von dem
König in königlichen Kleidern, blau
und weiß, und mit einer großen golde-
nen Krone, angetan mit einem Mantel
aus Leinen und Purpurwolle. Und die
Stadt Susa jauchzte und war fröhlich.
16 Für die Juden aber war Licht und
Freude und Wonne und Ehre gekom-
17 men. Und in allen Ländern und Städ-
ten, an welchen Ort auch immer des
Königs Wort und Gesetz gelangte, da
war Freude und Wonne unter den Ju-
den, Gastmahl und Festtag; und viele
aus den Völkern im Lande wurden Ju-
den; denn die Furcht vor den Juden
war über sie gekommen.

a Kap 2,7 *b* Kap 3,10 *c* Kap 4,11; 5,2
d Kap 3,13; 9,7-10.15.16

Die Juden rächen sich an ihren Feinden

9 Im zwölften Monat, das ist der Monat
Adar, am dreizehnten Tage, als des Kö-
nigs Wort und Gesetz ausgeführt wer-
den sollte, eben an dem Tage, als die
Feinde der Juden hofften, sie zu über-
wältigen, und sich's wandte, daß nun
die Juden ihre Feinde überwältigen
2 sollten, da versammelten sich die Juden
in ihren Städten in allen Ländern des
Königs Ahasveros, um Hand anzulegen
an die, die ihnen übelwollten. Und nie-
mand konnte ihnen widerstehen; denn
die Furcht vor ihnen war über alle Völ-
ker gekommen. Auch alle Obersten in 3
den Ländern und die Fürsten und
Statthalter und Amtleute des Königs
halfen den Juden; denn die Furcht vor
Mardochai war über sie gekommen.
Denn Mardochai war groß am Hof des 4
Königs, und die Kunde von ihm er-
scholl in allen Ländern, wie er immer
mächtiger werde. So schlugen die Ju- 5
den alle ihre Feinde mit dem Schwert
und töteten und brachten um und taten
nach ihrem Gefallen an denen, die
ihnen feind waren. Und in der Festung 6
Susa töteten und brachten die Juden
um fünfhundert Mann. Dazu töteten 7
sie Parschandata, Dalfon, Aspata, Po- 8
rata, Adalja, Aridata, Parmaschta, Ari- 9
sai, Aridai und Wajesata, die zehn Söh- 10
ne Hamans, des Sohnes Hammedatas,
des Judenfeindes. Aber [a]an die Güter
legten sie ihre Hände nicht.
Zu derselben Zeit kam die Zahl der 11
Getöteten in der Festung Susa vor den
König. Und der König sprach zu der 12
Königin Ester: Die Juden haben in der
Festung Susa fünfhundert Mann getö-
tet und umgebracht, auch die zehn
Söhne Hamans; was werden sie getan
haben in den andern Ländern des Kö-
nigs? Was bittest du, daß man dir's
gebe? Und was begehrst du mehr, daß
man's tue? Ester sprach: Gefällt's dem 13
König, so lasse er auch morgen die Ju-
den in Susa tun nach dem Gesetz für
den heutigen Tag, aber die zehn Söhne
Hamans soll man an den Galgen hän-
gen. Und der König befahl, so zu tun. 14
Und das Gesetz wurde zu Susa gege-
ben, und die zehn Söhne Hamans wur-
den gehängt. Und die Juden in Susa 15
versammelten sich auch am vierzehn-
ten Tage des Monats Adar und töteten
in Susa dreihundert Mann; aber an ihre
Güter legten sie die Hände nicht. Auch 16
die andern Juden in den Ländern des
Königs kamen zusammen, um ihr Le-
ben zu verteidigen und sich vor ihren
Feinden Ruhe zu verschaffen, und tö-
teten fünfundsiebzigtausend von ihren
Feinden; aber an die Güter legten sie
die Hände nicht.

a 1.Mose 14,21-24

Die Stiftung des Purimfestes

Das geschah am dreizehnten Tage des 17

Monats Adar, und sie ruhten am vier-
zehnten Tage desselben Monats. Den
machten sie zum Tage des Festmahls
18 und der Freude. Aber die Juden in Susa
waren zusammengekommen am drei-
zehnten und vierzehnten Tage und
ruhten am fünfzehnten Tage, und die-
sen Tag machten sie zum Tage des
19 Festmahls und der Freude. Darum ma-
chen die Juden, die in den Dörfern und
Höfen wohnen, den vierzehnten Tag
des Monats Adar zum Tag des Fest-
mahls und der Freude und senden einer
dem andern Geschenke.
20 Und Mardochai schrieb diese Ge-
schichten auf und sandte Schreiben an
alle Juden, die in allen Ländern des Kö-
21 nigs Ahasveros waren, nah und fern, sie
sollten als Feiertage den vierzehnten
und fünfzehnten Tag des Monats Adar
22 annehmen und jährlich halten, als die
Tage, an denen die Juden zur Ruhe ge-
kommen waren vor ihren Feinden, und
als den Monat, in dem sich ihre
Schmerzen in Freude und ihr Leid in
Festtage verwandelt hatten: daß sie
diese halten sollten als Tage des Fest-
mahls und der Freude und einer dem
andern Geschenke und den Armen Ga-
23 ben schicke. Und die Juden nahmen es
an als Brauch, was sie angefangen hat-
ten zu tun und was Mardochai an sie
24 geschrieben hatte: wie Haman, der
Sohn Hammedatas, der Agagiter, der
Feind aller Juden, gedacht hatte, alle
Juden umzubringen, und wie er das
[a]Pur, das ist das Los, hatte werfen las-
sen, um sie zu schrecken und umzu-
25 bringen; und wie Ester zum König ge-
gangen war und dieser durch Schreiben
geboten hatte, daß die bösen Anschlä-
ge, die Haman gegen die Juden erdacht,
auf seinen Kopf zurückfielen, und [b]wie
man ihn und seine Söhne an den Gal-
26 gen gehängt hatte. Daher nannten sie
diese Tage Purim nach dem Worte Pur.
Und nach allen Worten dieses Schrei-
bens und nach dem, was sie selbst ge-
sehen hatten und was sie getroffen hat-
27 te, beschlossen die Juden und nahmen
es an als Brauch für sich und für ihre
Nachkommen und für alle, die sich zu
ihnen halten würden, daß sie nicht
unterlassen wollten, diese zwei Tage
jährlich zu halten, wie sie vorgeschrie-
ben und bestimmt waren, daß diese 28
Tage nicht zu vergessen, sondern zu
halten seien bei Kindeskindern, bei al-
len Geschlechtern, in allen Ländern
und Städten. Es sind die Purimtage, die
nicht übergangen werden sollen unter
den Juden, und ihr Andenken soll nicht
untergehen bei ihren Nachkommen.
Und die Königin Ester, die Tochter 29
Abihails, und Mardochai, der Jude,
schrieben mit ganzem Ernst ein zweites
Schreiben über das Purimfest, um es zu
bestätigen. Und man sandte die Schrei- 30
ben allen Juden in den hundertundsie-
benundzwanzig Ländern des König-
reichs des Ahasveros mit Grußworten
des Friedens und der Treue: daß sie 31
annähmen die Purimtage auf ihre be-
stimmte Zeit, wie sie Mardochai, der
Jude, und die Königin Ester für sie
festgesetzt hatten, und wie sie für sich
selbst und für ihre Nachkommen die
Einsetzung der Fasten und ihrer Klage
festgesetzt hatten. Und der Befehl der 32
Ester bestätigte die Einsetzung dieser
Purimtage. Und es wurde in ein Buch
geschrieben.

a Kap 3,7 *b* Kap 7,10

Mardochais Ansehen bei Persern und Juden

Und der König Ahasveros legte eine **10**
Steuer aufs Land und auf die Inseln im
Meer. Aber alle Taten seiner Herr- 2
schaft und Macht und [a]die große Herr-
lichkeit Mardochais, die ihm der König
gab, siehe, das ist geschrieben in der
Chronik der Könige von Medien und
Persien. Denn Mardochai, der Jude, 3
war der Erste nach dem König Ahasve-
ros und groß unter den Juden und be-
liebt unter der Menge seiner Brüder,
weil er für sein Volk Gutes suchte und
redete, was seinem ganzen Geschlecht
zum Besten diente.

a Kap 8,2.15

DAS BUCH HIOB

Inhaltsübersicht

Hiobs Frömmigkeit und Glück

1 Es war ein Mann im Lande [a]Uz, der
hieß [b]Hiob. [c]Der war fromm und
rechtschaffen, gottesfürchtig und mied
2 das Böse. Und er zeugte sieben Söhne
3 und drei Töchter, und er besaß sieben-
tausend Schafe, dreitausend Kamele,
fünfhundert Joch Rinder und fünfhun-
dert Eselinnen und sehr viel Gesinde,
und er war reicher als alle, die im Osten
4 wohnten. Und seine Söhne gingen hin
und machten ein Festmahl, ein jeder in
seinem Hause an seinem Tag, und sie
sandten hin und luden ihre drei Schwe-
stern ein, mit ihnen zu essen und zu
5 trinken. Und wenn die Tage des Mah-
les um waren, sandte Hiob hin und hei-
ligte sie und machte sich früh am Mor-
gen auf und opferte Brandopfer nach
ihrer aller Zahl; denn Hiob dachte:
Meine Söhne könnten gesündigt und
Gott abgesagt haben in ihrem Herzen.
So tat Hiob allezeit.

a Jer 25,20; Klgl 4,21 *b* Hes 14,14.20 *c* Jak 5,11

Hiob bewährt sich in schwerer Prüfung

6 Es begab sich aber eines Tages, da die
[a]Gottessöhne* kamen und vor den
HERRN traten, kam auch der [b]Satan un-
7 ter ihnen. Der HERR aber sprach zu
dem Satan: Wo kommst du her? Der
Satan antwortete dem HERRN und
sprach: Ich habe die Erde hin und her
8 durchzogen. Der HERR sprach zum Sa-
tan: Hast du achtgehabt auf meinen
Knecht Hiob? Denn es ist seinesglei-
chen nicht auf Erden, fromm und
rechtschaffen, gottesfürchtig und mei-
9 det das Böse. Der Satan antwortete
dem HERRN und sprach: Meinst du,
daß Hiob [c]Gott umsonst fürchtet?
Hast du doch ihn, sein Haus und alles, 10
was er hat, ringsumher beschützt. Du
hast das Werk seiner Hände gesegnet,
und sein Besitz hat sich ausgebreitet im
Lande. Aber strecke deine Hand aus 11
und taste alles an, was er hat: was gilt's,
er wird dir ins Angesicht absagen! Der 12
HERR sprach zum Satan: Siehe, alles,
was er hat, sei in deiner Hand; nur an
ihn selbst lege deine Hand nicht. Da
ging der Satan hinaus von dem
HERRN.[d]

An dem Tage aber, da seine Söhne 13
und Töchter aßen und Wein tranken
im Hause ihres Bruders, des Erstgebo-
renen, kam ein Bote zu Hiob und 14
sprach: Die Rinder pflügten, und die
Eselinnen gingen neben ihnen auf der
Weide, da fielen die aus Saba ein und 15
nahmen sie weg und erschlugen die
Knechte mit der Schärfe des Schwerts,
und ich allein bin entronnen, daß ich
dir's ansagte. Als der noch redete, kam 16
ein anderer und sprach: [e]Feuer Gottes
fiel vom Himmel und traf Schafe und
Knechte und verzehrte sie, und ich al-
lein bin entronnen, daß ich dir's ansag-
te. Als der noch redete, kam einer und 17
sprach: Die [f]Chaldäer machten drei
Abteilungen und fielen über die Kame-
le her und nahmen sie weg und erschlu-
gen die Knechte mit der Schärfe des
Schwerts, und ich allein bin entronnen,
daß ich dir's ansagte. Als der noch rede- 18
te, kam einer und sprach: Deine Söhne
und Töchter aßen und tranken im
Hause ihres Bruders, des Erstgebore-
nen, und siehe, da kam ein großer Wind 19
von der Wüste her und stieß an die vier
Ecken des Hauses; da fiel es auf die jun-
gen Leute, daß sie starben, und ich al-
lein bin entronnen, daß ich dir's ansag-
te.

20 Da stand Hiob auf und zerriß sein
Kleid und schor sein Haupt und fiel auf
21 die Erde und neigte sich tief und
sprach: Ich bin [g]nackt von meiner
Mutter Leibe gekommen, nackt werde
ich wieder dahinfahren. *Der* HERR *hat's*
gegeben, der HERR *hat's genommen; der*
22 *Name des* HERRN *sei gelobt!*[h] – In
diesem allen sündigte Hiob nicht und
tat nichts Törichtes wider Gott.

a Kap 2,1; 1.Mose 6,2 *b* 1.Chr 21,1 *c* Ps 73,13 *d* 5.Mose 8,2 *e* Ps 78,48 *f* Jer 51,24 *g* Pred 5,14; 1.Tim 6,7 *h* Jak 5,11

*Vers 6: Das sind himmlische Wesen, die das Gefolge Gottes bilden (vgl. Kap 38,7; Ps 82,1) und vor seinem Thron erscheinen (vgl. 1.Kön 22,19); zu ihnen gehört auch der Satan (vgl. Sach 3,1).

Hiob bewährt sich erneut in schwerer Prüfung

2 Es begab sich aber eines Tages, da die
Gottessöhne kamen und vor den
HERRN traten, daß auch der Satan unter
ihnen kam und vor den HERRN trat.[a]
2 Da sprach der HERR zu dem Satan: Wo
kommst du her? Der Satan antwortete
dem HERRN und sprach: Ich habe die
3 Erde hin und her durchzogen. Der
HERR sprach zu dem Satan: Hast du
acht auf meinen Knecht Hiob gehabt?
Denn es ist seinesgleichen auf Erden
nicht, fromm und rechtschaffen, got-
tesfürchtig und meidet das Böse und
hält noch fest an seiner Frömmigkeit;
du aber hast mich bewogen, ihn ohne
4 Grund zu verderben. Der Satan ant-
wortete dem HERRN und sprach: Haut
für Haut! und alles, was ein Mann hat,
5 läßt er für sein Leben. Aber strecke dei-
ne Hand aus und taste sein Gebein und
Fleisch an: was gilt's, er wird dir ins
6 Angesicht absagen! Der HERR sprach
zu dem Satan: Siehe da, er sei in deiner
7 Hand, doch schone sein Leben! Da
ging der Satan hinaus vom Angesicht
des HERRN und schlug Hiob [b]mit bösen
Geschwüren von der Fußsohle an bis
8 auf seinen Scheitel. Und er nahm eine
Scherbe und schabte sich und saß in
9 der Asche. Und seine Frau sprach zu
ihm: Hältst du noch fest an deiner
Frömmigkeit? Sage Gott ab und stirb!
10 Er aber sprach zu ihr: Du redest, wie
die törichten Weiber reden. *Haben wir*
Gutes empfangen von Gott und sollten das
Böse nicht auch annehmen? [c]In diesem
allen versündigte sich Hiob nicht mit
seinen Lippen.

a Kap 1,6 *b* 5.Mose 28,27 *c* Kap 1,22

Hiob wird von drei Freunden besucht

Als aber die drei Freunde Hiobs all das 11
Unglück hörten, das über ihn gekom-
men war, kamen sie, ein jeder aus sei-
nem Ort: Elifas von [a]Teman, Bildad
von [b]Schuach und Zofar von [c]Naama.
Denn sie waren eins geworden hinzu-
gehen, um ihn zu beklagen und zu trö-
sten. Und als sie ihre Augen aufhoben 12
von ferne, erkannten sie ihn nicht und
erhoben ihre Stimme und weinten, und
ein jeder zerriß sein Kleid, und sie war-
fen Staub gen Himmel auf ihr Haupt
und saßen mit ihm auf der Erde sieben 13
Tage und sieben Nächte und redeten
nichts mit ihm; denn sie sahen, daß der
Schmerz sehr groß war.

a 1.Mose 36,15; Jer 49,7 *b* 1.Mose 25,2 *c* Jos 15,41

Hiobs Klage

Danach tat Hiob seinen Mund auf und **3**
verfluchte seinen Tag. Und Hiob 2
sprach:

Ausgelöscht sei [a]der Tag, an dem ich 3
geboren bin, und die Nacht, da man
sprach: Ein Knabe kam zur Welt! Je- 4
ner Tag soll finster sein, und Gott dro-
ben frage nicht nach ihm! Kein Glanz
soll über ihm scheinen! Finsternis und 5
Dunkel sollen ihn überwältigen und
düstere Wolken über ihm bleiben, und
Verfinsterung am Tage mache ihn
schrecklich! Jene Nacht – das Dunkel 6
nehme sie hinweg, sie soll sich nicht un-
ter den Tagen des Jahres freuen noch in
die Zahl der Monde kommen! Siehe, 7
jene Nacht sei unfruchtbar und kein
Jauchzen darin! Es sollen sie verflu- 8
chen, die einen Tag verfluchen können,
und die da kundig sind, den Leviatan*
zu wecken! Ihre Sterne sollen finster 9
sein in ihrer Dämmerung. Die Nacht
hoffe aufs Licht, doch es komme nicht,
und sie sehe nicht die Wimpern der
Morgenröte, weil sie nicht verschlossen 10
hat den Leib meiner Mutter und nicht
verborgen das Unglück vor meinen Au-
gen!

Warum bin ich nicht gestorben bei 11
meiner Geburt? Warum bin ich nicht
umgekommen, als ich aus dem Mutter-
leib kam? Warum hat man mich auf 12
den Schoß genommen? Warum bin ich
an den Brüsten gesäugt? Dann läge ich 13
da und wäre still, dann schliefe ich und
hätte Ruhe mit den Königen und Rats- 14
herren auf Erden, die sich [b]Grüfte er-

15 bauten, oder mit den Fürsten, die Gold
hatten und deren Häuser voll Silber
16 waren; wie eine Fehlgeburt, die man
verscharrt hat, hätte ich nie gelebt, wie
Kinder, die das Licht nie gesehen ha-
17 ben. Dort haben die Gottlosen aufge-
hört mit Toben; dort ruhen, die viel
18 Mühe gehabt haben. Da haben die Ge-
fangenen allesamt Frieden und hören
19 nicht die Stimme des Treibers. Da sind
klein und groß gleich, und der Knecht
ist frei von seinem Herrn.

20 Warum gibt Gott das Licht dem
Mühseligen und das Leben den be-
21 trübten Herzen – die auf den Tod war-
ten, und er kommt nicht, und [c]nach
22 ihm suchen mehr als nach Schätzen, die
sich sehr freuten und fröhlich wären,
23 wenn sie ein Grab bekämen –, dem
Mann, dessen Weg verborgen ist, [d]dem
Gott den Pfad ringsum verzäunt hat?
24 Denn wenn ich essen soll, muß ich
seufzen, und mein Schreien fährt her-
25 aus wie Wasser. Denn was ich gefürch-
tet habe, ist über mich gekommen, und
wovor mir graute, hat mich getroffen.
26 Ich hatte keinen Frieden, keine Rast,
keine Ruhe, da kam schon wieder ein
Ungemach!

a Jer 20,14-18 *b* 2.Sam 18,18 *c* Offb 9,6
d Kap 19,8
*Vers 8: d. i. ein Riesentier, nach der Art des Krokodils.

Hiobs Gespräche mit seinen Freunden (Kap 4-27)

Des Elifas erste Rede

4 Da hob Elifas von Teman an und
sprach:
2 Du hast's vielleicht nicht gern, wenn
man versucht, mit dir zu reden; aber
3 Worte zurückhalten, wer kann's? Sie-
he, du hast viele unterwiesen und matte
4 Hände gestärkt; deine Rede hat die
Strauchelnden aufgerichtet, und die
5 bebenden Knie hast du gekräftigt. Nun
es aber an dich kommt, wirst du weich,
und nun es dich trifft, erschrickst du!
6 Ist nicht deine Gottesfurcht dein
Trost, und die Unsträflichkeit deiner
Wege deine Hoffnung?
7 Bedenke doch: Wo ist ein Unschul-
diger umgekommen? Oder wo wurden
8 die Gerechten je vertilgt? Wohl aber
habe ich gesehen: Die da Frevel pflüg-
ten und Unheil säten, ernteten es auch
9 ein.[a] Durch den Odem Gottes sind sie
umgekommen und vom Schnauben
seines Zorns vertilgt. Das Brüllen der 10
Löwen und die Stimme der Leuen und
die Zähne der jungen Löwen sind da-
hin. Der Löwe kommt um, wenn er kei- 11
ne Beute hat, und die Jungen der Lö-
win werden zerstreut.

Zu mir ist heimlich ein Wort gekom- 12
men, und von ihm hat mein Ohr ein
Flüstern empfangen [b]beim Nachsin- 13
nen über Gesichte in der Nacht, wenn
tiefer Schlaf auf die Leute fällt; da kam 14
mich Furcht und Zittern an, und alle
meine Gebeine erschraken. Und ein 15
Hauch fuhr an mir vorüber; es standen
mir die Haare zu Berge an meinem Lei-
be. Da stand ein Gebilde vor meinen 16
Augen, doch ich erkannte seine Gestalt
nicht; es war eine Stille, und ich hörte
eine Stimme: Wie kann ein Mensch ge- 17
recht sein vor Gott oder ein Mann rein
sein vor dem, der ihn gemacht hat?[c]
Siehe, [d]seinen Dienern traut er nicht, 18
und seinen Boten wirft er Torheit vor:
wieviel mehr denen, die in Lehmhäu- 19
sern wohnen und auf Staub gegründet
sind und wie Motten zerdrückt wer-
den! Es währt vom Morgen bis zum 20
Abend, so werden sie zerschlagen, und
ehe man's gewahr wird, sind sie ganz
dahin. Ihr Zelt wird abgebrochen, und 21
sie sterben unversehens.

Rufe doch, ob einer dir antwortet! 5
Und an welchen von den Heiligen
willst du dich wenden? Denn einen To- 2
ren tötet der Unmut, und den Unver-
ständigen bringt der Eifer um. [e]Ich sah 3
einen Toren Wurzel schlagen, doch
plötzlich schwand er von seiner Stätte
dahin. Seinen Kindern bleibt Hilfe 4
fern, und sie werden zerschlagen im
Tor; denn kein Erretter ist da. Seine 5
Ernte verzehrt der Hungrige, und auch
aus den Hecken holt er sie, und nach
seinem Gut lechzen die Durstigen.
Denn Frevel geht nicht aus der Erde 6
hervor, und Unheil wächst nicht aus
dem Acker; sondern der Mensch er- 7
zeugt sich selbst das Unheil, wie Fun-
ken hoch emporfliegen.

Ich aber würde mich zu Gott wenden 8
und meine Sache vor ihn bringen, der 9
große Dinge tut, die nicht zu erfor-
schen sind, und Wunder, die nicht zu
zählen sind,[f] der den Regen aufs Land 10
gibt und Wasser kommen läßt auf die
Gefilde, der [g]die Niedrigen erhöht und 11
den Betrübten emporhilft. Er macht 12
zunichte die Pläne der Klugen, so daß
ihre Hand sie nicht ausführen kann. Er 13
[h]fängt die Weisen in ihrer Klugheit

14 und stürzt den Rat der Verkehrten, daß
sie am Tage in Finsternis laufen und
15 [i]tappen am Mittag wie in der Nacht. Er
hilft dem Armen vom Schwert und den
Elenden von der Hand des Mächtigen.
16 Dem Armen wird Hoffnung zuteil, und
die Bosheit muß ihren Mund zuhalten.
17 *Siehe, selig ist der Mensch, den Gott*
zurechtweist; darum widersetze dich der
18 [j]*Zucht des Allmächtigen nicht. Denn er*
verletzt und verbindet; er zerschlägt, und
19 *seine Hand* [k]*heilt. In sechs Trübsalen*
wird er dich erretten, und in sieben wird
20 *dich kein Übel anrühren.*[l] In der Hun-
gersnot wird er dich vom Tod erlösen
und im Kriege von des Schwertes Ge-
21 walt. Er wird dich verbergen vor der
Geißel der Zunge, daß du dich nicht
fürchten mußt, wenn Verderben
22 kommt. Über Verderben und Hunger
wirst du lachen und dich vor den wil-
den Tieren im Lande nicht fürchten.
23 Denn dein Bund wird sein mit den
Steinen auf dem Felde, und [m]die wil-
den Tiere werden Frieden mit dir hal-
24 ten, und du wirst erfahren, daß deine
Hütte Frieden hat, und wirst deine
Stätte überschauen und nichts vermis-
25 sen, und du wirst erfahren, daß deine
Kinder sich mehren und deine Nach-
kommen wie das Gras auf Erden sind,
26 und du wirst im Alter zu Grabe kom-
men, wie Garben eingebracht werden
27 zur rechten Zeit. Siehe, das haben wir
erforscht, so ist es; darauf höre und
merke du dir's.

a Spr 22,8 *b* *(13-17)* Kap 33,15-18; 1.Mose 15,12 *c* 1.Kön 8,46; Ps 14,3; Spr 20,9 *d* Kap 15,15 *e* *(3-5)* Ps 37,35.36 *f* Kap 9,10 *g* Ps 75,8; Lk 1,52 *h* 1.Kor 3,19 *i* Jes 59,9.10 *j* Ps 94,12; Spr 3,11 *k* 5.Mose 32,39; Hos 6,1 *l* Ps 37,24; Spr 24,16 *m* Jes 11,6-9; Hos 2,20

Hiobs erste Antwort an Elifas

6 Hiob antwortete und sprach:
2 Wenn man doch meinen Kummer
wägen und mein Leiden zugleich auf
3 die Waage legen wollte! Denn nun ist es
schwerer als Sand am Meer; darum
sind meine Worte noch unbedacht.
4 Denn die [a]Pfeile des Allmächtigen
stecken in mir; mein Geist muß ihr Gift
trinken, und die Schrecknisse Gottes
5 sind auf mich gerichtet. Schreit denn
der Wildesel, wenn er Gras hat, oder
brüllt der Stier, wenn er sein Futter
6 hat? Ißt man denn Fades, ohne es zu
salzen, oder hat Eiweiß Wohlge-
7 schmack? Meine Seele sträubt sich, es
anzurühren; es ist, als wäre mein Brot
unrein.
Könnte meine Bitte doch geschehen 8
und Gott mir geben, was ich hoffe! Daß 9
mich doch Gott erschlagen wollte und
seine Hand ausstreckte und mir den
Lebensfaden abschnitte! So hätte ich 10
noch diesen Trost und wollte fröhlich
springen – ob auch der Schmerz mich
quält ohne Erbarmen –, daß ich nicht
verleugnet habe die Worte des Heili-
gen.
Was ist meine Kraft, daß ich aushar- 11
ren könnte; und welches Ende wartet
auf mich, daß ich geduldig sein sollte?
Ist doch meine Kraft nicht aus Stein 12
und mein Fleisch nicht aus Erz. Hab 13
ich denn keine Hilfe mehr, und gibt es
keinen Rat mehr für mich?
Wer Barmherzigkeit seinem Näch- 14
sten verweigert, der gibt die Furcht vor
dem Allmächtigen auf. Meine [b]Brüder 15
trügen wie ein Bach, wie das Bett der
Bäche, die versickern, die erst trübe 16
sind vom Eis, darin der Schnee sich
birgt, doch zur Zeit, wenn die Hitze 17
kommt, versiegen sie; wenn es heiß
wird, vergehen sie von ihrer Stätte: Ihr 18
Weg windet sich dahin und verläuft, sie
gehen hin ins Nichts und verschwin-
den. Die Karawanen von Tema blick- 19
ten aus auf sie, die Karawanen von
[c]Saba hofften auf sie; aber sie wurden 20
zuschanden über ihrer Hoffnung und
waren betrogen, als sie dahin kamen. So 21
seid ihr jetzt für mich geworden; weil
ihr Schrecknisse seht, fürchtet ihr
euch. Hab ich denn gesagt: Schenkt 22
mir etwas und bezahlt für mich von eu-
rem Vermögen und errettet mich aus 23
der Hand des Feindes und kauft mich
los von der Hand der Gewalttätigen?
Belehret mich, so will ich schweigen, 24
und worin ich geirrt habe, darin unter-
weist mich! Wie kräftig sind doch red- 25
liche Worte! Aber euer Tadeln, was be-
weist das? Gedenkt ihr, Worte zu rü- 26
gen? Aber die Rede eines Verzweifeln-
den verhallt im Wind. Ihr freilich 27
könntet wohl über eine arme Waise das
Los werfen und euren Nächsten ver-
schachern. Nun aber hebt doch an und 28
seht auf mich, ob ich euch ins Ange-
sicht lüge. Kehrt doch um, damit nicht 29
Unrecht geschehe! Kehrt um! Noch
habe ich recht darin! Ist denn auf mei- 30
ner Zunge Unrecht, oder sollte mein
Gaumen Böses nicht merken?
Muß nicht der Mensch immer im 7
Dienst stehen auf Erden, und sind seine
Tage nicht wie die eines [d]Tagelöhners?
Wie ein Knecht sich sehnt nach dem 2

Schatten und ein Tagelöhner auf sei-
3 nen Lohn wartet, so hab ich wohl ganze
Monate vergeblich gearbeitet, und vie-
le elende Nächte sind mir geworden.
4 Wenn ich mich niederlegte, sprach ich:
Wann werde ich aufstehen? Bin ich
aufgestanden, so wird mir's lang bis
zum Abend und mich quälte die Unru-
5 he bis zur Dämmerung. Mein Fleisch
ist um und um eine Beute des Gewürms
und faulig, meine Haut ist ver-
6 schrumpft und voller Eiter. Meine
Tage sind schneller dahingeflogen als
ein [e] Weberschiffchen und sind vergan-
gen ohne Hoffnung.
7 Bedenke, daß mein Leben ein Hauch
ist und meine Augen nicht wieder Gu-
8 tes sehen werden. Und kein lebendiges
Auge wird mich mehr schauen; sehen
deine Augen nach mir, so bin ich nicht
9 mehr. Eine Wolke vergeht und fährt
dahin: so kommt nicht wieder herauf,
10 wer zu den Toten hinunterfährt; er
[f] kommt nicht zurück, und [g] seine Stätte
kennt ihn nicht mehr.
11 Darum will auch ich meinem Munde
nicht wehren. Ich will reden in der
Angst meines Herzens und will klagen
12 in der Betrübnis meiner Seele. Bin ich
denn das Meer oder der Drache, daß du
eine Wache gegen mich aufstellst?
13 Wenn ich dachte, mein Bett soll mich
trösten, mein Lager soll mir meinen
14 Jammer erleichtern, so erschrecktest
du mich mit Träumen und machtest
15 mir Grauen durch Gesichte, daß ich
mir wünschte, erwürgt zu sein, und den
Tod lieber hätte als meine Schmerzen.
16 Ich vergehe! Ich leb' ja nicht ewig. Laß
ab von mir, denn meine Tage sind nur
noch ein Hauch.[h]
17 Was ist der Mensch, daß du ihn groß
achtest und dich um ihn bekümmerst?
18 Jeden Morgen suchst du ihn heim und
19 prüfst ihn alle Stunden. Warum blickst
du nicht einmal von mir weg und läßt
20 mir keinen Atemzug Ruhe? Hab ich ge-
sündigt, was tue ich dir damit an, du
Menschenhüter? Warum machst du
mich zum Ziel deiner Anläufe, daß ich
21 mir selbst eine Last bin? Und warum
vergibst du mir meine Sünde nicht oder
läßt meine Schuld hingehen? Denn
nun werde ich mich in die Erde legen,
und wenn du mich suchst, werde ich
nicht mehr dasein.

a Ps 38,3 *b* Ps 38,12 *c* Kap 1,15 *d* Kap 14,6
e Jes 38,12 *f* Kap 10,21; 14,12 *g* Ps 103,16
h 1.Kön 19,4

Bildads erste Rede

Da hob Bildad von Schuach an und 8
sprach:
Wie lange willst du so reden und sol- 2
len die Reden deines Mundes so un-
gestüm daherfahren? Meinst du, daß 3
Gott unrecht richtet oder [a] der All-
mächtige das Recht verkehrt? Haben 4
[b] deine Söhne vor ihm gesündigt, so hat
er sie verstoßen um ihrer Sünde willen.
Wenn du aber dich beizeiten zu Gott 5
wendest und zu dem Allmächtigen
flehst, wenn du rein und fromm bist, so 6
wird er deinetwegen [c] aufwachen und
wird wieder aufrichten deine Woh-
nung, wie es dir zusteht. Und was du 7
zuerst wenig gehabt hast, wird hernach
sehr zunehmen.[d]
Denn frage die früheren Geschlech- 8
ter und merke auf das, was ihre Väter
erforscht haben, denn wir sind von ge- 9
stern her und wissen nichts; unsere
Tage sind ein Schatten auf Erden. Sie 10
werden dich's lehren und dir sagen und
ihre Rede aus ihrem Herzen hervor-
bringen: »Kann auch Rohr aufwach- 11
sen, wo es nicht feucht ist, oder Schilf
wachsen ohne Wasser? Noch steht's in 12
Blüte, bevor man es schneidet, da ver-
dorrt es schon vor allem Gras. So geht 13
es jedem, der Gott vergißt, und [e] die
Hoffnung des Ruchlosen wird verloren
sein. Denn seine Zuversicht vergeht, 14
und seine Hoffnung ist ein Spinnweb.
Er verläßt sich auf sein Haus, aber es 15
hält nicht stand; er hält sich daran, aber
es bleibt nicht stehen. Er steht voll Saft 16
im Sonnenschein, und seine Reiser
wachsen hinaus über seinen Garten.
Über Steinhaufen schlingen sich seine 17
Wurzeln und halten sich zwischen Stei-
nen fest. Wenn man ihn aber vertilgt 18
von seiner Stätte, so wird sie ihn ver-
leugnen, als kennte sie ihn nicht. Siehe, 19
das ist das Glück seines Lebens, und
aus dem Staube werden andre wach-
sen.«
Siehe, Gott verwirft die Frommen 20
nicht und hält die Hand der Boshaften
nicht fest, bis er deinen Mund voll La- 21
chens mache und deine Lippen voll
Jauchzens. Die dich aber hassen, müs- 22
sen sich in Schmach kleiden, und die
Hütte der Gottlosen wird nicht beste-
hen.

a Kap 34,10 *b* Kap 1,4.5 *c* Ps 35,23
d Kap 42,10 *e* Kap 11,20; Spr 10,28

Hiobs erste Antwort an Bildad

9 Hiob antwortete und sprach:
2 Ja, ich weiß sehr gut, daß es so ist und
[a]daß ein Mensch nicht recht behalten
3 kann gegen Gott. Hat er Lust, mit ihm
zu streiten, so kann er ihm auf tausend
4 nicht *eins* antworten.[b] Gott ist weise
und mächtig; wem ist's je gelungen, der
5 sich gegen ihn gestellt hat? Er versetzt
Berge, ehe sie es innewerden; er kehrt
6 sie um in seinem Zorn. Er bewegt die
Erde von ihrem Ort, daß ihre Pfeiler
7 zittern. Er spricht zur Sonne, so geht
sie nicht auf, und versiegelt die Sterne.
8 Er allein breitet den Himmel aus und
9 [c]geht auf den Wogen des Meers. Er
macht den Wagen am Himmel und den
[d]Orion und das Siebengestirn und die
10 Sterne des Südens. Er tut große Dinge,
die nicht zu erforschen, und Wunder,
11 die nicht zu zählen sind.[e] Siehe, er geht
an mir vorüber, ohne daß ich's gewahr
werde, und wandelt vorbei, ohne daß
12 ich's merke. Siehe, wenn er wegrafft,
wer will ihm wehren? Wer will zu ihm
13 sagen: Was machst du? Gott wehrt sei-
nem Zorn nicht; unter ihn mußten sich
14 beugen die Helfer [f]Rahabs*. Wie sollte
dann ich ihm antworten und Worte fin-
15 den vor ihm? Wenn ich auch recht
habe, so kann ich ihm doch nicht ant-
worten, sondern ich müßte um mein
16 Recht flehen. Wenn ich ihn auch anru-
fe, daß er mir antwortet, so glaube ich
17 nicht, daß er meine Stimme hört, viel-
mehr greift er nach mir im Wetter-
sturm und schlägt mir viele Wunden
18 ohne Grund. Er läßt mich nicht Atem
schöpfen, sondern sättigt mich mit Bit-
19 ternis. Geht es um Macht und Gewalt:
Er hat sie. Geht es um Recht: Wer will
20 ihn vorladen?[g] Wäre ich gerecht, so
müßte mich doch mein Mund verdam-
men; wäre ich unschuldig, so würde er
mich doch schuldig sprechen.
21 Ich bin unschuldig! Ich möchte
nicht mehr leben; ich verachte mein
22 Leben. Es ist eins, darum sage ich: [h]Er
bringt den Frommen um wie den Gott-
23 losen. Wenn seine Geißel plötzlich tö-
tet, so spottet er über die Verzweiflung
24 der Unschuldigen. Er hat die Erde un-
ter gottlose Hände gegeben, und das
Antlitz ihrer Richter verhüllt er. Wenn
nicht *er*, wer anders sollte es tun?
25 Meine Tage sind schneller gewesen
als ein Läufer; sie sind dahingeflohen
26 und haben nichts Gutes erlebt. Sie sind
dahingefahren wie schnelle Schiffe, wie
ein Adler herabstößt auf die Beute.
Wenn ich denke: Ich will meine Klage 27
vergessen und mein Angesicht ändern
und heiter bleiben, so fürchte ich doch 28
wieder alle meine Schmerzen, weil ich
weiß, daß du mich nicht unschuldig
sprechen wirst. Ich soll ja doch schul- 29
dig sein! Warum mühe ich mich denn
so vergeblich? Wenn ich mich auch mit 30
Schneewasser wüsche und [i]reinigte
meine Hände mit Lauge, so wirst du 31
mich doch eintauchen in die Grube,
daß sich meine Kleider vor mir ekeln.
Denn er ist nicht ein Mensch wie ich, 32
dem ich antworten könnte, daß wir mit-
einander vor Gericht gingen.[j] Daß es 33
doch zwischen uns einen Schiedsmann
gäbe, der seine Hand auf uns beide leg-
te! Daß er seine Rute von mir nehme 34
und mich nicht mehr ängstige! So woll- 35
te ich reden und mich nicht vor ihm
fürchten, denn ich bin mir keiner
Schuld bewußt.

Mich ekelt mein Leben an. Ich will **10**
meiner Klage ihren Lauf lassen und re-
den in der Betrübnis meiner Seele und 2
zu Gott sagen: Verdamme mich nicht!
Laß mich wissen, warum du mich vor
Gericht ziehst. Gefällt dir's, daß du 3
Gewalt tust und verwirfst mich, den
deine Hände gemacht haben, und
bringst der Gottlosen Vorhaben zu Eh-
ren? Hast du denn [k]Menschenaugen, 4
oder siehst du, wie ein Sterblicher
sieht? Oder ist deine Zeit wie eines 5
Menschen Zeit oder deine Jahre wie
eines Mannes Jahre, daß du nach mei- 6
ner Schuld fragst und nach meiner
Sünde suchst, wo du doch weißt, daß 7
ich nicht schuldig bin und niemand da
ist, der aus deiner Hand erretten kann?
[l]Deine Hände haben mich gebildet 8
und bereitet; danach hast du dich abge-
wandt und willst mich verderben? Be- 9
denke doch, daß [m]du mich aus Erde ge-
macht hast, und [n]läßt mich wieder zum
Staub zurückkehren? Hast du mich 10
nicht wie Milch hingegossen und wie
Käse gerinnen lassen? Du hast mir 11
Haut und Fleisch angezogen; mit Kno-
chen und Sehnen hast du mich zusam-
mengefügt; [o]*Leben und Wohltat hast du* 12
an mir getan, und deine Obhut hat meinen
Odem bewahrt. Aber du verbargst in 13
deinem Herzen – ich weiß, du hattest
das im Sinn –, daß du darauf achten 14
wolltest, wenn ich sündigte, und mich
von meiner Schuld nicht lossprechen.
Wäre ich schuldig, dann wehe mir! 15
Und wäre ich schuldlos, so dürfte ich

doch mein Haupt nicht erheben, gesät-
tigt mit Schmach und getränkt mit
16 Elend. Und wenn ich es aufrichtete, so
würdest du mich jagen [p]wie ein Löwe
und wiederum erschreckend an mir
17 handeln. Du würdest immer neue Zeu-
gen gegen mich stellen und deinen
Zorn auf mich noch mehren und immer
neue Heerhaufen gegen mich senden.
18 Warum hast du mich aus meiner
Mutter Leib kommen lassen? Ach daß
ich umgekommen wäre und mich nie
19 ein Auge gesehen hätte![q] So wäre ich
wie die, die nie gewesen sind, vom
Mutterleib weg zum Grabe gebracht.
20 Ist denn mein Leben nicht kurz? So
höre auf und laß ab von mir, daß ich ein
21 wenig erquickt werde, ehe denn ich
hingehe – [r]und komme nicht zurück –
ins Land der Finsternis und des Dun-
22 kels, ins Land, wo es stockfinster ist
und dunkel ohne alle Ordnung, und
wenn's hell wird, so ist es immer noch
Finsternis.

a Kap 40,3-5; Ps 143,2 *b* Ps 19,13 *c* Mt 14,25
d Kap 38,31; Am 5,8 *e* Kap 5,9 *f* Kap 26,12;
Ps 89,11 *g* Vers 33 *h* Kap 8,20; Pred 9,2.3
i Jer 2,22 *j* Pred 6,10 *k* 1.Sam 16,7 *l* Ps 139,14
m Kap 33,6; 1.Mose 2,7 *n* 1.Mose 3,19
o Apg 17,28 *p* Jes 38,13 *q* Kap 3,11; Jer 20,14
r Kap 7,10
*Kap 9, 13: d. i. der Drache der Urzeit.

Zofars erste Rede

11 Da hob Zofar von Naama an und
sprach:
2 Muß langes Gerede ohne Antwort
bleiben? Muß denn ein Schwätzer im-
3 mer recht haben? Müssen Männer zu
deinem leeren Gerede schweigen, daß
du spottest und niemand dich be-
4 schämt? Du sprichst: »Meine Rede ist
rein, und lauter bin ich vor deinen Au-
5 gen.«[a] Ach, daß Gott mit dir redete und
6 täte seine Lippen auf und zeigte dir
[b]die Tiefen der Weisheit – denn sie ist
zu wunderbar für jede Erkenntnis *,
damit du weißt, daß er noch nicht an
alle deine Sünden denkt.
7 Meinst du, daß du weißt, was Gott
weiß, oder kannst du alles so vollkom-
8 men treffen wie der Allmächtige? Die
Weisheit ist höher als der Himmel: was
willst du tun?, tiefer als die Hölle: was
9 kannst du wissen?, länger als die Erde
10 und breiter als das Meer: wenn er da-
herfährt und gefangen legt und Gericht
11 hält – wer will's ihm wehren? Denn er
kennt die heillosen Leute; er sieht den
Frevel und sollte es nicht merken?
12 Kann ein Hohlkopf verständig wer-
den, kann ein junger Wildesel als
Mensch zur Welt kommen? Wenn aber 13
du dein Herz auf ihn richtest und deine
Hände zu ihm ausbreitest, wenn du den 14
Frevel in deiner Hand von dir wegtust,
daß in deiner Hütte kein Unrecht blie-
be: so könntest du dein Antlitz aufhe- 15
ben ohne Tadel und würdest fest sein
und dich nicht fürchten. Dann würdest 16
du alle Mühsal vergessen und so wenig
daran denken wie an Wasser, das ver-
rinnt, und dein Leben würde aufgehen 17
wie der Mittag, und das Finstre würde
ein lichter Morgen werden, [c]und du 18
dürftest dich trösten, daß Hoffnung da
ist, würdest rings um dich blicken und
dich in Sicherheit schlafen legen, wür- 19
dest ruhen, und niemand würde dich
aufschrecken, und viele würden deine
Gunst erbitten. Aber die Augen der 20
Gottlosen werden verschmachten, und
sie werden nicht entrinnen können,
und [d]als ihre Hoffnung bleibt, die Seele
auszuhauchen.

a Kap 9,21; 10,7 *b* Ps 51,8 *c* (*18 und 19*) Ps 4,9
d Kap 8,14

Hiobs erste Antwort an Zofar

Da antwortete Hiob und sprach: 12
Ja, ihr seid die Leute, mit euch wird 2
die Weisheit sterben! Ich hab ebenso 3
Verstand wie ihr und bin nicht geringer
als ihr; wer wüßte das nicht? Ich muß 4
von meinem Nächsten verlacht sein,
der ich Gott anrief und den er erhörte.
Der Gerechte und Fromme muß ver-
lacht sein. Dem Unglück gebührt Ver- 5
achtung, so meint der Sichere; ein Stoß
denen, deren Fuß schon wankt! Die 6
Hütten der Verwüster stehen ganz
sicher, und Ruhe haben, die wider Gott
toben, die Gott in ihrer Faust führen.[a]
Frage doch das Vieh, das wird dich's 7
lehren, und die Vögel unter dem Him-
mel, die werden dir's sagen, oder die 8
Sträucher der Erde, die werden dich's
lehren, und die Fische im Meer werden
dir's erzählen. Wer erkennte nicht an 9
dem allen, daß des HERRN Hand das ge-
macht hat, daß in seiner Hand ist die 10
Seele von allem, was lebt, und [b]der Le-
bensodem aller Menschen? Prüft nicht 11
das Ohr die Rede, wie der Mund die
Speise schmeckt? Bei den Großvätern 12
nur soll Weisheit sein und Verstand nur
bei den Alten?[c]
Bei Gott ist Weisheit und Gewalt, 13
sein ist Rat und Verstand. Siehe, wenn 14
er zerbricht, so hilft kein Bauen; [d]wenn
er jemand einschließt, kann niemand
aufmachen. Siehe, [e]wenn er das Wasser 15

zurückhält, so wird alles dürr, und
wenn er's losläßt, so [f] wühlt es das Land
16 um. Bei ihm ist Kraft und Einsicht.
Sein ist, der da irrt und [g] der irreführt.
17 Er führt die Ratsherren gefangen und
18 macht die Richter zu Toren. Er macht
frei von den Banden der Könige und
19 umgürtet Lenden mit einem Gurt. Er
führt die Priester barfuß davon und
[h] bringt zu Fall die alten Geschlechter.
20 Er entzieht die Sprache den Verläß-
lichen und nimmt weg den Verstand
21 der Alten. Er schüttet Verachtung auf
die Fürsten und [i] zieht den Gewaltigen
22 die Rüstung aus. Er öffnet die finstern
Schluchten und bringt heraus das
23 Dunkel ans Licht. Er macht Völker
groß und bringt sie wieder um; er brei-
tet ein Volk aus und treibt's wieder
24 weg. Er nimmt den Häuptern des Volks
im Lande den Mut und führt sie irre,
25 wo kein Weg ist, daß sie in der Finster-
nis tappen ohne Licht, und macht sie
irre wie die Trunkenen.

13 Siehe, das hat alles mein Auge gese-
hen und mein Ohr gehört, und ich hab's
2 verstanden. Was ihr wißt, das weiß ich
auch, und ich bin nicht geringer als ihr.
3 Doch ich wollte gern zu dem Allmäch-
tigen reden und wollte rechten mit
4 Gott. Aber ihr seid Lügentüncher und
5 seid alle unnütze Ärzte. Wollte Gott,
daß ihr geschwiegen hättet, so wäret ihr
6 weise geblieben.[j] Hört doch, wie ich
mich verantworte, und merkt auf die
7 Streitsache, von der ich rede! Wollt ihr
Gott verteidigen mit Unrecht und
8 Trug für ihn reden? Wollt ihr für ihn
Partei nehmen? Wollt ihr Gottes Sache
9 vertreten? Wird's euch auch wohlge-
hen, wenn er euch verhören wird?
Meint ihr, daß ihr ihn täuschen werdet,
10 wie man einen Menschen täuscht? Er
wird euch hart zurechtweisen, wenn ihr
11 heimlich Partei ergreift. Werdet ihr
euch nicht entsetzen, wenn er sich er-
hebt, und wird sein Schrecken nicht
12 über euch fallen? Was ihr zu bedenken
gebt, sind Sprüche aus Asche; eure
Bollwerke werden zu Lehmhaufen.
13 Schweigt still und laßt mich reden; es
komme über mich, was da will.

14 Was soll ich mein Fleisch mit meinen
Zähnen festhalten und mein Leben
15 aufs Spiel setzen? Siehe, er wird mich
doch umbringen, und ich habe nichts
zu hoffen; doch will ich meine Wege
16 vor ihm verantworten. Auch das muß
mir zum Heil sein; denn es kommt kein
17 Ruchloser vor ihn. Hört meine Rede
und, was ich darlege, mit euren Ohren!
Siehe, ich bin zum Rechtsstreit gerü- 18
stet; ich weiß, daß ich recht behalten
werde. Wer ist, der mit mir rechten 19
könnte? Denn dann wollte ich schwei-
gen und zugrunde gehen. Nur zweierlei 20
tu mir nicht, so will ich mich vor dir
nicht verbergen: laß deine Hand fern 21
von mir sein, und dein Schrecken er-
schrecke mich nicht;[k] dann rufe, ich 22
will dir antworten, oder ich will reden,
dann antworte du mir!

Wie groß ist meine Schuld und Sün- 23
de? Laß mich wissen meine Übertre-
tung und Sünde. Warum verbirgst du 24
dein Antlitz und [l] hältst mich für deinen
Feind? Willst du ein verwehendes Blatt 25
schrecken und einen dürren Halm ver-
folgen, daß du so Bitteres über mich 26
verhängst und über mich bringst [m] die
Sünden meiner Jugend? Du hast mei- 27
nen Fuß in den Block gelegt und hast
acht auf alle meine Pfade und siehst auf
die Fußtapfen meiner Füße, der ich 28
doch wie Moder vergehe und wie ein
Kleid, das die Motten fressen.

Der Mensch, vom Weibe geboren, **14**
lebt kurze Zeit und ist voll Unruhe,
[n] geht auf wie eine Blume und fällt ab, 2
flieht wie ein Schatten und bleibt nicht.
Doch du tust deine Augen über einen 3
solchen auf, daß du mich vor dir ins
Gericht ziehst. Kann wohl ein Reiner 4
kommen von Unreinen? Auch nicht
einer![o] Sind [p] seine Tage bestimmt, 5
steht die Zahl seiner Monde bei dir und
hast du [q] ein Ziel gesetzt, das er nicht
überschreiten kann: so blicke doch weg 6
von ihm, damit er Ruhe hat, bis sein
Tag kommt, auf den er sich [r] wie ein
Tagelöhner freut.

Denn ein Baum hat Hoffnung, auch 7
wenn er abgehauen ist; er kann wieder
ausschlagen, und seine Schößlinge
bleiben nicht aus. Ob seine Wurzel in 8
der Erde alt wird und sein Stumpf im
Boden erstirbt, so grünt er doch wieder 9
vom Geruch des Wassers und treibt
Zweige wie eine junge Pflanze. Stirbt 10
aber ein Mann, so ist er dahin; kommt
ein Mensch um – wo ist er? Wie Wasser 11
ausläuft aus dem See, und wie ein
Strom versiegt und vertrocknet, so ist 12
ein Mensch, wenn er sich niederlegt,
[s] er wird nicht wieder aufstehen; er
wird nicht aufwachen, solange der
Himmel bleibt, noch von seinem Schlaf
erweckt werden.

Ach daß du mich im Totenreich ver- 13
wahren und [t] verbergen wolltest, bis

dein Zorn sich legt, und mir ein Ziel
setzen und dann an mich denken woll-
14 test! Meinst du, ein toter Mensch wird
wieder leben? Alle Tage meines Dien-
stes wollte ich harren, bis meine Ablö-
15 sung kommt. Du würdest rufen und ich
dir antworten; es würde dich verlangen
16 nach dem Werk deiner Hände. Dann
würdest du meine Schritte zählen, aber
hättest doch nicht acht auf meine Sün-
17 den. Du würdest [u]meine Übertretung
in ein Bündlein versiegeln und meine
Schuld übertünchen.
18 Ein Berg kann zerfallen und verge-
hen und ein Fels von seiner Stätte wei-
19 chen, Wasser wäscht Steine weg, und
seine Fluten schwemmen die Erde
weg: so machst du die [v]Hoffnung des
20 Menschen zunichte. Du überwältigst
ihn für immer, daß er davon muß, ent-
stellst sein Antlitz und läßt ihn dahin-
21 fahren. Sind seine Kinder in Ehren, das
weiß er nicht, oder ob sie verachtet
22 sind, das wird er nicht gewahr. Nur sein
eigenes Fleisch macht ihm Schmerzen,
und nur um ihn selbst trauert seine
Seele.

a Hab 1,11 *b* 4.Mose 16,22; Apg 17,28 *c* Kap 8,8
d Offb 3,7 *e* 1.Kön 17,1.7 *f* 1.Mose 7,19-23
g 1.Kön 12,28-30; 2.Kön 19,10-37
h 1.Sam 2,30-32; 22,18.19 *i* 1.Sam 17,5; 31,9;
2.Kön 19,37; Dan 4,29.30 *j* Spr 17,28
k Kap 9,34 *l* Kap 19,11 *m* Ps 25,7 *n* Ps 90,5
o Ps 14,3 *p* Ps 31,16 *q* Ps 39,5 *r* Kap 7,1.2
s Kap 7,10 *t* Jes 26,20 *u* Hos 13,12 *v* Röm 5,5

Des Elifas zweite Rede

15 Da antwortete Elifas von Teman und
sprach:
2 Soll ein weiser Mann so aufgeblasene
Worte reden und seinen Bauch so blä-
3 hen mit leeren Reden? Du verantwor-
test dich mit Worten, die nichts taugen,
4 und dein Reden ist nichts nütze. Du
selbst zerstörst die Gottesfurcht und
5 raubst dir die Andacht vor Gott. Denn
deine Schuld lehrt deinen Mund, und
6 du hast erwählt eine listige Zunge. Dein
Mund verdammt dich und nicht ich,
deine Lippen zeugen gegen dich.
7 Bist du als der erste Mensch gebo-
ren? Kamst du vor den Hügeln zur
8 Welt? Hast du [a]im heimlichen Rat
Gottes zugehört und die Weisheit an
9 dich gerissen? Was weißt du, das wir
nicht wissen? Was verstehst du, das uns
10 nicht bekannt ist?[b] Es sind Ergraute
und Alte unter uns, die länger gelebt
11 haben als dein Vater. Gelten Gottes
Tröstungen so gering bei dir und ein
12 Wort, das sanft mit dir verfuhr? Was
reißt dein Herz dich fort? Was funkeln
deine Augen, daß sich dein Mut wider 13
Gott richtet und du solche Reden aus
deinem Munde läßt? Was ist der 14
Mensch, daß er [c]rein sein sollte, und daß
der gerecht sein sollte, der vom Weibe
geboren ist? Siehe, [d]seinen Heiligen 15
traut Gott nicht, und [e]selbst die Him-
mel sind nicht rein vor ihm. Wieviel we- 16
niger der Mensch, der greulich und ver-
derbt ist, der Unrecht säuft wie Wasser!
Ich will dir's zeigen, höre mir zu, und 17
ich will dir erzählen, was ich gesehen
habe, was die Weisen gesagt und ihre 18
Väter ihnen nicht verborgen haben, de- 19
nen allein das Land gegeben war, so
daß kein Fremder unter ihnen umher-
zog: [f]Der Gottlose bebt sein Leben 20
lang, und dem Tyrannen ist die Zahl
seiner Jahre verborgen. Stimmen des 21
Schreckens hört sein Ohr, und mitten
im Frieden kommt der Verderber über
ihn. Er glaubt nicht, daß er dem Dun- 22
kel entrinnen könne, und fürchtet im-
mer das Schwert. Er zieht hin und her 23
nach Brot und weiß, daß ihm der Tag
der Finsternis bereitet ist. Angst und 24
Not schrecken ihn und schlagen ihn
nieder wie ein König, der angreift.
Denn er hat seine Hand gegen Gott 25
ausgereckt und dem Allmächtigen ge-
trotzt. Er läuft mit dem Kopf gegen ihn 26
an und ficht halsstarrig wider ihn. Er 27
brüstet sich wie ein fetter Wanst und
macht sich feist und dick. Er wohnt in 28
zerstörten Städten, in Häusern, wo
man nicht bleiben soll, die zu Steinhau-
fen bestimmt sind. Doch wird er nicht 29
reich bleiben, und sein Gut wird nicht
bestehen, und sein Besitz wird sich
nicht ausbreiten im Lande. Er wird der 30
Finsternis nicht entrinnen. Die Flam-
me wird seine Zweige verdorren, und
Gott wird ihn durch den Hauch seines
Mundes wegraffen. Er traue nicht auf 31
Trug, sonst wird er betrogen sein, und
Trug wird sein Lohn werden. Er wird 32
ihm voll ausgezahlt werden noch vor
der Zeit, und sein Zweig wird nicht
mehr grünen. Er gleicht dem Wein- 33
stock, der die Trauben unreif abstößt,
und dem Ölbaum, der seine Blüte ab-
wirft. Denn die Rotte der Ruchlosen 34
wird unfruchtbar bleiben, und das
Feuer wird die Hütten der Bestech-
lichen fressen. Sie gehen schwanger mit 35
Mühsal und gebären Unglück, und ihr
Schoß bringt Trug zur Welt.[g]

a Kap 11,7; Röm 11,33 *b* Kap 13,2 *c* Kap 14,4
d Kap 4,18 *e* Kap 25,5 *f (20-24)* 1.Mose 4,14
g Jes 59,4

Hiobs zweite Antwort an Elifas

16 Hiob antwortete und sprach:
2 Ich habe das schon oft gehört. Ihr
3 seid allzumal leidige Tröster! Wollen
die leeren Worte kein Ende haben?
4 Oder was reizt dich, so zu reden? Auch
ich könnte wohl reden wie ihr, wärt ihr
an meiner Stelle. Auch ich könnte Wor-
te gegen euch zusammenbringen und
5 [a]mein Haupt über euch schütteln. Ich
würde euch stärken mit dem Munde
6 und mit meinen Lippen trösten. Aber
wenn ich schon redete, so würde mich
mein Schmerz nicht verschonen; hörte
ich auf zu reden, so bliebe er dennoch
bei mir.
7 Nun aber hat Er mich müde gemacht
8 und alles verstört, was um mich ist. Er
hat mich runzlig gemacht, das zeugt wi-
der mich, und mein Siechtum steht wi-
der mich auf und verklagt mich ins An-
9 gesicht. Sein Grimm hat mich zerris-
sen, und er war mir feind; er knirschte
mit den Zähnen gegen mich; mein Wi-
dersacher funkelt mich mit seinen Au-
10 gen an. Sie haben ihren Mund aufge-
sperrt wider mich und haben mich
schmählich auf meine Backen geschla-
gen. Sie haben ihren Mut miteinander
11 an mir gekühlt. Gott hat mich überge-
ben dem Ungerechten und hat mich in
die Hände der Gottlosen kommen las-
12 sen. Ich war in Frieden, aber er hat
mich zunichte gemacht; er hat mich
beim Genick genommen und zer-
schmettert. [b]Er hat mich als seine Ziel-
13 scheibe aufgerichtet; seine Pfeile
schwirren um mich her. Er hat meine
Nieren durchbohrt und nicht ver-
schont; er hat meine Galle auf die Erde
14 geschüttet. Er schlägt in mich eine Bre-
sche nach der andern; er läuft gegen
15 mich an wie ein Kriegsmann. Ich habe
einen [c]Sack um meinen Leib gelegt
und mein Haupt in den Staub gebeugt.
16 Mein Antlitz ist gerötet vom Weinen,
auf meinen Wimpern liegt Dunkelheit,
17 obwohl kein Frevel in meiner Hand
und mein Gebet rein ist.
18 Ach Erde, [d]bedecke mein Blut nicht,
und mein Schreien finde keine Ruhe-
19 statt! Siehe, auch jetzt noch ist [e]mein
Zeuge im Himmel, und mein Fürspre-
20 cher ist in der Höhe. [f]Meine Freunde
verspotten mich; unter Tränen blickt
21 mein Auge zu Gott auf, daß er Recht
verschaffe dem Mann bei Gott, dem
22 Menschen vor seinem Freund. Denn
nur wenige Jahre noch, und [g]ich gehe
den Weg, den ich nicht wiederkommen
werde.
Mein Geist ist zerbrochen, meine 17
Tage sind ausgelöscht; das Grab ist da.
Fürwahr, Gespött umgibt mich, und 2
auf ihrem Hadern muß mein Auge wei-
len. Sei [h]du selbst mein Bürge bei dir 3
– wer will mich sonst vertreten? Denn 4
du hast ihrem Herzen den Verstand
verborgen, darum wirst du ihnen den
Sieg nicht geben. Zum Teilen lädt einer 5
Freunde ein, doch die Augen seiner
Kinder müssen verschmachten. Er hat 6
mich zum [i]Sprichwort unter den Leu-
ten gemacht, und ich muß mir ins An-
gesicht speien lassen. Mein Auge ist 7
dunkel geworden vor Trauern, und alle
meine Glieder sind wie ein Schatten.
Darüber entsetzen sich die Gerechten, 8
und die Unschuldigen entrüsten sich
über die Ruchlosen. Aber der Gerechte 9
hält fest an seinem Weg, und wer reine
Hände hat, nimmt an Stärke zu.
Wohlan, kehrt euch alle wieder her 10
und kommt; ich werde dennoch keinen
Weisen unter euch finden! Meine Tage 11
sind vergangen; zerrissen sind meine
Pläne, die mein Herz besessen haben.
Nacht will man mir zum Tag machen: 12
Licht sei näher als Finsternis. Wenn ich 13
auch lange warte, so ist doch bei den
Toten mein Haus, und in der Finster-
nis ist mein Bett gemacht. Das Grab 14
nenne ich meinen Vater und die Wür-
mer meine Mutter und meine Schwe-
ster. Worauf soll ich denn hoffen? Und 15
wer sieht noch Hoffnung für mich?
Hinunter zu den Toten wird sie fahren, 16
wenn alle miteinander im Staub liegen.

a Ps 22,8 *b* Klgl 3,12 *c* 1.Mose 37,34
d 1.Mose 4,10; Hes 24,7.8 *e* Kap 17,3
f (20 und 21) 1.Sam 2,25 *g* Kap 10,21
h Kap 16,19 *i* Kap 30,9

Bildads zweite Rede

Da antwortete Bildad von Schuach und 18
sprach:
Wie lange wollt ihr auf Worte Jagd 2
machen? Habt doch Einsicht; danach
wollen wir reden! Warum werden wir 3
geachtet wie Vieh und sind so töricht in
euren Augen? Willst du vor Zorn ber- 4
sten? Soll um deinetwillen die Erde
veröden und der Fels von seiner Stätte
weichen?
Dennoch [a]wird das Licht der Gott- 5
losen verlöschen, und der Funke seines
Feuers wird nicht leuchten. Das Licht 6
wird finster werden in seiner Hütte und
seine Leuchte über ihm verlöschen.

7 Seine kräftigen Schritte werden kürzer,
und sein eigener Plan wird ihn fällen.
8 Ins Garn bringen ihn seine Füße, und
9 über Fanggruben führt sein Weg. Das
Netz wird seine Ferse festhalten, und
10 die Schlinge wird ihn fangen. Sein
Strick ist versteckt in der Erde und sei-
11 ne Falle auf seinem Weg. Um und um
schreckt ihn jähe Angst, daß er nicht
12 weiß, wo er hinaus soll.[b] Unheil hun-
gert nach ihm, und Unglück steht be-
13 reit zu seinem Sturz. Die Glieder seines
Leibes werden verzehrt; seine Glieder
wird verzehren der [c]Erstgeborne des
14 Todes. Er wird aus seiner Hütte ver-
jagt, auf die er vertraute, und hingetrie-
15 ben zum König des Schreckens. In sei-
ner Hütte wird wohnen, was nicht zu
ihm gehört; über seine Stätte wird
16 Schwefel gestreut. Unten verdorren
seine Wurzeln, und oben verwelken
17 seine Zweige. Sein Andenken wird ver-
gehen im Lande, und er wird keinen
18 Namen haben auf der Gasse. Er wird
vom Licht in die Finsternis vertrieben
und vom Erdboden verstoßen werden.
19 Er wird keine Kinder haben und keine
Enkel unter seinem Volk; es wird ihm
keiner übrigbleiben in seinen Wohnun-
20 gen. Die im Westen werden sich [d]über
seinen Gerichtstag entsetzen, und die
21 im Osten wird Furcht ankommen. Ja,
so geht's der Wohnung des Ungerech-
ten und der Stätte dessen, der Gott
nicht achtet.

a Spr 13,9 *b* 3.Mose 26,36 *c* 4.Mose 12,10-12
d Ps 37,13

Hiobs zweite Antwort an Bildad

19 Hiob antwortete und sprach:
2 Wie lange plagt ihr doch meine Seele
3 und peinigt mich mit Worten! Ihr habt
mich nun zehnmal verhöhnt und
schämt euch nicht, mir so zuzusetzen.
4 Habe ich wirklich geirrt, so trage ich
5 meinen Irrtum selbst. Wollt ihr euch
wahrlich über mich erheben und wollt
mir meine Schande beweisen?

6 So merkt doch endlich, daß Gott mir
unrecht getan hat und mich mit seinem
7 Jagdnetz umgeben hat. Siehe, [a]ich
schreie »Gewalt!« und werde doch nicht
gehört; ich rufe, aber kein Recht ist
8 da.[b] Er [c]hat meinen Weg vermauert,
daß ich nicht hinüber kann, und hat
9 Finsternis auf meinen Steig gelegt. Er
hat mir mein Ehrenkleid ausgezogen
und die Krone von meinem Haupt ge-
10 nommen. Er hat mich zerbrochen um
und um, daß ich dahinfuhr, und hat
meine Hoffnung ausgerissen wie einen
Baum. Sein Zorn ist über mich ent- 11
brannt, und [d]er achtet mich seinen
Feinden gleich. Vereint kommen seine 12
Kriegsscharen und haben ihren Weg
gegen mich gebaut und sich um meine
Hütte her gelagert. Er hat meine Brü- 13
der von mir entfernt, und meine Ver-
wandten sind mir fremd geworden.[e]
Meine[f] Nächsten haben sich zurückge- 14
zogen, und meine Freunde haben mich
vergessen. Meinen Hausgenossen und 15
meinen Mägden gelte ich als Fremder;
ich bin ein Unbekannter in ihren Au-
gen. Ich rief meinen Knecht, und er 16
antwortete mir nicht; ich mußte ihn an-
flehen mit eigenem Munde. Mein 17
Odem ist zuwider meiner Frau, und
den Söhnen meiner Mutter ekelt's vor
mir. Selbst die Kinder geben nichts auf 18
mich; stelle ich mich gegen sie, so ge-
ben sie mir böse Worte. Alle meine Ge- 19
treuen verabscheuen mich, und die ich
lieb hatte, haben sich gegen mich ge-
wandt. Mein Gebein hängt nur noch an 20
Haut und Fleisch, und nur das nackte
Leben brachte ich davon*. Erbarmt 21
euch über mich, erbarmt euch, meine
Freunde; denn die Hand Gottes hat
mich getroffen! Warum verfolgt ihr 22
mich wie Gott und könnt nicht satt
werden von meinem Fleisch?

Ach daß meine Reden aufgeschrie- 23
ben würden! Ach daß sie aufgezeichnet
würden als Inschrift, mit einem eiser- 24
nen Griffel in Blei geschrieben, zu ewi-
gem Gedächtnis in einen Fels gehauen!
Aber *ich weiß, daß* [g]mein Erlöser* *lebt,* 25
und als der letzte wird er über dem
Staub sich erheben.[h] Und ist meine 26
Haut noch so zerschlagen und mein
Fleisch dahingeschwunden, so werde
ich doch [i]Gott sehen. Ich selbst werde 27
ihn sehen, meine Augen werden ihn
schauen und kein Fremder. Danach
sehnt sich mein Herz in meiner Brust.
Wenn ihr sprecht: Wie wollen wir ihn 28
verfolgen und eine Sache gegen ihn fin-
den↓, so fürchtet euch selbst vor dem 29
Schwert; denn das sind Missetaten, die
das Schwert straft, damit ihr wißt, daß
es ein Gericht gibt.

a Jer 20,8; Hab 1,2 *b* Kap 30,20 *c* Kap 3,23;
Klgl 3,7.9 *d* Kap 13,24; 33,10 *e* Ps 31,12
f Ps 38,12 *g* Jes 41,14; Hos 13,14 *h* Kap 26,6
i Ps 17,15; 73,24
*Vers 20: Wörtlich: nur mit meiner Zähne Haut bin ich davongekommen.
*Vers 25: mein Erlöser, d. h. hier: Gott als Anwalt, der sich zu meiner Verteidigung und Erlösung erhebt. – Luther übersetzte: »Ich weiß, daß mein Erlöser lebet, und er wird mich hernach aus der Er-

den aufwecken. Und werde darnach mit dieser meiner Haut umgeben werden und werde in meinem Fleisch Gott sehen.«

Zofars zweite Rede
(vgl. Kap 15; 18)

20 Da antwortete Zofar von Naama und
sprach:
2 Darum muß ich antworten, und des-
3 wegen kann ich nicht schweigen; denn
ich muß hören, wie man mich schmäht
und tadelt, aber der Geist aus meiner
4 Einsicht lehrt mich antworten. Weißt
du nicht, daß es allezeit so gegangen ist,
seitdem Menschen auf Erden gewesen
5 sind, daß das Frohlocken der Gottlosen
nicht lange währt und die Freude des
Ruchlosen nur einen Augenblick?
6 [a]Wenn auch sein Scheitel in den Him-
mel reicht und sein Haupt an die Wol-
7 ken rührt, so wird er doch für immer
[b]vergehen wie sein Kot, und die ihn ge-
sehen haben, werden sagen: Wo ist er?
8 Wie ein Traum wird er verfliegen und
nicht mehr zu finden sein und wie ein
9 Nachtgesicht verschwinden. Das Auge,
das ihn gesehen hat, wird ihn nicht
mehr sehen, und [c]seine Stätte wird ihn
10 nicht mehr schauen. Seine Söhne wer-
den bei den Armen betteln gehen, und
seine Hände müssen seine Habe wieder
11 hergeben. Sind auch seine Gebeine voll
Jugendkraft, so muß sie sich doch mit
ihm in den Staub legen.
12 Wenn ihm auch das Böse in seinem
Munde wohlschmeckt, daß er es birgt
13 unter seiner Zunge, daß er es hegt und
nicht losläßt und es zurückhält in sei-
14 nem Gaumen, so wird sich doch seine
Speise verwandeln in seinem Leibe und
15 wird Otterngift in seinem Bauch. Die
Güter, die er verschlungen hat, muß er
wieder ausspeien, und Gott treibt sie
16 aus seinem Bauch heraus. Er wird Ot-
terngift saugen, und die Zunge der
17 Schlange wird ihn töten. Er wird nicht
sehen die Ströme noch die Bäche, die
18 mit Honig und Milch fließen. Er wird
[d]erwerben und doch nichts davon ge-
nießen und über seine eingetauschten
19 Güter nicht froh werden. Denn er hat
unterdrückt und verlassen den Armen;
er hat Häuser an sich gerissen, die er
20 nicht erbaut hat. Denn sein Wanst
konnte nicht voll genug werden; mit
seinem köstlichen Gut wird er nicht
21 entrinnen. Nichts entging seiner Freß-
gier; darum wird sein gutes Leben kei-
22 nen Bestand haben. Wenn er auch die
Fülle und genug hat, wird ihm doch
angst werden; alle Gewalt der Mühsal
wird über ihn kommen. Es soll ge- 23
schehen: damit er genug bekommt,
wird Gott den Grimm seines Zorns
über ihn senden und wird über ihn reg-
nen lassen seine Schrecknisse. Flieht er 24
vor dem eisernen Harnisch, so wird ihn
der eherne Bogen durchbohren! Es 25
dringt das Geschoß aus seinem Rük-
ken, der Blitz des Pfeiles aus seiner Gal-
le; Schrecken fahren über ihn hin.[e]
Alle Finsternis ist für ihn aufgespart. 26
Es wird ihn [f]ein Feuer verzehren, das
keiner angezündet hat, und wer übrig-
geblieben ist in seiner Hütte, dem
wird's schlimm ergehen. Der Himmel 27
wird seine Schuld enthüllen, und die
Erde wird sich gegen ihn erheben. Sei- 28
ne Ernte wird weggeführt werden, zer-
streut am Tage seines Zorns.
Das ist der Lohn eines gottlosen 29
Menschen bei Gott und das Erbe, das
Gott ihm zugesprochen hat.

a (6 und 7) Ps 37,35-36 *b* Mi 7,10 *c* Ps 37,10
d 5.Mose 28,30-33 *e* 5.Mose 32,41
f 5.Mose 32,22

Hiobs zweite Antwort an Zofar

Hiob antwortete und sprach: 21
Hört doch meiner Rede zu und laßt 2
mir das eure Tröstung sein! Ertragt 3
mich, daß ich rede, und danach spottet
über mich! Geht denn gegen einen 4
Menschen meine Klage, oder warum
sollte ich nicht ungeduldig sein? Kehrt 5
euch her zu mir; ihr werdet erstarren
und [a]die Hand auf den Mund legen
müssen. Wenn ich daran denke, so er- 6
schrecke ich, und Zittern kommt mei-
nen Leib an.
Warum bleiben die Gottlosen am 7
Leben, werden alt und nehmen zu an
Kraft?[b] Ihr Geschlecht ist sicher um 8
sie her, und ihre Nachkommen sind bei
ihnen. Ihr Haus hat Frieden ohne 9
Furcht, und Gottes Rute ist nicht über
ihnen. Ihr Stier bespringt, und es miß- 10
rät nicht; ihre Kuh kalbt und wirft
nicht fehl. Ihre kleinen Kinder lassen 11
sie hinaus wie eine Herde, und ihre
Knaben springen umher. Sie jauchzen 12
mit Pauken und Harfen und sind fröh-
lich mit Flöten. Sie werden alt bei gu- 13
ten Tagen, und in Ruhe fahren sie hin-
ab zu den Toten, und doch sagen sie zu 14
Gott: [c]»Weiche von uns, wir wollen
von deinen Wegen nichts wissen! [d]Wer 15
ist der Allmächtige, daß wir ihm dienen
sollten? Oder was nützt es uns, wenn
wir ihn anrufen?« »Doch siehe, ihr 16

Glück steht nicht in ihren Händen, und
[e]der Rat der Gottlosen ist ferne von
mir.«
17 Wie oft geschieht's denn, daß die
Leuchte der Gottlosen verlischt und
ihr Unglück über sie kommt, daß Gott
Herzeleid über sie austeilt in seinem
18 Zorn, daß sie werden wie Stroh vor
dem Winde und wie [f]Spreu, die der
19 Sturmwind wegführt? [g]»Gott spart das
Unglück des Gottlosen auf für dessen
Kinder.« Er vergelte es ihm selbst, daß
20 er's spüre! Seine Augen mögen sein
Verderben sehen, und vom Grimm des
21 Allmächtigen möge er trinken! Denn
was liegt ihm an seinem Hause nach seinem Tode, wenn die Zahl seiner Monde zu Ende ist?
22 Wer will Gott Weisheit lehren, [h]der
23 auch die Hohen richtet? Der eine stirbt
frisch und gesund in allem Reichtum
24 und voller Genüge, sein Melkfaß ist
voll Milch, und sein Gebein wird ge-
25 mästet mit Mark; der andere aber stirbt
mit verbitterter Seele und hat nie vom
26 Glück gekostet – und doch [i]liegen beide miteinander in der Erde, und Gewürm deckt sie zu.
27 Siehe, ich kenne eure Gedanken und
eure Ränke, mit denen ihr mir Unrecht
28 antut. Denn ihr sprecht: »Wo ist das
Haus des Fürsten, und wo ist die Hütte,
29 in der die Gottlosen wohnten?« Habt
ihr nicht befragt, die des Weges kommen, und nicht auf ihre Zeichen geach-
30 tet, daß nämlich der Böse erhalten wird
am Tage des Verderbens und am Tage
31 des Grimms bleibt? Wer sagt ihm ins
Angesicht, was er verdient? Wer vergilt
32 ihm, was er getan hat? Wird er doch zu
Grabe geleitet, und man hält Wache
33 über seinem Hügel! Süß sind ihm die
Schollen des Grabes, und alle Menschen ziehen ihm nach, und die ihm vorangehen, sind nicht zu zählen.
34 Wie tröstet ihr mich mit Nichtigkeiten, und von euren Antworten bleibt nichts als Trug!

a Kap 40,4 *b* Jer 12,1 *c* Kap 22,17 *d* 2.Mose 5,2; 2.Kön 18,35; Ps 12,5; Dan 3,15 *e* Kap 22,18 *f* Ps 1,4 *g* Kap 20,10; 2.Mose 20,5 *h* Pred 5,7 *i* Kap 3,18.19

Des Elifas letzte Rede

22 Da antwortete Elifas von Teman und sprach:
2 Kann denn ein Mann Gott etwas
nützen? Nur sich selber nützt ein Klu-
3 ger. Meinst du, der Allmächtige habe
Vorteil davon, daß du gerecht bist?
Was hilft's ihm, selbst wenn deine
Wege ohne Tadel sind? Meinst du: er 4
wird dich wegen deiner Gottesfurcht
zurechtweisen und mit dir ins Gericht
gehen? Ist deine Bosheit nicht zu groß, 5
und sind deine Missetaten nicht ohne
Ende? Du hast deinem Bruder [a]ein 6
Pfand abgenommen ohne Grund, du
hast den [b]Nackten die Kleider entrissen; du hast die Durstigen nicht ge- 7
tränkt mit Wasser und hast dem Hungrigen dein Brot versagt;[c] dem Mächti- 8
gen gehört das Land, und sein Günstling darf darin wohnen; die Witwen 9
hast du leer weggehen lassen und die
Arme der Waisen zerbrochen.[d] Darum 10
bist du von Schlingen umgeben, und
Entsetzen hat dich plötzlich erschreckt.
Dein Licht ist Finsternis, so daß du 11
nicht sehen kannst, und die Wasserflut
bedeckt dich.
Ist Gott nicht hoch wie der Himmel? 12
Sieh die Sterne an, wie hoch sie sind!
Du sprichst zwar: »Was weiß Gott? 13
Sollte er durchs Gewölk hindurch richten können? Die Wolken sind seine 14
Hülle, daß er nicht sehen kann; er wandelt am Rande des Himmels.« Hältst du 15
den Weg der Vorzeit ein, auf dem die
Ungerechten gegangen sind, die [e]fort- 16
gerafft wurden, ehe es Zeit war, und
[f]das Wasser hat ihren Grund weggewaschen, die zu Gott sprachen: [g]»Heb 17
dich von uns!«? Was sollte der Allmächtige ihnen antun können? Hat er 18
doch ihr Haus mit Gütern gefüllt.
Aber: [h]»Der Rat der Gottlosen ist ferne
von mir.« Die [i]Gerechten werden's se- 19
hen und sich freuen, und der Unschuldige wird sie verspotten: »Ja, unser Wi- 20
dersacher ist vertilgt, und was er hinterließ, hat das Feuer verzehrt.«
So vertrage dich nun mit Gott und 21
mache Frieden; daraus wird dir viel
Gutes kommen. Nimm doch Weisung 22
an von seinem Munde und fasse seine
Worte in dein Herz. [j]Bekehrst du dich 23
zum Allmächtigen und demütigst du
dich und [k]tust das Unrecht weit weg
von deiner Hütte – wirf in den Staub 24
dein Gold und zu den Steinen der Bäche das Gold von Ofir –, so wird der 25
Allmächtige dein Gold sein und wie
Silber, das dir zugehäuft wird. Dann 26
wirst du deine Lust haben an dem Allmächtigen und dein Antlitz zu Gott erheben. Wenn du ihn bitten wirst, wird 27
er dich hören, und [l]du wirst deine Gelübde erfüllen. Was du dir vornimmst, 28
läßt er dir gelingen, und das Licht wird
auf deinen Wegen scheinen. Denn [m]er 29

erniedrigt die Hochmütigen; aber wer
seine Augen niederschlägt, dem hilft er.
30 Auch wer nicht unschuldig ist, wird er-
rettet werden; er wird errettet um der
Reinheit deiner Hände willen.[n]

a 2.Mose 22,25.26 *b* Kap 24,9.10 *c* Kap 31,17; Mt 25,42.43 *d* Kap 29,12.13 *e* Kap 15,32.33 *f* 1.Mose 7,21 *g* Kap 21,14 *h* Kap 21,16 *i* Ps 107,42 *j* Kap 8,5-7 *k* Kap 11,14.15 *l* Ps 50,14.15 *m* 1.Petr 5,5 *n* Ps 18,21.25; 2.Kor 5,21

Hiobs dritte Antwort an Elifas

23 Hiob antwortete und sprach:
2 Auch heute lehnt sich meine Klage
auf; seine Hand drückt schwer, daß ich
3 seufzen muß. Ach daß ich wüßte, wie
ich ihn finden und zu seinem Thron
4 kommen könnte! So würde ich ihm das
Recht darlegen und meinen Mund mit
5 Beweisen füllen und erfahren die Re-
den, die er mir antworten, und verneh-
6 men, was er mir sagen würde. Würde er
mit großer Macht mit mir rechten?
Nein, er selbst würde achthaben auf
7 mich. Dann würde ein Redlicher mit
ihm rechten, und für immer würde ich
8 entrinnen meinem Richter! Aber gehe
ich nun vorwärts, so ist er nicht da;
gehe ich zurück, so spüre ich ihn nicht.
9 Ist er zur Linken, so schaue ich ihn
nicht; verbirgt er sich zur Rechten, so
sehe ich ihn nicht.[a]
10 Er aber kennt meinen Weg gut. [b]Er
prüfe mich, so will ich erfunden werden
11 wie das Gold. Denn ich hielt meinen
Fuß auf seiner Bahn und bewahrte sei-
12 nen Weg und wich nicht ab und über-
trat nicht das Gebot seiner Lippen und
bewahrte die Reden seines Mundes bei
13 mir. Doch er ist der eine – wer will ihm
wehren? Und er macht's, wie er will.
14 Ja, er wird vollenden, was mir be-
stimmt ist, und hat noch mehr derart
15 im Sinn. Darum erschrecke ich vor sei-
nem Angesicht, und wenn ich darüber
nachdenke, so fürchte ich mich vor
16 ihm. Gott ist's, der mein Herz mutlos
gemacht, und der Allmächtige, der
17 mich erschreckt hat; denn nicht der
Finsternis wegen muß ich schweigen,
und nicht, weil Dunkel mein Angesicht
deckt.

24 Warum sind von dem Allmächtigen
nicht Zeiten vorbehalten, und [c]warum
sehen, die ihn kennen, seine Tage
2 nicht? Die Gottlosen [d]verrücken die
Grenzen, rauben die Herde und weiden
3 sie. Sie treiben den Esel der Waisen
weg und nehmen das Rind der Witwe
4 zum Pfande. Sie stoßen die Armen vom
Wege, und die Elenden im Lande müs-
sen sich verkriechen. Siehe, sie sind wie 5
Wildesel: in der Wüste gehen sie an ihr
Werk und suchen Nahrung in der Ein-
öde, als Speise für ihre Kinder. Sie ern- 6
ten des Nachts auf dem Acker und hal-
ten Nachlese im Weinberg des Gottlo-
sen. Sie liegen in der Nacht nackt ohne 7
Gewand und haben keine Decke im
Frost. Sie triefen vom Regen in den 8
Bergen; sie müssen sich an die Felsen
drücken, weil sie sonst keine Zuflucht
haben. Man reißt das Waisenkind von 9
der Mutterbrust und nimmt den Säug-
ling der Armen zum Pfande. [e]Nackt ge- 10
hen sie einher ohne Kleider, und hung-
rig tragen sie Garben. Gleich in den 11
Gärten pressen sie Öl, sie treten die
Kelter und leiden doch Durst.[f] Fern 12
der Stadt seufzen Sterbende, und die
Seele der Säuglinge schreit. Doch Gott
achtet nicht darauf!
Sie sind Feinde des Lichts gewor- 13
den, kennen Gottes Weg nicht und
bleiben nicht auf seinen Pfaden. Wenn 14
der Tag anbricht, steht der Mörder auf
und erwürgt den Elenden und Armen,
und des Nachts schleicht der Dieb. Das 15
Auge des Ehebrechers lauert auf das
Dunkel, und er denkt: [g]»Mich sieht
kein Auge!« und verdeckt sein Antlitz.
Im Finstern bricht man in die Häuser 16
ein; am Tage verbergen sie sich und
scheuen alle das Licht. Ja, als Morgen 17
gilt ihnen allen die Finsternis, denn sie
sind bekannt mit den Schrecken der
Finsternis.
Er fährt leicht wie auf dem Wasser 18
dahin, verflucht wird sein Acker im
Lande, und man wendet sich seinem
Weinberg nicht zu. Der Tod nimmt 19
weg, die da sündigen, wie die Hitze und
Dürre das Schneewasser verzehrt. Der 20
Mutterschoß vergißt ihn; die Würmer
laben sich an ihm. An ihn denkt man
nicht mehr; so zerbricht Frevel wie
Holz. Er hat bedrückt die Unfruchtba- 21
re, die nicht gebar, und hat der Witwe
nichts Gutes getan.
Gott rafft die Gewalttätigen hin 22
durch seine Kraft; steht er auf, so müs-
sen sie am Leben verzweifeln. Er gibt 23
ihnen, daß sie sicher sind und eine
Stütze haben, doch seine Augen wa-
chen über ihren Wegen. Sie sind hoch 24
erhöht; aber nach einer kleinen Weile
sind sie nicht mehr da; sie sinken hin
und werden hinweggerafft wie alle; wie
die Spitzen der Ähren werden sie abge-
schnitten. Ist's nicht so? Wer will mich 25

Lügen strafen und erweisen, daß meine
Rede nichts sei?

a Kap 42,5 *b* Ps 17,3; 139,23.24 *c* Pred 3,11; 8,6
d 5.Mose 27,17 *e* Jes 58,7 *f* Jak 5,4 *g* Ps 10,11

Bildads letzte Rede

25 Da antwortete Bildad von Schuach und
sprach:
2 Herrschaft und Schrecken ist bei
ihm, der Frieden schafft in seinen Hö-
3 hen. Wer will seine Scharen zählen?
Und über wem geht sein Licht nicht
4 auf? Und [a]wie kann ein Mensch ge-
recht sein vor Gott? Und wie kann rein
5 sein ein vom Weibe Geborener? Siehe,
auch der Mond scheint nicht hell, und
[b]die Sterne sind nicht rein vor seinen
6 Augen – wieviel weniger der Mensch,
eine Made, und das Menschenkind, ein
[c]Wurm!

a Kap 9,2; Ps 143,2 *b* Kap 15,15 *c* Jes 41,14

Hiobs dritte Antwort an Bildad

26 Hiob antwortete und sprach:
2 Wie sehr stehst du dem bei, der keine
Kraft hat, hilfst du dem, der keine Stär-
3 ke in den Armen hat! Wie gibst du Rat
dem, der keine Weisheit hat, und lehrst
4 ihn Einsicht in Fülle! Mit wessen Hilfe
redest du? Und wessen Geist geht von
dir aus?
5 Die Schatten drunten erbeben, das
6 Wasser und die darin wohnen. [a]Das
Totenreich ist aufgedeckt vor ihm, und
7 der [b]Abgrund hat keine Decke. Er
spannt den Norden aus über dem Lee-
ren und hängt die Erde über das
8 Nichts. Er faßt das Wasser zusammen
in seine Wolken, und die Wolken zer-
9 reißen darunter nicht. Er verhüllt sei-
nen Thron und breitet seine Wolken
10 davor. Er hat am Rande des Wassers
eine Grenze gezogen, wo Licht und
11 Finsternis sich scheiden. Die Säulen
des Himmels zittern und entsetzen sich
12 vor seinem Schelten. Durch seine Kraft
hat er das Meer erregt, und durch seine
Einsicht hat er [c]Rahab* zerschmettert.
13 Am Himmel wurde es schön durch sei-
nen Wind, und seine Hand durchbohr-
14 te die [d]flüchtige Schlange. Siehe, das
sind nur die Enden seiner Wege, und
nur ein leises Wörtlein davon haben wir
vernommen. Wer will aber den Donner
seiner Macht verstehen?

27 Und Hiob fuhr fort mit seinem
Spruch und sprach:
2 So wahr Gott lebt, der mir mein
Recht verweigert, und der Allmächtige,
3 der meine Seele betrübt – solange noch
mein Odem in mir ist und der Hauch
von Gott in meiner Nase –: meine Lip- 4
pen reden nichts Unrechtes, und meine
Zunge sagt keinen Betrug.[e] Das sei fer- 5
ne von mir, daß ich euch recht gebe; bis
mein Ende kommt, will ich nicht wei-
chen von meiner Unschuld. An meiner 6
Gerechtigkeit halte ich fest und lasse sie
nicht; [f]mein Gewissen beißt mich
nicht wegen eines meiner Tage. Mei- 7
nem Feind soll es gehen wie dem Gott-
losen und dem, der sich gegen mich
auflehnt, wie dem Ungerechten. Denn 8
was ist die Hoffnung des Ruchlosen,
[g]wenn Gott mit ihm ein Ende macht
und seine Seele von ihm fordert?
Meinst du, daß Gott sein Schreien hö- 9
ren wird, wenn die Angst über ihn
kommt? Oder kann er an dem Allmäch- 10
tigen seine Lust haben und Gott alle-
zeit anrufen?
Ich will euch über Gottes Tun beleh- 11
ren, und wie der Allmächtige gesinnt
ist, will ich nicht verhehlen. Siehe, ihr 12
habt es selber gesehen; warum bringt
ihr dann so unnütze Dinge vor? [h]Das 13
ist der Lohn eines gottlosen Menschen
bei Gott und das Erbe der Tyrannen,
das sie vom Allmächtigen bekommen:
werden seine Söhne groß, so werden sie 14
eine Beute des Schwerts; und seine
Nachkommen werden an Brot nicht
satt.[i] Die ihm übrigbleiben, wird der 15
Tod ins Grab bringen, und seine Wit-
wen werden nicht weinen. Wenn er 16
Geld zusammenbringt wie Staub und
schafft Kleider an, wie man Lehm auf-
häuft, so wird er's zwar anschaffen, 17
aber der Gerechte wird's anziehen, und
dem Unschuldigen wird das Geld zu-
teil. Er baut sein Haus wie eine Spinne 18
und wie ein Wächter eine Hütte macht.
Reich legt er sich nieder, aber wird's 19
nicht noch einmal tun können; tut er
seine Augen auf, dann ist nichts mehr
da. Es wird ihn Schrecken überfallen 20
wie Wasserfluten; des Nachts nimmt
ihn der Sturmwind fort. Der Ostwind 21
wird ihn wegführen, daß er dahinfährt,
und wird ihn von seinem Ort hinweg-
wehen. Das wird er über ihn bringen 22
und ihn nicht schonen; vor seiner Ge-
walt muß er immer wieder fliehen. Man 23
wird über ihn mit den Händen klat-
schen und über ihn zischen, wo er ge-
wesen ist.

a Ps 139,8; Spr 15,11; Am 9,2 *b* Offb 9,1
c Kap 9,13; Ps 89,11 *d* Jes 27,1 *e* Ps 34,14
f Apg 24,16; 1.Kor 4,4 *g* Lk 12,20 *h* *(13-17)*
Spr 13,22; Pred 2,26 *i* Kap 21,19
*Kap 26, 12: d.i. der Drache der Urzeit.

Das Lied von der Weisheit Gottes

28 Es hat das Silber seine Gänge und das
Gold seinen Ort, wo man es läutert.
2 Eisen bringt man aus der Erde, und aus
dem Gestein schmilzt man Kupfer.
3 Man macht der Finsternis ein Ende,
und bis ins Letzte erforscht man das
Gestein, das im Dunkel tief verborgen
4 liegt. Man bricht einen Schacht fern
von da, wo man wohnt; vergessen, ohne
Halt für den Fuß, hängen und schwe-
5 ben sie, fern von den Menschen. Man
zerwühlt wie Feuer unten die Erde, auf
6 der doch oben das Brot wächst. Man
findet Saphir in ihrem Gestein, und es
7 birgt Goldstaub. Den Steig dahin hat
kein Geier erkannt und kein Falkenau-
8 ge gesehen. Das stolze Wild hat ihn
nicht betreten, und kein Löwe ist dar-
9 auf gegangen. Auch legt man die Hand
an die Felsen und gräbt die Berge von
10 Grund aus um. Man bricht Stollen
durch die Felsen, und alles, was kostbar
11 ist, sieht das Auge. Man wehrt dem
Tröpfeln des Wassers und bringt, was
12 verborgen ist, ans Licht. Wo will man
aber die Weisheit finden? Und wo ist
die Stätte der Einsicht?
13 Niemand weiß, was sie wert ist, und
sie wird nicht gefunden im Lande der
14 Lebendigen. Die Tiefe spricht: »In mir
ist sie nicht«; und das Meer spricht:
15 »Bei mir ist sie auch nicht.« Man kann
nicht Gold für sie geben noch Silber
16 darwägen, sie zu bezahlen.[a] Ihr gleicht
nicht Gold von Ofir oder kostbarer
17 Onyx und Saphir. Gold und edles Glas
kann man ihr nicht gleichachten noch
sie eintauschen um güldnes Kleinod.
18 Korallen und Kristall achtet man gegen
sie nicht; wer Weisheit erwirbt, hat
19 mehr als Perlen. Topas aus Kusch wird
ihr nicht gleich geschätzt, und das rein-
20 ste Gold wiegt sie nicht auf. Woher
kommt denn die Weisheit? Und wo ist
die Stätte der Einsicht?
21 Sie ist verhüllt vor den Augen aller
Lebendigen, auch verborgen den Vö-
22 geln unter dem Himmel. Der Abgrund
und der Tod sprechen: »Wir haben mit
unsern Ohren nur ein Gerücht von ihr
23 gehört.« [b]Gott weiß den Weg zu ihr, er
24 allein kennt ihre Stätte. Denn er sieht
die Enden der Erde und schaut alles,
25 was unter dem Himmel ist. Als er dem
Wind sein Gewicht gegeben und dem
26 Wasser sein Maß gesetzt, als er dem
Regen ein Gesetz gegeben hat und dem
27 Blitz und Donner den Weg: damals
schon sah er sie und verkündigte sie,
bereitete sie und ergründete sie und 28
sprach zum Menschen: *Siehe, [c]die
Furcht des Herrn, das ist Weisheit, und
meiden das Böse, das ist Einsicht.*

a Spr 3,13-15 *b (23-28)* Spr 8,22-31 *c* Ps 111,10; Spr 1,7

Hiobs früheres Glück

Und Hiob hob abermals an mit seinem 29
Spruch und sprach:
O daß ich wäre wie in den früheren 2
Monden, in den Tagen, da Gott mich
behütete, da seine Leuchte über mei- 3
nem Haupt schien und ich [a]bei seinem
Licht durch die Finsternis ging! Wie 4
war ich in der Blüte meines Lebens,
[b]als Gottes Freundschaft über meiner
Hütte war, als der Allmächtige noch 5
mit mir war und meine Kinder um
mich her, als ich meine Tritte wusch in 6
Milch und die Felsen Ölbäche ergos-
sen! Wenn ich ausging zum Tor der 7
Stadt und meinen Platz auf dem Markt
einnahm, dann sahen mich die Jungen 8
und verbargen sich scheu, und die Al-
ten standen vor mir auf, die Oberen 9
hörten auf zu reden und legten ihre
Hand auf ihren Mund, die Fürsten 10
hielten ihre Stimme zurück, und ihre
Zunge klebte an ihrem Gaumen. Denn 11
wessen Ohr mich hörte, der pries mich
glücklich, und wessen Auge mich sah,
der rühmte mich.
Denn ich errettete den Armen, der 12
da schrie, und die Waise, die keinen
Helfer hatte.[c] Der Segen des Verlasse- 13
nen kam über mich, und ich erfreute
das Herz der Witwe. Gerechtigkeit war 14
mein Kleid, das ich anzog, und mein
Recht war mir Mantel und Kopfbund.
Ich war des Blinden Auge und des Lah- 15
men Fuß. Ich war [d]ein Vater der Ar- 16
men, und der Sache des Unbekannten
nahm ich mich an. Ich zerbrach die 17
Kinnbacken des Ungerechten und riß
ihm den Raub aus den Zähnen. Ich 18
dachte: Ich werde in meinem Nest ver-
scheiden und meine Tage so zahlreich
machen wie Sand am Meer; meine 19
Wurzel reiche zum Wasser hin, und der
Tau bleibe auf meinen Zweigen; meine 20
Ehre bleibe immer frisch bei mir, und
mein Bogen sei immer stark in meiner
Hand.
Sie hörten mir zu und schwiegen und 21
warteten auf meinen Rat. Nach meinen 22
Worten redete niemand mehr, und
meine Rede troff auf sie nieder. Sie 23
warteten auf mich wie auf den Regen

und sperrten ihren Mund auf wie nach
24 Spätregen. Wenn ich ihnen zulachte, so
faßten sie Vertrauen, und das Licht
meines Angesichts tröstete die Trau-
25 ernden. Wenn ich zu ihnen kommen
wollte, so mußte ich obenan sitzen und
thronte wie ein König unter der Schar.

a Ps 18,29 *b* Ps 25,14 *c* Kap 31,16; 2.Mose 22,21.22 *d* Kap 31,18

Hiobs jetziges Unglück

30 Jetzt aber [a]verlachen mich, die jünger
sind als ich, deren Väter ich nicht wert
geachtet hätte, sie zu meinen Hunden
2 bei der Herde zu stellen, deren Stärke
ich für nichts hielt, denen die Kraft da-
3 hinschwand; die vor Hunger und Man-
gel erschöpft sind, die das dürre Land
4 abnagen, die Wüste und Einöde; die da
Melde sammeln bei den Büschen, und
5 Ginsterwurzel ist ihre Speise. Aus der
Menschen Mitte werden sie weggetrie-
ben; man schreit ihnen nach wie einem
6 Dieb; an den Hängen der Täler woh-
nen sie, in den Löchern der Erde und
7 in Steinklüften; zwischen den Büschen
schreien sie, und unter den Disteln
8 sammeln sie sich – gottloses Volk und
Leute ohne Namen, die man aus dem
Lande weggejagt hatte.

9 Jetzt bin ich [b]ihr Spottlied geworden
und muß ihnen zum Gerede dienen.
10 Sie verabscheuen mich und halten sich
ferne von mir und scheuen sich nicht,
[c]vor meinem Angesicht auszuspeien.
11 Er hat mein Seil gelöst und mich gede-
mütigt und den Zaum weggetan, an
12 dem er mich hielt. Zur Rechten hat sich
eine Schar gegen mich erhoben, sie ha-
ben meinen Fuß weggestoßen und ha-
ben gegen mich Wege angelegt, mich
13 zu verderben. Sie haben meine Pfade
aufgerissen, zu meinem Fall helfen sie;
14 keiner gebietet ihnen Einhalt. Sie kom-
men wie durch eine breite Bresche her-
ein, wälzen sich unter den Trümmern
15 heran. Schrecken hat sich gegen mich
gekehrt und hat verjagt wie der Wind
meine Herrlichkeit, und wie eine Wol-
ke zog mein Glück vorbei.

16 Jetzt aber zerfließt meine Seele in
mir, und Tage des Elends haben mich
17 ergriffen. Des Nachts bohrt es in mei-
nem Gebein, und die Schmerzen, die
18 an mir nagen, schlafen nicht. Mit aller
Gewalt wird mein Kleid entstellt, wie
der Kragen meines Hemdes würgt es
19 mich.[d] Man hat mich in den Dreck ge-
worfen, daß ich gleich bin dem Staub
20 und der Asche. Ich [e]schreie zu dir, aber
du antwortest mir nicht; ich stehe da,
aber du achtest nicht auf mich. Du hast 21
dich mir verwandelt in einen Grausa-
men und streitest gegen mich mit der
Stärke deiner Hand. Du hebst mich auf 22
und läßt mich auf dem Winde dahin-
fahren und vergehen im Sturm. Denn 23
ich weiß, du wirst mich zum Tod gehen
lassen, zum Haus, da alle Lebendigen
zusammenkommen.

Aber wird man nicht die Hand aus- 24
strecken unter Trümmern und nicht
schreien in der Not? Ich weinte ja über 25
die harte Zeit, und meine Seele grämte
sich über das Elend. Ich wartete auf das 26
Gute, und es kam das Böse; ich hoffte
auf Licht, und es kam Finsternis. In 27
mir kocht es und hört nicht auf; mich
haben überfallen Tage des Elends. Ich 28
gehe schwarz einher, doch nicht von
der Sonne; ich stehe auf in der Ge-
meinde und schreie. Ich bin ein Bruder 29
der Schakale geworden und ein Geselle
der Strauße. Meine Haut ist schwarz 30
geworden und löst sich ab von mir, und
meine Gebeine sind verdorrt vor hitzi-
gem Fieber. Mein Harfenspiel ist zur 31
Klage geworden, und mein Flötenspiel
zum Trauerlied.

a Kap 19,18 *b* Ps 69,13; Klgl 3,63 *c* Kap 17,6; Mt 26,67 *d* Kap 7,5; 16,8 *e* Kap 19,7; Ps 22,3

Hiobs Reinigungseid und Appell an Gott

Ich hatte einen Bund gemacht mit mei- 31
nen Augen, [a]daß ich nicht lüstern
blickte auf eine Jungfrau. Was gäbe 2
sonst mir Gott als Teil von oben und
was für ein Erbe der Allmächtige aus
der Höhe? Wäre es nicht Verderben für 3
den Ungerechten und Unglück für den
Übeltäter? Sieht er nicht meine Wege 4
und zählt alle meine Schritte?[b] Bin ich 5
gewandelt in Falschheit, oder ist mein
Fuß geeilt zum Betrug? Gott möge 6
mich wiegen auf rechter Waage, so wird
er erkennen meine Unschuld!

Ist mein Gang gewichen vom Wege 7
und mein Herz meinen Augen nachge-
folgt und blieb etwas hängen an meinen
Händen, so [c]will ich säen, aber ein an- 8
derer soll es essen, und was mir ge-
wachsen ist, soll entwurzelt werden.

Hat sich mein Herz betören lassen 9
um eines Weibes willen und hab ich an
meines Nächsten Tür gelauert, so soll 10
mein Weib einem andern mahlen, und
andere sollen sich über sie beugen.[d]
Denn das ist eine Schandtat und eine 11
Schuld, [e]die vor die Richter gehört. Ja, 12

das ist ein Feuer, das bis in den Ab-
grund frißt und alle meine Habe bis auf
die Wurzel vernichtet.
13 Hab ich mißachtet das Recht meines
Knechts oder meiner Magd, wenn sie
14 eine Sache wider mich hatten, was
wollte ich tun, wenn Gott sich erhebt,
und was würde ich antworten, wenn er
15 nachforscht? Hat nicht [f]auch ihn er-
schaffen, der mich im Mutterleibe
schuf, hat nicht der *Eine* uns im Mut-
terschoß bereitet?
16 Hab ich [g]den Bedürftigen ihr Begeh-
ren versagt und die Augen der Witwe
17 verschmachten lassen? [h]Hab ich mei-
nen Bissen allein gegessen, und hat
nicht die Waise auch davon gegessen?
18 Nein, ich habe sie von Jugend auf ge-
halten wie ein Vater, und ich habe sie
19 von Mutterleib an geleitet.[i] Hab ich zu-
gesehen, wie jemand ohne Kleid ver-
kommen ist, und den Armen ohne Dek-
20 ke gehen lassen? Hat er mich nicht ge-
segnet, wenn er von der Wolle meiner
21 Lämmer erwärmt wurde? Hab ich mei-
ne Hand gegen eine Waise erhoben,
weil ich sah, daß ich [j]im Tor Helfer
22 hatte, so falle meine Schulter vom Nak-
ken und mein Arm breche aus dem Ge-
23 lenk! Denn ich müßte Gottes Strafe
über mich fürchten und könnte seine
Hoheit nicht ertragen.
24 Hab ich das Gold zu meiner Zuver-
sicht gemacht und [k]zum Feingold ge-
25 sagt: »Mein Trost«? Hab ich mich ge-
freut, daß ich großes Gut besaß und
meine Hand so viel erworben hatte?
26 Hab ich das Licht angesehen, wenn es
hell leuchtete, und den Mond, wenn er
27 herrlich dahinzog,[l] daß mich mein
Herz heimlich betört hätte, ihnen Küs-
28 se zuzuwerfen mit meiner Hand? Das
wäre auch eine Missetat, die vor die
Richter gehört; denn damit hätte ich
verleugnet Gott in der Höhe.
29 Hab ich mich [m]gefreut, wenn's mei-
nem Feinde übel ging, und [n]mich erho-
ben, weil ihn Unglück getroffen hatte?
30 Nein, ich ließ meinen Mund nicht sün-
digen, daß ich [o]verwünschte mit einem
31 Fluch seine Seele. Haben nicht die
Männer in meinem Zelt sagen müssen:
»Wo ist einer, der nicht satt geworden
32 wäre von seinem Fleisch?« Kein Frem-
der durfte draußen zur Nacht bleiben,
sondern meine Tür tat ich dem Wande-
rer auf.[p]
33 Hab ich meine Übertretungen, wie
Menschen tun, zugedeckt, um heimlich
34 meine Schuld zu verbergen, weil ich
mir grauen ließ vor der großen Menge
und die Verachtung der Sippen mich
abgeschreckt hat, so daß ich still blieb
und nicht zur Tür hinausging?
*Hat mein Acker wider mich ge- 38
schrien und haben miteinander seine
Furchen geweint, hab ich seine Früchte 39
unbezahlt gegessen und seinen Acker-
leuten das Leben sauer gemacht, so sol- 40a
len mir Disteln wachsen statt Weizen
und Unkraut statt Gerste.
O hätte ich einen, der mich anhört – 35
hier meine Unterschrift! der Allmäch-
tige antworte mir! –, oder die Schrift,
die mein Verkläger geschrieben![q]
Wahrlich, dann wollte ich sie auf meine 36
Schulter nehmen und wie eine Krone
tragen. Ich wollte alle meine Schritte 37
ihm ansagen und wie ein Fürst ihm na-
hen.
Die Worte Hiobs haben ein Ende. 40b

a Mt 5,28.29 *b* Kap 23,10 *c* 3.Mose 26,16
d 2.Sam 12,11 *e* 5.Mose 22,22 *f* Spr 14,31;
Mt 25,40 *g* Kap 29,12 *h* *(17-20)* Jes 58,7
i Kap 29,16 *j* Rut 4,1-11 *k* Ps 52,9
l 5.Mose 4,19 *m* Spr 24,17 *n* Ps 7,5; 35,13.14
o 1.Petr 3,9 *p* Ri 19,20.21; 1.Petr 4,9; Hebr 13,2
q Kap 23,3-7
*Verse 38-40b: Der Zusammenhang erfordert die hier vorgenommene Umstellung der Verse.

Die Reden des Elihu
(Kap 32-37)

Elihus erste Rede

Da hörten die drei Männer auf, Hiob zu 32
antworten, weil er sich für gerecht hielt.
Aber Elihu, der Sohn Barachels des 2
[a]Busiters, aus dem Geschlecht Ram,
ward zornig. Er ward zornig über Hiob,
weil [b]er sich selber für gerechter hielt
als Gott. Auch ward er zornig über sei-
ne drei Freunde, weil sie keine Antwort 3
fanden und [c]doch Hiob verdammten.
Elihu aber hatte gewartet, bis sie mit 4
Hiob geredet hatten, weil sie älter wa-
ren als er. Als Elihu nun sah, daß keine 5
Antwort war im Munde der drei Män-
ner, ward er zornig. Und Elihu, der 6
Sohn Barachels des Busiters, hob an
und sprach:
Ich bin jung an Jahren, ihr aber seid
alt; darum hab ich mich gescheut und
gefürchtet, mein Wissen euch kundzu-
tun. Ich dachte: [d]Laß das Alter reden, 7
und die Menge der Jahre laß Weisheit
beweisen. Aber der Geist ist es in den 8
Menschen und der Odem des Allmäch-
tigen, der sie verständig macht. Die Be- 9
tagten sind nicht die Weisesten, und die

Alten verstehen nicht, was das Rechte
10 ist. Darum sage ich: Hört mir zu; auch
ich will mein Wissen kundtun.
11 Siehe, ich habe gewartet, bis ihr ge-
redet hattet; ich habe aufgemerkt auf
eure Einsicht, bis ihr die rechten Worte
12 treffen würdet, und habe achtgehabt
auf euch; aber siehe, da war keiner un-
ter euch, der Hiob zurechtwies oder
13 seiner Rede antwortete. Sagt nur nicht:
»Wir haben Weisheit gefunden; Gott
muß ihn schlagen und nicht ein
14 Mensch.« Mich haben seine Worte
nicht getroffen, und mit euren Reden
will ich ihm nicht antworten.
15 Ach! Betroffen stehen sie da und
können nicht mehr antworten; sie wis-
16 sen nichts mehr zu sagen. Und da soll
ich warten, weil sie nicht mehr reden,
weil sie dastehen und nicht mehr ant-
17 worten? Auch ich will mein Teil ant-
worten und will mein Wissen kundtun!
18 Denn ich bin voll von Worten, weil
mich der Geist in meinem Inneren be-
19 drängt. Siehe, mein Inneres ist wie der
Most, den man nicht herausläßt und
20 der die neuen Schläuche zerreißt. Ich
muß reden, daß ich mir Luft mache, ich
muß meine Lippen auftun und antwor-
21 ten. Vor mir soll kein Ansehen der Per-
son gelten, und ich will keinem Men-
22 schen schmeicheln. Denn ich weiß
nicht zu schmeicheln; sonst würde
mich mein Schöpfer bald dahinraffen.

33 Höre doch, Hiob, meine Rede und
2 merke auf alle meine Worte! Siehe, ich
tue meinen Mund auf, und meine Zun-
3 ge redet in meinem Munde. Mein Herz
spricht aufrichtige Worte, und meine
4 Lippen reden lautere Erkenntnis. Der
Geist Gottes hat mich gemacht, und
der Odem des Allmächtigen hat mir das
5 Leben gegeben. Kannst du, so antwor-
te mir; rüste dich gegen mich und stelle
6 dich. Siehe, vor Gott bin ich wie du,
und [e]aus Erde bin auch ich gemacht.
7 Siehe, du brauchst vor mir nicht zu er-
schrecken, und mein Drängen soll
nicht auf dir lasten.
8 Du hast geredet vor meinen Ohren,
den Ton deiner Reden höre ich noch:
9 »Ich bin rein, ohne Missetat, unschul-
10 dig und habe keine Sünde.[f] Siehe, Gott
erfindet Vorwürfe wider mich, [g]er be-
11 trachtet mich als seinen Feind; er [h]hat
meine Füße in den Block gelegt und hat
12 acht auf alle meine Wege.« Siehe, darin
hast du nicht recht, muß ich dir ant-
worten; denn Gott ist mehr als ein
13 Mensch. Warum willst du mit ihm ha-
dern, weil er auf Menschenworte nicht
Antwort gibt? Denn auf eine Weise re- 14
det Gott und auf eine zweite; nur be-
achtet man's nicht. Im [i]Traum, im 15
Nachtgesicht, wenn der Schlaf auf die
Menschen fällt, wenn sie schlafen auf
dem Bett, da [j]öffnet er das Ohr der 16
Menschen und schreckt sie auf und
warnt sie, damit er den Menschen von 17
seinem Vorhaben abwende und von
ihm die Hoffart tilge und bewahre seine 18
Seele vor dem Verderben und sein Le-
ben vor des Todes Geschoß. Auch 19
warnt er ihn durch Schmerzen auf sei-
nem Bett und durch heftigen Kampf in
seinen Gliedern und richtet ihm sein 20
Leben so zu, daß ihm vor der Speise
ekelt, und seine Seele, daß sie nicht
Lust hat zu essen. Sein Fleisch schwin- 21
det dahin, daß man's nicht ansehen
kann, und seine Knochen stehen her-
aus, daß man lieber wegsieht; so nähert 22
er sich der Grube und sein Leben den
Toten.
Kommt dann zu ihm ein Engel, ein 23
Mittler, einer aus tausend, kundzutun
dem Menschen, was für ihn recht ist, so 24
wird er ihm gnädig sein und sagen: »Er-
löse ihn, daß er nicht hinunterfahre zu
den Toten; denn [k]ich habe ein Löse-
geld gefunden. Sein Fleisch blühe wie- 25
der wie in der Jugend, und [l]er soll wie-
der jung werden.« Er wird Gott bitten, 26
und der wird ihm Gnade erweisen und
wird ihn sein Antlitz sehen lassen mit
Freuden und wird dem Menschen sei-
ne Gerechtigkeit zurückgeben. Er wird 27
vor den Leuten lobsingen und sagen:
»Ich hatte gesündigt und das Recht ver-
kehrt, aber es ist mir nicht vergolten
worden. Gott hat mich erlöst, daß ich 28
nicht hinfahre zu den Toten, sondern
mein Leben das Licht sieht.« Siehe, das 29
alles tut Gott zwei- oder dreimal mit
einem jeden, daß er sein Leben zurück- 30
hole von den Toten und erleuchte ihn
mit dem Licht der Lebendigen.[m]
Merk auf, Hiob, und höre mir zu und 31
schweige, damit ich reden kann! Hast 32
du aber etwas zu sagen, so antworte
mir. Sage an, ich will dir gern recht ge-
ben! Hast du aber nichts, so höre mir zu 33
und schweige; ich will dich Weisheit
lehren.

a 1.Mose 22,21 *b* Kap 13,18; 19,6.7; 27,5.6
c Kap 15,4; 18,21; 20,29; 22,5 *d* Kap 12,12
e Kap 10,9 *f* Kap 16,17; 27,6; 31,1-40
g Kap 13,24; 19,11 *h* Kap 13,27 *i* Kap 4,12-16
j Kap 36,10 *k* Ps 49,8-11 *l* Ps 103,5 *m* Ps 56,14; 103,4; 116,9

Elihus zweite Rede

34 Und Elihu hob an und sprach:
2 Höret, ihr Weisen, meine Rede, und
ihr Verständigen, merkt auf mich!
3 Denn das Ohr prüft die Rede, wie der
4 Gaumen die Speise schmeckt.[a] Laßt
uns ein Urteil finden, daß wir mitein-
5 ander erkennen, was gut ist. Denn Hiob
hat gesagt: [b]»Ich bin gerecht, doch
6 [c]Gott verweigert mir mein Recht; ich
soll [d]lügen, obwohl ich recht habe, und
mich quält der [e]Pfeil, der mich traf, ob-
7 wohl ich doch ohne Schuld bin.« Wo ist
so ein Mann wie Hiob, der [f]Hohn
8 trinkt wie Wasser und [g]auf dem Wege
geht mit den Übeltätern und wandelt
9 mit den gottlosen Leuten? Denn er hat
gesagt: »Es nützt dem Menschen
nichts, wenn er Gottes Wohlgefallen
sucht.«[h]
10 Darum hört mir zu, ihr weisen Män-
ner: [i]Es sei ferne, daß Gott sollte gott-
los handeln und der Allmächtige unge-
11 recht; sondern *er vergilt dem Menschen,*
wie er verdient hat, und trifft einen jeden
12 *nach seinem Tun.*[j] Ohne Zweifel, [k]*Gott*
tut niemals Unrecht, und der Allmächtige
13 *beugt das Recht nicht.* – Wer hat ihm die
Erde anvertraut? Und wer hat den gan-
14 zen Erdkreis hingestellt? Wenn er nur
an sich dächte, seinen Geist und Odem
15 an sich zöge, so würde alles Fleisch mit-
einander vergehen, und der Mensch
würde wieder zu Staub werden.[l]
16 Hast du nun Verstand, so höre das
und merke auf die Stimme meiner Re-
17 den! Kann denn regieren, wer das
Recht hasset? Oder willst du den ver-
dammen, der gerecht und allmächtig
18 ist, der zum König sagt: »Du heilloser
Mann« und zu den Fürsten: »Ihr Gott-
19 losen«, der nicht ansieht die Person der
Fürsten und achtet den Vornehmen
nicht mehr als den Armen? Denn sie
20 sind alle seiner Hände Werk. Plötzlich
müssen die Leute sterben und zu Mit-
ternacht erschrecken und vergehen; die
Mächtigen werden weggenommen oh-
21 ne Menschenhand. Denn seine Augen
sehen auf eines jeden Weg, und er
22 schaut auf alle ihre Schritte.[m] Es [n]gibt
keine Finsternis und kein Dunkel, wo
sich verbergen könnten die Übeltäter.
23 Denn es wird niemand gesagt, wann er
vor Gott zum Gericht erscheinen muß.
24 Er bringt die Stolzen um, ohne sie erst
zu verhören, und stellt andere an ihre
25 Stelle; denn er kennt ihre Werke, und
er stürzt sie des Nachts, daß sie zer-
schlagen werden. Er urteilt sie ab wie 26
die Gottlosen an einem Ort, wo viele es
sehen, weil sie von ihm gewichen sind 27
und verstanden keinen seiner Wege, so 28
daß das Schreien der Armen vor ihn
kommen mußte und [o]er das Schreien
der Elenden hörte. – Wenn er sich aber 29
ruhig hält, wer will ihn verdammen?
Und wenn er das Antlitz verbirgt, wer
kann ihn schauen unter allen Völkern
und Leuten? – So läßt er denn nicht 30
einen Gottlosen regieren, der ein Fall-
strick ist für das Volk.
Wenn einer zu Gott sagt: »Ich hab's 31
getragen*, ich will kein Unrecht mehr
tun. Was ich nicht sehe, das lehre du 32
mich; hab ich unrecht gehandelt, ich
will's nicht mehr tun«, soll er dann nach 33
deinem Sinn vergelten, weil du ja wi-
derrufen hast? Denn du hast zu wählen
und nicht ich, und was du erkannt, sage
an!
Verständige Leute werden zu mir sa- 34
gen und ein weiser Mann, der mir zu-
hört: »Hiob [p]redet mit Unverstand, 35
und seine Worte sind nicht klug.« Oh, 36
Hiob sollte bis zum Äußersten geprüft
werden, weil er Antworten gibt wie fre-
che Sünder. Denn zu seiner Sünde fügt 37
er noch Frevel hinzu. Er treibt Spott
unter uns und macht viele Worte wider
Gott.

a Kap 12,11 *b* Kap 33,9 *c* Kap 27,2
d Kap 9,15.20 *e* Kap 6,4 *f* Kap 15,16 *g* Ps 1,1
h Kap 9,22 *i* Kap 8,3; 5.Mose 32,4; 2.Chr 19,7
j Ps 18,26.27; Röm 2,6; Offb 22,12 *k* Kap 19,6
l Ps 104,29 *m* Kap 31,4; Spr 5,21 *n* Ps 139,11.12
o 1.Mose 16,11 *p* Kap 38,2
*Vers 31: Bisherige Lutherbibel: Ich habe gebüßt.
Anderer Vorschlag: Ich habe geirrt.

Elihus dritte Rede

Und Elihu hob an und sprach: 35
Hältst du das für recht, nennst du das 2
[a]»meine Gerechtigkeit vor Gott«, daß 3
du sprichst: [b]»Was nützt sie mir? Was
habe ich davon, daß ich nicht sündige?«
Ich will dir antworten ein Wort und 4
deinen Freunden mit dir.
Schau gen Himmel und sieh; und 5
schau die Wolken an hoch über dir!
Sündigst du, was kannst du ihm 6
schaden? Und wenn deine Missetaten
viel sind, was kannst du ihm tun?[c] Und 7
wenn du gerecht wärst, was kannst du
ihm geben, oder was wird er von deinen
Händen nehmen?[d] Nur einem Men- 8
schen wie dir kann deine Bosheit etwas
tun und einem Menschenkind deine
Gerechtigkeit.
Man schreit, daß viel Gewalt ge- 9
schieht, und ruft um Hilfe vor dem

10 Arm der Großen; aber man fragt nicht:
»Wo ist Gott, mein Schöpfer, der [e] Lob-
11 gesänge gibt in der Nacht, der uns klü-
ger macht als die Tiere auf Erden und
weiser als die Vögel unter dem Him-
12 mel?« Da schreien sie über den Hoch-
mut der Bösen, doch er erhört sie nicht.
13 Denn [f] Gott wird Nichtiges nicht erhö-
ren, und der Allmächtige wird es nicht
14 ansehen. Nun gar, wenn du sprichst,
[g] du könntest ihn nicht sehen – der
Rechtsstreit liegt ihm vor, harre nur
15 seiner! Aber nun, [h] da sein Zorn nicht
heimsucht und er sich um Frevel nicht
16 viel kümmert, sperrt Hiob seinen
Mund auf um nichts und hält stolze Re-
den mit Unverstand.

a Kap 32,2 *b* Kap 34,9 *c* Kap 7,20 *d* Kap 22,2.3; Röm 11,35 *e* Apg 16,25 *f* Joh 9,31 *g* Kap 23,8.9 *h* Pred 8,11

Elihus letzte Rede

36 Elihu hob noch einmal an und sprach:
2 Warte noch ein wenig, ich will dich
lehren; denn ich habe noch etwas für
3 Gott zu sagen. Ich will mein Wissen
weit herholen und meinem Schöpfer
4 Recht verschaffen. Meine Reden sind
wahrlich nicht falsch; vor dir steht
einer, der es wirklich weiß.
5 Siehe, Gott ist mächtig und verwirft
niemand; er ist mächtig an Kraft des
6 Herzens. Den Gottlosen erhält er nicht
am Leben, sondern hilft dem Elenden
7 zum Recht.[a] Er wendet seine Augen
nicht von dem Gerechten, sondern
[b] mit Königen auf dem Thron läßt er sie
sitzen immerdar, daß sie groß werden.
8 Und wenn sie gefangen liegen in Ket-
ten und elend, gebunden mit Stricken,
9 so hält er ihnen vor, was sie getan ha-
ben, und ihre Sünden, daß sie sich
10 überhoben haben, und [c] öffnet ihnen
das Ohr zur Warnung und sagt ihnen,
daß sie sich von dem Unrecht bekehren
11 sollen. Gehorchen sie und dienen ihm,
so werden sie bei guten Tagen alt wer-
12 den und glücklich leben. Gehorchen sie
nicht, so werden sie dahinfahren durch
des Todes Geschoß und vergehen in
13 Unverstand. Die Ruchlosen verhärten
sich im Zorn. Sie flehen nicht, auch
14 wenn er sie gefangen legt; so wird ihre
Seele in der Jugend sterben und ihr Le-
ben unter den Hurern im Tempel.
15 Aber den Elenden wird er durch sein
Elend erretten und ihm das Ohr öffnen
durch Trübsal.
16 So reißt er auch dich aus dem Rachen
der Angst in einen weiten Raum, wo
keine Bedrängnis mehr ist; und an dei-
nem Tische, voll von allem Guten,
wirst du Ruhe haben. Wenn du aber 17
richtest wie ein Gottloser, so halten
dich Gericht und Recht fest. Sieh zu, 18
daß nicht dein Zorn dich verlockt oder
die Menge des Lösegeldes dich verlei-
tet. Wird dein Geschrei dich aus der 19
Not bringen oder alle kräftigen An-
strengungen? Sehne dich nicht nach 20
der Nacht, die Völker wegnimmt von
ihrer Stätte! Hüte dich und kehre dich 21
nicht zum Unrecht, denn Unrecht
wählst du lieber als Elend!
Siehe, Gott ist groß in seiner Kraft; 22
wo ist ein Lehrer, wie er ist?[d] Wer will 23
ihm weisen seinen Weg, und wer will zu
ihm sagen: »Du tust Unrecht«? Denk 24
daran, daß du sein Werk preisest, von
dem die Menschen singen. Denn alle 25
Menschen schauen danach aus, aber sie
sehen's nur von ferne. Siehe, Gott ist 26
groß und unbegreiflich; die Zahl seiner
Jahre kann niemand erforschen.
Er zieht empor die Wassertropfen 27
und treibt seine Wolken zusammen
zum Regen, daß die Wolken überflie- 28
ßen und Regen senden auf die Menge
der Menschen. Wer versteht, wie er die 29
Wolken türmt und donnern läßt aus
seinem Gezelt? Siehe, er breitet sein 30
Licht um sich und bedeckt alle Tiefen
des Meeres. Denn damit regiert er die 31
Völker und gibt Speise die Fülle. Er be- 32
deckt seine Hände mit Blitzen und bie-
tet sie auf gegen den, der ihn angreift.
Ihn kündet an sein Donnern, wenn er 33
mit Zorn eifert gegen den Frevel.
Darüber entsetzt sich mein Herz und 37
fährt bebend hoch. O hört doch, wie 2
sein Donner rollt und was für Gedröhn
aus seinem Munde geht! Er läßt ihn 3
hinfahren unter dem ganzen Himmel
und seinen Blitz über die Enden der
Erde. Ihm nach brüllt der Donner, und 4
er donnert mit seinem großen Schall;
und wenn sein Donner gehört wird,
hält er die Blitze nicht zurück. Gott 5
donnert mit seinem Donner wunderbar
und tut große Dinge, die wir nicht be-
greifen. Er spricht zum Schnee: »Falle 6
zur Erde!« und zum Platzregen, so ist
der Platzregen da mit Macht. So legt er 7
alle Menschen unter Siegel, daß die
Leute erkennen, was er tun kann. Die 8
wilden Tiere gehen in die Höhle und le-
gen sich auf ihr Lager.[e] Aus seinen 9
Kammern kommt der Sturm und von
Norden her die Kälte. Vom Odem Got- 10
tes kommt Eis, und die weiten Wasser

11 liegen erstarrt. Die Wolken beschwert
er mit Wasser, und aus der Wolke
12 bricht sein Blitz. Er kehrt die Wolken,
wohin er will, daß sie alles tun, was er
13 ihnen gebietet auf dem Erdkreis: zur
Züchtigung für ein Land oder zum Se-
gen läßt er sie kommen.
14 Das vernimm, Hiob, steh still und
15 merke auf die Wunder Gottes! Weißt
du, wie Gott ihnen Weisung gibt und
wie er das Licht aus seinen Wolken her-
16 vorbrechen läßt? Weißt du, wie die
Wolken schweben, die Wunder des All-
17 wissenden? Du, dem schon die Kleider
heiß werden, wenn das Land stilliegt
18 unterm Südwind, kannst du gleich ihm
die Wolkendecke ausbreiten, die fest ist
19 wie ein gegossener Spiegel? Zeige uns,
was wir ihm sagen sollen; denn wir
können nichts vorbringen vor Finster-
20 nis. Wenn jemand redet, muß es ihm
gesagt werden? Hat je ein Mensch ge-
21 sagt, er wolle vernichtet werden? Eben
sah man das Licht nicht, das hinter den
Wolken hell leuchtet; als aber der Wind
22 daherfuhr, da wurde es klar. Von Nor-
den kommt goldener Schein; um Gott
23 her ist schrecklicher Glanz. Den All-
mächtigen erreichen wir nicht, der so
groß ist an Kraft und reich an Gerech-
24 tigkeit. Das Recht beugt er nicht. Dar-
um sollen ihn die Menschen fürchten,
und er sieht keinen an, wie weise sie
auch sind.

a Ps 72,4.12; 146,7-9 *b* Ps 113,7.8 *c* Kap 33,16
d Ps 25,9 *e* Ps 104,21.22

Die Antwort Gottes (Kap 38-42)

Die erste Rede des Herrn aus dem Wettersturm

38 Und der Herr [a]antwortete Hiob aus
dem Wettersturm und sprach:
2 Wer ist's, der den Ratschluß verdun-
3 kelt [b]mit Worten ohne Verstand? Gür-
te deine Lenden wie ein Mann! Ich will
dich fragen, lehre mich![c]
4 Wo warst du, als ich die Erde grün-
dete? Sage mir's, wenn du so klug bist!
5 Weißt du, [d]wer ihr das Maß gesetzt hat
oder wer über sie die Richtschnur gezo-
6 gen hat? Worauf sind ihre Pfeiler ein-
gesenkt, oder wer hat ihren Eckstein
7 gelegt, als mich [e]die Morgensterne mit-
einander lobten und jauchzten alle
8 [f]Gottessöhne? [g]Wer hat das Meer mit
Toren verschlossen, als es herausbrach
9 wie aus dem Mutterschoß, als ich's mit
Wolken kleidete und in Dunkel einwik-
kelte wie in Windeln, als ich ihm seine 10
Grenze bestimmte mit meinem Damm
und setzte ihm Riegel und Tore und 11
sprach: *»Bis hierher sollst du kommen
und nicht weiter; hier sollen sich legen
deine stolzen Wellen!«?*
Hast du zu deiner Zeit dem Morgen 12
geboten und der Morgenröte ihren Ort
gezeigt, damit sie die Ecken der Erde 13
faßte und die Gottlosen herausgeschüt-
telt würden? Sie wandelt sich wie Ton 14
unter dem Siegel und färbt sich bunt
wie ein Kleid. Und den Gottlosen wird 15
ihr Licht genommen und der erhobene
Arm zerbrochen werden.
Bist du zu den Quellen des Meeres 16
gekommen und auf dem Grund der
Tiefe gewandelt? Haben sich dir des 17
Todes Tore je aufgetan, oder hast du
gesehen die Tore der Finsternis? Hast 18
du erkannt, wie breit die Erde ist? Sage
an, weißt du das alles! Welches ist der 19
Weg dahin, wo das Licht wohnt, und
welches ist die Stätte der Finsternis,
daß du sie zu ihrem Gebiet bringen 20
könntest und kennen die Pfade zu ih-
rem Hause? Du weißt es ja, denn zu der 21
Zeit wurdest du geboren, und deine
Tage sind sehr viel!
[h]Bist du gewesen, wo der Schnee 22
herkommt, oder hast du gesehen, wo
der Hagel herkommt, die ich verwahrt 23
habe für die Zeit der Trübsal und für
den Tag des Streites und Krieges?
Welches ist der Weg dahin, wo das 24
Licht sich teilt und der Ostwind hin-
fährt über die Erde? Wer hat dem 25
Platzregen seine Bahn gebrochen und
den Weg dem Blitz und Donner,[i] daß 26
es regnet aufs Land, wo niemand ist, in
der Wüste, wo kein Mensch ist, damit 27
Einöde und Wildnis gesättigt werden
und das Gras wächst? Wer ist des Re- 28
gens Vater? Wer hat die Tropfen des
Taus gezeugt? Aus wessen Schoß geht 29
das Eis hervor, und wer hat den Reif
unter dem Himmel gezeugt, daß Was- 30
ser sich zusammenzieht wie Stein und
der Wasserspiegel gefriert?
Kannst du die Bande des Siebenge- 31
stirns zusammenbinden oder den Gür-
tel des [j]Orion auflösen? Kannst du die 32
Sterne des Tierkreises aufgehen lassen
zur rechten Zeit oder die Bärin samt
ihren Jungen heraufführen? Weißt du 33
[k]des Himmels Ordnungen, oder be-
stimmst du seine Herrschaft über die
Erde? Kannst du deine Stimme zu der 34
Wolke erheben, damit dich die Menge
des Wassers überströme? Kannst du 35

die Blitze aussenden, daß sie hinfahren
und sprechen zu dir: »Hier sind wir«?
36 Wer gibt die Weisheit in das Verborge-
ne? Wer gibt verständige Gedanken?
37 Wer ist so weise, daß er die Wolken
zählen könnte? Wer kann die Wasser-
schläuche am Himmel ausschütten,
38 wenn der Erdboden hart wird, als sei er
gegossen, und die Schollen fest anein-
ander kleben?
39 Kannst du der Löwin ihren Raub zu
jagen geben und die jungen Löwen sät-
40 tigen, wenn sie sich legen in ihren Höh-
41 len und lauern in ihrem Versteck? Wer
bereitet dem Raben die Speise, wenn
[l]seine Jungen zu Gott rufen und irre-
fliegen, weil sie nichts zu essen haben?

39 Weißt du die Zeit, wann die Gemsen
gebären, oder hast du aufgemerkt,
2 wann die Hirschkühe kreißen? Zählst
du die Monde, die sie erfüllen müssen,
oder weißt du die Zeit, wann sie gebä-
3 ren? Sie kauern sich nieder, werfen ihre
Jungen und werden los ihre Wehen.
4 Ihre Jungen werden stark und groß im
Freien und gehen davon und kommen
nicht wieder zu ihnen.
5 Wer hat dem Wildesel die Freiheit
gegeben, wer hat die Bande des Flüch-
6 tigen gelöst, dem ich die Steppe zum
Hause gegeben habe und die Salzwüste
7 zur Wohnung? Er verlacht das Lärmen
der Stadt, die Schreie des Treibers hört
8 er nicht; er durchstreift die Berge, wo
seine Weide ist, und sucht, wo es grün
ist.
9 Meinst du, der Wildstier wird dir
dienen wollen und wird bleiben an dei-
10 ner Krippe? Kannst du ihm das Seil
anknüpfen, um Furchen zu machen,
oder wird er hinter dir in den Tälern
11 den Pflug ziehen? Kannst du dich auf
ihn verlassen, weil er so stark ist, und
überläßt du ihm, was du erarbeitet
12 hast? Kannst du ihm trauen, daß er
dein Korn einbringt und in deine
Scheune sammelt?
13 Der Fittich der Straußin hebt sich
fröhlich; aber ist's ein Gefieder, das
14 sorgsam birgt? Läßt sie doch ihre Eier
auf der Erde liegen zum Ausbrüten auf
15 dem Boden und vergißt, daß ein Fuß
sie zertreten und ein wildes Tier sie zer-
16 brechen kann! Sie ist so hart gegen ihre
Jungen, als wären es nicht ihre; es küm-
mert sie nicht, daß ihre Mühe umsonst
17 war. Denn Gott hat ihr die Weisheit
versagt und hat ihr keinen Verstand zu-
18 geteilt. Doch wenn sie aufgescheucht
wird, verlacht sie Roß und Reiter.

Kannst du dem Roß Kräfte geben 19
oder seinen Hals zieren mit einer Mäh-
ne? Kannst du es springen lassen wie 20
die Heuschrecken? Schrecklich ist sein
prächtiges Schnauben. Es stampft auf 21
den Boden und freut sich, mit Kraft
zieht es aus, den Geharnischten entge-
gen. Es spottet der Furcht und er- 22
schrickt nicht und flieht nicht vor dem
Schwert. Auf ihm klirrt der Köcher 23
und glänzen Spieß und Lanze. Mit 24
Donnern und Tosen fliegt es über die
Erde dahin und läßt sich nicht halten
beim Schall der Trompete. Sooft die 25
Trompete erklingt, wiehert es »Hui!«
und wittert den Kampf von ferne, das
Rufen der Fürsten und Kriegsgeschrei.

Fliegt der Falke empor dank deiner 26
Einsicht und breitet seine Flügel aus
dem Süden zu? Fliegt der Adler auf 27
deinen Befehl so hoch und baut sein
Nest in der Höhe? Auf Felsen wohnt er 28
und nächtigt auf Zacken der Felsen und
steilen Klippen. Von dort schaut er aus 29
nach Beute, und seine Augen sehen sie
von ferne. Seine Jungen gieren nach 30
Blut, und [m]wo Erschlagene liegen, da
ist er.

a Kap 31,35 *b* Kap 34,35 *c* Kap 40,7 *d* Spr 30,4 *e* Ps 19,2 *f* Kap 1,6 *g* *(8-11)* Ps 104,8.9; Spr 8,29 *h* *(22 und 23)* Jos 10,11; Jes 30,30 *i* Kap 28,26 *j* Kap 9,9 *k* Jer 33,25 *l* Ps 147,9 *m* Hab 1,8; Mt 24,28

Hiobs erste Antwort an den HERRN

*Und der HERR antwortete Hiob und **40**
sprach:
Wer [a]mit dem Allmächtigen rechtet, 2
kann der ihm etwas vorschreiben? Wer
Gott zurechtweist, der antworte!
Hiob aber antwortete dem HERRN 3
und sprach: Siehe, [b]ich bin zu gering, 4
was soll ich antworten? [c]Ich will meine
Hand auf meinen Mund legen. Einmal 5
hab ich geredet und will nicht mehr
antworten, ein zweites Mal geredet und
will's nicht wieder tun.

a Jes 45,9 *b* 1.Mose 32,11; Jes 6,5 *c* Spr 30,32
*Vers 1: Abweichende Verszählung statt 40,1-32: 39,31-40,27.

Zweite Rede des HERRN aus dem Wettersturm

Und der HERR antwortete Hiob aus 6
dem Wettersturm und sprach:
Gürte wie ein Mann deine Lenden! 7
Ich will dich fragen; lehre mich![a]
Willst du mein Urteil zunichte machen 8
und mich schuldig sprechen, daß du
recht behältst? Hast du einen Arm wie 9
Gott, und kannst du mit gleicher Stim-

10 me donnern wie er? Schmücke dich mit
Pracht und Hoheit; zieh Majestät und
11 Herrlichkeit an! Streu aus den Zorn
deines Grimmes; schau an alle Hoch-
12 mütigen und demütige sie! Ja, schau
alle Hochmütigen an und beuge sie und
zertritt die Gottlosen in Grund und Bo-
13 den! Verscharre sie miteinander in der
Erde, und versenke sie ins Verborgene,
14 so will auch ich dich preisen, daß dir
deine rechte Hand helfen kann.
15 Siehe da den Behemot*, den ich ge-
schaffen habe wie auch dich! Er frißt
16 Gras wie ein Rind. Siehe, welch eine
Kraft ist in seinen Lenden und welch
eine Stärke in den Muskeln seines
17 Bauchs! Sein Schwanz streckt sich wie
eine Zeder; die Sehnen seiner Schenkel
18 sind dicht geflochten. Seine Knochen
sind wie eherne Röhren, seine Gebeine
19 wie eiserne Stäbe. Er ist das erste der
Werke Gottes; der ihn gemacht hat,
20 gab ihm sein Schwert. Die Berge tragen
Futter für ihn, und alle wilden Tiere
21 spielen dort. Er liegt unter Lotosbü-
schen, im Rohr und im Schlamm ver-
22 borgen. Lotosbüsche bedecken ihn mit
Schatten, und die Bachweiden umge-
23 ben ihn. Siehe, der Strom schwillt ge-
waltig an: er dünkt sich sicher, auch
wenn ihm der Jordan ins Maul dringt.
24 Kann man ihn fangen Auge in Auge
und ihm einen Strick durch seine Nase
ziehen?
25 Kannst du den [b]Leviatan* fangen
mit der Angel und seine Zunge mit
26 einer Fangschnur fassen? Kannst du
ihm ein Binsenseil an die Nase legen
und mit einem Haken ihm die Backen
27 durchbohren? Meinst du, er wird dich
lang um Gnade bitten oder dir süße
28 Worte geben? Meinst du, er wird einen
Bund mit dir schließen, daß du ihn für
immer zum Knecht bekommst?
29 Kannst du mit ihm spielen wie mit
einem Vogel oder ihn für deine Mäd-
30 chen anbinden? Meinst du, die Zunft-
genossen werden um ihn feilschen und
31 die Händler ihn verteilen? Kannst du
mit Spießen spicken seine Haut und
32 mit Fischerhaken seinen Kopf? Lege
deine Hand an ihn! An *den* Kampf
wirst du denken und es nicht wieder
tun!

41 *Siehe, jede Hoffnung wird an ihm
zuschanden; schon wenn einer ihn
2 sieht, stürzt er zu Boden. Niemand ist
so kühn, daß er ihn zu reizen wagt. –
Wer ist denn, der vor mir bestehen
3 könnte? Wer kann mir entgegentreten
und ich lasse ihn unversehrt? Unter
dem ganzen Himmel ist keiner!
Ich will nicht schweigen von seinen 4
Gliedern, wie groß, wie mächtig und
wohlgeschaffen er ist. Wer kann ihm 5
den Panzer ausziehen, und wer darf es
wagen, ihm zwischen die Zähne zu
greifen? Wer kann die Tore seines Ra- 6
chens auftun? Um seine Zähne herum
herrscht Schrecken. Stolz stehen sie 7
wie Reihen von Schilden, geschlossen
und eng aneinandergefügt. Einer reiht 8
sich an den andern, daß nicht ein Luft-
hauch hindurchgeht. Es haftet einer am 9
andern, sie schließen sich zusammen
und lassen sich nicht trennen. Sein 10
Niesen läßt Licht aufleuchten; seine
Augen sind wie die Wimpern der Mor-
genröte. Aus seinem Rachen fahren 11
Fackeln, und feurige Funken schießen
heraus. Aus seinen Nüstern fährt 12
Rauch wie von einem siedenden Kessel
und Binsenfeuer. Sein Odem ist wie 13
lichte Lohe, und aus seinem Rachen
schlagen Flammen. Auf seinem Nak- 14
ken wohnt die Stärke, und vor ihm her
tanzt die Angst. Die Wampen seines 15
Fleisches haften an ihm, fest angegos-
sen, ohne sich zu bewegen. Sein Herz 16
ist so hart wie ein Stein und so fest wie
der untere Mühlstein. Wenn er sich er- 17
hebt, so entsetzen sich die Starken, und
vor Schrecken wissen sie nicht aus noch
ein. Trifft man ihn mit dem Schwert, so 18
richtet es nichts aus, auch nicht Spieß,
Geschoß und Speer. Er achtet Eisen 19
wie Stroh und Erz wie faules Holz.
Kein Pfeil wird ihn verjagen; die 20
Schleudersteine sind ihm wie Spreu.
Die Keule achtet er wie einen Stroh- 21
halm; er spottet der sausenden Lanze.
Unter seinem Bauch sind scharfe Spit- 22
zen; er fährt wie ein Dreschschlitten
über den Schlamm. Er macht, daß die 23
Tiefe brodelt wie ein Topf, und rührt
das Meer um, wie man Salbe mischt. Er 24
läßt hinter sich eine leuchtende Bahn;
man denkt, die Flut sei Silberhaar. Auf 25
Erden ist nicht seinesgleichen; er ist ein
Geschöpf ohne Furcht. Er sieht allem 26
ins Auge, was hoch ist; er ist König
über alle stolzen Tiere.

a Kap 38,3 *b* Ps 74,14
*Kap 40, 15: d. i. ein Riesentier, nach der Art des Nilpferds.
*Kap 40, 25: d. i. ein Riesentier, nach der Art des Krokodils.
*Kap 41,1: Abweichende Verszählung statt 41,1-26: 40,28-41,25.

Hiobs letzte Antwort an den HERRN

42 Und Hiob antwortete dem HERRN und
sprach:
2 Ich erkenne, daß du alles vermagst,
und nichts, das du dir vorgenommen,
3 ist dir zu schwer. »Wer ist der, der den
Ratschluß verhüllt mit Worten ohne
Verstand?«[a] Darum hab ich unweise
geredet, was mir zu hoch ist und ich
4 nicht verstehe. »So höre nun, laß mich
reden; [b]ich will dich fragen, lehre
5 mich!« Ich hatte von dir nur vom Hö-
rensagen vernommen; aber [c]nun hat
6 mein Auge dich gesehen. Darum spre-
che ich mich schuldig und tue Buße in
Staub und Asche.

a Kap 38,2 *b* Kap 38,3 *c* Kap 19,26.27

Gott rechtfertigt Hiob gegenüber seinen Freunden

7 Als nun der HERR diese Worte mit Hiob
geredet hatte, sprach er zu Elifas von
Teman: Mein Zorn ist entbrannt über
dich und über deine beiden Freunde;
denn ihr habt nicht recht von mir gere-
8 det wie mein Knecht Hiob. So nehmt
nun [a]sieben junge Stiere und sieben
Widder und geht hin zu meinem
Knecht Hiob und opfert Brandopfer
für euch; aber mein Knecht Hiob soll
für euch Fürbitte tun; denn [b]ihn will
ich erhören, daß ich nicht töricht an
euch handle. Denn ihr habt nicht recht
von mir geredet wie mein Knecht Hiob.
9 Da gingen hin Elifas von Teman, Bil-
dad von Schuach und Zofar von Naama
und taten, wie der HERR ihnen gesagt
hatte. Und der HERR erhörte Hiob.

a 1.Chr 15,26 *b* Hes 14,14

Hiobs gesegnetes Ende

Und der HERR wandte das Geschick 10
Hiobs, als er für seine Freunde Fürbitte
tat. Und [a]der HERR gab Hiob doppelt
soviel, wie er gehabt hatte. Und [b]es ka- 11
men zu ihm alle seine Brüder und alle
seine Schwestern und alle, die ihn frü-
her gekannt hatten, und aßen mit ihm
in seinem Hause und sprachen ihm zu
und trösteten ihn über alles Unglück,
das der HERR über ihn hatte kommen
lassen. Und ein jeder gab ihm ein Gold-
stück und einen goldenen Ring. Und 12
der HERR segnete Hiob fortan mehr als
einst, so daß er vierzehntausend Schafe
kriegte und sechstausend Kamele und
tausend Joch Rinder und tausend Ese-
linnen. Und er bekam sieben Söhne 13
und drei Töchter[c] und nannte die erste 14
Jemima, die zweite Kezia und die dritte
Keren-Happuch*. Und es gab keine so 15
schönen Frauen im ganzen Lande wie
die Töchter Hiobs. Und ihr Vater [d]gab
ihnen Erbteil unter ihren Brüdern.
Und Hiob lebte danach [e]hundert- 16
undvierzig Jahre und sah Kinder und
Kindeskinder bis in das vierte Glied.
Und Hiob starb [f]alt und lebenssatt. 17

a Kap 1,3; 8,7 *b* Kap 19,13.14.19 *c* Kap 1,2 *d* 4.Mose 27,8-11 *e* Ps 90,10 *f* 1.Mose 25,8; 35,29; 1.Chr 29,28

*Vers 14: d. h. Täubchen, Zimmetblüte und Salbhörnchen.

DER PSALTER

ERSTES BUCH

Der Weg des Frommen – der Weg des Gottlosen

1 1 Wohl dem, der nicht wandelt im Rat der Gottlosen /
noch tritt auf den Weg der Sünder
noch sitzt, wo die Spötter sitzen,[a]
2 sondern hat Lust am Gesetz des HERRN
und [b] sinnt über seinem Gesetz Tag und Nacht!

3 Der ist [c] wie ein Baum, gepflanzt an den Wasserbächen, /
der seine Frucht bringt zu seiner Zeit,
und seine Blätter verwelken nicht.
Und was er macht, das gerät wohl.

4 Aber so sind die Gottlosen nicht,
sondern wie Spreu, die der Wind verstreut.
5 Darum bestehen die Gottlosen nicht im Gericht
noch die Sünder in der Gemeinde der Gerechten.
6 Denn *der* HERR *kennt den Weg der Gerechten,*
aber der Gottlosen Weg vergeht.

a Ps 26,4; 119,1; Spr 4,14; Jer 15,17 *b* Ps 119,148; Jos 1,8 *c* Ps 92,13-15; Jer 17,8

Gottes Sieg und die Herrschaft seines Sohnes

2 1 [a] Warum toben die Heiden
und [b] murren die Völker so vergeblich?
2 Die Könige der Erde lehnen sich auf, /
und die Herren halten Rat miteinander
wider den HERRN und seinen Gesalbten:
3 »Lasset uns [c] zerreißen ihre Bande
und von uns werfen ihre Stricke!«

4 Aber [d] der im Himmel wohnt, lachet ihrer,
und der Herr spottet ihrer.
5 Einst wird er mit ihnen reden in seinem [e] Zorn,
und mit seinem Grimm wird er sie schrecken:
6 »Ich aber habe meinen König eingesetzt
auf meinem [f] heiligen Berg Zion.«
7 Kundtun will ich den Ratschluß des HERRN. Er hat zu mir gesagt:
[g] »*Du bist mein Sohn, heute habe ich dich gezeugt.*
8 Bitte mich, so will ich dir Völker zum Erbe geben
und der Welt Enden zum Eigentum.[h]
9 Du sollst sie mit einem [i] eisernen Zepter zerschlagen,
wie Töpfe sollst du sie zerschmeißen.«

10 So seid nun verständig, ihr Könige,
und laßt euch warnen, ihr Richter auf Erden!
11 Dienet dem HERRN mit Furcht
und küßt seine Füße mit Zittern,[j]
12 daß er nicht zürne

und ihr umkommt auf dem Wege;
denn sein Zorn wird bald entbrennen.
Wohl allen, die auf ihn trauen!

a (1 und 2) Apg 4,25.26 *b* Offb 11,18 *c* Jer 5,5 *d* Ps 59,9 *e* Jes 34,2; Offb 6,15-17 *f* Sach 8,3 *g* Ps 98,27.28; 2.Sam 7,14; Apg 13,33; Hebr 1,5; 5,5 *h* Dan 7,13.14; Hebr 1,2 *i* Offb 2,27; 12,5; 19,15 *j* Phil 2,12; Hebr 12,28

Morgenlied in böser Zeit

3 1 EIN PSALM DAVIDS, [a] ALS ER VOR SEINEM SOHN ABSALOM FLOH.
2 Ach HERR, wie sind meiner Feinde so viel
und erheben sich so viele gegen mich!
3 Viele sagen von mir:
Er hat keine Hilfe bei Gott. SELA.
4 Aber du, HERR, bist [b] der Schild für mich,
du bist meine Ehre und hebst mein Haupt empor.

5 Ich rufe mit meiner Stimme zum HERRN,
so erhört er mich von seinem heiligen Berge. SELA.
6 Ich liege und schlafe und erwache;
denn der HERR hält mich.[c]
7 Ich [d] fürchte mich nicht vor vielen Tausenden,
die sich ringsum wider mich legen.

8 [e] Auf, HERR, und hilf mir, mein Gott! /
Denn du schlägst alle meine Feinde auf die Backe
und zerschmetterst der Gottlosen Zähne.
9 Bei dem HERRN findet man Hilfe.
Dein Segen komme über dein Volk! SELA.

a 2.Sam 15 *b* 1.Mose 15,1 *c* Ps 4,9 *d* Ps 27,3 *e* 4.Mose 10,35

Ein Abendgebet

4 1 EIN PSALM DAVIDS, VORZUSINGEN, BEIM SAITENSPIEL.
2 Erhöre mich, wenn ich rufe,
Gott meiner Gerechtigkeit,
der du mich tröstest in Angst;
sei mir gnädig und erhöre mein Gebet!
3 Ihr Herren, wie lange soll meine Ehre geschändet werden?
Wie habt ihr das Eitle so lieb und die Lüge so gern! SELA.
4 Erkennet doch, daß der HERR seine Heiligen wunderbar führt;
der HERR hört, wenn ich ihn anrufe.
5 [a] Zürnet ihr, so sündiget nicht;
redet in eurem Herzen auf eurem Lager und seid stille. SELA.
6 [b] Opfert, was recht ist,
und hoffet auf den HERRN.
7 Viele sagen: »Wer wird uns Gutes sehen lassen?«
HERR, [c] laß leuchten über uns das Licht deines Antlitzes!
8 Du erfreust mein Herz,
ob jene auch viel Wein und Korn haben.
9 *Ich liege und schlafe ganz mit Frieden;*
denn allein du, HERR, *hilfst mir, daß ich sicher wohne.*[d]

a Eph 4,26 *b* Ps 51,19.21; Petr 2,5 *c* 4.Mose 6,25 *d* Ps 3,6

Gebet um Leitung und Bewahrung

5 1 EIN PSALM DAVIDS, VORZUSINGEN, ZUM FLÖTENSPIEL.
2 HERR, höre meine Worte,
merke auf mein Reden!
3 Vernimm mein Schreien, mein König und mein Gott;
denn ich will zu dir beten.

4 HERR, frühe wollest du meine Stimme hören,
frühe will ich mich zu dir wenden und aufmerken.
5 Denn du bist nicht ein Gott, dem gottloses Wesen gefällt;
wer böse ist, bleibt nicht vor dir.
6 Die Ruhmredigen bestehen nicht vor deinen Augen;
du bist feind allen Übeltätern.
7 Du bringst die Lügner um;
dem HERRN sind ein Greuel die Blutgierigen und Falschen.
8 Ich aber [a] darf in dein Haus gehen durch deine große Güte
und anbeten vor deinem heiligen Tempel in deiner Furcht.

9 HERR, leite mich in deiner Gerechtigkeit
um meiner Feinde willen;
ebne vor mir deinen Weg!
10 Denn in ihrem Munde ist nichts Verläßliches;
ihr Inneres ist Bosheit.
[b] Ihr Rachen ist ein offenes Grab;
mit ihren Zungen heucheln sie.
11 Sprich sie schuldig, Gott,
daß sie zu Fall kommen durch ihre Ränke.
Stoße sie aus um ihrer vielen Übertretungen willen;
denn sie sind widerspenstig gegen dich.
12 Laß sich freuen alle, die auf dich trauen;
ewiglich laß sie rühmen, denn du beschirmest sie.
Fröhlich laß sein in dir,
die deinen Namen lieben!
13 Denn du, HERR, segnest die Gerechten,
du deckest sie mit Gnade wie mit einem Schilde.

a Ps 26,8 *b* Röm 3,13

Bußgebet in Anfechtung (Der erste Bußpsalm)

6 1 EIN PSALM DAVIDS, VORZUSINGEN, BEIM SAITENSPIEL AUF ACHT SAITEN.
2 Ach HERR, strafe mich nicht in deinem Zorn
und [a] züchtige mich nicht in deinem Grimm!
3 HERR, sei mir gnädig, denn ich bin schwach;
heile mich, HERR, denn meine Gebeine sind erschrocken
4 und meine Seele ist sehr erschrocken.
Ach du, HERR, wie lange!

5 Wende dich, HERR, und errette mich,
hilf mir um deiner Güte willen!
6 Denn im Tode gedenkt man deiner nicht;
[b] wer wird dir bei den Toten danken?
7 Ich bin so müde vom Seufzen; /
ich schwemme mein Bett die ganze Nacht
und netze mit meinen Tränen mein Lager.
8 Mein Auge ist trübe geworden vor Gram
und matt, weil meiner Bedränger so viele sind.

9 Weichet von mir, alle Übeltäter;
denn der HERR hört mein Weinen.
10 Der HERR hört mein Flehen;
mein Gebet nimmt der HERR an.
11 Es sollen alle meine Feinde zuschanden werden und sehr erschrecken;
sie sollen umkehren und zuschanden werden plötzlich.

a Jer 10,24 *b* Ps 30,10; 88,11; 115,17.18; Jes 38,18

Gebet eines unschuldig Verfolgten

7 1 EIN KLAGELIED DAVIDS, DAS ER DEM HERRN SANG WEGEN DER WORTE DES KUSCH, DES BENJAMINITERS.
2 Auf dich, HERR, mein Gott, traue ich!
Hilf mir von allen meinen Verfolgern und errette mich,
3 daß sie nicht wie Löwen mich packen
und zerreißen, weil kein Retter da ist.

4 HERR, mein Gott, hab ich solches getan
und ist [a] Unrecht an meinen Händen,
5 hab ich Böses vergolten denen, die friedlich mit mir lebten,
oder geschädigt, die mir ohne Ursache feind waren,
6 so verfolge mich der Feind und ergreife mich /
und trete mein Leben zu Boden
und lege meine Ehre in den Staub. SELA.
7 Steh auf, HERR, in deinem Zorn,
erhebe dich wider den Grimm meiner Feinde!
Wache auf, mir zu helfen,
der du Gericht verordnet hast,
8 so werden die Völker sich um dich sammeln;
du aber throne über ihnen in der Höhe!

9 Der HERR ist Richter über die Völker.
Schaffe mir Recht, HERR,
nach [b] meiner Gerechtigkeit und Unschuld!
10 [c] Laß der Gottlosen Bosheit ein Ende nehmen,
aber die Gerechten laß bestehen;
denn [d] du, gerechter Gott,
prüfest Herzen und Nieren.
11 Gott ist der Schild über mir,
er, der den frommen Herzen hilft.
12 Gott ist ein gerechter Richter
und ein Gott, der täglich strafen kann.

13 Wahrlich, wieder hat einer sein [e] Schwert gewetzt
und seinen Bogen gespannt und zielt.
14 Doch sich selber hat er tödliche Waffen gerüstet
und feurige Pfeile bereitet.
15 Siehe, er hat Böses im Sinn,
mit Unrecht ist er schwanger und wird Lüge gebären.
16 Er hat eine Grube gegraben und ausgehöhlt –
und ist in die Grube gefallen, die er gemacht hat.[f]
17 Sein Unrecht wird auf seinen Kopf kommen
und sein Frevel auf seinen Scheitel fallen.

18 Ich danke dem HERRN um seiner Gerechtigkeit willen
und will loben den Namen des HERRN, des Allerhöchsten.

a Hiob 31,7-34 *b* Ps 18,21-27 *c* Ps 104,35 *d* Ps 139,1; Jer 11,20; Offb 2,23 *e* 5.Mose 32,41 *f* Spr 26,27

Offenbarung der Herrlichkeit Gottes am Menschen

8 1 EIN PSALM DAVIDS, VORZUSINGEN, AUF DER GITTIT.
2 HERR, unser Herrscher, wie herrlich ist [a] dein Name in allen Landen,
der du zeigst deine Hoheit am Himmel!
3 [b] Aus dem Munde der jungen Kinder und Säuglinge /
hast du eine Macht zugerichtet um deiner Feinde willen,
daß du vertilgest den Feind und den Rachgierigen.
4 Wenn ich sehe die Himmel, deiner Finger Werk,

den Mond und die Sterne, die du bereitet hast:
5 [c]was ist der Mensch, daß du seiner gedenkst,
und des Menschen Kind, daß du dich seiner annimmst?
6 Du hast ihn [d]wenig niedriger gemacht als Gott,
mit Ehre und Herrlichkeit hast du ihn gekrönt.
7 Du hast ihn zum Herrn gemacht über deiner Hände Werk,
[e]alles hast du unter seine Füße getan:
8 Schafe und Rinder allzumal,
dazu auch die wilden Tiere,
9 die Vögel unter dem Himmel und die Fische im Meer
und alles, was die Meere durchzieht.

10 HERR, unser Herrscher,
wie herrlich ist dein Name in allen Landen!

a 2.Mose 3,13-15 *b* Mt 21,16 *c* (5-7) Hebr 2,6-8 *d* 1.Mose 1,27 *e* 1.Kor 15,27

Danklied für Rettung aus Bedrängnis

9 1 EIN PSALM DAVIDS, VORZUSINGEN, NACH DER WEISE »SCHÖNE JUGEND«.
2 Ich danke dem HERRN von ganzem Herzen
und [a]erzähle alle deine Wunder.
3 Ich freue mich und bin fröhlich in dir
und lobe deinen Namen, du Allerhöchster,
4 daß meine Feinde zurückweichen mußten;
sie sind gestürzt und umgekommen vor dir.

5 Denn du führst mein Recht und meine Sache,
du sitzest auf dem Thron, ein rechter Richter.
6 Du schiltst die Heiden und bringst die Gottlosen um;
ihren Namen vertilgst du auf immer und ewig.
7 Der Feind ist vernichtet, zertrümmert für immer,
die Städte hast du zerstört; [b]jedes Gedenken an sie ist vergangen.

8 Der HERR aber bleibt ewiglich;
er hat seinen Thron bereitet zum Gericht,
9 er wird den Erdkreis richten mit Gerechtigkeit
und die Völker regieren, wie es recht ist.
10 Der HERR ist des Armen Schutz,
ein Schutz in Zeiten der Not.
11 Darum hoffen auf dich, die deinen Namen kennen;
denn du verlässest nicht, die dich, HERR, suchen.
12 Lobet den HERRN, der zu Zion wohnt;
verkündigt unter den Völkern sein Tun!
13 Denn der nach [c]Blutschuld fragt, [d]gedenkt der Elenden
und vergißt nicht ihr Schreien.

14 HERR, sei mir gnädig; /
sieh an mein Elend unter meinen Feinden,
der du mich erhebst aus den Toren des Todes,
15 daß ich [e]erzähle all deinen Ruhm,
in den Toren der Tochter Zion [f]fröhlich sei über deine Hilfe.
16 Die Heiden sind versunken in der Grube, die sie gegraben,
ihr Fuß ist gefangen im Netz, das sie gestellt hatten.
17 Der HERR hat sich kundgetan und Gericht gehalten.
Der Gottlose ist verstrickt in dem Werk seiner Hände.
ZWISCHENSPIEL. SELA.

18 Die Gottlosen sollen zu den Toten fahren,
alle Heiden, die Gott vergessen!
19 Denn er [g]wird den Armen nicht für immer vergessen;

die Hoffnung der [h]Elenden wird nicht ewig verloren sein.
20 [i]HERR, steh auf, daß nicht Menschen die Oberhand gewinnen;
laß alle Heiden vor dir gerichtet werden!
21 Lege, HERR, einen Schrecken auf sie,
daß die Heiden erkennen, daß sie Menschen sind. SELA.

a Ps 44,2 *b* Ps 34,17 *c* 1.Mose 4,10; 9,5 *d* Ps 72,4; 1.Mose 16,11 *e* Ps 22,23 *f* Ps 13,6 *g* Ps 22,25 *h* Ps 10,17 *i* 4.Mose 10,35

Klage und Zuversicht beim Übermut der Gottlosen

10 1 HERR, warum stehst du so ferne,
verbirgst dich zur Zeit der Not?
2 Weil der Gottlose Übermut treibt, müssen die Elenden leiden;
sie werden gefangen in den Ränken, die er ersann.
3 Denn der Gottlose rühmt sich seines Mutwillens,
und der Habgierige sagt dem HERRN ab und lästert ihn.
4 Der Gottlose meint in seinem Stolz, Gott frage nicht danach.
»Es ist kein Gott« sind alle seine Gedanken.
5 Er fährt fort in seinem Tun immerdar. /
[a]Deine Gerichte sind ferne von ihm,
er handelt gewaltsam an allen seinen Feinden.
6 Er spricht in seinem Herzen: »Ich werde nimmermehr wanken,
es wird für und für keine Not haben.«[b]
7 Sein [c]Mund ist voll Fluchens, voll Lug und Trug;
seine Zunge richtet Mühsal und Unheil an.
8 Er sitzt und lauert in den Höfen, /
er mordet die Unschuldigen heimlich,
seine Augen spähen nach den Armen.
9 Er lauert im Verborgenen wie ein Löwe im Dickicht, /
er lauert, daß er den Elenden fange;
er fängt ihn und zieht ihn in sein Netz.
10 Er duckt sich, kauert nieder,
und durch seine Gewalt fallen die Unglücklichen.
11 Er spricht in seinem Herzen: »Gott hat's vergessen,
er hat sein Antlitz verborgen, [d]er wird's nimmermehr sehen.«

12 [e]Steh auf, HERR! Gott, erhebe deine Hand!
Vergiß die Elenden nicht!
13 Warum soll der Gottlose Gott lästern
und in seinem Herzen sprechen: »Du fragst doch nicht danach?«
14 Du siehst es doch, /
denn du schaust das Elend und den Jammer;
es steht in deinen Händen.
Die Armen befehlen es dir;
[f]du bist der Waisen Helfer.
15 [g]Zerbrich den Arm des Gottlosen und Bösen /
und suche seine Bosheit heim,
daß man nichts mehr davon finde.

16 Der HERR ist König immer und ewig;
die Heiden sollen aus seinem Lande verschwinden.
17 Das Verlangen der [h]Elenden hörst du, HERR;
du machst ihr Herz gewiß, dein Ohr merkt darauf,
18 daß du Recht schaffest den Waisen und Armen,
daß der Mensch nicht mehr trotze auf Erden.

a Am 6,3 *b* Ps 73,6-8 *c* Röm 3,14 *d* Ps 73,11; 94,7; Jes 29,15 *e* 4.Mose 10,35 *f* Ps 68,6; 2.Mose 22,22 *g* Hiob 38,15 *h* Ps 9,19

Vertrauen auf Gottes Gerechtigkeit

11 1 VON DAVID, VORZUSINGEN.
Ich traue auf den HERRN. Wie sagt ihr denn zu mir:
»Flieh wie ein Vogel auf die Berge!
2 Denn siehe, die Gottlosen spannen den Bogen /
und legen ihre Pfeile auf die Sehnen,
damit heimlich zu schießen auf die Frommen.
3 Ja, sie reißen die Grundfesten um;
was kann da der Gerechte ausrichten?«

4 [a] Der HERR ist in seinem heiligen Tempel,
[b] des HERRN Thron ist im Himmel.
[c] Seine Augen sehen herab,
seine Blicke prüfen die Menschenkinder.
5 Der HERR prüft den Gerechten und den Gottlosen;
wer Unrecht liebt, den haßt seine Seele.
6 Er wird [d] regnen lassen über die Gottlosen Feuer und Schwefel
und Glutwind ihnen zum Lohne geben.

7 Denn der HERR ist gerecht und hat Gerechtigkeit lieb.
[e] Die Frommen werden schauen sein Angesicht.

a Hab 2,20 *b* Jes 66,1 *c* Ps 33,13.14 *d* 1.Mose 19,24 *e* Mt 5,8

Klage über die Macht der Bösen

12 1 EIN PSALM DAVIDS, VORZUSINGEN, AUF ACHT SAITEN.
2 Hilf, HERR! Die Heiligen haben abgenommen,
und gläubig sind wenige unter den Menschenkindern.
3 Einer redet mit dem andern Lug und Trug,
sie heucheln und reden aus zwiespältigem Herzen.

4 Der HERR wolle ausrotten alle Heuchelei
und die Zunge, die hoffärtig redet,
5 die da sagen: [a] »Durch unsere Zunge sind wir mächtig,
uns gebührt zu reden! [b] Wer ist unser Herr?«

6 »Weil die Elenden Gewalt leiden
und die Armen seufzen,
will ich jetzt aufstehen«, spricht der HERR,
»ich will Hilfe schaffen dem, der sich danach sehnt.«

7 Die Worte des HERRN sind lauter wie Silber,
im Tiegel geschmolzen, geläutert siebenmal.
8 Du, HERR, wollest sie bewahren
und uns behüten vor diesem Geschlecht ewiglich!
9 Denn Gottlose gehen allenthalben einher,
weil Gemeinheit herrscht unter den Menschenkindern.

a Ps 73,8.9 *b* Hiob 21,14.15

Hilferuf eines Angefochtenen

13 1 EIN PSALM DAVIDS, VORZUSINGEN.
2 HERR, wie lange willst du mich so ganz vergessen?
Wie lange verbirgst du dein Antlitz vor mir? [a]
3 Wie lange soll ich sorgen in meiner Seele /
und mich ängsten in meinem Herzen täglich?
Wie lange soll sich mein Feind über mich erheben?

4 Schaue doch und erhöre mich, HERR, mein Gott!

Erleuchte meine Augen, daß ich nicht im Tode entschlafe,
5 daß nicht mein Feind sich rühme, er sei meiner mächtig geworden,
und meine Widersacher sich freuen, daß ich wanke.

6 Ich aber traue darauf, daß du so gnädig bist; /
mein Herz freut sich, daß du so gerne hilfst.
Ich will dem HERRN *singen, daß er so wohl an mir tut.*

a Ps 77,8; Hab 1,2

Die Torheit der Gottlosen

(vgl. Ps 53)

14 1 VON DAVID, VORZUSINGEN.
Die Toren sprechen in ihrem Herzen:
»Es ist kein Gott«.
Sie taugen nichts; ihr Treiben ist ein Greuel;
da ist keiner, der Gutes tut.
2 Der HERR schaut vom Himmel auf die Menschenkinder,
daß er sehe, ob jemand klug sei und nach Gott frage.
3 Aber sie sind alle abgewichen und allesamt verdorben;
da ist keiner, der Gutes tut, auch nicht *einer*.[a]

4 Will denn das keiner der Übeltäter begreifen, /
die [b] mein Volk fressen, daß sie sich nähren,
aber den HERRN rufen sie nicht an?
5 Da erschrecken sie sehr;
denn Gott ist bei dem Geschlecht der Gerechten.
6 Euer Anschlag wider den Armen wird zuschanden werden;
denn der HERR ist seine Zuversicht.[c]

7 Ach daß die Hilfe aus Zion über Israel käme /
und [d] der HERR sein gefangenes Volk erlöste!
So würde Jakob fröhlich sein und Israel sich freuen.

a 1.Mose 6,12; Röm 3,10-12 *b* Mi 3,3 *c* Ps 12,6 *d* Ps 126,1

Wen nimmt Gott an?

(vgl. Ps 24,3-6; Jes 33,14-16)

15 1 EIN PSALM DAVIDS.
HERR, [a] wer darf weilen in deinem Zelt?
Wer darf wohnen auf deinem heiligen Berge?

2 Wer untadelig lebt und tut, was recht ist,
und die Wahrheit redet von Herzen,
3 wer mit seiner Zunge nicht verleumdet, /
wer seinem Nächsten nichts Arges tut
und seinen Nachbarn nicht schmäht;
4 wer die Verworfenen für nichts achtet, /
aber ehrt die Gottesfürchtigen;
wer seinen Eid hält, auch wenn es ihm schadet;
5 wer [b] sein Geld nicht auf Zinsen gibt /
und nimmt nicht Geschenke wider den Unschuldigen.

Wer das tut, wird nimmermehr wanken.

a Pred 4,17 *b* 2.Mose 22,24; 5.Mose 23,20.21

Das schöne Erbteil

16 1 EIN GÜLDENES KLEINOD DAVIDS.
Bewahre mich, Gott; denn ich traue auf dich. /
2 Ich habe gesagt zu dem HERRN: Du bist ja der Herr!
[a] Ich weiß von keinem Gut außer dir.
3 An den Heiligen, die auf Erden sind,
an den Herrlichen hab ich all mein Gefallen.
4 Aber jene, die einem andern nachlaufen,
werden viel Herzeleid haben.
Ich will das Blut ihrer Trankopfer nicht opfern
noch ihren Namen in meinem Munde führen.

5 Der HERR ist mein Gut und mein Teil;
du erhältst mir mein Erbteil.[b]
6 Das Los ist mir gefallen auf liebliches Land;
mir ist ein schönes Erbteil geworden.
7 Ich lobe den HERRN, der mich beraten hat;
auch mahnt mich mein Herz des Nachts.
8 Ich habe den HERRN allezeit vor Augen;
steht er mir zur Rechten, so werde ich fest bleiben.
9 Darum freut sich mein Herz, und meine Seele ist fröhlich;
auch mein Leib wird sicher liegen.
10 Denn du wirst mich nicht dem Tode überlassen
und nicht zugeben, daß dein Heiliger die Grube sehe*.
11 *Du tust mir kund den Weg zum Leben:*
Vor dir ist Freude die Fülle
und Wonne zu deiner Rechten ewiglich.

a Ps 73,25 *b* Ps 73,26; 4.Mose 18,20; Klgl 3,24
*Vers 10: Luther übersetzte: »daß dein Heiliger verwese« im Anschluß an die griechische Übersetzung des Alten Testaments und Apg 2,27 und 13,35.

Hilferuf eines Unschuldigen

17 1 EIN GEBET DAVIDS.
HERR, höre die gerechte Sache,
merk auf mein Schreien,
vernimm mein Gebet
von Lippen, die nicht trügen.
2 [a] Sprich du in meiner Sache;
deine Augen sehen, was recht ist.
3 Du [b] prüfst mein Herz und suchst es heim bei Nacht;
du läuterst mich und findest nichts.
Ich habe mir vorgenommen,
daß mein Mund sich nicht vergehe.
4 Im Treiben der Menschen bewahre ich mich /
vor gewaltsamen Wegen
durch das Wort deiner Lippen.
5 Erhalte meinen Gang auf deinen Wegen,
daß meine Tritte nicht gleiten.

6 Ich rufe zu dir, denn du, Gott, wirst mich erhören;
neige deine Ohren zu mir, höre meine Rede!
7 Beweise deine wunderbare Güte, du Heiland derer,
die dir vertrauen gegenüber denen,
die sich gegen deine rechte Hand erheben.
8 Behüte mich [c] wie einen Augapfel im Auge,
beschirme mich [d] unter dem Schatten deiner Flügel
9 vor den Gottlosen, die mir Gewalt antun,
vor meinen Feinden,

die mir von allen Seiten nach dem Leben trachten.
10 Ihr Herz haben sie verschlossen,
mit ihrem Munde reden sie stolz.
11 Wo wir auch gehen, da umgeben sie uns;
ihre Augen richten sie darauf,
daß sie uns zu Boden stürzen,
12 gleichwie ein Löwe, der nach Raub lechzt,
wie ein junger Löwe, der im Versteck sitzt.

13 [e] HERR, mache dich auf, tritt ihm entgegen und demütige ihn!
Errette mich vor dem Gottlosen mit deinem Schwert,
14 vor den Leuten, HERR, mit deiner Hand,
vor den Leuten dieser Welt,
die ihr Teil haben schon im Leben,
denen du den Bauch füllst mit deinen Gütern,
deren Söhne auch noch satt werden
und ihren Kindern ein Übriges hinterlassen.

15 Ich aber will schauen dein Antlitz in Gerechtigkeit,
ich will satt werden, wenn ich erwache, an deinem Bilde.

a Ps 43,1 *b* Ps 139,1 *c* 5. Mose 32,10 *d* Ps 61,5; 63,8; 2. Mose 37,7-9 *e* 4. Mose 10,35

Dank des Königs für Rettung und Sieg

(vgl. 2. Sam 22)

18 1 VON DAVID, DEM KNECHT DES HERRN, DER ZUM HERRN DIE WORTE DIESES LIEDES REDETE, ALS IHN DER HERR ERRETTET HATTE VON DER HAND ALLER SEINER FEINDE UND VON DER HAND SAULS; VORZUSINGEN.
2 Und er sprach:
Herzlich lieb habe ich dich, HERR, *meine Stärke!*
3 HERR, *mein* [a] *Fels, meine Burg, mein Erretter;*
mein Gott, mein Hort, auf den ich traue,
mein Schild und Berg meines Heiles und mein Schutz!
4 Ich rufe an den HERRN, den Hochgelobten,
so werde ich vor meinen Feinden errettet.

5 [b] Es umfingen mich des Todes Bande,
und die Fluten des Verderbens erschreckten mich.
6 Des Totenreichs Bande umfingen mich,
und des Todes Stricke überwältigten mich.
7 Als mir angst war, rief ich den HERRN an
und schrie zu meinem Gott.
Da erhörte er meine Stimme von seinem Tempel,
und mein Schreien kam vor ihn zu seinen Ohren.

8 Die Erde bebte und wankte,
und die Grundfesten der Berge bewegten sich
und bebten, da er zornig war.
9 [c] Rauch stieg auf von seiner Nase /
und verzehrend Feuer aus seinem Munde;
Flammen sprühten von ihm aus.
10 [d] Er neigte den Himmel und fuhr herab,
und Dunkel war unter seinen Füßen.
11 Und er fuhr auf dem [e] Cherub und flog daher,
er schwebte auf den Fittichen des Windes.
12 Er machte Finsternis ringsum zu seinem Zelt;
in schwarzen, dicken Wolken war er verborgen.
13 Aus dem Glanz vor ihm zogen seine Wolken dahin
mit Hagel und Blitzen.
14 Der HERR donnerte im Himmel,

und der Höchste ließ seine Stimme erschallen
mit Hagel und Blitzen.
15 Er schoß seine Pfeile und streute sie aus,
sandte Blitze in Menge und jagte sie dahin.
16 Da sah man die Tiefen der Wasser,
und des Erdbodens Grund ward aufgedeckt
vor deinem Schelten, HERR,
vor dem Odem und Schnauben deines Zornes.

17 Er streckte seine Hand aus von der Höhe und faßte mich
und zog mich aus großen Wassern.
18 Er errettete mich von meinen starken Feinden,
von meinen Hassern, die mir zu mächtig waren;
19 sie überwältigten mich zur Zeit meines Unglücks;
aber der HERR ward meine Zuversicht.
20 Er führte mich hinaus ins Weite,
er riß mich heraus; denn er hatte Lust zu mir.

21 Der HERR tut wohl an mir nach meiner Gerechtigkeit,
er vergilt mir nach der Reinheit meiner Hände.
22 Denn ich halte die Wege des HERRN
und bin nicht gottlos wider meinen Gott.
23 Denn alle seine Rechte hab ich vor Augen,
und seine Gebote werfe ich nicht von mir,
24 sondern ich bin ohne Tadel vor ihm
und hüte mich vor Schuld.
25 Darum vergilt mir der HERR nach meiner Gerechtigkeit,
nach der Reinheit meiner Hände vor seinen Augen.
26 Gegen die Heiligen bist du heilig,
und gegen die Treuen bist du treu,
27 gegen die Reinen bist du rein,
und gegen die Verkehrten bist du verkehrt.
28 Denn [f] du hilfst dem elenden Volk,
aber stolze Augen erniedrigst du.
29 Ja, du machst hell meine Leuchte,
der HERR, mein Gott, macht meine Finsternis licht.
30 Denn mit dir kann ich Kriegsvolk zerschlagen
und mit meinem Gott über Mauern springen.
31 Gottes Wege sind vollkommen, /
die Worte des HERRN sind durchläutert.
Er ist ein Schild allen, die ihm vertrauen.

32 Denn wer ist Gott, wenn nicht der HERR,
oder ein Fels, wenn nicht unser Gott?
33 Gott rüstet mich mit Kraft
und macht meine Wege ohne Tadel.
34 Er macht meine Füße gleich den Hirschen
und stellt mich auf meine Höhen.
35 Er lehrt meine Hände streiten
und meinen Arm den ehernen Bogen spannen.
36 Du gibst mir den Schild deines Heils, /
und deine Rechte stärkt mich,
und deine Huld macht mich groß.*
37 Du gibst meinen Schritten weiten Raum,
daß meine Knöchel nicht wanken.

38 Ich will meinen Feinden nachjagen und sie ergreifen
und nicht umkehren, bis ich sie umgebracht habe.
39 Ich will sie zerschmettern, daß sie nicht mehr aufstehen können;
sie müssen unter meine Füße fallen.

40 Du rüstest mich mit Stärke zum Streit;
du wirfst unter mich, die sich gegen mich erheben.
41 Du treibst meine Feinde in die Flucht,
daß ich vernichte, die mich hassen.
42 Sie rufen – aber da ist kein Helfer –
zum HERRN, aber er antwortet ihnen nicht.[g]
43 Ich will sie zerstoßen zu Staub vor dem Winde,
ich werfe sie weg wie Unrat auf die Gassen.
44 Du hilfst mir aus dem Streit des Volkes /
und machst mich zum Haupt über Heiden;
ein Volk, das ich nicht kannte, dient mir.
45 Es gehorcht mir mit gehorsamen Ohren;
Söhne der Fremde müssen mir huldigen.
46 Die Söhne der Fremde verschmachten
und kommen mit Zittern aus ihren Burgen.

47 Der HERR lebt! Gelobt sei mein Fels!
Der Gott meines Heils sei hoch erhoben,
48 der Gott, der mir Vergeltung schafft
und zwingt die Völker unter mich,
49 der mich errettet von meinen Feinden. /
Du erhöhst mich über die, die sich gegen mich erheben;
du hilfst mir von den Frevlern.

50 Darum will ich dir danken, HERR, unter den Heiden
und deinem Namen lobsingen,[h]
51 der seinem Könige großes Heil gibt /
und Gnade erweist seinem Gesalbten,
[i]David, und seinem Hause ewiglich.

a 5.Mose 32,18 *b* *(5 und 6)* Ps 116,3 *c* 2.Mose 19,18 *d* *(10-17)* Ps 144,5-7 *e* Ps 99,1 *f* Hiob 22,29 *g* Spr 1,28 *h* Röm 15,9 *i* 2.Sam 7,12-16
*Vers 36: Luther übersetzte: »Und wenn du mich demütigst, machst du mich groß.«

Gottes Herrlichkeit in seiner Schöpfung und in seinem Gesetz

19 1 EIN PSALM DAVIDS, VORZUSINGEN.
2 *Die Himmel erzählen die Ehre Gottes,*
und die Feste verkündigt seiner Hände Werk.[a]
3 Ein Tag sagt's dem andern,
und eine Nacht tut's kund der andern,
4 ohne Sprache und ohne Worte;
unhörbar ist ihre Stimme.
5 Ihr Schall geht aus in alle Lande
und ihr Reden bis an die Enden der Welt.[b]

Er hat der Sonne ein Zelt am Himmel gemacht; /
6 sie geht heraus wie ein Bräutigam aus seiner Kammer
und freut sich wie ein Held, zu laufen ihre Bahn.
7 Sie geht auf an einem Ende des Himmels /
und läuft um bis wieder an sein Ende,
und nichts bleibt vor ihrer Glut verborgen.

8 Das Gesetz des HERRN ist vollkommen
und erquickt die Seele.
Das Zeugnis des HERRN ist gewiß
und macht die Unverständigen weise.
9 Die Befehle des HERRN sind richtig
und erfreuen das Herz.
Die Gebote des HERRN sind lauter
und erleuchten die Augen.

10 Die Furcht des HERRN ist rein und bleibt ewiglich.
Die Rechte des HERRN sind Wahrheit, allesamt gerecht.
11 Sie sind köstlicher als Gold und viel feines Gold,
sie sind süßer als Honig und Honigseim.

12 Auch läßt dein Knecht sich durch sie warnen;
und wer sie hält, der hat großen Lohn.
13 *Wer kann merken, wie oft er fehlet?*
[c] *Verzeihe mir die verborgenen Sünden!*
14 Bewahre auch deinen Knecht vor den Stolzen,
daß sie nicht über mich herrschen;
so werde ich ohne Tadel sein
und rein bleiben von großer Missetat.

15 Laß dir wohlgefallen die Rede meines Mundes /
und das Gespräch meines Herzens vor dir,
HERR, mein Fels und mein Erlöser.

a Röm 1,19.20 *b* Röm 10,18 *c* Hiob 42,3-6

Gebet des Volkes für seinen König in Kriegsnot

20 1 EIN PSALM DAVIDS, VORZUSINGEN.
2 Der HERR erhöre dich in der Not,
[a] der Name des Gottes Jakobs schütze dich!
3 Er sende dir Hilfe vom Heiligtum
und stärke dich aus Zion!
4 Er gedenke all deiner Speisopfer,
und dein Brandopfer sei ihm angenehm! SELA.
5 Er [b] gebe dir, was dein Herz begehrt,
und erfülle alles, was du vorhast!
6 Dann wollen wir jubeln, weil er dir hilft; /
im Namen unsres Gottes erheben wir das Banner.
Der HERR gewähre dir alle deine Bitten!

7 Nun weiß ich, daß der HERR seinem Gesalbten hilft /
und ihn erhört von seinem heiligen Himmel,
[c] seine rechte Hand hilft mit Macht.
8 Jene [d] verlassen sich auf Wagen und Rosse;
wir aber denken an den Namen des HERRN, unsres Gottes.
9 Sie sind niedergestürzt und gefallen,
wir aber stehen und halten stand.

10 Hilf, HERR, du König!
Er wird uns erhören, wenn wir rufen.

a Spr 18,10 *b* Ps 21,3 *c* 2.Mose 15,6 *d* Ps 33,17; 5.Mose 20,1; Jes 31,1

Gottes Hilfe für den König

21 1 EIN PSALM DAVIDS, VORZUSINGEN.
2 HERR, der König freut sich in deiner Kraft,
und wie sehr fröhlich ist er über deine Hilfe!
3 Du [a] erfüllst ihm seines Herzens Wunsch
und verweigerst nicht, [b] was sein Mund bittet. SELA.
4 Denn du überschüttest ihn mit gutem Segen,
du setzest eine goldene Krone auf sein Haupt.
5 Er bittet dich um Leben; du gibst es ihm,
[c] langes Leben für immer und ewig.
6 Er hat große Herrlichkeit durch deine Hilfe;
Pracht und Hoheit legst du auf ihn.
7 Denn du setzest ihn zum Segen ewiglich,
du erfreust ihn mit Freude vor deinem Antlitz.

8 Denn der König hofft auf den Herrn
und wird durch die Güte des Höchsten fest bleiben.
9 Deine Hand wird finden alle deine Feinde,
deine Rechte wird finden, die dich hassen.
10 Du wirst es mit ihnen machen wie im Feuerofen,
wenn du erscheinen wirst.
Der Herr wird sie verschlingen in seinem Zorn;
Feuer wird sie fressen.
11 Ihre Nachkommen wirst du tilgen vom Erdboden
und ihre Kinder aus der Zahl der Menschen.
12 Denn sie gedachten, dir Übles zu tun,
und machten Anschläge, die sie nicht ausführen konnten.[d]
13 Denn du wirst machen, daß sie den Rücken kehren;
mit deinem Bogen wirst du auf ihr Antlitz zielen.

14 Herr, erhebe dich in deiner Kraft,
so wollen wir singen und loben deine Macht.

a Ps 20,5 *b* Ps 37,4 *c* Ps 61,7 *d* Jes 8,10

Leiden und Herrlichkeit des Gerechten

(Jesu Leidenspsalm, vgl. Jes 53; Mt 27,35-46)

22 1 EIN PSALM DAVIDS, VORZUSINGEN, NACH DER WEISE »DIE HIRSCHKUH, DIE FRÜH GEJAGT WIRD«.
2 *Mein Gott, mein Gott, warum hast du mich verlassen?*
Ich schreie, aber meine Hilfe ist ferne.
3 Mein Gott, des Tages rufe ich, doch antwortest du nicht,
und des Nachts, doch finde ich keine Ruhe.
4 Du aber bist heilig,
der du thronst über den Lobgesängen Israels.
5 Unsere Väter hofften auf dich;
und da sie hofften, halfst du ihnen heraus.
6 Zu dir schrien sie und wurden errettet,
sie hofften auf dich und [a] wurden nicht zuschanden.
7 Ich aber bin ein [b] Wurm und kein Mensch,
ein Spott der Leute und verachtet vom Volke.
8 Alle, die mich sehen, verspotten mich,
[c] sperren das Maul auf und schütteln den Kopf:
9 »Er klage es dem Herrn, der helfe ihm heraus
und rette ihn, hat er Gefallen an ihm.«

10 Du hast mich aus meiner Mutter Leibe gezogen;
du ließest mich geborgen sein an der Brust meiner Mutter.
11 Auf dich bin ich geworfen von Mutterleib an,
du bist mein Gott von meiner Mutter Schoß an.
12 Sei nicht ferne von mir, denn Angst ist nahe;
denn es ist hier kein Helfer.

13 Gewaltige Stiere haben mich umgeben,
mächtige Büffel haben mich umringt.
14 Ihren Rachen sperren sie gegen mich auf
wie ein brüllender und reißender Löwe.
15 Ich bin ausgeschüttet wie Wasser, /
alle meine Knochen haben sich voneinander gelöst;
mein Herz ist in meinem Leibe wie zerschmolzenes Wachs.
16 Meine Kräfte sind vertrocknet wie eine Scherbe, /
und [d] meine Zunge klebt mir am Gaumen,
und du legst mich in des Todes Staub.
17 Denn Hunde haben mich umgeben, /
und der Bösen Rotte hat mich umringt;

[e] sie haben meine Hände und Füße durchgraben.
18 Ich kann alle meine Knochen zählen;
sie aber schauen zu und sehen auf mich herab.
19 Sie [f] teilen meine Kleider unter sich
und werfen das Los um mein Gewand.

20 Aber du, HERR, sei nicht ferne;
meine Stärke, eile, mir zu helfen!
21 Errette meine Seele vom Schwert,
mein Leben von den Hunden!
22 Hilf mir aus dem [g] Rachen des Löwen /
und vor den Hörnern wilder Stiere –
du hast mich erhört!*

23 Ich will deinen Namen kundtun meinen Brüdern,
ich will dich in der Gemeinde rühmen: [h]
24 Rühmet den HERRN, die ihr ihn fürchtet;
ehret ihn, ihr alle vom Hause Jakob,
und vor ihm scheuet euch,
ihr alle vom Hause Israel!
25 Denn er hat nicht verachtet noch [i] verschmäht
das Elend des Armen
und sein Antlitz vor ihm nicht verborgen;
und als er zu ihm schrie, hörte er's.

26 Dich will ich preisen in der großen Gemeinde,
ich will meine Gelübde erfüllen vor denen, die ihn fürchten.
27 Die [j] Elenden sollen essen, daß sie satt werden;/
und die nach dem HERRN fragen, werden ihn preisen;
euer Herz soll ewiglich leben.
28 Es werden gedenken und sich zum HERRN bekehren aller Welt Enden
und vor ihm anbeten alle Geschlechter der Heiden.
29 Denn des HERRN ist das Reich,
und er herrscht unter den Heiden.
30 Ihn allein werden anbeten alle,
die in der Erde schlafen;
vor ihm werden die Knie beugen alle,/
die zum Staube hinabfuhren
und ihr Leben nicht konnten erhalten.
31 Er wird Nachkommen haben, die ihm dienen;
vom Herrn wird man verkündigen Kind und Kindeskind.
32 Sie werden kommen und seine Gerechtigkeit predigen
dem Volk, das geboren wird. Denn er hat's getan.

a Ps 25,2.3 *b* Hiob 25,6; Jes 41,14 *c* Hiob 16,10 *d* Joh 19,28 *e* Joh 20,25.27
f Joh 19,24 *g* Dan 6,23 *h* Ps 26,12; Hebr 2,12 *i* Hebr 5,7 *j* Ps 69,33
*Vers 22: Luther übersetzte: »und errette mich von den Einhörnern.«

Der gute Hirte

23 1 EIN PSALM DAVIDS.
Der HERR *ist mein* [a] *Hirte,*
mir wird nichts mangeln.
2 *Er* [b] *weidet mich auf einer grünen Aue*
und führet mich zum frischen Wasser.
3 *Er erquicket meine Seele.*
Er führet mich auf rechter Straße um seines Namens willen.
4 *Und ob ich schon wanderte im finstern Tal,*
[c] *fürchte ich kein Unglück;*
denn du bist bei mir,
dein Stecken und Stab trösten mich.

5 *Du bereitest vor mir einen Tisch*
im Angesicht meiner Feinde.
Du salbest mein Haupt mit Öl
und [d] schenkest mir voll ein.
6 *Gutes und Barmherzigkeit werden mir folgen mein Leben lang,*
und [e] ich werde bleiben im Hause des HERRN *immerdar.*

a 1.Mose 48,15; Jes 40,11; Joh 10,11-30 *b* Hes 34,13.14; Offb 7,17 *c* Ps 46,3 *d* Ps 36,9 *e* Ps 84,5

Einzug in das Heiligtum

24 1 EIN PSALM DAVIDS.
[a] Die Erde ist des HERRN und was darinnen ist,
der Erdkreis und die darauf wohnen.
2 Denn er hat ihn über den Meeren gegründet
und über den Wassern bereitet.

3 [b] Wer darf auf des HERRN Berg gehen,
und wer darf stehen an seiner heiligen Stätte?
4 Wer unschuldige Hände hat
und reines Herzens ist,
wer nicht bedacht ist auf Lug und Trug
und nicht falsche Eide schwört:
5 der wird den Segen vom HERRN empfangen
und [c] Gerechtigkeit von dem Gott seines Heiles.
6 Das ist das Geschlecht, das nach ihm fragt,
das da sucht dein Antlitz, Gott Jakobs. SELA.

7 Machet die Tore weit und die Türen in der Welt* hoch,
daß der König der Ehre einziehe! [d]
8 Wer ist der König der Ehre?
Es ist der HERR, stark und mächtig,
der HERR, mächtig im Streit.
9 Machet die Tore weit und die Türen in der Welt hoch,
daß der König der Ehre einziehe!
10 Wer ist der König der Ehre?
Es ist der HERR Zebaot; er ist der König der Ehre. SELA.

a Joh 1,11; 1.Kor 10,26 *b (3-6)* Ps 15 *c* Jes 48,18 *d* 2.Sam 6,1-19; Jes 40,3.4
*Vers 7: Gemeint sind die Tore des Tempels – vielleicht: uralte Pforten.

Gebet um Gottes Vergebung und Leitung

25 1 VON DAVID.
Nach dir, HERR, verlanget mich.
2 Mein Gott, ich hoffe auf dich;
laß mich nicht zuschanden werden,
daß meine Feinde nicht frohlocken über mich.
3 Denn keiner wird zuschanden, der auf dich harret;
aber zuschanden werden die leichtfertigen Verächter.

4 HERR, zeige mir deine Wege
und lehre mich deine Steige!
5 Leite mich in deiner Wahrheit und lehre mich!
Denn du bist der Gott, der mir hilft; täglich harre ich auf dich.
6 Gedenke, HERR, an deine Barmherzigkeit und an deine Güte,
die von Ewigkeit her gewesen sind.
7 Gedenke nicht der Sünden meiner Jugend
und meiner Übertretungen,
gedenke aber meiner nach deiner Barmherzigkeit,
HERR, um deiner Güte willen!

8 Der HERR ist gut und gerecht;
darum weist er Sündern den Weg.
9 Er leitet die Elenden recht
und lehrt die Elenden seinen Weg.
10 Die Wege des HERRN sind lauter Güte und Treue
für alle, die seinen Bund und seine Gebote halten.
11 Um deines Namens willen, HERR,
[a]vergib mir meine Schuld, die so groß ist!

12 Wer ist der Mann, der den HERRN fürchtet?
Er wird ihm den Weg weisen, den er wählen soll.
13 Er wird im Guten wohnen,
und [b]sein Geschlecht wird das Land besitzen.
14 Der HERR ist denen Freund, die ihn fürchten;
und seinen Bund läßt er sie wissen.
15 Meine Augen sehen stets auf den HERRN;
denn er wird meinen Fuß aus dem Netze ziehen.

16 Wende dich zu mir und sei mir gnädig;
denn ich bin einsam und elend.
17 Die Angst meines Herzens ist groß;
führe mich aus meinen Nöten!
18 Sieh an meinen Jammer und mein Elend
und vergib mir alle meine Sünden!
19 Sieh, wie meiner Feinde so viel sind
und [c]zu Unrecht mich hassen.
20 Bewahre meine Seele und errette mich;
laß mich nicht zuschanden werden, denn ich traue auf dich!
21 Unschuld und Redlichkeit mögen mich behüten;
denn ich harre auf dich.
22 Gott, [d]erlöse Israel
aus aller seiner Not!

a 2.Mose 34,6.7 *b* Ps 37,9 *c* Ps 35,19 *d* Ps 130,8

Bekenntnis und Bitte eines Unschuldigen

26 1 VON DAVID.
HERR, schaffe mir Recht, denn ich bin unschuldig!
Ich hoffe auf den HERRN, darum werde ich nicht fallen.
2 Prüfe mich, HERR, und erprobe mich,
erforsche meine Nieren und mein Herz!

3 Denn deine Güte ist mir vor Augen,
und ich wandle in deiner Wahrheit.
4 [a]Ich sitze nicht bei heillosen Leuten
und habe nicht Gemeinschaft mit den Falschen.
5 Ich hasse die Versammlung der Boshaften
und sitze nicht bei den Gottlosen.
6 Ich [b]wasche meine Hände in Unschuld
und halte mich, HERR, zu deinem Altar,
7 dir zu danken mit lauter Stimme
und zu verkündigen alle deine Wunder.
8 HERR, *ich habe lieb* [c]*die Stätte deines Hauses*
und den Ort, da deine Ehre wohnt.

9 Raffe meine Seele nicht hin mit den Sündern
noch mein Leben mit den Blutdürstigen,
10 an deren Händen Schandtat klebt
und die gern Geschenke nehmen.
11 Ich aber gehe meinen Weg in Unschuld.

Erlöse mich und sei mir gnädig!
12 Mein Fuß steht fest auf rechtem Grund.
[d] Ich will den HERRN loben in den Versammlungen.

a (4 und 5) Ps 1,1 *b* 5.Mose 21,6.7; Mt 27,24 *c* Ps 27,4; 122,1.2 *d* Ps 22,23

Gemeinschaft mit Gott

27 1 VON DAVID.
[a] *Der* HERR *ist mein Licht und mein Heil;*
[b] *vor wem sollte ich mich fürchten?*
Der HERR *ist meines Lebens Kraft;*
vor wem sollte mir grauen?
2 Wenn die Übeltäter an mich wollen,
um mich zu verschlingen,
meine Widersacher und Feinde,
sollen sie selber straucheln und fallen.
3 Wenn sich auch ein Heer wider mich lagert,
so fürchtet sich dennoch mein Herz nicht;
wenn sich Krieg wider mich erhebt,
so verlasse ich mich auf *ihn*.[c]

4 Eines bitte ich vom HERRN, das hätte ich gerne:
daß ich [d] im Hause des HERRN bleiben könne mein Leben lang,
zu schauen die schönen Gottesdienste des HERRN*
und seinen Tempel zu betrachten.
5 Denn [e] er deckt mich in seiner Hütte zur bösen Zeit,/
er birgt mich im Schutz seines Zeltes
und erhöht mich auf einen Felsen.
6 Und nun erhebt sich mein Haupt
über meine Feinde, die um mich her sind;
darum will ich Lob opfern in seinem Zelt,
ich will singen und Lob sagen dem HERRN.

7 HERR, höre meine Stimme, wenn ich rufe;
sei mir gnädig und erhöre mich!
8 *Mein Herz hält dir vor dein Wort:/*
»Ihr sollt mein Antlitz suchen.«
Darum [f] *suche ich auch,* HERR, *dein Antlitz.*
9 Verbirg dein Antlitz nicht vor mir,
verstoße nicht im Zorn deinen Knecht!
Denn du bist meine Hilfe; verlaß mich nicht
und tu die Hand nicht von mir ab, Gott, mein Heil!
10 Denn mein Vater und meine Mutter verlassen mich,
aber der HERR nimmt mich auf.

11 HERR, [g] weise mir deinen Weg
und leite mich auf ebener Bahn um meiner Feinde willen.
12 Gib mich nicht preis dem Willen meiner Feinde!
Denn es stehen falsche Zeugen wider mich auf
und tun mir Unrecht ohne Scheu.
13 Ich glaube aber doch, daß ich [h] sehen werde
die Güte des HERRN im Lande der Lebendigen.
14 Harre des HERRN!
Sei getrost und unverzagt und harre des HERRN!

a Mi 7,8 *b* Ps 56,5 *c* Ps 3,7 *d* Ps 26,8; 42,5; 63,3; 84,4.5.11 *e* Ps 31,21 *f* 5.Mose 4,29
g Ps 86,11; 139,24 *h* Jes 38,11
*Vers 4: Wörtlich: zu schauen die Freundlichkeit des HERRN.

Bitte um Verschonung – Dank für Errettung

28 1 VON DAVID.
Wenn ich rufe zu dir, HERR, mein Fels,
so schweige doch nicht,
daß ich nicht, wenn du schweigst,
gleich werde denen, die in die Grube fahren.
2 Höre die Stimme meines Flehens, wenn ich zu dir schreie,
wenn ich meine Hände aufhebe zu deinem heiligen Tempel.
3 Raffe mich nicht hin mit den Gottlosen
und mit den Übeltätern,
die [a] freundlich reden mit ihrem Nächsten
und haben Böses im Herzen.
4 Gib ihnen nach ihrem Tun
und nach ihren bösen Taten;
gib ihnen nach den Werken ihrer Hände;
vergilt ihnen, wie sie es verdienen.
5 Denn [b] sie wollen nicht achten auf das Tun des HERRN
noch auf die Werke seiner Hände;
darum wird er sie niederreißen
und nicht wieder aufbauen.

6 Gelobt sei der HERR; denn er hat erhört
die Stimme meines Flehens.
7 Der HERR ist meine Stärke und mein Schild;
auf ihn hofft mein Herz, und mir ist geholfen.
Nun ist mein Herz fröhlich,
und ich will ihm danken mit meinem Lied.

8 Der HERR ist seines Volkes Stärke,
Hilfe und Stärke für seinen Gesalbten.
9 Hilf deinem Volk und segne dein Erbe
und weide und trage sie ewiglich!

a 2.Sam 20,9.10 *b* Jes 5,12.13

Der große Lobpreis der Herrlichkeit Gottes

29 1 EIN PSALM DAVIDS.
Bringet dar dem HERRN, ihr Himmlischen,
bringet dar dem HERRN Ehre und Stärke![a]
2 Bringet dar dem HERRN die Ehre seines Namens,
betet an den HERRN in heiligem Schmuck!
3 Die Stimme des HERRN erschallt über den Wassern,
der Gott der Ehre donnert,
der HERR, über großen Wassern.
4 Die Stimme des HERRN ergeht mit Macht,
die Stimme des HERRN ergeht herrlich.
5 Die Stimme des HERRN zerbricht die Zedern,
der HERR zerbricht die Zedern des Libanon.
6 Er läßt hüpfen wie ein Kalb den Libanon,
den [b] Sirjon wie einen jungen Wildstier.
7 Die Stimme des HERRN sprüht Feuerflammen; /
8 die Stimme des HERRN läßt die Wüste erbeben;
der HERR läßt erbeben die Wüste Kadesch.
9 Die Stimme des HERRN läßt Eichen wirbeln* /
und reißt Wälder kahl.
In seinem Tempel ruft alles: »Ehre!«

10 Der HERR hat seinen Thron über der Flut;
der HERR bleibt ein König in Ewigkeit.

11 Der HERR wird seinem Volk Kraft geben;
der HERR wird sein Volk segnen mit Frieden.

a Ps 103,20.21 *b* 5.Mose 3,8.9
*Vers 9: Luther übersetzte nach anderer Überlieferung: »erregt die Hinden«.

Dank für Rettung aus Todesnot

30 1 EIN PSALM DAVIDS, EIN LIED ZUR EINWEIHUNG DES TEMPELS.
2 Ich preise dich, HERR; denn du hast mich aus der Tiefe gezogen
und lässest meine Feinde sich nicht über mich freuen.
3 HERR, mein Gott, als ich schrie zu dir,
da [a]machtest du mich gesund.
4 HERR, du hast mich von den Toten heraufgeholt;
[b]du hast mich am Leben erhalten,
aber sie mußten in die Grube fahren.

5 Lobsinget dem HERRN, ihr seine Heiligen,
und preiset seinen heiligen Namen!
6 Denn [c]sein Zorn währet einen Augenblick
und lebenslang seine Gnade.
Den Abend lang währet das Weinen,
aber des Morgens ist Freude.

7 Ich aber sprach, als es mir gut ging:
Ich werde nimmermehr wanken.
8 Denn, HERR, durch dein Wohlgefallen /
hattest du mich auf einen hohen Fels gestellt.
Aber als du dein Antlitz verbargest, erschrak ich.
9 Zu dir, HERR, rief ich,
und zum Herrn flehte ich:
10 Was nützt dir mein Blut, wenn ich zur Grube fahre?
[d]Wird dir auch der Staub danken
und deine Treue verkündigen?
11 HERR, höre und sei mir gnädig!
HERR, sei mein Helfer!

12 Du hast mir meine Klage verwandelt in einen Reigen,
du hast mir den Sack der Trauer ausgezogen
und mich mit Freude gegürtet,
13 daß ich dir lobsinge und nicht stille werde.
HERR, mein Gott, ich will dir danken in Ewigkeit.

a 2.Mose 15,26 *b* Ps 116,3.4.7-9 *c* Jes 54,7.8 *d* Ps 6,6

In Gottes Händen geborgen

31 1 EIN PSALM DAVIDS, VORZUSINGEN.
2 HERR, auf dich traue ich, /
laß mich nimmermehr zuschanden werden,
errette mich durch deine Gerechtigkeit!
3 [a]Neige deine Ohren zu mir, hilf mir eilends!
Sei mir ein starker Fels und eine Burg, daß du mir helfest!
4 Denn du bist mein Fels und meine Burg,
und um deines Namens willen
wollest du mich leiten und führen.
5 Du wollest mich aus dem Netze ziehen, /
das sie mir heimlich stellten;
denn du bist meine Stärke.
6 [b]*In deine Hände befehle ich meinen Geist;*
du hast mich erlöst, HERR, *du treuer Gott.*

7 Ich hasse, die sich halten an nichtige Götzen;
ich aber hoffe auf den HERRN.
Ich freue mich und bin fröhlich über deine Güte,
daß du mein Elend ansiehst und nimmst dich meiner an in Not
9 und übergibst mich nicht in die Hände des Feindes;
du stellst meine Füße auf weiten Raum.

10 HERR, sei mir gnädig, denn mir ist angst!
Mein Auge ist trübe geworden vor Gram,
matt meine Seele und mein Leib.
11 Denn mein Leben ist hingeschwunden in Kummer
und meine Jahre in Seufzen.
Meine Kraft ist verfallen durch meine Missetat,
und meine Gebeine sind verschmachtet.
12 Vor all meinen Bedrängern bin ich ein Spott geworden,
eine Last meinen Nachbarn und ein Schrecken meinen Bekannten.
Die mich sehen auf der Gasse,
fliehen vor mir.
13 Ich bin vergessen in ihrem Herzen wie ein Toter;
ich bin geworden wie ein zerbrochenes Gefäß.
14 Denn ich höre, wie viele über mich lästern:
[c] Schrecken ist um und um!
Sie halten Rat miteinander über mich
und trachten danach, mir das Leben zu nehmen.

15 Ich aber, HERR, hoffe auf dich
und spreche: Du bist mein Gott!
16 [d] *Meine Zeit steht in deinen Händen.*
Errette mich von der Hand meiner Feinde
und von denen, die mich verfolgen.
17 [e] Laß leuchten dein Antlitz über deinen Knecht;
hilf mir durch deine Güte!
18 HERR, laß mich nicht zuschanden werden;
denn ich rufe dich an.
Die Gottlosen sollen zuschanden werden
und hinabfahren zu den Toten und schweigen.
19 Verstummen sollen die Lügenmäuler,
die da reden wider den Gerechten frech, stolz und höhnisch.

20 Wie groß ist deine Güte, HERR,
die du bewahrt hast denen, die dich fürchten,
und erweisest vor den Leuten
denen, die auf dich trauen!
21 Du [f] birgst sie in deinem Schutz vor den Rotten der Leute,
du deckst sie in der Hütte vor den zänkischen Zungen.

22 Gelobt sei der HERR; denn er hat seine wunderbare Güte
mir erwiesen in einer festen Stadt.
23 Ich sprach wohl in meinem Zagen:
Ich bin von deinen Augen verstoßen.
Doch du hörtest die Stimme meines Flehens,
als ich zu dir schrie.

24 Liebet den HERRN, alle seine Heiligen!
Die Gläubigen behütet der HERR
und vergilt reichlich dem, der Hochmut übt.
25 Seid getrost und unverzagt alle,
die ihr des HERRN harret!

a (3 und 4) Ps 71,3 *b* Luk 23,46 *c* Jer 20,3 *d* Ps 139,16; Pred 3,1-8 *e* Ps 80,4; 4.Mose 6,25
f Ps 27,5

Vom Segen der Sündenvergebung (Der zweite Bußpsalm)

32 1 EINE UNTERWEISUNG DAVIDS.
[a] *Wohl dem, dem die Übertretungen vergeben sind,*
dem die Sünde bedeckt ist!
2 *Wohl dem Menschen, dem der* HERR *die Schuld nicht zurechnet,*
in dessen Geist kein Trug ist!

3 Denn als ich es wollte verschweigen,
verschmachteten meine Gebeine
durch mein tägliches Klagen.
4 Denn deine Hand lag Tag und Nacht schwer auf mir,
daß mein Saft vertrocknete,
wie es im Sommer dürre wird. SELA.
5 Darum [b] bekannte ich dir meine Sünde,
und meine Schuld verhehlte ich nicht.
Ich sprach: Ich will dem HERRN meine Übertretungen bekennen.
Da [c] vergabst du mir die Schuld meiner Sünde. SELA.

6 Deshalb werden alle Heiligen zu dir beten
zur Zeit der Angst.
Darum, wenn große Wasserfluten kommen,
werden sie nicht an sie gelangen.
7 Du bist mein Schirm, du wirst mich vor Angst behüten,
daß ich errettet gar fröhlich rühmen kann. SELA.

8 »Ich will dich unterweisen und dir den Weg zeigen, /
den du gehen sollst;
ich will dich mit meinen Augen leiten.«
9 Seid nicht wie Rosse und Maultiere,
die ohne Verstand sind,
denen man Zaum und Gebiß anlegen muß;
sie werden sonst nicht zu dir kommen.

10 Der Gottlose hat viel Plage;
wer aber auf den HERRN hofft,
den wird die Güte umfangen.
11 Freuet euch des HERRN und seid fröhlich, ihr Gerechten,
und jauchzet, alle ihr Frommen.

a (1 und 2) Röm 4,6-8 *b* Ps 38,19; Spr 28,13; Jak 5,16 *c* Jes 38,17

Ein Loblied auf Gottes Allmacht und Hilfe

33 1 Freuet euch des HERRN, ihr Gerechten;
die Frommen sollen ihn recht preisen.
2 Danket dem HERRN mit Harfen;
lobsinget ihm zum Psalter von zehn Saiten!
3 Singet ihm [a] ein neues Lied;
spielt schön auf den Saiten mit fröhlichem Schall!
4 Denn *des* HERRN *Wort ist wahrhaftig,*
und was er zusagt, das hält er gewiß.
5 Er liebt Gerechtigkeit und Recht;
die Erde ist voll der Güte des HERRN.

6 Der Himmel ist durch das Wort des HERRN gemacht
und all sein Heer durch den Hauch seines Mundes.[b]
7 Er [c] hält die Wasser des Meeres zusammen wie in einem Schlauch
und sammelt in Kammern die Fluten.
8 Alle Welt fürchte den HERRN,
und vor ihm scheue sich alles,

was auf dem Erdboden wohnet.
9 Denn *wenn er spricht, so geschieht's;*
[d] *wenn er gebietet, so steht's da.*
10 Der HERR macht zunichte der Heiden Rat
und wehrt den Gedanken der Völker.
11 Aber der Ratschluß des HERRN bleibt ewiglich,
seines Herzens Gedanken für und für.
12 Wohl dem Volk, [e] dessen Gott der HERR ist,
dem Volk, das er zum Erbe erwählt hat!
13 Der HERR schaut vom Himmel
und sieht alle Menschenkinder.
14 Von seinem festen Thron sieht er auf alle,
die auf Erden wohnen.
15 Er [f] lenkt ihnen allen das Herz,
er gibt acht auf alle ihre Werke.
16 Einem König hilft nicht seine große Macht;
[g] ein Held kann sich nicht retten durch seine große Kraft.
17 [h] Rosse helfen auch nicht; da wäre man betrogen;
und ihre große Stärke errettet nicht.
18 Siehe, des HERRN Auge achtet auf alle, die ihn fürchten,
die auf seine Güte hoffen,
19 daß er sie errette vom Tode
und sie am Leben erhalte in Hungersnot.

20 Unsre Seele harrt auf den HERRN;
er ist uns Hilfe und Schild.
21 Denn unser Herz freut sich seiner,
und wir trauen auf seinen heiligen Namen.
22 Deine Güte, HERR, sei über uns,
wie wir auf dich hoffen.

a Ps 40,4; 96,1; 98,1; 144,9; 149,1; Jes 42,10; Offb 5,9 *b* 1.Mose 1,6.14 *c* Ps 104,9 *d* Ps 148,5 *e* 5.Mose 33,29 *f* Spr 21,1 *g* 1.Sam 17 *h* Ps 20,8

Unter Gottes Schutz

34 1 VON DAVID, [a] ALS ER SICH WAHNSINNIG STELLTE VOR ABIMELECH UND DIESER IHN VON SICH TRIEB UND ER WEGGING.
2 *Ich will den* HERRN *loben allezeit;*
sein Lob soll immerdar in meinem Munde sein.
3 Meine Seele soll sich rühmen des HERRN,
daß es die Elenden hören und sich freuen.
4 Preiset mit mir den HERRN
und laßt uns miteinander seinen Namen erhöhen!

5 *Als ich den* HERRN *suchte, antwortete er mir*
und errettete mich aus aller meiner Furcht.
6 Die auf ihn sehen, werden strahlen vor Freude,
und ihr Angesicht soll nicht schamrot werden.
7 Als einer im Elend rief, hörte der HERR
und half ihm aus allen seinen Nöten.
8 Der [b] Engel des HERRN lagert sich um die her,
die ihn fürchten, und hilft ihnen heraus.
9 [c] *Schmecket und sehet, wie freundlich der* HERR *ist.*
Wohl dem, der auf ihn trauet!
10 Fürchtet den HERRN, ihr seine Heiligen!
Denn die ihn fürchten, haben keinen Mangel.
11 [d] Reiche müssen darben und hungern;
aber die den HERRN suchen,
haben keinen Mangel an irgendeinem Gut.

12 Kommt her, ihr Kinder, höret mir zu!
Ich will euch die Furcht des HERRN lehren.
13 [e]Wer möchte gern gut leben
und schöne Tage sehen?
14 Behüte deine Zunge vor Bösem
und deine Lippen, daß sie nicht Trug reden.
15 Laß ab vom Bösen und tu Gutes;
suche Frieden und jage ihm nach!

16 Die Augen des HERRN merken auf die Gerechten
und seine Ohren auf ihr Schreien.
17 Das Angesicht des HERRN steht wider alle, die Böses tun,
daß er [f]ihren Namen ausrotte von der Erde.
18 Wenn die Gerechten schreien, so hört der HERR
und errettet sie aus all ihrer Not.
19 Der HERR ist nahe denen, die zerbrochenen Herzens sind,
und hilft denen, die ein zerschlagenes Gemüt haben.[g]
20 Der Gerechte muß viel erleiden,
aber aus alledem hilft ihm der HERR.[h]
21 Er bewahrt ihm alle seine Gebeine,
daß nicht eines zerbrochen wird.
22 Den Gottlosen wird das Unglück töten,
und die den Gerechten hassen, fallen in Schuld.
23 Der HERR erlöst das Leben seiner Knechte,
und alle, die auf ihn trauen, werden frei von Schuld.

a 1.Sam 21,14-16 *b* Ps 91,11; 1.Mose 32,2.3; 2.Kön 6,17 *c* 1.Petr 2,3 *d* Lk 1,53 *e (13-17)* 1.Petr 3,10-12 *f* Spr 10,7 *g* Ps 51,19 *h* 2.Kor 1,5

Gebet um Errettung von boshaften Feinden

35 1 VON DAVID.
HERR, führe meine Sache wider meine Widersacher,
bekämpfe, die mich bekämpfen!
2 Ergreife Schild und Waffen
und mache dich auf, mir zu helfen!
3 Zücke Speer und Streitaxt wider meine Verfolger!
Sprich zu mir: Ich bin deine Hilfe!
4 Es sollen sich schämen und zum Spott werden,
die mir nach dem Leben trachten;
es sollen zurückweichen und zuschanden werden,
die mein Unglück wollen.
5 Sie sollen werden wie Spreu vor dem Winde,
und der Engel des HERRN stoße sie weg.
6 Ihr Weg soll finster und schlüpfrig werden,
und der Engel des HERRN verfolge sie.
7 Denn ohne Grund haben sie mir ihr Netz gestellt,
ohne Grund mir eine Grube gegraben.

8 Unversehens soll ihn Unheil überfallen;/
sein Netz, das er gestellt hat, fange ihn selber,
zum eigenen Unheil stürze er hinein.
9 Aber meine Seele soll sich freuen des HERRN
und fröhlich sein über seine Hilfe.
10 Alle meine Gebeine sollen sagen:
HERR, wer ist dir gleich?
Der du den Elenden rettest/vor dem, der ihm zu stark ist,
und den Elenden und Armen vor seinen Räubern.

11 Es treten falsche Zeugen auf;
sie fordern von mir, wovon ich nichts weiß.

12 Sie vergelten mir Gutes mit Bösem,
um mich in Herzeleid zu bringen.
13 Ich aber [a] zog einen Sack an, wenn sie krank waren, /
tat mir wehe mit Fasten
und betete immer wieder von Herzen.
14 Als wäre es mein Freund und Bruder,
so ging ich einher;
wie einer Leid trägt über seine Mutter,
so beugte ich mich in Trauer.[b]
15 Sie aber freuen sich, wenn ich wanke,
und rotten sich zusammen;
sie rotten sich heimlich zum Schlag wider mich,
sie lästern und hören nicht auf.
16 Sie lästern und spotten immerfort
und knirschen wider mich mit ihren Zähnen.

17 Herr, wie lange willst du zusehen?
Errette doch meine Seele vor ihrem Unheil,
mein Leben vor den jungen Löwen!
18 Ich will dir danken in großer Gemeinde;
unter vielem Volk will ich dich rühmen.
19 Laß sich nicht über mich freuen, die [c] mir zu Unrecht feind sind;
laß nicht mit den Augen spotten,
die [d] mich ohne Grund hassen!
20 Denn sie reden nicht, was zum Frieden dient,
und ersinnen falsche Anklagen wider die Stillen im Lande.
21 Sie sperren das Maul weit auf wider mich
und sprechen: »Da, da, wir haben es gesehen!«
22 HERR, du hast es gesehen, schweige nicht;
Herr, sei nicht ferne von mir!
23 Wache auf, werde wach, mir Recht zu schaffen
und meine Sache zu führen, mein Gott und Herr!
24 HERR, mein Gott, verhilf mir zum Recht
nach deiner Gerechtigkeit,
daß sie sich nicht über mich freuen.
25 Laß sie nicht sagen in ihrem Herzen: »Da, da! das wollten wir.«
Laß sie nicht sagen: »Wir haben ihn verschlungen.«

26 Sie sollen sich schämen und zuschanden werden,
alle, die sich meines Unglücks freuen;
sie sollen in Schmach und Schande sich kleiden,
die sich wider mich rühmen.
27 Jubeln und freuen sollen sich,
die mir gönnen, daß ich recht behalte,
und immer sagen: Der HERR sei hoch gelobt,
der seinem Knecht so wohl will!
28 Und meine Zunge soll reden von deiner Gerechtigkeit
und dich täglich preisen.

a Hiob 31,29 *b* Röm 12,15 *c* Ps 25,19 *d* Ps 69,5

Der Reichtum der Güte Gottes

36 1 VON DAVID, DEM KNECHT DES HERRN, VORZUSINGEN.
2 Es sinnen die Übertreter auf gottloses Treiben /
im Grund ihres Herzens.
[a] Es ist keine Gottesfurcht bei ihnen.
3 Und doch hat Gott den Weg vor ihnen geebnet,
um ihre Schuld aufzufinden und zu hassen.
4 Alle ihre Worte sind falsch und erlogen,
verständig und gut handeln sie nicht mehr.

5 Sie [b]trachten auf ihrem Lager nach Schaden
und stehen fest auf dem bösen Weg und scheuen kein Arges.

6 HERR, *deine Güte reicht, so weit der Himmel ist,*
und deine Wahrheit, so weit die Wolken gehen.
7 Deine Gerechtigkeit steht wie die Berge Gottes /
und dein Recht wie die große Tiefe.
HERR, du hilfst Menschen und Tieren.
8 Wie köstlich ist deine Güte, Gott,
daß Menschenkinder
[c]unter dem Schatten deiner Flügel Zuflucht haben!
9 Sie werden satt von den reichen Gütern deines Hauses,
und du tränkst sie mit Wonne wie mit einem Strom.
10 *Denn bei dir ist* [d] *die Quelle des Lebens,*
und in deinem Lichte sehen wir das Licht.

11 Breite dein Güte über die, die dich kennen,
und deine Gerechtigkeit über die Frommen.
12 Laß mich nicht kommen unter den Fuß der Stolzen,
und die Hand der Gottlosen vertreibe mich nicht!

13 Sieh da, sie sind gefallen, die Übeltäter,
sind gestürzt und können nicht wieder aufstehen.

a Röm 3,18 *b* Mi 2,1 *c* Ps 17,8 *d* Jer 2,13; Joh 4,14

Das scheinbare Glück der Gottlosen

37 1 VON DAVID.
[a]Entrüste dich nicht über die Bösen,
sei nicht neidisch auf die Übeltäter.
2 Denn wie das Gras werden sie bald verdorren,
und wie das grüne Kraut werden sie verwelken.
3 Hoffe auf den HERRN und tu Gutes,
bleibe im Lande und nähre dich redlich.
4 Habe deine Lust am HERRN;
der [b]wird dir geben, was dein Herz wünscht.
5 *Befiehl dem* HERRN *deine Wege*
und hoffe auf ihn, er wird's wohl machen
6 und wird deine [c]Gerechtigkeit heraufführen wie das Licht
und dein Recht wie den Mittag.
7 *Sei stille dem* HERRN *und warte auf ihn.*
Entrüste dich nicht über den, dem es gut geht,
der seinen Mutwillen treibt.
8 Steh ab vom Zorn und laß den Grimm,
entrüste dich nicht, damit du nicht Unrecht tust.
9 Denn die Bösen werden ausgerottet;
die aber des HERRN harren, werden das Land erben.
10 Noch eine kleine Zeit, so ist der Gottlose nicht mehr da;
und wenn du nach seiner Stätte siehst, ist er weg.
11 Aber [d]die Elenden werden das Land erben
und ihre Freude haben an großem Frieden.

12 Der Gottlose droht dem Gerechten
und knirscht mit seinen Zähnen wider ihn.
13 Aber der Herr lacht seiner;
denn er sieht, daß [e]sein Tag kommt.
14 Die Gottlosen ziehen das Schwert
und spannen ihren Bogen,
daß sie fällen den Elenden und Armen
und morden die Frommen.

15 Aber ihr Schwert wird in ihr eigenes Herz dringen,
und ihr Bogen wird zerbrechen.

16 Das Wenige, das ein Gerechter hat,
ist besser als der Überfluß vieler Gottloser.[f]
17 Denn der Gottlosen Arm wird zerbrechen,
aber der HERR erhält die Gerechten.
18 Der HERR kennt die Tage der Frommen,
und [g] ihr Gut wird ewiglich bleiben.
19 Sie werden nicht zuschanden in böser Zeit,
und [h] in der Hungersnot werden sie genug haben.
20 Denn die Gottlosen werden umkommen;
und die Feinde des HERRN,
wenn sie auch sind wie prächtige Auen,
werden sie doch vergehen, wie der Rauch vergeht.

21 Der Gottlose muß borgen und bezahlt nicht,
aber der Gerechte ist barmherzig und kann geben.
22 Denn die Gesegneten des HERRN erben das Land;
aber die er verflucht, werden ausgerottet.
23 Von dem HERRN kommt es, wenn eines Mannes Schritte fest werden,
und er hat Gefallen an seinem Wege.
24 Fällt er, so stürzt er doch nicht;
denn der HERR hält ihn fest an der Hand.[i]

25 Ich bin jung gewesen und alt geworden
und habe noch nie den Gerechten verlassen gesehen
und seine Kinder um Brot betteln.
26 Er ist allezeit barmherzig und leiht gerne,
und sein Geschlecht wird zum Segen sein.
27 Laß ab vom Bösen und tu Gutes,
so bleibst du wohnen immerdar.
28 Denn der HERR hat das Recht lieb
und verläßt seine Heiligen nicht.
Ewiglich werden sie bewahrt,
aber das Geschlecht der Gottlosen wird ausgerottet.
29 Die Gerechten werden das Land ererben
und darin wohnen allezeit.[j]

30 Der Mund des Gerechten redet Weisheit,
und seine Zunge lehrt das Recht.
31 Das Gesetz seines Gottes ist in seinem Herzen;
seine Tritte gleiten nicht.
32 Der Gottlose lauert dem Gerechten auf
und gedenkt, ihn zu töten.
33 Aber der HERR läßt ihn nicht in seinen Händen
und läßt ihn vor Gericht nicht zum Schuldigen werden.
34 Harre auf den HERRN und halte dich auf seinem Weg, /
so wird er dich erhöhen, daß du das Land erbest;
du wirst es sehen, daß die Gottlosen ausgerottet werden.

35 [k] Ich sah einen Gottlosen, der pochte auf Gewalt
und machte sich breit und grünte wie eine Zeder.
36 Dann kam ich wieder vorbei; siehe, da war er dahin.
Ich fragte nach ihm; doch ward er nirgends gefunden.
37 *Bleibe fromm und halte dich recht;*
denn einem solchen wird es zuletzt gut gehen.[l]
38 Die Übertreter aber werden miteinander vertilgt,
und die Gottlosen werden zuletzt ausgerottet.
39 Aber der HERR hilft den Gerechten, / er ist ihre Stärke in der Not.

40 Und [m] der HERR wird ihnen beistehen und sie erretten;
er wird sie von den Gottlosen erretten und ihnen helfen;
denn sie trauen auf ihn.

a Spr 24,19 *b* Ps 20,5 *c* Mi 7,9 *d* Mt 5,5 *e* Hiob 18,20 *f* Spr 15,16 *g* Pred 8,12 *h* Spr 10,3 *i* Spr 24,16 *j* Jes 60,21 *k (35 und 36)* 1.Sam 25,2-38; Hes 31,3-14 *l* 1.Mose 39,7-9 *m* Lk 18,7.8

In schwerer Heimsuchung (Der dritte Bußpsalm)

38 1 EIN PSALM DAVIDS, ZUM GEDENKOPFER.
2 HERR, strafe mich nicht in deinem Zorn
und züchtige mich nicht in deinem Grimm!
3 Denn [a] deine Pfeile stecken in mir,
und deine Hand drückt mich.

4 Es ist nichts Gesundes an meinem Leibe wegen deines Drohens
und ist nichts Heiles an meinen Gebeinen wegen meiner Sünde.
5 Denn [b] meine Sünden gehen über mein Haupt;
wie eine schwere Last sind sie mir zu schwer geworden.
6 Meine Wunden stinken und eitern
um meiner Torheit willen.
7 Ich gehe krumm und sehr gebückt;
den ganzen Tag gehe ich traurig einher.
8 Denn meine Lenden sind ganz verdorrt;
es ist nichts Gesundes an meinem Leibe.
9 Ich bin matt geworden und ganz zerschlagen;
ich schreie vor Unruhe meines Herzens.

10 Herr, du kennst all mein Begehren,
und mein Seufzen ist dir nicht verborgen.
11 Mein Herz erbebt, meine Kraft hat mich verlassen,
und das Licht meiner Augen ist auch dahin.
12 Meine Lieben und Freunde scheuen zurück vor meiner Plage,
und meine Nächsten halten sich ferne.[c]
13 Die mir nach dem Leben trachten, stellen mir nach; /
und die mein Unglück suchen, bereden, wie sie mir schaden;
sie sinnen auf Trug den ganzen Tag.
14 Ich bin wie taub und höre nicht,
und [d] wie ein Stummer, der seinen Mund nicht auftut.
15 Ich muß sein wie einer, der nicht hört
und keine Widerrede in seinem Munde hat.
16 Aber ich harre, HERR, auf dich;
du, Herr, mein Gott, wirst erhören.
17 Denn ich denke: Daß sie sich ja nicht über mich freuen!
Wenn mein Fuß wankte,
würden sie sich hoch rühmen wider mich.
18 Denn ich bin dem Fallen nahe,
und mein Schmerz ist immer vor mir.

19 So [e] bekenne ich denn meine Missetat
und sorge mich wegen meiner Sünde.
20 Aber meine Feinde leben und sind mächtig;
die mich zu Unrecht hassen, derer sind viele.
21 Die mir Gutes mit Bösem vergelten, feinden mich an,
weil ich mich an das Gute halte.
22 Verlaß mich nicht, HERR,
mein Gott, sei nicht ferne von mir!
23 Eile, mir beizustehen,
HERR, du meine Hilfe!

a Hiob 6,4 *b* Klgl 1,14 *c* Ps 69,9; 88,9; Hiob 19,13-19 *d* Ps 39,3 *e* Ps 32,5

Bittruf angesichts der menschlichen Vergänglichkeit

39 1 EIN PSALM DAVIDS, VORZUSINGEN, FÜR [a] JEDUTUN.
2 Ich habe mir vorgenommen: Ich will mich hüten,
daß ich nicht sündige mit meiner Zunge;
ich will meinem Mund einen Zaum anlegen,
solange ich den Gottlosen vor mir sehen muß.
3 Ich bin [b] verstummt und still und schweige fern der Freude
und muß mein Leid in mich fressen.
4 Mein Herz ist entbrannt in meinem Leibe; /
wenn ich daran denke, brennt es wie Feuer.
So rede ich denn mit meiner Zunge:

5 »HERR, lehre mich doch, /
daß es [c] ein Ende mit mir haben muß
und [d] mein Leben ein Ziel hat und ich davon muß.
6 Siehe, [e] meine Tage sind eine Handbreit bei dir,
und mein Leben ist wie nichts vor dir.
WIE GAR NICHTS SIND ALLE MENSCHEN,
DIE DOCH SO SICHER LEBEN! SELA.
7 Sie gehen daher wie ein Schatten /
und machen sich viel vergebliche Unruhe;
sie sammeln und wissen nicht,
wer es einbringen wird.« [f]

8 Nun, Herr, wessen soll ich mich trösten?
Ich hoffe auf dich.
9 Errette mich aus aller meiner Sünde
und laß mich nicht den Narren zum Spott werden.
10 Ich will schweigen und meinen Mund nicht auftun;
denn du hast es getan.
11 Wende deine Plage von mir;
ich vergehe, weil deine Hand nach mir greift.
12 Wenn du den Menschen züchtigst um der Sünde willen, /
so verzehrst du seine Schönheit wie Motten ein Kleid.
WIE GAR NICHTS SIND DOCH ALLE MENSCHEN. SELA.

13 Höre mein Gebet, HERR, und vernimm mein Schreien,
schweige nicht zu meinen Tränen;
denn [g] ich bin ein Gast bei dir,
ein Fremdling wie alle meine Väter.
14 Laß ab von mir, daß ich mich erquicke,
ehe ich dahinfahre und nicht mehr bin.

a 1.Chr 25,1.3 *b* Ps 38,14 *c* Ps 90,12 *d* Hiob 14,5 *e* Ps 90,5.6 *f* Ps 49,17-21; Pred 2,18.21; Lk 12,15-21 *g* Ps 119,19; 3.Mose 25,23; 1.Petr 2,11; Hebr 11,13

Dank und Bitte

40 1 EIN PSALM DAVIDS, VORZUSINGEN.
2 Ich harrte des HERRN,
und er neigte sich zu mir
und hörte mein Schreien.
3 Er zog mich aus der grausigen Grube,
aus lauter Schmutz und Schlamm,
und stellte meine Füße auf einen Fels,
daß ich sicher treten kann;
4 er hat mir [a] ein neues Lied in meinen Mund gegeben,
zu loben unsern Gott.
Das werden viele sehen und sich fürchten
und auf den HERRN hoffen.

5 Wohl dem, der seine Hoffnung setzt auf den HERRN
und sich nicht wendet zu den Hoffärtigen
und denen, die mit Lügen umgehen!

6 HERR, mein Gott, groß sind deine Wunder /
und deine Gedanken, die du an uns beweisest;
dir ist nichts gleich!
Ich will sie verkündigen und davon sagen,
wiewohl sie nicht zu zählen sind.[b]
7 [c]Schlachtopfer und Speisopfer gefallen dir nicht, /
aber die Ohren hast du mir aufgetan.
Du willst weder Brandopfer noch Sündopfer.
8 Da sprach ich: Siehe, ich komme;
im Buch ist von mir geschrieben:
9 Deinen Willen, mein Gott, tue ich gern,
und dein Gesetz hab ich in meinem Herzen.
10 Ich verkündige Gerechtigkeit in der großen Gemeinde.
Siehe, ich will mir meinen Mund nicht stopfen lassen;
HERR, das weißt du.
11 Deine Gerechtigkeit verberge ich nicht in meinem Herzen;
von deiner Wahrheit und von deinem Heil rede ich.
Ich verhehle deine Güte und Treue nicht
vor der großen Gemeinde.

12 Du aber, HERR, wollest deine Barmherzigkeit nicht von mir wenden;
laß deine Güte und Treue allewege mich behüten.
13 Denn es haben mich umgeben Leiden ohne Zahl.
Meine Sünden haben mich ereilt;
ich kann sie nicht überblicken.
Ihrer sind mehr als Haare auf meinem Haupt,
und mein Herz ist verzagt.
14 [d]Laß dir's gefallen, HERR, mich zu erretten;
eile, HERR, mir zu helfen!
15 Schämen sollen sich und zuschanden werden,
die mir nach dem Leben trachten, mich umzubringen.
Es sollen zurückweichen und zuschanden werden,
die mir mein Unglück gönnen.
16 Sie sollen in ihrer Schande erschrecken,
die über mich schreien: Da, da!
17 Laß deiner sich freuen und fröhlich sein
alle, die nach dir fragen;
und die dein Heil lieben, laß allewege sagen:
Der HERR sei hoch gelobt!
18 Denn ich bin arm und elend;
der HERR aber sorgt für mich.
Du bist mein Helfer und Erretter;
mein Gott, säume doch nicht!

a Ps 33,3 *b* Ps 139,17.18 *c* Ps 50,8-13; 51,18; 1.Sam 15,22; Hebr 10,5-10 *d* Ps 70

Gebet in Krankheit

41 1 EIN PSALM DAVIDS, VORZUSINGEN.
2 Wohl dem, der [a]sich des Schwachen annimmt!
Den wird der HERR erretten zur bösen Zeit.
3 Der HERR wird ihn bewahren und beim Leben erhalten /
und es ihm lassen wohl gehen auf Erden
und ihn nicht preisgeben dem Willen seiner Feinde.
4 Der HERR wird ihn erquicken auf seinem Lager;
du hilfst ihm auf von aller seiner Krankheit.

5 Ich sprach: HERR, sei mir gnädig! Heile mich;
denn ich habe an dir gesündigt.
6 Meine Feinde reden Arges wider mich:
»Wann wird er sterben und sein Name vergehen?«
7 Sie kommen, nach mir zu schauen,
und meinen's doch nicht von Herzen;
sondern sie suchen etwas, daß sie lästern können,
gehen hin und tragen's hinaus auf die Gasse.
8 Alle, die mich hassen, flüstern miteinander über mich
und denken Böses über mich:
9 »Unheil ist über ihn ausgegossen;
wer so daliegt, wird nicht wieder aufstehen.«
10 Auch mein Freund, dem ich vertraute,
der mein Brot aß, tritt mich mit Füßen.[b]
11 Du aber, HERR, sei mir gnädig und hilf mir auf,
so will ich ihnen vergelten.

12 Daran merke ich, daß du Gefallen an mir hast,
daß mein Feind über mich nicht frohlocken wird.
13 Mich aber hältst du um meiner Frömmigkeit willen
und stellst mich vor dein Angesicht für ewig.

14 Gelobt sei der HERR, der Gott Israels,
von Ewigkeit zu Ewigkeit! Amen! Amen![c]

a Spr 14,21; Mt 5,7 *b* Ps 55,13-15; Joh 13,18; Apg 1,16 *c* Ps 72,18; 89,53; 106,48; 150,6

ZWEITES BUCH

Verlangen nach Gott aus fremdem Land

42 1 EINE UNTERWEISUNG DER [a] SÖHNE KORAH, VORZUSINGEN.
2 *Wie der Hirsch lechzt nach frischem Wasser,*
so schreit meine Seele, Gott, zu dir.
3 [b] *Meine Seele dürstet nach Gott,*
nach dem lebendigen Gott.
Wann werde ich dahin kommen,
daß ich Gottes Angesicht schaue?
4 Meine Tränen sind meine Speise Tag und Nacht,
weil man täglich zu mir sagt: [c] Wo ist nun dein Gott?
5 Daran will ich denken
und ausschütten mein Herz bei mir selbst:
[d] wie ich einherzog in großer Schar,
mit ihnen zu wallen zum Hause Gottes
mit Frohlocken und Danken
in der Schar derer, die da feiern.
6 WAS BETRÜBST DU DICH, MEINE SEELE,
UND BIST SO UNRUHIG IN MIR?
HARRE AUF GOTT; DENN ICH WERDE IHM NOCH DANKEN,
DASS ER MEINES ANGESICHTS HILFE UND MEIN GOTT IST.[e]

7 Mein Gott, betrübt ist meine Seele in mir, /
darum gedenke ich an dich
aus dem Land am Jordan und Hermon, vom Berge Misar.
8 Deine Fluten rauschen daher, /
und eine Tiefe ruft die andere;
alle deine Wasserwogen und Wellen gehen über mich.

9 Am Tage sendet der HERR seine Güte,
und des Nachts singe ich ihm
und bete zu dem Gott meines Lebens.
10 Ich sage zu Gott, meinem [f]Fels:
Warum hast du mich vergessen?
Warum muß ich so traurig gehen,
wenn mein Feind mich dränget?
11 Es ist wie Mord in meinen Gebeinen, /
wenn mich meine Feinde schmähen
und täglich zu mir sagen: Wo ist nun dein Gott?
12 WAS BETRÜBST DU DICH, MEINE SEELE,
UND BIST SO UNRUHIG IN MIR?
HARRE AUF GOTT; DENN ICH WERDE IHM NOCH DANKEN,
DASS ER MEINES ANGESICHTS HILFE UND MEIN GOTT IST.

43 1 Gott, schaffe mir Recht /
und führe meine Sache wider das unheilige Volk
und errette mich von den falschen und bösen Leuten!
2 Denn du bist der Gott meiner Stärke:
Warum hast du mich verstoßen?
Warum muß ich so traurig gehen,
wenn mein Feind mich dränget?
3 Sende dein Licht und deine Wahrheit, daß sie mich leiten
und bringen zu deinem heiligen Berg
und zu deiner Wohnung,
4 daß ich hineingehe zum Altar Gottes, /
zu dem Gott, der meine Freude und Wonne ist,
und dir, Gott, auf der Harfe danke, mein Gott.
5 WAS BETRÜBST DU DICH, MEINE SEELE,
UND BIST SO UNRUHIG IN MIR?
HARRE AUF GOTT; DENN ICH WERDE IHM NOCH DANKEN,
DASS ER MEINES ANGESICHTS HILFE UND MEIN GOTT IST.

a 1.Chr 6,16.22; 2.Chr 20,19 *b* Ps 63,2; 84,3; 143,6 *c* Ps 79,10 *d* Ps 27,4 *e* Ps 116,7
f 5.Mose 32,4

Hat Gott sein Volk verstoßen?

44 1 EINE UNTERWEISUNG DER SÖHNE KORAH, VORZUSINGEN.
2 Gott, wir haben mit unsern Ohren gehört, /
[a]unsre Väter haben's uns erzählt,
was du getan hast zu ihren Zeiten, in alten Tagen.
3 Du hast mit deiner Hand die Heiden vertrieben,
sie aber hast du eingesetzt;
du hast die Völker zerschlagen,
sie aber hast du ausgebreitet.
4 Denn sie haben das Land nicht eingenommen durch ihr Schwert,
und ihr Arm half ihnen nicht,
sondern deine Rechte, dein Arm und das Licht deines Angesichts;
denn du hattest Wohlgefallen an ihnen.

5 Du bist es, mein König und mein Gott,
der du Jakob Hilfe verheißest.
6 Durch dich wollen wir unsre Feinde zu Boden stoßen,
in deinem Namen niedertreten, die sich gegen uns erheben.
7 Denn ich verlasse mich nicht auf meinen Bogen,
und mein Schwert kann mir nicht helfen;
8 sondern du hilfst uns von unsern Feinden
und machst zuschanden, die uns hassen.
9 Täglich [b]rühmen wir uns Gottes
und preisen deinen Namen ewiglich. SELA.

10 Warum verstößest du uns denn nun /
und lässest uns zuschanden werden
und ziehst nicht aus mit unserm Heer?
11 Du lässest uns fliehen vor unserm Feind,
daß uns berauben, die uns hassen.
12 Du gibst uns dahin wie Schlachtschafe
und zerstreust uns unter die Heiden.
13 Du verkaufst dein Volk um ein Nichts
und hast mit ihrem Kaufgeld nichts gewonnen.
14 Du machst uns zur Schmach bei unsern Nachbarn,
zu Spott und Hohn bei denen, die um uns her sind.[c]
15 Du machst uns zum Sprichwort unter den Heiden,
läßt die Völker das Haupt über uns schütteln.
16 Täglich ist meine Schmach mir vor Augen,
und mein Antlitz ist voller Scham,
17 weil ich sie höhnen und lästern höre
und muß die Feinde und Rachgierigen sehen.

18 Dies alles ist über uns gekommen;
und wir haben doch dich nicht vergessen,
an deinem Bund nicht untreu gehandelt.
19 Unser Herz ist nicht abgefallen
noch unser Schritt gewichen von deinem Weg,
20 daß du uns so zerschlägst am Ort der Schakale
und bedeckst uns mit Finsternis.
21 Wenn wir den Namen unsres Gottes vergessen hätten
und unsre Hände aufgehoben zum fremden Gott:
22 würde das Gott nicht erforschen?
Er kennt ja unsres Herzens Grund.
23 Doch um deinetwillen [d] werden wir täglich getötet
und sind geachtet wie Schlachtschafe.[e]

24 Wache auf, Herr! Warum schläfst du?
Werde wach und verstoß uns nicht für immer!
25 Warum verbirgst du dein Antlitz,
vergissest unser Elend und unsre Drangsal?
26 Denn unsre Seele ist gebeugt zum Staube,
unser Leib liegt am Boden.
27 Mache dich auf, hilf uns
und erlöse uns um deiner Güte willen!

a 5.Mose 6,20-25 *b* Jer 9,22.23 *c* Ps 79,4; 1.Kön 9,7 *d* 1.Kor 15,31 *e* Röm 8,36

Lied zur Hochzeit des Königs

45 1 EINE UNTERWEISUNG DER SÖHNE KORAH, VORZUSINGEN, NACH DER WEISE »LILIEN«, EIN BRAUTLIED.
2 Mein Herz dichtet ein feines Lied, /
einem König will ich es singen;
meine Zunge ist ein Griffel eines guten Schreibers:
3 Du bist der Schönste unter den Menschenkindern, /
voller Huld sind deine Lippen;
wahrlich, Gott hat dich gesegnet für ewig.
4 Gürte dein Schwert an die Seite, du Held, /
und schmücke dich herrlich!
5 Es möge dir gelingen in deiner Herrlichkeit.
Zieh einher für die Wahrheit /
in Sanftmut und Gerechtigkeit,
so wird deine rechte Hand Wunder vollbringen.
6 Scharf sind deine Pfeile, daß Völker vor dir fallen;
sie dringen ins Herz der Feinde des Königs.

7 [a]Gott, dein Thron bleibt immer und ewig;
das Zepter deines Reichs ist ein gerechtes Zepter.
8 Du liebst Gerechtigkeit
und hassest gottloses Treiben;
darum hat dich der Herr, dein Gott, gesalbt
mit Freudenöl wie keinen deinesgleichen.
9 Deine Kleider sind lauter Myrrhe, Aloe und Kassia;
aus Elfenbeinpalästen erfreut dich Saitenspiel.
10 In deinem Schmuck gehen Töchter von Königen;
die Braut steht zu deiner Rechten in Goldschmuck aus Ofir.

11 Höre, Tochter, sieh und neige dein Ohr:
Vergiß dein Volk und dein Vaterhaus!
12 Den König verlangt nach deiner Schönheit;
denn er ist dein Herr, und du sollst ihm huldigen.
13 Die Tochter Tyrus kommt mit Geschenken;
die Reichen im Volk suchen deine Gunst.

14 Die Königstochter ist mit Perlen geschmückt;
sie ist mit goldenen Gewändern bekleidet.
15 Man führt sie in gestickten Kleidern zum König;
Jungfrauen folgen ihr, ihre Gespielinnen führt man zu dir.
16 Man führt sie hin mit Freude und Jubel;
sie ziehen ein in des Königs Palast.

17 An deiner Väter Statt werden deine Söhne sein;
die wirst du zu Fürsten setzen in aller Welt.
18 Ich will deinen Namen kundmachen von Kind zu Kindeskind;
darum werden dir danken die Völker immer und ewig.

a (7 und 8) Hebr 1,8.9

Ein feste Burg ist unser Gott

46 1 EIN LIED DER SÖHNE KORAH, VORZUSINGEN, NACH DER WEISE »JUNGFRAUEN«.
2 *Gott ist unsre Zuversicht und Stärke,*
eine Hilfe in den großen Nöten, die uns getroffen haben.
3 Darum fürchten wir uns nicht, wenngleich die Welt unterginge
und die Berge mitten ins Meer sänken,
4 wenngleich das Meer wütete und wallte
und von seinem Ungestüm die Berge einfielen. SELA.*
5 Dennoch soll die Stadt Gottes fein lustig bleiben
mit ihren [a]Brünnlein,
da die heiligen Wohnungen des Höchsten sind.*
6 Gott ist bei ihr drinnen, darum wird sie fest bleiben;
Gott hilft ihr früh am Morgen.
7 Die Heiden müssen verzagen und die Königreiche fallen,
das Erdreich muß vergehen, wenn er sich hören läßt.
8 DER HERR ZEBAOT IST MIT UNS,
DER GOTT JAKOBS IST UNSER SCHUTZ. SELA.

9 [b]Kommt her und schauet die Werke des HERRN,
der auf Erden solch ein Zerstören anrichtet,
10 der den Kriegen steuert in aller Welt,
der [c]Bogen zerbricht, Spieße zerschlägt
und Wagen mit Feuer verbrennt.
11 Seid stille und erkennet, daß ich Gott bin!
Ich will der Höchste sein unter den Heiden,
der Höchste auf Erden.
12 DER HERR ZEBAOT IST MIT UNS,
DER GOTT JAKOBS IST UNSER SCHUTZ. SELA.

a Jes 12,3 *b* (*9 und 10*) 2.Kön 19,35 *c* Ps 76,4
*Vers 4: Vermutlich stand der Kehrvers von Vers 8 und 12 auch an dieser Stelle.
*Vers 5: Luther übersetzte ursprünglich wörtlicher: »Der Strom mit seinen Bächen erfreuet die Stadt Gottes, die heiligen Wohnungen des Höchsten.«

Gott ist König über alle Völker

47 1 EIN PSALM DER SÖHNE KORAH, VORZUSINGEN.
2 Schlagt froh in die Hände, alle Völker,
und jauchzet Gott mit fröhlichem Schall!
3 Denn der HERR, der Allerhöchste, ist heilig,
ein großer König über die ganze Erde.
4 Er beugt die Völker unter uns
und Völkerschaften unter unsere Füße.
5 Er erwählt uns unser Erbteil,
die Herrlichkeit [a] Jakobs, den er lieb hat. SELA.

6 Gott fährt auf unter Jauchzen,
der HERR beim Hall der Posaune.
7 Lobsinget, lobsinget Gott,
lobsinget, lobsinget unserm Könige!
8 Denn [b] Gott ist König über die ganze Erde;
lobsinget ihm mit Psalmen!

9 Gott ist König über die Völker,
Gott sitzt auf seinem heiligen Thron.
10 Die Fürsten der Völker sind versammelt
als Volk des Gottes Abrahams;
denn Gott gehören die Starken auf Erden;
er ist hoch erhaben.

a 5.Mose 32,9 *b* Ps 93,1

Gottes Stadt

48 1 EIN PSALMLIED DER SÖHNE KORAH.
2 Groß ist der HERR und hoch zu rühmen
in der Stadt unsres Gottes,
auf seinem heiligen Berge.[a]
3 Schön ragt empor der Berg Zion,
daran sich freut die ganze Welt,
der Gottesberg fern im Norden,
[b] die Stadt des großen Königs.
4 Gott ist in ihren Palästen,
er ist bekannt als Schutz.

5 Denn siehe, Könige waren versammelt
und miteinander herangezogen.[c]
6 Sie haben sich verwundert, als sie solches sahen;
sie haben sich entsetzt und sind davongestürzt.
7 Zittern hat sie da erfaßt,
Angst wie eine Gebärende.
8 Du zerbrichst die großen Schiffe
durch den Sturm vom Osten.

9 Wie wir es gehört haben, so sehen wir es
an der Stadt des HERRN Zebaot,
an der Stadt unsres Gottes:
Gott erhält sie ewiglich. SELA.

10 Gott, wir gedenken deiner Güte
in deinem Tempel.

11 Gott, [d]wie dein Name, so ist auch dein Ruhm
bis an der Welt Enden.
Deine Rechte ist voll Gerechtigkeit.
12 Dessen freue sich der Berg Zion,
und die Töchter Juda seien fröhlich,
weil du recht richtest.

13 Ziehet um Zion herum und umschreitet es,
zählt seine Türme;
14 habt gut acht auf seine Mauern, /
durchwandert seine Paläste,
daß ihr den Nachkommen davon erzählt:
15 Wahrlich, [e]das ist Gott, unser Gott für immer und ewig.
Er ist's, der uns führet.

a Ps 46,5.6 *b* Klgl 2,15; Mt 5,35 *c* 2.Kön 18,17.18 *d* Mal 1,11 *e* Jes 25,9

Die Herrlichkeit der Reichen ist Trug und Schein

49 1 EIN PSALM DER SÖHNE KORAH, VORZUSINGEN, NACH DER WEISE »JUGEND«.
2 Höret zu, alle Völker;
merket auf, alle, die in dieser Zeit leben,
3 einfache Leute und Herren,
reich und arm, miteinander!
4 Mein Mund soll Weisheit reden,
und was mein Herz sagt, soll verständig sein.
5 Ich will einem Spruch mein Ohr neigen
und mein Rätselwort kundtun beim Klang der Harfe.

6 Warum sollte ich mich fürchten in bösen Tagen,
wenn mich die Missetat meiner Widersacher umgibt,
7 die sich verlassen auf Hab und Gut
und pochen auf ihren großen Reichtum?
8 [a]Kann doch keiner einen andern auslösen
oder für ihn an Gott ein Sühnegeld geben
9 – denn es kostet zuviel, ihr Leben auszulösen;
er muß davon abstehen ewiglich –,
10 damit er immer weiterlebe
und die Grube nicht sehe.

11 Nein, er wird sehen: [b]auch die Weisen sterben, /
so wie die Toren und Narren umkommen;
[c]sie müssen ihr Gut andern lassen.
12 Gräber sind ihr Haus immerdar, ihre Wohnung für und für,
und doch hatten sie große Ehre auf Erden.
13 EIN MENSCH IN SEINER HERRLICHKEIT KANN NICHT BLEIBEN,
SONDERN [d]MUSS DAVON WIE DAS VIEH.

14 Dies ist der Weg derer, die so voll Torheit sind,
und das Ende aller, denen ihr Gerede so wohl gefällt. SELA.
15 Sie liegen bei den Toten wie Schafe, der Tod weidet sie;
aber die Frommen werden gar bald über sie herrschen,
und ihr Trotz muß vergehen;
bei den Toten müssen sie bleiben.
16 Aber [e]Gott wird mich erlösen aus des Todes Gewalt;
denn [f]er nimmt mich auf. SELA.

17 Laß es dich nicht anfechten, wenn einer reich wird,
wenn die Herrlichkeit seines Hauses groß wird.[g]
18 Denn [h]er wird nichts bei seinem Sterben mitnehmen,
und seine Herrlichkeit wird ihm nicht nachfahren.

19 Er [i] freut sich wohl dieses guten Lebens,
und man preist dich, wenn es dir gut geht.
20 Aber doch fahren sie ihren Vätern nach
und sehen das Licht nimmermehr.
21 EIN MENSCH IN SEINER HERRLICHKEIT KANN NICHT BLEIBEN,
SONDERN MUSS DAVON WIE DAS VIEH.

a (8 und 9) Mi 6,6-8; Mt 16,26 *b* Pred 2,16 *c* Pred 6,2 *d* Pred 3,19 *e* Hos 13,14 *f* Ps 73,24 *g* Hiob 21,7-15 *h* Pred 5,14; 1.Tim 6,7 *i* Lk 12,16-21; 16,19-31

Der rechte Gottesdienst

50 1 EIN PSALM [a] ASAFS.
Gott, der HERR, der Mächtige, redet und ruft der Welt zu
vom Aufgang der Sonne bis zu ihrem Niedergang.
2 *Aus Zion bricht an der schöne Glanz Gottes.*[b]
3 *Unser Gott kommt und schweiget nicht.*
Fressendes Feuer geht vor ihm her
und um ihn her ein mächtiges Wetter.
4 Er [c] ruft Himmel und Erde zu,
daß er sein Volk richten wolle:
5 »Versammelt mir meine Heiligen,
die [d] den Bund mit mir schlossen beim Opfer.«
6 Und die Himmel werden seine Gerechtigkeit verkünden;
denn Gott selbst ist Richter. SELA.

7 »Höre, mein Volk, laß mich reden; /
Israel, ich will wider dich zeugen:
[e] Ich, Gott, bin dein Gott.
8 [f] Nicht deiner Opfer wegen klage ich dich an
– sind doch deine Brandopfer täglich vor mir.
9 Ich will von deinem Hause Stiere nicht nehmen
noch Böcke aus deinen Ställen.
10 Denn alles Wild im Walde ist mein
und die Tiere auf den Bergen zu Tausenden.
11 Ich kenne alle Vögel auf den Bergen;
und was sich regt auf dem Felde, ist mein.
12 Wenn mich hungerte, wollte ich dir nicht davon sagen;
denn der Erdkreis ist mein und alles, was darauf ist.
13 Meinst du, daß ich Fleisch von Stieren essen wolle
oder Blut von Böcken trinken?
14 Opfere Gott Dank
und erfülle dem Höchsten deine Gelübde[g]
15 und [h] *rufe mich an in der Not,*
so will ich dich erretten, und du sollst mich preisen.«

16 [i] Aber zum Gottlosen spricht Gott: /
»Was hast du von meinen Geboten zu reden
und nimmst meinen Bund in deinen Mund,
17 da du doch Zucht hassest
und wirfst meine Worte hinter dich?
18 Wenn du einen Dieb siehst, so läufst du mit ihm
und hast Gemeinschaft mit den Ehebrechern.
19 Deinen Mund lässest du Böses reden,
und deine Zunge treibt Falschheit.
20 [j] Du sitzest und redest wider deinen Bruder;
deiner Mutter Sohn verleumdest du.
21 Das tust du, und ich schweige;
da meinst du, ich sei so wie du.
Aber ich will dich zurechtweisen
und es dir vor Augen stellen.

22 Begreift es doch, die ihr Gott vergesset,
damit ich nicht hinraffe, und kein Retter ist da!
23 Wer Dank opfert, der preiset mich,
und da ist der Weg, daß ich ihm zeige das Heil Gottes.«

a 1.Chr 25,1 *b* Jes 62,1 *c* 5.Mose 32,1; Jes 1,2 *d* 2.Mose 24,4-11 *e* 2.Mose 20,2 *f (8-13)* Ps 40,7; 1.Sam 15,22; Jes 1,11 *g* Jona 2,10 *h* Ps 91,15 *i (16-21)* Röm 2,21-23 *j (20 und 21)* 1.Mose 42,21

Gott, sei mir Sünder gnädig! (Der vierte Bußpsalm)

51 1 EIN PSALM DAVIDS, VORZUSINGEN,
2 ALS DER PROPHET [a]NATAN ZU IHM KAM, NACHDEM ER ZU BATSEBA EINGEGANGEN WAR.
3 Gott, [b]sei mir gnädig nach deiner Güte,
und tilge meine Sünden nach deiner großen Barmherzigkeit.
4 Wasche mich rein von meiner Missetat,
und reinige mich von meiner Sünde;
5 denn [c]ich erkenne meine Missetat,
und meine Sünde ist immer vor mir.
6 An dir allein habe ich gesündigt
und übel vor dir getan,
[d]auf daß du recht behaltest in deinen Worten
und rein dastehst, wenn du richtest.
7 Siehe, [e]ich bin als Sünder geboren,
und meine Mutter hat mich in Sünden empfangen.
8 Siehe, dir gefällt Wahrheit, die im Verborgenen liegt,
und im Geheimen tust du mir Weisheit kund.

9 Entsündige mich mit [f]Ysop, daß ich rein werde;
wasche mich, [g]daß ich schneeweiß werde.
10 Laß mich hören Freude und Wonne,
daß die Gebeine fröhlich werden, die du zerschlagen hast.[h]
11 Verbirg dein Antlitz vor meinen Sünden,
und tilge alle meine Missetat.
12 *Schaffe in mir, Gott, ein [i]reines Herz,*
und gib mir einen [j]neuen, beständigen Geist.
13 *Verwirf mich nicht von deinem Angesicht,*
und nimm deinen heiligen Geist nicht von mir.
14 *Erfreue mich wieder mit deiner Hilfe,*
und mit einem willigen Geist rüste mich aus.
15 Ich will die Übertreter deine Wege lehren,
daß sich die Sünder zu dir bekehren.

16 Errette mich von Blutschuld, /
Gott, der du mein Gott und Heiland bist,
daß meine Zunge deine Gerechtigkeit rühme.
17 Herr, tu meine Lippen auf,
daß mein Mund deinen Ruhm verkündige.
18 Denn Schlachtopfer willst du nicht, /
ich wollte sie dir sonst geben,
und Brandopfer gefallen dir nicht.[k]
19 Die Opfer, die Gott gefallen, sind ein geängsteter Geist,
ein geängstetes, zerschlagenes Herz
wirst du, Gott, nicht verachten.[l]

20 Tu wohl an Zion nach deiner Gnade,
baue die Mauern zu Jerusalem.
21 Dann werden dir gefallen rechte Opfer, /
Brandopfer und Ganzopfer;
dann wird man Stiere auf deinem Altar opfern.

a 2.Sam 12,1-15 *b* Lk 18,13 *c* Ps 32,5 *d* Röm 3,4 *e* Joh 3,6 *f* 2.Mose 12,22.23 *g* Jes 1,18 *h* Ps 32,3.4 *i* Mt 5,8 *j* Hes 36,26.27 *k* Ps 40,7 *l* Ps 34,19

Trostpsalm gegen einen Gewalttäter

52 1 EINE UNTERWEISUNG DAVIDS, VORZUSINGEN,
2 [a]ALS DOËG, DER EDOMITER, KAM UND ZEIGTE ES SAUL AN UND SPRACH: DAVID IST IN AHIMELECHS HAUS GEKOMMEN.
3 Was rühmst du dich der Bosheit, du Tyrann,
da doch Gottes Güte noch täglich währt?
4 Deine Zunge trachtet nach Schaden
wie ein scharfes Schermesser, du Betrüger!
5 Du liebst das Böse mehr als das Gute
und redest lieber Falsches als Rechtes. SELA.
6 Du redest gern alles, was zum Verderben dient,
mit falscher Zunge.

7 Darum wird dich auch Gott für immer zerstören, /
dich zerschlagen und aus deinem Zelte reißen
und aus dem Lande der Lebendigen ausrotten. SELA.
8 [b]Und die Gerechten werden es sehen und sich fürchten
und werden seiner lachen:
9 »Siehe, das ist der Mann,
der nicht auf Gott sein Vertrauen setzte,
sondern verließ sich auf seinen großen Reichtum
und war mächtig, Schaden zu tun.«

10 Ich aber [c]werde bleiben wie ein grünender Ölbaum
im Hause Gottes;
ich verlasse mich auf Gottes Güte immer und ewig.
11 Ich will dir danken ewiglich,
denn du hast es getan.
Ich will harren auf deinen Namen vor deinen Heiligen,
denn du bist gütig.

a 1.Sam 22,9-19 *b* *(8 und 9)* Ps 91,8 *c* Ps 92,13-16

Die Torheit der Gottlosen

(vgl. Ps 14)

53 1 EINE UNTERWEISUNG DAVIDS, VORZUSINGEN, ZUM REIGENTANZ.
2 Die Toren sprechen in ihrem Herzen:
»Es ist kein Gott.«
Sie taugen nichts; ihr Freveln ist ein Greuel;
da ist keiner, der Gutes tut.
3 Gott schaut vom Himmel auf die Menschenkinder,
daß er sehe, ob jemand klug sei und nach Gott frage.
4 Aber sie sind alle abgefallen und allesamt verdorben;
da ist keiner, der Gutes tut, auch nicht *einer*.

5 Wollen denn die Übeltäter sich nichts sagen lassen,
die mein Volk fressen, daß sie sich nähren,
Gott aber rufen sie nicht an?
6 Sie fürchten sich da,
wo nichts zu fürchten ist;
doch Gott zerstreut die Gebeine derer,
die dich bedrängen.
Du machst sie zuschanden,
denn Gott hat sie verworfen.

7 Ach daß die Hilfe aus Zion über Israel käme /

und Gott sein gefangenes Volk erlöste!
So würde Jakob sich freuen und Israel fröhlich sein.

Hilferuf eines Bedrohten

54 1 EINE UNTERWEISUNG DAVIDS, VORZUSINGEN, BEIM SAITENSPIEL,
2 [a]ALS DIE MÄNNER VON SIF KAMEN UND ZU SAUL SPRACHEN: DAVID HÄLT SICH BEI UNS VERBORGEN.
3 Hilf mir, Gott, durch deinen Namen
und schaffe mir Recht durch deine Kraft.
4 Gott, erhöre mein Gebet,
vernimm die Rede meines Mundes.
5 Denn Stolze erheben sich gegen mich, /
und Gewalttäter trachten mir nach dem Leben;
sie haben Gott nicht vor Augen. SELA.

6 Siehe, Gott steht mir bei,
der Herr erhält mein Leben.
7 Er wird die Bosheit meinen Feinden vergelten.
Vertilge sie um deiner Treue willen!
8 So will ich dir ein Freudenopfer bringen
und deinen Namen, HERR, preisen,
daß er so tröstlich ist.
9 Denn du errettest mich aus aller meiner Not,
daß mein Auge auf meine Feinde herabsieht.

a 1.Sam 23,19; 26,1

Klage über falsche Brüder

55 1 EINE UNTERWEISUNG DAVIDS, VORZUSINGEN, BEIM SAITENSPIEL.
2 Gott, höre mein Gebet
und verbirg dich nicht vor meinem Flehen.
3 Merke auf mich und erhöre mich,
wie ich so ruhelos klage und heule,
4 da der Feind so schreit
und der Gottlose mich bedrängt;
denn sie wollen Unheil über mich bringen
und sind mir heftig gram.
5 Mein Herz ängstet sich in meinem Leibe,
und Todesfurcht ist auf mich gefallen.
6 Furcht und Zittern ist über mich gekommen,
und Grauen hat mich überfallen.
7 Ich sprach: O hätte ich Flügel wie Tauben,
daß ich wegflöge und Ruhe fände!
8 Siehe, so wollte ich in die Ferne fliehen
und in der Wüste bleiben. SELA.
9 Ich wollte eilen, daß ich entrinne
vor dem Sturmwind und Wetter.

10 Mache ihre Zunge uneins, Herr, und verwirre sie;
denn ich sehe Frevel und Hader in der Stadt.
11 Das geht Tag und Nacht um auf ihren Mauern,
und Mühsal und Unheil ist drinnen.
12 Verderbnis regiert darin,
Lügen und Trügen weicht nicht aus ihren Gassen.
13 [a]Wenn mein *Feind* mich schmähte,
wollte ich es ertragen;
wenn einer, der mich haßt, groß tut wider mich,
wollte ich mich vor ihm verbergen.
14 Aber nun bist du es, mein Gefährte,

mein Freund und mein Vertrauter,
15 die wir freundlich miteinander waren,
die wir in Gottes Haus gingen inmitten der Menge!
16 Der Tod übereile sie, daß sie [b] lebendig zu den Toten fahren;
denn es ist lauter Bosheit bei ihnen.

17 Ich aber will zu Gott rufen,
und der HERR wird mir helfen.
18 Abends und morgens und mittags will ich klagen und heulen;
so wird er meine Stimme hören.
19 Er erlöst mich von denen, die an mich wollen,
und schafft mir Ruhe; denn ihrer sind viele wider mich.
20 Gott wird hören und sie demütigen,
[c] der allewege bleibet. SELA.
Denn sie werden nicht anders
und wollen Gott nicht fürchten.
21 Sie legen ihre Hände an ihre Freunde
und entheiligen ihren Bund.
22 Ihr Mund ist glatter als Butter,
und haben doch Krieg im Sinn;
ihre Worte sind linder als Öl
und sind doch gezückte Schwerter.[d]

23 *Wirf dein Anliegen auf den* HERRN; / [e] *der wird dich versorgen*
und wird den Gerechten in Ewigkeit nicht wanken lassen.
24 Und du, Gott, wirst sie hinunterstoßen in die tiefe Grube. /
Die Blutgierigen und Falschen werden ihr Leben nicht
[f] bis zur Hälfte bringen.
Ich aber hoffe auf dich.

a (13-15) Ps 41,10 *b* 4.Mose 16,31-33 *c* Ps 102,27.28 *d* Jer 9,7 *e* 1.Petr 5,7 *f* Ps 102,25

Getrostes Vertrauen in schwerer Not

56 1 EIN GÜLDENES KLEINOD DAVIDS, VORZUSINGEN, NACH DER WEISE »DIE STUMME TAUBE UNTER DEN FREMDEN«, [a] ALS IHN DIE PHILISTER IN GAT ERGRIFFEN HATTEN.
2 Gott, sei mir gnädig, denn Menschen stellen mir nach;
täglich bekämpfen und bedrängen sie mich.
3 Meine Feinde stellen mir täglich nach;
denn viele kämpfen gegen mich voll Hochmut.
4 Wenn ich mich fürchte,
so hoffe ich auf dich.
5 ICH WILL GOTTES WORT RÜHMEN; /
AUF GOTT WILL ICH HOFFEN UND [b] MICH NICHT FÜRCHTEN.
WAS KÖNNEN MIR MENSCHEN TUN?

6 Täglich fechten sie meine Sache an;
alle ihre Gedanken suchen mir Böses zu tun.
7 Sie rotten sich zusammen, sie lauern /
und haben acht auf meine Schritte,
wie sie mir nach dem Leben trachten.
8 Sollten sie mit ihrer Bosheit entrinnen?
Gott, stoß diese Leute ohne alle Gnade hinunter!

9 Zähle die Tage meiner Flucht, / sammle meine Tränen in deinen Krug;
ohne Zweifel, du zählst sie.
10 Dann werden meine Feinde zurückweichen, / wenn ich dich anrufe.
Das weiß ich, daß du mein Gott bist.
11 ICH WILL RÜHMEN GOTTES WORT;
ICH WILL RÜHMEN DES HERRN WORT.

12 AUF GOTT HOFFE ICH UND FÜRCHTE MICH NICHT;
WAS KÖNNEN MIR MENSCHEN TUN?

13 Ich habe dir, Gott, gelobt,
daß ich dir danken will.
14 Denn [c]du hast mich vom Tode errettet,
meine Füße vom Gleiten,
daß ich wandeln kann vor Gott
im Licht der Lebendigen.

a 1.Sam 21,11-16 *b* Ps 27,1; 118,6; Jes 12,2; 51,12; Mt 10,28 *c* Hiob 33,30

Vertrauensvolle Bitte in der Anfechtung

(vgl. Ps 108,2-6)

57 1 EIN GÜLDENES KLEINOD DAVIDS, VORZUSINGEN, NACH DER WEISE »VERTILGE NICHT«, [a]ALS ER VOR SAUL IN DIE HÖHLE FLOH.
2 Sei mir gnädig, Gott, sei mir gnädig!
Denn auf dich traut meine Seele,
und [b]unter dem Schatten deiner Flügel habe ich Zuflucht,
bis das Unglück vorübergehe.
3 Ich rufe zu Gott, dem Allerhöchsten,
zu Gott, der meine Sache zum guten Ende führt.
4 Er sende vom Himmel und helfe mir /
von der Schmähung dessen, der mir nachstellt. SELA.
Gott sende seine Güte und Treue.
5 Ich liege mitten unter Löwen;
verzehrende Flammen sind die Menschen,
ihre Zähne sind Spieße und Pfeile
und ihre Zungen scharfe Schwerter.
6 ERHEBE DICH, GOTT, ÜBER DEN HIMMEL
UND DEINE HERRLICHKEIT ÜBER ALLE WELT!

7 Sie haben meinen Schritten ein Netz gestellt
und meine Seele gebeugt;
sie haben vor mir eine Grube gegraben –
und fallen doch selbst hinein. SELA.
8 [c]Mein Herz ist bereit, Gott,
mein Herz ist bereit, daß ich singe und lobe.
9 Wach auf, meine Seele, wach auf, Psalter und Harfe,
ich will das Morgenrot wecken!
10 Herr, ich will dir danken unter den Völkern,
ich will dir lobsingen unter den Leuten.
11 Denn deine Güte reicht, so weit der Himmel ist,
und deine Wahrheit, so weit die Wolken gehen.
12 ERHEBE DICH, GOTT, ÜBER DEN HIMMEL
UND DEINE HERRLICHKEIT ÜBER ALLE WELT!

a 1.Sam 22,1 *b* Ps 17,8; 91,1.2 *c (8-12)* Ps 108,2-6

Gott ist noch Richter auf Erden

58 1 EIN GÜLDENES KLEINOD DAVIDS, VORZUSINGEN, NACH DER WEISE »VERTILGE NICHT«.
2 [a]Sprecht ihr in Wahrheit Recht, ihr Mächtigen?
Richtet ihr in Gerechtigkeit die Menschenkinder?
3 Nein, mutwillig tut ihr Unrecht im Lande,
und eure Hände treiben Frevel.
4 Die Gottlosen sind abtrünnig vom Mutterschoß an,
die Lügner gehen irre von Mutterleib an.
5 Sie sind voller Gift wie eine giftige Schlange,

wie eine taube Otter, die ihr Ohr verschließt,
6 daß sie nicht höre die Stimme des Zauberers,
des Beschwörers, der gut beschwören kann.

7 Gott, zerbrich ihnen die Zähne im Maul,
zerschlage, HERR, das Gebiß der jungen Löwen!
8 Sie werden vergehen wie Wasser, das verrinnt.
Zielen sie mit ihren Pfeilen, so werden sie ihnen zerbrechen.
9 Sie gehen dahin, wie Wachs zerfließt,
wie eine Fehlgeburt, die die Sonne nicht sieht.
10 Ehe eure Töpfe das Dornfeuer spüren,
reißt alles der brennende Zorn hinweg.

11 Der Gerechte wird sich freuen, wenn er solche Vergeltung sieht,
und wird seine Füße baden in des Gottlosen Blut;
12 und die Leute werden sagen: /
Ja, der Gerechte empfängt seine Frucht,
ja, Gott ist noch Richter auf Erden.

a (2 und 3) Ps 82,2-4

Gebet mitten unter den Feinden

59 1 EIN GÜLDENES KLEINOD DAVIDS, VORZUSINGEN, NACH DER WEISE »VERTILGE NICHT«, [a] ALS SAUL HINSANDTE UND SEIN HAUS BEWACHEN LIESS, UM IHN ZU TÖTEN.
2 Errette mich, mein Gott, von meinen Feinden
und schütze mich vor meinen Widersachern.
3 Errette mich von den Übeltätern
und hilf mir von den Blutgierigen!
4 Denn siehe, HERR, sie lauern mir auf;
Starke rotten sich wider mich zusammen
ohne meine Schuld und Missetat.
5 Ich habe nichts verschuldet; /
sie aber laufen herzu und machen sich bereit.
Erwache, komm herbei und sieh darein!
6 Du, HERR, Gott Zebaot, Gott Israels,
wache auf und suche heim alle Völker!
Sei keinem von ihnen gnädig,
die so verwegene Übeltäter sind. SELA.

7 Jeden Abend kommen sie wieder,
heulen wie die Hunde und laufen in der Stadt umher.
8 Siehe, sie geifern mit ihrem Maul;
Schwerter sind auf ihren Lippen: »Wer sollte es hören?«
9 Aber du, HERR, wirst ihrer lachen
und aller Völker spotten.
10 MEINE STÄRKE, ZU DIR WILL ICH MICH HALTEN;
DENN [b] GOTT IST MEIN SCHUTZ.

11 Gott erzeigt mir reichlich seine Güte,
Gott läßt mich auf meine Feinde herabsehen.
12 Bringe sie nicht um,
daß es mein Volk nicht vergesse;
zerstreue sie aber mit deiner Macht, Herr, unser Schild,
und stoß sie hinunter!
13 Das Wort ihrer Lippen ist nichts als Sünde;
darum sollen sie sich fangen in ihrer Hoffart
mit all ihren Flüchen und Lügen.
14 Vertilge sie ohne alle Gnade, vertilge sie,
daß sie nicht mehr da sind!

Laß sie innewerden, daß Gott Herrscher ist in Jakob
bis an die Enden der Erde. SELA.

15 Jeden Abend kommen sie wieder,
heulen wie die Hunde und laufen in der Stadt umher.
16 Sie laufen hin und her nach Speise
und murren, wenn sie nicht satt werden.

17 Ich aber will von deiner Macht singen /
und des Morgens rühmen deine Güte;
denn du bist mir Schutz und Zuflucht in meiner Not.
18 MEINE STÄRKE, DIR WILL ICH LOBSINGEN;
DENN GOTT IST MEIN SCHUTZ, MEIN GNÄDIGER GOTT.

a 1.Sam 19,11 *b* Ps 9,10.11

Gebet des verstoßenen Volkes

60 1 EIN GÜLDENES KLEINOD DAVIDS, VORZUSINGEN, NACH DER WEISE »LILIE DES
2 ZEUGNISSES«, ZUR BELEHRUNG, ALS ER MIT DEN ARAMÄERN VON MESOPOTAMIEN UND MIT DEN ARAMÄERN VON ZOBA KRIEG FÜHRTE; ALS JOAB UMKEHRTE UND DIE EDOMITER IM SALZTAL SCHLUG, ZWÖLFTAUSEND MANN.[a]
3 Gott, der du uns verstoßen und zerstreut hast
und zornig warst, tröste uns wieder;
4 der du die Erde erschüttert und zerrissen hast,
heile ihre Risse; denn sie wankt.
5 Du ließest deinem Volk Hartes widerfahren,
[b] du gabst uns einen Wein zu trinken,
daß wir taumelten.
6 Du hast doch ein [c] Zeichen gegeben denen, die dich fürchten,
damit sie fliehen können vor dem Bogen. SELA.
7 [d] Daß deine Freunde errettet werden,
dazu hilf mit deiner Rechten und erhöre uns!

8 Gott hat in seinem Heiligtum geredet:
Ich will frohlocken;
ich will Sichem verteilen
und das Tal Sukkot ausmessen;
9 Gilead ist mein, mein ist Manasse, /
Efraim ist der Schutz meines Hauptes,
[e] Juda ist mein Zepter.
10 Moab ist mein Waschbecken, /
meinen Schuh werfe ich auf Edom,
Philisterland, jauchze mir zu!

11 Wer wird mich führen in die feste Stadt?
Wer geleitet mich nach Edom?
12 Wirst du es nicht tun, Gott, der du uns verstoßen hast
und ziehst nicht aus, Gott, mit unserm Heer?
13 Schaff uns Beistand in der Not;
denn Menschenhilfe ist nichts nütze.
14 Mit Gott wollen wir Taten tun.
Er wird unsre Feinde niedertreten.

a 2.Sam 8,3.13; 10,13.18 *b* Ps 75,9 *c* 2.Mose 17,15 *d (7-14)* Ps 108,7-14 *e* 1.Mose 49,10

Bitte und Fürbitte aus der Ferne

61 1 VON DAVID, VORZUSINGEN, BEIM SAITENSPIEL.
2 Höre, Gott, mein Schreien
und merke auf mein Gebet!
3 Vom Ende der Erde rufe ich zu dir; denn mein Herz ist in Angst;

du wollest mich führen auf einen hohen Felsen.
4 Denn du bist meine Zuversicht,
ein starker Turm vor meinen Feinden.[a]
5 Laß mich wohnen in deinem Zelte ewiglich
und [b] Zuflucht haben unter deinen Fittichen. SELA.
6 Denn du, Gott, hörst mein Gelübde
und gibst mir teil am Erbe derer, die deinen Namen fürchten.

7 Du wollest dem König [c] langes Leben geben,
daß seine Jahre währen für und für,
8 daß er [d] immer throne vor Gott.
Laß Güte und Treue ihn behüten!
9 So will ich deinem Namen lobsingen ewiglich,
daß ich meine Gelübde erfülle täglich.

a Ps 71,3; Spr 18,10 *b* Ps 17,8 *c* Ps 21,5 *d* 2.Sam 7,16

Stille zu Gott

62 1 EIN PSALM DAVIDS, VORZUSINGEN, FÜR JEDUTUN.

2 MEINE SEELE IST [a] STILLE
ZU GOTT, DER MIR HILFT.
3 DENN ER IST MEIN [b] FELS, MEINE HILFE, MEIN SCHUTZ,
DASS ICH GEWISS NICHT FALLEN WERDE.
4 Wie lange stellt ihr alle *einem* nach,
wollt alle ihn morden,
als wäre er eine hangende Wand
und eine rissige Mauer?
5 Sie denken nur, wie sie ihn stürzen,
haben Gefallen am Lügen;
mit dem Munde segnen sie,
aber im Herzen fluchen sie. SELA.

6 ABER SEI NUR STILLE ZU GOTT, MEINE SEELE;
DENN ER IST MEINE HOFFNUNG.
7 ER IST MEIN FELS, MEINE HILFE UND MEIN SCHUTZ,
DASS ICH NICHT FALLEN WERDE.
8 Bei Gott ist mein Heil und meine Ehre, /
der Fels meiner Stärke,
meine Zuversicht ist bei Gott.
9 Hoffet auf ihn allezeit, liebe Leute, /
schüttet euer Herz vor ihm aus;
Gott ist unsre Zuversicht. SELA.

10 Aber Menschen sind ja nichts, große Leute täuschen auch;
sie wiegen weniger als nichts, soviel ihrer sind.
11 Verlaßt euch nicht auf Gewalt
und setzt auf Raub nicht eitle Hoffnung;
[c] fällt euch Reichtum zu,
so hängt euer Herz nicht daran.
12 Eines hat Gott geredet,
ein Zweifaches habe ich gehört:
Gott allein ist mächtig,
13 und du, Herr, bist gnädig;
denn [d] du vergiltst einem jeden,
wie er's verdient hat.

a Jes 30,15 *b* Ps 18,3 *c* Mt 19,22; Lk 12,15-21; 1.Tim 6,9.17 *d* Röm 2,6-11

Sehnsucht nach Gott

63 1 EIN PSALM DAVIDS, [a]ALS ER IN DER WÜSTE JUDA WAR.
2 Gott, du bist mein Gott, den ich suche.
[b]Es dürstet meine Seele nach dir,
mein ganzer Mensch verlangt nach dir
aus trockenem, dürrem Land, wo kein Wasser ist.
3 So schaue ich aus nach dir in deinem Heiligtum,
wollte gerne sehen deine Macht und Herrlichkeit.
4 Denn deine Güte ist besser als Leben;
meine Lippen preisen dich.
5 So will ich dich loben mein Leben lang
und meine Hände in deinem Namen aufheben.

6 Das ist meines Herzens Freude und Wonne,
wenn ich dich mit fröhlichem Munde loben kann;
7 *wenn ich mich zu Bette lege, so denke ich an dich,*
wenn ich wach liege, sinne ich über dich nach.[c]
8 Denn du bist mein Helfer,
und [d]unter dem Schatten deiner Flügel frohlocke ich.
9 Meine Seele hängt an dir;
deine rechte Hand hält mich.

10 Sie aber trachten mir nach dem Leben, mich zu verderben;
sie werden in die Tiefen der Erde hinunterfahren.
11 Sie werden dem Schwert dahingegeben
und den Schakalen zur Beute werden.
12 Aber der König freut sich in Gott. /
Wer bei ihm schwört, der darf sich rühmen;
denn die Lügenmäuler sollen verstopft werden.

a 1.Sam 22,5 *b* Ps 42,3 *c* Jes 26,9 *d* Ps 17,8

Bitte um Schutz vor bösen Anschlägen

64 1 EIN PSALM DAVIDS, VORZUSINGEN.
2 Höre, Gott, meine Stimme in meiner Klage,
behüte mein Leben vor dem schrecklichen Feinde.
3 Verbirg mich vor den Anschlägen der Bösen,
vor dem Toben der Übeltäter,
4 die ihre Zunge schärfen wie ein Schwert,
mit ihren giftigen Worten zielen wie mit Pfeilen,
5 daß sie heimlich schießen auf den Frommen;
plötzlich schießen sie auf ihn ohne alle Scheu.

6 Sie verstehen sich auf ihre bösen Anschläge /
und reden davon, wie sie Stricke legen wollen,
und sprechen: [a]Wer kann sie sehen?
7 Sie haben Böses im Sinn und halten's geheim,
sind verschlagen und haben Ränke im Herzen.

8 Da trifft sie Gott mit dem Pfeil,
plötzlich sind sie zu Boden geschlagen.
9 Ihre eigene Zunge bringt sie zu Fall,
daß ihrer spotten wird, wer sie siehet.
10 Und alle Menschen werden sich fürchten /
und sagen: [b]Das hat Gott getan!
und erkennen, daß es sein Werk ist.
11 Die Gerechten werden sich des HERRN freuen / und auf ihn trauen,
und alle frommen Herzen werden sich seiner rühmen.

a Ps 94,7 *b* 2.Mose 8,15

Danklied für geistlichen und leiblichen Segen

65 1 EIN PSALMLIED DAVIDS, VORZUSINGEN.
2 *Gott, man lobt dich in der Stille zu Zion,*
und dir hält man Gelübde.
3 *Du erhörst Gebet;*
darum kommt alles Fleisch zu dir.
4 Unsre Missetat drückt uns hart;
du wollest unsre Sünde vergeben.
5 Wohl dem, den du erwählst und zu dir lässest,
daß er in deinen Vorhöfen wohne;
der hat reichen Trost von deinem Hause,
deinem heiligen Tempel.[a]

6 Erhöre uns nach der wunderbaren Gerechtigkeit,
Gott, unser Heil,
der du bist die Zuversicht aller auf Erden und fern am Meer;
7 der du die Berge festsetzest in deiner Kraft
und gerüstet bist mit Macht;
8 der du [b]stillst das Brausen des Meeres,
das Brausen seiner Wellen und das Toben der Völker,
9 daß sich entsetzen, die an den Enden wohnen, vor deinen Zeichen.
Du machst fröhlich, was da lebet
im Osten wie im Westen.

10 Du [c]suchst das Land heim und bewässerst es /
und machst es sehr reich;
Gottes Brünnlein hat Wasser die Fülle.
Du lässest ihr Getreide gut geraten;
denn so baust du das Land.
11 Du [d]tränkst seine Furchen und feuchtest seine Schollen;
mit Regen machst du es weich
und segnest sein Gewächs.
12 Du krönst das Jahr mit deinem Gut,
und deine Fußtapfen triefen von Segen.
13 Es triefen auch die Auen in der Steppe,
und die Hügel sind erfüllt mit Jubel.
14 Die Anger sind voller Schafe, /
und die Auen stehen dick mit Korn,
daß man jauchzet und singet.

a Ps 63,3.4; 84,2-5; 5.Mose 4,7 *b* Ps 89,10 *c* Ps 67,7 *d* Ps 104,13-16

Danklied für Gottes wunderbare Führung

66 1 EIN PSALMLIED, VORZUSINGEN.
Jauchzet Gott, alle Lande! /
2 Lobsinget zur Ehre seines Namens;
rühmet ihn herrlich!
3 Sprecht zu Gott: Wie wunderbar sind deine Werke!
Deine Feinde müssen sich beugen vor deiner großen Macht.
4 Alles Land bete dich an und lobsinge dir,
lobsinge deinem Namen. SELA.

5 Kommt her und sehet an die Werke Gottes,
der so wunderbar ist in seinem Tun
an den Menschenkindern.
6 Er [a]verwandelte das Meer in trockenes Land, /
sie konnten zu Fuß durch den Strom gehen.
Darum freuen wir uns seiner.
7 Er herrscht mit seiner Gewalt ewiglich, /

seine Augen schauen auf die Völker.
Die Abtrünnigen können sich nicht erheben. SELA.
8 Lobet, ihr Völker, unsern Gott,
laßt seinen Ruhm weit erschallen,
9 der unsre Seelen am Leben erhält
und läßt unsere Füße nicht gleiten.
10 Denn, Gott, du hast uns [b] geprüft und geläutert,
wie das Silber geläutert wird;
11 du hast uns in den Turm werfen lassen,
du hast auf unsern Rücken eine Last gelegt,
12 du hast Menschen über unser Haupt kommen lassen, /
[c] wir sind in Feuer und Wasser geraten.
Aber du hast uns herausgeführt und uns erquickt.

13 Darum will ich in dein Haus gehen mit Brandopfern
und dir meine Gelübde erfüllen,
14 wie ich meine Lippen aufgetan habe
und mein Mund geredet hat in meiner Not.
15 Ich will dir Brandopfer bringen von fetten Schafen /
mit dem Opferrauch von Widdern;
ich will opfern Rinder mit Böcken. SELA.

16 Kommt her, höret zu, alle, die ihr Gott fürchtet;
ich will erzählen, was er an mir getan hat.
17 Zu ihm rief ich mit meinem Munde
und pries ihn mit meiner Zunge.
18 Wenn ich Unrechtes vorgehabt hätte in meinem Herzen,
so hätte der Herr nicht gehört.[d]
19 Aber Gott hat mich erhört
und gemerkt auf mein Flehen.
20 Gelobt sei Gott, der mein Gebet nicht verwirft
noch seine Güte von mir wendet.

a 2.Mose 14,21.22; Jos 3,16.17 *b* Spr 17,3 *c* Jes 43,2 *d* Spr 28,9

Gottes Segen über alle Welt

67 1 EIN PSALMLIED, VORZUSINGEN, BEIM SAITENSPIEL.
2 Gott sei uns gnädig und segne uns,
er lasse uns sein Antlitz leuchten,[a] SELA.
3 daß man auf Erden erkenne seinen Weg,
unter allen Heiden sein Heil.
4 ES DANKEN DIR, GOTT, DIE VÖLKER,
ES DANKEN DIR ALLE VÖLKER.

5 Die Völker freuen sich und jauchzen,
daß du die Menschen recht richtest
und regierst die Völker auf Erden. SELA.
6 ES DANKEN DIR, GOTT, DIE VÖLKER,
ES DANKEN DIR ALLE VÖLKER.

7 Das [b] Land gibt sein Gewächs;
es segne uns Gott, unser Gott!
8 Es segne uns Gott,
und alle Welt fürchte ihn!

a 4.Mose 6,24.25 *b* Ps 65,10

Der Sieg Gottes

68 1 EIN PSALMLIED DAVIDS, VORZUSINGEN.
2 [a]Gott steht auf; so werden seine Feinde zerstreut,
und die ihn hassen, fliehen vor ihm.
3 Wie Rauch verweht, so verwehen sie;
wie Wachs zerschmilzt vor dem Feuer,
so kommen die Gottlosen um vor Gott.
4 Die Gerechten aber freuen sich /
und sind fröhlich vor Gott
und freuen sich von Herzen.

5 Singet Gott, lobsinget seinem Namen! /
[b]Macht Bahn dem, der durch die Wüste einherfährt;
er heißt HERR. Freuet euch vor ihm!
6 Ein [c]Vater der Waisen und ein Helfer der Witwen
ist Gott in seiner heiligen Wohnung,
7 ein Gott, der die Einsamen nach Hause bringt, /
der die Gefangenen herausführt, daß es ihnen wohlgehe;
aber die Abtrünnigen läßt er bleiben in dürrem Lande.

8 Gott, [d]als du vor deinem Volk herzogst,
als du einhergingst in der Wüste, SELA.
9 da [e]bebte die Erde, /
und die Himmel troffen vor Gott – am Sinai –,
vor Gott, dem Gott Israels.
10 Du gabst, Gott, einen gnädigen Regen,
und dein Erbe, das dürre war, erquicktest du,
11 daß deine Herde darin wohnen konnte.
Gott, du labst die Elenden in deiner Güte.
12 Der Herr gibt ein Wort –
der [f]Freudenbotinnen ist eine große Schar –:*
13 Die Könige der Heerscharen fliehen, sie fliehen,
und die Frauen teilen die Beute aus.
14 Wenn ihr zu Felde liegt, /
glänzt es wie Flügel der Tauben,
die wie Silber und Gold schimmern.
15 Als der Allmächtige dort Könige zerstreute,
damals fiel Schnee auf dem Salmon.
16 Ein Gottesberg ist Basans Gebirge,
ein Gebirge, reich an Gipfeln, ist Basans Gebirge.
17 Was seht ihr scheel, ihr Berge, ihr Gipfel, /
[g]auf den Berg, wo es Gott gefällt zu wohnen?
Ja, dort wird der HERR immerdar wohnen.
18 Gottes Wagen sind vieltausendmal tausend;
der Herr zieht ein ins Heiligtum vom Sinai her.
19 Du [h]bist aufgefahren zur Höhe
und führtest Gefangne gefangen;
du hast Gaben empfangen unter den Menschen;
auch die Abtrünnigen müssen sich, Gott, vor dir bücken.

20 *Gelobt sei der Herr täglich.*
[i]*Gott legt uns eine Last auf, aber er hilft uns auch.* SELA.
21 Wir haben einen Gott, der da hilft,
und den HERRN, der vom Tode errettet.

22 Ja, Gott wird den Kopf seiner Feinde zerschmettern,
den Schädel der Gottlosen,
die da fortfahren in ihrer Sünde.
23 Der Herr hat gesagt: Aus Basan will ich sie wieder holen,

aus der Tiefe des Meeres will ich sie holen,
24 daß du deinen Fuß im Blut der Feinde badest
und deine Hunde es lecken.

25 Man sieht, Gott, [j] wie du einherziehst,
wie du, mein Gott und König, [k] einherziehst im Heiligtum.
26 Die Sänger gehen voran, am Ende die Spielleute,
in der Mitte die Jungfrauen, die da [l] Pauken schlagen.
27 »Lobet Gott in den Versammlungen,
den HERRN, [m] die ihr von Israel herstammt.«
28 Benjamin, der Jüngste, geht ihnen voran,/
die Fürsten Judas mit ihren Scharen,
die Fürsten Sebulons, die Fürsten Naftalis.

29 Entbiete, Gott, deine Macht,
die Macht, Gott, die du an uns bewiesen hast
30 von deinem Tempel her; um Jerusalems willen
werden dir [n] Könige Geschenke bringen.
31 Bedrohe das Tier im Schilf,
die Rotte der Mächtigen, die Gebieter der Völker;
tritt nieder, die das Silber lieb haben,
zerstreue die Völker, die gerne Krieg führen.
32 Aus Ägypten werden Gesandte kommen;
Mohrenland wird seine Hände ausstrecken zu Gott. [o]

33 Ihr Königreiche auf Erden, singet Gott,
lobsinget dem Herrn! SELA.
34 Er fährt einher durch die Himmel,
die von Anbeginn sind.
Siehe, er läßt seine Stimme erschallen,
eine gewaltige Stimme.
35 Gebt Gott die Macht! Seine Herrlichkeit ist über Israel
und seine Macht in den Wolken.
36 Wundersam ist Gott in seinem Heiligtum;/
er ist Israels Gott.
Er wird dem Volke Macht und Kraft geben.
Gelobt sei Gott!

a 4.Mose 10,35 *b* Jes 57,14 *c* Ps 10,14 *d* 2.Mose 13,21 *e* 2.Mose 19,16-18 *f* Jes 52,7
g Ps 132,13 *h* Eph 4,8-10 *i* 1.Kor 10,13 *j* Ps 24,7 *k* 2.Sam 6,13-15 *l* 2.Mose 15,20
m Jes 48,1 *n* Ps 72,10 *o* Jes 18,7; 19,21; 45,14; Apg 8,27
*Vers 12: Luther übersetzte: »Der Herr gibt das Wort mit großen Scharen Evangelisten.«

In Anfechtung und Schmach

69 1 VON DAVID, VORZUSINGEN, NACH DER WEISE »LILIEN«.
2 Gott, hilf mir!
Denn das Wasser geht mir bis an die Kehle.
3 Ich versinke in tiefem Schlamm,
wo kein Grund ist;
ich bin in tiefe Wasser geraten,
und die Flut will mich ersäufen.
4 Ich habe mich müde geschrien,
mein Hals ist heiser.
Meine Augen sind trübe geworden,
weil ich so lange harren muß auf meinen Gott.
5 Die [a] mich ohne Grund hassen,
sind mehr, als ich Haare auf dem Haupte habe.
Die mir zu Unrecht feind sind/
und mich verderben wollen, sind mächtig.
Ich soll zurückgeben, was ich nicht geraubt habe.

6 Gott, du kennst meine Torheit,
und meine Schuld ist dir nicht verborgen.
7 Laß an mir nicht zuschanden werden,
die deiner harren, Herr, HERR Zebaot!
Laß an mir nicht schamrot werden,
die dich suchen, Gott Israels!
8 Denn [b] um deinetwillen trage ich Schmach,
mein Angesicht ist voller Schande.
9 Ich [c] bin fremd geworden meinen Brüdern
und unbekannt den Kindern meiner Mutter;
10 denn [d] der Eifer um dein Haus hat mich gefressen,
und [e] die Schmähungen derer, die dich schmähen,
sind auf mich gefallen.
11 Ich weine bitterlich und faste,
und man spottet meiner dazu.
12 Ich habe einen Sack angezogen,
aber sie treiben ihren Spott mit mir.
13 Die im Tor sitzen, schwatzen von mir,
und beim Zechen singt man von mir.[f]

14 Ich aber bete zu dir, HERR, [g] zur Zeit der Gnade;
Gott, nach deiner großen Güte erhöre mich
mit deiner treuen Hilfe.
15 Errette mich aus dem Schlamm,
daß ich nicht versinke,
daß ich errettet werde vor denen, die mich hassen,
und aus den tiefen Wassern;
16 daß mich die Flut nicht ersäufe/
und die Tiefe nicht verschlinge
und [h] das Loch des Brunnens sich nicht über mir schließe.

17 [i] Erhöre mich, HERR, denn deine Güte ist tröstlich;
wende dich zu mir nach deiner großen Barmherzigkeit
18 und verbirg dein Angesicht nicht vor deinem Knechte,
denn mir ist angst; erhöre mich eilends.
19 Nahe dich zu meiner Seele und erlöse sie,
erlöse mich um meiner Feinde willen.
20 Du kennst meine Schmach, meine Schande und Scham;
meine Widersacher sind dir alle vor Augen.
21 Die Schmach bricht mir mein Herz
und macht mich krank.
Ich warte, ob jemand Mitleid habe, aber da ist niemand,
und auf Tröster, aber ich finde keine.
22 Sie geben mir Galle zu essen
und Essig zu trinken für meinen Durst.[j]

23 [k] Ihr Tisch werde ihnen zur Falle,
zur Vergeltung und zum Strick.
24 Ihre Augen sollen finster werden, daß sie nicht sehen,
und ihre Hüften laß immerfort wanken.
25 Gieß deine Ungnade über sie aus,
und dein grimmiger Zorn ergreife sie.
26 Ihre Wohnstatt soll verwüstet werden,
und niemand wohne in ihren Zelten.[l]
27 Denn sie verfolgen, den du geschlagen hast,
und reden gern von dem Schmerz dessen,
den du hart getroffen hast.
28 Laß sie aus einer Schuld in die andre fallen,
daß sie nicht kommen zu deiner Gerechtigkeit.
29 Tilge sie aus dem [m] Buch des Lebens,

daß sie nicht geschrieben stehen bei den Gerechten.
30 Ich aber bin elend und voller Schmerzen.
Gott, deine Hilfe schütze mich!

31 Ich will den Namen Gottes loben mit einem Lied
und will ihn hoch ehren mit Dank.
32 Das [n] wird dem HERRN besser gefallen
als ein Stier, der Hörner und Klauen hat.
33 Die Elenden sehen es und freuen sich,
und die Gott suchen, denen [o] wird das Herz aufleben.
34 Denn der HERR hört die Armen
und verachtet seine Gefangenen nicht.

35 Es lobe ihn Himmel und Erde,
die Meere mit allem, was sich darin regt.
36 Denn Gott wird Zion helfen /
und die Städte Judas bauen,
daß man dort wohne und sie besitze.
37 Und die Kinder seiner Knechte werden sie erben,
und die seinen Namen lieben, werden darin bleiben.

a Joh 15,25 *b* Ps 44,23 *c* Ps 38,12 *d* Ps 119,139; Joh 2,17 *e* Röm 15,3 *f* Hiob 30,9 *g* Jes 49,8 *h* 1.Mose 29,3 *i (17 und 18)* 4.Mose 6,26 *j* Mt 27,34.48 *k (23 und 24)* Röm 11,9.10 *l* Apg 1,20 *m* 2.Mose 32,32.33; Dan 12,1; Lk 10,20; Phil 4,3 *n* Ps 50,8-13 *o* Ps 22,27

Hilferuf gegen Widersacher
(vgl. Ps 40,14-18)

70 1 VON DAVID, VORZUSINGEN, ZUM GEDENKOPFER.
2 Eile, Gott, mich zu erretten,
HERR, mir zu helfen!
3 Es sollen sich schämen und zuschanden werden,
die mir nach dem Leben trachten;
sie sollen zurückweichen und zum Spott werden,
die mir Übles wünschen;
4 sie sollen umkehren um ihrer Schande willen,
die über mich schreien: Da, da!
5 Laß deiner sich freuen und fröhlich sein
alle, die nach dir fragen;
und die dein Heil lieben, laß allewege sagen:
Hoch gelobt sei Gott!
6 Ich aber bin elend und arm; Gott, eile zu mir!
Du bist mein Helfer und Erretter;
HERR, säume nicht!

Bitte um Gottes Hilfe im Alter

71 1 HERR, ich traue auf dich,
laß mich nimmermehr zuschanden werden.
2 Errette mich durch deine Gerechtigkeit und hilf mir heraus,
neige deine Ohren zu mir und hilf mir!
3 Sei mir ein starker Hort, zu dem ich immer fliehen kann, /
der du zugesagt hast, mir zu helfen;
denn du bist mein [a] Fels und meine Burg.

4 Mein Gott, hilf mir aus der Hand des Gottlosen,
aus der Hand des Ungerechten und Tyrannen.
5 Denn du bist meine Zuversicht, HERR, mein Gott,
meine Hoffnung von meiner Jugend an.
6 Auf dich habe ich mich verlassen vom Mutterleib an; /

du hast mich aus meiner Mutter Leibe gezogen.
Dich rühme ich immerdar.
7 Ich bin für viele wie ein Zeichen;
aber du bist meine starke Zuversicht.
8 Laß meinen Mund deines Ruhmes
und deines Preises voll sein täglich.

9 Verwirf mich nicht in meinem Alter,
verlaß mich nicht, wenn ich schwach werde.
10 Denn meine Feinde reden über mich,
und die auf mich lauern, beraten sich miteinander
11 und sprechen: Gott hat ihn verlassen;
jagt ihm nach und ergreift ihn, denn da ist kein Erretter!

12 Gott, sei nicht ferne von mir;
mein Gott, eile, mir zu helfen!
13 Schämen sollen sich und umkommen,
die meiner Seele feind sind;
mit Schimpf und Schande sollen überschüttet werden,
die mein Unglück suchen.

14 Ich aber will immer harren
und mehren all deinen Ruhm.
15 Mein Mund soll verkündigen deine Gerechtigkeit,
täglich deine Wohltaten, die ich nicht zählen kann.
16 Ich gehe einher in der Kraft Gottes des HERRN;
ich preise deine Gerechtigkeit allein.

17 Gott, du hast mich von Jugend auf gelehrt,
und noch jetzt verkündige ich deine Wunder.
18 Auch [b] im Alter, Gott, verlaß mich nicht,
und wenn ich grau werde,
bis ich deine Macht verkündige Kindeskindern
und deine Kraft allen, die noch kommen sollen.
19 Gott, deine Gerechtigkeit reicht bis zum Himmel;
der du große Dinge tust, Gott, wer ist dir gleich?
20 Du lässest mich erfahren viele und große Angst
und [c] machst mich wieder lebendig
und holst mich wieder herauf
aus den Tiefen der Erde.
21 Du machst mich sehr groß
und tröstest mich wieder.

22 So will auch ich dir danken mit Saitenspiel
für deine Treue, mein Gott;
ich will dir zur Harfe lobsingen,
du [d] Heiliger Israels.
23 Meine Lippen und meine Seele, die du erlöst hast,
sollen fröhlich sein und dir lobsingen.
24 Auch meine Zunge soll täglich reden
von deiner Gerechtigkeit;
denn zu Schmach und Schande werden,
die mein Unglück suchen.

a Ps 31,3.4 *b* Jes 46,4 *c* 1.Sam 2,6 *d* 2.Kön 19,22; Jes 43,3

Der Friedefürst und sein Reich

72 1 VON SALOMO.
Gott, gib dein Gericht dem König
und deine Gerechtigkeit dem Königssohn,

2 daß er dein Volk richte mit Gerechtigkeit
und deine Elenden rette.
3 Laß die Berge Frieden bringen für das Volk
und die Hügel Gerechtigkeit.

4 Er soll den Elenden im Volk Recht schaffen
und den Armen helfen und die Bedränger zermalmen.
5 Er soll leben, solange die Sonne scheint
und solange der Mond währt,
von Geschlecht zu Geschlecht.
6 Er soll herabfahren wie der Regen auf die Aue,
wie die Tropfen, die das Land feuchten.
7 Zu seinen Zeiten soll blühen die Gerechtigkeit
und großer Friede sein, bis der Mond nicht mehr ist.
8 Er soll herrschen von einem Meer bis ans andere,
und von dem Strom* bis zu den Enden der Erde.[a]
9 Vor ihm sollen sich neigen die Söhne der Wüste,
und [b] seine Feinde sollen Staub lecken.
10 Die Könige von [c] Tarsis und auf den Inseln
sollen [d] Geschenke bringen,
die Könige aus [e] Saba und Scheba
sollen Gaben senden.
11 Alle Könige sollen vor ihm niederfallen
und alle Völker ihm dienen.

12 Denn er wird den Armen erretten, der um Hilfe schreit,
und den [f] Elenden, der keinen Helfer hat.
13 Er wird gnädig sein den Geringen und Armen,
und den Armen wird er helfen.
14 Er wird sie aus Bedrückung und Frevel erlösen,
und [g] ihr Blut ist wert geachtet vor ihm.
15 Er soll leben, und man soll ihm geben
vom Gold aus Saba.
Man soll immerdar für ihn beten
und ihn täglich segnen.
16 Voll stehe das Getreide im Land bis oben auf den Bergen;
wie am Libanon rausche seine Frucht.
In den Städten sollen sie grünen
wie das Gras auf Erden.
17 Sein Name bleibe ewiglich;
solange die Sonne währt, blühe sein Name.
Und [h] durch ihn sollen gesegnet sein alle Völker,
und sie werden ihn preisen.

18 [i] Gelobt sei Gott der HERR, der Gott Israels,
der allein Wunder tut!
19 Gelobt sei sein herrlicher Name ewiglich,
und [j] alle Lande sollen seiner Ehre voll werden!
Amen! Amen!

20 ZU ENDE SIND DIE GEBETE DAVIDS, DES SOHNES ISAIS.

a Sach 9,10 *b* Jes 49,23 *c* Jes 60,9 *d* Ps 68,30 *e* 1.Kön 10,1.2 *f* Hiob 36,15
g Ps 9,13; 116,15 *h* 1.Mose 12,3; 22,18 *i (18 und 19)* Ps 41,14 *j* Jes 6,3
*Vers 8: d.i. der Eufrat.

Dritttes Buch

Anfechtung und Trost beim Glück des Gottlosen

73 1 EIN PSALM ASAFS.
Gott ist dennoch Israels Trost
für alle, die reines Herzens sind.
2 Ich aber wäre fast gestrauchelt mit meinen Füßen;
mein Tritt wäre beinahe geglitten.
3 Denn ich ereiferte mich über die Ruhmredigen,
als ich sah, [a] daß es den Gottlosen so gut ging.

4 Denn für sie gibt es keine Qualen,
gesund und feist ist ihr Leib.
5 Sie sind nicht in Mühsal wie sonst die Leute
und werden nicht wie andere Menschen geplagt.
6 Darum prangen sie in Hoffart
und hüllen sich in Frevel.
7 Sie brüsten sich wie ein fetter Wanst,
sie tun, was ihnen einfällt.
8 Sie achten alles für nichts und reden böse,
sie reden und lästern hoch her.
9 Was sie reden, das soll vom Himmel herab geredet sein;
was sie sagen, das soll gelten auf Erden.
10 Darum fällt ihnen der Pöbel zu
und läuft ihnen zu in Haufen wie Wasser.
11 Sie sprechen: [b] Wie sollte Gott es wissen?
Wie sollte der Höchste etwas merken?
12 Siehe, das sind die Gottlosen;
die sind glücklich in der Welt und werden reich.

13 [c] Soll es denn umsonst sein, daß ich mein Herz rein hielt
und meine Hände in Unschuld wasche?
14 Ich bin doch täglich geplagt,
und meine Züchtigung ist alle Morgen da.

15 Hätte ich gedacht: Ich will reden wie sie,
siehe, dann hätte ich das Geschlecht deiner Kinder verleugnet.
16 So sann ich nach, ob ich's begreifen könnte,
aber es war mir zu schwer,
17 bis ich ging in das Heiligtum Gottes
und merkte auf ihr Ende.

18 Ja, du stellst sie auf schlüpfrigen Grund
und stürzest sie zu Boden.
19 Wie werden sie so plötzlich zunichte!
Sie gehen unter und nehmen ein Ende mit Schrecken.
20 Wie ein Traum verschmäht wird, wenn man erwacht,
so verschmähst du, Herr, ihr Bild, wenn du dich erhebst.
21 Als es mir wehe tat im Herzen
und mich stach in meinen Nieren,
22 da war ich ein Narr und wußte nichts,
ich war wie ein Tier vor dir.

23 *Dennoch [d] bleibe ich stets an dir;*
denn du hältst mich bei meiner rechten Hand,
24 *du leitest mich nach deinem Rat*
und [e] nimmst mich am Ende mit Ehren an.
25 *Wenn ich nur dich habe,*

so frage ich nichts nach Himmel und Erde.
26 *Wenn mir gleich Leib und Seele verschmachtet,*
so bist du doch, Gott, allezeit meines Herzens Trost und [f] mein Teil.
27 Denn siehe, die von dir weichen, werden umkommen;
du bringst um alle, die dir die Treue brechen.
28 Aber *das ist meine Freude, daß ich mich zu Gott halte* /
und meine Zuversicht setze auf Gott den HERRN,
daß ich verkündige all dein Tun.

a Hiob 21,7 *b* Ps 10,11 *c (13 und 14)* Mal 3,14 *d* Röm 8,35-39 *e* Ps 49,16 *f* Ps 16,5

Klage vor dem entweihten Heiligtum

74 1 EINE UNTERWEISUNG ASAFS.
Gott, warum verstößest du uns für immer
und bist so zornig über die Schafe deiner Weide?
2 Gedenke an deine Gemeinde,
die du vorzeiten erworben
und dir zum Erbteil erlöst hast,
an den Berg [a] Zion, auf dem du wohnest.

3 Richte doch deine Schritte zu dem,/was so lange wüste liegt.
Der Feind hat alles verheert im Heiligtum.
4 Deine Widersacher brüllen in deinem Hause
und stellen ihre Zeichen darin auf.
5 Hoch sieht man Äxte sich heben
wie im Dickicht des Waldes.
6 Sie zerschlagen all sein Schnitzwerk
mit Beilen und Hacken.
7 Sie [b] verbrennen dein Heiligtum,
bis auf den Grund entweihen sie die Wohnung deines Namens.
8 Sie sprechen in ihrem Herzen: /
Laßt uns sie ganz unterdrücken!
Sie verbrennen alle Gotteshäuser im Lande.
9 Unsere Zeichen sehen wir nicht, /
kein Prophet ist mehr da,
und keiner ist bei uns, der etwas weiß.

10 Ach, Gott, wie lange soll der Widersacher noch schmähen
und der Feind deinen Namen immerfort lästern?
11 Warum ziehst du deine Hand zurück?
Nimm deine Rechte aus dem Gewand und mach ein Ende!

12 Gott ist ja mein König von alters her,
der alle Hilfe tut, die auf Erden geschieht.
13 Du hast [c] das Meer gespalten durch deine Kraft,
zerschmettert die Köpfe der [d] Drachen im Meer.
14 Du hast dem [e] Leviatan die Köpfe zerschlagen
und ihn zum Fraß gegeben dem wilden Getier.
15 Du hast Quellen und Bäche hervorbrechen lassen
und ließest starke Ströme versiegen.
16 Dein ist der Tag und dein ist die Nacht;
[f] du hast Gestirn und Sonne die Bahn gegeben.
17 Du hast dem Land seine Grenze gesetzt;
Sommer und Winter hast du gemacht.

18 So gedenke doch, HERR, wie der Feind schmäht
und ein törichtes Volk deinen Namen lästert.
19 Gib deine Taube* nicht den Tieren preis;
das Leben deiner Elenden vergiß nicht für immer.

20 Gedenke an den Bund;
denn die dunklen Winkel des Landes sind voll Frevel.
21 Laß den Geringen nicht beschämt davongehen,
laß die Armen und Elenden rühmen deinen Namen.
22 Mach dich auf, Gott, und führe deine Sache;
denk an die Schmach, die dir täglich [g]von den Toren widerfährt.
23 Vergiß nicht das Geschrei deiner Feinde;
das Toben deiner Widersacher wird je länger, je größer,

a Ps 76,3 *b* 2.Kön 25,9 *c* Ps 104,6-8; 2.Mose 14,21.22 *d* Jes 27,1 *e* Hiob 40,25 *f* Ps 104,19 *g* Ps 14,1-3
*Vers 19: d.i. Israel.

Gott ist Richter über die Stolzen

75

1 EIN PSALMLIED ASAFS, VORZUSINGEN, NACH DER WEISE »VERTILGE NICHT«.
2 Wir danken dir, Gott, wir danken dir
und verkündigen deine Wunder, daß [a]dein Name so nahe ist.

3 »Wenn meine Zeit gekommen ist,
werde ich recht richten.
4 Die Erde mag wanken und alle, die darauf wohnen,
aber ich halte ihre Säulen fest.« SELA.

5 Ich sprach zu den Ruhmredigen: Rühmt euch nicht so!
und zu den Gottlosen: Pochet nicht auf Gewalt!
6 Pocht nicht so hoch auf eure Gewalt,
redet nicht so halsstarrig!

7 Denn es kommt nicht vom Aufgang und nicht vom Niedergang,
nicht von der Wüste und nicht von den Bergen,
8 sondern Gott ist Richter,
der diesen [b]erniedrigt und jenen erhöht.

9 Denn der HERR hat einen Becher in der Hand,
mit starkem Wein voll eingeschenkt.
Er schenkt daraus ein,/
und [c]die Gottlosen auf Erden müssen alle trinken
und sogar die Hefe schlürfen.

10 Ich aber will verkündigen ewiglich
und lobsingen dem Gott Jakobs:
11 Er wird alle Gewalt der Gottlosen zerbrechen,
daß die Gewalt des Gerechten erhöht werde.

a Jes 46,13 *b* 1.Sam 2,7 *c* Ps 60,5; Jer 25,15.16

Gott, der furchtbare Richter

76

1 EIN PSALMLIED ASAFS, VORZUSINGEN, BEIM SAITENSPIEL.
2 Gott ist in Juda bekannt,
in Israel ist sein Name herrlich.
3 So erstand in Salem sein Zelt
und [a]seine Wohnung in Zion.
4 Dort [b]zerbricht er die Pfeile des Bogens,
Schild, Schwert und Streitmacht. SELA.

5 Du bist herrlicher und mächtiger
als die ewigen Berge.
6 Beraubt sind die Stolzen und in Schlaf gesunken,
und allen Kriegern versagen die Hände.
7 Von deinem Schelten, Gott Jakobs,
sinken in Schlaf Roß und Wagen.

8 Furchtbar bist du!
Wer kann vor dir bestehen, wenn du zürnest?
9 Wenn du das Urteil lässest hören vom Himmel,
erschrickt das Erdreich und wird [c] still,
10 wenn Gott sich aufmacht zu richten,
daß er helfe allen Elenden auf Erden. SELA.
11 Wenn Menschen wider dich wüten,
bringt es dir Ehre;
und wenn sie noch mehr wüten,
bist du auch noch gerüstet.

12 Tut Gelübde dem HERRN, eurem Gott, und haltet sie!
Alle, die ihr um ihn her seid, bringt Geschenke dem Furchtbaren,
13 der den Fürsten den Mut nimmt
und furchtbar ist unter den Königen auf Erden.

a Ps 132,13 *b* Ps 46,10 *c* Ps 46,11; Hab 2,20

Trost aus Gottes früheren Taten

77 1 EIN PSALM ASAFS, VORZUSINGEN, FÜR JEDUTUN.
2 Ich rufe zu Gott und schreie um Hilfe,
zu Gott rufe ich, und er erhört mich.
3 In der Zeit meiner Not suche ich den Herrn; /
meine Hand ist des Nachts ausgereckt und läßt nicht ab;
denn meine Seele will sich nicht trösten lassen.
4 Ich denke an Gott – und bin betrübt;
ich sinne nach – und mein Herz ist in Ängsten. SELA.
5 Meine Augen hältst du, daß sie wachen müssen;
ich bin so voll Unruhe, daß ich nicht reden kann.

6 Ich [a] gedenke der alten Zeit,
der vergangenen Jahre.
7 Ich denke und sinne des Nachts /
und rede mit meinem Herzen,
mein Geist muß forschen.
8 Wird denn der Herr auf ewig verstoßen
und keine Gnade mehr erweisen?
9 Ist's denn ganz und gar aus mit seiner Güte,
und hat die Verheißung für immer ein Ende?
10 Hat Gott vergessen, gnädig zu sein,
oder sein Erbarmen im Zorn verschlossen? SELA.
11 Ich sprach: Darunter leide ich,
daß die rechte Hand des Höchsten sich so ändern kann.

12 Darum denke ich an die Taten des HERRN,
ja, ich denke an deine früheren Wunder
13 und sinne über alle deine Werke
und denke deinen Taten nach.
14 *Gott, dein Weg ist heilig.*
[b] *Wo ist ein so mächtiger Gott, wie du, Gott, bist?*
15 Du bist der Gott, der Wunder tut,
du hast deine Macht bewiesen unter den Völkern.
16 Du hast dein Volk erlöst mit Macht,
die Kinder Jakobs und Josefs. SELA.

17 Die Wasser sahen dich, Gott, /
die Wasser sahen dich und ängstigten sich,
ja, die Tiefen tobten.
18 Wasser ergossen sich aus dem Gewölk, /

die Wolken donnerten,
und deine Pfeile fuhren einher.
19 Dein Donner rollte, Blitze erhellten den Erdkreis,
die Erde erbebte und wankte.
20 [c]Dein Weg ging durch das Meer /
und dein Pfad durch große Wasser;
doch niemand sah deine Spur.
21 Du führtest dein Volk wie eine Herde
durch die Hand des Mose und Aaron.

a Ps 143,5 *b* 2.Mose 15,11 *c* (*20 und 21*) 2.Mose 14,21-31

Schuld, Gericht und Gnade in Israels Geschichte

(vgl. Ps 106)

78 1 EINE UNTERWEISUNG ASAFS.
Höre, mein Volk, meine Unterweisung,
neiget eure Ohren zu der Rede meines Mundes!
2 Ich [a]will meinen Mund auftun zu einem Spruch
und Geschichten verkünden aus alter Zeit.
3 [b]Was wir gehört haben und wissen
und unsre Väter uns erzählt haben,
4 das wollen wir nicht verschweigen ihren Kindern;
wir verkündigen dem kommenden Geschlecht
den Ruhm des HERRN und seine Macht
und seine Wunder, die er getan hat.

5 Er richtete ein Zeugnis auf in Jakob
und gab ein Gesetz in Israel
und gebot unsern Vätern,
es ihre Kinder zu lehren,
6 damit es die Nachkommen lernten,
die Kinder, die noch geboren würden;
die sollten aufstehen
und es auch ihren Kindern verkündigen,
7 daß sie setzten auf Gott ihre Hoffnung /
und nicht vergäßen die Taten Gottes,
sondern seine Gebote hielten
8 und nicht würden wie ihre Väter,
[c]ein abtrünniges und ungehorsames Geschlecht,
dessen Herz nicht fest war
und dessen Geist sich nicht treu an Gott hielt,
9 [d]wie die Söhne Efraim, die den Bogen führten,
abfielen zur Zeit des Streits;
10 sie hielten den Bund Gottes nicht
und wollten nicht in seinem Gesetz wandeln
11 und vergaßen seine Taten und seine Wunder,
die er ihnen erwiesen hatte.

12 Vor ihren Vätern tat er Wunder
in Ägyptenland, im Gefilde von Zoan.
13 Er [e]zerteilte das Meer und ließ sie hindurchziehen
und stellte das Wasser fest wie eine Mauer.
14 Er leitete sie am Tage mit einer Wolke
und die ganze Nacht mit einem hellen Feuer.[f]
15 [g]Er spaltete die Felsen in der Wüste
und tränkte sie mit Wasser in Fülle;
16 er ließ Bäche aus den Felsen kommen,
daß sie hinabflossen wie Wasserströme.

17 Dennoch sündigten sie weiter wider ihn

und empörten sich in der Wüste gegen den Höchsten;
18 sie [h] versuchten Gott in ihrem Herzen,
[i] als sie Speise forderten für ihr Gelüste,
19 und redeten wider Gott und sprachen:
Kann Gott wohl einen Tisch bereiten in der Wüste?
20 Siehe, er hat wohl den Felsen geschlagen,
daß Wasser strömten und Bäche sich ergossen;
kann er aber auch Brot geben
und seinem Volk Fleisch verschaffen?
21 Da der HERR das hörte, [j] entbrannte er im Grimm,
und Feuer brach aus in Jakob, und Zorn kam über Israel,
22 weil sie nicht glaubten an Gott
und nicht hofften auf seine Hilfe.
23 Und er gebot den Wolken droben
und tat auf die Türen des Himmels
24 und [k] ließ Manna auf sie regnen zur Speise
und gab ihnen Himmelsbrot.
25 Brot der Engel aßen sie alle,
er sandte ihnen Speise in Fülle.
26 Er ließ wehen den Ostwind unter dem Himmel
und erregte durch seine Stärke den Südwind
27 und ließ Fleisch auf sie regnen wie Staub
und Vögel wie Sand am Meer;
28 mitten in das Lager fielen sie ein,
rings um seine Wohnung her.
29 Da aßen sie und wurden sehr satt;
und was sie verlangten, gewährte er ihnen.
30 Sie hatten ihr Verlangen noch nicht gestillt,
ihre Speise war noch in ihrem Munde,
31 da kam der Zorn Gottes über sie /
und [l] brachte ihre Vornehmsten um
und schlug die Besten in Israel nieder.

32 Zu dem allen sündigten sie noch mehr
und glaubten nicht an seine Wunder.
33 Darum [m] ließ er ihre Tage dahinschwinden ins Nichts
und ihre Jahre in Schrecken.
34 Wenn er den Tod unter sie brachte, suchten sie Gott
und fragten wieder nach ihm
35 und dachten daran, daß Gott ihr Hort ist
und Gott, der Höchste, ihr Erlöser.
36 Doch betrogen sie ihn mit ihrem Munde
und belogen ihn mit ihrer Zunge.
37 Ihr Herz hing nicht fest an ihm,
und sie hielten nicht treu an seinem Bunde.
38 Er aber war barmherzig und vergab die Schuld
und vertilgte sie nicht
und wandte oft seinen Zorn ab
und ließ nicht seinen ganzen Grimm an ihnen aus.
39 Denn er dachte daran, daß sie Fleisch sind,
ein [n] Hauch, der dahinfährt und nicht wiederkommt.

40 Wie oft trotzten sie ihm in der Wüste
und betrübten ihn in der Einöde!
41 Sie versuchten Gott immer wieder
und kränkten den Heiligen Israels.
42 Sie dachten nicht an die Taten seiner Hand,
an den Tag, als er sie erlöste von den Feinden,
43 wie er seine Zeichen in Ägypten getan hatte
und seine Wunder im Lande Zoan;

44 als er [o] ihre Ströme in Blut verwandelte,
daß sie aus ihren Flüssen nicht trinken konnten;
45 als er [p] Ungeziefer unter sie schickte, das sie fraß,
und [q] Frösche, die ihnen Verderben brachten,
46 und ihr Gewächs den Raupen gab
und ihre Saat den [r] Heuschrecken;
47 als er ihre Weinstöcke mit [s] Hagel schlug
und ihre Maulbeerbäume mit Schloßen;
48 als er ihr Vieh preisgab dem Hagel
und ihre Herden dem Wetterstrahl;
49 als er die Glut seines Zornes unter sie sandte,
Grimm und Wut und Drangsal,
eine Schar Verderben bringender Engel;
50 als er seinem Zorn freien Lauf ließ /
und ihre Seele vor dem Tode nicht bewahrte
und [t] ihr Leben preisgab der Pest;
51 als er [u] alle Erstgeburt in Ägypten schlug,
die Erstlinge ihrer Kraft in den Zelten Hams.
52 Er ließ sein Volk ausziehen wie Schafe
und [v] führte sie wie eine Herde in der Wüste;
53 und er leitete sie sicher, /
daß sie sich nicht fürchteten;
[w] aber ihre Feinde bedeckte das Meer.
54 Er brachte sie zu seinem heiligen Lande,
zu diesem [x] Berge, den seine Rechte erworben hat,
55 und vertrieb vor ihnen her die Völker /
und verteilte ihr Land als Erbe
und ließ in ihren Zelten die Stämme Israels wohnen.

56 Aber sie versuchten Gott und trotzten dem Höchsten
und hielten seine Gebote nicht;
57 sie wichen zurück und waren treulos wie ihre Väter
und versagten wie ein schlaffer Bogen;
58 sie erzürnten ihn mit ihren Höhen
und [y] reizten ihn zum Zorn mit ihren Götzen.
59 Als das Gott hörte, entbrannte sein Grimm,
und er verwarf Israel so sehr,
60 daß er [z] seine Wohnung in Silo dahingab,
das Zelt, in dem er unter Menschen wohnte;
61 er gab seine Macht* in Gefangenschaft
und seine Herrlichkeit* in die Hand des Feindes;
62 er übergab sein Volk dem Schwert
und ergrimmte über sein Erbe.
63 Ihre junge Mannschaft fraß das Feuer,
und ihre Jungfrauen mußten ungefreit bleiben.
64 Ihre [aa] Priester fielen durchs Schwert,
und die Witwen konnten die Toten nicht beweinen.

65 Da erwachte der Herr wie ein Schlafender,
wie ein Starker, der beim Wein fröhlich war,
66 und schlug seine Feinde hinten
und hängte ihnen ewige Schande an.[ab]
67 Er verwarf das Zelt Josefs
und erwählte nicht den Stamm Efraim,
68 sondern erwählte [ac] den Stamm Juda,
den Berg Zion, den er liebhat.
69 Er baute sein Heiligtum wie Himmelshöhen,
wie die Erde, die er gegründet hat für immer,
70 [ad] und erwählte seinen Knecht David
und nahm ihn von den Schafhürden;

71 von den säugenden Schafen holte er ihn,
daß er sein Volk Jakob weide und sein Erbe Israel.
72 Und er weidete sie mit aller Treue
und leitete sie mit kluger Hand.

a Mt 13,35 *b (3 und 4)* 2.Mose 13,14; 5.Mose 4,9.10 *c* 5.Mose 32,5.6 *d (9-11)* Ri 2,11-13
e 2.Mose 14,21.22 *f* 2.Mose 13,21 *g (15 und 16)* 2.Mose 17,6; 4.Mose 20,7-11; 5.Mose 32,18
h 2.Mose 16,3 *i* 4.Mose 11,4 *j* 4.Mose 11,1 *k* 2.Mose 16,4.14.15 *l* 4.Mose 16,1.2.31-35
m 4.Mose 14,22.23; 1.Kor 10,5 *n* Ps 103,14-16 *o* 2.Mose 7,19.20 *p* 2.Mose 8,20
q 2.Mose 8,2 *r* 2.Mose 10,13 *s* 2.Mose 9,25 *t* 2.Mose 9,8-12 *u* 2.Mose 12,29 *v* Ps 77,21
w 2.Mose 14,19.22.27 *x* 2.Mose 15,17 *y* 5.Mose 32,21 *z* 1.Sam 1,3; 4,11; Jer 7,12
aa 1.Sam 4,17-20 *ab* 1.Sam 5,6-12 *ac* 2.Chr 6,6 *ad (70 und 71)* 1.Sam 16,11.12; 2.Sam 7,8
*Vers 61: Gemeint ist die Bundeslade (Ps 132,8; 1.Sam 4,21).

Gebet des Volkes Gottes in schwerer Kriegsnot

79 1 EIN PSALM ASAFS.
Gott, es sind Heiden in dein Erbe eingefallen; /
die haben deinen heiligen Tempel entweiht
und aus Jerusalem einen Steinhaufen gemacht.
2 Sie haben die Leichname deiner Knechte /
den Vögeln unter dem Himmel zu fressen gegeben
und das Fleisch deiner Heiligen den Tieren im Lande.
3 Sie haben ihr Blut vergossen um Jerusalem her wie Wasser,
und da war niemand, der sie begrub.
4 Wir sind bei unsern Nachbarn eine Schmach geworden,
zu Spott und Hohn bei denen, die um uns her sind.[a]

5 HERR, wie lange willst du so sehr zürnen
und deinen Eifer brennen lassen wie Feuer?
6 [b]Schütte deinen Grimm auf die Völker, die dich nicht kennen,
und auf die Königreiche, die deinen Namen nicht anrufen.
7 Denn sie haben Jakob gefressen
und seine Stätte verwüstet.
8 Rechne uns die Schuld der Väter nicht an,
erbarme dich unser bald, denn wir sind sehr elend.

9 Hilf du uns, Gott, unser Helfer,
um deines Namens Ehre willen!
Errette uns und vergib uns unsre Sünden
um deines Namens willen!
10 Warum läßt du die Heiden sagen:
[c]»Wo ist nun ihr Gott?«
Laß unter den Heiden vor unsern Augen kundwerden
die Vergeltung für das Blut deiner Knechte, das vergossen ist.
11 Laß vor dich kommen das Seufzen der Gefangenen;
durch deinen starken Arm erhalte die Kinder des Todes
12 und [d]vergilt unsern Nachbarn siebenfach auf ihr Haupt
ihr Schmähen, mit dem sie dich, Herr, geschmäht haben.

13 Wir aber, dein Volk, die Schafe deiner Weide,
danken dir ewiglich und verkünden deinen Ruhm für und für.

a Ps 44,14 *b* Jer 10,25 *c* Ps 115,2; Joel 2,17 *d* Ps 137,7-9

Gebet für den zerstörten »Weinstock Gottes«

80 1 EIN PSALM ASAFS, VORZUSINGEN, NACH DER WEISE »LILIEN DES ZEUGNISSES«.
2 Du Hirte Israels, höre, /
der du Josef hütest wie Schafe!
Erscheine, der du [a]thronst über den Cherubim,
3 vor Efraim, Benjamin und Manasse!
Erwecke deine Kraft
und komm uns zu Hilfe!

4 GOTT, TRÖSTE UNS WIEDER
UND LASS LEUCHTEN DEIN ANTLITZ, SO GENESEN WIR.

5 HERR, Gott Zebaot, wie lange willst du zürnen,
während dein Volk zu dir betet?
6 Du speisest sie mit Tränenbrot
und tränkest sie mit einem großen Krug voll Tränen.
7 Du lässest unsre Nachbarn sich um uns streiten,
und unsre Feinde verspotten uns.
8 GOTT ZEBAOT, TRÖSTE UNS WIEDER;
LASS LEUCHTEN DEIN ANTLITZ, SO GENESEN WIR.

9 Du hast einen [b] Weinstock aus Ägypten geholt,
hast vertrieben die Völker und ihn eingepflanzt.
10 Du hast vor ihm Raum gemacht/und hast ihn lassen einwurzeln,
daß er das Land erfüllt hat.
11 Berge sind mit seinem Schatten bedeckt
und mit seinen Reben die Zedern Gottes.
12 Du hast [c] seine Ranken ausgebreitet bis an das Meer
und seine Zweige bis an den Strom.
13 Warum hast du denn seine Mauer zerbrochen,
daß jeder seine Früchte abreißt, der vorübergeht?
14 Es haben ihn zerwühlt die wilden Säue
und die Tiere des Feldes ihn abgeweidet.
15 Gott Zebaot, wende dich doch!/
Schaue vom Himmel und sieh darein,
nimm dich dieses Weinstocks an!
16 Schütze doch, was deine Rechte gepflanzt hat,
[d] den Sohn, den du dir großgezogen hast!
17 Sie haben ihn [e] mit Feuer verbrannt wie Kehricht;
vor dem Drohen deines Angesichts sollen sie umkommen.

18 Deine Hand schütze den Mann deiner Rechten,
den Sohn, den du dir großgezogen hast.
19 So wollen wir nicht von dir weichen.
Laß uns leben, so wollen wir deinen Namen anrufen.
20 HERR, GOTT ZEBAOT, TRÖSTE UNS WIEDER;
LASS LEUCHTEN DEIN ANTLITZ, SO GENESEN WIR.

a Ps 18,11; 2.Sam 6,2 *b* Jes 5,1-7; Jer 2,21 *c* Hos 10,1 *d* Hos 11,1 *e* Hes 15,2-4

Die wahre Festfeier

81 1 VON ASAF, VORZUSINGEN, AUF DER GITTIT.
2 Singet fröhlich Gott, der unsre Stärke ist,
jauchzet dem Gott Jakobs!
3 Hebt an mit Psalmen und laßt hören die Pauken,
liebliche Zithern und Harfen!
4 [a] Blaset am Neumond die Posaune,
am Vollmond, am Tag unsres Festes!
5 Denn das ist eine Satzung für Israel
und eine Ordnung des Gottes Jakobs.
6 Das hat er zum Zeugnis gesetzt für Josef,
als Er auszog wider Ägyptenland.

Eine Sprache höre ich, die ich bisher nicht kannte:
7 Ich habe [b] ihre Schultern von der Last befreit
und ihre Hände vom Tragkorb erlöset.
8 Als du mich in der Not anriefst, half ich dir heraus
und [c] antwortete dir aus der Wetterwolke
und prüfte dich am [d] Haderwasser. SELA.

9 Höre, mein Volk, ich will dich ermahnen.
Israel, du sollst mich hören!
10 Kein andrer Gott sei unter dir,
und einen fremden Gott sollst du nicht anbeten![e]
11 Ich bin der HERR, dein Gott,/
der dich aus Ägyptenland geführt hat:
Tu deinen Mund weit auf, laß mich ihn füllen!

12 Aber mein Volk gehorcht nicht meiner Stimme,
und Israel will mich nicht.
13 So hab ich sie dahingegeben in die Verstocktheit ihres Herzens,
daß sie wandeln nach eigenem Rat.

14 Wenn doch mein Volk mir gehorsam wäre
und Israel auf meinem Wege ginge!
15 Dann wollte ich seine Feinde bald demütigen
und meine Hand gegen seine Widersacher wenden!
16 Und die den HERRN hassen, müßten sich vor ihm beugen,
aber Israels Zeit würde ewiglich währen,
17 und ich würde es mit dem besten Weizen speisen
und mit [f] Honig aus dem Felsen sättigen.

a 3.Mose 23,24 *b* 2.Mose 6,6; Jes 9,3 *c* 2.Mose 19,16 *d* 2.Mose 17,2.7; 4.Mose 20,13
e 2.Mose 20,2.3 *f* 5.Mose 32,13

Der höchste Richter

82 1 EIN PSALM ASAFS.
Gott steht [a] in der Gottesgemeinde
und ist Richter unter den Göttern.
2 »Wie lange wollt ihr [b] unrecht richten
und die Gottlosen vorziehen? SELA.
3 Schaffet Recht dem Armen und der Waise
und helft dem Elenden und Bedürftigen zum Recht.[c]
4 Errettet den Geringen und Armen
und erlöst ihn aus der Gewalt der Gottlosen.«

5 Sie lassen sich nichts sagen und sehen nichts ein,/
sie tappen dahin im Finstern.
Darum wanken alle Grundfesten der Erde.

6 »Wohl habe ich gesagt: [d] Ihr seid Götter
und allzumal Söhne des Höchsten;
7 aber ihr werdet sterben wie Menschen
und wie ein Tyrann zugrunde gehen.«

8 Gott, mache dich auf und [e] richte die Erde;
denn du bist Erbherr über alle Heiden!

a 1.Kön 22,19 *b* 5.Mose 1,17 *c* Jes 1,17 *d* Joh 10,34 *e* 1.Mose 18,25

Gebet gegen einen Bund von Feinden des Gottesvolkes

83 1 EIN PSALMLIED ASAFS.
2 Gott, schweige doch nicht!
Gott, bleib nicht so still und ruhig!

3 Denn siehe, deine Feinde toben,
und die dich hassen, erheben das Haupt.
4 Sie machen [a] listige Anschläge wider dein Volk
und halten Rat wider die, die bei dir sich bergen.

5 »Wohlan!« sprechen sie, »laßt uns sie ausrotten,/
daß sie kein Volk mehr seien
und des Namens Israel nicht mehr gedacht werde!«

6 Denn sie sind miteinander eins geworden
und haben einen Bund wider dich gemacht:
7 die in den Zelten von Edom und Ismael wohnen,
Moab und die Hagariter,
8 Gebal, Ammon und Amalek,
die Philister mit denen von Tyrus;
9 auch Assur hat sich zu ihnen geschlagen,
sie helfen den Söhnen Lot. SELA.

10 Mach's mit ihnen wie mit [b] Midian,
wie mit [c] Sisera, mit Jabin am Bach Kison,
11 die vertilgt wurden bei Endor
und wurden zu Mist auf dem Acker.
12 Mache ihre Fürsten wie [d] Oreb und Seeb,
alle ihre Edlen wie [e] Sebach und Zalmunna,
13 die auch einmal sagten:
Wir wollen das Land Gottes einnehmen.

14 Mein Gott, mache sie wie verwehende Blätter,
wie Spreu vor dem Winde.
15 Wie ein Feuer den Wald verbrennt
und wie eine Flamme die Berge versengt,
16 so verfolge sie mit deinem Sturm
und erschrecke sie mit deinem Ungewitter.

17 Bedecke ihr Angesicht mit Schande,
daß sie, HERR, nach deinem Namen fragen müssen.
18 Schämen sollen sie sich und erschrecken für immer
und zuschanden werden und umkommen.
19 So werden sie erkennen,/
daß du allein [f] HERR heißest
und der Höchste bist in aller Welt.

a Ps 35,20 *b* Ri 7,14.15; Jes 9,3 *c* Ri 4,2 *d* Ri 7,25 *e* Ri 8,21 *f* Hos 12,6

Freude am Hause Gottes

84 1 EIN PSALM DER [a] SÖHNE KORAH, VORZUSINGEN, AUF DER GITTIT.
2 Wie lieb sind mir deine Wohnungen, HERR Zebaot!
3 Meine Seele verlangt und sehnt sich
nach den Vorhöfen des HERRN;
mein Leib und Seele freuen sich
in dem lebendigen Gott.[b]
4 Der Vogel hat ein Haus gefunden
und die Schwalbe ein Nest für ihre Jungen –
deine Altäre, HERR Zebaot,
mein König und mein Gott.
5 Wohl denen, die [c] in deinem Hause wohnen;
die loben dich immerdar. SELA.

6 Wohl den Menschen, die dich für ihre Stärke halten
und von Herzen dir nachwandeln!
7 Wenn sie durchs dürre Tal ziehen,/
wird es ihnen zum Quellgrund,
und Frühregen hüllt es in Segen.
8 Sie gehen von einer Kraft zur andern
und schauen den wahren Gott in Zion.

9 HERR, Gott Zebaot, höre mein Gebet;
vernimm es, Gott Jakobs! SELA.
10 Gott, unser Schild, schaue doch;
sieh doch an das Antlitz deines Gesalbten!

11 Denn *ein Tag in deinen Vorhöfen*
ist besser als sonst tausend.
Ich will lieber die Tür hüten in meines Gottes Hause
als wohnen in der Gottlosen Hütten.[d]
12 Denn Gott der HERR ist Sonne und Schild; /
der HERR gibt Gnade und Ehre.
Er wird kein Gutes mangeln lassen den Frommen.
13 HERR Zebaot, wohl dem Menschen,
der sich auf dich verläßt!

a 1.Chr 26,1 *b* Ps 42,3 *c* Ps 65,5 *d* Ps 27,4

Bitte um neuen Segen

85 1 EIN PSALM DER SÖHNE KORAH, VORZUSINGEN. -
2 HERR, der du bist vormals gnädig gewesen deinem Lande
und hast erlöst die Gefangenen Jakobs;
3 der du die Missetat vormals vergeben hast deinem Volk
und alle seine Sünde bedeckt hast; SELA.
4 der du vormals hast all deinen Zorn fahren lassen
und dich abgewandt von der Glut deines Zorns:
5 hilf uns, Gott, unser Heiland,
und laß ab von deiner Ungnade über uns!
6 Willst du denn ewiglich über uns zürnen
und deinen Zorn walten lassen für und für?
7 Willst du uns denn nicht wieder erquicken,
daß dein Volk sich über dich freuen kann?
8 HERR, erweise uns deine Gnade
und gib uns dein Heil!

9 Könnte ich doch hören,
was Gott der HERR redet,
daß er [a]Frieden zusagte seinem Volk und seinen Heiligen,
damit sie nicht in Torheit geraten.
10 Doch ist ja seine Hilfe nahe denen, die ihn fürchten,
daß in unserm Lande Ehre wohne;
11 daß Güte und Treue einander begegnen,
Gerechtigkeit und Friede sich küssen;
12 daß Treue auf der Erde wachse
und Gerechtigkeit vom Himmel schaue;
13 daß uns auch der HERR Gutes tue,
und unser Land seine Frucht gebe;
14 daß Gerechtigkeit vor ihm her gehe
und seinen Schritten folge.

a Jer 29,11; Mi 5,4

Gebet in Bedrängnis

86 1 EIN GEBET DAVIDS.
HERR, neige deine Ohren und erhöre mich;
denn ich bin elend und arm.
2 Bewahre meine Seele, denn ich bin dein.
Hilf du, mein Gott, deinem Knechte,
der sich verläßt auf dich.
3 Herr, sei mir gnädig;
denn ich rufe täglich zu dir.

4 Erfreue die Seele deines Knechts;
denn nach dir, Herr, verlangt mich.
5 Denn du, Herr, bist gut und gnädig,
von großer Güte allen, die dich anrufen.
6 Vernimm, HERR, mein Gebet
und merke auf die Stimme meines Flehens!
7 [a] In der Not rufe ich dich an;
du wollest mich erhören!

8 Herr, [b] es ist dir keiner gleich unter den Göttern,
und niemand kann tun, was du tust.
9 Alle Völker, die du gemacht hast, werden kommen
und vor dir anbeten, Herr, und deinen Namen ehren,
10 daß du so groß bist und Wunder tust
und du allein Gott bist.

11 [c] *Weise mir,* HERR, *deinen Weg,*
daß ich wandle in deiner Wahrheit;
erhalte mein Herz bei dem einen,
daß ich deinen Namen fürchte.

12 Ich danke dir, Herr, mein Gott, von ganzem Herzen
und ehre deinen Namen ewiglich.
13 Denn deine Güte ist groß gegen mich,
du hast mich errettet aus der Tiefe des Todes.

14 Gott, es erheben sich die Stolzen gegen mich, /
und eine Rotte von Gewalttätern trachtet mir nach dem Leben
und haben dich nicht vor Augen.
15 Du aber, Herr, Gott, bist barmherzig und gnädig,
geduldig und von großer Güte und Treue.[d]
16 Wende dich zu mir und sei mir gnädig;
stärke deinen Knecht mit deiner Kraft
und hilf dem Sohn deiner Magd!
17 Tu ein Zeichen an mir,
daß du's gut mit mir meinst,
daß es sehen, die mich hassen, und sich schämen,
weil du mir beistehst, HERR, und mich tröstest.

a Ps 50,15 *b* Ps 135,5; 2.Mose 15,11 *c* Joh 14,6 *d* Ps 103,8; 2.Mose 34,6

Zion wird die Mutter der Völker

87 1 EIN PSALMLIED DER SÖHNE KORAH.
Sie ist fest gegründet auf den heiligen Bergen.
2 Der HERR liebt die Tore Zions mehr als alle Wohnungen in Jakob.
3 Herrliche Dinge werden in dir gepredigt,
du Stadt Gottes. SELA.

4 Ich zähle Ägypten und Babel
zu denen, die mich kennen,
auch die Philister und Tyrer samt den Mohren:
»Die sind hier geboren.«[a]
5 Doch von Zion wird man sagen: /
»Mann für Mann ist darin geboren«;
und er selbst, der Höchste, erhält es.
6 Der HERR spricht, wenn er aufschreibt die Völker:
»Die sind hier geboren.« SELA.
7 Und sie singen beim Reigen:
[b] Alle meine Quellen sind in dir!

a Ps 67,4.5 *b* Ps 36,10

Gebet in großer Verlassenheit und Todesnähe

88 1 EIN PSALMLIED DER SÖHNE KORAH, VORZUSINGEN, ZUM REIGENTANZ IM WECHSEL*, EINE UNTERWEISUNG [a]HEMANS, DES ESRACHITERS.
2 HERR, Gott, mein Heiland,
ich schreie Tag und Nacht vor dir.
3 Laß mein Gebet vor dich kommen,
neige deine Ohren zu meinem Schreien.
4 Denn meine Seele ist übervoll an Leiden,
und mein Leben ist nahe dem Tode.
5 Ich bin denen gleich geachtet, die in die Grube fahren,
ich bin wie ein Mann, der keine Kraft mehr hat.
6 Ich liege unter den Toten verlassen,
wie die Erschlagenen, die im Grabe liegen,
derer du nicht mehr gedenkst
und die von deiner Hand geschieden sind.
7 Du hast mich hinunter in die Grube gelegt,
in die Finsternis und in die Tiefe.
8 Dein Grimm drückt mich nieder,
du bedrängst mich mit allen deinen Fluten. SELA.

9 [b]Meine Freunde hast du mir entfremdet,
du hast mich ihnen zum Abscheu gemacht.
Ich liege gefangen und kann nicht heraus,
10 mein Auge sehnt sich aus dem Elend.
HERR, ich rufe zu dir täglich;
ich breite meine Hände aus zu dir.
11 [c]Wirst du an den Toten Wunder tun,
oder werden die Verstorbenen aufstehen
und dir danken? SELA.
12 Wird man im Grabe erzählen deine Güte
und deine Treue bei den Toten?
13 Werden denn deine Wunder in der Finsternis erkannt
oder deine Gerechtigkeit im Lande des Vergessens?

14 Aber ich schreie zu dir, HERR,
und mein Gebet kommt frühe vor dich:
15 Warum verstößt du, HERR, meine Seele
und verbirgst dein Antlitz vor mir?
16 Ich bin elend und dem Tode nahe von Jugend auf;
ich erleide deine Schrecken, daß ich fast verzage.
17 Dein Grimm geht über mich,
deine Schrecken vernichten mich.
18 Sie umgeben mich täglich wie Fluten
und umringen mich allzumal.
19 Meine Freunde und Nächsten hast du mir entfremdet,
und meine Verwandten hältst du fern von mir.

a 1.Chr 6,18 *b* Ps 38,12 *c (11 und 12)* Ps 6,6; Jes 38,18
* Vers 1: Die Übersetzung ist unsicher. Luther übersetzte: »von der Schwachheit der Elenden«.

Israels Not und die Verheißung an David

89 1 EINE UNTERWEISUNG ETANS, DES ESRACHITERS.
2 Ich will singen von der Gnade des HERRN ewiglich
und seine Treue verkünden mit meinem Munde für und für;
3 denn ich sage: Für ewig steht die Gnade fest;
du gibst deiner Treue sicheren Grund im Himmel.
4 »Ich [a]habe einen Bund geschlossen mit meinem Auserwählten,
[b]ich habe David, meinem Knechte, geschworen:
5 Ich will deinem Geschlecht festen Grund geben auf ewig

und [c] deinen Thron bauen für und für.« SELA.
6 Und die Himmel werden, HERR, deine Wunder preisen
und deine Treue in der Gemeinde der Heiligen.

7 Denn wer in den Wolken könnte dem HERRN gleichen
und dem HERRN gleich sein unter [d] den Himmlischen?
8 Gott ist gefürchtet in der Versammlung der Heiligen,
groß und furchtbar über alle, die um ihn sind.
9 HERR, Gott Zebaot, wer ist wie du?
Mächtig bist du, HERR, und deine Treue ist um dich her.
10 Du herrschest über das ungestüme Meer,
[e] du stillest seine Wellen, wenn sie sich erheben.
11 Du hast [f] Rahab* zu Tode geschlagen
und deine Feinde zerstreut mit deinem starken Arm.
12 [g] Himmel und Erde sind dein,
du hast gegründet den Erdkreis und was darinnen ist.
13 Nord und Süd hast du geschaffen,
Tabor und Hermon jauchzen über deinen Namen.
14 Du hast einen gewaltigen Arm,
stark ist deine Hand, und hoch ist deine Rechte.
15 Gerechtigkeit und Gericht sind deines Thrones Stütze,
Gnade und Treue gehen vor dir einher.

16 Wohl dem Volk, das jauchzen kann!
HERR, sie werden im Licht deines Antlitzes wandeln;
17 sie werden über deinen Namen täglich fröhlich sein
und in deiner Gerechtigkeit herrlich sein.
18 Denn du bist der Ruhm ihrer Stärke,
und durch deine Gnade wirst du unser Haupt erhöhen.
19 Denn dem HERRN gehört unser Schild*
und dem Heiligen in Israel unser König.

20 [h] Damals hast du geredet durch ein Gesicht
zu deinem Heiligen und gesagt:
Ich habe einen Helden erweckt, der helfen soll,
ich habe erhöht einen Auserwählten aus dem Volk.
21 Ich habe gefunden meinen Knecht David,
ich habe ihn gesalbt mit meinem heiligen Öl.
22 Meine Hand soll ihn erhalten,
und mein Arm soll ihn stärken.
23 Die Feinde sollen ihn nicht überwältigen
und die Ungerechten ihn nicht demütigen;
24 sondern ich will seine Widersacher vor ihm zerschlagen
und, die ihn hassen, zu Boden stoßen.
25 Aber meine Treue und Gnade soll bei ihm sein,
und sein Haupt soll erhöht sein in meinem Namen.
26 Seine Hand laß ich [i] herrschen über das Meer
und seine Rechte über die Ströme.
27 [j] Er wird mich nennen: Du bist mein Vater,
mein Gott und Hort, der mir hilft.
28 Und ich will ihn zum erstgeborenen Sohn machen,
zum Höchsten unter den Königen auf Erden.
29 Ich will ihm ewiglich bewahren meine Gnade,
und mein Bund soll ihm fest bleiben.
30 Ich will ihm ewiglich Nachkommen geben
und seinen Thron erhalten, solange der Himmel währt.
31 Wenn aber seine Söhne mein Gesetz verlassen
und in meinen Rechten nicht wandeln,
32 wenn sie meine Ordnungen entheiligen
und meine Gebote nicht halten,

33 so will ich ihre Sünde mit der Rute heimsuchen
und ihre Missetat mit Plagen;
34 aber meine Gnade will ich nicht von ihm wenden
und meine Treue nicht brechen.
35 Ich will meinen Bund nicht entheiligen
und nicht ändern, was aus meinem Munde gegangen ist.
36 Ich habe *einmal* geschworen bei meiner Heiligkeit
und will David nicht belügen:
37 »Sein Geschlecht soll ewig bestehen
und [k] sein Thron vor mir wie die Sonne,
38 wie der Mond, der ewiglich bleibt,
und wie [l] der treue Zeuge in den Wolken.« SELA.

39 Aber nun hast du verstoßen und verworfen
und zürnst mit deinem Gesalbten!
40 Du hast zerbrochen den Bund mit deinem Knecht
und seine Krone entweiht in den Staub.
41 Du hast eingerissen alle seine Mauern
und hast zerstört seine Festungen.
42 Es berauben ihn alle, die vorübergehen;
er ist seinen Nachbarn ein Spott geworden.
43 Du erhöhst die Rechte seiner Widersacher
und erfreust alle seine Feinde.
44 Auch hast du die Kraft seines Schwerts weggenommen
und lässest ihn nicht siegen im Streit.
45 Du hast seinem Glanz ein Ende gemacht
und seinen Thron zu Boden geworfen.
46 Du hast die Tage seiner Jugend verkürzt
und ihn bedeckt mit Schande. SELA.

47 HERR, wie lange willst du dich so verbergen
und deinen Grimm wie Feuer brennen lassen?
48 Gedenke, wie kurz mein Leben ist,
wie vergänglich du alle Menschen geschaffen hast!
49 Wo ist jemand, der da lebt und den Tod nicht sähe,
der seine Seele errette aus des Todes Hand? SELA.

50 Herr, wo ist deine Gnade von einst,
die du David geschworen hast in deiner Treue?
51 Gedenke, Herr, an die [m] Schmach deiner Knechte,
die ich trage in meinem Herzen von all den vielen Völkern,
52 mit der, HERR, deine Feinde dich schmähen,
mit der sie schmähen hinter deinem Gesalbten her!

53 Gelobt sei der HERR ewiglich!
Amen! Amen! [n]

a Jes 55,3 *b* Ps 132,11 *c* 2.Sam 7,16; Apg 2,30 *d* 1.Kön 22,19 *e* Ps 65,8; Mt 8,26
f Hiob 9,13; 26,12; Jes 30,7; 51,9 *g* Ps 24,1 *h (20 und 21)* 1.Sam 13,14; 16,13 *i* Ps 72,8
j (27 und 28) 2.Sam 7,14 *k* Ps 72,17 *l* 1.Mose 9,13 *m* Ps 44,10-25 *n* Ps 41,14
*Vers 11: d.i. der Drache der Urzeit.
*Vers 19: Bezeichnung des Königs.

VIERTES BUCH

Zuflucht in unserer Vergänglichkeit

90 1 EIN GEBET DES MOSE, DES MANNES GOTTES.
Herr, du bist unsre Zuflucht für und für. /
2 *Ehe denn die Berge wurden*
und die Erde und die Welt geschaffen wurden,
bist du, Gott, von Ewigkeit zu Ewigkeit.

3 Der du [a] die Menschen lässest sterben
und sprichst: Kommt wieder, Menschenkinder! [b]
4 Denn [c] tausend Jahre sind vor dir /
wie der Tag, der gestern vergangen ist,
und wie eine Nachtwache.
5 [d] Du lässest sie dahinfahren wie einen Strom, /
sie sind wie ein Schlaf,
wie ein Gras, das am Morgen noch sproßt,
6 das am Morgen blüht und sproßt
und des Abends welkt und verdorrt.

7 Das macht dein Zorn, daß wir so vergehen,
und dein Grimm, daß wir so plötzlich dahin müssen.
8 Denn unsre Missetaten stellst du vor dich,
unsre unerkannte Sünde ins Licht vor deinem Angesicht.
9 Darum fahren alle unsre Tage dahin durch deinen Zorn,
wir bringen unsre Jahre zu wie ein Geschwätz.
10 Unser Leben währet siebzig Jahre,
und wenn's hoch kommt, so sind's achtzig Jahre,
und was daran köstlich scheint,
ist doch nur [e] vergebliche Mühe;*
denn es fähret schnell dahin,
als flögen wir davon.

11 Wer glaubt's aber, daß du so sehr zürnest,
und wer fürchtet sich vor dir in deinem Grimm?
12 [f] *Lehre uns bedenken, daß wir sterben müssen,*
auf daß wir klug werden.

13 HERR, kehre dich doch endlich wieder zu uns
und sei deinen Knechten gnädig!
14 Fülle uns frühe mit deiner Gnade,
so wollen wir rühmen und fröhlich sein unser Leben lang.
15 Erfreue uns nun wieder, nachdem du uns so lange plagest,
nachdem wir so lange Unglück leiden.
16 Zeige deinen Knechten [g] deine Werke
und deine Herrlichkeit ihren Kindern.
17 Und der Herr, unser Gott, sei uns freundlich /
und fördere das Werk unsrer Hände bei uns.
Ja, das Werk unsrer Hände wollest du fördern!

a Ps 146,4 *b* Pred 1,4 *c* 2.Petr 3,8 *d (5 und 6)* Ps 102,12; 103,15; Hiob 14,2; Jes 40,6; 1.Petr 1,24.25 *e* Pred 1,3 *f* Ps 39,5-7 *g* Jes 5,12
* Vers 10: Luthers Übersetzung »und wenn's köstlich gewesen ist, so ist's Mühe und Arbeit gewesen« ist heute mißverständlich.

Unter Gottes Schutz

91 1 *Wer unter dem Schirm des Höchsten sitzt*
und unter dem Schatten des Allmächtigen bleibt,
2 *der spricht zu dem* HERRN: /

Meine Zuversicht und meine Burg,
mein Gott, auf den ich hoffe.

3 Denn er errettet dich vom Strick des Jägers
und von der verderblichen Pest.
4 Er wird dich mit seinen Fittichen decken, /
und Zuflucht wirst du haben unter seinen Flügeln.
Seine Wahrheit ist Schirm und Schild,
5 daß du nicht erschrecken mußt vor dem Grauen der Nacht,
vor den Pfeilen, die des Tages fliegen,
6 vor der Pest, die im Finstern schleicht,
vor der Seuche, die am Mittag Verderben bringt.
7 Wenn auch tausend fallen zu deiner Seite /
und zehntausend zu deiner Rechten,
so wird es doch dich nicht treffen.
8 Ja, du wirst es mit eigenen Augen sehen
und schauen, wie den Gottlosen vergolten wird.

9 Denn der HERR ist deine Zuversicht,
der Höchste ist deine Zuflucht.
10 Es wird dir kein Übel begegnen,
und keine Plage wird sich deinem Hause nahen.
11 [a]Denn er hat seinen Engeln befohlen,
daß sie dich behüten auf allen deinen Wegen,
12 daß sie dich auf den Händen tragen
und du deinen Fuß nicht an einen Stein stoßest.
13 Über Löwen und Ottern wirst du gehen
und junge Löwen und Drachen niedertreten.[b]

14 »Er liebt mich, darum will ich ihn erretten;
er kennt meinen Namen, darum will ich ihn schützen.
15 Er [c]ruft mich an, darum will ich ihn erhören; /
ich bin bei ihm in der Not,
ich will ihn herausreißen und zu Ehren bringen.
16 Ich will ihn sättigen mit langem Leben
und will ihm zeigen mein [d]Heil.«

a (11 und 12) Mt 4,6 *b* Lk 10,19 *c* Ps 50,15 *d* Jes 52,10

Freude am Lob Gottes

92 1 EIN PSALMLIED FÜR DEN SABBATTAG.
2 *Das ist ein köstlich Ding, dem* HERRN *danken*
und [a]*lobsingen deinem Namen, du Höchster,*
3 *des Morgens deine Gnade*
und des Nachts deine Wahrheit verkündigen
4 auf dem Psalter mit zehn Saiten,
mit Spielen auf der Harfe.
5 Denn, HERR, du lässest mich fröhlich singen von deinen Werken,
und ich rühme die Taten deiner Hände.

6 HERR, wie sind [b]deine Werke so groß!
[c]Deine Gedanken sind sehr tief.
7 Ein Törichter glaubt das nicht,
und ein Narr begreift es nicht.

8 Die Gottlosen grünen wie das Gras, /
und die Übeltäter blühen alle –
nur um vertilgt zu werden für immer!
9 Aber du, HERR, bist der Höchste
und bleibest ewiglich.

Denn siehe, deine Feinde, HERR,/
siehe, deine Feinde werden umkommen,
und alle Übeltäter sollen zerstreut werden.
11 Aber mich machst du stark wie den Wildstier
und [d]salbst mich mit frischem Öl.
12 Mit Freude sieht mein Auge auf meine Feinde herab
und hört mein Ohr von den Boshaften,
die sich gegen mich erheben.

13 [e]Der Gerechte wird grünen wie ein Palmbaum,
er wird wachsen wie eine Zeder auf dem Libanon.
14 Die gepflanzt sind im Hause des HERRN,
werden in den Vorhöfen unsres Gottes grünen.
15 Und wenn sie auch alt werden,
werden sie dennoch blühen, fruchtbar und frisch sein,
16 daß sie verkündigen, wie der HERR es recht macht;
[f]er ist mein Fels, und kein Unrecht ist an ihm.

a Ps 147,1 *b* Ps 104,24 *c* Jes 55,9 *d* Ps 23,5 *e (13-15)* Ps 1,3; 52,10 *f* 5.Mose 32,4

Der ewige König

93 1 Der HERR ist [a]König und herrlich geschmückt;/
der HERR ist geschmückt und umgürtet mit Kraft.
Er hat den Erdkreis gegründet, daß er nicht wankt.
2 Von Anbeginn steht dein Thron fest;
du bist ewig.

3 HERR, die Wasserströme erheben sich,/
die Wasserströme erheben ihr Brausen,
die Wasserströme heben empor die Wellen;
4 die Wasserwogen im Meer sind groß und brausen mächtig;
der HERR aber ist noch größer in der Höhe.

Dein Wort ist wahrhaftig und gewiß;
Heiligkeit ist die Zierde deines Hauses, HERR, für alle Zeit.

a Ps 47,8; 96,10; 97,1; 98,6; 99,1; 146,10; 2.Mose 15,18

Hilferuf gegen die Unterdrücker des Volkes Gottes

94 1 HERR, du [a]Gott der Vergeltung,
du Gott der Vergeltung, erscheine!
2 Erhebe dich, du [b]Richter der Welt;
vergilt den Hoffärtigen, was sie verdienen!

3 HERR, wie lange sollen die Gottlosen,
wie lange sollen die Gottlosen prahlen?
4 Es reden so trotzig daher,
es rühmen sich alle Übeltäter.
5 HERR, sie zerschlagen dein Volk
und plagen dein Erbe.
6 Witwen und Fremdlinge bringen sie um
und töten die Waisen
7 und sagen: [c]Der HERR sieht's nicht,
und der Gott Jakobs beachtet's nicht.

8 Merkt doch auf, ihr Narren im Volk!
Und ihr Toren, wann wollt ihr klug werden?
9 Der das Ohr gepflanzt hat, sollte der nicht hören?
Der das Auge gemacht hat, sollte der nicht sehen?[d]
10 Der die Völker in Zucht hält,/sollte der nicht Rechenschaft fordern –

er, der die Menschen Erkenntnis lehrt?
11 Aber der HERR kennt die Gedanken der Menschen:
sie sind nur ein Hauch![e]

12 Wohl dem, den du, HERR, [f]in Zucht nimmst
und lehrst ihn durch dein Gesetz,
13 ihm Ruhe zu schaffen vor bösen Tagen,
bis dem Gottlosen die Grube gegraben ist.
14 Denn [g]der HERR wird sein Volk nicht verstoßen
noch sein Erbe verlassen.
15 Denn *Recht muß doch Recht bleiben,*
und ihm werden alle frommen Herzen zufallen.

16 Wer steht mir bei wider die Boshaften?
Wer tritt zu mir wider die Übeltäter?
17 Wenn der HERR mir nicht hülfe,
läge ich bald [h]am Orte des Schweigens.
18 Wenn ich sprach: Mein Fuß ist gestrauchelt,
so hielt mich, HERR, deine Gnade.
19 Ich hatte viel Kummer in meinem Herzen,
aber [i]deine Tröstungen erquickten meine Seele.

20 Du hast ja nicht Gemeinschaft mit dem Richterstuhl der Bösen,
die das Gesetz mißbrauchen und Unheil schaffen.
21 Sie rotten sich zusammen wider den Gerechten
und verurteilen unschuldig Blut.

22 Aber der HERR ist mein Schutz,
mein Gott ist der Hort meiner Zuversicht.
23 Und er wird ihnen ihr Unrecht vergelten /
und sie um ihrer Bosheit willen vertilgen;
der HERR, unser Gott, wird sie vertilgen.

a 5.Mose 32,35 *b* 1.Mose 18,25 *c* Ps 10,11 *d* 2.Mose 4,11 *e* 1.Kor 3,20 *f* Hiob 5,17
g Jes 37,33-35 *h* Ps 115,17 *i* 2.Kor 1,4.5

Aufruf zur Anbetung und zum Gehorsam

95 1 Kommt herzu, laßt uns dem HERRN frohlocken
und jauchzen dem Hort unsres Heils!
2 Laßt uns mit Danken vor sein Angesicht kommen
und mit Psalmen ihm jauchzen!
3 Denn der HERR ist ein großer Gott
und [a]ein großer König über alle Götter.
4 Denn in seiner Hand sind die Tiefen der Erde,
und die Höhen der Berge sind auch sein.
5 Denn sein ist das Meer, und er hat's gemacht,
und seine Hände haben das Trockene bereitet.

6 Kommt, laßt uns anbeten und knien
und niederfallen vor dem HERRN, der uns gemacht hat.
7 Denn er ist unser Gott,
und wir das Volk seiner Weide und Schafe seiner Hand.[b]

Wenn ihr doch heute auf seine Stimme hören wolltet:
8 [c]»Verstocket euer Herz nicht, wie zu Meriba geschah,
wie zu Massa in der Wüste,
9 wo mich eure Väter [d]versuchten und prüften
und hatten doch mein Werk gesehen.
10 Vierzig Jahre war dies Volk mir zuwider, daß ich sprach: /
Es sind Leute, deren Herz immer den Irrweg will

und die meine Wege nicht lernen wollen,
11 so daß ich schwor in meinem Zorn:
Sie sollen nicht zu meiner Ruhe kommen.«[e]

a 2.Mose 15,11 *b* Ps 100,3; Joh 10,27.28 *c* *(8-11)* Hebr 3,7.8; 4,7 *d* 2.Mose 17,2.7 *e* 4.Mose 14,22.23; Hebr 4,3

Der Schöpfer und Richter aller Welt

(vgl. 1.Chr 16,23-33)

96 1 Singet dem HERRN [a]ein neues Lied;
singet dem HERRN, alle Welt!
2 Singet dem HERRN und lobet seinen Namen,
verkündet von Tag zu Tag sein Heil!
3 Erzählet unter den Heiden von seiner Herrlichkeit,
unter allen Völkern von seinen Wundern!
4 Denn der HERR ist groß und hoch zu loben,
mehr zu fürchten als alle Götter.
5 Denn alle Götter der Völker sind Götzen;
aber der HERR hat den Himmel gemacht.
6 Hoheit und Pracht sind vor ihm,
Macht und Herrlichkeit in seinem Heiligtum.

7 Ihr Völker, bringet dar dem HERRN,
bringet dar dem HERRN Ehre und Macht!
8 Bringet dar dem HERRN die Ehre seines Namens,
bringet Geschenke und kommt in seine Vorhöfe!
9 Betet an den HERRN in heiligem Schmuck;
es fürchte ihn alle Welt!
10 Sagt unter den Heiden: Der HERR ist [b]König.
Er hat den Erdkreis gegründet, daß er nicht wankt.
Er richtet die Völker recht.

11 [c]Der Himmel freue sich, und die Erde sei fröhlich,
das Meer brause und was darinnen ist;
12 das Feld sei fröhlich und alles, was darauf ist;
es sollen jauchzen alle Bäume im Walde
13 vor dem HERRN; denn er kommt,
denn er kommt, [d]zu richten das Erdreich.
Er [e]wird den Erdkreis richten mit Gerechtigkeit
und die Völker mit seiner Wahrheit.

a Ps 33,3 *b* Ps 93,1 *c* *(11-13)* Ps 98,7-9; Jes 49,13 *d* Ps 82,8 *e* Apg 17,31

Freude am Königtum Gottes

97 1 Der HERR ist [a]König; des freue sich das Erdreich
und seien fröhlich die Inseln, soviel ihrer sind.
2 Wolken und Dunkel sind um ihn her,
Gerechtigkeit und Gericht sind seines Thrones Stütze.
3 [b]Feuer geht vor ihm her
und verzehrt ringsum seine Feinde.
4 Seine Blitze erleuchten den Erdkreis,
das Erdreich sieht es und erschrickt.
5 Berge zerschmelzen wie Wachs vor dem HERRN,
vor dem [c]Herrscher der ganzen Erde.
6 Die Himmel verkündigen seine Gerechtigkeit,
und [d]seine Herrlichkeit sehen alle Völker.

7 Schämen sollen sich alle, die den Bildern dienen /
und [e]sich der Götzen rühmen.
[f]Betet ihn an, alle Götter!

8 Zion hört es und ist froh,
und die Töchter Juda sind fröhlich,
weil du, HERR, recht regierest.
9 Denn du, HERR, bist der Höchste über allen Landen,
[g]du bist hoch erhöht über alle Götter.

10 Die ihr den HERRN liebet, hasset das Arge!
Der Herr bewahrt die Seelen seiner Heiligen;
aus der Hand der Gottlosen wird er sie erretten.
11 Dem Gerechten muß das Licht immer wieder aufgehen
und Freude den frommen Herzen.
12 Ihr Gerechten, freut euch des HERRN
und danket ihm und preiset seinen heiligen Namen!

a Ps 93,1 *b (3 und 4)* Hab 3,4 *c* Jos 3,13 *d* Ps 67,5.6; Jes 24,21.22 *e* Jer 46,25 *f* Hebr 1,6 *g* 2.Mose 15,11

Der königliche Richter aller Welt

98 1 EIN PSALM.
Singet dem HERRN [a]ein neues Lied,
denn er tut Wunder.
[b]Er schafft Heil mit seiner Rechten
und mit seinem heiligen Arm.
2 Der HERR läßt sein Heil kundwerden;
vor den Völkern macht er seine Gerechtigkeit offenbar.
3 Er gedenkt an seine Gnade und Treue für das Haus Israel,
[c]aller Welt Enden sehen das Heil unsres Gottes.

4 Jauchzet dem HERRN, alle Welt,
singet, rühmet und lobet!
5 Lobet den HERRN mit Harfen,
mit Harfen und mit Saitenspiel!
6 Mit Trompeten und Posaunen
jauchzet vor dem HERRN, dem [d]König!
7 Das Meer brause und was darinnen ist,
der Erdkreis und die darauf wohnen.[e]
8 Die Ströme sollen frohlocken,
und alle Berge seien fröhlich
9 vor dem HERRN; denn er kommt, das Erdreich zu richten.
Er wird den Erdkreis richten mit Gerechtigkeit
und die Völker, wie es recht ist.

a Ps 33,3 *b* Jes 59,16; 63,5 *c* Jes 52,10 *d* Ps 93,1 *e* Ps 96,11-13

Der heilige Gott

99 1 Der HERR ist [a]König, darum zittern die Völker;
[b]er sitzt über den Cherubim, darum bebt die Welt.
2 Der HERR ist groß in Zion
und erhaben über alle Völker.

3 Preisen sollen sie deinen großen und wunderbaren Namen,
– DENN ER IST HEILIG –
4 und die Macht des Königs,
der das Recht lieb hat.*
[c]Du hast bestimmt, was richtig ist,
du schaffest Gericht und Gerechtigkeit in Jakob.
5 ERHEBET DEN HERRN, UNSERN GOTT, /
BETET AN [d]VOR DEM SCHEMEL SEINER FÜSSE;
DENN ER IST HEILIG.

6 Mose und Aaron unter seinen Priestern, /
und Samuel unter denen, die seinen Namen anrufen,
die riefen den HERRN an, und er erhörte sie.
7 Er redete mit ihnen in der Wolkensäule;
sie hielten seine Gesetze und Gebote, die er ihnen gab.

8 HERR, du bist unser Gott, du erhörtest sie;
du, Gott, [e]vergabst ihnen und straftest ihr Tun.
9 ERHEBET DEN HERRN, UNSERN GOTT, /
UND BETET AN AUF SEINEM HEILIGEN BERGE;
DENN DER HERR, UNSER GOTT, IST HEILIG.

a Ps 93,1 *b* Ps 18,11 *c* Jes 9,6 *d* Ps 132,7.8; 1.Chr 28,2; Klgl 2,1 *e* 2.Mose 34,7
*Vers 4: Luther übersetzte: »Im Reich dieses Königs hat man das Recht lieb.«

Ein Aufruf zum Lobe Gottes

100 1 EIN PSALM ZUM DANKOPFER.
Jauchzet dem HERRN, alle Welt!
2 Dienet dem HERRN mit Freuden,
kommt vor sein Angesicht mit Frohlocken!
3 Erkennet, daß der HERR Gott ist!
Er hat uns gemacht und nicht wir selbst
zu seinem Volk und [a]zu Schafen seiner Weide.

4 [b]Gehet zu seinen Toren ein mit Danken, /
zu seinen Vorhöfen mit Loben;
danket ihm, lobet seinen Namen!
5 Denn der HERR ist freundlich, /
und seine Gnade währet ewig
und seine Wahrheit für und für.

a Ps 95,7 *b* (*4 und 5*) Ps 106,1

Regentenspiegel

101 1 EIN PSALM DAVIDS.
Von Gnade und Recht will ich singen
und dir, HERR, Lob sagen.
2 Ich handle umsichtig und redlich, /
daß du mögest zu mir kommen;
ich wandle mit redlichem Herzen in meinem Hause.
3 [a]Ich nehme mir keine böse Sache vor;
ich hasse den Übertreter und lasse ihn nicht bei mir bleiben.
4 Ein falsches Herz muß von mir weichen.
Den Bösen kann ich nicht leiden.
5 Wer seinen Nächsten heimlich verleumdet,
den bring ich zum Schweigen.
Ich mag den nicht, der stolze Gebärde
und hoffärtige Art hat.
6 Meine Augen sehen nach den Treuen im Lande, /
daß sie bei mir wohnen;
[b]ich habe gerne fromme Diener.
7 Falsche Leute dürfen in meinem Hause nicht bleiben,
die Lügner gedeihen nicht bei mir.
8 Jeden Morgen bring ich zum Schweigen
alle Gottlosen im Lande,
[c]daß ich alle Übeltäter ausrotte
aus der Stadt des HERRN.

a (*3-6*) Spr 20,8.28 *b* Spr 22,11 *c* Spr 20,26

Gebet um Wiederherstellung Zions (Der fünfte Bußpsalm)

102 1 EIN GEBET FÜR DEN ELENDEN, WENN ER VERZAGT IST UND SEINE KLAGE VOR DEM HERRN AUSSCHÜTTET.

2 HERR, höre mein Gebet
und laß mein Schreien zu dir kommen!
3 Verbirg dein Antlitz nicht vor mir in der Not, /
neige deine Ohren zu mir;
wenn ich dich anrufe, so erhöre mich bald!

4 Denn meine Tage sind vergangen wie ein Rauch,
und meine Gebeine sind verbrannt wie von Feuer.
5 Mein Herz ist geschlagen und verdorrt wie Gras,
daß ich sogar vergesse, mein Brot zu essen.
6 Mein Gebein klebt an meiner Haut
vor Heulen und Seufzen.
7 Ich bin wie die Eule in der Einöde,
wie das Käuzchen in den Trümmern.
8 Ich wache und klage
wie ein einsamer Vogel auf dem Dache.

9 Täglich schmähen mich meine Feinde,
und die mich verspotten, fluchen mit meinem Namen.
10 Denn ich esse Asche wie Brot
und mische meinen Trank mit Tränen
11 vor deinem Drohen und Zorn,
weil du mich hochgehoben und zu Boden geworfen hast.
12 Meine Tage sind dahin wie ein Schatten,
und [a] ich verdorre wie Gras.

13 Du aber, HERR, bleibst ewiglich
und [b] dein Name für und für.
14 Du wollest dich aufmachen und über Zion erbarmen;
denn es ist Zeit, daß du ihm gnädig seist,
und die Stunde ist gekommen
15 – denn deine Knechte wollten gerne, daß es gebaut würde,
und es jammert sie, daß es in Trümmern liegt –,
16 daß die Heiden den Namen des HERRN fürchten
und alle Könige auf Erden deine Herrlichkeit.

17 Ja, der HERR baut Zion wieder
und erscheint in seiner Herrlichkeit.
18 Er wendet sich zum Gebet der Verlassenen
und verschmäht ihr Gebet nicht.
19 Das werde geschrieben für die Nachkommen;
und das Volk, das er schafft, wird den HERRN loben.
20 Denn er schaut von seiner heiligen Höhe,
[c] der HERR sieht vom Himmel auf die Erde,
21 daß er das Seufzen der Gefangenen höre
und losmache die Kinder des Todes,
22 daß sie in Zion verkünden den Namen des HERRN
und sein Lob in Jerusalem,
23 wenn die Völker zusammenkommen
und die Königreiche, dem HERRN zu dienen.[d]

24 Er demütigt auf dem Wege meine Kraft,
er verkürzt meine Tage.
25 Ich sage: Mein Gott, nimm mich nicht weg /
[e] in der Hälfte meiner Tage!
Deine Jahre währen für und für.

26 [f]Du hast vorzeiten die Erde gegründet,
und die Himmel sind deiner Hände Werk.
27 Sie [g]werden vergehen, du aber bleibst;
sie werden alle veralten wie ein Gewand;
wie ein Kleid wirst du sie wechseln,
und sie werden verwandelt werden.
28 Du aber bleibst, wie du bist,
und deine Jahre nehmen kein Ende.
29 Die Söhne deiner Knechte bleiben wohnen,
und ihr Geschlecht wird vor dir gedeihen.

a Ps 90,5.6 *b* Ps 135,13 *c* Ps 14,2 *d* Ps 87,4; Jes 60,3-10; Lk 13,29.30 *e* Ps 55,24 *f* *(26-28)* Hebr 1,10-12 *g* 2.Petr 3,10

Das Hohelied der Barmherzigkeit Gottes

103 1 VON DAVID.
Lobe den HERRN, *meine Seele,*
und was in mir ist, seinen heiligen Namen!
2 *Lobe den* HERRN, *meine Seele,*
und [a]vergiß nicht, was er dir Gutes getan hat:
3 *der dir [b]alle deine Sünde vergibt*
und heilet alle deine Gebrechen,
4 *der dein Leben vom Verderben erlöst,*
der dich krönet mit Gnade und Barmherzigkeit,
5 der deinen Mund fröhlich macht,
und du wieder jung wirst [c]wie ein Adler.

6 Der HERR schafft Gerechtigkeit und Recht
allen, die Unrecht leiden.
7 Er [d]hat seine Wege Mose wissen lassen,
die Kinder Israel sein Tun.
8 *Barmherzig und gnädig ist der* HERR,
geduldig und von großer Güte.[e]
9 Er wird nicht für immer hadern
noch ewig zornig bleiben.[f]
10 *Er handelt nicht mit uns nach unsern Sünden*
und vergilt uns nicht nach unsrer Missetat.
11 *Denn [g]so hoch der Himmel über der Erde ist,*
läßt er seine Gnade walten über denen, die ihn fürchten.
12 *So fern der Morgen ist vom Abend,*
läßt er unsre Übertretungen von uns sein.
13 *Wie sich [h]ein Vater über Kinder erbarmt,*
so erbarmt sich der HERR *über die, die ihn fürchten.*

14 Denn er weiß, was für ein Gebilde wir sind;
er gedenkt daran, [i]daß wir Staub sind.
15 [j]Ein Mensch ist in seinem Leben wie Gras,
er blüht wie eine Blume auf dem Felde;
16 wenn der Wind darüber geht, so ist sie nimmer da,
und ihre Stätte kennet sie nicht mehr.
17 [k]Die Gnade aber des HERRN währt von Ewigkeit zu Ewigkeit
über denen, die ihn fürchten,
und seine Gerechtigkeit auf Kindeskind
18 bei denen, die seinen Bund halten
und gedenken an seine Gebote,
daß sie danach tun.

19 Der HERR hat seinen Thron im Himmel errichtet,
und sein Reich herrscht über alles.
20 [l]Lobet den HERRN, ihr seine Engel,/

ihr starken Helden, die ihr seinen Befehl ausrichtet,
daß man höre auf die Stimme seines Wortes!
21 Lobet den HERRN, alle seine Heerscharen,
seine Diener, die ihr seinen Willen tut!
22 Lobet den HERRN, alle seine Werke, /
an allen Orten seiner Herrschaft!

Lobe den HERRN, *meine Seele!*

a 5.Mose 4,9 *b* Ps 32,1 *c* Jes 40,31 *d* 2.Mose 33,13 *e* Ps 86,15 *f* Jes 57,16 *g* Ps 36,6; Jes 55,8.9 *h* Lk 15,11-24 *i* 1.Mose 2,7; 3,19 *j (15 und 16)* Ps 90,5.6; Hiob 7,10 *k* Lk 1,50 *l (20-22)* Jes 6,1-4; Ps 29,1; 148; Dan 7,10

Lob des Schöpfers

104 1 Lobe den HERRN, meine Seele!
HERR, mein Gott, du bist sehr herrlich;
du bist schön und prächtig geschmückt.
2 Licht ist dein Kleid, das du anhast.
Du breitest den Himmel aus wie einen Teppich;
3 du baust deine Gemächer über den Wassern.
Du fährst auf den Wolken wie auf einem Wagen
und [a]kommst daher auf den Fittichen des Windes,
4 der du machst Winde zu deinen Boten
und Feuerflammen zu deinen Dienern;[b]
5 der du das Erdreich gegründet hast auf festen Boden,
daß es bleibt immer und ewiglich.[c]
6 Mit Fluten decktest du es wie mit einem Kleide,
und die Wasser standen über den Bergen.
7 Aber vor deinem Schelten flohen sie,
vor deinem Donner fuhren sie dahin.
8 Die Berge stiegen hoch empor,
und die Täler senkten sich herunter
zum Ort, den du ihnen gegründet hast.
9 Du hast [d]eine Grenze gesetzt, darüber kommen sie nicht
und dürfen nicht wieder das Erdreich bedecken.

10 Du lässest Wasser in den Tälern quellen,
daß sie zwischen den Bergen dahinfließen,
11 daß alle Tiere des Feldes trinken
und das Wild seinen Durst lösche.
12 Darüber sitzen die Vögel des Himmels
und singen unter den Zweigen.
13 Du feuchtest die Berge von oben her,
du machst das Land voll Früchte, die du schaffest.
14 Du lässest Gras wachsen für das Vieh
und Saat zu Nutz den Menschen,
daß du Brot aus der Erde hervorbringst,
15 daß der Wein erfreue des Menschen Herz
und sein Antlitz schön werde vom Öl
und das Brot des Menschen Herz stärke.
16 Die Bäume des HERRN stehen voll Saft,
die Zedern des Libanon, die er gepflanzt hat.
17 Dort nisten die Vögel,
und die Reiher wohnen in den Wipfeln.
18 Die hohen Berge geben dem Steinbock Zuflucht
und die Felsklüfte dem Klippdachs.

19 Du hast den Mond gemacht, das Jahr danach zu teilen;
[e]die Sonne weiß ihren Niedergang.
20 Du machst Finsternis, daß es Nacht wird;

da regen sich alle wilden Tiere,
21 die jungen Löwen, die da brüllen nach Raub
und ihre Speise suchen von Gott.
22 Wenn aber die Sonne aufgeht, heben sie sich davon
und legen sich in ihre Höhlen.
23 So geht dann der Mensch aus an seine Arbeit
und an sein Werk bis an den Abend.

24 HERR, *wie sind deine Werke so groß und viel!*
Du hast sie alle weise geordnet,
und die Erde ist voll deiner Güter.[f]

25 Da ist das Meer, das so groß und weit ist,
da wimmelt's ohne Zahl, große und kleine Tiere.
26 Dort ziehen Schiffe dahin;
da sind große Fische, die du gemacht hast, damit zu spielen.

27 [g] *Es warten alle auf dich,*
daß du ihnen Speise gebest zur rechten Zeit.
28 *Wenn du ihnen gibst, so sammeln sie;*
wenn du deine Hand auftust, so werden sie mit Gutem gesättigt.
29 Verbirgst du dein Angesicht, so erschrecken sie;
nimmst du weg ihren Odem, so vergehen sie
und [h] werden wieder Staub.
30 Du sendest aus deinen Odem, so werden sie geschaffen,
und du machst neu die Gestalt der Erde.

31 Die Herrlichkeit des HERRN bleibe ewiglich,
der HERR freue sich seiner Werke!
32 Er schaut die Erde an, so bebt sie;
er rührt die Berge an, so rauchen sie.
33 Ich will dem HERRN singen mein Leben lang
und meinen Gott loben, solange ich bin.
34 Mein Reden möge ihm wohlgefallen.
Ich freue mich des HERRN.
35 Die Sünder sollen ein Ende nehmen auf Erden /
und die Gottlosen nicht mehr sein.

Lobe den HERRN, meine Seele! Halleluja!

a Ps 18,10-12 *b* Hebr 1,7 *c* Mt 24,35; Offb 21,1 *d* Hiob 38,8-11; Spr 8,29 *e* Ps 74,16
f 1.Mose 1,31 *g* *(27 und 28)* Ps 145,15.16 *h* 1.Mose 3,19

Lob Gottes für seine Heilstaten in Israels Frühzeit

105 1 [a] Danket dem HERRN und rufet an seinen Namen;
verkündigt sein Tun unter den Völkern!
2 Singet und spielet ihm,
redet von allen seinen Wundern!
3 Rühmet seinen heiligen Namen;
es freue sich das Herz derer, die den HERRN suchen!
4 Fraget nach dem HERRN und nach seiner Macht,
suchet sein Antlitz allezeit!
5 Gedenket seiner Wunderwerke, die er getan hat,
seiner Zeichen und der Urteile seines Mundes,
6 du Geschlecht Abrahams, seines Knechts,
ihr Söhne Jakobs, seine Auserwählten!

7 Er ist der HERR, unser Gott,
er richtet in aller Welt.
8 Er gedenkt ewiglich an seinen Bund,

an das Wort, das er verheißen hat für tausend Geschlechter,[b]
9 an den Bund, den er geschlossen hat mit Abraham,
und an den Eid, den er Isaak geschworen hat.
10 Er stellte ihn auf für Jakob als Satzung
und für Israel als ewigen Bund
11 und sprach: »Dir will ich das Land Kanaan geben,
das Los eures Erbteils«,[c]
12 als sie noch gering waren an Zahl,
nur wenige und Fremdlinge im Lande.

13 Und sie zogen von Volk zu Volk,
von einem Königreich zum andern.
14 Er ließ keinen Menschen ihnen Schaden tun
und wies Könige zurecht um ihretwillen:[d]
15 »Tastet meine Gesalbten nicht an,
und tut meinen Propheten kein Leid!«

16 Und er ließ eine [e] Hungersnot ins Land kommen
und nahm weg allen Vorrat an Brot.
17 Er sandte einen Mann vor ihnen hin;
[f] Josef wurde als Knecht verkauft.
18 Sie zwangen seine Füße in Fesseln,
sein Leib mußte in Eisen liegen,
19 bis sein Wort eintraf
und die Rede des HERRN ihm recht gab.
20 Da [g] sandte der König hin und ließ ihn losgeben,
der Herr über Völker, er gab ihn frei.
21 Er setzte ihn zum Herrn über sein Haus,
zum Herrscher über alle seine Güter,
22 daß er seine Fürsten unterwiese nach seinem Willen
und seine Ältesten Weisheit lehrte.
23 Und Israel zog nach Ägypten,
und Jakob ward ein Fremdling im Lande Hams.[h]

24 Und der Herr [i] ließ sein Volk sehr wachsen
und machte sie mächtiger als ihre Feinde.
25 Diesen verwandelte er das Herz,/daß sie seinem Volk gram wurden
und Arglist übten an seinen Knechten.
26 Er sandte seinen Knecht [j] Mose
und [k] Aaron, den er erwählt hatte.
27 Die taten seine Zeichen unter ihnen
und seine Wunder im Lande Hams.[l]
28 Er ließ Finsternis kommen und machte es finster;
doch sie blieben ungehorsam seinen Worten.
29 Er verwandelte ihre Wasser in Blut
und tötete ihre Fische.
30 Ihr Land wimmelte von Fröschen
bis in die Kammern ihrer Könige.
31 Er gebot, da kam Ungeziefer,
Stechmücken in all ihr Gebiet.
32 Er gab ihnen Hagel statt Regen,
Feuerflammen in ihrem Lande
33 und schlug ihre Weinstöcke und Feigenbäume
und zerbrach die Bäume in ihrem Gebiet.
34 Er gebot, da kamen Heuschrecken geflogen
und gekrochen ohne Zahl;
35 sie fraßen alles, was da wuchs in ihrem Lande,
und fraßen auch die Frucht ihres Ackers.
36 Er schlug alle Erstgeburt in Ägypten,
alle Erstlinge ihrer Kraft.

37 Er führte sie heraus [m] mit Silber und Gold;
es war kein Gebrechlicher unter ihren Stämmen.
38 Ägypten wurde froh, daß sie auszogen;
denn Furcht vor ihnen war auf sie gefallen.
39 Er breitete eine Wolke aus, sie zu decken,
und ein Feuer, des Nachts zu leuchten.[n]
40 Sie baten, da ließ er [o] Wachteln kommen,
und er sättigte sie mit Himmelsbrot.
41 Er [p] öffnete den Felsen, da flossen Wasser heraus,
daß Bäche liefen in der dürren Wüste.
42 Denn er gedachte an sein heiliges Wort
und an Abraham, seinen Knecht.

43 So führte er sein Volk in Freuden heraus
und seine Auserwählten mit Jubel
44 und gab ihnen die Länder der Heiden,
daß sie die Güter der Völker gewannen,
45 damit sie seine Gebote hielten
und seine Gesetze bewahrten.
Halleluja!

a (1-15) 1.Chr 16,8-22 *b* 5.Mose 7,9 *c* 1.Mose 12,7 *d* 4.Mose 23,7-10 *e* 1.Mose 41,54 *f* 1.Mose 37,28 *g* 1.Mose 41,14 *h* 1.Mose 46,1.7 *i* 2.Mose 1,7.12 *j* 2.Mose 3,10 *k* 2.Mose 4,14-16 *l* 2.Mose 7-12 *m* 2.Mose 12,35 *n* 2.Mose 14,20 *o* 2.Mose 16,13-15 *p* 2.Mose 17,6

Gottes Gnade und Israels Undank

106 1 Halleluja!
[a] *Danket dem* HERRN; *denn er ist freundlich,*
und seine Güte währet ewiglich.
2 Wer kann [b] die großen Taten des HERRN alle erzählen
und sein Lob genug verkündigen?
3 Wohl denen, die das Gebot halten
und tun immerdar recht!

4 HERR, gedenke meiner nach der Gnade,
die du deinem Volk verheißen hast;
erweise an uns deine Hilfe,
5 daß wir sehen das Heil deiner Auserwählten
und uns freuen, daß es deinem Volke so gut geht,
und uns rühmen mit denen, die dein eigen sind.

6 Wir haben gesündigt samt unsern Vätern,
wir haben unrecht getan und sind gottlos gewesen.[c]
7 Unsre Väter in Ägypten
wollten deine Wunder nicht verstehen.
Sie gedachten nicht an deine große Güte
und [d] waren ungehorsam am Meer, am Schilfmeer.
8 Er aber half ihnen um seines Namens willen,
daß er seine Macht beweise.
9 Er schalt das Schilfmeer, da wurde es trocken,
und führte sie durch die Tiefen wie durch trockenes Land
10 und half ihnen aus der Hand dessen, der sie haßte,
und erlöste sie von der Hand des Feindes.
11 Und die Wasser ersäuften ihre Widersacher,
daß nicht *einer* übrigblieb.
12 Da glaubten sie an seine Worte
und [e] sangen sein Lob.

13 Aber sie vergaßen bald seine Werke,

sie warteten nicht auf seinen Rat.
14 Und [f] sie wurden lüstern in der Wüste
und versuchten Gott in der Einöde.
15 Er aber gab ihnen, was sie erbaten,
und sandte ihnen genug, bis ihnen davor ekelte.
16 Und [g] sie empörten sich wider Mose im Lager,
wider Aaron, den Heiligen des HERRN.
17 [h] Die Erde tat sich auf und verschlang Datan
und deckte zu die Rotte Abirams,
18 und Feuer wurde unter ihrer Rotte angezündet,
die Flamme verbrannte die Gottlosen.

19 [i] Sie machten ein Kalb am Horeb
und beteten das gegossene Bild an
20 und [j] verwandelten die Herrlichkeit ihres Gottes
in das Bild eines Ochsen, der Gras frißt.
21 Sie [k] vergaßen Gott, ihren Heiland,
der so große Dinge in Ägypten getan hatte,
22 Wunder im Lande Hams
und schreckliche Taten am Schilfmeer.
23 Und er gedachte, sie zu vertilgen,
wäre nicht Mose gewesen, sein Auserwählter;
[l] der trat vor ihm in die Bresche,
seinen Grimm abzuwenden, daß er sie nicht verderbe.

24 Und sie achteten das köstliche Land gering;
sie glaubten seinem Worte nicht[m]
25 und murrten in ihren Zelten;
sie gehorchten der Stimme des HERRN nicht.
26 Da erhob er seine Hand wider sie,
daß er sie niederschlüge in der Wüste
27 und würfe ihre Nachkommen unter die Heiden
und zerstreute sie in die Länder.
28 Und [n] sie hängten sich an den Baal-Peor
und aßen von den Opfern für die Toten
29 und erzürnten den Herrn mit ihrem Tun.
Da brach die Plage herein über sie.
30 [o] Da trat Pinhas hinzu und vollzog das Gericht;
da wurde der Plage gewehrt;
31 das wurde ihm gerechnet zur Gerechtigkeit
von Geschlecht zu Geschlecht ewiglich.
32 Und sie erzürnten den Herrn am [p] Haderwasser,
und Mose ging es übel um ihretwillen;
33 denn sie erbitterten sein Herz,
daß ihm unbedachte Worte entfuhren.

34 [q] Auch vertilgten sie die Völker nicht,
wie ihnen der HERR doch geboten hatte,
35 sondern sie ließen sich ein mit den Heiden
und lernten ihre Werke
36 und dienten ihren Götzen;
die wurden ihnen zum Fallstrick.
37 [r] Und sie opferten ihre Söhne
und ihre Töchter den bösen Geistern
38 und vergossen unschuldig Blut,
das Blut ihrer Söhne und Töchter,
die sie opferten den Götzen Kanaans,
so daß das Land mit Blutschuld befleckt war.
39 Sie machten sich unrein mit ihren Werken
und wurden abtrünnig durch ihr Tun.

40 Da entbrannte der Zorn des HERRN über sein Volk,
und sein Erbe wurde ihm zum Abscheu.
41 Er [s] gab sie in die Hand der Heiden,
daß über sie herrschten, die ihnen gram waren.
42 Und ihre Feinde ängsteten sie,
und sie wurden gedemütigt unter ihre Hand.
43 Er rettete sie oftmals; /
aber sie erzürnten ihn mit ihrem Vorhaben
und schwanden dahin um ihrer Missetat willen.

44 Da sah er ihre Not an,
als er ihre Klage hörte,
45 und gedachte an seinen Bund mit ihnen,
und es reute ihn nach seiner großen Güte.
46 Und er ließ sie Barmherzigkeit finden
bei allen, die sie gefangen hielten.

47 Hilf uns, HERR, unser Gott,
und [t] bring uns zusammen aus den Heiden,
daß wir preisen deinen heiligen Namen
und uns rühmen, daß wir dich loben können!

48 Gelobt sei der HERR, der Gott Israels,
von Ewigkeit zu Ewigkeit,
und alles Volk spreche: Amen!
Halleluja![u]

a Ps 100,4.5; 107,1; 118,1; 136,1; 1.Chr 16,34 *b* Joh 21,25; Hebr 11,32 *c* Dan 9,5
d 2.Mose 14,11.12 *e* 2.Mose 15,21 *f* 4.Mose 11,4-6 *g* 4.Mose 16,1-3
h (17 und 18) 4.Mose 16,31-35 *i (19 und 20)* 2.Mose 32,1-6 *j* Röm 1,23 *k* 5.Mose 32,18
l 2.Mose 32,11.32; 5.Mose 9,25-29; Hes 13,4.5 *m* 4.Mose 14,2-4; 5.Mose 8,7-10
n 4.Mose 25,3 *o (30 und 31)* 4.Mose 25,12.13 *p* 4.Mose 20,2-13 *q (34-36)*
5.Mose 7,1.2; 12,2.3; Ri 1,28; 2,23-3,6 *r (37 und 38)* 3.Mose 18,21; 2.Kön 21,6.16 *s* Ri 2,14
t 5.Mose 30,3; 1.Chr 16,35 *u* Ps 41,14; 1.Chr 16,36

FÜNFTES BUCH

Danklied der Erlösten

107 1 [a] *Danket dem* HERRN; *denn er ist freundlich,*
und seine Güte währet ewiglich.
2 So sollen sagen, die erlöst sind durch den HERRN,
die er aus der Not erlöst hat,
3 die er aus den Ländern zusammengebracht hat
von Osten und Westen, von Norden und Süden.

4 Die irregingen in der Wüste, auf ungebahntem Wege,
und fanden keine Stadt, in der sie wohnen konnten,
5 die hungrig und durstig waren
und deren Seele verschmachtete,
6 DIE DANN ZUM HERRN RIEFEN IN IHRER NOT,
UND ER ERRETTETE SIE AUS IHREN ÄNGSTEN
7 und führte sie den richtigen Weg,
daß sie kamen zur Stadt, in der sie wohnen konnten:
8 DIE SOLLEN DEM HERRN DANKEN FÜR SEINE GÜTE /
UND FÜR SEINE WUNDER,
DIE ER AN DEN MENSCHENKINDERN TUT,
9 daß er sättigt die durstige Seele

und [b]die Hungrigen füllt mit Gutem.
10 Die da sitzen mußten in Finsternis und Dunkel,
gefangen in Zwang und Eisen,
11 weil sie Gottes Geboten ungehorsam waren
und den Ratschluß des Höchsten verachtet hatten,
12 so daß er ihr Herz durch Unglück beugte
und sie dalagen und ihnen niemand half,
13 DIE DANN ZUM HERRN RIEFEN IN IHRER NOT,
UND ER HALF IHNEN AUS IHREN ÄNGSTEN
14 und führte sie aus Finsternis und Dunkel
und zerriß ihre Bande:
15 DIE SOLLEN DEM HERRN DANKEN FÜR SEINE GÜTE /
UND FÜR SEINE WUNDER,
DIE ER AN DEN MENSCHENKINDERN TUT,
16 daß er zerbricht eherne Türen
und zerschlägt eiserne Riegel.

17 Die Toren, die geplagt waren um ihrer Übertretung
und um ihrer Sünde willen,
18 daß ihnen ekelte vor aller Speise
und sie todkrank wurden,
19 DIE DANN ZUM HERRN RIEFEN IN IHRER NOT,
UND ER HALF IHNEN AUS IHREN ÄNGSTEN,
20 er sandte sein Wort und machte sie gesund
und errettete sie, daß sie nicht starben:
21 DIE SOLLEN DEM HERRN DANKEN FÜR SEINE GÜTE /
UND FÜR SEINE WUNDER,
DIE ER AN DEN MENSCHENKINDERN TUT,
22 und sollen Dank opfern
und seine Werke erzählen mit Freuden.

23 Die mit Schiffen auf dem Meere fuhren
und trieben ihren Handel auf großen Wassern,
24 die des HERRN Werke erfahren haben
und seine Wunder auf dem Meer,
25 wenn er sprach und einen Sturmwind erregte,
der die Wellen erhob,
26 und sie gen Himmel fuhren und in den Abgrund sanken,
daß ihre Seele vor Angst verzagte,
27 daß sie taumelten und wankten wie ein Trunkener
und wußten keinen Rat mehr,
28 DIE DANN ZUM HERRN SCHRIEN IN IHRER NOT,
UND ER FÜHRTE SIE AUS IHREN ÄNGSTEN
29 und stillte das Ungewitter,
daß die Wellen sich legten
30 und sie froh wurden, daß es still geworden war
und er sie zum erwünschten Lande brachte:
31 DIE SOLLEN DEM HERRN DANKEN FÜR SEINE GÜTE /
UND FÜR SEINE WUNDER,
DIE ER AN DEN MENSCHENKINDERN TUT,
32 und ihn in der Gemeinde preisen
und bei den Alten rühmen.

33 Er machte Bäche trocken
und ließ Wasserquellen versiegen,
34 daß [c]fruchtbares Land zur Salzwüste wurde
wegen der Bosheit derer, die dort wohnten.
35 Er machte das Trockene wieder wasserreich
und gab dem dürren Lande Wasserquellen
36 und ließ die Hungrigen dort bleiben,

daß sie eine Stadt bauten, in der sie wohnen konnten,
37 und Äcker besäten und Weinberge pflanzten,
die jährlich Früchte trugen.
38 Und er segnete sie, daß sie sich sehr mehrten,
und gab ihnen viel Vieh.
39 Aber sie wurden gering an Zahl und geschwächt
von der Last des Unglücks und des Kummers.
40 Er [d]schüttete Verachtung aus auf die Fürsten
und ließ sie irren in der Wüste, wo kein Weg ist;
41 aber die Armen schützte er vor Elend
und mehrte ihr Geschlecht wie eine Herde.
42 Das [e]werden die Frommen sehen und sich freuen,
und aller Bosheit wird das Maul gestopft werden.

43 Wer ist weise und behält dies?
Der wird merken, wieviel Wohltaten der HERR erweist.

a Ps 106,1 *b* Lk 1,53 *c* 1.Mose 19,24.25 *d* Hiob 12,21 *e* Hiob 22,19.20

Lob Gottes und Zuversicht in Kriegsnot

108 1 EIN PSALMLIED DAVIDS.
2 [a]Gott, mein Herz ist bereit,
ich will singen und spielen.
Wach auf, meine Seele!
3 Wach auf, Psalter und Harfe!
Ich will das Morgenrot wecken.
4 Ich will dir danken, HERR, unter den Völkern,
ich will dir lobsingen unter den Leuten.
5 Denn *deine Gnade reicht, so weit der Himmel ist,*
und deine Treue, so weit die Wolken gehen.[b]
6 Erhebe dich, Gott, über den Himmel
und deine Herrlichkeit über alle Lande!

7 [c]Laß deine Freunde errettet werden,
dazu hilf mit deiner Rechten und erhöre uns!
8 Gott hat in seinem Heiligtum geredet:
Ich will frohlocken;
ich will Sichem verteilen
und das Tal Sukkot ausmessen.
9 Gilead ist mein, Manasse ist auch mein,/
und Efraim ist der Schutz meines Haupts,
Juda ist mein Zepter.
10 Moab ist mein Waschbecken,/
ich will meinen Schuh auf Edom werfen,
über die Philister will ich jauchzen.

11 Wer wird mich führen in die feste Stadt?
Wer wird mich nach Edom leiten?
12 Wirst du es nicht tun, Gott, der du uns verstoßen hast
und ziehst nicht aus, Gott, mit unserm Heer?
13 Schaff uns Beistand vor dem Feind;
denn Menschenhilfe ist nichts nütze.

14 Mit Gott wollen wir Taten tun.
Er wird unsre Feinde niedertreten.

a (2-6) Ps 57,8-12 *b* Ps 36,6; 57,11 *c (7-14)* Ps 60,7-14

Ein Ruf zu Gott gegen erbarmungslose Widersacher

109 1 EIN PSALM DAVIDS, VORZUSINGEN.
Gott, mein Ruhm, schweige nicht!
2 Denn sie haben ihr gottloses Lügenmaul wider mich aufgetan.
Sie reden wider mich mit falscher Zunge /
3 und reden giftig wider mich allenthalben
und streiten wider mich ohne Grund.
4 Dafür, daß ich sie liebe, feinden sie mich an;
ich aber bete.
5 Sie erweisen mir Böses für Gutes
und Haß für Liebe.

6 [a] Gib ihm einen Gottlosen zum Gegner,
und ein Verkläger stehe zu seiner Rechten.
7 Wenn er gerichtet wird, soll er schuldig gesprochen werden,
und sein Gebet werde zur Sünde.
8 Seiner Tage sollen wenige werden,
und [b] sein Amt soll ein andrer empfangen.
9 Seine Kinder sollen Waisen werden
und sein Weib eine Witwe.
10 Seine Kinder sollen umherirren und betteln
und vertrieben werden aus ihren Trümmern.
11 Es soll der Wucherer alles fordern, was er hat,
und Fremde sollen seine Güter rauben.
12 Und niemand soll ihm Gutes tun,
und niemand erbarme sich seiner Waisen.
13 Seine Nachkommen sollen ausgerottet werden,
ihr Name soll schon im zweiten Glied getilgt werden.[c]
14 [d] Der Schuld seiner Väter soll gedacht werden vor dem HERRN,
und seiner Mutter Sünde soll nicht getilgt werden.
15 Der HERR soll sie nie mehr aus den Augen lassen,
und ihr Andenken soll ausgerottet werden auf Erden,
16 weil er so gar keine Barmherzigkeit übte,
sondern verfolgte den Elenden und Armen
und den Betrübten, ihn zu töten.
17 Er liebte den Fluch,
so komme er auch über ihn;
er wollte den Segen nicht,
so bleibe er auch fern von ihm.
18 Er zog den Fluch an wie sein Hemd;
[e] der dringe in ihn hinein wie Wasser
und wie Öl in seine Gebeine;
19 er werde ihm wie ein Kleid, das er anhat,
und wie ein Gürtel, mit dem er allezeit sich gürtet.
20 So geschehe denen vom HERRN, die wider mich sind
und die Böses reden wider mich.

21 Aber du, HERR, / sei du mit mir um deines Namens willen;
denn deine Gnade ist mein Trost: errette mich!
22 Denn ich bin arm und elend;
mein Herz ist zerschlagen in mir.
23 Ich fahre dahin wie ein Schatten, der schwindet,
und werde abgeschüttelt wie Heuschrecken.
24 Meine Knie sind schwach vom Fasten,
und mein Leib ist mager und hat kein Fett.
25 Ich bin ihnen zum Spott geworden;
wenn sie mich sehen, schütteln sie den Kopf.
26 Steh mir bei, HERR, mein Gott!

Hilf mir nach deiner Gnade,
27 und laß sie innewerden, daß dies deine Hand ist
und du, HERR, das tust.
28 [f]Fluchen sie, so segne du. /
Erheben sie sich gegen mich, so sollen sie zuschanden werden;
aber dein Knecht soll sich freuen.
29 Meine Widersacher sollen mit Schmach angezogen
und mit ihrer Schande bekleidet werden
wie mit einem Mantel.

30 Ich will dem HERRN sehr danken mit meinem Munde
und ihn rühmen vor der Menge.
31 Denn er steht dem Armen zur Rechten,
daß er ihm helfe von denen, die ihn verurteilen.

a (6-20) Mt 5,43.44; Lk 23,34 *b* Apg 1,20 *c* Hes 18,20-23 *d* 2.Mose 20,5 *e* 4.Mose 5,24 *f* Lk 6,27.28

Der ewige König und Priester

110 1 EIN PSALM DAVIDS.
[a]*Der* HERR *sprach zu meinem Herrn:* /
»Setze dich zu meiner Rechten,
bis ich [b]deine Feinde zum Schemel deiner Füße mache.«
2 Der HERR wird das Zepter deiner Macht ausstrecken aus [c]Zion.
Herrsche mitten unter deinen Feinden!
3 Wenn du dein Heer aufbietest, wird dir dein Volk
willig folgen in heiligem Schmuck.
Deine Söhne werden dir geboren
wie der Tau aus der Morgenröte.

4 Der HERR hat geschworen, und es wird ihn nicht gereuen:
»Du bist ein Priester ewiglich [d]nach der Weise Melchisedeks.«
5 Der Herr zu deiner Rechten [e]wird zerschmettern
die Könige am Tage seines Zorns.
6 Er wird richten unter den Heiden, / wird viele erschlagen,
[f]wird Häupter zerschmettern auf weitem Gefilde.
7 Er wird trinken vom Bach auf dem Wege,
darum wird er das Haupt emporheben.

a Mt 22,44; Apg 2,34.35; Hebr 1,13 *b* 1.Kor 15,25; Phil 2,8-11; Hebr 10,12.13 *c* Ps 2,6 *d* 1.Mose 14,18-20; Hebr 5,6.10; 6,20; 7,17.21 *e* Ps 2,2.5.9 *f* Dan 2,44

Preis der Gottesgnade

111 1 Halleluja!
Ich danke dem HERRN von ganzem Herzen
im Rate der Frommen und in der Gemeinde.
2 Groß sind die Werke des HERRN;
wer sie erforscht, der hat Freude daran.
3 Was er tut, das ist herrlich und prächtig,
und seine Gerechtigkeit bleibt ewiglich.
4 Er hat [a]ein Gedächtnis gestiftet seiner Wunder,
der gnädige und barmherzige HERR.
5 Er [b]gibt Speise denen, die ihn fürchten;
er gedenkt ewig an seinen Bund.
6 Er läßt verkündigen seine gewaltigen Taten seinem Volk,
daß er ihnen gebe das Erbe der Heiden.
7 Die Werke seiner Hände sind Wahrheit und Recht;
alle seine Ordnungen sind beständig.
8 Sie stehen fest für immer und ewig;
sie sind recht und verläßlich.

9 Er sendet eine Erlösung seinem Volk; /
er verheißt, daß sein Bund ewig bleiben soll.
Heilig und hehr ist sein Name.
10 Die [c]Furcht des HERRN ist der Weisheit Anfang. /
Klug sind alle, die danach tun.
Sein Lob bleibet ewiglich.

a 2.Mose 12,1-28 *b* Ps 145,15 *c* Spr 1,7

Preis der Gottesfurcht

112 1 [a]Halleluja!
Wohl dem, der den HERRN fürchtet,
der große Freude hat an seinen Geboten!
2 Sein Geschlecht wird gewaltig sein im Lande;
die Kinder der Frommen werden gesegnet sein.
3 Reichtum und Fülle wird in ihrem Hause sein,
und ihre Gerechtigkeit bleibt ewiglich.
4 Den Frommen geht das Licht auf in der Finsternis
von dem Gnädigen, Barmherzigen und Gerechten.

5 Wohl dem, der barmherzig ist und gerne leiht
und das Seine tut, wie es recht ist!
6 Denn er wird ewiglich bleiben;
der Gerechte wird nimmermehr vergessen.
7 Vor schlimmer Kunde fürchtet er sich nicht;
sein Herz hofft unverzagt auf den HERRN.
8 Sein Herz ist getrost und fürchtet sich nicht,
[b]bis er auf seine Feinde herabsieht.
9 [c]Er streut aus und gibt den Armen; /
seine Gerechtigkeit bleibt ewiglich.
Seine Kraft wird hoch in Ehren stehen.
10 Der Gottlose wird's sehen, und es wird ihn verdrießen; /
mit den Zähnen wird er knirschen und vergehen.
Denn was die Gottlosen wollen, das wird zunichte.

a (1 und 2) Ps 1,2; Spr 20,7 *b* Ps 91,8 *c* 2.Kor 9,9

Gottes Hoheit und Huld

(Ps 113-118: vgl. Mt 26,30)

113 1 Halleluja!
Lobet, ihr Knechte des HERRN,
lobet den Namen des HERRN!
2 Gelobt sei der Name des HERRN
von nun an bis in Ewigkeit!
3 [a]Vom Aufgang der Sonne bis zu ihrem Niedergang
sei gelobet der Name des HERRN!

4 Der HERR ist hoch über alle Völker;
seine Herrlichkeit reicht, so weit der Himmel ist.
5 [b]Wer ist wie der HERR, unser Gott,
im Himmel und auf Erden?
6 Der oben thront in der Höhe,
der herniederschaut in die Tiefe,
7 [c]der den Geringen aufrichtet aus dem Staube
und erhöht den Armen aus dem Schmutz,
8 daß er ihn setze neben die Fürsten,
neben die Fürsten seines Volkes;
9 der [d]die Unfruchtbare im Hause zu Ehren bringt,
daß sie eine fröhliche Kindermutter wird.
Halleluja!

a Ps 50,1 *b (5 und 6)* 2.Mose 15,11; Jes 57,15 *c (7 und 8)* 1.Sam 2,8; Lk 1,48; 1.Mose 41,40.41 *d* 1.Mose 21,2; 1.Sam 1,20; Lk 1,57.58

Gottes Wunder beim Auszug aus Ägypten

114 1 Als [a] Israel aus Ägypten zog,
das Haus Jakob aus dem fremden Volk,
2 da wurde [b] Juda sein Heiligtum,
Israel sein Königreich.

3 Das [c] Meer sah es und floh,
der [d] Jordan wandte sich zurück.
4 Die Berge hüpften wie die Lämmer,
die Hügel wie die jungen Schafe.

5 Was war mit dir, du Meer, daß du flohest,
und mit dir, Jordan, daß du dich zurückwandtest?[e]
6 Ihr Berge, daß ihr hüpftet wie die Lämmer,
ihr Hügel, wie die jungen Schafe?

7 Vor dem Herrn [f] erbebe, du Erde,
vor dem Gott Jakobs,
8 der den [g] Felsen wandelte in einen See
und die Steine in Wasserquellen!

a 2.Mose 12,41 *b* 2.Mose 19,6 *c* 2.Mose 14,21.22 *d* Jos 3,13.16 *e* Jos 4,23.24 *f* 2.Mose 19,18 *g* 2.Mose 17,6

Gott allein die Ehre!
(Verse 4-11: vgl. Ps 135,15-20)

115 1 Nicht uns, HERR, nicht uns, / sondern deinem Namen gib Ehre
um deiner Gnade und Treue willen!
2 Warum sollen die Heiden sagen:
[a] Wo ist denn ihr Gott?
3 *Unser Gott ist im Himmel;*
er kann schaffen, was er will.

4 [b] Ihre Götzen aber sind Silber und Gold,
von Menschenhänden gemacht.
5 Sie haben Mäuler und reden nicht,
sie haben Augen und sehen nicht,
6 sie haben Ohren und hören nicht,
sie haben Nasen und riechen nicht,
7 sie haben Hände und greifen nicht, /
Füße haben sie und gehen nicht,
und kein Laut kommt aus ihrer Kehle.

8 Die solche Götzen machen, sind ihnen gleich,
alle, die auf sie hoffen.
9 Aber Israel hoffe auf den HERRN!
Er ist ihre Hilfe und Schild.
10 Das Haus Aaron hoffe auf den HERRN!
Er ist ihre Hilfe und Schild.
11 Die ihr den HERRN fürchtet, hoffet auf den HERRN!
Er ist ihre Hilfe und Schild.

12 *Der* HERR *denkt an uns und segnet uns;*
er segnet das Haus Israel,
er segnet das Haus Aaron.
13 Er segnet, die den HERRN fürchten,

die Kleinen und die Großen.
14 Der HERR segne euch je mehr und mehr,
euch und eure Kinder!
15 Ihr seid die [c] Gesegneten des HERRN,
der Himmel und Erde gemacht hat.

16 Der Himmel ist der Himmel des HERRN;
aber die Erde hat er den Menschenkindern gegeben.
17 Die Toten werden dich, HERR, nicht loben,
keiner, der hinunterfährt in die Stille;[d]
18 aber *wir* loben den HERRN
von nun an bis in Ewigkeit.
Halleluja!

a Ps 42,4 *b* *(4-8)* 5.Mose 4,28; Jes 44,9-20 *c* Ps 134,3 *d* Jes 38,18

Dank für Rettung aus Todesgefahr

116 1 Ich liebe den HERRN, denn er hört
die Stimme meines Flehens.
2 Er neigte sein Ohr zu mir;
darum will ich mein Leben lang ihn anrufen.

3 Stricke des Todes hatten mich umfangen, /
des Totenreichs Schrecken hatten mich getroffen;
ich kam in Jammer und Not.
4 Aber ich rief an den Namen des HERRN:
Ach, HERR, errette mich!

5 Der HERR ist gnädig und gerecht,
und unser Gott ist barmherzig.
6 Der HERR behütet die Unmündigen;
wenn ich schwach bin, so hilft er mir.

7 Sei nun wieder zufrieden, meine Seele;
denn der HERR tut dir Gutes.[a]
8 Denn du hast meine Seele vom Tode errettet,
mein Auge von den Tränen,
meinen Fuß vom Gleiten.
9 Ich werde wandeln vor dem HERRN
[b] im Lande der Lebendigen.

10 Ich glaube, auch wenn ich sage:
Ich werde sehr geplagt.*
11 Ich sprach in meinem Zagen:
[c] Alle Menschen sind Lügner.
12 Wie soll ich dem HERRN vergelten
all seine Wohltat, die er an mir tut?

13 Ich will den Kelch des Heils nehmen
UND DES HERRN NAMEN ANRUFEN.
14 ICH WILL MEINE GELÜBDE DEM HERRN ERFÜLLEN
VOR ALL SEINEM VOLK.

15 Der Tod seiner Heiligen
wiegt schwer vor dem HERRN.[d]
16 Ach, HERR, ich bin dein Knecht, /
ich bin dein Knecht, der Sohn deiner Magd;
du hast meine Bande zerrissen.

17 [e] Dir will ich Dank opfern

UND DES HERRN NAMEN ANRUFEN.
18 ICH WILL MEINE GELÜBDE DEM HERRN ERFÜLLEN
VOR ALL SEINEM VOLK
19 in den Vorhöfen am Hause des HERRN,
in dir, Jerusalem.
Halleluja!

a Ps 42,6 *b* Ps 142,6 *c* Röm 3,4 *d* Ps 72,14 *e (17 und 18)* Jona 2,10
*Vers 10: Luther übersetzte: »Ich glaube, darum rede ich« (vgl. 2.Kor 4,13, wo Paulus der griechischen Übersetzung des Alten Testaments folgt).

Aufruf an die Völker zum Lob Gottes

117 1 Lobet den HERRN, alle Heiden!
Preiset ihn, alle Völker![a]
2 Denn [b]seine Gnade und Wahrheit
waltet über uns in Ewigkeit.
Halleluja!

a Röm 15,11 *b* 2.Mose 34,6

Dankbares Bekenntnis zur Hilfe Gottes

118 1 [a]Danket dem HERRN; denn er ist freundlich,
und seine Güte währet ewiglich.

2 Es sage nun Israel:
Seine Güte währet ewiglich.
3 Es sage nun das Haus Aaron:
Seine Güte währet ewiglich.
4 Es sagen nun, die den HERRN fürchten:
Seine Güte währet ewiglich.

5 In der Angst rief ich den HERRN an;
und der HERR erhörte mich und tröstete mich.
6 [b]Der HERR ist mit mir, darum [c]fürchte ich mich nicht;
was können mir Menschen tun?
7 Der HERR ist mit mir, mir zu helfen;
und ich werde herabsehen auf meine Feinde.
8 [d]Es ist gut, auf den HERRN vertrauen
und nicht sich verlassen auf Menschen.
9 Es ist gut, auf den HERRN vertrauen
und nicht sich verlassen auf Fürsten.

10 Alle Heiden umgeben mich;
aber im Namen des HERRN will ich sie abwehren.
11 Sie umgeben mich von allen Seiten;
aber im Namen des HERRN will ich sie abwehren.
12 Sie umgeben mich wie Bienen, /
sie entbrennen wie ein Feuer in Dornen;
aber im Namen des HERRN will ich sie abwehren.
13 Man stößt mich, daß ich fallen soll;
aber der HERR hilft mir.
14 *Der* HERR *ist meine Macht und mein Psalm*
und ist [e]*mein Heil.*

15 Man singt mit Freuden vom Sieg /
in den Hütten der Gerechten:
Die Rechte des HERRN behält den Sieg!
16 Die Rechte des HERRN ist erhöht;
die Rechte des HERRN behält den Sieg!
17 *Ich werde nicht sterben, sondern leben*

und des HERRN *Werke verkündigen.*
18 Der HERR züchtigt mich schwer;
aber [f] er gibt mich dem Tode nicht preis.

19 Tut mir auf die Tore der Gerechtigkeit,
daß ich durch sie einziehe und dem HERRN danke.
20 Das ist das Tor des HERRN;
[g] die Gerechten werden dort einziehen.
21 Ich danke dir, daß du mich erhört hast
und hast mir geholfen.

22 [h] *Der Stein, den die Bauleute verworfen haben,*
ist zum Eckstein geworden.
23 Das ist vom HERRN geschehen
und ist ein Wunder vor unsern Augen.
24 *Dies ist der Tag, den der* HERR *macht;*
laßt uns freuen und fröhlich an ihm sein.
25 *O* HERR, *hilf!*
O HERR, *laß wohlgelingen!*
26 [i] Gelobt sei, der da kommt im Namen des HERRN!
Wir segnen euch, die ihr vom Hause des HERRN seid.
27 Der HERR ist Gott, der uns erleuchtet.
Schmückt das Fest mit Maien
bis an die [j] Hörner des Altars!

28 Du bist mein Gott, und ich danke dir;
mein Gott, ich will dich preisen.
29 Danket dem HERRN; denn er ist freundlich,
und seine Güte währet ewiglich.

a Ps 106,1 *b* Röm 8,31 *c* Ps 56,5; Hebr 13,6 *d (8 und 9)* Ps 146,3 *e* 2.Mose 15,2 *f* 2.Kor 6,9
g Jes 26,2 *h (22 und 23)* Jes 28,16; Mt 21,42 *i* Mt 21,9; 23,39 *j* 2.Mose 27,1.2

Die Herrlichkeit des Wortes Gottes (Das güldene ABC)

119 1 [a] Wohl denen, die ohne Tadel leben,
die im Gesetz des HERRN wandeln!
2 Wohl denen, die sich an seine Mahnungen halten,
die ihn von ganzem Herzen suchen,
3 die auf seinen Wegen wandeln
und kein Unrecht tun.
4 Du hast geboten, fleißig zu halten
deine Befehle.
5 O daß mein Leben deine Gebote
mit ganzem Ernst hielte.
6 Wenn ich schaue allein auf deine Gebote,
so werde ich nicht zuschanden.
7 Ich danke dir mit aufrichtigem Herzen,
daß du mich lehrst die Ordnungen deiner Gerechtigkeit.
8 Deine Gebote will ich halten;
verlaß mich nimmermehr!

9 *Wie wird ein junger Mann seinen Weg unsträflich gehen?*
Wenn er sich hält an deine Worte.
10 Ich suche dich von ganzem Herzen;
laß mich nicht abirren von deinen Geboten.
11 Ich behalte dein Wort in meinem Herzen,
damit ich nicht wider dich sündige.
12 Gelobet seist du, HERR!
[b] Lehre mich deine Gebote!
13 Ich will mit meinen Lippen erzählen

alle Weisungen deines Mundes.
14 Ich freue mich über den Weg, den deine Mahnungen zeigen,
wie über großen Reichtum.
15 Ich rede von dem, was du befohlen hast,
und schaue auf deine Wege.
16 Ich habe Freude an deinen Satzungen
und vergesse deine Worte nicht.

17 Tu wohl deinem Knecht, daß ich lebe
und dein Wort halte.
18 *Öffne mir die Augen, daß ich sehe*
die Wunder an deinem Gesetz.
19 *Ich bin* [c] *ein Gast auf Erden;*
verbirg deine Gebote nicht vor mir.
20 Meine Seele verzehrt sich vor Verlangen
nach deinen Ordnungen allezeit.
21 Du schiltst die Stolzen;
[d] verflucht sind, die von deinen Geboten abirren.
22 Wende von mir Schmach und Verachtung;
denn ich halte mich an deine Mahnungen.
23 Fürsten sitzen da und reden wider mich;
aber dein Knecht sinnt nach über deine Gebote.
24 Ich habe Freude an deinen Mahnungen;
sie sind meine Ratgeber.

25 Meine Seele liegt im Staube;
erquicke mich nach deinem Wort.
26 Ich erzähle dir meine Wege, und du erhörst mich;
lehre mich deine Gebote.
27 Laß mich verstehen den Weg deiner Befehle,
so will ich reden von deinen Wundern.
28 Ich gräme mich, daß mir die Seele verschmachtet;
stärke mich nach deinem Wort.
29 Halte fern von mir den [e] Weg der Lüge
und gib mir in Gnaden dein Gesetz.
30 Ich habe erwählt den Weg der Wahrheit,
deine Weisungen hab ich vor mich gestellt.
31 Ich halte an deinen Mahnungen fest;
HERR, laß mich nicht zuschanden werden!
32 Ich laufe den Weg deiner Gebote;
denn du tröstest mein Herz.

33 Zeige mir, HERR, den Weg deiner Gebote,
daß ich sie bewahre bis ans Ende.
34 Unterweise mich, daß ich bewahre dein Gesetz
und es halte von ganzem Herzen.
35 Führe mich auf dem Steig deiner Gebote;
denn ich habe Gefallen daran.
36 Neige mein Herz zu deinen Mahnungen
und nicht zur Habsucht.
37 Wende meine Augen ab, daß sie nicht sehen
nach unnützer Lehre,
und erquicke mich auf deinem Wege.
38 Erfülle deinem Knecht dein Wort,
daß ich dich fürchte.
39 Wende von mir die Schmach, die ich scheue;
denn deine Ordnungen sind gut.
40 Siehe, ich begehre deine Befehle;
erquicke mich mit deiner Gerechtigkeit.

41 HERR, laß mir deine Gnade widerfahren,
deine Hilfe nach deinem Wort,
42 daß ich antworten kann dem, der mich schmäht;
denn ich verlasse mich auf dein Wort.
43 Und nimm ja nicht von meinem Munde das Wort der Wahrheit;
denn ich hoffe auf deine Ordnungen.
44 Ich will dein Gesetz halten allezeit,
immer und ewiglich.
45 Und ich wandle fröhlich;
denn ich suche deine Befehle.
46 Ich [f] rede von deinen Zeugnissen vor Königen
und schäme mich nicht.
47 Ich habe Freude an deinen Geboten,
sie sind mir sehr lieb,
48 und hebe meine Hände auf zu deinen Geboten, die mir lieb sind,
und rede von deinen Weisungen.

49 Denke an das Wort, das du deinem Knecht gabst,
und laß mich darauf hoffen.
50 Das ist mein Trost in meinem Elend,
daß dein Wort mich erquickt.
51 Die Stolzen treiben ihren Spott mit mir;
dennoch weiche ich nicht von deinem Gesetz.
52 HERR, wenn ich an deine ewigen Ordnungen denke,
so werde ich getröstet.
53 Zorn erfaßt mich über die Gottlosen,
die dein Gesetz verlassen.
54 Deine Gebote sind mein Lied
im Hause, in dem ich Fremdling bin.
55 HERR, ich denke des Nachts an deinen Namen
und halte dein Gesetz.
56 Das ist mein Schatz,
daß ich mich an deine Befehle halte.

57 Ich habe gesagt: HERR, das soll mein Erbe sein,
daß ich deine Worte halte.
58 Ich suche deine Gunst von ganzem Herzen;
sei mir gnädig nach deinem Wort.
59 Ich bedenke meine Wege
und lenke meine Füße zu deinen Mahnungen.
60 Ich eile und säume nicht,
zu halten deine Gebote.
61 Der Gottlosen Stricke umschlingen mich;
aber dein Gesetz vergesse ich nicht.
62 Zur Mitternacht stehe ich auf, dir zu danken
für die Ordnungen deiner Gerechtigkeit.[g]
63 Ich halte mich zu allen, die dich fürchten
und deine Befehle halten.
64 HERR, die Erde ist voll deiner Güte;
lehre mich deine Gebote.

65 Du tust Gutes deinem Knecht,
HERR, nach deinem Wort.
66 Lehre mich heilsame Einsicht und Erkenntnis;
denn ich glaube deinen Geboten.
67 *Ehe ich gedemütigt wurde, irrte ich;*
nun aber halte ich dein Wort.
68 Du bist gütig und freundlich,
lehre mich deine Weisungen.
69 Die Stolzen erdichten Lügen über mich,

ich aber halte von ganzem Herzen deine Befehle.
70 Ihr Herz ist völlig verstockt;
ich aber habe Freude an deinem Gesetz.
71 Es ist gut für mich, daß du mich gedemütigt hast,
damit ich deine Gebote lerne.
72 Das Gesetz deines Mundes ist mir lieber
als viel tausend Stück Gold und Silber.

73 Deine Hand hat mich gemacht und bereitet;
unterweise mich, daß ich deine Gebote lerne.
74 Die dich fürchten, sehen mich und freuen sich;
denn ich hoffe auf dein Wort.
75 HERR, ich weiß, daß deine Urteile gerecht sind;
in deiner Treue hast du mich gedemütigt.
76 Deine Gnade soll mein Trost sein,
wie du deinem Knecht zugesagt hast.
77 Laß mir deine Barmherzigkeit widerfahren, daß ich lebe;
denn ich habe Freude an deinem Gesetz.
78 Ach, daß die Stolzen zuschanden würden,/
die mich mit Lügen niederdrücken!
Ich aber sinne nach über deine Befehle.
79 Ach, daß sich zu mir hielten, die dich fürchten
und deine Mahnungen kennen!
80 Mein Herz bleibe rechtschaffen in deinen Geboten,
damit ich nicht zuschanden werde.

81 Meine Seele verlangt nach deinem Heil;
ich hoffe auf dein Wort.
82 Meine Augen sehnen sich nach deinem Wort
und sagen: Wann tröstest du mich?
83 Ich bin wie ein Weinschlauch im Rauch;
doch deine Gebote vergesse ich nicht.
84 Wie lange soll dein Knecht noch warten?
Wann willst du Gericht halten über meine Verfolger?
85 Die Stolzen graben mir Gruben,
sie, die nicht tun nach deinem Gesetz.
86 All deine Gebote sind Wahrheit;
sie aber verfolgen mich mit Lügen; hilf mir!
87 Sie haben mich fast umgebracht auf Erden;
ich aber verlasse deine Befehle nicht.
88 Erquicke mich nach deiner Gnade,
daß ich halte die Mahnung deines Mundes.

89 HERR, [h] dein Wort bleibt ewiglich,
so weit der Himmel reicht;
90 deine Wahrheit währet für und für.
Du hast die Erde fest gegründet, und sie bleibt stehen.
91 Sie steht noch heute nach deinen Ordnungen;
denn es muß dir alles dienen.
92 *Wenn dein Gesetz nicht mein [i] Trost gewesen wäre,*
so wäre ich vergangen in meinem Elend.
93 Ich will deine Befehle nimmermehr vergessen;
denn du erquickst mich damit.
94 Ich bin dein, hilf mir;
denn ich suche deine Befehle.
95 Die Gottlosen lauern mir auf, daß sie mich umbringen;
ich aber merke auf deine Mahnungen.
96 Ich habe gesehen, daß alles ein Ende hat,
aber dein Gebot bleibt bestehen.

97 Wie habe ich dein Gesetz so lieb!
Täglich sinne ich ihm nach.[j]
98 Du machst mich mit deinem Gebot weiser, als meine Feinde sind;
denn es ist ewiglich mein Schatz.
99 Ich habe mehr Einsicht als alle meine Lehrer;
denn über deine Mahnungen sinne ich nach.
100 Ich bin klüger als die Alten;
denn ich halte mich an deine Befehle.
101 Ich verwehre meinem Fuß alle bösen Wege,
damit ich dein Wort halte.
102 Ich weiche nicht von deinen Ordnungen;
denn du lehrest mich.
103 Dein Wort ist meinem Munde
süßer als Honig.
104 Dein Wort macht mich klug;
darum [k]hasse ich alle falschen Wege.

105 *Dein Wort ist meines Fußes Leuchte*
und [l]ein Licht auf meinem Wege.
106 Ich schwöre und will's halten:
Die Ordnungen deiner Gerechtigkeit will ich bewahren.
107 Ich bin sehr gedemütigt;
HERR, erquicke mich nach deinem Wort!
108 [m]Laß dir gefallen, HERR, das Opfer meines Mundes,
und lehre mich deine Ordnungen.
109 Mein Leben ist immer in Gefahr;
aber dein Gesetz vergesse ich nicht.
110 Die Gottlosen legen mir Schlingen;
ich aber irre nicht ab von deinen Befehlen.
111 Deine Mahnungen sind mein ewiges Erbe;
denn sie sind meines Herzens Wonne.
112 Ich neige mein Herz,
zu tun deine Gebote immer und ewiglich.

113 Ich [n]hasse die Wankelmütigen
und liebe dein Gesetz.
114 Du bist mein Schutz und mein Schild;
ich hoffe auf dein Wort.
115 Weichet von mir, ihr Übeltäter!
Ich will mich halten an die Gebote meines Gottes.
116 Erhalte mich durch dein Wort, daß ich lebe,
und laß mich nicht zuschanden werden in meiner Hoffnung.
117 Stärke mich, daß ich gerettet werde,
so will ich stets Freude haben an deinen Geboten.
118 Du verwirfst alle, die von deinen Geboten abirren;
denn ihr Tun ist Lug und Trug.
119 Du schaffst alle Gottlosen auf Erden weg [o]wie Schlacken,
darum liebe ich deine Mahnungen.
120 Ich fürchte mich vor dir, daß mir die Haut schaudert,
und ich entsetze mich vor deinen Gerichten.

121 Ich übe Recht und Gerechtigkeit;
übergib mich nicht denen, die mir Gewalt antun wollen.
122 Tritt ein für deinen Knecht und tröste ihn,
daß mir die Stolzen nicht Gewalt antun!
123 Meine Augen sehnen sich nach deinem Heil
und nach dem Wort deiner Gerechtigkeit.
124 Handle mit deinem Knechte nach deiner Gnade
und lehre mich deine Gebote.
125 Ich bin dein Knecht: Unterweise mich,

daß ich verstehe deine Mahnungen.
126 Es ist Zeit, daß der HERR handelt;
sie haben dein Gesetz zerbrochen.
127 Darum liebe ich deine Gebote
mehr als Gold und feines Gold.
128 Darum halte ich alle deine Befehle für recht,
[p] ich hasse alle falschen Wege.

129 Deine Mahnungen sind Wunderwerke;
darum hält sie meine Seele.
130 Wenn dein Wort offenbar wird, so erfreut es
und macht klug die Unverständigen.
131 Ich tue meinen Mund weit auf und lechze,
denn mich verlangt nach deinen Geboten.
132 Wende dich zu mir und sei mir gnädig,
wie du pflegst zu tun denen, die deinen Namen lieben.
133 Laß meinen Gang in deinem Wort fest sein
und laß kein Unrecht über mich herrschen.
134 Erlöse mich von der Bedrückung durch Menschen,
so will ich halten deine Befehle.
135 Laß dein Antlitz leuchten über deinen Knecht,
und lehre mich deine Gebote.
136 Meine Augen fließen von Tränen,
weil man dein Gesetz nicht hält.

137 HERR, du bist gerecht,
und deine Urteile sind richtig.
138 Du hast deine Mahnungen geboten
in Gerechtigkeit und großer Treue.
139 Ich habe mich fast zu Tode [q] geeifert,
weil meine Widersacher deine Worte vergessen.
140 Dein Wort ist ganz durchläutert,
und dein Knecht hat es lieb.
141 Ich bin gering und verachtet;
ich vergesse aber nicht deine Befehle.
142 Deine Gerechtigkeit ist eine ewige Gerechtigkeit,
und dein Gesetz ist Wahrheit.
143 Angst und Not haben mich getroffen;
ich habe aber Freude an deinen Geboten.
144 Deine Mahnungen sind gerecht in Ewigkeit;
unterweise mich, so lebe ich.

145 Ich rufe von ganzem Herzen;
erhöre mich, HERR; ich will deine Gebote halten.
146 Ich rufe zu dir, hilf mir;
ich will mich an deine Mahnungen halten.
147 Ich komme in der Frühe und rufe um Hilfe;
auf dein Wort hoffe ich.
148 Ich wache auf, wenn's noch Nacht ist,
nachzusinnen über dein Wort.
149 Höre meine Stimme nach deiner Gnade;
HERR, erquicke mich nach deinem Recht.
150 Meine arglistigen Verfolger nahen;
aber sie sind fern von deinem Gesetz.
151 HERR, du bist nahe,
und alle deine Gebote sind Wahrheit.
152 Längst weiß ich aus deinen Mahnungen,
daß du sie für ewig gegründet hast.

153 Sieh doch mein Elend und errette mich;

denn ich vergesse dein Gesetz nicht.
154 Führe meine Sache und erlöse mich;
erquicke mich durch dein Wort.
155 Das Heil ist fern von den Gottlosen;
denn sie achten deine Gebote nicht.
156 HERR, deine Barmherzigkeit ist groß;
erquicke mich nach deinem Recht.
157 Meiner Verfolger und Widersacher sind viele;
ich weiche aber nicht von deinen Mahnungen.
158 Ich sehe die Verächter, und es tut mir wehe,
daß sie dein Wort nicht halten.
159 Siehe, ich liebe deine Befehle;
HERR, erquicke mich nach deiner Gnade.
160 [r] Dein Wort ist nichts als Wahrheit,
alle Ordnungen deiner Gerechtigkeit währen ewiglich.

161 Fürsten verfolgen mich ohne Grund;
aber mein Herz fürchtet sich nur vor deinen Worten.
162 Ich freue mich über dein Wort
wie einer, der große Beute macht.
163 Lügen bin ich feind, und sie sind mir ein Greuel;
aber dein Gesetz habe ich lieb.
164 Ich lobe dich des Tages siebenmal
um deiner gerechten Ordnungen willen.
165 Großen Frieden haben, die dein Gesetz lieben;
sie werden nicht straucheln.
166 HERR, ich warte auf dein Heil
und tue nach deinen Geboten.
167 Meine Seele hält sich an deine Mahnungen
und liebt sie sehr.
168 Ich halte deine Befehle und deine Mahnungen;
denn alle meine Wege liegen offen vor dir.

169 HERR, laß mein Klagen vor dich kommen;
unterweise mich nach deinem Wort.
170 Laß mein Flehen vor dich kommen;
errette mich nach deinem Wort.
171 Meine Lippen sollen dich loben;
denn du lehrst mich deine Gebote.
172 Meine Zunge soll singen von deinem Wort;
denn alle deine Gebote sind gerecht.
173 Laß deine Hand mir beistehen;
denn ich habe erwählt deine Befehle.
174 HERR, mich verlangt nach deinem Heil,
und an deinem Gesetz habe ich Freude.
175 Laß meine Seele leben, daß sie dich lobe,
und dein Recht mir helfen.
176 Ich bin [s] wie ein verirrtes und verlorenes Schaf;
suche deinen Knecht,
denn ich vergesse deine Gebote nicht.

a (1-3) Ps 112,1.2 *b* Vers 26.64.68 *c* Ps 39,13 *d* 5.Mose 27,26; Gal 3,10 *e* Vers 104.128
f Mt 10,18 *g* Ps 42,9 *h* Jes 40,8 *i* Jer 15,16 *j* Ps 1,2 *k* Vers 29 *l* 2.Petr 1,19 *m* Ps 19,15
n Ps 31,7; 1.Kön 18,21 *o* Jes 1,25 *p* Vers 29 *q* Ps 69,10 *r* Joh 17,17 *s* Jes 53,6

Hilferuf gegen Verleumder

120 1 EIN WALLFAHRTSLIED.
Ich rufe zu dem HERRN in meiner Not,
und er erhört mich.

2 HERR, errette mich von den Lügenmäulern,
von den falschen Zungen.

3 Was soll er dir antun, du falsche Zunge,
und was dir noch geben?
4 Scharfe Pfeile eines Starken
und feurige Kohlen!

5 Weh mir, daß ich weilen muß unter Meschech;
ich muß wohnen bei den Zelten Kedars!
6 Es wird meiner Seele lang,
zu wohnen bei denen, die den Frieden hassen.
7 Ich [a] halte Frieden; aber wenn ich rede,
so fangen sie Streit an.

a Röm 12,18

Der treue Menschenhüter

121 1 EIN WALLFAHRTSLIED.
Ich hebe meine Augen auf zu den Bergen.
Woher kommt mir Hilfe?*
2 Meine Hilfe kommt vom HERRN,
der Himmel und Erde gemacht hat.

3 Er wird deinen Fuß nicht gleiten lassen,
und der dich behütet, schläft nicht.
4 Siehe, der Hüter Israels
schläft und schlummert nicht.[a]

5 Der HERR behütet dich;
der HERR ist dein Schatten über deiner rechten Hand,
6 daß dich des Tages die Sonne nicht steche
noch der Mond des Nachts.

7 [b] *Der* HERR *behüte dich vor allem Übel,*
er behüte deine Seele.
8 *Der* HERR *behüte deinen Ausgang und Eingang*
von nun an bis in Ewigkeit![c]

a 2.Mose 34,24 *b (7 und 8)* 4.Mose 6,24-26 *c* 5.Mose 28,6
*Vers 1: Luther übersetzte nach der lateinischen Übersetzung: »... zu den Bergen, von welchen mir Hilfe kommt.«

Ein Segenswunsch für Jerusalem

122 1 [a] VON DAVID, EIN WALLFAHRTSLIED.
Ich freute mich über die, die mir sagten:
Lasset uns ziehen zum Haus des HERRN!
2 Nun stehen unsere Füße
in deinen Toren, Jerusalem.

3 Jerusalem ist gebaut als eine Stadt,
in der man zusammenkommen soll,
4 wohin die Stämme hinaufziehen,
die Stämme des HERRN,
wie es geboten ist dem Volke Israel,
zu preisen den Namen des HERRN.
5 Denn dort stehen die Throne zum Gericht,
die Throne des Hauses David.

6 Wünschet Jerusalem [b] Glück!

Es möge wohl gehen denen, die dich lieben!
7 Es möge Friede sein in deinen Mauern
und Glück in deinen Palästen!
8 Um meiner Brüder und Freunde willen
will ich dir Frieden wünschen.
9 Um des Hauses des HERRN willen, unseres Gottes,
will ich dein Bestes suchen.

a (1 und 2) Ps 26,8; Hes 48,35 *b* Sach 4,7

Aufblick zu Gottes Gnade

123 1 EIN WALLFAHRTSLIED.
Ich hebe meine Augen auf zu dir,
der du im Himmel wohnest.
2 Siehe, wie die Augen der Knechte
auf die Hände ihrer Herren sehen,
wie die Augen der Magd
auf die Hände ihrer Frau,
so sehen unsre Augen auf den HERRN, unsern Gott,
bis er uns gnädig werde.

3 Sei uns gnädig, HERR, sei uns gnädig;
denn allzusehr litten wir Verachtung.
4 Allzusehr litt unsere Seele den Spott der Stolzen
und die Verachtung der Hoffärtigen.

Der Helfer in der Not

124 1 VON DAVID, EIN WALLFAHRTSLIED.
Wäre der HERR nicht bei uns
– so sage Israel –,
2 wäre der HERR nicht bei uns,
wenn Menschen wider uns aufstehen,
3 so verschlängen sie uns lebendig,
wenn ihr Zorn über uns entbrennt;
4 so [a] ersäufte uns Wasser,
Ströme gingen [b] über unsre Seele,
5 es gingen Wasser
hoch über uns hinweg.

6 Gelobt sei der HERR, daß er uns nicht gibt
zum Raub in ihre Zähne!
7 Unsre Seele ist entronnen wie ein Vogel /
dem Netze des Vogelfängers;
das Netz ist zerrissen, und wir sind frei.

8 Unsre Hilfe steht im Namen des HERRN,
der Himmel und Erde gemacht hat.

a Ps 69,16 *b* Ps 42,8

Der HERR ist um sein Volk her

125 1 EIN WALLFAHRTSLIED.
Die auf den HERRN hoffen, werden nicht fallen,
sondern ewig bleiben wie der Berg Zion.
2 Wie um Jerusalem Berge sind,
so ist der HERR um sein Volk her
von nun an bis in Ewigkeit.

3 Denn der Gottlosen Zepter wird nicht bleiben /

über dem Erbteil der Gerechten,
damit die Gerechten ihre Hand nicht ausstrecken
zur Ungerechtigkeit.

4 HERR, tu wohl den Guten
und denen, die frommen Herzens sind.
5 Die aber abweichen auf ihre krummen Wege, /
wird der HERR dahinfahren lassen mit den Übeltätern.
[a] Friede sei über Israel!

a Ps 128,6; Gal 6,16

Der HERR erlöst seine Gefangenen

126 1 [a] EIN WALLFAHRTSLIED.
Wenn der HERR die Gefangenen Zions erlösen wird,
so werden wir sein wie die Träumenden.
2 Dann wird unser Mund voll Lachens
und unsre Zunge voll Rühmens sein.
Dann wird man sagen unter den Heiden:
Der HERR hat Großes an ihnen getan!

3 Der HERR hat Großes an uns getan;
des sind wir fröhlich.

4 HERR, bringe zurück unsre Gefangenen,
wie du die Bäche wiederbringst im Südland.
5 *Die mit Tränen säen,*
werden mit Freuden ernten.[b]
6 *Sie gehen hin und weinen*
und streuen ihren Samen
und [c] *kommen mit Freuden*
und bringen ihre Garben.

a (1 und 2) Ps 14,7 *b* Mt 5,4 *c* Jes 35,10

An Gottes Segen ist alles gelegen

127 1 VON SALOMO, EIN WALLFAHRTSLIED.
Wenn der HERR nicht das Haus baut,
so arbeiten umsonst, die daran bauen.
Wenn der HERR nicht die Stadt behütet,
so wacht der Wächter umsonst.
2 Es ist umsonst, daß ihr früh aufsteht
und hernach lange sitzet
und esset euer Brot mit Sorgen;
denn [a] seinen Freunden gibt er es im Schlaf.

3 Siehe, Kinder sind eine Gabe des HERRN,
und Leibesfrucht ist ein Geschenk.[b]
4 Wie Pfeile in der Hand eines Starken,
so sind die Söhne der Jugendzeit.
5 Wohl dem, der seinen Köcher mit ihnen gefüllt hat!
Sie werden nicht zuschanden,
wenn sie mit ihren Feinden verhandeln im Tor.

a Spr 10,22 *b* Ps 128,3.4; 1.Mose 30,2; 33,5

Gesegneter Hausstand

128 1 EIN WALLFAHRTSLIED.
Wohl dem, der den HERRN fürchtet
und auf seinen Wegen geht!

2 Du wirst dich nähren von deiner Hände Arbeit;
wohl dir, du hast's gut.

3 Dein Weib wird sein wie ein fruchtbarer Weinstock
drinnen in deinem Hause,
deine Kinder wie junge Ölbäume
um deinen Tisch her.[a]
4 Siehe, so wird gesegnet der Mann,
der den HERRN fürchtet.

5 Der HERR wird dich segnen aus Zion,
daß du siehst das Glück Jerusalems dein Leben lang
6 und [b]siehst Kinder deiner Kinder.
[c]Friede sei über Israel!

a Ps 127,3 *b* 1.Mose 48,11 *c* Ps 125,5

Hilferuf des bedrängten Israel

129 1 EIN WALLFAHRTSLIED.
Sie haben mich oft bedrängt von meiner Jugend auf
– so sage Israel –,
2 sie haben mich oft bedrängt von meiner Jugend auf;
aber sie haben mich nicht überwältigt.
3 Die Pflüger haben [a]auf meinem Rücken geackert
und ihre Furchen langgezogen.
4 Der HERR, der gerecht ist,
hat der Gottlosen Stricke zerhauen.

5 Ach daß zuschanden würden und zurückwichen
alle, die Zion gram sind!
6 Ach daß sie würden wie das Gras auf den Dächern,
das verdorrt, ehe man es ausrauft,
7 mit dem der Schnitter seine Hand nicht füllt
noch der Garbenbinder seinen Arm;
8 und keiner, der vorübergeht, soll sprechen: /
[b]Der Segen des HERRN sei über euch!
Wir segnen euch im Namen des HERRN.

a Jes 51,23 *b* Rut 2,4

Aus tiefer Not (Der sechste Bußpsalm)

130 1 EIN WALLFAHRTSLIED.
Aus der Tiefe rufe ich, HERR, *zu dir.* /
2 Herr, höre meine Stimme!
Laß deine Ohren merken auf die Stimme meines Flehens!
3 Wenn du, HERR, Sünden anrechnen willst –
Herr, wer wird bestehen?
4 Denn bei dir ist die [a]Vergebung,
daß man dich fürchte.

5 [b]Ich harre des HERRN, meine Seele harret,
und ich hoffe auf sein Wort.
6 Meine Seele wartet auf den Herrn
mehr als die Wächter auf den Morgen;*
mehr als die Wächter auf den Morgen
7 hoffe Israel auf den HERRN!
Denn bei dem HERRN ist die Gnade
und viel Erlösung bei ihm.
8 Und er wird Israel erlösen
aus allen seinen Sünden.[c]

a Jes 55,7; Röm 6,1.2 *b (5 und 6)* Jes 21,11; Lk 12,35.36 *c* Mt 1,21
*Vers 6: Luther übersetzte: »Meine Seele wartet auf den Herrn von einer Morgenwache bis zur andern.«

Kindliche Ergebung

131 1 VON DAVID, EIN WALLFAHRTSLIED.
HERR, mein Herz ist nicht hoffärtig,
und meine Augen sind nicht stolz.
Ich gehe nicht um mit großen Dingen,
die mir zu wunderbar sind.
2 Fürwahr, [a]meine Seele ist still und ruhig geworden
wie ein kleines Kind bei seiner Mutter;
wie ein kleines Kind,
so ist meine Seele in mir.

3 Israel, hoffe auf den HERRN
von nun an bis in Ewigkeit!

a Ps 62,2

Davids Haus und das Heiligtum auf Zion

132 1 EIN WALLFAHRTSLIED.
Gedenke, HERR, an David
und all seine Mühsal,
2 der dem HERRN einen Eid schwor
und gelobte dem Mächtigen Jakobs:
3 [a]Ich will nicht in mein Haus gehen
noch mich aufs Lager meines Bettes legen,
4 ich will meine Augen nicht schlafen lassen
noch meine Augenlider schlummern,
5 bis ich eine Stätte finde für den HERRN,
eine Wohnung für den Mächtigen Jakobs.

6 Siehe, wir hörten von ihr in Efrata,
wir haben sie gefunden im Gefilde von Jaar.
7 Wir wollen in seine Wohnung gehen
und anbeten vor dem Schemel seiner Füße.
8 HERR, [b]mache dich auf zur Stätte deiner Ruhe,
du und [c]die Lade deiner Macht!
9 Deine Priester laß sich kleiden mit Gerechtigkeit
und deine Heiligen sich freuen.
10 Weise nicht ab das Antlitz deines Gesalbten
um deines Knechtes David willen!

11 Der HERR hat David [d]einen Eid geschworen,
davon wird er sich wahrlich nicht wenden:
Ich will dir auf deinen Thron setzen
einen, der von deinem Leibe kommt.
12 Werden deine Söhne meinen Bund halten
und mein Gebot, das ich sie lehren werde,
so sollen auch ihre Söhne
auf deinem Thron sitzen ewiglich.

13 Denn der HERR hat Zion erwählt,
und [e]es gefällt ihm, dort zu wohnen.
14 »Dies ist die Stätte meiner Ruhe ewiglich;
hier will ich wohnen, denn das gefällt mir.
15 Ich will ihre Speise segnen
und ihren Armen Brot genug geben.

16 Ihre Priester will ich mit Heil kleiden,
und ihre Heiligen sollen fröhlich sein.
17 Dort soll dem David aufgehen ein mächtiger Sproß,
ich habe [f] meinem Gesalbten eine [g] Leuchte zugerichtet;
18 seine Feinde will ich in Schande kleiden,
aber über ihm soll blühen seine Krone.«

a (3-5) 2.Sam 7,2; Apg 7,46 *b* 4.Mose 10,35; 2.Chr 6,41 *c* Ps 78,61 *d* Ps 89,4.5; Hebr 6,17 *e* Ps 68,17; 76,3 *f* 1.Sam 2,10 *g* 1.Kön 11,36

Segen der brüderlichen Eintracht

133 1 VON DAVID, EIN WALLFAHRTSLIED.
Siehe, wie fein und lieblich ist's,
wenn [a] Brüder einträchtig beieinander wohnen!
2 Es ist wie das feine [b] Salböl auf dem Haupte Aarons, /
das herabfließt in seinen Bart,
das herabfließt zum Saum seines Kleides,
3 wie der Tau, der vom Hermon herabfällt
auf die Berge Zions!
Denn dort verheißt der HERR den Segen
und Leben bis in Ewigkeit.

a 1.Mose 13,8 *b* 2.Mose 29,7; 30,23-30

Nächtliches Loblied im Tempel

134 1 EIN WALLFAHRTSLIED.
Wohlan, lobet den HERRN, alle Knechte des HERRN,
die ihr steht des Nachts im Hause des HERRN!
2 Hebet eure Hände auf im Heiligtum
und lobet den HERRN!
3 Der HERR segne dich aus Zion,
der Himmel und Erde gemacht hat! [a]

a Ps 115,15

Anbetung des lebendigen Gottes

135 1 Halleluja!
Lobet den Namen des HERRN,
lobet, ihr Knechte des HERRN,
2 die ihr steht im Hause des HERRN,
in den Vorhöfen am Hause unsres Gottes!
3 Lobet den HERRN, denn der HERR ist freundlich;
lobsinget seinem Namen, denn er ist lieblich!
4 Denn der HERR hat sich Jakob erwählt,
Israel zu seinem Eigentum. [a]

5 Ja, ich weiß, daß der HERR groß ist
und [b] unser HERR über allen Göttern.
6 Alles, was er will, das tut er
im Himmel und auf Erden,
im Meer und in allen Tiefen;
7 der die Wolken läßt aufsteigen vom Ende der Erde, /
der die Blitze samt dem Regen macht,
der den Wind herausführt aus seinen Kammern; [c]
8 der [d] die Erstgeburten schlug in Ägypten
bei den Menschen und beim Vieh
9 und ließ [e] Zeichen und Wunder kommen über dich, Ägyptenland,
über den Pharao und alle seine Knechte;
10 [f] der viele Völker schlug
und tötete mächtige Könige,

11 Sihon, den König der Amoriter,/
und Og, den König von Basan,
und alle Königreiche in Kanaan,
12 und [g]gab ihr Land zum Erbe,
zum Erbe seinem Volk Israel.

13 HERR, [h]dein Name währet ewiglich,
dein Ruhm, HERR, währet für und für.
14 Denn [i]der HERR schafft Recht seinem Volk
und wird seinen Knechten gnädig sein.

15 [j]Die Götzen der Heiden sind Silber und Gold,
gemacht von Menschenhänden.
16 Sie haben Mäuler und reden nicht,
sie haben Augen und sehen nicht,
17 sie haben Ohren und hören nicht,
auch ist kein Odem in ihrem Munde.
18 Die solche Götzen machen, sind ihnen gleich,
alle, die auf sie hoffen.

19 Das Haus Israel lobe den HERRN!
Lobet den HERRN, ihr vom Hause Aaron!
20 Ihr vom Hause Levi, lobet den HERRN!
Die ihr den HERRN fürchtet, lobet den HERRN!
21 Gelobt sei der HERR aus Zion,
der zu Jerusalem wohnt!
Halleluja!

a 2.Mose 19,5.6 *b* Ps 86,8 *c* Jer 10,13 *d* 2.Mose 12,29 *e* Ps 78,42-52 *f (10-12)* 4.Mose 21,21-35 *g* Jos 12,1-6 *h* Ps 102,13 *i* 5.Mose 32,36 *j (15-20)* Ps 115,4-11

Gottes Wunder in seiner Schöpfung und in der Geschichte seines Volkes

136 1 [a]Danket dem HERRN; denn er ist freundlich,
denn seine Güte währet ewiglich.
2 Danket dem Gott aller Götter,
denn seine Güte währet ewiglich.
3 Danket dem Herrn aller Herren,
denn seine Güte währet ewiglich.

4 Der allein große Wunder tut,
denn seine Güte währet ewiglich.
5 Der die Himmel mit Weisheit gemacht hat,
denn seine Güte währet ewiglich.
6 Der die Erde über den Wassern ausgebreitet hat,
denn seine Güte währet ewiglich.
7 [b]Der große Lichter gemacht hat,
denn seine Güte währet ewiglich:
8 die Sonne, den Tag zu regieren,
denn seine Güte währet ewiglich;
9 den Mond und die Sterne, die Nacht zu regieren,
denn seine Güte währet ewiglich.

10 [c]Der die Erstgeborenen schlug in Ägypten,
denn seine Güte währet ewiglich;
11 und führte Israel von dort heraus,
denn seine Güte währet ewiglich;
12 mit starker Hand und ausgerecktem Arm,
denn seine Güte währet ewiglich.
13 Der das Schilfmeer teilte in zwei Teile,

denn seine Güte währet ewiglich;
14 und ließ Israel mitten hindurchgehen,
denn seine Güte währet ewiglich;
15 der den Pharao und sein Heer ins Schilfmeer stieß,
denn seine Güte währet ewiglich.

16 Der sein Volk führte durch die Wüste,
denn seine Güte währet ewiglich.
17 [d]Der große Könige schlug,
denn seine Güte währet ewiglich;
18 und brachte mächtige Könige um,
denn seine Güte währet ewiglich;
19 Sihon, den König der Amoriter,
denn seine Güte währet ewiglich;
20 und Og, den König von Basan,
denn seine Güte währet ewiglich;
21 und gab ihr Land zum Erbe,
denn seine Güte währet ewiglich;
22 zum Erbe seinem Knecht Israel,
denn seine Güte währet ewiglich.
23 Der an uns dachte, als wir unterdrückt waren,
denn seine Güte währet ewiglich;
24 und uns erlöste von unsern Feinden,
denn seine Güte währet ewiglich.
25 Der [e]Speise gibt allem Fleisch,
denn seine Güte währet ewiglich.

26 Danket dem Gott des Himmels,
denn seine Güte währet ewiglich.

a Ps 106,1 *b (7-9)* 1.Mose 1,14-18 *c (10-16)* Ps 135,8-12 *d (17-22)* 4.Mose 21,23-35 *e* Ps 145,15

Klage der Gefangenen zu Babel

137 1 An den Wassern zu Babel saßen wir und weinten,
wenn wir an Zion gedachten.
2 Unsere Harfen hängten wir
an die Weiden dort im Lande.
3 Denn die uns gefangen hielten,
hießen uns dort singen
und in unserm Heulen fröhlich sein:
»Singet uns ein Lied von Zion!«

4 Wie könnten wir des HERRN Lied singen
in fremdem Lande?
5 [a]Vergesse ich dich, Jerusalem,
so verdorre meine Rechte.
6 Meine Zunge soll an meinem Gaumen kleben,
wenn ich deiner nicht gedenke,
wenn ich nicht lasse Jerusalem
meine höchste Freude sein.

7 HERR, [b]vergiß den Söhnen Edom nicht, /
was sie sagten am Tage Jerusalems:
»Reißt nieder, reißt nieder bis auf den Grund!«
8 Tochter Babel, du Verwüsterin,
wohl dem, der dir vergilt, was du uns angetan hast!
9 Wohl dem, der [c]deine jungen Kinder nimmt
und sie am Felsen zerschmettert![d]

a Jer 51,50 *b* Ps 79,12; Obd 10-15 *c* Jes 13,16 *d* Röm 12,19

Dank für Gottes Hilfe

138 1 VON DAVID.
Ich danke dir von ganzem Herzen,
vor den Göttern will ich dir lobsingen.
2 Ich will anbeten vor deinem heiligen Tempel
und deinen Namen preisen für deine Güte und Treue;
denn du hast deinen Namen und dein Wort
herrlich gemacht über alles.
3 Wenn ich dich anrufe, so erhörst du mich
und gibst meiner Seele große Kraft.

4 Es danken dir, HERR, alle Könige auf Erden,
[a]daß sie hören das Wort deines Mundes;
5 sie singen von den Wegen des HERRN,
daß die Herrlichkeit des HERRN so groß ist.
6 Denn der HERR ist hoch und sieht auf den Niedrigen
und kennt den Stolzen von ferne.

7 Wenn ich mitten in der Angst wandle,
so erquickest du mich
und reckst deine Hand gegen den Zorn meiner Feinde
und hilfst mir mit deiner Rechten.
8 Der HERR wird meine Sache hinausführen. /
HERR, deine Güte ist ewig.
Das Werk deiner Hände wollest du nicht lassen.

a Jes 2,3

Gott der Allwissende und Allgegenwärtige

139 1 [a]EIN PSALM DAVIDS, VORZUSINGEN.
HERR, du erforschest mich
und kennest mich.
2 Ich sitze oder stehe auf, so weißt du es;
du verstehst meine Gedanken von ferne.
3 Ich gehe oder liege, so bist du um mich
und siehst alle meine Wege.
4 Denn siehe, es ist kein Wort auf meiner Zunge,
das du, HERR, nicht schon wüßtest.
5 Von allen Seiten umgibst du mich
und hältst deine Hand über mir.
6 Diese Erkenntnis ist mir zu wunderbar und zu hoch,
ich kann sie nicht begreifen.

7 Wohin soll ich gehen vor deinem Geist,
und wohin soll ich fliehen vor deinem Angesicht?
8 Führe ich gen Himmel, so bist du da;
bettete ich mich bei den Toten, siehe, so bist du auch da.[b]
9 Nähme ich Flügel der Morgenröte
und [c]bliebe am äußersten Meer,
10 so würde auch dort deine Hand mich führen
und deine Rechte mich halten.
11 [d]Spräche ich: Finsternis möge mich decken
und Nacht statt Licht um mich sein –,
12 so wäre auch Finsternis nicht finster bei dir,
und die Nacht leuchtete wie der Tag.
Finsternis ist wie das Licht.

13 Denn du hast meine Nieren bereitet
und hast mich gebildet im Mutterleibe.

14 Ich danke dir dafür,
daß ich wunderbar gemacht bin;
wunderbar sind deine Werke;
das erkennt meine Seele.
15 Es war dir mein Gebein nicht verborgen,/
als ich im Verborgenen gemacht wurde,
als ich gebildet wurde unten in der Erde.
16 Deine Augen sahen mich,
als ich noch nicht bereitet war,
und [e] alle Tage waren in dein Buch geschrieben,
die noch werden sollten und von denen keiner da war.

17 Aber [f] wie schwer sind für mich, Gott, deine Gedanken!
Wie ist ihre Summe so groß!
18 Wollte ich sie zählen, so wären sie mehr als der Sand:
[g] Am Ende bin ich noch immer bei dir.

19 Ach Gott, wolltest du doch die Gottlosen töten!
Daß doch die Blutgierigen von mir wichen!
20 Denn sie reden von dir lästerlich,
und deine Feinde erheben sich mit frechem Mut.
21 Sollte ich nicht hassen, HERR, die dich hassen,
und verabscheuen, die sich gegen dich erheben?
22 Ich hasse sie mit ganzem Ernst;
sie sind mir zu Feinden geworden.

23 *Erforsche mich, Gott, und erkenne mein Herz;*
prüfe mich und erkenne, wie ich's meine.
24 *Und sieh, ob ich auf bösem Wege bin,*
und leite mich auf ewigem Wege.

a (1 und 2) Ps 7,10; Jer 17,10 *b* Am 9,2 *c* Jona 1,3 *d (11 und 12)* Hiob 34,22 *e* Ps 31,16 *f* Ps 40,6 *g* Ps 63,7

Bitte um Rettung vor boshaften Feinden

140 1 EIN PSALM DAVIDS, VORZUSINGEN.
2 Errette mich, HERR, von den bösen Menschen;
behüte mich vor den Gewalttätigen,
3 die Böses planen in ihrem Herzen
und täglich Streit erregen.
4 Sie haben scharfe Zungen wie Schlangen,
[a] Otterngift ist unter ihren Lippen. SELA.
5 Bewahre mich, HERR, vor der Hand der Gottlosen;
behüte mich vor den Gewalttätigen,
die mich zu Fall bringen wollen.
6 Die Hoffärtigen legen mir Schlingen/ und breiten Stricke aus zum Netz
und stellen mir Fallen auf den Weg. SELA.

7 Ich aber sage zum HERRN: [b] Du bist mein Gott;
HERR, vernimm die Stimme meines Flehens!
8 HERR, meine starke Hilfe,
du beschirmst mein Haupt zur Zeit des Streits.
9 HERR, gib dem Gottlosen nicht, was er begehrt!
Was er sinnt, laß nicht gelingen,
sie könnten sich sonst überheben. SELA.
10 Das Unglück, über das meine Feinde beraten,
komme über sie selber.
11 Er möge feurige Kohlen über sie schütten;
er möge sie stürzen in Gruben,
daß sie nicht mehr aufstehen.

12 Ein böses Maul wird kein Glück haben auf Erden;
ein frecher, böser Mensch wird verjagt und gestürzt werden.
13 Denn ich weiß, daß der HERR des Elenden Sache führen
und den Armen Recht schaffen wird.
14 Ja, die Gerechten werden deinen Namen preisen,
und die Frommen werden vor deinem Angesicht bleiben.

a Röm 3,13 *b* Ps 22,11

Bitte um Bewahrung

141 1 EIN PSALM DAVIDS.
HERR, ich rufe zu dir, eile zu mir;
vernimm meine Stimme, wenn ich dich anrufe.
2 Mein Gebet möge vor dir gelten als ein [a] Räucheropfer,
das Aufheben meiner Hände als ein [b] Abendopfer.
3 HERR, behüte meinen Mund
und bewahre meine Lippen![c]
4 Neige mein Herz nicht zum Bösen, /
gottlos zu leben mit den Übeltätern;
ich mag nicht essen von ihren leckeren Speisen.

5 Der Gerechte schlage mich freundlich und [d] weise mich zurecht;
das wird mir wohltun wie Balsam auf dem Haupte.
Mein Haupt wird sich dagegen nicht wehren.
Doch ich bete stets, daß jene mir nicht Schaden tun.
6 Ihre Anführer sollen hinabgestürzt werden vom Felsen;
dann wird man merken, wie richtig meine Worte gewesen sind.
7 Ihre Gebeine werden zerstreut bis zur Pforte des Todes,
wie wenn einer das Land pflügt und zerwühlt.
8 Ja, auf dich, HERR, sehen meine Augen;
ich traue auf dich, gib mich nicht in den Tod dahin.
9 Bewahre mich vor der Schlinge, die sie mir gelegt haben,
und vor der Falle der Übeltäter.
10 Die Gottlosen sollen miteinander in ihr eigenes Netz fallen;
mich aber laß entrinnen.

a 2.Mose 30,7 *b* 2.Mose 29,39 *c* Ps 39,2; Jak 3,5.6 *d* 3.Mose 19,17; Spr 27,5.6

Hilferuf in schwerer Bedrängnis

142 1 EINE UNTERWEISUNG DAVIDS, [a] ALS ER IN DER HÖHLE WAR, EIN GEBET.
2 Ich schreie zum HERRN mit meiner Stimme,
ich flehe zum HERRN mit meiner Stimme.
3 Ich schütte meine Klage vor ihm aus
und zeige an vor ihm meine Not.
4 Wenn mein Geist in Ängsten ist,
so nimmst du dich meiner an.
Sie legen mir Schlingen
auf dem Wege, den ich gehe.
5 Schau zur Rechten und sieh:
da will niemand mich kennen.
Ich kann nicht entfliehen,
niemand nimmt sich meiner an.

6 HERR, zu dir schreie ich und sage: /
Du bist meine Zuversicht,
mein Teil [b] im Lande der Lebendigen.
7 Höre auf meine Klage,
denn ich werde sehr geplagt.
Errette mich von meinen Verfolgern,
denn sie sind mir zu mächtig.

8 Führe mich aus dem Kerker,
daß ich preise deinen Namen.
Die Gerechten werden sich zu mir sammeln,
wenn du mir wohltust.

a 1.Sam 24,4 *b* Ps 27,13

Bitte um Verschonung und Leitung (Der siebente Bußpsalm)

143 1 EIN PSALM DAVIDS.
HERR, erhöre mein Gebet, /
vernimm mein Flehen um deiner Treue willen,
erhöre mich um deiner Gerechtigkeit willen,
2 und *geh nicht ins Gericht mit deinem Knecht;*
denn [a] *vor dir ist kein Lebendiger gerecht.*
3 Denn der Feind verfolgt meine Seele
und schlägt mein Leben zu Boden,
er legt mich ins Finstere
wie die, die lange schon tot sind.
4 Und mein Geist ist in Ängsten,
mein Herz ist erstarrt in meinem Leibe.

5 Ich [b] denke an die früheren Zeiten; /
ich sinne nach über all deine Taten
und spreche von den Werken deiner Hände.
6 Ich breite meine Hände aus zu dir,
[c] meine Seele dürstet nach dir wie ein dürres Land. SELA.
7 HERR, erhöre mich bald, mein Geist vergeht;
verbirg dein Antlitz nicht vor mir,
daß ich nicht gleich werde denen,
die in die Grube fahren.
8 Laß mich am Morgen hören deine Gnade;
denn ich hoffe auf dich.
Tu mir kund den Weg, den ich gehen soll;
denn mich verlangt nach dir.
9 Errette mich, mein Gott, von meinen Feinden;
zu dir nehme ich meine Zuflucht.

10 *Lehre mich tun nach deinem Wohlgefallen, /*
denn du bist mein Gott;
dein guter Geist führe mich auf ebner Bahn.
11 HERR, erquicke mich um deines Namens willen;
führe mich aus der Not
um deiner Gerechtigkeit willen,
12 und vernichte meine Feinde um deiner Güte willen
und bringe alle um, die mich bedrängen;
denn ich bin dein Knecht.

a Ps 130,3; Hiob 9,2; Röm 3,20 *b* Ps 77,6 *c* Ps 42,2.3

Gebet um Rettung und Wohlstand

144 1 VON DAVID.
Gelobt sei der HERR, mein Fels,
der meine Hände kämpfen lehrt
und meine Fäuste, Krieg zu führen,
2 meine Hilfe und meine [a] Burg,
mein Schutz und mein Erretter,
mein Schild, auf den ich traue,
der Völker unter mich zwingt.

3 HERR, was ist der Mensch, daß du dich seiner annimmst,
und des Menschen Kind, daß du ihn so beachtest?
4 Ist doch der Mensch gleichwie nichts;
seine Zeit fährt dahin [b] wie ein Schatten.

5 [c] HERR, neige deinen Himmel und fahre herab;
rühre die Berge an, daß sie rauchen.
6 Sende Blitze und streue sie aus, /
schick deine Pfeile und jage sie dahin,
7 streck aus deine Hand von der Höhe.
ERLÖSE MICH UND ERRETTE MICH AUS GROSSEN WASSERN,
AUS DER HAND DER FREMDEN,
8 DEREN MUND UNNÜTZ REDET
UND DEREN RECHTE HAND TRÜGT.

9 Gott, ich will dir [d] ein neues Lied singen,
ich will dir spielen auf dem Psalter von zehn Saiten,
10 der du den Königen Sieg gibst
und erlösest deinen Knecht David
vom mörderischen Schwert.
11 ERLÖSE MICH UND ERRETTE MICH
AUS DER HAND DER FREMDEN,
DEREN MUND FALSCHES REDET
UND DEREN RECHTE HAND TRÜGT.

12 Unsere Söhne seien wie Pflanzen, /
die aufschießen in ihrer Jugendkraft –
unsere Töchter wie Säulen, geschnitzt für Paläste –
13 unsere Kammern gefüllt,
daß sie Vorrat geben, einen nach dem andern –
unsere Schafe, daß sie Tausende werfen
und Zehntausende auf unsern Triften –
14 unsere Rinder, daß sie tragen ohne Schaden und Verlust –
und kein Klagegeschrei sei auf unsern Gassen. –.
15 Wohl dem Volk, dem es so ergeht!
[e] Wohl dem Volk, dessen Gott der HERR ist!

a Ps 18,3 *b* Hiob 14,2 *c* (5-7) Ps 18,10-17 *d* Ps 33,3 *e* 5.Mose 33,29

Gottes ewige Güte

145 1 EIN LOBLIED DAVIDS.
Ich will dich erheben, mein Gott, du König,
und deinen Namen loben immer und ewiglich.
2 Ich will dich täglich loben
und deinen Namen rühmen immer und ewiglich.
3 Der HERR ist groß und sehr zu loben,
und seine Größe ist unausforschlich.
4 Kindeskinder werden deine Werke preisen
und deine gewaltigen Taten verkündigen.
5 Sie sollen reden von deiner hohen, herrlichen Pracht
und deinen Wundern nachsinnen; [a]
6 sie sollen reden von deinen mächtigen Taten
und erzählen von deiner Herrlichkeit;
7 sie sollen preisen deine große Güte
und deine Gerechtigkeit rühmen.

8 *Gnädig und barmherzig ist der* HERR,
geduldig und von großer Güte. [b]
9 [c] Der HERR ist allen gütig
und erbarmt sich aller seiner Werke.

10 Es sollen dir danken, HERR, alle deine Werke
und deine Heiligen dich loben
11 und die Ehre deines Königtums rühmen
und von deiner Macht reden,
12 daß den Menschen deine gewaltigen Taten kundwerden
und die herrliche Pracht deines Königtums.
13 Dein Reich ist ein ewiges Reich,
und deine Herrschaft währet für und für.

Der HERR ist getreu in all seinen Worten
und gnädig in allen seinen Werken.*
14 Der HERR hält alle, die da fallen,
und [d]richtet alle auf, die niedergeschlagen sind.
15 [e]*Aller Augen warten auf dich,*
und du gibst ihnen ihre Speise zur rechten Zeit.
16 *Du tust deine Hand auf*
und sättigst alles, was lebt, nach deinem Wohlgefallen.
17 Der HERR ist gerecht in allen seinen Wegen
und gnädig in allen seinen Werken.
18 *Der* HERR *ist nahe allen, die ihn anrufen,*
allen, die ihn ernstlich anrufen.
19 Er tut, [f]was die Gottesfürchtigen begehren,
und hört ihr Schreien und hilft ihnen.
20 Der HERR behütet alle, die ihn lieben,
und wird vertilgen alle Gottlosen.
21 Mein Mund soll des HERRN Lob verkündigen,
und alles Fleisch lobe seinen heiligen Namen
immer und ewiglich.

a Ps 19,2-7 *b* 2.Mose 34,6 *c (9 und 10)* Jes 64,7 *d* Ps 146,8 *e (15 und 16)* Ps 104,27.28; 136,25
f Spr 10,24
* Vers 13: Die zweite Hälfte dieses Verses, die nur in einem Teil der Handschriften überliefert ist, stellt den N-Vers des im Hebräischen nach dem ABC geordneten Psalms dar.

Gottes ewige Treue

146 1 Halleluja!
Lobe den HERRN, meine Seele! /
2 Ich will den HERRN loben, solange ich lebe,
und meinem Gott lobsingen, solange ich bin.
3 [a]Verlasset euch nicht auf Fürsten;
sie sind Menschen, die können ja nicht helfen.
4 Denn des Menschen Geist muß davon, /
und [b]er muß wieder zu Erde werden;
dann sind verloren alle seine Pläne.

5 Wohl dem, dessen Hilfe der Gott Jakobs ist,
der seine Hoffnung setzt auf den HERRN, seinen Gott,[c]
6 der Himmel und Erde gemacht hat,
das Meer und alles, was darinnen ist;
der Treue hält ewiglich, /
7 der Recht schafft denen, die Gewalt leiden,
der die Hungrigen speiset.

Der HERR macht die Gefangenen frei.
8 Der HERR macht die Blinden sehend.
[d]Der HERR richtet auf, die niedergeschlagen sind.
Der HERR liebt die Gerechten.
9 [e]Der HERR behütet die Fremdlinge /
und erhält Waisen und Witwen;
aber die Gottlosen führt er in die Irre.

10 Der HERR ist [f]König ewiglich,
dein Gott, Zion, für und für.
Halleluja!

a Ps 118,8.9; Jer 17,5 *b* 1.Mose 3,19; Pred 3,20 *c* Jer 17,7 *d* Ps 145,14 *e* 2.Mose 22,20.21 *f* Ps 93,1

Gottes Walten in der Schöpfung und in Israels Geschichte

147 1 Halleluja!
Lobet den HERRN! /
Denn [a]unsern Gott loben, das ist ein köstlich Ding,
ihn loben ist lieblich und schön.

2 Der HERR baut Jerusalem auf
und bringt zusammen die Verstreuten Israels.
3 Er heilt, die [b]zerbrochenen Herzens sind,
und verbindet ihre Wunden.
4 Er zählt die Sterne
und [c]nennt sie alle mit Namen.
5 Unser Herr ist groß und von großer Kraft,
und unbegreiflich ist, wie er regiert.
6 Der HERR richtet die Elenden auf
und stößt die Gottlosen zu Boden.[d]

7 Singt dem HERRN ein Danklied
und lobt unsern Gott mit Harfen,
8 der den Himmel mit Wolken bedeckt /
und Regen gibt auf Erden;
der Gras auf den Bergen wachsen läßt,
9 der dem Vieh sein Futter gibt,
[e]den jungen Raben, die zu ihm rufen.
10 Er hat keine Freude an der Stärke des Rosses
und kein Gefallen an den Schenkeln des Mannes.
11 Der HERR hat Gefallen an denen, die ihn fürchten,
die auf seine Güte hoffen.

12 Preise, Jerusalem, den HERRN;
lobe, Zion, deinen Gott!
13 Denn er macht fest die Riegel deiner Tore
und segnet deine Kinder in deiner Mitte.
14 Er schafft deinen Grenzen Frieden
und sättigt dich mit dem besten Weizen.
15 [f]Er sendet sein Gebot auf die Erde,
sein Wort läuft schnell.
16 Er gibt Schnee wie Wolle,
er streut Reif wie Asche.
17 Er wirft seine Schloßen herab wie Brocken;
wer kann bleiben vor seinem Frost?
18 Er sendet sein Wort, da schmilzt der Schnee;
er läßt seinen Wind wehen, da taut es.
19 [g]Er verkündigt Jakob sein Wort,
Israel seine Gebote und sein Recht.
20 So hat er an keinem Volk getan;
sein Recht kennen sie nicht.
Halleluja!

a Ps 92,2 *b* Jes 61,1 *c* Jes 40,26 *d* Lk 1,52 *e* Hiob 38,41 *f (15-18)* Hiob 38,22-30 *g (19 und 20)* 5.Mose 4,8; Apg 14,16; Röm 3,2

Gottes Lob im Himmel und auf Erden

148 1 [a]Halleluja!
Lobet im Himmel den HERRN,
lobet ihn in der Höhe!
2 Lobet ihn, alle seine Engel,
lobet ihn, all sein Heer!
3 [b]Lobet ihn, Sonne und Mond,
lobet ihn, alle leuchtenden Sterne!
4 Lobet ihn, ihr Himmel aller Himmel
und ihr Wasser über dem Himmel!
5 Die sollen loben den Namen des HERRN;
denn [c]er gebot, da wurden sie geschaffen.
6 Er läßt sie bestehen für immer und ewig;
er gab eine Ordnung, die dürfen sie nicht überschreiten.

7 Lobet den HERRN auf Erden,
ihr großen Fische und alle Tiefen des Meeres,
8 Feuer, Hagel, Schnee und Nebel,
Sturmwinde, die sein Wort ausrichten,
9 ihr Berge und alle Hügel,
fruchttragende Bäume und alle Zedern,
10 ihr Tiere und alles Vieh,
Gewürm und Vögel,
11 ihr Könige auf Erden und alle Völker,
Fürsten und alle Richter auf Erden,
12 Jünglinge und Jungfrauen,
Alte mit den Jungen!
13 Die sollen loben den Namen des HERRN;
denn sein Name allein ist hoch,
seine Herrlichkeit reicht, so weit Himmel und Erde ist.
14 Er erhöht die Macht seines Volkes.
[d]Alle seine Heiligen sollen loben,
die Kinder Israel, das Volk, das ihm dient. Halleluja!

a (1 und 2) Ps 103,20-22 *b (3-13)* 1.Mose 1,1-27 *c* Ps 33,9 *d* 5.Mose 4,7.8

Zion lobe den HERRN!

149 1 Halleluja!
Singet dem HERRN [a]ein neues Lied;
die Gemeinde der Heiligen soll ihn loben.
2 Israel freue sich [b]seines Schöpfers,
die Kinder Zions seien fröhlich über ihren [c]König.
3 Sie sollen loben seinen Namen im Reigen,
mit Pauken und Harfen sollen sie ihm spielen.
4 Denn der HERR hat Wohlgefallen an seinem Volk,
er hilft den Elenden herrlich.

5 Die Heiligen sollen fröhlich sein und preisen
und rühmen auf ihren Lagern.
6 Ihr Mund soll Gott erheben;
sie sollen scharfe Schwerter in ihren Händen halten,
7 daß sie Vergeltung üben unter den Heiden,
Strafe unter den Völkern,
8 ihre Könige zu binden mit Ketten
und ihre Edlen mit eisernen Fesseln,
9 daß sie an ihnen [d]vollziehen das Gericht, wie geschrieben ist.
Solche Ehre werden alle seine Heiligen haben.
Halleluja!

a Ps 33,3 *b* Ps 100,3 *c* Ps 93,1 *d* Jes 34; 63,4-6; Joel 4,2-14

Das große Halleluja

150 1 Halleluja!
Lobet Gott in seinem Heiligtum,
lobet ihn in der Feste seiner Macht!
2 Lobet ihn für seine Taten,
lobet ihn in seiner großen Herrlichkeit!
3 Lobet ihn mit Posaunen,
lobet ihn mit Psalter und Harfen!
4 Lobet ihn mit Pauken und Reigen,
lobet ihn mit Saiten und Pfeifen!
5 Lobet ihn mit hellen Zimbeln,
lobet ihn mit klingenden Zimbeln!
6 *Alles,* [a] *was Odem hat, lobe den* HERRN!
Halleluja!

a Ps 41,14; Offb 5,13

DIE SPRÜCHE SALOMOS

Inhaltsübersicht

Mahnungen der Weisheit
(Kap 1-9)

1 Dies sind die Sprüche [a]Salomos, des
Sohnes Davids, des Königs von Israel,
2 um zu lernen Weisheit und Zucht und
3 zu verstehen verständige Rede, daß
man annehme Zucht, die da klug
macht, Gerechtigkeit, Recht und Red-
4 lichkeit; daß die Unverständigen klug
werden und die Jünglinge vernünftig
5 und besonnen. Wer weise ist, der höre
zu und wachse an Weisheit, und wer
6 verständig ist, der lasse sich raten, daß
er verstehe Sprüche und Gleichnisse,
die Worte der Weisen und ihre Rätsel.
7 *Die [b]Furcht des* HERRN *ist der Anfang
der Erkenntnis. Die Toren verachten
Weisheit und Zucht.*

a 1.Kön 5,9-12 *b* Kap 8,13; 9,10; Hiob 28,28; Ps 111,10

Warnung vor Verführern

8 *Mein Sohn, gehorche der Zucht deines
Vaters und verlaß nicht das Gebot deiner
9 Mutter;[a] denn das ist ein schöner
Schmuck für dein Haupt und eine Kette
an deinem Halse.*
10 *Mein Sohn, wenn [b]dich die bösen Bu-
11 ben locken, so folge nicht.* Wenn sie sa-
gen: »Geh mit uns! Wir wollen auf Blut
lauern und den Unschuldigen nachstel-
12 len ohne Grund; wir wollen sie ver-
schlingen wie das Totenreich die Le-
bendigen, und die Frommen sollen sein
wie die, welche hinunter in die Grube
13 fahren; wir wollen kostbares Gut fin-
den, wir wollen unsre Häuser mit Raub
14 füllen; wage es mit uns! *Einen* Beutel
15 nur soll es für uns alle geben«: mein
Sohn, wandle den Weg nicht mit ihnen,
halte deinen Fuß fern von ihrem Pfad;
16 denn ihre Füße laufen zum Bösen und
17 eilen, Blut zu vergießen. Man spannt
das Netz vor den Augen der Vögel,
doch lassen sie sich nicht warnen; so 18
lauern jene auf ihr eigenes Blut und
trachten sich selbst nach dem Leben.
So geht es allen, die nach unrechtem 19
Gewinn trachten; er nimmt ihnen das
Leben.

a Kap 6,20; 13,1; 5.Mose 21,18-21 *b* Kap 16,29; 5.Mose 13,7-9

Die Bußpredigt der Weisheit

[a]Die Weisheit ruft laut auf der Straße 20
und läßt ihre Stimme hören auf den
Plätzen. Sie ruft im lautesten Getüm- 21
mel, am Eingang der Tore, sie redet
ihre Worte in der Stadt: Wie lange 22
wollt ihr Unverständigen unverständig
sein und ihr Spötter Lust zu Spötterei
haben und ihr Toren die Erkenntnis
hassen? Kehret euch zu meiner Zu- 23
rechtweisung! Siehe, ich will über euch
strömen lassen meinen Geist und euch
meine Worte kundtun.
Wenn ich aber rufe und ihr euch wei- 24
gert, wenn ich [b]meine Hand ausstrecke
und niemand darauf achtet, wenn ihr 25
fahren laßt all meinen Rat und meine
Zurechtweisung nicht wollt: dann will 26
ich auch lachen bei eurem Unglück und
euer spotten, wenn da kommt, was ihr
fürchtet;[c] wenn über euch kommt wie 27
ein Sturm, was ihr fürchtet, und euer
Unglück wie ein Wetter; wenn über
euch Angst und Not kommt. Dann 28
werden sie nach mir rufen, aber ich
werde nicht antworten; sie werden
mich suchen und nicht finden.[d] Weil 29
sie die Erkenntnis haßten und die
Furcht des HERRN nicht erwählten,
meinen Rat nicht wollten und all meine 30
Zurechtweisung verschmähten, darum 31
sollen sie [e]essen von den Früchten ihres
Wandels und satt werden an ihren Rat-
schlägen. Denn den Unverständigen 32
bringt ihre Abkehr den Tod, und die
Toren bringt ihre Sorglosigkeit um;

33 wer aber mir gehorcht, wird sicher
wohnen und ohne Sorge sein und kein
Unglück fürchten.

a (20 und 21) Kap 8,1-3 *b* Jes 65,2.12
c 5.Mose 28,63 *d* Jes 59,2; Mi 3,4 *e* Jes 3,10.11

Die Weisheit bewahrt vor dem Verderben

2 Mein Sohn, wenn du meine Rede an-
2 nimmst und meine Gebote behältst, so
daß dein Ohr auf Weisheit achthat, und
3 du dein Herz der Einsicht zuneigst, [a] ja,
wenn du nach Vernunft rufst und deine
4 Stimme nach Einsicht erhebst, wenn
du sie suchst wie Silber und nach ihr
5 forschest wie nach Schätzen: dann
wirst du die Furcht des HERRN verste-
hen und die Erkenntnis Gottes finden.
6 Denn [b] der HERR gibt Weisheit, und aus
seinem Munde kommt Erkenntnis und
7 Einsicht. *Er läßt es den Aufrichtigen ge-*
8 *lingen und* [c] *beschirmt die Frommen.* Er
behütet, die recht tun, und bewahrt den
9 Weg seiner Frommen. Dann wirst du
verstehen Gerechtigkeit und Recht und
Frömmigkeit und jeden guten Weg.
10 Denn [d] Weisheit wird in dein Herz
eingehen, und Erkenntnis wird deiner
11 Seele lieblich sein, Besonnenheit wird
dich bewahren und Einsicht dich behü-
12 ten, – daß du nicht geratest auf den
Weg der Bösen noch unter Leute, die
13 Falsches reden, die da verlassen die
rechte Bahn und gehen finstere Wege,
14 die sich freuen, Böses zu tun, und sind
15 fröhlich über böse Ränke, die krumme
Wege gehen und auf Abwege kommen,
16 – daß du nicht geratest an die Frau
eines andern, an eine Fremde, die glatte
17 Worte gibt und verläßt den Gefährten
ihrer Jugend und vergißt den Bund ih-
18 res Gottes; denn ihr Haus neigt sich
zum Tode und ihre Wege zum Ort der
19 Toten; alle, die zu ihr eingehen, kom-
men nicht wieder und erreichen den
20 Weg des Lebens nicht, – daß du wan-
delst auf dem Wege der Guten und
bleibst auf der Bahn der Gerechten;
21 denn die Gerechten werden im Lande
wohnen und die Frommen darin blei-
22 ben,[e] aber die [f] Gottlosen werden aus
dem Land ausgerottet und die Treu-
losen daraus vertilgt.

a (3-6) Jak 1,5 *b* Dan 2,20-23 *c* Ps 7,11
d 1.Kor 1,30 *e* Ps 37,9; Mt 5,5 *f* Ps 37,10

Vom Segen der Gottesfurcht und Weisheit

3 [a] Mein Sohn, vergiß meine Weisung
nicht, und dein Herz behalte meine
Gebote, denn sie werden dir langes 2
Leben bringen und gute Jahre und
Frieden; Gnade und Treue sollen dich 3
nicht verlassen. [b] Hänge meine Ge-
bote an deinen Hals und [c] schreibe sie
auf die Tafel deines Herzens, so wirst 4
du Freundlichkeit und Klugheit
erlangen, die Gott und den Menschen
gefallen.
Verlaß dich auf den HERRN *von gan-* 5
zem Herzen, und verlaß dich nicht auf
deinen Verstand, sondern gedenke an ihn 6
in allen deinen Wegen, so wird er dich
recht führen. [d] Dünke dich nicht weise 7
zu sein, sondern fürchte den HERRN
und weiche vom Bösen. Das wird dei- 8
nem Leibe heilsam sein und deine Ge-
beine erquicken.
Ehre den HERRN mit deinem Gut 9
und mit den [e] Erstlingen all deines Ein-
kommens, so werden deine Scheunen 10
voll werden und deine Kelter von Wein
überlaufen.
[f] *Mein Sohn,* [g] *verwirf die Zucht des* 11
HERRN *nicht und sei nicht ungeduldig,*
wenn er dich zurechtweist; denn wen der 12
HERR *liebt, den* [h] *weist er zurecht, und hat*
doch Wohlgefallen an ihm wie ein Vater
am Sohn.
Wohl dem Menschen, der Weisheit 13
erlangt, und dem Menschen, der Ein-
sicht gewinnt! Denn es ist besser, *sie* zu 14
erwerben, als Silber, und ihr Ertrag ist
besser als Gold.[i] Sie ist edler als Perlen, 15
und alles, was du wünschen magst, ist
ihr nicht zu vergleichen. Langes Leben 16
ist in ihrer rechten Hand, in ihrer Lin-
ken ist Reichtum und Ehre. Ihre Wege 17
sind liebliche Wege, und alle ihre Stei-
ge sind Frieden. Sie ist ein [j] Baum des 18
Lebens allen, die sie ergreifen, und
glücklich sind, die sie festhalten.
[k] Der HERR hat die Erde durch Weis- 19
heit gegründet und nach seiner Ein-
sicht die Himmel bereitet. Kraft seiner 20
Erkenntnis quellen die Wasser der Tie-
fe hervor und triefen die Wolken von
Tau. Mein Sohn, laß sie nicht aus dei- 21
nen Augen weichen, bewahre Umsicht
und Klugheit! Das wird Leben sein für 22
dein Herz und ein Schmuck für deinen
Hals. Dann wirst du sicher wandeln auf 23
deinem Wege, so daß dein Fuß sich
nicht stoßen wird. Legst du dich, so 24
wirst du dich nicht fürchten, und liegst
du, so wirst du süß schlafen.[l] Fürchte 25
dich nicht vor plötzlichem Schrecken
noch vor dem Verderben der Gottlo-
sen, wenn es über sie kommt; denn 26
[m] der HERR ist deine Zuversicht; er be-

hütet deinen Fuß, daß er nicht gefan-
gen werde.

a (1 und 2) 3.Mose 18,5 *b* 5.Mose 6,8 *c* Jer 31,33 *d* Jes 5,21 *e* 2.Mose 23,19 *f (11 und 12)* Hebr 12,5.6 *g* Hiob 5,17-19 *h* 1.Kor 11,32; Offb 3,19 *i* Kap 8,10 *j* Kap 11,30; 13,12; 15,4 *k (19 und 20)* Kap 8,22-31 *l* Ps 3,6 *m* Kap 10,29

Ermahnung zum Wohltun und zur Friedfertigkeit

27 Weigere dich nicht, dem Bedürftigen
Gutes zu tun, wenn deine Hand es ver-
28 mag. Sprich nicht zu deinem Näch-
sten: Geh hin und komm wieder; mor-
gen will ich dir geben –, wenn du es
doch hast.
29 Trachte nicht nach Bösem gegen dei-
nen Nächsten, der arglos bei dir wohnt.
30 Geh nicht mutwillig mit jemand vor
Gericht, wenn er dir kein Leid getan
31 hat. Sei nicht neidisch auf den Gewalt-
tätigen und erwähle seiner Wege kei-
32 nen, denn wer auf Abwegen geht, ist
dem HERRN ein Greuel, aber [a]den
Frommen ist er Freund.
33 Im Hause des Gottlosen ist der
Fluch des HERRN, aber das Haus der
34 Gerechten wird gesegnet. Er wird der
Spötter spotten, aber [b]den Demütigen
35 wird er Gnade geben. Die Weisen wer-
den Ehre erben, aber die Toren werden
Schande davontragen.

a Ps 25,14 *b* 1.Petr 5,5

Väterliche Mahnung

4 Höret, meine Söhne, die Mahnung eu-
res Vaters; merkt auf, daß ihr lernet
2 und klug werdet! Denn ich gebe euch
eine gute Lehre; verlaßt meine Wei-
3 sung nicht. Denn als ich noch Kind in
meines Vaters Hause war, ein zartes,
das einzige unter der Obhut meiner
4 Mutter, da lehrte er mich und sprach:
Laß dein Herz meine Worte aufneh-
men; [a]halte meine Gebote, so wirst du
5 leben. Erwirb Weisheit, erwirb Ein-
sicht; vergiß sie nicht und weiche nicht
6 von der Rede meines Mundes; verlaß
sie nicht, so wird sie dich bewahren;
liebe sie, so wird sie dich behüten.
7 Denn der Weisheit Anfang ist: Erwirb
Weisheit, und erwirb Einsicht mit al-
8 lem, was du hast. Achte sie hoch, so
wird sie dich erhöhen und wird dich zu
9 Ehren bringen, wenn du sie herzest. Sie
wird dein Haupt schön schmücken und
wird dich zieren mit einer prächtigen
Krone.
10 Höre, mein Sohn, und nimm an mei-
ne Rede, so [b]werden deine Jahre viel
11 werden. Ich will dich den Weg der
Weisheit führen; ich will dich auf rech-
ter Bahn leiten, daß, wenn du gehst, 12
dein Gang dir nicht sauer werde, und
wenn du läufst, du nicht strauchelst.
Bleibe in der Unterweisung, laß nicht 13
ab davon; bewahre sie, denn sie ist dein
Leben. Komm nicht auf den Pfad der 14
Gottlosen und tritt nicht auf den Weg
der Bösen.[c] Laß ihn liegen und geh 15
nicht darauf; weiche von ihm und geh
vorüber. Denn jene können nicht schla- 16
fen, wenn sie nicht übel getan, und [d]sie
ruhen nicht, wenn sie nicht Schaden
getan. Sie nähren sich vom Brot des 17
Frevels und trinken vom Wein der Ge-
walttat. – *Der Gerechten Pfad glänzt wie* 18
das Licht am Morgen, das immer heller
leuchtet bis zum vollen Tag. [e]Der Gott- 19
losen Weg aber ist wie das Dunkel; sie
wissen nicht, wodurch sie zu Fall kom-
men werden.
Mein Sohn, merke auf meine Rede 20
und neige dein Ohr zu meinen Worten.
Laß sie dir nicht aus den Augen kom- 21
men; behalte sie in deinem Herzen,
denn sie sind das Leben denen, die sie 22
finden, und [f]heilsam ihrem ganzen
Leibe. Behüte dein Herz mit allem 23
Fleiß, denn daraus quillt das Leben.
Tu von dir die Falschheit des Mundes 24
und sei kein Lästermaul. Laß [g]deine 25
Augen stracks vor sich sehen und dei-
nen Blick geradeaus gerichtet sein. Laß 26
deinen Fuß auf ebener Bahn gehen,
und [h]alle deine Wege seien gewiß.
[i]Weiche weder zur Rechten noch zur 27
Linken; wende deinen Fuß vom Bösen.

a 3.Mose 18,5 *b* Kap 3,2 *c* Ps 1,1 *d* Ps 36,5; Mi 2,1 *e* Kap 24,20 *f* Kap 3,8 *g* Kap 17,24 *h* Hebr 12,13 *i* Jos 1,7

Warnung vor der Verführerin

Mein Sohn, merke auf meine Weisheit; **5**
neige dein Ohr zu meiner Lehre, daß 2
du behaltest guten Rat und dein Mund
wisse Erkenntnis zu bewahren! [a]Denn 3
die Lippen der fremden Frau sind süß
wie Honigseim, und ihre Kehle ist glat-
ter als Öl, hernach aber ist sie bitter wie 4
Wermut und scharf wie ein zweischnei-
diges Schwert. Ihre Füße laufen zum 5
Tode hinab; ihre Schritte führen ins
Totenreich, daß du den Weg des Le- 6
bens nicht wahrnimmst; haltlos sind
ihre Tritte, und du merkst es nicht.
So gehorchet mir nun, meine Söhne, 7
und weicht nicht von der Rede meines
Mundes. Laß deine Wege ferne von ihr 8
sein und nahe nicht zur Tür ihres Hau-
ses, daß du nicht andern gebest deine 9

Kraft und deine Jahre einem Unbarm-
10 herzigen; daß sich nicht Fremde von
deinem Vermögen sättigen und, was du
mühsam erworben, nicht komme in
11 eines andern Haus, und müssest her-
nach seufzen, wenn dir Leib und Leben
12 vergehen, und sprechen: »Ach wie
konnte ich die Zucht hassen, und wie
konnte mein Herz die Warnung ver-
13 schmähen, daß ich nicht gehorchte der
Stimme meiner Lehrer und mein Ohr
nicht kehrte zu denen, die mich lehr-
14 ten! Ich wäre fast ganz ins Unglück ge-
kommen vor allen Leuten und allem
Volk.«[b]

15 Trinke Wasser aus *deiner* Zisterne
und was quillt aus *deinem* Brunnen.
16 Sollen deine Quellen herausfließen auf
die Straße und deine Wasserbäche auf
17 die Gassen? Habe du sie allein, und
18 kein Fremder mit dir. Dein Born sei ge-
segnet, und [c]freue dich des Weibes dei-
19 ner Jugend. Sie ist lieblich wie eine Ga-
zelle und holdselig wie ein Reh. Laß
dich von ihrer Anmut allezeit sättigen
und ergötze dich allewege an ihrer Lie-
be.

20 Mein Sohn, warum willst du dich an
der Fremden ergötzen und herzest eine
21 andere? *Denn eines jeden Wege liegen of-
fen vor dem* HERRN, *und er hat acht auf*
22 *aller Menschen Gänge.* Den Gottlosen
werden seine Missetaten fangen, und er
wird mit den Stricken seiner Sünde ge-
23 bunden. Er wird sterben, weil er Zucht
nicht wollte, und um seiner großen
Torheit willen wird er hingerafft wer-
den.

a (3-6) Kap 1,16-19 *b* 5.Mose 22,28.29
c Pred 9,9

Warnung vor Bürgschaften, vor Faulheit und Falschheit

6 [a]Mein Sohn, hast du gebürgt für dei-
nen Nächsten und hast du Handschlag
2 gegeben für einen andern, und bist du
gebunden durch deine Worte und ge-
3 fangen in der Rede deines Mundes, so
tu doch dies, mein Sohn, damit du wie-
der frei werdest, denn du bist in deines
Nächsten Hand: Geh hin, dränge und
4 bestürme deinen Nächsten! Laß deine
Augen nicht schlafen noch deine Au-
5 genlider schlummern. Errette dich wie
ein Reh aus der Schlinge und wie ein
Vogel aus der Hand des Fängers.

6 *Geh hin zur Ameise, du Fauler, sieh an*
7 *ihr Tun und lerne von ihr!*[b] *Wenn sie*
auch keinen Fürsten noch Hauptmann
8 *noch Herrn hat, so bereitet sie doch ihr*
Brot im Sommer und sammelt ihre Speise
in der Ernte. Wie lange liegst du, Fau- 9
ler? Wann willst du aufstehen von dei-
nem Schlaf? [c]Ja, schlafe noch ein we- 10
nig, schlummre ein wenig, schlage die
Hände ineinander ein wenig, daß du
schlafest, so wird dich die Armut über- 11
eilen wie ein Räuber und der Mangel
wie ein gewappneter Mann.

Ein heilloser Mensch, ein nichtswür- 12
diger Mann, wer einhergeht mit [d]trü-
gerischem Munde, wer [e]winkt mit den 13
Augen, gibt Zeichen mit den Füßen,
zeigt mit den Fingern, trachtet nach 14
Bösem und Verkehrtem in seinem Her-
zen und richtet allezeit Hader an. Dar- 15
um wird plötzlich sein Verderben über
ihn kommen, und er wird schnell zer-
schmettert werden, und keine Hilfe ist
da.

Diese sechs Dinge haßt der HERR, 16
diese sieben sind ihm ein Greuel: stolze 17
Augen, falsche Zunge, Hände, die un-
schuldiges Blut vergießen, ein Herz, 18
das arge Ränke schmiedet, Füße, die
behende sind, Schaden zu tun, ein fal- 19
scher Zeuge, der frech Lügen redet,
und wer Hader zwischen Brüdern an-
richtet.

a (1 und 2) Kap 11,15; 20,16; 22,26 *b* Kap 10,4; 20,4 *c (10 und 11)* Kap 24,33.34 *d* Kap 10,31.32 *e* Kap 10,10

Warnung vor Ehebruch

Mein Sohn, bewahre das Gebot deines 20
Vaters und laß nicht fahren die Wei-
sung deiner Mutter.[a] Binde sie dir aufs 21
Herz allezeit und hänge sie um deinen
Hals, daß sie dich geleiten, wenn du 22
gehst; daß sie dich bewachen, wenn du
dich legst; [b]daß sie zu dir sprechen,
wenn du aufwachst. Denn das Gebot ist 23
eine Leuchte und die Weisung ein
Licht, und die Vermahnung ist der
Weg des Lebens, auf daß du bewahrt 24
werdest vor der Frau deines Nächsten,
vor der glatten Zunge der Fremden.[c]
Laß dich nach ihrer Schönheit nicht 25
gelüsten in deinem Herzen, und laß
dich nicht fangen durch ihre Augenli-
der. Denn eine Hure bringt einen nur 26
ums Brot, aber eines andern Ehefrau
um das kostbare Leben. Kann auch je- 27
mand ein Feuer unterm Gewand tra-
gen, ohne daß seine Kleider brennen?
Oder könnte jemand auf Kohlen gehen, 28
ohne daß seine Füße verbrannt wür-
den? So geht es dem, der zu seines 29
Nächsten Frau geht; es bleibt keiner
ungestraft, der sie berührt.[d] Es ist für 30

einen Dieb nicht so schmachvoll, wenn
er stiehlt, um seine Gier zu stillen, weil
31 ihn hungert; wenn er ergriffen wird,
[e] ersetzt er's siebenfach und gibt her al-
32 les Gut seines Hauses. Aber wer mit
einer Verheirateten die Ehe bricht, der
ist von Sinnen; wer sein Leben ins Ver-
33 derben bringen will, der tut das. Schlä-
ge und Schande treffen ihn, und seine
34 Schmach ist nicht zu tilgen. Denn Ei-
fersucht erweckt den Grimm des Man-
nes, und er schont nicht am Tage der
35 Vergeltung und achtet kein Sühnegeld
und nimmt nichts an, wenn du auch
viel schenken wolltest.

7 Mein Sohn, behalte meine Rede und
2 verwahre meine Gebote bei dir. *Behalte*
meine Gebote, so wirst du leben, und hüte
3 *meine Weisung wie deinen Augapfel.* Bin-
de sie an deine Finger, schreibe sie auf
4 die Tafel deines Herzens. Sprich zur
Weisheit: Du bist meine Schwester,
und nenne die Klugheit deine Freun-
5 din, daß sie dich behüte vor der Frau
des andern, vor der Fremden, die glatte
Worte gibt.

6 Denn am Fenster meines Hauses
7 guckte ich durchs Gitter und sah einen
unter den Unverständigen und erblick-
te unter den jungen Leuten einen tö-
8 richten Jüngling. Der ging über die
Gasse zu ihrer Ecke und schritt daher
9 auf dem Wege zu ihrem Hause in der
Dämmerung, am Abend des Tages, als
10 es Nacht wurde und dunkel war. Und
siehe, da begegnete ihm eine Frau im
11 Hurengewand, listig, wild und unbän-
dig, daß ihre Füße nicht in ihrem
12 Hause bleiben können. Jetzt ist sie
draußen, jetzt auf der Gasse und lauert
13 an allen Ecken. Und sie erwischt ihn
und küßt ihn, wird dreist und spricht:
14 »Ich hatte [f] Dankopfer zu bringen, heu-
15 te habe ich meine Gelübde erfüllt. Dar-
um bin ich ausgegangen, dir entgegen,
um nach dir zu suchen, und habe dich
16 gefunden. Ich habe mein Bett schön ge-
schmückt mit bunten Decken aus
17 Ägypten. Ich habe mein Lager mit
Myrrhe besprengt, mit Aloe und Zimt.
18 Komm, laß uns kosen bis an den Mor-
gen und laß uns die Liebe genießen.
19 Denn der Mann ist nicht daheim, er ist
20 auf eine weite Reise gegangen. Er hat
den Geldbeutel mit sich genommen; er
wird erst zum Vollmond wieder heim-
21 kommen.« Sie überredet ihn mit vielen
Worten und gewinnt ihn mit ihrem
22 glatten Munde. Er folgt ihr alsbald
nach, wie ein Stier zur Schlachtbank
geführt wird, und wie ein Hirsch, der
ins Netz rennt, bis ihm der Pfeil die Le- 23
ber spaltet; wie ein Vogel zur Schlinge
eilt und weiß nicht, daß es das Leben
gilt.

So höret nun auf mich, mein Söhne, 24
und merket auf die Rede meines Mun-
des. Laß dein Herz nicht abweichen auf 25
ihren Weg und irre nicht ab auf ihre
Bahn. Denn zahlreich sind die Erschla- 26
genen, die sie gefällt hat, und viele sind,
die sie getötet hat. Ihr Haus ist der Weg 27
ins Totenreich, da man hinunterfährt
in des Todes Kammern.

a Kap 1,8 *b* Ps 119,172 *c* Kap 2,16
d Kap 5,8-14 *e* 2.Mose 21,37 *f* 3.Mose 7,15-17

Einladung und Verheißung der Weisheit

[a] Ruft nicht die Weisheit, und läßt nicht **8**
die Klugheit sich hören? Öffentlich am 2
Wege steht sie und an der Kreuzung
der Straßen; an den Toren am Ausgang 3
der Stadt und am Eingang der Pforte
ruft sie: O ihr Männer, euch rufe ich 4
und erhebe meine Stimme zu den Men-
schenkindern! Merkt, ihr Unverstän- 5
digen, auf Klugheit, und ihr Toren,
nehmet Verstand an! Hört, denn ich 6
rede, was edel ist, und meine Lippen
sprechen, was recht ist. Denn mein 7
Mund redet die Wahrheit, und meine
Lippen hassen, was gottlos ist. Alle Re- 8
den meines Mundes sind gerecht, es ist
nichts Verkehrtes noch Falsches darin.
Sie sind alle recht für die Verständigen 9
und richtig denen, die Erkenntnis ge-
funden haben. Nehmt meine Zucht an 10
lieber als Silber und achtet Erkenntnis
höher als kostbares Gold.[b] Denn Weis- 11
heit ist besser als Perlen, und alles, was
man wünschen mag, kann ihr nicht
gleichen.

Ich, die Weisheit, wohne bei der 12
Klugheit und weiß guten Rat zu geben.
Die Furcht des HERRN haßt das Arge; 13
Hoffart und Hochmut, bösem Wandel
und falschen Lippen bin ich feind.
Mein ist beides, Rat und Tat, ich habe 14
Verstand und Macht. Durch mich re- 15
gieren die Könige und setzen die Rats-
herren das Recht.[c] Durch mich herr- 16
schen die Fürsten und die Edlen rich-
ten auf Erden. *Ich liebe, die mich lieben,* 17
und die mich suchen, finden mich. Reich- 18
tum und Ehre ist bei mir, bleibendes
Gut und Gerechtigkeit. Meine Frucht 19
ist besser als Gold und feines Gold, und
mein Ertrag besser als erlesenes Silber.
Ich wandle auf dem Wege der Gerech- 20

tigkeit, mitten auf der Straße des
21 Rechts, daß ich versorge mit Besitz, die
mich lieben, und ihre Schatzkammern
fülle.

a (1-3) Kap 1,20-23 *b* Kap 3,14 *c* Kap 16,12

Die Weisheit als Gottes Liebling

22 [a]Der HERR hat mich schon gehabt im
Anfang seiner Wege, ehe er etwas
23 schuf, von Anbeginn her. Ich bin ein-
gesetzt von Ewigkeit her, im Anfang,
24 ehe die Erde war. Als die Meere noch
nicht waren, ward ich geboren, als die
Quellen noch nicht waren, die von
25 Wasser fließen. Ehe denn die Berge
eingesenkt waren, vor den Hügeln ward
26 ich geboren, als er die Erde noch nicht
gemacht hatte noch die Fluren darauf
27 noch die Schollen des Erdbodens. Als
er die Himmel bereitete, war ich da, als
er den Kreis zog über den Fluten der
28 Tiefe, als er die Wolken droben mäch-
tig machte, als er stark machte die
29 Quellen der Tiefe, als er [b]dem Meer
seine Grenze setzte und den Wassern,
daß sie nicht überschreiten seinen Be-
fehl; als er die Grundfesten der Erde
30 legte, da war ich als sein Liebling* bei
ihm; ich war seine Lust täglich und
31 spielte vor ihm allezeit; ich spielte auf
seinem Erdkreis und hatte meine Lust
an den Menschenkindern.

32 So hört nun auf mich, meine Söhne!
Wohl denen, die meine Wege einhal-
33 ten! Höret die Mahnung und werdet
weise und schlagt sie nicht in den
34 Wind! Wohl dem Menschen, der mir
gehorcht, daß er wache an meiner Tür
täglich, daß er hüte die Pfosten meiner
35 Tore! Wer mich findet, der findet das
Leben und erlangt Wohlgefallen vom
36 HERRN. Wer aber mich verfehlt, zer-
stört sein Leben; alle, die mich hassen,
lieben den Tod.

a (22-31) Hiob 28,23-28 *b* Ps 104,9
*Vers 30: Luther übersetzte im Anschluß an die griechische und lateinische Bibel »der Werkmeister«.

Weisheit und Torheit laden zum Mahle

9 Die Weisheit hat ihr Haus gebaut und
2 ihre sieben Säulen behauen. Sie hat ihr
Vieh geschlachtet, ihren Wein ge-
3 mischt und ihren Tisch bereitet und
sandte ihre Mägde aus, zu rufen oben
4 auf den Höhen der Stadt: »Wer noch
unverständig ist, der kehre hier ein!«,
5 und zum Toren spricht sie: »Kommt,
esset von meinem Brot und trinkt von
6 dem Wein, den ich gemischt habe! Ver-
lasset die Torheit, so werdet ihr leben,
und geht auf dem Wege der Klugheit.«
– Wer den Spötter belehrt, der trägt 7
Schande davon, und wer den Gottlosen
zurechtweist, holt sich Schmach. Rüge 8
nicht den Spötter, daß er dich nicht
hasse; rüge den Weisen, der wird dich
lieben. Gib dem Weisen, so wird er 9
noch weiser werden; lehre den Gerech-
ten, so wird er in der Lehre zuneh-
men.[a] – [b]*Der Weisheit Anfang ist die* 10
Furcht des HERRN, *und den Heiligen er-*
kennen, das ist Verstand. Denn durch 11
mich werden deine Tage viel werden
und die Jahre deines Lebens sich meh-
ren. Bist du weise, so bist du's dir zu- 12
gut; bist du ein Spötter, so mußt du's
allein tragen.

Frau Torheit ist ein unbändiges 13
Weib, verführerisch, und weiß nichts
von Scham. Sie sitzt vor der Tür ihres 14
Hauses auf einem Thron auf den Hö-
hen der Stadt, einzuladen alle, die vor- 15
übergehen und richtig auf ihrem Wege
wandeln: »Wer noch unverständig ist, 16
der kehre hier ein!«, und zum Toren
spricht sie: »Gestohlenes Wasser ist 17
süß, und heimliches Brot schmeckt
fein.«[c] Er weiß aber nicht, daß dort nur 18
die Schatten wohnen, daß ihre Gäste in
der Tiefe des Todes hausen.

a Mt 13,12 *b* Kap 1,7 *c* Kap 20,17

Salomos Lehren von Weisheit und Frömmigkeit

Dies sind die Sprüche Salomos. 10
[a]Ein weiser Sohn ist seines Vaters
Freude; aber ein törichter Sohn ist sei-
ner Mutter Grämen. Unrecht Gut hilft 2
nicht; aber Gerechtigkeit errettet vom
Tode. Der HERR läßt [b]den Gerechten 3
nicht Hunger leiden; aber die Gier der
Gottlosen stößt er zurück. Lässige 4
Hand macht arm; aber [c]der Fleißigen
Hand macht reich. Wer im Sommer 5
sammelt, ist ein kluger Sohn; wer aber
in der Ernte schläft, macht seinen El-
tern Schande. Segen ruht auf dem 6
Haupt des Gerechten; aber auf die
Gottlosen wird ihr Frevel fallen. Das 7
Andenken des Gerechten bleibt im Se-
gen; aber [d]der Name der Gottlosen
wird verwesen. Wer weisen Herzens ist, 8
nimmt Gebote an; wer aber ein Nar-
renmaul hat, kommt zu Fall. Wer in 9
Unschuld lebt, der lebt sicher; wer aber
verkehrte Wege geht, wird ertappt wer-
den. Wer mit den Augen winkt, schafft 10
Verdruß, und wer ein Narrenmaul hat,
kommt zu Fall.[e] Des Gerechten Mund 11

ist ein Brunnen des Lebens; aber auf
die Gottlosen wird ihr Frevel fallen.
12 *Haß erregt Hader; aber [f]Liebe deckt alle*
13 *Übertretungen zu.* Auf den Lippen des
Verständigen findet man Weisheit;
aber auf den Rücken des Unverständi-
14 gen gehört eine Rute. Die Weisen hal-
ten mit ihrem Wissen zurück; aber der
Toren Mund führt schnell zum Ver-
15 derben. [g]Die Habe des Reichen ist sei-
ne feste Stadt; aber das Verderben der
16 Geringen ist ihre Armut. Dem Gerech-
ten gereicht sein Erwerb zum Leben,
aber dem Gottlosen sein Einkommen
17 zur Sünde. Zucht bewahren ist der
Weg zum Leben; wer aber Zurechtwei-
18 sung nicht achtet, geht in die Irre. Fal-
sche Lippen bergen Haß, und wer ver-
19 leumdet, ist ein Tor. *Wo viel Worte*
sind, da geht's ohne Sünde nicht ab; wer
aber seine Lippen im Zaum hält, ist klug.
20 Des Gerechten Zunge ist kostbares Sil-
ber; aber der Gottlosen Verstand ist
21 wie nichts. Des Gerechten Lippen er-
quicken viele; aber die Toren werden
22 an ihrer Torheit sterben. Der Segen des
HERRN allein macht reich, und nichts
23 tut eigene Mühe hinzu.[h] Ein Tor hat
Lust an Schandtat, aber der einsichtige
24 Mann an Weisheit. *Was [i]der Gottlose*
fürchtet, das wird ihm begegnen; und was
[j]die Gerechten begehren, wird ihnen gege-
25 *ben.* Wenn das Wetter daherfährt, ist
der Gottlose nicht mehr; der Gerechte
26 aber besteht ewiglich.[k] Wie Essig den
Zähnen und Rauch den Augen tut, so
tut der Faule denen, die ihn senden.
27 Die Furcht des HERRN mehrt die Tage;
aber die Jahre der Gottlosen werden
28 verkürzt. *Das [l]Warten der Gerechten*
wird Freude werden; aber [m]der Gottlosen
29 *Hoffnung wird verloren sein.* Das [n]Wal-
ten des Herrn ist des Frommen Zu-
flucht; aber für den Übeltäter ist es
30 Verderben. Der Gerechte wird nim-
mermehr wanken; aber [o]die Gottlosen
31 werden nicht im Lande bleiben. [p]Aus
dem Munde des Gerechten sprießt
Weisheit; aber die falsche Zunge wird
32 ausgerottet. Die Lippen der Gerechten
lehren heilsame Dinge; aber der Gott-
losen Mund ist Falschheit.

a Kap 15,20 *b* Ps 37,19.25 *c* Kap 6,6
d Hiob 18,17; Ps 9,6 *e* Kap 6,12.13 *f* 1.Petr 4,8
g Kap 18,11 *h* Ps 127,2 *i* Kap 1,27 *j* Ps 37,4
k Kap 12,7 *l* Ps 9,19 *m* Hiob 8,13 *n* Kap 3,26
o Kap 2,22 *p* Ps 37,30

11 Falsche Waage ist dem HERRN ein
Greuel; aber [a]ein volles Gewicht ist
2 sein Wohlgefallen. Wo [b]Hochmut ist,
da ist auch Schande; aber Weisheit ist
bei den Demütigen. Ihre Unschuld 3
wird die Frommen leiten; aber ihre
Falschheit wird die Verächter verder-
ben. [c]Reichtum hilft nicht am Tage 4
des Zorns; aber [d]Gerechtigkeit erret-
tet vom Tode. Die Gerechtigkeit des 5
Frommen macht seinen Weg eben;
aber der Gottlose wird fallen durch sei-
ne Gottlosigkeit. Die Gerechtigkeit der 6
Frommen wird sie erretten; aber die
Verächter werden gefangen durch ihre
Gier. Wenn [e]der gottlose Mensch 7
stirbt, ist seine Hoffnung verloren, und
das Harren der Ungerechten wird zu-
nichte. Der Gerechte wird aus der Not 8
erlöst, und der Gottlose kommt an sei-
ne Statt. Durch den Mund des Gottes- 9
verächters wird sein Nächster ver-
derbt; aber die Gerechten werden
durch Erkenntnis errettet. Eine Stadt 10
freut sich, wenn's den Gerechten wohl-
geht, und wenn die Gottlosen umkom-
men, wird man froh. Durch den Segen 11
der Frommen kommt eine Stadt hoch;
aber durch den Mund der Gottlosen
wird sie niedergerissen.[f] Wer [g]seinen 12
Nächsten schmäht, ist ein Tor; aber ein
verständiger Mann schweigt stille. *Ein* 13
Verleumder verrät, was er heimlich weiß;
aber wer getreuen Herzens ist, verbirgt es.
Wo nicht weiser Rat ist, da geht das 14
Volk unter; wo aber viele Ratgeber
sind, findet sich Hilfe. Wer für einen 15
andern [h]bürgt, der wird Schaden ha-
ben; wer aber sich hütet, Bürge zu sein,
geht sicher. Ein holdseliges Weib er- 16
langt Ehre; aber eine Schande ist ein
Weib, das Redlichkeit haßt. Den Fau-
len wird es mangeln an Hab und Gut,
die Fleißigen aber erlangen Reichtum.*
Ein barmherziger Mann nützt auch 17
sich selber; aber ein herzloser schneidet
sich ins eigene Fleisch. Der Gottlosen 18
Arbeit bringt trügerischen Gewinn;
aber wer Gerechtigkeit sät, hat sicheren
Lohn. Gerechtigkeit [i]führt zum Le- 19
ben; aber dem Bösen nachjagen führt
zum Tode. Falsche Herzen sind dem 20
HERRN ein Greuel; aber Wohlgefallen
hat er an den Frommen. Die Hand dar- 21
auf: Der Böse bleibt nicht ungestraft;
aber der Gerechten Geschlecht wird
errettet werden. Ein schönes Weib 22
ohne Zucht ist wie eine Sau mit einem
goldenen Ring durch die Nase.[j] Der 23
Gerechten Wunsch führt zu lauter Gu-
tem; aber der Gottlosen Hoffen führt
zum Tage des Zorns. [k]*Einer teilt reich-* 24
lich aus und hat immer mehr; ein andrer

kargt, wo er nicht soll, und wird doch är-
25 *mer. Wer reichlich gibt, wird gelabt, und*
wer reichlich tränkt, der wird auch ge-
26 *tränkt werden.* Wer Korn zurückhält,
dem fluchen die Leute; aber Segen
27 kommt über den, der es verkauft. Wer
nach Gutem strebt, trachtet nach Got-
tes Wohlgefallen; wer aber das Böse
28 sucht, dem wird es begegnen. Wer sich
auf seinen Reichtum verläßt, der wird
untergehen; aber die Gerechten wer-
29 den grünen wie das Laub.[l] Wer sein ei-
genes Haus in Verruf bringt, wird
Wind erben, und ein Tor muß des Wei-
30 sen Knecht werden. Die Frucht der
Gerechtigkeit ist [m]ein Baum des Le-
bens; aber Gewalttat nimmt das Leben
31 weg. Siehe, dem Gerechten wird ver-
golten auf Erden, wieviel mehr dem
Gottlosen und Sünder![n]

a 3.Mose 19,35.36 *b* Kap 16,18 *c* Lk 12,20
d Kap 10,2 *e* Kap 10,28 *f* Kap 28,12 *g* Ps 15,3
h Kap 6,1.2 *i* Kap 19,23 *j* Kap 31,30
k (24 und 25) Mt 25,29; 2.Kor 9,6 *l* Ps 52,9.10
m Kap 3,18 *n* 1.Petr 4,17.18
*Vers 16: Vervollständigt aus der griechischen Bibel.

12 Wer [a]Zucht liebt, der wird klug;
aber wer [b]Zurechtweisung haßt, der
2 bleibt dumm. Wer fromm ist, der er-
langt Wohlgefallen vom HERRN; aber
den Heimtückischen verdammt er.
3 Durch Gottlosigkeit kann der Mensch
nicht bestehen; aber die Wurzel der
4 Gerechten wird bleiben. Eine [c]tüchtige
Frau ist ihres Mannes Krone; aber eine
schandbare ist wie Eiter in seinem Ge-
5 bein. Die Gedanken der Gerechten
sind redlich; aber was die Gottlosen
6 planen, ist lauter Trug. Der Gottlosen
Reden richten Blutvergießen an; aber
7 die Frommen errettet ihr Mund. Die
Gottlosen werden gestürzt und nicht
mehr sein; aber das Haus der Gerech-
8 ten bleibt stehen.[d] Ein Mann wird ge-
lobt nach seiner Klugheit; aber wer
verschrobenen Sinnes ist, wird verach-
9 tet. Wer gering ist und geht seiner
Arbeit nach, ist besser als einer, der
groß sein will und an Brot Mangel hat.
10 *Der Gerechte [e] erbarmt sich seines Viehs;*
aber das Herz der Gottlosen ist unbarm-
11 *herzig.* Wer seinen Acker bebaut, wird
Brot die Fülle haben; wer aber nichti-
12 gen Dingen nachgeht, ist ein Tor.[f] Des
Gottlosen Lust ist, Schaden zu tun;
aber die Wurzel der Gerechten wird
13 Frucht bringen. Der Böse wird gefan-
gen in seinen eigenen falschen Worten;
aber der Gerechte entgeht der Not.
14 [g]Viel Gutes bekommt ein Mann durch
die Frucht seines Mundes; und dem
Menschen wird vergolten nach den Ta-
ten seiner Hände. Den Toren dünkt 15
sein Weg recht; aber wer auf Rat hört,
der ist weise. Ein Tor zeigt seinen Zorn 16
alsbald; aber wer Schmähung über-
hört, der ist klug. Wer wahrhaftig ist, 17
der sagt offen, was recht ist; aber ein
falscher Zeuge betrügt. Wer unvorsich- 18
tig herausfährt mit Worten, sticht wie
ein Schwert; aber die Zunge der Wei-
sen bringt Heilung.[h] Wahrhaftiger 19
Mund besteht immerdar; aber die fal-
sche Zunge besteht nicht lange. Die 20
Böses planen, haben Trug im Herzen;
aber die zum Frieden raten, haben
Freude. Es wird dem Gerechten kein 21
Leid geschehen; aber die Gottlosen
werden voll Unglücks sein. Lügen- 22
mäuler sind dem HERRN ein Greuel; die
aber treulich handeln, gefallen ihm. Ein 23
verständiger Mann trägt seine Klugheit
nicht zur Schau; aber das Herz des To-
ren schreit seine Torheit hinaus. Die 24
fleißige Hand wird herrschen; die aber
lässig ist, muß Frondienst leisten. Sor- 25
ge im Herzen bedrückt den Menschen;
aber [i] ein freundliches Wort erfreut ihn.
Der Gerechte findet seine Weide; aber 26
die Gottlosen führt ihr Weg in die Irre.
Einem Lässigen gerät sein Handel 27
nicht; aber ein fleißiger Mensch wird
reich. Auf dem Wege der Gerechtigkeit 28
ist Leben; aber böser Weg führt zum
Tode.

a Kap 13,1 *b* Kap 13,18 *c* Kap 31,10-31
d Kap 10,25 *e* 2.Mose 23,5 *f* Kap 28,19
g Kap 18,20 *h* Kap 13,3 *i* Kap 16,24

Ein weiser Sohn [a]liebt Zucht; aber **13**
ein Spötter hört selbst auf Drohen
nicht. Die Frucht seiner Worte genießt 2
der Fromme; aber die Verächter sind
gierig nach Frevel. Wer seine Zunge 3
hütet, bewahrt sein Leben; wer aber
mit seinem Maul herausfährt, über den
kommt Verderben.[b] Der Faule begehrt 4
und kriegt's doch nicht; aber die Flei-
ßigen kriegen genug. Der Gerechte ist 5
der Lüge feind; aber der Gottlose han-
delt schimpflich und schändlich. Die 6
Gerechtigkeit behütet den Unschuldi-
gen; aber die Gottlosigkeit bringt den
Sünder zu Fall. Mancher stellt sich 7
reich und hat nichts, und mancher stellt
sich arm und hat großes Gut.[c]* Mit 8
Reichtum muß mancher sein Leben
erkaufen; aber ein Armer bekommt
keine Drohung zu hören. *Das Licht der* 9
Gerechten brennt fröhlich; aber [d] die
Leuchte der Gottlosen wird verlöschen.

10 Unter den Übermütigen ist immer
Streit; aber [e] Weisheit ist bei denen, die
11 sich raten lassen. Hastig errafftes Gut
zerrinnt; wer aber ruhig sammelt, be-
12 kommt immer mehr. Hoffnung, die
sich verzögert, ängstet das Herz; wenn
aber kommt, was man begehrt, das ist
13 ein Baum des Lebens. *Wer das Wort
verachtet, muß dafür büßen; wer aber
das Gebot fürchtet, dem wird es gelohnt.*
14 Die Lehre des Weisen ist eine Quelle
des Lebens, zu meiden die Stricke des
15 Todes. Rechte Einsicht schafft Gunst;
aber der Verächter Weg bringt Verder-
16 ben. Ein Kluger tut alles mit Vernunft;
ein Tor aber stellt Narrheit zur Schau.
17 Ein gottloser Bote bringt ins Unglück;
aber ein getreuer Bote bringt Hilfe.
18 Wer Zucht mißachtet, hat Armut und
Schande; wer sich gern zurechtweisen
19 läßt, wird zu Ehren kommen. Wenn
kommt, was man begehrt, tut es dem
Herzen wohl; aber das Böse meiden ist
20 den Toren ein Greuel. Wer mit den
Weisen umgeht, der wird weise; wer
aber der Toren Geselle ist, der wird
21 Unglück haben. Unheil verfolgt die
Sünder; aber den Gerechten wird mit
22 Gutem vergolten. [f] Der Gute wird ver-
erben auf Kindeskind; aber [g] des Sün-
ders Habe wird gespart für den Ge-
23 rechten. *Es ist viel Speise in den Furchen
der Armen; aber wo kein Recht ist, da ist*
24 *Verderben.* Wer [h] seine Rute schont, der
haßt seinen Sohn; wer ihn aber lieb hat,
25 der züchtigt ihn beizeiten. Der Gerech-
te kann essen, bis er satt ist; der Gottlo-
sen Bauch aber leidet Mangel.

a Kap 1,8; 12,1 *b* Kap 12,18; 21,23 *c* Offb 2,9; 3,17 *d* Hiob 18,5.6 *e* Kap 1,5 *f* Kap 28,8 *g* Hiob 27,13-17; Pred 2,26 *h* Kap 22,15
*Vers 7: Luther übersetzte: »Mancher ist arm bei großem Gut, und mancher ist reich bei seiner Armut.«

14 Die Weisheit der Frauen baut ihr
Haus; aber ihre Torheit reißt's nieder
2 mit eigenen Händen. Wer den HERRN
fürchtet, der wandelt auf rechter Bahn;
wer ihn aber verachtet, der geht auf Ab-
3 wegen. In des Toren Mund ist die Rute
für seinen Hochmut; aber die Weisen
4 bewahrt ihr Mund. Wo keine Rinder
sind, da ist die Krippe leer; aber die
Kraft des Ochsen bringt reichen Er-
5 trag. Ein treuer Zeuge lügt nicht; aber
ein falscher Zeuge redet frech Lügen.[a]
6 Der Spötter sucht Weisheit und findet
sie nicht; aber dem Verständigen ist die
7 Erkenntnis leicht. Geh weg von dem
Toren, denn du lernst nichts von ihm.
Das ist des Klugen Weisheit, daß er 8
achtgibt auf seinen Weg; aber der To-
ren Torheit ist lauter Trug. Auf dem 9
Zelt der Spötter ruht Schuld; aber auf
dem Hause des Frommen ruht Wohl-
gefallen. Das Herz allein kennt sein 10
Leid, und [b] auch in seine Freude kann
sich kein Fremder mengen. Das Haus 11
der Gottlosen wird vertilgt; aber [c] die
Hütte der Frommen wird grünen.
Manchem scheint ein Weg recht; aber 12
zuletzt bringt er ihn zum Tode. Auch 13
beim Lachen kann das Herz trauern,
und nach der Freude kommt Leid.
Einem gottlosen Menschen wird's ge- 14
hen, wie er wandelt, und auch einem
guten nach seinen Taten. Ein Unver- 15
ständiger glaubt noch alles; aber ein
Kluger gibt acht auf seinen Gang. Ein 16
Weiser scheut sich und meidet das
Böse; ein Tor aber fährt trotzig hin-
durch. Ein Jähzorniger handelt töricht; 17
aber ein Ränkeschmied wird gehaßt.
Die Unverständigen erben Torheit; 18
aber Erkenntnis ist der Klugen Krone.
Die Bösen müssen sich bücken vor den 19
Guten und die Gottlosen an den Toren
der Gerechten. Der [d] Arme ist verhaßt 20
auch seinem Nächsten; aber die Rei-
chen haben viele Freunde. Wer seinen 21
Nächsten verachtet, versündigt sich;
aber [e] wohl dem, der sich der Elenden
erbarmt! Die nach Bösem trachten, 22
werden in die Irre gehen; die aber auf
Gutes bedacht sind, werden Güte und
Treue erfahren. Wo man arbeitet, da ist 23
Gewinn; wo man aber nur mit Worten
umgeht, da ist Mangel. Den Weisen ist 24
ihr Reichtum eine Krone; aber die
Narrheit der Toren bleibt Narrheit.
Ein wahrhaftiger Zeuge rettet man- 25
chem das Leben; aber wer Lügen aus-
spricht, übt Verrat. Wer den HERRN 26
fürchtet, hat [f] eine sichere Festung, und
auch seine Kinder werden beschirmt.
Die Furcht des HERRN ist eine Quelle 27
des Lebens, daß man meide die Stricke
des Todes. Wenn ein König viel Volk 28
hat, das ist seine Herrlichkeit; wenn
aber wenig Volk da ist, das bringt einen
Fürsten ins Verderben. [g] Wer geduldig 29
ist, der ist weise; wer aber ungeduldig
ist, offenbart seine Torheit. Ein gelas- 30
senes Herz ist des Leibes Leben; aber
Eifersucht ist Eiter in den Gebeinen.
Wer dem Geringen Gewalt tut, lästert 31
dessen Schöpfer; aber wer sich des Armen
erbarmt, der ehrt Gott.[h] Der Gottlose 32
besteht nicht in seinem Unglück; aber
der Gerechte ist auch in seinem Tode

33 getrost. Im Herzen des Verständigen
ruht Weisheit, und inmitten der Toren
34 wird sie offenbar. *Gerechtigkeit erhöht
ein Volk; aber die Sünde ist der Leute*
35 *Verderben.* Ein [i]kluger Knecht gefällt
dem König, aber einen schändlichen
trifft sein Zorn.

a 2.Mose 20,16; 23,1 *b* Röm 12,15 *c* Kap 12,7
d Kap 19,4.7 *e* Ps 41,2 *f* Kap 18,10 *g* Kap 16,32;
19,11 *h* Kap 17,5; Hiob 31,13-15; Mt 25,40
i 1.Mose 41,37-40

15 Eine [a]linde Antwort stillt den Zorn;
aber [b]ein hartes Wort erregt Grimm.
2 Der Weisen Zunge bringt gute Er-
kenntnis; aber der Toren Mund speit
3 nur Torheit. [c]Die Augen des HERRN
sind an allen Orten, sie schauen auf
4 Böse und Gute. Eine linde Zunge ist ein
Baum des Lebens; aber eine lügenhafte
5 bringt Herzeleid. Der Tor verschmäht
die Zucht seines Vaters; wer aber Zu-
6 rechtweisung annimmt, ist klug. In des
Gerechten Haus ist großes Gut; aber in
des Gottlosen Gewinn steckt Verder-
7 ben. Der Weisen Mund breitet Ein-
sicht aus; aber der Toren Herz ist nicht
8 recht. Der Gottlosen [d]Opfer ist dem
HERRN ein Greuel; aber das [e]Gebet der
9 Frommen ist ihm wohlgefällig. Des
Gottlosen Weg ist dem HERRN ein
Greuel; wer aber der Gerechtigkeit
10 nachjagt, den liebt er. Den Weg verlas-
sen, bringt böse Züchtigung, und wer
Zurechtweisung haßt, der muß ster-
11 ben. [f]Unterwelt und Abgrund liegen
offen vor dem HERRN, wieviel mehr
12 [g]die Herzen der Menschen! Der Spöt-
ter liebt den nicht, der ihn zurecht-
weist, und geht nicht hin zu den Wei-
13 sen. Ein fröhliches Herz macht ein
fröhliches Angesicht; aber wenn das
Herz bekümmert ist, entfällt auch der
14 Mut. Des Klugen Herz sucht Erkennt-
nis; aber der Toren Mund geht mit
15 Torheit um. Ein Betrübter hat nie
einen guten Tag; aber ein guter Mut ist
16 ein tägliches Fest.[h] Besser [i]wenig mit
der Furcht des HERRN als ein großer
17 Schatz, bei dem Unruhe ist. Besser ein
Gericht Kraut mit Liebe als ein gemä-
18 steter Ochse mit Haß.[j] Ein zorniger
Mann richtet Zank an; ein Geduldiger
19 aber stillt den Streit. [k]Der Weg des
Faulen ist wie eine Dornenhecke; aber
der Weg der Rechtschaffenen ist wohl
20 gebahnt. Ein weiser Sohn erfreut den
Vater; aber ein törichter Mensch ver-
21 achtet seine Mutter.[l] Dem Toren ist
die Torheit eine Freude; aber ein ver-
ständiger Mann bleibt auf dem rechten
Wege. Die Pläne werden zunichte, wo 22
man nicht miteinander berät; [m]wo aber
viele Ratgeber sind, gelingen sie. Es ist 23
einem Mann eine Freude, wenn er rich-
tig antwortet, und wie wohl tut ein
Wort zur rechten Zeit! Der Weg des 24
Lebens führt den Klugen aufwärts, daß
er meide die Tiefen des Todes. Der 25
HERR wird das Haus der Hoffärtigen
einreißen; aber den Grenzstein der
Witwe wird er schützen. Die Anschläge 26
des Argen sind dem HERRN ein Greuel;
aber rein sind vor ihm freundliche Re-
den. Wer [n]unrechtem Gewinn nach- 27
geht, zerstört sein Haus; wer aber Be-
stechung haßt, der wird leben. Das 28
Herz des Gerechten bedenkt, was zu
antworten ist; aber der Mund der Gott-
losen schäumt Böses. Der HERR ist fer- 29
ne von den Gottlosen; aber [o]der Ge-
rechten Gebet erhört er. Ein freund- 30
liches Antlitz erfreut das Herz; eine
gute Botschaft labt das Gebein. Das 31
Ohr, das da hört auf heilsame Weisung,
wird unter den Weisen wohnen. Wer 32
Zucht verwirft, der macht sich selbst
zunichte; wer sich aber etwas sagen
läßt, der wird klug. Die Furcht des 33
HERRN ist Zucht, die zur Weisheit
führt, und [p]ehe man zu Ehren kommt,
muß man Demut lernen.

a Kap 25,15 *b* 1.Kön 12,13-16 *c* 2.Chr 16,9
d Kap 21,27; Jes 1,11.15 *e* Kap 28,9; Lk 18,9-14
f Hiob 26,6; Ps 139,8; Offb 9,1.11 *g* Jer 17,10
h Kap 17,22 *i* Kap 16,8; Ps 37,16 *j* Kap 17,1
k Kap 24,30.31 *l* Kap 10,1 *m* Kap 11,14
n Ps 15,5 *o* Vers 8; Joh 9,31 *p* Kap 18,12; 22,4

Der Mensch setzt sich's wohl vor im **16**
Herzen; aber vom HERRN kommt, was
die Zunge reden wird. Einen jeglichen 2
dünken seine Wege rein; aber der HERR
prüft die Geister. Befiehl dem HERRN 3
deine Werke, so wird dein Vorhaben
gelingen.[a] Der HERR macht alles zu sei- 4
nem Zweck, [b]auch den Gottlosen für
den bösen Tag. Ein stolzes Herz ist 5
dem HERRN ein Greuel und wird gewiß
nicht ungestraft bleiben. Durch Güte 6
und Treue wird Missetat gesühnt, und
durch die Furcht des HERRN meidet
man das Böse. Wenn eines Menschen 7
Wege dem HERRN wohlgefallen, so
[c]läßt er auch seine Feinde mit ihm
Frieden machen. Besser [d]wenig mit 8
Gerechtigkeit als viel Einkommen mit
Unrecht. *Des Menschen Herz erdenkt* 9
sich seinen Weg; aber der HERR *allein*
lenkt seinen Schritt.[e] Gottes Spruch ist 10
in dem Munde des Königs; sein Mund
spricht nicht fehl im Gericht. Waage 11

und rechte Waagschalen sind vom
HERRN; und alle Gewichte im Beutel
12 sind sein Werk.[f] Den Königen ist Un-
recht tun ein Greuel; denn [g]durch Ge-
rechtigkeit wird der Thron befestigt.
13 Rechte Worte gefallen den Königen;
und wer aufrichtig redet, wird geliebt.
14 [h]Des Königs Grimm ist ein Bote des
Todes; aber ein weiser Mann wird ihn
15 versöhnen. Wenn des Königs Ange-
sicht freundlich ist, das ist Leben, und
seine Gnade ist wie ein Spätregen.
16 Weisheit erwerben ist besser als Gold
und Einsicht erwerben edler als Silber.
17 Der Frommen Weg meidet das Arge;
und wer auf seinen Weg achtet, be-
18 wahrt sein Leben. [i] *Wer zugrunde gehen
soll, der wird zuvor stolz; und Hochmut
19 kommt vor dem Fall.* Besser niedrig sein
mit den Demütigen, als Beute austeilen
20 mit den Hoffärtigen. Wer auf das Wort
merkt, der findet Glück; und wohl
dem, der sich auf den HERRN verläßt!
21 Ein Verständiger wird gerühmt als ein
weiser Mann, und liebliche Rede mehrt
22 die Erkenntnis. Klugheit ist ein Brun-
nen des Lebens dem, der sie hat; aber
die Strafe der Toren ist ihre Torheit.
23 Des Weisen Herz redet klug und mehrt
24 auf seinen Lippen die Lehre. [j]Freund-
liche Reden sind Honigseim, trösten
die Seele und erfrischen die Gebeine.
25 Manchem scheint ein Weg recht; aber
26 zuletzt bringt er ihn zum Tode. Der
Hunger des Arbeiters arbeitet für ihn;
27 denn sein Mund treibt ihn an. Ein heil-
loser Mensch gräbt nach Unheil, und in
seinem Munde ist's wie brennendes
28 Feuer. Ein falscher Mensch richtet
Zank an, und ein Verleumder macht
29 Freunde uneins. Ein Frevler verlockt
seinen Nächsten und führt ihn auf kei-
30 nen guten Weg. Wer mit den Augen
winkt, denkt nichts Gutes; und wer mit
den Lippen andeutet, vollbringt Böses.
31 [k]Graue Haare sind eine Krone der
Ehre; auf dem Weg der Gerechtigkeit
32 wird sie gefunden. *Ein [l]Geduldiger ist
besser als ein Starker und wer sich selbst
beherrscht, besser als einer, der Städte ge-
33 winnt.* Der Mensch wirft das Los; aber
es fällt, wie der HERR will.

a Ps 37,5 *b* Röm 9,22 *c* 1.Mose 31,24; 33,4
d Kap 15,16 *e* Kap 19,21; Jer 10,23 *f* Kap 11,1
g Kap 20,28; 25,5; 29,14 *h* (*14 und 15*) Kap 19,12;
20,2 *i* Kap 18,12 *j* Kap 12,25 *k* Kap 20,29
l Kap 14,29

17 Besser ein trockner Bissen mit Frie-
den als ein Haus voll Geschlachtetem
2 mit Streit.[a] Ein kluger Knecht wird
herrschen über einen schandbaren
Sohn und wird mit den Brüdern das
Erbe teilen. Wie der Tiegel das Silber 3
und der Ofen das Gold, so prüft der
HERR die Herzen.[b] Ein Böser achtet auf 4
böse Mäuler, und ein Falscher hört
gern auf schädliche Zungen. Wer [c]den 5
Armen verspottet, verhöhnt dessen
Schöpfer; und wer sich über eines an-
dern Unglück freut, wird nicht unge-
straft bleiben. Der Alten Krone sind 6
Kindeskinder, und der Kinder Ehre
sind ihre Väter. Es steht einem Toren 7
nicht wohl an, von hohen Dingen zu re-
den, viel weniger einem Edlen, daß er
mit Lügen umgeht. Bestechung ist wie 8
ein Zauberstein dem, der sie gibt; wo-
hin er sich kehrt, hat er Glück. Wer 9
Verfehlung zudeckt, stiftet Freund-
schaft; wer aber eine Sache aufrührt,
der macht Freunde uneins. Ein Schelt- 10
wort dringt tiefer bei dem Verständigen
als hundert Schläge bei dem Toren. Ein 11
böser Mensch trachtet, stets zu wider-
sprechen; aber ein grausamer Bote
wird über ihn kommen. Besser einer 12
Bärin begegnen, der die Jungen ge-
raubt sind, als einem Toren in seiner
Torheit. Wer Gutes mit Bösem vergilt, 13
von dessen Haus wird das Böse nicht
weichen. Wer Streit anfängt, gleicht 14
dem, der dem Wasser den Damm auf-
reißt. Laß ab vom Streit, ehe er los-
bricht! Wer [d]den Schuldigen gerecht 15
spricht und den Gerechten schuldig,
die sind beide dem HERRN ein Greuel.
Was soll dem Toren Geld in der Hand, 16
Weisheit zu kaufen, wo er doch ohne
Verstand ist? Ein Freund liebt allezeit, 17
und ein Bruder wird für die Not gebo-
ren.[e] Ein Tor ist, wer in die Hand ge- 18
lobt und [f]Bürge wird für seinen Näch-
sten. Wer Zank liebt, der liebt die Sün- 19
de; und wer seine Tür zu hoch macht,
strebt nach Einsturz. Ein verkehrtes 20
Herz findet nichts Gutes; und wer fal-
scher Zunge ist, wird in Unglück fallen.
Wer einen Toren zeugt, muß sich grä- 21
men, und eines Toren Vater hat keine
Freude. Ein fröhliches Herz tut dem 22
Leibe wohl; aber ein betrübtes Gemüt
läßt das Gebein verdorren.[g] Der Gott- 23
lose nimmt gern heimlich Geschenke,
zu beugen den Weg des Rechts.[h] Ein 24
Verständiger hat die Weisheit vor Au-
gen; aber [i]ein Tor wirft die Augen hin
und her. Ein törichter Sohn ist seines 25
Vaters Verdruß und ein Gram für die
Mutter, die ihn geboren hat. Es ist 26
schon nicht gut, daß man Unschuldige

Strafe zahlen läßt; aber den Edlen zu
27 schlagen, geht über alles Maß. Ein Ver-
nünftiger mäßigt seine Rede, und ein
verständiger Mann wird nicht hitzig.[j]
28 Auch [k]ein Tor, wenn er schwiege, wür-
de für weise gehalten und für verstän-
dig, wenn er den Mund hielte.

a Kap 15,17 *b* Ps 66,10 *c* Kap 14,31 *d* Jes 5,23
e Kap 18,24 *f* Kap 6,1-5 *g* Kap 15,13.15
h 2.Mose 23,8 *i* Kap 4,25 *j* Kap 10,19; Jak 1,19
k Hiob 13,5

18 Wer sich absondert, der sucht, was
ihn gelüstet, und gegen alles, was gut
2 ist, geht er an. Ein Tor hat nicht Gefal-
len an Einsicht, sondern will kundtun,
3 was in seinem Herzen steckt. Wohin ein
Frevler kommt, kommt auch Verach-
tung; und wo Schande ist, da ist Hohn.
4 Die Worte in eines Mannes Munde
sind wie tiefe Wasser, und die Quelle
der Weisheit ist ein sprudelnder Bach.
5 Es ist nicht gut, den Schuldigen vorzu-
ziehen, daß man des Gerechten Sache
6 beuge im Gericht.[a] Die Lippen des
Toren bringen Zank, und sein Mund
7 ruft nach Schlägen. Der Mund des To-
ren bringt ihn ins Verderben, und seine
8 Lippen bringen ihn zu Fall. Die Worte
des Verleumders sind wie Leckerbissen
9 und gehen einem glatt ein.[b] Wer [c]lässig
ist in seiner Arbeit, der ist ein Bruder
10 des Verderbers. *Der Name des* HERRN
ist [d]*eine feste Burg; der Gerechte läuft*
11 *dorthin und wird beschirmt.* [e]Des Rei-
chen Habe ist ihm wie eine feste Stadt
und dünkt ihn eine hohe Mauer.
12 [f]Wenn einer zugrunde gehen soll, wird
sein Herz zuvor stolz; und ehe man zu
Ehren kommt, muß man demütig sein.
13 Wer antwortet, ehe er hört, dem ist's
14 Torheit und Schande. Wer ein mutiges
Herz hat, weiß sich auch im Leiden zu
halten; wenn aber der Mut danieder-
15 liegt, wer kann's tragen? Ein verständi-
ges Herz erwirbt Einsicht, und das Ohr
16 der Weisen sucht Erkenntnis. Das
[g]Geschenk des Menschen schafft ihm
Raum und bringt ihn zu den großen
17 Herren. Ein jeder hat zuerst in seiner
Sache recht; kommt aber der andere
18 zu Wort, so findet sich's. Das Los
schlichtet den Streit und läßt Mächtige
19 nicht aneinander geraten. Ein gekränk-
ter Bruder ist abweisender als eine feste
Stadt, und Streitigkeiten sind hart wie
20 der Riegel einer Burg. Einem Mann
[h]wird vergolten, was sein Mund gere-
det hat, und er wird gesättigt mit dem,
21 was seine Lippen ihm einbringen. [i]Tod
und Leben stehen in der Zunge Ge-
walt; wer sie liebt, wird ihre Frucht es-
sen. Wer [j]eine Ehefrau gefunden hat, 22
der hat etwas Gutes gefunden und
Wohlgefallen erlangt vom HERRN. Ein 23
Armer redet mit Flehen, aber ein Rei-
cher antwortet hart. Es gibt Allernäch- 24
ste, die bringen ins Verderben, und es
gibt Freunde, die hangen fester an als
ein Bruder.[k]

a 5.Mose 1,17 *b* Kap 26,22 *c* Kap 10,4
d Kap 14,26; Ps 61,4 *e* Kap 10,15 *f* Kap 16,18
g 1.Mose 43,11 *h* Kap 12,14 *i* Kap 13,3
j Kap 19,14; 31,10 *k* Kap 17,17

Ein Armer, der in Unschuld wan- **19**
delt, ist besser als einer, der Verkehrtes
spricht und dabei reich ist.[a] Wo man 2
nicht mit Vernunft handelt, da ist auch
Eifer nichts nütze; und wer hastig läuft,
der tritt fehl. Des Menschen Torheit 3
führt ihn in die Irre, und doch tobt sein
Herz wider den HERRN.[b] [c]Reichtum 4
macht viel Freunde; aber der Arme
wird von seinem Freunde verlassen.
Ein [d]falscher Zeuge bleibt nicht unge- 5
straft; und wer frech Lügen redet, wird
nicht entrinnen. Viele schmeicheln 6
dem Vornehmen; und wer Geschenke
gibt, hat alle zu Freunden. Den Armen 7
hassen alle seine Brüder; wieviel mehr
halten sich seine Freunde von ihm fern!
Wer viel spricht, der tut Frevel; und
wer Worten nachjagt, der wird nicht
entrinnen.* Wer Klugheit erwirbt, 8
liebt sein Leben; und der Verständige
findet Gutes. Ein falscher Zeuge bleibt 9
nicht ungestraft; und wer frech Lügen
redet, wird umkommen. Dem Toren 10
steht nicht an, gute Tage zu haben, viel
weniger einem Knecht, zu herrschen
über Fürsten. Klugheit macht den 11
Mann langsam zum Zorn, und es ist
seine Ehre, daß er Verfehlung überse-
hen kann.[e] Die Ungnade des Königs ist 12
wie das Brüllen eines Löwen; aber sei-
ne Gnade ist wie Tau auf dem Grase.[f]
Ein törichter Sohn ist seines Vaters 13
Herzeleid, und [g]ein zänkisches Weib
wie ein ständig triefendes Dach. Haus 14
und Habe vererben die Eltern; aber
[h]eine verständige Ehefrau kommt vom
HERRN. Faulheit macht schläfrig, und 15
ein Lässiger wird Hunger leiden. Wer 16
das Gebot bewahrt, der bewahrt sein
Leben; [i]wer aber auf seinen Weg nicht
achtet, wird sterben. *Wer sich des Ar-* 17
men erbarmt, der leiht dem HERRN, *und*
der wird ihm vergelten, was er Gutes ge-
tan hat.[j] Züchtige deinen Sohn, solange 18
Hoffnung da ist, aber [k]laß dich nicht
hinreißen, ihn zu töten. Großer Grimm 19

muß Strafe leiden; denn willst du ihm
20 steuern, so wird er noch größer. Höre
auf Rat und nimm Zucht an, daß du
21 hernach weise seist. In eines Mannes
Herzen sind viele Pläne; aber zustande
22 kommt der Ratschluß des HERRN.[l] Ein
gütiger Mensch ist der Liebe wert, und
23 ein Armer ist besser als ein Lügner. Die
Furcht des HERRN führt zum Leben;
man wird satt werden und sicher schla-
fen, von keinem Übel heimgesucht.
24 Der Faule steckt seine Hand in die
Schüssel und bringt sie nicht wieder
25 zum Munde.[m] Schlägt man den Spöt-
ter, so werden Unverständige vernünf-
tig; weist man den Verständigen zu-
26 recht, so gewinnt er an Einsicht.[n] Wer
den Vater mißhandelt und die Mutter
verjagt, der ist ein schandbarer und
27 verfluchter Sohn. Läßt du ab, mein
Sohn, auf Ermahnung zu hören, so irrst
28 du ab von vernünftiger Lehre.[o] Ein
nichtswürdiger Zeuge spottet des
Rechts, und den Gottlosen mundet das
29 Unrecht. Den Spöttern sind Strafen
bereitet und [p]Schläge für den Rücken
der Toren.

a Kap 28,6 *b* Klgl 3,39 *c* Kap 14,20
d Kap 21,28; 5.Mose 19,18-21 *e* Kap 14,29
f Kap 16,14.15 *g* Kap 27,15.16 *h* Kap 18,22
i Kap 16,17 *j* Kap 14,31; Ps 41,2-4; Dan 4,24;
Mt 5,7; 25,40; 2.Kor 9,6 *k* 5.Mose 21,18-21
l Kap 16,9 *m* Kap 26,15 *n* Kap 21,11 *o* Jak 1,22
p Kap 26,3
*Vers 7: Vervollständigt aus der griechischen Bibel.

20 Der Wein macht Spötter, und star-
kes Getränk macht wild; wer davon
2 taumelt, wird niemals weise.[a] Das
[b]Drohen des Königs ist wie das Brüllen
eines Löwen; wer ihn erzürnt, der sün-
3 digt wider das eigene Leben. Eine Ehre
ist es dem Mann, dem Streit fern zu
bleiben; aber die gerne streiten, sind
4 allzumal Toren. Im Herbst [c]will der
Faule nicht pflügen; so muß er in der
5 Ernte betteln und kriegt nichts. Das
Vorhaben im Herzen eines Mannes ist
wie ein tiefes Wasser; aber ein kluger
6 Mann kann es schöpfen. Viele Men-
schen rühmen ihre Güte; aber wer fin-
7 det einen, der zuverlässig ist? Ein Ge-
rechter, der unsträflich wandelt, [d]des-
8 sen Kindern wird's wohlgehen. Ein
König, der auf dem Thron sitzt, um zu
richten, sondert aus mit seinem Blick
9 alles Böse.[e] Wer kann sagen: »Ich habe
mein Herz geläutert und [f]bin rein von
10 meiner Sünde«? Zweierlei Gewicht
und zweierlei Maß ist beides dem
11 HERRN ein Greuel. Schon einen Kna-
ben erkennt man an seinem Tun, ob er
lauter und redlich werden will.[g] *Ein hö-* 12
rendes Ohr und ein sehendes Auge, die
macht beide der HERR. Liebe den Schlaf 13
nicht, daß du nicht arm werdest; laß
deine Augen offen sein, so wirst du Brot
genug haben. »Schlecht, schlecht!« 14
spricht man, wenn man kauft; aber
wenn man weggeht, so rühmt man sich.
Es gibt Gold und viel Perlen; aber ein 15
Mund, der Vernünftiges redet, ist ein
edles Kleinod. Nimm dem sein Kleid, 16
der für einen andern [h]Bürge wurde,
und pfände ihn anstelle des Fremden!
Das [i]gestohlene Brot schmeckt dem 17
Manne gut; aber am Ende hat er den
Mund voller Kieselsteine. Pläne kom- 18
men zum Ziel, wenn man sich recht be-
rät; und [j]Krieg soll man mit Vernunft
führen. Wer Geheimnisse verrät, ist ein 19
Verleumder, und mit dem, der den
Mund nicht halten kann, laß dich nicht
ein. Wer seinem Vater und seiner Mut- 20
ter flucht, dessen Leuchte wird verlö-
schen in der Finsternis.[k] Das Erbe, 21
nach dem man zuerst sehr eilt, wird zu-
letzt nicht gesegnet sein. *Sprich nicht:* 22
[l]*»Ich will Böses vergelten!« Harre des*
HERRN, *der wird dir helfen.* Zweierlei 23
Gewicht ist dem HERRN ein Greuel,
und eine falsche Waage ist nicht gut.
Jedermanns Schritte bestimmt der 24
HERR. Welcher Mensch versteht seinen
Weg? Es ist dem Menschen ein Fall- 25
strick, unbedacht Gelübde zu tun und
erst nach dem Geloben zu überlegen.
Ein weiser König sondert die Gottlosen 26
aus und läßt das Rad über sie gehen.
Eine Leuchte des HERRN ist [m]des Men- 27
schen Geist; er durchforscht alle Kam-
mern des Innern. Gütig und treu sein 28
behütet den König, und [n]sein Thron
besteht durch Güte. Der Jünglinge 29
Ehre ist ihre Stärke, und [o]graues Haar
ist der Alten Schmuck. Man muß dem 30
Bösen wehren mit harter Strafe und mit
ernsten Schlägen, die man fühlt.

a Kap 23,29-35; 31,5; Hos 4,11 *b* Kap 16,14
c Kap 6,6-11 *d* Ps 112,1.2 *e* Ps 101,3
f Kap 30,12; Hiob 4,17; 9,2.3 *g* Kap 22,6
h Kap 6,1.2 *i* Kap 9,17 *j* Kap 24,6 *k* Kap 30,17;
2.Mose 21,17 *l* Kap 24,29; Röm 12,17
m 1.Kor 2,11 *n* Kap 16,12 *o* Kap 16,31

Des Königs Herz ist in der Hand des **21**
HERRN wie Wasserbäche; [a]er lenkt es,
wohin er will. *Einen jeglichen dünkt sein* 2
Weg recht; aber der HERR *prüft die Her-*
zen. Recht und Gerechtigkeit tun ist 3
dem HERRN lieber als Opfer.[b] Hoffärti- 4
ge Augen und stolzer Sinn, die Leuchte
der Gottlosen, ist Sünde. Das Planen 5

eines Emsigen bringt Überfluß; wer
aber allzu rasch handelt, dem wird's
6 mangeln. Wer Schätze sammelt mit
Lügen, der wird fehlgehen und ist un-
7 ter denen, die den Tod suchen. Der
Gottlosen Gewalt rafft sie selber weg;
denn sie wollen nicht tun, was recht ist.
8 Wer mit Schuld beladen ist, geht krum-
me Wege; wer aber rein ist, dessen Tun
9 ist gerade. Besser im Winkel auf dem
Dach wohnen als mit einem zänkischen
10 Weibe zusammen in einem Hause. Die
Seele des Gottlosen gelüstet nach Bö-
sem und erbarmt sich nicht seines
11 Nächsten. Wenn der Spötter gestraft
wird, so werden die Unverständigen
weise, und wenn man einen Weisen be-
12 lehrt, so nimmt er Erkenntnis an.[c] Der
Gerechte* achtet auf des Gottlosen
Haus, und er stürzt die Gottlosen ins
13 Verderben. Wer seine Ohren verstopft
vor dem Schreien des Armen, der wird
einst auch rufen und nicht erhört wer-
14 den. Eine heimliche Gabe stillt den
Zorn und ein Geschenk im Verborge-
15 nen den heftigen Grimm.[d] Dem Ge-
rechten ist es eine Freude, wenn Recht
geschieht, aber den Übeltätern ist es ein
16 Schrecken. Ein Mensch, der vom Wege
der Klugheit abirrt, wird weilen in der
17 Schar der Toten. Wer gern in Freuden
lebt, wird Mangel haben; und [e]wer
Wein und Salböl liebt, wird nicht reich.
18 Der Gottlose wird als Lösegeld gege-
ben für den Gerechten und der Veräch-
19 ter für die Frommen. Besser in der Wü-
ste wohnen als bei einem zänkischen
20 und zornigen Weibe. Im Hause des
Weisen ist ein kostbarer Schatz an Öl;
21 aber ein Tor vergeudet ihn. Wer der
Gerechtigkeit und Güte nachjagt, der
22 findet Leben und Ehre. Ein Weiser er-
steigt die Stadt der Starken und stürzt
23 ihre Macht, auf die sie sich verläßt. Wer
Mund und Zunge bewahrt, der be-
24 wahrt sein Leben vor Not.[f] Wer stolz
und vermessen ist, heißt ein Spötter; er
25 treibt frechen Übermut. Der [g]Faule
stirbt über seinem Wünschen; denn
26 seine Hände wollen nichts tun. Den
ganzen Tag begehrt die Gier; aber der
27 Gerechte gibt und versagt nichts. [h]Der
Gottlosen Opfer ist ein Greuel, wieviel
mehr, wenn man's darbringt für eine
28 Schandtat. Ein [i]lügenhafter Zeuge
wird umkommen; aber wer recht ge-
29 hört hat, dessen Wort bleibt. Der Gott-
lose macht ein freches Gesicht; aber
wer fromm ist, macht seine Wege fest.
30 Keine Weisheit, kein Verstand, [j]kein
Rat besteht vor dem HERRN. [k]Rosse 31
werden gerüstet zum Tage der
Schlacht; aber der Sieg kommt vom
HERRN.

a Ps 33,15 *b* 1.Sam 15,22; Hos 6,6 *c* Kap 19,25
d 1.Sam 25,18-35 *e* Kap 23,21 *f* Kap 13,3
g Kap 13,4 *h* Kap 15,8 *i* Kap 19,5.9
j Ps 33,10.11 *k* Ps 33,17
*Vers 12: Der »Gerechte« ist wahrscheinlich Gott.

Ein [a]guter Ruf ist köstlicher als gro- **22**
ßer Reichtum und anziehendes Wesen
besser als Silber und Gold. *Reiche und* 2
Arme begegnen einander; der HERR *hat*
sie alle gemacht.[b] Der Kluge sieht das 3
Unglück kommen und verbirgt sich;
die Unverständigen laufen weiter und
leiden Schaden. Der Lohn der Demut 4
und der Furcht des HERRN ist Reich-
tum, Ehre und Leben.[c] Stacheln und 5
Stricke sind auf dem Wege des Ver-
kehrten; wer sich aber davon fernhält,
bewahrt sein Leben. Gewöhne einen 6
Knaben an seinen Weg, so läßt er auch
nicht davon, wenn er alt wird.[d] Der 7
Reiche herrscht über die Armen; und
wer borgt, ist des Gläubigers Knecht.
Wer [e]Unrecht sät, der wird Unglück 8
ernten, und die Rute seines Übermuts
wird ein Ende haben. Wer ein gütiges 9
Auge hat, wird gesegnet; denn [f]er gibt
von seinem Brot den Armen. Treibe 10
den Spötter hinaus, so geht der Zank
weg, und Hader und Schmähung hören
auf.[g] Wer ein reines Herz und [h]lieb- 11
liche Rede hat, dessen Freund ist der
König.[i] Die Augen des HERRN behüten 12
die Erkenntnis; aber die Worte des
Verächters bringt er zu Fall. Der Faule 13
spricht: [j]»Es ist ein Löwe draußen; ich
könnte getötet werden auf der Gasse.«
[k]Der Mund unzüchtiger Weiber ist 14
eine tiefe Grube; wem der HERR zürnt,
der fällt hinein. Torheit steckt dem 15
Knaben im Herzen; aber [l]die Rute der
Zucht treibt sie ihm aus. Wer dem Ar- 16
men Unrecht tut, mehrt ihm seine
Habe; wer einem Reichen gibt, schafft
ihm nur Mangel.

a Pred 7,1 *b* Kap 29,13 *c* Kap 15,33
d Kap 20,11 *e* Hiob 4,8 *f* Kap 19,17
g Kap 26,20 *h* Kol 4,6 *i* Ps 101,6 *j* Kap 26,13
k Kap 5,3 *l* Kap 13,24; 23,13.14; 29,17

Worte der Weisen

Neige deine Ohren und höre die [a]Wor- 17
te von Weisen und nimm zu Herzen
meine Lehre. Denn lieblich ist's, wenn 18
du sie im Sinne behältst; laß sie mitein-
ander auf deinen Lippen bleiben. Da- 19
mit deine Hoffnung sich gründe auf
den HERRN, erinnere ich daran heute

20 gerade dich. Hab ich dir's nicht man-
nigfach aufgeschrieben als Rat und Er-
21 kenntnis, um dir kundzutun zuverlässi-
ge Worte der Wahrheit, damit du rech-
te Antwort bringen könnest dem, der
dich gesandt hat?
22 [b]Beraube den Armen nicht, weil er
arm ist, und unterdrücke den Geringen
23 nicht im Gericht; denn der HERR wird
ihre Sache führen und wird ihre Be-
24 drücker bedrücken. – Geselle dich
nicht zum [c]Zornigen und halt dich
25 nicht zu einem wütenden Mann; du
könntest auf seinen Weg geraten und
26 dich selbst zu Fall bringen. – Sei nicht
einer von denen, die mit ihrer Hand
haften und für Schulden [d]Bürge wer-
27 den; denn wenn du nicht bezahlen
kannst, so wird man dir dein Bett unter
28 dir wegnehmen. – [e]Verrücke nicht die
uralten Grenzen, die deine Väter ge-
29 macht haben. – Siehst du einen Mann,
behende in seinem Geschäft, der wird
Königen dienen; geringen Leuten wird
er nicht dienen.

a Kap 24,23 *b (22 und 23)* 2.Mose 23,6
c Kap 15,18 *d* Kap 6,1 *e* Kap 23,10; 5.Mose 27,17

23 Wenn du zu Tische sitzt mit einem
hohen Herrn, so bedenke wohl, was du
2 vor dir hast, und setze ein Messer an
3 deine Kehle, wenn du gierig bist; wün-
sche dir nichts von seinen feinen Spei-
4 sen; denn es ist trügerisches Brot. – Be-
mühe dich nicht, reich zu werden; da
5 spare deine Klugheit![a] Du richtest dei-
ne Augen auf Reichtum, und er ist
nicht mehr da; denn er macht sich Flü-
gel wie ein Adler und fliegt gen Him-
6 mel. – Iß nicht bei einem Neidischen
und wünsche dir von seinen feinen
7 Speisen nichts; denn in seinem Herzen
ist er berechnend; er spricht zu dir: Iß
und trink!, und sein Herz ist doch nicht
8 mit dir. Die Bissen, die du gegessen
hast, mußt du ausspeien, und deine
freundlichen Worte sind verloren. –
9 Rede nicht vor des Unverständigen
Ohren; denn er verachtet die Klugheit
10 deiner Rede. – [b]Verrücke nicht uralte
Grenzen und vergreife dich nicht an
11 dem Acker der Waisen, denn ihr Helfer
ist mächtig; der wird ihre Sache gegen
12 dich führen. – Wende dein Herz hin zur
Zucht und deine Ohren zu vernünftiger
13 Rede. – [c]Laß nicht ab, den Knaben zu
züchtigen; denn wenn du ihn mit der
Rute schlägst, so wird er sein Leben be-
14 halten; du schlägst ihn mit der Rute,
15 aber du errettest ihn vom Tode. – Mein
Sohn, wenn dein Herz weise ist, so
freut sich auch mein Herz, und meine 16
Seele ist froh, wenn deine Lippen re-
den, was recht ist. – Dein Herz sei nicht 17
neidisch auf den Sünder, sondern
trachte täglich nach der Furcht des
HERRN; denn das Ende kommt noch, 18
und dann wird deine Hoffnung nicht
zuschanden. – Höre, mein Sohn, und 19
sei weise und richte dein Herz auf den
rechten Weg. Sei nicht unter den 20
Säufern und Schlemmern; denn die 21
[d]Säufer und Schlemmer verarmen,
und ein Schläfer muß zerrissene Klei-
der tragen. – Gehorche deinem Vater, 22
der dich gezeugt hat, und verachte dei-
ne Mutter nicht, wenn sie alt wird.[e] –
Kaufe Wahrheit und verkaufe sie nicht, 23
die Weisheit, die Zucht und die Ein-
sicht. – [f]Der Vater eines Gerechten 24
freut sich, und wer einen Weisen ge-
zeugt hat, ist fröhlich über ihn. Laß 25
deinen Vater und deine Mutter sich
freuen und fröhlich sein, die dich gebo-
ren hat. – *Gib mir, mein Sohn, dein Herz* 26
und laß deinen Augen meine Wege wohl-
gefallen. [g]Denn die Hure ist eine tiefe 27
Grube, und die fremde Frau ist ein en-
ger Brunnen. Auch lauert sie wie ein 28
Räuber und mehrt die Treulosen unter
den Menschen. – [h]Wo ist Weh? Wo ist 29
Leid? Wo ist Zank? Wo ist Klagen?
Wo sind Wunden ohne jeden Grund?
Wo sind trübe Augen? Wo man lange 30
beim Wein sitzt und kommt, auszusau-
fen, was eingeschenkt ist. Sieh den 31
Wein nicht an, wie er so rot ist und im
Glase so schön steht: Er geht glatt ein,
aber danach beißt er wie eine Schlange 32
und sticht wie eine Otter. Da werden 33
deine Augen seltsame Dinge sehen,
und dein Herz wird Verkehrtes reden,
und du wirst sein wie einer, der auf 34
hoher See sich schlafen legt, und wie
einer, der oben im Mastkorb liegt. »Sie 35
schlugen mich, aber es tat mir nicht
weh; sie prügelten mich, aber ich fühlte
es nicht. Wann werde ich aufwachen?
Dann will ich's wieder so treiben.«

a Kap 28,22 *b* Kap 22,28 *c (13 und 14)* Kap 22,15
d Kap 21,17 *e* Kap 1,8 *f* Kap 10,1
g (27 und 28) Kap 22,14; 7,10-14 *h (29-35)*
Kap 20,1; Jes 56,12

Sei nicht neidisch auf böse Men- **24**
schen und wünsche nicht, bei ihnen zu
sein; denn ihr Herz trachtet nach Ge- 2
walt, und ihre Lippen raten zum Un-
glück. – Durch Weisheit wird ein Haus 3
gebaut und durch Verstand erhalten,
und [a]durch ordentliches Haushalten 4

werden die Kammern voll kostbarer,
5 lieblicher Habe. – Ein weiser Mann ist
stark und ein vernünftiger Mann voller
6 Kraft; denn [b]mit Überlegung soll man
Krieg führen, und wo [c]viele Ratgeber
7 sind, da ist der Sieg. – Weisheit ist dem
Toren zu hoch; er darf seinen Mund im
8 Rat nicht auftun. – Wer sich vornimmt,
Böses zu tun, den nennt man einen Erz-
9 bösewicht. Das Vorhaben des Toren ist
Sünde, und der Spötter ist den Leuten
10 ein Greuel. – *Der ist nicht stark, der in*
11 *der Not nicht fest ist.* – Errette, die man
zum Tode schleppt, und entzieh dich
nicht denen, die zur Schlachtbank wan-
12 ken.[d] Sprichst du: »Siehe, wir haben's
nicht gewußt!«, fürwahr, der die Her-
zen prüft, merkt es, und der auf deine
Seele achthat, weiß es und vergilt dem
13 Menschen nach seinem Tun. – Iß Ho-
nig, mein Sohn, denn er ist gut, und
14 Honigseim ist süß deinem Gaumen. So
ist Weisheit gut für deine Seele; wenn
du sie findest, wird dir's am Ende wohl-
gehen, und deine Hoffnung wird nicht
15 umsonst sein. – Laure nicht als Gott-
loser auf das Haus des Gerechten; zer-
16 störe seine Wohnung nicht, denn [e]*ein*
Gerechter fällt siebenmal und steht wieder
auf, aber die Gottlosen versinken im Un-
17 *glück.* – Freue dich nicht über den Fall
deines Feindes, und dein Herz sei nicht
18 froh über sein Unglück;[f] der HERR
könnte es sehen und Mißfallen daran
haben und seinen Zorn von ihm wen-
19 den. – Erzürne dich nicht über die Bö-
sen und ereifre dich nicht über die
20 Gottlosen;[g] denn der Böse hat nichts
zu hoffen, und [h]die Leuchte der Gott-
21 losen wird verlöschen. – Mein Sohn,
[i]fürchte den HERRN und den König
und menge dich nicht unter die Auf-
22 rührer; denn plötzlich wird sie das Ver-
derben treffen und unversehens von
beiden her das Unheil kommen.

23 Auch dies sind Worte der Weisen: [j]Die
Person ansehen im Gericht ist nicht
24 gut. Wer zum Schuldigen spricht: »Du
hast recht«, dem fluchen die Völker,
25 und die Leute verwünschen ihn. Die
aber gerecht richten, denen geht es gut,
26 und reicher Segen kommt auf sie. Eine
[k]richtige Antwort ist wie ein lieblicher
27 Kuß. Richte erst draußen deine Arbeit
aus und bearbeite deinen Acker; da-
28 nach gründe dein Haus. Sei nicht [l]ein
falscher Zeuge wider deinen Nächsten
und betrüge nicht mit deinem Munde.
29 Sprich nicht: »Wie einer mir tut, so will
ich ihm auch tun und [m]einem jeglichen
sein Tun vergelten.« Ich ging am Acker 30
des Faulen entlang und am Weinberg
des Toren, und siehe, lauter Nesseln 31
waren darauf, und er stand voll Disteln,
und die Mauer war eingefallen. Als ich 32
das sah, nahm ich's zu Herzen, ich
schaute und lernte daraus: [n]Noch ein 33
wenig schlafen und ein wenig schlum-
mern und ein wenig die Hände zusam-
mentun, daß du ruhest, so wird deine 34
Armut kommen wie ein Räuber und
dein Mangel wie ein gewappneter
Mann.

a Kap 31,10-31 *b* Kap 20,18 *c* Kap 11,14
d Ps 82,4 *e* Ps 37,24 *f* Hiob 31,29 *g* Ps 37,1
h Kap 13,9 *i* 1.Petr 2,17 *j* 3.Mose 19,15
k Kap 15,23 *l* 2.Mose 20,16 *m* Kap 20,22
n *(33 und 34)* Kap 6,9-11

Weitere Sprüche Salomos

Auch dies sind [a]Sprüche Salomos; die **25**
Männer Hiskias, des Königs von Juda,
haben sie gesammelt.

Es ist Gottes Ehre, eine Sache zu ver- 2
bergen; aber der Könige Ehre ist es,
eine Sache zu erforschen. Der Himmel 3
ist hoch und die Erde tief, und der Kö-
nige Herz ist unerforschlich. Man tue 4
die Schlacken vom Silber, so gelingt
dem Goldschmied das Gefäß; man tue 5
den Gottlosen hinweg vom König, so
wird [b]sein Thron durch Gerechtigkeit
gefestigt. Prange nicht vor dem Könige 6
und stelle dich nicht zu den Großen;
denn [c]es ist besser, daß man zu dir 7
sage: Tritt hier herauf!, als daß du er-
niedrigt wirst vor einem Edlen, den
deine Augen gesehen haben. Laufe 8
nicht zu schnell vor Gericht; denn was
willst du zuletzt machen, wenn dich
dein Nächster beschämt? Trage deine 9
Sache mit deinem Nächsten aus, aber
[d]verrate nicht eines andern Geheimnis,
damit von dir nicht übel spricht, wer es 10
hört, und dann das böse Gerede über
dich nicht aufhört. Ein Wort, geredet 11
zu rechter Zeit, ist wie goldene Äpfel
auf silbernen Schalen.[e] Ein Weiser, der 12
mahnt, und ein Ohr, das auf ihn hört,
das ist wie ein goldener Ring und ein
goldenes Halsband. Wie die Kühle des 13
Schnees zur Zeit der Ernte, so ist ein
getreuer Bote dem, der ihn gesandt hat,
und erquickt seines Herrn Seele. Wer 14
Geschenke verspricht und hält's nicht,
der ist wie Wolken und Wind ohne Re-
gen. Durch Geduld wird ein Fürst 15
überredet, und eine [f]linde Zunge zer-
bricht Knochen. Findest du Honig, so 16
iß davon nur, soviel du bedarfst, daß du

nicht zu satt werdest und speiest ihn
17 aus. Halte deinen Fuß zurück vom
Hause deines Nächsten; er könnte dich
satt bekommen und dir gram werden.
18 Wer wider seinen Nächsten falsch
Zeugnis redet, der ist wie ein Streit-
hammer, Schwert und scharfer Pfeil.
19 Auf einen Treulosen hoffen zur Zeit
der Not, das ist wie ein fauler Zahn und
20 gleitender Fuß. Wer einem mißmuti-
gen Herzen Lieder singt, das ist, wie
wenn einer das Kleid ablegt an einem
kalten Tag, und wie Essig auf Lauge.
21 [g]*Hungert deinen Feind, so speise ihn mit*
Brot, dürstet ihn, so tränke ihn mit Was-
22 *ser, denn du wirst feurige Kohlen auf sein*
Haupt häufen, und der HERR *wird dir's*
23 *vergelten.* Wind mit dunklen Wolken
bringt Regen, und heimliches Ge-
24 schwätz schafft saure Gesichter. Besser
im Winkel auf dem Dache sitzen als mit
einem zänkischen Weibe zusammen in
25 einem Hause. Eine [h]gute Botschaft aus
fernen Landen ist wie kühles Wasser
26 für eine durstige Kehle. Ein Gerechter,
der angesichts eines Gottlosen wankt,
ist wie ein getrübter Brunnen und eine
27 verderbte Quelle. Zuviel Honig essen
ist nicht gut; aber wer nach schweren
28 Dingen forscht, dem bringt's Ehre. Ein
Mann, der [i]seinen Zorn nicht zurück-
halten kann, ist wie eine offene Stadt
ohne Mauern.

a Kap 1,1; 10,1 *b* Kap 16,12 *c* Lk 14,7-11
d Kap 20,19 *e* Kap 15,23 *f* Kap 15,1
g (21 und 22) Röm 12,20 *h* Kap 15,30 *i* Kap 29,11

26 Wie Schnee zum Sommer und Re-
gen zur Ernte, so reimt sich Ehre zum
2 Toren. Wie ein Vogel dahinfliegt und
eine Schwalbe enteilt, so ist ein unver-
3 dienter Fluch: er trifft nicht ein. Dem
Roß eine Peitsche und dem Esel einen
Zaum und [a]dem Toren eine Rute auf
4 den Rücken! Antworte dem Toren
nicht nach seiner Torheit, daß du ihm
5 nicht gleich werdest. Antworte aber
dem Toren nach seiner Torheit, daß er
6 sich nicht weise dünke. Wer eine Sache
durch einen törichten Boten ausrichtet,
der ist wie einer, der sich selbst die
7 Füße abhaut und Schaden leidet. Wie
einem Gelähmten das Tanzen, so steht
dem Toren an, von Weisheit zu reden.
8 Einem Toren Ehre antun, das ist, wie
wenn einer einen edlen Stein auf einen
9 Steinhaufen wirft. Ein Spruch in eines
Toren Mund ist wie ein Dornzweig in
10 der Hand eines Trunkenen. Wie ein
Schütze, der jeden verwundet, so ist,
wer einen Toren oder einen Vorüber-
gehenden dingt. Wie [b]ein Hund wieder 11
frißt, was er gespien hat, so ist der Tor,
der seine Torheit immer wieder treibt.
Wenn du einen siehst, der sich [c]*weise* 12
dünkt, da ist für einen Toren mehr Hoff-
nung als für ihn. Der Faule spricht: [d]»Es 13
ist ein Löwe auf dem Wege, ein Löwe
auf den Gassen.« Ein [e]Fauler wendet 14
sich im Bett wie die Tür in der Angel.
Der Faule steckt seine Hand in die 15
Schüssel, und es wird ihm sauer, daß er
sie zum Munde bringe.[f] Ein Fauler 16
dünkt sich weiser als sieben, die da wis-
sen, verständig zu antworten. Wer vor- 17
übergeht und sich mengt in fremden
Streit, der ist wie einer, der den Hund
bei den Ohren zwackt. Wie ein Unsin- 18
niger, der mit Geschoß und Pfeilen
schießt und tötet, so ist ein Mensch, der 19
seinen Nächsten betrügt und spricht:
»Ich habe nur gescherzt.« Wenn kein 20
Holz mehr da ist, so verlischt das
Feuer, und [g]wenn der Verleumder weg
ist, so hört der Streit auf. Wie die Koh- 21
len die Glut und Holz das Feuer, so
[h]facht ein zänkischer Mann den Streit
an. Die Worte des Verleumders sind 22
wie Leckerbissen und gehen einem
glatt ein.[i] Glatte Lippen und ein böses 23
Herz, das ist wie Tongeschirr, mit Sil-
berschaum überzogen. [j]Der Hasser 24
verstellt sich mit seiner Rede, aber im
Herzen ist er falsch; wenn er seine 25
Stimme holdselig macht, so glaube ihm
nicht; denn es sind sieben Greuel in
seinem Herzen. Wer den Haß trüge- 26
risch verbirgt, dessen Bosheit wird
doch vor der Gemeinde offenbar wer-
den. Wer [k]eine Grube macht, der wird 27
hineinfallen; und wer einen Stein
wälzt, auf den wird er zurückkommen.
Eine falsche Zunge haßt den, dem sie 28
Arges getan hat, und glatte Lippen
richten Verderben an.

a Kap 19,29 *b* 2.Petr 2,22 *c* Kap 3,7
d Kap 22,13 *e* Kap 6,9-11 *f* Kap 19,24
g Kap 22,10 *h* Kap 15,18 *i* Kap 18,8
j (24 und 25) Mt 12,45 *k* Ps 7,16; Pred 10,8

Rühme dich nicht des morgigen Tages; **27**
denn du weißt nicht, was der Tag bringt.[a]
Laß dich von einem andern loben und 2
nicht von deinem Mund, von einem
Fremden und nicht von deinen eignen
Lippen. Stein ist schwer, und Sand ist 3
Last; aber der Ärger über einen Toren
ist schwerer als beide. Zorn ist ein wü- 4
tig Ding, und Grimm ist ungestüm;
aber wer kann vor der Eifersucht beste-
hen? Offene [b]Zurechtweisung ist bes- 5
ser als Liebe, die verborgen bleibt. Die 6

[c]Schläge des Freundes meinen es gut;
aber die [d]Küsse des Hassers sind trüge-
7 risch. Ein Satter tritt Honigseim mit
Füßen; aber einem Hungrigen ist alles
8 Bittre süß. Wie ein Vogel, der aus sei-
nem Nest flüchtet, so ist ein Mann, der
9 aus seiner Heimat flieht. Das Herz
freut sich an Salbe und Räucherwerk,
und süß ist der Freund, der wohlge-
10 meinten Rat gibt. Von deinem [e]Freund
und deines Vaters Freund laß nicht ab.
Geh nicht ins Haus deines Bruders,
wenn dir's übel geht. Ein Nachbar in
der Nähe ist besser als ein Bruder in der
11 Ferne. Sei weise, mein Sohn, und er-
freue mein Herz, so kann ich antworten
12 dem, der mich schmäht. Ein Kluger
sieht das Unglück kommen und ver-
birgt sich; aber die Unverständigen
laufen weiter und leiden Schaden.
13 Nimm dem sein Kleid, der für einen
andern Bürge wurde, und pfände ihn
14 anstelle des Fremden. Wenn einer sei-
nen Nächsten des Morgens früh mit
lauter Stimme segnet, so wird ihm das
15 für einen Fluch gerechnet. [f]Ein zänki-
sches Weib und ein triefendes Dach,
wenn's sehr regnet, lassen sich mitein-
16 ander vergleichen: wer sie aufhalten
will, der will den Wind aufhalten und
17 will Öl mit der Hand fassen. Ein Mes-
ser wetzt das andre und ein Mann den
18 andern. Wer seinen Feigenbaum
pflegt, der ißt Früchte davon, und wer
seinem Herrn treu dient, wird geehrt.
19 Wie sich im Wasser das Angesicht spie-
gelt, so ein Mensch im Herzen des an-
20 dern. Unterwelt und Abgrund werden
niemals satt, und [g]der Menschen Au-
21 gen sind auch unersättlich. Ein Mann
bewährt sich in seinem Ruf wie das Sil-
ber im Tiegel und das Gold im Ofen.
22 Wenn du den Toren im Mörser zerstie-
ßest mit dem Stampfer wie Grütze, so
ließe doch seine Torheit nicht von ihm.
23 Auf deine Schafe hab acht und nimm
24 dich deiner Herden an; denn Vorräte
währen nicht ewig, und auch eine
25 Krone währt nicht für und für. Ist das
Gras abgeweidet und wiederum Grü-
nes nachgewachsen und ist das Futter
26 auf den Bergen gesammelt, dann klei-
den dich die Lämmer, und die Böcke
geben dir das Geld, einen Acker zu
27 kaufen; du hast Ziegenmilch genug zu
deiner Speise, zur Speise deines Hauses
und zur Nahrung deiner Mägde.

a Jak 4,13.14 b 3.Mose 19,17 c Ps 141,5
d Mt 26,49 e Kap 18,24 f *(15 und 16)* Kap 19,13
g Pred 1,8

[a]Der Gottlose flieht, auch wenn nie- **28**
mand ihn jagt; der Gerechte aber ist
furchtlos wie ein junger Löwe. Um des 2
Landes Sünde willen wechseln häufig
seine Herren; aber durch einen ver-
ständigen und vernünftigen Mann ge-
winnt das Recht Bestand. Ein gottloser 3
Mann, der die Geringen bedrückt, ist
wie ein Platzregen, der die Frucht ver-
dirbt. Wer die Weisung verläßt, rühmt 4
den Gottlosen; wer sie aber bewahrt,
der bekämpft ihn. Böse Leute verste- 5
hen nichts vom Recht; die aber nach
dem HERRN fragen, verstehen alles.
Besser ein Armer, der in seiner Un- 6
sträflichkeit wandelt, als ein Reicher,
der auf verkehrten Wegen geht.[b] Wer 7
die Lehre bewahrt, ist ein verständiger
Sohn; wer aber der Schlemmer Geselle
ist, macht seinem Vater Schande. Wer 8
sein Gut mehrt mit Zinsen und Auf-
schlag, der sammelt es für den, der sich
der Armen erbarmt.[c] Wer sein Ohr ab- 9
wendet, um die Weisung nicht zu hö-
ren, [d]dessen Gebet ist ein Greuel. Wer 10
die Frommen verführt auf einen bösen
Weg, wird selbst in seine Grube fallen;
aber die Frommen werden Gutes erer-
ben. Ein Reicher meint weise zu sein, 11
aber ein verständiger Armer durch-
schaut ihn. Wenn die Gerechten Ober- 12
hand haben, so ist herrliche Zeit;
[e]wenn aber die Gottlosen hochkom-
men, verbergen sich die Leute. *Wer sei-* 13
ne Sünde leugnet, dem wird's nicht ge-
lingen; [f]wer sie aber bekennt und läßt,
der wird Barmherzigkeit erlangen. Wohl 14
dem, der Gott allewege fürchtet! Wer
aber sein Herz verhärtet, wird in Un-
glück fallen. Ein Gottloser, der über ein 15
armes Volk regiert, ist wie ein brüllen-
der Löwe und ein gieriger Bär. Wenn 16
ein Fürst ohne Verstand ist, so ge-
schieht viel Unrecht; wer aber unrech-
ten Gewinn haßt, wird lange leben.
Wer schuldig ist am Blut eines Men- 17
schen, der wird flüchtig sein bis zum
Grabe, und niemand helfe ihm![g] Wer 18
ohne Tadel einhergeht, dem wird ge-
holfen; wer aber verkehrte Wege geht,
wird in eine Grube fallen. Wer seinen 19
Acker bebaut, wird Brot genug haben;
wer aber nichtigen Dingen nachgeht,
wird Armut genug haben. Ein treuer 20
Mann wird von vielen gesegnet; [h]wer
aber eilt, reich zu werden, wird nicht
ohne Schuld bleiben. Die [i]Person anse- 21
hen ist nicht gut; aber mancher vergeht
sich schon um ein Stück Brot. Wer hab- 22
gierig ist, [j]jagt nach Reichtum und

weiß nicht, daß Mangel über ihn kom-
23 men wird. Wer einen Menschen zu-
rechtweist, wird zuletzt Dank haben,
24 mehr als der da freundlich tut. Wer
[k]seinem Vater oder seiner Mutter et-
was nimmt und spricht, es sei nicht
Sünde, der ist des Verderbers Geselle.
25 Ein Habgieriger erweckt Zank; wer
sich aber auf den HERRN verläßt, wird
26 gelabt. *Wer [l]sich auf seinen Verstand
verläßt, ist ein Tor; wer aber in der*
27 *Weisheit wandelt, wird entrinnen.* Wer
dem Armen gibt, dem wird nichts man-
geln; wer aber seine Augen abwendet,
28 der wird von vielen verflucht. Wenn
die Gottlosen hochkommen, so ver-
bergen sich die Leute; wenn sie aber
umkommen, werden der Gerechten
viel.

a Jes 57,21 *b* Kap 19,1 *c* Kap 13,22; 3.Mose 25,35-37 *d* Kap 15,8 *e* Kap 11,11 *f* Ps 32,3-5; 1.Joh 1,8.9 *g* 1.Mose 4,14 *h* Kap 13,11 *i* Kap 18,5; 5.Mose 1,17 *j* Kap 23,4; 1.Tim 6,9 *k* Mt 15,5 *l* Kap 3,5.6

29 Wer [a]gegen alle Warnung halsstarrig
ist, der wird plötzlich verderben ohne
2 alle Hilfe. Wenn [b]der Gerechten viel
sind, freut sich das Volk; wenn aber der
3 Gottlose herrscht, seufzt das Volk. Wer
Weisheit liebt, erfreut seinen Vater;
[c]wer aber mit Huren umgeht, kommt
4 um sein Gut. Ein König richtet das
Land auf durchs Recht; wer aber viel
Steuern erhebt, richtet es zugrunde.
5 Wer seinem Nächsten schmeichelt, der
spannt ihm ein Netz über den Weg.
6 Wenn ein Böser sündigt, verstrickt er
sich selbst; aber ein Gerechter geht sei-
7 nen Weg und ist fröhlich. Der Gerechte
weiß um die Sache der Armen; der
8 Gottlose aber weiß gar nichts. Die
Spötter bringen leichtfertig eine Stadt
in Aufruhr; aber die Weisen stillen den
9 Zorn. Wenn ein Weiser mit einem To-
ren rechtet, so tobt der oder lacht, aber
10 es gibt keine Ruhe. Die Blutgierigen
hassen den Frommen; aber die Ge-
11 rechten nehmen sich seiner an. [d]Ein
Tor schüttet all seinen Unmut aus, aber
[e]ein Weiser beschwichtigt ihn zuletzt.
12 Ein Herrscher, der auf Lügen hört, hat
13 nur gottlose Diener. [f]Der Arme und
sein Peiniger begegnen einander; der
beiden [g]das Augenlicht gab, ist der
14 HERR. Ein König, der die Armen treu-
lich richtet, dessen Thron wird für im-
15 mer bestehen.[h] Rute und Tadel gibt
Weisheit; aber ein Knabe, sich selbst
überlassen, macht seiner Mutter
16 Schande.[i] Wo viele Gottlose sind, da ist
viel Sünde; aber [j]die Gerechten wer-
den ihren Fall erleben. [k]Züchtige dei- 17
nen Sohn, so wird er dir Freude ma-
chen und deine Seele erquicken. *Wo* 18
*keine Offenbarung ist, wird das Volk wild
und wüst; aber wohl dem, der auf die
Weisung achtet!* Ein Knecht läßt sich 19
mit Worten nicht in Zucht halten; denn
wenn er sie auch versteht, so nimmt er
sie doch nicht an. Siehst du einen, der 20
[l]schnell ist zu reden, da ist für einen
Toren mehr Hoffnung als für ihn.
Wenn ein Knecht von Jugend auf ver- 21
wöhnt wird, so wird er am Ende wider-
spenstig sein. Ein [m]zorniger Mann 22
richtet Streit an, und ein Grimmiger
tut viel Sünde. [n]Die Hoffart des Men- 23
schen wird ihn stürzen; aber [o]der De-
mütige wird Ehre empfangen. Wer mit 24
Dieben gemeinsame Sache macht, haßt
sein Leben; [p]den Fluch hört er aus-
sprechen und zeigt's nicht an. *Men-* 25
*schenfurcht bringt zu Fall; wer sich aber
auf den* HERRN *verläßt, wird beschützt.*[q]
Viele suchen das Angesicht eines Für- 26
sten; aber eines jeglichen Recht kommt
vom HERRN. Ein ungerechter Mensch 27
ist dem Gerechten ein Greuel; und wer
recht wandelt, ist dem Gottlosen ein
Greuel.

a Kap 15,10 *b* Kap 11,10 *c* Lk 15,13.30 *d* Kap 12,23 *e* Kap 25,28 *f* Kap 22,2 *g* Hiob 33,30; Ps 13,4 *h* Kap 16,12 *i* Kap 22,15; 1.Kön 1,6 *j* Ps 37,35.36 *k* Kap 23,13 *l* Pred 5,1.2; Jak 1,19 *m* Kap 15,18; 22,24 *n* Mt 23,12 *o* 1.Petr 5,5 *p* 3.Mose 5,1 *q* Mt 10,28

Die Sprüche Agurs

Dies sind die Worte Agurs, des Sohnes **30**
des Jake, aus [a]Massa. Es spricht der
Mann: Ich habe mich gemüht, o Gott,
ich habe mich gemüht, o Gott, und
muß davon lassen. Denn ich bin der Al- 2
lertörichtste, und Menschenverstand
habe ich nicht. Weisheit hab ich nicht 3
gelernt, und Erkenntnis des Heiligen
habe ich nicht. Wer ist hinaufgefahren 4
zum Himmel und wieder herab? Wer
hat den Wind in seine Hände gefaßt?
Wer hat die Wasser in ein Kleid gebun-
den? Wer hat alle Enden der Welt be-
stimmt? Wie heißt er? Und wie heißt
sein Sohn? Weißt du das?[b]

Alle [c]Worte Gottes sind durchläu- 5
tert; er ist ein Schild denen, die auf ihn
trauen. [d]Tu nichts zu seinen Worten 6
hinzu, daß er dich nicht zur Rechen-
schaft ziehe und du als Lügner da-
stehst.

Zweierlei bitte ich von dir, das wol- 7
lest du mir nicht verweigern, ehe denn

8 ich sterbe: Falschheit und Lüge laß fer-
ne von mir sein; Armut und Reichtum
gib mir nicht; [e] laß mich aber mein Teil
Speise dahinnehmen, das du mir be-
9 schieden hast. Ich könnte sonst, wenn
ich zu satt würde, verleugnen und sa-
gen: [f] Wer ist der HERR? Oder wenn ich
zu arm würde, könnte ich stehlen und
mich an dem Namen meines Gottes
vergreifen.

10 Verleumde nicht den Knecht bei sei-
nem Herrn, daß er dir nicht fluche und
du es büßen müssest.

11 Es gibt eine Art, die ihrem Vater
flucht und ihre Mutter nicht segnet;
12 eine Art, die [g] sich rein dünkt, und ist
doch von ihrem Schmutz nicht gewa-
13 schen; eine Art, die ihre Augen hoch
trägt und ihre Augenlider emporhebt;
14 eine Art, die Schwerter als Zähne hat
und Messer als Backenzähne und ver-
zehrt die Elenden im Lande und die
Armen unter den Leuten.

15 Der Blutegel hat zwei Töchter, die
heißen: »Gib her, gib her!« Drei sind
nicht zu sättigen, und vier sagen nie:
16 »Es ist genug«: das Totenreich und der
Frauen verschloßner Schoß, die Erde,
die nicht des Wassers satt wird, und das
Feuer, das nie spricht: »Es ist genug!«

17 *Ein Auge, das den Vater verspottet,
und verachtet, der Mutter zu gehorchen,
das müssen die Raben am Bach aushacken
und die jungen Adler fressen.*[h]

18 Drei sind mir zu wundersam, und
19 vier verstehe ich nicht: des Adlers Weg
am Himmel, der Schlange Weg auf
dem Felsen, des Schiffes Weg mitten
im Meer und des Mannes Weg beim
Weibe.

20 So ist der Weg der Ehebrecherin: sie
verschlingt und wischt sich den Mund
und spricht: Ich habe nichts Böses ge-
tan.

21 Ein Land wird durch dreierlei unru-
hig, und viererlei kann es nicht ertra-
22 gen: einen Knecht, wenn er König
wird; einen Toren, wenn er zu satt ist;[i]
23 eine [j] Verschmähte, wenn sie geehelicht
wird, und eine Magd, wenn sie ihre
Herrin beerbt.

24 Vier sind die Kleinsten auf Erden
25 und doch klüger als die Weisen: die
Ameisen – ein schwaches Volk, den-
noch schaffen sie im Sommer ihre Spei-
26 se;[k] die Klippdachse – ein schwaches
Volk, dennoch bauen sie ihr Haus in
27 den Felsen; die Heuschrecken – sie ha-
ben keinen König, dennoch ziehen sie
28 aus in Ordnung; die Eidechse – man
greift sie mit den Händen, und sie ist
doch in der Könige Schlössern.

Drei haben einen stattlichen Gang, 29
und vier gehen stolz einher: der Löwe, 30
mächtig unter den Tieren und kehrt
um vor niemandem; der stolze Hahn, 31
der Widder und der König, wenn er
einhergeht vor seinem Heerbann.

Ob du töricht gehandelt und dich 32
überhoben hast oder ob du recht über-
legt hast: lege die Hand auf den Mund!
Denn wenn man Milch stößt, so wird 33
Butter daraus, und wer die Nase hart
schneuzt, zwingt Blut heraus, und wer
den Zorn reizt, ruft Streit hervor.

a 1.Mose 25,12.14 *b* Hiob 38,28-34 *c* Ps 12,7
d 5.Mose 4,2 *e* 1.Tim 6,6-8 *f* 2.Mose 5,2
g Kap 20,9 *h* Kap 20,20 *i* Pred 10,6.7
j 5.Mose 24,1-4 *k* Kap 6,6-8

Die Worte an Lemuel

Dies sind die Worte Lemuels, des Kö- **31**
nigs von [a] Massa, die ihn seine Mutter
lehrte.

Was, mein Auserwählter, soll ich dir 2
sagen, was, du Sohn meines Leibes,
was, mein erbetener Sohn? Laß nicht 3
den Weibern deine Kraft und geh nicht
die Wege, auf denen sich die Könige
verderben![b] Nicht den Königen, Le- 4
muel, ziemt es, [c] Wein zu trinken, nicht
den Königen, noch den Fürsten starkes
Getränk! Sie könnten beim Trinken 5
des Rechts vergessen und verdrehen
die Sache aller elenden Leute. Gebt 6
starkes Getränk denen, die am Um-
kommen sind, und Wein den betrübten
Seelen, daß sie trinken und ihres 7
Elends vergessen und ihres Unglücks
nicht mehr gedenken.

Tu deinen Mund auf für die Stummen 8
und für die Sache aller, die verlassen
sind.[d] Tu deinen Mund auf und richte 9
in Gerechtigkeit und schaffe Recht
dem Elenden und Armen.

a Kap 30,1 *b* 5.Mose 17,17; 1.Kön 11,1.4
c Kap 20,1 *d* Hiob 29,12

Lob der tüchtigen Hausfrau

Wem [a] eine tüchtige Frau beschert ist, 10
die ist viel edler als die köstlichsten Per-
len. Ihres Mannes Herz darf sich auf sie 11
verlassen, und Nahrung wird ihm nicht
mangeln. Sie tut ihm Liebes und kein 12
Leid ihr Leben lang. Sie geht mit Wolle 13
und Flachs um und arbeitet gerne
mit ihren Händen. Sie ist wie ein 14
Kaufmannsschiff; ihren Unterhalt
bringt sie von ferne. Sie steht vor Tage 15
auf und gibt Speise ihrem Hause, und
dem Gesinde, was ihm zukommt. Sie 16

trachtet nach einem Acker und kauft
ihn und pflanzt einen Weinberg vom
17 Ertrag ihrer Hände. Sie gürtet ihre
Lenden mit Kraft und regt ihre Arme.
18 Sie merkt, wie ihr Fleiß Gewinn
bringt; ihr Licht verlischt des Nachts
19 nicht. Sie streckt ihre Hand nach dem
Rocken, und ihre Finger fassen die
20 Spindel. Sie breitet ihre Hände aus zu
dem Armen und reicht ihre Hand dem
21 Bedürftigen. Sie fürchtet für die Ihren
nicht den Schnee; denn ihr ganzes
22 Haus hat wollene Kleider. Sie macht
sich selbst Decken; feine Leinwand
23 und Purpur ist ihr Kleid. Ihr Mann ist
bekannt in den Toren, wenn er sitzt bei
24 den Ältesten des Landes. Sie macht
einen Rock und verkauft ihn, einen
Gürtel gibt sie dem Händler. Kraft und 25
Würde sind ihr Gewand, und sie lacht
des kommenden Tages. Sie tut ihren 26
Mund auf mit Weisheit, und auf ihrer
Zunge ist gütige Weisung. Sie schaut, 27
wie es in ihrem Hause zugeht, und ißt
ihr Brot nicht mit Faulheit. Ihre Söhne 28
stehen auf und preisen sie, ihr Mann
lobt sie: »Es sind wohl viele tüchtige 29
Frauen, du aber übertriffst sie alle.«
Lieblich und [b]*schön sein ist nichts; ein* 30
Weib, das den HERRN *fürchtet, soll man*
loben. Gebt ihr von den Früchten ihrer 31
Hände, und ihre Werke sollen sie loben
in den Toren!

a Kap 18,22 *b* Kap 11,22

DER PREDIGER SALOMO

Inhaltsübersicht

Alles Irdische ist eitel

1 Dies sind die Reden des Predigers, des
Sohnes Davids, des Königs zu Jerusa-
lem.
2 Es ist alles ganz eitel, sprach der Pre-
3 diger, es ist alles ganz eitel. Was hat der
Mensch für Gewinn von all seiner
Mühe, die er hat unter der Sonne?[a]
4 [b]Ein Geschlecht vergeht, das andere
kommt; die Erde aber bleibt immer be-
5 stehen. Die Sonne geht auf und geht
unter und läuft an ihren Ort, daß sie
6 dort wieder aufgehe. Der Wind geht
nach Süden und dreht sich nach Nor-
den und wieder herum an den Ort, wo
7 er anfing. Alle Wasser laufen ins Meer,
doch wird das Meer nicht voller; an den
Ort, dahin sie fließen, fließen sie immer
8 wieder. Alles Reden ist so voll [c]Mühe,
daß niemand damit zu Ende kommt.
[d]Das Auge sieht sich niemals satt, und
9 das Ohr hört sich niemals satt. Was ge-
schehen ist, eben das wird hernach sein.
Was man getan hat, eben das tut man
hernach wieder, und es geschieht nichts
Neues unter der Sonne. Geschieht et- 10
was, von dem man sagen könnte: »Sieh,
das ist neu«? Es ist längst vorher auch
geschehen in den Zeiten, die vor uns
gewesen sind. Man gedenkt derer 11
nicht, die früher gewesen sind, und de-
rer, die hernach kommen; man wird
auch ihrer nicht gedenken bei denen,
die noch später sein werden.

a Kap 2,23 *b* Ps 90,3 *c* Ps 90,10 *d* Spr 27,20

Auch das Streben nach Weisheit ist eitel

Ich, der Prediger, war König über Is- 12
rael zu Jerusalem und richtete mein 13
Herz darauf, die Weisheit zu suchen
und zu erforschen bei allem, was man
unter dem Himmel tut. Solch unselige
Mühe hat Gott den Menschenkindern
gegeben, daß sie sich damit quälen sol-
len. Ich sah an alles Tun, das unter 14
der Sonne geschieht, und siehe, es war
alles eitel und Haschen nach Wind.
[a]Krumm kann nicht gerade werden 15
noch, was fehlt, gezählt werden. Ich 16
sprach in meinem Herzen: Siehe, ich

bin herrlich geworden und habe mehr
Weisheit als alle, die vor mir gewesen
sind zu Jerusalem, und mein Herz hat
17 viel gelernt und erfahren. Und ich rich-
tete mein Herz darauf, [b]daß ich lernte
Weisheit und erkennte Tollheit und
Torheit. Ich ward aber gewahr, daß
auch dies ein Haschen nach Wind ist.
18 Denn wo viel Weisheit ist, da ist viel
Grämen, und wer viel lernt, der muß
viel leiden.

a Kap 7,13 *b* Kap 2,12; 7,25

Torheit und Weisheit sind beide eitel

2 Ich sprach in meinem Herzen: Wohl-
an, ich will Wohlleben und gute Tage
haben! Aber siehe, das war auch eitel.
2 Ich sprach zum Lachen: Du bist toll!
3 und zur Freude: Was schaffst du? Da
dachte ich in meinem Herzen, meinen
Leib mit [a]Wein zu laben, doch so, daß
mein Herz mich mit Weisheit leitete,
und mich an Torheit zu halten, bis ich
sähe, was den Menschen zu tun gut
wäre, solange sie unter dem Himmel le-
4 ben. Ich tat große Dinge: ich baute mir
Häuser, ich pflanzte mir Weinberge,
5 ich machte mir Gärten und Lustgärten
und pflanzte allerlei fruchtbare Bäume
6 hinein; ich machte mir Teiche, daraus
zu bewässern den Wald der grünenden
7 Bäume. Ich erwarb mir Knechte und
Mägde und hatte auch Gesinde, im
Hause geboren; ich hatte eine größere
Habe an Rindern und Schafen als alle,
8 die vor mir zu Jerusalem waren. Ich
sammelte mir auch Silber und Gold
und was Könige und Länder besitzen;
ich beschaffte mir Sänger und Sänge-
rinnen und die Wonne der Menschen,
9 Frauen in Menge, und [b]war größer als
alle, die vor mir zu Jerusalem waren.
Auch da blieb meine Weisheit bei mir.
10 Und alles, was meine Augen wünsch-
ten, das gab ich ihnen und verwehrte
meinem Herzen keine Freude, so daß es
fröhlich war von aller meiner Mühe;
und das war mein Teil von aller meiner
11 Mühe. Als ich aber ansah alle meine
Werke, die meine Hand getan hatte,
und die Mühe, die ich gehabt hatte, sie-
he, da war es alles eitel und Haschen
nach Wind und kein Gewinn unter der
Sonne.

12 Da wandte ich mich, zu betrachten
die Weisheit und die Tollheit und Tor-
heit. Denn was wird der Mensch tun,
der nach dem König kommen wird?
13 Was man schon längst getan hat. Da sah
ich, daß die Weisheit die Torheit über-
trifft wie das Licht die Finsternis; daß 14
der Weise seine Augen im Kopf hat,
aber die Toren in der Finsternis gehen;
und ich merkte doch, daß es dem einen
geht wie dem andern. Da dachte ich in 15
meinem Herzen: Wenn es denn mir
geht wie dem Toren, warum hab ich
dann nach Weisheit getrachtet? Da
sprach ich in meinem Herzen: Auch
das ist eitel. Denn man gedenkt des 16
Weisen nicht für immer, ebensowenig
wie des Toren, und in künftigen Tagen
ist alles vergessen. Wie [c]stirbt doch der
Weise samt dem Toren! Darum ver- 17
droß es mich zu leben, denn es war mir
zuwider, was unter der Sonne ge-
schieht, daß alles eitel ist und Haschen
nach Wind. Und mich verdroß alles, 18
um das ich mich gemüht hatte unter der
Sonne, [d]weil ich es einem Menschen
lassen muß, der nach mir sein wird.
Denn wer weiß, ob er weise oder töricht 19
sein wird und soll doch herrschen über
alles, was ich mit Mühe und Weisheit
geschafft habe unter der Sonne. Das ist
auch eitel.

Da wandte ich mich dahin, daß ich 20
mein Herz verzweifeln ließ an allem,
um das ich mich mühte unter der Son-
ne. Denn es muß ein Mensch, der seine 21
Arbeit mit Weisheit, Verstand und Ge-
schicklichkeit mühsam getan hat, es
einem andern zum Erbteil überlassen,
der sich nicht darum gemüht hat. Das
ist auch eitel und ein großes Unglück.
Denn was kriegt der Mensch von aller 22
seiner Mühe und dem Streben seines
Herzens, womit er sich abmüht unter
der Sonne? Alle seine Tage sind voller 23
Schmerzen, und voll Kummer ist sein
Mühen, daß auch sein Herz des Nachts
nicht Ruhe findet. Das ist auch eitel.

Ist's nun [e]nicht besser für den Men- 24
schen, daß er esse und trinke und seine
Seele guter Dinge sei bei seinem Mü-
hen? Doch dies sah ich auch, daß es von
Gottes Hand kommt. Denn wer kann 25
fröhlich essen und genießen ohne ihn?
Denn dem Menschen, der ihm gefällt, 26
gibt er Weisheit, Verstand und Freude;
[f]aber dem Sünder gibt er Mühe, daß er
sammle und häufe und es doch dem ge-
geben werde, der Gott gefällt. Auch das
ist eitel und Haschen nach Wind.

a Spr 31,4 *b* 1.Kön 10,23 *c* Ps 49,11 *d* Vers 21; Ps 39,7 *e* Kap 3,12.22; 5,17; 8,15; 9,7 *f* Spr 13,22; 28,8

Alles hat seine Zeit

3 Ein [a]jegliches hat seine Zeit, und alles
Vorhaben unter dem Himmel hat seine
2 Stunde: geboren werden hat seine Zeit,
sterben hat seine Zeit; pflanzen hat sei-
ne Zeit, ausreißen, was gepflanzt ist,
3 hat seine Zeit; töten hat seine Zeit, hei-
len hat seine Zeit; abbrechen hat seine
4 Zeit, bauen hat seine Zeit; weinen hat
seine Zeit, lachen hat seine Zeit; klagen
hat seine Zeit, tanzen hat seine Zeit;
5 Steine wegwerfen hat seine Zeit, Steine
sammeln hat seine Zeit; herzen hat sei-
ne Zeit, aufhören zu herzen hat seine
6 Zeit; suchen hat seine Zeit, verlieren
hat seine Zeit; behalten hat seine Zeit,
7 wegwerfen hat seine Zeit; zerreißen hat
seine Zeit, zunähen hat seine Zeit;
schweigen hat seine Zeit, reden hat sei-
8 ne Zeit; lieben hat seine Zeit, hassen
hat seine Zeit; Streit hat seine Zeit,
9 Friede hat seine Zeit. Man mühe sich
ab, wie man will, so hat man keinen Ge-
winn davon.
10 Ich sah die Arbeit, die Gott den
Menschen gegeben hat, daß sie sich da-
11 mit plagen. Er hat alles schön gemacht
zu seiner Zeit, auch hat er die Ewigkeit
in ihr Herz gelegt; nur daß [b]der
Mensch nicht ergründen kann das
Werk, das Gott tut, weder Anfang noch
12 Ende. Da merkte ich, daß es [c]nichts
Besseres dabei gibt als fröhlich sein und
13 sich gütlich tun in seinem Leben. Denn
ein Mensch, der da ißt und trinkt und
hat guten Mut bei all seinem Mühen,
das ist eine Gabe Gottes.
14 Ich merkte, daß alles, was Gott tut,
das besteht für ewig; man kann nichts
dazutun noch wegtun. Das alles tut
Gott, daß man sich vor ihm fürchten
15 soll. Was geschieht, das ist schon längst
gewesen, und was sein wird, ist auch
schon längst gewesen; und Gott holt
wieder hervor, was vergangen ist.

a Kap 8,6; Ps 31,16 *b* Kap 8,17 *c* Kap 2,24

Vergänglichkeit des Menschen

16 Weiter sah ich unter der Sonne: An der
Stätte des Rechts war Gottlosigkeit,
und an der Stätte der Gerechtigkeit war
17 Frevel. Da sprach ich in meinem Her-
zen: [a]Gott wird richten den Gerechten
und den Gottlosen; denn alles Vorha-
18 ben und alles Tun hat seine Zeit. Ich
sprach in meinem Herzen: Es geschieht
wegen der Menschenkinder, damit
Gott sie prüfe und sie sehen, daß sie sel-
19 ber sind wie das Vieh. Denn [b]es geht
dem Menschen wie dem Vieh: wie dies
stirbt, so stirbt auch er, und sie haben
alle *einen* Odem, und der Mensch hat
nichts voraus vor dem Vieh; denn es ist
alles eitel. Es fährt alles an *einen* Ort. 20
[c]Es ist alles aus Staub geworden und
wird wieder zu Staub. Wer weiß, ob der 21
Odem der Menschen aufwärts fahre
und der Odem des Viehes hinab unter
die Erde fahre? So sah ich denn, daß 22
nichts Besseres ist, als daß ein Mensch
fröhlich sei in seiner Arbeit; denn das
ist sein Teil. Denn wer will ihn dahin
bringen, daß er sehe, was nach ihm ge-
schehen wird?

a Kap 12,14 *b* Ps 49,13.21 *c* 1.Mose 3,19; Ps 146,4

Bedrückung, Arbeitseifer, Vereinsamung

Wiederum sah ich alles Unrecht an, das 4
unter der Sonne geschieht, und siehe,
da waren Tränen derer, die Unrecht lit-
ten und keinen Tröster hatten. Und die
ihnen Gewalt antaten, waren zu mäch-
tig, so daß sie keinen Tröster hatten. Da 2
[a]pries ich die Toten, die schon gestor-
ben waren, mehr als die Lebendigen,
die noch das Leben haben. Und [b]besser 3
daran als beide ist, wer noch nicht ge-
boren ist und des Bösen nicht innewird,
das unter der Sonne geschieht.
Ich sah alles Mühen an und alles ge- 4
schickte Tun: da ist nur Eifersucht des
einen auf den andern. Das ist auch eitel
und Haschen nach Wind. Ein Tor [c]legt 5
die Hände ineinander und verzehrt sein
eigenes Fleisch. Besser eine Hand voll 6
mit Ruhe als beide Fäuste voll mit
Mühe und Haschen nach Wind.[d]
Wiederum sah ich Eitles unter der 7
Sonne: Da ist einer, der steht allein und 8
hat weder Kind noch Bruder, doch ist
seiner Mühe kein Ende, und seine Au-
gen können nicht genug Reichtum se-
hen. Für wen mühe ich mich denn und
gönne mir selber nichts Gutes? Das ist
auch eitel und eine böse Mühe. [e]So ist's 9
ja besser zu zweien als allein; denn sie
haben guten Lohn für ihre Mühe. Fällt 10
einer von ihnen, so hilft ihm sein Gesell
auf. Weh dem, der allein ist, wenn er
fällt! Dann ist kein anderer da, der ihm
aufhilft. Auch, wenn zwei beieinander 11
liegen, wärmen sie sich; wie kann ein
einzelner warm werden? Einer mag 12
überwältigt werden, aber zwei kön-
nen widerstehen, und eine dreifache
Schnur reißt nicht leicht entzwei.

a Hiob 3,11.13 *b* Kap 6,3 *c* Spr 24,33.34
d Spr 15,16 *e (9-12)* 1.Mose 2,18

Volksgunst ist eitel

13 Ein Knabe, der arm, aber weise ist, ist
besser als ein König, der alt, aber tö-
richt ist und nicht versteht, sich raten
14 zu lassen. Denn aus dem Gefängnis ist
er auf den Thron gekommen und war
doch arm geboren, als jener noch König
15 war. Und ich sah alle Lebenden, die
unter der Sonne wandelten, bei dem
zweiten Knaben, der an jenes Stelle tre-
16 ten sollte. Und es war kein Ende des
Volks, vor dem er herzog. Und doch
wurden seiner nicht froh, die später ka-
men. Das ist auch eitel und Haschen
nach Wind.

Warnung vor Unbedachtsamkeit beim Gottesdienst

17 [a]*Bewahre deinen Fuß, wenn du zum
Hause Gottes gehst, und komm, daß du
hörest.* Das ist besser, als wenn die To-
ren [b]Opfer bringen; denn sie wissen
5 nichts als Böses zu tun. Sei [c]nicht
schnell mit deinem Munde und laß
dein Herz nicht eilen, etwas zu reden
vor Gott; denn Gott ist im Himmel und
du auf Erden; darum [d]laß deiner Worte
2 wenig sein. Denn wo viel Mühe ist, da
kommen Träume, und [e]wo viel Worte
sind, da hört man den Toren.
3 Wenn du Gott ein [f]Gelübde tust, so
zögere nicht, es zu halten; denn er hat
kein Gefallen an den Toren; was du ge-
4 lobst, das halte. Es ist besser, du gelobst
nichts, als daß du nicht hältst, was du
5 gelobst. Laß nicht zu, daß dein Mund
dich in Schuld bringe, und sprich vor
dem [g]Boten Gottes nicht: Es war ein
Versehen. Gott könnte zürnen über
deine Worte und verderben das Werk
6 deiner Hände. Wo viel [h]Träume sind,
da ist Eitelkeit und viel Gerede; darum
fürchte Gott!

a Ps 15,1; Jes 33,14-16; Mt 5,23.24
b 1.Sam 15,22 *c* Jak 1,19 *d* Mt 6,7 *e* Kap 10,14;
Spr 10,19 *f* 5.Mose 23,22; 1.Sam 1,11.28;
Ps 50,14 *g* Mal 2,7 *h* Jer 23,27.28

Warnung bei offenbarem Unrecht

7 Siehst du, wie im Lande der [a]Arme
Unrecht leidet und Recht und Gerech-
tigkeit zum Raub geworden sind, dann
wundere dich nicht darüber; denn ein
Hoher schützt den andern, und noch Hö-
8 here sind über beiden. Aber immer ist
ein König, der dafür sorgt, daß das Feld
bebaut wird, ein Gewinn für das Land.

a 2.Mose 23,6

Nichtigkeit des Reichtums

Wer Geld liebt, wird vom Geld niemals 9
satt, und [a]wer Reichtum liebt, wird
keinen Nutzen davon haben. Das ist
auch eitel. Denn wo viele Güter sind, 10
da sind viele, die sie aufessen; und was
hat ihr Besitzer mehr davon als das
Nachsehen? Wer arbeitet, dem ist der 11
Schlaf süß, er habe wenig oder viel ge-
gessen; aber die Fülle läßt den Reichen
nicht schlafen.
Es ist ein böses Übel, das ich sah un- 12
ter der Sonne: [b]Reichtum, wohl ver-
wahrt, wird zum Schaden dem, der ihn
hat. Denn der Reiche kommt um durch 13
ein böses Geschick, und wenn er einen
Sohn gezeugt hat, dem bleibt nichts in
der Hand. Wie einer [c]nackt von seiner 14
Mutter Leibe gekommen ist, so fährt er
wieder dahin, wie er gekommen ist, und
trotz seiner Mühe [d]nimmt er nichts mit
sich in seiner Hand, wenn er dahin-
fährt. Das ist ein böses Übel, daß er da- 15
hinfährt, wie er gekommen ist. Was
hilft's ihm denn, daß er in den Wind ge-
arbeitet hat? Sein Leben lang hat er im 16
Finstern und in Trauer gesessen, in
großem Grämen und Krankheit und
Verdruß.
So habe ich nun das gesehen, daß es 17
gut und fein sei, wenn man ißt und
trinkt und guten Mutes ist bei allem
Mühen, das einer sich macht unter der
Sonne in der kurzen Zeit seines Le-
bens, die ihm Gott gibt; denn das ist
sein Teil. Denn wenn Gott einem Men- 18
schen Reichtum und Güter gibt und
läßt ihn davon essen und trinken und
sein Teil nehmen und fröhlich sein bei
seinem Mühen, so ist das eine Gottes-
gabe. Denn er denkt nicht viel an die 19
Kürze seines Lebens, weil [e]Gott sein
Herz erfreut.
Es ist ein Unglück, das ich sah unter **6**
der Sonne, und es liegt schwer auf den
Menschen: Da ist einer, dem Gott 2
Reichtum, Güter und Ehre gegeben
hat, und es mangelt ihm nichts, was
sein Herz begehrt; aber Gott gibt ihm
doch nicht Macht, es zu genießen, son-
dern ein Fremder verzehrt es. Das ist
auch eitel und ein schlimmes Leiden.
Wenn einer auch hundert Kinder zeug- 3
te und hätte ein so langes Leben, daß er
sehr alt würde, aber er genösse das
Gute nicht und bliebe ohne Grab, von
dem sage ich: [f]Eine Fehlgeburt hat es
besser als er. Denn sie kommt ohne Le- 4
ben, und in Finsternis fährt sie dahin,

und ihr Name bleibt von Finsternis be-
5 deckt, auch hat sie die Sonne nicht ge-
sehen noch gekannt; so hat sie mehr
6 Ruhe als jener. Und ob er auch zwei-
tausend Jahre lebte und hätte nichts
Gutes genossen: fährt nicht alles dahin
an *einen* Ort?
7 Alles Mühen des Menschen ist für
seinen Mund, aber [g]sein Verlangen
8 bleibt ungestillt. Denn was hat ein Wei-
ser dem Toren voraus? Was hilft's dem
Armen, daß er versteht, unter den Le-
9 benden zu wandeln? Es ist besser, zu
gebrauchen, was vor Augen ist, als nach
anderm zu verlangen. Das ist auch eitel
und Haschen nach Wind.

a Spr 28,22; Lk 12,15 *b* Mt 19,22 *c* Hiob 1,21
d Ps 49,18; 1.Tim 6,7 *e* Ps 73,26 *f* Kap 4,3
g Kap 1,8

Der Mensch hat keine Macht über sein Leben

10 Was da ist, ist längst mit Namen ge-
nannt, und bestimmt ist, was ein
Mensch sein wird. [a]Darum kann er
nicht hadern mit dem, der ihm zu
11 mächtig ist. Denn je mehr Worte, desto
mehr Eitelkeit; was hat der Mensch da-
12 von? *Denn wer weiß, was dem Men-
schen nützlich ist im Leben, in seinen
kurzen, eitlen Tagen, die er verbringt
[b]wie einen Schatten? Oder wer will
dem Menschen sagen, was nach ihm
kommen wird unter der Sonne?

a Hiob 9,2-4.32 *b* 1.Chr 29,15; Ps 144,4
*Vers 12: Abweichende Verszählung: Kap 7,1.

Von der wahren Weisheit

7 *Ein [a]guter Ruf ist besser als gute Sal-
be und der Tag des Todes besser als der
2 Tag der Geburt. Es ist besser, in ein
Haus zu gehen, wo man trauert, als in
ein Haus, wo man feiert; denn da zeigt
sich das Ende aller Menschen, und der
3 Lebende nehme es zu Herzen! Trauern
ist besser als Lachen; denn durch
4 Trauern wird das Herz gebessert. Das
Herz der Weisen ist dort, wo man
trauert, aber das Herz der Toren dort,
5 wo man sich freut. Es ist besser, das
Schelten des Weisen zu hören als den
6 Gesang der Toren. Denn wie das
Krachen der Dornen unter den Töp-
fen, so ist das Lachen der Toren; auch
das ist eitel.
7 Unrechter Gewinn macht den Wei-
sen zum Toren, und Bestechung ver-
8 dirbt das Herz. Der Ausgang einer Sa-
che ist besser als ihr Anfang. Ein Ge-
duldiger ist besser als ein Hochmütiger.
[b]Sei nicht schnell, dich zu ärgern; denn 9
Ärger ruht im Herzen des Toren.
Sprich nicht: Wie kommt's, daß die 10
früheren Tage besser waren als diese?
Denn du fragst das nicht in Weisheit.
Weisheit ist gut mit einem Erbgut und 11
hilft denen, die die Sonne sehen. Denn 12
wie Geld beschirmt, so beschirmt auch
Weisheit; aber [c]die Weisheit erhält das
Leben dem, der sie hat.
Sieh an die Werke Gottes; denn [d]wer 13
kann das gerade machen, was er
krümmt? Am guten Tage sei guter 14
Dinge, und am bösen Tag bedenke:
diesen hat Gott geschaffen wie jenen,
damit der Mensch nicht wissen soll,
was künftig ist.
Dies alles hab ich gesehen in den Ta- 15
gen meines eitlen Lebens: [e]Da ist ein
Gerechter, der geht zugrunde in seiner
Gerechtigkeit, und da ist ein Gottloser,
der lebt lange in seiner Bosheit. Sei 16
nicht allzu gerecht und nicht allzu wei-
se, damit du dich nicht zugrunde rich-
test.[f] Sei nicht allzu gottlos und sei kein 17
Tor, damit du nicht sterbest vor deiner
Zeit. Es ist gut, wenn du dich an das 18
eine hältst und auch jenes nicht aus der
Hand läßt; denn wer Gott fürchtet, der
entgeht dem allen.
Die Weisheit macht den Weisen stär- 19
ker als zehn Gewaltige, die in der Stadt
sind. Denn es ist kein Mensch so ge- 20
recht auf Erden, daß er [g]nur Gutes tue
und nicht sündige. Nimm auch nicht zu 21
Herzen alles, was man sagt, daß du
nicht hören müssest, wie dein Knecht
dir flucht; denn dein Herz weiß, daß du 22
andern auch oftmals geflucht hast.
Das alles hab ich versucht mit der 23
Weisheit. Ich dachte, ich will weise
werden, sie blieb aber ferne von mir.
Alles, was da ist, das ist fern und ist sehr 24
tief; wer will's finden?
Ich richtete meinen Sinn darauf, zu 25
erfahren und zu erforschen und zu su-
chen Weisheit und Einsicht, zu erken-
nen, daß [h]Gottlosigkeit Torheit ist und
Narrheit Tollheit. Und ich fand, bitte- 26
rer als der Tod sei ein Weib, das ein
Fangnetz ist und Stricke ihr Herz und
Fesseln ihre Hände. Wer Gott gefällt,
der wird ihr entrinnen; aber der Sün-
der wird durch sie gefangen.[i] Schau, 27
das habe ich gefunden, spricht der Pre-
diger, eins nach dem andern, daß ich
Erkenntnis fände. Und ich suchte im- 28
merfort und hab's nicht gefunden: un-
ter tausend habe ich *einen* Mann gefun-
den, aber ein Weib hab ich unter allen

29 nicht gefunden. Schau, allein das hab
ich gefunden: [j]Gott hat den Menschen
aufrichtig gemacht; aber sie suchen
8 viele Künste. Wer ist wie der Weise,
und wer versteht etwas zu deuten? Die
Weisheit des Menschen erleuchtet sein
Angesicht; aber ein freches Angesicht
wird gehaßt.

a Spr 22,1 *b* Jak 1,19 *c* Spr 3,1.2 *d* Kap 1,15
e Kap 8,14; Ps 73,12-14 *f* Lk 18,11.12 *g* Ps 14,3
h Ps 14,1 *i* Spr 2,16-22 *j* 1.Mose 1,27
*Kap 7,1: Abweichende Verszählung statt 7,1-29: 7,2-30.

Das Unrecht in der Welt und das verborgene Walten Gottes

2 Achte auf das Wort des Königs; aber
wenn du einen Eid bei Gott leisten
3 sollst, so übereile dich nicht! Geh von
seinem Angesicht weg und halte dich
nicht zu einer bösen Sache; denn er tut
4 alles, was er will. In des Königs Wort ist
Gewalt, und wer darf zu ihm sagen:
5 Was machst du? Wer das Gebot hält,
der will nichts von einer bösen Sache
wissen; denn des Weisen Herz weiß um
6 Zeit und Gericht. Denn [a]jedes Vorha-
ben hat seine Zeit und sein Gericht,
und des Menschen Bosheit liegt schwer
7 auf ihm. Denn er weiß nicht, was ge-
schehen wird, und [b]wer will ihm sagen,
8 wie es werden wird? Der Mensch hat
keine Macht, den Wind aufzuhalten,
und hat keine Macht über den Tag des
Todes, und keiner bleibt verschont im
Krieg, und das gottlose Treiben rettet
9 den Gottlosen nicht. Das alles hab ich
gesehen und richtete mein Herz auf al-
les Tun, das unter der Sonne geschieht
zur Zeit, da ein Mensch herrscht über
den andern zu seinem Unglück.

10 Und weiter sah ich Gottlose, die be-
graben wurden und zur Ruhe kamen;
aber die recht getan hatten, mußten
hinweg von heiliger Stätte und wurden
vergessen in der Stadt. Das ist auch ei-
tel.

11 Weil [c]das Urteil über böses Tun
nicht sogleich ergeht, wird das Herz der
Menschen voll Begier, Böses zu tun.
12 [d]Wenn ein Sünder auch hundertmal
Böses tut und lange lebt, so weiß ich
doch, daß es wohlgehen wird denen, die
Gott fürchten, die sein Angesicht
13 scheuen. Aber dem Gottlosen wird es
nicht wohlgehen, und wie ein Schatten
werden nicht lange leben, die sich vor
Gott nicht fürchten.

14 Es ist eitel, was auf Erden geschieht:
[e]es gibt Gerechte, denen geht es, als
hätten sie Werke der Gottlosen getan,
und es gibt Gottlose, denen geht es, als
hätten sie Werke der Gerechten getan.
Ich sprach: Das ist auch eitel. Darum 15
pries ich die Freude, daß der Mensch
[f]nichts Besseres hat unter der Sonne,
als zu essen und zu trinken und fröhlich
zu sein. Das bleibt ihm bei seinem Mü-
hen sein Leben lang, das Gott ihm gibt
unter der Sonne.

Ich richtete mein Herz darauf, zu er- 16
kennen die Weisheit und zu schauen
die Mühe, die auf Erden geschieht, daß
einer weder Tag noch Nacht Schlaf be-
kommt in seine Augen. Und ich sah al- 17
les Tun Gottes, daß [g]ein Mensch das
Tun nicht ergründen kann, das unter
der Sonne geschieht. Und je mehr der
Mensch sich müht, zu suchen, desto
weniger findet er. Und auch wenn der
Weise meint: »Ich weiß es«, so kann er's
doch nicht finden.

a Kap 3,1 *b* Kap 10,14 *c* Hiob 35,15.16;
Mal 3,14.15 *d* (*12 und 13*) Ps 37,18; 73,17-26
e Kap 7,15 *f* Kap 2,24 *g* Kap 3,11; Jes 55,8.9

Aufruf zur Freude trotz der Eitelkeit des Lebens

Denn ich habe das alles zu Herzen ge- **9**
nommen, um dies zu erforschen: Ge-
rechte und Weise und ihr Tun sind in
Gottes Hand. Auch über Liebe und
Haß bestimmt der Mensch nicht; alles
ist vor ihm festgelegt. [a]Es begegnet 2
dasselbe dem einen wie dem andern:
dem Gerechten wie dem Gottlosen,
dem Guten und Reinen wie dem Un-
reinen; dem, der opfert, wie dem, der
nicht opfert. Wie es dem Guten geht, so
geht's auch dem Sünder. Wie es dem
geht, der schwört, so geht's auch dem,
der den Eid scheut. Das ist das Unglück 3
bei allem, was unter der Sonne ge-
schieht, daß es dem einen geht wie dem
andern. Und [b]dazu ist das Herz der
Menschen voll Bosheit, und Torheit ist
in ihrem Herzen, solange sie leben; da-
nach müssen sie sterben. Denn wer 4
noch bei den Lebenden weilt, der hat
Hoffnung; denn ein lebender Hund ist
besser als ein toter Löwe. Denn die Le- 5
benden wissen, daß sie sterben werden,
die Toten aber wissen nichts; sie haben
auch keinen Lohn mehr, denn ihr An-
denken ist vergessen. Ihr Lieben und 6
ihr Hassen und ihr Eifern ist längst da-
hin; sie haben kein Teil mehr auf der
Welt an allem, was unter der Sonne ge-
schieht.

So geh hin und [c]iß dein Brot mit 7
Freuden, trink deinen Wein mit gutem

Mut; denn dies dein Tun hat Gott
8 schon längst gefallen. Laß deine Klei-
der immer weiß sein und laß deinem
9 Haupte Salbe nicht mangeln. [d]Genieße
das Leben mit deinem Weibe, das du
liebhast, solange du das eitle Leben
hast, das dir Gott unter der Sonne ge-
geben hat; denn das ist dein Teil am
Leben und bei deiner Mühe, mit der du
10 dich mühst unter der Sonne. Alles, was
dir vor die Hände kommt, es zu tun mit
deiner Kraft, das tu; denn bei den To-
ten, zu denen du fährst, gibt es weder
Tun noch Denken, weder Erkenntnis
noch Weisheit.

a Kap 2,14; Hiob 9,22 *b* Kap 8,11 *c* Kap 2,24
d Spr 5,18.19

Wertlosigkeit der Weisheit

11 Wiederum sah ich, wie es unter der
Sonne zugeht: zum Laufen hilft nicht
schnell sein, zum Kampf hilft nicht
stark sein, zur Nahrung hilft nicht ge-
schickt sein, zum Reichtum hilft nicht
klug sein; daß einer angenehm sei, dazu
hilft nicht, daß er etwas gut kann, son-
dern [a]alles liegt an Zeit und Glück.
12 Auch weiß der Mensch seine Zeit nicht,
sondern wie die Fische gefangen wer-
den mit dem verderblichen Netz und
wie die Vögel mit dem Garn gefangen
werden, so werden auch die Menschen
verstrickt zur bösen Zeit, wenn sie
plötzlich über sie fällt.
13 Ich habe unter der Sonne auch diese
Weisheit gesehen, die mich groß dünk-
14 te: Da war eine kleine Stadt und wenig
Männer darin, und es kam ein großer
König, der belagerte sie und baute gro-
15 ße Bollwerke gegen sie. Und es fand
sich darin ein armer, weiser Mann, der
hätte die Stadt retten können durch sei-
ne Weisheit; aber kein Mensch dachte
16 an diesen armen Mann. Da sprach ich:
Weisheit ist zwar besser als Stärke,
doch des Armen Weisheit wird verach-
tet und auf seine Worte hört man nicht.
17 Der Weisen Worte, in Ruhe vernom-
men, sind besser als des Herrschers
18 Schreien unter den Törichten. Weis-
heit ist besser als Kriegswaffen; aber
ein einziger Bösewicht verdirbt viel
Gutes.

a Spr 16,9

Über Weisheit und Torheit

10 Tote Fliegen verderben gute Salben.
Ein wenig Torheit wiegt schwerer als
2 Weisheit und Ehre. Des Weisen Herz
ist zu seiner Rechten, aber des Toren
Herz ist zu seiner Linken. Auch wenn 3
der Tor auf der Straße geht, fehlt es
ihm an Verstand, doch er hält jeden an-
dern für einen Toren.
Wenn des Herrschers Zorn wider 4
dich ergeht, so verlaß deine Stätte
nicht; denn Gelassenheit wendet gro-
ßes Unheil ab. Dies ist ein Unglück, das 5
ich sah unter der Sonne, gleich einem
Versehen, das vom Gewaltigen aus-
geht: Ein Tor sitzt in großer Würde, 6
und Reiche müssen in Niedrigkeit sit-
zen. Ich sah Knechte auf Rossen und 7
Fürsten zu Fuß gehen wie Knechte.
[a]Wer eine Grube gräbt, der kann 8
selbst hineinfallen, und wer eine Mauer
einreißt, den kann eine Schlange bei-
ßen. Wer Steine bricht, der kann sich 9
dabei wehe tun, und wer Holz spaltet,
der kann dabei verletzt werden. Wenn 10
ein Eisen stumpf wird und an der
Schneide ungeschliffen bleibt, muß
man mit ganzer Kraft arbeiten. Aber
Weisheit bringt Vorteil und Gewinn.
Wenn die Schlange beißt vor der Be- 11
schwörung, so hat der Beschwörer kei-
nen Vorteil.[b]
Die Worte aus dem Munde des Wei- 12
sen bringen ihm Gunst; aber des Toren
Lippen verschlingen ihn selber. Der 13
Anfang seiner Worte ist Narrheit und
das Ende verderbliche Torheit. Der 14
Tor macht [c]viele Worte; aber [d]der
Mensch weiß nicht, was sein wird, und
wer will ihm sagen, was nach ihm wer-
den wird? Die Arbeit ermüdet den To- 15
ren, der nicht einmal weiß, in die Stadt
zu gehen.
Weh dir, Land, dessen [e]König ein 16
Kind ist und dessen Fürsten schon [f]in
der Frühe tafeln! Wohl dir, Land, des- 17
sen König ein Edler ist und dessen Für-
sten zur rechten Zeit tafeln als ehrbare
Männer und nicht als Zecher. Durch 18
Faulheit sinken die Balken, und durch
lässige Hände tropft es im Haus.
Man hält Mahlzeiten, um zu lachen, 19
und [g]der Wein erfreut das Leben, und
das Geld muß alles zuwege bringen.
Fluche dem König auch nicht in Ge- 20
danken und fluche dem Reichen auch
nicht in deiner Schlafkammer; denn
die Vögel des Himmels tragen die
Stimme fort, und die Fittiche haben,
sagen's weiter.

a Spr 26,27 *b* Ps 58,5.6 *c* Kap 5,2 *d* Kap 8,7
e Jes 3,4 *f* Jes 5,11 *g* Ps 104,15

Berechne nicht die Zukunft, sondern nütze den Tag!

11 Laß dein Brot über das Wasser fahren;
denn du wirst es finden nach langer
2 Zeit. Verteil es unter sieben oder unter
acht; denn du weißt nicht, was für Un-
glück auf Erden kommen wird.
3 Wenn die Wolken voll sind, so geben
sie Regen auf die Erde, und wenn der
Baum fällt – er falle nach Süden oder
Norden zu –, wohin er fällt, da bleibt er
4 liegen. Wer auf den Wind achtet, der
sät nicht, und wer auf die Wolken sieht,
5 der erntet nicht. Gleichwie du nicht
weißt, [a]welchen Weg der Wind nimmt
und wie die [b]Gebeine im Mutterleibe
bereitet werden, so kannst du auch
[c]Gottes Tun nicht wissen, der alles
6 wirkt. Am Morgen säe deinen Samen,
und laß deine Hand bis zum Abend
nicht ruhen; denn du weißt nicht, was
geraten wird, ob dies oder das, oder ob
7 beides miteinander gut gerät. Es ist das
Licht süß, und den Augen lieblich, die
8 Sonne zu sehen. Denn wenn ein
Mensch viele Jahre lebt, so sei er fröh-
lich in ihnen allen und denke an die fin-
stern Tage, daß es viele sein werden;
denn alles, was kommt, ist eitel.

a Joh 3,8 *b* Ps 139,13 *c* Kap 8,17

Freue dich deiner Jugend, ehe Alter und Tod kommen!

9 So [a]freue dich, Jüngling, in deiner Ju-
gend und laß dein Herz guter Dinge
sein in deinen jungen Tagen. Tu, was
dein Herz gelüstet und deinen Augen
gefällt; aber wisse, daß dich Gott um
10 das alles vor Gericht ziehen wird. Laß
den Unmut fern sein von deinem Her-
zen und halte fern das Übel von deinem
Leibe; denn Kindheit und Jugend sind
eitel.
12 Denk an deinen Schöpfer in deiner
Jugend, ehe die bösen Tage kommen
und die Jahre sich nahen, da du wirst
2 sagen: »Sie gefallen mir nicht«; ehe die
Sonne und das Licht, Mond und Ster-
ne finster werden und Wolken wieder-
kommen nach dem Regen, – *zur Zeit, 3
wenn die Hüter des Hauses zittern und
die Starken sich krümmen und müßig
stehen die Müllerinnen, weil es so we-
nige geworden sind, und wenn finster
werden, die durch die Fenster sehen,
und wenn die Türen an der Gasse sich 4
schließen, daß die Stimme der Mühle
leiser wird, und wenn sie sich hebt, wie
wenn ein Vogel singt, und alle Töchter
des Gesanges sich neigen; wenn man 5
vor Höhen sich fürchtet und sich äng-
stigt auf dem Wege, wenn der Mandel-
baum blüht und die Heuschrecke sich
belädt und die Kaper aufbricht; denn
der Mensch fährt dahin, wo er ewig
bleibt, und die Klageleute gehen umher
auf der Gasse; – ehe der silberne Strick 6
zerreißt und die goldene Schale zer-
bricht und der Eimer zerschellt an der
Quelle und das Rad zerbrochen in den
Brunnen fällt. Denn [b]der Staub muß 7
wieder zur Erde kommen, wie er gewe-
sen ist, und der Geist wieder zu Gott,
der ihn gegeben hat. Es ist alles ganz ei- 8
tel, spricht der Prediger, ganz eitel.

a Kap 2,24 *b* Kap 3,20; 1.Mose 3,19
*Vers 3: Bilder für das Altern der Menschen.

Nachwort über den Prediger

Es bleibt noch übrig zu sagen: Der Pre- 9
diger war ein Weiser und lehrte auch
das Volk gute Lehre, und er erwog und
forschte und dichtete viele Sprüche. Er 10
suchte, daß er fände angenehme Worte
und schriebe recht die Worte der
Wahrheit. Die Worte der Weisen sind 11
wie Stacheln, und [a]wie eingeschlagene
Nägel sind die einzelnen Sprüche; sie
sind von *einem* Hirten gegeben.
Und über dem allen, mein Sohn, laß 12
dich warnen; denn des vielen Bücher-
machens ist kein Ende, und viel Studie-
ren macht den Leib müde. *Laßt uns die* 13
Hauptsumme aller Lehre hören: [b]Fürch-
te Gott und halte seine Gebote; denn das
gilt für alle Menschen. Denn Gott wird 14
alle Werke vor Gericht bringen, alles, was
verborgen ist, es sei gut oder böse.[c]

a Jes 22,23 *b* 5.Mose 6,2 *c* Röm 2,16; 2.Kor 5,10

DAS HOHELIED SALOMOS

(vgl. Psalm 45)

Eine Sammlung von Liebesliedern

1 Das Hohelied Salomos.
2 Er küsse mich mit dem Kusse seines
Mundes; denn deine Liebe ist lieb-
3 licher als Wein. Es riechen deine Sal-
ben köstlich; dein Name ist eine ausge-
schüttete Salbe, darum lieben dich die
4 Mädchen. Zieh mich dir nach, so wol-
len wir laufen. Der König führte mich
in seine Kammern. Wir wollen uns
freuen und fröhlich sein über dich; wir
preisen deine Liebe mehr als den Wein.
Herzlich lieben sie dich.
5 Ich bin braun, aber gar lieblich, ihr
Töchter Jerusalems, wie die Zelte Ke-
6 dars, wie die Teppiche Salomos. Seht
mich nicht an, daß ich so braun bin;
denn die Sonne hat mich so verbrannt.
Meiner Mutter Söhne zürnten mit mir.
Sie haben mich zur Hüterin der Wein-
berge gesetzt; aber meinen eigenen
Weinberg habe ich nicht behütet.
7 Sage mir an, du, den meine Seele
liebt, wo du weidest, wo du ruhst am
Mittag, damit ich nicht herumlaufen
muß bei den Herden deiner Gesellen.
8 Weißt du es nicht, du Schönste unter
den Frauen, so geh hinaus auf die Spu-
ren der Schafe und weide deine Zick-
lein bei den Zelten der Hirten.
9 Ich vergleiche dich, meine Freundin,
einer Stute an den Wagen des Pharao.
10 Deine Wangen sind lieblich mit den
Kettchen und dein Hals mit den Per-
11 lenschnüren. Wir wollen dir goldene
Kettchen machen mit kleinen silbernen
Kugeln.
12 Als der König sich herwandte, gab
13 meine Narde ihren Duft. Mein Freund
ist mir ein Büschel Myrrhen, das zwi-
14 schen meinen Brüsten hängt. Mein
Freund ist mir eine Traube von Zyper-
blumen in den Weingärten von En-
15 Gedi. Siehe, meine Freundin, du bist
schön; schön bist du, deine Augen
16 sind wie Taubenaugen. Siehe, mein
Freund, du bist schön und lieblich.
17 Unser Lager ist grün. Die Balken unse-
rer Häuser sind Zedern, unsere Täfe-
lung Zypressen.

Ich bin eine Blume in Saron und eine **2**
Lilie im Tal. Wie eine Lilie unter den 2
Dornen, so ist meine Freundin unter
den Mädchen. Wie ein Apfelbaum un- 3
ter den wilden Bäumen, so ist mein
Freund unter den Jünglingen. Unter
seinem Schatten zu sitzen, begehre ich,
und seine Frucht ist meinem Gaumen
süß. Er führt mich in den Weinkeller, 4
und die Liebe ist sein Zeichen über mir.
Er erquickt mich mit Traubenkuchen 5
und labt mich mit Äpfeln; denn ich bin
krank vor Liebe. Seine Linke liegt un- 6
ter meinem Haupte, und seine Rechte
herzt mich. – Ich beschwöre euch, ihr 7
Töchter Jerusalems, bei den Gazellen
oder bei den Hinden auf dem Felde,
daß ihr die Liebe nicht aufweckt und
nicht stört, bis es ihr selbst gefällt.
Da ist die Stimme meines Freundes! 8
Siehe, er kommt und hüpft über die
Berge und springt über die Hügel.
Mein Freund gleicht einer Gazelle oder 9
einem jungen Hirsch. Siehe, er steht
hinter unsrer Wand und sieht durchs
Fenster und blickt durchs Gitter. Mein 10
Freund antwortet und spricht zu mir:
Steh auf, meine Freundin, meine
Schöne, und komm her! Denn siehe, 11
der Winter ist vergangen, der Regen ist
vorbei und dahin. Die Blumen sind 12
aufgegangen im Lande, der Lenz ist
herbeigekommen, und die Turteltaube
läßt sich hören in unserm Lande. Der 13
Feigenbaum hat Knoten gewonnen,
und die Reben duften mit ihren Blüten.
Steh auf, meine Freundin, und komm,
meine Schöne, komm her! Meine Tau- 14
be in den Felsklüften, im Versteck der
Felswand, zeige mir deine Gestalt, laß
mich hören deine Stimme; denn deine
Stimme ist süß, und deine Gestalt ist
lieblich.
Fangt uns die Füchse, die kleinen 15

Füchse, die die Weinberge verderben;
denn unsere Weinberge haben Blüten
bekommen.
16 Mein Freund ist mein, und ich bin
17 sein, der unter den Lilien weidet. Bis
der Tag kühl wird und die Schatten
schwinden, wende dich her gleich einer
Gazelle, mein Freund, oder gleich
einem jungen Hirsch auf den Balsam-
bergen.

3 Des Nachts auf meinem Lager suchte
ich, den meine Seele liebt. Ich suchte;
2 aber ich fand ihn nicht. Ich will aufste-
hen und in der Stadt umhergehen auf
den Gassen und Straßen und suchen,
den meine Seele liebt. Ich suchte; aber
3 ich fand ihn nicht. Es fanden mich die
Wächter, die in der Stadt umhergehen:
»Habt ihr nicht gesehen, den meine
4 Seele liebt?« Als ich ein wenig an ihnen
vorüber war, da fand ich, den meine
Seele liebt. Ich hielt ihn und ließ ihn
nicht los, bis ich ihn brachte in meiner
Mutter Haus, in die Kammer derer,
5 die mich geboren hat. – Ich beschwö-
re euch, ihr Töchter Jerusalems, bei
den Gazellen oder bei den Hinden auf
dem Felde, daß ihr die Liebe nicht auf-
weckt und nicht stört, bis es ihr selbst
gefällt.
6 Was steigt da herauf aus der Wüste
wie ein gerader Rauch, wie ein Duft
von Myrrhe, Weihrauch und allerlei
7 Gewürz des Krämers? Siehe, es ist die
Sänfte Salomos; sechzig Starke sind
um sie her von den Starken in Israel.
8 Alle halten sie Schwerter und sind
geübt im Kampf; ein jeder hat sein
Schwert an der Hüfte gegen die
9 Schrecken der Nacht. Der König Salo-
mo ließ sich eine Sänfte machen aus
10 Holz vom Libanon. Ihre Säulen mach-
te er aus Silber, ihre Lehnen aus Gold,
ihren Sitz mit Purpur bezogen, ihr In-
neres mit Ebenholz eingelegt. – Ihr
11 Töchter Jerusalems, kommt heraus
und sehet, ihr Töchter Zions, den Kö-
nig Salomo mit der Krone, mit der ihn
seine Mutter gekrönt hat am Tage sei-
ner Hochzeit, am Tage der Freude sei-
nes Herzens.

4 Siehe, meine Freundin, du bist schön!
Siehe, schön bist du! Deine Augen sind
wie Taubenaugen hinter deinem
Schleier. Dein Haar ist wie eine Herde
Ziegen, die herabsteigen vom Gebirge
2 Gilead. Deine Zähne sind wie eine Her-
de geschorener Schafe, die aus der
Schwemme kommen; alle haben sie
Zwillinge, und keines unter ihnen ist
unfruchtbar. Deine Lippen sind wie 3
eine scharlachfarbene Schnur, und
dein Mund ist lieblich. Deine Schläfen
sind hinter deinem Schleier wie eine
Scheibe vom Granatapfel. Dein Hals 4
ist wie der Turm Davids, mit Brust-
wehr gebaut, an der tausend Schilde
hangen, lauter Schilde der Starken.
Deine beiden Brüste sind wie junge 5
Zwillinge von Gazellen, die unter den
Lilien weiden. Bis der Tag kühl wird 6
und die Schatten schwinden, will ich
zum Myrrhenberge gehen und zum
Weihrauchhügel. Du bist wunderbar 7
schön, meine Freundin, und kein Ma-
kel ist an dir.
Komm mit mir, meine Braut, vom 8
Libanon, komm mit mir vom Libanon,
steig herab von der Höhe des Amana,
von der Höhe des Senir und Hermon,
von den Wohnungen der Löwen, von
den Bergen der Leoparden!
Du hast mir das Herz genommen, 9
meine Schwester, liebe Braut, du hast
mir das Herz genommen mit einem ein-
zigen Blick deiner Augen, mit einer ein-
zigen Kette an deinem Hals. Wie schön 10
ist deine Liebe, meine Schwester, liebe
Braut! Deine Liebe ist lieblicher als
Wein, und der Geruch deiner Salben
übertrifft alle Gewürze. Von deinen 11
Lippen, meine Braut, träufelt Honig-
seim. Honig und Milch sind unter dei-
ner Zunge, und der Duft deiner Klei-
der ist wie der Duft des Libanon.
Meine Schwester, liebe Braut, du 12
bist ein verschlossener Garten, eine
verschlossene Quelle, ein versiegelter
Born. Du bist gewachsen wie ein Lust- 13
garten von Granatäpfeln mit edlen
Früchten, Zyperblumen mit Narden,
Narde und Safran, Kalmus und Zimt, 14
mit allerlei Weihrauchsträuchern,
Myrrhe und Aloe, mit allen feinen Ge-
würzen. Ein Gartenbrunnen bist du, 15
ein Born lebendigen Wassers, das vom
Libanon fließt. Steh auf, Nordwind, 16
und komm, Südwind, und wehe durch
meinen Garten, daß der Duft seiner
Gewürze ströme! Mein Freund komme
in seinen Garten und esse von seinen
edlen Früchten. – Ich bin gekommen, **5**
meine Schwester, liebe Braut, in mei-
nen Garten. Ich habe meine Myrrhe
samt meinen Gewürzen gepflückt; ich
habe meine Wabe samt meinem Honig
gegessen; ich habe meinen Wein samt
meiner Milch getrunken. Eßt, meine

Freunde, und trinkt und werdet trun-
ken von Liebe!

2 Ich schlief, aber mein Herz war wach.
Da ist die Stimme meines Freundes,
der anklopft: »Tu mir auf, liebe Freun-
din, meine Schwester, meine Taube,
meine Reine! Denn mein Haupt ist voll
Tau und meine Locken voll Nachttrop-
3 fen.« »Ich habe mein Kleid ausgezogen,
– wie soll ich es wieder anziehen? Ich
habe meine Füße gewaschen, – wie soll
ich sie wieder schmutzig machen?«
4 Mein Freund steckte seine Hand
durchs Riegelloch, und mein Innerstes
5 wallte ihm entgegen. Da stand ich auf,
daß ich meinem Freunde auftäte; mei-
ne Hände troffen von Myrrhe und mei-
ne Finger von fließender Myrrhe am
6 Griff des Riegels. Aber als ich meinem
Freund aufgetan hatte, war er weg und
fortgegangen. Meine Seele war außer
sich, daß er sich abgewandt hatte. Ich
suchte ihn, aber ich fand ihn nicht; ich
7 rief, aber er antwortete mir nicht. Es
fanden mich die Wächter, die in der
Stadt umhergehen; die schlugen mich
wund. Die Wächter auf der Mauer nah-
8 men mir meinen Überwurf. – Ich be-
schwöre euch, ihr Töchter Jerusalems,
findet ihr meinen Freund, so sagt ihm,
daß ich vor Liebe krank bin.

9 Was hat dein Freund vor andern
Freunden voraus, o du Schönste unter
den Frauen? Was hat dein Freund vor
andern Freunden voraus, daß du uns so
10 beschwörst? – Mein Freund ist weiß
und rot, auserkoren unter vielen Tau-
11 senden. Sein Haupt ist das feinste
Gold. Seine Locken sind kraus,
12 schwarz wie ein Rabe. Seine Augen
sind wie Tauben an den Wasserbächen,
sie baden in Milch und sitzen an rei-
13 chen Wassern. Seine Wangen sind wie
Balsambeete, in denen Gewürzkräuter
wachsen. Seine Lippen sind wie Lilien,
14 die von fließender Myrrhe triefen. Sei-
ne Finger sind wie goldene Stäbe, vol-
ler Türkise. Sein Leib ist wie reines El-
fenbein, mit Saphiren geschmückt.
15 Seine Beine sind wie Marmorsäulen,
gegründet auf goldenen Füßen. Seine
Gestalt ist wie der Libanon, auserwählt
16 wie Zedern. Sein Mund ist süß, und al-
les an ihm ist lieblich. – So ist mein
Freund; ja mein Freund ist so, ihr
6 Töchter Jerusalems! – »Wo ist denn
dein Freund hingegangen, o du Schön-
ste unter den Frauen? Wo hat sich dein
Freund hingewandt? So wollen wir ihn
mit dir suchen.« Mein Freund ist hin- 2
abgegangen in seinen Garten, zu den
Balsambeeten, daß er weide in den
Gärten und Lilien pflücke. Mein 3
Freund ist mein, und ich bin sein, der
unter den Lilien weidet.

Du bist schön, meine Freundin, wie 4
Tirza, lieblich wie Jerusalem, gewaltig
wie ein Heer. Wende deine Augen von 5
mir; denn sie verwirren mich. Deine
Haare sind wie eine Herde Ziegen, die
herabsteigen vom Gebirge Gilead. Dei- 6
ne Zähne sind wie eine Herde Schafe,
die aus der Schwemme kommen; alle
haben sie Zwillinge, und keines unter
ihnen ist unfruchtbar. Deine Schläfen 7
sind hinter deinem Schleier wie eine
Scheibe vom Granatapfel. – Sechzig 8
Königinnen sind es und achtzig Ne-
benfrauen und Jungfrauen ohne Zahl.
Aber *eine* ist meine Taube, meine Rei- 9
ne; die Einzige ist sie für ihre Mutter,
das Liebste für die, die sie geboren hat.
Als die Töchter sie sahen, priesen sie sie
glücklich; die Königinnen und Neben-
frauen rühmten sie.

Wer ist sie, die hervorbricht wie die 10
Morgenröte, schön wie der Mond, klar
wie die Sonne, gewaltig wie ein Heer?
Ich bin hinabgegangen in den Nußgar- 11
ten, zu schauen die Knospen im Tal, zu
schauen, ob der Weinstock sproßt, ob
die Granatbäume blühen. Ohne daß 12
ich's merkte, trieb mich mein Verlan-
gen zu der Tochter eines Fürsten.

Wende dich hin, wende dich her, o Su- **7**
lamit! Wende dich hin, wende dich her,
daß wir dich schauen! Was seht ihr an
Sulamit beim Reigen im Lager? – Wie 2
schön ist dein Gang in den Schuhen, du
Fürstentochter! Die Rundung deiner
Hüfte ist wie ein Halsgeschmeide, das
des Meisters Hand gemacht hat. Dein 3
Schoß ist wie ein runder Becher, dem
nimmer Getränk mangelt. Dein Leib
ist wie ein Weizenhaufen, umsteckt mit
Lilien. Deine beiden Brüste sind wie 4
junge Zwillinge von Gazellen. Dein 5
Hals ist wie ein Turm von Elfenbein.
Deine Augen sind wie die Teiche von
Hesbon am Tor Batrabbim. Deine
Nase ist wie der Turm auf dem Liba-
non, der nach Damaskus sieht. Dein 6
Haupt auf dir ist wie der Karmel. Das
Haar auf deinem Haupt ist wie Purpur;
ein König liegt in deinen Locken gefan-
gen. – Wie schön und wie lieblich bist 7
du, du Liebe voller Wonne! Dein 8

Wuchs ist hoch wie ein Palmbaum, dei-
ne Brüste gleichen den Weintrauben.
9 Ich sprach: Ich will auf den Palmbaum
steigen und seine Zweige ergreifen.
Laß deine Brüste sein wie Trauben am
Weinstock und den Duft deines Atems
10 wie Äpfel; laß deinen Mund sein wie
guten Wein, der meinem Gaumen glatt
eingeht und Lippen und Zähne mir
netzt.
11 Meinem Freund gehöre ich, und
12 nach mir steht sein Verlangen. Komm,
mein Freund, laß uns aufs Feld hinaus-
gehen und unter Zyperblumen die
13 Nacht verbringen, daß wir früh aufbre-
chen zu den Weinbergen und sehen, ob
der Weinstock sproßt und seine Blüten
aufgehen, ob die Granatbäume blühen.
Da will ich dir meine Liebe schenken.
14 Die Liebesäpfel geben den Duft, und
an unsrer Tür sind lauter edle Früchte,
heurige und auch vorjährige: mein
Freund, für dich hab ich sie aufbe-
wahrt.

8 O daß du mein Bruder wärest, der mei-
ner Mutter Brüste gesogen! Fände ich
dich draußen, so wollte ich dich küssen,
2 und niemand dürfte mich schelten! Ich
wollte dich führen und in meiner Mut-
ter Haus bringen, in die Kammer derer,
die mich gebar. Da wollte ich dich trän-
ken mit gewürztem Wein und mit dem
3 Most meiner Granatäpfel. – Seine Lin-
ke liegt unter meinem Haupt, und seine
4 Rechte herzt mich. – Ich beschwöre
euch, ihr Töchter Jerusalems, daß ihr
die Liebe nicht aufweckt und nicht
stört, bis es ihr selbst gefällt.
5 Wer ist sie, die heraufsteigt von der
Wüste und lehnt sich auf ihren
Freund? Unter dem Apfelbaum weckte
ich dich, wo deine Mutter mit dir in
Wehen kam, wo in Wehen kam, die
dich gebar. [a] Lege mich wie ein Siegel 6
auf dein Herz, wie ein Siegel auf deinen
Arm. Denn Liebe ist stark wie der Tod
und Leidenschaft unwiderstehlich wie
das Totenreich. Ihre Glut ist feurig
und eine Flamme des HERRN, so daß 7
auch viele Wasser die Liebe nicht aus-
löschen und Ströme sie nicht ertränken
können. Wenn einer alles Gut in sei-
nem Hause um die Liebe geben wollte,
so könnte das alles nicht genügen.
Unsre Schwester ist klein und hat 8
keine Brüste. Was sollen wir mit unsrer
Schwester tun, wenn man um sie wer-
ben wird? Ist sie eine Mauer, so wollen 9
wir ein silbernes Bollwerk darauf bau-
en. Ist sie eine Tür, so wollen wir sie si-
chern mit Zedernbohlen. – Ich bin eine 10
Mauer, und meine Brüste sind wie
Türme. Da bin ich geworden in seinen
Augen wie eine, die Frieden findet.
Salomo hat einen Weinberg in Baal- 11
Hamon. Er gab den Weinberg den
Wächtern, daß jeder für seine Früchte
brächte tausend Silberstücke. Mein 12
Weinberg gehört mir. Die Tausend las-
se ich dir, Salomo, und zweihundert
den Wächtern seiner Früchte.
Die du wohnst in den Gärten, laß 13
mich deine Stimme hören; die Gefähr-
ten lauschen dir. Flieh, mein Freund! 14
Sei wie eine Gazelle oder wie ein junger
Hirsch auf den Balsambergen!

a (6 und 7) Mt 22,30; Röm 7,2; 1.Mose 2,24; Mt 19,5.6; Eph 5,28-33

Abweichende Verszählung statt 4,16b: 4,17; statt 6,1-12: 5,17-6,11; statt 7,1-14: 6,12-7,13.

DER PROPHET JESAJA

Inhaltsübersicht

1 Dies ist die Offenbarung, die Jesaja, der
Sohn des Amoz, geschaut hat über Juda
und Jerusalem zur Zeit des [a]Usia, Jo-
tam, Ahas und Hiskia, der Könige von
Juda.

a 2.Chr 26,22

Gottes Anklage gegen das abtrünnige Volk

2 [a]Höret, ihr Himmel, und Erde, nimm
zu Ohren, denn der HERR redet! [b]Ich
habe Kinder großgezogen und hochge-
bracht, und sie sind von mir abgefallen!
3 *Ein Ochse kennt seinen Herrn und ein*
Esel die Krippe seines Herrn; aber Israel
kennt's nicht, und mein Volk versteht's
nicht.
4 Wehe dem sündigen Volk, dem Volk
mit Schuld beladen, dem boshaften
Geschlecht, den verderbten Kindern,
die den HERRN verlassen, den Heiligen
5 Israels lästern, die abgefallen sind! Wo-
hin soll man euch noch [c]schlagen, die
ihr doch weiter im Abfall verharrt? Das
ganze Haupt ist krank, das ganze Herz
6 ist matt. Von der Fußsohle bis zum
Haupt ist nichts Gesundes an euch,
sondern Beulen und Striemen und fri-
sche Wunden, die nicht gereinigt noch
verbunden noch mit Öl gelindert sind.[d]
7 Euer Land ist verwüstet, eure Städte
sind mit Feuer verbrannt; Fremde ver-
zehren eure Äcker vor euren Augen; al-
les ist verwüstet wie beim Untergang
8 Sodoms. Übriggeblieben ist allein die
Tochter Zion wie ein Häuslein im
Weinberg, wie eine Nachthütte im
Gurkenfeld, wie eine belagerte Stadt.
9 Hätte uns der HERR Zebaot nicht einen
geringen Rest übriggelassen, so [e]wären
wir wie Sodom und gleichwie Gomor-
ra.[f]
Höret des HERRN Wort, ihr Herren 10
von Sodom! Nimm zu Ohren die Wei-
sung unsres Gottes, du Volk von Go-
morra! [g]Was soll mir die Menge eurer 11
Opfer? spricht der HERR. Ich bin satt
der Brandopfer von Widdern und des
Fettes von Mastkälbern und habe kein
Gefallen am Blut der Stiere, der Läm-
mer und Böcke. Wenn ihr kommt, zu 12
erscheinen vor mir – wer fordert denn
von euch, daß ihr meinen Vorhof zer-
tretet? Bringt nicht mehr dar so ver- 13
gebliche Speisopfer! Das Räucherwerk
ist mir ein Greuel! [h]Neumonde und
Sabbate, wenn ihr zusammenkommt,
Frevel und Festversammlung mag ich
nicht! Meine Seele ist feind euren Neu- 14
monden und Jahresfesten; sie sind mir
eine Last, ich bin's müde, sie zu tragen.
Und wenn ihr auch eure Hände aus- 15
breitet, verberge ich doch meine Augen
vor euch; und [i]wenn ihr auch viel betet,
höre ich euch doch nicht; denn eure
Hände sind voll Blut. Wascht euch, rei- 16
nigt euch, tut eure bösen Taten aus
meinen Augen, laßt ab vom Bösen!
Lernet Gutes tun, [j]trachtet nach 17
Recht, helft den Unterdrückten, schaf-
fet den Waisen Recht, führet der Wit-
wen Sache!
So kommt denn und laßt uns mitein- 18
ander rechten, spricht der HERR.
[k]*Wenn eure Sünde auch blutrot ist, soll*
sie doch schneeweiß werden, und wenn sie
rot ist wie Scharlach, soll sie doch wie
Wolle werden. Wollt ihr mir gehorchen, 19
so sollt ihr des Landes Gut genießen.[l]
Weigert ihr euch aber und seid unge- 20

horsam, so sollt ihr [m]vom Schwert ge-
fressen werden; denn der Mund des
HERRN sagt es.

a 5.Mose 32,1 *b* 5.Mose 32,5.6 *c* Jer 2,30
d 5.Mose 28,35 *e* 1.Mose 19,24.25 *f* Röm 9,29
g (11-14) Ps 40,7-9; Spr 15,8; Jer 6,20; Am 5,22
h 4.Mose 10,10 *i* Spr 1,28; 15,29; Joh 9,31
j Jer 7,5.6 *k* Kap 44,22; Ps 51,9
l 3.Mose 25,18.19 *m* 3.Mose 26,25

Gottes Gericht zur Läuterung Jerusalems

21 Wie geht das zu, daß die treue Stadt zur
Hure geworden ist? Sie war voll Recht,
Gerechtigkeit wohnte darin; nun aber –
22 Mörder. [a]Dein Silber ist Schlacke ge-
worden und dein Wein mit Wasser ver-
23 fälscht. Deine Fürsten sind Abtrünnige
und Diebsgesellen, sie nehmen alle
gern Geschenke an und trachten nach
Gaben. Den Waisen schaffen sie nicht
Recht, und der Witwen Sache kommt
nicht vor sie.
24 Darum spricht der Herr, der HERR
Zebaot, der Mächtige Israels: Wehe!
Ich werde mir Trost schaffen an mei-
nen Feinden und mich rächen an mei-
25 nen Widersachern und will meine
Hand wider dich kehren und wie mit
Lauge [b]ausschmelzen, was Schlacke
26 ist, und all dein Zinn ausscheiden. Und
ich will dir wieder Richter geben, wie
sie vormals waren, und Ratsherren wie
im Anfang. [c]Alsdann wirst du eine
Stadt der Gerechtigkeit und eine treue
27 Stadt heißen. Zion muß durch Gericht
erlöst werden und, die zu ihr zurück-
28 kehren, durch Gerechtigkeit.[d] Die
Übertreter aber und Sünder werden al-
lesamt vernichtet werden, und die den
HERRN verlassen, werden umkommen.
29 Denn ihr sollt zuschanden werden
wegen der [e]Eichen, an denen ihr eure
Lust habt, und ihr sollt schamrot wer-
den wegen der [f]Gärten, die ihr erwählt
30 habt. Denn ihr werdet sein wie eine
Eiche mit dürren Blättern und wie ein
31 Garten ohne Wasser; und der Starke
wird sein wie Werg und sein Tun wie
ein Funke, und beides wird miteinan-
der brennen, und niemand löscht.

a (22-25) Hes 22,18-22 *b* Ps 119,119 *c* Sach 8,3
d Kap 46,13 *e* Kap 57,5 *f* Kap 65,3

In Zion finden alle Völker Heil und Frieden

2 Dies ist's, was Jesaja, der Sohn des
Amoz, geschaut hat über Juda und Je-
2 rusalem: [a]Es wird zur letzten Zeit der
Berg, da des HERRN Haus ist, fest ste-
hen, höher als alle Berge und über alle
Hügel erhaben, und alle Heiden wer-
den herzulaufen, und viele Völker wer- 3
den hingehen und sagen: Kommt, laßt
uns auf den Berg des HERRN gehen,
zum Hause des Gottes Jakobs, daß er
uns lehre seine Wege und wir wandeln
auf seinen Steigen! Denn [b]von Zion
wird Weisung ausgehen und des HERRN
Wort von Jerusalem. Und [c]er wird 4
richten unter den Heiden und zurecht-
weisen viele Völker. Da werden sie ihre
Schwerter zu Pflugscharen und ihre
Spieße zu Sicheln machen. Denn es
wird kein Volk wider das andere das
Schwert erheben, und sie werden hin-
fort nicht mehr lernen, Krieg zu füh-
ren.
Kommt nun, ihr vom Hause Jakob, 5
laßt uns wandeln im Licht des HERRN!

a (2-4) Mi 4,1-3; Kap 19,23; Jer 3,17
b 5.Mose 4,6; Joh 4,22 *c* Kap 9,4

Der Tag des HERRN macht alles Hohe niedrig

Aber du hast dein Volk, das Haus Ja- 6
kob, verstoßen; denn sie treiben Wahr-
sagerei wie die im Osten und sind Zei-
chendeuter wie die Philister und hän-
gen sich an die Kinder der Fremden.
Ihr Land ist voll Silber und Gold, und 7
ihrer Schätze ist kein Ende; [a]ihr Land
ist voll Rosse, und ihrer Wagen ist kein
Ende. Auch ist ihr Land voll Götzen; 8
sie beten an ihrer Hände Werk, das ihre
Finger gemacht haben. Aber gebeugt 9
wird der Mensch, gedemütigt der
Mann, und du wirst ihnen nicht verge-
ben. Geh in die Felsen und verbirg dich 10
in der Erde vor dem Schrecken des
HERRN und vor seiner herrlichen Maje-
stät! Denn alle hoffärtigen Augen wer- 11
den erniedrigt werden, und, die stolze
Männer sind, werden sich beugen müs-
sen; der HERR aber wird allein hoch
sein an jenem Tage.[b]
Denn [c]der Tag des HERRN Zebaot 12
wird kommen über alles Hoffärtige und
Hohe und über alles Erhabene, daß es
erniedrigt werde: über alle hohen und 13
erhabenen Zedern auf dem Libanon
und über alle Eichen in Basan, über alle 14
hohen Berge und über alle erhabenen
Hügel, über alle hohen Türme und 15
über alle festen Mauern, über alle 16
Schiffe im Meer und über alle kostba-
ren Boote, daß sich beugen muß alle 17
Hoffart der Menschen und sich demü-
tigen müssen, die stolze Männer sind,
und der HERR allein hoch sei an jenem
Tage.[d]

18 Und mit den Götzen wird's ganz aus
19 sein. Da wird man in die Höhlen der
Felsen gehen und in die Klüfte der
Erde vor dem Schrecken des HERRN
und vor seiner herrlichen Majestät,
wenn er sich aufmachen wird, zu
20 schrecken die Erde. An jenem Tage
[e]wird jedermann wegwerfen seine sil-
bernen und goldenen Götzen, die er
sich hatte machen lassen, um sie anzu-
beten, zu den Maulwürfen und Fleder-
21 mäusen, damit er sich verkriechen kann
in die Felsspalten und Steinklüfte vor
dem Schrecken des HERRN und [f]vor
seiner herrlichen Majestät, wenn er
sich aufmachen wird, zu schrecken die
22 Erde. So lasset nun ab von dem Men-
schen, der nur ein Hauch ist; denn für
was ist er zu achten?

a Mi 5,9 *b* Vers 17 *c* Jer 46,10; Hes 30,3; Joel 1,15; Am 5,18; Zef 1,14 *d* Vers 11 *e* Kap 31,7 *f* 2.Thess 1,9.10

Gottes Gericht über die Herren Jerusalems und seine eitlen Frauen

3 Siehe, der Herr, der HERR Zebaot, wird
von Jerusalem und Juda wegnehmen
Stütze und Stab: [a]allen Vorrat an Brot
2 und allen Vorrat an Wasser, Helden
und Kriegsleute, Richter und Prophe-
3 ten, Wahrsager und Älteste, Hauptleu-
te und Vornehme, Ratsherren und
4 Weise, Zauberer und Beschwörer. Und
ich will ihnen [b]Knaben zu Fürsten ge-
ben, und Mutwillige sollen über sie
5 herrschen. Und im Volk wird einer den
andern bedrängen, ein jeder seinen
Nächsten. Der Junge geht los auf den
Alten und der Verachtete auf den
6 Geehrten. Dann wird einer seinen
Nächsten, der in seines Vaters Hause
ist, drängen: Du hast noch einen Man-
tel! Sei unser Herr! Dieser Trümmer-
7 haufe sei unter deiner Hand! Er aber
wird sie zu der Zeit beschwören und sa-
gen: Ich bin kein Arzt; es ist kein Brot
und kein Mantel in meinem Hause!
Macht mich nicht zum Herrn über das
8 Volk! Denn Jerusalem ist gestrauchelt,
und Juda liegt da, weil ihre Worte und
ihr Tun wider den HERRN sind, daß sie
9 seiner Majestät widerstreben. Daß sie
die Person ansehen, zeugt gegen sie; ih-
rer Sünde rühmen sie sich [c]wie die
Leute in Sodom und verbergen sie
nicht. Wehe ihnen! Denn damit brin-
10 gen sie sich selbst in alles Unglück. Heil
den Gerechten, sie haben es gut! Denn
sie werden die Frucht ihrer Werke ge-
11 nießen. Wehe aber den Gottlosen, sie
haben es schlecht! Denn es wird ihnen
vergolten werden, wie sie es verdienen.
Kinder sind Gebieter meines Volks, 12
und Weiber beherrschen es. Mein
Volk, deine Führer verführen dich und
verwirren den Weg, den du gehen
sollst!

Der HERR steht da zum Gericht und 13
ist aufgetreten, sein Volk zu richten.
Der HERR geht ins Gericht mit den Äl- 14
testen seines Volks und mit seinen Für-
sten: Ihr habt den [d]Weinberg abgewei-
det, und was ihr den Armen geraubt, ist
in eurem Hause. Warum zertretet ihr 15
mein Volk und zerschlagt das Ange-
sicht der Elenden? spricht Gott, der
HERR Zebaot.

So hat der HERR gesprochen: Weil 16
die Töchter Zions stolz sind und gehen
mit aufgerecktem Halse, mit lüsternen
Augen, trippeln daher und tänzeln und
haben kostbare Schuhe an ihren Fü-
ßen,[e] deshalb wird der Herr den Schei- 17
tel der Töchter Zions kahl machen, und
der HERR wird ihre Schläfe entblößen.
Zu der Zeit wird der Herr den 18
Schmuck an den kostbaren Schuhen
wegnehmen und die Stirnbänder, die
Spangen, die Ohrringe, die Armspan- 19
gen, die Schleier, die Hauben, die 20
Schrittkettchen, die Gürtel, die Riech-
fläschchen, die Amulette, die Finger- 21
ringe, die Nasenringe, die Feierkleider, 22
die Mäntel, die Tücher, die Täschchen,
die Spiegel, die Hemden, die Kopftü- 23
cher, die Überwürfe. Und es wird Ge- 24
stank statt Wohlgeruch sein und ein
Strick statt eines Gürtels und eine
Glatze statt lockigen Haars und statt
des Prachtgewandes ein Sack, Brand-
mal statt Schönheit.

Deine Männer werden durchs 25
Schwert fallen und deine Krieger im
Kampf. Und Zions Tore werden 26
trauern und klagen, und sie wird leer
und einsam auf der Erde sitzen. Und 4
sieben Frauen werden zu der Zeit *einen*
Mann ergreifen und sprechen: Wir
wollen uns selbst ernähren und kleiden,
laß uns nur nach deinem Namen hei-
ßen, daß unsre Schmach von uns ge-
nommen werde.

a 3.Mose 26,26; Hes 4,16 *b* Pred 10,16 *c* 1.Mose 19,5-9 *d* Kap 5,7 *e* 1.Tim 2,9

Das künftige Heil für die Geretteten in Jerusalem

Zu der Zeit wird, [a]was der HERR sprie- 2
ßen läßt, lieb und wert sein und die
Frucht des Landes herrlich und schön

bei denen, die erhalten bleiben in Is-
3 rael. Und wer da wird [b]übrigsein in
Zion und übrigbleiben in Jerusalem,
der wird heilig heißen, ein jeder, der
[c]aufgeschrieben ist zum Leben in Jeru-
4 salem. Wenn der Herr den Unflat der
Töchter Zions abwaschen wird und die
Blutschuld Jerusalems wegnehmen
durch den Geist, der richten und ein
5 Feuer anzünden wird, dann wird der
HERR über der ganzen Stätte des Berges
Zion und über ihren Versammlungen
eine [d]Wolke schaffen am Tage und
Rauch und Feuerglanz in der Nacht.
Ja, es wird ein Schutz sein über allem,
6 was herrlich ist, und eine Hütte zum
Schatten am Tage vor der Hitze und
Zuflucht und Obdach vor dem Wetter
und Regen.

a Jer 33,15 *b* Kap 6,13 *c* 2.Mose 32,32; Ps 69,29; Mal 3,16 *d* 2.Mose 13,21

Das Lied vom unfruchtbaren Weinberg

5 Wohlan, ich will meinem lieben Freun-
de singen, ein Lied von meinem
Freund und seinem Weinberg.

Mein Freund hatte einen [a]Weinberg
2 auf einer fetten Höhe. Und er grub ihn
um und entsteinte ihn und pflanzte
darin edle Reben. Er baute auch einen
Turm darin und grub eine Kelter und
wartete darauf, daß er gute Trauben
3 brächte; aber er brachte schlechte. Nun
richtet, ihr Bürger zu Jerusalem und ihr
Männer Judas, zwischen mir und mei-
4 nem Weinberg! Was sollte man noch
mehr tun an meinem Weinberg, das ich
nicht getan habe an ihm? Warum hat er
denn schlechte Trauben gebracht,
während ich darauf wartete, daß er gute
5 brächte? Wohlan, ich will euch zeigen,
was ich mit meinem Weinberg tun will!
Sein Zaun soll weggenommen werden,
daß er verwüstet werde, und seine
Mauer soll eingerissen werden, daß er
6 zertreten werde. Ich will ihn wüst lie-
gen lassen, daß er nicht beschnitten
noch gehackt werde, sondern Disteln
und Dornen darauf wachsen, und will
den Wolken gebieten, daß sie nicht dar-
7 auf regnen. Des HERRN Zebaot Wein-
berg aber ist das Haus Israel und die
Männer Judas seine Pflanzung, an der
sein Herz hing. Er wartete auf
Rechtsspruch, siehe, da war Rechts-
bruch, auf Gerechtigkeit, siehe, da war
Geschrei über Schlechtigkeit.

a Kap 3,14; Jer 2,21; Mk 12,1-9

Weherufe über die Sünden der Großen

Weh denen, [a]die ein Haus zum andern 8
bringen und einen Acker an den andern
rücken, bis kein Raum mehr da ist und
sie allein das Land besitzen! Es ist in 9
meinen Ohren das Wort des HERRN Ze-
baot: Fürwahr, die vielen Häuser sollen
veröden und die großen und feinen leer
stehen. Denn zehn Morgen Weinberg 10
sollen nur *einen* Eimer geben und zehn
Scheffel Saat nur *einen* Scheffel.

Weh denen, die des Morgens früh 11
auf sind, dem Saufen nachzugehen,
und sitzen bis in die Nacht, daß sie der
Wein erhitzt, und haben [b]Harfen, Zi- 12
thern, Pauken, Pfeifen und Wein in ih-
rem Wohlleben, aber [c]sehen nicht auf
das Werk des HERRN und schauen nicht
auf das Tun seiner Hände! Darum wird 13
mein Volk weggeführt werden unverse-
hens, und seine Vornehmen müssen
Hunger leiden und die lärmende Men-
ge Durst. Daher hat das Totenreich 14
den Schlund weit aufgesperrt und den
Rachen aufgetan ohne Maß, daß hin-
unterfährt, was da prangt und lärmt,
alle Übermütigen und Fröhlichen. So 15
wird gebeugt der Mensch und gedemü-
tigt der Mann, und die Augen der Hof-
färtigen werden erniedrigt, aber [d]der 16
HERR Zebaot wird hoch sein im Gericht
und Gott, der Heilige, sich heilig erwei-
sen in Gerechtigkeit. Da werden dann 17
Lämmer weiden wie auf ihrer Trift und
Ziegen sich nähren in den Trümmer-
stätten der Hinweggerafften.

Weh denen, die das Unrecht herbei- 18
ziehen mit Stricken der Lüge und die
Sünde mit Wagenseilen und sprechen: 19
[e]Er lasse eilends und bald kommen sein
Werk, daß wir's sehen; es nahe und
treffe ein der Ratschluß des Heiligen
Israels, daß wir ihn kennenlernen!

Weh denen, die Böses gut und Gutes 20
böse nennen, die aus Finsternis Licht und
aus Licht Finsternis machen, die aus
sauer süß und aus süß sauer machen!

Weh denen, die [f]weise sind in ihren 21
eigenen Augen und [g]halten sich selbst
für klug!

Weh denen, die Helden sind, Wein 22
zu saufen, und wackere Männer,
Rauschtrank zu mischen, die [h]den 23
Schuldigen gerecht sprechen für Ge-
schenke und das Recht nehmen denen,
die im Recht sind!

Darum, wie des Feuers Flamme 24
Stroh verzehrt und Stoppeln vergehen

in der Flamme, so wird ihre Wurzel
verfaulen und ihre Blüte auffliegen wie
Staub. Denn sie verachten die Weisung
des HERRN Zebaot und lästern die Rede
des Heiligen Israels.

a 5.Mose 5,21 *b* Am 6,5.6 *c* Ps 44,2
d Kap 2,11.17 *e* Jer 17,15; 2.Petr 3,4 *f* Spr 3,7
g Röm 12,16 *h* 2.Mose 23,8

Gott ruft die Feinde ins Land zum Endgericht

25 *Darum ist der [a]Zorn des HERRN ent-
brannt über sein Volk, und er reckt sei-
ne Hand wider sie und schlägt sie, daß
die Berge beben und ihre Leichen sind
wie Kehricht auf den Gassen. Und bei
all dem läßt sein Zorn nicht ab, sondern
26 seine Hand ist noch ausgereckt. Er wird
ein Feldzeichen aufrichten für das Volk
in der Ferne und pfeift es herbei vom
Ende der Erde. Und siehe, eilends und
27 schnell kommen sie daher. Keiner un-
ter ihnen ist müde oder schwach, keiner
schlummert noch schläft; keinem geht
der Gürtel auf von seinen Hüften, und
28 keinem zerreißt ein Schuhriemen. Ihre
Pfeile sind scharf und alle ihre Bogen
gespannt; die Hufe ihrer Rosse sind
hart wie Kieselsteine, und ihre Wagen-
29 räder sind wie ein Sturmwind. Ihr
Brüllen ist wie das der Löwen, und sie
brüllen wie junge Löwen. Sie werden
daherbrausen und den Raub packen
und davontragen, daß niemand retten
30 kann. Und es wird über ihnen brausen
zu der Zeit wie das Brausen des Meeres.
Wenn man dann das Land ansehen
wird, siehe, so ist's finster vor Angst,
und das Licht scheint nicht mehr über
ihnen.

a Kap 9,11.16.20; 10,4
*Vers 25: Die Verse 25-30 gehören wahrscheinlich mit Kap 9,7-10,4 zusammen.

Jesajas Berufung zum Propheten

6 In dem Jahr, als der König [a]Usia starb,
sah ich den Herrn sitzen auf einem ho-
hen und erhabenen Thron, und sein
2 Saum füllte den Tempel. Serafim stan-
den über ihm; ein jeder hatte sechs Flü-
gel: mit zweien deckten sie ihr Antlitz,
mit zweien deckten sie ihre Füße, und
3 mit zweien flogen sie.[b] Und einer rief
zum andern und sprach: [c]*Heilig, heilig,*
heilig ist der HERR *Zebaot, alle Lande*
4 *sind seiner Ehre voll!* Und die Schwel-
len bebten von der Stimme ihres Ru-
fens, und das Haus ward [d]voll Rauch.
5 Da sprach ich: Weh mir, ich vergehe!
Denn ich bin unreiner Lippen und
wohne unter einem Volk von unreinen
Lippen; denn [e]ich habe den König,
den HERRN Zebaot, gesehen mit mei-
nen Augen. Da flog einer der Serafim 6
zu mir und hatte eine glühende Kohle
in der Hand, die er mit der Zange vom
Altar nahm, und rührte meinen Mund 7
an und sprach: Siehe, hiermit sind dei-
ne Lippen berührt, daß deine Schuld
von dir genommen werde und deine
Sünde gesühnt sei.
Und ich hörte die Stimme des Herrn, 8
wie er sprach: Wen soll ich senden?
Wer will unser Bote sein? Ich aber
sprach: Hier bin ich, sende mich! [f]Und 9
er sprach: Geh hin und sprich zu
diesem Volk: Höret und verstehet's
nicht; sehet und merket's nicht! Ver- 10
stocke das Herz dieses Volks und laß
ihre Ohren taub sein und ihre Augen
blind, [g]daß sie nicht sehen mit ihren
Augen noch hören mit ihren Ohren
noch verstehen mit ihrem Herzen und
sich nicht bekehren und genesen. Ich 11
aber sprach: Herr, wie lange? Er
sprach: Bis die Städte wüst werden,
ohne Einwohner, und die Häuser ohne
Menschen und das Feld ganz wüst da-
liegt. Denn der HERR wird die Men- 12
schen weit wegtun, so daß das Land
sehr verlassen sein wird. Auch [h]wenn 13
nur der zehnte Teil darin bleibt, so
wird es abermals verheert werden, doch
wie bei einer Eiche und Linde, von de-
nen beim Fällen noch ein [i]Stumpf
bleibt. Ein heiliger Same wird solcher
Stumpf sein.

a 2.Chr 26,22 *b* 1.Kön 22,19 *c* Offb 4,8
d Hes 10,4; Offb 15,8 *e* 2.Mose 33,20 *f* (*9 und 10*)
Mt 13,11-15; Joh 12,40; Apg 28,26.27
g 5.Mose 29,3; Röm 11,8 *h* Am 5,3 *i* Kap 7,3;
10,20.21

Jesaja ruft den König Ahas zum Glauben

Es begab sich zur Zeit des Ahas, des **7**
Sohnes Jotams, des Sohnes Usias, des
Königs von Juda, da zogen Rezin, der
König von Aram, und Pekach, der
Sohn Remaljas, der König von Israel,
herauf nach Jerusalem, um es zu be-
kämpfen; sie konnten es aber nicht er-
obern.[a] Da wurde dem Hause David 2
angesagt: Die Aramäer haben sich gela-
gert in Efraim. Da bebte ihm das Herz
und das Herz seines Volks, wie die Bäu-
me im Walde beben vom Winde. Aber 3
der HERR sprach zu Jesaja: Geh hinaus,
Ahas entgegen, du und dein Sohn
Schear-Jaschub*, an das Ende der
Wasserleitung des oberen Teiches, an

der Straße beim Acker des Walkers,
4 und sprich zu ihm: Hüte dich und
[b]bleibe still; fürchte dich nicht, und
dein Herz sei unverzagt vor diesen bei-
den Brandscheiten, die nur noch rau-
chen, vor dem Zorn Rezins und der
Aramäer und des Sohnes Remaljas.
5 Weil die Aramäer gegen dich Böses er-
sonnen haben samt Efraim und dem
6 Sohn Remaljas und sagen: »Wir wollen
hinaufziehen nach Juda und es er-
schrecken und für uns erobern und
zum König darin machen den Sohn
7 Tabeals«, – so spricht Gott der HERR:
Es soll nicht geschehen und nicht so ge-
8 hen, sondern wie Damaskus das Haupt
ist von Aram, so soll Rezin nur das
Haupt von Damaskus sein – und in
fünfundsechzig Jahren soll es mit
Efraim aus sein, daß sie nicht mehr ein
9 Volk seien –; und wie Samaria das
Haupt ist von Efraim, so soll der Sohn
Remaljas nur das Haupt von Samaria
sein. [c]*Glaubt ihr nicht, so bleibt ihr nicht.*

a 2.Kön 16,5 *b* Kap 30,15 *c* 2.Chr 20,20
*Vers 3: d.h. ein Rest wird sich bekehren.

Das Zeichen des Immanuel und das Strafgericht durch die Assyrer

10 Und der HERR redete abermals zu Ahas
11 und sprach: Fordere dir ein Zeichen
vom HERRN, deinem Gott, es sei drun-
ten in der Tiefe oder droben in der
12 Höhe! Aber Ahas sprach: Ich will's
nicht fordern, damit ich den HERRN
13 nicht versuche. Da sprach Jesaja:
Wohlan, so hört, ihr vom Hause David:
Ist's euch zu wenig, daß ihr Menschen
müde macht? Müßt ihr auch meinen
14 Gott müde machen? Darum wird euch
der HERR selbst ein Zeichen geben:
[a]*Siehe, eine Jungfrau ist schwanger und*
wird einen Sohn gebären, den wird sie
15 *nennen Immanuel**. Butter und Honig
wird er essen, bis er weiß, Böses zu ver-
16 werfen und Gutes zu erwählen. Denn
ehe [b]der Knabe lernt Böses verwerfen
und Gutes erwählen, wird das Land
verödet sein, vor dessen zwei Königen
17 dir graut. Der HERR wird über dich,
über dein Volk und über deines Vaters
Haus Tage kommen lassen, wie sie
nicht gekommen sind seit der Zeit, da
Efraim sich von Juda schied, nämlich
durch den König von Assyrien.
18 Zu der Zeit wird der HERR herbei-
pfeifen die Fliege am Ende der Ströme
Ägyptens und die Biene im Lande As-
19 sur, daß sie kommen und sich alle nie-
derlassen in den tiefen Tälern und in
den Steinklüften und in allen Hecken
und an jeder Tränke. Zu der Zeit wird 20
der Herr das Haupt und die Haare am
Leib scheren und den Bart abnehmen
durch das Schermesser, das gedungen
ist jenseits des Stroms, [c]durch den Kö-
nig von Assyrien. Zu der Zeit wird ein 21
Mann eine junge Kuh und zwei Schafe
aufziehen und wird so viel zu melken 22
haben, daß er Butter essen wird; denn
Butter und Honig wird essen, wer
übrigbleiben wird im Lande. Und es 23
wird zu der Zeit geschehen: wo jetzt
tausend Weinstöcke stehen, tausend
Silberstücke wert, da werden Dornen
und Disteln sein, daß man mit Pfeil und 24
Bogen dahin gehen muß. Denn im gan-
zen Lande werden Dornen und Disteln
sein, daß man auch zu all den Bergen, 25
die man jetzt mit der Hacke zu behak-
ken pflegt, nicht kommen kann aus
Scheu vor Dornen und Disteln, son-
dern man wird Rinder darüber treiben
und Schafe es zertreten lassen.

a Mt 1,23 *b* Kap 8,4 *c* 2.Kön 15,29
*Vers 14: d. h. »Gott mit uns«.

Der Sohn des Propheten als Zeichen des Gerichts über Aram und Israel

Und der HERR sprach zu mir: Nimm 8
dir eine große Tafel und schreib darauf
mit deutlicher Schrift: Raubebald-Ei-
lebeute! Und ich nahm mir zwei treue 2
Zeugen, den Priester Uria und Sachar-
ja, den Sohn Jeberechjas. Und ich ging 3
zu der Prophetin; die ward schwanger
und gebar einen Sohn. Und der HERR
sprach zu mir: Nenne ihn Raubebald-
Eilebeute! Denn ehe [a]der Knabe rufen 4
kann: Lieber Vater! Liebe Mutter!,
[b]soll die Macht von Damaskus und die
Beute aus Samaria weggenommen wer-
den durch den König von Assyrien.

a Kap 7,16 *b* 2.Kön 16,9

Das Gericht über Juda und die Völker

Und der HERR redete weiter mit mir 5
und sprach: Weil dies Volk verachtet 6
die Wasser von Siloah, die still dahin-
fließen, und in Angst zerfließt vor Re-
zin und dem Sohn Remaljas, siehe, so 7
wird der Herr über sie kommen lassen
die starken und vielen Wasser des Stro-
mes, nämlich den König von Assyrien
und alle seine Macht, daß sie über alle
ihre Ränder fluten und über alle ihre
Ufer gehen. Und sie werden einbre- 8
chen in Juda und wegschwemmen und

überfluten, bis sie an den Hals reichen.
Und sie werden ihre Flügel ausbreiten,
daß sie dein Land, o [a]Immanuel, fül-
len, so weit es ist.
9 Tobet, ihr Völker, ihr müßt doch
fliehen! Höret's alle, die ihr in fernen
Landen seid! Rüstet euch, ihr müßt
doch fliehen; rüstet euch, ihr müßt
10 doch fliehen! Beschließt einen Rat, und
es werde nichts daraus; beredet euch,
und es geschehe nicht! Denn hier ist
Immanuel!
11 Denn so sprach der HERR zu mir, als
seine Hand über mich kam und er mich
warnte, ich sollte nicht wandeln auf
12 dem Wege dieses Volks: Ihr sollt nicht
alles Verschwörung nennen, was dies
Volk Verschwörung nennt, und vor
dem, was sie fürchten, fürchtet euch
13 nicht und laßt euch nicht grauen, son-
dern verschwört euch mit dem HERRN
Zebaot; [b]den laßt eure Furcht und eu-
14 ren Schrecken sein. Er wird ein Fall-
strick sein und ein [c]Stein des Anstoßes
und ein Fels des Ärgernisses für die
beiden Häuser Israel, ein Fallstrick und
eine Schlinge für die Bürger Jerusa-
15 lems, daß viele von ihnen sich daran
stoßen, fallen, zerschmettern, ver-
strickt und gefangen werden.

a Kap 7,14 *b* Mt 10,28 *c* Röm 9,33

Der Prophet und seine Jünger

16 Ich soll [a]verschließen die Offenbarung,
versiegeln die Weisung in meinen Jün-
17 gern und will hoffen auf den HERRN,
der sein Antlitz verborgen hat vor dem
Hause Jakob, und will auf ihn harren.
18 Siehe, [b]hier bin ich und die Kinder, die
mir der HERR gegeben hat als Zeichen
und Weissagung in Israel vom HERRN
Zebaot, der auf dem Berge Zion wohnt.
19 Wenn sie aber zu euch sagen: Ihr
müßt die Totengeister und Beschwörer
befragen, die da flüstern und murmeln,
so sprecht: [c]Soll nicht ein Volk seinen
Gott befragen? Oder soll man für Le-
20 bendige die Toten befragen? Hin zur
Weisung und hin zur Offenbarung!
Werden sie das nicht sagen, so wird
21 ihnen kein Morgenrot scheinen, son-
dern sie werden im Lande umherge-
hen, hart geschlagen und hungrig. Und
wenn sie Hunger leiden, werden sie
zürnen und fluchen ihrem König und
ihrem Gott, und sie werden über sich
22 blicken und unter sich die Erde anse-
hen und nichts finden als Trübsal und
Finsternis; denn sie sind im Dunkel der
Angst und gehen irre im Finstern.

*Doch [d]*es wird nicht dunkel bleiben über* 23
denen, die in Angst sind. Hat er in frühe-
rer Zeit in Schmach gebracht das Land
Sebulon und [e]das Land Naftali, so wird
er hernach zu Ehren bringen den Weg
am Meer, das Land jenseits des Jordan,
das Galiläa der Heiden.

a Dan 12,4 *b* Vers 3; Kap 7,3; Hebr 2,13
c 2.Kön 1,3 *d* Ps 107,10-14 *e* 2.Kön 15,29;
Mt 4,12-16
*Vers 23: Abweichende Verszählung statt 8,23: 9,1.

Der Friedefürst wird verheißen

**Das Volk, das [a]im Finstern wandelt,* 9
sieht ein großes Licht, und über denen, die
da wohnen im finstern Lande, scheint es
hell. Du weckst lauten Jubel, du machst 2
groß die Freude. Vor dir wird man sich
freuen, wie man sich freut in der Ernte,
wie man fröhlich ist, wenn man Beute
austeilt. Denn [b]du hast ihr drückendes 3
Joch, die Jochstange auf ihrer Schulter
und den Stecken ihres Treibers zerbro-
chen wie am [c]Tage Midians. Denn je- 4
der Stiefel, der mit Gedröhn daher-
geht, und jeder Mantel, durch Blut ge-
schleift, wird verbrannt und vom Feuer
verzehrt.
Denn uns ist ein Kind geboren, ein 5
Sohn ist uns gegeben, und [d]die Herrschaft
ruht auf seiner Schulter; und er heißt
Wunder-Rat, Gott-Held, Ewig-Vater,
[e]Friede-Fürst; auf daß seine Herrschaft 6
groß werde und des Friedens kein Ende
auf dem [f]Thron Davids und in seinem
Königreich, daß er's stärke und stütze
durch [g]Recht und Gerechtigkeit von nun
an bis in Ewigkeit. Solches wird tun der
Eifer des HERRN *Zebaot.*

a Lk 1,79 *b* Ps 81,7 *c* Ri 7,14.15.22 *d* Kap 22,22;
Mi 5,1 *e* Mi 4,3 *f* 2.Sam 7,12.13; Lk 1,32
g Kap 11,1-5; Ps 72,3.4
*Vers 1: Abweichende Verszählung statt 9,1-20:
9,2-21.

Gottes Gericht über das unbußfertige Nordreich

Der Herr hat ein Wort gesandt wider 7
Jakob, und es ist in Israel niedergefal-
len, daß alles Volk es innewerde, 8
Efraim und die Bürger Samarias, die da
sagen in Hochmut und stolzem Sinn:
Ziegelsteine sind gefallen, aber wir wol- 9
len's mit Quadern wieder bauen. Man
hat Maulbeerbäume abgehauen, aber
wir wollen Zedern an ihre Stelle setzen.
Doch der HERR macht stark gegen sie 10
ihre Bedränger, nämlich Rezin, und
ihre Feinde stachelt er auf, die Aramäer 11
von vorn und die Philister von hinten,
daß sie Israel fressen mit vollem Maul.
BEI ALL DEM LÄSST SEIN ZORN NOCH

NICHT AB, SEINE HAND IST NOCH AUSGE-
RECKT.
12 Aber das Volk kehrt nicht um zu
dem, der es schlägt, und fragt nicht
13 nach dem HERRN Zebaot. Darum [a]haut
der HERR von Israel Kopf und Schwanz
14 ab, Ast und Stumpf, auf *einen* Tag. Die
Ältesten und die Vornehmen sind der
Kopf, die Propheten aber, die falsch
15 lehren, sind der Schwanz. Denn die
Leiter dieses Volks sind Verführer, und
die sich leiten lassen, sind verloren.
16 Darum kann der Herr ihre junge
Mannschaft nicht verschonen noch ih-
rer Waisen und Witwen sich erbarmen;
denn sie sind allzumal gottlos und böse,
und aller Mund redet Torheit. BEI ALL
DEM LÄSST SEIN ZORN NOCH NICHT AB,
SEINE HAND IST NOCH AUSGERECKT.
17 Denn die Bosheit lodert wie Feuer;
das verzehrt Dornen und Disteln und
zündet den dichten Wald an und gibt
18 hohen Rauch. Vom Zorn des HERRN
Zebaot brennt das Land, daß das Volk
wird wie ein Fraß des Feuers; keiner
19 schont den andern. Sie verschlingen
zur Rechten und leiden Hunger; sie
fressen zur Linken und werden doch
nicht satt. Ein jeder frißt das Fleisch
20 seines Nächsten: Manasse den Efraim,
Efraim den Manasse, und sie beide mit-
einander sind gegen Juda. BEI ALL DEM
LÄSST SEIN ZORN NICHT AB, SEINE HAND
IST NOCH AUSGERECKT.
10 [b]Weh denen, die unrechte Gesetze
machen, und den Schreibern, die un-
2 rechtes Urteil schreiben, um die Sache
der Armen zu beugen und Gewalt zu
üben am Recht der Elenden in meinem
Volk, daß die Witwen ihr Raub und die
3 Waisen ihre Beute werden! Was wollt
ihr tun am Tage der Heimsuchung und
des Unheils, das von ferne kommt? Zu
wem wollt ihr fliehen um Hilfe? Und
wo wollt ihr eure Herrlichkeit lassen?
4 Wer sich nicht unter die Gefangenen
bückt, wird unter den Erschlagenen
fallen. BEI ALL DEM LÄSST SEIN ZORN
NICHT AB, SEINE HAND IST NOCH AUSGE-
RECKT.

a Kap 10,33 *b (1-4)* Kap 5,8-23

Gegen den Hochmut des Königs von Assyrien

5 Wehe Assur, der meines Zornes [a]Rute
6 und meines Grimmes Stecken ist! Ich
sende ihn wider ein gottloses Volk und
gebe ihm Befehl wider das Volk, dem
ich zürne, daß er's beraube und aus-
plündere und es zertrete wie Dreck auf
der Gasse. Aber er meint's nicht so, 7
und sein Herz denkt nicht so, sondern
sein Sinn steht danach, zu vertilgen
und auszurotten nicht wenige Völker.
Denn er spricht: »Sind meine Fürsten 8
nicht allesamt Könige? Ist Kalno nicht 9
wie Karkemisch? Ist Hamat nicht wie
Arpad? Ist nicht Samaria wie Damas-
kus? [b]Wie meine Hand gefunden hat 10
die Königreiche der Götzen, obwohl
ihre Götzen mehr waren, als die zu Je-
rusalem und Samaria sind: sollte ich 11
nicht Jerusalem tun und seinen Göt-
zen, wie ich Samaria und seinen Götzen
getan habe?«
Wenn aber der Herr all sein Werk 12
ausgerichtet hat auf dem Berge Zion
und zu Jerusalem, wird er sprechen:
[c]Ich will heimsuchen die Frucht des
Hochmuts des Königs von Assyrien
und den Stolz seiner hoffärtigen Au-
gen, weil er spricht: »Ich hab's durch 13
meiner Hände Kraft ausgerichtet und
durch meine Weisheit, denn ich bin
klug. Ich habe die Grenzen der Länder
anders gesetzt und ihre Schätze geraubt
und wie ein Stier die Bewohner zu Bo-
den gestoßen. Meine Hand hat gefun- 14
den den Reichtum der Völker wie ein
Vogelnest, und ich habe alle Länder zu-
sammengerafft, wie man Eier sammelt,
die verlassen sind; kein Flügel regte
sich, und kein Schnabel sperrte sich auf
und zirpte.«
Vermag sich auch eine Axt zu rüh- 15
men wider den, der damit haut, oder
eine Säge groß zu tun wider den, der sie
zieht? Als ob [d]die Rute den schwänge,
der sie hebt; als ob der Stock den höbe,
der kein Holz ist! Darum wird der 16
Herr, der HERR Zebaot, unter die Fet-
ten in Assur die Auszehrung senden,
und seine Herrlichkeit wird er anzün-
den, daß sie brennen wird wie ein
Feuer. Und [e]das Licht Israels wird ein 17
Feuer sein, und sein Heiliger wird eine
Flamme sein, und sie wird seine Dor-
nen und Disteln anzünden und verzeh-
ren auf *einen* Tag. Und die Herrlichkeit 18
seiner Wälder und Gärten soll zunichte
werden mit Stumpf und Stiel und wird
vergehen und dahinschwinden, daß die 19
Bäume seiner Wälder, die übrigblei-
ben, gezählt werden können, und ein
Knabe kann sie aufschreiben.

a Vers 15 *b (10 und 11)* 2.Kön 18,33-35
c Kap 37,36 *d* Vers 5 *e* 5.Mose 4,24

Errettung eines Restes von Israel. Zions Errettung vor dem Ansturm der Assyrer

20 [a]Zu der Zeit werden die Übriggeblie-
benen von Israel und, was entkommen
ist vom Hause Jakob, sich nicht mehr
verlassen auf den, der sie schlägt, son-
dern sie werden sich verlassen auf den
HERRN, den Heiligen Israels, in Treue.
21 Ein Rest wird sich bekehren, ja, der
Rest Jakobs, zu Gott, dem Starken.
22 Denn wäre auch dein Volk, o Israel,
[b]wie Sand am Meer, so soll doch nur
ein Rest in ihm bekehrt werden. Ver-
derben ist beschlossen und bringt Flu-
23 ten von Gerechtigkeit. Denn Gott der
HERR Zebaot [c]wird Verderben ergehen
lassen, wie beschlossen ist, im ganzen
Lande.
24 Darum spricht Gott der HERR Ze-
baot: Fürchte dich nicht, mein Volk,
das in Zion wohnt, vor Assur, der dich
mit dem Stecken schlägt und seinen
Stab gegen dich aufhebt, wie es in
25 Ägypten geschah. Denn es ist nur noch
eine kleine Weile, so wird meine Un-
gnade ein Ende haben, und mein Zorn
wird sich richten auf sein Verderben.
26 Alsdann wird der HERR Zebaot eine
Geißel über ihn schwingen wie in der
[d]Schlacht Midians am Rabenfelsen
und wird seinen Stab, den er am Meer
brauchte, [e]aufheben wie in Ägypten.
27 Zu der Zeit wird seine Last von deiner
Schulter weichen müssen und sein Joch
von deinem Halse.
28 Er zieht herauf von Rimmon, er
kommt nach Ajjat. Er zieht durch Mig-
ron, er läßt seinen Troß zu Michmas.
29 Sie ziehen durch den engen Weg, blei-
ben in Geba über Nacht. Rama er-
30 schrickt, das Gibea Sauls flieht. Du
Tochter [f]Gallim, schreie laut! Merke
auf, Lajescha; gib ihm Antwort, Ana-
31 tot! Madmena weicht, die Bürger von
32 Gebim laufen davon. Noch heute wird
er haltmachen in [g]Nob; er wird seine
Hand ausstrecken gegen den Berg der
Tochter Zion, gegen den Hügel Jerusa-
lems.
33 Aber siehe, der Herr, der HERR Ze-
baot, wird die Äste mit Macht abhauen
und, was hoch aufgerichtet steht, nie-
derschlagen, daß die Hohen erniedrigt
34 werden. Und der dichte Wald wird mit
dem Eisen umgehauen werden, und der
Libanon wird fallen durch einen Mäch-
tigen.

a (20 und 21) Kap 6,13; 7,3 *b* Röm 9,27 *c* Kap 28,22 *d* Ri 7,25; Ps 83,10 *e* 2.Mose 14,26.27 *f* 1.Sam 25,44 *g* 1.Sam 21,2

Der Messias und sein Friedensreich

Und es wird ein Reis hervorgehen aus dem 11
Stamm Isais und ein Zweig aus seiner
Wurzel Frucht bringen. Auf ihm wird ru- 2
hen der Geist des HERRN, *der Geist der*
Weisheit und des Verstandes, der Geist
des Rates und der Stärke, der Geist der
Erkenntnis und der Furcht des HERRN.
Und Wohlgefallen wird er haben an der 3
Furcht des HERRN. Er wird nicht rich-
ten nach dem, was seine Augen sehen,
noch Urteil sprechen nach dem, was
seine Ohren hören, sondern wird mit 4
Gerechtigkeit richten die Armen und
rechtes Urteil sprechen den Elenden im
Lande, und er wird mit dem Stabe sei-
nes Mundes den Gewalttätigen schla-
gen und [a]mit dem Odem seiner Lippen
den Gottlosen töten. Gerechtigkeit 5
wird der Gurt seiner Lenden sein und
die Treue der Gurt seiner Hüften. Da 6
werden [b]die Wölfe bei den Lämmern
wohnen und die Panther bei den Bök-
ken lagern. Ein kleiner Knabe wird
Kälber und junge Löwen und Mastvieh
miteinander treiben. Kühe und Bären 7
werden zusammen weiden, daß ihre
Jungen beieinander liegen, und Löwen
werden Stroh fressen wie die Rinder.
Und ein Säugling wird spielen am Loch 8
der Otter, und ein entwöhntes Kind
wird seine Hand stecken in die Höhle
der Natter. Man wird nirgends Sünde 9
tun noch freveln auf meinem ganzen
heiligen Berge; denn das Land wird
voll Erkenntnis des HERRN sein, wie
Wasser das Meer bedeckt.
Und es wird geschehen zu der Zeit, 10
daß [c]das Reis aus der Wurzel Isais da-
steht als Zeichen für die Völker. Nach
ihm werden die Heiden fragen, und die
Stätte, da er wohnt, wird herrlich sein.
[d]Und der Herr wird zu der Zeit zum 11
zweiten Mal seine Hand ausstrecken,
daß er den Rest seines Volks loskaufe,
der übriggeblieben ist in Assur, Ägyp-
ten, Patros, Kusch, Elam, Sinear, Ha-
mat und auf den Inseln des Meeres.
Und er wird ein Zeichen aufrichten un- 12
ter den Völkern und zusammenbringen
die Verjagten Israels und die Zerstreu-
ten Judas sammeln von den vier Enden
der Erde. Und der Neid Efraims wird 13
aufhören und die Feindschaft Judas
ausgerottet werden, daß Efraim nicht
mehr neidisch ist auf Juda und Juda

14 nicht mehr Efraim feind ist. Sie werden
sich stürzen auf das Land der Philister
im Westen und miteinander berauben
alle, die im Osten wohnen. Nach Edom
und Moab werden sie ihre Hände aus-
strecken, die Ammoniter werden ihnen
15 gehorsam sein. Und der HERR wird aus-
trocknen die Zunge des Meeres von
Ägypten und wird seine Hand gehen
lassen über den Eufrat mit seinem star-
ken Wind und ihn in sieben Bäche zer-
schlagen, so daß man mit Schuhen hin-
16 durchgehen kann. Und [e]es wird eine
Straße dasein für den Rest seines Volks,
das übriggeblieben ist in Assur, wie sie
für Israel da war zur Zeit, als sie aus
Ägyptenland zogen.

a 2.Thess 2,8 *b* Kap 65,25 *c* Röm 15,12
d (*11-13*) Hes 37,21.22 *e* 2.Mose 14,29

Das Danklied der Erlösten

12 Zu der Zeit wirst du sagen: Ich danke
dir, HERR, daß du bist zornig gewesen
über mich und dein Zorn sich gewendet
2 hat und du mich tröstest. *Siehe, Gott ist
mein Heil, ich bin sicher und fürchte mich
nicht; denn [a]Gott der* HERR *ist meine
Stärke und mein Psalm und ist mein Heil.*
3 *Ihr werdet mit Freuden Wasser schöpfen
aus den Heilsbrunnen.*[b]
4 Und ihr werdet sagen zu der Zeit:
[c]Danket dem HERRN, rufet an seinen
Namen! Machet kund unter den Völ-
kern sein Tun, verkündiget, wie sein
5 Name so hoch ist! Lobsinget dem
HERRN, denn er hat sich herrlich bewie-
sen. Solches sei kund in allen Landen!
6 Jauchze und rühme, du Tochter Zion;
denn der Heilige Israels ist groß bei dir!

a 2.Mose 15,2 *b* Kap 55,1; Sach 13,1
c 1.Chr 16,8; Ps 105,1

Gottes Gericht über Babel

(Kap 13 und 14: vgl. Kap 21,1-10; 47;
Jer 50; 51)

13 Dies ist die [a]Last für Babel, die Jesaja,
der Sohn des Amoz, geschaut hat:
2 Auf hohem Berge erhebt das Banner,
ruft laut ihnen zu, winkt mit der Hand,
daß sie einziehen durch die Tore der
3 Fürsten. Ich habe meine Geheiligten
entboten zu meinem Zorngericht und
meine Starken gerufen, die da jauchzen
4 über meine Herrlichkeit. Es ist Ge-
schrei und Lärm auf den Bergen wie
von einem großen Volk, Geschrei und
Getümmel von den versammelten Kö-
nigreichen der Völker. Der HERR Ze-
5 baot rüstet ein Heer zum Kampf. Sie
kommen aus fernen Landen, vom Ende
des Himmels, ja, der HERR selbst samt
den Werkzeugen seines Zorns, um zu
verderben die ganze Erde. Heulet, 6
denn [b]des HERRN Tag ist nahe; er
kommt wie eine Verwüstung vom All-
mächtigen. Darum werden alle Hände 7
schlaff, und aller Menschen Herz wird
feige sein. Schrecken, Angst und 8
Schmerzen wird sie ankommen, es wird
ihnen bange sein wie einer Gebären-
den. Einer wird sich vor dem andern
entsetzen, feuerrot werden ihre Ange-
sichter sein.
Denn siehe, des HERRN Tag kommt 9
grausam, zornig, grimmig, die Erde zu
verwüsten und die Sünder von ihr zu
vertilgen. Denn die Sterne am Himmel 10
und sein Orion scheinen nicht hell, die
Sonne geht finster auf und der Mond
gibt keinen Schein.[c] Ich will den Erd- 11
kreis heimsuchen um seiner Bosheit
willen und die Gottlosen um ihrer Mis-
setat willen und will dem Hochmut der
Stolzen ein Ende machen und die Hof-
fart der Gewaltigen demütigen, daß ein 12
Mann kostbarer sein soll als feines Gold
und ein Mensch wertvoller als Gold-
stücke aus Ofir.
Darum will ich den Himmel bewe- 13
gen, und die Erde soll beben und von
ihrer Stätte weichen durch den Grimm
des HERRN Zebaot, am Tage seines
Zorns. Und sie sollen sein wie ein ver- 14
scheuchtes Reh und wie eine Herde
ohne Hirten, daß sich ein jeder zu sei-
nem Volk kehren und ein jeder in sein
Land fliehen wird. Wer da gefunden 15
wird, wird erstochen, und wen man
aufgreift, wird durchs Schwert fallen.
Es [d]sollen auch ihre Kinder vor ihren 16
Augen zerschmettert, ihre Häuser ge-
plündert und ihre Frauen geschändet
werden.
Denn siehe, ich will die Meder gegen 17
sie erwecken, die nicht Silber suchen
oder nach Gold fragen, sondern die 18
Jünglinge mit Bogen erschießen und
sich der Frucht des Leibes nicht erbar-
men und die Kinder nicht schonen. So 19
soll Babel, das schönste unter den Kö-
nigreichen, die herrliche Pracht der
Chaldäer, zerstört werden von Gott
[e]wie Sodom und Gomorra, daß man 20
hinfort nicht mehr da wohne noch je-
mand da bleibe für und für, daß auch
Araber dort keine Zelte aufschlagen
noch Hirten ihre Herden lagern lassen,
[f]sondern Wüstentiere werden sich da 21
lagern, und ihre Häuser werden voll
Eulen sein; Strauße werden da woh-

nen, und Feldgeister werden da hüp-
22 fen, und wilde Hunde werden in ihren
Palästen heulen und Schakale in den
Schlössern der Lust. Ihre Zeit wird
bald kommen, und ihre Tage lassen
nicht auf sich warten.

a Jer 23,33 *b* Joel 1,15 *c* Hes 32,7; Joel 2,10; Am 5,8; Mt 24,29 *d* Ps 137,8.9
e 1.Mose 19,24.25 *f* (*21 und 22*) Kap 34,13

Triumphlied über den Sturz des Weltherrschers

14 Denn der HERR wird sich über Jakob
erbarmen und Israel [a]noch einmal er-
wählen und sie in ihr Land setzen. Und
Fremdlinge werden sich zu ihnen ge-
sellen und dem Hause Jakob anhangen.
2 Und [b]die Völker werden Israel nehmen
und an seinen Ort bringen, und dann
wird das Haus Israel sie als Knechte
und Mägde besitzen [c]im Lande des
HERRN. Und sie werden gefangenhal-
ten die, von denen sie gefangen waren,
und werden herrschen über ihre Be-
3 dränger. Und zu der Zeit, wenn dir der
HERR Ruhe geben wird von deinem
Jammer und Leid und von dem harten
4 Dienst, in dem du gewesen bist, wirst
du dies Lied anheben gegen den König
von Babel und sagen:
Wie ist's mit dem Treiber so gar aus,
5 und das Toben hat ein Ende! Der HERR
hat den Stock der Gottlosen zerbro-
6 chen, die Rute der Herrscher. Der
schlug die Völker im Grimm ohne Auf-
hören und herrschte mit Wüten über
die Nationen und verfolgte ohne Erbar-
7 men. Nun hat Ruhe und Frieden alle
8 Welt und jubelt fröhlich. Auch freuen
sich die Zypressen über dich und die
Zedern auf dem Libanon und sagen:
»Seit du daliegst, kommt niemand her-
9 auf, der uns abhaut.« Das Totenreich
drunten erzittert vor dir, wenn du nun
kommst. Es schreckt auf vor dir die To-
ten, alle Gewaltigen der Welt, und läßt
alle Könige der Völker von ihren Thro-
10 nen aufstehen, daß sie alle anheben und
zu dir sagen: »Auch du bist schwach ge-
worden wie wir, und es geht dir wie
11 uns. Deine Pracht [d]ist herunter zu den
Toten gefahren samt dem Klang deiner
Harfen. Gewürm wird dein Bett sein
12 und Würmer deine Decke.« Wie bist du
vom Himmel gefallen, du schöner
Morgenstern! Wie wurdest du zu Bo-
den geschlagen, der du alle Völker nie-
13 derschlugst! Du aber gedachtest in dei-
nem Herzen: »Ich will in den Himmel
steigen und meinen Thron über die
Sterne Gottes erhöhen, ich will mich
setzen auf den [e]Berg der Versammlung
im fernsten Norden.* Ich will auffah- 14
ren über die hohen Wolken und gleich
sein dem Allerhöchsten.« Ja, hinunter 15
zu den Toten fuhrest du, zur tiefsten
Grube! Wer dich sieht, wird auf dich 16
schauen, wird dich ansehen und sagen:
»Ist das der Mann, der die Welt zittern
und die Königreiche beben machte, der 17
den Erdkreis zur Wüste machte und
seine Städte zerstörte und seine Gefan-
genen nicht nach Hause entließ?« Alle 18
Könige der Völker ruhen doch in Eh-
ren, ein jeder in seiner Kammer; du 19
aber bist [f]hingeworfen ohne Grab wie
ein verachteter Zweig, bedeckt von Er-
schlagenen, die mit dem Schwert ersto-
chen sind, wie eine zertretene Leiche.
Du wirst nicht wie jene begraben wer- 20
den, die hinabfahren in eine steinerne
Gruft; denn du hast dein Land ver-
derbt und dein Volk erschlagen. Man
wird des Geschlechtes der Bösen nicht
mehr gedenken. Richtet die Schlacht- 21
bank zu für seine Söhne [g]um der Mis-
setat ihres Vaters willen, daß sie nicht
wieder hochkommen und die Welt er-
obern und den Erdkreis voll Trümmer
machen.
Und ich will über sie kommen, 22
spricht der HERR Zebaot, und von Ba-
bel ausrotten Name und Rest, Kind
und Kindeskind, spricht der HERR.
Und ich will Babel machen zum Erbe 23
für die Igel und zu einem Wassersumpf
und will es mit dem Besen des Verder-
bens wegfegen, spricht der HERR Ze-
baot.

a Sach 1,17 *b* Kap 49,22 *c* 3.Mose 25,23
d Hes 32,18.19 *e* Ps 48,3; Hes 28,14 *f* Kap 34,3
g 2.Mose 20,5
*Vers 13: Der Berg der Versammlung ist der Götterberg im höchsten Norden.

Gegen Assyrien

Der HERR Zebaot hat geschworen: Was 24
gilt's? Es soll gehen, wie ich denke, und
soll zustande kommen, wie ich's im
Sinn habe, daß Assur zerschlagen wer- 25
de in meinem Lande und ich es zertrete
auf meinen Bergen, damit sein Joch von
ihnen genommen werde und seine Last
von ihrem Halse komme. Das ist der 26
Ratschluß, den er hat über alle Lande,
und das ist die Hand, die ausgereckt ist
über alle Völker. Denn der HERR Ze- 27
baot hat's beschlossen, – wer will's
wehren? Und seine Hand ist ausge-
reckt, – wer will sie wenden?

Gegen die Philister
(vgl. Jer 47)

28 Im Jahr, als König [a]Ahas starb, wurde
29 diese Last angekündigt: Freue dich
nicht, ganz Philisterland, daß der
Stock, der dich schlug, zerbrochen ist!
Denn aus der Wurzel der Schlange
wird eine giftige Natter kommen, und
ihre Frucht wird ein feuriger fliegender
30 Drache sein. Die Geringen werden auf
meiner Aue weiden und die Armen
sicher ruhen; aber deine Wurzel will
ich durch Hunger töten, und deine
Übriggebliebenen werde ich morden.
31 Heule, Tor! Schreie, Stadt! Erzittere,
ganz Philisterland! Denn von Norden
kommt Rauch, und keiner sondert sich
32 ab von seinen Scharen. Und was wird
man den Boten der Heiden sagen? »Der
HERR hat Zion gegründet, und hier
werden die Elenden seines Volks Zuflucht haben.«

a 2.Kön 16,20

Gegen Moab
(vgl. Jer 48; Zef 2,8-11)

15 Dies ist die Last für Moab: Des Nachts
kommt Verheerung über Ar in Moab,
es ist dahin; des Nachts kommt Verheerung über Kir in Moab, es ist dahin!
2 Es geht hinauf die Tochter Dibon zu
den Altären, um zu weinen; Moab
heult über Nebo und über Medeba. Jedes Haupt ist kahlgeschoren, jeder Bart
3 ist abgeschnitten. Auf ihren Gassen gehen sie mit dem Sack umgürtet, auf
ihren Dächern und Straßen heulen sie
4 alle und gehen weinend einher. [a]Hesbon und Elale schreien, daß man's zu
Jahza hört. Darum wehklagen die Gerüsteten Moabs, es verzagt ihre Seele.
5* Mein Herz schreit über Moab; seine
Flüchtigen fliehen bis nach Zoar, bis
Eglat-Schelischija. Denn sie gehen die
Steige von Luhit hinauf und weinen,
und auf dem Wege nach Horonajim er-
6 hebt sich ein Jammergeschrei. Denn
die Wasser von Nimrim versiegen, daß
das Gras verdorrt und das Kraut ver-
7 welkt und kein Grünes wächst. Darum
führen sie das Gut, das sie gesammelt,
und alles, was sie verwahrt haben, über
8 den Weidenbach. Geschrei geht um in
den Grenzen Moabs, Geheul bis Egla-
9 jim und Geheul bis Beer-Elim! Denn
die Wasser von Dimon sind voll Blut.
Dazu will ich über Dimon noch mehr
Unheil kommen lassen, Löwen über
die Entronnenen Moabs und über die
Übriggebliebenen im Lande.

a (4-9) Kap 16,9-11

Moab sucht Hilfe bei Juda

»Schickt dem Landesherrn die Läm- 16
mer von [a]Sela aus der Wüste zum Berge der Tochter Zion!« Wie ein Vogel 2
dahinfliegt, der aus dem Nest vertrieben wird, so werden die Bewohner
Moabs an den Furten des Arnon sein.
»Gib Rat, schaffe Recht, mache deinen 3
Schatten des Mittags wie die Nacht;
verbirg die Verjagten und verrate die
Flüchtigen nicht! Laß Moabs Verjagte 4
bei dir herbergen, sei du für Moab eine
Zuflucht vor dem Verwüster!«
Der Dränger wird ein Ende haben,
der Verwüster aufhören und der Bedrücker aus dem Lande müssen. Dann 5
wird ein Thron bereitet werden aus
Gnaden, daß einer in Treue darauf sitze in der Hütte Davids und richte und
trachte nach Recht und fördere Gerechtigkeit.
»Wir haben gehört von dem Hoch- 6
mut Moabs, der so groß ist, von seinem
Hochmut, seinem Stolz und Mutwillen
und seinem eitlen Geschwätz.« Darum 7
wird ein Moabiter über den andern
heulen, allesamt werden sie heulen.
Über die Traubenkuchen von Kir-Hareset werden sie seufzen, ganz zerschla-
gen. Denn die Fluren von Hesbon sind 8
wüst geworden, der Weinstock von
Sibma ist verderbt. Die Herren unter
den Völkern haben seine edlen Reben
zerschlagen, die bis nach Jaser reichten
und sich zogen bis in die Wüste; ihre
Ranken breiteten sich aus und gingen
über das Meer.
[b]Darum weine ich mit Jaser um den 9
Weinstock von Sibma und vergieße viel
Tränen über dich, Hesbon und Elale.
Denn es ist Kriegsgeschrei in deinen
Herbst und deine Ernte gefallen, daß 10
Freude und Wonne in den Gärten aufhören, und in den Weinbergen jauchzt
und ruft man nicht mehr. Man keltert
keinen Wein in den Keltern, dem Gesang ist ein Ende gemacht.[c] Darum 11
klagt mein Herz über Moab wie eine
Harfe und meine Seele über Kir-Heres.
Alsdann, wenn Moab hingeht und sich 12
abmüht bei den Altären und kommt zu
seinem Heiligtum, um zu beten, so
wird's doch nichts ausrichten.

a 2.Kön 14,7 *b (9-11)* Kap 15,4-9 *c* Jer 48,33

Ein Nachwort

13 Das ist's, was der HERR damals gegen
14 Moab geredet hat. Nun aber redet der
HERR und spricht: In drei Jahren, [a]wie
eines Tagelöhners Jahre sind, wird die
Herrlichkeit Moabs gering werden mit
all dem großen Gepränge, daß wenig
übrigbleibt, gar nicht viel.

a Kap 21,16

Gegen Damaskus und das Nordreich Israel

(vgl. Jer 49,23-27; Am 1,3-5)

17 Dies ist die Last für Damaskus: Siehe,
Damaskus wird keine Stadt mehr sein,
sondern ein zerfallener Steinhaufen;
2 seine Städte werden verlassen sein für
immer, daß Herden dort weiden, die
3 niemand verscheucht. Und es wird aus
sein mit dem Bollwerk Efraims und mit
dem Königtum von [a]Damaskus; und
dem Rest von Aram wird es gehen wie
der Herrlichkeit Israels, spricht der
4 HERR Zebaot. Zu der Zeit wird die
Herrlichkeit Jakobs gering sein, und
5 sein fetter Leib wird mager sein. Es
wird sein, wie wenn der Schnitter die
Halme faßt und mit seinem Arm die
Ähren schneidet, wie wenn einer Ähren
6 liest im Tal Refaim; wie wenn man Oli-
ven herunterschlägt in der Ernte und
eine Nachernte bleibt, zwei oder drei
oben in dem Wipfel, vier oder fünf
Früchte an den Zweigen, spricht der
HERR, der Gott Israels.

7 Zu der Zeit wird der Mensch blicken
auf den, der ihn gemacht hat, und seine
Augen werden auf den Heiligen Israels
8 schauen; und er wird nicht mehr blik-
ken auf die Altäre, die seine Hände ge-
macht haben, und nicht schauen auf
das, was seine Finger gemacht haben,
auf die Bilder der Aschera und auf die
Rauchopfersäulen.

9 Zu der Zeit werden ihre festen Städte
verlassen sein wie die Städte der Hewi-
ter und Amoriter, die sie verließen vor
10 Israel, und zur Wüste werden. Denn
[b]du hast vergessen den Gott deines
Heils und nicht gedacht an den Felsen
deiner Stärke.

Darum setze nur Pflanzen zu deiner
Lust und lege Reben aus der Fremde!*
11 Auch wenn du sie hochbringst am Tag,
da du sie pflanzest, und sie zum Sprie-
ßen bringst an dem Morgen, da du sie
säest, – hin ist die Ernte, wenn du die
Garben einbringen willst, und du wirst
Schmerzen haben, die niemand heilt.

a 2.Kön 16,9 *b* Kap 65,2.3; 5.Mose 32,15
*Vers 10: Wahrscheinlich Gärten zur Verehrung des heidnischen Gottes Adonis.

Das brausende Völkermeer

Ha, ein Brausen vieler Völker, wie das 12
Meer brausen sie, und ein Getümmel
mächtiger Nationen, wie große Wasser
tosen sie! Ja, wie große Wasser werden 13
die Nationen tosen. Aber er wird sie
schelten, da werden sie in die Ferne
fliehen und werden gejagt wie Spreu
auf den Bergen vom Winde und wie
wirbelnde Blätter vom Ungewitter.
Um den Abend, siehe, da ist Schrek- 14
ken, und [a]ehe es Morgen wird, sind sie
nicht mehr da. Das ist der Lohn unsrer
Räuber und das Los derer, die uns das
Unsre nehmen.

a Kap 37,36

Gottes Botschaft an das Land Kusch

Weh dem Lande voll schwirrender 18
Flügel, [a]jenseits der Ströme von
Kusch, das Boten über das Meer sendet 2
und in leichten Schiffen auf den Was-
sern fährt! Geht hin, ihr schnellen Bo-
ten, zum Volk, das hochgewachsen und
glatt ist, zum Volk, das schrecklicher ist
als sonst irgendeins, zum Volk, das be-
fiehlt und zertritt, dessen Land Was-
serströme durchschneiden. Alle, die ihr 3
auf Erden wohnt und in den Ländern
lebt, – wenn man das Banner auf den
Bergen aufrichtet, so sehet! Wenn man
die Posaune bläst, so höret! Denn so 4
spricht der HERR zu mir: Ich will
schauen von meiner Stätte und will still
warten wie drückende Hitze am hohen
Mittag und wie Taugewölk in der Hitze
der Ernte. Denn vor der Ernte, wenn 5
die Blüte vorüber ist und die Traube
noch reift, wird er die Ranken mit Win-
zermessern abschneiden und die Reben
wegnehmen und abhauen, daß man's 6
miteinander liegen läßt für die Geier
auf den Bergen und die Tiere im
Lande, daß im Sommer die Geier dar-
auf sitzen und im Winter allerlei Tiere
im Lande darauf liegen.

Zu der Zeit wird das hochgewachse- 7
ne und glatte Volk, das schrecklicher ist
als sonst irgendeins, das befiehlt und
zertritt, dessen Land Wasserströme
durchschneiden, [b]Geschenke bringen
dem HERRN Zebaot an den Ort, da der
Name des HERRN Zebaot wohnt, zum
Berge Zion.

a Zef 3,10 *b* Ps 68,30.32; Apg 8,27

Gegen Ägypten

(vgl. Jer 46; Hes 29-32)

19 Dies ist die Last für Ägypten: Siehe,
der HERR wird auf einer schnellen Wol-
ke fahren und über Ägypten kommen.
Da werden die Götzen Ägyptens vor
ihm beben, und den Ägyptern wird das
2 Herz feige werden in ihrem Leibe. Und
ich will die Ägypter gegeneinander het-
zen, daß ein Bruder wider den andern,
ein Freund wider den andern, eine
Stadt wider die andre, ein Reich wider
3 das andre kämpfen wird. Und der Mut
soll den Ägyptern in ihrem Herzen ver-
gehen, und ich will ihre Anschläge zu-
nichte machen. Da werden sie dann fra-
gen ihre Götzen und Beschwörer, ihre
4 Geister und Zeichendeuter. Aber ich
will die Ägypter übergeben in die Hand
eines grausamen Herrn, und ein harter
König soll über sie herrschen, spricht
5 der Herrscher, der HERR Zebaot. Und
das Wasser im Nil wird vertrocknen,
und der Strom wird versiegen und ver-
6 schwinden. Und die Wasser werden
stinkend werden, und die Flüsse Ägyp-
tens werden seicht und trocken werden,
7 daß Rohr und Schilf verwelken. Und
das Gras an den Wassern wird verge-
hen, und alle Saat am Wasser wird ver-
8 dorren und zunichte werden. Und die
Fischer werden trauern, und alle, die
Angeln ins Wasser werfen, werden
klagen; und alle, die Netze auswer-
fen in den Strom, werden betrübt
9 sein. Es werden zuschanden, die da
Flachs kämmen und verarbeiten, und
10 die da weben, werden erbleichen. Die
Weber werden geschlagen sein, und al-
le, die um Lohn arbeiten, sind beküm-
mert.

11 Die Fürsten von Zoan sind Toren,
die weisen Räte des Pharao sind mit ih-
rem Rat zu Narren geworden. Wie
könnt ihr zum Pharao sagen: »Ich bin
ein Sohn von Weisen und komme von
12 Königen der Vorzeit her«? Wo sind
denn nun deine Weisen, daß sie dir's
verkündigen und anzeigen, was der
HERR Zebaot über Ägypten beschlos-
13 sen hat? Die Fürsten von Zoan sind zu
Toren geworden, die Fürsten von Nof
sind betrogen; die Häupter seiner Ge-
14 schlechter verführen Ägypten. Denn
der HERR hat einen Taumelgeist über
sie ausgegossen, daß sie Ägypten tau-
meln machen in all seinem Tun, wie ein
Trunkenbold taumelt, wenn er speit.
15 Und Ägypten wird nichts gelingen, was
Kopf oder Schwanz, Ast oder Stumpf
ausrichten wollen.

Gottes Plan über Ägypten

Zu der Zeit werden die Ägypter sein 16
wie Weiber und sich fürchten und er-
schrecken, wenn der HERR Zebaot die
Hand über sie schwingen wird. Und die 17
Ägypter werden sich fürchten vor dem
Lande Juda; wenn sie daran denken,
werden sie erschrecken wegen des Ra-
tes des HERRN Zebaot, den er über sie
beschlossen hat.

Zu der Zeit werden fünf Städte in 18
Ägyptenland die Sprache Kanaans
sprechen und [a] bei dem HERRN Zebaot
schwören. Eine wird heißen Ir-Heres.

Zu der Zeit wird für den HERRN ein 19
Altar mitten in Ägyptenland sein und
ein [b] Steinmal für den HERRN an seiner
Grenze; das wird ein Zeichen und 20
Zeugnis sein für den HERRN Zebaot in
Ägyptenland. Wenn sie zum HERRN
schreien vor den Bedrängern, so wird er
ihnen einen Retter senden; der wird
ihre Sache führen und sie erretten.
Denn [c] der HERR wird den Ägyptern 21
bekannt werden, und die Ägypter wer-
den den HERRN erkennen zu der Zeit
und werden ihm dienen mit
Schlachtopfern und Speisopfern und
werden dem HERRN Gelübde tun und
sie halten. Und der HERR wird die 22
Ägypter schlagen und heilen; und sie
werden sich bekehren zum HERRN, und
er wird sich erbitten lassen und sie hei-
len.

Zu der Zeit wird eine Straße sein von 23
Ägypten nach Assyrien, daß die Assy-
rer nach Ägypten und die Ägypter nach
Assyrien kommen und die Ägypter
samt den Assyrern Gott dienen.

[d] Zu der Zeit wird Israel der dritte 24
sein mit den Ägyptern und Assyrern,
ein Segen mitten auf Erden; denn der 25
HERR Zebaot wird sie segnen und spre-
chen: Gesegnet bist du, Ägypten, mein
Volk, und du, Assur, meiner Hände
Werk, und du, Israel, mein Erbe!

a Kap 65,16; Jer 12,16 *b* 3.Mose 26,1
c Kap 66,19 *d (24 und 25)* 5.Mose 4,20;
Röm 15,10

Weissagung des Sieges der Assyrer über Ägypten und Kusch

Im Jahr, da [a] der Tartan nach Asdod 20
kam, als ihn gesandt hatte Sargon, der
König von Assyrien, und er gegen As-
dod kämpfte und es eroberte, – zu der 2
Zeit redete der HERR durch Jesaja, den

Sohn des Amoz, und sprach: Geh hin
und tu den härenen Schurz von deinen
Lenden und zieh die Schuhe von dei-
nen Füßen. Und er tat so und ging
3 nackt und barfuß. Da sprach der HERR:
Gleichwie mein Knecht Jesaja nackt
und barfuß geht drei Jahre lang als Zei-
chen und Weissagung über Ägypten
4 und Kusch, so wird der König von As-
syrien wegtreiben die Gefangenen
Ägyptens und die Verbannten von
Kusch, jung und alt, nackt und barfuß,
in schmählicher Blöße, zur Schande
5 Ägyptens. Und sie werden erschrecken
in Juda und zuschanden werden wegen
der Kuschiter, auf die sie sich verlie-
ßen, und wegen der Ägypter, deren sie
6 sich rühmten. Und die Bewohner
dieser Küste werden sagen zu der Zeit:
Ist das unsere Zuversicht, zu der wir
um Hilfe geflohen sind, daß wir errettet
würden vor dem König von Assyrien?
Wie könnten wir selber entrinnen?

a 2.Kön 18,17

Die Schau von Babels Fall

(vgl. Kap 13; 14)

21 Dies ist die Last für die Wüste: Wie ein
Wetter vom Süden herfährt, so
kommt's aus der Wüste, aus einem
2 schrecklichen Lande. Mir ist eine harte
Offenbarung angezeigt: »Der Räuber
raubt, und der Verwüster verwüstet.
Elam, zieh herauf! Medien, belagere!
Ich will allem Seufzen ein Ende ma-
3 chen.« Darum sind meine Lenden voll
Schmerzen, und Angst hat mich ergrif-
fen wie eine Gebärende. Ich krümme
mich, wenn ich's höre, und erschrecke,
4 wenn ich's sehe. Mein Herz zittert,
Grauen hat mich erschreckt; auch am
Abend, der mir so lieb ist, habe ich kei-
ne Ruhe.

5 Deckt den Tisch, breitet den Tep-
pich aus, eßt und trinkt! Macht euch
auf, ihr Fürsten, salbt den Schild!
6 Denn so hat der Herr zu mir gesagt:
»Geh hin, stelle den Wächter auf; was
7 er schaut, soll er ansagen! Und sieht er
einen Zug von Wagen mit Rossen,
einen Zug von Eseln und Kamelen, so
soll er darauf achtgeben mit allem Ei-
8 fer.« Da rief der Späher: Herr, ich stehe
auf der Warte bei Tage immerdar und
stelle mich auf meine Wacht jede
9 Nacht. Und siehe, da kommen Män-
ner, ein Zug von Wagen mit Rossen;
die heben an und sprechen: [a]Gefallen
ist Babel, es ist gefallen, und alle Bilder
seiner Götter sind zu Boden geschla-
gen!

Mein zerdroschenes und zertretenes 10
Volk! Was ich gehört habe vom HERRN
Zebaot, dem Gott Israels, das verkün-
dige ich euch.

a Offb 18,2

Sprüche über Edom und Arabien

(vgl. Jer 49,7-22.28-33)

Dies ist die Last für Duma: Man ruft 11
zu mir aus [a]Seïr: Wächter, ist die
Nacht bald hin? Wächter, ist die Nacht
bald hin? Der Wächter aber sprach: 12
Wenn auch der Morgen kommt, so
wird es doch Nacht bleiben. Wenn ihr
fragen wollt, so kommt wieder und
fragt.

Dies ist die Last für Arabien: Ihr 13
müßt im Gestrüpp, in der Steppe über
Nacht bleiben, ihr Karawanen der De-
daniter. Bringet den Durstigen Wasser 14
entgegen, die ihr wohnt im Lande
Tema; bietet Brot den Flüchtigen.
Denn sie fliehen vor dem Schwert, ja, 15
vor dem bloßen Schwert, vor dem ge-
spannten Bogen, vor der Gewalt des
Kampfes.

Denn so hat der Herr zu mir gespro- 16
chen: Noch ein Jahr, [b]wie des Tagelöh-
ners Jahre sind, dann soll alle Herrlich-
keit Kedars untergehen. Und von den 17
Bogenschützen Kedars sollen nur we-
nige übrigbleiben; denn der HERR, der
Gott Israels, hat's gesagt.

a 5.Mose 2,5 *b* Kap 16,14

Gegen den Übermut Jerusalems

Dies ist die Last für das Schautal: Was **22**
habt ihr denn, daß ihr alle auf die Dä-
cher steigt, du Stadt voller Lärmen und 2
Toben, du fröhliche Burg? – Deine Er-
schlagenen sind nicht mit dem Schwert
erschlagen und nicht im Kampf gefal-
len. Alle deine Hauptleute sind gewi- 3
chen, in die Ferne geflohen. Alle, die
man von dir gefunden hat, wurden ge-
fangen, ohne Bogen gefangen. Darum 4
sage ich: Schaut weg von mir, [a]laßt
mich bitterlich weinen! Müht euch
nicht, mich zu trösten über die Zerstö-
rung der Tochter meines Volks!

Denn es kommt ein Tag des Getüm- 5
mels und des Zertretens und der Ver-
wirrung von Gott, dem HERRN Zebaot,
im Schautal; es kracht die Mauer, sie
schreien am Berge. Elam fährt daher 6
mit Köchern, Wagen, Leuten und Ros-
sen, und Kir läßt seine Schilde glänzen.
Und es wird geschehen, daß deine aus- 7

erlesenen Täler werden voll von Wagen
und Rossen sein; die stellen sich auf ge-
8 gen das Tor. Da wird der Schutz Judas
weggenommen werden.
Aber ihr schautet zu der Zeit auf die
9 Rüstungen im Waldhaus. Und ihr saht,
daß viele Risse in der Stadt Davids wa-
ren, und sammeltet das Wasser des
10 [b]unteren Teiches. Ihr zähltet auch die
Häuser Jerusalems und [c]brachet sie ab,
11 um die Mauer zu befestigen, und
machtet ein Becken zwischen beiden
Mauern für das Wasser des alten Tei-
ches. Doch ihr saht nicht auf den, der
solches tut, und schautet nicht auf den,
12 der solches schafft von ferne her. Zu
der Zeit rief Gott, der HERR Zebaot,
daß man [d]weine und klage und sich das
Haar abschere und den Sack anlege.
13 Aber siehe da, lauter Freude und Won-
ne, Rinder töten, Schafe schlachten,
Fleisch essen, Wein trinken: [e]»Lasset
uns essen und trinken; wir sterben
14 doch morgen!« Aber meinen Ohren ist
vom HERRN Zebaot offenbart: »Wahr-
lich, diese Missetat soll euch nicht ver-
geben werden, bis ihr sterbt«, spricht
Gott, der HERR Zebaot.

a Jer 8,23 *b* Kap 7,3 *c* Jer 33,4 *d* Am 8,10
e 1.Kor 15,32

Schebna und Eljakim

15 So spricht Gott, der HERR Zebaot: Geh
hinein zu dem Verwalter da, zu
[a]Schebna, dem Hofmeister, und sprich
16 zu ihm: Was hast du hier? Und wen
hast du hier, daß du dir hier ein Grab
aushauen läßt, daß du dein Grab in der
Höhe aushauen und deine Wohnung in
17 den Felsen machen läßt? Siehe, der
HERR wird dich wegwerfen, wie ein
Starker einen wegwirft, und wird dich
18 packen und dich zum Knäuel machen
und dich wegschleudern wie eine Ku-
gel in ein weites Land. Dort wirst du
sterben, dort werden deine kostbaren
Wagen bleiben, du Schmach für das
19 Haus deines Herrn! Und ich will dich
aus deiner Stellung stürzen und dich
aus deinem Amt stoßen.
20 Und zu der Zeit will ich rufen mei-
nen Knecht Eljakim, den Sohn Hilkias,
21 und will ihm dein Amtskleid anziehen
und ihn mit deinem Gürtel gürten und
deine Herrschaft in seine Hand geben,
daß er [b]Vater sei für die, die in Jerusa-
lem wohnen, und für das Haus Juda.
22 Und ich will die Schlüssel des Hauses
Davids auf seine Schulter legen, daß er
[c]auftue und niemand zuschließe, daß er
zuschließe und niemand auftue. Und 23
ich will ihn als Nagel einschlagen an
einen festen Ort, und er soll werden
zum Thron der Ehre für seines Vaters
Haus.
Aber wenn sich an ihn hängt die gan- 24
ze Schwere seines Vaterhauses, Kind
und Kindeskinder, alle kleinen Geräte,
Trinkgefäße und allerlei Krüge, dann, 25
spricht der HERR Zebaot, soll der Nagel
nachgeben, der am festen Ort steckt, er
soll abbrechen und fallen, so daß alles,
was daran hing, zerbricht; denn der
HERR sagt es.

a Kap 36,3 *b* 1.Mose 45,8 *c* Offb 3,7

Das Gericht über Tyrus und Sidon

(vgl. Hes 26-28)

Dies ist die Last für Tyrus: **23**
Heulet, ihr [a]Tarsisschiffe, denn Ty-
rus ist zerstört, daß kein Haus mehr da
ist! Wenn sie heimkehren aus dem
Lande Kittim, werden sie dessen ge-
wahr werden. Die Bewohner der Küste 2
sind still geworden, die Kaufleute von
Sidon. Ihre Boten zogen übers Meer,
und was von Früchten am Schihor und 3
von Getreide am Nil wuchs, brachte
man nach Sidon hin über große Was-
ser, und du warst der Völker Markt ge-
worden. Erschrick, Sidon, denn das 4
Meer, ja, die Feste am Meer spricht:
Ich werde nicht mehr Mutter, ich gebä-
re nicht mehr; darum ziehe ich keine
Jünglinge auf und erziehe keine Jung-
frauen. Sobald es die Ägypter hören, 5
erschrecken sie über die Kunde von
Tyrus.
Fahret hin nach Tarsis, heulet, ihr 6
Bewohner der Küste! Ist das eure fröh- 7
liche Stadt, die sich ihres Alters rühm-
te? Ihre Füße führten sie weit weg, in
der Ferne zu weilen. Wer hat solches 8
beschlossen, daß es Tyrus, der Krone,
so gehen sollte, wo doch ihre Kaufleute
Fürsten waren und ihre Händler die
Herrlichsten auf Erden? Der HERR Ze- 9
baot hat's so beschlossen, auf daß er er-
niedrigte die Pracht und verächtlich
machte die stolze Stadt, alle Herr-
lichsten auf Erden. Bebaue dein Land, 10
du Tochter [b]Tarsis! Denn es gibt kei-
nen Hafen mehr.
Der HERR hat seine Hand ausgereckt 11
über das Meer und erschreckt die Kö-
nigreiche. Er hat Befehl gegeben über
Phönizien, daß seine Bollwerke zerstört
werden, und er hat gesagt: Du sollst 12
nicht mehr fröhlich sein, du geschände-
te Jungfrau, du Tochter Sidon! Nach

Kittim mach dich auf und zieh fort,
doch wirst du auch da keine Ruhe ha-
13 ben. Siehe, die Chaldäer – dies Volk
hat's getan, nicht Assur – haben die
Stadt zur Wüste gemacht; sie haben
Belagerungstürme aufgerichtet, ihre
Paläste niedergerissen und die Stadt
14 geschleift. Heulet, ihr Tarsisschiffe,
denn euer Bollwerk ist zerstört!
15 Zu der Zeit wird Tyrus vergessen
werden siebzig Jahre, solange etwa ein
König lebt. Aber nach siebzig Jahren
wird es mit Tyrus gehen, wie es im Hu-
16 renlied heißt: Nimm die Harfe, geh in
der Stadt umher, du vergessene Hure!
Mach's gut auf dem Saitenspiel und
singe viel Lieder, auf daß dein wieder
17 gedacht werde! Denn nach siebzig Jah-
ren wird der HERR die Stadt Tyrus
heimsuchen, daß sie wieder zu ihrem
Hurenlohn komme und Hurerei treibe
mit allen Königreichen auf Erden.
18 Aber ihr Gewinn und Hurenlohn wird
dem HERRN geweiht werden. Man wird
ihn nicht wie Schätze sammeln und
aufhäufen, sondern ihr Erwerb wird
denen zufallen, die vor dem HERRN
wohnen, daß sie essen und satt werden
und wohl bekleidet seien.

a Hes 27,12 *b* Hes 27,12

Das zukünftige Gottesgericht über die Erde

24 Siehe, der HERR macht die Erde leer
und wüst und wirft um, was auf ihr ist,
2 und zerstreut ihre Bewohner. Und es
geht dem Priester wie dem Volk, dem
Herrn wie dem Knecht, der Frau wie
der Magd, dem Verkäufer wie dem
Käufer, dem Verleiher wie dem Borger,
dem Gläubiger wie dem Schuldner.
3 Die Erde wird leer und beraubt sein;
4 denn der HERR hat solches geredet. Das
Land verdorrt und verwelkt, der Erd-
kreis verschmachtet und verwelkt, die
Höchsten des Volks auf Erden ver-
5 schmachten. Die Erde ist entweiht von
ihren Bewohnern; denn sie übertreten
das Gesetz und ändern die Gebote und
6 brechen den ewigen Bund. Darum frißt
der Fluch die Erde, und büßen müs-
sen's, die darauf wohnen. Darum neh-
men die Bewohner der Erde ab, so daß
wenig Leute übrigbleiben.
7 Der Wein ist dahin, der Weinstock
verschmachtet, und alle, die von Her-
8 zen fröhlich waren, seufzen. Die Freu-
de der Pauken ist vorüber, das Jauch-
zen der Fröhlichen ist aus, und die
9 Freude der Harfe hat ein Ende. Man
singt nicht beim Weintrinken, und das
Getränk ist bitter denen, die es trinken.
Die Stadt ist zerstört und wüst, alle 10
Häuser sind verschlossen, daß niemand
hineingehen kann. Man klagt um den 11
Wein auf den Gassen, daß alle Freude
weg ist, alle Wonne des Landes dahin
ist. Nur Verwüstung ist in der Stadt ge- 12
blieben, und die Tore sind in Trümmer
geschlagen. Denn so geht es zu auf Er- 13
den und unter den Völkern, wie wenn
ein Ölbaum leergeschlagen wird, wie
bei der Nachlese, wenn die Weinernte
aus ist.
Sie erheben ihre Stimme und rüh- 14
men und jauchzen vom Meer her über
die Herrlichkeit des HERRN: »So preiset 15
nun den HERRN an den Gestaden, auf
den Inseln des Meeres den Namen des
HERRN, des Gottes Israels.« Wir hören 16
Lobgesänge vom Ende der Erde: »Herr-
lichkeit dem Gerechten!«
Aber ich muß sagen: Wie bin ich so
elend! Wie bin ich so elend! Weh mir!
Denn es rauben die Räuber, ja, immer-
fort rauben die Räuber. Über euch, Be- 17
wohner der Erde, kommt Schrecken
und Grube und Netz. Und [a]wer ent- 18
flieht vor dem Geschrei des Schrek-
kens, der fällt in die Grube; und wer
entkommt aus der Grube, der wird im
Netz gefangen. Denn [b]die Fenster in
der Höhe sind aufgetan, und die
Grundfesten der Erde beben. Es wird 19
die Erde mit Krachen zerbrechen, zer-
bersten und zerfallen.[c] Die Erde wird 20
taumeln wie ein Trunkener und wird
hin und her geworfen wie eine schwan-
kende Hütte; denn ihre Missetat
drückt sie, daß sie fallen muß und nicht
wieder aufstehen kann.
Zu der Zeit wird der HERR [d]das Heer 21
der Höhe heimsuchen in der Höhe und
[e]die Könige der Erde auf der Erde, daß 22
sie gesammelt werden als Gefangene im
Gefängnis und verschlossen werden im
Kerker und nach langer Zeit heimge-
sucht werden. Und der Mond wird 23
schamrot werden und die Sonne sich
schämen, wenn der HERR Zebaot König
sein wird auf dem Berg Zion und zu Je-
rusalem und vor seinen Ältesten in
Herrlichkeit.

a Jer 48,43.44; Am 5,19 *b* 1.Mose 7,11
c 2.Petr 3,10 *d* Dan 10,13 *e* Jer 46,25

Das Danklied der Erlösten nach dem Gottesgericht

HERR, du bist mein Gott, dich preise **25**
ich; ich lobe deinen Namen. Denn du

hast Wunder getan; deine Ratschlüsse
von alters her sind treu und wahrhaftig.
2 Denn du hast die Stadt zum Steinhau-
fen gemacht, die feste Stadt, daß sie in
Trümmern liegt, die Paläste der Frem-
den, daß sie nicht mehr eine Stadt seien
3 und nie wieder aufgebaut werden. Dar-
um ehrt dich ein mächtiges Volk, die
Städte gewalttätiger Völker fürchten
4 dich. Denn du bist der Geringen
Schutz gewesen, der Armen Schutz in
der Trübsal, [a]eine Zuflucht vor dem
Ungewitter, ein Schatten vor der Hitze,
wenn die Tyrannen wüten wie ein Un-
5 wetter im Winter, wie die Hitze in der
Zeit der Dürre. Du demütigst der
Fremden Ungestüm, wie du die Hitze
brichst durch den Schatten der Wol-
ken; du dämpfest der Tyrannen Sie-
gesgesang.

a Kap 4,6

Das große Freudenmahl

6 Und der HERR Zebaot wird auf diesem
Berge allen Völkern [a]ein fettes Mahl
machen, ein Mahl von reinem Wein,
von Fett, von Mark, von Wein, darin
7 keine Hefe ist. Und er wird auf diesem
Berge die Hülle wegnehmen, mit der
alle Völker verhüllt sind, und die Dek-
ke, mit der alle Heiden zugedeckt sind.
8 Er wird [b]den Tod verschlingen auf
ewig. Und Gott der HERR [c]wird die
Tränen von allen Angesichtern abwi-
schen und wird aufheben die Schmach
seines Volks in allen Landen; denn der
HERR hat's gesagt.
9 Zu der Zeit wird man sagen: »Siehe,
[d]das ist unser Gott, auf den wir hofften,
daß er uns helfe. Das ist der HERR, auf
den wir hofften; laßt uns jubeln und
10 fröhlich sein über sein Heil.« Denn die
Hand des HERRN ruht auf diesem Ber-
ge. Moab aber wird zertreten werden,
wie Stroh in die Mistlache getreten
11 wird. Und wenn es auch seine Hände
darin ausbreitet, wie sie ein Schwim-
mer ausbreitet, um zu schwimmen, so
wird doch der Herr seinen Hochmut
niederdrücken trotz allen Mühens sei-
12 ner Arme. Und deine hohen, steilen
Mauern wird er beugen, erniedrigen
und in den Staub zu Boden werfen.

a Mt 22,2-4 *b* 1.Kor 15,55 *c* Offb 7,17
d Ps 48,15

Jubellied des Volkes Gottes

26 Zu der Zeit wird man dies Lied singen
im Lande Juda: Wir haben eine feste
Stadt, zum Schutze schafft er Mauern
und Wehr. Tut auf die Tore, daß hin- 2
eingehe das gerechte Volk, das den
Glauben bewahrt![a] Wer festen Her- 3
zens ist, dem bewahrst du Frieden;
denn er verläßt sich auf dich. Darum 4
verlaßt euch auf den HERRN immerdar;
denn Gott der HERR ist ein [b]Fels ewig-
lich. Er erniedrigt, die in der Höhe 5
wohnen; die hohe Stadt wirft er nieder,
ja, er stößt sie zur Erde, daß sie im
Staube liegt. Mit Füßen wird sie zertre- 6
ten, ja, mit den Füßen der Armen, mit
den Tritten der Geringen.

a Ps 118,20 *b* 5.Mose 32,4

Gottes Gericht über die Welt und Israels Auferweckung

Des Gerechten Weg ist eben, den Steig 7
des Gerechten machst du gerade. Wir 8
warten auf dich, HERR, auch auf dem
Wege deiner Gerichte; des Herzens
Begehren steht nach deinem Namen
und deinem Lobpreis. [a]Von Herzen 9
verlangt mich nach dir des Nachts, ja,
mit meinem Geist suche ich dich am
Morgen. Denn wenn deine Gerichte
über die Erde gehen, so lernen die Be-
wohner des Erdkreises Gerechtigkeit.
Aber wenn dem Gottlosen Gnade wi- 10
derfährt, so lernt er doch nicht Gerech-
tigkeit, sondern tut nur übel im Lande,
wo das Recht gilt, und sieht des HERRN
Herrlichkeit nicht. HERR, deine Hand 11
ist erhoben, doch sie sehen es nicht.
Aber sie sollen sehen [b]den Eifer um
dein Volk und zuschanden werden. Mit
dem Feuer, mit dem du deine Feinde
verzehrst, wirst du sie verzehren. Aber 12
uns, HERR, wirst du [c]Frieden schaffen;
denn auch alles, was wir ausrichten, das
hast du für uns getan.
HERR, unser Gott, es herrschen wohl 13
andere Herren über uns als du, aber wir
gedenken doch allein deiner und deines
Namens. Tote werden nicht lebendig, 14
Schatten stehen nicht auf; darum hast
du sie heimgesucht und vertilgt und je-
des Gedenken an sie zunichte gemacht.
Du, HERR, mehrest das Volk, du meh- 15
rest das Volk, beweisest deine Herrlich-
keit und machst weit alle Grenzen des
Landes.
HERR, [d]wenn Trübsal da ist, so su- 16
chen wir dich; wenn du uns züchtigst,
sind wir in Angst und Bedrängnis.
Gleich [e]wie eine Schwangere, wenn sie 17
bald gebären soll, sich ängstigt und
schreit in ihren Schmerzen, so geht's
uns auch, HERR, vor deinem Angesicht.
Wir sind auch schwanger, und uns ist 18

bange, und wenn wir gebären, so ist's
Wind. Wir können dem Lande nicht
helfen, und Bewohner des Erdkreises
19 können nicht geboren werden. *Aber
deine Toten werden leben,* [f] *deine Leich-
name werden auferstehen.* Wachet auf
und rühmet, die ihr liegt unter der
Erde! Denn ein Tau der Lichter ist
dein Tau, und die Erde wird die Toten
herausgeben.
20 Geh hin, mein Volk, [g] in deine Kam-
mer, und schließ die Tür hinter dir zu!
Verbirg dich einen kleinen Augenblick,
21 bis der Zorn vorübergehe. Denn siehe,
der HERR wird ausgehen von seinem
Ort, heimzusuchen die Bosheit der Be-
wohner der Erde. Dann [h] wird die Erde
offenbar machen das Blut, das auf ihr
vergossen ist, und nicht weiter verber-
gen, die auf ihr getötet sind.

a Ps 63,7 *b* Kap 37,32 *c* Kap 9,6 *d* Hos 5,15
e Joh 16,21; Offb 12,2 *f* Hes 37,1-14;
Mt 27,52.53 *g* Mt 6,6 *h* 1.Mose 4,10.11;
Offb 18,24

Israels Erlösung

27 Zu der Zeit wird der HERR heimsuchen
mit seinem harten, großen und starken
Schwert den [a] Leviatan, die flüchtige
Schlange, und den Leviatan, die ge-
wundene Schlange, und wird den Dra-
2 chen im Meer töten. Zu der Zeit wird
es heißen: Lieblicher [b] Weinberg, sin-
3 get ihm zu! Ich, der HERR, behüte ihn
und begieße ihn immer wieder. Damit
man ihn nicht verderbe, will ich ihn
4 Tag und Nacht behüten. Ich zürne
nicht. Sollten aber Disteln und Dornen
aufschießen, so wollte ich über sie her-
fallen und sie alle miteinander anstek-
5 ken, es sei denn, sie suchen Zuflucht bei
mir und machen Frieden mit mir, ja,
Frieden mit mir.
6 Es wird einst dazu kommen, daß Ja-
kob wurzeln und Israel blühen und
grünen wird, daß sie den Erdkreis mit
7 Früchten erfüllen. [c] Wird doch Israel
nicht geschlagen, wie seine Feinde ge-
schlagen werden, und nicht getötet, wie
8 seine Feinde getötet werden! Sondern,
indem du es wegschicktest und weg-
führtest, hast du es gerichtet, es ver-
scheucht mit rauhem Sturm am Tage
9 des Ostwinds. Darum wird die Sünde
Jakobs dadurch gesühnt werden, und
das wird die Frucht davon sein, daß sei-
ne Sünden weggenommen werden: er
wird alle Altarsteine zerstoßenen Kalk-
steinen gleichmachen; und keine Bilder
der Aschera noch [d] Rauchopfersäulen
werden mehr bleiben.
Denn die feste Stadt ist einsam ge- 10
worden, die schönen Häuser verödet
und verlassen wie die Steppe, daß Käl-
ber dort weiden und ruhen und Zweige
abfressen. Ihre Zweige werden vor 11
Dürre brechen, daß die Frauen kom-
men und Feuer damit machen werden;
denn [e] es ist ein unverständiges Volk.
Darum erbarmt sich ihrer auch nicht,
[f] der sie gemacht hat; und der sie ge-
schaffen hat, ist ihnen nicht gnädig.
Zu der Zeit wird der HERR Ähren 12
ausklopfen vom Ufer des Stromes bis
an den Bach Ägyptens, und ihr Israeli-
ten werdet aufgesammelt werden, einer
nach dem andern. Zu der Zeit wird man 13
mit einer großen Posaune blasen, und
[g] es werden kommen die Verlorenen im
Lande Assur und die Verstoßenen im
Lande Ägypten und werden den
HERRN anbeten auf dem heiligen Berg
zu Jerusalem.

a Ps 74,14 *b* Kap 5,1-7 *c* (*7 und 8*) Jer 30,11
d 3.Mose 26,30 *e* Jer 4,22 *f* 5.Mose 32,18
g Kap 11,11.12; Joel 3,5

Gericht über Samaria, die Hauptstadt des Nordreichs

Weh der prächtigen Krone der Trun- 28
kenen von Efraim, der welken Blume
ihrer lieblichen Herrlichkeit, die da
prangt hoch über dem fetten Tal derer,
die vom Wein taumeln! Siehe, einen 2
Starken und Mächtigen hält der Herr
bereit; wie Hagelsturm, wie verderb-
liches Wetter, wie Wasserflut, die
mächtig einreißt, wirft er zu Boden mit
Gewalt.[a] Mit Füßen wird zertreten die 3
prächtige Krone der Trunkenen von
Efraim. Und die welke Blume ihrer 4
lieblichen Herrlichkeit, die da prangt
hoch über dem fetten Tal, wird sein wie
eine Frühfeige vor dem Sommer, die
einer erspäht und flugs aus der Hand
verschlingt.
Zu der Zeit wird der HERR Zebaot 5
eine liebliche Krone sein und ein herr-
licher Kranz für die Übriggebliebenen
seines Volks und ein Geist des Rechts 6
für den, der zu Gericht sitzt, und eine
Kraft denen, die den Kampf zurück-
treiben zum Tor.

a 2.Kön 17,5.6

Gericht über die Priester und Propheten in Jerusalem

Aber auch diese sind vom Wein toll ge- 7
worden und taumeln von starkem Ge-
tränk. Priester und Propheten sind toll
von starkem Getränk, sind vom Wein

verwirrt. Sie taumeln von starkem Ge-
tränk, sie sind toll beim Weissagen und
8 wanken beim Rechtsprechen. Denn
alle Tische sind voll Gespei und Unflat
9 an allen Orten! »Wen«, sagen sie, »will
der denn Erkenntnis lehren? Wem will
er Offenbarung zu verstehen geben?
Denen, die entwöhnt sind von der
Milch, denen, die von der Brust abge-
10 setzt sind? Zawlazaw zawlazaw, kawla-
kaw kawlakaw,* hier ein wenig, da ein
11 wenig!« Jawohl, Gott wird einmal [a] mit
unverständlicher Sprache und mit
einer fremden Zunge reden zu diesem
12 Volk, er, der zu ihnen gesagt hat: [b] »Das
ist die Ruhe; schaffet Ruhe den Mü-
den, und das ist die Erquickung!« Aber
13 sie wollten nicht hören. Darum soll so
auch des HERRN Wort an sie ergehen:
»Zawlazaw zawlazaw, kawlakaw kawla-
kaw,* hier ein wenig, da ein wenig«, daß
sie hingehen und rücklings fallen, zer-
brochen, verstrickt und gefangen wer-
den.
14 So höret nun des HERRN Wort, ihr
Spötter, die ihr herrschet über dies
15 Volk, das in Jerusalem ist. Ihr sprecht:
Wir haben mit dem Tod einen Bund
geschlossen und mit dem Totenreich
einen Vertrag gemacht. Wenn die brau-
sende Flut daherfährt, wird sie uns
nicht treffen; denn wir haben Lüge zu
unsrer Zuflucht und Trug zu unserm
16 Schutz gemacht. Darum spricht Gott
der HERR: *Siehe, ich lege in Zion einen
Grundstein, einen bewährten Stein, einen
kostbaren* [c] *Eckstein, der fest gegründet
17 ist.* [d] *Wer glaubt, der flieht nicht.** Und
ich will das Recht zur Richtschnur und
die Gerechtigkeit zur Waage machen.
So wird [e] Hagel die falsche Zuflucht
zerschlagen, und Wasser sollen den
18 Schutz wegschwemmen, daß hinfalle
euer Bund mit dem Tode und euer Ver-
trag mit dem Totenreich nicht beste-
hen bleibe. Wenn die Flut daherfährt,
19 wird sie euch zermalmen; sooft sie da-
herfährt, wird sie euch erfassen. Denn
Morgen für Morgen wird sie kommen,
des Tags und des Nachts. Da wird man
nur mit Entsetzen Offenbarung deu-
20 ten.* Denn das Bett ist zu kurz, um sich
auszustrecken, und die Decke zu
schmal, um sich drein zu schmiegen.
21 Denn der HERR wird sich aufmachen
wie am Berge [f] Perazim und toben wie
im Tal [g] Gibeon, daß er sein Werk voll-
bringe, aber fremd ist sein Werk, und
daß er seine Tat tue, aber seltsam ist
22 seine Tat! So laßt nun euer Spotten,
auf daß eure Bande nicht fester wer-
den; denn [h] ich habe von einem Verder-
ben gehört, das von Gott, dem HERRN
Zebaot, beschlossen ist über alle Welt.

a 5.Mose 28,49; Jer 5,15; 1.Kor 14,21
b Kap 30,15; Mt 11,28.29 *c* Ps 118,22; Eph 2,20
d Kap 7,9 *e* Hiob 38,22.23 *f* 2.Sam 5,20;
1.Chr 14,11 *g* 1.Chr 14,16 *h* Kap 10,22.23
*Verse 10 und 13: Die Worte, die das Lallen der Trunkenen nachahmen und nicht übersetzt werden können, sollen die Redeweise des Propheten verspotten.
*Vers 16: In der griechischen Übersetzung heißt es: »Wer glaubt, der wird nicht zuschanden« (vgl. Röm 9,33; 10,11; 1.Petr 2,6).
*Vers 19: Luther übersetzte: »Denn allein die Anfechtung lehrt aufs Wort merken.«

Ein Gleichnis für Gottes weisen Rat

Nehmet zu Ohren und höret meine 23
Stimme, merket auf und höret meine
Rede: Pflügt oder gräbt oder bricht 24
denn ein Ackermann seinen Acker zur
Saat immerfort um? Ist's nicht so: 25
Wenn er ihn geebnet hat, dann streut er
Dill und wirft Kümmel und sät Weizen
und Gerste, ein jedes, wohin er's haben
will, und Spelt an den Rand? So unter- 26
wies ihn sein Gott und lehrte ihn, wie
es recht sei. Auch drischt man den Dill 27
nicht mit Dreschschlitten und läßt
auch nicht die Walze über den Kümmel
gehen, sondern den Dill schlägt man
aus mit einem Stabe und den Kümmel
mit einem Stecken. Zermalmt man 28
etwa das Getreide? Nein, man drischt
es nicht ganz und gar, wenn man's mit
Dreschwalzen und ihrem Gespann aus-
drischt. Auch das kommt her vom 29
HERRN Zebaot; sein Rat ist wunderbar,
und er führt es herrlich hinaus.

Jerusalems Belagerung und Errettung

Weh Ariel, Ariel, du Stadt, wo David **29**
lagerte! Füget Jahr zu Jahr und feiert
die Feste! Ich will den Ariel ängstigen, 2
daß er traurig und voll Jammer sei, und
er soll mir ein rechter Ariel sein. Denn 3
[a] ich will dich belagern ringsumher und
will dich ängstigen mit Bollwerk und
will Wälle um dich aufführen lassen.
Dann sollst du erniedrigt werden und 4
von der Erde her reden und aus dem
Staube mit deiner Rede murmeln, daß
deine Stimme sei wie die eines Toten-
geistes aus der Erde, und deine Rede
wispert aus dem Staube. Aber die Men- 5
ge deiner Feinde soll werden wie Staub
und die Menge der Tyrannen wie we-
hende Spreu. Und plötzlich wird's ge-
schehen, daß Heimsuchung kommt 6

vom HERRN Zebaot mit Wetter und
Erdbeben und großem Donner, mit
Wirbelsturm und Ungewitter und mit
Flammen eines verzehrenden Feuers.
7 Und wie ein Traum, wie ein Nachtge-
sicht, so soll die Menge aller Völker
sein, die gegen Ariel kämpfen, mit ih-
rem ganzen Heer und Bollwerk, und
8 die ihn ängstigen. Denn wie ein Hung-
riger träumt, daß er esse, – wenn er aber
aufwacht, so ist sein Verlangen nicht
gestillt; und wie ein Durstiger träumt,
daß er trinke, – wenn er aber aufwacht,
ist er matt und durstig: so soll es der
Menge aller Völker ergehen, die gegen
den Berg Zion kämpfen.

a Lk 19,43

Die Verblendung des Volkes

9 Starret hin und werdet bestürzt, seid
verblendet und werdet blind! Seid
trunken, doch nicht vom Wein, tau-
melt, doch nicht von starkem Getränk!
10 Denn der HERR hat über euch einen
Geist des tiefen Schlafs ausgegossen
und eure Augen – die Propheten – zu-
getan, und eure Häupter – die Seher –
11 hat er verhüllt. Darum sind euch alle
Offenbarungen wie die Worte eines
versiegelten Buches, das man einem
gibt, der lesen kann, und spricht: Lies
doch das!, und er spricht: »Ich kann
12 nicht, denn es ist versiegelt«; oder das
man einem gibt, der nicht lesen kann,
und spricht: Lies doch das!, und er
spricht: »Ich kann nicht lesen.«
13 Und der Herr sprach: Weil dies Volk
mir naht mit seinem Munde und mit
seinen Lippen mich ehrt, aber ihr Herz
fern von mir ist und sie mich fürchten
nur nach Menschengeboten, die man
14 sie lehrt,[a] darum will ich auch hinfort
mit diesem Volk wunderlich umgehen,
aufs wunderlichste und seltsamste, daß
[b] die Weisheit seiner Weisen vergehe
und [c] der Verstand seiner Klugen sich
verbergen müsse.
15 Weh denen, die mit ihrem Plan ver-
borgen sein wollen vor dem HERRN und
mit ihrem Tun im Finstern bleiben und
sprechen: [d] »Wer sieht uns, und wer
16 kennt uns?« Wie kehrt ihr alles um! Als
ob der [e] Ton dem Töpfer gleich wäre,
daß das Werk spräche von seinem Mei-
ster: Er hat mich nicht gemacht! und
ein Bildwerk spräche von seinem Bild-
ner: Er versteht nichts!

a Kap 1,15; 58,2.3; Mt 15,8.9 *b* 1.Kor 1,19
c Mt 11,25 *d* Ps 10,11 *e* Kap 45,9

Die große Wandlung

Wohlan, es ist noch eine kleine Weile, 17
so soll der Libanon fruchtbares Land
werden, und was jetzt fruchtbares
Land ist, soll wie ein Wald werden. [a] Zu 18
der Zeit werden die Tauben hören die
Worte des Buches, und die Augen der
Blinden werden aus Dunkel und Fin-
sternis sehen; und die Elenden werden 19
wieder Freude haben am HERRN, und
die Ärmsten unter den Menschen wer-
den fröhlich sein in dem Heiligen Is-
raels. Denn es wird ein Ende haben mit 20
den Tyrannen und mit den Spöttern
aus sein, und es werden vertilgt werden
alle, die darauf aus sind, Unheil anzu-
richten, welche die Leute schuldig 21
sprechen vor Gericht und stellen dem
nach, der sie [b] zurechtweist im Tor, und
beugen durch Lügen das Recht des
Unschuldigen.
Darum spricht der HERR, der Abra- 22
ham erlöst hat, zum Hause Jakob: Ja-
kob soll nicht mehr beschämt dastehen,
und sein Antlitz soll nicht mehr erblas-
sen. Denn wenn sie sehen werden die 23
Werke meiner Hände – seine Kinder –
in ihrer Mitte, werden sie meinen Na-
men heiligen; sie werden den Heiligen
Jakobs heiligen und den Gott Israels
fürchten. Und die, welche irren in ih- 24
rem Geist, werden Verstand anneh-
men, und die, welche murren, werden
sich belehren lassen.

a (18 und 19) Kap 35,5; Mt 11,5 *b* Am 5,10

Gegen das leichtfertige Vertrauen auf die Hilfe Ägyptens

Weh den [a] abtrünnigen Söhnen, spricht **30**
der HERR, die ohne mich Pläne fassen
und ohne meinen Geist Bündnisse ein-
gehen, um eine Sünde auf die andere zu
häufen, die hinabziehen nach Ägypten 2
und befragen meinen Mund nicht, [b] um
sich zu stärken mit der Macht des Pha-
rao und sich zu bergen im Schatten
Ägyptens! Aber es soll euch die Stärke 3
des Pharao zur Schande geraten und
der Schutz im Schatten Ägyptens zum
Hohn. Denn ihre Fürsten sind zwar in 4
Zoan, und ihre Boten sind nach Hanes
gekommen, aber sie müssen doch alle 5
zuschanden werden an dem Volk, das
ihnen nichts nützen kann, weder zur
Hilfe noch sonst zu Nutz, sondern nur
zu Schande und Spott.
Dies ist die Last für die Tiere des 6
Südlandes: Im Lande der Trübsal und
Angst, wo Löwe und Löwin, wo Ottern

und [c]feurige fliegende Drachen sind,
da führen sie ihre Habe auf dem Rük-
ken von Eseln und ihre Schätze auf dem
Höcker von Kamelen zu dem Volk, das
7 ihnen nichts nützen kann. Denn Ägyp-
ten ist nichts, und sein Helfen ist ver-
geblich. Darum nenne ich Ägypten
[d]»Rahab, die zum Schweigen gebracht
ist«.

a Kap 1,2 *b* 2.Kön 18,21 *c* 5.Mose 8,15
d Ps 89,11

Gegen die Verächter des göttlichen Wortes

8 So geh nun hin und schreib es vor ihnen
nieder auf eine Tafel und zeichne es in
ein Buch, daß es bleibe für immer und
9 ewig. Denn sie sind ein ungehorsames
Volk und verlogene Söhne, die nicht
hören wollen die Weisung des HERRN,
10 sondern sagen zu den [a]Sehern: »Ihr
sollt nicht sehen!« und zu den
Schauern: »Was wahr ist, sollt ihr uns
nicht schauen! Redet zu uns, was ange-
nehm ist; schauet, was das Herz be-
11 gehrt! Weicht ab vom Wege, geht aus
der rechten Bahn! Laßt uns doch in
Ruhe mit dem Heiligen Israels!«
12 Darum spricht der Heilige Israels:
Weil ihr dies Wort verwerft und verlaßt
euch auf Frevel und Mutwillen und
13 trotzet darauf, so soll euch diese Sünde
sein wie ein Riß, wenn es beginnt zu
rieseln an einer hohen Mauer, die
14 plötzlich, unversehens einstürzt; wie
wenn ein Topf zerschmettert wird, den
man zerstößt ohne Erbarmen, so daß
man von seinen Stücken nicht eine
Scherbe findet, darin man Feuer hole
vom Herde oder Wasser schöpfe aus
dem Brunnen.
15 Denn so spricht Gott der HERR, der
Heilige Israels: Wenn ihr umkehrtet
und stille bliebet, so würde euch gehol-
fen; [b]*durch Stillesein und Hoffen würdet*
16 *ihr stark sein.* Aber ihr wollt nicht und
sprecht: »Nein, sondern auf Rossen
wollen wir dahinfliegen«, – darum wer-
det ihr dahinfliehen, »und auf Rennern
wollen wir reiten«, – darum werden
17 euch eure Verfolger überrennen. Denn
euer [c]tausend werden fliehen vor eines
einzigen Drohen; ja vor fünfen werdet
ihr alle fliehen, bis ihr übrigbleibt wie
ein Mast oben auf einem Berge und wie
ein Banner auf einem Hügel.

a Am 2,12 *b* Kap 7,4; 2.Mose 14,14
c 5.Mose 32,30

Gottes Erbarmen über sein Volk

Darum harrt der HERR darauf, daß er 18
euch gnädig sei, und er macht sich auf,
daß er sich euer erbarme; denn der
HERR ist ein Gott des Rechts. Wohl al-
len, die auf ihn harren! Du Volk Zions, 19
das in Jerusalem wohnt, du wirst nicht
weinen! [a]Er wird dir gnädig sein, wenn
du rufst. Er wird dir antworten, sobald
er's hört. Und der Herr wird euch in 20
Trübsal Brot und in Ängsten Wasser
geben. Und dein Lehrer wird sich nicht
mehr verbergen müssen, sondern deine
Augen werden deinen Lehrer sehen.
Deine Ohren werden hinter dir das 21
Wort hören: [b]»Dies ist der Weg; den
geht! Sonst weder zur Rechten noch
zur Linken!« Und ihr werdet entwei- 22
hen eure übersilberten Götzen und die
goldenen Hüllen eurer Bilder und wer-
det sie wegwerfen wie Unrat und zu
ihnen sagen: Hinaus![c]
Und er wird deinem Samen, den du 23
auf den Acker gesät hast, Regen geben
und dir Brot geben vom Ertrag des Ak-
kers in voller Genüge. Und dein Vieh
wird zu der Zeit weiden auf weiter Aue.
Die Rinder und Esel, die auf dem Felde 24
ackern, werden gesalzenes gemengtes
Futter fressen, das geworfelt ist mit
Schaufel und Wurfgabel. Und es wer- 25
den auf allen großen Bergen und auf al-
len hohen Hügeln Wasserbäche und
Ströme fließen zur Zeit der großen
Schlacht, wenn die Türme fallen wer-
den. Und des Mondes Schein wird sein 26
wie der Sonne Schein, und der Sonne
Schein wird siebenmal heller sein zu
der Zeit, wenn der HERR den Schaden
seines Volks verbinden und seine Wun-
den heilen wird.

a Kap 65,24 *b* 5.Mose 5,32 *c* Kap 27,9

Das Gericht über Assyrien

Siehe, des HERRN Name kommt von 27
ferne! Sein Zorn brennt, und mächtig
erhebt er sich, seine Lippen sind voll
Grimm und seine Zunge wie ein ver-
zehrendes Feuer und sein Odem wie 28
eine Wasserflut, die bis an den Hals
reicht, zu schwingen die Völker in der
Schwinge des Verderbens. Und er wird
die Völker mit einem Zaum in ihren
Backen hin und her treiben. Da [a]wer- 29
det ihr singen wie in der Nacht des hei-
ligen Festes und euch von Herzen freu-
en, wie wenn man mit Flötenspiel geht
zum Berge des HERRN, zum Hort Is-
raels. Und der HERR wird seine herr- 30

liche Stimme erschallen lassen, und
man wird sehen, wie sein Arm hernie-
derfährt mit zornigem Drohen und mit
Flammen verzehrenden Feuers, mit
31 Wolkenbruch und Hagelschlag. [b]Da
wird Assur erschrecken vor der Stimme
des HERRN, der ihn schlägt mit dem
32 Stock. Jedesmal, wenn ein Schlag da-
herfährt, wird der Stock zur Zuchtrute,
die der HERR auf ihn niedersausen läßt;
und so bekämpft er ihn, daß er ihn als
Opfer schwingt unter Pauken und Zi-
33 therspiel. Denn die Feuergrube ist
längst hergerichtet, ja, sie ist auch dem
König bereitet, tief und weit genug.
Der Scheiterhaufen darin hat Feuer
und Holz die Menge; der Odem des
HERRN wird ihn anzünden wie ein
Schwefelstrom.

a 5.Mose 16,14 *b* (31-33) 2.Kön 19,35-37

Nicht Ägypten, sondern der HERR rettet Jerusalem

31 [a]Weh denen, die hinabziehen nach
Ägypten um Hilfe und [b]sich verlassen
auf Rosse und hoffen auf Wagen, weil
ihrer viele sind, und auf Gespanne, weil
sie sehr stark sind! Aber sie halten sich
nicht zum Heiligen Israels und fragen
2 nichts nach dem HERRN. Aber auch er
ist weise und [c]bringt Unheil herbei und
[d]nimmt seine Worte nicht zurück, son-
dern wird sich aufmachen wider das
Haus der Bösen und wider die Hilfe der
3 Übeltäter. Denn Ägypten ist Mensch
und nicht Gott, und seine Rosse sind
Fleisch und nicht Geist. Und der HERR
wird seine Hand ausstrecken, so daß
der Helfer strauchelt und der, dem ge-
holfen wird, fällt und alle miteinander
umkommen.

a Kap 30,1.2 *b* Ps 20,8 *c* Am 3,6 *d* 4.Mose 23,19

Das Gericht über Assyrien. Zions Errettung

4 So hat der HERR zu mir gesprochen:
Gleich wie ein Löwe und ein junger
Löwe brüllt über seinem Raub, wenn
man wider ihn aufruft die Menge der
Hirten – er erschrickt vor ihrem Ge-
schrei nicht, und es ist ihm auch nicht
angst vor ihrer Menge –, so wird der
HERR Zebaot herniederfahren auf den
Berg Zion und auf seinen Hügel, um zu
5 kämpfen. Und der HERR Zebaot wird
Jerusalem beschirmen, [a]wie Vögel es
tun mit ihren Flügeln, er wird schüt-
zen, erretten, schonen und befreien.
6 Kehrt um, ihr Israeliten, zu dem,
von welchem ihr so sehr abgewichen
seid![b] Denn zu der Zeit wird ein jeder 7
seine [c]silbernen und goldenen Götzen
verwerfen, die eure Hände gemacht
hatten euch zur Sünde. Und [d]Assur 8
soll fallen, nicht durch Mannes-
Schwert, und soll verzehrt werden,
nicht durch Menschen-Schwert. Und
es wird vor dem Schwert fliehen, und
seine junge Mannschaft wird Fron-
dienste leisten müssen. Und sein [e]Fels 9
wird vor Furcht weichen, und seine
Fürsten werden das Banner verlassen,
spricht der HERR, der zu Zion ein Feuer
und zu Jerusalem einen Glutofen hat.

a Mt 23,37 *b* Jer 7,3-5 *c* Kap 2,20 *d* Kap 37,36 *e* 5.Mose 32,31

Das künftige Reich der Gerechtigkeit

Siehe, [a]es wird ein König regieren, Ge- 32
rechtigkeit aufzurichten, und Fürsten
werden herrschen, das Recht zu hand-
haben, daß ein jeder von ihnen sein 2
wird wie eine Zuflucht vor dem Wind
und wie ein Schutz vor dem Platzregen,
wie Wasserbäche am dürren Ort, wie
der Schatten eines großen Felsens im
trockenen Lande. Und die Augen der 3
Sehenden werden nicht mehr blind
sein, und die Ohren der Hörenden wer-
den aufmerken. Und die Unvorsichti- 4
gen werden Klugheit lernen, und [b]die
Zunge der Stammelnden wird fließend
und klar reden. Es wird nicht mehr [c]ein 5
Narr Fürst heißen, noch ein Betrüger
edel genannt werden. Denn ein Narr 6
redet Narrheit, und sein Herz geht mit
Unheil um, daß er Ruchloses anrichte
und rede über den HERRN lauter Trug;
dadurch läßt er hungrig die hungrigen
Seelen und wehrt den Durstigen das
Trinken. Und des Betrügers Waffen 7
sind böse, er sinnt auf Tücke, um die
Elenden zu verderben mit falschen
Worten, auch wenn der Arme sein
Recht vertritt. Aber der Edle hat edle 8
Gedanken und beharrt bei Edlem.

a Kap 33,17; Jer 23,5 *b* Kap 35,6 *c* Spr 28,16

Die wahre Sicherheit durch den Geist aus der Höhe

Wohlan, [a]ihr stolzen Frauen, höret 9
meine Stimme! Ihr Töchter, die ihr so
sicher seid, nehmet zu Ohren meine
Rede! Über Jahr und Tag, da werdet 10
ihr Sicheren zittern; denn es wird keine
Weinlese sein, auch keine Obsternte
kommen. Erschreckt, ihr stolzen Frau- 11
en, zittert, ihr Sicheren! Zieht euch
aus, entblößt euch und umgürtet eure

12 Lenden! Man wird klagen um die Äk-
ker, ja, um die lieblichen Äcker, um die
13 fruchtbaren Weinstöcke, um den Acker
meines Volks, auf dem Dornen und
Hecken wachsen, um alle Häuser voll
14 Freude in der fröhlichen Stadt. Denn
die Paläste werden verlassen sein, und
die Stadt, die voll Getümmel war, wird
einsam sein, daß Burg und Turm für
immer zu Höhlen werden, dem Wild
15 zur Freude, den Herden zur Weide, so
lange bis über uns ausgegossen wird
[b]der Geist aus der Höhe. Dann wird
[c]die Wüste zum fruchtbaren Lande
und das fruchtbare Land wie Wald ge-
16 achtet werden. Und das Recht wird in
der Wüste wohnen und Gerechtigkeit
17 im fruchtbaren Lande. Und der Ge-
rechtigkeit Frucht wird Friede sein,
und der Ertrag der Gerechtigkeit wird
18 ewige Stille und Sicherheit sein, daß
mein Volk in friedlichen Auen wohnen
wird, [d]in sicheren Wohnungen und in
19 stolzer Ruhe. Aber der Wald wird nie-
derbrechen, und die Stadt wird versin-
20 ken in Niedrigkeit. Wohl euch, die ihr
säen könnt an allen Wassern und könnt
die Rinder und Esel frei gehen lassen.

a Kap 3,16-4,1 *b* Kap 44,3 *c* Kap 29,17
d Jer 33,16

Die Rettung Zions vor dem Verwüster

33 Weh dir, du Verwüster, der du selbst
nicht verwüstet bist, und du Räuber,
der du selbst nicht beraubt bist! [a]Wenn
du das Verwüsten vollendet hast, so
wirst du auch verwüstet werden; wenn
du des Raubens ein Ende gemacht hast,
2 so wird man dich auch berauben. HERR,
sei uns gnädig, denn auf dich harren
wir! Sei unser Arm alle Morgen, dazu
3 unser Heil zur Zeit der Trübsal! Es
fliehen die Völker vor dem gewaltigen
Tosen, und die Heiden werden zer-
4 streut, wenn du dich erhebst. Da wird
man Beute wegraffen, wie die Heu-
schrecken wegraffen, und wie die Käfer
herbeistürzen, so stürzt man sich dar-
5 auf. Der HERR ist erhaben, denn er
wohnt in der Höhe. Er hat Zion mit
6 Recht und Gerechtigkeit erfüllt. Und
du wirst sichere Zeiten haben: Reich-
tum an Heil, Weisheit und Klugheit;
die Furcht des HERRN wird Zions
Schatz sein.

7 Siehe, die Leute von [b]Ariel schreien
draußen, die Boten des Friedens wei-
8 nen bitterlich. Die Wege sind verödet,
es geht niemand mehr auf der Straße.
Man hält nicht Treu und Glauben,
man verwirft die Zeugen und achtet der
Leute nicht. Das Land sieht traurig 9
und jämmerlich aus, der Libanon ist
zuschanden geworden und verdorrt.
Saron ist wie eine Steppe, und Basan
und Karmel stehen kahl.

Nun aber will ich mich aufmachen, 10
spricht der HERR; nun will ich mich er-
heben, nun will ich aufstehen. Mit 11
Stroh geht ihr schwanger, Stoppeln ge-
bärt ihr; euer Zorn ist ein Feuer, das
euch selbst verzehren wird. Und die 12
Völker werden zu Kalk verbrannt wer-
den; wie abgehauene Dornen werden
sie im Feuer verzehrt.

So höret nun ihr, die ihr ferne seid, 13
was ich getan habe, und die ihr nahe
seid, erkennet meine Stärke!

In Zion sind die Sünder erschrocken, 14
Zittern hat die Heuchler befallen, und
sie sprechen: »Wer ist unter uns, der
[c]bei verzehrendem Feuer wohnen
kann? Wer ist unter uns, der bei ewiger
Glut wohnen kann?« [d]Wer in Gerech- 15
tigkeit wandelt und redet, was recht ist;
wer schändlichen Gewinn haßt und sei-
ne Hände bewahrt, daß er nicht Ge-
schenke nehme; wer seine Ohren zu-
stopft, daß er nichts von Blutschuld
höre, und seine Augen zuhält, daß er
nichts Arges sehe: der wird in der Höhe 16
wohnen, und Felsen werden seine Fe-
ste und Schutz sein. Sein Brot wird ihm
gegeben, sein Wasser hat er gewiß.

Deine Augen werden den König se- 17
hen in seiner Schönheit; du wirst ein
weites Land sehen. Dein Herz wird an 18
den Schrecken zurückdenken und sa-
gen: »Wo sind nun die Schreiber? Wo
sind die Vögte? Wo sind, die die Türme
zählten?« Du wirst das freche Volk 19
nicht mehr sehen, [e]das Volk von dunk-
ler Sprache, die man nicht verstehen
kann, und von stammelnder Zunge, die
unverständlich bleibt. Schaue auf Zion, 20
die Stadt unsrer Feiern! Deine Augen
werden Jerusalem sehen, eine sichere
Wohnung, ein Zelt, das nicht mehr ab-
gebrochen wird. Seine Pflöcke sollen
nie mehr herausgezogen und keines sei-
ner Seile zerrissen werden. Denn der 21
HERR wird dort bei uns mächtig sein,
und weite Wassergräben wird es geben,
auf denen kein Schiff mehr fahren, kein
stolzes Schiff mehr dahinziehen kann.
– *Denn der* HERR *ist unser Richter, der* 22
HERR *ist unser Meister, der* HERR *ist un-*
ser König; der hilft uns! – Seine Taue 23
hängen lose, sie halten den Mastbaum

nicht fest, und die Segel spannen sich
nicht. Dann wird viel Beute ausgeteilt
werden, und auch die Lahmen werden
24 plündern. Und kein Bewohner wird sa-
gen: [f]»Ich bin schwach«; denn das
Volk, das darin wohnt, wird Vergebung
der Sünde haben.

a Mt 7,2 *b* Kap 29,1 *c* Kap 10,17; Jer 23,29 *d* (*15 und 16*) Ps 15; 24,3.4 *e* Kap 28,11; 5.Mose 28,49.50 *f* Sach 12,8

Gottes Strafgericht über Edom

34 Kommt herzu, ihr Heiden, und höret;
ihr Völker, merkt auf! Die Erde höre zu
und was sie füllt, der Erdkreis und was
2 darauf lebt! Denn der HERR ist zornig
über alle Heiden und ergrimmt über
alle ihre Scharen. Er wird an ihnen den
Bann vollstrecken und sie zur Schlach-
3 tung dahingeben. Und ihre Erschlage-
nen werden hingeworfen werden, daß
der Gestank von ihren Leichnamen
aufsteigen wird und die Berge von ih-
4 rem Blut fließen. Und alles Heer des
Himmels wird dahinschwinden, und
[a]der Himmel wird zusammengerollt
werden wie eine Buchrolle, und all sein
Heer wird hinwelken, wie ein Blatt ver-
welkt am Weinstock und wie ein dürres
Blatt am Feigenbaum.
5 Denn mein Schwert ist trunken im
Himmel, und siehe, es wird hernieder-
fahren auf Edom und über das Volk, an
dem ich den Bann vollstrecke zum Ge-
6 richt.[b] Des HERRN Schwert ist voll Blut
und trieft von Fett, vom Blut der Läm-
mer und Böcke, vom Nierenfett der
Widder. Denn [c]der HERR hält ein
Schlachten in Bozra und ein großes
7 Opfer im Lande Edom. Da werden
Wildstiere mit ihnen niedersinken und
junge Stiere samt den Büffeln. Und ihr
Land wird trunken werden von Blut,
und die Erde wird triefen von Fett.
8 Denn es kommt [d]der Tag der Rache
des HERRN und das Jahr der Vergel-
9 tung, um Zion zu rächen. Da werden
Edoms Bäche zu Pech werden und sei-
ne Erde zu [e]Schwefel; ja, sein Land
10 wird zu brennendem Pech werden, das
weder Tag noch Nacht verlöschen
wird, sondern immer wird Rauch von
ihm aufgehen. Und [f]es wird verwüstet
sein von Geschlecht zu Geschlecht, daß
niemand hindurchgehen wird auf ewi-
11 ge Zeiten, sondern Rohrdommeln und
Igel werden's in Besitz nehmen, Nacht-
eulen und Raben werden dort wohnen.
Und er wird die Meßschnur darüber
spannen, daß es verwüstet werde, und
das Bleilot werfen, daß es öde sei. Und 12
Feldgeister werden darin wohnen, und
seine Edlen werden nicht mehr sein.
Man wird dort keinen König mehr aus-
rufen, und alle seine Fürsten werden
ein Ende haben. [g]Dornen werden 13
wachsen in seinen Palästen, Nesseln
und Disteln in seinen Schlössern; und
es wird eine Behausung sein der
Schakale und eine Stätte für die Strau-
ße. Da werden Wüstentiere und wilde 14
Hunde einander treffen, und ein Feld-
geist wird dem andern begegnen. Das
Nachtgespenst wird auch dort herber-
gen und seine Ruhestatt dort finden.
Da wird auch die Natter nisten und le- 15
gen, ihre Eier aufhäufen und ausbrü-
ten. Auch die Raubvögel werden dort
zusammenkommen. Keines vermißt
das andere. – Suchet nun in dem [h]Buch 16
des HERRN und lest! – Keines von ihnen
wird fehlen. Denn sein Mund gebietet
es, und sein Geist bringt sie zusammen.
Er wirft ihnen das Los, und seine Hand 17
teilt aus unter sie mit der Meßschnur,
daß sie das Land besitzen auf ewige
Zeiten und darin wohnen von Ge-
schlecht zu Geschlecht.

a Offb 6,13.14 *b* 5.Mose 32,41.42; Jer 49,7-22 *c* Kap 63,1 *d* Kap 63,4 *e* 1.Mose 19,24 *f* Mal 1,4 *g* (*13 und 14*) Kap 13,21.22 *h* 2.Mose 32,32

Das zukünftige Heil

Die Wüste und Einöde wird frohlok- **35**
ken, und die Steppe wird jubeln und
wird blühen wie die Lilien.[a] Sie wird 2
blühen und jubeln in aller Lust und
Freude. Die Herrlichkeit des Libanon
ist ihr gegeben, die Pracht von Karmel
und Saron. Sie sehen die Herrlichkeit
des HERRN, die Pracht unsres Gottes.
Stärket die müden Hände und macht 3
fest die wankenden Knie![b] Saget den 4
verzagten Herzen: »Seid getrost, fürch-
tet euch nicht! Seht, da ist euer Gott!
Er kommt zur Rache; Gott, der da ver-
gilt, kommt und wird euch helfen.«
Dann werden die Augen der Blinden 5
aufgetan und die Ohren der Tauben
geöffnet werden.[c] Dann werden die 6
Lahmen springen wie ein Hirsch, und
die Zunge der Stummen wird frohlok-
ken. Denn es werden Wasser in der
Wüste hervorbrechen und Ströme im
dürren Lande. Und [d]wo es zuvor trok- 7
ken gewesen ist, sollen Teiche stehen,
und wo es dürre gewesen ist, sollen
Brunnquellen sein. Wo zuvor die
Schakale gelegen haben, soll Gras und
Rohr und Schilf stehen. [e]Und es wird 8

dort eine Bahn sein, die der heilige Weg
heißen wird. Kein Unreiner darf ihn
betreten; nur sie werden auf ihm ge-
hen; auch die Toren dürfen nicht dar-
9 auf umherirren. Es wird da kein Löwe
sein und kein reißendes Tier darauf ge-
hen; sie sind dort nicht zu finden, son-
dern die Erlösten werden dort gehen.
10 *Die Erlösten des* HERRN *werden wieder-*
kommen und nach Zion kommen mit
Jauchzen; ewige Freude wird über ihrem
Haupte sein; Freude und Wonne werden
sie ergreifen, und Schmerz und Seufzen
wird entfliehen.[f]

a Kap 32,15 *b* Hebr 12,12 *c* Kap 29,18
d Kap 41,18 *e* (8-10) Kap 56,3-8; Jer 31,8
f Kap 51,11; Offb 21,4

Jerusalem von Sanherib bedroht und wunderbar errettet

(Kap 36 und 37: vgl. 2.Kön 18,13-19,37; 2.Chr 32,1-23)

36 Und es begab sich im vierzehnten Jahr
des Königs Hiskia, da zog der König
von Assyrien, Sanherib, herauf gegen
alle festen Städte Judas und nahm sie
2 ein. Und der König von Assyrien sand-
te den Rabschake von Lachisch nach
Jerusalem zu dem König Hiskia mit
großer Heeresmacht. Und er trat hin an
die [a] Wasserleitung des oberen Teiches,
an der Straße bei dem Acker des Wal-
3 kers. Und es kamen zu ihm heraus der
Hofmeister [b] Eljakim, der Sohn Hil-
kias, und der Schreiber Schebna und
der Kanzler Joach, der Sohn Asafs.
4 Und der Rabschake sprach zu ihnen:
Sagt doch dem Hiskia: So spricht der
große König, der König von Assyrien:
Was ist das für ein Vertrauen, das du da
5 hast? Meinst du, bloße Worte seien
schon Rat und Macht zum Kämpfen?
Auf wen verläßt du dich denn, daß du
6 von mir abgefallen bist? Verläßt du
dich auf den [c] zerbrochenen Rohrstab
Ägypten, der jedem, der sich darauf
stützt, in die Hand dringt und sie
durchbohrt? So tut der Pharao, der
König von Ägypten, allen, die sich auf
7 ihn verlassen. Willst du mir aber sagen:
Wir verlassen uns auf den HERRN, un-
sern Gott, – ist's denn nicht derselbe,
dessen [d] Höhen und Altäre Hiskia abge-
tan und zu Juda und Jerusalem gesagt
hat: »Nur vor diesem Altar sollt ihr an-
8 beten«? Wohlan, nimm eine Wette an
mit meinem Herrn, dem König von As-
syrien: Ich will dir zweitausend Rosse
geben; laß sehen, ob du die Reiter dazu
9 stellen kannst! Wie willst du denn zu-
rücktreiben auch nur einen der gering-
sten Diener meines Herrn? Und du
verläßt dich auf Ägypten um der Wa-
gen und Gespanne willen! Meinst du 10
denn, daß ich ohne den HERRN her-
aufgezogen bin in dies Land, es zu ver-
derben? Nein, sondern der HERR
sprach zu mir: Zieh hinauf in dies Land
und verdirb es!

Aber Eljakim und Schebna und 11
Joach sprachen zum Rabschake: Rede
doch mit deinen Knechten aramäisch,
denn wir verstehen's gut, und rede
nicht hebräisch mit uns vor den Ohren
des Volks, das auf der Mauer ist. Da 12
sprach der Rabschake: Meinst du, daß
mein Herr mich nur zu deinem Herrn
oder zu dir gesandt habe, solche Worte
zu reden, und nicht vielmehr zu den
Männern, die auf der Mauer sitzen und
samt euch ihren eigenen Mist fressen
und ihren Harn saufen werden? Und 13
der Rabschake trat hin und rief laut auf
hebräisch und sprach: Hört die Worte
des großen Königs, des Königs von As-
syrien! So spricht der König: Laßt 14
euch von Hiskia nicht betrügen; denn
er kann euch nicht erretten. Und laßt 15
euch von Hiskia nicht vertrösten auf
den HERRN, wenn er sagt: Der HERR
wird uns erretten, und diese Stadt wird
nicht in die Hand des Königs von Assy-
rien gegeben werden. Hört nicht auf 16
Hiskia! Denn so spricht der König von
Assyrien: Schließt Freundschaft mit
mir und kommt zu mir heraus, so soll
[e] ein jeder von euch von seinem Wein-
stock und von seinem Feigenbaum es-
sen und aus seinem Brunnen trinken,
bis ich komme und hole euch in ein 17
Land, das wie euer Land ist, ein Land,
darin Korn und Wein ist, ein Land,
darin Brot und Weinberge sind. Laßt 18
euch von Hiskia nicht bereden, wenn er
sagt: Der HERR wird uns erretten! [f] Ha-
ben etwa die Götter der andern Völker
ihr Land errettet aus der Hand des Kö-
nigs von Assyrien? Wo sind die Götter 19
von Hamat und Arpad? Wo sind die
Götter von Sefarwajim? Und wo sind
die Götter des Landes Samarien? Ha-
ben sie Samaria errettet aus meiner
Hand? Welcher unter allen Göttern 20
dieser Länder hat sein Land errettet
aus meiner Hand, daß allein der HERR
Jerusalem erretten sollte aus meiner
Hand? Sie schwiegen aber still und ant- 21
worteten ihm nichts; denn der König
hatte geboten: Antwortet ihm nichts.
Da kamen der Hofmeister Eljakim, der 22

Sohn Hilkias, und der Schreiber
Schebna und der Kanzler Joach, der
Sohn Asafs, mit zerrissenen Kleidern
zu Hiskia und sagten ihm die Worte des
Rabschake an.

37 Als aber der König Hiskia das hörte,
zerriß er seine Kleider und legte einen
Sack an und ging in das Haus des
2 HERRN. Und er sandte den Hofmeister
Eljakim und den Schreiber Schebna
samt den Ältesten der Priester, mit dem
Sack angetan, zu dem Propheten Jesaja,
3 dem Sohn des Amoz. Und sie sprachen
zu ihm: So spricht Hiskia: Das ist ein
Tag der Trübsal, der Züchtigung und
der Schmach – wie wenn Kinder eben
geboren werden sollen, aber die Kraft
4 fehlt, sie zu gebären. Vielleicht hört der
HERR, dein Gott, die Worte des Rab-
schake, den sein Herr, der König von
Assyrien, gesandt hat, den lebendigen
Gott zu lästern, und straft die Worte,
die der HERR, dein Gott, gehört hat! So
tu Fürbitte für die Übriggebliebenen,
5 die noch vorhanden sind. Und die Gro-
ßen des Königs Hiskia kamen zu Jesaja.
6 Jesaja aber sprach zu ihnen: So sollt ihr
eurem Herrn sagen: So spricht der
HERR: Fürchte dich nicht vor den Wor-
ten, die du gehört hast, mit denen mich
die Knechte des Königs von Assyrien
7 geschmäht haben! Siehe, ich will
ihn andern Sinnes machen; denn er soll
ein Gerücht hören, so daß er wieder
heimzieht in sein Land. Dann will
ich ihn durchs Schwert fällen in seinem
Lande.

8 Als aber der Rabschake zurückkam,
fand er den König von Assyrien im
Kampf gegen Libna; denn er hatte ge-
hört, daß er von Lachisch abgezogen
9 war. Er hatte nämlich gehört über Tir-
haka, den König von Kusch: Er ist aus-
gezogen, gegen dich zu kämpfen. Als er
das hörte, sandte er Boten zu Hiskia
10 und ließ ihm sagen: Sagt Hiskia, dem
König von Juda: Laß dich durch dei-
nen Gott nicht betrügen, auf den du
dich verläßt und sprichst: Jerusalem
wird nicht in die Hand des Königs von
11 Assyrien gegeben werden. Siehe, du
hast gehört, was die Könige von Assyri-
en allen Ländern getan haben, daß sie
den Bann an ihnen vollstreckten, und
12 du allein solltest errettet werden? [g] Ha-
ben denn die Götter der Völker die
Länder errettet, die von meinen Vätern
vernichtet wurden: Gosan, Haran, Re-
13 zef und die von Eden in Telassar? Wo
ist der König von Hamat und der Kö-
nig von Arpad und der König der Stadt
Sefarwajim, Hena und Iwwa?

Und als Hiskia den Brief von den Bo- 14
ten empfangen und gelesen hatte, ging
er hinauf in das Haus des HERRN und
breitete ihn aus vor dem HERRN. Und 15
Hiskia betete zum HERRN und sprach:
HERR Zebaot, du Gott Israels, der du 16
über den Cherubim thronst, du bist al-
lein Gott über alle Königreiche auf Er-
den, du hast Himmel und Erde ge-
macht. HERR, neige deine Ohren und 17
höre doch, HERR, tu deine Augen auf
und sieh doch! Höre doch alle die Wor-
te Sanheribs, die er gesandt hat, um den
lebendigen Gott zu schmähen. Wahr 18
ist's, HERR, die Könige von Assyrien
haben alle Länder verwüstet und haben 19
ihre Götter ins Feuer geworfen; denn
sie waren nicht Götter, sondern Werk
von Menschenhänden, Holz und Stein.
Die haben sie vertilgt. Nun aber, HERR, 20
unser Gott, errette uns aus seiner Hand,
damit [h]alle Königreiche auf Erden er-
fahren, daß du, HERR, allein Gott bist!

Da sandte Jesaja, der Sohn des 21
Amoz, zu Hiskia und ließ ihm sagen:
So spricht der HERR, der Gott Israels:
Was du von mir erbeten hast wegen des
Königs Sanherib von Assyrien, habe
ich gehört. Dies ist's, was der HERR 22
über ihn spricht:

Die Jungfrau, die Tochter Zion, ver-
achtet dich und spottet deiner, und die
Tochter Jerusalem schüttelt das Haupt
hinter dir her. Wen hast du geschmäht 23
und gelästert? Über wen hast du die
Stimme erhoben? Du hobst deine Au-
gen empor wider den Heiligen Israels.
Durch deine Knechte hast du den 24
Herrn geschmäht und gesagt: »Ich bin
mit der Menge meiner Wagen her-
aufgezogen auf die Höhe der Berge in
den innersten Libanon und habe seine
hohen [i] Zedern abgehauen samt seinen
auserwählten Zypressen und bin bis zu
seiner äußersten Höhe gekommen, in
seinen dichtesten Wald. Ich habe ge- 25
graben und getrunken fremde Wasser
und habe mit meinen Fußsohlen ausge-
trocknet alle Flüsse Ägyptens.«

Hast du nicht gehört, daß ich es lange 26
zuvor bereitet und von Anfang an ge-
plant habe? Jetzt aber habe ich's kom-
men lassen, daß du feste Städte zerstö-
ren solltest zu Steinhaufen, und ihre 27
Einwohner sollten ohne Kraft werden
und sich fürchten und zuschanden wer-
den und wie Feldgras werden und wie
grünes Kraut, wie Gras auf den Dä-

chern, das verdorrt, ehe es reif wird.
28 Ich weiß von deinem Aufstehen und
Sitzen, von deinem Ausziehen und
Einziehen und daß du tobst gegen
29 mich. Weil du nun gegen mich tobst
und dein Stolz vor meine Ohren ge-
kommen ist, will ich dir meinen Ring in
die Nase legen und meinen Zaum in
dein Maul und will dich den Weg wie-
derheimführen, den du gekommen bist.
30 Und das sei dir, Hiskia, ein Zeichen:
In diesem Jahr iß, was von selber nach-
wächst, im nächsten Jahr, was auch
dann noch wächst; im dritten Jahr sät
und erntet, pflanzt Weinberge und eßt
31 ihre Früchte. Denn die Erretteten vom
Hause Juda und was übriggeblieben ist,
werden von neuem nach unten Wur-
zeln schlagen und oben Frucht tragen.
32 Denn von Jerusalem werden ausgehen,
die übriggeblieben sind, und die Erret-
teten vom Berge Zion. [j]Solches wird
tun der Eifer des HERRN Zebaot.
33 Darum spricht der HERR über den
König von Assyrien: Er soll nicht in
diese Stadt kommen und soll auch kei-
nen Pfeil hineinschießen und mit kei-
nem Schild davor kommen und soll kei-
34 nen Wall gegen sie aufschütten, son-
dern auf dem Wege, den er gekommen
ist, soll er wieder heimkehren, daß er in
diese Stadt nicht komme, spricht der
35 HERR. Denn ich will diese Stadt schüt-
zen, daß ich sie errette um meinetwillen
und um meines Knechtes David willen.
36 Da fuhr aus der Engel des HERRN
und schlug im assyrischen Lager hun-
dertfünfundachtzigtausend Mann.
Und [k]als man sich früh am Morgen
aufmachte, siehe, da lag alles voller Lei-
37 chen. Und der König von Assyrien,
Sanherib, brach auf, zog weg und kehr-
38 te wieder heim und blieb zu Ninive. Es
begab sich aber, als er anbetete im
Hause Nisrochs, seines Gottes, er-
schlugen ihn seine Söhne Adramme-
lech und Sarezer mit dem Schwert, und
sie flohen ins Land Ararat. Und sein
Sohn Asar-Haddon wurde König an
seiner Statt.

a Kap 7,3 *b* Kap 22,20 *c* Hes 29,6.7
d 2.Kön 18,4 *e* 1.Kön 5,5; Mi 4,4 *f* Kap 37,12
g Kap 36,18 *h* Kap 40,5; Dan 6,27 *i* Kap 14,8
j Kap 9,6 *k* Kap 17,14; 31,8

Hiskias Krankheit, Genesung und Danklied

(vgl. 2.Kön 20,1-11; 2.Chr 32,24)

38 Zu der Zeit wurde Hiskia todkrank.
Und der Prophet Jesaja, der Sohn des
Amoz, kam zu ihm und sprach zu ihm:
So spricht der HERR: Bestelle dein
Haus, denn du wirst sterben und nicht
am Leben bleiben. Da wandte Hiskia 2
sein Angesicht zur Wand und betete
zum HERRN und sprach: Gedenke 3
doch, HERR, wie ich vor dir in Treue
und ungeteilten Herzens gewandelt bin
und [a]habe getan, was dir gefallen hat.
Und Hiskia weinte sehr. Da geschah 4
das Wort des HERRN zu Jesaja: Geh hin 5
und sage Hiskia: So spricht der HERR,
der Gott deines Vaters David: Ich habe
dein Gebet gehört und deine Tränen
gesehen. Siehe, ich will deinen Tagen
noch fünfzehn Jahre zulegen und will 6
dich samt dieser Stadt erretten aus der
Hand des Königs von Assyrien und will
diese Stadt beschirmen. Und dies sei 7
dir das Zeichen von dem HERRN, daß
der HERR tun wird, was er zugesagt hat:
Siehe, ich will den Schatten an der Son- 8
nenuhr des Ahas zehn Striche zurück-
ziehen, über die er gelaufen ist. Und die
Sonne lief zehn Striche zurück an der
Sonnenuhr, über die sie gelaufen war.
Dies ist das Lied Hiskias, des Königs 9
von Juda, als er krank gewesen und von
seiner Krankheit gesund geworden
war:

Ich sprach: Nun muß ich zu des To- 10
tenreiches Pforten fahren in der Mitte
meines Lebens, da ich doch gedachte,
noch länger zu leben. Ich sprach: Nun 11
werde ich den HERRN nicht mehr
schauen [b]im Lande der Lebendigen,
nun werde ich die Menschen nicht
mehr sehen mit denen, die auf der Welt
sind. Meine Hütte ist abgebrochen und 12
über mir weggenommen wie eines Hir-
ten Zelt. Zu Ende gewebt hab ich mein
Leben wie ein Weber; er schneidet
mich ab vom Faden. Tag und Nacht
gibst du mich preis; bis zum Morgen 13
schreie ich um Hilfe; aber er zerbricht
mir alle meine Knochen wie ein Löwe;
Tag und Nacht gibst du mich preis. Ich 14
zwitschere wie eine Schwalbe und gur-
re wie eine Taube. Meine Augen sehen
verlangend nach oben: Herr, ich leide
Not, tritt für mich ein! Was soll ich re- 15
den und was ihm sagen? Er hat's getan!
Entflohen ist all mein Schlaf bei solcher
Betrübnis meiner Seele. Herr, laß mich 16
wieder genesen und leben! *Siehe, um* 17
Trost war mir sehr bange. Du aber hast
dich meiner Seele herzlich angenommen,
daß sie nicht verdürbe; denn [c]*du wirfst*
alle meine Sünden hinter dich zurück.
Denn [d]die Toten loben dich nicht, und 18
der Tod rühmt dich nicht, und die in

die Grube fahren, warten nicht auf dei-
19 ne Treue; sondern allein, die da leben,
loben dich so wie ich heute. Der Vater
macht den Kindern deine Treue kund.
20 Der HERR hat mir geholfen, darum wol-
len wir singen und spielen, solange wir
leben, im Hause des HERRN!
21 *Und Jesaja sprach, man solle ein
Pflaster von Feigen nehmen und auf
sein Geschwür legen, daß er gesund
22 würde. Hiskia aber sprach: Was ist das
Zeichen, daß ich wieder zum Hause des
HERRN hinaufgehen kann?

a 2.Kön 18,3-6 *b* Ps 27,13 *c* Ps 32,5; Mi 7,18.19
d Ps 6,6; 115,17
*Vers 21: Die Verse 21 und 22 gehören zwischen Vers 6 und Vers 7 wie in 2.Kön 20,7.8.

Hiskia und die Gesandten aus Babel

(vgl. 2.Kön 20,12-19; 2.Chr 32,27-31)

39 Zu der Zeit sandte Merodach-Baladan,
der Sohn Baladans, der König von Ba-
bel, Briefe und Geschenke an Hiskia;
denn er hatte gehört, daß er krank ge-
wesen und wieder gesund geworden
2 sei. Darüber freute sich Hiskia und
zeigte den Gesandten das Schatzhaus,
Silber und Gold und Spezerei, kostbare
Salben und sein ganzes Zeughaus und
alle Schätze, die er hatte. Es gab nichts,
was ihnen Hiskia nicht gezeigt hätte in
seinem Hause und in seinem ganzen
Reich.
3 Da kam der Prophet Jesaja zum Kö-
nig Hiskia und sprach zu ihm: Was sa-
gen diese Männer, und von woher kom-
men sie zu dir? Hiskia sprach: Sie kom-
men aus fernem Lande zu mir, nämlich
4 aus Babel. Er aber sprach: Was haben
sie in deinem Hause gesehen? Hiskia
sprach: Alles, was in meinem Hause ist,
haben sie gesehen, und es gibt nichts,
das ich ihnen nicht gezeigt hätte von
5 meinen Schätzen. Und Jesaja sprach zu
Hiskia: Höre das Wort des HERRN Ze-
6 baot: Siehe, es kommt die Zeit, daß al-
les, [a]was in deinem Hause ist und was
deine Väter gesammelt haben bis auf
diesen Tag, nach Babel gebracht wer-
den wird, so daß nichts zurückbleibt,
7 spricht der HERR. Dazu werden sie von
deinen Söhnen, die von dir kommen
werden, die du zeugen wirst, einige
nehmen, daß sie Kämmerer werden
müssen am Hofe des Königs von Babel.
8 Und Hiskia sprach zu Jesaja: Das Wort
des HERRN ist gut, das du sagst. Denn
er dachte: Es wird doch Friede und Si-
cherheit sein, solange ich lebe.

a 2.Kön 24,13

Das Trostbuch von der Erlösung Israels (Kap 40-55)

Des HERRN tröstendes Wort für sein Volk

Tröstet, tröstet mein Volk! spricht euer **40**
Gott. [a]Redet mit Jerusalem freundlich 2
und prediget ihr, daß ihre Knecht-
schaft ein Ende hat, daß ihre Schuld
vergeben ist; denn [b]sie hat doppelte
Strafe empfangen von der Hand des
HERRN für alle ihre Sünden.
[c]Es ruft eine Stimme: In der Wüste 3
bereitet dem HERRN den Weg, macht in
der Steppe eine ebene Bahn unserm
Gott! Alle Täler sollen erhöht werden, 4
und [d]alle Berge und Hügel sollen
erniedrigt werden, und was uneben ist,
soll gerade, und was hügelig ist, soll
eben werden; denn die Herrlichkeit des 5
HERRN soll offenbart werden, und alles
Fleisch miteinander wird es sehen;
denn des HERRN Mund hat's geredet.
[e]Es spricht eine Stimme: ‚Predige!', 6
und ich sprach: Was soll ich predigen?
Alles Fleisch ist Gras, und alle seine Güte
ist wie eine Blume auf dem Felde. Das 7
Gras verdorrt, die Blume verwelkt;
denn des HERRN Odem bläst darein. Ja,
Gras ist das Volk! *Das Gras verdorrt,* 8
die Blume verwelkt, aber [f]das Wort unse-
res Gottes bleibt ewiglich.
Zion, du Freudenbotin, steig auf 9
einen hohen Berg; Jerusalem, du Freu-
denbotin, erhebe deine Stimme mit
Macht; erhebe sie und fürchte dich
nicht! Sage den Städten Judas: Siehe,
da ist euer Gott; siehe, da ist Gott der 10
HERR! Er kommt gewaltig, und sein
Arm wird herrschen. [g]Siehe, was er ge-
wann, ist bei ihm, und was er sich er-
warb, geht vor ihm her. Er wird seine 11
Herde weiden wie ein [h]Hirte. Er wird
die Lämmer in seinen Arm sammeln
und im Bausch seines Gewandes tragen
und die Mutterschafe führen.

a Hos 2,16 *b* Jer 16,18 *c* *(3-5)* Lk 3,4-6;
Joh 1,23 *d* Kap 49,11 *e* *(6-8)* Ps 90,5.6;
Jak 1,10.11 *f* Ps 119,89; Lk 21,33 *g* Kap 62,11
h Joh 10,11

Israels unvergleichlicher Gott

Wer mißt die Wasser mit der hohlen 12
Hand, und wer bestimmt des Himmels
Weite mit der Spanne und faßt den
Staub der Erde mit dem Maß und wiegt
die Berge mit einem Gewicht und die
Hügel mit einer Waage? Wer bestimmt 13
den Geist des HERRN, und welcher Rat-

14 geber unterweist ihn?[a] Wen fragt er
um Rat, der ihm Einsicht gebe und leh-
re ihn den Weg des Rechts und lehre
ihn Erkenntnis und weise ihm den Weg
15 des Verstandes? Siehe, die Völker sind
geachtet wie ein Tropfen am Eimer und
wie ein Sandkorn auf der Waage. Siehe,
16 die Inseln sind wie ein Stäublein. Der
Libanon wäre zu wenig zum Feuer und
seine Tiere zu wenig zum Brandopfer.
17 Alle Völker sind vor ihm wie nichts und
gelten ihm als nichtig und eitel.
18 [b]Mit wem wollt ihr denn Gott ver-
gleichen? Oder was für ein [c]Abbild
19 wollt ihr von ihm machen? Der Meister
gießt ein Bild, und der Goldschmied
vergoldet's und macht silberne Ketten
20 daran. Wer aber zu arm ist für eine sol-
che Gabe, der wählt ein Holz, das nicht
fault, und sucht einen klugen Meister
dazu, ein Bild zu fertigen, das nicht
21 wackelt. Wißt ihr denn nicht? Hört ihr
denn nicht? Ist's euch nicht von An-
fang an verkündigt? Habt ihr's nicht
22 gelernt von Anbeginn der Erde? Er
thront über dem Kreis der Erde, und
die darauf wohnen, sind wie Heu-
schrecken; er spannt den Himmel aus
wie einen Schleier und breitet ihn aus
23 wie ein Zelt, in dem man wohnt; er gibt
die Fürsten preis, daß sie nichts sind,
und die Richter auf Erden macht er zu-
24 nichte: Kaum sind sie gepflanzt, kaum
sind sie gesät, kaum hat ihr Stamm eine
Wurzel in der Erde, da läßt er einen
Wind unter sie wehen, daß sie verdor-
ren, und ein Wirbelsturm führt sie weg
25 wie Spreu. Mit wem wollt ihr mich also
vergleichen, dem ich gleich sei? spricht
der Heilige.

26 Hebet eure Augen in die Höhe und
seht! Wer hat dies geschaffen? Er führt
ihr Heer vollzählig heraus und [d]ruft sie
alle mit Namen; seine Macht und star-
ke Kraft ist so groß, daß nicht eins von
27 ihnen fehlt.[e] Warum sprichst du denn,
Jakob, und du, Israel, sagst: »Mein
Weg ist dem HERRN verborgen, und
mein Recht geht vor meinem Gott vor-
28 über«? Weißt du nicht? Hast du nicht
gehört? Der HERR, der ewige Gott, der
die Enden der Erde geschaffen hat,
wird nicht müde noch matt, sein Ver-
29 stand ist unausforschlich. *Er gibt dem
Müden Kraft, und Stärke genug dem*
30 *Unvermögenden.* Männer werden müde
und matt, und Jünglinge straucheln
31 und fallen; aber *die auf den* HERRN *har-
ren, kriegen neue Kraft, daß sie auffah-
ren mit Flügeln*[f] *wie Adler, daß sie laufen
und nicht matt werden, daß sie wandeln
und nicht müde werden.*

a Röm 11,34; 1.Kor 2,16 *b* Kap 46,5
c 2.Mose 20,4; Apg 17,29 *d* Ps 147,4
e 1.Mose 1,14-18 *f* Ps 103,5

Die Völker vor dem Weltenrichter

41 Die Inseln sollen vor mir schweigen
und die Völker neue Kraft gewinnen!
Sie sollen herzutreten und dann reden!
Laßt uns miteinander rechten! Wer 2
läßt [a]den von Osten her kommen, dem
Heil auf dem Fuße folgt, vor dem er
Völker und Könige dahingibt, daß er
ihrer mächtig wird? Sein Schwert
macht sie wie Staub und sein Bogen wie
verwehte Spreu. Er jagt ihnen nach und 3
zieht unversehrt hindurch und berührt
den Weg nicht mit seinen Füßen. Wer 4
tut und macht das? Wer ruft die Ge-
schlechter von Anfang her? Ich bin's,
der HERR, [b]der Erste, und bei den Letz-
ten noch derselbe. Als die Inseln das sa- 5
hen, fürchteten sie sich, und die Enden
der Erde erschraken; sie nahten sich
und kamen herzu.

Einer will dem andern helfen und 6
spricht zu seinem Nächsten: Steh fest!
Der Meister nimmt den Goldschmied 7
fest an die Hand, und sie machen mit
dem Hammer das Blech glatt auf dem
Amboß und sprechen: Das wird fein
stehen! und machen's fest mit Nägeln,
daß es nicht wackeln soll.

Du aber, Israel, mein [c]Knecht, Ja- 8
kob, den ich erwählt habe, du Sproß
Abrahams, meines [d]Geliebten, den ich 9
fest ergriffen habe von den Enden der
Erde her und berufen von ihren Gren-
zen, zu dem ich sprach: Du sollst mein
Knecht sein; ich erwähle dich und ver-
werfe dich nicht –, [e]*fürchte dich nicht,* 10
*ich bin mit dir; weiche nicht, denn ich bin
dein Gott. Ich stärke dich, ich helfe dir
auch, ich halte dich durch die rechte Hand
meiner Gerechtigkeit.* Siehe, zu Spott 11
und zuschanden sollen werden alle, die
dich hassen; sie sollen werden wie
nichts, und die Leute, die mit dir ha-
dern, sollen umkommen. Wenn du 12
nach ihnen fragst, wirst du sie nicht fin-
den. Die mit dir hadern, sollen werden
wie nichts, und die wider dich streiten,
sollen ein Ende haben. Denn ich bin 13
der HERR, dein Gott, der deine rechte
Hand faßt und zu dir spricht: Fürchte
dich nicht, ich helfe dir!

Fürchte dich nicht, du Würmlein Ja- 14
kob, du armer Haufe Israel. [f]*Ich helfe
dir, spricht der* HERR, *und dein Erlöser ist*

15 *der Heilige Israels.* Siehe, ich habe dich
zum scharfen, neuen Dreschwagen ge-
macht, der viele Zacken hat, daß du
Berge zerdreschen und zermalmen
sollst und Hügel wie Spreu machen.
16 Du sollst sie worfeln, daß der Wind sie
wegführt und der Wirbelsturm sie ver-
weht. Du aber wirst fröhlich sein über
den HERRN und wirst dich rühmen des
Heiligen Israels.
17 Die Elenden und Armen suchen
Wasser, und es ist nichts da, ihre Zunge
verdorrt vor Durst. Aber ich, der HERR,
will sie erhören; ich, der Gott Israels,
18 will sie nicht verlassen. Ich will Was-
serbäche auf den Höhen öffnen und
Quellen mitten auf den Feldern und
[g]will die Wüste zu Wasserstellen ma-
chen und das dürre Land zu Wasser-
19 quellen. Ich will in der Wüste wachsen
lassen Zedern, Akazien, Myrten und
Ölbäume; ich will in der Steppe pflan-
zen miteinander Zypressen, Buchs-
20 baum und Kiefern, damit man zugleich
sehe und erkenne und merke und ver-
stehe: des HERRN Hand hat dies getan,
und der Heilige Israels hat es geschaf-
fen.
21 Bringt eure Sache vor, spricht der
HERR; sagt an, womit ihr euch verteidi-
gen wollt, spricht der König in Jakob.
22 Sie sollen herzutreten und uns verkün-
digen, was kommen wird. [h]Verkündigt
es doch, was früher geweissagt wurde,
damit wir darauf achten! Oder laßt uns
hören, was kommen wird, damit wir
23 merken, daß es eintrifft! Verkündigt
uns, was hernach kommen wird, damit
wir erkennen, daß ihr Götter seid!
Wohlan, tut Gutes oder tut Schaden,
damit wir uns verwundern und er-
24 schrecken! Siehe, ihr seid nichts, und
euer Tun ist auch nichts, und euch er-
wählen ist ein Greuel.
25 Von Norden habe ich einen kommen
lassen, und er ist gekommen, vom Auf-
gang der Sonne her den, der meinen
Namen anruft. Er zerstampft die Ge-
waltigen wie Lehm und wie der Töpfer,
26 der den Ton tritt. Wer hat es von An-
fang an verkündigt, daß wir's vernah-
men? Wer hat es vorher geweissagt,
daß wir sagen: Das ist recht! Aber da ist
keiner, der es verkündigte, keiner, der
etwas hören ließ, keiner, der von euch
27 ein Wort hörte. Ich bin der erste, der zu
Zion sagt: Siehe, da sind sie!, und Jeru-
salem gebe ich einen [i]Freudenboten.
28 Schau ich mich um, da ist niemand,
und seh ich sie an, da ist kein Ratgeber,
daß ich sie fragen könnte und sie mir
antworteten. Siehe, sie sind alle nichts, 29
und nichtig sind ihre Werke; ihre Göt-
zen sind leerer Wind.

a Kap 44,28; 45,1.13; 46,11; 48,14.15 *b* Kap 44,6; 48,12; Offb 1,8.17 *c* Kap 42,19; 43,10; 44,1.21; 45,4; Ps 135,4 *d* Jak 2,23 *e* Kap 43,1 *f* Kap 43,3 *g* Kap 35,1.7; 43,19; 2.Mose 17,6; Ps 107,35 *h* Kap 43,8.9; 44,7 *i* Kap 52,7

Der Knecht Gottes das Licht der Welt

42
[a]*Siehe, das ist mein Knecht – ich halte*
ihn – und mein Auserwählter, an dem
meine Seele Wohlgefallen hat. Ich habe
ihm meinen Geist gegeben; er wird das
Recht unter die Heiden bringen. Er 2
wird nicht schreien noch rufen, und
seine Stimme wird man nicht hören auf
den Gassen. [b]*Das geknickte Rohr wird* 3
er nicht zerbrechen, und den glimmenden
Docht wird er nicht auslöschen. In Treue
trägt er das Recht hinaus. Er selbst wird 4
nicht verlöschen und nicht zerbrechen,
[c]bis er auf Erden das Recht aufrichte;
und die Inseln warten auf seine Wei-
sung.
So spricht Gott, der HERR, [d]der die 5
Himmel schafft und ausbreitet, der die
Erde macht und ihr Gewächs, der dem
Volk auf ihr den Odem gibt und den
Geist denen, die auf ihr gehen: Ich, der 6
HERR, habe dich gerufen in Gerechtig-
keit und halte dich bei der Hand und
behüte dich und [e]mache dich zum
Bund für das Volk, zum Licht der Hei-
den, daß du [f]die Augen der Blinden 7
öffnen sollst und [g]die Gefangenen aus
dem Gefängnis führen und, die da sit-
zen in der Finsternis, aus dem Kerker.
Ich, der [h]HERR, das ist mein Name, [i]ich 8
will meine Ehre keinem andern geben
noch meinen Ruhm den Götzen. Siehe, 9
was ich früher verkündigt habe, ist ge-
kommen. So [j]verkündige ich auch
Neues; ehe denn es aufgeht, lasse ich's
euch hören.

a (1-4) Kap 49,1-6; 50,4-11; 52,13-53,12; Mt 12,18-21; 3,17 *b* Ps 34,19 *c* Kap 51,5 *d* 1.Mose 1 *e* Kap 49,6.8 *f* Kap 35,5 *g* Kap 45,13; Ps 126,1-4 *h* 2.Mose 3,15 *i* Kap 48,11 *j* Kap 48,6

Gott kommt zur Befreiung seines Volkes

Singet dem HERRN [a]ein neues Lied, 10
seinen Ruhm an den Enden der Erde,
die ihr auf dem Meer fahret, und was
im Meer ist, ihr Inseln und die darauf
wohnen! Rufet laut, ihr Wüsten und 11
die Städte darin samt den Dörfern, wo
Kedar wohnt. Es sollen jauchzen, die in

Felsen wohnen, und rufen von den Hö-
12 hen der Berge! Sie sollen dem HERRN
die Ehre geben und seinen Ruhm auf
den Inseln verkünden!
13 Der HERR zieht aus wie ein Held, wie
ein Kriegsmann kommt er in Eifer; laut
erhebt er das Kampfgeschrei, zieht wie
14 ein Held wider seine Feinde. Ich
schwieg wohl eine lange Zeit, war still
und hielt an mich. Nun aber will ich
schreien wie eine Gebärende, ich will
15 laut rufen und schreien. Ich will Berge
und Hügel zur Wüste machen und all
ihr Gras verdorren lassen und will die
Wasserströme zu Land machen und die
16 Seen austrocknen. Aber die Blinden
will ich auf dem Wege leiten, den sie
nicht wissen; ich will sie führen auf den
Steigen, die sie nicht kennen. Ich will
die Finsternis vor ihnen her zum Licht
machen und [b] das Höckerige zur Ebene.
Das alles will ich tun und nicht davon
17 lassen. Aber die sich auf Götzen verlas-
sen und sprechen zum gegossenen Bil-
de: »Ihr seid unsre Götter!«, die sollen
zurückweichen und zuschanden wer-
den.[c]
18 Hört, ihr Tauben, und schaut her,
19 ihr Blinden, daß ihr seht![d] Wer ist so
blind wie mein [e] Knecht, und wer ist so
taub wie mein Bote, den ich senden
will? Wer ist so blind wie der Vertraute
und so blind wie der Knecht des
20 HERRN? Du sahst wohl viel, aber du
hast's nicht beachtet; deine Ohren wa-
ren offen, aber du hast nicht gehört.[f]
21 Dem HERRN hat es gefallen um seiner
Gerechtigkeit willen, daß er sein Ge-
22 setz herrlich und groß mache. Dennoch
ist es ein beraubtes und geplündertes
Volk; sie sind alle gebunden in Gefäng-
nissen und verschlossen in Kerkern.
Sie sind zur Beute geworden, und es ist
kein Erretter da; sie sind geplündert,
und es ist niemand da, der sagt: Gib
23 wieder her! Wer ist unter euch, der das
zu Ohren nimmt, der aufmerkt und es
24 hört für künftige Zeiten? Wer hat Jakob
der Plünderung preisgegeben und Is-
rael den Räubern? Hat es nicht der
HERR getan, an dem wir gesündigt ha-
ben? Und sie wollten nicht auf seinen
Wegen wandeln, und sie gehorchten
25 seinen Weisungen nicht. Darum hat er
über sie ausgeschüttet seinen grimmi-
gen Zorn und den Schrecken des Krie-
ges, daß er sie ringsumher versengte,
aber sie merken's nicht, und sie in
Brand steckte, aber sie nehmen's nicht
zu Herzen.

a Ps 33,3 *b* Kap 40,4 *c* Kap 44,11; Ps 97,7
d Kap 43,8 *e* Kap 41,8 *f* Kap 53,1

Gott erlöst sein Volk

Und nun spricht der HERR, der dich ge- 43
schaffen hat, Jakob, und dich gemacht
hat, Israel: *Fürchte dich nicht, denn ich*
habe dich erlöst; ich habe dich bei deinem
Namen gerufen; du bist mein! Wenn [a] du 2
durch Wasser gehst, will ich bei dir
sein, daß dich die Ströme nicht er-
säufen sollen; und [b] wenn du ins Feuer
gehst, sollst du nicht brennen, und die
Flamme soll dich nicht versengen.
Denn ich bin der HERR, dein Gott, der 3
Heilige Israels, dein [c] Heiland. Ich habe
Ägypten für dich als Lösegeld gegeben,
Kusch und Seba an deiner Statt, weil 4
du in meinen Augen so wert geachtet
und auch herrlich bist und weil ich dich
lieb habe. Ich gebe Menschen an deiner
Statt und Völker für dein Leben. So 5
fürchte dich nun nicht, denn ich bin bei
dir. [d] Ich will vom Osten deine Kinder
bringen und dich vom Westen her sam-
meln, ich will sagen zum Norden: Gib 6
her! und zum Süden: Halte nicht zu-
rück! Bring her meine Söhne von ferne
und meine Töchter vom Ende der
Erde, alle, die [e] mit meinem Namen ge- 7
nannt sind, die ich zu meiner Ehre ge-
schaffen und zubereitet und gemacht
habe.

a 2.Mose 14,21 *b* Ps 66,12; Dan 3,25-27
c Kap 41,14 *d* Kap 11,11-16; Jer 30,10 *e* Jer 14,9

Israel Gottes Zeuge vor der Welt

Es soll hervortreten das blinde Volk, 8
das doch Augen hat, und die Tauben,
die doch Ohren haben! Alle Heiden 9
sollen zusammenkommen und die Völ-
ker sich versammeln. [a] Wer ist unter
ihnen, der dies verkündigen kann und
uns hören lasse, was früher geweissagt
wurde? Sie sollen ihre Zeugen aufstel-
len und beweisen, so wird man's hören
und sagen: Es ist die Wahrheit. Ihr seid 10
meine Zeugen, spricht der HERR, und
mein Knecht, den ich erwählt habe, da-
mit ihr wißt und mir glaubt und er-
kennt, daß ich's bin. [b] Vor mir ist kein
Gott gemacht, so wird auch nach mir
keiner sein. *Ich, ich bin der* HERR, *und* 11
[c] *außer mir ist kein Heiland.* Ich hab's 12
verkündigt und habe auch geholfen
und hab's euch sagen lassen; und es war
kein fremder Gott unter euch. Ihr seid
meine Zeugen, spricht der HERR, und
ich bin Gott. Ich bin, ehe denn ein Tag 13
war, und niemand ist da, der aus meiner

Hand erretten kann. Ich wirke; wer
will's wenden?

a Kap 41,22.26 *b* Kap 44.8 *c* Kap 45,21; 5.Mose 32,39

Gott führt sein Volk aus Babel

14 So spricht der HERR, euer Erlöser, der
Heilige Israels: Um euretwillen habe
ich nach Babel geschickt und habe die
Riegel eures Gefängnisses zerbrochen,
und zur Klage wird der Jubel der Chal-
15 däer. Ich bin der HERR, euer Heiliger,
der ich Israel geschaffen habe, euer Kö-
16 nig. So spricht der HERR, der [a]im Meer
einen Weg und [b]in starken Wassern
17 Bahn macht, der [c]ausziehen läßt Wa-
gen und Rosse, Heer und Macht, daß
sie auf einem Haufen daliegen und
nicht aufstehen, daß sie verlöschen, wie
18 ein Docht verlischt: Gedenkt nicht an
das Frühere und achtet nicht auf das
19 Vorige! Denn siehe, ich will ein Neues
schaffen, jetzt wächst es auf, erkennt
ihr's denn nicht? Ich mache einen Weg
in der Wüste und [d]Wasserströme in der
20 Einöde. Das Wild des Feldes preist
mich, die Schakale und Strauße; denn
ich will in der Wüste Wasser und in der
Einöde Ströme geben, zu tränken mein
21 Volk, meine Auserwählten; das Volk,
das ich mir bereitet habe, soll meinen
Ruhm verkündigen.[e]

a 2.Mose 14,22 *b* Jos 3,16 *c* 2.Mose 14,23-28 *d* Kap 41,18 *e* 1.Petr 2,9

Gott tilgt Israels Sünde

22 Nicht, daß du mich gerufen hättest, Ja-
kob, oder daß du dich um mich gemüht
23 hättest, Israel. Mir hast du nicht die
Schafe deines Brandopfers gebracht
noch mich geehrt mit deinen
Schlachtopfern. Ich habe dir nicht
Arbeit gemacht mit Opfergaben, habe
dich auch nicht bemüht mit Weih-
24 rauch.[a] Mir hast du nicht für Geld
köstliches Gewürz gekauft, mich hast
du mit dem Fett deiner Opfer nicht ge-
labt. Aber [b]*mir hast du Arbeit gemacht*
mit deinen Sünden und hast mir Mühe ge-
25 *macht mit deinen Missetaten. Ich, ich til-*
ge deine Übertretungen um meinetwillen
26 *und gedenke deiner Sünden nicht.*[c] Erin-
nere mich, laß uns miteinander rech-
ten! Zähle alles auf, damit du Recht be-
27 kommst! Schon [d]dein Ahnherr hat ge-
sündigt, und deine Wortführer sind
28 von mir abgefallen. Darum habe ich die
Fürsten des Heiligtums entheiligt und
Jakob dem Bann übergeben und Israel
dem Hohn.

a Kap 1,11-15 *b* 2.Kor 5,21 *c* Kap 44,22; Jer 31,34 *d* Kap 41,8; 1.Mose 35,11.12

Das wahre Israel

So höre nun, mein Knecht Jakob, und 44
Israel, den ich erwählt habe! So spricht 2
der HERR, der dich gemacht und berei-
tet hat und der dir beisteht von Mutter-
leibe an: Fürchte dich nicht, mein
Knecht Jakob, und du, [a]Jeschurun,
den ich erwählt habe! Denn *ich will* 3
Wasser gießen auf das Durstige und Strö-
me auf das Dürre: [b]*ich will meinen Geist*
auf deine Kinder gießen und meinen Se-
gen auf deine Nachkommen, daß sie 4
wachsen sollen wie Gras zwischen
Wassern, wie die Weiden an den Was-
serbächen. Dieser wird sagen »Ich bin 5
des HERRN«, und jener wird genannt
werden mit dem Namen »Jakob«. Und
wieder ein anderer wird in seine Hand
schreiben »Dem HERRN eigen« und
wird mit dem Namen »Israel« genannt
werden.

a 5.Mose 32,15 *b* Kap 32,15; Joel 3,1

Der lebendige Gott und die toten Götzen

So spricht der HERR, der König Israels, 6
und sein Erlöser, der HERR Zebaot:
[a]*Ich bin der Erste, und ich bin der Letzte,*
und [b] *außer mir ist kein Gott.* Und wer ist 7
mir gleich? Er rufe und verkünde es
und tue es mir dar! Wer hat vorzeiten
kundgetan das Künftige? [c]Sie sollen
uns verkündigen, was kommen wird!
Fürchtet euch nicht und erschrecket 8
nicht! Habe ich's dich nicht schon lan-
ge hören lassen und es dir verkündigt?
Ihr seid doch meine Zeugen! Ist auch
ein Gott außer mir? [d]Es ist kein Fels,
ich weiß ja keinen.

[e]Die Götzenmacher sind alle nich- 9
tig; woran ihr Herz hängt, das ist nichts
nütze. Und ihre Zeugen sehen nichts,
merken auch nichts, damit sie zuschan-
den werden. Wer sind sie, die einen 10
Gott machen und einen Götzen gießen,
der nichts nütze ist? Siehe, alle ihre Ge- 11
nossen [f]werden zuschanden; die Mei-
ster sind auch nur Menschen. Wenn sie
auch alle zusammentreten, sollen sie
dennoch erschrecken und zuschanden
werden. [g]Der Schmied macht ein Mes- 12
ser in der Glut und formt es mit Ham-
merschlägen. Er arbeitet daran mit der
ganzen Kraft seines Arms; dabei wird
er hungrig, so daß er nicht mehr kann,
und trinkt auch kein Wasser, so daß er
matt wird. Der Zimmermann spannt 13

die Schnur und zeichnet mit dem Stift.
Er behaut das Holz und zirkelt es ab
und macht es wie eines Mannes Ge-
stalt, wie einen schönen Menschen; in
14 einem Hause soll es thronen. Er haut
Zedern ab und nimmt Kiefern und Ei-
chen und wählt unter den Bäumen des
Waldes. Er hatte Fichten gepflanzt,
15 und der Regen ließ sie wachsen. Das
gibt den Leuten Brennholz; davon
nimmt er und wärmt sich; auch zündet
er es an und bäckt Brot; aber daraus
macht er auch einen Gott und betet's
an; er macht einen Götzen daraus und
16 kniet davor nieder. Die eine Hälfte ver-
brennt er im Feuer, auf ihr brät er
Fleisch und ißt den Braten und sättigt
sich, wärmt sich auch und spricht: Ah!
Ich bin warm geworden, ich spüre das
17 Feuer. Aber die andere Hälfte macht er
zum Gott, daß es sein Götze sei, vor
dem er kniet und niederfällt und betet,
und spricht: Errette mich, denn du bist
18 mein Gott! Sie wissen nichts und ver-
stehen nichts; denn sie sind verblendet,
daß ihre Augen nicht sehen und ihre
19 Herzen nichts merken können. Er
kommt nicht zur Einsicht; keine Ver-
nunft und kein Verstand ist da, daß er
dächte: Ich habe die eine Hälfte mit
Feuer verbrannt und hab auf den Koh-
len Brot gebacken und Fleisch gebraten
und gegessen, und sollte die andere
Hälfte zum Götzen machen und sollte
20 knien vor einem Klotz? Wer Asche hü-
tet, den hat sein Herz getäuscht und be-
tört, so daß er sein Leben nicht erretten
und nicht zu sich sagen wird: Ist das
nicht Trug, woran meine Rechte sich
hält?

a Kap 41,4 *b* Kap 43,11 *c* Kap 41,22; 5.Mose 18,22 *d* 1.Sam 2,2 *e* *(9-11)* Kap 45,16; Ps 115,4-8; Jer 10,3-16 *f* Kap 42,17 *g* *(12-20)* Kap 40,18-20

Freude über die Erlösung

21 Gedenke daran, Jakob, und du, Israel,
denn du bist mein [a]Knecht. Ich habe
dich bereitet, daß du mein Knecht
seist. Israel, ich vergesse dich nicht!*
22 *Ich [b]tilge deine Missetat wie eine Wolke*
und deine Sünden wie den Nebel. Kehre
dich zu mir, denn ich erlöse dich! –
23 Jauchzet, ihr Himmel, denn der HERR
hat's getan! Jubelt, ihr Tiefen der
Erde! Ihr Berge, frohlocket mit Jauch-
zen, der Wald und alle Bäume darin!
Denn der HERR hat Jakob erlöst und ist
herrlich in Israel.[c]

a Kap 41,8 *b* Kap 43,25 *c* Kap 49,13; 55,12; Ps 96,11-13

*Vers 21: Luther übersetzte im Anschluß an eine andere Überlieferung: »Israel, vergiß Mein nicht!«

Cyrus als Werkzeug Gottes

So spricht der HERR, dein Erlöser, der 24
dich von Mutterleibe bereitet hat: [a]Ich
bin der HERR, der alles schafft, der den
Himmel ausbreitet allein und die Erde
festmacht ohne Gehilfen; der die Zei- 25
chen der Wahrsager zunichte macht
und die Weissager zu Narren; [b]der die
Weisen zurücktreibt und ihre Kunst
zur Torheit macht; der das Wort seiner 26
Knechte wahr macht und den Rat-
schluß vollführt, den seine Boten ver-
kündigt haben; der zu Jerusalem
spricht: Werde bewohnt! und zu den
Städten Judas: Werdet wieder aufge-
baut!, und ihre Trümmer richte ich
auf; der zu der Tiefe spricht: Versie- 27
ge!, und [c]deine Fluten trockne ich aus;
der zu Cyrus sagt: Mein Hirte! Er soll 28
all meinen Willen vollenden und [d]sa-
gen zu Jerusalem: Werde wieder ge-
baut! und zum Tempel: Werde ge-
gründet!

So spricht der HERR zu seinem Ge- **45**
salbten, zu Cyrus, den ich bei seiner
rechten Hand ergriff, [e]daß ich Völker
vor ihm unterwerfe und Königen das
Schwert abgürte, damit vor ihm Türen
geöffnet werden und Tore nicht ver-
schlossen bleiben: Ich will vor dir her- 2
gehen und das Bergland eben machen,
ich will die ehernen Türen zerschlagen
und die eisernen Riegel zerbrechen und 3
will dir heimliche Schätze geben und
verborgene Kleinode, damit du er-
kennst, daß ich der HERR bin, der dich
beim Namen ruft, der Gott Israels. Um 4
Jakobs, meines Knechts, und um Is-
raels, meines Auserwählten, willen rief
ich dich bei deinem Namen und gab dir
Ehrennamen, obgleich du mich nicht
kanntest. [f]Ich bin der HERR, und sonst 5
keiner mehr, kein Gott ist außer mir.
Ich habe dich gerüstet, obgleich du
mich nicht kanntest, damit man erfahre 6
in Ost und West, daß außer mir nichts
ist. Ich bin der HERR, und sonst keiner
mehr, der ich das Licht mache und 7
schaffe die Finsternis, der ich Frieden
gebe und [g]schaffe Unheil. Ich bin der
HERR, der dies alles tut.

Träufelt, ihr Himmel, von oben, und 8
ihr Wolken, regnet Gerechtigkeit! Die
Erde tue sich auf und bringe Heil, und
Gerechtigkeit wachse mit auf! Ich, der
HERR, habe es geschaffen.

a Kap 45,12 *b* Kap 29,14 *c* Jos 4,23

d 2.Chr 36,23; Esr 1,1-4 *e* Kap 41,2 *f (5 und 6)*
2.Mose 20,3 *g* Am 3,6

Gegen die Vermessenen in Israel

9 Weh dem, der [a]mit seinem Schöpfer
hadert, eine Scherbe unter irdenen
Scherben! [b]Spricht denn der Ton zu
seinem Töpfer: Was machst du? und
10 sein Werk: Du hast keine Hände! Weh
dem, der zum Vater sagt: Warum
zeugst du? und zum Weibe: Warum
11 gebierst du? So spricht der HERR, der
Heilige Israels und sein Schöpfer:
Wollt ihr mich zur Rede stellen wegen
meiner Söhne? Und wollt ihr mir Be-
fehl geben wegen des Werkes meiner
12 Hände? Ich habe die Erde gemacht und
den Menschen auf ihr geschaffen. [c]Ich
bin's, dessen Hände den Himmel aus-
gebreitet haben und der seinem ganzen
13 Heer geboten hat. Ich habe ihn erweckt
in Gerechtigkeit, und alle seine Wege
will ich eben machen. Er soll meine
Stadt wieder aufbauen und meine Ge-
fangenen loslassen, nicht um Geld und
nicht um Geschenke, spricht der HERR
Zebaot.[d]

a Hiob 40,2 *b* Kap 29,16; Jer 18,6; Röm 9,20
c Kap 44,24 *d* Kap 41,2

Verheißung der Herrlichkeit Gottes in aller Welt

14 So spricht der HERR: Der Ägypter Er-
werb und der Kuschiter Gewinn und
die hochgewachsenen Leute von Seba
werden zu dir kommen und dein eigen
sein. Sie werden dir folgen, in Fesseln
werden sie gehen und werden zu dir
kommen und niederfallen und zu dir
flehen: Nur bei dir ist Gott, und sonst
15 ist kein Gott mehr. *Fürwahr, [a]du bist*
ein verborgener Gott, du Gott Israels, der
16 *[b]Heiland.* Aber die [c]Götzenmacher sol-
len alle in Schmach und Schande gera-
ten und miteinander schamrot einher-
17 gehen. Israel aber wird erlöst durch den
HERRN mit einer ewigen Erlösung und
wird nicht zuschanden noch zu Spott
immer und ewiglich.
18 Denn so spricht der HERR, der den
Himmel geschaffen hat – er ist Gott;
der die Erde bereitet und gemacht hat
– er hat sie gegründet; er hat sie nicht
geschaffen, daß sie leer sein soll, son-
dern sie bereitet, daß man auf ihr woh-
nen solle: Ich bin der HERR, und sonst
19 keiner mehr. [d]Ich habe nicht im Ver-
borgenen geredet an einem finstern Ort
der Erde; ich habe nicht zu den Söhnen
Jakobs gesagt: »Sucht mich vergeb-
lich!« Denn ich bin der HERR, der von
Gerechtigkeit redet und verkündigt,
was recht ist.
Versammelt euch und kommt mit- 20
einander herzu, ihr Entronnenen der
Heiden. Keine Erkenntnis haben, die
sich abschleppen mit den Klötzen ihrer
Götzen und zu einem Gott flehen, der
nicht helfen kann. Tut es kund, bringt 21
es vor, beratet miteinander: Wer hat
dies hören lassen von alters her und
vorzeiten verkündigt? Hab ich's nicht
getan, der HERR? Es ist sonst kein Gott
außer mir, ein gerechter Gott und Hei-
land, und es ist keiner außer mir.
Wendet euch zu mir, so werdet ihr ge- 22
rettet, aller Welt Enden; denn ich bin
Gott, und sonst keiner mehr. [e]Ich habe 23
bei mir selbst geschworen, und Ge-
rechtigkeit ist ausgegangen aus meinem
Munde, ein Wort, bei dem es bleiben
soll: *Mir sollen sich alle Knie beugen und*
alle Zungen schwören und sagen: [f]Im 24
HERRN *habe ich Gerechtigkeit und Stär-*
ke. Aber alle, die ihm widerstehen, wer-
den zu ihm kommen und beschämt
werden. Im HERRN wird gerecht wer- 25
den Israels ganzes Geschlecht und
[g]wird sich seiner rühmen.

a Röm 11,33 *b* Kap 43,11 *c* Kap 44,9-11
d Kap 48,16 *e (23 und 24)* Röm 14,11;
Phil 2,10.11 *f* Jer 23,6 *g* Jer 9,22.23

Sturz der babylonischen Götzen

[a]Bel bricht zusammen, Nebo ist gefal- **46**
len, ihre Götzenbilder sind den Tieren
und dem Vieh aufgeladen, daß sie sich
müde tragen an dem, was eure Last
war. Ja, sie können die Last nicht weg- 2
bringen. Die Götzen sind gefallen und
alle zusammengebrochen und müssen
in die Gefangenschaft gehen.
Hört mir zu, ihr vom Hause Jakob, 3
und alle, die ihr noch übrig seid vom
Hause Israel, die ihr von mir getragen
werdet von Mutterleibe an und vom
Mutterschoße an mir aufgeladen seid:
Auch [b]bis in euer Alter bin ich dersel- 4
be, und ich will euch tragen, bis ihr
grau werdet. Ich habe es getan; ich will
heben und tragen und erretten.
[c]Wem wollt ihr mich gleichstellen, 5
und mit wem vergleicht ihr mich? An
wem meßt ihr mich, daß ich ihm gleich
sein soll? Sie schütten das Gold aus 6
dem Beutel und wiegen das Silber mit
der Waage dar und dingen den Gold-
schmied, daß er einen Gott daraus ma-
che, vor dem sie knien und anbeten. Sie 7
heben ihn auf die Schultern und tragen

ihn und setzen ihn nieder an seine Stät-
te, daß er stehe und nicht von seinem
Ort rücke. [d]Schreit einer zu ihm, so
antwortet er nicht und hilft ihm nicht
aus seiner Not.
8 Gedenket doch daran, ihr Abtrünni-
9 gen, und nehmt's zu Herzen! Gedenket
des Vorigen, wie es von alters her war:
[e]Ich bin Gott, und sonst keiner mehr,
10 ein Gott, dem nichts gleicht. Ich habe
von Anfang an verkündigt, was hernach
kommen soll, und vorzeiten, was noch
nicht geschehen ist. Ich sage: Was ich
beschlossen habe, geschieht, und alles,
was ich mir vorgenommen habe, das
11 tue ich. Ich rufe einen Adler [f]vom
Osten her, aus fernem Lande den
Mann, der meinen Ratschluß ausführe.
Wie ich's gesagt habe, so lasse ich's
kommen; was ich geplant habe, das tue
ich auch.
12 Hört mir zu, ihr trotzigen Herzen,
die ihr ferne seid von der Gerechtig-
13 keit! Ich habe meine Gerechtigkeit
nahe gebracht; sie ist nicht ferne, und
mein Heil säumt nicht. Ich will zu Zion
das Heil geben und in Israel meine
Herrlichkeit.

a Jer 50,2 *b* Ps 71,18 *c (5-8)* Kap 44,9-20
d 1.Kön 18,26 *e* Kap 44,6 *f* Kap 41,2

Gericht über Babel

47 Herunter, Jungfrau, du Tochter Babel,
setze dich in den Staub! Setze dich auf
die Erde, wo kein Thron ist, du Toch-
ter der Chaldäer. Man wird nicht mehr
zu dir sagen: »Du Zarte und Verwöhn-
2 te«. Nimm die Mühle und mahle Mehl,
decke auf deinen Schleier! Hebe die
Schleppe, entblöße den Schenkel, wate
3 durchs Wasser, daß [a]deine Blöße auf-
gedeckt und deine Schande gesehen
werde! Ich will mich rächen, unerbitt-
4 lich, spricht unser Erlöser; der heißt
der HERR Zebaot, der Heilige Israels.
5 Setze dich stumm hin, geh in die
Finsternis, du Tochter der Chaldäer!
Denn du sollst nicht mehr heißen »Her-
6 rin über Königreiche«. Als ich [b]über
mein Volk zornig war und mein Erbe
entheiligte, gab ich sie in deine Hand;
aber du erwiesest ihnen keine Barmher-
zigkeit, auch über die Alten machtest
7 du dein Joch allzu schwer. Du dach-
test: Ich bin eine Herrin für immer. Du
hattest noch nicht zu Herzen genom-
men noch daran gedacht, wie es her-
nach werden könnte.
8 [c]So höre nun dies, die du in Wollust
lebst und so sicher sitzest und sprichst
in deinem Herzen: »Ich bin's, und
sonst keine; ich werde keine Witwe
werden noch ohne Kinder sein«: Dies 9
beides wird plötzlich über dich kom-
men auf *einen* Tag, daß du Witwe und
ohne Kinder bist. Ja, es wird in vollem
Maße über dich kommen trotz der
Menge deiner Zaubereien und trotz der
großen Macht deiner Beschwörungen.
Denn du hast dich auf deine Bosheit 10
verlassen, als du dachtest: [d]Niemand
sieht mich! Deine Weisheit und Kunst
hat dich verleitet, daß du in deinem
Herzen sprachst: Ich bin's, und sonst
keine! Aber nun wird über dich Un- 11
glück kommen, das du nicht wegzuzau-
bern weißt, und Unheil wird auf dich
fallen, das du nicht durch Sühne ab-
wenden kannst. Und es wird plötzlich
ein Verderben über dich kommen, des-
sen du dich nicht versiehst.
So tritt nun auf mit deinen Beschwö- 12
rungen und der Menge deiner Zaube-
reien, um die du dich von deiner Ju-
gend auf bemüht hast, ob du dir helfen
und es abwenden kannst.[e] Du hast dich 13
müde gemacht mit der Menge deiner
Pläne. Es sollen hertreten und dir hel-
fen die Meister des Himmelslaufs und
die Sterngucker, die an jedem Neu-
mond kundtun, was über dich kommen
werde! Siehe, sie sind wie Stoppeln, die 14
das Feuer verbrennt, sie können ihr Le-
ben nicht erretten vor der Flamme Ge-
walt. Denn es wird nicht eine Glut sein,
an der man sich wärmen, oder ein
Feuer, um das man sitzen könnte. So 15
sind alle, um die du dich bemüht hast,
die mit dir Handel trieben von deiner
Jugend auf: ein jeder wird hierhin und
dorthin wanken, und du hast keinen
Retter.

a Nah 3,5 *b* Sach 1,15 *c (8 und 9)* Zef 2,15;
Offb 18,7 *d* Ps 10,11 *e* Dan 2,2

Gnade für das abtrünnige Israel

Hört dies, ihr vom Hause Jakob, die ihr **48**
nach dem Namen Israels heißt und aus
dem Wasser Judas gekommen seid; die
ihr schwört bei dem Namen des HERRN
und den Gott Israels bekennt, aber
nicht in Wahrheit und Gerechtigkeit,[a]
– sie nennen sich nach der heiligen 2
Stadt und pochen auf den Gott Israels,
der da heißt der HERR Zebaot.
Ich habe vorzeiten verkündigt, was 3
schon gekommen ist; aus meinem
Munde ist es gekommen, und ich habe
es sagen lassen. Ich tat es plötzlich, und
es kam. Denn ich weiß, daß du hart bist 4

und dein Nacken eine eiserne Sehne ist
5 und deine Stirn ehern. Darum habe ich
dir's vorzeiten verkündigt und es dir sa-
gen lassen, ehe es gekommen ist, damit
du nicht sagen könntest: Mein Götze
tat es, und mein Abgott, der geschnitzt
und gegossen wurde, hat's befohlen.
6 Das alles hast du gehört und siehst es
und verkündigst es doch nicht. Von
nun an lasse ich dich Neues hören und
Verborgenes, das du nicht wußtest.
7 Jetzt ist es geschaffen und nicht vorzei-
ten, und vorher hast du nicht davon ge-
hört, auf daß du nicht sagen könntest:
8 Siehe, das wußte ich schon. Du hörtest
es nicht und wußtest es auch nicht, und
dein Ohr war damals nicht geöffnet.
Ich aber wußte sehr wohl, daß du treu-
los bist und man dich nennt »Abtrünnig
von Mutterleib an«.
9 Um meines Namens willen halte ich
lange meinen Zorn zurück, und um
meines Ruhmes willen bezähme ich
mich dir zugut, damit du nicht ausge-
10 rottet wirst. Siehe, ich habe dich geläu-
tert, aber nicht wie Silber, sondern ich
habe dich geprüft im [b]Glutofen des
11 Elends. Um meinetwillen, ja, um
meinetwillen will ich's tun, daß ich
nicht gelästert werde; denn [c]ich will
meine Ehre keinem andern lassen.

a Kap 51,1 *b* 5.Mose 4,20 *c* Kap 42,8

Die Stunde der Erlösung Israels ist gekommen

12 Höre mir zu, Jakob, und du, Israel, den
ich berufen habe: Ich bin's, ich bin der
13 Erste und auch der Letzte. Meine
Hand hat die Erde gegründet, und mei-
ne Rechte hat den Himmel ausge-
spannt. Ich rufe, und alles steht da.
14 Versammelt euch alle und hört: Wer
ist unter ihnen, der es verkündigt hat?
[a]Er, den der HERR liebt, wird seinen
Willen an Babel beweisen und seinen
15 Arm an den Chaldäern. Ich, ja, ich habe
es gesagt, ich habe ihn gerufen, ich habe
ihn auch kommen lassen, und sein Weg
16 soll ihm gelingen. Tretet her zu mir
und höret dies! [b]Ich habe von Anfang
an nicht im Verborgenen geredet; von
der Zeit an, da es geschieht, bin ich auf
dem Plan. – Und nun sendet mich Gott
der HERR und sein Geist.
17 So spricht der HERR, dein Erlöser,
der Heilige Israels: Ich bin der HERR,
dein Gott, der dich lehrt, was dir hilft,
und dich leitet auf dem Wege, den du
18 gehst. *O [c]daß du auf meine Gebote ge-*
merkt hättest, so würde dein Friede sein
wie ein Wasserstrom und deine Gerechtig-
keit wie Meereswellen. Deine Kinder 19
würden [d]zahlreich sein wie Sand und
deine Nachkommen wie Sandkörner.
Dein Name würde nicht ausgerottet
und nicht vertilgt werden vor mir.
[e]Geht heraus aus Babel, flieht von 20
den Chaldäern! Mit fröhlichem Schall
verkündigt dies und laßt es hören,
tragt's hinaus bis an die Enden der Erde
und sprecht: Der HERR hat seinen
Knecht Jakob erlöst. Sie litten keinen 21
Durst, als er sie leitete in der Wüste.
[f]Er ließ ihnen Wasser aus dem Felsen
fließen, er spaltete den Fels, daß Was-
ser herausrann. *Aber die Gottlosen,* 22
spricht der HERR, *haben keinen Frieden.*[g]

a Kap 41,2 *b* Kap 45,19 *c* 5.Mose 5,29
d 1.Mose 22,17 *e* Jer 51,6; Offb 18,4
f 2.Mose 17,6 *g* Kap 57,21

Der Knecht Gottes das Heil Israels und das Licht der Heiden

(vgl. Kap 42,1-4)

Hört mir zu, ihr Inseln, und ihr Völker **49**
in der Ferne, merket auf! Der HERR hat
mich berufen von Mutterleibe an; er
hat meines Namens gedacht, als ich
noch im Schoß der Mutter war. Er hat 2
[a]meinen Mund wie ein scharfes
Schwert gemacht, [b]mit dem Schatten
seiner Hand hat er mich bedeckt. Er hat
mich zum spitzen Pfeil gemacht und
mich in seinem Köcher verwahrt. Und 3
er sprach zu mir: Du bist mein Knecht,
Israel, durch den ich mich verherr-
lichen will. Ich aber dachte, [c]ich arbei- 4
tete vergeblich und verzehrte meine
Kraft umsonst und unnütz, wiewohl
mein Recht bei dem HERRN und mein
Lohn bei meinem Gott ist.
Und nun spricht der HERR, der mich 5
von Mutterleib an zu seinem Knecht
bereitet hat, daß ich Jakob zu ihm zu-
rückbringen soll und Israel zu ihm ge-
sammelt werde, – darum bin ich vor
dem HERRN wert geachtet, und mein
Gott ist meine Stärke –, *er spricht: Es* 6
ist zu wenig, daß du mein Knecht bist, die
Stämme Jakobs aufzurichten und die
Zerstreuten Israels wiederzubringen, son-
dern [d]ich habe dich auch zum Licht der
Heiden gemacht, daß du seist mein Heil
bis an die Enden der Erde.

a Hebr 4,12; Offb 1,16 *b* Kap 51,16
c 1.Kor 15,58 *d* Kap 42,6; 60,3; Lk 2,32;
Apg 13,47

Die Wiederherstellung Israels

7 So spricht der HERR, der Erlöser Is-
raels, sein Heiliger, zu dem, der verach-
tet ist von den Menschen und verab-
scheut von den Heiden, zu dem
Knecht, der unter Tyrannen ist: Köni-
ge sollen sehen und aufstehen, und
Fürsten sollen niederfallen um des
HERRN willen, der treu ist, um des Hei-
ligen Israels willen, der dich erwählt
hat.
8 So spricht der HERR: [a]Ich habe dich
erhört zur Zeit der Gnade und habe dir
am Tage des Heils geholfen und [b]habe
dich behütet und zum Bund für das
Volk bestellt, daß du das Land aufrich-
test und das verwüstete Erbe zuteilst,
9 zu sagen den Gefangenen: Geht her-
aus! und zu denen in der Finsternis:
Kommt hervor! Am Wege werden sie
weiden und auf allen kahlen Höhen ihre
10 Weide haben. Sie [c]werden weder hun-
gern noch dürsten, sie wird weder Hit-
ze noch Sonne stechen; denn ihr Erbar-
mer wird sie führen und sie an die Was-
11 serquellen leiten. Ich will alle meine
Berge zum ebenen Wege machen, und
12 meine Pfade sollen gebahnt sein.[d] Sie-
he, diese werden von ferne kommen,
und siehe, jene vom Norden und diese
vom Meer und jene vom Lande Sinim.[e]
13 [f]Jauchzet, ihr Himmel; freue dich,
Erde! Lobet, ihr Berge, mit Jauchzen!
Denn der HERR hat sein Volk getröstet
und erbarmt sich seiner Elenden.
14 Zion aber sprach: Der HERR hat
mich verlassen, der HERR hat meiner
15 vergessen. *Kann auch ein Weib ihres*
Kindleins vergessen, [g]daß sie sich nicht
erbarme über den Sohn ihres Leibes? Und
ob sie seiner vergäße, [h]so will ich doch dei-
16 *ner nicht vergessen. Siehe, in die Hände*
habe ich dich gezeichnet; deine Mauern
17 *sind immerdar vor mir.* Deine Erbauer
eilen herbei, aber die dich zerbrochen
und zerstört haben, werden sich davon-
machen.
18 [i]Hebe deine Augen auf und sieh um-
her: Diese alle sind versammelt und
kommen zu dir. So wahr ich lebe,
spricht der HERR: du sollst mit diesen
allen wie mit einem Schmuck angetan
werden und wirst sie als Gürtel um dich
19 legen, wie eine Braut es tut. Denn dein
wüstes, zerstörtes und verheertes Land
wird dir alsdann zu eng werden, um
darin zu wohnen, und deine Verderber
20 werden vor dir weichen, so daß deine
Söhne, du Kinderlose, noch sagen wer-
den vor deinen Ohren: [j]Der Raum ist
mir zu eng; mach mir Platz, daß ich
wohnen kann. Du aber wirst sagen in 21
deinem Herzen: Wer hat mir diese ge-
boren? Ich war unfruchtbar, einsam,
vertrieben und verstoßen. Wer hat mir
diese aufgezogen? Siehe, ich war allein
gelassen – wo waren denn diese?
So spricht Gott der HERR: Siehe, ich 22
will meine Hand zu den Heiden hin er-
heben und für die Völker mein Banner
aufrichten. [k]Dann werden sie deine
Söhne in den Armen herbringen und
deine Töchter auf der Schulter hertra-
gen. Und Könige sollen deine Pfleger 23
und ihre Fürstinnen deine Ammen
sein. [l]Sie werden vor dir niederfallen
zur Erde aufs Angesicht und deiner
Füße Staub lecken. Da [m]wirst du er-
fahren, daß ich der HERR bin, an dem
nicht zuschanden werden, die auf mich
harren.
Kann man auch einem Starken den 24
Raub wegnehmen? Oder kann man
einem Gewaltigen seine Gefangenen
entreißen? So aber spricht der HERR: 25
[n]Nun sollen die Gefangenen dem Star-
ken weggenommen werden, und der
Raub soll dem Gewaltigen entrissen
werden. Ich selbst will deinen Gegnern
entgegentreten und deinen Söhnen hel-
fen. Und ich will deine Schinder sätti- 26
gen mit ihrem eigenen Fleisch, und sie
sollen von ihrem eigenen Blut wie von
süßem Wein trunken werden. Und al-
les Fleisch soll erfahren, daß ich, der
HERR, dein Heiland bin und dein Erlö-
ser, der Mächtige Jakobs.

a Ps 69,14; 2.Kor 6,2 *b* Kap 42,6 *c* Offb 7,16
d Kap 40,4 *e* Lk 13,29 *f* Kap 44,23
g 1.Mose 21,16; 1.Kön 3,26 *h* Jer 31,20
i Kap 60,4 *j* Kap 54,1 *k* Kap 60,4 *l* Ps 72,9
m Kap 60,16 *n* Mt 12,29

Die Schuld liegt beim Volk

So spricht der HERR: Wo ist der **50**
[a]Scheidebrief eurer Mutter, mit dem
ich sie entlassen hätte? Oder wer ist
mein Gläubiger, dem ich euch verkauft
hätte? Siehe, [b]ihr seid um eurer Sün-
den willen verkauft, und eure Mutter
ist um eurer Abtrünnigkeit willen ent-
lassen. Warum kam ich, und niemand 2
war da? Warum rief ich, und niemand
antwortete? [c]Ist mein Arm nun so kurz
geworden, daß er nicht mehr erlösen
kann? Oder ist bei mir keine Kraft
mehr, zu erretten? Siehe, mit meinem
Schelten [d]mache ich das Meer trocken
und die Wasserströme zur Wüste, daß
ihre Fische vor Mangel an Wasser stin-

3 ken und vor Durst sterben. Ich kleide
den Himmel mit Dunkel und hülle ihn
in Trauer.

a Kap 54,6; 5.Mose 24,1 *b* Kap 52,3 *c* Kap 59,1;
4.Mose 11,23 *d* 2.Mose 14,21

Der Knecht Gottes im Leiden
(vgl. Kap 42,1-4)

4 *Gott der* HERR *hat mir eine Zunge gege-*
ben, wie sie Jünger haben, daß ich wisse
mit den Müden zu rechter Zeit zu reden.
Alle Morgen weckt er mir das Ohr, daß
5 *ich höre, wie Jünger hören.* [a]Gott der
HERR hat mir das Ohr geöffnet. Und ich
bin nicht ungehorsam und weiche nicht
6 zurück. *Ich* [b]*bot meinen Rücken dar de-*
nen, die mich schlugen, und meine Wan-
gen denen, die mich rauften. [c]*Mein Ange-*
sicht verbarg ich nicht vor Schmach und
7 *Speichel.* Aber Gott der HERR hilft mir,
darum werde ich nicht zuschanden.
Darum [d]hab ich mein Angesicht hart
gemacht wie einen Kieselstein; denn
ich weiß, daß ich nicht zuschanden
8 werde. Er ist nahe, der mich [e]gerecht
spricht; wer will mit mir rechten? Laßt
uns zusammen vortreten! Wer will
mein Recht anfechten? Der komme her
9 zu mir! Siehe, Gott der HERR hilft mir;
wer will mich verdammen? Siehe, sie
alle werden wie Kleider zerfallen, die
die Motten fressen.
10 Wer ist unter euch, der den HERRN
fürchtet, der der Stimme seines
Knechts gehorcht, der im Finstern
wandelt und dem kein Licht scheint?
Der hoffe auf den Namen des HERRN
11 und verlasse sich auf seinen Gott! Sie-
he, ihr alle, die ihr ein Feuer anzündet
und Brandpfeile zurüstet, geht hin in
die Glut eures Feuers und in die
Brandpfeile, die ihr angezündet habt!
Das widerfährt euch von meiner Hand;
in Schmerzen sollt ihr liegen.

a Ps 40,7 *b* Joh 19,1 *c* Mt 26,67.68 *d* Hes 3,8.9
e Röm 8,33

Gottes ewiges Heil für Israel

51 Hört mir zu, [a]die ihr der Gerechtigkeit
nachjagt, die ihr den HERRN sucht:
Schaut den Fels an, aus dem ihr gehau-
en seid, und [b]des Brunnens Schacht,
2 aus dem ihr gegraben seid. Schaut Ab-
raham an, euren Vater, und Sara, von
der ihr geboren seid. Denn [c]als einen
einzelnen berief ich ihn, um ihn zu seg-
3 nen und zu mehren. Ja, der HERR trö-
stet Zion, er tröstet alle ihre Trümmer
und macht ihre Wüste wie Eden und
ihr dürres Land wie den [d]Garten des
HERRN, daß man Wonne und Freude
darin findet, Dank und Lobgesang.
Merkt auf mich, ihr Völker, und ihr 4
Menschen, hört mir zu! Denn Weisung
wird von mir ausgehen, und mein
Recht will ich gar bald zum Licht der
Völker machen. Denn meine Gerech- 5
tigkeit ist nahe, mein Heil tritt hervor,
und meine Arme werden die Völker
richten. [e]Die Inseln harren auf mich
und warten auf meinen Arm. Hebt eure 6
Augen auf gen Himmel und schaut un-
ten auf die Erde! Denn [f]der Himmel
wird wie ein Rauch vergehen und die
Erde wie ein Kleid zerfallen, und die
darauf wohnen, werden wie Mücken
dahinsterben. Aber mein Heil bleibt
ewiglich, und meine Gerechtigkeit
wird nicht zerbrechen. Hört mir zu, die 7
ihr die Gerechtigkeit kennt, du Volk, in
dessen Herzen mein Gesetz ist!
[g]Fürchtet euch nicht, wenn euch die
Leute schmähen, und entsetzt euch
nicht, wenn sie euch verhöhnen! Denn 8
die Motten werden sie fressen wie ein
Kleid, und Würmer werden sie fressen
wie ein wollenes Tuch. Aber meine Ge-
rechtigkeit bleibt ewiglich und mein
Heil für und für.

a Kap 48,1 *b* 5.Mose 33,28 *c* Kap 41,8;
1.Mose 12,1.2 *d* 1.Mose 2,8 *e* Kap 42,4
f Ps 102,26.27; Mt 24,35 *g* Mt 5,11

Der HERR greift ein mit Macht und Trost

Wach auf, wach auf, zieh Macht an, du 9
Arm des HERRN! Wach auf, wie vor al-
ters zu Anbeginn der Welt! Warst du es
nicht, der [a]Rahab zerhauen und den
Drachen durchbohrt hat? Warst du es 10
nicht, der das Meer austrocknete, die
Wasser der großen Tiefe, der den
Grund des Meeres zum Wege machte,
daß die Erlösten hindurchgingen?[b] So 11
werden die Erlösten des HERRN heim-
kehren und nach Zion kommen mit
Jauchzen, und ewige Freude wird auf
ihrem Haupte sein. Wonne und Freude
werden sie ergreifen, aber Trauern und
Seufzen wird von ihnen fliehen.[c]
Ich, ich bin euer Tröster! Wer bist 12
du denn, [d]daß du dich vor Menschen
gefürchtet hast, die doch sterben, und
vor Menschenkindern, die [e]wie Gras
vergehen, und hast des HERRN verges- 13
sen, der dich gemacht hat, der [f]den
Himmel ausgebreitet und die Erde ge-
gründet hat, und hast dich ständig ge-
fürchtet den ganzen Tag vor dem
Grimm des Bedrängers, als er sich vor-

nahm, dich zu verderben? Wo ist nun
14 der Grimm des Bedrängers? Der Ge-
fangene wird eilends losgegeben, daß er
nicht sterbe und begraben werde und
daß er keinen Mangel an Brot habe.
15 Denn ich bin der HERR, dein Gott, [g]der
das Meer erregt, daß seine Wellen wü-
ten – sein Name heißt HERR Zebaot –;
16 ich habe mein Wort in deinen Mund
gelegt und habe dich unter dem Schat-
ten meiner Hände geborgen, auf daß
ich den Himmel von neuem ausbreite
und die Erde gründe und zu Zion spre-
che: Du bist mein Volk.

a Ps 89,11 *b* 2.Mose 14,21.22 *c* Kap 35,10
d Ps 56,5; Mt 10,28 *e* Kap 40,1.6 *f* Kap 44,24
g Jer 31,35

Weckruf Gottes an das erniedrigte Jerusalem

17 Werde wach, werde wach, steh auf, Je-
rusalem, die du getrunken hast von der
Hand des HERRN den Kelch seines
Grimmes! [a]Den Taumelkelch hast du
18 ausgetrunken, den Becher geleert. Es
war niemand von allen Söhnen, die sie
geboren hat, der sie leitete, niemand
von allen Söhnen, die sie erzogen hat,
19 der sie bei der Hand nahm. Dies beides
ist dir begegnet – wer trug Leid um
dich? –: Verwüstung und Schaden,
Hunger und Schwert; – wer hat dich
20 getröstet? Deine Söhne [b]lagen auf allen
Gassen verschmachtet wie ein Hirsch
im Netz, getroffen vom Zorn des
HERRN und vom Schelten deines Got-
21 tes. Darum höre dies, du Elende, die du
22 trunken bist, doch nicht von Wein! So
spricht dein Herrscher, der HERR, und
dein Gott, der die Sache seines Volks
führt: Siehe, ich nehme den Taumel-
kelch aus deiner Hand, den Becher
meines Grimmes. Du sollst ihn nicht
23 mehr trinken, sondern ich will ihn dei-
nen Peinigern in die Hand geben, die zu
dir sprachen: Wirf dich nieder, daß wir
darüberhin gehen! Und [c]du machtest
deinen Rücken dem Erdboden gleich
und wie eine Gasse, daß man darüber-
hin laufe.

a Ps 60,5; 75,9; Jer 13,12.13; Offb 16,19
b Klgl 2,11.19 *c* Ps 129,3

Gott ruft sein Volk in die Freiheit

52 Wach auf, wach auf, Zion, zieh an deine
Stärke! Schmücke dich herrlich, Jeru-
salem, du heilige Stadt! Denn es wird
hinfort kein Unbeschnittener oder Un-
2 reiner zu dir hineingehen. Schüttle den
Staub ab, steh auf, Jerusalem, du Ge-
fangene! Mach dich los von den Fes-
seln deines Halses, du gefangene Toch-
ter Zion! Denn so spricht der HERR: 3
[a]Ihr seid umsonst verkauft, ihr sollt
auch ohne Geld ausgelöst werden.
So spricht Gott der HERR: [b]Mein 4
Volk zog einst hinab nach Ägypten, daß
es dort ein Fremdling wäre; [c]auch As-
sur hat ihm ohne Grund Gewalt ange-
tan. Aber nun, was habe ich hier zu 5
schaffen? spricht der HERR. Mein Volk
ist umsonst weggeführt; seine Tyran-
nen prahlen, spricht der HERR, und
[d]mein Name wird immer den ganzen
Tag gelästert. Darum soll an jenem Tag 6
mein Volk meinen Namen erkennen,
daß ich es bin, der da spricht: Hier bin
ich!

a Kap 50,1 *b* 1.Mose 46,5.6 *c* 2.Kön 17,6
d Hes 36,20

Die frohe Botschaft

Wie [a]lieblich sind auf den Bergen die 7
Füße der Freudenboten, die da Frieden
verkündigen, Gutes predigen, Heil ver-
kündigen, die da sagen zu Zion: Dein
Gott ist König! Deine [b]Wächter rufen 8
mit lauter Stimme und rühmen mitein-
ander; denn alle Augen werden es se-
hen, wenn der HERR nach Zion zurück-
kehrt. Seid fröhlich und rühmt mitein- 9
ander, ihr Trümmer Jerusalems; denn
der HERR hat sein Volk getröstet und
Jerusalem erlöst. Der HERR hat offen- 10
bart seinen heiligen Arm vor den Au-
gen aller Völker, daß aller Welt Enden
sehen das Heil unsres Gottes.
Weicht, weicht, zieht aus von dort 11
und rührt nichts Unreines an! Geht
weg aus ihrer Mitte, reinigt euch, die
ihr des HERRN Geräte tragt! Denn [c]ihr 12
sollt nicht in Eile ausziehen und in Hast
entfliehen; denn [d]der HERR wird vor
euch herziehen und der Gott Israels eu-
ren Zug beschließen.

a Kap 41,27; Nah 2,1; Röm 10,15 *b* Kap 62,6;
Hes 3,17 *c* 2.Mose 12,11; 5.Mose 16,3
d 2.Mose 13,21

Das stellvertretende Leiden und die Herrlichkeit des Knechtes Gottes

(vgl. Kap 42,1-4)

Siehe, meinem Knecht wird's gelingen, 13
er wird erhöht und sehr hoch erhaben
sein. Wie sich viele über ihn entsetzten, 14
weil seine Gestalt häßlicher war als die
anderer Leute und sein Aussehen als
das der Menschenkinder, so wird er 15
viele Heiden besprengen*, daß auch

Könige werden ihren Mund vor ihm
zuhalten. Denn [a]denen nichts davon
verkündet ist, die werden es nun sehen,
und die nichts davon gehört haben, die
werden es merken.

53 Aber [b]wer glaubt dem, was uns ver-
kündet wurde, und wem ist der [c]Arm
2 des HERRN offenbart? Er schoß auf vor
ihm [d]wie ein Reis und wie eine Wurzel
aus dürrem Erdreich. Er hatte keine
Gestalt und Hoheit. Wir sahen ihn,
aber da war keine Gestalt, die uns gefal-
3 len hätte. Er war der [e]Allerverachtetste
und Unwerteste, voller Schmerzen und
Krankheit. Er war so verachtet, daß
man das Angesicht vor ihm verbarg;
darum haben wir ihn für nichts geach-
4 tet. *Fürwahr, [f]er trug unsre Krankheit
und lud auf sich unsre Schmerzen. Wir
aber hielten ihn für den, der geplagt und
von Gott geschlagen und gemartert wäre.
5 Aber er ist um unsrer Missetat* willen
verwundet und [g]um unsrer Sünde willen
zerschlagen. [h]Die Strafe liegt auf ihm,
auf daß wir Frieden hätten, und durch
6 seine Wunden sind wir geheilt.* Wir [i]gin-
gen alle in die Irre wie Schafe, ein jeder
sah auf seinen Weg. Aber [j]der HERR
7 warf unser aller Sünde auf ihn. Als er
gemartert ward, [k]litt er doch willig und
tat seinen Mund nicht auf wie ein
[l]Lamm, das zur Schlachtbank geführt
wird; und wie ein Schaf, das ver-
stummt vor seinem Scherer, tat er sei-
8 nen Mund nicht auf.[m] Er ist aus Angst
und Gericht hinweggenommen. Wer
aber kann sein Geschick ermessen?
Denn er ist aus dem Lande der Leben-
digen weggerissen, da er für die Misse-
9 tat meines Volks geplagt war. Und man
gab ihm sein Grab bei Gottlosen und
bei Übeltätern*, als er gestorben war,
wiewohl er niemand Unrecht getan hat
und [n]kein Betrug in seinem Munde ge-
10 wesen ist. So wollte ihn der HERR zer-
schlagen mit Krankheit.

Wenn er [o]sein Leben zum Schuld-
opfer gegeben hat, [p]wird er Nachkom-
men haben und in die Länge leben, und
des HERRN Plan wird durch seine Hand
11 gelingen. Weil seine Seele sich abge-
müht hat, wird er das Licht schauen
und die Fülle haben. Und [q]durch seine
Erkenntnis wird er, mein Knecht, der
Gerechte, den Vielen Gerechtigkeit
schaffen; denn [r]er trägt ihre Sünden.
12 Darum will ich ihm die Vielen zur Beu-
te geben, und er soll die Starken zum
Raube haben, dafür daß er sein Leben
in den Tod gegeben hat und [s]den Übel-
tätern gleichgerechnet ist und er die
Sünde der Vielen getragen hat und [t]für
die Übeltäter gebeten.

a Kap 65,1; Röm 15,21 *b* Joh 12,38; Röm 10,16
c Kap 52,10 *d* Kap 11,1 *e* Ps 22,7.8; Mk 9,12
f Mt 8,17 *g* Röm 4,25 *h* 1.Petr 2,24
i 1.Petr 2,25 *j* 2.Kor 5,21 *k* Mk 14,65 *l* Joh 1,29
m Apg 8,32 *n* 1.Petr 2,22; 1.Joh 3,5
o 3.Mose 5,15; Mt 20,28 *p* Ps 22,31 *q* 1.Kor 1,30
r Joh 1,29 *s* Mk 15,28; Lk 22,37 *t* Lk 23,33.34
*Kap 52,15: Nach anderer Überlieferung: in Staunen setzen.
*Kap 53,5: Abfall, Abtrünnigkeit.
*Kap 53,9: Der überlieferte Text hat hier: »bei Reichen«.

Gott verheißt seinem Volk eine neue Gnadenzeit

Rühme, du Unfruchtbare, die du nicht 54
geboren hast! Freue dich mit Rühmen
und jauchze, die du nicht schwanger
warst! Denn die Einsame hat mehr
Kinder, als die den Mann hat, spricht
der HERR.[a] Mache den Raum deines 2
Zeltes weit und breite aus die Decken
deiner Wohnstatt; spare nicht! Spann
deine Seile lang und stecke deine Pflök-
ke fest! Denn du wirst dich ausbreiten 3
zur Rechten und zur Linken, und deine
Nachkommen werden Völker beerben
und verwüstete Städte neu bewohnen.
Fürchte dich nicht, denn du sollst nicht 4
zuschanden werden; schäme dich
nicht, denn du sollst nicht zum Spott
werden, sondern [b]du wirst die Schande
deiner Jugend vergessen und [c]der
Schmach deiner Witwenschaft nicht
mehr gedenken. Denn der dich ge- 5
macht hat, ist dein Mann – HERR Ze-
baot heißt sein Name –, und dein Erlö-
ser ist der Heilige Israels, der aller Welt
Gott genannt wird. Denn der HERR hat 6
dich zu sich gerufen [d]wie ein verlasse-
nes und von Herzen betrübtes Weib;
und das Weib der Jugendzeit, wie
könnte es verstoßen bleiben! spricht
dein Gott. *Ich habe dich einen kleinen* 7
Augenblick verlassen, aber mit großer
Barmherzigkeit will ich dich sammeln.[e]
Ich habe mein Angesicht [f]im Augenblick 8
des Zorns ein wenig vor dir verborgen,
aber mit ewiger Gnade will ich mich dei-
ner erbarmen, spricht der HERR, dein
Erlöser. Ich halte es wie zur Zeit Noahs, 9
[g]als ich schwor, daß die Wasser Noahs
nicht mehr über die Erde gehen sollten.
So habe ich geschworen, daß ich nicht
mehr über dich zürnen und dich nicht
mehr schelten will. Denn *es sollen wohl* 10
Berge weichen und Hügel hinfallen, aber
meine Gnade soll nicht von dir weichen,
und [h]der Bund meines Friedens soll nicht

hinfallen, spricht der HERR, *dein Erbar-*
mer.
11 [i]Du Elende, über die alle Wetter ge-
hen, die keinen Trost fand! Siehe, ich
will deine Mauern auf Edelsteine stel-
len und will deinen Grund mit Saphi-
12 ren legen und deine Zinnen aus Kristal-
len machen und deine Tore von Rubi-
nen und alle deine Grenzen von erlese-
13 nen Steinen. Und alle deine Söhne
[j]sind Jünger des HERRN, und großen
14 Frieden haben deine Söhne. Du sollst
auf Gerechtigkeit gegründet sein. Du
wirst ferne sein von Bedrückung, denn
du brauchst dich nicht zu fürchten, und
von Schrecken, denn er soll dir nicht
15 nahen. Siehe, wenn man kämpft, dann
kommt es nicht von mir; wer gegen
dich streitet, wird im Kampf gegen
16 dich fallen. Siehe, ich habe den
Schmied geschaffen, der die Kohlen im
Feuer anbläst und Waffen macht nach
seinem Handwerk; und [k]ich habe auch
den Verderber geschaffen, um zu ver-
17 nichten. Keiner Waffe, die gegen dich
bereitet wird, soll es gelingen, und jede
Zunge, die sich gegen dich erhebt,
sollst du im Gericht schuldig sprechen.
Das ist das Erbteil der Knechte des
HERRN, und ihre Gerechtigkeit kommt
von mir, spricht der HERR.

a Kap 49,20; Gal 4,27 *b* Ps 25,7 *c* Jer 51,5 *d* Kap 50,1 *e* Ps 30,6 *f* Kap 60,10; Klgl 3,31.32 *g* 1.Mose 9,11-17 *h* Hes 37,26 *i* *(11 und 12)* Offb 21,18-21 *j* Joh 6,45 *k* 2.Sam 24,16

Einladung zum Gnadenbunde Gottes

55 Wohlan, [a]alle, die ihr durstig seid,
kommt her zum Wasser! Und die ihr
kein Geld habt, kommt her, kauft und
eßt! Kommt her und kauft ohne Geld
2 und umsonst Wein und Milch! Warum
zählt ihr Geld dar für das, was kein Brot
ist, und sauren Verdienst für das, was
nicht satt macht? Hört doch auf mich,
so werdet ihr Gutes essen und euch am
3 Köstlichen laben. Neigt eure Ohren her
und kommt her zu mir! Höret, so wer-
det ihr leben! [b]Ich will mit euch einen
ewigen Bund schließen, euch die be-
ständigen Gnaden Davids zu geben.
4 Siehe, ich habe ihn den Völkern zum
Zeugen bestellt, zum Fürsten für sie
5 und zum Gebieter. Siehe, du wirst Hei-
den rufen, die du nicht kennst, und
Heiden, die dich nicht kennen, werden
zu dir laufen um des HERRN willen, dei-
nes Gottes, und des Heiligen Israels,
der dich herrlich gemacht hat.

a Joh 7,37; Offb 22,17 *b* 2.Sam 7,8-16; Jer 31,31-34; Apg 13,34

Gottes wunderbarer Weg

[a]Suchet den HERRN, solange er zu fin- 6
den ist; rufet ihn an, solange er nahe ist.
Der Gottlose [b]lasse von seinem Wege 7
und der Übeltäter von seinen Gedan-
ken und bekehre sich zum HERRN, so
wird er sich seiner erbarmen, und zu
unserm Gott, denn [c]bei ihm ist viel
Vergebung. Denn *meine Gedanken sind* 8
nicht eure Gedanken, und [d]*eure Wege*
sind nicht meine Wege, spricht der HERR,
sondern so viel der Himmel höher ist als 9
die Erde, so sind auch meine Wege höher
als eure Wege und meine Gedanken als
eure Gedanken. Denn gleichwie der Regen 10
und Schnee vom Himmel fällt und nicht
wieder dahin zurückkehrt, sondern feuch-
tet die Erde und macht sie fruchtbar und
läßt wachsen, daß sie gibt Samen, zu
säen, und Brot, zu essen, so soll das Wort, 11
das aus meinem Munde geht, auch sein:
[e]*Es wird nicht wieder leer zu mir zurück-*
kommen, sondern wird tun, was mir ge-
fällt, und ihm wird gelingen, wozu ich es
sende. Denn ihr sollt in Freuden auszie- 12
hen und im Frieden geleitet werden.
[f]Berge und Hügel sollen vor euch her
frohlocken mit Jauchzen und alle Bäu-
me auf dem Felde in die Hände klat-
schen. Es sollen Zypressen statt Dor- 13
nen wachsen und Myrten statt Nesseln.
Und [g]dem HERRN soll es zum Ruhm
geschehen und zum ewigen Zeichen,
das nicht vergehen wird.

a Jer 29,13.14; Am 5,4 *b* Hes 18,27; 33,11 *c* Ps 130,4 *d* Röm 11,33 *e* Mt 13,8 *f* Kap 44,23 *g* Kap 41,19.20

Die Gemeinde Gottes wächst über ihre Grenzen

So spricht der HERR: Wahret das Recht 56
und übt Gerechtigkeit; denn mein Heil
ist nahe, daß es komme, und meine Ge-
rechtigkeit, daß sie offenbart werde.
Wohl dem Menschen, der dies tut, und 2
dem Menschenkind, das daran festhält,
das [a]den Sabbat hält und nicht enthei-
ligt und seine Hand hütet, nichts Arges
zu tun! Und [b]der Fremde, der sich dem 3
HERRN zugewandt hat, soll nicht sagen:
Der HERR wird mich getrennt halten
von seinem Volk. Und der [c]Verschnit-
tene soll nicht sagen: Siehe, ich bin ein
dürrer Baum. Denn so spricht der 4
HERR: Den Verschnittenen, die meine
Sabbate halten und erwählen, was mir
wohlgefällt, und an meinem Bund fest-

5 halten, denen will ich in meinem Hause
und in meinen Mauern ein Denkmal
und einen Namen geben; das ist besser
als Söhne und Töchter. Einen ewigen
Namen will ich ihnen geben, der nicht
6 vergehen soll. Und die Fremden, die
sich dem HERRN zugewandt haben, ihm
zu dienen und seinen Namen zu lieben,
damit sie seine Knechte seien, alle, die
den Sabbat halten, daß sie ihn nicht
entheiligen, und die an meinem Bund
7 festhalten, die will ich zu meinem heili-
gen Berge bringen und will sie erfreuen
in meinem Bethaus, und ihre Brand-
opfer und Schlachtopfer sollen mir
wohlgefällig sein auf meinem Altar;
denn [d]mein Haus wird ein Bethaus hei-
8 ßen für alle Völker. Gott der HERR, der
die Versprengten Israels sammelt,
spricht: Ich will noch mehr zu der Zahl
derer, die versammelt sind, sammeln.

a Kap 58,13; 1.Mose 2,2.3; 2.Mose 16,23; 20,8; Jer 17,21.22 *b* Kap 14,1 *c* 5.Mose 23,2 *d* Mk 11,17

Klage über die Hirten des Volkes

9 Ihr [a]Tiere alle auf dem Felde, kommt
10 und freßt, ihr Tiere alle im Walde! Alle
ihre [b]Wächter sind blind, sie wissen
alle nichts. Stumme Hunde sind sie, die
nicht bellen können, sie liegen und jap-
11 pen und schlafen gerne. Aber es sind
[c]gierige Hunde, die nie satt werden
können. Das sind die Hirten, die keinen
Verstand haben; ein jeder sieht auf sei-
nen Weg, alle sind auf ihren Gewinn
12 aus und sagen: Kommt her, ich will
Wein holen, wir wollen uns vollsaufen,
und es soll morgen sein wie heute und
noch viel herrlicher!

a Jer 12,9 *b* Hes 3,17; 33,6-9 *c* Jer 6,13

Das Geschick der Frommen und der Gottlosen

57 Der Gerechte ist umgekommen, und
niemand ist da, der es zu Herzen
nimmt, und [a]fromme Leute sind hin-
gerafft, und niemand achtet darauf. Ja,
der Gerechte ist weggerafft durch die
2 Bosheit und [b]geht zum Frieden ein. Es
ruhen auf ihren Lagern, die recht ge-
wandelt sind.
3 Ihr aber, tretet herzu, ihr Söhne der
Zauberin, ihr [c]Kinder des Ehebrechers
4 und der Hure! [d]Mit wem wollt ihr eu-
ren Spott treiben? Über wen wollt ihr
das Maul aufsperren und die Zunge
herausstrecken? Seid ihr nicht abtrün-
nige Kinder, ein verkehrtes Ge-
5 schlecht, die ihr bei den Götzeneichen
in Brunst geratet, unter allen grünen
Bäumen, und die Kinder opfert in den
Tälern unter den Felsklippen? Bei den 6
glatten Steinen im Tal ist dein Teil, sie
sind dein Los. Ihnen hast du dein
Trankopfer ausgeschüttet, hast du
Speisopfer geopfert. Deshalb kann ich
mein Urteil nicht ändern. Du machtest 7
dein Lager auf hohem, erhabenem Berg
und gingst dort hinauf, zu opfern. Und 8
hinter die Tür und den Pfosten setztest
du dein Denkzeichen. Denn du hast
dich von mir abgewandt und aufge-
deckt dein Lager, es bestiegen und weit
gemacht. Du hast dich mit ihnen ver-
bunden, liebtest ihr Lager und buhltest
mit ihnen. Du bist mit Öl zum König 9
gezogen und mit viel köstlicher Salbe
und hast deine Boten in die Ferne ge-
sandt und tief hinab bis zum Toten-
reich. Du hast dich abgemüht mit der 10
Menge deiner Wege und sprachst
nicht: Das lasse ich; sondern du fan-
dest ja noch Leben in deinen Gliedern,
so wurdest du dessen nicht müde.[e]
Wen hast du gescheut und gefürch- 11
tet, daß du treulos wurdest und nicht an
mich dachtest und es nicht zu Herzen
nahmst? Ist es nicht so: [f]Weil ich
schwieg und mich verbarg, hast du
mich nicht gefürchtet? Ich will aber 12
deine Gerechtigkeit kundtun und deine
Werke, daß sie dir nichts nütze sind.
Wenn du rufen wirst, so sollen dir deine 13
vielen Götzen helfen. Aber der Wind
wird sie alle wegführen, und ein Hauch
wird sie wegnehmen. Doch [g]wer auf
mich traut, wird das Land erben und
meinen heiligen Berg besitzen.

a Mi 7,2 *b* 2.Kön 22,20; Dan 12,13 *c* Hos 2,4 *d* (4-6) 2.Kön 16,3.4; Jer 2,20.23.24 *e* Jer 2,25 *f* Ps 50,21 *g* Ps 37,9-11

Gott will seinem Volke Heil geben

Und er spricht: Machet Bahn, machet 14
Bahn! [a]Bereitet den Weg, räumt die
Anstöße aus dem Weg meines Volks!
Denn *so spricht* [b]*der Hohe und Erhabe-* 15
ne, der ewig wohnt, dessen Name heilig
ist: Ich wohne in der Höhe und im Heilig-
tum und [c]*bei denen, die zerschlagenen und*
demütigen Geistes sind, auf daß ich er-
quicke den Geist der Gedemütigten und
das Herz der Zerschlagenen. Denn [d]ich 16
will nicht immerdar hadern und nicht
ewiglich zürnen; sonst würde ihr Geist
vor mir verschmachten und der Le-
bensodem, den ich geschaffen habe.
Ich war zornig über die Sünde ihrer 17
Habgier und schlug sie, verbarg mich

und zürnte. Aber sie gingen treulos die
18 Wege ihres Herzens. Ihre Wege habe
ich gesehen, aber ich [e]will sie heilen
und sie leiten und ihnen wieder Trost
geben; und denen, die da Leid tragen,
19 will ich Frucht der Lippen schaffen.
[f]Friede, Friede denen in der Ferne und
denen in der Nähe, spricht der HERR;
20 [g]ich will sie heilen. Aber die Gottlosen
sind [h]wie das ungestüme Meer, das
nicht still sein kann und dessen Wellen
21 Schlamm und Unrat auswerfen. Die
Gottlosen haben keinen Frieden,
spricht mein Gott.[i]

a Kap 40,3; 62,10 *b* Ps 113,5-9 *c* Kap 66,1.2; Ps 51,19 *d* Ps 103,9 *e* 2.Mose 15,26 *f* 4.Mose 6,26; Lk 2,14; Eph 2,17 *g* 2.Mose 15,26; Jer 17,14 *h* Jud 13 *i* Kap 48,22; Spr 28,1

Falsches und echtes Fasten

58 Rufe getrost, halte nicht an dich! Erhe-
be deine Stimme wie eine Posaune und
[a]verkündige meinem Volk seine Ab-
trünnigkeit und dem Hause Jakob seine
2 Sünden! Sie suchen mich täglich und
begehren, meine Wege zu wissen, als
wären sie ein Volk, das die Gerechtig-
keit schon getan und das Recht seines
Gottes nicht verlassen hätte. Sie for-
dern von mir Recht, sie begehren, daß
3 Gott sich nahe.[b] »Warum [c]fasten wir,
und du siehst es nicht an? Warum ka-
steien wir unseren Leib, und du willst's
nicht wissen?« – Siehe, an dem Tag, da
ihr fastet, geht ihr doch euren Geschäf-
ten nach und bedrückt alle eure Arbei-
4 ter. Siehe, wenn ihr fastet, hadert und
zankt ihr und schlagt mit gottloser
Faust drein. Ihr sollt nicht so fasten,
wie ihr jetzt tut, wenn eure Stimme in
5 der Höhe gehört werden soll. Soll das
ein [d]Fasten sein, an dem ich Gefallen
habe, ein Tag, an dem man sich kasteit,
wenn ein Mensch seinen Kopf hängen
läßt wie Schilf und in Sack und Asche
sich bettet? Wollt ihr das ein Fasten
nennen und einen Tag, an dem der
HERR Wohlgefallen hat?
6 Das aber ist ein Fasten, an dem ich
Gefallen habe: Laß los, die du mit Un-
recht gebunden hast, laß ledig, auf die
du das Joch gelegt hast! Gib frei, die du
7 bedrückst, reiß jedes Joch weg! *Brich
dem Hungrigen dein Brot, und die im
Elend ohne Obdach sind, führe ins Haus!
Wenn du einen nackt siehst, so kleide ihn,
und entzieh dich nicht deinem Fleisch und
8 Blut!*[e] Dann wird dein Licht hervor-
brechen wie die Morgenröte, und deine
Heilung wird schnell voranschreiten,
und [f]deine Gerechtigkeit wird vor dir
hergehen, und [g]die Herrlichkeit des
HERRN wird deinen Zug beschließen.
Dann wirst du rufen, und der HERR 9
wird dir antworten. Wenn du schreist,
wird er sagen: Siehe, hier bin ich.[h]
Wenn du in deiner Mitte niemand
unterjochst und nicht mit Fingern
zeigst und nicht übel redest, sondern 10
den Hungrigen dein Herz finden läßt
und den Elenden sättigst, dann wird
dein Licht in der Finsternis aufgehen,
und dein Dunkel wird sein wie der Mit-
tag. Und der HERR wird dich immerdar 11
führen und dich sättigen in der Dürre
und dein Gebein stärken. Und du wirst
sein [i]wie ein bewässerter Garten und
wie eine Wasserquelle, der es nie an
Wasser fehlt. Und es soll durch dich 12
wieder aufgebaut werden, was lange
wüst gelegen hat, und du wirst wieder
aufrichten, was vorzeiten gegründet
ward; [j]und du sollst heißen »Der die
Lücken zumauert und die Wege aus-
bessert, daß man da wohnen könne«.

a Mi 3,8 *b* Kap 29,13.14 *c* Jer 14,12 *d* Sach 7,5.6; Mt 6,16-18 *e* 5.Mose 15,11; Hes 18,7; Mt 25,35.36 *f* Ps 37,6 *g* Kap 52,12 *h* Kap 30,19 *i* Jer 31,12 *j* Kap 61,4

Segen der Sabbatheiligung

Wenn du deinen Fuß am [a]Sabbat zu- 13
rückhältst und nicht deinen Geschäften
nachgehst an meinem heiligen Tage
und den Sabbat »Lust« nennst und den
heiligen Tag des HERRN »Geehrt«;
wenn du ihn dadurch ehrst, daß du
nicht deine Gänge machst und nicht
deine Geschäfte treibst und kein leeres
Geschwätz redest, dann wirst du deine 14
Lust haben am HERRN, und ich will
dich über die Höhen auf Erden gehen
lassen und will dich speisen mit dem
Erbe deines Vaters Jakob; denn des
HERRN Mund hat's geredet.

a Kap 56,2.4

Gott überwindet die Sünde seines Volkes

Siehe, [a]des HERRN Arm ist nicht zu 59
kurz, daß er nicht helfen könnte, und
seine Ohren sind nicht hart geworden,
so daß er nicht hören könnte, sondern 2
eure Verschuldungen scheiden euch
von eurem Gott, und eure Sünden ver-
bergen sein Angesicht vor euch, daß ihr
nicht gehört werdet. Denn [b]eure Hän- 3
de sind mit Blut befleckt und eure Fin-
ger mit Verschuldung; eure Lippen re-
den Falsches, eure Zunge spricht Bos-
heit. Es ist niemand, der eine gerechte 4
Sache vorbringt, und niemand, der

redlich richtet. Man vertraut auf Nich-
tiges und redet Trug; [c]mit Unheil sind
sie schwanger und gebären Verderben.
5 Sie brüten Natterneier und weben
Spinnweben. Ißt man von ihren Eiern,
so muß man sterben, zertritt man sie
aber, so fährt eine Schlange heraus.
6 Ihre Gewebe taugen nicht zu Kleidern,
und ihr Gespinst taugt nicht zur Decke.
Ihre Werke sind Unheilswerke, an
7 ihren Händen ist Frevel. [d]Ihre Füße
laufen zum Bösen, und sie sind schnell
dabei, [e]unschuldig Blut zu vergießen.
Ihre Gedanken sind Unheilsgedanken,
auf ihren Wegen wohnt Verderben und
8 Schaden. Sie kennen den Weg des Frie-
dens nicht, und Unrecht ist auf ihren
Pfaden. Sie gehen auf krummen We-
gen; wer auf ihnen geht, der hat keinen
Frieden.

9 Darum ist das Recht ferne von uns,
und die Gerechtigkeit kommt nicht zu
uns. Wir harren auf Licht, siehe, so ist's
finster, auf Helligkeit, siehe, so wan-
10 deln wir im Dunkeln. Wir tasten an der
Wand entlang wie die Blinden und tap-
pen wie die, die keine Augen haben.
[f]Wir stoßen uns am Mittag wie in der
Dämmerung, wir sind im Düstern wie
11 die Toten. Wir brummen alle wie die
Bären und gurren wie die Tauben;
denn wir harren auf Recht, so ist's nicht
da, auf Heil, so ist's ferne von uns.
12 Denn wir sind zu oft von dir abgefallen,
und unsre Sünden zeugen gegen uns.
[g]Unsre Abtrünnigkeit steht uns vor
Augen, und wir kennen unsre Sünden:
13 abtrünnig sein und den HERRN verleug-
nen und abfallen von unserm Gott,
Frevel reden und Ungehorsam, Lügen-
worte ausbrüten und bedenkenlos da-
14 herreden. Und das Recht ist zurückge-
wichen, und die Gerechtigkeit hat sich
entfernt; denn die Wahrheit ist auf der
Gasse zu Fall gekommen, und die Auf-
15 richtigkeit findet keinen Eingang. Und
die Wahrheit ist dahin, und wer vom
Bösen weicht, muß sich ausplündern
lassen.

Das alles sieht der HERR, und es miß-
16 fällt ihm sehr, daß kein Recht ist. Und
[h]er sieht, daß niemand auf dem Plan ist,
und verwundert sich, daß niemand ins
Mittel tritt. Da hilft er sich selbst mit
seinem Arm, und seine Gerechtigkeit
17 steht ihm bei. Er zieht Gerechtigkeit an
wie einen Panzer und setzt den Helm
des Heils auf sein Haupt und zieht an
das Gewand der Rache und kleidet sich
18 mit Eifer wie mit einem Mantel. Nach
den Taten wird er vergelten, mit
Grimm seinen Widersachern, mit Ver-
geltung seinen Feinden; ja, den Inseln
will er heimzahlen, daß der Name des 19
HERRN gefürchtet werde bei denen vom
Niedergang der Sonne und seine Herr-
lichkeit bei denen von ihrem Aufgang,
wenn er kommen wird wie ein reißen-
der Strom, den der Odem des HERRN
treibt. Aber [i]*für Zion wird er als Erlöser* 20
kommen und für die in Jakob, die sich von
der Sünde abwenden, spricht der HERR.
Und dies ist mein Bund mit ihnen, 21
spricht der HERR: Mein Geist, der auf
dir ruht, und [j]meine Worte, die ich in
deinen Mund gelegt habe, sollen von
deinem Mund nicht weichen noch von
dem Mund deiner Kinder und Kindes-
kinder, spricht der HERR, von nun an
bis in Ewigkeit.

a Kap 50,2 *b* Kap 1,15 *c* Ps 7,15 *d* (*7 und 8*) Röm 3,15-17 *e* Spr 1,16; Jer 2,34 *f* 5.Mose 28,29 *g* Jer 14,7 *h* Hes 13,4.5 *i* Röm 11,26 *j* Jer 1,9

Zions zukünftige Herrlichkeit

Mache dich auf, werde licht; denn dein **60**
Licht kommt, und die Herrlichkeit des
HERRN *geht auf über dir! Denn siehe,* 2
Finsternis bedeckt das Erdreich und Dun-
kel die Völker; aber über dir geht auf der
HERR, *und seine Herrlichkeit erscheint*
über dir. Und [a]die Heiden werden zu 3
deinem Lichte ziehen und [b]die Könige
zum Glanz, der über dir aufgeht.

[c]Hebe deine Augen auf und sieh um- 4
her: Diese alle sind versammelt und
kommen zu dir. [d]Deine Söhne werden
von ferne kommen und deine Töchter
auf dem Arme hergetragen werden.
Dann wirst du deine Lust sehen und 5
vor Freude strahlen, und dein Herz
wird erbeben und weit werden, wenn
sich die Schätze der Völker am Meer zu
dir kehren und der Reichtum der Völ-
ker zu dir kommt. Denn die Menge der 6
Kamele wird dich bedecken, die jungen
Kamele aus Midian und Efa. Sie wer-
den aus [e]Saba alle kommen, [f]Gold und
Weihrauch bringen und des HERRN
Lob verkündigen. Alle Herden von Ke- 7
dar sollen zu dir gebracht werden, und
die Widder Nebajots sollen dir dienen.
Sie sollen als ein wohlgefälliges Opfer
auf meinen Altar kommen; denn ich
will das Haus meiner Herrlichkeit zie-
ren.

Wer sind die, die da fliegen wie die 8
Wolken und wie die Tauben zu ihren
Schlägen? Die [g]Inseln harren auf mich 9
und die Tarsisschiffe vor allem, daß sie

deine Söhne von ferne herbringen samt
ihrem Silber und Gold für den Namen
des HERRN, deines Gottes, und [h] für den
Heiligen Israels, der dich herrlich ge-
10 macht hat. Fremde werden deine
Mauern bauen, und ihre Könige wer-
den dir dienen. Denn [i] in meinem Zorn
habe ich dich geschlagen, aber in mei-
ner Gnade erbarme ich mich über dich.
11 Deine Tore sollen stets offen stehen
und weder Tag noch Nacht zugeschlos-
sen werden, daß der Reichtum der Völ-
ker zu dir gebracht und ihre Könige
12 herzugeführt werden.[j] Denn welche
Völker oder Königreiche dir nicht die-
nen wollen, die sollen umkommen und
13 die Völker verwüstet werden. Die
Herrlichkeit des Libanon soll zu dir
kommen, Zypressen, Buchsbaum und
Kiefern miteinander, zu schmücken
den Ort meines Heiligtums; denn ich
will die Stätte meiner Füße herrlich
14 machen. Es werden gebückt zu dir
kommen, die dich unterdrückt haben,
und [k] alle, die dich gelästert haben, wer-
den niederfallen zu deinen Füßen und
dich nennen »Stadt des HERRN«, »Zion
des Heiligen Israels«.
15 Denn dafür, daß du [l] die Verlassene
und Ungeliebte gewesen bist, zu der
niemand hinging, will ich dich zur
Pracht ewiglich machen und zur Freu-
16 de für und für. Du sollst Milch von den
Völkern saugen, und der Könige Brust
soll dich säugen, [m] auf daß du erfahrest,
daß ich, der HERR, dein Heiland bin
und ich, der Mächtige Jakobs, dein
17 Erlöser. Ich will Gold anstatt des Erzes
und Silber anstatt des Eisens bringen
und Erz anstatt des Holzes und Eisen
anstatt der Steine. Und ich will zu dei-
ner Obrigkeit den Frieden machen und
zu deinen Vögten die Gerechtigkeit.
18 Man soll nicht mehr von Frevel hören
in deinem Lande noch von Schaden
oder Verderben in deinen Grenzen,
sondern deine Mauern sollen »Heil«
19 und deine Tore »Lob« heißen. [n] Die
Sonne soll nicht mehr dein Licht sein
am Tage, und der Glanz des Mondes
soll dir nicht mehr leuchten, sondern
[o] der HERR wird dein ewiges Licht und
20 dein Gott wird dein Glanz sein. Deine
Sonne wird nicht mehr untergehen und
dein Mond nicht den Schein verlieren;
denn [p] der HERR wird dein ewiges Licht
sein, und die Tage deines Leidens sol-
21 len ein Ende haben. Und dein Volk sol-
len lauter Gerechte sein. Sie werden
das Land ewiglich besitzen als der
Sproß meiner Pflanzung und als ein
Werk meiner Hände mir zum Preise.
Aus dem Kleinsten sollen tausend wer- 22
den und aus dem Geringsten ein mäch-
tiges Volk. Ich, der HERR, will es zu sei-
ner Zeit eilends ausrichten.

a Kap 2,2.3 *b* Offb 21,24 *c* Kap 49,18
d Kap 49,22; 66,12 *e* Ps 72,10 *f* Mt 2,1-11
g Kap 42,4 *h* Kap 55,5 *i* Kap 54,8
j Offb 21,25.26 *k* Kap 14,2 *l* Kap 49,14
m Kap 49,23 *n* Kap 24,23; Offb 21,23
o Offb 22,5 *p* Joh 8,12; Jak 1,17

Die frohe Botschaft von der kommenden Herrlichkeit

Der [a] Geist Gottes des HERRN *ist auf mir,* 61
weil der HERR *mich gesalbt hat. [b] Er hat*
mich gesandt, den Elenden gute Botschaft
zu bringen, die zerbrochenen Herzen zu
verbinden, zu verkündigen den Gefange-
nen die Freiheit, den Gebundenen, daß sie
frei und ledig sein sollen; zu verkündigen 2
[c] ein gnädiges Jahr des HERRN *und [d] einen*
Tag der Vergeltung unsres Gottes, zu trö-
sten alle Trauernden, zu schaffen den 3
Trauernden zu Zion, daß ihnen
Schmuck statt Asche, Freudenöl statt
Trauerkleid, Lobgesang statt eines be-
trübten Geistes gegeben werden, daß
sie genannt werden »Bäume der Ge-
rechtigkeit«, »Pflanzung des HERRN«,
ihm zum Preise. Sie werden die alten 4
Trümmer wieder aufbauen und, was
vorzeiten zerstört worden ist, wieder
aufrichten; sie werden die verwüsteten
Städte erneuern, die von Geschlecht zu
Geschlecht zerstört gelegen haben.[e]
[f] Fremde werden hintreten und eure 5
Herden weiden, und Ausländer werden
eure Ackerleute und Weingärtner sein.
Ihr aber sollt [g] Priester des HERRN hei- 6
ßen, und man wird euch Diener unsres
Gottes nennen. Ihr werdet der Völker
Güter essen und euch ihrer Herrlich-
keit rühmen. Dafür, daß mein Volk 7
doppelte Schmach trug und Schande
ihr Teil war, sollen sie doppelten Anteil
besitzen in ihrem Lande und ewige
Freude haben.
Denn ich bin der HERR, der das 8
Recht liebt und Raub und Unrecht
haßt; ich will ihnen den Lohn in Treue
geben und einen [h] ewigen Bund mit
ihnen schließen. Und man soll ihr Ge- 9
schlecht kennen unter den Heiden und
ihre Nachkommen unter den Völkern,
daß, wer sie sehen wird, erkennen soll,
daß sie ein Geschlecht sind, gesegnet
vom HERRN.
Ich freue mich im HERRN, *und meine* 10
Seele ist fröhlich in meinem Gott; denn er

hat mir die [i]Kleider des Heils angezogen
und mich mit dem Mantel der Gerechtig-
keit gekleidet, wie einen Bräutigam mit
priesterlichem Kopfschmuck geziert
und wie eine Braut, die in ihrem Ge-
11 schmeide prangt. Denn gleichwie Ge-
wächs aus der Erde wächst und Same
im Garten aufgeht, so läßt Gott der
HERR Gerechtigkeit aufgehen und
Ruhm vor allen Heidenvölkern.

a Kap 11,2 *b* Mt 11,5; Lk 4,18.19
c 3.Mose 25,10.13 *d* Kap 63,4 *e* Kap 58,12
f Kap 60,10 *g* 2.Mose 19,6; 1.Petr 2,5.9
h Kap 54,10; 55,3 *i* Mt 22,11.12

Die zukünftige Herrlichkeit Zions

62 Um Zions willen will ich nicht schwei-
gen, und um Jerusalems willen will ich
nicht innehalten, bis seine Gerechtig-
keit aufgehe wie ein Glanz und sein
2 Heil brenne wie eine Fackel, daß die
Heiden sehen deine Gerechtigkeit und
alle Könige deine Herrlichkeit. Und du
sollst mit einem [a]neuen Namen ge-
nannt werden, welchen des HERRN
3 Mund nennen wird. Und du wirst sein
eine schöne [b]Krone in der Hand des
HERRN und ein königlicher Reif in der
4 Hand deines Gottes. Man soll dich
nicht mehr nennen [c]»Verlassene« und
dein Land nicht mehr »Einsame«, son-
dern du sollst heißen »Meine Lust« und
dein Land »Liebes Weib«; denn der
HERR hat Lust an dir, und [d]dein Land
5 hat einen lieben Mann. Denn wie ein
junger Mann eine Jungfrau freit, so
wird dich dein Erbauer freien, und wie
sich ein Bräutigam freut über die Braut,
so wird sich dein Gott über dich freuen.
6 O Jerusalem, ich habe [e]Wächter
über deine Mauern bestellt, die den
ganzen Tag und die ganze Nacht nicht
mehr schweigen sollen. Die ihr den
HERRN erinnern sollt, ohne euch Ruhe
7 zu gönnen, laßt ihm keine Ruhe, bis er
Jerusalem wieder aufrichte und es setze
8 zum Lobpreis auf Erden! Der HERR hat
geschworen bei seiner Rechten und bei
seinem starken Arm: [f]Ich will dein Ge-
treide nicht mehr deinen Feinden zu
essen geben noch deinen Wein, mit
dem du so viel Arbeit hattest, die Frem-
9 den trinken lassen, sondern die es ein-
sammeln, sollen's auch essen und den
HERRN rühmen, und die ihn einbrin-
gen, sollen ihn trinken in den Vorhöfen
meines Heiligtums.
10 Gehet ein, gehet ein durch die Tore!
Bereitet dem Volk den Weg! [g]Machet
Bahn, machet Bahn, räumt die Steine
hinweg! Richtet ein Zeichen auf für die
Völker! Siehe, der HERR läßt es hören 11
bis an die Enden der Erde: Saget der
[h]Tochter Zion: Siehe, dein Heil
kommt! [i]Siehe, was er gewann, ist bei
ihm, und was er sich erwarb, geht vor
ihm her! Man wird sie nennen »Heili- 12
ges Volk«, [j]»Erlöste des HERRN«, und
dich wird man nennen »Gesuchte« und
»Nicht mehr verlassene Stadt«.

a Kap 65,15; Offb 2,17 *b* 2.Tim 4,8 *c* Kap 54,6;
60,15 *d* Hos 2,21 *e* Kap 52,8 *f* Kap 65,21.22
g Kap 57,14 *h* Sach 9,9 *i* Kap 40,9.10
j Kap 35,10

Gottes Gericht über Edom

Wer ist der, der von Edom kommt, mit **63**
rötlichen Kleidern von [a]Bozra, der so
geschmückt ist in seinen Kleidern und
einherschreitet in seiner großen Kraft?
»Ich bin's, der in Gerechtigkeit redet,
und bin mächtig zu helfen.« Warum ist 2
denn dein Gewand so rotfarben und
dein Kleid wie das eines Keltertre-
ters?[b] »Ich [c]trat die Kelter allein, und 3
niemand unter den Völkern war mit
mir. Ich habe sie gekeltert in meinem
Zorn und zertreten in meinem Grimm.
Da ist ihr Blut auf meine Kleider ge-
spritzt, und ich habe mein ganzes Ge-
wand besudelt. Denn ich hatte einen 4
[d]Tag der Vergeltung mir vorgenom-
men; das Jahr, die Meinen zu erlösen,
war gekommen. Und ich sah mich um, 5
aber da war kein Helfer, und ich ver-
wunderte mich, daß niemand mir bei-
stand. Da mußte mein Arm mir helfen,
und mein Zorn stand mir bei. Und ich 6
habe die Völker zertreten in meinem
Zorn und [e]habe sie trunken gemacht in
meinem Grimm und ihr Blut auf die
Erde geschüttet.«

a Kap 34,6 *b* Offb 19,13 *c* Joel 4,13; Offb 14,20
d Kap 13,9; 34,8; 61,2 *e* Kap 51,17

Buß- und Bittgebet des Gottesvolkes

Ich will der Gnade des HERRN geden- 7
ken und der Ruhmestaten des HERRN in
allem, was uns der HERR getan hat, und
der großen Güte an dem Hause Israel,
die er ihnen erwiesen hat nach seiner
Barmherzigkeit und großen Gnade.
Denn er sprach: Sie sind ja mein Volk, 8
[a]Söhne, die nicht falsch sind. Darum
ward er ihr Heiland in aller ihrer Not. 9
Nicht ein Engel und nicht ein Bote,
sondern [b]sein Angesicht half ihnen. Er
erlöste sie, weil er sie liebte und Erbar-
men mit ihnen hatte. Er nahm sie auf
und trug sie allezeit von alters her. Aber 10
sie waren widerspenstig und betrübten

seinen heiligen Geist; darum ward er
ihr Feind und stritt wider sie.
11 Da gedachte sein Volk wieder an die
vorigen Zeiten, an Mose: Wo ist denn
nun, der [c] aus dem Wasser zog den Hir-
ten seiner Herde? Wo ist, der [d] seinen
12 heiligen Geist in ihn gab? Der seinen
herrlichen Arm zur Rechten des Mose
gehen ließ? Der [e] die Wasser spaltete
vor ihnen her, auf daß er sich einen ewi-
13 gen Namen machte? Der sie führte
durch die Fluten, wie Rosse, die in der
14 Wüste nicht straucheln; wie Vieh, das
ins Tal hinabsteigt, so brachte der
Geist des HERRN uns zur Ruhe. So hast
du dein Volk geführt, auf daß du dir
einen herrlichen Namen machtest.
15 So schau nun vom Himmel und [f] sieh
herab von deiner heiligen, herrlichen
Wohnung! Wo ist nun dein Eifer und
deine Macht? Deine große, herzliche
Barmherzigkeit hält sich hart gegen
16 mich. *Bist du doch unser Vater; denn
Abraham weiß von uns nichts, und Israel
kennt uns nicht.* [g] *Du,* HERR, *bist unser
Vater; »Unser Erlöser«, das ist von alters*
17 *her dein Name.* Warum [h] läßt du uns,
HERR, abirren von deinen Wegen und
unser Herz verstocken, daß wir dich
nicht fürchten? Kehr zurück um deiner
Knechte willen, um der Stämme wil-
18 len, die dein Erbe sind! Kurze Zeit ha-
ben sie dein heiliges Volk vertrieben,
[i] unsre Widersacher haben dein Heilig-
19 tum zertreten. Wir sind geworden wie
solche, über die du niemals herrschtest,
wie Leute, über die dein Name nie ge-
nannt wurde.

*Ach daß du den Himmel zerrissest
und führest herab, daß die Berge vor
64 dir zerflössen, wie Feuer Reisig entzün-
det und wie Feuer Wasser sieden
macht, daß dein Name kund würde un-
ter deinen Feinden und die Völker vor
2 dir zittern müßten, wenn du Furchtba-
res tust, das wir nicht erwarten – und
führest herab, daß die Berge vor dir
3 zerflössen! – und das man von alters her
nicht vernommen hat. Kein Ohr hat ge-
hört, kein Auge hat gesehen einen Gott
außer dir, der so wohl tut denen, die auf
4 ihn harren. [j] Du begegnetest denen, die
Gerechtigkeit übten und auf deinen
Wegen deiner gedachten. Siehe, [k] du
zürntest, als wir von alters her gegen
dich sündigten und abtrünnig wurden.
5 Aber nun sind wir alle wie die Unrei-
nen, und alle unsre Gerechtigkeit ist
wie ein beflecktes Kleid. Wir sind alle
verwelkt wie die Blätter, und unsre
Sünden tragen uns davon wie der
Wind. Niemand ruft deinen Namen an 6
oder macht sich auf, daß er sich an dich
halte; denn du hast dein Angesicht vor
uns verborgen und läßt uns vergehen
unter der Gewalt unsrer Schuld.
Aber nun, HERR, [l] du bist doch unser 7
Vater! [m] Wir sind Ton, du bist unser
Töpfer, und wir alle sind deiner Hände
Werk. HERR, zürne nicht so sehr und 8
gedenke nicht ewig der Sünde! Sieh
doch an, daß wir alle dein Volk sind!
Deine heiligen Städte sind zur Wüste 9
geworden, Zion ist zur Wüste gewor-
den, Jerusalem liegt zerstört. [n] Das 10
Haus unsrer Heiligkeit und Herrlich-
keit, in dem dich unsre Väter gelobt ha-
ben, ist mit Feuer verbrannt, und alles,
was wir Schönes hatten, ist zuschanden
gemacht. HERR, willst du bei alledem 11
noch zögern und schweigen und uns so
sehr niederschlagen?

a 5.Mose 32,5.20 *b* 2.Mose 33,14.15
c 2.Mose 2,5 *d* 4.Mose 11,17 *e* 2.Mose 14,29
f 5.Mose 26,15 *g* 5.Mose 32,6 *h* Kap 57,17
i Ps 79,1 *j* 1.Kor 2,9 *k* 2.Mose 32,8-10
l Kap 63,16 *m* Kap 45,9; Klgl 4,2; Röm 9,21
n Ps 74,7
*Kap 63,19: Abweichende Verszählung statt 63,19b-64,11 : 64,1-12.

Verstoßung der Abtrünnigen, gnädige Annahme der Getreuen

Ich ließ mich suchen von denen, die 65
nicht nach mir fragten, [a] ich ließ mich
finden von denen, die mich nicht such-
ten. Zu einem Volk, das meinen Namen
nicht anrief, sagte ich: Hier bin ich,
hier bin ich! Ich streckte meine Hände 2
aus den ganzen Tag nach einem unge-
horsamen Volk, das nach seinen eige-
nen Gedanken wandelt auf einem
Wege, der nicht gut ist; [b] nach einem 3
Volk, das mich beständig ins Angesicht
kränkt: sie opfern in den Gärten und
räuchern auf Ziegelsteinen, sie sitzen in 4
Gräbern und bleiben über Nacht in
Höhlen, essen [c] Schweinefleisch und
haben Greuelsuppen in ihren Töpfen
und sprechen: Bleib weg und rühr 5
mich nicht an, denn ich bin für dich
heilig. Die sollen ein Rauch werden in
meiner Nase, ein Feuer, das den ganzen
Tag brennt. Siehe, es steht vor mir ge- 6
schrieben: Ich will nicht schweigen,
sondern heimzahlen; ja, ich will es
ihnen heimzahlen, beides, ihre Misse- 7
taten und ihrer Väter Missetaten mit-
einander, spricht der HERR, die auf den
Bergen geräuchert und mich auf den
Hügeln geschändet haben. Ja, ich will
ihnen heimzahlen ihr früheres Tun.

8 So spricht der HERR: Wie wenn man
noch Saft in der Traube findet und
spricht: Verdirb es nicht, denn es ist ein
Segen darin!, so will ich um meiner
Knechte willen tun, [d] daß ich nicht alles
9 verderbe. Ich will aus Jakob Nachkom-
men wachsen lassen und aus Juda Er-
ben, die meine Berge besitzen; meine
Auserwählten sollen sie besitzen, und
meine Knechte sollen auf ihnen woh-
10 nen. Und meinem Volk, das nach mir
fragt, soll [e] Saron eine Weide für die
Herde werden und das [f] Tal Achor ein
11 Lagerplatz für das Vieh. Aber ihr, die
ihr den HERRN verlaßt und meines hei-
ligen Berges vergeßt und dem Gad*
einen Tisch zurichtet und dem Meni*
vom Trankopfer voll einschenkt, –
12 wohlan, euch will ich dem Schwert
übergeben, daß ihr euch alle zur
Schlachtung hinknien müßt; denn [g] ich
rief, und ihr habt nicht geantwortet, ich
redete, und ihr habt nicht gehört, son-
dern tatet, was mir nicht gefiel, und er-
wähltet, wonach ich kein Verlangen
hatte.
13 Darum spricht Gott der HERR: Sie-
he, [h] meine Knechte sollen essen, ihr
aber sollt hungern; siehe, meine
Knechte sollen trinken, ihr aber sollt
dürsten. Siehe, meine Knechte sollen
fröhlich sein, ihr aber sollt zuschanden
14 werden; siehe, meine Knechte sollen
vor Herzenslust jauchzen, ihr aber sollt
vor Herzeleid schreien und vor Jammer
15 heulen. Und ihr sollt euren Namen
meinen Auserwählten zum Fluch über-
lassen »Daß dich Gott der HERR töte«;
aber [i] meine Knechte wird man mit
16 einem andern Namen nennen. Wer sich
segnen wird auf Erden, der wird sich im
Namen des wahrhaftigen Gottes seg-
nen, und [j] wer schwören wird auf Er-
den, der wird bei dem wahrhaftigen
Gott schwören. Denn die früheren
Ängste sind vergessen und vor meinen
Augen entschwunden.

a Röm 10,20 *b* Röm 10,21 *c* Kap 66,17; 3.Mose 11,7 *d* Kap 6,13; 1.Mose 18,26-32 *e* Kap 33,9 *f* Jos 7,26 *g* Kap 66,4; Jer 7,13 *h* Kap 55,1 *i* Kap 62,2 *j* Kap 19,18; Jer 4,2
*Vers 11: Gad und Meni sind Schicksalsgötter.

Verheißung eines neuen Himmels und einer neuen Erde

17 *Denn siehe, [a] ich will einen neuen Himmel*
und eine neue Erde schaffen, daß man der
vorigen nicht mehr gedenken und sie nicht
18 *mehr zu Herzen nehmen wird.* [b] Freuet
euch und seid fröhlich immerdar über
das, was ich schaffe. Denn siehe, ich
will Jerusalem zur Wonne machen und
sein Volk zur Freude, und ich will fröh- 19
lich sein über Jerusalem und mich freu-
en über mein Volk. Man soll in ihm
nicht mehr hören die Stimme des
Weinens noch die Stimme des Klagens.
Es sollen keine Kinder mehr da sein, 20
die nur einige Tage leben, oder Alte,
die ihre Jahre nicht erfüllen, sondern
[c] als Knabe gilt, wer hundert Jahre alt
stirbt, und wer die hundert Jahre nicht
erreicht, gilt als verflucht. Sie werden 21
Häuser bauen und bewohnen, sie wer-
den Weinberge pflanzen und [d] ihre
Früchte essen. Sie sollen nicht [e] bauen, 22
was ein anderer bewohne, und nicht
pflanzen, was ein anderer esse. Denn
die Tage meines Volks werden sein
[f] wie die Tage eines Baumes, und ihrer
Hände Werk werden meine Auser-
wählten genießen. Sie sollen nicht um- 23
sonst arbeiten und keine Kinder für
einen frühen Tod zeugen; denn sie sind
das Geschlecht der Gesegneten des
HERRN, und ihre Nachkommen sind bei
ihnen. Und es soll geschehen: [g] ehe sie 24
rufen, will ich antworten; wenn sie
noch reden, will ich hören. [h] Wolf und 25
Schaf sollen beieinander weiden; der
Löwe wird Stroh fressen wie das Rind,
aber [i] die Schlange muß Erde fressen.
Sie werden weder Bosheit noch Scha-
den tun auf meinem ganzen heiligen
Berge, spricht der HERR.

a Kap 66,22; 2.Petr 3,13; Offb 21,1 *b* (*18 und 19*) Kap 35,10; 25,8; Offb 21,4 *c* Sach 8,4 *d* Kap 62,8 *e* 5.Mose 28,30 *f* Hiob 14,7 *g* Kap 30,19; 58,9 *h* Kap 11,6-9 *i* 1.Mose 3,14

Strafe für allen selbsterwählten Gottesdienst

So spricht der HERR: [a] Der Himmel ist **66**
mein Thron und die Erde der
[b] Schemel meiner Füße! [c] Was ist denn
das für ein Haus, das ihr mir bauen
könntet, oder welches ist die Stätte, da
ich ruhen sollte? Meine Hand hat alles 2
gemacht, was da ist, spricht der HERR.
Ich sehe aber auf den Elenden und auf
den, [d] der zerbrochenen Geistes ist und der
erzittert vor meinem Wort.
Wer einen Stier schlachtet, gleicht 3
dem, der einen Mann erschlägt; wer ein
Schaf opfert, gleicht dem, der einem
Hund das Genick bricht; wer ein
Speisopfer bringt, gleicht dem, der
Schweineblut spendet; wer Weihrauch
anzündet, gleicht dem, der Götzen ver-
ehrt: wahrlich, wie sie Lust haben an
ihren eigenen Wegen und ihre Seele
Gefallen hat an ihren Greueln, [e] so will 4

auch ich Lust daran haben, daß ich
ihnen wehe tue, und ich will über sie
kommen lassen, wovor ihnen graut.
Denn [f] ich rief, und niemand antworte-
te, ich redete, und sie hörten nicht und
taten, was mir nicht gefiel, und hatten
ihre Lust an dem, woran ich kein Wohl-
gefallen hatte.

a 1.Kön 8,27 *b* Klgl 2,1; Apg 7,49 *c* Apg 17,24
d Kap 57,15; Ps 51,19 *e* 1.Sam 15,22.23
f Kap 65,12

Das zukünftige Heil Jerusalems – das Gericht über die Gottlosen

5 Hört des HERRN Wort, die ihr erzittert
vor seinem Wort: Es sprechen eure
Brüder, [a] die euch hassen und versto-
ßen um meines Namens willen: »Laßt
doch den HERRN sich verherrlichen,
daß wir eure Freude mit ansehen«, –
doch sie sollen zuschanden werden.
6 Horch, Lärm aus der Stadt! Horch,
vom Tempel her! Horch, der HERR ver-
7 gilt seinen Feinden! Ehe sie Wehen be-
kommt, hat sie geboren; ehe sie in
Kindsnöte kommt, ist sie eines Knaben
8 genesen. Wer hat solches je gehört?
Wer hat solches je gesehen? Ward ein
Land an *einem* Tage geboren? Ist ein
Volk auf einmal zur Welt gekommen?
Kaum in Wehen, hat Zion schon ihre
9 Kinder geboren. Sollte ich das Kind
den Mutterschoß durchbrechen und
nicht auch geboren werden lassen?
spricht der HERR. Sollte ich, der gebä-
ren läßt, den Schoß verschließen?
10 spricht dein Gott.[b] Freuet euch mit Je-
rusalem und seid fröhlich über die
Stadt, alle, die ihr sie liebhabt! Freuet
euch mit ihr, alle, die ihr über sie trau-
11 rig gewesen seid. Denn nun [c] dürft ihr
saugen und euch satt trinken an den
Brüsten ihres Trostes; denn nun dürft
ihr reichlich trinken und euch erfreuen
an dem Reichtum ihrer Mutterbrust.
12 Denn so spricht der HERR: Siehe, ich
breite aus bei ihr den Frieden wie einen
Strom und [d] den Reichtum der Völker
wie einen überströmenden Bach. Ihre
Kinder sollen auf dem Arme getragen
werden, und auf den Knien wird man
13 sie liebkosen. *Ich will euch trösten,* [e] *wie*
einen seine Mutter tröstet; ja, ihr sollt an
14 Jerusalem getröstet werden. Ihr wer-
det's sehen, und euer Herz wird sich
freuen, und euer Gebein soll grünen
wie Gras. Dann wird man erkennen die
Hand des HERRN an seinen Knechten
und den Zorn an seinen Feinden.
Denn siehe, [f] der HERR wird kommen 15
mit Feuer und seine Wagen wie ein
Wetter, daß er vergelte im Grimm sei-
nes Zorns und mit Schelten in Feuer-
flammen. Denn der HERR wird durch 16
Feuer die ganze Erde richten und
durch sein Schwert alles Fleisch, und
der vom HERRN Getöteten werden viele
sein. Die sich heiligen und reinigen für 17
[g] das Opfer in den Gärten dem einen
nach, [h] der in der Mitte ist, und Schwei-
nefleisch essen, greuliches Getier und
Mäuse, die sollen miteinander wegge-
rafft werden, spricht der HERR.
Ich kenne ihre Werke und ihre Ge- 18
danken und komme, um alle Völker
und Zungen zu versammeln, daß sie
kommen und meine Herrlichkeit se-
hen. Und ich will ein Zeichen unter 19
ihnen aufrichten und einige von ihnen,
die errettet sind, zu den Völkern sen-
den, nach Tarsis, nach Put und Lud,
nach Meschech und Rosch, nach Tubal
und Jawan und zu den fernen Inseln,
wo man nichts von mir gehört hat und
die meine Herrlichkeit nicht gesehen
haben; und [i] sie sollen meine Herrlich-
keit unter den Völkern verkündigen.
Und [j] sie werden alle eure Brüder aus 20
allen Völkern herbringen dem HERRN
zum Weihgeschenk auf Rossen und
Wagen, in Sänften, auf Maultieren und
Dromedaren nach Jerusalem zu mei-
nem heiligen Berge, spricht der HERR,
gleichwie Israel die Opfergaben in rei-
nem Gefäße zum Hause des HERRN
bringt. Und ich will auch aus ihnen 21
Priester und Leviten nehmen, spricht
der HERR. Denn wie [k] der neue Himmel 22
und die neue Erde, die ich mache, vor
mir Bestand haben, spricht der HERR,
so soll auch euer Geschlecht und Name
Bestand haben. Und alles Fleisch wird 23
einen Neumond nach dem andern und
einen Sabbat nach dem andern kom-
men, um vor mir anzubeten, spricht der
HERR.[l] Und sie werden hinausgehen 24
und schauen die Leichname derer, die
von mir abtrünnig waren; denn [m] ihr
Wurm wird nicht sterben, und ihr
Feuer wird nicht verlöschen, und sie
werden allem Fleisch ein Greuel sein.

a Lk 6,22 *b* Kap 37,3 *c* Kap 60,16 *d* Kap 60,4
e Ps 131,2 *f* Ps 50,3; Offb 19,11-15 *g* Kap 65,3-5
h Hes 8,11 *i* Mt 28,19 *j* Kap 60,3-7
k Kap 65,17 *l* 4.Mose 10,10 *m* Mk 9,48

DER PROPHET JEREMIA

Inhaltsübersicht

1 Dies sind die Worte Jeremias, des Soh-
nes Hilkias, aus dem Priestergeschlecht
2 zu [a]Anatot im Lande [b]Benjamin. Zu
ihm geschah das Wort des HERRN zur
Zeit [c]Josias, des Sohnes Amons, des
Königs von Juda, im dreizehnten Jahr
3 seiner Herrschaft, und hernach zur Zeit
[d]Jojakims, des Sohnes Josias, des Kö-
nigs von Juda, bis ans Ende des elften
Jahres [e]Zedekias, des Sohnes Josias,
des Königs von Juda, bis [f]Jerusalem
weggeführt wurde im fünften Monat.

a Kap 11,21; Jos 21,18 *b* 5.Mose 33,12
c 2.Kön 21,24; 22,1 *d* 2.Kön 23,34
e 2.Kön 24,17; 25,2-21 *f* Kap 39,9

Jeremias Berufung

4 Und des HERRN Wort geschah zu mir:
5 Ich kannte dich, ehe ich dich im Mut-
terleibe bereitete, und [a]sonderte dich
aus, ehe du von der Mutter geboren
wurdest, und bestellte dich zum Pro-
6 pheten für die Völker. Ich aber sprach:
Ach, Herr HERR, [b]ich tauge nicht zu
7 predigen; denn ich bin zu jung. Der
HERR sprach aber zu mir: Sage nicht:
»Ich bin zu jung«, sondern du sollst ge-
hen, wohin ich dich sende, und predi-
8 gen alles, was ich dir gebiete. Fürchte
dich nicht vor ihnen; denn [c]ich bin bei
dir und will dich erretten, spricht der
9 HERR. Und der HERR streckte seine
Hand aus und rührte meinen Mund an
und sprach zu mir: Siehe, [d]ich lege
10 meine Worte in deinen Mund. Siehe,
ich setze dich heute über Völker und
Königreiche, daß du [e]ausreißen und
einreißen, zerstören und verderben
sollst und bauen und pflanzen.
11 Und es geschah des HERRN Wort zu
mir: Jeremia, was siehst du? Ich
sprach: Ich sehe einen erwachenden
Zweig. Und der HERR sprach zu mir: 12
Du hast recht gesehen; denn [f]ich will
wachen über meinem Wort, daß ich's
tue.
Und es geschah des HERRN Wort 13
zum zweitenmal zu mir: Was siehst du?
Ich sprach: Ich sehe einen siedenden
Kessel überkochen von Norden her.
Und der HERR sprach zu mir: [g]Von 14
Norden her wird das Unheil losbrechen
über alle, die im Lande wohnen. Denn 15
siehe, ich will rufen alle Völker der Kö-
nigreiche des Nordens, spricht der
HERR, daß sie kommen sollen und ihre
Throne setzen vor die Tore Jerusalems
und rings um die Mauern her und vor
alle Städte Judas. Und ich will mein 16
Gericht über sie ergehen lassen um all
ihrer Bosheit willen, daß sie mich ver-
lassen und andern Göttern opfern und
ihrer Hände Werk anbeten. So gürte 17
nun deine Lenden und mache dich auf
und predige ihnen alles, was ich dir ge-
biete. Erschrick nicht vor ihnen, auf
daß ich dich nicht erschrecke vor
ihnen! Denn ich will dich heute zur fe- 18
sten Stadt, zur eisernen Säule, zur
[h]ehernen Mauer machen im ganzen
Lande wider die Könige Judas, wider
seine Großen, wider seine Priester, wi-
der das Volk des Landes, daß, wenn sie 19
auch wider dich streiten, sie dir den-
noch nichts anhaben können; denn ich
bin bei dir, spricht der HERR, daß ich
dich errette.

a Jes 49,1; Gal 1,15 *b* 2.Mose 4,10; Jes 6,5-7
c 2.Mose 3,12 *d* 2.Mose 4,12 *e* Kap 18,7-10
f Kap 31,28 *g* Kap 4,6; 6,1.22; 10,22; 25,9; 50,41
h Kap 15,20; Hes 3,8.9

Das untreue Gottesvolk

Und des HERRN Wort geschah zu mir: **2**
Geh hin und predige öffentlich der 2

Stadt Jerusalem und sprich: So spricht
der HERR: Ich gedenke der Treue dei-
ner Jugend und der Liebe deiner
Brautzeit, wie du mir folgtest [a]in der
3 Wüste, im Lande, da man nicht sät. Da
war Israel [b]dem HERRN heilig, die
[c]Erstlingsfrucht seiner Ernte. Wer da-
von essen wollte, machte sich schuldig,
und Unheil mußte über ihn kommen,
spricht der HERR.
4 Hört des HERRN Wort, ihr vom
Hause Jakob und alle Geschlechter
5 vom Hause Israel! So spricht der
HERR: [d]Was haben doch eure Väter
Unrechtes an mir gefunden, daß sie von
mir wichen und hingen den nichtigen
Götzen an und wurden so zunichte,
6 und dachten niemals: Wo ist der HERR,
der uns aus Ägyptenland führte und
[e]leitete uns in der Wüste, im wilden,
ungebahnten Lande, im dürren und
finstern Lande, im Lande, das niemand
durchwandert und kein Mensch be-
7 wohnt? Und ich brachte euch in ein
fruchtbares Land, [f]daß ihr äßet seine
Früchte und Güter. Aber als ihr hin-
einkamt, [g]machtet ihr mein Land un-
rein und mein Eigentum mir zum
8 Greuel. Die Priester fragten nicht: Wo
ist der HERR?, und die Hüter des Geset-
zes achteten meiner nicht, und die Hir-
ten des Volks wurden mir untreu, und
die Propheten weissagten im Namen
des Baal und hingen den Götzen an, die
9 nicht helfen können. Darum muß ich
noch weiter mit euch und mit euren
Kindeskindern rechten, spricht der
HERR.
10 Denn geht hin zu den Inseln der Kit-
titer und schaut, und sendet nach Ke-
dar und gebt genau acht und schaut,
11 ob's daselbst so zugeht: ob die Heiden
ihre Götter wechseln, die doch keine
Götter sind. Aber mein Volk hat [h]seine
Herrlichkeit eingetauscht gegen einen
12 Götzen, der nicht helfen kann! Entset-
ze dich, Himmel, darüber, erschrick
und erbebe gar sehr, spricht der HERR.
13 Denn *mein Volk tut eine zwiefache Sün-
de: mich, [i]die lebendige Quelle, verlassen
sie und machen sich Zisternen, die doch
rissig sind und kein Wasser geben.*
14 Ist denn Israel ein Sklave oder unfrei
geboren, daß er jedermanns Raub sein
15 darf? [j]Löwen brüllen über ihm, brüllen
laut und verwüsten sein Land, und sei-
ne Städte werden verbrannt, so daß
16 niemand darin wohnt. Dazu scheren
die Leute von [k]Nof und Tachpanches
17 dir den Kopf kahl. Das alles hast du dir
doch selbst bereitet, weil du den
HERRN, deinen Gott, verläßt, sooft er
dich den rechten Weg leiten will. Was 18
hilft's dir, daß du nach Ägypten ziehst
und willst vom Nil trinken? Und was
hilft's dir, daß du nach Assyrien ziehst
und willst vom Eufrat trinken? Deine 19
Bosheit ist schuld, daß du so geschlagen
wirst, und dein Ungehorsam, daß du so
gestraft wirst. Und du mußt innewer-
den und erfahren, was es für Jammer
und Herzeleid bringt, den HERRN, dei-
nen Gott, zu verlassen und ihn nicht zu
fürchten, spricht Gott, der HERR Ze-
baot.
Denn von jeher hast du dein Joch 20
zerbrochen und deine Bande zerrissen
und gesagt: Ich will nicht unterworfen
sein! Sondern [l]auf allen hohen Hügeln
und unter allen grünen Bäumen triebst
du Hurerei. Ich aber [m]hatte dich ge- 21
pflanzt als einen edlen Weinstock, ein
ganz echtes Gewächs. [n]Wie bist du mir
denn geworden zu einem schlechten,
wilden Weinstock? Und wenn du dich 22
auch mit Lauge wüschest und nähmest
viel Seife dazu, so bleibt doch der
Schmutz deiner Schuld vor mir,
spricht Gott der HERR.
Wie wagst du denn zu sagen: Ich bin 23
nicht unrein, ich habe mich nicht an die
Baale gehängt? Sieh doch, wie du es
treibst im Tal, und bedenke, was du ge-
tan hast! Du läufst umher wie eine Ka-
melstute in der Brunst, wie eine Wild- 24
eselin in der Wüste, wenn sie vor großer
Brunst lechzt und läuft, daß niemand
sie aufhalten kann. Wer sie haben will,
muß nicht weit laufen; er trifft sie bald
in dieser Zeit. Schone doch deine Füße, 25
daß sie nicht wund werden, und deine
Kehle, daß sie nicht durstig werde.
Aber du sprichst: Da wird nichts
draus; ich muß diese Fremden lieben
und ihnen nachlaufen.
Wie ein Dieb zuschanden wird, 26
wenn man ihn ergreift, so wird das
Haus Israel zuschanden werden samt
seinen Königen, Fürsten, Priestern
und Propheten, die zum Holz sagen: 27
»Du bist mein Vater« und zum Stein:
»Du hast mich geboren«. Denn [o]sie
kehren mir den Rücken zu und nicht
das Angesicht. Aber wenn die Not über
sie kommt, sprechen sie: »Auf und hilf
uns!« [p]Wo sind denn deine Götter, die 28
du dir gemacht hast? Laß sie aufste-
hen; laß sehen, ob sie dir helfen können
in deiner Not! Denn [q]so viel Städte, so
viel Götter hast du, Juda.

29 Wie könnt ihr rechten mit mir? Ihr
seid alle von mir abgefallen, spricht der
30 HERR. Alle [r]meine Schläge sind ver-
geblich an euren Söhnen, sie lassen sich
doch nicht erziehen; [s]euer Schwert
frißt eure Propheten wie ein wütender
Löwe.
31 Du böses Geschlecht, merke auf des
HERRN Wort! Bin ich denn für Israel
eine Wüste oder ödes Land? Warum
spricht denn mein Volk: »Wir sind freie
Herren und brauchen dir nicht mehr
32 nachzulaufen«? Vergißt wohl eine
Jungfrau ihren Schmuck oder eine
Braut ihren Schleier? Mein Volk aber
vergißt mich seit endlos langer Zeit.
33 Wie fein findest du Wege, dir Liebha-
ber zu suchen! Darum hast du dich
auch gewöhnt, auf bösen Wegen zu
34 wandeln. Auch findet man an deinen
Kleidern [t]das Blut von Armen und Un-
schuldigen, die du nicht beim Einbruch
ertappt hast, sondern die alledem wi-
35 derstanden. Und doch sprichst du: Ich
bin unschuldig; [u]er hat ja doch seinen
Zorn von mir gewandt. Siehe, ich will
dich richten, weil du sprichst: Ich habe
36 nicht gesündigt. Was läufst du denn so
leichtfertig bald dahin, bald dorthin!
Auch [v]an Ägypten wirst du zuschan-
den werden, wie du an Assyrien zu-
37 schanden geworden bist. Denn du
mußt auch von dort wegziehen und dei-
ne Hände über dem Kopf zusammenle-
gen; denn der HERR hat sie verworfen,
auf die du deine Hoffnung setztest, und
es wird dir nicht mit ihnen gelingen.
3 Und er sprach: [w]Wenn sich ein
Mann von seiner Frau scheidet und sie
geht von ihm und gehört einem andern,
darf er sie auch wieder annehmen? Ist's
nicht so, daß das Land unrein würde?
Du aber hast mit vielen gehurt und soll-
test wieder zu mir kommen? spricht der
2 HERR. Hebe deine Augen auf zu den
Höhen und sieh, wo du allenthalben
dich preisgegeben hast! An den Wegen
sitzt du und lauerst auf sie wie ein Ara-
ber in der Wüste und machst das Land
unrein mit deiner [x]Hurerei und Bos-
3 heit. Darum muß auch der Frühregen
ausbleiben, und kein Spätregen
kommt. Aber du hast eine Hurenstirn,
4 du willst dich nicht mehr schämen und
schreist jetzt zu mir: [y]»Lieber Vater, du
5 Vertrauter meiner Jugend! Willst du
denn ewiglich zürnen und nicht vom
Grimm lassen?« Siehe, so redest du und
tust Böses und lässest dir nicht wehren.

a Hos 2,16; 13,5 *b* 2.Mose 28,36 *c* Am 6,1; Jak 1,18 *d* Mi 6,3 *e* 5.Mose 8,15 *f* 5.Mose 1,25 *g* Ri 2,1.2 *h* Röm 1,23 *i* Kap 17,13; Ps 36,10; Joh 7,38 *j* Kap 4,7 *k* Kap 44,1 *l* Jes 57,5; Hes 6,13 *m* Ps 80,9 *n* Jes 5,1-4 *o* Kap 7,24; 18,17; 32,33 *p* 5.Mose 32,37.38; Ri 10,14 *q* Kap 11,13 *r* Jes 1,5 *s* Mt 5,12; 22,6; 23,37; Mk 12,5 *t* Kap 26,20-23; 2.Mose 23,7 *u* Jes 43,25.26 *v* 2.Kön 23,33-35; Jes 30,3 *w* 5.Mose 24,1-4 *x* Hos 4,13 *y* Vers 19; Kap 31,9; Jes 63,16

Schuldspruch und Verheißung über Israel und Juda

Und der HERR sprach zu mir zur Zeit 6
des Königs Josia: Hast du gesehen, was
Israel, die Abtrünnige, tat? Sie ging hin
[a]auf alle hohen Berge und unter alle
grünen Bäume und trieb dort Hurerei.
[b]Und ich dachte, nachdem sie das alles 7
getan, würde sie zu mir zurückkehren.
Aber sie kehrte nicht zurück. Und ob-
wohl ihre Schwester Juda, die Treu-
lose, gesehen hat, wie ich Israel, die Ab- 8
trünnige, wegen ihres Ehebruchs ge-
straft und sie entlassen und ihr einen
Scheidebrief gegeben habe, scheut sich
dennoch ihre Schwester, das treulose
Juda, nicht, sondern geht hin und treibt
auch Hurerei. Und ihre leichtfertige 9
Hurerei hat das Land unrein gemacht;
denn sie treibt Ehebruch mit Stein und
Holz. Und auch in diesem allen bekehrt 10
sich das treulose Juda, ihre Schwester,
nicht zu mir von ganzem Herzen, son-
dern nur mit Heuchelei, spricht der
HERR.
Und der HERR sprach zu mir: Das 11
abtrünnige Israel steht gerechter da als
das treulose Juda. Geh hin und rufe 12
diese Worte nach Norden und sprich:
Kehre zurück, du abtrünniges Israel,
spricht der HERR, so will ich nicht zor-
nig auf euch blicken. Denn [c]ich bin
gnädig, spricht der HERR, und will
nicht ewiglich zürnen. Allein erkenne 13
deine Schuld, daß du wider den HERRN,
deinen Gott, gesündigt hast und bist
hin- und hergelaufen zu den fremden
Göttern unter allen grünen Bäumen,
und ihr habt meiner Stimme nicht ge-
horcht, spricht der HERR.
Kehrt um, ihr abtrünnigen Kinder, 14
spricht der HERR, denn ich bin euer
Herr! Und ich will euch holen, [d]einen
aus einer Stadt und zwei aus einem Ge-
schlecht, und will euch bringen nach
Zion. Und ich will euch [e]Hirten geben 15
nach meinem Herzen, die euch weiden
sollen in Einsicht und Weisheit. [f]Und 16
es soll geschehen, wenn ihr zahlreich
geworden seid und euch ausgebreitet
habt im Lande, so soll man, spricht der

HERR, in jenen Tagen nicht mehr reden
von der Bundeslade des HERRN, ihrer
nicht mehr gedenken oder nach ihr fra-
gen und sie nicht mehr vermissen; auch
wird sie nicht wieder gemacht werden.
17 Sondern zu jener Zeit wird man Jerusa-
lem nennen [g]»Des HERRN Thron«, und
[h]es werden sich dahin sammeln alle
Heiden um des Namens des HERRN wil-
len zu Jerusalem, und sie werden nicht
mehr wandeln nach ihrem verstockten
18 und bösen Herzen. In jenen Tagen
wird das Haus Juda zum Haus Israel
gehen, und [i]sie werden miteinander
heimkommen von Norden her in das
Land, das ich euren Vätern zum Erbe
gegeben habe.
19 Und ich dachte: Wie will ich dich
halten, [j]als wärst du mein Sohn, und
dir das liebe Land geben, [k]den aller-
schönsten Besitz unter den Völkern!
Und ich dachte, du würdest mich dann
[l]»Lieber Vater« nennen und nicht von
20 mir weichen. Aber das Haus Israel hat
mir nicht die Treue gehalten, gleichwie
ein Weib wegen ihres Liebhabers nicht
die Treue hält, spricht der HERR.

a Kap 2,20 *b* *(7-9)* 2.Kön 17,18.19; Hes 23,2-11
c 2.Mose 34,6 *d* Jes 6,13 *e* Kap 23,3.4; Jes 44,28;
Hes 34,23 *f* *(16 und 17)* 4.Mose 10,33-36;
2.Kön 25,8.9; Hebr 4,14-16 *g* 2.Mose 17,16
h Jes 2,2-4; Mi 4,2 *i* Jes 11,11-13 *j* 5.Mose 7,6;
32,6 *k* 5.Mose 8,7 *l* Vers 4

Israels Umkehr

21 Man hört ein klägliches Heulen und
Weinen der Israeliten [a]auf den Höhen,
weil sie übel getan und den HERRN,
22 ihren Gott, vergessen haben. Kehrt zu-
rück, ihr abtrünnigen Kinder, so will
ich euch heilen von eurem Ungehor-
sam.
Siehe, wir kommen zu dir; denn du
23 bist der HERR, unser Gott. Wahrlich, es
ist ja nichts als Betrug mit den Hügeln
und mit dem Lärm auf den Bergen.
Wahrlich, es hat Israel keine andere
24 Hilfe als am HERRN, unserm Gott. Der
schändliche Baal hat gefressen, was un-
sere Väter erworben hatten, von unsrer
Jugend an, ihre Schafe und Rinder,
25 Söhne und Töchter. So müssen wir uns
betten in unsere Schande, und unsre
Schmach soll uns bedecken. Denn [b]wir
haben gesündigt wider den HERRN, un-
sern Gott, wir und unsere Väter, von
unsrer Jugend an bis auf den heutigen
Tag, und haben nicht gehorcht der
Stimme des HERRN, unseres Gottes.
4 Willst du dich, Israel, bekehren,
spricht der HERR, so kehre dich zu mir!
Und wenn du deine greulichen Götzen
von meinem Angesicht wegtust, so
brauchst du nicht mehr umherzu-
schweifen, und wenn du ohne Heuche- 2
lei recht und heilig [c]schwörst: »So wahr
der HERR lebt«, dann werden die Hei-
den in ihm gesegnet werden und sich
seiner rühmen. Denn so spricht der 3
HERR zu denen in Juda und zu Jerusa-
lem: [d]Pflüget ein Neues und säet nicht
unter die Dornen! [e]Beschneidet euch 4
für den HERRN und tut weg die Vorhaut
eures Herzens, ihr Männer von Juda
und ihr Leute von Jerusalem, auf daß
nicht [f]um eurer Bosheit willen mein
Grimm ausfahre wie Feuer und bren-
ne, so daß niemand löschen kann.

a Vers 2 *b* Kap 14,7.20 *c* 5.Mose 10,20;
Jes 65,16 *d* Hos 10,12 *e* Kap 9,25; 5.Mose 10,16;
Röm 2,29; Kol 2,11 *f* Kap 6,7.10

Der Feind aus dem Norden wird das Land verheeren

Verkündet in Juda und schreit laut in 5
Jerusalem und sprecht: »Blast die Po-
saune im Lande!« Ruft mit voller Stim-
me und sprecht: »Sammelt euch und
laßt uns in die festen Städte ziehen!«
Richtet in Zion ein Fluchtzeichen auf; 6
flieht und säumet nicht! Denn ich brin-
ge [a]von Norden Unheil herzu und gro-
ßen Jammer. Es steigt herauf der 7
[b]Löwe aus seinem Dickicht, und der
Verderber der Völker hat sich aufge-
macht und ist ausgezogen von seiner
Stätte, dein Land zu verwüsten und
deine Städte zu verbrennen, so daß nie-
mand darin wohnt. Darum [c]zieht den 8
Sack an, klagt und heult; denn der
grimmige Zorn des HERRN will sich
nicht von uns wenden.
Zu der Zeit, spricht der HERR, wird 9
dem König und den Fürsten der Mut
entfallen, die Priester werden bestürzt
und die Propheten erschrocken sein.
Ich aber sprach: Ach, Herr HERR, du 10
hast dies Volk und Jerusalem sehr ge-
täuscht, als du sagtest: »Es wird [d]Frie-
de bei euch sein«, wo doch das Schwert
uns ans Leben geht!
Zu der Zeit wird man diesem Volk 11
und Jerusalem sagen: »Es kommt ein
heißer Wind von den kahlen Höhen aus
der Wüste, geraden Weges zu der
Tochter meines Volks, nicht zum Wor-
feln noch zum Sichten.« Ja, ein Wind 12
kommt auf mein Geheiß, der ihnen zu
stark sein wird; da will ich dann mit
ihnen rechten. Siehe, er fährt daher wie 13
Wolken, und seine Wagen sind wie ein

Sturmwind, seine Rosse sind schneller
als Adler. Weh uns! Wir sind verloren!
14 So [e]wasche nun, Jerusalem, dein Herz
von der Bosheit, auf daß dir geholfen
werde. Wie lange wollen bei dir bleiben
deine heillosen Gedanken?
15 Horch! Es kommt ein Geschrei von
Dan her und eine böse Botschaft vom
16 Gebirge Efraim. Saget an den Völkern,
verkündet in Jerusalem: Belagerer
kommen aus fernen Landen und erhe-
ben Kriegsgeschrei gegen die Städte
17 Judas. Sie werden sich [f]um Jerusalem
her lagern wie die Wächter auf dem
Felde; denn es hat mich erzürnt,
18 spricht der HERR. Das hast du zum
Lohn für deinen Wandel und dein
Tun. Das kommt von deiner Bosheit,
daß es so bitter um dich steht und dir
bis ans Herz dringt.
19 Wie ist mir so weh! Mein Herz pocht
mir im Leibe, und ich habe keine Ruhe;
denn ich höre der Posaune Hall, den
20 Lärm der Feldschlacht; Niederlage auf
Niederlage wird gemeldet. Denn das
ganze Land wird verheert, plötzlich
sind meine Hütten und meine Zelte
21 zerstört. Wie lange soll ich noch das
Fluchtzeichen sehen und der Posaune
22 Hall hören? Aber mein Volk ist toll und
glaubt mir nicht. Töricht sind sie und
achten's nicht; [g]weise sind sie genug,
Übles zu tun, aber rechttun wollen sie
nicht lernen.
23 Ich schaute das Land an, siehe, [h]es
war wüst und öde, und den Himmel,
24 und er war finster. Ich sah die Berge an,
und siehe, sie bebten, und alle Hügel
25 wankten. Ich sah, und siehe, da war
kein Mensch, und alle Vögel unter dem
26 Himmel waren weggeflogen. Ich sah,
und siehe, das Fruchtland war eine
Wüste, und alle seine Städte waren zer-
stört vor dem HERRN und vor seinem
27 grimmigen Zorn. Denn so spricht der
HERR: Das ganze Land soll wüst wer-
den, aber [i]ich will mit ihm doch nicht
28 ganz ein Ende machen. Darum wird
das Land betrübt und der Himmel dro-
ben traurig sein; denn ich hab's gere-
det, ich hab's beschlossen, und es soll
mich nicht gereuen, ich will auch nicht
davon ablassen.
29 Aus allen Städten werden sie vor
dem Geschrei der Reiter und Schützen
fliehen und in die dichten Wälder
laufen und in die Felsen kriechen. Alle
Städte werden verlassen stehen, so daß
30 niemand darin wohnt. Was willst du
dann tun, du Überwältigte? Wenn du
dich schon mit Purpur kleiden und mit
goldenen Kleinoden schmücken und
dein Angesicht schminken würdest, so
schmückst du dich doch vergeblich.
Die dir jetzt den Hof machen, werden
dich verachten, sie werden dir nach
dem Leben trachten. Denn ich höre ein 31
Geschrei wie von einer Gebärenden,
Angstrufe wie von einer, die in den er-
sten Kindsnöten ist, ein Geschrei der
Tochter Zion, die da keucht und die
Hände ausbreitet: Ach, weh mir! Ich
muß vergehen vor den Würgern.

a Kap 1,14 *b* Kap 2,15; 5,6; 25,38; 49,19; 50,44
c Kap 6,26 *d* Kap 6,14 *e* Kap 6,8; Jes 1,16
f Kap 1,15; 6,3 *g* Jes 27,11 *h* 1.Mose 1,2
i Kap 5,18; 10,24; 18,3-8; Am 9,8

Dem sündigen Volk kann nicht mehr vergeben werden

Geht durch die Gassen Jerusalems und 5
schaut und merkt auf und [a]sucht auf
den Straßen der Stadt, ob ihr jemand
findet, der Recht übt und auf Wahrheit
hält, so will ich ihr gnädig sein. Und 2
wenn sie auch sprechen: Bei dem le-
bendigen Gott!, so [b]schwören sie doch
falsch. HERR, deine Augen sehen auf 3
Wahrhaftigkeit*. Du schlägst sie, aber
sie fühlen's nicht; [c]du machst fast ein
Ende mit ihnen, aber sie bessern sich
nicht. [d]Sie haben ein Angesicht, härter
als ein Fels, und wollen sich nicht be-
kehren. Ich aber dachte: Wohlan, es 4
sind arme, unverständige Leute und
wissen nicht um des HERRN Weg und
um ihres Gottes Recht. Ich will zu den 5
Großen gehen und mit ihnen reden; die
werden um des HERRN Weg und ihres
Gottes Recht wissen. Aber [e]sie alle ha-
ben das Joch zerbrochen und die Seile
zerrissen. Darum wird sie auch der 6
[f]Löwe aus dem Walde zerreißen, und
der Wolf aus der Steppe wird sie ver-
derben, und der Panther wird um ihre
Städte lauern; alle, die von da heraus-
gehen, werden zerfleischt. Denn ihrer
Sünden sind zu viele, und sie bleiben in
ihrem Ungehorsam.
Wie soll ich dir denn gnädig sein? 7
Deine Söhne haben mich verlassen und
schwören bei dem, der nicht Gott ist.
Als ich sie satt gemacht hatte, trieben
sie Ehebruch und liefen ins Hurenhaus.
Ein jeder [g]wiehert nach seines Näch- 8
sten Weibe wie die vollen, müßigen
Hengste. Und ich sollte das an ihnen 9
nicht heimsuchen, spricht der HERR,
und ich sollte mich nicht rächen an
einem Volk wie diesem?[h]
Stürmt ihre Weinberge hinauf und 10

zerstört die stützenden Mauern; aber
verwüstet sie nicht ganz! Reißet ihre
Weinranken weg; denn sie gehören
11 nicht dem HERRN! Sie verachten mich,
spricht der HERR, das Haus Israel und
12 das Haus Juda. Sie verleugnen den
HERRN und sprechen: »Das tut er nicht;
so übel wird es uns nicht gehen;
Schwert und Hunger werden wir nicht
13 sehen. Die Propheten sind Schwätzer
und haben Gottes Wort nicht; es erge-
14 he ihnen selbst so!« Darum spricht der
HERR, der Gott Zebaot: Weil ihr solche
Reden führt, siehe, so will ich meine
Worte in deinem Munde zu Feuer ma-
chen und dies Volk zu Brennholz, daß
es verzehrt werde.
15 Siehe, ich will über euch vom Hause
Israel [i] ein Volk von ferne her bringen,
spricht der HERR, ein Volk von uner-
schöpflicher Kraft, ein uraltes Volk, ein
Volk, [j] dessen Sprache du nicht ver-
stehst, und was sie reden, kannst du
16 nicht vernehmen. Seine Köcher sind
wie offene Gräber; es sind lauter Hel-
17 den. Sie werden deine Ernte und dein
Brot verzehren, sie werden deine Söhne
und Töchter fressen, sie werden deine
Schafe und Rinder verschlingen, sie
werden deine Weinstöcke und Feigen-
bäume verzehren; deine festen Städte,
auf die du dich verläßt, werden sie mit
18 dem Schwert einnehmen. Doch will
ich, spricht der HERR, auch zu jener
Zeit mit euch [k] nicht ganz ein Ende ma-
19 chen. Und wenn sie sagen: Warum tut
uns der HERR, unser Gott, dies alles?,
sollst du ihnen antworten: Wie ihr
mich verlaßt und fremden Göttern
dient in eurem eigenen Lande, so sollt
ihr auch Fremden dienen in einem
Lande, das nicht euer ist.[l]
20 Verkündet im Hause Jakob und ruft
21 aus in Juda und sprecht: Hört zu, ihr
tolles Volk, das keinen Verstand hat,
[m] die da Augen haben und sehen nicht,
22 Ohren haben und hören nicht! Wollt
ihr mich nicht fürchten, spricht der
HERR, und vor mir nicht erschrecken,
[n] der ich dem Meere den Sand zur
Grenze setze, darin es allezeit bleiben
muß, darüber es nicht gehen darf? Und
wenn es auch aufwallt, so vermag es
doch nichts; und wenn seine Wellen
auch toben, so dürfen sie doch nicht
23 darüber gehen. Aber dies Volk hat ein
abtrünniges, ungehorsames Herz. Sie
bleiben abtrünnig und gehen ihrer
24 Wege und sprechen niemals in ihrem
Herzen: »Laßt uns doch den HERRN,
unsern Gott, fürchten, der uns [o] Früh-
regen und Spätregen gibt zur rechten
Zeit und uns die Ernte treulich und
jährlich gewährt.« Aber [p] eure Ver- 25
schuldungen verhindern das, und eure
Sünden halten das Gute von euch fern.
Man findet unter meinem Volk 26
Gottlose, die den Leuten nachstellen
und Fallen zurichten, um sie zu fangen,
wie's die Vogelfänger tun. Ihre Häuser 27
sind voller Tücke, wie ein Vogelbauer
voller Lockvögel ist. Daher sind sie
groß und reich geworden, fett und feist. 28
Sie gehen mit bösen Dingen um; sie
halten kein Recht, [q] der Waisen Sache
fördern sie nicht, daß ihnen ihr Recht
werde, und helfen den Armen nicht
zum Recht. Sollte ich das an ihnen 29
nicht heimsuchen, spricht der HERR,
und sollte ich mich nicht rächen an
einem Volk wie diesem?[r] Es steht greu- 30
lich und gräßlich im Lande. Die [s] Pro- 31
pheten weissagen Lüge, und die Prie-
ster herrschen auf eigene Faust, und
mein Volk hat's gern so. Aber was wer-
det ihr tun, wenn's damit ein Ende hat?

a 1.Mose 18,22-32 *b* Kap 4,2 *c* Kap 2,30; 7,28; 9,2 *d* Jes 48,4 *e* Kap 2,20 *f* Kap 4,7 *g* Hes 22,11 *h* Vers 29; Kap 9,8 *i* Kap 6,22 *j* Jes 28,11 *k* Kap 4,27 *l* Kap 16,10-14 *m* Jes 6,9.10; Mk 8,18 *n* Ps 104,9 *o* 5.Mose 11,14 *p* Jes 59,2 *q* 2.Mose 22,21; Jes 1,17 *r* Vers 9 *s* Hes 13,6

*Vers 3: Luther übersetzte: »sehen nach dem Glauben«.

Das wohlverdiente Gericht

Flieht, ihr Leute von Benjamin, aus Je- 6
rusalem und blast die Posaune in [a] Te-
koa und richtet ein Fluchtzeichen auf
über Bet-Kerem! Denn es droht [b] von
Norden Unheil und großer Jammer.
Die Tochter Zion ist wie eine liebliche 2
Aue; aber es werden Hirten über sie 3
kommen mit ihren Herden; [c] die wer-
den Zelte aufschlagen rings um sie her
und ein jeder seinen Platz abweiden.
»Rüstet euch zum Krieg gegen sie! 4
Wohlauf, laßt uns hinaufziehen, solan-
ge es noch heller Tag ist! Wehe, es will
Abend werden, und die Schatten wer-
den lang! Wohlan, laßt uns hinaufzie- 5
hen bei Nacht und ihre Paläste zerstö-
ren!« Denn so spricht der HERR Zebaot: 6
Fället Bäume und werft einen Wall auf
gegen Jerusalem; denn es ist eine Stadt,
die heimgesucht werden soll. [d] Ist doch
nichts als Unrecht darin! Denn wie ein 7
Brunnen sein Wasser quellen läßt, so
quillt auch ihre Bosheit. Frevel und
Gewalt hört man in ihr, und Morden
und Schlagen treiben sie täglich vor

8 mir. Beßre dich, Jerusalem, ehe sich
mein Herz von dir wende und ich dich
zum wüsten Lande mache, darin niemand wohnt!
9 So spricht der HERR Zebaot: Halte
Nachlese am Rest Israels wie am Weinstock, strecke deine Hand immer wieder aus wie ein Winzer nach den Reben.
10 »Ach, mit wem soll ich noch reden, und
wem soll ich Zeugnis geben? Daß doch
jemand hören wollte! Aber [e]ihr Ohr ist
unbeschnitten; sie können's nicht hören. Siehe, sie halten des HERRN Wort
für Spott und wollen es nicht haben.
11 Darum bin ich von des HERRN Zorn so
voll, daß ich ihn nicht zurückhalten
kann.« So schütte ihn aus über die Kinder auf der Gasse und über die Schar
der jungen Männer! Denn es sollen
alle, Mann und Frau, Alte und Hochbetagte, gefangen weggeführt werden.
12 Ihre Häuser sollen den Fremden zuteil
werden samt den Äckern und Frauen;
denn ich will meine Hand ausstrecken,
spricht der HERR, wider die Bewohner
13 des Landes. [f]Denn sie gieren alle, klein
und groß, nach unrechtem Gewinn,
und Propheten und Priester gehen alle
14 mit Lüge um und heilen den Schaden
meines Volks nur obenhin, indem sie
sagen: »Friede! Friede!«, und ist doch
15 nicht Friede. Sie werden mit Schande
dastehen, weil sie solche Greuel getrieben haben; aber sie wollen sich nicht
schämen und wissen nichts von Scham.
Darum sollen sie fallen unter den Fallenden, und wenn ich sie heimsuchen
werde, sollen sie stürzen, spricht der
HERR.
16 So spricht der HERR: Tretet hin an
die Wege und schauet und fragt nach
den Wegen der Vorzeit, welches der
gute Weg sei, und wandelt darin, [g]so
werdet ihr Ruhe finden für eure Seele!
Aber sie sprechen: Wir wollen's nicht
17 tun! Auch habe ich [h]Wächter über
euch gesetzt: Achtet auf den Hall der
Posaune! Aber sie sprechen: Wir wol-
18 len's nicht tun! Darum höret, ihr Völker, und merkt auf samt euren Leuten!
19 Du, Erde, höre zu! Siehe, ich will Unheil über dies Volk bringen, ihren verdienten Lohn, weil sie [i]auf meine Worte nicht achten und mein Gesetz ver-
20 werfen. Was frage ich nach dem Weihrauch aus Saba und nach dem köstlichen Gewürz, das aus fernen Landen
kommt? [j]Eure Brandopfer sind mir
nicht wohlgefällig, und eure Schlacht-
21 opfer gefallen mir nicht. Darum spricht
der HERR: Siehe, ich will diesem Volk
Anstöße in den Weg stellen, daran sich
Väter und Söhne zugleich stoßen und
ein Nachbar mit dem andern umkommen soll.
So spricht der HERR: Siehe, es 22
kommt ein Volk von Norden, und [k]ein
großes Volk wird sich erheben vom
Ende der Erde. Sie führen Bogen und 23
Speer, sind grausam und ohne Erbarmen. Sie brausen daher wie ein ungestümes Meer und reiten auf Rossen, gerüstet als Kriegsleute, gegen dich, du
Tochter Zion.[l] Wir haben von ihnen 24
gehört, und unsre Arme sind uns niedergesunken; es ist uns angst und weh
geworden wie einer Gebärenden. Nie- 25
mand gehe hinaus auf den Acker, niemand gehe über Land; denn es ist
[m]Schrecken um und um vor dem
Schwert des Feindes. O Tochter mei- 26
nes Volks, [n]zieh den Sack an und wälze
dich im Staube! Trage Leid wie um
den einzigen Sohn und klage bitterlich;
denn der Verderber kommt über uns
plötzlich.

a Am 1,1 *b* Kap 1,14 *c* Kap 4,17 *d* Kap 5,1
e Kap 4,4; Apg 7,51 *f (13-15)* Kap 8,10-12;
Hes 13,10.16; 1.Thess 5,3 *g* Mt 11,29 *h* Hes 3,17
i Jes 1,2 *j* Ps 40,7; Jes 1,11-15 *k* Kap 5,15;
5.Mose 28,49 *l* Kap 50,42 *m* Kap 20,3
n Kap 4,8; Am 8,10

Jeremia als Prüfer des Volkes

Ich habe dich zum Prüfer gesetzt für 27
mein Volk, daß du seinen Wandel erkennen und prüfen sollst. Sie sind ganz 28
und gar abtrünnig und wandeln verleumderisch; [a]Erz und Eisen sind sie;
alle bringen sie Verderben. Der Blase- 29
balg schnaubte, das Blei wurde flüssig
vom Feuer; aber das Schmelzen war
umsonst, denn die Bösen sind nicht
ausgeschieden. Darum heißen sie »Ver- 30
worfenes Silber«; denn [b]der HERR hat
sie verworfen.

a Hes 22,18 *b* 1.Kön 9,7

Die Tempelrede
(vgl. Kap 26)

Dies ist das Wort, das vom HERRN ge- 7
schah zu Jeremia: Tritt ins Tor am 2
Hause des HERRN und predige dort dies
Wort und sprich: Höret des HERRN
Wort, ihr alle von Juda, die ihr zu
diesen Toren eingeht, den HERRN anzubeten! So spricht der HERR Zebaot, 3
der Gott Israels: [a]*Bessert euer Leben
und euer Tun, so will ich bei euch wohnen
an diesem Ort.** Verlaßt euch nicht auf 4
Lügenworte, wenn sie sagen: Hier ist

des HERRN Tempel, hier ist des HERRN
Tempel, hier ist des HERRN Tempel!
5 Sondern bessert euer Leben und euer
Tun, daß ihr recht handelt einer gegen
6 den andern und [b]keine Gewalt übt ge-
gen Fremdlinge, Waisen und Witwen
und nicht unschuldiges Blut vergießt
an diesem Ort und nicht andern Göt-
tern nachlauft zu eurem eigenen
7 Schaden, so will ich immer und ewig
bei euch wohnen an diesem Ort, in dem
Lande, das ich euren Vätern gegeben
8 habe. Aber nun verlaßt ihr euch auf
Lügenworte, die zu nichts nütze sind.
9 Ihr seid [c]Diebe, Mörder, Ehebrecher
und Meineidige und opfert dem Baal
und lauft fremden Göttern nach, die ihr
10 nicht kennt. Und dann kommt ihr und
tretet vor mich in diesem Hause, das
nach meinem Namen genannt ist, und
sprecht: Wir sind geborgen, – und tut
11 weiter solche Greuel. Haltet ihr denn
[d]dies Haus, das nach meinem Namen
genannt ist, für eine Räuberhöhle? Sie-
he, ich sehe es wohl, spricht der HERR.
12 Geht hin an meine Stätte zu [e]Silo,
wo früher mein Name gewohnt hat,
und schaut, was ich dort getan habe
wegen der Bosheit meines Volks Israel.
13 Weil ihr denn lauter solche Dinge
treibt, spricht der HERR, und weil ich
[f]immer wieder zu euch redete und ihr
nicht hören wolltet und ich euch rief
14 und ihr nicht antworten wolltet, so will
ich mit dem Hause, das nach meinem
Namen genannt ist, auf das ihr euch
verlaßt, und mit der Stätte, die ich euch
und euren Vätern gegeben habe, eben-
15 so tun, wie ich mit Silo getan habe, und
will euch [g]von meinem Angesicht ver-
stoßen, wie ich verstoßen habe alle eure
Brüder, das ganze Geschlecht Efraim.

a Kap 18,11; 25,5; 26,13; Jes 1,16 *b* Kap 5,28
c Hos 4,2 *d* Mt 21,13 *e* Jos 18,1; 1.Sam 4,4.12;
Ps 78,60 *f* Kap 25,3; Jes 65,12
g 2.Kön 17,18.20.23
*Vers 3: Nach anderer Überlieferung: so will ich euch wohnen lassen an diesem Ort. (In gleicher Weise auch Vers 7.)

Gegen falschen Gottesdienst

16 Du [a]sollst für dies Volk nicht bitten
und sollst für sie weder Klage noch Ge-
bet vorbringen, sie auch nicht vertreten
vor mir; denn ich will dich nicht hören.
17 [b]Siehst du nicht, was sie tun in den
Städten Judas und auf den Gassen Je-
18 rusalems? Die Kinder lesen Holz, die
Väter zünden das Feuer an, und die
Frauen kneten den Teig, daß sie der
Himmelskönigin Kuchen backen, und
fremden Göttern spenden sie Trank-
opfer mir zum Verdruß. Aber damit 19
machen sie nicht mir Verdruß, spricht
der HERR, sondern sich selbst zu ihrer
eigenen Schande. Darum spricht Gott 20
der HERR: Siehe, mein Zorn und mein
Grimm wird ausgeschüttet über diese
Stätte, über Menschen und über Vieh,
über die Bäume auf dem Felde und
über die Früchte des Landes; der soll
so brennen, daß niemand löschen kann.
[c]So spricht der HERR Zebaot, der 21
Gott Israels: Tut eure Brandopfer zu
euren Schlachtopfern und freßt
Fleisch! Ich aber habe euren Vätern an 22
dem Tage, als ich sie aus Ägyptenland
führte, nichts gesagt noch geboten von
Brandopfern und Schlachtopfern; son- 23
dern dies habe ich ihnen geboten: Ge-
horcht meinem Wort, so [d]will ich euer
Gott sein, und ihr sollt mein Volk sein;
wandelt ganz auf dem Wege, den ich
euch gebiete, auf daß es euch wohlgehe.
Aber [e]sie wollten nicht hören noch ihre 24
Ohren mir zukehren, sondern wandel-
ten nach ihrem eignen Rat und nach ih-
rem verstockten und bösen Herzen und
kehrten mir den Rücken zu und nicht
das Angesicht. [f]Ja, von dem Tage an, 25
da ich eure Väter aus Ägyptenland
führte, bis auf diesen Tag habe ich im-
mer wieder zu euch gesandt alle meine
Knechte, die Propheten. Aber [g]sie wol- 26
len mich nicht hören noch ihre Ohren
mir zukehren, sondern sind halsstarrig
und treiben es ärger als ihre Väter. Und 27
wenn du schon ihnen dies alles sagst, so
werden sie doch nicht auf dich hören;
rufst du sie, so werden sie dir nicht ant-
worten. Darum sprich zu ihnen: Dies 28
ist das Volk, das auf die Stimme des
HERRN, seines Gottes, nicht hören noch
sich bessern will. [h]Die Wahrheit ist da-
hin und ausgerottet aus ihrem Munde.
[i]Schere deine Haare ab und wirf sie 29
von dir und wehklage auf den Höhen;
denn der HERR hat dies Geschlecht,
über das er zornig ist, verworfen und
verstoßen. Denn die Leute von Juda 30
tun, was mir mißfällt, spricht der HERR.
[j]Sie haben ihre Greuelbilder gesetzt in
das Haus, das nach meinem Namen ge-
nannt ist, um es unrein zu machen,
[k]und haben die Höhen des Tofet im 31
Tal Ben-Hinnom gebaut, um ihre Söh-
ne und Töchter zu verbrennen, was ich
nie geboten habe und mir nie in den
Sinn gekommen ist. Darum siehe, es 32
kommt die Zeit, spricht der HERR, daß
man's nicht mehr nennen wird »Tofet«

und »Tal Ben-Hinnom«, sondern
»Würgetal«. Und man wird im Tofet
begraben müssen, weil sonst kein
33 Raum mehr sein wird. Und die [l]Leich-
name dieses Volks sollen den Vögeln
des Himmels und den Tieren des Fel-
des zum Fraß werden, ohne daß sie je-
34 mand verscheuchen wird. Und [m]ich
will in den Städten Judas und auf den
Gassen Jerusalems wegnehmen den Ju-
bel der Freude und Wonne und die
Stimme des Bräutigams und der Braut;
denn das Land soll wüst werden.

8 Zu dieser Zeit, spricht der HERR,
wird man die Gebeine der Könige von
Juda, die Gebeine seiner Fürsten, die
Gebeine der Priester, die Gebeine der
Propheten und die Gebeine der Bürger
Jerusalems aus ihren Gräbern werfen
2 und wird sie hinstreuen der Sonne,
dem Mond und dem ganzen Heer des
Himmels, die sie geliebt und [n]denen sie
gedient haben, denen sie nachgelaufen
sind, die sie befragt und angebetet ha-
ben. Sie sollen nicht wieder aufgelesen
und begraben werden, sondern Dung
3 auf dem Felde sein. Und alle, die übrig-
geblieben sind von diesem bösen Volk,
werden an allen Orten, wohin ich sie
verstoße, lieber tot als lebendig sein
wollen, spricht der HERR Zebaot.

a Kap 11,14; 14,11; 37,3; 42,2; 2.Mose 32,10.11; 1.Sam 12,23 *b (17 und 18)* Kap 19,13; 44,17.19; Jes 65,11 *c (21 und 22)* 1.Sam 15,22; Ps 50,7-15; Hos 8,13; Mi 6,6-8 *d* Kap 11,4; 24,7; 30,22; 31,1.33; 32,38; 3.Mose 26,12; Hes 11,20; 14,11; 34,30; 37,27 *e* Kap 11,8; Jes 65,2 *f (25 und 26)* Kap 25,4 *g* Kap 16,12 *h* Kap 5,1 *i* Mi 1,16 *j* Kap 32,34; 2.Kön 21,4.5 *k (31-33)* Kap 19,5-7; 32,25; 3.Mose 18,21 *l* Kap 9,21 *m* Kap 16,9; 25,10; 33,11 *n* 5.Mose 4,19

Gegen das verblendete Volk und seine Verführer

4 Sprich zu ihnen: So spricht der HERR:
Wo ist jemand, wenn er fällt, der nicht
gern wieder aufstünde? Wo ist jemand,
wenn er irregeht, der nicht gern wieder
5 zurechtkäme? Warum will denn dies
Volk zu Jerusalem irregehen für und
für? Sie halten so fest am falschen Got-
tesdienst, daß sie nicht umkehren wol-
6 len. Ich sehe und höre, daß sie nicht die
Wahrheit reden. Es gibt niemand, dem
seine Bosheit leid wäre und der sprä-
che: Was hab ich doch getan! Sie laufen
alle ihren Lauf wie ein Hengst, der in
7 der Schlacht dahinstürmt. *Der Storch
unter dem Himmel weiß seine Zeit, Tur-
teltaube, Kranich und Schwalbe halten
die Zeit ein, in der sie wiederkommen sol-
len; aber [a]mein Volk will das Recht des*
HERRN *nicht wissen.*

Wie könnt ihr sagen: »Wir sind weise 8
und haben das Gesetz des HERRN bei
uns«? Ist's doch lauter Lüge, was die
Schreiber daraus machen. Die Weisen 9
müssen zuschanden, erschreckt und
gefangen werden; denn was können sie
Weises lehren, wenn sie des HERRN
Wort verwerfen? Darum will ich ihre 10
Frauen den Fremden geben und ihre
Äcker denen, durch die sie verjagt wer-
den. Denn [b]sie gieren alle, klein und
groß, nach unrechtem Gewinn; Prie-
ster und Propheten gehen mit Lüge um
und heilen den Schaden meines Volks 11
nur obenhin, indem sie sagen: »Friede!
Friede!«, und ist doch nicht Friede. Sie 12
werden mit Schande dastehen, weil sie
solche Greuel getrieben haben; aber sie
wollen sich nicht schämen und wissen
nichts von Scham. Darum sollen sie fal-
len unter den Fallenden, und wenn ich
sie heimsuchen werde, sollen sie stür-
zen, spricht der HERR. Ich will unter 13
ihnen Lese halten, spricht der HERR, so
daß keine Trauben am Weinstock und
keine Feigen am Feigenbaum übrig-
bleiben, ja, auch die Blätter abfallen
sollen; und was ich ihnen gegeben
habe, das soll ihnen genommen wer-
den.

a Jes 1,3 *b* Kap 6,13-15; Jes 56,11

Die Angst des Volkes und die Trauer des Propheten

»Wozu wollen wir noch da sitzen? Sam- 14
melt euch und laßt uns in die festen
Städte ziehen, daß wir dort umkom-
men. Denn der HERR, unser Gott, wird
uns umkommen lassen und [a]uns trän-
ken mit einem giftigen Trank, weil wir
so gesündigt haben wider den HERRN.
Wir hofften, es sollte Friede werden, 15
aber es kommt nichts Gutes; wir hoff-
ten, wir sollten heil werden, aber siehe,
es ist Schrecken da.[b] Man hört ihre 16
[c]Rosse schnauben von Dan her, vom
Wiehern ihrer Hengste erbebt das gan-
ze Land. Sie fahren daher und werden
das Land auffressen mit allem, was dar-
in ist, die Stadt samt allen, die darin
wohnen.« Denn siehe, ich will Schlan- 17
gen und Nattern unter euch senden, die
nicht zu beschwören sind; die sollen
euch stechen, spricht der HERR.

Was kann mich in meinem Jammer 18
erquicken? [d]Mein Herz in mir ist
krank. Siehe, die Tochter meines Volks 19
schreit aus fernem Lande her: »Will

denn der HERR nicht mehr Gott sein in
Zion, oder soll es keinen König mehr
haben?« Ja, warum haben sie mich so
erzürnt durch ihre Bilder und fremde,
20 nichtige Götzen? »Die Ernte ist vergan-
gen, der Sommer ist dahin, und uns ist
21 keine Hilfe gekommen!« Mich jammert
von Herzen, daß mein Volk so ganz zer-
schlagen ist; ich gräme und entsetze
22 mich. Ist denn [e]keine Salbe in Gilead,
oder ist kein Arzt da? Warum ist denn
die Tochter meines Volks nicht ge-
23 heilt? *Ach daß ich Wasser genug hätte
in meinem Haupte und [f]meine Augen
Tränenquellen wären, daß ich Tag und
Nacht [g]beweinen könnte die Erschla-
genen meines Volks!

a Kap 9,14 *b* Kap 14,19 *c* Kap 4,15 *d* Kap 4,19
e Kap 46,11 *f* Kap 13,17 *g* Lk 19,41
*Vers 23: Abweichende Verszählung statt 8,23: 9,1.

Jeremias Klage über sein Volk

9 *Ach daß ich eine Herberge hätte in der
Wüste, so wollte ich mein Volk verlas-
sen und von ihnen ziehen! Denn es sind
lauter Ehebrecher und ein treuloser
2 Haufe. Sie schießen mit ihren Zungen
lauter Lüge und [a]keine Wahrheit und
treiben's mit Gewalt im Lande und ge-
hen von einer Bosheit zur andern, mich
aber achten sie nicht, spricht der HERR.
3 [b]Ein jeder hüte sich vor seinem Freun-
de und traue auch seinem Bruder nicht;
denn ein Bruder überlistet den andern,
und ein Freund verleumdet den an-
4 dern. Ein Freund täuscht den andern,
sie reden kein wahres Wort; sie haben
sich daran gewöhnt, daß einer den an-
dern betrügt. Sie freveln, und es ist
5 ihnen leid umzukehren. Es ist allent-
halben nichts als Trug unter ihnen, und
vor lauter Trug wollen sie mich nicht
kennen, spricht der HERR.
6 Darum spricht der HERR Zebaot:
Siehe, ich will sie schmelzen und prü-
fen; denn was soll ich sonst tun, wenn
ich ansehe die Tochter meines Volks?
7 Ihre falschen Zungen sind tödliche
Pfeile; [c]mit dem Munde reden sie
freundlich zu ihrem Nächsten, aber im
8 Herzen lauern sie ihm auf. Sollte ich
das nicht heimsuchen an ihnen, spricht
der HERR, und sollte ich mich nicht rä-
chen an einem Volk wie diesem?[d]
9 Ich muß über die Berge weinen und
heulen und über die Weidegründe in
der Steppe klagen; denn sie sind ver-
ödet, daß niemand hindurchzieht und
man auch kein Vieh blöken hört. [e]Die
Vögel des Himmels und das Vieh sind
geflohen und fort. Und ich will [f]Jerusa- 10
lem zu Steinhaufen und zur Wohnung
der Schakale machen und will die Städ-
te Judas zur Wüste machen, daß nie-
mand darin wohnen soll.
[g]Wer ist nun weise, daß er dies ver- 11
stünde, und zu wem spricht des HERRN
Mund, daß er verkündete, warum das
Land verdirbt und öde wird wie eine
Wüste, die niemand durchwandert?
Und der HERR sprach: Weil sie mein 12
Gesetz verlassen, das ich ihnen vorge-
legt habe, und meinen Worten nicht ge-
horchen, auch nicht danach leben, son- 13
dern [h]folgen ihrem verstockten Herzen
und den Baalen, wie ihre Väter sie ge-
lehrt haben, darum spricht der HERR 14
Zebaot, der Gott Israels: Siehe, ich will
dies Volk [i]mit Wermut speisen und
[j]mit Gift tränken. Ich will sie unter 15
Völker zerstreuen, die weder sie noch
ihre Väter gekannt haben, und [k]will das
Schwert hinter ihnen her schicken, bis
es aus ist mit ihnen.
So spricht der HERR Zebaot: Gebt 16
acht und bestellt Klageweiber, daß sie
kommen, und schickt nach denen, die
klagen können, daß sie herbeieilen und 17
um uns klagen, daß unsre Augen von
Tränen rinnen und unsre Augenlider
von Wasser fließen. Horch, man hört 18
ein Klagegeschrei in Zion: Ach, wie hat
man uns Gewalt angetan und wie sind
wir zuschanden geworden! Wir müssen
das Land räumen; denn sie haben uns-
re Wohnungen geschleift. Ja, höret, ihr 19
Frauen, des HERRN Wort, und nehmt
zu Ohren die Rede seines Mundes!
Lehrt eure Töchter klagen, und eine
lehre die andere dies Klagelied: »Der 20
Tod ist zu unsern Fenstern hereinge-
stiegen und in unsere Häuser gekom-
men. Er würgt die Kinder auf der Gas-
se und die jungen Männer auf den Plät-
zen.« So spricht der HERR: [l]Die Lei- 21
chen der Menschen sollen liegen wie
Dung auf dem Felde und wie Garben
hinter dem Schnitter, die niemand
sammelt.

a Kap 5,1 *b* (*3 und 4*) Kap 12,6; Ps 41,10;
Mi 7,5.6 *c* Ps 12,3 *d* Kap 5,9.29 *e* Kap 4,25;
12,4 *f* Kap 26,18 *g* Lk 19,42 *h* Kap 7,24
i Kap 23,15 *j* Kap 8,14 *k* 3.Mose 26,33
l Kap 7,33; 14,16; 16,4; 25,33; Ps 79,2
*Vers 1: Abweichende Verszählung statt 9,1-25:
9,2-26.

Das rechte Rühmen

So spricht der HERR: *Ein Weiser rühme* 22
sich nicht seiner Weisheit, ein Starker
rühme sich nicht seiner Stärke, ein Rei-

cher rühme sich nicht seines Reichtums.
23 *Sondern* [a] *wer sich rühmen will, der rüh-*
me sich dessen, daß er klug sei und mich
kenne, daß ich der HERR *bin, der Barm-*
herzigkeit, Recht und Gerechtigkeit übt
auf Erden; denn solches gefällt mir,
spricht der HERR.

a 1.Kor 1,31; 2.Kor 10,17

Israel ein unbeschnittenes Volk

24 Siehe, es kommt die Zeit, spricht der
HERR, daß ich heimsuchen werde alle,
die an der Vorhaut beschnitten sind,
25 nämlich Ägypten, Juda, Edom, die
Ammoniter, Moab und alle, die [a] das
Haar rundherum abscheren, die in der
Wüste wohnen. Denn alle Heiden sind
nur unbeschnitten, aber [b] ganz Israel
hat ein unbeschnittenes Herz.

a 3.Mose 19,27 *b* Kap 4,4; 3.Mose 26,41; 5.Mose 30,6

Die toten Götzen und der lebendige Gott

10 Höret, was der HERR zu euch redet, ihr
2 vom Hause Israel! So spricht der
HERR: [a] Ihr sollt nicht den Gottesdienst
der Heiden annehmen und sollt euch
nicht fürchten vor den [b] Zeichen des
Himmels, wie die Heiden sich fürch-
3 ten. Denn ihre Götter sind alle nichts.
[c] Man fällt im Walde einen Baum, und
der Bildhauer macht daraus mit dem
Schnitzmesser ein Werk von Men-
4 schenhänden, und er schmückt es mit
Silber und Gold und befestigt es mit
Nagel und Hammer, daß es nicht um-
5 falle. Sie sind ja nichts als Vogelscheu-
chen im Gurkenfeld. Sie können nicht
reden; auch muß man sie tragen, denn
[d] sie können nicht gehen. Darum sollt
ihr euch nicht vor ihnen fürchten; denn
sie können weder helfen noch Schaden
tun.
6 Aber [e] dir, HERR, ist niemand gleich;
du bist groß, und dein Name ist groß,
7 wie du es mit der Tat beweist. Wer soll-
te dich nicht fürchten, du König der
Völker? Dir muß man gehorchen; denn
unter allen Weisen der Völker und in
allen ihren Königreichen ist niemand
8 dir gleich. Sie sind alle Narren und To-
ren; denn dem Holz zu dienen ist ein
9 nichtiger Gottesdienst. Silberblech
bringt man aus Tarsis, Gold aus Ufas;
durch den Bildhauer und Goldschmied
werden sie hergestellt; blauen und ro-
ten Purpur zieht man ihnen an, und al-
10 les ist der Künstler Werk. Aber der
HERR ist der wahrhaftige Gott, der [f] le-
bendige Gott, der ewige König. Vor
seinem Zorn bebt die Erde, und die
Völker können sein Drohen nicht ertra-
gen.
So sagt nun zu ihnen: Die Götter, die 11
Himmel und Erde nicht gemacht ha-
ben, müssen vertilgt werden von der
Erde und unter dem Himmel. [g] Er aber 12
hat die Erde durch seine Kraft gemacht
und den Erdkreis bereitet durch seine
Weisheit und den Himmel ausgebreitet
durch seinen Verstand. Wenn er don- 13
nert, so ist Wasser die Menge am Him-
mel; Wolken läßt er heraufziehen vom
Ende der Erde. Er macht die Blitze, daß
es regnet, und läßt den Wind kommen
aus seinen Vorratskammern.[h] Alle 14
Menschen aber sind Toren mit ihrer
Kunst, und [i] alle Goldschmiede stehen
beschämt da mit ihren Bildern; denn
ihre Götzen sind Trug und haben kein
Leben, sie sind nichts, ein Spottgebil- 15
de; sie müssen zugrunde gehen, wenn
sie heimgesucht werden. Aber so ist der 16
nicht, der Jakobs Reichtum ist; son-
dern er ist's, der alles geschaffen hat,
und [j] Israel ist sein Erbteil. Er heißt
HERR Zebaot.

a 2.Mose 23,24 *b* 2.Kön 21,6 *c* Jes 44,13-17 *d* Ps 115,7; Jes 46,7 *e* Ps 86,8 *f* Kap 5,2 *g* (12-16) Kap 51,15-19 *h* Ps 135,7 *i* Jes 45,16 *j* 5.Mose 32,9

Worte des Gerichts und der Klage

Raffe dein Bündel auf von der Erde, die 17
du sitzest in Bedrängnis! Denn so 18
spricht der HERR: Siehe, ich will die
Bewohner des Landes diesmal weg-
schleudern und will sie ängstigen, da-
mit sie sich finden lassen.
Ach, was hab ich für Jammer und 19
Herzeleid! Ich dachte: Es ist nur eine
Plage, ich muß sie erleiden. Aber mein 20
Zelt ist zerstört, und alle meine Seile
sind zerrissen. Meine Kinder sind von
mir gegangen und nicht mehr da. Nie-
mand richtet meine Hütte wieder auf,
und mein Zelt schlägt keiner mehr auf.
Denn die Hirten sind zu Toren gewor- 21
den und fragen nicht nach dem HERRN.
Darum kann ihnen nichts Rechtes ge-
lingen, und [a] ihre ganze Herde ist zer-
streut. Horch, es kommt eine Kunde 22
daher und ein großes Getöse [b] aus dem
Lande des Nordens, daß die Städte Ju-
das verwüstet und zur Wohnung der
Schakale werden sollen.
Ich weiß, HERR, daß des Menschen 23
Tun nicht in seiner Gewalt steht, und
[c] es liegt in niemandes Macht, wie er
wandle oder seinen Gang richte.

24 [d] *Züchtige mich,* HERR, *doch mit Maßen*
und nicht in deinem Grimm, auf daß du
25 *mich nicht ganz zunichte machst.* Schüt-
te aber deinen Zorn aus über die Hei-
den, die dich nicht kennen, und über
die Geschlechter, die deinen Namen
nicht anrufen. Denn sie haben Jakob
aufgefressen und verschlungen, sie ha-
ben ihn vernichtet und seine Wohnung
verwüstet.[e]

a Kap 23,1 *b* Kap 1,14 *c* Spr 16,9 *d* Kap 30,11; 46,28; Ps 6,2; Hab 1,12 *e* Ps 79,6.7

Der Bundesbruch des Volkes und Gottes Gericht

11 Dies ist das Wort, das zu Jeremia ge-
2 schah vom HERRN: Höret die Worte
dieses Bundes, daß ihr sie den Leuten
in Juda und den Bürgern von Jerusalem
3 sagt! Und sprich zu ihnen: So spricht
der HERR, der Gott Israels: [a] Verflucht
sei, wer nicht gehorcht den Worten
4 dieses Bundes, die ich euren Vätern ge-
bot an dem Tage, als ich sie aus Ägyp-
tenland führte, aus dem glühenden
Ofen, und sprach: Gehorcht meiner
Stimme und tut, wie ich euch geboten
habe, so [b] sollt ihr mein Volk sein, und
5 ich will euer Gott sein, damit ich den
Eid halten kann, den ich euren Vätern
geschworen habe, ihnen [c] ein Land zu
geben, darin Milch und Honig fließt, so
wie es heute ist. Ich antwortete und
sprach: HERR, ja, so sei es!
6 Und der HERR sprach zu mir: Predi-
ge alle diese Worte in den Städten Ju-
das und auf den Gassen Jerusalems und
sprich: Hört die Worte dieses Bundes
7 und tut danach! [d] Denn ich habe eure
Väter ermahnt von dem Tage an, als ich
sie aus Ägyptenland führte, bis auf den
heutigen Tag, und ich ermahnte sie im-
mer wieder und sprach: Gehorcht mei-
8 ner Stimme! Aber sie gehorchten nicht,
kehrten auch ihre Ohren mir nicht zu,
sondern [e] ein jeder wandelte nach sei-
nem bösen und verstockten Herzen.
Darum habe ich auch über sie kommen
lassen alle Worte dieses Bundes, den
ich geboten hatte zu halten und den sie
doch nicht gehalten haben.
9 Und der HERR sprach zu mir: Ich
weiß sehr wohl, wie sie in Juda und in
10 Jerusalem sich verschworen haben. Sie
kehren zurück zu den Sünden ihrer Vä-
ter, die vor ihnen waren und die meinen
Worten auch nicht gehorchen wollten
und andern Göttern nachfolgten und
ihnen dienten. So hat das Haus Israel
und das Haus Juda meinen Bund ge-
brochen, den ich mit ihren Vätern ge-
schlossen habe. Darum siehe, spricht 11
der HERR, ich will Unheil über sie kom-
men lassen, dem sie nicht entgehen sol-
len; und [f] wenn sie zu mir schreien, will
ich sie nicht hören. [g] Dann werden die 12
Städte Judas und die Bürger Jerusa-
lems hingehen und zu den Göttern
schreien, denen sie geopfert haben;
aber die werden ihnen nicht helfen in
ihrer Not. Denn so viel Städte, so viel 13
Götter hast du, Juda; und so viele Gas-
sen es in Jerusalem gibt, so viele
Schandaltäre habt ihr aufgerichtet, um
dem Baal zu opfern. Du aber [h] bitte 14
nicht für dies Volk und bringe für sie
kein Flehen noch Gebet vor mich;
denn ich will sie nicht hören, wenn sie
zu mir schreien in ihrer Not.
Was macht [i] mein geliebtes Volk in 15
meinem Hause? Sie treiben lauter Bos-
heit und meinen, Gelübde und [j] heiliges
Opferfleisch könnten die Schuld von
ihnen nehmen; und wenn sie übel tun,
sind sie guter Dinge darüber. Der HERR 16
nannte dich einen grünen, schönen,
fruchtbaren Ölbaum; aber nun hat er
mit großem Brausen ein Feuer um ihn
anzünden lassen, so daß seine Äste ver-
derben müssen. Denn der HERR Ze- 17
baot, der dich gepflanzt hat, hat dir Un-
heil angedroht um der Bosheit willen
des Hauses Israel und des Hauses Juda,
die sie getrieben haben, um mich zu er-
zürnen mit ihren Räucheropfern, die
sie dem Baal darbrachten.

a 5.Mose 27,26 *b* Kap 7,23 *c* 2.Mose 3,8 *d (7 und 8)* Kap 25,4 *e* Kap 3,17; 7,26; 13,10; 18,12; 5.Mose 28,15-68 *f* Ps 18,42; Jes 1,15; Hes 8,18 *g (12 und 13)* Kap 2,28; 5.Mose 32,37.38 *h* Kap 7,16 *i* Röm 11,28 *j* Hos 8,13

Der Anschlag der Leute von Anatot auf Jeremia

Der HERR tat mir kund ihr Vorhaben, 18
damit ich's wisse, und er zeigte es mir.
Denn ich war [a] wie ein argloses Lamm 19
gewesen, das zur Schlachtbank geführt
wird, und wußte nicht, daß sie gegen
mich beratschlagt und gesagt hatten:
Laßt uns den Baum in seinem Saft ver-
derben und ihn aus dem Lande der Le-
bendigen ausrotten, daß seines Namens
nimmermehr gedacht werde. Aber du, 20
HERR Zebaot, [b] du gerechter Richter,
[c] der du Nieren und Herzen prüfst, laß
mich sehen, wie du ihnen vergiltst;
denn ich habe dir meine Sache befoh-
len. Darum spricht der HERR über die 21
Männer von [d] Anatot, die dir nach dem
Leben trachten und sprechen: Weissa-

ge nicht im Namen des HERRN, wenn
du nicht von unsern Händen sterben
22 willst! – darum spricht der HERR Ze-
baot: Siehe, ich will sie heimsuchen.
Ihre junge Mannschaft soll mit dem
Schwert getötet werden, und ihre Söh-
ne und Töchter sollen vor Hunger ster-
23 ben, daß keiner von ihnen übrigbleibt;
denn ich will über die Männer von
Anatot Unheil kommen lassen in dem
Jahr, da ich sie heimsuchen werde.

a Jes 53,7 *b* Ps 7,10 *c* Kap 17,10; 20,12
d Kap 1,1

Jeremias Anstoß am Glück der Gottlosen und Gottes Antwort

12 HERR, wenn ich auch mit dir rechten
wollte, so behältst du doch recht; den-
noch muß ich vom Recht mit dir reden.
[a]Warum geht's doch den Gottlosen so
gut, und die Abtrünnigen haben alles in
2 Fülle? Du pflanzest sie ein, sie schlagen
Wurzeln und wachsen und bringen
Frucht. Nahe bist du ihrem Munde,
3 aber ferne von ihrem Herzen. [b]Mich
aber, HERR, kennst du und siehst mich
und prüfst mein Herz vor dir. Reiß sie
weg wie Schafe zum Schlachten, und
sondere sie aus, daß sie getötet werden!
4 Wie lange soll das Land so trocken ste-
hen und das Gras überall auf dem Felde
verdorren? Wegen der Bosheit der Be-
wohner [c]schwinden Vieh und Vögel
dahin; denn man sagt: Er weiß nicht,
wie es uns gehen wird.
5 Wenn es dich müde macht, mit Fuß-
gängern zu gehen, wie wird es dir ge-
hen, wenn du mit Rossen laufen sollst?
Und wenn du schon im Lande, wo kei-
ne Gefahr ist, Sicherheit suchst, was
willst du tun im Dickicht des Jordan?
6 Denn auch deine Brüder und deines
Vaters Haus sind treulos, sie schreien
hinter dir her aus vollem Halse. Darum
traue du ihnen nicht, wenn sie auch
freundlich mit dir reden.

a Ps 73,3 *b* Ps 139,1 *c* Kap 9,9

Gottes Klage über sein verwüstetes Land

7 Ich habe mein Haus verlassen und
mein Erbe verstoßen und, was meine
Seele liebt, in der Feinde Hand gege-
8 ben. Mein Erbe ist mir geworden wie
ein Löwe im Walde und brüllt wider
mich; darum bin ich ihm feind gewor-
9 den. Mein Erbe ist wie der bunte Vogel,
um den sich die Vögel sammeln: Wohl-
auf und sammelt euch, [a]alle Tiere des
10 Feldes, kommt und freßt! [b]Viele Hir-
ten haben meinen Weinberg verwüstet
und meinen Acker zertreten; sie haben
meinen schönen Acker zur Wüste ge-
macht. Sie haben ihn jämmerlich ver- 11
wüstet; verödet liegt er vor mir; ja, das
ganze Land ist verwüstet, aber nie-
mand will es zu Herzen nehmen. Die 12
Verwüster kommen daher über alle
kahlen Höhen der Steppe. Denn ein
Schwert hat der HERR, das frißt von
einem Ende des Landes bis zum an-
dern, und kein Geschöpf wird Frieden
haben. [c]Sie haben Weizen gesät, aber 13
Dornen geerntet; sie ließen's sich sauer
werden, aber sie konnten's nicht genie-
ßen. Sie konnten ihres Ertrages nicht
froh werden vor dem grimmigen Zorn
des HERRN.

a Jes 56,9 *b* (*10 und 11*) Kap 6,3 *c* Hos 8,7

Weissagung über benachbarte Völker

So spricht der HERR: Wider alle meine 14
bösen Nachbarn, die das Erbteil anta-
sten, das ich meinem Volk Israel ausge-
teilt habe: Siehe, ich will sie aus ihrem
Lande ausreißen und das Haus Juda
aus ihrer Mitte reißen. Aber wenn ich 15
sie ausgerissen habe, will ich mich wie-
der über sie erbarmen und will einen je-
den in sein Erbteil und in sein Land zu-
rückbringen. Und es soll geschehen, 16
wenn sie von meinem Volk lernen wer-
den, [a]bei meinem Namen zu schwören:
So wahr der HERR lebt!, wie sie mein
Volk gelehrt haben, beim Baal zu
schwören, so [b]sollen sie inmitten mei-
nes Volks wohnen. Wenn sie aber nicht 17
hören wollen, so will ich solch ein Volk
ausreißen und vernichten, spricht der
HERR.

a 5.Mose 6,13 *b* Kap 4,2

Der verdorbene Gürtel

So sprach der HERR zu mir: Geh hin 13
und kaufe dir einen leinenen Gürtel
und gürte damit deine Lenden, aber laß
ihn nicht naß werden! Und ich kaufte 2
einen Gürtel nach dem Befehl des
HERRN und gürtete ihn um meine Len-
den.
Da geschah des HERRN Wort ein 3
zweites Mal zu mir: Nimm den Gürtel, 4
den du gekauft und um deine Lenden
gegürtet hast, und mache dich auf und
geh hin an den Eufrat und verstecke ihn
dort in einer Felsspalte! Ich ging hin 5
und versteckte ihn am Eufrat, wie mir
der HERR geboten hatte. Nach langer 6
Zeit aber sprach der HERR zu mir: Ma-

che dich auf und geh hin an den Eufrat
und hole den Gürtel wieder, den ich
7 dich dort verstecken ließ! Ich ging hin
an den Eufrat und grub nach und nahm
den Gürtel von dem Ort, wo ich ihn
versteckt hatte; und siehe, der Gürtel
war verdorben, so daß er zu nichts
mehr taugte.
8 Da geschah des HERRN Wort zu mir:
9 So spricht der HERR: Ebenso will ich
verderben den großen Hochmut Judas
10 und Jerusalems. Dies böse Volk, das
[a] meine Worte nicht hören will, sondern
nach seinem verstockten Herzen
wandelt und andern Göttern folgt, um
ihnen zu dienen und sie anzubeten: es
soll werden wie der Gürtel, der zu
11 nichts mehr taugt. Denn gleichwie der
Gürtel um die Lenden des Mannes gebunden
wird, so habe ich, spricht der
HERR, das ganze Haus Israel und das
ganze Haus Juda um mich gegürtet,
daß sie mein Volk sein sollten, mir zum
Ruhm, zu Lob und Ehren; aber sie
wollten nicht hören.

a Kap 11,8

Die gefüllten Weinkrüge

12 Sage ihnen dies Wort: So spricht der
HERR, der Gott Israels: Alle Krüge
werden mit Wein gefüllt. Und wenn sie
zu dir sagen: Wer weiß das nicht, daß
alle Krüge mit Wein gefüllt werden?,
13 so antworte ihnen: So spricht der
HERR: Siehe, ich will alle, die in diesem
Lande wohnen, die Könige, die auf
dem Thron Davids sitzen, die Priester
und Propheten und alle Einwohner Je-
14 rusalems [a] mit Trunkenheit füllen und
will einen am andern, die Väter samt
den Söhnen, zerschmettern, spricht der
HERR, und will weder schonen noch
barmherzig sein und sie ohne Mitleid
verderben.

a Kap 25,15-28; Jes 51,17

Mahnung zur Beugung vor Gott

15 Höret und merkt auf und seid nicht so
hochfahrend, denn der HERR hat's ge-
16 redet. Gebt dem HERRN, eurem Gott,
die Ehre, ehe es finster wird und ehe
eure Füße sich an den dunklen Bergen
stoßen und ihr auf das Licht wartet,
während er es doch finster und dunkel
17 machen wird. Wollt ihr das aber nicht
hören, so muß ich heimlich weinen
über solchen Hochmut; [a] meine Augen
müssen von Tränen überfließen, weil
des HERRN Herde gefangen weggeführt
18 wird. Sage dem König und der Königinmutter:
Setzt euch ganz nach unten;
denn [b] die Krone der Herrlichkeit
ist euch vom Haupt gefallen. Die Städ- 19
te im Südland sind verschlossen, und es
ist niemand, der sie auftut; ganz Juda
ist weggeführt.

a Kap 8,23; 14,17; Lk 19,41 *b* 2.Kön 24,10-16; Jes 62,3; Klgl 5,16

Die Schändung Jerusalems

Hebt eure Augen auf und sehet, wie sie 20
von Norden daherkommen. Wo ist nun
die Herde, die dir befohlen war, deine
herrliche Herde? Was willst du sagen, 21
wenn er die über dich zum Haupt bestellen
wird, die du als Freunde an dich
gewöhnt hast? Was gilt's? Es wird dich
Angst ankommen wie eine Frau in
Kindsnöten. Und wenn du in deinem 22
Herzen sagen wirst: »Warum begegnet
mir das?« –: um der Menge deiner Sünden
willen [a] wird dir dein Gewand aufgehoben
und wird dir Schande angetan.
Kann etwa ein Mohr seine Haut 23
wandeln oder ein Panther seine Flekken?
So wenig könnt auch ihr Gutes
tun, die ihr ans Böse gewöhnt seid.
Darum will ich sie zerstreuen wie 24
Spreu, die verweht wird von dem Wind
aus der Wüste. Das soll dein Lohn sein 25
und dein Teil, den ich dir zugemessen
habe, spricht der HERR: Weil du mich
vergessen hast und dich auf Lügen verläßt,
will auch ich dein Gewand hoch- 26
heben, daß deine Schande sichtbar
werde. Denn ich habe gesehen deine 27
Ehebrecherei, deine Geilheit, deine
freche Hurerei, ja, deine Greuel auf den
Hügeln und im Felde. Weh dir, Jerusalem!
Wann wirst du doch endlich rein
werden?

a Jes 47,2.3; Hes 16,37

Vergebliche Bitte bei Dürre und Kriegsnot

Dies ist das Wort, das der HERR zu Jere- **14**
mia sagte über die große Dürre: Juda 2
liegt jämmerlich da, seine Städte sind
verschmachtet. Sie sitzen trauernd auf
der Erde, und in Jerusalem ist lautes
Klagen. Die Großen schicken ihre 3
Leute nach Wasser; aber wenn sie zum
Brunnen kommen, finden sie kein Wasser
und bringen ihre Gefäße leer zurück.
Sie sind traurig und betrübt und
verhüllen ihre Häupter. Die Erde 4
lechzt, weil es nicht regnet auf Erden.
Darum sind die [a] Ackerleute traurig
und verhüllen ihre Häupter. Ja, auch 5
die Hirschkühe, die auf dem Felde wer-

fen, verlassen die Jungen, weil kein
6 Gras wächst. Die Wildesel stehen auf
den kahlen Höhen und schnappen nach
Luft wie die Schakale; ihre Augen erlö-
schen, weil nichts Grünes wächst.
7 *Ach,* HERR, *wenn unsre Sünden uns*
verklagen, so hilf doch um deines Namens
willen! Denn [b]*unser Ungehorsam ist*
groß, womit wir wider dich gesündigt ha-
8 *ben.* Du bist der Trost Israels und sein
Nothelfer. Warum stellst du dich, als
wärest du ein Fremdling im Lande und
ein Wanderer, der nur über Nacht
9 bleibt? Warum stellst du dich wie
einer, der verzagt ist, und wie ein Held,
der nicht helfen kann? Du bist ja doch
unter uns, HERR, und [c]wir heißen nach
deinem Namen; verlaß uns nicht!
10 So spricht der HERR von diesem
Volk: Sie laufen gern hin und her und
schonen ihre Füße nicht. Darum hat
der HERR kein Gefallen an ihnen, son-
dern er denkt nun an ihre Missetat und
will ihre Sünden heimsuchen.
11 Und der HERR sprach zu mir: [d]Du
sollst nicht für dies Volk um Gnade bit-
12 ten. Denn wenn sie auch [e]fasten, so will
ich doch ihr Flehen nicht erhören; und
wenn sie auch [f]Brandopfer und Speis-
opfer bringen, so gefallen sie mir doch
nicht, sondern ich will sie durch
Schwert, Hunger und Pest aufreiben.
13 Da sprach ich: Ach, Herr HERR! Siehe,
die Propheten sagen ihnen: Ihr werdet
das Schwert nicht sehen und keine
Hungersnot bei euch haben, sondern
ich will euch beständigen Frieden ge-
14 ben an diesem Ort. Aber der HERR
sprach zu mir: [g]Diese Propheten weis-
sagen Lüge in meinem Namen; ich
habe sie nicht gesandt und ihnen nichts
befohlen und nicht zu ihnen geredet.
Sie predigen euch falsche Offenbarun-
gen, nichtige Wahrsagung und ihres
Herzens Trug.
15 Darum spricht der HERR: Wider die
Propheten, die [h]in meinem Namen
weissagen, obgleich ich sie nicht ge-
sandt habe, und die dennoch predigen,
es werde weder Schwert noch Hun-
gersnot in dies Land kommen: Solche
Propheten sollen sterben durch
16 Schwert und Hunger. Und die Leute,
denen sie weissagen, sollen auf den
Gassen Jerusalems liegen, vom
Schwert und Hunger hingestreckt, und
[i]niemand wird sie begraben, sie und
ihre Frauen, Söhne und Töchter; und
ich will ihre Bosheit über sie ausschüt-
17 ten. Und du sollst zu ihnen dies Wort
sagen: [j]Meine Augen fließen über von
Tränen, unaufhörlich Tag und Nacht;
denn die Jungfrau, die Tochter meines
Volks, ist unheilbar verwundet und
völlig zerschlagen. Gehe ich hinaus 18
aufs Feld, siehe, so liegen dort vom
Schwert Erschlagene; komme ich in die
Stadt, siehe, so liegen dort vor Hunger
Verschmachtete. Sogar Propheten und
Priester müssen in ein Land ziehen, das
sie nicht kennen.
Hast du denn Juda verworfen oder 19
einen Abscheu gegen Zion? Warum
hast du uns denn so geschlagen, daß
uns niemand heilen kann? [k]Wir hoff-
ten, es sollte Friede werden; aber es
kommt nichts Gutes. Wir hofften, wir
sollten heil werden; aber siehe, es ist
Schrecken da. HERR, wir erkennen un- 20
ser gottloses Leben und unsrer Väter
Missetat; denn [l]wir haben wider dich
gesündigt. Aber um deines Namens 21
willen verwirf uns nicht! Laß den
Thron deiner Herrlichkeit nicht ver-
spottet werden; gedenke doch an dei-
nen Bund mit uns und laß ihn nicht
aufhören! Ist denn unter den Götzen 22
der Heiden einer, der Regen geben
könnte, oder gibt der Himmel Regen?
Du bist doch der HERR, unser Gott, auf
den wir hoffen; denn du hast das alles
gemacht.
Und der HERR sprach zu mir: Und **15**
[m]wenn auch Mose und Samuel vor mir
stünden, so habe ich doch kein Herz für
dies Volk. Treibe sie weg von mir, und
laß sie weggehen! Und wenn sie zu dir 2
sagen: Wo sollen wir hin?, dann ant-
worte ihnen: So spricht der HERR:
[n]Wen der Tod trifft, den treffe er; wen
das Schwert trifft, den treffe es; wen
der Hunger trifft, den treffe er; wen die
Gefangenschaft trifft, den treffe sie!
Denn ich will sie heimsuchen mit [o]vie- 3
rerlei Plagen, spricht der HERR: mit
dem Schwert, daß sie getötet werden;
mit Hunden, die sie fortschleifen sol-
len; [p]mit den Vögeln des Himmels und
mit den Tieren des Feldes, daß sie ge-
fressen und vertilgt werden sollen. Und 4
ich will sie zu einem Bild des Entset-
zens machen für alle Königreiche auf
Erden um [q]Manasses willen, des Soh-
nes Hiskias, des Königs von Juda, für
alles, was er in Jerusalem begangen hat.
Wer will sich denn deiner erbarmen, 5
Jerusalem? Wer wird denn Mitleid mit
dir haben? Wer wird denn kommen
und fragen, ob es dir gut geht? Du hast 6
mich verlassen, spricht der HERR, und

bist von mir abgefallen; darum habe ich
meine Hand gegen dich ausgestreckt,
um dich zu verderben; ich bin des Er-
7 barmens müde. Ich worfelte sie mit der
[r]Worfschaufel in den Städten des
Landes, und mein Volk, das sich nicht
bekehren wollte von seinem Wandel,
machte ich kinderlos und brachte es
8 um. Es wurden mehr Frauen zu Wit-
wen unter ihnen, als Sand am Meer ist.
Ich ließ kommen über die Mütter der
jungen Mannschaft den Verderber am
hellen Mittag und ließ plötzlich über
9 sie fallen Angst und Schrecken. Die sie-
ben Kinder hatte, welkte dahin, und
ihre Seele verschmachtete in ihr. [s]Ihre
Sonne ging unter am hellen Tag; ihr
Ruhm und ihre Freude hatte ein Ende.
Und was von ihnen übrig ist, will ich
dem Schwert hingeben vor ihren Fein-
den, spricht der HERR.

a Joel 1,11 *b* Dan 9,4-9 *c* Kap 15,16; Jes 43,7
d Kap 7,16 *e* Jes 58,3 *f* Kap 6,20
g Kap 23,21.32; 27,9.14.15; 29,8.9; Hes 13,6
h 5.Mose 18,20 *i* Kap 9,21 *j* Kap 13,17
k Kap 8,15 *l* Kap 3,25; Ps 51,5-7; 106,6
m 2.Mose 32,11; 1.Sam 7,9; Hes 14,14
n Kap 43,11; Sach 11,9 *o* Hes 14,21 *p* Kap 7,33
q 2.Kön 21,11-16; 23,26 *r* Mt 3,12 *s* Am 8,9

Die Klage des Propheten über sein Amt. Gottes Zusage

10 Weh mir, meine Mutter, [a]daß du mich
geboren hast, gegen den jedermann ha-
dert und streitet im ganzen Lande! Hab
ich doch weder auf Wucherzinsen aus-
geliehen, noch hat man mir geliehen,
und doch flucht mir jedermann.
11 Der HERR sprach: Wohlan, ich will
etliche von euch übrig lassen, denen es
wieder wohlgehen soll, und will euch zu
Hilfe kommen in der Not und Angst
12 unter den Feinden. Kann man Eisen
zerbrechen, Eisen und Kupfer aus dem
13 Norden? Ich will dein Gut und deine
Schätze zum Raube geben als Lohn für
alle deine Sünden, die du in deinem
14 ganzen Gebiet begangen hast,[b] und
will dich zum Knecht deiner Feinde
machen in einem Lande, das du nicht
kennst; denn es ist das Feuer meines
Zorns über euch angezündet.
15 Ach HERR, du weißt es! Gedenke an
mich und nimm dich meiner an und rä-
che mich an meinen Verfolgern! Laß
mich nicht hinweggerafft werden, wäh-
rend du deinen Zorn über sie noch zu-
rückhältst; denn du weißt, daß ich um
16 deinetwillen geschmäht werde. [c]*Dein
Wort ward meine Speise, sooft ich's emp-
fing, und dein Wort ist meines Herzens
Freude und Trost; denn ich bin ja nach
deinem Namen genannt,* HERR, *Gott Ze-
baot.* Ich habe mich nicht zu den Fröh- 17
lichen gesellt noch mich mit ihnen ge-
freut, sondern saß einsam, gebeugt von
deiner Hand; denn du hattest mich er-
füllt mit Grimm. Warum währt doch 18
mein Leiden so lange und sind meine
Wunden so schlimm, daß sie niemand
heilen kann? Du bist mir geworden wie
ein trügerischer Born, der nicht mehr
quellen will.
Darum spricht der HERR: Wenn du 19
dich zu mir hältst, so will ich mich zu
dir halten, und du sollst mein Prediger
bleiben. Und wenn du recht redest und
nicht leichtfertig, so sollst du mein
Mund sein. Sie sollen sich zu dir keh-
ren, doch du kehre dich nicht zu ihnen!
Denn [d]ich mache dich für dies Volk zur 20
festen, ehernen Mauer. Wenn sie auch
wider dich streiten, sollen sie dir doch
nichts anhaben; denn ich bin bei dir,
daß ich dir helfe und dich errette,
spricht der HERR, und ich will dich er- 21
retten aus der Hand der Bösen und er-
lösen aus der Hand der Tyrannen.

a Kap 20,14 *b* Kap 17,3 *c* 5.Mose 8,3; 32,46.47;
Hes 3,1-3; Offb 10,8.9 *d* Kap 1,18.19

Jeremias Einsamkeit als Vorzeichen des Gerichts

Und des HERRN Wort geschah zu mir: **16**
Du sollst dir keine Frau nehmen und 2
weder Söhne noch Töchter zeugen an
diesem Ort. Denn so spricht der HERR 3
von den Söhnen und Töchtern, die an
diesem Ort geboren werden, und von
ihren Müttern, die sie gebären, und von
ihren Vätern, die sie zeugen in diesem
Lande: Sie sollen an bösen Krankhei- 4
ten sterben und nicht beklagt noch be-
graben werden, sondern sollen [a]Dung
werden auf dem Acker. Durch Schwert
und Hunger sollen sie umkommen, und
ihre Leichname sollen den Vögeln des
Himmels und den Tieren des Feldes
zum Fraße werden.
So spricht der HERR: Du sollst in 5
kein Trauerhaus gehen, weder um zu
klagen noch um zu trösten; denn ich
habe meinen Frieden von diesem Volk
weggenommen, die Gnade und die
Barmherzigkeit, spricht der HERR.
Große und Kleine sollen sterben in 6
diesem Lande und nicht begraben noch
beklagt werden, und [b]niemand wird
sich ihretwegen wund ritzen oder kahl
scheren. Auch wird man keinem das 7
Trauerbrot brechen, um ihn zu trösten
wegen eines Toten, und auch nicht den

Trostbecher zu trinken geben wegen
8 seines Vaters oder seiner Mutter. Du
sollst auch in kein Hochzeitshaus ge-
hen, um bei ihnen zu sitzen zum Essen
9 und zum Trinken. Denn so spricht der
HERR Zebaot, der Gott Israels: Siehe,
[c]ich will an diesem Ort vor euren Au-
gen und zu euren Lebzeiten ein Ende
machen dem Jubel der Freude und
Wonne, der Stimme des Bräutigams
und der Braut.
10 [d]Und wenn du das alles diesem Volk
gesagt hast und sie zu dir sprechen wer-
den: »Warum kündigt uns der HERR all
dies große Unheil an? Was ist die Mis-
setat und Sünde, womit wir wider den
HERRN, unsern Gott, gesündigt ha-
11 ben?«, so sollst du ihnen sagen: Weil
eure Väter mich verlassen haben,
spricht der HERR, und andern Göttern
nachgelaufen sind, ihnen gedient und
sie angebetet, mich aber verlassen und
12 mein Gesetz nicht gehalten haben, ihr
aber noch ärger tut als eure Väter; denn
siehe, [e]ein jeder lebt nach seinem ver-
stockten und bösen Herzen, so daß er
13 mir nicht gehorcht. Darum will ich
euch aus diesem Lande verstoßen in ein
Land, von dem weder ihr noch eure Vä-
ter gewußt haben. [f]Dort sollt ihr an-
dern Göttern dienen Tag und Nacht,
weil ich euch keine Gnade mehr erwei-
sen will.

a Kap 9,21 *b* Kap 41,5; 47,5; 48,37; 3.Mose 19,27.28; 5.Mose 14,1 *c* Kap 7,34 *d (10-13)* Kap 5,19 *e* Kap 7,26 *f* 5.Mose 28,64

Heil und Gericht für Israel und für die Völker

14 [a]Darum siehe, es kommt die Zeit,
spricht der HERR, daß man nicht mehr
sagen wird: »So wahr der HERR lebt, der
die Israeliten aus Ägyptenland geführt
15 hat«, sondern: »So wahr der HERR lebt,
der die Israeliten geführt hat aus dem
Lande des Nordens und aus allen Län-
dern, wohin er sie verstoßen hatte.«
Denn ich will sie zurückbringen in das
Land, das ich ihren Vätern gegeben
habe.
16 Siehe, ich will viele Fischer aussen-
den, spricht der HERR, die sollen sie fi-
schen; und danach will ich viele Jäger
aussenden, die sollen sie fangen auf al-
len Bergen und auf allen Hügeln und in
17 allen Felsklüften. Denn [b]meine Augen
sehen auf alle ihre Wege, daß sie sich
nicht vor mir verstecken können, und
ihre Missetat ist vor meinen Augen
18 nicht verborgen. Aber zuvor will ich
ihre Missetat und Sünde [c]zwiefach ver-
gelten, weil sie mein Land mit ihren to-
ten Götzen unrein gemacht und mein
Erbland mit ihren Greueln angefüllt
haben.
HERR, du bist meine Stärke und 19
Kraft und meine Zuflucht in der Not!
Die Heiden werden zu dir kommen von
den Enden der Erde und sagen: Nur
Lüge haben unsre Väter gehabt, nichti-
ge Götter, die nicht helfen können. Wie 20
kann ein Mensch sich Götter machen?
Das sind doch keine Götter! Darum 21
siehe, diesmal will ich sie lehren und
meine Kraft und Gewalt ihnen kund-
tun, daß sie erfahren sollen: [d]Ich heiße
der HERR.

a (14 und 15) Kap 23,7.8 *b* Hiob 34,21 *c* Jes 40,2 *d* 2.Mose 3,15

Gottes gerechte Vergeltung

[a]Die Sünde Judas ist geschrieben mit **17**
eisernem Griffel und mit diamantener
Spitze gegraben auf die Tafel ihres
Herzens und auf die Hörner an ihren
Altären; denn ihre Söhne denken an 2
ihre Altäre und Ascherabilder unter
den grünen Bäumen und auf den hohen
Hügeln. Aber ich will deine Opferhö- 3
hen auf Bergen und Feldern samt dei-
ner Habe und allen deinen Schätzen
zum Raube geben um der Sünde wil-
len, die in deinem ganzen Gebiet be-
gangen ist.[b] Und du sollst aus deinem 4
Erbe verstoßen werden, das ich dir ge-
geben habe, und ich will dich zum
Knecht deiner Feinde machen in einem
Lande, das du nicht kennst; denn ihr
habt ein Feuer meines Zorns angezün-
det, das ewiglich brennen wird.
So spricht der HERR: *Verflucht ist der* 5
Mann, der [c]sich auf Menschen verläßt
und [d]hält Fleisch für seinen Arm und
weicht mit seinem Herzen vom HERRN.
Der wird sein wie ein [e]Dornstrauch in 6
der Wüste und wird nicht sehen das
Gute, das kommt, sondern er wird blei-
ben in der Dürre der Wüste, im un-
fruchtbaren Lande, wo niemand
wohnt. *Gesegnet aber ist der Mann, [f]der* 7
sich auf den HERRN *verläßt und dessen*
Zuversicht der HERR *ist*. Der ist [g]wie ein 8
Baum, am Wasser gepflanzt, der seine
Wurzeln zum Bach hin streckt. Denn
obgleich die Hitze kommt, fürchtet er
sich doch nicht, sondern seine Blätter
bleiben grün; und er sorgt sich nicht,
wenn ein dürres Jahr kommt, sondern
bringt ohne Aufhören Früchte.
Es ist das Herz ein trotzig und verzagt 9

10 *Ding; wer kann es ergründen?* Ich, der
HERR, [h]kann das Herz ergründen und
die Nieren prüfen und [i]gebe einem je-
den nach seinem Tun, nach den Früch-
11 ten seiner Werke. Wie ein Vogel, der
sich über Eier setzt, die er nicht gelegt
hat, so ist, wer unrecht Gut sammelt;
denn [j]er muß davon, wenn er's am we-
nigsten denkt, und muß zuletzt noch
12 Spott dazu haben. Aber die Stätte un-
seres Heiligtums ist der [k]Thron der
Herrlichkeit, erhaben von Anbeginn.
13 Denn du, HERR, bist die Hoffnung Is-
raels. Alle, die dich verlassen, müssen
zuschanden werden, und die Abtrünni-
gen müssen auf die Erde geschrieben
werden; denn sie verlassen den HERRN,
[l]die Quelle des lebendigen Wassers.

a (1-3) 2.Kön 23,4-18 *b* Kap 15,13 *c* Ps 118,8; 146,3 *d* 2.Chr 32,8 *e* Kap 48,6 *f* Ps 146,5 *g* Ps 1,3 *h* 1.Sam 16,7; Ps 7,10; Spr 15,11 *i* Röm 2,6 *j* Lk 12,20 *k* Kap 3,17 *l* Kap 2,13

Jeremias Gebet in Anfechtung

14 [a]*Heile du mich,* HERR, *so werde ich heil;*
hilf du mir, so ist mir geholfen; denn du
15 bist mein Ruhm. Siehe, sie sprechen zu
mir: »Wo ist denn des HERRN Wort?
16 [b]Laß es doch kommen!« Aber ich habe
dich nie gedrängt, Unheil kommen zu
lassen; auch hab ich den bösen Tag
nicht herbeigewünscht, das weißt du.
Was ich gepredigt habe, das liegt offen
17 vor dir. Sei du mir nur nicht schreck-
lich, meine Zuversicht in der Not!
18 [c]Laß die zuschanden werden, die mich
verfolgen, und nicht mich; laß sie er-
schrecken, und nicht mich. Laß den
Tag des Unheils über sie kommen und
zerschlage sie zwiefach!

a 2.Mose 15,26; Ps 6,3 *b* Jes 5,19 *c* Ps 35,4

Die Heiligung des Sabbats

19 [a]So sprach der HERR zu mir: Geh hin
und tritt ins Tor des Volks, durch das
die Könige von Juda aus- und einge-
20 hen, und in alle Tore Jerusalems und
sprich zu ihnen: Höret des HERRN
Wort, ihr Könige Judas und ganz Juda
und alle Einwohner Jerusalems, die
21 durch diese Tore gehen! [b]So spricht
der HERR: Hütet euch und tragt keine
Last am Sabbattag durch die Tore Je-
22 rusalems und tragt keine Last am Sab-
battag aus euren Häusern und tut keine
Arbeit, sondern [c]heiligt den Sabbattag,
wie ich euren Vätern geboten habe.
23 Aber [d]sie hörten nicht und kehrten mir
ihre Ohren nicht zu, sondern blieben
halsstarrig, daß sie ja nicht auf mich
24 hörten noch Zucht annähmen. Wenn
ihr nun auf mich hören werdet, spricht
der HERR, daß ihr am Sabbattag keine
Last durch die Tore dieser Stadt tragt,
sondern ihn heiligt, daß ihr an diesem
Tage keine Arbeit tut, so [e]sollen auch 25
durch die Tore dieser Stadt aus- und
eingehen Könige, die auf dem Thron
Davids sitzen und die mit Roß und Wa-
gen fahren, sie und ihre Großen samt
allen, die in Juda und Jerusalem woh-
nen; und es soll diese Stadt immerdar
bewohnt werden. Und sie sollen kom- 26
men aus den Städten Judas und aus der
Gegend von Jerusalem und aus dem
Lande Benjamin, aus dem Hügelland
und vom Gebirge und vom Südland,
die da bringen Brandopfer, Schlacht-
opfer, Speisopfer und Weihrauch und
die da Dankopfer bringen zum Hause
des HERRN. Werdet ihr aber nicht auf 27
mein Gebot hören, [f]den Sabbattag zu
heiligen und keine Last am Sabbattag
zu tragen durch die Tore Jerusalems, so
will ich ein Feuer in ihren Toren an-
zünden, das die festen Häuser Jerusa-
lems verzehrt und nicht gelöscht wer-
den kann.

a (19-27) Neh 13,15-22 *b (21 und 22)* 2.Mose 20,8-10 *c* Jes 56,2 *d* Kap 11,8 *e* Kap 22,4 *f* Hes 20,12.13

Das Gleichnis vom Töpfer

Dies ist das Wort, das geschah vom **18**
HERRN zu Jeremia: Mach dich auf und 2
geh hinab in des Töpfers Haus; dort
will ich dich meine Worte hören lassen.
Und ich ging hinab in des Töpfers 3
Haus, und siehe, er arbeitete eben auf
der Scheibe. Und der Topf, den er aus 4
dem Ton machte, mißriet ihm unter
den Händen. Da machte er einen an-
dern Topf daraus, wie es ihm gefiel.
Da geschah des HERRN Wort zu mir: 5
Kann ich nicht ebenso mit euch umge- 6
hen, ihr vom Hause Israel, wie dieser
Töpfer? spricht der HERR. Siehe, [a]wie
der Ton in des Töpfers Hand, so seid
auch ihr vom Hause Israel in meiner
Hand. [b]Bald rede ich über ein Volk und 7
Königreich, daß ich es ausreißen, ein-
reißen und zerstören will; wenn es sich 8
aber bekehrt von seiner Bosheit, gegen
die ich rede, so [c]reut mich auch das Un-
heil, das ich ihm gedachte zu tun. Und 9
bald rede ich über ein Volk und König-
reich, daß ich es bauen und pflanzen
will; wenn es aber tut, was mir mißfällt, 10
daß es meiner Stimme nicht gehorcht,
so reut mich auch das Gute, das ich ihm
verheißen hatte zu tun.

11 Und nun sprich zu den Leuten in
Juda und zu den Bürgern Jerusalems:
So spricht der HERR: Siehe, ich bereite
euch Unheil und habe gegen euch et-
was im Sinn. So bekehrt euch doch, ein
jeder von seinen bösen Wegen, und
[d]bessert euern Wandel und euer Tun!
12 Aber sie sprechen: [e]Daraus wird
nichts! Wir wollen nach unsern Gedan-
ken wandeln, und ein jeder soll tun
nach seinem [f]verstockten und bösen
Herzen.
13 Darum spricht der HERR: Fragt doch
unter den Heiden: Wer hat je derglei-
chen gehört? So greuliche Dinge tut die
14 Jungfrau Israel! Bleibt doch der
Schnee länger auf den Steinen im Fel-
de, wenn's vom Libanon herab schneit,
und das Regenwasser verläuft sich
15 nicht so schnell, wie mein Volk meiner
vergißt. Sie opfern den nichtigen Göt-
tern. Die haben sie zu Fall gebracht auf
den alten Wegen und lassen sie nun ge-
16 hen auf ungebahnten Straßen, auf daß
ihr Land zur Wüste werde, ihnen zur
ewigen Schande, daß, wer vorübergeht,
sich entsetze und den Kopf schüttle.
17 Denn ich will sie wie durch einen Ost-
wind zerstreuen vor ihren Feinden;
[g]ich will ihnen den Rücken und nicht
das Antlitz zeigen am Tag ihres Ver-
derbens.

a Jes 45,9; Röm 9,21 *b* *(7-10)* Kap 1,10
c Kap 26,3; Hes 33,11; Jona 3,10 *d* Kap 7,3
e Kap 6,16 *f* Kap 11,8 *g* Kap 2,27

Jeremias Gebet gegen seine Feinde

18 Sie sprechen: »Kommt und laßt uns ge-
gen Jeremia Böses planen; denn dem
Priester wird's nicht fehlen an Weisung
noch dem Weisen an Rat noch dem
Propheten am Wort! Kommt, laßt uns
ihn mit seinen eigenen Worten schla-
gen und nichts geben auf alle seine Re-
19 den!« HERR, hab acht auf mich und höre
20 die Stimme meiner Widersacher! Ist's
recht, daß man Gutes mit Bösem ver-
gilt? Denn sie haben mir eine Grube
gegraben! Gedenke doch, wie ich vor
dir gestanden bin, um für sie zum be-
sten zu reden und deinen Grimm von
21 ihnen abzuwenden! So strafe nun ihre
Kinder mit Hunger und gib sie dem
Schwerte preis, daß ihre Frauen kin-
derlos und Witwen seien und ihre
Männer vom Tode getroffen und ihre
junge Mannschaft im Krieg durchs
22 Schwert getötet werden; daß Geschrei
aus ihren Häusern gehört werde, wenn
du plötzlich Kriegsvolk über sie kom-
men läßt. Denn sie haben eine Grube
gegraben, mich zu fangen, und meinen
Füßen Fallen gestellt. Aber du, HERR, 23
kennst alle ihre Anschläge gegen mich,
daß sie mich töten wollen. So [a]vergib
ihnen ihre Missetat nicht und tilge ihre
Sünde nicht aus vor dir! Laß sie vor dir
zu Fall kommen und handle an ihnen
zur Zeit deines Zorns![b]

a Mt 6,15 *b* Lk 23,34

Der zerschmetterte Krug

So sprach der HERR: Geh hin und kaufe **19**
dir einen irdenen Krug vom Töpfer
und nimm mit etliche von den Ältesten
des Volks und von den Ältesten der
Priester und geh hinaus ins Tal [a]Ben- 2
Hinnom, das vor dem Scherbentor
liegt, und predige dort die Worte, die
ich dir sage, und sprich: Höret des 3
HERRN Wort, ihr Könige von Juda und
ihr Bürger Jerusalems! So spricht der
HERR Zebaot, der Gott Israels: [b]Siehe,
ich will ein solches Unheil über diese
Stätte bringen, daß jedem, der es hören
wird, die Ohren gellen sollen, weil sie 4
mich verlassen und diese Stätte einem
fremden Gott gegeben und dort andern
Göttern geopfert haben, die weder sie
noch ihre Väter noch die Könige von
Juda kannten, und weil sie die Stätte
voll unschuldigen Blutes gemacht [c]und 5
dem Baal Höhen gebaut haben, um ihre
Kinder dem Baal als Brandopfer zu
verbrennen, was ich weder geboten
noch geredet habe und was mir nie in
den Sinn gekommen ist.
Darum siehe, es wird die Zeit kom- 6
men, spricht der HERR, daß man diese
Stätte nicht mehr »Tofet« und »Tal
Ben-Hinnom«, sondern »Würgetal«
nennen wird. Und ich will den Gottes- 7
dienst Judas und Jerusalems an diesem
Ort zunichte machen und will sie
durchs Schwert fallen lassen vor ihren
Feinden und durch die Hand derer, die
ihnen nach dem Leben trachten, und
will ihre Leichname den Vögeln des
Himmels und den Tieren auf dem Fel-
de zum Fraße geben. Und ich will diese 8
Stadt zum Entsetzen und zum Spott
machen, daß alle, die vorübergehen,
sich entsetzen und spotten über alle
ihre Plagen. Ich will sie [d]ihrer Söhne 9
und Töchter Fleisch essen lassen, und
einer soll des andern Fleisch essen in
der Not und Angst, mit der ihre Feinde
und die, die ihnen nach dem Leben
trachten, sie bedrängen werden.
Und du sollst den Krug zerbrechen 10

vor den Augen der Männer, die mit dir
11 gegangen sind, und zu ihnen sagen: So
spricht der HERR Zebaot: [e]Wie man
eines Töpfers Gefäß zerbricht, daß es
nicht wieder ganz werden kann, so will
ich dies Volk und diese Stadt zerbre-
chen. Und man wird im [f]Tofet begra-
ben, weil sonst kein Raum dafür da sein
12 wird. So will ich's mit dieser Stätte und
ihren Bewohnern machen, spricht der
HERR, daß diese Stadt wie das Tofet
13 werden soll. Und die Häuser Jerusa-
lems und die Häuser der Könige von
Juda sollen ebenso unrein werden wie
die Stätte Tofet, alle Häuser, wo sie
[g]auf den Dächern dem ganzen Heer des
Himmels geopfert und andern Göttern
Trankopfer dargebracht haben.

a Kap 7,31 *b* 2.Kön 21,12 *c* *(5-7)* Kap 7,31-33; 3.Mose 18,21 *d* 3.Mose 26,29; 5.Mose 28,53 *e* Jes 30,12-14 *f* Kap 7,32 *g* Kap 32,29; 2.Kön 23,12; Zef 1,5

Die Mißhandlung Jeremias durch Paschhur

14 Und als Jeremia vom Tofet zurückkam,
wohin ihn der HERR gesandt hatte, um
zu weissagen, trat er in den Vorhof am
Hause des HERRN und sprach zu allem
15 Volk: So spricht der HERR Zebaot, der
Gott Israels: Siehe, ich will über diese
Stadt und über alle ihre Ortschaften all
das Unheil kommen lassen, das ich ge-
gen sie geredet habe, weil sie halsstarrig
sind und meine Worte nicht hören wol-
len.

20 Als aber Paschhur, ein Sohn Im-
mers, der Priester, der zum Vorsteher
im Hause des HERRN bestellt war, hör-
te, wie Jeremia solche Worte weissagte,
2 schlug er den Propheten Jeremia und
[a]schloß ihn in den Block am oberen
Benjamintor, das am Hause des HERRN
3 ist. Und am andern Morgen ließ Pasch-
hur den Jeremia aus dem Block los. Da
sprach Jeremia zu ihm: Der HERR
nennt dich nicht Paschhur, sondern
4 [b]»Schrecken um und um«; denn so
spricht der HERR: Siehe, ich will dich
zum Schrecken machen für dich selbst
und alle deine Freunde; sie sollen fallen
durchs Schwert ihrer Feinde, und du
sollst es mit eigenen Augen sehen. Und
ich will ganz Juda in die Hand des Kö-
nigs von Babel geben; der soll sie weg-
führen nach Babel und mit dem
5 Schwert töten. Auch will ich alle Güter
dieser Stadt und allen Ertrag ihrer
Arbeit und alle Kleinode und alle
Schätze der Könige von Juda in die
Hand ihrer Feinde geben; die [c]werden
sie rauben, mitnehmen und nach Babel
bringen. Und du, Paschhur, sollst mit 6
allen deinen Hausgenossen gefangen
weggeführt werden und nach Babel
kommen. Dort sollst du sterben und
begraben werden samt allen deinen
Freunden, denen du Lügen gepredigt
hast.

a Apg 16,24 *b* Vers 10; Kap 6,25; 46,5; 49,29; Ps 31,14 *c* Jes 39,6

Die Last des Prophetenamts

HERR, [a]du hast mich überredet, und ich 7
habe mich überreden lassen. Du bist
mir zu stark gewesen und hast gewon-
nen; aber ich bin darüber zum Spott
geworden täglich, und jedermann ver-
lacht mich. Denn sooft ich rede, muß 8
ich schreien; »Frevel und Gewalt!«
muß ich rufen. Denn des HERRN Wort
ist mir zu Hohn und Spott geworden
täglich. Da dachte ich: Ich will nicht 9
mehr an ihn denken und nicht mehr in
seinem Namen predigen. Aber es ward
in meinem Herzen wie ein brennendes
Feuer, in meinen Gebeinen verschlos-
sen, daß ich's nicht ertragen konnte;
ich wäre schier vergangen.[b] Denn ich 10
höre, wie viele heimlich reden:
[c]»Schrecken ist um und um!« »Verklagt
ihn!« »Wir wollen ihn verklagen!« [d]Alle
meine Freunde und Gesellen lauern, ob
ich nicht falle: »Vielleicht läßt er sich
überlisten, daß wir ihm beikommen
können und uns an ihm rächen.« Aber 11
[e]der HERR ist bei mir wie ein starker
Held, darum werden meine Verfolger
fallen und nicht gewinnen. Sie müssen
ganz zuschanden werden, weil es ihnen
nicht gelingt. Ewig wird ihre Schande
sein und nie vergessen werden.

Und nun, HERR Zebaot, der du die 12
Gerechten prüfst, Nieren und Herz
durchschaust: [f]Laß mich deine Vergel-
tung an ihnen sehen; denn ich habe dir
meine Sache befohlen. Singet dem 13
HERRN, rühmet den HERRN, der des Ar-
men Leben aus den Händen der Bos-
haften errettet!

Verflucht sei der Tag, an dem ich ge- 14
boren bin; der Tag soll ungesegnet
sein, an dem mich meine Mutter gebo-
ren hat![g] Verflucht sei, der meinem 15
Vater gute Botschaft brachte und
sprach: »Du hast einen Sohn«, so daß er
ihn fröhlich machte! Der Tag soll sein 16
[h]wie die Städte, die der HERR vernich-
tet hat ohne Erbarmen. Am Morgen
soll er Wehklage hören und am Mittag
Kriegsgeschrei, weil er mich nicht ge- 17

tötet hat im Mutterleibe, so daß meine
Mutter mein Grab geworden und ihr
Leib ewig schwanger geblieben wäre!
18 Warum bin ich doch aus dem Mutter-
leib hervorgekommen, wenn ich nur
Jammer und Herzeleid sehen muß und
meine Tage in Schmach zubringe!

a Kap 1,5-7 *b* 1.Kor 9,16 *c* Vers 3 *d* Kap 18,18
e Kap 1,8.19 *f* Kap 11,20 *g* Kap 15,10;
Hiob 3,3-11; 10,18 *h* 1.Mose 19,24.25

Jeremia kündigt Zedekia die Zerstörung Jerusalems an

21 Dies ist das Wort, das vom HERRN ge-
schah zu Jeremia, als der König [a]Zede-
kia zu ihm sandte Paschhur, den Sohn
Malkias, und [b]Zefanja, den Sohn Ma-
asejas, den Priester, und ihm sagen
2 ließ: Befrage doch den HERRN für uns;
denn Nebukadnezar, der König von
Babel, führt Krieg gegen uns. Viel-
leicht wird der HERR doch an uns sein
Wunder tun wie so manches Mal, da-
3 mit jener von uns abzieht. Jeremia
sprach zu ihnen: So sagt zu Zedekia:
4 Das spricht der HERR, der Gott Israels:
Siehe, ich will euch zum Rückzug
zwingen samt euren Waffen, die ihr in
euren Händen habt und mit denen ihr
kämpft gegen den König von Babel und
gegen die Chaldäer, die euch draußen
vor der Mauer belagern, und will euch
versammeln mitten in dieser Stadt.
5 Und ich selbst will wider euch streiten
mit ausgestreckter Hand, mit starkem
Arm, mit Zorn und Grimm und ohne
6 Erbarmen und will die Bürger dieser
Stadt schlagen, Menschen und Tiere,
daß sie sterben sollen durch eine große
7 Pest. Und danach, spricht der HERR,
will ich Zedekia, den König von Juda,
samt seinen Großen und dem Volk, das
in dieser Stadt von Pest, Schwert und
Hunger übriggelassen wird, in die
Hände Nebukadnezars, des Königs von
Babel, geben und in die Hände ihrer
Feinde und in die Hände derer, die
ihnen nach dem Leben trachten. Er
wird sie mit der Schärfe des Schwerts
schlagen schonungslos, ohne Gnade
und Erbarmen.
8 Und zu diesem Volk sage: So spricht
der HERR: Siehe, [c]ich lege euch vor den
Weg zum Leben und den Weg zum
9 Tode. Wer in dieser Stadt bleibt, der
wird sterben müssen durch Schwert,
Hunger und Pest; wer sich aber hinaus-
begibt und überläuft zu den Chaldäern,
die euch belagern, der soll am Leben
bleiben und soll sein Leben als Beute
behalten.[d] Denn ich habe mein Ange- 10
sicht gegen diese Stadt gerichtet zum
Unheil und nicht zum Heil, spricht der
HERR. [e]Sie soll dem König von Babel
übergeben werden, daß er sie mit Feuer
verbrenne.
Und zum Hause des Königs von 11
Juda sage: Höret des HERRN Wort, ihr 12
vom Hause David! So spricht der
HERR: [f]Haltet alle Morgen gerechtes
Gericht und errettet den Bedrückten
aus des Frevlers Hand, auf daß nicht
[g]mein Grimm ausfahre wie Feuer und
brenne, ohne daß jemand löschen kann,
um eurer bösen Taten willen.
Siehe, spricht der HERR, ich will an 13
dich, du Stadt, die du wohnst auf dem
Felsen im Tal und sprichst: Wer will
uns überfallen, und wer will in unsere
Feste kommen? Ich [h]will euch heimsu- 14
chen, spricht der HERR, nach der
Frucht eures Tuns; [i]ich will ein Feuer
in ihrem Wald anzünden, das soll alles
umher verzehren.

a Kap 39,1-10 *b* Kap 29,25.26; 37,3; 52,24
c 5.Mose 30,15 *d* Kap 38,2 *e* Kap 34,2
f Kap 22,3 *g* Kap 7,20 *h* Gal 6,7 *i* Hes 21,3

Worte über die Könige Schallum (Joahas), Jojakim und Konja (Jojachin)

So sprach der HERR: Geh hinab in das **22**
Haus des Königs von Juda und rede
dort dies Wort und sprich: Höre des 2
HERRN Wort, du König von Juda, der
du auf dem Thron Davids sitzest, du
und deine Großen und dein Volk, die
durch diese Tore hineingehen. So 3
spricht der HERR: [a]Schaffet Recht und
Gerechtigkeit und errettet den Be-
drückten von des Frevlers Hand und
bedränget nicht die Fremdlinge, Wai-
sen und Witwen und tut niemand Ge-
walt an und vergießt nicht unschuldi-
ges Blut an dieser Stätte. Werdet ihr 4
das tun, so [b]sollen durch die Tore
dieses Hauses einziehen Könige, die
auf Davids Thron sitzen, und fahren
mit Wagen und Rossen samt ihren
Großen und ihrem Volk. Werdet ihr 5
aber diesen Worten nicht gehorchen, so
habe ich bei mir selbst geschworen,
spricht der HERR: [c]dies Haus soll zer-
stört werden.
Denn so spricht der HERR von dem 6
Hause des Königs von Juda: Ein Gi-
lead warst du mir, ein Gipfel im Liba-
non, – was gilt's? Ich will dich zur Wü-
ste, zur Stadt ohne Einwohner machen!
Denn ich habe Verderber wider dich 7

bestellt, einen jeden mit seinen Waffen;
die sollen deine auserwählten Zedern
8 umhauen und ins Feuer werfen. Da
werden viele Völker an dieser Stadt
vorüberziehen und zueinander sagen:
Warum hat der HERR an dieser großen
9 Stadt so gehandelt? Und man wird antworten: Weil sie den Bund des HERRN,
ihres Gottes, verlassen und andere
Götter angebetet und ihnen gedient haben.
10 [d]Weinet nicht über den Toten und
grämt euch nicht um ihn; weint aber
über den, der fortgezogen ist; denn er
wird nicht mehr wiederkommen und
sein Vaterland nicht wiedersehen.
11 Denn so spricht der HERR über [e]Schallum, den Sohn [f]Josias, des Königs von
Juda, der König wurde an seines Vaters
Josia Statt: Der von dieser Stätte fortgezogen ist, wird nicht wieder herkom-
12 men, sondern muß sterben an dem Ort,
wohin er gefangen geführt ist, und wird
dies Land nicht mehr sehen.
13 [g]Weh dem, der [h]sein Haus mit Sünden baut und seine Gemächer mit Unrecht, der seinen Nächsten umsonst arbeiten läßt und [i]gibt ihm seinen Lohn
14 nicht und denkt: »Wohlan, ich will mir
ein großes Haus bauen und weite Gemächer« und läßt sich Fenster ausbrechen und mit Zedern täfeln und rot ma-
15 len. Meinst du, du seiest König, weil du
mit Zedern prangst? Hat dein Vater
nicht auch gegessen und getrunken und
hielt dennoch auf Recht und Gerech-
16 tigkeit, und es ging ihm gut? Er half
dem Elenden und Armen zum Recht,
und es ging ihm gut. Heißt dies nicht,
mich recht erkennen? spricht der
17 HERR. Aber deine Augen und dein Herz
sind auf nichts anderes aus als auf unrechten Gewinn und darauf, unschuldig Blut zu vergießen, zu freveln und zu
unterdrücken.
18 Darum spricht der HERR über [j]Jojakim, den Sohn Josias, den König von
Juda: Man wird ihn nicht beklagen:
»Ach, Bruder! Ach, Schwester!« Man
wird ihn nicht beklagen: »Ach, Herr!
19 Ach, Edler!« Er soll wie ein Esel begraben werden, fortgeschleift und [k]hinausgeworfen vor die Tore Jerusalems.
20 Geh hinauf auf den Libanon und
schreie und laß deine Klage hören in
Basan und schreie vom Abarim her;
denn alle deine Liebhaber sind zunich-
21 te gemacht! Ich habe dir's vorher gesagt, als es noch gut um dich stand;
aber du sprachst: »Ich will nicht hören.« So hast du es dein Lebtag getan,
daß du meiner Stimme nicht gehorchtest. Alle deine Hirten weidet der 22
Sturmwind, und deine Liebhaber müssen gefangen fort. Ja, nun bist du zu
Spott und zuschanden geworden um
aller deiner Bosheit willen. Die du jetzt 23
auf dem Libanon wohnst und in Zedern nistest, wie wirst du stöhnen,
wenn dir Schmerzen und Wehen kommen werden wie einer in Kindsnöten!
[l]So wahr ich lebe, spricht der HERR: 24
wenn [m]Konja, der Sohn Jojakims, der
König von Juda, ein Siegelring wäre an
meiner rechten Hand, so wollte ich dich
doch abreißen und in die Hände derer 25
geben, die dir nach dem Leben trachten
und vor denen du dich fürchtest: in die
Hände Nebukadnezars, des Königs von
Babel, und der Chaldäer. Und ich will 26
dich und deine Mutter, die dich geboren hat, in ein anderes Land treiben,
das nicht euer Vaterland ist; dort sollt
ihr sterben. Aber in das Land, wohin 27
sie von Herzen gern wieder kämen, sollen sie nicht zurückkehren.
Ist denn Konja ein elender, verachte- 28
ter, verstoßener Mann, ein Gefäß, das
niemand haben will? Ach, wie ist er
doch samt seinem Geschlecht vertrieben und in ein unbekanntes Land geworfen! *O Land, Land, Land, höre des* 29
HERRN *Wort!* So spricht der HERR: 30
Schreibt diesen Mann auf als einen, der
[n]ohne Kinder ist, einen Mann, dem
sein Leben lang nichts gelingt! Denn
keiner seiner Nachkommen wird das
Glück haben, daß er auf dem Thron
Davids sitze und in Juda herrsche.

a Kap 21,12 *b* Kap 17,25 *c* 1.Kön 9,8 *d (10-12)* 2.Kön 23,29-34 *e* 1.Chr 3,15 *f* 2.Chr 36,1-4 *g (13-19)* 2.Kön 24,1-4 *h* Mi 3,10 *i* 3.Mose 19,13; Jak 5,4 *j* 2.Kön 23,34 *k* Kap 36,30 *l (24-30)* 2.Kön 24,8-16 *m* Kap 24,1 *n* 1.Chr 3,17-24

Gegen die bösen Hirten. Verheißung eines gerechten Königs

Weh euch [a]Hirten, die ihr die Herde **23**
meiner Weide umkommen laßt und
zerstreut! spricht der HERR. Darum 2
spricht der HERR, der Gott Israels, von
den Hirten, die mein Volk weiden: Ihr
habt meine Herde zerstreut und verstoßen und nicht nach ihr gesehen. Siehe,
ich will euch heimsuchen um eures bösen Tuns willen, spricht der HERR. Und 3
ich will die Übriggebliebenen meiner
Herde sammeln aus allen Ländern, wohin ich sie verstoßen habe, und will sie

wiederbringen zu ihren Weideplätzen,
daß sie sollen wachsen und viel werden.
4 Und [b]ich will Hirten über sie setzen,
die sie weiden sollen, daß sie sich nicht
mehr fürchten noch erschrecken noch
heimgesucht werden, spricht der HERR.
5 *Siehe, es kommt die Zeit, spricht der*
HERR, *daß ich dem David einen gerechten*
[c]*Sproß erwecken will. Der soll* [d]*ein Kö-*
nig sein, der wohl regieren und Recht und
6 *Gerechtigkeit im Lande üben wird. Zu*
seiner Zeit soll Juda geholfen werden und
[e]*Israel sicher wohnen. Und dies wird sein*
Name sein, mit dem man ihn nennen
wird: [f]*»Der* HERR *unsere Gerechtigkeit«.*
7 [g]Darum siehe, es wird die Zeit kom-
men, spricht der HERR, daß man nicht
mehr sagen wird: »So wahr der HERR
lebt, der die Israeliten aus Ägyptenland
8 geführt hat!«, sondern: »So wahr der
HERR lebt, der die Nachkommen des
Hauses Israel herausgeführt und her-
gebracht hat aus dem Lande des Nor-
dens und aus allen Landen, wohin er sie
verstoßen hatte.« Und sie sollen in ih-
rem Lande wohnen.

a Kap 10,21; Sach 11,5 *b* Kap 3,15 *c* Sach 3,8
d Jes 32,1 *e* 5.Mose 33,28 *f* Kap 33,16; Jes 45,24
g *(7 und 8)* Kap 16,14.15

Worte über die falschen Propheten

(vgl. Hes 13,2-16; 34)

9 Wider die Propheten. Mein Herz will
mir in meinem Leibe brechen, alle mei-
ne Gebeine zittern; mir ist wie einem
trunkenen Mann und wie einem, der
vom Wein taumelt, vor dem HERRN
10 und vor seinen heiligen Worten. Denn
das Land ist voller Ehebrecher, und
wegen des Fluches [a]vertrocknet das
Land und die Weideplätze in der Step-
pe verdorren. Böse ist, wonach sie stre-
11 ben, und ihre Stärke ist Unrecht. Denn
[b]Propheten wie Priester sind ruchlos;
auch in meinem Hause finde ich ihre
12 Bosheit, spricht der HERR. Darum ist
ihr Weg [c]wie ein glatter Weg, auf dem
sie im Finstern gleiten und fallen; denn
ich will Unheil über sie kommen lassen,
das Jahr ihrer Heimsuchung, spricht
13 der HERR. [d]Auch bei den Propheten zu
Samaria sah ich Anstößiges, daß sie
weissagten im Namen des Baal und
14 mein Volk Israel verführten; aber bei
den Propheten zu Jerusalem sehe ich
Greuel, wie sie ehebrechen und mit
Lügen umgehen und die Boshaften
stärken, auf daß sich ja niemand bekeh-
re von seiner Bosheit. Sie sind alle vor
mir gleichwie Sodom und die Bürger
Jerusalems wie Gomorra. Darum 15
spricht der HERR Zebaot über die Pro-
pheten: Siehe, [e]ich will sie mit Wermut
speisen und mit Gift tränken; denn von
den Propheten Jerusalems geht das
ruchlose Wesen aus ins ganze Land.
So spricht der HERR Zebaot: Hört 16
nicht auf die Worte der Propheten, die
euch weissagen! [f]Sie betrügen euch;
denn [g]sie verkünden euch Gesichte aus
ihrem Herzen und nicht aus dem Mund
des HERRN. Sie sagen denen, die des 17
HERRN Wort verachten: Es wird euch
wohlgehen –, und allen, [h]die nach ih-
rem verstockten Herzen wandeln, sa-
gen sie: Es wird kein Unheil über euch
kommen. Aber wer hat [i]im Rat des 18
HERRN gestanden, daß er sein Wort ge-
sehen und gehört hätte? Wer hat sein
Wort vernommen und gehört? [j]Siehe, 19
es wird ein Wetter des HERRN kommen
voll Grimm und ein schreckliches Un-
gewitter auf den Kopf der Gottlosen
niedergehen. Und des HERRN Zorn 20
wird nicht ablassen, bis er tue und aus-
richte, was er im Sinn hat; zur letzten
Zeit werdet ihr es klar erkennen.
Ich sandte die Propheten nicht, und 21
doch laufen sie; ich redete nicht zu
ihnen, und doch weissagen sie.[k] Denn 22
wenn sie in meinem Rat gestanden hät-
ten, so hätten sie meine Worte meinem
Volk gepredigt, um es von seinem bö-
sen Wandel und von seinem bösen Tun
zu bekehren.
Bin ich nur ein Gott, der nahe ist, 23
spricht der HERR, *und nicht auch ein*
Gott, der ferne ist? Meinst du, daß [l]*sich* 24
jemand so heimlich verbergen könne, daß
ich ihn nicht sehe? spricht der HERR. *Bin*
ich es nicht, der Himmel und Erde erfüllt?
spricht der HERR.
Ich höre es wohl, was die Propheten 25
reden, die Lüge weissagen in meinem
Namen und sprechen: Mir hat ge-
träumt, mir hat geträumt. Wann wollen 26
doch die Propheten aufhören, die Lüge
weissagen und ihres Herzens Trug
weissagen und wollen, daß mein Volk 27
meinen Namen vergesse über ihren
Träumen, die einer dem andern er-
zählt, [m]wie auch ihre Väter meinen Na-
men vergaßen über dem Baal? Ein Pro- 28
phet, der Träume hat, der erzähle
Träume; wer aber mein Wort hat, der
predige mein Wort recht. Wie reimen
sich Stroh und Weizen zusammen?
spricht der HERR. *Ist mein Wort nicht* 29
wie ein Feuer, spricht der HERR, *und wie*
ein Hammer, der Felsen zerschmeißt?[n]

30 Darum siehe, ich will an die Prophe-
ten, spricht der HERR, die mein Wort
31 stehlen einer vom andern. Siehe, ich
will an die Propheten, spricht der
HERR, die ihr eigenes Wort führen und
32 sprechen: »Er hat's gesagt.« Siehe, ich
will an die Propheten, spricht der
HERR, die falsche Träume erzählen und
[o]verführen mein Volk mit ihren Lügen
und losem Geschwätz, obgleich ich sie
nicht gesandt und ihnen nichts befoh-
len habe und sie auch diesem Volk
nichts nütze sind, spricht der HERR.
33 [p]Wenn dich dies Volk oder ein Pro-
phet oder ein Priester fragen wird und
sagt: Was ist die Last, die der HERR
jetzt ankündigt?, sollst du zu ihnen sa-
gen: Ihr seid die Last, ich will euch
34 wegwerfen, spricht der HERR. – Und
wenn ein Prophet oder Priester oder die
Leute sagen werden: »Das ist die Last
des HERRN«, den will ich heimsuchen
35 und sein Haus dazu. Vielmehr sollt ihr
einer mit dem andern reden und zu-
einander sagen: »Was antwortet der
HERR?« und: »Was sagt der HERR?«
36 Aber sagt nicht mehr »Last des
HERRN«; denn einem jeden wird sein ei-
genes Wort zur Last werden, weil ihr so
die Worte des lebendigen Gottes, des
HERRN Zebaot, unseres Gottes, ver-
37 dreht. Darum sollt ihr zum Propheten
sagen: »Was antwortet dir der HERR?«
38 und: »Was sagt der HERR?« Wenn ihr
aber sagt: »Last des HERRN«, so spricht
der HERR: Weil ihr dies Wort Last des
HERRN nennt, obgleich ich zu euch ge-
sandt habe und euch sagen ließ, ihr sollt
39 nicht »Last des HERRN« sagen, – siehe,
so will ich euch aufheben wie eine Last
und euch samt der Stadt, die ich euch
und euren Vätern gegeben habe, von
40 meinem Angesicht wegwerfen und will
euch [q]ewige Schande und ewige
Schmach zufügen, die nie vergessen
werden soll.

a Kap 12,4 *b* Kap 5,31 *c* Kap 13,16; Ps 35,6
d (13-15) 5.Mose 18,20-22; Jes 1,10; Hes 13,22
e Kap 9,14 *f* Kap 6,13.14 *g* Kap 14,14
h Kap 7,24 *i* Jes 40,13 *j (19 und 20)*
Kap 30,23.24 *k* Kap 14,14 *l* Ps 139,7-16
m Ri 3,7 *n* Hebr 4,12 *o* Kap 14,14 *p (33-40)*
2.Kön 9,25; Jes 13,1 *q* Kap 20,11

Die zwei Feigenkörbe

24 Siehe, der HERR zeigte mir zwei Fei-
genkörbe, aufgestellt vor dem Tempel
des HERRN, [a]nachdem Nebukadnezar,
der König von Babel, den Jechonja, den
Sohn Jojakims, den König von Juda,
weggeführt hatte samt den Großen Ju-
das und den Zimmerleuten und
Schmieden und sie von Jerusalem nach
Babel gebracht hatte. In dem einen 2
Korbe waren sehr gute Feigen, wie die
ersten reifen Feigen sind; im andern
Korbe waren sehr schlechte Feigen,
daß man sie nicht essen konnte, so
schlecht waren sie. Und der HERR 3
sprach zu mir: Jeremia, was siehst du?
Ich sprach: Feigen; die guten Feigen
sind sehr gut, und die schlechten sind
sehr schlecht, daß man sie nicht essen
kann, so schlecht sind sie.
[b]Da geschah des HERRN Wort zu 4
mir: So spricht der HERR, der Gott Is- 5
raels: Wie auf diese guten Feigen, so
will ich blicken auf die Weggeführten
aus Juda, die ich von dieser Stätte habe
fortziehen lassen in der Chaldäer Land.
Ich will sie gnädig ansehen und sie wie- 6
der in dies Land bringen und [c]will sie
bauen und nicht verderben, ich will sie
pflanzen und nicht ausreißen. Und ich 7
will ihnen ein Herz geben, [d]daß sie
mich erkennen sollen, daß ich der HERR
bin. Und [e]sie sollen mein Volk sein,
und ich will ihr Gott sein; von ganzem
Herzen werden sie sich zu mir bekeh-
ren. [f]Aber wie die schlechten Feigen, 8
die so schlecht sind, daß man sie nicht
essen kann, spricht der HERR, so will ich
dahingeben Zedekia, den König von
Juda, samt seinen Großen und allen,
die übriggeblieben sind in Jerusalem
und in diesem Lande und die in Ägyp-
tenland wohnen. Ich will sie zum Bild 9
des Entsetzens, ja des Unglücks, ma-
chen für alle Königreiche auf Erden,
[g]zum Spott und zum Sprichwort, zum
Hohn und zum Fluch an allen Orten,
wohin ich sie verstoßen werde, und will 10
Schwert, Hunger und Pest unter sie
schicken, bis sie ganz vertilgt sind aus
dem Lande, das ich ihnen und ihren
Vätern gegeben habe.

a 2.Kön 24,14-16 *b (4-10)* Hes 11,14-21
c Kap 1,10; 31,28 *d* Kap 31,33.34 *e* Kap 7,23
f (8-10) 2.Kön 24,17-20; 5.Mose 2,31;
Kap 29,16-19 *g* 1.Kön 9,7

Die siebzigjährige Gefangenschaft bis zum Untergang Babels

Dies ist das Wort, das zu Jeremia ge- 25
schah über das ganze Volk von Juda
[a]im vierten Jahr Jojakims, des Sohnes
Josias, des Königs von Juda; das ist das
erste Jahr Nebukadnezars, des Königs
von Babel. Und der Prophet Jeremia 2
sprach zu dem ganzen Volk von Juda
und zu allen Bürgern Jerusalems: Vom 3
[b]dreizehnten Jahr des Josia an, des

Sohnes Amons, des Königs von Juda,
ist des HERRN Wort zu mir geschehen
bis auf diesen Tag, und ich habe zu
euch nun dreiundzwanzig Jahre lang
immer wieder gepredigt, aber ihr habt
4 nie hören wollen. Und der HERR hat zu
euch [c] immer wieder alle seine Knechte,
die Propheten, gesandt; aber ihr habt
nie hören wollen und eure Ohren mir
nicht zugekehrt und mir nicht ge-
5 horcht, wenn er sprach: [d] Bekehret
euch, ein jeder von seinem bösen Wege
und von euren bösen Werken, so sollt
ihr in dem Lande, das der HERR euch
und euren Vätern gegeben hat, für im-
6 mer und ewig bleiben. Folgt nicht an-
dern Göttern, ihnen zu dienen und sie
anzubeten, und erzürnt mich nicht
durch eurer Hände Werk, damit ich
7 euch nicht Unheil zufügen muß. Aber
ihr wolltet mir nicht gehorchen, spricht
der HERR, auf daß ihr mich ja erzürntet
durch eurer Hände Werk zu eurem ei-
genen Unheil.
8 Darum spricht der HERR Zebaot:
Weil ihr denn meine Worte nicht hören
9 wollt, siehe, so will ich ausschicken und
kommen lassen alle Völker des Nor-
dens, spricht der HERR, auch meinen
Knecht [e] Nebukadnezar, den König
von Babel, und will sie bringen über
dies Land und über seine Bewohner
und über alle diese Völker ringsum und
will an ihnen den Bann vollstrecken
und sie zum Bild des Entsetzens und
zum Spott und zur ewigen Wüste ma-
10 chen und [f] will wegnehmen allen fröh-
lichen Gesang, die Stimme des Bräuti-
gams und der Braut, das Geräusch der
11 Mühle und das Licht der Lampe, so
[g] daß dies ganze Land wüst und zerstört
liegen soll. Und [h] diese Völker sollen
dem König von Babel dienen siebzig
12 Jahre. Wenn aber die siebzig Jahre um
sind, will ich heimsuchen den König
von Babel und jenes Volk, spricht der
HERR, um ihrer Missetat willen, dazu
das Land der Chaldäer und will es zur
13 ewigen Wüste machen. So lasse ich an
diesem Lande, gegen das ich geredet
habe, alle meine Worte in Erfüllung ge-
hen, nämlich alles, was in diesem Buch
geschrieben steht, was Jeremia geweis-
14 sagt hat über alle Völker. Und [i] auch sie
sollen großen Völkern und großen Kö-
nigen dienen. So will ich ihnen vergel-
ten nach ihrem Verdienst und nach den
Werken ihrer Hände.

a Kap 36,1 *b* Kap 1,2; 36,2 *c* Kap 7,25.26; 11,7; 26,5; 28,8; 29,19; 44,4; 2.Chr 36,15.16 *d* Kap 7,3
e Dan 3,31-33 *f* Kap 7,34 *g* 2.Chr 36,21 *h* Kap 29,10; Esr 1,1.2 *i* Kap 27,7

Der Zornbecher für alle Völker

Denn so sprach zu mir der HERR, der 15
Gott Israels: Nimm diesen [a] Becher mit
dem Wein meines Zorns aus meiner
Hand und laß daraus trinken alle Völ-
ker, zu denen ich dich sende, daß sie 16
trinken, taumeln und toll werden vor
dem Schwert, das ich unter sie schicken
will. – Und ich nahm den Becher aus 17
der Hand des HERRN und ließ daraus
trinken alle Völker, zu denen mich der
HERR sandte, nämlich Jerusalem, die 18
Städte Judas, ihre Könige und Fürsten,
daß sie wüst und zerstört liegen und ein
Spott und Fluch sein sollten – wie es
denn heutigentages steht –, auch den 19
Pharao, den König von Ägypten, mit
seinen Großen und mit seinen Fürsten,
mit seinem ganzen Volk und allem 20
Mischvolk, alle Könige im Lande Uz,
alle Könige in der Philister Lande mit
Askalon, Gaza, Ekron und denen, die
übriggeblieben sind in Asdod; die von 21
Edom, die von Moab, die Ammoniter;
alle Könige von Tyrus, alle Könige von 22
Sidon, die Könige auf den Inseln jen-
seits des Meeres; die von Dedan, die 23
von Tema, die von Bus und alle, die
[b] das Haar rundherum abscheren; alle 24
Könige Arabiens und die der Misch-
völker, die in der Wüste wohnen; alle 25
Könige in Simri, alle Könige in Elam,
alle Könige in Medien; alle Könige des 26
Nordens, die in der Nähe und die in der
Ferne, einen wie den andern, alle Kö-
nigreiche der Welt, soviel ihrer auf
Erden sind. Und der König von
[c] Scheschach* soll nach ihnen trinken. –
Und sprich zu ihnen: So spricht der 27
HERR Zebaot, der Gott Israels: Trinkt,
daß ihr trunken werdet und speit, daß
ihr niederfallt und nicht aufstehen
könnt vor dem Schwert, das ich unter
euch schicken will. Und wenn sie den 28
Becher von deiner Hand nicht nehmen
und nicht trinken wollen, so sprich zu
ihnen: So spricht der HERR Zebaot: Ihr
müßt trinken! Denn siehe, [d] bei der 29
Stadt, die nach meinem Namen ge-
nannt ist, fange ich an mit dem Unheil,
und ihr solltet ungestraft bleiben? [e] Ihr
sollt nicht ungestraft bleiben, denn ich
rufe das Schwert über alle herbei, die
auf Erden wohnen, spricht der HERR
Zebaot.

Und du sollst ihnen alle diese Worte 30
weissagen und zu ihnen sprechen: Der

HERR [f] wird brüllen aus der Höhe und
seinen Donner hören lassen aus seiner
heiligen Wohnung. Er wird brüllen
über seine Fluren hin; wie einer, der
die Kelter tritt, wird er seinen Ruf er-
schallen lassen über alle Bewohner der
31 Erde hin, und sein Schall wird dringen
bis an die Enden der Erde. Der HERR
will mit den Völkern rechten und mit
allem Fleisch Gericht halten; die
Schuldigen wird er dem Schwert über-
geben, spricht der HERR.
32 So spricht der HERR Zebaot: Siehe,
es wird eine Plage kommen von einem
Volk zum andern, und ein großes Wet-
ter wird sich erheben von den Enden
33 der Erde. Zu der Zeit werden die vom
HERRN Erschlagenen liegen von einem
Ende der Erde bis ans andere Ende; sie
werden nicht beklagt noch aufgehoben
noch begraben werden, sondern müs-
sen auf dem Felde liegen und [g] zu Dung
34 werden. Heulet, ihr [h] Hirten, und
schreit, wälzt euch in der Asche, ihr
Herren der Herde; denn die Zeit ist er-
füllt, daß ihr geschlachtet und zerstreut
werdet und zerbrechen müßt wie ein
35 kostbares Gefäß. Und die Hirten wer-
den nicht fliehen können, und die Her-
ren der Herde werden nicht entrinnen
36 können. Da werden die Hirten schrei-
en, und die Herren der Herde werden
heulen, daß der HERR ihre Weide so
37 verwüstet hat und ihre Auen, die so
schön standen, vernichtet sind von dem
38 grimmigen Zorn des HERRN. Er hat sein
Versteck verlassen wie ein junger
[i] Löwe, und ihr Land ist verheert von
seinem gewaltigen Schwert und von
seinem grimmigen Zorn.

a Kap 51,7; Jes 51,17; Offb 14,10 *b* Kap 9,25
c Kap 51,41 *d* Hes 9,6; 1.Petr 4,17 *e* Kap 49,12
f Hos 11,10; Joel 4,16; Am 1,2 *g* Kap 9,21
h Kap 23,1 *i* Kap 4,7
*Vers 26: d.i. ein Deckname für Babel.

Jeremias Tempelrede, seine Gefangennahme und Freilassung

(vgl. Kap 7)

26 Im Anfang der Herrschaft [a] Jojakims,
des Sohnes Josias, des Königs von
Juda, geschah dies Wort vom HERRN:
2 So spricht der HERR: Tritt in den Vor-
hof am Hause des HERRN und predige
denen, die aus allen Städten Judas her-
einkommen, um anzubeten im Hause
des HERRN, alle Worte, die ich dir be-
fohlen habe, ihnen zu sagen, und tu
3 nichts davon weg, ob sie vielleicht hö-
ren wollen und [b] sich bekehren, ein je-
der von seinem bösen Wege, damit
mich auch reuen könne das Übel, das
ich gedenke, ihnen anzutun um ihrer
bösen Taten willen. Und sprich zu 4
ihnen: So spricht der HERR: Werdet ihr
mir nicht gehorchen und nicht nach
meinem Gesetz wandeln, das ich euch
vorgelegt habe, und nicht hören auf die 5
Worte meiner Knechte, der Propheten,
die ich [c] immer wieder zu euch sende
und auf die ihr doch nicht hören wollt,
so [d] will ich's mit diesem Hause machen 6
wie mit [e] Silo und diese Stadt zum
Fluchwort für alle Völker auf Erden
machen.
Als aber die Priester, Propheten und 7
alles Volk Jeremia hörten, daß er solche
Worte redete im Hause des HERRN, und 8
Jeremia nun alles gesagt hatte, was ihm
der HERR befohlen hatte, allem Volk zu
sagen, ergriffen ihn die Priester, Pro-
pheten und das ganze Volk und spra-
chen: Du mußt sterben! Warum weis- 9
sagst du im Namen des HERRN: »Es
wird diesem Hause gehen wie Silo, und
diese Stadt soll so wüst werden, daß
niemand mehr darin wohnt«? Und das
ganze Volk sammelte sich im Hause des
HERRN wider Jeremia. Als das die Obe- 10
ren von Juda hörten, gingen sie aus des
Königs Hause hinauf ins Haus des
HERRN und setzten sich zum Gericht
vor das neue Tor am Hause des HERRN.
Und die Priester und Propheten spra- 11
chen vor den Oberen und allem Volk:
Dieser Mann ist des Todes schuldig;
denn [f] er hat geweissagt gegen diese
Stadt, wie ihr mit eigenen Ohren gehört
habt. Aber Jeremia sprach zu allen 12
Oberen und zu allem Volk: Der HERR
hat mich gesandt, daß ich dies alles, was
ihr gehört habt, weissagen sollte gegen
dies Haus und gegen diese Stadt. So 13
[g] bessert nun eure Wege und euer Tun
und gehorcht der Stimme des HERRN,
eures Gottes, dann wird den HERRN
auch gereuen das Übel, das er gegen
euch geredet hat. Siehe, ich bin in eu- 14
ren Händen, ihr könnt mit mir machen,
wie es euch recht und gut dünkt. Doch 15
sollt ihr wissen: wenn ihr mich tötet, so
[h] werdet ihr unschuldig Blut auf euch
laden, auf diese Stadt und ihre Einwoh-
ner. Denn wahrlich, der HERR hat mich
zu euch gesandt, daß ich dies alles vor
euren Ohren reden soll. Da sprachen 16
die Oberen und das ganze Volk zu den
Priestern und Propheten: Dieser Mann
ist des Todes nicht schuldig; denn er
hat zu uns geredet im Namen des
HERRN, unseres Gottes. Und es standen 17

auf etliche von den Ältesten des Landes
und sprachen zu dem versammelten
18 Volk: Zur Zeit Hiskias, des Königs von
Juda, war ein Prophet, [i] Micha von Mo-
reschet; der sprach zum ganzen Volk
Juda: »So spricht der HERR Zebaot:
[j] Zion wird wie ein Acker gepflügt wer-
den, und [k] Jerusalem wird zu Steinhau-
fen werden und der Berg des Tempels
zu einer Höhe wilden Gestrüpps.«
19 Doch ließ ihn Hiskia, der König von
Juda, und das ganze Juda deswegen
nicht töten, vielmehr fürchteten sie den
HERRN und flehten zu ihm. Da [l] reute
auch den HERRN das Übel, das er gegen
sie geredet hatte. Wir aber würden gro-
ßes Unheil über uns bringen.

a 2.Kön 23,34-37 *b* Kap 18,8; 36,3 *c* Kap 25,4
d 2.Kön 25,9 *e* Kap 7,12 *f* Apg 6,13 *g* Kap 7,3
h 2.Mose 23,7; Mt 27,4.25 *i* Mi 1,1 *j* Mi 3,12
k Kap 9,10 *l* Kap 18,8

Hinrichtung des Propheten Uria

20 Da war noch einer, der im Namen des
HERRN weissagte, Uria, der Sohn
Schemajas, von [a] Kirjat-Jearim. Der
weissagte gegen diese Stadt und gegen
21 dies Land ganz wie Jeremia. Als aber
der König Jojakim und alle seine Ge-
waltigen und die Oberen seine Worte
hörten, wollte ihn der König töten las-
sen. Und Uria erfuhr das, fürchtete
sich und floh und kam nach Ägypten.
22 Aber der König Jojakim schickte Leute
nach Ägypten, Elnatan, den Sohn Ach-
23 bors, und andere mit ihm. Die holten
ihn aus Ägypten und brachten ihn zum
König Jojakim. Der ließ ihn mit dem
Schwert töten und ließ seinen Leich-
nam unter dem niederen Volk begra-
ben.
24 Aber mit Jeremia war die Hand
[b] Ahikams, des Sohnes Schafans, so daß
man ihn nicht dem Volk in die Hände
gab, das ihn getötet hätte.

a Jos 15,9 *b* 2.Kön 22,12

Jeremias Predigt vom Joch Nebukadnezars

27 Im Anfang der Herrschaft [a] Zedekias,
des Sohnes Josias, des Königs von
Juda, geschah dies Wort vom HERRN zu
2 Jeremia: So spricht der HERR zu mir:
Mache dir ein [b] Joch und lege es auf dei-
3 nen Nacken und schicke Botschaft zum
[c] König von Edom, zum König von
Moab, zum König der Ammoniter,
zum König von Tyrus und zum König
von Sidon durch die Boten, die zu Ze-
dekia, dem König von Juda, nach Jeru-
4 salem gekommen sind, und befiehl
ihnen, daß sie ihren Herren sagen: So
spricht der HERR Zebaot, der Gott Is-
raels: So sollt ihr euren Herren sagen:
Ich [d] habe die Erde gemacht und Men- 5
schen und Tiere, die auf Erden sind,
durch meine große Kraft und meinen
ausgereckten Arm und gebe sie, wem
ich will. [e] Nun aber habe ich alle diese 6
Länder in die Hand meines Knechts
Nebukadnezar, des Königs von Babel,
gegeben und auch die Tiere auf dem
Felde, daß sie ihm untertan sein sollen.
Und es sollen alle Völker ihm dienen 7
und seinem Sohn und seines Sohnes
Sohn, bis auch für sein Land die Zeit
kommt, daß es vielen Völkern und gro-
ßen Königen untertan sein muß. Das 8
Volk aber und das Königreich, das dem
König von Babel, Nebukadnezar, nicht
untertan sein will und das seinen Nak-
ken nicht unter das Joch des Königs
von Babel beugt, das will ich heimsu-
chen mit Schwert, Hunger und Pest,
spricht der HERR, bis ich sie durch seine
Hand umbringe. So [f] hört doch nicht 9
auf eure Propheten, Wahrsager,
Traumdeuter, Zeichendeuter und Zau-
berer, die euch sagen: Ihr werdet nicht
untertan sein müssen dem König von
Babel. Denn sie weissagen euch Lüge, 10
auf daß sie euch aus eurem Lande fort-
bringen und ich euch verstoße und ihr
umkommt. Aber das Volk, das seinen 11
Nacken unter das Joch des Königs von
Babel beugt und ihm untertan ist, das
will ich in seinem Lande lassen, daß es
dasselbe bebaue und bewohne, spricht
der HERR.
Und ich redete alle diese Worte zu 12
Zedekia, dem König von Juda, und
sprach: Beugt euren Nacken unter das
Joch des Königs von Babel und seid
ihm und seinem Volk untertan, so sollt
ihr am Leben bleiben. Warum wollt ihr 13
sterben, du und dein Volk, durch
Schwert, Hunger und Pest, wie der
HERR geredet hat über das Volk, das
dem König von Babel nicht untertan
sein will? Darum hört nicht auf die 14
Worte der Propheten, die euch sagen:
»Ihr werdet nicht untertan sein müssen
dem König von Babel!« Denn [g] sie
weissagen euch Lüge, und ich habe sie 15
nicht gesandt, spricht der HERR, son-
dern sie weissagen Lüge in meinem Na-
men, auf daß ich euch verstoße und ihr
umkommt samt den Propheten, die
euch weissagen. Und zu den Priestern 16
und zu diesem ganzen Volk redete ich
und sprach: So spricht der HERR: Hö-

ret nicht auf die Worte eurer Prophe-
ten, die euch weissagen und sprechen:
»Siehe, [h]die Geräte aus dem Hause des
HERRN werden nun bald von Babel wie-
der herkommen!« Denn sie weissagen
17 euch Lüge. Höret nicht auf sie, sondern
seid dem König von Babel untertan, so
werdet ihr am Leben bleiben. Warum
soll diese Stadt zur Wüstenei werden?
18 Sind sie aber Propheten und haben sie
des HERRN Wort, so laßt sie den HERRN
Zebaot bitten, daß die Geräte, die
übriggeblieben sind im Hause des
HERRN und im Hause des Königs von
Juda und zu Jerusalem, nicht auch nach
19 Babel geführt werden. Denn so spricht
der HERR Zebaot von [i]den Säulen und
vom Meer und von den Gestellen und
von den Geräten, die noch übriggeblie-
20 ben sind in dieser Stadt, die Nebukad-
nezar, der König von Babel, nicht mit-
nahm, als er Jechonja, den Sohn Joja-
kims, den König von Juda, von Jerusa-
lem wegführte nach Babel samt allen
Vornehmen in Juda und Jerusalem, –
21 so spricht der HERR Zebaot, der Gott
Israels, von den Geräten, die übrigge-
blieben sind im Hause des HERRN und
im Hause des Königs von Juda und zu
22 Jerusalem: sie sollen nach Babel ge-
führt werden und dort bleiben bis auf
den Tag, an dem ich nach ihnen sehe,
spricht der HERR, und [j]ich sie wieder
zurückbringen lasse an diesen Ort.

a 2.Kön 24,17.18 *b* Kap 28,10 *c* Kap 25,21.22
d Kap 32,17 *e* *(6 und 7)* Kap 25,9; Jes 45,1-8;
Hes 26,7; Dan 2,38 *f* Kap 14,13.14 *g* Kap 14,14
h Kap 28,3; 2.Chr 36,10 *i* 1.Kön 7,15-39;
2.Kön 25,13-17 *j* Esr 1,1-11

Jeremia und Hananja

28 In demselben Jahr, im Anfang der
Herrschaft Zedekias, des Königs von
Juda, im fünften Monat des vierten
Jahrs, sprach Hananja, der Sohn Asurs,
ein Prophet von [a]Gibeon, zu mir im
Hause des HERRN in Gegenwart der
2 Priester und des ganzen Volks: So
spricht der HERR Zebaot, der Gott Is-
raels: Ich habe das Joch des Königs von
3 Babel zerbrochen, und ehe zwei Jahre
um sind, [b]will ich alle Geräte des Hau-
ses des HERRN, die Nebukadnezar, der
König von Babel, von diesem Ort weg-
genommen und nach Babel geführt hat,
4 wieder an diesen Ort bringen; auch
[c]Jechonja, den Sohn Jojakims, den Kö-
nig von Juda, samt allen Weggeführten
aus Juda, die nach Babel gekommen
sind, will ich wieder an diesen Ort brin-
gen, spricht der HERR, denn ich will das
Joch des Königs von Babel zerbrechen.
Da sprach der Prophet Jeremia zu 5
dem Propheten Hananja in Gegenwart
der Priester und des ganzen Volks, die
im Hause des HERRN standen, und sag- 6
te: Amen! Der HERR tue so; der HERR
bestätige dein Wort, das du geweissagt
hast, daß er die Geräte aus dem Hause
des HERRN von Babel wiederbringe an
diesen Ort und alle Weggeführten.
Doch höre dies Wort, das ich vor dei- 7
nen Ohren rede und vor den Ohren des
ganzen Volks: Die Propheten, die vor 8
mir und vor dir gewesen sind von alters
her, die haben gegen viele Länder und
große Königreiche geweissagt von
Krieg, von Unheil und Pest. Wenn aber 9
ein Prophet von Heil weissagt – [d]ob ihn
der HERR wahrhaftig gesandt hat, wird
man daran erkennen, daß sein Wort er-
füllt wird.

Da nahm der Prophet Hananja das 10
[e]Joch vom Nacken des Propheten Jere-
mia und zerbrach es. Und Hananja 11
sprach in Gegenwart des ganzen Volks:
So spricht der HERR: Ebenso [f]will ich
zerbrechen das Joch Nebukadnezars,
des Königs von Babel, ehe zwei Jahre
um sind, und es vom Nacken aller Völ-
ker nehmen. Und der Prophet Jeremia
ging seines Weges.

Aber des HERRN Wort geschah zu Je- 12
remia, nachdem der Prophet Hananja
das Joch auf dem Nacken des Prophe-
ten Jeremia zerbrochen hatte: Geh hin 13
und sage Hananja: So spricht der
HERR: Du hast das hölzerne Joch zer-
brochen, aber du hast nun ein eisernes
Joch an seine Stelle gesetzt. Denn so 14
spricht der HERR Zebaot, der Gott Is-
raels: [g]Ein eisernes Joch habe ich allen
diesen Völkern auf den Nacken gelegt,
daß sie [h]untertan sein sollen Nebukad-
nezar, dem König von Babel, und ihm
dienen, und auch die Tiere habe ich
ihm gegeben. Und der Prophet Jeremia 15
sprach zum Propheten Hananja: Höre
doch, Hananja! Der HERR hat dich
nicht gesandt; aber du machst, daß dies
Volk sich auf Lügen verläßt. Darum 16
spricht der HERR: Siehe, ich will dich
vom Erdboden nehmen; dies Jahr sollst
du sterben, denn du hast sie mit deiner
Rede vom HERRN abgewendet. Und der 17
Prophet Hananja starb im selben Jahr
im siebenten Monat.

a 2.Chr 1,3.13 *b* Kap 27,16 *c* Kap 27,20
d 5.Mose 18,21.22 *e* Kap 27,2 *f* Kap 29,10
g 5.Mose 28,48 *h* Kap 27,6

Jeremias Brief an die Weggeführten in Babel

29 Dies sind die Worte des Briefes, den
der Prophet Jeremia von Jerusalem
sandte an den Rest der Ältesten, die
weggeführt waren, an die Priester und
Propheten und an das ganze Volk, das
Nebukadnezar von Jerusalem nach Ba-
2 bel weggeführt hatte – nachdem der
König Jechonja und die Königinmutter
mit den Kämmerern und Oberen in
Juda und Jerusalem samt den Zimmer-
leuten und Schmieden aus Jerusalem
3 weggeführt waren[a]–, durch Elasa, den
Sohn Schafans, und Gemarja, den
Sohn Hilkias, die Zedekia, der König
von Juda, nach Babel sandte zu Nebu-
kadnezar, dem König von Babel:
4 So spricht der HERR Zebaot, der Gott
Israels, zu den Weggeführten, die ich
von Jerusalem nach Babel habe weg-
5 führen lassen: Baut Häuser und wohnt
darin; pflanzt Gärten und eßt ihre
6 Früchte; nehmt euch Frauen und zeugt
Söhne und Töchter; nehmt für eure
Söhne Frauen, und gebt eure Töchter
Männern, daß sie Söhne und Töchter
gebären; mehret euch dort, daß ihr
7 nicht weniger werdet. *Suchet der Stadt
Bestes,* dahin ich euch habe wegführen
lassen, *und betet für sie zum* HERRN;
*denn wenn's ihr wohlgeht, so geht's auch
euch wohl.*
8 [b]Denn so spricht der HERR Zebaot,
der Gott Israels: Laßt euch durch die
Propheten, die bei euch sind, und
durch die Wahrsager nicht betrügen,
und hört nicht auf die Träume, die sie
9 träumen! Denn sie weissagen euch
Lüge in meinem Namen. Ich habe sie
nicht gesandt, spricht der HERR.
10 Denn so spricht der HERR: [c]Wenn
für Babel siebzig Jahre voll sind, so will
ich euch heimsuchen und will mein
gnädiges Wort an euch erfüllen, daß ich
euch wieder an diesen Ort bringe.
11 Denn *ich weiß wohl, was ich für Gedan-
ken über euch habe, spricht der* HERR:
*Gedanken des Friedens und nicht des Lei-
des, daß ich euch gebe das Ende, des ihr
12 wartet**. Und ihr werdet mich anrufen
und hingehen und mich bitten, und ich
13 will euch erhören. [d]Ihr werdet mich su-
chen und finden; denn *wenn ihr mich
14 von ganzem Herzen suchen werdet, so will
ich mich von euch finden lassen,* spricht
der HERR, und will eure Gefangen-
schaft wenden und euch sammeln aus
allen Völkern und von allen Orten, wo-
hin ich euch verstoßen habe, spricht
der HERR, und will euch wieder an
diesen Ort bringen, von wo ich euch
habe wegführen lassen.
Zwar meint ihr, der HERR habe euch 15
auch in Babel Propheten erstehen las-
sen. – Fürwahr, so spricht der HERR 16
über den König, der auf Davids Thron
sitzt, und über das ganze Volk, das in
dieser Stadt wohnt, über eure Brüder,
die nicht mit euch in die Gefangen-
schaft gezogen sind, [e]ja, so spricht der 17
HERR Zebaot: Siehe, ich will Schwert,
Hunger und Pest unter sie schicken
und will sie machen wie die schlechten
Feigen, davor einem ekelt zu essen, und 18
will hinter ihnen her sein mit Schwert,
Hunger und Pest und [f]will sie zum Bild
des Entsetzens machen für alle König-
reiche auf Erden, zum Fluch, zum
Grauen, zum Hohn und zum Spott un-
ter allen Völkern, wohin ich sie versto-
ßen werde, weil sie meinen Worten 19
nicht gehorchten, spricht der HERR, der
ich meine Knechte, die Propheten,
[g]immer wieder zu euch gesandt habe;
aber ihr wolltet nicht hören, spricht der
HERR. – Aber ihr alle, die ihr gefangen 20
weggeführt seid, die ich von Jerusalem
habe nach Babel ziehen lassen, höret
des HERRN Wort! So spricht der HERR 21
Zebaot, der Gott Israels, wider Ahab,
den Sohn Kolajas, und wider Zedekia,
den Sohn Maasejas, die euch Lüge
weissagen in meinem Namen: Siehe,
ich will sie geben in die Hände Nebu-
kadnezars, des Königs von Babel. Der
soll sie totschlagen lassen vor euren Au-
gen, so daß man ihre Namen zum 22
Fluchwort machen wird unter allen
Weggeführten aus Juda, die in Babel
sind, und sagen: Der HERR tue an dir
wie an Zedekia und Ahab, die der Kö-
nig von Babel im Feuer rösten ließ, weil 23
sie eine Schandtat in Israel begingen
und Ehebruch trieben mit den Frauen
ihrer Nächsten und in meinem Namen
Lüge predigten, was ich ihnen nicht be-
fohlen hatte. Solches weiß ich und be-
zeuge es, spricht der HERR.

a 2.Kön 24,14.15 *b (8 und 9)* Kap 14,14 *c* Kap 25,11-13 *d (13 und 14)* Kap 30,3; 5.Mose 4,29; Jes 55,6 *e (17 und 18)* Kap 24,8-10 *f* 5.Mose 28,37 *g* Kap 25,4
*Vers 11: Wörtlich: daß ich euch gebe Zukunft und Hoffnung.

Jeremia und Schemaja

Und wider Schemaja von Nehelam 24
sollst du sagen: So spricht der HERR 25
Zebaot, der Gott Israels: Weil du unter

deinem Namen Briefe gesandt hast an
alles Volk, das in Jerusalem ist, an den
Priester [a]Zefanja, den Sohn Maasejas,
26 und an alle Priester und gesagt: Der
HERR hat dich zum Priester bestellt an-
statt des Priesters Jojada, daß du Aufse-
her sein sollst im Hause des HERRN
[b]über alle Wahnsinnigen und Weissa-
ger, daß du sie [c]in Block und Eisen
27 legst, – nun, warum strafst du dann
nicht Jeremia von Anatot, der euch
28 weissagt? Hat er doch zu uns nach Ba-
bel geschickt und sagen lassen: Es wird
noch lange währen; baut Häuser und
wohnt darin, pflanzt Gärten und eßt
29 ihre Früchte. – Es hatte nämlich der
Priester Zefanja den Brief vorgelesen
vor den Ohren des Propheten Jeremia.
30 – Da geschah des HERRN Wort zu Jere-
31 mia: Sende hin zu allen Weggeführten
und laß ihnen sagen: So spricht der
HERR wider Schemaja von Nehelam:
Weil euch Schemaja weissagt – und ich
habe ihn doch nicht gesandt – und
32 macht, daß ihr auf Lügen vertraut, dar-
um spricht der HERR: Siehe, ich will
Schemaja von Nehelam heimsuchen
samt seinen Nachkommen, daß keiner
von den Seinen unter diesem Volk blei-
ben soll. Und er soll das Gute nicht se-
hen, das ich meinem Volk tun will,
spricht der HERR; denn er hat es mit
seiner Rede vom HERRN abgewendet.

a Kap 21,1 *b* Hos 9,7 *c* Kap 20,2

Israels Befreiung aus der Gefangenschaft

30 Dies ist das Wort, das vom HERRN ge-
2 schah zu Jeremia: So spricht der HERR,
der Gott Israels: Schreib dir alle Wor-
te, die ich zu dir geredet habe, in ein
3 Buch. Denn siehe, es kommt die Zeit,
spricht der HERR, daß ich das Geschick
meines Volks Israel und Juda wenden
will, spricht der HERR; und [a]ich will sie
wiederbringen in das Land, das ich
ihren Vätern gegeben habe, daß sie es
besitzen sollen.

4 Und dies sind die Worte, die der
5 HERR redete über Israel und Juda. So
spricht der HERR: Wir hören ein Ge-
schrei des Schreckens; nur Furcht ist
6 da und kein Friede. Forschet doch und
sehet, ob dort Männer gebären! Wie
kommt es denn, daß ich sehe, wie alle
Männer ihre Hände an die Hüften hal-
ten wie Frauen in Kindsnöten und alle
7 Angesichter so bleich sind? Wehe, es ist
[b]ein gewaltiger Tag, und seinesglei-
chen ist nicht gewesen, und es ist eine
Zeit der Angst für Jakob; doch soll ihm
daraus geholfen werden. [c]Es soll aber 8
geschehen zu dieser Zeit, spricht der
HERR Zebaot, daß ich das Joch auf dei-
nem Nacken zerbrechen will und deine
Bande zerreißen. Sie werden nicht
mehr Fremden dienen, sondern dem 9
HERRN, ihrem Gott, und ihrem König
David, den ich ihnen erwecken will.

Darum fürchte du dich nicht, mein 10
Knecht Jakob, spricht der HERR, und
entsetze dich nicht, Israel. Denn siehe,
ich will dich erretten aus fernen Lan-
den und deine Nachkommen aus dem
Lande ihrer Gefangenschaft, daß Jakob
zurückkehren soll und in Frieden und
Sicherheit leben, und niemand soll ihn
schrecken.[d] Denn ich bin bei dir, 11
spricht der HERR, daß ich dir helfe.
Denn ich will mit allen Völkern ein
Ende machen, unter die ich dich zer-
streut habe; aber mit dir will ich nicht
ein Ende machen. [e]Ich will dich mit
Maßen züchtigen, doch ungestraft
kann ich dich nicht lassen.

Denn so spricht der HERR: Dein 12
Schaden ist verzweifelt böse, und [f]dei-
ne Wunden sind unheilbar. Deine Sa- 13
che führt niemand; da ist keiner, der
dich verbindet, es kann dich niemand
heilen. Alle deine Liebhaber vergessen 14
dich, fragen nichts nach dir. Ich habe
dich geschlagen wie einen Feind mit
unbarmherziger Züchtigung um deiner
großen Schuld und um deiner vielen
Sünden willen. Was schreist du über 15
deinen Schaden und über dein verzwei-
felt böses Leiden? Habe ich dir doch
solches getan um deiner großen Schuld
und um deiner vielen Sünden willen.

Doch alle, die dich gefressen haben, 16
sollen gefressen werden, und alle, die
dich geängstet haben, sollen alle gefan-
gen weggeführt werden; und [g]die dich
beraubt haben, sollen beraubt werden,
und alle, die dich geplündert haben,
sollen geplündert werden. Aber dich 17
will ich [h]wieder gesund machen und
deine Wunden heilen, spricht der
HERR, weil man dich nennt: »die Ver-
stoßene« und: »Zion, nach der niemand
fragt«.

So spricht der HERR: Siehe, ich will 18
das Geschick der Hütten Jakobs wen-
den und mich über seine Wohnungen
erbarmen, und die Stadt soll wieder auf
ihre Hügel gebaut werden, und die
Burg soll stehen an ihrem rechten Platz.
Und es soll aus ihr erschallen Lob- und 19
Freudengesang; denn ich will sie meh-

ren und nicht mindern, ich will sie
herrlich machen und nicht geringer.
20 Ihre Söhne sollen sein wie früher, und
ihre Gemeinde soll vor mir fest gegrün-
det stehen; denn ich will heimsuchen
21 alle, die sie bedrängen. Und [i] ihr Fürst
soll aus ihrer Mitte kommen und ihr
Herrscher von ihnen ausgehen; und er
soll zu mir nahen, denn wer dürfte
sonst sein Leben wagen und mir na-
22 hen? spricht der HERR. Und ihr sollt
mein Volk sein, und ich will euer Gott
sein.[j]
23 [k] Siehe, es wird ein Wetter des
HERRN kommen voll Grimm, ein
schreckliches Ungewitter wird auf den
24 Kopf der Gottlosen niedergehen. Des
HERRN grimmiger Zorn wird nicht ab-
lassen, bis er tue und ausrichte, was er
im Sinn hat; zur letzten Zeit werdet ihr
es erkennen.

a Kap 29,14 *b* Joel 2,11; Zef 1,14.15 *c* *(8 und 9)* Kap 23,5; 27,12; Hes 34,23; Hos 3,5 *d* Kap 46,27; Jes 43,5.6 *e* Kap 10,24; 5.Mose 8,5 *f* Kap 15,18 *g* Jes 33,1; Hes 39,10 *h* Kap 33,6; Jes 57,18.19 *i* Vers 9 *j* Kap 7,23 *k* *(23 und 24)* Kap 23,19.20

Die Verheißung des neuen Bundes

31 Zu derselben Zeit, spricht der HERR,
[a] will ich der Gott aller Geschlechter Is-
raels sein, und sie sollen mein Volk sein.
2 So spricht der HERR: Das Volk, das
dem Schwert entronnen ist, hat Gnade
gefunden in der Wüste; Israel zieht hin
3 zu seiner Ruhe. Der HERR ist mir er-
schienen von ferne: *Ich habe dich je und
je geliebt, darum habe ich dich zu mir ge-*
4 *zogen aus lauter Güte.* Wohlan, ich will
dich wiederum bauen, daß du gebaut
sein sollst, du Jungfrau Israel; du sollst
dich wieder schmücken, Pauken schla-
5 gen und herausgehen zum Tanz. Du
sollst wiederum Weinberge pflanzen an
den Bergen Samarias; pflanzen wird
man sie und ihre Früchte genießen.
6 Denn es wird die Zeit kommen, daß die
Wächter auf dem Gebirge Efraim ru-
fen: Wohlauf, laßt uns hinaufziehen
nach Zion zum HERRN, unserm Gott!
7 Denn so spricht der HERR: Jubelt
über Jakob mit Freuden und jauchzet
über das Haupt unter den Völkern.
Ruft laut, rühmt und sprecht: Der
HERR hat seinem Volk geholfen, dem
8 Rest Israels! Siehe, ich will sie aus dem
Lande des Nordens bringen und [b] will
sie sammeln von den Enden der Erde,
auch Blinde und Lahme, Schwangere
und junge Mütter, daß sie als große Ge-
meinde wieder hierher kommen sollen.
Sie werden weinend kommen, aber ich 9
will sie trösten und leiten. Ich will sie zu
Wasserbächen führen auf ebenem
Wege, daß sie nicht zu Fall kommen;
denn [c] ich bin Israels Vater, und Efraim
ist mein erstgeborener Sohn.
Höret, ihr Völker, des HERRN Wort 10
und verkündet's fern auf den Inseln
und sprecht: Der Israel zerstreut hat,
der wird's auch wieder sammeln und
[d] wird es hüten wie ein Hirte seine Her-
de; denn der HERR wird Jakob erlösen 11
und von der Hand des Mächtigen erret-
ten. Sie werden kommen und auf der 12
Höhe des Zion jauchzen und sich freu-
en über die Gaben des HERRN, über
Getreide, Wein, Öl und junge Schafe
und Rinder, daß ihre Seele sein wird
[e] wie ein wasserreicher Garten und sie
nicht mehr bekümmert sein sollen. Als- 13
dann werden die Jungfrauen fröhlich
beim Reigen sein, die junge Mann-
schaft und die Alten miteinander; denn
ich will ihr Trauern in Freude verwan-
deln und sie trösten und sie erfreuen
nach ihrer Betrübnis. Und ich will der 14
Priester Herz voller Freude machen,
und mein Volk soll meiner Gaben die
Fülle haben, spricht der HERR.
So spricht der HERR: Man hört Kla- 15
gegeschrei und bittres Weinen in
Rama: [f] Rahel weint über ihre Kinder
und will sich nicht trösten lassen über
ihre Kinder; denn es ist aus mit ihnen.
Aber so spricht der HERR: Laß dein 16
Schreien und Weinen und die Tränen
deiner Augen; denn deine Mühe wird
noch belohnt werden, spricht der
HERR. Sie sollen wiederkommen aus
dem Lande des Feindes, und deine 17
Nachkommen haben viel Gutes zu er-
warten, spricht der HERR, denn deine
Söhne sollen wieder in ihre Heimat
kommen.
Ich habe wohl gehört, wie Efraim 18
klagt: »Du hast mich hart erzogen, und
ich ließ mich erziehen wie ein junger
Stier, der noch nicht gelernt hat zu zie-
hen. Bekehre du mich, so will ich mich
bekehren; denn du, HERR, bist mein
Gott! Nachdem ich bekehrt war, tat ich 19
Buße, und als ich zur Einsicht kam,
schlug ich an meine Brust. Ich bin zu-
schanden geworden und stehe scham-
rot da; denn ich muß büßen die Schan-
de meiner Jugend.« Ist nicht Efraim 20
mein teurer Sohn und mein liebes
Kind? Denn [g] sooft ich ihm auch drohe,
muß ich doch seiner gedenken; darum
[h] bricht mir mein Herz, daß ich mich

seiner erbarmen muß, spricht der
HERR.
21 Richte dir Wegzeichen auf, setze dir
Steinmale und richte deinen Sinn auf
die Straße, auf der du gezogen bist!
Kehr zurück, Jungfrau Israel, kehr zu-
22 rück zu diesen deinen Städten! Wie
lang willst du in der Irre gehen, du ab-
trünnige Tochter? Denn der HERR
wird ein Neues im Lande schaffen: Das
Weib wird den Mann umgeben.
23 So spricht der HERR Zebaot, der Gott
Israels: »Man wird dies Wort wieder
sagen im Lande Juda und in seinen
Städten, wenn ich ihr Geschick wenden
werde: Der HERR segne dich, du [i] Woh-
nung der Gerechtigkeit, du heiliger
24 Berg! Auch Juda samt allen seinen
Städten soll darin wohnen, die Acker-
leute und die mit Herden umherzie-
25 hen; denn ich will die Müden erquik-
ken und die Verschmachtenden sätti-
26 gen.« Darüber bin ich aufgewacht und
sah auf und hatte so sanft geschlafen.
27 Siehe, es kommt die Zeit, spricht der
HERR, daß ich das Haus Israel und das
Haus Juda besäen will mit Menschen
28 und mit Vieh. Und gleichwie ich über
sie gewacht habe, [j] auszureißen und
einzureißen, zu verderben und zu zer-
stören und zu plagen, so will ich über
sie wachen, zu bauen und zu pflanzen,
29 spricht der HERR. [k] Zu derselben Zeit
wird man nicht mehr sagen: »Die Väter
haben saure Trauben gegessen, und
den Kindern sind die Zähne stumpf ge-
30 worden«, sondern ein jeder wird um
seiner Schuld willen sterben, und wer
saure Trauben gegessen hat, dem sollen
seine Zähne stumpf werden.
31 [l] *Siehe, es kommt die Zeit, spricht der*
HERR, *da will ich mit dem Hause Israel*
und mit dem Hause Juda einen neuen
32 *Bund schließen,* nicht wie der [m] Bund
gewesen ist, den ich mit ihren Vätern
schloß, als ich sie bei der Hand nahm,
um sie aus Ägyptenland zu führen, ein
Bund, den sie nicht gehalten haben, ob
ich gleich ihr Herr war, spricht der
33 HERR; sondern *das soll der Bund sein,*
den ich mit dem Hause Israel schließen
will nach dieser Zeit, spricht der HERR:
[n] *Ich will mein Gesetz in ihr Herz geben*
und in ihren Sinn schreiben, und [o] *sie sol-*
len mein Volk sein, und ich will ihr Gott
34 *sein. Und es wird keiner den andern noch*
ein Bruder den andern lehren und sagen:
»Erkenne den HERRN«, *sondern sie sollen*
mich alle erkennen, beide, klein und groß,
spricht der HERR; *denn* [p] *ich will ihnen*
ihre Missetat vergeben und ihrer Sünde
nimmermehr gedenken.
So spricht der HERR, der die Sonne 35
dem Tage zum Licht gibt und den
Mond und die Sterne der Nacht zum
Licht bestellt; der das Meer bewegt,
daß seine Wellen brausen – HERR Ze-
baot ist sein Name –: Wenn jemals 36
diese Ordnungen vor mir ins Wanken
kämen, spricht der HERR, so müßte
auch das Geschlecht Israels aufhören,
ein Volk zu sein vor mir ewiglich.[q]
So spricht der HERR: Wenn man den 37
Himmel oben messen könnte und den
Grund der Erde unten erforschen,
dann würde ich auch verwerfen das
ganze Geschlecht Israels für all das,
was sie getan haben, spricht der HERR.
Siehe, es kommt die Zeit, spricht der 38
HERR, daß die Stadt des HERRN gebaut
werden wird vom Turm Hananel an bis
ans Ecktor; und die Meßschnur wird 39
weiter geradeaus gehen bis an den Hü-
gel Gareb und sich nach Goa hin wen-
den. Und das ganze Tal der Leichen 40
und der Asche und die Hänge bis zum
Bach Kidron, bis zu der Ecke am Roß-
tor im Osten, wird dem HERRN heilig
sein. Und die Stadt wird niemals mehr
eingerissen und abgebrochen werden.

a Kap 7,23 *b* Jes 35,8-10; Hes 34,16
c 2.Mose 4,22; 2.Kor 6,18 *d* Jes 40,11
e Jes 58,11 *f* 1.Mose 35,16-20; 1.Sam 10,2;
Mt 2,18 *g* Jes 49,15 *h* Hos 11,8 *i* Sach 8,3
j Kap 1,10 *k (29 und 30)* Hes 18,2; 2.Mose 20,5;
Klgl 5,7 *l (31-34)* Hebr 8,8-12 *m* 5.Mose 6,4-7
n Hes 11,19; Hebr 10,16.17 *o* Kap 7,23
p Kap 33,8; Jes 43,25; Röm 11,26.27
q Kap 33,25.26; Röm 11,1

Der Ackerkauf

Dies ist das Wort, das vom HERRN ge- **32**
schah zu Jeremia im zehnten Jahr Ze-
dekias, des Königs von Juda, das ist das
achtzehnte Jahr Nebukadnezars. Da- 2
mals [a] belagerte das Heer des Königs
von Babel Jerusalem. Und der Prophet
Jeremia lag gefangen im Wachthof am
Hause des Königs von Juda, [b] wo Zede- 3
kia, der König von Juda, ihn hatte ge-
fangen setzen lassen, indem er sagte:
Warum weissagst du und sprichst: So
spricht der HERR: Siehe, ich gebe diese
Stadt in die Hände des Königs von Ba-
bel, und er soll sie erobern, und Zede- 4
kia, der König von Juda, soll den Chal-
däern nicht entrinnen, sondern ich will
ihn dem König von Babel in die Hände
geben, daß er von Mund zu Mund mit
ihm reden und mit eigenen Augen ihn
sehen soll? Und [c] er wird Zedekia nach 5
Babel führen; da soll er auch bleiben,

bis ich ihn heimsuche, spricht der
HERR, denn wenn ihr auch gegen die
Chaldäer kämpft, soll euch doch nichts
gelingen.
6 Und Jeremia sprach: Es ist des
7 HERRN Wort zu mir geschehen: Siehe,
Hanamel, der Sohn Schallums, deines
Oheims, wird zu dir kommen und sagen: [d]Kaufe du meinen Acker in Anatot; denn dir kommt es als Erstem zu,
8 ihn einzulösen und zu kaufen. Da kam
Hanamel, meines Oheims Sohn, wie
der HERR gesagt hatte, zu mir in den
Wachthof und sprach zu mir: Kaufe
doch meinen Acker in Anatot, der im
Lande Benjamin liegt; denn dir kommt
es zu, ihn zu erwerben und einzulösen;
kaufe du ihn! Da merkte ich, daß es des
9 HERRN Wort war, und kaufte den Acker
von Hanamel, meines Oheims Sohn, in
Anatot, und wog ihm das Geld dar,
10 siebzehn Lot Silber. Und ich schrieb
einen Kaufbrief und versiegelte ihn
und nahm Zeugen dazu und wog das
Geld dar auf der Waage nach Recht
11 und Gewohnheit. Und ich nahm den
versiegelten Kaufbrief und die offene
12 Abschrift und gab beides Baruch, dem
Sohn Nerias, des Sohnes Machsejas, in
Gegenwart Hanamels, meines Vetters,
und der Zeugen, die unter dem
Kaufbrief geschrieben standen, und aller Judäer, die im Wachthof sich aufhielten, und befahl Baruch vor ihren
14 Augen: So spricht der HERR Zebaot,
der Gott Israels: Nimm diese Briefe,
den versiegelten Kaufbrief samt dieser
offenen Abschrift, und lege sie in ein irdenes Gefäß, daß sie lange erhalten
15 bleiben. Denn so spricht der HERR Zebaot, der Gott Israels: Man wird wieder Häuser, [e]Äcker und Weinberge
kaufen in diesem Lande.
16 Und als ich den Kaufbrief Baruch,
dem Sohn Nerias, gegeben hatte, betete
17 ich zum HERRN und sprach: Ach, Herr
HERR, siehe, du hast Himmel und
[f]Erde gemacht durch deine große Kraft
und durch deinen ausgereckten Arm,
und [g]es ist kein Ding vor dir unmög-
18 lich; der du [h]Gnade erweist vielen
Tausenden und die Schuld der Väter
kommen läßt auf das Haupt ihrer Kinder, du großer und starker Gott – HERR
19 Zebaot ist dein Name –, groß von Rat
und mächtig von Tat, und deine Augen
stehen offen über allen Wegen der
Menschenkinder, [i]einem jeden zu geben nach seinen Wegen und nach der
20 Frucht seines Tuns; der du in Ägyp-
tenland hast Zeichen und Wunder getan bis auf diesen Tag an Israel und an
den Menschen und hast dir einen Namen gemacht, wie es heute am Tage ist,
und hast dein Volk Israel aus Ägypten- 21
land geführt durch Zeichen und Wunder, mit mächtiger Hand, mit ausgerecktem Arm und mit großem Schrekken,[j] und hast ihnen dies Land gege- 22
ben, wie du ihren Vätern geschworen
hattest, daß du es ihnen geben wolltest,
ein Land, darin Milch und Honig
fließt; aber als sie hineinkamen und es 23
in Besitz nahmen, gehorchten sie deiner Stimme nicht, wandelten auch
nicht nach deinem Gesetz, und alles,
was du ihnen gebotest, daß sie es tun
sollten, taten sie nicht; darum ließest
du ihnen auch all dies Unheil widerfahren: Siehe, die Wälle reichen schon bis 24
an die Stadt, daß sie erobert werde, und
sie muß wegen Schwert, Hunger und
Pest in die Hände der Chaldäer gegeben werden, die sie belagern; und wie
du geredet hast, so ist's geschehen; du
siehst es ja selbst. Aber du, Herr HERR, 25
sprichst zu mir: »Kaufe dir einen Acker
um Geld und nimm Zeugen dazu«, obwohl doch die Stadt in die Hände der
Chaldäer gegeben wird?
Und des HERRN Wort geschah zu Je- 26
remia: Siehe, ich, der HERR, [k]bin der 27
Gott alles Fleisches, [l]sollte mir etwas
unmöglich sein? Darum so spricht der 28
HERR: Siehe, ich gebe diese Stadt in die
Hände der Chaldäer und in die Hand
Nebukadnezars, des Königs von Babel,
und er soll sie erobern. Und die Chal- 29
däer, die diese Stadt belagern, werden
hereinkommen und sie in Brand stekken und verbrennen samt den Häusern,
wo man [m]auf den Dächern dem Baal
Räucheropfer gespendet und andern
Göttern Trankopfer dargebracht hat,
um mich zu erzürnen. Denn Israel und 30
Juda haben von ihrer Jugend auf getan,
was mir mißfällt; ja, die Israeliten haben mich erzürnt durch ihrer Hände
Werk, spricht der HERR. Denn seit 31
diese Stadt gebaut ist, hat sie mich zornig und grimmig gemacht bis auf
diesen Tag, daß ich sie von meinem
Angesicht wegtun muß wegen all der 32
Bosheit Israels und Judas, die sie getan
haben, um mich zu erzürnen. Sie, ihre
Könige, Oberen, Priester und Propheten und die in Juda und Jerusalem wohnen, haben mir [n]den Rücken und nicht 33
das Angesicht zugekehrt, und obwohl
ich sie stets lehren ließ, wollten sie nicht

34 hören noch sich bessern. Dazu haben
sie ihre greulichen Götzen in das Haus
gesetzt, das nach meinem Namen ge-
nannt ist, daß sie es unrein machten,[o]
35 und haben [p]die Höhen des Baal gebaut
im Tal Ben-Hinnom, um ihre Söhne
und Töchter für den Moloch durchs
Feuer gehen zu lassen, was ich ihnen
nicht befohlen habe, und es ist mir nie
in den Sinn gekommen, daß sie solchen
Greuel tun sollten, um Juda in Sünde
zu bringen.
36 Nun aber, so spricht der HERR, der
Gott Israels, von dieser Stadt, von der
ihr sagt, daß sie durch Schwert, Hun-
ger und Pest in die Hände des Königs
37 von Babel gegeben werde: Siehe, ich
will sie [q]sammeln aus allen Ländern,
wohin ich sie verstoße in meinem Zorn,
Grimm und großem Unmut, und will
sie wieder an diesen Ort bringen, daß
38 sie sicher wohnen sollen. Sie sollen
mein Volk sein, und ich will ihr Gott
39 sein.[r] Und ich will ihnen [s]einerlei Sinn
und einerlei Wandel geben, daß sie
mich fürchten ihr Leben lang, auf daß
es ihnen wohlgehe und ihren Kindern
40 nach ihnen. Und ich will [t]einen ewigen
Bund mit ihnen schließen, daß ich
nicht ablassen will, ihnen Gutes zu tun,
und will ihnen Furcht vor mir ins Herz
geben, daß sie nicht von mir weichen.
41 Es [u]soll meine Freude sein, ihnen Gu-
tes zu tun, und [v]ich will sie in diesem
Lande einpflanzen, ganz gewiß, von
ganzem Herzen und von ganzer Seele.
42 Denn so spricht der HERR: Gleich-
wie ich über dies Volk all dies große
Unheil habe kommen lassen, so will ich
auch alles Gute über sie kommen las-
43 sen, das ich ihnen zugesagt habe. Und
es sollen Äcker gekauft werden in
diesem Lande, von dem ihr sagt: »Eine
Wüste ist's ohne Menschen und Vieh;
es ist in der Chaldäer Hände gegeben.«
44 Man wird [w]Äcker um Geld kaufen und
verbriefen, versiegeln und Zeugen dazu
nehmen im Lande Benjamin und um Je-
rusalem her und in den Städten Judas,
in den Städten auf dem Gebirge, in den
Städten des Hügellandes und in den
Städten des Südlandes; denn [x]ich will
ihr Geschick wenden, spricht der HERR.

Wiederherstellung Jerusalems und Judas

Und des HERRN Wort geschah zu Jere- 33
mia zum zweitenmal, als er noch [a]im
Wachthof gefangen war: So spricht der 2
HERR, der alles macht, schafft und aus-
richtet – HERR ist sein Name –: Rufe 3
mich an, so will ich dir antworten und
will dir kundtun große und unfaßbare
Dinge, von denen du nichts weißt.
Denn so spricht der HERR, der Gott Is- 4
raels, von den [b]Häusern dieser Stadt
und von den Häusern der Könige Ju-
das, die abgebrochen wurden, um Boll-
werke zu machen zur Abwehr im 5
Kampf gegen die Chaldäer und um sie
zu füllen mit den Leichnamen der
Menschen, die ich in meinem Zorn und
Grimm erschlagen habe, als ich mein
Angesicht vor dieser Stadt verbarg um
all ihrer Bosheit willen: Siehe, ich will 6
sie [c]heilen und gesund machen und will
ihnen dauernden Frieden gewähren.
Denn [d]ich will das Geschick Judas und 7
das Geschick Israels wenden und [e]will
sie bauen wie im Anfang und will sie 8
reinigen von aller Missetat, womit sie
wider mich gesündigt haben; und [f]will
ihnen vergeben alle Missetaten, womit
sie wider mich gesündigt und gefrevelt
haben. Und das soll mein Ruhm und 9
meine Wonne, mein Preis und meine
Ehre sein unter allen Völkern auf Er-
den, wenn sie all das Gute hören, das
ich Jerusalem tue. Und sie werden sich
verwundern und entsetzen über all das
Gute und über all das Heil, das ich der
Stadt geben will.
So spricht der HERR: An diesem Ort, 10
von dem ihr sagt: [g]»Er ist wüst, ohne
Menschen und Vieh«, in den Städten
Judas und auf den Gassen Jerusalems,
die so verwüstet sind, daß niemand
mehr darin ist, weder Menschen noch
Vieh, wird man dennoch wieder hören 11
[h]den Jubel der Freude und Wonne, die
Stimme des Bräutigams und der Braut
und die Stimme derer, die da sagen:
[i]»Danket dem HERRN Zebaot; denn er
ist freundlich, und seine Güte währet
ewiglich«, wenn sie Dankopfer bringen
zum Hause des HERRN. Denn ich will
das Geschick des Landes wenden, daß
es werde, wie es im Anfang war, spricht
der HERR.
So spricht der HERR Zebaot: An 12
diesem Ort, der so wüst ist, daß weder
Menschen noch Vieh darin sind, und in
allen ihren Städten werden dennoch

a 2.Kön 25,1.2 *b* *(3 und 4)* Kap 21,7; 34,2
c Kap 52,11 *d* 3.Mose 25,25; Rut 4,3.4 *e* Vers 44
f Kap 27,5 *g* 1.Mose 18,14; Lk 1,37
h 2.Mose 20,5.6 *i* Röm 2,6 *j* 5.Mose 26,8
k 4.Mose 16,22 *l* Vers 17 *m* Kap 19,13
n Kap 2,27 *o* Kap 7,30 *p* Kap 7,31; 19,5;
Hes 20,25.26 *q* 5.Mose 30,3 *r* Kap 7,23
s Hes 36,27 *t* Kap 31,31-34 *u* 5.Mose 28,63a
v Am 9,15 *w* Vers 15 *x* Kap 29,14; 30,3

wieder Auen sein für die Hirten, die da
13 Herden weiden. In den [j]Städten auf
dem Gebirge und in den Städten des
Hügellandes und in den Städten des
Südlandes, im Lande Benjamin und
um Jerusalem her und in den Städten
Judas sollen dennoch wieder die Her-
den gezählt aus- und einziehen, spricht
der HERR.

a Kap 32,2 *b* Jes 22,10 *c* Kap 30,17
d Kap 29,14 *e* Kap 24,6 *f* Kap 31,34; 50,20
g Kap 32,43 *h* Kap 7,34 *i* Esr 3,11; Ps 106,1
j Kap 32,44

Der ewige Bund mit dem Hause David und dem Hause Levi

14 [a]Siehe, es kommt die Zeit, spricht der
HERR, daß ich das gnädige Wort erfül-
len will, das ich zum Hause Israel und
15 zum Hause Juda geredet habe. *In jenen
Tagen und zu jener Zeit will ich dem Da-
vid einen gerechten Sproß aufgehen las-
sen; der soll Recht und Gerechtigkeit*
16 *schaffen im Lande. Zu derselben Zeit soll
Juda geholfen werden und Jerusalem
[b]sicher wohnen, und man wird es nennen
»Der* HERR *unsere Gerechtigkeit«.*
17 Denn so spricht der HERR: Es soll
David niemals fehlen an einem, der
[c]auf dem Thron des Hauses Israel sitzt.
18 Und den levitischen Priestern soll's
niemals fehlen an einem, der täglich vor
meinem Angesicht Brandopfer dar-
bringt und Speisopfer in Rauch aufge-
hen läßt und Opfer schlachtet.[d]
19 Und des HERRN Wort geschah zu Je-
20 remia: [e]So spricht der HERR: Wenn
mein Bund mit Tag und Nacht aufhör-
te, daß nicht mehr Tag und Nacht sind
21 zu ihrer Zeit, so würde auch mein Bund
aufhören mit meinem Knecht David,
daß er keinen Sohn mehr hat zum Kö-
nig auf seinem Thron, und mit den Le-
viten, den [f]Priestern, meinen Dienern.
22 Wie man [g]des Himmels Heer nicht
zählen noch den Sand am Meer messen
kann, so will ich mehren das Ge-
schlecht Davids, meines Knechts, und
die Leviten, die mir dienen.
23 Und des HERRN Wort geschah zu Je-
24 remia: Hast du nicht gemerkt, was
diese Leute reden: »Die beiden Ge-
schlechter, die der HERR auserwählt
hatte, hat er verworfen«, und sie ver-
achten mein Volk und lassen es nicht
25 mehr ein Volk sein in ihren Augen. So
spricht der HERR: Wenn ich jemals
meinen Bund nicht hielte mit Tag und
Nacht noch die Ordnungen des Him-
26 mels und der Erde, so wollte ich auch
verwerfen das Geschlecht Jakobs und
Davids, meines Knechts, daß ich nicht
mehr aus ihrem Geschlecht Herrscher
nehme über die Nachkommen Abra-
hams, Isaaks und Jakobs. Denn ich will
ihr Geschick wenden und mich über sie
erbarmen.

a (14-16) Kap 23,5.6; Sach 3,8 *b* 5.Mose 33,28
c 2.Sam 7,12.13; 1.Kön 9,5; Ps 89,30
d 4.Mose 25,12.13; Neh 13,29 *e (20 und 21)*
Kap 31,35.36; 1.Mose 8,22 *f* 4.Mose 25,12.13;
Hebr 9,11-14 *g* 1.Mose 15,5

Zedekia vor der Entscheidung

Dies ist das Wort, das vom HERRN ge- **34**
schah zu Jeremia, als [a]Nebukadnezar,
der König von Babel, mit seinem gan-
zen Heer und allen Königreichen auf
Erden, die unter seiner Gewalt waren,
und allen Völkern Jerusalem und alle
seine Städte belagerte. So spricht der 2
HERR, der Gott Israels: Geh hin und
sprich mit Zedekia, dem König von
Juda, und sage zu ihm: So spricht der
HERR: Siehe, [b]ich will diese Stadt in die
Hände des Königs von Babel geben,
und er soll sie mit Feuer verbrennen.
Und auch du sollst seiner Hand nicht 3
entrinnen, sondern ergriffen und in sei-
ne Hand gegeben werden. Du wirst ihn
[c]mit eigenen Augen sehen und von
Mund zu Mund mit ihm reden und
nach Babel kommen.
[d]Höre doch auf des HERRN Wort, Ze- 4
dekia, du König von Juda! So spricht
der HERR über dich: Du sollst nicht
durchs Schwert sterben, sondern du 5
sollst im Frieden sterben. Und wie dei-
nen Vätern, den früheren Königen, die
vor dir gewesen sind, so wird man auch
dir zu Ehren [e]einen Brand anzünden
und dich [f]beklagen: »Ach, Herr!«;
denn ich habe es geredet, spricht der
HERR.
Und der Prophet Jeremia sagte alle 6
diese Worte zu Zedekia, dem König
von Juda, in Jerusalem, als das Heer des 7
Königs von Babel schon Jerusalem und
alle Städte Judas belagerte, die übrig-
geblieben waren, nämlich Lachisch
und Aseka; denn diese waren noch
übriggeblieben von den festen Städten
Judas.

a Kap 52,4; 2.Kön 25,1.2 *b* Kap 21,10
c Kap 32,4 *d (4 und 5)* Kap 52,11 *e* 2.Chr 16,14
f Kap 22,18

Der Wortbruch an den freigelassenen Sklaven

Dies ist das Wort, das vom HERRN ge- 8
schah zu Jeremia, nachdem der König
Zedekia einen Bund geschlossen hatte

mit dem ganzen Volk zu Jerusalem,
9 eine [a]Freilassung auszurufen, daß ein
jeder seinen Sklaven und ein jeder seine
Sklavin, die Hebräer und Hebräerin-
nen waren, freilassen sollte, so daß kein
Judäer den andern als Sklaven hielte.
10 Da hatten alle Oberen und alles Volk
gehorcht, die diesen Bund eingegangen
waren, daß ein jeder seinen Sklaven
und seine Sklavin freilassen und sie
nicht mehr als Sklaven halten sollte,
11 und hatten sie losgegeben. Aber danach
hatten sie die Sklaven und Sklavinnen
wieder zurückgefordert, die sie freige-
geben hatten, und sie gezwungen, daß
sie wieder Sklaven und Sklavinnen sein
12 mußten. Da geschah des HERRN Wort
13 zu Jeremia: So spricht der HERR, der
Gott Israels: Ich habe einen Bund ge-
schlossen mit euren Vätern, als ich sie
aus Ägyptenland, aus der Knecht-
14 schaft, führte und sprach: [b]Im sieben-
ten Jahre soll ein jeder seinen Bruder,
der ein Hebräer ist und sich ihm ver-
kauft und sechs Jahre gedient hat, frei-
lassen. Aber eure Väter gehorchten mir
nicht und kehrten ihre Ohren mir nicht
15 zu. Ihr aber hattet euch nun bekehrt
und getan, was mir wohlgefiel, daß ihr
[c]eine Freilassung ausrufen ließet, ein
jeder für seinen Nächsten, und habt
darüber einen Bund geschlossen vor
mir in dem Hause, das nach meinem
16 Namen genannt ist. Jetzt aber seid ihr
umgeschlagen und habt meinen Na-
men entheiligt! Ein jeder fordert seinen
Sklaven und seine Sklavin zurück, die
ihr freigelassen hattet, so daß sie gehen
konnten, wohin sie wollten, und zwingt
sie jetzt, daß sie wieder eure Sklaven
und Sklavinnen sein müssen.
17 Darum spricht der HERR: Ihr ge-
horchtet mir nicht und riefet keine
Freilassung aus, ein jeder für seinen
Bruder und seinen Nächsten, – siehe,
so rufe ich, spricht der HERR, über euch
eine Freilassung aus für Schwert, für
Pest, für Hunger und will euch zum
Bild des Entsetzens machen für alle
18 Königreiche auf Erden. Und ich will
die Leute, die meinen Bund übertreten
und die Worte des Bundes nicht halten,
den sie vor mir geschlossen haben, so
zurichten wie das Kalb, das sie in zwei
Stücke geteilt haben und zwischen des-
sen Stücken sie hindurchgegangen
19 sind, nämlich die Oberen von Juda und
von Jerusalem, die Kämmerer, die
Priester und das ganze Volk des
Landes, alle, die zwischen den Stücken
des Kalbes hindurchgegangen sind.
Und ich will sie geben in die Hand ihrer 20
Feinde und derer, die ihnen nach dem
Leben trachten, und [d]ihre Leichname
sollen den Vögeln unter dem Himmel
und den Tieren auf dem Felde zum
Fraße werden. Auch Zedekia, den Kö- 21
nig von Juda, und seine Oberen will ich
geben in die Hände ihrer Feinde und
derer, die ihnen nach dem Leben trach-
ten, und in die Hand des Heeres des
Königs von Babel, [e]das jetzt von euch
abgezogen ist. Denn siehe, ich will 22
ihnen befehlen, spricht der HERR, und
will sie wieder vor diese Stadt bringen.
[f]Sie sollen sie belagern und erobern
und mit Feuer verbrennen. Und ich
will die Städte Judas verwüsten, daß
niemand mehr darin wohnen soll.

a Vers 14 b 2.Mose 21,2; 3.Mose 25,39-41; 5.Mose 15,12 c 3.Mose 25,10 d Kap 7,33 e Kap 37,5 f Kap 37,8

Der Gehorsam der Rechabiter

Dies ist das Wort, das vom HERRN ge- 35
schah zu Jeremia zur Zeit [a]Jojakims,
des Sohnes Josias, des Königs von
Juda: Geh hin zu den [b]Rechabitern, 2
rede mit ihnen und führe sie in des
HERRN Haus, in eine der Hallen, und
schenke ihnen Wein ein. Da nahm ich 3
Jaasanja, den Sohn Jeremias, des Soh-
nes Habazzinjas, samt seinen Brüdern
und allen seinen Söhnen, und das ganze
Geschlecht der Rechabiter und führte 4
sie in des HERRN Haus, in die Halle der
Söhne Hanans, des Sohnes Jigdaljas,
des Mannes Gottes, die neben der Hal-
le der Oberen ist, über der Halle Ma-
asejas, des Sohnes Schallums, des Tor-
hüters. Und ich setzte den Männern 5
vom Hause Rechab Krüge voll Wein
und Schalen vor und sprach zu ihnen:
Trinkt Wein! Sie aber antworteten: 6
Wir trinken keinen Wein; denn unser
Vater [c]Jonadab, der Sohn Rechabs, hat
uns geboten: Ihr und eure Nachkom-
men sollt niemals Wein trinken und 7
kein Haus bauen, keinen Samen säen,
keinen Weinberg pflanzen noch besit-
zen, sondern ihr sollt in Zelten wohnen
euer Leben lang, auf daß ihr lange lebet
in dem Lande, in dem ihr umherzieht.
Also gehorchen wir der Stimme unse- 8
res Vaters Jonadab, des Sohnes Re-
chabs, in allem, was er uns geboten hat,
daß wir keinen Wein trinken unser Le-
ben lang, weder wir noch unsere Frau-
en noch unsere Söhne und Töchter;
und wir bauen auch keine Häuser, dar- 9

in zu wohnen, und haben weder Wein-
10 berge noch Äcker noch Samen, sondern
wir wohnen in Zelten und gehorchen
und tun in allem, wie es unser Vater Jo-
11 nadab geboten hat. Als aber Nebukad-
nezar, der König von Babel, gegen das
Land heraufzog, sprachen wir:
Kommt, laßt uns nach Jerusalem zie-
hen vor dem Heer der Chaldäer und der
Aramäer! Und so sind wir in Jerusalem
geblieben.
12 Da geschah des HERRN Wort zu Jere-
13 mia: So spricht der HERR Zebaot, der
Gott Israels: Geh hin und sprich zu
den Männern von Juda und zu den
Bürgern von Jerusalem: Wollt ihr euch
denn nicht bessern und meinen Worten
14 gehorchen? spricht der HERR. Die
Worte Jonadabs, des Sohnes Rechabs,
der seinen Nachkommen geboten hat,
daß sie keinen Wein trinken sollen,
werden gehalten, und sie trinken kei-
nen Wein bis auf diesen Tag; denn sie
gehorchen ihres Vaters Gebot. Ich aber
habe euch [d]immer wieder predigen las-
15 sen, doch gehorchtet ihr mir nicht. Ich
habe auch immer wieder alle meine
Knechte, die Propheten, zu euch ge-
sandt und sagen lassen: Kehrt um, ein
jeder von seinem bösen Wege, und bes-
sert euer Tun und folgt nicht andern
Göttern nach, ihnen zu dienen, so sollt
ihr in dem Lande bleiben, das ich euch
und euren Vätern gegeben habe. Aber
[e]ihr wolltet eure Ohren nicht zu mir
16 kehren und mir nicht gehorchen. Ja, die
Nachkommen Jonadabs, des Sohnes
Rechabs, haben ihres Vaters Gebot ge-
halten, das er ihnen geboten hat. Aber
dies Volk gehorcht mir nicht!
17 Darum spricht der HERR, der Gott
Zebaot, der Gott Israels: Siehe, ich will
über Juda und über alle Bürger Jerusa-
lems kommen lassen all das Unheil, das
ich gegen sie geredet habe, [f]weil ich zu
ihnen redete und sie nicht hören woll-
ten, weil ich rief und sie mir nicht ant-
18 worten wollten. Aber zu den Rechabi-
tern sprach Jeremia: So spricht der
HERR Zebaot, der Gott Israels: Weil ihr
dem Gebot eures Vaters Jonadab ge-
horcht habt und alle seine Gebote ge-
halten und alles getan, was er euch ge-
19 boten hat, darum spricht der HERR Ze-
baot, der Gott Israels: Es soll dem Jo-
nadab, dem Sohn Rechabs, niemals an
einem Manne fehlen, der vor mir steht.

a 2.Kön 23,34 *b* 1.Chr 2,55 *c* 2.Kön 10,15
d Kap 25,4 *e* Mt 23,37 *f* Kap 7,13-15

Die Schriftrolle Baruchs

Im [a]vierten Jahr Jojakims, des Sohnes 36
Josias, des Königs von Juda, geschah
dies Wort zu Jeremia vom HERRN:
Nimm eine Schriftrolle und schreibe 2
darauf alle Worte, die ich zu dir geredet
habe über Israel, über Juda und alle
Völker von der Zeit an, da ich zu dir ge-
redet habe, nämlich [b]von der Zeit Jo-
sias an bis auf diesen Tag. Vielleicht 3
wird das Haus Juda, wenn sie hören
von all dem Unheil, das ich ihnen zu
tun gedenke, sich bekehren, ein jeder
von seinem bösen Wege, damit ich
ihnen ihre Schuld und Sünde vergeben
kann.[c]
Da rief Jeremia [d]Baruch, den Sohn 4
Nerias. Und Baruch schrieb auf eine
Schriftrolle alle Worte des HERRN, die
er zu Jeremia geredet hatte, wie Jeremia
sie ihm sagte. Und Jeremia gebot Ba- 5
ruch und sprach: Mir ist's verwehrt,
ich kann nicht in des HERRN Haus ge-
hen. Du aber geh hin und lies die 6
Schriftrolle, auf die du des HERRN
Worte, wie ich sie dir gesagt habe, ge-
schrieben hast, dem Volk vor im Hause
des HERRN am Fasttage, und du sollst
sie auch lesen vor den Ohren aller Ju-
däer, die aus ihren Städten hereinkom-
men. Vielleicht werden sie sich mit Be- 7
ten vor dem HERRN demütigen und sich
bekehren, ein jeder von seinem bösen
Wege; denn der Zorn und Grimm ist
groß, den der HERR diesem Volk ange-
droht hat. Und Baruch, der Sohn Ne- 8
rias, tat alles, wie ihm der Prophet Jere-
mia befohlen hatte, daß er die Worte
des HERRN aus der Schriftrolle vorläse
im Hause des HERRN.
Es begab sich aber im fünften Jahr 9
Jojakims, des Sohnes Josias, des Kö-
nigs von Juda, im neunten Monat, daß
man ein Fasten ausrief vor dem HERRN
für alles Volk zu Jerusalem und für alles
Volk, das aus den Städten Judas nach
Jerusalem kam. Und Baruch las aus der 10
Schriftrolle die Worte Jeremias vor im
Hause des HERRN, in der Halle Gemar-
jas, des Sohnes [e]Schafans, des Schrei-
bers, im oberen Vorhof bei dem neuen
Tor am Hause des HERRN, vor dem
ganzen Volk. Als nun Michaja, der 11
Sohn Gemarjas, des Sohnes Schafans,
alle Worte des HERRN gehört hatte aus
der Schriftrolle, ging er hinab in des 12
Königs Haus in die Kanzlei. Und siehe,
dort saßen alle Oberen: Elischama, der
Schreiber, Delaja, der Sohn Schema-

jas, [f]Elnatan, der Sohn Achbors, Ge-
marja, der Sohn Schafans, und Zede-
kia, der Sohn Hananjas, samt allen an-
13 dern Oberen. Und Michaja berichtete
ihnen alle Worte, die er gehört hatte, als
Baruch aus der Schriftrolle vor den Oh-
ren des Volks vorlas.
14 Da sandten alle Oberen Judi, den
Sohn Netanjas, des Sohnes Schelemjas,
des Sohnes Kuschis, zu Baruch und lie-
ßen ihm sagen: Nimm die Schriftrolle,
aus der du dem Volk vorgelesen hast,
mit dir und komm! Und Baruch, der
Sohn Nerias, nahm die Schriftrolle mit
15 sich und kam zu ihnen. Und sie spra-
chen zu ihm: Setze dich und lies, daß
wir's hören! Und Baruch las vor ihren
16 Ohren. Und als sie alle die Worte hör-
ten, entsetzten sie sich untereinander
und sprachen zu Baruch: Wir müssen
alle diese Worte dem König mitteilen.
17 Und sie fragten den Baruch: Sage uns,
wie hast du alle diese Worte aufge-
18 schrieben? Baruch sprach zu ihnen: Je-
remia hat mir alle diese Worte vorge-
sagt, und ich schrieb sie mit Tinte auf
19 die Schriftrolle. Da sprachen die Obe-
ren zu Baruch: Geh hin und verbirg
dich mit Jeremia, daß niemand wisse,
20 wo ihr seid! Sie aber gingen hinein zum
König in den Vorhof und ließen die
Schriftrolle verwahren in der Halle Eli-
schamas, des Schreibers, und teilten
21 dem König alle diese Worte mit. Da
sandte der König den Judi, die Schrift-
rolle zu holen. Der nahm sie aus der
Halle Elischamas, des Schreibers. Und
Judi las dem König vor und allen Obe-
22 ren, die bei dem König standen. Der
König aber saß im Winterhause vor
dem Kohlenbecken; denn es war im
23 neunten Monat. Wenn aber Judi drei
oder vier Spalten gelesen hatte, schnitt
er sie ab mit einem Schreibmesser und
warf sie ins Feuer, das im Kohlenbek-
ken war, bis die Schriftrolle ganz ver-
24 brannt war im Feuer. Und niemand
entsetzte sich und [g]zerriß seine Klei-
der, weder der König noch seine Gro-
ßen, die doch alle diese Worte gehört
25 hatten. Und obwohl Elnatan, Delaja
und Gemarja den König baten, er möge
die Schriftrolle nicht verbrennen, hörte
26 er nicht auf sie. Dazu gebot der König
Jerachmeel, dem Königssohn, und Se-
raja, dem Sohn Asriëls, und Schelemja,
dem Sohn Abdeels, sie sollten Baruch,
den Schreiber, und Jeremia, den Pro-
pheten, ergreifen. Aber der HERR hatte
sie verborgen.

Nachdem der König die Schriftrolle 27
verbrannt hatte, auf die Baruch die
Worte geschrieben hatte, wie Jeremia
sie ihm sagte, geschah des HERRN Wort
zu Jeremia: Nimm dir eine neue 28
Schriftrolle und schreibe auf sie alle
vorigen Worte, die auf der ersten
Schriftrolle standen, die Jojakim, der
König von Juda, verbrannt hat. Über 29
Jojakim aber, den König von Juda,
sollst du sagen: So spricht der HERR:
Du hast diese Schriftrolle verbrannt
und gesagt: Warum hast du darauf ge-
schrieben, daß [h]der König von Babel
kommen und dies Land verderben wer-
de, so daß [i]weder Menschen noch Vieh
mehr darin sein werden? Darum 30
spricht der HERR über Jojakim, den
König von Juda: [j]Es soll keiner von den
Seinen auf dem Thron Davids sitzen,
und [k]sein Leichnam soll hingeworfen
liegen, am Tag in der Hitze und nachts
im Frost. Und ich will ihn und seine 31
Nachkommen und seine Großen heim-
suchen um ihrer Schuld willen, und ich
will über sie und über die Bürger Jeru-
salems und über die in Juda kommen
lassen all das Unheil, von dem ich zu
ihnen geredet habe, und sie gehorchten
doch nicht. Da nahm Jeremia eine an- 32
dere Schriftrolle und gab sie Baruch,
dem Sohn Nerias, dem Schreiber. Der
schrieb darauf, so wie ihm Jeremia vor-
sagte, alle Worte, die auf der Schriftrol-
le gestanden hatten, die Jojakim, der
König von Juda, im Feuer hatte ver-
brennen lassen; und es wurden zu
ihnen noch viele ähnliche Worte hinzu-
getan.

a Kap 25,1 *b* Kap 25,3 *c* Kap 26,3 *d* Kap 32,12; 45,1 *e* 2.Kön 22,3 *f* Kap 26,22 *g* 2.Kön 22,11 *h* Kap 25,8-11 *i* Kap 7,20; 9,9.10 *j* Kap 22,30 *k* Kap 22,19

Jeremia warnt den König Zedekia

Und [a]Zedekia, der Sohn Josias, wurde **37**
König anstatt Konjas, des Sohnes Joja-
kims; denn Nebukadnezar, der König
von Babel, machte ihn zum König im
Lande Juda. Aber er und seine Großen 2
und das Volk des Landes gehorchten
nicht den Worten des HERRN, die er
durch den Propheten Jeremia redete.
Dennoch sandte der König Zedekia Ju- 3
chal, den Sohn Schelemjas, und den
Priester Zefanja, den Sohn Maasejas,
zum Propheten Jeremia und ließ ihm
sagen: [b]Bitte den HERRN, unsern Gott,
für uns! Denn Jeremia ging noch unter 4
dem Volk aus und ein, und man hatte
ihn noch nicht ins Gefängnis geworfen.

5 Es war aber das Heer des Pharao aus
Ägypten aufgebrochen, und als die
Chaldäer, die vor Jerusalem lagen, da-
von hörten, waren sie von Jerusalem
abgezogen.
6 Und des HERRN Wort geschah zum
7 Propheten Jeremia: So spricht der
HERR, der Gott Israels: Sagt dem Kö-
nig von Juda, der euch zu mir gesandt
hat, mich zu befragen: Siehe, das Heer
des Pharao, das euch zu Hilfe ausgezo-
gen ist, wird wieder heim nach Ägypten
8 ziehen, und die Chaldäer werden
wiederkommen und [c]diese Stadt bela-
gern und sie erobern und mit Feuer
9 verbrennen. Darum spricht der HERR:
Betrügt euch nicht damit, daß ihr
denkt: »Die Chaldäer werden von uns
abziehen.« Sie werden nicht abziehen.
10 Und wenn ihr auch das ganze Heer der
Chaldäer schlüget, die gegen euch
kämpfen, und es blieben von ihnen nur
etliche Verwundete übrig, so würde
doch ein jeder in seinem Zelt aufstehen
und diese Stadt mit Feuer verbrennen.

a 2.Kön 24,17 *b* Kap 7,16; 42,2 *c* Kap 34,22

Jeremia wird gefangengesetzt

11 Als nun der Chaldäer Heer von Jerusa-
lem abgezogen war vor dem Heere des
12 Pharao, wollte Jeremia aus Jerusalem
herausgehen ins Land Benjamin, [a]um
mit seinen Verwandten ein Erbe zu tei-
13 len. Und als er zum Benjamintor kam,
war dort ein Wachhabender mit Na-
men Jeria, der Sohn Schelemjas, des
Sohnes Hananjas; der hielt den Pro-
pheten Jeremia an und sprach: Du
14 willst zu den Chaldäern überlaufen. Je-
remia sprach: Das ist nicht wahr, ich
will nicht zu den Chaldäern überlaufen.
Aber Jeria wollte ihn nicht hören, son-
dern ergriff Jeremia und brachte ihn zu
15 den Oberen. Und die Oberen wurden
zornig über Jeremia und [b]ließen ihn
schlagen und warfen ihn ins Gefängnis
im Hause Jonatans, des Schreibers;
denn das hatten sie zum Kerker ge-
16 macht. So kam Jeremia in den über-
wölbten Raum einer Zisterne und blieb
dort lange Zeit.

a Kap 32,8.9 *b* Kap 20,2

Zedekia befragt heimlich den Propheten

17 Aber Zedekia, der König, sandte hin
und ließ ihn holen und fragte ihn heim-
lich in seinem Haus und sprach: Ist
wohl ein Wort vom HERRN vorhanden?
Jeremia sprach: Ja! [a]Du wirst dem Kö-
nig von Babel in die Hände gegeben
werden. Und Jeremia sprach zum Kö- 18
nig Zedekia: Was hab ich gegen dich,
gegen deine Großen und gegen dies
Volk gesündigt, daß sie mich in den
Kerker geworfen haben? Wo sind nun 19
eure Propheten, die euch weissagten
und sprachen: Der König von Babel
wird nicht über euch noch über dies
Land kommen? Und nun, mein Herr 20
und König, höre mich und laß meine
Bitte vor dir gelten! Laß mich nicht
wieder in Jonatans, des Schreibers,
Haus bringen, daß ich dort nicht ster-
be. Da befahl der König Zedekia, daß 21
man Jeremia [b]im Wachthof behalten
sollte, und ließ ihm täglich aus der Bäk-
kergasse einen Laib Brot geben, bis al-
les Brot in der Stadt aufgezehrt war. So
blieb Jeremia im Wachthof.

a Kap 34,21 *b* Kap 32,2

Jeremia in der Zisterne

Es hörten aber Schefatja, der Sohn 38
Mattans, und Gedalja, der Sohn Pasch-
hurs, und Juchal, der Sohn Schelemjas,
und [a]Paschhur, der Sohn Malkias, die
Worte, die Jeremia zu allem Volk rede-
te. So spricht der HERR: Wer in dieser 2
Stadt bleibt, der wird durch Schwert,
Hunger und Pest sterben müssen; wer
aber hinausgeht zu den Chaldäern, der
soll am Leben bleiben und wird sein
Leben wie eine Beute davonbringen.[b]
Denn so spricht der HERR: Diese Stadt 3
soll übergeben werden dem Heer des
Königs von Babel, und es soll sie ein-
nehmen. Da sprachen die Oberen zum 4
König: Laß doch diesen Mann töten;
denn auf diese Weise nimmt er den
Kriegsleuten, die noch übrig sind in
dieser Stadt, den Mut, desgleichen dem
ganzen Volk, weil er solche Worte zu
ihnen sagt. Denn [c]der Mann sucht
nicht, was diesem Volk zum Heil, son-
dern was zum Unheil dient. Der König 5
Zedekia sprach: Siehe, er ist in euren
Händen; denn der König vermag
nichts wider euch. Da nahmen sie Jere- 6
mia und warfen ihn in die Zisterne
Malkias, des Königssohnes, die am
Wachthof war, und ließen ihn an Seilen
hinab. In der Zisterne aber war kein
Wasser, sondern Schlamm, und Jere-
mia sank in den Schlamm.
Als aber [d]Ebed-Melech, der Mohr, 7
ein Kämmerer in des Königs Haus,
hörte, daß man Jeremia in die Zisterne
geworfen hatte, und der König gerade
im Benjamintor saß, da ging Ebed-Me- 8

lech aus des Königs Haus und redete
9 mit dem König und sprach: Mein Herr
und König, diese Männer handeln übel
an dem Propheten Jeremia, daß sie ihn
in die Zisterne geworfen haben; dort
muß er vor Hunger sterben; denn es ist
10 kein Brot mehr in der Stadt. Da befahl
der König Ebed-Melech, dem Moh-
ren: Nimm von hier drei Männer mit
dir und zieh den Propheten Jeremia aus
11 der Zisterne, ehe er stirbt. Und Ebed-
Melech nahm die Männer mit sich und
ging in des Königs Haus in die Kleider-
kammer und nahm dort zerrissene, alte
Lumpen und ließ sie an einem Seil hin-
12 ab zu Jeremia in die Zisterne. Und
Ebed-Melech, der Mohr, sprach zu Je-
remia: Lege diese zerrissenen, alten
Lumpen unter deine Achseln um das
13 Seil; und Jeremia tat es. Und sie zogen
Jeremia herauf aus der Zisterne an den
Stricken. Und so blieb Jeremia im
Wachthof.

a Kap 21,1 *b* Kap 21,9 *c* Am 7,10
d Kap 39,15-18

Letztes Gespräch zwischen Zedekia und Jeremia

14 Und der König Zedekia sandte hin und
ließ den Propheten Jeremia zu sich ho-
len unter den dritten Eingang am
Hause des HERRN. Und der König
sprach zu Jeremia: Ich will dich etwas
15 fragen; verbirg mir nichts! Jeremia
sprach zu Zedekia: Sage ich dir etwas,
so tötest du mich doch; gebe ich dir
aber einen Rat, so gehorchst du mir
16 nicht. Da schwor der König Zedekia
dem Jeremia heimlich und sprach: So
wahr der HERR lebt, der uns dies Leben
gegeben hat: [a] ich will dich nicht töten
noch den Männern in die Hände geben,
17 die dir nach dem Leben trachten. Und
Jeremia sprach zu Zedekia: So spricht
der HERR, der Gott Zebaot, der Gott Is-
raels: Wirst du hinausgehen zu den
Obersten des Königs von Babel, so
sollst du am Leben bleiben, und diese
Stadt soll nicht verbrannt werden, son-
dern du und dein Haus sollen am Le-
18 ben bleiben; wirst du aber nicht hin-
ausgehen zu den Obersten des Königs
von Babel, so wird diese Stadt den
Chaldäern in die Hände gegeben, und
sie werden sie mit Feuer verbrennen,
und auch du wirst ihren Händen nicht
19 entrinnen. Der König Zedekia sprach
zu Jeremia: Ich habe aber die Sorge,
daß ich den Judäern, die zu den Chal-
däern übergelaufen sind, übergeben
werden könnte, daß sie mir übel mit-
spielen. Jeremia sprach: Man wird dich 20
nicht übergeben. Gehorche doch der
Stimme des HERRN, die ich dir verkün-
de, so wird dir's wohlgehen, und du
wirst am Leben bleiben. Wirst du aber 21
nicht hinausgehen, so ist dies das Wort,
das mir der HERR gezeigt hat: Siehe, 22
alle Frauen, die noch vorhanden sind
im Haus des Königs von Juda, werden
zu den Obersten des Königs von Babel
hinaus müssen, und sie werden dann
sagen: »Ach, deine guten Freunde ha-
ben dich überredet und in ihre Gewalt
gebracht und in den Sumpf geführt
und lassen dich nun stecken.« Ja, alle 23
deine Frauen und Kinder werden hin-
aus müssen zu den Chaldäern, und [b] du
selbst wirst ihren Händen nicht entge-
hen, sondern du wirst vom König von
Babel ergriffen, und diese Stadt wird
mit Feuer verbrannt werden.

Und Zedekia sprach zu Jeremia: 24
Sieh zu, daß niemand diese Worte er-
fahre, so wirst du nicht sterben. Und 25
wenn's die Oberen erfahren sollten,
daß ich mit dir geredet habe, und zu dir
kommen und sprechen: »Sag an, was
hast du mit dem König geredet; verbirg
es uns nicht, so wollen wir dich nicht
töten. Was hat der König mit dir gere-
det?«, so sprich: Ich habe den König 26
gebeten, daß er mich nicht wieder in
Jonatans Haus führen lasse, ich müßte
sonst dort sterben. Da kamen alle Obe- 27
ren zu Jeremia und fragten ihn, und er
antwortete ihnen, wie ihm der König
befohlen hatte. Da ließen sie von ihm,
weil sie nichts erfahren konnten. Und 28
Jeremia [c] blieb im Wachthof bis auf den
Tag, da Jerusalem eingenommen wur-
de.

a Vers 4.5 *b* Kap 32,4; 34,3 *c* Kap 37,21

Jeremia wird bei der Eroberung Jerusalems befreit

[a] Und es geschah, daß Jerusalem er- **39**
obert wurde. Denn im neunten Jahr 1
Zedekias, des Königs von Juda, im
zehnten Monat kam Nebukadnezar,
der König von Babel, und sein ganzes
Heer vor Jerusalem und belagerten es.
Und im elften Jahr Zedekias, am neun- 2
ten Tage des vierten Monats, brach
man in die Stadt ein. Und alle Obersten 3
des Königs von Babel zogen hinein und
hielten unter dem Mitteltor, nämlich
Nergal-Sarezer, der Fürst von Sin-Ma-
gir, der Oberhofmeister, und Nebu-
schasban, der Oberkämmerer, und alle

andern Obersten des Königs von Babel.
4 Als nun Zedekia, der König von Juda,
und seine Kriegsleute das sahen, flohen
sie bei Nacht zur Stadt hinaus auf dem
Wege zu des Königs Garten durchs
Tor zwischen den beiden Mauern und
5 entwichen zum Jordantal hin. Aber die
Kriegsleute der Chaldäer jagten ihnen
nach und holten Zedekia ein im Jordan-
tal von Jericho und nahmen ihn gefan-
gen und brachten ihn zu Nebukadne-
zar, dem König von Babel, nach Ribla,
das im Lande Hamat liegt. Der sprach
6 das Urteil über ihn. Und der König von
Babel ließ die Söhne Zedekias vor sei-
nen Augen töten in Ribla und tötete
7 auch alle Vornehmen Judas. Aber Ze-
dekia ließ er die Augen ausstechen und
ihn in Ketten legen, um ihn nach Babel
8 zu führen. Und die Chaldäer verbrann-
ten das Haus des Königs und die Häu-
ser der Bürger und rissen die Mauern
9 Jerusalems nieder. Was aber noch an
Volk in der Stadt war, und wer sonst zu
ihnen übergelaufen war, die führte Ne-
busaradan, der Oberste der Leibwache,
alle miteinander gefangen nach Babel.
10 Aber von dem niederen Volk, das
nichts hatte, ließ zur selben Zeit Nebu-
saradan, der Oberste der Leibwache,
etliche im Lande Juda zurück und gab
ihnen Weinberge und Felder.
11 Aber Nebukadnezar, der König von
Babel, hatte Nebusaradan, dem Ober-
sten der Leibwache, Befehl gegeben
12 wegen Jeremia und gesagt: Nimm ihn
und laß ihn dir befohlen sein und tu
ihm kein Leid, sondern [b]wie er's von
13 dir begehrt, so mach's mit ihm. Da
sandten hin Nebusaradan, der Oberste
der Leibwache, und Nebuschasban,
der Oberkämmerer, Nergal-Sarezer,
der Oberhofmeister, und alle Obersten
14 des Königs von Babel und [c]ließen Jere-
mia aus dem Wachthof holen und über-
gaben ihn [d]Gedalja, dem Sohn Ahi-
kams, des Sohnes Schafans, daß er ihn
nach Hause gehen ließe. Und so blieb
er unter dem Volk.
15 [e]Es war auch des HERRN Wort ge-
schehen zu Jeremia, als er noch im
16 Wachthof lag: Geh hin und sage Ebed-
Melech, dem Mohren: So spricht der
HERR Zebaot, der Gott Israels: Siehe,
ich will meine Worte kommen lassen
über diese Stadt zum Unheil und nicht
zum Heil, und du sollst es sehen zur sel-
17 ben Zeit. Aber dich will ich erretten zur
selben Zeit, spricht der HERR, und du
sollst den Leuten nicht ausgeliefert
werden, vor denen du dich fürchtest.
Denn ich will dich entkommen lassen, 18
daß du nicht durchs Schwert fallest,
sondern du sollst dein Leben wie eine
Beute davonbringen, weil du mir ver-
traut hast, spricht der HERR.

a (1-10) Kap 52,4-16; 2.Kön 25,1-12 *b* Kap 40,4 *c* Kap 38,28 *d* Kap 40,5.6.14-16 *e (15-18)* Kap 38,7

Jeremia bleibt im Lande. Gedaljas Statthalterschaft

Dies ist das Wort, das vom HERRN ge- **40**
schah zu Jeremia, [a]als ihn Nebusara-
dan, der Oberste der Leibwache, los-
ließ in Rama, wo er ihn gefunden hatte;
denn er war auch, mit Fesseln gebun-
den, unter allen Gefangenen aus Jeru-
salem und Juda, die nach Babel wegge-
führt werden sollten. Als nun der Ober- 2
ste der Leibwache Jeremia hatte zu sich
holen lassen, sprach er zu ihm: Der
HERR, dein Gott, hat dies Unglück über
diese Stätte vorhergesagt und hat's 3
auch kommen lassen und getan, wie er
geredet hat; denn ihr habt gesündigt
wider den HERRN und seiner Stimme
nicht gehorcht; darum ist euch solches
widerfahren. Und nun siehe, ich mache 4
dich heute los von den Fesseln, mit de-
nen deine Hände gebunden waren.
[b]Gefällt dir's, mit mir nach Babel zu
ziehen, so komm, du sollst mir befohlen
sein. Gefällt dir's aber nicht, mit mir
nach Babel zu ziehen, so laß es sein.
Siehe, du hast das ganze Land vor dir;
wo dich's gut dünkt und dir's gefällt, da
zieh hin. [c]Denn weiter hinaus wird kein 5
Wiederkehren möglich sein. Darum
magst du umkehren zu Gedalja, dem
Sohne Ahikams, des Sohnes Schafans,
den der König von Babel über die Städ-
te in Juda gesetzt hat, und bei ihm blei-
ben unter dem Volk; oder geh, wohin
dir's gefällt. Und der Oberste der Leib-
wache gab ihm Wegzehrung und Ge-
schenke und ließ ihn gehen. So kam Je- 6
remia zu Gedalja, dem Sohne Ahikams,
nach Mizpa und blieb bei ihm unter
dem Volk, das im Lande noch übrigge-
blieben war.

Als nun die Hauptleute, die noch im 7
Lande verstreut waren, samt ihren
Leuten erfuhren, daß der König von
Babel [d]Gedalja, den Sohn Ahikams,
über das Land gesetzt hatte und über
die Männer, Frauen und Kinder und
über die Geringen im Lande, die nicht
nach Babel weggeführt waren, kamen 8
sie zu Gedalja nach Mizpa, nämlich

[e]Ismael, der Sohn Netanjas, Johanan
und Jonatan, die Söhne Kareachs, und
Seraja, der Sohn Tanhumets, und die
Söhne Efais von Netofa und Jesanja,
der Sohn eines Maachatiters, samt
9 ihren Leuten. Und Gedalja, der Sohn
Ahikams, des Sohnes Schafans, schwor
ihnen und ihren Leuten einen Eid und
sprach: Fürchtet euch nicht, den Chal-
däern untertan zu sein; bleibt im Lande
und seid dem König von Babel unter-
10 tan, so wird's euch wohlgehen. Siehe,
ich bleibe hier in Mizpa und habe die
Verantwortung vor den Chaldäern, die
zu uns kommen; ihr aber sollt Wein
und Feigen und Öl ernten und in eure
Gefäße tun und sollt in euren Städten
wohnen, die ihr wieder in Besitz ge-
11 nommen habt. Und als die Judäer, die
im Lande Moab und Ammon und in
Edom und in allen Ländern waren,
hörten, daß der König von Babel einen
Rest in Juda übriggelassen und über sie
Gedalja gesetzt hatte, den Sohn Ahi-
12 kams, des Sohnes Schafans, da kamen
auch sie alle zurück aus allen Orten,
wohin sie verstreut waren, in das Land
Juda zu Gedalja nach Mizpa und ernte-
ten sehr viel Wein und Sommerfrüchte.
13 Aber Johanan, der Sohn Kareachs,
und alle Hauptleute, die im Lande ver-
streut gewesen waren, kamen zu Gedal-
14 ja nach Mizpa und sprachen zu ihm:
Weißt du auch, daß Baalis, der König
der Ammoniter, Ismael, den Sohn Ne-
tanjas, gesandt hat, daß er dich erschla-
gen soll? Das wollte ihnen aber Gedal-
ja, der Sohn Ahikams, nicht glauben.
15 Da sprach Johanan, der Sohn Ka-
reachs, zu Gedalja heimlich in Mizpa:
Ich will hingehen und Ismael, den
Sohn Netanjas, erschlagen, daß es nie-
mand erfahren soll. Warum soll er dich
erschlagen, so daß alle Judäer, die bei
dir versammelt sind, zerstreut werden
und, die noch aus Juda übriggeblieben
16 sind, umkommen? Aber Gedalja, der
Sohn Ahikams, sprach zu Johanan,
dem Sohn Kareachs: Du sollst das
nicht tun; es ist nicht wahr, was du von
Ismael sagst.

a Kap 39,11-14 *b* Kap 39,12 *c* (5 und 6) Kap 39,14 *d* 2.Kön 25,22-24 *e* Kap 41,1.11

Gedaljas Ermordung durch Ismael

(vgl. 2.Kön 25,25)

41 Aber im siebenten Monat kam [a]Ismael,
der Sohn Netanjas, des Sohnes Eli-
schamas, aus königlichem Stamm,
einer von den Obersten des Königs,
und zehn Männer mit ihm zu Gedalja,
dem Sohn Ahikams, nach Mizpa, und
sie aßen dort in Mizpa miteinander.
Und Ismael, der Sohn Netanjas, erhob 2
sich samt den zehn Männern, die bei
ihm waren, und sie erschlugen [b]Gedal-
ja, den Sohn Ahikams, des Sohnes
Schafans, mit dem Schwert, weil ihn
der König von Babel über das Land ge-
setzt hatte. Auch erschlug Ismael alle 3
Judäer, die bei Gedalja waren in Mizpa,
und die Chaldäer, die dort waren, sämt-
liche Kriegsleute. Am andern Tage, 4
nachdem Gedalja erschlagen war und
es noch niemand wußte, kamen achtzig 5
Männer von Sichem, von Silo und von
Samaria und hatten die Bärte abge-
schoren und ihre Kleider zerrissen und
[c]sich wund geritzt und trugen Speis-
opfer und Weihrauch mit, um es zum
Hause des HERRN zu bringen. Und Is- 6
mael, der Sohn Netanjas, ging heraus
von Mizpa ihnen entgegen, ging und
weinte. Als er nun an sie herankam,
sprach er zu ihnen: Ihr sollt zu Gedalja,
dem Sohn Ahikams, kommen. Als sie 7
aber mitten in die Stadt kamen, ermor-
dete sie Ismael, der Sohn Netanjas, er
und die Männer, die bei ihm waren,
und warfen sie in die Zisterne. Aber es 8
waren zehn Männer darunter, die spra-
chen zu Ismael: Töte uns nicht; wir ha-
ben Vorrat im Acker verborgen liegen
an Weizen, Gerste, Öl und Honig. Da
ließ er ab und tötete sie nicht mit den
andern. Die Zisterne aber, in die Ismael 9
die Leichname der Männer warf, die er
erschlagen hatte samt dem Gedalja, ist
die, welche der König [d]Asa hatte anle-
gen lassen im Krieg gegen Baësa, den
König von Israel. Die füllte Ismael, der
Sohn Netanjas, mit den Erschlagenen.
Und Ismael, der Sohn Netanjas, führte 10
das Volk, das in Mizpa übriggeblieben
war, gefangen weg: die Königstöchter
samt allem Volk, über das Nebusara-
dan, der Oberste der Leibwache, Ge-
dalja, den Sohn Ahikams, gesetzt hatte;
und er zog hin und wollte hinüber zu
den Ammonitern.
Als aber [e]Johanan, der Sohn Ka- 11
reachs, und alle Hauptleute des Heeres,
die bei ihm waren, von all dem Bösen
erfuhren, das Ismael, der Sohn Netan-
jas, begangen hatte, nahmen sie zu sich 12
alle Männer und zogen hin, um mit Is-
mael, dem Sohn Netanjas, zu kämpfen,
und trafen ihn an dem [f]großen Wasser
bei Gibeon. Als nun alles Volk, das bei 13

Ismael war, den Johanan, den Sohn
Kareachs, erblickte samt allen Haupt-
leuten des Heeres, die bei ihm waren,
14 da wurde es froh. Und das ganze Volk,
das Ismael von Mizpa weggeführt hat-
te, wandte sich um und ging zu Joha-
15 nan, dem Sohn Kareachs, über. Aber
Ismael, der Sohn Netanjas, entrann mit
acht Männern dem Johanan und zog zu
16 den Ammonitern. Und Johanan, der
Sohn Kareachs, samt allen Hauptleu-
ten des Heeres, die bei ihm waren,
nahm zu sich das übriggebliebene Volk,
das Ismael, der Sohn Netanjas, aus
Mizpa weggeführt hatte, nachdem er
Gedalja, den Sohn Ahikams, erschla-
gen hatte, nämlich die Kriegsleute, die
Frauen und Kinder und Hofleute, die
er von Gibeon zurückgebracht hatte.
17 Und sie zogen hin und kehrten ein in
der Herberge [g]Kimhams bei Betlehem,
um von dort [h]nach Ägypten zu ziehen
18 aus Furcht vor den Chaldäern. Denn
sie fürchteten sich vor ihnen, weil Is-
mael, der Sohn Netanjas, Gedalja, den
Sohn Ahikams, erschlagen hatte, den
der König von Babel über das Land ge-
setzt hatte.

a Kap 40,8 *b* Kap 40,5 *c* Kap 16,6
d 1.Kön 15,16-24 *e* Kap 40,8.13-16
f 2.Sam 2,13 *g* 2.Sam 19,38 *h* Kap 43,7

Jeremia warnt vor der Auswanderung nach Ägypten

42 Da traten herzu alle Hauptleute des
Heeres, Johanan, der Sohn Kareachs,
Jesanja, der Sohn Hoschajas, samt dem
2 ganzen Volk, klein und groß, und spra-
chen zum Propheten Jeremia: Laß
doch unsere Bitte vor dir gelten und
[a]bete für uns zum HERRN, deinem
Gott, für alle diese Übriggebliebenen –
denn leider sind wir von vielen nur we-
nige übrig geblieben, wie du mit eige-
3 nen Augen siehst –, daß der HERR, dein
Gott, uns kundtun wolle, wohin wir
4 ziehen und was wir tun sollen. Und der
Prophet Jeremia sprach zu ihnen:
Wohlan, ich will gehorchen. Siehe, ich
will zum HERRN, eurem Gott, beten,
wie ihr gesagt habt, und alles, was euch
der HERR antworten wird, das will ich
euch kundtun und will euch nichts vor-
5 enthalten. Und sie sprachen zu Jere-
mia: Der HERR sei ein zuverlässiger
und wahrhaftiger Zeuge wider uns,
wenn wir nicht alles tun werden, was
uns der HERR, dein Gott, durch dich
6 befehlen wird. Es sei Gutes oder Böses,
so wollen wir gehorchen der Stimme
des HERRN, unseres Gottes, zu dem wir
dich senden, auf daß es uns wohlgehe,
wenn wir der Stimme des HERRN, unse-
res Gottes, gehorchen.

Und nach zehn Tagen geschah des 7
HERRN Wort zu Jeremia. Da rief er Jo- 8
hanan, den Sohn Kareachs, und alle
Hauptleute des Heeres, die bei ihm wa-
ren, und alles Volk, klein und groß, und 9
sprach zu ihnen: So spricht der HERR,
der Gott Israels, zu dem ihr mich ge-
sandt habt, daß ich euer Gebet vor ihn
bringen sollte: Werdet ihr in diesem 10
Lande bleiben, so will ich euch [b]bauen
und nicht einreißen; ich will euch
pflanzen und nicht ausreißen; denn es
hat mich gereut das Unheil, das ich
euch angetan habe. Ihr sollt euch nicht 11
fürchten vor dem König von Babel, vor
dem ihr euch fürchtet, spricht der
HERR; ihr sollt euch vor ihm nicht
fürchten, denn ich will bei euch sein,
daß ich euch helfe und von seiner Hand
errette. Ich will euch Barmherzigkeit 12
erweisen und mich über euch erbarmen
und euch wieder auf eure Äcker brin-
gen. [c]Werdet ihr aber sagen: »Wir wol- 13
len nicht in diesem Lande bleiben« und
so der Stimme des HERRN, eures Got-
tes, nicht gehorchen und werdet ihr sa- 14
gen: »Nein, wir wollen nach Ägypten-
land ziehen, daß wir weder Krieg sehen
noch den Schall der Posaune hören
noch Hunger nach Brot leiden müssen;
dort wollen wir bleiben« – nun, so höret 15
des HERRN Wort, ihr Übriggebliebenen
von Juda! So spricht der HERR Zebaot,
der Gott Israels: Werdet ihr euer An-
gesicht nach Ägyptenland richten, um
dorthin zu ziehen und dort zu wohnen,
so soll euch das Schwert, vor dem ihr 16
euch fürchtet, in Ägyptenland treffen,
und der Hunger, vor dem ihr euch
sorgt, soll stets hinter euch her sein in
Ägypten, und ihr sollt dort sterben.
Denn sie seien, wer sie wollen: Wer 17
sein Angesicht nach Ägypten richtet,
um dorthin zu ziehen und dort zu woh-
nen, der soll sterben durch Schwert,
Hunger und Pest, und es soll keiner
übrigbleiben noch dem Unheil entrin-
nen, das ich über sie kommen lassen
will.

Denn so spricht der HERR Zebaot, 18
der Gott Israels: Gleichwie mein Zorn
und Grimm über die Einwohner Jeru-
salems ausgeschüttet wurde, so soll er
auch über euch ausgeschüttet werden,
wenn ihr nach Ägypten zieht; und [d]ihr
sollt zum Fluch, zum Bild des Entset-

zens, zur Verwünschung und zur
Schande werden und diese Stätte nicht
19 mehr sehen. Das ist das Wort des
HERRN an euch, die ihr übriggeblieben
seid von Juda, daß ihr nicht nach Ägyp-
ten zieht. Darum erkennt, daß ich euch
20 heute gewarnt habe; denn ihr selbst
habt euer Leben in Gefahr gebracht,
weil ihr mich gesandt habt zum HERRN,
eurem Gott, und gesagt: Bete zum
HERRN, unserm Gott, für uns, und al-
les, was der HERR, unser Gott, sagen
wird, tu uns kund, so wollen wir danach
21 tun. Das habe ich euch heute wissen
lassen; aber ihr wollt der Stimme des
HERRN, eures Gottes, nicht gehorchen
noch allem, was er euch durch mich be-
22 fohlen hat. So sollt ihr denn wissen, daß
ihr durch Schwert, Hunger und Pest
sterben müßt an dem Ort, wohin ihr zu
ziehen gedenkt, um dort zu wohnen.

a Kap 37,3 *b* Kap 1,10 *c (13-17)* Kap 29,17.18
d Kap 25,9

Jeremia wird nach Ägypten verschleppt

43 Als Jeremia dem ganzen Volk alle Wor-
te des HERRN, ihres Gottes, ausgerich-
tet hatte, wie ihm der HERR, ihr Gott,
alle diese Worte an sie befohlen hatte,
2 sprachen Asarja, der Sohn Hoschajas,
und Johanan, der Sohn Kareachs, und
alle aufsässigen Männer zu Jeremia:
Du lügst! Der HERR, unser Gott, hat
dich nicht zu uns gesandt und gesagt:
»Ihr sollt nicht nach Ägypten ziehen,
3 um dort zu wohnen«, sondern [a]Baruch,
der Sohn Nerias, beredet dich zu un-
serm Schaden, damit wir den Chal-
däern übergeben werden und sie uns
4 töten oder nach Babel wegführen. Da
gehorchten Johanan, der Sohn Ka-
reachs, und alle Hauptleute des Heeres
samt dem ganzen Volk der Stimme des
HERRN nicht, daß sie im Lande Juda ge-
5 blieben wären, sondern Johanan, der
Sohn Kareachs, und alle Hauptleute
des Heeres nahmen zu sich alle Übrig-
gebliebenen von Juda, die von allen
Völkern, wohin sie geflohen, zurückge-
kommen waren, um im Lande Juda zu
6 wohnen, nämlich Männer, Frauen und
Kinder, dazu die Königstöchter und
alle übrigen, die Nebusaradan, der
Oberste der Leibwache, bei Gedalja,
dem Sohn Ahikams, des Sohnes
Schafans, gelassen hatte, und auch den
Propheten Jeremia und Baruch, den
7 Sohn Nerias. Und sie [b]zogen nach
Ägyptenland, denn sie wollten der
Stimme des HERRN nicht gehorchen,
und kamen nach Tachpanches.

a Kap 36,32 *b* Kap 42,14-17; 2.Kön 25,26

Jeremia weissagt den Einfall Nebukadnezars

Aber des HERRN Wort geschah zu Jere- 8
mia in Tachpanches: Nimm große 9
Steine und vergrabe sie in dem Boden
am Eingang des Hauses des Pharao in
Tachpanches, so daß die Männer aus
Juda es sehen, und sprich zu ihnen: So 10
spricht der HERR Zebaot, der Gott Is-
raels: Siehe, ich will hinsenden und
[a]meinen Knecht Nebukadnezar, den
König von Babel, holen lassen und will
seinen Thron oben auf diese Steine set-
zen, die ich eingraben ließ; und er soll
seinen Thronhimmel darüber ausspan-
nen. Er soll kommen und Ägyptenland 11
schlagen und [b]töten, wen es trifft, ge-
fangen führen, wen es trifft, mit dem
Schwert erschlagen, wen es trifft. Und 12
ich will [c]die Tempel Ägyptens in Brand
stecken und niederbrennen und ihre
Götter wegführen. Und er soll Ägyp-
tenland lausen, wie ein Hirt sein Kleid
laust, und mit Frieden von dannen zie-
hen. Er soll die Steinmale von Bet- 13
Schemesch in Ägyptenland zerbrechen
und die Götzentempel in Ägypten mit
Feuer verbrennen.

a Kap 25,9 *b* Kap 15,2 *c* Kap 46,25

Jeremia warnt vor der erneuten Verehrung der Himmelskönigin

Dies ist das Wort, das zu Jeremia ge- 44
schah an alle Judäer, die in Ägypten-
land wohnten, nämlich in Migdol,
[a]Tachpanches und Nof, und die im
Lande Patros wohnten. So spricht der 2
HERR Zebaot, der Gott Israels: Ihr habt
gesehen all das Unheil, das ich habe
kommen lassen über Jerusalem und
über alle Städte in Juda; siehe, heuti-
gentags sind sie wüst, und niemand
wohnt darin; und das um ihrer Bosheit 3
willen, die sie taten, als sie mich erzürn-
ten und hingingen und opferten und
dienten andern Göttern, die weder sie
noch ihr noch eure Väter kannten. Und 4
ich sandte [b]immer wieder zu euch alle
meine Knechte, die Propheten, und
ließ euch sagen: »Tut doch nicht solche
Greuel, die ich hasse.« Aber sie ge- 5
horchten nicht und kehrten auch ihre
Ohren nicht zu mir, daß sie sich von ih-
rer Bosheit bekehrt und andern Göt-
tern nicht geopfert hätten. Darum er- 6
goß sich auch mein Zorn und Grimm

und entbrannte über die Städte Judas
und die Gassen Jerusalems, daß sie zur
Wüste und Öde geworden sind, so wie
es heute ist.
7 Nun, so spricht der HERR, der Gott
Zebaot, der Gott Israels: Warum tut
ihr euch selbst ein so großes Unheil an,
daß bei euch ausgerottet werden aus
Juda Mann und Frau, Kind und Säug-
ling und nichts von euch übrigbleibt,[c]
8 und erzürnet mich so durch eurer Hän-
de Werke und opfert andern Göttern in
Ägyptenland, wohin ihr gezogen seid,
um dort zu wohnen, auf daß ihr ausge-
rottet und zum Fluch und zur Schmach
werdet unter allen Völkern auf Erden?
9 Habt ihr vergessen [d]die Sünden eurer
Väter, die Sünden der Könige von
Juda, die Sünden ihrer Frauen, dazu
eure eigenen Sünden und die Sünden
eurer Frauen, die sie getan haben im
Lande Juda und auf den Gassen Jeru-
10 salems? Sie haben sich bis auf diesen
Tag nicht gedemütigt, fürchten sich
auch nicht und wandeln nicht in mei-
nem Gesetz und in den Rechtsordnun-
gen, die ich euch und euren Vätern ge-
geben habe.
11 Darum spricht der HERR Zebaot, der
Gott Israels: Siehe, [e]ich will mein An-
gesicht wider euch richten zum Unheil,
und ganz Juda soll ausgerottet werden.
12 Und ich will wegraffen, die übrigge-
blieben sind von Juda, die ihr Ange-
sicht nach Ägyptenland gerichtet ha-
ben, um dorthin zu ziehen und dort zu
wohnen; es soll ein Ende mit ihnen al-
len werden in Ägyptenland. Durchs
Schwert sollen sie fallen, und durch
Hunger sollen sie umkommen, klein
und groß; sie sollen durch Schwert und
Hunger sterben und sollen zur Ver-
wünschung, zum Entsetzen, zum
13 Fluch und zur Schmach werden.[f] Ich
will auch die Einwohner in Ägypten-
land mit Schwert, Hunger und Pest
heimsuchen, gleichwie ich an Jerusa-
14 lem getan habe, so daß von denen, die
übriggeblieben sind von Juda und die
hierher gekommen sind nach Ägypten-
land, um hier zu wohnen, keiner entrin-
nen und entkommen soll. Sie sollen
nicht mehr ins Land Juda zurückkeh-
ren, wohin sie gerne wiederkämen und
wohnten, sondern es soll keiner dahin
zurückkommen außer einigen Entron-
nenen.
15 Da antworteten dem Jeremia alle
Männer, die sehr wohl wußten, daß
ihre Frauen andern Göttern opferten,
und alle Frauen, die dabeistanden, eine
große Menge, samt allem Volk, das in
Ägyptenland und in [g]Patros wohnte,
und sprachen: Den Worten, die du im 16
Namen des HERRN uns sagst, wollen
wir nicht gehorchen, sondern wir wol- 17
len all die Worte halten, die aus unserm
eigenen Munde gekommen sind, und
wollen der [h]Himmelskönigin opfern
und ihr Trankopfer darbringen, wie
wir und unsere Väter, unsere Könige
und Oberen getan haben in den Städten
Judas und auf den Gassen Jerusalems.
Da [i]hatten wir auch Brot genug, und es
ging uns gut, und wir sahen kein Un-
glück. Seit der Zeit aber, da wir es 18
unterlassen haben, der Himmelsköni-
gin zu opfern und Trankopfer darzu-
bringen, haben wir an allem Mangel ge-
litten und sind durch Schwert und
Hunger umgekommen. Und wenn wir 19
Frauen der Himmelskönigin opfern
und Trankopfer darbringen, das [j]tun
wir ja nicht ohne den Willen unserer
Männer, wenn wir ihr Kuchen backen,
um ein Bild von ihr zu machen, und ihr
Trankopfer darbringen.
Da sprach Jeremia zu dem ganzen 20
Volk, den Männern und Frauen und al-
len Leuten, die ihm so geantwortet hat-
ten: Nein, der HERR hat gedacht an das 21
Opfern, das ihr in den Städten Judas
und auf den Gassen Jerusalems getrie-
ben habt samt euren Vätern, Königen,
Oberen und allem Volk des Landes,
und er hat's zu Herzen genommen, daß 22
er nicht mehr leiden konnte euren bö-
sen Wandel und die Greuel, die ihr ta-
tet; daher ist auch euer Land zur Wü-
ste, zum Entsetzen und zum Fluch ge-
worden, daß niemand darin wohnt, so
wie es heute ist. Weil ihr der Himmels- 23
königin geopfert habt und wider den
HERRN sündigtet und der Stimme des
HERRN nicht gehorchtet und in seinem
Gesetze, seinen Rechten und Mahnun-
gen nicht gewandelt seid, darum ist
euch solches Unheil widerfahren, so
wie es heute ist. Und Jeremia sprach zu 24
allem Volk und zu allen Frauen: Höret
des HERRN Wort, ihr alle aus Juda, die
in Ägyptenland sind! So spricht der 25
HERR Zebaot, der Gott Israels: Ihr und
eure Frauen habt mit eurem Munde ge-
redet und mit euren Händen voll-
bracht, was ihr sagt: »Wir wollen unse-
re Gelübde halten, die wir der Him-
melskönigin gelobt haben, daß wir ihr
opfern und Trankopfer darbringen.«
Wohlan, erfüllet doch eure Gelübde

26 und haltet eure Gelübde! So höret nun
des HERRN Wort, ihr alle aus Juda, die
ihr in Ägyptenland wohnt: Siehe, ich
schwöre bei meinem großen Namen,
spricht der HERR, daß mein Name nicht
mehr genannt werden soll durch ir-
gendeines Menschen Mund aus Juda in
ganz Ägyptenland, der da sagt: »So
27 wahr Gott der HERR lebt!« Siehe, [k]ich
will über sie wachen zum Unheil und
nicht zum Heil, daß, wer aus Juda in
Ägyptenland ist, durch Schwert und
Hunger umkommen soll, bis es ein
28 Ende mit ihnen hat. Die aber dem
Schwert entrinnen, werden aus Ägyp-
tenland ins Land Juda zurückkommen
als ein geringes Häuflein. So werden
dann alle, die übriggeblieben sind von
Juda und die nach Ägyptenland gezo-
gen waren, dort zu wohnen, erkennen,
wessen Wort wahr geworden ist, mei-
29 nes oder ihres. Und dies sei das Zei-
chen, spricht der HERR: Ich will euch
an diesem Ort heimsuchen, damit ihr
wißt, daß mein Wort wahr werden soll
30 über euch zum Unheil. So spricht der
HERR: Siehe, ich will den Pharao Ho-
fra, den König von Ägypten, überge-
ben in die Hände seiner Feinde und de-
rer, die ihm nach dem Leben trachten,
[l]gleichwie ich Zedekia, den König von
Juda, übergeben habe in die Hand Ne-
bukadnezars, des Königs von Babel,
seines Feindes, der ihm nach dem Le-
ben trachtete.

a Kap 43,7 *b* Kap 25,4 *c* Kap 42,22
d Kap 7,17.18 *e* Am 9,4 *f* Kap 42,14-17
g Jes 11,11 *h* Kap 7,17.18 *i* Hos 2,7
j 4.Mose 30,11-13 *k* Am 9,4 *l* Hes 29,19

Ein Wort für Baruch

45 Dies ist das Wort, das der Prophet Jere-
mia zu Baruch, dem Sohn Nerias, rede-
te, [a]als er die Worte, wie Jeremia sie
ihm sagte, auf eine Schriftrolle schrieb,
im vierten Jahr Jojakims, des Sohnes
2 Josias, des Königs von Juda: So spricht
der HERR Zebaot, der Gott Israels, über
3 dich, Baruch: Du sprichst: Weh mir,
wie hat mir der HERR Jammer zu mei-
nem Schmerz hinzugefügt! Ich seufze
4 mich müde und finde keine Ruhe. Sage
ihm: So spricht der HERR: Siehe, was
ich gebaut habe, das reiße ich ein, und
was ich gepflanzt habe, das reiße ich
aus, nämlich dies mein ganzes Land.
5 Und du begehrst für dich große Dinge?
Begehre es nicht! Denn siehe, ich will
Unheil kommen lassen über alles
Fleisch, spricht der HERR, aber [b]dein
Leben sollst du wie eine Beute davon-
bringen, an welchen Ort du auch ziehst.

a Kap 36,4 *b* Kap 39,18; 43,4-6

GERICHTSWORTE GEGEN FREMDE VÖLKER (KAP 46-51)

Dies ist das Wort des HERRN, das zu 46
dem Propheten Jeremia geschehen ist
wider alle Völker.

Weissagung gegen Ägypten

(vgl. Jes 19; Hes 29-32)

Wider Ägypten. Wider das Heer des 2
[a]Pharao Necho, des Königs von Ägyp-
ten, welches lagerte am Eufratstrom bei
Karkemisch und das Nebukadnezar,
der König von Babel, schlug im vierten
Jahr Jojakims, des Sohnes Josias, des
Königs von Juda:

Rüstet Rundschild und Langschild 3
und zieht in den Streit! Spannet Rosse 4
an und laßt Reiter aufsitzen, setzt die
Helme auf und schärft die Spieße und
ziehet Panzer an! Wie kommt's aber, 5
daß ich sehe, daß sie verzagt sind und
die Flucht ergreifen und ihre Helden
erschlagen sind? Sie fliehen und wen-
den sich nicht mehr zurück. [b]Schrek-
ken um und um! spricht der HERR. Der 6
Schnelle kann nicht entfliehen noch der
Starke entrinnen. Im Norden am Eu-
fratstrom sind sie gefallen und nieder-
gestreckt.

Wer ist's, der emporstieg wie der Nil, 7
und seine Wasser wälzten sich dahin
wie Ströme? Ägypten stieg empor wie 8
der Nil, und seine Wasser wälzten sich
daher wie Ströme, und es sprach: »Ich
will hinaufziehen, das Land bedecken
und die Städte verderben samt denen,
die darin wohnen.« Wohlan, setzt euch 9
auf die Rosse, rennet mit den Wagen,
lasset die Helden ausziehen, die von
Kusch und aus Put, die den Schild füh-
ren, und die Schützen aus Lud! Denn 10
dies ist der [c]Tag Gottes, des HERRN Ze-
baot, ein Tag der Vergeltung, daß [d]er
sich an seinen Feinden räche, wenn das
Schwert fressen und von ihrem Blut
voll und trunken werden wird. Denn
sie müssen Gott, dem HERRN Zebaot,
ein Schlachtopfer werden im Lande des
Nordens am Eufratstrom.

Geh hinauf nach Gilead und hole 11
Balsam, Jungfrau, Tochter Ägypten!
Aber [e]es ist umsonst, daß du viel Heil-
mittel gebrauchst; du wirst doch nicht
heil. Deine Schande ist unter den Völ- 12

kern erschollen, deines Heulens ist das
Land voll; denn ein Held fällt über den
andern und liegen beide miteinander
danieder.
13 Dies ist das Wort des HERRN, das er
zu dem Propheten Jeremia redete, als
Nebukadnezar, der König von Babel,
heranzog, um Ägyptenland zu schla-
14 gen: Verkündigt's in Ägypten und
sagt's an in Migdol, sagt's an in Nof
und Tachpanches und sprecht: Setze
dich zur Wehr! Denn das Schwert wird
15 fressen, was um dich her ist. Wie geht's
zu, daß deine Gewaltigen zu Boden fal-
len und können nicht standhalten? Der
16 HERR hat sie so gestürzt. Er macht, daß
ihrer viele fallen, daß einer mit dem an-
dern daniederliegt. Da sprechen sie:
Wohlauf, laßt uns wieder zu unserm
Volk ziehen, in unser Vaterland vor
17 dem mörderischen Schwert! Nennet
den Namen des Pharao, des Königs von
Ägypten: »Prahlhans, der die Zeit ver-
18 säumt hat«. So wahr ich lebe, spricht
der König, der HERR Zebaot heißt: er
wird daherziehen so hoch, wie der Berg
Tabor unter den Bergen ist und wie der
Karmel am Meer ist.
19 Mache dir Fluchtgepäck, du Ein-
wohnerin, Tochter Ägypten; denn Nof
wird wüst und verbrannt werden, daß
20 niemand darin wohnen wird. Ägypten
ist wie eine schöne junge Kuh; aber es
kommt von Norden der Schlächter.
21 Auch die darin um Sold dienen, sind
wie gemästete Kälber; aber sie müssen
sich dennoch wenden und miteinander
fliehen und werden nicht standhalten;
denn der Tag ihres Unheils wird über
sie kommen, die Zeit ihrer Heimsu-
chung.
22 Man hört sie heranziehen wie eine zi-
schende Schlange; ja, sie kommen mit
Heeresmacht und bringen Äxte über
23 sie wie die Holzhauer. Die werden
ihren Wald umhauen, spricht der
HERR, denn sie sind nicht zu zählen; ih-
rer sind mehr als Heuschrecken, die
24 niemand zählen kann. Die Tochter
Ägypten wird zuschanden; denn sie ist
dem Volk aus dem Norden in die Hän-
de gegeben.
25 [f]Der HERR Zebaot, der Gott Israels,
spricht: Siehe, ich will heimsuchen den
Amon zu No und den Pharao und
Ägypten samt seinen Göttern und Kö-
nigen, ja, den Pharao mit allen, die sich
26 auf ihn verlassen, daß ich sie gebe in die
Hände derer, die ihnen nach dem Le-
ben trachten, und in die Hände Nebu-
kadnezars, des Königs von Babel, und
seiner Großen. Aber [g]danach soll das
Land bewohnt werden wie vor alters,
spricht der HERR.
Aber du, [h]mein Knecht Jakob, 27
fürchte dich nicht, und du, Israel, ver-
zage nicht! Denn siehe, ich will dir hel-
fen aus fernen Landen und deinen
Nachkommen aus dem Lande ihrer
Gefangenschaft, daß Jakob zurück-
kommen soll und in Frieden sein und
ohne Sorge, und niemand soll ihn
schrecken. Darum fürchte dich nicht, 28
du, Jakob, mein Knecht, spricht der
HERR, denn ich bin bei dir! Mit allen
Völkern, unter die ich dich verstoßen
habe, will ich ein Ende machen; aber
mit dir will ich nicht ein Ende machen.
[i]Züchtigen will ich dich mit Maßen,
doch ungestraft kann ich dich nicht las-
sen.

a 2.Kön 23,29 *b* Kap 20,3 *c* Jes 2,12
d 5.Mose 32,41.42 *e* Kap 8,22 *f* (25 und 26)
Kap 43,12.13; Jes 24,21 *g* Hes 29,14
h Kap 30,10 *i* Kap 10,24; 30,11

Weissagung gegen die Philister

(vgl. Jes 14,29-32; Hes 25,15-17)

Dies ist das Wort des HERRN, das zum 47
Propheten Jeremia geschah wider die
Philister, ehe der Pharao Gaza schlug.
So spricht der HERR: Siehe, es kommen 2
Wasser heran von Norden, die zum rei-
ßenden Strom werden und das Land
überfluten und was darin ist, die Städte
und die darin wohnen, daß die Leute
schreien und alle Einwohner im Lande
heulen. Vor dem Stampfen ihrer star- 3
ken Rosse, die dahertraben, und vor
dem Rasseln ihrer Wagen und dem Pol-
tern ihrer Räder werden sich die Väter
nicht umsehen nach den Kindern, so
verzagt werden sie sein über den Tag, 4
der da kommt, um zu verderben alle
Philister und auszurotten die letzten
Helfer für Tyrus und Sidon. Denn der
HERR wird die Philister verderben, den
Rest derer, die gekommen sind von der
[a]Insel Kaftor. Über [b]Gaza wird Trauer 5
kommen, und Askalon wird vernichtet,
der Rest der [c]Enakiter. Wie lange willst
du dich [d]wund ritzen? O du Schwert 6
des HERRN, wann willst du doch aufhö-
ren? Fahre in deine Scheide und ruhe
und sei still! Aber wie kann es aufhö- 7
ren, da doch der HERR ihm Befehl gege-
ben hat wider Askalon und es wider das
Ufer des Meeres bestellt hat?

a Am 9,7 *b* Am 1,6.7; Zef 2,4; Sach 9,5
c Jos 11,22 *d* Kap 16,6; 48,37

Weissagung gegen Moab
(vgl. Jes 15; 16; Hes 25,8-11; Am 2,1-3; Zef 2,8-11)

48 Wider Moab. So spricht der HERR Ze-
baot, der Gott Israels: Wehe der Stadt
Nebo, denn sie ist zerstört! Geschändet
ist Kirjatajim und eingenommen, die
hohe Feste ist zuschanden geworden
2 und zerbrochen. Der Stolz Moabs auf
Hesbon ist dahin; denn man sinnt Bö-
ses gegen die Stadt: »Kommt, wir wol-
len sie ausrotten, daß sie ohne Volk sei.«
Und du, Madmen, mußt auch vernich-
tet werden; das Schwert wird hinter dir
3 her sein. Man hört ein Geschrei in Ho-
ronajim von Verwüstung und großem
4 Jammer. Moab ist zerschlagen. Man
5 hört ihre Kleinen schreien; denn sie ge-
hen mit Weinen die Steige von Luhit
hinauf, und die Feinde hören ein Jam-
mergeschrei den Weg von Horonajim
6 herab: »Fliehet und rettet euer Leben!«
Aber ihr werdet sein [a]wie ein Strauch
in der Wüste.

7 Weil du dich auf deine Bauwerke
verlässest und auf deine Schätze, sollst
du auch erobert werden, und [b]Ke-
mosch muß gefangen wegziehen samt
8 seinen Priestern und Fürsten. Denn
der Verwüster wird über alle Städte
kommen, daß nicht *eine* Stadt entrin-
nen wird. Es sollen die Täler verwüstet
und die Ebenen verheert werden; denn
9 der HERR hat's gesagt. Gebt Moab Flü-
gel, denn es wird davon müssen, als flö-
ge es, und seine Städte werden wüst lie-
gen, daß niemand darin wohnen wird.

10 Verflucht sei, wer des HERRN Werk
lässig tut; verflucht sei, wer sein
Schwert aufhält, daß es nicht Blut ver-
gießt!

11 Moab ist von seiner Jugend an unge-
stört gewesen und [c]auf seinen Hefen
still gelegen und ist nie aus einem Faß
ins andre gegossen und ist nie in die
Gefangenschaft gezogen; darum ist
sein Geschmack ihm geblieben und
sein Geruch nicht verändert worden.
12 Darum siehe, spricht der HERR, es
kommt die Zeit, daß ich ihnen Küfer
schicken will, die sie ausschütten sollen
und ihre Fässer ausleeren und ihre
13 Krüge zerschmettern. Und Moab soll
über dem Kemosch zuschanden wer-
den, gleichwie das Haus Israel über
Betel zuschanden geworden ist, worauf
sie sich verließen.

14 Wie könnt ihr sagen: Wir sind Hel-
15 den und rechte Kriegsleute? Moab
wird verwüstet, und seine Städte wer-
den erstiegen, und seine beste Mann-
schaft muß hinab zur Schlachtbank,
spricht der König, welcher heißt der
HERR Zebaot. Denn der Untergang 16
Moabs wird bald kommen, und sein
Unglück eilt herbei.

Habt doch Mitleid mit ihnen, alle, 17
die ihr um sie her wohnt und ihren Na-
men kennt, und sprecht: »Wie ist das
starke Zepter und der herrliche Stab so
zerbrochen!« Herunter von der Herr- 18
lichkeit, du Tochter Dibon, und setz
dich in den Staub! Denn der Verwüster
Moabs wird zu dir hinaufkommen und
deine Bollwerke zerstören. Tritt an die 19
Straße und schaue, du Einwohnerin
von Aroër! Frage, die da fliehen und
entrinnen, und sprich: »Was ist ge-
schehen?« Ach, Moab ist verwüstet und 20
verheert! Heulet und schreiet; sagt's
am Arnon, daß Moab vernichtet ist!
Die Strafe ist über das ebene Land er- 21
gangen, nämlich über Holon, Jahza,
Mefaat, Dibon, Nebo, Bet-Diblatajim, 22
Kirjatajim, Bet-Gamul, Bet-Meon, 23
Kerijot, Bozra und über alle Städte im 24
Lande Moab, sie seien fern oder nahe.
Das Horn Moabs ist abgeschlagen, 25
und sein Arm ist zerbrochen, spricht
der HERR.

[d]Macht es trunken; denn es hat sich 26
gegen den HERRN erhoben! Speien
müsse Moab, auf daß es auch zum Ge-
spött werde. Oder ist Israel dir nicht ein 27
Gespött gewesen, als hätte man es unter
den Dieben gefunden? Sooft du von
ihm sprachst, hast du es verhöhnt. O 28
ihr Bewohner von Moab, verlaßt die
Städte und wohnt in den Felsen und tut
wie die Tauben, die da nisten in den
Löchern!

Man hat immer gesagt von dem stol- 29
zen Moab, daß es sehr stolz sei, hoffär-
tig, hochmütig, trotzig und übermütig.
Aber der HERR spricht: Ich kenne sei- 30
nen Übermut wohl und sein böses Ge-
schwätz; Böses haben sie getan. Darum 31
muß ich über Moab heulen und über
ganz Moab schreien und über die Leute
von Kir-Heres klagen. Mehr als über 32
Jaser muß ich über dich weinen, du
Weinstock Sibma; denn deine Ranken
reichten über das Meer und kamen bis
nach Jaser. Der Verwüster ist über dei-
ne Ernte und Weinlese hergefallen.
Freude und Wonne sind hinwegge- 33
nommen aus dem Fruchtland und dem
Lande Moab. Dem Wein in den Kufen
mache ich ein Ende, der Kelterer wird

nicht mehr keltern, der Winzer wird
34 nicht mehr sein Lied singen. Das Ge-
schrei von Hesbon wird gehört bis Ela-
le, bis nach Jahza, von Zoar an bis nach
Horonajim, bis Eglat-Schelischija;
denn auch die Wasser Nimrims sollen
35 versiegen. Und ich will, spricht der
HERR, in Moab damit ein Ende ma-
chen, daß sie auf den Höhen opfern und
ihren Göttern Opfer darbringen.
36 Darum klagt mein Herz über Moab
wie Flötenklage, und über die Leute in
Kir-Heres klagt mein Herz wie Flöten-
klage; denn [e]das Gut, das sie gesam-
37 melt, ist zugrunde gegangen. Alle Köp-
fe werden [f]kahl sein und alle Bärte ab-
geschoren, alle Hände wund geritzt,
38 und jeder wird den Sack anziehen. Auf
allen Dächern und Gassen, überall in
Moab wird man klagen; denn ich habe
Moab zerbrochen wie ein Gefäß, das
niemand haben will, spricht der HERR.
39 O wie ist es zerschlagen, wie heulen sie!
Wie haben sie schimpflich den Rücken
gewandt! Moab ist zum Spott und zum
Bild des Schreckens geworden allen,
40 die ringsum wohnen. Denn so spricht
der HERR: Siehe, [g]er fliegt daher wie
ein Adler und breitet seine Flügel aus
41 über Moab. Die Städte sind erobert,
und die Festungen sind eingenommen,
und das Herz der Helden in Moab wird
an jenem Tage sein wie das Herz einer
42 Frau in Kindsnöten. Denn Moab muß
vertilgt werden, daß es kein Volk mehr
sei, weil es sich gegen den HERRN erho-
43 ben hat. [h]Schrecken, Grube und
Schlinge über dich, du Volk von Moab!
44 spricht der HERR. Wer dem Schrecken
entflieht, der wird in die Grube fallen,
und wer aus der Grube herauskommt,
der wird in der Schlinge gefangen wer-
den; denn ich will über Moab kommen
lassen das Jahr seiner Heimsuchung,
45 spricht der HERR. Erschöpft suchen die
Entronnenen Zuflucht im Schatten von
Hesbon; aber [i]es wird ein Feuer aus
Hesbon und eine Flamme aus dem
Hause Sihon ausgehen, welche die
Schläfe Moabs verzehren wird und den
Scheitel der kriegerischen Leute.
46 Weh dir, Moab! Verloren ist das
Volk des Kemosch; denn man hat deine
Söhne und Töchter genommen und ge-
47 fangen weggeführt. Aber in der letzten
Zeit will ich das Geschick Moabs wen-
den, spricht der HERR. Das sei gesagt
von der Strafe über Moab.

a Kap 17,6 *b* 4.Mose 21,29; Ri 11,24; 1.Kön 11,7
c Zef 1,12 *d* Kap 25,15 *e* Jes 15,7 *f* Kap 16,6
g Kap 49,22 *h* (*43 und 44*) Jes 24,17.18
i 4.Mose 21,28.29

Weissagung gegen Ammon

(vgl. Hes 25,2-7; Am 1,13-15; Zef 2,8-11)

Wider die Ammoniter. So spricht der 49
HERR: Hat denn Israel keine Kinder,
oder hat es keinen Erben? Warum be-
sitzt denn [a]Milkom das Land Gad, und
warum wohnt sein Volk in dessen Städ-
ten? Darum siehe, es kommt die Zeit, 2
spricht der HERR, daß ich will ein
Kriegsgeschrei erschallen lassen über
Rabbat-Ammon, und es soll zu einem
wüsten Schutthügel werden, und seine
Tochterstädte sollen in Brand gesteckt
werden. Aber Israel soll seine Besitzer
besitzen, spricht der HERR. Heule, Hes- 3
bon! denn Ai ist verwüstet. Schreit, ihr
Töchter von Rabba, und zieht den Sack
an; klaget und lauft hin und her mit
Ritzwunden! Denn Milkom wird ge-
fangen weggeführt samt seinen Prie-
stern und Fürsten. Was rühmst du dich 4
deines Tales, deines wasserreichen Ta-
les, du ungehorsame Tochter, die du
dich auf deine Schätze verläßt und
sprichst in deinem Herzen: Wer darf
sich an mich machen?
Siehe, spricht Gott, der HERR Ze- 5
baot, ich will Schrecken über dich kom-
men lassen von allen, die um dich her
wohnen; ihr sollt in alle Richtungen
versprengt werden, und niemand wird
die Flüchtigen sammeln. Aber danach 6
[b]will ich wieder wenden das Geschick
Ammons, spricht der HERR.

a 1.Kön 11,5 *b* Kap 48,47

Weissagungen gegen Edom

(vgl. Jes 21,11; 34,5-15; Hes 25,12-14;
Am 1,11.12; Obd)

Wider Edom. So spricht der HERR Ze- 7
baot: Ist denn keine Weisheit mehr in
Teman? Ist denn kein Rat mehr bei den
Klugen? Ist ihnen die Weisheit ausge-
gangen? Flieht, wendet euch und ver- 8
kriecht euch tief, ihr Bürger von De-
dan! Denn ich lasse Unheil über Esau
kommen, die Zeit seiner Heimsuchung.
Es sollen Winzer über dich kommen, 9
die keine Nachlese übriglassen, und
Diebe sollen des Nachts über dich
kommen, die sollen nach Herzenslust
verwüsten. Denn ich habe Esau ent- 10
blößt und seine Verstecke aufgedeckt,
daß er sich nicht verbergen kann. Seine
Söhne, seine Brüder und seine Nach-
barn sind vernichtet, daß keiner von
ihnen mehr da ist. Verlaß nur deine 11

Waisen, ich will sie am Leben erhalten,
und deine Witwen sollen auf mich hof-
fen.
12 Denn so spricht der HERR: Siehe, die
es nicht verdient hatten, den Kelch zu
trinken, müssen trinken, und du soll-
test ungestraft bleiben? Du sollst nicht
ungestraft bleiben, sondern du mußt
13 auch trinken.[a] Denn ich habe bei mir
selbst geschworen, spricht der HERR,
daß Bozra zum Entsetzen, zur
Schmach, zur Wüste und zum Fluch
werden soll und alle seine Städte zur
ewigen Wüste.
14 Ich hab eine Kunde vernommen
vom HERRN, ein Bote ist unter die Völ-
ker gesandt: Sammelt euch und kommt
her wider Edom; macht euch auf zum
15 Kampf! Denn siehe, ich will dich ge-
ring machen unter den Völkern und
16 verachtet unter den Menschen. Daß die
andern dich fürchten, hat dich ver-
führt, und dein Herz ist hochmütig,
weil du in Felsenklüften wohnst und
hohe Gebirge innehast. Wenn du auch
dein Nest so hoch machtest wie der Ad-
ler, dennoch will ich dich von dort her-
17 unterstürzen, spricht der HERR. Also
soll Edom wüst werden, daß alle, die
vorübergehen, sich entsetzen und spot-
18 ten über alle seine Plagen. Gleichwie
Sodom und Gomorra samt ihren Nach-
barn zerstört wurden, spricht der
HERR, so soll auch dort niemand woh-
nen noch ein Mensch darin hausen.[b]
19 [c]Siehe, er kommt herauf wie ein Löwe
aus dem Dickicht des Jordan in die
Auen; denn ich will sie eilends daraus
wegtreiben und den, der erwählt ist,
darüber setzen. Denn wer ist mir
gleich, wer will mich meistern, und wer
ist der Hirte, der mir widerstehen
kann?
20 So höret nun den Ratschluß des
HERRN, den er über Edom gefaßt hat,
und seine Gedanken, die er über die
Einwohner von Teman hat. Was gilt's?
Wird man sie nicht fortschleifen mit
den geringsten ihrer Schafe, werden ih-
retwegen nicht ihre Auen veröden?
21 Vom Krachen ihres Sturzes erbebt die
Erde, und ihr Geschrei wird man am
22 Schilfmeer hören. Siehe, [d]er fliegt her-
auf wie ein Adler und breitet seine Flü-
gel aus über Bozra. Zu der Zeit wird das
Herz der Helden in Edom sein wie das
Herz einer Frau in Kindsnöten.

a Kap 25,15.28.29; Ps 137,7 *b* Kap 50,40; Jes 1,9
c (19-21) Kap 50,44-46 *d* Kap 48,40

Weissagung gegen Damaskus

(vgl. Jes 17,1-3; Am 1,3-5)

Wider Damaskus. Hamat und Arpad 23
sind zuschanden geworden; sie sind
verzagt, denn sie hören ein böses Ge-
rücht. Ihr Herz bebt vor Sorge; sie sind
so erschrocken, daß sie nicht Ruhe fin-
den können. Damaskus ist verzagt und 24
wendet sich zur Flucht; es zittert und
ist in Ängsten und Schmerzen wie eine
Frau in Kindsnöten. Wie ist sie nun 25
verlassen, die berühmte und fröhliche
Stadt! Darum wird ihre junge Mann- 26
schaft auf ihren Gassen fallen, und alle
ihre Kriegsleute werden umkommen
zur selben Zeit, spricht der HERR Ze-
baot. Und ich will an die Mauern von 27
Damaskus Feuer legen, daß es die Palä-
ste Benhadads verzehren soll.

Weissagungen gegen arabische Stämme

Wider [a]Kedar und die Königreiche 28
von [b]Hazor, die Nebukadnezar, der
König von Babel, schlug. So spricht der
HERR: Wohlauf, ziehet herauf gegen
Kedar und vernichtet, die im Osten
wohnen! Man wird ihnen ihre Zelte 29
und Herden nehmen, ihre Zeltdecken,
alle Geräte und Kamele wegführen und
über sie rufen: [c]Schrecken um und
um!
Fliehet, hebt euch eilends davon, 30
verkriecht euch tief, ihr Einwohner von
Hazor! spricht der HERR; denn Nebu-
kadnezar, der König von Babel, hat et-
was im Sinn wider euch und plant et-
was gegen euch. Wohlauf, ziehet herauf 31
wider ein Volk, das ruhig und sicher
wohnt! spricht der HERR; sie haben we-
der Tür noch Riegel und wohnen al-
lein. Ihre Kamele sollen geraubt und 32
die Menge ihres Viehs genommen wer-
den, und in alle Winde will ich die zer-
streuen, die [d]das Haar rundherum ab-
scheren, und von allen Seiten her will
ich ihr Unglück über sie kommen las-
sen, spricht der HERR; daß Hazor eine 33
Wohnung der Schakale und eine ewige
Wüste werden soll, so daß niemand
dort wohne und kein Mensch darin
hause.[e]

a Jes 21,16.17 *b* Jos 11,10 *c* Kap 20,3
d Kap 25,23 *e* Vers 13

Weissagung gegen Elam

Dies ist das Wort des HERRN, das ge- 34
schah zu Jeremia, dem Propheten, wi-
der [a]Elam im Anfang der Herrschaft

35 Zedekias, des Königs von Juda: So
spricht der HERR Zebaot: Siehe, ich
will den [b]Bogen Elams zerbrechen, sei-
36 ne stärkste Waffe, und will die vier
Winde von den vier Enden des Him-
mels über sie kommen lassen und will
sie in alle diese Winde zerstreuen, so
daß es kein Volk geben soll, wohin nicht
Vertriebene aus Elam kommen werden.
37 Und ich will Elam verzagt machen vor
seinen Feinden und vor denen, die
ihnen nach dem Leben trachten, und
will Unheil über sie kommen lassen in
meinem grimmigen Zorn, spricht der
HERR, und will das Schwert hinter
ihnen her schicken, bis ich sie aufrei-
38 be.[c] Meinen Thron will ich in Elam
aufstellen und will dort den König und
die Fürsten umbringen, spricht der
39 HERR. Aber in der letzten Zeit will ich
das Geschick Elams wieder wenden,
spricht der HERR.

a Kap 25,25 *b* Jes 22,6 *c* Hes 32,24

Weissagung vom Untergang Babels und von der Erlösung Israels

(vgl. Jes 13; 14)

50 [a]Dies ist das Wort, das der HERR durch
den Propheten Jeremia geredet hat wi-
der Babel und das Land der Chaldäer:
2 Verkündet's unter den Völkern und
laßt's erschallen, richtet das Banner
auf! Laßt's erschallen und verbergt es
nicht und sprecht: Babel ist genom-
men, Bel ist zuschanden, Merodach ist
zerschmettert; ihre Götzen sind zu-
schanden, ihre Götterbilder sind zer-
3 schmettert! Denn es zieht von Norden
ein Volk heran gegen sie, das ihr Land
zur Wüste macht, so daß niemand darin
wohnen wird, sondern Menschen und
Vieh daraus fliehen werden.

4 In jenen Tagen und zur selben Zeit,
spricht der HERR, [b]werden kommen die
Leute von Israel samt den Leuten von
Juda und weinend umherziehen und
5 den HERRN, ihren Gott, suchen. Sie
werden fragen nach dem Wege nach
Zion und sich dorthin kehren:
»Kommt, wir wollen uns dem HERRN
zuwenden [c]zu einem ewigen Bunde,
der nimmermehr vergessen werden
6 soll!« Denn mein Volk ist wie [d]eine ver-
lorne Herde. Ihre Hirten haben sie ver-
führt und auf den Bergen in die Irre ge-
hen lassen, daß sie über Berge und Hü-
gel gehen mußten und ihren Ruheplatz
7 vergaßen. Es fraßen sie alle, die sie an-
trafen, und ihre Feinde sprachen: Wir
tun nicht unrecht! Denn sie haben sich
versündigt an dem HERRN, der rechten
Weide, und an dem HERRN, der ihrer
Väter Hoffnung war.

[e]Fliehet aus Babel und zieht aus der 8
Chaldäer Lande und macht's wie die
Böcke vor der Herde! Denn siehe, ich 9
will Völker in großen Scharen erwek-
ken und aus dem Lande des Nordens
gegen Babel heranführen; die sollen
sich gegen die Stadt rüsten und sie auch
einnehmen. Ihre Pfeile sind wie die
eines guten Kriegers, der nicht mit lee-
ren Händen zurückkehrt. Und das 10
Chaldäerland soll ein Raub werden;
alle, die es berauben, sollen satt wer-
den, spricht der HERR. Wenn ihr euch 11
auch freut und rühmt, daß ihr mein
Erbteil geplündert habt, und hüpft wie
die Kälber im Grase und wiehert wie
die starken Rosse, so wird eure Mutter 12
doch sehr zuschanden und, die euch ge-
boren hat, zum Spott werden. Siehe,
unter den Völkern soll sie die geringste
sein, wüst, dürr und öde. Denn vor dem 13
Zorn des HERRN wird sie unbewohnt
und ganz wüst bleiben, so daß [f]alle, die
an Babel vorüberziehen, sich entsetzen
werden und spotten über alle ihre Pla-
gen. Stellt euch ringsum gegen Babel 14
auf, all ihr Bogenschützen; schießt
nach ihr, spart nicht an Pfeilen; denn
sie hat wider den HERRN gesündigt. Er- 15
hebet das Kriegsgeschrei ringsum. Sie
hat sich ergeben, ihre Pfeiler sind gefal-
len, ihre Mauern sind abgebrochen;
denn so vergilt der HERR. [g]Übt Vergel-
tung an Babel, tut ihr, wie sie getan hat.
Rottet aus von Babel den Sämann und 16
den Schnitter in der Ernte! Vor dem
mörderischen Schwert wird sich jeder
zu seinem Volk wenden und in sein
Land fliehen.

Israel war eine zerstreute Herde, die 17
die Löwen verscheucht haben. Zuerst
fraß sie der König von Assyrien, da-
nach nagte ihre Knochen ab Nebukad-
nezar, der König von Babel. Darum 18
spricht der HERR Zebaot, der Gott Is-
raels: Siehe, ich will heimsuchen den
König von Babel und sein Land,
[h]gleichwie ich den König von Assyrien
heimgesucht habe. Israel aber will ich 19
wieder heim zu seiner Wohnung brin-
gen, daß sie auf dem Karmel und in Ba-
san weiden und sich sättigen sollen auf
dem Gebirge Efraim und Gilead. *Zur* 20
selben Zeit und in jenen Tagen wird man
die Missetat Israels suchen, spricht der
HERR, *aber es wird keine da sein, und die*

Sünden Judas, aber es wird keine gefun-
den werden; denn [i]*ich will sie vergeben*
denen, die ich übrigbleiben lasse.
21 Zieh heran gegen das Land Merata-
jim; zieh heran gegen die Einwohner
von Pekod*; vertilge sie und vollziehe
den Bann an ihren Nachkommen,
spricht der HERR, und tu alles, was ich
22 dir befohlen habe! Es ist ein Kriegsge-
schrei im Lande und großer Jammer.
23 Wie ist der [j]Hammer der ganzen Welt
zerbrochen und zerschlagen! Wie ist
Babel zum Bild des Entsetzens gewor-
24 den unter allen Völkern! Ich habe dir
Fallen gestellt, Babel, und du hast dich
darin gefangen, ehe du dich's versahst;
du bist getroffen und ergriffen, denn du
25 hast den HERRN herausgefordert. Der
HERR hat sein Zeughaus aufgetan und
die Waffen seines Zorns hervorgeholt;
denn Gott, der HERR Zebaot, hat etwas
auszurichten in der Chaldäer Lande.
26 Kommt her gegen dies Land von allen
Enden, öffnet seine Kornhäuser, werft
alles auf einen Haufen und vollzieht
den Bann an ihm, daß nichts übrigblei-
27 be! Tötet alle seine Stiere, führt sie hin-
ab zur Schlachtbank! Weh ihnen, denn
ihr Tag ist gekommen, die Zeit ihrer
28 Heimsuchung! Man hört ein Geschrei
der Flüchtigen und derer, die entron-
nen sind aus dem Lande Babel, daß sie
verkünden zu Zion die Vergeltung des
HERRN, unseres Gottes, die Vergeltung
für seinen Tempel.
29 Rufet viele wider Babel, belagert es
ringsum, all ihr Bogenschützen, und
laßt keinen davonkommen! [k]Vergeltet
Babel, wie es verdient hat; wie es getan
hat, so tut ihm wieder! Denn es hat
stolz gehandelt wider den HERRN, den
30 Heiligen Israels. Darum soll seine jun-
ge Mannschaft fallen auf seinen Gas-
sen, und alle seine Kriegsleute sollen
umkommen an jenem Tage, spricht der
31 HERR. Siehe, du Stolzer, ich will an
dich, spricht Gott, der HERR Zebaot;
denn dein Tag ist gekommen, die Zeit
32 deiner Heimsuchung. Da soll der Stol-
ze stürzen und fallen, daß ihn niemand
aufrichte. Ich will an seine Städte
Feuer legen; das soll alles, was rings-
umher ist, verzehren.
33 So spricht der HERR Zebaot: Siehe,
die Leute von Israel samt den Leuten
von Juda müssen Gewalt und Unrecht
leiden; alle, die sie gefangen wegge-
führt haben, halten sie fest und wollen
34 sie nicht loslassen. Aber ihr Erlöser ist
stark, der heißt HERR Zebaot; der wird
ihre Sache so hinausführen, daß er das
Land erbeben und die Einwohner von
Babel erzittern läßt.
Das Schwert soll kommen, spricht 35
der HERR, über die Chaldäer und über
die Einwohner von Babel und über ihre
Fürsten und über ihre Weisen! Das 36
Schwert soll kommen über ihre Wahr-
sager, daß sie zu Narren werden; das
Schwert soll kommen über ihre Star-
ken, daß sie verzagen! Das Schwert soll 37
kommen über ihre Rosse und Wagen
und über alles fremde Volk, das darin
ist, daß sie [l]zu Weibern werden! Das
Schwert soll kommen über ihre Schät-
ze, daß sie geplündert werden! Dürre 38
soll kommen über ihre Wasser, daß sie
versiegen! Denn es ist ein Götzenland,
und an ihren schrecklichen Götzen sind
sie toll geworden. Darum sollen Wü- 39
stentiere und wilde Hunde darin woh-
nen und die Strauße, und es soll nie
mehr bewohnt werden und niemand
darin hausen für und für. Gleichwie 40
Gott Sodom und Gomorra samt ihren
Nachbarn zerstört hat, spricht der
HERR, soll niemand darin wohnen noch
ein Mensch darin hausen.[m]
Siehe, es kommt ein Volk [n]von Nor- 41
den her; viele Völker und viele Könige
werden vom Ende der Erde sich aufma-
chen. Die haben Bogen und Speer; sie 42
sind grausam und unbarmherzig; ihr
Geschrei ist wie das Brausen des Mee-
res; sie reiten auf Rossen, gerüstet als
Kriegsleute gegen dich, du Tochter Ba-
bel.[o] Wenn der König von Babel die 43
Kunde von ihnen hören wird, so wer-
den ihm die Hände niedersinken; ihm
wird so angst und bange werden wie
einer Frau in Kindsnöten.
[p]Siehe, er kommt herauf wie ein 44
Löwe aus dem Dickicht des Jordan in
die Auen; denn ich will sie eilends dar-
aus wegtreiben und den, der erwählt
ist, darüber setzen. Denn wer ist mir
gleich, wer will mich meistern, und wer
ist der Hirte, der mir widerstehen
kann?
So hört nun den Ratschluß des 45
HERRN, den er über Babel gefaßt hat,
und seine Gedanken, die er hat über die
Einwohner im Lande der Chaldäer!
Was gilt's? Wird man sie nicht fort-
schleifen mit den geringsten ihrer
Schafe, werden ihretwegen nicht ihre
Auen veröden? Und die Erde wird be- 46
ben von dem Ruf: Babel ist genom-
men!, und sein Wehgeschrei wird unter
den Völkern erschallen.

a (1 und 2) Jes 46,1 *b* Kap 31,9 *c* Kap 32,40
d Kap 23,1 *e* Kap 51,6; Jes 48,20 *f* Kap 51,37
g Offb 18,6 *h* 2.Kön 19,35 *i* Kap 33,7.8
j Kap 51,20 *k* Vers 15 *l* Kap 51,30 *m* Kap 49,18;
1.Mose 19,24.25 *n* Kap 1,14 *o* Kap 6,23
p (44-46) Kap 4,7
*Vers 21: Meratajim bedeutet »Doppeltrotz«, Pekod »Heimsuchung«; gemeint ist Babel.

Weitere Weissagung vom Untergang Babels und von der Erlösung Israels

51 So spricht der HERR: Siehe, ich will
einen Verderben bringenden Wind er-
wecken wider Babel und wider seine
Bewohner, die sich gegen mich erhoben
2 haben. Ich will [a]Worfler nach Babel
schicken, die sie worfeln sollen und ihr
Land ausfegen, die von allen Seiten
über sie kommen werden am Tage des
3 Unheils. Ihre Schützen sollen nicht
schießen, und ihre Geharnischten sol-
len sich nicht wehren können. Ver-
schont nicht ihre junge Mannschaft,
vollstreckt den Bann an ihrem ganzen
4 Heer, daß die Erschlagenen daliegen im
Lande der Chaldäer und die Erstoche-
5 nen auf ihren Gassen! Aber Israel und
Juda sollen nicht [b]Witwen werden,
verlassen von ihrem Gott, dem HERRN
Zebaot; denn das Land der Chaldäer
hat sich sehr verschuldet [c]am Heiligen
6 Israels. [d]Fliehet aus Babel, und rette
ein jeder sein Leben, daß ihr nicht
untergeht in seiner Schuld. Denn dies
ist für den HERRN die Zeit der Rache,
um ihm seine Taten zu vergelten.
7 Ein [e]goldener Kelch, der alle Welt
trunken gemacht hat, war Babel in der
Hand des HERRN. [f]Alle Völker haben
von seinem Wein getrunken; darum
8 sind die Völker so toll geworden. Wie
plötzlich ist [g]Babel gefallen und zer-
schmettert! Heulet über Babel, bringt
Balsam für seine Wunden, ob es viel-
9 leicht geheilt werden könnte. Wir woll-
ten Babel heilen; aber es wollte nicht
geheilt werden. So laßt es fahren und
laßt uns ein jeder in sein Land ziehen!
Denn seine Strafe reicht bis an den
Himmel und langt hinauf bis an die
10 Wolken. Der HERR hat unsere Gerech-
tigkeit ans Licht gebracht. Kommt,
laßt uns in Zion erzählen die Werke des
HERRN, unseres Gottes!
11 Ja, schärft nun die Pfeile und ergreift
die Schilde! [h]Der HERR hat den Mut
der Könige von Medien erweckt; denn
seine Gedanken stehen wider Babel,
daß er es verderbe. Denn dies ist die
[i]Vergeltung des HERRN, die Vergeltung
für seinen Tempel. Ja, erhebt nun das 12
Banner gegen die Mauern von Babel,
macht stark die Wachen, bestellt
Wächter, legt einen Hinterhalt! Denn
der HERR hat sich's vorgenommen und
wird's auch tun, was er gegen die Ein-
wohner von Babel geredet hat.
Die du [j]an großen Wassern wohnst 13
und große Schätze hast, dein Ende ist
gekommen, dein Lebensfaden wird ab-
geschnitten! Der HERR Zebaot hat bei 14
sich geschworen: Wenn ich dich auch
gefüllt habe mit Menschen wie mit
Heuschrecken, so wird man doch über
dich anstimmen den Ruf des Keltertre-
ters.
[k]Er hat die Erde durch seine Kraft 15
gemacht und den Erdkreis durch seine
Weisheit bereitet und den Himmel aus-
gebreitet durch seinen Verstand. Wenn 16
er donnert, so ist Wasser die Menge am
Himmel. [l]Er läßt die Wolken her-
aufziehen vom Ende der Erde. Er
macht die Blitze, daß es regnet, und
läßt den Wind kommen aus seinen Vor-
ratskammern. Alle Menschen aber sind 17
Toren mit ihrer Kunst, und alle Gold-
schmiede stehen beschämt da mit ihren
Bildern; denn ihre Götzen sind Trug
und haben kein Leben. Sie sind nichts, 18
ein Spottgebilde; sie müssen zugrunde
gehen, wenn sie heimgesucht werden.
Aber so ist der nicht, der Jakobs Reich- 19
tum ist, sondern er ist's, der alle Dinge
schafft, und Israel ist sein Erbteil. Er
heißt HERR Zebaot.
Du, Babel, warst [m]mein Hammer, 20
meine Kriegswaffe; durch dich habe
ich Völker zerschmettert und König-
reiche zerstört. Durch dich habe ich 21
Rosse und Reiter zerschmettert, Wa-
gen und Fahrer. Durch dich habe ich 22
Männer und Frauen zerschmettert,
Alte und Junge, Jünglinge und Jung-
frauen. Durch dich habe ich Hirten 23
und Herden zerschmettert, Bauern und
Gespanne und Fürsten und Herren.
Aber nun will ich [n]Babel und allen [o]Be- 24
wohnern von Chaldäa vergelten alle
ihre Bosheit, die sie an Zion begangen
haben, vor euren Augen, spricht der
HERR. Siehe, ich will an dich, du Berg 25
des Verderbens, der du Verderben
gebracht hast über alle Welt, spricht
der HERR. Ich will meine Hand wider
dich ausstrecken und dich von den
Felsen herabwälzen und will einen ver-
brannten Berg aus dir machen, daß 26
man weder Ecksteine noch Grundstei-
ne aus dir nehmen kann, sondern eine

ewige Wüste sollst du sein, spricht der
HERR.
27 Richtet auf das Banner auf Erden,
blast die Posaune unter den Völkern!
[p]Heiligt die Völker zum Kampf gegen
die Stadt Babel! Ruft wider sie die Kö-
nigreiche Ararat, Minni und [q]Aschke-
nas! Sammelt Kriegsleute gegen sie,
bringet Rosse herauf, zahlreich wie
28 Heuschrecken! Heiligt die Völker zum
Kampf gegen sie, die Könige von Me-
dien samt allen ihren Fürsten und Her-
ren und das ganze Land ihrer Herr-
29 schaft, daß das Land erbebt und erzit-
tert; denn die Gedanken des HERRN
wollen erfüllt werden wider Babel, daß
er das Land Babel zur Wüste mache, in
der niemand wohnt.
30 Die Helden zu Babel werden nicht zu
Felde ziehen, sondern in der Festung
bleiben. Mit ihrer Stärke ist's aus, [r]sie
sind Weiber geworden; ihre Wohnun-
gen sind in Brand gesteckt und ihre
31 Riegel zerbrochen. Ein Läufer begeg-
net dem andern und ein Bote dem an-
dern, um dem König von Babel anzusa-
gen, daß seine Stadt genommen sei an
32 allen Enden und die Furten besetzt sei-
en und die Bollwerke verbrannt und die
33 Kriegsleute verzagt. Denn so spricht
der HERR Zebaot, der Gott Israels: Die
Tochter Babel ist wie eine Tenne, wenn
man sie feststampft; es wird ihre Ernte
gar bald kommen.
34 »Nebukadnezar, der König von Ba-
bel, hat mich gefressen und umge-
bracht, er hat aus mir ein leeres Gefäß
gemacht. Er hat mich verschlungen wie
ein Drache, er hat seinen Bauch gefüllt
mit meinen Kostbarkeiten; er hat mich
35 vertrieben. Nun aber komme über Ba-
bel der Frevel, der an mir begangen ist
und an meinem Fleische«, spricht die
Einwohnerin von Zion, »und mein Blut
komme über die Bewohner von Chal-
36 däa«, spricht Jerusalem. Darum spricht
der HERR: Siehe, ich will deine Sache
führen und dich rächen. Ich will ihr
Meer austrocknen und ihre Brunnen
37 versiegen lassen. Und Babel soll zu
Steinhaufen und zur Wohnung der
Schakale werden, [s]zum Bild des Ent-
setzens und zum Spott, daß niemand
38 darin wohne. Sie sollen miteinander
brüllen wie die Löwen und knurren wie
39 die jungen Löwen. Wenn sie vor Gier
brennen, will ich ihnen ein Mahl zu-
richten und will sie trunken machen,
daß sie matt werden und zum ewigen
Schlaf einschlafen, von dem sie nim-
mermehr aufwachen sollen, spricht der
HERR. Ich will sie hinabführen wie 40
Lämmer zur Schlachtbank, wie Wid-
der und Böcke.
Wie ist [t]Scheschach gefallen und die 41
in aller Welt Berühmte eingenommen!
Wie ist Babel zum Bild des Entsetzens
geworden unter den Heiden! Ein Meer 42
ist über Babel gegangen, und mit der
Menge seiner Wellen ist es bedeckt.
Seine Städte sind zur Wüste und zu 43
einem dürren, öden Lande geworden,
zum Lande, darin niemand wohnt und
das kein Mensch durchzieht. Ja, ich 44
habe den [u]Bel zu Babel heimgesucht
und habe aus seinem Rachen gerissen,
was er verschlungen hatte. Und die
Heiden sollen nicht mehr zu ihm
laufen; denn es sind auch die Mauern
von Babel zerfallen.
Zieh aus von dort, mein Volk, und 45
rette ein jeder sein Leben vor dem
grimmigen Zorn des HERRN! Euer 46
Herz könnte sonst weich werden und
verzagen vor den Gerüchten, die man
im Lande hören wird. Denn es wird in
diesem Jahr ein Gerücht umgehen und
danach im nächsten Jahr wieder ein
Gerücht, und Gewalt wird im Lande
sein und ein Herrscher wider den an-
dern. Darum siehe, es kommt die Zeit, 47
daß ich die Götzen zu Babel heimsu-
chen will und sein ganzes Land zu-
schanden werden soll und seine Er-
schlagenen darin liegen werden. [v]Him- 48
mel und Erde und alles, was darinnen
ist, werden jauchzen über Babel, weil
seine Verwüster von Norden gekom-
men sind, spricht der HERR. Und Babel 49
muß fallen für die Erschlagenen Is-
raels, wie für Babel gefallen sind die Er-
schlagenen der ganzen Erde.
So ziehet nun hin, die ihr dem 50
Schwert entronnen seid, und haltet
euch nicht auf! Gedenkt des HERRN in
fernem Lande und [w]laßt euch Jerusa-
lem im Herzen sein! Wir waren zu- 51
schanden geworden, weil wir die
Schmach hören mußten und Scham
unser Angesicht bedeckte, weil die
Fremden über das Heiligtum des Hau-
ses des HERRN kamen. Darum siehe, die 52
Zeit kommt, spricht der HERR, daß ich
die Götzen Babels heimsuchen will,
und im ganzen Lande sollen die tödlich
Verwundeten stöhnen. Und wenn [x]Ba- 53
bel zum Himmel emporstiege und seine
Mauern unersteigbar hoch machte, so
sollen doch Verwüster von mir über sie
kommen, spricht der HERR.

54 Man hört ein Geschrei aus Babel und
einen großen Jammer aus der Chaldäer
55 Lande; denn der HERR verwüstet Babel
und vertilgt aus ihm das große Getüm-
mel. Wellen brausen heran wie große
Wasser, es erschallt ihr lautes Tosen;
56 denn es ist über Babel der Verwüster
gekommen. Seine Helden werden ge-
fangen, seine Bogen werden zerbro-
chen; denn [y] der Gott der Vergeltung,
57 der HERR, zahlt es ihnen heim. Ich will
seine Fürsten, Weisen, Herren und
Hauptleute und seine Krieger trunken
machen, daß sie zu ewigem Schlaf ein-
schlafen sollen, von dem sie nie mehr
aufwachen, spricht der König, der da
heißt HERR Zebaot.
58 So spricht der HERR Zebaot: Die
Mauern des großen Babel sollen ge-
schleift und seine hohen Tore mit
Feuer verbrannt werden, daß die
Arbeit der Heiden umsonst sei und
[z] dem Feuer verfalle, was die Völker mit
Mühe erbaut haben.
59 Dies ist das Wort, das der Prophet
Jeremia befahl Seraja, dem Sohn [aa] Ne-
rias, des Sohnes Machsejas, als er mit
Zedekia, dem König von Juda, nach
Babel zog im vierten Jahr seiner Herr-
schaft. Und Seraja war der Marschall
60 für die Reise. Und Jeremia [ab] schrieb all
das Unheil, das über Babel kommen
sollte, in ein Buch, nämlich alle diese
Worte, die wider Babel geschrieben
61 sind. Und Jeremia sprach zu Seraja:
Wenn du nach Babel kommst, so
schaue zu und lies laut alle diese Worte
62 und sprich: HERR, du hast geredet ge-
gen diese Stätte, daß du sie ausrotten
willst, so daß niemand darin wohne,
weder Mensch noch Vieh, sondern daß
63 sie immerdar wüst sei. [ac] Und wenn du
das Buch ausgelesen hast, so binde
einen Stein daran und wirf's in den Eu-
64 frat und sprich: So soll Babel versinken
und nicht wieder aufkommen von dem
Unheil, das ich über sie bringen will,
sondern soll vergehen.
So weit hat Jeremia geredet.

a Kap 15,7 *b* Jes 54,4 *c* Kap 50,29 *d* Kap 50,8; Offb 18,4 *e* Offb 17,4 *f* Kap 25,15; Offb 18,3 *g* Jes 21,9 *h* Jes 13,17 *i* Kap 50,28 *j* Offb 17,1 *k (15-19)* Kap 10,12-16 *l* Ps 135,7 *m* Kap 50,23 *n* Kap 50,29 *o* Hiob 1,17 *p* Jes 13,3 *q* 1.Mose 10,3 *r* Kap 50,37 *s* Kap 50,13 *t* Kap 25,26 *u* Kap 50,2; Jes 46,1 *v* Offb 18,20 *w* Ps 137,5 *x* 1.Mose 11,4; Jes 14,13 *y* 5.Mose 32,39-41 *z* Hab 2,13 *aa* Kap 36,4 *ab* Kap 50,1-51,58 *ac (63 und 64)* Offb 18,21

Nochmaliger Bericht von der Zerstörung Jerusalems und der Wegführung in die Gefangenschaft

(vgl. Kap 39,1-10; 2.Kön 24,18-25,21; 2.Chr 36,11-21)

Zedekia war einundzwanzig Jahre alt, 52
als er König wurde; und er regierte elf
Jahre zu Jerusalem. Seine Mutter hieß
Hamutal, eine Tochter Jeremias aus
Libna. Und er tat, was dem HERRN 2
mißfiel, gleichwie Jojakim getan hatte.
Denn so geschah es mit Jerusalem 3
und Juda um des Zornes des HERRN
willen, bis er sie von seinem Angesicht
wegstieß. Zedekia fiel ab vom König
von Babel. Im neunten Jahr seiner 4
Herrschaft, am zehnten Tage des zehn-
ten Monats, kam Nebukadnezar, der
König von Babel, mit seinem ganzen
Heer vor Jerusalem, und sie belagerten
es und machten Bollwerke ringsumher.
Und die Stadt blieb belagert bis ins elf- 5
te Jahr des Königs Zedekia. Aber am 6
neunten Tage des vierten Monats
nahm der Hunger überhand in der
Stadt, und das Volk des Landes hatte
nichts mehr zu essen. Da brach man in 7
die Stadt, und alle Kriegsleute wandten
sich zur Flucht und zogen zur Stadt
hinaus bei Nacht durch das Tor zwi-
schen den zwei Mauern auf dem Wege,
der zum Garten des Königs geht. Aber
die Chaldäer lagen rings um die Stadt
her. Und als sie den Weg zum Jordantal
nahmen, jagte das Heer der Chaldäer 8
dem König nach, und sie holten Zede-
kia ein im Jordantal von Jericho. Da
zerstreute sich sein ganzes Heer. Und 9
sie nahmen den König gefangen und
brachten ihn hinauf zum König von
Babel nach Ribla, das im Lande Hamat
liegt; der sprach das Urteil über ihn.
Allda ließ der König von Babel die Söh- 10
ne Zedekias vor dessen Augen töten
und tötete auch alle Oberen von Juda in
Ribla. Aber Zedekia ließ er die Augen 11
ausstechen und ihn in Ketten legen. So
[a] führte ihn der König von Babel nach
Babel und legte ihn ins Gefängnis, bis
er starb.
Am zehnten Tage des fünften Mo- 12
nats, das ist das neunzehnte Jahr Nebu-
kadnezars, des Königs von Babel, kam
Nebusaradan, der Oberste der Leibwa-
che, der stets um den König von Babel
war, nach Jerusalem und verbrannte 13
das Haus des HERRN und das Haus des
Königs und alle Häuser von Jerusalem;
alle großen Häuser verbrannte er mit

14 Feuer. Und das ganze Heer der Chal-
däer, das bei dem Obersten der Leib-
wache war, riß alle Mauern Jerusalems
15 ringsumher nieder. Aber das niedere
Volk und was vom Volk noch übrig war
in der Stadt und die zum König von Ba-
bel abgefallen waren und was übrigge-
blieben war von den Werkleuten führte
Nebusaradan, der Oberste der Leibwa-
16 che, gefangen weg. Vom niederen Volk
auf dem Lande ließ Nebusaradan, der
Oberste der Leibwache, Weingärtner
und Ackerleute zurück.
17 Aber die kupfernen Säulen am
Hause des HERRN und die Gestelle und
das kupferne Meer am Hause des
HERRN zerbrachen die Chaldäer und
brachten alles Kupfer nach Babel.[b]
18 Und die Töpfe, Schaufeln, Messer,
Becken, Schalen und alle kupfernen
Gefäße, die man im Gottesdienst zu ge-
brauchen pflegte, nahmen sie weg.
19 [c]Dazu nahm der Oberste der Leibwa-
che, was golden und silbern war an Be-
chern, Räuchergefäßen, Becken, Töp-
fen, Leuchtern, Löffeln und Schalen.
20 Die zwei Säulen, das Meer, die zwölf
kupfernen Rinder darunter und die
Gestelle, welche der König Salomo
hatte machen lassen für das Haus des
HERRN – das Kupfer aller dieser Geräte
21 war unermeßlich viel. Von den zwei
Säulen aber war jede achtzehn Ellen
hoch; eine Schnur, zwölf Ellen lang,
reichte um sie herum; jede Säule war
vier Finger dick und inwendig hohl.
22 Auf jeder stand ein kupferner Knauf,
fünf Ellen hoch, und ein Gitterwerk
und Granatäpfel waren an jedem
Knauf ringsumher, alles aus Kupfer;
und eine Säule war wie die andere, die
23 Granatäpfel auch. Es waren sechsund-
neunzig Granatäpfel daran; im ganzen
waren es hundert Granatäpfel rings um
das Gitterwerk herum.
24 Und der Oberste der Leibwache
nahm den obersten Priester Seraja und
den zweitobersten Priester Zefanja und
die drei Hüter der Schwelle und aus der 25
Stadt einen Kämmerer, der über die
Kriegsleute gesetzt war, und sieben
Männer, welche stets um den König
sein mußten, die man in der Stadt fand,
dazu den Schreiber des Feldhaupt-
manns, der das Volk des Landes zum
Heer aufbot, und sechzig Mann vom
Volk des Landes, die man in der Stadt
fand; diese nahm Nebusaradan, der 26
Oberste der Leibwache, und brachte
sie zum König von Babel nach Ribla.
Und der König von Babel schlug sie tot 27
zu Ribla, das im Lande Hamat liegt. So
wurde Juda aus seinem Lande wegge-
führt.
Dies ist das Volk, das Nebukadnezar 28
weggeführt hat: im siebenten Jahr 3023
Judäer; im achtzehnten Jahr aber des 29
Nebukadnezar 832 Leute aus Jerusa-
lem; und im dreiundzwanzigsten Jahr 30
des Nebukadnezar führte Nebusara-
dan, der Oberste der Leibwache, 745
Leute aus Juda weg. Alle zusammen
sind 4600.

a Kap 32,5 *b* Kap 27,19-22 *c* *(19-23)* 1.Kön 7,15-37

Begnadigung des Königs Jojachin

(vgl. 2.Kön 25,27-30)

Aber im siebenunddreißigsten Jahr, 31
nachdem Jojachin, der König von Juda,
weggeführt war, am fünfundzwanzig-
sten Tage des zwölften Monats ließ
Evil-Merodach, der König von Babel,
im Jahr, da er König wurde, Jojachin,
den König von Juda, aus dem Kerker
holen und redete freundlich mit ihm 32
und setzte seinen Sitz über die Sitze der
Könige, die bei ihm in Babel waren.
Und Jojachin legte die Kleider seiner 33
Gefangenschaft ab und aß bei dem Kö-
nig sein Leben lang. Und ihm wurde 34
stets sein Unterhalt vom König von Ba-
bel gegeben, wie es für ihn verordnet
war, sein ganzes Leben lang bis an sein
Ende.

DIE KLAGELIEDER JEREMIAS

Klagen und Gebete nach der Zerstörung Jerusalems

Jerusalem klagt und fleht um Hilfe

I Wie liegt die Stadt so verlassen, die voll
Volks war! Sie ist [a]wie eine Witwe, die
Fürstin unter den Völkern, und die eine
Königin in den Ländern war, muß nun
2 dienen. Sie weint des Nachts, daß ihr
die Tränen über die Backen laufen. Es
ist [b]niemand unter allen ihren Liebha-
bern, der sie tröstet. Alle ihre Freunde
sind ihr untreu und ihre Feinde gewor-
3 den. Juda ist gefangen in Elend und
schwerem Dienst, es wohnt unter den
Heiden und findet keine Ruhe; alle sei-
ne Verfolger kommen heran und be-
4 drängen es. Die Straßen nach Zion lie-
gen wüst, weil niemand auf ein Fest
kommt. Alle Tore der Stadt stehen öde,
ihre Priester seufzen, ihre Jungfrauen
sehen jammervoll drein, und sie ist be-
5 trübt. Ihre Widersacher sind obenauf,
ihren Feinden geht's gut; denn der
HERR hat über die Stadt Jammer ge-
bracht um ihrer großen Sünden willen,
und ihre Kinder sind gefangen vor dem
6 Feind dahingezogen. Es ist von der
Tochter Zion aller Schmuck dahin.
Ihre Fürsten sind wie Hirsche, die kei-
ne Weide finden und matt vor dem
Verfolger herlaufen.
7 Jerusalem denkt in dieser Zeit, da sie
elend und verlassen ist, wie viel Gutes
sie von alters her gehabt hat, wie aber
all ihr Volk daniedersank unter des
Feindes Hand und ihr niemand half.
Ihre Feinde sehen auf sie herab und
8 spotten über ihren Untergang. Jerusa-
lem hat sich versündigt; darum muß sie
sein wie ein unreines Weib. Alle, die sie
ehrten, verschmähen sie jetzt, weil sie
[c]ihre Blöße sehen; sie aber seufzt und
9 hat sich abgewendet. Ihr Unflat klebt
an ihrem Saum. Sie hätte nicht ge-
meint, daß es ihr zuletzt so gehen wür-
de. Sie ist ja greulich heruntergestoßen
und hat dazu niemand, der sie tröstet.
»Ach HERR, sieh an mein Elend; denn
10 der Feind triumphiert!« Der Feind
[d]hat seine Hand gelegt an alle ihre Klein-
ode. Ja, sie mußte zusehen, daß [e]die
Heiden in ihr Heiligtum gingen, wäh-
rend du geboten hast, sie sollten nicht
in deine Gemeinde kommen. Alles 11
Volk seufzt und geht nach Brot, es gibt
seine Kleinode um Speise, um sein Le-
ben zu erhalten. »Ach HERR, sieh doch
und schau, wie verachtet ich bin!«
Euch allen, die ihr vorübergeht, sage 12
ich: »Schaut doch und seht, ob irgend-
ein Schmerz ist wie mein Schmerz,
der mich getroffen hat; denn der HERR
hat Jammer über mich gebracht am
Tage seines grimmigen Zorns. Er hat 13
ein Feuer aus der Höhe in meine Ge-
beine gesandt und läßt es wüten. Er hat
meinen Füßen ein Netz gestellt und
mich rückwärts fallen lassen; er hat
mich zur Wüste gemacht, daß ich für
immer siech bin. Schwer ist das Joch 14
meiner Sünden; durch seine Hand sind
sie zusammengeknüpft. Sie sind mir
auf den Hals gekommen, so daß mir alle
meine Kraft vergangen ist. Der Herr
hat mich in die Gewalt derer gegeben,
gegen die ich nicht aufkommen kann.
Der Herr hat zertreten alle meine Star- 15
ken, die ich hatte; er hat gegen mich ein
Fest ausrufen lassen, um meine junge
Mannschaft zu verderben. [f]Der Herr
hat die Kelter getreten der Jungfrau,
der Tochter Juda. Darüber weine ich 16
so, und mein Auge fließt von Tränen;
denn der Tröster, der meine Seele er-
quicken sollte, ist ferne von mir. Meine
Kinder sind dahin; denn der Feind hat
die Oberhand gewonnen.«
Zion streckt ihre Hände aus, und 17
doch ist niemand da, der sie tröstet;
denn der HERR hat gegen Jakob seine
Feinde ringsum aufgeboten, so daß Je-
rusalem zwischen ihnen sein muß [g]wie
ein unreines Weib.
Der HERR ist gerecht, denn [h]ich bin 18
seinem Worte ungehorsam gewesen.
Höret, alle Völker, und schaut meinen
Schmerz! Meine Jungfrauen und

Jünglinge sind in die Gefangenschaft
19 gegangen. Ich rief meine Freunde, aber
sie ließen mich im Stich. Meine Priester
und meine Ältesten sind in der
Stadt verschmachtet, sie gehen nach
20 Brot, um ihr Leben zu erhalten. Ach
HERR, sieh doch, wie bange ist mir, daß
mir's im Leibe davon weh tut! Mir
dreht sich das Herz im Leibe um, weil
ich so ungehorsam gewesen bin. Draußen
hat mich das Schwert und im
Hause hat mich der Tod meiner Kinder
21 beraubt. Man hört's wohl, daß ich seufze,
und doch habe ich keinen Tröster;
alle meine Feinde hören mein Unglück
und [i]freuen sich, daß du es gemacht
hast. So laß doch den Tag kommen,
den du verkündet hast, daß es ihnen gehen
22 soll wie mir. Laß alle ihre Bosheit
vor dich kommen und richte sie zu, wie
du mich zugerichtet hast um aller meiner
Missetat willen; denn meiner Seufzer
sind viel, und mein Herz ist betrübt.

a Jer 51,5 *b* Ps 69,21 *c* Hes 16,37 *d* Jer 52,17-19 *e* 5.Mose 23,4 *f* Jes 63,3 *g* Vers 8 *h* Kap 3,42; 5,16 *i* Kap 4,21

Klage über die Verwüstung Judas und Jerusalems

2 Wie hat der Herr die Tochter Zion mit
seinem Zorn überschüttet! Er hat die
Herrlichkeit Israels vom Himmel auf
die Erde geworfen; er hat nicht gedacht
an seinen [a]Fußschemel am Tage seines
2 Zorns. Der Herr hat alle Wohnungen
Jakobs ohne Erbarmen vertilgt, er hat
die Burgen der Tochter Juda abgebrochen
in seinem Grimm und geschleift.
Er hat entweiht ihr Königreich und
3 ihre Fürsten. Er hat alle Macht Israels
in seinem grimmigen Zorn zerbrochen,
er hat seine rechte Hand zurückgezogen,
als der Feind kam, und hat in Jakob
gewütet wie ein flammendes Feuer,
4 das alles ringsum verzehrt. Er hat seinen
Bogen gespannt wie ein Feind; seine
rechte Hand hat er geführt wie ein
Widersacher und hat alles getötet, was
lieblich anzusehen war im Zelt der
Tochter Zion, und hat seinen Grimm
5 wie Feuer ausgeschüttet. Der Herr ist
wie ein Feind geworden, er hat Israel
vertilgt. Er hat zerstört alle Paläste und
hat die Burgen vernichtet; er hat der
Tochter Juda viel Jammer und Leid gebracht.
6 bracht. Er hat sein eigenes Zelt zerwühlt
wie einen Garten und seine
Wohnung vernichtet. Der HERR hat in
Zion [b]Feiertag und Sabbat vergessen
lassen, und in seinem grimmigen Zorn
[c]ließ er König und Priester schänden.
Der Herr hat seinen Altar verworfen 7
und sein Heiligtum entweiht. Er hat die
Mauern ihrer Paläste in des Feindes
Hände gegeben, daß sie im Hause des
HERRN Geschrei erhoben haben wie an
einem Feiertag. Der HERR gedachte zu 8
vernichten die Mauer der Tochter
Zion; er hat die [d]Meßschnur über die
Mauern gezogen und seine Hand nicht
abgewendet, bis er sie vertilgte. Er ließ
Mauer und Wall trauern und miteinander
fallen. Ihre Tore sind tief in die 9
Erde gesunken; er hat ihre Riegel zerbrochen
und zunichte gemacht. Ihr
König und ihre Fürsten sind unter den
Heiden, wo sie das Gesetz nicht üben
können, und ihre Propheten haben keine
Gesichte vom HERRN. Die Ältesten 10
der Tochter Zion sitzen auf der Erde
und sind still, sie werfen Staub auf ihre
Häupter und haben den Sack angezogen.
Die Jungfrauen von Jerusalem
senken ihre Köpfe zur Erde.

Ich habe mir fast die Augen ausgeweint, 11
mein Leib tut mir weh, mein
Herz ist auf die Erde ausgeschüttet
über dem Jammer der Tochter meines
Volks, weil die Säuglinge und Unmündigen
auf den Gassen in der Stadt verschmachten.
Zu ihren Müttern spre- 12
chen sie: Wo ist Brot und Wein?, da sie
auf den Gassen in der Stadt verschmachten
wie die tödlich Verwundeten
und in den Armen ihrer Mütter den
Geist aufgeben.

Ach du Tochter Jerusalem, wem soll 13
ich dich vergleichen, und wie soll ich
dir zureden? Du Jungfrau, Tochter
Zion, wem soll ich dich vergleichen, damit
ich dich tröste? Denn dein Schaden
ist groß wie das Meer. Wer kann dich
heilen? Deine Propheten haben dir trü- 14
gerische und törichte Gesichte verkündet
und dir deine Schuld nicht offenbart,
wodurch sie dein Geschick abgewandt
hätten, sondern sie haben dich
Worte hören lassen, die Trug waren
und dich verführten.[e] Alle, die vor- 15
übergehen, klatschen in die Hände,
pfeifen und schütteln den Kopf über
die Tochter Jerusalem: [f]Ist das die
Stadt, von der man sagte, sie sei die allerschönste,
an der sich alles Land
freut? Alle deine Feinde reißen ihr 16
Maul auf über dich, pfeifen und knirschen
mit den Zähnen und sprechen:
»Ha! wir haben sie vertilgt! Das ist der
Tag, den wir begehrt haben; wir haben's
erlangt, wir haben's erlebt.« Der 17

HERR hat getan, was er vorhatte; er hat
sein Wort erfüllt, das er längst zuvor
geboten hat. Er hat ohne Erbarmen zer-
stört, er hat den Feind über dich froh-
locken lassen und hat die Macht deiner
Widersacher erhöht.
18 Schreie laut zum Herrn, klage, du
Tochter Zion, laß Tag und Nacht Trä-
nen herabfließen wie einen Bach; höre
nicht auf damit, und dein Augapfel las-
19 se nicht ab! Steh des Nachts auf und
schreie zu Beginn jeder Nachtwache,
schütte dein Herz aus vor dem Herrn
wie Wasser. Hebe deine Hände zu ihm
auf um des Lebens deiner jungen Kin-
der willen, die vor Hunger ver-
schmachten an allen Straßenecken!
20 HERR, schaue und sieh doch, wen du
so verderbt hast! Sollen denn die Frau-
en [g]ihres Leibes Frucht essen, die
Kindlein, die man auf Händen trägt?
Sollen denn Propheten und Priester in
dem Heiligtum des Herrn erschlagen
21 werden? Es lagen in den Gassen auf der
Erde Knaben und Alte; meine Jung-
frauen und Jünglinge sind durchs
Schwert gefallen. Du hast getötet am
Tage deines Zorns, du hast ohne Erbar-
22 men geschlachtet. Du hast von allen
Seiten her meine Feinde gerufen wie zu
einem Feiertag, so daß niemand am
Tage des Zorns des HERRN entronnen
und übriggeblieben ist. Die ich auf den
Händen getragen und großgezogen
habe, die hat der Feind umgebracht.

a Ps 132,7.8 *b* Hos 2,13 *c* Kap 5,12
d 2.Kön 21,13 *e* Jer 14,14-16; 23,16-22 *f* Ps 48,3;
Hes 16,14 *g* 5.Mose 28,53-57; Jer 19,9

Klage und Trost eines Leidenden

3 Ich bin der Mann, der Elend sehen
muß durch die Rute des Grimmes Got-
2 tes. Er hat mich geführt und gehen las-
sen in die Finsternis und nicht ins
3 Licht. Er hat seine Hand gewendet ge-
gen mich und erhebt sie gegen mich
4 Tag für Tag. Er hat mir Fleisch und
Haut alt gemacht und mein Gebein zer-
5 schlagen. Er hat mich ringsum einge-
schlossen und mich mit Bitternis und
6 Mühsal umgeben. Er hat mich in Fin-
sternis versetzt wie die, die längst tot
7 sind. Er hat mich ummauert, daß ich
nicht heraus kann, und mich in harte
8 Fesseln gelegt. Und wenn ich auch
schreie und rufe, so stopft er sich die
9 Ohren zu vor meinem Gebet.[a] Er hat
meinen Weg vermauert mit Quadern
und meinen Pfad zum Irrweg gemacht.
10 Er hat auf mich gelauert wie ein Bär,
wie ein Löwe im Verborgenen. Er läßt 11
mich den Weg verfehlen, er hat mich
zerfleischt und zunichte gemacht. Er 12
hat seinen Bogen gespannt und mich
dem Pfeil zum Ziel gegeben. Er hat mir 13
seine Pfeile in die Nieren geschossen.
Ich bin ein Hohn für mein ganzes Volk 14
und täglich [b]ihr Spottlied. Er hat mich 15
mit Bitterkeit gesättigt und mit Wer-
mut getränkt. Er hat mich auf Kiesel 16
beißen lassen, er drückte mich nieder in
die Asche. Meine Seele ist aus dem 17
Frieden vertrieben; ich habe das Gute
vergessen. Ich sprach: Mein Ruhm 18
und meine Hoffnung auf den HERRN
sind dahin. Gedenke doch, wie ich so 19
elend und verlassen, mit Wermut und
Bitterkeit getränkt bin!
Du wirst ja daran gedenken, denn 20
meine Seele sagt mir's. Dies nehme ich 21
zu Herzen, darum hoffe ich noch: *Die* 22
Güte des HERRN *ist's, daß wir nicht gar*
aus sind, seine Barmherzigkeit hat noch
kein Ende,[c] *sondern sie ist alle Morgen* 23
neu, und deine Treue ist groß. Der HERR 24
[d]*ist mein Teil, spricht meine Seele; dar-*
um will ich auf ihn hoffen. Denn der 25
HERR ist freundlich dem, der auf ihn
harrt, und dem Menschen, der nach
ihm fragt. *Es ist ein köstlich Ding, gedul-* 26
dig sein und [e]*auf die Hilfe des* HERRN
hoffen. Es ist ein köstlich Ding für einen 27
Mann, daß er das Joch in seiner Jugend
trage. Er sitze einsam und schweige, 28
wenn Gott es ihm auferlegt, und stecke 29
seinen Mund in den Staub; vielleicht
ist noch Hoffnung. Er [f]biete die Backe 30
dar dem, der ihn schlägt, und lasse sich
viel Schmach antun. [g]*Denn der Herr* 31
verstößt nicht ewig; sondern er betrübt 32
wohl und erbarmt sich wieder nach seiner
großen Güte. Denn nicht von Herzen 33
plagt und betrübt er die Menschen.
Wenn man alle Gefangenen auf Er- 34
den unter die Füße tritt und eines Man- 35
nes Recht vor dem Allerhöchsten beugt
und eines Menschen Sache verdreht, – 36
sollte das der Herr nicht sehen? Wer 37
darf denn sagen, daß solches geschieht
ohne des Herrn Befehl[h] und daß nicht 38
Böses und Gutes kommt aus dem Mun-
de des Allerhöchsten? *Was murren denn* 39
die Leute im Leben? Ein jeder murre wi-
der seine Sünde! Laßt uns erforschen 40
und prüfen unsern Wandel und uns
zum HERRN bekehren! Laßt uns unser 41
Herz samt den Händen aufheben zu
Gott im Himmel! Wir, [i]wir haben ge- 42
sündigt und sind ungehorsam gewesen,
darum hast du nicht vergeben. Du hast 43

dich in Zorn gehüllt und uns verfolgt
44 und ohne Erbarmen getötet. Du hast
dich mit einer Wolke verdeckt, daß kein
45 Gebet hindurch konnte. Du hast uns zu
Kehricht und Unrat gemacht unter den
46 Völkern. Alle unsere Feinde reißen ihr
47 Maul auf über uns. Wir werden gedrückt und geplagt mit Schrecken und
Angst.

48 Wasserbäche rinnen aus meinen Augen über den Jammer der Tochter mei-
49 nes Volks. Meine Augen fließen und
können's nicht lassen, und es ist kein
50 Aufhören da, bis der HERR vom Himmel herabschaut und darein sieht.[j]
51 Mein Auge macht mir Schmerz wegen
all der Töchter meiner Stadt.

52 Meine Feinde haben mich ohne
53 Grund gejagt wie einen Vogel. Sie haben mein Leben in der Grube zunichte
gemacht und Steine auf mich gewor-
54 fen. Wasser hat mein Haupt überschwemmt; da sprach ich: Nun bin ich
55 verloren. Ich rief aber deinen Namen
56 an, HERR, unten aus der Grube, und du
erhörtest meine Stimme: »Verbirg deine Ohren nicht vor meinem Seufzen
57 und Schreien!« Du nahtest dich zu mir,
als ich dich anrief, und sprachst:
58 Fürchte dich nicht! Du führst, Herr,
meine Sache und erlösest mein Leben.
59 Du siehst, HERR, wie mir Unrecht ge-
60 schieht; hilf mir zu meinem Recht! Du
siehst, wie sie Rache üben wollen, und
kennst alle ihre Gedanken gegen mich.
61 HERR, du hörst ihr Schmähen und alle
62 ihre Anschläge gegen mich, die Reden
meiner Widersacher und ihr Geschwätz über mich den ganzen Tag.
63 Sieh doch: ob sie sitzen oder aufstehen,
64 singen sie über mich [k]Spottlieder. Vergilt ihnen, HERR, wie sie verdient ha-
65 ben![l] Laß ihnen das Herz verstockt
werden, laß sie deinen Fluch fühlen!
66 Verfolge sie mit Grimm und vertilge sie
unter dem Himmel des HERRN.

a Ps 22,3; 69,4 *b* Hiob 30,9 *c* Neh 9,31
d Ps 16,5; 73,26 *e* Röm 8,25 *f* Mt 5,39
g *(31 und 32)* Jes 54,8 *h* Jes 45,7; Am 3,6
i Ps 106,6 *j* Ps 102,20.21. *k* Vers 14 *l* Kap 1,21;
Ps 137,8; 1.Petr 2,23; 3,9

Zions Elend und Schmach

4 Wie ist das Gold so ganz dunkel und
das feine Gold so häßlich geworden,
und wie liegen die Edelsteine an allen
2 Straßenecken zerstreut! Die edlen
Kinder Zions, dem Golde gleich geachtet, wie sind sie nun den irdenen Töp-
3 fen gleich, die ein Töpfer macht! Auch
Schakale reichen ihren Jungen die Brüste und säugen sie; aber die Tochter
meines Volks ist unbarmherzig[a] wie ein
Strauß in der Wüste. Dem Säugling 4
klebt seine Zunge an seinem Gaumen
vor Durst; die kleinen Kinder verlangen nach Brot, und niemand ist da,
der's ihnen bricht. Die früher leckere 5
Speisen aßen, verschmachten jetzt auf
den Gassen; die früher auf Purpur getragen wurden, die müssen jetzt im
Schmutz liegen. Die Missetat der 6
Tochter meines Volks ist größer als die
[b]Sünde Sodoms, [c]das plötzlich unterging, und keine Hand kam zu Hilfe.

Zions Fürsten waren reiner als der 7
Schnee und weißer als Milch; ihr Leib
war rötlicher als Korallen, ihr Aussehen war wie Saphir. Nun aber ist ihre 8
Gestalt so dunkel vor Schwärze, daß
man sie auf den Gassen nicht erkennt;
ihre Haut hängt an den Knochen, und
sie sind so dürr wie ein Holzscheit. Den 9
durchs Schwert Erschlagenen ging es
besser als denen, die vor Hunger starben, die verschmachteten und umkamen aus Mangel an Früchten des Akkers. Es haben die barmherzigsten 10
Frauen [d]ihre Kinder selbst kochen
müssen, damit sie zu essen hatten in
dem Jammer der Tochter meines
Volks. Der HERR hat seinen Grimm 11
austoben lassen, er hat seinen grimmigen Zorn ausgeschüttet; er hat in Zion
ein Feuer angesteckt, das auch ihre
Grundfesten verzehrt hat.

Es hätten's die Könige auf Erden 12
nicht geglaubt noch alle Leute in der
Welt, daß der Widersacher und Feind
zum Tor Jerusalems einziehen könnte.
Es ist aber geschehen wegen der Sün- 13
den ihrer Propheten und wegen der
Missetaten ihrer Priester, die dort der
Gerechten Blut vergossen haben. Sie 14
irrten hin und her auf den Gassen wie
die Blinden und waren mit Blut besudelt, daß man ihre Kleider nicht anrühren konnte; man rief ihnen zu: 15
[e]»Weicht, ihr Unreinen! Weicht,
weicht, rührt nichts an!« Wenn sie flohen und umherirrten, so sagte man
auch unter den Heiden: »Sie sollen
nicht länger bei uns bleiben.« Des 16
HERRN Zorn hat sie zerstreut; er will sie
nicht mehr ansehen. Die [f]Priester ehrte
man nicht, und [g]an den Alten übte man
keine Barmherzigkeit.

Noch immer blickten unsre Augen 17
aus nach nichtiger Hilfe, bis sie müde
wurden; und wir warteten auf ein Volk,
das uns doch nicht helfen konnte. Man 18

jagte uns, daß wir auf unsern Gassen
nicht gehen konnten. Da kam unser
Ende; unsere Tage sind aus, unser
19 Ende ist gekommen. Unsre Verfolger
waren schneller als die Adler unter dem
Himmel. Auf den Bergen haben sie uns
verfolgt und in der Wüste auf uns ge-
20 lauert. Der Gesalbte des HERRN, der
unser Lebensodem war, ist gefangen
worden in ihren Gruben; wir aber
dachten: »In seinem Schatten wollen
21 wir leben unter den Völkern.« Ja, freue
dich nur und sei fröhlich, du Tochter
Edom, die du wohnest im Lande Uz!
Denn [h]der Kelch wird auch zu dir
kommen, daß du trunken wirst und
22 dich entblößest. [i]Deine Schuld ist ab-
getan, du Tochter Zion; der Herr wird
dich nicht mehr wegführen lassen.
[j]Aber deine Schuld, du Tochter Edom,
wird er heimsuchen und deine Sünden
aufdecken.

a Hiob 39,14-16 *b* 1.Mose 18,20
c 1.Mose 19,24.25 *d* Kap 2,20 *e* 3.Mose 13,45
f Kap 2,6 *g* Kap 5,12; 3.Mose 19,32 *h* Kap 3,64;
Ps 137,7; Jer 25,15.21 *i* Jes 40,2 *j* Jes 34,8-10;
Hes 35,14.15

Gebet des Volkes in seiner tiefsten Erniedrigung

5 Gedenke, HERR, wie es uns geht; schau
2 und sieh an unsre Schmach! Unser
Erbe ist den Fremden zuteil geworden
3 und unsre Häuser den Ausländern. Wir
sind Waisen und haben keinen Vater;
4 unsre Mütter sind wie Witwen. Unser
Wasser müssen wir um Geld trinken;
unser eigenes Holz müssen wir bezah-
5 len. Mit dem Joch auf unserm Hals
treibt man uns, und wenn wir auch
müde sind, läßt man uns doch keine
Ruhe. Wir mußten Ägypten und Assur 6
die Hand hinhalten, um uns an Brot zu
sättigen. Unsre Väter haben gesündigt 7
und leben nicht mehr, wir aber müssen
ihre Schuld tragen.[a] Knechte herr- 8
schen über uns, und niemand ist da, der
uns von ihrer Hand errettet. Wir müs- 9
sen unser Brot unter Gefahr für unser
Leben holen, bedroht von dem
Schwert in der Wüste. Unsre Haut ist 10
verbrannt wie in einem Ofen von dem
schrecklichen Hunger. Sie haben die 11
Frauen in Zion geschändet und die
Jungfrauen in den Städten Judas. Für- 12
sten wurden von ihnen gehenkt, und
die Alten hat man nicht geehrt.[b] Jüng- 13
linge mußten Mühlsteine tragen und
Knaben beim Holztragen straucheln.
Es sitzen die Ältesten nicht mehr im 14
Tor und die Jünglinge nicht mehr beim
Saitenspiel. Unsres Herzens Freude 15
hat ein Ende, unser Reigen ist in Weh-
klagen verkehrt. [c]Die Krone ist von un- 16
serm Haupt gefallen. O weh, daß wir so
gesündigt haben! Darum ist auch unser 17
Herz krank, und unsre Augen sind trü-
be geworden um des Berges Zion wil- 18
len, weil er so wüst liegt, daß die Füchse
darüber laufen.

Aber du, HERR, der du ewiglich blei- 19
best und dein Thron von Geschlecht zu
Geschlecht, warum willst du uns so 20
ganz vergessen und uns lebenslang so
ganz verlassen? [d]Bringe uns, HERR, zu 21
dir zurück, daß wir wieder heimkom-
men; erneue unsre Tage wie vor alters!
Hast du uns denn ganz verworfen, und 22
bist du allzusehr über uns erzürnt?

a 2.Mose 20,5; Jer 31,29 *b* 2.Kön 25,19-21
c Jer 13,18 *d* Ps 126

DER PROPHET HESEKIEL

Inhaltsübersicht

Hesekiel schaut die Herrlichkeit des HERRN

(vgl. Kap 10)

1 Im dreißigsten Jahr am fünften Tage
des vierten Monats, als ich unter den
Weggeführten am [a] Fluß Kebar war, tat
sich der Himmel auf, und Gott zeigte
2 mir Gesichte. Am fünften Tag des Mo-
nats – es war das fünfte Jahr, nachdem
der König [b] Jojachin gefangen wegge-
3 führt war –, da geschah das Wort des
HERRN zu Hesekiel, dem Sohn des
Busi, dem Priester, im Lande der Chal-
däer am Fluß Kebar. Dort [c] kam die
Hand des HERRN über ihn.
4 [d] Und ich sah, und siehe, es kam ein
ungestümer Wind von Norden her,
eine mächtige Wolke und loderndes
Feuer, und Glanz war rings um sie her,
und mitten im Feuer war es wie blin-
5 kendes Kupfer. Und mitten darin war
etwas wie vier Gestalten; die waren an-
6 zusehen wie Menschen. Und jede von
ihnen hatte vier Angesichter und vier
7 Flügel. Und ihre Beine standen gerade,
und ihre Füße waren wie Stierfüße und
glänzten wie blinkendes, glattes Kup-
8 fer. Und sie hatten Menschenhände
unter ihren Flügeln an ihren vier Sei-
ten; die vier hatten Angesichter und
9 Flügel. Ihre Flügel berührten einer den
andern. Und wenn sie gingen, brauch-
ten sie sich nicht umzuwenden; immer
gingen sie in der Richtung eines ihrer
10 Angesichter. Ihre Angesichter waren
vorn gleich einem Menschen und zur
rechten Seite gleich einem Löwen bei
allen vieren und zur linken Seite gleich
einem Stier bei allen vieren und hinten
gleich einem Adler bei allen vieren.
11 Und ihre Flügel waren nach oben hin
ausgebreitet; je zwei Flügel berührten
einander, und mit zwei Flügeln be-
deckten sie ihren Leib. Immer gingen 12
sie in der Richtung eines ihrer Ange-
sichter; wohin der Geist sie trieb, dahin
gingen sie; sie brauchten sich im Gehen
nicht umzuwenden. Und in der Mitte 13
zwischen den Gestalten sah es aus, wie
wenn feurige Kohlen brennen, und wie
Fackeln, die zwischen den Gestalten
hin- und herfuhren. Das Feuer leuch-
tete, und aus dem Feuer kamen Blitze.
Und die Gestalten liefen hin und her, 14
daß es aussah wie Blitze.
Als ich die Gestalten sah, siehe, da 15
stand je ein Rad auf der Erde bei den
vier Gestalten, bei ihren vier Angesich-
tern. Die Räder waren anzuschauen wie 16
ein Türkis und waren alle vier gleich,
und sie waren so gemacht, daß ein Rad
im andern war. Nach allen vier Seiten 17
konnten sie gehen; sie brauchten sich
im Gehen nicht umzuwenden. Und sie 18
hatten Felgen, und ich sah, ihre Felgen
waren voller Augen ringsum bei allen
vier Rädern. Und wenn die Gestalten 19
gingen, so gingen auch die Räder mit,
und wenn die Gestalten sich von der
Erde emporhoben, so hoben die Räder
sich auch empor. Wohin der Geist sie 20
trieb, dahin gingen sie, und die Räder
hoben sich mit ihnen empor; denn es
war der Geist der Gestalten in den Rä-
dern. Wenn sie gingen, so gingen diese 21
auch; wenn sie standen, so standen
diese auch; und wenn sie sich empor-
hoben von der Erde, so hoben sich auch
die Räder mit ihnen empor; denn es
war der Geist der Gestalten in den Rä-
dern.
Aber über den Häuptern der Gestal- 22
ten war es wie eine Himmelsfeste, wie
ein Kristall, unheimlich anzusehen,
oben über ihren Häuptern ausgebrei-

23 tet, daß unter der Feste ihre Flügel ge-
rade ausgestreckt waren, einer an dem
andern; und mit zwei Flügeln bedeck-
24 ten sie ihren Leib. Und wenn sie gin-
gen, hörte ich ihre Flügel rauschen wie
große Wasser, wie die Stimme des All-
mächtigen, ein Getöse wie in einem
Heerlager. Wenn sie aber stillstanden,
25 ließen sie die Flügel herabhängen, und
es donnerte im Himmel über ihnen.
Wenn sie stillstanden, ließen sie die
Flügel herabhängen.
26 Und über der Feste, die über ihrem
Haupt war, sah es aus [e]wie ein Saphir,
einem Thron gleich, und [f]auf dem
Thron saß einer, der aussah wie ein
27 Mensch. Und ich sah, und es war wie
blinkendes Kupfer aufwärts von dem,
was aussah wie seine Hüften; und ab-
wärts von dem, was wie seine Hüften
aussah, erblickte ich etwas wie Feuer
28 und Glanz ringsumher. Wie der Re-
genbogen steht in den Wolken, wenn es
geregnet hat, so glänzte es ringsumher.
So war [g]die Herrlichkeit des HERRN an-
zusehen.

Und als ich sie gesehen hatte, fiel ich
auf mein Angesicht und hörte einen re-
den.

a Vers 3; Kap 3,23; 10,15.20.22; 43,3
b 2.Kön 24,15 *c* Kap 3,22.23; 8,1; 33,22; 37,1;
40,1 *d* (4-28) Offb 4 *e* 2.Mose 24,10
f Offb 4,2.3; Jes 6,1 *g* Kap 3,23; 8,4; 9,3; 10,4.18;
11,23; 43,4; 44,4

Hesekiels Berufung zum Prophetenamt

2 Und er sprach zu mir: Du Menschen-
kind, tritt auf deine Füße, so will ich
2 mit dir reden. Und als er so mit mir re-
dete, kam Leben in mich und stellte
mich auf meine Füße, und ich hörte
3 dem zu, der mit mir redete. Und er
sprach zu mir: Du Menschenkind, ich
sende dich zu den Israeliten, zu dem
abtrünnigen Volk, das von mir abtrün-
nig geworden ist. Sie und ihre Väter ha-
ben bis auf diesen heutigen Tag wider
4 mich gesündigt. Und die Söhne, zu de-
nen ich dich sende, haben harte Köpfe
und verstockte Herzen. Zu denen sollst
du sagen: »So spricht Gott der HERR!«
5 [a]Sie gehorchen oder lassen es – denn sie
sind ein Haus des Widerspruchs –, den-
noch sollen sie wissen, daß ein Prophet
unter ihnen ist.
6 Und du, Menschenkind, sollst dich
[b]vor ihnen nicht fürchten noch vor
ihren Worten fürchten. Es sind wohl
widerspenstige und stachlige Dornen
um dich, und du wohnst unter Skorpio-
nen; aber du sollst dich nicht fürchten
vor ihren Worten und dich vor ihrem
Angesicht nicht entsetzen – denn sie
sind ein Haus des Widerspruchs –, son- 7
dern du sollst ihnen meine Worte sa-
gen, sie gehorchen oder lassen es; denn
sie sind ein Haus des Widerspruchs.
Aber du, Menschenkind, höre, was 8
ich dir sage, und widersprich nicht wie
das Haus des Widerspruchs. Tu deinen
Mund auf und iß, was ich dir geben
werde. Und ich sah, und siehe, da war 9
eine Hand gegen mich ausgestreckt, die
hielt eine [c]Schriftrolle. Die breitete sie 10
aus vor mir, und sie war außen und in-
nen beschrieben, und darin stand ge-
schrieben Klage, Ach und Weh.
[d]Und er sprach zu mir: Du Men- **3**
schenkind, iß, was du vor dir hast! Iß
diese Schriftrolle und geh hin und rede
zum Hause Israel! Da tat ich meinen 2
Mund auf, und er gab mir die Rolle zu
essen und sprach zu mir: Du Men- 3
schenkind, du mußt diese Schriftrolle,
die ich dir gebe, in dich hinein essen
und deinen Leib damit füllen. Da aß
ich sie, und [e]sie war in meinem Munde
so süß wie Honig.
Und er sprach zu mir: Du Men- 4
schenkind, geh hin zum Hause Israel
und verkündige ihnen meine Worte.
Denn ich sende dich ja nicht zu einem 5
Volk, das unbekannte Worte und eine
fremde Sprache hat, sondern zum
Hause Israel, nicht zu vielen Völkern, 6
die unbekannte Worte und eine fremde
Sprache haben, deren Worte du nicht
verstehen könntest. Und wenn ich dich
zu solchen sendete, würden *sie* dich
gern hören. Aber das Haus Israel will 7
dich nicht hören, denn sie wollen *mich*
nicht hören; denn das ganze Haus Is-
rael hat harte Stirnen und verstockte
Herzen. Siehe, ich habe dein [f]Ange- 8
sicht so hart gemacht wie ihr Angesicht
und deine Stirn so hart wie ihre Stirn.
Ja, ich habe deine Stirn so hart wie 9
einen Diamanten gemacht, der härter
ist als ein Kieselstein. Darum fürchte
dich nicht, entsetze dich auch nicht vor
ihnen; denn sie sind ein Haus des Wi-
derspruchs.
Und er sprach zu mir: Du Men- 10
schenkind, alle meine Worte, die ich dir
sage, die fasse mit dem Herzen und
nimm sie zu Ohren! Und geh hin zu 11
den Weggeführten deines Volks und
verkündige ihnen und sprich zu ihnen:
»So spricht Gott der HERR!«, [g]sie hören
oder lassen es.

a Vers 7; Kap 3,11.27 *b* Jer 1,8 *c* Offb 10,8
d (1-3) Jer 15,16; 1,9; Offb 10,9-11 *e* Ps 119,103
f Jes 50,7; Jer 1,18 *g* Kap 2,5.7

Hesekiel wird zum Wächter über Israel bestellt

(vgl. Kap 33,1-9)

12 Und der Geist hob mich empor, und
ich hörte hinter mir ein Getöse wie von
einem großen Erdbeben, als [a]die Herr-
lichkeit des HERRN sich erhob von ih-
13 rem Ort. Und es war ein Rauschen von
den Flügeln der Gestalten, die aneinan-
der schlugen, und auch ein Rasseln der
Räder neben ihnen wie das Getöse
14 eines großen Erdbebens. Da hob mich
der Geist empor und führte mich weg.
Und ich fuhr dahin im bitteren Grimm
meines Geistes, und die Hand des
15 HERRN lag schwer auf mir. Und ich kam
zu den Weggeführten, die am Fluß Ke-
bar wohnten, nach Tel-Abib und setzte
mich zu denen, die dort wohnten, und
blieb dort unter ihnen sieben Tage ganz
verstört.
16 Und als die sieben Tage um waren,
17 geschah des HERRN Wort zu mir: *Du
Menschenkind, ich habe dich zum
[b]Wächter gesetzt über das Haus Israel.
Du wirst aus meinem Munde das Wort
hören und sollst sie in meinem Namen*
18 *warnen. Wenn ich dem Gottlosen sage:
Du mußt des Todes sterben! und du
warnst ihn nicht und sagst es ihm nicht,
um den Gottlosen vor seinem gottlosen
Wege zu warnen, damit er am Leben blei-
be, – so wird der Gottlose um seiner Sünde
willen sterben, aber sein Blut will ich von*
19 *deiner Hand fordern.*[c] *Wenn du aber den
Gottlosen warnst und er sich nicht bekehrt
von seinem gottlosen Wesen und Wege, so
wird er um seiner Sünde willen sterben,*
20 *aber du hast dein Leben errettet.* Und
[d]wenn sich ein Gerechter von seiner
Gerechtigkeit abwendet und Unrecht
tut, so werde ich ihn zu Fall bringen,
und er muß sterben. Denn weil du ihn
nicht gewarnt hast, wird er um seiner
Sünde willen sterben müssen, und sei-
ne Gerechtigkeit, die er getan hat, wird
nicht angesehen werden; aber sein Blut
will ich von deiner Hand fordern.
21 Wenn du aber den Gerechten warnst,
daß er nicht sündigen soll, und er sün-
digt auch nicht, so wird er am Leben
bleiben; denn er hat sich warnen lassen,
und du hast dein Leben errettet.

a Kap 1,28 *b* Kap 33,7; Jes 52,8; Hebr 13,17
c Kap 14,10 *d* Kap 18,24

Der Prophet soll verstummen

[a]Und dort kam des HERRN Hand über 22
mich, und er sprach zu mir: Mach dich
auf und geh hinaus in die Ebene; da will
ich mit dir reden. Und ich machte mich 23
auf und ging hinaus in die Ebene; und
siehe, dort stand [b]die Herrlichkeit des
HERRN, wie ich sie am Fluß Kebar ge-
sehen hatte; und ich fiel nieder auf
mein Angesicht. Und [c]der Geist kam in 24
mich und stellte mich auf meine Füße.
Und er redete mit mir und sprach zu
mir: Geh hin und schließ dich ein in
deinem Hause! Und du, Menschen- 25
kind, siehe, man wird dir Stricke anle-
gen und dich damit binden, daß du
nicht unter die Leute gehen kannst.
Und ich will dir die Zunge an deinem 26
Gaumen kleben lassen, daß du stumm
wirst und sie nicht mehr zurechtweisen
kannst; denn sie sind ein Haus des Wi-
derspruchs. Wenn ich aber mit dir re- 27
den werde, will ich dir den Mund auf-
tun, daß du zu ihnen sagen sollst: »So
spricht Gott der HERR!« [d]Wer es hört,
der höre es; wer es läßt, der lasse es;
denn sie sind ein Haus des Wider-
spruchs.

a (22 und 23) Kap 1,3 *b* Kap 1,28 *c* Kap 2,2
d Kap 2,5.7

Bildliche Darstellung des Gerichts über Jerusalem

Und du, Menschenkind, nimm dir **4**
einen Ziegelstein; den lege vor dich hin
und entwirf darauf die Stadt Jerusalem
und mache eine Belagerung: baue ein 2
Bollwerk um sie und schütte einen Wall
gegen sie auf und schlag ein Heerlager
auf und stelle Sturmböcke rings um sie
her. Nimm dir aber eine eiserne Platte 3
und laß sie eine eiserne Mauer sein zwi-
schen dir und der Stadt und richte dein
Angesicht gegen sie und belagere sie.
Das sei ein Zeichen dem Hause Israel.
Du sollst dich auch auf deine linke 4
Seite legen und die Schuld des Hauses
Israel auf dich legen. So viele Tage du
so daliegst, so lange sollst du auch ihre
Schuld tragen. Ich will dir aber die Jah- 5
re ihrer Schuld auflegen, für jedes Jahr
einen Tag, nämlich dreihundertneun-
zig Tage. So lange sollst du die Schuld
des Hauses Israel tragen. Und wenn du 6
dies vollbracht hast, sollst du danach
dich auf deine rechte Seite legen und
sollst tragen die Schuld des Hauses
Juda vierzig Tage lang; denn ich gebe
dir hier auch je einen Tag für ein Jahr.

7 Richte aber dein Angesicht und deinen
bloßen Arm gegen das belagerte Jeru-
salem und weissage gegen die Stadt.
8 Und siehe, ich will dir Stricke anlegen,
daß du dich nicht wenden kannst von
einer Seite zur andern, bis du die Tage
deiner Belagerung vollendet hast.
9 Nimm dir aber Weizen, Gerste, Boh-
nen, Linsen, Hirse und Spelt und tu al-
les in *ein* Gefäß und mache dir Brot dar-
aus, daß du daran zu essen hast, so lan-
ge du auf deiner Seite liegen mußt –
10 dreihundertneunzig Tage, so daß deine
Speise, die du täglich essen sollst, abge-
wogen zwanzig Lot sei; so viel darfst du
11 von einem Tag zum andern essen. Das
Wasser sollst du auch abgemessen trin-
ken, nämlich den sechsten Teil von
einer Kanne; so viel darfst du von
12 einem Tag zum andern trinken. Ger-
stenfladen sollst du essen, die du vor
den Augen der Leute auf Menschenkot
13 backen sollst. Und der HERR sprach: So
sollen die Israeliten ihr [a]unreines Brot
essen unter den Heiden, zu denen ich
14 sie verstoßen werde. Ich aber sprach:
Ach, Herr HERR! Siehe, ich bin noch
nie unrein geworden; denn ich habe
von meiner Jugend an bis auf diese Zeit
niemals [b]Fleisch von einem gefallenen
oder zerrissenen Tier gegessen, und nie
ist [c]unreines Fleisch in meinen Mund
15 gekommen. Er aber sprach zu mir:
Sieh, ich will dir Kuhmist statt Men-
schenkot zulassen, dein Brot darauf zu
16 bereiten. Und er sprach zu mir: Du
Menschenkind, siehe, [d]ich will den
Vorrat an Brot in Jerusalem wegneh-
men, daß sie [e]das Brot abgewogen es-
sen müssen und mit Kummer, und das
Wasser abgemessen trinken müssen
17 und mit Schaudern, damit sie an Brot
und Wasser Mangel leiden und sie,
einer wie der andere, erschaudern und
in ihrer Schuld verschmachten sollen.

5 Und du, Menschenkind, nimm ein
scharfes Schwert und brauche es als
Schermesser und fahr damit über dein
Haupt und deinen Bart und nimm eine
2 Waage und teile das Haar: ein Drittel
sollst du mit Feuer verbrennen mitten
in der Stadt, wenn die Tage der Belage-
rung um sind; ein anderes Drittel
nimm und schlag's mit dem Schwert
ringsumher; das letzte Drittel streue in
den Wind, und ich will hinter ihnen her
3 das Schwert ziehen.[f] Nimm aber ein
klein wenig davon und binde es in dei-
4 nen Mantelzipfel. Und nimm noch ein-
mal etwas davon und wirf's ins Feuer
und verbrenne es; davon soll ein Feuer
ausbrechen über das ganze Haus Israel.

a Hos 9,3 *b* 2.Mose 22,30 *c* Apg 10,14
d Kap 5,16 *e* 3.Mose 26,26 *f* Vers 12

Begründung und Beschreibung des Gerichts über Jerusalem

So spricht Gott der HERR: Das ist Jeru- 5
salem, das ich mitten unter die Heiden
gesetzt habe und unter die Länder
ringsumher! Aber es widersprach mei- 6
nen Ordnungen und trieb es schlimmer
als die Heiden und war gegen meine
Gebote ungehorsamer als die Länder,
die ringsumher liegen. Denn sie ver-
warfen meine Ordnungen und wollten
nicht nach meinen Geboten leben.
Darum spricht Gott der HERR: Weil ihr 7
es schlimmer getrieben habt als die
Heiden, die um euch her sind, und nach
meinen Geboten nicht gelebt und mei-
ne Ordnungen nicht gehalten habt und
nicht einmal nach den Ordnungen der
Heiden gelebt habt, die um euch her
sind, so spricht Gott der HERR: Siehe, 8
auch ich will an dich und Gericht über
dich ergehen lassen, daß die Heiden zu-
sehen sollen, und will so mit dir umge- 9
hen, wie ich es nie getan habe und auch
nicht mehr tun werde, um aller deiner
Greuel willen. Darum [a]sollen in deiner 10
Mitte Väter ihre Kinder und Kinder
ihre Väter fressen; und ich will ein sol-
ches Gericht über dich ergehen lassen,
daß alle, die von dir übriggeblieben
sind, in alle Winde zerstreut werden.
Darum, so wahr ich lebe, spricht Gott 11
der HERR: weil du mein Heiligtum mit
all deinen Götzen und Greueln unrein
gemacht hast, will auch ich dich zer-
schlagen, und [b]mein Auge soll ohne
Mitleid auf dich blicken, und ich will
nicht gnädig sein. Es soll ein Drittel von 12
dir an der Pest sterben und durch Hun-
ger vernichtet werden in deiner Mitte,
und das zweite Drittel soll durchs
Schwert fallen rings um dich her, und
das letzte Drittel will ich in alle Winde
zerstreuen und will hinter ihnen her das
Schwert ziehen.[c] So soll mein Zorn 13
vollendet werden und [d]mein Grimm
über sie zum Ziel kommen, daß ich
meinen Mut kühle, und sie sollen er-
fahren, daß ich, der HERR, es in meinem
Eifern geredet habe, wenn ich meinen
Grimm an ihnen vollende. [e]Ich will 14
dich zur Wüste und zur Schmach ma-
chen unter den Völkern, die um dich
her sind, vor den Augen aller, die vor-
übergehen. Und du sollst zur Schmach, 15

zum Hohn, zur Warnung und zum
Entsetzen werden für alle Völker, die
um dich her sind, wenn ich über dich
Gericht ergehen lasse mit Zorn,
Grimm und zornigem Schelten – das
16 sage ich, der HERR – und wenn ich [f] böse
Pfeile des Hungers unter euch schießen
werde, die Verderben bringen und die
ich schießen werde, um euch zu verderben,
und wenn ich den Hunger bei euch
immer größer werden lasse und euch
17 den [g] Vorrat an Brot wegnehme. Ja,
Hunger und wilde Tiere will ich unter
euch schicken, die sollen euch kinderlos
machen, und es soll Pest und Blutvergießen
bei dir umgehen, und ich will
das Schwert über dich bringen. Ich, der
HERR, habe es gesagt.[h]

a 5.Mose 28,53-55 *b* Kap 7,4; 8,7-18 *c* Vers 2
d Kap 16,42 *e* (*14 und 15*) 5.Mose 28,37; Jer 24,9
f 5.Mose 32,23.24 *g* Kap 4,16 *h* Kap 14,21

Die kommende Verwüstung des Landes

6 Und des HERRN Wort geschah zu mir:
2 Du Menschenkind, richte dein Angesicht
gegen die Berge Israels und [a] weis-
3 sage gegen sie und sprich: Ihr Berge Israels,
höret das Wort Gottes des
HERRN! So spricht Gott der HERR zu
den Bergen und Hügeln, zu den Gründen
und Tälern: Siehe, ich will das
Schwert über euch bringen und eure
4 Opferhöhen zerstören, daß eure Altäre
verwüstet und eure [b] Rauchopfersäulen
zerbrochen werden, und will eure Er-
5 schlagenen vor eure Götzen werfen; ja,
ich will die Leichname der Israeliten
vor ihre Götzen hinwerfen und [c] will
eure Gebeine um eure Altäre her ver-
6 streuen. Überall, wo ihr wohnt, sollen
die Städte verwüstet und die Opferhöhen
zur Einöde werden; denn man wird
eure Altäre wüst und zur Einöde machen
und eure Götzen zerbrechen und
zunichte machen und eure Rauchopfersäulen
zerschlagen und eure
7 Machwerke vertilgen. Und Erschlagene
sollen mitten unter euch daliegen,
und ihr sollt erfahren, daß ich der HERR
bin.
8 Ich [d] will aber einige von euch übriglassen,
die dem Schwert entgehen, unter
den Völkern, wenn ich euch in die
9 Länder zerstreut habe. Diese eure Entronnenen
werden dann an mich denken
unter den Völkern, wohin sie gefangen
weggeführt sind, wenn ich ihr abgöttisches
Herz, das von mir gewichen ist,
und ihre abgöttischen Augen, die nach
ihren Götzen sahen, zerschlagen habe.
Und es wird sie ekeln vor all dem Bösen,
das sie mit all ihren Greueln be-
gangen haben, und sie werden erfah- 10
ren, daß ich der HERR bin; nicht umsonst
habe ich geredet, solches Unglück
ihnen zu tun.
So spricht Gott der HERR: Schlag 11
deine Hände zusammen und stampfe
mit deinem Fuße und sprich: Weh
über alle schlimmen Greuel des Hauses
Israel, derentwegen sie durch Schwert,
Hunger und Pest fallen müssen! Wer 12
ferne ist, wird an der Pest sterben, und
wer nahe ist, wird durchs Schwert fallen;
wer aber übrigbleibt und davor bewahrt
ist, wird vor Hunger sterben. So
will ich meinen Grimm unter ihnen
vollenden, daß ihr erfahren sollt, daß 13
ich der HERR bin, wenn ihre Erschlagenen
mitten unter ihren Götzen liegen
um ihre Altäre her, oben [e] auf allen Hügeln
und oben auf allen Bergen und unter
allen grünen Bäumen und unter allen
dichten Eichen, überall, wo sie all
ihren Götzen lieblichen Opferduft darbrachten.
Ich will meine Hand gegen 14
sie ausstrecken und das Land wüst und
öde machen von der Wüste an bis nach
[f] Ribla überall, wo sie wohnen, und sie
sollen erfahren, daß ich der HERR bin.

a Kap 36,1; Mi 6,1 *b* 3.Mose 26,30
c 2.Kön 23,14 *d* Jes 6,13 *e* 1.Kön 14,23
f 2.Kön 25,21

Das Ende naht

Und des HERRN Wort geschah zu mir: 7
Du Menschenkind, so spricht Gott der 2
HERR zum Land Israels: Das Ende
kommt, das Ende über alle vier Enden
des Landes. Nun kommt das Ende über 3
dich; denn ich will meinen Zorn über
dich senden und will dich richten, wie
du verdient hast, und will alle deine
Greuel über dich bringen. [a] Mein Auge 4
soll ohne Mitleid auf dich blicken, und
ich will nicht gnädig sein, sondern ich
will dir geben, wie du verdient hast,
und deine Greuel sollen über dich kommen,
daß ihr erfahrt, daß ich der HERR
bin.
So spricht Gott der HERR: Siehe, es 5
kommt ein Unglück über das andere!
Das Ende kommt, es kommt das Ende, 6
es ist erwacht über dich; siehe, es
kommt! Es geht schon an und bricht 7
herein über dich, du Bewohner des
Landes. Die Zeit kommt, der Tag des
Jammers ist nahe, an dem kein Singen
mehr auf den Bergen sein wird. Nun 8

will ich bald meinen Grimm über dich
schütten und meinen Zorn an dir voll-
enden und will dich richten, wie du ver-
dient hast, und alle deine Greuel über
9 dich bringen. Mein Auge soll ohne
Mitleid auf dich blicken, und ich will
nicht gnädig sein, sondern ich will dir
geben, wie du verdient hast, und deine
Greuel sollen über dich kommen, daß
ihr erfahrt, daß ich der HERR bin, der
euch schlägt.
10 Siehe, der [b] Tag, siehe, er kommt, er
bricht an! Unrecht blüht, und Vermes-
11 senheit grünt. Gewalttat hat sich erho-
ben und wird zur Rute des Frevels;
nichts ist mehr von ihnen da und nichts
von ihrem Reichtum, nichts von ihrer
Pracht und nichts von ihrer Herrlich-
12 keit. Es kommt die Zeit, es naht der
Tag! Der Käufer freue sich nicht, und
der Verkäufer traure nicht; denn es
kommt der Zorn über all ihren Reich-
13 tum. Denn der Verkäufer wird zum
Verkaufen nicht zurückkehren, auch
wenn er noch am Leben ist; denn der
Zorn über all ihren Reichtum wird sich
nicht wenden; um seiner Missetat wil-
len wird keiner sein Leben erhalten
können.
14 Laßt sie die Posaune nur blasen und
alles zurüsten; es wird doch niemand in
den Krieg ziehen, denn mein Zorn ist
entbrannt über all ihren Reichtum.
15 Draußen das Schwert, drinnen Pest
und Hunger! Wer auf dem Feld ist, der
wird vom Schwert sterben; wer in der
Stadt ist, den werden Pest und Hunger
16 fressen. Und die von ihnen entrinnen,
die werden auf den Bergen sein wie
gurrende Tauben in den Schluchten,
sie alle, ein jeder wegen seiner Missetat.
17 [c] Alle Hände werden herabsinken, und
18 alle Knie werden weich. Und [d] sie wer-
den Säcke anlegen und mit Furcht
überschüttet sein, und auf allen Ge-
sichtern liegt Scham, und alle Köpfe
19 werden kahl geschoren. Sie werden ihr
Silber hinaus auf die Gassen werfen
und ihr Gold wie Unrat achten; denn
[e] ihr Silber und Gold kann sie nicht er-
retten am Tage des Zorns des HERRN.
Sie werden sich damit nicht sättigen
und ihren Bauch damit nicht füllen;
denn es wurde zum Anlaß ihrer Misse-
20 tat. Sie haben ihre edlen Kleinode zur
Hoffart verwendet und Bilder ihrer
greulichen Götzen, ihrer Scheusale,
daraus gemacht. Darum will ich ihnen
21 all das zum Unrat machen und will es
Fremden in die Hände geben, daß sie es
rauben, und den Gottlosen auf Erden
zur Beute, daß sie es entheiligen. Ich 22
will mein Angesicht von ihnen abwen-
den, und mein Kleinod soll entheiligt
werden; ja, Räuber sollen darüber
kommen und es entheiligen.
Mache Ketten! Denn das Land ist 23
voll Blutschuld und die Stadt voll Fre-
vel. So will ich die Schlimmsten unter 24
den Völkern herbringen, die sollen ihre
Häuser einnehmen; und ich will der
Hoffart der Gewaltigen ein Ende ma-
chen, und entheiligt werden ihre Hei-
ligtümer. Angst kommt; da werden sie 25
Heil suchen, aber es wird nicht zu fin-
den sein. Ein Unglück wird über das 26
andere kommen, eine schlimme Kunde
nach der andern. So werden sie dann
eine Offenbarung bei den Propheten
suchen; auch wird nicht mehr Weisung
bei den Priestern noch Rat bei den Äl-
testen sein. Der König wird trauern, 27
und die Fürsten werden sich in Entset-
zen kleiden, und die Hände des Volks
des Landes werden kraftlos sein. Ich
will mit ihnen umgehen, wie sie gelebt
haben, und will sie richten, wie sie ver-
dient haben, daß sie erfahren sollen,
daß ich der HERR bin.

a Kap 5,11; 8,18; 9,10 *b* Jes 2,12 *c* Jes 13,7
d Jer 48,37 *e* Spr 11,4; Zef 1,18

Die Greuel des Götzendienstes im Tempel

Und es begab sich im sechsten Jahr am 8
fünften Tage des sechsten Monats. Ich
saß in meinem Hause, und [a] die Älte-
sten von Juda saßen vor mir. Da fiel die
Hand Gottes des HERRN auf mich. Und 2
ich sah, und siehe, da war eine Gestalt
wie ein Mann, und abwärts von dem,
was wie seine Hüften aussah, war es wie
Feuer, aber oberhalb seiner Hüften war
ein Glanz zu sehen wie blinkendes
Kupfer.[b] Und er streckte etwas wie 3
eine Hand aus und ergriff mich bei dem
Haar meines Hauptes. Da [c] führte mich
der Geist fort zwischen Himmel und
Erde und brachte mich nach Jerusalem
in göttlichen Gesichten zu dem Ein-
gang des inneren Tores, das gegen Nor-
den liegt, wo ein Bild stand zum Ärger-
nis für den Herrn. Und siehe, dort war 4
[d] die Herrlichkeit des Gottes Israels, so
wie ich sie in der Ebene gesehen hatte.
Und er sprach zu mir: Du Menschen- 5
kind, hebe deine Augen auf nach Nor-
den. Und als ich meine Augen aufhob
nach Norden, siehe, da stand nördlich
vom Tor ein Altar, da, wo es zu dem

Bild geht, das für den Herrn ein Ärger-
6 nis war. Und er sprach zu mir: Du
Menschenkind, siehst du auch, was
diese tun? Große Greuel sind es, die
das Haus Israel hier tut, um mich von
meinem Heiligtum zu vertreiben. Aber
du wirst noch größere Greuel sehen.
7 Und er führte mich zur Tür des Vor-
hofes. Da sah ich, und siehe, da war ein
8 Loch in der Wand. Und er sprach zu
mir: Du Menschenkind, brich ein
Loch durch die Wand. Und als ich ein
Loch durch die Wand gebrochen hatte,
9 siehe, da war eine Tür. Und er sprach
zu mir: Geh hinein und schaue die
schlimmen Greuel, die sie hier treiben.
10 Und als ich hineinkam und schaute,
siehe, da waren [e] lauter Bilder von Ge-
würm und scheußlichem Getier und al-
len Götzen des Hauses Israel, ringsher-
11 um an den Wänden eingegraben. Da-
vor standen [f] siebzig Männer von den
Ältesten des Hauses Israel, und Jaasan-
ja, der Sohn Schafans, stand [g] mitten
unter ihnen. Und ein jeder hatte sein
Räuchergefäß in der Hand, und der
Duft einer Wolke von Weihrauch stieg
12 auf. Und er sprach zu mir: Menschen-
kind, siehst du, was die Ältesten des
Hauses Israel tun in der Finsternis, ein
jeder in der Kammer seines Götzenbil-
des? Denn sie sagen: [h] Der HERR sieht
uns nicht, der HERR hat das Land ver-
13 lassen. Und er sprach zu mir: Du sollst
noch größere Greuel sehen, die sie tun.
14 Und er führte mich zum Eingang des
Tores am Hause des HERRN, das gegen
Norden liegt, und siehe, dort saßen
Frauen, die den Tammus beweinten.
15 Und er sprach zu mir: Menschenkind,
siehst du das? Aber du sollst noch grö-
ßere Greuel sehen als diese.
16 Und er führte mich in den inneren
Vorhof am Hause des HERRN; und sie-
he, vor dem Eingang zum Tempel des
HERRN, zwischen der Vorhalle und dem
Altar, standen etwa fünfundzwanzig
Männer, die ihren Rücken gegen den
Tempel des HERRN und ihr Gesicht ge-
gen Osten gewendet hatten und [i] bete-
17 ten gegen Osten die Sonne an. Und er
sprach zu mir: Menschenkind, siehst
du das? Ist es dem Hause Juda nicht ge-
nug, diese Greuel hier zu treiben, daß
sie auch sonst das ganze Land mit Ge-
walt und Unrecht erfüllen und mich
immer wieder reizen? Und siehe, sie
halten sich die Weinrebe an die Nase.*
18 Darum will ich auch mit Grimm an
ihnen handeln, und [j] mein Auge soll
ohne Mitleid auf sie blicken, und ich
will nicht gnädig sein. [k] Wenn sie auch
mit lauter Stimme mir in die Ohren
schreien, will ich sie doch nicht hören.

a Kap 14,1 *b* Kap 1,4 *c* Kap 3,12 *d* Kap 1,28
e Röm 1,23 *f* 2.Mose 24,1; 4.Mose 11,16;
Lk 10,1.17 *g* Jes 66,17 *h* Kap 9,9 *i* 5.Mose 4,19;
17,3; 2.Kön 23,5.11; Jer 8,2 *j* Kap 7,4 *k* Jes 1,15
*Vers 17: Gemeint ist ein abgöttischer Brauch.

Die Heimsuchung Jerusalems

Und er rief mit lauter Stimme vor mei- 9
nen Ohren und sprach: Gekommen ist
die Heimsuchung der Stadt; ein jeder
habe sein Werkzeug zur Zerstörung in
seiner Hand! Und siehe, da kamen 2
sechs Männer auf dem Wege vom obe-
ren Tor her, das gegen Norden liegt,
und jeder hatte ein Werkzeug zum Zer-
schlagen in seiner Hand. Aber es war
einer unter ihnen, [a] der hatte ein Kleid
von Leinwand an und ein Schreibzeug
an seiner Seite. Und sie kamen heran
und traten neben den kupfernen Altar.
Und [b] die Herrlichkeit des Gottes Is- 3
raels erhob sich von dem Cherub, über
dem sie war, zu der Schwelle des Tem-
pels am Hause, und der HERR rief dem,
der das Kleid von Leinwand anhatte
und das Schreibzeug an seiner Seite,
und sprach zu ihm: Geh durch die 4
Stadt Jerusalem und [c] zeichne mit
einem Zeichen an der Stirn die Leute,
die da seufzen und jammern über alle
Greuel, die darin geschehen. Zu den 5
andern Männern aber sprach er, so daß
ich es hörte: Geht ihm nach durch die
Stadt und schlagt drein; eure Augen
sollen ohne Mitleid blicken und keinen
verschonen. Erschlagt Alte, Jünglinge, 6
Jungfrauen, Kinder und Frauen,
schlagt alle tot; aber die das Zeichen an
sich haben, von denen sollt ihr keinen
anrühren. [d] Fangt aber an bei meinem
Heiligtum! Und sie fingen an bei den
Ältesten, die vor dem Tempel waren.
Und er sprach zu ihnen: Macht den 7
Tempel unrein, füllt die Vorhöfe mit
Erschlagenen; dann geht hinaus! Und
sie gingen hinaus und erschlugen die
Leute in der Stadt. Und als sie die er- 8
schlagen hatten, war ich noch übrig.
Und ich fiel auf mein Angesicht, schrie
und sprach: [e] Ach, Herr HERR, willst du
denn den ganzen Rest Israels verder-
ben, daß du deinen Zorn so ausschüt-
test über Jerusalem? Und er sprach zu 9
mir: Die Missetat des Hauses Israel
und Juda ist allzu groß; es ist lauter
Blutschuld im Lande und lauter Un-
recht in der Stadt. Denn sie sprechen:

[f]Der HERR hat das Land verlassen, der
10 HERR sieht uns nicht. Darum [g]soll mein
Auge ohne Mitleid auf sie blicken, ich
will auch nicht gnädig sein, sondern
will ihr Tun auf ihren Kopf kommen
11 lassen. Und siehe, der Mann, der das
Kleid von Leinwand anhatte und das
Schreibzeug an seiner Seite, antwortete
und sprach: Ich habe getan, wie du mir
geboten hast.

a Kap 10,2; Dan 10,5 *b* Kap 1,28 *c* Offb 7,3
d Jer 25,29 *e* Kap 11,13 *f* Kap 8,12 *g* Kap 7,4

Die Herrlichkeit Gottes über den Cherubim
(vgl. Kap 1,4-28)

10 Und ich sah, und siehe, an der Him-
melsfeste über dem Haupt der Cheru-
bim glänzte es wie ein Saphir, und über
ihnen war etwas zu sehen wie ein
2 Thron. Und er sprach zu dem [a]Mann
in dem Kleid von Leinwand: Geh hin-
ein zwischen das Räderwerk unter dem
Cherub und [b]fülle deine Hände mit
glühenden Kohlen, die zwischen den
Cherubim sind, und streue sie über die
Stadt. Und er ging hinein vor meinen
3 Augen. Die Cherubim aber standen zur
Rechten am Hause des Herrn, als der
Mann hineinging, und die Wolke er-
füllte den inneren Vorhof.
4 Und [c]die Herrlichkeit des HERRN er-
hob sich von dem Cherub zur Schwelle
des Hauses, und [d]das Haus wurde er-
füllt mit der Wolke und der Vorhof mit
dem Glanz der Herrlichkeit des HERRN.
5 Und man hörte die Flügel der Cheru-
bim rauschen bis in den äußeren Vor-
hof wie die Stimme des allmächtigen
6 Gottes, wenn er redet. Und als er dem
Mann in dem Kleid von Leinwand ge-
boten hatte: Nimm von dem Feuer
zwischen dem Räderwerk zwischen den
Cherubim, ging dieser hinein und trat
7 neben das Rad. Und der Cherub
streckte seine Hand aus der Mitte der
Cherubim hin zum Feuer, das zwi-
schen den Cherubim war, nahm davon
und gab es dem Mann in dem Kleid von
Leinwand in die Hände; der empfing es
8 und ging hinaus. Und es erschien an
den Cherubim etwas wie eines Men-
schen Hand unter ihren Flügeln.
9 Und ich sah, und siehe, vier Räder
standen bei den Cherubim, bei jedem
Cherub ein Rad, und die Räder sahen
10 aus wie ein Türkis, und alle vier sahen
eins wie das andere aus; es war, als wäre
11 ein Rad im andern. Wenn sie gehen
sollten, so konnten sie nach allen ihren
vier Seiten gehen; sie brauchten sich im
Gehen nicht umzuwenden; sondern
wohin das erste ging, da gingen die an-
dern nach, ohne sich im Gehen um-
zuwenden. Und ihr ganzer Leib, 12
Rücken, Hände und Flügel und die Rä-
der waren voller Augen um und um bei
allen vieren. Und die Räder wurden vor 13
meinen Ohren »das Räderwerk« ge-
nannt. Ein [e]jeder hatte vier Angesich- 14
ter; das erste Angesicht war das eines
Cherubs, das zweite das eines Men-
schen, das dritte das eines Löwen, das
vierte das eines Adlers. Und die Cheru- 15
bim hoben sich empor. Es war aber die-
selbe Gestalt, die ich am [f]Fluß Kebar
gesehen hatte. Wenn die Cherubim 16
gingen, so gingen auch die Räder mit,
und wenn die Cherubim ihre Flügel
schwangen, daß sie sich von der Erde
erhoben, so wandten sich auch die Rä-
der nicht von ihrer Seite weg. Wenn 17
jene standen, so standen diese auch; er-
hoben sie sich, so erhoben sich diese
auch; denn es war der Geist der Gestal-
ten in ihnen.
[g]Und die Herrlichkeit des HERRN 18
ging wieder hinaus von der Schwelle
des Tempels und stellte sich über die
Cherubim. Da schwangen die Cheru- 19
bim ihre Flügel und erhoben sich von
der Erde vor meinen Augen, und als sie
hinausgingen, gingen die Räder mit.
Und sie traten in den Eingang des öst-
lichen Tores am Hause des HERRN, und
die Herrlichkeit des Gottes Israels war
oben über ihnen. Das waren die Gestal- 20
ten, die ich unter dem Gott Israels am
Fluß Kebar gesehen hatte; und ich
merkte, daß es Cherubim waren. Vier 21
Angesichter hatte jeder und vier Flügel
und etwas wie Menschenhände unter
den Flügeln. Und ihre Angesichter wa- 22
ren so gestaltet, wie ich sie am Fluß Ke-
bar gesehen hatte; und sie gingen in der
Richtung eines ihrer Angesichter, wie
sie wollten.

a Kap 9,2 *b* Offb 8,5 *c* Kap 1,28
d 2.Mose 40,34; Jes 6,4 *e* Kap 1,10 *f* Kap 1,1
g *(18 und 19)* Kap 1,28

Gottes Gericht über die Obersten des Volkes

Und [a]der Geist hob mich empor und **11**
brachte mich zum Tor am Hause des
HERRN, das gegen Osten liegt. Und sie-
he, im Eingang des Tores waren fünf-
undzwanzig Männer, und ich sah unter
ihnen die Obersten im Volk Jaasanja,
den Sohn Asurs, und Pelatja, den Sohn

2 Benajas. Und er sprach zu mir: Men-
schenkind, das sind die Männer, die
Unheil planen und schädlichen Rat ge-
3 ben in dieser Stadt; denn sie sprechen:
»Sind nicht vor kurzem die Häuser wie-
der aufgebaut worden? [b]Die Stadt ist
4 der Topf, wir sind das Fleisch.« Darum
sollst du, Menschenkind, gegen sie
5 weissagen. Und der Geist des HERRN
fiel auf mich, und er sprach zu mir:
Sage: So spricht der HERR: So habt ihr
geredet, ihr vom Hause Israel; und eu-
res Geistes Gedanken kenne ich wohl.
6 Ihr habt viele erschlagen in dieser
Stadt, und ihre Gassen liegen voll To-
7 ter. Darum spricht Gott der HERR: Die
ihr in der Stadt getötet habt, die sind
das Fleisch, und sie ist der Topf; aber
8 ihr müßt hinaus. Das Schwert, das ihr
fürchtet, das will ich über euch kom-
9 men lassen, spricht Gott der HERR. Ich
will euch aus der Stadt hinaustreiben
und Fremden in die Hand geben und
10 will Gericht über euch halten. Ihr [c]sollt
durchs Schwert fallen; an der Grenze
Israels will ich euch richten; und ihr
sollt erfahren, daß ich der HERR bin.
11 Die Stadt aber soll für euch nicht der
Topf sein noch ihr das Fleisch darin,
sondern an der Grenze Israels will ich
12 euch richten. Und ihr sollt erfahren,
daß ich der HERR bin; denn ihr seid
nach meinen Geboten nicht gewandelt
und habt meine Ordnungen nicht ge-
halten, sondern habt gelebt nach den
Ordnungen der Heiden, die um euch
13 her sind. – Und als ich noch so weissag-
te, starb Pelatja, der Sohn Benajas. Da
fiel ich auf mein Angesicht und schrie
mit lauter Stimme und sprach: [d]Ach,
Herr HERR, willst du dem Rest Israels
ganz und gar ein Ende machen?

a Kap 3,12 *b* Kap 24,3-14 *c* 2.Kön 25,20.21
d Kap 9,8

Die Verheißung für die Weggeführten

14 Da geschah des HERRN Wort zu mir:
15 Du Menschenkind, die Leute, die
noch in Jerusalem wohnen, sagen von
deinen Brüdern und Verwandten und
dem ganzen Haus Israel: Sie sind ferne
vom HERRN, aber uns ist das Land zum
16 Eigentum gegeben. Darum sage: So
spricht Gott der HERR: Ja, [a]ich habe sie
fern weg unter die Heiden vertrieben
und in die Länder zerstreut und bin
ihnen nur wenig zum Heiligtum gewor-
den in den Ländern, in die sie gekom-
17 men sind. Darum sage: So spricht Gott
der HERR: [b]Ich will euch zusammen-
bringen aus den Völkern und will euch
sammeln aus den Ländern, in die ihr
zerstreut seid, und will euch das Land
Israels geben. Dorthin sollen sie kom- 18
men und alle seine Götzen und Greuel
daraus wegtun. Und *ich will ihnen ein* 19
anderes Herz geben und einen neuen Geist
in sie geben und [c]*will das steinerne Herz*
wegnehmen aus ihrem Leibe und ihnen
[d]*ein fleischernes Herz geben,* damit sie in 20
meinen Geboten wandeln und meine
Ordnungen halten und danach tun.
Und [e]sie sollen mein Volk sein, und ich
will ihr Gott sein. Denen aber, die mit 21
ihrem Herzen ihren Götzen und ihren
Greueln nachwandeln, will ich ihr Tun
auf ihren Kopf kommen lassen, spricht
Gott der HERR.

a Kap 6,8-10 *b* Jer 24,5.6; 29,14 *c* Kap 36,26
d Jer 24,7 *e* Kap 14,11; Jer 7,23

Die Herrlichkeit Gottes verläßt Jerusalem

[a]Da schwangen die Cherubim ihre 22
Flügel, und die Räder gingen mit, und
die Herrlichkeit des Gottes Israels war
oben über ihnen. Und die Herrlichkeit 23
des HERRN erhob sich aus der Stadt und
stellte sich auf den Berg, der im Osten
vor der Stadt liegt. Und [b]der Geist hob 24
mich empor und brachte mich nach
Chaldäa zu den Weggeführten in einem
Gesicht durch den Geist Gottes. Und
das Gesicht, das ich geschaut hatte,
verschwand vor mir. Und ich sagte den 25
Weggeführten alle Worte des HERRN,
die er mir in Gesichten gezeigt hatte.

a (22 und 23) Kap 1,28 *b* Kap 3,12

Die Wegführung von König und Volk wird in Gleichnishandlungen dargestellt

Und des HERRN Wort geschah zu mir: **12**
Du Menschenkind, du wohnst in einem 2
Haus des Widerspruchs; [a]sie haben
wohl Augen, daß sie sehen könnten,
und wollen nicht sehen, und Ohren,
daß sie hören könnten, und wollen
nicht hören; denn sie sind ein Haus des
Widerspruchs. Du aber, Menschen- 3
kind, pack dir Sachen wie für die Ver-
bannung und zieh am hellen Tage fort
vor ihren Augen. Von deinem Ort sollst
du ziehen an einen andern Ort vor ihren
Augen. Vielleicht merken sie es, denn
sie sind ein Haus des Widerspruchs.
Du sollst deine Sachen am hellen Tage 4
vor ihren Augen herausschaffen wie
Gepäck für die Verbannung und am

Abend hinausziehen vor ihren Augen,
5 wie man zur Verbannung auszieht, und
du sollst dir vor ihren Augen ein Loch
durch die Wand brechen und da hin-
6 ausziehen, und du sollst deine Schulter
vor ihren Augen beladen und hinaus-
ziehen, wenn es dunkel wird! Dein An-
gesicht sollst du verhüllen, damit du
das Land nicht siehst. Denn ich habe
dich für das Haus Israel zum [b]Wahr-
zeichen gesetzt.
7 Und ich tat, wie mir befohlen war,
und trug mein Gepäck hinaus wie Ge-
päck für die Verbannung am hellen
Tage, und am Abend brach ich mit der
Hand ein Loch durch die Wand. Und
als es dunkel wurde, belud ich meine
Schulter und zog hinaus vor ihren Au-
gen.
8 Und frühmorgens geschah des
9 HERRN Wort zu mir: Du Menschen-
kind, hat das Haus Israel, das Haus des
Widerspruchs, nicht zu dir gesagt: Was
10 machst du da? Sage zu ihnen: So
spricht Gott der HERR: Diese Last trifft
den Fürsten zu Jerusalem und das gan-
11 ze Haus Israel, das dort wohnt. Sprich:
Ich bin euer Wahrzeichen; wie ich ge-
tan habe, so wird ihnen geschehen:
fortziehen müssen sie und gefangen
12 weggeführt werden. [c]Ihr Fürst wird
seine Habe auf die Schulter laden,
wenn es dunkel wird, und ein Loch
durch die Wand brechen und da hin-
ausziehen; sein Angesicht wird er ver-
hüllen, daß er nicht mit seinen Augen
13 das Land sehe. Und ich will [d]mein
Netz über ihn werfen, daß er in meinem
Garn gefangen werde, und will ihn
nach Babel bringen in der Chaldäer
Land, [e]das er jedoch nicht sehen wird,
14 und dort soll er sterben. Und alle, die
um ihn her sind, seine Helfer und sei-
nen ganzen Anhang, will ich in alle
Winde zerstreuen und das Schwert zie-
15 hen hinter ihnen her. Dann sollen sie
erfahren, daß ich der HERR bin, wenn
ich sie unter die Heiden verstoße und in
16 die Länder zerstreue. Aber [f]ich will
von ihnen einige wenige übriglassen
vor dem Schwert, dem Hunger und der
Pest. Die sollen von all ihren Greuelta-
ten erzählen unter den Heiden, zu de-
nen sie kommen werden; und sie sollen
erfahren, daß ich der HERR bin.
17 Und des HERRN Wort geschah zu
18 mir: Du Menschenkind, du sollst dein
Brot essen mit Beben und dein Wasser
19 trinken mit Zittern und Sorgen. Und
sage zum Volk des Landes: So spricht
Gott der HERR zu den Einwohnern Je-
rusalems über das Land Israels: Sie
müssen ihr Brot essen mit Sorgen und
ihr Wasser trinken mit Schaudern;
denn ihr Land soll wüst werden und
leer von allem, was darin ist, um des
Frevels willen all seiner Bewohner.
Und die Städte, die bewohnt sind, sol- 20
len verwüstet werden und das Land
öde; und ihr werdet erfahren, daß ich
der HERR bin.

a Jer 5,21 *b* Kap 24,24.27 *c* 2.Kön 25,4
d Kap 17,20 *e* Jer 39,7 *f* Kap 6,8

Gegen die Verächter der Weissagung

Und des HERRN Wort geschah zu mir: 21
Du Menschenkind, was habt ihr da für 22
ein Gerede im Lande Israels? Ihr sagt:
[a]»Es dauert so lange, und es wird nichts
aus der Weissagung.« Darum sage zu 23
ihnen: So spricht Gott der HERR: Ich
will diesem Gerede ein Ende machen,
daß man es nicht mehr im Munde füh-
ren soll in Israel. Sage vielmehr zu
ihnen: Die Zeit ist nahe, und [b]alles
kommt, was geweissagt ist. Denn es soll 24
hinfort keine trügenden Gesichte und
keine falsche Offenbarung mehr geben
im Hause Israel. Denn ich bin der 25
HERR. Was ich rede, das soll geschehen
und sich nicht lange hinausziehen, son-
dern in eurer Zeit, du Haus des Wider-
spruchs, rede ich ein Wort und tue es
auch, spricht Gott der HERR.
Und des HERRN Wort geschah zu 26
mir: Du Menschenkind, siehe, das 27
Haus Israel spricht: Mit den Gesich-
ten, die dieser schaut, dauert's noch
lange, und er weissagt auf Zeiten, die
noch ferne sind. Darum sage ihnen: So 28
spricht Gott der HERR: Was ich rede,
soll sich nicht lange hinausziehen, son-
dern es soll geschehen, spricht Gott der
HERR.

a 2.Petr 3,4 *b* Hab 2,3

Gegen die falschen Propheten

Und des HERRN Wort geschah zu mir: 13
Du Menschenkind, weissage gegen die 2
Propheten Israels und sprich zu denen,
die aus eigenem Antrieb heraus weissa-
gen »Höret des HERRN Wort!«: So 3
spricht Gott der HERR: [a]Weh den tö-
richten Propheten, die ihrem eigenen
Geist folgen und haben doch keine Ge-
sichte!
[b]O Israel, deine Propheten sind wie 4
die Füchse in den Trümmern! Sie sind 5
nicht in die Bresche getreten und haben

sich nicht zur Mauer gemacht um das
Haus Israel, damit es fest steht im
6 Kampf am [c] Tage des HERRN. Ihre Gesichte sind nichtig, und ihr Wahrsagen ist Lüge. [d] Sie sprechen: »Der HERR hat's gesagt«, und doch hat sie der HERR nicht gesandt, und sie warten darauf,
7 daß er ihr Wort erfüllt. Ist's nicht vielmehr so: Eure Gesichte sind nichtig, und euer Wahrsagen ist lauter Lüge? Und ihr sprecht doch: »Der HERR hat's geredet«, wo ich doch nichts geredet
8 habe. Darum spricht Gott der HERR: Weil ihr Trug redet und Lügen wahrsagt, siehe, darum will ich an euch,
9 spricht Gott der HERR. Und [e] meine Hand soll über die Propheten kommen, die Trug reden und Lügen wahrsagen. Sie sollen in der Gemeinschaft meines Volks nicht bleiben und in das Buch des Hauses Israel nicht eingeschrieben werden und ins Land Israels nicht kommen – und ihr sollt erfahren, daß
10 ich Gott der HERR bin. Weil sie mein Volk verführen und sagen: [f] »Friede!«, wo doch kein Friede ist, und weil sie, wenn das Volk sich eine Wand baut, sie
11 mit Kalk übertünchen, so sprich zu den Tünchern, die mit Kalk tünchen: »Die Wand wird einfallen!« Denn es wird ein Platzregen kommen und Hagel wie Steine fallen und ein Wirbelwind los-
12 brechen. Siehe, da wird die Wand einfallen. Was gilt's? Dann wird man zu euch sagen: Wo ist nun der Anstrich, den ihr darüber getüncht habt?
13 Darum spricht Gott der HERR: Ich will einen Wirbelwind losbrechen lassen in meinem Grimm und einen Platzregen in meinem Zorn und Hagel wie
14 Steine in vernichtendem Grimm. So will ich die Wand niederreißen, die ihr mit Kalk übertüncht habt, und will sie zu Boden stoßen, daß man ihren Grund sehen soll. Wenn sie fällt, sollt ihr auch darin umkommen. Und ihr sollt erfah-
15 ren, daß ich der HERR bin. Und ich will meinen ganzen Grimm an der Wand auslassen und an denen, die sie mit Kalk übertüncht haben, und will zu euch sagen: Hier ist weder Wand noch
16 Tüncher – das sind die Propheten Israels, die Jerusalem wahrsagen und predigen »Friede!«, wo doch kein Friede ist, spricht Gott der HERR.

a Jer 14,14 *b* (*4 und 5*) Kap 22,30; Ps 106,23 *c* Jes 2,12 *d* Kap 22,28; Jer 5,31 *e* Kap 14,9 *f* Jer 6,14

Gegen falsche Prophetinnen

Und du, Menschenkind, richte dein 17
Angesicht gegen die Töchter deines Volks, die aus eigenem Antrieb als Prophetinnen auftreten, und weissage ge-
gen sie und sprich: So spricht Gott der 18
HERR: Weh euch, die ihr Binden näht für alle Handgelenke und Hüllen für die Köpfe der Jungen und Alten, um Seelen damit zu fangen! Wollt ihr Seelen fangen in meinem Volk und Seelen
für euch am Leben erhalten? Ihr ent- 19
heiligt mich bei meinem Volk für eine Handvoll Gerste und einen Bissen Brot, dadurch daß ihr Seelen tötet, die nicht sterben sollten, und Seelen am Leben erhaltet, die nicht leben sollten, durch euer Lügen unter meinem Volk,
das so gern Lügen hört. Darum spricht 20
Gott der HERR: Siehe, ich will über eure Binden kommen, mit denen ihr die Seelen fangt, und will sie von euren Armen reißen und die Seelen, die ihr ge-
fangen habt, befreien. Und ich will eure 21
Hüllen wegreißen und mein Volk aus eurer Hand erretten, daß ihr sie nicht mehr fangen könnt. Und ihr sollt erfah-
ren, daß ich der HERR bin. Weil ihr das 22
Herz der Gerechten betrübt habt, die ich nicht betrübt habe, und [a] die Hände der Gottlosen gestärkt habt, damit sie sich von ihrem bösen Wandel nicht be-
kehren, um ihr Leben zu retten: darum 23
sollt ihr nicht mehr Trug predigen und wahrsagen, sondern ich will mein Volk aus euren Händen erretten, und ihr sollt erfahren, daß ich der HERR bin.

a Jer 23,14

Gottes Antwort an Götzendiener

Und es kamen [a] einige von den Ältesten **14**
Israels zu mir und setzten sich vor mir
nieder. Da geschah des HERRN Wort zu 2
mir: Du Menschenkind, diese Leute 3
hängen mit ihrem Herzen an ihren Götzen und haben mit Freuden vor Augen, was sie schuldig werden läßt – sollte ich mich wirklich von ihnen be-
fragen lassen? Darum rede mit ihnen 4
und sage zu ihnen: So spricht Gott der HERR: Jedem vom Hause Israel, der mit seinem Herzen an seinen Götzen hängt und mit Freuden vor Augen hat, was ihn schuldig werden läßt, und dann zum Propheten kommt, dem will ich, der HERR, antworten, wie er's verdient
hat mit seinen vielen Götzen, damit ich 5
so dem Hause Israel ans Herz greife, weil sie von mir gewichen sind mit all

6 ihren Götzen. Darum sollst du zum
Hause Israel sagen: So spricht Gott der
HERR: Kehrt um und wendet euch ab
von euren Götzen und wendet euer An-
7 gesicht von allen euren Greueln. Denn
jedem vom Hause Israel oder von den
Fremdlingen in Israel, der von mir
weicht und mit seinem Herzen an sei-
nen Götzen hängt und mit Freuden vor
Augen hat, was ihn schuldig werden
läßt, und der dann zum Propheten
kommt, um durch ihn mich zu befra-
gen, dem will ich, der HERR, selbst ant-
8 worten. Ich will mein Angesicht gegen
ihn richten und ihn zum Zeichen und
Sprichwort machen und will ihn aus
meinem Volk ausrotten. So sollt ihr er-
9 fahren, daß ich der HERR bin. Wenn
aber ein Prophet [b] sich betören läßt, et-
was zu verkünden, so habe ich, der
HERR, diesen Propheten betört und will
meine Hand gegen ihn ausstrecken und
ihn aus meinem Volk Israel ausrotten.
10 [c] So sollen sie beide ihre Schuld tragen:
wie die Schuld des Befragenden, so soll
auch die Schuld des Propheten sein,
11 damit das Haus Israel nicht mehr von
mir abirrt und sich nicht mehr unrein
macht durch alle seine Übertretungen;
sondern [d] sie sollen mein Volk sein, und
ich will ihr Gott sein, spricht Gott der
HERR.

a Kap 20,1 *b* 1.Kön 22,20-23 *c* (*10 und 11*) Kap 3,17-20 *d* Kap 11,20

Die Überlebenden bei Gottes vierfachem Gericht

12 Und des HERRN Wort geschah zu mir:
13 Du Menschenkind, wenn ein Land an
mir sündigt und Treubruch begeht und
wenn ich meine Hand dagegen aus-
strecke und [a] den Vorrat an Brot ihm
wegnehme und Hungersnot ins Land
schicke, um Menschen und Vieh darin
14 auszurotten, und [b] wenn dann diese
drei Männer im Lande wären, Noah,
Daniel und Hiob, so würden sie durch
ihre Gerechtigkeit allein ihr Leben ret-
ten, spricht Gott der HERR.
15 Und wenn ich wilde Tiere ins Land
bringen würde, die die Leute ausrotte-
ten und das Land zur Einöde machten,
so daß niemand mehr hindurchziehen
16 könnte vor wilden Tieren, und diese
drei Männer wären auch darin – so
wahr ich lebe, spricht Gott der HERR:
sie würden weder Söhne noch Töchter
retten, sondern allein sich selbst, und
das Land müßte öde werden.
17 Oder wenn ich das Schwert kommen
ließe über dies Land und sprechen
würde: Schwert, fahre durchs Land!
und würde Menschen und Vieh ausrot-
ten, und diese drei Männer wären darin 18
– so wahr ich lebe, spricht Gott der
HERR: sie würden weder Söhne noch
Töchter retten, sondern sie allein wür-
den errettet werden.
Oder wenn ich die Pest in dies Land 19
schicken und meinen Grimm darüber
ausschütten würde mit Blutvergießen,
um Menschen und Vieh darin auszu-
rotten, und Noah, Daniel und Hiob wä- 20
ren darin – so wahr ich lebe, spricht
Gott der HERR: sie würden durch ihre
Gerechtigkeit weder Söhne noch
Töchter retten, sondern allein ihr eige-
nes Leben.
Denn so spricht Gott der HERR: 21
Wenn ich meine [c] vier schweren Stra-
fen, Schwert, Hunger, wilde Tiere und
Pest, über Jerusalem schicken werde,
um darin auszurotten Menschen und
Vieh, siehe, so sollen einige übrigblei- 22
ben und davonkommen, die Söhne und
Töchter herausbringen werden. Die
sollen zu euch kommen, und ihr werdet
ihren Wandel und ihre Taten sehen
und euch trösten über das Unheil, das
ich über Jerusalem habe kommen las-
sen, und über all das andre, das ich über
die Stadt habe kommen lassen. Sie wer- 23
den euer Trost sein, wenn ihr sehen
werdet ihren Wandel und ihre Taten,
und ihr werdet erfahren, daß ich nicht
ohne Grund getan habe, was ich an Je-
rusalem getan habe, spricht Gott der
HERR.

a Kap 4,16 *b* Jer 15,1 *c* Kap 5,17; 3.Mose 26,16-25; Jer 15,3; Offb 6,8

Das Gleichnis vom unbrauchbaren Rebholz

Und des HERRN Wort geschah zu mir: **15**
Du Menschenkind, was hat das Holz 2
des [a] Weinstocks voraus vor anderm
Holz, das Rebholz, das im Gehölz
wächst? Nimmt man es denn und 3
macht etwas daraus? Macht man auch
nur einen Pflock daraus, an den man et-
was hängen kann? Siehe, [b] man wirft's 4
ins Feuer, daß es verzehrt wird. Wenn
das Feuer seine beiden Enden verzehrt
hat und die Mitte versengt ist, wozu
sollte es dann noch taugen? Siehe, als es 5
noch unversehrt war, konnte man
nichts daraus machen; wieviel weniger
kann dann noch daraus gemacht wer-
den, wenn es das Feuer verzehrt und
versengt hat!

6 Darum spricht Gott der HERR: Wie
ich das Holz des Weinstocks, das im
Gehölz wächst, dem Feuer zu verzeh-
ren gebe, so will ich auch die Einwoh-
7 ner Jerusalems dahingeben und will
mein Angesicht gegen sie richten: Sie
sind dem Feuer entgangen, aber das
Feuer soll sie doch fressen! Und ihr
sollt erfahren, daß ich der HERR bin,
wenn ich mein Angesicht gegen sie
8 richte und das Land zur Wüstenei ma-
che, weil sie die Treue gebrochen ha-
ben, spricht Gott der HERR.

a Jer 2,21 *b* Joh 15,6

Jerusalem – ein treuloses Weib

(vgl. Kap 23)

16 Und des HERRN Wort geschah zu mir:
2 Du Menschenkind, tu kund der Stadt
3 Jerusalem ihre Greuel und sprich: So
spricht Gott der HERR zu Jerusalem:
Nach Geschlecht und Geburt bist du
aus dem Lande der Kanaaniter, dein
Vater war ein Amoriter, deine Mutter
4 eine Hetiterin. Bei deiner Geburt war
es so: Am Tag, als du geboren wurdest,
wurde deine Nabelschnur nicht abge-
schnitten; auch hat man dich nicht mit
Wasser gebadet, damit du sauber wür-
dest, dich nicht mit Salz abgerieben
5 und nicht in Windeln gewickelt. Denn
niemand sah mitleidig auf dich und er-
barmte sich, daß er etwas von all dem
an dir getan hätte, sondern du wurdest
aufs Feld geworfen. So verachtet war
dein Leben, als du geboren wurdest.
6 Ich aber ging an dir vorüber und sah
dich in deinem Blut liegen und sprach
zu dir, als du so in deinem Blut dalagst:
Du sollst leben! Ja, zu dir sprach ich,
als du so in deinem Blut dalagst: Du
7 sollst leben und heranwachsen; wie ein
Gewächs auf dem Felde machte ich
dich. Und du wuchsest heran und wur-
dest groß und schön. Deine Brüste
wuchsen, und du bekamst lange Haare;
aber du warst noch nackt und bloß.
8 Und ich ging an dir vorüber und sah
dich an, und siehe, es war die Zeit, um
dich zu werben. Da [a]breitete ich mei-
nen Mantel über dich und bedeckte
deine Blöße. Und ich schwor dir's und
[b]schloß mit dir einen Bund, spricht
Gott der HERR, daß du solltest mein
9 sein. Und ich badete dich mit Wasser
und wusch dich von deinem Blut und
10 salbte dich mit Öl und kleidete dich mit
bunten Kleidern und zog dir Schuhe
von feinem Leder an. Ich gab dir einen
Kopfbund aus kostbarer Leinwand
und hüllte dich in seidene Schleier und 11
schmückte dich mit Kleinoden und leg-
te dir Spangen an deine Arme und eine
Kette um deinen Hals und gab dir 12
einen Ring an deine Nase und Ohrringe
an deine Ohren und eine schöne Krone
auf dein Haupt. So warst du ge- 13
schmückt mit Gold und Silber und ge-
kleidet mit kostbarer Leinwand, Seide
und bunten Kleidern. Du aßest feinstes
Mehl, Honig und Öl und wurdest über-
aus schön und kamst zu königlichen
Ehren. Und dein Ruhm erscholl unter 14
den Völkern deiner Schönheit wegen,
die vollkommen war durch den
Schmuck, den ich dir angelegt hatte,
spricht Gott der HERR.

Aber du verließest dich auf deine 15
Schönheit. Und weil du so gerühmt
wurdest, [c]triebst du Hurerei und botest
dich jedem an, der vorüberging, und
warst ihm zu Willen. Du nahmst von 16
deinen Kleidern und machtest dir bun-
te Opferhöhen daraus und triebst dort
deine Hurerei, wie es nie geschehen ist
noch geschehen wird. Du nahmst auch 17
dein schönes Geschmeide, das ich dir
von meinem Gold und Silber gegeben
hatte, und [d]machtest dir Götzenbilder
daraus und triebst deine Hurerei mit
ihnen. Und du nahmst deine bunten 18
Kleider und bedecktest sie damit, und
mein Öl und Räucherwerk legtest du
ihnen vor. Meine Speise, die ich dir zu 19
essen gab, feinstes Mehl, Öl und Ho-
nig, legtest du ihnen vor zum lieblichen
Geruch. Ja, es kam dahin, spricht Gott
der HERR, [e]daß du deine Söhne und 20
Töchter nahmst, die du mir geboren
hattest, und opfertest sie ihnen zum
Fraß. War es denn noch nicht genug
mit deiner Hurerei, daß du meine Kin- 21
der schlachtetest und ließest sie für die
Götzen verbrennen? Und bei all deinen 22
Greueln und deiner Hurerei hast du nie
gedacht an die Zeit deiner Jugend, wie
du bloß und nackt warst und in deinem
Blute lagst.

Und nach all diesen deinen Übelta- 23
ten – o weh, weh dir! spricht Gott der
HERR – bautest du dir [f]einen Hurenal- 24
tar und machtest dir ein Lager darauf
an allen Plätzen. An jeder Straßenecke 25
bautest du dein Hurenlager und mach-
test deine Schönheit zum Abscheu. Du
spreiztest deine Beine für alle, die vor-
übergingen, und triebst viel Hurerei.
Zuerst triebst du Hurerei mit den 26
Ägyptern, deinen Nachbarn voller
Geilheit, und triebst viel Hurerei, um

27 mich zu reizen. Ich aber streckte meine
Hand aus gegen dich und entzog dir
einen Teil meiner Gaben und gab dich
preis der Willkür deiner Feinde, der
Töchter der Philister, die sich schäm-
28 ten über dein schamloses Treiben. Da-
nach [g] triebst du Hurerei mit den Assy-
rern, weil du nicht satt geworden warst;
du triebst mit ihnen Hurerei und wur-
29 dest auch hier nicht satt. Da triebst du
noch mehr Hurerei mit dem Krämer-
land Chaldäa; doch auch da wurdest du
30 nicht satt. Wie fieberte doch dein Herz,
spricht Gott der HERR, daß du alle diese
31 Werke einer großen Erzhure tatest: daß
du deinen Hurenaltar bautest an allen
Straßenecken und dir ein Hurenlager
machtest auf allen Plätzen! Dazu warst
du nicht wie sonst eine Hure; denn du
32 hast ja Geld dafür verschmäht. Du
Ehebrecherin, die du dir Fremde an-
33 stelle deines Mannes nimmst! Allen an-
dern Huren gibt man Geld; du aber
gibst allen deinen Liebhabern noch
Geld dazu und kaufst sie, damit sie von
überall her zu dir kommen und mit dir
34 Hurerei treiben. So ist es bei dir mit
deiner Hurerei umgekehrt wie bei an-
dern Weibern, weil man dir nicht nach-
läuft und dir nicht Geld gibt, sondern
du noch Geld dazugibst; bei dir ist es
also umgekehrt.

35 Darum, du Hure, höre des HERRN
36 Wort! So spricht Gott der HERR: Weil
du bei deiner Hurerei deine Scham ent-
blößtest und deine Blöße vor deinen
Liebhabern aufdecktest, und wegen all
deiner greulichen Götzen und wegen
des Blutes deiner Kinder, die du ihnen
37 geopfert hast: Darum, siehe, ich will
sammeln alle deine Liebhaber, denen
du gefallen hast, alle, die du geliebt,
samt allen, die du nicht geliebt hast,
und will sie gegen dich versammeln von
überall her und [h] will ihnen deine Blöße
aufdecken, daß sie deine ganze Blöße
38 sehen sollen. Und ich will dich richten,
[i] wie man Ehebrecherinnen und Mör-
derinnen richtet; ich lasse Grimm und
39 Eifer über dich kommen. Und ich will
dich in ihre Hände geben, daß sie dei-
nen Hurenaltar abbrechen und dein
Lager einreißen und dir deine Kleider
ausziehen und dein schönes Geschmei-
de dir nehmen und dich nackt und bloß
40 liegen lassen. Und sie sollen eine Ver-
sammlung gegen dich einberufen und
dich [j] steinigen und mit ihren Schwer-
41 tern zerhauen und [k] deine Häuser mit
Feuer verbrennen und an dir das Ge-
richt vollstrecken vor den Augen vieler
Frauen. So will ich deiner Hurerei ein
Ende machen, und auch Geld sollst du
nicht mehr dafür geben. Dann kommt 42
mein Grimm gegen dich zum Ziel, und
mein Eifer läßt von dir ab, so daß ich
Ruhe habe und nicht mehr zürnen
muß. Weil du nicht gedacht hast an die 43
Zeit deiner Jugend, sondern mich mit
all dem zum Zorn gereizt hast, darum
will ich auch all dein Tun auf deinen
Kopf kommen lassen, spricht Gott der
HERR. Hast du nicht Unzucht getrieben
zu all deinen Greueltaten hinzu?

Siehe, wer gern in Sprichwörtern re- 44
det, wird von dir dies Sprichwort sa-
gen: »Wie die Mutter, so die Tochter.«
Du bist die Tochter deiner Mutter, die 45
ihren Mann und ihre Kinder von sich
stieß, und bist die Schwester deiner
Schwestern, die ihre Männer und Kin-
der von sich stießen. [l] Eure Mutter war
eine von den Hetitern und euer Vater
ein Amoriter. Deine große Schwester 46
ist Samaria mit ihren Töchtern, die dir
zur Linken wohnt, und deine kleine
Schwester ist Sodom mit ihren Töch-
tern, die zu deiner Rechten wohnt. Es 47
war dir nicht genug, in ihren Wegen zu
gehen und nach ihren Greueln zu tun;
du hast es noch ärger getrieben als sie
in all deinem Tun. So wahr ich lebe, 48
spricht Gott der HERR: [m] Sodom, deine
Schwester, samt ihren Töchtern hat's
nicht so getrieben wie du und deine
Töchter. Siehe, das war die Schuld dei- 49
ner Schwester Sodom: Hoffart und al-
les in Fülle und sichere Ruhe hatte sie
mit ihren Töchtern; aber dem Armen
und Elenden halfen sie nicht, sondern 50
waren stolz und taten Greuel vor mir.
[n] Darum habe ich sie auch hinwegge-
tan, wie du gesehen hast. So hat auch 51
Samaria nicht die Hälfte deiner Sünden
getan, sondern du hast so viel mehr
Greuel getan als sie, daß [o] deine Schwe-
ster gerecht dasteht gegenüber all den
Greueln, die du getan hast. So trag du 52
nun auch deine Schande, weil du an die
Stelle deiner Schwester getreten bist
durch deine Sünden, mit denen du grö-
ßere Greuel getan hast als sie; sie steht
gerechter da als du. So schäme du dich
nun auch und trag deine Schande, wäh-
rend deine Schwester gerecht dasteht.

Ich will aber [p] ihr Geschick wenden, 53
nämlich das Geschick Sodoms und ih-
rer Töchter und das Geschick Samarias
und ihrer Töchter und auch dein Ge-
schick in ihrer Mitte, daß du deine 54

Schande tragen mußt und dich über all
das schämst, was du getan hast, ihnen
55 zum Trost. Und deine Schwestern, So-
dom und ihre Töchter, sollen wieder
werden, wie sie zuvor gewesen sind,
und Samaria und ihre Töchter sollen
wieder werden, wie sie zuvor gewesen
sind; und auch du und deine Töchter
sollen wieder werden, wie ihr zuvor ge-
56 wesen seid. Und doch nahmst du den
Namen Sodoms, deiner Schwester,
nicht in den Mund zur Zeit deines
57 Hochmuts, als deine Blöße noch nicht
aufgedeckt war wie zur Zeit, als dich
die Töchter Edoms und die Töchter
der Philister überall schmähten und
58 dich ringsumher verachteten. Deine
Schandtat und deine Greuel – die mußt
du tragen, spricht der HERR.
59 Denn so spricht Gott der HERR: Ich
will dir tun, wie du getan hast, als du
den Eid verachtet und den Bund gebro-
60 chen hast. Ich will aber [q]gedenken an
meinen Bund, den ich mit dir ge-
schlossen habe [r]zur Zeit deiner Jugend,
und will mit dir [s]einen ewigen Bund
61 aufrichten. Dann [t]wirst du an deine
Wege denken und dich schämen, wenn
ich deine großen und kleinen Schwe-
stern nehmen und sie dir zu Töchtern
geben werde, aber nicht um deines
62 Bundes willen. Und ich will meinen
Bund mit dir aufrichten, so daß du er-
63 fahren sollst, daß ich der HERR bin, da-
mit [u]du daran denkst und dich schämst
und vor Scham deinen Mund nicht
mehr aufzutun wagst, wenn ich dir alles
vergeben werde, was du getan hast,
spricht Gott der HERR.

a Rut 3,9 *b* 2.Mose 19,5 *c* Jer 2,20 *d* Hos 8,4
e (*20 und 21*) Kap 20,26; 23,37; 5.Mose 12,31;
2.Kön 16,3; Jer 7,31 *f* Jer 11,13 *g* Kap 23,12
h Jer 13,22 *i* 3.Mose 20,10 *j* 5.Mose 22,23.24
k 2.Kön 25,9 *l* Vers 3 *m* Mt 10,15
n 1.Mose 19,24 *o* Jer 3,11 *p* 5.Mose 30,3
q 3.Mose 26,45 *r* Hos 2,17 *s* Kap 37,26;
Jer 31,31-34 *t* Kap 20,43 *u* Kap 36,31.32

Das Gleichnis vom Zedernwipfel und vom Weinstock

17 Und des HERRN Wort geschah zu mir:
2 Du Menschenkind, lege dem Hause Is-
rael ein Rätsel vor und ein Gleichnis
3 und sprich: So spricht Gott der HERR:
Ein großer Adler mit großen Flügeln
und langen Fittichen und vollen
Schwingen, die bunt waren, kam auf
den Libanon und nahm hinweg den
4 Wipfel einer Zeder und brach die Spit-
ze ab und führte sie [a]ins Krämerland
und setzte sie in die Händlerstadt.
5 Dann nahm er ein Gewächs des Landes
und pflanzte es in gutes Land, wo viel
Wasser war, und setzte es am Ufer ein.
Und es wuchs und wurde ein ausge- 6
breiteter [b]Weinstock mit niedrigem
Stamm; denn seine Ranken bogen sich
zu ihm, und seine Wurzeln blieben un-
ter ihm; und so wurde es ein Wein-
stock, der Schößlinge hervortrieb und
Zweige. Da kam ein anderer großer Ad- 7
ler mit großen Flügeln und starken
Schwingen. Und siehe, der Weinstock
bog seine Wurzeln zu diesem Adler hin
und streckte seine Ranken ihm entge-
gen; der Adler sollte ihm mehr Wasser
geben als das Beet, in das er gepflanzt
war. Und er war doch auf guten Boden 8
an viel Wasser gepflanzt, so daß er wohl
hätte Zweige bringen können, Früchte
tragen und ein herrlicher Weinstock
werden. So sage nun: So spricht Gott 9
der HERR: Sollte der geraten? Wird
man nicht seine Wurzeln ausreißen,
daß seine Früchte verderben? Und er
wird verdorren; alle Blätter, die ihm
gewachsen sind, werden verwelken.
Ohne große Kraft und ohne viel Volk
wird man ihn mit seinen Wurzeln aus-
reißen. Siehe, er ist zwar gepflanzt; 10
aber sollte er geraten? Sobald der Ost-
wind über ihn kommt, wird er verdor-
ren auf dem Beet, auf dem er gewach-
sen ist.
Und des HERRN Wort geschah zu 11
mir: Sprich doch zu dem Haus des Wi- 12
derspruchs: Wißt ihr nicht, was damit
gemeint ist? Und sprich: Siehe, [c]es
kam der König von Babel nach Jerusa-
lem und nahm seinen König und seine
Oberen und führte sie weg zu sich nach
Babel. [d]Und er nahm einen vom könig- 13
lichen Geschlecht und schloß einen
Bund mit ihm und nahm einen Eid von
ihm; aber die Gewaltigen im Lande
führte er fort, damit das Königtum 14
niedrig bliebe und sich nicht erheben
könnte, sondern sein Bund gehalten
würde und bestünde. Aber er fiel von 15
ihm ab und sandte seine Boten nach
Ägypten, daß man ihm Rosse und viel
Kriegsvolk schicken sollte. Sollte es
ihm gelingen? Sollte er davonkommen,
wenn er das tut? Sollte er, der den
Bund bricht, davonkommen? So wahr 16
ich lebe, spricht Gott der HERR: an dem
Ort des Königs, der ihn als König ein-
gesetzt hat, dessen Eid er verachtet und
dessen Bund er gebrochen hat, da soll
er sterben, mitten in Babel. Auch wird 17
ihm der Pharao nicht beistehen im
Kriege mit einem großen Heer und viel

Volk, wenn man zum Sturm den Wall
aufwerfen und die Bollwerke bauen
18 wird, so daß viele umkommen. Denn
weil er den Eid verachtet und den Bund
gebrochen hat, weil er seine Hand dar-
auf gegeben und doch dies alles getan
hat, wird er nicht davonkommen.
19 Darum spricht Gott der HERR: So
wahr ich lebe, will ich meinen Eid, den
er verachtet hat, und meinen Bund, den
er gebrochen hat, auf seinen Kopf kom-
20 men lassen. Ich will [e]mein Netz über
ihn werfen, und er soll in meinem Garn
gefangen werden, und ich will ihn nach
Babel bringen und will dort mit ihm ins
Gericht gehen, weil er mir die Treue
21 gebrochen hat. Und alle Auserlesenen
von seiner ganzen Streitmacht sollen
durchs Schwert fallen, und alle, die
übriggeblieben sind, sollen in alle Win-
de zerstreut werden, und ihr sollt erfah-
ren, daß ich, der HERR, es geredet habe.
22 So spricht Gott der HERR: Dann will
ich selbst von dem Wipfel der Zeder die
Spitze wegnehmen und ihr einen Platz
geben; ich will oben von ihren Zweigen
[f]ein zartes Reis brechen und will's auf
einen hohen und erhabenen Berg pflan-
23 zen. [g]Auf den hohen Berg Israels will
ich's pflanzen, daß es Zweige gewinnt
und Früchte bringt und ein herrlicher
Zedernbaum wird, so daß [h]Vögel aller
Art in ihm wohnen und alles, was fliegt,
im Schatten seiner Zweige bleiben
24 kann. Und alle Bäume auf dem Felde
sollen erkennen, daß ich der HERR bin:
Ich [i]erniedrige den hohen Baum und
erhöhe den niedrigen; ich lasse den
grünen Baum verdorren, und den dür-
ren Baum lasse ich grünen. Ich, der
HERR, rede es und tue es auch.

a Kap 16,29 *b* Kap 19,10 *c* 2.Kön 24,10.15.16
d (*13-15*) 2.Kön 24,17; 2.Chr 36,13 *e* Kap 12,13
f Jes 11,1 *g* Kap 20,40 *h* Dan 4,9; Mt 13,32
i Kap 21,31; 1.Sam 2,7.8

Gott richtet jeden nach seinem Tun und fordert Umkehr

18 Und des HERRN Wort geschah zu mir:
2 Was habt ihr unter euch im Lande Is-
raels für ein Sprichwort: [a]»Die Väter
haben saure Trauben gegessen, aber
den Kindern sind die Zähne davon
3 stumpf geworden«? So wahr ich lebe,
spricht Gott der HERR: dies Sprichwort
soll nicht mehr unter euch umgehen in
4 Israel. Denn siehe, alle Menschen ge-
hören mir; die Väter gehören mir so gut
wie die Söhne; jeder, der sündigt, soll
sterben.
5 Wenn nun einer gerecht ist und
Recht und Gerechtigkeit übt, der von 6
den Höhenopfern nicht ißt und seine
Augen nicht aufhebt zu den Götzen des
Hauses Israel, der [b]seines Nächsten
Weib nicht befleckt und [c]nicht liegt bei
einer Frau in ihrer Unreinheit, der nie- 7
mand bedrückt, der [d]dem Schuldner
sein Pfand zurückgibt und niemand et-
was mit Gewalt nimmt, der [e]mit dem
Hungrigen sein Brot teilt und den
Nackten kleidet, der [f]nicht auf Zinsen 8
gibt und keinen Aufschlag nimmt, der
seine Hand von Unrecht zurückhält
und rechtes Urteil fällt unter den Leu-
ten, der nach meinen Gesetzen lebt und 9
meine Gebote hält, daß er danach tut:
das ist ein Gerechter, der soll das Leben
behalten, spricht Gott der HERR.
Wenn er aber einen gewalttätigen 10
Sohn zeugt, der Blut vergießt oder eine
dieser Sünden tut, während der Vater 11
all das nicht getan hat: wenn er von den
Höhenopfern ißt und seines Nächsten
Weib befleckt, die Armen und Elenden 12
bedrückt, mit Gewalt etwas nimmt, das
Pfand nicht zurückgibt, seine Augen zu
den Götzen aufhebt und Greuel be-
geht, auf Zinsen gibt und einen Auf- 13
schlag nimmt – sollte der am Leben
bleiben? Er soll nicht leben, sondern
weil er alle diese Greuel getan hat, soll
er des Todes sterben; seine Blutschuld
komme über ihn.
[g]Wenn der dann aber einen Sohn 14
zeugt, der alle diese Sünden sieht, die
sein Vater tut – wenn er sie sieht und
doch nicht so handelt, nicht von den 15
Höhenopfern ißt, seine Augen nicht
aufhebt zu den Götzen des Hauses Is-
rael, nicht seines Nächsten Weib be-
fleckt, niemand bedrückt, kein Pfand 16
fordert, nichts mit Gewalt nimmt, sein
Brot mit dem Hungrigen teilt und den
Nackten kleidet, seine Hand von Un- 17
recht zurückhält, nicht Zinsen noch
Aufschlag nimmt, sondern meine Ge-
bote hält und nach meinen Gesetzen
lebt: der soll nicht sterben um der
Schuld seines Vaters willen, sondern
soll am Leben bleiben. Aber sein Vater, 18
der Gewalt und Unrecht geübt und un-
ter seinem Volk getan hat, was nicht
taugt, siehe, der soll sterben um seiner
Schuld willen.
Doch ihr sagt: [h]»Warum soll denn 19
ein Sohn nicht die Schuld seines Vaters
tragen?« Weil der Sohn Recht und Ge-
rechtigkeit geübt und alle meine Geset-
ze gehalten und danach getan hat, soll
er am Leben bleiben. Denn nur wer 20

sündigt, der soll sterben. [i]Der Sohn soll
nicht tragen die Schuld des Vaters, und
der Vater soll nicht tragen die Schuld
des Sohnes, sondern die Gerechtigkeit
des Gerechten soll ihm allein zugute
kommen, und die Ungerechtigkeit des
Ungerechten soll auf ihm allein liegen.
21 [j]Wenn sich aber der Gottlose be-
kehrt von allen seinen Sünden, die er
getan hat, und hält alle meine Gesetze
und übt Recht und Gerechtigkeit, so
soll er am Leben bleiben und nicht ster-
22 ben. Es [k]soll an alle seine Übertretun-
gen, die er begangen hat, nicht gedacht
werden, sondern er soll am Leben blei-
ben um der Gerechtigkeit willen, die er
23 getan hat. *Meinst du, daß ich Gefallen
habe am Tode des Gottlosen, spricht Gott
der* HERR, *und nicht vielmehr daran, daß
[l]er sich bekehrt von seinen Wegen und am
24 Leben bleibt?* Und [m]wenn sich der Ge-
rechte abkehrt von seiner Gerechtigkeit
und tut Unrecht und lebt nach allen
Greueln, die der Gottlose tut, sollte der
am Leben bleiben? An alle seine Ge-
rechtigkeit, die er getan hat, soll nicht
gedacht werden, sondern in seiner
Übertretung und Sünde, die er getan
hat, soll er sterben.
25 Und doch sagt ihr: »Der Herr han-
delt nicht recht.« So höret nun, ihr vom
Hause Israel: Handle denn *ich* un-
recht? Ist's nicht vielmehr so, daß *ihr*
26 unrecht handelt? Denn wenn der Ge-
rechte sich abkehrt von seiner Gerech-
tigkeit und tut Unrecht, so muß er ster-
ben; um seines Unrechts willen, das er
27 getan hat, muß er sterben. Wenn sich
dagegen [n]der Ungerechte abkehrt von
seiner Ungerechtigkeit, die er getan
hat, und übt nun Recht und Gerechtig-
keit, der wird sein Leben erhalten.
28 Denn weil er es gesehen und sich be-
kehrt hat von allen seinen Übertretun-
gen, die er begangen hat, so soll er leben
29 und nicht sterben. Und doch sprechen
die vom Hause Israel: »Der Herr han-
delt nicht recht.« Sollte *ich* unrecht
handeln, Haus Israel? Ist es nicht viel-
mehr so, daß *ihr* unrecht handelt?
30 Darum will ich euch richten, ihr vom
Hause Israel, einen jeden nach seinem
Weg, spricht Gott der HERR. Kehrt um
und kehrt euch ab von allen euren
Übertretungen, damit ihr nicht durch
31 sie in Schuld fallt. Werft von euch alle
eure Übertretungen, die ihr begangen
habt, und macht euch [o]ein neues Herz
und einen neuen Geist. Denn warum
wollt ihr sterben, ihr vom Haus Israel?
Denn ich habe kein Gefallen am Tod 32
des Sterbenden, spricht Gott der HERR.
Darum bekehrt euch, so werdet ihr le-
ben.

a Jer 31,29 *b* 3.Mose 18,19 *c* 3.Mose 18,20 *d* 5.Mose 24,10-13 *e* Jes 58,7 *f* 2.Mose 22,24; Ps 15,5 *g (14-17)* 5.Mose 24,16 *h* 2.Mose 20,5 *i* 2.Kön 14,6 *j (21-32)* Kap 33,10-20 *k* Jes 43,25 *l* 1.Tim 2,4 *m* Kap 3,20 *n* Jes 55,7 *o* Kap 11,19

Klagelied über das Geschick des Königshauses

Und du, stimm ein Klagelied an über 19
die Fürsten Israels und sprich: Welch 2
eine Löwin war deine Mutter! [a]Unter
Löwen lagerte sie, unter jungen Löwen
zog sie ihre Jungen auf. Und eins ihrer 3
Jungen zog sie groß, und es wurde ein
junger Löwe daraus; der lernte Tiere
zu reißen, ja, Menschen fraß er. Da bo- 4
ten sie Völker gegen ihn auf, fingen ihn
in ihrer Grube und [b]führten ihn in
Ketten nach Ägyptenland.
[c]Als nun die Mutter sah, daß ihre 5
Hoffnung verloren war, nachdem sie
lange gehofft hatte, nahm sie ein andres
von ihren Jungen und machte einen
jungen Löwen daraus. Der lebte unter 6
den Löwen, wurde ein junger Löwe
und lernte Tiere zu reißen, ja, Men-
schen fraß er. Er zerstörte ihre Burgen 7
und verwüstete ihre Städte, daß das
Land und was darin war vor seinem
lauten Brüllen sich entsetzte. Da stell- 8
ten sie Völker aus allen Ländern rings-
umher gegen ihn auf und warfen ihr
Netz über ihn und fingen ihn in ihrer
Grube und stießen ihn gefesselt in 9
einen Käfig und [d]führten ihn zum Kö-
nig von Babel; und man brachte ihn in
Gewahrsam, damit seine Stimme nicht
mehr gehört würde auf den Bergen Is-
raels.
Deine Mutter war [e]wie ein Wein- 10
stock im Weingarten, am Wasser ge-
pflanzt; fruchtbar und voller Ranken
war er von dem vielen Wasser; seine 11
Ranken wurden so stark, daß sie zu
Zeptern taugten; sein Wuchs wurde
hoch bis an die Wolken, und man sah,
daß er so hoch war und so viele Ranken
hatte. Aber er wurde im Grimm ausge- 12
rissen und zu Boden geworfen. Der
Ostwind ließ seine Frucht verdorren,
und seine starken Ranken wurden zer-
brochen, daß sie verdorrten und ver-
brannt wurden. Nun ist er gepflanzt in 13
eine Wüste, in ein dürres, durstiges
Land, und ein Feuer ging aus von sei- 14
nen starken Ranken; das verzehrte sei-

ne Frucht. Es blieb an ihm keine starke
Ranke mehr für ein Zepter.
Das ist ein Klagelied; zum Klagelied
ist es geworden.

a 1.Mose 49,9 *b* 2.Kön 23,31-33; Jer 22,11.12
c (*5 und 6*) 2.Kön 24,6.8.9 *d* 2.Kön 24,15
e Kap 17,6

Israels ständiger Ungehorsam – Gottes Ehre in Gnade und Gericht

20 Und es begab sich im siebenten Jahr am
zehnten Tage des fünften Monats, da
kamen [a] einige von den Ältesten Israels,
den HERRN zu befragen, und setzten
2 sich vor mir nieder. Da geschah des
3 HERRN Wort zu mir: Du Menschen-
kind, sage den Ältesten Israels und
sprich zu ihnen: So spricht Gott der
HERR: Seid ihr gekommen, mich zu be-
fragen? So wahr ich lebe: [b] ich will
mich nicht von euch befragen lassen,
4 spricht Gott der HERR. Willst du sie
richten, du Menschenkind? Willst du
richten? [c] Zeige ihnen die Greueltaten
5 ihrer Väter und sprich zu ihnen: So
spricht Gott der HERR: Zu der Zeit,
[d] als ich Israel erwählte, erhob ich mei-
ne Hand zum Schwur für das Ge-
schlecht des Hauses Jakob und gab
mich ihnen zu erkennen in Ägypten-
land. Ja, ich erhob meine Hand für sie
und schwor: Ich bin der HERR, euer
6 Gott. Ich erhob zur selben Zeit meine
Hand zum Schwur, daß [e] ich sie führen
würde aus Ägyptenland in ein Land,
das ich für sie ausersehen hatte, das von
Milch und Honig fließt, ein edles Land
7 vor allen Ländern, und sprach zu
ihnen: [f] Ein jeder werfe weg die
Greuelbilder vor seinen Augen, und
macht euch nicht unrein mit den Göt-
zen Ägyptens; denn ich bin der HERR,
8 euer Gott. Sie aber waren mir ungehor-
sam und wollten mir nicht gehorchen,
und keiner von ihnen warf die Greuel-
bilder vor seinen Augen weg, und sie
verließen die Götzen Ägyptens nicht.
Da dachte ich, meinen Grimm über sie
auszuschütten und meinen ganzen
Zorn an ihnen auszulassen noch in
9 Ägyptenland. Aber ich unterließ es
[g] um meines Namens willen, [h] damit er
nicht entheiligt würde vor den Heiden,
unter denen sie waren und vor deren
Augen ich mich ihnen zu erkennen ge-
geben hatte, daß ich sie aus Ägypten-
land führen wollte.
10 Und als ich sie aus Ägyptenland ge-
führt und in die Wüste gebracht hatte,
11 gab ich ihnen meine Gebote und lehrte
sie meine Gesetze, [i] durch die der
Mensch lebt, der sie hält. Ich gab ihnen 12
auch [j] meine Sabbate zum Zeichen zwi-
schen mir und ihnen, damit sie erkann-
ten, daß ich der HERR bin, der sie hei-
ligt. [k] Aber das Haus Israel war mir un- 13
gehorsam auch in der Wüste, und sie
lebten nicht nach meinen Geboten und
verachteten meine Gesetze, durch die
der Mensch lebt, der sie hält, und sie
entheiligten meine Sabbate sehr. Da
gedachte ich, meinen Grimm über sie
auszuschütten in der Wüste und sie
ganz und gar umzubringen. Aber ich 14
unterließ es um meines Namens willen,
damit er nicht entheiligt würde vor den
Heiden, vor deren Augen ich sie her-
ausgeführt hatte. Doch ich erhob meine 15
Hand in der Wüste und [l] schwor ihnen,
sie nicht in das Land zu bringen, das ich
ihnen bestimmt hatte, das von Milch
und Honig fließt, ein edles Land vor al-
len Ländern, weil sie meine Gesetze 16
verachtet und nicht nach meinen Ge-
boten gelebt und meine Sabbate ent-
heiligt hatten; denn sie folgten den
Götzen ihres Herzens nach. Aber mein 17
Auge blickte schonend auf sie, daß ich
sie nicht vertilgte; ich habe mit ihnen
nicht ein Ende gemacht in der Wüste.
Und ich sprach zu ihren Söhnen in 18
der Wüste: Ihr sollt nicht nach den Ge-
boten eurer Väter leben und ihre Ge-
setze nicht halten und mit ihren Götzen
euch nicht unrein machen; denn ich 19
bin der HERR, euer Gott. Nach meinen
Geboten sollt ihr leben, und meine Ge-
setze sollt ihr halten und danach tun;
und meine Sabbate sollt ihr heiligen, 20
daß sie ein Zeichen seien zwischen mir
und euch, damit ihr wißt, daß ich, der
HERR, euer Gott bin. Aber auch die 21
Söhne waren mir ungehorsam, lebten
nicht nach meinen Geboten, hielten
auch meine Gesetze nicht, daß sie da-
nach taten, durch die der Mensch lebt,
der sie hält, und entheiligten meine
Sabbate. Da gedachte ich, meinen
Grimm über sie auszuschütten und
meinen ganzen Zorn an ihnen auszulas-
sen in der Wüste. Ich hielt aber meine 22
Hand zurück und unterließ es um mei-
nes Namens willen, damit er nicht ent-
heiligt würde vor den Heiden, vor de-
ren Augen ich sie herausgeführt hatte.
Doch ich erhob meine Hand in der Wü- 23
ste und schwor ihnen, [m] sie unter die
Heiden zu zerstreuen und in die Län-
der zu versprengen, weil sie meine Ge- 24
bote nicht gehalten und meine Gesetze

verachtet und meine Sabbate entheiligt
hatten und nach den Götzen ihrer Vä-
25 ter sahen. Darum gab auch ich ihnen
Gebote, die nicht gut waren, und Ge-
setze, durch die sie kein Leben haben
26 konnten, und ließ sie unrein werden
durch ihre Opfer, als sie [n]alle Erstge-
burt durchs Feuer gehen ließen, damit
ich Entsetzen über sie brachte und sie
so erkennen mußten, daß ich der HERR
bin.

27 Darum rede, du Menschenkind, mit
dem Hause Israel und sprich zu ihnen:
So spricht Gott der HERR: Eure Väter
haben mich auch damit gelästert, daß
28 sie mir die Treue gebrochen haben, als
ich sie in das Land gebracht hatte, über
das ich meine Hand erhoben hatte zu
dem Schwur, es ihnen zu geben: wo sie
irgendeinen hohen Hügel oder dichten
Baum sahen, da opferten sie ihre Opfer
und dahin brachten sie ihre Gaben mir
zum Ärgernis und da legten sie ihre
Räucheropfer nieder und da gossen sie
29 ihre Trankopfer aus. Ich aber sprach zu
ihnen: Was ist das für eine Höhe, auf
die ihr geht? Daher heißt sie bis auf
diesen Tag »Höhe«.

30 Darum sprich zum Hause Israel: So
spricht Gott der HERR: Macht ihr euch
nicht unrein in der Weise eurer Väter
und treibt Abgötterei mit ihren Greuel-
31 bildern? Ihr macht euch unrein mit eu-
ren Götzen bis auf den heutigen Tag
dadurch, daß ihr eure Gaben opfert
und eure Söhne und Töchter durchs
Feuer gehen laßt. Und da sollte ich
mich von euch, Haus Israel, befragen
lassen? So wahr ich lebe, spricht Gott
der HERR: ich will mich von euch nicht
32 befragen lassen. Dazu soll euch fehl-
schlagen, was euch in den Sinn kommt,
wenn ihr sagt: [o]Wir wollen sein wie die
Heiden, wie die Völker in den andern
Ländern, und Holz und Stein anbeten.
33 So wahr ich lebe, spricht Gott der
HERR: ich will über euch herrschen mit
starker Hand und ausgestrecktem Arm
34 und mit ausgeschüttetem Grimm und
will euch aus den Völkern herausführen
und aus den Ländern, in die ihr zer-
streut worden seid, sammeln mit star-
ker Hand, mit ausgestrecktem Arm und
35 mit ausgeschüttetem Grimm und will
euch [p]in die Wüste der Völker bringen
und dort mit euch ins Gericht gehen
36 von Angesicht zu Angesicht. Wie ich
[q]mit euren Vätern in der Wüste von
Ägypten ins Gericht gegangen bin,
ebenso will ich auch mit euch ins Ge-
richt gehen, spricht Gott der HERR. Ich 37
will euch [r]unter dem Stabe hindurch-
gehen lassen und [s]euch genau abzählen
und will die Abtrünnigen und die, die 38
von mir abfielen, von euch aussondern.
Ja, aus dem Lande, in dem ihr jetzt
Fremdlinge seid, will ich sie herausfüh-
ren; aber ins Land Israels sollen sie
nicht hineinkommen, damit ihr er-
kennt: ich bin der HERR!

Aber ihr vom Hause Israel, so spricht 39
Gott der HERR: Weil ihr mir denn nicht
gehorchen wollt, so fahrt hin und dient
ein jeder seinem Götzen, aber meinen
heiligen Namen laßt hinfort unge-
schändet mit euren Opfern und Göt-
zen! Denn so spricht Gott der HERR: 40
Auf meinem heiligen Berg, auf dem
[t]hohen Berge Israels, da wird mir das
ganze Haus Israel dienen, alle, die im
Lande sind. Da werde ich sie gnädig
annehmen, und da will ich eure Opfer
und eure Erstlingsgaben fordern und
alle eure heiligen Gaben. Ich will euch 41
gnädig annehmen beim lieblichen Ge-
ruch der Opfer, wenn ich euch aus den
Völkern bringen und aus den Ländern
sammeln werde, in die ihr zerstreut
worden seid, und ich werde mich an
euch als der Heilige erweisen vor den
Augen der Heiden. Und ihr werdet er- 42
fahren, daß ich der HERR bin, wenn ich
euch ins Land Israels bringe, in das
Land, über das ich meine Hand erhob
zu dem Schwur, es euren Vätern zu ge-
ben. Dort werdet ihr gedenken an eure 43
Wege und alle eure Taten, mit denen
ihr euch unrein gemacht habt, und wer-
det vor euch selbst Abscheu haben
wegen all der bösen Taten, die ihr getan
habt.[u] Und ihr werdet erfahren, daß 44
ich der HERR bin, wenn ich so an euch
handle zur Ehre meines Namens und
nicht nach euren bösen Wegen und ver-
derblichen Taten, du Haus Israel,
spricht Gott der HERR.

a Kap 14,1 *b* Kap 14,3 *c* Kap 22,2; 23,36
d 2.Mose 6,7.8 *e* 2.Mose 3,8 *f* Jos 24,14.23
g Vers 14; Kap 36,21.22 *h* 2.Mose 32,12
i 3.Mose 18,5; Lk 10,28 *j* 2.Mose 31,13-17
k *(13 und 14)* 2.Mose 32,10-12 *l* 4.Mose 14,30
m 3.Mose 26,33 *n* Kap 16,20; 2.Mose 13,2.13;
22,28 *o* 2.Mose 23,24 *p* Hos 2,16
q 4.Mose 14,22.23 *r* 3.Mose 27,32 *s* Jer 33,13
t Kap 17,23 *u* Kap 36,31.32

Das Gleichnis vom Waldbrand

*Und des HERRN Wort geschah zu mir: **21**
Du Menschenkind, richte dein Ange- 2
sicht nach Teman hin und rufe nach
Süden und weissage gegen den Wald
im Südland und sprich zum Wald im 3

Südland: Höre des HERRN Wort! So
spricht Gott der HERR: Siehe, ich will
in dir ein Feuer anzünden, das soll grü-
ne und dürre Bäume verzehren, daß
man seine Flamme nicht wird löschen
können, sondern es soll durch sie jedes
Angesicht versengt werden vom Süd-
4 land bis zum Norden hin. Und alles
Fleisch soll sehen, daß ich, der HERR, es
angezündet habe und niemand es lö-
5 schen kann. Ich aber sprach: Ach, Herr
HERR, sie sagen von mir: Redet der
nicht immer in Rätseln?

*Vers 1: Abweichende Verszählung statt 21,1-37: 20,45-21,32.

Das Schwert ist bereit

6 Und des HERRN Wort geschah zu mir:
7 Du Menschenkind, richte dein Ange-
sicht gegen Jerusalem und rede gegen
sein Heiligtum und weissage gegen das
8 Land Israels und sprich zum Land Is-
raels: So spricht der HERR: Siehe, ich
will an dich; ich will mein Schwert aus
der Scheide ziehen und will in dir aus-
9 rotten Gerechte und Ungerechte. Weil
ich denn in dir Gerechte und Unge-
rechte ausrotte, darum soll mein
Schwert aus der Scheide fahren über
alles Fleisch vom Südland bis zum
10 Norden hin. Und alles Fleisch soll er-
fahren, daß ich, der HERR, mein
Schwert aus der Scheide gezogen habe;
es soll nicht wieder eingesteckt werden.
11 Und du, Menschenkind, sollst seuf-
zen, bis dir die Lenden weh tun, ja, bit-
terlich sollst du seufzen, daß sie es se-
12 hen! Und wenn sie zu dir sagen wer-
den: Warum seufzest du?, so sollst du
sagen: Um einer Botschaft willen, die
kommen wird; vor ihr werden alle Her-
zen verzagen und [a]alle Hände sinken,
allen der Mut entfallen und alle Knie
weich werden. Siehe, es kommt und
wird geschehen, spricht Gott der HERR.
13 Und des HERRN Wort geschah zu
14 mir: Du Menschenkind, weissage und
sprich: So spricht der Herr: Sprich:
Das Schwert, ja, das Schwert ist ge-
15 schärft und blank gefegt. Es ist ge-
schärft, daß es schlachten soll; es ist ge-
fegt, daß es blinken soll. Wie sollten wir
uns da freuen? Mein Sohn, du hast den
16 Stock verachtet und jeden Rat. Und er
hat ein Schwert zum Fegen gegeben,
daß man's ergreifen soll; es ist geschärft
und gefegt, daß man's dem Henker in
17 die Hand gebe. Schrei und heule, du
Menschenkind; denn es geht über mein
Volk und über alle Regenten in Israel,
die dem Schwert verfallen sind samt
meinem Volk. Darum schlag auf deine
Lenden; denn die Prüfung ist da, und 18
wie sollte es nicht geschehen, da du
doch [b]den Stock verachtet hast?
spricht Gott der HERR.
Und du, Menschenkind, weissage 19
und schlag deine Hände zusammen!
Denn das Schwert wird zweifach, ja
dreifach kommen, ein Schlacht-
schwert, ein großes Schlachtschwert,
das sie umkreisen wird, damit die Her- 20
zen verzagen und viele fallen sollen; an
allen ihren Toren lasse ich das Schwert
wüten. Wehe, es ist zum Blitzen ge-
macht, zum Schlachten geschärft! Hau 21
drein zur Rechten und Linken, wohin
deine Schneiden gewandt sind! Dann 22
will auch ich meine Hände zusammen-
schlagen und meinen Zorn stillen. Ich,
der HERR, habe es gesagt.

a Kap 7,17 *b* Jes 1,5

Das Schwert des Königs von Babel

Und des HERRN Wort geschah zu mir: 23
Du Menschenkind, mach dir zwei 24
Wege, auf denen das Schwert des Kö-
nigs von Babel kommen kann; sie sollen
aber beide von *einem* Land ausgehen.
Und stelle einen Wegweiser an den An-
fang eines jeden Weges, der zu einer
Stadt weisen soll, und mache den einen 25
Weg, damit das Schwert nach Rabba
kommen kann, der Stadt der Ammoni-
ter, und den andern nach Juda, zu der
festen Stadt Jerusalem. Denn der Kö- 26
nig von Babel wird an der Wegscheide
stehen, am Anfang der beiden Wege,
um sich wahrsagen zu lassen: er wirft
mit den Pfeilen das Los, befragt seinen
Götzen und beschaut die Leber. Und 27
das Los in seiner Rechten wird nach Je-
rusalem deuten: da soll er den Mund
auftun mit großem Geschrei, die
Stimme erheben mit Kriegsgeschrei,
[a]Sturmböcke heranführen gegen die
Tore, einen Wall aufschütten und ein
Bollwerk bauen. – Aber ihnen wird 28
diese Wahrsagung trügerisch scheinen;
haben sie doch heilige Eide empfangen.
Er aber wird sie an ihre Schuld erin-
nern, daß sie dabei behaftet werden.
Darum spricht Gott der HERR: Weil ihr 29
an eure Schuld erinnert habt und euer
Ungehorsam offenbar geworden ist, so
daß man eure Sünden sieht in all euren
Taten, ja, weil ihr daran erinnert habt,
sollt ihr dabei behaftet werden. Und 30
du, Fürst in Israel, du unheiliger Frev-
ler, dessen Tag kommen wird, wenn die

31 Schuld zum Ende geführt hat, – so
spricht Gott der HERR: Tu weg den
[b]Kopfbund und nimm ab die Krone!
Denn nichts bleibt, wie es ist, sondern
[c]was hoch ist, soll erniedrigt werden,
und was niedrig ist, soll erhöht werden.
32 Zu Trümmern, zu Trümmern, zu
Trümmern will ich sie machen – aber
auch dies wird nicht bleiben –, [d]bis der
kommt, der das Recht hat; dem will ich
es geben.

a Kap 4,2 *b* 2.Mose 28,4 *c* Lk 18,14
d 1.Mose 49,10

Das Schwert über Ammon

33 Und du, Menschenkind, weissage und
sprich: So spricht Gott der HERR über
die [a]Ammoniter und über ihr Schmä-
hen: Du sollst sagen: Das Schwert, das
Schwert ist gezückt, daß es schlachten
soll; es ist gefegt, daß es töten soll, und
34 soll blinken, während du dir trügeri-
sche Gesichte schauen und Lügen
wahrsagen läßt; das Schwert soll an den
Hals unheiliger Frevler gesetzt werden,
deren Tag kommen wird, wenn die
35 Schuld zum Ende geführt hat. Stecke
es wieder in die Scheide! Ich will dich
richten an dem Ort, an dem du geschaf-
fen, und im Land, in dem du geboren
36 bist. Und ich will meinen Zorn über
dich ausschütten; ich will das Feuer
meines Grimms über dich entfachen
und will dich rohen Leuten preisgeben,
37 die Verderben schmieden. Du sollst
dem Feuer zum Fraß werden, und dein
Blut soll im Lande vergossen werden,
und man wird nicht mehr an dich den-
ken; denn ich, der HERR, habe es gere-
det.

a Kap 25,2-7

Jerusalems Blutschuld und Schandtaten

22 Und des HERRN Wort geschah zu mir:
2 Du Menschenkind, [a]willst du nicht
richten die mörderische Stadt? [b]Zeige
3 ihr alle ihre Greueltaten und sprich: So
spricht Gott der HERR: O Stadt, die du
das Blut der Deinen vergießt, damit
deine Zeit komme, und die du dir Göt-
zen machst, damit du unrein werdest!
4 Durch das [c]Blut, das du vergossen hast,
wurdest du schuldig, und durch die
Götzen, die du dir machtest, hast du
dich unrein gemacht. Damit hast du
deine Tage herbeigezogen und bewirkt,
daß deine Jahre kommen müssen. Dar-
um will ich dich zum Spott unter den
Heiden und [d]zum Hohn in allen Län-
dern machen. In der Nähe wie in der 5
Ferne sollen sie über dich spotten; be-
fleckt ist dein Name und groß die Ver-
wirrung.
Siehe, die Fürsten in Israel, ein jeder 6
in dir pocht auf seine Macht, Blut zu
vergießen. Vater und Mutter verachten 7
sie, den [e]Fremdlingen tun sie Gewalt
und Unrecht an, die [f]Witwen und Wai-
sen bedrücken sie. Du verachtest, was 8
mir heilig ist, und entheiligst meine
Sabbate. Verleumder trachten bei dir 9
danach, Blut zu vergießen. Sie essen
von den Höhenopfern und treiben
Schandtaten in deiner Mitte. Sie [g]dek- 10
ken die Blöße der Väter auf und [h]nöti-
gen Frauen während ihrer Unreinheit.
Sie [i]treiben Greuel mit der Frau ihres 11
Nächsten; [j]sie entehren ihre eigene
Schwiegertochter durch Schandtat;
[k]sie tun ihren eigenen Schwestern Ge-
walt an, den Töchtern ihres Vaters. Sie 12
lassen sich bestechen, um Blut zu ver-
gießen. Du [l]nimmst Zinsen und Auf-
schlag und suchst unrechten Gewinn
an deinem Nächsten mit Gewalt – und
mich vergißt du! spricht Gott der
HERR.
Siehe, ich schlage meine Hände zu- 13
sammen über den unrechten Gewinn,
den du gemacht hast, und über das
Blut, das in deiner Mitte vergossen ist.
Meinst du aber, dein Herz kann stand- 14
halten oder deine Hände werden fest-
bleiben zu der Zeit, wenn ich an dir
handle? Ich, der HERR, habe es geredet
und will's auch tun und will dich zer- 15
streuen unter die Heiden und dich ver-
stoßen in die Länder und will mit dei-
ner Unreinheit ein Ende machen; und 16
du wirst bei den Heiden als verflucht
gelten. Dann wirst du erfahren, daß ich
der HERR bin.

a Kap 24,6 *b* Kap 20,4 *c* 2.Kön 21,16
d Kap 5,15 *e* 2.Mose 22,20 *f* 2.Mose 22,21
g 3.Mose 18,7.8 *h* 3.Mose 18,19 *i* 3.Mose 18,20
j 3.Mose 18,15 *k* 3.Mose 18,9 *l* 2.Mose 22,24

Das Gleichnis vom Schmelzofen

Und des HERRN Wort geschah zu mir: 17
[a]Du Menschenkind, das Haus Israel ist 18
mir zu Schlacken geworden; sie alle
sind Kupfer, Zinn, Eisen und Blei im
Ofen; ja, zu Silberschlacken sind sie ge-
worden. Darum spricht Gott der HERR: 19
Weil ihr denn alle Schlacken geworden
seid, siehe, so will ich euch alle in Jeru-
salem zusammenbringen. Wie man Sil- 20
ber, Kupfer, Eisen, Blei und Zinn im
Ofen zusammenbringt, daß man ein
Feuer darunter anfacht und es zer-

schmelzen läßt, so will ich auch euch in
meinem Zorn und Grimm zusammen-
21 bringen, hineintun und schmelzen. Ja,
ich will euch sammeln und das Feuer
meines Zorns gegen euch anfachen, daß
22 ihr darin zerschmelzen müßt. Wie das
Silber im Ofen zerschmilzt, so sollt
auch ihr darin zerschmelzen und sollt
erfahren, daß ich, der HERR, meinen
Grimm über euch ausgeschüttet habe.

a (18-22) Jes 1,22-25; Jer 6,28

Die Schuld aller Stände im Lande

23 Und des HERRN Wort geschah zu mir:
24 Du Menschenkind, sprich zu ihnen:
Du bist ein Land, das nicht beregnet
ist, das nicht benetzt wurde zur Zeit des
25 Zorns, [a]dessen Fürsten in seiner Mitte
sind wie brüllende Löwen, wenn sie
rauben; [b]sie fressen Menschen, reißen
Gut und Geld an sich und machen viele
26 zu Witwen im Lande. [c]Seine Priester
tun meinem Gesetz Gewalt an und ent-
weihen, was mir heilig ist; sie [d]machen
zwischen heilig und unheilig keinen
Unterschied und lehren nicht, was rein
oder unrein ist, und vor meinen Sabba-
ten schließen sie die Augen; so werde
27 ich unter ihnen entheiligt. Die Oberen
in seiner Mitte sind wie reißende Wöl-
fe, Blut zu vergießen und Menschen
umzubringen um ihrer Habgier willen.
28 Und seine Propheten streichen ihnen
mit Tünche darüber, haben Trugge-
sichte und wahrsagen ihnen Lügen; sie
sagen: »So spricht Gott der HERR«, wo
doch der HERR gar nicht geredet hat.[e]
29 Das Volk des Landes übt Gewalt; sie
rauben drauf los und bedrücken die Ar-
men und Elenden und tun den Fremd-
30 lingen Gewalt an gegen alles Recht. Ich
suchte unter ihnen, ob jemand eine
Mauer ziehen und [f]in die Bresche vor
mir treten würde für das Land, damit
ich's nicht vernichten müßte; aber ich
31 fand keinen. Darum [g]schüttete ich
meinen Zorn über sie aus, und mit dem
Feuer meines Grimmes machte ich
ihnen ein Ende und ließ so ihr Treiben
auf ihren Kopf kommen, spricht Gott
der HERR.

a Kap 34,3.8; Zef 3,3 *b* Ps 14,4 *c (26-28)* Zef 3,4; Kap 44,23; Mt 23,25 *d* 3.Mose 10,10
e Kap 13,3.6.10 *f* Kap 13,5 *g* Kap 21,36

Das Gleichnis von den zuchtlosen Schwestern Ohola und Oholiba

(vgl. Kap 16)

23 Und des HERRN Wort geschah zu mir:
2 Du Menschenkind, es waren zwei
Frauen, Töchter *einer* Mutter. Die 3
wurden Huren in Ägypten schon in ih-
rer Jugend; dort ließen sie nach ihren
Brüsten greifen und ihren jungen Bu-
sen betasten. Die große hieß Ohola und 4
ihre Schwester Oholiba. Und ich nahm
sie zu Frauen, und sie gebaren mir Söh-
ne und Töchter. Ohola ist Samaria und
Oholiba Jerusalem.

Ohola trieb Hurerei hinter meinem 5
Rücken und entbrannte für ihre Lieb-
haber, für die Assyrer, die zu ihr ka-
men, für die Statthalter und Hauptleu- 6
te, die mit Purpur gekleidet waren, lau-
ter junge hübsche Leute, die auf Ros-
sen ritten. Und sie buhlte mit ihnen, 7
lauter auserlesenen Söhnen Assurs,
und bei allen, für die sie entbrannte,
machte sie sich auch unrein mit ihren
Götzen. Dazu [a]ließ sie auch nicht von 8
ihrer Hurerei mit den Ägyptern, die bei
ihr gelegen hatten in ihrer Jugend und
ihre jungen Brüste betastet und schlim-
me Hurerei mit ihr getrieben hatten.
Da übergab ich sie in die Hand ihrer 9
Liebhaber, der Söhne Assurs, für die
sie entbrannt war. Die deckten ihre 10
Blöße auf und nahmen ihre Söhne und
Töchter weg; sie selbst aber töteten sie
mit dem Schwert, und sie wurde zum
Gespött unter den Frauen. So vollzo-
gen sie das Gericht an ihr.

Als aber ihre Schwester Oholiba das 11
sah, entbrannte sie noch viel mehr als
ihre Schwester und trieb die Hurerei
noch schlimmer als sie. Sie entbrannte 12
für die Söhne Assurs, Statthalter und
Hauptleute, die zu ihr kamen, herrlich
gekleidet, lauter junge hübsche Leute,
die auf Rossen ritten. Da sah ich, daß 13
sie beide auf gleiche Weise unrein ge-
worden waren. Aber diese trieb ihre 14
Hurerei noch weiter. Denn sie sah Bil-
der von Männern an der Wand in roter
Farbe, Bilder von Chaldäern, um ihre 15
Lenden gegürtet und bunte Turbane
auf ihren Köpfen, ein Bild gewaltiger
Kämpfer allesamt, wie eben die Söhne
Babels sind, deren Vaterland Chaldäa
ist. Da entbrannte sie für sie, sobald sie 16
die Bilder sah, und schickte Boten zu
ihnen nach Chaldäa. Und die Söhne 17
Babels kamen zu ihr, um bei ihr zu
schlafen, und machten sie unrein mit
ihrer Hurerei, und sie machte sich un-
rein mit ihnen, bis sie ihrer müde wur-
de. Als sie ihre Hurerei so offen trieb 18
und ihre Schande so enthüllte, da wur-
de ich auch ihrer überdrüssig, wie ich
ihrer Schwester müde geworden war.

19 Sie aber trieb ihre Hurerei immer
schlimmer und dachte an die Zeit ihrer
Jugend, als sie in Ägyptenland zur
20 Hure geworden war, und entbrannte
für ihre Liebhaber, deren Brunst war
21 wie die der Esel und der Hengste. Und
du sehntest dich nach der Unzucht dei-
ner Jugend, als die Ägypter nach dei-
nen Brüsten griffen und deinen Busen
betasteten.
22 Darum, Oholiba, so spricht Gott der
HERR: Siehe, ich will deine Liebhaber,
deren du müde geworden bist, gegen
dich aufstehen lassen und will sie von
überall her gegen dich zusammenbrin-
23 gen, nämlich die Söhne Babels und alle
Chaldäer, die von Pekod, Schoa und
Koa und alle Assyrer mit ihnen, die
schöne junge Mannschaft, lauter Statt-
halter und Hauptleute, Ritter und
24 Edle, die alle auf Rossen reiten. Und sie
werden über dich kommen, gerüstet
mit Rossen und Wagen und mit viel
Kriegsvolk und werden dich ringsum
belagern mit großen und kleinen Schil-
den und Helmen. Denen will ich den
Rechtsfall vorlegen, daß sie dich rich-
25 ten sollen nach ihrem Recht. Ich will
meinen Eifer gegen dich richten, daß
sie unbarmherzig an dir handeln sollen.
Sie sollen dir Nase und Ohren ab-
schneiden, und was von dir übrigbleibt,
soll durchs Schwert fallen. Sie sollen
deine Söhne und Töchter wegnehmen
und, was von dir übrigbleibt, mit Feuer
26 verbrennen. Sie sollen dir deine Klei-
der ausziehen und deinen Schmuck
27 wegnehmen. So will ich deiner Un-
zucht und deiner Hurerei, die du seit
Ägyptenland treibst, ein Ende machen,
daß du deine Augen nicht mehr nach
ihnen aufheben und an Ägypten nicht
mehr denken sollst.
28 Denn so spricht Gott der HERR: Sie-
he, ich will dich denen preisgeben, de-
nen du feind geworden und deren du
29 müde bist. Die sollen wie Feinde mit
dir umgehen und alles nehmen, was du
erworben hast, und dich nackt und bloß
liegen lassen. Da soll die Schande dei-
ner Hurerei und deine Unzucht und
30 deine Buhlerei aufgedeckt werden. Das
soll dir angetan werden um deiner Hu-
rerei willen, die du mit den Heiden ge-
trieben, weil du dich mit ihren Götzen
31 unrein gemacht hast. Du bist auf dem
Wege deiner Schwester gegangen, dar-
um gebe ich dir auch ihren Kelch in die
Hand.
32 So spricht Gott der HERR: Du mußt
den Kelch deiner Schwester trinken, so
tief und weit er ist; du sollst zu so gro-
ßem Spott und Hohn werden, daß es
unerträglich sein wird. Du mußt dich 33
[b]mit starkem Trank und Jammer voll-
trinken; denn der Kelch deiner Schwe-
ster Samaria ist ein Kelch des Grauens
und Entsetzens. Den mußt du bis zur 34
Neige austrinken, danach die Scherben
ausschlürfen und deine Brüste zerrei-
ßen; denn ich habe es geredet, spricht
Gott der HERR. Darum spricht Gott der 35
HERR: Weil du [c]mich vergessen und
mich verworfen hast, so trage nun auch
du deine Unzucht und deine Hurerei!
Und der HERR sprach zu mir: Du 36
Menschenkind, willst du nicht Ohola
und Oholiba richten? [d]Zeige ihnen ihre
Greueltaten: wie sie Ehebruch getrie- 37
ben und Blut vergossen und die Ehe ge-
brochen haben mit ihren Götzen; und
[e]wie sie ihnen noch dazu ihre Kinder,
die sie mir geboren hatten, zum Fraß
darbrachten. Überdies haben sie mir 38
das angetan: sie haben noch am glei-
chen Tag [f]mein Heiligtum unrein ge-
macht und meine Sabbate entheiligt.
Denn als sie ihre Kinder den Götzen 39
geschlachtet hatten, gingen sie noch am
gleichen Tag in mein Heiligtum, es zu
entheiligen. Siehe, so haben sie es in
meinem Hause getrieben. Sie haben so- 40
gar Boten geschickt nach Männern, die
aus fernen Landen kommen sollten.
Und siehe, als sie kamen, da badetest
du dich und schminktest dich und
schmücktest dich mit Geschmeide
ihnen zu Ehren und saßest auf einem 41
herrlichen Polster, und ein Tisch war
davor hergerichtet; darauf legtest du
mein Räucherwerk und mein Öl. Und 42
es erhob sich in der Stadt ein großes
Freudengeschrei über die Männer, weil
solch eine Menge von Menschen her-
beigebracht war aus Saba, aus der Wü-
ste, und sie gaben ihnen Geschmeide an
ihre Arme und schöne Kronen auf ihre
Häupter. Ich aber dachte: Sie ist das 43
Ehebrechen gewohnt von alters her, sie
kann das Huren nicht lassen. Denn 44
man ging zu ihr, wie man zu einer Hure
geht; so ging man zu Ohola und Oholi-
ba, den zuchtlosen Weibern. Darum 45
werden gerechte Männer sie richten
[g]nach dem Recht, das für Ehebreche-
rinnen und für Mörderinnen gilt; denn
sie sind Ehebrecherinnen, und ihre
Hände sind voll Blut.
Denn so spricht Gott der HERR: Man 46
berufe eine Versammlung gegen sie ein

und gebe sie als Raub und Beute preis,
47 daß die Leute sie steinigen und mit
ihren Schwertern erstechen und ihre
Söhne und Töchter umbringen und
48 ihre Häuser mit Feuer verbrennen. So
will ich der Unzucht im Lande ein
Ende machen, daß alle Frauen sich
warnen lassen und nicht nach solcher
49 Unzucht tun. Und man wird die Strafe
für eure Unzucht auf euch legen, und
ihr sollt tragen, was ihr mit euren Götzen gesündigt habt, und sollt erfahren,
daß ich Gott der HERR bin.

a 2.Kön 17,4 *b* Jes 51,17 *c* Jer 2,32 *d* Kap 20,4 *e* Kap 16,20 *f* Kap 8,5-18 *g* Kap 16,38.40

Das Gleichnis vom rostigen Topf

24 Und es geschah das Wort des HERRN zu
mir [a] im neunten Jahr am zehnten Tage
2 des zehnten Monats: Du Menschenkind, schreib dir diesen Tag auf, ja,
eben diesen Tag; denn der König von
Babel hat sich an eben diesem Tage vor
3 Jerusalem gelagert. Und gib dem Haus
des Widerspruchs ein Gleichnis und
sprich zu ihnen: So spricht Gott der
HERR: Setze einen [b] Topf auf, setz ihn
4 auf und gieß Wasser hinein! Tu Fleisch
hinein, lauter gute Stücke, Lenden und
Schultern, und fülle ihn mit den besten
5 Knochen. Nimm das Beste von der
Herde und schichte Holzscheite darunter und laß die Stücke tüchtig sieden
und auch die Knochen darin gut kochen.
6 Darum spricht Gott der HERR:
[c] Wehe der Stadt voller Blutschuld, die
einem Topf gleicht, an dem Rost sitzt
und nicht abgehen will! Nimm ein
Stück nach dem andern heraus und lose
nicht darum, welches zuerst heraus
7 soll. Denn das Blut, das sie vergossen
hat, ist noch in ihrer Mitte; auf den
nackten Felsen und nicht auf die Erde
hat sie es verschüttet, [d] so daß man's mit
8 Erde hätte zudecken können. Und ich
ließ sie darum das Blut auf den nackten
Felsen schütten, damit es nicht zugedeckt würde, so daß der Grimm über
sie kommt und es gerächt wird.
9 Darum spricht Gott der HERR:
Wehe, du Stadt voller Blutschuld, auch
ich will den Holzstoß groß machen! –
10 Trage nur viel Holz her, bring das
Feuer zum Lodern, koche das Fleisch
gar und gieß die Brühe aus, daß die
11 Knochen anbrennen; stelle den Topf
leer auf die Glut, damit er heiß wird
und sein Erz glüht und seine Unreinheit schmilzt und sein Rost abgeht!
Aber so sehr der Topf glüht, will doch 12
der starke Rost von ihm im Feuer nicht
abgehen. – Weil du durch Unzucht 13
dich unrein gemacht hast und nicht
rein wurdest von deiner Unreinheit,
obwohl ich dich reinigen wollte, darum
sollst du hinfort nicht wieder rein werden, bis [e] mein Grimm sich an dir gekühlt hat. Ich, der HERR, habe es gere- 14
det! Es wird kommen, ich will's tun
und nicht säumen. [f] Ich will nicht
schonen, und es wird mich nicht reuen;
sondern sie sollen dich richten, wie du
gelebt und getan hast, spricht Gott der
HERR.

a 2.Kön 25,1 *b* Kap 11,3 *c* Kap 22,2; Nah 3,1 *d* 3.Mose 17,13; 1.Sam 14,32-34 *e* Kap 5,13 *f* Jer 13,14

Das Verhalten des Propheten beim Tod seiner Frau – ein Zeichen

Und des HERRN Wort geschah zu mir: 15
Du Menschenkind, siehe, ich will dir 16
deiner Augen Freude nehmen durch
einen plötzlichen Tod. Aber du sollst
nicht klagen und nicht weinen und keine Träne vergießen. Heimlich darfst du 17
seufzen, aber keine Totenklage halten,
sondern du sollst deinen Kopfbund anlegen und deine Schuhe anziehen; du
sollst [a] deinen Bart nicht verhüllen und
nicht das [b] Trauerbrot essen.
Und als ich am Morgen zum Volk ge- 18
redet hatte, starb mir am Abend meine
Frau. Und ich tat am andern Morgen,
wie mir befohlen war. Und das Volk 19
sprach zu mir: Willst du uns nicht erklären, was das für uns bedeutet, was
du tust? Und ich sprach zu ihnen: Der 20
HERR hat mit mir geredet und gesagt:
Sage dem Hause Israel: So spricht Gott 21
der HERR: Siehe, ich will mein Heiligtum, eure herrliche Zuflucht, die Freude eurer Augen, das Verlangen eures
Herzens, entheiligen, und eure Söhne
und Töchter, die ihr dort zurücklassen
mußtet, werden durchs Schwert fallen. –
Da werdet ihr dann tun, wie ich getan 22
habe: euren Bart werdet ihr nicht verhüllen und nicht das Trauerbrot essen,
sondern werdet euren Kopfbund auf 23
eurem Haupt behalten und eure
Schuhe an den Füßen; ihr werdet nicht
klagen und nicht weinen, sondern [c] in
eurer Schuld vergehen und untereinander seufzen. – So soll Hesekiel für euch 24
[d] ein Wahrzeichen sein, daß ihr tun
werdet, wie er getan hat, wenn es nun
kommen wird. Dann werdet ihr erfahren, daß ich Gott der HERR bin.

25 Und du, Menschenkind, ist es nicht
so? An dem Tage, an dem ich von ihnen
nehme ihre Zuflucht und ganze Won-
ne, die Freude ihrer Augen und das
Verlangen ihres Herzens, dazu ihre
26 Söhne und Töchter, ja, an jenem Tage
wird [e]einer, der entronnen ist, zu dir
27 kommen und dir's kundtun. An jenem
Tage wird dein Mund aufgetan wer-
den, wenn der kommt, der entronnen
ist, so daß du reden kannst und nicht
mehr stumm bist; und du wirst für sie
ein Wahrzeichen sein, daß sie erfahren,
daß ich der HERR bin.

a Mi 3,7 *b* Hos 9,4 *c* 3.Mose 26,39.40
d Kap 12,6.11 *e* Kap 33,21

Gottes Gericht über die Nachbarn Judas

25 Und des HERRN Wort geschah zu mir:
2 [a]Du Menschenkind, richte dein Ange-
sicht gegen die Ammoniter und weissa-
3 ge gegen sie und sprich zu den Ammo-
nitern: Hört das Wort Gottes des
HERRN! So spricht Gott der HERR:
[b]Weil ihr über mein Heiligtum ruft:
»Ha! es ist entweiht!« und [c]über das
Land Israels: »Es ist verwüstet!« und
über das Haus Juda: »Es ist wegge-
4 führt!«, darum siehe, ich will dich den
Söhnen des Ostens übergeben, daß sie
ihre Zeltdörfer in dir aufschlagen und
ihre Wohnungen in dir bauen sollen;
sie sollen deine Früchte essen und dei-
5 ne Milch trinken. Und ich will Rabba
zur Kameltrift machen und das Land
der Ammoniter zu Schafhürden, und
ihr sollt erfahren, daß ich der HERR bin.
6 Denn so spricht Gott der HERR: Weil
du in die Hände geklatscht und mit den
Füßen gestampft und über das Land
Israels von ganzem Herzen so höhnisch
7 dich gefreut hast, darum siehe, ich will
meine Hand gegen dich ausstrecken
und dich den Völkern zur Beute geben
und dich aus den Nationen ausrotten
und aus den Ländern austilgen und
dich vernichten; und du sollst erfahren,
daß ich der HERR bin.
8 [d]So spricht Gott der HERR: Weil
Moab und Seïr sprechen: »Siehe, das
Haus Juda ist nichts anderes als alle
9 Völker!«, siehe, so will ich die Berghän-
ge Moabs bloßlegen, daß es ohne Städ-
te sei in seinem ganzen Gebiet, ohne
den Stolz des Landes: Bet-Jeschimot,
10 Baal-Meon und Kirjatajim, und will es
den Söhnen des Ostens zum Erbe ge-
ben, zum Land der Ammoniter hinzu,
so daß man an sie nicht mehr denken
wird unter den Völkern. Und ich will 11
das Gericht ergehen lassen über Moab,
und sie sollen erfahren, daß ich der
HERR bin.
[e]So spricht Gott der HERR: Weil sich 12
Edom am Hause Juda gerächt und sich
schwer verschuldet hat mit seiner Ra-
che, darum spricht Gott der HERR: Ich 13
will meine Hand ausstrecken gegen
Edom und will von ihm ausrotten Men-
schen und Vieh und will es wüst ma-
chen von Teman bis nach Dedan, und
sie sollen durchs Schwert fallen. Und 14
ich will mich an Edom rächen durch
mein Volk Israel, und sie sollen mit
Edom umgehen nach meinem Zorn
und Grimm, daß sie meine Vergeltung
erfahren sollen, spricht Gott der HERR.
[f]So spricht Gott der HERR: Weil die 15
Philister sich gerächt und mit beständi-
gem Haß so höhnisch Rache geübt ha-
ben zum Verderben meines Volks, dar- 16
um spricht Gott der HERR: Siehe, ich
will meine Hand ausstrecken gegen die
Philister und will die Kreter ausrotten
und will umbringen, die übriggeblie-
ben sind am Ufer des Meeres, und will 17
bittere Rache an ihnen üben und sie mit
Grimm strafen, daß sie erfahren sollen,
daß ich der HERR bin, wenn ich Vergel-
tung an ihnen übe.

a (2-7) Kap 21,33-37; Jer 49,1-6; Am 1,13-15
b Kap 36,2 *c* Klgl 2,16 *d (8-11)* Jes 15; 16;
Jer 48 *e (12-14)* Kap 35; Jer 49,7-22; Am 1,11.12;
Obd; Ps 137,7 *f (15-17)* Jes 14,29-32; Jer 47;
Am 1,6-8; Zef 2,4.5

Das Gericht über Tyrus

(vgl. Am 1,9.10; Jes 23)

Und es begab sich im elften Jahr am er- **26**
sten Tage des ersten Monats, da ge-
schah des HERRN Wort zu mir: Du 2
Menschenkind, weil Tyrus spricht
über Jerusalem: »Ha! [a]die Pforte der
Völker ist zerbrochen; nun fällt es mir
zu; ich werde jetzt reich werden, weil
Jerusalem wüst liegt!«, darum spricht 3
Gott der HERR: Siehe, ich will an dich,
Tyrus, und will viele Völker gegen dich
heraufführen, wie das Meer seine Wel-
len heraufführt. Die sollen die Mauern 4
von Tyrus zerstören und seine Türme
abbrechen; ja, ich will sogar seine Erde
von ihm wegfegen und will einen nack-
ten Fels aus ihm machen, einen Platz 5
im Meer, an dem man Fischnetze auf-
spannt; denn ich habe es geredet,
spricht Gott der HERR, und es soll den
Völkern zum Raub werden. Und seine 6
Tochterstädte auf dem Festland sollen
mit dem Schwert geschlagen werden,

und sie sollen erfahren, daß ich der
HERR bin.
7 Denn so spricht Gott der HERR: Sie-
he, ich will über Tyrus kommen lassen
[b]Nebukadnezar, den König von Babel,
von Norden her, den [c]König der Köni-
ge, mit Rossen, Wagen, Reitern und
8 einem großen Heer. Der soll deine
Tochterstädte auf dem Festland mit
dem Schwert schlagen; aber gegen dich
wird er Bollwerke errichten und einen
Wall gegen dich aufschütten und ein
9 Schilddach gegen dich erstellen. Er
wird mit Sturmböcken deine Mauern
umstoßen und deine Türme mit seinen
10 Werkzeugen einreißen. Von der Menge
seiner Pferde wird Staub dich bedek-
ken. Deine Mauern werden erbeben
von dem Getümmel seiner Rosse, Wa-
gen und Reiter, wenn er in deine Tore
eindringt, wie man eindringt in eine er-
11 stürmte Stadt. Er wird mit den Hufen
seiner Rosse alle deine Gassen zer-
stampfen. Dein Volk wird er mit dem
Schwert erschlagen und deine stolzen
12 Steinmale zu Boden reißen. Sie werden
deine Schätze rauben und deine Han-
delsgüter plündern. Deine Mauern
werden sie abbrechen und deine
schönen Häuser einreißen und werden
deine Steine und die Balken und den
13 Schutt ins Meer werfen. Und ich will
dem Getön deiner Lieder ein Ende ma-
chen, und den Klang deiner Harfen soll
14 man nicht mehr hören.[d] Und ich will
einen nackten Fels aus dir machen,
einen Platz, an dem man Fischnetze
aufspannt, und du sollst nicht wieder
gebaut werden. Denn ich bin der HERR,
der dies redet, spricht Gott der HERR.
15 So spricht Gott der HERR gegen Ty-
rus: Was gilt's? Die Inseln werden er-
beben, wenn du fallen wirst mit Getöse
und deine Verwundeten stöhnen wer-
den und das Schwert morden wird in
16 deiner Mitte. Alle Fürsten am Meer
werden von ihren Thronen herabstei-
gen und ihre Oberkleider ablegen und
ihre bunten Gewänder ausziehen und
werden in Trauerkleidern gehen und
auf der Erde sitzen und immer von neu-
em erzittern und sich entsetzen über
17 dich. Sie werden über dich ein Klage-
lied anstimmen und von dir sagen:
Ach, wie bist du zugrunde gegangen,
du berühmte Stadt, die du am Meer
lagst und so mächtig warst auf dem
Meer samt deinen Einwohnern, daß
sich das ganze Land vor dir fürchten
18 mußte! Nun entsetzen sich die Inseln
am Tag deines Falls, und die Inseln im
Meer erschrecken über deinen Unter-
gang.
Denn so spricht Gott der HERR: Ich 19
will dich zu einer verödeten Stadt ma-
chen gleich den Städten, in denen nie-
mand wohnt, und will eine große Flut
über dich kommen lassen, daß hohe
Wogen dich bedecken, und will dich 20
[e]hinunterstoßen zu denen, die in die
Grube gefahren sind, zu dem Volk der
Vorzeit. Ich will dich wohnen lassen in
den Tiefen unter der Erde zwischen
den Trümmern der Vorzeit bei denen,
die in die Grube gefahren sind, daß du
keine Wohnung und keine Stätte mehr
hast im Lande der Lebendigen; ja, töd- 21
lichem Schrecken gebe ich dich preis,
daß es aus ist mit dir und man dich nie
mehr findet, wenn man nach dir sucht,
spricht Gott der HERR.

a Kap 25,3 *b* Jer 27,6 *c* Dan 2,37 *d* Am 5,23
e Jes 14,11.15; Eph 4,9; 1.Petr 3,19

Klagelied über Tyrus

(vgl. Jes 23)

Und des HERRN Wort geschah zu mir: **27**
Du Menschenkind, stimm ein Klage- 2
lied an über Tyrus und sprich zu Ty- 3
rus: Die du wohnst am Zugang zum
Meer und für die Völker mit vielen In-
seln Handel treibst! So spricht Gott der
HERR: [a]O Tyrus, du sprichst: Ich bin
die Allerschönste! Dein Gebiet liegt 4
mitten im Meer, und deine Bauleute
haben dich aufs allerschönste erbaut.
Sie haben all dein Plankenwerk aus Zy- 5
pressenholz vom [b]Senir gemacht und
die Zedern vom Libanon geholt, um
deine Mastbäume daraus zu machen;
deine Ruder haben sie aus Eichen von 6
Basan gemacht und deine Wände mit
Elfenbein getäfelt, gefaßt in Buchs-
baumholz von den Gestaden der Kitti-
ter. Dein Segel war beste bunte Lein- 7
wand aus Ägypten als dein Kennzei-
chen, und deine Decken waren blauer
und roter Purpur von den Gestaden
[c]Elischas. Die Edlen von Sidon und 8
Arwad waren deine Ruderknechte, und
die kundigsten Männer von Tyrus hat-
test du als deine Steuerleute. Die Älte- 9
sten von [d]Gebal und seine Kundigsten
mußten deine Risse abdichten. Alle
Seeschiffe und ihre Schiffsleute fanden
sich bei dir ein, um mit deinen Waren
Handel zu treiben. Perser, Lyder und 10
Libyer waren dein Kriegsvolk; ihre
Schilde und Helme hängten sie bei dir
auf; sie waren dein Schmuck. Die 11

Männer von Arwad waren in deinem
Heer rings auf deinen Mauern und wa-
ren Wächter auf deinen Türmen. Sie
haben ihre Schilde ringsum an deinen
Mauern aufgehängt und haben dich so
schön gemacht.
12 Tarsis hat für dich Handel getrieben
mit einer Fülle von Gütern aller Art
und Silber, Eisen, Zinn und Blei auf
13 deine Märkte gebracht. Jawan, [e]Tubal
und Meschech haben mit dir gehandelt
und Sklaven und Geräte aus Kupfer als
14 Ware gebracht. Die Leute von Togar-
ma haben dir Rosse und Reitpferde und
Maulesel auf deine Märkte gebracht.
15 Die Leute von Rhodos sind deine
Händler gewesen, und viele Inseln ha-
ben Handel mit dir getrieben; sie haben
mit Elfenbein und Ebenholz gezahlt.
16 Die Edomiter haben von dem Vielen
gekauft, das du gefertigt hattest, und
haben Malachit, Purpur, bunte Stoffe,
feine Leinwand, Korallen und Rubine
17 auf deine Märkte gebracht. Juda und
das Land Israel haben mit dir gehan-
delt und haben Weizen aus Minnit,
Feigen, Honig, Öl und Harz als Ware
18 gebracht. Damaskus hat von dem Vie-
len gekauft, das du gefertigt hattest,
von der Fülle der Güter aller Art gegen
Wein von Helbon und gegen kostbare
19 Wolle. Wedan und Jawan haben von
Usal auf deine Märkte geformtes Eisen,
Zimt und Kalmus gebracht; die kamen
20 als Ware. Dedan hat mit dir gehandelt
21 mit Decken zum Reiten. Arabien und
alle Fürsten von [f]Kedar haben mit dir
Handel getrieben mit Schafen, Wid-
22 dern und Böcken. Die Kaufleute aus
[g]Saba und Ragma haben mit dir gehan-
delt; den besten Balsam und Edelsteine
aller Art und Gold haben sie auf deine
23 Märkte gebracht. Haran und Kanne
und Eden samt den Kaufleuten aus As-
sur und ganz Medien haben mit dir ge-
24 handelt. Sie waren deine Händler mit
Prachtgewändern, mit Mänteln von
Purpur und bunten Stoffen, mit Tep-
pichen von Purpur, mit geflochtenen
und gedrehten Tauen im Handel mit
25 dir. Tarsisschiffe waren die Käufer dei-
ner Ware. So bist du sehr reich und
herrlich geworden mitten im Meer.
26 Deine Ruderer haben dich auf die
hohe See geführt; aber ein Ostwind
wird dich mitten auf dem Meer zer-
27 schmettern, so daß dein Reichtum,
dein Handelsgut, deine Ware, deine
Schiffsleute, deine Steuerleute, deine
Zimmerleute, deine Händler und alle
deine Kriegsleute und alles Volk in dir
mitten auf dem Meer umkommen wer-
den am Tag deines Falls. Da werden 28
die Gestade erbeben von dem Geschrei
deiner Steuerleute. Und alle, die das 29
Ruder führen, die Schiffsleute, alle
Seefahrer werden von ihren Schiffen
herabsteigen, sie werden an Land ge-
hen und laut über dich schreien und 30
bitterlich klagen, werden Staub auf ihre
Häupter werfen und sich in der Asche
wälzen. Sie werden sich kahl scheren 31
deinetwegen und Säcke anlegen und
von Herzen bitterlich um dich weinen
und trauern. Es werden auch ihre Kin- 32
der ein Klagelied über dich anstimmen
und um dich klagen: Ach! Wer ist je auf
dem Meer so still geworden wie Tyrus?
Als du deinen Handel auf dem Meer 33
triebst, da machtest du viele Länder
satt, mit der Menge deiner Güter und
Waren machtest du reich die Könige
auf Erden. Nun aber bist du zerschmet- 34
tert, hinweg vom Meer in die tiefen
Wasser gestürzt, daß dein Handelsgut
und all dein Volk in dir umgekommen
ist. Alle, die auf den Inseln wohnen, er- 35
schrecken über dich, und ihre Könige
entsetzen sich und sehen jämmerlich
drein. Die Kaufleute unter den Völkern 36
zischen über dich, daß du [h]so plötzlich
untergegangen bist und nicht mehr
aufkommen kannst.

a Hos 9,13 *b* 5.Mose 3,8.9 *c* 1.Mose 10,4
d Jos 13,5; 1.Kön 5,32 *e* Kap 38,2
f 1.Mose 25,13 *g* 1.Mose 10,7 *h* Kap 28,19

Das Gericht über den König von Tyrus

Und des HERRN Wort geschah zu mir: **28**
Du Menschenkind, sage dem Fürsten 2
zu Tyrus: So spricht Gott der HERR:
[a]Weil sich dein Herz überhebt und
spricht: »Ich bin ein Gott, ich sitze auf
einem Göttersitz mitten im Meer«,
während du doch ein Mensch und nicht
Gott bist; dennoch überhebt sich dein
Herz, als wäre es eines Gottes Herz, –
siehe, du hältst dich für klüger als [b]Da- 3
niel, daß dir nichts verborgen sei, und 4
durch deine Klugheit und deinen Ver-
stand habest du dir Macht erworben
und Schätze von Gold und Silber ge-
sammelt und habest in deiner großen 5
Weisheit durch deinen Handel deine
Macht gemehrt; nun bist du so stolz ge-
worden, weil du so mächtig bist; – dar- 6
um spricht Gott der HERR: Weil sich
dein Herz überhebt, als wäre es eines
Gottes Herz, darum siehe, ich will 7

Fremde über dich schicken, die Gewalttätigsten unter den Völkern; [c]die
sollen ihr Schwert zücken gegen deine
schöne Weisheit und sollen deinen
8 Glanz entweihen. Sie sollen dich [d]hinunterstoßen in die Grube, daß du den
Tod eines Erschlagenen sterbest mitten
9 auf dem Meer. Was gilt's, wirst du
dann vor deinen Henkern noch sagen:
»Ich bin Gott«, während du doch nicht
Gott bist, sondern ein Mensch und in
10 der Hand deiner Henker? Du sollst den
Tod von Unbeschnittenen sterben
durch die Hand von Fremden; denn
ich habe es geredet, spricht Gott der
HERR.

a Jes 31,3; Dan 5,20; Apg 12,23 *b* Kap 14,14; Dan 1,17 *c* Kap 30,11 *d* Kap 26,20

Klagelied über den König von Tyrus

11 Und des HERRN Wort geschah zu mir:
12 Du Menschenkind, [a]stimm ein Klagelied an über den König von Tyrus und
sprich zu ihm: So spricht Gott der
HERR: Du warst das Abbild der Vollkommenheit, voller Weisheit und über
13 die Maßen schön. In Eden warst du, im
[b]Garten Gottes, geschmückt mit Edelsteinen jeder Art, mit Sarder, Topas,
Diamant, Türkis, Onyx, Jaspis, Saphir,
Malachit, Smaragd. Von Gold war die
Arbeit deiner Ohrringe und des Perlenschmucks, den du trugst; am Tag, als
du geschaffen wurdest, wurden sie be-
14 reitet. Du warst ein glänzender, schirmender Cherub, und auf den heiligen
Berg hatte ich dich gesetzt; ein Gott
warst du und wandeltest inmitten der
15 feurigen Steine. Du warst ohne Tadel
in deinem Tun von dem Tage an, als du
geschaffen wurdest, bis an dir Missetat
16 gefunden wurde. Durch deinen großen
Handel wurdest du voll Frevels und
hast dich versündigt. Da verstieß ich
dich vom Berge Gottes und tilgte dich,
du schirmender Cherub, hinweg aus
17 der Mitte der feurigen Steine. Weil sich
dein Herz erhob, daß du so schön
warst, und du deine Weisheit verdorben hast in all deinem Glanz, darum
habe ich dich zu Boden gestürzt und ein
Schauspiel aus dir gemacht vor den
18 Königen. Weil du mit deiner großen
Missetat durch unrechten Handel dein
Heiligtum entweiht hast, darum habe
ich ein Feuer aus dir hervorbrechen lassen, das dich verzehrte und zu Asche
gemacht hat auf der Erde vor aller Au-
19 gen. Alle, die dich kannten unter den
Völkern, haben sich über dich entsetzt,
daß du [c]so plötzlich untergegangen bist
und nicht mehr aufkommen kannst.

a Kap 27,2 *b* Kap 31,8.9; 1.Mose 2,8 *c* Kap 27,36

Das Gericht über Sidon

Und des HERRN Wort geschah zu mir: 20
Du Menschenkind, richte dein Ange- 21
sicht gegen [a]Sidon und weissage gegen
die Stadt und sprich: So spricht Gott 22
der HERR: Siehe, ich will an dich, Sidon, und will meine Herrlichkeit erweisen in deiner Mitte, damit man erfahren soll, daß ich der HERR bin, wenn ich
das Gericht über die Stadt ergehen lasse und an ihr zeige, daß ich heilig bin.
Und ich will Pest und Blutvergießen in 23
ihre Gassen schicken, und überall sollen in ihr liegen vom Schwert Erschlagene, und sie sollen erfahren, daß ich
der HERR bin. Und forthin soll für das 24
Haus Israel von all seinen feindseligen
Nachbarn ringsum kein Dorn übrigbleiben, es zu stechen, und kein Gestrüpp, ihm wehe zu tun, damit sie erfahren, daß ich Gott der HERR bin.

a Jes 23,2-4

Israels Heil nach dem Gericht

So spricht Gott der HERR: Wenn ich 25
das Haus Israel wieder sammle aus den
Völkern, unter die sie zerstreut sind, so
will ich an ihnen vor den Augen der
Heiden zeigen, daß ich heilig bin. Und
sie sollen wohnen in ihrem Lande, das
ich meinem Knecht Jakob gegeben
habe, und sollen darin sicher wohnen 26
und Häuser bauen und Weinberge
pflanzen. Ja, sicher sollen sie wohnen,
wenn ich das Gericht ergehen lasse
über alle ihre Feinde rings um sie her,
und sie sollen erfahren, daß ich, der
HERR, ihr Gott bin.

Das Schicksal Ägyptens

(vgl. Jes 19; 20; Jer 46)

Im zehnten Jahr am zwölften Tag des **29**
zehnten Monats geschah des HERRN
Wort zu mir: Du Menschenkind, richte 2
dein Angesicht gegen den Pharao, den
König von Ägypten, und weissage gegen ihn und gegen ganz Ägyptenland.
Rede und sprich: So spricht Gott der 3
HERR: Siehe, ich will an dich, Pharao,
du König von Ägypten, du großer
[a]Drache, der du in deinem Strom liegst
und sprichst: »Der Strom ist mein, und
ich habe ihn mir gemacht.« Aber ich 4
will dir einen Haken ins Maul legen
und die Fische in deinem Strom an dei-

ne Schuppen hängen und will dich aus
deinem Strom herausziehen samt allen
Fischen in deinem Strom, die an deinen
5 Schuppen hängen. Ich will dich und
alle Fische aus deinem Strom in die
Wüste werfen; du wirst aufs Land fal-
len und nicht wieder aufgelesen und ge-
sammelt werden, sondern ich gebe dich
den Tieren auf dem Land und den Vö-
6 geln des Himmels zum Fraß. Und alle,
die in Ägypten wohnen, sollen erfah-
ren, daß ich der HERR bin.

Weil du dem Hause Israel ein [b]Rohr-
7 stab gewesen bist – wenn sie dich mit
der Hand anfaßten, so brachst du und
stachst sie in die Seite; und wenn sie
sich auf dich lehnten, so brachst du ent-
8 zwei, und alle Hüften wankten –, dar-
um spricht Gott der HERR: Siehe, ich
will das Schwert über dich kommen
lassen und Menschen und Vieh in dir
9 ausrotten. Und Ägyptenland soll zur
Wüste und Öde werden, und sie sollen
erfahren, daß ich der HERR bin.

Weil du sprichst: »Der Strom ist
mein, und ich bin's, der ihn gemacht
10 hat«, – darum siehe, ich will an dich und
an deine Wasserströme und will Ägyp-
tenland zur Wüste und Öde machen
[c]von Migdol bis nach Syene und bis an
11 die Grenze von Kusch, daß [d]vierzig
Jahre lang weder Mensch noch Tier das
Land durchziehen oder darin wohnen
12 soll. Denn ich will Ägyptenland zur
Wüste machen inmitten verwüsteter
Länder und ihre Städte in Trümmern
liegen lassen inmitten verwüsteter
Städte vierzig Jahre lang und will die
Ägypter zerstreuen unter die Völker,
und in die Länder will ich sie verjagen.

13 Denn so spricht Gott der HERR:
Wenn die vierzig Jahre um sein wer-
den, will ich die Ägypter wieder sam-
meln aus den Völkern, unter die sie zer-
14 streut werden sollen, und will das Ge-
schick Ägyptens wenden und sie wieder
ins Land Patros bringen, in ihr Vater-
land; aber sie sollen dort nur ein kleines
15 Königreich sein. Sie sollen kleiner sein
als andere Reiche und nicht mehr sich
erheben über die Völker, und ich will
sie gering machen, daß sie nicht über
16 die Völker herrschen sollen, damit sich
das Haus Israel nicht mehr auf sie ver-
läßt und sich damit versündigt, wenn es
sich an sie hängt; und sie sollen erfah-
ren, daß ich Gott der HERR bin.

a Kap 32,2 *b* 2.Kön 18,21 *c* Kap 30,6
d 4.Mose 14,33.34

Ägypten als Lohn für Nebukadnezar

Und es begab sich im siebenundzwan- 17
zigsten Jahr am ersten Tag des ersten
Monats, da geschah des HERRN Wort zu
mir: Du Menschenkind! Nebukadne- 18
zar, der König von Babel, hat sein Heer
in hartem Dienst vor Tyrus arbeiten
lassen, so daß alle Häupter kahl wurden
und alle Schultern wund gerieben wa-
ren; und doch ist weder ihm noch sei-
nem Heer all die Arbeit vor Tyrus be-
lohnt worden. Darum spricht Gott der 19
HERR: Siehe, ich will Nebukadnezar,
dem König von Babel, Ägyptenland ge-
ben, daß er all ihr Gut wegnehmen und
sie berauben und plündern soll, damit
er seinem Heer den Sold gebe. Zum 20
Lohn für die Arbeit, die er vor Tyrus
getan hat, will ich ihm das Land Ägyp-
ten geben; denn sie haben für mich ge-
arbeitet, spricht Gott der HERR.[a] Zur 21
selben Zeit will ich dem Hause Israel
wieder Macht geben und will deinen
Mund unter ihnen auftun, damit sie er-
fahren, daß ich der HERR bin.

a Kap 30,24

Der Sturz Ägyptens

Und des HERRN Wort geschah zu mir: **30**
Du Menschenkind, weissage und 2
sprich: So spricht Gott der HERR: Heu-
let! Wehe, was für ein Tag! Denn der 3
Tag ist nahe, ja, [a]des HERRN Tag ist
nahe, ein finsterer Tag; die Zeit der
Heiden kommt. Und das Schwert soll 4
über Ägypten kommen, und Kusch
wird erschrecken, wenn die Erschlage-
nen in Ägypten fallen und sein Reich-
tum weggenommen und seine Grund-
festen eingerissen werden. Kusch und 5
Put und Lud mit allerlei fremdem Volk
und Kub und ihre Verbündeten sollen
mit ihnen durchs Schwert fallen.[b]

So spricht der HERR: Alle, die Ägyp- 6
ten stützen, müssen fallen, und seine
stolze Macht muß herunter. [c]Von Mig-
dol bis nach Syene sollen sie durchs
Schwert fallen, spricht Gott der HERR.
Und sie sollen inmitten verwüsteter 7
Länder zur Wüste werden und ihre
Städte inmitten verwüsteter Städte in
Trümmern liegen, damit sie erfahren, 8
daß ich der HERR bin, wenn ich Feuer
an Ägypten lege, so daß alle, die ihnen
helfen, zunichte werden. Zur selben 9
Zeit werden Boten von mir ausziehen in
Schiffen, [d]um Kusch zu schrecken, das
jetzt so sicher ist, und es wird ein

Schrecken über sie kommen am Tage
Ägyptens; denn siehe, er kommt gewiß.
10 So spricht Gott der HERR: Ich will
dem Reichtum Ägyptens ein Ende ma-
chen durch Nebukadnezar, den König
11 von Babel. Er und sein Volk, [e]die Ge-
walttätigsten unter den Völkern, wer-
den herangebracht werden, um das
Land zu verderben, und werden ihre
Schwerter ziehen gegen Ägypten, daß
das Land überall voll Erschlagener
12 liegt. Und [f]ich will die Ströme aus-
trocknen und das Land an böse Leute
verkaufen und will das Land und was
darin ist durch Fremde verwüsten las-
sen. Ich, der HERR, habe es geredet.
13 So spricht Gott der HERR: Ich will
von Nof die Götzen ausrotten und die
Abgötter vertilgen, und Ägypten soll
keinen Fürsten mehr haben, und ich
will Schrecken über Ägyptenland brin-
14 gen. Ich will Patros zur Wüste machen
und an Zoan Feuer legen und das Ge-
15 richt über [g]No ergehen lassen und will
meinen Grimm ausschütten über Sin,
die Festung Ägyptens, und will den
16 Reichtum von No vernichten. Ich will
Feuer an Ägypten legen, und Sin soll es
angst und bange werden, und No soll
erobert und Nof täglich geängstigt wer-
17 den. Die junge Mannschaft von On und
Bubastis soll durchs Schwert fallen und
die Frauen gefangen weggeführt wer-
18 den. In [h]Tachpanches wird sich der
Tag verfinstern, wenn ich dort das
Zepter Ägyptens zerbreche und seine
stolze Macht ein Ende nimmt. Die
Stadt wird mit Wolken bedeckt wer-
den, und ihre Töchter werden gefangen
19 weggeführt werden. Und ich will das
Gericht über Ägypten ergehen lassen,
damit sie erfahren, daß ich der HERR
bin.

a Joel 1,15; Zef 1,14 *b* Jer 46,9 *c* Kap 29,10
d Jes 20,3.4 *e* Kap 28,7 *f* Jes 19,5 *g* Nah 3,8.9
h Jer 43,9

Der Arm des Pharao und der Arm Nebukadnezars

20 Und es begab sich im elften Jahr am
siebenten Tag des ersten Monats, da
21 geschah des HERRN Wort zu mir: Du
Menschenkind, ich habe den Arm des
Pharao, des Königs von Ägypten, zer-
brochen, und siehe, er ist nicht verbun-
den worden, daß er wieder heilen könn-
te, auch nicht mit Binden umwickelt,
daß er wieder stark würde und ein
22 Schwert fassen könnte. Darum spricht
Gott der HERR: Siehe, ich will an den
Pharao, den König von Ägypten, und
will seine Arme zerbrechen, den gesun-
den und den zerbrochenen, daß ihm
das Schwert aus der Hand fallen muß,
und will die Ägypter unter die Völker 23
zerstreuen und in die Länder verjagen.
Aber die Arme des Königs von Babel 24
will ich stärken und ihm mein Schwert
in die Hand geben und will die Arme
des Pharao zerbrechen, daß er vor ihm
stöhnen soll wie ein tödlich Verwunde-
ter.[a] Ja, ich will die Arme des Königs 25
von Babel stärken, aber die Arme des
Pharao sollen sinken, damit sie erfah-
ren, daß ich der HERR bin, wenn ich
mein Schwert dem König von Babel in
die Hand gebe, damit er's gegen Ägyp-
tenland zücke, und ich die Ägypter un- 26
ter die Völker zerstreue und in die Län-
der verjage, damit sie erfahren, daß ich
der HERR bin.

a Kap 29,20

Der Pharao – ein gestürzter Zedernbaum

Und es begab sich im elften Jahr am er- 31
sten Tag des dritten Monats, da ge-
schah des HERRN Wort zu mir: Du 2
Menschenkind, sage zum Pharao, dem
König von Ägypten, und zu seinem
stolzen Volk: Wem bist du gleich in
deiner Herrlichkeit? Siehe, einem Ze- 3
dernbaum auf dem Libanon, mit
schönen Ästen und dichtem Laub und
sehr hoch, so daß sein Wipfel in die
Wolken ragte. Wasser ließ ihn groß 4
werden und die Flut der Tiefe in die
Höhe wachsen. Ihre Ströme gingen
rings um seinen Stamm her, und ihre
Rinnsale sandte sie zu allen Bäumen auf
dem Felde. Darum ist er höher gewor- 5
den als alle Bäume auf dem Felde und
trieb viele Äste und lange Zweige; denn
er hatte Wasser genug, sich auszubrei-
ten. Alle Vögel des Himmels nisteten 6
auf seinen Ästen, und alle Tiere des
Feldes hatten Junge unter seinen Zwei-
gen, und unter seinem Schatten wohn-
ten alle großen Völker. Er war schön 7
geworden in seiner Größe mit seinen
langen Ästen; denn seine Wurzeln hat-
ten viel Wasser. So war ihm kein Ze- 8
dernbaum gleich in Gottes Garten, und
die Zypressen waren seinen Ästen nicht
zu vergleichen, und die Platanen waren
nichts gegen seine Zweige. Ja, er war so
schön wie kein Baum im Garten Got-
tes. Ich hatte ihn so schön gemacht mit 9
seinen vielen Ästen, daß ihn alle Bäume

von Eden im Garten Gottes beneide-
ten.
10 Darum – so spricht Gott der HERR:
Weil er so hoch geworden war, daß sein
Wipfel bis in die Wolken ragte, und
weil sein Herz sich erhob, da er so hoch
11 geworden war, darum gab ich ihn dem
Mächtigsten unter den Völkern in die
Hände, daß der mit ihm umginge, wie
er verdient hat mit seinem gottlosen
12 Tun, und ihn vertriebe. Fremde hieben
ihn um, die Gewalttätigsten unter den
Völkern, und ließen ihn liegen. Seine
Äste fielen auf die Berge und in alle Tä-
ler, und seine Zweige lagen zerbrochen
an allen Bächen im Lande, so daß alle
Völker auf Erden wegziehen mußten
und ihn liegen ließen, weil er keinen
13 Schatten mehr gab. Alle Vögel des
Himmels saßen auf seinem gefällten
Stamm, und alle Tiere des Feldes leg-
14 ten sich auf seine Äste, damit sich fort-
an kein Baum am Wasser wegen seiner
Höhe überhebe und seinen Wipfel bis
in die Wolken recke und kein Baum am
Wasser sich erhebe über die andern.
Denn sie müssen alle unter die Erde
und dem Tod übergeben werden zu
den Menschen, die in die Grube fah-
ren.
15 So spricht Gott der HERR: An dem
Tage, an dem er hinunter zu den Toten
fuhr, da ließ ich die Fluten der Tiefe
um ihn trauern und hielt ihre Ströme
an, daß die großen Wasser nicht fließen
konnten. Ich ließ den Libanon um ihn
trauern, daß alle Bäume auf dem Felde
16 um seinetwillen verdorrten. [a] Ich er-
schreckte die Völker, als sie ihn fallen
hörten, da ich ihn hinunterstieß zu den
Toten, zu denen, die in die Grube ge-
fahren sind. Damit trösteten sich unter
der Erde alle Bäume von Eden, die
edelsten und besten vom Libanon, alle,
17 die am Wasser gestanden hatten. Denn
sie mußten auch mit ihm hinunter zu
den Toten, zu den mit dem Schwert
Erschlagenen, weil sie unter dem
Schatten seines Arms gewohnt hatten
18 inmitten der Völker. Wem bist du
gleich, Pharao, mit deiner Pracht und
Herrlichkeit unter den Bäumen von
Eden? Und du mußt mit den Bäumen
von Eden unter die Erde hinabfahren
und unter den Unbeschnittenen liegen,
die mit dem Schwert erschlagen sind.
So soll es dem Pharao gehen und sei-
nem stolzen Volk, spricht Gott der
HERR.

a (16 und 17) Kap 28,8

Klagelieder über den Pharao und über Ägypten

Und es begab sich im elften Jahr am er- 32
sten Tag des zwölften Monats, da ge-
schah des HERRN Wort zu mir: Du 2
Menschenkind, stimm ein Klagelied an
über den Pharao, den König von Ägyp-
ten, und sprich zu ihm: Du Löwe unter
den Völkern, wie bist du dahin! Und
doch warst du wie ein [a] Drache im Meer
und schnaubtest in deinen Strömen
und rührtest das Wasser auf mit deinen
Füßen und machtest seine Ströme trü-
be. So spricht Gott der HERR: [b] Ich will 3
mein Netz über dich auswerfen durch
eine Menge Völker; die sollen dich in
meinem Garn heraufholen; und ich 4
will dich an Land ziehen und aufs Feld
werfen, daß sich [c] alle Vögel des Him-
mels auf dich setzen sollen und alle Tie-
re auf Erden von dir satt werden. Und 5
ich will dein Fleisch auf die Berge wer-
fen und mit deinem Aas die Täler fül-
len. Das Land will ich mit deinem Blut 6
tränken bis zu den Bergen, und die Bä-
che sollen davon voll werden. [d] Und 7
wenn du dann ganz dahin bist, so will
ich den Himmel verhüllen und seine
Sterne verfinstern und die Sonne mit
Wolken überziehen, und der Mond soll
nicht scheinen. Alle Lichter am Him- 8
mel lasse ich über dir dunkel werden
und bringe eine Finsternis über dein
Land, spricht Gott der HERR. Dazu will 9
ich die Herzen vieler Völker erschrek-
ken, wenn ich deine Gefangenen unter
die Völker bringe, in viele Länder, die
du nicht kennst. Viele Völker sollen 10
sich über dich entsetzen, und ihren Kö-
nigen soll vor dir grauen, wenn ich
mein Schwert vor ihnen blinken lasse;
immer wieder sollen sie zittern, ein je-
der um sein Leben, wenn der Tag dei-
nes Falls kommt.
Denn so spricht Gott der HERR: Das 11
Schwert des Königs von Babel soll dich
treffen. Ich will dein Volk fällen durch 12
das Schwert der Helden, die allesamt
die Gewalttätigsten unter den Völkern
sind; sie werden die Herrlichkeit Ägyp-
tens verheeren und sein stolzes Volk
vernichten. Und ich will alle seine Tie- 13
re umbringen an den großen Wassern,
daß keines Menschen Fuß und keines
Tieres Klaue sie mehr trübe machen
soll. Alsdann will ich seine Wasser klar 14
machen, daß seine Ströme fließen wie
Öl, spricht Gott der HERR, wenn ich das 15
Land Ägypten verwüste und alles, was

im Land ist, öde mache und alle, die
darin wohnen, erschlage, und sie sollen
16 erfahren, daß ich der HERR bin. – Das
ist ein Klagelied, und man soll es sin-
gen; ja, die Töchter der Völker sollen es
singen, über Ägypten und sein stolzes
Volk sollen sie klagen, spricht Gott der
HERR.

17 Und im elften Jahr am fünfzehnten
Tag desselben Monats geschah des
18 HERRN Wort zu mir: Du Menschen-
kind, wehklage über das stolze Volk in
Ägypten und [e]stoß es hinab mit den
Töchtern der starken Völker, tief unter
die Erde zu denen, die in die Grube ge-
19 fahren sind. Vor wem hast du nun et-
was voraus an Schönheit? [f]Hinunter
mit dir! Lege dich zu den Unbeschnit-
20 tenen! Sie werden fallen mitten unter
denen, die mit dem Schwert erschlagen
sind. Das Schwert ist schon gefaßt und
21 gezückt über ihr stolzes Volk. Von ihm
werden sagen unter der Erde die star-
ken Helden mit ihren Helfern: Sie sind
hinuntergefahren und liegen da, die
Unbeschnittenen und mit dem
Schwert Erschlagenen.

22 Da liegt Assur mit seinem ganzen
Volk, ringsherum seine Gräber, sie alle
erschlagen und durchs Schwert gefal-
23 len! Seine Gräber bekam es ganz hinten
in der Grube, und sein Volk liegt rings-
umher begraben, alle erschlagen und
durchs Schwert gefallen, von denen
einst Schrecken ausging im Lande der
Lebendigen.

24 Da liegt Elam mit seinem stolzen
Volk, ringsherum seine Gräber, sie alle
erschlagen und durchs Schwert gefal-
len, hinuntergefahren als Unbeschnit-
tene unter die Erde, von denen einst
Schrecken ausging im Lande der Le-
bendigen; sie müssen ihre Schande tra-
gen mit denen, die in die Grube gefah-
25 ren sind.[g] Man hat sie mitten unter die
Erschlagenen gelegt mit ihrem stolzen
Volk, ringsherum ihre Gräber, sie alle
als Unbeschnittene und mit dem
Schwert Erschlagene, von denen einst
Schrecken ausging im Lande der Le-
bendigen; sie müssen ihre Schande tra-
gen mit denen, die in die Grube gefah-
ren sind, und bei den Erschlagenen lie-
gen.

26 Da liegen [h]Meschech und Tubal mit
ihrem stolzen Volk, ringsherum ihre
Gräber, sie alle als Unbeschnittene und
mit dem Schwert Erschlagene, von de-
nen einst Schrecken ausging im Lande
27 der Lebendigen. Sie liegen nicht bei
den Helden, die in der Vorzeit gefallen
und mit ihrer Kriegswehr zu den Toten
gefahren sind, denen man ihre Schwer-
ter unter ihre Häupter gelegt und ihre
Schilde über ihre Gebeine gedeckt hat,
die gefürchtete Helden waren im
Lande der Lebendigen. Du aber mußt 28
inmitten der Unbeschnittenen begra-
ben sein und bei denen liegen, die mit
dem Schwert erschlagen sind.

Da liegt [i]Edom mit seinen Königen 29
und allen seinen Fürsten, die in ihrer
Heldenkraft zu den vom Schwert Er-
schlagenen getan wurden; da liegen sie
bei den Unbeschnittenen und denen,
die in die Grube gefahren sind.

Da sind alle Fürsten des Nordens 30
und alle [j]Sidonier, die mit den Erschla-
genen hinabgefahren sind, und ihre
schreckliche Gewalt ist zuschanden ge-
worden; sie müssen als Unbeschnittene
bei denen liegen, die mit dem Schwert
erschlagen sind, und ihre Schande tra-
gen samt denen, die in die Grube gefah-
ren sind.

Diese alle wird der Pharao sehen und 31
sich trösten über sein stolzes Volk. Mit
dem Schwert erschlagen ist der Pharao
und sein ganzes Heer, spricht Gott der
HERR. Denn ich setzte ihn zum Schrek- 32
ken im Lande der Lebendigen, aber
nun liegt er bei den Unbeschnittenen
und mit dem Schwert Erschlagenen,
der Pharao und sein stolzes Volk,
spricht Gott der HERR.

a Kap 29,3 *b* Kap 12,13 *c* Kap 29,5 *d* (*7 und 8*) Jes 13,10 *e* Kap 31,16 *f* Jes 14,11.15 *g* Jer 49,37 *h* Kap 27,13; 38,2 *i* Kap 25,12-14 *j* Kap 28,21-23

Das Wächteramt des Propheten

(vgl. Kap 3,16-21)

Und des HERRN Wort geschah zu mir: 33
Du Menschenkind, rede zu den Söh- 2
nen deines Volks und sprich zu ihnen:
Wenn ich das Schwert über ein Land
bringe und das Volk des Landes nimmt
einen Mann aus seiner Mitte und
macht ihn zu seinem Wächter und er 3
sieht das Schwert kommen über das
Land und bläst die Posaune und warnt
das Volk – wer nun den Hall der Posau- 4
ne hört und will sich nicht warnen las-
sen, und das Schwert kommt und
nimmt ihn weg, dessen Blut wird auf
seinen Kopf kommen. Denn er hat den 5
Hall der Posaune gehört und sich den-
noch nicht warnen lassen; darum wird
sein Blut auf ihn kommen. Wer sich
aber warnen läßt, der wird sein Leben
davonbringen. Wenn aber der Wächter 6

das Schwert kommen sieht und nicht
die Posaune bläst und sein Volk nicht
warnt und das Schwert kommt und
nimmt einen von ihnen weg, so wird
der wohl um seiner Sünde willen weg-
genommen; aber sein Blut will ich von
der Hand des Wächters fordern.
7 Und nun, du Menschenkind, ich
habe dich zum [a]Wächter gesetzt über
das Haus Israel. Wenn du etwas aus
meinem Munde hörst, sollst du sie in
8 meinem Namen warnen. Wenn ich nun
zu dem Gottlosen sage: Du Gottloser
mußt des Todes sterben! und du sagst
ihm das nicht, um den Gottlosen vor
seinem Wege zu warnen, so wird er, der
Gottlose, um seiner Sünde willen ster-
ben, aber sein Blut will ich von deiner
9 Hand fordern. Warnst du aber den
Gottlosen vor seinem Wege, daß er von
ihm umkehre, und er will von seinem
Wege nicht umkehren, so wird er um
seiner Sünde willen sterben, aber du
hast dein Leben errettet.

a Hebr 13,17

Gott richtet jeden nach seinem Handeln

(vgl. Kap 18,21-32)

10 Und nun, du Menschenkind, sage dem
Hause Israel: Ihr sprecht: Unsere Sün-
den und Missetaten liegen auf uns, daß
wir darunter vergehen; wie können wir
11 denn leben? So sprich zu ihnen: [a]*So
wahr ich lebe, spricht Gott der* HERR: *ich
habe kein Gefallen am Tode des Gottlo-
sen, sondern daß der Gottlose umkehre
von seinem Wege und lebe. So [b]kehrt nun
um von euren bösen Wegen. Warum wollt
ihr sterben, ihr vom Hause Israel?*
12 Und du, Menschenkind, sprich zu
deinem Volk: [c]Wenn ein Gerechter
Böses tut, so wird's ihm nicht helfen,
daß er gerecht gewesen ist; und wenn
ein Gottloser von seiner Gottlosigkeit
umkehrt, so soll's ihm nicht schaden,
daß er gottlos gewesen ist. Auch der
Gerechte kann nicht am Leben bleiben,
13 wenn er sündigt. Denn wenn ich zu
dem Gerechten spreche: Du sollst le-
ben! und er verläßt sich auf seine Ge-
rechtigkeit und tut Böses, so soll aller
seiner Gerechtigkeit nicht mehr ge-
dacht werden, sondern er soll sterben
um des Bösen willen, das er getan hat.
14 Und wenn ich zum Gottlosen spreche:
Du sollst sterben! und er bekehrt sich
von seiner Sünde und tut, was recht
15 und gut ist, – so daß der Gottlose [d]das
Pfand zurückgibt und [e]erstattet, was er
geraubt hat, und nach den Satzungen
des Lebens wandelt und nichts Böses
tut –, so soll er am Leben bleiben und
nicht sterben, und all seiner Sünden, 16
die er getan hat, soll nicht mehr gedacht
werden, denn er hat nun getan, was
recht und gut ist; darum soll er am Le-
ben bleiben. Aber dein Volk spricht: 17
»Der Herr handelt nicht recht«, wäh-
rend doch sie nicht recht handeln.
Wenn der Gerechte sich abkehrt von 18
seiner Gerechtigkeit und Unrecht tut,
so muß er deshalb sterben. Und wenn 19
sich der Gottlose von seiner Gottlosig-
keit bekehrt und tut, was recht und gut
ist, so soll er deshalb am Leben bleiben.
Und doch sprecht ihr: »Der Herr han- 20
delt nicht recht«, während ich doch
einen jeden von euch, ihr vom Hause
Israel, nach seinem Handeln richte.

a 5.Mose 32,40 *b* Jes 55,7; Joel 2,12.13
c Kap 3,20 *d* 5.Mose 24,10-13 *e* Kap 18,7;
Lk 19,8

Der Prophet erhält die Botschaft vom Fall Jerusalems

Und es begab sich im elften Jahr unse- 21
rer Gefangenschaft am [a]fünften Tag
des zehnten Monats, da kam zu mir ein
[b]Entronnener von Jerusalem und
sprach: Die Stadt ist genommen. Und 22
die Hand des HERRN war über mich ge-
kommen am Abend, bevor der Entron-
nene kam, und er tat mir meinen Mund
auf, als jener am Morgen zu mir kam.
Und mein Mund wurde aufgetan, so
daß ich nicht mehr stumm sein mußte.

a Kap 1,2 *b* Kap 24,26; 2.Kön 25,2-4

Gegen den Anspruch der im Lande Zurückgebliebenen

Und des HERRN Wort geschah zu mir: 23
Du Menschenkind, die Bewohner jener 24
Trümmer im Lande Israels sprechen:
[a]Abraham war ein einzelner Mann und
nahm dies Land in Besitz; wir aber sind
viele, so gehört uns das Land erst recht.
Darum sprich zu ihnen: So spricht 25
Gott der HERR: [b]Ihr habt das Fleisch
über dem Blut gegessen und eure Au-
gen zu den Götzen aufgehoben und
Blut vergossen – und dann wollt ihr das
Land besitzen? Ihr verlaßt euch auf 26
euer Schwert und übt Greuel, und
einer schändet die Frau des andern –
und [c]dann wollt ihr das Land besitzen?
So sprich zu ihnen: So spricht Gott der 27
HERR: So wahr ich lebe sollen alle, die
in den Trümmern wohnen, durchs
Schwert fallen, und die auf freiem Fel-

de sind, will ich den Tieren zum Fraß
geben, und die in den Festungen und
Höhlen sind, sollen an der Pest sterben.
28 Denn ich will das Land ganz verwüsten
und seiner Hoffart und Macht ein Ende
machen, daß das Gebirge Israel so zur
Wüste wird, daß niemand mehr hin-
29 durchzieht. Und sie sollen erfahren,
daß ich der HERR bin, wenn ich das
Land ganz verwüste um aller ihrer
Greuel willen, die sie verübt haben.

a Jes 51,2 *b* 1.Sam 14,32-34 *c* Kap 11,14-21

Gegen die leichtfertigen Hörer des prophetischen Wortes

30 Und du, Menschenkind, dein Volk re-
det über dich an den Mauern und in
den Haustüren, und einer spricht zum
andern: Kommt doch und laßt uns hö-
ren, was das für ein Wort ist, das vom
31 HERRN ausgeht. Und sie werden zu dir
kommen, wie das Volk so zusammen-
kommt, und vor dir sitzen als mein
Volk und [a]werden deine Worte hören,
aber nicht danach tun, sondern ihr
Mund ist voll von Liebesweisen, und
danach tun sie, und hinter ihrem Ge-
32 winn läuft ihr Herz her. Und siehe, du
bist für sie wie einer, der Liebeslieder
singt, der eine schöne Stimme hat und
gut spielen kann. Sie hören wohl deine
33 Worte, aber sie tun nicht danach. Wenn
es aber kommt – und siehe, es
kommt! –, so werden sie erfahren, daß
[b]ein Prophet unter ihnen gewesen ist.

a Jes 53,1 *b* Kap 2,5

Die schlechten Hirten und der rechte Hirt

(vgl. Kap 37,24-28)

34 Und des HERRN Wort geschah zu mir:
2 Du Menschenkind, weissage gegen die
Hirten Israels, weissage und sprich zu
ihnen: So spricht Gott der HERR:
[a]Wehe den Hirten Israels, die sich
selbst weiden! Sollen die Hirten nicht
3 die Herde weiden? Aber ihr eßt das
Fett und kleidet euch mit der Wolle
und schlachtet das Gemästete, aber die
4 Schafe wollt ihr nicht weiden. [b]Das
Schwache stärkt ihr nicht, und das
Kranke heilt ihr nicht, das Verwundete
verbindet ihr nicht, das Verirrte holt
ihr nicht zurück und das Verlorene
sucht ihr nicht; das Starke aber tretet
5 ihr nieder mit Gewalt.[c] Und [d]meine
Schafe sind zerstreut, weil sie keinen
Hirten haben, und sind allen wilden
Tieren zum Fraß geworden und zer-
6 streut. Sie irren umher auf allen Bergen
und auf allen hohen Hügeln und sind
über das ganze Land zerstreut, und nie-
mand ist da, der nach ihnen fragt oder
auf sie achtet.
Darum hört, ihr Hirten, des HERRN 7
Wort! So wahr ich lebe, spricht Gott 8
der HERR: weil meine Schafe zum Raub
geworden sind und meine Herde zum
Fraß für alle wilden Tiere, weil sie kei-
nen Hirten hatten und meine Hirten
nach meiner Herde nicht fragten, son-
dern die Hirten sich selbst weideten,
aber meine Schafe nicht weideten, dar- 9
um, ihr Hirten, hört des HERRN Wort!
So spricht Gott der HERR: Siehe, [e]ich 10
will an die Hirten und will meine Herde
von ihren Händen fordern; ich will ein
Ende damit machen, daß sie Hirten
sind, und sie sollen sich nicht mehr
selbst weiden. Ich will meine Schafe er-
retten aus ihrem Rachen, daß sie sie
nicht mehr fressen sollen.
Denn so spricht Gott der HERR: Sie- 11
he, [f]ich will mich meiner Herde selbst
annehmen und sie suchen. Wie [g]ein 12
Hirte seine Schafe sucht, wenn sie von
seiner Herde verirrt sind, so will ich
meine Schafe suchen und will sie erret-
ten von allen Orten, wohin sie zerstreut
waren zur Zeit, als es trüb und finster
war. Ich will sie aus allen Völkern her- 13
ausführen und aus allen Ländern sam-
meln und will sie in ihr Land bringen
und will sie weiden auf den Bergen Is-
raels, in den Tälern und an allen Plät-
zen des Landes. Ich will sie auf die be- 14
ste Weide führen, und auf den hohen
Bergen in Israel sollen ihre Auen sein;
da [h]werden sie auf guten Auen lagern
und fette Weide haben auf den Bergen
Israels. Ich selbst will meine Schafe 15
weiden, und ich will sie lagern lassen,
spricht Gott der HERR. [i]*Ich will das* 16
Verlorene wieder suchen und das Verirrte
zurückbringen und das Verwundete ver-
binden und das Schwache stärken und,
was fett und stark ist, behüten; ich will sie
*weiden, wie es recht ist.**
Aber zu euch, meine Herde, spricht 17
Gott der HERR: Siehe, [j]ich will richten
zwischen Schaf und Schaf und Wid-
dern und Böcken. Ist's euch nicht ge- 18
nug, die beste Weide zu haben, daß ihr
die übrige Weide mit Füßen tretet, und
klares Wasser zu trinken, daß ihr auch
noch hineintretet und es trübe macht,
so daß meine Schafe fressen müssen, 19
was ihr mit euren Füßen zertreten habt,
und trinken, was ihr mit euren Füßen
trübe gemacht habt? Darum spricht 20

Gott der HERR: Siehe, ich will selbst
richten zwischen den fetten und den
21 mageren Schafen; weil ihr mit Seite
und Schulter drängtet und die Schwa-
chen von euch stießet mit euren Hör-
nern, bis ihr sie alle hinausgetrieben
22 hattet, will ich meiner Herde helfen,
daß sie nicht mehr zum Raub werden
soll, und will richten zwischen Schaf
und Schaf.
23 Und [k]*ich will ihnen einen einzigen
Hirten erwecken, der sie weiden soll, näm-
lich meinen Knecht David. Der wird sie
24 weiden und soll ihr Hirte sein,* und ich,
der HERR, will ihr Gott sein, aber mein
Knecht David soll der Fürst unter
ihnen sein; das sage ich, der HERR.
25 Und ich will einen [l]Bund des Frie-
dens mit ihnen schließen und [m]alle bö-
sen Tiere aus dem Lande ausrotten,
daß sie [n]sicher in der Steppe wohnen
und in den Wäldern schlafen können.
26 [o]Ich will sie und alles, was um meinen
Hügel her ist, segnen und auf sie regnen
lassen zu rechter Zeit. Das sollen gnädi-
27 ge Regen sein, daß die Bäume auf dem
Felde ihre Früchte bringen und das
Land seinen Ertrag gibt, und sie sollen
sicher auf ihrem Lande wohnen und
sollen erfahren, daß ich der HERR bin,
wenn ich ihr Joch zerbrochen und sie
errettet habe aus der Hand derer, denen
28 sie dienen mußten. Und sie sollen nicht
mehr den Völkern zum Raub werden,
und kein wildes Tier im Lande soll sie
mehr fressen, sondern sie sollen sicher
wohnen, und [p]niemand soll sie schrek-
29 ken. Und ich will ihnen eine Pflanzung
aufgehen lassen zum Ruhm, daß sie
nicht mehr Hunger leiden sollen im
Lande und die Schmähungen der Hei-
30 den nicht mehr ertragen müssen.[q] Und
sie sollen erfahren, daß ich, [r]der HERR,
ihr Gott, bei ihnen bin und daß die vom
Hause Israel mein Volk sind, spricht
31 Gott der HERR. Ja, ihr sollt meine Her-
de sein, [s]die Herde meiner Weide, und
ich will euer Gott sein, spricht Gott der
HERR.

a Jer 23,1-4 *b* Sach 11,15.16 *c* Joh 10,11
d Mt 9,36 *e* Jer 23,2 *f* Jes 40,11 *g* Lk 15,4
h Ps 23,2 *i* Jer 31,8.9 *j* Mt 25,32 *k* Kap 37,24;
Jer 30,9; Hos 3,5; Joh 10,14-16 *l* Kap 37,26
m 3.Mose 26,6 *n* Hos 2,20 *o (26 und 27)*
3.Mose 26,4 *p* Jer 30,10 *q* Kap 36,30
r Kap 11,20 *s* Ps 100,3
*Vers 16: So auch Luther selbst; nach anderer Überlieferung: »aber was fett und stark ist, will ich vertilgen und will es weiden mit Gericht«.

Das Gericht über Edom

Und des HERRN Wort geschah zu mir: 35
Du Menschenkind, richte dein Ange- 2
sicht gegen das Gebirge Seïr und weis-
sage gegen [a]Edom und sprich zu ihm: 3
So spricht Gott der HERR: Siehe, ich
will an dich, du Gebirge Seïr, und mei-
ne Hand gegen dich ausstrecken und
will dich ganz und gar zur Wüste ma-
chen. Ich will deine Städte öde machen, 4
daß du zur Wüste werden sollst, und du
sollst erfahren, daß ich der HERR bin.
[b]Weil ihr ewige Feindschaft hattet ge- 5
gen die Israeliten und sie dem Schwert
preisgegeben habt, als es ihnen übel
ging und ihre Schuld zum Ende führte,
– darum, so wahr ich lebe, spricht Gott 6
der HERR, will ich auch dich bluten las-
sen, und du sollst dem Blutbad nicht
entrinnen. Weil du dich mit Blut ver-
schuldet hast, soll auch dein Blut flie-
ßen. Und ich will das Gebirge Seïr wüst 7
und öde machen und alle ausrotten, die
dort hin- und herziehen. Und ich will 8
seine Berge mit Erschlagenen füllen,
seine Hügel, seine Täler und alle seine
Bachläufe – überall sollen vom Schwert
Erschlagene liegen. Ja, zu einer ewigen 9
Wüste will ich dich machen, daß nie-
mand mehr in deinen Städten wohnt,
und ihr sollt erfahren, daß ich der HERR
bin.
Weil du sprachst: »Diese beiden Völ- 10
ker mit ihren beiden Ländern müssen
mein werden, und wir wollen sie in Be-
sitz nehmen« – obgleich der HERR dort
wohnt –, darum, so wahr ich lebe, 11
spricht Gott der HERR, will ich an dir
handeln mit demselben Zorn und der-
selben Leidenschaft, mit denen du an
ihnen gehandelt hast in deinem Haß,
und will mich an ihnen kundtun, wenn
ich dich richte. Und du sollst erfahren, 12
daß ich, der HERR, all deine Lästerre-
den gegen die Berge Israels gehört
habe, als du sagtest: Sie sind verwüstet
und uns zum Fraß gegeben. So habt ihr 13
euch gegen mich gerühmt und frech ge-
gen mich geredet; das habe ich gehört.
So spricht Gott der HERR: Ich will dich 14
zur Wüste machen, daß sich alles Land
freuen soll. Und wie du dich gefreut 15
hast über das Erbe des Hauses Israel,
weil es verwüstet war, ebenso will ich
mit dir tun: das Gebirge Seïr soll zur
Wüste werden mit ganz Edom, und sie
sollen erfahren, daß ich der HERR bin.

a Kap 25,12-14 *b (5 und 6)* Ps 137,7

Die Verheißung für die Berge Israels

36 Und du, Menschenkind, [a]weissage den
Bergen Israels und sprich: Hört des
2 HERRN Wort, ihr Berge Israels! So
spricht Gott der HERR: [b]Weil der
Feind über euch frohlockt: »Ha, die
ewigen Höhen sind nun unser Besitz
3 geworden!«, darum weissage und
sprich: So spricht Gott der HERR: Weil
man euch allenthalben verwüstet und
vertilgt und ihr zum Besitz der übrigge-
bliebenen Heiden geworden und übel
ins Gerede der Leute gekommen seid,
4 darum hört, ihr Berge Israels, das Wort
Gottes des HERRN! So spricht Gott der
HERR zu den Bergen und Hügeln, zu
den Bächen und Tälern, zu den öden
Trümmern und verlassenen Städten,
die den übriggebliebenen Heiden
ringsumher zum Raub und Spott ge-
5 worden sind, – darum, so spricht Gott
der HERR: Wahrlich, ich habe in mei-
nem feurigen Eifer geredet gegen die
Heiden, die übriggeblieben sind, und
gegen ganz [c]Edom, die mein Land in
Besitz genommen haben mit Freude
von ganzem Herzen und mit Hohnla-
chen, um es zu verheeren und zu plün-
dern.
6 Darum weissage über das Land Is-
raels und sprich zu den Bergen und
Hügeln, zu den Bächen und Tälern: So
spricht Gott der HERR: Siehe, ich rede
in meinem Eifer und Grimm, weil ihr
solche Schmach von den Heiden tragen
7 mußtet. Darum spricht Gott der HERR:
Ich hebe meine Hand auf zum Schwur:
Wahrlich, eure Nachbarn, die Heiden
ringsumher, sollen ihre Schande tra-
8 gen. Aber ihr Berge Israels sollt wieder
grünen und eure Frucht bringen mei-
nem Volk Israel, denn bald sollen sie
9 heimkehren. Denn siehe, ich will mich
wieder zu euch kehren und euch mein
Angesicht zuwenden, daß ihr angebaut
10 und besät werdet. Und ich will viele
Menschen auf euch wohnen lassen, das
ganze Haus Israel insgesamt, und die
Städte sollen wieder bewohnt und die
11 Trümmer aufgebaut werden. Ja, ich
lasse Menschen und Vieh auf euch
zahlreich werden; sie sollen sich meh-
ren und fruchtbar sein. Und ich will
euch wieder bewohnt sein lassen wie
früher und [d]will euch mehr Gutes tun
als je zuvor, und ihr sollt erfahren, daß
12 ich der HERR bin. Ich will wieder Men-
schen über euch ziehen lassen, nämlich
mein Volk Israel; die werden dich be-
sitzen, und du sollst ihr Erbteil sein und
ihnen die Kinder nicht mehr nehmen.
So spricht Gott der HERR: Weil man 13
das von euch sagt: »Du hast Menschen
gefressen und deinem Volk die Kinder
genommen«, darum sollst du nun nicht 14
mehr Menschen fressen und deinem
Volk nicht mehr die Kinder nehmen,
spricht Gott der HERR. Und ich will 15
dich nicht mehr die Schmähungen der
Heiden hören lassen, und du sollst den
Spott der Heiden nicht mehr tragen
und sollst deinem Volk nicht mehr die
Kinder nehmen, spricht Gott der
HERR.

a Kap 6,2 *b* Kap 25,3 *c* Kap 35,15 *d* 3.Mose 26,9

Die Erneuerung Israels durch Gottes Geist

Und des HERRN Wort geschah zu mir: 16
Du Menschenkind, als das Haus Israel 17
in seinem Lande wohnte und es [a]un-
rein machte mit seinem Wandel und
Tun, daß ihr Wandel vor mir war wie
die Unreinheit einer Frau, wenn sie
ihre Tage hat, da schüttete ich meinen 18
Grimm über sie aus um des Blutes wil-
len, das sie im Lande vergossen, und
weil sie es unrein gemacht hatten durch
ihre Götzen. Und ich zerstreute sie un- 19
ter die Heiden und versprengte sie in
die Länder und richtete sie nach ihrem
Wandel und Tun. So kamen sie zu den 20
Heiden; aber wohin sie kamen, [b]ent-
heiligten sie meinen heiligen Namen,
weil man von ihnen sagte: »Sie sind des
HERRN Volk und haben doch aus ihrem
Lande fortziehen müssen!« Da [c]tat es 21
mir leid um meinen heiligen Namen,
den das Haus Israel entheiligte unter
den Heiden, wohin sie auch kamen.
Darum sollst du zum Hause Israel 22
sagen: So spricht Gott der HERR: Ich
tue es nicht um euretwillen, ihr vom
Hause Israel, sondern [d]um meines hei-
ligen Namens willen, den ihr entheiligt
habt unter den Heiden, wohin ihr auch
gekommen seid. Denn [e]ich will meinen 23
großen Namen, der vor den Heiden
entheiligt ist, den ihr unter ihnen ent-
heiligt habt, wieder heilig machen.
[f]Und die Heiden sollen erfahren, daß
ich der HERR bin, spricht Gott der
HERR, wenn ich vor ihren Augen an
euch zeige, daß ich heilig bin. Denn ich 24
will euch aus den Heiden herausholen
und euch aus allen Ländern sammeln
und wieder in euer Land bringen, und 25
ich will [g]reines Wasser über euch

sprengen, daß ihr rein werdet; von all
eurer Unreinheit und von allen euren
26 Götzen will ich euch reinigen. [h] *Und ich*
will euch ein neues Herz und einen neuen
Geist in euch geben und will das steinerne
Herz aus eurem Fleisch wegnehmen und
27 *euch ein fleischernes Herz geben. Ich will*
[i] *meinen Geist in euch geben und will sol-*
che Leute aus euch machen, die [j] *in meinen*
Geboten wandeln und meine Rechte hal-
28 *ten und danach tun.* Und ihr sollt woh-
nen im Lande, das ich euren Vätern ge-
geben habe, und [k] sollt mein Volk sein,
29 und ich will euer Gott sein. Ich will
euch von all eurer Unreinheit erlösen
und will das Korn rufen und will es
mehren und will keine Hungersnot
30 über euch kommen lassen. Ich will die
Früchte auf den Bäumen und den Er-
trag auf dem Felde mehren, daß euch
die Heiden nicht mehr verspotten, weil
31 ihr hungern müßt. [l] Dann werdet ihr an
euren bösen Wandel denken und an
euer Tun, das nicht gut war, und wer-
det euch selbst zuwider sein um eurer
Sünde und eures Götzendienstes wil-
32 len. [m] Nicht um euretwillen tue ich das,
spricht Gott der HERR, das sollt ihr wis-
sen, sondern ihr werdet euch schämen
müssen und schamrot werden, ihr vom
Hause Israel, über euren Wandel.
33 So spricht Gott der HERR: Zu der
Zeit, wenn ich euch reinigen werde von
allen euren Sünden, will ich die Städte
wieder bewohnt sein lassen, und die
Trümmer sollen wieder aufgebaut wer-
34 den. Das verwüstete Land soll wieder
gepflügt werden, nachdem es verheert
war vor den Augen aller, die vorüberzo-
35 gen. Und man wird sagen: Dies Land
war verheert, und jetzt ist's wie der
Garten Eden, und diese Städte waren
zerstört, öde und niedergerissen und
stehen nun fest gebaut und sind be-
36 wohnt. Und die Heiden, die um euch
her übriggeblieben sind, sollen erfah-
ren, daß [n] ich der HERR bin, der da
[o] baut, was niedergerissen ist, und
pflanzt, was verheert war. Ich, der
HERR, sage es und tue es auch.
37 So spricht Gott der HERR: Auch dar-
in will ich mich vom Hause Israel erbit-
ten lassen, daß ich dies ihnen tue: [p] Ich
will die Menschen bei ihnen mehren
38 wie eine Herde. Wie eine heilige Herde,
wie eine Herde in Jerusalem an ihren
Festen, so sollen die verwüsteten Städ-
te voll Menschenherden werden, und sie
sollen erfahren, daß ich der HERR bin.

a 3.Mose 18,24.25 *b* Jes 52,5 *c* Kap 20,9

d Jes 48,11; Jer 14,7 *e* Mt 6,9 *f* Kap 37,28 *g* Sach 13,1; Hebr 10,22 *h* (*26 und 27*) Kap 11,19.20; Jer 31,33 *i* Kap 39,29; Jes 44,3 *j* Kap 37,24 *k* Kap 11,20 *l* Kap 34,29; Joel 2,19 *m* Kap 20,43 *n* Kap 17,24 *o* Jer 1,10; 18,7.8 *p* Mi 2,12

Israel, das Totenfeld, wird durch Gottes Odem lebendig

[a] Des HERRN Hand kam über mich, und 37
er führte mich hinaus im Geist des
HERRN und stellte mich mitten auf ein
weites Feld; das lag voller Totengebei-
ne. Und er führte mich überall hin- 2
durch. Und siehe, es lagen sehr viele
Gebeine über das Feld hin, und siehe,
sie waren ganz verdorrt.
Und er sprach zu mir: Du Men- 3
schenkind, meinst du wohl, daß diese
Gebeine wieder lebendig werden? Und
ich sprach: HERR, mein Gott, du weißt
es. Und er sprach zu mir: Weissage 4
über diese Gebeine und sprich zu
ihnen: Ihr verdorrten Gebeine, höret
des HERRN Wort! So spricht Gott der 5
HERR zu diesen Gebeinen: Siehe, [b] ich
will Odem in euch bringen, daß ihr wie-
der lebendig werdet. Ich will euch Seh- 6
nen geben und lasse Fleisch über euch
wachsen und überziehe euch mit Haut
und will euch Odem geben, daß [c] ihr
wieder lebendig werdet; und ihr sollt
erfahren, daß ich der HERR bin.
Und ich weissagte, wie mir befohlen 7
war. Und siehe, da rauschte es, als ich
weissagte, und siehe, es regte sich, und
die Gebeine rückten zusammen, Ge-
bein zu Gebein. Und ich sah, und siehe, 8
es wuchsen Sehnen und Fleisch darauf,
und sie wurden mit Haut überzogen; es
war aber noch kein Odem in ihnen.
Und er sprach zu mir: Weissage zum 9
Odem; weissage, du Menschenkind,
und sprich zum Odem: So spricht Gott
der HERR: Odem, komm herzu von den
vier Winden und blase diese Getöteten
an, daß sie wieder lebendig werden!
Und ich weissagte, wie er mir befohlen 10
hatte. Da kam der Odem in sie, und sie
wurden wieder lebendig und stellten
sich auf ihre Füße, ein überaus großes
Heer.
Und er sprach zu mir: Du Men- 11
schenkind, [d] diese Gebeine sind das
ganze Haus Israel. Siehe, jetzt sprechen
sie: Unsere Gebeine sind verdorrt, und
unsere Hoffnung ist verloren, und es ist
aus mit uns. Darum weissage und 12
sprich zu ihnen: So spricht Gott der
HERR: Siehe, ich will eure Gräber auf-
tun und hole euch, mein Volk, aus eu-

ren Gräbern herauf und bringe euch ins
13 Land Israels. Und ihr sollt erfahren,
daß ich der HERR bin, wenn ich eure
Gräber öffne und euch, mein Volk, aus
14 euren Gräbern heraufhole. Und ich
will meinen Odem in euch geben, daß
ihr wieder leben sollt, und will euch in
euer Land setzen, und ihr sollt erfah-
ren, daß ich der HERR bin. Ich rede es
und tue es auch, spricht der HERR.

a Kap 1,3 *b* Ps 104,30 *c* Jes 26,19 *d* Vers 1

Die Wiedervereinigung Israels unter dem einen Hirten

15 Und des HERRN Wort geschah zu mir:
16 Du Menschenkind, nimm dir ein Holz
und schreibe darauf: »Für Juda und Is-
rael, die sich zu ihm halten.« Und nimm
noch ein Holz und schreibe darauf:
»Holz Efraims, für Josef und das ganze
17 Haus Israel, das sich zu ihm hält.« Und
füge eins an das andere, daß es *ein* Holz
18 werde in deiner Hand. Wenn nun dein
Volk zu dir sprechen wird: Willst du
uns nicht zeigen, was du damit meinst?,
19 so sprich zu ihnen: So spricht Gott der
HERR: Siehe, ich will das Holz Josefs,
das in der Hand Efraims ist, nehmen
samt den Stämmen Israels, die sich zu
ihm halten, und will sie zu dem Holz
Judas tun und *ein* Holz daraus machen,
und sie sollen *eins* sein in meiner Hand.
20 Und so sollst du die Hölzer, auf die du
geschrieben hast, in deiner Hand halten
21 vor ihren Augen [a]und sollst zu ihnen
sagen: So spricht Gott der HERR: Sie-
he, ich will die Israeliten herausholen
aus den Heiden, wohin sie gezogen
sind, und will sie von überall her sam-
meln und wieder in ihr Land bringen
22 und will ein einziges Volk aus ihnen
machen im Land auf den Bergen Is-
raels, und [b]sie sollen allesamt *einen* Kö-
nig haben und [c]sollen nicht mehr zwei
Völker sein und nicht mehr geteilt in
23 zwei Königreiche. Und sie sollen sich
nicht mehr unrein machen mit ihren
Götzen und Greuelbildern und allen
ihren Sünden. Ich will sie retten von al-
len ihren Abwegen, auf denen sie ge-
sündigt haben, und will sie reinigen,
und [d]sie sollen mein Volk sein, und ich
24 will ihr Gott sein. *Und [e]mein Knecht*
David soll ihr König sein und der einzige
Hirte für sie alle. Und [f]sie sollen wandeln
in meinen Rechten und meine Gebote hal-
25 *ten und danach tun.* Und sie sollen wie-
der in dem Lande wohnen, das ich mei-
nem Knecht Jakob gegeben habe, in
dem eure Väter gewohnt haben. Sie
und ihre Kinder und Kindeskinder sol-
len darin wohnen für immer, und
[g]mein Knecht David soll für immer ihr
Fürst sein. [h]Und ich will mit ihnen 26
einen [i]Bund des Friedens schließen,
der soll ein ewiger Bund mit ihnen sein.
Und ich will sie erhalten und mehren,
und mein Heiligtum soll unter ihnen
sein für immer. Ich will unter ihnen 27
wohnen und [j]will ihr Gott sein, und sie
sollen mein Volk sein, damit auch [k]die 28
Heiden erfahren, daß ich der HERR bin,
der Israel heilig macht, wenn mein Hei-
ligtum für immer unter ihnen sein
wird.

a (21 und 22) Jes 11,12.13 *b* Kap 34,23 *c* Jer 3,18; Hos 2,2 *d* Kap 11,20 *e* Kap 34,23 *f* Kap 36,27 *g* Lk 1,32.33 *h (26-28)* 2.Mose 25,8 *i* Kap 34,25; Jes 54,10 *j* Kap 11,20 *k* Kap 36,23

Weissagung gegen Gog aus Magog

Und des HERRN Wort geschah zu mir: 38
Du Menschenkind, richte dein Ange- 2
sicht auf Gog, der im Lande [a]Magog ist
und der Fürst von Rosch, [b]Meschech
und Tubal, und weissage gegen ihn und 3
sprich: So spricht Gott der HERR: Sie-
he, ich will an dich, Gog, der du der
Fürst bist von Rosch, Meschech und
Tubal! Siehe, ich will dich herumlen- 4
ken und dir einen Haken ins Maul legen
und will dich ausziehen lassen mit dei-
nem ganzen Heer, mit Roß und Mann,
die alle voll gerüstet sind; und sie sind
ein großer Heerhaufe, die alle kleine
und große Schilde und Schwerter tra-
gen. Du führst mit dir Perser, Ku- 5
schiter und Libyer, die alle Schild und
Helm tragen, dazu Gomer und sein 6
ganzes Heer, die vom Hause [c]Togar-
ma, die im Norden wohnen, mit ihrem
ganzen Heer; ja, du führst viele Völker
mit dir. Wohlan, rüste dich gut, du und 7
alle deine Heerhaufen, die bei dir sind,
und sei du ihr Heerführer! Nach langer 8
Zeit sollst du aufgeboten werden; am
Ende der Zeiten sollst du in ein Land
kommen, das dem Schwert entrissen
ist, und zu dem Volk, das aus vielen
Völkern gesammelt ist, nämlich auf die
Berge Israels, die lange Zeit verwüstet
gewesen sind, und nun ist es herausge-
führt aus den Völkern, und sie alle woh-
nen sicher. Du wirst heraufziehen und 9
daherkommen wie ein Sturmwetter
und wirst sein wie eine Wolke, die das
Land bedeckt, du und dein ganzes Heer
und die vielen Völker mit dir.

So spricht Gott der HERR: Zu jener 10
Zeit werden dir Gedanken kommen,
und du wirst auf Böses sinnen und den- 11

ken: »Ich will das Land überfallen, das
offen daliegt, und über die kommen,
die still und sicher leben, die alle ohne
Mauern dasitzen und haben weder Rie-
12 gel noch Tore«, damit du rauben und
plündern kannst und deine Hand an die
zerstörten Orte legst, die wieder be-
wohnt sind, und an das Volk, das aus
den Heiden gesammelt ist und sich
Vieh und Güter erworben hat und [d] in
13 der Mitte der Erde wohnt. Saba, Dedan
und die Kaufleute von Tarsis und alle
seine Gewaltigen werden zu dir sagen:
Bist du gekommen, zu rauben, und hast
du deine Heerhaufen versammelt, zu
plündern, um Silber und Gold wegzu-
nehmen und Vieh und Güter zu sam-
meln und große Beute zu machen?
14 Darum so weissage, du Menschen-
kind, und sprich zu Gog: So spricht
Gott der HERR: Ist's nicht so? Wenn
mein Volk Israel sicher wohnen wird,
15 dann wirst du aufbrechen. Und wirst
kommen aus deinem Ort, vom äußer-
sten Norden, du und viele Völker mit
dir, alle zu Roß, ein großer Heerhaufe
16 und eine gewaltige Macht, du wirst
heraufziehen gegen mein Volk Israel
wie eine Wolke, die das Land bedeckt.
Am Ende der Zeit wird das geschehen.
Ich will dich aber dazu über mein Land
kommen lassen, daß die Heiden mich
erkennen, wenn ich an dir, Gog, vor
ihren Augen zeige, daß ich heilig bin.
17 [e] So spricht Gott der HERR: Du bist
doch der, von dem ich vorzeiten gere-
det habe durch meine Diener, die Pro-
pheten in Israel, die in jener Zeit weis-
sagten, daß ich dich über sie kommen
lassen wollte?
18 Und es wird geschehen zu der Zeit,
wenn Gog kommen wird über das Land
Israels, spricht Gott der HERR, wird
19 mein Zorn in mir aufsteigen. Und ich
sage in meinem Eifer und im Feuer
meines Zorns: Wahrlich, zu der Zeit
wird ein großes Erdbeben sein im
20 Lande Israels, daß vor meinem Ange-
sicht erbeben sollen die Fische im
Meer, die Vögel unter dem Himmel,
die Tiere auf dem Felde und alles, was
sich regt und bewegt auf dem Lande,
und alle Menschen, die auf der Erde
sind. Und die Berge sollen niedergeris-
sen werden und die Felswände und alle
21 Mauern zu Boden fallen. [f] Und ich will
über ihn das Schwert herbeirufen auf
allen meinen Bergen, spricht Gott der
HERR, daß jeder sein Schwert gegen
22 den andern erhebt. Und ich will ihn
richten mit Pest und Blutvergießen und
will Platzregen mit Hagel, Feuer und
Schwefel über ihn und sein Heer und
über die vielen Völker kommen lassen,
die mit ihm sind. So will ich mich herr- 23
lich und heilig erweisen und mich zu
erkennen geben vor vielen Heiden, daß
sie erfahren, daß ich der HERR bin.

39

Und du, Menschenkind, [g] weissage
gegen Gog und sprich: So spricht Gott
der HERR: Siehe, ich will an dich, Gog,
der du der Fürst bist von Rosch, Me-
schech und Tubal. Siehe, ich will dich 2
herumlenken und herbeilocken aus
dem äußersten Norden und auf die
Berge Israels bringen und will dir den 3
Bogen aus deiner linken Hand schlagen
und die Pfeile aus deiner rechten Hand.
Auf den Bergen Israels sollst du fallen, 4
du mit deinem ganzen Heer und mit
den Völkern, die bei dir sind. Ich will
dich den Raubvögeln, allem was fliegt,
und den Tieren auf dem Felde zum
Fraß geben. Du sollst auf freiem Felde 5
fallen; denn ich habe es gesagt, spricht
Gott der HERR. Und ich will Feuer wer- 6
fen auf Magog und auf die Bewohner
der Inseln, die so sicher wohnen, und
sie sollen erfahren, daß ich der HERR
bin. Und ich will meinen heiligen Na- 7
men kundmachen unter meinem Volk
Israel und will meinen heiligen Namen
nicht länger schänden lassen, sondern
die Heiden sollen erfahren, daß ich der
HERR bin, der Heilige in Israel. Siehe, 8
es kommt und geschieht, spricht Gott
der HERR; das ist der Tag, von dem ich
geredet habe.
Und die Bürger in den Städten Is- 9
raels werden herausgehen und [h] Feuer
anzünden und die Waffen verbrennen,
kleine und große Schilde, Bogen und
Pfeile, Keulen und Spieße. Und sie
werden sieben Jahre lang Feuer damit
machen; sie brauchen kein Holz auf 10
dem Felde zu holen oder im Walde zu
schlagen, sondern von den Waffen wer-
den sie Feuer machen und [i] werden die
berauben, von denen sie beraubt sind,
und plündern, von denen sie geplün-
dert sind, spricht Gott der HERR.
Und zu der Zeit soll es geschehen, da 11
will ich Gog einen Ort geben zum Be-
gräbnis in Israel, nämlich das Tal der
Wanderer östlich vom Meer, und das
wird den Wanderern den Weg versper-
ren. Dort wird man Gog mit seinem
ganzen Heerhaufen begraben; und es
soll heißen »Tal der Heerhaufen des
Gog«. Und das Haus Israel wird sie sie- 12

ben Monate lang begraben, damit das
13 Land gereinigt werde. Ja, alles Volk des
Landes wird an ihnen zu begraben ha-
ben; und sie werden Ruhm davon ha-
ben an dem Tage, an dem ich meine
Herrlichkeit erweise, spricht Gott der
14 HERR. Und sie werden Leute ausson-
dern, die ständig im Lande umherge-
hen, die Leichen zu begraben, die noch
auf dem Lande liegen, damit es gerei-
nigt werde. Nach sieben Monaten sol-
15 len sie beginnen nachzuforschen. Und
wenn sie im Lande umhergehen und
Menschengebeine sehen, sollen sie ein
Zeichen aufrichten, bis die Totengrä-
ber sie auch im »Tal der Heerhaufen
16 des Gog« begraben. Auch soll eine
Stadt »Stadt der Heerhaufen« heißen.
So werden sie das Land reinigen.
17 Du Menschenkind, so spricht Gott
der HERR: Sage den Vögeln, allem was
fliegt, und allen Tieren auf dem Felde:
[j]Sammelt euch und kommt herbei, fin-
det euch zusammen von überall her zu
meinem Schlachtopfer, das ich euch
schlachte, einem großen Schlachtopfer
auf den Bergen Israels, und freßt
18 Fleisch und sauft Blut! Fleisch der
Starken sollt ihr fressen, und Blut der
Fürsten auf Erden sollt ihr saufen, der
Widder und Lämmer, der Böcke und
Stiere, all des Mastviehs aus Basan.
19 Und ihr sollt Fett fressen, bis ihr satt
werdet, und Blut saufen, bis ihr trun-
ken seid von dem Schlachtopfer, das
20 ich euch schlachte. Sättigt euch von
Rossen und Reitern, von Starken und
all den Kriegsleuten an meinem Tisch,
spricht Gott der HERR.
21 Und ich will meine Herrlichkeit un-
ter die Heiden bringen, daß alle Heiden
mein Gericht sehen sollen, das ich ge-
halten habe, und meine Hand, die ich
22 an sie gelegt habe. Und das Haus Israel
soll erfahren, daß ich, der HERR, ihr
Gott bin, von dem Tage an und ferner-
23 hin, und die Heiden sollen erkennen,
daß das Haus Israel um seiner Missetat
willen weggeführt worden ist. Weil sie
sich an mir versündigt hatten, darum
[k]habe ich mein Angesicht vor ihnen
verborgen und habe sie übergeben in
die Hände ihrer Widersacher, daß sie
allesamt durchs Schwert fallen muß-
24 ten. Ich habe ihnen getan, was sie mit
ihrer Unreinheit und ihren Übertre-
tungen verdient haben, und habe mein
Angesicht vor ihnen verborgen.
25 Darum – so spricht Gott der HERR:
Nun [l]will ich das Geschick Jakobs wen-
den und mich des ganzen Hauses Israel
erbarmen und um meinen heiligen Na-
men eifern. Sie aber sollen ihre 26
Schmach und alle ihre Sünde, mit der
sie sich an mir versündigt haben, ver-
gessen, wenn sie nun sicher in ihrem
Lande wohnen und niemand sie
schreckt und ich sie aus den Völkern 27
zurückgebracht und aus den Ländern
ihrer Feinde gesammelt und an ihnen
vor den Augen vieler Heiden gezeigt
habe, daß ich heilig bin. Dann werden 28
sie erkennen, daß ich, der HERR, ihr
Gott bin, der ich sie unter die Heiden
weggeführt habe und wieder in ihr
Land sammle und nicht *einen* von ihnen
dort zurücklasse. Und ich will mein 29
Angesicht nicht mehr vor ihnen verber-
gen; denn [m]ich habe meinen Geist über
das Haus Israel ausgegossen, spricht
Gott der HERR.

a Kap 39,6 *b* Kap 27,13; 32,26; 1.Mose 10,2
c Kap 27,14 *d* Ri 9,37 *e* (*17 und 18*) Zef 3,8
f (*21-23*) Offb 20,8.9 *g* Kap 38,2 *h* Jes 9,4
i Jer 30,16 *j* Offb 19,17.18 *k* Jes 54,8
l Kap 16,53-63 *m* Kap 36,26.27; Joel 3,1

DIE GESICHTE VON DER KÜNFTIGEN GOTTESSTADT
(KAP 40 bis 48)

Der Beginn der Gesichte

Im fünfundzwanzigsten Jahr unserer **40**
Gefangenschaft, im Anfang des Jahres,
am zehnten Tag des Monats, im vier-
zehnten Jahr, nachdem die Stadt einge-
nommen war, eben an diesem Tag
[a]kam die Hand des HERRN über mich
und führte mich dorthin, – in gött- 2
lichen Gesichten führte er mich ins
Land Israel und stellte mich auf einen
sehr hohen Berg; [b]darauf war etwas wie
der Bau einer Stadt gegen Süden. Und 3
als er mich dorthin gebracht hatte, sie-
he, da war ein Mann, der war anzu-
schauen wie Erz. Er hatte eine leinene
Schnur und eine [c]Meßrute in seiner
Hand und stand unter dem Tor. Und er 4
sprach zu mir: Du Menschenkind, sieh
her und höre fleißig zu und merke auf
alles, was ich dir zeigen will; denn dazu
bist du hierher gebracht, daß ich dir
dies zeige, damit du alles, was du hier
siehst, verkündigest dem Hause Israel.

a Kap 1,3 *b* Sach 14,10 *c* Kap 47,3; Sach 2,5;
Offb 21,15

Die Umfassungsmauer des Tempelbezirks

[a]Und siehe, es ging eine Mauer außen 5

um das Gotteshaus ringsherum. Und der Mann hatte die Meßrute in der Hand; die war sechs Ellen lang – jede Elle war eine Handbreit länger als eine gewöhnliche Elle. Und er maß das Mauerwerk: es war eine Rute dick und auch eine Rute hoch.

a (40,5-42,20) 1.Kön 6

Der äußere Vorhof und seine Torbauten

6 Und er ging zum Tor, das an der Ost-
seite lag, und ging seine Stufen hinauf
und maß die Schwelle des Tores: eine
7 Rute tief. Und jede Nische des Tores
war eine Rute lang und eine Rute breit,
und der Raum zwischen den Nischen
des Tores war fünf Ellen breit. Und
auch die Schwelle des Tores an der
Vorhalle des Tores gegen den Tempel
8 hin maß eine Rute. Und er maß die
9 Vorhalle des Tores: acht Ellen; und
ihre Pfeiler: zwei Ellen. Und die Vor-
halle des Tores lag gegen den Tempel
10 hin. Und die Nischen des Tores, das an
der Ostseite lag, waren drei auf jeder
Seite, jede so weit wie die andere, und
die Pfeiler auf beiden Seiten waren
11 gleich breit. Und er maß die Weite der
Öffnung des Tores: zehn Ellen; und
die Länge des Torweges: dreizehn El-
12 len. Und vorn an den Nischen war eine
Schranke, auf beiden Seiten je eine
Elle; aber die Nischen waren je sechs
13 Ellen auf beiden Seiten. Dazu maß er
das Tor von der Rückwand der Ni-
schen auf der einen Seite bis zur Rück-
wand der Nischen auf der andern Seite:
fünfundzwanzig Ellen; eine Öffnung
14 lag der andern gegenüber. Und er maß
die Öffnung der Vorhalle: zwanzig El-
len; und bis zum Pfeiler des Tores
15 reichte der Vorhof ringsum. Und vom
Tor, wo man von außen hineintritt, bis
zur Vorhalle am inneren Tor waren es
16 fünfzig Ellen. Und es waren Fenster
mit Stäben davor an den Nischen nach
innen am Tor auf beiden Seiten. Eben-
so waren auch Fenster an der Vorhalle
nach innen auf beiden Seiten, und an
den Pfeilern waren Palmwedel darge-
stellt.

17 Und er führte mich weiter zum äuße-
ren Vorhof, und siehe, da waren Kam-
mern und ein Pflaster rings um den
Vorhof angelegt. Dreißig Kammern la-
18 gen an dem Pflaster. Und das Pflaster
lief auch zur Seite der Tore, die ganze
Seitenwand der Tore entlang; das war
19 das untere Pflaster. Und er maß die
Breite des Vorhofs von dem unteren
Tor an bis außen vor den inneren Vor-
hof: hundert Ellen. Das war der Osten.
Und nun der Norden!

Er maß auch das Tor am äußeren 20
Vorhof, das an der Nordseite lag, nach
der Länge und Breite. Das hatte auf je- 21
der Seite drei Nischen, und seine Pfei-
ler und seine Vorhalle waren ebenso
groß wie am ersten Tor: fünfzig Ellen
lang und fünfundzwanzig Ellen breit.
Und seine Fenster und seine Vorhalle 22
und seine Palmwedel waren gleich wie
am Tor an der Ostseite; und es hatte
sieben Stufen, die man hinaufging, und
hatte seine Vorhalle auf der Innenseite.
Und ein Tor zum inneren Vorhof lag 23
gegenüber diesem Tor, das an der
Nordseite lag, wie bei dem Tor an der
Ostseite; und er maß hundert Ellen von
einem Tor zum andern.

Danach führte er mich nach Süden, 24
und siehe, da war auch ein Tor an der
Südseite, und er maß seine Pfeiler und
seine Vorhalle; sie waren gleich den an-
dern. Und es waren Fenster an ihm und 25
an seiner Vorhalle ringsherum gleich
jenen Fenstern, und es war fünfzig El-
len lang und fünfundzwanzig Ellen
breit. Und sieben Stufen führten hin- 26
auf, und es hatte eine Vorhalle auf der
Innenseite, und Palmwedel waren an
ihren Pfeilern dargestellt auf jeder Sei-
te. Und es gab auch ein Tor zum inne- 27
ren Vorhof an der Südseite; und er maß
hundert Ellen von dem einen Südtor
zum andern.

Der innere Vorhof und seine Torbauten

Und er führte mich weiter durchs Süd- 28
tor in den inneren Vorhof und maß
dieses Tor: es war gleich groß wie die
andern mit seinen Nischen, seinen 29
Pfeilern und seiner Vorhalle in gleicher
Größe und mit Fenstern an ihm und an
der Vorhalle ringsherum: es war fünf-
zig Ellen lang und fünfundzwanzig
Ellen breit. Und es gab eine Vorhal- 30
le ringsherum: fünfundzwanzig Ellen
lang und fünf Ellen breit. Und die Vor- 31
halle lag gegen den äußeren Vorhof hin,
und Palmwedel waren an ihren Pfeilern
dargestellt; es waren aber acht Stufen
hinaufzugehen.

Danach führte er mich in den inne- 32
ren Vorhof auf die Ostseite und maß
das Tor: es war gleich groß wie die an-
dern mit seinen Nischen, seinen Pfei- 33
lern und seiner Vorhalle in gleicher

Größe und mit Fenstern an ihm und an
der Vorhalle ringsherum: es war fünf-
zig Ellen lang und fünfundzwanzig El-
34 len breit. Und seine Vorhalle lag gegen
den äußeren Vorhof hin, und Palmwe-
del waren an ihren Pfeilern dargestellt
auf beiden Seiten, und acht Stufen wa-
ren hinaufzugehen.
35 Danach führte er mich zum Nordtor
und maß es: es war gleich groß wie die
36 andern mit seinen Nischen, seinen
Pfeilern und seiner Vorhalle und den
Fenstern an ihm ringsherum: es war
fünfzig Ellen lang und fünfundzwanzig
37 Ellen breit. Und seine Vorhalle lag ge-
gen den äußeren Vorhof hin, und Palm-
wedel waren an ihren Pfeilern darge-
stellt auf beiden Seiten, und acht Stu-
fen waren hinaufzugehen.

Die Tische für die Opfer und die Kammern für die Priester

38 Und am Tor – gegen Osten – war eine
Kammer, und ihr Eingang war bei der
Vorhalle des Tores; dort wäscht man
39 die Brandopfer. Und in der Vorhalle
des Tores standen auf beiden Seiten
zwei Tische, auf denen man die Brand-
opfer, Sündopfer und Schuldopfer
40 schlachtet. Und außen, an der Seite, für
den, der zum Tor hinaufgeht, nach
Norden hin, standen zwei Tische und
an der andern Seite der Vorhalle des
41 Tores auch zwei Tische. So standen auf
jeder Seite des Tores vier Tische; das
sind zusammen acht Tische, auf denen
42 man schlachtet. Und vier Tische zum
Brandopfer waren aus gehauenen Stei-
nen, je anderthalb Ellen lang und breit
und eine Elle hoch; darauf legt man die
Geräte, mit denen man Brandopfer und
43 Schlachtopfer schlachtet. Und Gabel-
haken, eine Hand breit, waren am Ge-
bäude fest angebracht an beiden Seiten,
und über den Tischen waren Dächer,
um das Opferfleisch gegen Regen und
Hitze zu schützen.
44 Und außen vor dem inneren Tor wa-
ren zwei Kammern im inneren Vorhof:
die eine an der Seite neben dem Nord-
tor, die schaute nach Süden; die andere
an der Seite neben dem Südtor, die
45 schaute nach Norden. Und er sprach zu
mir: Die Kammer, die nach Süden
schaut, gehört den Priestern, die im
46 Hause Dienst tun; aber die Kammer,
die nach Norden schaut, gehört den
Priestern, die am Altar dienen. Dies
sind die [a]Söhne Zadok, die als einzige
unter den Söhnen Levi vor den HERRN
treten dürfen, um ihm zu dienen.
Und er maß den Vorhof: hundert El- 47
len lang und hundert Ellen breit im Ge-
viert; und [b]der Altar stand vor dem
Tempel.

a Kap 43,19; 44,15; 48,11; 1.Kön 1,8.39;
1.Chr 5,34-41 *b* Kap 43,13

Der Tempel und seine Nebengebäude

Und er führte mich hinein zur Vorhalle 48
des Tempels und maß die Pfeiler der
Vorhalle: fünf Ellen auf jeder Seite;
und das Tor: vierzehn Ellen; und die
Wände zu beiden Seiten an der Tür:
drei Ellen auf jeder Seite. Aber die Vor- 49
halle war zwanzig Ellen breit und zwölf
Ellen tief und hatte zehn Stufen, die
man hinaufging, und [a]Säulen standen
an den Pfeilern, auf jeder Seite eine.
Und er führte mich hinein in die **41**
Tempelhalle und maß die Pfeiler; die
waren auf jeder Seite sechs Ellen breit,
so weit das Heiligtum war. Und die Tür 2
war zehn Ellen weit, aber die Wände zu
beiden Seiten an der Tür waren je fünf
Ellen breit. Und er maß den Raum der
Tempelhalle: vierzig Ellen tief und
zwanzig Ellen breit. Dann ging er in 3
den innersten Raum und maß die Pfei-
ler der Tür: zwei Ellen; und die Tür:
sechs Ellen; und die Breite zu beiden
Seiten an der Tür: je sieben Ellen. Und 4
er maß: zwanzig Ellen tief und, wie die
Tempelhalle, zwanzig Ellen breit. Und
er sprach zu mir: Dies ist das Allerhei-
ligste.
Und er maß die Wand des Tempel- 5
hauses: sechs Ellen dick. Und die Tiefe
des Anbaus betrug vier Ellen, rings um
das Haus herum. Und Seitenräume gab 6
es, Stockwerk auf Stockwerk, dreimal
dreißig, und sie schlossen sich an die
Wand des Hauses so an, daß die Seiten-
räume ringsherum liefen und in sich
Halt hatten; aber sie hatten keinen Halt
in der Wand des Hauses. Und der Um- 7
gang wurde breiter von Stockwerk zu
Stockwerk für die Seitenräume, denn
der Umgang des Hauses lief in jedem
Stockwerk rings um das Haus herum;
deshalb nahm die Breite am Haus nach
oben hin zu, und man stieg von dem
unteren Stockwerk auf zum mittleren
und oberen. Und ich sah am Hause ein 8
erhöhtes Pflaster ringsherum, den
Unterbau für die Seitenräume, eine
volle Rute, sechs Ellen hoch. [b]Und die 9
Dicke der Wand außen am Anbau be-

trug fünf Ellen, und der Raum, der frei
blieb, zwischen den Seitenräumen am
10 Hause und den Kammern betrug
zwanzig Ellen rings um das Haus her-
11 um. Und es gingen zwei Türen vom
Anbau auf den frei gelassenen Raum
hin, eine nach Norden, die andere nach
Süden, und die Breite der frei gelasse-
nen Fläche auf dem Unterbau betrug
fünf Ellen auf jeder Seite.

12 Und das Gebäude am Hofraum nach
Westen hin war siebzig Ellen tief, und
die Mauer des Gebäudes war auf allen
Seiten fünf Ellen dick, und es war
13 neunzig Ellen breit. Und er maß die
Länge des Tempels: hundert Ellen;
und der Hofraum mit jenem Gebäude
und seinen Mauern war auch hundert
14 Ellen lang. Und die Breite der Vorder-
seite des Tempels und der Hofraum an
seiner Ostseite ergaben zusammen
15 auch hundert Ellen. Und er maß die
Länge des Gebäudes, das am Ende des
Hofraums liegt, und seine Mauern auf
beiden Seiten: hundert Ellen. Und die
Tempelhalle und das Innerste und die
16 Vorhalle draußen waren getäfelt, und
alle drei hatten sie Fenster mit Stäben
und einen Absatz am Dach ringsher-
um; und es war Tafelwerk an allen Sei-
ten ringsherum. Und das Licht kam
durch die Fenster; aber die Fenster wa-
17 ren verhängt. Bis oberhalb der Tür und
bis zum Allerheiligsten, draußen und
auf der ganzen Wand ringsherum, im
Inneren und draußen waren Schnitze-
18 reien; da waren Cherubim und Palm-
wedel dargestellt, je eine Palme zwi-
schen zwei Cherubim, und jeder Che-
19 rub hatte zwei Angesichter. Zur einen
Palme wendete er ein Menschenge-
sicht, zur andern Palme ein Löwenge-
sicht; die Darstellungen liefen rings um
20 das ganze Haus. Vom Boden an bis
oberhalb der Tür waren Cherubim und
Palmwedel an der Wand geschnitzt.

21 [c] Und die Türpfosten im Tempel wa-
ren viereckig. Und vor dem Allerheilig-
22 sten stand etwas, das aussah wie ein Al-
tar aus Holz; der war drei Ellen hoch
und zwei Ellen lang und breit und hatte
Ecken, und sein Fuß und seine Wände
waren aus Holz. Und er sprach zu mir:
Das ist der Tisch, der vor dem HERRN
steht.

23 Und die Tempelhalle und das Aller-
24 heiligste hatten je zwei Türflügel; zwei
Türflügel hatten die Türen, beide Tür-
flügel konnten sich drehen, jede Tür
25 hatte zwei Türflügel. Und auch an den
Türflügeln der Tempelhalle waren
Cherubim und Palmwedel dargestellt
wie an den Wänden. Und ein Gitter aus
Holz war außen vor der Vorhalle. Und 26
Fenster mit Stäben und Palmwedel wa-
ren auf beiden Seiten an den Wänden
der Vorhalle.

[d] Und er führte mich hinaus zum äu- 42
ßeren Vorhof nach Norden und brachte
mich zu den Kammern, die gegenüber
dem Hofraum und gegenüber jenem
Gebäude an der Nordseite lagen, die 2
Länge hundert Ellen, an der Nordseite,
und die Breite fünfzig Ellen. Zwischen 3
den zwanzig Ellen des inneren Vorhofs
und dem Pflaster im äußeren Vorhof
war Absatz an Absatz, dreimal. Und ins 4
Innere führte vor den Kammern ein
Gang, zehn Ellen breit und hundert El-
len lang, und ihre Türen lagen nach
Norden. Und die oberen Kammern des 5
Baues waren kürzer als seine unteren
und mittleren Kammern; denn die Ab-
sätze nahmen Raum von ihnen weg.
Denn sie waren drei Stockwerke hoch 6
und hatten keine Säulen, wie die Vor-
höfe Säulen hatten. Darum waren die
oberen Kammern gegenüber den unte-
ren und mittleren verkürzt vom Boden
an. Und außen vor den Kammern nach 7
dem äußeren Vorhof hin lief eine
Mauer an den Kammern entlang, fünf-
zig Ellen lang. Denn die Länge der 8
Kammern nach dem äußeren Vorhof
zu betrug fünfzig Ellen, aber am Tem-
pel entlang waren es hundert Ellen.
Und unten an diesen Kammern war der 9
Zugang von Osten her, wenn man vom
äußeren Vorhof her zu ihnen hinein-
ging, am Anfang der äußeren Mauer. 10

In der Richtung nach Süden lagen
auch Kammern dem Hofraum und je-
nem Gebäude gegenüber. Und ein 11
Gang lief vor ihnen hin ganz wie vor je-
nen Kammern an der Nordseite; ihre
Länge und ihre Breite, ihre Ausgänge
und ihre Einrichtungen und ihre Türen
waren gleich. Und wie die Türen der 12
Kammern nach Süden lagen, so war
auch eine Tür am Anfang des Ganges,
nämlich des Ganges am Bau entlang,
wenn man von Osten her kommt.

Und er sprach zu mir: Die Kammern 13
im Norden und die Kammern im Sü-
den gegenüber dem Hofraum, das sind
die heiligen Kammern, in denen die
Priester, die zum HERRN nahen, die
hochheiligen Opfer essen. Dort legen
sie die hochheiligen Opfer nieder, die
Speisopfer, die Sündopfer und die

Schuldopfer; denn die Stätte ist heilig.
14 Und [e] wenn die Priester in das Heilig-
tum hineingehen, dürfen sie von dort
nicht wieder in den äußeren Vorhof ge-
hen, sondern sollen zuvor in den Kam-
mern ihre Kleider ablegen, in denen sie
Dienst getan haben, denn die sind hei-
lig; und sie sollen ihre andern Kleider
anlegen und dann hinausgehen unter
das Volk.

a 1.Kön 7,21 *b (9 und 10)* Kap 42,1-3
c (21 und 22) 2.Mose 25,23-30; 40,22.23 *d (1-3)*
Kap 40,17; 41,9.10.13 *e* Kap 44,19

Der Umfang des Tempelbezirks

15 Und als er den Tempel im Inneren
ganz ausgemessen hatte, führte er mich
hinaus zum Osttor und maß den ganzen
16 Umfang des Tempels. Er maß die Ost-
seite mit der Meßrute: fünfhundert
17 Ruten; und die Nordseite maß er auch:
18 fünfhundert Ruten; desgleichen die
Südseite auch: fünfhundert Ruten.
19 Und er wandte sich zur Westseite und
20 maß auch fünfhundert Ruten. Nach al-
len vier Windrichtungen maß er. Und
es war eine Mauer ringsherum, fünf-
hundert Ruten im Geviert, damit das
Heilige von dem Unheiligen geschie-
den sei.

Der Einzug der Herrlichkeit des HERRN in den Tempel

43 Und er führte mich wieder zum Tor im
2 Osten. Und siehe, die [a] Herrlichkeit des
Gottes Israels kam von Osten und
brauste, wie ein großes Wasser braust,
und es ward sehr licht auf der Erde von
3 seiner Herrlichkeit. Und es war ganz so
[b] wie das Gesicht, das ich geschaut hat-
te, als der Herr kam, um die Stadt zu
zerstören, und [c] wie das Gesicht, das ich
gesehen hatte am Fluß Kebar. Da fiel
4 ich nieder auf mein Angesicht. Und die
Herrlichkeit des HERRN kam hinein ins
Tempelhaus durch [d] das Tor, das nach
5 Osten liegt. Da hob mich der Geist auf
und brachte mich in den inneren Vor-
hof; und siehe, [e] die Herrlichkeit des
6 HERRN erfüllte das Haus. Und ich hörte
einen mit mir reden vom Hause heraus,
während der Mann neben mir stand.
7 Und er sprach zu mir: Du Menschen-
kind, das ist der Ort meines Thrones
und [f] die Stätte meiner Fußsohlen; hier
will ich für immer wohnen unter den
Israeliten. Und das Haus Israel soll
nicht mehr meinen heiligen Namen
entweihen, weder sie noch ihre Könige,
durch ihren Götzendienst und durch
die Leichen ihrer Könige, wenn sie
sterben; denn sie haben ihre Schwelle 8
an meine Schwelle und ihre Pfosten ne-
ben meine Pfosten gesetzt, so daß nur
eine Wand zwischen mir und ihnen
war, und haben so meinen heiligen Na-
men entweiht [g] durch die Greuel, die
sie taten; darum habe ich sie auch in
meinem Zorn vertilgt. Nun aber sollen 9
sie ihren Götzendienst und die Leichen
ihrer Könige weit von mir wegtun, und
ich will für immer unter ihnen wohnen.
Und du, Menschenkind, beschreibe 10
dem Haus Israel den Tempel, sein Aus-
sehen und seinen Plan, damit [h] sie sich
schämen ihrer Missetaten. Und wenn 11
sie sich all dessen schämen, was sie ge-
tan haben, so zeige ihnen Plan und Ge-
stalt des Tempels und seine Ausgänge
und Eingänge und seinen ganzen Plan
und alle seine Ordnungen und alle seine
Gesetze. Schreibe sie vor ihren Augen
auf, damit sie auf seinen ganzen Plan
und alle seine Ordnungen achthaben
und danach tun. Das soll aber das Ge- 12
setz des Tempels sein: auf der Höhe
des Berges soll sein ganzes Gebiet
ringsum hochheilig sein. Siehe, das ist
das Gesetz des Tempels.

a Kap 1,28 *b* Kap 8-11 *c* Kap 1 *d* Kap 10,19
e Kap 1,28; 2.Mose 40,34; 1.Kön 8,10.11
f Ps 132,7.8 *g* Kap 8,7-18 *h* Kap 36,32

Der Altar und seine Weihe

[a] Das sind aber die Maße des Altars, ge- 13
messen nach Ellen, die eine Handbreit
länger sind als die gewöhnliche Elle:
sein Sockel ist eine Elle hoch und eine
Elle breit, und die Leiste an seinem
Rand ist eine Spanne hoch ringsherum.
Und das ist die Höhe des Altars: von 14
dem Sockel auf der Erde bis an den
unteren Absatz sind es zwei Ellen in der
Höhe und eine Elle in der Breite, und
von dem niedrigeren Absatz bis zu dem
höheren Absatz sind es vier Ellen in der
Höhe und eine Elle in der Breite; und 15
der Opferherd ist vier Ellen hoch, und
auf dem Opferherd stehen nach oben
vier Hörner. Und der Opferherd ist 16
zwölf Ellen lang und zwölf Ellen breit
im Geviert. Und der obere Absatz ist 17
vierzehn Ellen lang und vierzehn Ellen
breit im Geviert, und eine Leiste geht
ringsherum, eine halbe Elle hoch; und
sein Sockel ist eine Elle hoch, und seine
Stufen liegen nach Osten hin.
Und er sprach zu mir: Du Men- 18
schenkind, so spricht Gott der HERR:
Dies sollen die Ordnungen für den Al-

tar sein an dem Tage, an dem er gebaut
ist, um Brandopfer auf ihm zu opfern
19 und Blut an ihn zu sprengen. [b] Da sollst
du den levitischen Priestern aus dem
Geschlecht Zadoks, die vor mich tre-
ten, um mir zu dienen, spricht Gott der
HERR, einen jungen Stier zum Sünd-
20 opfer geben. Und von seinem Blut
sollst du nehmen und damit die vier
Hörner besprengen und die vier Ecken
des Absatzes und die Leiste, die rings-
herum geht; damit sollst du ihn entsün-
21 digen und Sühne für ihn schaffen. Und
du sollst den Stier des Sündopfers neh-
men und ihn verbrennen auf dem Platz
am Tempel, wo man die Opfertiere
mustert, außerhalb des Heiligtums.
22 Aber am nächsten Tag sollst du einen
Ziegenbock opfern, der ohne Fehler ist,
als Sündopfer und den Altar damit ent-
sündigen, wie er mit dem Stier entsün-
23 digt ist. Nachdem du den Altar entsün-
digt hast, sollst du einen jungen Stier
opfern, der ohne Fehler ist, und einen
24 Widder von der Herde ohne Fehler und
sollst sie beide vor dem HERRN opfern,
und die Priester sollen Salz auf sie
streuen und sollen sie so dem HERRN
25 opfern als Brandopfer. So sollst du sie-
ben Tage lang täglich einen Bock als
Sündopfer opfern, und sie sollen einen
jungen Stier und einen Widder von der
Herde, die beide ohne Fehler sind,
26 opfern. So sollen sie sieben Tage lang
für den Altar Sühne schaffen und ihn
27 reinigen und ihre Hände füllen. Und
nach diesen Tagen sollen die Priester am
achten Tag und danach immer wieder
auf dem Altar opfern eure Brandopfer
und eure Dankopfer, so will ich euch
gnädig sein, spricht Gott der HERR.

a (13-17) Kap 40,47; 2.Mose 27,1-8 *b (19-21)* Kap 40,46; 3.Mose 4,1-12

Das verschlossene Osttor

44 [a] Und er führte mich wieder zu dem äu-
ßeren Tor des Heiligtums im Osten; es
2 war aber zugeschlossen. Und der HERR
sprach zu mir: Dies Tor soll zuge-
schlossen bleiben und nicht aufgetan
werden, und niemand soll dort hinein-
gehen. Denn der HERR, der Gott Is-
raels, ist dort eingezogen; darum soll es
3 zugeschlossen bleiben. Nur der Fürst
darf sich, weil er der Fürst ist, dort nie-
derlassen und das Opfermahl essen vor
dem HERRN. [b] Durch die Vorhalle des
Tores soll er hineingehen und durch sie
wieder herausgehen.

a (1 und 2) Kap 43,4 *b* Kap 46,2

Weisungen für den Dienst im Tempel

Danach führte er mich zum Tor im 4
Norden vor das Haus des HERRN. Und
ich sah, und siehe, das Haus war erfüllt
von der Herrlichkeit des HERRN, und
ich fiel auf mein Angesicht. Und der 5
HERR sprach zu mir: Du Menschen-
kind, gib acht und sieh mit deinen Au-
gen und höre mit deinen Ohren alles,
was ich dir sagen will von allen Ord-
nungen und Gesetzen im Haus des
HERRN, und gib acht, wie man es halten
soll mit dem Zutritt zum Heiligtum an
allen Eingängen. Und sage dem Haus 6
des Widerspruchs, dem Hause Israel:
So spricht Gott der HERR: Laßt's ge-
nug sein, ihr vom Hause Israel, mit al-
len euren Greueltaten! Denn ihr habt 7
fremde Leute mit unbeschnittenem
Herzen und [a] unbeschnittenem Fleisch
in mein Heiligtum hineingelassen und
so mein Haus entheiligt, als ihr mir
Brot, Fett und Blut opfertet; so habt ihr
meinen Bund gebrochen mit allen euren
Greueltaten; ihr habt nicht selbst den 8
Dienst in meinem Heiligtum getan, son-
dern habt sie bestellt, um für euch den
Dienst in meinem Heiligtum zu tun.

Darum spricht Gott der HERR: Es 9
soll kein Fremder mit unbeschnittenem
Herzen und unbeschnittenem Fleisch
in mein Heiligtum kommen von allen
Fremdlingen, die unter den Israeliten
leben, sondern die Leviten, die von mir 10
abgewichen sind, als Israel von mir ab-
fiel und irreging, ihren Götzen nach,
die sollen ihre Sünde tragen und sollen 11
in meinem Heiligtum Dienst tun als
Hüter an den Türen des Hauses und als
Diener des Hauses. Sie sollen das
Brandopfer und das Schlachtopfer für
das Volk schlachten und sollen vor
ihnen stehen und ihnen dienen. Weil 12
sie ihnen gedient haben vor ihren Göt-
zen und dem Hause Israel einen Anlaß
zur Sünde gegeben haben, darum habe
ich meine Hand gegen sie erhoben,
spricht Gott der HERR, daß sie ihre
Sünde tragen müssen. Und sie sollen 13
nicht zu mir nahen, um mir Priester-
dienst zu tun, und sollen zu dem, was
mir heilig ist, und an die hochheiligen
Opfer nicht kommen, sondern sollen
ihre Schande tragen für ihre Greuel,
die sie getan haben. Darum habe ich sie 14
bestellt, den Dienst an meinem Hause
zu tun bei aller Arbeit und bei allem,
was dort zu tun ist.

15 Aber die levitischen Priester, die
[b]Söhne Zadok, die den Dienst an mei-
nem Heiligtum getan haben, als die Is-
raeliten von mir abfielen, die sollen vor
mich treten, um mir zu dienen, und vor
mir stehen, um mir Fett und Blut zu
16 opfern, spricht Gott der HERR. Sie
sollen hineingehen in mein Heiligtum
und vor meinen Tisch treten, um mir
zu dienen, und sollen meinen Dienst
tun.
17 Und wenn sie durch die Tore des in-
neren Vorhofs gehen wollen, sollen sie
[c]leinene Kleider anziehen und nichts
Wollenes anhaben, solange sie in den
Toren des inneren Vorhofs und im
18 Hause Dienst tun. Und sie sollen einen
leinenen Kopfbund auf ihrem Haupt
haben und leinene Beinkleider um ihre
Lenden und sollen sich nicht mit Zeug
19 gürten, das Schweiß wirkt. Und [d]wenn
sie in den äußeren Vorhof zum Volk
herausgehen, sollen sie die Kleider, in
denen sie Dienst getan haben, auszie-
hen und in die Kammern des Heilig-
tums legen und andere Kleider anzie-
hen, damit sie das Volk nicht durch ihre
Kleider mit dem Heiligen in Berüh-
rung bringen.

a Jes 52,1; Jer 9,25 *b* Kap 40,46 *c* 3.Mose 16,4
d Kap 42,14

Ordnungen für die Priester

20 [a]Ihr Haupt sollen sie nicht kahl scheren
und auch nicht die Haare frei wachsen
lassen, sondern sie sollen die Haare
ringsherum abschneiden.
21 Und [b]die Priester sollen keinen Wein
trinken, wenn sie in den inneren Vorhof
gehen sollen.
22 Und [c]sie sollen keine Witwe oder
Verstoßene zur Frau nehmen, sondern
eine Jungfrau vom Hause Israel oder
die Witwe eines Priesters.
23 Und [d]sie sollen mein Volk lehren,
daß es zu unterscheiden wisse zwischen
Heiligem und Unheiligem und zwi-
schen Reinem und Unreinem.
24 Und wenn eine Streitsache vor sie
kommt, [e]sollen sie Richter sein und
nach meinem Recht das Urteil spre-
chen und sollen bei allen meinen Festen
meine Gebote und Ordnungen halten
und meine Sabbate heiligen.
25 Und [f]sie sollen zu keinem Toten ge-
hen und sich unrein machen, [g]nur zu
Vater und Mutter, Sohn oder Tochter,
Bruder oder einer Schwester, die noch
keinen Mann gehabt hat; an ihnen dür-
26 fen sie sich unrein machen. Und nach
seiner Reinigung soll man ihm zuzäh-
len sieben Tage. Und wenn er wieder 27
hinein zum Heiligtum geht in den inne-
ren Vorhof, um im Heiligtum Dienst zu
tun, soll er sein Sündopfer opfern,
spricht Gott der HERR.
Und [h]Erbbesitz sollen sie nicht ha- 28
ben; denn ich bin ihr Erbbesitz. Auch
sollt ihr ihnen kein Eigentum an Land
geben in Israel; denn ich bin ihr Ei-
gentum. Sie sollen ihre Nahrung haben 29
vom Speisopfer, Sündopfer und
Schuldopfer, und [i]alles dem Bann Ver-
fallene in Israel soll ihnen gehören.
Und das Beste von allen ersten Früch- 30
ten und die [j]Abgaben von allem, wovon
ihr Abgaben leistet, sollen den Prie-
stern gehören. Ihr sollt den Priestern
auch [k]die Erstlinge eures Teiges geben,
damit Segen auf deinem Hause ruhe.
Was aber verendet oder zerrissen ist, es 31
seien Vögel oder andere Tiere, das sol-
len die Priester nicht essen.[l]

a 3.Mose 19,27 *b* 3.Mose 10,9
c 3.Mose 21,13.14 *d* Kap 22,26; 3.Mose 10,10
e 5.Mose 17,8.9 *f* 4.Mose 19,11 *g* 3.Mose 21,1-4
h 4.Mose 18,20 *i* 4.Mose 18,14 *j* 2.Mose 25,2
k 4.Mose 15,20; Neh 10,38 *l* 3.Mose 22,8

Die Landabgabe für den heiligen Bezirk; die Landanteile der Stadt und des Fürsten

Wenn ihr nun das Land durchs Los 45
austeilt, sollt ihr eine Abgabe vom
Land absondern, die dem HERRN heilig
sein soll, fünfundzwanzigtausend Ellen
lang und zwanzigtausend breit; dieser
Raum soll heilig sein, so weit er reicht.
Von ihm sollen auf das Heiligtum kom- 2
men je fünfhundert Ellen im Geviert
und dazu ein freier Raum ringsherum
von fünfzig Ellen. Und auf diesem ab- 3
gemessenen Raum sollst du abmessen
eine Länge von fünfundzwanzigtau-
send Ellen und eine Breite von zehn-
tausend; und darin soll das Heiligtum
stehen, das Allerheiligste. Das soll ein 4
heiliges Gebiet im Lande sein und den
Priestern gehören, die im Heiligtum
dienen und vor den HERRN treten, um
ihm zu dienen, damit sie Raum für ihre
Häuser haben, und es soll heilig sein.
Aber die Leviten, die am Tempel 5
Dienst tun, sollen auch einen Raum
fünfundzwanzigtausend Ellen lang und
zehntausend breit als ihr Eigentum be-
kommen, damit sie da wohnen. Und 6
[a]der Stadt sollt ihr als Eigentum zuwei-
sen einen Raum von fünftausend Ellen
Breite und fünfundzwanzigtausend El-
len Länge, entlang der Abgabe für das

Heiligtum. Das soll dem ganzen Hause
7 Israel gehören. [b]Dem Fürsten aber
sollt ihr auch einen Raum geben zu beiden
Seiten der Abgabe für das Heiligtum
und des Eigentums der Stadt, neben
der Abgabe für das Heiligtum und
dem Eigentum der Stadt, im Westen
westwärts und im Osten ostwärts, und
es soll die Länge einem der Stammesgebiete
entsprechen von der Grenze im
8 Westen bis zur Grenze im Osten des
Landes. Das soll sein Eigentum sein in
Israel, damit [c]meine Fürsten nicht
mehr meinem Volk das Seine nehmen,
sondern das Land dem Hause Israel für
seine Stämme lassen.

a Kap 48,15-20 *b* Kap 48,21.22 *c* Kap 46,18

Mahnung an die Fürsten

9 So spricht Gott der HERR: [a]Ihr habt's
lange genug schlimm getrieben, ihr
Fürsten Israels; laßt ab von Frevel und
Gewalttat und tut, was recht und gut
ist, und hört auf, Leute in meinem Volk
von Haus und Hof zu vertreiben,
spricht Gott der HERR.
10 Ihr sollt [b]rechtes Gewicht und rechten
Scheffel und rechtes Maß haben.
11 Ein Scheffel und ein Eimer sollen
gleich sein, so daß ein Eimer den zehnten
Teil von einem Faß hat und ein
Scheffel auch den zehnten Teil von
einem Faß; nach dem Faß soll man sie
12 beide messen. Und ein Lot soll zwanzig
Gramm haben und ein Pfund fünfzig
Lot.

a 1.Kön 12,4.11; 21; Jer 21,11.12; Mi 3,1-3
b 3.Mose 19,36; 5.Mose 25,15

Die Aufgaben des Fürsten im Opferdienst

13 Das soll nun die Abgabe sein, die ihr
leisten sollt, nämlich den sechsten Teil
eines Scheffels von einem Faß Weizen
und den sechsten Teil eines Scheffels
14 von einem Faß Gerste. Und vom Öl
sollt ihr geben je den zehnten Teil eines
Eimers von einem Faß, das zehn Eimer
oder zehn Scheffel faßt; denn zehn Eimer
15 sind zehn Scheffel; und je ein
Lamm von zweihundert Schafen von
den Herden Israels zum Speisopfer
und Brandopfer und Dankopfer, um
für sie Sühne zu schaffen, spricht Gott
16 der HERR. Alles Volk des Landes soll
diese Abgaben zum Fürsten in Israel
17 bringen. Und [a]der Fürst soll die
Brandopfer, Speisopfer und Trankopfer
ausrichten an den Festen, Neumonden
und Sabbaten und an allen
Feiertagen des Hauses Israel. Er soll
die Sündopfer und Speisopfer, Brandopfer
und Dankopfer darbringen, um
Sühne zu schaffen für das Haus Israel.
So spricht Gott der HERR: Am ersten 18
Tag des ersten Monats sollst du nehmen
einen jungen Stier, der ohne Fehler
ist, und das Heiligtum entsündigen.
Und der Priester soll von dem Blut des 19
Sündopfers nehmen und die Pfosten
am Tempel damit besprengen und die
vier Ecken des Absatzes am Altar samt
den Pfosten am Tor des inneren Vorhofs.
So sollst du auch tun am ersten 20
Tag des siebenten Monats wegen derer,
[b]die sich verfehlt haben aus Versehen
oder Unwissenheit; damit entsühnt ihr
den Tempel.
Am vierzehnten Tag des ersten Mo- 21
nats sollt ihr [c]das Passa halten und sieben
Tage feiern und ungesäuertes Brot
essen. An diesem Tag soll der Fürst für 22
sich und für alles Volk des Landes
einen Stier zum Sündopfer opfern.
Und an den sieben Tagen des Festes 23
soll er dem HERRN täglich ein [d]Brandopfer
darbringen, je sieben Stiere und
sieben Widder, die ohne Fehler sind,
und je einen Ziegenbock zum Sündopfer.
Zum [e]Speisopfer aber soll er je 24
einen Scheffel zu einem Stier und einen
Scheffel zu einem Widder opfern und
je eine Kanne Öl zu einem Scheffel.
Vom [f]fünfzehnten Tag des siebenten 25
Monats an soll er sieben Tage nacheinander
feiern wie jene sieben Tage
und es ebenso halten mit Sündopfer,
Brandopfer, Speisopfer samt dem Öl.
So spricht Gott der HERR: Das Tor **46**
am inneren Vorhof im Osten soll an den
sechs Werktagen zugeschlossen sein,
aber am Sabbattag und am Neumond
soll man's auftun. Und [g]der Fürst soll 2
von draußen unter die Vorhalle des Tores
treten und bei den Pfosten am Tor
stehenbleiben. Und die Priester sollen
sein Brandopfer und Dankopfer opfern,
er aber soll auf der Schwelle des
Tores anbeten und danach wieder hinausgehen;
das Tor aber soll offen bleiben
bis zum Abend. Ebenso soll das 3
Volk des Landes an der Tür dieses Tores
anbeten vor dem HERRN an den
Sabbaten und Neumonden. Das 4
[h]Brandopfer aber, das der Fürst dem
HERRN opfern soll am Sabbattag, sollen
sechs Lämmer sein, die ohne Fehler
sind, und ein Widder ohne Fehler und 5
als [i]Speisopfer einen Scheffel zu jedem
Widder, als Speisopfer zu den Läm-

mern aber, soviel seine Hand gibt, und
6 je eine Kanne Öl zu einem Scheffel. Am
Neumond aber soll er einen jungen
Stier opfern, der ohne Fehler ist, und
sechs Lämmer und einen Widder, auch
7 ohne Fehler, und als Speisopfer je
einen Scheffel zum Stier und je einen
Scheffel zum Widder, aber zu den
Lämmern so viel, wie er geben mag,
und je eine Kanne Öl zu einem Schef-
8 fel. Und wenn der Fürst hineingeht,
soll er durch die Vorhalle des Tores
hineingehen und auf demselben Weg
9 wieder hinausgehen. Aber wenn das
Volk des Landes vor den HERRN kommt
an den Feiertagen, dann sollen die, die
zum Tor im Norden hineingehen, um
anzubeten, durch das Tor im Süden
wieder hinausgehen, und die, die zum
Tor im Süden hineingehen, sollen
durch das Tor im Norden wieder hin-
ausgehen und sollen nicht wieder durch
das Tor hinausgehen, durch das sie
hineingegangen sind, sondern sollen
durch das Tor gegenüber hinausgehen.
10 Der Fürst aber soll mit ihnen sein,
wenn sie hinein- und wenn sie hinaus-
gehen.

11 Und an den Festen und Feiertagen
soll man als Speisopfer zu je einem
Stier einen Scheffel und zu je einem
Widder einen Scheffel opfern und zu
den Lämmern, soviel seine Hand gibt,
und je eine Kanne Öl zu einem Schef-
fel.

12 Wenn aber der Fürst ein Brandopfer
oder Dankopfer als freiwillige Gabe
dem HERRN darbringen will, so soll
man ihm das Tor im Osten auftun, da-
mit er sein Brandopfer und Dankopfer
opfern kann, wie er es sonst am Sabbat
zu opfern pflegt. Und wenn er wieder
hinausgeht, soll man das Tor hinter
ihm zuschließen.

13 Und er soll dem HERRN [j]täglich ein
Brandopfer darbringen, nämlich ein
einjähriges Schaf ohne Fehler; das soll
14 er alle Morgen opfern. Und er soll alle
Morgen den sechsten Teil eines Schef-
fels als Speisopfer dazu darbringen und
den dritten Teil einer Kanne Öl, um
das Feinmehl zu besprengen, als ein
Speisopfer für den HERRN. Das soll eine
ewige Ordnung sein über das tägliche
15 Opfer. Und so sollen sie das Schaf mit
dem Speisopfer und dem Öl alle Mor-
gen opfern als tägliches Brandopfer.

a 2.Sam 6,17.18 *b* 3.Mose 4,22; 5,17.18
c 3.Mose 23,5 *d* 4.Mose 28,17-25 *e* Kap 46,5;
4.Mose 15,4-12 *f* 3.Mose 23,34 *g* Kap 44,3
h 4.Mose 28,9.10 *i* Kap 45,24 *j* 2.Mose 29,38-42;
4.Mose 28,3

Bestimmungen über das Erbland des Fürsten

So spricht Gott der HERR: Wenn der 16
Fürst einem seiner Söhne ein Geschenk
gibt von seinem Erbe, soll es seinen
Söhnen verbleiben, und sie sollen es als
ihr Erbe besitzen. Wenn er aber einem 17
seiner Großen von seinem Erbteil et-
was schenkt, so sollen sie es besitzen bis
zum [a]Jahr der Freilassung, und dann
soll es an den Fürsten wieder zurückfal-
len; nur der Anteil seiner Söhne soll
diesen verbleiben. Es [b]soll auch der 18
Fürst dem Volk nichts nehmen von sei-
nem Erbteil, um sie dadurch aus ihrem
Eigentum zu verdrängen, sondern er
soll sein Eigentum auf seine Söhne ver-
erben, damit nicht jemand von meinem
Volk aus seinem Eigentum vertrieben
wird.

a 3.Mose 25,10; Jer 34,8 *b* Kap 45,8.9

Die Opferküchen

Und er führte mich durch den Eingang 19
an der Seite des Tores zu den heiligen
Kammern im Norden, die den Prie-
stern gehörten, und siehe, dort war ein
Raum in der Ecke im Westen. Und er 20
sprach zu mir: Dies ist der Ort, wo
die Priester das Schuldopfer und das
Sündopfer kochen und das Speisopfer
backen sollen, damit sie es nicht in den
äußeren Vorhof hinaustragen müssen
und so das Volk mit dem Heiligen in
Berührung bringen. Danach führte er 21
mich in den äußeren Vorhof hinaus und
ließ mich in die vier Ecken des Vorhofs
gehen. Und siehe, da war in jeder Ecke
des Vorhofs wieder ein Vorhof. In den 22
vier Ecken des Vorhofs waren kleine
Vorhöfe, vierzig Ellen lang und dreißig
Ellen breit, alle vier von gleichem Maß.
Und es ging eine Mauer um jeden der 23
vier Vorhöfe herum; da waren Herde
ringsherum unten an den Mauern. Und 24
er sprach zu mir: Dies sind die Kü-
chen, in denen die Tempeldiener das
Schlachtopfer des Volks kochen sollen.

Der wunderbare Strom aus dem Tempel

[a]Und er führte mich wieder zu der Tür 47
des Tempels. Und siehe, da [b]floß ein
Wasser heraus unter der Schwelle des
Tempels nach Osten; denn die vordere
Seite des Tempels lag gegen Osten.
Und das Wasser lief unten an der süd-

lichen Seitenwand des Tempels hinab,
2 südlich am Altar vorbei. Und er führte
mich hinaus durch das Tor im Norden
und brachte mich außen herum zum
äußeren Tor im Osten; und siehe, das
Wasser sprang heraus aus seiner süd-
3 lichen Seitenwand. Und der Mann ging
heraus nach Osten und hatte eine
[c]Meßschnur in der Hand, und er maß
tausend Ellen und ließ mich durch das
Wasser gehen; da ging es mir bis an die
4 Knöchel. Und er maß abermals tau-
send Ellen und ließ mich durch das
Wasser gehen: da ging es mir bis an die
Knie; und er maß noch tausend Ellen
und ließ mich durch das Wasser gehen:
5 da ging es mir bis an die Lenden. Da
maß er noch tausend Ellen: da war es
ein Strom, so tief, daß ich nicht mehr
hindurchgehen konnte; denn das Was-
ser war so hoch, daß man schwimmen
mußte und nicht hindurchgehen konn-
6 te. Und er sprach zu mir: Du Men-
schenkind, hast du das gesehen? Und
er führte mich zurück am Ufer des
7 Flusses entlang. Und als ich zurück-
kam, siehe, da standen sehr viele Bäu-
8 me am Ufer auf beiden Seiten. Und er
sprach zu mir: Dies Wasser fließt hin-
aus in das östliche Gebiet und weiter
hinab zum Jordantal und mündet ins
Tote Meer. Und wenn es ins Meer
fließt, soll dessen Wasser gesund wer-
9 den, und alles, was darin lebt und webt,
wohin der Strom kommt, das soll leben.
Und es soll sehr viele Fische dort ge-
ben, wenn dieses Wasser dorthin
kommt; und alles soll gesund werden
und leben, wohin dieser Strom
10 kommt.[d] Und es werden an ihm die Fi-
scher stehen. Von En-Gedi bis nach
En-Eglajim wird man die Fischgarne
aufspannen; denn es wird dort sehr vie-
le Fische von aller Art geben wie im
11 großen Meer. Aber die Teiche und La-
chen daneben werden nicht gesund
werden, sondern man soll daraus Salz
12 gewinnen. Und an dem Strom werden
an seinem Ufer auf beiden Seiten [e]al-
lerlei fruchtbare Bäume wachsen; und
ihre Blätter werden nicht verwelken,
und mit ihren Früchten hat es kein
Ende. [f]Sie werden alle Monate neue
Früchte bringen; denn ihr Wasser
fließt aus dem Heiligtum. Ihre Früchte
werden zur Speise dienen und ihre
Blätter zur Arznei.

a (1-12) 1.Mose 2,10-14 *b* Joel 4,18; Offb 22,1
c Kap 40,3 *d* 2.Mose 15,23 *e* Jes 32,15
f Offb 22,2

Die Grenzen des Landes

So spricht Gott der HERR: Dies sind die 13
Grenzen, nach denen ihr das Land den
zwölf Stämmen Israels austeilen sollt;
[a]zwei Teile gehören dem Stamm Josef.
Und ihr sollt es als Erbteil bekommen, 14
einer wie der andere; denn ich habe
meine Hand aufgehoben zum Schwur,
[b]dies Land euren Vätern zu geben, und
so soll es euch als Erbteil zufallen.

[c]Dies ist nun die Grenze des Landes 15
gegen Norden: von dem großen Meer
an auf Hetlon zu nach Zedad, Hamat, 16
Berota, Sibrajim, das an Damaskus und
Hamat grenzt, und Hazar-Enon, das an
den Hauran grenzt. Und so soll die 17
Grenze laufen vom Meer an bis nach
Hazar-Enon, und Damaskus und Ha-
mat sollen nördlich liegen bleiben. Das
sei die Grenze gegen Norden.

Aber die Grenze gegen Osten: von 18
Hazar-Enon, das zwischen dem Hau-
ran und Damaskus liegt, der Jordan
zwischen Gilead und dem Lande Israel
bis hinab ans östliche Meer nach Ta-
mar. Das soll die Grenze gegen Osten
sein.

Aber die Grenze gegen Süden läuft 19
von Tamar bis an das [d]Haderwasser
von Kadesch und den [e]Bach Ägyptens
hinab bis an das große Meer. Das soll
die Grenze gegen Süden sein.

Und an der Seite gegen Westen ist 20
das große Meer die Grenze bis gegen-
über Hamat. Das sei die Grenze gegen
Westen.

a 1.Mose 48,5; Jos 17,17 *b* 1.Mose 12,7 *c (15-20)*
4.Mose 34,2-12 *d* 4.Mose 20,13 *e* 4.Mose 34,5

Die Verteilung des Landes

Und ihr sollt dies Land austeilen unter 21
die Stämme Israels, und wenn ihr das 22
Los werft, um das Land unter euch zu
teilen, so sollt ihr [a]die Fremdlinge, die
bei euch wohnen und Kinder unter
euch zeugen, halten wie die Einheimi-
schen unter den Israeliten; mit euch
sollen sie ihren Erbbesitz erhalten un-
ter den Stämmen Israels, und ihr sollt 23
auch ihnen ihren Anteil am Lande ge-
ben, jedem bei dem Stamm, bei dem er
wohnt, spricht Gott der HERR.

Dies sind die Namen der Stämme: **48**
[b]Von Norden vom Meer an auf dem
Wege nach Hetlon zu nach Hamat und
Hazar-Enon, so daß Damaskus nörd-
lich liegen bleibt, gegen Hamat: das soll
Dan als seinen Anteil haben von Osten
bis nach Westen. Neben Dan soll Asser 2

seinen Anteil haben von Osten bis nach
3 Westen. Neben Asser soll Naftali sei-
nen Anteil haben von Osten bis nach
4 Westen. Neben Naftali soll Manasse
seinen Anteil haben von Osten bis nach
5 Westen. Neben Manasse soll Efraim
seinen Anteil haben von Osten bis nach
6 Westen. Neben Efraim soll Ruben sei-
nen Anteil haben von Osten bis nach
7 Westen. Neben Ruben soll Juda seinen
Anteil haben von Osten bis nach We-
sten.

8 [c]Neben Juda aber sollt ihr einen Teil
als Abgabe absondern von Osten bis
nach Westen, der fünfundzwanzigtau-
send Ellen breit und so lang ist wie
sonst ein Anteil von Osten bis nach We-
sten. Mitten darin soll das Heiligtum
9 stehen. Das Land, das ihr als Abgabe
dem HERRN absondern sollt, soll fünf-
undzwanzigtausend Ellen lang und
10 zehntausend Ellen breit sein. Und diese
Abgabe für das Heiligtum soll den Prie-
stern gehören, nämlich fünfundzwan-
zigtausend Ellen lang an der Nordseite
und an der Südseite und zehntausend
Ellen breit an der Ostseite und an der
Westseite. Und das Heiligtum des
11 HERRN soll mitten darin stehen. Es soll
den geweihten Priestern gehören, den
[d]Söhnen Zadok, die mir Dienst getan
haben und nicht mit den Israeliten ab-
gefallen sind, wie die Leviten abgefal-
12 len sind. Und diese besondere Abgabe
von der Abgabe des Landes soll ihnen
gehören und hochheilig sein, neben
13 dem Gebiet der Leviten. Die Leviten
aber sollen neben dem Gebiet der Prie-
ster auch ein Gebiet von fünfundzwan-
zigtausend Ellen in der Länge und
zehntausend Ellen in der Breite haben;
denn im ganzen soll die Länge fünf-
undzwanzigtausend Ellen und die Brei-
14 te zwanzigtausend Ellen sein. Und sie
dürfen nichts davon verkaufen oder
vertauschen, damit dieser beste Teil
des Landes nicht in andere Hände
kommt; denn er ist dem HERRN gehei-
15 ligt. Aber die übrigen fünftausend El-
len in der Breite entlang den fünfund-
zwanzigtausend Ellen sollen nicht hei-
lig, sondern für die Stadt zum Wohnen
und zur Weidetrift bestimmt sein, und
16 die Stadt soll mitten darin stehen. Und
das sollen ihre Maße sein: viertausend-
fünfhundert Ellen an der Nordseite
und an der Südseite, ebenso auch an
der Ostseite und an der Westseite vier-
17 tausendfünfhundert Ellen.[e] Die Wei-
detrift der Stadt soll zweihundertfünf-
zig Ellen gegen Norden und gegen Sü-
den messen, ebenso auch gegen Osten
und gegen Westen zweihundertfünfzig
Ellen. Aber das übrige Gebiet entlang 18
der Abgabe für das Heiligtum, nämlich
zehntausend Ellen gegen Osten und
zehntausend Ellen gegen Westen, das
soll dem Unterhalt derer dienen, die in
der Stadt arbeiten. Und Arbeiter aus 19
allen Stämmen Israels sollen in der
Stadt arbeiten. So soll die ganze Abga- 20
be fünfundzwanzigtausend Ellen im
Geviert sein. Ein Viereck soll die Abga-
be für das Heiligtum sein mit dem, was
Eigentum der Stadt ist. [f]Was aber noch 21
übrig ist, soll dem Fürsten gehören,
nämlich auf beiden Seiten neben der
Abgabe für das Heiligtum und neben
dem Eigentum der Stadt entlang den
fünfundzwanzigtausend Ellen an der
Ostseite und an der Westseite, so weit
wie die Anteile der Stämme reichen;
das soll dem Fürsten gehören. Die Ab-
gabe für das Heiligtum und der Tempel
sollen in der Mitte liegen. Abgesehen 22
von dem Eigentum der Leviten und
dem Eigentum der Stadt, das mitten im
Gebiet des Fürsten liegt, soll das Land
zwischen dem Gebiet Judas und dem
Gebiet Benjamins dem Fürsten gehö-
ren.

Danach sollen die übrigen Stämme 23
kommen: Benjamin soll seinen Anteil
haben von Osten bis nach Westen. Ne- 24
ben dem Gebiet Benjamins soll Simeon
seinen Anteil haben von Osten bis nach
Westen. Neben dem Gebiet Simeons 25
soll Isaschar seinen Anteil haben von
Osten bis nach Westen. Neben dem 26
Gebiet Isaschars soll Sebulon seinen
Anteil haben von Osten bis nach We-
sten. Neben dem Gebiet Sebulons soll 27
Gad seinen Anteil haben von Osten bis
nach Westen. Neben dem Gebiet von 28
Gad soll [g]im Süden die Grenze von Ta-
mar bis an das Haderwasser von Ka-
desch laufen und den Bach Ägyptens
hinab bis an das große Meer. Das ist das 29
Land, das ihr austeilen sollt als Erbteil
unter die Stämme Israels, und das sol-
len ihre Erbteile sein, spricht Gott der
HERR.

a 3.Mose 19,33.34 *b* Kap 47,15-17 *c* *(8-20)* Kap 45,1-8 *d* Kap 40,46 *e* Offb 21,16 *f* *(21 und 22)* Kap 45,7 *g* Kap 47,19

Die Tore der Stadt

[a]Und dies sollen die Ausgänge der 30
Stadt sein: an der Nordseite mit ihren
viertausendfünfhundert Ellen drei To- 31

re: das erste Tor Ruben, das zweite
Juda, das dritte Levi; denn die Tore
der Stadt sollen nach den Namen der
32 Stämme Israels genannt werden. So
auch an der Ostseite mit ihren vier-
tausendfünfhundert Ellen drei Tore:
nämlich das erste Tor Josef, das zweite
33 Benjamin, das dritte Dan. An der Süd-
seite mit ihren viertausendfünfhundert
Ellen auch drei Tore: das erste Tor Si-
meon, das zweite Isaschar, das dritte
Sebulon. So auch an der Westseite mit 34
ihren viertausendfünfhundert Ellen
drei Tore: das erste Tor Gad, das zwei-
te Asser, das dritte Naftali. So soll der 35
ganze Umfang achtzehntausend Ellen
sein. Und alsdann soll die Stadt ge-
nannt werden [b]»Hier ist der HERR«.

a (30-35) Offb 21,12.13 *b* Kap 43,7; Jes 60,14; Offb 21,3

DER PROPHET DANIEL

Inhaltsübersicht

Die Erziehung Daniels und seiner Freunde am babylonischen Hof

1 Im dritten Jahr der Herrschaft [a]Joja-
kims, des Königs von Juda, zog Nebu-
kadnezar, der König von Babel, vor Je-
2 rusalem und belagerte es. Und der Herr
gab in seine Hand Jojakim, den König
von Juda, und einen Teil der Geräte
aus dem Hause Gottes. Die ließ er ins
[b]Land Sinear bringen, in den Tempel
seines Gottes, und tat die Geräte in die
3 Schatzkammer seines Gottes. Und der
König sprach zu Aschpenas, seinem
obersten Kämmerer, er sollte [c]einige
von den Israeliten auswählen, und zwar
von königlichem Stamm und von edler
4 Herkunft, junge Leute, die keine Ge-
brechen hätten, sondern schön, begabt,
weise, klug und verständig wären, also
fähig, an des Königs Hof zu dienen;
und er sollte sie in Schrift und Sprache
5 der Chaldäer unterrichten lassen. Und
der König bestimmte, was man ihnen
täglich geben sollte von seiner Speise
und von dem Wein, den er selbst trank;
so sollten sie drei Jahre erzogen werden
und danach vor dem König dienen.
6 Unter ihnen waren aus Juda Daniel,
7 Hananja, Mischaël und Asarja. Und
der oberste Kämmerer gab ihnen ande-
re Namen und nannte Daniel Beltscha-
zar und Hananja Schadrach und Mi-
schaël Meschach und Asarja Abed-
Nego.
Aber Daniel nahm sich in seinem 8
Herzen vor, daß er sich mit des Königs
Speise und mit seinem Wein nicht [d]un-
rein machen wollte, und bat den ober-
sten Kämmerer, daß er sich nicht un-
rein machen müßte. Und Gott gab es 9
Daniel, daß ihm der oberste Kämmerer
günstig und gnädig gesinnt wurde.[e]
Der sprach zu ihm: Ich fürchte mich 10
vor meinem Herrn, dem König, der
euch eure Speise und euern Trank be-
stimmt hat. Wenn er merken würde,
daß euer Aussehen schlechter ist als das
der andern jungen Leute eures Alters,
so brächtet ihr mich bei dem König um
mein Leben. Da sprach Daniel zu dem 11
Aufseher, den der oberste Kämmerer
über Daniel, Hananja, Mischaël und
Asarja gesetzt hatte: Versuch's doch 12
mit deinen Knechten zehn Tage und
laß uns Gemüse zu essen und Wasser
zu trinken geben. Und dann laß dir un- 13
ser Aussehen und das der jungen Leu-
te, die von des Königs Speise essen, zei-
gen; und danach magst du mit deinen
Knechten tun nach dem, was du sehen
wirst. Und er hörte auf sie und versuch- 14
te es mit ihnen zehn Tage. Und nach 15
den zehn Tagen sahen sie schöner und
kräftiger aus als alle jungen Leute, die
von des Königs Speise aßen. Da tat der 16
Aufseher die Speise und den Trank, die
für sie bestimmt waren, weg und gab
ihnen Gemüse. Und diesen vier jungen 17
Leuten gab Gott Einsicht und Ver-

stand für jede Art von Schrift und
Weisheit. [f]Daniel aber verstand sich
auf Gesichte und Träume jeder Art.
18 Und als die Zeit um war, die der Kö-
nig bestimmt hatte, daß sie danach vor
ihn gebracht werden sollten, brachte sie
der oberste Kämmerer vor Nebukad-
19 nezar. Und der König redete mit ihnen,
und es wurde unter allen niemand ge-
funden, der Daniel, Hananja, Mischaël
und Asarja gleich war. Und sie wurden
20 des Königs Diener. Und der König
fand sie in allen Sachen, die er sie frag-
te, zehnmal klüger und verständiger als
alle Zeichendeuter und Weisen in sei-
21 nem ganzen Reich. Und Daniel blieb
im Dienst bis ins [g]erste Jahr des Königs
Cyrus.

a 2.Kön 24,1.2 *b* 1.Mose 11,2 *c* 2.Kön 20,18
d 3.Mose 11 *e* 1.Mose 39,21 *f* Hes 28,3 *g* Esr 1,1

Nebukadnezars Traum von den vier Weltreichen

(vgl. Kap 7)

2 Im zweiten Jahr seiner Herrschaft hatte
Nebukadnezar einen Traum, über den
2 er so erschrak, daß er aufwachte. Und
der König ließ alle Zeichendeuter und
Weisen und [a]Zauberer und Wahrsager
zusammenrufen, daß sie ihm seinen
Traum sagen sollten. Und sie kamen
3 und traten vor den König. Und der Kö-
nig sprach zu ihnen: Ich hab einen
Traum gehabt; der hat mich er-
schreckt, und ich wollte gerne wissen,
4 was es mit dem Traum gewesen ist. Da
sprachen die Wahrsager zum König auf
aramäisch: Der König lebe ewig! Sage
deinen Knechten den Traum, so wollen
5 wir ihn deuten. Der König antwortete
und sprach zu den Wahrsagern: Mein
Wort ist deutlich genug. Werdet ihr
mir nun den Traum nicht kundtun und
deuten, so sollt ihr in Stücke gehauen
und eure Häuser sollen zu Schutt-
6 haufen gemacht werden. Werdet ihr
mir aber den Traum kundtun und deu-
ten, so sollt ihr Geschenke, Gaben und
große Ehre von mir empfangen. Darum
sagt mir den Traum und seine Deu-
7 tung. Sie antworteten noch einmal und
sprachen: Der König sage seinen
Knechten den Traum, so wollen wir
8 ihn deuten. Der König antwortete und
sprach: Wahrlich, ich merke, daß ihr
Zeit gewinnen wollt, weil ihr seht, daß
9 mein Wort deutlich genug ist. Aber
werdet ihr mir den Traum nicht sagen,
so ergeht ein Urteil über euch alle, weil
ihr euch vorgenommen habt, Lug und
Trug vor mir zu reden, bis die Zeiten
sich ändern. Darum sagt mir den
Traum; so kann ich merken, daß ihr
auch die Deutung trefft. Da antworte- 10
ten die Wahrsager vor dem König und
sprachen zu ihm: Es ist kein Mensch
auf Erden, der sagen könnte, was der
König fordert. Ebenso gibt es auch kei-
nen König, wie groß oder mächtig er
sei, der solches von irgendeinem Zei-
chendeuter, Weisen oder Wahrsager
fordern würde. Denn was der König 11
fordert, ist zu hoch, und es gibt auch
sonst niemand, der es vor dem König
sagen könnte, ausgenommen die Göt-
ter, die nicht bei den Menschen woh-
nen. Da wurde der König sehr zornig 12
und befahl, alle Weisen von Babel um-
zubringen. Und das Urteil ging aus, 13
daß man die Weisen töten sollte. Auch
Daniel und seine Gefährten suchte
man, um sie zu töten.
Da wandte sich Daniel [b]klug und 14
verständig an Arjoch, den Obersten der
Leibwache des Königs, der auszog, um
die Weisen von Babel zu töten. Und er 15
fing an und sprach zu Arjoch, dem der
König Vollmacht gegeben hatte: War-
um ist ein so strenges Urteil vom König
ergangen? Und Arjoch teilte es Daniel
mit. Da ging Daniel hinein und bat den 16
König, ihm eine Frist zu geben, damit
er die Deutung dem König sagen kön-
ne. Und Daniel ging heim und teilte es 17
seinen Gefährten Hananja, Mischaël
und Asarja mit, damit sie den Gott des 18
Himmels um Gnade bäten wegen
dieses Geheimnisses und Daniel und
seine Gefährten nicht samt den andern
Weisen von Babel umkämen. Da wurde 19
Daniel dies Geheimnis durch ein Ge-
sicht in der Nacht offenbart. Und Da-
niel lobte den Gott des Himmels, fing 20
an und sprach: Gelobet sei der Name
Gottes von Ewigkeit zu Ewigkeit, denn
ihm gehören Weisheit und Stärke! Er 21
ändert Zeit und Stunde; [c]er setzt Köni-
ge ab und setzt Könige ein; er gibt den
Weisen ihre Weisheit und den Verstän-
digen ihren Verstand, er offenbart, was 22
tief und verborgen ist; er weiß, was in
der Finsternis liegt, denn bei ihm ist
lauter Licht. Ich danke dir und lobe 23
dich, Gott meiner Väter, daß du mir
Weisheit und Stärke verliehen und jetzt
offenbart hast, was wir von dir erbeten
haben; denn du hast uns des Königs
Sache offenbart. Da ging Daniel hinein 24
zu Arjoch, der vom König Befehl hatte,
die Weisen von Babel umzubringen,

und sprach zu ihm: Du sollst die Wei-
sen von Babel nicht umbringen, son-
dern führe mich hinein zum König, ich
25 will dem König die Deutung sagen. Ar-
joch brachte Daniel eilends hinein vor
den König und sprach zu ihm: Ich habe
einen Mann gefunden unter den Ge-
fangenen aus Juda, der dem König die
26 Deutung sagen kann. Der König ant-
wortete und sprach zu Daniel, den sie
Beltschazar nannten: Bist du es, der
mir den Traum, den ich gesehen habe,
und seine Deutung kundtun kann?
27 Daniel fing an vor dem König und
sprach: Das Geheimnis, nach dem der
König fragt, vermögen die Weisen, Ge-
lehrten, Zeichendeuter und Wahrsager
28 dem König nicht zu sagen. Aber [d]es ist
ein Gott im Himmel, der kann Ge-
heimnisse offenbaren. Der hat dem
König Nebukadnezar kundgetan, was
in künftigen Zeiten geschehen soll. Mit
deinem Traum und deinen Gesichten,
29 als du schliefst, verhielt es sich so: Du,
König, dachtest auf deinem Bett, was
dereinst geschehen würde; und der, der
Geheimnisse offenbart, hat dir kundge-
30 tan, was geschehen wird. Mir aber ist
dies Geheimnis offenbart worden,
[e]nicht als wäre meine Weisheit größer
als die Weisheit aller, die da leben, son-
dern damit dem König die Deutung
kundwürde und du deines Herzens Ge-
31 danken erführest. Du, König, hattest
einen Traum, und siehe, ein großes und
hohes und hell glänzendes Bild stand
vor dir, das war schrecklich anzusehen.
32 Das Haupt dieses Bildes war von fei-
nem Gold, seine Brust und seine Arme
waren von Silber, sein Bauch und seine
33 Lenden waren von Kupfer, seine
Schenkel waren von Eisen, seine Füße
waren teils von Eisen und teils von
34 Ton. Das sahst du, bis ein Stein herun-
terkam, ohne Zutun von Menschen-
händen; der traf das Bild an seinen Fü-
ßen, die von Eisen und Ton waren, und
35 zermalmte sie. Da wurden miteinander
zermalmt Eisen, Ton, Kupfer, Silber
und Gold und wurden wie Spreu auf
der Sommertenne, und der Wind ver-
wehte sie, daß man sie nirgends mehr
finden konnte. Der Stein aber, der das
Bild zerschlug, wurde zu einem großen
Berg, so daß er die ganze Welt füllte.
36 Das ist der Traum. Nun wollen wir
37 die Deutung vor dem König sagen. Du,
König, bist [f]ein König aller Könige,
dem der Gott des Himmels König-
reich, Macht, Stärke und Ehre gegeben
hat und dem er alle Länder, in denen 38
Leute wohnen, dazu [g]die Tiere auf
dem Felde und die Vögel unter dem
Himmel in die Hände gegeben und
dem er über alles Gewalt verliehen hat.
Du bist das goldene Haupt. Nach dir 39
wird ein anderes Königreich aufkom-
men, geringer als deines, danach das
dritte Königreich, das aus Kupfer ist
und über alle Länder herrschen wird.
Und das vierte wird hart sein wie 40
Eisen; denn wie Eisen alles zermalmt
und zerschlägt, ja, wie Eisen alles zer-
bricht, so wird es auch alles zermalmen
und zerbrechen. Daß du aber die Füße 41
und Zehen teils von Ton und teils von
Eisen gesehen hast, bedeutet: das wird
ein zerteiltes Königreich sein; doch
wird etwas von des Eisens Härte darin
bleiben, wie du ja gesehen hast Eisen
mit Ton vermengt. Und daß die Zehen 42
an seinen Füßen teils von Eisen und
teils von Ton sind, bedeutet: zum Teil
wird's ein starkes und zum Teil ein
schwaches Reich sein. Und daß du ge- 43
sehen hast Eisen mit Ton vermengt,
bedeutet: sie werden sich zwar durch
Heiraten miteinander vermischen, aber
sie werden doch nicht aneinander fest-
halten, so wie sich Eisen mit Ton nicht
mengen läßt. Aber *zur Zeit dieser Köni-* 44
*ge wird der Gott des Himmels [h]ein Reich
aufrichten, das nimmermehr zerstört
wird; und sein Reich wird auf kein ande-
res Volk kommen. Es wird alle diese Kö-
nigreiche zermalmen und zerstören; aber
es selbst wird ewig bleiben,* wie du ja ge- 45
sehen hast, daß ein Stein ohne Zutun
von Menschenhänden vom Berg her-
unterkam, der Eisen, Kupfer, Ton, Sil-
ber und Gold zermalmte. So hat der
große Gott dem König kundgetan, was
dereinst geschehen wird. Der Traum
ist zuverlässig, und die Deutung ist
richtig.
Da fiel der König Nebukadnezar auf 46
sein Angesicht und warf sich nieder vor
Daniel und befahl, man sollte ihm
Speisopfer und Räucheropfer darbrin-
gen. Und der König antwortete Daniel 47
und sprach: Es ist kein Zweifel, [i]euer
Gott ist ein Gott über alle Götter und
ein Herr über alle Könige, der Geheim-
nisse offenbaren kann, wie du dies Ge-
heimnis hast offenbaren können. Und 48
der König erhöhte Daniel und [j]gab ihm
große und viele Geschenke und machte
ihn zum Fürsten über das ganze Land
Babel und setzte ihn zum Obersten
über alle Weisen in Babel. Und Daniel 49

bat den König, [k]über die einzelnen Be-
zirke im Lande Babel Schadrach, Me-
schach und Abed-Nego zu setzen. Da-
niel aber blieb am Hof des Königs.

a Jes 47,12.13 *b* Kap 1,20 *c* Kap 4,14.22.29
d 1.Mose 41,16 *e* 1.Mose 41,39 *f* Hes 26,7
g Jer 27,6; 28,14 *h* Kap 7,14.27; Jes 9,6;
1.Kor 15,24; Offb 11,15 *i* Kap 3,29; Jos 2,11;
Ps 86,8; Jes 42,8 *j* Vers 6; Kap 5,29 *k* Kap 3,12

Die drei Männer im Feuerofen

3 Der König Nebukadnezar ließ ein gol-
denes Bild machen sechzig Ellen hoch
und sechs Ellen breit und ließ es auf-
richten in der Ebene Dura im Lande
2 Babel. Und der König Nebukadnezar
sandte nach den Fürsten, Würdenträ-
gern, Statthaltern, Richtern, Schatz-
meistern, Räten, Amtleuten und allen
Mächtigen im Lande, daß sie zusam-
menkommen sollten, um das Bild zu
weihen, das der König Nebukadnezar
3 hatte aufrichten lassen. Da kamen zu-
sammen die Fürsten, Würdenträger,
Statthalter, Richter, Schatzmeister,
Räte, Amtleute und alle Mächtigen im
Lande, um das Bild zu weihen, das der
König Nebukadnezar hatte aufrichten
lassen. Und sie mußten sich vor dem
Bild aufstellen, das Nebukadnezar hat-
4 te aufrichten lassen. Und der Herold
rief laut: Es wird euch befohlen, ihr
Völker und Leute aus so vielen ver-
5 schiedenen Sprachen: Wenn ihr hören
werdet den Schall der Posaunen,
Trompeten, Harfen, Zithern, Flöten,
Lauten und aller andern Instrumente,
dann sollt ihr niederfallen und das gol-
dene Bild anbeten, das der König Ne-
6 bukadnezar hat aufrichten lassen. Wer
aber dann nicht niederfällt und anbetet,
der soll sofort in den glühenden Ofen
7 geworfen werden. Als sie nun hörten
den Schall der Posaunen, Trompeten,
Harfen, Zithern, Flöten und aller an-
dern Instrumente, fielen nieder alle
Völker und Leute aus so vielen ver-
schiedenen Sprachen und beteten an
das goldene Bild, das der König Nebu-
kadnezar hatte aufrichten lassen.
8 Da kamen einige chaldäische Män-
9 ner und verklagten die Juden, fingen an
und sprachen zum König Nebukadne-
10 zar: Der König lebe ewig! Du hast [a]ein
Gebot ergehen lassen, daß alle Men-
schen niederfallen und das goldene Bild
anbeten sollten, wenn sie den Schall der
Posaunen, Trompeten, Harfen, Zi-
thern, Flöten, Lauten und aller andern
11 Instrumente hören würden; wer aber
nicht niederfiele und anbetete, sollte in
den glühenden Ofen geworfen werden.
Nun sind da [b]jüdische Männer, die du 12
über die einzelnen Bezirke im Lande
Babel gesetzt hast, nämlich Schadrach,
Meschach und Abed-Nego; die ver-
achten dein Gebot und ehren deinen
Gott nicht und beten das goldene Bild
nicht an, das du hast aufrichten lassen.
Da befahl Nebukadnezar mit Grimm 13
und Zorn, Schadrach, Meschach und
Abed-Nego vor ihn zu bringen. Und
die Männer wurden vor den König ge-
bracht. Da fing Nebukadnezar an und 14
sprach zu ihnen: Wie? Wollt ihr,
Schadrach, Meschach und Abed-
Nego, meinen Gott nicht ehren und das
goldene Bild nicht anbeten, das ich
habe aufrichten lassen? Wohlan, seid 15
bereit! Sobald ihr den Schall der Po-
saunen, Trompeten, Harfen, Zithern,
Flöten, Lauten und aller andern In-
strumente hören werdet, so fallt nieder
und betet das Bild an, das ich habe ma-
chen lassen! Werdet ihr's aber nicht an-
beten, dann sollt ihr sofort in den glü-
henden Ofen geworfen werden. [c]Laßt
sehen, wer der Gott ist, der euch aus
meiner Hand erretten könnte! Da fin- 16
gen an Schadrach, Meschach und
Abed-Nego und sprachen zum König
Nebukadnezar: Es ist nicht nötig, daß
wir dir darauf antworten. Wenn unser 17
Gott, den wir verehren, will, so kann er
uns erretten; aus dem [d]glühenden Ofen
und aus deiner Hand, o König, kann er
erretten. Und wenn er's nicht tun will, 18
so sollst du dennoch wissen, [e]daß wir
deinen Gott nicht ehren und das golde-
ne Bild, das du hast aufrichten lassen,
nicht anbeten wollen.
Da wurde Nebukadnezar voll 19
Grimm, und der Ausdruck seines An-
gesichts veränderte sich gegenüber
Schadrach, Meschach und Abed-
Nego, und er befahl, man sollte den
Ofen siebenmal heißer machen, als man
sonst zu tun pflegte. Und er befahl den 20
besten Kriegsleuten, die in seinem
Heer waren, Schadrach, Meschach und
Abed-Nego zu binden und in den glü-
henden Ofen zu werfen. Da wurden 21
diese Männer in ihren Mänteln, Hosen,
Hüten, in ihrer ganzen Kleidung, ge-
bunden und in den glühenden Ofen ge-
worfen. Weil das Gebot des Königs so 22
streng war, schürte man das Feuer im
Ofen so sehr, daß die Männer, die
Schadrach, Meschach und Abed-Nego
hinaufbrachten, von den Feuerflam-
men getötet wurden. Aber die drei 23

Männer, Schadrach, Meschach und
Abed-Nego, fielen hinab in den glü-
henden Ofen, gebunden wie sie waren.
24 Da entsetzte sich der König Nebu-
kadnezar, fuhr auf und sprach zu seinen
Räten: Haben wir nicht drei Männer
gebunden in das Feuer werfen lassen?
Sie antworteten und sprachen zum Kö-
25 nig: Ja, König. Er antwortete und
sprach: Ich sehe aber vier Männer [f] frei
im Feuer umhergehen, und sie sind un-
versehrt; und der vierte sieht aus, als
26 wäre er ein Sohn der Götter. Und Ne-
bukadnezar trat vor die Tür des glü-
henden Ofens und sprach: Schadrach,
Meschach und Abed-Nego, ihr Knech-
te Gottes des Höchsten, tretet heraus
und kommt her! Da traten Schadrach,
Meschach und Abed-Nego heraus aus
27 dem Feuer. Und die Fürsten, Würden-
träger, Statthalter und Räte des Königs
kamen zusammen und sahen, daß [g] das
Feuer den Leibern dieser Männer
nichts hatte anhaben können und ihr
Haupthaar nicht versengt und ihre
Mäntel nicht versehrt waren; ja, man
konnte keinen Brand an ihnen riechen.
28 Da fing Nebukadnezar an und sprach:
Gelobt sei der Gott Schadrachs, Me-
schachs und Abed-Negos, der [h] seinen
Engel gesandt und seine Knechte erret-
tet hat, die ihm vertraut und des Königs
Gebot nicht gehalten haben, sondern
ihren Leib preisgaben; denn sie wollten
keinen andern Gott verehren und anbe-
29 ten als allein ihren Gott! So sei nun dies
mein Gebot: Wer unter allen Völkern
und Leuten aus so vielen verschiedenen
Sprachen den Gott Schadrachs, Me-
schachs und Abed-Negos lästert, der
soll in Stücke gehauen und sein Haus
zu einem Schutthaufen gemacht wer-
den. Denn [i] es gibt keinen andern Gott
30 als den, der so erretten kann. Und der
König gab Schadrach, Meschach und
Abed-Nego große Macht im Lande Ba-
bel.

a Kap 6,13 *b* Kap 2,49 *c* 2.Mose 5,2; 2.Kön 18,35 *d* 5.Mose 4,20; Ps 66,12 *e* 2.Mose 20,3-5 *f* Jes 43,2 *g* Hebr 11,33.34 *h* Kap 6,23 *i* Kap 2,47

Nebukadnezars Wahnsinn

31 König Nebukadnezar allen Völkern,
Leuten aus so vielen verschiedenen
Sprachen auf der ganzen Erde: Viel
32 Friede zuvor! Es gefällt mir, die Zei-
chen und Wunder zu verkünden, die
Gott der Höchste an mir getan hat.
33 Denn seine Zeichen sind groß, und sei-
ne Wunder sind mächtig, und [a] sein
Reich ist ein ewiges Reich, und seine
Herrschaft währet für und für.
Ich, Nebukadnezar, hatte Ruhe in 4
meinem Hause und lebte zufrieden in
meinem Palast. Da hatte ich einen 2
Traum, der erschreckte mich, und die
Gedanken, die ich auf meinem Bett
hatte, und die Gesichte, die ich gesehen
hatte, beunruhigten mich. Und ich be- 3
fahl, daß alle Weisen Babels vor mich
gebracht würden, damit sie mir sagten,
was der Traum bedeutete. Da brachte 4
man herein die Zeichendeuter, Weisen,
Gelehrten und Wahrsager, und ich er-
zählte den Traum vor ihnen; aber sie
konnten mir nicht sagen, was er bedeu-
tete, bis zuletzt Daniel vor mich trat, 5
der Beltschazar heißt nach dem Namen
meines Gottes und [b] der den Geist der
heiligen Götter hat. Und ich erzählte
vor ihm den Traum: Beltschazar, du 6
Oberster unter den Zeichendeutern,
von dem ich weiß, daß du den Geist der
heiligen Götter hast und dir nichts ver-
borgen ist, sage, was die Gesichte mei-
nes Traumes, die ich gesehen habe, be-
deuten.
Dies sind aber die Gesichte, die ich 7
gesehen habe auf meinem Bett: Siehe,
es stand ein Baum in der Mitte der
Erde, der war sehr hoch. Und er wurde 8
groß und mächtig, und seine Höhe
reichte bis an den Himmel, und er war
zu sehen bis ans Ende der ganzen Erde.
Sein Laub war dicht und seine Frucht 9
reichlich, und er gab Nahrung für alle.
Alle Tiere des Feldes fanden Schatten
unter ihm, und die Vögel des Himmels
saßen auf seinen Ästen, und alles
Fleisch nährte sich von ihm. Und ich 10
sah ein Gesicht auf meinem Bett, und
siehe, ein heiliger Wächter fuhr vom
Himmel herab. Der rief laut und 11
sprach: Haut den Baum um und
schlagt ihm die Äste weg, streift ihm
das Laub ab und zerstreut seine
Frucht, daß die Tiere, die unter ihm
liegen, weglaufen und die Vögel von
seinen Zweigen fliehen. Doch laßt den 12
Stock mit seinen Wurzeln in der Erde
bleiben; er soll in eisernen und ehernen
Ketten auf dem Felde im Grase und
unter dem Tau des Himmels liegen und
naß werden und soll sein Teil haben
mit den Tieren am Gras auf der Erde.
Und das menschliche Herz soll von ihm 13
genommen und ein tierisches Herz ihm
gegeben werden, und sieben Zeiten sol-
len über ihn hingehen. Dies ist im Rat 14
der Wächter beschlossen und ist Gebot

der Heiligen, damit die Lebenden er-
kennen, daß [c]der Höchste Gewalt hat
über die Königreiche der Menschen
und sie geben kann, wem er will, und
15 einen Niedrigen darüber setzen. Solch
einen Traum hab ich, König Nebukad-
nezar, gehabt; du aber, Beltschazar,
sage, was er bedeutet. Denn alle Weisen
in meinem Königreich können mir
nicht kundtun, was er bedeutet; du
aber kannst es, denn der Geist der heili-
gen Götter ist bei dir.
16 Da entsetzte sich Daniel, der auch
Beltschazar heißt, eine Zeitlang, und
seine Gedanken beunruhigten ihn.
Aber der König sprach: Beltschazar,
laß dich durch den Traum und seine
Deutung nicht beunruhigen. Beltscha-
zar fing an und sprach: Ach, mein
Herr, daß doch der Traum deinen
Feinden und seine Deutung deinen
17 Widersachern gelte! Der [d]Baum, den
du gesehen hast, der groß und mächtig
wurde und dessen Höhe an den Him-
mel reichte und der zu sehen war auf
18 der ganzen Erde, dessen Laub dicht
und dessen Frucht reichlich war, so daß
er Nahrung für alle gab, unter dem die
Tiere des Feldes wohnten und auf des-
sen Ästen die Vögel des Himmels saßen
19 – das bist du, König, der du so groß und
mächtig bist; denn deine Macht ist
groß und reicht bis an den Himmel und
deine Gewalt bis ans Ende der Erde.
20 Daß aber der König einen heiligen
Wächter gesehen hat vom Himmel her-
abfahren, der sagte: »Haut den Baum
um und zerstört ihn, doch den Stock
mit seinen Wurzeln laßt in der Erde
bleiben; er soll in eisernen und ehernen
Ketten auf dem Felde im Grase und
unter dem Tau des Himmels liegen und
naß werden und mit den Tieren des
Feldes zusammenleben, bis über ihn
21 sieben Zeiten hingegangen sind«; das,
König, bedeutet – und zwar ergeht es
als Ratschluß des Höchsten über mei-
22 nen Herrn, den König –: man wird dich
aus der Gemeinschaft der Menschen
verstoßen, und du mußt bei den Tieren
des Feldes bleiben, und man wird dich
Gras fressen lassen wie die Rinder, und
du wirst unter dem Tau des Himmels
liegen und naß werden, und sieben Zei-
ten werden über dich hingehen, bis du
erkennst, daß der Höchste Gewalt hat
über die Königreiche der Menschen
23 und sie gibt, wem er will. Wenn aber
gesagt wurde, man solle dennoch den
Stock des Baumes mit seinen Wurzeln
übrig lassen, das bedeutet: dein König-
reich soll dir erhalten bleiben, sobald
du erkannt hast, daß der Himmel die
Gewalt hat. Darum, mein König, laß 24
dir meinen Rat gefallen und mache dich
los und ledig von deinen Sünden durch
Gerechtigkeit und von deiner Missetat
durch [e]Wohltat an den Armen, so wird
es dir lange wohlergehen.
Dies alles widerfuhr dem König Ne- 25
bukadnezar. Denn nach zwölf Mona- 26
ten, als der König auf dem Dach des kö-
niglichen Palastes in Babel sich erging,
[f]hob er an und sprach: Das ist das gro- 27
ße Babel, das ich erbaut habe zur Kö-
nigsstadt durch meine große Macht zu
Ehren meiner Herrlichkeit. Ehe noch 28
der König diese Worte ausgeredet hat-
te, kam eine Stimme von Himmel: Dir,
König Nebukadnezar, wird gesagt:
Dein Königreich ist dir genommen,
man wird dich aus der Gemeinschaft 29
der Menschen verstoßen, und du sollst
bei den Tieren des Feldes bleiben;
Gras wird man dich fressen lassen wie
die Rinder, und sieben Zeiten sollen
hingehen, bis du erkennst, daß [g]der
Höchste Gewalt hat über die König-
reiche der Menschen und sie gibt, wem
er will. Im gleichen Augenblick wurde 30
das Wort erfüllt an Nebukadnezar, und
er wurde verstoßen aus der Gemein-
schaft der Menschen, und er fraß Gras
wie die Rinder, und sein Leib lag unter
dem Tau des Himmels und wurde naß,
bis sein Haar wuchs so groß wie Adler-
federn und seine Nägel wie Vogelklau-
en wurden.
Nach dieser Zeit hob ich, Nebukad- 31
nezar, meine Augen auf zum Himmel,
und mein Verstand kam mir wieder,
und ich lobte den Höchsten. Ich pries
und ehrte den, der ewig lebt, [h]dessen
Gewalt ewig ist und dessen Reich für
und für währt, gegen den [i]alle, die auf 32
Erden wohnen, für nichts zu rechnen
sind. Er macht's, wie er will, mit den
Mächten im Himmel und mit denen,
die auf Erden wohnen. Und [j]niemand
kann seiner Hand wehren noch zu ihm
sagen: Was machst du? Zur selben Zeit 33
kehrte mein Verstand zu mir zurück,
und meine Herrlichkeit und mein
Glanz kamen wieder an mich zur Ehre
meines Königreichs. Und meine Räte
und Mächtigen suchten mich auf, und
ich wurde wieder über mein König-
reich eingesetzt und gewann noch grö-
ßere Herrlichkeit. Darum lobe, ehre 34
und preise ich, Nebukadnezar, den Kö-

nig des Himmels; denn *all sein Tun ist
Wahrheit, und seine Wege sind recht, und*
[k] *wer stolz ist, den kann er demütigen.*

a Kap 2,44; 4,31; 6,27; 7,14.27; Ps 145,13
b Kap 5,11.14 *c* Kap 2,21 *d* Hes 31,3-14
e Spr 19,17; Mt 5,7 *f (27 und 28)* Spr 16,18
g Kap 5,21 *h* Kap 3,33 *i* Jes 40,17 *j* Hiob 9,12
k Lk 1,51; 18,14

Belsazers Gastmahl

5 König Belsazer machte ein herrliches
Mahl für seine tausend Mächtigen und
2 soff sich voll mit ihnen. Und als er be-
trunken war, ließ er [a] die goldenen und
silbernen Gefäße herbringen, die sein
Vater Nebukadnezar aus dem Tempel
zu Jerusalem weggenommen hatte, da-
mit der König mit seinen Mächtigen,
mit seinen Frauen und mit seinen Ne-
3 benfrauen daraus tränke. Da wurden
die goldenen und silbernen Gefäße her-
beigebracht, die aus dem Tempel, aus
dem Hause Gottes zu Jerusalem, weg-
genommen worden waren; und der
König, seine Mächtigen, seine Frauen
4 und Nebenfrauen tranken daraus. Und
als sie so tranken, lobten sie die golde-
nen, silbernen, ehernen, eisernen, höl-
zernen und steinernen Götter.
5 Im gleichen Augenblick gingen her-
vor Finger wie von einer Menschen-
hand, die schrieben gegenüber dem
Leuchter auf die getünchte Wand in
dem königlichen Saal. Und der König
6 erblickte die Hand, die da schrieb. Da
entfärbte sich der König, und seine Ge-
danken erschreckten ihn, so daß er wie
gelähmt war und ihm die Beine zitter-
7 ten. Und der König rief laut, daß man
die Weisen, Gelehrten und Wahrsager
herbeiholen solle. Und er ließ den Wei-
sen von Babel sagen: Welcher Mensch
diese Schrift lesen kann und mir sagt,
was sie bedeutet, der soll mit Purpur
gekleidet werden und eine goldene
Kette um den Hals tragen und der
8 Dritte in meinem Königreich sein. Da
wurden alle Weisen des Königs herein-
geführt, aber sie konnten weder die
Schrift lesen noch die Deutung dem
9 König kundtun. Darüber erschrak der
König Belsazer noch mehr und verlor
seine Farbe ganz, und seinen Mächti-
10 gen wurde angst und bange. Da ging
auf die Worte des Königs und seiner
Mächtigen die Königinmutter in den
Saal hinein und sprach: Der König lebe
ewig! Laß dich von deinen Gedanken
nicht so erschrecken, und entfärbe dich
11 nicht! Es ist ein Mann in deinem
Königreich, der [b] den Geist der heiligen
Götter hat. Denn zu deines Vaters Zei-
ten fand sich bei ihm Erleuchtung,
Klugheit und Weisheit wie der Götter
Weisheit. Und dein Vater, der König
Nebukadnezar, [c] setzte ihn über die
Zeichendeuter, Weisen, Gelehrten und
Wahrsager, weil ein [d] überragender 12
Geist bei ihm gefunden wurde, dazu
Verstand und Klugheit, Träume zu
deuten, dunkle Sprüche zu erraten und
Geheimnisse zu offenbaren. Das ist
Daniel, dem der König den Namen
Beltschazar gab. So rufe man nun Da-
niel; der wird sagen, was es bedeutet.
Da wurde Daniel vor den König ge- 13
führt. Und der König sprach zu Da-
niel: Bist du Daniel, einer der Gefange-
nen aus Juda, die der König, mein Va-
ter, aus Juda hergebracht hat? Ich habe 14
von dir sagen hören, daß du den Geist
der heiligen Götter habest und Er-
leuchtung, Verstand und hohe Weis-
heit bei dir zu finden sei. Nun hab ich 15
vor mich rufen lassen die Weisen und
Gelehrten, damit sie mir diese Schrift
lesen und kundtun sollen, was sie be-
deutet; aber sie können mir nicht sa-
gen, was sie bedeutet. Von dir aber höre 16
ich, daß du Deutungen zu geben und
Geheimnisse zu offenbaren vermagst.
Kannst du nun die Schrift lesen und
mir sagen, was sie bedeutet, so sollst du
mit Purpur gekleidet werden und eine
goldene Kette um deinen Hals tragen
und der Dritte in meinem Königreich
sein.
Da fing Daniel an und sprach vor 17
dem König: Behalte deine Gaben und
gib dein Geschenk einem andern; ich
will dennoch die Schrift dem König le-
sen und kundtun, was sie bedeutet.
Mein König, [e] Gott der Höchste hat 18
deinem Vater Nebukadnezar König-
reich, Macht, Ehre und Herrlichkeit
gegeben. Und um solcher Macht wil- 19
len, die ihm gegeben war, fürchteten
und scheuten sich vor ihm alle Völker
und Leute aus so vielen verschiedenen
Sprachen. Er tötete, wen er wollte; er
ließ leben, wen er wollte; er erhöhte,
wen er wollte; er demütigte, wen er
wollte. Als sich aber sein Herz überhob 20
und er stolz und hochmütig wurde, da
wurde er vom königlichen Thron ge-
stoßen und verlor seine Ehre und wur- 21
de verstoßen aus der Gemeinschaft der
Menschen, und sein Herz wurde gleich
dem der Tiere, und er mußte bei dem
Wild hausen und fraß Gras wie die Rin-
der, und sein Leib lag unter dem Tau

des Himmels und wurde naß, bis er
lernte, daß [f]Gott der Höchste Gewalt
hat über die Königreiche der Men-
22 schen und sie gibt, wem er will. Aber
du, Belsazer, sein Sohn, hast dein Herz
nicht gedemütigt, obwohl du das alles
23 wußtest, sondern hast dich gegen den
Herrn des Himmels erhoben, und die
Gefäße seines Hauses hat man vor dich
bringen müssen, und du, deine Mächti-
gen, deine Frauen und deine Neben-
frauen, ihr habt daraus getrunken;
dazu hast du die silbernen, goldenen,
ehernen, eisernen, hölzernen, stei-
nernen Götter gelobt, die weder sehen
noch hören noch fühlen können. Den
Gott aber, der deinen Odem und alle
deine Wege in seiner Hand hat, hast du
24 nicht verehrt. Darum wurde von ihm
diese Hand gesandt und diese Schrift
25 geschrieben. [g]So aber lautet die
Schrift, die dort geschrieben steht:
26 *Mene mene tekel u-parsin.* Und sie be-
deutet dies: *Mene,* das ist, Gott hat dein
27 Königtum *gezählt* und beendet. *Tekel,*
das ist, man hat dich auf der Waage *ge-*
28 *wogen* und zu leicht befunden. *Peres,*
das ist, dein Reich ist *zerteilt* und den
29 Medern und *Persern* gegeben. Da be-
fahl Belsazer, daß man Daniel mit Pur-
pur kleiden sollte und ihm eine goldene
Kette um den Hals geben; und er ließ
von ihm verkünden, daß er der Dritte
im Königreich sei.[h]
30 Aber in derselben Nacht wurde Bel-
sazer, der König der Chaldäer, getötet.

a Kap 1,2; 2.Chr 36,10; Esr 1,7-11 *b* Kap 4,5
c Kap 2,48 *d* Kap 1,17 *e* Kap 2,37 *f* Kap 4,29
g (25-28) Jes 47,11 *h* Kap 2,48; 1.Mose 41,42.43

Daniel in der Löwengrube

6 *Und [a]Darius aus [b]Medien übernahm
das Reich, als er zweiundsechzig Jahre
2 alt war. Und es gefiel Darius, über das
ganze Königreich hundertundzwanzig
3 Statthalter zu setzen. Über sie setzte er
drei Fürsten, von denen einer Daniel
war. Ihnen sollten die Statthalter Re-
chenschaft ablegen, damit der König
4 der Mühe enthoben wäre. Daniel aber
übertraf alle Fürsten und Statthalter,
denn [c]es war ein überragender Geist in
ihm. Darum dachte der König daran,
ihn über das ganze Königreich zu set-
5 zen. Da trachteten die Fürsten und
Statthalter danach, an Daniel etwas zu
finden, das gegen das Königreich ge-
richtet wäre. Aber sie konnten keinen
Grund zur Anklage und kein Vergehen
finden; denn er war treu, so daß man
keine Schuld und kein Vergehen bei
ihm finden konnte. Da sprachen die 6
Männer: Wir werden keinen Grund
zur Anklage gegen Daniel finden, es sei
denn wegen seiner Gottesverehrung.
Da kamen die Fürsten und Statthalter 7
eilends vor den König gelaufen und
sprachen zu ihm: Der König Darius
lebe ewig! Es haben die Fürsten des 8
Königreichs, die Würdenträger, die
Statthalter, die Räte und Befehlshaber
alle gedacht, es solle ein königlicher Be-
fehl gegeben und ein strenges Gebot er-
lassen werden, daß jeder, der in dreißig
Tagen etwas bitten wird von irgendei-
nem Gott oder Menschen außer von
dir, dem König, allein, zu den Löwen in
die Grube geworfen werden soll. Dar- 9
um, o König, wollest du ein solches Ge-
bot ausgehen lassen und ein Schreiben
aufsetzen, das nicht wieder geändert
werden darf [d]nach dem Gesetz der Me-
der und Perser, das unaufhebbar ist. So 10
ließ der König Darius das Schreiben
und das Gebot aufsetzen.
Als nun Daniel erfuhr, daß ein sol- 11
ches Gebot ergangen war, ging er hin-
ein in sein Haus. Er hatte aber an sei-
nem Obergemach [e]offene Fenster nach
Jerusalem, und er fiel dreimal am Tag
auf seine Knie, betete, lobte und dankte
seinem Gott, wie er es auch vorher zu
tun pflegte. Da kamen jene Männer ei- 12
lends gelaufen und fanden Daniel, wie
er betete und flehte vor seinem Gott.
Da traten sie vor den König und rede- 13
ten mit ihm über das königliche Gebot:
O König, [f]hast du nicht ein Gebot er-
lassen, daß jeder, der in dreißig Tagen
etwas bitten würde von irgendeinem
Gott oder Menschen außer von dir,
dem König, allein, zu den Löwen in die
Grube geworfen werden solle? Der
König antwortete und sprach: Das ist
wahr, und das Gesetz der Meder und
Perser kann niemand aufheben. Sie 14
antworteten und sprachen vor dem Kö-
nig: Daniel, einer der Gefangenen aus
Juda, der achtet weder dich noch dein
Gebot, das du erlassen hast; denn er
betet dreimal am Tage. Als der König 15
das hörte, wurde er sehr betrübt und
war darauf bedacht, Daniel die Freiheit
zu erhalten, und mühte sich, bis die
Sonne unterging, ihn zu erretten. Aber 16
die Männer kamen wieder zum König
gelaufen und sprachen zu ihm: Du
weißt doch, König, es ist das Gesetz der
Meder und Perser, daß alle Gebote und
Befehle, die der König beschlossen hat,

17 unverändert bleiben sollen. Da befahl
der König, Daniel herzubringen. Und
sie warfen ihn zu den Löwen in die
Grube. Der König aber sprach zu Da-
niel: [g] Dein Gott, dem du ohne Unter-
18 laß dienst, der helfe dir! Und sie brach-
ten einen Stein, den legten sie vor die
Öffnung der Grube; den versiegelte
der König mit seinem eigenen Ring
und mit dem Ringe seiner Mächtigen,
damit nichts anderes mit Daniel ge-
19 schähe. Und der König ging weg in sei-
nen Palast und fastete die Nacht über
und ließ kein Essen vor sich bringen
und konnte auch nicht schlafen.
20 Früh am Morgen, als der Tag an-
brach, stand der König auf und ging ei-
lends zur Grube, wo die Löwen waren.
21 Und als er zur Grube kam, rief er Da-
niel mit angstvoller Stimme. Und der
König sprach zu Daniel: Daniel, du
Knecht des lebendigen Gottes, [h] hat
dich dein Gott, dem du ohne Unterlaß
dienst, auch erretten können von den
22 Löwen? Daniel aber redete mit dem
23 König: Der König lebe ewig! Mein
Gott hat [i] seinen Engel gesandt, der
[j] den Löwen den Rachen zugehalten
hat, so daß sie mir kein Leid antun
konnten; denn vor ihm bin ich un-
schuldig, und auch gegen dich, mein
24 König, habe ich nichts Böses getan. Da
wurde der König sehr froh und ließ Da-
niel aus der Grube herausziehen. Und
sie zogen Daniel aus der Grube heraus,
und man fand keine Verletzung an ihm;
25 denn er hatte seinem Gott vertraut. Da
ließ der König die Männer, die Daniel
verklagt hatten, holen und zu den Lö-
wen in die Grube werfen samt ihren
Kindern und Frauen. Und ehe sie den
Boden erreichten, ergriffen die Löwen
sie und zermalmten alle ihre Knochen.
26 Da ließ der König Darius allen Völ-
kern und Leuten aus so vielen verschie-
denen Sprachen auf der ganzen Erde
27 schreiben: Viel Friede zuvor! Das ist
mein Befehl, daß man in meinem gan-
zen Königreich den Gott Daniels
fürchten und sich vor ihm scheuen soll.
Denn *er ist der lebendige Gott, der ewig*
bleibt, und [k] sein Reich ist unvergänglich,
28 *und seine Herrschaft hat kein Ende.* Er ist
ein Retter und Nothelfer, und er tut
Zeichen und Wunder im Himmel und
auf Erden. Der hat Daniel von den Lö-
wen errettet.
29 Und Daniel hatte große Macht im
Königreich des Darius und auch im
Königreich des [l] Cyrus von Persien.

a Kap 9,1 *b* Jes 13,17 *c* Kap 5,12 *d* Est 1,19; 8,8 *e* 1.Kön 8,48 *f* Kap 3,10 *g* Kap 3,15 *h* Kap 3,17 *i* Kap 3,28 *j* Ps 22,22; Hebr 11,33 *k* Kap 3,33 *l* Kap 1,21
*Vers 1: Abweichende Verszählung statt 6,1-29: 5,31-6,28.

Daniels Gesicht von den vier Tieren und dem Menschensohn

(vgl. Kap 2)

Im ersten Jahr [a] Belsazers, des Königs 7
von Babel, hatte Daniel einen Traum
und Gesichte auf seinem Bett; und er
schrieb den Traum auf, und dies ist
sein Inhalt: Ich, Daniel, sah ein Ge- 2
sicht in der Nacht, und siehe, die vier
Winde unter dem Himmel wühlten das
große Meer auf. [b] Und vier große Tiere 3
stiegen herauf aus dem Meer, ein jedes
anders als das andere. Das erste war wie 4
ein Löwe und hatte Flügel wie ein Ad-
ler. Ich sah, wie ihm die Flügel genom-
men wurden. Und es wurde von der
Erde aufgehoben und auf zwei Füße
gestellt wie ein Mensch, und es wurde
ihm ein menschliches Herz gegeben.
Und siehe, ein anderes Tier, das zweite, 5
war gleich einem Bären und war auf der
einen Seite aufgerichtet und hatte in
seinem Maul zwischen seinen Zähnen
drei Rippen. Und man sprach zu ihm:
Steh auf und friß viel Fleisch! Danach 6
sah ich, und siehe, ein anderes Tier,
gleich einem Panther, das hatte vier
Flügel wie ein Vogel auf seinem Rük-
ken, und das Tier hatte vier Köpfe, und
ihm wurde große Macht gegeben. Da- 7
nach sah ich in diesem Gesicht in der
Nacht, und siehe, ein viertes Tier war
furchtbar und schrecklich und sehr
stark und hatte große eiserne Zähne,
fraß um sich und zermalmte, und was
übrigblieb, zertrat es mit seinen Füßen.
Es war auch ganz anders als die vorigen
Tiere und hatte zehn Hörner. Als ich 8
aber auf die Hörner achtgab, siehe, da
brach ein anderes kleines Horn zwi-
schen ihnen hervor, vor dem drei der
vorigen Hörner ausgerissen wurden.
Und siehe, das Horn hatte Augen wie
Menschenaugen und ein Maul; [c] das
redete große Dinge. Ich sah, wie 9
[d] Throne aufgestellt wurden, und
[e] einer, der uralt war, setzte sich. Sein
Kleid war weiß wie Schnee und das
Haar auf seinem Haupt rein wie Wolle;
Feuerflammen waren sein Thron und
dessen Räder loderndes Feuer. Und 10
von ihm ging aus ein langer feuriger
Strahl. [f] Tausendmal Tausende dien-
ten ihm, und zehntausendmal Zehn-

tausende standen vor ihm. Das Gericht
wurde gehalten, und [g]die Bücher wur-
11 den aufgetan. Ich merkte auf um der
großen Reden willen, die das Horn re-
dete, und ich sah, wie [h]das Tier getötet
wurde und sein Leib umkam und ins
12 Feuer geworfen wurde. Und mit der
Macht der andern Tiere war es auch
aus; denn [i]es war ihnen Zeit und Stun-
de bestimmt, wie lang ein jedes leben
13 sollte. Ich sah in diesem Gesicht in der
Nacht, *und siehe, es kam einer mit den
Wolken des Himmels*[j] *wie eines Menschen
Sohn* und gelangte zu dem, der uralt
14 war, und wurde vor ihn gebracht. Der
gab ihm Macht, Ehre und Reich, daß
ihm alle Völker und Leute aus so vielen
verschiedenen Sprachen dienen soll-
ten. Seine Macht ist ewig und vergeht
nicht, und sein Reich hat kein Ende.
15 Ich, Daniel, war entsetzt, und dies Ge-
sicht erschreckte mich.
16 Und ich ging zu einem von denen,
die dastanden, und bat ihn, daß er mir
über das alles Genaueres berichtete.
Und er redete mit mir und sagte mir,
17 was es bedeutete. Diese vier großen
Tiere sind vier Königreiche, die auf Er-
18 den kommen werden. Aber die Heili-
gen des Höchsten werden das Reich
empfangen und werden's immer und
19 ewig besitzen. Danach hätte ich gerne
Genaueres gewußt über das [k]vierte
Tier, das ganz anders war als alle an-
dern, ganz furchtbar, mit eisernen Zäh-
nen und ehernen Klauen, das um sich
fraß und zermalmte und mit seinen Fü-
20 ßen zertrat, was übrigblieb; und über
die zehn Hörner auf seinem Haupt und
über das andere Horn, das hervor-
brach, vor dem drei ausfielen; und es
hatte Augen und ein Maul, das große
Dinge redete, und war größer als die
21 Hörner, die neben ihm waren. Und ich
sah das Horn [l]kämpfen gegen die Heili-
gen, und es behielt den Sieg über sie,
22 bis der kam, der uralt war, und Recht
schaffte den Heiligen des Höchsten
und bis die Zeit kam, daß die Heiligen
23 das Reich empfingen. Er sprach: Das
vierte Tier wird das vierte Königreich
auf Erden sein; das wird ganz anders
sein als alle andern Königreiche; es
wird alle Länder fressen, zertreten und
24 zermalmen. Die [m]zehn Hörner bedeu-
ten zehn Könige, die aus diesem
Königreich hervorgehen werden. Nach
ihnen aber wird ein anderer aufkom-
men, der wird ganz anders sein als die
vorigen und wird drei Könige stürzen.
Er wird [n]den Höchsten lästern und die 25
Heiligen des Höchsten vernichten und
wird sich unterstehen, Festzeiten und
Gesetz zu ändern. Sie werden in seine
Hand gegeben werden [o]eine Zeit und
zwei Zeiten und eine halbe Zeit. Da- 26
nach wird das Gericht gehalten wer-
den; dann wird ihm seine Macht ge-
nommen und ganz und gar vernichtet
werden. Aber *das Reich und die Macht* 27
*und die Gewalt über die Königreiche un-
ter dem ganzen Himmel wird dem Volk
der Heiligen des Höchsten gegeben wer-
den, dessen Reich ewig ist, und alle Mäch-
te werden ihm dienen und gehorchen.*

Das war das Ende der Rede. [p]Aber 28
ich, Daniel, wurde sehr beunruhigt in
meinen Gedanken, und jede Farbe war
aus meinem Antlitz gewichen; doch be-
hielt ich die Rede in meinem Herzen.

a Kap 5,1 *b* (3-7) Offb 13,1.2 *c* Kap 11,36
d Hes 1,26; Offb 4,2 *e* Ps 90,2 *f* Offb 5,11
g Ps 69,29; Offb 20,12 *h* Offb 19,20 *i* Kap 2,21
j Lk 21,27; Offb 1,13; 14,14 *k* Vers 7 *l* Offb 13,7
m Offb 17,12 *n* Offb 13,5.6 *o* Kap 12,7
p Kap 8,18; 10,8.16-18

Daniels Gesicht vom Widder und Ziegenbock

Im dritten Jahr der Herrschaft des Kö- 8
nigs [a]Belsazer erschien mir, Daniel, ein
Gesicht, nach jenem, das mir zuerst er-
schienen war. Ich hatte ein Gesicht, 2
und während meines Gesichtes war ich
in der Festung Susa im Lande Elam,
am Fluß Ulai. Und ich hob meine Au- 3
gen auf und sah, und siehe, ein Widder
stand vor dem Fluß, der hatte zwei
hohe Hörner, doch eins höher als das
andere, und das höhere war später her-
vorgewachsen. Ich sah, daß der [b]Wid- 4
der mit den Hörnern stieß nach We-
sten, nach Norden und nach Süden hin.
Und kein Tier konnte vor ihm bestehen
und vor seiner Gewalt errettet werden,
sondern er tat, was er wollte, und wurde
groß. Und indem ich darauf achthatte, 5
siehe, da kam ein [c]Ziegenbock vom
Westen her über die ganze Erde, ohne
den Boden zu berühren, und der Bock
hatte ein ansehnliches Horn zwischen
seinen Augen. Und er kam bis zu dem 6
Widder, der zwei Hörner hatte, den ich
vor dem Fluß stehen sah, und er lief in
gewaltigem Zorn auf ihn zu. Und ich 7
sah, daß er nahe an den Widder heran-
kam, und voller Grimm stieß er den
Widder und zerbrach ihm seine beiden
Hörner. Und der Widder hatte keine
Kraft, daß er vor ihm hätte bestehen
können, sondern der Bock warf ihn zu

Boden und zertrat ihn, und niemand
konnte den Widder von seiner Gewalt
8 erretten. Und der Ziegenbock wurde
sehr groß. Und als er am stärksten ge-
worden war, zerbrach das große Horn,
und es wuchsen an seiner Stelle vier an-
dere Hörner nach den vier Winden des
9 Himmels hin.[d] Und aus einem von
ihnen wuchs [e]ein kleines Horn; das
wurde sehr groß nach Süden, nach
Osten und nach dem herrlichen Land
10 hin. Und es wuchs bis an das Heer des
Himmels und warf einige von dem
Heer und von den Sternen zur Erde
11 und zertrat sie. Ja, es wuchs bis zum
Fürsten des Heeres und [f]nahm ihm das
tägliche Opfer weg und verwüstete die
12 Wohnung seines Heiligtums. Und es
wurde Frevel an dem täglichen Opfer
verübt, und das Horn warf die Wahr-
heit zu Boden. Und was es tat, gelang
13 ihm. Ich hörte aber einen Heiligen re-
den, und ein anderer Heiliger sprach zu
dem, der da redete: Wie lange gilt dies
Gesicht vom täglichen Opfer und vom
verwüstenden Frevel und vom Heilig-
14 tum, das zertreten wird? Und er ant-
wortete mir: Bis zweitausenddreihun-
dert Abende und Morgen vergangen
sind; dann wird das Heiligtum wieder
geweiht werden.
15 Und als ich, Daniel, dies Gesicht sah
und es gerne verstanden hätte, siehe, da
stand einer vor mir, der aussah wie ein
16 Mann, und ich hörte eine Menschen-
stimme mitten über dem [g]Ulai rufen
und sprechen: [h]Gabriel, lege diesem
das Gesicht aus, damit er's versteht.
17 Und Gabriel trat nahe zu mir. Ich er-
schrak aber, als er kam, und fiel auf
mein Angesicht. Er aber sprach zu mir:
Merk auf, du Menschenkind! Denn
dies Gesicht geht [i]auf die Zeit des En-
18 des. Und als er mit mir redete, sank ich
in Ohnmacht zur Erde auf mein Ange-
sicht. Er aber rührte mich an und rich-
tete mich auf, so daß ich wieder stand.
19 Und er sprach: Siehe, ich will dir kund-
tun, wie es gehen wird zur letzten Zeit
des Zorns; denn auf die Zeit des Endes
20 geht das Gesicht. Der Widder mit den
beiden Hörnern, den du gesehen hast,
bedeutet die Könige von Medien und
21 Persien. Der Ziegenbock aber ist [j]der
König von Griechenland. Das große
Horn zwischen seinen Augen ist der er-
22 ste König. Daß aber vier an seiner Stel-
le wuchsen, nachdem es zerbrochen
war, bedeutet, daß vier Königreiche
aus seinem Volk entstehen werden,
aber nicht so mächtig wie er. [k]Aber ge- 23
gen Ende ihrer Herrschaft, wenn die
Frevler überhandnehmen, wird auf-
kommen ein frecher und verschlagener
König. Der wird mächtig sein, doch 24
nicht so mächtig wie sie. Er wird unge-
heures Unheil anrichten, und es wird
ihm gelingen, was er tut. Er wird die
Starken vernichten. Und gegen das hei-
lige Volk richtet sich sein Sinnen, und 25
es wird ihm durch Betrug gelingen, und
er wird überheblich werden, und uner-
wartet wird er viele verderben und wird
sich auflehnen gegen den Fürsten aller
Fürsten; aber er wird zerbrochen wer-
den ohne Zutun von Menschenhand.
Dies Gesicht von den Abenden und 26
Morgen, das dir hiermit kundgetan ist,
das ist wahr; aber [l]du sollst das Gesicht
geheim halten; denn es ist noch eine
lange Zeit bis dahin.
Und ich, Daniel, war erschöpft und 27
lag einige Tage krank. Danach stand
ich auf und verrichtete meinen Dienst
beim König. Und ich wunderte mich
über das Gesicht, und niemand konnte
es mir auslegen.

a Kap 7,1 *b* Vers 20 *c* Vers 21 *d* Kap 11,4
e Kap 7,8 *f* Kap 9,27 *g* Vers 2 *h* Kap 9,21;
Lk 1,19.26 *i* Offb 10,6 *j* Kap 11,3 *k* *(23 und 24)*
Kap 11,21 *l* Kap 12,4

Daniels Bußgebet und das Geheimnis der siebzig Jahre

Im ersten Jahr des [a]Darius, des Sohnes 9
des Ahasveros, aus dem Stamm der
Meder, der über das Reich der Chal-
däer König wurde, in diesem ersten 2
Jahr seiner Herrschaft achtete ich, Da-
niel, in den Büchern auf die Zahl der
Jahre, von denen der HERR geredet hat-
te zum Propheten Jeremia, daß nämlich
Jerusalem [b]siebzig Jahre wüst liegen
sollte. Und ich kehrte mich zu Gott, 3
dem Herrn, um zu beten und zu flehen
unter Fasten und in Sack und Asche.
[c]Ich betete aber zu dem HERRN, mei- 4
nem Gott, und bekannte und sprach:
Ach, Herr, du großer und heiliger Gott,
der du [d]Bund und Gnade bewahrst de-
nen, die dich lieben und deine Gebote
halten! Wir haben gesündigt, Unrecht 5
getan, sind gottlos gewesen und ab-
trünnig geworden; wir sind von deinen
Geboten und Rechten abgewichen.
Wir gehorchten nicht deinen Knech- 6
ten, den Propheten, die in deinem Na-
men zu unsern Königen, Fürsten, Vä-
tern und zu allem Volk des Landes re-
deten. Du, Herr, bist gerecht, wir aber 7
müssen uns alle heute schämen, die von

Juda und von Jerusalem und vom gan-
zen Israel, die, die nahe sind, und die
zerstreut sind in allen Ländern, wohin
du sie verstoßen hast um ihrer Missetat
willen, die sie an dir begangen haben.
8 Ja, HERR, wir, unsre Könige, unsre
Fürsten und unsre Väter müssen uns
schämen, daß wir uns an dir versündigt
9 haben.[e] Bei dir aber, Herr, unser Gott,
ist Barmherzigkeit und [f]Vergebung.
10 Denn wir sind abtrünnig geworden und
gehorchten nicht der Stimme des
HERRN, unseres Gottes, und wandelten
nicht in seinem Gesetz, das er uns vor-
legte durch seine Knechte, die Prophe-
11 ten; sondern ganz Israel übertrat dein
Gesetz, und sie wichen ab und ge-
horchten deiner Stimme nicht. [g]Dar-
um trifft uns auch der Fluch, den er ge-
schworen hat und der geschrieben steht
im Gesetz des Mose, des Knechtes
Gottes, weil wir an ihm gesündigt ha-
12 ben. Und Gott hat seine Worte gehal-
ten, die er geredet hat gegen uns und
unsere Richter, die uns richten sollten,
daß er ein so großes Unglück über uns
hat kommen lassen; denn unter dem
ganzen Himmel ist derartiges nicht ge-
13 schehen wie in Jerusalem. Wie es ge-
schrieben steht im Gesetz des Mose, so
ist all dies große Unglück über uns ge-
kommen. Aber wir beteten auch nicht
vor dem HERRN, unserm Gott, so daß
wir uns von unsern Sünden bekehrt
und auf deine Wahrheit geachtet hät-
14 ten. Darum ist der HERR auch bedacht
gewesen auf dies Unglück und hat's
über uns kommen lassen. Denn der
HERR, unser Gott, ist gerecht in allen
seinen Werken, die er tut; aber wir ge-
horchten seiner Stimme nicht.
15 Und nun, Herr, unser Gott, der du
dein Volk aus Ägyptenland geführt hast
mit starker Hand und hast dir einen
Namen gemacht, so wie es heute ist:
wir haben gesündigt, wir sind gottlos
16 gewesen. Ach Herr, um aller deiner
Gerechtigkeit willen wende ab deinen
Zorn und Grimm von deiner Stadt Je-
rusalem und deinem heiligen Berg.
Denn wegen unserer Sünden und
wegen der Missetaten unserer Väter
trägt Jerusalem und dein Volk
Schmach bei allen, die um uns her woh-
17 nen. Und nun, unser Gott, höre das
Gebet deines Knechtes und sein Fle-
hen. Laß leuchten dein Antlitz über
dein zerstörtes Heiligtum um deinet-
18 willen, Herr! Neige dein Ohr, mein
Gott, und höre, tu deine Augen auf und
sieh an unsere Trümmer und die Stadt,
die nach deinem Namen genannt ist.
Denn *wir liegen vor dir mit unserm Gebet*
und vertrauen nicht auf unsre Gerechtig-
keit, sondern auf deine große Barmher-
zigkeit. Ach Herr, höre! Ach Herr, sei 19
gnädig! Ach Herr, merk auf! Tu es und
säume nicht – um deinetwillen, mein
Gott! Denn deine Stadt und [h]dein Volk
ist nach deinem Namen genannt.
Als ich noch so redete und betete und 20
meine und meines Volkes Israel Sünde
bekannte und mit meinem Gebet für
den heiligen Berg meines Gottes vor
dem HERRN, meinem Gott, lag, eben als 21
ich noch so redete in meinem Gebet, da
flog der Mann [i]Gabriel, den ich zuvor
im Gesicht gesehen hatte, um die Zeit
des Abendopfers dicht an mich heran.
Und er unterwies mich und redete mit 22
mir und sprach: Daniel, jetzt bin ich
ausgegangen, um dir zum rechten Ver-
ständnis zu verhelfen. Denn als du an- 23
fingst zu beten, erging ein Wort, und
ich komme, um dir's kundzutun; denn
du bist von Gott geliebt. So merke nun
auf das Wort, damit du das Gesicht ver-
stehst.
Siebzig Wochen* sind verhängt über 24
dein Volk und über deine heilige Stadt;
dann wird dem Frevel ein Ende ge-
macht und die Sünde abgetan und die
Schuld gesühnt, und es wird ewige Ge-
rechtigkeit gebracht und Gesicht und
Weissagung erfüllt und das Allerheilig-
ste gesalbt werden. So wisse nun und 25
gib acht: Von der Zeit an, als das Wort
erging, Jerusalem werde wieder aufge-
baut werden, bis ein Gesalbter, ein
Fürst, kommt, sind es sieben Wochen;
und zweiundsechzig Wochen lang wird
es wieder aufgebaut sein mit Plätzen
und Gräben, wiewohl in kummervoller
Zeit. Und nach den zweiundsechzig 26
Wochen wird ein Gesalbter ausgerottet
werden und nicht mehr sein. Und das
Volk eines Fürsten wird kommen und
die Stadt und das Heiligtum zerstören,
aber dann kommt das Ende durch eine
Flut, und bis zum Ende wird es Krieg
geben und [j]Verwüstung, die längst be-
schlossen ist. Er wird aber vielen den 27
Bund schwer machen eine Woche lang.
Und in der Mitte der Woche wird er
Schlachtopfer und Speisopfer abschaf-
fen. Und im Heiligtum wird stehen ein
[k]Greuelbild, das Verwüstung anrich-
tet, bis [l]das Verderben, das beschlossen
ist, sich über die Verwüstung ergießen
wird.

a Kap 6,1 *b* Jer 25,11.12; 29,10 *c (4-19)* Jer 14,7
d 5.Mose 7,9; Neh 1,5 *e* Esr 9,7; Jes 43,27
f Ps 130,4 *g* 3.Mose 26,14-39; 5.Mose 28,15-68
h Jer 14,9 *i* Kap 8,16 *j* Jes 28,22; Lk 21,23.24
k Kap 8,11; 11,31; 12,11; Mt 24,15 *l* Jes 10,22.23
*Vers 24: Gemeint sind Jahrwochen; jede umfaßt sieben Jahre.

Vorbereitung und Empfang einer letzten Offenbarung und Versiegelung des Buches

10 Im dritten Jahr des Königs [a]Cyrus von
Persien wurde dem Daniel, der [b]Belt-
schazar heißt, etwas offenbart, was ge-
wiß ist und von großen Dingen handelt.
Und er achtete darauf und verstand das
Gesicht.
2 Zu der Zeit trauerte ich, Daniel, drei
3 Wochen lang. Ich aß keine leckere
Speise; Fleisch und Wein kamen nicht
in meinen Mund; und ich salbte mich
auch nicht, bis die drei Wochen um wa-
4 ren. Und am vierundzwanzigsten Tage
des ersten Monats war ich an dem gro-
5 ßen Strom Tigris [c]und hob meine Au-
gen auf und sah, und siehe, da stand ein
Mann, der hatte leinene Kleider an und
einen goldenen Gürtel um seine Len-
6 den. Sein Leib war wie ein Türkis, sein
Antlitz sah aus wie ein Blitz, seine Au-
gen wie feurige Fackeln, seine Arme
und Füße wie helles, glattes Kupfer,
und seine Rede war wie ein großes
7 Brausen.[d] Aber ich, Daniel, sah dies
Gesicht allein, und die Männer, die bei
mir waren, sahen's nicht; doch fiel ein
großer Schrecken auf sie, so daß sie flo-
hen und sich verkrochen.
8 Ich blieb allein und sah dies große
Gesicht. Es blieb aber keine Kraft in
mir; jede Farbe wich aus meinem Ant-
litz, und ich hatte keine Kraft mehr.
9 Und ich hörte seine Rede; und wäh-
rend ich sie hörte, sank ich ohnmächtig
10 auf mein Angesicht zur Erde. Und sie-
he, eine Hand rührte mich an und half
mir auf die Knie und auf die Hände,
11 und er sprach zu mir: Daniel, du von
Gott Geliebter, merk auf die Worte, die
ich mit dir rede, und richte dich auf;
denn ich bin jetzt zu dir gesandt. Und
als er dies mit mir redete, richtete ich
12 mich zitternd auf. Und er sprach zu
mir: Fürchte dich nicht, Daniel; denn
von dem ersten Tage an, als du von
Herzen begehrtest zu verstehen und
anfingst, dich zu demütigen vor deinem
Gott, wurden deine Worte erhört, und
ich wollte kommen um deiner Worte
13 willen. Aber der Engelfürst des König-
reichs Persien hat mir einundzwanzig
Tage widerstanden; und siehe, Mi-
chael, einer der Ersten unter den En-
gelfürsten, kam mir zu Hilfe, und ihm
überließ ich den [e]Kampf mit dem En-
gelfürsten des Königreichs Persien.
Nun aber komme ich, um dir Bericht zu 14
geben, wie es deinem Volk gehen wird
am Ende der Tage; denn das Gesicht
geht auf ferne Zeit.
Und als er das alles mit mir redete, 15
neigte ich mein Angesicht zur Erde und
schwieg still. Und siehe, einer, der 16
einem Menschen gleich war, [f]rührte
meine Lippen an. Da tat ich meinen
Mund auf und redete und sprach zu
dem, der vor mir stand: Mein Herr,
meine Glieder bebten, als ich das Ge-
sicht hatte, und es war keine Kraft
mehr in mir. Wie kann der Knecht mei- 17
nes Herrn mit meinem Herrn reden, da
auch jetzt noch keine Kraft in mir ist
und mir der Atem fehlt? Da [g]rührte 18
mich abermals der an, der aussah wie
ein Mensch, und stärkte mich und 19
sprach: [h]Fürchte dich nicht, du von
Gott Geliebter! Friede sei mit dir! Sei
getrost, sei getrost! Und als er mit mir
redete, ermannte ich mich und sprach:
Mein Herr, rede; denn du hast mich
gestärkt. Und er sprach: Weißt du, 20
warum ich zu dir gekommen bin? Und
jetzt muß ich wieder hin und mit dem
Engelfürsten von Persien kämpfen;
und wenn ich das hinter mich gebracht
habe, siehe, dann wird der Engelfürst
von Griechenland kommen. – Doch zu- 21
vor will ich dir kundtun, was geschrie-
ben ist im Buch der Wahrheit. – Und es
ist keiner, der mir hilft gegen jene, au-
ßer eurem Engelfürsten Michael. Und **11**
ich stand auch bei ihm im ersten Jahr
des Darius des Meders, um ihm zu hel-
fen und ihn zu stärken.
Und nun [i]will ich dir kundtun, was 2
gewiß geschehen soll. Siehe, es werden
noch drei Könige in Persien aufstehen,
der vierte aber wird größeren Reichtum
haben als alle andern. Und wenn er in
seinem Reichtum am mächtigsten ist,
wird er alles gegen das Königreich
Griechenland aufbieten. Danach wird 3
[j]ein mächtiger König aufstehen und
mit großer Macht herrschen, und was
er will, wird er ausrichten. Aber wenn 4
er emporgekommen ist, wird sein Reich
zerbrechen und [k]in die vier Winde des
Himmels zerteilt werden, nicht auf sei-
ne Nachkommen, auch nicht mit sol-
cher Macht, wie er sie hatte; denn sein
Reich wird zerstört und Fremden zuteil

5 werden. Und der König des Südens
wird mächtig werden; aber gegen ihn
wird einer seiner Fürsten noch mächti-
ger werden und herrschen; dessen
6 Herrschaft wird groß sein. Nach eini-
gen Jahren aber werden sie sich mitein-
ander befreunden. Und die Tochter
des Königs des Südens wird kommen
zum König des Nordens, um die Einig-
keit zu festigen. Aber sie wird keinen
Erfolg haben, und auch ihr Nachkom-
me wird nicht bleiben, sondern sie wird
preisgegeben werden samt denen, die
sie gebracht haben, und mit dem, der
sie erzeugt hat, und mit dem, der sie zur
7 Frau genommen hat. Zu der Zeit wird
einer aus ihrem Stamm emporkom-
men; der wird gegen die Heeresmacht
des Königs des Nordens ziehen und in
seine Festung eindringen und wird an
8 ihnen seine Macht zeigen. Auch wird er
ihre Götter samt den Bildern und den
kostbaren Geräten aus Silber und Gold
wegführen nach Ägypten und einige
Jahre von dem König des Nordens ab-
9 lassen. Aber der wird eindringen in das
Reich des Königs des Südens, jedoch
dann wieder in sein Land zurückkeh-
ren.

10 Aber seine Söhne werden Krieg füh-
ren und große Heere zusammenbrin-
gen; und der eine wird kommen und
wie eine Flut heranbrausen und wie-
derum Krieg führen bis vor seine Fe-
11 stung. Dann wird der König des Sü-
dens ergrimmen und ausziehen und mit
dem König des Nordens kämpfen. Der
wird ein großes Heer zusammenbrin-
gen, aber das Heer wird in die Hand des
12 andern gegeben und vernichtet wer-
den. Daraufhin wird sich dessen Herz
überheben, und er wird viele Tausende
erschlagen; aber er wird nicht mächtig
13 bleiben. Denn der König des Nordens
wird wiederum ein Heer zusammen-
bringen, größer als das vorige war; und
nach einigen Jahren wird er ausziehen
mit großer Heeresmacht und vielem
14 Troß. Und zur selben Zeit werden viele
aufstehen gegen den König des Südens.
Auch werden sich Abtrünnige aus dei-
nem Volk erheben und eine Weissa-
15 gung erfüllen und werden fallen. Und
der König des Nordens wird kommen
und einen Wall aufschütten und eine
feste Stadt einnehmen. Und die Heere
des Südens können's nicht verhindern,
und sein bestes Kriegsvolk kann nicht
16 widerstehen; sondern der gegen ihn
zieht, wird tun, was ihm gut dünkt, und
niemand wird ihm widerstehen kön-
nen. Er wird auch in das [l]herrliche
Land kommen, und Verderben ist in
seiner Hand. Und er wird seinen Sinn 17
darauf richten, daß er mit Macht sein
ganzes Königreich bekomme, und sich
mit ihm vertragen und wird ihm seine
Tochter zur Frau geben, um ihn zu ver-
derben. Aber es wird ihm nicht ge-
lingen, und es wird nichts daraus wer-
den. Danach wird er sich gegen die In- 18
seln wenden und viele von ihnen ge-
winnen. Aber ein Mächtiger wird ihn
zwingen, mit Schmähen aufzuhören,
und wird ihm seine Schmähungen
heimzahlen. Danach wird er sich wen- 19
den gegen die Festungen seines eigenen
Landes; er wird straucheln und fallen,
daß man ihn nirgends finden wird.

Und an seiner Statt wird einer em- 20
porkommen, der wird einen Kämmerer
das herrliche Land durchziehen lassen,
um Abgaben einzutreiben; doch nach
einigen Jahren wird er umgebracht
werden, aber weder öffentlich noch im
Kampf.

Dann wird an seiner Statt [m]empor- 21
kommen ein verächtlicher Mensch,
dem die Ehre des Thrones nicht zuge-
dacht war. Der wird unerwartet kom-
men und sich durch Ränke die Herr-
schaft erschleichen. Und heranflutende 22
Heere werden vor ihm hinwegge-
schwemmt und vernichtet werden,
dazu auch der Fürst des Bundes. Denn 23
nachdem er sich mit ihm angefreundet
hat, wird er listig handeln und her-
aufziehen und mit wenigen Leuten
Macht gewinnen. Und unerwartet wird 24
er in die besten Städte des Landes kom-
men und wird tun, was weder seine Vä-
ter noch seine Vorväter getan haben,
und Raub, Beute und Güter an seine
Leute verteilen; er wird nach den aller-
festesten Städten trachten, aber nur für
eine befristete Zeit. Und er wird seine 25
Macht und seinen Mut gegen den Kö-
nig des Südens aufbieten mit einem
großen Heer. Dann wird der König des
Südens sich aufmachen zum Kampf
mit einem großen, mächtigen Heer,
aber er wird nicht bestehen; denn es
werden Pläne gegen ihn geschmiedet.
Und die sein Brot essen, die werden 26
helfen, ihn zu verderben und sein Heer
zu verjagen, so daß viele erschlagen
werden. Und beide Könige werden 27
darauf bedacht sein, wie sie einander
schaden können, und sie werden an
einem Tisch verlogen miteinander re-

den. Es wird ihnen aber nicht gelingen,
denn das Ende ist noch auf eine andere
28 Zeit bestimmt. Danach wird er wieder
heimziehen mit großer Beute und dabei
seinen Sinn richten gegen den heiligen
Bund; er wird es ausführen und in sein
29 Land zurückkehren. Und nach einer
bestimmten Zeit wird er wieder nach
Süden ziehen; aber es wird beim zwei-
ten Mal nicht so sein wie beim ersten
30 Mal. Denn es werden Schiffe aus Kit-
tim gegen ihn kommen, so daß er verza-
gen wird und umkehren muß. Dann
wird er gegen den heiligen Bund er-
grimmen und danach handeln und sich
denen zuwenden, die den heiligen
31 Bund verlassen. Und seine Heere wer-
den kommen und Heiligtum und Burg
entweihen und das tägliche Opfer ab-
schaffen und das Greuelbild der Ver-
32 wüstung aufstellen.[n] Und er wird mit
Ränken alle zum Abfall bringen, die
den Bund übertreten. Aber die vom
Volk, die ihren Gott kennen, werden
sich ermannen und danach handeln.
33 Und die Verständigen im Volk werden
vielen zur Einsicht verhelfen; darüber
werden sie verfolgt werden mit
Schwert, Feuer, Gefängnis und Raub
34 eine Zeitlang. Während sie verfolgt
werden, wird ihnen eine kleine Hilfe
zuteil werden; aber viele werden sich
35 nicht aufrichtig zu ihnen halten. Und
einige von den Verständigen werden
fallen, damit viele bewährt, rein und
lauter werden für die Zeit des Endes;
denn es geht ja um eine befristete Zeit.

36 Und der König wird tun, was er will,
und [o] wird sich überheben und großtun
gegen alles, was Gott ist. Und gegen
den Gott aller Götter [p] wird er Unge-
heuerliches reden, und es wird ihm ge-
lingen, bis sich der Zorn ausgewirkt
hat; denn es muß geschehen, was be-
37 schlossen ist. Auch die Götter seiner
Väter wird er nicht achten; er wird we-
der den [q] Lieblingsgott der Frauen
noch einen andern Gott achten; denn
38 er wird sich über alles erheben. Dage-
gen wird er den Gott der Festungen
verehren; den Gott, von dem seine Vä-
ter nichts gewußt haben, wird er ehren
mit Gold, Silber, Edelsteinen und
39 Kostbarkeiten. Und er wird die starken
Festungen dem fremden Gott unter-
stellen. Denen, die ihn erwählen, wird
er große Ehre antun und sie zu Herren
machen über viele und ihnen Land zum
Lohn austeilen.

40 Und zur Zeit des Endes wird sich der
König des Südens mit ihm messen, und
der König des Nordens wird mit Wa-
gen, Reitern und vielen Schiffen gegen
ihn anstürmen und wird in die Länder
einfallen und sie überschwemmen und
überfluten. Und er wird in das [r] herr- 41
liche Land einfallen, und viele werden
umkommen. Es werden aber seiner
Hand entrinnen Edom, Moab und der
Hauptteil der Ammoniter. Und er wird 42
seine Hand ausstrecken nach den Län-
dern, und Ägypten wird ihm nicht ent-
rinnen, sondern er wird Herr werden 43
über die goldenen und silbernen Schät-
ze und über alle Kostbarkeiten Ägyp-
tens; Libyer und Kuschiter werden
ihm folgen müssen. Es werden ihn aber 44
Gerüchte erschrecken aus Osten und
Norden, und er wird mit großem
Grimm ausziehen, um viele zu vertil-
gen und zu verderben. Und er wird sei- 45
ne prächtigen Zelte aufschlagen zwi-
schen dem Meer und dem herrlichen,
heiligen Berg; aber es wird mit ihm ein
Ende nehmen, und niemand wird ihm
helfen.

Zu jener Zeit wird [s] Michael, der gro- **12**
ße Engelfürst, der für dein Volk ein-
tritt, sich aufmachen. Denn [t] es wird
eine Zeit so großer Trübsal sein, wie sie
nie gewesen ist, seitdem es Menschen
gibt, bis zu jener Zeit. Aber zu jener
Zeit wird dein Volk errettet werden,
alle, die [u] im Buch geschrieben stehen.
Und *viele, die unter der Erde schlafen lie-* 2
gen, werden aufwachen, [v] *die einen zum*
ewigen Leben, die andern zu ewiger
Schmach und Schande. Und [w] *die da leh-* 3
ren, werden leuchten wie des Himmels
Glanz, und [x] *die viele zur Gerechtigkeit*
weisen, wie die Sterne immer und ewig-
lich.

Und du, Daniel, verbirg diese Wor- 4
te, und [y] versiegle dies Buch bis auf die
letzte Zeit. Viele werden es dann
durchforschen und große Erkenntnis
finden.

Und ich, Daniel, sah, und siehe, es 5
standen zwei andere da, einer an diesem
Ufer des Stroms, der andere an jenem
Ufer. Und er sprach zu dem Mann in 6
[z] leinenen Kleidern, der über den Was-
sern des Stroms stand: Wann sollen
denn diese großen Wunder geschehen?
Und ich hörte den Mann in leinenen 7
Kleidern, der über den Wassern des
Stroms stand. Er hob seine rechte und
linke Hand auf gen Himmel und
schwor bei dem, der ewiglich lebt, daß
es [aa] eine Zeit und zwei Zeiten und eine

halbe Zeit währen soll; und wenn die
Zerstreuung des heiligen Volks ein
8 Ende hat, soll dies alles geschehen. Und
ich hörte es, aber ich verstand's nicht
und sprach: Mein Herr, was wird das
9 Letzte davon sein? Er aber sprach: Geh
hin, Daniel; denn es ist verborgen und
10 versiegelt bis auf die letzte Zeit. Viele
werden gereinigt, geläutert und geprüft
werden, aber die Gottlosen werden
gottlos handeln; alle Gottlosen wer-
den's nicht verstehen, aber die Verstän-
11 digen werden's verstehen. Und von der
Zeit an, da [ab] das tägliche Opfer abge-
schafft und das Greuelbild der Verwü-
stung aufgestellt wird, sind tausend-
zweihundertneunzig Tage. Wohl dem, 12
der da wartet und erreicht tausenddrei-
hundertfünfunddreißig Tage! Du 13
aber, Daniel, geh hin, bis das Ende
kommt, und ruhe, bis du auferstehst zu
deinem Erbteil am Ende der Tage!

a Kap 1,21 *b* Kap 1,7 *c* (*5 und 6*) Kap 8,15; 12,6; Hes 9,2; Offb 1,13-15 *d* Hes 1,27.28 *e* Jes 24,21 *f* Jes 6,7; Jer 1,9 *g* Kap 8,18 *h* Offb 1,17 *i* Kap 10,21 *j* Kap 8,21 *k* Kap 8,8.22 *l* Kap 8,9 *m* Kap 8,23.24 *n* Kap 9,27 *o* 2.Thess 2,4 *p* Kap 7,8.25; Offb 13,5.6 *q* Hes 8,14 *r* Vers 16 *s* Kap 10,13; Offb 12,7 *t* Mt 24,21 *u* Kap 7,10 *v* Joh 5,29 *w* Kap 11,33 *x* Spr 4,18; Mt 13,43 *y* Offb 10,4 *z* Kap 10,5 *aa* Kap 7,25; Offb 10,5.6 *ab* Kap 9,27

DER PROPHET HOSEA

Inhaltsübersicht

Hoseas Ehe – das Zeichen für die Untreue Israels

1 Dies ist das Wort des HERRN, das ge-
schehen ist zu Hosea, dem Sohn Beeris,
zur Zeit des [a] Usia, Jotam, Ahas und
Hiskia, der Könige von Juda, und zur
Zeit [b] Jerobeams, des Sohnes des Joas,
des Königs von Israel.
2 Als der HERR anfing zu reden durch
Hosea, sprach er zu ihm: Geh hin und
nimm ein [c] Hurenweib und Hurenkin-
der; denn das Land läuft vom HERRN
weg der Hurerei nach.
3 Und er ging hin und nahm Gomer,
die Tochter Diblajims, zur Frau; die
ward schwanger und gebar ihm einen
4 Sohn. Und der HERR sprach zu ihm:
Nenne ihn Jesreel; denn es ist nur noch
eine kurze Zeit, dann will ich [d] die Blut-
schuld von Jesreel heimsuchen am
Hause Jehu und will mit dem König-
reich des Hauses Israel ein Ende ma-
5 chen. Zur selben Zeit will ich den Bo-
gen Israels zerbrechen in der Ebene
Jesreel.
6 Und sie ward abermals schwanger
und gebar eine Tochter. Und er sprach
zu ihm: Nenne sie [e] Lo-Ruhama*;
denn ich will mich nicht mehr über das
Haus Israel erbarmen, sondern ich will
sie wegwerfen. Doch will ich mich er- 7
barmen über das Haus Juda und will
ihnen helfen durch den HERRN, ihren
Gott; ich will ihnen aber nicht helfen
durch Bogen, Schwert, Rüstung, Roß
und Wagen.
Und als sie Lo-Ruhama entwöhnt 8
hatte, ward sie wieder schwanger und
gebar einen Sohn. Und er sprach: Nen- 9
ne ihn Lo-Ammi*; denn ihr seid nicht
mein Volk, so will ich auch nicht der
Eure sein.

a Jes 1,1 *b* 2.Kön 14,23; Am 1,1 *c* Kap 3,1; 5.Mose 23,18 *d* 2.Kön 10,1-14 *e* Kap 2,3.25
*Vers 6: d. h. Unbegnadigte.
*Vers 9: d. h. Nicht mein Volk.

Gottes Treue überwindet Israels Untreue

*Es wird aber [a] die Zahl der Israeliten 2
sein wie der Sand am Meer, den man
weder messen noch zählen kann. Und
[b] es soll geschehen, anstatt daß man zu
ihnen sagt: »Ihr seid nicht mein Volk«,
wird man zu ihnen sagen: »O ihr Kin-
der des lebendigen Gottes!« Denn [c] es 2
werden die Judäer und die Israeliten
zusammenkommen und werden sich
ein gemeinsames Haupt erwählen und
aus dem Lande heraufziehen; denn der

Tag Jesreels wird ein großer Tag sein.
3 Sagt euren Brüdern, [d]sie seien mein
Volk, und zu euren Schwestern, [e]sie
seien in Gnaden.
4 Fordert von eurer Mutter – sie ist ja
nicht meine Frau, und ich bin nicht ihr
Mann! –, daß sie die [f]Zeichen ihrer
Hurerei von ihrem Angesichte wegtue
und die Zeichen ihrer Ehebrecherei
5 zwischen ihren Brüsten, damit ich sie
nicht nackt ausziehe und hinstelle, wie
sie war, als sie geboren wurde, und ich
sie nicht mache wie eine Wüste und wie
ein dürres Land und sie nicht vor Durst
6 sterben lasse! Und ich will mich ihrer
Kinder nicht erbarmen, denn sie sind
7 Hurenkinder. Ihre Mutter ist eine
Hure, und die sie getragen hat, treibt es
schändlich und spricht: [g]Ich will meinen
Liebhabern nachlaufen, die mir
mein Brot und Wasser geben, Wolle
8 und Flachs, Öl und Trank. Darum siehe,
ich will ihr den Weg mit Dornen
versperren und eine Mauer ziehen, daß
9 sie ihren Pfad nicht finden soll. Und
wenn sie ihren Liebhabern nachläuft
und sie nicht einholen kann, und wenn
sie nach ihnen sucht und sie nicht finden
kann, so wird sie sagen: Ich will
wieder zu meinem früheren Mann gehen;
denn damals ging es mir besser als
10 jetzt. Aber sie will nicht erkennen, daß
ich es bin, [h]der ihr Korn, Wein und Öl
gegeben hat und viel Silber und Gold,
das sie dem Baal zu Ehren gebraucht
haben.
11 Darum will ich mein Korn und meinen
Wein mir wieder nehmen zu seiner
Zeit und meine Wolle und meinen
Flachs ihr entreißen, womit sie ihre
12 Blöße bedeckt. Dann will ich [i]ihre
Scham aufdecken vor den Augen ihrer
Liebhaber, und niemand soll sie aus
13 meiner Hand erretten. Und ich will ein
Ende machen mit allen ihren Freuden,
Festen, Neumonden, Sabbaten und allen
14 ihren Feiertagen. Ich will ihre
Weinstöcke und Feigenbäume verwildern
lassen, weil sie sagt: »Das ist mein
Lohn, den mir meine Liebhaber gegeben
haben.« Ich will eine Wildnis aus
ihnen machen, daß die Tiere des Feldes
15 sie fressen sollen. So will ich heimsuchen
an ihr die Tage der Baale, an denen
sie Räucheropfer darbringt und
sich mit Stirnreifen und Halsbändern
schmückt und ihren Liebhabern nachläuft,
mich aber vergißt, spricht der
HERR.
16 Darum siehe, ich will sie locken und
will sie in die Wüste führen und
[j]freundlich mit ihr reden. Dann will ich 17
ihr von dorther ihre Weinberge geben
und das [k]Tal Achor zum Tor der Hoffnung
machen. Und dorthin wird sie
willig folgen wie zur Zeit ihrer Jugend,
als sie aus Ägyptenland zog. Alsdann, 18
spricht der HERR, wirst du mich nennen
[l]»Mein Mann« und nicht mehr »Mein
Baal«. Denn ich will die Namen der 19
Baale von ihrem Munde wegtun, daß
man ihrer Namen nicht mehr gedenken
soll.
Und [m]ich will zur selben Zeit für sie 20
einen Bund schließen mit den Tieren
auf dem Felde, mit den Vögeln unter
dem Himmel und mit dem Gewürm
des Erdbodens und will Bogen,
Schwert und Rüstung im Lande zerbrechen
und [n]will sie sicher wohnen
lassen. *Ich will mich mit dir verloben für* 21
*alle Ewigkeit, ich will mich mit dir verloben
in Gerechtigkeit und Recht, in Gnade
und Barmherzigkeit.*[o] *Ja, in Treue will* 22
*ich mich mit dir verloben, und du wirst
[p]den* HERRN *erkennen.* Zur selben Zeit 23
will ich erhören, spricht der HERR, ich
will den Himmel erhören, und der
Himmel soll die Erde erhören, und die 24
Erde soll Korn, Wein und Öl erhören,
und diese sollen Jesreel erhören.* Und 25
ich will ihn mir in das Land einsäen und
mich erbarmen über [q]Lo-Ruhama,
und [r]ich will sagen zu Lo-Ammi: »Du
bist mein Volk«, und er wird sagen: »Du
bist mein Gott.«

a 1.Mose 22,17 *b* Röm 9,26 *c* Jes 11,11-13; Jer 3,18; Hes 37,22 *d* Kap 1,9 *e* Kap 1,6 *f* Hes 16; 23 *g* Jer 44,17 *h* 5.Mose 7,12.13 *i* Jer 13,22 *j* Jes 40,2 *k* Jos 7,24-26 *l* Jes 54,5 *m* 1.Mose 9,9.10 *n* Hes 34,25 *o* Offb 19,7 *p* Jer 31,34 *q* Kap 1,6 *r* Kap 1,9; Röm 9,25; 1.Petr 2,10

*Vers 1: Abweichende Verszählung statt 2,1-25: 1,10-2,23.

*Vers 24: »Jesreel« kann heißen »Gott sät ein« und meint die fruchtbare Ebene, zugleich aber (Vers 25) den Prophetensohn, der wiederum ganz Israel vertritt (vgl. Kap 1,4).

Gottes Langmut wird sein Volk zurückgewinnen

Und der HERR sprach zu mir: [a]Geh 3
noch einmal hin und wirb um eine buhlerische
und ehebrecherische Frau, wie
denn der HERR um die Israeliten wirbt,
obgleich sie sich zu fremden Göttern
kehren und [b]Traubenkuchen lieben.
Und ich kaufte sie mir für fünfzehn Sil- 2
berstücke und fünfzehn Scheffel Gerste
und sprach zu ihr: Lange Zeit sollst 3
du bleiben, ohne zu huren und ohne
einem Mann anzugehören, und auch

4 ich will nicht zu dir eingehen. Denn
lange Zeit werden die Israeliten ohne
König und ohne Obere bleiben, ohne
Opfer, ohne Steinmal, ohne Efod und
5 ohne Hausgott.[c] Danach werden sich
die Israeliten bekehren und [d]den
HERRN, ihren Gott, und ihren König
David suchen und werden mit Zittern
zu dem HERRN und seiner Gnade kom-
men in der letzten Zeit.

a Kap 1,2 *b* Jer 7,17.18 *c* 2.Chr 15,3 *d* Jer 30,9; Hes 34,23.24

Strafrede gegen die Priester und gegen den Götzendienst Israels

4 Höret, ihr Israeliten, des HERRN Wort!
Denn der HERR hat Ursache, zu schel-
ten, die im Lande wohnen; denn es ist
keine Treue, keine Liebe und keine Er-
2 kenntnis Gottes im Lande, sondern
Verfluchen, Lügen, Morden, Stehlen
und Ehebrechen haben überhandge-
nommen, und eine Blutschuld kommt
3 nach der andern. Darum wird das Land
dürre stehen, und alle seine Bewohner
werden dahinwelken; auch die Tiere
auf dem Felde und die Vögel unter dem
Himmel und die Fische im Meer wer-
den weggerafft.
4 Doch soll man niemand schelten
noch zurechtweisen, sondern allein
dich, Priester, habe ich zu schelten.
5 Darum sollst du bei Tage fallen, und
der Prophet soll des Nachts neben dir
fallen; auch deine Mutter will ich da-
6 hingeben. Mein Volk ist dahin, weil es
ohne Erkenntnis ist. Denn du hast die
Erkenntnis verworfen; darum will ich
dich auch verwerfen, daß du nicht
mehr mein Priester sein sollst. Du ver-
gißt das Gesetz deines Gottes; darum
will auch ich deine Kinder vergessen.
7 Je mehr ihrer werden, desto mehr sün-
digen sie gegen mich; darum will ich
8 ihre Ehre zuschanden machen. Sie näh-
ren sich von den [a]Sündopfern meines
Volks und sind begierig nach seiner
9 Schuld. Darum soll es dem Priester ge-
hen wie dem Volk; denn ich will sein
Tun heimsuchen und ihm vergelten,
10 wie er's verdient: Sie werden essen und
nicht satt werden, Hurerei treiben und
sich nicht mehren, weil sie den HERRN
verlassen haben und ihn nicht achten.
11 Hurerei, Wein und Trunk machen toll.
12 Mein Volk [b]befragt sein Holz, und
sein Stab soll ihm antworten; denn der
[c]Geist der Hurerei verführt sie, daß sie
mit ihrer Hurerei ihrem Gott weg-
13 laufen. Oben [d]auf den Bergen opfern
sie, und auf den Hügeln räuchern sie
unter den Eichen, Linden und Buchen;
denn ihr Schatten erquickt. Darum
werden eure Töchter auch zu Huren
und eure Bräute zu Ehebrecherinnen.
Ich will's auch nicht wehren, wenn eure 14
Töchter zu Huren und eure Bräute zu
Ehebrecherinnen werden, weil [e]ihr
selbst abseits geht mit den Huren und
mit den Tempeldirnen opfert und so
das törichte Volk zu Fall kommt.
Willst du, Israel, schon huren, so soll 15
Juda sich nicht auch verschulden!
[f]Geht nicht hin nach Gilgal und
kommt nicht hinauf nach [g]Bet-Awen
und [h]schwört nicht: So wahr der HERR
lebt! Denn Israel läuft dahin wie eine 16
tolle Kuh; soll da der HERR sie weiden
lassen wie ein Lamm auf freiem Feld?
Efraim hat sich zu den Götzen gesellt; 17
so laß es hinfahren. Sie haben sich der 18
Schwelgerei und Hurerei ergeben; ihre
Schamlosen haben Lust an der Schan-
de. Der Wind mit seinen Flügeln wird 19
sie fassen, und über ihrem Opfer sollen
sie zuschanden werden.

a 3.Mose 4,13-21.27-35; 6,19 *b* Jer 2,27 *c* Kap 5,4 *d* Hes 6,13 *e* Kap 1,2 *f* Am 5,5 *g* Kap 10,5 *h* Am 8,14

Drohung gegen die Führer Israels

So höret nun dies, ihr Priester, und **5**
merke auf, du Haus Israel, und nimm
zu Ohren, du Haus des Königs! Denn
euch ist das Recht anvertraut! Ihr aber
seid eine Schlinge für Mizpa geworden
und ein ausgespanntes Netz auf dem
Tabor und eine tiefe Grube zu Schit- 2
tim; darum muß ich sie allesamt stra-
fen. Ich kenne Efraim gut, und Israel 3
ist vor mir nicht verborgen: [a]Efraim ist
nun eine Hure und Israel unrein. Ihre 4
bösen Taten lassen es nicht zu, daß sie
umkehren zu ihrem Gott; denn sie ha-
ben einen [b]Geist der Hurerei in ihrem
Herzen, und den HERRN kennen sie
nicht. Wider Israel zeugt seine Hoffart; 5
darum sollen Israel und Efraim fallen
um ihrer Schuld willen; auch Juda soll
mit ihnen fallen. Alsdann werden sie 6
kommen mit ihren Schafen und Rin-
dern, den HERRN zu suchen, aber ihn
nicht finden; denn er hat sich von ihnen
gewandt.[c] Sie sind dem HERRN untreu 7
und zeugen fremde Kinder; darum
wird sie auch der [d]Neumond fressen
samt ihrem Erbteil.

a Kap 1,2; 6,10 *b* Kap 4,12 *c* Jes 1,11-15 *d* Kap 2,13

Der Bruderkrieg zwischen Efraim und Juda und Israels flüchtige Buße

8 [a]Blast die Posaune zu Gibea, ja, trom-
petet zu Rama, ja, ruft laut zu [b]Bet-
Awen: Man ist hinter dir her, Benja-
9 min! Denn Efraim soll zur Wüste wer-
den zur Zeit, wenn ich sie strafen wer-
de. Davor habe ich die Stämme Israels
10 treulich gewarnt. Die Oberen von Juda
sind denen gleich, die [c]die Grenze ver-
rücken; darum will ich meinen Zorn
über sie ausschütten wie Wasser.
11 Efraim leidet Gewalt, zertreten ist das
Recht; denn es gefiel ihm, dem Nichti-
12 gen nachzulaufen. Ich bin für Efraim
wie eine Motte und für das Haus Juda
13 wie eine Made. Als aber Efraim seine
Krankheit und Juda seine Wunde fühl-
te, [d]zog Efraim hin nach Assur und
schickte zum König Jareb. Aber der
kann euch nicht helfen noch eure Wun-
14 de heilen. Denn ich bin für Efraim [e]wie
ein Löwe und für das Haus Juda wie ein
junger Löwe. Ich, ich [f]zerreiße sie und
gehe davon; ich schleppe sie weg, und
niemand kann sie retten.

15 Ich will wieder an meinen Ort gehen,
bis sie ihre Schuld erkennen und mein
Angesicht suchen; [g]wenn's ihnen übel
ergeht, so werden sie mich suchen:
6 »Kommt, wir wollen wieder zum
HERRN; denn er hat uns [h]zerrissen, er
wird uns auch heilen; er hat uns ge-
schlagen, er wird uns auch verbinden.
2 Er [i]macht uns lebendig nach zwei Ta-
gen, er wird uns am dritten Tage auf-
richten, daß wir vor ihm leben werden.
3 Laßt uns darauf achthaben und danach
trachten, den HERRN zu erkennen;
denn er wird hervorbrechen wie die
schöne Morgenröte und wird zu uns
kommen wie ein Regen, wie ein Spätre-
gen, der das Land feuchtet.«

4 Was soll ich dir tun, Efraim? Was
soll ich dir tun, Juda? Denn [j]eure Liebe
ist wie eine Wolke am Morgen und wie
der Tau, der frühmorgens vergeht.
5 Darum schlage ich drein durch die Pro-
pheten und [k]töte sie durch die Worte
meines Mundes, daß mein Recht wie
6 das Licht hervorkomme. Denn [l]*ich
habe Lust an der Liebe und nicht am
Opfer, an der Erkenntnis Gottes und
nicht am Brandopfer.*

a (*5,8 bis 6,6*) 2.Kön 15,37; Jes 7,1-9 *b* Kap 4,15
c 5.Mose 19,14 *d* Kap 7,11; 10,6; 12,2
e Kap 13,7 *f* Kap 6,1 *g* Jes 26,16 *h* Kap 5,14
i 5.Mose 32,39 *j* Kap 7,16 *k* Jer 23,29
l 1.Sam 15,22; Spr 21,3; Mt 9,13; 12,7

Gegen Israels Könige und ihre Bündnisse

Sie haben den Bund übertreten bei 7
Adam*; dort wurden sie mir untreu.
Gilead ist eine Stadt voller Übeltäter, 8
befleckt von Blutschuld. Und die Rot- 9
ten der Priester sind wie die Räuber, die
da lauern auf die Leute; sie morden auf
dem Wege, der nach Sichem geht, ja,
Schandtaten vollbringen sie. Ich sehe 10
im Hause Israel, wovor mir graut; denn
da [a]treibt Efraim Hurerei und Israel
macht sich unrein. Auch Juda wird 11
noch eine Ernte vor sich haben. Wenn **7**
ich [b]meines Volkes Geschick wenden
und Israel heilen will, so zeigt sich erst
die Sünde Efraims und die Bosheit Sa-
marias, wie sie Lug und Trug treiben
und die Diebe einsteigen und die Räu-
ber auf der Straße plündern. Dennoch 2
wollen sie nicht einsehen, daß ich alle
ihre Bosheit merke. Ich sehe aber ihr
böses Tun wohl, das sie allenthalben
treiben. Sie erfreuen den König mit ih- 3
rer Bosheit und Obere mit ihren Lü-
gen; sie sind allesamt Ehebrecher, glü- 4
hend wie ein Backofen, den der Bäcker
heizt, wenn er den Teig ausgeknetet hat
und ihn durchsäuern und aufgehen
läßt. »Heute ist unseres Königs Fest!« 5
Da werden die Oberen toll vom Wein,
und er zieht die Spötter zu sich. Denn 6
ihr Herz ist in heißer Glut wie ein Back-
ofen, wenn sie Böses ersinnen. Ihr
Grimm schläft die ganze Nacht, aber
am Morgen brennt er lichterloh. Alle- 7
samt sind sie erhitzt wie ein Backofen,
so daß sie ihre Richter fressen; ja, alle
ihre Könige fallen, und es ist keiner un-
ter ihnen, der mich anruft.

Efraim mengt sich unter die Völker; 8
Efraim ist wie ein Kuchen, den nie-
mand umwendet. Fremde fressen seine 9
Kraft, doch er will es nicht merken; sei-
ne Haare sind schon grau geworden,
doch er will es nicht merken. Wider Is- 10
rael zeugt seine Hoffart, dennoch be-
kehren sie sich nicht zum HERRN, ihrem
Gott, fragen auch trotz alledem nicht
nach ihm. Denn Efraim ist wie eine tö- 11
richte Taube, die sich leicht locken
läßt. Jetzt rufen sie Ägypten an, dann
[c]laufen sie nach Assur. Aber indem sie 12
hin- und herlaufen, will ich mein Netz
über sie werfen und sie herunterholen
wie Vögel unter dem Himmel; ich will
sie strafen, wie es ihrer Gemeinde ver-
kündet ist. Weh ihnen, daß sie von mir 13
weichen! Sie sollen vertilgt werden;

denn sie sind abtrünnig geworden von
mir. [d]Ich wollte sie wohl erlösen; aber
14 sie reden Lügen wider mich. Auch ru-
fen sie mich nicht von Herzen an, son-
dern machen ein Geheul auf ihren La-
gern. Sie ritzen sich wund um Korn
und Wein, aber mir sind sie ungehor-
15 sam. Ich lehre sie Zucht und stärke
ihren Arm; aber sie sinnen Böses gegen
16 mich. Sie bekehren sich, aber nicht
recht, sondern [e]sind wie ein schlaffer
Bogen. Darum werden ihre Oberen
durchs Schwert fallen wegen der
Frechheit ihrer Zungen. Das soll ihnen
in Ägyptenland zum Spott werden.

a Kap 5,3 *b* Joel 4,1 *c* Kap 5,13 *d* Ps 81,14.15
e Ps 78,57
*Kap 6,7: d. i. der Name einer Stadt (vgl. Jos 3,16).

Israels falscher Gottesdienst

8 Stoße laut in die [a]Posaune! Es kommt
über das Haus des HERRN [b]wie ein Ad-
ler, weil sie [c]meinen Bund übertreten
und sich gegen meine Gebote aufleh-
2 nen. Wohl schreien sie zu mir: »Du bist
mein Gott; wir, Israel, kennen dich.«
3 Doch Israel verwirft das Gute; darum
4 soll der Feind sie verfolgen. Sie [d]ma-
chen Könige, aber ohne mich; sie set-
zen Obere ein, und ich darf es nicht
wissen. Aus ihrem Silber und Gold ma-
chen sie Götzen, damit sie ja bald aus-
5 gerottet werden! [e]Dein Kalb, Samaria,
verwerfe ich. Mein Zorn ist gegen sie
entbrannt. Wie lange soll das noch an-
dauern? Sie können doch nicht unge-
6 straft bleiben, die Söhne Israel. Ein
Goldschmied hat das Kalb gemacht,
und es kann doch kein Gott sein; dar-
um soll das Kalb Samarias zerpulvert
7 werden. Denn sie säen Wind und wer-
den Sturm ernten. [f]Ihre Saat soll nicht
aufgehen; was dennoch aufwächst,
bringt kein Mehl; und wenn es etwas
bringen würde, sollen Fremde es ver-
8 schlingen. Verschlungen wird Israel;
die Heiden gehen mit ihnen um wie mit
[g]einem Gefäß, das niemand haben will;
9 denn [h]sie laufen nach Assur, einsam
wie ein Wildesel, und Efraim buhlt mit
10 Geschenken. Auch wenn sie unter den
Heiden austeilen, will ich sie doch jetzt
einsammeln; sie sollen's bald müde
werden, Könige und Obere zu salben.
11 Efraim hat sich viele Altäre gemacht;
aber sie sind ihm zur Sünde geworden.
12 Wenn ich ihm auch noch so viele mei-
ner Gebote aufschreibe, so werden sie
doch geachtet wie eine fremde Lehre.
13 Wenn sie auch [i]viel opfern und Fleisch
herbringen und essen's, so hat doch der
HERR kein Gefallen daran, sondern er
will ihrer Schuld gedenken und ihre
Sünden heimsuchen. Sie [j]sollen wieder
zurück nach Ägypten! Israel vergißt 14
seinen Schöpfer und baut Paläste, und
Juda macht viele feste Städte; aber ich
will [k]Feuer in seine Städte senden, das
soll seine Paläste verzehren.

a Jes 58,1 *b* 5.Mose 28,49 *c* Kap 6,7
d 2.Kön 15,10.14.25.30 *e* (*5 und 6*) 2.Mose 32,20;
1.Kön 12,28 *f* Jer 12,13 *g* Jer 22,28 *h* Kap 5,13
i Jes 1,11 *j* 5.Mose 28,68 *k* Jer 17,27; Am 2,5

Die Freude ist dahin, die Vergeltung ist da

Du darfst dich nicht freuen, Israel, 9
noch rühmen wie die Völker; denn du
läufst mit deiner [a]Hurerei deinem Gott
weg; gern nimmst du Hurenlohn auf
allen Tennen. Darum sollen Tenne 2
und Kelter sie nicht nähren, und der
Wein soll ihnen fehlen. Sie sollen nicht 3
bleiben im Lande des HERRN; sondern
[b]Efraim muß wieder nach Ägypten und
muß in Assyrien Unreines essen. Dort 4
werden sie dem HERRN kein Trank-
opfer vom Wein bringen, und ihre
Schlachtopfer werden ihm nicht wohl-
gefällig sein. Ihr Brot soll sein wie das
Brot der Trauernden, an dem unrein
werden alle, die davon essen; denn ihr
Brot müssen sie für sich allein essen,
doch es soll nicht in des HERRN Haus
gebracht werden. Was wollt ihr dann in 5
den Festzeiten und an den Feiertagen
des HERRN tun? Siehe, sie müssen fort 6
wegen der Verwüstung. Ägypten wird
sie sammeln und Memfis sie begraben.
[c]Nesseln werden wachsen, wo jetzt ihr
kostbares Silber ist, und Dornen in
ihren Hütten. Die Zeit der Heimsu- 7
chung ist gekommen, die Zeit der Ver-
geltung; dessen wird Israel innewer-
den.
»Ein Narr ist der Prophet und wahn-
sinnig der Mann des Geistes!« Ja, um
deiner großen Schuld und um der gro-
ßen Anfeindung willen! Efraim spähte 8
wohl aus nach meinem Gott; aber nun
stellen sie dem Propheten Fallen auf al-
len seinen Wegen, Anfeindung selbst
im Hause seines Gottes. Tief verdor- 9
ben ist ihr Tun wie in den [d]Tagen von
Gibea; darum wird er ihrer Schuld ge-
denken und ihre Sünden heimsuchen.

a Kap 1,2 *b* Kap 8,13 *c* Kap 10,8 *d* Kap 10,9;
Ri 19,22-30; 20,13

Israels Undank gegen Gottes Wohltaten

10 Ich [a]fand Israel wie Trauben in der
Wüste und sah eure Väter wie die er-
sten Feigen am Feigenbaum; aber her-
nach gingen sie zum [b]Baal-Peor und
gelobten sich dem schändlichen Abgott
und wurden so zum Greuel wie ihre
11 Liebhaber. Darum muß die Herrlich-
keit Efraims wie ein Vogel wegfliegen,
daß sie weder gebären noch tragen noch
12 schwanger werden sollen. Und wenn
sie ihre Kinder auch großzögen, will ich
sie doch kinderlos machen, so daß kein
Mensch mehr da ist. Ja, weh ihnen,
wenn ich von ihnen gewichen bin!
13 Als ich Efraim sah, war es [c]herrlich
gepflanzt wie Tyrus; aber nun muß es
seine Kinder herausgeben dem Tot-
14 schläger. HERR, gib ihnen – was willst
du ihnen geben? Gib ihnen unfrucht-
bare Leiber und versiegende Brüste!
15 All ihre Bosheit geschieht zu Gilgal;
dort werde ich ihnen feind. So will ich
sie um ihres bösen Tuns willen aus mei-
nem Hause stoßen und ihnen keine
Liebe mehr erweisen; denn alle ihre
Oberen sind abtrünnig.
16 Efraim ist geschlagen, seine Wurzel
ist verdorrt, so daß sie keine Frucht
mehr bringen können. Auch wenn sie
gebären würden, will ich doch die er-
17 sehnte Frucht ihres Leibes töten. Mein
Gott wird sie verwerfen, weil sie ihn
nicht hören wollen, und sie sollen unter
den Heiden umherirren.

a 5.Mose 32,10 *b* 4.Mose 25,3 *c* Hes 27,3

Das Gericht über Königtum und Götzendienst

10 Israel ist ein [a]üppig rankender Wein-
stock, der seine Frucht trägt. Aber je
mehr Früchte er hatte, desto mehr Al-
täre machten sie; wo das Land am be-
sten war, da richteten sie die schönsten
2 [b]Steinmale auf. Ihr Herz ist falsch; nun
wird sie ihre Schuld treffen. Ihre Altäre
sollen zerbrochen und ihre Steinmale
3 zerstört werden. Schon müssen sie sa-
gen: Wir haben keinen König, denn wir
fürchteten den HERRN nicht. Was kann
4 uns der König nun helfen? Sie reden
und schwören falsch und schließen
Bündnisse, und ihr Recht grünt wie gif-
tiges Kraut auf allen Furchen im Felde.
5 Die Einwohner von Samaria sorgen
sich um das Kalb zu [c]Bet-Awen. Sein
Volk trauert darum, und seine Göt-
zenpfaffen zittern um seine Herrlich-
keit; denn sie wird von ihnen wegge-
führt. Ja, das Kalb wird nach Assyrien 6
gebracht [d]zum Geschenk für den Kö-
nig Jareb. So muß Efraim zuschanden
werden und Israel beschämt sein trotz
seiner Klugheit. Denn der König von 7
Samaria ist dahin wie Schaum auf dem
Wasser. Die Höhen zu Awen sind ver- 8
wüstet, auf denen sich Israel versün-
digte; [e]Disteln und Dornen wachsen
auf ihren Altären. Und sie werden sa-
gen: [f]Ihr Berge, bedecket uns! und:
Ihr Hügel, fallet über uns!
Israel, du hast seit den [g]Tagen von 9
Gibea gesündigt; dort standen sie ge-
gen mich auf. Sollte darum nicht in Gi-
bea der Krieg über sie kommen wegen
der bösen Leute? Ich werde sie züchti- 10
gen nach meinem Willen; Völker sollen
gegen sie versammelt werden, wenn ich
sie strafen werde wegen ihrer zwiefa-
chen Sünde. Efraim war eine junge 11
Kuh, daran gewöhnt, gern zu dreschen.
Aber ich habe ihm ein Joch auf seinen
schönen Nacken gelegt; ich will Efraim
einspannen; Juda soll pflügen und Ja-
kob eggen.
Säet Gerechtigkeit und erntet nach 12
dem Maße der Liebe! [h]Pflüget ein
Neues, [i]solange es Zeit ist, den HERRN
zu suchen, bis er kommt und Gerech-
tigkeit über euch regnen läßt! Ihr aber 13
[j]pflügt Böses und erntet Übeltat und
esset Lügenfrüchte. Weil du dich nun
verläßt auf deinen Weg und auf die
Menge deiner Helden, darum soll sich 14
ein Getümmel erheben in deinem Volk,
daß alle deine Festungen zerstört wer-
den, gleichwie Schalman zerstörte Bet-
Arbeel damals im Krieg, als die Mutter
zerschmettert wurde samt den Kin-
dern. So soll's euch zu Betel auch erge- 15
hen um eurer großen Bosheit willen;
schon früh am Morgen wird der König
von Israel untergehen.

a Jer 2,21 *b* 3.Mose 26,1 *c* Kap 4,15 *d* Kap 5,13
e Kap 9,6 *f* Lk 23,30; Offb 6,16 *g* Kap 9,9
h Jer 4,3 *i* Jes 55,6 *j* Hiob 4,8

Gottes heilige Liebe

Als Israel jung war, [a]hatte ich ihn lieb **11**
und [b]rief ihn, meinen Sohn, aus Ägyp-
ten; aber wenn man sie jetzt ruft, so 2
wenden sie sich davon und opfern den
Baalen und räuchern den Bildern. Ich 3
lehrte Efraim gehen und nahm ihn auf
meine Arme; aber sie merkten's nicht,
wie ich ihnen half. Ich ließ sie ein 4
menschliches Joch ziehen und in Seilen
der Liebe gehen und half ihnen das

Joch auf ihrem Nacken tragen und gab
5 ihnen Nahrung, daß sie nicht wieder
nach Ägyptenland zurückkehren soll-
ten. Nun aber muß Assur ihr König
sein; denn sie wollen sich nicht bekeh-
6 ren. Darum soll das Schwert über ihre
Städte kommen und soll ihre Riegel
zerbrechen und sie fressen um ihres
7 Vorhabens willen. Mein Volk ist müde,
sich zu mir zu kehren, und wenn man
ihnen predigt, so richtet sich keiner auf.
8 Wie kann ich dich preisgeben,
Efraim, und dich ausliefern, Israel?
Wie kann ich dich preisgeben gleich
[c]Adma und dich zurichten wie Ze-
boïm? [d]Mein Herz ist andern Sinnes,
alle meine Barmherzigkeit ist ent-
9 brannt. Ich will nicht tun nach meinem
grimmigen Zorn noch Efraim wieder
verderben. Denn ich bin Gott und
nicht ein Mensch und bin der Heilige
unter dir und will nicht kommen, zu
10 verheeren.[e] Alsdann wird man dem
HERRN nachfolgen, und [f]er wird brül-
len wie ein Löwe. Und wenn er brüllen
wird, so werden zitternd herbeikom-
men [g]seine Söhne von Westen her.
11 Und auch aus Ägypten kommen sie er-
schrocken wie Vögel und aus dem
Lande Assur wie Tauben; und ich will
sie wieder wohnen lassen in ihren
Häusern, spricht der HERR.

a 5.Mose 7,8 *b* 2.Mose 4,22.23; Mt 2,15
c 5.Mose 29,22 *d* Jer 31,20 *e* Klgl 3,31-36
f Jer 25,30 *g* Kap 2,1

Der Stammvater Jakob als Urbild seines Volkes

12 In Efraim ist allenthalben Lüge wider
mich und im Hause Israel falscher Got-
tesdienst. Aber auch Juda hält nicht
fest an Gott und an dem Heiligen, der
2 treu ist. Efraim weidet Wind und läuft
dem Ostwind nach, und täglich mehrt
es die Lüge und Gewalttat. [a] Sie schlie-
ßen mit Assur einen Bund und bringen
3 Öl nach Ägypten. Darum wird der
HERR mit Juda rechten. Er wird Jakob
heimsuchen nach seinem Wandel und
4 ihm vergelten nach seinem Tun. Er hat
schon [b]im Mutterleibe seinen Bruder
betrogen und [c]im Mannesalter mit
5 Gott gekämpft. Er kämpfte mit dem
Engel und siegte, er weinte und bat ihn.
Dann hat er ihn zu [d]Betel gefunden
6 und dort mit ihm geredet – der HERR ist
der Gott Zebaot, [e]HERR ist sein Name–.
7 So bekehre dich nun zu deinem Gott,
halte fest an Barmherzigkeit und Recht
und hoffe stets auf deinen Gott!

Wie Kanaans Händler hat Efraim 8
eine falsche Waage in seiner Hand und
betrügt gern; denn er spricht: [f]Ich bin 9
reich, ich habe genug! Bei all meinen
Mühen wird man keine Schuld an mir
finden, die Sünde ist.
[g]Ich aber, der HERR, bin dein Gott 10
von Ägyptenland her und will dich wie-
der in Zelten wohnen lassen wie in der
Wüstenzeit. Ich rede wieder zu den 11
Propheten, und ich bin's, der viel Of-
fenbarung gibt und durch die Prophe-
ten sich kundtut.

a Kap 5,13 *b* 1.Mose 25,22.26
c 1.Mose 32,25-29 *d* 1.Mose 35,15 *e* Ps 83,19
f Offb 3,17 *g* Kap 13,4

Auf Israels Götzendienst folgt Israels Untergang

In [a]Gilead verüben sie Greuel, darum 12
werden sie zunichte; und zu [b]Gilgal
opfern sie Stiere, darum sollen ihre Al-
täre werden wie Steinhaufen an den
Furchen im Felde. [c]Jakob mußte flie- 13
hen in das Land Aram, und [d]Israel
mußte um ein Weib dienen, um eine
Frau mußte er die Herde hüten. Aber 14
hernach [e]führte der HERR durch einen
Propheten Israel aus Ägypten, und
durch einen Propheten ließ er sie hü-
ten. Nun aber hat ihn Efraim bitter er- 15
zürnt; darum wird ihr Blut über sie
kommen, und ihr Herr wird ihnen ver-
gelten die Schmach, die sie ihm antun.

a Kap 6,8 *b* Kap 9,15 *c* 1.Mose 27,43; 28,5
d 1.Mose 29,20 *e* 2.Mose 3,10

Gottes Gericht über Efraim

Solange Efraim nach meinem Gebot **13**
redete, war er erhoben in Israel. Da-
nach versündigte er sich durch Baal
und starb dahin. Dennoch sündigen sie 2
weiter: Aus ihrem Silber [a]gießen sie
Bilder, wie sie sich's erdenken, Götzen,
die doch nur Schmiedewerk sind. Dann
sagen sie von ihnen: Wer die Kälber
küssen will, der soll Menschen opfern.
Darum werden sie sein [b]wie eine Wolke 3
am Morgen und wie der Tau, der früh-
morgens vergeht; ja, [c]wie Spreu, die
von der Tenne verweht wird, und wie
Rauch aus dem Fenster.
Ich aber [d]bin der HERR, dein Gott, 4
von Ägyptenland her, und du solltest
keinen andern Gott kennen als mich
und keinen Heiland als allein mich. Ich 5
[e]nahm mich ja deiner an in der Wüste,
im dürren Lande. Aber als sie geweidet 6
wurden, daß sie satt wurden und genug
hatten, erhob sich ihr Herz; darum ver-

7 gessen sie mich.[f] So will ich für sie [g]wie
ein Löwe werden und wie ein Panther
8 am Wege auf sie lauern. Ich will sie an-
fallen wie eine Bärin, der ihre Jungen
genommen sind, und will ihr verstock-
tes Herz zerreißen und will sie dort wie
ein Löwe fressen; die wilden Tiere sol-
len sie zerreißen.
9 *Israel, [h]du bringst dich ins Unglück;*
10 *denn dein Heil steht allein bei mir.* [i]Wo
ist dein König, der dir helfen kann in al-
len deinen Städten, und deine Richter,
von denen du sagtest: Gib mir einen
11 König und Obere? Ich gebe dir Könige
in meinem Zorn und will sie dir neh-
men in meinem Grimm.
12 Die Schuld Efraims ist zusammen-
gebunden, und seine Sünde ist sicher
13 verwahrt. Wehen kommen, daß er ge-
boren werden soll, aber er ist ein unver-
ständiges Kind: Wenn die Zeit gekom-
men ist, so will er den Mutterschoß
14 nicht durchbrechen. Aber ich will sie
aus dem Totenreich erlösen und [j]vom
Tode erretten. [k]Tod, ich will dir ein
Gift sein; Totenreich, ich will dir eine
Pest sein; Rache kenne ich nicht mehr.

a Jes 44,10 *b* Kap 6,4 *c* Ps 1,4 *d* 2.Mose 20,2.3
e Kap 9,10 *f* 5.Mose 32,15 *g* Kap 5,14
h Jer 2,17 *i* (*10 und 11*) 1.Sam 8,5-9
j 2.Tim 1,10; Offb 20,14; 21,4 *k* 1.Kor 15,54.55

Samarias Zerstörung

15 Denn wenn Efraim auch zwischen Brü-
dern Frucht bringt, so wird doch ein
Ostwind vom HERRN aus der Wüste
herauffahren, daß sein Brunnen ver-
trocknet und seine Quelle versiegt, und
er wird rauben seinen Schatz, alles
14 kostbare Gerät. Samaria wird wüst
werden; denn es ist seinem Gott unge-
horsam. Sie sollen durchs Schwert fal-
len und ihre kleinen Kinder zerschmet-
tert und [a]ihre Schwangeren aufge-
schlitzt werden.

a 2.Kön 15,16

Mahnung zur Umkehr und Verheißung des kommenden Heils

[a]Bekehre dich, Israel, zu dem HERRN, 2
deinem Gott; denn du bist gefallen um
deiner Schuld willen. Nehmt diese 3
Worte mit euch und bekehrt euch zum
HERRN und sprecht zu ihm: Vergib uns
alle Sünde und tu uns wohl, so wollen
wir [b]opfern die Frucht unserer Lippen.
Assur soll uns nicht helfen; wir wollen 4
nicht mehr auf Rossen reiten, auch
nicht mehr sagen zu den Werken unse-
rer Hände: »Ihr seid unser Gott.« Denn
bei dir finden die Verwaisten Gnade.
So will ich ihre Abtrünnigkeit wieder 5
heilen; gerne will ich sie lieben; denn
mein Zorn soll sich von ihnen wenden.
Ich will für Israel wie ein Tau sein, daß 6
es blühen soll wie eine Lilie, und seine
Wurzeln sollen ausschlagen wie eine
Linde und seine Zweige sich ausbrei- 7
ten, daß es so schön sei wie ein Ölbaum
und so guten Geruch gebe wie die Lin-
de. Und sie sollen wieder unter meinem 8
Schatten sitzen; von Korn sollen sie
sich nähren und blühen wie ein Wein-
stock. Man soll sie rühmen wie den
Wein vom Libanon. Efraim, was sollen 9
dir weiter die Götzen? *Ich* will dich er-
hören und führen, *ich* will sein wie eine
grünende Tanne; von *mir* erhältst du
deine Früchte.
Wer ist weise, daß er dies versteht, 10
und klug, daß er dies einsieht? Denn *die
Wege des* HERRN *sind richtig, und die Ge-
rechten wandeln darauf; aber die Über-
treter kommen auf ihnen zu Fall.*

a Kap 12,7; Sach 1,4 *b* Hebr 13,15

DER PROPHET JOEL

Not, Umkehr und künftiges Heil

Die Heuschreckenplage und der Tag des HERRN

1 Dies ist das Wort des HERRN, das ge-
schehen ist zu Joel, dem Sohn Petuëls.
2 Hört dies, ihr Ältesten, und merkt
auf, alle Bewohner des Landes, ob sol-
ches geschehen sei zu euren Zeiten oder
zu eurer Väter Zeiten! Sagt euren Kin- 3
dern davon und laßt's eure Kinder
ihren Kindern sagen und diese wieder-
um ihren Nachkommen: Was die Rau- 4

pen übriglassen, das [a]fressen die Heu-
schrecken, und was die Heuschrecken
übriglassen, das fressen die Käfer, und
was die Käfer übriglassen, das frißt das
Geschmeiß.
5 Wacht auf, ihr Trunkenen, und
weinet, und heult, alle Weinsäufer, um
den süßen Wein; denn er ist euch vor
6 eurem Munde weggenommen! Denn
[b]es zieht herauf in mein Land ein Volk,
mächtig und ohne Zahl; das hat Zähne
wie die Löwen und Backenzähne wie
7 die Löwinnen. Es verwüstet meinen
Weinstock und frißt meinen Feigen-
baum kahl, schält ihn ganz und gar ab,
daß seine Zweige weiß dastehen.
8 Heule wie eine Jungfrau, die Trauer
anlegt um ihres Bräutigams willen!
9 Denn [c]Speisopfer und Trankopfer gibt
es nicht mehr im Hause des HERRN,
und die Priester, des HERRN Diener,
10 trauern. Das Feld ist verwüstet und der
Acker ausgedörrt; das Getreide ist ver-
dorben, der Wein steht jämmerlich und
11 das Öl kläglich. Die Ackerleute sehen
traurig drein, und die Weingärtner
heulen um den Weizen und um die
Gerste, weil aus der Ernte auf dem Fel-
12 de nichts werden kann, weil der Wein-
stock verdorrt ist und der Feigenbaum
verwelkt, auch die Granatbäume,
Palmbäume und Apfelbäume, ja, alle
Bäume auf dem Felde sind verdorrt. So
ist die Freude der Menschen zum Jam-
mer geworden.
13 Umgürtet euch und klagt, ihr Prie-
ster, heulet, ihr Diener des Altars!
Kommt, behaltet auch im Schlaf das
Trauergewand an, ihr Diener meines
Gottes! Denn Speisopfer und Trank-
opfer gibt es nicht mehr im Hause eures
14 Gottes. [d]Sagt ein heiliges Fasten an,
ruft die Gemeinde zusammen! Ver-
sammelt die Ältesten und alle Bewoh-
ner des Landes zum Hause des HERRN,
eures Gottes, und schreit zum HERRN:
15 O weh des Tages! Denn [e]der Tag des
HERRN ist nahe und kommt wie ein
16 Verderben vom Allmächtigen. Ist nicht
die Speise vor unsern Augen wegge-
nommen und [f]vom Hause unseres Got-
17 tes Freude und Wonne? Der Same ist
unter der Erde verdorrt, die Kornhäu-
ser stehen wüst, die Scheunen zerfal-
18 len; denn das Getreide ist verdorben. O
wie seufzt das Vieh! Die Rinder sehen
kläglich drein, denn sie haben keine
Weide, und die Schafe verschmachten.
19 HERR, dich rufe ich an; denn das Feuer
hat die Auen in der Steppe verbrannt,
und [g]die Flamme hat alle Bäume auf
dem Felde angezündet. Es schreien 20
auch die wilden Tiere zu dir; denn [h]die
Wasserbäche sind ausgetrocknet, und
das Feuer hat die Auen in der Steppe
verbrannt.

a Kap 2,25 *b* Kap 2,2 *c* Kap 2,14 *d* Kap 2,15
e Kap 2,1; Jes 13,6 *f* 5.Mose 16,11 *g* Kap 2,3
h Ps 104,10.11

Schilderung des Heuschreckenheeres. Aufruf zur Buße

Blast die Posaune zu Zion, ruft laut auf **2**
meinem heiligen Berge! Erzittert, alle
Bewohner des Landes! Denn [a]der Tag
des HERRN kommt und ist nahe, ein fin- 2
sterer Tag, ein dunkler Tag, ein wolki-
ger Tag, ein nebliger Tag! Gleichwie
die Morgenröte sich ausbreitet über die
Berge, so [b]kommt ein großes und
mächtiges Volk, [c]desgleichen vormals
nicht gewesen ist und hinfort nicht sein
wird auf ewige Zeiten für und für. Vor 3
ihm her geht ein verzehrendes Feuer
und hinter ihm [d]eine brennende Flam-
me. Das Land ist vor ihm wie der Gar-
ten Eden, aber nach ihm wie eine wüste
Einöde, und niemand wird ihm entge-
hen. Sie sind gestaltet wie Pferde und 4
rennen wie die Rosse. Sie sprengen da- 5
her über die Höhen der Berge, wie die
Wagen rasseln und wie eine Flamme
prasselt im Stroh, wie ein mächtiges
Volk, das zum Kampf gerüstet ist. Völ- 6
ker werden sich vor ihm entsetzen, und
jedes Angesicht erbleicht. Sie werden 7
laufen wie Helden und die Mauern er-
steigen wie Krieger; ein jeder zieht
unentwegt voran und weicht von seiner
Richtung nicht. Keiner wird den an- 8
dern drängen, sondern ein jeder zieht
auf seinem Weg daher; sie durchbre-
chen die feindlichen Waffen, und dabei
reißt ihr Zug nicht ab. Sie werden sich 9
stürzen auf die Stadt und die Mauern
erstürmen, in die Häuser steigen sie
ein, wie ein Dieb kommen sie durch die
Fenster. Vor ihm erzittert das Land 10
und bebt der Himmel, [e]Sonne und
Mond werden finster, und die Sterne
halten ihren Schein zurück. Denn der 11
HERR wird seinen Donner vor seinem
Heer erschallen lassen; denn sein Heer
ist sehr groß und mächtig und wird sei-
nen Befehl ausrichten. Ja, der Tag des
HERRN ist groß und voller Schrecken,
wer kann ihn ertragen?
[f]*Doch auch jetzt noch, spricht der* 12
HERR, *bekehret euch zu mir von ganzem*

Herzen mit Fasten, mit Weinen, mit Kla-
13 *gen! Zerreißet eure Herzen und nicht*
eure Kleider und bekehret euch zu dem
HERRN, *eurem Gott! Denn* [g] *er ist gnädig,*
barmherzig, geduldig und von großer
Güte, und es gereut ihn bald die Strafe.
14 Wer weiß, [h] ob es ihn nicht wieder ge-
reut und er einen Segen zurückläßt, so
daß ihr opfern könnt Speisopfer und
Trankopfer dem HERRN, eurem Gott.
15 Blast die Posaune zu Zion, [i] sagt ein
heiliges Fasten an, ruft die Gemeinde
16 zusammen! Versammelt das Volk, hei-
liget die Gemeinde, sammelt die Älte-
sten, bringt zusammen die Kinder und
die Säuglinge! Der Bräutigam gehe aus
seiner Kammer und die Braut aus ih-
17 rem Gemach! Laßt die Priester, des
HERRN Diener, weinen zwischen Vor-
halle und Altar und sagen: HERR,
schone dein Volk und laß dein Erbteil
nicht zuschanden werden, daß Heiden
über sie spotten! [j] Warum willst du un-
ter den Völkern sagen lassen: Wo ist
nun ihr Gott?

a Kap 1,15 *b* Kap 1,6 *c* 2.Mose 10,13-15
d Kap 1,19 *e* Kap 3,4; Jes 13,10 *f (12 und 13)*
Hes 33,11 *g* 2.Mose 34,6 *h* Jona 3,9 *i* Kap 1,14
j Ps 79,10

Gottes Gnadenzusage

18 Dann wird der HERR um sein Land ei-
19 fern und sein Volk verschonen. Und
der HERR wird antworten und zu sei-
nem Volk sagen: Siehe, ich will euch
Getreide, Wein und Öl die Fülle schik-
ken, daß ihr genug daran haben sollt,
und [a] will euch nicht mehr unter den
Heiden zuschanden werden lassen.
20 Und ich will den Feind aus Norden von
euch wegtreiben und ihn in ein dürres
und wüstes Land verstoßen, seine Spit-
ze in das östliche Meer und sein Ende
in das westliche Meer; er soll verfaulen
und stinken, denn er hat Gewaltiges ge-
tan.
21 Fürchte dich nicht, liebes Land, son-
dern sei fröhlich und getrost; denn der
HERR kann auch Gewaltiges tun.
22 Fürchtet euch nicht, ihr Tiere auf dem
Felde; denn die Auen in der Steppe sol-
len grünen und die Bäume ihre Früchte
bringen, und die Feigenbäume und
Weinstöcke sollen reichlich tragen.
23 Und ihr, Kinder Zions, freuet euch und
seid fröhlich im HERRN, eurem Gott,
der euch gnädigen Regen gibt und euch
herabsendet [b] Frühregen und Spätre-
24 gen wie zuvor, daß die Tennen voll
Korn werden und die Keltern Über-
25 fluß an Wein und Öl haben sollen. Und
ich will euch die Jahre erstatten, deren
Ertrag die [c] Heuschrecken, Käfer, Ge-
schmeiß und Raupen gefressen haben,
mein großes Heer, das ich unter euch
schickte. Ihr sollt genug zu essen haben 26
und [d] den Namen des HERRN, eures
Gottes, preisen, der Wunder unter
euch getan hat, und mein Volk soll
nicht mehr zuschanden werden. Und 27
ihr sollt's erfahren, daß ich mitten un-
ter Israel bin und daß ich, der HERR,
euer Gott bin, und sonst keiner mehr,
und mein Volk soll nicht mehr zu-
schanden werden.

a Vers 26.27 *b* Jer 5,24 *c* Kap 1,4 *d* 5.Mose 8,10

Ausgießung des heiligen Geistes
(vgl. Apg 2,16-21)

Und nach diesem will ich [a] *meinen Geist* 3
ausgießen über alles Fleisch, und eure
Söhne und Töchter sollen weissagen, eure
Alten sollen Träume haben, und eure
Jünglinge sollen Gesichte sehen. Auch 2
will ich zur selben Zeit über Knechte
und Mägde meinen Geist ausgießen.
Und ich will Wunderzeichen geben am 3
Himmel und auf Erden: Blut, Feuer
und Rauchdampf. Die [b] Sonne soll in 4
Finsternis und der Mond in Blut ver-
wandelt werden, ehe denn der große
und schreckliche Tag des HERRN
kommt. Und es soll geschehen: [c] *wer des* 5
HERRN *Namen anrufen wird, der soll er-*
rettet werden. Denn [d] auf dem Berge
Zion und zu Jerusalem wird Errettung
sein, wie der HERR verheißen hat, und
bei den Entronnenen, die der HERR be-
rufen wird.

a 4.Mose 11,29; Jes 44,3; Hes 39,29; Tit 3,5.6
b Kap 2,2.10.11; Mt 24,29; Offb 6,12
c Röm 10,13 *d* Obd 17

Gottes Strafgericht über die Heiden. Israels Heil

*Denn siehe, in jenen Tagen und zur 4
selben Zeit, da ich [a] das Geschick Judas
und Jerusalems wenden werde, will ich 2
alle Heiden zusammenbringen und will
sie ins [b] Tal Josafat hinabführen und
will dort mit ihnen rechten wegen mei-
nes Volks und meines Erbteils Israel,
weil sie es unter die Heiden zerstreut
und sich in mein Land geteilt haben;
sie haben das Los um mein Volk gewor- 3
fen und haben Knaben für eine Hure
hingegeben und Mädchen für Wein
verkauft und vertrunken.

Und ihr aus Tyrus und Sidon und 4
aus allen Gebieten der Philister, was
habt ihr mit mir zu tun? Wollt ihr mir's

heimzahlen? Wohlan, zahlt mir's heim,
so will ich's euch eilends und bald
5 heimzahlen auf euren Kopf. Mein Sil-
ber und Gold habt ihr genommen und
meine schönen Kleinode in eure Tem-
6 pel gebracht; dazu habt ihr auch die
Leute von Juda und Jerusalem den
Griechen verkauft, um sie weit weg von
7 ihrem Lande zu bringen. Siehe, ich will
sie kommen lassen aus dem Ort, wohin
ihr sie verkauft habt, und will's euch
8 heimzahlen auf euren Kopf und will
nun eure Söhne und eure Töchter ver-
kaufen in die Hand der Leute von Juda;
die sollen sie denen in Saba, einem Volk
in fernen Landen, verkaufen; denn der
HERR hat's geredet.
9 Rufet dies aus unter den Heiden! Be-
reitet euch zum heiligen Krieg! Bietet
die Starken auf! Laßt herzukommen
und hinaufziehen alle Kriegsleute!
10 [c]Macht aus euren Pflugscharen
Schwerter und aus euren Sicheln Spie-
ße! Der Schwache spreche: Ich bin
11 stark! Auf, alle Heiden ringsum,
kommt und versammelt euch! – Dahin
führe du hinab, HERR, deine Starken! –
12 Die Heiden sollen sich aufmachen und
heraufkommen zum Tal Josafat; denn
dort will ich sitzen und richten alle Hei-
13 den ringsum. Greift [d]zur Sichel, denn
die Ernte ist reif! Kommt und [e]tretet,
denn die Kelter ist voll, die Kufen
laufen über, denn ihre Bosheit ist groß!
14 Es werden Scharen über Scharen von
Menschen sein im [f]Tal der Entschei-
dung; denn des HERRN Tag ist nahe im
Tal der Entscheidung. [g]Sonne und 15
Mond werden sich verfinstern, und die
Sterne halten ihren Schein zurück.
Und [h]der HERR wird aus Zion brüllen 16
und aus Jerusalem seine Stimme hören
lassen, daß Himmel und Erde erbeben
werden. Aber seinem Volk wird der
HERR eine Zuflucht sein und eine Burg
den Israeliten. Und [i]ihr sollt's erfah- 17
ren, daß ich, der HERR, euer Gott, zu
Zion auf meinem heiligen Berge woh-
ne. Dann wird Jerusalem heilig sein,
und kein Fremder wird mehr hin-
durchziehen.
Zur selben Zeit werden [j]die Berge 18
von süßem Wein triefen und die Hügel
von Milch fließen, und alle Bäche in
Juda werden voll Wasser sein. Und [k]es
wird eine Quelle ausgehen vom Hause
des HERRN, die wird das Tal Schittim
bewässern. Aber Ägypten soll wüst 19
werden und Edom eine Einöde [l]um des
Frevels willen an den Leuten von Juda,
weil sie unschuldiges Blut in ihrem
Lande vergossen haben. Aber Juda soll 20
für immer bewohnt werden und Jeru-
salem für und für. Und ich will [m]ihr 21
Blut nicht ungesühnt lassen. Und [n]der
HERR wird wohnen zu Zion.

a Hos 7,1 *b* Vers 12.14 *c* Jes 2,4 *d* Offb 14,15
e Jes 63,3.6; Offb 14,18 *f* Vers 2 *g* Kap 2,10; 3,4
h Am 1,2 *i* Hes 34,30 *j* Am 9,13 *k* Hes 47,1
l Obd 10 *m* 5.Mose 32,43 *n* Hes 48,35
*Vers 1: Abweichende Verszählung statt 4,1-21:
3,6-26.

DER PROPHET AMOS

Inhaltsübersicht

Gottes unabwendbares Gericht über Israels Nachbarn und über sein eigenes Volk

1 Dies ist's, was Amos, der unter den
[a]Schafzüchtern von Tekoa war, gese-
hen hat über Israel zur Zeit [b]Usias, des
Königs von Juda, und [c]Jerobeams, des
Sohnes des Joas, des Königs von Israel,
2 zwei Jahre vor dem Erdbeben. Und er
sprach: [d]Der HERR wird aus Zion brül-
len und seine Stimme aus Jerusalem
hören lassen, daß die Auen der Hirten
vertrocknen werden und der Karmel
oben verdorren wird.
[e]So spricht der HERR: Um drei, ja 3
um vier Frevel willen derer von *Damas-
kus* will ich sie nicht schonen, weil sie
Gilead mit eisernen Dreschschlitten
gedroschen haben; sondern ich will ein 4

Feuer schicken in das Haus Hasaëls,
das soll die Paläste Benhadads verzeh-
5 ren. Und ich will die Riegel von Da-
maskus zerbrechen und die Einwohner
aus Bikat-Awen und den, der das Zep-
ter hält, aus Bet-Eden ausrotten, und
das Volk von Aram soll nach [f]Kir weg-
geführt werden, spricht der HERR.
6 [g]So spricht der HERR: Um drei, ja
um vier Frevel willen derer von *Gaza*
will ich sie nicht schonen, weil sie die
Gefangenen alle weggeführt und an
7 Edom ausgeliefert haben; sondern ich
will ein Feuer in die Mauern von Gaza
schicken, das soll seine Paläste verzeh-
8 ren. Und ich will die Einwohner aus
Asdod und den, der das Zepter hält, aus
Askalon ausrotten und meine Hand ge-
gen Ekron wenden, und es soll umkom-
men, was von den Philistern noch übrig
ist, spricht Gott der HERR.
9 [h]So spricht der HERR: Um drei, ja
um vier Frevel willen derer von *Tyrus*
will ich sie nicht schonen, weil sie die
Gefangenen alle an Edom ausgeliefert
und nicht an den Bruderbund gedacht
10 haben; sondern ich will ein Feuer in die
Mauern von Tyrus schicken, das soll
seine Paläste verzehren.
11 [i]So spricht der HERR: Um drei, ja um
vier Frevel willen derer von *Edom* will
ich sie nicht schonen, weil sie ihren
Bruder mit dem Schwert verfolgt und
alles Erbarmen von sich getan haben
und immerfort wüten in ihrem Zorn
und an ihrem Grimm ewig festhalten;
12 sondern ich will ein Feuer schicken
nach Teman, das soll die Paläste von
Bozra verzehren.
13 [j]So spricht der HERR: Um drei, ja um
vier Frevel willen derer von *Ammon*
will ich sie nicht schonen, weil sie die
Schwangeren in Gilead aufgeschlitzt
haben, um ihr Gebiet zu erweitern;
14 sondern ich will ein Feuer anzünden in
den Mauern Rabbas, das soll seine Pa-
läste verzehren, wenn man das Kriegs-
geschrei erhebt am Tage der Schlacht,
wenn das Wetter kommt am Tage des
15 Sturms. Da wird dann ihr König samt
seinen Oberen gefangen weggeführt
werden, spricht der HERR.

2 [k]So spricht der HERR: Um drei, ja
um vier Frevel willen derer von *Moab*
will ich sie nicht schonen, weil sie die
Gebeine des Königs von Edom ver-
2 brannt haben zu Asche; sondern ich
will ein Feuer schicken nach Moab, das
soll die Paläste von Kerijot verzehren,
und Moab soll sterben im Getümmel
und Geschrei und Posaunenhall. Und 3
[l]ich will den Herrscher unter ihnen
ausrotten und alle ihre Oberen samt
ihm töten, spricht der HERR.
So spricht der HERR: Um drei, ja um 4
vier Frevel willen derer von *Juda* will
ich sie nicht schonen, weil sie des
HERRN Gesetz verachten und seine
Ordnungen nicht halten und sich von
ihren Lügengötzen verführen lassen,
denen ihre Väter nachgefolgt sind; son- 5
dern [m]ich will ein Feuer nach Juda
schicken, das soll die Paläste von Jeru-
salem verzehren.
So spricht der HERR: Um drei, ja um 6
vier Frevel willen derer von *Israel* will
ich sie nicht schonen, weil sie die Un-
schuldigen für Geld und die Armen
[n]für ein Paar Schuhe verkaufen. Sie 7
[o]treten den Kopf der Armen in den
Staub und drängen die Elenden vom
Wege. Sohn und Vater gehen zu dem-
selben Mädchen, um meinen heiligen
Namen zu entheiligen. Und bei allen 8
Altären schlemmen sie auf den [p]ge-
pfändeten Kleidern und trinken Wein
vom Gelde der Bestraften im Hause ih-
res Gottes. Und dabei habe ich [q]den 9
Amoriter vor ihnen her vertilgt, der so
hoch war wie die Zedern und so stark
wie die Eichen, und ich vertilgte oben
seine Frucht und unten seine Wurzel.
Auch habe ich euch aus Ägyptenland 10
geführt und vierzig Jahre in der Wüste
geleitet, damit ihr der Amoriter Land
besäßet. Und ich habe aus euren Söh- 11
nen Propheten erweckt und [r]Gottge-
weihte aus euren Jünglingen. Ist's nicht
so, ihr Israeliten? spricht der HERR.
Aber ihr gebt den Gottgeweihten Wein 12
zu trinken und gebietet den Propheten
und sprecht: [s]Ihr sollt nicht weissagen!
Siehe, ich will's unter euch schwan- 13
ken machen, wie ein Wagen voll Gar-
ben schwankt, so daß, wer schnell ist, 14
nicht entfliehen noch der Starke etwas
vermögen soll, und der Mächtige soll
nicht sein Leben retten können. Die 15
Bogenschützen sollen nicht standhal-
ten, und wer schnell laufen kann, soll
nicht entrinnen, und wer da reitet, soll
sein Leben nicht retten, und wer unter 16
den Starken der mannhafteste ist, soll
nackt entfliehen müssen an jenem
Tage, spricht der HERR.

a Kap 7,14 *b* 2.Kön 15,1; Sach 14,5 *c* 2.Kön 14,23 *d* Jer 25,30; Joel 4,16 *e (3-5)* Jes 17,1-3 *f* 2.Kön 16,9 *g (6-8)* 2.Chr 21,16.17; 28,18; Jer 47,1 *h (9 und 10)* Jes 23; Joel 4,4; 1.Kön 5,26 *i (11 und 12)* Obd 10; 5.Mose 23,8; Jer 49,7 *j (13-15)* Jer 49,1-6 *k (1-3)* Jes 15;

Jer 48 *l* 4.Mose 24,17 *m* Hos 8,14 *n* Kap 8,6
o Kap 8,4 *p* 2.Mose 22,25 *q* 4.Mose 21,21-28
r 4.Mose 6,2-13 *s* Kap 7,13.16; Jer 11,21

Erwählung bewahrt nicht vor Gericht

3 Höret, was der HERR wider euch redet,
ihr Israeliten, wider alle Geschlechter,
die ich aus Ägyptenland geführt habe:
2 [a] *Aus allen Geschlechtern auf Erden habe*
ich allein euch erkannt, darum will ich
auch an euch heimsuchen all eure Sünde.

a 5.Mose 4,34

Wenn Gott redet, kann der Prophet nicht schweigen

3 Können etwa zwei miteinander wan-
dern, sie seien denn einig untereinan-
4 der? Brüllt etwa ein Löwe im Walde,
wenn er keinen Raub hat? Schreit etwa
ein junger Löwe aus seiner Höhle, er
5 habe denn etwas gefangen? Fällt etwa
ein Vogel zur Erde, wenn kein Fang-
netz da ist? Oder springt eine Falle auf
von der Erde, sie habe denn etwas ge-
6 fangen? Bläst man etwa die Posaune in
einer Stadt und das Volk entsetzt sich
nicht? [a] Ist etwa ein Unglück in der
7 Stadt, das der HERR nicht tut? – Gott
der HERR tut nichts, er offenbare denn
seinen Ratschluß den Propheten, sei-
8 nen Knechten.[b] – Der Löwe brüllt, wer
sollte sich nicht fürchten? Gott der
HERR redet, wer sollte nicht Prophet
werden?

a Jes 45,7; Klgl 3,37 *b* 1.Mose 18,17

Ankündigung des Gerichts über Samaria

9 Verkündigt in den Palästen von Asdod
und in den Palästen im Lande Ägypten
und sprecht: Sammelt euch auf den
Bergen um Samaria und sehet, welch
ein großes Zetergeschrei und Unrecht
10 darin ist! Sie achten kein Recht, spricht
der HERR; sie sammeln Schätze von
Frevel und Raub in ihren Palästen.
11 Darum spricht Gott der HERR: Man
wird dies Land ringsumher bedrängen
und dich von deiner Macht herunter-
reißen und deine Häuser plündern.
12 So spricht der HERR: Gleichwie ein
Hirte dem Löwen zwei Beine oder ein
Ohrläppchen aus dem Maul reißt, so
sollen die Israeliten herausgerissen
werden, die zu Samaria sitzen in der
Ecke des Ruhebettes und auf dem La-
ger von Damast.
13 Hört und bezeugt es dem Hause Ja-
kob, spricht Gott der HERR, der Gott
Zebaot: Zur Zeit, da ich die Sünden Is- 14
raels heimsuchen werde, will ich die Al-
täre in Betel heimsuchen und die Hör-
ner des Altars abbrechen, daß sie zu
Boden fallen sollen, und will Winter- 15
haus und Sommerhaus zerschlagen,
und die [a] elfenbeingeschmückten Häu-
ser sollen zugrunde gehen und viele
Häuser vernichtet werden, spricht der
HERR.

a 1.Kön 22,39; Ps 45,9

Gegen die schwelgerischen Frauen in Samaria

Höret dies Wort, ihr fetten Kühe, die **4**
ihr auf dem Berge Samarias seid und
den Geringen Gewalt antut und schin-
det die Armen und sprecht zu euren
Herren: Bringt her, laßt uns saufen!
Gott der HERR hat geschworen bei sei- 2
ner Heiligkeit: Siehe, es kommt die
Zeit über euch, daß man euch heraus-
ziehen wird mit Angeln und, was von
euch übrigbleibt, mit Fischhaken. Und 3
ihr werdet zu den Mauerlücken hinaus
müssen, eine jede vor sich hin, und
zum Hermon weggeschleppt werden,
spricht der HERR.

Gottes Züchtigungen werden mißachtet

Ja, kommt her nach Betel und treibt 4
Sünde, und nach [a] Gilgal, um noch
viel mehr zu sündigen! Bringt eure
Schlachtopfer am Morgen und eure
[b] Zehnten am dritten Tage, räuchert 5
[c] Sauerteig zum Dankopfer und ruft
freiwillige Opfer aus und verkündet
sie; denn so habt ihr's gern, ihr Israeli-
ten, spricht Gott der HERR!
Ich habe euch in allen euren Städten 6
müßige Zähne gegeben und Mangel an
Brot in allen euren Orten; DENNOCH BE-
KEHRT IHR EUCH NICHT ZU MIR, spricht
der HERR. Auch habe ich euch den [d] Re- 7
gen vorenthalten, als noch drei Monate
waren bis zur Ernte, und ich ließ reg-
nen über eine Stadt, und auf die andere
Stadt ließ ich nicht regnen, ein Acker
wurde beregnet, und der andere Acker,
der nicht beregnet wurde, verdorrte.
Und es zogen zwei, drei Städte zu *einer* 8
Stadt, um Wasser zu trinken, und
konnten nicht genug finden; DENNOCH
BEKEHRT IHR EUCH NICHT ZU MIR,
spricht der HERR. Ich plagte euch mit 9
[e] dürrer Zeit und mit Getreidebrand;
auch fraßen die [f] Raupen alles, was in
euren Gärten und Weinbergen, auf
euren Feigenbäumen und Ölbäumen

wuchs; DENNOCH BEKEHRT IHR EUCH
10 NICHT ZU MIR, spricht der HERR. Ich
schickte unter euch die [g]Pest wie in
Ägypten; ich tötete eure junge Mann-
schaft durchs Schwert und ließ eure
Pferde gefangen wegführen, ich ließ
den Gestank eures Heerlagers in eure
Nasen steigen; DENNOCH BEKEHRT IHR
EUCH NICHT ZU MIR, spricht der HERR.
11 Ich richtete unter euch Zerstörung an,
wie Gott [h]Sodom und Gomorra zer-
störte, daß ihr waret wie ein [i]Brand-
scheit, das aus dem Feuer gerissen
wird; DENNOCH BEKEHRT IHR EUCH
NICHT ZU MIR, spricht der HERR.
12 Darum will ich's weiter so mit dir
machen, Israel! Weil ich's denn weiter
so mit dir machen will, so bereite dich,
Israel, und begegne deinem Gott!
13 Denn siehe, er ist's, der die Berge
macht und den Wind schafft; er zeigt
dem Menschen, was er im Sinne hat. Er
macht die Morgenröte und die Finster-
nis, [j]er tritt einher auf den Höhen der
Erde – er heißt »HERR, Gott Zebaot«.

a Hos 12,12 *b* 5.Mose 14,28 *c* 3.Mose 2,11
d 1.Kön 17,1 *e* Hag 1,11 *f* Joel 1,4 *g* 2.Mose 9,3
h 1.Mose 19,24.25 *i* Sach 3,2 *j* Mi 1,3

Klagelied über Israel

5 Höret, ihr vom Hause Israel, dies
Wort; denn ich muß dies Klagelied
2 über euch anstimmen: Die Jungfrau
Israel ist gefallen, daß sie nicht wieder
aufstehen wird; sie ist zu Boden gesto-
ßen, und niemand ist da, der ihr aufhel-
3 fe. Denn so spricht Gott der HERR: Die
Stadt, aus der Tausend zum Kampf
ausziehen, soll nur Hundert übrig be-
halten, und aus der Hundert ausziehen,
die soll nur Zehn übrig behalten im
Hause Israel.

Gegen die Unterdrücker

4 Denn so spricht der HERR zum Hause
Israel: [a]*Suchet mich, so werdet ihr leben.*
5 [b]Suchet nicht Betel und kommt nicht
nach Gilgal und geht nicht nach Beer-
seba; denn Gilgal wird gefangen weg-
geführt werden, und Betel wird zunich-
6 te werden. Suchet den HERRN, so wer-
det ihr leben, daß er nicht daherfahre
über das Haus Josef wie ein verzehren-
des Feuer, das niemand löschen kann
7 zu Betel – die ihr [c]das Recht in Wermut
verkehrt und die Gerechtigkeit zu Bo-
den stoßt.
8 Der das [d]Siebengestirn und den
Orion macht, der aus der Finsternis
den Morgen macht und aus dem Tag
die finstere Nacht, der [e]das Wasser im
Meer herbeiruft und schüttet es auf den
Erdboden – er heißt »HERR« –, der über 9
den Starken Verderben kommen läßt
und bringt Verderben über die feste
Stadt.
Sie sind dem gram, [f]der sie im Tor 10
zurechtweist, und verabscheuen den,
der ihnen die Wahrheit sagt.
Darum, weil ihr die Armen unter- 11
drückt und nehmt von ihnen hohe Ab-
gaben an Korn, so [g]sollt ihr in den
Häusern nicht wohnen, die ihr von
Quadersteinen gebaut habt, und den
Wein nicht trinken, den ihr in den fei-
nen Weinbergen gepflanzt habt. Denn 12
ich kenne eure Freveltaten, die so viel
sind, und eure Sünden, die so groß
sind, wie ihr die Gerechten bedrängt
und Bestechungsgeld nehmt und die
Armen im Tor unterdrückt. Darum 13
muß der Kluge zu dieser Zeit schwei-
gen; denn es ist eine böse Zeit.
Suchet das Gute und nicht das Böse, 14
auf daß ihr leben könnt, so wird der
HERR, der Gott Zebaot, bei euch sein,
wie ihr rühmt. [h]Hasset das Böse und 15
liebet das Gute, richtet das Recht auf
im Tor, vielleicht wird der HERR, der
Gott Zebaot, doch gnädig sein denen,
die von Josef übrigbleiben.
Darum spricht der HERR, der Gott 16
Zebaot, der Herr: Es wird in allen Gas-
sen Wehklagen sein, und auf allen Stra-
ßen wird man sagen: »Wehe, wehe!«
Und man wird den Ackermann zum
Trauern rufen und zum Wehklagen,
wer die Totenklage erheben kann. In 17
allen Weinbergen wird Wehklagen
sein; denn ich will unter euch fahren,
spricht der HERR.

a Jer 29,13 *b* Kap 4,4; Hos 4,15 *c* Kap 6,12;
Jes 5,20 *d* Hiob 38,31 *e* Kap 9,6 *f* Jes 29,21
g Zef 1,13 *h* Ps 34,15; Röm 12,9

Der Tag des HERRN ist ein Tag des Gerichts

[a]Weh denen, die des HERRN Tag her- 18
beiwünschen! Was soll er euch? Denn
des HERRN Tag ist Finsternis und nicht
Licht, gleichwie wenn jemand vor dem 19
Löwen flieht und ein Bär begegnet ihm
und er kommt in ein Haus und lehnt
sich mit der Hand an die Wand, so
sticht ihn eine Schlange! Ja, des HERRN 20
Tag wird finster und nicht licht sein,
dunkel und nicht hell.

a *(18-20)* Joel 2,11

Der äußerliche Gottesdienst tut's nicht

21 Ich bin euren Feiertagen gram und ver-
achte sie und [a]mag eure Versamm-
22 lungen nicht riechen. Und wenn ihr
mir auch [b]Brandopfer und Speisopfer
opfert, so habe ich kein Gefallen daran
und mag auch eure fetten Dankopfer
23 nicht ansehen. Tu weg von mir das Ge-
plärr deiner Lieder; denn ich mag dein
24 Harfenspiel nicht hören! Es ströme
aber das Recht wie Wasser und die Ge-
rechtigkeit wie ein nie versiegender
Bach.
25 [c]Habt ihr vom Hause Israel mir in
der Wüste die vierzig Jahre lang
Schlachtopfer und Speisopfer ge-
26 opfert? Ihr truget den Sikkut, euren
König, und Kiun*, den Stern eures
Gottes, eure Bilder, welche ihr euch
27 selbst gemacht habt; so will ich euch
wegführen lassen bis jenseits von Da-
maskus, spricht der HERR, der Gott Ze-
baot heißt.

a Jes 1,11-15 *b* Mi 6,6.7 *c* (25 und 26) Jer 7,22.23; Apg 7,42.43
*Vers 26: Sikkut und Kiun sind Namen heidnischer Götter, die in Israel verehrt wurden.

Gegen Selbstsicherheit und Schwelgerei der Vornehmen in Israel

6 Weh den Sorglosen zu Zion und weh
denen, die voll Zuversicht sind auf dem
Berge Samarias, den Vornehmen des
Erstlings unter den Völkern, zu denen
2 das Haus Israel kommt! Gehet hin
nach [a]Kalne und schauet und von da
nach Hamat, der großen Stadt, und zie-
het hinab nach Gat der Philister! Seid
ihr besser als diese Königreiche, ist
3 euer Gebiet größer als das ihre, die ihr
meint, vom bösen Tag weit ab zu sein,
und [b]trachtet immer nach Frevelregi-
4 ment, die ihr schlaft auf elfenbeinge-
schmückten Lagern und euch streckt
auf euren Ruhebetten? Ihr eßt die
Lämmer aus der Herde und die gemä-
5 steten Kälber [c]und spielt auf der Harfe
und erdichtet euch Lieder wie David
6 und trinkt Wein aus Schalen und salbt
euch mit dem besten Öl, aber bekümmert euch nicht um den Schaden Jo-
sefs.
7 Darum sollen sie nun vorangehen
unter denen, die gefangen weggeführt
werden, und soll das Schlemmen der
8 Übermütigen aufhören. Denn Gott der
HERR hat geschworen bei sich: Mich
verdrießt die Hoffart Jakobs, spricht
der HERR, der Gott Zebaot, und ich
hasse seine Paläste. Darum will ich die
Stadt übergeben mit allem, was darin
ist. Und wenn auch zehn Männer in 9
einem Hause übrigbleiben, sollen sie
doch sterben. Und nimmt dann einen 10
sein Verwandter, der ihn bestatten und
seine Gebeine aus dem Hause tragen
will, so sagt er zu dem, der drin im
Hause ist: Sind ihrer noch mehr da?
Und der wird antworten: Sie sind alle
dahin! Und er wird sagen: Still! Denn
man darf des HERRN Namen nicht nen-
nen.[d] Denn siehe, der HERR hat gebo- 11
ten, daß man die großen Häuser in
Trümmer schlagen soll und die kleinen
Häuser in Stücke.
Wer kann auf Felsen mit Rossen ren- 12
nen oder mit Rindern pflügen? Denn
[e]ihr wandelt das Recht in Gift und die
Frucht der Gerechtigkeit in Wermut,
die ihr euch freut über Lo-Dabar und 13
sprecht: Haben wir nicht durch unsere
Kraft Karnajim genommen? Darum 14
siehe, ich will gegen euch, ihr vom
Hause Israel, ein Volk aufstehen lassen,
spricht der HERR, der Gott Zebaot, das
soll euch bedrängen von da an, wo man
nach Hamat geht, bis an den Bach in
der Wüste.

a 1.Mose 10,10 *b* Ps 10,5 *c* (5 und 6) Jes 5,12 *d* Kap 8,3 *e* Kap 5,7

Die drei ersten Visionen: Heuschrecken, Feuer, Bleilot

Gott der HERR ließ mich schauen, und **7**
siehe, da war einer, der machte Heu-
schrecken zur Zeit, als das Grummet
aufging; und siehe, das Grummet war
gewachsen, nachdem der König hatte
mähen lassen. Als sie nun alles Gras im 2
Lande abfressen wollten, sprach ich:
Ach Herr HERR, sei gnädig! Wer soll
Jakob wieder aufhelfen? Er ist ja so
schwach. Da reute es den HERRN, und 3
er sprach: Wohlan, es soll nicht ge-
schehen.
Gott der HERR ließ mich schauen, 4
und siehe, Gott der HERR rief das
Feuer, um damit zu strafen. Das ver-
zehrte [a]die große Tiefe und fraß das
Ackerland. Da sprach ich: Ach Herr 5
HERR, laß ab! Wer soll Jakob wieder
aufhelfen? Er ist ja so schwach. Da reu- 6
te den HERRN das auch, und Gott der
HERR sprach: Es soll auch nicht ge-
schehen.
Er ließ mich abermals schauen, und 7
siehe, der Herr stand auf der Mauer,

die mit einem Bleilot gerichtet war, und
8 er hatte ein Bleilot in seiner Hand. Und
der HERR sprach zu mir: Was siehst du,
Amos? Ich sprach: Ein [b]Bleilot. Da
sprach der Herr zu mir: Siehe, ich will
das Bleilot legen an mein Volk Israel
9 und [c]ihm nichts mehr übersehen, son-
dern die Höhen Isaaks sollen verwüstet
und die Heiligtümer Israels zerstört
werden, und ich will mich mit dem
Schwert über das Haus Jerobeam her-
machen.

a 1.Mose 7,11 *b* Jes 34,11 *c* Kap 8,2

Amos wird aus Betel ausgewiesen

10 [a]Da sandte Amazja, der Priester in Bet-
el, zu Jerobeam, dem König von Israel,
und ließ ihm sagen: Der Amos macht
einen Aufruhr gegen dich im Hause Is-
rael; das Land kann seine Worte nicht
11 ertragen. Denn so spricht Amos: Jero-
beam wird durchs Schwert sterben,
und Israel wird aus seinem Lande
12 gefangen weggeführt werden. Und
Amazja sprach zu Amos: Du [b]Seher,
geh weg und flieh ins Land Juda und iß
dort dein Brot und weissage daselbst.
13 Aber weissage nicht mehr in [c]Betel;
denn es ist des Königs Heiligtum und
14 der Tempel des Königreichs. Amos
antwortete und sprach zu Amazja: Ich
bin kein Prophet noch ein Propheten-
jünger, sondern [d]ich bin ein Hirt, der
15 Maulbeeren züchtet. Aber der HERR
nahm mich von der Herde und sprach
zu mir: Geh hin und weissage meinem
16 Volk Israel! So höre nun des HERRN
Wort! Du sprichst: [e]Weissage nicht
wider Israel und eifere nicht wider das
17 Haus Isaak! Darum spricht der HERR:
Deine Frau wird in der Stadt zur Hure
werden, und deine Söhne und Töchter
sollen durchs Schwert fallen, und dein
Acker soll mit der Meßschnur ausge-
teilt werden. Du aber sollst in einem
unreinen Lande sterben, und Israel soll
aus seinem Lande vertrieben werden.

a (*10 und 11*) Jer 38,4 *b* 1.Sam 9,9
c 1.Kön 12,28.29 *d* Kap 1,1 *e* Kap 2,12

Die vierte Vision: Ein Korb mit reifem Obst

8 Gott der HERR ließ mich schauen, und
siehe, da stand ein Korb mit reifem
2 Obst. Und er sprach: Was siehst du,
Amos? Ich aber antwortete: Einen
Korb mit reifem Obst. Da sprach der
HERR zu mir: Reif zum Ende ist mein
Volk Israel; [a]ich will ihm nichts mehr
3 übersehen. Und die Lieder im Tempel
sollen in Heulen verkehrt werden zur
selben Zeit, spricht Gott der HERR. [b]Es
werden an allen Orten viele Leichname
liegen, die man heimlich hinwirft.

a Kap 7,8 *b* Kap 6,10

Gegen den Wucher der Reichen

Höret dies, die ihr [a]die Armen unter- 4
drückt und die Elenden im Lande zu-
grunde richtet und sprecht: Wann will 5
denn der Neumond ein Ende haben,
daß wir Getreide verkaufen, und der
[b]Sabbat, daß wir Korn feilhalten kön-
nen und das Maß verringern und den
Preis steigern und die Waage fälschen,
damit wir die Armen um Geld und [c]die 6
Geringen um ein Paar Schuhe in unsere
Gewalt bringen und Spreu für Korn
verkaufen?
Der HERR hat bei sich, dem Ruhm 7
Jakobs, geschworen: Niemals werde
ich diese ihre Taten vergessen! Sollte 8
nicht um solcher Taten willen das Land
erbeben müssen und alle Bewohner
trauern? Ja, [d]es soll sich heben wie die
Wasser des Nils und sich senken wie
der Strom Ägyptens.
Zur selben Zeit, spricht Gott der 9
HERR, will ich [e]die Sonne am Mittag
untergehen und das Land am hellen
Tage finster werden lassen. [f]Ich will 10
eure Feiertage in Trauer und alle eure
Lieder in Wehklagen verwandeln. Ich
will über alle Lenden den Sack bringen
und alle Köpfe kahl machen und will
ein Trauern schaffen, [g]wie man trauert
über den einzigen Sohn, und sie sollen
ein bitteres Ende nehmen.

a Kap 2,7 *b* Neh 13,15 *c* Kap 2,6 *d* Kap 9,5
e Jer 15,9 *f* Tob 2,5.6 *g* Jer 6,26

Einst wird man vergeblich nach Gottes Wort verlangen

Siehe, es kommt die Zeit, spricht Gott der 11
HERR, *daß ich einen Hunger ins Land*
schicken werde, [a]*nicht einen Hunger nach*
Brot oder Durst nach Wasser, sondern
nach dem Wort des HERRN, *es zu hören;*
daß sie hin und her von einem Meer zum 12
andern, von Norden nach Osten laufen
und des HERRN *Wort suchen und* [b]*doch*
nicht finden werden. Zu der Zeit werden 13
die schönen Jungfrauen und die Jüng-
linge verschmachten vor Durst, die 14
jetzt schwören bei dem Abgott Sama-
rias und sprechen: [c]»So wahr dein Gott
lebt, Dan!« und: »So wahr dein Gott
lebt, Beerseba!« Sie sollen so fallen, daß
sie nicht wieder aufstehen können.

a 1.Sam 3,1 *b* Mi 3,7 *c* Ri 18,30

Die letzte Vision: Gott über dem Altar; dem Gericht kann niemand entrinnen

9 Ich sah den Herrn über dem Altar ste-
hen, und er sprach: Schlage an den
Knauf, daß die Pfosten beben und die
Trümmer ihnen allen auf den Kopf fal-
len; und was noch übrig bleibt von
ihnen, will ich mit dem Schwert töten,
daß keiner von ihnen entfliehen noch
2 irgendeiner entkommen soll! Und
[a]wenn sie sich auch unten bei den To-
ten vergrüben, soll sie doch meine
Hand von dort holen, und wenn sie
zum Himmel hinaufstiegen, will ich sie
3 doch herunterstoßen. Und wenn sie
sich auch versteckten oben auf dem
Berge Karmel, will ich sie doch suchen
und von dort herabholen; und wenn sie
sich vor meinen Augen verbärgen im
Grunde des Meeres, so will ich doch
der Schlange befehlen, sie dort zu bei-
4 ßen. Und wenn sie vor ihren Feinden
gefangen einhergingen, so will ich doch
dem Schwert befehlen, sie dort zu tö-
ten. Denn [b]ich will meine Augen auf sie
richten zum Bösen und nicht zum Gu-
ten.
5 Denn Gott, der HERR Zebaot, ist es,
der die Erde anrührt, daß sie bebt und
alle ihre Bewohner trauern müssen,
und daß sie [c]sich hebt wie die Wasser
des Nils und sich senkt wie der Strom
6 Ägyptens; er ist es, der seinen Saal in
den Himmel baut und [d]seinen Palast
über der Erde gründet, der [e]das Wasser
im Meer herbeiruft und schüttet es auf
das Erdreich. Er heißt HERR!
7 Seid ihr Israeliten mir nicht [f]gleich-
wie die Mohren? spricht der HERR.
Habe ich nicht Israel aus Ägyptenland
geführt und die [g]Philister aus Kaftor
8 und die Aramäer aus Kir? Siehe, die
Augen Gottes des HERRN sehen auf das
sündige Königreich, daß ich's vom
Erdboden vertilge, wiewohl ich das
Haus Jakob nicht ganz vertilgen will,
spricht der HERR. Denn siehe, ich will 9
befehlen und das Haus Israel unter al-
len Heiden schütteln lassen, gleichwie
man mit einem Sieb schüttelt und kein
Stein zur Erde fällt. Alle Sünder in 10
meinem Volk sollen durchs Schwert
sterben, die da sagen: [h]Es wird das Un-
glück nicht so nahe sein noch uns be-
gegnen.

a Hiob 26,6; Ps 139,8 *b* Jer 44,11 *c* Kap 8,8
d Ps 104,3 *e* Kap 5,8 *f* 5.Mose 7,7 *g* Jer 47,4
h Kap 6,3

Das künftige Heil des Gottesvolkes

Zur selben Zeit will ich die [a]zerfallene 11
Hütte Davids wieder aufrichten und ihre
Risse vermauern und, was abgebrochen
ist, wieder aufrichten und will sie bauen,
wie sie vorzeiten gewesen ist, damit sie in 12
Besitz nehmen, was übrig ist von
Edom, und alle Heiden, über die mein
Name genannt ist, spricht der HERR,
der solches tut.
Siehe, es kommt die Zeit, spricht der 13
HERR, daß man [b]zugleich ackern und
ernten, zugleich keltern und säen wird.
Und [c]die Berge werden von süßem
Wein triefen, und alle Hügel werden
fruchtbar sein. Denn ich [d]will die Ge- 14
fangenschaft meines Volks Israel wen-
den, daß sie [e]die verwüsteten Städte
wieder aufbauen und bewohnen sollen,
daß sie Weinberge pflanzen und Wein
davon trinken, Gärten anlegen und
Früchte daraus essen. Denn ich will sie 15
in ihr Land pflanzen, daß sie nicht
mehr aus ihrem Land ausgerottet wer-
den, das ich ihnen gegeben habe,
spricht der HERR, dein Gott.

a 1.Kön 12,19; Apg 15,16.17 *b* 3.Mose 26,5
c Joel 4,18 *d* 5.Mose 30,3 *e* Jes 65,21

DER PROPHET OBADJA

Gericht über das schadenfrohe und raubgierige Edom

Weissagung vom Strafgericht über Edom und von der Wiedereinsetzung Israels in sein Land

(vgl. Jer 49,7-22)

1 Dies ist es, was Obadja geschaut hat.
So spricht Gott der HERR über
Edom: – Wir haben vom HERRN eine
Botschaft gehört, ein Bote ist unter die
Heiden gesandt: Wohlauf, laßt uns wi-
2 der Edom streiten! – Siehe, ich habe
dich gering gemacht und sehr verachtet
3 unter den Völkern. Der Hochmut dei-
nes Herzens hat dich betrogen, weil du
[a]in den Felsenklüften wohnst, in dei-
nen hohen Schlössern, und du sprichst
in deinem Herzen: Wer will mich zu
4 Boden stoßen? Wenn du auch in die
Höhe führest wie ein Adler und mach-
test dein Nest zwischen den Sternen,
dennoch will ich dich von dort herun-
terstürzen, spricht der HERR.

5 Wenn Diebe oder Räuber nachts
über dich kommen, wie sollst du dann
zunichte werden! Ja, sie sollen stehlen,
bis sie genug haben. Und wenn die
Weinleser über dich kommen, so sollen
6 sie dir keine Nachlese übriglassen. Wie
sollen sie Esau durchsuchen und seine
7 Schätze aufspüren! Alle deine Bundes-
genossen werden dich zum Lande hin-
ausstoßen; die Leute, auf die du deinen
Trost setzt, werden dich betrügen und
überwältigen; die dein Brot essen, wer-
den dich verraten, ehe du es merken
8 wirst. Was gilt's? spricht der HERR, ich
will zur selben Zeit die Weisen in Edom
zunichte machen und die Klugheit auf
9 dem Gebirge Esau. Auch deine Star-
ken, [b]Teman, sollen verzagen, auf daß
alle auf dem Gebirge Esau ausgerottet
werden durch Morden.

10 [c]Um des Frevels willen, an deinem
Bruder Jakob begangen, sollst du zu-
schanden werden und für immer ausge-
11 rottet sein. [d]Zu der Zeit, als du dabei-
standest und sahst, wie Fremde sein
Heer gefangen wegführten und Aus-
länder zu seinen Toren einzogen und
über Jerusalem das Los warfen, da
warst auch du wie einer von ihnen. Du 12
sollst nicht mehr herabsehen auf deinen
Bruder zur Zeit seines Elends und sollst
dich nicht freuen über die Söhne Juda
zur Zeit ihres Jammers und sollst mit
deinem Mund nicht so stolz reden zur
Zeit ihrer Angst. Du sollst nicht zum 13
Tor meines Volks einziehen zur Zeit
seines Jammers; du sollst nicht herab-
sehen auf sein Unglück zur Zeit seines
Jammers; du sollst nicht nach seinem
Gut greifen zur Zeit seines Jammers.
Du sollst nicht stehen an den Flucht- 14
wegen, um seine Entronnenen zu mor-
den; du sollst seine Übriggebliebenen
nicht verraten zur Zeit der Angst.

Denn [e]der Tag des HERRN ist nahe 15
über alle Heiden. [f]Wie du getan hast,
soll dir wieder geschehen, und wie du
verdient hast, so soll es auf deinen Kopf
kommen. Denn wie ihr auf meinem 16
heiligen Berge getrunken habt, so [g]sol-
len alle Heiden täglich trinken; ja, sie
sollen's saufen und ausschlürfen und
sollen sein, als wären sie nie gewesen.

Aber [h]auf dem Berge Zion werden 17
Gerettete sein, und er soll heilig sein,
und das Haus Jakob soll seine Besitzer
besitzen. Und [i]das Haus Jakob soll ein 18
Feuer werden und das Haus Josef eine
Flamme, aber das Haus Esau Stroh;
das werden sie anzünden und verzeh-
ren, so daß vom Hause Esau nichts
übrigbleibt; denn der HERR hat's gere-
det. Und sie werden das Südland, das 19
Gebirge Esaus, besitzen und das Hü-
gelland, das Land der Philister. Ja, sie
werden das Gefilde Efraims und das
Gefilde Samarias besitzen und Benja-
min das Gebirge Gilead. Und die Weg- 20
geführten von Israel werden die Städte
der Kanaaniter bis nach Zarpat besit-
zen, und die Weggeführten von Jerusa-
lem, die in Sefarad sind, werden die
Städte im Südland besitzen. Und es 21
werden die Geretteten vom Berg Zion
kommen, um das Gebirge Esau zu rich-

ten, und die Königsherrschaft wird des
HERRN sein.

a 4.Mose 24,21 *b* Am 1,12 *c* Joel 4,19 *d* (11-14) Ps 137,7 *e* Joel 1,15 *f* Jer 50,15.29 *g* Jer 25,15 *h* Joel 3,5; 4,17 *i* Sach 12,6

DER PROPHET JONA

Gott will, daß alle gerettet werden

Jonas Berufung und Flucht vor Gott

1 Es geschah das Wort des HERRN zu
2 [a]Jona, dem Sohn Amittais: Mache dich
auf und geh in die große Stadt Ninive
und predige wider sie; denn ihre Bos-
heit ist vor mich gekommen.
3 Aber Jona machte sich auf und
[b]wollte vor dem HERRN nach Tarsis
fliehen und kam hinab nach Jafo. Und
als er ein Schiff fand, das nach Tarsis
fahren wollte, gab er Fährgeld und trat
hinein, um mit ihnen nach Tarsis zu
fahren und dem HERRN aus den Augen
zu kommen.
4 Da ließ der HERR einen großen Wind
aufs Meer kommen, und es erhob sich
ein großes Ungewitter auf dem Meer,
daß man meinte, das Schiff würde zer-
5 brechen. Und die Schiffsleute fürchte-
ten sich und schrien, ein jeder zu sei-
nem Gott, und warfen die Ladung, die
im Schiff war, ins Meer, daß es leichter
würde. Aber Jona war hinunter in das
6 Schiff gestiegen, lag und schlief. Da
trat zu ihm der Schiffsherr und sprach
zu ihm: Was schläfst du? Steh auf, rufe
deinen Gott an! Ob vielleicht dieser
Gott an uns gedenken will, daß wir
7 nicht verderben. Und einer sprach zum
andern: Kommt, wir wollen [c]losen,
daß wir erfahren, um wessentwillen es
uns so übel geht. Und als sie losten,
8 traf's Jona. Da sprachen sie zu ihm:
Sage uns, warum geht es uns so übel?
Was ist dein Gewerbe, und wo kommst
du her? Aus welchem Lande bist du,
9 und von welchem Volk bist du? Er
sprach zu ihnen: Ich bin ein Hebräer
und fürchte den HERRN, den Gott des
Himmels, der [d]das Meer und das Trok-
10 kene gemacht hat. Da fürchteten sich
die Leute sehr und sprachen zu ihm:
Warum hast du das getan? Denn sie
wußten, daß er vor dem HERRN floh;
denn er hatte es ihnen gesagt. Da spra- 11
chen sie zu ihm: Was sollen wir denn
mit dir tun, daß das Meer stille werde
und von uns ablasse? Denn das Meer
ging immer ungestümer. Er sprach zu 12
ihnen: Nehmt mich und werft mich ins
Meer, so wird das Meer still werden
und von euch ablassen. Denn ich weiß,
daß um meinetwillen dies große Unge-
witter über euch gekommen ist. Doch 13
die Leute ruderten, daß sie wieder ans
Land kämen; aber sie konnten nicht,
denn das Meer ging immer ungestümer
gegen sie an. Da riefen sie zu dem 14
HERRN und sprachen: Ach, HERR, laß
uns nicht verderben um des Lebens
dieses Mannes willen und rechne uns
nicht unschuldiges Blut zu; denn du,
HERR, tust, wie dir's gefällt. Und sie 15
nahmen Jona und warfen ihn ins Meer.
Da wurde das Meer still und ließ ab von
seinem Wüten. Und die Leute fürchte- 16
ten den HERRN sehr und brachten dem
HERRN Opfer dar und taten Gelübde.

a 2.Kön 14,25 *b* Ps 139,7.9.10 *c* Spr 16,33 *d* 1.Mose 1,9.10

Jonas Gebet

Aber der HERR ließ einen großen Fisch 2
kommen, Jona zu verschlingen. Und
[a]Jona war im Leibe des Fisches drei
Tage und drei Nächte.
Und Jona betete zu dem HERRN, sei- 2
nem Gott, im Leibe des Fisches und 3
sprach: [b]Ich rief zu dem HERRN in mei-
ner Angst, und er antwortete mir. Ich
schrie aus dem Rachen des Todes, und
du hörtest meine Stimme. Du warfest 4
mich in die Tiefe, mitten ins Meer, daß
die Fluten mich umgaben. [c]Alle deine
Wogen und Wellen gingen über mich,

5 daß ich dachte, [d]ich wäre von deinen
Augen verstoßen, ich würde deinen
heiligen Tempel nicht mehr sehen.
6 [e]Wasser umgaben mich und gingen mir
ans Leben, die Tiefe umringte mich,
7 Schilf bedeckte mein Haupt. Ich sank
hinunter zu der Berge Gründen, der
Erde Riegel schlossen sich hinter mir
ewiglich. Aber[f] du hast mein Leben aus
dem Verderben geführt, HERR, mein
8 Gott! Als meine Seele in mir verzagte,
gedachte ich an den HERRN, und [g]mein
Gebet kam zu dir in deinen heiligen
9 Tempel. Die [h]sich halten an das Nich-
10 tige, verlassen ihre Gnade. Ich aber will
mit Dank dir Opfer bringen. Meine
Gelübde will ich erfüllen dem HERRN,
der mir geholfen hat.[i]
11 Und der HERR sprach zu dem Fisch,
und der spie Jona aus ans Land.

a Mt 12,40; 16,4 *b* Ps 120,1 *c* Ps 42,8
d Ps 31,23 *e* Ps 18,5; 69,2 *f* Ps 103,4
g Ps 142,2-4 *h* Ps 31,7 *i* Ps 50,14; 116,17.18

Jonas Predigt und Ninives Buße

3 [a]Und es geschah das Wort des HERRN
2 zum zweitenmal zu Jona: Mach dich
auf, geh in die große Stadt Ninive und
3 predige ihr, was ich dir sage! Da mach-
te sich Jona auf und ging hin nach Nini-
ve, wie der HERR gesagt hatte. [b]Ninive
aber war eine große Stadt vor Gott, drei
4 Tagereisen groß. Und als Jona anfing,
in die Stadt hineinzugehen, und eine
Tagereise weit gekommen war, predig-
te er und sprach: Es sind noch vierzig
5 Tage, so wird Ninive untergehen. Da
[c]glaubten die Leute von Ninive an Gott
und [d]ließen ein Fasten ausrufen und
zogen alle, groß und klein, den Sack zur
6 Buße an. Und als das vor den König
von Ninive kam, stand er auf von sei-
nem Thron und legte seinen Purpur ab
und hüllte sich in den Sack und setzte
7 sich in die Asche und ließ ausrufen und
sagen in Ninive als Befehl des Königs
und seiner Gewaltigen: Es sollen weder
Mensch noch Vieh, weder Rinder noch
Schafe Nahrung zu sich nehmen, und
man soll sie nicht weiden noch Wasser
8 trinken lassen; und sie sollen sich in
den Sack hüllen, Menschen und Vieh,
und zu Gott rufen mit Macht. Und ein
jeder bekehre sich von seinem bösen
Wege und vom Frevel seiner Hände!
9 Wer weiß? [e]Vielleicht läßt Gott es sich
gereuen und wendet sich ab von seinem
grimmigen Zorn, daß wir nicht verder-
ben. Als aber Gott ihr Tun sah, wie sie 10
[f]sich bekehrten von ihrem bösen Wege,
reute ihn das Übel, das er ihnen ange-
kündigt hatte, und tat's nicht.

a (1 und 2) Kap 1,2 *b* Kap 4,11 *c* Mt 12,41
d Joel 1,14 *e* Joel 2,14 *f* Jer 18,7.8

Jonas Unmut und Gottes Antwort

Das aber verdroß Jona sehr, und er 4
ward zornig und betete zum HERRN 2
und sprach: Ach, HERR, das ist's ja, was
ich dachte, als ich noch in meinem
Lande war, weshalb ich auch eilends
nach Tarsis fliehen wollte; denn ich
wußte, [a]daß du gnädig, barmherzig,
langmütig und von großer Güte bist
und läßt dich des Übels gereuen. So 3
[b]nimm nun, HERR, meine Seele von
mir; denn ich möchte lieber tot sein als
leben. Aber der HERR sprach: Meinst 4
du, daß du mit Recht zürnst?
Und Jona ging zur Stadt hinaus und 5
ließ sich östlich der Stadt nieder und
machte sich dort eine Hütte; darunter
setzte er sich in den Schatten, bis er
sähe, was der Stadt widerfahren würde.
Gott der HERR aber ließ eine Staude 6
wachsen; die wuchs über Jona, daß sie
Schatten gäbe seinem Haupt und ihm
hülfe von seinem Unmut. Und Jona
freute sich sehr über die Staude. Aber 7
am Morgen, als die Morgenröte an-
brach, ließ Gott einen Wurm kommen;
der stach die Staude, daß sie verdorrte.
Als aber die Sonne aufgegangen war, 8
ließ Gott einen heißen Ostwind kom-
men, und die Sonne stach Jona auf den
Kopf, daß er matt wurde. Da wünschte
er sich den Tod und sprach: Ich möch-
te lieber tot sein als leben.
Da sprach Gott zu Jona: Meinst du, 9
daß du mit Recht zürnst um der Staude
willen? Und er sprach: Mit Recht zür-
ne ich bis an den Tod. Und der HERR 10
sprach: Dich jammert die Staude, um
die du dich nicht gemüht hast, hast sie
auch nicht aufgezogen, die in einer
Nacht ward und in einer Nacht ver-
darb, und mich sollte nicht jammern 11
Ninive, eine so große Stadt, in der mehr
als hundertundzwanzigtausend Men-
schen sind, die nicht wissen, was rechts
oder links ist, dazu auch viele Tiere?

a 2.Mose 34,6 *b* 1.Kön 19,4

DER PROPHET MICHA

Inhaltsübersicht

Gerichtsworte über Israel und Juda	Kap 1–3
Heilsworte	4–5
Warnung und Hoffnung	6–7

Gott erscheint zum Gericht über Israel und Juda

1 Dies ist das Wort des HERRN, welches
geschah zu [a] Micha aus Moreschet zur
Zeit des [b] Jotam, Ahas und Hiskia, der
Könige von Juda, das er geschaut hat
über Samaria und Jerusalem.
2 Höret, alle Völker! Merk auf, Land
und alles, was darinnen ist! Denn Gott
der HERR hat mit euch zu reden, ja, der
Herr aus seinem heiligen Tempel.
3 Denn siehe, der HERR wird herausge-
hen aus seiner Wohnung und herabfah-
ren und [c] treten auf die Höhen der
4 Erde, daß die Berge unter ihm schmel-
zen und die Täler sich spalten, gleich-
wie Wachs vor dem Feuer zerschmilzt,
wie die Wasser, die talwärts stürzen.
5 Das alles um Jakobs Übertretung wil-
len und um der Sünden willen des Hau-
ses Israel.
Was ist aber die Übertretung Ja-
kobs? [d] Ist's nicht Samaria? Was sind
aber die Opferhöhen Judas? Ist's nicht
6 Jerusalem? Und ich will [e] Samaria zu
Steinhaufen im Felde machen, die man
für die Weinberge nimmt, und will sei-
ne Steine ins Tal schleifen und es bis
7 auf den Grund bloßlegen. Alle seine
Götzen sollen zerbrochen und all sein
[f] Hurenlohn soll mit Feuer verbrannt
werden. Und ich will alle seine Götzen-
bilder zerstören; denn sie sind von Hu-
renlohn zusammengebracht und sollen
auch wieder zu Hurenlohn werden.

a Jer 26,18 *b* Jes 1,1 *c* Am 4,13 *d* Jer 23,13.14
e 1.Kön 16,24; Hos 14,1 *f* Hos 2,7.14

Unheil kommt über die Städte Judas

8 Darüber muß ich klagen und heulen,
ich muß barfuß und bloß dahergehen;
ich muß klagen wie die Schakale und
9 jammern wie die Strauße: Denn un-
heilbar ist die Plage des HERRN: sie
kommt bis nach Juda, sein Schlag
reicht bis an meines Volkes Tor, bis hin
nach Jerusalem.
*Verkündet's ja nicht in [a] Gat; laßt 10
euer Weinen nicht hören; in Bet-Le-
afra wälzt euch im Staube! Ihr Einwoh- 11
ner von Schafir müßt dahin mit allen
Schanden; die Einwohner von Zaanan
werden nicht ausziehen; das Leid Bet-
Haëzels wird euch wehren, daß ihr
euch da lagert. Die Einwohner von Ma- 12
rot vermögen sich nicht zu trösten;
denn es wird das Unglück vom HERRN
kommen auch bis an die Tore Jerusa-
lems. Du Stadt Lachisch, spanne Rosse 13
an und fahre davon; denn du bist für
die Tochter Zion der Anfang zur Sün-
de, und in dir finden sich die Übertre-
tungen Israels. Du wirst dich scheiden 14
müssen von Moreschet-Gat; die Häu-
ser von Achsib werden den Königen
von Israel zum Trug werden. Ich will 15
über dich, Marescha, den rechten Er-
ben bringen, und die Herrlichkeit Is-
raels soll kommen bis Adullam. Laß dir 16
die Haare abscheren und geh kahl um
deiner verzärtelten Kinder willen; ja,
mach dich kahl wie ein Geier, denn sie
sind gefangen von dir weggeführt.

a 2.Sam 1,20
*Verse 10-16: Die Wortspiele, die an die Namen judäischer Orte (vgl. Jos 15,33-47) anknüpfen, können im Deutschen nicht wiedergegeben werden. Der Text ist nur zum Teil verständlich überliefert.

Weheruf über die Machthaber, die das Volk berauben

Weh denen, die [a] Schaden zu tun trach- 2
ten und gehen mit bösen Gedanken um
auf ihrem Lager, daß sie es frühe,
wenn's licht wird, vollbringen, weil sie
die Macht haben! Sie [b] reißen Äcker an 2
sich und nehmen Häuser, wie sie's ge-
lüstet. So treiben sie Gewalt mit eines
jeden Hause und mit eines jeden Erbe.
Darum spricht der HERR: Siehe, ich 3
ersinne wider dies Geschlecht Böses,

aus dem ihr euren Hals nicht ziehen
und unter dem ihr nicht so stolz daher-
gehen sollt; denn [c]es soll eine böse Zeit
4 sein. Zur selben Zeit wird man einen
Spruch von euch machen und klagen:
Es ist aus – so wird man sagen –, wir
sind vernichtet! Meines Volkes Land
kriegt einen fremden Herrn! Wann
wird er uns die Äcker wieder zuteilen,
5 die er uns genommen hat? Jawohl, ihr
werdet keinen Anteil behalten in der
Gemeinde des HERRN.
6 »Geifert nicht!«, so geifern sie. [d]»Sol-
ches soll man nicht predigen! Wir wer-
7 den nicht so zuschanden werden! Ist
denn das Haus Jakob verflucht? Meinst
du, [e]der HERR sei schnell zum Zorn?
Sollte er solches tun wollen?« Es ist
wahr, meine Reden sind freundlich den
8 Frommen. Aber ihr steht wider mein
Volk wie ein Feind; denn wie Leute,
die aus dem Kriege kommen, raubt ihr
Rock und Mantel denen, die sicher da-
9 hergehen. Ihr treibt die Frauen meines
Volks aus ihren lieben Häusern und
nehmt von ihren Kindern meinen
10 Schmuck auf immer. Darum macht
euch auf! Ihr müßt davon, ihr sollt an
dieser Stätte nicht bleiben! Um der
Unreinheit willen muß sie unsanft zer-
stört werden.
11 Wenn ich ein Irrgeist wäre und ein
Lügenprediger und predigte, wie sie
saufen und schwelgen sollen – das wäre
ein Prediger für dies Volk!

a Ps 36,5 *b* 5.Mose 5,21; Spr 24,15; Jes 5,8
c Am 5,13 *d* Am 7,16 *e* Am 6,3

Verheißung des künftigen Heils

12 »Ich [a]will dich, Jakob, sammeln ganz
und gar und, was übrig ist von Israel,
zusammenbringen. Ich will sie wie
Schafe miteinander in einen festen Stall
tun und [b]wie eine Herde in ihre Hür-
den, daß es von Menschen dröhnen
13 soll.« Er wird als ein Durchbrecher* vor
ihnen heraufziehen; sie werden durch-
brechen und durchs Tor hinausziehen,
und ihr König wird vor ihnen hergehen
und [c]der HERR an ihrer Spitze.

a Jer 31,10 *b* Hes 36,37 *c* Jes 52,12
*Vers 13: Gemeint ist im Gleichnis das Leittier der Herde.

Gegen die führenden Männer in Juda

3 Und ich sprach: Höret doch, ihr Häup-
ter im Hause Jakob und ihr Herren im
Hause Israel! Ihr solltet die sein, die
2 [a]das Recht kennen. Aber ihr hasset das
Gute und liebet das Arge; ihr schindet
ihnen die Haut ab und das Fleisch von
ihren Knochen und [b]fresset das Fleisch 3
meines Volks. Und wenn ihr ihnen die
Haut abgezogen habt, zerbrecht ihr
ihnen auch die Knochen; ihr zerlegt es
wie in einen Topf und wie Fleisch in
einen Kessel. Darum, [c]wenn ihr nun 4
zum HERRN schreit, wird er euch nicht
erhören, sondern wird sein Angesicht
vor euch verbergen zur selben Zeit, wie
ihr mit eurem bösen Treiben verdient
habt.
So spricht der HERR wider die Pro- 5
pheten, die mein Volk verführen, die da
predigen, es werde gut gehen, wenn
man ihnen zu fressen gibt; wer ihnen
aber nichts ins Maul gibt, dem predi-
gen sie, es werde ein Krieg kommen:
»Darum soll euch die Nacht ohne Ge- 6
sichte sein und die Finsternis ohne
Wahrsagung.« Die Sonne soll über den
Propheten untergehen und der Tag
über ihnen finster werden. Und die Se- 7
her sollen zuschanden und die Wahrsa-
ger zu Spott werden; sie müssen alle
ihren Bart verhüllen, weil [d]kein Got-
teswort dasein wird. Ich aber bin voll 8
Kraft, voll Geist des HERRN, voll Recht
und Stärke, daß ich [e]Jakob seine Über-
tretung und Israel seine Sünde anzei-
gen kann.
So höret doch dies, ihr Häupter im 9
Hause Jakob und ihr Herren im Hause
Israel, die ihr das Recht verabscheut
und alles, was gerade ist, krumm
macht; die ihr [f]Zion mit Blut baut und 10
Jerusalem mit Unrecht – seine Häupter 11
richten für Geschenke, seine Priester
lehren für Lohn und seine Propheten
wahrsagen für Geld – und euch den-
noch auf den HERRN verlaßt und
sprecht: [g]»Ist nicht der HERR unter
uns? Es kann kein Unglück über uns
kommen«: Darum wird Zion um euret- 12
willen wie ein Acker gepflügt werden,
und [h]Jerusalem wird zu Steinhaufen
werden und der Berg des Tempels zu
einer Höhe wilden Gestrüpps.

a Jer 5,5 *b* Ps 14,4 *c* Spr 1,28; Hes 8,18
d Am 8,12 *e* Jes 58,1 *f* Hab 2,12 *g* Jer 7,4
h Ps 79,1; Jer 9,10; 26,18

Das kommende Friedensreich Gottes

[a]In den letzten Tagen aber wird der 4
Berg, darauf des HERRN Haus ist, fest
stehen, höher als alle Berge und über
die Hügel erhaben. Und die Völker
werden herzulaufen, und viele Heiden 2

werden hingehen und sagen: Kommt,
laßt uns hinauf zum Berge des HERRN
gehen und zum Hause des Gottes Ja-
kobs, daß er uns lehre seine Wege und
wir in seinen Pfaden wandeln! Denn
von Zion wird Weisung ausgehen und
3 [b]des HERRN Wort von Jerusalem. Er
wird unter großen Völkern richten und
viele Heiden zurechtweisen in fernen
Landen. Sie werden ihre Schwerter zu
Pflugscharen und ihre Spieße zu Si-
cheln machen. Es wird kein Volk wider
das andere das Schwert erheben, und
sie werden hinfort nicht mehr lernen,
4 Krieg zu führen. Ein [c]jeder wird unter
seinem Weinstock und Feigenbaum
wohnen, und niemand wird sie schrek-
ken. Denn der Mund des HERRN Ze-
5 baot hat's geredet. Ein jedes Volk wan-
delt im Namen seines Gottes, aber wir
wandeln im Namen des HERRN, unseres
Gottes, immer und ewiglich!

a (1-3) Jes 2,2-4 *b* Lk 24,47 *c* 1.Kön 5,5; Sach 3,10

Die Begnadigung des zerschlagenen Volkes

6 Zur selben Zeit, spricht der HERR, will
ich [a]die Lahmen sammeln und [b]die
Verstoßenen zusammenbringen und
7 die ich geplagt habe. Und ich will den
Lahmen geben, daß sie viele Erben ha-
ben, und will die Verstoßenen zum gro-
ßen Volk machen. Und der HERR wird
König über sie sein auf dem Berge Zion
8 von nun an bis in Ewigkeit. Und du,
Turm der Herde, du Feste der Tochter
Zion, zu dir wird kommen und wieder-
kehren die frühere Herrschaft, das Kö-
nigtum der Tochter Jerusalem.
9 Warum [c]schreist du denn jetzt so
laut? Ist kein König bei dir? Und sind
deine Ratgeber alle hinweg, daß dich
die Wehen erfassen wie eine in Kinds-
10 nöten? Leide doch solche Wehen und
stöhne, du Tochter Zion, wie eine in
Kindsnöten; denn du mußt zwar zur
Stadt hinaus und auf dem Felde woh-
nen und nach Babel kommen. Aber von
dort wirst du wieder errettet werden,
dort wird dich der HERR erlösen von
deinen Feinden.
11 Nun aber werden sich viele Heiden
wider dich zusammenrotten und spre-
chen: Sie ist dahingegeben; wir wollen
12 auf Zion herabsehen! Aber sie wissen
des HERRN Gedanken nicht und kennen
seinen Ratschlag nicht, daß er sie zu-
sammengebracht hat wie Garben auf
13 der Tenne. Darum mache dich auf und
drisch, du Tochter Zion! Denn ich will
dir eiserne Hörner und eherne Klauen
machen, und du sollst viele Völker zer-
malmen und ihr Gut dem HERRN wei-
hen und ihre Habe dem Herrscher der
ganzen Welt.
Aber nun zerraufe und zerkratze 14
dich, denn man wird uns belagern und
den Richter Israels mit der Rute auf die
Backe schlagen.

a Jer 31,8 *b* 5.Mose 30,4 *c* Jer 8,19

Der Herrscher aus Davids Geschlecht wird aus Betlehem kommen

Und du, [a]Betlehem Efrata, die du klein 5
bist unter den Städten in Juda, aus dir soll
mir der kommen, der in Israel Herr sei,
[b]dessen Ausgang von Anfang und von
Ewigkeit her gewesen ist. Indes läßt er sie 2
plagen bis auf die Zeit, daß die, [c]welche
gebären soll, geboren hat. Da wird
dann [d]der Rest seiner Brüder wieder-
kommen zu den Söhnen Israel. Er aber 3
wird auftreten und [e]weiden in der
Kraft des HERRN und in der Macht des
Namens des HERRN, seines Gottes.
Und sie werden sicher wohnen; denn er
wird zur selben Zeit herrlich werden, so
weit die Welt ist. Und [f]er wird der 4
Friede sein.
Wenn Assur in unser Land fällt und
in unsere festen Häuser einbricht, so
werden wir sieben Hirten und acht
Fürsten dagegen aufstellen, die das 5
Land Assur verderben mit dem
Schwert und das Land Nimrods mit
ihren bloßen Waffen. So wird er uns
von Assur erretten, wenn es in unser
Land fallen und in unsere Grenzen ein-
brechen wird.
Und es werden die Übriggebliebe- 6
nen aus Jakob unter vielen Völkern sein
[g]wie Tau vom HERRN, wie Regen aufs
Gras, der auf niemand harrt noch auf
Menschen wartet. Ja, die Übriggeblie- 7
benen aus Jakob werden unter den Hei-
den inmitten vieler Völker sein wie ein
Löwe unter den Tieren im Walde, wie
ein junger Löwe unter einer Herde
Schafe, dem niemand wehren kann,
wenn er einbricht, zertritt und zerreißt.
Denn deine Hand wird siegen gegen 8
alle deine Widersacher, daß alle deine
Feinde ausgerottet werden.
Zur selben Zeit, spricht der HERR, 9
[h]will ich deine Rosse ausrotten und dei-
ne Wagen zunichte machen und will die 10
Städte deines Landes vernichten und
alle deine Festungen zerbrechen. Und 11

ich will die Zauberei bei dir ausrotten,
daß keine Zeichendeuter bei dir bleiben
12 sollen. [i]Ich will deine Götzenbilder
und Steinmale aus deiner Mitte ausrot-
ten, daß du nicht mehr anbeten sollst
13 deiner Hände Werk, und will deine
Ascherabilder ausreißen aus deiner
14 Mitte und deine Städte vertilgen. Und
ich will mit Grimm und Zorn Vergel-
tung üben an allen Völkern, die nicht
gehorchen wollen.

a 1.Mose 35,19; Mt 2,5.6 *b* Joh 1,1.2 *c* Jes 7,14
d Jes 11,12 *e* Hes 34,23 *f* Jes 9,5; Eph 2,14
g Ps 110,3 *h* Sach 9,10 *i* (*12 und 13*) Sach 13,2

Der rechte Gottesdienst

6 Höret doch, was der HERR sagt: »Mach
dich auf, führe deine Sache vor den
Bergen und [a]laß die Hügel deine Stim-
2 me hören!« Höret, ihr Berge, wie der
HERR rechten will, und merket auf, ihr
Grundfesten der Erde; denn der HERR
will mit seinem Volk rechten und mit
Israel ins Gericht gehen!
3 [b]»Was habe ich dir getan, mein Volk,
und womit habe ich dich beschwert?
4 Das sage mir! Habe ich dich doch aus
Ägyptenland geführt und aus der
Knechtschaft erlöst und vor dir her ge-
5 sandt Mose, Aaron und [c]Mirjam. Mein
Volk, denke doch daran, was Balak, der
König von Moab, vorhatte und was
ihm [d]Bileam, der Sohn Beors, antwor-
tete; wie du hinüberzogst von [e]Schit-
tim bis nach [f]Gilgal, damit ihr erkennt,
wie der HERR euch alles Gute getan
hat.«
6 »Womit soll ich mich dem HERRN na-
hen, mich beugen vor dem hohen Gott?
Soll ich mich [g]ihm mit Brandopfern
nahen und mit einjährigen Kälbern?
7 Wird wohl der HERR Gefallen haben an
viel tausend Widdern, an unzähligen
Strömen von Öl? Soll ich meinen Erst-
geborenen für meine Übertretung ge-
ben, meines Leibes Frucht für meine
8 Sünde?« *Es ist dir gesagt, Mensch, was*
gut ist und [h]was der HERR von dir fordert,
nämlich Gottes Wort halten und Liebe
üben und demütig sein vor deinem Gott.

a Hes 6,2 *b* Jer 2,5 *c* 2.Mose 15,20
d 4.Mose 22-24 *e* Jos 2,1 *f* Jos 4,19 *g* Ps 50,8-13;
Am 5,22 *h* 5.Mose 10,12; 1.Sam 15,22

Gegen Lug und Trug in Jerusalem

9 Des HERRN Stimme ruft über die Stadt
– wer deinen Namen fürchtet, dem
wird's gelingen –: Höret, ihr Stämme
10 und Ratsleute! Noch immer bleibt un-
recht Gut in des Gottlosen Hause und
[a]das verfluchte falsche Maß. Oder soll- 11
te ich unrechte Waage und [b]falsche Ge-
wichte im Beutel billigen? Ihre Rei- 12
chen tun viel Unrecht, und ihre Ein-
wohner gehen mit Lügen um und ha-
ben falsche Zungen in ihrem Halse.
Darum will auch ich anfangen, dich zu 13
plagen und dich um deiner Sünden wil-
len wüst zu machen. Du sollst essen 14
und doch nicht satt werden. Und was
du beiseite schaffst, wirst du doch nicht
retten; und was du rettest, will ich doch
dem Schwert preisgeben. Du sollst 15
säen und nicht ernten; du sollst Öl kel-
tern und dich damit nicht salben und
Wein keltern und ihn nicht trinken.[c]
Denn du hieltest dich an die Weisun- 16
gen Omris und alle Werke des Hauses
[d]Ahab und folgtest ihrem Rat. Darum
will ich dich zur Wüste machen und
ihre Einwohner, daß man sie auspfeifen
soll, und ihr sollt die Schmach meines
Volks tragen.

a 3.Mose 19,35 *b* Spr 20,10 *c* 5.Mose 28,38-40;
Am 5,11 *d* 1.Kön 16,29-33

Klage über die Verderbnis des Volkes

Ach, es geht mir wie einem, der Obst **7**
pflücken will, der im Weinberge Nach-
lese hält, da man keine Trauben findet
zu essen, und ich wollte doch gerne die
besten Früchte haben! [a]Die frommen 2
Leute sind weg in diesem Lande, und
die Gerechten sind nicht mehr unter
den Leuten. Sie lauern alle auf Blut, ein
jeder jagt den andern, daß er ihn fange.
Ihre Hände sind geschäftig, Böses zu 3
tun. Der Fürst und der Richter fordern
Geschenke. Die Gewaltigen reden nach
ihrem Mutwillen, um Schaden zu tun,
und drehen's, wie sie wollen. Der Beste 4
unter ihnen ist wie ein Dornstrauch
und der Redlichste wie eine Hecke.
Aber es kommt der Tag, den deine Spä-
her geschaut haben, da sollst du heim-
gesucht werden; da werden sie nicht
wissen, wo aus noch ein.
[b]Niemand glaube seinem Nächsten, 5
niemand verlasse sich auf einen
Freund! Bewahre die Tür deines Mun-
des vor der, die in deinen Armen
schläft! Denn der Sohn verachtet den 6
Vater, die Tochter widersetzt sich der
Mutter, die Schwiegertochter ist wider
die Schwiegermutter; und des Men-
schen Feinde sind seine eigenen Haus-
genossen.[c]
Ich aber will auf den HERRN schauen 7

und harren auf den Gott meines Heils;
mein Gott wird mich erhören.

a Ps 12,2; Jes 57,1 *b* (*5 und 6*) Jer 9,3.4
c Mt 10,35.36

Die Hoffnung der Gemeinde auf Gottes Gnade

8 [a]Freue dich nicht über mich, meine
Feindin! Wenn ich auch daniederliege,
so werde ich wieder aufstehen; und
wenn ich auch im Finstern sitze, so [b]ist
9 doch der HERR mein Licht. Ich will des
HERRN Zorn tragen – denn [c]ich habe
wider ihn gesündigt –, bis er meine Sa-
che führe und mir Recht schaffe. Er
wird mich ans Licht bringen, daß ich
10 seine Gnade schaue. Meine Feindin
wird's sehen müssen und in Schande
dastehen, die jetzt zu mir sagt: [d]Wo ist
der HERR, dein Gott? Meine Augen
werden's sehen, daß sie dann wie Dreck
auf der Gasse zertreten wird.
11 Es kommt der Tag, da werden deine
Mauern gebaut werden, da wird weit
12 werden deine Grenze, da werden sie
von Assur und von den Städten Ägyp-
tens zu dir kommen, von Ägypten bis
an den Eufrat, von einem Meer zum an-
dern, von einem Gebirge zum andern.
13 Denn die Erde wird wüst sein ihrer Be-
wohner wegen, um der Frucht ihrer
Werke willen.

Du aber [e]weide dein Volk mit dei- 14
nem Stabe, die Herde deines Erbteils,
die da einsam wohnt im Walde, mitten
im fruchtbaren Lande; [f]laß sie in Basan
und Gilead weiden wie vor alters! Laß 15
uns Wunder sehen wie zur Zeit, als du
aus Ägyptenland zogst, daß die Heiden 16
es sehen und aller ihrer Macht sich
schämen sollen und die Hand auf ihren
Mund legen und ihre Ohren zuhalten.
Sie sollen [g]Staub lecken wie die 17
Schlangen, und wie das Gewürm auf
Erden sollen sie zitternd hervorkom-
men aus ihren Burgen. Sie werden sich
fürchten vor dem HERRN, unserm Gott,
und vor dir sich entsetzen.
Wo ist [h]solch ein Gott, wie du bist, der 18
die Sünde vergibt und erläßt die Schuld
denen, die übriggeblieben sind von seinem
Erbteil; der an seinem Zorn nicht ewig
festhält, denn er ist barmherzig! Er wird 19
sich unser wieder erbarmen, unsere
Schuld unter die Füße treten und alle
unsere Sünden in die Tiefen des Mee-
res werfen. Du wirst Jakob die Treue 20
halten und [i]Abraham Gnade erweisen,
[j]wie du unsern Vätern vorzeiten ge-
schworen hast.

a Obd 12 *b* Ps 27,1 *c* Jer 14,7 *d* Ps 79,10
e Kap 5,3 *f* Jer 50,19 *g* Ps 72,9 *h* Ps 103,3.8-13
i 1.Mose 28,13-15 *j* 1.Mose 22,16-18; Lk 1,73

DER PROPHET NAHUM

Gottes Gericht über die böse Stadt Ninive

Der vergeltende Gott: Gericht über Ninive

1 Dies ist die Last für Ninive, das Buch
der Weissagung Nahums aus Elkosch.
2 [a]Der HERR ist ein eifernder und ver-
geltender Gott, ja, ein Vergelter ist der
HERR und zornig. Der HERR vergilt sei-
nen Widersachern; er wird es seinen
3 Feinden nicht vergessen. Der HERR [b]ist
geduldig und von großer Kraft, vor
dem niemand unschuldig ist. Er ist der
HERR, dessen Weg in Wetter und
Sturm ist; Wolken sind der Staub unter
4 seinen Füßen. Er schilt das Meer und
macht es trocken; alle Wasser läßt er
versiegen. Basan und Karmel ver-
schmachten, und was auf dem Berge
Libanon blüht, verwelkt. Die [c]Berge 5
erzittern vor ihm, und die Hügel zerge-
hen; das Erdreich bebt vor ihm, der
Erdkreis und alle, die darauf wohnen.
Wer kann vor seinem Zorn bestehen, 6
und wer kann vor seinem Grimm blei-
ben? Sein Zorn brennt wie Feuer, und
die Felsen zerspringen vor ihm. *Der* 7
HERR *ist [d]gütig und eine Feste zur Zeit*
der Not und [e]kennt die, die auf ihn trau-
en. Er schirmt sie, wenn die Flut über- 8
läuft. Er macht ein Ende mit seinen Wi-
dersachern, und seine Feinde verfolgt
er mit Finsternis.

9 Was wollt ihr ersinnen wider den
HERRN? Er führt doch das Ende herbei.
Es wird das Unglück nicht zweimal
10 kommen. Denn wenn sie auch sind wie
die Dornen, die noch ineinanderwach-
sen und im besten Saft sind, so sollen
sie doch ganz verbrannt werden wie
11 dürres Stroh. *Denn von dir ist gekom-
men, der Arges ersann, der Böses wider
den HERRN plante.
12 So spricht der HERR: Sie mögen
kommen so gerüstet und mächtig, wie
sie wollen, sie sollen doch umgehauen
werden und dahinfahren. Ich habe dich
gedemütigt, aber ich will dich nicht
13 wiederum demütigen. Jetzt will ich sein
Joch, das du trägst, zerbrechen und
deine Bande zerreißen.
14 Wider dich hat der HERR geboten,
daß von deinem Namen kein Nach-
komme mehr bleiben soll. Vom Hause
deines Gottes will ich ausrotten die
Götzen und Bilder; ein Grab will ich
dir machen, denn du bist zunichte ge-
worden.
2 Siehe [f] auf den Bergen die Füße eines
guten Boten, der da Frieden verkün-
digt! Feiere deine Feste, Juda, und er-
fülle deine Gelübde! Denn [g] es wird der
Arge nicht mehr über dich kommen; er
ist ganz ausgerottet.

a (*2 und 3*) 2.Mose 20,5; 5.Mose 4,24
b 2.Mose 34,6.7 *c* Ps 97,5 *d* 5.Mose 4,31
e Ps 1,6 *f* Jes 52,7 *g* Kap 1,11
*Verse 11-14: In Vers 11 und 14 ist Ninive, in Vers 12 und 13 ist Juda angeredet.

Weissagung der Zerstörung Ninives

2 Es wird gegen dich heraufziehen, der
dich zerstört. Bewahre die Festung!
Gib acht auf die Straße, rüste dich aufs
beste und stärke dich aufs gewaltigste!
3 – Denn der HERR wird die Pracht Ja-
kobs erneuern wie die Pracht Israels,
denn man hat sie völlig verheert und
ihre Reben verderbt. –
4 Die Schilde seiner Starken sind rot,
sein Heervolk glänzt in Purpur, seine
Wagen stellt er auf wie leuchtende Fak-
5 keln, seine Rosse rasen. Die Wagen rol-
len auf den Gassen und rasseln auf den
Straßen; sie glänzen wie Fackeln und
fahren einher wie die Blitze.
6 Aufgeboten werden seine Gewalti-
gen, sie stürzen heran auf ihren Wegen,
sie eilen zur Mauer, und aufgerichtet
7 wird das Schutzdach. Da werden die
Tore an den Wassern geöffnet, und der
8 Palast vergeht in Angst. Die Königin
wird gefangen weggeführt, und ihre
Jungfrauen werden seufzen wie die
Tauben und an ihre Brust schlagen.
Ninive ist wie ein voller Teich, aber sei- 9
ne Wasser müssen verrinnen. »Stehet,
stehet!« ruft man, aber da wird sich nie-
mand umwenden.
So raubet nun Silber, raubet Gold! 10
Denn hier ist der Schätze kein Ende
und die Menge aller kostbaren Klein-
ode. Nun muß sie verheert und geplün- 11
dert werden, daß [a] aller Herzen verza-
gen und die Knie schlottern, aller Len-
den zittern und aller Angesicht bleich
wird.
Wo ist nun die Wohnung der Löwen 12
und die Höhle der jungen Löwen, wo
der Löwe und die Löwin mit den jun-
gen Löwen herumliefen, und niemand
wagte sie zu scheuchen? Der Löwe 13
raubte genug für seine Jungen und
würgte für seine Löwinnen. Seine
Höhlen füllte er mit Raub und seine
Wohnung mit dem, was er zerrissen
hatte. Siehe, ich will an dich, spricht 14
der HERR Zebaot, und deine Wagen an-
zünden, und das Schwert soll deine
jungen Löwen fressen. Und ich will
deinem Rauben ein Ende machen auf
Erden, daß man die Stimme deiner Bo-
ten nicht mehr hören soll.

a Jes 13,7.8

Der Untergang der großen Hure Ninive

[a] Weh der mörderischen Stadt, die voll **3**
Lügen und Räuberei ist und von ihrem
Rauben nicht lassen will! Denn da wird 2
man hören die Peitschen knallen und
die Räder rasseln und die Rosse jagen
und die Wagen rollen. Reiter rücken 3
herauf mit glänzenden Schwertern und
mit blitzenden Spießen. Da liegen viele
Erschlagene, eine Unzahl von Leichen;
ihrer ist kein Ende, so daß man über sie
fallen muß. Das alles um der großen 4
Hurerei willen [b] der schönen Hure, die
mit Zauberei umgeht, die mit ihrer Hu-
rerei die Völker und mit ihrer Zauberei
Land und Leute an sich gebracht hat.
Siehe, ich will an dich, spricht der 5
HERR Zebaot; ich will dir den Saum
deines Gewandes aufdecken über dein
Angesicht und [c] will den Völkern deine
Blöße und den Königreichen deine
Schande zeigen. Ich will Unrat auf dich 6
werfen und dich schänden und ein
Schauspiel aus dir machen, daß alle, die 7
dich sehen, vor dir fliehen und sagen
sollen: Ninive ist verwüstet; wer will

Mitleid mit ihr haben? Und wo soll ich
dir Tröster suchen?
8 Meinst du, du seist besser als die
Stadt [d]No-Amon, die da lag am Nil
und vom Wasser umgeben war, deren
Mauern und Bollwerk Wasserfluten
9 waren? Kusch und Ägypten waren ihre
unermeßliche Macht, Put und Libyen
10 waren ihre Hilfe. Dennoch wurde sie
vertrieben und mußte gefangen weg-
ziehen. Ihre Kinder sind auf allen Gas-
sen zerschmettert worden, und um ihre
Edlen [e]warf man das Los, und alle ihre
Gewaltigen wurden in Ketten und Fes-
11 seln gelegt. Auch du [f]mußt trunken
werden und von Sinnen kommen; auch
du mußt Zuflucht suchen vor dem
Feinde!
12 Alle deine festen Städte sind wie Fei-
genbäume mit reifen Feigen: wenn
man sie schüttelt, so fallen sie dem in
13 den Mund, der sie essen will. Siehe,
dein Kriegsvolk soll zu Weibern wer-
den, und die Tore deines Landes sollen
deinen Feinden geöffnet werden, und
das Feuer soll deine Riegel verzehren.
14 Schöpfe dir Wasser, denn du wirst be-
lagert werden! Verstärke deine Boll-
werke! Knete den Ton und tritt den
Lehm und mache harte Ziegel! Aber 15
das Feuer wird dich fressen und das
Schwert töten – es wird dich fressen,
[g]wie Käfer fressen –, magst du auch
zahlreich werden wie Käfer, magst du
auch zahlreich werden wie Heuschrek-
ken. Du hast mehr Händler, als Sterne 16
am Himmel sind; aber nun werden sie
ausschlüpfen wie Käfer und davonflie-
gen. Deine Wachleute sind so viele wie 17
die Heuschrecken und deine Werber so
viele wie die Käfer, die sich an die Zäu-
ne lagern in den kalten Tagen; wenn
aber die Sonne aufgeht, heben sie sich
davon, daß man nicht weiß, wo sie blei-
ben.
Deine Hirten werden schlafen, o 18
König von Assur, deine Mächtigen
schlummern. Dein Volk wird auf den
Bergen zerstreut sein, und niemand
wird sie sammeln. Niemand wird dei- 19
nen Schaden lindern, und deine Wun-
de wird unheilbar sein. Alle, die das von
dir hören, werden in die Hände klat-
schen über dich; denn über wen ist
nicht deine Bosheit ohne Unterlaß er-
gangen?

a Hes 24,6.9 *b* Jes 23,16; Offb 17 *c* Jes 47,3
d Jer 46,25 *e* Joel 4,3 *f* Jer 25,15 *g* Joel 1,4

DER PROPHET HABAKUK

Gott antwortet auf die Frage nach seiner Gerechtigkeit

Klage über das Unglück in der Welt

1 Dies ist die Last, die der Prophet Haba-
kuk geschaut hat.
2 Herr, wie lange soll ich schreien,
und du willst nicht hören? Wie lange
soll ich zu dir rufen: »Frevel!«, und du
3 willst nicht helfen? Warum läßt du
mich Bosheit sehen und siehst dem
Jammer zu? Raub und Frevel sind vor
4 mir; es geht Gewalt vor Recht. Darum
ist das Gesetz ohnmächtig, und die
rechte Sache kann nie gewinnen; denn
der Gottlose übervorteilt den Gerech-
ten; darum ergehen verkehrte Urteile.

Gottes Strafgericht durch die Chaldäer

5 Schauet hin unter die Heiden, sehet
und verwundert euch! Denn ich will et-
was tun zu euren Zeiten, was ihr nicht
glauben werdet, wenn man davon sagen
wird.[a] Denn siehe, ich will die Chal- 6
däer erwecken, ein grimmiges und
schnelles Volk, das hinziehen wird, so
weit die Erde ist, um Wohnstätten ein-
zunehmen, die ihm nicht gehören.
Grausam und schrecklich ist es; es ge- 7
bietet und zwingt, wie es will. Ihre Ros- 8
se sind schneller als die Panther und
bissiger als die [b]Wölfe am Abend. Ihre
Reiter fliegen in großen Scharen von
ferne daher, wie die Adler eilen zum
Fraß. Sie kommen allesamt, um 9
Schaden zu tun; wo sie hinwollen, stür-
men sie vorwärts und raffen Gefangene
zusammen wie Sand. Sie spotten der 10
Könige, und der Fürsten lachen sie.
Alle Festungen werden ihnen ein
Scherz sein; denn sie schütten Erde auf

11 und erobern sie. Alsdann brausen sie
dahin wie ein Sturm und jagen weiter;
mit alledem machen sie ihre Kraft zu
ihrem Gott.

a Apg 13,41 *b* Zef 3,3

Frage des Propheten nach Gottes Gerechtigkeit

12 Aber du, HERR, mein Gott, mein Heili-
ger, der du von Ewigkeit her bist, laß
uns nicht sterben; sondern laß sie uns,
o HERR, nur eine Strafe sein, und [a]laß
sie, o unser Fels, uns nur züchtigen.
13 Deine Augen sind zu rein, als daß du
Böses ansehen könntest, und dem Jam-
mer kannst du nicht zusehen! Warum
siehst du dann aber den Räubern zu
und schweigst, wenn der Gottlose den
14 verschlingt, der gerechter ist als er? Du
läßt es den Menschen gehen wie den
Fischen im Meer, wie dem Gewürm,
15 das keinen Herrn hat. Sie ziehen's alles
mit der Angel heraus und fangen's mit
ihrem Netze und sammeln's mit ihrem
Garn. Darüber freuen sie sich und sind
16 fröhlich. Darum opfern sie ihrem Net-
ze und räuchern ihrem Garn, weil
durch diese ihr Anteil so fett und ihre
17 Speise so üppig geworden ist. Sollen sie
darum ihr Netz immerdar ausleeren
und Völker umbringen ohne Erbar-
men?

a Jer 10,24

Gottes Antwort an den Propheten. Weherufe über den Unterdrücker

2 Hier [a]stehe ich auf meiner Warte und
stelle mich auf meinen Turm und
schaue und sehe zu, was er mir sagen
und antworten werde auf das, was ich
2 ihm vorgehalten habe. Der HERR aber
antwortete mir und sprach: [b]Schreib
auf, was du geschaut hast, deutlich auf
eine Tafel, daß es lesen könne, wer vor-
3 überläuft! Die Weissagung wird ja
noch erfüllt werden zu ihrer Zeit und
wird endlich frei an den Tag kommen
und nicht trügen. [c]Wenn sie sich auch
hinzieht, so harre ihrer; sie wird gewiß
kommen und nicht ausbleiben.

4 Siehe, [d]wer halsstarrig ist, der wird
keine Ruhe in seinem Herzen haben,
[e]*der Gerechte aber wird durch seinen*
5 *Glauben leben.* So wird auch der treu-
lose Tyrann keinen Erfolg haben, der
stolze Mann nicht bleiben, der seinen
Rachen aufsperrt wie das Reich des To-
des und ist wie der Tod, der nicht zu
sättigen ist: Er rafft an sich alle Heiden
6 und sammelt zu sich alle Völker. Was
gilt's aber? Diese alle werden einen
Spruch über ihn machen und ein Lied
und ein Sprichwort sagen:

WEH DEM, der sein Gut mehrt mit
fremdem Gut – wie lange wird's wäh-
ren? – und häuft viel Pfänder bei sich
auf! Wie plötzlich werden aufstehen, 7
die dich beißen, und erwachen, die dich
peinigen! Und du mußt ihnen zum
Raube werden. Denn du hast viele Völ- 8
ker beraubt. So werden dich wieder be-
rauben alle übrigen Völker [f]um des
Menschenblutes willen und um des
Frevels willen, begangen am Lande
und an der Stadt und an allen, die darin
wohnen.

WEH DEM, der unrechten Gewinn 9
macht zum Unglück seines Hauses, auf
daß er sein Nest in der Höhe baue, um
dem Unheil zu entrinnen! Aber dein 10
Ratschlag wird zur Schande deines
Hauses geraten; denn du hast zu viele
Völker zerschlagen und damit gegen
dein Leben gesündigt. Denn auch [g]die 11
Steine in der Mauer werden schreien,
und die Sparren am Gebälk werden
ihnen antworten.

WEH DEM, der [h]die Stadt mit Blut 12
baut und richtet die Burg auf mit Un-
recht! Wird's nicht so vom HERRN Ze- 13
baot geschehen: Woran die Völker sich
abgearbeitet haben, muß mit Feuer
verbrennen, und wofür die Leute sich
müde gemacht haben, das muß verlo-
ren sein?[i] – Denn die Erde wird voll 14
werden von Erkenntnis der Ehre des
HERRN, wie Wasser das Meer bedeckt.[j]

WEH DEM, der seinen Nächsten trin- 15
ken läßt und seinen Grimm beimischt
und ihn trunken macht, daß er seine
Blöße sehe! Du hast dich gesättigt mit 16
Schande und nicht mit Ehre. So [k]trinke
du nun auch, daß du taumelst! Denn an
dich wird kommen der Kelch in der
Rechten des HERRN, und du wirst
Schande haben statt Ehre. Denn der 17
Frevel, den du am Libanon begangen,
wird über dich kommen, und die ver-
nichteten Tiere werden dich schrecken
um des Menschenblutes willen und um
des Frevels willen, begangen am Lande
und an der Stadt und an allen, die darin
wohnen. Was wird dann das Bild hel- 18
fen, das sein Meister gebildet hat, und
das gegossene Bild, das da Lügen lehrt?
Dennoch verläßt sich sein Meister dar-
auf, obgleich er nur stumme Götzen
macht.[l]

WEH DEM, der zum Holz spricht: 19
»Wach auf!« und zum stummen Steine:

»Steh auf!« Wie sollte ein Götze lehren
können? Siehe, er ist [m]mit Gold und
Silber überzogen, und kein Odem ist in
20 ihm. Aber [n]*der* HERR *ist in seinem heili-
gen Tempel.* [o]*Es sei vor ihm stille alle
Welt!*

a Jes 21,8 *b* Jes 30,8; Offb 1,11.19 *c* Hes 12,23; 2.Petr 3,9 *d* Jes 48,22 *e* Röm 1,17; Gal 3,11; Hebr 10,38 *f* Vers 17 *g* Lk 19,40 *h* Jer 22,13; Mi 3,10 *i* Jer 51,58 *j* Jes 11,9 *k* Jer 25,15.26 *l* Jes 44,10-20 *m* Ps 115,4-8 *n* Ps 11,4 *o* Ps 76,9; Sach 2,17; Offb 8,1

Der Psalm Habakuks

3 Dies ist das Gebet des Propheten Ha-
bakuk, nach Art eines Klageliedes:
2 HERR, ich habe die Kunde von dir ge-
hört, ich habe dein Werk gesehen,
HERR! Mache es lebendig in naher Zeit,
und laß es kundwerden in naher Zeit.
Im Zorne denke an Barmherzigkeit!
3 Gott kam von Teman und der Heili-
ge vom [a]Gebirge Paran. SELA. Seines
Lobes war der Himmel voll, und seiner
4 Ehre war die Erde voll. Sein Glanz war
wie Licht; Strahlen gingen aus von sei-
nen Händen. Darin war verborgen sei-
ne Macht.
5 Pest ging vor ihm her, und Seuche
6 folgte, wo er hintrat. Er stand auf und
[b]ließ erbeben die Erde; er schaute und
ließ erzittern die Heiden. Zerschmet-
tert wurden die uralten Berge, und bük-
ken mußten sich die uralten Hügel,
7 als er wie vor alters einherzog. Ich sah
die Hütten von Kuschan in Not und die
Zelte der Midianiter betrübt.
8 Warst du zornig, HERR, auf die Flut?
Entbrannte dein Grimm wider die
Wasser und dein Zorn wider das Meer,
als du auf deinen Rossen rittest und
9 deine Wagen den Sieg behielten? Du
zogest deinen Bogen hervor, legtest die
Pfeile auf deine Sehne. SELA. Du spalte-
test das Land, daß Ströme flossen, die 10
Berge sahen dich, und ihnen ward ban-
ge. Der Wasserstrom fuhr dahin, [c]die
Tiefe ließ sich hören. Ihren Aufgang
vergaß die Sonne, und [d]der Mond 11
stand still; beim Glänzen deiner Pfeile
verblassen sie, beim Leuchten deines
blitzenden Speeres. Du zertratest das 12
Land im Zorn und zerdroschest die
Heiden im Grimm. Du zogest aus, dei- 13
nem Volk zu helfen, zu helfen deinem
Gesalbten. Du zerschlugst das Dach
vom Hause des Gottlosen und [e]ent-
blößtest die Grundfeste bis auf den
Fels. SELA. Du durchbohrtest mit sei- 14
nen Pfeilen sein Haupt, seine Scharen
zerstoben wie Spreu, denn ihre Freude
war, zu zerstreuen und zu fressen den
Elenden im Verborgenen. Du tratest 15
nieder seine Rosse im Meer, im
Schlamm der Wasserfluten.
Weil ich solches höre, bebt mein 16
Leib, meine Lippen zittern von dem
Geschrei. Fäulnis fährt in meine Ge-
beine, und meine Knie beben. Aber ich
will harren auf die Zeit der Trübsal,
daß sie heraufziehe über das Volk, das
uns angreift. Da wird der Feigenbaum 17
nicht grünen, und es wird kein Ge-
wächs sein an den Weinstöcken. Der
Ertrag des Ölbaums bleibt aus, und die
Äcker bringen keine Nahrung; Schafe
werden aus den Hürden gerissen, und
in den Ställen werden keine Rinder
sein. Aber *ich will mich freuen des* 18
HERRN *und fröhlich sein in Gott, meinem
Heil.[f]* Denn der HERR ist meine Kraft, 19
[g]er wird meine Füße machen wie
Hirschfüße und wird mich über die
Höhen führen.

VORZUSINGEN, BEIM SAITENSPIEL.

a 5.Mose 33,2 *b* Ps 104,32 *c* Ps 77,17 *d* Jos 10,13 *e* Ps 18,8.16 *f* Jes 61,10 *g* Ps 18,34

DER PROPHET ZEFANJA

Die Demütigen werden gerettet

Der Tag des Zornes Gottes

1 Dies ist das Wort des HERRN, das ge-
schah zu Zefanja, dem Sohn Kuschis,
des Sohnes Gedaljas, des Sohnes
Amarjas, des Sohnes Hiskias, zur Zeit
[a]Josias, des Sohnes Amons, des Königs
von Juda.
2 Ich will alles vom Erdboden wegraf-
3 fen, spricht der HERR. Ich will Mensch
und Vieh, die Vögel des Himmels und
die Fische im Meer wegraffen; [b]ich will
zu Fall bringen die Gottlosen, ja, ich
will die Menschen ausrotten vom Erd-
4 boden, spricht der HERR. Ich will meine
Hand ausstrecken gegen Juda und ge-
gen alle, die in Jerusalem wohnen, und
will ausrotten von dieser Stätte, was
vom Baal noch übrig ist, dazu den Na-
men der [c]Götzenpfaffen und Priester
5 und die [d]auf den Dächern anbeten des
Himmels Heer, die es anbeten und
schwören doch bei dem HERRN und zu-
6 gleich bei [e]Milkom und die vom HERRN
abfallen und die nach dem HERRN
nichts fragen und ihn nicht achten.
7 Seid [f]stille vor Gott dem HERRN,
denn des HERRN Tag ist nahe; denn der
HERR hat ein Schlachtopfer zubereitet
8 und seine Gäste dazu geladen. Und am
Tage des Schlachtopfers des HERRN
will ich heimsuchen die Oberen und die
Söhne des Königs und alle, die ein
9 fremdländisches Gewand tragen. Auch
will ich zur selben Zeit die heimsuchen,
die über die Schwelle springen, die ih-
res Herrn Haus füllen mit Rauben und
Trügen.
10 Zur selben Zeit, spricht der HERR,
wird sich ein lautes Geschrei erheben
vom Fischtor her und ein Geheul von
der Neustadt und ein großer Jammer
11 von den Hügeln. Heulet, die ihr im
»Mörser« wohnt; denn das ganze
Krämervolk ist dahin, und alle, die
Geld wechseln, sind ausgerottet.
12 Zur selben Zeit will ich Jerusalem
mit der Lampe durchsuchen und auf-
schrecken die Leute, die sich durch
nichts aus der Ruhe bringen lassen und
sprechen in ihrem Herzen: Der HERR
wird weder Gutes noch Böses tun. Ihre 13
Güter sollen zum Raub werden und
ihre Häuser verwüstet. [g]Sie werden
Häuser bauen und nicht darin wohnen,
[h]sie werden Weinberge pflanzen und
keinen Wein davon trinken.
[i]Des HERRN großer Tag ist nahe, er 14
ist nahe und eilt sehr. Horch, der bitte-
re Tag des HERRN! Da werden die Star-
ken schreien. Denn [j]dieser Tag ist ein 15
Tag des Grimmes, ein Tag der Trübsal
und der Angst, ein Tag des Wetters
und des Ungestüms, ein Tag der Fin-
sternis und des Dunkels, ein Tag der
Wolken und des Nebels, ein Tag der 16
Posaune und des Kriegsgeschreis gegen
die festen Städte und die hohen Zin-
nen. Und ich will die Menschen ängsti- 17
gen, daß sie umhergehen sollen wie die
Blinden, weil sie wider den HERRN ge-
sündigt haben. Ihr Blut soll vergossen
werden, als wäre es Staub, und ihre
Eingeweide sollen weggeworfen wer-
den, als wären sie Kot. Es [k]wird sie ihr 18
Silber und Gold nicht erretten können
am Tage des Zorns des HERRN, sondern
das ganze Land soll durch das Feuer
seines Grimms verzehrt werden; denn
er wird plötzlich ein Ende machen mit
allen, die im Lande wohnen.

a Jer 1,2 *b* Mt 13,41 *c* 2.Kön 23,5; Hos 10,5
d Jer 19,13 *e* Jer 49,1 *f* Hab 2,20 *g* Am 5,11
h 5.Mose 28,39 *i* Joel 1,15 *j* Jer 30,7 *k* Hes 7,19

Mahnung zur Demut

Sammelt euch und kommt her, du **2**
Volk, das keine Scham kennt, ehe denn 2
ihr werdet wie Spreu, die vom Winde
dahinfährt; ehe denn des HERRN grim-
miger Zorn über euch kommt; ehe der
Tag des Zorns des HERRN über euch
kommt! Suchet den HERRN, alle ihr 3
Elenden im Lande, die ihr seine Rechte
haltet! [a]Suchet Gerechtigkeit, suchet

Demut! Vielleicht könnt ihr euch ber-
gen am Tage des Zorns des HERRN!
4 Denn Gaza wird verlassen und Aska-
lon verwüstet werden. Asdod soll am
Mittag vertrieben und Ekron ausge-
5 wurzelt werden. Weh denen, die am
Meer hin wohnen, dem Volk der
[b]Kreter! Des HERRN Wort wird über
euch kommen, du Kanaan, der [c]Phili-
ster Land; ich will dich umbringen,
daß niemand mehr da wohnen soll.
6 Dann sollen am Meer hin Hirtenfelder
7 und Schafhürden sein. Und das Land
am Meer soll den Übriggebliebenen
vom Hause Juda zuteil werden, daß sie
darauf weiden, und am Abend sollen sie
sich in den Häusern von Askalon la-
gern, wenn nun der HERR, ihr Gott, sie
wiederum heimsuchen und [d]ihre Ge-
fangenschaft wenden wird.
8 Ich habe das Schmähen [e]Moabs und
das Lästern der [f]Ammoniter gehört,
womit sie mein Volk geschmäht und
gegen sein Land großgetan haben.
9 Wohlan, so wahr ich lebe! spricht der
HERR Zebaot, der Gott Israels: Moab
soll wie [g]Sodom und die Ammoniter
wie Gomorra werden, ein Unkrautfeld
und eine Salzgrube und ewige Wüste.
Die Übriggebliebenen meines Volks
sollen sie berauben, und der Rest von
10 meinem Volk soll sie beerben. Das soll
ihnen begegnen für ihre Hoffart, weil
sie das Volk des HERRN Zebaot ge-
schmäht und gegen es großgetan ha-
11 ben. Heilig wird über ihnen der HERR
sein; denn er wird alle Götter auf Erden
vertilgen, und es sollen ihn anbeten alle
Inseln der Heiden, ein jeder an seiner
Stätte.
12 Auch ihr [h]Kuschiter sollt durch
mein Schwert erschlagen werden.
13 Und der Herr wird seine Hand aus-
strecken nach Norden und Assur um-
bringen. [i]Ninive wird er öde machen,
14 dürr wie eine Wüste, daß [j]Herden sich
darin lagern werden, allerlei Tiere des
Feldes. Auch [k]Rohrdommeln und Eu-
len werden wohnen in ihren Säulen-
knäufen, das Käuzchen wird im Fen-
ster schreien und auf der Schwelle der
15 Rabe. Das ist die fröhliche Stadt, die so
sicher wohnte und in ihrem Herzen
sprach: [l]»Ich bin's, und sonst keine
mehr.« Wie ist sie so wüst geworden,
daß Tiere darin lagern! Wer vorüber-
geht, pfeift über sie und klatscht in die
Hände.

a Am 5,15 *b* 1.Sam 30,14 *c* Jer 47 *d* Kap 3,20
e Jer 48 *f* Jer 49,1-6 *g* 1.Mose 19,24.25
h Hes 30,9 *i* Nah 1,1 *j* Jes 13,21 *k* Jes 34,11
l Jes 47,8

Drohung gegen das gottlose Jerusalem. Verheißung für das arme und geringe Volk in Israel

Weh der widerspenstigen, befleckten, 3
tyrannischen Stadt! Sie will nicht ge- 2
horchen noch sich zurechtweisen las-
sen; sie will auf den HERRN nicht trauen
noch sich zu ihrem Gott halten. Ihre 3
[a]Oberen sind brüllende Löwen und
ihre Richter Wölfe am Abend, die
nichts bis zum Morgen übriglassen.
Ihre Propheten sind leichtfertig und 4
voll Trug; ihre Priester entweihen das
Heiligtum und deuten das Gesetz fre-
ventlich.[b] Der HERR handelt gerecht in 5
ihrer Mitte und tut kein Arges. Er
bringt alle Morgen sein Recht ans
Licht, und es bleibt nicht aus; aber der
Frevler kennt keine Scham.
Ich habe Völker ausgerottet, ihre 6
Burgen verwüstet und ihre Gassen so
leer gemacht, daß niemand darauf
geht; ihre Städte sind zerstört, daß nie-
mand mehr darin wohnt. Ich sprach: 7
Mich sollst du fürchten und dich zu-
rechtweisen lassen –, so würde ihre
Wohnung nicht ausgerottet und nichts
von allem kommen, womit ich sie heim-
suchen wollte. Aber sie sind von jeher
eifrig dabei, alles Böse zu tun. Darum 8
wartet auf mich, spricht der HERR, bis
auf den Tag, an dem ich [c]zum letzten
Gericht auftrete; denn mein Beschluß
ist es, die Völker zu versammeln und
die Königreiche zusammenzubringen,
um [d]meinen Zorn über sie auszuschüt-
ten, ja, alle Glut meines Grimmes;
denn alle Welt soll durch meines Eifers
Feuer verzehrt werden.
Dann aber will ich den Völkern reine 9
Lippen geben, daß sie alle des HERRN
Namen anrufen sollen und ihm ein-
trächtig dienen. Von jenseits [e]der Strö- 10
me von Kusch [f]werden meine Anbeter,
mein zerstreutes Volk, mir Geschenke
bringen. Zur selben Zeit wirst du dich 11
all deiner Taten nicht mehr zu schämen
brauchen, mit denen du dich gegen
mich empört hast; denn ich will deine
stolzen Prahler von dir tun, und du
wirst dich nicht mehr überheben auf
meinem heiligen Berge. *Ich will in dir* 12
[g]*übrig lassen ein armes und geringes*
Volk; die werden auf des HERRN *Namen*
trauen. Und diese Übriggebliebenen in 13
Israel werden nichts Böses tun noch
Lüge reden, und man wird in ihrem

Munde keine betrügerische Zunge fin-
den, sondern sie sollen weiden und la-
gern ohne alle Furcht.
14 [h]Jauchze, du Tochter Zion! Froh-
locke, Israel! Freue dich und sei fröh-
lich von ganzem Herzen, du Tochter
15 Jerusalem! Denn der HERR hat deine
Strafe weggenommen und deine Fein-
de abgewendet. Der HERR, der König
Israels, ist bei dir, daß du dich vor kei-
16 nem Unheil mehr fürchten mußt. Zur
selben Zeit wird man sprechen zu Jeru-
salem: Fürchte dich nicht, Zion! Laß
17 deine Hände nicht sinken! Denn der
HERR, dein Gott, ist bei dir, ein starker
Heiland. [i]Er wird sich über dich freuen
und dir freundlich sein, er wird dir ver-
geben in seiner Liebe und wird über
18 dich mit Jauchzen fröhlich sein. Wie an
einem festlichen Tage nehme ich von
dir hinweg das Unheil, daß du seinet-
wegen keine Schmach mehr trägst.
Siehe, zur selben Zeit will ich mit al- 19
len denen ein Ende machen, die dich
bedrängen, und [j]will den Hinkenden
helfen und die Zerstreuten sammeln
und will sie zu Lob und Ehren bringen
in allen Landen, wo man sie verachtet.
Zur selben Zeit will ich euch heimbrin- 20
gen und euch zur selben Zeit sammeln;
denn ich will euch zu Lob und Ehren
bringen unter allen Völkern auf Erden,
[k]wenn ich eure Gefangenschaft wen-
den werde vor euren Augen, spricht der
HERR.

a Hes 22,27 *b* Mi 3,11 *c* Joel 4,2 *d* Ps 79,6
e Ps 68,32; Jes 18,1 *f* Apg 8,27 *g* Hes 6,8
h Sach 9,9 *i* Jes 62,5 *j* Mi 4,7 *k* Kap 2,7;
Jer 29,14

DER PROPHET HAGGAI

Der Tempel und seine künftige Herrlichkeit

Aufruf zum Tempelbau

1 Im [a]zweiten Jahr des Königs Darius,
im sechsten Monat, am ersten Tage des
Monats, geschah des HERRN Wort
durch den Propheten [b]Haggai zu [c]Se-
rubabel, dem Sohn Schealtiëls, dem
Statthalter von Juda, und zu Josua,
dem Sohn Jozadaks, dem Hohenprie-
ster:
2 So spricht der HERR Zebaot: Dies
Volk spricht: Die Zeit ist noch nicht da,
3 daß man des HERRN Haus baue. Und
des HERRN Wort geschah durch den
4 Propheten Haggai: Aber eure Zeit ist
da, daß ihr in getäfelten Häusern
wohnt, und [d]dies Haus muß wüst ste-
5 hen! Nun, so spricht der HERR Zebaot:
Achtet doch darauf, wie es euch geht:
6 Ihr [e]säet viel und bringt wenig ein; ihr
eßt und werdet doch nicht satt; ihr
trinkt und bleibt doch durstig; ihr klei-
det euch und könnt euch doch nicht er-
wärmen; und wer Geld verdient, der
legt's in einen löchrigen Beutel.
7 So spricht der HERR Zebaot: Achtet
8 doch darauf, wie es euch geht! Geht hin
auf das Gebirge und holt Holz und baut
das Haus! Das soll mir angenehm sein,
und ich will meine Herrlichkeit erwei-
sen, spricht der HERR. Denn ihr erwar- 9
tet wohl viel, aber siehe, es wird wenig;
und wenn ihr's schon heimbringt, so
blase ich's weg. Warum das? spricht
der HERR Zebaot. Weil *mein* Haus so
wüst dasteht und ein jeder nur eilt, für
sein Haus zu sorgen. Darum hat der 10
Himmel über euch [f]den Tau zurückge-
halten und das Erdreich sein Gewächs.
Und ich habe die [g]Dürre gerufen über 11
Land und Berge, über Korn, Wein, Öl
und über alles, was aus der Erde
kommt, auch über Mensch und Vieh
und über alle Arbeit der Hände.
Da gehorchten Serubabel, der Sohn 12
Schealtiëls, und Josua, der Sohn Joza-
daks, der Hohepriester, und alle übri-
gen vom Volk der Stimme des HERRN,
ihres Gottes, und den Worten des Pro-
pheten Haggai, wie ihn der HERR, ihr
Gott, gesandt hatte; und das Volk
fürchtete sich vor dem HERRN. Da 13
sprach Haggai, der [h]Bote des HERRN,
der beauftragt war mit der Botschaft
des HERRN an das Volk: Ich bin mit
euch, spricht der HERR. Und der HERR 14

erweckte den Geist Serubabels, des
Sohnes Schealtiëls, des Statthalters von
Juda, und den Geist Josuas, des Sohnes
Jozadaks, des Hohenpriesters, und den
Geist aller übrigen vom Volk, daß sie
kamen und arbeiteten am Hause des
15 HERRN Zebaot, ihres Gottes, *am vier-
undzwanzigsten Tage des sechsten
Monats im zweiten Jahr des Königs
Darius.

a Esr 4,24 *b* Esr 5,1 *c* Esr 5,2 *d* 2.Sam 7,2
e Kap 2,16; 5.Mose 28,38 *f* 1.Kön 17,1
g Kap 2,17; Am 4,9 *h* Mal 2,7
*Vers 15: Abweichende Verszählung statt 1,15: 2,1.

Weissagung von der künftigen Herrlichkeit des Tempels

2 *Am einundzwanzigsten Tage des sie-
benten Monats geschah des HERRN
Wort durch den Propheten Haggai:
2 Sage zu Serubabel, dem Sohn Scheal-
tiëls, dem Statthalter von Juda, und zu
Josua, dem Sohn Jozadaks, dem Ho-
henpriester, und zu den übrigen vom
3 Volk und sprich: Wer ist unter euch
noch übrig, der dies Haus [a]in seiner
früheren Herrlichkeit gesehen hat?
Und wie seht ihr's nun? Sieht es nicht
4 wie nichts aus? Aber nun, Serubabel,
sei getrost, spricht der HERR, sei ge-
trost, Josua, du Sohn Jozadaks, du Ho-
herpriester! Sei getrost, alles Volk im
Lande, spricht der HERR, und arbeitet!
Denn ich bin mit euch, spricht der
5 HERR Zebaot, [b]nach dem Wort, das ich
euch zusagte, als ihr aus Ägypten zogt;
und [c]mein Geist soll unter euch blei-
6 ben. Fürchtet euch nicht! Denn so
spricht der HERR Zebaot: Es ist nur
noch eine kleine Weile, so [d]werde ich
Himmel und Erde, das Meer und das
7 Trockene erschüttern. Ja, alle Heiden
will ich erschüttern. Da sollen dann
kommen aller Völker Kostbarkeiten,
und ich will dies Haus voll Herrlichkeit
machen, spricht der HERR Zebaot.
8 Denn mein ist das Silber, und mein ist
9 das Gold, spricht der HERR Zebaot. Es
soll die Herrlichkeit dieses neuen Hau-
ses größer werden, als die des ersten ge-
wesen ist, spricht der HERR Zebaot;
und ich will Frieden geben an dieser
Stätte, spricht der HERR Zebaot.

a Esr 3,12 *b* 2.Mose 19,5 *c* Sach 4,6
d Hebr 12,26
*Vers 1: Abweichende Verszählung statt 2,1-23: 2,2-24.

Können unheilige Menschen den Tempel bauen?

10 Am vierundzwanzigsten Tage des
neunten Monats, im zweiten Jahr des
Darius, geschah des HERRN Wort zu
dem Propheten Haggai: So spricht der 11
HERR Zebaot: Frage die Priester nach
dem Gesetz und sprich: Wenn jemand 12
heiliges Fleisch trüge im Zipfel seines
Kleides und berührte danach mit sei-
nem Zipfel Brot, Gekochtes, Wein, Öl
oder was es für Speise wäre, würde es
auch heilig? Und die Priester antwor-
teten und sprachen: Nein. Haggai 13
sprach: Wenn aber jemand [a]durch Be-
rührung eines Toten unrein wäre und
eins davon anrührte, würde es auch un-
rein? Die Priester antworteten und
sprachen: Es würde unrein. Da ant- 14
wortete Haggai und sprach: Ebenso ist
es mit diesem Volk und mit diesen Leu-
ten vor mir, spricht der HERR, und auch
mit allem Werk ihrer Hände; und [b]was
sie dort opfern, ist unrein.

a 3.Mose 5,2; 4.Mose 19,22 *b* Esr 4,1-3

Ermutigung zum Weiterbau des Tempels

Und jetzt achtet doch darauf, wie es 15
euch gehen wird von diesem Tage an
und fernerhin! Wie ging es euch denn,
bevor ein Stein auf den andern gelegt
war am Tempel des HERRN? Wenn 16
einer [a]zum Kornhaufen kam, der
zwanzig Maß haben sollte, so waren
kaum zehn da; kam er zur Kelter und
meinte, fünfzig Eimer zu schöpfen, so
waren kaum zwanzig da. Ich [b]plagte 17
euch mit Dürre, Getreidebrand und
Hagel in all eurer Arbeit; dennoch be-
kehrtet ihr euch nicht zu mir, spricht
der HERR. Nun aber achtet doch darauf, 18
wie es euch ergehen wird von diesem
Tag an und fernerhin – vom vierund-
zwanzigsten Tage des neunten Monats
an –, nämlich von dem Tag an, da der
Tempel des HERRN gegründet ist! Ach-
tet darauf, ob noch der Same in der 19
Scheune dahinschwindet und ob Wein-
stock, Feigenbaum, Granatbaum und
Ölbaum noch nicht tragen! Von diesem
Tage an will ich Segen geben.

a Kap 1,6 *b* Kap 1,11

Serubabel – ein Siegelring Gottes

Und des HERRN Wort geschah zum 20
zweitenmal am vierundzwanzigsten
Tage des Monats zu Haggai: Sage Se- 21
rubabel, dem Statthalter von Juda:
[a]Ich will Himmel und Erde erschüt-
tern und will die Throne der König- 22
reiche umstürzen und die mächtigen
Königreiche der Heiden vertilgen und
will umwerfen die Wagen und die dar-

auf fahren; Roß und Reiter sollen
fallen, ein jeder durch des andern
23 Schwert. Zur selben Zeit, spricht der
HERR Zebaot, [b]will ich dich, Serubabel,
du Sohn Schealtiëls, meinen Knecht,
nehmen, spricht der HERR, und dich
wie einen Siegelring halten; denn ich
habe dich erwählt, spricht der HERR
Zebaot.

a Vers 6 *b* Sach 4,6.7

DER PROPHET SACHARJA

Inhaltsübersicht

Die Geschichte der Väter mahnt zur Buße

1 Im achten Monat des zweiten Jahrs des
Königs Darius geschah das Wort des
HERRN zu [a]Sacharja, dem Sohn Be-
rechjas, des Sohnes Iddos, dem Pro-
pheten:
2 Der HERR ist zornig gewesen über
3 eure Väter. Aber sprich zum Volk: So
spricht der HERR Zebaot: [b]Kehrt euch
zu mir, spricht der HERR Zebaot, so will
ich mich zu euch kehren, spricht der
4 HERR Zebaot. Seid nicht wie eure Vä-
ter, denen die früheren Propheten pre-
digten und sprachen: »So spricht der
HERR Zebaot: [c]Kehrt um von euren
bösen Wegen und von eurem bösen
Tun!«, aber sie gehorchten nicht und
achteten nicht auf mich, spricht der
5 HERR. Wo sind nun eure Väter? Und
6 die Propheten, leben sie noch? Aber
haben nicht meine Worte und meine
Gebote, die ich durch meine Knechte,
die Propheten, gab, eure Väter getrof-
fen, daß sie haben umkehren müssen
und sagen: »Wie der HERR Zebaot vor-
hatte, uns zu tun nach unsern Wegen
und Taten, so hat er uns auch getan«?

a Esr 5,1 *b* Mal 3,7; Jak 4,8 *c* Jer 3,12; Hes 33,11

Die erste Vision: Der Mann auf dem roten Pferd

7 Am vierundzwanzigsten Tage des elf-
ten Monats – das ist der Monat Sebat
– im zweiten Jahr des Königs Darius
geschah das Wort des HERRN zu Sa-
charja, dem Sohn Berechjas, des Soh-
nes Iddos, dem Propheten:
8 Ich sah in dieser Nacht, und siehe,
ein Mann saß auf einem roten Pferde,
und er hielt zwischen den Myrten im
Talgrund, und hinter ihm waren [a]rote,
braune und weiße Pferde. Und ich 9
sprach: Mein Herr, wer sind diese?
Und der Engel, der mit mir redete,
sprach zu mir: Ich will dir zeigen, wer
diese sind. Und der Mann, der zwi- 10
schen den Myrten hielt, antwortete:
Diese sind's, die der HERR ausgesandt
hat, die Lande zu durchziehen. Sie aber 11
antworteten dem Engel des HERRN, der
zwischen den Myrten hielt, und spra-
chen: Wir haben die Lande durchzo-
gen, und siehe, alle Lande liegen ruhig
und still. Da hob der Engel des HERRN 12
an und sprach: HERR Zebaot, wie lange
noch willst du dich nicht [b]erbarmen
über Jerusalem und über die Städte Ju-
das, über die du zornig bist schon [c]sieb-
zig Jahre? Und der HERR antwortete 13
dem Engel, der mit mir redete, freund-
liche Worte und tröstliche Worte. Und 14
der Engel, der mit mir redete, sprach zu
mir: Predige und sprich: So spricht der
HERR Zebaot: Ich eifere für Jerusalem
und Zion mit großem Eifer und bin 15
sehr [d]zornig über die stolzen Völker;
denn ich war nur ein wenig zornig, sie
aber halfen zum Verderben.
Darum spricht der HERR: [e]Ich will 16
mich wieder Jerusalem zuwenden mit
Barmherzigkeit, und mein Haus soll
darin wieder aufgebaut werden, spricht
der HERR Zebaot, und die Meßschnur
soll über Jerusalem gespannt werden.
Und weiter predige und sprich: So 17
spricht der HERR Zebaot: Es sollen
meine Städte wieder Überfluß haben
an Gutem, und der HERR wird Zion

wieder [f]trösten und wird Jerusalem
[g]wieder erwählen.

a Kap 6,1-8 *b* Ps 102,14 *c* Dan 9,2 *d* Jes 47,6
e Kap 8,3 *f* Jes 40,1.2 *g* Jes 14,1

Die zweite Vision: Die vier Hörner und die vier Schmiede

2 *Und ich hob meine Augen auf und
sah, und siehe, da waren vier Hörner.
2 Und ich sprach zu dem Engel, der mit
mir redete: Wer sind diese? Er sprach
zu mir: Es sind die Hörner, die Juda,
das ist Israel, und Jerusalem zerstreut
haben.
3 Und der HERR zeigte mir vier
4 Schmiede. Da sprach ich: Was wollen
die machen? Er sprach: Jene sind die
Hörner, die Juda so zerstreut haben,
daß niemand sein Haupt hat erheben
können; diese aber sind gekommen,
jene abzuschrecken und die Hörner der
Völker abzuschlagen, die ihr Horn ge-
gen das Land Juda erhoben haben, um
es zu zerstreuen.

*Vers 1: Abweichende Verszählung statt 2,1-17: 1,18-21; 2,1-13.

Die dritte Vision: Der Mann mit der Meßschnur

5 Und ich hob meine Augen auf und sah,
und siehe, ein Mann hatte eine [a]Meß-
6 schnur in der Hand. Und ich sprach:
Wo gehst du hin? Er sprach zu mir: Je-
rusalem auszumessen und zu sehen,
7 wie lang und breit es werden soll. Und
siehe, der Engel, der mit mir redete,
stand da, und ein anderer Engel ging
8 heraus ihm entgegen und sprach zu
ihm: Lauf hin und sage diesem jungen
Mann: Jerusalem soll [b]ohne Mauern
bewohnt werden wegen der großen
Menge der Menschen und des Viehs,
9 die darin sein wird. Doch [c]ich will,
spricht der HERR, eine feurige Mauer
rings um sie her sein und will mich
herrlich darin erweisen.

a Hes 40,3 *b* Hes 38,11 *c* Kap 9,8

Die neue Zeit für Israel und die Völker

10 Auf, auf! Flieht aus dem Lande des
Nordens! spricht der HERR; denn ich
habe euch in die vier Winde unter dem
Himmel zerstreut, spricht der HERR.
11 Auf, Zion, die du wohnst bei der Toch-
12 ter Babel, entrinne! Denn so spricht
der HERR Zebaot, der mich gesandt hat,
über die Völker, die euch beraubt ha-
ben: Wer euch antastet, der [a]tastet
13 meinen Augapfel an. Denn siehe, ich
will meine Hand über sie schwingen,
daß sie eine Beute derer werden sollen,
die ihnen haben dienen müssen. – Und
ihr sollt erkennen, daß mich der HERR
Zebaot gesandt hat.
Freue dich und sei fröhlich, du Tochter 14
Zion! Denn siehe, ich komme und will bei
dir wohnen, spricht der HERR. Und es 15
sollen zu der Zeit viele Völker sich zum
HERRN wenden und sollen mein Volk
sein, und [b]ich will bei dir wohnen. –
Und du sollst erkennen, daß mich der
HERR Zebaot zu dir gesandt hat. Und 16
der HERR wird Juda in Besitz nehmen
als sein Erbteil in dem heiligen Lande
und [c]wird Jerusalem wieder erwählen.
[d]Alles Fleisch sei stille vor dem HERRN; 17
denn er hat sich aufgemacht von seiner
heiligen Stätte!

a 5.Mose 32,10 *b* Jes 11,10 *c* Kap 1,17
d Hab 2,20

Die vierte Vision: Der Hohepriester Josua

Und er ließ mich sehen den Hohenprie- **3**
ster [a]Josua, wie er vor dem Engel des
HERRN stand, und der [b]Satan stand zu
seiner Rechten, um ihn zu [c]verklagen.
Und der Engel des HERRN sprach zu 2
dem Satan: [d]Der HERR schelte dich, du
Satan! Ja, der HERR, der Jerusalem er-
wählt hat, schelte dich! Ist dieser nicht
ein Brandscheit, das aus dem Feuer ge-
rettet ist? Josua aber hatte unreine 3
Kleider an und stand vor dem Engel,
der anhob und sprach zu denen, die vor 4
ihm standen: Tut die unreinen Kleider
von ihm! Und er sprach zu ihm: Sieh
her, ich [e]nehme deine Sünde von dir
und lasse dir [f]Feierkleider anziehen.
Und er sprach: Setzt ihm einen reinen 5
[g]Kopfbund auf das Haupt! Und sie
setzten ihm einen reinen Kopfbund auf
das Haupt und zogen ihm reine Kleider
an, und der Engel des HERRN stand da-
bei.
Und der Engel des HERRN bezeugte 6
es Josua und sprach: So spricht der 7
HERR Zebaot: Wirst du in meinen
Wegen wandeln und meinen Dienst
recht versehen, so sollst du mein Haus
regieren und meine Vorhöfe bewahren.
Und ich will dir Zugang zu mir geben
mit diesen, die hier stehen.
Höre nun, Josua, du Hoherpriester: 8
Du und deine Brüder, die vor dir sit-
zen, sind miteinander ein [h]Zeichen;
denn siehe, ich will meinen Knecht,
»den [i]Sproß«, kommen lassen.
Siehe, auf dem einen [j]Stein, den ich 9

vor Josua hingelegt habe, sind [k]sieben
Augen. Siehe, ich will auf ihm eine In-
schrift eingraben, spricht der HERR Ze-
baot, und will die Sünde des Landes
wegnehmen an einem einzigen Tag.
10 Zu derselben Zeit, spricht der HERR
Zebaot, wird einer den andern einladen
[l]unter den Weinstock und unter den
Feigenbaum.

a Hag 1,1 *b* Hiob 1,9 *c* Offb 12,10 *d* Jud 9
e Jes 6,7 *f* Jes 61,3 *g* 2.Mose 28,39 *h* Jes 8,18
i Kap 6,12; Jer 23,5; 33,15 *j* 2.Mose 39,6.7
k Kap 4,10; Offb 5,6 *l* 1.Kön 5,5; Mi 4,4

Die fünfte Vision: Der goldene Leuchter und die zwei Ölbäume

4 Und der Engel, der mit mir redete,
weckte mich abermals auf, wie man
2 vom Schlaf erweckt wird, und sprach
zu mir: [a]Was siehst du? Ich aber
sprach: Ich sehe, und siehe, da steht ein
[b]Leuchter, ganz aus Gold, mit einer
Schale oben darauf, auf der sieben
Lampen sind und sieben Schnauzen an
3 jeder Lampe, und zwei Ölbäume dabei,
einer zu seiner Rechten, der andere zu
4 seiner Linken. Und ich hob an und
sprach zu dem Engel, der mit mir rede-
5 te: Mein Herr, was ist das? Und der
Engel, der mit mir redete, antwortete
und sprach zu mir: Weißt du nicht, was
das ist? Ich aber sprach: Nein, mein
Herr.

a Jer 1,11-13; Am 8,2 *b* 2.Mose 25,31-40

Verheißung über Serubabel

6 Und er antwortete und sprach zu mir:
Das ist das Wort des HERRN an Seruba-
bel: *Es soll nicht durch Heer oder Kraft,*
sondern durch meinen Geist geschehen,
7 spricht der HERR Zebaot. Wer bist du,
du großer Berg, der du doch vor Seru-
babel zur Ebene werden mußt? Er wird
hervorholen den Schlußstein, so daß
man rufen wird: [a]Glück zu! Glück zu!
8 Und es geschah zu mir das Wort des
9 HERRN: Die Hände [b]Serubabels haben
dies Haus gegründet, seine Hände [c]sol-
len's auch vollenden, damit ihr [d]er-
kennt, daß mich der HERR Zebaot zu
10 euch gesandt hat. Denn [e]wer immer
den Tag des geringen Anfangs verach-
tet hat, wird doch mit Freuden sehen
den [f]Schlußstein in Serubabels Hand.
Jene [g]sieben sind des HERRN Augen,
die alle Lande durchziehen.*

a Ps 122,6 *b* Esr 3,8 *c* Esr 6,14-16
d Kap 2,13.15 *e* Hag 2,3 *f* Vers 7 *g* Kap 3,9
*Vers 10: Dieser Satz gehört wohl zu Kap 3,9.

Deutung der fünften Vision

Und ich hob an und sprach zu ihm: 11
Was sind die zwei Ölbäume zur Rech-
ten und zur Linken des Leuchters?
Und ich sprach weiter zu ihm: Was 12
sind die beiden Zweige der Ölbäume
bei den zwei goldenen Röhren, aus de-
nen das goldene Öl herabfließt? Und er 13
sprach zu mir: Weißt du nicht, was sie
sind? Ich aber sprach: Nein, mein
Herr. Und er sprach: Es sind die zwei 14
Gesalbten, die [a]vor dem Herrscher al-
ler Lande stehen.

a Kap 6,5; Offb 11,4

Die sechste Vision: Die fliegende Schriftrolle

Und ich hob meine Augen abermals auf 5
und sah, und siehe, da war eine fliegen-
de Schriftrolle. Und er sprach zu mir: 2
Was siehst du? Ich aber sprach: Ich
sehe eine fliegende Schriftrolle, die ist
zwanzig Ellen lang und zehn Ellen
breit. Und er sprach zu mir: Das ist der 3
Fluch, der ausgeht über das ganze
Land; denn alle Diebe werden nach
dieser Schrift von hier ausgefegt und
alle Meineidigen werden nach dieser
Schrift von hier ausgefegt. Ich will ihn 4
ausgehen lassen, spricht der HERR Ze-
baot, daß er kommen soll über das Haus
des Diebes und über das Haus dessen,
der bei meinem Namen falsch schwört.
Und er soll in dem Haus bleiben und
soll's verzehren samt seinem Holz und
seinen Steinen.

Die siebente Vision: Die Frau in der Tonne

Und der Engel, der mit mir redete, trat 5
hervor und sprach zu mir: Hebe deine
Augen auf und sieh! Was kommt da
hervor? Und ich sprach: Was ist das? 6
Er aber sprach: Das ist eine Tonne, die
da hervorkommt – und sprach weiter:
Das ist die Sünde im ganzen Lande.
Und siehe, es hob sich der Deckel aus 7
Blei, und da war eine Frau, die saß in
der Tonne. Er aber sprach: Das ist die 8
Gottlosigkeit. Und er stieß sie in die
Tonne und warf den Deckel aus Blei
oben auf die Öffnung. Und ich hob 9
meine Augen auf und sah, und siehe,
zwei Frauen traten heran und hatten
Flügel, die der Wind trieb – es waren
aber Flügel wie Storchenflügel –, und
sie trugen die Tonne zwischen Erde
und Himmel dahin. Und ich sprach 10
zum Engel, der mit mir redete: Wo tra-

11 gen diese die Tonne hin? Er aber
sprach zu mir: Daß ihr ein Tempel ge-
baut werde [a]im Lande Sinear und sie
dort aufgestellt werde.

a 1.Mose 11,2

Die achte Vision: Die vier Wagen

6 [a]Und ich hob meine Augen abermals
auf und sah, und siehe, da waren vier
Wagen, die kamen zwischen den zwei
Bergen hervor; die Berge aber waren
2 aus Kupfer. Am ersten Wagen waren
rote Rosse, am zweiten Wagen waren
3 schwarze Rosse, am dritten Wagen wa-
ren weiße Rosse, am vierten Wagen wa-
ren scheckige Rosse, allesamt stark.
4 Und ich hob an und sprach zum Engel,
der mit mir redete: Mein Herr, wer
5 sind diese? Der Engel antwortete und
sprach zu mir: Es sind die vier Winde
unter dem Himmel, die hervorkom-
men, nachdem sie gestanden haben
6 [b]vor dem Herrscher aller Lande. *Die
schwarzen Rosse ziehen nach Norden,
die weißen ziehen nach Westen und die
7 scheckigen ziehen nach Süden. Und die
starken Rosse wollten sich aufmachen,
um [c]die Lande zu durchziehen. Und er
sprach: Geht hin und durchzieht die
Lande! Und sie durchzogen die Lande.
8 Und er rief mich an und redete mit mir
und sprach: Sieh, die nach Norden zie-
hen, lassen meinen Geist ruhen im
Lande des Nordens.

a (1-8) Offb 6,1-8; Kap 1,8 *b* Kap 4,14
c Kap 1,10
*Vers 6: Vermutlich ist ausgefallen: »Die roten Rosse ziehen nach Osten.«

Die Krönung Josuas

9 Und des HERRN Wort geschah zu mir:
10 Nimm von den Weggeführten, von
Heldai und von Tobia und von Jedaja,
die von Babel gekommen sind, und geh
an diesem selben Tage ins Haus Josias,
11 des Sohnes Zefanjas, [a]nimm von ihnen
Silber und Gold und mache Kronen
und kröne das Haupt Josuas, des Ho-
12 henpriesters, des Sohnes Jozadaks, und
sprich zu ihm: So spricht der HERR Ze-
baot: Siehe, es ist ein Mann, der heißt
»Sproß«; denn unter ihm wird's spros-
sen, und er wird bauen des HERRN
13 Tempel. Ja, den Tempel des HERRN
wird er bauen, und er wird herrlich ge-
schmückt sein und wird sitzen und
herrschen auf seinem Thron. Und ein
[b]Priester wird sein zu seiner Rechten,
und es wird Friede sein zwischen den
14 beiden. Und die Kronen sollen zum
Andenken an Heldai, Tobia, Jedaja
und den Sohn Zefanjas im Tempel des
HERRN bleiben. Und [c]es werden kom- 15
men von ferne, die am Tempel des
HERRN bauen werden. Da werdet ihr
erkennen, daß mich der HERR Zebaot
zu euch gesandt hat; und das soll ge-
schehen, wenn ihr gehorchen werdet
der Stimme des HERRN, eures Gottes.

a (11 und 12) Kap 3,8 *b* Ps 110,4 *c* Jes 60,10

Am bloßen Fasten hat Gott kein Gefallen

Und es geschah im vierten Jahr des Kö- 7
nigs Darius am vierten Tag des neun-
ten Monats, der Kislew heißt, daß des
HERRN Wort zu Sacharja geschah. Da- 2
mals sandte Betel den Sarezer und den
Regem-Melech mit seinen Leuten, um
den HERRN anzuflehen, und ließ die 3
Priester, die zum Hause des HERRN Ze-
baot gehörten, und die Propheten fra-
gen: Muß ich immer noch im [a]fünften
Monat weinen und Fasten halten, wie
ich es nun so viele Jahre getan habe?
Und des HERRN Zebaot Wort geschah 4
zu mir: Sage allem Volk im Lande und 5
den Priestern und sprich: [b]Als ihr fa-
stetet und Leid trugt im fünften und
siebenten Monat diese siebzig Jahre
lang, habt ihr da für mich gefastet?
Und wenn ihr eßt und trinkt, eßt und 6
trinkt ihr da nicht für euch selbst?

a Kap 8,19; 2.Kön 25,8.9; Jer 52,12.13 *b* Jes 58,5

Gottes Gericht über die Unbrüderlichkeit

Ist's nicht das, was der HERR durch die 7
früheren Propheten predigen ließ, als
Jerusalem bewohnt war und Frieden
hatte samt seinen Städten ringsum und
Leute im Südland und im Hügelland
wohnten – und des HERRN Wort ge- 8
schah zu Sacharja –, daß der HERR Ze- 9
baot sprach: Richtet recht, und [a]*ein je-
der erweise seinem Bruder Güte und
Barmherzigkeit, und* [b]*tut nicht Unrecht* 10
*den Witwen, Waisen, Fremdlingen und
Armen, und denke keiner gegen seinen
Bruder etwas Arges in seinem Herzen!*
Aber sie wollten nicht aufmerken und 11
kehrten mir den Rücken zu und ver-
stockten ihre Ohren, um nicht zu hö-
ren, und machten ihre Herzen [c]hart wie 12
Diamant, damit sie nicht hörten das
Gesetz und die Worte, die der HERR
Zebaot durch seinen Geist sandte
durch die früheren Propheten. Daher
ist so großer Zorn vom HERRN Zebaot
gekommen. Und es ist so ergangen: 13
Gleichwie gepredigt wurde und sie

nicht hörten, so wollte ich auch nicht
hören, als sie riefen, spricht der HERR
14 Zebaot. Darum habe ich sie zerstreut
unter alle Heiden, die sie nicht kannten,
und das Land blieb verwüstet hinter
ihnen liegen, so daß niemand mehr dar-
in hin- und herzog; so haben sie das
liebliche Land zur Wüste gemacht.

a Mi 6,8 *b* 2.Mose 22,20.21 *c* Jes 48,4

Das künftige Heil für das Volk Gottes

8 Und es geschah des HERRN Wort:
2 So spricht der HERR Zebaot: [a] Ich ei-
fere für Zion mit großem Eifer und ei-
fere um seinetwillen in großem Zorn.
3 So spricht der HERR: Ich kehre wie-
der auf den Zion zurück und [b] will zu
Jerusalem wohnen, daß Jerusalem eine
[c] Stadt der Treue heißen soll und der
Berg des HERRN Zebaot ein [d] heiliger
Berg.
4 So spricht der HERR Zebaot: [e] Es sol-
len hinfort wieder sitzen auf den Plät-
zen Jerusalems alte Männer und Frau-
en, jeder mit seinem Stock in der Hand
5 vor hohem Alter, und die Plätze der
Stadt sollen voll sein von Knaben und
Mädchen, die dort spielen.
6 So spricht der HERR Zebaot: Er-
scheint dies auch unmöglich in den Au-
gen derer, die in dieser Zeit übrigge-
blieben sind von diesem Volk, sollte es
darum auch [f] unmöglich erscheinen in
meinen Augen? spricht der HERR Ze-
baot.
7 So spricht der HERR Zebaot: Siehe,
ich will mein Volk erlösen aus dem
Lande gegen Aufgang und aus dem
Lande gegen Niedergang der Sonne
8 und will sie heimbringen, daß sie in Je-
rusalem wohnen. Und [g] sie sollen mein
Volk sein, und ich will ihr Gott sein in
Treue und Gerechtigkeit.
9 So spricht der HERR Zebaot: [h] Stär-
ket eure Hände, die ihr diese Worte
hört in dieser Zeit durch der Propheten
Mund – an dem Tage, da der Grund
gelegt wurde zum Hause des HERRN
Zebaot, auf daß der Tempel gebaut
10 würde. Denn vor diesen Tagen war der
Menschen Arbeit vergebens, und auch
der Tiere Arbeit erbrachte nichts; und
vor lauter Feinden war kein Friede für
die, die aus- und einzogen, und ich ließ
alle Menschen aufeinander los, einen
11 jeden gegen seinen Nächsten. Aber nun
will ich nicht wie in den vorigen Tagen
verfahren mit denen, die übriggeblie-
ben sind von diesem Volk, spricht der
HERR Zebaot, sondern sie sollen in 12
Frieden säen. Der Weinstock soll seine
Frucht geben und das Land sein Ge-
wächs, und der Himmel soll seinen Tau
geben. Und ich will denen, die übrigge-
blieben sind von diesem Volk, das alles
zum Besitz geben. Und es soll ge- 13
schehen: Wie ihr vom Hause Juda und
vom Hause Israel ein Fluch gewesen
seid unter den Heiden, so will ich euch
erlösen, daß ihr [i] ein Segen sein sollt.
Fürchtet euch nur nicht und stärket
eure Hände!
So spricht der HERR Zebaot: Gleich- 14
wie ich euch zu plagen gedachte, als
mich eure Väter erzürnten, spricht der
HERR Zebaot, und es mich nicht gereu-
te, so gedenke ich nun wiederum in 15
diesen Tagen wohlzutun Jerusalem
und dem Hause Juda. Fürchtet euch
nur nicht! Das ist's aber, was ihr tun 16
sollt: [j] *Rede einer mit dem andern Wahr-
heit und richtet recht, schafft Frieden in
euren Toren, und* [k] *keiner ersinne Arges in* 17
*seinem Herzen gegen seinen Nächsten,
und liebt nicht falsche Eide; denn das al-
les hasse ich,* spricht der HERR.
Und es geschah des HERRN Zebaot 18
Wort zu mir: So spricht der HERR Ze- 19
baot: [l] Die Fasten des vierten, fünften,
siebenten und zehnten Monats sollen
dem Hause Juda zur Freude und Won-
ne und zu fröhlichen Festzeiten wer-
den. Doch liebet Wahrheit und Frie-
den!

a Kap 1,14 *b* Kap 1,16 *c* Jes 1,21.26 *d* Ps 2,6
e Jes 65,20 *f* Lk 1,37 *g* Jer 24,7 *h* Jes 35,3
i 1.Mose 12,2 *j* Eph 4,25 *k* Kap 7,10 *l* Kap 7,3.5

Das künftige Heil für die Völker

So spricht der HERR Zebaot: Es werden 20
noch viele Völker kommen und Bürger
vieler Städte, und die Bürger einer 21
Stadt werden zur andern gehen und sa-
gen: Laßt uns gehen, den HERRN anzu-
flehen und zu suchen den HERRN Ze-
baot; wir selber wollen hingehen. So 22
werden viele Völker, Heiden in
Scharen, kommen, den HERRN Zebaot
in Jerusalem zu suchen und den HERRN
anzuflehen.
So spricht der HERR Zebaot: Zu der 23
Zeit werden zehn Männer aus allen
Sprachen der Heiden *einen* jüdischen
Mann beim Zipfel seines Gewandes er-
greifen und sagen: Wir wollen mit euch
gehen, denn wir hören, daß Gott mit
euch ist.

Läuterung der heidnischen Nachbarn Judas

9 Die Last, die der HERR ankündigt,
kommt über das Land Hadrach, und
auf [a]Damaskus läßt sie sich nieder –
denn der HERR schaut auf die Men-
schen und auf alle Stämme Israels –,
2 dazu auf Hamat, das daran grenzt, auch
auf [b]Tyrus und Sidon, die doch sehr
3 weise sind. Denn Tyrus baute sich ein
Bollwerk und sammelte Silber wie
Sand und Gold wie Dreck auf der Gas-
4 se. Aber siehe, der Herr wird es erobern
und wird seine Macht ins Meer stür-
zen, und die Stadt wird mit Feuer ver-
5 brannt werden. Wenn Askalon das se-
hen wird, wird es erschrecken, und
[c]Gaza wird sehr angst werden, dazu
Ekron, denn seine Zuversicht wird zu-
schanden. Es wird aus sein mit dem
König von Gaza, und in Askalon wird
6 man nicht mehr wohnen, und in Asdod
werden [d]Mischlinge wohnen.
Und ich will die Pracht der Philister
7 ausrotten. Und ich will [e]das Blut von
ihrem Munde wegnehmen und das,
was mir ein Greuel ist, von ihren Zäh-
nen, daß auch sie unserm Gott übrig-
bleiben und wie ein Stamm in Juda
werden und die Bewohner Ekrons wie
8 die [f]Jebusiter. Und [g]ich will mich
selbst als Wache um mein Haus lagern,
so daß keiner dort hin- und herziehe
und nicht mehr der Treiber über sie
komme; denn ich sehe nun darauf mit
meinen Augen.

a Jes 17 *b* Jes 23; Jer 47,4; Hes 26-28 *c* Jer 47
d 5.Mose 23,3 *e* 1.Mose 9,4 *f* Jos 15,63;
2.Sam 24,18 *g* Kap 2,9

Verheißung des messianischen Friedensreiches

9 *Du, [a]Tochter Zion, freue dich sehr, und*
du, Tochter Jerusalem, jauchze! Siehe,
[b]dein König kommt zu dir, ein Gerechter
und ein Helfer, arm und reitet auf einem
10 *Esel, auf einem Füllen der Eselin.* Denn
[c]ich will die Wagen wegtun aus Efraim
und die Rosse aus Jerusalem, und der
Kriegsbogen soll zerbrochen werden.
Denn er wird Frieden gebieten den
Völkern, und seine Herrschaft wird
sein von einem Meer bis zum andern
und vom Strom bis an die Enden der
11 Erde. Auch lasse ich [d]um des Blutes
deines Bundes willen deine Gefange-
nen frei aus der Grube, in der kein
12 Wasser ist; so [e]kehrt heim zur festen
Stadt, die ihr auf Hoffnung gefangen
liegt. Denn heute verkündige ich, daß
ich dir [f]zweifach erstatten will.
Denn ich habe mir Juda zum Bogen 13
gespannt und Efraim darauf gelegt und
will deine Söhne, Zion, aufbieten gegen
deine Söhne, Griechenland, und will
dich zum Schwert eines Riesen ma-
chen. Und der HERR wird über ihnen 14
erscheinen, und seine Pfeile werden
ausfahren wie der Blitz, und Gott der
HERR wird die Posaune blasen und wird
einherfahren in den Stürmen vom Süd-
land. Der HERR Zebaot wird sie schüt- 15
zen, und die Schleudersteine werden
fressen und niederwerfen und Blut
trinken wie Wein und voll davon wer-
den wie die Becken und wie die Ecken
des Altars. Und der HERR, ihr Gott, 16
wird ihnen zu der Zeit helfen, der Her-
de seines Volks; denn wie edle Steine
werden sie in seinem Lande glänzen.
Denn wie groß ist seine Güte und wie 17
groß ist seine Huld! Korn und Wein
läßt er sprossen, Jünglinge und Jung-
frauen.

a Zef 3,14 *b* Mt 21,5 *c* Mi 5,9 *d* 2.Mose 24,8
e Kap 10,9 *f* Jes 61,7

Der rechte Helfer

Bittet den HERRN, daß es regne zur Zeit **10**
des Spätregens, so wird der HERR, der
die Wolken macht, euch auch Regen
genug geben für jedes Gewächs auf
dem Felde. Denn die Götzen reden 2
Lüge, und die Wahrsager schauen
Trug und erzählen nichtige Träume,
und ihr Trösten ist nichts. Darum geht
das Volk in die Irre wie eine Herde und
[a]ist verschmachtet, weil kein Hirte da
ist.

a Mt 9,36

Gott rüstet sein Volk zum Kampf und führt es heim

Mein Zorn ist entbrannt über [a]die Hir- 3
ten, und ich will die Böcke heimsu-
chen; denn der HERR Zebaot wird seine
Herde heimsuchen, nämlich das Haus
Juda, und wird sie zurichten wie ein
Roß, das geschmückt ist zum Kampf.
Die Ecksteine, Pflöcke, Kriegsbogen*, 4
[b]alle Mächtigen sollen aus ihr hervor-
gehen. Und sie sollen sein wie Riesen, 5
die im Kampf den Feind niedertreten
in den Dreck auf der Gasse, und sie sol-
len kämpfen, denn der HERR wird mit
ihnen sein, daß die Reiter zuschanden
werden. Und ich will das Haus Juda 6
stärken und das Haus Josef erretten
und will sie wieder einsetzen; denn ich

erbarme mich ihrer. Und sie sollen
sein, wie sie waren, als ich sie nicht ver-
stoßen hatte; denn ich, der HERR, bin
7 ihr Gott und will sie erhören. Und
Efraim soll sein wie ein Riese, und ihr
Herz soll fröhlich werden wie vom
Wein; ihre Söhne sollen's sehen und
sich freuen, ihr Herz soll fröhlich sein
über den HERRN.

8 Ich will sie locken und sie sammeln,
denn ich will sie erlösen, und sie sollen
sich mehren, wie sie sich vormals ge-
9 mehrt haben. Ich [c]säte sie unter die
Völker, daß sie [d]meiner gedächten in
fernen Landen und leben sollten mit
ihren Kindern und wieder heimkehren.
10 Denn ich will sie zurückbringen aus
Ägyptenland und sie sammeln aus As-
syrien und will sie ins Land Gilead und
zum Libanon bringen, daß man nicht
11 Raum genug für sie finden wird. Und
wenn sie in Angst [e]durchs Meer gehen,
so wird er die Wellen im Meer schla-
gen, daß alle Tiefen des Wassers ver-
trocknen werden. Da soll dann zu Bo-
den sinken die Pracht Assyriens, und
12 das Zepter Ägyptens soll weichen. Ich
will sie stärken in dem HERRN, daß sie
wandeln sollen in seinem Namen,
spricht der HERR.

11 Tu deine Türen auf, Libanon, daß
das Feuer deine Zedern verzehre!
2 Heult, ihr Zypressen; denn die Zedern
sind gefallen und die Herrlichen ver-
nichtet. Heult, ihr Eichen Basans; denn
3 der feste Wald ist umgehauen. Man
hört die Hirten heulen, denn ihre Herr-
lichkeit ist vernichtet; man hört die
jungen Löwen brüllen, denn die Pracht
des Jordan ist vernichtet.

a Kap 11,5 *b* Jer 30,21 *c* Jes 66,19 *d* Jer 51,50
e 2.Mose 14,16; Jes 11,15
*Vers 4: Bezeichnungen für die Großen des Volkes.

Gegen die treulosen Hirten des Volkes

4 So sprach der HERR, mein Gott: Hüte
5 die Schlachtschafe! Denn ihre Käufer
schlachten sie und halten's für keine
Sünde, und ihre Verkäufer sprechen:
Gelobt sei der HERR, ich bin nun reich!
Und [a]ihre Hirten schonen sie nicht.
6 Darum will ich auch nicht mehr
schonen die Bewohner des Landes,
spricht der HERR. Und siehe, ich will
die Leute fallen lassen, einen jeden in
die Hand des andern und in die Hand
seines Königs; sie werden das Land
zerschlagen, und ich will sie nicht erret-
7 ten aus ihrer Hand. – Und ich hütete
die Schlachtschafe* für die Händler der
Schafe und nahm mir zwei Stäbe; den
einen nannte ich »Huld«, den andern
nannte ich »Eintracht« und hütete die
Schafe. Und ich vertilgte die drei Hir- 8
ten in *einem* Monat. Und ich mochte die
Schafe nicht mehr, und sie wollten
mich auch nicht mehr. Und ich sprach: 9
Ich will euch nicht hüten; was da stirbt,
das sterbe; was verschmachtet, das ver-
schmachte; und von den Übriggeblie-
benen fresse ein jeder des andern
Fleisch![b] Und ich nahm meinen Stab 10
»Huld« und zerbrach ihn, um meinen
Bund aufzuheben, den ich mit allen
Völkern geschlossen hatte. Und er wur- 11
de aufgehoben am selben Tage. Und
[c]die Händler der Schafe, die auf mich
achteten, erkannten daran, daß es des
HERRN Wort war. Und ich sprach zu 12
ihnen: [d]Gefällt's euch, so gebt her mei-
nen Lohn; wenn nicht, so laßt's blei-
ben. Und sie wogen mir den Lohn dar,
dreißig Silberstücke. Und der HERR 13
sprach zu mir: Wirf's hin dem Schmel-
zer! Ei, eine treffliche Summe, deren
ich wert geachtet bin von ihnen! Und
[e]ich nahm die dreißig Silberstücke und
warf sie ins Haus des HERRN, dem
Schmelzer hin. Und ich zerbrach mei- 14
nen andern Stab »Eintracht«, um die
[f]Bruderschaft zwischen Juda und Is-
rael aufzuheben.

Und der HERR sprach zu mir: Nimm 15
abermals zu dir das Gerät eines Hirten,
aber eines nichtsnutzigen! Denn siehe, 16
ich werde einen Hirten im Lande er-
wecken, der nach dem Verlorenen nicht
sehen, das Verlaufene nicht suchen, der
das Zerbrochene nicht heilen und das
Gesunde nicht versorgen wird; aber
das Fleisch der Fetten wird er fressen
und ihre Klauen zerreißen. Weh über 17
meinen nichtsnutzigen Hirten, der die
Herde verläßt! Das Schwert komme
über seinen Arm und über sein rechtes
Auge! Sein Arm soll verdorren und
sein rechtes Auge erlöschen.

a Jer 23; Hes 13; 34 *b* Jer 15,2 *c* Vers 7
d Mt 26,15 *e* Mt 27,9.10 *f* Hes 37,22

Gottes Schutz für Jerusalem

Dies ist die Last, die der HERR ankün- **12**
digt.

Von Israel spricht der HERR, der den
Himmel ausbreitet und die Erde grün-
det und den Odem des Menschen in
ihm macht: Siehe, ich will [a]Jerusalem 2
zum Taumelbecher zurichten für alle
Völker ringsumher, und auch Juda

wird's gelten, wenn Jerusalem belagert
3 wird. Zur selben Zeit will ich Jerusalem
machen zum Laststein für alle Völker.
Alle, die ihn wegheben wollen, sollen
sich daran wund reißen; denn es wer-
den sich alle Völker auf Erden gegen Je-
4 rusalem versammeln.[b] Zu der Zeit,
spricht der HERR, will ich alle Rosse
scheu und ihre Reiter irre machen, aber
über das Haus Juda will ich meine Au-
gen offen halten und alle Rosse der Völ-
5 ker mit Blindheit plagen. Und die Für-
sten in Juda werden sagen in ihrem
Herzen: Die Bürger Jerusalems sollen
getrost sein in dem HERRN Zebaot, ih-
6 rem Gott! Zu der Zeit will ich die Für-
sten Judas machen zum Feuerbecken
mitten im Holz und [c]zur Fackel im
Stroh, daß sie verzehren zur Rechten
und zur Linken alle Völker ringsum-
her. Aber Jerusalem soll auch fernerhin
bleiben an seinem Ort.
7 Und der HERR wird zuerst die Hüt-
ten Judas erretten, auf daß sich nicht zu
hoch rühme das Haus David noch die
8 Bürger Jerusalems wider Juda. Zu der
Zeit wird der HERR die Bürger Jerusa-
lems beschirmen, und es wird zu dieser
Zeit geschehen, daß [d]der Schwache un-
ter ihnen sein wird wie David und das
Haus David wie Gott, wie der Engel
des HERRN vor ihnen her.

a Jes 51,17; Jer 25,15-29 *b* Kap 14,3; Joel 4,12
c Obd 18 *d* Jes 33,24

Klage über den Durchbohrten

9 Und zu der Zeit werde ich darauf be-
dacht sein, [a]alle Heiden zu vertilgen,
10 die gegen Jerusalem gezogen sind. Aber
über das Haus David und über die Bür-
ger Jerusalems will ich [b]ausgießen den
Geist der Gnade und des Gebets. Und
[c]sie werden mich ansehen, den sie
durchbohrt haben, und sie werden um
ihn klagen, wie man klagt um ein einzi-
ges Kind, und werden sich um ihn be-
trüben, wie man sich betrübt um den
11 Erstgeborenen. Zu der Zeit wird große
Klage sein in Jerusalem, wie die um
[d]Hadad-Rimmon in der Ebene von
12 Megiddo war. Und das Land wird kla-
gen, ein jedes Geschlecht besonders:
das Geschlecht des Hauses David be-
sonders und die Frauen besonders, das
Geschlecht des Hauses Natan beson-
13 ders und die Frauen besonders, das Ge-
schlecht des Hauses Levi besonders
und die Frauen besonders, das Ge-
schlecht Simeïs besonders und die
14 Frauen besonders; so auch alle andern
übriggebliebenen Geschlechter, ein je-
des besonders und die Frauen beson-
ders.

a Offb 20,9 *b* Joel 3,1 *c* Joh 19,37; Offb 1,7
d 2.Kön 5,18

Ausrottung des Götzendienstes und der falschen Propheten

Zu der Zeit werden das Haus David 13
und die Bürger Jerusalems einen [a]offe-
nen Quell haben gegen Sünde und Be-
fleckung. Zu der Zeit, spricht der HERR 2
Zebaot, [b]will ich die Namen der Göt-
zen ausrotten aus dem Lande, daß man
ihrer nicht mehr gedenken soll; dazu
will ich auch die [c]Propheten und allen
Geist der Unreinheit aus dem Lande
treiben. Und so soll es geschehen: 3
Wenn jemand weiterhin als Prophet
auftritt, dann sollen sein Vater und sei-
ne Mutter, die ihn gezeugt haben, zu
ihm sagen: [d]Du sollst nicht am Leben
bleiben; denn du redest Lüge im Na-
men des HERRN! Und es werden Vater
und Mutter, die ihn gezeugt haben, ihn
durchbohren, wenn er als Prophet auf-
tritt. Denn es soll zu der Zeit ge- 4
schehen, daß die Propheten, wenn sie
weissagen, in Schande dastehen mit
dem, was sie geschaut haben, und sie
sollen nicht mehr einen härenen Man-
tel anziehen, um zu betrügen; sondern 5
jeder wird sagen müssen: Ich bin kein
Prophet, sondern ein Ackermann;
denn vom Acker habe ich meinen Er-
werb von Jugend auf. Und wenn man 6
zu ihm sagen wird: Was sind das für
Wunden auf deiner Brust?, wird er sa-
gen: So wurde ich geschlagen im Hause
derer, die mich lieben.

a Jes 12,3; 55,1 *b* Mi 5,12 *c* Jer 29,8.9
d 5.Mose 13,6

Der geläuterte Rest

[a]Schwert, mach dich auf über meinen 7
Hirten, über den Mann, der mir der
nächste ist! spricht der HERR Zebaot.
[b]Schlage den Hirten, daß sich die Her-
de zerstreue; und ich will meine Hand
wenden gegen die Kleinen. Und es soll 8
geschehen in dem ganzen Lande,
spricht der HERR, daß zwei Teile darin
ausgerottet werden sollen und unterge-
hen, und nur der dritte Teil soll darin
übrigbleiben.[c] Und ich will den dritten 9
Teil durchs Feuer gehen lassen und
läutern, wie man Silber läutert, und ihn
prüfen, wie man Gold prüft. Die wer-
den dann meinen Namen anrufen, und
ich will sie erhören. Ich will sagen: [d]Es

ist mein Volk; und sie werden sagen:
HERR, mein Gott!

a (7-9) Kap 11,15-17 *b* Mt 26,31 *c* Jes 6,13
d Hos 2,25

Jerusalem und die Völkerwelt am Tage des HERRN

14 Siehe, es kommt für den HERRN die
Zeit, daß man in deiner Mitte unter
sich verteilen wird, [a]was man dir ge-
2 raubt hat. Denn ich werde alle Heiden
sammeln zum Kampf gegen Jerusalem.
Und die Stadt wird erobert, die Häuser
werden geplündert und die Frauen ge-
schändet werden. Und die Hälfte der
Stadt wird gefangen weggeführt wer-
den, aber das übrige Volk wird nicht
3 aus der Stadt ausgerottet werden. Und
[b]der HERR wird ausziehen und kämp-
fen gegen diese Heiden, wie er zu
kämpfen pflegt am Tage der Schlacht.
4 Und seine Füße werden stehen zu der
Zeit auf dem Ölberg, der vor Jerusalem
liegt nach Osten hin. Und der Ölberg
wird sich in der Mitte spalten, vom
Osten bis zum Westen, sehr weit aus-
einander, so daß die eine Hälfte des
Berges nach Norden und die andere
5 nach Süden weichen wird. Und das Tal
Hinnom wird verstopft werden, denn
das Tal wird an die Flanke des Berges
stoßen. Und ihr werdet fliehen, wie ihr
vorzeiten geflohen seid [c]vor dem Erd-
beben zur Zeit Usias, des Königs von
Juda. Da wird dann kommen der HERR,
mein Gott, und alle Heiligen mit ihm.
6 Zu der Zeit wird weder Kälte noch
7 Frost noch Eis sein. Und es wird ein
einziger Tag sein – [d]er ist dem HERRN
bekannt! –, es wird nicht Tag und
Nacht sein, und auch um den Abend
wird es licht sein.
8 Zu der Zeit werden [e]lebendige Was-
ser aus Jerusalem fließen, die eine Hälf-
te zum Meer im Osten und die andere
Hälfte zum Meer im Westen, und so
wird es sein im Sommer und im Win-
9 ter. Und [f]*der* HERR *wird König sein über
alle Lande.* Zu der Zeit wird der HERR
der einzige sein und sein Name der ein-
10 zige. Und das ganze Land wird verwan-
delt werden in eine Ebene, von Geba
bis nach [g]Rimmon im Süden. Aber Je-
rusalem wird hoch liegen und an seiner
Stätte bleiben, vom Tor Benjamin bis
an die Stelle des ersten Tors, [h]bis an
das Ecktor, und vom Turm Hananel bis
11 an des Königs Kelter. Und man wird
darin wohnen; es wird [i]keinen Bann
mehr geben, denn [j]Jerusalem wird
ganz sicher wohnen.
Und dies wird die Plage sein, mit der 12
der HERR alle Völker schlagen wird, die
gegen Jerusalem in den Kampf gezogen
sind: ihr Fleisch wird verwesen, wäh-
rend sie noch auf ihren Füßen stehen,
und ihre Augen werden in ihren Höh-
len verwesen und ihre Zungen im
Mund. Zu der Zeit wird der HERR eine 13
große Verwirrung unter ihnen anrich-
ten, so daß einer den andern bei der
Hand packen und seine Hand wider des
andern Hand erheben wird; und auch 14
Juda wird gegen Jerusalem kämpfen.
Und man wird zusammenbringen die
Güter aller Heiden ringsumher: Gold,
Silber und Kleider über die Maßen
viel. Und so wird dann diese Plage auch 15
kommen über Rosse, Maultiere, Ka-
mele, Esel und alle Tiere, die in diesem
Heer sind; sie werden von ihr geschla-
gen gleichwie jene. Und alle, die übrig- 16
geblieben sind von allen Heiden, die
gegen Jerusalem zogen, werden jähr-
lich heraufkommen, um anzubeten
[k]den König, den HERRN Zebaot, und
um das Laubhüttenfest zu halten. Aber 17
über das Geschlecht auf Erden, das
nicht heraufziehen wird nach Jerusa-
lem, um anzubeten den König, den
HERRN Zebaot, über das wird's nicht
regnen. Und wenn das Geschlecht der 18
Ägypter nicht heraufzöge und käme, so
wird auch über sie die Plage kommen,
mit der der HERR alle Heiden schlagen
wird, wenn sie nicht heraufkommen,
um das Laubhüttenfest zu halten. Dar- 19
in besteht die Sünde der Ägypter und
aller Heiden, daß sie nicht heraufkom-
men, um das Laubhüttenfest zu halten.
Zu der Zeit wird auf den Schellen der 20
Rosse stehen [l]»Heilig dem HERRN«.
Und die Töpfe im Hause des HERRN
werden dem Becken vor dem Altar
gleichgestellt sein. Und [m]es werden alle 21
Töpfe in Jerusalem und Juda dem
HERRN Zebaot heilig sein, so daß alle,
die da opfern wollen, kommen werden
und sie nehmen und darin kochen wer-
den. Und [n]es wird keinen Händler
mehr geben im Hause des HERRN Ze-
baot zu der Zeit.

a Jes 39,6 *b* Kap 12,3; Jes 42,13; Offb 19,19
c Am 1,1 *d* Mk 13,32 *e* Hes 47,1-8 *f* Ps 97,1;
Offb 11,15 *g* Jos 15,32 *h* Jer 31,38 *i* Offb 22,3
j Jer 33,16 *k* Vers 9 *l* 2.Mose 28,36
m Offb 21,26.27 *n* Mt 21,12

DER PROPHET MALEACHI

Aufruf zum Ernstnehmen des Willens Gottes

Gottes Liebe zu Israel

1 Dies ist die Last, die der HERR ankün-
digt für Israel durch Maleachi.
2 Ich habe euch lieb, spricht der HERR.
Ihr aber sprecht: »Woran sehen wir,
daß du uns lieb hast?« Ist nicht Esau Ja-
kobs Bruder? spricht der HERR; [a]und
3 doch hab ich Jakob lieb und hasse Esau
und habe sein Gebirge öde gemacht
und sein Erbe [b]den Schakalen zur Wü-
4 ste. Und wenn auch Edom spricht: Wir
sind zerschlagen, aber wir wollen das
Zerstörte wieder bauen!, so spricht der
HERR Zebaot: Werden sie bauen, so
will ich abbrechen, und man wird sie
nennen »Land des Frevels« und »Ein
Volk, über das der HERR ewiglich
5 zürnt«. Das sollen eure Augen sehen,
und ihr werdet sagen: Der HERR ist
herrlich über die Grenzen Israels hin-
aus.

a 1.Mose 25,23; Röm 9,13 *b* Jes 34,13

Verachtung Gottes durch minderwertige Opfer

6 [a]Ein Sohn soll seinen Vater ehren und
ein Knecht seinen Herrn. Bin ich nun
Vater, wo ist meine Ehre? Bin ich Herr,
wo fürchtet man mich? spricht der
HERR Zebaot zu euch Priestern, die
meinen Namen verachten. Ihr aber
sprecht: »Wodurch verachten wir denn
7 deinen Namen?« Dadurch daß ihr
opfert auf meinem Altar unreine Spei-
se. Ihr aber sprecht: »Womit opfern wir
dir denn Unreines?« Dadurch daß ihr
sagt: »Des HERRN Tisch ist für nichts
8 zu achten.« Denn wenn ihr [b]ein blindes
Tier opfert, so haltet ihr das nicht für
böse; und wenn ihr ein lahmes oder ein
krankes opfert, so haltet ihr das auch
nicht für böse. Bring es doch deinem
Fürsten! Meinst du, daß du ihm gefal-
len werdest oder daß er dich gnädig an-
sehen werde? spricht der HERR Zebaot.
9 So bittet doch Gott und seht, ob er uns
gnädig sei! Denn meint ihr, nachdem
solches von euch geschehen ist, er wer-
de euch gnädig ansehen? spricht der
HERR Zebaot. Daß doch einer unter 10
euch die Türen zuschlösse, damit ihr
nicht umsonst auf meinem Altar Feuer
anzündet! Ich habe kein Gefallen an
euch, spricht der HERR Zebaot, und
[c]das Opfer von euren Händen ist mir
nicht angenehm. Denn vom Aufgang 11
der Sonne bis zum Niedergang ist mein
Name herrlich unter den Heiden, und
an allen Orten wird meinem Namen ge-
opfert und ein reines Opfer darge-
bracht; denn [d]mein Name ist herrlich
unter den Heiden, spricht der HERR Ze-
baot. Ihr aber entheiligt ihn damit, daß 12
ihr sagt: »Des Herrn Tisch ist unheilig,
und sein Opfer ist für nichts zu achten.«
Und ihr sprecht: »Siehe, welch eine 13
Mühsal!« und bringt mich in Zorn,
spricht der HERR Zebaot, denn ihr
bringt herzu, was geraubt, lahm und
krank ist, und bringt es dar zum Opfer.
Sollte mir solches gefallen von eurer
Hand? spricht der HERR. Verflucht sei 14
der Betrüger, der in seiner Herde [e]ein
gutes männliches Tier hat und es ge-
lobt, aber dem Herrn ein fehlerhaftes
opfert. Denn ich bin ein großer König,
spricht der HERR Zebaot, und mein
Name ist gefürchtet unter den Heiden.

a 2.Mose 20,12 *b* 3.Mose 22,20.23 *c* Kap 2,13; Jes 1,13 *d* Jes 60,1-7 *e* 3.Mose 22,19

Strafrede gegen die Priester

Und nun, ihr Priester, dies Wort gilt 2
euch: Wenn ihr's nicht hören noch zu 2
Herzen nehmen werdet, daß ihr mei-
nem Namen die Ehre gebt, spricht der
HERR Zebaot, so [a]werde ich den Fluch
unter euch schicken und verfluchen,
womit ihr gesegnet seid; ja, verfluchen
werde ich euren Segen, weil ihr's nicht
wollt zu Herzen nehmen. Siehe, ich will 3
euch den Arm zerbrechen und den Un-
rat eurer Festopfer euch ins Angesicht
werfen, und er soll an euch kleben blei-
ben. So werdet ihr dann erfahren, daß 4
ich solches Wort über euch habe erge-
hen lassen, damit mein Bund mit Levi

bestehen bleibe, spricht der HERR Ze-
5 baot. Denn mein Bund mit ihm war,
daß ich ihm Leben und Frieden gab,
und ich gab ihm Furcht, daß er mich
fürchtete und meinen Namen scheute.
6 Verläßliche Weisung war in seinem
Munde, und es wurde nichts Böses auf
seinen Lippen gefunden. Er wandelte
vor mir friedsam und aufrichtig und
7 hielt viele von Sünden zurück. Denn
[b] *des Priesters Lippen sollen die Lehre be-*
wahren, daß man aus seinem Munde
Weisung suche; denn [c] *er ist ein Bote des*
8 HERRN *Zebaot.* Ihr aber seid von dem
Wege abgewichen und habt viele zu
Fall gebracht durch falsche Weisung
und habt den Bund mit Levi verdor-
9 ben, spricht der HERR Zebaot. Darum
habe auch ich euch verächtlich und un-
wert gemacht vor dem ganzen Volk,
weil ihr meine Wege nicht haltet und
die Person anseht, wenn ihr Weisung
gebt.

a 5.Mose 28,15 *b* 5.Mose 33,10 *c* Hag 1,13

Gegen Ehen mit heidnischen Frauen und gegen Ehescheidung

10 Haben wir nicht [a] alle *einen* Vater? Hat
uns nicht [b] *ein* Gott geschaffen? Warum
verachten wir denn einer den andern
und entheiligen den Bund mit unsern
11 Vätern? Juda ist treulos geworden, und
in Israel und in Jerusalem geschehen
Greuel. Denn Juda entheiligt, was dem
HERRN heilig ist und was er lieb hat,
und [c] freit eines fremden Gottes Toch-
12 ter. Aber der HERR wird den, der sol-
ches tut, ausrotten aus den Zelten Ja-
kobs mit seinem ganzen Geschlecht,
auch wenn er noch dem HERRN Zebaot
Opfer bringt.
13 Weiter tut ihr auch das: Ihr bedeckt
den Altar des HERRN mit Tränen und
Weinen und Seufzen; aber [d] er mag das
Opfer nicht mehr ansehen noch etwas
Angenehmes von euren Händen emp-
14 fangen. Ihr aber sprecht: »Warum
das?« Weil der HERR Zeuge war zwi-
schen dir und dem Weib deiner Ju-
gend, dem du treulos geworden bist,
obwohl sie doch deine Gefährtin und
die Frau ist, mit der du einen Bund ge-
15 schlossen hast. Nicht einer hat das ge-
tan, in dem noch ein Rest von Geist
war. Denn er sucht Nachkommen, die
Gott geheiligt sind. Darum so seht euch
vor in eurem Geist, und werde keiner
16 treulos dem Weib seiner Jugend. Wer
ihr aber gram ist und [e] sie verstößt,
spricht der HERR, der Gott Israels, der
bedeckt mit Frevel sein Kleid, spricht
der HERR Zebaot. Darum so seht euch
vor in eurem Geist und brecht nicht die
Treue!

a Kap 1,6 *b* Hiob 31,15; Eph 4,6 *c* Esr 9,2
d Kap 1,10 *e* 5.Mose 24,1

Gottes Gericht kommt bald

Ihr macht den HERRN unwillig [a] durch 17
euer Reden! Ihr aber sprecht: »Womit
machen wir ihn unwillig?« Dadurch
daß ihr sprecht: »Wer Böses tut, der ge-
fällt dem HERRN, und an solchen hat er
Freude« oder: »Wo ist der Gott, der da
straft?«
Siehe, [b] *ich will meinen Boten senden,* 3
der vor mir her den Weg bereiten soll.
Und bald wird kommen zu seinem Tempel
der Herr, den ihr sucht; und der Engel des
Bundes, den ihr begehrt, siehe, er kommt!
spricht der HERR Zebaot. Wer wird 2
aber den Tag seines Kommens ertragen
können, und wer wird bestehen, wenn
er erscheint? Denn [c] er ist wie das Feuer
eines Schmelzers und wie die Lauge
der Wäscher. Er wird sitzen und 3
schmelzen und das Silber reinigen, er
wird die Söhne Levi reinigen und [d] läu-
tern wie Gold und Silber. Dann werden
sie dem HERRN Opfer bringen in Ge-
rechtigkeit, und es wird dem HERRN 4
wohlgefallen das Opfer Judas und Jeru-
salems wie vormals und vor langen Jah-
ren. Und ich will zu euch kommen zum 5
Gericht und will ein schneller Zeuge
sein gegen die Zauberer, Ehebrecher,
Meineidigen und gegen die, die Gewalt
und Unrecht tun den Tagelöhnern,
Witwen und Waisen und die den
Fremdling drücken und mich nicht
fürchten, spricht der HERR Zebaot.

a Kap 3,13.14 *b* Mt 11,10; Mk 1,2; Lk 1,17
c Jes 1,25 *d* Sach 13,9

Gott hält seine Zusage

Ich, der HERR, wandle mich nicht; aber 6
ihr habt nicht aufgehört, Jakobs Söhne
zu sein: Ihr seid von eurer Väter Zeit an 7
immerdar abgewichen von meinen Ge-
boten und habt sie nicht gehalten. So
[a] bekehrt euch nun zu mir, so will ich
mich auch zu euch kehren, spricht der
HERR Zebaot. Ihr aber sprecht: »Worin
sollen wir uns bekehren?« Ist's recht, 8
daß ein Mensch Gott betrügt, wie ihr
mich betrügt! Ihr aber sprecht: »Wo-
mit betrügen wir dich?« Mit dem Zehn-
ten und der [b] Opfergabe! [c] Darum seid 9
ihr auch verflucht; denn ihr betrügt
mich allesamt. Bringt aber die Zehnten 10

in voller Höhe in mein Vorratshaus, auf
daß in meinem Hause Speise sei, und
prüft mich hiermit, spricht der HERR
Zebaot, ob ich euch dann nicht des
Himmels Fenster auftun werde und
11 Segen herabschütten die Fülle. Und
ich will um euretwillen [d]den »Fresser«
bedrohen, daß er euch die Frucht auf
dem Acker nicht verderben soll und der
Weinstock auf dem Felde euch nicht
unfruchtbar sei, spricht der HERR Ze-
12 baot. Dann werden euch alle Heiden
glücklich preisen, denn ihr sollt ein
herrliches Land sein, spricht der HERR
Zebaot.

a Sach 1,3 *b* 2.Mose 25,2 *c* (*9 und 10*) Hag 1,5.6
d Joel 1,4

Der Tag des HERRN und sein Vorläufer

13 Ihr redet hart gegen mich, spricht der
HERR. Ihr aber sprecht: »Was reden wir
14 gegen dich?« Ihr sagt: [a]»Es ist umsonst,
daß man Gott dient; und was nützt es,
daß wir sein Gebot halten und in Buße
einhergehen vor dem HERRN Zebaot?
15 Darum preisen wir die Verächter; denn
die Gottlosen gedeihen, und die Gott
versuchen, bleiben bewahrt.«
16 Aber die Gottesfürchtigen trösten
sich untereinander: Der HERR merkt
und hört es, und es wird vor ihm ein
Gedenkbuch geschrieben für die, wel-
che den HERRN fürchten und an seinen
17 Namen gedenken. Sie sollen, spricht
der HERR Zebaot, an dem Tage, den ich
machen will, [b]mein Eigentum sein, und
ich will mich ihrer erbarmen, wie ein
Mann sich seines Sohnes erbarmt, der
ihm dient. Ihr werdet am Ende doch se- 18
hen, was für ein Unterschied ist zwi-
schen dem Gerechten und dem Gottlo-
sen, zwischen dem, der Gott dient, und
dem, der ihm nicht dient.
*Denn siehe, es kommt ein Tag, der 19
brennen soll wie ein Ofen. Da werden
alle Verächter und Gottlosen Stroh
sein, und der kommende Tag wird sie
anzünden, spricht der HERR Zebaot,
und er wird ihnen weder Wurzel noch
Zweig lassen. *Euch aber, die ihr meinen* 20
Namen fürchtet, [c]soll aufgehen die Sonne
der Gerechtigkeit und Heil unter ihren
Flügeln. Und ihr sollt herausgehen und
springen wie die Mastkälber. Ihr wer- 21
det die Gottlosen zertreten; denn sie
sollen Staub unter euren Füßen werden
[d]an dem Tage, den ich machen will,
spricht der HERR Zebaot.
Gedenket an das Gesetz meines 22
Knechtes Mose, das ich ihm befohlen
habe auf dem Berge Horeb für ganz Is-
rael, an alle Gebote und Rechte! *Siehe,* 23
ich will euch senden den Propheten [e]Elia,
[f]ehe der große und schreckliche Tag des
HERRN *kommt.* Der soll [g]das Herz der 24
Väter bekehren zu den Söhnen und das
Herz der Söhne zu ihren Vätern, auf
daß ich nicht komme und das Erdreich
mit dem Bann schlage.

a Ps 73,13.14; Sach 7,3.5 *b* 2.Mose 19,5
c Lk 1,78 *d* Vers 17 *e* Mt 11,14; 17,11-13
f Joel 3,4 *g* Lk 1,17
*Vers 19: Abweichende Verszählung statt 3,19-24: 4,1-6.

DAS NEUE TESTAMENT

DAS EVANGELIUM NACH MATTHÄUS

Inhaltsübersicht

Jesu Stammbaum

(Lk 3,23-38)

1 Dies ist das Buch von der Geschichte
Jesu Christi, des [a]Sohnes Davids, des
[b]Sohnes Abrahams.
2 Abraham zeugte [c]Isaak. Isaak zeugte
[d]Jakob. Jakob zeugte [e]Juda und seine
3 Brüder. [f]Juda zeugte [g]Perez und Se-
rach mit Tamar. Perez zeugte Hezron.
4 Hezron zeugte Ram. Ram zeugte Am-
minadab. Amminadab zeugte Nach-
5 schon. Nachschon zeugte Salmon. Sal-
mon zeugte Boas mit [h]Rahab. [i]Boas
zeugte Obed mit Rut. Obed zeugte Isai.
6 Isai zeugte den König David. David
zeugte [j]Salomo mit der Frau des Uria.
7 [k]Salomo zeugte Rehabeam. Rehabeam
8 zeugte Abia. Abia zeugte Asa. Asa
zeugte Josafat. Josafat zeugte Joram.
9 Joram zeugte Usia. Usia zeugte Jotam.
Jotam zeugte Ahas. Ahas zeugte Hiskia.
10 Hiskia zeugte Manasse. Manasse zeug-
11 te Amon. Amon zeugte Josia. Josia
zeugte Jojachin und seine Brüder um
die Zeit der [l]babylonischen Gefangen-
12 schaft. Nach der babylonischen Gefan-
genschaft zeugte Jojachin [m]Schealtiël.
13 Schealtiël zeugte [n]Serubabel. Seruba-
bel zeugte Abihud. Abihud zeugte Elja-
14 kim. Eljakim zeugte Asor. Asor zeugte
Zadok. Zadok zeugte Achim. Achim
15 zeugte Eliud. Eliud zeugte Eleasar.
Eleasar zeugte Mattan. Mattan zeugte
16 Jakob. Jakob zeugte [o]Josef, den Mann
der Maria, von der Jesus geboren ist,
der Christus heißt.
Alle Glieder der Ahnenreihe von Ab- 17
raham bis David sind vierzehn Glieder.
Von David bis zur babylonischen Ge-
fangenschaft sind vierzehn Glieder.
Von der babylonischen Gefangenschaft
bis Christus sind vierzehn Glieder.

a 1.Chr 17,11 *b* 1.Mose 22,18 *c* 1.Mose 21,3.12
d 1.Mose 25,26 *e* 1.Mose 29,35; 49,10 *f (3-6)*
Rut 4,18-22 *g* 1.Mose 38,29.30 *h* Jos 2,1
i Rut 4,13-17| *j* 2.Sam 12,24| *k (7-11)* 1.Chr 3,10-16
l 2.Kön 25,7.11.21 *m* 1.Chr 3,17 *n* Esr 3,2
o Lk 1,27

Jesu Geburt

Die Geburt Jesu Christi geschah aber 18
so: Als seine Mutter Maria mit Josef
verlobt war, stellte sich heraus, bevor
sie geheiratet hatten, daß sie schwanger
war [a]vom heiligen Geist. Ihr Mann Jo- 19
sef aber war rechtschaffen und wollte
sie nicht in Schande bringen; so nahm
er sich vor, sich heimlich von ihr zu
trennen. Als er das noch überlegte, sie- 20
he, da erschien ihm der Engel des
Herrn im Traum und sagte: Josef, du
Sohn Davids, fürchte dich nicht, Maria
als deine Frau zu dir zu nehmen; denn
was sie empfangen hat, das hat sie vom
heiligen Geist empfangen. Und sie 21
wird einen Sohn gebären, [b]den sollst
du Jesus nennen, denn [c]*er wird sein
Volk von seinen Sünden retten.* Das ist 22
aber alles geschehen, damit erfüllt wür-
de, was der Herr durch den Propheten

23 gesagt hat (Jesaja 7,14): »Siehe, eine
Jungfrau wird schwanger werden und
einen Sohn gebären, und sie werden
ihn Immanuel nennen, das bedeutet:
Gott mit uns.«
24 Als nun Josef vom Schlaf erwachte,
tat er, wie ihm der Engel des Herrn be-
fohlen hatte, und nahm seine Frau zu
25 sich. Aber er berührte sie nicht, bis sie
einen Sohn gebar; und er nannte ihn
Jesus.

a Lk 1,35 *b* Lk 2,21; Apg 4,12 *c* Ps 130,8

Die Weisen aus dem Morgenland

2 Als [a]Jesus in Betlehem in Judäa gebo-
ren war, zur Zeit des Königs Herodes,
siehe, da kamen Weise aus dem Mor-
genland nach Jerusalem und fragten:
2 Wo ist der neugeborene König der Ju-
den? Wir [b]haben seinen Stern im Mor-
genland gesehen und sind gekommen,
3 um ihn anzubeten. Als das König He-
rodes hörte, erschrak er und mit ihm
4 ganz Jerusalem, und er ließ alle Hohen-
priester und Schriftgelehrten des Vol-
kes zusammenkommen und fragte sie
aus, wo der Christus geboren werden
5 sollte. Und sie antworteten ihm: In
[c]Betlehem in Judäa; denn so steht's
durch den Propheten geschrieben (Mi-
6 cha 5,1): »Und du, Betlehem im jüdi-
schen Land, bist keineswegs die klein-
ste unter den Fürstenstädten in Juda;
denn aus dir wird der Fürst kommen,
der mein Volk Israel weiden soll.«
7 Da rief Herodes die Weisen heimlich
zu sich und erkundigte sich genau bei
ihnen, wann der Stern erschienen wäre,
8 und schickte sie nach Betlehem und
sagte: Geht dort hin und erkundigt
euch genau nach dem Kind; und wenn
ihr's findet, so sagt mir's wieder, daß
auch ich hingehen und es anbeten kann.
9 Als sie nun den König gehört hatten,
machten sie sich auf. Und siehe, der
Stern, den sie im Morgenland gesehen
hatten, zog vor ihnen her, bis er über
10 der Stelle stand, wo das Kind war. Als
sie den Stern sahen, wurden sie hocher-
11 freut, gingen in das Haus und fanden
das Kind mit Maria, seiner Mutter, fie-
len nieder und beteten es an, öffneten
ihre Schätze und [d]schenkten ihm Gold,
12 Weihrauch und Myrrhe. Und Gott be-
fahl ihnen im Traum, nicht wieder zu
Herodes zurückzukehren; und sie zo-
gen auf einem andern Weg wieder in ihr
Land.

a Lk 2,1-7 *b* 4.Mose 24,17 *c* Joh 7,42
d Ps 72,10.15; Jes 60,6

Die Flucht nach Ägypten

Als sie aber fortgezogen waren, siehe, 13
da erschien der Engel des Herrn dem
Josef im Traum und sagte: Steh auf,
nimm das Kind und seine Mutter, flieh
nach Ägypten und bleib dort, bis ich
dir's sage; denn Herodes hat vor, das
Kind suchen zu lassen, um es umzu-
bringen. Da stand er auf, nahm das 14
Kind und seine Mutter bei Nacht, ent-
wich nach Ägypten und blieb dort bis 15
nach dem Tod des Herodes, damit er-
füllt würde, was der Herr durch den
Propheten gesagt hat (Hosea 11,1):
»Aus Ägypten habe ich meinen Sohn
gerufen.«

Der Kindermord des Herodes

Als Herodes nun sah, daß er von den 16
Weisen betrogen worden war, wurde er
sehr zornig und ließ alle kleinen Jungen
in Betlehem und in der ganzen Gegend
töten, die zwei Jahre und jünger waren,
nach der Zeit, die er von den Weisen er-
kundet hatte. Da wurde erfüllt, was 17
durch den Propheten Jeremia gesagt
worden ist (Jeremia 31,15): »In Rama 18
hat man ein Geschrei gehört, viel Jam-
mern und Wehklagen; [a]Rahel bewein-
te ihre Kinder und wollte sich nicht trö-
sten lassen, denn es war aus mit ihnen.«

a 1.Mose 35,19

Die Rückkehr aus Ägypten

Als aber Herodes gestorben war, siehe, 19
da erschien der Engel des Herrn im
Traum dem Josef in Ägypten und sag- 20
te: Steh auf, nimm das Kind und seine
Mutter und kehre zurück ins Land Is-
rael; [a]sie sind gestorben, die dem Kind
nach dem Leben getrachtet haben. Da 21
stand er auf, nahm das Kind und seine
Mutter und kam ins Land Israel. Als er 22
aber hörte, daß Archelaus in Judäa Kö-
nig war anstatt seines Vaters Herodes,
fürchtete er sich, dorthin zu gehen.
Und im Traum empfing er Weisung
von Gott und zog ins galiläische Land
und ließ sich in einer Stadt mit Namen 23
[b]Nazaret nieder, damit erfüllt würde,
was durch die Propheten gesagt worden
ist: Er soll Nazoräer heißen.

a 2.Mose 4,19 *b* Lk 2,39; Joh 1,46

Die Bußpredigt Johannes des Täufers

(Mk 1,2-8; Lk 3,1-18)

Zu dieser Zeit kam [a]Johannes der **3**
Täufer und predigte in der Wüste von

2 Judäa: [b]*Tut Buße, denn das Himmel-*
3 *reich ist nahe herbeigekommen!* Denn
dieser ist's, von dem durch den Prophe-
ten Jesaja gesagt worden ist (Jesaja 40,3):
»Es ist die Stimme eines Predigers
in der Wüste: Bereitet dem Herrn den
Weg und macht seine Steige eben!«[c]
4 Er aber, Johannes, hatte ein Ge-
wand aus Kamelhaaren an und [d]einen
ledernen Gürtel um; seine Speise wa-
ren Heuschrecken und wilder Honig.
5 Da gingen zu ihm hinaus die Stadt Je-
rusalem und ganz Judäa und alle Län-
6 der am Jordan, ließen sich im Jordan
von ihm taufen und bekannten dabei
7 ihre Sünden. Als er nun sah, daß viele
Pharisäer und Sadduzäer zu ihm zur
Taufe kamen, sagte er zu ihnen: [e]Ihr
Schlangenbrut, wer hat euch denn ver-
sichert, daß ihr dem künftigen Zorn
8 entrinnen werdet? Darum bringt
rechtschaffene Frucht der Buße!
9 Denkt nur nicht, daß ihr bei euch sagen
könnt: [f]Wir haben Abraham zum Va-
ter. Denn ich sage euch: Gott vermag
Abraham aus diesen Steinen Kinder zu
10 erwecken. Schon ist den Bäumen die
Axt an die Wurzel gelegt. Darum: [g]je-
der Baum, der nicht gute Frucht
bringt, wird abgehauen und ins Feuer
11 geworfen. Ich taufe euch mit Wasser
zur Buße; der aber nach mir kommt, ist
stärker als ich, und ich bin nicht gut ge-
nug, ihm auch nur die Schuhe nachzu-
tragen; der wird euch mit dem heiligen
12 Geist und mit Feuer taufen.[h] Er hat
seine Worfschaufel in der Hand; er
wird seine Tenne fegen und den Wei-
zen in die Scheune sammeln; aber die
Spreu wird er verbrennen mit unaus-
löschlichem Feuer.[i]

a Lk 1,13 *b* Kap 4,17; Röm 12,2 *c* Joh 1,23 *d* 2.Kön 1,8 *e* Kap 23,33 *f* Joh 8,33.39; Röm 2,28.29; 4,12 *g* Lk 13,6-9 *h* Joh 1,26.27.33; Apg 1,5; 2,3.4 *i* Kap 13,30

Jesu Taufe

(Mk 1,9-11; Lk 3,21.22; Joh 1,32-34)

13 Da kam Jesus aus Galiläa an den Jordan
zu Johannes, um sich von ihm taufen zu
14 lassen. Aber Johannes wehrte ab und
sagte: Ich hätte es nötig, von dir getauft
zu werden, und du kommst zu mir?[a]
15 Jesus aber antwortete ihm: Laß es jetzt
geschehen! Denn so gebührt es uns,
alle Gerechtigkeit zu erfüllen. Da ließ
16 er's geschehen. Und als Jesus getauft
war, stieg er sogleich aus dem Wasser.
Und siehe, da tat sich für ihn der Him-
mel auf, und er sah [b]den Geist Gottes
wie eine Taube herabschweben und
über sich kommen. Und siehe, eine 17
[c]Stimme vom Himmel sprach: *Dies ist*
mein lieber Sohn, [d]*an dem ich Wohlgefal-*
len habe.

a Joh 13,6 *b* Jes 11,2 *c* Kap 17,5 *d* Jes 42,1

Jesu Versuchung

(Mk 1,12.13; Lk 4,1-13)

Dann wurde Jesus vom Geist in die 4
Wüste geführt, um vom Teufel [a]ver-
sucht zu werden. Und als er [b]vierzig 2
Tage und vierzig Nächte gefastet hatte,
war er hungrig. Da trat der Versucher 3
zu ihm und sagte: Bist du Gottes Sohn,
so sprich, daß diese Steine Brot wer-
den.[c] Er aber antwortete: Es steht ge- 4
schrieben (5. Mose 8,3): »*Der Mensch*
lebt nicht vom Brot allein, sondern von je-
dem Wort, das aus Gottes Mund kommt.«
Da führte ihn der Teufel mit sich in 5
die heilige Stadt, stellte ihn auf die Zin-
ne des Tempels und sagte zu ihm: Bist 6
du Gottes Sohn, so wirf dich hinab;
denn es steht geschrieben (Psalm
91,11.12): »Er wird seinen Engeln
deinetwegen Befehl geben; und sie wer-
den dich auf den Händen tragen, damit
du nicht mit deinem Fuß an einen
Stein stößt.« Da sagte Jesus zu ihm: 7
Es steht auch geschrieben (5. Mose
6,16): »*Du sollst den Herrn, deinen Gott,*
nicht versuchen.«
Dann führte ihn der Teufel mit sich 8
auf einen sehr hohen Berg, zeigte ihm
alle Reiche der Welt und ihre Herrlich-
keit und sagte zu ihm: Das alles will ich 9
dir geben, wenn du niederfällst und
mich anbetest.[d] Da sagte Jesus zu ihm: 10
Weg mit dir, Satan! denn es steht ge-
schrieben (5. Mose 6,13): »*Du sollst den*
Herrn, deinen Gott, anbeten und ihm al-
lein dienen.« Da verließ ihn der Teufel. 11
Und siehe, da [e]traten Engel zu ihm und
dienten ihm.

a Hebr 4,15 *b* 2.Mose 34,28; 1.Kön 19,8 *c* 1.Mose 3,1-7 *d* Kap 16,26 *e* Joh 1,51; Hebr 1,6.14

Der Beginn der Wirksamkeit Jesu in Galiläa

(Mk 1,14.15; Lk 4,14.15)

Als nun Jesus hörte, daß [a]Johannes ge- 12
fangen gesetzt worden war, zog er sich
nach Galiläa zurück. Dort verließ er 13
Nazaret und wohnte nun in Kaperna-
um, das am See im Gebiet von Sebulon
und Naftali liegt, damit erfüllt würde, 14
was durch den Propheten Jesaja gesagt
worden ist (Jesaja 8,23; 9,1): »Das 15
Land Sebulon und das Land Naftali,

das Land am See, das Land jenseits des
16 Jordan, das heidnische Galiläa, das
Volk, das in Finsternis saß, hat ein gro-
ßes Licht gesehen; und denen, die am
Ort und im Schatten des Todes saßen,
ist ein Licht aufgegangen.«[b]
17 Seit dieser Zeit fing Jesus an zu pre-
digen: [c]*Tut Buße, denn das Himmel-*
reich ist nahe herbeigekommen!

a Kap 14,3 *b* Joh 8,12 *c* Kap 3,2

Die Berufung der ersten Jünger

(Mk 1, 16-20; Lk 5, 1-11; Joh 1, 35-51)

18 Als nun Jesus am Galiläischen Meer
entlangging, sah er zwei Brüder, Si-
mon, der Petrus genannt wird, und sei-
nen Bruder Andreas; die warfen ihre
Netze ins Meer; denn sie waren Fi-
19 scher. Und er sagte zu ihnen: Folgt mir
nach; [a]ich will euch zu Menschenfi-
20 schern machen! Sogleich ließen sie ihre
Netze liegen und folgten ihm nach.[b]
21 Und als er von dort weiterging, sah er
zwei andere Brüder, Jakobus, den Sohn
des Zebedäus, und seinen Bruder Jo-
hannes im Boot mit ihrem Vater Zebe-
däus, wie sie ihre Netze flickten. Und er
22 rief sie. Sogleich verließen sie das Boot
und ihren Vater und folgten ihm nach.

a Kap 28,19.20 *b* Kap 19,27

Krankenheilungen in Galiläa

(Mk 3,7-12; Lk 6,17-19)

23 Jesus zog in ganz Galiläa umher, lehrte
in ihren Synagogen, [a]predigte das
Evangelium vom Reich und heilte alle
Krankheiten und alle Gebrechen im
24 Volk. Und die Kunde von ihm durch-
lief ganz Syrien. Da [b]brachten sie zu
ihm alle Kranken, von vielerlei Leiden
und Plagen gequält, Besessene, Mond-
süchtige und Gelähmte; und er machte
25 sie gesund. Und es folgte ihm viel Volk
aus Galiläa, aus den Zehn Städten, aus
Jerusalem, aus Judäa und von jenseits
des Jordan.

a Mk 1,39; Lk 4,44 *b* Mk 6,55

DIE BERGPREDIGT (KAP 5-7)
(Lk 6, 20-49)

Die Seligpreisungen

5 Als er aber das Volk sah, ging er auf
einen Berg und setzte sich; und seine
2 Jünger traten zu ihm. Und er tat seinen
Mund auf, lehrte sie und sprach:
3 *Selig sind, [a]die geistlich arm sind;*
denn ihnen gehört das Himmelreich.
4 *Selig sind, die Leid tragen; denn sie*
sollen getröstet werden.[b]
Selig sind die Sanftmütigen; denn sie 5
werden das Erdreich besitzen.[c]
Selig sind, die hungern und dürsten 6
nach der Gerechtigkeit; denn sie sollen
satt werden.[d]
Selig sind die Barmherzigen; denn sie 7
werden Barmherzigkeit erlangen.[e]
Selig sind, die reines Herzens sind; 8
denn sie werden Gott schauen.[f]
Selig sind, die [g]Frieden stiften; denn 9
sie werden Gottes Kinder heißen.
Selig sind, die [h]um der Gerechtigkeit 10
willen verfolgt werden; denn ihnen gehört
das Himmelreich.
Selig seid ihr, wenn euch die Men- 11
schen [i]um meinetwillen schmähen und
verfolgen und alles Schlechte über euch
reden und damit lügen. Seid fröhlich 12
und getrost; es wird euch im Himmel
reichlich belohnt werden. Denn ebenso
haben sie die Propheten [j]verfolgt, die
vor euch gewesen sind.

a Jes 57,15 *b* Ps 126,5; Offb 7,17 *c* Kap 11,29; Ps 37,11 *d* Lk 18,9-14; Joh 6,35 *e* Kap 25,35-46; Jak 2,13 *f* Ps 24,3-5; 51,12.13; 1.Joh 3,2.3 *g* Hebr 12,14 *h* 1.Petr 3,14 *i* Kap 10,22; Apg 5,41; 1.Petr 4,14 *j* Hebr 11,33-38; Jak 5,10

Salz und Licht

Ihr seid das Salz der Erde. Wenn nun 13
das Salz seine Wirkung verliert, womit
soll man salzen? Es ist zu nichts mehr
nütze, als daß man es fortschüttet und
von den Leuten zertreten läßt.[a]
Ihr seid [b]das Licht der Welt. Es kann 14
die Stadt, die auf einem Berge liegt,
nicht verborgen bleiben. Man zündet 15
auch nicht ein Licht an und setzt es un-
ter einen Scheffel, sondern auf einen
Leuchter; dann leuchtet es für alle im
Hause.[c] So soll [d]euer Licht leuchten 16
vor den Menschen, damit sie [e]eure gu-
ten Werke sehen und euren Vater im
Himmel preisen.

a Mk 9,50; Lk 14,34.35 *b* Joh 8,12 *c* Mk 4,21; Lk 8,16 *d* Phil 2,14.15 *e* Joh 15,8; Eph 5,8.9

Die Geltung des Gesetzes

Ihr sollt nicht meinen, daß ich gekom- 17
men bin, um das Gesetz oder die Pro-
pheten aufzulösen; ich bin nicht ge-
kommen, um aufzulösen, sondern um
zu erfüllen.[a] Denn wahrlich, ich sage 18
euch: Bis Himmel und Erde vergehen,
wird weder der kleinste Buchstabe
noch ein [b]Tüpfelchen vom Gesetz ver-
gehen, bis es alles geschieht. Wer nun 19
[c]eins von diesen kleinsten Geboten auf-
löst und die Leute so lehrt, der wird im
Himmelreich der Kleinste heißen; wer

es aber tut und lehrt, der wird im Him-
melreich groß heißen.
20 Denn ich sage euch: Wenn eure Ge-
rechtigkeit nicht viel besser ist als die
der Schriftgelehrten und Pharisäer, so
werdet ihr nicht in das Himmelreich
kommen.[d]

a Kap 3,15; Röm 3,31; 10,4; 1.Joh 2,7 *b* Lk 16,17
c Jak 2,10 *d* Kap 23,2-33

Vom Töten

21 Ihr habt gehört, daß den Alten gesagt
worden ist (2. Mose 20,13; 21,12): »Du
sollst nicht töten; wer aber tötet, der
22 muß vors Gericht.« Ich aber sage euch:
Wer mit seinem Bruder zürnt, der muß
vors Gericht; wer aber zu seinem Bru-
der sagt: Du Hohlkopf!, der muß vor
den Hohen Rat; wer aber sagt: Du
Wahnsinniger!, der muß ins höllische
23 Feuer.[a] Darum: wenn du deine Gabe
auf dem Altar opferst und es fällt dir
dabei ein, daß dein Bruder etwas gegen
24 dich hat, so laß dort vor dem Altar dei-
ne Gabe und geh erst hin und [b]versöh-
ne dich mit deinem Bruder und dann
25 komm und opfere deine Gabe. Vertrage
dich mit deinem Gegner sofort, wäh-
rend du noch mit ihm auf dem Weg
bist, damit dich der Gegner nicht dem
Richter überliefert und der Richter
dem Diener und du ins Gefängnis ge-
26 worfen wirst.[c] Wahrlich, ich sage dir:
Du wirst nicht eher wieder herauskom-
men, bis du auch den letzten Pfennig
bezahlt hast.

a 1.Joh 3,15 *b* Mk 11,25 *c* Kap 18,23-35;
Lk 12,58.59

Vom Ehebrechen

27 Ihr habt gehört, daß gesagt worden ist
(2. Mose 20,14): »Du sollst nicht ehe-
28 brechen.« Ich aber sage euch: [a]Wer
eine Frau ansieht und sie begehrt, der
hat in seinem Herzen schon mit ihr die
29 Ehe gebrochen. [b]Wenn dich aber dein
rechtes Auge zum Bösen reizt, so reiß es
heraus und wirf's von dir. Es ist besser
für dich, daß eins deiner Glieder ver-
dirbt und nicht der ganze Leib in die
30 Hölle geworfen wird. Wenn dich deine
rechte Hand zum Bösen reizt, so hau sie
ab und wirf sie von dir. Es ist besser für
dich, daß eins deiner Glieder verdirbt
und nicht der ganze Leib in die Hölle
fährt.
31 Es ist auch gesagt worden (5. Mose
24,1): »Wer seine Frau entläßt, der soll
32 ihr einen Scheidebrief geben.«[c] Ich
aber sage euch: Wer seine Frau entläßt,
außer wegen Unzucht, der bewirkt, daß
ein anderer die Ehe mit ihr bricht; und
wer eine Geschiedene heiratet, der
bricht die Ehe.[d]

a 2.Sam 11,2; Hiob 31,1; 2.Petr 2,14
b (29 und 30) Kap 18,8.9; Mk 9,47.43; Kol 3,5
c Kap 19,3-9; Mk 10,4-12 *d* Lk 16,18;
1.Kor 7,10.11

Vom Schwören

Ihr habt weiter gehört, daß den Alten 33
gesagt worden ist (3. Mose 19,12;
4. Mose 30,3): »Du sollst keinen Mein-
eid schwören und sollst dem Herrn dei-
nen Eid halten.« [a]Ich aber sage euch, 34
daß ihr überhaupt nicht schwören sollt,
weder beim [b]Himmel, denn er ist Got-
tes Thron; noch bei der Erde, denn sie 35
ist der Schemel seiner Füße; noch bei
Jerusalem, denn [c]sie ist die Stadt des
großen Königs. Auch sollst du nicht bei 36
deinem Haupt schwören; denn du ver-
magst nicht ein einziges Haar weiß oder
schwarz zu machen. Eure Rede aber 37
sei: Ja, ja; nein, nein. Was darüber ist,
das ist vom Übel.[d]

a (34 und 35) Kap 23,16-22 *b* Jes 66,1 *c* Ps 48,3
d Jak 5,12

Vom Vergelten

Ihr habt gehört, daß gesagt worden ist 38
(2. Mose 21,24): »Auge um Auge, Zahn
um Zahn.« Ich aber sage euch, daß ihr 39
euch dem Bösen nicht widersetzen
sollt, sondern: wenn dich jemand auf
deine rechte Backe schlägt, dem halte
die andere auch hin.[a] Und [b]wenn je- 40
mand gegen dich klagen und dir deinen
Rock nehmen will, dem laß auch den
Mantel.[c] Und wenn dich jemand nö- 41
tigt, eine Meile mitzugehen, so geh mit
ihm zwei. Gib dem, der dich bittet, und 42
wende dich nicht von dem, der etwas
von dir borgen will.

a Klgl 3,30; Joh 18,22.23; Röm 12,19.21;
1.Petr 2,20-23 *b* 1.Kor 6,7 *c* Hebr 10,34

Von der Feindesliebe

Ihr habt gehört, daß gesagt worden ist: 43
»Du sollst deinen Nächsten lieben und
deinen Feind hassen.« Ich aber sage 44
euch: [a]Liebt eure Feinde und [b]bittet
für die, die euch verfolgen,* damit ihr 45
[c]Kinder eures Vaters im Himmel seid.
Denn er läßt seine Sonne aufgehen
über Böse und Gute und läßt es regnen
über Gerechte und Ungerechte. Denn 46
wenn ihr die liebt, die euch lieben, was
werdet ihr für Lohn haben? Tun das
nicht auch die Zöllner? Und wenn ihr 47
nur zu euren Brüdern freundlich seid,

was tut ihr da Besonderes? Tun das
48 nicht auch die Heiden? *Darum sollt ihr*
[d]*vollkommen sein, so wie euer Vater im*
Himmel vollkommen ist.

a 2.Mose 23,4.5, Lk 6,27.28; Röm 12,14.20
b Lk 23,34; Apg 7,59 *c* Eph 5,1 *d* 3.Mose 19,2
*Vers 44: In einer Reihe von Handschriften wird hinzugefügt: »Segnet, die euch fluchen, tut denen Gutes, die euch hassen (und bittet für die, die euch) mißhandeln und (verfolgen)« (vgl. Lk 6,27.28).

Vom Almosengeben

6 Achtet darauf, daß ihr die Werke eurer
Gerechtigkeit nicht vor den Leuten tut,
um von ihnen gesehen zu werden; ihr
habt sonst keinen Lohn bei eurem Va-
ter im Himmel.
2 Wenn du nun Almosen gibst, sollst
du es nicht vor dir ausposaunen lassen,
wie die Heuchler das in den Synagogen
und auf den Straßen tun, um von den
Leuten gepriesen zu werden. Wahrlich,
ich sage euch: Sie haben ihren Lohn
3 schon empfangen.[a] Wenn du aber Al-
mosen gibst, so laß deine linke Hand
4 nicht wissen, was die rechte tut,[b] damit
dein Almosen verborgen bleibt; und
dein Vater, der ins Verborgene sieht,
wird dir's vergelten.

a 1.Kor 13,3 *b* Röm 12,8

Vom Beten. Das Vaterunser

5 Und wenn ihr betet, sollt ihr es nicht
wie die Heuchler tun, die gern in den
Synagogen und an den Straßenecken
stehen und beten, damit sie von den
Leuten gesehen werden. Wahrlich, ich
sage euch: Sie haben ihren Lohn schon
6 empfangen. Wenn aber du betest, so
geh in deine Kammer, schließ die Tür
zu und bete zu deinem Vater, der im
Verborgenen ist; und dein Vater, der
ins Verborgene sieht, wird dir's vergel-
7 ten. Und wenn ihr betet, sollt ihr nicht
viel plappern wie die Heiden; denn [a]sie
meinen, sie werden erhört, wenn sie
8 viele Worte machen. Darum macht es
nicht wie sie. Denn euer Vater weiß,
was ihr nötig habt, bevor ihr ihn bittet.
9 [b]Darum sollt ihr so beten:
Unser Vater im Himmel! [c]Dein Name
10 *werde geheiligt. Dein Reich komme.*
[d]Dein Wille geschehe wie im Himmel so
11 *auf Erden. Unser tägliches Brot gib uns*
12 *heute. Und vergib uns unsere Schuld, wie*
auch wir unsern Schuldigern vergeben.[e]
13 *Und [f]führe uns nicht in Versuchung, son-*
dern erlöse uns von dem Bösen. [*Denn*
[g]dein ist das Reich und die Kraft und die
Herrlichkeit in Ewigkeit. Amen.]*
14 Denn wenn ihr den Menschen ihre
Verfehlungen vergebt, so wird euch
euer himmlischer Vater auch verge-
ben.[h] Wenn ihr aber den Menschen 15
nicht vergebt, so wird euch euer Vater
eure Verfehlungen auch nicht verge-
ben.

a Jes 1,15 *b* (9-13) Lk 11,2-4 *c* Hes 36,23
d Lk 22,42 *e* Kap 18,21-35 *f* Joh 17,15;
1.Kor 10,13 *g* 1.Chr 29,11-13 *h* Mk 11,25
*Vers 13: Dieser Abschluß des Gebetes findet sich schon in einer Gemeindeordnung vom Anfang des 2. Jahrhunderts, wird aber in den neutestamentlichen Handschriften erst später bezeugt.

Vom Fasten

Wenn ihr fastet, sollt ihr nicht sauer 16
dreinsehen wie die Heuchler; denn sie
verstellen ihre Mienen, um sich vor den
Leuten mit ihrem Fasten zu zeigen.
Wahrlich, ich sage euch: Sie haben
ihren Lohn schon empfangen.[a] Wenn 17
du aber fastest, so salbe dir den Kopf
und wasche das Gesicht, damit du dich 18
nicht vor den Leuten mit deinem Fa-
sten zeigst, sondern nur vor deinem Va-
ter, der im Verborgenen ist; und dein
Vater, der ins Verborgene sieht, wird
dir's vergelten.

a Jes 58,5.6

Vom Schätzesammeln und Sorgen

Ihr sollt euch nicht Schätze sammeln 19
auf Erden, wo sie die Motten und der
Rost fressen und wo die Diebe einbre-
chen und sie stehlen. Sammelt euch 20
aber [a]Schätze im Himmel, wo sie we-
der Motten noch Rost fressen und wo
die Diebe nicht einbrechen und sie
stehlen. Denn wo euer Schatz ist, da ist 21
auch euer Herz.
Das Auge ist das Licht des Leibes. 22
Wenn dein Auge klar ist, so wird dein
ganzer Leib licht sein.[b] Wenn aber dein 23
Auge trübe ist, so wird dein ganzer
Leib finster sein. Wenn nun das Licht
in dir Finsternis ist, wie groß wird dann
die Finsternis sein![c]
Niemand kann zwei Herren dienen: 24
entweder er wird den einen hassen und den
andern lieben, oder er wird an dem einen
hängen und den andern verachten. Ihr
könnt nicht Gott dienen und dem Mam-
mon.[d] [e]Darum sage ich euch: [f]Sorgt 25
nicht um euer Leben, was ihr essen und
trinken werdet; auch nicht um euren
Leib, was ihr anziehen werdet. Ist nicht
das Leben mehr als die Nahrung und
der Leib mehr als die Kleidung? Seht 26
die Vögel unter dem Himmel an: sie
säen nicht, sie ernten nicht, sie sam-
meln nicht in die Scheunen; und euer

himmlischer Vater ernährt sie doch.
Seid ihr denn nicht viel mehr als sie?[g]
27 Wer ist unter euch, der seiner Lebens-
dauer *eine* Spanne zusetzen könnte, wie
28 sehr er sich auch darum sorgt? Und
warum sorgt ihr euch um die Klei-
dung? Schaut die Lilien auf dem Feld
an, wie sie wachsen: sie arbeiten nicht,
29 auch spinnen sie nicht. Ich sage euch,
daß selbst [h]Salomo in seiner ganzen
Herrlichkeit nicht so gekleidet gewesen
30 ist wie auch nur eine von ihnen. Wenn
nun Gott das Gras auf dem Feld so klei-
det, das doch heute steht und morgen in
den Ofen geworfen wird: sollte er das
nicht viel mehr für euch tun, ihr Klein-
31 gläubigen? Darum sollt ihr nicht sor-
gen und sagen: Was werden wir essen?
Was werden wir trinken? Womit wer-
32 den wir uns kleiden? Denn nach dem
allen trachten die Heiden. Euer himm-
lischer Vater weiß ja, daß ihr das alles
33 braucht. *Trachtet zuerst nach dem*
[i]Reich Gottes und nach seiner Gerechtig-
keit, [j]so wird euch das alles zufallen.
34 Darum sorgt nicht für morgen, denn
[k]der morgige Tag wird für das Seine
sorgen. Es ist genug, daß jeder Tag sei-
ne eigene Plage hat.

a Kap 19,21; Lk 12,33.34; Kol 3,1.2
b Lk 11,34-36 *c* Joh 11,10 *d* Lk 16,13; Jak 4,4
e (25-33) Lk 12,22-31 *f* Phil 4,6; 1.Petr 5,7
g Kap 10,29-31; Lk 12,6.7 *h* 1.Kön 10
i Röm 14,17 *j* 1.Kön 3,13.14; Ps 37,4.25
k 2.Mose 16,19

Gegen selbstgerechtes Verurteilen

7 Verurteilt nicht, damit ihr nicht verur-
2 teilt werdet.[a] Denn mit dem Urteil, mit
dem ihr verurteilt, werdet ihr verurteilt
werden; und [b]mit dem Maß, mit dem
ihr meßt, werdet ihr gemessen werden.
3 Was siehst du aber den Splitter im
Auge deines Bruders und nimmst nicht
den Balken in deinem Auge wahr?
4 Oder wie kannst du zu deinem Bruder
sagen: Halt, ich will dir den Splitter aus
deinem Auge ziehen? Und siehe, ein
5 Balken steckt in deinem Auge. Du
Heuchler, zieh zuerst den Balken aus
deinem Auge; danach sieh zu, wie du
den Splitter aus dem Auge deines Bru-
ders ziehst.
6 Ihr sollt das Heilige nicht den Hun-
den geben, und eure Perlen sollt ihr
nicht vor die Säue werfen, damit die sie
nicht mit ihren Füßen zertreten und
sich umdrehen und euch zerreißen.[c]

a Röm 2,1; 1.Kor 4,5 *b* Jes 33,1; Mk 4,24
c Kap 10,11; Lk 23,9

Von der Gebetserhörung

[a]Bittet, so wird euch gegeben; [b]sucht, so 7
werdet ihr finden; klopft an, so wird euch
aufgetan. Denn wer bittet, der emp- 8
fängt; und wer sucht, der findet; und
wer anklopft, dem wird aufgetan. Wer 9
von euch Menschen würde, wenn ihn
sein Sohn um Brot bittet, ihm einen
Stein dafür bieten? oder, wenn er ihn 10
um einen Fisch bittet, ihm eine Schlan-
ge dafür bieten? Wenn schon ihr, die 11
ihr doch böse seid, dennoch euren
Kindern gute Gaben geben könnt,
wieviel mehr [c]wird euer Vater im Him-
mel denen Gutes geben, die ihn darum
bitten!

a Mk 11,24; Lk 11,5-13; Joh 14,13 *b* Jer 29,13.14
c Jak 1,17

Vom Tun des göttlichen Willens

Alles nun, was ihr wollt, daß euch die 12
Leute tun sollen, das tut ihnen auch!
Denn das ist das ganze Gesetz und die
Propheten.[a]
[b]Geht hinein durch die enge Pforte. 13
Denn die Pforte ist weit und der Weg
ist breit, der zur Verdammnis führt,
und viele sind's, die auf ihm hineinge-
hen. Doch wie eng ist die Pforte und 14
wie schmal der Weg, der zum Leben
führt, und nur wenige sind's, die ihn
finden![c]
Nehmt euch in acht vor den [d]fal- 15
schen Propheten, die in Schafskleidern
zu euch kommen, darunter aber sind sie
reißende Wölfe. An ihren [e]Früchten 16
sollt ihr sie erkennen. Kann man denn
Trauben von den Dornen oder Feigen
von den Disteln pflücken? So bringt je- 17
der gute Baum gute Früchte; aber ein
fauler Baum bringt schlechte Früchte.[f]
Ein guter Baum kann nicht schlechte 18
Früchte bringen, und ein fauler Baum
kann nicht gute Früchte bringen. Jeder 19
Baum, der nicht gute Früchte bringt,
wird abgehauen und ins Feuer gewor-
fen.[g] Darum: an ihren Früchten sollt 20
ihr sie erkennen.
Es werden nicht alle, die zu mir sagen: 21
Herr, Herr!, in das Himmelreich kom-
men, sondern nur die, [h]die den Willen
meines Vaters im Himmel tun. [i]Es wer- 22
den viele an jenem Tage zu mir sagen:
Herr, Herr, [j]haben wir nicht in deinem
Namen geweissagt? Haben wir nicht in
deinem Namen böse Geister ausgetrie-
ben? Haben wir nicht in deinem Na-
men viele Wunder getan? Dann werde 23
ich ihnen bekennen: Ich habe euch

noch nie gekannt; weicht von mir, ihr
Übeltäter![k]

a Kap 22,36-40; Röm 13,8-10; Gal 5,14
b Lk 13,24 *c* Kap 19,24; Apg 14,22
d Kap 24,4.5.24; 2.Kor 11,13-15 *e* Gal 5,19-22
f Kap 12,33 *g* Kap 3,10; Joh 15,2.6 *h* Röm 2,13;
Jak 1,22 *i (22 und 23)* Lk 13,25-27 *j* Jer 27,15
k Kap 25,12; 2.Tim 2,19

Gleichnis vom Hausbau

24 Darum, wer diese meine Rede hört und
sie tut, der gleicht einem klugen Mann,
25 der sein Haus auf Fels baute. Als nun
ein Platzregen fiel und die Wasser ka-
men und die Winde wehten und an das
Haus stießen, fiel es doch nicht zusam-
men; denn es war auf Fels gegründet.
26 Aber wer diese meine Rede hört und sie
nicht tut, der gleicht einem törichten
Mann, der sein Haus auf Sand baute.
27 Als nun ein Platzregen fiel und die
Wasser kamen und die Winde wehten
und an das Haus stießen, da fiel es zu-
sammen, und sein Einsturz war gewal-
tig.
28 Und es begab sich, als Jesus diese
Rede beendet hatte, [a]entsetzte sich das
29 Volk über seine Lehre; denn er lehrte
sie mit Vollmacht und nicht so wie ihre
Schriftgelehrten.[b]

a Apg 2,12 *b* Joh 7,16.46

Die Heilung eines Aussätzigen

(Mk 1,40-44; Lk 5,12-14)

8 Als er aber vom Berge herabging, folgte
2 ihm viel Volk. Und siehe, ein Aussätzi-
ger kam heran, fiel vor ihm nieder und
sagte: Herr, wenn du willst, kannst du
3 mich reinigen. Und Jesus streckte die
Hand aus, rührte ihn an und sagte: Ich
will's tun; sei rein! Und sogleich wurde
4 er von seinem Aussatz rein. Und Jesus
sagte zu ihm: Sieh zu, [a]sage es nie-
mand, sondern geh hin und [b]zeige dich
dem Priester und opfere die Gabe, die
Mose befohlen hat, ihnen zum Zeugnis.

a Mk 8,30 *b* 3.Mose 14,2-32

Der Hauptmann von Kapernaum

(Lk 7,1-10; Joh 4,46-53)

5 Als aber Jesus nach Kapernaum hin-
einging, trat ein Hauptmann zu ihm;
6 der bat ihn: Herr, mein Diener liegt zu
Hause und ist gelähmt und leidet große
7 Qualen. Jesus sagte zu ihm: Ich will
8 kommen und ihn gesund machen. Der
Hauptmann antwortete: Herr, ich bin
nicht wert, daß du unter mein Dach
gehst, sondern sprich nur ein Wort, so
9 wird mein Diener gesund. Denn auch
ich bin ein Mensch, der einer Macht
untersteht, und habe Soldaten unter
mir; und wenn ich zu einem sage: Geh
hin!, so geht er; und zu einem andern:
Komm her!, so kommt er; und zu mei-
nem Sklaven: Tu das!, so tut er's. Als 10
das Jesus hörte, wunderte er sich und
sagte zu denen, die ihm folgten: Wahr-
lich, ich sage euch: Solchen Glauben
habe ich in Israel bei keinem gefun-
den![a] [b]Aber ich sage euch: Viele wer- 11
den kommen vom Osten und vom We-
sten und mit Abraham und Isaak und
Jakob im Himmelreich zu Tisch sitzen;
aber die Kinder des Reichs werden in 12
die Finsternis hinausgestoßen; da wird
Heulen und Zähneklappen sein. Und 13
Jesus sagte zu dem Hauptmann: Geh
hin; [c]dir geschehe, wie du geglaubt
hast. Und sein Diener wurde gesund zu
derselben Stunde.

a Mk 6,6; Lk 18,8 *b (11 und 12)* Lk 13,28.29
c Kap 9,29; 15,28

Jesus im Haus des Petrus

(Mk 1,29-34; Lk 4,38-41)

Und Jesus kam in das Haus des Petrus 14
und sah, daß dessen [a]Schwiegermutter
zu Bett lag und Fieber hatte. Da ergriff 15
er ihre Hand, und das Fieber verließ
sie. Und sie stand auf und diente ihm.
Am Abend aber brachten sie viele Be- 16
sessene zu ihm; und er trieb durch sein
Wort die bösen Geister aus und machte
alle Kranken gesund, damit erfüllt 17
würde, was durch den Propheten Jesaja
gesagt worden ist (Jesaja 53,4): »Er hat
unsre Schwachheit auf sich genommen,
und unsre Krankheit hat er getragen.«

a 1.Kor 9,5

Vom Ernst der Nachfolge

(Lk 9,57-60)

Als Jesus die Menge um sich sah, befahl 18
er, ans andre Ufer hinüberzufahren. Da 19
trat ein Schriftgelehrter heran und sag-
te zu ihm: Meister, ich will dir folgen,
wohin du gehst. Jesus sagt zu ihm: *Die* 20
Füchse haben Gruben, und die Vögel un-
ter dem Himmel haben Nester; aber [a]*der*
Menschensohn hat nirgends eine Stelle,
wo er sein Haupt hinlegen kann. Und ein 21
anderer unter den Jüngern sagte zu
ihm: Herr, erlaube mir, daß ich zuvor
hingehe und meinen Vater begrabe.[b]
Aber Jesus sagt zu ihm: *Folge du mir* 22
und laß die Toten ihre Toten begraben!

a 2.Kor 8,9 *b* Kap 10,37

Die Stillung des Sturms

(Mk 4, 35-41; Lk 8, 22-25)

23 Und er stieg ins Boot, und seine Jünger
24 folgten ihm. Und siehe, da erhob sich
ein gewaltiger Sturm auf dem See, so
daß auch das Boot von Wellen über-
25 spült wurde. Doch er schlief. Und sie
traten zu ihm, weckten ihn und sagten:
26 Herr, hilf, wir verderben! Da sagt er zu
ihnen: Ihr Kleingläubigen, warum seid
ihr so ängstlich? Und er stand auf und
herrschte den Wind und das Meer an.
27 Da entstand eine große Stille.[a] Die
Menschen aber wunderten sich und
sagten: Was ist das für ein Mann?
Selbst Wind und Meer sind ihm gehorsam.

a Ps 89,10; Apg 27,22.34

Die Heilung zweier Besessener

(Mk 5, 1-17; Lk 8, 26-37)

28 Und er kam ans andre Ufer in das Ge-
biet der Gadarener. Da liefen ihm zwei
Besessene entgegen; die kamen aus den
Grabhöhlen und waren sehr gefährlich,
so daß niemand diese Straße gehen
29 konnte. Und siehe, sie schrien: Was
willst du von uns, du [a]Sohn Gottes?
Bist du hergekommen, [b]um uns zu
quälen, bevor die Zeit gekommen ist?
30 Aber fern von ihnen war eine große
31 Schweineherde auf der Weide. Da ba-
ten ihn die bösen Geister: Willst du uns
austreiben, so laß uns in die Schweine-
32 herde fahren. Und er sagte: Fahrt hin!
Da fuhren sie aus und fuhren in die
Schweine. Und siehe, die ganze Herde
stürzte sich den Abhang hinunter in
den See, und sie ersoffen im Wasser.
33 Und die Hirten flohen und gingen hin
in die Stadt und berichteten das alles
und wie es den Besessenen gegangen
34 war. Und siehe, da ging die ganze Stadt
hinaus Jesus entgegen. Und als sie ihn
sahen, baten sie ihn, ihr Gebiet zu verlassen.

a Lk 4,41 *b* 2.Petr 2,4; Jak 2,19

Die Heilung eines Gelähmten

(Mk 2, 1-12; Lk 5, 17-26)

9 Da stieg er in ein Boot und fuhr hinüber
2 und kam in [a]seine Stadt. Und siehe, da
brachten sie einen Gelähmten zu ihm,
der auf einer Trage lag. Als nun Jesus
ihren Glauben sah, sprach er zu dem
Gelähmten: *Sei getrost, mein Sohn,*
3 [b]*deine Sünden sind dir vergeben.* Und
siehe, einige unter den Schriftgelehrten
dachten bei sich: [c]Dieser lästert Gott.
Doch Jesus [d]erkannte ihre Gedanken 4
und fragte: Warum denkt ihr so
Schlimmes in euren Herzen? Was ist 5
denn leichter? zu sagen: Dir sind deine
Sünden vergeben, – oder zu sagen:
Steh auf und geh! Damit ihr aber wißt, 6
daß [e]der Menschensohn Vollmacht
hat, auf Erden die Sünden zu vergeben
– sagte er zu dem Gelähmten: Steh auf,
hebe deine Trage auf und geh heim!
Und er stand auf und ging heim. Als 7
das Volk das sah, fürchtete es sich und 8
pries Gott, der den Menschen solche
Macht gegeben hat.

a Kap 4,13 *b* 2.Mose 34,6.7; Ps 103,3
c Kap 26,65 *d* Joh 2,25 *e* Joh 17,2

Die Berufung des Matthäus

(Mk 2, 13-17; Lk 5, 27-32)

Als Jesus von dort wegging, sah er 9
einen Mann am Zoll sitzen, der hieß
[a]Matthäus; und er sagte zu ihm: Folge
mir! Da stand er auf und folgte ihm.
Und als er im Hause zu Tisch saß, sie- 10
he, da kamen viele Zöllner und Sünder
und setzten sich mit Jesus und seinen
Jüngern zu Tisch. Als das die Pharisäer 11
sahen, fragten sie seine Jünger: Warum
ißt euer Lehrer mit den Zöllnern und
Sündern? Als das Jesus hörte, sprach 12
er: Die Gesunden brauchen keinen
Arzt, sondern die Kranken.[b] Geht aber 13
hin und lernt, was das heißt (Hosea 6,
6): [c]»Ich habe Wohlgefallen an Barm-
herzigkeit und nicht am Opfer.« *Denn*
[d]*ich bin gekommen, die Sünder zu rufen*
und nicht die Gerechten.

a Kap 10,3 *b* Hes 34,16 *c* Kap 12,7; 1.Sam 15,22
d Kap 18,11

Vom Fasten

(Mk 2, 18-22; Lk 5, 33-38)

Da kamen die Jünger des Johannes zu 14
ihm und fragten: Warum [a]fasten wir
und die Pharisäer so viel, doch deine
Jünger fasten nicht? Jesus antwortete 15
ihnen: Wie können die Hochzeitsgäste
Leid tragen, solange der [b]Bräutigam
bei ihnen ist? Es wird aber die Zeit
kommen, daß der Bräutigam ihnen ge-
nommen ist; dann werden sie fasten.
Niemand flickt ein altes Kleid mit 16
einem Lappen von neuem Tuch; denn
der Lappen reißt doch wieder vom
Kleid ab, und der Riß wird schlim-
mer.[c] Man füllt auch nicht jungen 17
Wein in alte Schläuche; sonst reißen
die Schläuche, und der Wein wird ver-
schüttet, und die Schläuche sind un-
brauchbar. Sondern man füllt jungen

Wein in neue Schläuche, so bleiben
beide miteinander erhalten.

a Lk 18,12 *b* Joh 3,29 *c* Röm 7,6

Die Heilung der blutflüssigen Frau und die Auferweckung der Tochter des Jaïrus

(Mk 5,21-43; Lk 8,40-56)

18 Während er noch so mit ihnen redete,
siehe, da kam einer von den Vorstehern
der Gemeinde, fiel vor ihm nieder und
sagte: Meine Tochter ist eben gestor-
ben; komm doch und lege ihr die Hand
19 auf, so wird sie wieder lebendig. Und
Jesus stand auf und folgte ihm mit sei-
nen Jüngern.
20 Und siehe, eine Frau, die seit zwölf
Jahren den Blutfluß hatte, trat von hin-
ten an ihn heran und berührte den
21 Saum seines Gewandes. Denn sie dach-
te: Könnte ich nur [a]sein Gewand be-
22 rühren, so würde ich gesund. Da wand-
te sich Jesus um, sah sie und sprach: *Sei*
getrost, meine Tochter, dein Glaube hat
dir geholfen. Und die Frau wurde zu
eben dieser Stunde gesund.
23 Und als er in das Haus des Vorste-
hers kam und die Flötenspieler sah und
das Gedränge und den Lärm der Men-
24 ge, sagte er: Geht hinaus! denn [b]das
Mädchen ist nicht tot, sondern es
25 schläft. Doch sie verlachten ihn. Als
aber das Volk hinausgetrieben war,
ging er hinein und ergriff sie an der
26 Hand. Da stand das Mädchen auf. Und
diese Kunde lief durch das ganze Land.

a Kap 14,36 *b* Joh 11,11.14.25

Die Heilung zweier Blinder und eines Stummen

27 Als Jesus von dort weiterging, folgten
ihm zwei Blinde, die schrien: Ach, du
Sohn Davids, erbarm dich über uns![a]
28 Und als er heimkam, traten die Blinden
zu ihm. Und Jesus fragte sie: [b]Glaubt
ihr, daß ich das tun kann? Da antworte-
29 ten sie ihm: Ja, Herr. Da berührte er
ihre Augen und sprach: Euch [c]ge-
30 schehe nach eurem Glauben! Und ihre
Augen wurden geöffnet. Und Jesus ge-
bot ihnen streng und sagte: [d]Hütet
31 euch, daß es ja niemand erfährt! Aber
sie gingen hinaus und machten ihn im
ganzen Lande bekannt.
32 Als diese nun hinausgegangen wa-
ren, siehe, da brachten sie einen Mann
zu ihm, der stumm und besessen war.
33 Als aber der böse Geist ausgetrieben
war, redete der Stumme. Und das Volk
wunderte sich und sagte: So etwas ist
noch nie in Israel gesehen worden.
Aber die Pharisäer sagten: Er treibt die 34
bösen Geister durch ihren Herrscher
aus.[e]

a Kap 20,30 *b* Apg 14,9 *c* Kap 8,13 *d* Kap 8,4
e Kap 12,24-32

Die Bitte um Mitarbeiter für die Ernte

Jesus ging ringsum in alle Städte und 35
Dörfer, lehrte in ihren Synagogen und
predigte das Evangelium vom Reich
und heilte alle Krankheiten und alle
Gebrechen. Und als er die Menge sah, 36
hatte er Erbarmen mit ihnen allen;
denn sie waren verschmachtet und [a]zer-
streut wie die Schafe, die keinen Hir-
ten haben.[b] Da sprach er zu seinen Jün- 37
gern: *Die Ernte ist groß, aber es sind nur*
wenige Arbeiter da. Darum bittet den 38
Herrn der Ernte, daß er Arbeiter in seine
Ernte sendet.[c]

a 1.Kön 22,17; Hes 34,5 *b* Mk 6,34 *c* Lk 10,2

Die Berufung der zwölf Jünger

(Mk 6,7-13; Lk 9,1-5)

Und er rief seine zwölf Jünger zu sich **10**
und gab ihnen Macht über die unreinen
Geister, daß sie die austrieben und alle
Krankheiten und alle Gebrechen heil-
ten. [a]Die Namen aber der zwölf Apo- 2
stel sind diese: an erster Stelle Simon,
genannt Petrus, und sein Bruder An-
dreas; Jakobus, der Sohn des Zebe-
däus, und sein Bruder Johannes; Phil- 3
ippus und Bartholomäus; Thomas und
Matthäus der Zöllner; Jakobus, der
Sohn des Alphäus, und Thaddäus; Si- 4
mon Kananäus und Judas Iskariot, der
ihn verriet.

a (2-4) Mk 3,16-19; Lk 6,14-16; Apg 1,13

Die Aussendung der Jünger

Diese Zwölf sandte Jesus aus und gebot 5
ihnen: Nehmt nicht den Weg zu den
Heiden und zieht in keine Stadt der Sa-
maritaner, sondern geht zu den verlore- 6
nen Schafen aus dem Hause Israel.[a]
[b]Geht aber und predigt: [c]Das Him- 7
melreich ist nahe herbeigekommen.
Macht Kranke gesund, weckt Tote auf, 8
macht Aussätzige rein, [d]treibt böse
Geister aus. Umsonst habt ihr's emp-
fangen, umsonst gebt es auch weiter.
Ihr sollt [e]weder Gold noch Silber noch 9
Kupfer in euren Gürteln haben, auch 10
keine Reisetasche, auch nicht zwei
Hemden, keine Schuhe, auch keinen
Wanderstock. Denn [f]dem Arbeiter
steht sein Brot zu. Wenn ihr aber in 11

eine Stadt oder ein Dorf geht, da erkun-
digt euch, ob jemand darin ist, der es
verdient; und bei dem bleibt, bis ihr
12 weiterzieht. Wenn ihr aber in ein Haus
geht, so entbietet ihm den Friedens-
13 gruß; und wenn ihn das Haus verdient,
soll euer Friede auf sie kommen. Ver-
dient es ihn aber nicht, so soll sich euer
14 Friede wieder zu euch wenden. Und
wenn euch jemand nicht aufnehmen
noch eure Rede hören wird, so geht aus
diesem Hause oder dieser Stadt heraus
und [g]schüttelt den Staub von euren
15 Füßen. Wahrlich, ich sage euch: Dem
Land der [h]Sodomer und Gomorrer
wird es am Tage des Gerichts erträg-
licher ergehen als dieser Stadt.

a Kap 15,24; Apg 13,46 *b (7-15)* Lk 10,1-12
c Kap 4,17 *d* Mk 16,17 *e* Apg 20,33
f 4.Mose 18,31; 1.Kor 9,14; 1.Tim 5,18
g Apg 13,51 *h* 1.Mose 19,1-29

Die Ansage kommender Verfolgungen

(Mk 13,9-13; Lk 21,12-17)

16 [a]Siehe, ich sende euch wie Schafe mit-
ten unter die Wölfe. Darum [b]*seid klug*
wie die Schlangen und ohne Falsch wie die
17 *Tauben*. Hütet euch aber vor den Men-
schen; denn [c]sie werden euch den Ge-
richten übergeben und werden euch in
18 ihren Synagogen auspeitschen. Und
man wird euch vor Statthalter und Kö-
nige führen um meinetwillen, [d]zu
einem Zeugnis vor ihnen und den Hei-
19 den. Wenn sie euch nun ausliefern wer-
den, so sorgt nicht, wie oder was ihr re-
den sollt; denn es soll euch in dieser
Stunde eingegeben werden, was ihr re-
20 den sollt.[e] Denn nicht ihr seid es, die
dann reden, sondern [f]der Geist eures
21 Vaters ist es, der durch euch redet. Es
wird aber ein Bruder den andern dem
Henker ausliefern und der Vater den
Sohn, und die Kinder werden sich ge-
gen ihre Eltern empören und werden
22 sie zu Tode bringen.[g] Und ihr werdet
von allen gehaßt werden um meines
Namens willen. Wer aber [h]bis ans Ende
ausharrt, der wird gerettet werden.[i]
23 [j]Wenn sie euch aber in der einen Stadt
verfolgen, so flieht in die nächste.
Wahrlich, ich sage euch: [k]Ihr werdet
mit den Städten Israels nicht zu Ende
kommen, bis der Menschensohn
24 kommt. Der Jünger steht nicht über
dem Lehrer und der Knecht nicht über
25 seinem Herrn.[l] Es genügt dem Jünger,
daß er so ist wie sein Lehrer und der
Knecht wie sein Herr. Haben sie [m]den
Hausherrn Beelzebul genannt, wieviel
mehr werden sie seine Hausgenossen so
nennen! Darum fürchtet euch nicht vor 26
ihnen.

a Lk 10,3 *b* Röm 16,19; Eph 5,15 *c* Apg 5,40;
2.Kor 11,24 *d* Apg 25,23; 27,24 *e* 2.Mose 4,12;
Lk 12,11.12; Apg 4,8 *f* 1.Kor 2,4 *g* Mi 7,6
h 2.Tim 2,12 *i* Kap 24,9-13 *j* Apg 8,1
k Kap 16,28 *l* Lk 6,40; Joh 13,16; 15,20
m Kap 12,24

Menschenfurcht und Gottesfurcht

(Lk 12,2-9)

Es ist nichts verborgen, was nicht of-
fenbar wird, und nichts heimlich, was
man nicht wissen wird.[a] Was ich euch 27
sage in der Finsternis, das redet im
Licht; und was euch geflüstert wird in
das Ohr, das predigt auf den Dächern.
Und fürchtet euch nicht vor denen, die 28
den Leib töten, doch die Seele nicht tö-
ten können; [b]fürchtet euch aber viel
mehr vor dem, der Leib und Seele in
der Hölle verderben kann. Kauft man 29
nicht zwei Sperlinge für einen Gro-
schen? Dennoch fällt keiner von ihnen
auf die Erde, ohne daß euer Vater es
will. Nun aber sind auch eure Haare auf 30
dem Haupt alle gezählt.[c] Darum fürch- 31
tet euch nicht; ihr seid besser als viele
Sperlinge.[d] *Wer nun mich bekennt vor* 32
den Menschen, den will auch ich bekennen
vor meinem himmlischen Vater.[e] *Wer* 33
mich aber verleugnet vor den Menschen,
den will auch ich verleugnen vor meinem
himmlischen Vater.[f]

a Mk 4,22; Lk 8,17 *b* Hebr 10,31; Jak 4,12
c Apg 27,34 *d* Kap 6,26 *e* Offb 3,5 *f* Mk 8,38;
Lk 9,26; 2.Tim 2,12

Trennungen um Jesu willen

[a]Ihr sollt nicht meinen, daß ich gekom- 34
men bin, Frieden auf die Erde zu brin-
gen. Ich bin nicht gekommen, Frieden
zu bringen, sondern das Schwert. Denn 35
ich bin gekommen, [b]den Menschen mit
seinem Vater zu entzweien und die
Tochter mit ihrer Mutter und die
Schwiegertochter mit ihrer Schwieger-
mutter. Und des Menschen eigne 36
Hausgenossen werden seine Feinde
sein. Wer Vater oder Mutter mehr liebt 37
als mich, der ist meiner nicht wert; und
wer Sohn oder Tochter mehr liebt als
mich, der ist meiner nicht wert.[c] Und 38
wer nicht sein Kreuz auf sich nimmt
und mir nachfolgt, der ist meiner nicht
wert.[d] Wer sein Leben findet, der 39
wird's verlieren; und wer sein Leben
verliert um meinetwillen, der wird's
finden.[e]

a (34-36) Lk 12,51-53 *b (35b-36a)* Mi 7,6

c 5.Mose 13,7-12; 33,9; Lk 14,26.27
d Kap 16,24.25 e Lk 9,24; Joh 12,25

Aufnahme um Jesu willen

40 *Wer euch aufnimmt, der nimmt mich auf;*
und wer mich aufnimmt, der nimmt den
41 *auf, der mich gesandt hat.*[a] Wer einen
Propheten aufnimmt, weil es ein Pro-
phet ist, der wird den Lohn eines Pro-
pheten empfangen. [b]Wer einen Ge-
rechten aufnimmt, weil es ein Gerech-
ter ist, der wird den Lohn eines Ge-
42 rechten empfangen. Und wer einem
dieser Geringen auch nur einen Becher
mit kaltem Wasser zu trinken gibt, weil
es ein Jünger ist, wahrlich, ich sage
euch: dem wird es nicht unbelohnt
bleiben.[c]

a Lk 9,48; Joh 13,20; Gal 4,14 b 1.Kön 17,8-24
c Kap 25,40; Mk 9,41

Die Anfrage des Täufers
(Lk 7, 18-23)

11 Und es begab sich, als Jesus diese Wei-
sungen an seine zwölf Jünger beendet
hatte, ging er von dort weiter, um in
ihren Städten zu lehren und zu predi-
2 gen. Als aber Johannes im [a]Gefängnis
von den Werken des Christus hörte,
3 sandte er seine Jünger und ließ ihn fra-
gen: [b]Bist du es, der kommen soll, oder
4 sollen wir auf einen andern warten? Je-
sus antwortete ihnen: Geht hin und
sagt Johannes wieder, was ihr hört und
5 seht: Blinde sehen und Lahme gehen,
Aussätzige werden rein und Taube hö-
ren, Tote stehen auf und Armen wird
6 das Evangelium gepredigt;[c] und *selig*
ist, wer nicht an mir irre wird.[d]

a Kap 14,3 b Kap 3,11; Mal 3,1 c Jes 35,5.6; 61,1
d Kap 13,57; 26,31

Jesu Zeugnis über den Täufer
(Lk 7, 24-35)

7 Als sie fortgingen, fing Jesus an, zu dem
Volk über Johannes zu reden: Was
wolltet ihr sehen, [a]als ihr in die Wüste
hinausgegangen seid? Wolltet ihr ein
Schilfrohr sehen, das im Wind hin und
8 her schwankt? Oder was wolltet ihr se-
hen, als ihr hinausgegangen seid? Woll-
tet ihr einen Menschen in weichen
Kleidern sehen? Siehe, die weiche
Kleider tragen, leben in den Häusern
9 der Könige. Oder warum seid ihr hin-
ausgegangen? Wolltet ihr einen [b]Pro-
pheten sehen? Ja, ich sage euch: er ist
10 mehr als ein Prophet. Dieser ist's, von
dem geschrieben steht (Maleachi 3,1):
»Siehe, ich sende meinen Boten vor dir
her, der deinen Weg vor dir bereiten
soll.«
Wahrlich, ich sage euch: Unter allen, 11
die von einer Frau geboren sind, ist kei-
ner aufgetreten, der größer ist als Jo-
hannes der Täufer; aber [c]der Kleinste
im Himmelreich ist größer als er. Aber 12
von den Tagen Johannes des Täufers
bis heute leidet das Himmelreich Ge-
walt, und die Gewalttätigen reißen es
an sich.[d] Denn alle Propheten und das 13
Gesetz haben geweissagt bis zu Johan-
nes; und wenn ihr's annehmen wollt: er 14
ist [e]Elia, der kommen soll. Wer Ohren 15
hat, der höre!
Mit wem soll ich aber dies Ge- 16
schlecht vergleichen? Es gleicht den
Kindern, die auf dem Marktplatz sitzen
und den andern zurufen: Wir haben 17
euch aufgespielt, doch ihr wolltet nicht
tanzen; wir haben Klagelieder gesun-
gen, doch ihr wolltet nicht weinen.[f] Jo- 18
hannes ist gekommen, [g]aß nicht und
trank nicht; so sagen sie: Er ist vom
Teufel besessen. Der Menschensohn 19
ist gekommen, [h]ißt und trinkt; so sagen
sie: Siehe, was ist dieser Mensch für ein
Fresser und Weinsäufer, ein Freund
von Zöllnern und Sündern! Und doch
ist die [i]Weisheit gerechtfertigt worden
aus ihren Werken.

a Kap 3,1.5 b Lk 1,76; 20,6 c Kap 13,17
d Lk 16,16 e Kap 17,10-13; Mal 3,23 f Joh 5,35
g Kap 3,4 h Kap 9,10-15; Joh 2,2 i 1.Kor 1,24-30

Jesu Weheruf über galiläische Städte
(Lk 10, 13-15)

Da fing er an, die Städte anzuklagen, in 20
denen die meisten seiner Taten ge-
schehen waren und die sich doch nicht
bekehrt hatten: Wehe dir, Chorazin! 21
Weh dir, Betsaida! Wären solche Taten
in Tyrus und Sidon geschehen, wie sie
bei euch geschehen sind, sie hätten
längst [a]in Sack und Asche Buße getan.
Doch ich sage euch: Es wird Tyrus und 22
Sidon am Tage des Gerichts erträg-
licher ergehen als euch. Und du, [b]Ka- 23
pernaum, wirst du etwa [c]bis zum Him-
mel erhoben werden? Du wirst bis in
die Hölle hinuntergestoßen werden.
Denn wenn in Sodom die Taten ge-
schehen wären, die in dir geschehen
sind, es würde noch heute stehen. Doch 24
ich sage euch: Es wird dem Land der
Sodomer am Tage des Gerichts erträg-
licher ergehen als dir.[d]

a Jona 3,6 b Kap 4,13; 8,5; 9,1 c Jes 14,13.15
d Kap 10,15

Jesu Lobpreis und Heilandsruf

25 [a]Zu dieser Zeit sprach Jesus: Ich preise
dich, Vater, Herr des Himmels und der
Erde, weil du das den Weisen und Klu-
gen verborgen und den Unmündigen
26 offenbart hast.[b] Ja, Vater; denn so ist es
27 dein gnädiger Wille gewesen. [c]Alles ist
mir von meinem Vater übergeben; und
niemand erkennt den Sohn als nur der
Vater; und niemand erkennt den Vater
als nur der Sohn und wem es der Sohn
offenbaren will.
28 *Kommt her zu mir, alle, die ihr mühse-*
lig und beladen seid; ich will euch erquik-
29 *ken.*[d] *Nehmt mein Joch auf euch und lernt*
von mir; denn ich bin sanftmütig und von
Herzen demütig; so werdet ihr [e]*Ruhe fin-*
30 *den für eure Seele. Denn mein Joch ist*
sanft, und meine Last ist leicht.[f]

a (25-27) Jes 29,14; Lk 10,21.22; Joh 17,25 *b* 1.Kor 1,18-29 *c* Kap 28,18; Joh 3,35; 17,2; Phil 2,9 *d* Kap 12,20; 23,4; Jer 31,25 *e* Jes 28,12; Jer 6,16 *f* Lk 11,46; 1.Joh 5,3

Jesus und der Sabbat

(Mk 2,23-3,6; Lk 6,1-11)

12 Zu dieser Zeit ging Jesus am Sabbat
durch ein Kornfeld; und seine Jünger
waren hungrig und fingen an, [a]Ähren
2 auszuraufen und zu essen. Als das die
Pharisäer sahen, sagten sie zu ihm: Sie-
he, deine Jünger tun, [b]was man am
3 Sabbat nicht tun darf. [c]Er aber antwor-
tete ihnen: Habt ihr nicht gelesen, was
David tat, als er und die, die bei ihm
4 waren, Hunger hatten? wie er in das
Gotteshaus ging und die Schaubrote
aß, die doch weder er noch die, die bei
ihm waren, essen durften, sondern [d]al-
5 lein die Priester? Oder habt ihr nicht im
Gesetz gelesen, wie die Priester am
Sabbat im Tempel den Sabbat brechen
6 und doch ohne Schuld sind? Ich sage
euch aber: Hier geht es um Größeres
7 als den Tempel. Wenn ihr aber wüßtet,
was das heißt (Hosea 6, 6): [e]»Ich habe
Wohlgefallen an Barmherzigkeit und
nicht am Opfer«, dann hättet ihr die
8 Unschuldigen nicht verdammt. Der
Menschensohn ist ein Herr auch über
den Sabbat.
9 Er ging von dort weiter und kam in
10 ihre Synagoge. Und siehe, da war ein
Mann, der hatte eine abgestorbene
Hand. Und sie fragten ihn: Ist's auch
recht, am Sabbat zu heilen?, damit sie
Klage gegen ihn erheben könnten.
11 Aber er sagte zu ihnen: Wer von euch
würde sein einziges Schaf, wenn es ihm
am Sabbat in eine Grube fällt, nicht er-
greifen und ihm heraushelfen?[f] Wie- 12
viel mehr ist nun ein Mensch als ein
Schaf! Darum darf man am Sabbat
Gutes tun. Da sagte er zu dem Mann: 13
Strecke deine Hand aus! Und der
streckte sie aus; und sie wurde ihm wie-
der gesund wie die andre. Da gingen die 14
Pharisäer hinaus und hielten eine Bera-
tung über ihn ab, wie sie ihn umbringen
könnten.[g]

a 5.Mose 23,26 *b* 2.Mose 20,10 *c (3 und 4)* 1.Sam 21,7 *d* 3.Mose 24,9 *e* Kap 9,13 *f* Lk 14,3-5 *g* Joh 5,16

Der verborgene Gottesknecht

(Mk 3,7-12; Lk 6,17-19)

Aber als Jesus das erfuhr, ging er von 15
dort weg. Und eine große Menge folgte
ihm, und er heilte sie alle, gebot ihnen 16
aber streng, ihn ja nicht zu offenbaren,[a]
damit erfüllt würde, was durch den 17
Propheten Jesaja gesagt worden ist
(Jesaja 42,1-4): »Siehe, [b]das ist mein 18
Knecht, den ich erwählt habe, und
mein Geliebter, [c]an dem meine Seele
Wohlgefallen hat; ich will meinen
Geist auf ihn legen, und er soll den Hei-
den das Recht verkündigen. Er wird 19
nicht hadern noch schreien, und man
wird seine Stimme nicht hören auf den
Gassen; das geknickte Rohr wird er 20
nicht zerbrechen, und den glimmenden
Docht wird er nicht auslöschen, bis er
das Recht zum Sieg hinausführt; und 21
die Heiden werden auf seinen Namen
hoffen.«

a Kap 8,4 *b* Apg 3,13.26 *c* Kap 3,17

Jesu Macht über die bösen Geister

(Mk 3,22-30; Lk 11,14-23; 12,10)

Da wurde ein Besessener zu ihm ge- 22
bracht, der war blind und stumm; und
Jesus heilte ihn, so daß er reden und se-
hen konnte. Und alles Volk entsetzte 23
sich und fragte: Ist dieser nicht doch
[a]Davids Sohn? Aber als die Pharisäer 24
das hörten, sagten sie: [b]Er treibt die
bösen Geister nicht anders aus als
durch Beelzebul, ihren Herrscher. Je- 25
sus erkannte aber ihre Gedanken und
sagte zu ihnen: Jedes Reich, das mit
sich selbst uneins ist, wird verwüstet;
und jede Stadt und jedes Haus, die mit
sich selbst uneins sind, können nicht
bestehen. Wenn nun der Satan den Sa- 26
tan austreibt, so muß er mit sich selbst
uneins sein; wie kann dann sein Reich
bestehen? Wenn ich aber die bösen 27
Geister durch Beelzebul austreibe,
durch wen treiben eure Söhne sie aus?

Darum werden sie eure Richter sein.
28 Wenn ich aber [c]die bösen Geister
durch den Geist Gottes austreibe, so ist
ja das Reich Gottes zu euch gekommen.
29 Oder wie kann jemand in das Haus
eines Starken eindringen und ihm seine
Sachen rauben, wenn er nicht vorher
den Starken fesselt? Erst dann kann er
30 sein Haus berauben.[d] [e]Wer nicht mit
mir ist, der ist gegen mich; und wer
nicht mit mir sammelt, der zerstreut.

a Kap 21,9; Joh 7,42 *b* Kap 9,34 *c* 1.Joh 3,8
d Kap 4,1-11; Jes 49,24 *e* Mk 9,40

Die Sünde gegen den heiligen Geist

(Lk 6,43-45)

31 Darum sage ich euch: Jede Sünde und
Lästerung wird den Menschen verge-
ben; aber die Lästerung gegen den
32 Geist wird nicht vergeben.[a] Und [b]wer
etwas redet gegen den Menschensohn,
dem wird es vergeben; aber wer etwas
redet gegen den heiligen Geist, dem
wird's nicht vergeben, weder in dieser
noch in jener Welt.
33 Nehmt an: da ist ein guter Baum,
dann wird auch seine Frucht gut sein;
oder nehmt an: da ist ein fauler Baum,
dann wird auch seine Frucht faul sein.
Denn an der Frucht erkennt man den
34 Baum.[c] Ihr [d]Schlangenbrut, wie könnt
ihr Gutes reden, wenn ihr doch böse
seid? Wovon das Herz voll ist, davon
35 fließt der Mund über. Ein guter
Mensch bringt aus dem guten Schatz
seines Herzens Gutes hervor; und ein
böser Mensch bringt aus seinem bösen
36 Schatz Böses hervor. Ich sage euch
aber, daß die Menschen am Tage des
Gerichts Rechenschaft geben müssen
von jedem nichtsnutzigen Wort, das sie
37 geredet haben.[e] Aus deinen Worten
wirst du gerechtfertigt werden, und aus
deinen Worten wirst du verdammt
werden.

a 1.Joh 5,16; Hebr 6,4-6; 10,26 *b* 1.Tim 1,13
c Kap 7,16-18 *d* Kap 3,7 *e* Jak 3,6; Jud 15

Gegen die Zeichenforderung der Pharisäer

(Mk 8,11.12; Lk 11,24-26.29-32)

38 Da sagten einige von den Schriftgelehr-
ten und Pharisäern zu ihm: Meister,
wir möchten gern ein Zeichen von dir
39 sehen. Und er antwortete ihnen: Dies
böse und abtrünnige Geschlecht for-
dert ein Zeichen, aber es wird ihm kein
anderes Zeichen gegeben werden als
40 das Zeichen des Propheten Jona. Denn
[a]wie Jona drei Tage und drei Nächte
im Bauch des Fisches war, so wird der
Menschensohn drei Tage und drei
Nächte [b]im Schoß der Erde sein. Die 41
Leute von Ninive werden beim Jüng-
sten Gericht gegen dies Geschlecht
auftreten und werden es verdammen;
denn [c]sie taten Buße nach der Predigt
des Jona. Und siehe, hier ist mehr als
Jona. Die Königin vom Süden wird 42
beim Jüngsten Gericht gegen dies Ge-
schlecht auftreten und wird es verdam-
men; denn [d]sie kam vom Ende der
Erde, um Salomos Weisheit zu hören.
Und siehe, hier ist mehr als Salomo.
Wenn der unreine Geist von einem 43
Menschen ausgefahren ist, so durch-
streift er öde Stätten, sucht Ruhe und
findet sie nicht. Dann sagt er: Ich will 44
wieder in mein Haus zurückkehren, aus
dem ich fortgegangen bin. Und wenn er
zurückkommt, so findet er's unbenutzt,
gekehrt und aufgeräumt. Dann geht er 45
hin und nimmt sieben andre Geister
mit sich, die schlimmer sind als er
selbst; und wenn sie hineinkommen,
wohnen sie darin; und [e]es wird mit
diesem Menschen hinterher schlim-
mer, als es vorher war. So wird's auch
diesem bösen Geschlecht ergehen.

a Jona 2,1 *b* Eph 4,9; 1.Petr 3,19 *c* Jona 3,5
d 1.Kön 10,1-10 *e* 2.Petr 2,20

Jesu wahre Verwandte

(Mk 3,31-35; Lk 8,19-21)

Als er noch zu dem Volk redete, siehe, 46
da standen [a]seine Mutter und seine
Brüder draußen, die wollten mit ihm
reden. Da sagte einer zu ihm: Siehe, 47
deine Mutter und deine Brüder stehen
draußen und wollen mit dir reden. Er 48
antwortete aber dem, der es ihm ansag-
te: Wer ist meine Mutter, und wer sind
meine Brüder?[b] Und er streckte die 49
Hand aus über seine Jünger und sagte:
Siehe da, das sind meine Mutter und
meine Brüder![c] Denn wer den Willen 50
meines Vaters im Himmel tut, der ist
für mich [d]Bruder und Schwester und
Mutter.

a Kap 13,55 *b* Kap 10,37; Lk 2,49 *c* Hebr 2,11
d Röm 8,29

Vom Sämann

(Mk 4,1-9; Lk 8,4-8)

An demselben Tage ging Jesus aus dem 13
Hause und setzte sich an den See. Und 2
es versammelte sich eine große Menge
bei ihm, so daß er in ein Boot stieg und
sich setzte, während das ganze Volk am
Ufer stand. Und er redete lange zu 3

ihnen in Gleichnissen und sprach: Sie-
he, es ging ein Sämann aus, zu säen.
4 Und beim Säen fiel ein Teil auf den
Weg; da kamen die Vögel und fraßen's
5 auf. Ein Teil fiel auf felsigen Boden, wo
es nicht viel Erde hatte, und ging bald
6 auf, weil es keine tiefe Erde hatte. Als
aber die Sonne hochstieg, verwelkte es,
und weil es keine Wurzeln hatte, ver-
7 dorrte es. Ein Teil fiel unter die Dor-
nen; und die Dornen wuchsen empor
8 und erstickten's. Ein Teil fiel auf gutes
Land und trug Frucht, ein Teil hun-
dertfach, ein Teil sechzigfach, ein Teil
9 dreißigfach. Wer Ohren hat, der höre!

Vom Sinn der Gleichnisrede

(Mk 4, 10-12; Lk 8, 9.10)

10 Und die Jünger traten zu ihm und frag-
ten: Warum redest du in Gleichnissen
11 zu ihnen? Er antwortete ihnen: [a]Euch
ist's gegeben, die Geheimnisse des
Himmelreichs zu verstehen, diesen
12 aber ist's nicht gegeben. Denn [b]wer et-
was hat, dem wird noch mehr gegeben
werden, so daß er übergenug hat; wer
aber nichts hat, dem wird auch das ge-
13 nommen werden, was er hat.[c] Darum
[d]rede ich zu ihnen in Gleichnissen.
Denn [e]mit sehenden Augen sehen sie
nicht und mit hörenden Ohren hören
sie nicht; und sie verstehen es auch
14 nicht. Und an ihnen wird die Weissa-
gung Jesajas erfüllt (Jesaja 6,9.10):
»Mit den Ohren werdet ihr hören und
werdet es nicht verstehen; und mit se-
henden Augen werdet ihr sehen und
15 werdet es nicht erkennen. Denn das
Herz dieses Volkes ist verstockt: ihre
Ohren hören schlecht, und ihre Augen
halten sie geschlossen, damit sie nicht
etwa mit den Augen sehen und mit den
Ohren hören und mit dem Herzen ver-
stehen und sich bekehren, so daß ich
16 ihnen helfen müßte.«[f] Aber selig sind
eure Augen, daß sie sehen, und eure
17 Ohren, daß sie hören.[g] Wahrlich, ich
sage euch: Viele Propheten und Ge-
rechte haben ersehnt, das zu sehen, was
ihr seht, und haben's nicht gesehen,
und das zu hören, was ihr hört, und ha-
ben's nicht gehört.[h]

a 1.Kor 2,10 *b* Spr 9,9 *c* Kap 25,28.29; Mk 4,25; Lk 8,18 *d* Joh 16,25 *e* 5.Mose 29,3 *f* Joh 9,39 *g* Lk 10,23.24 *h* 1.Petr 1,10

Die Deutung des Gleichnisses vom Sämann

(Mk 4, 13-20; Lk 8, 11-15)

18 So hört nun ihr dieses Gleichnis von
dem Sämann: Wenn jemand das Wort 19
vom Reich hört und nicht versteht, so
kommt der Böse und reißt hinweg, was
in sein Herz gesät ist; das ist der, bei
dem auf den Weg gesät worden ist. Bei 20
dem aber auf felsigen Boden gesät wor-
den ist, das ist der, der das Wort hört
und es alsbald mit Freuden aufnimmt;
aber er treibt keine Wurzeln, sondern 21
er ist wetterwendisch; wenn sich Be-
drängnis oder Verfolgung um des
Worts willen erhebt, so fällt er gleich
ab. Bei dem aber unter die Dornen ge- 22
sät worden ist, das ist der, der das Wort
hört, und [a]die Sorge dieser Welt und
der betrügerische Reichtum ersticken
das Wort, und so bleibt es ohne Frucht.
Bei dem aber auf gutes Land gesät wor- 23
den ist, das ist der, der das Wort hört
und versteht und dann auch Frucht
bringt; und der eine trägt hundertfach,
ein anderer sechzigfach, ein dritter
dreißigfach.

a Kap 6,19-34; 1.Tim 6,9

Vom Unkraut unter dem Weizen

Er trug ihnen ein anderes Gleichnis vor 24
und sprach: Das Himmelreich gleicht
einem Mann, der guten Samen auf sei-
nen Acker säte. Als aber die Leute 25
schliefen, kam sein Feind und säte Un-
kraut zwischen den Weizen und ging
davon. Als nun die Saat wuchs und 26
Frucht brachte, da fand sich auch das
Unkraut. Da traten die Knechte zu 27
dem Hausvater und sagten: Herr, hast
du nicht guten Samen auf deinen Acker
gesät? Woher hat er denn das Unkraut?
Er antwortete ihnen: Das hat einer ge- 28
tan, der uns feind ist. Da fragten die
Knechte: Willst du denn, daß wir hin-
gehen und es ausjäten? Er sagte: Nein! 29
damit ihr nicht zugleich den Weizen
mit ausrauft, wenn ihr das Unkraut
ausjätet. Laßt beides miteinander 30
wachsen bis zur Ernte; und um die
Erntezeit will ich zu den Schnittern sa-
gen: Sammelt zuerst das Unkraut und
bindet es in Bündel, damit man es ver-
brennt; aber den Weizen sammelt mir
in meine Scheune.[a]

a Kap 3,12; 15,13; Offb 14,15

Vom Senfkorn

(Mk 4, 30-32; Lk 13, 18.19)

Ein anderes Gleichnis trug er ihnen vor 31
und sprach: Mit dem Himmelreich ist
es wie mit einem Senfkorn, das ein
Mann nahm und auf seinen Acker säte;
das ist das kleinste unter allen Samen- 32

körnern; wenn es aber gewachsen ist, so
ist es größer als alle Kräuter und [a]wird
ein Baum, so daß die Vögel unter dem
Himmel kommen und in seinen Zwei-
gen wohnen.

a Hes 17,23

Vom Sauerteig

33 Ein anderes Gleichnis sagte er ihnen:
Mit dem Himmelreich ist es wie mit
einem Sauerteig, den eine Frau nahm
und unter einen halben Zentner Mehl
mengte, bis es ganz durchsäuert war.[a]
34 Das alles redete Jesus in Gleichnis-
sen zum Volk, und ohne Gleichnisse re-
35 dete er nichts zu ihnen,[b] damit erfüllt
würde, was durch den Propheten ge-
sagt worden ist (Psalm 78,2): »Ich will
meinen Mund auftun in Gleichnissen
und will aussprechen, was verborgen
war vom Anfang der Welt an.«

a Lk 13,20.21 *b* Mk 4,33.34

Die Deutung des Gleichnisses vom Unkraut

36 Da entließ Jesus das Volk und kam
heim. Und seine Jünger traten zu ihm
und baten: Deute uns das Gleichnis
37 vom Unkraut auf dem Acker. Er ant-
wortete ihnen: Der Menschensohn
38 ist's, der den guten Samen sät. Der
[a]Acker ist die Welt. Der gute Same
sind die Kinder des Reichs. Das Un-
39 kraut sind die [b]Kinder des Bösen. Der
Feind, der es gesät hat, ist der Teufel.
Die Ernte ist das Ende der Welt. Die
40 Schnitter sind die Engel. Wie man nun
das Unkraut ausjätet und mit Feuer
verbrennt, so wird's auch am Ende
41 dieser Welt gehen. Der Menschensohn
wird seine Engel senden, und sie wer-
den aus seinem Reich alle sammeln, die
zum Abfall verführen und die selbst
42 Unrecht tun,[c] und werden sie in den
Feuerofen werfen; da wird Heulen und
43 Zähneklappen sein. Dann werden die
Gerechten [d]leuchten wie die Sonne im
Reich ihres Vaters. Wer Ohren hat, der
höre!

a 1.Kor 3,9 *b* Joh 8,44 *c* Kap 24,31 *d* Dan 12,3

Vom Schatz im Acker und der kostbaren Perle

44 Mit dem Himmelreich ist es wie mit
einem Schatz, der im Acker verborgen
war und den ein Mann fand und ver-
barg; und in der Freude darüber geht
er hin und [a]verkauft alles, was er hat,
und kauft den Acker.
45 Wiederum ist es mit dem Himmel-
reich wie mit einem Kaufmann, der
gute Perlen suchte, und als er *eine* kost- 46
bare Perle fand, ging er hin und ver-
kaufte alles, was er hatte, und kaufte sie.

a Kap 19,29; Lk 14,33; Phil 3,7

Vom Fischnetz

Wiederum ist es mit dem Himmelreich 47
wie mit einem Netz, das ins Meer ge-
worfen wurde und Fische aller Art
fing.[a] Als es aber voll war, zogen sie es 48
heraus ans Ufer, setzten sich hin und
lasen die guten in Gefäße zusammen,
aber die schlechten warfen sie weg. So 49
wird es auch am Ende der Welt gehen:
Die Engel werden ausgehen und [b]die
Bösen von den Gerechten scheiden und 50
werden sie in den Feuerofen werfen; da
wird Heulen und Zähneklappen sein.
Habt ihr das alles verstanden? Sie 51
antworteten: Ja. Da sagte er: Darum 52
gleicht jeder Schriftgelehrte, der ein
Jünger des Himmelreichs ist, einem
Hausvater, der aus seinem Schatz Neu-
es und Altes hervorholt.

a Kap 22,9.10 *b* Kap 25,32

Die Verwerfung Jesu in Nazaret

(Mk 6, 1-6; Lk 4, 16-30)

Und es begab sich, als Jesus diese 53
Gleichnisse beendet hatte, ging er da-
von und kam in seine Vaterstadt und 54
lehrte sie in ihrer Synagoge, so daß sie
sich entsetzten und fragten: Wie
kommt der zu solcher Weisheit und sol-
chen Taten? Ist er nicht der Sohn des 55
Zimmermanns? Heißen nicht seine
Mutter Maria und seine Brüder Jako-
bus und Josef und Simon und Judas?
Und seine Schwestern, sind sie nicht 56
alle bei uns? [a]Woher kommt ihm denn
das alles? Und sie nahmen Anstoß an 57
ihm. Jesus aber sprach zu ihnen: [b]Ein
Prophet gilt nirgends weniger als in sei-
nem Vaterland und in seinem Hause.
Und er tat dort nicht viele Zeichen 58
wegen ihres Unglaubens.

a Joh 6,42; 7,15.52 *b* Joh 4,44

Das Ende Johannes des Täufers

(Mk 6, 14-29; Lk 3, 19.20; 9, 7-9)

Zu dieser Zeit kam die Kunde von Je- **14**
sus vor den Landesfürsten Herodes.
Und er sagte zu seinen Leuten: Das ist 2
Johannes der Täufer; er ist von den
Toten auferstanden, deshalb wirken
solche Kräfte in ihm. Denn Herodes 3
hatte Johannes verhaftet, gefesselt und
[a]in das Gefängnis geworfen wegen der
Herodias, der Frau seines Bruders

4 Philippus. Denn Johannes hatte zu ihm
gesagt: [b]Es ist nicht recht, daß du sie
5 hast. Und er hätte ihn gern getötet,
fürchtete sich aber vor dem Volk; denn
[c]sie hielten ihn für einen Propheten.
6 Als aber Herodes seinen Geburtstag
beging, da tanzte die Tochter der He-
rodias vor ihnen. Das gefiel dem He-
7 rodes gut. Darum versprach er ihr mit
einem Eid, er wollte ihr geben, was sie
8 fordern würde. Und nachdem sie vor-
her von ihrer Mutter angestiftet wor-
den war, sagte sie: Gib mir hier auf
einer Schüssel den Kopf Johannes des
9 Täufers! Da wurde der König traurig;
doch wegen des Eides und wegen derer,
die mit ihm zu Tisch saßen, befahl er,
10 ihn ihr zu geben, und schickte hin und
ließ Johannes im Gefängnis enthaup-
11 ten. Und sein Kopf wurde auf einer
Schüssel hereingetragen und dem
Mädchen gegeben; und sie brachte ihn
12 ihrer Mutter. Da kamen seine Jünger,
nahmen seinen Leichnam und begru-
ben ihn; dann gingen sie hin und ver-
kündeten das Jesus.

a Kap 11,2 *b* 3.Mose 18,16 *c* Kap 21,26

Die Speisung der Fünftausend

(Mk 6,31-44; Lk 9,10-17; Joh 6,1-13)

13 Als das Jesus hörte, zog er sich von dort
in einem Boot allein in eine einsame
Gegend zurück. Aber als das Volk das
hörte, folgte es ihm zu Fuß aus den
14 Städten. Und Jesus stieg aus und sah
die große Menge; und er hatte Erbar-
men mit ihnen allen, und er heilte ihre
15 Kranken. Am Abend aber traten seine
Jünger zu ihm und sagten: Die Gegend
ist öde, und die Nacht bricht herein;
entlaß das Volk, damit sie in die Dörfer
16 gehen und sich Essen kaufen. Aber Je-
sus antwortete ihnen: Es ist nicht nötig,
daß sie fortgehen; gebt ihr ihnen zu es-
17 sen. Sie sagten zu ihm: Wir haben hier
nichts als fünf Brote und zwei Fische.
18.19 Und er sagte: Bringt sie mir her! Und
er ließ das Volk sich auf das Gras lagern
und nahm die fünf Brote und die zwei
Fische, sah zum Himmel auf, dankte
und brach's und gab die Brote den Jün-
gern, und die Jünger gaben sie dem
20 Volk. Und sie aßen alle und wurden satt
und sammelten auf, was an Brocken
übriggeblieben war, zwölf Körbe voll.[a]
21 Die aber gegessen hatten, waren etwa
fünftausend Mann, ohne Frauen und
Kinder.

a 2.Kön 4,44

Jesus und der sinkende Petrus auf dem See

(Mk 6,45-56; Joh 6,15-21)

Sogleich trieb Jesus seine Jünger an, ins 22
Boot zu steigen und vor ihm hinüber-
zufahren, bis er das Volk entlassen hät-
te. Als er aber das Volk entlassen hatte, 23
[a]stieg er allein auf einen Berg, um zu
beten. Und am Abend war er dort al-
lein. Und das Boot war schon weit vom 24
Land entfernt, und die Wellen machten
ihm schwer zu schaffen; denn der
Wind stand ihm entgegen. Aber in der 25
vierten Nachtwache kam Jesus zu
ihnen und ging auf dem See. Und als 26
ihn die Jünger auf dem See gehen sa-
hen, erschraken sie und riefen: [b]Es ist
ein Gespenst! und schrien vor Furcht.
Aber sogleich redete Jesus mit ihnen 27
und sprach: *Seid getrost, ich bin's;
fürchtet euch nicht!*
Petrus aber antwortete ihm: Herr, 28
bist du es, so laß mich auf dem Wasser
zu dir kommen. Und er sagte: Komm 29
her! Und Petrus stieg aus dem Boot
und ging auf dem Wasser und kam auf
Jesus zu. Als er aber merkte, wie stark 30
der Wind war, erschrak er, begann zu
sinken und schrie: Herr, hilf mir! Jesus 31
aber streckte sogleich die Hand aus, er-
griff ihn und sagte zu ihm: Du Klein-
gläubiger, warum hast du gezweifelt?
Und sie traten in das Boot, und der 32
Wind legte sich. Die aber im Boot wa- 33
ren, fielen vor ihm nieder und spra-
chen: [c]Du bist wahrhaftig Gottes
Sohn!

a Lk 6,12; 9,18 *b* Lk 24,37 *c* Kap 16,16; Joh 1,49

Heilungen am See Gennesaret

Sie fuhren hinüber und kamen ans 34
Land nach Gennesaret. Als die Leute 35
an diesem Ort ihn erkannten, schickten
sie Botschaft ringsum in das ganze
Land und brachten alle Kranken zu
ihm und baten ihn, daß diese nur [a]den 36
Saum seines Gewandes berühren dürf-
ten. Und alle, die ihn berührten, wur-
den gesund.

a Kap 9,21; Lk 6,19

Von wahrer Reinheit und Unreinheit

(Mk 7,1-13)

Da kamen Pharisäer und Schriftgelehr- **15**
te aus Jerusalem zu Jesus und fragten:
Warum übertreten deine Jünger die 2
Satzungen der Ältesten? Denn sie [a]wa-
schen ihre Hände nicht, wenn sie Brot

3 essen. Er antwortete ihnen: Warum
übertretet denn ihr Gottes Gebot um
4 eurer Satzungen willen? Denn Gott hat
geboten (2. Mose 20,12; 21,17): »Du
sollst Vater und Mutter ehren; wer
aber Vater und Mutter flucht, der soll
5 des Todes sterben.« [b]Aber ihr lehrt:
Wer zu Vater oder Mutter sagt: Eine
Opfergabe soll das sein, was dir eigent-
6 lich von mir zusteht –, der braucht sei-
nen Vater nicht zu ehren. Damit habt
ihr Gottes Gebot um eurer Satzungen
7 willen aufgehoben. Ihr Heuchler, wie
treffend hat Jesaja von euch geweissagt
8 (Jesaja 29,13): »Dies Volk ehrt mich mit
seinen Lippen, aber ihr Herz ist fern
9 von mir; vergeblich dienen sie mir, weil
sie solche Lehren überliefern, die
nichts als Menschengebote sind.«

10 Und er rief die Menge zu sich und
sagte zu ihnen: Hört zu und begreift's:
11 [c]Nicht was zum Mund eingeht, macht
den Menschen unrein; sondern was aus
dem Mund herauskommt, das macht
12 den Menschen unrein. Da traten seine
Jünger zu ihm und fragten: Weißt du
auch, daß die Pharisäer an diesem Wort
13 Anstoß nahmen, als sie es hörten? Aber
er antwortete: Alle Pflanzen, die mein
himmlischer Vater nicht gepflanzt hat,
14 werden ausgerissen.[d] Laßt sie, sie sind
[e]blinde Blindenleiter! Wenn aber ein
Blinder den andern leitet, so fallen sie
15 beide in die Grube. Da nahm Petrus
das Wort und bat ihn: Deute uns dies
16 Gleichnis. Und Jesus sagte zu ihnen:
Seid denn auch ihr noch immer unver-
17 ständig? Merkt ihr noch nicht, daß al-
les, was zum Mund eingeht, in den
Bauch geht und danach in die Grube
18 ausgeleert wird? Was aber aus dem
Munde herauskommt, das kommt aus
dem Herzen, und das macht den Men-
19 schen unrein. Denn [f]aus dem Herzen
kommen böse Gedanken, Mord, Ehe-
bruch, Unzucht, Diebstahl, falsches
20 Zeugnis, Gotteslästerung. Das sind die
Dinge, die den Menschen unrein ma-
chen. Aber mit ungewaschenen Hän-
den essen, das macht den Menschen
nicht unrein.

a Lk 11,38 *b* (*5 und 6*) Spr 28,24; 1.Tim 5,8
c Apg 10,15; 1.Tim 4,4; Tit 1,15 *d* Apg 5,38
e Kap 23,24; Lk 6,39; Röm 2,19 *f* 1.Mose 8,21

Die kanaanäische Frau

(Mk 7,24-30)

21 Jesus ging von dort weg und zog sich in
die Gegend von Tyrus und Sidon zu-
22 rück. Und siehe, eine kanaanäische
Frau kam aus diesem Gebiet und schrie
hinter ihm her: Ach Herr, du Sohn Da-
vids, erbarm dich über mich! Meine
Tochter wird von einem bösen Geist
schrecklich geplagt. Doch er antworte- 23
te ihr kein Wort. Da traten seine Jünger
zu ihm und baten ihn: Entlaß sie doch,
denn sie schreit hinter uns her. Er ant- 24
wortete aber: Nur zu den verlorenen
Schafen des Hauses Israel bin ich ge-
sandt.[a] Sie aber kam und fiel vor ihm 25
nieder und bat: Herr, hilf mir! Aber er 26
antwortete: Es ist nicht recht, den Kin-
dern das Brot wegzunehmen und es den
Hunden vorzuwerfen. Sie sagte: Ja, 27
Herr; aber doch fressen die Hunde von
den Brosamen, die vom Tisch ihrer
Herren fallen. Da antwortete ihr Jesus: 28
[b]*Dein Glaube ist groß. Dir geschehe, wie
du willst!* Und ihre Tochter wurde zu
derselben Stunde gesund.

a Kap 10,5.6; Röm 15,8 *b* Kap 8,10.13

Weitere Heilungen

Jesus ging von dort weiter und kam an 29
das Galiläische Meer, ging auf einen
Berg und setzte sich dort nieder. Und 30
es kam eine große Menge zu ihm; die
hatten Gelähmte bei sich, Verkrüppel-
te, Blinde, Stumme und viele andere
Kranke und legten sie Jesus vor die
Füße, und er heilte sie, so daß sich das 31
Volk wunderte, als sie sahen, daß die
Stummen redeten, die Verkrüppelten
gesund wurden, die Gelähmten gingen,
die Blinden sahen; und sie priesen den
Gott Israels.[a]

a Mk 7,37

Die Speisung der Viertausend

(Mk 8,1-10)

[a]Und Jesus rief seine Jünger zu sich 32
und sagte: Ich habe Erbarmen mit dem
Volk; denn sie harren nun schon drei
Tage bei mir aus und haben nichts zu
essen; und ich will sie nicht ohne Essen
von mir fortlassen, damit sie nicht auf
dem Wege verschmachten. Da sagten 33
seine Jünger zu ihm: Wo sollen wir so
viele Brote in der Wüste hernehmen,
um eine so große Menge zu sättigen?
Und Jesus fragte sie: Wieviel Brote 34
habt ihr? Sie antworteten: Sieben und
ein paar kleine Fische. Und er ließ das 35
Volk sich auf die Erde lagern und nahm 36
die sieben Brote und die Fische, dank-
te, brach sie und gab sie seinen Jün-
gern, und die Jünger gaben sie dem
Volk. Und sie aßen und wurden alle 37
satt; und sie sammelten auf, was an

Brocken übriggeblieben war, sieben
38 Körbe voll. Und die gegessen hatten,
waren viertausend Mann, ausgenom-
39 men Frauen und Kinder. Und als er das
Volk entlassen hatte, stieg er ins Boot
und kam in das Gebiet von Magadan*.

a (32-39) Kap 14,13-21
*Vers 39: Nach anderer Überlieferung: Magdala.

Gegen die Zeichenforderung der Pharisäer

(Mk 8, 11.12; Lk 12, 54-56)

16 Da traten die Pharisäer und Sadduzäer
zu ihm; die stellten ihn auf die Probe
und forderten ihn auf, sie [a]ein Zeichen
2 vom Himmel sehen zu lassen. Aber er
antwortete: [Des Abends sprecht ihr:
Es wird ein schöner Tag werden, denn
3 der Himmel ist rot. Und des Morgens
sprecht ihr: Es wird heute ein Unwet-
ter kommen, denn der Himmel ist rot
und trübe. Über das Aussehen des
Himmels könnt ihr urteilen; könnt ihr
dann nicht auch über die [b]Zeichen der
4 Zeit urteilen?]* Dieses böse und ab-
trünnige Geschlecht sucht ein Zeichen;
doch [c]soll ihm kein anderes Zeichen ge-
geben werden als das Zeichen des Jona.
Und er ließ sie stehen und ging davon.

a Kap 12,38 *b* Kap 11,4 *c* Kap 12,39.40
*Die Verse 2b und 3 finden sich in einigen alten Textzeugen nicht.

Warnung vor der Lehre der Pharisäer und Sadduzäer

(Mk 8, 14-21)

5 Als die Jünger ans andere Ufer gekom-
men waren, hatten sie vergessen, Brot
6 mitzunehmen. Jesus aber sagte zu
ihnen: [a]Seht zu und hütet euch vor
dem Sauerteig der Pharisäer und Sad-
7 duzäer! Da dachten sie bei sich: Das
sagt er, weil wir kein Brot mitgenom-
8 men haben. Als das Jesus merkte, sagte
er zu ihnen: Ihr Kleingläubigen, was
macht ihr euch doch Gedanken, daß ihr
9 kein Brot habt? Versteht ihr noch
nichts? Denkt ihr nicht an die [b]fünf
Brote für die fünftausend und wieviel
Körbe voll ihr da gesammelt habt?
10 auch nicht an die [c]sieben Brote für die
viertausend und wieviel Körbe voll ihr
11 da gesammelt habt? Wieso versteht ihr
denn nicht, daß ich nicht vom Brot zu
euch geredet habe? Hütet euch viel-
mehr vor dem Sauerteig der Pharisäer
12 und Sadduzäer! Da verstanden sie, daß
er nicht gesagt hatte, sie sollten sich vor
dem Sauerteig des Brots hüten, son-
dern vor der Lehre der Pharisäer und
Sadduzäer.

a Lk 12,1 *b* Kap 14,17-21 *c* Kap 15,34-38

Das Bekenntnis des Petrus und die Verheißung an ihn

(Mk 8, 27-30; Lk 9, 18-21)

Da kam Jesus in die Gegend von Cäsa- 13
rea Philippi und fragte seine Jünger:
Für wen halten die Leute den Men-
schensohn? Sie antworteten: Einige für 14
[a]Johannes den Täufer, andere für
[b]Elia, wieder andere für Jeremia oder
[c]einen der Propheten. Er fragte sie: 15
Für wen haltet denn ihr mich? Da ant- 16
wortete Simon Petrus: [d]Du bist Chri-
stus, der Sohn des lebendigen Gottes!
Und Jesus antwortete ihm: Selig bist 17
du, Simon, Jonas Sohn; [e]denn Fleisch
und Blut haben dir das nicht offenbart,
sondern mein Vater im Himmel. Und 18
ich sage dir: Du bist Petrus, und auf
diesen [f]Felsen will ich meine Gemein-
de bauen, und die Pforten der Hölle
sollen sie nicht überwältigen. *Ich will* 19
dir die Schlüssel des Himmelreichs geben,
und [g]alles, was du auf Erden binden
wirst, soll auch im Himmel gebunden sein,
und alles, was du auf Erden lösen wirst,
soll auch im Himmel gelöst sein. Dann ge- 20
bot er seinen Jüngern streng, niemand
zu sagen, daß er der Christus sei.[h]

a Kap 14,2 *b* Kap 17,10 *c* Lk 7,16 *d* Joh 6,69
e Kap 11,27; Gal 1,15.16 *f* Joh 1,42; Eph 2,20
g Kap 18,18 *h* Kap 17,9

Die erste Ankündigung von Jesu Leiden und Auferstehung

(Mk 8, 31-33; Lk 9, 22)

Seit dieser Zeit fing Jesus Christus an, 21
seinen Jüngern zu zeigen, wie er nach
Jerusalem gehen müßte und viel leiden
von den Ältesten und Hohenpriestern
und Schriftgelehrten und getötet wer-
den und [a]am dritten Tage auferstehen.
Doch Petrus nahm ihn beiseite und 22
fuhr ihn an: Gott bewahre dich, Herr!
Das widerfahre dir nur nicht! Er aber 23
wandte sich um und sagte zu Petrus:
Weg mit dir, Satan! Du bringst mich in
Versuchung; denn du meinst nicht,
was göttlich, sondern was menschlich
ist.

a Kap 12,40; Joh 2,19

Von der Nachfolge

(Mk 8,34-9,1; Lk 9,23-27)

[a]Da sprach Jesus zu seinen Jüngern: 24
Wer mir nachfolgen will, der verleugne
sich selbst und nehme sein Kreuz auf sich

25 *und folge mir.*[b] *Denn wer sein Leben er-
halten will, der wird's verlieren;* [c]*wer
aber sein Leben um meinetwillen verliert,*
26 *der wird's finden. Was hilft es dem Men-
schen,* [d]*wenn er die ganze Welt gewinnt,
aber dabei sein Leben einbüßt? Oder was
kann der Mensch geben, um* [e]*sein Leben*
27 *auszulösen?* Denn es wird geschehen,
daß der Menschensohn in der Herr-
lichkeit seines Vaters mit seinen Engeln
kommt, und dann wird er [f]jedem nach
28 seinem Tun vergelten. Wahrlich, ich
sage euch: Es stehen einige hier, die
werden den Tod nicht schmecken, bis
sie den Menschensohn in seinem Reich
kommen sehen.[g]

a (24 und 25) Kap 10,38.39 *b* 1.Petr 2,21
c Offb 12,11 *d* Lk 12,20 *e* Ps 49,9 *f* Röm 2,6
g Kap 10,23

Die Verklärung Jesu

(Mk 9,2-13; Lk 9,28-36)

17 Nach sechs Tagen [a]nahm Jesus Petrus
und Jakobus und dessen Bruder Johan-
nes mit sich und führte sie allein auf
2 einen hohen Berg. [b]Da wurde er vor
ihnen verklärt, und [c]sein Angesicht
leuchtete wie die Sonne, und seine
Kleider wurden weiß wie das Licht.
3 Und siehe, da erschienen ihnen Mose
4 und Elia; die redeten mit ihm. Da
nahm Petrus das Wort und sagte zu Je-
sus: Herr, es ist gut, daß wir hier sind!
Willst du, so wollen wir hier drei Hüt-
ten bauen, für dich eine, für Mose eine
5 und für Elia eine. Während er noch so
redete, siehe, da überschattete sie eine
lichte Wolke. Und siehe, eine Stimme
aus der Wolke sprach: [d]*Dies ist mein lie-
ber Sohn, an dem ich Wohlgefallen habe;*
6 *auf den sollt ihr hören!* Als das die Jün-
ger hörten, warfen sie sich nieder und
7 erschraken sehr. Jesus aber trat zu
ihnen, rührte sie an und sagte: Steht
8 auf und fürchtet euch nicht! Als sie
aber aufblickten, sahen sie niemand als
9 Jesus allein. Und als sie vom Berge her-
abgingen, gebot ihnen Jesus: Ihr sollt
[e]niemand von dieser Erscheinung sa-
gen, bis der Menschensohn von den
Toten auferstanden ist.
10 Und seine Jünger fragten ihn: Wieso
sagen denn die Schriftgelehrten, daß
11 [f]Elia zuerst kommen muß? Jesus ant-
wortete: Elia soll freilich kommen und
12 alles zurechtbringen. Doch ich sage
euch: Elia ist schon gekommen, aber sie
haben ihn nicht erkannt, sondern [g]ha-
ben mit ihm getan, was sie wollten. So
wird auch der Menschensohn durch sie
leiden müssen. Da verstanden die Jün- 13
ger, daß er von Johannes dem Täufer
zu ihnen geredet hatte.[h]

a Kap 26,37; Mk 5,37; 13,3; 14,33; Lk 8,51
b (2 und 5) 2.Petr 1,16-18 *c* Offb 1,16 *d* Kap 3,17
e Kap 16,20 *f* Kap 11,14 *g* Kap 14,9.10
h Lk 1,17

Die Heilung eines mondsüchtigen Kindes

(Mk 9,14-29; Lk 9,37-42)

Als sie zu dem Volk kamen, trat ein 14
Mann zu ihm, fiel ihm zu Füßen und 15
bat: Herr, erbarm dich über meinen
Sohn! denn er ist mondsüchtig und hat
schwer zu leiden; er fällt oft ins Feuer
und oft ins Wasser; und ich habe ihn zu 16
deinen Jüngern gebracht, doch sie
konnten ihm nicht helfen. Jesus aber 17
antwortete: Du ungläubiges und ver-
kehrtes Geschlecht, wie lange soll ich
noch bei euch sein? Wie lange soll ich
euch noch erdulden? Bringt ihn mir
hierher! Und Jesus herrschte ihn an; 18
und der böse Geist fuhr aus von ihm,
und der Junge wurde zur selben Stunde
gesund. Da traten seine Jünger zu ihm, 19
als sie allein waren, und fragten: [a]War-
um konnten *wir* ihn nicht austreiben?
Er aber sagte zu ihnen: Wegen eures 20
Kleinglaubens. Denn wahrlich, ich
sage euch: [b]Wenn ihr Glauben habt
wie ein Senfkorn, so könnt ihr zu
diesem Berge sagen: Rück von hier
fort, dorthin! Dann wird er fortrücken;
und euch wird nichts unmöglich sein.*

a Kap 10,1 *b* Kap 21,21; Lk 17,6; 1.Kor 13,2
*Vers 21: Der Vers gehört nicht zum ursprünglichen Text des Matthäusevangeliums. Er lautet in der späteren Überlieferung: »Aber diese Art fährt nur aus durch Beten und Fasten.«

Die zweite Ankündigung von Jesu Leiden und Auferstehung

(Mk 9,30-32; Lk 9,43-45)

[a]Als sie aber in Galiläa zusammenge- 22
kommen waren, sprach Jesus zu ihnen:
Der Menschensohn wird in die Hände
der Menschen ausgeliefert werden, und 23
sie werden ihn töten, und am dritten
Tag wird er auferstehen. Da wurden sie
sehr betrübt.

a (22 und 23) Kap 16,21; 20,18.19

Von der Zahlung der Tempelsteuer

Als sie nun nach Kapernaum kamen, 24
traten die Steuereinnehmer zu Petrus
und fragten: Pflegt euer Lehrer denn
nicht das Zweidrachmenstück als
[a]Tempelsteuer zu geben? Er sagte: Ja. 25
Und als er heimkam, kam ihm Jesus zu-
vor und fragte: Was meinst du, Simon?

Von wem nehmen die Könige auf Er-
den Zoll oder Steuern: von ihren Kin-
26 dern oder von den Fremden? Als er
antwortete: Von den Fremden, sagte
Jesus zu ihm: So sind die Kinder frei.
27 Damit wir ihnen aber keinen Anstoß
geben, geh hin an den See und wirf eine
Angel aus, und den ersten Fisch, der
herausgezogen wird, den nimm; und
wenn du sein Maul aufmachst, wirst du
ein Vierdrachmenstück finden; das
nimm und gib's ihnen für mich und
dich.

a 2.Mose 30,13; 2.Kön 12,5.6

Von der Größe im Himmelreich

(Mk 9,33-47; Lk 9,46-48)

18 Zur selben Stunde traten die Jünger zu
Jesus und fragten: Wer ist eigentlich
2 der Größte im Himmelreich? Jesus rief
ein Kind zu sich, stellte es mitten unter
3 sie und sprach: Wahrlich, ich sage
euch: Wenn ihr nicht umkehrt und wie
die Kinder werdet, so werdet ihr nicht
4 ins Himmelreich kommen.[a] Wer nun
sich selbst erniedrigt und wie dies Kind
wird, der ist der Größte im Himmel-
5 reich. Und wer ein solches Kind in mei-
nem Namen aufnimmt, der nimmt
mich auf.[b]

a Kap 19,14 *b* Kap 10,40

Warnung vor Verführungen

6 [a]Wer aber einen dieser Kleinen, die an
mich glauben, darin irre macht, für den
wäre es besser, daß ein Mühlstein an
seinen Hals gehängt und er im Meer
ersäuft würde, wo es am tiefsten ist.
7 Wehe der Welt um der Verführungen
willen! Es müssen ja Verführungen
kommen; doch wehe dem Menschen,
8 der zum Bösen verführt! [b]Wenn aber
deine Hand oder dein Fuß dich zum
Bösen reizt, so hau sie ab und wirf sie
von dir. Es ist besser für dich, daß du
lahm oder verstümmelt zum Leben
eingehst, als daß du zwei Hände oder
zwei Füße hast und in das ewige Feuer
9 geworfen wirst. Und wenn dich dein
Auge zum Bösen reizt, reiß es heraus
und wirf's von dir. Es ist besser für
dich, daß du einäugig zum Leben ein-
gehst, als daß du zwei Augen hast und
in das höllische Feuer geworfen wirst.

a (6 und 7) Lk 17,1.2 *b (8 und 9)* Kap 5,29.30

Das Gleichnis vom verlorenen Schaf

(Lk 15,4-7)

10 Seht zu, daß ihr keinen von diesen
Kleinen verachtet. Denn ich sage euch:
[a]Ihre Engel im Himmel sehen allezeit
das Angesicht meines Vaters im Him-
mel.*
Was meint ihr? Wenn jemand hun- 12
dert Schafe hätte und eins unter ihnen
sich verirrte: läßt er nicht die neunund-
neunzig auf den Bergen, geht hin und
sucht das verirrte? Und wenn er's nun 13
findet, wahrlich, ich sage euch: er freut
sich darüber mehr als über die neun-
undneunzig, die sich nicht verirrt ha-
ben. So ist's auch nicht der Wille eures 14
Vaters im Himmel, daß auch nur einer
von diesen Kleinen verloren geht.

a Hebr 1,14

*Vers 11: Der Vers gehört nicht zum ursprünglichen Text des Matthäusevangeliums. Er lautet in der späteren Überlieferung: »Denn der Menschensohn ist gekommen, zu retten, was verloren ist.«

Zurechtweisung und Gebet in der Gemeinde

Sündigt aber dein Bruder an dir, so geh 15
hin und [a]weise ihn zunächst unter vier
Augen zurecht. Hört er auf dich, so hast
du deinen Bruder gewonnen. Hört er 16
nicht auf dich, so nimm noch einen
oder zwei zu dir, damit [b]jede Sache
durch den Mund von zwei oder drei
Zeugen bestätigt wird. Hört er auf die 17
nicht, so sage es der Gemeinde. Hört er
auch auf die Gemeinde nicht, so gelte er
dir als ein Heide und Zöllner.[c] Wahr- 18
lich, ich sage euch: *Was ihr auf Erden*
binden werdet, soll auch im Himmel ge-
bunden sein, und was ihr auf Erden lösen
werdet, soll auch im Himmel gelöst sein.[d]
Wahrlich, ich sage euch weiter: Wenn 19
zwei unter euch eins werden auf Erden,
worum auch immer sie bitten wollen,
dann soll es ihnen widerfahren von
meinem Vater im Himmel.[e] Denn *wo* 20
zwei oder drei in meinem Namen versam-
melt sind,[f] *da bin ich mitten unter ihnen.*

a 3.Mose 19,17; Lk 17,3; Gal 6,1 *b* 5.Mose 19,15 *c* 1.Kor 5,13; 2.Thess 3,6; Tit 3,10 *d* Kap 16,19; Joh 20,23 *e* Mk 11,24 *f* Kap 28,20

Das Gleichnis vom unbarmherzigen Knecht (»Der Schalksknecht«)

Da trat Petrus zu ihm und fragte: Herr, 21
wie oft muß ich denn meinem Bruder,
der an mir sündigt, vergeben? Genügt
es siebenmal? Jesus sprach zu ihm: Ich 22
sage dir: nicht siebenmal, sondern sieb-
zigmal siebenmal.[a]
Darum ist es mit dem Himmelreich 23
wie mit einem König, der mit seinen
Knechten abrechnen wollte. Und als er 24

anfing abzurechnen, wurde einer vor
ihn gebracht, der ihm zehntausend
25 Zentner Silber schuldig war. Da er's
nun nicht bezahlen konnte, befahl der
Herr, ihn und seine Frau und [b]seine
Kinder und alles, was er hatte, zu ver-
26 kaufen und damit zu bezahlen. Da fiel
ihm der Knecht zu Füßen und flehte
ihn an: Hab Geduld mit mir; ich will
27 dir's alles bezahlen. Da hatte der Herr
Erbarmen mit diesem Knecht und ließ
ihn frei, und die Schuld erließ er ihm
28 auch. Da ging dieser Knecht hinaus
und traf einen seiner Mitknechte, der
ihm hundert Silbergroschen schuldig
war; und er packte und würgte ihn und
rief: Bezahle alles, was du mir schuldig
29 bist! Da fiel sein Mitknecht nieder und
bat ihn: Hab Geduld mit mir; ich will
30 dir's bezahlen. Der wollte aber nicht,
sondern ging hin und ließ ihn ins
Gefängnis werfen, bis er bezahlt haben
31 würde, was er schuldig war. Als aber
seine Mitknechte das sahen, wurden sie
sehr betrübt und kamen und erzählten
ihrem Herrn alles, was sich begeben
32 hatte. Da forderte ihn sein Herr vor
sich und sagte zu ihm: Du Schurke!
Diese deine ganze Schuld habe ich dir
erlassen, [c]weil du mich gebeten hattest;
33 hättest du dich da nicht auch über dei-
nen Mitknecht erbarmen sollen, wie ich
34 mich über dich erbarmt habe?[d] Und
sein Herr wurde zornig und übergab
ihn den Folterknechten, [e]bis er alles
bezahlt haben würde, was er ihm schul-
35 dig war. So wird auch mein himmli-
scher Vater an euch handeln, wenn ihr
einander nicht von Herzen vergebt, ein
jeder seinem Bruder.[f]

a 1.Mose 4,24; Lk 17,4; Eph 4,32 *b* Neh 5,5 *c* Lk 6,36 *d* 1.Joh 4,11 *e* Kap 5,26 *f* Kap 6,14.15; Jak 2,13

Über Ehe und Ehescheidung

(Mk 10, 1-12)

19 Und es begab sich, als Jesus diese Re-
den beendet hatte, machte er sich aus
Galiläa auf und kam in das Gebiet von
2 Judäa jenseits des Jordan; und eine
große Menge folgte ihm, und er heilte
sie dort.

3 Da traten Pharisäer an ihn heran,
stellten ihn auf die Probe und fragten:
Darf ein Mann aus jedem Grund seine
4 Frau aus der Ehe entlassen? Er aber
antwortete: Habt ihr nicht gelesen, daß
der, der im Anfang den Menschen ge-
schaffen hat, [a]sie als Mann und Frau
5 geschaffen und gesagt hat (1. Mose 2,
24): »Darum wird ein Mann Vater und
Mutter verlassen und sich an seine
Frau binden, und die beiden werden *ein*
Leib sein«? So sind sie nun nicht mehr 6
zwei, sondern eins. Darum: *Was Gott*
zusammengefügt hat, das [b]soll der
Mensch nicht scheiden.

Da fragten sie: Warum hat dann 7
Mose geboten, ihr einen [c]Scheidebrief
zu geben und sie zu entlassen? Er sagte 8
zu ihnen: Mose hat euch wegen eurer
verstockten Herzen erlaubt, eure Frau-
en zu entlassen; von Anfang an aber
ist's nicht so gewesen. Ich aber sage 9
euch: Wer seine Frau entläßt, es sei
denn wegen Unzucht, und eine andere
heiratet, der bricht die Ehe.[d]

Da sagten seine Jünger zu ihm: Steht 10
die Sache eines Mannes mit seiner Frau
so, dann ist's nicht gut zu heiraten. Er 11
sagte aber zu ihnen: Dies Wort fassen
nicht alle, sondern nur die, denen es ge-
geben ist.[e] Denn manche sind von Ge- 12
burt an zu ehelichem Umgang unfähig;
andere sind von Menschen dazu unfä-
hig gemacht worden; und wieder ande-
re haben sich selbst dazu unfähig ge-
macht um des Himmelreichs willen.
Wer es fassen kann, der fasse es!

a 1.Mose 1,27 *b* 1.Kor 7,10.11 *c* Kap 5,31 *d* Kap 5,32; Lk 16,18 *e* 1.Kor 7,7

Die Segnung der Kinder

(Mk 10, 13-16; Lk 18, 15-17)

Da wurden Kinder zu ihm gebracht, 13
damit er ihnen die Hände auflegte und
betete. Die Jünger aber fuhren sie an.
Aber Jesus sagte: Laßt doch die Kinder 14
und verwehrt ihnen nicht, zu mir zu
kommen; denn Menschen wie ihnen
gehört das Himmelreich.[a] Und er legte 15
ihnen die Hände auf und zog von dort
weg.

a Kap 18,2.3

Die Gefahr des Reichtums (»Der reiche Jüngling«)

(Mk 10, 17-27; Lk 18, 18-27)

Und siehe, einer trat zu ihm und fragte: 16
Meister, was soll ich Gutes tun, um das
ewige Leben zu erlangen? Er aber sagte 17
zu ihm: Was fragst du mich nach dem,
was gut ist? Gut ist nur ein einziger.
Willst du aber zum Leben eingehen, so
halte die Gebote. Da fragte er ihn: Wel- 18
che? Jesus aber sprach: »Du sollst nicht
töten; du sollst nicht ehebrechen; du
sollst nicht stehlen; du sollst keine fal-
sche Anklage erheben; ehre Vater und 19
Mutter« (2. Mose 20, 12-16); und: »du

sollst deinen Nächsten lieben wie dich
20 selbst« (3. Mose 19,18). Da sagte der
junge Mann zu ihm: Das habe ich alles
21 gehalten; was fehlt mir noch? Jesus
antwortete ihm: Willst du vollkommen
sein, so geh hin, verkaufe, was du hast,
und gib's den Armen, dann wirst du
einen [a]Schatz im Himmel haben; und
22 komm und folge mir nach! Als der jun-
ge Mann das hörte, ging er [b]betrübt da-
23 von; denn er hatte großen Besitz. Jesus
aber sprach zu seinen Jüngern: Wahr-
lich, ich sage euch: Ein Reicher wird
nur schwer ins Himmelreich kommen.
24 Und weiter sage ich euch: Es ist leich-
ter, daß ein Kamel durch ein [c]Nadelöhr
geht, als daß ein Reicher ins Reich Got-
25 tes kommt. Als das seine Jünger hörten,
erschraken sie sehr und fragten: Ja, wer
26 kann dann gerettet werden? Jesus aber
sah sie an und sagte zu ihnen: Bei den
Menschen ist's unmöglich; aber [d]bei
Gott ist alles möglich.

a Kap 6,20; Lk 12,33 *b* Ps 62,11 *c* Kap 7,14
d Hiob 42,2

Der Lohn der Nachfolge

(Mk 10,28-31; Lk 18,28-30)

27 Da fing Petrus an und sagte zu ihm:
Siehe, [a]wir haben alles verlassen und
sind dir nachgefolgt; was bekommen
28 wir dafür? Jesus aber sprach zu ihnen:
Wahrlich, ich sage euch: Ihr, die ihr
mir nachgefolgt seid, werdet bei der
Wiedergeburt der Welt, wenn der
Menschensohn auf dem Thron seiner
Herrlichkeit sitzen wird, [b]auch auf
zwölf Thronen sitzen und [c]die zwölf
29 Stämme Israels richten. Und jeder, der
Häuser oder Brüder oder Schwestern
oder Vater oder Mutter oder Kinder
oder Äcker verläßt um meines Namens
willen, der wird's hundertfach wieder
empfangen und das ewige Leben erben.
30 Aber viele, die die Ersten sind, werden
die Letzten und die Letzten werden die
Ersten sein.

a Kap 4,20.22 *b* Lk 22,30; Offb 3,21 *c* 1.Kor 6,2

Von den Arbeitern im Weinberg

20 Denn mit dem Himmelreich ist es wie
mit einem Weinbergbesitzer, der früh
am Morgen ausging, um Arbeiter für
2 seinen Weinberg anzuwerben. Und als
er mit den Arbeitern um einen Silber-
groschen als Tagelohn einig geworden
war, sandte er sie in seinen Weinberg.
3 Und er ging um die dritte Stunde wie-
der aus und sah andere auf dem Markt
4 herumstehen und sagte zu ihnen: Geht
ihr auch hin in den Weinberg; ich will
euch geben, was recht ist. Und sie gin- 5
gen hin. Um die sechste und um die
neunte Stunde ging er nochmals aus
und machte es ebenso. Um die elfte 6
Stunde aber ging er aus und fand dort
wieder andere und sagte zu ihnen: Was
steht ihr hier den ganzen Tag herum?
Sie antworteten ihm: Es hat uns nie- 7
mand eingestellt. Er sagte zu ihnen:
Geht ihr auch hin in den Weinberg. Als 8
es nun Abend geworden war, sagte der
Besitzer des Weinbergs zu seinem Ver-
walter: Ruf die Arbeiter zusammen
und gib ihnen den Lohn und fang bei
den letzten an bis zu den ersten. Da ka- 9
men die, die um die elfte Stunde einge-
stellt worden waren, und jeder empfing
seinen Silbergroschen. Als aber die er- 10
sten kamen, meinten sie, sie würden
mehr empfangen; doch jeder empfing
auch nur seinen Silbergroschen. Und 11
als sie den empfingen, murrten sie ge-
gen den Weinbergbesitzer und sagten: 12
Diese letzten haben nur eine Stunde
gearbeitet, doch du hast sie uns gleich-
gestellt, die wir des Tages Last und
Hitze getragen haben. Er antwortete 13
aber und sagte zu einem von ihnen:
Mein Freund, ich tu dir nicht Unrecht.
Bist du nicht mit mir um einen Silber-
groschen einig geworden? Nimm, was 14
dir zusteht, und geh! Ich will aber
diesem letzten dasselbe geben wie dir.
Oder [a]darf ich nicht mit meinem Geld 15
tun, was ich will? Blickst du böse, weil
ich so gütig bin? So werden die Letzten 16
die Ersten und die Ersten die Letzten
sein.*

a Röm 9,16.21
*Vers 16: In einer Reihe von Handschriften wird hinzugefügt: »Denn viele sind berufen, aber wenige sind auserwählt« (vgl. Kap 22,14).

Die dritte Ankündigung von Jesu Leiden und Auferstehung

(Mk 10,32-34; Lk 18,31-33)

Und Jesus zog hinauf nach Jerusalem 17
und nahm die zwölf Jünger beiseite und
sagte zu ihnen auf dem Wege: Siehe, 18
wir [a]ziehen hinauf nach Jerusalem, und
[b]der Menschensohn wird den Hohen-
priestern und Schriftgelehrten ausge-
liefert werden; und sie werden ihn zum
Tode verurteilen und ihn den Heiden 19
ausliefern, damit sie ihn verspotten und
geißeln und kreuzigen; und am dritten
Tage wird er auferstehen.

a Joh 2,13 *b* Kap 16,21; 17,22.23

Die Bitte der Söhne des Zebedäus
(Mk 10, 35-45)

20 Da trat die Mutter der [a] Söhne des Ze-
bedäus zu ihm gemeinsam mit ihren
Söhnen, fiel vor ihm nieder und wollte
21 etwas von ihm erbitten. Und er fragte
sie: Was willst du? Sie antwortete ihm:
Laß diese meine beiden Söhne in dei-
nem Reich neben dir sitzen, den einen
zu deiner Rechten und den andern zu
22 deiner Linken.[b] Aber Jesus antworte-
te: Ihr wißt nicht, worum ihr bittet.
Könnt ihr den [c] Kelch trinken, den ich
trinken werde*? Sie antworteten ihm:
23 Ja, das können wir. Da sagte er zu
ihnen: [d] Meinen Kelch werdet ihr zwar
trinken,* aber euch zu gewähren, zu
meiner Rechten und zu meiner Linken
zu sitzen, steht mir nicht zu. Das wird
allein denen zuteil, für die es mein Va-
ter bestimmt hat.
24 [e] Als das die Zehn hörten, wurden sie
25 unwillig über die zwei Brüder. Aber Je-
sus rief sie zu sich und sagte: Ihr wißt,
daß die Fürsten ihre Völker niederhal-
ten und die Mächtigen ihnen Gewalt
26 antun. So soll es unter euch nicht sein;
sondern wer unter euch groß sein will,
27 der [f] soll euer Diener sein; und wer un-
ter euch der Erste sein will, der soll euer
28 Knecht sein,[g] so wie *der Menschensohn*
nicht gekommen ist, um sich dienen zu las-
sen, sondern [h] *um zu dienen und* [i] *sein Le-*
ben zu geben als Lösegeld für viele.

a Kap 10,2 *b* Kap 19,28 *c* Kap 26,39
d Apg 12,2; Offb 1,9 *e* (24-28) Lk 22,24-27
f Kap 23,11; 1.Kor 9,19 *g* Mk 9,35 *h* Phil 2,7
i 1.Petr 1,18.19
*Vers 22: In einer Reihe von Handschriften wird hinzugefügt: »und euch taufen lassen mit der Taufe, mit der ich getauft bin?« (vgl. Mk 10,38).
*Vers 23: In einer Reihe von Handschriften wird hinzugefügt: »und mit der Taufe, mit der ich getauft werde, sollt ihr getauft werden« (vgl. Mk 10,39).

Die Heilung der beiden Blinden von Jericho
(Mk 10, 46-52; Lk 18, 35-43)

29 Als sie von Jericho fortgingen, folgte
30 ihm eine große Menge. Und siehe, zwei
Blinde saßen am Wege; und als sie hör-
ten, daß Jesus vorüberging, riefen sie:
Ach Herr, du Sohn Davids, erbarm
31 dich über uns! Aber das Volk fuhr sie
an, daß sie schweigen sollten. Doch sie
riefen noch viel lauter: Ach Herr, du
Sohn Davids, erbarm dich über uns!
32 Jesus aber blieb stehen, rief sie und
33 fragte: Was soll ich für euch tun? Sie
sagten zu ihm: Herr, daß unsere Augen
34 aufgetan werden. Da hatte er Erbarmen
mit ihnen und berührte ihre Augen;
und sogleich konnten sie wieder sehen,
und sie folgten ihm.

Jesu Einzug in Jerusalem
(Mk 11, 1-10; Lk 19, 29-38; Joh 12, 12-19)

Als sie nun in die Nähe von Jerusalem 21
kamen, nach Betfage an den Ölberg,
sandte Jesus zwei Jünger voraus und 2
sagte zu ihnen: Geht in das Dorf, das
vor euch liegt, und sogleich werdet ihr
eine Eselin angebunden finden und ein
Füllen bei ihr: bindet sie los und führt
sie zu mir! Und wenn euch jemand et- 3
was sagt, so sprecht: Der Herr braucht
sie. Sogleich wird er sie euch losgeben.[a]
Das geschah aber, damit erfüllt würde, 4
was durch den Propheten gesagt wor-
den ist (Sacharja 9,9): »Sagt der Toch- 5
ter Zion: Siehe, dein König kommt zu
dir sanftmütig und reitet auf einem Esel
und auf einem Füllen, dem Jungen
eines Lasttiers.« Die Jünger gingen hin 6
und taten, wie ihnen Jesus befohlen
hatte, und brachten die Eselin und das 7
Füllen und legten ihre Kleider darauf,
und er setzte sich darauf. Aber eine gro- 8
ße Menschenmenge [b] breitete ihre
Kleider auf den Weg; andere hieben
Zweige von den Bäumen und streuten
sie auf den Weg. Die Menge aber, die 9
ihm voranging und folgte, rief laut:
[c] *Hosanna dem Sohn Davids! Gelobt sei,*
der da kommt im Namen des Herrn! Ho-
sanna in der Höhe!
Und als er in Jerusalem einzog, er- 10
regte sich die ganze Stadt und fragte:
Wer ist das? Die Menge aber sagte: 11
Das ist Jesus, der Prophet aus Nazaret
in Galiläa.

a Kap 26,18 *b* 2.Kön 9,13 *c* Ps 118,25.26

Die Tempelreinigung
(Mk 11, 15-19; Lk 19, 45-48; Joh 2, 13-16)

Und Jesus ging in den Tempel und 12
trieb alle Verkäufer und Käufer im
Tempel hinaus und stieß die Tische der
Geldwechsler und die Stände der Tau-
benhändler um und sagte zu ihnen: Es 13
steht geschrieben (Jesaja 56,7): »Mein
Haus soll ein Bethaus heißen«; ihr aber
macht eine [a] Räuberhöhle daraus. Und 14
es gingen Blinde und Lahme im Tem-
pel zu ihm, und er heilte sie. Als aber 15
die Hohenpriester und Schriftgelehr-
ten die Wunder sahen, die er tat, und
wie die Kinder im Tempel riefen: Ho-
sanna dem Sohn Davids!, entrüsteten

16 sie sich und sagten zu ihm: Hörst du
auch, was diese sagen? Jesus antwortete
ihnen: Ja! Habt ihr nie gelesen (Psalm
8,3): »Aus dem Mund der Unmündi-
gen und Säuglinge hast du Lob und
17 Preis bereitet«? Und er ließ sie stehen
und ging zur Stadt hinaus nach Betani-
en und blieb dort über Nacht.

a Jer 7,11

Der verdorrte Feigenbaum

(Mk 11, 12-14. 20-24)

18 Als er aber am Morgen wieder in die
19 Stadt ging, hatte er Hunger. Und er sah
einen Feigenbaum an dem Wege, ging
auf ihn zu und [a]fand nur Blätter daran
und sprach zu ihm: Für alle Zeit soll
auf dir keine Frucht mehr wachsen!
Und der Feigenbaum verdorrte sofort.
20 Als das die Jünger sahen, wunderten sie
sich und fragten: Wie ist der Feigen-
21 baum so schnell verdorrt? Jesus aber
antwortete ihnen: Wahrlich, ich sage
euch: Wenn ihr Glauben habt und
nicht zweifelt, so werdet ihr nicht allein
dasselbe tun, was mit dem Feigenbaum
geschehen ist, sondern [b]wenn ihr zu
diesem Berge sagt: Erheb dich und wirf
dich ins Meer!, so wird's geschehen.
22 Und *alles, worum ihr im Gebet bittet,*
werdet ihr empfangen, wenn ihr nur
glaubt.

a Lk 13,6 *b* Kap 17,20

Die Frage nach Jesu Vollmacht

(Mk 11, 27-33; Lk 20, 1-8)

23 Als er in den Tempel kam und lehrte,
traten die Hohenpriester und die Älte-
sten des Volks zu ihm und fragten:
[a]Aus welcher Vollmacht tust du das,
und wer hat dir diese Vollmacht gege-
24 ben? Jesus aber antwortete ihnen:
Auch ich will euch eine Frage stellen;
wenn ihr mir darauf antwortet, will ich
euch auch sagen, aus welcher Voll-
25 macht ich das tue. Woher war die Taufe
des Johannes? War sie vom Himmel
oder von Menschen? Da überlegten sie
bei sich: Sagen wir, sie war vom Him-
mel, so wird er zu uns sagen: Warum
26 habt ihr ihm dann nicht geglaubt? Sa-
gen wir aber, sie war von Menschen, so
müssen wir uns vor dem Volk fürchten,
denn sie [b]halten alle Johannes für einen
27 Propheten. Und sie antworteten Jesus:
Wir wissen's nicht. Da sagte er zu
ihnen: So sage auch ich euch nicht, aus
welcher Vollmacht ich das tue.

a Joh 2,18; Apg 4,7 *b* Kap 14,5

Von den ungleichen Söhnen

Was meint ihr aber? Es hatte ein Mann 28
zwei Söhne und ging zu dem ersten und
sagte: Mein Sohn, geh hin und arbeite
heute im Weinberg. Er antwortete 29
aber: Nein, ich will nicht. Danach reute
es ihn, und er ging hin. Und der Vater 30
ging zum zweiten Sohn und sagte das-
selbe. Der aber antwortete: [a]Ja, Herr!
und ging nicht hin. Wer von den beiden 31
hat des Vaters Willen getan? Sie ant-
worteten: Der erste. Jesus sagte zu
ihnen: Wahrlich, ich sage euch: Die
[b]Zöllner und Huren kommen eher ins
Reich Gottes als ihr. Denn Johannes 32
kam zu euch und lehrte euch den rech-
ten Weg, und ihr glaubtet ihm nicht;
aber [c]die Zöllner und Huren glaubten
ihm. Und obwohl ihr's saht, tatet ihr
daraufhin doch keine Buße und glaub-
tet ihm nicht.

a Kap 7,21 *b* Lk 18,9-14 *c* Lk 7,29

Von den bösen Weingärtnern

(Mk 12, 1-12; Lk 20, 9-19)

Hört ein anderes Gleichnis: Es war ein 33
Grundbesitzer, der [a]pflanzte einen
Weinberg und zog einen Zaun darum
und grub eine Kelter darin und baute
einen Turm und verpachtete ihn an
Weingärtner und ging außer Landes.
Als nun die Zeit der Ernte herbeikam, 34
sandte er seine Knechte zu den Wein-
gärtnern, um seine Früchte abzuholen.
Da nahmen die Weingärtner seine 35
Knechte: den einen schlugen sie, den
zweiten töteten sie, den dritten steinig-
ten sie. Abermals sandte er andere 36
Knechte, mehr als das erste Mal; und
sie machten es mit ihnen genauso. Zu- 37
letzt aber sandte er seinen Sohn zu
ihnen und dachte: Sie werden sich vor
meinem Sohn scheuen. Als aber die 38
Weingärtner den Sohn kommen sahen,
sagten sie zueinander: Das ist der Erbe;
kommt, laßt uns ihn töten und sein
Erbgut an uns bringen![b] Und sie nah- 39
men ihn, stießen ihn zum Weinberg
hinaus und töteten ihn. Wenn nun der 40
Besitzer des Weinbergs kommen wird,
was wird er mit diesen Weingärtnern
tun? Sie antworteten ihm: Er wird den 41
Bösen ein böses Ende bereiten und sei-
nen Weinberg andern Weingärtnern
verpachten, die ihm die Früchte zur
rechten Zeit geben.

Jesus sagte zu ihnen: Habt ihr nie ge- 42
lesen, was in der Schrift steht (Psalm
118,22.23): »Der [c]Stein, den die Bau-

leute verworfen haben, der ist zum
Eckstein geworden. Vom Herrn ist das
geschehen und ist ein Wunder vor un-
43 sern Augen«? Darum sage ich euch:
Das Reich Gottes wird von euch ge-
nommen und einem Volk gegeben wer-
44 den, das seine Früchte bringt. [Und
wer auf diesen Stein fällt, der wird zer-
schellen; auf wen aber er fällt, den wird
er zermalmen.]*
45 Und als die Hohenpriester und Pha-
risäer seine Gleichnisse hörten, erkann-
46 ten sie, daß er von ihnen redete. Und sie
trachteten danach, wie sie ihn ergrif-
fen; aber sie fürchteten sich vor dem
Volk, denn es hielt ihn für einen Pro-
pheten.

a Jes 5,1.2 *b* Kap 26,3-5; Joh 1,11 *c* Apg 4,11; 1.Petr 2,4-8
*Vers 44: Dieser Vers findet sich in einigen alten Textzeugen nicht (vgl. Lk 20,18).

Die königliche Hochzeit

(Lk 14,16-24)

22 Und Jesus fuhr fort, in Gleichnissen zu
2 ihnen zu reden: Mit dem Himmelreich
ist es wie mit einem König, der für sei-
nen Sohn die Hochzeit ausrichtete.[a]
3 Und er sandte seine Knechte aus, um
die Geladenen zur Hochzeit zu bitten;
4 doch sie wollten nicht kommen. Aber-
mals sandte er andere Knechte aus und
sprach: Sagt den Gästen: Siehe, meine
Mahlzeit habe ich bereitet, meine Och-
sen und mein Mastvieh sind geschlach-
tet, und alles ist bereit; kommt zur
5 Hochzeit! Aber sie achteten nicht dar-
auf und gingen hin, einer auf seinen
Acker, der andere an sein Geschäft;
6 wieder andere aber ergriffen seine
Knechte, mißhandelten und töteten
7 sie.[b] Da wurde der König zornig,
schickte seine Heere aus und ließ diese
Mörder umbringen und ihre Stadt an-
8 zünden.[c] Dann sagte er zu seinen
Knechten: Die Hochzeit ist zwar be-
reit, aber die Gäste waren's nicht wert.
9 Darum geht hinaus auf die Straßen und
ladet zur Hochzeit ein, wen ihr trefft.
10 Und die Knechte gingen auf die Stra-
ßen hinaus und holten zusammen,
[d]wen sie trafen, Böse und Gute; und
11 die Tische wurden alle voll. Da ging der
König hinein, um sich die Gäste anzu-
sehen, und sah da einen Mann, der hat-
12 te [e]kein Feierkleid an, und sagte zu
ihm: Freund, wie bist du hier hereinge-
kommen und hast doch kein Feierkleid
an? Er aber brachte kein Wort heraus.
13 Da befahl der König seinen Dienern:
Bindet ihm Hände und Füße und werft
ihn in die Finsternis hinaus! Da wird
Heulen und Zähneklappen sein. Denn 14
viele sind berufen, aber wenige sind
auserwählt.

a Joh 3,29 *b* Kap 21,35 *c* Kap 24,2 *d* Kap 13,47 *e* Offb 19,8

Die Frage nach der Steuer (»Der Zinsgroschen«)

(Mk 12, 13-17; Lk 20, 20-26)

Da gingen die Pharisäer hin und hielten 15
eine Beratung ab, wie sie ihn mit seinen
Worten fangen könnten, und sandten 16
ihre Jünger zusammen mit den Leuten
des Herodes zu ihm. Die sagten: [a]Mei-
ster, wir wissen, daß du wahrhaftig bist
und den Weg Gottes in aller Wahrheit
lehrst und nach niemand fragst; denn
du achtest nicht auf das Ansehen der
Menschen. Darum sage uns, was 17
meinst du: Ist's recht, daß man dem
Kaiser Steuern zahlt oder nicht? Als 18
nun Jesus ihre Bosheit merkte, antwor-
tete er: Ihr Heuchler, was stellt ihr
mich auf die Probe? Zeigt mir die 19
Steuermünze! Und sie reichten ihm
einen Silbergroschen. Und er fragte 20
sie: Wen zeigen Bild und Aufschrift?
Sie antworteten ihm: Den Kaiser. Da 21
sagte er zu ihnen: So *gebt dem Kaiser,
was dem Kaiser gehört, und Gott, was
Gott gehört!*[b] Als sie das hörten, wun- 22
derten sie sich, ließen von ihm ab und
gingen davon.

a Joh 3,2 *b* Röm 13,1.7

Die Frage nach der Auferstehung

(Mk 12, 18-27; Lk 20, 27-40)

Am selben Tage traten die Sadduzäer 23
zu ihm, [a]die lehren, es gebe keine Auf-
erstehung, und fragten ihn: Meister, 24
Mose hat gesagt (5. Mose 25, 5.6):
»Wenn einer stirbt und keine Kinder
hat, so soll sein Bruder die Witwe heira-
ten und seinem Bruder Nachkommen
verschaffen.« Nun waren bei uns sieben 25
Brüder. Der erste heiratete und starb;
und weil er keine Nachkommen hatte,
hinterließ er seine Frau seinem Bruder;
ebenso der zweite und der dritte bis 26
zum siebten. Zuletzt nach ihnen allen 27
starb die Frau. Nun in der Auferste- 28
hung: wessen Frau wird sie sein von
diesen sieben? Sie haben sie ja alle ge-
habt. Jesus aber antwortete ihnen: Ihr 29
irrt, weil ihr weder die Schrift kennt
noch die Kraft Gottes. Denn in der 30
Auferstehung werden sie weder heira-
ten noch sich heiraten lassen, sondern
sie sind wie Engel im Himmel. Was 31

aber die Auferstehung der Toten an-
geht – habt ihr nicht gelesen, was euch
32 von Gott gesagt ist (2. Mose 3,6): »Ich
bin der Gott Abrahams und der Gott
Isaaks und der Gott Jakobs«? So ist
Gott nicht ein Gott der Toten, sondern
33 der Lebenden. Und als das Volk das
hörte, entsetzten sie sich über seine
Lehre.

a Apg 4,2; 23,6.8

Die Frage nach dem wichtigsten Gebot

(Mk 12,28-31; Lk 10 25-28)

34 Als aber die Pharisäer hörten, daß er
den Sadduzäern das Maul gestopft hat-
35 te, versammelten sie sich. Und einer
von ihnen, ein Schriftgelehrter, stellte
36 ihn auf die Probe und fragte: Meister,
welches ist das wichtigste Gebot im
37 Gesetz? Jesus aber antwortete ihm:
*»Du sollst den Herrn, deinen Gott, lieben
mit ganzem Herzen, mit ganzer Seele und
mit all deinem Verstand«* (5. Mose 6,5).
38 Dies ist das größte und wichtigste Ge-
39 bot. Das andere aber ist dem gleich:
*»Du sollst deinen Nächsten lieben wie dich
40 selbst«* (3. Mose 19,18). An diesen bei-
den Geboten hängt das ganze Gesetz
und die Propheten.[a]

a Röm 13,9.10

Die Frage nach dem Davidssohn

(Mk 12,35-37; Lk 20,41-44)

41 Als nun die Pharisäer beisammen wa-
42 ren, fragte sie Jesus: Wie denkt ihr über
den Christus? Wessen Sohn ist er? Sie
43 antworteten: [a]Davids. Da fragte er sie:
Wie kann ihn dann David, vom Geist
erfüllt, Herr nennen, wenn er sagt
44 (Psalm 110,1): »Der Herr sprach zu
meinem Herrn: [b]Setze dich zu meiner
Rechten, bis ich deine Feinde dir unter
45 die Füße lege«? Wenn nun David ihn
Herr nennt, wieso ist er dann sein
46 Sohn? Und niemand konnte ihm ein
Wort antworten, auch wagte niemand
von dem Tage an, ihn hinfort noch zu
fragen.

a Jes 11,1; Joh 7,42 *b* Kap 26,64

Weherufe gegen die Schriftgelehrten und Pharisäer

(Mk 12,38-40; Lk 20,45-47; 11,39-52)

23 Da redete Jesus zu dem Volk und zu
2 seinen Jüngern und sagte: Auf dem
Stuhl des Mose sitzen die Schriftge-
3 lehrten und Pharisäer. Alles nun, was
sie euch sagen, das tut und haltet; aber
nach ihren Werken sollt ihr euch nicht
richten; denn [a]sie sagen's zwar, tun's
aber nicht. [b]Sie binden schwere und 4
unerträgliche Bürden zusammen und
legen sie den Menschen auf die Schul-
tern; aber sie selbst wollen nicht einmal
einen Finger dafür krümmen. Alle ihre 5
Werke aber tun sie, [c]damit sie von den
Leuten gesehen werden. Sie machen
ihre [d]Gebetsriemen breit und die Qua-
sten an ihren Kleidern groß. Sie [e]sitzen 6
gern obenan bei Tisch und in den Syn-
agogen und haben's gern, auf dem 7
Markt gegrüßt und von den Leuten
Rabbi genannt zu werden. Aber ihr 8
sollt euch nicht Rabbi nennen lassen;
denn nur einer ist euer Meister; ihr
aber seid alle Brüder. Und ihr sollt nie- 9
mand euren Vater nennen auf Erden;
denn nur einer ist euer Vater, und der
ist im Himmel. Und ihr sollt euch nicht 10
Lehrer nennen lassen; denn nur einer
ist euer Lehrer: Christus. Der größte 11
unter euch soll euer Diener sein.[f] Denn 12
wer sich selbst erhöht, der wird ernied-
rigt werden; und wer sich selbst ernied-
rigt, der wird erhöht werden.[g]

Weh euch, Schriftgelehrte und Pha- 13
risäer, ihr Heuchler, die ihr das Him-
melreich vor den Menschen zuschließt!
Ihr kommt nicht hinein, und die hinein
wollen, laßt ihr nicht hineingehen.*

Weh euch, Schriftgelehrte und Pha- 15
risäer, ihr Heuchler, die ihr Land und
Meer durchzieht, um wenigstens einen
für das Judentum zu gewinnen; und
wenn er gewonnen worden ist, macht
ihr aus ihm ein Kind der Hölle, doppelt
so schlimm wie ihr.

[h]Weh euch, ihr [i]blinden Führer, die 16
ihr sagt: Wenn einer bei dem Tempel
schwört, das gilt nicht; wenn aber einer
bei dem Gold des Tempels schwört,
der ist gebunden. Ihr Narren und Blin- 17
den! Was ist mehr: das Gold oder der
Tempel, der das Gold erst heilig
macht? Oder: Wenn einer bei dem Al- 18
tar schwört, das gilt nicht; wenn aber
einer bei dem Opfer schwört, das dar-
auf liegt, der ist gebunden. Ihr Blin- 19
den! Was ist denn mehr: das Opfer
oder der Altar, der das Opfer erst heilig
macht? Darum, wer bei dem Altar 20
schwört, der schwört bei ihm und bei
allem, was darauf liegt. Und wer bei 21
dem Tempel schwört, der schwört bei
ihm und bei dem, der darin wohnt.
Und wer bei dem Himmel schwört, der 22
schwört bei dem Thron Gottes und bei
dem, der darauf sitzt.

Weh euch, Schriftgelehrte und Pha- 23

risäer, ihr Heuchler, die ihr den [j] Zehnten von Minze, Dill und Kümmel gebt, aber euch um das [k] Wichtigste im Gesetz nicht kümmert, nämlich um das Recht, die Barmherzigkeit und den Glauben! Doch das eine sollte man tun
24 und das andere nicht lassen. Ihr blinden Führer, die ihr Mücken aussiebt, aber Kamele verschluckt!
25 Weh euch, Schriftgelehrte und Pharisäer, ihr Heuchler, [l] die ihr die Becher und Schüsseln äußerlich reinigt, im Innern aber sind sie voll Raub und Gier!
26 Du [m] blinder Pharisäer, reinige zuerst, was innen im Becher ist, damit auch das Äußere rein wird![n]
27 Weh euch, Schriftgelehrte und Pharisäer, ihr Heuchler, die ihr wie die übertünchten Gräber seid, die von außen hübsch aussehen, aber innen voller Totengebeine und lauter Unrat sind!
28 So auch ihr: von außen scheint ihr vor den Menschen fromm, aber innen seid ihr voller Heuchelei und Auflehnung gegen das Gesetz.
29 Weh euch, Schriftgelehrte und Pharisäer, ihr Heuchler, die ihr die Grabstätten der Propheten ausbaut und die Grabmäler der Gerechten schmückt
30 und sagt: Hätten wir zu Zeiten unsrer Väter gelebt, so wären wir nicht mit ihnen am Blut der Propheten schuldig
31 geworden! Damit bezeugt ihr über euch selbst, daß ihr Kinder von denen seid, [o] die die Propheten getötet haben.
32 Wohlan, macht auch ihr das Maß eurer
33 Väter voll! Ihr Schlangen, ihr Natternbrut! Wie wollt ihr der höllischen Verdammnis entrinnen?
34 Darum: siehe, ich sende Propheten und Weise und Schriftgelehrte zu euch; und von ihnen werdet ihr einige töten und kreuzigen, und einige werdet ihr in euren Synagogen auspeitschen und werdet sie von einer Stadt zur an-
35 dern verfolgen, damit all das gerechte Blut über euch kommt, das auf Erden vergossen worden ist, von dem Blut des gerechten [p] Abel an bis auf das Blut [q] Sacharjas, des Sohnes Berechjas, den ihr zwischen Tempel und Altar getötet
36 habt. Wahrlich, ich sage euch, daß dies alles über dies Geschlecht kommen wird.

a Mal 2,7.8; Röm 2,21-23 *b* Kap 11,28-30; Apg 15,10.28 *c* Kap 6,1 *d* 4.Mose 15,38.39 *e* Lk 14,7 *f* Kap 20,26.27 *g* Hiob 22,29; Spr 29,23; Hes 21,31; Lk 18,14; 1.Petr 5,5 *h (16-22)* Kap 5,34-37 *i* Kap 15,14 *j* 3.Mose 27,30; Lk 18,12 *k* Mi 6,8 *l* Mk 7,4.8 *m* Joh 9,40 *n* Tit 1,15 *o* Jer 26,20-23; Kap 5,12; Apg 7,52 *p* 1.Mose 4,8 *q* 2.Chr 24,20.21

*Vers 14: Der Vers gehört nicht zum ursprünglichen Text des Matthäusevangeliums. Er lautet in der späteren Überlieferung: »Weh euch, Schriftgelehrte und Pharisäer, ihr Heuchler, die ihr die Häuser der Witwen freßt und zum Schein lange Gebete verrichtet! Darum werdet ihr ein umso härteres Urteil empfangen« (vgl. Mk 12,40).

Klage über Jerusalem
(Lk 13,34.35)

Jerusalem, Jerusalem, die du tötest die 37
Propheten und steinigst, die zu dir gesandt sind! Wie oft habe ich deine Kinder sammeln wollen, wie eine Henne ihre Küken unter ihre Flügel sammelt;
und ihr habt nicht gewollt! Siehe, »euer 38
Haus soll euch verwüstet zurückgelassen werden«[a] (Jeremia 22,5; Psalm 69,
26). Denn ich sage euch: Ihr werdet 39
mich von jetzt an nicht mehr sehen, bis ihr sprecht: [b] Gelobt sei, der da kommt im Namen des Herrn!

a 1.Kön 9,7.8 *b* Kap 21,9; 26,64

JESU REDE ÜBER DIE ENDZEIT
(KAP 24 UND 25)

Das Ende des Tempels
(Mk 13,1.2; Lk 21,5.6)

Jesus ging aus dem Tempel fort, und 24
seine Jünger traten zu ihm und zeigten
auf die Tempelgebäude. Er aber sagte 2
zu ihnen: Seht ihr nicht das alles? Wahrlich, ich sage euch: [a] Es wird hier nicht ein Stein auf dem andern bleiben, der nicht zerbrochen werden wird.

a Lk 19,44

Der Anfang der Wehen
(Mk 13,3-13; Lk 21,7-19)

Und als er auf dem Ölberg saß und sie 3
allein waren, traten seine Jünger zu ihm und fragten: Sage uns, wann wird das geschehen? und was wird das Zeichen für dein Kommen und für das Ende der
Welt sein?[a] Jesus aber antwortete ih- 4
nen: Seht zu, daß euch niemand in die
Irre führt. Denn es werden viele [b] unter 5
meinem Namen kommen und sagen: [c] Ich bin der Christus, und sie werden
viele in die Irre führen. Ihr werdet von 6
Kriegen und Kriegsgerüchten hören; seht zu und erschreckt nicht. Denn das muß so geschehen; aber es ist noch
nicht das Ende da. Denn es wird sich 7
ein Volk gegen das andere erheben und ein Königreich gegen das andere; und es werden Hungersnöte kommen und
Erdbeben hier und dort. Das alles aber 8
ist der Anfang der Wehen.
[d] Dann werden sie euch gefangen set- 9

zen, in große Not bringen und töten.
Und ihr werdet um meines Namens
willen von allen Völkern gehaßt wer-
10 den. Dann werden viele abfallen, und
einer wird den andern verraten, und sie
11 werden sich gegenseitig hassen. Und
viele [e]falsche Propheten werden auf-
treten und werden viele in die Irre füh-
12 ren. Und weil die Auflehnung gegen
das Gesetz überhand nehmen wird,
13 wird die Liebe in vielen erkalten.[f] *Wer
aber bis ans Ende ausharrt, der wird ge-
14 rettet werden.*[g] Und dies Evangelium
vom Reich wird [h]in der ganzen Welt ge-
predigt werden zum Zeugnis für alle
Völker, und dann wird das Ende kom-
men.

a Apg 1,6-8 *b* Joh 5,43 *c* 1.Joh 2,18 *d (9 und 10)* Kap 10,21.22; Joh 16,2 *e* 2.Petr 2,1; 1.Joh 4,1 *f* 2.Tim 3,1-5 *g* Kap 10,22; Offb 13,10 *h* Kap 28,19

Die große Bedrängnis

(Mk 13,14-23; Lk 21,20-24)

15 Wenn ihr nun sehen werdet, wie das
Greuelbild der Verwüstung an der hei-
ligen Stätte steht, wovon der Prophet
Daniel geredet hat (Daniel 9,27; 11,31)
16 – wer das liest, der merke auf! –, dann
soll, wer in Judäa ist, ins Gebirge flie-
17 hen; [a]und wer auf dem Dach ist, der
steige nicht hinunter, um etwas aus sei-
18 nem Hause zu holen; und wer auf dem
Feld ist, der kehre nicht zurück, um sei-
19 nen Mantel zu holen. Weh aber den
Schwangeren und den stillenden Müt-
20 tern zu dieser Zeit![b] Bittet aber, daß ihr
nicht im Winter oder am Sabbat fliehen
21 müßt. Denn [c]dann wird eine große Be-
drängnis sein, wie sie bisher vom An-
fang der Welt an nie gewesen ist und
wie sie auch nie wieder kommen wird.
22 Und wenn diese Tage nicht verkürzt
würden, so würde kein Mensch gerettet
werden; aber um der Auserwählten
willen werden diese Tage verkürzt wer-
23 den. Wenn dann jemand zu euch sagen
wird: Siehe, hier ist der Christus! oder:
24 da!, so sollt ihr's nicht glauben. Denn
mancher falsche Christus und [d]falsche
Prophet wird auftreten und [e]große Zei-
chen und Wunder tun, so daß sie auch
die Auserwählten in die Irre führen
25 würden, wenn es möglich wäre. Siehe,
26 ich hab's euch vorausgesagt. [f]Wenn sie
also zu euch sagen werden: Siehe, er ist
in der Wüste!, so geht nicht hinaus; sie-
he, er ist drinnen im Haus!, so glaubt's
27 nicht. Denn wie der Blitz vom Osten
kommt und bis zum Westen leuchtet,
so wird auch das Kommen des Men-
schensohns sein. Wo das Aas ist, da 28
sammeln sich die Geier.[g]

a (17 und 18) Lk 17,31 *b* Lk 23,29 *c* Dan 12,1 *d* 5.Mose 13,2-4 *e* 2.Thess 2,8.9; Offb 13,13 *f (26 und 27)* Lk 17,23.24 *g* Lk 17,37; Offb 19,17.18

Das Kommen des Menschensohns

(Mk 13,24-27; Lk 21,25-28)

Sogleich aber nach der Bedrängnis 29
dieser Zeit wird die [a]Sonne sich verfin-
stern und der Mond seinen Schein ver-
lieren, und die Sterne werden vom
Himmel fallen, und [b]die Kräfte der
Himmel werden ins Wanken kommen.
Und dann wird das Zeichen des Men- 30
schensohns am Himmel erscheinen.
Und dann werden alle Geschlechter auf
Erden [c]wehklagen und werden [d]den
Menschensohn auf den Wolken des
Himmels kommen sehen mit großer
Kraft und Herrlichkeit. Und er wird 31
seine Engel aussenden mit lautem [e]Po-
saunenschall, und sie werden seine
Auserwählten aus den vier Windrich-
tungen sammeln, von einem Ende des
Himmels bis zum andern.

a Jes 13,10; Offb 6,12.13 *b* 2.Petr 3,10 *c* Offb 1,7 *d* Kap 26,64; Dan 7,13.14; Offb 19,11-13 *e* 1.Kor 15,52; Offb 8,2

Die unberechenbare Nähe des Menschensohns

(Mk 13,28-32; Lk 21,29-33; 12,39.40)

An dem Feigenbaum lernt dies Gleich- 32
nis: wenn seine Zweige jetzt saftig wer-
den und Blätter treiben, so wißt ihr,
daß der Sommer nahe ist. Ebenso auch, 33
wenn ihr das alles seht, so wißt, daß Er
nahe vor der Tür ist. Wahrlich, ich sage 34
euch: Dies Geschlecht wird nicht ver-
gehen, bis dies alles geschieht. *Himmel 35
und Erde werden vergehen; aber meine
Worte werden niemals vergehen.*[a] Von 36
dem Tage aber und von der Stunde
weiß niemand, auch die Engel im Him-
mel nicht, auch der Sohn nicht, son-
dern allein der Vater.[b] [c]Denn wie es in 37
den Tagen Noahs war, so wird es auch
beim Kommen des Menschensohns
sein. Denn wie es in den Tagen vor der 38
Sintflut war – sie aßen, sie tranken, sie
heirateten und ließen sich heiraten bis
zu dem Tag, an dem Noah in die Arche
hineinging; und sie merkten nichts, bis 39
die Sintflut kam und alle dahinraffte –,
so wird es auch beim Kommen des
Menschensohns sein. Dann werden 40
zwei auf dem Felde sein; der eine wird
angenommen, der andere bleibt zu-
rück. Zwei Frauen werden die Mühle 41

drehen; die eine wird angenommen, die
andere bleibt zurück.[d]
42 *Darum seid wachsam; denn ihr wißt
nicht, an welchem Tag euer Herr
43 kommt.*[e] Das sollt ihr aber wissen:
Wenn ein Hausvater wüßte, [f]zu wel-
cher Stunde in der Nacht der Dieb
kommt, so würde er ja wachen und
nicht in sein Haus einbrechen lassen.
44 Darum seid auch ihr bereit! Denn der
Menschensohn kommt zu einer Stun-
de, in der ihr's nicht erwartet.

a Kap 5,18; Jes 51,6 *b* Apg 1,7 *c (37 und 38)* Lk 17,26.27; 1.Mose 6,9-7,23 *d* Lk 17,35 *e* Kap 25,13 *f* 1.Thess 5,2

Vom treuen und vom bösen Knecht

(Lk 12,41-46)

45 Wer ist nun der treue und kluge
Knecht, den der Herr über seine Leute
gesetzt hat, damit er ihnen zur rechten
46 Zeit ihr Essen gibt? Selig ist der
Knecht, den sein Herr das tun sieht,
47 wenn er kommt. Wahrlich, ich sage
euch: Er wird ihn über alles setzen, was
48 ihm gehört.[a] Wenn aber jener als ein
böser Knecht in seinem Herzen denkt:
[b]Mein Herr kommt noch lange nicht,
49 und anfängt, seine Mitknechte zu
schlagen, und mit den Betrunkenen ißt
50 und trinkt: dann wird der Herr dieses
Knechts an einem Tage kommen, an
dem er's nicht erwartet, und zu einer
51 Stunde, die er nicht kennt, und er wird
ihn in Stücke hauen lassen und ihm sei-
nen Platz bei den Heuchlern zuweisen;
da wird Heulen und Zähneklappen
sein.

a Kap 25,21.23 *b* 2.Petr 3,4

Von den klugen und törichten Brautjungfern

25 Dann wird es mit dem Himmelreich
sein wie mit zehn Brautjungfern, die
ihre Lampen nahmen und dem Bräuti-
2 gam entgegengingen.[a] Aber fünf von
ihnen waren töricht, und fünf waren
3 klug. Denn die törichten nahmen zwar
ihre Lampen, aber sie nahmen kein Öl
4 mit. Die klugen aber nahmen Öl in
ihren Gefäßen mit, samt ihren Lam-
5 pen. Als nun der Bräutigam lange aus-
blieb, wurden sie alle schläfrig und
6 schliefen ein. Um Mitternacht aber er-
hob sich ein lautes Rufen: Siehe, der
7 Bräutigam! Geht ihm entgegen! Da
standen die Brautjungfern alle auf und
8 machten ihre Lampen fertig. Die tö-
richten aber baten die klugen: Gebt uns
etwas von eurem Öl, denn unsre Lam-
pen verlöschen. Da antworteten die 9
klugen: Nein, sonst würde es für uns
und euch nicht reichen; geht aber zum
Kaufmann und kauft euch selbst Öl.
[b]Und als sie hingingen, um etwas zu 10
kaufen, kam der Bräutigam; die aber,
die bereit waren, gingen mit ihm hinein
zur Hochzeit, und die Tür wurde zuge-
schlossen. Später kamen auch die an- 11
dern und riefen: Herr, Herr, mach uns
auf! Er aber antwortete: Wahrlich, ich 12
sage euch: [c]Ich kenne euch nicht. Dar- 13
um seid wachsam! Denn ihr wißt weder
Tag noch Stunde.[d]*

a Lk 12,35.36; Offb 19,7 *b (10-12)* Lk 13,25 *c* Kap 7,23 *d* Kap 24,42.44

*Vers 13: In einer Reihe von Handschriften wird hinzugefügt: »in der der Menschensohn kommen wird« (vgl. Kap 24,44).

Von den anvertrauten Zentnern

(Lk 19, 12-27)

Denn es ist wie mit einem Mann, der 14
außer Landes ging: er rief seine Knech-
te zusammen und übergab ihnen sein
Vermögen; dem einen gab er fünf 15
Zentner Silber, dem andern zwei, dem
dritten einen, [a]jedem nach seiner Fä-
higkeit, und zog fort. Sogleich ging der 16
hin, der die fünf Zentner empfangen
hatte, und handelte mit ihnen und ge-
wann weitere fünf dazu. Ebenso ge- 17
wann der, der die zwei Zentner emp-
fangen hatte, zwei weitere dazu. Der 18
aber den einen empfangen hatte, ging
hin, grub ein Loch in die Erde und ver-
barg das Geld seines Herrn darin. Nach 19
langer Zeit kam der Herr dieser Knech-
te zurück und forderte Rechenschaft
von ihnen. Da trat der heran, der fünf 20
Zentner empfangen hatte, und legte
weitere fünf Zentner dazu und sagte:
Herr, du hast mir fünf Zentner überge-
ben; siehe da, ich habe damit weitere
fünf Zentner gewonnen. Da sagte sein 21
Herr zu ihm: Recht so, du tüchtiger
und [b]treuer Knecht, du bist mit wenig
treu gewesen, ich will dich über viel set-
zen; geh hinein zum Freudenfest dei-
nes Herrn! Da trat auch der heran, der 22
zwei Zentner empfangen hatte, und
sagte: Herr, du hast mir zwei Zentner
übergeben; siehe da, ich habe damit
zwei weitere gewonnen. Sein Herr sag- 23
te zu ihm: Recht so, du tüchtiger und
treuer Knecht, du bist mit wenig treu
gewesen, ich will dich über viel setzen;
geh hinein zum Freudenfest deines
Herrn! Da trat auch der heran, der 24
einen Zentner empfangen hatte, und
sagte: Herr, ich wußte, daß du ein har-

ter Mann bist: du erntest, wo du nicht
gesät hast, und sammelst ein, wo du
25 nicht ausgestreut hast; und ich fürchte-
te mich, ging hin und vergrub deinen
Zentner in der Erde. Siehe, da hast du,
26 was dir gehört. Sein Herr aber antwor-
tete ihm: Du böser und fauler Knecht!
Wußtest du wirklich, daß ich ernte, wo
ich nicht gesät habe, und einsammle,
27 wo ich nicht ausgestreut habe? Dann
hättest du mein Geld zu den Wechslern
bringen sollen, und wenn ich zurückge-
kommen wäre, hätte ich, was mir ge-
28 hört, mit Zinsen zurückerhalten. Dar-
um nehmt ihm den Zentner ab und
gebt ihn dem, der zehn Zentner hat.
29 Denn jedem, der etwas hat, dem wird
noch mehr gegeben werden, und er
wird übergenug haben; wer aber nichts
hat, dem wird auch das, was er hat, ge-
30 nommen werden.[c] Und den unnützen
Knecht werft in die Finsternis hinaus;
da wird Heulen und Zähneklappen sein.

a Röm 12,6 *b* Kap 24,45-47 *c* Kap 13,12; Spr 11,24.25

Vom Weltgericht

31 Wenn aber [a]der Menschensohn in sei-
ner Herrlichkeit kommen wird, und
alle Engel mit ihm, dann [b]wird er auf
dem Thron seiner Herrlichkeit sitzen,
32 und [c]alle Völker werden vor ihm ver-
sammelt werden. Und [d]er wird sie von-
einander scheiden, so wie ein Hirt die
33 Schafe von den Böcken scheidet, und
wird die Schafe zu seiner Rechten stel-
34 len und die Böcke zur Linken.[e] Da wird
dann der König zu denen zu seiner
Rechten sagen: Kommt her, ihr Geseg-
neten meines Vaters, erbt das Reich,
das euch vom Anfang der Welt an be-
35 reitet ist! [f]Denn ich bin hungrig gewe-
sen, und ihr habt mir zu essen gegeben.
Ich bin durstig gewesen, und ihr habt
mir zu trinken gegeben. Ich bin ein
Fremder gewesen, und ihr habt mich
36 aufgenommen. Ich bin nackt gewesen,
und ihr habt mich gekleidet. Ich bin
krank gewesen, und ihr habt mich be-
sucht. Ich bin im Gefängnis gewesen,
37 und ihr seid zu mir gekommen. Dann
werden ihm die Gerechten antworten:
Herr, wann haben wir dich hungrig ge-
sehen und haben dir zu essen gegeben?
oder durstig und haben dir zu trinken
38 gegeben? Wann haben wir dich als
Fremden gesehen und haben dich auf-
genommen? oder nackt und haben dich
39 gekleidet? Wann haben wir dich krank
oder im Gefängnis gesehen und haben
dich besucht? Und der König wird 40
ihnen antworten: Wahrlich, ich sage
euch: [g]*Was ihr einem von diesen meinen*
geringsten Brüdern getan habt, das habt
ihr mir getan.

Dann wird er auch zu denen zur Lin- 41
ken sagen: Geht weg von mir, ihr Ver-
fluchten, in das [h]ewige Feuer, das dem
Teufel und seinen Engeln bereitet ist!
Denn ich bin hungrig gewesen, und ihr 42
habt mir nichts zu essen gegeben. Ich
bin durstig gewesen, und ihr habt mir
nichts zu trinken gegeben. Ich bin ein 43
Fremder gewesen, und ihr habt mich
nicht aufgenommen. Ich bin nackt ge-
wesen, und ihr habt mich nicht geklei-
det. Ich bin krank und im Gefängnis
gewesen, und ihr habt mich nicht be-
sucht. Dann werden auch sie ihm ant- 44
worten: Herr, wann haben wir dich
hungrig oder durstig oder als Fremden
oder nackt oder krank oder im Gefäng-
nis gesehen und haben dir nicht ge-
dient? Dann wird er ihnen antworten: 45
Wahrlich, ich sage euch: Was ihr einem
von diesen Geringsten nicht getan
habt, das habt ihr auch mir nicht getan.
Und sie werden hingehen: diese zur 46
ewigen Strafe, aber die Gerechten in
das ewige Leben.[i]

a Kap 16,27 *b* Offb 20,11-13 *c* Röm 14,10 *d* Kap 13,49 *e* Hes 34,17 *f* *(35 und 36)* Jes 58,7 *g* Kap 10,42; Spr 19,17; Hebr 2,11 *h* Offb 20,10.15 *i* Joh 5,29; Jak 2,13

Leiden, Sterben und Auferstehung Jesu (Kap 26-28)

(Mk 14-16; Lk 22-24; Joh 18-21)

Der Plan der Feinde

Und es begab sich, als Jesus alle diese **26**
Reden beendet hatte, sagte er zu seinen
Jüngern: Ihr wißt, daß in zwei Tagen 2
[a]Passa ist; und [b]der Menschensohn wird
ausgeliefert und gekreuzigt werden.

Da versammelten sich die Hohen- 3
priester und die Ältesten des Volks im
Palast des Hohenpriesters, der [c]Kaja-
phas hieß, und berieten, wie sie Jesus 4
mit List festnehmen und töten könn-
ten. Sie sagten aber: Ja nicht beim Fest, 5
damit es nicht zu einem Aufruhr im
Volk kommt.

a 2.Mose 12,1-20 *b* Kap 20,18 *c* Lk 3,1.2

Die Salbung in Betanien

(Lk 7,36-50; Joh 12,1-8)

Als nun Jesus in Betanien im Hause Si- 6
mons des Aussätzigen war, trat eine 7
Frau zu ihm, die hatte ein Fläschchen

mit kostbarem Salböl und goß es auf
8 sein Haupt, als er zu Tisch saß. Als die
Jünger das sahen, wurden sie unwillig
und sagten: Was soll diese Vergeu-
9 dung? Es hätte ja auch teuer verkauft
und das Geld den Armen gegeben wer-
10 den können. Als Jesus das merkte, sagte
er zu ihnen: Was macht ihr's der Frau
so schwer? Sie hat doch ein gutes Werk
11 an mir getan. Denn [a]Arme habt ihr im-
mer bei euch, mich aber habt ihr nicht
12 immer; und daß sie das Öl auf meinen
Leib gegossen hat, das hat sie für mein
13 Begräbnis getan. Wahrlich, ich sage
euch: Wo dies Evangelium in aller Welt
gepredigt wird, da wird man auch sa-
gen, was sie getan hat, ihr zum Geden-
ken.

a 5.Mose 15,11

Der Verrat des Judas

14 Da ging einer von den Zwölfen mit Na-
men Judas Iskariot zu den Hohenprie-
15 stern und sagte: [a]Was wollt ihr mir ge-
ben? Ich will ihn euch verraten. Und
sie boten ihm [b]dreißig Silberstücke.
16 Und von da an suchte er eine günstige
Gelegenheit, ihn zu verraten.

a Joh 11,57 *b* Sach 11,12

Das Abendmahl

(Joh 13,21-26)

17 Aber am ersten [a]Tage der Ungesäuer-
ten Brote traten die Jünger zu Jesus
und fragten: Wo sollen wir dir das
18 Passamahl bereiten? Er sagte: Geht in
die Stadt zu einem bestimmten Mann
und sagt zu ihm: Der Meister läßt dir
sagen: Meine Zeit ist nahe; bei dir will
ich mit meinen Jüngern Passa feiern.[b]
19 Und die Jünger taten, was ihnen Jesus
befohlen hatte, und bereiteten das
Passalamm.
20 Und am Abend setzte er sich mit den
21 Zwölfen zu Tisch. Und als sie aßen,
sprach er: Wahrlich, ich sage euch:
Einer unter euch wird mich verraten.
22 Und sie wurden sehr betrübt und fin-
gen an, jeder einzelne, ihn zu fragen:
23 Herr, bin ich's? Er antwortete: Der die
Hand mit mir in die Schüssel getaucht
24 hat, der wird mich verraten. Der Men-
schensohn geht zwar dahin, wie von
ihm geschrieben steht; doch [c]weh dem
Menschen, durch den der Menschen-
sohn verraten wird! Es wäre für diesen
Menschen besser, wenn er nie geboren
25 wäre. Da fragte Judas, der ihn verriet:
Bin ich's, Rabbi? Er antwortete ihm:
Du sagst es.
[d]*Als sie aber aßen, nahm Jesus das* 26
Brot, dankte und brach's und gab's den
Jüngern und sprach: Nehmt und eßt; das
ist mein Leib. Und er nahm den Kelch und 27
dankte, gab ihnen den und sprach: Trinkt
alle daraus; denn das ist mein [e]Blut des 28
[f]*Bundes, das für viele vergossen wird zur*
Vergebung der Sünden. Ich sage euch: 29
Ich werde von nun an nicht mehr von
dieser Frucht des Weinstocks trinken
bis zu dem Tag, an dem ich von neuem
mit euch davon trinken werde im Reich
meines Vaters. Und als sie den [g]Lobge- 30
sang gesungen hatten, gingen sie hinaus
zum Ölberg.

a 2.Mose 12,18-20 *b* Kap 21,3 *c* Lk 17,1.2
d (26-28) 1.Kor 10,16; 11,23-25 *e* 2.Mose 24,8
f Jer 31,31; Hebr 9,15.16 *g* Ps 113-118

Die Ankündigung der Verleugnung des Petrus

Da sagte Jesus zu ihnen: In dieser 31
Nacht werdet ihr alle von mir abfallen.
Denn es steht geschrieben (Sacharja 13,
7): »Ich werde den Hirten erschlagen,
und [a]die Schafe der Herde werden sich
zerstreuen.« Nachdem ich aber aufer- 32
standen bin, will ich vor euch hergehen
nach [b]Galiläa. Petrus aber antwortete 33
ihm: Wenn sie alle von dir abfallen, will
ich doch niemals abfallen. Jesus sprach 34
zu ihm: Wahrlich, ich sage dir: In
dieser Nacht, ehe der Hahn kräht, wirst
du mich dreimal verleugnen.[c] Petrus 35
sagte zu ihm: Und wenn ich mit dir
sterben müßte, will ich dich doch nicht
verleugnen. Das gleiche sagten auch
alle Jünger.

a Joh 16,32 *b* Kap 28,7 *c* Joh 13,38

Jesus in Getsemani

Da kam Jesus mit ihnen zu einem Stück 36
Land, das Getsemani hieß, und sagte
zu den Jüngern: Setzt euch hierher,
während ich dorthin gehe und bete.
Und [a]er nahm Petrus und die zwei 37
Söhne des Zebedäus mit sich, und [b]es
ergriff ihn Angst und Traurigkeit. Da 38
sagte Jesus zu ihnen: [c]Meine Seele ist
betrübt bis an den Tod; bleibt hier und
wacht mit mir! Und er ging ein wenig 39
weiter, warf sich nieder und betete:
Mein Vater, wenn es möglich ist, gehe
dieser [d]Kelch an mir vorüber; doch
[e]*nicht wie ich will, sondern wie du willst!*
Und er kam zu seinen Jüngern und 40
fand sie schlafend und sagte zu Petrus:
Könnt ihr denn nicht eine Stunde mit
mir wachen? [f]*Wacht und betet, damit* 41
ihr nicht in [g]Anfechtung fallt! Der Geist

ist willig; aber das Fleisch ist schwach.
42 Noch ein zweites Mal ging er hin und
betete: *Mein Vater, wenn es nicht mög-
lich ist, daß dieser Kelch an mir vorüber-
geht, ohne daß ich ihn trinke, dann ge-*
43 *schehe dein Wille!* Und er kam und fand
sie wieder schlafend; ihre Augen waren
44 ihnen zugefallen. Und er ließ sie und
ging wieder hin und [h]betete zum drit-
45 ten Mal, wieder dieselben Worte. Dann
kam er zu seinen Jüngern und sagte zu
ihnen: Wollt ihr jetzt weiter schlafen
und ruhen? Siehe, die Stunde ist da:
der Menschensohn wird in die Hände
46 der Sünder ausgeliefert. Steht auf, laßt
uns gehen! Siehe, er ist schon da, der
mich verrät.

a Kap 17,1 *b* Hebr 5,7 *c* Joh 12,27 *d* Joh 18,11
e Joh 6,38; Hebr 5,8 *f* Eph 6,18 *g* Hebr 2,18
h 2.Kor 12,8

Jesu Gefangennahme

47 Und als er noch redete, siehe, da kam
Judas, einer von den Zwölfen, und mit
ihm eine große Schar mit Schwertern
und mit Stangen, ausgesandt von den
Hohenpriestern und Ältesten des
48 Volks. Und der Verräter hatte mit
ihnen ein Zeichen verabredet: Der, den
ich küssen werde, der ist's; den ergreift.
49 Und sogleich trat er zu Jesus und sagte:
50 Sei gegrüßt, Rabbi! und küßte ihn. Je-
sus aber sagte zu ihm: Mein Freund,
tu, wozu du gekommen bist! Da traten
sie heran und legten Hand an Jesus und
51 ergriffen ihn. Und siehe, einer von de-
nen, die bei Jesus waren, streckte die
Hand aus, zog sein Schwert, traf den
Knecht des Hohenpriesters und schlug
52 ihm ein Ohr ab. Da sagte Jesus zu ihm:
Stecke dein Schwert an seinen Platz!
Denn [a]wer das Schwert nimmt, der soll
53 durchs Schwert umkommen. Oder
meinst du, ich könnte meinen Vater
nicht bitten und er würde mir nicht so-
gleich mehr als zwölf Legionen [b]Engel
54 schicken? Wie würde aber dann die
Schrift erfüllt, daß es so geschehen
55 muß? In dieser Stunde sagte Jesus zu
der Schar: Ihr seid ausgezogen mit
Schwertern und mit Stangen wie gegen
einen Räuber, um mich zu fangen. Und
dabei habe ich doch täglich im Tempel
gesessen und gelehrt, und ihr habt mich
56 nicht ergriffen. Aber das ist alles ge-
schehen, damit die Schriften der Pro-
pheten erfüllt werden. Da verließen ihn
alle Jünger und flohen.

a 1.Mose 9,6 *b* Kap 4,11

Jesus vor dem Hohen Rat

Die Männer aber, die Jesus ergriffen 57
hatten, führten ihn zu dem Hohenprie-
ster Kajaphas, wo die Schriftgelehrten
und Ältesten sich versammelt hatten.
Petrus aber folgte ihm von weitem bis 58
zum Palast des Hohenpriesters und
ging hinein und setzte sich zu den
Knechten, um zu sehen, worauf es hin-
auslaufen würde. Die Hohenpriester 59
aber und der ganze Hohe Rat suchten
nach falschen Zeugenaussagen gegen
Jesus, um ihn zum Tode verurteilen zu
können. Und obwohl viele falsche Zeu- 60
gen auftraten, fanden sie doch nichts.
Zuletzt traten zwei auf und sagten aus: 61
Er hat gesagt: Ich kann den Tempel
Gottes abbrechen und in drei Tagen
wieder aufbauen.[a] Da stand der Hohe- 62
priester auf und sagte zu ihm: Antwor-
test du nichts auf das, was diese gegen
dich vorbringen? Aber Jesus [b]schwieg. 63
Und der Hohepriester sprach zu ihm:
*Ich beschwöre dich bei dem lebendigen
Gott: [c]Sage uns, ob du der Christus bist,
der Sohn Gottes. Jesus sprach zu ihm:* 64
*Du sagst es. Doch ich sage euch: Von nun
an werdet ihr den Menschensohn [d]sitzen
sehen zur Rechten der Allmacht und
[e]kommen auf den Wolken des Himmels.*
[f]Da zerriß der Hohepriester seine Klei- 65
der und sagte: Er hat Gott gelästert!
Was brauchen wir noch Zeugen? Siehe,
jetzt habt ihr die Gotteslästerung ge-
hört. Was meint ihr? Sie antworteten: 66
Er hat den Tod verdient. Da spuckten 67
sie ihm ins Gesicht und schlugen ihn
mit Fäusten. Einige aber schlugen ihm
ins Gesicht[g] und sagten: Weissage uns, 68
Christus, wer ist's, der dich geschlagen
hat?

a Joh 2,19-21; Apg 6,14 *b* Kap 27,12 *c* Joh 10,24
d Ps 110,1 *e* Kap 24,30; Dan 7,13 *f (65 und 66)*
3.Mose 24,16; Joh 10,33; 19,7 *g* Jes 50,6

Die Verleugnung des Petrus

Petrus aber saß draußen im Hof; da trat 69
eine Magd zu ihm und sagte: Und du
warst auch bei Jesus aus Galiläa! Er 70
leugnete aber vor ihnen allen und sagte:
Ich weiß nicht, was du meinst. Als er 71
aber hinausging in die Torhalle, sah ihn
eine andere und sagte zu denen, die da
waren: Der war auch bei Jesus von Na-
zaret. Und er leugnete wieder und 72
schwor dazu: Ich kenne den Menschen
nicht. Bald danach traten die Leute, die 73
da standen, heran und sagten zu Pe-
trus: Du bist ganz sicher auch einer von
denen, denn deine Sprache verrät dich.

74 Da fing er an, sich zu verfluchen und zu
schwören: Ich kenne den Menschen
nicht. Und sogleich krähte der Hahn.
75 Da dachte Petrus an das Wort, das Je-
sus zu ihm gesagt hatte: Ehe der Hahn
kräht, wirst du mich dreimal verleug-
nen. Und er ging hinaus und weinte
bitterlich.

Jesus vor Pilatus. Das Ende des Judas

27 Am Morgen aber faßten alle Hohen-
priester und die Ältesten des Volks den
2 Beschluß, Jesus zu töten, und sie fessel-
ten ihn, führten ihn ab und übergaben
ihn dem Statthalter Pilatus.
3 Als Judas, der ihn verraten hatte,
sah, daß er zum Tode verurteilt worden
war, reute es ihn, und er brachte die
dreißig Silberstücke den Hohenprie-
4 stern und Ältesten zurück[a] und sagte:
Ich habe Unrecht getan, daß ich un-
schuldiges Blut verraten habe. Sie aber
sagten: Was geht uns das an? Das ist
5 deine Sache. Und er warf die Silber-
stücke in den Tempel, lief fort und [b]er-
6 hängte sich. Aber die Hohenpriester
nahmen die Silberstücke und sagten:
[c]Es ist nicht recht, daß wir sie in den
Tempelschatz tun; denn es ist Blut-
7 geld. Sie beschlossen aber, den Töpfer-
acker davon zu kaufen als Begräbnis-
8 platz für Fremde. Daher heißt dieser
Acker Blutacker bis zum heutigen Tag.
9 [d]Da wurde erfüllt, was durch den Pro-
pheten Jeremia gesagt worden ist: »Sie
haben die dreißig Silberstücke genom-
men, den Preis für den, den sie unter
den Israeliten so [e]abgeschätzt hatten,
10 und sie haben das Geld für den Töpfer-
acker gegeben, wie mir der Herr befoh-
len hat« (Sacharja 11, 12.13).
11 Jesus aber stand vor dem Statthalter;
und der Statthalter fragte ihn: Bist du
der König der Juden? Jesus aber ant-
12 wortete: Du sagst es. Und als er von
den Hohenpriestern und Ältesten an-
geklagt wurde, [f]antwortete er nichts.
13 Da sagte Pilatus zu ihm: Hörst du
14 nicht, wie sehr sie dich anklagen? Und
er antwortete ihm nicht auf eine einzige
Anklage, so daß sich der Statthalter
sehr wunderte.[g]

a Kap 26,15 *b* Apg 1,18.19 *c* 5.Mose 23,19
d (9 und 10) Jer 32,9 *e* 3.Mose 27,1-8
f Kap 26,63; Jes 53,7 *g* Joh 19,9

Jesu Verurteilung und Verspottung

15 Zum Fest aber hatte der Statthalter die
Gewohnheit, dem Volk einen Gefange-
nen freizugeben, den sie sich aussuchen
konnten. Sie hatten aber zu der Zeit 16
einen berüchtigten Gefangenen, der
hieß Jesus Barabbas. Und als sie ver- 17
sammelt waren, sagte Pilatus zu ihnen:
Wen soll ich euch freigeben, Jesus Bar-
abbas oder den Jesus, von dem gesagt
wird, er sei der Christus? Denn er wuß- 18
te, daß sie ihn [a]aus Neid ausgeliefert
hatten. Und als er auf dem Richterstuhl 19
saß, schickte seine Frau zu ihm und ließ
ihm sagen: Laß die Hände von diesem
Gerechten; denn ich habe heute im
Traum seinetwegen viel gelitten. Aber 20
die Hohenpriester und Ältesten rede-
ten auf das Volk ein, daß sie um Barab-
bas bitten, Jesus aber umbringen soll-
ten. Da fragte sie der Statthalter: Wen 21
von den beiden soll ich euch freigeben?
Sie antworteten: Barabbas! Pilatus 22
fragte sie: Was soll ich denn mit Jesus
machen, von dem gesagt wird, er sei der
Christus? Sie riefen alle: Laß ihn kreu-
zigen! Er aber sagte: Was hat er denn 23
Böses getan? Sie schrien aber noch
mehr: Laß ihn kreuzigen! Als aber Pi- 24
latus sah, daß er nichts erreichte, son-
dern daß das Getümmel immer größer
wurde, nahm er Wasser und [b]wusch
sich die Hände vor dem Volk und sagte:
Ich bin unschuldig an seinem Blut; das
ist eure Sache. Da antwortete das ganze 25
Volk: [c]Sein Blut komme über uns und
unsere Kinder! Da gab er ihnen Barab- 26
bas frei, aber Jesus ließ er geißeln und
übergab ihn den Soldaten, damit er ge-
kreuzigt würde.
Da nahmen die Soldaten des Statt- 27
halters Jesus mit sich in das Prätorium
und sammelten die ganze Abteilung um
ihn. Dann zogen sie ihn aus und legten 28
ihm einen Purpurmantel um, flochten 29
eine Dornenkrone und setzten sie ihm
aufs Haupt, gaben ihm einen Stab in
die rechte Hand, beugten die Knie vor
ihm, verspotteten ihn und sagten: Sei
gegrüßt, König der Juden! und spuck- 30
ten ihn an, nahmen den Stab und schlu-
gen ihn damit auf den Kopf.[d]

a Joh 12,19 *b* 5.Mose 21,6 *c* Apg 5,28 *d* Jes 50,6

Kreuzigung und Tod

Und als sie ihn verspottet hatten, nah- 31
men sie ihm den Mantel ab, zogen ihm
seine Kleider wieder an und führten
ihn ab, um ihn zu kreuzigen.
Und als sie hinausgingen, trafen sie 32
einen Mann aus Kyrene mit Namen Si-
mon; den zwangen sie, ihm sein Kreuz
zu tragen.

33 Und als sie an die Stätte kamen mit
Namen Golgota, das bedeutet: Schä-
34 delstätte, gaben sie ihm Wein mit [a] Gal-
le vermischt zu trinken; und als er's
35 schmeckte, wollte er nicht trinken. Als
sie ihn aber gekreuzigt hatten, verteil-
ten sie seine Kleider und [b] warfen das
36 Los darum.* Und sie saßen da und be-
37 wachten ihn. Und oben über seinem
Kopf war seine Schuld aufgeschrieben:
Das ist Jesus, der König der Juden.
38 Dann wurden zwei [c] Räuber mit ihm
gekreuzigt, einer zur Rechten und einer
39 zur Linken. Die aber vorübergingen,
schmähten ihn, [d] schüttelten ihre Köp-
40 fe und riefen: [e] Der du den Tempel ab-
brichst und ihn in drei Tagen wieder
aufbaust, hilf dir selber, wenn du Got-
tes Sohn bist, und steig vom Kreuz her-
41 ab! Ebenso spotteten auch die Hohen-
priester mit den Schriftgelehrten und
42 Ältesten und sagten: Andern hat er ge-
holfen und kann sich selber nicht hel-
fen. Ist er der König von Israel, so stei-
ge er nun vom Kreuz herab. Dann wol-
43 len wir an ihn glauben. Er hat [f] Gott
vertraut; der soll ihn nun erlösen, wenn
er Gefallen an ihm hat; denn er hat ge-
44 sagt: Ich bin Gottes Sohn.[g] Ebenso
schmähten ihn auch die Räuber, die mit
ihm gekreuzigt waren.

45 Von der sechsten Stunde an lag eine
Finsternis über dem ganzen Land bis
46 zur neunten Stunde. Und um die neun-
te Stunde rief Jesus laut: Eli, Eli, lema
sabachtani? das heißt: [h] *Mein Gott,
mein Gott, warum hast du mich verlas-*
47 *sen?* Einige aber, die dort standen, sag-
ten, als sie das hörten: Der ruft nach
48 Elia. Und sogleich lief einer von ihnen
hin, nahm einen Schwamm und füllte
ihn mit [i] Essig, steckte ihn auf einen
Stab und wollte ihm zu trinken geben.
49 Die andern aber sagten: Halt, laß se-
50 hen, ob Elia kommt und ihm hilft! Aber
Jesus schrie noch einmal laut und ver-
schied.

51 Und siehe, der [j] Vorhang im Tempel
zerriß in zwei Stücke von oben bis un-
52 ten. Und die Erde erbebte, und die Fel-
sen spalteten sich, und die Gräber taten
sich auf, und viele Leiber der entschla-
53 fenen Heiligen standen auf und kamen
aus den Gräbern nach seiner Auferste-
hung und gingen in die heilige Stadt
54 und erschienen vielen. Als aber der
Hauptmann und die Männer, die mit
ihm Jesus bewachten, das Erdbeben sa-
hen und was da geschah, erschraken sie
sehr und sagten: *Wahrhaftig, dieser ist*
Gottes Sohn gewesen! Und es waren vie- 55
le Frauen da, die von ferne zusahen; die
waren Jesus aus Galiläa gefolgt und
hatten ihm gedient;[k] unter ihnen wa- 56
ren Maria von Magdala und Maria, die
Mutter des Jakobus und Josef, und die
Mutter der Söhne des Zebedäus.

a Ps 69,22 *b* Joh 19,24 *c* Jes 53,12 *d* Ps 22,8
e Kap 26,61; Joh 2,19 *f* Ps 22,9
g Weish 2,13.16-20 *h* Ps 22,2 *i* Ps 69,22
j 2.Chr 3,14; 2.Mose 26,31-33 *k* Lk 8,2.3
*Vers 35: In einer Reihe von Handschriften wird hinzugefügt: »damit erfüllt würde, was von dem Propheten gesagt worden ist (Psalm 22,19): Sie haben meine Kleider unter sich geteilt und haben über mein Gewand das Los geworfen« (vgl. Joh 19,24).

Jesu Grablegung

[a] Am Abend kam ein reicher Mann aus 57
Arimathäa, der hieß Josef und war auch
ein Jünger Jesu. Der ging zu Pilatus 58
und bat um den Leib Jesu. Da befahl
Pilatus, man sollte ihn ihm geben. Und 59
Josef nahm den Leib, wickelte ihn in
ein reines Leinentuch und legte ihn in 60
sein eigenes neues Grab, das er in einen
Felsen hatte hauen lassen, und wälzte
einen großen Stein vor den Eingang
zum Grab und ging fort. Es waren aber 61
dort Maria von Magdala und die andere
Maria; die saßen dem Grab gegenüber.

a (57 und 58) 5.Mose 21,22.23

Die Bewachung des Grabes

Am nächsten Tag, der auf den [a] Rüsttag 62
folgte, kamen die Hohenpriester und
Pharisäer gemeinsam zu Pilatus und 63
sagten: Herr, wir haben uns daran erin-
nert, daß dieser Verführer, als er noch
lebte, [b] gesagt hat: Ich will nach drei
Tagen auferstehen. Darum befiehl, daß 64
man das Grab bis zum dritten Tag be-
wacht, damit nicht seine Jünger kom-
men und ihn stehlen und zum Volk sa-
gen: Er ist von den Toten auferstan-
den, und so der letzte Betrug schlim-
mer wird als der erste. Pilatus antwor- 65
tete ihnen: Da habt ihr die Wache; geht
hin und bewacht es, so gut ihr könnt.
Sie gingen hin und sicherten das Grab 66
mit der Wache und versiegelten den
Stein.

a Mk 15,42 *b* Kap 20,19

Jesu Auferstehung

(Mk 16, 1-10; Lk 24, 1-10; Joh 20, 1-18)

Als aber der Sabbat vorüber war und **28**
[a] der erste Tag der Woche anbrach, ka-
men Maria von Magdala und die ande-
re Maria, um nach dem Grab zu sehen.
Und siehe, es geschah ein großes Erd- 2
beben. Denn der Engel des Herrn kam

vom Himmel herab, trat heran, wälzte
den Stein weg und setzte sich darauf.
3 Seine Gestalt war wie ein Blitz und
4 [b]sein Gewand weiß wie Schnee. Die
Wachen aber erschraken vor Furcht
über ihn und wurden, als wären sie tot.
5 Aber der Engel redete die Frauen an
und sagte: Fürchtet euch nicht! Ich
weiß, daß ihr Jesus, den Gekreuzigten,
6 sucht. Er ist nicht hier; denn [c]er ist auf-
erstanden, wie er gesagt hat. Kommt
her und seht die Stätte, wo er gelegen
7 hat; und geht schnell hin und sagt sei-
nen Jüngern, daß er von den Toten auf-
erstanden ist. Und siehe, er wird vor
euch hergehen nach [d]Galiläa; dort wer-
det ihr ihn sehen. Siehe, ich habe es
8 euch gesagt. Und sie gingen schnell
weg vom Grab mit Furcht und großer
Freude und liefen, um es seinen Jün-
9 gern zu verkündigen. Und siehe, da be-
gegnete ihnen Jesus und sagte: Seid ge-
grüßt! Und sie traten zu ihm und um-
faßten seine Füße und fielen vor ihm
10 nieder. Da sagte Jesus zu ihnen: Fürch-
tet euch nicht! Geht hin und verkün-
digt es meinen [e]Brüdern, daß sie nach
Galiläa gehen; dort werden sie mich se-
hen.
11 Als sie aber hingingen, siehe, da ka-
men einige von der Wache in die Stadt
und berichteten den Hohenpriestern
12 alles, was geschehen war. Und sie ka-
men mit den Ältesten zusammen, hiel-
ten eine Beratung ab und gaben den
Soldaten viel Geld und sprachen: Sagt, 13
seine Jünger sind in der Nacht gekom-
men und haben ihn gestohlen, während
wir schliefen.[f] Und wenn es vor den 14
Statthalter kommt, wollen wir ihn be-
schwichtigen und dafür sorgen, daß ihr
sicher seid. Sie nahmen das Geld und 15
taten, wie man sie angewiesen hatte.
Und so ist dies bei den Juden zum Ge-
rede geworden bis zum heutigen Tag.

a Apg 20,7; 1.Kor 16,2; Offb 1,10 *b* Kap 17,2; Apg 1,10 *c* Kap 12,40; 16,21; 17,23; 20,19 *d* Kap 26,32 *e* Hebr 2,11 *f* Kap 27,64

Der Missionsbefehl

Aber die elf Jünger gingen nach Galiläa 16
auf den Berg, wohin Jesus sie bestellt
hatte. Und als sie ihn sahen, fielen sie 17
vor ihm nieder; einige aber zweifelten.
Und Jesus trat heran und sprach zu 18
ihnen: [a]*Mir ist alle Macht gegeben, im*
Himmel und auf Erden. Darum geht hin 19
und [b]*macht alle Völker zu Jüngern:*
Tauft sie auf den Namen des Vaters und
des Sohnes und des Heiligen Geistes, und 20
lehrt sie alles zu halten, was ich euch be-
fohlen habe. Und siehe, [c]*ich bin bei euch*
alle Tage bis an das Ende der Welt.

a Kap 11,27; Eph 1,20-22 *b* Kap 24,14; Mk 16,15.16; 2.Kor 5,20 *c* Kap 18,20

DAS EVANGELIUM NACH MARKUS

Inhaltsübersicht

Johannes der Täufer und sein Christuszeugnis

(Mt 3, 1-12; Lk 3, 1-18; Joh 1, 19-27)

1 Dies ist der Anfang des Evangeliums
von Jesus Christus, dem Sohn Gottes.
2 So steht beim Propheten Jesaja ge-
schrieben: [a]»Siehe, ich sende meinen
Boten vor dir her, der deinen Weg be-
3 reiten soll. Es ist die Stimme eines Pre-
digers in der Wüste: Bereitet den Weg
des Herrn, macht seine Steige eben!«
(Maleachi 3, 1; Jesaja 40, 3)
Johannes der Täufer war in der Wü- 4
ste und verkündigte die Taufe der Buße
zur Vergebung der Sünden. Und es 5
gingen zu ihm hinaus das ganze jüdi-
sche Land und alle Leute aus Jerusa-
lem, ließen sich von ihm im Jordan
taufen und bekannten dabei ihre Sün-
den. Johannes aber trug ein Gewand 6
aus Kamelhaaren und einen ledernen

Gürtel und aß Heuschrecken und wil-
7 den Honig und verkündete: Es kommt
einer nach mir, der ist stärker als ich;
und ich bin nicht gut genug, mich vor
ihm zu bücken und die Riemen seiner
8 Schuhe zu lösen. Ich taufe euch mit
Wasser; er aber wird euch mit dem hei-
ligen Geist taufen.

a Mt 11,10

Jesu Taufe und Versuchung

(Mt 3,13-4,11; Lk 3,21.22; 4,1-13; Joh 1,32-34)

9 Es begab sich zu dieser Zeit, daß Jesus
aus [a]Nazaret in Galiläa kam und sich
von Johannes im Jordan taufen ließ.
10 Und sogleich, als er aus dem Wasser
stieg, sah er, daß sich der Himmel auf-
tat und der Geist wie eine Taube auf
11 ihn herabkam. Und da erscholl eine
Stimme vom Himmel: *Du bist mein lie-
ber Sohn, an dir habe ich Wohlgefallen.*[b]
12 Und sogleich trieb ihn der Geist in die
13 Wüste; und er war vierzig Tage in der
Wüste und wurde vom Satan versucht,
und er lebte bei den wilden Tieren, und
die Engel dienten ihm.

a Lk 2,51 *b* Kap 9,7

Jesu Predigt in Galiläa

(Mt 4,12-17; Lk 4,14.15)

14 Nachdem aber Johannes gefangen ge-
setzt worden war, kam Jesus nach Gali-
läa und predigte das Evangelium Got-
15 tes und sprach: [a]*Die Zeit ist erfüllt, und
das Reich Gottes ist herbeigekommen. Tut
Buße und glaubt an das Evangelium!*

a Gal 4,4

Die Berufung der ersten Jünger

(Mt 4,18-22; Lk 5,1-11; Joh 1,35-51)

16 Als er aber am Galiläischen Meer ent-
langging, sah er, wie Simon und sein
Bruder Andreas ihre Netze ins Meer
17 warfen; denn sie waren Fischer. Und
Jesus sagte zu ihnen: Folgt mir nach;
ich will euch zu Menschenfischern ma-
18 chen! Sogleich ließen sie ihre Netze lie-
19 gen und folgten ihm nach. Und als er
etwas weiterging, sah er, wie Jakobus,
der Sohn des Zebedäus, und sein Bru-
der Johannes im Boot die Netze flick-
20 ten. Und sogleich rief er sie, und sie lie-
ßen ihren Vater Zebedäus im Boot mit
den Tagelöhnern zurück und folgten
ihm nach.

Jesus in Kapernaum

(Mt 8,14-17; Lk 4,31-44)

21 Sie gingen nach Kapernaum hinein;
und gleich am Sabbat ging er in die
Synagoge und lehrte. Und sie entsetz- 22
ten sich über seine Lehre; denn er lehr-
te mit Vollmacht und nicht so wie die
Schriftgelehrten.[a] Und in ihrer Syna- 23
goge war ein Mann, besessen von einem
unreinen Geist; der schrie sogleich:
[b]Was willst du von uns, Jesus von Na- 24
zaret? Du bist gekommen, um uns zu
vernichten. Ich weiß, wer du bist: der
Heilige Gottes! Jesus aber herrschte 25
ihn an: Sei still und fahre aus von ihm!
Und der unreine Geist riß ihn hin und 26
her, schrie laut auf und fuhr von ihm
aus.[c] Und sie entsetzten sich alle so, 27
daß sie sich befragten: Was ist das?
Eine neue Lehre in Vollmacht! Er ge-
bietet den unreinen Geistern, und sie
gehorchen ihm! Und die Kunde von 28
ihm durchlief sogleich das ganze gali-
läische Land.

Bald darauf gingen sie aus der Syn- 29
agoge und kamen in das Haus des Si-
mon und Andreas mit Jakobus und Jo-
hannes. Und die Schwiegermutter Si- 30
mons lag zu Bett und hatte Fieber; und
sogleich berichteten sie Jesus von ihr.
Da trat er zu ihr, faßte sie an der Hand 31
und richtete sie auf; und das Fieber
verließ sie, und sie diente ihnen.

Am Abend aber, als die Sonne unter- 32
gegangen war, brachten sie alle Kran-
ken und Besessenen zu ihm. Und die 33
ganze Stadt hatte sich vor der Tür ver-
sammelt. Und er half vielen Kranken, 34
die mit vielerlei Gebrechen beladen
waren, trieb viele böse Geister aus und
[d]ließ die Geister nicht zu Wort kom-
men; denn sie kannten ihn.

Und am Morgen, schon vor Tage, 35
stand Jesus auf und ging hinaus. Und
[e]er ging an einen einsamen Ort, um
dort zu beten. Simon aber und die, die 36
bei ihm waren, eilten ihm nach. Und als 37
sie ihn fanden, sagten sie zu ihm: Alle
suchen dich. Er aber sagte zu ihnen: 38
Laßt uns anderswohin gehen, in die
nächsten Städte, damit ich auch dort
predige; denn dazu bin ich gekommen.
Und er ging hin und predigte in ihren 39
Synagogen in ganz Galiläa und trieb die
bösen Geister aus.

a Mt 7,28.29 *b* Kap 5,7 *c* Kap 9,26
d Apg 16,17.18 *e* Mt 14,23; 26,36; Lk 5,16; 11,1

Die Heilung eines Aussätzigen

(Mt 8,2-4; Lk 5,12-16)

Und ein Aussätziger kam zu ihm; der 40
kniete vor ihm nieder und bat ihn:
Wenn du willst, so kannst du mich rei-

41 nigen. Und er hatte Erbarmen mit ihm
und streckte die Hand aus, rührte ihn
an und sagte zu ihm: Ich will's tun; sei
42 rein! Und sogleich verschwand der
43 Aussatz, und er wurde rein. Und Jesus
fuhr ihn an, wies ihn sogleich von sich[a]
44 und sagte zu ihm: Sieh zu, daß du [b]niemand
etwas sagst; sondern geh hin, zeige
dich dem Priester und [c]bringe das
Reinigungsopfer dar, das Mose gebo-
45 ten hat, ihnen zum Zeugnis. Er aber
ging weg und fing an, viel davon zu reden
und die Geschichte überall bekannt
zu machen, so daß Jesus hinfort
nicht mehr öffentlich in eine Stadt gehen
konnte; sondern er war draußen in
einsamen Gegenden; doch sie kamen
zu ihm von allen Ecken und Enden.

a Kap 3,12 *b* Kap 7,36 *c* 3.Mose 14,2-32

Die Heilung eines Gelähmten

(Mt 9, 1-8; Lk 5, 17-26)

2 Nach einigen Tagen ging Jesus wieder
nach Kapernaum; und es wurde be-
2 kannt, daß er im Hause war. Da versammelten
sich so viele, daß sie nicht
alle Platz hatten, auch nicht draußen
vor der Tür; und er sagte ihnen das
3 Wort. Und es kamen einige zu ihm, die
brachten einen Gelähmten, von vier
4 Männern getragen. Und weil sie ihn
wegen der Menge nicht zu ihm bringen
konnten, deckten sie das Dach ab, wo er
war, machten ein Loch und ließen die
Schlafmatte herunter, auf der der Ge-
5 lähmte lag. Als nun Jesus ihren Glauben
sah, sagte er zu dem Gelähmten:
Mein Sohn, deine Sünden sind dir ver-
6 geben. Es saßen aber einige Schriftgelehrte
dabei und dachten in ihren Her-
7 zen: Wie kann der so reden? Er lästert
ja Gott! [a]Wer kann denn Sünden ver-
8 geben als Gott allein? Und Jesus erkannte
sogleich in seinem Geist, was sie
bei sich dachten, und sagte zu ihnen:
9 Was denkt ihr da in euren Herzen? Was
ist leichter? zu dem Gelähmten zu sagen:
Dir sind deine Sünden vergeben –,
oder zu sagen: Steh auf, nimm deine
10 Matte und geh! Damit ihr aber wißt,
daß der Menschensohn Vollmacht hat,
auf Erden die Sünden zu vergeben –
11 sagte er zu dem Gelähmten: Ich sage
dir, steh auf, nimm deine Matte und
12 geh heim! Und er stand auf, nahm seine
Matte und ging sogleich vor aller Augen
hinaus, so daß sie sich alle entsetzten
und Gott priesen und sagten: So etwas
haben wir noch nie gesehen.

a Ps 130,4; Jes 43,25

Die Berufung des Levi

(Mt 9, 9-13; Lk 5, 27-32)

Jesus ging wieder hinaus an den See; 13
und alles Volk kam zu ihm, und er lehrte
sie. Und als er vorüberging, sah er 14
Levi, den Sohn des Alphäus, am Zoll
sitzen und sagte zu ihm: Folge mir!
Und der stand auf und folgte ihm. Und 15
als er in seinem Hause zu Tisch saß,
setzten sich viele Zöllner und Sünder
mit Jesus und seinen Jüngern zu Tisch;
denn viele gab es, die ihm folgten. Und 16
als die Schriftgelehrten unter den Pharisäern
sahen, daß er mit den Zöllnern
und Sündern aß, sagten sie zu seinen
Jüngern: Warum ißt er mit den Zöllnern
und Sündern? Als das Jesus hörte, 17
sagte er zu ihnen: Die Gesunden brauchen
keinen Arzt, sondern die Kranken.
*Ich bin gekommen, die Sünder zu rufen
und nicht die Gerechten.*

Vom Fasten

(Mt 9, 14-17; Lk 5, 33-38)

Und die Jünger des Johannes und die 18
Pharisäer fasteten regelmäßig; und es
kamen einige, die sagten zu Jesus: Warum
fasten die Jünger des Johannes und
die Jünger der Pharisäer, doch deine
Jünger fasten nicht? Und Jesus sagte zu 19
ihnen: Wie können die Hochzeitsgäste
fasten, während der Bräutigam bei
ihnen ist? Solange der Bräutigam bei
ihnen ist, können sie nicht fasten. Es 20
wird aber die Zeit kommen, daß der
Bräutigam ihnen genommen ist; dann
werden sie immer an diesem Tage fasten.
Niemand flickt ein altes Kleid mit 21
einem Lappen von neuem Tuch; sonst
reißt der neue Lappen doch vom alten
ab, und der Riß wird schlimmer. Und 22
niemand füllt jungen Wein in alte
Schläuche; sonst zerreißt der Wein die
Schläuche, und der Wein ist verloren
und die Schläuche auch; sondern man
soll jungen Wein in neue Schläuche füllen.

Die Frage der Sabbatheiligung

(Mt 12, 1-8; Lk 6, 1-5)

Als er am Sabbat durch ein Kornfeld 23
ging, fingen seine Jünger an, unterwegs
Ähren auszuraufen. Und die Pharisäer 24
sagten zu ihm: Sieh doch! Warum tun
deine Jünger am Sabbat, was man nicht
darf? Und er sagte zu ihnen: Habt ihr 25
nie gelesen, was David tat, als er in Not
war und Hunger hatte und die, die bei
ihm waren, auch: wie er [a]zur Zeit des 26

Hohenpriesters Abjatar in das Haus
Gottes ging und die Schaubrote aß, die
[b]niemand essen darf als nur die Prie-
ster, und wie er sie auch denen gab, die
27 bei ihm waren? Und er sagte zu ihnen:
[c]*Der Sabbat ist um des Menschen willen*
geschaffen und nicht der Mensch um des
28 *Sabbats willen. So ist der Menschensohn*
ein Herr auch über den Sabbat.

a 1.Sam 21,7 *b* 3.Mose 24,9 *c* 2.Mose 20,10

Die Heilung am Sabbat

(Mt 12,9-14; Lk 6,6-11)

3 Und er ging wieder in die Synagoge.
Dort war ein Mann, der hatte eine ab-
2 gestorbene Hand. Und sie lauerten dar-
auf, ob er ihn auch am Sabbat heilen
würde, damit sie Klage gegen ihn erhe-
3 ben könnten. Und er sagte zu dem
Mann mit der abgestorbenen Hand:
4 Tritt vor! Und er sagte zu ihnen: Soll
man am Sabbat Gutes tun oder Böses
tun, Leben erhalten oder töten? Sie
5 aber schwiegen still. Da sah er sie rings-
um zornig an und war bekümmert über
ihr verstocktes Herz und sagte zu dem
Mann: Strecke deine Hand aus! Und
der streckte sie aus; und die Hand wur-
6 de gesund. Die Pharisäer aber gingen
hinaus und hielten sogleich mit den
Leuten des Herodes über ihn eine Be-
ratung ab, wie sie ihn umbringen könn-
ten.

Zulauf des Volks und viele Heilungen

(Mt 12,15.16; Lk 6,17-19)

7 [a]Aber Jesus zog sich mit seinen Jün-
gern an den See zurück, und eine große
Menge folgte ihm aus Galiläa; auch aus
8 Judäa und Jerusalem, aus Idumäa und
von jenseits des Jordan und aus der
Umgebung von Tyrus und Sidon kam
eine große Menge zu ihm, die von sei-
9 nen Taten gehört hatte. Und er sagte zu
seinen Jüngern, sie sollten ihm ein Boot
bereithalten, damit die Menge ihn
10 nicht bedrängte. Denn er heilte viele, so
daß alle, die von Krankheiten geplagt
waren, sich auf ihn stürzten, um ihn an-
11 zurühren. Und wenn ihn die unreinen
Geister sahen, fielen sie vor ihm nieder
und schrien: [b]Du bist Gottes Sohn!
12 Und [c]er gebot ihnen streng, ihn ja nicht
zu offenbaren.

a (7 und 8) Mt 4,25 *b* Lk 4,41 *c* Kap 1,43

Die Einsetzung der zwölf Jünger

(Mt 10,1-4; Lk 6,12-16)

Und er ging auf einen Berg und rief zu 13
sich, wen er wollte, und die gingen zu
ihm hin. Und er setzte zwölf ein, die er 14
auch Apostel nannte; die sollten bei
ihm sein, und er wollte sie aussenden,
damit sie predigen und Vollmacht ha- 15
ben sollten, die bösen Geister auszu-
treiben. Und er setzte die Zwölf ein und 16
gab Simon den Namen Petrus; weiter 17
setzte er Jakobus, den Sohn des Zebe-
däus, und Johannes, den Bruder des Ja-
kobus, ein und [a]gab ihnen den Namen
Boanerges, das heißt: Donnersöhne;
ferner Andreas und Philippus und Bar- 18
tholomäus und Matthäus und Thomas
und Jakobus, den Sohn des Alphäus,
und Thaddäus und Simon Kananäus
und Judas Iskariot, der ihn dann ver- 19
riet.

a Lk 9,54

Jesus und seine Angehörigen

Und er ging in ein Haus. Da kam das 20
Volk wieder zusammen, so daß sie nicht
einmal essen konnten. Und als es die 21
Seinen hörten, machten sie sich auf und
wollten sich seiner bemächtigen; denn
sie sagten: Er ist von Sinnen.[a]

a Kap 6,4; Joh 7,5; 8,48

Jesus und die bösen Geister

(Mt 12,24-30; Lk 11,14-23)

Die Schriftgelehrten aber, die von Je- 22
rusalem herabgekommen waren, sag-
ten: Er hat den Beelzebul, und: [a]Er
treibt die bösen Geister durch ihren
Herrscher aus. Jesus aber rief sie zu- 23
sammen und redete mit ihnen in
Gleichnissen: Wie kann der Satan den
Satan austreiben? Wenn ein Reich mit 24
sich selbst uneins wird, so kann es nicht
bestehen. Und wenn ein Haus mit sich 25
selbst uneins wird, so kann es nicht be-
stehen. Erhebt sich nun der Satan ge- 26
gen sich selbst und ist mit sich selbst
uneins, so kann er nicht bestehen, son-
dern es ist aus mit ihm. Niemand kann 27
aber einem Starken ins Haus eindrin-
gen und seine Sachen rauben, wenn er
nicht vorher den Starken fesselt; erst
dann kann er sein Haus berauben.
Wahrlich, ich sage euch: Alle Sünden 28
werden den Menschenkindern verge-
ben, auch die Lästerungen, so viel sie
immer lästern mögen; wer aber den 29
heiligen Geist lästert, der hat keine
Vergebung für ewig, sondern ist ewiger

30 Sünde schuldig.[b] Denn sie sagten: Er
hat einen unreinen Geist.[c]

a Mt 9,34 *b* Hebr 6,4-6 *c* Joh 10,20

Jesu wahre Verwandte

(Mt 12,46-50; Lk 8,19-21)

31 Und seine Mutter und seine Brüder ka-
men und standen draußen, schickten zu
32 ihm und ließen ihn rufen. Und das Volk
saß um ihn herum. Und sie sagten zu
ihm: Siehe, deine Mutter und deine
Brüder und deine Schwestern draußen
33 fragen nach dir. Er aber antwortete
ihnen: Wer sind meine Mutter und
34 meine Brüder? Und er sah ringsum auf
die, die um ihn im Kreise saßen, und
sagte: Seht, das sind meine Mutter und
35 meine Brüder! Denn *wer Gottes Willen
tut, der ist mein Bruder und meine
Schwester und meine Mutter*.

Vom Sämann

(Mt 13,1-9; Lk 8,4-8)

4 Und er fing wieder an, am See zu leh-
ren. Und eine sehr große Menge ver-
sammelte sich bei ihm, so daß er in ein
Boot treten mußte, das im Wasser lag;
dort setzte er sich, während das ganze
Volk auf dem Lande am Ufer stand.
2 Und er lehrte sie lange in Gleichnissen;
und in seiner Predigt sprach er zu
3 ihnen: Hört zu! Siehe, es ging ein Sä-
4 mann aus, zu säen. Und beim Säen fiel
ein Teil auf den Weg; da kamen die Vö-
5 gel und fraßen's auf. Ein Teil fiel auf
felsigen Boden, wo es nicht viel Erde
hatte, und ging bald auf, weil es keine
6 tiefe Erde hatte. Als nun die Sonne
hochstieg, verwelkte es, und weil es kei-
7 ne Wurzeln hatte, verdorrte es. Und ein
Teil fiel unter die Dornen, und die
Dornen wuchsen empor und erstick-
8 ten's, und es brachte keine Frucht. Und
ein Teil fiel auf gutes Land, ging auf
und wuchs, brachte Frucht und trug
dreißigfach und sechzigfach und hun-
9 dertfach. Und er sprach: Wer Ohren
hat, zu hören, der höre!

Der Zweck der Gleichnisrede

(Mt 13,10-17; Lk 8,9.10)

10 Als er aber allein war, befragten ihn die,
die um ihn waren, samt den Zwölfen,
11 wegen der Gleichnisse. Und er sagte zu
ihnen: Euch ist das Geheimnis des
Reichs Gottes gegeben; denen aber
draußen begegnet es alles in Gleichnis-
12 sen, damit sie es mit sehenden Augen
sehen und doch nicht erkennen, und
mit hörenden Ohren hören und doch
nicht verstehen, damit sie sich nicht
doch noch bekehren und ihnen dann
vergeben wird.[a]

a Jes 6,9.10

Die Deutung des Gleichnisses vom Sämann

(Mt 13,18-23; Lk 8,11-15)

Und er sagte zu ihnen: Versteht ihr dies 13
Gleichnis nicht, wie wollt ihr dann die
andern alle verstehen? Der Sämann sät 14
das Wort. Das aber sind die auf dem 15
Wege: wenn das Wort gesät wird und
sie es gehört haben, so kommt sogleich
der Satan und nimmt das Wort weg,
das in sie gesät worden ist. Ebenso auch 16
die, bei denen auf felsigen Boden gesät
worden ist: wenn sie das Wort gehört
haben, nehmen sie es bald mit Freuden
auf, aber sie treiben keine Wurzeln, 17
sondern sind wetterwendisch; wenn
sich Bedrängnis oder Verfolgung um
des Worts willen erhebt, so fallen sie
gleich ab. Und wieder andere sind die, 18
bei denen unter die Dornen gesät wor-
den ist: die hören das Wort, aber die 19
Sorgen dieser Welt und der betrügeri-
sche Reichtum und die Begierden nach
all dem andern dringen ein und erstik-
ken das Wort, und so bleibt es ohne
Frucht. Diese aber sind's, bei denen auf 20
gutes Land gesät worden ist: sie hören
das Wort und nehmen's an und bringen
Frucht, dreißigfach und sechzigfach
und hundertfach.

Vom Licht und vom rechten Maß

(Lk 8,16-18)

Und Jesus sagte zu ihnen: Bringt man 21
etwa das Licht herein, um es dann un-
ter einen Scheffel oder unter eine Bank
zu setzen? Keineswegs, sondern um es
auf einen Leuchter zu setzen.[a] Denn es 22
ist nichts verborgen, was nicht offenbar
werden wird, und ist nichts geheim,
was nicht an den Tag kommen wird.[b]
Wer Ohren hat, zu hören, der höre! 23
Und er sagte zu ihnen: Seht zu, was 24
ihr hört! Mit dem Maß, mit dem ihr
meßt, wird man euch wieder messen,
und man wird euch noch mehr dazuge-
ben.[c] Denn wer etwas hat, dem wird 25
noch mehr gegeben werden; wer aber
nichts hat, dem wird man auch das neh-
men, was er hat.[d]

a Mt 5,15 *b* Mt 10,26.27; Lk 12,2 *c* Mt 7,2
d Mt 13,12.13

Von der Saat, die ohne Zutun wächst

26 Und er sagte: Mit dem Reich Gottes ist
es so, wie wenn jemand Samen aufs
27 Land wirft und schläft und aufsteht,
Nacht für Nacht und Tag für Tag; und
der Same geht auf und wächst – er weiß
28 aber nicht, wie.[a] Denn von selbst
bringt die Erde Frucht, zuerst die Hal-
me, danach die Ähren, danach den vol-
29 len Weizen in den Ähren. Wenn sie
aber die Frucht gebracht hat, schickt er
sogleich die Sichel hin; denn die Ernte
ist da.

a Jak 5,7

Vom Senfkorn

(Mt 13,31.32.34; Lk 13,18.19)

30 Und er sagte: Womit wollen wir das
Reich Gottes vergleichen, und durch
was für ein Gleichnis wollen wir es dar-
31 stellen? Es ist wie bei einem Senfkorn:
wenn das aufs Land gesät wird, so ist's
das kleinste unter allen Samenkörnern
32 auf Erden; wenn es aber ausgesät ist, so
geht es auf und wird größer als alle
Kräuter und treibt große Zweige, so
daß die Vögel unter dem Himmel in
seinem Schatten wohnen können.
33 Und durch viele solche Gleichnisse
sagte er ihnen das Wort so, wie sie es zu
34 hören vermochten. Und ohne Gleich-
nisse redete er nichts zu ihnen; aber
wenn sie allein waren, legte er seinen
Jüngern alles aus.

Die Stillung des Sturms

(Mt 8,23-27; Lk 8,22-25)

35 Am Abend desselben Tages sagte er zu
36 ihnen: Laßt uns hinüberfahren. Und
sie ließen das Volk fortgehen und nah-
men ihn mit, wie er im Boot war, und
es waren noch andere Boote bei ihm.
37 Und es erhob sich ein großer Wirbel-
wind, und die Wellen schlugen in das
38 Boot, so daß das Boot schon voll lief. Er
aber lag hinten im Boot und schlief auf
einem Kissen. Da weckten sie ihn auf
und sagten zu ihm: Meister, fragst du
nichts danach, daß wir zugrundege-
39 hen? Und er stand auf, herrschte den
Wind an und sprach zu dem Meer:
Schweig und verstumme! Und der
Wind legte sich, und es entstand eine
40 große Stille. Und er sagte zu ihnen:
Was seid ihr so ängstlich? Habt ihr
41 noch immer keinen Glauben? Sie aber
fürchteten sich sehr und sagten zu-
einander: Wer ist der? Selbst Wind
und Meer sind ihm gehorsam!

Die Heilung des besessenen Geraseners

(Mt 8,28-34; Lk 8,26-39)

Sie kamen ans andre Ufer des Sees in **5**
das Gebiet der Gerasener. Und als er 2
aus dem Boot trat, lief ihm sogleich von
den Gräbern her ein Mensch mit einem
unreinen Geist entgegen; der hatte sei- 3
ne Wohnung in den Grabhöhlen. Und
niemand konnte ihn mehr binden, auch
nicht mit Ketten; denn er war oft mit 4
Fesseln und Ketten gebunden gewesen
und hatte die Ketten zerrissen und die
Fesseln zerrieben; und niemand konn-
te ihn bändigen. Und er war allezeit, 5
Tag und Nacht, in den Grabhöhlen
und auf den Bergen, schrie und schlug
sich mit Steinen. Als er aber Jesus von 6
ferne sah, lief er hinzu und fiel vor ihm
nieder und schrie laut: Was willst du 7
von mir, Jesus, du Sohn Gottes des Al-
lerhöchsten? Ich beschwöre dich bei
Gott: Quäle mich nicht![a] Denn er hat- 8
te zu ihm gesagt: Fahre aus, du unrei-
ner Geist, von diesem Menschen! Und 9
er fragte ihn: Wie heißt du? Und er
antwortete: Legion heiße ich; denn wir
sind viele. Und er bat Jesus sehr, sie 10
nicht aus diesem Gebiet zu vertreiben.
Es war aber dort an den Bergen eine 11
große Schweineherde auf der Weide.
Und die unreinen Geister baten ihn: 12
Laß uns in die Schweine fahren! Und 13
er erlaubte es ihnen. Da fuhren die un-
reinen Geister aus und fuhren in die
Schweine, und die Herde stürzte sich
den Abhang hinunter in den See, etwa
zweitausend, und sie ersoffen im See.
Und die Schweinehirten flohen und 14
verkündeten das in der Stadt und auf
dem Lande. Und die Leute gingen hin-
aus, um zu sehen, was geschehen war,
und kamen zu Jesus und sahen, wie der 15
Mensch bekleidet und vernünftig da-
saß, der von der Legion der unreinen
Geister besessen gewesen war; und sie
fürchteten sich. Und die es mit angese- 16
hen hatten, sagten ihnen, was mit dem
Besessenen geschehen war, und berich-
teten auch von den Schweinen. Und sie 17
fingen an, Jesus zu bitten, aus ihrem
Gebiet fortzugehen. Und als er in das 18
Boot trat, bat ihn der Besessene, bei
ihm bleiben zu dürfen. Aber er erlaubte 19
es ihm nicht, sondern sagte zu ihm:
Geh nach Haus zu den Deinen und ver-
künde ihnen, welch große Wohltat dir
der Herr getan und wie er sich über
dich erbarmt hat. Und der ging hin und 20

fing an, in den [b]Zehn Städten zu ver-
künden, welch große Wohltat ihm Je-
sus getan hatte, und alle wunderten sich
darüber.

a Kap 1,24 *b* Kap 7,31

Die Heilung der blutflüssigen Frau und die Auferweckung der Tochter des Jaïrus

(Mt 9, 18-26; Lk 8, 40-56)

21 Als Jesus wieder im Boot herüberge-
fahren war, versammelte sich eine gro-
ße Menge bei ihm. Und er war noch am
22 See, da kam einer von den Vorstehern
der Synagoge, mit Namen Jaïrus. Und
als er Jesus sah, fiel er ihm zu Füßen
23 und bat ihn sehr: Meine Tochter liegt
in den letzten Zügen; komm doch und
lege deine Hände auf sie, damit sie ge-
24 sund wird und lebt. Und er ging mit
ihm.
Es folgte ihm eine große Menge, und
25 sie umdrängten ihn. Und da war eine
Frau, die hatte seit zwölf Jahren den
26 Blutfluß und hatte von vielen Ärzten
viel erlitten und all ihr Hab und Gut
dafür aufgewandt; doch es hatte ihr
nichts geholfen, vielmehr war es noch
27 schlimmer mit ihr geworden. Als sie
von Jesus hörte, kam sie in der Menge
von hinten heran und berührte sein Ge-
28 wand. Denn sie sagte sich: Wenn ich
nur seine Kleider berühren könnte, so
29 würde ich gesund. Und sogleich ver-
siegte die Quelle ihres Bluts, und sie
fühlte an ihrem Leibe, daß sie von ihrer
30 Plage geheilt war. Und Jesus spürte so-
gleich an sich selbst, daß [a]eine Kraft
von ihm ausgegangen war, und wandte
sich in der Menge um und fragte: Wer
31 hat meine Kleider berührt? Und seine
Jünger sagten zu ihm: Du siehst, daß
dich das Volk umdrängt, und fragst:
32 Wer hat mich berührt? Und er sah sich
33 nach der um, die das getan hatte. Die
Frau aber fürchtete sich und zitterte,
denn sie wußte, was an ihr geschehen
war, kam und fiel vor ihm nieder und
34 sagte ihm die ganze Wahrheit. Er aber
sagte zu ihr: Meine Tochter, dein Glau-
be hat dich geheilt; geh hin mit Frie-
den und sei gesund von deiner Plage!
35 Als er noch so redete, kamen einige
aus dem Hause des Vorstehers der Syn-
agoge und sagten: Deine Tochter ist
gestorben; was bemühst du den Mei-
36 ster weiter? Jesus aber überhörte, was
gesagt wurde, und sprach zu dem Vor-
steher: Fürchte dich nicht, glaube nur!
37 Und er ließ niemand mitgehen als nur
Petrus, Jakobus und Johannes, den
Bruder des Jakobus.[b] Und sie kamen in 38
das Haus des Vorstehers, und er sah das
Gedränge und den Lärm und wie sehr
sie weinten und heulten. Er ging hinein 39
und sagte zu ihnen: Was lärmt und
weint ihr? [c]Das Kind ist nicht gestor-
ben, sondern es schläft. Doch sie ver- 40
lachten ihn. Er aber trieb sie alle hinaus
und nahm den Vater des Kindes mit
sich und die Mutter und die bei ihm
waren, und ging hinein, wo das Kind
lag, und ergriff das Kind an der Hand 41
und sprach zu ihm: Talita kum! – das
heißt: Mädchen, [d]ich sage dir, steh auf!
Sogleich stand das Mädchen auf und 42
ging umher; es war aber zwölf Jahre alt.
Und sie entsetzten sich sogleich über
die Maßen. Doch er gebot ihnen streng, 43
daß es niemand wissen sollte, und sag-
te, sie sollten ihr zu essen geben.

a Lk 6,19 *b* Mt 17,1 *c* Joh 11,11 *d* Lk 7,14; Apg 9,40

Die Verwerfung Jesu in Nazaret

(Mt 13, 53-58; Lk 4, 16-30)

Jesus ging von dort weg und kam in sei- **6**
ne Vaterstadt, und seine Jünger folgten
ihm. Als der Sabbat kam, fing er an, in 2
ihrer Synagoge zu lehren. Und viele,
die zuhörten, wunderten sich und frag-
ten: [a]Woher hat er das? Und was ist
das für eine Weisheit, die ihm gegeben
ist? Und was für mächtige Taten, die
durch seine Hände geschehen sind? Ist 3
er nicht der Zimmermann, der Sohn
der Maria, und der Bruder des Jakobus
und Joses und Judas und Simon? Sind
nicht auch seine Schwestern hier bei
uns? Und sie nahmen Anstoß an ihm.[b]
Jesus aber sagte zu ihnen: Ein Prophet 4
gilt nirgends weniger als in seinem Va-
terland und bei seinen Verwandten und
in seinem Hause. Und er konnte dort 5
nicht eine einzige Tat tun, außer daß er
wenigen Kranken die Hände auflegte
und sie heilte. Und er wunderte sich 6
über ihren Unglauben. Und er ging
rings umher in die Dörfer und lehrte.

a Joh 7,15 *b* Joh 6,42

Die Aussendung der zwölf Jünger

(Mt 10, 1.5-15; Lk 9, 1-6)

Jesus rief die Zwölf zu sich und fing an, 7
sie [a]je zwei und zwei auszusenden, und
gab ihnen Macht über die unreinen
Geister und gebot ihnen, nichts auf den 8
Weg mitzunehmen als allein einen
Stab, auch kein Brot, keine Tasche,
kein Geld im Gürtel, wohl aber 9

Schuhe, und nicht zwei Hemden anzu-
10 ziehen. Und er sagte zu ihnen: Wo ihr
in ein Haus gehen werdet, da bleibt, bis
11 ihr von dort weiterzieht. Doch wo man
euch nicht aufnimmt und nicht hört, da
geht hinaus und schüttelt den Staub
von euren Füßen zum Zeugnis gegen
12 sie. Und sie zogen aus und predigten,
13 man sollte Buße tun, und trieben viele
böse Geister aus und [b]salbten viele
Kranke mit Öl und machten sie gesund.

a Lk 10,1 *b* Jak 5,14.15

Das Ende Johannes des Täufers

(Mt 14, 1-12; Lk 9, 7-9; 3, 19.20)

14 Und es kam dem König Herodes zu
Ohren; denn der Name Jesu war nun
bekannt. Und die Leute sagten: Johan-
nes der Täufer ist von den Toten aufer-
standen; darum wirken solche Kräfte
15 in ihm. Einige aber sagten: Er ist Elia;
andere aber: Er ist ein Prophet wie
16 einer der alten Propheten. Als es aber
Herodes hörte, sagte er: Es ist Johan-
nes, den ich enthauptet habe, der ist
17 auferstanden. Denn er, Herodes, hatte
Johannes ergreifen und ins Gefängnis
werfen lassen um der Herodias willen,
der Frau seines Bruders Philippus;
18 denn er hatte sie geheiratet. Johannes
hatte nämlich zu Herodes gesagt: Es ist
nicht recht, daß du [a]die Frau deines
19 Bruders genommen hast. Herodias
aber stellte ihm nach und wollte ihn tö-
20 ten, konnte es jedoch nicht. Denn He-
rodes fürchtete Johannes, weil er wuß-
te, daß er ein frommer und heiliger
Mann war, und ließ ihn zu seinem
Schutz bewachen; und wenn er ihn
hörte, wurde er sehr unruhig; und doch
21 hörte er ihn gern. Und es kam ein gün-
stiger Tag, als Herodes an seinem Ge-
burtstag seinen Großen und den Ober-
sten und den Vornehmsten von Galiläa
22 ein Festmahl gab. Da trat die Tochter
der Herodias herein und tanzte und ge-
fiel Herodes und denen, die mit am
Tisch saßen, sehr. Da sagte der König
zu dem Mädchen: Erbitte von mir, was
23 du willst, ich will dir's geben. Und er
schwor ihr feierlich: Was du von mir
erbittest, will ich dir geben, [b]bis zur
24 Hälfte meines Königreichs. Und sie
ging hinaus und fragte ihre Mutter:
Worum soll ich bitten? Die sagte: Um
25 den Kopf Johannes des Täufers. So-
gleich ging sie eilig zum König hinein
und bat ihn: Ich will, daß du mir auf
der Stelle den Kopf Johannes des
26 Täufers auf einer Schüssel gibst. Und
der König wurde sehr betrübt. Doch
wegen des Eides und wegen derer, die
mit am Tisch saßen, wollte er sie keine
Fehlbitte tun lassen. Sogleich schickte 27
der König den Henker hin und befahl,
den Kopf des Johannes herzubringen.
Der ging hin und enthauptete ihn im
Gefängnis, brachte seinen Kopf auf 28
einer Schüssel und gab ihn dem Mäd-
chen, und das Mädchen gab ihn seiner
Mutter. Als das seine Jünger hörten, 29
kamen sie, nahmen seinen Leichnam
und legten ihn in ein Grab.

a 3. Mose 18,16 *b* Est 5,3.6

Die Speisung der Fünftausend

(Mt 14, 13-21; Lk 9, 10-17; Joh 6, 1-13)

Und die Apostel kamen bei Jesus zu- 30
sammen und berichteten ihm alles, was
sie getan und gelehrt hatten.[a] Und er 31
sagte zu ihnen: Geht ihr allein an eine
einsame Stelle, dort ruht ein wenig.
Denn ständig kamen und gingen viele;
daher hatten sie nicht Zeit genug zum
Essen. Und sie fuhren in einem Boot an 32
eine einsame Stelle für sich allein. Und 33
man sah sie wegfahren, und viele merk-
ten es und liefen aus allen Städten zu
Fuß dorthin zusammen und kamen
ihnen zuvor. Und Jesus stieg aus und 34
sah die große Menge; und er [b]hatte Er-
barmen mit ihnen allen, denn sie waren
wie die Schafe, die keinen Hirten ha-
ben. Und er fing eine lange Predigt an.

[c]Als nun der Tag fast vorüber war, 35
traten seine Jünger zu ihm und sagten:
Es ist öde hier, und der Tag ist fast vor-
über; entlaß sie, damit sie in die Gehöf- 36
te und Dörfer ringsum gehen und sich
etwas zu essen kaufen. Er aber antwor- 37
tete ihnen: Gebt ihr ihnen zu essen!
Und sie sagten zu ihm: Sollen wir denn
gehen und für zweihundert Silbergro-
schen Brot kaufen und ihnen zu essen
geben? Er aber sagte zu ihnen: Wieviel 38
Brote habt ihr? Geht hin und seht
nach! Und als sie es festgestellt hatten,
sagten sie: Fünf und zwei Fische. Und 39
er gebot ihnen, daß sie sich alle in
Tischgemeinschaften auf das grüne
Gras lagerten. Und sie setzten sich in 40
Abteilungen zu hundert und zu fünf-
zig. Da nahm er die fünf Brote und zwei 41
Fische und [d]sah auf zum Himmel,
dankte und brach die Brote und gab sie
den Jüngern, damit sie sie unter ihnen
austeilten, und die zwei Fische verteilte
er an sie alle. Und sie aßen alle und 42
wurden satt. Und sie sammelten die 43
Brocken auf, zwölf Körbe voll, und von

44 den Fischen. Und die die Brote geges-
sen hatten, waren fünftausend Mann.

a Lk 9,10; 10,17 *b* Mt 9,36 *c* (35-44) Kap 8,1-9
d Kap 7,34

Jesus kommt zu seinen Jüngern auf dem See

(Mt 14, 22-36; Joh 6, 15-21)

45 Sogleich trieb er seine Jünger an, in das
Boot zu steigen und vor ihm nach Bet-
saida hinüberzufahren, bis er das Volk
46 entlassen hätte. Und als er sich von
ihnen verabschiedet hatte, ging er hin
47 auf einen Berg, um zu beten. Und am
Abend war das Boot mitten auf dem
48 See und er auf dem Lande allein. Und
er sah, daß sie sich beim Rudern ab-
plagten, denn der Wind stand ihnen
entgegen. Und um die vierte Nachtwa-
che kam er zu ihnen und ging auf dem
49 See und wollte an ihnen vorübergehen.
Und als sie ihn auf dem See gehen sa-
hen, meinten sie, es wäre ein Gespenst,
50 und schrien; denn sie sahen ihn alle
und erschraken. Aber sogleich redete er
mit ihnen und sprach zu ihnen: Seid
getrost, ich bin's; fürchtet euch nicht!
51 und trat zu ihnen ins Boot, und [a]der
Wind legte sich. Und sie entsetzten sich
52 über die Maßen; denn sie waren auch
durch die Speisung mit den Broten
nicht verständiger geworden, sondern
[b]ihr Herz war verhärtet.

a Kap 4,39 *b* Kap 8,17

Heilungen am See Gennesaret

53 Und sie fuhren ans Land hinüber, ka-
men nach Gennesaret und legten an.
54 Als sie aus dem Boot stiegen, erkannten
55 die Leute ihn sofort, liefen im ganzen
Land umher und fingen an, auf Matten
die Kranken überall dorthin zu tragen,
56 wo sie hörten, daß er gerade war. Und
wo er in Dörfer, Städte und Gehöfte
hineinging, da legten sie die Kranken
auf den Markt und baten ihn, daß diese
auch nur [a]den Saum seines Gewandes
berühren dürften; und alle, die ihn be-
rührten, wurden geheilt.

a Kap 5,27.28; Apg 5,15; 19,11.12

Von wahrer Reinheit und Unreinheit

(Mt 15, 1-20)

7 Es versammelten sich bei ihm die Pha-
risäer und einige der Schriftgelehrten,
die aus Jerusalem gekommen waren.
2 Und sie sahen einige seiner Jünger mit
unreinen, das heißt: mit ungewasche-
3 nen Händen Brot essen. Denn die Pha-
risäer und alle Juden essen erst, wenn
sie sich die Hände, zur Faust ge-
schlossen, bespült haben, und halten so
die Satzungen der Ältesten; und wenn 4
sie vom Markt kommen, essen sie erst,
wenn sie gebadet haben. Und es gibt
noch viele andre Dinge, die sie zu hal-
ten überkommen haben, wie: [a]Trink-
gefäße und Krüge und Kessel einzu-
tauchen. Da fragten ihn die Pharisäer 5
und Schriftgelehrten: Warum handeln
deine Jünger nicht nach den Satzungen
der Ältesten, sondern essen ihr Brot mit
unreinen Händen? Er aber antwortete 6
ihnen: Sehr treffend hat von euch
Heuchlern Jesaja geweissagt, wie ge-
schrieben steht (Jesaja 29,13): »Dies
Volk ehrt mich mit den Lippen; aber
ihr Herz ist fern von mir. Vergeblich 7
dienen sie mir, weil sie solche Lehren
überliefern, die nichts sind als Men-
schengebote.« Ihr verlaßt Gottes Gebot 8
und haltet die Satzungen von Men-
schen. Und er sagte zu ihnen: Wie fein 9
hebt ihr Gottes Gebot auf, um dafür
eure Satzungen aufzurichten! Denn 10
Mose hat gesagt (2. Mose 20,12; 21,
17): »Du sollst deinen Vater und deine
Mutter ehren«, und: »Wer Vater oder
Mutter flucht, der soll des Todes ster-
ben.« Ihr aber lehrt: Wenn einer zu Va- 11
ter oder Mutter sagt: Korban*, das
heißt: Opfergabe soll das sein, was dir
eigentlich von mir zusteht, so laßt ihr 12
ihn nun nichts mehr für seinen Vater
oder seine Mutter tun und hebt so Got- 13
tes Wort auf durch eure Satzungen, die
ihr überliefert habt; und derlei tut ihr
viel.

Und er rief die Menge wieder zu sich 14
und sagte zu ihnen: Hört mir alle zu
und begreift's! Es [b]gibt nichts, was von 15
außen in den Menschen hineinkommt,
das ihn unrein machen könnte; sondern
was aus dem Menschen herauskommt,
das ist's, was den Menschen unrein
macht.* Und als er die Menge verlassen 17
hatte und ins Haus kam, befragten ihn
seine Jünger über dies Gleichnis. Und 18
er sagte zu ihnen: Seid ihr denn auch so
unverständig? Merkt ihr noch nicht,
daß alles, was von außen in den Men-
schen hineinkommt, ihn nicht unrein
machen kann? Denn es geht nicht in 19
sein Herz, sondern in den Bauch, und
kommt heraus in die Grube. Damit er-
klärte er alle Speisen für rein. Er sagte 20
aber: Was aus dem Menschen heraus-
kommt, das macht den Menschen un-
rein; denn von innen, aus dem Herzen 21

der Menschen, kommen die bösen Ge-
danken: Unzucht, Diebstahl, Mord,
22 Ehebruch, Habgier, Schlechtigkeit,
Arglist, Ausschweifung, Mißgunst,
Gotteslästerung, Hochmut, Unver-
23 nunft. All diese bösen Dinge kommen
von innen heraus und machen den
Menschen unrein.

a Mt 23,25 *b* Apg 10,14.15
*Vers 11: Zu »Korban« siehe die Erklärung in den »Sach- und Worterklärungen«.
*Vers 16: Der Vers gehört nicht zum ursprünglichen Text des Markusevangeliums. Er lautet in der späteren Überlieferung: »Hat jemand Ohren, zu hören, der höre!«

Die Frau aus Syrophönizien

(Mt 15,21-28)

24 Jesus stand auf und ging davon in das
Gebiet von Tyrus. Und er ging in ein
Haus und wollte es niemand wissen las-
sen und konnte doch nicht verborgen
25 bleiben, sondern sogleich hörte eine
Frau von ihm, deren kleine Tochter
einen unreinen Geist hatte. Sie kam
26 und fiel nieder zu seinen Füßen – sie
war aber eine Griechin aus Syrophöni-
zien – und bat ihn, den bösen Geist von
27 ihrer Tochter auszutreiben. Er aber
sagte zu ihr: Laß zuerst die Kinder satt
werden; es ist nicht recht, den Kindern
das Brot wegzunehmen und es den
28 Hunden vorzuwerfen. Sie aber antwor-
tete ihm: Ja, Herr; aber doch fressen
die Hunde unter dem Tisch von den
29 Brosamen der Kinder. Und er sagte zu
ihr: Um dieses Worts willen: geh hin,
der böse Geist ist von deiner Tochter
30 ausgefahren. Und sie ging in ihr Haus
und fand das Kind im Bett liegen, und
der böse Geist war ausgefahren.

Die Heilung eines Taubstummen

31 [a]Als er aus dem Gebiet von Tyrus wie-
der fortging, kam er durch Sidon an das
Galiläische Meer, mitten in das Gebiet
32 der [b]Zehn Städte. Und sie brachten
einen Taubstummen zu ihm und baten
33 ihn, ihm die Hand aufzulegen. Und er
nahm ihn aus der Menge beiseite, legte
ihm die Finger in die Ohren und be-
34 rührte seine Zunge mit Speichel, sah
zum Himmel auf, seufzte und sagte zu
ihm: Hefata! das heißt: Tu dich auf!
35 Und sogleich taten sich seine Ohren
auf, und die Fessel seiner Zunge löste
36 sich, und er redete richtig. Und Jesus
gebot ihnen, sie sollten's niemand sa-
gen. Je mehr er es aber verbot, desto
37 mehr breiteten sie es aus.[c] Und sie er-
schraken über die Maßen und sagten:
Er hat alles gut gemacht; er macht, daß
die Tauben hören und die Stummen
reden.

a (31-37) Mt 15,29-31 *b* Kap 5,20 *c* Kap 1,43-45

Die Speisung der Viertausend

(Mt 15,32-39)

Zu der Zeit, als wieder eine große Men- 8
ge da war und sie nichts zu essen hatten,
rief Jesus die Jünger zu sich und sagte
zu ihnen: [a]Ich habe Erbarmen mit dem 2
Volk, denn sie harren nun schon drei
Tage bei mir aus und haben nichts zu
essen. Und wenn ich sie ohne Essen 3
heimgehen ließe, würden sie auf dem
Wege verschmachten; denn einige sind
von weither gekommen. Seine Jünger 4
antworteten ihm: Wie kann sie jemand
hier in der Wüste mit Brot sättigen?
Und er fragte sie: Wieviel Brote habt 5
ihr? Sie sagten: Sieben. Und er gebot 6
dem Volk, sich auf die Erde zu lagern.
Und er nahm die sieben Brote, dankte
und brach sie und gab sie seinen Jün-
gern, damit sie sie austeilten, und sie
teilten sie unter die Menge aus. Und sie 7
hatten auch ein paar Fische, und er
dankte und ließ auch diese verteilen.
Sie aßen aber und wurden satt und 8
sammelten die übriggebliebenen Brok-
ken auf, sieben Körbe voll. Und es wa- 9
ren ungefähr viertausend; und er ent-
ließ sie.

a (2-9) Kap 6,34-44

Die Zeichenforderung der Pharisäer

(Mt 16,1-4)

Sogleich stieg er mit seinen Jüngern ins 10
Boot und kam in die Gegend von Dal-
manuta. Da kamen die Pharisäer und 11
fingen ein Streitgespräch mit ihm an,
wollten ihn auf die Probe stellen und
[a]forderten von ihm ein Zeichen vom
Himmel. Und er seufzte in seinem Her- 12
zen auf und sagte: Warum fordert doch
dies Geschlecht ein Zeichen? Wahr-
lich, ich sage euch: Es wird diesem Ge-
schlecht kein Zeichen gegeben werden!
Und er ließ sie stehen und stieg wieder 13
in das Boot und fuhr hinüber.

a Joh 6,30

Warnung vor den Pharisäern und vor Herodes

(Mt 16,5-12)

Und sie hatten vergessen, Brot mitzu- 14
nehmen, und hatten nicht mehr bei sich
im Boot als *ein* Brot. Und er gebot 15
ihnen: Seht zu und [a]nehmt euch in
acht vor dem Sauerteig der Pharisäer

und vor dem Sauerteig des [b]Herodes.
16 Und sie machten sich miteinander Ge-
17 danken, weil sie kein Brot hatten. Und
Jesus merkte das und sagte zu ihnen:
Was macht ihr euch doch Gedanken,
daß ihr kein Brot habt? Versteht ihr
noch nichts, und begreift ihr nichts?
[c]Habt ihr denn ein verhärtetes Herz?
18 [d]Ihr habt Augen und seht nichts? habt
Ohren und hört nichts? Und denkt ihr
19 nicht daran: als ich die fünf Brote brach
für die fünftausend, wieviel Körbe voll
Brocken sammeltet ihr da auf? Sie sag-
20 ten: Zwölf.[e] Und als ich die sieben
brach für die viertausend, wieviel Kör-
be voll Brocken sammeltet ihr da auf?
21 Sie sagten: Sieben.[f] Und er sagte zu
ihnen: Begreift ihr denn noch nichts?

a Lk 12,1 *b* Kap 3,6 *c* Kap 6,52 *d* Mt 13,13.16
e Kap 6,41-44 *f* Vers 8.9

Die Heilung eines Blinden

22 Sie kamen nach Betsaida. Und sie
brachten einen Blinden zu ihm und ba-
23 ten ihn, er möchte ihn [a]berühren. Und
er nahm den Blinden an der Hand und
führte ihn hinaus vor das Dorf, [b]tat
Speichel auf seine Augen, legte ihm die
Hände auf und fragte ihn: Siehst du et-
24 was? Und er blickte auf und sagte: Ich
sehe Menschen, denn ich sehe Wesen
wie Bäume, nur daß sie umhergehen.
25 Danach legte er ihm nochmals die Hän-
de auf die Augen. Da sah er deutlich
und wurde wiederhergestellt, so daß er
26 alles scharf sehen konnte. Und er
schickte ihn heim und sagte: Geh nicht
in das Dorf!

a Kap 6,56 *b* Joh 9,6

Das Bekenntnis des Petrus
(Mt 16,13-20; Lk 9,18-21; Joh 6,67-69)

27 Jesus ging mit seinen Jüngern fort in
die Dörfer, die zu Cäsarea Philippi ge-
hörten. Und auf dem Wege fragte er
seine Jünger: Für wen halten mich die
28 Leute? Sie antworteten: Sie sagen, du
seist Johannes der Täufer; einige sa-
gen, du seist Elia; andere, du seist einer
29 der Propheten.[a] Und er fragte sie: Ihr
aber, für wen haltet ihr mich? Da ant-
wortete ihm Petrus: *Du bist der Chri-*
30 *stus!* Und er gebot ihnen streng, daß sie
niemand etwas davon sagen sollten.[b]

a Kap 6,15 *b* Kap 9,9

Die erste Ankündigung von Jesu Leiden und Auferstehung
(Mt 16,21-23; Lk 9,22)

31 Und er fing an, sie zu lehren: Der Men-
schensohn muß viel leiden und von den
Ältesten und Hohenpriestern und
Schriftgelehrten verworfen werden
und getötet werden und nach drei Ta-
gen auferstehen.[a] Und er redete das 32
Wort ganz unverhüllt. Doch Petrus
nahm ihn beiseite und fuhr ihn an. Er 33
aber wandte sich um, blickte auf seine
Jünger und herrschte Petrus an: Weg
mit dir, Satan! denn du meinst nicht,
was göttlich, sondern was menschlich
ist.

a Kap 9,31; 10,32-34

Von der Nachfolge
(Mt 16,24-28; Lk 9,23-27)

Und er rief das Volk und seine Jünger 34
zu sich und sprach zu ihnen: *Wer mir*
nachfolgen will, der verleugne sich selbst
und nehme sein Kreuz auf sich und folge
mir nach. Denn wer sein Leben erhalten 35
will, der wird's verlieren; doch wer sein
Leben um meinetwillen und um des Evan-
geliums willen verliert, der wird's erhal-
ten.[a] *Was hilft es dem Menschen, wenn er* 36
die ganze Welt gewinnt und dabei sein Le-
ben einbüßt? Denn was kann der Mensch 37
geben, um sein Leben auszulösen? Wer 38
sich aber unter diesem abtrünnigen
und sündigen Geschlecht meiner und
meiner Worte schämt, dessen wird sich
auch der Menschensohn schämen,
wenn er in der Herrlichkeit seines Va-
ters mit den heiligen Engeln kommen
wird.[b]
Und er sprach zu ihnen: Wahrlich, **9**
ich sage euch: Es stehen einige hier, die
werden den Tod nicht schmecken, bis
sie das Reich Gottes kommen sehen mit
Kraft.

a Mt 10,39 *b* Mt 10,33

Die Verklärung Jesu
(Mt 17,1-13; Lk 9,28-36)

Nach sechs Tagen nahm Jesus Petrus, 2
Jakobus und Johannes mit sich und
führte sie auf einen hohen Berg, nur sie
allein. Da wurde er vor ihnen verklärt,
und seine Kleider wurden hell und 3
leuchtend weiß, wie sie kein Bleicher
auf Erden so weiß machen kann. Und 4
es erschien ihnen Elia mit Mose, und
sie redeten mit Jesus. Da nahm Petrus 5
das Wort und sagte zu Jesus: Rabbi, es
ist gut, daß wir hier sind. Wir wollen
drei Hütten bauen, für dich eine, für
Mose eine und für Elia eine. Er wußte 6
aber nicht, was er sagen sollte; denn sie
waren ganz verstört. Und es kam eine 7
Wolke, die überschattete sie. Und eine

Stimme kam aus der Wolke: [a]*Das ist*
mein lieber Sohn; auf den sollt ihr hören!
8 Und mit einem Mal, als sie um sich
blickten, sahen sie niemand mehr bei
9 sich als Jesus allein. Als sie aber vom
Berge herabgingen, gebot ihnen Jesus,
[b]niemand etwas davon zu sagen, was sie
gesehen hatten, bis der Menschensohn
10 von den Toten auferstanden wäre. Und
sie behielten das Wort und befragten
sich untereinander: Was mag das hei-
ßen: von den Toten auferstehen?
11 Und sie fragten ihn: Die Schriftge-
lehrten sagen doch, daß zuvor Elia
12 kommen muß. Er aber antwortete
ihnen: Ja, [c]zuvor kommt Elia und stellt
alles wieder her. Und wie steht über
den Menschensohn geschrieben? Daß
er [d]viel leiden und verachtet werden
13 soll! Aber ich sage euch: [e]Elia ist schon
gekommen, und sie haben ihm angetan,
was sie wollten, wie [f]über ihn geschrie-
ben steht.

a Kap 1,11; 2.Petr 1,17 *b* Kap 8,30 *c* Mal 3,23 *d* Jes 53,3-5 *e* Mt 11,14 *f* 1.Kön 19,2.10

Die Heilung eines epileptischen Kindes

(Mt 17,14-21; Lk 9,37-42)

14 Und sie kamen zu den Jüngern und sa-
hen eine große Menge um sie herum
und Schriftgelehrte, die sich mit ihnen
15 stritten. Und sobald die Menge ihn sah,
gerieten alle außer sich, liefen herbei
16 und hießen ihn willkommen. Und er
fragte sie: Was streitet ihr euch mit
17 ihnen? Einer aber aus der Menge ant-
wortete: Meister, ich habe meinen
Sohn zu dir hergebracht, der ist von
einem Geist besessen, der ihn stumm
18 macht. Und wo er ihn auch erwischt,
reißt er ihn zu Boden; und er hat
Schaum vor dem Mund, knirscht mit
den Zähnen und wird starr und steif.
Und ich habe mit deinen Jüngern gere-
det, daß sie ihn austreiben sollen, doch
19 sie können's nicht. Er aber antwortete
ihnen: Du ungläubiges Geschlecht, wie
lange soll ich noch bei euch sein? Wie
lange soll ich euch noch ertragen?
20 Bringt ihn her zu mir! Und sie brachten
ihn zu ihm. Und als ihn der Geist sah,
riß er ihn sofort nieder. Und er fiel auf
die Erde, wälzte sich herum, und
21 Schaum trat ihm vor den Mund. Und
Jesus fragte seinen Vater: Wie lange
ist's her, daß ihm das widerfahren ist?
22 Er sagte: Von Kind auf. Und oft hat er
ihn ins Feuer und ins Wasser geworfen,
um ihn umzubringen. Wenn du aber
etwas kannst, so erbarme dich über uns
und hilf uns! Jesus aber sagte zu ihm: 23
Du sagst: wenn du kannst – *wer glaubt,*
kann alles! Sogleich rief der Vater des 24
Kindes: *Ich glaube; hilf meinem Un-*
glauben! Als nun Jesus sah, daß das 25
Volk herbeilief, herrschte er den unrei-
nen Geist an und sagte zu ihm: Du
stummer und tauber Geist, ich gebiete
dir: Fahre von ihm aus und fahre nie
wieder in ihn hinein! Da [a]schrie er auf, 26
riß ihn hin und her und fuhr aus. Und
der Knabe lag wie tot da, so daß die
Menge sagte: Er ist tot. Jesus aber er- 27
griff ihn an der Hand und richtete ihn
auf, und er stand auf. Und als Jesus 28
heimkam und sie allein waren, fragten
ihn seine Jünger: Warum konnten wir
ihn nicht austreiben? Er aber sagte: 29
Diese Art kann einzig und allein durch
Beten ausfahren.

a Kap 1,26

Die zweite Ankündigung von Jesu Leiden und Auferstehung

(Mt 17,22.23; Lk 9,43-45)

Sie gingen von dort weg und zogen 30
durch Galiläa; und er wollte nicht, daß
es jemand wissen sollte. Denn er lehrte 31
seine Jünger und sprach zu ihnen: Der
Menschensohn wird in die Hände der
Menschen ausgeliefert werden, und sie
werden ihn töten; und wenn er getötet
ist, so wird er nach drei Tagen auferste-
hen.[a] Sie aber [b]verstanden das Wort 32
nicht, doch fürchteten sie sich, ihn zu
fragen.

a Kap 8,31; 10,32-34 *b* Lk 18,34

Warnung vor Ehrgeiz und Unduldsamkeit

(Mt 18,1-5; Lk 9,46-50)

Sie kamen nach Kapernaum. Und als er 33
zu Hause war, fragte er sie: Was habt
ihr unterwegs verhandelt? Sie aber 34
schwiegen; denn sie hatten unterwegs
miteinander verhandelt, wer der Größ-
te unter ihnen wäre. Und er setzte sich, 35
rief die Zwölf zu sich und sagte zu
ihnen: [a]*Wenn jemand der Erste sein will,*
soll er der Letzte von allen sein und aller
Diener. Und er nahm ein Kind, stellte 36
es mitten unter sie, herzte es und sagte
zu ihnen: Wer ein solches Kind in mei- 37
nem Namen aufnimmt, der nimmt
mich auf; und wer mich aufnimmt, der
nimmt nicht mich auf, sondern den, der
mich gesandt hat.[b]

Johannes sagte zu ihm: Meister, wir 38
sahen einen, der trieb böse Geister in

deinem Namen aus, und wir verboten's
39 ihm, weil er uns nicht nachfolgt.[c] Jesus
aber sagte: Ihr sollt's ihm nicht verbie-
ten. Denn [d]niemand, der ein Wunder
in meinem Namen tut, kann so bald
40 schlecht von mir reden. Denn wer nicht
gegen uns ist, der ist für uns.[e]
41 Denn wer euch darum einen Becher
Wasser zu trinken gibt, weil ihr Chri-
stus angehört, wahrlich, ich sage euch:
Es wird ihm nicht unvergolten blei-
ben.[f]

a Kap 10,43.44; Mt 23,11; Lk 22,26.27
b Mt 10,40 *c* 4.Mose 11,27.28 *d* 1.Kor 12,3
e Mt 12,30; Lk 11,23 *f* Mt 10,42

Warnung vor Verführung zum Bösen

(Mt 18, 6-9; Lk 17, 1.2)

42 Und wer einen dieser Kleinen, die an
mich glauben, darin irre macht, für den
wäre es besser, daß ihm ein Mühlstein
an den Hals gehängt und er ins Meer
43 geworfen würde. Wenn aber deine
Hand dich zum Bösen reizt, so haue sie
ab! Es ist besser für dich, daß du ver-
stümmelt zum Leben eingehst, als daß
du zwei Hände hast und in die Hölle
fährst, in das Feuer, das nie ver-
45 löscht.[a] * Wenn dein Fuß dich zum Bö-
sen reizt, so haue ihn ab! Es ist besser
für dich, daß du lahm zum Leben ein-
gehst, als daß du zwei Füße hast und in
47 die Hölle geworfen wirst.* Wenn dein
Auge dich zum Bösen reizt, so reiß es
heraus! Es ist besser für dich, daß du
einäugig in das Reich Gottes gehst, als
daß du zwei Augen hast und in die Höl-
48 le geworfen wirst,[b] wo ihr Wurm nicht
stirbt und das Feuer nicht verlöscht.[c]
49 Denn jeder wird mit Feuer gesalzen
50 werden.* Salz ist etwas Gutes; [d]wenn
aber das Salz kein Salz mehr ist, womit
wird man's würzen? [e]Habt Salz bei
euch und haltet Frieden unterein-
ander!

a Mt 5,30 *b* Mt 5,29 *c* Jes 66,24 *d* Mt 5,13; Lk 14,34 *e* Kol 4,6
*Verse 44 und 46: Die beiden Verse gehören nicht zum ursprünglichen Text des Markusevangeliums. Sie lauten in der späteren Überlieferung wie Vers 48.
*Vers 49: In einer Reihe von Handschriften wird hinzugefügt: »und jedes Opfer wird mit Salz gesalzen werden« (vgl. 3.Mose 2,13).

Das Verbot der Ehescheidung

(Mt 19, 1-9)

10 Er machte sich auf und kam von dort in
das Gebiet von Judäa und jenseits des
Jordan. Und wieder strömten Scharen
bei ihm zusammen, und wie es seine
Gewohnheit war, lehrte er sie wieder-
um. Und Pharisäer traten an ihn heran 2
und fragten ihn, ob ein Mann seine
Frau aus der Ehe entlassen darf. Damit
wollten sie ihn auf die Probe stellen. Er 3
aber antwortete ihnen: Was hat euch
Mose geboten? Sie sagten: Mose hat 4
zugelassen, einen Scheidebrief zu
schreiben und sie zu entlassen.[a] Jesus 5
aber sagte zu ihnen: Um eurer ver-
stockten Herzen willen hat er euch dies
Gebot geschrieben; aber von Beginn 6
der Schöpfung an hat Gott sie als Mann
und Frau geschaffen.[b] [c]Darum wird 7
der Mann seinen Vater und seine Mut-
ter verlassen [und sich an seine Frau
binden]*, und die beiden werden *ein* 8
Leib sein. So sind sie nun nicht mehr
zwei, sondern eins. Darum: *Was Gott* 9
zusammengefügt hat, soll der Mensch
nicht scheiden.
Und zu Hause fragten ihn seine Jün- 10
ger nochmals danach. Und er sagte zu 11
ihnen: Wer sich von seiner Frau trennt
und eine andere heiratet, der bricht ihr
gegenüber die Ehe;[d] und wenn sich 12
eine Frau von ihrem Mann trennt und
einen andern heiratet, bricht sie ihre
Ehe.

a 5.Mose 24,1; Mt 5,31.32 *b* 1.Mose 1,27
c (7 und 8a) 1.Mose 2,24 *d* Lk 16,18; 1.Kor 7,10.11
*Vers 7: Der eingeklammerte Versteil findet sich in einigen alten Textzeugen nicht.

Die Segnung der Kinder

(Mt 19, 13-15; Lk 18, 15-17)

Und sie brachten Kinder zu ihm, damit 13
er sie berühren sollte. Die Jünger aber
fuhren diese Leute an. Als aber Jesus 14
das sah, wurde er unwillig und sagte zu
ihnen: *Laßt die Kinder zu mir kommen*
und hindert sie nicht daran; denn Men-
schen wie ihnen gehört das Reich Gottes.
Wahrlich, ich sage euch: Wer das Reich 15
Gottes nicht empfängt wie ein Kind,
der wird nicht hineinkommen.[a] Und 16
[b]er herzte sie, legte ihnen die Hände auf
und segnete sie.

a Mt 18,3 *b* Kap 9,36

Die Gefahr des Reichtums (»Der reiche Jüngling«)

(Mt 19, 16-26; Lk 18, 18-27)

Und als er sich auf den Weg machte, 17
lief einer herbei, kniete vor ihm nieder
und fragte ihn: Guter Meister, was soll
ich tun, damit ich das ewige Leben
erbe? Aber Jesus sagte zu ihm: Was 18
nennst du mich gut? Niemand ist gut
als Gott allein. Du kennst ja die Gebote 19
genau: [a]»Du sollst nicht töten; du sollst

nicht ehebrechen; du sollst nicht steh-
len; du sollst keine falsche Anklage er-
heben; du sollst niemand berauben;
ehre deinen Vater und deine Mutter.«
20 Er aber sagte zu ihm: Meister, das alles
habe ich gehalten von meiner Jugend
21 an. Und Jesus sah ihn an, gewann ihn
lieb und sagte zu ihm: Eins fehlt dir
noch. Geh hin, verkaufe alles, was du
hast, und gib's den Armen, so wirst du
einen Schatz im Himmel haben, und
22 komm und [b]folge mir nach!* Er aber
war ganz niedergeschlagen über die
Antwort und ging traurig davon; denn
er hatte großen Besitz.
23 Und Jesus sah um sich und sagte zu
seinen Jüngern: [c]Wie schwer werden
die Reichen in das Reich Gottes kom-
24 men! Die Jünger aber waren von seinen
Worten tief betroffen. Aber Jesus ant-
wortete ihnen wiederum: Liebe Kin-
der, wie schwer ist's*, ins Reich Gottes
25 zu kommen! Es ist leichter, daß ein Ka-
mel durch ein Nadelöhr geht, als daß
ein Reicher ins Reich Gottes kommt.
26 Sie waren aber noch viel mehr er-
schrocken und sagten zueinander: Wer
27 kann dann gerettet werden? Jesus aber
sah sie an und sagte: Bei den Menschen
ist's unmöglich, aber nicht bei Gott;
denn alles ist möglich bei Gott.

a 2.Mose 20,12-17 *b* Kap 8,34; Mt 10,38
c Ps 62,11; 1.Tim 6,17
*Vers 21: In einer Reihe von Handschriften wird hinzugefügt: »und nimm das Kreuz auf dich.«
*Vers 24: In einer Reihe von Handschriften wird hinzugefügt: »für die, die ihr Vertrauen auf Reichtum setzen«.

Der Lohn der Nachfolge

(Mt 19,27-30; Lk 18,28-30)

28 Da fing Petrus an und sagte zu ihm:
Siehe, wir haben alles verlassen und
29 sind dir nachgefolgt. Jesus sprach:
Wahrlich, ich sage euch: Es gibt nie-
mand, der Haus oder Brüder oder
Schwestern oder Mutter oder Vater
oder Kinder oder Äcker verläßt um
meinetwillen und um des Evangeliums
30 willen, der nicht hundertfach emp-
fängt: jetzt in dieser Zeit Häuser und
Brüder und Schwestern und Mütter
und Kinder und Äcker mitten unter
Verfolgungen – und dann in der zu-
31 künftigen Welt das ewige Leben. Viele
aber werden die Letzten sein, die die
Ersten sind, und die Ersten sein, die die
Letzten sind.

Die dritte Ankündigung von Jesu Leiden und Auferstehung

(Mt 20,17-19; Lk 18,31-34)

Sie waren aber auf dem Wege hinauf 32
nach Jerusalem, und Jesus ging ihnen
voran; die Leute waren erstaunt; die
ihm aber nachfolgten, fürchteten sich.
Und er nahm abermals die Zwölf zu
sich und [a]sagte ihnen, was ihm wider-
fahren würde: Siehe, wir gehen hinauf 33
nach Jerusalem, und der Menschen-
sohn wird den Hohenpriestern und
Schriftgelehrten ausgeliefert werden,
und sie werden ihn zum Tode verurtei-
len und den Heiden ausliefern. Die 34
werden ihn verspotten und anspucken
und geißeln und töten, und nach drei
Tagen wird er auferstehen.

a Kap 9,31

Die Bitte der Söhne des Zebedäus

(Mt 20,20-28)

Da gingen Jakobus und Johannes, die 35
Söhne des Zebedäus, zu ihm und sag-
ten: Meister, wir wollen, daß du für uns
tust, worum wir dich bitten werden. Er 36
sagte zu ihnen: Was soll ich denn für
euch tun? Sie sagten zu ihm: Gewähre 37
uns, daß wir einer zu deiner Rechten
und einer zu deiner Linken sitzen in
deiner Herrlichkeit. Jesus aber sagte zu 38
ihnen: Ihr wißt nicht, worum ihr bittet.
Könnt ihr den [a]Kelch trinken, den ich
trinke, oder [b]euch taufen lassen mit der
Taufe, mit der ich getauft werde? Sie 39
sagten zu ihm: Ja, das können wir. Je-
sus aber sagte zu ihnen: [c]Ihr werdet
den Kelch trinken, den ich trinke, und
getauft werden mit der Taufe, mit der
ich getauft werde; aber euch zu gewäh- 40
ren, zu meiner Rechten oder zu meiner
Linken zu sitzen, das steht mir nicht zu,
sondern das wird allein denen zuteil,
für die es bestimmt ist.
Als das die Zehn hörten, wurden sie 41
unwillig über Jakobus und Johannes.
[d]Da rief Jesus sie zu sich und sagte zu 42
ihnen: Ihr wißt, daß die, die als Herr-
scher Ansehen haben, ihre Völker nie-
derhalten und ihre Mächtigen ihnen
Gewalt antun. Aber so ist es unter euch 43
nicht; sondern wer unter euch groß
sein will, der soll euer Diener sein; und 44
wer unter euch der Erste sein will, der
soll aller Knecht sein.[e] Denn auch *der 45
Menschensohn ist nicht gekommen, um
sich dienen zu lassen, sondern um zu die-
nen und sein Leben zu geben als Lösegeld
für viele.*

a Kap 14,36 *b* Lk 12,50 *c* Apg 12,2; Offb 1,9
d (42-45) Lk 22,25-27 *e* Kap 9,35; 1.Petr 5,3

Die Heilung des Blinden von Jericho

(Mt 20,29-34; Lk 18,35-43)

46 Sie kamen nach Jericho. Und als er aus
Jericho wegging, er und seine Jünger
und eine große Menge, da saß ein blin-
der Bettler am Wege, Bartimäus, der
47 Sohn des Timäus. Und als er hörte, daß
es Jesus von Nazaret war, fing er an,
laut zu rufen: Jesus, du Sohn Davids,
48 erbarm dich über mich! Doch viele
fuhren ihn an, er sollte stillschweigen.
Er aber rief noch viel lauter: Du Sohn
49 Davids, erbarm dich über mich! Und
Jesus blieb stehen und sagte: Ruft ihn
her! Und sie riefen den Blinden und
sagten zu ihm: Sei getrost, steh auf! Er
50 ruft dich! Da warf er seinen Mantel ab,
51 sprang auf und kam zu Jesus. Und Je-
sus antwortete und sagte zu ihm: Was
soll ich für dich tun? Der Blinde sagte
zu ihm: Rabbuni, daß ich wieder sehen
52 kann. Jesus aber sagte zu ihm: Geh hin,
dein Glaube hat dir geholfen. Und so-
gleich konnte er wieder sehen und folg-
te ihm auf dem Wege.

Jesu Einzug in Jerusalem

(Mt 21,1-11; Lk 19,29-40; Joh 12,12-19)

11 Als sie in die Nähe von Jerusalem ka-
men, nach Betfage und Betanien an den
Ölberg, sandte er zwei seiner Jünger
2 voraus und sagte zu ihnen: Geht in das
Dorf, das vor euch liegt. Und gleich
wenn ihr hineinkommt, werdet ihr ein
Füllen angebunden finden, auf dem
noch niemand gesessen hat; bindet es
3 los und führt es her! Und wenn jemand
zu euch sagen wird: Warum macht ihr
das?, so sprecht: Der Herr braucht es
und sendet es gleich wieder zurück.
4 Und sie gingen hin und fanden das Fül-
len an einer Tür angebunden draußen
5 an der Straße und banden's los. Und
einige, die dort standen, sagten zu
ihnen: Was macht ihr denn da, daß ihr
6 das Füllen losbindet? Sie antworteten
ihnen aber, wie es ihnen Jesus geboten
7 hatte, und die ließen's zu. Und sie führ-
ten das Füllen zu Jesus und legten ihre
Kleider darauf, und er setzte sich dar-
8 auf. Und viele breiteten ihre Kleider
auf den Weg, andere aber grüne Zwei-
ge, die sie auf den Feldern abgehauen
9 hatten. Und die vorangingen und die
nachfolgten, riefen laut: [a]Hosanna!
Gelobt sei, der da kommt im Namen
des Herrn! Gelobt sei das Reich unsres 10
Vaters David, das da kommt! Hosanna
in der Höhe!
Und Jesus ging nach Jerusalem hin- 11
ein in den Tempel, und er besah alles
ringsum, und erst spät ging er mit den
Zwölfen nach Betanien hinaus.

a Ps 118,25.26

Der verdorrte Feigenbaum

(Mt 21,18.19)

Und am nächsten Tag, als sie von Beta- 12
nien weggingen, hatte er Hunger. Und 13
von weitem sah er einen Feigenbaum
mit Blättern; da ging er auf ihn zu, ob
er etwas darauf finden könnte. Und als
er hinzutrat, fand er nur Blätter; denn
es war nicht die Zeit für Feigen. Da 14
sprach Jesus zu ihm: Für alle Zeit soll
niemand eine Frucht von dir essen!
Und seine Jünger hörten das.

Die Tempelreinigung

(Mt 21,12-17; Lk 19,45-48; Joh 2,13-16)

Und sie kamen nach Jerusalem. Und 15
Jesus ging in den Tempel und fing an,
die Verkäufer und Käufer im Tempel
hinauszutreiben; und die Tische der
Geldwechsler und die Stände der Tau-
benhändler stieß er um und ließ nicht 16
zu, daß jemand irgendwelche Dinge
durch den heiligen Bezirk trug. Und er 17
lehrte sie und sagte zu ihnen: Steht
nicht geschrieben (Jesaja 56,7): »Mein
Haus soll ein Bethaus für alle Völker
heißen«? Ihr aber habt eine [a]Räuber-
höhle daraus gemacht. Und es kam vor 18
die Hohenpriester und Schriftgelehr-
ten, und sie trachteten danach, wie sie
ihn umbringen könnten. Sie fürchteten
sich nämlich vor ihm; denn alles Volk
war außer sich über seine Lehre. Und 19
abends gingen sie hinaus vor die Stadt.

a Jer 7,11

Glaube und Gebetserhörung

(Mt 21,20-22)

Und als sie am Morgen an dem Feigen- 20
baum vorbeigingen, sahen sie, daß er
bis zur Wurzel verdorrt war. Und Pe- 21
trus dachte daran und sagte zu ihm:
Rabbi, sieh, der Feigenbaum, den du
verflucht hast, ist verdorrt. Und Jesus 22
antwortete ihnen: Habt Glauben an
Gott! Wahrlich, ich sage euch: Wer zu 23
diesem Berge spricht: Erheb dich und
wirf dich ins Meer! und in seinem Her-
zen nicht zweifelt, sondern glaubt, daß
geschieht, was er sagt, dem wird's zuteil
werden.[a] Darum sage ich euch: Bei al- 24

lem, worum ihr in eurem Gebet bittet,
glaubt nur, daß ihr's schon empfangen
habt, so wird's euch zuteil werden.[b]
25 Und wenn ihr steht und betet, so vergebt, wenn ihr etwas gegen jemand
habt, damit auch euer Vater im Himmel euch eure Übertretungen vergibt.[c]*

a Kap 9,23; Mt 17,20 *b* Mt 7,7; Joh 14,13; 1.Joh 5,14.15 *c* Mt 5,23.24; 6,14.15

*Vers 26: Der Vers, der in der späteren Überlieferung wie Mt 6,15 lautet, gehört nicht zum ursprünglichen Text des Markusevangeliums. Er fehlt ebenfalls in den ältesten Lutherbibeln.

Die Frage nach Jesu Vollmacht

(Mt 21,23-27; Lk 20,1-8)

27 Sie kamen wieder nach Jerusalem. Und
als er im Tempel umherging, kamen die
Hohenpriester, Schriftgelehrten und
28 Ältesten zu ihm und fragten: Aus welcher Vollmacht tust du das? oder wer
hat dir diese Vollmacht gegeben, daß
29 du so etwas tun kannst? Jesus aber sagte zu ihnen: Ich will euch nur *eine* Frage stellen; antwortet mir, so will ich
euch sagen, aus welcher Vollmacht ich
30 das tue. War die Taufe des Johannes
vom Himmel oder von Menschen?
31 Antwortet mir! Sie überlegten bei sich:
Sagen wir, sie war vom Himmel, so
wird er sagen: Warum habt ihr ihm
32 dann nicht geglaubt? Oder sollen wir
sagen, sie war von Menschen? – Sie
fürchteten sich nämlich vor der Menge.
Denn [a]alle waren überzeugt, daß Jo-
33 hannes wirklich ein Prophet war. Und
sie antworteten Jesus: Wir wissen's
nicht. Und Jesus sagte zu ihnen: So
sage ich euch auch nicht, aus welcher
Vollmacht ich das tue.

a Lk 7,29.30

Von den bösen Weingärtnern

(Mt 21,33-46; Lk 20,9-19)

12 Und er fing an, zu ihnen in Gleichnissen zu reden: Ein Mann [a]pflanzte
einen Weinberg und zog einen Zaun
darum und grub eine Kelter und baute
einen Turm und verpachtete ihn an
Weingärtner und ging außer Landes.
2 Und als die Zeit kam, sandte er einen
Knecht zu den Weingärtnern, damit er
von den Weingärtnern seinen Anteil
von den Früchten des Weinbergs holte.
3 Sie nahmen ihn aber, schlugen ihn und
schickten ihn mit leeren Händen fort.
4 Abermals sandte er einen Knecht zu
ihnen; dem schlugen sie den Kopf blu-
5 tig und [b]beschimpften ihn. Und er
sandte noch einen andern; den töteten
sie; dann viele andere; die einen schlugen sie, die anderen töteten sie. Da hat- 6
te er noch einen, seinen geliebten Sohn;
den sandte er als letzten auch zu ihnen
und dachte: Sie werden sich vor meinem Sohn scheuen. Aber die Weingärt- 7
ner sagten zueinander: Dies ist der
Erbe; kommt, laßt uns ihn töten, so
wird das Erbe uns gehören! Und sie 8
nahmen ihn, töteten ihn und [c]warfen
ihn hinaus vor den Weinberg. Was wird 9
nun der Besitzer des Weinbergs tun?
Er wird kommen und die Weingärtner
ums Leben bringen und den Weinberg
andern geben. Habt ihr dieses Schrift- 10
wort auch nicht gelesen (Psalm 118,
22.23): »Der Stein, den die Bauleute
verworfen haben, der ist zum Eckstein geworden. Vom Herrn ist das ge- 11
schehen und ist ein Wunder vor unsern
Augen«?
Und sie trachteten danach, ihn zu er- 12
greifen, und fürchteten sich doch vor
dem Volk; denn sie hatten gemerkt,
daß er sie mit diesem Gleichnis gemeint
hatte. Und sie ließen von ihm ab und
gingen davon.

a Jes 5,1.2 *b* 2.Chr 36,16 *c* Hebr 13,12

Die Frage nach der Steuer (»Der Zinsgroschen«)

(Mt 22,15-22; Lk 20,20-26)

Und sie sandten einige von den Phari- 13
säern und von den Leuten des Herodes
zu ihm, um ihn mit Worten zu fangen.
Und sie kamen und sagten zu ihm: 14
Meister, wir wissen, daß du wahrhaftig
bist und nach niemand fragst; denn du
achtest nicht auf das Ansehen der Menschen, sondern du lehrst den Weg Gottes in aller Wahrheit. Ist's recht, daß
man dem Kaiser Steuern zahlt oder
nicht? Sollen wir sie zahlen oder nicht
zahlen? Er aber merkte ihre Hinterlist 15
und antwortete ihnen: Was stellt ihr
mich auf die Probe? Bringt mir einen
Silbergroschen, damit ich ihn vor Augen habe! Und sie brachten einen. Da 16
fragte er: Wen zeigen Bild und Aufschrift? Sie antworteten ihm: Den Kaiser. Da sagte Jesus zu ihnen: So [a]*gebt* 17
dem Kaiser, was dem Kaiser gehört, und
Gott, was Gott gehört! Und sie wunderten sich über ihn.

a Röm 13,1.7

Die Frage nach der Auferstehung

(Mt 22,23-33; Lk 20,27-38)

Da traten die Sadduzäer zu ihm, die 18
lehren, es gebe keine Auferstehung; die

19 fragten ihn: Meister, Mose hat uns
vorgeschrieben (5. Mose 25,5.6): »Wenn
ein Mann stirbt, der einen Bruder hat
und eine Frau, aber keine Kinder hin-
terläßt, so soll sein Bruder diese Frau
heiraten und seinem Bruder Nachkom-
20 men verschaffen.« Nun waren einmal
sieben Brüder. Der erste nahm eine
Frau; der starb und hinterließ keine
21 Kinder. Und der zweite nahm sie und
starb und hinterließ auch keine Kinder.
22 Und ebenso der dritte. Und alle sieben
hinterließen keine Kinder. Zuletzt
nach ihnen allen starb auch die Frau.
23 Nun in der Auferstehung, wenn sie auf-
erstehen: wessen Frau wird sie sein?
Denn alle sieben haben sie zur Frau ge-
24 habt. Da antwortete Jesus ihnen: Ist's
nicht so? Ihr irrt, weil ihr weder die
Schrift kennt noch die Kraft Gottes.
25 Wenn sie von den Toten auferstehen
werden, so werden sie weder heiraten
noch sich heiraten lassen, sondern sie
26 sind wie Engel im Himmel. Was aber
die Auferstehung der Toten angeht:
Habt ihr nicht im Buch des Mose beim
Schriftwort vom Dornbusch gelesen,
wie Gott zu ihm gesagt hat (2. Mose 3,
6): »Ich bin der Gott Abrahams und der
27 Gott Isaaks und der Gott Jakobs«? So
ist Gott nicht ein Gott der Toten, son-
dern der Lebenden. Ihr irrt sehr.

Die Frage nach dem wichtigsten Gebot

(Mt 22,35-40; Lk 10,25-28)

28 Und es trat ein Schriftgelehrter zu ihm,
der ihnen zugehört hatte, wie sie mit-
einander stritten. Und als er merkte,
daß er ihnen klug geantwortet hatte,
fragte er ihn: Welches ist das allerwich-
29 tigste Gebot? Jesus aber antwortete
ihm: Das wichtigste Gebot ist das:
»Höre, Israel, der Herr, unser Gott, ist
30 Herr allein, und *du sollst den Herrn, dei-
nen Gott, lieben mit ganzem Herzen, mit
ganzer Seele, mit all deinem Verstand
und mit all deiner Kraft*« (5. Mose 6,4.5).
31 Das andre ist dies: »*Du sollst deinen
Nächsten lieben wie dich selbst*« (3. Mose
19,18). Kein anderes Gebot ist wichti-
32 ger als diese beiden. [a]Und der Schrift-
gelehrte sagte zu ihm: Meister, du hast
wahrhaftig recht! Er ist Herr allein,
und es gibt keinen andern außer ihm;
33 und ihn lieben mit ganzem Herzen, mit
aller Einsicht und mit aller Kraft, und
seinen Nächsten lieben wie sich selbst,
[b]das ist mehr als alle Brandopfer und
34 Schlachtopfer. Als Jesus aber sah, daß
er verständig geantwortet hatte, sagte
er zu ihm: [c]Du bist nicht fern vom
Reich Gottes. Und niemand wagte, ihn
noch weiter zu fragen.

a (32-34) Lk 20,39.40 *b* 1. Sam 15,22; Hos 6,6; Mt 9,13 *c* Apg 26,27-29

Die Frage nach dem Davidssohn

(Mt 22,41-46; Lk 20,41-44)

Und als Jesus im Tempel lehrte, nahm 35
er das Wort und fragte: Wieso sagen die
Schriftgelehrten, der [a]Christus sei Da-
vids Sohn? David selbst aber hat 36
[b]durch den heiligen Geist gesagt
(Psalm 110,1): »Der Herr sprach zu
meinem Herrn: Setze dich zu meiner
Rechten, bis ich deine Feinde dir unter
die Füße lege.« Da nennt ihn ja David 37
selbst seinen Herrn. Wieso ist er dann
sein Sohn? Und das ganze Volk hörte
ihm gern zu.

a Jes 11,1; Joh 7,42; Röm 1,3 *b* 2. Sam 23,2

Warnung vor den Schriftgelehrten

(Mt 23,5-14; Lk 20,45-47)

Und er lehrte sie und sagte zu ihnen: 38
Nehmt euch in acht vor den Schriftge-
lehrten, die gern in langen Gewändern
einhergehen und sich auf dem Markt
grüßen lassen und in den Synagogen 39
und am Tisch beim Mahl gern obenan
sitzen; sie [a]fressen die Häuser der Wit- 40
wen und verrichten zum Schein lange
Gebete. Die werden ein um so härteres
Urteil empfangen.

a Jak 1,27

Das Opfer der Witwe (»Das Scherflein der Witwe«)

(Lk 21,1-4)

Und Jesus setzte sich dem [a]Gotteska- 41
sten gegenüber und sah zu, wie das
Volk in den Gotteskasten Geld einleg-
te. Und viele Reiche legten viel ein.
Und es kam eine arme Witwe und legte 42
zwei Heller ein; das macht zusammen
einen Pfennig. Und er rief seine Jünger 43
zu sich und sagte zu ihnen: Wahrlich,
ich sage euch: Diese arme Witwe hat
mehr in den Gotteskasten gelegt als alle
andern, die etwas eingelegt haben.
Denn sie haben alle etwas von ihrem 44
Überfluß eingelegt; diese aber hat von
ihrer Armut alles, wovon sie lebt, ihre
ganze Habe, eingelegt.

a 2. Kön 12,10

JESU REDE ÜBER DIE ENDZEIT (KAP 13)
(Mt 24; Lk 21,5-36; 17,23-37)

Das Ende des Tempels

13 Und als er aus dem Tempel ging, sagte
einer seiner Jünger zu ihm: Meister,
siehe, was für Steine und was für Bau-
2 ten! Und Jesus sagte zu ihm: Siehst du
diese großen Bauten? Nicht ein Stein
wird auf dem andern bleiben, der nicht
zerbrochen werden wird.

Der Anfang der Wehen

3 Und während er auf dem Ölberg ge-
genüber dem Tempel saß, fragten ihn
[a] Petrus und Jakobus und Johannes und
4 Andreas, als sie allein waren: Sage uns,
wann wird das geschehen? und was
wird das Zeichen sein, wenn das alles
5 vollendet werden soll? Jesus fing an
und sagte zu ihnen: Seht zu, daß euch
6 niemand in die Irre führt! Es werden
viele unter meinem Namen kommen
und sagen: Ich bin's, und werden viele
7 in die Irre führen.[b] Wenn ihr aber von
Kriegen und Kriegsgerüchten hören
werdet, so fürchtet euch nicht. Es muß
so geschehen. Aber das Ende ist noch
8 nicht da. Denn es wird sich ein Volk ge-
gen das andere erheben und ein König-
reich gegen das andere. Erdbeben wer-
den hier und dort geschehen und Hun-
gersnöte ausbrechen. Das ist der An-
fang der Wehen.
9 Ihr aber gebt acht! Denn sie werden
euch den Gerichten übergeben, und in
den Synagogen werdet ihr ausge-
peitscht werden, und vor Statthalter
und Könige werdet ihr um meinetwil-
len geführt werden, zum Zeugnis gegen
10 sie. Und allen Völkern muß zuvor
das Evangelium verkündigt werden.[c]
11 Wenn sie euch nun hinführen und
übergeben werden, so macht euch vor-
her keine Sorgen, was ihr reden sollt;
sondern was euch in dieser Stunde ein-
gegeben wird, das redet. Denn ihr
seid's ja nicht, die reden, sondern der
12 heilige Geist. Und es wird ein Bruder
den andern dem Henker ausliefern und
der Vater den Sohn, und die Kinder
werden sich gegen die Eltern empören
13 und werden sie zu Tode bringen. Und
[d] ihr werdet von allen gehaßt werden
um meines Namens willen. *Wer aber bis
ans Ende ausharrt, der wird gerettet wer-
den.*

a Mt 17,1 *b* Joh 5,43 *c* Kap 16,15 *d* Joh 15,18.21

Die große Bedrängnis

Wenn ihr aber das [a] Greuelbild der 14
Verwüstung dort sehen werdet, wo es
nicht stehen soll – wer es liest, der mer-
ke auf! –, dann soll, wer in Judäa ist, ins
Gebirge fliehen. Wer auf dem Dach ist, 15
der steige nicht hinunter und gehe
nicht hinein, um etwas aus seinem
Hause zu holen. Und wer auf dem Feld 16
ist, der kehre nicht zurück, um seinen
Mantel zu holen. Weh aber den 17
Schwangeren und den stillenden Müt-
tern zu dieser Zeit! Bittet aber, daß es 18
nicht im Winter geschieht. Denn in 19
diesen Tagen wird [b] eine solche Be-
drängnis sein, wie sie bisher vom An-
fang der Schöpfung an, die Gott ge-
schaffen hat, nie gewesen ist, und wie
sie auch nie wieder kommen wird.
Und wenn der Herr diese Tage nicht 20
verkürzt hätte, würde kein Mensch ge-
rettet werden; aber um der Auserwähl-
ten willen, die er auserwählt hat, hat er
diese Tage verkürzt. Wenn dann je- 21
mand zu euch sagen wird: Siehe, hier
ist der Christus! siehe, da ist er!, so
glaubt es nicht. Denn mancher falsche 22
Christus und falsche Prophet wird auf-
treten und Zeichen und Wunder tun, so
daß sie auch die Auserwählten in die
Irre führen würden, wenn es möglich
wäre. Ihr aber gebt acht! Ich hab's euch 23
alles vorausgesagt!

a Dan 9,27; 11,31 *b* Dan 12,1

Das Kommen des Menschensohns

Aber zu der Zeit, nach dieser Bedräng- 24
nis, wird die Sonne sich verfinstern und
der Mond seinen Schein verlieren, und 25
die Sterne werden vom Himmel fallen,
und die Kräfte der Himmel werden ins
Wanken kommen.[a] Und dann werden 26
sie [b] den Menschensohn in den Wolken
kommen sehen mit großer Kraft und
Herrlichkeit. Und dann [c] wird er die 27
Engel senden und wird seine Auser-
wählten versammeln aus den vier Wind-
richtungen vom Ende der Erde bis
zum Ende des Himmels.

a Hebr 12,26 *b* Dan 7,13 *c* Mt 13,41

Die Nähe und Unberechenbarkeit der Wiederkunft Christi

An dem Feigenbaum aber lernt dies 28
Gleichnis: Wenn jetzt seine Zweige
saftig werden und Blätter treiben, so
wißt ihr, daß der Sommer nahe ist.
Ebenso auch, wenn ihr seht, daß so et- 29
was geschieht, so wißt, daß Er nahe vor

30 der Tür ist. Wahrlich, ich sage euch:
Dies Geschlecht wird nicht vergehen,
31 bis dies alles geschieht. *Himmel und
Erde werden vergehen; meine Worte aber*
32 *werden nicht vergehen.* Von dem Tage
aber und der Stunde weiß niemand,
auch die Engel im Himmel nicht, auch
der Sohn nicht, sondern allein der Va-
ter.
33 Gebt acht, seid wachsam! denn ihr
34 wißt nicht, wann die Zeit da ist.[a] So wie
ein Mensch, der über Land zog und
sein Haus verließ und seinen Knechten
ihre Arbeit zuwies, für die sie Voll-
macht bekamen, und dem Türhüter ge-
35 bot, er sollte wachen: so seid nun wach-
sam; denn ihr wißt nicht, wann der
Herr des Hauses kommt, ob am Abend
oder zu Mitternacht oder um den Hah-
36 nenschrei oder am Morgen,[b] damit er
euch nicht schlafend findet, wenn er
37 plötzlich kommt. Was ich aber euch
sage, das sage ich allen: Seid wachsam!

a Lk 12,35-40; 21,36 *b* Lk 12,38

Leiden, Sterben und Auferstehung Jesu (Kap 14-16)

(Mt 26-28; Lk 22-24; Joh 18-21)

Der Plan der Feinde

14 Es waren noch zwei Tage bis zum
Passafest und den Tagen der Unge-
säuerten Brote. Und die Hohenpriester
und Schriftgelehrten suchten einen
Weg, wie sie ihn mit List festnehmen
2 und töten könnten. Denn sie sagten
sich: Ja nicht beim Fest, damit es nicht
zu einem Aufruhr im Volk kommt.

Die Salbung in Betanien

3 Und als er in Betanien im Hause Si-
mons des Aussätzigen war und zu
Tisch saß, da kam eine Frau, die hatte
ein Fläschchen mit echtem, kostbarem
Nardenöl, und sie zerbrach das Fläsch-
4 chen und goß das Öl auf sein Haupt. Da
wurden einige unwillig und dachten:
Was soll diese Vergeudung des Öls?
5 Man hätte dies Öl ja auch für mehr als
dreihundert Silbergroschen verkaufen
und das Geld den Armen geben kön-
6 nen; und sie schimpften über sie. Jesus
aber sagte: Laßt sie in Ruhe! Was
macht ihr's der Frau so schwer? Sie hat
7 ein gutes Werk an mir getan. Denn
[a]Arme habt ihr immer bei euch, und
wenn ihr nur wollt, könnt ihr ihnen
Gutes tun; mich aber habt ihr nicht im-
8 mer. Sie hat getan, was sie konnte; sie
hat meinen Leib im voraus für mein
Begräbnis gesalbt. Wahrlich, ich sage 9
euch: Wo das Evangelium in aller Welt
gepredigt wird, da wird man auch sa-
gen, was sie jetzt getan hat, ihr zum Ge-
denken.

a 5.Mose 15,11

Der Verrat des Judas

Judas Iskariot, einer von den Zwölfen, 10
ging zu den Hohenpriestern, um ihn an
sie zu verraten. Als die das hörten, wa- 11
ren sie froh und versprachen, ihm Geld
zu geben. Und er suchte eine günstige
Gelegenheit, ihn zu verraten.

Das Abendmahl

Am ersten Tage der Ungesäuerten Bro- 12
te, als man das Passalamm opferte,
fragten ihn seine Jünger: Wohin sollen
wir gehen und das Passalamm bereiten,
damit du es essen kannst? Und er sand- 13
te zwei seiner Jünger und sagte zu
ihnen: Geht in die Stadt, und es wird
euch jemand begegnen, der einen Krug
mit Wasser trägt; folgt ihm, und wo er 14
hineingeht, da sagt zu dem Hausherrn:
Der Meister läßt dir sagen: Wo ist der
Raum, in dem ich mit meinen Jüngern
das Passalamm essen kann?[a] Und er 15
wird euch einen großen Saal zeigen, der
mit Polstern versehen ist und bereit-
steht; dort richtet es für uns her. Und 16
die Jünger gingen weg und kamen in
die Stadt und fanden alles, wie er's
ihnen gesagt hatte, und bereiteten das
Passalamm zu.
Und am Abend kam er mit den 17
Zwölfen. [b]Und als sie bei Tisch waren 18
und aßen, sprach Jesus: Wahrlich, ich
sage euch: Einer unter euch, der mit
mir ißt, wird mich verraten. Und sie 19
wurden traurig und fragten ihn, einer
nach dem andern: Bin ich's? Er aber 20
sagte zu ihnen: Einer von den Zwölfen,
der mit mir seinen Bissen in die Schüs-
sel taucht. Der Menschensohn geht 21
zwar dahin, wie von ihm geschrieben
steht; aber weh dem Menschen, durch
den der Menschensohn verraten wird!
Es wäre für diesen Menschen besser,
wenn er nie geboren wäre.
[c]*Und als sie aßen, nahm Jesus das* 22
Brot, dankte und brach's und gab's ihnen
und sprach: Nehmt; das ist mein Leib.
Und er nahm den Kelch, dankte und gab 23
ihnen den; und sie tranken alle daraus.
Und er sprach zu ihnen: Das ist mein 24
[d]*Blut des Bundes, das für viele vergossen*
wird. Wahrlich, ich sage euch, daß ich 25

nicht mehr von der Frucht des Wein-
stocks trinken werde bis zu dem Tag,
an dem ich von neuem davon trinken
26 werde im Reich Gottes. Und als sie den
[e]Lobgesang gesungen hatten, gingen
sie hinaus zum Ölberg.

a Kap 11,3 *b (18-20)* Joh 13,21-26 *c (22-24)* 1.Kor 11,23-25 *d* 2.Mose 24,8; Hebr 9,15.16 *e* Ps 113-118

Die Ankündigung der Verleugnung des Petrus

27 Und Jesus sagte zu ihnen: Ihr werdet
alle abfallen; denn es steht geschrieben
(Sacharja 13,7): »Ich werde den Hirten
erschlagen, und [a]die Schafe werden
28 sich zerstreuen.« Aber nachdem ich
auferstanden bin, will ich vor euch her-
29 gehen nach [b]Galiläa. Petrus aber sagte
zu ihm: Und wenn sie alle abfallen – ich
30 nicht! Und Jesus sprach zu ihm: Wahr-
lich, ich sage dir: Heute, in dieser
Nacht, ehe der Hahn zweimal gekräht
hat, wirst du mich dreimal verleug-
31 nen.[c] Er aber redete noch weiter: Auch
wenn ich mit dir sterben müßte, werde
ich dich nicht verleugnen! Das gleiche
sagten auch alle andern.

a Joh 16,32 *b* Kap 16,7 *c* Joh 13,38

Jesus in Getsemani

32 Und sie kamen zu einem Stück Land,
das Getsemani hieß. Und er sagte zu
seinen Jüngern: Setzt euch hierher, so-
33 lange ich bete. Und er [a]nahm Petrus,
Jakobus und Johannes mit sich, und es
34 ergriff ihn Angst und Furcht, und er
sagte zu ihnen: [b]Meine Seele ist be-
trübt bis an den Tod; bleibt hier und
35 wacht! Und er ging ein wenig weiter,
warf sich auf die Erde und betete, daß,
wenn es möglich wäre, die Stunde an
36 ihm vorüberginge, und sagte: *Abba,
mein Vater, alles ist dir möglich; nimm
[c]diesen Kelch von mir; doch nicht, was
37 ich will, sondern was du willst!* Und er
kam zurück und fand sie schlafend und
sagte zu Petrus: Simon, du schläfst?
Konntest du nicht *eine* Stunde wachen?
38 *Wacht und betet, damit ihr nicht in Ver-
suchung fallt! Der Geist ist willig; aber
39 das Fleisch ist schwach.* Und er ging wie-
der hin und betete und sagte dieselben
40 Worte und kam zurück und fand sie
wieder schlafend; ihre Augen waren
ihnen zugefallen, und sie wußten nicht,
41 was sie ihm antworten sollten. Und er
kam zum dritten Mal und sagte zu
ihnen: Wollt ihr jetzt weiter schlafen
und ruhen? Es ist genug; die Stunde ist
gekommen. Siehe, der Menschensohn
wird in die Hände der Sünder ausgelie-
fert. Steht auf, laßt uns gehen! Siehe, 42
der mich verrät, ist schon da.

a Mt 17,1 *b* Joh 12,27 *c* Kap 10,38

Jesu Gefangennahme

Und sogleich, während er noch redete, 43
kam Judas, einer von den Zwölfen, und
mit ihm eine Schar mit Schwertern und
mit Stangen, ausgesandt von den Ho-
henpriestern, Schriftgelehrten und Äl-
testen. Und der Verräter hatte mit 44
ihnen ein Zeichen verabredet: Der, den
ich küssen werde, der ist's; den er-
greift und führt ihn sicher ab. Und als 45
er kam, trat er sogleich zu ihm und sag-
te: Rabbi! und küßte ihn. Die aber leg- 46
ten Hand an ihn und ergriffen ihn.
Einer aber von denen, die dabeistan- 47
den, zog sein Schwert, traf den Knecht
des Hohenpriesters und schlug ihm ein
Ohr ab. Und Jesus sagte zu ihnen: Ihr 48
seid ausgezogen mit Schwertern und
mit Stangen wie gegen einen Räuber,
um mich zu fangen. Ich bin täglich bei 49
euch im Tempel gewesen und habe ge-
lehrt, und ihr habt mich nicht ergriffen.
Aber es muß die Schrift erfüllt werden.
Da verließen ihn alle und flohen. Ein 50
junger Mann aber folgte ihm, der war 51
mit einem Leinengewand bekleidet auf
der bloßen Haut; und sie griffen nach
ihm. Er aber ließ das Gewand fahren 52
und [a]entfloh nackt.

a Am 2,16

Jesus vor dem Hohen Rat

Und sie führten Jesus zu dem Hohen- 53
priester; und es versammelten sich
alle Hohenpriester und Ältesten und
Schriftgelehrten. Petrus aber folgte 54
ihm von weitem, bis hinein in den Pa-
last des Hohenpriesters, und dort saß er
bei den Knechten und wärmte sich am
Feuer. Aber die Hohenpriester und der 55
ganze Hohe Rat suchten nach Zeugen-
aussagen gegen Jesus, um ihn zum
Tode verurteilen zu können, doch sie
fanden nichts. Denn viele machten fal- 56
sche Aussagen gegen ihn; aber ihr
Zeugnis stimmte nicht überein. Und 57
einige standen auf und legten ein fal-
sches Zeugnis gegen ihn ab: Wir haben 58
gehört, daß er gesagt hat: [a]Ich will
diesen Tempel, der von Menschen-
hand gemacht ist, abbrechen und in
drei Tagen einen andern bauen, der
nicht von Menschenhand gemacht ist.
Aber auch so stimmte ihr Zeugnis noch 59

60 nicht überein. Und der Hohepriester
stand auf, trat in die Mitte und fragte
Jesus: Antwortest du nichts auf das,
61 was diese gegen dich vorbringen? Er
aber [b]schwieg und antwortete nichts.
Da fragte ihn der Hohepriester noch
einmal: *Bist du der Christus, der Sohn*
62 *des Hochgelobten? Jesus aber sprach: Ich*
bin's; und [c]*ihr werdet den Menschensohn*
sitzen sehen zur Rechten der Allmacht
und kommen mit den Wolken des Him-
63 *mels.* Da zerriß der Hohepriester seine
Kleider und sagte: Was brauchen wir
64 noch Zeugen? Ihr habt die Gottesläste-
rung gehört. Was ist eure Meinung?
Sie aber urteilten alle, [d]daß er den Tod
65 verdient hätte. Darauf spuckten sie ihn
an, verhüllten sein Angesicht, schlugen
ihn mit Fäusten und sagten zu ihm:
Weissage uns! Auch die Knechte
schlugen ihn ins Angesicht.

a Joh 2,19-21 *b* Kap 15,5; Jes 53,7 *c* Ps 110,1; Dan 7,13.14 *d* Joh 19,7

Die Verleugnung des Petrus

66 Und Petrus war unten im Hof. Da kam
eine von den Mägden des Hohenprie-
67 sters; und als sie sah, wie Petrus sich
wärmte, schaute sie ihn an und sagte:
Und du warst auch bei dem Jesus von
68 Nazaret. Er leugnete aber und sagte:
Ich weiß nicht, was du meinst, und ver-
stehe es auch nicht. Und er ging in den
Vorhof hinaus [und der Hahn krähte]*.
69 Und die Magd sah ihn und fing noch
einmal an, denen, die dabeistanden, zu
70 sagen: Das ist einer von denen. Und er
leugnete wieder. Und bald danach sag-
ten die, die dabeistanden, wieder zu Pe-
trus: Du bist ganz sicher einer von de-
71 nen; denn du bist auch ein Galiläer. Er
aber fing an, sich zu verfluchen und zu
schwören: Ich kenne den Menschen
72 nicht, von dem ihr redet. Und sogleich
krähte der Hahn zum zweiten Mal. Da
dachte Petrus daran, wie Jesus zu ihm
gesagt hatte: Ehe der Hahn zweimal ge-
kräht hat, wirst du mich dreimal ver-
leugnen. Und er fing an zu weinen.

*Vers 68: Der eingeklammerte Versteil findet sich in einigen alten Textzeugen nicht.

Jesus vor Pilatus

15 Und gleich am Morgen hielten die Ho-
henpriester eine Beratung ab zusam-
men mit den Ältesten und Schriftge-
lehrten und dem ganzen Hohen Rat,
und sie fesselten Jesus, führten ihn ab
2 und übergaben ihn an Pilatus. Und Pi-
latus fragte ihn: Bist du der König der
Juden? Er aber antwortete ihm: Du
sagst es. Und die Hohenpriester be- 3
schuldigten ihn schwer. Pilatus aber 4
fragte ihn noch einmal: Antwortest du
nichts? Siehe, wie sehr sie dich ankla-
gen! Jesus aber [a]antwortete nichts 5
mehr, so daß Pilatus sich wunderte.

a Kap 14,61; Jes 53,7

Jesu Verurteilung und Verspottung

Zum Fest aber pflegte er ihnen einen 6
Gefangenen freizugeben, den sie sich
erbitten konnten. Es war aber ein Mann 7
mit Namen Barabbas im Gefängnis zu-
sammen mit andern Aufrührern; sie
hatten beim Aufruhr einen Mord be-
gangen. Und das Volk ging hinauf und 8
bat ihn, nach diesem Brauch zu verfah-
ren. Pilatus aber antwortete ihnen: 9
Wollt ihr, daß ich euch den König der
Juden freigebe? Denn er merkte, daß 10
ihn die Hohenpriester aus Neid ausge-
liefert hatten.[a] Aber die Hohenpriester 11
wiegelten das Volk auf, daß er ihnen
viel lieber den Barabbas freigeben soll-
te. Pilatus aber fragte sie noch einmal: 12
Was wollt ihr? Was soll ich mit dem
machen, den ihr den König der Juden
nennt? Da schrien sie zurück: Kreuzi- 13
ge ihn! Pilatus aber sagte zu ihnen: Was 14
hat er denn Böses getan? Aber sie
schrien noch viel mehr: Kreuzige ihn!
Da wollte Pilatus das Volk zufrieden- 15
stellen: er gab ihnen Barabbas frei und
ließ Jesus geißeln und übergab ihn, daß
er gekreuzigt werden sollte.
Die Soldaten aber führten ihn hinein 16
in den Palast, das heißt ins Prätorium,
und riefen die ganze Abteilung zusam-
men, und sie legten ihm einen Purpur- 17
mantel um und flochten eine Dornen-
krone und setzten sie ihm auf; dann 18
grüßten sie ihn: Sei gegrüßt, König der
Juden! und schlugen ihn mit einem 19
Stock auf den Kopf, spuckten ihn an,
fielen auf die Knie und huldigten ihm.

a Joh 11,48

Kreuzigung und Tod

Als sie ihn verspottet hatten, nahmen 20
sie ihm den Purpurmantel ab und zo-
gen ihm seine Kleider wieder an und
führten ihn hinaus, um ihn zu kreuzi-
gen, und zwangen einen Mann, der ge- 21
rade vom Feld kam, ihm das Kreuz zu
tragen. Das war Simon von Kyrene, der
Vater des Alexander und des [a]Rufus.
Und sie brachten ihn zu der Stätte Gol- 22
gota, das bedeutet: Schädelstätte. Und 23
sie wollten ihm Wein mit Myrrhe zu

trinken geben; aber er nahm's nicht.
24 Und sie kreuzigten ihn.
Und sie verteilten seine Kleider und
warfen das Los, was jeder bekommen
25 sollte.[b] Es war aber die dritte Stunde,
26 als sie ihn kreuzigten. Und auf eine Ta-
fel war seine Schuld geschrieben: Der
27 König der Juden. Und sie kreuzigten
zwei Räuber mit ihm, einen rechts und
29 einen links von ihm.* Und die vorüber-
gingen, schmähten ihn und schüttelten
ihre Köpfe und riefen: Ha, [c]der du den
Tempel abbrichst und ihn in drei Ta-
30 gen wieder aufbaust, hilf dir nun selber
31 und steig vom Kreuz herab! Ebenso
verspotteten ihn auch die Hohenprie-
ster, zusammen mit den Schriftgelehr-
ten, und sagten zueinander: Er hat an-
dern geholfen und kann sich selber
32 nicht helfen. Der Christus, der König
von Israel, steige nun vom Kreuz her-
ab, [d]damit wir's sehen und glauben.
Und die mit ihm gekreuzigt waren,
schmähten ihn auch.
33 Und zur sechsten Stunde kam eine
Finsternis über das ganze Land bis zur
34 neunten Stunde. Und in der neunten
Stunde rief Jesus laut: Eloi, Eloi, lema
sabachtani? das heißt: [e]*Mein Gott,
mein Gott, warum hast du mich verlas-*
35 *sen?* Als einige, die dabeistanden, das
hörten, sagten sie: Siehe, er ruft nach
36 Elia. Da lief einer hin und füllte einen
Schwamm mit Essig, steckte ihn auf
einen Stab, wollte ihm zu trinken geben
und sagte: Halt, laßt sehen, ob Elia
37 kommt und ihn herabnimmt! Aber Je-
sus schrie laut und verschied.
38 Und der [f]Vorhang im Tempel zerriß
39 in zwei Stücke von oben bis unten.
Der Hauptmann aber, der dabeistand,
ihm gegenüber, und sah, daß er so
verschied, sagte: *Wahrhaftig, dieser*
40 *Mensch ist Gottes Sohn gewesen!* Und es
waren auch Frauen da, die von ferne
zuschauten, unter ihnen Maria von
Magdala und Maria, die Mutter Jako-
bus des Kleinen und des Joses, und Sa-
41 lome, [g]die ihm gefolgt waren, als er in
Galiläa war, und ihm gedient hatten,
und viele andere Frauen, die mit ihm
nach Jerusalem hinaufgegangen waren.

a Röm 16,13 *b* Ps 22,19 *c* Kap 14,58
d Mt 16,1.4 *e* Ps 22,2 *f* 2 Chr 3,14;
2. Mose 26,31-33 *g* Lk 8,2.3
*Vers 28: Der Vers gehört nicht zum ursprünglichen Text des Markusevangeliums. Er lautet in der späteren Überlieferung: »Da wurde die Schrift erfüllt: Er ist zu den Übeltätern gerechnet worden.«

Jesu Grablegung

Als es schon Abend wurde – es war ja 42
Rüsttag, das heißt der Tag vor dem
Sabbat –, kam Josef von Arimathäa, ein 43
angesehener Ratsherr, der auch auf das
Reich Gottes wartete, und wagte es und
ging hinein zu Pilatus und bat um den
Leichnam Jesu. Pilatus aber wunderte 44
sich, daß er schon tot war, rief den
Hauptmann und fragte ihn, ob er schon
gestorben wäre. Und als er's von dem 45
Hauptmann erfahren hatte, überließ er
Josef den Leichnam. Der kaufte ein 46
Leinentuch und nahm ihn ab, wickelte
ihn in das Tuch und legte ihn in ein
Grab, das in einen Felsen gehauen war,
und wälzte einen Stein vor den Eingang
zum Grab. Aber Maria von Magdala 47
und Maria, die Mutter des Joses, sahen,
wo er hingelegt war.

Jesu Auferstehung

(Mt 28, 1-10; Lk 24, 1-12; Joh 20, 1-10)

Und als der Sabbat vergangen war, **16**
kauften Maria von Magdala und Maria,
die Mutter des Jakobus, und Salome
wohlriechende Öle, um hinzugehen
und ihn zu salben. Und sehr früh am 2
ersten Tag der Woche, als die Sonne
aufging, kamen sie zum Grab. Und sie 3
sagten zueinander: Wer wälzt uns den
Stein vom Eingang des Grabes? Und 4
sie sahen hin und merkten, daß der
Stein weggewälzt war; er war nämlich
sehr groß. Und sie gingen in das Grab 5
hinein und sahen auf der rechten Seite
einen jungen Mann sitzen, der hatte ein
langes weißes Gewand an, und sie ent-
setzten sich. Er aber sagte zu ihnen: 6
Entsetzt euch nicht! *Ihr sucht Jesus von
Nazaret, den Gekreuzigten. Er ist aufer-
standen, er ist nicht hier.* Da ist die Stät-
te, wo sie ihn hingelegt hatten. Geht 7
aber hin und sagt seinen Jüngern und
Petrus, [a]daß er vor euch nach Galiläa
hergehen wird; dort werdet ihr ihn se-
hen, wie er euch gesagt hat. Und sie 8
gingen hinaus und flohen von dem
Grab; denn Zittern und Entsetzen hat-
te sie ergriffen. Und sie sagten niemand
etwas; denn sie fürchteten sich.

a Kap 14,28

Erscheinungen des Auferstandenen und Himmelfahrt

(Lk 24, 36-49; Joh 20, 19-23)

[Als er früh am ersten Tag der Woche 9
auferstanden war, erschien er zuerst
[a]Maria von Magdala, von der er sieben

10 böse Geister ausgetrieben hatte. Und
sie ging hin und verkündete es denen,
die mit ihm gewesen waren und jetzt
11 Leid trugen und weinten. Und als diese
hörten, daß er lebe und ihr erschienen
12 sei, glaubten sie es nicht. Danach offen-
barte er sich in anderer Gestalt zweien
von ihnen unterwegs, als sie aufs Land
13 gingen.[b] Und die gingen auch hin und
verkündeten es den andern. Aber auch
denen glaubten sie nicht.
14 Zuletzt, als die Elf zu Tisch saßen,
[c]offenbarte er sich ihnen und schalt
ihren Unglauben und ihr verstocktes
Herz, weil sie denen nicht geglaubt hat-
ten, die ihn als Auferstandenen gesehen
15 hatten. Und er sprach zu ihnen: *Geht
hin in alle Welt und predigt das Evangeli-*
16 *um der ganzen Schöpfung.*[d] *Wer* [e]*glaubt
und getauft wird, der wird gerettet wer-
den; wer aber nicht glaubt, der wird ver-*
17 *dammt werden.* Die Zeichen aber, die
denen folgen werden, die glauben, sind
diese: in meinem Namen werden sie
[f]böse Geister austreiben, [g]in neuen
Zungen reden, [h]Schlangen mit den 18
Händen hochheben, und wenn sie et-
was Tödliches trinken, wird's ihnen
nicht schaden; [i]Kranken werden sie die
Hände auflegen, und die werden ge-
sund werden. Nachdem der Herr Jesus 19
mit ihnen geredet hatte, [j]wurde er in
den Himmel aufgenommen und [k]setzte
sich zur Rechten Gottes. Sie aber gin- 20
gen hin und predigten an allen Orten.
Und der Herr [l]wirkte mit ihnen und
bekräftigte das Wort durch die mitfol-
genden Zeichen.]*

a Lk 8,2; Joh 20,11-18 *b* Lk 24,13-35
c 1.Kor 15,5 *d* Kap 13,10; Mt 28,18-20
e Apg 2,38; 16,31.33 *f* Apg 16,18 *g* Apg 10,46; 19,6 *h* Lk 10,19; Apg 28,3-6 *i* Jak 5,14.15
j Apg 1,2 *k* Ps 110,1; Apg 7,55 *l* Apg 14,3; Hebr 2,4

*Verse 9-20: Nach der ältesten Überlieferung endet das Markusevangelium mit Vers 8. Die Verse 9-20 sind im 2. Jahrhundert hinzugefügt worden, um dem Markusevangelium – in Anlehnung an die Berichte der andern Evangelien – einen Abschluß zu geben.

DAS EVANGELIUM NACH LUKAS

Inhaltsübersicht

1 Schon viele haben es unternommen,
von den Ereignissen Bericht zu geben,
2 die unter uns geschehen sind, wie es
uns die überliefert haben, die es von
Anfang an selbst gesehen haben und
3 Diener des Worts gewesen sind.[a] Da-
her habe auch ich's für gut gehalten,
nachdem ich allem von Anfang an sorg-
fältig nachgeforscht habe, [b]es für dich,
hochgeehrter Theophilus, in guter
4 Ordnung aufzuschreiben. So kannst du
den sicheren Grund der Lehre, in der
du unterrichtet worden bist, erkennen.

a 1.Joh 1,1-4 *b* Apg 1,1; Kol 4,14

Die Ankündigung der Geburt Johannes des Täufers

5 Zur Zeit des Herodes, des Königs von
Judäa, lebte ein Priester mit Namen
Zacharias, von der [a]Ordnung Abia;
seine Frau stammte aus dem Ge-
schlecht Aaron und hieß Elisabet. Sie 6
waren beide gerecht vor Gott und leb-
ten untadelig in allen Geboten und Sat-
zungen des Herrn. Und sie hatten kein 7
Kind; denn Elisabet war unfruchtbar,
und beide waren hochbetagt.
Als nun Zacharias den Priesterdienst 8
vor Gott versah, während seine Ord-
nung an der Reihe war, traf ihn nach 9
dem Brauch der Priesterschaft das Los,
das [b]Räucheropfer darzubringen; und
er ging in den Tempel des Herrn. Und 10
die ganze Volksmenge stand draußen
und betete zur Stunde des Räucher-
opfers. Da erschien ihm der Engel des 11
Herrn; der stand an der rechten Seite
des Räucheraltars. Als Zacharias ihn 12

sah, erschrak er, und Furcht ergriff ihn.
13 Aber der Engel sagte zu ihm: Fürchte
dich nicht, Zacharias, denn dein Gebet
ist erhört; deine Frau Elisabet wird dir
einen Sohn gebären, den sollst du Jo-
14 hannes nennen. Du wirst Freude und
Wonne an ihm haben, und viele werden
15 sich über seine Geburt freuen. Denn er
wird groß vor dem Herrn sein; [c]Wein
und starkes Getränk wird er nicht trin-
ken, und schon von Mutterleib an wird
er mit dem heiligen Geist erfüllt wer-
16 den. Und er wird viele vom Volk Israel
zu dem Herrn, ihrem Gott, bekehren.
17 Und er wird in [d]Elias Geist und Kraft
vor ihm hergehen, um die Herzen der
Väter zu den Kindern zu bekehren und
die Ungehorsamen zu der Einsicht der
Gerechten, um dem Herrn ein Volk zu-
18 zurichten, das für ihn bereit ist. Und
Zacharias fragte den Engel: Woran soll
ich das erkennen? Denn [e]ich bin alt,
19 und meine Frau ist auch betagt. Der
Engel antwortete ihm: Ich bin [f]Ga-
briel, der vor Gott steht, und bin ge-
sandt, um mit dir zu reden und dir diese
20 gute Botschaft zu bringen. Und siehe,
du wirst stumm werden und nicht spre-
chen können bis zu dem Tag, an dem
dies geschehen wird, weil du meinen
Worten nicht geglaubt hast, die zu ihrer
Zeit erfüllt werden sollen.
21 Und das Volk wartete auf Zacharias
und wunderte sich, daß er so lange im
22 Tempel blieb. Als er aber herauskam,
konnte er nicht zu ihnen sprechen; und
sie merkten, daß er im Tempel eine Er-
scheinung gehabt hatte. Und er gab
ihnen ein Zeichen und blieb stumm.
23 Als nun die Zeit seines Dienstes um
24 war, ging er heim in sein Haus. Nach
diesen Tagen wurde seine Frau Elisa-
bet schwanger und hielt sich fünf Mo-
25 nate verborgen und sagte: Das hat der
Herr an mir getan in den Tagen, als
er mich angesehen hat, [g]um meine
Schmach unter den Menschen von mir
zu nehmen.

a 1.Chr 24,10.19 *b* 2.Mose 30,7 *c* Ri 13,4.5
d Mal 3,1.23.24; Mt 17,11-13 *e* 1.Mose 18,11
f Dan 8,16 *g* 1.Mose 30,23

Die Ankündigung der Geburt Jesu

26 Im sechsten Monat wurde der Engel
Gabriel von Gott in eine Stadt in Gali-
27 läa gesandt, die Nazaret heißt, zu einer
Jungfrau; die war [a]mit einem Mann
mit Namen Josef vom Hause David
verlobt; diese Jungfrau hieß Maria.
28 Und der Engel trat bei ihr ein und
sprach: Sei gegrüßt, du Begnadete!
Der Herr ist mit dir! Sie aber erschrak 29
über dies Wort und dachte: Was für ein
Gruß ist das? Und der Engel sprach zu 30
ihr: Fürchte dich nicht, Maria, du hast
Gnade bei Gott gefunden. Siehe, [b]du 31
wirst schwanger werden und einen
Sohn gebären, [c]den sollst du Jesus nen-
nen. Der wird groß sein und Sohn des 32
Höchsten genannt werden; und Gott
der Herr wird ihm den [d]Thron seines
Vaters David geben, und er wird über 33
das Haus Jakob ewig König sein, und
sein Reich wird kein Ende haben.
Da sagte Maria zu dem Engel: Wie 34
soll das geschehen, da ich doch von kei-
nem Mann weiß? Der Engel antwortete 35
ihr: [e]Der heilige Geist wird über dich
kommen, und die Kraft des Höchsten
wird dich überschatten; darum wird
auch das Kind heilig genannt werden
und Gottes Sohn. Und siehe, auch Eli- 36
sabet, deine Verwandte, ist mit einem
Sohn schwanger in ihrem Alter und ist
bereits im sechsten Monat, obwohl
man sie für unfruchtbar hielt. Denn bei 37
Gott ist nichts unmöglich.[f] Maria aber 38
sagte: Siehe, ich bin des Herrn Magd;
mir geschehe, wie du gesagt hast. Und
der Engel verließ sie wieder.

a Mt 1,16.18 *b* Jes 7,14 *c* Mt 1,21-23 *d* Jes 9,6
e Mt 1,18.20 *f* 1.Mose 18,14

Marias Besuch bei Elisabet

Maria aber machte sich in diesen Tagen 39
auf und ging eilig in das Gebirge zu
einer Stadt in Juda und kam in das 40
Haus des Zacharias und begrüßte Eli-
sabet. Als nun Elisabet den Gruß Ma- 41
rias hörte, hüpfte das Kind in ihrem
Leibe. Und Elisabet wurde mit heili-
gem Geist erfüllt und rief laut: Geprie- 42
sen bist du unter den Frauen, und ge-
priesen ist das Kind in deinem Leibe!
Wie kommt es mir zu, daß die Mutter 43
meines Herrn mich besucht? Denn sie- 44
he, als ich die Worte deines Grußes
hörte, hüpfte das Kind vor Freude in
meinem Leibe. [a]Selig ist die, die ge- 45
glaubt hat! Denn es wird vollendet
werden, was ihr gesagt worden ist vom
Herrn.

a Kap 11,27.28

Marias Lobgesang

[a]Und Maria sprach: 46
Meine Seele erhebt den Herrn, und 47
mein Geist freut sich über Gott, meinen
Heiland; denn er hat seine Magd in ih- 48
rer Niedrigkeit angesehen. Siehe, von

nun an werden mich alle Geschlechter
49 selig preisen. Denn er hat Großes an
mir getan, der mächtig ist und dessen
50 Name heilig ist. Und seine Barmher-
zigkeit währt von Geschlecht zu Ge-
schlecht bei denen, die ihn fürchten.[b]
51 Er vollbringt machtvolle Taten mit sei-
nem Arm und [c]zerstreut alle, die in ih-
52 rem Herzen hochmütig sind. Er stößt
die Machthaber vom Thron und erhebt
53 die Niedrigen.[d] Die Hungernden sät-
tigt er mit Gutem und läßt die Reichen
54 leer ausgehen.[e] Er denkt an seine
Barmherzigkeit und nimmt sich seines
55 Dieners Israel an, wie er es unsern Vä-
tern zugesagt hat, Abraham und seinen
Nachkommen in Ewigkeit.[f]
56 Und Maria blieb etwa drei Monate
bei ihr; danach kehrte sie wieder heim.

a (46-55) 1.Sam 2,1-10 *b* Ps 103,13.17
c 1.Mose 11,8 *d* Ps 147,6 *e* Ps 34,11; 107,9
f 1.Mose 17,7; 18,18

Die Geburt Johannes des Täufers

57 Für Elisabet kam die Zeit, daß sie gebä-
ren sollte; und sie gebar einen Sohn.
58 Und ihre Nachbarn und Verwandten
hörten, daß der Herr ihr große Barm-
herzigkeit erwiesen hatte, und sie freu-
59 ten sich mit ihr. Da kamen sie [a]am ach-
ten Tage, um das Kind zu beschneiden,
und wollten es nach seinem Vater Za-
60 charias nennen. Aber seine Mutter ant-
wortete: Nein, sondern er soll Johannes
61 heißen. Da sagten sie zu ihr: Es gibt
doch niemand in deiner Verwandt-
62 schaft, der so heißt. Und sie winkten
seinem Vater, wie er ihn nennen lassen
63 wollte. Und er forderte eine kleine Ta-
fel und schrieb: Er heißt Johannes.
64 Und sie wunderten sich alle. Sogleich
wurde sein Mund aufgetan und seine
Zunge gelöst, und er redete und lobte
65 Gott. Und Furcht ergriff alle Nach-
barn; und alle diese Ereignisse spra-
chen sich herum auf dem ganzen Ge-
66 birge Judäas. Und alle, die davon hör-
ten, dachten darüber nach und fragten
sich: Was wird wohl aus diesem Kind
werden? Denn die Hand des Herrn war
mit ihm.

a 1.Mose 17,12

Lobgesang des Zacharias

67 Sein Vater Zacharias wurde mit heili-
gem Geist erfüllt und begann prophe-
tisch zu reden:
68 Gelobt sei der Herr, der Gott Israels!
Denn [a]er hat sein Volk besucht und er-
69 löst und uns einen mächtigen Heiland
erstehen lassen im Hause seines Die-
ners David – wie er vorzeiten zugesagt 70
hat durch den Mund seiner heiligen
Propheten –, um uns vor unsern Fein- 71
den zu retten und aus der Hand aller,
die uns hassen, und unsern Vätern 72
Barmherzigkeit zu erweisen und [b]um
an seinen heiligen Bund zu denken und 73
an den [c]Eid, den er unserm Vater Abra-
ham geschworen hat, uns zu geben, daß 74
wir ohne Furcht, erlöst aus der Hand
unsrer Feinde, ihm in Heiligkeit und 75
Gerechtigkeit dienen vor seinen Augen
unser Leben lang.[d] Du aber, mein 76
Kind, wirst ein Prophet des Höchsten
genannt werden. Denn [e]du wirst dem
Herrn vorangehen, um seinen Weg zu
bereiten und sein Volk das Heil erken- 77
nen zu lassen in der Vergebung ihrer
Sünden[f] durch die herzliche Barmher- 78
zigkeit unsres Gottes. [g]Durch sie wird
uns das Licht aus der Höhe besuchen,
damit es denen erscheint, die [h]in Fin- 79
sternis und Schatten des Todes sitzen,
und unsere Füße auf den Weg des Frie-
dens lenkt.
Und das Kind wuchs und wurde 80
stark im Geist. Und [i]er war in der Wü-
ste, bis er vor das Volk Israel treten soll-
te.

a Kap 7,16 *b* 1.Mose 17,7 *c* 1.Mose 22,16-18;
Mi 7,20 *d* Tit 2,12.14 *e* Mal 3,1 *f* Jer 31,34
g Jes 60,1.2 *h* Jes 9,1 *i* Mt 3,1

Jesu Geburt

Es begab sich aber zu der Zeit, daß ein **2**
Befehl von dem Kaiser Augustus aus-
ging, alle Welt sollte sich für die Steuer
eintragen lassen. Diese Eintragung war 2
die erste, und sie geschah zur Zeit, als
Quirinius Statthalter in Syrien war.
Und alle gingen hin, um sich eintragen 3
zu lassen, jeder in seine Stadt. Da ging 4
auch Josef aus Galiläa aus der Stadt
Nazaret nach Judäa hinauf zur Stadt
Davids, die Betlehem heißt, weil er aus
dem Haus und Geschlecht Davids war,
um sich eintragen zu lassen mit Maria, 5
seiner Braut; die war schwanger. Als sie 6
aber dort waren, kam die Zeit, daß sie
gebären sollte. Und [a]sie gebar ihren er- 7
sten Sohn, wickelte ihn in Windeln und
legte ihn in eine Krippe; denn sie hat-
ten sonst keinen Platz in der Herberge.
Es waren aber Hirten in derselben 8
Gegend auf dem Felde, die hüteten
nachts ihre Herde. Und der Engel des 9
Herrn trat zu ihnen, und die Klarheit
des Herrn umleuchtete sie; und sie
fürchteten sich sehr. Und der Engel 10

sprach zu ihnen: *Fürchtet euch nicht!*
Siehe, ich verkündige euch große Freude,
die dem ganzen Volk widerfahren wird;
11 *denn euch ist heute in der Stadt Davids*
der Heiland geboren; das ist Christus, der
12 *Herr.* Und das nehmt zum Zeichen: ihr
werdet ein Kind finden in Windeln ge-
wickelt und in einer Krippe liegen.
13 Und plötzlich war bei dem Engel [b]die
Menge der himmlischen Heerscharen,
14 die lobten Gott und sprachen: [c]*Ehre sei*
Gott in der Höhe und [d]*Friede auf Erden*
bei den Menschen seines Wohlgefallens.
15 Und als die Engel von ihnen zum
Himmel fuhren, sagten die Hirten zu-
einander: Laßt uns nun nach Betlehem
gehen und sehen, was geschehen ist,
16 wie es uns der Herr verkündet hat. Und
sie gingen eilends und fanden Maria
und Josef, dazu das Kind in der Krippe
17 liegen. Als sie es aber gesehen hatten,
verbreiteten sie das Wort, das zu ihnen
über dies Kind gesagt worden war.
18 Und alle, vor die es kam, wunderten
sich über die Worte, die ihnen die Hir-
19 ten gesagt hatten. Maria aber behielt
alle diese Worte und bewegte sie in ih-
20 rem Herzen. Und die Hirten kehrten
zurück, priesen und lobten Gott für al-
les, was sie gehört und gesehen hatten,
wie es zu ihnen gesagt war.
21 Und als acht Tage um waren und
[e]man das Kind beschneiden mußte,
[f]gab man ihm den Namen Jesus, wie
ihn der Engel genannt hatte, bevor das
Kind im Mutterleib empfangen war.

a Mt 1,25 *b* Ps 103,20.21 *c* Kap 19,38
d 4.Mose 6,26; Eph 2,14.17 *e* Kap 1,59;
1.Mose 17,12 *f* Kap 1,31

Jesu Darstellung im Tempel. Simeon und Hanna

22 Und als die [a]Tage ihrer Reinigung
nach dem Gesetz des Mose um waren,
brachten sie ihn nach Jerusalem, [b]um
23 ihn dem Herrn darzustellen, wie im
Gesetz des Herrn geschrieben steht
(2. Mose 13,2.15): »Alles Männliche,
das zuerst den Mutterschoß durch-
bricht, soll dem Herrn geheiligt hei-
24 ßen«, und um das Opfer darzubringen,
wie es im Gesetz des Herrn heißt: »ein
Paar Turteltauben oder zwei junge
Tauben« (3. Mose 12,6-8).
25 Und siehe, ein Mann lebte in Jerusa-
lem, mit Namen Simeon; und dieser
Mann war gerecht und gottesfürchtig
und [c]wartete auf den Trost Israels, und
26 der heilige Geist war bei ihm. Und ihm
war vom heiligen Geist eine Offenba-
rung zuteil geworden, er sollte den Tod
nicht sehen, bevor er den Christus des
Herrn gesehen hätte. Und er kam vom 27
Geist getrieben in den Tempel. Und als
die Eltern das Kind Jesus in den Tem-
pel brachten, um mit ihm zu tun, was
nach dem Gesetz Brauch war, da nahm 28
er ihn auf seine Arme, lobte Gott und
sprach:
Herr, nun läßt du deinen Diener in 29
Frieden sterben, wie du gesagt hast; denn 30
meine Augen haben deinen Heiland gese-
hen, den du vor allen Völkern bereitet hast, 31
ein [d]*Licht, zur Erleuchtung der Heiden* 32
und zur Ehre deines Volkes Israel.
Und sein Vater und seine Mutter 33
wunderten sich über das, was von ihm
gesagt wurde. Und Simeon segnete sie 34
und sagte zu Maria, seiner Mutter: Sie-
he, dieser ist für viele in Israel zum Fall
und zum Aufstehen bestimmt und zum
Zeichen, dem widersprochen wird[e] – 35
und [f]auch durch deine eigene Seele
wird ein Schwert dringen –, damit die
Gedanken vieler Menschen offenbar
werden.
Und dort war eine Prophetin, Han- 36
na, eine Tochter Phanuëls, aus dem
Stamm Asser; die war hochbetagt. Als
junges Mädchen hatte sie geheiratet
und nur sieben Jahre in der Ehe gelebt
und war nun eine Witwe von vierund- 37
achtzig Jahren; die wich nicht vom
Tempel und [g]diente Gott mit Fasten
und Beten Tag und Nacht. Die trat zur 38
selben Stunde auch hinzu, pries Gott
und sprach von ihm zu allen, die auf die
Erlösung Jerusalems warteten.
Und als sie alles nach dem Gesetz des 39
Herrn erfüllt hatten, kehrten sie wieder
nach Galiläa in ihre Stadt Nazaret zu-
rück. Das Kind aber wuchs und wurde 40
stark, voller Weisheit, und Gottes Gna-
de war bei ihm.

a 3.Mose 12,1-4 *b* 4.Mose 18,15 *c* 1.Mose 49,18
d Jes 49,6 *e* Kap 20,17.18; Apg 28,22; 1.Kor 1,23
f Joh 19,25 *g* 1.Tim 5,5

Der zwölfjährige Jesus im Tempel

Seine Eltern [a]gingen jedes Jahr zum 41
Passafest nach Jerusalem. Und als er 42
zwölf Jahre alt war, gingen sie nach
dem Brauch des Festes dorthin. Als 43
[b]die Tage vorüber waren und sie wie-
der nach Hause gingen, blieb Jesus, ihr
Kind, in Jerusalem zurück, und seine
Eltern wußten's nicht. Sie meinten 44
aber, er wäre unter den Reisegefährten,
und kamen eine Tagereise weit und
suchten ihn unter den Verwandten und

45 Bekannten. Und als sie ihn nicht fan-
den, gingen sie nach Jerusalem zurück
46 und suchten ihn. Nach drei Tagen fan-
den sie ihn im Tempel, wie er mitten
unter den Lehrern saß, ihnen zuhörte
47 und sie fragte. Und alle, die ihm zuhör-
ten, wunderten sich über sein Ver-
48 ständnis und seine Antworten. Und als
sie ihn sahen, gerieten sie außer sich.
Und seine Mutter sagte zu ihm: Mein
Sohn, warum hast du uns das angetan?
Siehe, dein Vater und ich haben dich
49 mit Schmerzen gesucht. Doch er sagte
zu ihnen: Warum habt ihr mich ge-
sucht? *Wißt ihr nicht, daß ich im [c] Hause*
50 *meines Vaters sein muß?* Sie aber ver-
standen das Wort nicht, das er zu ihnen
51 sagte. Und er ging mit ihnen hinab und
kam nach Nazaret und war ihnen ge-
horsam. Seine Mutter aber behielt alle
52 diese Worte in ihrem Herzen. Und Je-
sus nahm zu an Weisheit, Alter und
Gunst bei Gott und den Menschen.[d]

a 5.Mose 16,1-8 *b* 2.Mose 12,18 *c* Joh 2,16
d 1.Sam 2,26

Das Wirken Johannes des Täufers. Seine Gefangennahme

(Mt 3, 1-12; Mk 1, 1-8)

3 Im fünfzehnten Jahr der Herrschaft
des Kaisers Tiberius, als Pontius Pila-
tus Statthalter in Judäa war und He-
rodes Landesfürst von Galiläa und sein
Bruder Philippus Landesfürst von Itu-
räa und der Landschaft Trachonitis
und Lysanias Landesfürst von Abilene
2 und als Hannas und Kajaphas Hohe-
priester waren, da [a] geschah das Wort
Gottes zu Johannes, dem Sohn des Za-
3 charias, in der Wüste. Und er kam in
alle Länder am Jordan und verkündigte
die Taufe der Buße zur Vergebung der
4 Sünden, wie im Buch der Reden des
Propheten Jesaja geschrieben steht (Je-
saja 40,3-5): »Es ist die Stimme eines
Predigers in der Wüste: Bereitet dem
Herrn den Weg und macht seine Steige
5 eben! Alle Täler sollen erhöht werden,
und alle Berge und Hügel sollen ernied-
rigt werden; und was krumm ist, soll
gerade werden, und was uneben ist, soll
6 ebener Weg werden. Und alle Men-
schen werden den Heiland Gottes se-
hen.«
7 Da sagte Johannes zu der Menge, die
zu ihm hinauskam, um sich taufen zu
lassen: Ihr Schlangenbrut, wer hat
euch denn versichert, daß ihr dem
künftigen Zorn entrinnen werdet?
8 Darum bringt rechtschaffene Früchte
der Buße; und nehmt euch nicht vor zu
sagen: Wir haben Abraham zum Vater.
Denn ich sage euch: Gott kann Abra-
ham aus diesen Steinen Kinder erwek-
ken. Schon ist den Bäumen die Axt an 9
die Wurzel gelegt; darum: jeder Baum,
der nicht gute Frucht bringt, wird ab-
gehauen und in das Feuer geworfen.
Und die Menge fragte ihn: Was sol- 10
len wir denn tun? Er antwortete ihnen: 11
Wer zwei Hemden hat, der gebe eines
dem, der keines hat; und wer zu essen
hat, der gebe auch ab. Es kamen auch 12
Zöllner, um sich taufen zu lassen, und
fragten ihn: Meister, was sollen denn
wir tun? Er sagte zu ihnen: Fordert 13
nicht mehr, als euch vorgeschrieben
ist! Da fragten ihn auch die Soldaten: 14
Was sollen denn wir tun? Und er sagte
zu ihnen: Beraubt und erpreßt nie-
mand und seid mit eurem Sold zufrie-
den!
Als aber das Volk voll Erwartung war 15
und alle sich in ihren Herzen Gedanken
machten, [b] ob Johannes vielleicht der
Christus wäre, antwortete Johannes al- 16
len: Ich taufe euch mit Wasser; es
kommt aber einer, der ist stärker als ich,
und ich bin nicht gut genug, ihm die
Riemen seiner Schuhe zu lösen; der
wird euch mit dem heiligen Geist und
mit Feuer taufen. In seiner Hand ist die 17
Worfschaufel, und er wird seine Tenne
fegen und den Weizen in seine Scheune
sammeln, doch die Spreu wird er mit
unauslöschlichem Feuer verbrennen.
Und mit vielen andern Worten er- 18
mahnte er das Volk und verkündigte
ihm das Heil.
[c] Als aber der Landesfürst Herodes 19
von Johannes zurechtgewiesen wurde
wegen der Herodias, der Frau seines
Bruders, und wegen alles Bösen, das er
getan hatte, fügte er zu dem allen noch 20
dies hinzu: Er ließ Johannes ins Ge-
fängnis werfen.

a Hes 1,3; Hos 1,1 *b* Joh 1,19-28 *c* (*19 und 20*)
Mt 14,3.4; Mk 6,17.18

Jesu Taufe

(Mt 3, 13-17; Mk 1, 9-11)

Als das ganze Volk sich taufen ließ und 21
Jesus auch getauft worden war und be-
tete, da tat sich der Himmel auf, und 22
[a] der heilige Geist kam in leiblicher Ge-
stalt wie eine Taube auf ihn hernieder,
und eine Stimme erscholl aus dem
Himmel: [b] *Du bist mein lieber Sohn, an*
dir habe ich Wohlgefallen.

a Joh 1,32 *b* Kap 9,35

Jesu Stammbaum

(Mt 1,1-17)

23 Jesus war, als er zu wirken anfing, ungefähr dreißig Jahre alt; [a]man hielt ihn für einen Sohn Josefs, der war ein Sohn
24 Elis, der war ein Sohn Mattats, der war ein Sohn Levis, der war ein Sohn Melchis, der war ein Sohn Jannais, der war
25 ein Sohn Josefs, der war ein Sohn des Mattathias, der war ein Sohn des Amos, der war ein Sohn Nahums, der war ein Sohn Heslis, der war ein Sohn
26 Naggais, der war ein Sohn Mahats, der war ein Sohn des Mattathias, der war ein Sohn Simeis, der war ein Sohn Jo-
27 sechs, der war ein Sohn Jodas, der war ein Sohn Johanans, der war ein Sohn Resas, der war ein Sohn Serubabels, der war ein Sohn Schealtiëls, der war
28 ein Sohn Neris, der war ein Sohn Melchis, der war ein Sohn Addis, der war ein Sohn Kosams, der war ein Sohn El-
29 madams, der war ein Sohn Gers, der war ein Sohn des Jesus, der war ein Sohn Eliësers, der war ein Sohn Jorims, der war ein Sohn Mattats, der war ein
30 Sohn Levis, der war ein Sohn Simeons, der war ein Sohn Judas, der war ein Sohn Josefs, der war ein Sohn Jonams,
31 der war ein Sohn Eljakims, der war ein Sohn Meleas, der war ein Sohn Mennas, der war ein Sohn Mattatas, der war ein Sohn [b]Natans, der war ein Sohn
32 Davids, der war ein Sohn [c]Isais, der war ein Sohn Obeds, der war ein Sohn des Boas, der war ein Sohn Salmons,
33 der war ein Sohn Nachschons, [d]der war ein Sohn Amminadabs, der war ein Sohn Admins, der war ein Sohn Arnis, der war ein Sohn Hezrons, der war ein Sohn des Perez, der war ein Sohn Ju-
34 das, der war ein Sohn Jakobs, der war ein Sohn Isaaks, der war ein Sohn Abrahams, der war ein Sohn Tarahs, der
35 war ein Sohn Nahors, der war ein Sohn Serugs, der war ein Sohn Regus, der war ein Sohn Pelegs, der war ein Sohn
36 Ebers, der war ein Sohn Schelachs, der war ein Sohn Kenans, der war ein Sohn Arpachschads, der war ein Sohn Sems, der war ein Sohn Noahs, der
37 war ein Sohn Lamechs, der war ein Sohn Metuschelachs, der war ein Sohn Henochs, der war ein Sohn Jareds, der war ein Sohn Mahalaleels,
38 der war ein Sohn Kenans, der war ein Sohn des Enosch, der war ein Sohn Sets, der war ein Sohn Adams, der war Gottes.

a Kap 4,22 *b* 2.Sam 5,14 *c* Rut 4,17-22
d *(33-38)* 1.Mose 5,1-32; 11,10-26; 21,2.3; 29,35

Jesu Versuchung

(Mt 4,1-11; Mk 1,12.13)

Jesus kehrte, mit heiligem Geist erfüllt, **4**
vom Jordan zurück und wurde vom
Geist in die Wüste geführt und vierzig 2
Tage lang vom Teufel versucht. Und er
aß nichts in diesen Tagen, und als sie zu
Ende waren, hatte er Hunger. Der 3
Teufel aber sagte zu ihm: Bist du Gottes Sohn, so sprich zu diesem Stein, daß
er Brot werden soll. Und Jesus antwor- 4
tete ihm: Es steht geschrieben (5. Mose
8,3): *»Der Mensch lebt nicht allein vom
Brot.«**

Und der Teufel führte ihn hoch hin- 5
auf und zeigte ihm alle Reiche der Welt
in einem Augenblick und sagte zu ihm: 6
Alle diese Macht will ich dir geben und
ihre Herrlichkeit; denn sie ist mir übergeben, und ich gebe sie, wem ich will.
Wenn du mich nun anbetest, so soll sie 7
dir ganz gehören. Jesus antwortete 8
ihm: Es steht geschrieben (5. Mose
6,13): *»Du sollst den Herrn, deinen Gott,
anbeten und ihm allein dienen.«*

Und er führte ihn nach Jerusalem 9
und stellte ihn auf die Zinne des Tempels und sagte zu ihm: Bist du Gottes
Sohn, so wirf dich von hier hinunter;
denn es steht geschrieben (Psalm
91,11.12): »Er wird seinen Engeln
deinetwegen befehlen, daß sie dich
beschützen. Und sie werden dich auf 11
den Händen tragen, damit du mit deinem Fuß nicht an einen Stein stößt.«
Jesus antwortete ihm: Es ist gesagt (5. 12
Mose 6,16): *»Du sollst den Herrn, deinen
Gott, nicht versuchen.«* Und [a]als der 13
Teufel alle Versuchungen beendet hatte, ließ er von ihm ab eine Zeitlang.

a Hebr 4,15
*Vers 4: In einer Reihe von Handschriften wird hinzugefügt: »sondern von jedem Wort Gottes« (vgl. Mt 4,4).

Jesu Predigt in Nazaret

(Mt 4,12-17; 13,53-58;
Mk 1,14.15; 6,1-6)

Und Jesus kam in der Kraft des Geistes 14
wieder nach Galiläa, und die Kunde
von ihm durchlief die ganze Gegend.
Und er lehrte in ihren Synagogen und 15
wurde von allen gepriesen.

Und er kam nach Nazaret, wo er auf- 16
gewachsen war, und ging nach seiner
Gewohnheit am Sabbat in die Synagoge und stand auf und wollte vorlesen.
Da wurde ihm das Buch des Propheten 17

Jesaja gereicht. Und als er das Buch
aufschlug, fand er die Stelle, wo ge-
18 schrieben steht (Jesaja 61,1.2): »*Der
Geist des Herrn ruht auf mir, weil er mich
gesalbt hat, den Armen das Evangelium
zu verkündigen; er hat mich gesandt,*
[a]*den Gefangenen zu verkünden, daß sie
frei sein sollen, und den Blinden, daß sie
sehen werden, und den Unterdrückten,*
19 *daß sie frei und ledig sein sollen, und da-
mit ein* [b]*Gnadenjahr des Herrn zu ver-*
20 *kündigen.*« Und als er das Buch zu-
machte, gab er's dem Diener und setzte
sich. Und alle Augen in der Synagoge
21 sahen auf ihn. Und er fing an, zu ihnen
zu reden, und sagte: Heute ist dies
Wort der Schrift vor euren Ohren er-
füllt.
22 Alle stimmten ihm zu und wunder-
ten sich, daß solche Worte der Gnade
aus seinem Munde kamen, und sagten:
23 [c]Ist das nicht Josefs Sohn? Und er sag-
te zu ihnen: Ihr werdet mir freilich dies
Sprichwort sagen: Arzt, hilf dir selber!
Tu auch hier in deiner Vaterstadt die
großen Taten, die du, wie wir gehört
24 haben, in Kapernaum getan hast. Er
aber fuhr fort: Wahrlich, ich sage euch:
[d]Kein Prophet gilt etwas in seinem Va-
25 terland. Aber wahrhaftig, ich sage
euch: Es waren viele Witwen in Israel
zur Zeit des Elia, als der Himmel drei
Jahre und sechs Monate verschlossen
war und eine große Hungersnot im
26 ganzen Lande herrschte, aber zu keiner
von ihnen wurde Elia gesandt, sondern
nur zu einer Witwe nach Sarepta im
27 Gebiet von Sidon.[e] Und viele Aussätzi-
ge gab es in Israel zur Zeit des Prophe-
ten Elisa, und keiner von ihnen wurde
geheilt, sondern nur [f]Naëman aus Syri-
28 en. Und als alle, die in der Synagoge
waren, das hörten, wurden sie sehr zor-
29 nig und standen auf, stießen ihn zur
Stadt hinaus und führten ihn an den
Abhang des Berges, auf dem ihre Stadt
gebaut war, um ihn hinabzustürzen.
30 Aber er schritt mitten durch sie hin-
durch und ging fort.

a Jes 42,7 *b* 3.Mose 25,10 *c* Kap 3,23
d Joh 4,44 *e* 1.Kön 17,1.9-24 *f* 2.Kön 5,1-14

Jesus in Kapernaum

(Mt 8,14-17; Mk 1,21-39)

31 Und er ging hinab nach [a]Kapernaum,
einer Stadt in Galiläa, und lehrte sie am
32 Sabbat. Und sie wunderten sich über
seine Lehre; denn [b]sein Wort geschah
33 in Vollmacht. Und in der Synagoge war
ein Mann, besessen von einem unrei-
nen Geist; der schrie laut: Halt, was 34
willst du von uns, Jesus von Nazaret?
Du bist gekommen, um uns zu vernich-
ten. Ich weiß, wer du bist: der Heilige
Gottes! Jesus aber herrschte ihn an: Sei 35
still und fahre aus von ihm! Und der
böse Geist warf ihn mitten unter sie,
fuhr von ihm aus und tat ihm dabei kei-
nen Schaden an. Und es kam eine 36
Furcht über sie alle, und sie sagten zu-
einander: Was ist das für ein Wort? Er
gebietet mit Vollmacht und Kraft den
unreinen Geistern, und sie fahren aus.
Und die Kunde von ihm durchlief alle 37
Orte dieser Gegend.
Und er machte sich auf aus der Syn- 38
agoge und kam in Simons Haus. Und
Simons Schwiegermutter hatte hohes
Fieber, und sie baten ihn für sie. Und 39
er trat zu ihr und herrschte das Fieber
an, und es verließ sie. Und sogleich
stand sie auf und diente ihnen. Und als 40
die Sonne untergegangen war, kamen
alle, die Kranke mit vielerlei Leiden
hatten, und brachten sie zu ihm. Und er
legte allen die Hände auf und machte
sie gesund. Von vielen fuhren auch die 41
bösen Geister aus und schrien: [c]Du
bist der Sohn Gottes! Und er herrschte
sie an und ließ nicht zu, daß sie redeten;
denn sie wußten, daß er der Christus
war.
Als es aber Tag wurde, ging er hinaus 42
an einen einsamen Ort; und das Volk
suchte ihn, und sie kamen zu ihm und
wollten ihn festhalten, damit er nicht
von ihnen fortginge. Er sagte aber zu 43
ihnen: Ich muß auch den andern Städ-
ten das Evangelium vom Reich Gottes
verkündigen; denn dazu bin ich ge-
sandt. Und er predigte in den Synago- 44
gen Judäas.[d]

a Mt 4,13; Joh 2,12 *b* Mt 7,28.29; Joh 7,46
c Mt 8,29; Mk 3,11.12 *d* Mt 4,23

Der Fischzug des Petrus

(Mt 4,18-22; Mk 1,16-20)

Als sich die Menge wieder einmal um 5
ihn drängte, um das Wort Gottes zu hö-
ren, stand er am See Gennesaret und 2
sah zwei Boote am Ufer liegen; die Fi-
scher aber waren ausgestiegen und wu-
schen ihre Netze. Da stieg er in eins von 3
den Booten, das Simon gehörte, und
bat ihn, ein wenig vom Ufer wegzufah-
ren. Und er setzte sich und lehrte die
Menge vom Boot aus. Und als er aufge- 4
hört hatte zu reden, sagte er zu Simon:
Fahre dahin, wo es tief ist, und [a]werft
eure Netze zum Fang aus! Und Simon 5

antwortete: Meister, wir haben die
ganze Nacht gearbeitet und nichts ge-
fangen; aber auf dein Wort hin will ich
6 die Netze auswerfen. Und als sie das ta-
ten, fingen sie eine große Menge Fi-
sche, und ihre Netze drohten zu zerrei-
7 ßen. Und sie winkten ihren Gefährten,
die im andern Boot waren, sie sollten
kommen und mit anfassen. Und sie ka-
men und füllten beide Boote voll, so
8 daß sie fast versanken. Als das Simon
Petrus sah, fiel er Jesus zu Füßen und
sagte: Herr, geh weg von mir! [b] Ich bin
9 ein sündiger Mensch. Denn ein
Schrecken über diesen Fang, den sie
gemacht hatten, war in ihn gefahren
10 und in alle, die bei ihm waren, ebenso
auch in Jakobus und Johannes, die
Söhne des Zebedäus, Simons Gefähr-
ten. Und Jesus sprach zu Simon:
Fürchte dich nicht! Von nun an wirst
11 du Menschen fangen. Und sie brachten
die Boote ans Land und verließen alles
und folgten ihm nach.

a Joh 21,6 *b* Kap 18,13

Die Heilung eines Aussätzigen

(Mt 8,1-4; Mk 1,40-45)

12 Und als er in einer Stadt war, siehe, da
war ein Mann voller Aussatz. Als der
Jesus sah, warf er sich nieder und bat
ihn: Herr, wenn du willst, so kannst du
13 mich reinigen. Und er streckte die
Hand aus und rührte ihn an und sagte:
Ich will's tun, sei rein! Und sogleich
14 verschwand der Aussatz. Und er gebot
ihm, daß er's niemand sagen sollte.
[a] Geh aber hin und zeige dich dem Prie-
ster und bringe das Reinigungsopfer
dar, wie Mose geboten hat, ihnen zum
15 Zeugnis. Aber die Kunde von ihm brei-
tete sich immer weiter aus, und es kam
eine große Menge zusammen, um ihn
zu hören und von ihren Krankheiten
16 geheilt zu werden. Er aber hielt sich in
einsamen Gegenden verborgen und be-
tete.[b]

a 3.Mose 14,2-32 *b* Mk 1,35

Die Heilung eines Gelähmten

(Mt 9,1-8; Mk 2,1-12)

17 Als er eines Tages lehrte, saßen auch
Pharisäer und Schriftgelehrte dabei,
die aus allen Orten in Galiläa und Judäa
und aus Jerusalem gekommen waren.
Und die Kraft des Herrn war mit ihm,
18 so daß er heilen konnte. Und siehe,
einige Männer brachten einen Men-
schen auf einer Trage; der war ge-
lähmt. Und sie versuchten, ihn hinein-
zubringen und vor ihn hinzulegen.
Und weil sie wegen der Menge keinen 19
Zugang fanden, stiegen sie auf das
Dach, deckten einige Ziegel ab und lie-
ßen ihn mit der Trage hinunter mitten
vor Jesus. Und als er ihren Glauben 20
sah, sagte er: *Freund, deine Sünden sind
dir vergeben.* Und die Schriftgelehrten 21
und Pharisäer fingen an, sich zu fragen:
Wer ist der, daß er Gotteslästerungen
ausspricht? [a] Wer kann Sünden verge-
ben als Gott allein? Als aber Jesus ihre 22
Gedanken merkte, sagte er zu ihnen:
Was denkt ihr in euren Herzen? Was ist 23
leichter? zu sagen: Dir sind deine Sün-
den vergeben –, oder zu sagen: Steh auf
und geh! [b] Damit ihr aber wißt, daß der 24
Menschensohn Vollmacht hat, auf Er-
den die Sünden zu vergeben – sagte er
zu dem Gelähmten: Ich sage dir, steh
auf, nimm deine Trage und geh heim!
Und sogleich stand er vor ihren Augen 25
auf, nahm die Trage, auf der er gelegen
hatte, und ging heim und pries Gott.
Und sie entsetzten sich alle und priesen 26
Gott und wurden von Furcht erfüllt
und sagten: Wir haben heute wunder-
bare Dinge gesehen.

a Kap 7,49; Ps 130,4; Jes 43,25 *b* Joh 5,36

Die Berufung des Levi

(Mt 9,9-13; Mk 2,13-17)

Danach ging er hinaus und sah einen 27
Zöllner mit Namen Levi am Zoll sitzen
und sagte zu ihm: Folge mir nach! Und 28
er verließ alles, stand auf und folgte ihm
nach. Und Levi bereitete ihm ein gro- 29
ßes Mahl in seinem Haus, und [a] viele
Zöllner und andre saßen mit ihm zu
Tisch. Und die Pharisäer und ihre 30
Schriftgelehrten murrten und sagten
zu seinen Jüngern: Warum eßt und
trinkt ihr mit den Zöllnern und Sün-
dern? Und Jesus antwortete ihnen: *Die* 31
*Gesunden brauchen keinen Arzt, sondern
die Kranken. Ich bin gekommen, die Sün-* 32
*der zur Umkehr zu rufen und nicht die
Gerechten.*

a Kap 15,1

Vom Fasten

(Mt 9,14-17; Mk 2,18-22)

Sie aber sagten zu ihm: Die Jünger des 33
Johannes fasten und beten oft, ebenso
die Jünger der Pharisäer; aber deine
Jünger essen und trinken. Jesus aber 34
sagte zu ihnen: Ihr könnt die Hoch-
zeitsgäste nicht fasten lassen, solange
der Bräutigam bei ihnen ist. Es wird 35
aber die Zeit kommen, daß der Bräuti-

gam ihnen genommen ist; dann werden
36 sie in jenen Tagen fasten. Und er sagte
zu ihnen ein Gleichnis: Niemand
schneidet einen Lappen von einem
neuen Kleid ab und flickt mit ihm ein
altes Kleid; sonst hätte er das neue zer-
schnitten, und der Lappen vom neuen
37 würde nicht auf das alte passen. Und
niemand füllt jungen Wein in alte
Schläuche; sonst zerreißt der junge
Wein die Schläuche und wird verschüt-
tet, und die Schläuche sind unbrauch-
38 bar. Sondern den jungen Wein soll man
39 in neue Schläuche füllen. Und nie-
mand, der vom alten Wein trinkt, will
jungen; denn er sagt: Der alte ist mil-
der.

Jesus und der Sabbat

(Mt 12,1-14; Mk 2,23-3,6)

6 [a]An einem Sabbat ging er durch ein
Kornfeld, und seine Jünger rauften
Ähren aus und zerrieben sie mit den
2 Händen und aßen. Aber einige Phari-
säer sagten: Warum tut ihr, was am
3 Sabbat nicht erlaubt ist? Und Jesus
antwortete ihnen: Habt ihr nicht das
gelesen, [b]was David tat, als er Hunger
4 hatte und die, die bei ihm waren? wie
er in das Haus Gottes ging und die
Schaubrote nahm und aß, [c]die doch
niemand essen durfte als nur die Prie-
ster, und wie er sie auch denen gab, die
5 bei ihm waren? Und er sagte zu ihnen:
Der Menschensohn ist Herr über den
Sabbat.
6 An einem andern Sabbat ging er in
die Synagoge und lehrte. Und dort war
ein Mann, dessen rechte Hand war ab-
7 gestorben. Aber die Schriftgelehrten
und Pharisäer lauerten darauf, ob er
auch am Sabbat heilen würde, damit sie
einen Grund zur Anklage gegen ihn
8 fänden. Er aber kannte ihre Gedanken
und sagte zu dem Mann mit der abge-
storbenen Hand: Steh auf und tritt vor!
9 Und er stand auf und trat vor. Da sagte
Jesus zu ihnen: Ich frage euch: Soll
man am Sabbat Gutes tun oder Böses,
10 Leben erhalten oder vernichten? Und
er sah sie alle umher an und sagte zu
ihm: Strecke deine Hand aus! Und er
tat's; da wurde seine Hand wieder ge-
11 sund. Ihr Sinn aber wurde ganz ver-
blendet, und sie beredeten sich mitein-
ander, was sie Jesus antun könnten.

a (1-11) Kap 13,10-17; 14,1-6 *b* 1.Sam 21,7
c 3.Mose 24,9

Die Berufung der zwölf Apostel

(Mt 4,23-5,1; Mk 3,13-19)

Aber in dieser Zeit ging er auf einen 12
Berg, um zu beten; und er blieb die
ganze Nacht über im Gebet zu Gott.[a]
[b]Und als es Tag wurde, rief er seine 13
Jünger und erwählte zwölf von ihnen,
die er auch Apostel nannte: Simon, den 14
er auch Petrus nannte, und seinen Bru-
der Andreas; Jakobus und Johannes;
Philippus und Bartholomäus; Mat- 15
thäus und Thomas; Jakobus, den Sohn
des Alphäus, und Simon, genannt der
Zelot; Judas, den Sohn des Jakobus, 16
und Judas Iskariot, der zum Verräter
wurde.

a Mk 1,35 *b (13-16)* Mt 10,2-4; Apg 1,13

Die Predigt auf dem Felde

(Verse 17-49)

Und er ging mit ihnen hinab und stellte 17
sich auf ein Feld. Und um ihn war eine
große Schar seiner Jünger und eine
große Volksmenge aus ganz Judäa und
Jerusalem und aus dem Küstengebiet
von Tyrus und Sidon, die gekommen 18
war, um ihn zu hören und von ihren
Krankheiten geheilt zu werden; und
alle, die von unreinen Geistern umge-
trieben waren, wurden gesund. Und in 19
der Menge versuchte jeder, ihn anzu-
rühren; denn es ging Kraft von ihm
aus, und er heilte sie alle.

Seligpreisungen

(Mt 5,3-12)

Und er blickte auf seine Jünger und 20
sprach:

[a] *Selig seid ihr Armen; denn das Reich
Gottes gehört euch.*
Selig seid ihr, die ihr jetzt hungert; 21
denn ihr sollt satt werden.
*Selig seid ihr, die ihr jetzt weint; denn
ihr werdet lachen.*[b]
Selig seid ihr, wenn euch die Menschen 22
*hassen und euch ausstoßen und beschimp-
fen und euren Namen ächten um des Men-
schensohnes willen.*[c] Freut euch an je- 23
nem Tage und jubelt; denn siehe, es
wird euch im Himmel reichlich belohnt
werden. Denn das gleiche haben ihre
Väter den Propheten angetan.

a Jak 2,5 *b* Offb 7,16.17 *c* Joh 15,18.19

Weherufe

Aber dagegen: 24
Weh euch Reichen! Denn ihr habt
euren Trost schon empfangen.[a]

25 Weh euch, die ihr jetzt satt seid!
Denn ihr werdet hungern.
Weh euch, die ihr jetzt lacht! Denn
ihr werdet weinen und klagen.
26 Weh euch, wenn alle Leute euch loben! Denn das gleiche haben ihre Väter mit den falschen Propheten getan.

a Mt 19,23; Jak 5,1

Von der Feindesliebe

(Mt 5,39-48)

27 Aber ich sage euch, die ihr zuhört:
Liebt eure Feinde; tut denen Gutes, die
28 *euch hassen; [a] segnet die, die euch verfluchen; bittet für die, die euch mißhandeln.*
29 Und wer dich auf die eine Backe
schlägt, dem halte auch die andere hin;
und wer dir den Mantel wegnimmt,
dem verweigere auch den Rock nicht.
30 Wer dich bittet, dem gib; und wer dir
das Deine wegnimmt, von dem fordere
31 es nicht zurück. *Was ihr wollt, daß euch*
die Leute tun sollen, das tut ihnen auch! [b]
32 Wenn ihr die liebt, die euch lieben, wel-
chen Dank habt ihr dafür zu erwarten?
Denn auch die Sünder lieben ihre
33 Freunde. Wenn ihr euren Wohltätern
Gutes tut, welchen Dank habt ihr dafür
zu erwarten? Denn die Sünder tun das
34 auch. Wenn ihr denen leiht, von denen
ihr es wiederzubekommen hofft, wel-
chen Dank habt ihr dafür zu erwarten?
Auch die Sünder leihen den Sündern,
um das Gleiche wiederzubekommen. [c]
35 Liebt vielmehr eure Feinde; tut Gutes
und leiht, wo ihr nichts dafür zu bekommen hofft. Dann werdet ihr reichlich belohnt werden und Kinder des Allerhöchsten sein; denn er ist gütig gegen die Undankbaren und Bösen.

a 1.Kor 4,12 *b* Mt 7,12 *c* 5.Mose 15,7.8

Von der Stellung zum Nächsten

(Mt 7,1-5)

36 *Seid barmherzig, wie auch euer Vater*
37 *barmherzig ist.* Und richtet nicht, so
werdet ihr auch nicht gerichtet. Verurteilt nicht, so werdet ihr nicht verurteilt. Laßt eure Schuldner frei, so werdet auch ihr freigelassen werden. [a]
38 Gebt, so wird euch gegeben. Ein volles, gedrücktes, gerütteltes und überfließendes Maß wird man euch in den Schoß schütten; denn [b] mit dem Maß, mit dem ihr meßt, wird man euch wieder messen.
39 Er sagte ihnen aber auch ein Gleich-
nis: Kann etwa ein Blinder einen Blin-
den leiten? Werden sie nicht alle beide
40 in die Grube fallen? [c] Der Jünger steht
nicht über dem Lehrer; wenn er ganz ausgelernt hat, wird er wie sein Lehrer sein. [d]
Was siehst du aber den Splitter im 41
Auge deines Bruders und nimmst nicht
den Balken in deinem Auge wahr? Wie 42
kannst du zu deinem Bruder sagen: Halt still, Bruder, ich will dir den Splitter aus deinem Auge ziehen! – und siehst selbst nicht den Balken in deinem Auge? Du Heuchler, zieh zuerst den Balken aus deinem Auge und sieh dann zu, wie du den Splitter aus dem Auge deines Bruders ziehst!

a Mt 6,14 *b* Mk 4,24 *c* Mt 15,14 *d* Mt 10,24.25; Joh 15,20

Vom Baum und seinen Früchten

(Mt 12,33-35)

[a] Denn es gibt keinen guten Baum, der 43
schlechte Früchte trägt, und ebenso
keinen faulen Baum, der gute Früchte
trägt. Denn jeden Baum erkennt man 44
an seiner Frucht. Man pflückt ja nicht
Feigen von den Dornen und liest nicht
Trauben vom Gestrüpp. Ein guter 45
Mensch bringt aus dem guten Schatz seines Herzens Gutes hervor; und ein böser aus dem bösen Schatz Böses. Denn wovon das Herz voll ist, davon fließt der Mund über.
Was nennt ihr mich aber »Herr, 46
Herr« und tut nicht, was ich euch sage? [b]

a (43 und 44) Mt 7,16-18 *b* Mal 1,6; Mt 7,21

Vom Hausbau

(Mt 7,24-27)

Wer zu mir kommt und meine Rede 47
hört und sie tut – ich will euch zeigen,
wem der gleicht. Er gleicht einem 48
Mann, der ein Haus baute und tief grub und den Grund auf Fels legte. Als aber eine Überschwemmung kam, brandeten die Fluten gegen das Haus, doch sie konnten es nicht erschüttern; denn es
war gut gebaut. Wer aber meine Rede 49
hört und sie nicht tut, der gleicht einem Mann, der ein Haus ohne Grundmauer auf die Erde baute; und die Fluten brandeten dagegen, und es fiel gleich zusammen, und sein Einsturz war gewaltig.

Der Hauptmann von Kapernaum

(Mt 8,5-13; Joh 4,46-53)

Nachdem Jesus seine Rede vor dem 7
Volk beendet hatte, ging er nach Ka-
pernaum. Da hatte ein Hauptmann 2
einen Sklaven, der ihm lieb und wert

3 war; der lag todkrank danieder. Als er
aber von Jesus hörte, sandte er die Ältesten der Juden zu ihm und bat ihn, zu
kommen und seinen Sklaven gesund zu
4 machen. Als sie zu Jesus kamen, baten
sie ihn dringend und sagten: Er ist es
wert, daß du ihm seine Bitte erfüllst;
5 denn er hat unser Volk lieb, und die
Synagoge hat dieser Mann für uns er-
6 baut. Da ging Jesus mit ihnen. Als er
aber nicht mehr weit vom Haus entfernt war, sandte der Hauptmann
Freunde zu ihm und ließ sagen: Ach
Herr, bemühe dich nicht; ich bin nicht
wert, daß du unter mein Dach gehst;
7 darum habe ich auch mich selbst nicht
für würdig geachtet, zu dir zu kommen;
sondern sprich nur ein Wort, so wird
8 mein Diener gesund. Denn auch ich
bin ein Mensch, der einer Macht untersteht, und habe Soldaten unter mir;
und wenn ich zu einem sage: Geh hin!,
so geht er; und zu einem andern:
Komm her!, so kommt er; und zu meinem Sklaven: Tu das!, so tut er's. Als
9 Jesus das hörte, wunderte er sich über
ihn, wandte sich um und sagte zu der
Menge, die ihm folgte: Ich sage euch:
Solchen Glauben habe ich in ganz Is-
10 rael nicht gefunden. Und als die Boten
wieder nach Hause kamen, fanden sie
den Sklaven gesund.

Die Totenerweckung in Nain

11 Danach ging er in eine Stadt mit Namen Nain; und seine Jünger und viele
12 Menschen gingen mit ihm. Als er aber
in die Nähe des Stadttors kam, siehe, da
trug man einen Toten heraus, den einzigen Sohn seiner Mutter, und sie war
eine Witwe; und eine zahlreiche Menge
13 aus der Stadt ging mit ihr. Als sie der
Herr sah, ergriff ihn Erbarmen mit ihr,
14 und er sagte zu ihr: Weine nicht! Und
er trat heran und berührte den Sarg,
und die Träger blieben stehen. Und er
sprach zu dem Sohn: [a] Ich sage dir, steh
15 auf! Da richtete sich der Tote auf und
fing an zu reden, und [b] Jesus gab ihn
16 seiner Mutter. Und Furcht ergriff sie
alle, und sie priesen Gott und sagten:
[c] Es ist ein großer Prophet unter uns
aufgetreten, und: [d] Gott hat sein Volk
17 besucht. Und die Kunde von ihm
durchlief ganz Judäa und die gesamte
Umgebung.

a Mk 5,41 *b* 1.Kön 17,23; 2.Kön 4,36
c Mt 16,14 *d* Kap 1,68

Die Anfrage des Täufers

(Mt 11,2-6)

Die Jünger des Johannes berichteten 18
ihm das alles. Da rief Johannes zwei seiner Jünger zu sich und sandte sie zum 19
Herrn und ließ ihn fragen: Bist du es,
der kommen soll, oder sollen wir auf
einen andern warten? Als die Männer 20
zu ihm kamen, sagten sie: Johannes der
Täufer hat uns zu dir gesandt und läßt
dich fragen: Bist du es, der kommen
soll, oder sollen wir auf einen andern
warten? Zu der Zeit machte Jesus viele 21
von Krankheiten, Plagen und bösen
Geistern gesund, und vielen Blinden
schenkte er das Augenlicht. Und Jesus 22
antwortete ihnen: Geht und berichtet
Johannes, was ihr gesehen und gehört
habt: Blinde sehen, Lahme gehen,
Aussätzige werden rein, Taube hören,
Tote stehen auf, Armen wird das Evangelium gepredigt; und *selig ist, wer nicht* 23
an mir irre wird.

Jesu Zeugnis über den Täufer

(Mt 11,7-19)

Als die Boten des Johannes fortgingen, 24
fing Jesus an, zu dem Volk über Johannes zu reden: Was wolltet ihr sehen, als
ihr in die Wüste hinausgegangen seid?
Wolltet ihr ein Schilfrohr sehen, das im
Wind hin und her schwankt? Oder was 25
wolltet ihr sehen, als ihr hinausgegangen seid? Wolltet ihr einen Menschen
in weichen Kleidern sehen? Seht, die
herrliche Kleider tragen und üppig leben, die sind an den königlichen Höfen.
Oder was wolltet ihr sehen, als ihr hin- 26
ausgegangen seid? Einen Propheten?
Ja, ich sage euch: Er ist mehr als ein
Prophet.[a] Er ist's, über den geschrie- 27
ben steht (Maleachi 3,1): »Siehe, ich
sende meinen Boten vor dir her, der
deinen Weg vor dir bereiten soll.« Ich 28
sage euch, daß unter denen, die von
einer Frau geboren sind, keiner [b] größer
ist als Johannes; aber der Kleinste im
Reich Gottes ist größer als er. Und alle 29
Leute, die ihn hörten, und [c] die Zöllner
gaben Gott recht und ließen sich mit
der Taufe des Johannes taufen. Aber 30
[d] die Pharisäer und Schriftgelehrten
verwarfen, was Gott ihnen zugedacht
hatte, und ließen sich nicht von ihm
taufen.

Mit wem soll ich die Menschen 31
dieses Geschlechts vergleichen, und
wem sind sie gleich? Sie sind den Kin- 32
dern gleich, die auf dem Marktplatz sit-

zen und einander zurufen: Wir haben
euch aufgespielt, doch ihr habt nicht
getanzt; wir haben Klagelieder gesun-
33 gen, doch ihr habt nicht geweint. Denn
Johannes der Täufer ist gekommen und
[e]aß kein Brot und trank keinen Wein;
so sagt ihr: Er ist vom Teufel besessen.
34 Der Menschensohn ist gekommen, ißt
und trinkt; so sagt ihr: Siehe, was ist
dieser Mensch für ein Fresser und
Weinsäufer, [f]ein Freund von Zöllnern
35 und Sündern! Und doch ist die Weis-
heit gerechtfertigt worden von allen
ihren Kindern.[g]

a Kap 1,76 *b* Kap 1,15 *c* Kap 3,7.12; Mt 21,32
d Apg 13,46 *e* Mt 3,4 *f* Kap 15,2
g 1.Kor 1,24-30

Jesu Salbung durch die Sünderin

36 Es bat ihn aber ein Pharisäer, bei ihm
zu essen. Und er ging in das Haus des
Pharisäers und setzte sich zu Tisch.[a]
37 Und siehe, in der Stadt war eine Frau,
die war eine Sünderin. Als die erfuhr,
daß er im Haus des Pharisäers zu Tisch
saß, [b]brachte sie ein Fläschchen mit
38 Salböl, trat von hinten an ihn heran,
weinte und fing an, seine Füße mit
ihren Tränen zu benetzen und mit den
Haaren ihres Hauptes zu trocknen, und
küßte seine Füße und salbte sie mit
39 Salböl. Als das der Pharisäer, der ihn
eingeladen hatte, sah, dachte er bei
sich: Wenn dieser ein Prophet wäre, so
wüßte er, wer und was für eine Frau das
ist, die ihn anrührt; denn sie ist eine
40 Sünderin. Da wandte sich Jesus zu ihm
und sagte: Simon, ich habe dir etwas zu
sagen. Er antwortete: Meister, sprich!
41 Ein Gläubiger hatte zwei Schuldner.
Einer war fünfhundert Silbergroschen
42 schuldig, der andere fünfzig. Da sie es
nicht bezahlen konnten, schenkte er's
beiden. Wer von beiden wird ihn nun
43 am meisten lieben? Simon antwortete:
Ich denke, der, dem er am meisten ge-
schenkt hat. Er aber sagte zu ihm: Du
44 hast richtig entschieden. Und er wand-
te sich zu der Frau und sagte zu Simon:
Siehst du diese Frau? Ich bin in dein
Haus gekommen; [c]du hast mir kein
Wasser für meine Füße gegeben; diese
aber hat meine Füße mit Tränen be-
netzt und mit ihren Haaren getrocknet.
45 Du [d]hast mir keinen Kuß gegeben;
diese aber hat, seitdem ich hereinge-
kommen bin, nicht aufgehört, meine
46 Füße zu küssen. Du hast mein Haupt
nicht mit Öl gesalbt; sie aber hat meine
47 Füße mit Salböl gesalbt. Deswegen
sage ich dir: *Ihre vielen Sünden sind ver-*
geben, denn sie hat viel Liebe erwiesen;
wem aber wenig vergeben wird, der liebt
wenig. Und er sprach zu ihr: Dir sind 48
deine Sünden vergeben. Da dachten 49
die, die mit bei Tisch saßen, bei sich:
Wer ist dieser, [e]der sogar die Sünden
vergibt? Er aber sagte zu der Frau: 50
[f]*Dein Glaube hat dir geholfen; geh hin*
mit Frieden!

a Kap 11,37 *b* Mk 14,3 *c* 1.Mose 18,4
d Röm 16,16 *e* Kap 5,21 *f* Kap 8,48; 17,19; 18,42

Jüngerinnen Jesu

Danach zog er durch Städte und Dörfer 8
und predigte und verkündigte das
Evangelium vom Reich Gottes; und die
Zwölf waren mit ihm, dazu einige 2
Frauen, die er von bösen Geistern und
Krankheiten gesund gemacht hatte,
nämlich [a]Maria, genannt die Magdale-
nerin, von der sieben böse Geister aus-
gefahren waren, und Johanna, die Frau 3
des Chusa, eines Verwalters des Hero-
des, und Susanna und [b]viele andre, die
mit dem, was sie besaßen, zum Unter-
halt Jesu und seiner Jünger beitrugen.

a Joh 20,1.11-18 *b* Mk 15,40.41

Vom Sämann

(Mt 13,1-23; Mk 4,1-20)

Als nun eine große Menge zusammen 4
war und die Leute aus den Städten zu
ihm kamen, redete er in einem Gleich-
nis: Es ging ein Sämann aus, um seinen 5
Samen zu säen. Und beim Säen fiel ein
Teil auf den Weg und wurde zertreten,
und die Vögel unter dem Himmel fra-
ßen's auf. Und ein Teil fiel auf Fels; 6
und als es aufging, verdorrte es, weil es
an Feuchtigkeit fehlte. Und ein Teil fiel 7
mitten unter die Dornen; und die Dor-
nen gingen mit auf und erstickten's.
Und ein Teil fiel auf gutes Land; und 8
es ging auf und trug hundertfach
Frucht. Als er das sagte, rief er: Wer
Ohren hat, zu hören, der höre!

Aber seine Jünger fragten ihn, was 9
dies Gleichnis bedeuten sollte. Er aber 10
sagte: Euch ist's gegeben, die Geheim-
nisse des Reiches Gottes zu verstehen,
den andern aber in Gleichnissen, [a]da-
mit sie es nicht sehen, auch wenn sie es
sehen, und nicht verstehen, auch wenn
sie es hören.

Das Gleichnis aber soll dies bedeu- 11
ten: Der Same ist das Wort Gottes. Die 12
auf dem Weg sind die, die es hören; da-
nach kommt der Teufel und nimmt das
Wort aus ihrem Herzen, damit sie nicht

13 glauben und gerettet werden. Die aber
auf dem Fels sind die: wenn sie es hö-
ren, nehmen sie das Wort mit Freuden
an. Doch sie haben keine Wurzel; eine
Zeitlang glauben sie, und zur Zeit der
14 Anfechtung fallen sie ab. Was aber un-
ter die Dornen gefallen ist, sind die, die
es hören, dann gehen sie hin und erstik-
ken unter den Sorgen, dem Reichtum
und den Freuden des Lebens und brin-
15 gen keine Frucht. *Das aber auf dem gu-*
ten Land, das sind die, die das Wort hören
und [b]*in einem guten und reinen Herzen*
bewahren und Frucht bringen in Geduld.

a Jes 6,9.10 *b* Apg 16,14

Vom Licht und vom rechten Hören

(Mk 4,21-25)

16 Niemand zündet ein Licht an und be-
deckt es mit einem Gefäß oder setzt es
unter eine Bank; sondern er setzt es auf
einen Leuchter, damit jeder, der hin-
17 eingeht, das Licht sieht.[a] Denn nichts
ist verborgen, was nicht offenbar wer-
den wird, auch nichts geheim, was
nicht bekannt werden und an den Tag
kommen wird.[b]
18 So achtet nun darauf, wie ihr zuhört;
denn [c]wer etwas hat, dem wird noch
mehr gegeben werden; wer aber nichts
hat, dem wird auch das genommen
werden, was er zu haben meint.

a Mt 5,15 *b* Mt 10,26; 1.Kor 4,5 *c* Mt 25,29

Jesu wahre Verwandte

(Mt 12,46-50; Mk 3,31-35)

19 Seine Mutter und seine Brüder wollten
zu ihm und konnten wegen der Menge
20 nicht zu ihm kommen. Da wurde ihm
gesagt: Deine Mutter und deine Brü-
der stehen draußen und wollen dich se-
21 hen. Er aber antwortete ihnen: Meine
Mutter und meine Brüder sind alle, die
Gottes Wort hören und tun.

Die Stillung des Sturms

(Mt 8,23-27; Mk 4,35-41)

22 Eines Tages stieg er mit seinen Jüngern
in ein Boot; und er sagte zu ihnen: Laßt
uns über den See fahren. Und sie stie-
23 ßen vom Lande. Während sie fuhren,
schlief er ein. Und es kam ein Wirbel-
wind über den See, und die Wellen
schlugen herein, und sie waren in gro-
24 ßer Gefahr. Da traten sie zu ihm, weck-
ten ihn auf und sagten: Meister, Mei-
ster, wir verderben! Da stand er auf
und herrschte den Wind und die Was-
serwogen an, und sie legten sich, und es
25 entstand eine Stille. Er sagte aber zu
ihnen: Wo ist euer Glaube? Sie aber
fürchteten sich und wunderten sich
und sagten zueinander: Wer ist dieser?
Selbst dem Wind und dem Wasser ge-
bietet er, und sie sind ihm gehorsam.

Die Heilung des besessenen Geraseners

(Mt 8,28-34; Mk 5,1-20)

Und sie fuhren weiter in das Gebiet der 26
Gerasener, das Galiläa gegenüberliegt.
Und als er ans Land trat, begegnete 27
ihm ein Mann aus der Stadt, der hatte
böse Geister; er trug seit langer Zeit
keine Kleider mehr und blieb in keinem
Hause, sondern in den Grabhöhlen. Als 28
er Jesus sah, schrie er auf, fiel vor ihm
nieder und rief laut: Was willst du von
mir, Jesus, du Sohn Gottes des Aller-
höchsten? Ich bitte dich: Quäle mich
nicht! Denn er hatte dem unreinen 29
Geist geboten, aus dem Menschen aus-
zufahren. Denn der hatte ihn lange Zeit
geplagt; er wurde mit Ketten und Fes-
seln gebunden und gefangen gehalten,
doch er zerriß seine Fesseln und wurde
von dem bösen Geist in die Einöde ge-
trieben. Und Jesus fragte ihn: Wie 30
heißt du? Er antwortete: Legion. Denn
es waren viele böse Geister in ihn ge-
fahren. Und sie baten ihn, daß er ihnen 31
nicht gebiete, in den Abgrund zu fah-
ren. Es war aber dort auf dem Berg eine 32
große Herde Schweine auf der Weide.
Und sie baten ihn, er möchte ihnen er-
lauben, in die Schweine zu fahren. Und
er erlaubte es ihnen. Da fuhren die bö- 33
sen Geister von dem Menschen aus und
fuhren in die Schweine; und die Herde
stürzte sich den Abhang hinunter in
den See und ersoff. Als die Hirten sa- 34
hen, was da geschah, flohen sie und ver-
kündeten es in der Stadt und auf dem
Lande. Da gingen die Leute hinaus, um 35
zu sehen, was geschehen war, und ka-
men zu Jesus und fanden den Men-
schen, von dem die bösen Geister aus-
gefahren waren, wie er zu den Füßen
Jesu saß, bekleidet und vernünftig, und
sie erschraken. Und die es mit angese- 36
hen hatten, sagten ihnen, wie der Be-
sessene gesund geworden war. Und die 37
ganze Menge aus dem Gebiet der Gera-
sener bat ihn, von ihnen fortzugehen;
denn es hatte sie große Furcht befallen.
Und er stieg ins Boot und kehrte zu-
rück. Aber der Mann, von dem die bö- 38
sen Geister ausgefahren waren, bat ihn,
bei ihm bleiben zu dürfen. Aber Jesus
entließ ihn und sagte: Geh wieder heim 39

und erzähle, was Gott an dir Großes ge-
tan hat. Und er ging hin und verkünde-
te überall in der Stadt, was Jesus an ihm
Großes getan hatte.

Die Heilung der blutflüssigen Frau und die Auferweckung der Tochter des Jaïrus

(Mt 9,18-26; Mk 5,21-43)

40 Als Jesus zurückkam, nahm ihn das
Volk auf; denn sie warteten alle auf ihn.
41 Und siehe, da kam ein Mann mit Na-
men Jaïrus, ein Vorsteher der Synago-
ge, fiel Jesus zu Füßen und bat ihn, in
42 sein Haus zu kommen; denn er hatte
eine einzige Tochter von etwa zwölf
Jahren, die lag in den letzten Zügen.
Und als er hinging, drängte sich das
Volk um ihn.
43 Und eine Frau hatte seit zwölf Jah-
ren den Blutfluß; die [hatte ihren gan-
zen Besitz für die Ärzte aufgewandt
und]* konnte von keinem geheilt wer-
44 den. Die trat von hinten an ihn heran
und berührte den Saum seines Gewan-
des; und sogleich hörte ihr Blutfluß
45 auf. Und Jesus fragte: Wer hat mich
angerührt? Als es aber alle abstritten,
sagte Petrus: Meister, das Volk um-
46 ringt und bedrängt dich. Jesus aber
sagte: Es hat mich jemand angerührt;
denn ich habe gespürt, wie eine Kraft
47 von mir ausgegangen ist. Als aber die
Frau sah, daß sie nicht verborgen blei-
ben konnte, kam sie mit Zittern, fiel vor
ihm nieder und verkündete vor allen
Leuten, warum sie ihn angerührt hatte,
und wie sie sogleich gesund geworden
48 war. Er aber sagte zu ihr: Meine Toch-
ter, [a]dein Glaube hat dir geholfen. Geh
hin mit Frieden!
49 Als er noch so redete, kam einer von
den Leuten des Synagogenvorstehers
und sagte: Deine Tochter ist gestor-
ben; bemühe den Meister nicht mehr.
50 Als aber Jesus das hörte, sagte er zu
ihm: Fürchte dich nicht; glaube nur, so
51 wird sie gerettet werden! Als er aber zu
dem Haus kam, ließ er niemand mit
hineingehen [b]außer Petrus, Johannes
und Jakobus und dem Vater und der
52 Mutter des Kindes. Sie weinten aber
alle und klagten um sie. Er aber sagte:
[c]Weint nicht! Sie ist nicht gestorben,
53 sondern sie schläft. Doch sie verlachten
ihn, denn sie wußten sehr wohl, daß sie
54 gestorben war. Er aber nahm sie bei der
55 Hand und rief: Kind, steh auf! Da kam
ihr Geist wieder, und sie stand sogleich
auf. Und er befahl, man sollte ihr zu es-
sen geben. Und ihre Eltern entsetzten 56
sich. [d]Er aber gebot ihnen, niemand zu
sagen, was geschehen war.

a Kap 7,50 *b* Mt 17,1 *c* Kap 7,13 *d* Kap 5,14; Mk 7,36

*Vers 43: Der eingeklammerte Versteil findet sich in einigen alten Textzeugen nicht.

Die Aussendung der zwölf Jünger

(Mt 10,1-14; Mk 6,7-13)

[a]Er rief aber die Zwölf zusammen und **9**
gab ihnen Gewalt und Macht über alle
bösen Geister, auch daß sie Krankhei-
ten heilen konnten, und sandte sie aus, 2
das Reich Gottes zu predigen und die
Kranken zu heilen. Und er sagte zu 3
ihnen: Ihr sollt nichts mit auf den Weg
nehmen, weder Stab noch Tasche noch
Brot noch Geld; es soll auch keiner
zwei Hemden haben. Und wenn ihr in 4
ein Haus geht, dann bleibt dort, bis ihr
weiterzieht. Und wenn sie euch nicht 5
aufnehmen, dann geht aus dieser Stadt
fort und schüttelt den Staub von euren
Füßen zum Zeugnis gegen sie. Und sie 6
zogen aus und gingen von Dorf zu
Dorf, predigten das Evangelium und
machten überall Kranke gesund.

a (1-6) Kap 10,1-12

Herodes und Jesus

(Mt 14,1.2; Mk 6,14-16)

Es kam aber dem Landesfürsten He- 7
rodes alles, was geschah, zu Ohren; und
er machte sich Sorgen, weil einige sag-
ten: Johannes ist von den Toten aufer-
standen; andere aber: Elia ist erschie- 8
nen; wieder andere: Einer von den al-
ten Propheten ist auferstanden. Aber 9
Herodes sagte: Johannes, den habe ich
enthauptet; wer ist aber der, über den
ich solche Dinge höre? Und [a]er wollte
ihn sehen.

a Kap 23,8

Die Speisung der Fünftausend

(Mt 14,13-21; Mk 6,31-44; Joh 6,1-13)

Die Apostel kamen zurück und erzähl- 10
ten Jesus, was sie getan hatten. Und er
nahm sie zu sich und zog sich mit ihnen
allein in eine Stadt zurück, die Betsaida
heißt. Als die Menge das merkte, zog 11
sie ihm nach. Und er ließ sie zu sich und
sprach zu ihnen vom Reich Gottes und
machte alle gesund, die es nötig hatten.
Aber der Tag fing an, sich zu neigen. 12
Da traten die Zwölf zu ihm und sag-
ten: Entlaß die Menge, damit sie in die
Dörfer und Gehöfte ringsum gehen
und dort Unterkunft und Essen finden;
denn hier sind wir in der Einöde. Er 13

aber sagte zu ihnen: Gebt ihr ihnen zu
essen. Sie antworteten: Wir haben
nicht mehr als fünf Brote und zwei Fi-
sche – wenn wir nicht gehen und für
14 alle diese Leute Essen kaufen. Denn es
waren etwa fünftausend Mann. Er sag-
te aber zu seinen Jüngern: Laßt sie sich
15 in Gruppen zu je fünfzig setzen. Das ta-
16 ten sie und ließen alle sich setzen. Da
nahm er die fünf Brote und zwei Fi-
sche, sah auf zum Himmel, dankte für
sie, brach sie und gab sie den Jüngern,
damit sie sie an das Volk austeilten.
17 Und sie aßen und wurden alle satt; und
die Brocken, die sie übriggelassen hat-
ten, wurden aufgesammelt, zwölf Kör-
be voll.

Das Bekenntnis des Petrus

(Mt 16,13-19; Mk 8,27-29; Joh 6,67-69)

18 Als Jesus allein war und betete und nur
seine Jünger bei ihm waren, fragte er
19 sie: Für wen halten mich die Leute? Sie
antworteten: [a]Sie sagen, du seist Jo-
hannes der Täufer; einige aber, du seist
Elia; andere aber, einer von den alten
20 Propheten sei auferstanden. Er aber
fragte sie: Für wen haltet denn ihr
mich? Da antwortete Petrus: *Du bist
der Christus Gottes!*

a Vers 7.8

Die erste Ankündigung von Jesu Leiden und Auferstehung

(Mt 16,20.21; Mk 8,30.31)

21 Doch er gebot ihnen streng, daß sie das
22 niemand sagen sollten, und sprach:
Der Menschensohn muß viel leiden
und von den Ältesten und Hohenprie-
stern und Schriftgelehrten verworfen
werden und getötet werden und am
dritten Tage auferstehen.[a]

a Vers 44.45; Kap 18,31-34

Von der Nachfolge

(Mt 16,24-28; Mk 8,34-9,1)

23 Da sprach er zu ihnen allen: *Wer mir
folgen will, der verleugne sich selbst und
nehme Tag für Tag sein Kreuz auf sich
24 und folge mir nach. Denn wer sein Leben
erhalten will, der wird es verlieren; wer
aber sein Leben verliert um meinetwillen,
25 der wird's erhalten.*[a] *Denn was nützt es
dem Menschen, wenn er die ganze Welt
gewinnt, aber dabei sich selbst verliert
26 oder zugrunde richtet?* Wer sich aber
meiner und meiner Worte schämt, des-
sen wird sich der Menschensohn auch
schämen, wenn er kommen wird in sei-
ner Herrlichkeit und in der des Vaters
und der heiligen Engel.[b] Wahrlich, ich 27
sage euch: Es stehen einige hier, die
werden den Tod nicht schmecken, bis
sie das Reich Gottes sehen.

a Kap 17,33; Mt 10,39; Joh 12,25 *b* Mt 10,33; 2.Tim 1,8

Die Verklärung Jesu

(Mt 17,1-8; Mk 9,2-8)

Etwa acht Tage nach diesen Reden 28
nahm er Petrus, Johannes und Jakobus
mit sich und ging auf einen Berg, um zu
beten. Und als er betete, bekam sein 29
Antlitz ein anderes Aussehen, und sein
Gewand wurde weiß und glänzte. Und 30
siehe, zwei Männer redeten mit ihm;
das waren Mose und Elia. Sie erschie- 31
nen in himmlischem Glanz und redeten
von seinem Sterben, das er in Jerusa-
lem erfüllen sollte. Petrus aber und die 32
bei ihm waren, waren fest eingeschla-
fen. Als sie aber aufwachten, sahen sie
seine Herrlichkeit und die beiden Män-
ner, die bei ihm standen. Als sie sich 33
von ihm trennten, sagte Petrus zu Je-
sus: Meister, es ist gut, daß wir hier
sind. Laßt uns drei Hütten bauen, für
dich eine, für Mose eine und für Elia
eine. Er wußte aber nicht, was er rede-
te. Als er aber so redete, kam eine Wol- 34
ke und überschattete sie; und sie er-
schraken, als sie in die Wolke hineinge-
rieten. Und eine Stimme kam aus der 35
Wolke: [a]*Das ist mein auserwählter
Sohn;* [b]*auf den sollt ihr hören!* Und 36
nachdem die Stimme ergangen war,
fanden sie Jesus allein. Und sie schwie-
gen darüber und verkündigten in jenen
Tagen niemand, was sie gesehen hat-
ten.

a Kap 3,22; Ps 2,7 *b* 5.Mose 18,15

Die Heilung eines epileptischen Kindes

(Mt 17,14-21; Mk 9,14-29)

Als sie am nächsten Tag vom Berg her- 37
unterkamen, kam ihm eine große Men-
ge entgegen. Und siehe, jemand aus der 38
Menge rief: Meister, ich bitte dich, sieh
doch nach meinem Sohn; denn er ist
mein einziger. Siehe, ein Geist packt 39
ihn, so daß er plötzlich aufschreit, und
er reißt ihn hin und her, daß er Schaum
vor dem Mund hat, und läßt kaum
mehr von ihm ab und reibt ihn nach
und nach auf. Und ich habe deine Jün- 40
ger gebeten, daß sie ihn austreiben soll-
ten, doch sie konnten es nicht. Da ant- 41
wortete Jesus: Du ungläubiges und
verkehrtes Geschlecht, wie lange soll

ich noch bei euch sein und euch erdul-
42 den? Bring deinen Sohn her! Und als er
zu ihm kam, riß ihn der böse Geist zu
Boden und schüttelte ihn. Jesus aber
herrschte den unreinen Geist an, mach-
te den Jungen gesund und [a]gab ihn sei-
43 nem Vater wieder. Und sie entsetzten
sich alle über die große Macht Gottes.

a Kap 7,15

Die zweite Ankündigung von Jesu Leiden und Auferstehung

(Mt 17,22.23; Mk 9,30-32)

Als sie sich aber alle wunderten über al-
les, was er tat, sagte er zu seinen Jün-
44 gern: Laßt diese Worte in eure Ohren
dringen: Der Menschensohn wird in
die Hände der Menschen ausgeliefert
45 werden.[a] Aber sie verstanden dies
Wort nicht, und [b]es blieb ihnen verbor-
gen, so daß sie es nicht begreifen konn-
ten. Und sie fürchteten sich, ihn nach
diesem Wort zu fragen.

a Vers 22; Kap 18,31-34 *b* Kap 24,45

Warnung vor Ehrgeiz und Unduldsamkeit

(Mt 18,1-5; Mk 9,33-40)

46 Es kam aber unter ihnen der Gedanke
auf, zu überlegen, wer von ihnen der
47 Größte wäre. Als aber Jesus erkannte,
was sie in ihrem Herzen dachten, nahm
48 er ein Kind, stellte es neben sich und
sagte zu ihnen: Wer dies Kind in mei-
nem Namen aufnimmt, der nimmt
mich auf; und [a]wer mich aufnimmt,
der nimmt den auf, der mich gesandt
hat. Denn wer von euch allen der
Kleinste ist, der ist groß.
49 Da sagte Johannes: Meister, wir ha-
ben jemand gesehen, der trieb in dei-
nem Namen böse Geister aus; und wir
wollten ihn daran hindern, denn er
50 folgt dir nicht mit uns zusammen. Jesus
antwortete ihm: Hindert ihn nicht!
Denn [b]wer nicht gegen euch ist, der ist
für euch.

a Mt 10,40 *b* Kap 11,23; Phil 1,18

Ablehnung Jesu durch Samaritaner

51 Als nun die Zeit sich erfüllte, daß er
hinweggenommen werden sollte, ent-
schloß er sich, [a]nach Jerusalem zu ge-
52 hen. Und er sandte Boten vor sich her;
die gingen hin und kamen in ein Dorf
der Samaritaner, um ihm Unterkunft
53 zu suchen. Aber [b]sie nahmen ihn nicht
auf, weil er auf dem Weg nach Jerusa-
54 lem war. Als das seine Jünger Jakobus
und Johannes sahen, fragten sie: Herr,
sollen wir sagen, [c]daß Feuer vom Him-
mel fallen und sie verzehren soll?* Je- 55
sus aber wandte sich um und wies sie
zurecht.* Und sie gingen in ein anderes 56
Dorf.

a Mk 10,32 *b* Joh 4,9 *c* 2.Kön 1,10-12
*Vers 54: In einer Reihe von Handschriften wird hinzugefügt: »wie auch Elia tat«.
*Vers 55: Die Teilverse 55b und 56a gehören nicht zum ursprünglichen Text des Lukasevangeliums. Sie lauten in der späteren Überlieferung: »und sagte: Wißt ihr nicht, welches Geistes Kinder ihr seid? Der Menschensohn ist nicht gekommen, das Leben der Menschen zu vernichten, sondern es zu erhalten.«

Vom Ernst der Nachfolge

(Mt 8,19-22)

Als sie auf dem Wege waren, sagte einer 57
zu ihm: Ich will dir folgen, wohin du
gehst. Da sagte Jesus zu ihm: *Die Füch-* 58
se haben Gruben, und die Vögel unter dem
Himmel haben Nester; aber der Men-
schensohn hat nirgends eine Stelle, wo er
sein Haupt hinlegen kann. Und er sagte 59
zu einem andern: Folge mir nach! Der
aber antwortete: Herr, erlaube mir, daß
ich zuvor hingehe und meinen Vater
begrabe. Aber Jesus sagte zu ihm: *Laß* 60
die Toten ihre Toten begraben; geh du
aber hin und verkündige das Reich Got-
tes! Und ein anderer sagte: Herr, ich 61
will dir nachfolgen; aber erlaube mir
zuvor, daß ich von denen Abschied
nehme, die zu meinem Haus gehören.[a]
Jesus aber sagte zu ihm: *Wer seine* 62
Hand an den Pflug legt und sieht zurück,
der ist nicht geeignet für das Reich Got-
tes.[b]

a 1.Kön 19,20 *b* Phil 3,13

Die Aussendung der zweiundsiebzig Jünger

(Mt 10,7-16)

Danach setzte der Herr [a]weitere zwei- **10**
undsiebzig Jünger ein und sandte sie
[b]zu zweien vor sich her in alle Städte
und Orte, wohin er gehen wollte, und 2
sagte zu ihnen: *Die Ernte ist groß, aber*
es sind nur wenige Arbeiter da. Darum
bittet den Herrn der Ernte, daß er Arbei-
ter in seine Ernte sendet.[c] Geht hin; sie- 3
he, ich sende euch wie Lämmer mitten
unter die Wölfe. [d]Nehmt keinen Geld- 4
beutel, keine Tasche und keine Schuhe
mit und [e]begrüßt niemand unterwegs.
Wenn ihr in ein Haus kommt, sagt 5
zuerst: [f]Friede sei diesem Haus! Und 6
wenn dort ein Kind des Friedens ist,
wird euer Friede auf ihm ruhen; wenn
aber nicht, dann wird sich euer Friede

7 wieder zu euch wenden. In demselben
Hause aber bleibt, eßt und trinkt, was
man euch gibt; denn dem Arbeiter
steht sein Lohn zu. Ihr sollt nicht von
einem Haus zum andern wechseln.
8 Und wenn ihr in eine Stadt kommt und
sie euch aufnehmen, dann eßt, was
9 euch vorgesetzt wird, und heilt die
Kranken, die dort sind, und sagt den
Leuten: Das Reich Gottes ist nahe zu
10 euch gekommen. Wenn ihr aber in eine
Stadt kommt und sie euch nicht auf-
nehmen, dann geht hinaus auf ihre
11 Straßen und sagt: Auch den Staub aus
eurer Stadt, der an unsern Füßen hän-
gen geblieben ist, wischen wir ab und
lassen ihn euch; doch sollt ihr wissen,
daß das Reich Gottes nahe herbeige-
12 kommen ist. Ich sage euch: Es wird
[g] Sodom an jenem Tage erträglicher er-
gehen als dieser Stadt.

a Kap 6,13-16; 9,1 *b* Mk 6,7 *c* Mt 9,37.38; Joh 4,35 *d* *(4-11)* Kap 9,3-5 *e* 2.Kön 4,29 *f* Joh 20,19 *g* 1.Mose 19,1-29

Jesu Weherufe über galiläische Städte

(Mt 11,20-24)

13 Weh dir, Chorazin! Weh dir, Betsaida!
Denn wären solche Taten in Tyrus und
Sidon geschehen, wie sie bei euch ge-
schehen sind, sie hätten längst in Sack
und Asche gesessen und Buße getan.
14 Doch es wird Tyrus und Sidon im Ge-
richt erträglicher ergehen als euch.
15 Und du, Kapernaum, wirst du etwa bis
zum Himmel erhoben werden? In die
Hölle wirst du hinuntergestoßen wer-
16 den. Wer euch hört, der hört mich; und
wer euch abweist, der weist mich ab;
wer aber mich abweist, der weist den
ab, der mich gesandt hat.[a]

a Mt 10,40; Joh 5,23

Jesu Jubelruf

(Mt 11,25-27)

17 Die Zweiundsiebzig aber kamen zu-
rück und sagten voll Freude: Herr,
auch die bösen Geister sind uns in dei-
18 nem Namen untertan. Er sagte aber zu
ihnen: Ich sah den Satan vom Himmel
19 fallen wie einen Blitz.[a] Seht, ich habe
euch Macht gegeben, [b] auf Schlangen
und Skorpione zu treten, und Macht
über alle Gewalt des Feindes; und
20 nichts wird euch schaden. *Doch darüber*
freut euch nicht, daß euch die Geister
untertan sind. Freut euch aber, daß [c] eure
Namen im Himmel aufgeschrieben sind.
21 In dieser Stunde rief Jesus, vom hei-
ligen Geist erfüllt, voll Freude aus: Ich
preise dich, Vater, Herr des Himmels
und der Erde, [d] weil du das den Weisen
und Klugen verborgen und den Un-
mündigen offenbart hast. Ja, Vater,
denn so ist es dein gnädiger Wille gewe-
sen. Alles ist mir von meinem Vater 22
übergeben. Und niemand weiß, wer
der Sohn ist, als nur der Vater; und nie-
mand weiß, wer der Vater ist, als nur
der Sohn und wem es der Sohn offen-
baren will.

Und er wandte sich an seine Jünger 23
und sagte zu ihnen allein: [e] Selig sind
die Augen, die sehen, was ihr seht.
Denn ich sage euch: [f] Viele Propheten 24
und Könige wollten sehen, was ihr seht,
und haben's nicht gesehen, und hören,
was ihr hört, und haben's nicht gehört.

a Joh 12,31; Offb 12,8.9 *b* Ps 91,13; Mk 16,18 *c* 2.Mose 32,32; Jes 4,3; Phil 4,3; Offb 3,5 *d* 1.Kor 2,7 *e* Mt 13,16.17 *f* 1.Petr 1,10

Der barmherzige Samariter

[a] Und siehe, da stand ein Schriftgelehr- 25
ter auf, stellte ihn auf die Probe und
fragte: Meister, was muß ich tun, daß
ich das ewige Leben erbe? Er aber sagte 26
zu ihm: Was steht im Gesetz geschrie-
ben? Was liest du da? Er antwortete: 27
»*Du sollst den Herrn, deinen Gott, lieben*
mit ganzem Herzen, mit ganzer Seele,
mit all deiner Kraft und mit all deinem
Verstand, und deinen Nächsten wie dich
selbst« (5.Mose 6,5; 3.Mose 19,18). Er 28
aber sagte zu ihm: Du hast richtig ge-
antwortet; [b] tu das, so wirst du leben.

Er aber wollte sich selbst rechtferti- 29
gen und sagte zu Jesus: Wer ist denn
mein Nächster? Da erwiderte Jesus: 30
Ein Mann ging von Jerusalem hinab
nach Jericho und fiel unter die Räuber;
die zogen ihn aus, schlugen ihn und
machten sich davon und ließen ihn
halbtot liegen. Es traf sich aber, daß ein 31
Priester diese Straße hinabzog; und
als er ihn sah, ging er vorüber. Ebenso 32
kam auch ein Levit zu der Stelle; und
als er ihn sah, ging er vorüber. Ein Sa- 33
maritaner aber, der auf der Reise war,
kam dahin; und als er ihn sah, hatte er
Erbarmen, ging zu ihm, goß Öl und 34
Wein auf seine Wunden und verband
sie ihm, hob ihn auf sein Tier, brachte
ihn in eine Herberge und pflegte ihn.
Am nächsten Tag zog er zwei Silber- 35
groschen heraus, gab sie dem Wirt und
sagte: Pflege ihn; und wenn du etwas
mehr ausgibst, will ich dir's bezahlen,
wenn ich wiederkomme. Wer von die- 36

sen dreien, meinst du, ist dem zum
Nächsten geworden, der unter die Räu-
37 ber gefallen war? Er antwortete: Der,
der die Barmherzigkeit an ihm getan
hat. Da sagte Jesus zu ihm: Geh hin
und mach es ebenso![c]

a (25-27) Mt 22,35-40; Mk 12,28-34; Kap 18,18-20 *b* 3.Mose 18,5; Mt 19,17 *c* Joh 13,17

Maria und Marta

38 Als sie weiterzogen, kam er in ein Dorf.
Da war [a]eine Frau mit Namen Marta,
39 die nahm ihn auf. Sie hatte eine Schwe-
ster, die hieß Maria; die setzte sich dem
Herrn zu Füßen und hörte seiner Rede
40 zu. Marta aber hatte alle Hände voll zu
tun, um ihm zu dienen. Und sie trat
heran und sagte: Herr, fragst du nicht
danach, daß mich meine Schwester al-
lein dienen läßt? Sage ihr doch, daß sie
41 mir helfen soll! Der Herr aber antwor-
tete ihr: Marta, Marta, du hast viel Sor-
42 ge und Mühe. *Eins aber ist nötig. Maria*
hat das Bessere gewählt; das soll ihr nicht
genommen werden.[b]

a Joh 11,1; 12,2.3 *b* Mt 6,33

Das Vaterunser
(Mt 6,9-13)

11 Jesus verweilte einmal an einem Ort
und betete. Als er aufgehört hatte, bat
ihn einer seiner Jünger: Herr, lehre uns
beten, wie auch Johannes seine Jünger
2 gelehrt hat. Er aber sagte zu ihnen:
Wenn ihr betet, so sprecht:
Vater! Dein Name werde geheiligt.
3 *Dein Reich komme.* Unser tägliches*
4 *Brot gib uns Tag für Tag. Und vergib uns*
unsre Sünden; denn auch wir vergeben
allen, die an uns schuldig werden. Und
*führe uns nicht in Versuchung.**

*Verse 2 und 4: In einem Teil der Überlieferung wird (aus dem Matthäusevangelium) hinzugefügt: in Vers 2 »Dein Wille geschehe auf Erden wie im Himmel« und in Vers 4 »sondern erlöse uns von dem Bösen«.

Der bittende Freund
(Mt 7,7-11)

5 Und er sagte zu ihnen: Wenn jemand
von euch einen Freund hat und um
Mitternacht zu ihm geht und zu ihm
sagt: Lieber Freund, leih mir drei Bro-
6 te; denn ein Freund von mir ist auf der
Reise zu mir gekommen, und ich habe
nichts, was ich ihm vorsetzen kann –;
7 würde der drinnen etwa antworten:
Mach mir keine Unruhe! Die Tür ist
schon zugeschlossen, und meine Kin-
der liegen schon mit mir zu Bett; ich
kann nicht aufstehen und dir etwas ge-
ben. Ich sage euch: Und wenn er schon 8
nicht aufsteht und ihm deshalb etwas
gibt, weil er sein Freund ist, dann wird
er doch wegen seiner Zudringlichkeit
aufstehen und ihm geben, was er
braucht.

Darum sage ich euch: *Bittet, so wird* 9
euch gegeben; sucht, so werdet ihr finden;
klopft an, so wird euch aufgetan. Denn 10
wer bittet, der empfängt; und wer
sucht, der findet; und [a]wer anklopft,
dem wird aufgetan. Wo gibt es bei euch 11
einen Vater, der seinem Sohn, wenn
der ihn* um einen Fisch bittet, statt-
dessen eine Schlange gibt? oder der 12
ihm, wenn er um ein Ei bittet, einen
Skorpion gibt? Wenn schon ihr, die ihr 13
doch böse seid, euren Kindern gute
Gaben geben könnt, wieviel mehr wird
der Vater im Himmel denen den heili-
gen Geist geben, die ihn darum bitten!

a Kap 13,25

*Vers 11: In einer Reihe von Handschriften wird hinzugefügt: »(wenn der ihn) ums Brot bittet, stattdessen einen Stein gibt? oder (um einen Fisch)«; vgl. Mt 7,9.

Jesus und die bösen Geister
(Mt 12,22-30; Mk 3,22-27)

Und er trieb einen bösen Geist aus, der 14
war stumm. Als aber der Geist ausfuhr,
konnte der Stumme sprechen. Und die
Menge wunderte sich. Aber einige von 15
ihnen sagten: Er treibt die bösen Gei-
ster durch Beelzebul, ihren Herrscher,
aus. Andere aber versuchten ihn und 16
[a]forderten von ihm ein Zeichen vom
Himmel. Er aber erkannte ihre Gedan- 17
ken und sagte zu ihnen: Jedes Reich,
das mit sich selbst uneins ist, wird ver-
wüstet, und ein Haus fällt über das an-
dre. Wenn aber auch der Satan mit sich 18
selbst uneins ist, wie kann sein Reich
bestehen? Ihr sagt nämlich, ich treibe
die bösen Geister durch Beelzebul aus.
Wenn ich aber die Geister durch Beel- 19
zebul austreibe, durch wen treiben eure
Söhne sie aus? Darum werden sie eure
Richter sein. Wenn ich aber [b]mit Got- 20
tes Finger die bösen Geister austreibe,
dann ist ja das Reich Gottes zu euch ge-
kommen. Wenn ein Starker gewappnet 21
seinen Hof bewacht, so bleibt sein Be-
sitz in Frieden. Wenn aber ein Stärke- 22
rer über ihn kommt und ihn überwäl-
tigt, so nimmt er ihm seine Rüstung
weg, auf die er sich verlassen hatte, und
verteilt die Beute.[c] Wer nicht mit mir 23
ist, der ist gegen mich; und wer nicht
mit mir sammelt, der zerstreut.[d]

a Mk 8,11 *b* 2.Mose 8,15 *c* Kol 2,15; 1.Joh 4,4
d Kap 9,50

Von der Rückkehr des bösen Geistes
(Mt 12,43-45)

24 Wenn der unreine Geist von einem
Menschen ausgefahren ist, so durch-
streift er öde Stätten, sucht Ruhe und
findet sie nicht; dann sagt er: Ich will
wieder in mein Haus zurückkehren, aus
25 dem ich fortgegangen bin. Und wenn er
zurückkommt, so findet er's gekehrt
26 und aufgeräumt. Dann geht er hin und
nimmt sieben andre Geister mit sich,
die schlimmer sind als er selbst; und
wenn sie hineinkommen, wohnen sie
darin, und [a]es wird mit diesem Men-
schen schlimmer als vorher.

a Joh 5,14

Eine Seligpreisung Jesu

27 Als er noch so redete, erhob eine Frau
im Volk ihre Stimme und sagte zu ihm:
[a]Selig ist der Leib, der dich getragen
hat, und die Brüste, an denen du ge-
28 trunken hast. Doch er entgegnete: *Selig
sind, die das Wort Gottes hören und be-
wahren.*[b]

a Kap 1,28.48 *b* Kap 8,15.21

Ablehnung der Zeichenforderung
(Mt 12,38-42)

29 Immer mehr Leute drängten sich um
ihn. Da sagte er: Dies Geschlecht ist
ein böses Geschlecht; [a]es fordert ein
Zeichen, aber es wird ihm kein andres
Zeichen gegeben werden als das Zei-
30 chen des Jona. Denn wie Jona für die
Einwohner von Ninive ein Zeichen
war, so wird es auch der Menschensohn
31 für dies Geschlecht sein. Die Königin
vom Süden wird im Jüngsten Gericht
gegen die Leute dieses Geschlechts
auftreten und wird sie verdammen;
denn [b]sie kam vom Ende der Welt, um
die Weisheit Salomos zu hören. Und
32 siehe, hier ist mehr als Salomo. Die
Leute von Ninive werden im Gericht
gegen dies Geschlecht auftreten und
werden's verdammen; denn [c]sie taten
Buße nach der Predigt des Jona. Und
siehe, hier ist mehr als Jona.

a Vers 16 *b* 1.Kön 10,1 *c* Jona 3,5

Bildworte vom Licht
(Mt 5,15; 6,22.23)

33 Niemand zündet ein Licht an und setzt
es in einen Winkel, auch nicht unter
einen Scheffel, sondern auf den Leuch-
ter, damit alle, die eintreten, das Licht
sehen.[a] Dein Auge ist das Licht des 34
Leibes. Wenn nun dein Auge klar ist, so
ist dein ganzer Leib licht; wenn es aber
trübe ist, so ist auch dein Leib finster.
So achte darauf, daß das Licht in dir 35
nicht Finsternis ist. Wenn nun dein 36
Leib ganz licht ist und nichts in ihm
finster ist, dann wird er ganz licht sein,
wie wenn dich das Licht mit hellem
Strahl erleuchtet.

a Kap 8,16

Weherufe gegen die Pharisäer und Schriftgelehrten
(Mt 23,1-36)

Als er noch redete, lud ihn ein Pharisäer 37
zu sich zum Essen ein. Und er ging hin
und setzte sich zu Tisch.[a] Als das der 38
Pharisäer sah, wunderte er sich dar-
über, daß [b]er die Waschung vor dem
Essen unterlassen hatte. Der Herr aber 39
sagte zu ihm: Ihr Pharisäer, ihr haltet
die Becher und Schüsseln von außen
rein; aber euer Inneres ist voll Raub-
gier und Bosheit. Ihr Unverständigen, 40
hat nicht der, der das Äußere geschaf-
fen hat, auch das Innere geschaffen?
Gebt doch, was in den Schüsseln ist, als 41
Almosen, siehe, dann ist bei euch alles
rein.

Aber weh euch Pharisäern! Ihr gebt 42
den Zehnten von Minze, Raute und al-
lem Gemüse, aber am Recht und [c]an
der Liebe Gottes geht ihr vorbei. Doch
das eine sollte man tun und das andere
nicht lassen.

Weh euch Pharisäern! [d]Ihr sitzt gern 43
obenan in den Synagogen und wollt auf
dem Markt gegrüßt werden.

Weh euch! Ihr seid wie Gräber, die 44
man nicht erkennt und über die man
läuft, ohne es zu wissen.

Da entgegnete ihm einer von den 45
Schriftgelehrten: Meister, mit diesen
Worten greifst du auch uns an. Er aber 46
sagte: Weh auch euch Schriftgelehr-
ten! Ihr beladet die Menschen mit
unerträglichen Lasten, doch ihr selbst
rührt sie nicht mit einem einzigen Fin-
ger an.

Weh euch! Ihr baut den Propheten 47
Grabmäler; [e]eure Väter aber haben sie
getötet. Ihr bezeugt und billigt also die 48
Taten eurer Väter; denn sie haben sie
getötet, und ihr baut! Darum spricht 49
die Weisheit Gottes: Ich will Prophe-
ten und Apostel zu ihnen senden, und
von ihnen werden sie einige töten und
verfolgen, damit von diesem Ge- 50

schlecht das Blut aller Propheten gefor-
dert wird, das seit der Erschaffung der
51 Welt vergossen worden ist, angefangen
von Abels Blut bis zum Blut des Sa-
charja, der zwischen Altar und Tempel
umgebracht worden ist. Ja, ich sage
euch: Von diesem Geschlecht wird es
gefordert werden.
52 Weh euch Schriftgelehrten! Ihr habt
den Schlüssel zur Erkenntnis wegge-
nommen. Ihr selbst seid nicht hinein-
gegangen und habt auch die gehindert,
die hinein wollten.
53 Als er von dort wegging, fingen die
Schriftgelehrten und Pharisäer an, hef-
tig auf ihn einzudringen und ihn mit
54 vielen Fragen auszuforschen, und be-
lauerten ihn, ob sie etwas Belastendes
aus seinem Mund erjagen könnten.[f]

a Kap 7,36; 14,1 *b* Mt 15,2 *c* Joh 5,42
d Kap 14,7 *e* Apg 7,52 *f* Kap 20,20

Mahnung zum furchtlosen Bekennen

(Mt 10,26-33)

12 Unterdessen waren Tausende von
Menschen zusammengekommen, so
daß sie einander bedrängten. Da wand-
te er sich zuerst an seine Jünger und
sagte: [a]Hütet euch vor dem Sauerteig
der Pharisäer, das heißt vor der Heu-
chelei.
2 Es ist aber [b]nichts verborgen, was
nicht offenbar wird, und nichts heim-
3 lich, was man nicht wissen wird. Dar-
um, was ihr in der Finsternis sagt, das
wird man im Licht hören; und was ihr
hinter verschlossenen Türen ins Ohr
flüstert, das wird man auf den Dächern
ausrufen.
4 Euch, meinen Freunden, aber sage
ich: Fürchtet euch nicht vor denen, die
den Leib töten und euch danach nichts
5 mehr tun können. Ich will euch aber
zeigen, vor wem ihr euch fürchten sollt:
Fürchtet euch vor dem, der nicht nur
Macht hat zu töten, sondern danach
auch in die Hölle zu werfen. Ja, ich sage
6 euch, vor dem fürchtet euch.[c] Verkauft
man nicht fünf Sperlinge für zwei Gro-
schen? Dennoch ist keiner von ihnen
7 vor Gott vergessen. Aber [d]auch die
Haare auf eurem Haupt sind alle ge-
zählt. Darum fürchtet euch nicht; ihr
8 seid besser als viele Sperlinge. Aber ich
sage euch: *Wer mich bekennt vor den*
Menschen, den wird auch der Menschen-
sohn bekennen vor den Engeln Gottes.
9 *Wer mich aber verleugnet vor den Men-*
schen, der wird verleugnet werden vor den
Engeln Gottes.[e] Und wer ein Wort ge- 10
gen den Menschensohn sagt, dem soll
es vergeben werden; wer aber den heili-
gen Geist lästert, dem soll es nicht ver-
geben werden.[f] [g]Wenn sie euch in ihre 11
Synagogen und vor Ämter und Regie-
rungen schleppen, so macht euch keine
Sorgen, wie oder womit ihr euch vertei-
digen oder was ihr sagen sollt; denn der 12
heilige Geist wird euch in dieser Stun-
de lehren, was ihr sagen müßt.

a Mt 16,6; Mk 8,15 *b* Kap 8,17 *c* Hebr 12,29
d Kap 21,18 *e* Kap 9,26; 1.Sam 2,30 *f* Mt 12,32;
Mk 3,28.29 *g (11 und 12)* Kap 21,12-15;
Mt 10,17-20

Warnung vor Habgier

Einer aus dem Volk bat ihn: Meister, 13
sage meinem Bruder, daß er das Erbe
mit mir teilen soll. Er aber antwortete 14
ihm: Wer hat mich denn zum Richter
oder Schlichter über euch gesetzt? Und 15
er sagte zu ihnen: Seht zu und [a]hütet
euch vor aller Habgier; denn *niemand*
lebt davon, daß er viel besitzt.

a Pred 5,9; 1.Tim 6,9.10

Der reiche Kornbauer

Und er sagte ihnen ein Gleichnis: Es 16
war ein reicher Mann, dessen Felder
brachten eine besonders gute Ernte. Da 17
überlegte er sich: Was soll ich tun? Ich
habe nicht genug Platz, um meine Ern-
te unterzubringen. Und sagte: Das will 18
ich tun: ich will meine Scheunen ab-
brechen und größere bauen, und dahin
will ich mein ganzes Korn und meine
Vorräte bringen [a]und will zu mir selber 19
sagen: Mein Lieber, du hast große Vor-
räte für viele Jahre; ruh dich nun aus,
iß, trink und sei guter Dinge! Aber 20
Gott sagte zu ihm: Du Narr! Diese
Nacht wird man dein Leben von dir
fordern; und wem wird dann gehören,
was du aufgehäuft hast? So geht es 21
dem, der sich Schätze sammelt und
nicht reich ist bei Gott.[b]

a (19 und 20) Ps 49,17-20 *b* Mt 6,20

Falsches und rechtes Sorgen

(Mt 6,25-33.20.21)

Er sprach aber zu seinen Jüngern: Dar- 22
um sage ich euch: Sorgt nicht um euer
Leben, was ihr essen sollt, auch nicht
um euren Leib, was ihr anziehen sollt.
Denn das Leben ist mehr als die Nah- 23
rung und der Leib mehr als die Klei-
dung. Seht die Raben an: sie säen nicht, 24
sie ernten auch nicht, sie haben auch
keinen Keller und keine Scheune, und
Gott ernährt sie doch. Wieviel besser

25 seid ihr als die Vögel! Wer ist unter
euch, der der Länge seines Lebens eine
Spanne zusetzen kann, wie sehr er sich
26 auch darum sorgt? Wenn ihr also auch
nicht das Geringste ausrichten könnt,
warum sorgt ihr euch um all das andre?
27 Seht die Lilien an: sie spinnen nicht, sie
weben nicht. Ich sage euch aber, daß
selbst Salomo in seiner ganzen Herr-
lichkeit nicht so gekleidet gewesen ist
28 wie auch nur eine von ihnen. Wenn
denn Gott das Gras, das heute auf dem
Feld steht und morgen in den Ofen ge-
worfen wird, so kleidet, wieviel mehr
wird er euch kleiden, ihr Kleingläubi-
29 gen! Darum auch ihr, fragt nicht da-
nach, was ihr essen oder was ihr trinken
sollt, und laßt euch nicht unruhig ma-
30 chen. Denn nach dem allen trachten die
Heiden in der Welt; aber euer Vater
31 weiß, daß ihr das braucht. Trachtet
vielmehr nach seinem Reich, so wird
32 euch das alles zufallen. *Fürchte dich
nicht, du kleine Herde! Denn es hat eu-
rem Vater gefallen, euch [a]das Reich zu
geben.*

33 Verkauft, was ihr habt, und gebt Al-
mosen. Macht euch Geldbeutel, die
sich nicht abnutzen, einen unerschöpf-
lichen [b]Schatz im Himmel, wo kein
Dieb hinkommt und wo ihn keine Mot-
34 ten fressen. Denn wo euer Schatz ist, da
wird euer Herz sein.

a Kap 22,29 *b* Kap 18,22

Vom Warten auf das Kommen Christi

(Mt 24,43-51)

35 [a]Umgürtet euch und laßt [b]eure Lichter
36 brennen und seid den Menschen
gleich, die auf ihren Herrn warten,
wenn er von der Hochzeit aufbricht,
um ihm zu öffnen, [c]sobald er kommt
37 und anklopft. Selig sind die Knechte,
die der Herr wach findet, wenn er
kommt. Wahrlich, ich sage euch: Er
wird sich umgürten und wird sie zu
Tisch bitten und kommen und sie be-
38 dienen. Und wenn er in der zweiten
oder in der dritten Nachtwache kommt
39 und es so vorfindet: selig sind sie. Das
sollt ihr aber wissen: Wenn ein Haus-
herr wüßte, [d]zu welcher Stunde der
Dieb kommt, so ließe er nicht in sein
40 Haus einbrechen. Seid auch ihr bereit!
Denn der Menschensohn kommt zu
einer Stunde, in der ihr's nicht erwar-
tet.

41 Petrus aber fragte: Herr, meinst du
mit diesem Gleichnis nur uns oder auch
alle? Der Herr aber antwortete: Wer ist 42
denn der treue und kluge Verwalter,
den der Herr über seine Leute setzen
wird, damit er ihnen zur rechten Zeit
gibt, was ihnen zusteht? Selig ist der 43
Knecht, den sein Herr das tun sieht,
wenn er kommt. Wahrlich, ich sage 44
euch: Er wird ihn über alles setzen, was
ihm gehört. Wenn aber jener Knecht in 45
seinem Herzen denkt: Mein Herr
kommt noch lange nicht –, und anfängt,
die Knechte und Mägde zu schlagen,
sowie zu essen und zu trinken und sich
vollzusaufen: dann wird der Herr 46
dieses Knechtes an einem Tage kom-
men, an dem er's nicht erwartet, und zu
einer Stunde, die er nicht kennt, und er
wird ihn in Stücke hauen lassen und
wird ihm seinen Platz geben bei den
Ungläubigen.

Und der Knecht, der den Willen sei- 47
nes Herrn kennt, aber nichts zubereitet
und nicht nach seinem Willen getan
hat, der wird viel Schläge erleiden müs-
sen.[e] Wer ihn aber nicht kennt und ge- 48
tan hat, was Schläge verdient, wird nur
wenig Schläge erleiden. Denn von je-
dem, dem viel gegeben ist, wird man
viel erwarten; und wem viel anvertraut
ist, von dem wird man um so mehr for-
dern.

a 2.Mose 12,11; 1.Petr 1,13 *b* Mt 25,1-13
c Offb 3,20 *d* 1.Thess 5,2 *e* Jak 4,17

Zwietracht um Jesu willen

(Mt 10,34-36)

Ich bin gekommen, um ein Feuer anzu- 49
zünden auf Erden; was wollte ich lieber,
als daß es schon brennen würde! Aber ich 50
muß zuvor eine Taufe erleiden, und
wie bin ich in Ängsten, bis sie voll-
bracht ist![a] Meint ihr, daß ich gekom- 51
men bin, Frieden auf die Erde zu brin-
gen? Ich sage: Nein, sondern lauter
Zwietracht. Denn von jetzt an werden 52
fünf in *einem* Hause uneins sein, drei
gegen zwei und zwei gegen drei. Es 53
wird der Vater gegen den Sohn sein
und der Sohn gegen den Vater, die
Mutter gegen die Tochter und die
Tochter gegen die Mutter, die Schwie-
germutter gegen die Schwiegertochter
und die Schwiegertochter gegen die
Schwiegermutter.

a Kap 18,31; Mt 20,22; 26,38

Beurteilung der Zeit

[a]Er sagte aber zu der Menge: Wenn ihr 54
eine Wolke vom Westen her aufsteigen
seht, so sagt ihr sogleich: Es gibt Re-

55 gen. Und so geschieht es. Und wenn
der Südwind weht, so sagt ihr: Es wird
56 heiß werden. Und so geschieht es. Ihr
Heuchler! Was man auf der Erde und
am Himmel sieht, könnt ihr beurteilen;
warum aber könnt ihr diese Zeit nicht
beurteilen?
57 Warum urteilt ihr aber auch nicht
aus euch selbst darüber, was recht ist?
58 [b]Denn wenn du mit deinem Gegner
vor Gericht gehst, dann bemühe dich
noch auf dem Wege, von ihm loszu-
kommen, damit er dich nicht etwa vor
den Richter schleppt, und der Richter
überliefert dich dem Gerichtsdiener,
und der Diener wirft dich ins Gefäng-
59 nis. Ich sage dir: Du wirst von dort so
lange nicht herauskommen, bis du den
allerletzten Heller bezahlt hast.

a (54-56) Mt 16,2.3 *b (58 und 59)* Mt 5,25.26

Untergang der Galiläer. Turm von Siloah

13 Zu dieser Zeit kamen einige Leute und
berichteten ihm von den Galiläern, de-
ren Blut Pilatus mit ihren Opfern ver-
2 mischt hatte. Und Jesus sagte zu ihnen:
Meint ihr, daß diese Galiläer schwerer
gesündigt haben als alle andern Gali-
3 läer, weil sie das erlitten haben?[a] Ich
sage euch: Nein; sondern wenn ihr
nicht umkehrt, werdet ihr alle auch so
4 umkommen. Oder meint ihr, daß die
achtzehn, auf die der Turm in Siloah
fiel und sie erschlug, schuldiger gewe-
sen sind als alle andern Menschen, die
5 in Jerusalem wohnen? Ich sage euch:
Nein; sondern wenn ihr nicht umkehrt,
werdet ihr alle auch so umkommen.

a Joh 9,2

Das Gleichnis vom Feigenbaum

6 Er sagte ihnen aber dies Gleichnis: Es
hatte jemand einen Feigenbaum, der
war in seinem Weinberg gepflanzt, und
er kam und [a]suchte Frucht daran und
7 fand keine. Da sagte er zu dem Wein-
gärtner: Siehe, ich komme nun schon
drei Jahre und suche Frucht an diesem
Feigenbaum und finde keine. So hau
ihn ab! Was nimmt er dem Boden die
8 Kraft? Er aber antwortete ihm: Herr,
laß ihn dies Jahr noch stehen; ich will
um ihn herum die Erde umgraben und
9 düngen;[b] vielleicht bringt er dann doch
Frucht; wenn aber nicht, kannst du ihn
abhauen![c]

a Mt 21,19 *b* 2.Petr 3,9.15 *c* Kap 3,9

Die Heilung der verkrümmten Frau

[a]Und er lehrte in einer Synagoge am 10
Sabbat. Und siehe, da war eine Frau, 11
die hatte seit achtzehn Jahren einen
Geist, der sie krank machte; sie war
verkrümmt und konnte sich gar nicht
aufrichten. Als aber Jesus sie sah, rief er 12
sie zu sich und sagte zu ihr: Sei frei von
deiner Krankheit! Und er legte die 13
Hände auf sie; und sogleich richtete sie
sich auf und pries Gott. Der Vorsteher 14
der Synagoge aber war unwillig, daß
Jesus am Sabbat heilte, und sagte zu
der Menge: [b]Sechs Tage sind es, an de-
nen man arbeiten soll; an denen kommt
und laßt euch heilen, nicht aber am
Sabbattag. Da antwortete ihm der 15
Herr: Ihr Heuchler! Bindet nicht jeder
von euch am Sabbat sein Rind oder sei-
nen Esel von der Krippe los und führt
ihn zur Tränke?[c] Sollte dann nicht erst 16
recht diese [d]Tochter Abrahams, die der
Satan doch schon achtzehn Jahre ge-
bunden hält, am Sabbat von dieser Fes-
sel gelöst werden? Und als er das sagte, 17
mußten sich alle schämen, die gegen
ihn gewesen waren. Und alle Leute
freuten sich über all seine herrlichen
Taten.

a (10-17) Kap 6,6-11 *b* 2.Mose 20,9.10
c Kap 14,5 *d* Kap 19,9

Gleichnisse vom Senfkorn und Sauerteig

(Mt 13,31-33; Mk 4,30-32)

Dann sagte er: Wie ist es mit dem Reich 18
Gottes, und womit soll ich's verglei-
chen? Es ist wie mit einem Senfkorn, 19
das ein Mensch nahm und in seinen
Garten setzte; und es wuchs und wurde
ein Baum, und die Vögel unter dem
Himmel wohnten in seinen Zweigen.
Und wieder sagte er: Womit soll ich 20
das Reich Gottes vergleichen? Es ist 21
wie mit einem Sauerteig, den eine Frau
nahm und unter einen halben Zentner
Mehl mengte, bis es ganz durchsäuert
war.

Von der engen Pforte und der verschlossenen Tür

Und er ging durch Städte und Dörfer 22
und lehrte und nahm so seinen Weg
nach Jerusalem. Es fragte ihn aber je- 23
mand: Herr, meinst du, daß nur wenige
gerettet werden? Er aber sagte zu
ihnen: Kämpft darum, [a]daß ihr durch 24
die enge Pforte hineingeht; denn, das

sage ich euch, viele werden danach
trachten, wie sie hineinkommen, und es
25 wird ihnen nicht gelingen. Wenn der
Hausherr einmal aufgestanden ist und
die Tür abgeschlossen hat und ihr dann
draußen steht und an die Tür klopft
und ruft: Herr, mach uns auf!, dann
wird er euch antworten: [b]Ich weiß
26 nicht, wo ihr her seid. [c]So werdet ihr
dann sagen: Wir haben vor dir gegessen
und getrunken, und auf unsern Straßen
27 hast du gelehrt. Und er wird zu euch sagen:
Ich weiß nicht, wo ihr her seid;
28 weicht alle von mir, ihr Übeltäter! [d]Da
wird Heulen und Zähneklappen sein,
wenn ihr sehen werdet, wie Abraham,
Isaak und Jakob und alle Propheten im
Reich Gottes sind, ihr aber hinausge-
29 stoßen seid. Und sie werden vom Osten
und vom Westen, vom Norden und
vom Süden kommen und im Reich
30 Gottes [e]zu Tisch sitzen. Und siehe, es
gibt Letzte, die werden die Ersten sein,
und es gibt Erste, die werden die Letz-
ten sein.[f]

a Mt 7,13.14 *b* Mt 25,11.12 *c (26 und 27)* Mt 7,22.23 *d (28 und 29)* Mt 8,11.12 *e* Kap 14,15 *f* Mt 19,30

Die Feindschaft des Herodes

31 Zu dieser Stunde kamen einige Phari-
säer und sagten zu ihm: Mach dich auf
und geh weg von hier; denn Herodes
32 will dich töten. Und er sagte zu ihnen:
Geht hin und sagt diesem Fuchs: Sie-
he, ich treibe böse Geister aus und ma-
che Kranke gesund heute und morgen,
und am dritten Tage werde ich vollen-
33 det werden. Doch muß ich heute und
morgen und am folgenden Tage noch
weiterziehen; denn es geht nicht, daß
ein Prophet außerhalb von Jerusalem
umkommt.

Jesu Klage über Jerusalem

(Mt 23,37-39)

34 [a]Jerusalem, Jerusalem, die du tötest die
Propheten und steinigst, die zu dir ge-
sandt werden! Wie oft habe ich deine
Kinder sammeln wollen wie eine Hen-
ne ihre Küken unter ihre Flügel, und
35 ihr habt nicht gewollt! Seht, »euer Haus
soll euch verwüstet zurückgelassen
werden« (Jeremia 22,5; Psalm 69, 26).
Aber ich sage euch: Ihr werdet mich
nicht mehr sehen, bis die Zeit kommt,
zu der ihr sagen werdet: [b]Gelobt ist,
der da kommt im Namen des Herrn!

a (34 und 35) Mt 23,37-39; Kap 19,41-44 *b* Ps 118,26

Die Heilung des Wassersüchtigen am Sabbat

Und als er am Sabbat in das Haus eines 14
Vorstehers der Pharisäer zum Essen
kam, belauerten sie ihn.[a] Und siehe, da 2
stand ein Mann vor ihm, der war was-
sersüchtig. Und Jesus wandte sich an 3
die Schriftgelehrten und Pharisäer und
fragte: Darf man am Sabbat heilen oder
nicht? Sie aber schwiegen still. Da faß- 4
te er ihn an und heilte ihn und ließ ihn
gehen. Und er sagte zu ihnen: Wer ist 5
unter euch, dem sein Sohn oder sein
Rind in den Brunnen fällt, der ihn nicht
sogleich herauszieht, auch am Sab-
bat?[b] Und sie konnten ihm darauf kei- 6
ne Antwort geben.

a Kap 6,6-11; 11,37 *b* Kap 13,15; Mt 12,11

Tischgespräche über Sitzordnung und Auswahl der Gäste

Als er aber merkte, wie [a]die Gäste sich 7
die Plätze oben am Tisch aussuchten,
sagte er ihnen ein Gleichnis: [b]Wenn du 8
von jemand zur Hochzeit eingeladen
bist, so setze dich nicht obenan; denn es
könnte einer eingeladen sein, der vor-
nehmer ist als du, und dann würde der 9
Gastgeber kommen, der dich und ihn
eingeladen hat, und zu dir sagen: Mach
diesem Platz!, und du müßtest dann
beschämt untenan sitzen. Sondern 10
wenn du eingeladen bist, so geh hin und
setz dich untenan, damit, wenn der
Gastgeber kommt, er zu dir sagt:
Freund, rücke hinauf! Das wird dann
für dich eine Ehre sein vor allen, die mit
dir zu Tisch sitzen. Denn *wer sich selbst* 11
erhöht, der soll erniedrigt werden; und
wer sich selbst erniedrigt, der soll erhöht
werden.[c]

Er sagte aber auch zu dem, der ihn 12
eingeladen hatte: Wenn du ein Mittag-
oder Abendessen gibst, so lade weder
deine Freunde noch deine Brüder noch
deine Verwandten noch reiche Nach-
barn ein, damit sie dich nicht etwa wie-
der einladen und dir vergolten wird.
[d]Sondern wenn du ein Essen gibst, so 13
lade Arme, Verkrüppelte, Lahme und
Blinde ein, dann wirst du selig sein, 14
weil sie dir nicht vergelten können;
denn dann wird es dir vergolten werden
bei der [e]Auferstehung der Gerechten.

a Mt 23,6 *b (8-10)* Spr 25,6.7 *c* Kap 18,14; Mt 23,12; Jak 4,6.10 *d (13 und 14)* 5.Mose 14,29 *e* Weish 5,16; 1.Kor 15,23; Apg 24,15

Das Gleichnis vom großen Abendmahl
(Mt 22,1-10)

15 Als das einer hörte, der mit zu Tisch
saß, sagte er zu Jesus: Selig ist, wer [a]im
Reich Gottes am Mahl teilnimmt!
16 Er aber sagte zu ihm: Ein Mann gab
ein großes Abendessen und lud viele
17 dazu ein. Und er sandte seinen Knecht
aus zur Stunde des Abendessens, um
den Geladenen zu sagen: Kommt,
18 denn es ist alles bereit! Da ließen sie
sich alle nacheinander entschuldigen.
Der erste sagte zu ihm: Ich habe einen
Acker gekauft und muß hinausgehen,
um ihn mir anzusehen; ich bitte dich,
19 entschuldige mich. Und der zweite sag-
te: Ich habe fünf Gespanne Ochsen ge-
kauft und gehe jetzt hin, um sie mir an-
zusehen; ich bitte dich, entschuldige
20 mich. Und der dritte sagte: Ich habe
eine Frau genommen; darum kann ich
21 nicht kommen.[b] Und der Knecht kam
zurück und sagte das seinem Herrn. Da
wurde der Hausherr zornig und sagte
zu seinem Knecht: Geh schnell hinaus
auf die Straßen und Gassen der Stadt
und führe Arme, Verkrüppelte, Blinde
22 und Lahme herein. Und der Knecht
sagte: Herr, es ist geschehen, was du
befohlen hast; es ist aber noch Platz da.
23 Und der Herr sagte zu dem Knecht:
Geh hinaus auf die Landstraßen und an
die Zäune und nötige sie hereinzukom-
24 men, damit mein Haus voll wird. Denn
ich sage euch, daß keiner von denen, die
eingeladen waren, an meinem Abend-
essen teilnehmen wird.

a Kap 13,29 *b* 1.Kor 7,33

Forderungen der Nachfolge

25 Es gingen aber viele Leute mit ihm;
und er wandte sich um und sagte zu
26 ihnen: Wenn jemand zu mir kommt
und haßt nicht Vater und Mutter, Frau
und Kinder, Brüder und Schwestern,
und dazu sich selbst, dann kann er nicht
27 mein Jünger sein.[a] Und wer nicht sein
Kreuz trägt und mir nachfolgt, der
28 kann nicht mein Jünger sein.[b] Denn
wer ist unter euch, der einen Turm
bauen will, und sich nicht vorher hin-
setzt und die Kosten überschlägt, ob er
29 genug hat, um es auszuführen? damit
nicht, wenn er den Grund gelegt hat
und es nicht ausführen kann, alle, die es
30 sehen, dann über ihn spotten und sa-
gen: Dieser Mann hat angefangen zu
bauen und kann's nicht ausführen.
Oder welcher König wird sich in einen 31
Krieg gegen einen andern König ein-
lassen und setzt sich nicht vorher hin
und hält Rat, ob er mit Zehntausend
dem entgegentreten kann, der mit
Zwanzigtausend über ihn kommt?
Wenn nicht, so schickt er eine Gesandt- 32
schaft, solange jener noch fern ist, und
bittet um Frieden. Ebenso kann keiner 33
von euch mein Jünger sein, der nicht al-
les aufgibt, was er hat.[c]
Salz ist ja etwas Gutes; wenn aber 34
das Salz seine Wirkung verliert, womit
soll man würzen?[d] Es ist weder für den 35
Acker noch für den Mist zu gebrau-
chen, sondern man wird's wegwerfen.
Wer Ohren hat, zu hören, der höre!

a Kap 18,29.30; 5.Mose 33,9; 1.Kor 7,29
b Kap 9,23 *c* Kap 9,62 *d* Mt 5,13; Mk 9,50

Das Gleichnis vom verlorenen Schaf

Es kamen aber überall die Zöllner und 15
Sünder zu ihm, um ihn zu hören. Und 2
die Pharisäer und Schriftgelehrten
murrten und sagten: [a]Dieser nimmt
Sünder an und ißt mit ihnen. Er sagte 3
aber zu ihnen dies Gleichnis: [b]Wer von 4
euch, der hundert Schafe hat und *eins*
von ihnen verliert, läßt nicht die neun-
undneunzig in der Wüste und geht dem
verlorenen nach, bis er's findet?[c] Und 5
wenn er's gefunden hat, so legt er sich's
voller Freude auf die Schultern. Und 6
wenn er heimkommt, ruft er seine
Freunde und Nachbarn und sagt zu
ihnen: Freut euch mit mir; denn ich
habe mein Schaf wiedergefunden, das
verloren war. Ich sage euch: So wird 7
auch Freude im Himmel sein über *einen*
Sünder, der umkehrt, mehr als über
neunundneunzig Gerechte, die die
Umkehr nicht nötig haben.

a Kap 5,30; 19,7 *b* *(4-7)* Mt 18,12-14
c Kap 19,10; Hes 34,12; Joh 10,11.12

Das Gleichnis vom verlorenen Groschen

Oder welche Frau, die zehn Silbergro- 8
schen hat und *einen* davon verliert, zün-
det nicht ein Licht an und kehrt das
Haus und sucht sorgfältig, bis sie ihn
findet? Und wenn sie ihn gefunden hat, 9
ruft sie ihre Freundinnen und Nachba-
rinnen und sagt: Freut euch mit mir;
denn ich habe meinen Silbergroschen
wiedergefunden, den ich verloren hat-
te. *So, sage ich euch, wird auch Freude* 10
sein vor den Engeln Gottes über einen
Sünder, der umkehrt.

Das Gleichnis vom verlorenen Sohn

11 Und er sagte: Ein Mann hatte zwei
12 Söhne. Und der jüngere von ihnen sag-
te zu dem Vater: Gib mir, Vater, den
Anteil am Besitz, der mir zufällt. Und
13 er teilte sein Vermögen unter sie. Und
nicht lange danach packte der jüngere
Sohn alles zusammen und zog in ein
fernes Land; und dort [a]brachte er sein
14 Vermögen durch mit Prassen. Als er
nun alles verbraucht hatte, kam eine
große Hungersnot über jenes Land,
15 und er geriet in Not und ging und häng-
te sich an einen Bürger jenes Landes;
der schickte ihn auf seinen Acker, um
16 die Schweine zu hüten. Und ihn ver-
langte, seinen Bauch mit den Schoten
zu füllen, die die Schweine fraßen;
17 doch niemand gab sie ihm.[b] Da kam er
zur Einsicht und dachte: Wie viele Ta-
gelöhner hat mein Vater, die Brot in
Hülle und Fülle haben, und ich verder-
18 be hier im Hunger! Ich will mich auf-
machen und zu meinem Vater gehen
und zu ihm sagen: Vater, ich habe ge-
sündigt gegen den Himmel und vor
19 dir.[c] Ich bin hinfort nicht mehr wert,
daß ich dein Sohn heiße; mache mich
20 zu einem deiner Tagelöhner! Und er
machte sich auf und kam zu seinem Va-
ter. Als er aber noch weit weg war, sah
ihn sein Vater und hatte Erbarmen mit
ihm; er lief ihm entgegen und fiel ihm
21 um den Hals und küßte ihn. Der Sohn
aber sagte zu ihm: *Vater, ich habe ge-*
sündigt gegen den Himmel und vor dir;
ich bin hinfort nicht mehr wert, daß ich
22 *dein Sohn heiße.* Aber der Vater sagte zu
seinen Knechten: Bringt schnell das
beste Gewand her und zieht es ihm an
und steckt ihm einen Ring an den Fin-
23 ger und zieht ihm Schuhe an und bringt
das Kalb her, das wir gemästet haben,
und schlachtet's; laßt uns essen und
24 fröhlich sein! Denn *dieser [d]mein Sohn*
war tot und ist wieder lebendig geworden;
er war verloren und ist wiedergefunden
worden. Und sie fingen an, fröhlich zu
sein.
25 Aber der ältere Sohn war auf dem
Feld. Und als er nahe zum Hause kam,
26 hörte er Musik und Tanz und rief einen
von den Knechten zu sich und fragte,
27 was das wäre. Der antwortete ihm:
Dein Bruder ist gekommen, und dein
Vater hat das gemästete Kalb ge-
schlachtet, weil er ihn gesund wieder
28 hat. [e]Da wurde er zornig und wollte
nicht hineingehen. Da kam sein Vater
heraus und bat ihn. Er aber antwortete 29
seinem Vater: Siehe, so viele Jahre die-
ne ich dir schon und habe dein Gebot
noch nie übertreten; doch mir hast du
nie auch nur einen Bock gegeben, damit
ich mit meinen Freunden hätte fröhlich
sein können. Nun aber, wo dieser dein 30
Sohn gekommen ist, der dein Vermö-
gen mit Huren verschlungen hat, hast
du für ihn das gemästete Kalb ge-
schlachtet. Er aber sagte zu ihm: Mein 31
Sohn, du bist immer bei mir, und alles,
was mir gehört, das gehört auch dir. Du 32
solltest aber fröhlich sein und dich
freuen; denn dieser dein Bruder war tot
und ist wieder lebendig geworden, er
war verloren und ist wiedergefunden
worden.

a Spr 29,3 *b* Spr 23,21 *c* Ps 51,6; Jer 3,12.13
d Eph 2,5 *e (28-32)* Mt 20,15

Das Gleichnis vom unehrlichen Verwalter

Er sagte aber auch zu den Jüngern: Ein **16**
reicher Mann hatte einen Verwalter;
der wurde bei ihm beschuldigt, daß er
ihm seinen Besitz verschleudere. Und 2
er ließ ihn rufen und sagte zu ihm: Was
höre ich da von dir? Lege Rechenschaft
über deine Verwaltung ab; denn du
kannst nicht länger Verwalter sein. Da 3
dachte der Verwalter: Was soll ich tun?
Mein Herr nimmt mir die Verwaltung
weg; graben kann ich nicht, auch
schäme ich mich zu betteln. Ich weiß, 4
was ich tun will, damit sie mich in ihre
Häuser aufnehmen, wenn ich abgesetzt
werde. Und er rief die Schuldner seines 5
Herrn einzeln zu sich und fragte den er-
sten: Wieviel bist du meinem Herrn
schuldig? Er antwortete: Hundert Ei- 6
mer Öl. Und er sagte zu ihm: Nimm
deinen Schuldschein, setz dich gleich
hin und schreib fünfzig. Danach fragte 7
er den zweiten: Du aber, wieviel bist du
schuldig? Er antwortete: Hundert Sack
Weizen. Er sagte zu ihm: Nimm deinen
Schuldschein und schreib achtzig.
Und der Herr lobte den unehrlichen 8
Verwalter, weil er klug gehandelt hatte;
denn die [a]Kinder dieser Welt sind un-
tereinander klüger als die Kinder des
Lichts. Und ich sage euch: Macht euch 9
Freunde mit dem ungerechten Mam-
mon, damit sie euch, wenn er euch aus-
geht, in die ewigen Wohnungen auf-
nehmen.[b]

a Eph 5,8.9 *b* Kap 14,14; Mt 6,20; 19,21

Von der Treue im Kleinsten

10 *Wer [a]im Kleinsten treu ist, der ist auch
im Großen treu; und wer im Kleinsten
unehrlich ist, der ist auch im Großen
11 unehrlich.* Wenn ihr nun mit dem unge-
rechten Mammon nicht treu seid, wer
wird euch dann das wahre Gut anver-
12 trauen? Und wenn ihr mit dem frem-
den Gut nicht treu seid, wer wird euch
13 geben, was euch gehört? Kein Knecht
kann zwei Herren dienen: entweder er
wird den einen hassen und den andern
lieben, oder er wird an dem einen hän-
gen und den andern verachten. Ihr
könnt nicht Gott dienen und dem
Mammon.[b]

a Kap 19,17 *b* Mt 6,24

Gegen die Selbstgerechtigkeit

14 Das alles hörten die Pharisäer. Die wa-
ren geldgierig und spotteten über ihn.
15 Und er sagte zu ihnen: Ihr seid's, die
[a]sich selbst vor den Menschen als
gerecht darstellen; aber Gott kennt
eure Herzen; denn was hoch ist bei
den Menschen, das ist ein Greuel vor
Gott.

a Kap 18,9-14

Stellung zum Gesetz

16 [a]Das Gesetz und die Propheten reichen
bis zu Johannes. Von da an wird das
Evangelium vom Reich Gottes gepre-
digt, und jeder drängt sich mit Gewalt
17 hinein. Es ist aber leichter, daß Himmel
und Erde vergehen, als daß ein [b]Tüp-
18 felchen vom Gesetz fällt. Wer seine
Frau entläßt und eine andere heiratet,
der bricht die Ehe; und wer die von ih-
rem Mann Geschiedene heiratet, der
bricht auch die Ehe.[c]

a Mt 11,12.13 *b* Mt 5,18 *c* Mt 5,32; 19,9

Das Gleichnis vom reichen Mann und armen Lazarus

19 Es war aber ein reicher Mann, der klei-
dete sich in Purpur und kostbare Lein-
wand und lebte alle Tage herrlich und
20 in Freuden. Es war aber ein Armer mit
Namen Lazarus, der lag voll von Ge-
21 schwüren vor seiner Tür, und ihn ver-
langte, seinen Hunger mit dem zu stil-
len, was von dem Tisch des Reichen
fiel; es kamen sogar noch die Hunde
22 und leckten an seinen Geschwüren. Als
aber der Arme starb, wurde er von den
Engeln in Abrahams Schoß getragen.
Der Reiche aber starb auch und wurde
23 begraben. Als er nun in der Hölle war,
hob er in seiner Qual die Augen auf und
sah Abraham von ferne und Lazarus in
seinem Schoß. Und er rief: Vater Abra- 24
ham, erbarme dich über mich und sen-
de Lazarus, damit er seine Fingerspitze
ins Wasser taucht und mir die Zunge
kühlt; denn ich leide Pein in diesen
Flammen. Abraham aber sagte: Denke 25
daran, mein Sohn, [a]daß du dein Teil an
Gutem schon in deinem Leben emp-
fangen hast; in gleichem Maß hat Laza-
rus nur Böses empfangen; jetzt wird er
hier getröstet, und du wirst gepeinigt.
Und darüber hinaus ist zwischen uns 26
und euch eine tiefe Kluft, damit nie-
mand, der von hier zu euch hinüber
will, dorthin kommen kann und auch
niemand von dort zu uns herüber. Da 27
sagte er: So bitte ich dich, Vater, daß
du ihn in das Haus meines Vaters sen-
dest; denn ich habe noch fünf Brüder. 28
Die soll er warnen, damit sie nicht auch
an diesen Ort der Qual kommen. Abra- 29
ham sagte: Sie haben Mose und die
Propheten; auf die sollen sie hören.[b] Er 30
aber sagte: Nein, Vater Abraham, son-
dern wenn einer von den Toten zu
ihnen käme, so würden sie Buße tun. Er 31
sagte zu ihm: Hören sie nicht auf Mose
und die Propheten, so werden sie sich
auch nicht überzeugen lassen, wenn je-
mand von den Toten aufersteht.

a Kap 6,24 *b* 2.Tim 3,16

Warnung vor Verführung

[a]Er sagte aber zu seinen Jüngern: Es ist **17**
unmöglich, daß keine Verführungen
kommen; aber weh dem, durch den sie
kommen! Es wäre besser für ihn, daß 2
man einen Mühlstein an seinen Hals
hängen und ihn ins Meer werfen wür-
de, als daß er einen dieser Kleinen irre
macht. Seht euch vor! 3

a (*1 und 2*) Mt 18,6.7

Brüderliche Zurechtweisung

Wenn dein Bruder sündigt, so weise
ihn zurecht; und wenn er es bereut,
vergib ihm.[a] Und wenn er siebenmal 4
am Tag an dir sündigt und siebenmal
wieder zu dir kommt und sagt: Es reut
mich!, so sollst du ihm vergeben.[b]

a Mt 18,15 *b* Mt 18,21.22

Von der Kraft des Glaubens

Und die Apostel baten den Herrn: 5
Stärke uns den Glauben! Der Herr 6
aber sagte: Wenn ihr Glauben habt nur
so groß wie ein Senfkorn, dann könntet
ihr zu diesem Maulbeerbaum sagen:

Reiß dich aus und verpflanze dich ins
Meer!, und er würde euch gehorchen.[a]

a Mt 17,20; 21,21

Das Gleichnis vom Knechtslohn

7 Wer von euch hat einen Knecht, der
pflügt oder das Vieh hütet, und sagt
ihm, wenn der vom Feld heimkommt:
Komm gleich her und setz dich zu
8 Tisch? Wird er nicht vielmehr zu ihm
sagen: Mach mir das Abendessen, gür-
te dich und bediene mich, bis ich geges-
sen und getrunken habe; danach sollst
9 du auch essen und trinken? Dankt er
dem Knecht dafür, daß der getan hat,
10 was befohlen war? So auch ihr! Wenn
ihr alles getan habt, was euch befohlen
ist, so sagt: Wir sind unwürdige
Knechte; [a]wir haben nur getan, was
wir zu tun schuldig waren.

a 1.Kor 9,16

Die zehn Aussätzigen

11 Und [a]auf seinem Weg nach Jerusalem
zog er mitten durch Samarien und Ga-
12 liläa. Und als er in ein Dorf kam, begeg-
neten ihm zehn aussätzige Männer;
13 [b]die blieben etwas entfernt stehen und
riefen: Jesus, lieber Meister, erbarme
14 dich über uns! Und als er sie sah, sagte
er zu ihnen: [c]Geht und zeigt euch den
Priestern! Und während sie hingingen,
15 wurden sie rein. Einer aber von ihnen
kehrte um, als er sah, daß er gesund ge-
worden war, und pries Gott mit lauter
16 Stimme, fiel Jesus zu Füßen und dank-
te ihm. Und das war ein Samaritaner.
17 Jesus aber fragte: Sind nicht alle zehn
rein geworden? Wo sind aber die neun?
18 Hat sich sonst keiner gefunden, der
wieder umkehrt und Gott die Ehre
19 gibt, als nur dieser Fremde? Und er
sagte zu ihm: Steh auf, geh hin; [d]dein
Glaube hat dir geholfen.

a Kap 9,51; 13,22 *b* 3.Mose 13,45.46 *c* Kap 5,14
d Kap 7,50

Vom Kommen des Gottesreiches
(Mt 24; Mk 13)

20 Als er aber von den Pharisäern gefragt
wurde: Wann kommt das Reich Got-
tes?, antwortete er ihnen: [a]Das Reich
Gottes kommt nicht mit erkennbaren
21 Zeichen; man wird auch nicht sagen:
Siehe, hier ist es! oder: Da ist es! Denn
siehe, das Reich Gottes ist mitten unter
euch.

22 Da sagte er zu den Jüngern: Es wird
die Zeit kommen, in der ihr euch da-
nach sehnen werdet, auch nur einen
von den Tagen des Menschensohns zu
sehen, aber ihr werdet ihn nicht sehen.
Und sie werden zu euch sagen: Siehe, 23
da! oder: Siehe, hier! Geht nicht hin
und lauft ihnen nicht nach![b] Denn wie 24
der Blitz aufblitzt und von einem Ende
des Himmels bis zum anderen leuchtet,
so wird der Menschensohn an seinem
Tage sein. Vorher aber muß er viel lei- 25
den und von diesem Geschlecht ver-
worfen werden.[c] Und wie es [d]zu den 26
Zeiten Noahs geschah, so wird's auch
in den Tagen des Menschensohns ge-
schehen: sie aßen, sie tranken, sie hei- 27
rateten, sie ließen sich heiraten bis zu
dem Tag, an dem Noah in die Arche
ging und die Sintflut kam und sie alle
umbrachte. Ebenso wird es sein, wie es 28
[e]zu den Zeiten Lots geschah: sie aßen,
sie tranken, sie kauften, sie verkauften,
sie pflanzten, sie bauten; an dem Tage 29
aber, als Lot aus Sodom ging, da regne-
te es Feuer und Schwefel vom Himmel
und brachte sie alle um. Genauso 30
wird's auch an dem Tag gehen, an dem
der Menschensohn offenbar wird.

Wer an diesem Tage auf dem Dach 31
ist und seine Sachen im Haus hat, der
steige nicht hinunter, um sie zu holen.
Und ebenso, wer auf dem Feld ist, der
wende sich nicht nach dem um, was
hinter ihm ist. Denkt an [f]Lots Frau! 32
Wer sein Leben zu erhalten sucht, 33
der wird es verlieren; und wer es ver-
lieren wird, der wird es erhalten.[g]
Ich sage euch: In jener Nacht werden 34
zwei in *einem* Bett liegen; der eine wird
angenommen, der andere wird zurück-
gelassen werden. Zwei Frauen werden 35
die Mühle drehen; die eine wird ange-
nommen, die andere wird zurückgelas-
sen werden.* Und sie fragten ihn: 37
Herr, wo? Er aber antwortete ihnen:
Wo das Aas ist, da sammeln sich auch
die Geier.

a Joh 18,36 *b* Kap 21,8 *c* Kap 9,22
d 1.Mose 6,9-7,23 *e* 1.Mose 19,15.24.25
f 1.Mose 19,26 *g* Kap 9,24

*Vers 35: In einer Reihe von Handschriften wird hinzugefügt (und in den Bibelausgaben als Vers 36 gezählt): »Zwei werden auf dem Felde sein; der eine wird angenommen, der andere bleibt zurück« (vgl. Mt 24,40).

Das Gleichnis von der bittenden Witwe

Er sagte ihnen aber ein Gleichnis dar- **18**
über, daß sie [a]allezeit beten und darin
nicht nachlassen sollten: Es war ein 2
Richter in einer Stadt, der fürchtete
sich nicht vor Gott und scheute sich vor
keinem Menschen. Es war aber eine 3

Witwe in derselben Stadt, die kam zu
ihm und sagte: Verschaffe mir Recht
4 gegen meinen Gegner! Und er wollte
lange nicht. Danach aber dachte er:
Wenn ich mich schon vor Gott nicht
fürchte und auch vor keinem Men-
5 schen scheue, will ich doch dieser Wit-
we ihr Recht verschaffen, [b]weil sie mir
soviel Mühe macht; sonst kommt sie
schließlich noch und schlägt mir ins
6 Gesicht. Da sagte der Herr: Hört, was
7 der ungerechte Richter sagt! Sollte
Gott nicht auch seinen Auserwählten
Recht verschaffen, die Tag und Nacht
zu ihm rufen, und etwa bei ihnen zö-
8 gern? Ich sage euch: Er wird ihnen ihr
Recht schnell verschaffen. Doch wenn
der Menschensohn kommt, wird er
dann etwa solchen Glauben finden auf
Erden?

a 1.Thess 5,17 *b* Kap 11,7.8

Das Gleichnis vom Pharisäer und Zöllner

9 Er sagte aber zu einigen, die [a]sich ein-
bildeten, fromm zu sein, und die an-
10 dern verachteten, dies Gleichnis: Zwei
Männer gingen hinauf in den Tempel,
um zu beten, der eine ein Pharisäer, der
11 andere ein Zöllner. [b]Der Pharisäer
stellte sich allein hin und betete so: Ich
danke dir, Gott, daß ich nicht bin wie
die andern Leute, Räuber, Betrüger,
Ehebrecher oder auch wie dieser Zöll-
12 ner. Ich faste zweimal in der Woche
und [c]gebe den Zehnten von allem, was
13 ich einnehme. Doch der Zöllner blieb
hinten stehen und wollte auch nicht die
Augen zum Himmel aufheben, sondern
schlug sich an die Brust und sagte:
14 *Gott, sei mir Sünder gnädig!*[d] Ich sage
euch: [e]Dieser ging gerechtfertigt in
sein Haus hinab, nicht aber jener. Denn
wer sich selbst erhöht, der wird ernied-
rigt werden; und [f]wer sich selbst
erniedrigt, der wird erhöht werden.

a Röm 10,3 *b* (*11 und 12*) Jes 58,2.3 *c* Mt 23,23
d Ps 51,3.19 *e* Mt 21,31 *f* Kap 14,11; Mt 23,12

Die Segnung der Kinder

(Mt 19,13-15; Mk 10,13-16)

15 Sie brachten auch kleine Kinder zu
ihm, damit er sie berühren sollte. Als
das aber die Jünger sahen, fuhren sie sie
16 an. Aber Jesus rief sie zu sich und sagte:
Laßt die Kinder zu mir kommen und hin-
dert sie nicht daran; denn Menschen wie
17 *ihnen gehört das Reich Gottes.* Wahrlich,
ich sage euch: Wer das Reich Gottes
nicht empfängt wie ein Kind, der wird
nicht hineinkommen.

Die Gefahr des Reichtums

(Mt 19,16-26; Mk 10,17-27)

Und es fragte ihn ein Synagogenvorste- 18
her: Guter Meister, was muß ich tun,
damit ich das ewige Leben erbe?[a] Jesus 19
aber sagte zu ihm: Was nennst du mich
gut? Niemand ist gut als Gott allein.
Du kennst ja die Gebote genau: [b]»Du 20
sollst nicht ehebrechen; du sollst nicht
töten; du sollst nicht stehlen; du sollst
keine falsche Anklage erheben; ehre
deinen Vater und deine Mutter!« Er 21
aber sagte: Das alles habe ich gehalten
von Jugend auf. Als Jesus das hörte, 22
sagte er zu ihm: Es fehlt dir noch eins.
Verkaufe alles, was du hast, und vertei-
le es an die Armen, so wirst du einen
[c]Schatz im Himmel haben, und komm
und folge mir nach! Als er das aber hör- 23
te, wurde er traurig; denn er war sehr
reich. Als aber Jesus sah, daß er traurig 24
geworden war, sagte er: Wie schwer
kommen die Reichen in das Reich Got-
tes![d] Denn es ist leichter, daß ein Ka- 25
mel durch ein Nadelöhr kommt, als daß
ein Reicher in das Reich Gottes kommt.
Da sagten die Leute, die das hörten: 26
Wer kann dann gerettet werden? Er 27
aber sagte: *Was bei den Menschen un-*
möglich ist, das ist bei Gott möglich.

a Kap 10,25-28 *b* 2.Mose 20,12-16 *c* Mt 6,20
d Kap 19,9

Der Lohn der Nachfolge

(Mt 19,27-30; Mk 10,28-31)

Da sagte Petrus: Siehe, wir haben un- 28
ser Eigentum verlassen und sind dir
nachgefolgt. Er aber sagte zu ihnen: 29
Wahrlich, ich sage euch: Es gibt nie-
mand, der Haus oder Frau oder Brüder
oder Eltern oder Kinder verläßt um des
Reiches Gottes willen, der es nicht viel- 30
fach wieder empfängt in dieser Zeit,
und dann in der zukünftigen Welt das
ewige Leben.

Die dritte Ankündigung von Jesu Leiden und Auferstehung

(Mt 20,17-19; Mk 10,32-34)

[a]Er nahm aber die Zwölf zu sich und 31
sagte zu ihnen: Siehe, wir gehen hinauf
nach Jerusalem, und es wird alles voll-
endet werden, [b]was durch die Prophe-
ten über den Menschensohn geschrie-
ben ist. Denn er wird den Heiden aus- 32
geliefert und verspottet und mißhan-
delt und angespuckt werden, und sie 33

werden ihn geißeln und töten; und am
34 dritten Tage wird er auferstehen. Sie
aber begriffen nichts davon, und [c]der
Sinn der Worte war ihnen verborgen,
und sie verstanden nicht, was er gesagt
hatte.

a (31-33) Kap 9,22.44.45 *b* Jes 52,13-53,12
c Kap 9,45; 24,45

Der Blinde von Jericho

(Mt 20,29-34; Mk 10,46-52)

35 Als er nun in die Nähe von Jericho kam,
saß da ein Blinder am Wege und bettel-
36 te. Als er aber hörte, wie die Menge
vorbeiging, fragte er, was da los wäre.
37 Da berichteten sie ihm: Jesus von Na-
38 zaret kommt vorbei. Und er rief: Jesus,
du Sohn Davids, erbarm dich über
39 mich! Doch die Leute, die vorangin-
gen, fuhren ihn an, er sollte schweigen.
Er aber rief noch lauter: Du Sohn Da-
40 vids, erbarme dich über mich! Jesus
aber blieb stehen und ließ ihn zu sich
führen. Als er aber vor ihm stand, frag-
41 te Jesus ihn: Was soll ich für dich tun?
Er antwortete: Herr, daß ich wieder se-
42 hen kann. Und Jesus sagte zu ihm: Du
sollst wieder sehen! [a]Dein Glaube hat
43 dir geholfen. Und sogleich konnte er
wieder sehen, folgte ihm nach und pries
Gott. Und alle, die das sahen, lobten
Gott.

a Kap 17,19

Zachäus

19 Und er kam nach Jericho und wollte
2 durch die Stadt hindurchziehen. Und
siehe, da war ein Mann mit Namen
Zachäus, der war Oberzöllner, und er
3 war reich. Der wollte gern sehen, wer
Jesus wäre, konnte es aber nicht wegen
der Menge; denn er war klein von Ge-
4 stalt. Da lief er voraus und stieg auf
einen Maulbeerbaum, um ihn zu se-
hen; denn dort sollte er vorbeikommen.
5 Und als Jesus an die Stelle kam, sah er
auf und sagte zu ihm: Zachäus, steig
schnell herunter; denn ich muß heute
6 in deinem Haus einkehren. Und er stieg
schnell herunter und nahm ihn mit
7 Freuden auf. Als sie das sahen, murrten
sie alle und sagten: Bei einem Sünder
8 ist er eingekehrt.[a] Zachäus aber trat vor
den Herrn hin und sagte: Siehe, Herr,
die Hälfte von meinem Besitz gebe ich
den Armen, und wenn ich jemand um
etwas betrogen habe, gebe ich es vier-
9 fach zurück.[b] Jesus aber sagte zu ihm:
Heute ist diesem Hause Heil widerfahren,
denn [c]auch er ist Abrahams Sohn.
Denn *der Menschensohn ist gekommen,* 10
zu suchen und zu retten, was verloren
ist.[d]

a Kap 15,2 *b* 2.Mose 21,37; Hes 33,14-16
c Kap 13,16 *d* Kap 5,32; Hes 34,16; 1.Tim 1,15

Das Gleichnis von den anvertrauten Pfunden

(Mt 25,14-30)

Als sie nun zuhörten, fuhr er mit einem 11
Gleichnis fort; denn er war nahe bei Je-
rusalem, und sie meinten, das Reich
Gottes würde sogleich offenbar wer-
den. Er sagte: Ein Mann von edler Her- 12
kunft zog in ein fernes Land, um das
Königtum zu empfangen und dann zu-
rückzukehren. Der ließ zehn von seinen 13
Knechten rufen und gab ihnen zehn
Pfund und sagte zu ihnen: Treibt da-
mit Handel, bis ich zurückkomme! Sei- 14
ne Bürger aber waren ihm feind und
schickten eine Gesandtschaft hinter
ihm her und ließen sagen: [a]Wir wollen
nicht, daß dieser unser König wird.
Nachdem er das Königtum empfangen 15
hatte, kam er zurück und ließ die
Knechte rufen, denen er das Geld gege-
ben hatte, um zu erfahren, was jeder
von ihnen gewonnen hätte. Da trat der 16
erste heran und sagte: Herr, dein Pfund
hat zehn eingebracht. Und er sagte zu 17
ihm: Recht so, du tüchtiger Knecht,
[b]weil du im Kleinsten treu gewesen
bist, sollst du Herr über zehn Städte
sein. Der zweite kam auch und sagte: 18
Herr, dein Pfund hat fünf Pfund er-
bracht. Zu dem sagte er auch: Und du 19
sollst über fünf Städte herrschen. Und 20
der dritte kam und sagte: Herr, siehe,
da ist dein Pfund, das ich in einem
Tuch verwahrt habe; denn ich fürchte- 21
te mich vor dir, weil du ein harter Mann
bist; du nimmst dir, was du nicht ange-
legt hast, und erntest, was du nicht ge-
sät hast. Er sagte zu ihm: Mit deinen ei- 22
genen Worten will ich dich richten, du
böser Knecht. Hast du gewußt, daß ich
ein harter Mann bin, der sich nimmt,
was er nicht angelegt hat, und erntet,
was er nicht gesät hat? Warum hast du 23
dann mein Geld nicht auf die Bank ge-
bracht? Und wenn ich zurückgekom-
men wäre, hätte ich's mit Zinsen ein-
fordern können. Und er sagte zu denen, 24
die dabeistanden: Nehmt ihm das
Pfund ab und gebt's dem, der zehn
Pfund hat. Und sie sagten zu ihm: 25
Herr, der hat doch schon zehn Pfund.
Ich sage euch aber: Jedem, der etwas 26
hat, dem wird noch mehr gegeben wer-

den; wer aber nichts hat, dem wird
auch das genommen werden, was er
27 hat.[c] Doch meine Feinde, die nicht
wollten, daß ich ihr König werde,
bringt her und macht sie vor mir nieder.

a Joh 1,11 *b* Kap 16,10 *c* Kap 8,18; Mt 13,12

Jesu Einzug in Jerusalem

(Mt 21,1-11; Mk 11,1-10; Joh 12,12-16)

28 Als Jesus das gesagt hatte, ging er voran
29 und zog hinauf nach Jerusalem. Als er
in die Nähe von Betfage und Betanien
kam, an den Berg, der Ölberg heißt,
30 sandte er zwei Jünger voraus und sagte:
Geht in das Dorf, das vor uns liegt.
Und wenn ihr hineinkommt, werdet ihr
ein Füllen angebunden finden, auf dem
noch niemand gesessen hat; bindet es
31 los und bringt's her! Und wenn euch
jemand fragt: Warum bindet ihr es
los?, dann sagt: Der Herr braucht es.
32 Und die, die er gesandt hatte, gingen
hin und fanden es so, wie er ihnen ge-
33 sagt hatte. Als sie aber das Füllen losbanden,
fragten seine Besitzer sie:
34 Warum bindet ihr das Füllen los? Sie
35 antworteten: Der Herr braucht es. Und
sie brachten's zu Jesus und warfen ihre
Kleider auf das Füllen und setzten Je-
36 sus darauf. Während er dahinritt, brei-
37 teten sie ihre Kleider auf den Weg. Und
als er nun nahe an die Stelle kam, wo
der Weg den Ölberg hinabführt, fing
die ganze Schar der Jünger an, voll
Freude Gott mit lauter Stimme zu loben
wegen aller Taten, die sie gesehen
38 hatten, und riefen: [a] Gelobt sei, der da
kommt im Namen des Herrn, der König!
[b] Friede sei im Himmel und Ehre
39 in der Höhe! Und einige Pharisäer in
der Menge sagten zu ihm: Meister,
40 weise doch deine Jünger zurecht! Er
antwortete: Ich sage euch: Wenn diese
schweigen werden, dann werden die
Steine schreien.

a Ps 118,26 *b* Kap 2,14

Jesu Weissagung über Jerusalem

41 Und als er näher kam, sah er die Stadt
42 und weinte über sie und sagte: [a] Wenn
doch auch du an diesem Tag erkennen
würdest, was zum Frieden dient!
[b] Aber nun ist's vor deinen Augen ver-
43 borgen. Denn es wird eine Zeit über
dich kommen, da werden deine Feinde
um dich einen Wall aufwerfen, dich belagern
und von allen Seiten bedrängen;
44 und sie werden dich und deine Kinder
in dir zerschmettern und [c] keinen Stein
in dir auf dem andern lassen, weil du
die Zeit nicht erkannt hast, in der du
gnädig heimgesucht worden bist.

a Kap 13,34 *b* Mt 13,13.14 *c* Kap 21,6

Die Tempelreinigung

(Mt 21,12-16; Mk 11,15-18; Joh 2,13-16)

Und er ging in den Tempel und trieb 45
die Händler hinaus und sagte zu ihnen: 46
Es steht geschrieben (Jesaja 56,7):
»Und es soll mein Haus ein Bethaus
sein«; ihr aber habt es zur [a] Räuberhöhle
gemacht. Und er lehrte täglich im 47
Tempel. Aber die Hohenpriester und
Schriftgelehrten und die Vornehmsten
des Volkes trachteten danach, ihn umzubringen,
und fanden keinen Weg, 48
wie sie es machen könnten; denn das
ganze Volk, das ihn hörte, hing ihm an.

a Jer 7,11

Die Frage nach Jesu Vollmacht

(Mt 21,23-27; Mk 11,27-33)

Als er eines Tages das Volk im Tempel **20**
lehrte und das Evangelium predigte,
traten die Hohenpriester und Schriftgelehrten
mit den Ältesten zu ihm und 2
fragten ihn: Sage uns, aus welcher
Vollmacht tust du das? oder wer hat dir
diese Vollmacht gegeben? Er aber ant- 3
wortete ihnen: Ich will euch auch eine
Frage stellen; sagt mir: War die Taufe 4
des Johannes vom Himmel oder von
Menschen? Sie aber überlegten bei 5
sich: Sagen wir, vom Himmel, so wird
er sagen: Warum habt ihr ihm nicht geglaubt?[a]
Sagen wir aber, von Men- 6
schen, so wird uns das ganze Volk steinigen;
denn sie sind überzeugt, daß Johannes
ein Prophet war. Und sie ant- 7
worteten, sie wüßten nicht, wo sie her
wäre. Und Jesus sagte zu ihnen: So 8
sage ich euch auch nicht, aus welcher
Vollmacht ich das tue.

a Kap 7,29.30

Das Gleichnis von den bösen Weingärtnern

(Mt 21,33-46; Mk 12,1-12)

Er sagte aber dem Volk dies Gleichnis: 9
Ein Mann pflanzte einen Weinberg
und verpachtete ihn an Weingärtner
und ging für eine lange Zeit außer
Landes. [a] Und als die Zeit kam, sandte 10
er einen Knecht zu den Weingärtnern,
damit sie ihm seinen Anteil von der
Frucht des Weinbergs geben sollten.
Aber die Weingärtner schlugen ihn und
schickten ihn mit leeren Händen fort.
Und er sandte noch einen zweiten 11

Knecht; sie aber schlugen den auch
und beschimpften ihn und schickten
12 ihn mit leeren Händen fort. Und er
sandte noch einen dritten; sie aber
schlugen auch den blutig und warfen
13 ihn hinaus. Da sagte der Besitzer des
Weinbergs: Was soll ich tun? Ich will
meinen lieben Sohn senden; vor dem
werden sie sich scheuen.
14 Als aber die Weingärtner den Sohn
sahen, überlegten sie bei sich und sag-
ten: Das ist der Erbe; laßt uns ihn tö-
15 ten, damit das Erbe uns gehört! Und sie
warfen ihn aus dem Weinberg hinaus
und töteten ihn. Was wird nun der Be-
16 sitzer des Weinbergs mit ihnen tun? Er
wird kommen und diese Weingärtner
ums Leben bringen und seinen Wein-
berg andern geben.
Als sie das hörten, sagten sie: Auf
17 keinen Fall! Er aber sah sie an und sag-
te: Was bedeutet dann dies Schriftwort
(Psalm 118,22): »Der Stein, den die
Bauleute verworfen haben, der ist zum
18 Eckstein geworden«? Wer auf diesen
Stein fällt, der wird zerschellen; [b]auf
wen er aber fällt, den wird er zermal-
19 men. Und die Schriftgelehrten und
Hohenpriester trachteten danach, noch
in derselben Stunde Hand an ihn zu
legen, und [c]fürchteten sich doch vor
dem Volk; denn sie hatten gemerkt,
daß er sie mit diesem Gleichnis gemeint
hatte.

a (10-12) 2.Chr 36,15.16 *b* Dan 2,34.35.44.45
c Kap 19,48

Die Frage nach der Steuer (»Der Zinsgroschen«)

(Mt 22,15-22; Mk 12,13-17)

20 Und sie belauerten ihn und sandten
Aufpasser aus, die sich stellen sollten,
als wären sie fromm; [a]die sollten ihn
bei einem Wort fassen, damit man ihn
der Amtsgewalt des Statthalters auslie-
21 fern könnte. Und sie fragten ihn: Mei-
ster, wir wissen, daß du aufrichtig re-
dest und lehrst und nicht auf das Anse-
hen der Menschen achtest, sondern den
Weg Gottes in aller Wahrheit lehrst.
22 Ist's recht, daß wir dem Kaiser Steuern
23 zahlen, oder nicht? Er aber merkte ihre
24 Hinterlist und antwortete ihnen: Zeigt
mir einen Silbergroschen! Wessen Bild
und Aufschrift trägt er? Sie antworte-
25 ten: Des Kaisers. Er aber sagte zu
ihnen: *Dann gebt dem Kaiser, was dem
Kaiser gehört, und Gott, was Gott ge-
26 hört!*[b] Und sie konnten ihn vor dem
Volk nicht bei einem Wort fassen und
wunderten sich über seine Antwort und
schwiegen still.

a Kap 11,54; 23,2 *b* Röm 13,1.7

Die Frage nach der Auferstehung

(Mt 22,23-33.46; Mk 12,18-27.34)

Da traten einige Sadduzäer zu ihm, die 27
leugnen, daß es eine Auferstehung gibt,
und fragten ihn: Meister, Mose hat 28
uns vorgeschrieben (5. Mose 25, 5.6):
»Wenn ein Mann stirbt, der einen Bru-
der und eine Frau, aber keine Kinder
hat, so soll sein Bruder diese Frau hei-
raten und seinem Bruder Nachkom-
men verschaffen.« Nun waren einmal 29
sieben Brüder. Der erste nahm eine
Frau und starb kinderlos. Und der 30
zweite nahm sie, und der dritte; in 31
gleicher Weise hinterließen alle sieben
keine Kinder und starben. Zuletzt starb 32
auch die Frau. Wem von ihnen wird 33
dann in der Auferstehung die Frau ge-
hören? Denn alle sieben haben sie zur
Frau gehabt. Und Jesus sagte zu ihnen: 34
Die Kinder dieser Welt heiraten und
lassen sich heiraten; die aber, die ge- 35
würdigt werden, an jener Welt und der
Auferstehung von den Toten teilzuha-
ben, werden weder heiraten noch sich
heiraten lassen. Denn auch sterben 36
können sie nicht mehr; denn sie sind
den Engeln gleich und [a]Gottes Kinder,
weil sie Kinder der Auferstehung sind.
Daß aber die Toten auferstehen, darauf 37
hat auch Mose mit dem Schriftwort
vom Dornbusch hingewiesen, wenn er
den Herrn den Gott Abrahams und
Gott Isaaks und Gott Jakobs nennt
(2.Mose 3,6). *Gott aber ist nicht ein Gott* 38
der Toten, sondern der Lebenden; denn
[b]*für ihn sind alle lebendig.*
Da antworteten einige Schriftgelehr- 39
te und sagten: Meister, du hast recht.
Denn sie wagten nicht mehr, ihn etwas 40
zu fragen.

a 1.Joh 3,1.2 *b* Röm 14,8

Die Frage nach dem Davidssohn

(Mt 22,41-44; Mk 12,35-37)

Er sagte aber zu ihnen: Wieso sagen sie, 41
der Christus sei Davids Sohn? Denn 42
David selbst sagt im Psalmbuch (Psalm
110,1): »Der Herr sprach zu meinem
Herrn: Setze dich zu meiner Rechten,
bis ich deine Feinde zum Schemel dei- 43
ner Füße mache.« David nennt ihn also 44
einen Herrn; wieso ist er dann sein
Sohn?

Warnung vor den Schriftgelehrten
(Mt 23,5-7)

45 Als aber das ganze Volk zuhörte, sagte
46 er zu seinen Jüngern: Hütet euch vor
den Schriftgelehrten, die es lieben, in
langen Gewändern einherzugehen, und
sich gern auf dem Markt grüßen lassen
und [a]in den Synagogen und bei Tisch
47 gern obenan sitzen; sie fressen die
Häuser der Witwen und verrichten
zum Schein lange Gebete. Die werden
ein um so härteres Urteil empfangen.

a Kap 11,43

Das Opfer der Witwe (»Das Scherflein der Witwe«)
(Mk 12,41-44)

21 Er blickte auf und sah zu, wie die Rei-
chen ihre Opfer in den Gotteskasten
2 einlegten. Er sah aber eine arme Witwe,
3 die legte dort zwei Heller ein. Und er
sagte: Wahrlich, ich sage euch: Diese
arme Witwe hat mehr als sie alle einge-
4 legt. Denn diese alle haben etwas von
ihrem Überfluß zu den Opfern gege-
ben; sie aber hat von ihrer Armut alles,
wovon sie lebt, gegeben.[a]

a 2.Kor 8,12

Jesu Rede über die Endzeit (Verse 5-36)
(Mt 24,1-36; Mk 13,1-32)

Das Ende des Tempels

5 Und als einige über den Tempel sagten,
er sei mit schönen Steinen und Weihge-
6 schenken geschmückt, sagte er: Es wird
die Zeit kommen, in der von allem, was
ihr seht, nicht ein Stein auf dem andern
bleiben wird, der nicht zerbrochen
werden wird.[a]

a Kap 19,44

Die Vorzeichen

7 Sie fragten ihn aber: Meister, wann
wird das nun geschehen? und was ist
das Zeichen dafür, daß es geschehen
8 soll? Er aber sagte: Seht zu, laßt euch
nicht in die Irre führen. Denn viele
werden unter meinem Namen kommen
und sagen: Ich bin's, und: Die Zeit ist
herbeigekommen. – Folgt ihnen nicht!
9 Wenn ihr aber von Kriegen und Auf-
ständen hören werdet, so entsetzt euch
nicht. Denn das muß vorher ge-
schehen; aber das Ende ist noch nicht
10 so bald da. Dann sagte er zu ihnen: Ein
Volk wird sich gegen das andere erhe-
ben und ein Reich gegen das andere,
und es werden große Erdbeben kom- 11
men und Hungersnöte und Seuchen
hier und dort; auch werden schreck-
liche Dinge und vom Himmel her gro-
ße Zeichen geschehen.

Die Verfolgung der Gemeinde

[a]Aber vor diesem allen werden sie 12
Hand an euch legen und euch verfol-
gen, sie werden euch dem Gericht der
Synagogen übergeben und ins Gefäng-
nis werfen und euch vor Könige und
Statthalter führen um meines Namens
willen. Es wird für euch zu einem 13
Zeugnis kommen. So beherzigt nun, 14
daß ihr euch vorher [b]keine Sorgen
macht, wie ihr euch verteidigen sollt.
Denn ich will euch Weisheit in den 15
Mund legen, der alle eure Gegner nicht
widerstehen oder widersprechen kön-
nen.[c] Ihr werdet aber von Eltern, Brü- 16
dern, Verwandten und Freunden aus-
geliefert werden; und man wird einige
von euch töten. Und ihr werdet von al- 17
len gehaßt werden um meines Namens
willen. Doch kein Haar soll euch ge- 18
krümmt werden.[d] Wenn ihr standhaft 19
bleibt, werdet ihr das Leben gewin-
nen.[e]

a (12-18) Mt 10,18-22.30 *b* Kap 12,11
c Apg 6,10 *d* Kap 12,7 *e* Hebr 10,36

Das Ende Jerusalems

Wenn ihr seht, daß Jerusalem von 20
einem Heer belagert wird, dann sollt
ihr erkennen, daß seine Verwüstung
nahe herbeigekommen ist. Dann soll, 21
wer in Judäa ist, ins Gebirge fliehen,
und wer in der Stadt ist, der soll heraus-
gehen, und wer auf dem Lande ist, der
soll nicht hineingehen. Denn das sind 22
die [a]Tage der Vergeltung, in denen al-
les erfüllt werden soll, was geschrieben
steht. Weh aber den Schwangeren und 23
den stillenden Müttern in diesen Ta-
gen! Denn große Not wird auf Erden
sein, und Zorn wird über dies Volk
kommen, und sie werden durch die 24
Schärfe des Schwertes fallen und als
Gefangene zu allen Völkern ver-
schleppt werden; und [b]Jerusalem wird
von den Völkern zertreten werden, [c]bis
die Zeiten der Völker erfüllt sind.

a 5.Mose 32,35 *b* Jes 63,18; Offb 11,2
c Röm 11,25

Das Kommen des Menschensohns

[a]Es werden Zeichen an Sonne, Mond 25
und Sternen geschehen, und auf Erden

werden die Völker voll Angst und
Schrecken sein, denn das Meer wird
26 donnern und toben, und die Menschen
werden vergehen vor Furcht in der Er-
wartung der Dinge, die über die ganze
Erde kommen sollen; denn die Kräfte
der Himmel werden ins Wanken kom-
27 men. Und dann [b] werden sie den Men-
schensohn in einer Wolke kommen se-
hen mit großer Kraft und Herrlichkeit.
28 Wenn aber das alles zu geschehen an-
fängt, dann seht auf und erhebt eure
Häupter, [c] weil sich eure Erlösung naht.

a Offb 6,12.13 *b* Dan 7,13 *c* Phil 4,4.5

Das Gleichnis vom Feigenbaum

29 Und er sagte ihnen ein Gleichnis: Seht
den Feigenbaum und alle andern Bäu-
30 me an: schon wenn ihr seht, daß sie
ausschlagen, merkt ihr, daß nun der
31 Sommer nahe ist. So auch ihr: wenn ihr
seht, daß dies alles geschieht, so wißt,
daß das Reich Gottes nahe ist.

Ermahnung zur Wachsamkeit

32 Wahrlich, ich sage euch: Dies Ge-
schlecht wird nicht vergehen, bis alles
33 geschieht. Himmel und Erde werden
vergehen; aber meine Worte werden
niemals vergehen.
34 Hütet euch aber, daß [a] eure Herzen
nicht beschwert werden mit Fressen
und Saufen und mit alltäglichen Sor-
gen und daß dieser Tag euch nicht
35 [b] plötzlich trifft wie eine Falle; denn er
wird über alle kommen, die auf der gan-
36 zen Erde wohnen. Seid allezeit wach
und betet, daß ihr stark genug seid,
diesem allen, was geschehen soll, zu
entfliehen und vor dem Menschensohn
zu bestehen.
37 Tagsüber lehrte er im Tempel;
nachts aber ging er hinaus und blieb an
38 dem Berg, der Ölberg heißt. Und das
ganze Volk kam schon früh am Morgen
zu ihm in den Tempel, um zu hören.

a Mk 4,19 *b* 1.Thess 5,3

Leiden, Sterben und Auferstehung Jesu (Kap 22-24)

(Mt 26-28; Mk 14-16; Joh 18-21)

Der Verrat des Judas

22 Das Fest der Ungesäuerten Brote war
2 nahe, das Passa genannt wird. Und [a] die
Hohenpriester und Schriftgelehrten
suchten einen Weg, wie sie ihn töten
könnten; denn sie fürchteten sich vor
dem Volk.
Da fuhr [b] der Satan in Judas mit dem 3
Beinamen Iskariot, der zum Kreis der
Zwölf gehörte. Und der ging zu den 4
Hohenpriestern und Hauptleuten und
redete mit ihnen darüber, wie er ihn an
sie verraten könnte. Und sie waren froh 5
und verabredeten, ihm Geld zu geben.
Und er sagte es zu und suchte eine gün- 6
stige Gelegenheit, ihn an sie zu verra-
ten, ohne Unruhe zu erregen.

a Kap 20,19 *b* Joh 13,2.27

Das Abendmahl

Es kam nun der [a] Tag der Ungesäuer- 7
ten Brote, an dem man das Passalamm
opfern mußte. Und er sandte Petrus 8
und Johannes und sagte: Geht und be-
reitet für uns das Passalamm, damit
wir's essen. Sie aber fragten ihn: Wo 9
sollen wir's bereiten? Er sagte zu ih- 10
nen: Siehe, wenn ihr in die Stadt hin-
einkommt, wird euch jemand begeg-
nen, der einen Wasserkrug trägt; folgt
ihm in das Haus, in das er hineingeht,
und sagt zu dem Hausherrn: Der Mei- 11
ster läßt dir sagen: Wo ist der Raum, in
dem ich mit meinen Jüngern das Passa-
lamm essen kann? Und er wird euch 12
einen großen Saal zeigen, der mit Pol-
stern versehen ist; dort bereitet es zu.
Sie gingen weg und [b] fanden alles, wie 13
er's ihnen gesagt hatte, und bereiteten
das Passalamm zu.
Und als die Stunde kam, ließ er sich 14
nieder und die Apostel mit ihm. Und er 15
sagte zu ihnen: Ich habe herzlich da-
nach verlangt, dies Passa mit euch zu
essen, bevor ich leide. Denn ich sage 16
euch, daß ich's nicht mehr essen werde,
bis es erfüllt wird im Reich Gottes.[c]
Und er nahm den Kelch, dankte und 17
sprach: Nehmt ihn und teilt ihn unter
euch; denn ich sage euch: Ich werde 18
von nun an nicht mehr von der Frucht
des Weinstocks trinken, bis das Reich
Gottes kommt.
[d] *Und er nahm das Brot, dankte und* 19
brach's und gab's ihnen und sprach: Das
ist mein Leib, der für euch gegeben wird;
das tut zu meinem Gedächtnis. Ebenso 20
auch den Kelch nach dem Mahl und
sprach: Dieser Kelch ist der neue Bund in
meinem Blut, das für euch vergossen
wird!
Doch siehe, die Hand meines Verrä- 21
ters ist mit mir überm Tisch.[e] Denn 22
der Menschensohn geht zwar dahin,
wie es beschlossen ist; doch weh dem
Menschen, durch den er verraten wird!
Und sie fingen an, untereinander zu 23

fragen, wer von ihnen es wohl wäre, der
das tun würde.

a 2.Mose 12,18-20 *b* Kap 19,32 *c* Kap 13,29
d (19 und 20) 1.Kor 11,23-25 *e* Joh 13,21.22

Gespräche mit den Jüngern

24 [a]Es erhob sich auch ein Streit unter
ihnen, [b]wer von ihnen als der Größte
25 gelten sollte. Er aber sagte zu ihnen:
Die Könige halten ihre Völker nieder,
und ihre Machthaber lassen sich Wohl-
26 täter nennen. Ihr aber sollt nicht so
sein! Sondern der Größte unter euch
soll wie der Jüngste sein, und der Füh-
27 rende wie der Dienende. Denn wer ist
größer: der bei Tisch sitzt oder der
dient? Doch wohl der, der bei Tisch
sitzt. [c]Ich aber bin unter euch wie der
Dienende.
28 Ihr aber habt bei mir in meinen An-
29 fechtungen ausgehalten.[d] So will ich
euch zur Herrschaft einsetzen, wie
30 mein Vater mich eingesetzt hat: Ihr
sollt in meinem Reich an meinem Tisch
essen und trinken und [e]auf Thronen
sitzen und die zwölf Stämme Israels
richten.
31 Simon, Simon, siehe, der Satan hat
verlangt, daß er euch sieben darf wie
32 den Weizen.[f] *Ich aber habe [g]für dich ge-
beten, daß dein Glaube nicht aufhört.*
Und wenn du dich dann bekehrst, so
33 stärke deine Brüder. Er aber antwortete
ihm: Herr, ich bin bereit, mit dir ins
34 Gefängnis und in den Tod zu gehen. Er
aber sprach: Petrus, ich sage dir: Der
Hahn wird heute nicht krähen, bevor
du dreimal geleugnet hast, daß du mich
kennst.
35 Und er sagte zu ihnen: [h]Als ich euch
ohne Geldbeutel, ohne Tasche und
ohne Schuhe ausgesandt habe, habt ihr
da je Mangel gehabt? Sie antworteten:
36 Niemals. Da sagte er zu ihnen: Jetzt
aber, wer einen Geldbeutel hat, soll ihn
mitnehmen, ebenso auch die Tasche,
wer aber beides nicht hat, der soll sei-
nen Mantel verkaufen, und er soll ein
37 Schwert kaufen. Denn ich sage euch:
Es muß an mir vollendet werden, was
geschrieben steht (Jesaja 53,12): »Er ist
zu den Übeltätern gerechnet worden.«
Denn was von mir geschrieben ist,
38 kommt jetzt zum Ziel. Sie sagten aber:
Herr, siehe, hier sind zwei Schwerter.
Er aber sagte zu ihnen: Es ist genug.

a (24-30) Mt 20,25-28; Mk 10,42-45 *b* Kap 9,46
c Joh 13,4-14 *d* Joh 6,67.68 *e* Mt 19,28
f 2.Kor 2,11 *g* Joh 17,11.15 *h* Kap 9,3; 10,4

Jesus in Getsemani

Und er ging nach seiner Gewohnheit 39
hinaus zum Ölberg. Die Jünger aber
folgten ihm. Und als er dort war, sagte 40
er zu ihnen: *Betet, damit ihr nicht in An-
fechtung fallt!* Und er riß sich von 41
ihnen los, etwa einen Steinwurf weit,
und kniete nieder und betete: Vater, 42
wenn du willst, dann nimm diesen
Kelch von mir; *doch nicht mein, sondern
[a]dein Wille geschehe!* [Es erschien ihm 43
aber ein Engel vom Himmel und stärk-
te ihn. Und er rang mit dem Tode und 44
betete heftiger. Und sein Schweiß wur-
de wie Blut, das auf die Erde tropft.]*
Und er stand vom Gebet auf und kam 45
zu seinen Jüngern und fand sie schla-
fend vor Traurigkeit und sagte zu 46
ihnen: Was schlaft ihr? Steht auf und
betet, damit ihr nicht in Anfechtung
fallt!

a Mt 6,10
*Verse 43 und 44: Diese Verse finden sich in einigen alten Textzeugen nicht.

Jesu Gefangennahme

Als er aber noch redete, da kam eine 47
Schar; und einer von den Zwölfen, der
mit dem Namen Judas, ging vor ihnen
her und trat an Jesus heran, um ihn zu
küssen. Jesus aber sagte zu ihm: Judas, 48
verrätst du den Menschensohn mit
einem Kuß? Als aber die, die bei ihm 49
waren, sahen, was kommen würde,
fragten sie: Herr, sollen wir mit dem
Schwert dreinschlagen? Und einer von 50
ihnen schlug dem Knecht des Hohen-
priesters das rechte Ohr ab. Da sagte 51
Jesus: Haltet ein! Und er berührte sein
Ohr und heilte ihn. Jesus aber sagte zu 52
den Hohenpriestern und Hauptleuten
des Tempels und den Ältesten, die auf
ihn zugekommen waren: Ihr seid wie
gegen einen Räuber mit Schwertern
und mit Stangen ausgezogen. Dabei 53
bin ich täglich bei euch im Tempel ge-
wesen, und [a]ihr habt nicht Hand an
mich gelegt. Aber dies ist eure Stunde
und die Macht der Finsternis.

a Joh 7,30; 8,20

Die Verleugnung des Petrus

Sie ergriffen ihn aber und führten ihn 54
ab und brachten ihn in das Haus des
Hohenpriesters. Petrus aber folgte et-
was entfernt. Da zündeten sie mitten 55
im Hof ein Feuer an und setzten sich
zusammen; und Petrus setzte sich mit-
ten unter sie. Da sah ihn eine Magd am 56

Feuer sitzen und sah ihn genau an und
sagte: Der war auch mit ihm zusam-
57 men. Er aber leugnete und sagte zu der
58 Frau: Ich kenne ihn nicht. Bald darauf
sah ihn ein anderer und sagte: Du bist
auch einer von denen. Petrus aber ant-
59 wortete: Mensch, ich bin's nicht. Un-
gefähr nach einer Stunde bekräftigte es
ein anderer und sagte: Ganz sicher, der
war auch mit ihm zusammen; denn er
60 ist Galiläer. Petrus aber sagte: Mensch,
ich weiß nicht, was du meinst. Und
während er noch redete, krähte schon
61 der Hahn. Da wandte sich der Herr um
und sah Petrus an. Und Petrus dachte
daran, wie der Herr zu ihm gesagt hat-
te: Ehe heute der Hahn kräht, wirst du
62 mich dreimal verleugnen. Und Petrus
ging hinaus und weinte bitterlich.[a]

a Ps 51,19

Jesus vor dem Hohen Rat

63 Die Männer aber, die Jesus gefangen
hielten, verspotteten ihn und schlugen
64 ihn, verhüllten ihn und fragten ihn:
Weissage, wer ist's, der dich geschlagen
65 hat? Und noch mit vielen andern Lä-
sterungen beschimpften sie ihn.
66 Als es Tag wurde, versammelten sich
die Ältesten des Volks, die Hohenprie-
ster und Schriftgelehrten und ließen
67 ihn vor ihr Gericht führen und sagten:
Bist du der Christus, so sage es uns! Er
aber antwortete ihnen: [a]Sage ich's
68 euch, so glaubt ihr's nicht; frage ich
69 aber, so antwortet ihr nicht. Aber von
nun an wird der Menschensohn [b]sitzen
70 zur Rechten der Macht Gottes. Da
fragten sie alle: *Bist du denn Gottes
Sohn? Er antwortete ihnen: Ihr sagt
71 selbst, daß ich's bin.* Sie aber sagten:
Was brauchen wir noch ein weiteres
Zeugnis? Wir haben's selbst gehört aus
seinem Munde.

a Joh 3,12 b Ps 110,1

Jesus vor Pilatus

23 Da stand die ganze Versammlung auf,
2 und sie führten ihn vor Pilatus, erhoben
Anklage gegen ihn und sagten: [a]Wir
haben festgestellt, daß dieser unser
Volk aufwiegelt und [b]verbietet, dem
Kaiser Steuern zu zahlen, und behaup-
3 tet, er sei Christus, ein König. Pilatus
aber fragte ihn: Bist du der König der
Juden? Er antwortete ihm: Du sagst es.
4 Pilatus sagte zu den Hohenpriestern
und zum Volk: Ich finde keine Schuld
5 an diesem Menschen. Sie aber blieben
dabei und sagten: Er wiegelt das Volk
damit auf, daß er überall in Judäa lehrt,
von Galiläa aus bis hierher.

a Apg 24,5; b Kap 20,25

Jesus vor Herodes

Als Pilatus das hörte, fragte er, ob er aus 6
Galiläa wäre. Und als er erfuhr, daß er 7
[a]Untertan des Herodes war, sandte er
ihn zu Herodes, der in diesen Tagen
auch in Jerusalem war. Als aber Hero- 8
des Jesus sah, freute er sich sehr; denn
[b]er hätte ihn schon längst gerne gese-
hen, weil er von ihm gehört hatte, und
hoffte, er würde ein Zeichen von ihm
sehen. Und er fragte ihn vieles. Jesus 9
antwortete ihm aber nichts. Die Ho- 10
henpriester und Schriftgelehrten aber
standen dabei und klagten ihn heftig
an. Aber Herodes mit seinen Soldaten 11
verachtete ihn; er verspottete ihn, ließ
ihm ein weißes Gewand anlegen und
sandte ihn zu Pilatus zurück. An 12
diesem Tag wurden Herodes und Pila-
tus Freunde; denn vorher waren sie
Feinde gewesen.

a Kap 3,1 b Kap 9,9

Jesu Verurteilung

Pilatus aber rief die Hohenpriester und 13
die führenden Männer und das Volk
zusammen und sagte zu ihnen: Ihr habt 14
diesen Menschen zu mir gebracht und
behauptet, daß er das Volk aufwiegelt;
und siehe, ich habe ihn vor euch ver-
hört und keine von den Anklagen bestä-
tigt gefunden, die ihr gegen ihn erhebt;
Herodes auch nicht, denn er hat ihn uns 15
zurückgesandt. Und siehe, er hat nichts
getan, was den Tod verdient hätte.
Darum will ich ihn schlagen lassen und 16
dann freigeben.* Da schrien sie alle 18
miteinander: Weg mit dem, gib uns
Barabbas frei! Den hatte man wegen 19
eines Aufruhrs in der Stadt und eines
Mordes ins Gefängnis geworfen. Da re- 20
dete Pilatus noch einmal auf sie ein,
weil er Jesus gern freilassen wollte. Sie 21
aber riefen: Kreuzige, kreuzige ihn! Er 22
aber sagte zum dritten Mal zu ihnen:
Was hat dieser denn Böses getan? Ich
habe nichts an ihm gefunden, wofür er
den Tod verdient hätte; darum will ich
ihn schlagen lassen und dann freigeben.
Aber sie drangen mit großem Geschrei 23
auf ihn ein und forderten, daß er ge-
kreuzigt würde. Und sie gewannen mit
ihrem Geschrei die Oberhand. Und Pi- 24
latus entschied, ihre Bitte sollte erfüllt
werden, und ließ den frei, den man 25
wegen Aufruhr und Mord ins Gefäng-

nis geworfen hatte und um den sie ge-
beten hatten; aber Jesus übergab er ih-
rem Willen.

*Vers 16: Vers 17 gehört nicht zum ursprünglichen Text des Lukasevangeliums. Er lautet in der späteren Überlieferung: »Er mußte ihnen aber zum Fest einen Gefangenen freigeben.«

Jesu Weg nach Golgota

26 Und als sie ihn abführten, ergriffen sie
einen Mann mit Namen Simon von
Kyrene, der gerade vom Feld kam; und
sie legten das Kreuz auf ihn, damit er's
Jesus nachtragen sollte.
27 Es folgte ihm aber eine große Men-
schenmenge und Frauen, die ihn be-
28 klagten und beweinten. Jesus aber
wandte sich zu ihnen um und sagte: Ihr
Töchter von Jerusalem, weint nicht
über mich, sondern weint über euch
29 selbst und über eure Kinder. Denn sie-
he, es wird die Zeit kommen, in der
man sagen wird: Selig sind die Un-
fruchtbaren und die Leiber, die nicht
geboren haben, und die Brüste, die
30 nicht genährt haben![a] Dann werden sie
anfangen, zu den Bergen zu sagen:
Fallt auf uns! und zu den Hügeln: Be-
31 deckt uns![b] Denn wenn man das dem
grünen Holz antut, was wird dann mit
dem dürren geschehen?[c]

a Kap 21,23 *b* Hos 10,8; Offb 6,16; 9,6 *c* 1.Petr 4,17

Jesu Kreuzigung und Tod

32 Es wurden aber auch zwei Verbrecher
mit ihm zur Hinrichtung geführt.
33 Und als sie an die Stätte kamen, die
Schädelstätte heißt, kreuzigten sie ihn
dort und die Verbrecher mit ihm, einen
34 zur Rechten und einen zur Linken. Je-
sus aber sagte: [a]*Vater, vergib ihnen;
denn* [b]*sie wissen nicht, was sie tun!* Und
[c]sie verteilten seine Kleider und warfen
35 das Los darum. Und das Volk stand da
und sah zu. Aber die führenden Män-
ner spotteten und sagten: Er hat andern
geholfen; er helfe sich selber, wenn er
der Christus, der Auserwählte Gottes,
36 ist. Auch die Soldaten verspotteten ihn,
traten heran und reichten ihm Essig
37 und sagten: Bist du der König der Ju-
38 den, so hilf dir selber! Es war aber über
ihm auch eine Tafel mit der Inschrift:
Dies ist der König der Juden.
39 Aber einer der Verbrecher, die am
Kreuz hingen, schmähte ihn: Bist du
nicht der Christus? Hilf dir selbst und
40 uns! Da wies ihn der andere zurecht
und sagte: Und du fürchtest dich auch
nicht vor Gott, der du doch die gleiche
Strafe erleidest? Uns trifft sie zwar mit 41
Recht, denn wir empfangen, was unsre
Taten verdienen; dieser aber hat nichts
Unrechtes getan. Und er sagte: Jesus, 42
denke an mich, [d]wenn du in dein Reich
kommst! Und Jesus sprach zu ihm: 43
*Wahrlich, ich sage dir: Heute wirst du
mit mir* [e]*im Paradies sein.*
Und es war schon um die sechste 44
Stunde, da kam eine Finsternis über
das ganze Land bis zur neunten Stun-
de, und die Sonne verlor ihren Schein, 45
und der [f]Vorhang des Tempels riß mit-
ten entzwei. Und Jesus rief laut: *Vater,* 46
[g]*ich befehle meinen Geist in deine Hände!*
Und als er das gesagt hatte, verschied
er.
Als aber der Hauptmann sah, was da 47
geschah, pries er Gott und sagte:
Dieser ist wirklich ein gerechter
Mensch gewesen! Und als alle Leute, 48
die zum Zuschauen gekommen waren,
sahen, was da geschah, schlugen sie sich
an ihre Brust und kehrten wieder heim.
Alle seine Bekannten standen aber et- 49
was entfernt, auch [h]die Frauen, die ihm
aus Galiläa gefolgt waren, und sahen
das alles.

a Jes 53,12; Apg 7,59 *b* Apg 3,17 *c* Ps 22,19 *d* Mt 20,21 *e* 2.Kor 12,4 *f* 2.Mose 26,31-33; 2.Chr 3,14 *g* Ps 31,6; Apg 7,58 *h* Kap 8,2.3

Jesu Grablegung

Und siehe, da war ein Mann mit Na- 50
men Josef, ein Ratsherr, der war ein gu-
ter, gerechter Mann und hatte in ihren 51
Beschluß und ihr Vorgehen nicht ein-
gewilligt. Er war aus Arimathäa, einer
Stadt der Juden, und [a]wartete auf das
Reich Gottes. Der ging zu Pilatus und 52
bat um den Leib Jesu und nahm ihn ab, 53
wickelte ihn in ein Leinentuch und leg-
te ihn in ein Felsengrab, in dem noch
nie jemand gelegen hatte. Und es war 54
Rüsttag, und der Sabbat brach an. Es 55
folgten aber die Frauen, die mit ihm aus
Galiläa gekommen waren, und be-
schauten das Grab und wie sein Leib
hingelegt wurde. Dann kehrten sie zu- 56
rück und bereiteten wohlriechende Öle
und Salben zu. [b]Und den Sabbat über
blieben sie still nach dem Gesetz.

a Kap 2,25.38 *b* 2.Mose 20,10

Jesu Auferstehung

(Mt 28,1-10; Mk 16,1-8; Joh 20,1-20)

Aber am ersten Tag der Woche sehr **24**
früh kamen sie zum Grab und brachten
die wohlriechenden Öle, die sie zube-
reitet hatten. Sie fanden aber den Stein 2

3 von dem Grab weggewälzt und gingen
hinein und fanden den Leib des Herrn
4 Jesus nicht. Als sie darüber bekümmert
waren, siehe, da traten zwei Männer in
5 strahlenden Kleidern zu ihnen. Sie
aber erschraken und neigten ihr Ange-
sicht zur Erde. Da sagten die Männer
zu ihnen: *Was sucht ihr den Lebenden bei*
6 *den Toten? Er ist nicht hier, sondern er ist*
auferstanden. Denkt daran, wie er euch
gesagt hat, als er noch in Galiläa war:
7 Der Menschensohn muß in die Hände
der Sünder ausgeliefert und gekreuzigt
werden und am dritten Tage auferste-
8 hen.[a] Und sie erinnerten sich an seine
9 Worte. Und sie gingen wieder vom
Grab weg und verkündigten das alles
10 den elf Jüngern und allen übrigen. Es
waren aber [b] Maria von Magdala und
Johanna und Maria, die Mutter des Ja-
kobus; sie und die andern Frauen sag-
11 ten das den Aposteln. Und es erschie-
nen ihnen diese Worte als leeres Gere-
de, und sie glaubten den Frauen nicht.
12 Petrus aber stand auf und lief zum
Grab und guckte hinein und sah nur die
Leinenbinden und ging wieder weg
und wunderte sich über das, was ge-
schehen war.[c]

a Kap 9,22 *b* Kap 8,2.3 *c* Joh 20,6-10

Die Emmausjünger

(Mk 16,12.13)

13 Und siehe, zwei von ihnen gingen am
selben Tag in ein Dorf, das von Jerusa-
lem etwa zwei Wegstunden entfernt ist
14 und Emmaus heißt. Und sie redeten
miteinander über alle diese Geschich-
15 ten. Als sie so redeten und sich mitein-
ander besprachen, da kam Jesus selbst
16 dazu und ging mit ihnen. Aber ihre Au-
gen waren gehindert, ihn zu erkennen.
17 Er sagte aber zu ihnen: Was sind das
für Dinge, die ihr unterwegs miteinan-
der verhandelt? Da blieben sie traurig
18 stehen. Und der eine, mit Namen Kleo-
pas, antwortete ihm: Bist du der einzige
Fremde in Jerusalem, der nicht weiß,
was dort in diesen Tagen geschehen
19 ist? Und er sagte zu ihnen: Was denn?
Sie aber antworteten ihm: Was mit Je-
sus von Nazaret geschehen ist, [a] der ein
Prophet war, mächtig in Taten und
20 Worten vor Gott und allem Volk; wie
ihn unsre Hohenpriester und führen-
den Männer zur Todesstrafe ausgelie-
fert und ans Kreuz gebracht haben.
21 Wir aber hofften, [b] er sollte Israel erlö-
sen. Und über das alles läßt er schon
den dritten Tag vergehen, seitdem das
geschehen ist. Auch haben uns einige 22
Frauen aus unserer Mitte erschreckt;
die sind früh beim Grab gewesen, ha- 23
ben seinen Leib nicht gefunden, kom-
men und sagen, sie hätten eine Erschei-
nung von Engeln gesehen, die sagen, er
lebt. Und einige von uns gingen hin 24
zum Grab und fanden's so, wie die
Frauen gesagt haben; aber ihn sahen sie
nicht. Und er sagte zu ihnen: Wie seid 25
ihr doch so unverständig und wie ist
euer Herz so träge, allem zu glauben,
was die Propheten gesagt haben! *Muß-* 26
te nicht Christus das alles erleiden und in
seine Herrlichkeit eingehen? Und er fing 27
bei Mose an und allen Propheten und
legte ihnen aus, was in der ganzen
Schrift über ihn gesagt war.[c] Und sie 28
kamen nahe an das Dorf, wo sie hinge-
hen wollten. Und er tat so, als wollte er
weitergehen. Und sie nötigten ihn und 29
sagten: *Bleib bei uns; denn es will Abend*
werden, und der Tag hat sich geneigt.
Und er ging mit hinein, um bei ihnen
zu bleiben. Und es geschah, als er mit 30
ihnen zu Tisch saß, nahm er das Brot,
dankte, brach's und gab's ihnen.[d] Da 31
wurden ihre Augen geöffnet, und sie
erkannten ihn. Und er verschwand vor
ihnen. Und sie sagten zueinander: 32
Brannte nicht unser Herz in uns, als er
mit uns auf dem Wege redete und uns
dabei die Schrift öffnete? Und sie bra- 33
chen noch in derselben Stunde auf,
kehrten nach Jerusalem zurück und
fanden die Elf versammelt und die bei
ihnen waren; die sagten: *Der Herr ist* 34
wirklich auferstanden und Simon er-
schienen.[e] Und sie erzählten ihnen, 35
was unterwegs geschehen war und wie
er von ihnen daran erkannt wurde, wie
er das Brot brach.

a Mt 21,11 *b* Apg 1,6 *c* 5.Mose 18,15; Ps 22; Jes 52,13-53,12 *d* Kap 9,16; 22,19 *e* 1.Kor 15,4.5

Jesu Erscheinung vor den Aposteln

(Mk 16,14-19; Joh 20,19-23; Apg 1,1-14; 1.Kor 15,5)

Als sie aber noch davon redeten, trat er 36
selbst, Jesus, mitten unter sie und
sprach zu ihnen: Friede sei mit euch!
Sie erschraken aber und fürchteten sich 37
und meinten, [a] einen Geist zu sehen.
Und er sagte zu ihnen: Was seid ihr so 38
erschrocken, und warum kommen sol-
che Gedanken in euer Herz? Seht mei- 39
ne Hände und meine Füße, ich bin's
selber. Faßt mich an und seht; denn ein
Geist hat kein Fleisch und keine Kno-
chen, wie ihr seht, daß ich sie habe.

40 Und als er das gesagt hatte, zeigte er
41 ihnen die Hände und Füße.[b] Als sie
aber vor Freude noch nicht glaubten
und sich wunderten, sagte er zu ihnen:
42 Habt ihr hier etwas zu essen? Und sie
legten ihm ein Stück gebratenen Fisch*
43 vor.[c] Und er nahm's und aß es vor
44 ihren Augen. Dann sprach er zu ihnen:
Das sind meine Worte, [d]die ich zu euch
gesagt habe, als ich noch bei euch war:
[e]Es muß alles erfüllt werden, was von
mir im Gesetz des Mose, in den Propheten
und in den Psalmen geschrieben
45 steht. Da öffnete er ihnen das Verständnis,
so daß sie die Schrift verstan-
46 den,[f] und sprach zu ihnen: *So steht's
geschrieben, daß Christus leiden wird und
[g]am dritten Tage von den Toten auferste-
47 hen; und [h]daß in seinem Namen Buße
zur Vergebung der Sünden gepredigt wird
unter allen Völkern – angefangen mit Jerusalem.* Ihr seid hierfür Zeugen. Und 48.49
siehe, ich will [i]auf euch herabsenden,
was mein Vater verheißen hat. Ihr aber
sollt in der Stadt bleiben, bis ihr [j]mit
Kraft aus der Höhe erfüllt werdet.

a Mt 14,26 *b* Joh 20,20 *c* Joh 21,5.10; Apg 10,41 *d* Kap 18,31-33 *e* Vers 26.27; Kap 18,31 *f* Kap 9,45; Joh 12,16 *g* Hos 6,2 *h* Apg 2,38; 17,30 *i* Joh 15,26; 16,7 *j* Apg 2,1-4

*Vers 42: In einer Reihe von Handschriften wird hinzugefügt: »und Honigseim«.

Jesu Himmelfahrt

Er führte sie aber bis nach Betanien 50
hinaus und hob die Hände auf und segnete
sie. Und es geschah, als er sie seg- 51
nete, schied er von ihnen und fuhr auf
zum Himmel. Sie aber beteten ihn an 52
und kehrten dann mit großer Freude
nach Jerusalem zurück und waren alle- 53
zeit im Tempel und priesen Gott.

DAS EVANGELIUM NACH JOHANNES

Inhaltsübersicht

Die Menschwerdung des Wortes

1 Im Anfang war das Wort, und das Wort
war bei Gott, und das Wort war Gott.[a]
2.3 Dies war im Anfang bei Gott. Alle Dinge
sind durch das Wort gemacht, und
4 ohne das Wort ist nichts gemacht.[b] Für
alles, was geworden ist, war in ihm das
Leben, und das Leben war das [c]Licht
5 der Menschen. Und das Licht scheint
in der Finsternis, aber die Finsternis
hat's nicht begriffen.[d]
6 Es war ein Mensch, von Gott ge-
7 sandt, der hieß [e]Johannes. Der kam als
Zeuge, um für das Licht Zeugnis abzulegen,
damit alle durch ihn zum Glau-
8 ben kommen sollten.[f] Er war nicht das
Licht, sondern er sollte Zeuge sein für
das Licht.
9 Das war das wahre Licht, das alle
Menschen erleuchtet, die in diese Welt
kommen. Er war in der Welt, und die 10
Welt ist durch ihn gemacht; aber die
Welt erkannte ihn nicht. Er kam [g]in 11
sein Eigentum; doch die Seinen nahmen
ihn nicht auf. Allen aber, die ihn 12
aufnahmen und an seinen Namen
glaubten, denen gab er Macht, [h]Gottes
Kinder zu werden, die nicht [i]aus dem 13
Blut und nicht durch den Trieb des
Fleisches oder den Willen des Mannes,
sondern [j]durch Gott geboren sind.
Und [k]das Wort wurde Mensch und* 14
*wohnte unter uns, und wir sahen [l]seine
Herrlichkeit, die Herrlichkeit des einzigen
Sohnes, die vom Vater kommt, voller
Gnade und Wahrheit.* Johannes legt 15
Zeugnis für ihn ab und ruft: Dieser war
es, von dem ich gesagt habe: Nach mir
wird der kommen, der mehr ist als ich;
denn er ist vor mir gewesen. Und *von* 16
[m]seinem Reichtum haben wir alle genom-

17 *men Gnade um Gnade. Denn* [n]*das Gesetz*
ist durch Mose gegeben; die Gnade und
Wahrheit ist durch Jesus Christus gekom-
18 *men.* [o]Niemand hat Gott je gesehen;
der einzige Sohn, der Gott ist und der
im Schoß des Vaters ist, [p]der hat ihn
uns verkündigt.

a Kap 17,5; 1.Mose 1,1; 1.Joh 1,1.2; Offb 19,13
b 1.Kor 8,6; Kol 1,16.17; Hebr 1,2 *c* Kap 8,12
d Kap 3,19 *e* Mt 3,1; Mk 1,4 *f* Apg 19,4
g Ps 24,1 *h* Gal 3,26 *i* Weish 7,2 *j* Kap 3,5.6
k 1.Tim 3,16 *l* 2.Mose 33,18; Jes 60,1;
2.Petr 1,16.17 *m* Kap 3,34; Kol 1,19 *n* Röm 10,4
o Kap 6,46 *p* Mt 11,27
*Vers 14: Luther übersetzte wörtlich: »Und das Wort ward Fleisch«. Zur Erklärung siehe in den »Sach- und Worterklärungen« unter dem Stichwort »Fleisch«.

Das Zeugnis des Täufers über sich selbst

(Mt 3,1-12; Mk 1,1-8; Lk 3,1-18)

19 Dies Zeugnis gab Johannes, als die Ju-
den Priester und Leviten von Jerusa-
lem zu ihm sandten, die ihn fragen soll-
20 ten: Wer bist du? Und er bekannte und
leugnete nicht, und er bekannte: Ich
21 bin nicht der Christus. Und sie fragten
ihn: Wer denn? Bist du [a]Elia? Er sag-
te: Ich bin's nicht. Bist du der [b]Pro-
22 phet? Und er antwortete: Nein. Da
fragten sie ihn: Was bist du denn? da-
mit wir denen Antwort geben können,
die uns gesandt haben. Was sagst du
23 selbst von dir? Er sprach: »Ich bin die
Stimme eines Predigers in der Wüste:
Ebnet den Weg des Herrn!«, wie der
Prophet Jesaja gesagt hat (Jesaja 40,3).
24 Sie waren von den Pharisäern abge-
25 sandt und fragten ihn: Warum taufst
du denn, wenn du weder der Christus
26 bist noch Elia noch der Prophet? Jo-
hannes antwortete ihnen: Ich taufe mit
Wasser; aber schon steht der [c]mitten
27 unter euch, den ihr nicht kennt. Er wird
nach mir kommen, und ich bin nicht
28 wert, seine Schuhriemen zu lösen. Dies
geschah in Betanien jenseits des Jor-
dan, wo Johannes taufte.

a Mal 3,23; Mt 17,10-13 *b* 5.Mose 18,15
c Lk 17,21

Das Zeugnis des Täufers vom Lamm Gottes

(Mt 3,13-17; Mk 1,9-11; Lk 3,21.22)

29 Am nächsten Tag sieht Johannes, wie
Jesus zu ihm kommt, und spricht: *Sie-*
he, das ist [a]*Gottes Lamm, das die Sünde*
30 *der Welt trägt!* Der ist's, von dem ich
gesagt habe: Nach mir kommt jemand,
der mehr ist als ich; denn er ist vor mir
31 gewesen. Ich kannte ihn nicht; aber ich
bin gekommen, um mit Wasser zu
taufen, damit er Israel offenbart wird.
Und Johannes legte dies Zeugnis ab: 32
Ich sah, daß der Geist wie eine Taube
vom Himmel herabkam und auf ihm
blieb. Ich kannte ihn nicht; aber der 33
mich gesandt hat, um mit Wasser zu
taufen, sagte zu mir: Auf wen du den
Geist herabkommen und auf wem du
ihn bleiben siehst, der ist's, der mit dem
heiligen Geist tauft. Und ich habe es 34
gesehen und bezeugt, daß dieser Gottes
Sohn ist.

a Jes 53,7

Die ersten Jünger

Am nächsten Tag stand Johannes wie- 35
der dort und bei ihm zwei seiner Jün-
ger; und als er Jesus vorübergehen sah, 36
sprach er: Siehe, das ist Gottes Lamm!
Und die beiden Jünger hörten seine 37
Worte und folgten Jesus. Jesus aber 38
wandte sich um und sah, wie sie ihm
folgten, und fragte sie: Was sucht ihr?
Sie aber antworteten ihm: Rabbi – das
bedeutet: Meister –, wo ist deine Her-
berge? Er sagte zu ihnen: Kommt, und 39
ihr werdet sehen! Sie kamen und sa-
hen's und blieben an diesem Tag bei
ihm. Es war aber um die zehnte Stunde.
Einer von den beiden, die Johannes zu- 40
gehört hatten und Jesus gefolgt waren,
war [a]Andreas, der Bruder des Simon
Petrus. Der fand zuerst seinen Bruder 41
Simon und sagte zu ihm: Wir haben
den Messias gefunden. – Das bedeutet:
der Gesalbte. – Und er führte ihn zu Je- 42
sus. Als Jesus ihn sah, sprach er: Du
bist Simon, der Sohn des Johannes; du
sollst [b]Kephas heißen. – Das bedeutet:
Fels.
Am nächsten Tag wollte Jesus nach 43
Galiläa gehen und fand Philippus und
sagte zu ihm: Folge mir nach! Philip- 44
pus aber war aus Betsaida, der Stadt des
Andreas und Petrus. [c]Philippus fand 45
Natanael und sagte zu ihm: Wir haben
den gefunden, [d]von dem Mose im Ge-
setz und die Propheten geschrieben ha-
ben, Jesus, Josefs Sohn, aus Nazaret.
Doch Natanael sagte zu ihm: [e]Was 46
kann aus Nazaret Gutes kommen! Phil-
ippus antwortete ihm: Komm und sieh
es! Jesus sah Natanael kommen und 47
sagte von ihm: Siehe, ein rechter Isra-
elit, in dem keine Falschheit ist. Nata- 48
nael fragte ihn: Woher kennst du mich?
Jesus antwortete ihm: Bevor Philippus
dich rief, habe ich dich unter dem
Feigenbaum gesehen. Natanael ant- 49

wortete ihm: Rabbi, du bist Gottes
Sohn, du bist der König von Israel![f]
50 Jesus antwortete ihm: Du glaubst, weil
ich dir gesagt habe, daß ich dich unter
dem Feigenbaum gesehen habe. Du
51 wirst noch Größeres als das sehen. Und
er sprach zu ihm: Wahrlich, wahrlich,
ich sage euch: Ihr werdet den Himmel
offen sehen und [g] die Engel Gottes hin-
auf- und herabsteigen über dem Men-
schensohn.

a Mt 4,18-20 *b* Mt 16,18 *c* (*45 und 46*) Jes 53,2
d 5.Mose 18,18; Jer 23,5; Hes 34,23 *e* Kap 7,41
f Kap 6,69; Ps 2,7; Jer 23,5; Mt 14,33; 16,16
g 1.Mose 28,12; Mt 4,11

Die Hochzeit in Kana

2 Und am dritten Tage war eine Hoch-
zeit in Kana in Galiläa, und die Mutter
2 Jesu war dabei. Jesus aber und seine
Jünger waren auch zur Hochzeit einge-
3 laden. Und als der Wein ausging, sagte
die Mutter Jesu zu ihm: Sie haben kei-
4 nen Wein mehr. Jesus antwortete ihr:
Was willst du von mir? Meine Stunde
5 ist noch nicht gekommen. Seine Mutter
sagte zu den Dienern: Was er euch sagt,
6 das tut. Es standen aber dort sechs stei-
nerne Wasserkrüge für die Reinigung,
[a] wie sie bei den Juden Sitte war, und in
7 jeden gingen etwa hundert Liter. Jesus
sagte zu ihnen: Füllt die Wasserkrüge
mit Wasser! Und sie füllten sie bis
8 obenhin. Und er sagte zu ihnen:
Schöpft nun und bringt's dem Tafel-
9 meister! Und sie brachten es ihm. Als
er aber den Wein kostete, der Wasser
gewesen war, und nicht wußte, woher
er kam – die Diener aber wußten's, die
das Wasser geschöpft hatten –, rief der
10 Tafelmeister den Bräutigam und sagte
zu ihm: Jeder gibt zuerst den guten
Wein und dann, wenn sie angetrunken
sind, den schlechteren; du aber hast
den guten Wein bis jetzt zurückgehal-
11 ten. Das ist das erste Zeichen, das Jesus
tat; es geschah in Kana in Galiläa, und
damit [b] offenbarte er seine Herrlichkeit.
Und seine Jünger glaubten an ihn.
12 Danach [c] ging Jesus hinab nach Ka-
pernaum, er, [d] seine Mutter, seine Brü-
der und seine Jünger, und sie blieben
nicht lange dort.

a Mk 7,3.4 *b* Kap 1,14 *c* Kap 7,3 *d* Mt 13,55

Die Tempelreinigung

(Mt 21,12-17; Mk 11,15-19; Lk 19,45-48)

13 Und das Passafest der Juden war nahe,
und Jesus ging hinauf nach Jerusalem.[a]
14 Und er fand im Tempel Leute, die Rin-
der, Schafe und Tauben verkauften,
und die Wechsler, die an ihren Tischen
saßen. Da machte er eine Geißel aus 15
Stricken und trieb sie alle zum Tempel
hinaus samt den Schafen und Rindern
und schüttete den Wechslern das Geld
aus und stieß die Tische um und sagte 16
zu denen, die die Tauben verkauften:
Tragt das weg und macht nicht das
Haus meines Vaters zum Kaufhaus!
Seine Jünger aber dachten daran, daß 17
geschrieben steht (Psalm 69,10): »Der
Eifer um dein Haus wird mich fressen.«
Darauf fragten ihn die Juden: [b] Was 18
zeigst du uns für ein Zeichen dafür, daß
du dies tun darfst? Jesus antwortete 19
ihnen: Brecht diesen Tempel ab, und
in drei Tagen will ich ihn wieder auf-
richten.[c] Da sagten die Juden: Dieser 20
Tempel ist in sechsundvierzig Jahren
erbaut worden; und du willst ihn in
drei Tagen aufrichten? Er aber sprach 21
von dem Tempel seines Leibes.[d] Als er 22
nun von den Toten auferstanden war,
dachten seine Jünger daran, daß er dies
gesagt hatte, und glaubten der [e] Schrift
und dem Wort, das Jesus gesagt hatte.
Als er aber am Passafest in Jerusalem 23
war, glaubten viele an seinen Namen,
weil sie die Zeichen sahen, die er tat.
Aber Jesus vertraute sich ihnen nicht 24
an; denn er kannte sie alle und hatte 25
nicht nötig, daß man ihm Zeugnis über
den Menschen gab; denn [f] er wußte,
was im Menschen war.

a Kap 5,1; 7,10; Mt 20,18; Mk 11,1; Lk 19,28
b Mt 21,23 *c* Mt 26,61; 27,40 *d* 1.Kor 6,19
e Hos 6,2 *f* Mk 2,8

Jesus und Nikodemus

Es war aber einer unter den Pharisäern **3**
mit Namen Nikodemus, ein Mitglied
des Hohen Rats bei den Juden.[a] Der 2
kam in der Nacht zu Jesus und sagte zu
ihm: Meister, wir wissen, daß du ein
Lehrer bist, der von Gott gekommen
ist; denn niemand kann die Zeichen
tun, die du tust, wenn nicht Gott mit
ihm ist. Jesus antwortete ihm: Wahr- 3
lich, wahrlich, ich sage dir: *Wenn je-*
mand nicht [b] *von neuem** *geboren wird,*
kann er das Reich Gottes nicht sehen. Ni- 4
kodemus sagte zu ihm: Wie kann ein
Mensch geboren werden, wenn er alt
ist? Kann er denn wieder in den Leib
seiner Mutter kommen und geboren
werden? Jesus antwortete: Wahrlich, 5
wahrlich, ich sage dir: Wenn jemand
nicht [c] durch Wasser und Geist geboren
wird, kann er nicht in das Reich Gottes
kommen. Was [d] vom Fleisch geboren 6

ist, das ist Fleisch; und was vom Geist
7 geboren ist, das ist Geist.[e] Wundere
dich nicht darüber, daß ich dir gesagt
habe: Ihr müßt von neuem geboren
8 werden. Der Wind weht, wo er will,
und du hörst sein Sausen wohl; aber du
weißt nicht, woher er kommt und wo-
hin er geht. So ist es bei jedem, der aus
9 dem Geist geboren ist. Nikodemus
fragte ihn: Wie kann dies geschehen?
10 Jesus antwortete ihm: Du bist Israels
11 Lehrer und weißt das nicht? Wahrlich,
wahrlich, ich sage dir: Wir sagen, was
wir wissen, und bezeugen, was wir ge-
sehen haben; ihr aber nehmt unser
12 Zeugnis nicht an. Wenn ich zu euch
von irdischen Dingen gesprochen habe
und ihr nicht glaubt, wie werdet ihr
glauben, wenn ich zu euch von himmli-
13 schen Dingen spreche? Niemand ist in
den Himmel aufgefahren außer dem,
der vom Himmel herabgekommen ist,
nämlich der Menschensohn.

14 Und wie [f]Mose in der Wüste die
Schlange erhöht hat, so muß der Men-
15 schensohn erhöht werden, damit alle,
die an ihn glauben, das ewige Leben ha-
16 ben. Denn *so sehr hat Gott die Welt ge-*
liebt, daß er seinen einzigen Sohn dahin-
gab, damit alle, die an ihn glauben, nicht
verlorengehen, sondern das ewige Leben
17 *haben.*[g] Denn Gott hat seinen Sohn
nicht in die Welt gesandt, um die Welt
zu richten, sondern [h]damit die Welt
18 durch ihn gerettet wird. Wer an ihn
glaubt, der wird nicht gerichtet; wer
aber nicht glaubt, der ist schon gerich-
tet, denn er glaubt nicht an den Namen
19 des einzigen Sohnes Gottes.[i] Das ist
aber das Gericht, daß das Licht in die
Welt gekommen ist, und die Menschen
liebten die Finsternis mehr als das
Licht, denn ihre Werke waren böse.[j]
20 Wer Böses tut, der haßt das Licht und
[k]kommt nicht zu dem Licht, damit sei-
ne Werke nicht aufgedeckt werden.
21 Wer aber die Wahrheit tut, der kommt
zu dem Licht, damit offenbar wird, daß
seine Werke in Gott getan sind.[l]

a Kap 7,50; 19,39 *b* 1.Petr 1,23 *c* Hes 36,25-27;
Mt 3,11; Tit 3,5 *d* Kap 1,13 *e* Röm 8,5-9
f 4.Mose 21,8.9 *g* Röm 5,8; 8,32; 1.Joh 4,9
h Lk 19,10 *i* Kap 5,24 *j* Kap 1,5.9-11
k Eph 5,13 *l* 1.Joh 1,6.7
*Vers 3: Das griechische Wort bedeutet auch »von oben«.

Das letzte Zeugnis des Täufers von Jesus

22 Danach kam Jesus mit seinen Jüngern
in das Land Judäa und blieb eine Weile
mit ihnen dort und [a]taufte. Johannes 23
aber taufte auch noch in Änon, nahe bei
Salim, denn es war da viel Wasser; und
die Leute kamen und ließen sich
taufen. Denn Johannes war noch nicht 24
ins Gefängnis geworfen worden.[b] Da 25
erhob sich ein Streit zwischen den Jün-
gern des Johannes und einem Juden
über die Reinigung. Und sie kamen zu 26
Johannes und sagten zu ihm: Meister,
der Mann, der jenseits des Jordan bei
dir war, [c]für den du Zeugnis abgelegt
hast, siehe, der tauft, und alle kommen
zu ihm. Johannes antwortete: Ein 27
Mensch kann nichts nehmen, wenn es
ihm nicht vom Himmel gegeben ist.[d]
Ihr selbst seid meine Zeugen dafür, daß 28
ich gesagt habe: Ich bin nicht der Chri-
stus, sondern bin vor ihm her gesandt.[e]
Wer die Braut hat, der ist der [f]Bräuti- 29
gam; der Freund des Bräutigams aber,
der dabeisteht und ihm zuhört, freut
sich sehr über die Stimme des Bräuti-
gams. Diese meine Freude ist nun er-
füllt. *Er muß wachsen, ich aber muß ab-* 30
nehmen. Der [g]von oben kommt, steht 31
über allen. Wer von der Erde ist, der
gehört der Erde an und redet von der
Erde. Wer vom Himmel kommt, der
steht über allen und bezeugt, was er ge- 32
sehen und gehört hat; doch sein Zeug-
nis nimmt niemand an. Wer es aber an- 33
nimmt, der besiegelt, daß Gott wahr-
haftig ist. Denn der, den Gott gesandt 34
hat, redet Gottes Worte; denn [h]Gott
gibt den Geist über alle Maßen. [i]Der 35
Vater hat den Sohn lieb und [j]hat ihm
alles in seine Hand gegeben. Wer an 36
den Sohn glaubt, der hat das ewige Le-
ben. Wer dem Sohn nicht gehorcht, der
wird das Leben nicht sehen, sondern
unter dem Zorn Gottes bleiben.

a Kap 4,1.2 *b* Mk 1,14 *c* Kap 1,26-34
d Hebr 5,4 *e* Kap 1,20.23.27 *f* Mt 9,15
g Kap 8,23 *h* Kap 1,16 *i* Kap 5,20 *j* Mt 11,27

Jesus und die Samaritanerin

Als nun Jesus erfuhr, daß den Phari- **4**
säern zu Ohren gekommen war, er ge-
winne und [a]taufe mehr Jünger als Jo-
hannes – obwohl Jesus nicht selber 2
taufte, sondern seine Jünger –, verließ 3
er Judäa und ging wieder nach Galiläa.
Er mußte aber seinen Weg durch Sa- 4
marien nehmen.

Da kam er in eine Stadt Samariens, 5
die Sychar heißt, nahe bei dem Feld,
das [b]Jakob seinem Sohn Josef gegeben
hatte. Es war aber dort Jakobs Brun- 6
nen. Weil nun Jesus von der Reise

müde war, setzte er sich so, wie er war,
am Brunnen nieder; es war um die
7 sechste Stunde. Da kam eine Frau aus
Samarien, um Wasser zu schöpfen. Je-
sus sagte zu ihr: Gib mir zu trinken!
8 Denn seine Jünger waren in die Stadt
9 gegangen, um Essen zu kaufen. Da sag-
te die samaritanische Frau zu ihm: Wie
kannst du mich um etwas zu trinken
bitten, obwohl du ein Jude bist und ich
eine Samaritanerin? [c]Die Juden haben
nämlich keine Gemeinschaft mit den
10 Samaritanern. Jesus antwortete ihr:
Hättest du die Gabe Gottes erkannt
und wer der ist, der zu dir gesagt hat:
Gib mir zu trinken!, dann hättest du
ihn gebeten, und er hätte dir [d]lebendi-
ges Wasser gegeben.

11 Da sagte die Frau zu ihm: Herr, du
hast doch nichts, womit du schöpfen
könntest, und der Brunnen ist tief; wo-
her hast du denn lebendiges Wasser?
12 Bist du etwa mehr als unser Vater Ja-
kob, der uns diesen Brunnen gegeben
hat? Und er hat daraus getrunken und
13 seine Kinder und sein Vieh. Jesus ant-
wortete ihr: Wer von diesem Wasser
trinkt, der wird wieder Durst bekom-
14 men;[e] wer aber von dem Wasser trin-
ken wird, das ich ihm gebe, der wird in
Ewigkeit keinen Durst mehr haben,
sondern das Wasser, das ich ihm geben
werde, das wird in ihm eine Quelle wer-
den, deren Wasser bis ins ewige Leben
quillt.[f]

15 Da sagte die Frau zu ihm: Herr, gib
mir solches Wasser, damit ich nicht
mehr durstig werde und herkommen
16 muß, um zu schöpfen! Jesus sagte zu
ihr: Geh und ruf deinen Mann und
17 komm wieder her! Die Frau antworte-
te: Ich habe keinen Mann. Jesus sagte
zu ihr: Du hast richtig geantwortet: Ich
18 habe keinen Mann. Fünf Männer hast
du gehabt, und der, den du jetzt hast,
ist nicht dein Mann; da hast du recht.

19 Die Frau sagte zu ihm: Herr, ich
20 sehe, daß du ein Prophet bist. Unsere
Väter haben auf diesem Berge angebe-
tet, und ihr sagt, in Jerusalem sei die
21 Stätte, wo man anbeten soll.[g] Jesus sag-
te zu ihr: Glaube mir, es kommt die
Zeit, in der ihr weder auf diesem Berge
noch in Jerusalem den Vater anbeten
22 werdet. Ihr [h]betet an, was ihr nicht
kennt; wir aber beten an, was wir ken-
nen; denn [i]das Heil kommt von den Ju-
23 den. Aber es kommt die Zeit, ja sie ist
schon da, in der die wahren Anbeter
den Vater im Geist und in der Wahrheit
anbeten werden; denn auch der Vater
will Menschen haben, die ihn so anbe-
ten. [j]*Gott ist Geist, und die ihn anbeten,* 24
die [k]*müssen ihn im Geist und in der*
Wahrheit anbeten.

Da sagte die Frau zu ihm: Ich weiß, 25
daß der [l]Messias kommt, der Christus
genannt wird. Wenn der kommt, wird
er uns alles verkündigen. Jesus sagte zu 26
ihr: Ich bin's, der mit dir redet.

Unterdessen kamen seine Jünger, 27
und sie wunderten sich, daß er mit
einer Frau redete; doch sagte niemand:
Was fragst du? oder: Was redest du mit
ihr? Da ließ die Frau ihren Krug ste- 28
hen, ging in die Stadt und sagte zu den
Leuten: Kommt, da ist jemand, der mir 29
alles gesagt hat, was ich getan habe, und
seht, ob er nicht der Christus ist! Da 30
gingen sie aus der Stadt heraus und ka-
men zu ihm.

Inzwischen mahnten ihn die Jünger: 31
Rabbi, iß! Er aber sagte zu ihnen: Ich 32
habe eine Speise zu essen, von der ihr
nichts wißt. Da sagten die Jünger zu- 33
einander: Hat ihm denn jemand zu es-
sen gebracht? Jesus sprach zu ihnen: 34
Meine Speise ist es, daß ich den [m]Wil-
len dessen tue, der mich gesandt hat,
und [n]sein Werk vollende. Sagt ihr 35
nicht: Es sind noch vier Monate, dann
kommt die Ernte? Siehe, ich sage euch:
Schaut hin auf die Felder, denn [o]sie
sind reif zur Ernte. Schon empfängt der 36
Schnitter seinen Lohn und sammelt
Frucht für das ewige Leben, damit sich
der Sämann und der Schnitter mit-
einander freuen. Denn hier gilt das 37
Sprichwort: Der eine sät, der andere
erntet. Ich habe euch gesandt, um zu 38
ernten, wofür ihr nicht gearbeitet habt;
andere haben gearbeitet, und euch ist
die Frucht ihrer Arbeit zugute gekom-
men.

Es glaubten aber viele Samaritaner 39
aus dieser Stadt an ihn auf das Wort der
Frau hin, als sie bezeugte: Er hat mir
alles gesagt, was ich getan habe. Als nun 40
die Samaritaner zu ihm kamen, baten
sie ihn, bei ihnen zu bleiben; und er
blieb zwei Tage da. Und noch viel mehr 41
glaubten auf sein Wort hin und sagten 42
zu der Frau: Von nun an glauben wir
nicht mehr auf dein Reden hin; denn
[p]wir haben selber gehört und erkannt,
daß dieser wirklich der Heiland der
Welt ist.

a Kap 3,22.26 *b* 1.Mose 48,22; Jos 24,32
c Lk 9,52.53 *d* Kap 7,38.39 *e* Kap 6,58
f Kap 6,35; 7,38.39; Ps 36,10 *g* 5.Mose 12,5;

Ps 122 *h* 2.Kön 17,29-41 *i* Jes 2,3 *j* 2.Kor 3,17
k Röm 12,1 *l* Kap 1,41 *m* Kap 6,38 *n* Kap 17,4
o Mt 9,37 *p* Apg 8,5-8

Heilung des Sohnes eines königlichen Beamten

(Mt 8,5-13; Lk 7,1-10)

43 Aber nach zwei Tagen ging er von dort
44 weiter [a]nach Galiläa. Jesus selber hatte
bezeugt, daß ein Prophet daheim nichts
45 gilt.[b] Als er nun nach Galiläa kam, nah-
men ihn die Galiläer auf, [c]weil sie alles
gesehen hatten, was er in Jerusalem auf
dem Fest getan hatte; denn auch sie
waren zum Fest gekommen.
46 Und Jesus kam wieder nach Kana in
Galiläa, [d]wo er das Wasser zu Wein ge-
macht hatte. Und es war ein Mann im
Dienst des Königs; dessen Sohn lag
47 krank in Kapernaum. Dieser hörte, daß
Jesus aus Judäa nach Galiläa gekom-
men war, und ging zu ihm und bat ihn,
herabzukommen und seinem Sohn zu
48 helfen; denn der war todkrank. Da sag-
te Jesus zu ihm: Wenn ihr nicht Zei-
chen und Wunder seht, so glaubt ihr
49 nicht.[e] Der Mann sagte zu ihm: Herr,
komm doch mit, ehe mein Kind stirbt!
50 Jesus sagte zu ihm: Geh hin, dein Sohn
lebt! Der Mann glaubte dem Wort, das
51 Jesus zu ihm sagte, und ging hin. Als er
noch unterwegs war, begegneten ihm
seine Knechte und sagten: Dein Kind
52 lebt. Da fragte er sie, wann es besser mit
ihm geworden war. Und sie antworte-
ten ihm: Gestern um die siebte Stunde
53 verließ ihn das Fieber. Da merkte der
Vater, daß es die Stunde war, in der Je-
sus zu ihm gesagt hatte: Dein Sohn
lebt. Und er glaubte mit seinem ganzen
54 Hause. Das ist nun [f]das zweite Zei-
chen, das Jesus tat, als er aus Judäa
nach Galiläa kam.

a Mt 4,12 *b* Mt 13,57 *c* Kap 2,23 *d* Kap 2,1.9
e Kap 2,18; 1.Kor 1,22 *f* Kap 2,11

Heilung eines Kranken am Teich Betesda

5 Danach war ein Fest der Juden, und Je-
2 sus ging hinauf nach Jerusalem.[a] Es ist
aber in Jerusalem beim [b]Schaftor ein
Teich, der auf hebräisch Betesda heißt.
3 Dort stehen fünf Hallen; in denen la-
gen viele Kranke, Blinde, Lahme und
5 Ausgezehrte.* Unter ihnen lag aber ein
Mann, der schon achtunddreißig Jahre
6 krank war. Als Jesus den liegen sah und
vernahm, daß er schon so lange krank
war, sagte er zu ihm: Willst du gesund
7 werden? Der Kranke antwortete ihm:
Herr, ich habe niemand, der mich in
den Teich bringt, wenn das Wasser sich
bewegt; bis ich aber hinkomme, ist ein
anderer vor mir hineingestiegen. Jesus 8
sagte zu ihm: Steh auf, nimm deine
Schlafmatte und geh! Und sogleich 9
wurde der Mann gesund und nahm sei-
ne Matte und ging weg.
Es war aber an dem Tage Sabbat. Da 10
sagten die Juden zu dem, der gesund
geworden war: Es ist heute Sabbat; da
darfst du nicht deine Matte tragen.[c] Er 11
antwortete ihnen: Der, der mich ge-
sund gemacht hat, sagte zu mir: Nimm
deine Schlafmatte und geh! Da fragten 12
sie ihn: Wer ist der Mann, der zu dir
gesagt hat: Nimm deine Schlafmatte
und geh? Der Geheilte wußte aber 13
nicht, wer es war; denn Jesus hatte sich
von der Menge, die dort war, zurückge-
zogen. Danach fand ihn Jesus im Tem- 14
pel und sagte zu ihm: Siehe, du bist ge-
sund geworden; [d]sündige nicht mehr,
damit dir nicht etwas Schlimmeres wi-
derfährt. Der Mann ging hin und be- 15
richtete den Juden, daß es Jesus war,
der ihn gesund gemacht hatte. Darum 16
verfolgten die Juden Jesus, weil er am
Sabbat das getan hatte.[e]
Jesus aber antwortete ihnen: Mein 17
Vater ist noch heute am Werk, und [f]ich
bin auch am Werk. Darum [g]trachteten 18
ihm die Juden noch viel mehr nach dem
Leben, weil er nicht allein den Sabbat
brach, sondern auch behauptete, Gott
sei sein Vater, und dadurch sich selbst
Gott gleichstellte.

a Kap 2,13 *b* Neh 3,1 *c* 2.Mose 20,10;
Jer 17,21.22 *d* Kap 8,11 *e* Mt 12,14 *f* Kap 9,4
g Kap 7,30; 10,33
*Vers 3: Die Verse 3b und 4 gehören nicht zum ursprünglichen Text des Johannesevangeliums. Sie lauten in der späteren Überlieferung: »Sie warteten darauf, daß sich das Wasser bewegte. [4]Denn der Engel des Herrn kam von Zeit zu Zeit herab in den Teich und brachte das Wasser in Bewegung. Wer nun zuerst, nachdem sich das Wasser bewegt hatte, hineinstieg, der wurde gesund, welches Leiden er auch hatte.«

Die Vollmacht des Sohnes

Da antwortete Jesus ihnen: Wahrlich, 19
wahrlich, ich sage euch: Der Sohn kann
nichts von sich aus tun, sondern nur
[a]das, was er den Vater tun sieht; was
nämlich dieser tut, das tut in gleicher
Weise auch der Sohn. Denn [b]der Vater 20
hat den Sohn lieb und zeigt ihm alles,
was er selbst tut, und wird ihm noch
größere Werke zeigen, so daß ihr euch
wundern werdet. Denn wie der Vater 21
die Toten auferweckt und sie lebendig
macht, so macht auch der Sohn leben-

22 dig, wen er will; [c]richtet doch der Vater
niemand, sondern hat [d]alles Gericht
23 dem Sohn übergeben, damit [e]alle den
Sohn ehren, wie sie den Vater ehren.
[f]Wer den Sohn nicht ehrt, der ehrt den
24 Vater nicht, der ihn gesandt hat. Wahr-
lich, wahrlich, ich sage euch: *Wer mein*
Wort hört und dem glaubt, der mich ge-
sandt hat, der hat das ewige Leben und
kommt nicht in das Gericht, sondern er ist
vom Tode zum Leben hindurchgedrun-
25 *gen.*[g] Wahrlich, wahrlich, ich sage
euch: Es kommt die Stunde, ja [h]sie ist
schon da, in der die Toten die Stimme
des Sohnes Gottes hören werden, und
26 alle, die sie hören, werden leben. Denn
wie der Vater in sich das Leben hat, so
hat er auch dem Sohn verliehen, in sich
27 das Leben zu haben;[i] und er hat ihm
Vollmacht gegeben, das Gericht zu hal-
ten, weil er [j]der Menschensohn ist.
28 Wundert euch darüber nicht. Denn *es*
kommt die Stunde, in der alle, die in den
Gräbern sind, seine Stimme hören wer-
29 *den, und die Gutes getan haben, werden*
herauskommen zur Auferstehung des Le-
bens, die aber Böses getan haben, zur
Auferstehung des Gerichts.[k]

30 Ich kann nichts von mir aus tun. Wie
ich höre, so richte ich, und mein Ge-
richt ist gerecht; denn [l]ich suche nicht
meinen Willen, sondern den Willen
dessen, der mich gesandt hat.

a Kap 3,11.32 *b* Kap 3,35 *c* (22 und 23) Dan 7,13.14 *d* Apg 10,42 *e* Phil 2,10.11 *f* 1.Joh 2,23 *g* Kap 3,16.18 *h* Eph 2,5.6 *i* Kap 1,1-4 *j* Dan 7,13.14 *k* Dan 12,2; Mt 25,46; 2.Kor 5,10 *l* Kap 6,38

Das Zeugnis für den Sohn

31 Wenn ich für mich selbst zeuge, so ist
32 mein Zeugnis nicht wahr. Ein anderer
ist's, der für mich zeugt; und ich weiß,
daß das Zeugnis wahr ist, das er für
33 mich ablegt. Ihr habt zu Johannes ge-
schickt, und er hat die Wahrheit be-
34 zeugt.[a] Ich aber berufe mich nicht auf
das Zeugnis eines Menschen; sondern
ich sage das nur, damit ihr gerettet wer-
35 det. Er war ein brennendes und leuch-
tendes Licht; ihr aber wolltet die kurze
36 Zeit in seinem Licht fröhlich sein. Ich
aber habe ein größeres Zeugnis als das
des Johannes; denn [b]die Werke, die
mir der Vater übertragen hat, damit ich
sie vollende, gerade diese Werke, die
ich tue, bezeugen, daß mich der Vater
37 gesandt hat. Und der Vater, der mich
gesandt hat, ist mein Zeuge. Ihr habt
niemals [c]seine Stimme gehört noch sei-
38 ne Gestalt gesehen, und sein Wort be-
haltet ihr nicht in euch; denn ihr glaubt
nicht dem, den er gesandt hat. Ihr 39
forscht in der Schrift; denn ihr meint,
ihr habt das ewige Leben darin; und sie
ist's, die von mir Zeugnis gibt;[d] aber 40
doch wollt ihr nicht zu mir kommen,
um das Leben zu haben.

Ich lasse mich nicht von Menschen 41
ehren; aber ich weiß, daß ihr keine Lie- 42
be zu Gott in euch habt. Ich bin im Na- 43
men meines Vaters gekommen, und ihr
erkennt mich nicht an. Wenn aber ein
anderer kommt in seinem eigenen Na-
men, den werdet ihr anerkennen.[e] Wie 44
könnt ihr auch glauben, [f]wenn ihr euch
von Menschen ehren laßt, aber die
Ehre, die von dem einen Gott kommt,
nicht sucht?

Ihr sollt nicht meinen, daß ich euch 45
vor dem Vater verklagen werde; [g]ein
anderer ist's, der euch verklagt: Mose,
auf den ihr hofft. Wenn ihr Mose 46
glaubtet, würdet ihr auch mir glauben;
denn [h]er hat von mir geschrieben.
Wenn ihr aber schon seinen Schriften 47
nicht glaubt, wie werdet ihr meinen
Worten glauben?[i]

a Kap 1,19-34 *b* Kap 3,2; 10,25.38 *c* Mt 3,17 *d* Lk 24,27.44; 2.Tim 3,15-17 *e* Mt 24,5 *f* Kap 12,42.43; 1.Thess 2,6 *g* 5.Mose 31,24-27 *h* 1.Mose 3,15; 49,10; 5.Mose 18,15 *i* Lk 16,31

Speisung der Fünftausend

(Mt 14,13-21; Mk 6,30-44; Lk 9,10-17)

Danach fuhr Jesus über das Galiläische **6**
Meer, das auch See von Tiberias heißt.
Und viele Menschen folgten ihm, weil 2
sie die Zeichen gesehen hatten, die er an
den Kranken tat. Jesus aber stieg auf 3
einen Berg und setzte sich dort mit sei-
nen Jüngern. Es war aber kurz vor dem 4
Passafest der Juden.[a] Da blickte Jesus 5
auf und sah, daß viele Menschen zu
ihm kamen, und fragte Philippus: Wo
kaufen wir Brot, damit diese zu essen
haben? Das sagte er aber, um ihn zu 6
prüfen; denn er selbst wußte, was er
tun wollte. Philippus antwortete ihm: 7
Für zweihundert Silbergroschen Brot
ist nicht genug, wenn jeder auch nur ein
wenig bekommen soll. Da sagte zu ihm 8
einer seiner Jünger, Andreas, der Bru-
der des Simon Petrus: Es ist ein Kind 9
hier, das hat fünf Gerstenbrote und
zwei Fische; aber was ist das für so vie-
le? Jesus aber sagte: Sorgt dafür, daß 10
die Leute sich lagern. An dem Platz gab
es aber viel Gras. Da lagerten sich etwa
fünftausend Männer. Jesus aber nahm 11
die Brote, dankte und gab sie denen, die
sich gelagert hatten; ebenso auch die

12 Fische, soviel sie davon wollten. Als sie
nun satt waren, sagte er zu seinen Jün-
gern: Sammelt die übrigen Brocken
13 auf, damit nichts umkommt. Das taten
sie und füllten zwölf Körbe mit den
Brocken von den fünf Gerstenbroten;
soviel hatten die übriggelassen, die ge-
14 speist worden waren. Als nun die Men-
schen das Zeichen sahen, das Jesus tat,
sagten sie: Das ist wirklich [b]der Pro-
15 phet, der in die Welt kommen soll. Als
Jesus nun merkte, daß sie kommen
würden, [c]um ihn mit Gewalt zum Kö-
nig zu machen, zog er sich wieder auf
den Berg zurück, er allein.

a Kap 2,13; 11,55 *b* 5.Mose 18,15 *c* Kap 18,36

Jesus auf dem See

(Mt 14,22-33; Mk 6,45-52)

16 Am Abend aber gingen seine Jünger
17 hinab an den See, stiegen in ein Boot
und fuhren über den See nach Kaper-
naum. Es war schon finster geworden,
und Jesus war noch nicht zu ihnen zu-
18 rückgekommen. Und das Meer wurde
von einem starken Wind aufgewühlt.
19 Als sie nun ungefähr eine Stunde geru-
dert waren, sahen sie Jesus auf dem See
gehen und nahe an das Boot kommen;
20 und sie fürchteten sich. Er aber sprach
zu ihnen: Ich bin's; fürchtet euch
21 nicht! Da wollten sie ihn zu sich ins
Boot nehmen; und sogleich war das
Boot am Ufer, auf das sie zugesteuert
hatten.

Jesus das Brot des Lebens

22 Am nächsten Tag stellte die Menge am
andern Ufer fest, daß kein anderes Boot
dagewesen war als das eine und daß Je-
sus nicht mit seinen Jüngern in das
Boot gestiegen war, sondern seine Jün-
23 ger allein weggefahren waren. Es ka-
men aber andere Boote von Tiberias
nahe an den Ort, wo der Herr die Dank-
sagung gesprochen und die Menge das
24 Brot gegessen hatte. Als nun das Volk
sah, daß Jesus nicht da war und seine
Jünger auch nicht, stiegen sie in die
Boote und fuhren nach Kapernaum
25 und suchten Jesus. Und als sie ihn am
andern Ufer fanden, fragten sie ihn:
Rabbi, wann bist du hergekommen?
26 Jesus antwortete ihnen: Wahrlich,
wahrlich, ich sage euch: Ihr sucht mich
nicht, weil ihr Zeichen gesehen habt,
sondern weil ihr von dem Brot gegessen
27 habt und satt geworden seid. Bemüht
euch nicht um Speise, die vergänglich
ist, sondern um Speise, die bis zum
ewigen Leben bleibt. Die wird euch der
Menschensohn geben; denn [a]ihn hat
Gott der Vater beglaubigt. Da fragten 28
sie ihn: Was sollen wir tun, um Gottes
Werke zu vollbringen? Jesus antworte- 29
te ihnen: Das ist Gottes Werk, daß ihr
an den glaubt, den er gesandt hat. Da 30
fragten sie ihn: Was tust du denn für
ein Zeichen, damit wir sehen und dir
glauben? Was ist dein Werk? Unsre 31
Väter haben in der Wüste das Manna
gegessen, wie geschrieben steht (Psalm
79,24): »Er gab ihnen Brot vom Him-
mel zu essen.«[b] Da sprach Jesus zu 32
ihnen: Wahrlich, wahrlich, ich sage
euch: Nicht Mose hat euch das Brot
vom Himmel gegeben, sondern mein
Vater gibt euch das wahre Brot vom
Himmel. Denn das Brot, das vom Him- 33
mel kommt und der Welt das Leben
gibt, das ist Gottes Brot. Da sagten sie 34
zu ihm: Herr, gib uns allezeit solches
Brot. Jesus aber sprach zu ihnen: *Ich* 35
bin das Brot des Lebens. Wer zu mir
kommt, wird nie mehr hungrig sein;
und wer an mich glaubt, wird keinen
Durst mehr haben.[c] Aber ich habe 36
euch gesagt: Ihr habt mich gesehen
und glaubt doch nicht. Alles, was mir 37
mein Vater gibt, das kommt zu mir;
und [d]*wer zu mir kommt, den werde ich*
nicht hinausstoßen. Denn ich bin vom 38
Himmel gekommen, nicht damit ich
meinen Willen tue, sondern [e]den Wil-
len dessen, der mich gesandt hat. Das 39
ist aber der Wille dessen, der mich ge-
sandt hat, [f]daß ich nichts von allem
verliere, was er mir gegeben hat, son-
dern daß ich's am Jüngsten Tage aufer-
wecke. Denn das ist der Wille meines 40
Vaters: Wer den Sohn sieht und an ihn
glaubt, soll das ewige Leben haben;
und [g]ich werde ihn am Jüngsten Tage
auferwecken.

Da murrten die Juden über ihn, weil 41
er sagte: Ich bin das Brot, das vom
Himmel gekommen ist, und fragten: 42
Ist das nicht Jesus, [h]der Sohn Josefs,
dessen Vater und Mutter wir kennen?
Wie kann er jetzt sagen: Ich bin vom
Himmel gekommen? Jesus antwortete 43
ihnen: Murrt nicht untereinander. Es 44
kann niemand zu mir kommen, wenn
ihn nicht der Vater, der mich gesandt
hat, zu mir zieht; und ich werde ihn am
Jüngsten Tage auferwecken. Es steht 45
geschrieben in den Propheten (Jesa-
ja 54,13): »Sie werden alle von Gott
gelehrt sein.« Wer nun dem Vater zu-
hört und von ihm lernt, der kommt

46 zu mir. Das heißt nicht, daß jemand
den Vater gesehen hat außer dem, der
von Gott gekommen ist; der hat den
47 Vater gesehen.[i] Wahrlich, wahrlich,
ich sage euch: Wer glaubt, der hat das
48 ewige Leben.[j] Ich bin das Brot des Le-
49 bens.[k] Eure Väter haben in der Wüste
das Manna gegessen und sind doch ge-
50 storben.[l] Dies ist das Brot, das vom
Himmel kommt, damit der, der davon
51 ißt, nicht stirbt. Ich bin das lebendige
Brot, das vom Himmel gekommen ist.
Wer von diesem Brot ißt, der wird in
Ewigkeit leben. Und [m]dieses Brot ist
mein Fleisch, das ich geben werde, da-
mit die Welt lebt.

52 Da stritten sich die Juden untereinan-
der und sagten: Wie kann uns der sein
53 Fleisch zu essen geben? Jesus sprach zu
ihnen: Wahrlich, wahrlich, ich sage
euch: Wenn ihr das Fleisch des Men-
schensohns nicht eßt und sein Blut
nicht trinkt, so habt ihr kein Leben in
54 euch. Wer [n]mein Fleisch ißt und mein
Blut trinkt, der hat das ewige Leben,
und ich werde ihn am Jüngsten Tage
55 auferwecken. Denn mein Fleisch ist die
wahre Speise, und mein Blut ist der
56 wahre Trank. Wer mein Fleisch ißt und
mein Blut trinkt, der [o]bleibt in mir und
57 ich in ihm. Wie mich der lebendige Va-
ter gesandt hat und ich um des Vaters
willen lebe, so wird auch der um
58 meinetwillen leben, der mich ißt. Dies
ist das Brot, das vom Himmel gekom-
men ist. Es ist nicht so wie bei den Vä-
tern: die haben gegessen und sind doch
gestorben. Wer aber dies Brot ißt, der
59 wird in Ewigkeit leben. Das sagte er in
der Synagoge, als er in Kapernaum
lehrte.

a Kap 5,36 *b* 2.Mose 16,13-15 *c* Kap 4,14; 7,37
d Mt 11,28 *e* Kap 4,34 *f* Kap 10,28.29; 17,12
g Kap 5,29; 11,24 *h* Lk 4,22 *i* Kap 1,18
j Kap 3,16 *k* Vers 35 *l* 1.Kor 10,3-5
m Mk 14,22 *n* Mt 26,26-28 *o* Kap 15,4;
1.Joh 3,24

Widerspruch unter den Jüngern

60 Viele seiner Jünger, die das hörten, sag-
ten nun: Das ist eine harte Rede; wer
61 kann das anhören? Da Jesus aber von
sich aus wußte, daß seine Jünger dar-
über murrten, fragte er sie: Ärgert euch
62 das? Wenn ihr nun den Menschensohn
dorthin [a]auffahren seht, wo er vorher
63 war, was dann? [b]Der Geist ist's, der le-
bendig macht; das Fleisch taugt dazu
nicht. Die Worte, die ich zu euch gere-
det habe, die sind Geist und sind Le-
64 ben. Aber es gibt einige unter euch, die
glauben nicht. Denn Jesus wußte von
Anfang an, wer die waren, die nicht
glaubten, und wer ihn verraten würde.
Und er sprach: Darum habe ich euch 65
gesagt: Niemand kann zu mir kommen,
wenn es ihm nicht vom Vater gegeben
ist.

a Lk 24,50.51 *b* 2.Kor 3,6

Bekenntnis des Petrus

Von da an wandten sich viele seiner 66
Jünger ab und gingen hinfort nicht
mehr mit ihm. Da fragte Jesus die 67
Zwölf: Wollt ihr auch weggehen? Da 68
antwortete ihm Simon Petrus: *Herr, zu
wem sollten wir gehen? Du hast Worte des
ewigen Lebens; und wir haben geglaubt* 69
*und erkannt, daß du der Heilige Gottes
bist.*[a] Jesus antwortete ihnen: Habe ich 70
nicht euch Zwölf erwählt? Aber einer
von euch ist ein Teufel. Damit meinte 71
er Judas, den Sohn des Simon Iskariot.
Der verriet ihn später und war einer der
Zwölf.

a Mt 16,16

Reise zum Laubhüttenfest

Danach zog Jesus in [a]Galiläa umher; **7**
denn er wollte nicht in Judäa umherzie-
hen, weil ihm die Juden nach dem Le-
ben trachteten. Es war aber kurz vor 2
dem [b]Laubhüttenfest der Juden. Da 3
sagten seine [c]Brüder zu ihm: Mach
dich auf und geh von hier nach Judäa,
damit auch deine Jünger die Werke se-
hen, die du tust. Wer öffentlich etwas 4
gelten will, tut nichts im Verborgenen.
Willst du etwas gelten, so offenbare
dich vor der Welt. Denn auch seine 5
Brüder glaubten nicht an ihn. Da sagte 6
Jesus zu ihnen: [d]Meine Zeit ist noch
nicht da, eure Zeit ist immer. Die Welt 7
kann euch nicht hassen. [e]Mich aber
haßt sie, denn ich bezeuge, daß ihre
Werke böse sind. Geht doch ihr hinauf 8
zum Fest! Ich will noch nicht hinaufge-
hen zu diesem Fest, denn meine Zeit ist
noch nicht erfüllt. Das sagte er und 9
blieb in Galiläa.

Als aber seine Brüder zum Fest hin- 10
aufgegangen waren, ging auch er hin-
auf, aber nicht offen, sondern heim-
lich.[f] Nun suchten ihn die Juden auf 11
dem Fest und fragten: Wo ist er? Und 12
es gab viel Gerede über ihn unter den
Leuten. Einige sagten: Er ist ein recht-
schaffener Mann; andere aber sagten:
Nein, er verführt das Volk. Doch nie- 13
mand redete offen über ihn [g]aus
Furcht vor den Juden.

14 Aber in der Mitte der Festzeit ging
Jesus hinauf in den Tempel und lehrte.

a Kap 4,43 *b* 3.Mose 23,34-36 *c* Kap 2,12; Mt 12,46; Apg 1,14 *d* Kap 2,4 *e* Kap 15,18 *f* Kap 2,13 *g* Kap 9,22; 12,42; 19,38

Antwort an die ungläubigen Juden

15 Und die Juden wunderten sich und
fragten: Wie kann dieser sich in der
Schrift auskennen, wenn er's doch
16 nicht gelernt hat?[a] Jesus antwortete
ihnen: *Meine Lehre ist nicht von mir,*
sondern von dem, der mich gesandt hat.
17 *Wenn jemand dessen Willen tun will,*
wird ihm klar werden, ob diese Lehre von
Gott ist oder ob ich aus mir selbst rede.
18 Wer aus sich selbst redet, der [b]sucht
seine eigene Ehre; wer aber die Ehre
dessen sucht, der ihn gesandt hat, in
dem ist die Wahrheit, und es ist keine
Ungerechtigkeit in ihm.
19 Hat euch nicht Mose das Gesetz ge-
geben? Doch [c]keiner von euch erfüllt
das Gesetz. [d]Warum wollt ihr mich tö-
20 ten? Das Volk antwortete: [e]Du bist be-
21 sessen; wer will dich denn töten? Jesus
antwortete ihnen: Nur ein einziges
Werk habe ich getan, und ihr wundert
22 euch alle darüber.[f] Mose hat euch die
[g]Beschneidung gegeben – nicht daß sie
erst von Mose kommt, sondern sie
stammt schon von den Vätern –, und
ihr beschneidet den Menschen sogar
23 am Sabbat. Wenn nun ein Mensch am
Sabbat die Beschneidung empfängt,
damit das Gesetz des Mose nicht ge-
brochen wird, wieso zürnt ihr dann
mir, weil ich am Sabbat den ganzen
24 Menschen gesund gemacht habe? Ur-
teilt nicht nach dem, was vor Augen ist,
sondern urteilt gerecht.

a Mt 13,56 *b* Kap 5,41.44 *c* Röm 2,17-24 *d* Kap 5,16.18 *e* Kap 10,20 *f* Kap 5,16 *g* 1.Mose 17,10-12; 3.Mose 12,3

Jesus auf dem Fest

25 Da sagten einige Leute aus Jerusalem:
Ist das nicht der, den sie töten wollen?
26 Und siehe, er redet frei und öffentlich,
und sie sagen nichts dazu. Sollten unsre
Oberen nun wirklich erkannt haben,
27 daß er der Christus ist? Wir wissen
doch, woher dieser ist; wenn aber der
Christus kommt, wird niemand wissen,
28 woher er ist.[a] Da rief Jesus, der gerade
im Tempel lehrte: Ihr kennt mich und
wißt, woher ich bin. Aber ich bin nicht
von mir aus gekommen, sondern einer,
der Wahrhaftige, hat mich gesandt,
29 und den kennt ihr nicht. [b]Ich kenne ihn
aber; denn von ihm bin ich, und er hat
mich gesandt. Da wollten sie ihn gefan- 30
gennehmen; aber niemand legte Hand
an ihn, denn seine Stunde war noch
nicht gekommen.[c] Aber viele aus dem 31
Volk glaubten an ihn und sagten: Wenn
der Christus kommt, wird er etwa mehr
Zeichen tun, als dieser getan hat?
Und es kam den Pharisäern zu Oh- 32
ren, daß das Volk so über ihn redete. Da
sandten die Hohenpriester und Phari-
säer Wächter aus, die ihn gefangenneh-
men sollten. Da sagte Jesus zu ihnen: 33
[d]Ich bin nur noch kurze Zeit bei euch,
und dann gehe ich zurück zu dem, der
mich gesandt hat. [e]Ihr werdet mich su- 34
chen und nicht finden; und wo ich bin,
könnt ihr nicht hinkommen. Da sagten 35
die Juden zueinander: Wo will er hin-
gehen, daß wir ihn dort nicht finden
könnten? Will er zu denen gehen, die in
der Fremde unter den Griechen woh-
nen, und die Griechen lehren? Was soll 36
das heißen, wenn er sagt: Ihr werdet
mich suchen und nicht finden; und wo
ich bin, da könnt ihr nicht hinkommen?
Aber [f]am letzten Tage des Festes, 37
der der höchste war, trat Jesus auf und
rief: [g]Wer durstig ist, der komme zu
mir und trinke! *Wer an mich glaubt, aus* 38
dessen Innerstem werden Ströme lebendi-
gen Wassers fließen, [h]*wie die Schrift*
sagt. Damit meinte er den Geist, den 39
alle empfangen sollten, die an ihn
glaubten; denn [i]der Geist war noch
nicht da, weil Jesus noch nicht verherr-
licht war.

a Hebr 7,3 *b* Mt 11,27 *c* Kap 8,20; Lk 22,53 *d* Kap 13,33 *e* Kap 8,21 *f* 3.Mose 23,36 *g* Kap 4,10; Jes 55,1; Offb 22,17 *h* Jes 58,11 *i* Kap 16,7

Zwiespalt im Volk

Einige aus dem Volk nun, die diese 40
Worte hörten, sagten: [a]Das ist wirklich
der Prophet. Andere sagten: Er ist der 41
Christus. Wieder andere sagten: [b]Soll
der Christus aus Galiläa kommen? Sagt 42
nicht die Schrift: [c]aus dem Geschlecht
Davids und [d]aus dem Ort Betlehem,
wo David war, soll der Christus kom-
men? So entstand seinetwegen Zwie- 43
tracht unter den Leuten.[e] Einige woll- 44
ten ihn gefangennehmen; aber nie-
mand legte Hand an ihn.
Die Wächter kamen zu den Hohen- 45
priestern und Pharisäern zurück; die
fragten sie: Warum habt ihr ihn nicht
mitgebracht? Sie antworteten: Noch 46
nie hat ein Mensch [f]so geredet wie
dieser. Da sagten die Pharisäer zu 47

ihnen: Habt ihr euch auch verführen
48 lassen? Glaubt auch nur einer von den
49 Oberen oder Pharisäern an ihn? Nur
das Volk tut's, das nichts vom Gesetz
50 weiß; verflucht ist es! Da fragte sie
[g]Nikodemus, der seinerzeit zu ihm ge-
kommen war und der zu ihnen gehörte:
51 Richtet unser Gesetz auch einen Men-
schen, ehe man ihn verhört hat und
52 weiß, was er tut?[h] Sie antworteten ihm:
Bist du auch ein Galiläer? Forsche
nach, und du wirst sehen, daß aus Gali-
läa kein Prophet hervorgeht.

a Kap 6,14 *b* Kap 1,46 *c* Mt 22,42 *d* Mi 5,1; Mt 2,5.6 *e* Kap 9,16 *f* Mt 7,28.29 *g* Kap 3,1.2 *h* 5.Mose 1,16

Jesus und die Ehebrecherin

8 [Und alle gingen heim.* Jesus aber ging
2 auf den Ölberg. Und frühmorgens kam
er wieder in den Tempel, und alles Volk
kam zu ihm; da setzte er sich und lehrte
sie.
3 Aber die Schriftgelehrten und Phari-
säer brachten eine Frau zu ihm, die
beim Ehebruch ergriffen worden war,
4 stellten sie in die Mitte und sagten zu
ihm: Meister, diese Frau ist auf frischer
Tat beim Ehebruch ergriffen worden.
5 [a]Mose hat uns im Gesetz geboten, sol-
che Frauen zu steinigen. Was sagst du
6 dazu? Das sagten sie aber, um ihm eine
Falle zu stellen, damit sie einen Grund
zur Anklage gegen ihn hätten. Aber Je-
sus bückte sich und schrieb mit dem
7 Finger auf die Erde. Als sie nun nicht
aufhörten, ihn zu fragen, richtete er
sich auf und sagte zu ihnen: [b]Wer unter
euch ohne Sünde ist, der werfe den er-
8 sten Stein auf sie. Dann bückte er sich
9 wieder und schrieb auf die Erde. Als sie
das hörten, gingen sie weg, einer nach
dem andern, die Ältesten zuerst; und
Jesus blieb allein mit der Frau, die im-
10 mer noch in der Mitte stand. Jesus aber
richtete sich auf und fragte die Frau:
Wo sind sie geblieben? Hat dich nie-
11 mand verdammt? Sie antwortete: Nie-
mand, Herr. Da sagte Jesus: Dann ver-
damme ich dich auch nicht; geh hin
und [c]sündige nicht mehr.]*

a 3.Mose 20,10 *b* Röm 2,1 *c* Kap 5,14
*Vers 1: Der erste Satz zählt als Kap 7,53.
*Vers 11: Der Bericht Kap 7,53-8,11 ist sehr alt, hat aber ursprünglich nicht zum Text des Johannesevangeliums gehört.

Jesus das Licht der Welt

12 Da redete Jesus von neuem und sprach
zu ihnen: *Ich bin das [a]Licht der Welt.*
Wer mir nachfolgt, der wird nicht in der
Finsternis bleiben, sondern wird das Licht
des Lebens haben. Da sagten die Phari- 13
säer zu ihm: Du legst Zeugnis ab für
dich selbst; dein Zeugnis ist nicht
wahr. Jesus antwortete ihnen: Auch 14
[b]wenn ich für mich selbst zeuge, ist
mein Zeugnis wahr; denn [c]ich weiß,
woher ich gekommen bin und wohin
ich gehe; ihr aber wißt nicht, woher ich
komme und wohin ich gehe. Ihr richtet 15
nach Menschenart, doch [d]ich richte
niemand. Wenn ich aber dennoch rich- 16
te, so ist mein Richten gerecht; denn
ich bin es nicht allein, sondern ich und
der Vater, der mich gesandt hat. Auch 17
in eurem Gesetz steht ja geschrieben,
daß das wahr ist, was zwei Menschen
bezeugen.[e] Ich bin's, der für mich 18
zeugt; und auch der Vater, der mich ge-
sandt hat, zeugt für mich. Da fragten 19
sie ihn: Wo ist dein Vater? Jesus ant-
wortete: Ihr kennt weder mich noch
meinen Vater; [f]würdet ihr mich ken-
nen, so wäre euch auch mein Vater be-
kannt. Diese Worte sagte Jesus, als er 20
bei der Schatzkammer im Tempel lehr-
te; [g]und niemand nahm ihn fest, denn
seine Stunde war noch nicht gekom-
men.

a Kap 1,5.9; Jes 49,6; 60,20; Mt 5,14-16
b Kap 5,31 *c* Kap 7,28 *d* Kap 3,17
e 5.Mose 19,15 *f* Kap 14,7 *g* Kap 7,30

Jesu Herkunft von oben

[a]Da sagte Jesus noch einmal zu ihnen: 21
Ich gehe weg, und ihr werdet mich su-
chen und werdet in eurer Sünde ster-
ben. Wo ich hingehe, da könnt ihr nicht
hinkommen. Da fragten sich die Juden: 22
Will er sich denn selbst töten, daß er
sagt: Wohin ich gehe, da könnt ihr
nicht hinkommen? Da sagte er zu 23
ihnen: Ihr seid von unten, ich bin [b]von
oben; ihr seid von dieser Welt, ich bin
nicht von dieser Welt. Darum habe ich 24
euch gesagt, daß ihr in euren Sünden
sterben werdet; denn [c]wenn ihr nicht
glaubt, daß ich es bin, werdet ihr in eu-
ren Sünden sterben. Da fragten sie ihn: 25
Wer bist du denn? Doch Jesus sagte zu
ihnen: Was rede ich überhaupt noch
mit euch! Ich hätte freilich noch viel 26
über euch zu sprechen und euch zu
richten. Aber der mich gesandt hat, ist
wahrhaftig, und was ich von ihm gehört
habe, das sage ich der Welt. Sie ver- 27
standen aber nicht, daß er zu ihnen vom
Vater sprach. Da sagte Jesus zu ihnen: 28
[d]Wenn ihr den Menschensohn erhöht,
dann werdet ihr erkennen, daß ich es

bin und daß ich nichts aus mir selbst
tue, sondern rede, wie mich der Vater
29 gelehrt hat. Und der mich gesandt hat,
ist mit mir. Er läßt mich nicht allein;
denn ich tu allezeit, was ihm gefällt.

a (21 und 22) Kap 7,34.35; 13,33 *b* Kap 3,31
c Jes 43,10 *d* Kap 3,14; 12,32

Die wahre Freiheit

30 Als er das sagte, glaubten viele an ihn.
31 Da sagte Jesus zu den Juden, die an ihn
glaubten: [a]Wenn ihr bei dem bleibt,
was ich euch gesagt habe, seid ihr wahr-
32 haftig meine Jünger und werdet die
Wahrheit erkennen, und die Wahrheit
33 wird euch frei machen. Da sagten sie zu
ihm: [b]Wir sind Abrahams Kinder und
sind nie jemands Knecht gewesen. Wie
kannst du dann sagen: Ihr sollt frei
34 werden? Jesus antwortete ihnen:
Wahrlich, wahrlich, ich sage euch: *Wer*
35 *Sünde tut, der ist der Sünde Knecht.* Der
Knecht bleibt nicht für immer im
36 Haus; der Sohn aber bleibt ewig. *Wenn*
euch nun der Sohn frei macht, so seid ihr
wirklich frei.[c]

a Kap 15,7 *b* Mt 3,9 *c* Röm 6,16.18.22

Abrahamskinder und Teufelskinder

37 Ich weiß wohl, daß ihr Abrahams Kin-
der seid; aber ihr sucht mich zu töten,
denn mein Wort erreicht euch nicht.
38 Ich verkünde, was ich bei meinem Va-
ter gesehen habe; und ihr tut, was ihr
39 von eurem Vater gehört habt. Sie sag-
ten zu ihm: Abraham ist unser Vater.
Jesus antwortete ihnen: Wenn ihr Ab-
rahams Kinder seid, dann müßtet ihr
40 auch Abrahams Werke tun. Nun aber
sucht ihr mich zu töten, mich, der ich
euch die Wahrheit gesagt habe, die ich
von Gott gehört habe. Das hat Abra-
41 ham nicht getan. Ihr tut die Werke eu-
res Vaters. Da sagten sie zu ihm: Wir
sind nicht unehelich geboren; wir ha-
42 ben nur einen Vater: Gott. Jesus ant-
wortete ihnen: Wäre Gott euer Vater,
so würdet ihr mich lieben; denn ich bin
von Gott ausgegangen und komme von
ihm; denn ich bin nicht von selbst ge-
kommen, sondern er hat mich gesandt.
43 Warum versteht ihr meine Sprache
nicht? [a]Weil ihr mein Wort nicht hören
44 könnt! Ihr [b]habt den Teufel zum Va-
ter, und was eurem Vater gefällt, wollt
ihr tun. Der ist [c]von Anfang an ein
Mörder gewesen und steht nicht auf
dem Boden der Wahrheit; denn die
Wahrheit ist nicht in ihm. Wenn er die
Lüge redet, so spricht er aus, was in
ihm ist; denn er ist ein Lügner und der
Vater der Lüge. Weil ich aber die 45
Wahrheit sage, glaubt ihr mir nicht.

a 1.Kor 2,14 *b* 1.Joh 3,8-10 *c* 1.Mose 3,4.19

Der Streit um Jesu Ehre

[a]Wer von euch kann mir eine Sünde 46
nachweisen? Wenn ich aber die Wahr-
heit sage, warum glaubt ihr mir nicht?
[b]Wer aus Gott ist, der hört Gottes 47
Worte; ihr hört darum nicht, weil ihr
nicht aus Gott seid.

Da antworteten ihm die Juden: Sa- 48
gen wir nicht mit Recht, daß du ein Sa-
maritaner bist und [c]einen bösen Geist
hast? Jesus antwortete: Ich habe kei- 49
nen bösen Geist, sondern ich ehre mei-
nen Vater, aber ihr wollt mir die Ehre
nehmen. Ich suche keine Ehre für 50
mich; aber ein anderer tritt dafür ein,
und der richtet. Wahrlich, wahrlich, 51
ich sage euch: *Wer an meinem Wort fest-*
hält, [d]*wird den Tod nicht sehen in Ewig-*
keit. Da sagten die Juden zu ihm: Nun 52
sind wir gewiß, daß du einen bösen
Geist hast. Abraham ist gestorben und
die Propheten, und du behauptest:
Wer an meinem Wort festhält, der wird
den Tod nicht schmecken in Ewigkeit.
Bist du mehr als unser Vater Abraham, 53
der gestorben ist? Und die Propheten
sind auch gestorben. Was machst du
aus dir? Jesus antwortete: Wenn ich 54
mich selber ehren wollte, so wäre meine
Ehre nichts wert. Es ist aber mein Va-
ter, der mich ehrt, von dem ihr sagt:
[e]Er ist unser Gott; doch [f]ihr kennt ihn 55
nicht; ich aber kenne ihn. Und wenn
ich sagen wollte: Ich kenne ihn nicht,
so wäre ich ein Lügner wie ihr. Aber ich
kenne ihn und halte an seinem Wort
fest. Euer Vater Abraham freute sich, 56
daß er meinen Tag sehen sollte, und er
sah ihn und war froh. Da sagten die Ju- 57
den zu ihm: Du bist noch nicht fünfzig
Jahre alt und hast Abraham gesehen?
Jesus sprach zu ihnen: Wahrlich, wahr- 58
lich, ich sage euch: [g]Bevor Abraham
geboren wurde, bin ich. Da [h]hoben sie 59
Steine auf, um nach ihm zu werfen.
Aber Jesus verbarg sich vor ihnen und
ging zum Tempel hinaus.

a 2.Kor 5,21; 1.Petr 2,22; 1.Joh 3,5; Hebr 4,15
b Kap 18,37 *c* Kap 7,20 *d* Kap 6,40.47
e Jes 63,16 *f* Kap 7,28.29 *g* Kap 1,1.2
h Kap 10,31

Die Heilung eines Blindgeborenen

Im Vorübergehen sah Jesus einen **9**
Mann, der von Geburt an blind war.

2 Und seine Jünger fragten ihn: Meister,
[a]wer hat gesündigt, dieser oder seine
3 Eltern, so daß er blind geboren ist? Je-
sus antwortete: Weder dieser noch sei-
ne Eltern haben gesündigt, sondern an
ihm sollen [b]die Werke Gottes offenbar
4 werden. Wir [c]müssen die Werke dessen
tun, der mich gesandt hat, solange es
Tag ist; [d]es kommt die Nacht, in der
5 niemand wirken kann. Solange ich in
der Welt bin, bin ich das [e]Licht der
6 Welt. Als er das gesagt hatte, spuckte er
auf die Erde, machte daraus einen [f]Brei
und strich ihn auf die Augen des Blin-
7 den. Dann sagte er zu ihm: Geh zum
Teich Siloah – das bedeutet: Gesand-
ter – und wasch dich! Da ging er hin
und wusch sich und kam sehend zu-
8 rück. Die Nachbarn nun und alle, die
ihn früher als Bettler gesehen hatten,
fragten: Ist das nicht der Mann, der da-
9 saß und bettelte? Einige sagten: Er
ist's; andere aber: Nein, er ist ihm nur
ähnlich. Doch er selbst sagte: Ich bin's.
10 Da fragten sie ihn: Wie bist du se-
11 hend geworden? Er antwortete: Der
Mensch, der Jesus heißt, machte einen
Brei, strich ihn auf meine Augen und
sagte: Geh zum Teich Siloah und wasch
dich! Ich ging hin, wusch mich und
12 kann nun sehen. Da fragten sie ihn: Wo
ist er? Er antwortete: Ich weiß es nicht.

13 Da führten sie den, der vorher blind
14 gewesen war, zu den Pharisäern. Es war
aber Sabbat an dem Tag, als Jesus den
15 Brei machte und seine Augen heilte. Da
fragten ihn auch die Pharisäer, wie er
sehend geworden wäre. Er antwortete
ihnen: Einen Brei legte er mir auf die
Augen, und ich wusch mich und kann
16 nun sehen. Da sagten einige Pharisäer:
Dieser Mensch ist nicht von Gott, weil
er den Sabbat nicht hält. Andere aber
sagten: Wie kann ein sündiger Mensch
solche Zeichen tun? Und es entstand
17 Zwietracht unter ihnen. Da wandten
sie sich wieder an den Blinden: Was
sagst denn du von ihm, wo er dich doch
sehend gemacht hat? Er aber antworte-
te: Er ist ein Prophet.

18 Nun glaubten die Juden nicht, daß er
blind gewesen und sehend geworden
war, und riefen die Eltern dessen, der
19 sehend geworden war, und fragten sie:
Ist das euer Sohn, von dem ihr sagt, er
sei blind geboren? Wieso kann er denn
20 nun sehen? Seine Eltern antworteten
ihnen: Wir wissen, daß dieser unser
Sohn ist und daß er blind geboren ist.
21 Aber wie er nun sehend geworden ist,
wissen wir nicht, und wer ihn sehend
gemacht hat, wissen wir auch nicht.
Fragt ihn doch, er ist alt genug; er wird
für sich selbst reden. Das sagten seine 22
Eltern, weil [g]sie sich vor den Juden
fürchteten. Denn die Juden hatten
schon beschlossen: wenn jemand ihn
als den Christus bekennt, soll er [h]aus
der Synagoge ausgestoßen werden.
Darum sagten seine Eltern: Er ist alt 23
genug, fragt ihn selbst.

Da riefen sie noch einmal den Mann, 24
der blind gewesen war, und sagten zu
ihm: Gib Gott die Ehre! Wir wissen,
daß dieser Mensch ein Sünder ist. Er 25
antwortete: Ist er ein Sünder? Das
weiß ich nicht; eins aber weiß ich: daß
ich blind war und nun sehen kann. Da 26
fragten sie ihn: Was hat er mit dir ge-
macht? Wie hat er dich sehend ge-
macht? Er antwortete ihnen: Ich habe 27
es euch schon gesagt, doch ihr habt ja
nicht gehört! Wozu wollt ihr's noch
einmal hören? Wollt auch ihr seine
Jünger werden? Da beschimpften sie 28
ihn und sagten: Du bist sein Jünger;
wir aber sind Moses Jünger. Wir wis- 29
sen, daß Gott mit Mose geredet hat;
woher aber dieser kommt, wissen wir
nicht. Der Mann antwortete ihnen: 30
Das ist doch seltsam, daß ihr nicht
wißt, woher er kommt, und dabei hat er
mich doch sehend gemacht. Wir wis- 31
sen, daß [i]Gott die Sünder nicht erhört;
sondern [j]den, der gottesfürchtig ist und
seinen Willen tut, den erhört er. Von 32
Anfang der Welt an hat man noch nie
gehört, daß jemand einen Blindgebore-
nen sehend gemacht hat. Wäre dieser 33
nicht von Gott, so könnte er nichts aus-
richten. Da sagten sie zu ihm: Du bist 34
ganz und gar in Sünden geboren und
belehrst uns? Und sie stießen ihn hin-
aus.

Es kam vor Jesus, daß sie ihn ausge- 35
stoßen hatten. Und als er ihn fand,
fragte er: Glaubst du an den Men-
schensohn? Er antwortete: Herr, wer 36
ist's? Ich will an ihn glauben. Jesus sag- 37
te zu ihm: Du hast ihn ja vor Augen;
[k]der mit dir redet, der ist's. Da sagte er: 38
Herr, ich glaube, und betete ihn an.

Und Jesus sprach: Ich bin zum Ge- 39
richt in diese Welt gekommen, damit
die, die nicht sehen, sehend werden
und die Sehenden blind werden.[l] Das 40
hörten einige Pharisäer, die bei ihm wa-
ren, und fragten ihn: Sind denn auch
wir blind? Jesus antwortete ihnen: 41
Wärt ihr blind, so hättet ihr keine Sün-

de; weil ihr aber sagt: Wir sehen, bleibt
eure Sünde.[m]

a Lk 13,2 *b* Kap 11,4 *c* Kap 5,17 *d* Jer 13,16
e Kap 8,12; 12,35 *f* Mk 8,23 *g* Kap 7,13
h Kap 12,42 *i* Ps 66,18; Jes 1,15 *j* Spr 15,29
k Kap 4,26 *l* Mt 13,11-15 *m* Kap 15,22

Der gute Hirte

10 Wahrlich, wahrlich, ich sage euch: Wer
nicht durch die Tür in den Schafstall
hineingeht, sondern auf einem andern
Weg einsteigt, ist ein Dieb und ein
2 Räuber. Der aber durch die Tür hin-
3 eingeht, ist der Hirte der Schafe. Dem
macht der Türhüter auf, und die
Schafe hören seine Stimme; und er ruft
seine Schafe mit Namen und führt sie
4 hinaus. Und wenn er alle seine Schafe
hinausgelassen hat, geht er vor ihnen
her, und die Schafe folgen ihm; denn
5 sie kennen seine Stimme. Einem Frem-
den aber folgen sie nicht, sondern flie-
hen vor ihm; denn sie kennen die Stim-
6 me der Fremden nicht. Dies Gleichnis
sagte Jesus zu ihnen; sie verstanden
aber nicht, was er ihnen damit sagen
wollte.

7 Und weiter sprach Jesus: Wahrlich,
wahrlich, ich sage euch: Ich bin die
8 Tür zu den Schafen. Alle, die vor mir
gekommen sind, sind Diebe und Räu-
ber; aber die Schafe haben ihnen nicht
9 gehorcht. Ich bin die Tür; wenn je-
mand durch mich hineinkommt, wird
er gerettet werden und wird ein- und
10 ausgehen und Weide finden.[a] Ein Dieb
kommt nur, um zu stehlen, zu schlach-
ten und umzubringen. Ich bin gekom-
men, damit sie das Leben und alles in
Fülle haben sollen.

11 *Ich bin der [b] gute Hirte. Der gute Hirte*
12 [c] *läßt sein Leben für die Schafe.* Der be-
zahlte Knecht aber, der kein richtiger
Hirte ist, weil ihm die Schafe nicht ge-
hören, sieht den Wolf kommen und
verläßt die Schafe und flieht; und der
Wolf fällt über die Schafe her und zer-
13 streut sie. Denn der Knecht arbeitet ja
nur um Lohn, und an den Schafen liegt
14 ihm nichts. Ich bin der gute Hirte und
[d] kenne die Meinen und die Meinen
15 kennen mich, wie mich mein Vater
kennt und ich den Vater kenne. Und
16 ich lasse mein Leben für die Schafe. Ich
habe noch andere Schafe, die sind nicht
aus diesem Stall; auch sie muß ich her-
führen, und sie werden meine Stimme
hören, und es wird *eine* Herde und *ein*
17 Hirte sein.[e] Darum liebt mich mein
Vater, weil ich mein Leben lasse, um es
18 wiederzunehmen. Niemand nimmt es
von mir, sondern ich lasse es freiwillig.
[f] Ich habe die Freiheit, mein Leben zu
lassen, und ich habe die Freiheit, es
wiederzunehmen. Dies Gebot habe ich
von meinem Vater empfangen.

a Kap 14,6 *b* Ps 23; Jes 40,11; Hes 34,11-23
c Kap 15,13; Hebr 13,20 *d* 2.Tim 2,19
e Kap 11,52; Apg 10,34.35 *f* Kap 5,26

Uneinigkeit über Jesus

Wegen dieser Worte kam es wieder zu 19
Zwietracht unter den Juden.[a] Viele von 20
ihnen sagten: [b] Er hat einen bösen Geist
und ist verrückt; was hört ihr ihm zu?
Andere sagten: Das sind nicht die Wor- 21
te eines Besessenen; kann denn ein bö-
ser Geist Blinde sehend machen?

a Kap 7,43; 9,16 *b* Kap 7,20; Mk 3,21

Der gute Hirte und seine Schafe

Damals feierte man das Tempelweih- 22
fest in Jerusalem; es war Winter. Und 23
Jesus ging im Tempel in der [a] Halle Sa-
lomos umher. Da umringten ihn die Ju- 24
den und fragten ihn: Wie lange läßt du
uns im Ungewissen? Bist du der Chri-
stus, so sage es frei heraus. Jesus ant- 25
wortete ihnen: Ich habe es euch schon
gesagt, doch ihr glaubt nicht. [b] Die
Werke, die ich im Namen meines Va-
ters tue, legen Zeugnis für mich ab.
Aber [c] ihr glaubt nicht, denn ihr gehört 26
nicht zu meinen Schafen. [d] *Meine* 27
Schafe hören meine Stimme, und ich ken-
ne sie, und sie folgen mir; ich gebe ihnen 28
das ewige Leben, und niemals werden sie
umkommen, und niemand wird sie aus
meiner Hand reißen. Was mir der Vater 29
gegeben hat, ist größer als alles, und
niemand kann es aus der Hand des Va-
ters reißen. *Ich und der Vater sind eins.* 30

a Apg 3,11 *b* Kap 5,36 *c* Kap 8,45.47
d *(27 und 28)* Ps 95,7

Vorwurf der Gotteslästerung

Da [a] hoben die Juden wieder Steine auf, 31
um ihn zu steinigen. Aber Jesus sagte 32
zu ihnen: Viele gute Werke habe ich
vor euren Augen getan in der Kraft des
Vaters; für welches dieser Werke wollt
ihr mich steinigen? Die Juden antwor- 33
teten ihm: Wegen eines guten Werks
steinigen wir dich nicht, sondern
[b] wegen der Gotteslästerung, [c] denn du
bist ein Mensch und machst dich selbst
zu Gott. Jesus antwortete ihnen: Steht 34
nicht in eurem Gesetz geschrieben
(Psalm 82,6): »Ich habe gesagt: Ihr seid
Götter«? Wenn er die, zu denen das 35
Wort Gottes geschah, Götter nennt –

und die Schrift kann doch nicht [d]aufge-
36 löst werden –, wie sagt ihr dann zu dem,
den der Vater geheiligt und in die Welt
gesandt hat: Du lästerst Gott –, weil ich
gesagt habe: Ich bin Gottes Sohn?[e]
37 Wenn ich nicht die Werke meines Va-
38 ters tue, dann glaubt mir nicht; tu ich
sie aber, so glaubt doch den Werken,
wenn ihr mir nicht glauben wollt. Dann
werdet ihr erkennen und wissen, daß
39 der Vater in mir ist und ich in ihm. Da
[f]wollten sie ihn wieder festnehmen.
Aber [g]er entkam ihnen.
40 Dann ging er wieder über den Jordan
an die Stelle, [h]wo Johannes früher ge-
41 tauft hatte, und dort blieb er. Und viele
kamen zu ihm und sagten: Johannes
hat kein Zeichen getan; aber alles, was
Johannes von diesem gesagt hat, ist
42 wahr. Und viele dort glaubten an ihn.

a Kap 8,59 *b* Mt 9,3; 26,65 *c* Kap 5,18
d Mt 5,17 *e* Kap 5,17-20 *f* Kap 8,59 *g* Lk 4,30
h Kap 1,28

Die Auferweckung des Lazarus

11 Es war aber jemand krank, Lazarus aus
Betanien, dem Dorf [a]Marias und ihrer
2 Schwester Marta. Es war die Maria, die
[b]den Herrn mit Myrrhe gesalbt und
seine Füße mit ihrem Haar getrocknet
hatte. Deren Bruder Lazarus war
3 krank. Da sandten die Schwestern zu
Jesus und ließen ihm sagen: Herr, sie-
he, dein Freund, den du lieb hast, ist
4 krank. Als Jesus das hörte, sagte er:
Diese Krankheit führt nicht zum Tod,
sondern dient [c]der Ehre Gottes, damit
der Sohn Gottes dadurch verherrlicht
5 wird. Jesus aber hatte Marta lieb und
6 ihre Schwester und Lazarus. Als er nun
hörte, daß er krank war, blieb er noch
7 zwei Tage da, wo er war; danach sagte
er zu seinen Jüngern: Laßt uns wieder
8 nach Judäa gehen! Seine Jünger aber
sagten zu ihm: Meister, [d]eben noch
wollten die Juden dich steinigen, und
9 du willst wieder dorthin gehen? Jesus
antwortete: Hat nicht der Tag zwölf
Stunden? Wer bei Tage geht, der stößt
sich nicht; denn er sieht [e]das Licht
10 dieser Welt. Wer aber bei Nacht geht,
der stößt sich; denn es ist kein Licht in
ihm.[f]
11 Als er das gesagt hatte, fuhr er fort:
Lazarus, unser Freund, ist [g]eingeschla-
fen; aber ich gehe hin, um ihn aufzu-
12 wecken. Da sagten seine Jünger: Herr,
wenn er schläft, wird's besser mit ihm.
13 Jesus aber sprach von seinem Tod;
doch sie meinten, er rede vom leib-
lichen Schlaf. Da sagte ihnen Jesus frei 14
heraus: Lazarus ist gestorben; aber eu- 15
retwegen bin ich froh, daß ich nicht da-
gewesen bin, damit ihr glaubt. Doch
nun laßt uns zu ihm gehen! Da sagte 16
[h]Thomas, der den Beinamen Zwilling
hatte, zu den Jüngern: Laßt uns mit Je-
sus gehen, um mit ihm zu sterben!
Als Jesus ankam, erfuhr er, daß La- 17
zarus schon vier Tage im Grabe lag.
Betanien aber war nahe bei Jerusalem, 18
etwa eine halbe Stunde entfernt. Und 19
viele Juden waren zu Marta und Maria
gekommen, um sie wegen ihres Bruders
zu trösten.
Als Marta nun hörte, daß Jesus ge- 20
kommen war, ging sie ihm entgegen;
Maria aber blieb daheim. Da sagte 21
Marta zu Jesus: Herr, wärst du hier ge-
wesen, mein Bruder wäre nicht gestor-
ben. Aber auch so weiß ich: Was du von 22
Gott erbittest, das wird dir Gott geben.
Jesus antwortete ihr: Dein Bruder wird 23
auferstehen. Marta sagte zu ihm: Ich 24
weiß wohl, daß er auferstehen wird –
bei der [i]Auferstehung am Jüngsten
Tage. Da sagte Jesus zu ihr: *Ich bin die* 25
Auferstehung und das Leben. Wer an
mich glaubt, der wird leben, selbst wenn er
stirbt; und wer lebt und an mich glaubt, 26
der [j]*wird niemals sterben.* Glaubst du
das? Sie antwortete ihm: Ja, Herr, ich 27
glaube, daß du der Christus bist, der
Sohn Gottes, der in die Welt gekom-
men ist.[k]
Als sie das gesagt hatte, ging sie hin 28
und rief ihre Schwester Maria und sag-
te heimlich zu ihr: Der Meister ist da
und ruft dich. Als Maria das hörte, 29
stand sie schnell auf und ging zu ihm.
Jesus aber war noch nicht in das Dorf 30
gekommen, sondern war noch da, wo
ihm Marta begegnet war. Die Juden, 31
die bei ihr im Hause waren und sie trö-
steten, sahen, daß Maria schnell auf-
stand und hinausging; sie folgten ihr,
weil sie dachten: Sie geht zum Grab,
um dort zu weinen.
Als nun Maria dahin kam, wo Jesus 32
war, und ihn sah, fiel sie ihm zu Füßen
und sagte zu ihm: Herr, wärst du hier
gewesen, mein Bruder wäre nicht ge-
storben. Jesus sah, wie sie weinte und 33
wie auch die Juden weinten, die mit ihr
gekommen waren. Da wurde Jesus zor-
nig in seinem Innern und [l]sehr erregt
und sagte: Wo habt ihr ihn hingelegt? 34
Sie antworteten ihm: Herr, komm und
sieh es! Und Jesus kamen die Tränen. 35
Da sagten die Juden: Seht, wie lieb er 36

37 ihn gehabt hat! Aber einige von ihnen
sagten: [m]Er hat doch den Blinden se-
hend gemacht; konnte er dann nicht
dafür sorgen, daß dieser nicht sterben
38 mußte? Da wurde Jesus wieder zornig
und ging zum Grab. Das war aber eine
39 Höhle [n]mit einem Stein davor. Jesus
sagte: Nehmt den Stein weg! Da ant-
wortete ihm Marta, die Schwester des
Verstorbenen: Herr, er stinkt schon;
40 denn er liegt seit vier Tagen. Jesus
sprach zu ihr: *Habe ich dir nicht gesagt:*
Wenn du glaubst, wirst du die Herrlich-
41 *keit Gottes sehen?* Da nahmen sie den
Stein weg. Jesus aber blickte nach oben
und sagte: Vater, ich danke dir, daß du
42 meine Worte gehört hast. Ich wußte ja,
daß du mich allezeit hörst; aber [o]wegen
der Leute hier habe ich's gesagt, damit
sie glauben, daß du mich gesandt hast.
43 Als er das gesagt hatte, rief er mit lauter
44 Stimme: Lazarus, komm heraus! Und
der Tote kam heraus, die Füße und
Hände mit Binden umwickelt, und sein
Gesicht war mit einem Tuch verhüllt.
Jesus sagte zu ihnen: Nehmt ihm die
Binden ab, damit er weggehen kann!
45 Viele von den Juden, die zu Maria ge-
kommen waren und sahen, was Jesus
tat, glaubten nun an ihn.

a Lk 10,38.39 *b* Kap 12,3 *c* Kap 9,3
d Kap 10,31 *e* Kap 9,4.5 *f* Kap 12,35 *g* Mt 9,24
h Kap 20,24-28 *i* Kap 5,28.29; 6,40; Mt 22,23-33
j Kap 8,51 *k* Mt 16,16 *l* Kap 13,21 *m* Kap 9,7
n Mt 27,60 *o* Kap 12,30

Der Entschluß zur Tötung Jesu

46 Aber einige von ihnen gingen zu den
Pharisäern und sagten ihnen, was Jesus
47 getan hatte. Da [a]versammelten die Ho-
henpriester und die Pharisäer den Ho-
hen Rat und fragten: Was sollen wir
machen? Dieser Mensch tut viele Zei-
48 chen. Lassen wir ihn gewähren, so wer-
den sie alle an ihn glauben, und dann
kommen die Römer und nehmen uns
49 Land und Leute. Aber einer von ihnen,
Kajaphas, der in jenem Jahr Hoher-
priester war, sagte zu ihnen: Ihr wißt
50 nichts; ihr denkt auch nicht daran, daß
es besser für euch ist, wenn *ein* Mensch
für das Volk stirbt, als wenn das ganze
51 Volk umkommt.[b] Das sagte er aber
nicht aus sich selbst heraus, sondern,
weil er in jenem Jahr Hoherpriester
war, weissagte er. Denn Jesus sollte für
52 das Volk sterben, aber nicht nur für
dies Volk, sondern auch, um die [c]ver-
streuten Kinder Gottes [d]zusammenzu-
53 bringen. Von dem Tage an stand ihr
54 Beschluß fest, ihn zu töten. Jesus aber
bewegte sich nicht mehr frei unter den
Juden, sondern ging von dort weg in ein
Gebiet nahe der Wüste, in eine Stadt
mit Namen [e]Efraim, und dort blieb er
mit seinen Jüngern.

Es war aber kurz vor dem Passafest 55
der Juden; und viele aus dem Land zo-
gen noch vor dem Fest nach Jerusalem
hinauf, [f]um die Reinigung zu vollzie-
hen. Da fragten sie nach Jesus und rede- 56
ten miteinander im Tempel: Was
meint ihr? Er wird doch nicht zum Fest
kommen? Die Hohenpriester und Pha- 57
risäer hatten nämlich den Befehl erlas-
sen: Wenn jemand weiß, wo er ist, soll
er's melden, damit man ihn festnehmen
kann.

a Mt 26,3.4 *b* Kap 18,14 *c* Kap 7,35
d Kap 10,16; 1.Joh 2,2 *e* 2.Sam 13,23;
1.Makk 11,34 *f* 2.Chr 30,17.18

Die Salbung in Betanien

(Mt 26,6-13; Mk 14,3-9)

Sechs Tage vor dem Passafest kam Je- **12**
sus nach Betanien, wo Lazarus wohnte,
den Jesus von den Toten auferweckt
hatte.[a] Dort gaben sie für ihn ein Fest- 2
mahl, und Marta bediente; Lazarus
aber war einer von denen, die mit ihm
bei Tisch waren. Da nahm Maria ein 3
Pfund Salböl aus unverfälschter, kost-
barer Narde und salbte die Füße Jesu
und trocknete mit ihrem Haar seine
Füße ab; das Haus aber wurde mit dem
Duft des Öls erfüllt.[b] Da sagte einer 4
seiner Jünger, Judas Iskariot, der ihn
später verraten sollte: Warum ist dies 5
Öl nicht für dreihundert Silbergro-
schen verkauft und den Armen gegeben
worden? Das sagte er aber nicht, weil er 6
nach den Armen fragte, sondern er war
ein Betrüger; denn er [c]hatte die Kasse
und unterschlug das eingelegte Geld.
Da sagte Jesus: Laß sie in Frieden! 7
Mag es gelten für den Tag meines Be-
gräbnisses. Denn [d]Arme habt ihr im- 8
mer bei euch; mich aber habt ihr nicht
immer.

Da erfuhr die große Menge der Ju- 9
den, daß er dort war, und sie kamen
nicht allein wegen Jesus, sondern um
auch Lazarus zu sehen, den er von den
Toten erweckt hatte. Aber die Hohen- 10
priester beschlossen, auch Lazarus zu
töten; denn seinetwegen gingen viele 11
Juden von ihnen weg und glaubten an
Jesus.

a Kap 11,1.43 *b* Lk 7,38 *c* Kap 13,29
d 5.Mose 15,11

Der Einzug in Jerusalem

(Mt 21,1-11; Mk 11,1-10; Lk 19,29-40)

12 Als am nächsten Tag die große Menge,
die aufs Fest gekommen war, hörte: Je-
13 sus kommt nach Jerusalem –, nahmen
sie Palmzweige und gingen hinaus ihm
entgegen und riefen: [a] *Hosanna! Gelobt
sei, der da kommt im Namen des Herrn,*
14 *der König von Israel!* Jesus aber fand
einen jungen Esel und ritt darauf,
wie geschrieben steht (Sacharja 9,9):
15 »Fürchte dich nicht, du Tochter Zion!
Siehe, dein König kommt und reitet auf
16 einem Eselsfüllen.« Das verstanden sei-
ne Jünger zuerst nicht; doch als Jesus
verherrlicht war, dachten sie daran, daß
dies über ihn geschrieben stand und
17 sich so an ihm erfüllt hatte. Das Volk
aber, das bei ihm gewesen war, als er
Lazarus aus dem Grabe rief und von
den Toten auferweckte, legte Zeugnis
18 für ihn ab. Die Menge ging ihm ja auch
entgegen, weil sie hörte, was für ein
19 Zeichen er getan hatte. Die Pharisäer
aber sagten zueinander: Ihr seht, daß
wir nichts erreichen; [b] alle Welt läuft
ihm nach.

a Ps 118,25.26 *b* Kap 11,48

Jesus und die Griechen

20 Es waren aber einige Griechen unter
denen, die heraufgekommen waren, um
21 auf dem Fest anzubeten. Die kamen zu
[a] Philippus, der von Betsaida aus Gali-
läa war, und baten ihn: Herr, wir
22 möchten Jesus gerne sehen. Philippus
ging und sagte es Andreas, und Philip-
pus und Andreas sagten's Jesus weiter.
23 Jesus aber antwortete ihnen: Die Zeit
ist gekommen, daß der Menschensohn
24 verherrlicht werden soll. Wahrlich,
wahrlich, ich sage euch: Wenn das
Weizenkorn nicht in die Erde fällt und
stirbt, bleibt es ein einzelnes Korn;
[b] wenn es aber stirbt, bringt es viel
25 Frucht. Wer sein Leben lieb hat, der
wird's verlieren; und wer sein Leben
auf dieser Welt gering achtet, der
wird's bewahren zum ewigen Leben.[c]
26 Wer mir dienen will, der folge mir
nach; und [d] wo ich bin, da soll mein
Diener auch sein. Und wer mir dienen
wird, den wird mein Vater ehren.

a Kap 1,44 *b* Röm 14,9; 1.Kor 15,36 *c* Mt 10,39; 16,25; Lk 17,33 *d* Kap 17,24

Die Ankündigung der Verherrlichung

27 Jetzt ist [a] meine Seele betrübt. Und was
soll ich sagen? Vater, hilf mir aus dieser
Stunde. Doch dazu bin ich in diese
Stunde gekommen: Vater, verherrliche 28
deinen Namen! Da kam eine Stimme
vom Himmel: Ich habe ihn verherr-
licht und will ihn noch einmal verherr-
lichen.[b] Da sagten die Leute, die dabei- 29
standen und zuhörten: Es hat gedon-
nert. Die andern sagten: Ein Engel hat
zu ihm gesprochen. Jesus antwortete: 30
Diese Stimme hat nicht meinetwegen
gesprochen, sondern [c] euretwegen.
Jetzt ergeht das Gericht über die Welt; 31
nun [d] wird der Fürst dieser Welt ausge-
stoßen werden. Ich aber, wenn ich [e] er- 32
höht werde von der Erde, so will ich alle
zu mir ziehen. Das sagte er aber, um an- 33
zudeuten, welchen Tod er sterben wür-
de.

a Mt 26,38 *b* Kap 13,31; Mt 3,17; 17,5 *c* Kap 11,42 *d* Kap 14,30; 16,11; Lk 10,18 *e* Kap 8,28

Der Unglaube des Volkes

Da antworteten ihm die Leute: Wir ha- 34
ben aus dem Gesetz gehört, daß [a] der
Christus ewig bleiben soll; wie kannst
du dann sagen: Der Menschensohn
muß erhöht werden? Wer ist dieser
Menschensohn? Da sagte Jesus zu 35
ihnen: Das Licht ist noch eine kurze
Zeit bei euch. Geht euren Weg, solange
ihr das Licht habt, damit euch die Fin-
sternis nicht überfällt. [b] Wer in der Fin-
sternis unterwegs ist, der weiß nicht,
wohin er geht. Glaubt an das Licht, so- 36
lange ihr's habt, damit ihr [c] Kinder des
Lichtes werdet. Das redete Jesus und
ging weg und verbarg sich vor ihnen.

Und obwohl er solche Zeichen vor 37
ihren Augen getan hatte, glaubten sie
doch nicht an ihn; so sollte sich das 38
Wort des Propheten Jesaja erfüllen (Je-
saja 53,1): »Herr, wer glaubt unserm
Predigen? Und wem ist der Arm des
Herrn offenbart?« Sie konnten aber 39
deswegen nicht glauben, weil Jesaja an
einer andern Stelle gesagt hat (Jesa-
ja 6,9.10): »Er hat ihre Augen blind 40
gemacht und ihr Herz verstockt, da-
mit sie nicht etwa mit den Augen se-
hen und mit dem Herzen verstehen und
sich bekehren, so daß ich ihnen helfen
müßte.«[d] Das hat Jesaja gesagt, [e] weil er 41
seine Herrlichkeit gesehen hat, und von
ihm hat er gesprochen. Doch auch von 42
den Oberen glaubten viele an ihn; aber
wegen der Pharisäer bekannten sie sich
nicht dazu, um nicht [f] aus der Synagoge
ausgestoßen zu werden. Denn [g] sie hat- 43

ten lieber Ehre bei den Menschen als
Ehre bei Gott.
44 Jesus aber sprach: Wer an mich
glaubt, der glaubt nicht an mich, son-
45 dern an den, der mich gesandt hat. Und
[h]wer mich sieht, der sieht den, der mich
46 gesandt hat. Ich bin in die Welt gekom-
men als das [i]Licht, damit jeder, der an
mich glaubt, nicht in der Finsternis
47 bleibt. Wer meine Worte hört und sich
nicht an sie hält, den werde ich nicht
richten; denn [j]ich bin nicht gekom-
men, um die Welt zu richten, sondern
48 um die Welt zu retten. Wer mich ver-
achtet und meine Worte nicht an-
nimmt, der hat schon seinen Richter:
Das Wort, das ich verkündigt habe, das
wird ihn richten am Jüngsten Tage.
49 Denn ich habe nicht aus mir selbst ge-
sprochen, sondern der Vater, der mich
gesandt hat, der hat mir aufgetragen,
50 was ich sagen und reden soll. Und ich
weiß, das ist das ewige Leben. Darum:
was ich sage, das sage ich so, wie es mir
der Vater aufgetragen hat.

a Ps 110,4; Dan 7,14 *b* Kap 11,10 *c* Eph 5,9
d Mt 13,14.15 *e* Jes 6,1 *f* Kap 9,22 *g* Kap 5,44
h Kap 14,9 *i* Kap 8,12 *j* Kap 3,17; Lk 9,56

Die Fußwaschung

13 Vor dem Passafest aber erkannte Jesus,
[a]daß die Stunde für ihn gekommen
war, um aus dieser Welt zum Vater zu
gehen; und wie er die Seinen, die in der
Welt waren, geliebt hatte, so liebte er
2 sie bis zur Vollendung. Sie saßen beim
Abendessen. Und [b]der Teufel hatte Ju-
das, dem Sohn des Simon, dem Iska-
riot, schon ins Herz gegeben, ihn zu
3 verraten. Jesus aber wußte, daß ihm
[c]der Vater alles in die Hand gegeben
hatte und daß er [d]von Gott gekommen
4 war und zu Gott ging. Da stand er vom
Essen auf, legte sein Obergewand ab
und nahm einen Schurz und band ihn
5 um. Dann goß er Wasser in ein Becken,
fing an, den Jüngern die Füße zu wa-
schen, und trocknete sie mit dem
Schurz ab, den er umgebunden hatte.
6 Da kam er zu Simon Petrus; der sagte
zu ihm: Herr, *du* wäschst mir die Füße?
7 Jesus antwortete ihm: Was ich tue, das
verstehst du jetzt nicht; du wirst es aber
8 später erfahren. Da sagte Petrus zu
ihm: Auf keinen Fall sollst du mir die
Füße waschen! Jesus antwortete ihm:
Wenn ich dich nicht wasche, hast du
9 keine Gemeinschaft mit mir. Da sagte
Simon Petrus zu ihm: Herr, nicht nur
die Füße, sondern auch die Hände und
den Kopf! Jesus antwortete ihm: Wer 10
gewaschen ist, braucht nichts anderes,
als daß ihm die Füße gewaschen wer-
den; denn er ist ganz rein. Und [e]ihr
seid rein, aber nicht alle. Denn er kann- 11
te seinen Verräter genau; darum sagte
er: Ihr seid nicht alle rein.
Als er nun ihre Füße gewaschen hat- 12
te, nahm er seine Kleider und setzte
sich wieder hin und sagte zu ihnen:
Wißt ihr, was ich an euch getan habe?
Ihr nennt mich Meister und Herr und 13
habt recht damit, denn das bin ich
auch.[f] Wenn nun ich, euer Herr und 14
Meister, euch [g]die Füße gewaschen
habe, so sollt auch ihr euch gegenseitig
die Füße waschen. Denn ich habe euch 15
ein Beispiel gegeben, damit ihr tut, was
ich an euch getan habe.[h] Wahrlich, 16
wahrlich, ich sage euch: [i]Der Knecht
ist nicht größer als sein Herr und der
Bote nicht größer als der, der ihn ge-
sandt hat. Wenn ihr dies nun wißt – se- 17
lig seid ihr, wenn ihr's tut.[j]
Das sage ich nicht von euch allen; ich 18
kenne die, die ich erwählt habe. Aber
das Wort der Schrift muß erfüllt wer-
den (Psalm 41,10): »Der mein Brot ißt,
tritt mich mit Füßen.« Ich sage es euch 19
jetzt, ehe es geschieht; wenn es dann
geschehen ist, werdet ihr glauben, daß
ich es bin. Wahrlich, wahrlich, ich sage 20
euch: Wer jemand aufnimmt, den ich
senden werde, der nimmt mich auf;
wer aber mich aufnimmt, der nimmt
den auf, der mich gesandt hat.[k]

a Kap 7,30; 17,1 *b* Lk 22,3 *c* Kap 3,35
d Kap 16,28 *e* Kap 15,3 *f* Mt 23,8.10
g Lk 22,27 *h* Phil 2,5; 1.Petr 2,21 *i* Mt 10,24
j Mt 7,24 *k* Mt 10,40

Jesus und der Verräter

(Mt 26,21-25; Mk 14,18-21; Lk 22,21-23)

Als Jesus das gesagt hatte, wurde [a]er im 21
Innersten erschüttert und bezeugte:
Wahrlich, wahrlich, ich sage euch:
Einer unter euch wird mich verraten.
Da sahen sich die Jünger ratlos unter- 22
einander an und wußten nicht, von
wem er redete. Es war aber [b]einer unter 23
den Jüngern, den Jesus besonders lieb
hatte, der saß bei Tisch dicht neben Je-
sus. Dem gab Simon Petrus einen 24
Wink, daß er fragen sollte, wer es wäre,
von dem er redete. Da lehnte der sich 25
an die Brust Jesu und fragte ihn: Herr,
wer ist's? Jesus antwortete: Der ist's, 26
dem ich den Bissen Brot eintauche und
gebe. Und er nahm den Bissen, tauchte
ihn ein und gab ihn Judas, dem Sohn
des Simon Iskariot. Sobald der den Bis- 27

sen nahm, fuhr der Satan in ihn. Da
sagte Jesus zu ihm: Was du tun mußt,
28 das tu bald! Doch niemand am Tisch
29 wußte, wozu er ihm das sagte. Weil
aber Judas die Kasse hatte, meinten
einige, Jesus hätte ihm sagen wollen:
Kaufe, was wir für das Fest brauchen!,
oder daß er den Armen etwas geben
30 sollte. Als er nun den Bissen genommen
hatte, ging er sogleich hinaus. Und es
war Nacht.

a Kap 12,27 *b* Kap 19,26; 20,2; 21,20

Jesu Abschiedsreden
(Kap 13,31-16,33)

Die Verherrlichung und das neue Gebot

31 Als Judas nun hinausgegangen war,
sagte Jesus: [a]Jetzt ist der Menschen-
sohn verherrlicht, und Gott ist verherr-
32 licht in ihm. Ist Gott verherrlicht in
ihm, so [b]wird Gott ihn auch verherr-
lichen in sich und wird ihn bald ver-
33 herrlichen. Liebe Kinder, ich bin nur
noch kurze Zeit bei euch. Ihr werdet
mich suchen. Aber [c]wie ich zu den Ju-
den gesagt habe, sage ich jetzt auch zu
euch: Wo ich hingehe, da könnt ihr
nicht hinkommen.
34 *Ein neues Gebot gebe ich euch, daß ihr*
einander lieben sollt, wie ich euch geliebt
habe; so werdet auch ihr einander lieb ha-
35 *ben.*[d] *Daran, daß ihr Liebe zueinander*
habt, wird jeder erkennen, daß ihr meine
Jünger seid.

a Kap 12,23.28 *b* Kap 17,1-5 *c* Kap 8,21
d Kap 15,12.13.17

Die Ankündigung der Verleugnung des Petrus
(Mt 26,33-35; Mk 14,29-31; Lk 22,31-34)

36 Da fragte ihn Simon Petrus: Herr, wo
gehst du hin? Jesus antwortete ihm:
Wo ich hingehe, kannst du mir diesmal
nicht folgen; aber [a]du wirst mir später
37 folgen. Petrus sagte zu ihm: Herr, war-
um kann ich dir diesmal nicht folgen?
38 Ich will mein Leben für dich lassen. Je-
sus antwortete ihm: Du willst dein Le-
ben für mich lassen? Wahrlich, wahr-
lich, ich sage dir: Der Hahn wird nicht
krähen, bis du mich dreimal verleugnet
hast.

a Kap 21,18.19

Jesus der Weg zum Vater

14 Euer Herz erschrecke nicht! Glaubt an
2 Gott und glaubt an mich! Im Hause
meines Vaters sind viele Wohnungen –
wenn's nicht so wäre, hätte ich's euch
gesagt –, denn ich gehe ja hin, [a]um die
Stätte für euch bereitzumachen. Wenn 3
ich nun hingehe und die Stätte für euch
bereitmache, will ich wieder kommen
und [b]euch zu mir nehmen, damit ihr
seid, wo ich bin. Und wo ich hingehe, 4
den Weg dahin wißt ihr.
Da sagte Thomas zu ihm: Herr, wir 5
wissen nicht, wo du hingehst; wie kön-
nen wir dann den Weg wissen? Jesus 6
sprach zu ihm: *Ich bin der Weg und die*
Wahrheit und das Leben; [c]*niemand*
kommt zum Vater außer durch mich.
Wenn ihr mich kennt, werdet ihr auch 7
meinen Vater kennen. Und von nun an
kennt ihr ihn und habt ihn gesehen.
Da sagte Philippus zu ihm: Herr, 8
zeige uns den Vater, das genügt uns. Je- 9
sus antwortete ihm: So lange bin ich bei
euch, und du kennst mich nicht, Philip-
pus? [d]Wer mich sieht, der sieht den
Vater! Wie kannst du dann sagen: Zei-
ge uns den Vater? Glaubst du nicht, 10
daß ich im Vater bin und der Vater in
mir? [e]Die Worte, die ich euch verkün-
dige, die rede ich nicht aus mir selbst.
Und der Vater, der in mir wohnt, der
tut seine Werke. Glaubt mir, daß ich im 11
Vater bin und der Vater in mir; wenn
nicht, dann [f]glaubt mir doch um der
Werke willen.
Wahrlich, wahrlich, ich sage euch: 12
Wer an mich glaubt, der [g]wird die
Werke, die ich tue, auch tun, und er
wird noch größere als diese tun; denn
ich gehe zum Vater. [h]Und worum ihr 13
bitten werdet in meinem Namen, das
will ich tun, damit der Vater im Sohn
verherrlicht wird. Worum ihr mich bit- 14
ten werdet in meinem Namen, das will
ich tun.

a Mt 25,34 *b* Kap 12,26; 17,24 *c* Kap 10,9;
Mt 11,27; Röm 5,1.2; Hebr 10,20 *d* Kap 12,45;
Hebr 1,3 *e* Kap 12,49 *f* Kap 10,25.38
g Mt 28,19 *h* *(13 und 14)* Kap 15,7; 16,24;
Mk 11,24; 1.Joh 5,14.15

Die Verheißung des heiligen Geistes

Liebt ihr mich, so werdet ihr meine Ge- 15
bote halten.[a] Und ich will den Vater 16
bitten, und er wird euch einen andern
[b]Beistand geben, der für immer bei
euch bleiben soll: den [c]Geist der 17
Wahrheit, den die Welt nicht empfan-
gen kann, denn sie sieht ihn nicht und
kennt ihn nicht. Ihr aber kennt ihn,
denn er bleibt bei euch und wird in
euch sein. Ich will euch nicht verwaist 18
zurücklassen; ich komme zu euch. Es 19

dauert nur noch kurze Zeit, dann wird
mich die Welt nicht mehr sehen. [d]Ihr
aber sollt mich sehen, denn *ich lebe, und*
20 *ihr sollt auch leben.* An dem Tag werdet
ihr erkennen, daß ich in meinem Vater
21 bin und ihr in mir und ich in euch. Wer
[e]meine Gebote empfangen hat und sie
hält, der ist's, der mich liebt. Wer mich
aber liebt, der [f]wird von meinem Vater
geliebt werden, und ich werde ihn lie-
ben und mich ihm offenbaren.
22 Da fragte ihn Judas, nicht der Judas
Iskariot: Herr, [g]warum willst du dich
23 uns offenbaren und nicht der Welt? Je-
sus antwortete ihm: [h]Wer mich liebt,
der wird mein Wort halten; und mein
Vater wird ihn lieben, und wir werden
zu ihm kommen und Wohnung bei ihm
24 nehmen. Wer mich aber nicht liebt, der
hält meine Worte nicht. Und [i]das
Wort, das ihr hört, ist nicht mein Wort,
sondern das des Vaters, der mich ge-
sandt hat.
25 Das habe ich euch gesagt, solange ich
26 bei euch gewesen bin. Aber der Bei-
stand, den mein Vater in meinem Na-
men senden wird, der heilige Geist, der
wird euch alles lehren und an alles erin-
nern, was ich euch gesagt habe.

a Kap 15,10; 1.Joh 5,3 *b* Kap 15,26; 16,7
c Kap 16,13 *d* Kap 20,20 *e* 1.Joh 5,3
f Kap 16,27 *g* Apg 10,40.41 *h* Spr 8,17;
Eph 3,17 *i* Kap 7,16.17

Der Friede Christi

27 *Den Frieden lasse ich euch zurück, [a]mei-*
nen Frieden gebe ich euch. Ich gebe ihn
euch nicht, wie die Welt ihn gibt. Euer
Herz erschrecke nicht und fürchte sich
28 *nicht.* Ihr habt gehört, daß ich zu euch
gesagt habe: Ich gehe hin und komme
wieder zu euch. Hättet ihr mich lieb, so
würdet ihr euch freuen, daß ich zum
Vater gehe; denn der Vater ist größer
29 als ich. Und jetzt habe ich's euch ver-
kündet, ehe es geschieht, damit ihr
glaubt, wenn es nun geschieht.
30 Ich werde nicht mehr viel mit euch
reden, denn es kommt [b]der Fürst dieser
Welt. Auf mich hat er keinen An-
31 spruch; aber die Welt soll erkennen,
daß ich den Vater liebe und tue, [c]was
mir der Vater geboten hat. Steht auf
und laßt uns von hier weggehen.

a Kap 16,33; Phil 4,7 *b* Kap 12,31; Eph 2,2
c Kap 10,18

Der wahre Weinstock

15 [a]Ich bin der wahre Weinstock, und
mein Vater der Weingärtner. Jede Rebe
an mir, die keine Frucht bringt, wird er
wegnehmen; und jede, die Frucht
bringt, wird er reinigen, damit sie noch
mehr Frucht bringt. Ihr seid schon rein 3
wegen des Wortes, das ich euch ver-
kündigt habe.[b] Bleibt in mir und ich in 4
euch. Wie die Rebe keine Frucht brin-
gen kann aus sich selbst, wenn sie nicht
am Weinstock bleibt, so könnt auch ihr
keine Frucht bringen, wenn ihr nicht in
mir bleibt. *Ich bin der Weinstock, ihr seid* 5
die Reben. Wer in mir bleibt und ich in
ihm, der bringt viel Frucht; denn [c]ohne
mich könnt ihr nichts tun. Wer nicht in 6
mir bleibt, der wird weggeworfen wie
solche Reben, die man sammelt und ins
Feuer wirft: er verdorrt und muß bren-
nen. Wenn ihr in mir bleibt und meine 7
Worte in euch bleiben, [d]werdet ihr bit-
ten, was ihr wollt, und es wird euch zu-
teil werden. Dadurch wird mein Vater 8
verherrlicht, daß ihr viel Frucht bringt
und meine Jünger werdet.[e]

a (1-6) Ps 80,9-12; Jes 5,1-7; Jer 2,21
b Kap 13,10; 1.Petr 1,23 *c* 2.Kor 3,5.6
d Mk 11,24 *e* Mt 5,16

Das Gebot der Liebe

So wie mich mein Vater liebt, so liebe 9
ich euch auch. Bleibt in meiner Liebe!
Wenn ihr meine Gebote haltet, dann 10
bleibt ihr in meiner Liebe, so wie ich
die Gebote meines Vaters halte und in
seiner Liebe bleibe. Das sage ich euch, 11
damit meine Freude in euch bleibt und
eure Freude vollkommen wird.[a]
Dies ist mein Gebot, daß ihr einan- 12
der lieben sollt, wie ich euch liebe.[b]
Niemand hat größere Liebe als die, [c]daß 13
er sein Leben läßt für seine Freunde. Ihr 14
seid meine Freunde, wenn ihr tut, was
ich euch gebiete.[d] Ich nenne euch nicht 15
mehr Knechte; denn ein Knecht weiß
nicht, was sein Herr tut. Euch aber
habe ich Freunde genannt; denn alles,
was ich von meinem Vater gehört habe,
habe ich euch kundgetan.
Nicht ihr habt mich erwählt, sondern 16
ich habe euch erwählt und dazu einge-
setzt, daß ihr hingeht und Frucht bringt
und daß eure Frucht bleibt. Wenn ihr
dann den Vater in meinem Namen bittet,
wird er's euch geben.
Das gebiete ich euch, daß ihr einan- 17
der liebt.

a Kap 17,13 *b* Kap 13,34 *c* Kap 10,11;
1.Joh 3,16 *d* Kap 8,31; Mt 12,50

Der Haß der Welt

Wenn euch die Welt haßt, so müßt ihr 18
wissen, daß sie mich vor euch gehaßt

19 hat.[a] Wenn ihr von der Welt stammen
würdet, dann hätte die Welt lieb, was
zu ihr gehört. Weil ihr aber nicht von
der Welt stammt, sondern ich euch aus
der Welt erwählt habe, darum haßt
20 euch die Welt.[b] Erinnert euch an das
Wort, das ich zu euch gesagt habe:
[c]Der Knecht ist nicht größer als sein
Herr. Haben sie mich verfolgt, so wer-
den sie euch auch verfolgen; haben sie
sich an mein Wort gehalten, so werden
21 sie sich auch an eures halten. Aber das
alles werden sie euch antun um meines
Namens willen; denn [d]sie kennen den
nicht, der mich gesandt hat.
22 Wenn ich nicht gekommen wäre und
es ihnen gesagt hätte, so wären sie ohne
Sünde; nun aber können sie nichts vor-
bringen, um ihre Sünde zu entschuldi-
23 gen.[e] Wer mich haßt, der haßt auch
24 meinen Vater.[f] Hätte ich nicht die
Werke unter ihnen getan, die kein an-
derer getan hat, dann wären sie ohne
Sünde. Nun aber haben sie es gesehen,
und doch hassen sie mich und meinen
25 Vater. Aber es muß das Wort erfüllt
werden, das in ihrem Gesetz geschrie-
ben steht: »Sie hassen mich ohne
Grund« (Psalm 69,5).
26 Wenn aber der [g]Beistand kommen
wird, [h]den ich euch vom Vater senden
werde, der Geist der Wahrheit, der
vom Vater ausgeht, der wird Zeugnis
27 für mich ablegen. Und auch ihr seid
[i]meine Zeugen, denn ihr seid von An-
fang an bei mir gewesen.
16 Das habe ich euch gesagt, damit ihr
2 nicht abfallt. Sie werden euch [j]aus der
Synagoge ausstoßen. Es kommt sogar
die Zeit, daß jeder, der euch [k]tötet,
meinen wird, Gott damit einen Dienst
3 zu tun. Und das werden sie tun, weil sie
weder meinen Vater noch mich erken-
4 nen.[l] Aber dies habe ich euch gesagt,
damit ihr euch daran erinnert, daß ich's
euch gesagt habe, wenn die Zeit kom-
men wird. Zu Anfang habe ich es euch
nicht gesagt, denn ich war bei euch.

a Kap 7,7 *b* Kap 17,14; 1.Joh 4,4.5 *c* Kap 13,16; Mt 10,24.25 *d* Kap 16,3 *e* Kap 9,41 *f* Lk 10,16 *g* Kap 14,16.26 *h* Lk 24,49 *i* Apg 1,8.21.22; 5,32 *j* Mt 10,17.22 *k* Mt 24,9 *l* Kap 15,21

Das Werk des heiligen Geistes

5 Jetzt aber gehe ich hin zu dem, der
mich gesandt hat; doch niemand von
euch fragt mich: Wo gehst du hin?
6 Sondern Trauer hat euer Herz erfüllt,
7 weil ich euch das gesagt habe. Aber ich
sage euch die Wahrheit: Es ist gut für
euch, daß ich weggehe. Denn wenn ich
nicht weggehe, kommt der [a]Beistand
nicht zu euch. Wenn ich aber hingehe,
will ich ihn zu euch senden. Und wenn 8
er kommt, wird er der Welt aufdecken,
was es mit der Sünde und der Gerech-
tigkeit und dem Gericht auf sich hat;
mit der Sünde: daß sie nicht an mich 9
glauben;[b] mit der [c]Gerechtigkeit: daß 10
ich zum Vater gehe und ihr mich von
jetzt an nicht mehr seht; mit dem Ge- 11
richt: daß der Fürst dieser Welt gerich-
tet ist.[d]
Ich habe euch noch viel zu sagen; 12
aber ihr könnt es jetzt nicht ertragen.[e]
Wenn aber jener, der Geist der Wahr- 13
heit, kommen wird, [f]wird er euch in
alle Wahrheit führen. Denn er wird
nicht aus sich selbst reden; sondern was
er hören wird, wird er reden, und was
zukünftig ist, wird er euch verkündi-
gen. Er wird mich verherrlichen; denn 14
von dem, was mein ist, wird er's neh-
men und euch verkündigen. Alles, [g]was 15
der Vater hat, das ist mein. Darum habe
ich gesagt: Er wird's von dem nehmen,
was mein ist, und euch verkündigen.

a Kap 14,16.26 *b* Kap 15,22.24 *c* Apg 5,31; Röm 4,25 *d* Kap 12,31 *e* 1.Kor 3,1 *f* Kap 14,26; 1.Joh 2,27 *g* Kap 3,35; 17,10

Trauer und Hoffnung bei Jesu Abschied

Eine kurze Zeit, dann werdet ihr mich 16
nicht mehr sehen; und noch einmal
eine kurze Zeit, dann werdet ihr mich
wiedersehen.[a] Da sagten einige seiner 17
Jünger zueinander: Was heißt das,
wenn er zu uns sagt: Eine kurze Zeit,
dann werdet ihr mich nicht mehr se-
hen; und noch einmal eine kurze Zeit,
dann werdet ihr mich wiedersehen;
und: Ich gehe zum Vater? Und sie 18
fragten: Was heißt das, wenn er sagt:
Eine kurze Zeit? Wir verstehen nicht,
was er redet. Da merkte Jesus, daß sie 19
ihn fragen wollten, und sagte zu ihnen:
Macht ihr euch darüber Gedanken, daß
ich gesagt habe: Eine kurze Zeit, dann
werdet ihr mich nicht mehr sehen; und
noch einmal eine kurze Zeit, dann wer-
det ihr mich wiedersehen? Wahrlich, 20
wahrlich, ich sage euch: Ihr werdet
weinen und klagen, aber die Welt wird
sich freuen; ihr werdet leiden, doch
euer Leid soll in Freude verwandelt
werden.[b] Wenn eine Frau ein Kind zur 21
Welt bringt, [c]muß sie leiden, denn ihre
Stunde ist gekommen. Wenn sie aber
das Kind geboren hat, denkt sie nicht
mehr an die Angst aus Freude darüber,

daß ein Mensch zur Welt gekommen
22 ist. Und auch ihr habt nun Leid; aber
ich will euch wiedersehen, und euer
Herz soll sich freuen, und eure Freude
23 soll niemand von euch nehmen. An
dem Tag werdet ihr mich nichts mehr
fragen.

Wahrlich, wahrlich, ich sage euch:
[d]Wenn ihr den Vater in meinem Na-
men um etwas bittet, wird er's euch ge-
24 ben. Bisher habt ihr in meinem Namen
noch nie um etwas gebeten. Bittet, so
werdet ihr empfangen, damit [e]eure
Freude vollkommen ist.

a Kap 14,19 *b* Mk 16,10 *c* Jes 26,17
d Kap 14,13.14 *e* Kap 15,11

Offene Verkündigung statt bildlicher Rede

25 Das habe ich euch in Bildern gesagt. Es
kommt aber die Zeit, daß ich nicht
mehr in Bildern mit euch rede, sondern
frei heraus zu euch von meinem Vater
26 sprechen werde. An dem Tag werdet
ihr in meinem Namen bitten. Ich sage
euch nicht, daß ich den Vater für euch
27 bitten will; denn [a]er selbst, der Vater,
hat euch lieb, weil ihr mich liebt und
glaubt, daß ich von Gott ausgegangen
28 bin. Ich bin vom Vater ausgegangen
und in die Welt gekommen; ich verlas-
se die Welt auch wieder und gehe zum
Vater.

29 Da sagten seine Jünger zu ihm: Sie-
he, nun redest du frei heraus und nicht
30 mehr in Bildern. Nun haben wir er-
kannt, daß du alles weißt, und du mußt
dich nicht mehr fragen lassen. Darum
glauben wir, daß du von Gott ausge-
31 gangen bist. Jesus antwortete ihnen:
32 Jetzt glaubt ihr? Siehe, es kommt die
Stunde, ja sie ist schon gekommen, daß
ihr [b]zerstreut werdet und jeder nach
Hause geht, und mich laßt ihr allein.
Aber ich bin nicht allein, denn der Va-
33 ter ist bei mir. Das habe ich euch ge-
sagt, damit ihr in mir [c]Frieden habt. *In
der Welt habt ihr Angst; aber seid ge-
trost, [d]ich habe die Welt überwunden.*

a Kap 14,21 *b* Sach 13,7; Mt 26,31 *c* Kap 14,27;
Röm 5,1 *d* 1.Joh 5,4

Das hohepriesterliche Gebet

17 So redete Jesus, und er blickte zum
Himmel auf und sprach: Vater, die
Stunde ist gekommen: verherrliche
deinen Sohn, damit der Sohn dich ver-
2 herrlicht; denn du hast ihm [a]Macht
über alle Menschen gegeben, damit er
allen, die du ihm gegeben hast, das ewi-
ge Leben gibt. *Das ist aber das ewige Le-* 3
*ben, daß sie dich erkennen, der du allein
[b]wahrer Gott bist, und Jesus Christus als
den, den du gesandt hast.* Ich habe dich 4
verherrlicht auf Erden und das Werk
vollendet, das du mir zu tun gegeben
hast. Und nun, Vater, verherrliche du 5
mich bei dir mit der Herrlichkeit, die
ich bei dir hatte, ehe die Welt war.[c]

Ich habe deinen Namen den Men- 6
schen offenbart, die du mir aus der
Welt gegeben hast. Sie waren dein, und
du hast sie mir gegeben, und sie haben
dein Wort bewahrt. Nun wissen sie, 7
daß alles, was du mir gegeben hast, von
dir kommt. Denn die Worte, die du mir 8
gegeben hast, habe ich ihnen gegeben,
und sie haben sie angenommen und [d]in
Wahrheit erkannt, daß ich von dir aus-
gegangen bin, und sie glauben, daß du
mich gesandt hast. Ich bitte für sie und 9
bitte nicht für die Welt, sondern für
die, [e]die du mir gegeben hast; denn sie
sind dein. Und alles, was mein ist, das 10
ist dein, und [f]was dein ist, das ist mein;
und ich bin in ihnen verherrlicht. Ich 11
bin nicht mehr in der Welt; sie aber
sind in der Welt, und ich komme zu dir.
Heiliger Vater, erhalte sie bei deinem
Namen, den du mir gegeben hast, da-
mit sie eins sind wie wir. Solange ich bei 12
ihnen war, erhielt ich sie bei deinem
Namen, den du mir gegeben hast, und
ich habe sie bewahrt, und [g]keiner von
ihnen ist verlorengegangen [h]außer dem
einen, der verlorengehen muß, damit
die Schrift erfüllt wird. Nun aber kom- 13
me ich zu dir und sage dies in der Welt,
damit sie meine volle Freude in sich ha-
ben.[i] Ich habe ihnen dein Wort gege- 14
ben, und die Welt hat sie gehaßt; denn
[j]sie sind nicht von der Welt, wie auch
ich nicht von der Welt bin. Ich bitte 15
dich nicht, sie aus der Welt zu nehmen,
sondern [k]sie vor dem Bösen zu bewah-
ren. Sie sind nicht von der Welt, so wie 16
auch ich nicht von der Welt bin. Heilige 17
sie durch die Wahrheit; [l]dein Wort ist
die Wahrheit. Wie du mich in die Welt 18
gesandt hast, so sende ich sie auch in die
Welt.[m] Ich heilige mich selbst für sie, 19
[n]damit auch sie in Wahrheit geheiligt
sind.

Ich bitte aber nicht nur für sie, son- 20
dern auch für die, [o]die durch ihr Wort
an mich glauben werden, damit sie alle 21
[p]eins sind. So wie du, Vater, in mir bist
und ich in dir, so sollen auch sie in uns
sein, damit die Welt glaubt, daß du
mich gesandt hast. Und ich habe ihnen 22

die Herrlichkeit gegeben, die du mir
gegeben hast, [q]damit sie eins sind, so
23 wie wir eins sind, [r]ich in ihnen und du
in mir, damit sie vollkommen eins sind
und die Welt erkennt, daß du mich gesandt hast und sie so liebst, wie du mich
liebst.
24 *Vater, ich will, daß, [s]wo ich bin, auch
die bei mir sind, die du mir gegeben hast,*
damit sie meine Herrlichkeit sehen, die
du mir gegeben hast; denn [t]du hast
mich geliebt, ehe der Grund der Welt
25 gelegt war. Gerechter Vater, die Welt
kennt dich nicht; ich aber kenne dich,
und diese haben erkannt, daß du mich
26 gesandt hast. Und ich habe ihnen deinen Namen offenbart und werde ihn
offenbaren, damit die Liebe, mit der du
mich liebst, in ihnen ist und ich in
ihnen.

a Mt 11,27 *b* 1.Joh 5,20 *c* Kap 1,1; Phil 2,6
d Kap 16,30 *e* Kap 6,37.44 *f* Kap 16,15
g Kap 6,39 *h* Ps 41,10 *i* Kap 15,11 *j* Kap 15,19
k Mt 6,13; 2.Thess 3,3 *l* Ps 119,160
m Kap 20,21 *n* Hebr 10,10 *o* Röm 10,17
p Gal 3,28 *q* Apg 4,32 *r* 1.Kor 6,17 *s* Kap 12,26
t Spr 8,22-31

Leiden, Sterben und Auferstehung Jesu (Kap 18-21)

(Mt 26-28; Mk 14-16; Lk 22-24)

Die Gefangennahme

18 Nach diesen Worten ging Jesus mit seinen Jüngern fort auf die andere Seite
des Baches Kidron; da war ein Garten,
in den gingen Jesus und seine Jünger.
2 Aber Judas, sein Verräter, kannte den
Ort auch, denn Jesus war [a]dort oft mit
3 seinen Jüngern. Da kam Judas mit römischen Soldaten und Leuten von den
Hohenpriestern und Pharisäern; die
hatten Fackeln, Laternen und Waffen.
4 Jesus aber, der alles wußte, was ihm begegnen würde, ging hinaus und fragte
5 sie: Wen sucht ihr? Sie antworteten
ihm: Jesus von Nazaret. Er sagte zu
ihnen: Ich bin's! Judas aber, sein Ver-
6 räter, stand auch bei ihnen. Als nun Jesus zu ihnen sagte: Ich bin's!, wichen
7 sie zurück und fielen zu Boden. Da
fragte er sie noch einmal: Wen sucht
ihr? Sie aber sagten: Jesus von Nazaret.
8 Jesus antwortete: Ich habe euch gesagt,
daß ich es bin. Wenn ihr mich sucht,
9 dann laßt diese gehen! So sollte das
Wort erfüllt werden, das er gesagt hatte: Ich habe keinen von denen verloren,
10 die du mir gegeben hast.[b] Simon Petrus
aber hatte ein Schwert bei sich; das zog
er und traf den Knecht des Hohenpriesters und schlug ihm das rechte Ohr ab.
Und der Knecht hieß Malchus. Da sag- 11
te Jesus zu Petrus: Steck dein Schwert
in die Scheide! Soll ich den Kelch nicht
trinken, den mir mein Vater gegeben
hat?

a Lk 21,37 *b* Kap 17,12

Das Verhör vor Hannas und Kajaphas und die Verleugnung des Petrus

Die Soldaten aber und ihr Anführer 12
und die Leute, die von den Juden geschickt waren, nahmen Jesus gefangen,
fesselten ihn und führten ihn zuerst zu 13
Hannas; der war der Schwiegervater
des Kajaphas, der in jenem Jahr Hoher-
priester war. [a]Kajaphas aber war es, 14
der den Juden gesagt hatte, es wäre gut,
daß *ein* Mensch für das ganze Volk
stürbe.[b]
Aber Simon Petrus und ein anderer 15
Jünger folgten Jesus. Dieser Jünger
war mit dem Hohenpriester bekannt
und ging mit Jesus hinein in den Palast
des Hohenpriesters. Petrus aber stand 16
noch draußen vor der Tür. Da kam der
andere Jünger, der mit dem Hohenpriester bekannt war, heraus und redete
mit der Türhüterin und führte Petrus
hinein. Da sagte die Magd an der Tür 17
zu Petrus: Du bist doch nicht auch
einer von den Jüngern dieses Menschen? Er antwortete: Nein, ich bin es
nicht. Die Knechte aber und die andern 18
Leute standen um ein Kohlenfeuer, das
sie angezündet hatten, und wärmten
sich; denn es war kalt. Auch Petrus
stand bei ihnen und wärmte sich.
Aber der Hohepriester befragte Je- 19
sus über seine Jünger und über seine
Lehre. Jesus antwortete ihm: Ich habe 20
frei und offen vor aller Welt geredet.
Ich habe immer in der Synagoge und
im Tempel gelehrt, wo alle Juden zusammenkommen, und habe nichts im
Geheimen gesagt.[c] Was fragst du 21
mich? Frage die, die gehört haben, was
ich zu ihnen gesagt habe. Siehe, sie wissen, was ich geredet habe. Als er das ge- 22
sagt hatte, schlug einer von denen, die
dabeistanden, Jesus ins Gesicht und
sagte: Darfst du dem Hohenpriester so
antworten? Jesus antwortete: Habe ich 23
etwas Falsches gesagt, so beweise mir
das; war es aber richtig, was schlägst du
mich? Und Hannas sandte ihn gefesselt 24
zu dem Hohenpriester Kajaphas.
Simon Petrus aber stand am Feuer 25
und wärmte sich. Da fragten sie ihn:

Du bist doch nicht auch einer seiner
Jünger? Er leugnete und sagte: Nein,
26 ich bin es nicht. Da fragte einer von den
Knechten des Hohenpriesters, ein Ver-
wandter des Mannes, dem Petrus das
Ohr abgehauen hatte: Habe ich dich
27 nicht im Garten bei ihm gesehen? Da
leugnete Petrus noch einmal, und in
dem Augenblick krähte der Hahn.

a Lk 3,1.2 *b* Kap 11,49.50 *c* Kap 7,14.26

Das Verhör vor Pilatus

28 Von Kajaphas führten sie Jesus in das
Prätorium; es war früh am Morgen.
Doch sie gingen nicht hinein, damit sie
nicht unrein würden, sondern das
29 Passamahl essen könnten. Da kam Pila-
tus zu ihnen heraus und fragte: Was für
eine Anklage bringt ihr gegen diesen
30 Menschen vor? Sie antworteten ihm:
Hätte dieser nichts verbrochen, so hät-
31 ten wir ihn dir nicht übergeben. Da
sagte Pilatus zu ihnen: Nehmt ihr ihn
doch und [a] richtet ihn nach eurem Ge-
setz. Die Juden antworteten ihm: Wir
32 dürfen niemand töten. So sollte sich das
Wort Jesu erfüllen, das er gesagt hatte,
[b] um anzudeuten, welchen Tod er ster-
ben würde.
33 Da ging Pilatus wieder ins Prätorium
hinein, ließ Jesus rufen und fragte ihn:
34 Bist du der König der Juden? Jesus
antwortete: Sagst du das von dir aus,
oder haben dir's andere über mich ge-
35 sagt? Pilatus sagte: Bin ich denn ein
Jude? Dein Volk und die Hohenprie-
ster haben dich mir übergeben. Was
36 hast du getan? Jesus anwortete: Mein
Königtum ist nicht von dieser Welt.
Wäre es von dieser Welt, so würden
meine Diener darum kämpfen, daß ich
den Juden nicht übergeben würde; nun
aber ist mein Reich nicht von dieser
37 Welt. Da fragte Pilatus ihn: Also bist
du doch ein König? Jesus antwortete:
Du sagst es, *ich bin ein König. Ich bin*
dazu geboren und in die Welt gekommen,
daß ich die Wahrheit bezeugen soll. Wer
aus der Wahrheit ist, der hört auf meine
38 *Stimme.*[c] Da sagte Pilatus zu ihm: Was
ist Wahrheit?
Und als er das gesagt hatte, ging er
wieder hinaus zu den Juden und sagte
zu ihnen: Ich finde keine Schuld an
39 ihm. Es ist aber Brauch, daß ich euch
zum Passafest einen Gefangenen frei-
gebe; wollt ihr nun, daß ich euch den
40 König der Juden freigebe? Da schrien
sie zurück: Nicht den, sondern Barab-
bas! Barabbas aber war ein Räuber.

a Kap 19,6.7 *b* Kap 12,32.33; Mt 20,19
c 1.Tim 6,13

Die Geißelung und Verspottung

Da ließ Pilatus Jesus geißeln. **19**
Und die Soldaten flochten eine Krone 2
aus Dornen und setzten sie ihm aufs
Haupt und legten ihm ein Purpurge-
wand an, traten zu ihm und sagten: Sei 3
gegrüßt, König der Juden! und schlu-
gen ihm ins Gesicht. Da ging Pilatus 4
wieder hinaus und sagte zu ihnen:
Seht, ich bringe ihn zu euch heraus, da-
mit ihr erkennt, daß ich keine Schuld
an ihm finde. Und Jesus kam heraus 5
und trug die Dornenkrone und das
Purpurgewand. Da sagte Pilatus zu
ihnen: Seht, welch ein Mensch!

Die Verurteilung

Als ihn die Hohenpriester und ihre 6
Leute sahen, schrien sie: Kreuzigen!
kreuzigen! Da sagte Pilatus zu ihnen:
Nehmt ihr ihn und kreuzigt ihn, denn
ich finde keine Schuld an ihm. Die Ju- 7
den antworteten ihm: Wir haben ein
Gesetz, und nach dem Gesetz muß er
sterben, denn [a] er hat sich selbst zu
Gottes Sohn gemacht. Als Pilatus das 8
hörte, fürchtete er sich noch mehr und 9
ging wieder hinein in das Prätorium
und fragte Jesus: Wo bist du her? Aber
Jesus gab ihm keine Antwort. Da sagte 10
Pilatus zu ihm: Redest du nicht mit
mir? Weißt du nicht, daß ich Macht
habe, dich freizulassen, und Macht
habe, dich zu kreuzigen? Jesus antwor- 11
tete: Du hättest keine Macht über
mich, wenn sie dir nicht von oben gege-
ben wäre. Darum hat der größere Sün-
de, der mich dir übergeben hat. Von da 12
an suchte Pilatus ihn freizulassen. Die
Juden aber schrien: Läßt du diesen
frei, so bist du kein [b] Freund des Kai-
sers mehr; denn [c] wer sich zum König
macht, der ist gegen den Kaiser. Als Pi- 13
latus diese Worte hörte, ließ er Jesus
herausführen und setzte sich auf den
Richterstuhl an dem Platz, der Stein-
pflaster heißt, auf hebräisch Gabbata.
Es war aber am Rüsttag für das Passa- 14
fest um die sechste Stunde. Und Pilatus
sagte zu den Juden: Seht, das ist euer
König! Sie schrien aber: Weg, weg mit 15
dem! Kreuzige ihn! Da fragte Pilatus
sie: [d] Soll ich euren König kreuzigen?
Die Hohenpriester antworteten: Wir
haben keinen König außer dem Kaiser.
Da übergab er ihnen Jesus, damit er ge- 16
kreuzigt würde.

a Kap 10,33; 3. Mose 24,16 *b* St. z. Dan 2,1
c Apg 17,7 *d* Kap 18,37

Kreuzigung und Tod

17 Sie übernahmen Jesus, und er trug sein
Kreuz und ging hinaus zur Stätte, die
Schädelstätte heißt, auf hebräisch Gol-
18 gota. Dort kreuzigten sie ihn und mit
ihm zwei andere, auf jeder Seite einen,
19 Jesus aber in der Mitte. Pilatus aber
ließ ein Schild machen und auf das
Kreuz setzen; darauf stand: Jesus von
20 Nazaret, der König der Juden. Dies
Schild lasen viele Juden, denn die Stät-
te, wo Jesus gekreuzigt wurde, war
nahe bei der Stadt. Und es war auf he-
bräisch, lateinisch und griechisch ge-
21 schrieben. Da sagten die Hohenpriester
der Juden zu Pilatus: Schreib nicht:
Der König der Juden, sondern, daß er
gesagt hat: Ich bin der König der Ju-
22 den. Pilatus antwortete: Was ich ge-
schrieben habe, das habe ich geschrie-
ben.
23 Als aber die Soldaten Jesus gekreu-
zigt hatten, nahmen sie seine Kleider
und machten vier Teile daraus, für je-
den Soldaten einen, dazu kam das
Untergewand. Das war aber ungenäht,
24 von obenan in einem Stück gewebt. Da
sagten sie zueinander: Laßt uns das
nicht teilen, sondern darum losen, wem
es gehören soll. So sollte sich die Schrift
erfüllen, die sagt (Psalm 22,19): »Sie
haben meine Kleider unter sich geteilt
und haben über mein Gewand das Los
geworfen.« Das taten nun die Soldaten.
25 Es standen aber bei dem Kreuz Jesu
auch seine Mutter und die Schwester
seiner Mutter, Maria, die Frau des
26 Klopas, und Maria von Magdala. Als
nun Jesus seine Mutter sah und bei ihr
den Jünger, [a]den er lieb hatte, sagte er
zu seiner Mutter: Siehe, das ist dein
27 Sohn! Danach sagte er zu dem Jünger:
Siehe, das ist deine Mutter! Und von
der Stunde an nahm sie der Jünger zu
sich.
28 Danach, als Jesus wußte, daß schon
alles vollbracht war, sagte er, [b]damit
die Schrift erfüllt würde: Mich dürstet.
29 Da stand ein Gefäß voll Essig. Sie aber
[c]tränkten einen Schwamm mit Essig,
steckten ihn auf ein Ysoprohr und hiel-
30 ten es ihm an den Mund. Als nun Jesus
den Essig genommen hatte, sprach er:
Es ist vollbracht! und neigte das Haupt
und verschied.
31 Weil es aber Rüsttag war und [d]die
Gekreuzigten nicht den Sabbat über
hängen bleiben sollten – denn dieser
Sabbat war ein hoher Festtag –, baten
die Juden Pilatus, daß ihnen die Beine
gebrochen und sie vom Kreuz abge-
nommen würden. Da kamen die Solda- 32
ten und zerschlugen dem ersten die
Schenkel und dem andern auch, der
mit Jesus gekreuzigt war. Als sie aber 33
zu Jesus kamen und sahen, daß er schon
gestorben war, zerschlugen sie ihm die
Schenkel nicht; sondern einer der Sol- 34
daten stieß mit dem Speer in seine Sei-
te, und sogleich kamen Blut und Was-
ser heraus. Und der das gesehen hat, 35
der hat es bezeugt, und sein Zeugnis ist
wahr, und er weiß, daß er die Wahrheit
sagt, damit auch ihr glaubt. Denn das 36
ist geschehen, damit die Schrift erfüllt
würde (2. Mose 12,46): »Kein Knochen
soll ihm zerbrochen werden.« Und an 37
einer andern Stelle sagt die Schrift (Sa-
charja 12,10): [e]»Sie werden den sehen,
den sie durchbohrt haben.«

a Kap 13,23 *b* Ps 22,16 *c* Ps 69,22
d 5. Mose 21,23 *e* Offb 1,7

Die Grablegung

Josef von Arimathäa aber, der ein Jün- 38
ger Jesu war, doch nur heimlich, [a]aus
Furcht vor den Juden, bat darauf Pila-
tus, daß er den Leichnam Jesu abneh-
men dürfte. Und Pilatus erlaubte es.
Da kam er und nahm den Leichnam
Jesu ab. Es kam aber auch [b]Nikode- 39
mus, der früher einmal in der Nacht zu
Jesus gekommen war, und brachte eine
Mischung von Myrrhe und Aloe, etwa
hundert Pfund. Da nahmen sie den 40
Leichnam Jesu und umwickelten ihn
mit Leinenbinden und taten die wohl-
riechenden Stoffe dazu, wie die Juden
zu begraben pflegen. Es war aber an der 41
Stätte, wo er gekreuzigt worden war,
ein Garten und im Garten ein neues
Grab, in dem noch nie jemand gelegen
hatte. Wegen des Rüsttages der Juden 42
legten sie Jesus da hinein, weil das Grab
so nahe war.

a Kap 7,13 *b* Kap 3,2

Der Ostermorgen

(Mt 28,1-10; Mk 16,1-8; Lk 24,1-12)

Am ersten Tag der Woche kam Maria **20**
von Magdala in der Frühe, als es noch
dunkel war, zum Grab und sah, daß der
Stein vom Grab weggenommen war.
Da lief sie schnell zu Simon Petrus und 2
zu dem andern Jünger, [a]den Jesus lieb
hatte, und sagte zu ihnen: Sie haben
den Herrn weggenommen aus dem

Grab, und wir wissen nicht, wo sie ihn
3 hingelegt haben. Da gingen Petrus und
der andere Jünger hinaus und kamen
4 zum Grab. Die beiden liefen miteinan-
der los, doch der andere Jünger lief vor-
aus, schneller als Petrus, und kam
5 zuerst zum Grab, schaute hinein und
sah die Leinenbinden liegen; er ging
6 aber nicht hinein. Da kam Simon Pe-
trus ihm nach und ging in das Grab
7 hinein und sah die Binden liegen, aber
das [b] Tuch, das Jesus um den Kopf ge-
habt hatte, nicht bei den Binden, son-
dern zusammengewickelt an einer Stel-
8 le für sich. Da ging auch der andere
Jünger hinein, der zuerst zum Grab ge-
kommen war, und sah und glaubte.
9 Denn [c] sie verstanden das Schriftwort
noch nicht, daß er von den Toten aufer-
10 stehen müßte. Da gingen die Jünger
wieder heim.

a Kap 13,23 *b* Kap 11,44 *c* Lk 24,25-27; Apg 2,24-32; 1.Kor 15,4

Maria von Magdala

11 Maria aber stand draußen vor dem
Grab und weinte. Während sie weinte,
12 schaute sie in das Grab und sah zwei
Engel in weißen Gewändern sitzen, den
einen da, wo der Kopf, den andern
dort, wo die Füße des Leichnams Jesu
13 gelegen hatten. Diese fragten sie: War-
um weinst du? Sie antwortete ihnen:
Sie haben meinen Herrn weggenom-
men, und ich weiß nicht, wo sie ihn hin-
14 gelegt haben. Und als sie das gesagt
hatte, wandte sie sich um und sah Jesus
stehen und wußte nicht, daß es Jesus
15 war. Da sagte Jesus zu ihr: Warum
weinst du? Wen suchst du? Sie meinte,
es wäre der Gärtner, und sagte zu ihm:
Herr, hast du ihn weggetragen, so sage
mir, wo du ihn hingelegt hast; dann will
16 ich ihn holen. Da sagte Jesus zu ihr:
Maria! Sie wandte sich um und sagte zu
ihm auf hebräisch: Rabbuni! das heißt:
17 Meister! Da sagte Jesus zu ihr: Berühre
mich nicht! denn ich bin noch nicht
zum Vater aufgefahren. Geh aber zu
meinen [a] Brüdern und sage ihnen: Ich
fahre auf zu meinem Vater und zu eu-
rem Vater, zu meinem Gott und zu eu-
18 rem Gott. Maria von Magdala ging und
verkündete den Jüngern: Ich habe den
Herrn gesehen, und das hat er zu mir
gesagt.

a Hebr 2,11.12

Die Vollmacht der Jünger

(Mk 16,14-18; Lk 24,36-49)

Am Abend aber dieses ersten Tages der 19
Woche kam Jesus dorthin, wo die Jün-
ger versammelt waren, und trat mitten
unter sie, obwohl die Türen aus Furcht
vor den Juden verschlossen waren, und
sprach zu ihnen: Friede sei mit euch!
Und als er das gesagt hatte, [a] zeigte er 20
ihnen die Hände und seine Seite. Da
wurden die Jünger froh, daß sie den
Herrn sahen. Da sagte Jesus noch ein- 21
mal zu ihnen: Friede sei mit euch!
[b] Wie mich der Vater gesandt hat, so
sende ich euch. Und als er das gesagt 22
hatte, blies er sie an und sagte zu ihnen:
Nehmt den heiligen Geist! Wem ihr die 23
Sünden erlaßt, dem sind sie erlassen; und
wem ihr sie anrechnet, dem sind sie ange-
rechnet.[c]

a 1.Joh 1,1 *b* Kap 17,18 *c* Mt 18,18

Thomas

[a] Thomas aber mit dem Beinamen 24
Zwilling, einer der Zwölf, war nicht bei
ihnen gewesen, als Jesus kam. Da sag- 25
ten die andern Jünger zu ihm: Wir ha-
ben den Herrn gesehen. Er aber sagte
zu ihnen: Solange ich nicht in seinen
Händen die Nagelwunden sehe und
meinen Finger hineinlege und meine
Hand in seine [b] Seitenwunde, werde
ich's nicht glauben. Und nach acht Ta- 26
gen waren seine Jünger wieder drinnen
versammelt, und Thomas war bei
ihnen. Da kam Jesus und trat mitten
unter sie, obwohl die Türen verschlos-
sen waren, und sprach: Friede sei mit
euch! Danach sagte er zu Thomas: 27
Lege deinen Finger hierher und sieh
meine Hände an und gib deine Hand
her und lege sie in meine Seite und sei
nicht ungläubig, sondern gläubig!
Thomas sprach zu ihm: *Mein Herr und* 28
[c] *mein Gott!* Da sagte Jesus zu ihm: 29
Weil du mich gesehen hast, Thomas,
darum glaubst du. *Selig sind,* [d] *die nicht*
sehen und doch glauben!

Noch viele andere Zeichen tat Jesus 30
vor seinen Jüngern; die sind nicht in
diesem Buch aufgeschrieben.[e] Diese 31
aber sind aufgeschrieben, damit ihr
glaubt, daß Jesus der Christus ist, der
Sohn Gottes, und damit ihr [f] durch den
Glauben in seinem Namen das Leben
habt.

a Kap 11,16; 14,5; 21,2 *b* Kap 19,34 *c* Kap 1,1
d 1.Petr 1,8; Hebr 11,1 *e* Kap 21,24.25
f 1.Joh 5,13

Der österliche Fischzug des Petrus

21 Danach offenbarte sich Jesus den Jün-
gern noch einmal am See Tiberias. Er
2 offenbarte sich aber so: Es waren bei-
einander Simon Petrus und Thomas
mit dem Beinamen Zwilling und [a]Na-
tanael aus Kana in Galiläa und die Söh-
ne des Zebedäus und zwei andere Jün-
3 ger. Da sagte Simon Petrus zu ihnen:
Ich will fischen gehen. Sie sagten zu
ihm: Dann wollen wir mit dir gehen.
Sie gingen hinaus und stiegen in das
Boot, aber in dieser Nacht fingen sie
4 nichts. Als es schon Morgen war, trat
Jesus ans Ufer, aber [b]die Jünger wuß-
5 ten nicht, daß es Jesus war. Da sagte Je-
sus zu ihnen: Kinder, [c]habt ihr nichts
zu essen? Sie antworteten ihm: Nein.
6 Er aber sagte zu ihnen: Werft das Netz
an der rechten Seite des Boots aus, so
werdet ihr etwas finden. Da warfen sie
es aus und konnten's nicht mehr her-
7 ausziehen vor lauter Fischen.[d] Da sagte
der Jünger, [e]den Jesus lieb hatte, zu Pe-
trus: Es ist der Herr! Als Simon Petrus
hörte, daß es der Herr war, warf er sich
das Obergewand über, denn er war
8 nackt, und sprang ins Wasser. Die an-
dern Jünger aber kamen mit dem Boot,
denn sie waren nicht weit vom Land
entfernt, nur etwa zweihundert Ellen,
und zogen das Netz mit den Fischen
9 hinter sich her. Als sie nun ans Land
stiegen, sahen sie ein Kohlenfeuer und
10 Fische darauf und Brot. Jesus sagte zu
ihnen: Bringt ein paar von den Fischen,
11 die ihr jetzt gefangen habt! Simon Pe-
trus stieg hinein und zog das Netz an
Land; darin waren hundertdreiund-
fünfzig große Fische. Und obwohl es so
viele waren, zerriß doch das Netz nicht.
12 Da sagte Jesus zu ihnen: Kommt und
haltet das Mahl! Niemand aber unter
den Jüngern wagte, ihn zu fragen: Wer
bist du? Denn sie wußten, daß es der
13 Herr war. Da kam Jesus und [f]nahm das
Brot und gab's ihnen, ebenso auch die
14 Fische. Das ist nun das dritte Mal, daß
Jesus sich den Jüngern offenbarte,
nachdem er von den Toten auferstan-
den war.

a Kap 1,45 *b* Kap 20,14; Lk 24,16 *c* Lk 24,41
d Lk 5,4-7 *e* Kap 13,23 *f* Kap 6,11

Petrus und Johannes

Als sie nun das Mahl gehalten hatten, 15
sagte Jesus zu Simon Petrus: [a]Simon,
Sohn des Johannes, hast du mich lie-
ber, als mich diese haben? Er antworte-
te ihm: Ja, Herr, du weißt, daß ich dich
lieb habe. Jesus sagte zu ihm: Weide
meine Lämmer! Da sagte er zum zwei- 16
ten Mal zu ihm: Simon, Sohn des Jo-
hannes, hast du mich lieb? Er antwor-
tete ihm: Ja, Herr, du weißt, daß ich
dich lieb habe. Jesus sagte zu ihm:
[b]Hüte meine Schafe! Da sagte er zum 17
dritten Mal zu ihm: Simon, Sohn des
Johannes, hast du mich lieb? Petrus
wurde traurig, weil er [c]zum dritten Mal
zu ihm gesagt hatte: Hast du mich lieb?,
und antwortete ihm: Herr, du weißt al-
les, [d]du weißt doch, daß ich dich lieb
habe. Jesus sagte zu ihm: Weide meine
Schafe!

Wahrlich, wahrlich, ich sage dir: Als 18
du jünger warst, hast du dich selbst ge-
gürtet und bist gegangen, wo du hin
wolltest; wenn du aber alt wirst, wirst
du deine Hände ausstrecken, und ein
anderer wird dich gürten und führen,
wo du nicht hin willst. Das sagte er 19
aber, um anzudeuten, mit welchem
Tod Petrus Gott preisen würde. Und
als er das gesagt hatte, sprach er zu ihm:
Folge mir nach![e]

Petrus aber wandte sich um und sah 20
den Jünger folgen, [f]den Jesus lieb hat-
te, der auch beim Abendmahl an seiner
Brust gelegen und gesagt hatte: Herr,
wer ist's, der dich verrät? Als Petrus 21
diesen sah, fragte er Jesus: Herr, was
wird aber mit diesem? Jesus antwortete 22
ihm: Wenn ich will, daß er bleibt, bis
ich komme, was geht dich das an? Folge
du mir nach! Da kam unter den Brü- 23
dern die Rede auf: Dieser Jünger stirbt
nicht. Aber Jesus hatte nicht zu ihm ge-
sagt: Er stirbt nicht, sondern: Wenn
ich will, daß er bleibt, bis ich komme,
was geht dich das an?

Das ist der Jünger, [g]der dies alles be- 24
zeugt und aufgeschrieben hat, und wir
wissen, daß sein Zeugnis wahr ist. Es 25
gibt noch vieles andere, was Jesus getan
hat. Wenn aber eins nach dem andern
aufgeschrieben werden sollte, würde
die Welt – meine ich – die Bücher nicht
fassen, die zu schreiben wären.[h]

a Kap 1,42 *b* 1.Petr 5,2.4 *c* Kap 13,38
d Kap 16,30 *e* Kap 13,36 *f* Kap 13,23.25
g Kap 15,27 *h* Kap 20,30; Ps 106,2

DIE APOSTELGESCHICHTE DES LUKAS

Inhaltsübersicht

Christi Himmelfahrt

(Lk 24,50-53)

1 Das [a]erste Buch habe ich geschrieben,
lieber Theophilus, über alles, was Jesus
2 von Anfang an tat und lehrte bis zu dem
Tag, an dem er aufgenommen wurde,
[b]nachdem er den Aposteln, die er er-
wählt hatte, durch den heiligen Geist
3 Weisung gegeben hatte. Ihnen zeigte er
sich auch nach seinem Leiden durch
viele Beweise als der Lebendige; vier-
zig Tage lang ließ er sich unter ihnen
sehen und redete mit ihnen vom Reich
4 Gottes. Und während er mit ihnen zu-
sammen aß, befahl er ihnen, Jerusalem
nicht zu verlassen, sondern [c]auf die Ver-
heißung des Vaters zu warten, die ihr,
5 so sagte er, von mir gehört habt; denn
Johannes hat mit Wasser getauft, ihr
aber sollt mit dem heiligen Geist ge-
tauft werden schon in wenigen Tagen.[d]
6 Die nun zusammengekommen wa-
ren, fragten ihn: Herr, wirst du in
dieser Zeit [e]das Reich für Israel wieder
7 aufrichten? Er aber antwortete ihnen:
Es gebührt euch nicht, Zeit oder Stun-
de zu kennen, die der Vater in seiner
8 Macht bestimmt hat;[f] aber ihr werdet
die Kraft des heiligen Geistes empfan-
gen, der auf euch kommen wird, und
ihr [g]werdet meine Zeugen sein in Jeru-
salem, [h]in ganz Judäa und Samarien
und bis an die Enden der Erde.
9 Und als er dies gesagt hatte, [i]wurde
er vor ihren Augen emporgehoben, und
eine Wolke entzog ihn ihren Blicken.
10 Und als sie ihm nachsahen, wie er zum
Himmel fuhr, siehe, da standen [j]zwei
Männer in weißen Gewändern bei
11 ihnen. Die sagten: Ihr Männer von Ga-
liläa, was steht ihr da und seht zum
Himmel? Dieser Jesus, der von euch
weg in den Himmel aufgenommen
wurde, [k]wird auf dieselbe Weise
wiederkommen, wie ihr ihn habt zum
Himmel fahren sehen.
Da kehrten sie nach Jerusalem zu- 12
rück von dem Berg, der Ölberg heißt
und in der Nähe von Jerusalem liegt,
einen Sabbatweg weit. Und als sie hin- 13
einkamen, stiegen sie hinauf in das
Obergemach des Hauses, wo sie sich
aufzuhalten pflegten: [l]Petrus, Johan-
nes, Jakobus und Andreas, Philippus
und Thomas, Bartholomäus und Mat-
thäus, Jakobus, der Sohn des Alphäus,
und Simon der Zelot und Judas, der
Sohn des Jakobus. Diese alle waren 14
stets beieinander einmütig im Gebet
zusammen mit den Frauen und Maria,
der Mutter Jesu, und [m]seinen Brüdern.

a Lk 1,3 *b* Mt 28,19.20 *c* Lk 24,49; Joh 15,26
d Mt 3,11 *e* Lk 19,11; 24,21 *f* Mt 24,36
g Lk 24,48 *h* Kap 8,1 *i* Mk 16,19; Lk 24,51
j Lk 24,4 *k* Lk 21,27 *l* Lk 6,13-16 *m* Joh 7,3

Die Nachwahl des zwölften Apostels

In diesen Tagen trat [a]Petrus inmitten 15
der Brüder auf – es waren aber etwa
hundertzwanzig Personen beisammen
– und sprach: Ihr Männer und Brüder, 16
es mußte das Wort der Schrift erfüllt
werden, das der heilige Geist durch den
Mund Davids vorausgesagt hat über
Judas, der denen den Weg zeigte, die
Jesus gefangen nahmen;[b] denn er ge- 17
hörte zu uns und hatte dies Amt mit uns
empfangen. Er hat mit dem Lohn für 18
seine Ungerechtigkeit einen Acker er-
worben. Aber er stürzte und riß sich
den Leib auf, so daß alle seine Einge-
weide hervorquollen.[c] Dies ist allen be- 19
kannt geworden, die in Jerusalem woh-
nen, so daß dieser Acker in ihrer Spra-
che Hakeldamach genannt wird, das
bedeutet Blutacker. Denn es steht ge- 20
schrieben im Psalmbuch (Psalm 69,26;

109,8): »Seine Wohnstatt soll verwüstet
werden, und niemand wohne darin«,
und: »Sein Amt soll ein andrer empfan-
21 gen.« So muß nun einer von diesen
Männern, [d]die die ganze Zeit über mit
uns gezogen sind, als der Herr Jesus bei
22 uns ein- und ausging – von der Taufe
des Johannes an bis zu dem Tag, an
dem er von uns weggenommen wur-
de –, mit uns Zeuge seiner Auferstehung
23 werden. Und sie stellten zwei auf: Jo-
sef, genannt Barsabbas, mit dem Beina-
24 men Justus, und Matthias und [e]bete-
ten: Herr, der du die Herzen aller Men-
schen kennst, zeige uns, welchen von
25 diesen beiden du auserwählt hast, da-
mit er diesen Dienst und das Apostel-
amt übernimmt anstelle von Judas, der
es verlassen hat, um dahin zu gehen,
26 wohin er gehört. Und sie [f]gaben ihnen
Lose, und das Los fiel auf Matthias; so
kam er zu den elf Aposteln hinzu.[g]

a Joh 21,15-19 *b* Ps 41,10 *c* Mt 27,3-10
d Joh 15,27 *e* Kap 6,6 *f* Spr 16,33 *g* Ri 21,17

Das Pfingstwunder

2 Als der [a]Pfingsttag gekommen war,
waren sie alle an *einem* Ort versammelt.
2 Da kam plötzlich ein Brausen vom
Himmel wie von einem gewaltigen
Sturm und erfüllte das ganze Haus, in
3 dem sie saßen. Und es erschienen ihnen
Zungen, wie von Feuer, die sich verteil-
ten und sich auf jeden von ihnen setz-
4 ten,[b] und [c]sie wurden alle mit dem hei-
ligen Geist erfüllt und fingen an, in an-
dern Sprachen zu predigen, wie der
5 Geist es ihnen eingab. Es waren aber in
Jerusalem Juden ansässig, die waren
[d]gottesfürchtige Männer und kamen
aus allen Völkern unter dem Himmel.
6 Als nun dies Brausen geschah, kam die
Menge zusammen und wurde bestürzt;
denn jeder hörte sie in seiner eigenen
7 Sprache reden. Sie entsetzten sich aber,
verwunderten sich und fragten: Sind
nicht alle, die hier reden, aus Galiläa?
8 Wieso hört jeder von uns seine eigene
9 Muttersprache? Parther und Meder
und Elamiter und wir aus Mesopotami-
en und Judäa und Kappadozien, Pon-
10 tus und der Provinz Asien, Phrygien
und Pamphylien, Ägypten und der Ge-
gend von Kyrene in Libyen und Einge-
11 wanderte aus Rom, geborene Juden
und zum Judentum Übergetretene,
Kreter und Araber: wir hören sie in un-
sern Sprachen von den großen Taten
12 Gottes reden. Sie entsetzten sich aber
alle und wurden verwirrt und sagten
zueinander: Was soll das bedeuten?
Andere aber spotteten: Sie sind voll 13
von süßem Wein.

a 3.Mose 23,15-21 *b* Mt 3,11 *c* Kap 4,31;
10,44-46 *d* Kap 13,26

Die Pfingstpredigt des Petrus

Da trat Petrus mit den elf Aposteln vor, 14
erhob seine Stimme und redete zu
ihnen: Ihr jüdischen Männer und alle,
die ihr in Jerusalem wohnt, das sollt ihr
wissen! Hört, was ich euch zu sagen
habe. Denn diese sind nicht etwa be- 15
trunken, wie ihr meint, ist es doch erst
die dritte Stunde am Tage; sondern 16
hier geschieht, was durch den Prophe-
ten Joel gesagt worden ist (Joel 3,1-5):
»Und es soll geschehen in den letzten 17
Tagen, spricht Gott, da will ich ausgie-
ßen von meinem Geist auf alle Men-
schen; und eure Söhne und eure Töch-
ter sollen weissagen, und eure jungen
Männer sollen Gesichte sehen, und
eure Alten sollen Träume haben; und 18
auf meine Knechte und auf meine
Mägde will ich in jenen Tagen von mei-
nem Geist ausgießen, und sie sollen
weissagen. Und ich will Wunder tun 19
oben am Himmel und Zeichen unten
auf Erden, Blut und Feuer und Rauch;
die Sonne soll in Finsternis und der 20
Mond in Blut verwandelt werden, ehe
der große Tag der Offenbarung des
Herrn kommt. Und es soll geschehen: 21
wer den Namen des Herrn anruft, der
soll gerettet werden.«

Ihr Männer von Israel, hört diese 22
Worte: Jesus von Nazaret ist der
Mann, der von Gott durch Taten,
Wunder und Zeichen unter euch aus-
gewiesen ist, wie sie Gott durch ihn in
eurer Mitte getan hat, wie ihr selbst
wißt – diesen Mann, der [a]durch Gottes 23
Ratschluß und Vorsehung dahingege-
ben ist, habt ihr durch die Hand der
Heiden ans Kreuz geschlagen und um-
gebracht. Den hat Gott auferweckt und 24
die Schmerzen des Todes aufgelöst,
wie es denn unmöglich war, daß er vom
Tode festgehalten werden konnte.
Denn David sagt von ihm (Psalm 16,
8-11): »Ich habe den Herrn allezeit
vor Augen, denn er steht mir zur Rech-
ten, damit ich nicht wanke. Darum ist 26
mein Herz fröhlich, und meine Zunge
frohlockt; auch mein Leib wird ruhen
in Hoffnung. Denn du wirst mich nicht 27
bei den Toten lassen und wirst auch
nicht zugeben, daß dein Heiliger die
Verwesung sieht. Du hast mir kundge- 28

tan die Wege des Lebens; du wirst
mich erfüllen mit Freude vor deinem
Angesicht.«
29 Ihr Männer, liebe Brüder, laßt mich
freimütig zu euch reden von dem Erzvater David. [b]Er ist gestorben und begraben, und sein Grab ist bei uns bis
30 auf den heutigen Tag. Da er nun ein
Prophet war und wußte, daß ihm Gott
mit einem Eid verheißen hatte, auf seinem Thron werde [c]ein Nachkomme
31 von ihm sitzen, hat er's vorausgesehen
und von der Auferstehung des Christus
gesagt: Er ist nicht bei den Toten gelassen worden, und sein Leib hat die Ver-
32 wesung nicht gesehen. Diesen Jesus hat
Gott auferweckt; dafür sind wir alle
33 Zeugen. Nun, da er durch die rechte
Hand Gottes erhöht ist und den verheißenen heiligen Geist vom Vater empfangen hat, [d]hat er diesen ausgegossen,
34 wie ihr hier seht und hört. Denn nicht
David ist zum Himmel gefahren; sagt
er doch selbst (Psalm 110,1): »Der Herr
hat zu meinem Herrn gesagt: Setze
35 dich zu meiner Rechten, bis ich deine
Feinde zum Schemel deiner Füße ma-
36 che.« So soll nun das ganze Haus Israel
gewiß sein, daß Gott diesen Jesus, den
ihr gekreuzigt habt, zum Herrn und
Christus gemacht hat.[e]

a Kap 4,28 *b* 1.Kön 2,10 *c* 2.Sam 7,12.13; Ps 89,4.5 *d* Joh 15,26 *e* Kap 5,31

Die erste Gemeinde

37 Als sie aber das hörten, ging's ihnen
durchs Herz, und sie sagten zu Petrus
und den andern Aposteln: Ihr Männer,
38 liebe Brüder, [a]was sollen wir tun? Petrus antwortete ihnen: [b] *Tut Buße, und ein jeder lasse sich taufen auf den Namen Jesu Christi zur Vergebung eurer Sünden, so werdet ihr die Gabe des heiligen*
39 *Geistes empfangen.* Denn euch und euren Kindern gilt diese Verheißung,
auch allen, die fern sind, so viele der
40 Herr, unser Gott, berufen wird.[c] Noch
mit vielen andern Worten beschwor
und ermahnte er sie: Laßt euch erretten aus diesem [d]verkehrten Ge-
41 schlecht! Die nun sein Wort annahmen, ließen sich taufen; und an diesem
Tage kamen ungefähr dreitausend
42 Menschen hinzu. *Sie hielten fest an der Lehre der Apostel, an der Gemeinschaft,*
43 *am [e]Brotbrechen und am Gebet.* Es kam
Furcht über alle, und es geschahen
auch viele Wunder und Zeichen durch
44 die Apostel. Alle aber, die glaubten,
waren beieinander und hatten alles gemeinsam.[f] Sie verkauften Besitz und 45
Habe und teilten den Erlös unter alle,
je nach dem es einer nötig hatte. Und 46
sie waren täglich im Tempel einmütig
beieinander und brachen in den einzelnen Häusern das Brot, sie nahmen die
Mahlzeiten ein voll Freude und mit
lauterem Herzen, sie lobten Gott und 47
waren beim ganzen Volk beliebt. [g]Der
Herr aber ließ täglich zur Gemeinde
Menschen hinzukommen, die gerettet
wurden.

a Kap 16,30; Lk 3,10 *b* Kap 3,17-19; Lk 24,47 *c* Joel 3,5 *d* Mt 17,17; Phil 2,15 *e* Kap 20,7 *f* Kap 4,32-35 *g* Kap 4,4; 5,14; 6,7; 11,21; 14,1

Die Heilung des Gelähmten

Petrus und Johannes gingen in den 3
Tempel hinauf um die neunte Stunde,
zur Gebetszeit. Und ein Mann wurde 2
herbeigetragen, der von Geburt an gelähmt war; den setzte man täglich vor
die Tür des Tempels, die die schöne
heißt, damit er um Almosen bettelte bei
denen, die in den Tempel gingen. Als er 3
nun sah, wie Petrus und Johannes in
den Tempel hineingehen wollten, bat
er sie um ein Almosen. Petrus aber 4
blickte ihn an mit Johannes und sagte:
Sieh uns an! Und er sah sie an und war- 5
tete darauf, etwas von ihnen zu empfangen. Aber Petrus sagte: Silber und 6
Gold habe ich nicht; was ich aber habe,
das gebe ich dir: Im Namen Jesu Christi von Nazaret steh auf und geh umher! Und er nahm ihn bei der rechten 7
Hand und richtete ihn auf. Sogleich
wurden seine Füße und Knöchel fest,
und er sprang auf, konnte gehen und 8
stehen und ging mit ihnen in den Tempel, lief und sprang umher und lobte
Gott. Und das ganze Volk sah, wie er 9
umherlief und Gott lobte. Sie erkann- 10
ten ihn als den, der vor der Schönen
Tür des Tempels um Almosen gebettelt hatte; und sie staunten und entsetzten sich über das, was ihm widerfahren
war. Als er sich aber zu Petrus und Jo- 11
hannes hielt, lief das ganze Volk bei
ihnen zusammen in der [a]Halle, die die
Halle Salomos heißt, und sie wunderten sich sehr.

Als Petrus das sah, sagte er zu dem 12
Volk: Ihr Männer von Israel, was wundert ihr euch darüber, oder was starrt
ihr uns an, als ob wir durch unsre eigene Kraft oder Frömmigkeit erreicht
hätten, daß dieser gehen kann. Der 13
Gott Abrahams und Isaaks und Jakobs,
der Gott unsrer Väter, hat seinen

Knecht Jesus verherrlicht, den ihr aus-
geliefert und vor Pilatus verleugnet
14 habt, als der ihn loslassen wollte. Ihr
aber habt den Heiligen und Gerechten
verleugnet und darum [b]gebeten, daß
15 man euch den Mörder schenkte; den
Fürsten des Lebens aber habt ihr getö-
tet. Den hat Gott auferweckt von den
16 Toten; dafür sind wir Zeugen. Und
sein Name hat diesen hier, den ihr seht
und kennt, stark gemacht, weil er an ihn
glaubte; und der Glaube, der durch ihn
gewirkt ist, hat diesem die volle Ge-
sundheit gegeben vor euer aller Augen.
17 Nun, liebe Brüder, ich weiß, daß
ihr's aus Unwissenheit getan habt wie
18 auch eure Oberen.[c] Gott aber hat damit
erfüllt, was er durch den Mund aller
seiner Propheten im voraus angekün-
digt hat, daß nämlich sein Christus lei-
19 den sollte.[d] So tut nun Buße und be-
kehrt euch, damit eure Sünden getilgt
20 werden;[e] dann werden Zeiten der
Ruhe vom Herrn kommen, und er wird
den senden, der euch im voraus zum
Christus bestimmt worden ist: Jesus.
21 Ihn muß der Himmel aufnehmen bis zu
der Zeit, in der alles verwirklicht wird,
wovon Gott durch den Mund seiner
heiligen Propheten von Anbeginn an
22 gesprochen hat. Mose hat gesagt (5.
Mose 18,15.19): »Einen Propheten wie
mich wird euch der Herr, euer Gott,
aus euren Brüdern erwecken; auf den
sollt ihr hören in allem, was er euch sa-
23 gen wird. Doch wer auf diesen Prophe-
ten nicht hören will, der soll aus dem
24 Volk ausgerottet werden.« Und alle
Propheten von Samuel an, wie sie der
Reihe nach geweissagt haben, die ha-
25 ben auch diese Tage verkündigt. Ihr
seid die Söhne der Propheten und des
Bundes, den Gott mit euren Vätern ge-
schlossen hat, als er zu Abraham sagte
(1. Mose 22,18): »Durch dein Ge-
schlecht sollen alle Völker auf Erden
26 gesegnet werden.«[f] Für euch zuerst hat
Gott seinen Knecht Jesus erweckt und
hat ihn zu euch gesandt, damit er euch
segnet und sich jeder von seinen bösen
Taten abwendet.

a Kap 5,12; Joh 10,23 *b* Mt 27,20.21 *c* Lk 23,34
d Lk 24,44 *e* Kap 2,38 *f* Kap 13,46

Petrus und Johannes vor dem Hohen Rat

4 Während sie noch zum Volk redeten,
traten die Priester und der [a]Haupt-
mann des Tempels und die Sadduzäer
2 zu ihnen. Diese waren darüber aufge-
bracht, daß sie das Volk lehrten und
[b]die Auferstehung von den Toten am
Beispiel Jesu verkündigten. Und sie 3
nahmen sie fest und hielten sie bis zum
Morgen im Gefängnis; denn es war
schon Abend. Aber viele von denen, die 4
die Predigt gehört hatten, kamen zum
Glauben; und die Zahl der Männer
stieg auf ungefähr fünftausend.[c]
Als nun der Morgen kam, versam- 5
melten sich ihre Oberen, Ältesten und
Schriftgelehrten in Jerusalem, auch 6
[d]Hannas, der Hohepriester, und Kaja-
phas und Johannes und Alexander und
alle andern aus dem Hohenpriesterge-
schlecht; und sie ließen sie vorführen 7
und fragten sie: Aus welcher Kraft oder
in welchem Namen habt ihr das ge-
tan?[e] Petrus, [f]erfüllt mit dem heiligen 8
Geist, antwortete ihnen: Ihr Oberen
des Volks und ihr Ältesten! Wenn wir 9
heute wegen dieser Wohltat an dem
kranken Menschen darüber verhört
werden, durch wen er gesund gewor-
den ist, dann sollt ihr und das ganze 10
Volk Israel wissen, [g]daß dieser Mann
hier gesund vor euch steht im Namen
Jesu Christi von Nazaret, den ihr ge-
kreuzigt habt, den aber Gott von den
Toten auferweckt hat. Das ist der 11
Stein, von euch Bauleuten verworfen,
der zum Eckstein geworden ist.[h] *In kei-* 12
nem andern ist das Heil, auch ist [i]*kein*
andrer Name unter dem Himmel den
Menschen gegeben, durch den wir gerettet
werden sollen.
Sie sahen aber die Unerschrocken- 13
heit von Petrus und Johannes und wun-
derten sich; denn sie kannten sie als un-
gelehrte und einfache Leute und wuß-
ten von ihnen, daß sie mit Jesus gewe-
sen waren. Sie sahen aber den Men- 14
schen, [j]der gesund geworden war, bei
ihnen stehen und wußten nichts dage-
gen zu sagen. Da ließen sie sie aus dem 15
Hohen Rat hinausführen, verhandelten
miteinander und sagten: Was wollen 16
wir mit diesen Menschen tun? Denn
daß ein offenkundiges Zeichen durch
sie geschehen ist, ist allen bekannt, die
in Jerusalem wohnen, und wir können's
nicht leugnen.[k] Aber damit so etwas 17
nicht weiter einreißt unter dem Volk,
wollen wir ihnen streng verbieten, hin-
fort zu irgendeinem Menschen in
diesem Namen zu reden. Und sie riefen 18
sie wieder herein und geboten ihnen,
niemals wieder im Namen Jesu zu re-
den oder zu lehren. Petrus und Johan- 19
nes aber antworteten ihnen: Urteilt

selbst, ob es vor Gott recht ist, daß [l] wir
20 euch mehr gehorchen als ihm. Wir kön-
nen's ja nicht lassen, von dem zu reden,
21 was wir gesehen und gehört haben. Da
drohten sie ihnen, ließen sie aber um
des Volkes willen frei, weil sie nichts
fanden, was Strafe verdient hätte; alle
lobten nämlich Gott für das, was ge-
22 schehen war. Denn der Mensch war
schon über vierzig Jahre alt, an dem dies
Zeichen der Heilung geschehen war.

a Lk 22,4.52 *b* Kap 23,8 *c* Kap 2,47 *d* Lk 3,1.2
e Mt 21,23 *f* Mt 10,19.20 *g* Kap 3,6.13-16
h Mt 21,42 *i* Kap 10,43; Mt 1,21 *j* Kap 3,8.9
k Joh 11,47 *l* Kap 5,28.29

Das Gebet der Gemeinde

23 Und als man sie hatte gehen lassen, ka-
men sie zu den Ihrigen und berichte-
ten, was die Hohenpriester und Älte-
24 sten zu ihnen gesagt hatten. Als sie das
hörten, erhoben sie einmütig ihre Stim-
me zu Gott und beteten: Herr, der du
Himmel und Erde und das Meer und
25 alles, was darin ist, gemacht hast, du
hast durch den heiligen Geist, durch
den Mund unsres Vaters David, deines
Knechtes, gesagt (Psalm 2,1.2): »War-
um toben die Heiden, und die Völker
26 nehmen sich vor, was umsonst ist? Die
Könige der Erde treten zusammen, und
die Fürsten versammeln sich gegen den
27 Herrn und seinen Christus.« Ja, sie ha-
ben sich wirklich in dieser Stadt ver-
sammelt gegen deinen heiligen Knecht
Jesus, den du gesalbt hast, [a] Herodes
und Pontius Pilatus mit den Heiden
28 und der Volksmenge von Israel, um das
zu tun, was deine Hand und dein Rat-
schluß im voraus bestimmt hatten.[b]
29 Und nun, Herr, sieh ihr Drohen an und
laß deine Knechte [c] in aller Uner-
schrockenheit dein Wort verkündigen;
30 strecke deine Hand aus, daß Hei-
lungen, Zeichen und Wunder ge-
schehen durch den Namen deines heili-
31 gen Knechtes Jesus. Und als sie so ge-
betet hatten, erbebte der Ort, an dem
sie versammelt waren; und sie wurden
alle mit dem heiligen Geist erfüllt und
verkündigten das Wort Gottes uner-
schrocken.

a Lk 23,12 *b* Kap 2,23 *c* Eph 6,19

Gütergemeinschaft der ersten Christen

32 *Die Menge der Gläubigen war ein Herz
und eine Seele;* und kein einziger sagte,
daß seine Güter noch sein Eigentum
wären, sondern [a] es gehörte ihnen alles
33 gemeinsam. Mit großer Kraft bezeug-
ten die Apostel die Auferstehung des
Herrn Jesus, und große [b] Gnade war bei
ihnen allen. Es gab auch [c] keinen unter 34
ihnen, der Mangel zu leiden hatte;
denn wer von ihnen Äcker oder Häuser
besaß, verkaufte sie und brachte den
Erlös und legte ihn den Aposteln zu
Füßen; und jeder erhielt, was er nötig 35
hatte. Josef aber, der von den Aposteln 36
[d] Barnabas genannt wurde – das bedeu-
tet: Sohn des Trostes –, ein Levit aus
Zypern, der hatte einen Acker und ver- 37
kaufte ihn und brachte das Geld und
legte es den Aposteln zu Füßen.

a Kap 2,44 *b* Kap 2,47 *c* Kap 2,45
d Kap 11,22-26; 12,25; 15,2; Gal 2,1; Kol 4,10

Hananias und Saphira

Ein Mann mit Namen Hananias und 5
seine Frau Saphira verkauften einen
Acker, doch er behielt mit Wissen sei- 2
ner Frau etwas vom Erlös für sich zu-
rück und brachte nur einen Teil und
[a] legte ihn den Aposteln zu Füßen. Pe- 3
trus aber fragte: Hananias, warum hat
der Satan dein Herz erfüllt, und warum
hast du den heiligen Geist belogen und
etwas vom Erlös des Ackers zurückbe-
halten? Hättest du den Acker nicht für 4
dich behalten können? Und konntest
du nicht auch, als er verkauft war, im-
mer noch tun, was du wolltest? Warum
hast du dir so etwas ausgedacht? Du
hast nicht Menschen, sondern Gott be-
logen. Als Hananias diese Worte hörte, 5
brach er zusammen und gab den Geist
auf. Und es kam eine große Furcht über
alle, die dies hörten. Da standen die 6
jungen Männer auf, deckten ihn zu,
trugen ihn hinaus und begruben ihn.
Nach ungefähr drei Stunden kam 7
seine Frau herein und wußte nicht, was
geschehen war. Da fragte Petrus sie: 8
Sag mir, habt ihr den Acker für diesen
Preis verkauft? Sie sprach: Ja, für
diesen Preis. Petrus aber sagte zu ihr: 9
Warum seid ihr euch denn einig gewor-
den, den Geist des Herrn zu versu-
chen? Siehe, die Füße derer, die deinen
Mann begraben haben, sind schon vor
der Tür und werden auch dich hinaus-
tragen. Sogleich brach sie vor seinen 10
Füßen zusammen und gab den Geist
auf. Da kamen die jungen Männer und
fanden sie tot, trugen sie hinaus und be-
gruben sie neben ihrem Mann. Und es 11
kam eine große Furcht über die ganze
Gemeinde und über alle, die davon
hörten.

a Kap 4,34-37

Wundertaten der Apostel

12 Es geschahen aber durch die Hände der
Apostel viele Zeichen und Wunder im
Volk; und sie waren alle in der [a]Halle
13 Salomos einmütig beieinander. Von
den andern aber wagte keiner, ihnen zu
nahe zu kommen; doch das Volk hielt
14 viel von ihnen. Desto mehr aber wuchs
die Zahl derer, die an den Herrn glaub-
ten – eine Menge Männer und Frau-
15 en.[b] Man trug sogar die Kranken auf
die Straßen hinaus und legte sie auf
Betten und Matten, damit, wenn Pe-
trus käme, wenigstens sein Schatten auf
16 einige von ihnen fiele.[c] Es kamen auch
viele aus den Städten rings um Jerusa-
lem und brachten Kranke und von un-
reinen Geistern Geplagte; und alle
wurden gesund.

a Kap 3,11 *b* Kap 2,47 *c* Kap 19,11.12

Die Apostel vor dem Hohen Rat

17 Da schritt [a]der Hohepriester ein mit all
seinen Anhängern, nämlich der Partei
der Sadduzäer. Sie waren voll Eifer-
18 sucht und ließen die Apostel festneh-
men und in das öffentliche Gefängnis
19 werfen. Aber [b]der Engel des Herrn öff-
nete in der Nacht die Türen des
Gefängnisses und führte sie heraus und
20 sagte: Geht hin, tretet im Tempel auf
und verkündigt dem Volk alle Worte
21 des Lebens. Als sie das gehört hatten,
gingen sie frühmorgens in den Tempel
und lehrten. Aber auch der Hoheprie-
ster kam mit seinen Anhängern, und sie
riefen den Hohen Rat und alle Ältesten
in Israel zusammen und sandten zum
22 Gefängnis, um sie zu holen. Die Ge-
richtsdiener gingen hin und fanden sie
nicht im Gefängnis, kamen zurück und
23 meldeten: Das Gefängnis fanden wir
fest verschlossen und die Wächter vor
den Türen; aber als wir öffneten, fan-
24 den wir niemand darin. Als der Haupt-
mann des Tempels und die Hohenprie-
ster dies hörten, wurden sie ratlos und
wußten nicht, was daraus werden soll-
25 te. Da kam jemand, der meldete ihnen:
Siehe, die Männer, die ihr ins Gefäng-
nis geworfen habt, stehen im Tempel
26 und lehren das Volk. Da ging der
Hauptmann mit der Wache hin und
holte sie, doch nicht mit Gewalt; denn
sie fürchteten, daß das Volk sie steini-
27 gen könnte. Sie brachten sie herbei und
stellten sie vor den Hohen Rat. Und der
28 Hohepriester fragte sie: [c]Haben wir
euch nicht streng verboten, in diesem
Namen zu lehren? Und siehe, ihr habt
Jerusalem mit eurer Lehre erfüllt und
[d]wollt das Blut dieses Menschen über
uns bringen. Petrus und die Apostel 29
antworteten aber: *Man muß Gott mehr
gehorchen als den Menschen.*[e] Der Gott 30
unsrer Väter hat Jesus auferweckt, den
ihr an das Holz gehängt und getötet
habt.[f] Den hat Gott [g]durch seine rech- 31
te Hand zum Fürsten und Heiland er-
höht, um Israel Umkehr und Verge-
bung der Sünden zu gewähren. Und 32
[h]wir sind Zeugen für dieses Geschehen
und mit uns [i]der heilige Geist, den
Gott denen gegeben hat, die ihm gehor-
chen. Als sie das hörten, wurden sie 33
wütend und wollten sie töten.

a Kap 4,1.6 *b* Kap 12,7 *c* Kap 4,18 *d* Mt 27,25
e Kap 4,19; Dan 3,17.18 *f* Kap 3,15 *g* Kap 2,33
h Lk 24,48 *i* Joh 15,26.27

Der Rat des Gamaliel

Da stand aber im Hohen Rat ein Phari- 34
säer mit Namen [a]Gamaliel auf, ein
Schriftgelehrter, der vom ganzen Volk
in Ehren gehalten wurde, und ließ die
Männer für kurze Zeit hinausführen.
Dann sagte er: Ihr Männer von Israel, 35
überlegt euch gut, was ihr mit diesen
Menschen tun wollt. Denn vor einiger 36
Zeit trat Theudas auf und gab vor, et-
was Besonderes zu sein. Ihm schlossen
sich ungefähr vierhundert Männer an.
Der wurde erschlagen, und alle, die
ihm folgten, wurden zerstreut und ver-
nichtet. Danach trat Judas der Galiläer 37
auf in den Tagen der Volkszählung und
gewann viele für seinen Aufruhr; und
der ist auch umgekommen, und alle, die
ihm folgten, wurden zerstreut. Und 38
nun sage ich euch: Laßt ab von diesen
Menschen und gebt sie frei! [b]Stammt
dies Vorhaben oder dies Werk von
Menschen, so wird's untergehen;
stammt es aber von Gott, so könnt ihr 39
sie nicht vernichten – und steht ihr
dann nicht als solche da, die gegen Gott
streiten wollen? Da stimmten sie ihm 40
zu und riefen die Apostel herein, [c]lie-
ßen sie auspeitschen und geboten
ihnen, nicht mehr im Namen Jesu zu
reden, und ließen sie gehen. Sie verlie- 41
ßen aber den Hohen Rat voll [d]Freude
darüber, daß sie gewürdigt worden wa-
ren, für seinen Namen Schmach zu er-
leiden, und sie hörten nicht auf, alle 42
Tage im Tempel und in den Häusern
zu lehren und das Evangelium von Je-
sus Christus zu predigen.

a Kap 22,3 *b* Mt 15,13 *c* Mt 10,17 *d* Mt 5,10-12; 1.Petr 4,13

Die Wahl der sieben Armenpfleger

6 In diesen Tagen, als die Zahl der Jün-
ger immer größer wurde, entstand Un-
wille über die hebräische Gruppe in der
Gemeinde bei der griechischen, weil
ihre Witwen bei der [a]täglichen Versor-
2 gung übersehen wurden. Da riefen die
Zwölf alle Jünger zusammen und sag-
ten: Es ist nicht recht, daß wir vor allem
für die Armen sorgen und darüber das
3 Wort Gottes vernachlässigen. Darum,
ihr lieben Brüder, seht euch nach sie-
ben Männern in eurer Mitte um, die
[b]einen guten Ruf haben und erfüllt
sind mit heiligem Geist und Weisheit;
die wollen wir mit diesem Dienst be-
4 trauen. Wir selbst aber wollen weiter
5 mit Gebet und Predigt dienen. Diese
Rede gefiel allen gut; und sie wählten
Stephanus, einen Mann voll Glauben
und heiligem Geist, sowie [c]Philippus,
Prochorus, Nikanor, Timon, Parmenas
und Nikolaus aus Antiochia, der zum
6 Judentum übergetreten war. Diese
Männer ließen sie vor die Apostel tre-
ten; die [d]beteten und legten ihnen die
7 Hände auf. Und das Wort Gottes brei-
tete sich aus, und die Zahl der Jünger
wurde sehr groß in Jerusalem. Auch
viele Priester wurden dem Glauben ge-
horsam.[e]

a Kap 4,35 *b* 1.Tim 3,8-10 *c* Kap 8,5
d Kap 1,24; 13,3; 14,23 *e* Kap 2,47; 19,20

Stephanus vor dem Hohen Rat

8 Stephanus aber, voll Gnade und Kraft,
tat Wunder und große Zeichen unter
9 dem Volk. Da traten einige von der
Synagoge der Freigelassenen, der Ky-
renäer und Alexandriner und einige aus
Zilizien und der Provinz Asien auf und
10 stritten sich mit Stephanus. Doch sie
vermochten der Weisheit und dem
Geist, in dem er redete, nicht zu wider-
stehen.[a]
11 Da stifteten sie einige Männer an, die
aussagen sollten: Wir haben ihn
lästernde Worte gegen Mose und gegen
12 Gott reden hören.[b] Und sie brachten
das Volk, die Ältesten und die Schrift-
gelehrten gegen ihn auf. Dann traten
sie ihm entgegen, ergriffen ihn, führten
13 ihn vor den Hohen Rat und stellten fal-
sche Zeugen auf, die aussagten: Dieser
Mensch hört nicht auf, [c]gegen diese
heilige Stätte und das Gesetz zu reden.
14 Denn wir haben ihn sagen hören:
Dieser Jesus von Nazaret [d]wird diese
Stätte zerstören und die Ordnungen
ändern, die uns Mose gegeben hat. Und 15
alle, die im Rat saßen, blickten auf ihn
und sahen sein Angesicht leuchten wie
das eines Engels.

a Lk 21,15 *b* Mt 26,60-66 *c* Jer 26,9.11
d Joh 2,19

Die Rede des Stephanus

Da fragte der Hohepriester: Ist das so? 7
[a]Er aber sprach: Liebe Brüder und Vä- 2
ter, hört zu. Der Gott der Herrlichkeit
erschien unserm Vater Abraham, als er
noch in Mesopotamien war, ehe er in
Haran wohnte, und sagte zu ihm (1. 3
Mose 12,1): »Geh aus deinem Lande
und von deiner Verwandtschaft und
zieh in das Land, das ich dir zeigen
will.« Da ging er aus dem Land der 4
Chaldäer und wohnte in Haran. Und
als sein Vater gestorben war, brachte
Gott ihn von dort herüber in dies Land,
in dem ihr nun wohnt, aber er gab ihm 5
kein Eigentum darin, auch nicht einen
Fuß breit, und verhieß ihm nur, er
wollte es ihm und seinen Nachkommen
zum Besitz geben, obwohl er noch kein
Kind hatte. Denn Gott sprach (1. Mose 6
15,13.14): »Deine Nachkommen wer-
den als Fremdlinge in einem fremden
Lande leben, und man wird sie verskla-
ven und mißhandeln [b]vierhundert Jah-
re lang. Aber das Volk, dem sie Fron- 7
dienste leisten müssen, will ich rich-
ten«, sprach Gott, »und danach werden
sie ausziehen und mir an dieser Stätte
dienen.« Und er gab ihm den Bund der 8
Beschneidung. Und so zeugte Abra-
ham Isaak und beschnitt ihn am achten
Tage, und Isaak den Jakob, und Jakob
die zwölf Erzväter. Und die Erzväter 9
beneideten Josef und verkauften ihn
nach Ägypten. Aber Gott war mit ihm
und errettete ihn aus aller seiner Not 10
und gab ihm Gnade und Weisheit vor
dem Pharao, dem König von Ägypten;
der machte ihn zum Statthalter über
Ägypten und setzte ihn über sein gan-
zes Haus. Es kam aber eine Hungersnot 11
über ganz Ägypten und Kanaan und
eine große Bedrängnis, und unsre Väter
fanden keine Nahrung mehr. Jakob 12
aber hörte, daß es in Ägypten Getreide
gab, und sandte unsre Väter ein erstes
Mal dorthin. Und beim zweiten Mal 13
gab sich Josef seinen Brüdern zu erken-
nen; so wurde dem Pharao Josefs Her-
kunft bekannt. Josef aber ließ seinen 14
Vater Jakob und seine ganze Verwandt-

schaft holen, fünfundsiebzig Personen.
15 Und Jakob zog nach Ägypten hinab.
Dort starb er und auch unsre Väter;
16 und sie wurden nach Sichem herüber-
gebracht und in das Grab gelegt, das
Abraham für Geld von den Söhnen He-
mors in Sichem gekauft hatte.
17 [c]Als nun die Zeit der Verheißung
herankam, die Gott dem Abraham zu-
gesagt hatte, war das Volk gewachsen
18 und hatte sich vermehrt in Ägypten; da
übernahm ein andrer König die Herr-
schaft über Ägypten; der wußte nichts
19 von Josef. Dieser ging mit List gegen
unser Volk vor und behandelte unsre
Väter schlecht und zwang sie, ihre klei-
nen Kinder auszusetzen, damit sie
20 nicht am Leben blieben. Zu dieser Zeit
wurde Mose geboren; er war ein
schönes und Gott wohlgefälliges Kind
und wurde drei Monate im Hause sei-
21 nes Vaters aufgezogen. Als er dann aus-
gesetzt wurde, nahm ihn die Tochter
des Pharao auf und erzog ihn als ihren
22 Sohn. Und Mose wurde in aller Weis-
heit der Ägypter unterrichtet und war
mächtig in Worten und Werken.
23 Als er aber vierzig Jahre alt geworden
war, dachte er daran, sich nach seinen
Brüdern, den Israeliten, umzusehen.
24 Und als er einen Unrecht leiden sah,
stand er ihm bei und rächte den, dem
Leid geschah, und erschlug den Ägyp-
25 ter. Er meinte aber, seine Brüder wür-
den es verstehen, daß Gott sie durch
seine Hand retten wollte; aber sie ver-
26 standen's nicht. Und am nächsten Tag
kam er zu ihnen, als sie miteinander
stritten, und ermahnte sie, Frieden zu
halten, und sagte: Ihr Männer, ihr seid
doch Brüder; warum tut einer dem an-
27 dern Unrecht? Der aber, der seinem
Nächsten Unrecht getan hatte, stieß
ihn zurück und sagte (2. Mose 2,14):
»Wer hat dich zum Herrn und Richter
28 über uns gesetzt? Willst du mich auch
töten, wie du gestern den Ägypter getö-
29 tet hast?.« Mose aber floh wegen dieses
Wortes und lebte als Fremdling im
Lande Midian; dort [d]zeugte er zwei
Söhne.
30 Und nach vierzig Jahren erschien
ihm in der Wüste am Berge Sinai ein
Engel in einer Feuerflamme im Dorn-
31 busch. Als Mose diese Erscheinung
sah, wunderte er sich sehr. Als er aber
herantreten wollte, um genauer zu se-
hen, geschah die Stimme des Herrn zu
32 ihm (2. Mose 3,5-10): »Ich bin der Gott
deiner Väter, der Gott Abrahams und
der Gott Isaaks und der Gott Jakobs.«
Mose aber fing an zu zittern und wagte
nicht hinzusehen. Da sagte der Herr zu 33
ihm: »Zieh die Schuhe von deinen Fü-
ßen; denn der Ort, auf dem du stehst,
ist heiliges Land! Ich habe das Leiden 34
meines Volkes in Ägypten gesehen und
sein Seufzen gehört und bin herabge-
kommen, um es zu erretten. Und nun
komm her, ich will dich nach Ägypten
senden.« Diesen Mose, den sie verleug- 35
net hatten, als sie sagten: »Wer hat dich
zum Herrn und Richter eingesetzt?«,
den sandte Gott als Anführer und Ret-
ter durch den Engel, der ihm im Dorn-
busch erschienen war. Dieser Mose 36
führte sie heraus und tat Wunder und
Zeichen [e]in Ägypten, [f]im Roten Meer
und in der Wüste vierzig Jahre lang.
Dies ist der Mose, der zu Israel gesagt 37
hat (5. Mose 18,15): »Einen Propheten
wie mich wird euch der Herr, euer
Gott, aus euren Brüdern erwecken.«
Dieser Mose stand bei der Versamm- 38
lung des Volks in der Wüste zwischen
dem Engel, der mit ihm [g]auf dem Berge
Sinai redete, und unsern Vätern. [h]Er
empfing Worte des Lebens, um sie uns
weiterzugeben. Ihm wollten unsre Vä- 39
ter nicht gehorsam werden, sondern sie
stießen ihn von sich und wandten sich
in ihrem Herzen wieder Ägypten zu
und sagten zu Aaron (2. Mose 32,1): 40
»Mache uns Götter, die vor uns herge-
hen; denn wir wissen nicht, was diesem
Mose, der uns aus dem Lande Ägypten
geführt hat, widerfahren ist.« Und sie 41
machten dann ein Kalb und brachten
dem Götzenbild Opfer dar und freuten
sich über das Werk ihrer Hände. Aber 42
Gott wandte sich von ihnen ab und gab
sie preis, so daß sie dem Heer des Him-
mels dienten, wie im Buch der Prophe-
ten geschrieben steht (Amos 5,25-27):
»Habt ihr vom Hause Israel die vierzig
Jahre in der Wüste mir jemals Opfer
und Gaben dargebracht? Ihr trugt das 43
Zelt Molochs umher und den Stern des
Gottes Räfan, die Bilder, die ihr ge-
macht hattet, um sie anzubeten. Aber
ich will euch wegführen bis über Baby-
lon hinaus.«
Unsre Väter hatten in der Wüste die 44
Stiftshütte bei sich, wie der es angeord-
net hatte, der Mose den Auftrag gab,
[i]sie nach dem Vorbild zu machen, das
er gesehen hatte. Diese übernahmen 45
unsre Väter und [j]brachten sie unter Jo-
sua mit, als sie das Land der Heiden
einnahmen, die Gott vor unsern Vätern

vertrieb; so blieb es bis zur Zeit Davids.
46 Der fand Gnade bei Gott und bat dar-
um, [k]eine heilige Stätte für das Haus
47 Jakobs zu finden. Aber erst Salomo
48 baute ihm ein Haus.[l] Aber der Aller-
höchste wohnt nicht in Tempeln, die
von Menschenhand gemacht sind, wie
der Prophet spricht (Jesaja 66,1.2):
49 »Der Himmel ist mein Thron und die
Erde der Schemel meiner Füße; was
wollt ihr denn für ein Haus bauen«,
spricht der Herr, »oder wo sollte mein
50 Ruheplatz sein? Hat nicht meine Hand
das alles gemacht?«
51 Ihr [m]Halsstarrigen, mit [n]verstockten
Herzen und tauben Ohren, ihr wider-
strebt allezeit dem heiligen Geist, wie
52 schon eure Väter, so jetzt ihr. Welchen
Propheten haben eure Väter nicht ver-
folgt? [o]Sie haben die getötet, die das
Kommen des Gerechten vorher ver-
kündigten; dessen Verräter und Mör-
53 der seid ihr nun geworden. Ihr habt
durch [p]Weisung von Engeln [q]das Ge-
setz empfangen, doch gehalten habt
ihr's nicht.

a (2-16) 1.Mose 11-50; Jos 24,32 *b* 2.Mose 12,40
c (17-35) 2.Mose 1-3 *d* 2.Mose 18,3.4
e 2.Mose 7,10 *f* 2.Mose 14,21 *g* 2.Mose 19
h 5.Mose 9,10 *i* 2.Mose 25,9 *j* Jos 3,14; 18,1
k 2.Sam 7,1-16; Ps 132,3-5 *l* 1.Kön 6
m 2.Mose 32,9 *n* 3.Mose 26,41; Röm 2,28.29
o 2.Chr 36,16; Mt 23,31 *p* Gal 3,19; Hebr 2,2
q 2.Mose 20,1-21

Der Tod des Stephanus

54 Als sie das hörten, ging es ihnen wie ein
Stich durchs Herz, und sie knirschten
55 mit den Zähnen vor Zorn über ihn. Er
aber, erfüllt mit heiligem Geist, blickte
zum Himmel auf und sah die Herrlich-
keit Gottes und Jesus zur Rechten Got-
56 tes stehen und sagte: Siehe, ich sehe
den Himmel offen und [a]den Men-
schensohn zur Rechten Gottes stehen.
57 Da schrien sie laut, hielten sich die Oh-
ren zu und stürzten alle miteinander
58 auf ihn los und stießen ihn zur Stadt
hinaus, um ihn zu [b]steinigen. Und die
Zeugen legten ihre Kleider zu den Fü-
ßen eines jungen Mannes ab, der [c]Sau-
59 lus hieß, und sie steinigten Stephanus;
der aber betete: [d]*Herr Jesus, nimm mei-*
60 *nen Geist auf!* Er fiel auf die Knie und
schrie laut: *Herr,* [e]*rechne ihnen diese*
Sünde nicht an! Und als er das gesagt
1 hatte, verschied er. Saulus aber hatte
Gefallen an seinem Tode.

a Lk 22,69 *b* 3.Mose 24,16 *c* Kap 22,20
d Lk 23,46 *e* Lk 23,34

Die Verfolgung der Gemeinde in Jerusalem

Am selben Tag brach eine große Ver- 8
folgung über die Gemeinde in Jerusa-
lem herein; da [a]zerstreuten sich alle in
die Länder Judäa und Samarien, außer
den Aposteln. Gottesfürchtige Männer 2
aber bestatteten den Stephanus und
hielten eine große Totenklage über ihn.
Saulus aber suchte, die Gemeinde zu 3
zerschlagen, ging von Haus zu Haus,
schleppte Männer und Frauen fort und
lieferte sie ins Gefängnis ein.[b]

a Kap 1,8; 11,19 *b* Kap 9,1; 22,4; 1.Kor 15,9

Philippus in Samaria. Der Zauberer Simon

Die nun zerstreut worden waren, zogen 4
umher und predigten das Wort. [a]Phil- 5
ippus kam hinab in die Hauptstadt Sa-
mariens und predigte ihnen von Chri-
stus. Und die Menge neigte sich dem, 6
was Philippus sagte, einmütig zu, als sie
seine Worte hörte und sah, was er für
Zeichen tat. Denn [b]die unreinen Gei- 7
ster fuhren mit großem Geschrei aus
vielen Besessenen aus, auch viele Ge-
lähmte und Verkrüppelte wurden ge-
sund gemacht; so entstand große Freu- 8
de in dieser Stadt.
Schon vorher lebte in dieser Stadt 9
ein Mann mit Namen Simon, der
Zauberei trieb und damit das Volk von
Samaria in seinen Bann zog und vor-
gab, er wäre etwas Großes. Und alle 10
hingen ihm an, klein und groß, und sag-
ten: Dieser ist »die große Gotteskraft«.
Sie hingen ihm aber an, weil er sie lange 11
Zeit mit seiner Zauberei in seinen Bann
gezogen hatte. Als sie aber den Predig- 12
ten des Philippus vom Reich Gottes
und vom Namen Jesu Christi glaubten,
ließen sich Männer und Frauen taufen.
Da glaubte sogar Simon, ließ sich 13
taufen und schloß sich Philippus an.
Und als er die Zeichen und großen Ta-
ten, die geschahen, sah, geriet er außer
sich vor Staunen.
Als aber die Apostel in Jerusalem 14
hörten, daß Samarien das Wort Gottes
angenommen hatte, sandten sie Petrus
und Johannes zu ihnen. Die kamen hin- 15
ab und beteten für sie, damit sie den
heiligen Geist empfingen. Denn er war 16
noch auf keinen von ihnen gefallen,
sondern sie waren nur auf den Namen
des Herrn Jesus getauft. Da legten sie 17
ihnen die Hände auf, und sie empfin-
gen den heiligen Geist.

18 Als aber Simon sah, daß der Geist
verliehen wurde, wenn die Apostel die
Hände auflegten, bot er ihnen Geld an
19 und sagte: Gebt auch mir die Macht,
daß jemand den heiligen Geist emp-
fängt, wenn ich ihm die Hände auflege.
20 Petrus aber sagte zu ihm: Du sollst mit-
samt deinem Geld verdammt sein, weil
du meinst, Gottes Gabe könnte durch
21 Geld erlangt werden. Du hast weder
Anteil noch Anrecht an dieser Sache;
denn dein Herz ist nicht rechtschaffen
22 vor Gott. Darum tu Buße für diese Bos-
heit und flehe zum Herrn, ob dir das
böse Vorhaben deines Herzens verge-
23 ben werden kann. Denn ich sehe, daß
du voll bitterer Galle bist und verstrickt
24 in Unrecht. Da antwortete Simon: Bit-
tet doch ihr den Herrn für mich, daß
nichts von dem über mich kommt, was
ihr gesagt habt.

25 Als sie nun das Wort des Herrn be-
zeugt und verkündigt hatten, kehrten
sie nach Jerusalem um und predigten
das Evangelium in vielen samaritani-
schen Dörfern.

a Kap 6,5 *b* Mk 16,17

Der Kämmerer aus Äthiopien

26 Aber der Engel des Herrn sprach zu
Philippus: Steh auf und geh zur Mit-
tagszeit auf die Straße, die von Jerusa-
lem nach Gaza hinabführt und einsam
27 ist. Und er stand auf und ging. Und sie-
he, ein Mann aus Äthiopien, ein Käm-
merer und Hofbeamter der Kandake,
der Königin von Äthiopien, welcher
ihren ganzen Schatz verwaltete, der
war nach Jerusalem gekommen, um an-
28 zubeten. Nun zog er wieder heim und
saß auf seinem Wagen und las den Pro-
29 pheten Jesaja. Der Geist aber sagte zu
Philippus: Geh hin und halte dich zu
30 diesem Wagen! Da lief Philippus hin
und hörte, daß er den Propheten Jesaja
las, und fragte: Verstehst du auch, was
31 du da liest? Er antwortete: Wie kann
ich das, wenn mich nicht jemand anlei-
tet? Und er bat Philippus, aufzusteigen
32 und sich zu ihm zu setzen. Der Inhalt
der Schrift, die er las, war dieser (Je-
saja 53,7.8): »Wie ein Schaf, das zur
Schlachtung geführt wird, und wie ein
Lamm, das vor seinem Scherer ver-
stummt, so tut er seinen Mund nicht
33 auf. In seiner Erniedrigung wurde sein
Urteil aufgehoben. Wer kann seine
Nachkommen zählen? Denn sein Le-
ben wird von der Erde weggenommen.«
34 Da wandte sich der Kämmerer an Phil-
ippus: Sag mir bitte, von wem redet der
Prophet das, von sich selber oder von
jemand anders? Philippus aber fing an 35
zu reden, ging von diesem Wort der
Schrift aus und predigte ihm das Evan-
gelium von Jesus. Und als sie die Straße 36
weiterfuhren, kamen sie an ein Wasser.
Da sagte der Kämmerer: Siehe, da ist
Wasser; was hindert noch, daß ich
mich taufen lasse?* Und er ließ den 38
Wagen anhalten, und beide stiegen in
das Wasser hinab, Philippus und der
Kämmerer, und er taufte ihn. Als sie 39
dann aus dem Wasser heraufstiegen,
[a]entrückte der Geist des Herrn den
Philippus, und der Kämmerer sah ihn
nicht mehr; er zog aber seine Straße
fröhlich weiter. Philippus aber fand 40
sich in Asdod wieder und zog umher
und predigte in allen Städten das Evan-
gelium, bis er nach [b]Cäsarea kam.

a 1.Kön 18,12 *b* Kap 21,8.9

*Vers 36: Vers 37 gehört nicht zum ursprünglichen Text der Apostelgeschichte. Er lautet in der späteren Überlieferung: »Philippus aber sagte: Wenn du von ganzem Herzen glaubst, so kann es geschehen. Er aber antwortete: Ich glaube, daß Jesus Christus Gottes Sohn ist.«

Die Bekehrung des Saulus

[a]Saulus aber [b]wütete weiter mit Dro- 9
hen und Morden gegen die Jünger des
Herrn. Er ging zum Hohenpriester und 2
bat ihn um Briefe an die Synagogen in
Damaskus, um Anhänger der neuen
Lehre, Männer und Frauen, wenn er
sie dort fände, gebunden nach Jerusa-
lem führen zu können. [c]Als er aber auf 3
dem Wege war und in die Nähe von
Damaskus kam, umleuchtete ihn plötz-
lich ein Licht vom Himmel; und er fiel 4
auf die Erde und hörte eine Stimme, die
sagte zu ihm: Saul, Saul, was verfolgst
du mich? Er aber fragte: Herr, wer bist 5
du? Der Herr antwortete: Ich bin Je-
sus, den du verfolgst. Steh auf und geh 6
in die Stadt; da wird man dir sagen, was
du tun sollst. Die Männer aber, die mit 7
ihm reisten, standen sprachlos da; denn
sie hörten zwar die Stimme, aber sahen
niemand. Saulus aber richtete sich auf 8
von der Erde; und als er seine Augen
aufschlug, sah er nichts. Da nahmen sie
ihn bei der Hand und führten ihn nach
Damaskus; und er konnte drei Tage 9
nicht sehen und aß und trank nicht.

Es gab aber einen Jünger in Damas- 10
kus mit Namen Hananias; dem er-
schien der Herr und sprach: Hananias!
Er antwortete: Hier bin ich, Herr. Der 11
Herr sagte zu ihm: Steh auf und geh in

die »Gerade Straße« und frage in dem
Hause des Judas nach einem Mann mit
Namen Saulus von Tarsus. Denn siehe,
12 er betet und hat in einer Erscheinung
gesehen, wie ein Mann mit Namen Ha-
nanias zu ihm hereinkam und ihm die
Hand auflegte, damit er wieder sehen
13 könnte. Hananias aber antwortete:
Herr, ich habe von vielen gehört, wie-
viel Böses dieser Mann deinen Heiligen
14 in Jerusalem angetan hat; und hier hat
er von den Hohenpriestern Vollmacht,
alle festzunehmen, die deinen Namen
15 anrufen. Doch der Herr sagte zu ihm:
Geh nur hin; denn gerade dieser ist
mein auserwähltes Werkzeug und soll
meinen Namen [d]vor Heiden, [e]vor Kö-
16 nige und vor das Volk Israel tragen. Ich
will ihm zeigen, wieviel er um meines
17 Namens willen leiden muß.[f] Und Ha-
nanias ging und trat in das Haus, legte
ihm die Hände auf und sagte: Bruder
Saul, der Herr hat mich gesandt, Jesus,
der dir auf dem Wege hierher erschie-
nen ist; du sollst wieder sehen können
und mit dem heiligen Geist erfüllt wer-
18 den. Sogleich fiel es wie Schuppen von
seinen Augen, und er konnte wieder
19 sehen; er stand auf, ließ sich taufen
und nahm Speise zu sich und stärkte
sich.

Saulus blieb aber einige Tage bei den
Jüngern in Damaskus.

a (1-19) Kap 22,3-16; 26,9-18 *b* Kap 8,3 *c (3-6)* 1.Kor 15,8 *d* Kap 13,46 *e* Kap 26,2; 27,24 *f* 2.Kor 11,23-28

Saulus in Damaskus und Jerusalem

20 Und sogleich predigte er in den Syn-
agogen, daß Jesus Gottes Sohn sei.
21 Alle, die es hörten, waren entsetzt und
sagten: Ist das nicht der Mann, [a]der in
Jerusalem alle vernichten wollte, die
diesen Namen anrufen? War er nicht
deshalb hierhergekommen, um sie ge-
bunden zu den Hohenpriestern zu füh-
22 ren? Saulus aber redete immer [b]kraft-
voller und trieb die Juden in die Enge,
die in Damaskus wohnten, und bewies,
23 daß Jesus der Christus ist. Nach einiger
Zeit hielten die Juden Rat und be-
24 schlossen, ihn zu töten. Aber ihr An-
schlag wurde Saulus bekannt. Sie be-
wachten Tag und Nacht die Tore, um
25 ihn zu töten. Da nahmen ihn seine Jün-
ger und [c]ließen ihn bei Nacht in einem
Korb die Mauer hinab.
26 Als er aber nach Jerusalem kam, ver-
suchte er, sich den Jüngern anzuschlie-
ßen; doch sie fürchteten sich alle vor
ihm und glaubten nicht, daß er ein Jün-
ger wäre.[d] Barnabas aber nahm sich 27
seiner an und führte ihn zu den Apo-
steln; und Saulus erzählte ihnen, wie er
auf dem Wege den Herrn gesehen, wie
der mit ihm gesprochen und wie er
selbst in Damaskus im Namen Jesu frei
und offen gepredigt hätte. Und er ging 28
bei ihnen in Jerusalem ein und aus und
predigte unerschrocken im Namen des
Herrn Jesus. Er redete und stritt auch 29
mit den griechischen Juden; aber sie
stellten ihm nach, um ihn zu töten. Als 30
das die Brüder erfuhren, geleiteten sie
ihn nach Cäsarea und schickten ihn
weiter [e]nach Tarsus.

So hatte nun die Gemeinde in ganz 31
Judäa und Galiläa und Samarien Frie-
den, baute sich auf, lebte in der Furcht
des Herrn und wuchs unter dem Bei-
stand des heiligen Geistes.

a Kap 8,1; 26,10 *b* Kap 18,28 *c* 2.Kor 11,32.33 *d* Gal 1,17-19 *e* Gal 1,21

Petrus in Lydda

Als aber Petrus überall im Land um- 32
herzog, kam er auch zu den Gläubigen
in Lydda. Dort fand er einen Mann mit 33
Namen Äneas, der seit acht Jahren an
sein Lager gefesselt war; er war näm-
lich gelähmt. Und Petrus sagte zu ihm: 34
Äneas, Jesus Christus macht dich ge-
sund; steh auf und richte selbst dein
Lager her. Und sogleich stand er auf.
Da sahen ihn alle, die in Lydda und in 35
Saron wohnten, und bekehrten sich
zum Herrn.

Die Auferweckung der Tabita

In Joppe lebte eine Jüngerin mit Na- 36
men Tabita, das bedeutet Gazelle. Die
tat viele gute Werke und gab reichlich
Almosen. In jener Zeit wurde sie krank 37
und starb. Da wusch man sie und legte
sie in das Obergemach. Weil aber Lyd- 38
da nahe bei Joppe ist, sandten die Jün-
ger, als sie hörten, daß Petrus dort war,
zwei Männer zu ihm und baten ihn:
Zögere nicht, zu uns zu kommen! Pe- 39
trus stand auf und ging mit ihnen. Und
als er angekommen war, führte man ihn
in das Obergemach hinauf, und alle
Witwen traten zu ihm, weinten und
zeigten ihm die Röcke und Kleider, die
Tabita gemacht hatte, als sie noch bei
ihnen war. Und als Petrus sie alle hin- 40
ausgeschickt hatte, kniete er nieder, be-
tete und wandte sich dem Leichnam zu
und sagte: Tabita, [a]steh auf! Und sie

schlug ihre Augen auf; und als sie Pe-
41 trus sah, setzte sie sich auf. Er aber gab
ihr die Hand und ließ sie aufstehen und
rief die Gläubigen und die Witwen und
42 zeigte ihnen, daß sie lebte. Das wurde
in ganz Joppe bekannt, und viele glaub-
43 ten an den Herrn. Und Petrus blieb
lange Zeit in Joppe bei Simon, einem
Gerber.

[a] Mk 5,41

Der Hauptmann Kornelius

10 Es lebte ein Mann in Cäsarea mit Na-
men Kornelius, ein Hauptmann der
Abteilung, die die italische genannt
2 wurde. Der war fromm und gottes-
fürchtig mit seinem ganzen Hause und
gab dem Volk viele Almosen und betete
3 immer zu Gott. Er hatte eine Erschei-
nung um die neunte Stunde am Tage
und sah deutlich den Engel Gottes zu
sich eintreten; der rief ihn: Kornelius!
4 Er aber sah ihn an, erschrak und fragte:
Herr, was ist? Der antwortete ihm:
[a]Deine Gebete und deine Almosen
sind vor Gott gekommen, und er hat an
5 sie gedacht. Und nun sende Männer
nach Joppe und laß Simon holen, der
6 den Beinamen Petrus hat. Er ist zu Gast
bei einem [b]Gerber Simon, dessen Haus
7 am Meer liegt. Und als der Engel, der
mit ihm geredet hatte, hinweggegangen
war, rief Kornelius zwei seiner Diener
und einen frommen Soldaten aus seiner
8 nächsten Umgebung und erzählte
ihnen alles und [c]sandte sie nach Joppe.
9 Am nächsten Tag, als diese auf dem
Wege waren und in die Nähe der Stadt
kamen, stieg Petrus um die sechste
Stunde auf das Dach hinauf, um zu be-
10 ten. Und er wurde hungrig und wollte
essen. Während sie ihm aber etwas
zubereiteten, geriet er in Verzückung
11 und sah den Himmel offen und etwas
wie ein großes leinenes Tuch herab-
kommen, das an vier Zipfeln auf die
12 Erde niedergelassen wurde. Darin wa-
ren alle Arten von Tieren: vierfüßige
und kriechende Tiere der Erde und Vö-
13 gel des Himmels. Und eine Stimme
sprach zu ihm: Steh auf, Petrus,
14 schlachte und iß! Petrus aber antworte-
te: O nein, Herr; denn ich habe noch
nie etwas Verbotenes und Unreines ge-
15 gessen.[d] Doch die Stimme sprach zum
zweiten Mal zu ihm: Was Gott für rein
erklärt hat, das nenne du nicht unrein.[e]
16 Und das geschah dreimal; dann wurde
das Tuch sogleich wieder in den Him-
mel hinaufgenommen.

Als aber Petrus sich noch nicht im 17
klaren war, was die Erscheinung be-
deutete, die er gesehen hatte, siehe, da
hatten sich die Männer, die von Korne-
lius gesandt waren, zum Haus Simons
durchgefragt und standen an der Tür,
riefen und fragten, ob Simon mit dem 18
Beinamen Petrus hier zu Gast wäre.
Während aber Petrus noch über die Er- 19
scheinung nachsann, sprach der Geist
zu ihm: Siehe, drei Männer suchen
dich; steh auf, steig hinab und folge 20
ihnen ohne Bedenken; denn ich habe
sie gesandt.
Da stieg Petrus hinab zu den Män- 21
nern und sagte: Siehe, ich bin der, den
ihr sucht; warum seid ihr hier? Sie aber 22
antworteten: Der Hauptmann Korne-
lius, ein gerechter und gottesfürchtiger
Mann mit einem guten Ruf bei dem
ganzen Volk der Juden, hat vom heili-
gen Engel den Befehl empfangen, dich
in sein Haus holen zu lassen und zu hö-
ren, was du zu sagen hast. Da rief er sie 23
herein und beherbergte sie.
Am nächsten Tag machte er sich mit
ihnen auf den Weg, und einige Brüder
aus Joppe gingen mit ihm. Und am fol- 24
genden Tag kam er nach Cäsarea. Kor-
nelius aber wartete auf sie und hatte sei-
ne Verwandten und nächsten Freunde
zusammengerufen. Als Petrus eintrat, 25
ging ihm Kornelius entgegen, fiel ihm
zu Füßen und betete ihn an. Petrus 26
aber richtete ihn auf und sagte: Steh
auf,[f] ich bin auch nur ein Mensch. Und 27
während er mit ihm redete, ging er hin-
ein und fand viele, die zusammenge-
kommen waren. Und er sagte zu ihnen: 28
Ihr wißt, daß es einem jüdischen Mann
nicht erlaubt ist, mit einem Nichtjuden
Umgang zu haben oder zu ihm zu kom-
men; aber Gott hat mir gezeigt, daß ich
keinen Menschen für unheilig oder un-
rein halten darf. Darum habe ich mich 29
nicht geweigert zu kommen, als ich ge-
holt wurde. So frage ich euch nun, war-
um ihr mich habt holen lassen. Korne- 30
lius sagte: Vor vier Tagen um diese
Zeit, um die neunte Stunde, betete ich
in meinem Hause. Und siehe, da stand
ein Mann vor mir in einem glänzenden
Gewand und sagte: Kornelius, dein 31
Gebet ist erhört worden, und Gott hat
an deine Almosen gedacht. So sende 32
nun nach Joppe und laß Simon mit dem
Beinamen Petrus herbeirufen, der zu
Gast ist im Hause des Gerbers Simon
am Meer. Da sandte ich sogleich zu dir; 33
und du hast recht getan, daß du gekom-

men bist. Nun sind wir alle hier vor
Gott versammelt, um alles zu hören,
was dir vom Herrn befohlen worden
ist.
34 Petrus aber fing an zu reden: *Wahr-*
haftig, jetzt begreife ich, [g] *daß Gott die*
35 *Person nicht ansieht; sondern wer ihn*
fürchtet und recht tut, der ist ihm ange-
nehm, gleich welchem Volk er angehört. [h]
36 Ihr kennt die Botschaft, die Gott dem
Volk Israel gesandt hat und in der er
[i] den Frieden verkündigen ließ, den Je-
sus Christus bringen wird, der Herr
37 über alle ist; und ihr wißt, was in ganz
Judäa geschehen ist, [j] was Gott ange-
fangen hat von Galiläa aus nach der
38 Taufe, die Johannes verkündigte; ihr
wißt auch, wie Gott Jesus von Nazaret
[k] mit heiligem Geist und Kraft gesalbt
hat; der ist umhergezogen und hat Gu-
tes getan und alle gesund gemacht, die
in der Gewalt des Teufels waren; denn
39 Gott war mit ihm. Und wir sind Zeu-
gen von allem, was er im jüdischen
Land und in Jerusalem getan hat. Den
haben sie an das Holz gehängt und ge-
40 tötet. Den hat Gott am dritten Tag auf-
erweckt und [l] hat ihn erscheinen lassen,
41 [m] nicht dem ganzen Volk, sondern nur
uns, den von Gott vorher erwählten
Zeugen; [n] wir haben ja mit ihm geges-
sen und getrunken, nachdem er von
42 den Toten auferstanden war. Und er
hat uns geboten, dem Volk zu predigen
und zu bezeugen, [o] daß er von Gott zum
Richter der Lebenden und Toten be-
43 stimmt ist. *Von ihm* [p] *bezeugen alle Pro-*
pheten, daß durch seinen Namen alle, die
an ihn glauben, Vergebung der Sünden
empfangen sollen.
44 Während Petrus noch redete, fiel der
heilige Geist auf alle, die dem Wort zu-
45 hörten. Und die Gläubigen jüdischer
Herkunft, die mit Petrus gekommen
waren, gerieten außer Fassung, weil
auch auf die Heiden die Gabe des heili-
46 gen Geistes ausgegossen wurde; denn
sie hörten, daß sie in [q] Zungen redeten
und Gott hoch priesen. Da antwortete
47 Petrus: Kann denn jemand denen das
Wasser zur Taufe verweigern, die
ebenso wie wir den heiligen Geist emp-
48 fangen haben? Und er befahl, sie im
Namen Jesu Christi zu taufen. Da ba-
ten sie ihn, noch einige Tage dazublei-
ben.

a Tob 3,24.25 *b* Kap 9,43 *c* Kap 11,5-17
d 3.Mose 11; Hes 4,14 *e* Röm 14,14 *f* Kap 14,15;
Offb 19,10 *g* 5.Mose 10,17; 1.Sam 16,7;
Röm 2,11 *h* Joh 10,16 *i* Eph 2,17 *j* Mt 4,12-17
k Mt 3,16 *l* 1.Kor 15,4-7 *m* Joh 14,19.22
n Lk 24,30.43 *o* Joh 5,22 *p* Jes 53,5.6; Jer 31,34
q Kap 2,4

Petrus in Jerusalem

Es kam aber den Aposteln und Brüdern **11**
in Judäa zu Ohren, daß auch die Hei-
den Gottes Wort angenommen hatten.
Und als Petrus nach Jerusalem hin- 2
aufkam, stritten die Gläubigen jüdi-
scher Herkunft mit ihm und sagten: 3
Du bist zu Männern gegangen, die
nicht Juden sind, und hast mit ihnen
gegessen! [a] Petrus aber fing an, ihnen 4
der Reihe nach alles zu erzählen, und
sagte: [b] Ich war in der Stadt Joppe im 5
Gebet und geriet in Verzückung und
hatte eine Erscheinung; ich sah etwas
wie ein großes leinenes Tuch herab-
kommen, das an vier Zipfeln vom Him-
mel niedergelassen wurde; das kam bis
zu mir. Da sah ich hinein und erblickte 6
vierfüßige Tiere der Erde, wilde Tiere,
kriechende Tiere und Vögel des Him-
mels. Dann hörte ich eine Stimme, die 7
sprach zu mir: Steh auf, Petrus,
schlachte und iß! Ich aber sagte: O 8
nein, Herr; denn es ist noch nie etwas
Verbotenes oder Unreines in meinen
Mund gekommen. Aber die Stimme 9
antwortete zum zweiten Mal vom Him-
mel: Was Gott für rein erklärt hat, das
nenne du nicht unrein. Das geschah 10
aber dreimal; und dann wurde alles
wieder in den Himmel hinaufgezogen.
Und siehe, im gleichen Augenblick 11
standen drei Männer vor dem Hause, in
dem wir waren; die hatte man von Cä-
sarea zu mir gesandt. Der Geist aber 12
sprach zu mir, ich sollte ohne Bedenken
mit ihnen gehen. Es kamen aber auch
diese sechs Brüder mit mir, und wir
gingen in das Haus des Mannes. Der 13
berichtete uns, wie er den Engel in sei-
nem Haus gesehen habe, der zu ihm
sagte: Sende Männer nach Joppe und
laß Simon holen, der den Beinamen Pe-
trus hat; der wird dir die Botschaft sa- 14
gen, die dich und dein ganzes Haus ret-
ten wird. Als ich aber anfing zu reden, 15
fiel der heilige Geist auf sie [c] ebenso wie
am Anfang auf uns. Da dachte ich an 16
das Wort des Herrn, als er sagte: Jo-
hannes hat mit Wasser getauft; ihr aber
sollt mit dem heiligen Geist getauft
werden. [d] Wenn nun Gott ihnen die 17
gleiche Gabe gegeben hat wie auch uns,
als wir zum Glauben an den Herrn Je-
sus Christus kamen: wer war ich, daß
ich Gott hätte hindern können? Als sie 18
das hörten, verstummten sie, lobten

Gott und sprachen: So hat Gott auch
den Heiden die Umkehr geschenkt, die
zum Leben führt!

a Gal 2,12 *b (5-17)* Kap 10,9-48 *c* Kap 2,1-4
d Kap 1,5

Erste Christen in Antiochia

19 Die sich nun [a]zerstreut hatten bei der
Verfolgung, die wegen Stephanus her-
eingebrochen war, gelangten bis nach
Phönizien, Zypern und Antiochia und
verkündigten das Wort ausschließlich
20 den Juden. Einige von ihnen aber,
Männer aus Zypern und Kyrene, ka-
men nach Antiochia und wandten sich
auch an die Griechen und predigten
ihnen das Evangelium vom Herrn Je-
21 sus. Und die Hand des Herrn war mit
ihnen, und eine große Zahl kam zum
Glauben und bekehrte sich zum
Herrn.[b]
22 Es kam aber die Kunde davon der
Gemeinde von Jerusalem zu Ohren;
und sie sandten [c]Barnabas nach Antio-
23 chia. Als dieser dort hingekommen war
und die Gnade Gottes sah, wurde er
froh und ermahnte sie alle, mit festem
24 Herzen beim Herrn zu bleiben; denn er
war ein bewährter Mann, erfüllt mit
heiligem Geist und Glauben. Und
[d]eine große Zahl wurde für den Herrn
25 gewonnen. Barnabas aber ging nach
26 Tarsus, um [e]Saulus zu suchen. Und als
er ihn gefunden hatte, nahm er ihn mit
nach [f]Antiochia. Sie blieben ein ganzes
Jahr bei der Gemeinde und lehrten vie-
le Leute. Hier in Antiochia wurden die
Jünger zuerst Christen genannt.
27 In diesen Tagen kamen [g]Propheten
28 von Jerusalem nach Antiochia. Einer
von ihnen mit Namen [h]Agabus trat auf
und sagte durch den Geist eine große
Hungersnot voraus, die über den gan-
zen Erdkreis kommen sollte; die traf
29 ein unter dem Kaiser Klaudius. Da be-
schlossen die Jünger, daß jeder nach
seinem Vermögen den Brüdern, die in
Judäa wohnten, eine Gabe senden soll-
30 te. Das taten sie auch und schickten die
Gaben zu den Ältesten durch Barnabas
und Saulus.[i]

a Kap 8,1-4 *b* Kap 2,47 *c* Kap 4,36 *d* Kap 5,14
e Kap 9,30 *f* Gal 2,11 *g* Kap 13,1; 15,32
h Kap 21,10 *i* Kap 12,25; 1.Kor 16,1-4

Der Tod des Jakobus und die Befreiung des Petrus

12 Um diese Zeit ließ König Herodes
einige aus der Gemeinde ergreifen und
2 mißhandeln. Er tötete aber [a]Jakobus,
den Bruder des Johannes, mit dem
Schwert.
Und als Herodes sah, daß den Juden 3
dies gefiel, nahm er auch noch Petrus
gefangen. Es waren aber eben die Tage
der Ungesäuerten Brote. Als er ihn nun 4
ergriffen hatte, warf er ihn ins Gefäng-
nis und übergab ihn vier Wachen von je
vier Soldaten. Denn er gedachte, ihn
nach dem Fest vor das Volk zu stellen.
So wurde Petrus nun im Gefängnis 5
festgehalten; aber die Gemeinde betete
beharrlich für ihn zu Gott. In der 6
Nacht, bevor Herodes ihn vorführen
lassen wollte, schlief Petrus zwischen
zwei Soldaten, mit zwei Ketten gebun-
den, und die Wachen vor der Tür be-
wachten das Gefängnis. Und siehe, der 7
Engel des Herrn kam herein, und ein
Licht erleuchtete den Raum; und er
stieß Petrus in die Seite, weckte ihn so
und sagte: Steh schnell auf! Und die
Ketten fielen ihm von den Händen.[b]
Und der Engel sagte zu ihm: Gürte 8
dich und zieh deine Schuhe an! Und er
tat es. Und er sagte weiter zu ihm: Wirf
dir den Mantel um und folge mir! Und 9
er ging hinaus und folgte ihm und wuß-
te nicht, ob es Wirklichkeit war, was
durch den Engel geschah, sondern er
meinte, ein Traumbild zu sehen. Sie 10
gingen aber durch die erste und zweite
Wache und kamen zu dem eisernen
Tor, das zur Stadt führt; das tat sich
ihnen von selber auf. Und sie traten
hinaus und gingen eine Gasse weiter;
und sogleich verließ ihn der Engel. Als 11
Petrus zu sich gekommen war, sagte er:
Nun weiß ich wahrhaftig, daß der Herr
seinen Engel gesandt und mich aus der
Hand des Herodes errettet hat entgegen
allem, was das jüdische Volk erwartete.
Als er sich darüber klar geworden 12
war, ging er zum Haus Marias, der
Mutter des [c]Johannes mit dem Beina-
men Markus, wo viele beieinander wa-
ren und beteten. Als er an das Hoftor 13
klopfte, kam eine Magd mit Namen
Rhode, um zu hören, wer da wäre. Und 14
als sie die Stimme des Petrus erkannte,
vergaß sie vor Freude, das Tor zu öff-
nen, lief hinein und berichtete, Petrus
stehe vor dem Tor. Doch sie sagten zu 15
ihr: Du bist nicht recht bei Sinnen. Sie
aber bestand darauf, es wäre so. Da sag-
ten sie: Es ist sein Engel. Petrus aber 16
klopfte weiter an. Als sie nun öffneten,
sahen sie ihn und entsetzten sich. Er 17
aber winkte ihnen mit der Hand, daß
sie schweigen sollten, und erzählte

ihnen, wie ihn der Herr aus dem
Gefängnis geführt hatte; und er sagte
weiter: Berichtet dies dem Jakobus und
den Brüdern. Dann ging er hinaus und
zog an einen andern Ort.

a Mt 20,20-23 *b* Kap 5,19 *c* Vers 25; Kap 13,5.13; 15,37

Das Ende des Herodes Agrippa

18 Als es Tag wurde, entstand eine nicht
geringe Verwirrung unter den Solda-
ten, weil sie nicht wußten, was mit Pe-
19 trus geschehen war.[a] Als Herodes ihn
holen lassen wollte und ihn nicht fand,
verhörte er die Wachen und befahl, sie
abzuführen. Dann zog er von Judäa
nach Cäsarea hinab und blieb dort eine
Zeitlang.
20 Er war aber zornig auf die Einwoh-
ner von Tyrus und Sidon. Doch diese
kamen gemeinsam zu ihm und überre-
deten Blastus, den Kämmerer des Kö-
nigs, und baten um Frieden, [b]weil ihr
Land seine Nahrungsmittel aus dem
21 Land des Königs bezog. Und an einem
festgesetzten Tag legte Herodes die kö-
niglichen Gewänder an, setzte sich auf
den Thron und hielt eine Rede an sie.
22 Das Volk aber rief ihm zu: Das ist die
Stimme Gottes und nicht die eines
23 Menschen![c] Sogleich schlug ihn der
Engel des Herrn, [d]weil er Gott nicht
die Ehre gab. Er wurde [e]von den Wür-
mern gefressen und gab den Geist auf.
24 Und das Wort Gottes wuchs und
25 breitete sich aus.[f] Barnabas und Saulus
kehrten aber zurück, nachdem sie in Je-
rusalem [g]die Gabe überbracht hatten,
und [h]nahmen Johannes mit sich, der
den Beinamen Markus hat.

a Kap 5,21.22 *b* Hes 27,17 *c* Hes 28,2 *d* Dan 5,20 *e* 2.Makk 9,9 *f* Kap 6,7 *g* Kap 11,29.30 *h* Kap 13,5

Der Beginn der ersten Missionsreise

13 Es gab aber in Antiochia in der Ge-
meinde [a]Propheten und Lehrer, näm-
lich Barnabas und Simon, genannt Ni-
ger, und Lucius von Kyrene, und Ma-
nahen, der mit dem Landesfürsten He-
rodes erzogen worden war, und Saulus.
2 Als sie einmal Gottesdienst hielten und
fasteten, sprach der heilige Geist: Be-
auftragt mir Barnabas und Saulus mit
dem Werk, [b]zu dem ich sie berufen
3 habe. Da fasteten sie und [c]beteten, leg-
ten ihnen die Hände auf und ließen sie
ziehen.

a Kap 11,27; 1.Kor 12,28 *b* Kap 9,15 *c* Kap 6,6

Auf der Insel Zypern

Nachdem sie nun vom heiligen Geist 4
ausgesandt worden waren, kamen sie
nach Seleuzia und von da zu Schiff
nach Zypern. Und als sie in die Stadt 5
Salamis kamen, verkündigten sie das
Wort Gottes in den Synagogen der Ju-
den; sie hatten auch [a]Johannes als Ge-
hilfen bei sich. Als sie die ganze Insel 6
bis Paphos durchzogen hatten, trafen
sie einen Zauberer und falschen Pro-
pheten, einen Juden; der hieß Barjesus
und hielt sich bei dem Statthalter Ser- 7
gius Paulus auf, einem verständigen
Mann. Dieser rief Barnabas und Saulus
zu sich und verlangte, das Wort Gottes
zu hören. Da widersetzte sich ihnen der 8
Zauberer Elymas – denn so wird sein
Name übersetzt – und versuchte, den
Statthalter vom Glauben abzuhalten.
Saulus aber, der auch Paulus heißt, er- 9
füllt mit heiligem Geist, sah ihn scharf
an und sprach: Du Sohn des Teufels, 10
du hinterlistiger Betrüger, du Feind al-
ler Gerechtigkeit, willst du nicht aufhö-
ren, die geraden Wege des Herrn zu
durchkreuzen? Und nun siehe, die 11
Hand des Herrn kommt über dich, und
du sollst blind werden und die Sonne
eine Zeitlang nicht sehen! Auf der Stel-
le fiel Dunkelheit und Finsternis auf
ihn, und er ging umher und suchte je-
mand, der ihn an der Hand führte. Als 12
der Statthalter sah, was geschehen war,
kam er zum Glauben, betroffen von der
Lehre des Herrn.

a Kap 12,12.25

In Antiochia in Pisidien

Paulus und seine Begleiter fuhren von 13
Paphos ab und kamen nach Perge in
Pamphylien. [a]Johannes aber trennte
sich von ihnen und kehrte nach Jerusa-
lem zurück. Sie aber zogen von Perge 14
weiter und kamen nach Antiochia in Pi-
sidien und gingen am Sabbat in die
Synagoge und setzten sich. Nach der 15
[b]Lesung des Gesetzes und der Prophe-
ten ließen die Vorsteher der Synagoge
ihnen sagen: Liebe Brüder, wenn ihr
etwas reden und das Volk ermahnen
wollt, so sprecht. Da stand Paulus auf, 16
winkte mit der Hand und sagte: Ihr
Männer von Israel und ihr Gottes-
fürchtigen, hört zu! Der Gott dieses 17
Volkes Israel hat unsre Väter erwählt
und das Volk groß gemacht, als sie
Fremdlinge im Land Ägypten waren,
und [c]mit starkem Arm führte er sie von

18 dort heraus. Vierzig Jahre lang ertrug
19 er sie in der Wüste[d] und [e]vernichtete
sieben Völker im Lande Kanaan und
20 [f]gab ihnen deren Land zum Erbe. Bis
dahin waren etwa vierhundertfünfzig
Jahre vergangen. Danach gab er ihnen
[g]Richter bis zur Zeit des [h]Propheten
21 Samuel. Und von da an [i]baten sie um
einen König; und Gott gab ihnen
[j]Saul, den Sohn des Kis, einen Mann
aus dem Stamm Benjamin, für vierzig
22 Jahre. Und als er diesen verstoßen hat-
te, erhob er David zu ihrem König und
bezeugte von ihm (1. Samuel 13,14):
»Ich habe David gefunden, den Sohn
Isais, einen Mann nach meinem Her-
zen, der meinen Willen ganz erfüllen
23 wird.« Aus dessen Geschlecht hat Gott
[k]nach seiner Verheißung Jesus kom-
men lassen als Heiland für das Volk Is-
24 rael, nachdem Johannes, bevor Jesus
auftrat, dem ganzen Volk Israel die
25 Taufe der Buße gepredigt hatte.[l] Jo-
hannes sagte am Ende seines Wirkens:
[m]Ich bin nicht der, für den ihr mich
haltet; aber siehe, nach mir kommt der,
[n]dessen Schuhriemen zu lösen ich
26 nicht wert bin. Ihr Männer, liebe Brü-
der, ihr Nachkommen Abrahams und
ihr Gottesfürchtigen, uns ist die Bot-
schaft von diesem Heil gesandt worden.
27 Denn die Einwohner von Jerusalem
und ihre Oberen haben, [o]weil sie Jesus
nicht erkannten, die Worte der Prophe-
ten, die an jedem Sabbat vorgelesen
werden, mit ihrem Urteilsspruch zur
28 Erfüllung gebracht. Und obwohl sie
nichts an ihm fanden, womit er den
Tod verdient hätte, [p]baten sie doch Pi-
29 latus, ihn zu töten. Und als sie alles
vollendet hatten, was von ihm geschrie-
ben steht, nahmen sie ihn von dem
30 Holz und [q]legten ihn in ein Grab. Aber
Gott hat ihn auferweckt von den To-
31 ten;[r] und er ist [s]an vielen Tagen denen
erschienen, die mit ihm von Galiläa
nach Jerusalem hinaufgegangen waren
und die jetzt vor dem Volk seine Zeu-
32 gen sind. Und wir verkündigen euch
die Verheißung, die an unsre Väter er-
33 gangen ist, als frohe Botschaft, weil
Gott sie uns, ihren Kindern, erfüllt hat,
indem er Jesus auferweckte; wie denn
im zweiten Psalm geschrieben steht
(Psalm 2,7): »Du bist mein Sohn, heute
34 habe ich dich gezeugt.« Er hat ihn aber
von den Toten auferweckt, damit er
nicht verwesen sollte. Dies hat er so
ausgesprochen (Jesaja 55,3): »Ich will
euch die Gnaden, die ich David ver-
heißen habe, treu bewahren.« Darum 35
sagt er auch an einer andern Stelle
(Psalm 16,10): [t]»Du wirst nicht zuge-
ben, daß dein Heiliger die Verwesung
sieht.« Denn nachdem David zu seiner 36
Zeit dem Willen Gottes gedient hatte,
ist er entschlafen und zu seinen Vätern
versammelt worden und hat die Verwe-
sung gesehen. Der aber, den Gott auf- 37
erweckt hat, der hat die Verwesung
nicht gesehen. So sollt ihr nun wissen, 38
liebe Brüder, daß euch durch ihn Ver-
gebung der Sünden verkündigt wird;
und trotz all dem, wovon ihr durch das
Gesetz des Mose nicht freigesprochen
werden konntet,[u] ist der [v]gerechtfer- 39
tigt, der an ihn glaubt. Seht nun zu, daß 40
nicht das über euch kommt, was in den
Propheten gesagt worden ist (Habakuk
1,5): »Seht, ihr Verächter, wundert 41
euch und geht zugrunde! Denn ich tue
ein Werk zu euren Zeiten, das ihr nicht
glauben werdet, wenn es euch jemand
erzählt.«

Als sie aber aus der Synagoge hinaus- 42
gingen, baten die Leute sie, am näch-
sten Sabbat noch einmal darüber zu
sprechen. Und als die Gemeinde aus- 43
einanderging, folgten viele Juden und
gottesfürchtige Leute, die zum Juden-
tum übergetreten waren, dem Paulus
und Barnabas. Diese sprachen mit ih-
nen und ermahnten sie, daß sie in der
Gnade Gottes bleiben sollten.

Am folgenden Sabbat kam fast die 44
ganze Stadt zusammen, um das Wort
Gottes zu hören. Als aber die Juden die 45
Menschenmenge sahen, wurden sie
neidisch und widersprachen dem, was
Paulus sagte, unter Schmähungen.
Paulus und Barnabas aber sprachen frei 46
und offen: [w]Euch mußte das Wort
Gottes zuerst gesagt werden; da ihr es
aber von euch stoßt und euch selbst
nicht für würdig haltet, das ewige Le-
ben zu empfangen, siehe, so wenden
wir uns nun zu den Heiden. Denn so 47
hat uns der Herr geboten (Jesaja 49,6):
»Ich habe dich zum Licht der Heiden
gemacht, damit du das Heil seist bis an
die Enden der Erde.«

Als das die Heiden hörten, wurden 48
sie froh und priesen das Wort des
Herrn, und alle kamen zum Glauben,
[x]die zum ewigen Leben bestimmt wa-
ren. Und das Wort des Herrn breitete 49
sich in der ganzen Gegend aus. Aber 50
die Juden wiegelten die vornehmen
Frauen auf, die sich zum Judentum
hielten, und auch die angesehensten

Männer der Stadt und zettelten eine
Verfolgung gegen Paulus und Barnabas
an und vertrieben sie aus ihrem Gebiet.
51 Da [y]schüttelten sie den Staub von
ihren Füßen als Anklage gegen sie und
52 kamen nach Ikonion. Die Jünger aber
wurden mit Freude und heiligem Geist
erfüllt.

a Kap 15,38 *b* Kap 15,21 *c* 2.Mose 12,37.40.41; 14,8 *d* Ps 106,13-33 *e* 5.Mose 7,1 *f* Jos 14,2 *g* Ri 2,16 *h* 1.Sam 3,20 *i* 1.Sam 8,5 *j* 1.Sam 10,21-24 *k* Jes 11,1 *l* Lk 3,3 *m* Joh 1,20 *n* Mk 1,7; Lk 3,16; Joh 1,27 *o* Joh 16,3 *p* Mt 27,22.23 *q* Mt 27,59.60 *r* Kap 3,15 *s* Kap 1,3 *t* Kap 2,27 *u* Röm 8,3.4 *v* Röm 10,4 *w* Kap 3,25.26; Mt 10,5.6 *x* Röm 8,29.30 *y* Kap 18,6; Mt 10,14

In Ikonion

14 Auch in Ikonion gingen sie wieder in
die Synagoge der Juden und predigten
so, daß eine große Menge Juden und
2 Griechen zum Glauben kam. Die Ju-
den aber, die nicht glauben wollten,
stifteten Unruhe und wiegelten die
3 Heiden gegen die Brüder auf. Dennoch
blieben sie eine lange Zeit dort und
lehrten frei und offen im Vertrauen auf
den Herrn, der das Wort seiner Gnade
bezeugte und [a]durch ihre Hände Zei-
4 chen und Wunder geschehen ließ. Die
Menge in der Stadt aber spaltete sich;
die einen hielten zu den Juden, die an-
5 dern zu den Aposteln. Als aber die Hei-
den und die Juden samt ihren Oberen
beabsichtigten, sie zu mißhandeln und
6 zu steinigen,[b] merkten sie das und flo-
hen nach Lykaonien in die Städte Ly-
stra und Derbe und deren Umgebung
7 und predigten dort das Evangelium.

a Kap 19,11; Hebr 2,4 *b* 2.Tim 3,11

In Lystra

8 Es war ein Mann in Lystra, der hatte
schwache Füße und konnte nur sitzen;
er war gelähmt von Mutterleib an und
9 hatte noch nie gehen können. Der hörte
Paulus reden. Und als dieser ihn ansah
und merkte, daß [a]er glaubte, ihm könn-
10 te geholfen werden, sagte er mit lauter
Stimme: Stell dich richtig auf deine
Füße! Und er sprang auf und ging um-
11 her. Als aber das Volk sah, was Paulus
getan hatte, erhoben sie ihre Stimme
und riefen auf lykaonisch: [b]Die Götter
sind den Menschen gleich geworden
12 und zu uns herabgekommen. Und sie
nannten Barnabas Zeus und Paulus
13 Hermes, weil er das Wort führte. Und
der Priester des Zeus aus dem Tempel
vor ihrer Stadt brachte Stiere und
Kränze vor das Tor und wollte mit dem
Volk opfern. Als das die Apostel Barna- 14
bas und Paulus hörten, zerrissen sie
ihre Kleider, sprangen unter das Volk
und riefen: Ihr Männer, was macht ihr 15
da? [c]Auch wir sind sterbliche Men-
schen wie ihr und predigen euch das
Evangelium, damit ihr euch von diesen
falschen Göttern bekehren sollt zu dem
lebendigen Gott, der Himmel und Erde
und das Meer und alles, was darin ist,
geschaffen hat. Zwar hat er in den ver- 16
gangenen Zeiten alle Heiden ihre eige-
nen Wege gehen lassen;[d] und doch hat 17
er sich selbst nicht unbezeugt gelassen,
hat viel Gutes getan und euch vom
Himmel Regen und fruchtbare Zeiten
gegeben, hat euch ernährt und eure
Herzen mit Freude erfüllt. – Und ob- 18
wohl sie das sagten, konnten sie kaum
das Volk davon abbringen, ihnen zu
opfern.
Es kamen aber von Antiochia und 19
Ikonion Juden dorthin, überredeten
das Volk, [e]steinigten Paulus und
schleiften ihn zur Stadt hinaus, weil sie
meinten, er wäre gestorben. Als ihn 20
aber die Jünger umringten, stand er auf
und ging in die Stadt.

a Mt 9,28 *b* Kap 28,6 *c* Kap 10,26 *d* Kap 17,30 *e* 2.Kor 11,25; 2.Tim 3,11

Die Rückkehr nach Antiochia in Syrien

Am nächsten Tag zog er mit Barnabas
weiter nach Derbe; und sie predigten 21
dieser Stadt das Evangelium und
machten viele zu Jüngern. Dann kehr-
ten sie nach Lystra und Ikonion und
Antiochia zurück, stärkten die Jünger 22
und ermahnten sie, im Glauben zu blei-
ben, und sagten: *Wir müssen durch viele*
[a]*Bedrängnisse in das Reich Gottes einge-*
hen. Und sie setzten in jeder Gemeinde 23
Älteste ein, [b]beteten und fasteten und
befahlen sie dem Herrn, an den sie
gläubig geworden waren. Und sie zo- 24
gen durch Pisidien und kamen nach
Pamphylien und predigten in Perge 25
und zogen hinab nach Attalia.
Und von da fuhren sie mit dem 26
Schiff nach Antiochia, [c]wo man sie der
Gnade Gottes befohlen hatte zu dem
Werk, das sie nun vollbracht hatten.
Als sie dort angekommen waren, ver- 27
sammelten sie die Gemeinde und be-
richteten, wieviel Gott durch sie getan
und wie er den Heiden [d]die Tür des
Glaubens geöffnet hätte. Sie blieben 28
aber längere Zeit dort bei den Jüngern.

a Röm 5,3-5; 1.Thess 3,3 *b* Kap 6,6
c Kap 13,1.2 *d* 1.Kor 16,9

Die Apostelversammlung in Jerusalem

15 Da kamen einige Männer von Judäa
herab und lehrten die Brüder: Wenn
ihr euch nicht nach der Ordnung des
Mose beschneiden laßt, könnt ihr nicht
2 gerettet werden.[a] Als es nun zu einer
Auseinandersetzung kam und Paulus
und Barnabas einen heftigen Streit mit
ihnen hatten, beschloß man, [b]daß Paulus
und Barnabas und einige andre von
ihnen wegen dieser Streitfrage zu den
Aposteln und Ältesten nach Jerusalem
3 hinaufziehen sollten. Und sie wurden
von der Gemeinde geleitet und zogen
durch Phönizien und Samarien, erzählten
von der Bekehrung der Heiden und
machten damit allen Brüdern große
4 Freude. Als sie nach Jerusalem kamen,
wurden sie von der Gemeinde, den
Aposteln und den Ältesten empfangen.
Und sie berichteten, wieviel Gott
5 durch sie getan hatte. Da traten einige
von der Partei der Pharisäer auf, die
gläubig geworden waren, und sagten:
Man muß sie beschneiden und von
ihnen verlangen, das Gesetz des Mose
6 zu halten. Da kamen die Apostel und
die Ältesten zusammen, um über diese
Sache zu beraten.

7 Als man sich aber lange gestritten
hatte, stand Petrus auf und sprach zu
ihnen: Ihr Männer, liebe Brüder, wie
ihr wißt, hat Gott schon vor langer Zeit
unter euch bestimmt, daß [c]durch meinen
Mund die Heiden das Wort des
Evangeliums hören und glauben sollen.
8 Und Gott, der die Herzen kennt, hat
für sie Zeugnis abgelegt und ihnen den
9 heiligen Geist gegeben wie uns und keinen
Unterschied zwischen uns und
ihnen gemacht, nachdem er ihre Herzen
durch den Glauben gereinigt hatte.
10 Warum versucht ihr denn nun Gott dadurch,
daß ihr [d]ein Joch auf den Nakken
der Jünger legt, das weder unsre
11 Väter noch wir tragen konnten? Vielmehr
glauben wir, [e]durch die Gnade
des Herrn Jesus gerettet zu werden,
12 ebenso wie auch sie. Da schwieg die
ganze Menge still und hörte Paulus und
Barnabas zu, wie sie erzählten, welche
Zeichen und Wunder Gott durch sie
unter den Heiden getan hatte.

13 Danach, als sie schwiegen, nahm [f]Jakobus
das Wort: Ihr Männer, liebe
14 Brüder, hört mir zu! Simon hat erzählt,
wie Gott zum ersten Mal die Heiden
gnädig angesehen hat, um aus ihnen ein
Volk für seinen Namen zu gewinnen.
Und damit stimmen die Worte der Pro- 15
pheten überein, wie geschrieben steht
(Amos 9,11.12): »Danach will ich mich 16
wieder zu ihnen wenden und will die
zerfallene Hütte Davids wieder aufbauen,
und ihre Trümmer will ich wieder
aufbauen und will sie aufrichten, damit 17
die Menschen, die übriggeblieben sind,
nach dem Herrn fragen, dazu alle Heiden,
über die mein Name genannt ist,
spricht der Herr, der tut, was von alters 18
her bekannt ist.« Darum halte ich es für 19
richtig, daß man die Heiden, die sich zu
Gott bekehren, nicht belastet, sondern 20
ihnen nur vorschreibt, sich [g]von Befleckungen
durch Götzendienst, [h]von
Unzucht und vom Genuß von Ersticktem
und [i]Blut zu enthalten. Denn 21
Mose wird in allen Städten von alters
her gepredigt und [j]wird an allen Sabbattagen
in den Synagogen vorgelesen.

a Gal 5,2 *b* Gal 2,1 *c* Kap 10,44; 11,15
d Mt 23,4; Gal 5,1 *e* Gal 2,16; Eph 2,4-10
f Kap 21,18; Gal 2,9 *g* 3.Mose 19,4
h 3.Mose 19,29 *i* 3.Mose 3,17 *j* Kap 13,15

Die Beschlüsse der Apostelversammlung

Und die Apostel und Ältesten be- 22
schlossen samt der ganzen Gemeinde,
aus ihrer Mitte Männer auszuwählen
und mit Paulus und Barnabas nach Antiochia
zu senden, nämlich Judas mit
dem Beinamen Barsabbas und Silas,
zwei angesehene Männer unter den
Brüdern. Und sie gaben ihnen folgen- 23
des Schreiben mit:

Wir, die Apostel und Ältesten, eure
Brüder, grüßen die Brüder aus den
Heiden, die in Antiochia und Syrien
und Zilizien wohnen. Wir haben ge- 24
hört, daß einige aus unsrer Mitte euch
ohne Auftrag durch ihre Lehren beunruhigt
und verwirrt haben. Darum ha- 25
ben wir einmütig beschlossen, Männer
auszuwählen und mit unsern lieben
Brüdern Barnabas und Paulus zu euch
zu senden, Männer, die ihr Leben ein- 26
gesetzt haben für den Namen unsres
Herrn Jesus Christus. So haben wir Ju- 27
das und Silas gesandt, die euch mündlich
dasselbe mitteilen werden. Denn 28
der heilige Geist und wir haben beschlossen,
euch weiter keine Last aufzuerlegen
als nur diese notwendigen
Dinge: enthaltet euch vom Götzen- 29
opferfleisch, vom Genuß von Blut und
Ersticktem und von Unzucht. Wenn

ihr euch davor bewahrt, tut ihr recht.
Lebt wohl!

Die Benachrichtigung der Gemeinde in Antiochia

30 So verabschiedete man sie, und sie ka-
men nach Antiochia, versammelten die
ganze Gemeinde und übergaben den
31 Brief. Als die Gemeinde ihn las, freute
32 sie sich über den Zuspruch. Judas und
Silas, die selbst [a] Propheten waren, er-
mahnten und stärkten die Brüder mit
33 manchem Wort. Als sie sich eine Zeit-
lang dort aufgehalten hatten, ließen die
Brüder sie mit Frieden zu denen zu-
rückkehren, die sie gesandt hatten.*
35 Paulus und Barnabas aber blieben in
Antiochia, lehrten und predigten mit
vielen andern das Wort des Herrn.

a Kap 11,27; 13,1
*Vers 33: Vers 34 gehört nicht zum ursprünglichen Text der Apostelgeschichte. Er lautet in der späteren Überlieferung: »Silas aber beschloß, dort zu bleiben.«

Der Beginn der zweiten Missionsreise

36 Nach einigen Tagen sagte Paulus zu
Barnabas: Laß uns wieder aufbrechen
und in allen Städten, in denen wir das
Wort des Herrn verkündigt haben,
nach unsern Brüdern sehen, wie es um
37 sie steht. Barnabas aber wollte, daß sie
auch [a] Johannes mit dem Beinamen
38 Markus mitnehmen sollten. Doch Pau-
lus hielt es nicht für richtig, jemand
mitzunehmen, der sie [b] in Pamphylien
im Stich gelassen hatte und nicht mit
39 ihnen ans Werk gegangen war. Da ge-
rieten sie scharf aneinander, so daß sie
sich trennten. Barnabas nahm Markus
40 mit sich und fuhr nach Zypern. Paulus
aber wählte Silas zum Begleiter und zog
fort, von den Brüdern der Gnade Got-
41 tes befohlen. Er durchzog Syrien und
Zilizien und stärkte die Gemeinden.

a Kap 12,12.25 *b* Kap 13,13

Paulus bei den Gemeinden in Kleinasien

16 Er kam auch nach Derbe und Lystra;
und siehe, dort lebte ein Jünger mit Na-
men [a] Timotheus, der Sohn [b] einer jüdi-
schen Frau, die zum Glauben gekom-
men war, und eines griechischen Va-
2 ters. Der hatte einen guten Ruf bei den
3 Brüdern in Lystra und Ikonion. Diesen
wollte Paulus als Begleiter mitnehmen
und [c] beschnitt ihn wegen der Juden,
die in jener Gegend lebten; denn sie
wußten alle, daß sein Vater Grieche
war. Als sie aber durch die Städte zo- 4
gen, übergaben sie ihnen [d] die Be-
schlüsse, die von den Aposteln und Äl-
testen in Jerusalem gefaßt worden wa-
ren, damit sie sich daran halten sollten.
Da wurden die Gemeinden im Glauben 5
gestärkt und nahmen an Zahl täglich
zu.

Sie zogen aber [e] durch Phrygien und 6
das Land Galatien, da sie vom heiligen
Geist gehindert wurden, das Wort in
der Provinz Asien zu predigen. Als sie 7
aber bis an die Grenze Mysiens gekom-
men waren, versuchten sie, nach Bithy-
nien zu reisen; doch der Geist Jesu ließ
auch dies nicht zu. Da durchzogen sie 8
Mysien und kamen hinab nach Troas.

a Kap 17,14; 19,22; 20,4; Phil 2,19-22; 1.Thess 3,2.6 *b* 2.Tim 1,5 *c* Gal 2,3 *d* Kap 15,23-29 *e* Kap 18,23

Der Ruf nach Mazedonien

Und Paulus hatte eine Erscheinung bei 9
Nacht: ein Mann aus Mazedonien
stand da und bat ihn: Komm herüber
nach Mazedonien und hilf uns! Als er 10
aber die Erscheinung gesehen hatte,
suchten wir sogleich nach Mazedonien
zu reisen, in der Gewißheit, daß uns
Gott dahin berufen hatte, um ihnen das
Evangelium zu predigen.

In Philippi

Da fuhren wir von Troas ab und kamen 11
geradewegs nach Samothrake, am
nächsten Tag nach Neapolis und von 12
da nach Philippi, der Hauptstadt des
ersten Bezirks von Mazedonien, einer
römischen Kolonie. Wir blieben aber
einige Tage in dieser Stadt. Am Sab- 13
battag gingen wir vor die Stadt hinaus
an den Fluß, wo wir eine Gebetsstätte
vermuteten, und wir setzten uns und
sprachen mit den Frauen, die dort zu-
sammengekommen waren.

Die Bekehrung der Lydia

Und eine gottesfürchtige Frau mit Na- 14
men Lydia, eine Purpurhändlerin aus
der Stadt Thyatira, hörte zu; dieser öff-
nete der Herr das Herz, so daß sie dar-
auf achtgab, was Paulus redete. Als sie 15
aber mit ihrem Hause getauft worden
war, bat sie uns: Wenn ihr der Über-
zeugung seid, daß ich an den Herrn
glaube, so kommt in mein Haus und
bleibt da. Und sie nötigte uns.

Die Magd mit dem Wahrsagegeist

16 Als wir wieder einmal zur Gebetsstätte
gingen, begegnete uns eine Magd, die
einen Wahrsagegeist hatte und ihren
Herren mit ihrem Wahrsagen viel Ge-
17 winn einbrachte. Die folgte Paulus und
uns überall hin und rief: Diese Men-
schen sind Knechte des allerhöchsten
Gottes, die euch den Weg des Heils
18 verkündigen.[a] Das tat sie viele Tage.
Paulus war darüber zuletzt so aufge-
bracht, daß er sich umwandte und zu
dem Geist sprach: Ich gebiete dir im
Namen Jesu Christi, daß du von ihr
ausfährst. [b]Und er fuhr zur selben
19 Stunde von ihr aus. Als aber ihre Her-
ren sahen, daß damit ihre Hoffnung auf
Gewinn entschwunden war, ergriffen
sie Paulus und Silas, schleppten sie auf
20 den Markt vor die Stadtoberen, [c]führ-
ten sie den Stadtrichtern vor und sag-
ten: Diese Menschen bringen unsre
21 Stadt in Aufruhr; sie sind Juden und
wollen solche Sitten einführen, die wir
weder annehmen noch befolgen dür-
22 fen, weil wir Römer sind. Auch das
Volk wandte sich gegen sie; und die
Stadtrichter ließen ihnen die Kleider
herunterreißen und befahlen, sie mit
[d]Stöcken zu schlagen.

a Mk 1,24.34 *b* Mk 16,17 *c* Kap 17,6
d 2.Kor 11,25; Phil 1,30; 1.Thess 2,2

Paulus und Silas im Gefängnis

23 Nachdem man sie hart geschlagen hat-
te, warf man sie ins Gefängnis und be-
fahl dem Aufseher, sie sicher zu ver-
24 wahren. Als er diesen Befehl empfan-
gen hatte, warf er sie in das innerste
Gefängnis und legte ihre Füße in den
Block.
25 Um Mitternacht beteten Paulus und
Silas und lobten Gott. Und die Gefan-
26 genen hörten ihnen zu. Plötzlich aber
entstand ein großes Erdbeben, so daß
die Grundmauern des Gefängnisses
wankten. Und sogleich öffneten sich
alle Türen, und alle Fesseln fielen ab.
27 Als aber der Aufseher aus dem Schlaf
auffuhr und die Türen des Gefängnis-
ses offenstehen sah, zog er das Schwert
und wollte sich töten; denn er meinte,
28 die Gefangenen wären entflohen. Pau-
lus aber rief laut: Tu dir kein Leid an;
29 denn wir sind alle noch hier! Da ver-
langte der Aufseher Licht, stürzte ins
Gefängnis und fiel zitternd Paulus und
30 Silas zu Füßen. Dann führte er sie her-
aus und fragte: Liebe Herren, [a]was
muß ich tun, damit ich gerettet werde?
Sie antworteten: *Glaube an den Herrn* 31
Jesus, so wirst du und dein Haus gerettet
werden! Und sie verkündigten ihm und 32
allen, die in seinem Hause waren, das
Wort des Herrn. Und er nahm sie noch 33
in derselben Nachtstunde zu sich und
wusch ihnen die Striemen. Dann ließ er
sich und alle die Seinen sogleich taufen
und führte sie in sein Haus, deckte 34
ihnen den Tisch und freute sich mit sei-
nem ganzen Hause, daß er zum Glau-
ben an Gott gekommen war. Als es Tag 35
geworden war, sandten die Stadtrichter
die Amtsdiener und ließen sagen: Laß
diese Männer frei! Und der Aufseher 36
teilte Paulus diese Botschaft mit: Die
Stadtrichter haben hergesandt und an-
geordnet, daß ihr frei sein sollt. Nun
kommt heraus und geht hin mit Frie-
den! Paulus aber sagte zu ihnen: Sie 37
haben uns ohne Recht und Urteil öf-
fentlich geschlagen, obwohl wir doch
[b]römische Bürger sind, und in das
Gefängnis geworfen, und nun wollen
sie uns heimlich fortschicken? Nein!
Sie sollen selbst kommen und uns hin-
ausführen! Die Amtsdiener berichte- 38
ten dies den Stadtrichtern. Da fürchte-
ten sie sich, als sie hörten, jene seien rö-
mische Bürger, und kamen und redeten 39
ihnen gut zu, führten sie heraus und ba-
ten sie, die Stadt zu verlassen. Da gin- 40
gen sie aus dem Gefängnis und kamen
zu Lydia. Und als sie die Brüder gese-
hen und ihnen Mut zugesprochen hat-
ten, zogen sie fort.

a Kap 2,37 *b* Kap 22,25

In Thessalonich

Nachdem sie durch Amphipolis und **17**
Apollonia gereist waren, kamen sie
nach [a]Thessalonich; da war eine Syn-
agoge der Juden. Wie Paulus es ge- 2
wohnt war, ging er dorthin und redete
mit ihnen an drei Sabbaten. Von der
Schrift her versuchte er zu erklären und 3
zu zeigen, [b]daß Christus leiden und
von den Toten auferstehen mußte und
daß Jesus, den ich – so sprach er – euch
verkündige, der Christus ist. Einige 4
von ihnen ließen sich überzeugen und
schlossen sich Paulus und [c]Silas an,
auch eine große Zahl von gottesfürchti-
gen Griechen, dazu nicht wenige von
den angesehensten Frauen. Aber die 5
Juden ereiferten sich, holten sich einige
üble Männer aus dem Pöbel, rotteten
sich zusammen und richteten einen
Aufruhr in der Stadt an, zogen vor das

Haus Jasons und versuchten, sie vor
6 das Volk zu führen. Sie fanden sie aber
nicht. Da schleiften sie Jason und
einige Brüder vor die Stadtoberen und
schrien: Diese Leute, [d]die auf dem
ganzen Erdkreis Unruhe erregt haben,
7 sind jetzt auch hierher gekommen; die
beherbergt Jason. Diese alle handeln
gegen die Gebote des Kaisers und sa-
gen, [e]ein anderer sei König, nämlich
8 Jesus. So brachten sie das Volk und die
Stadtoberen, die das hörten, in Verwir-
9 rung. Und erst nachdem ihnen Bürg-
schaft von Jason und den andern gelei-
stet worden war, ließen sie sie frei.

a 1.Thess 2,2 *b* Lk 24,26.27.45.46 *c* 1.Thess 1,1; 2.Thess 1,1 *d* Kap 16,20 *e* Lk 23,2

In Beröa

10 Die Brüder aber schickten noch in der-
selben Nacht Paulus und Silas nach Be-
röa. Als sie dort angekommen waren,
gingen sie in die Synagoge der Juden.
11 Diese aber waren weitherziger als die in
Thessalonich; sie nahmen das Wort be-
reitwillig auf und [a]forschten täglich in
12 der Schrift, ob sich's so verhielte. So
kamen nun viele von ihnen zum Glau-
ben, darunter nicht wenige von den
vornehmen griechischen Frauen und
13 Männern. Als aber die Juden von
Thessalonich erfuhren, daß auch in Be-
röa das Wort Gottes von Paulus ver-
kündigt wurde, kamen sie und erregten
Unruhe und verwirrten auch dort das
14 Volk. Da schickten die Brüder Paulus
sogleich weiter bis an das Meer; Silas
und [b]Timotheus aber blieben zurück.
15 Die Begleiter brachten Paulus bis nach
Athen. Und nachdem sie den Auftrag
empfangen hatten, Silas und Timo-
theus sollten so schnell wie möglich zu
ihm kommen, kehrten sie zurück.

a Joh 5,39 *b* Kap 16,1

In Athen

16 Während Paulus in Athen auf sie war-
tete, wurde er zornig, als er die Stadt
17 voller Götzenbilder sah. Er sprach mit
den Juden und den Gottesfürchtigen in
der Synagoge und täglich auf dem
Markt mit denen, die sich gerade ein-
18 fanden. Einige Philosophen aber, Epi-
kureer und Stoiker, stritten mit ihm.
Und einige von ihnen fragten: Was will
dieser Schwätzer sagen? Andere aber:
Es sieht so aus, als wolle er fremde Göt-
ter verkündigen. Er hatte ihnen näm-
lich [a]das Evangelium von Jesus und
19 von der Auferstehung verkündigt. Sie
nahmen ihn mit und führten ihn auf
den Areopag und sagten: Können wir
erfahren, was das für eine neue Lehre
ist, die du lehrst? Denn du bringst et- 20
was Neues vor unsere Ohren; nun wol-
len wir gerne wissen, was das ist. Alle 21
Athener nämlich, auch die Fremden,
die bei ihnen wohnten, hatten nichts
anderes im Sinn, als etwas Neues zu sa-
gen oder zu hören.

Paulus aber stand mitten auf dem 22
Areopag und sprach: Ihr Männer von
Athen, ich sehe, daß ihr die Götter in
jeder Weise besonders eifrig verehrt.
Ich bin umhergegangen und habe eure 23
Heiligtümer angesehen und fand einen
Altar mit der Aufschrift: Dem unbe-
kannten Gott. Nun verkündige ich
euch diesen Gott, den ihr unwissend
verehrt. Gott, der die Welt geschaffen 24
hat und alles, was darin ist, der Herr des
Himmels und der Erde, [b]wohnt nicht
in Tempeln, die mit Händen gemacht
sind. Auch läßt er sich nicht von Men- 25
schenhänden bedienen, [c]als ob er ir-
gend etwas nötig hätte, während er
doch selber allen Wesen Leben und
Odem und alles gibt. Und er hat ge- 26
macht, daß alle Völker von einem einzi-
gen Menschen abstammen und auf
dem ganzen Erdboden wohnen, und
[d]er hat bestimmt, wie lange sie beste-
hen und in welchen Grenzen sie woh-
nen sollen. Auch sollen sie Gott suchen, 27
ob sie ihn vielleicht fühlen und finden
könnten; und *es ist wahr,* [e]*er ist nicht*
ferne von einem jeden unter uns. Denn in 28
ihm leben, weben und sind wir; wie auch
einige eurer Dichter gesagt haben: Wir
sind von seiner Art. Da wir nun von 29
[f]göttlicher Art sind, sollen wir nicht
meinen, [g]die Gottheit gleiche den gol-
denen, silbernen und steinernen Gebil-
den, die durch menschliche Kunst und
Überlegung entstanden sind. Zwar hat 30
Gott über die [h]Zeit der Unwissenheit
bisher hinweggesehen; nun aber [i]ge-
bietet er allen Menschen überall, Buße
zu tun. Denn er hat einen Tag festge- 31
setzt, an dem er den Erdkreis mit Ge-
rechtigkeit [j]richten will durch den
Mann, den er dazu bestimmt hat. Ihn
hat er für alle Menschen dadurch be-
glaubigt, daß er ihn von den Toten auf-
erweckt hat.

Als sie von der Auferstehung der To- 32
ten hörten, begannen die einen zu spot-
ten; die andern aber sagten: Wir wollen
dich darüber noch einmal hören. So 33
ging Paulus von ihnen weg. Einige 34

Männer schlossen sich ihm an und ka-
men zum Glauben; unter ihnen war
auch Dionysius, ein Mitglied des Rats,
und eine Frau mit Namen Damaris und
andere mit ihnen.

a 1.Kor 4,12 *b* 1.Kön 8,27 *c* Ps 50,9-12
d 5.Mose 32,8 *e* Jes 55,6 *f* 1.Mose 1,27
g Jes 40,18 *h* Kap 14,16 *i* Lk 24,47 *j* Kap 10,42;
Mt 25,31-33

In Korinth

18 Danach verließ Paulus Athen und kam
2 nach Korinth. Dort traf er einen Juden
mit Namen [a]Aquila, der aus Pontus
stammte und mit seiner Frau Priszilla
kürzlich aus Italien gekommen war,
weil Kaiser Klaudius allen Juden gebo-
ten hatte, Rom zu verlassen. Zu denen
3 ging Paulus. Und weil er das gleiche
Handwerk hatte, blieb er bei ihnen und
[b]arbeitete mit ihnen. Sie waren Zelt-
4 macher von Beruf. Und er lehrte in der
Synagoge an allen Sabbaten und suchte
Juden und Griechen zu überzeugen.
5 Als aber [c]Silas und Timotheus aus Ma-
zedonien kamen, widmete sich Paulus
ganz der Verkündigung des Wortes
und bezeugte den Juden, daß Jesus der
6 Christus ist. Als sie sich aber widersetz-
ten und schmähten, [d]schüttelte er die
Kleider aus und sagte zu ihnen: Euer
Blut komme über euer Haupt; [e]ich bin
ohne Schuld und gehe von nun an zu
7 den Heiden. Und er verließ sie und kam
in das Haus eines Mannes mit Namen
Titius Justus, eines Gottesfürchtigen;
dessen Haus lag neben der Synagoge.
8 [f]Krispus aber, der Vorsteher der Syn-
agoge, kam mit seinem ganzen Hause
zum Glauben an den Herrn; und auch
viele Korinther, die zuhörten, kamen
zum Glauben und ließen sich taufen.
9 [g]Es sprach aber der Herr durch eine
Erscheinung in der Nacht zu Paulus:
[h]*Fürchte dich nicht, sondern rede, und*
10 *schweige nicht! denn ich bin mit dir, und*
niemand soll sich unterstehen, dir etwas
Böses anzutun; denn [i]ich habe ein großes
11 *Volk in dieser Stadt.* Er blieb dort ein
Jahr und sechs Monate und lehrte un-
ter ihnen das Wort Gottes.
12 Als aber Gallio Statthalter in Achaja
war, empörten sich die Juden einmütig
gegen Paulus und führten ihn vor den
13 Richterstuhl und sagten: Dieser
Mensch verführt die Leute, Gott an-
ders zu dienen, als das Gesetz es for-
14 dert. [j]Als aber Paulus etwas sagen woll-
te, sprach Gallio zu den Juden: Wenn
es um ein Vergehen oder um einen Fre-
vel ginge, ihr Juden, so würde ich euch
anhören, wie es recht ist; weil es sich 15
aber um Streitigkeiten über Lehre,
Personen und euer Gesetz handelt,
müßt ihr schon selber zusehen; ich ge-
denke darüber nicht Richter zu sein.[k]
Und er wies sie von seinem Richter- 16
stuhl. Da ergriffen sie alle Sosthenes, 17
den Vorsteher der Synagoge, und
schlugen vor dem Richterstuhl auf ihn
ein, aber Gallio kümmerte sich nicht
darum.

a Röm 16,3 *b* Kap 20,34; 1.Kor 4,12
c Kap 17,14.15; 2.Kor 1,19 *d* Kap 13,51;
Neh 5,15 *e* Kap 20,26 *f* 1.Kor 1,14 *g* (*9 und 10*)
Jer 1,8 *h* 1.Kor 2,3 *i* Joh 10,16 *j* (*14 und 15*)
Kap 25,18-20 *k* Joh 18,31

Die Rückkehr nach Antiochia

Paulus aber blieb noch eine Zeitlang 18
dort. Danach nahm er Abschied von
den Brüdern und wollte nach Syrien
fahren und mit ihm Priszilla und Aqui-
la. Zuvor [a]hatte er noch in Kenchreä
sein Haupt scheren lassen, denn er hat-
te ein Gelübde getan. Und sie kamen 19
nach Ephesus, und er ließ die beiden
dort zurück. Er selbst ging in die Syn-
agoge und redete mit den Juden. Sie 20
baten ihn aber, längere Zeit bei ihnen
zu bleiben. Doch er willigte nicht ein,
sondern nahm Abschied von ihnen und 21
sagte: [b]Wenn Gott will, werde ich wie-
der zu euch kommen. Und er fuhr weg
von Ephesus und kam nach Cäsarea 22
und [c]ging hinauf nach Jerusalem, be-
grüßte die Gemeinde und zog wieder
hinab nach Antiochia.

a Kap 21,24.26 *b* Jak 4,15 *c* Kap 21,15

Der Beginn der dritten Missionsreise

Nachdem er dort einige Zeit geblieben 23
war, brach er wieder auf und durchzog
nacheinander das galatische Land und
Phrygien und stärkte alle Jünger.

Apollos in Ephesus

Nach Ephesus kam aber ein Jude mit 24
Namen [a]Apollos, der aus Alexandria
stammte, ein redegewandter Mann und
sehr bewandert in der heiligen Schrift.
Dieser war in der Lehre des Herrn 25
unterwiesen worden und redete bren-
nend im Geist und lehrte zutreffend
von Jesus, kannte aber nur [b]die Taufe
des Johannes. Er fing an, frei und offen 26
in der Synagoge zu predigen. Als ihn
Aquila und Priszilla hörten, nahmen sie
ihn zu sich und legten ihm die Lehre
Gottes noch genauer aus. Als er aber 27
nach Achaja reisen wollte, schrieben

die Brüder an die Jünger dort und rede-
ten ihnen zu, ihn aufzunehmen. Und
als er dahingekommen war, half er
durch seine Gnadengabe denen sehr,
28 die gläubig geworden waren. Denn er
widerlegte die Juden gründlich und
[c]bewies öffentlich durch die heilige
Schrift, daß Jesus der Christus ist.

a 1.Kor 3,5.6 *b* Kap 19,3 *c* Kap 9,22; 17,3

Paulus in Ephesus

19 Während Apollos in Korinth war,
durchzog Paulus das Hochland und
kam dann nach Ephesus und fand dort
2 einige Jünger. Zu denen sagte er:
[a]Habt ihr den heiligen Geist empfan-
gen, als ihr zum Glauben gekommen
seid? Sie antworteten ihm: Wir haben
nicht einmal gehört, daß es einen heili-
3 gen Geist gibt. Und er sagte zu ihnen:
Worauf seid ihr dann getauft? Sie ant-
worteten: Auf die Taufe des Johannes.
4 Paulus aber sagte: Johannes hat mit der
Taufe der Buße getauft und dem Volk
gesagt, sie sollten an den glauben, der
nach ihm kommen werde, nämlich an
5 Jesus.[b] Als sie das hörten, ließen sie
sich taufen auf den Namen des Herrn
6 Jesus. Und als Paulus ihnen die Hände
auflegte, kam der heilige Geist auf sie,
und sie redeten in Zungen und weissag-
7 ten.[c] Es waren aber zusammen etwa
zwölf Männer.

8 Er ging dann in die Synagoge und
predigte frei und offen drei Monate
lang, lehrte dort und suchte sie vom
9 Reich Gottes zu überzeugen. Als aber
einige verstockt blieben und nicht glau-
ben wollten und die Lehre vor der
Menge schmähten, trennte er sich von
ihnen und sonderte auch die Jünger ab
und lehrte täglich im Saal des Tyran-
10 nus. Und das geschah zwei Jahre lang,
so daß alle, die in der Provinz Asien
wohnten, das Wort des Herrn hörten,
11 Juden wie Griechen. Und Gott voll-
brachte nicht geringe Taten durch die
12 Hände des Paulus.[d] So brachten sie die
Schweißtücher und andere Tücher, die
er auf seiner Haut getragen hatte, zu
den Kranken, und die Krankheiten wi-
chen von ihnen, und die bösen Geister
fuhren aus.[e]

13 Es [f]versuchten auch einige von den
Juden, die als Geisterbeschwörer um-
herzogen, den Namen des Herrn Jesus
über denen zu nennen, die böse Geister
hatten, und sagten: Ich beschwöre
euch bei dem Jesus, den Paulus predigt.
14 Es waren aber sieben Söhne eines jüdi-
schen Hohenpriesters mit Namen Ske-
vas, die dies taten. Aber der böse Geist 15
antwortete ihnen: Jesus kenne ich
wohl, und von Paulus weiß ich auch;
aber wer seid ihr? Und der Mann, in 16
dem der böse Geist war, stürzte sich auf
sie, überwältigte sie alle und richtete sie
so zu, daß sie nackt und verwundet aus
dem Haus flohen. Das wurde allen be- 17
kannt, die in Ephesus wohnten, Juden
wie Griechen; und Furcht befiel sie
alle, und der Name des Herrn Jesus
wurde hoch gelobt.

Es kamen auch viele von denen, die 18
den Glauben angenommen hatten, und
bekannten offen, was sie getan hatten.
Viele aber, die Zauberei getrieben hat- 19
ten, brachten ihre Bücher zusammen
und verbrannten sie öffentlich und be-
rechneten, was sie wert waren, und ka-
men auf fünfzigtausend Silbergro-
schen. So wuchs das Wort durch die 20
Kraft des Herrn und wurde mächtig.[g]

Nachdem das geschehen war, nahm 21
sich Paulus vor, durch Mazedonien
und Achaja zu ziehen und dann nach
Jerusalem zu reisen, und sagte: Wenn
ich dort gewesen bin, muß ich auch
[h]Rom sehen. Und er sandte zwei seiner 22
Mitarbeiter, Timotheus und [i]Erastus,
nach Mazedonien; er aber blieb noch
eine Weile in der Provinz Asien.

a Kap 2,38 *b* Mt 3,11 *c* Kap 8,17; 10,44.46
d Kap 14,3; 2.Kor 12,12 *e* Kap 5,15 *f* Lk 9,49
g Kap 12,24 *h* Kap 23,11 *i* 2.Tim 4,20

Der Aufruhr des Demetrius

Um diese Zeit kam es zu [a]einem großen 23
Aufruhr wegen der neuen Lehre. Denn 24
ein Goldschmied mit Namen Deme-
trius machte silberne Tempel der Arte-
mis und verschaffte den Handwerkern
nicht geringen Gewinn. Diese und ihre 25
Arbeiter versammelte er und sprach:
Liebe Männer, ihr wißt, daß wir gro-
ßen Gewinn von diesem Gewerbe ha-
ben; und ihr seht und hört, daß nicht 26
nur in Ephesus, sondern auch fast in
der ganzen Provinz Asien dieser Paulus
viele Leute abspenstig macht und sie
überredet, wenn er behauptet: Was mit
Händen gemacht ist, das sind keine
Götter. Aber nicht nur unser Gewerbe 27
droht in Verruf zu geraten, sondern
auch der Tempel der großen Göttin
Artemis wird mißachtet werden, und
sogar ihre göttliche Majestät wird
untergehen, der doch die ganze Provinz
Asien und der Erdkreis Verehrung er-
weist. Als sie das hörten, wurden sie 28

wütend und schrien: Groß ist die Arte-
29 mis der Epheser! Und die ganze Stadt
geriet in Aufruhr; sie stürmten alle zum
Theater und ergriffen [b] Gajus und Ari-
starch aus Mazedonien, die Gefährten
30 des Paulus. Als Paulus aber unter das
Volk gehen wollte, ließen es die Jünger
31 nicht zu. Auch einige angesehene Män-
ner der Provinz Asien, die ihm freund-
lich gesinnt waren, sandten zu ihm und
ermahnten ihn, sich nicht zum Theater
32 zu begeben. Dort schrien die einen
dies, die andern das, denn die Ver-
sammlung war in völliger Verwirrung,
und die meisten wußten nicht, warum
33 sie zusammengekommen waren. Einige
aus der Menge unterrichteten den
Alexander, den die Juden vorschickten.
Alexander aber winkte mit der Hand
und wollte vor dem Volk eine Verteidi-
34 gungsrede halten. Als sie aber merkten,
daß er ein Jude war, schrie alles wie aus
einem Munde fast zwei Stunden lang:
35 Groß ist die Artemis der Epheser! Da-
nach beruhigte der Kanzler das Volk
und sprach: Ihr Männer von Ephesus,
wo gibt es denn einen Menschen, der
nicht weiß, daß die Stadt Ephesus die
Tempelhüterin der großen Artemis
und ihres vom Himmel gefallenen Bil-
36 des ist? Weil das nun unbestritten ist,
sollt ihr euch ruhig verhalten und
37 nichts Unbedachtes tun. Denn ihr habt
diese Männer hergeführt, die weder
Tempelräuber noch Lästerer unserer
38 Göttin sind. Haben aber Demetrius
und seine Berufsgenossen einen An-
spruch an jemanden, so gibt es dafür
Gerichtstage und Statthalter; da sollen
39 sie gegeneinander klagen. Wollt ihr
aber darüber hinaus noch etwas, so
kann man es in einer ordentlichen
40 Volksversammlung erledigen. Denn
wir laufen Gefahr, nach den heutigen
Ereignissen wegen Aufruhr verklagt zu
werden, ohne daß ein Grund vorhan-
den wäre, mit dem wir diesen Aufruhr
entschuldigen könnten. Und als er dies
gesagt hatte, ließ er die Versammlung
auseinandergehen.

a 2.Kor 1,8.9 *b* Kap 20,4

Paulus in Mazedonien und Griechenland

20 Nachdem sich der Aufruhr gelegt hat-
te, rief Paulus die Jünger zu sich und
ermahnte sie, nahm Abschied und
2 brach nach [a] Mazedonien auf. Und als
er diese Landschaft durchzogen und
die Gemeinden mit vielen Worten er-
mahnt hatte, kam er nach Griechenland
und blieb dort drei Monate. Da ihm 3
aber die Juden nachstellten, als er zu
Schiff nach Syrien fahren wollte, be-
schloß er, durch Mazedonien zurück-
zukehren. Es zogen aber mit ihm Sopa- 4
ter aus [b] Beröa, der Sohn des Pyrrhus,
Aristarch und Sekundus aus Thessalo-
nich, [c] Gajus aus Derbe und [d] Timo-
theus, sowie [e] Tychikus und [f] Trophi-
mus aus der Provinz Asien. Diese rei- 5
sten voraus und warteten in Troas auf
uns.

a 2.Kor 2,13 *b* Kap 17,10 *c* Kap 19,29 *d* Kap 16,1 *e* Eph 6,21 *f* Kap 21,29

In Troas

Wir fuhren nach den Tagen der Unge- 6
säuerten Brote mit dem Schiff von
Philippi ab und kamen am fünften Tag
zu ihnen nach Troas und blieben dort
sieben Tage.

[a] Am ersten Tag der Woche aber, als 7
wir versammelt waren, [b] um das Brot zu
brechen, lehrte Paulus, und da er am
nächsten Tag weiterreisen wollte, zog
er die Rede hin bis Mitternacht. Und es 8
waren viele Lampen in dem Oberge-
mach, wo wir versammelt waren. Ein 9
junger Mann mit Namen Eutychus
aber saß in einem Fenster und sank in
einen tiefen Schlaf, weil Paulus so lange
redete; und vom Schlaf überwältigt fiel
er hinunter vom dritten Stockwerk und
wurde tot aufgehoben. Paulus ging hin- 10
ab und [c] warf sich über ihn, umfing ihn
und sagte: Macht keinen Lärm; denn
er lebt. Dann ging er wieder hinauf, 11
brach das Brot und aß und redete noch
viel mit ihnen, bis der Tag anbrach;
dann reiste er ab. Sie brachten aber den 12
jungen Mann lebend herein und wur-
den über die Maßen getröstet.

a Mt 28,1 *b* Kap 2,42.46 *c* 1.Kön 17,21

Die Reise nach Milet

Wir aber gingen voraus zum Schiff und 13
fuhren nach Assos. Dort wollten wir
Paulus an Bord nehmen; denn er hatte
es so befohlen, weil er selbst zu Fuß ge-
hen wollte. Als er uns nun in Assos traf, 14
nahmen wir ihn an Bord und kamen
nach Mitylene. Von dort fuhren wir 15
weiter und kamen am nächsten Tag auf
die Höhe von Chios; am folgenden Tag
fuhren wir nach Samos hinüber und ka-
men am nächsten Tag nach Milet.
Denn Paulus hatte beschlossen, an 16
[a] Ephesus vorüberzufahren, um in der
Provinz Asien keine Zeit zu verlieren;

denn er beeilte sich, um am Pfingsttag
in Jerusalem zu sein, wenn es ihm möglich wäre.

a Kap 18,21

Die Abschiedsrede des Paulus an die Ältesten von Ephesus

17 Aber von Milet sandte er nach Ephesus
und ließ die Ältesten der Gemeinde ru-
18 fen. Als diese zu ihm kamen, sprach er
zu ihnen: Ihr wißt, wie ich mich vom
ersten Tag an, als ich in die Provinz
Asien gekommen bin, die ganze Zeit
19 über bei euch verhalten habe,[a] wie ich
dem Herrn gedient habe in aller De-
mut, mit Tränen und unter Anfechtun-
gen, die ich durch die Nachstellungen
20 der Juden erlitten habe. Ich habe euch
nichts vorenthalten, was nützlich ist,
sondern habe es euch alles verkündigt
und gelehrt, öffentlich und in den Häu-
21 sern, und habe Juden und Griechen die
Umkehr zu Gott und den Glauben an
22 unsern Herrn Jesus bezeugt. Und nun
siehe, als Gefangener des heiligen Gei-
stes [b]reise ich nach Jerusalem, und ich
weiß nicht, was mir dort begegnen
23 wird, nur daß der heilige Geist in allen
Städten mir bezeugt, daß Gefangen-
schaft und Bedrängnisse auf mich war-
24 ten.[c] Aber [d]nach meinem Leben frage
ich nichts, wenn ich nur [e]meinen Lauf
vollende und den Dienst tue, der mir
von dem Herrn Jesus anvertraut wur-
de, nämlich das Evangelium von der
25 Gnade Gottes zu bezeugen. Und nun
siehe, ich weiß, daß ihr mein Angesicht
nicht mehr sehen werdet, ihr alle, zu
denen ich hingekommen bin und das
26 Reich gepredigt habe.[f] Darum bezeuge
ich euch am heutigen Tage, [g]daß ich
nicht schuldig bin, wenn einer von euch
27 verloren geht; denn ich habe es nicht
unterlassen, euch den ganzen Rat-
28 schluß Gottes zu verkündigen. *So [h]gebt
nun acht auf euch selbst und [i]auf die gan-
ze Herde, zu deren Hirten euch der heilige
Geist eingesetzt hat, damit ihr die Ge-
meinde Gottes weidet, die er durch das
Blut seines eigenen Sohnes erworben hat.*
29 Denn das weiß ich, daß nach meinem
Abschied reißende [j]Wölfe zu euch
kommen, die die Herde nicht ver-
30 schonen werden. Auch aus eurer Mitte
werden Männer aufstehen, die Ver-
kehrtes lehren, um die Jünger an sich
31 zu ziehen.[k] Darum seid wachsam und
denkt daran, daß ich drei Jahre lang
Tag und Nacht nicht aufgehört habe,
einen jeden unter Tränen zu ermahnen.
Und nun befehle ich euch Gott und 32
dem Wort seiner Gnade, der die Macht
hat, euch zu erbauen und euch das Erb-
teil zu geben mit allen, die geheiligt
sind. Ich habe weder Silber noch Gold 33
noch Kleidung begehrt. Denn ihr wißt 34
selber, daß diese Hände für meinen
Unterhalt und für den meiner Begleiter
gesorgt haben.[l] Ich habe euch in allem 35
gezeigt, daß man so arbeiten und sich
der Schwachen annehmen muß im Ge-
denken an das Wort des Herrn Jesus,
der selbst gesagt hat: *Geben ist seliger als
Nehmen.*

Und als er das gesagt hatte, [m]kniete 36
er nieder und betete mit ihnen allen.
Alle begannen laut zu weinen, und sie 37
fielen Paulus um den Hals und küßten
ihn; am allermeisten waren sie betrübt 38
darüber, daß er gesagt hatte, sie würden
sein Angesicht nicht mehr sehen. Und
sie geleiteten ihn auf das Schiff.

a Kap 18,19; 19,10 *b* Kap 19,21 *c* Kap 9,16; 21,4.11 *d* Kap 21,13 *e* 2.Tim 4,7 *f* *(26 und 27)* Hes 3,17-19 *g* Kap 18,6 *h* 1.Tim 4,16 *i* 1.Petr 5,2-4 *j* Mt 7,15 *k* 1.Joh 2,18.19 *l* Kap 18,3; 1.Kor 4,12; 1.Thess 2,9 *m* Kap 21,5

Von Milet nach Cäsarea

Als wir uns nun von ihnen losgerissen **21**
hatten und abgefahren waren, kamen
wir geradewegs nach Kos und am fol-
genden Tage nach Rhodos und von da
nach Patara. Und als wir ein Schiff fan- 2
den, das nach Phönizien fuhr, stiegen
wir ein und fuhren ab. Als aber Zypern 3
in Sicht kam, ließen wir es linker Hand
liegen und fuhren nach Syrien und
landeten in Tyrus, denn dort sollte das
Schiff seine Ladung löschen. Nachdem 4
wir die Jünger gefunden hatten, blie-
ben wir sieben Tage dort. Die sagten
Paulus [a]durch den Geist, er sollte nicht
nach Jerusalem hinaufziehen. Als unse- 5
re Zeit dort zu Ende war, machten wir
uns auf und reisten weiter. Und sie ge-
leiteten uns alle mit Frauen und Kin-
dern bis hinaus vor die Stadt, und [b]wir
knieten nieder am Ufer und beteten.
Und als wir voneinander Abschied ge- 6
nommen hatten, stiegen wir ins Schiff;
jene aber wandten sich wieder heim-
wärts. Wir beendeten die Seereise und 7
kamen so von Tyrus nach Ptolemais,
begrüßten die Brüder und blieben
einen Tag bei ihnen.

Am nächsten Tag zogen wir weiter 8
und kamen nach Cäsarea, gingen in das
Haus des [c]Philippus, des Evangelisten,
der einer von den Sieben war, und blie-
ben bei ihm. Der hatte vier unverheira- 9

tete Töchter, die prophetisch begabt
10 waren. Und als wir mehrere Tage dort
waren, kam ein Prophet mit Namen
11 [d]Agabus aus Judäa herab. Und als er zu
uns kam, nahm er den Gürtel des Paulus und band sich die Füße und Hände
und sprach: Das sagt der heilige Geist:
[e]Den Mann, dem dieser Gürtel gehört,
werden die Juden in Jerusalem ebenso
binden und in die Hände der Heiden
12 übergeben. Als wir das hörten, baten
wir und die Leute aus dem Ort ihn,
nicht nach Jerusalem hinaufzuziehen.[f]
13 Paulus aber antwortete: Was soll das,
daß ihr weint und mir das Herz brecht?
Denn [g]ich bin bereit, nicht nur mich
binden zu lassen, sondern auch in Jerusalem für den Namen des Herrn Jesus
14 zu sterben. Da er sich aber nicht überreden ließ, schwiegen wir und sagten:
[h]Der Wille des Herrn geschehe!

a Kap 20,23 *b* Kap 20,36 *c* Kap 6,5; 8,40
d Kap 11,28 *e* Kap 20,23 *f* Mt 16,22
g Kap 20,24 *h* Lk 22,42

Die Ankunft in Jerusalem

15 Nach diesen Tagen machten wir uns
reisefertig und zogen nach Jerusalem
16 hinauf. Es kamen aber auch einige Jünger aus Cäsarea mit uns und führten
uns zu einem alten Jünger mit Namen
Mnason, aus Zypern, bei dem wir blei-
17 ben sollten. Als wir nun nach Jerusalem
kamen, nahmen uns die Brüder mit
Freuden auf.
18 Am nächsten Tag ging Paulus mit
uns zu [a]Jakobus, und es kamen alle Äl-
19 testen dorthin. Und als er sie begrüßt
hatte, erzählte er im einzelnen alles, was
Gott unter den Heiden durch seinen
20 Dienst getan hatte. Als sie das hörten,
lobten sie Gott und sagten zu ihm: Bruder, du siehst, wieviel Tausende von
Juden zum Glauben gekommen sind,
und alle sind [b]Eiferer für das Gesetz.
21 Ihnen ist aber über dich berichtet worden, daß du alle Juden, die unter den
Heiden wohnen, den Abfall von Mose
lehrst und sagst, sie sollten ihre Kinder
nicht beschneiden und auch nicht nach
22 den jüdischen Ordnungen leben.[c] Was
nun? Auf jeden Fall werden sie hören,
23 daß du gekommen bist. So tu nun, was
wir dir raten. Wir haben vier Männer,
die haben [d]ein Gelübde auf sich ge-
24 nommen. Nimm dich ihrer an und weihe dich mit ihnen und trage für sie die
Kosten, daß sie ihr Haupt scheren können; so werden alle erkennen, daß es
nicht so ist, wie man ihnen über dich
berichtet hat, sondern daß du selber
auch nach dem Gesetz lebst und es
hältst. Wegen der gläubig gewordenen 25
Heiden aber haben wir geschrieben
und beschlossen, daß sie sich hüten sollen vor Götzendienst, vor Genuß von
Blut und Ersticktem und vor Unzucht.[e] Da nahm Paulus sich der Män- 26
ner an und weihte sich am nächsten
Tag mit ihnen und ging in den Tempel
und zeigte an, daß die Tage der Reinigung beendet sein sollten, sobald man
für jeden von ihnen das Opfer dargebracht hätte.[f]

a Kap 15,13 *b* Kap 15,1 *c* Kap 16,3
d Kap 18,18 *e* Kap 15,20.29 *f* 4.Mose 6,13-21;
1.Kor 9,20

Die Verhaftung des Paulus

Als aber die sieben Tage zu Ende gin- 27
gen, sahen ihn die Juden aus der Provinz Asien im Tempel und wiegelten
das ganze Volk auf, legten Hand an ihn
und schrien: Ihr Männer von Israel, 28
helft! Dies ist der Mann, der überall
und bei allen gegen unser Volk, [a]gegen
das Gesetz und gegen diese Stätte redet; außerdem [b]hat er auch Griechen
in den Tempel geführt und diese heilige Stätte entweiht. Denn sie hatten 29
[c]Trophimus, den Epheser, mit ihm in
der Stadt gesehen; den, so meinten sie,
hätte Paulus in den Tempel geführt.
Und die ganze Stadt geriet in Aufre- 30
gung, und das Volk lief zusammen. Sie
ergriffen aber Paulus und zogen ihn
zum Tempel hinaus. Und sogleich
wurden die Tore geschlossen.
Als sie ihn aber töten wollten, kam 31
vor den Oberst der römischen Soldaten
die Meldung, daß ganz Jerusalem in
Aufruhr sei. Der nahm sogleich Solda- 32
ten und Hauptleute und lief zu ihnen
hinunter. Sobald sie aber den Oberst
und die Soldaten sahen, hörten sie auf,
Paulus zu schlagen. Als aber der Oberst 33
herangekommen war, nahm er ihn fest
und [d]ließ ihn mit zwei Ketten binden
und fragte, wer er wäre und was er getan hätte. In der Menge riefen die einen 34
dies, die andern das. Da er aber wegen
des Lärms nichts Genaueres erfahren
konnte, ließ er ihn in die Burg abführen. Und als er an die Stufen kam, 35
mußten ihn die Soldaten tragen, weil
die Menge anstürmte; denn es folgten 36
viele Leute und schrien: Weg mit
ihm![e] Als Paulus in die Burg geführt 37
werden sollte, fragte er den Oberst:
Darf ich mit dir sprechen? Er aber sag-

38 te: Kannst du Griechisch? Bist du
denn nicht der Ägypter, der vor einiger
Zeit einen Aufruhr gemacht und vier-
tausend Aufständische in die Wüste
39 hinausgeführt hat? Paulus aber sagte:
Ich bin ein jüdischer Mann aus Tarsus
in Zilizien, Bürger einer namhaften
Stadt. Ich bitte dich, erlaube mir, zu
40 dem Volk zu reden. Als der es ihm er-
laubte, trat Paulus auf die Stufen und
winkte dem Volk mit der Hand. Nach-
dem völlige Stille eingetreten war, re-
dete er zu ihnen auf hebräisch:

a Kap 6,13 *b* Hes 44,7 *c* Kap 20,4; 2.Tim 4,20
d Kap 20,23 *e* Kap 22,22; Lk 23,18

Die Verteidigungsrede des Paulus

22 Ihr Männer, liebe Brüder und Väter,
hört mir zu, wenn ich mich jetzt vor
2 euch verteidige. Als sie aber hörten,
daß er [a]auf hebräisch zu ihnen redete,
wurden sie noch stiller. Und er sprach:
3 [b]Ich bin ein jüdischer Mann, geboren
in Tarsus in Zilizien, aber in dieser
Stadt aufgezogen und zu Füßen [c]Ga-
maliels mit aller Sorgfalt im väterlichen
Gesetz unterwiesen, und ich war ein
Eiferer für Gott, wie ihr es heute alle
4 seid. Ich verfolgte die neue Lehre bis
auf den Tod; ich ließ Männer und
Frauen fesseln und ins Gefängnis wer-
5 fen,[d] wie mir auch der Hohepriester
und alle Ältesten bezeugen. Von ihnen
empfing ich auch Briefe an die Brüder,
reiste nach Damaskus, um auch von
dort die Anhänger der neuen Lehre ge-
fesselt nach Jerusalem zu führen, damit
sie bestraft würden.
6 Als ich aber dorthin zog und in die
Nähe von Damaskus kam, umleuchtete
mich plötzlich um die Mittagszeit ein
7 großes Licht vom Himmel. Und ich fiel
zu Boden und hörte eine Stimme, die
sagte zu mir: Saul, Saul, was verfolgst
8 du mich? Ich antwortete aber: Herr,
wer bist du? Und er sagte zu mir: Ich
bin Jesus von Nazaret, den du ver-
9 folgst. Die Männer, die bei mir waren,
sahen zwar das Licht; aber die Stimme
dessen, der mit mir redete, hörten sie
10 nicht. Ich fragte: Herr, was soll ich
tun? Und der Herr sagte zu mir: Steh
auf und geh nach Damaskus. Dort wird
man dir alles sagen, was du tun sollst.
11 Als ich aber nicht mehr sehen konnte,
weil das Licht zu stark gewesen war,
mußte ich an der Hand geleitet werden
von denen, die bei mir waren; so kam
ich nach Damaskus.
12 Da war ein gottesfürchtiger und ge-
setzestreuer Mann mit Namen Hana-
nias, der einen guten Ruf bei allen Ju-
den hatte, die dort wohnten. Der kam 13
zu mir und trat vor mich hin und sagte
zu mir: Saul, lieber Bruder, du sollst
wieder sehen. Und zur selben Stunde
konnte ich ihn sehen. Er aber sprach: 14
Der Gott unserer Väter hat dich er-
wählt, seinen Willen zu erkennen und
den Gerechten zu sehen und die Stim-
me aus seinem Mund zu hören; denn 15
du wirst für ihn vor allen Menschen
Zeuge sein von dem, was du gesehen
und gehört hast. Und nun, was zögerst 16
du? Steh auf und rufe seinen Namen an
und laß dich taufen und deine Sünden
abwaschen.
Als ich wieder nach Jerusalem kam 17
und im Tempel betete, wurde ich ent-
rückt und sah ihn. Da sagte er zu mir: 18
Eile, verlaß Jerusalem schnell; denn
dein Zeugnis von mir werden sie nicht
annehmen. Und ich sagte: Herr, sie 19
wissen, daß ich die, die an dich glauben,
ins Gefängnis brachte und in den Syn-
agogen auspeitschen ließ. Und als das 20
Blut des Stephanus, deines Zeugen,
vergossen wurde, [e]stand ich auch dabei
und hatte Gefallen daran und bewachte
denen die Kleider, die ihn töteten. Und 21
er sagte zu mir: So geh; denn ich will
dich weit hinaus zu den Heiden sen-
den.[f]
Sie hörten ihm aber zu bis zu diesem 22
Wort; dann erhoben sie ihre Stimme
und riefen: [g]Hinweg mit diesem von
der Erde! Denn er darf nicht mehr le-
ben.

a Kap 21,40 *b (3-21)* Kap 9,1-29; 26,9-20
c Kap 5,34 *d* Kap 8,3 *e* Kap 7,57; 8,1
f Kap 13,2 *g* Kap 21,36

Paulus vor dem römischen Oberst

Als sie aber so schrien und ihre Kleider 23
abwarfen und Staub in die Luft wirbel-
ten, ließ ihn der Oberst in die Burg füh- 24
ren und befahl, daß man ihn geißeln
und verhören sollte, um zu erfahren,
aus welchem Grund sie so gegen ihn
schrien. Als man ihn aber für die Gei- 25
ßelung festband, sagte Paulus zu dem
Hauptmann, der dabeistand: [a]Dürft
ihr denn einen römischen Bürger ohne
Urteil geißeln? Als das der Hauptmann 26
hörte, ging er zu dem Oberst, berichte-
te es ihm und sagte: Was willst du tun?
Dieser Mann ist römischer Bürger. Da 27
kam der Oberst zu ihm und fragte ihn:
Sage mir, bist du römischer Bürger? Er
antwortete: Ja. Da sagte der Oberst: 28

Ich habe dies Bürgerrecht mit viel Geld
erwerben müssen. Paulus aber sagte:
Ich aber bin als römischer Bürger gebo-
29 ren. Da ließen die sogleich von ihm ab,
die ihn verhören sollten. Und der
Oberst fürchtete sich, als er erfuhr, daß
es ein römischer Bürger war, den er
hatte festbinden lassen.
30 Am nächsten Tag wollte er genau er-
fahren, warum Paulus von den Juden
verklagt wurde. Er ließ ihn losbinden
und befahl den Hohenpriestern und
dem ganzen Hohen Rat zusammenzu-
kommen, und er führte Paulus hinab
und stellte ihn vor sie.

a Kap 16,37; 23,27

Paulus vor dem Hohen Rat

23 Paulus aber sah den Hohen Rat an und
sprach: Ihr Männer, liebe Brüder, ich
habe bis auf diesen Tag mein Leben
[a] mit gutem Gewissen vor Gott geführt.
2 Der Hohepriester Hananias aber befahl
denen, die um ihn standen, ihm auf den
3 Mund zu schlagen. Da sagte Paulus zu
ihm: Gott wird dich schlagen, [b] du ge-
tünchte Wand! Sitzt du da, um mich zu
richten nach dem Gesetz, und läßt
4 mich schlagen gegen das Gesetz? Aber
die dabeistanden, sagten: Beschimpfst
5 du den Hohenpriester Gottes? Und
Paulus sagte: Liebe Brüder, ich wußte
nicht, daß er der Hohepriester ist.
Denn es steht geschrieben (2.Mo-
se 22,27): »Dem Obersten deines
6 Volks sollst du nicht fluchen.« Als Pau-
lus erkannte, daß ein Teil Sadduzäer
waren und der andere Teil Pharisäer,
rief er in den Rat hinein: Ihr Männer,
liebe Brüder, [c] ich bin ein Pharisäer und
der Sohn von Pharisäern. Ich werde
wegen der Hoffnung und wegen der
7 Auferstehung der Toten angeklagt. Als
er aber das sagte, entstand ein Streit
zwischen Pharisäern und Sadduzäern,
und die Versammlung spaltete sich.
8 Denn [d] die Sadduzäer sagen, es gebe
keine Auferstehung noch einen Engel
noch einen Geist; die Pharisäer aber
9 lehren das alles. Es gab aber ein großes
Geschrei; und einige Schriftgelehrte
von der Partei der Pharisäer standen
auf, verfochten ihre Meinung und sag-
ten: [e] Wir finden nichts Böses an
diesem Menschen; vielleicht hat doch
ein Geist oder ein Engel mit ihm gere-
10 det. Als aber der Streit heftig wurde,
befürchtete der Oberst, sie könnten
Paulus zerreißen, und ließ Soldaten
hinabgehen und ihn aus ihrer Mitte
herausholen und in die Burg führen. In 11
der folgenden Nacht aber trat der Herr
zu ihm und sprach: Sei getrost! denn
wie du in Jerusalem für mich Zeuge
warst, so mußt du auch [f] in Rom Zeuge
sein.

a Kap 24,16 *b* Mt 23,27 *c* Kap 22,3; 26,5; Gal 1,14 *d* Mt 22,23 *e* Kap 25,25 *f* Kap 1,8; 25,11.12; 27,23.24

Der Mordanschlag gegen Paulus

Als es aber Tag wurde, rotteten sich 12
einige Juden zusammen und verschwo-
ren sich, weder zu essen noch zu trin-
ken, bis sie Paulus getötet hätten. Es 13
waren aber mehr als vierzig, die an
dieser Verschwörung teilnahmen. Die 14
gingen zu den Hohenpriestern und Äl-
testen und sagten: Wir haben uns mit
einem Eid verpflichtet, nichts zu essen,
bis wir Paulus getötet haben. So wirkt 15
nun ihr mit dem Hohen Rat bei dem
Oberst darauf hin, daß er ihn zu euch
herunterführen läßt, so als wolltet ihr
ihn genauer verhören; wir aber sind be-
reit, ihn zu töten, bevor er zu euch
kommt.
Als der Sohn der Schwester des Pau- 16
lus von dem Anschlag hörte, ging er in
die Burg und berichtete Paulus davon.
Paulus aber rief einen von den Haupt- 17
leuten zu sich und sagte: Führe diesen
jungen Mann zu dem Oberst, denn er
hat ihm etwas zu sagen. Der nahm ihn, 18
führte ihn zum Oberst und sagte: Der
Gefangene Paulus hat mich zu sich ru-
fen lassen und mich gebeten, diesen
jungen Mann zu dir zu führen, der dir
etwas zu sagen hat. Da nahm ihn der 19
Oberst bei der Hand, führte ihn beisei-
te und fragte ihn: Was hast du mir zu
sagen? Er aber sagte: Die Juden sind 20
übereingekommen, dich zu bitten, daß
du Paulus morgen vor den Hohen Rat
bringen läßt, so als wollten sie ihn ge-
nauer verhören. Du aber traue ihnen 21
nicht; denn mehr als vierzig Männer
von ihnen lauern ihm auf; die haben
sich verschworen, weder zu essen noch
zu trinken, bis sie ihn getötet hätten;
jetzt sind sie bereit und warten auf dei-
ne Zusage. Da entließ der Oberst den 22
jungen Mann und befahl ihm, niemand
zu sagen, daß er ihm das mitgeteilt hät-
te.

Die Überführung des Paulus nach Cäsarea

Und der Oberst rief zwei Hauptleute zu 23
sich und befahl: Haltet zweihundert

Soldaten bereit, daß sie nach Cäsarea
ziehen, und siebzig Reiter und zwei-
hundert Lanzenträger für die dritte
24 Stunde der Nacht; haltet auch Tiere
bereit, um Paulus draufzusetzen und
wohlbehalten zum Statthalter Felix zu
25 bringen. Und er schrieb einen Brief,
26 der lautete: Klaudius Lysias entbietet
dem hochgeehrten Statthalter Felix
27 seinen Gruß. Diesen Mann hatten die
Juden ergriffen und wollten ihn töten.
Da [a]kam ich mit Soldaten dazu und
holte ihn heraus, [b]weil ich erfuhr, daß
28 er ein römischer Bürger ist. Da ich aber
feststellen wollte, weswegen sie ihn an-
klagten, ließ ich ihn hinunterführen vor
29 ihren Hohen Rat.[c] Da fand ich, daß er
[d]wegen Streitfragen, die ihr Gesetz be-
trafen, beschuldigt wurde, aber keine
Anklage gegen sich hatte, worauf Tod
30 oder Gefängnis steht. Als mir berichtet
wurde, daß einige einen Anschlag auf
diesen Mann planten, schickte ich ihn
sogleich zu dir und [e]wies auch die Klä-
ger an, dir vorzutragen, was sie gegen
ihn hätten.
31 Die Soldaten nahmen Paulus, wie
ihnen befohlen war, und führten ihn in
32 der Nacht nach Antipatris. Am näch-
sten Tag ließen sie die Reiter allein mit
ihm weiterziehen und kehrten wieder
33 in die Burg zurück. Als aber jene nach
Cäsarea kamen, übergaben sie dem
Statthalter den Brief und führten ihm
34 auch Paulus vor. Als der Statthalter den
Brief gelesen hatte, fragte er, aus wel-
chem Land er wäre. Und als er erfuhr,
35 daß er aus [f]Zilizien wäre, sagte er: Ich
will dich verhören, wenn deine Anklä-
ger auch da sind. Und er ließ ihn im Pa-
last des Herodes bewachen.

a Kap 21,33 *b* Kap 22,25 *c* Kap 22,30
d Kap 18,14.15 *e* Kap 24,8 *f* Kap 22,3

Vor dem Statthalter Felix

24 Nach fünf Tagen kam der Hohepriester
Hananias mit einigen Ältesten und dem
Anwalt Tertullus nach Cäsarea, um
beim Statthalter gegen Paulus Anklage
2 zu erheben. Als dieser herbeigerufen
worden war, begann Tertullus, ihn an-
zuklagen, und sprach: Daß wir unter
dir in tiefem Frieden leben und daß
durch deine Fürsorge diesem Volk viele
Wohltaten widerfahren sind, hoch-
3 geehrter Felix, das erkennen wir alle-
zeit und überall mit aller Dankbarkeit
4 an. Um dich nicht zu lange aufzuhal-
ten, bitte ich dich, du wollest uns in dei-
5 ner Güte kurz anhören. Wir haben er-
kannt, daß dieser Mann eine Pestbeule
ist, [a]daß er Aufruhr erregt unter allen
Juden auf dem ganzen Erdkreis und
daß er ein Anführer der Sekte der Na-
zarener ist. Er hat auch versucht, [b]den 6
Tempel zu entweihen. Ihn haben wir
ergriffen.* Wenn du ihn verhörst, 8
kannst du selbst von ihm alles erfahren,
was wir ihm vorwerfen. Auch die Juden 9
pflichteten dem bei und behaupteten,
es verhielte sich so. Als ihm der Statt- 10
halter einen Wink gab, entgegnete Pau-
lus: Weil ich weiß, daß du in diesem
Volk nun viele Jahre Richter bist, will
ich meine Sache unerschrocken vertei-
digen. Du kannst feststellen, daß nicht 11
mehr als zwölf Tage vergangen sind,
[c]seit ich nach Jerusalem hinaufzog, um
anzubeten. Und weder im Tempel 12
noch in den Synagogen noch in der
Stadt hat man mich dabei angetroffen,
wie ich mit jemand gestritten oder
einen Aufruhr im Volk gemacht habe.
Auch können sie dir das nicht bewei- 13
sen, was sie mir vorwerfen. Das beken- 14
ne ich dir aber, daß ich nach der Lehre,
die sie eine Sekte nennen, dem Gott
meiner Väter so diene, daß ich allem
glaube, was im Gesetz und in den Pro-
pheten geschrieben steht. Ich habe die 15
Hoffnung zu Gott, die sie auch selber
teilen, daß es nämlich [d]eine Auferste-
hung der Gerechten wie der Ungerech-
ten geben wird. *Dabei bemühe ich mich,* 16
jederzeit ein [e]unverletztes Gewissen zu
haben vor Gott und den Menschen. Nach 17
mehreren Jahren aber kam ich wieder
nach Jerusalem, um [f]Almosen für mein
Volk zu überbringen und zu opfern.
[g]Während ich mich im Tempel weihte, 18
ohne Lärm und Aufruhr, fanden mich 19
einige Juden aus der Provinz Asien. Die
sollten jetzt hier sein vor dir und mich
anklagen, wenn sie etwas gegen mich
hätten. Oder laß diese hier sagen, was 20
für ein Vergehen sie gefunden haben,
als ich vor dem Hohen Rat stand; es 21
müßte denn dies *eine* Wort sein, das ich
rief, als ich vor ihnen stand: Wegen der
Auferstehung der Toten werde ich von
euch heute angeklagt.[h]

a Kap 17,6 *b* Kap 21,28.29 *c* Kap 21,17
d Dan 12,2; Joh 5,28.29 *e* Kap 23,1
f Röm 15,25.26; Gal 2,10 *g* *(18 und 19)*
Kap 21,27 *h* Kap 23,6

*Vers 6: Die Verse 6b-8a gehören nicht zum ursprünglichen Text der Apostelgeschichte. Sie lauten in der späteren Überlieferung: »Wir wollten ihn nach unserm Gesetz richten. [7]Aber der Oberst Lysias kam dazu und entriß ihn mit aller Gewalt unsern Händen [8]und verwies seine Ankläger an dich.«

Die Verschleppung des Prozesses

22 Da vertagte Felix die Sache; denn er
kannte diese Lehre genau und sagte:
Wenn der Oberst [a]Lysias hierher
kommt, so will ich eure Sache entschei-
23 den. Er befahl aber dem Hauptmann,
Paulus gefangen zu halten, doch in
leichtem Gewahrsam; und keiner von
den Seinen sollte daran gehindert wer-
den, ihn zu versorgen.[b]
24 Nach einigen Tagen aber kam Felix
mit seiner Frau Drusilla, die Jüdin war,
und ließ Paulus kommen und hörte ihn
über den Glauben an Christus Jesus.
25 Als aber Paulus von Gerechtigkeit und
Enthaltsamkeit und von dem zukünfti-
gen Gericht sprach, erschrak Felix und
sagte: Für diesmal kannst du gehen;
wenn ich wieder einmal Zeit habe, wer-
de ich dich rufen lassen.
26 Er hoffte aber dabei, daß ihm von
Paulus Geld gegeben würde; darum
ließ er ihn auch oft kommen und unter-
27 hielt sich mit ihm. Als aber zwei Jahre
um waren, kam Porcius Festus als
Nachfolger des Felix. Felix aber wollte
den Juden eine Gunst erweisen und
ließ Paulus gefangen zurück.

a Kap 23,26 *b* Kap 27,3

Die Verhandlung vor Festus

25 Als nun Festus ins Land gekommen
war, zog er schon nach drei Tagen von
2 Cäsarea nach Jerusalem hinauf. Da [a]er-
hoben die Hohenpriester und die An-
gesehensten der Juden bei ihm Anklage
3 gegen Paulus und drangen in ihn und
baten ihn um die Gunst, daß er Paulus
nach Jerusalem kommen ließe; denn sie
wollten ihm einen Hinterhalt legen, um
4 ihn unterwegs umzubringen.[b] Da ant-
wortete Festus, Paulus bleibe in Cäsa-
rea in Haft; er selber aber würde in
5 Kürze wieder dorthin ziehen. Die nun
unter euch, die den Auftrag haben, sag-
te er, laßt dann mit hinabziehen und
den Mann anklagen, wenn er Unrecht
getan hat.
6 Festus hielt sich bei ihnen nicht
mehr als acht bis zehn Tage auf und zog
dann wieder nach Cäsarea hinab. Und
am nächsten Tag setzte er sich auf den
7 Richterstuhl und ließ Paulus holen. Als
dieser vorgeführt wurde, stellten sich
die Juden, die von Jerusalem herabge-
kommen waren, um ihn herum und
brachten viele und schwere Klagen ge-
gen ihn vor, die sie aber nicht beweisen
8 konnten. Paulus dagegen verteidigte
sich: Ich habe mich weder gegen das
Gesetz der Juden noch gegen den Tem-
pel noch gegen den Kaiser vergangen.

a Kap 24,1 *b* Kap 23,15

Die Berufung an den Kaiser

Festus aber wollte den Juden eine 9
Gunst erweisen und antwortete Pau-
lus: Willst du nach Jerusalem hinauf
und dich dort in dieser Sache von mir
richten lassen? Paulus aber sagte: Ich 10
stehe vor dem Gericht des Kaisers; da
muß ich auch gerichtet werden. Den
Juden habe ich kein Unrecht getan, wie
auch du genau weißt. Wenn ich aber im 11
Unrecht bin und etwas Todeswürdiges
getan habe, so weigere ich mich nicht
zu sterben; ist aber ihre Anklage unbe-
gründet, so darf mich ihnen auch nie-
mand preisgeben. [a]Ich lege Berufung
an den Kaiser ein. Da besprach sich Fe- 12
stus mit seinen Ratgebern und antwor-
tete: Auf den Kaiser hast du dich beru-
fen, vor den Kaiser sollst du kommen.

a Kap 23,11; 28,19

König Agrippa beim Statthalter Festus

Nach einigen Tagen kamen König 13
Agrippa und Berenike nach Cäsarea,
um Festus zu begrüßen. Und als sie 14
mehrere Tage dort waren, legte Festus
dem König die Sache des Paulus vor
und sagte: [a]Da ist ein Mann von Felix
als Gefangener zurückgelassen worden,
gegen den die Hohenpriester und Älte- 15
sten der Juden Anklage erhoben, als ich
in Jerusalem war; sie forderten seine
Verurteilung. Denen antwortete ich: 16
Es ist bei den Römern nicht Brauch,
einen Angeklagten preiszugeben, bevor
er seinen Klägern gegenüberstand und
Gelegenheit hatte, sich gegen die An-
klage zu verteidigen.[b] Als sie aber hier 17
zusammenkamen, duldete ich keinen
Aufschub, sondern hielt am nächsten
Tag Gericht und ließ den Mann vor-
führen. Als seine Ankläger auftraten, 18
brachten sie keine Anklage wegen Ver-
brechen vor, wie ich sie erwartet hatte.
Sie hatten aber Streit mit ihm über 19
einige Fragen ihres Glaubens und über
einen verstorbenen Jesus, von dem
Paulus behauptete, er lebe.[c] Da ich 20
aber von diesen Dingen nichts ver-
stand, fragte ich, ob er nach Jerusalem
reisen und sich dort in dieser Sache
richten lassen wollte. Als aber Paulus 21
sich auf sein Recht berief, bis zur Ent-
scheidung des Kaisers in Haft gehalten

zu werden, befahl ich, ihn gefangen zu
halten, bis ich ihn zum Kaiser senden
22 könnte. Agrippa sagte zu Festus: [d]Ich
möchte den Mann auch gerne hören. Er
aber sagte: Morgen sollst du ihn hören.
23 Am nächsten Tag kamen Agrippa
und Berenike in prunkvollem Aufzug
und gingen in den Gerichtssaal mit den
Obersten und den angesehensten Män-
nern der Stadt. Und als Festus es be-
24 fahl, wurde Paulus gebracht. Und Fe-
stus sagte: König Agrippa und ihr
Männer alle, die ihr mit uns hier seid,
da seht ihr den Mann, dessentwegen
die ganze Menge der Juden in Jerusa-
lem und auch hier in mich drang und
25 [e]schrie, er dürfe nicht länger leben. Als
ich aber erkannte, daß er nichts Todes-
würdiges getan hatte, und als er auch
selber Berufung an den Kaiser einlegte,
beschloß ich, ihn dorthin zu senden.
26 Etwas Sicheres über ihn aber kann ich
meinem Herrn nicht schreiben. Darum
habe ich ihn vor euch bringen lassen,
besonders aber vor dich, König Agrip-
pa, damit ich nach diesem Verhör etwas
27 habe, was ich schreiben kann. Denn es
erscheint mir sinnlos, einen Gefange-
nen zu schicken und keine Beschuldi-
gung gegen ihn anzugeben.

a Kap 24,27 *b* Kap 22,25 *c* Kap 18,15
d Lk 23,8 *e* Kap 22,22

Paulus vor Agrippa und Festus

26 Agrippa sagte zu Paulus: Es ist dir er-
laubt, für dich selbst zu reden. Da
streckte Paulus die Hand aus und ver-
2 teidigte sich: Es ist mir sehr lieb, König
Agrippa, daß ich mich heute wegen al-
ler Beschuldigungen der Juden vor dir
3 verantworten soll, vor allem weil du ja
alle Gebräuche und Streitfragen der
Juden kennst. Darum bitte ich dich,
mich geduldig anzuhören.
4 Nun ist mein Leben von Jugend auf,
wie ich es von Anfang an unter meinem
Volk und in Jerusalem zugebracht
5 habe, allen Juden bekannt, die mich
von früher her kennen, wenn sie es nur
bezeugen wollten. Denn ich habe als
Pharisäer gelebt, [a]nach der allerstreng-
6 sten Richtung unsrer Religion. Und
nun stehe ich hier und werde angeklagt
[b]wegen der Hoffnung auf die Verhei-
ßung, die unsern Vätern von Gott gege-
7 ben worden ist. Auf deren Erfüllung
hoffen auch die zwölf Stämme unsres
Volkes, wenn sie Gott bei Tag und
Nacht beharrlich dienen. Wegen dieser
Hoffnung werde ich, o König, von den
Juden beschuldigt.[c] Warum wird das 8
bei euch für unglaubwürdig gehalten,
[d]daß Gott Tote auferweckt? [e]Zwar 9
meinte auch ich selbst, ich müßte dem
Namen Jesu von Nazaret viel Schaden
zufügen. Das habe ich denn auch in Je- 10
rusalem getan; dort brachte ich viele
Heilige ins Gefängnis, wozu ich Voll-
macht von den Hohenpriestern emp-
fangen hatte. Und wenn sie hingerich-
tet werden sollten, gab ich meine Stim-
me dazu. Und in allen Synagogen 11
zwang ich sie oft durch harte Strafen,
ihren Glauben abzuschwören. In maß-
loser Wut verfolgte ich sie auch bis in
die fremden Städte.
Als ich nun so mit Vollmacht und im 12
Auftrag der Hohenpriester nach Da-
maskus reiste, sah ich mitten am Tage, 13
o König, auf dem Weg ein Licht vom
Himmel, heller als der Glanz der Son-
ne, das mich und meine Begleiter um-
leuchtete. Als wir aber alle zu Boden 14
stürzten, hörte ich, wie eine Stimme zu
mir auf hebräisch sagte: Saul, Saul, was
verfolgst du mich? Es wird dir schwer
fallen, gegen den Stachel auszuschla-
gen. Da fragte ich: Herr, wer bist du? 15
Der Herr antwortete: Ich bin Jesus,
den du verfolgst; steh nun auf und stell 16
dich auf deine Füße. Denn dazu bin ich
dir erschienen, um dich zu meinem
Diener zu machen und zum Zeugen für
das, was du von mir gesehen hast und
was ich dir noch zeigen will. Und ich 17
will dich retten vor deinem Volk und
vor den Heiden, zu denen ich dich sen-
de, um ihnen die Augen zu öffnen, da- 18
mit sie sich von der Finsternis zum
Licht und von der Gewalt des Satans zu
Gott bekehren. So werden sie die Ver-
gebung der Sünden empfangen und
[f]das Erbteil zusammen mit denen, die
durch den Glauben an mich geheiligt
sind.
Daher, König Agrippa, war ich der 19
himmlischen Erscheinung nicht unge-
horsam,[g] sondern verkündigte zuerst 20
den Bewohnern von Damaskus und Je-
rusalem und im ganzen jüdischen Land
und dann auch den Heiden, sie sollten
umkehren, sich zu Gott wenden und
Werke vollbringen, die ihrer Umkehr
würdig sind. Deswegen haben mich die 21
Juden im Tempel ergriffen und ver-
sucht, mich zu töten.[h] Aber bis heute 22
hat mir Gott geholfen, und ich stehe
hier und bin sein Zeuge bei groß und
klein und [i]sage nur das, was schon die
Propheten und Mose vorausgesagt ha-

23 ben: der Christus müsse leiden und
werde [j]als erster, der von den Toten
auferstanden ist, seinem Volk und den
Heiden das Licht verkündigen.
24 Als er aber dies zu seiner Verteidi-
gung vorbrachte, sagte Festus mit lau-
ter Stimme: Paulus, du bist von Sin-
nen! Dein vieles Studieren bringt dich
25 um den Verstand. Paulus antwortete:
Hochgeehrter Festus, ich bin nicht von
Sinnen, sondern was ich rede, ist wahr
26 und vernünftig. Denn der König, zu
dem ich freimütig rede, versteht sich
auf diese Dinge. Ich bin nämlich über-
zeugt, daß ihm nichts davon verborgen
geblieben ist; denn [k]dies ist nicht im
27 Winkel geschehen. Glaubst du, König
Agrippa, den Propheten? Ich weiß, daß
28 du glaubst. Agrippa aber sagte zu Pau-
lus: Es fehlt nicht viel, so wirst du mich
noch dazu überreden, als Christ aufzu-
29 treten. Paulus aber antwortete: Ich
wünschte vor Gott, daß über kurz oder
lang nicht allein du, sondern alle, die
mich heute hören, so würden wie ich,
freilich ohne diese Fesseln.
30 Da stand der König auf und mit ihm
der Statthalter und Berenike und die
31 übrigen Anwesenden. Und als sie hin-
ausgingen, redeten sie miteinander und
sagten: Dieser Mensch hat nichts ge-
tan, was Tod oder Gefängnis verdient
32 hätte. Agrippa aber sagte zu Festes:
Dieser Mensch könnte freigelassen
werden, wenn er nicht [l]Berufung an
den Kaiser eingelegt hätte.

a Kap 23,6; Phil 3,5 *b* Kap 28,20 *c* Kap 24,15
d Kap 23,8 *e (9-20)* Kap 9,1-29; 22,3-21
f Kap 20,32 *g* Gal 1,16 *h* Kap 21,30.31
i Lk 24,44-47 *j* 1.Kor 15,20 *k* Joh 18,20
l Kap 25,11

Paulus auf der Reise nach Rom

27 Als es aber [a]beschlossen war, daß wir
nach Italien fahren sollten, übergaben
sie Paulus und einige andre Gefangene
einem Hauptmann mit Namen Julius
2 von einer kaiserlichen Truppe. Wir be-
stiegen ein Schiff aus Adramyttium,
das die Küstenstädte der Provinz Asien
anlaufen sollte, und fuhren ab; bei uns
war auch [b]Aristarch, ein Mazedonier
3 aus Thessalonich. Am nächsten Tag
kamen wir in Sidon an; und [c]Julius
verhielt sich freundlich gegenüber Pau-
lus und erlaubte ihm, zu seinen Freun-
den zu gehen und sich verpflegen zu
4 lassen. Von dort setzten wir die Reise
fort und segelten im Schutz von Zy-
pern, weil uns die Winde entgegenstan-
5 den. Wir fuhren über das Meer längs
der Küste von Zilizien und Pamphylien
und kamen nach Myra in Lyzien. Dort 6
fand der Hauptmann ein Schiff aus
Alexandria, das nach Italien ging, und
ließ uns darauf übersteigen. Wir kamen 7
aber viele Tage nur langsam vorwärts
und gelangten mit Mühe bis auf die
Höhe von Knidos, weil uns der Wind
nicht weiterkommen ließ; daher segel-
ten wir im Schutz von Kreta bis auf die
Höhe von Salmone und kamen kaum 8
daran vorbei und gelangten an einen
Ort, der Guthafen heißt; nahe bei ihm
lag die Stadt Lasäa.
Da inzwischen viel Zeit vergangen 9
war und die Schiffahrt bereits [d]gefähr-
lich wurde, weil auch die [e]Fastenzeit
schon vorüber war, ermahnte sie Pau-
lus und sagte zu ihnen: Liebe Männer, 10
ich sehe, daß diese Fahrt nur mit Ge-
fahr und großem Schaden vor sich ge-
hen wird, nicht nur für die Ladung und
das Schiff, sondern auch für unser Le-
ben. Aber der Hauptmann glaubte dem 11
Steuermann und dem Schiffsherrn
mehr als dem, was Paulus sagte. Da der 12
Hafen zum Überwintern ungeeignet
war, bestanden die meisten von ihnen
darauf, weiterzufahren und zu versu-
chen, ob sie zum Überwintern bis nach
Phönix kommen könnten, einem Hafen
auf Kreta, der gegen Südwest und
Nordwest offen ist.

a Kap 25,12 *b* Kap 20,4 *c* Kap 24,23; 28,16
d 2.Kor 11,25.26 *e* 3.Mose 16,29

Seesturm und Schiffbruch

Als nun ein leichter Südwind aufkam, 13
meinten sie, ihr Vorhaben ausführen zu
können, lichteten die Anker und fuhren
ganz nahe an der Küste von Kreta ent-
lang. Nicht lange danach aber brach 14
von der Insel her ein Sturmwind los,
den man Eurakylon nennt. Und da das 15
Schiff mitgerissen wurde und nicht
mehr gegen den Wind gedreht werden
konnte, gaben wir auf und ließen uns
treiben. Wir fuhren dann im Schutz 16
einer kleinen Insel, die Kauda heißt,
dahin; da konnten wir nur mit Mühe
das Beiboot in unsre Gewalt bekom-
men. Sie zogen es herauf und um- 17
spannten zum Schutz das Schiff mit
Seilen. Da sie aber fürchteten, in die
Syrte zu geraten, ließen sie den Treib-
anker herunter und trieben so dahin.
Als uns aber der Sturm hart zusetzte, 18
warfen sie am nächsten Tag einen Teil
der Ladung ins Meer. Und am dritten 19
Tag warfen sie mit eigenen Händen das

20 Schiffsgerät über Bord. Da sich viele
Tage lang weder Sonne noch Sterne
zeigten und ein gewaltiger Sturm uns
bedrängte, schwand uns schließlich alle
Hoffnung auf Rettung dahin.
21 Und als man lange nichts gegessen
hatte, trat Paulus mitten unter sie und
sagte: Liebe Männer, man hätte auf
mich hören und nicht von Kreta auf-
brechen sollen; dann wäre uns diese
Gefahr und der Schaden erspart geblie-
22 ben. Doch nun ermahne ich euch, un-
verzagt zu sein; denn keiner von euch
wird umkommen, nur das Schiff geht
23 verloren. Denn diese Nacht trat der
Engel des Gottes, dem ich gehöre und
24 dem ich diene, zu mir und sprach:
Fürchte dich nicht, Paulus, [a]du mußt
vor dem Kaiser erscheinen; und siehe,
Gott hat dir alle geschenkt, die mit dir
25 fahren. Darum, liebe Männer, seid un-
verzagt; denn ich glaube Gott, daß es so
geschehen wird, wie es mir gesagt wor-
26 den ist. Wir werden also auf eine Insel
stoßen.[b]
27 Als aber die vierzehnte Nacht kam,
seit wir im Adria-Meer trieben, vermu-
teten die Schiffsleute um Mitternacht,
28 daß Land in der Nähe sei. Und sie war-
fen das Senkblei aus und maßen zwan-
zig Faden Tiefe; und ein wenig weiter
loteten sie wieder und maßen fünfzehn
29 Faden. Da fürchteten sie, wir würden
auf Klippen geraten, und warfen hinten
vom Schiff vier Anker aus und wünsch-
30 ten, daß es Tag würde. Als aber die
Seeleute vom Schiff zu fliehen versuch-
ten und das Beiboot ins Wasser her-
abließen und vorgaben, sie wollten
auch vorne die Anker herunterlassen,
31 sagte Paulus zu dem Hauptmann und
zu den Soldaten: Wenn diese nicht auf
dem Schiff bleiben, könnt ihr nicht ge-
32 rettet werden. Da hieben die Soldaten
die Taue ab und ließen das Beiboot ins
Meer fallen.
33 Bevor es anfing hell zu werden, er-
mahnte Paulus alle, Nahrung zu sich zu
nehmen, und sagte: Es ist heute vier-
zehn Tage her, daß ihr wartet, ohne ir-
gend etwas zu euch genommen zu ha-
34 ben. Darum ermahne ich euch, etwas
zu essen; denn das dient zu eurer Ret-
tung; [c]es wird keinem von euch ein
35 Haar vom Haupt fallen. Und als er das
gesagt hatte, nahm er ein Brot, [d]dankte
Gott vor ihnen allen und brach's und
36 fing an zu essen. Da bekamen alle wie-
der neuen Mut und nahmen auch Nah-
37 rung zu sich. Wir waren aber alle zu-
sammen zweihundertsechsundsiebzig
Mann auf dem Schiff. Nachdem sie satt 38
geworden waren, warfen sie das Getrei-
de in das Meer und erleichterten so das
Schiff.
Als es Tag wurde, sahen sie Land, 39
das sie nicht kannten; sie bemerkten
aber eine Bucht, die ein flaches Ufer
hatte. Da wollten sie das Schiff auf-
laufen lassen, wenn es möglich wäre.
Und sie hieben die Anker ab und ließen 40
sie im Meer; zugleich banden sie die
Riemen der Steuerruder los, richteten
das Segel nach dem Wind und hielten
auf das Ufer zu. Und als sie auf eine 41
Sandbank gerieten, ließen sie das Schiff
auflaufen, und das Vorderschiff bohrte
sich in den Grund und saß fest, aber das
Hinterschiff brach unter der Gewalt
der Wellen auseinander. Die Soldaten 42
aber hatten vor, die Gefangenen zu tö-
ten, damit niemand fortschwimmen
und entfliehen konnte. Aber der 43
Hauptmann wollte Paulus am Leben
erhalten und hinderte sie an ihrem Vor-
haben und befahl denen, die schwim-
men konnten, als erste ins Meer zu
springen und sich an Land zu retten,
die andern sollten teils auf Brettern, 44
teils auf Wrackteilen folgen. Und so
kam es, [e]daß sie alle das Land erreich-
ten und gerettet wurden.

a Kap 23,11 *b* Kap 28,1 *c* Mt 10,30 *d* Joh 6,11
e Vers 22-25

Auf der Insel Malta

Als wir gerettet waren, erfuhren wir, **28**
daß die Insel Malta hieß. Die Leute 2
aber erwiesen uns ungewöhnliche
Freundlichkeit, zündeten ein Feuer an
und holten uns alle herbei; denn es be-
gann zu regnen und [a]war kalt. Als nun 3
Paulus einen Haufen Reisig zusam-
menraffte und aufs Feuer legte, fuhr
wegen der Hitze eine Schlange heraus
und biß sich an seiner Hand fest. Als 4
aber die Leute das Tier an seiner Hand
hängen sahen, sagten sie zueinander:
Dieser Mensch muß ein Mörder sein,
den die Rachegöttin nicht leben läßt,
obgleich er dem Meer entkommen ist.
Er aber schleuderte das Tier ins Feuer, 5
und es [b]geschah ihm nichts Böses. Sie 6
warteten nun darauf, daß er anschwel-
len oder plötzlich tot umfallen würde.
Als sie aber lange gewartet hatten und
sahen, daß ihm nichts Ungewöhnliches
widerfuhr, änderten sie ihre Meinung
und sagten: [c]Er ist ein Gott.
In dieser Gegend hatte Publius, der 7

erste Mann der Insel, Landgüter; der
nahm uns auf und beherbergte uns drei
8 Tage lang freundlich. Der Vater des
Publius war gerade an Fieber und Ruhr
erkrankt. Zu dem ging Paulus hinein,
betete, legte ihm die Hände auf und
9 machte ihn gesund. Als das geschehen
war, kamen auch die andern Kranken
der Insel herbei und ließen sich gesund
10 machen. Und sie erwiesen uns große
Ehre; und als wir abreisten, gaben sie
uns alles mit, was wir nötig hatten.

a 2.Kor 11,27 *b* Mk 16,18 *c* Kap 14,11

Von Malta nach Rom

11 Nach drei Monaten fuhren wir ab mit
einem Schiff aus Alexandria, das bei
der Insel überwintert hatte und das
12 Zeichen der Zwillinge führte. Und als
wir nach Syrakus kamen, blieben wir
13 drei Tage. Von da fuhren wir die Küste
entlang und kamen nach Rhegion; und
da am nächsten Tag Südwind einsetzte,
kamen wir in zwei Tagen nach Puteoli.
14 Dort fanden wir Brüder und wurden
von ihnen gebeten, sieben Tage zu blei-
15 ben. Und so erreichten wir Rom. Dort
hatten die Brüder von uns gehört und
kamen uns bis zum Forum Appii und
bis Tres Tabernae entgegen. Als Pau-
lus sie sah, dankte er Gott und gewann
16 neue Zuversicht. Als wir in Rom wa-
ren,* [a]wurde dem Paulus erlaubt, sich
eine Wohnung zu nehmen und dort mit
dem Soldaten zusammenzuwohnen,
der ihn bewachen sollte.

a Kap 27,3
*Vers 16: In einer Reihe von Handschriften wird hinzugefügt: »übergab der Hauptmann die Gefangenen dem Oberst; aber es (wurde)«.

Paulus in Rom

17 Nach drei Tagen rief Paulus die Ange-
sehensten der Juden bei sich zusam-
men. Als sie zusammengekommen wa-
ren, sprach er zu ihnen: Ihr Männer,
liebe Brüder, [a]ich habe nichts gegen
unser Volk und die Sitten der Väter ge-
tan und bin doch als Gefangener aus Je-
rusalem in die Hände der Römer über-
18 geben worden. Diese wollten mich frei-
lassen, nachdem sie mich verhört hat-
ten, weil nichts gegen mich vorlag, das
19 den Tod verdient hätte. Da die Juden
aber widersprachen, war ich genötigt,
[b]Berufung an den Kaiser einzulegen.
Ich habe das nicht getan, um etwa eine
Anklage gegen mein Volk vorzubrin-
gen. Aus diesem Grund habe ich darum 20
gebeten, euch sehen und zu euch spre-
chen zu dürfen; denn [c]wegen der Hoff-
nung Israels trage ich diese Kette. Sie 21
aber sagten zu ihm: Wir haben deinet-
wegen weder Briefe aus Judäa empfan-
gen noch ist ein Bruder gekommen, der
über dich etwas Schlechtes berichtet
oder gesagt hätte. Doch wollen wir von 22
dir hören, was du denkst; denn von
dieser [d]Sekte ist uns bekannt, daß ihr
überall [e]widersprochen wird. Und als 23
sie ihm einen Tag bestimmt hatten, ka-
men viele zu ihm in die Herberge. Da
erklärte und bezeugte er ihnen vom frü-
hen Morgen bis zum Abend das Reich
Gottes und suchte sie, vom Gesetz des
Mose und den Propheten ausgehend,
für Jesus zu gewinnen. Die einen ließen 24
sich von dem, was er sagte, überzeu-
gen; die andern aber glaubten nicht.

Sie waren aber untereinander nicht 25
einig und gingen weg, nachdem Paulus
noch das *eine* Wort gesagt hatte: Mit
Recht hat der heilige Geist durch den
Propheten Jesaja zu euren Vätern ge-
sprochen (Jesaja 6,9.10): »Geh hin zu 26
diesem Volk und sprich: Mit den Oh-
ren werdet ihr hören und es nicht ver-
stehen; und mit sehenden Augen wer-
det ihr sehen und es nicht erkennen.
Denn das Herz dieses Volks ist ver- 27
stockt: ihre Ohren hören schlecht, und
ihre Augen halten sie geschlossen, da-
mit sie nicht etwa mit den Augen sehen
und mit den Ohren hören und mit dem
Herzen verstehen und sich bekehren,
so daß ich ihnen helfen müßte.« *So* 28
[f]sollt ihr nun wissen, daß den Heiden dies
Heil Gottes gesandt worden ist; und sie
*werden es hören.**

Paulus aber blieb zwei volle Jahre in 30
seiner eigenen Wohnung und empfing
alle, die zu ihm kamen, predigte das 31
Reich Gottes und lehrte vom Herrn Je-
sus Christus ganz [g]freimütig und unge-
hindert.

a Kap 23,1 *b* Kap 25,11 *c* Kap 26,6.7
d Kap 24,14 *e* Lk 2,34 *f* Kap 13,46 *g* Eph 6,20
*Vers 28: Vers 29 gehört nicht zum ursprünglichen Text der Apostelgeschichte. Er lautet in der späteren Überlieferung: »Und als er das gesagt hatte, gingen die Juden weg und stritten heftig untereinander.«

DER BRIEF DES PAULUS AN DIE RÖMER

Inhaltsübersicht

Paulus der Apostel der Heiden

I Paulus, Knecht Christi Jesu, zum Apo-
stel berufen, [a]ausgesondert, das Evan-
2 gelium Gottes zu predigen, das er im
voraus durch seine Propheten in der
3 heiligen Schrift verheißen hat,[b] näm-
lich das Evangelium von seinem Sohn
Jesus Christus, unserm Herrn, der sei-
ner irdischen Herkunft nach [c]aus dem
4 Geschlecht Davids stammt, der durch
die Kraft des heiligen Geistes [d]einge-
setzt ist als Sohn Gottes in Macht auf-
grund der Auferstehung von den To-
5 ten. Durch ihn haben wir Gnade und
Apostelamt empfangen, um zur Ehre
seines Namens den [e]Gehorsam des
Glaubens aufzurichten [f]unter allen
6 Heiden, zu denen auch ihr gehört, die
ihr von Jesus Christus berufen seid.
7 An alle in Rom, die von Gott geliebt
sind, [g]die berufenen Heiligen:
[h]Gnade sei mit euch und Friede von
Gott, unserm Vater, und dem Herrn
Jesus Christus!

a Apg 9,15; 13,2; Gal 1,15 *b* Kap 16,25.26; Lk 1,70; Tit 1,2 *c* Kap 9,5; 2.Sam 7,12; Mt 22,42 *d* Mt 28,18; Apg 13,33 *e* Kap 15,18 *f* Apg 26,16-18; Gal 2,7.9 *g* 1.Kor 1,2; 2.Kor 1,1.2; Eph 1,1 *h* 4.Mose 6,24-26

Der Wunsch des Paulus, nach Rom zu kommen

8 Zuerst danke ich meinem Gott durch
Jesus Christus für euch alle, [a]weil man
von eurem Glauben in der ganzen Welt
9 spricht. Denn Gott ist mein Zeuge,
dem ich in meinem Geist am Evangeli-
um von seinem Sohn diene, daß ich
10 [b]unablässig an euch denke, immer
wenn ich bete, und daß ich zu ihm fle-
he, ob es mir einmal gelingen möchte,
durch Gottes Willen [c]zu euch zu kom-
11 men. Denn ich sehne mich danach,
euch zu sehen, damit ich euch noch et-
was an [d]geistlicher Gabe mitteilen
kann, um euch zu stärken, das heißt, 12
damit ich mit euch zusammen getröstet
werde [e]durch euren und meinen Glau-
ben, wie wir ihn gemeinsam haben.
Ich will euch aber nicht verschwei- 13
gen, liebe Brüder, daß ich mir oft vor-
genommen habe, zu euch zu kommen –
ich bin aber bisher daran gehindert
worden –, damit ich auch unter euch
Frucht schaffe wie unter den übrigen
Heiden. Denn Griechen und Nicht- 14
griechen, Weisen und Nichtweisen bin
ich verpflichtet; darum, soweit es an 15
mir liegt, bin ich bereit, auch euch in
Rom das Evangelium zu predigen.

a Kap 16,19 *b* Eph 1,16 *c* Kap 15,23.32; Apg 19,21 *d* Kap 15,29 *e* 2.Petr 1.1

Das Evangelium als Kraft Gottes

Denn [a]*ich schäme mich des Evangeliums* 16
nicht; denn es ist die [b]*Kraft Gottes, die*
alle rettet, die daran glauben, die Juden
zuerst und ebenso auch die Griechen.
Denn darin wird die Gerechtigkeit offen- 17
*bart, die vor Gott gilt**, [c]*welche kommt*
aus Glauben in Glauben; wie geschrieben
steht (Habakuk 2,4): »*Der Gerechte wird*
aus Glauben leben.«

a Ps 119,46; 2.Tim 1,8 *b* 1.Kor 1,18.24 *c* Kap 3,21.22; Gal 3,11

*Vers 17: Wörtlich: »Denn die Gerechtigkeit Gottes wird in ihm offenbart aus Glauben zum Glauben.« Für »Gerechtigkeit Gottes« hat Luther folgende Übersetzungsmöglichkeiten in die engere Wahl gezogen: »Gerechtigkeit, die vor ihm gilt, die er macht, wirkt«.

Die Gottlosigkeit der Heiden

Denn Gottes Zorn offenbart sich vom 18
Himmel her über alle Gottlosigkeit und
Ungerechtigkeit der Menschen, die die
Wahrheit durch Ungerechtigkeit nie-

19 derhalten. Denn [a]was man von Gott er-
kennen kann, ist unter ihnen offenbar;
20 Gott hat es ihnen offenbart. Denn Got-
tes unsichtbares Wesen, nämlich seine
ewige Kraft und Gottheit, wird seit der
Schöpfung der Welt [b]an seinen Wer-
ken mit der Vernunft wahrgenommen,
so daß sie keine Entschuldigung haben.
21 Obwohl sie Gott kannten, haben sie ihn
nicht als Gott gepriesen oder ihm ge-
dankt, sondern haben ihre Gedanken
dem Nichtigen zugewandt, und [c]ihr
unverständiges Herz ist verfinstert
22 worden. Während sie sich für weise
hielten, sind sie zu [d]Narren geworden
23 und haben die Herrlichkeit des unver-
gänglichen Gottes ausgetauscht gegen
Bilder von vergänglichen Menschen
und Vögeln und vierfüßigen und krie-
chenden Tieren.[e]
24 Darum hat Gott sie auch in den Be-
gierden ihrer Herzen der Unreinheit
preisgegeben, so daß sie aneinander
25 ihre eigenen Leiber schänden,[f] sie, die
Gottes Wahrheit in Lüge verkehrt und
das Geschöpf verehrt und angebetet
haben statt des Schöpfers, der gelobt ist
in Ewigkeit. Amen.
26 Darum hat sie Gott schändlichen
Leidenschaften preisgegeben; denn
ihre Frauen haben den natürlichen
Verkehr mit dem widernatürlichen ver-
27 tauscht; ebenso haben auch [g]die Män-
ner den natürlichen Verkehr mit der
Frau verlassen und sind in Begierde zu-
einander entbrannt. Männer haben mit
Männern Schande getrieben und den
Lohn ihrer Verirrung, wie es ja sein
mußte, an sich selbst empfangen.
28 Und wie sie es verworfen haben,
Gott zu erkennen, hat sie auch Gott der
Unvernunft preisgegeben, so daß sie
29 tun, was sich nicht gehört: sie sind
voll von jeder Art Ungerechtigkeit,
Schlechtigkeit, Habgier, Bosheit; voll
Neid, Mord, Streit, Arglist, Nieder-
30 tracht; Zuträger, Verleumder, Gottes-
verächter, Frevler, hochmütig, prahle-
risch, erfinderisch im Bösen, den El-
31 tern ungehorsam, unvernünftig, treu-
32 los, lieblos, unbarmherzig. Sie wissen,
daß die, die solche Dinge tun, nach
Gottes Recht den Tod verdienen; aber
sie tun es nicht nur, sondern haben
auch Gefallen an denen, die es tun.

a Apg 14,15-17; 17,24-28 *b* Ps 19,2; Hebr 11,3
c Eph 4,18 *d* 1.Kor 1,20 *e* 2.Mose 20,4;
5.Mose 4,15-19; Ps 106; Jer 2,11 *f* Apg 14,16
g 3.Mose 18,22; 20,13; 1.Kor 6,9

Der Maßstab des göttlichen Gerichts

Darum bist du ohne Entschuldigung, o **2**
Mensch, der du richtest, wer du auch
bist. Denn [a]worin du den andern rich-
test, darin verdammst du dich selbst,
weil du dasselbe tust, was du verur-
teilst. Wir wissen aber, daß Gottes Ur- 2
teil über die, die solche Dinge tun, rich-
tig ist. Denkst du aber, o Mensch, der 3
du die richtest, die solche Dinge tun,
und der du doch dasselbe tust, daß du
dem Urteil Gottes entrinnen wirst?
Oder verachtest du den Reichtum sei- 4
ner Güte, [b]Geduld und Langmut?
Weißt du nicht, daß dich Gottes Güte zur
Umkehr treibt? Mit deinem verstockten 5
und unbußfertigen Herzen sammelst
du dir selbst Zorn an auf den Tag des
Zorns und der Offenbarung des ge-
rechten Gerichtes Gottes, [c]der jedem 6
nach seinen Werken vergelten wird:
ewiges Leben denen, die in aller Ge- 7
duld mit guten Werken nach Herrlich-
keit, Ehre und Unvergänglichkeit stre-
ben; Ungnade und Zorn aber denen, 8
die selbstsüchtig sind und der Wahr-
heit nicht gehorchen, sondern der Un-
gerechtigkeit;[d] Bedrängnis und Angst 9
über alle Menschen, die das Böse tun,
zuerst die Juden und ebenso auch die
Griechen; Herrlichkeit aber und Ehre 10
und Frieden allen denen, die das Gute
tun, zuerst den Juden und ebenso auch
den Griechen.
Denn [e]*vor Gott gilt kein Ansehen der* 11
Person. Alle, die ohne Gesetz gesündigt 12
haben, die werden auch ohne Gesetz
verloren gehen; und alle, die unter dem
Gesetz gesündigt haben, die werden
durchs Gesetz verurteilt werden. Denn 13
vor Gott sind nicht die gerecht, die das
Gesetz *hören*, sondern die werden von
ihm für gerecht erklärt, [f]die das Gesetz
tun. Denn wenn Heiden, die das Gesetz 14
nicht haben, doch [g]von Natur tun, was
das Gesetz fordert, so sind sie, obwohl
sie das Gesetz nicht haben, sich selbst
Gesetz. Sie zeigen damit, daß in ihr 15
Herz geschrieben ist, was das Gesetz
fordert, da ja ihr Gewissen es bezeugt,
dazu auch die Gedanken, die einander
anklagen oder auch entschuldigen.[h]
Das wird offenkundig an dem Tag, [i]an 16
dem Gott das Verborgene im Men-
schen durch Christus Jesus richten
wird, wie es mein Evangelium bezeugt.

a Mt 7,2; Joh 8,7; Jak 4,12 *b* 2.Petr 3,9.15
c Jer 32,19; Mt 16,27; 2.Kor 5,10 *d* 2.Thess 1,8

e 2.Chr 19,7; Apg 10,34; Kol 3,25; 1.Petr 1,17
f 5.Mose 6,25; Mt 7,21; Jak 1,22 *g* Apg 10,35
h Kap 1,32 *i* Lk 8,17

Die Anklage gegen die Juden

17 Du aber nennst dich Jude und verläßt
dich aufs Gesetz und rühmst dich Got-
18 tes und kennst seinen Willen; und weil
du aus dem Gesetz unterrichtet bist,
kannst du beurteilen, worauf es an-
19 kommt. Du traust dir zu, ein Führer
der Blinden zu sein, ein Licht für die in
20 der Finsternis,[a] ein Erzieher der Un-
verständigen, ein Lehrer der Unmün-
digen, weil du über die Gotteserkennt-
nis und Wahrheit verfügst, die im Ge-
21 setz Gestalt gewonnen haben. Du
lehrst nun andere, und lehrst dich sel-
ber nicht? Du predigst, man soll nicht
22 stehlen, und stiehlst selbst?[b] Du sagst,
man soll nicht ehebrechen, und brichst
die Ehe? Du verabscheust die Götzen,
23 und beraubst ihre Tempel? Du rühmst
dich des Gesetzes, und schändest Gott
durch Übertretung des Gesetzes?
24 Denn »euretwegen wird Gottes Name
unter den Heiden gelästert«, wie ge-
schrieben steht (Jesaja 52,5).
25 Die Beschneidung nützt etwas, wenn
du das Gesetz hältst; hältst du aber das
Gesetz nicht, so bist du aus einem Be-
schnittenen schon ein Unbeschnittener
26 geworden. Wenn nun der Unbeschnit-
tene tut, was nach dem Gesetz recht ist,
meinst du nicht, [c]daß er dann vor Gott
27 als Beschnittener gilt? So wird also der,
der aufgrund seiner Herkunft unbe-
schnitten ist und doch das Gesetz er-
füllt, Richter sein über dich, der du das
geschriebene Gesetz und die Beschnei-
dung hast und doch das Gesetz über-
28 trittst. [d]Denn nicht der ist ein Jude, der
es äußerlich ist, auch ist nicht das die
rechte Beschneidung, die äußerlich am
29 Leib geschieht; sondern der ist ein
Jude, der es im Verborgenen ist, und
das ist die [e]rechte Beschneidung, die
am Herzen geschieht durch den Geist
und nicht nach dem Buchstaben des
Gesetzes. Das Lob eines solchen
kommt nicht von Menschen, sondern
von Gott.

a Mt 15,14 *b* Ps 50,16-21; Mt 23,3.4 *c* Gal 5,6
d (28 und 29) Jer 4,4 *e* 5.Mose 30,6; Phil 3,3;
Kol 2,11

Gottes unwandelbare Treue

3 Was haben dann die Juden noch für
einen Vorzug, oder was nützt die Be-
2 schneidung? Viel in jeder Hinsicht!
Zum ersten: ihnen ist anvertraut, was
Gott geredet hat.[a] Daß aber einige 3
nicht treu waren, was liegt daran?
[b]Sollte ihre Untreue Gottes Treue auf-
heben? Keineswegs! Gott bleibt wahr- 4
haftig, und [c]alle Menschen sind Lüg-
ner; wie geschrieben steht (Psalm 51,
6): »Damit du recht behältst in deinen
Worten und siegst, wenn man mit dir
rechtet.« Wenn aber unsre Ungerech- 5
tigkeit Gottes Gerechtigkeit ins Licht
stellt, was sollen wir dann sagen? Ist
Gott nicht ungerecht, wenn er seinen
Zorn walten läßt? – Ich rede nach
menschlicher Weise. – Gewiß nicht! 6
Wie könnte sonst Gott die Welt rich-
ten? Wenn aber die Wahrheit Gottes 7
durch meine Unwahrhaftigkeit um so
herrlicher wird zu seiner Ehre, warum
sollte ich dann noch als ein Sünder ge-
richtet werden? Gilt dann am Ende 8
das, was uns einige in den Mund legen,
um uns zu verleumden: [d]Laßt uns das
Böse tun, damit das Gute kommt? Die
uns das unterstellen, werden zu Recht
verdammt.

a Kap 9,4; 5.Mose 4,7.8; Ps 147,19.20 *b* Kap 9,6;
11,29; 2.Tim 2,13 *c* Ps 116,11 *d* Kap 6,1

Die Schuld der ganzen Menschheit

Was sagen wir denn nun? Haben wir 9
Juden einen Vorzug? Gar keinen.
Denn [a]wir haben soeben bewiesen, daß
Juden wie Griechen unter der Sünde
sind, wie geschrieben steht: [b]»Da ist 10
keiner, der gerecht ist, auch nicht einer.
Da ist keiner, der verständig ist; da ist 11
keiner, der nach Gott fragt. Sie sind alle 12
abgewichen und allesamt verdorben.
Da ist keiner, der Gutes tut, auch nicht
einer (Psalm 14,1-3). Ihr Rachen ist ein 13
offenes Grab; mit ihren Zungen betrü-
gen sie (Psalm 5,10). Otterngift ist un-
ter ihren Lippen (Psalm 140,4); ihr 14
Mund ist voll von Flüchen und bitteren
Worten (Psalm 10,7). Ihre Füße eilen, 15
Blut zu vergießen; auf ihren Wegen ist 16
lauter Schaden und Jammer, und [c]den 17
Weg des Friedens kennen sie nicht (Je-
saja 59,7.8). Es ist keine Gottesfurcht 18
bei ihnen (Psalm 36,2).« Wir wissen 19
aber: was das Gesetz sagt, das sagt es
denen, die unter dem Gesetz sind, da-
mit allen der Mund gestopft wird und
[d]alle Welt vor Gott schuldig dasteht, 20
weil [e]kein Mensch durch die Werke des
Gesetzes vor ihm gerecht sein kann.
Denn [f]durch das Gesetz kommt es zur
Erkenntnis der Sünde.

a Kap 1,18-2,24 *b* Hiob 4,17 *c* Lk 1,79

d Kap 2,12; Gal 3,22 *e* Ps 143,2; Gal 2,16
f Kap 7,7

Die Rechtfertigung allein durch Glauben

21 Nun aber ist unabhängig vom Gesetz
die Gerechtigkeit, die vor Gott gilt*,
offenbart worden, bezeugt durch das
22 Gesetz und die Propheten.[a] Ich rede
aber von der Gerechtigkeit vor Gott,
[b]die aus dem Glauben an Jesus Chri-
stus kommt und allen zuteil wird, die
glauben. *Denn es gibt hier keinen Unter-*
23 *schied: [c]Alle haben gesündigt und [d]die*
Herrlichkeit verloren, die Gott ihnen zu-
24 *gedacht hatte, und werden ohne Verdienst*
gerecht aus seiner Gnade durch die Erlö-
sung, die durch Christus Jesus geschehen
25 *ist.[e]* Den hat Gott für den Glauben als
Sühne hingestellt in seinem Blut zum
Erweis seiner Gerechtigkeit, indem er
26 die Sünden vergibt, die früher, [f]in der
Zeit seiner Geduld, begangen wurden,
um nun in dieser Zeit seine Gerechtig-
keit zu erweisen, daß er selbst gerecht
ist und den gerecht macht, der aus dem
Glauben an Jesus lebt.
27 Wo bleibt nun [g]das Rühmen? Es ist
ausgeschlossen. Durch welches Ge-
setz? Durch das Gesetz der Werke?
Nein, sondern durch das Gesetz des
28 Glaubens. Denn *wir sind überzeugt, daß*
der Mensch gerecht wird ohne die Werke
des Gesetzes, allein durch den Glauben.[h]
29 Oder ist Gott allein der Gott der Ju-
den? Ist er nicht auch der Gott der Hei-
30 den? Ja sicher, auch der Heiden.[i] Denn
es ist der eine Gott, [j]der die Juden ge-
recht macht aus dem Glauben und die
31 Heiden durch den Glauben. Wie? He-
ben wir denn das Gesetz durch den
Glauben auf? Keineswegs! Sondern
[k]wir richten das Gesetz auf.

a Kap 1,17; 4; Apg 10,43 *b* Phil 3,9
c 1.Mose 8,21 *d* Ps 8,6.7 *e* Kap 5,1; 2.Kor 5,19; Eph 2,8 *f* 3.Mose 16,15.16; Hebr 4,16
g 1.Kor 1,29.31 *h* Gal 2,16 *i* Kap 10,12
j Kap 4,11.12 *k* Mt 5,17
*Vers 21: Wörtlich: »Gerechtigkeit Gottes«, siehe Anmerkung zu 1,17.

Abraham der Vater des Glaubens

4 Was sagen wir denn nun von Abraham,
unserm Stammvater? Was hat er er-
2 langt? Wenn Abraham durch Werke
gerecht geworden ist, so kann er sich
zwar rühmen, aber nicht vor Gott.
3 Denn was sagt die Schrift? [a]»Abraham
hat Gott geglaubt, und das ist ihm als
Gerechtigkeit angerechnet worden«
4 (1.Mose 15,6). Dem aber, der Werke
aufzuweisen hat, wird sein Lohn nicht
aus Gnade zugeteilt, sondern nach Ver-
dienst.[b] *Wer dagegen keine Werke auf-* 5
zuweisen hat, aber an den glaubt, der die
Gottlosen gerecht macht, [c]dem wird sein
Glaube als Gerechtigkeit angerechnet.
Wie ja auch David den Menschen se- 6
ligpreist, dem Gott die Gerechtigkeit
zurechnet, ohne auf seine Werke zu se-
hen (Psalm 32,1.2): »Selig sind die, de- 7
nen die Übertretungen vergeben und
denen die Sünden bedeckt sind! Selig 8
ist der Mann, dem der Herr die Sünde
nicht zurechnet!«
Gilt nun diese Seligpreisung nur den 9
Beschnittenen oder auch den Unbe-
schnittenen? Wir haben doch gesagt:
»Abraham ist sein Glaube als Gerech-
tigkeit angerechnet worden.« Wann 10
wurde er ihm denn angerechnet? Als er
beschnitten oder als er noch unbe-
schnitten war? Ohne Zweifel: nicht als
er beschnitten, sondern als er noch un-
beschnitten war. Das Zeichen der Be- 11
schneidung aber empfing er [d]als Siegel
der Gerechtigkeit des Glaubens, die
ihm zuteil geworden war, als er noch
nicht beschnitten war. So sollte er ein
Vater aller werden, die glauben, ohne
beschnitten zu sein, damit auch ihnen
der Glaube als Gerechtigkeit angerech-
net wird; und ebenso ein Vater der Be- 12
schnittenen, wenn sie nicht nur be-
schnitten sind, sondern auch in den
Fußstapfen des Glaubens gehen, den
[e]unser Vater Abraham hatte, als er
noch nicht beschnitten war.
Denn die Verheißung, Erbe der Welt 13
zu sein, ist Abraham oder seinen Nach-
kommen nicht durchs Gesetz zuteil ge-
worden, sondern durch die Gerechtig-
keit des Glaubens.[f] Denn wenn die, die 14
aufs Gesetz vertrauen, Erben wären,
dann wäre der Glaube nichtig und die
Verheißung abgetan. Denn das Gesetz 15
führt nur Gottes Zorn herbei; [g]wo aber
das Gesetz nicht ist, da ist auch keine
Übertretung. Deshalb muß die Ge- 16
rechtigkeit durch den Glauben kom-
men, damit sie aus Gnade kommt und
die Verheißung gültig bleibt für alle
Nachkommen, nicht nur für die, die
unter dem Gesetz sind, sondern auch
für die, die wie Abraham aus dem
Glauben leben. Der ist unser aller Va-
ter, wie geschrieben steht (1.Mose 17, 17
5): »Ich habe dich zum Vater vieler
Völker gesetzt«, unser Vater nämlich
vor Gott, dem er geglaubt hat, der [h]die
Toten lebendig macht und, was nicht

18 ist, ins Dasein ruft. Er hat geglaubt auf
Hoffnung, wo nichts zu hoffen war, so
daß er der Vater vieler Völker wurde,
wie zu ihm gesagt worden ist (1.Mose
15,5): »So zahlreich sollen deine
19 Nachkommen sein.« Und ohne im
Glauben schwach zu werden, sah er auf
seinen eigenen Leib, der schon erstor-
ben war, weil er fast hundertjährig war,
und auch auf den erstorbenen Leib der
20 Sara.[i] Denn er zweifelte nicht aus Un-
glauben an der Verheißung Gottes,
sondern wurde stark im Glauben und
21 gab Gott die Ehre und war völlig ge-
wiß: [j]was Gott verheißt, das kann er
22 auch tun. Darum wurde es ihm auch
»als Gerechtigkeit angerechnet« (1.Mo-
23 se 15,6). Daß es ihm angerechnet wur-
de, ist aber nicht nur um seinetwil-
24 len geschrieben, sondern auch um un-
sertwillen, denen es angerechnet wer-
den soll, wenn wir an den glauben, der
unsern Herrn Jesus von den Toten auf-
25 erweckt hat. [k] *Um unsrer Sünden willen
hat Gott ihn dahingegeben und um unsrer
Rechtfertigung willen auferweckt.*

a Gal 3,6 *b* Kap 11,6 *c* Kap 3,26
d 1.Mose 17,10.11 *e* Mt 3,9 *f* 1.Mose 22,17.18
g Kap 3,20; 5,13; 7,8.10 *h* 2.Kor 1,9; Hebr 11,19
i 1.Mose 17,17 *j* Hebr 11,11 *k* Kap 8,32.34;
Jes 53,4-6

Frieden mit Gott

5 Da wir nun durch den Glauben [a]ge-
recht geworden sind, haben wir [b]Frie-
den mit Gott durch unsern Herrn Jesus
2 Christus; durch ihn haben wir im
Glauben auch [c]den Zugang zu dieser
Gnade, in der wir stehen, und rühmen
uns der Hoffnung der zukünftigen
Herrlichkeit, die Gott geben wird.
3 Aber nicht nur das, sondern [d]wir rüh-
men uns auch der Bedrängnisse, weil
wir wissen, daß die Bedrängnis Geduld
4 bewirkt, die Geduld aber [e]Bewährung,
5 die Bewährung aber Hoffnung, die
[f]Hoffnung aber läßt nicht zuschanden
werden; denn die Liebe Gottes ist aus-
gegossen in unsre Herzen durch den
heiligen Geist, der uns gegeben ist.
6 Denn Christus ist bereits zu der Zeit,
als wir noch schwach waren, für uns
7 Gottlose gestorben. Nun wird kaum je-
mand für einen Gerechten sterben; für
einen guten Menschen wagt vielleicht
8 einer sein Leben. Gott aber erweist sei-
ne Liebe zu uns darin, daß Christus für
uns gestorben ist, als wir noch Sünder
9 waren.[g] Um wieviel mehr werden wir
durch ihn vor dem [h]Zorngericht be-
wahrt werden, nachdem wir jetzt durch
sein Blut gerecht geworden sind! Denn 10
wenn wir [i]mit Gott versöhnt worden
sind durch den Tod seines Sohnes, als
wir noch [j]Feinde waren, um wieviel
mehr werden wir gerettet werden
durch sein Leben, nachdem wir nun
versöhnt sind. Aber nicht nur das, son- 11
dern wir rühmen uns auch Gottes
durch unsern Herrn Jesus Christus,
durch den wir jetzt die Versöhnung
empfangen haben.

a Kap 3,24.28 *b* Jes 53,5 *c* Joh 14,6; Eph 3,12
d Jak 1,2.3 *e* Jak 1,12 *f* Ps 22,6; 25,3.20;
Hebr 6,18.19 *g* Joh 3,16; 1.Joh 4,10 *h* Kap 1,18;
2,5.8 *i* 2.Kor 5,18 *j* Kap 8,7; Kol 1,21

Adam und Christus

Deshalb gilt nun: durch *einen* Men- 12
schen ist [a]die Sünde in die Welt ge-
kommen und [b]der Tod durch die Sün-
de, und so ist der Tod zu allen Men-
schen durchgedrungen, weil sie alle ge-
sündigt haben. Denn die Sünde war 13
zwar in der Welt, ehe das Gesetz kam;
aber [c]wo kein Gesetz ist, da wird Sünde
nicht angerechnet. Dennoch herrschte 14
der Tod von Adam bis Mose auch über
die, die nicht durch die gleiche Über-
tretung wie Adam gesündigt hatten;
Adam aber ist das umgekehrte Bild des-
sen, der kommen sollte. Aber mit der 15
Gnadengabe verhält sich's nicht wie
mit der Sünde. Denn wenn durch die
Sünde des Einen die Vielen gestorben
sind, um wieviel mehr ist dann Gottes
Gnade und die Gnadengabe des einen
Menschen Jesus Christus den Vielen
überreich zuteil geworden. Und mit 16
der Gabe verhält es sich nicht so wie
mit dem, was durch die Sünde des
Einen geschehen ist. Denn von dem
Einen ausgehend hat das Urteil zur
Verdammung geführt, die Gnadengabe
aber zur Rechtfertigung von vielen
Sünden. Denn wenn wegen der Sünde 17
des Einen der Tod geherrscht hat
durch den Einen, wieviel mehr werden
alle, die die Fülle der Gnade und der
Gabe zur Gerechtigkeit empfangen, im
Leben herrschen durch den Einen, Je-
sus Christus. *Wie nun durch die Sünde* 18
*des Einen die Verdammung über alle
Menschen gekommen ist, so ist auch durch
die Gerechtigkeit des Einen für alle Men-
schen die Rechtfertigung gekommen, die
zum Leben führt.*[d] Denn wie durch den 19
Ungehorsam des einen Menschen die
Vielen zu Sündern geworden sind, so
[e]werden auch durch den Gehorsam des
Einen die Vielen zu Gerechten.

[f]Dazwischen aber ist das Gesetz hin- 20

eingekommen, damit die Sünde mäch-
tiger werden sollte. Wo aber die Sünde
mächtig geworden ist, da ist die Gnade
21 noch viel mächtiger geworden. Denn
wie die Sünde zum Tode geherrscht
hat,[g] so soll auch durch die Gerechtig-
keit die Gnade zum ewigen Leben herr-
schen durch Jesus Christus, unsern
Herrn.

a 1.Mose 3,19 *b* Kap 6,23; 1.Mose 2,17
c Kap 4,15 *d* 1.Kor 15,21.22 *e* Kap 3,26;
Jes 53,11 *f* Kap 7,8.13; Gal 3,19 *g* Kap 6,23

Taufe und neues Leben

6 Was sollen wir nun sagen? Sollen wir in
der Sünde beharren, damit die Gnade
2 um so mächtiger wird?[a] Keineswegs!
Wie sollten wir in der Sünde leben wol-
3 len, der wir doch gestorben sind? Oder
wißt ihr nicht, daß alle, die wir [b] auf
Christus Jesus getauft sind, in seinen
4 Tod getauft sind? Wir sind also mit
ihm begraben durch die Taufe in den
Tod, damit – wie Christus durch die
Herrlichkeit des Vaters von den Toten
auferweckt worden ist – auch wir in
5 einem neuen Leben wandeln.[c] Denn
wenn wir mit dem Abbild seines Todes
zusammengewachsen sind, dann wer-
den wir es auch mit dem seiner Aufer-
6 stehung sein. Wir wissen ja, daß [d] unser
alter Mensch mit ihm gekreuzigt wor-
den ist, damit der Leib, der von der
Sünde beherrscht ist, vernichtet wür-
de, so daß wir der Sünde nicht mehr
7 dienen. Denn wer gestorben ist, der ist
8 von der Sünde frei geworden. Sind wir
aber mit Christus gestorben, so glauben
wir, daß wir auch mit ihm leben wer-
9 den, und wissen, daß Christus, von den
Toten erweckt, nicht mehr stirbt; der
Tod kann nicht mehr über ihn herr-
10 schen. Denn mit seinem Sterben ist er
der Sünde [e] ein für allemal gestorben;
11 sein Leben aber lebt er Gott. Ebenso
sollt auch ihr überzeugt sein, daß ihr
der Sünde gestorben seid und für Gott
lebt in Christus Jesus![f]
12 Darum soll nun die Sünde in eurem
sterblichen Leib nicht herrschen, so
daß ihr seinen Begierden keinen Ge-
13 horsam mehr leistet.[g] Stellt auch nicht
eure Glieder der Sünde zur Verfügung
als Waffen der Ungerechtigkeit, son-
dern stellt euch Gott zur Verfügung als
Menschen, die tot waren, aber nun le-
bendig sind, und [h] eure Glieder Gott als
14 Waffen der Gerechtigkeit. Denn die
Sünde wird nicht über euch herrschen
können, weil ihr ja nicht unter dem Ge-
setz steht, sondern unter der Gnade.[i]
Wie nun? Sollen wir sündigen, weil 15
wir nicht unter dem Gesetz, sondern
[j] unter der Gnade stehen? Keineswegs!
Wißt ihr nicht: wem ihr euch als 16
Knechte unterstellt, um ihm zu gehor-
chen, dessen Knechte seid ihr und
müßt ihm gehorsam sein, es sei der
Sünde zum Tode oder dem Gehorsam
zur Gerechtigkeit?[k] Gott sei aber 17
Dank, daß ihr Knechte der Sünde *ge-
wesen* seid, aber nun von Herzen gehor-
sam geworden der Lehre in der Gestalt,
wie sie euch überliefert worden ist.
Denn nachdem ihr nun von der Sünde 18
[l] frei geworden seid, seid ihr Knechte
der Gerechtigkeit geworden.
Wegen der Schwachheit eures Ver- 19
ständnisses will ich davon in einem Bild
aus dem menschlichen Leben reden:
Wie ihr eure Glieder in den Dienst der
Unreinheit und Ungerechtigkeit ge-
stellt hattet zu immer neuer Ungerech-
tigkeit, so stellt nun eure Glieder in den
Dienst der Gerechtigkeit zur Heili-
gung. Denn als ihr Knechte der Sünde 20
wart, da wart ihr frei von der Gerech-
tigkeit. Welche Frucht hattet ihr da- 21
mals? Lauter Dinge, deren ihr euch
jetzt schämt; denn sie führen zum
[m] Tod. Nun aber, da ihr von der Sünde 22
frei und Gottes Knechte geworden
seid, bringt ihr Frucht für eure Heili-
gung, und das führt zum ewigen Le-
ben. Denn [n] *der Lohn der Sünde ist der* 23
*Tod; die Gabe Gottes aber ist das ewige
Leben in Christus Jesus, unserm Herrn.*

a Kap 3,5-8 *b* Gal 3,27 *c* Kol 2,12; 1.Petr 3,21
d Gal 5,24 *e* Hebr 9,26-28 *f* 2.Kor 5,15;
1.Petr 2,24 *g* 1.Mose 4,7 *h* Kap 12,1
i Kap 7,4-6; 1.Joh 3,6 *j* Kap 5,17.21 *k* Joh 8,34
l Joh 8,32 *m* Kap 8,6.13 *n* Kap 5,12;
1.Mose 2,17; Jak 1,15

Freiheit vom Gesetz

Wißt ihr nicht, liebe Brüder – denn ich **7**
rede mit Leuten, die das Gesetz ken-
nen –, daß das Gesetz nur so lange über
den Menschen herrscht, wie er lebt?
Denn [a] eine Frau ist durch das Gesetz 2
an ihren Mann gebunden, solange der
Mann lebt; wenn aber der Mann stirbt,
ist sie frei von dem Gesetz, das sie an
den Mann bindet. Wenn sie nun einem 3
andern Mann gehört, solange ihr Mann
lebt, wird sie eine Ehebrecherin ge-
nannt; wenn aber ihr Mann stirbt, ist
sie frei vom Gesetz, so daß sie nicht zur
Ehebrecherin wird, wenn sie einem an-
dern Mann gehört. So seid auch ihr, 4
meine Brüder, dem Gesetz gestorben

durch den Tod Christi, so daß ihr
einem andern gehört, nämlich dem, der
von den Toten auferweckt ist, damit
5 wir Gott Frucht bringen. Denn solange
wir so lebten, wie wir von Natur sind,
wirkten in unsern Gliedern die sündi-
gen Leidenschaften, die durchs Gesetz
erregt wurden, so daß wir [b]dem Tode
6 Frucht brachten. Nun aber sind wir
dem gestorben, was uns gefangen hielt,
und [c]vom Gesetz frei geworden, so daß
wir [d]im neuen Leben des Geistes die-
nen und nicht im alten des Buch-
stabens.

a 1.Kor 7,39 *b* Kap 6,21 *c* Kap 8,1.2 *d* Kap 6,2.4

Der Mensch unter dem Gesetz

7 Was sollen wir denn nun sagen? Ist das
Gesetz Sünde? Gewiß nicht! Aber erst
durchs Gesetz lernte ich die Sünde
kennen. Denn ich hätte nichts von der
Begierde gewußt, wenn das Gesetz
nicht gesagt hätte (2. Mose 20,17): »Du
8 sollst nicht begehren!« Die Sünde aber
nahm das Gebot zum Anlaß und erreg-
te in mir Begierden aller Art; denn
9 [a]ohne das Gesetz ist die Sünde tot. Ich
lebte einst ohne Gesetz; als aber das
Gebot kam, wurde die Sünde lebendig,
10 ich aber starb. So kam es, daß das Ge-
bot, das doch [b]zum Leben gegeben
11 war, [c]mir den Tod brachte. Denn die
Sünde nahm das Gebot zum Anlaß und
[d]betrog mich und tötete mich durch
12 das Gebot. So ist also das Gesetz heilig,
und das Gebot ist heilig, gerecht und
13 gut.[e] Hat dann das, was doch gut ist,
für mich zum Tod geführt? Keines-
wegs! Vielmehr war es die Sünde, die
mir durch das Gute den Tod gebracht
hat,[f] damit sie deutlich als Sünde sicht-
bar wurde und sich durchs Gebot über
alle Maßen als Sünde auswirkte.
14 Denn wir wissen, daß das Gesetz aus
Gottes Geist kommt; [g]ich aber bin nur
ein Mensch, unter die Macht der Sün-
15 de verkauft. Denn ich weiß nicht, was
ich tue. Denn ich tue nicht, was ich
will; sondern was ich hasse, das tu ich.
16 Wenn ich aber das tue, was ich nicht
will, so gebe ich zu, daß das Gesetz gut
17 ist. So tue nun nicht ich es, sondern die
18 Sünde, die in mir wohnt. Denn ich
weiß, daß in mir, so wie ich von Natur
bin, [h]nichts Gutes wohnt. *Das Wollen*
habe ich wohl, aber das Gute vollbringen
19 *kann ich nicht*. Denn das Gute, das ich
will, das tu ich nicht; sondern das Böse,
20 das ich nicht will, das tu ich. Wenn ich
aber tue, was ich nicht will, so tue nicht
ich es, sondern die Sünde, die in mir
wohnt. So finde ich nun folgendes Ge- 21
setz: Ich will zwar das Gute tun, bringe
aber nur das Böse zustande. Denn in 22
meinem Innern habe ich Gefallen an
Gottes Gesetz; aber in meinen Glie- 23
dern sehe ich ein anderes Gesetz, das
mit dem Gesetz meiner Vernunft im
Streit liegt und mich im Gesetz der
Sünde gefangen hält, das in meinen
Gliedern herrscht.[i] *Ich elender Mensch!* 24
Wer wird mich erlösen von diesem todver-
fallenen Leibe? Dank sei Gott durch Je- 25
sus Christus, unsern Herrn![j]
So diene ich nun mit der Vernunft
dem Gesetz Gottes, aber mit meinem
Tun dem Gesetz der Sünde.

a Kap 5,13; 1.Kor 15,56 *b* 3.Mose 18,5
c Jak 1,15 *d* Hebr 3,13 *e* 1.Tim 1,8 *f* Kap 5,20
g Joh 3,6 *h* 1.Mose 6,5; 8,21 *i* Gal 5,17
j 1.Kor 15,57

Das Leben im Geist

So gibt es nun kein Verdammungsurteil 8
für die, die in Christus Jesus sind.[a] Denn 2
das Gesetz des Geistes, der in Christus
Jesus lebendig macht, hat dich frei ge-
macht von dem Gesetz der Sünde und
des Todes. Denn was [b]dem Gesetz un- 3
möglich war, weil es sich angesichts un-
seres selbstsüchtigen Willens* als zu
schwach erwies, das hat Gott getan: Er
sandte zur Sühne für die Sünde seinen
Sohn [c]in der Gestalt von uns sündigen
Menschen und vollstreckte an einem
menschlichen Leib das Urteil über die
Sünde, damit die Forderung des Geset- 4
zes durch uns erfüllt wird, die wir nicht
dem menschlichen Begehren folgen,
sondern dem [d]Geist Gottes. Denn wer 5
vom eigenen Begehren bestimmt wird,
trachtet nach dem, was unsere selbst-
süchtige Art will; wer aber vom Geist
Gottes bestimmt wird, trachtet nach
dem, was Gott will. Denn das Trachten 6
des menschlichen Eigenwillens bringt
den [e]Tod, das Trachten des Geistes
aber [f]Leben und Frieden. Denn das 7
Trachten des Eigenwillens bedeutet
[g]Feindschaft gegen Gott; denn er ord-
net sich dem Gesetz Gottes nicht unter
und kann es auch nicht. Die aber vom 8
eigenen Willen bestimmt sind, können
Gott nicht gefallen. Ihr aber seid nicht 9
von der Selbstsucht bestimmt, sondern
vom Geist, wenn wirklich der Geist
Gottes in euch wohnt. Wer aber den
Geist Christi nicht hat, der gehört nicht
zu ihm. Wenn aber [h]Christus in euch 10
ist, so ist der Leib zwar tot auf Grund
der Sünde, der Geist aber ist Leben auf

11 Grund der Gerechtigkeit. Wenn nun
der Geist dessen, der Jesus von den To-
ten auferweckt hat, in euch wohnt, so
wird er, der Christus von den Toten
auferweckt hat, auch eure sterblichen
Leiber lebendig machen durch seinen
Geist, der in euch wohnt.

12 So sind wir nun, liebe Brüder, zum
Gehorsam verpflichtet – aber nicht der
Selbstsucht, daß wir ihr folgen müß-
13 ten.[i] Denn wenn ihr eurer selbstsüchti-
gen Art folgt, werdet ihr sterben müs-
sen; wenn ihr aber durch den Geist das
selbstsüchtige Handeln tötet, werdet
14 ihr leben.[j] Denn *die der Geist Gottes*
15 *treibt, die sind Gottes Kinder*. Denn
nicht den Geist von Knechten habt ihr
empfangen, daß ihr euch wieder fürch-
ten müßtet, sondern den Geist von
Kindern, durch den wir rufen: Abba,
16 lieber Vater![k] Der [l]Geist selbst be-
zeugt unserm Geist, daß wir Gottes
Kinder sind.

17 Sind wir aber [m]Kinder, so sind wir
auch [n]Erben, nämlich Gottes Erben
und Miterben Christi; denn so gewiß
wir mit ihm leiden, werden wir auch
mit ihm zur Herrlichkeit erhoben wer-
den.

a Vers 33.34 *b* Apg 13,38; 15,10 *c* Hebr 2,17
d Gal 5,16.25 *e* Kap 6,21 *f* Gal 6,8 *g* Jak 4,4
h Gal 2,20 *i* Kap 6,7.18 *j* Kap 7,24; Gal 6,8;
Eph 4,22-24 *k* Gal 4,5.6; 2.Tim 1,7 *l* 2.Kor 1,22
m Gal 4,7 *n* Offb 21,7

*Vers 3: Luther übersetzte wörtlich: »durch das Fleisch«. Das gleiche gilt für die im folgenden verwendeten Begriffe: sündige Menschen, menschlicher Leib, menschliches (eigenes) Begehren, selbstsüchtige Art, (menschlicher) Eigenwille, Selbstsucht. Näheres siehe in den »Sach- und Worterklärungen« unter dem Stichwort »Fleisch«.

Hoffnung für die Schöpfung und Gewißheit des Heils

18 Denn ich bin überzeugt, daß die Lei-
den dieser Zeit nichts bedeuten gegen-
über der Herrlichkeit, die an uns offen-
19 bart werden soll.[a] Denn die ganze
Schöpfung wartet sehnsüchtig darauf,
daß [b]die Kinder Gottes offenbar wer-
20 den. [c]Die Schöpfung ist ja der Ver-
gänglichkeit unterworfen – nicht nach
ihrem Willen, sondern durch den, der
sie unterworfen hat –, jedoch auf Hoff-
21 nung; denn auch die Schöpfung wird
frei werden von der Knechtschaft der
Vergänglichkeit zu der herrlichen Frei-
22 heit der Kinder Gottes.[d] Denn wir wis-
sen, daß die ganze Schöpfung bis zu
diesem Augenblick gemeinsam seufzt
23 und in Wehen liegt. Aber nicht nur sie,
sondern auch wir selbst, die wir den
Geist als Erstlingsgabe haben, [e]seufzen
in uns selbst und warten auf die Kind-
schaft, die Erlösung unseres Leibes.
Denn wir sind zwar gerettet, doch auf 24
Hoffnung. Die Hoffnung aber, die man
sieht, ist nicht Hoffnung; denn wie
kann man auf das hoffen, was man
sieht?[f] Wenn wir aber auf das hoffen, 25
was wir nicht sehen, so warten wir dar-
auf in Geduld.[g]

Ebenso hilft auch der Geist unsrer 26
Schwachheit auf. Denn wir wissen
nicht, was wir beten sollen, wie sich's
gebührt; sondern der Geist selbst tritt
für uns ein mit unaussprechlichem
Seufzen. Der aber die Herzen er- 27
forscht, der weiß, was der Geist will;
denn er tritt für die Heiligen ein, wie es
Gott gefällt. *Wir wissen aber, daß denen,* 28
die Gott lieben, alle Dinge zum Besten
dienen, denen, die nach seinem [h]*Rat-*
schluß berufen sind. Denn die er auserse- 29
hen hat, die hat er auch vorherbe-
stimmt, daß sie dem Bild seines Sohnes
gleich sein sollten, damit dieser der
[i]Erstgeborene unter vielen Brüdern sei.
[j]Die er aber vorherbestimmt hat, die 30
hat er auch berufen; die er aber berufen
hat, die [k]hat er auch gerecht gemacht;
die er aber gerecht gemacht hat, die hat
er auch verherrlicht.

Was sollen wir nun dazu sagen? [l]*Ist* 31
Gott für uns, wer kann gegen uns sein?
Der auch [m]*seinen eigenen Sohn nicht ver-* 32
schont hat, sondern hat ihn für uns alle
dahingegeben – wie sollte er uns mit ihm
nicht alles schenken? Wer will die Auser- 33
wählten Gottes beschuldigen? Gott ist
hier, der gerecht macht.[n] *Wer will ver-* 34
dammen? Christus Jesus ist hier, der ge-
storben ist, ja viel mehr, der auch aufer-
weckt ist, der zur Rechten Gottes ist und
[o]*für uns eintritt.* [p]Wer will uns scheiden 35
von der Liebe Gottes? Trübsal oder
Angst oder Verfolgung oder Hunger
oder Entbehrung oder Gefahr oder
Schwert? wie geschrieben steht (Psalm 36
44,23): »Um deinetwillen [q]werden wir
getötet den ganzen Tag; wir sind ge-
achtet wie Schlachtschafe.«

Aber [r]in dem allem überwinden wir 37
weit durch den, der uns geliebt hat.
Denn *ich bin gewiß, daß weder Tod noch* 38
Leben, weder Engel noch [s]*Mächte noch*
Gewalten, weder Gegenwärtiges noch Zu-
künftiges, weder Hohes noch Tiefes noch 39
irgendein anderes Geschöpf uns scheiden
kann von der Liebe Gottes, die in Christus
Jesus ist, unserm Herrn.

a 2.Kor 4,17 *b* Kol 3,4; 1.Joh 3,2 *c* Pred 1,4
d 2.Petr 3,13 *e* 2.Kor 5,2 *f* 2.Kor 5,7 *g* Gal 5,5

h Eph 1,11 *i* Kol 1,18; Hebr 1,6
j 2.Thess 2,13.14 *k* Kap 3,26 *l* Ps 118,6
m Joh 3,16 *n* Jes 50,8 *o* 1.Joh 2,1; Hebr 7,25
p (35-39) Ps 73,23-26 *q* 2.Kor 4,11 *r* 1.Joh 5,4
s Eph 6,12

GOTTES WEG MIT ISRAEL (KAP 9-11)

Israels Gotteskindschaft

9 Ich sage die Wahrheit in Christus und
lüge nicht, wie mir mein Gewissen
2 bezeugt im heiligen Geist, daß ich
große Traurigkeit und unaufhörlichen
3 Schmerz in meinem Herzen habe. Ich
selber [a]wünschte verflucht und von
Christus getrennt zu sein für meine
Brüder, die von Natur meine Stamm-
4 verwandten sind. Sie sind ja Israeliten,
denen die [b]Kindschaft gehört und die
[c]Herrlichkeit und der [d]Bund und das
[e]Gesetz und der Gottesdienst und die
5 Verheißungen; ihnen gehören auch die
Väter, und aus ihnen kommt [f]Christus
nach seiner irdischen Herkunft. Gott,
der über allem ist, sei gelobt in Ewig-
keit. Amen.

a 2.Mose 32,32 *b* 2.Mose 4,22; 5.Mose 7,6
c 2.Mose 40,34 *d* 1.Mose 17,7 *e* 2.Mose 20
f Kap 1,3; Mt 1; Lk 3,23-34

Die Kinder der Verheißung als das wahre Israel

6 Aber ich will damit nicht sagen, daß
[a]Gottes Wort hinfällig geworden ist.
Denn [b]nicht alle sind Israeliten, die
7 von Israel stammen; auch sind nicht
alle, die Abrahams Nachkommen sind,
darum schon seine rechten Kinder.
Sondern nur »was von Isaak stammt,
soll als dein Geschlecht gelten« (1.
8 Mose 21,12), das heißt: nicht alle sind
Gottes Kinder, die leibliche Nachkom-
men Abrahams sind; sondern nur die
Kinder der [c]Verheißung werden als
9 sein Geschlecht anerkannt. Denn ein
Wort der Verheißung war es, als Gott
sprach (1. Mose 18,10): »Um diese Zeit
will ich kommen, und Sara soll einen
Sohn haben.«
10 Aber nicht nur hier ist es so, sondern
auch bei Rebekka, die von *einem* Mann,
unserm Vater Isaak, zwei Kinder emp-
11 fing. Ehe die Zwillinge geboren waren
und irgendetwas Gutes oder Böses ge-
tan hatten, da wurde zu ihr gesagt, da-
mit Gottes Ratschluß und freie Wahl
12 bestehen blieb, bei der nicht das Ver-
dienst der Werke, sondern die Gnade
des Berufenden gilt: »Der Ältere soll
dem Jüngeren dienstbar werden« (1.
Mose 25,23), wie geschrieben steht 13
(Maleachi 1,2.3): »Jakob habe ich ge-
liebt, aber Esau habe ich gehaßt.«

a 4.Mose 23,19 *b* Kap 2,28 *c* Gal 4,23

Gottes freie Gnadenwahl

Was sollen wir nun dazu sagen? Ist 14
denn Gott ungerecht? Keineswegs!
Denn er spricht zu Mose (2. Mose 33, 15
19): »Wem ich gnädig bin, dem bin ich
gnädig; und wessen ich mich erbarme,
dessen erbarme ich mich.« *So liegt es* 16
nun nicht am Wollen oder Laufen des
Menschen, sondern an Gottes Erbar-
men.[a] Denn die Schrift sagt zum Pha- 17
rao (2. Mose 9,16): »Eben dazu habe ich
dich bestimmt, daß ich an dir meine
Macht erweise, damit mein Name auf
der ganzen Erde verkündigt wird.« So 18
erbarmt er sich nun, wessen er will, und
[b]verstockt, wen er will.
Nun sagst du zu mir: Warum be- 19
schuldigt er uns dann? Wer kann sich
seinem Willen widersetzen? Ja, lieber 20
Mensch, wer bist du denn, daß du mit
Gott rechten willst? [c]Sagt etwa ein
Werk zu seinem Meister: Warum
machst du mich so? Hat nicht ein 21
Töpfer Macht über den Ton, aus dem-
selben Klumpen ein Gefäß zu ehren-
vollem und ein anderes zu wenig ehren-
vollem Gebrauch zu machen?[d] Weil 22
Gott seinen Zorn zeigen und seine
Macht kundtun wollte, hat er [e]mit gro-
ßer Geduld die Gefäße des Zorns ertra-
gen, [f]die zum Verderben bestimmt
waren. Das tat er, [g]um den Reichtum 23
seiner Herrlichkeit an den Gefäßen der
Barmherzigkeit zu erweisen, [h]die er zu-
vor für die Herrlichkeit bereitet hatte.
Dazu hat er uns berufen, nicht nur aus 24
den Juden, sondern auch aus den Hei-
den. Wie er denn auch durch Hosea 25
spricht (Hosea 2,25; 2,1): »Ich will das
mein Volk nennen, das nicht mein Volk
war, und meine Geliebte, die nicht mei-
ne Geliebte war.« »Und es soll ge- 26
schehen: Anstatt daß zu ihnen gesagt
wurde: ›Ihr seid nicht mein Volk‹, sol-
len sie Kinder des lebendigen Gottes
genannt werden.« Jesaja aber ruft aus 27
über Israel (Jesaja 10,22.23): »Wenn
die Zahl der Israeliten wie der Sand am
Meer sein würde, so wird doch nur ein
[i]Rest gerettet werden; denn in Kürze 28
wird der Herr sein Wort vollenden und
ausrichten auf Erden.« Ebenso hat Jesa- 29
ja vorausgesagt (Jesaja 1,9): »Wenn uns
nicht der Herr Zebaot Nachkommen

übriggelassen hätte, so wären wir wie
Sodom geworden und wie Gomorra.«

a Eph 2,8 *b* 2.Mose 4,21; 1.Petr 2,8 *c* Jes 45,9
d Jer 18,4-6 *e* Kap 2,4 *f* Spr 16,4 *g* Eph 1,3-12
h Kap 8,29 *i* Kap 11,5

Gesetzesgerechtigkeit und Glaubensgerechtigkeit

30 Was sollen wir nun dazu sagen? Das
wollen wir sagen: [a]Die Heiden, die
nicht nach der Gerechtigkeit getrachtet
haben, haben die Gerechtigkeit er-
langt; ich rede aber von der Gerechtig-
31 keit, die aus dem Glauben kommt. Is-
rael aber ist dem Gesetz der Gerechtig-
keit nachgejagt und hat es doch nicht
32 erreicht.[b] Warum das? Weil es die Ge-
rechtigkeit nicht aus dem Glauben
sucht, sondern aus den Werken. Sie ha-
ben sich gestoßen an dem [c]Stein des
33 Anstoßes, wie geschrieben steht (Jesaja
8,14;28,16): »Siehe, ich lege in Zion
einen Stein des Anstoßes und einen
Fels des Ärgernisses; und wer an ihn
glaubt, der soll nicht zuschanden wer-
den.«
10 Liebe Brüder, meines Herzens
Wunsch und mein Gebet zu Gott für sie
2 ist, daß sie gerettet werden. Denn ich
bezeuge ihnen, daß sie Eifer für Gott
haben, aber ohne die rechte Erkenntnis.
3 Denn sie erkannten die [d]Gerechtigkeit
Gottes nicht und suchten ihre eigene
Gerechtigkeit aufzurichten und haben
sich der Gerechtigkeit Gottes nicht
4 unterworfen. Denn [e]*Christus ist das*
Ende des Gesetzes; [f]wer an ihn glaubt,
5 *der ist gerecht.* Mose nämlich schreibt
von der Gerechtigkeit, die aus dem
Gesetz kommt (3. Mose 18,5): »Der
Mensch, der tut, was die Gebote for-
6 dern, wird durch sie leben.« Aber die
Gerechtigkeit aus dem Glauben spricht
so (5. Mose 30,11-14): »Sag nicht in
deinem Herzen: Wer will hinauf zum
Himmel fahren?« – nämlich um Chri-
7 stus herabzuholen – oder: »Wer will
hinab in die Tiefe fahren?« – nämlich
um Christus von den Toten heraufzu-
8 holen –, sondern was sagt sie? »Das
Wort ist dir nahe, in deinem Mund und
in deinem Herzen.« Dies ist das Wort
9 vom Glauben, das wir predigen. Denn
wenn du mit deinem Mund [g]bekennst,
daß Jesus der Herr ist, und in deinem
Herzen glaubst, daß ihn Gott von den
Toten auferweckt hat, dann wirst du ge-
10 *rettet werden. Denn wenn man von Her-*
zen glaubt, so wird man gerecht; und
wenn man mit dem Mund bekennt, so wird
man gerettet. Denn die Schrift sagt (Je- 11
saja 28,16): »Wer an ihn glaubt, wird
nicht zuschanden werden.« Hier gibt es 12
[h]keinen Unterschied zwischen Juden
und Griechen; alle haben denselben
Herrn, der reich ist für alle, die ihn an-
rufen. Denn »wer den Namen des 13
Herrn anrufen wird, soll gerettet wer-
den« (Joel 3,5).

a Kap 10,20 *b* Kap 10,2.3 *c* Mt 21,42.44;
1.Petr 2,8 *d* Kap 1,17 *e* Mt 5,17; Hebr 8,13
f Joh 3,18; Gal 3,24.25 *g* Mt 10,32; 2.Kor 4,5
h Apg 10,34.35; 15,9

Israel hat keine Entschuldigung

Wie sollen sie aber den anrufen, an den 14
sie nicht glauben? Wie sollen sie aber
an den glauben, von dem sie nichts ge-
hört haben? Wie sollen sie aber hören
ohne Prediger? Wie sollen sie aber pre- 15
digen, wenn sie nicht gesandt werden?
Wie geschrieben steht (Jesaja 52,7):
»Wie lieblich sind die Füße derer, die
die gute Botschaft verkündigen!« Aber 16
nicht alle sind dem Evangelium gehor-
sam geworden. Denn Jesaja sagt (Jesaja
53,1): »Herr, wer glaubt unserm Predi-
gen?« *So [a]kommt der Glaube aus der* 17
Predigt, das Predigen aber durch das
Wort Christi. Ich frage aber: Haben sie 18
es nicht gehört? Doch, es ist ja »in alle
Lande ausgegangen ihr Schall und ihr
Wort bis an die Enden der Welt«[b]
(Psalm 19,5). Ich frage weiter: Hat es 19
Israel nicht verstanden? Als erster ant-
wortet Mose (5. Mose 32,21): »Ich will
euch eifersüchtig machen auf ein Volk,
das nicht mein Volk ist; und über ein
unverständiges Volk will ich euch zor-
nig machen.« Jesaja aber wagt zu sagen 20
(Jesaja 65,1): »Ich ließ mich finden von
denen, die mich nicht suchten, und er-
schien denen, die nicht nach mir frag-
ten.«[c] Zu Israel aber sagt er (Jesaja 65, 21
2): »Den ganzen Tag habe ich meine
Hände ausgestreckt nach dem Volk, das
sich nichts sagen läßt und wider-
spricht.«

a Joh 17,20 *b* Kap 15,19 *c* Kap 9,30

Nicht ganz Israel ist verstockt

So frage ich nun: [a]Hat denn Gott sein **11**
Volk verstoßen? Keineswegs! Denn
[b]ich bin auch ein Israelit, vom Ge-
schlecht Abrahams, aus dem Stamm
Benjamin. Gott hat sein Volk nicht ver- 2
stoßen, das er sich ausersehen hat. Oder
wißt ihr nicht, was die Schrift über Elia
sagt, wie er Gott gegen Israel anruft (1.
Könige 19,10): »Herr, sie haben deine 3
Propheten getötet und deine Altäre zer-

brochen, und ich bin allein übriggeblie-
ben, und sie trachten mir nach dem Le-
4 ben?« Aber was antwortet ihm Gott (1.
Könige 19,18): »Ich habe mir sieben-
tausend Mann übriggelassen, die ihre
Knie vor dem Baal nicht gebeugt ha-
5 ben.« So ist es auch jetzt zu dieser Zeit,
daß [c]einige übriggeblieben sind nach
6 der Wahl seiner Gnade. Wenn aber aus
Gnade, dann nicht aus Verdienst der
Werke; sonst wäre Gnade nicht Gnade.
7 Wie nun? [d]Was Israel sucht, das hat es
nicht erlangt; nur die Auserwählten ha-
ben es erlangt. Die andern sind ver-
8 stockt, wie geschrieben steht (Jesa-
ja 29,10): »Gott hat ihnen einen Geist
der Betäubung gegeben, [e]Augen, daß
sie nicht sehen, und Ohren, daß sie
nicht hören, bis auf den heutigen Tag.«
9 Und David sagt (Psalm 69,23.24): »Laß
ihren Tisch zur Falle werden und zu
einer Schlinge, ihnen zum Anstoß und
10 zur Vergeltung. Ihre Augen sollen fin-
ster werden, daß sie nicht sehen, und
ihren Rücken sollst du allezeit beugen.«

a Ps 94,14; Jer 31,37 *b* Phil 3,5 *c* Kap 9,27
d Kap 9,31 *e* 5.Mose 29,3

Die Berufung der Heiden als Hoffnung für Israel

11 So frage ich nun: Sind sie gestrauchelt,
um zu fallen? Keineswegs! Sondern
[a]durch ihre Verfehlung ist den Heiden
das Heil widerfahren, damit Israel
12 ihnen [b]nacheifern sollte. Wenn aber
schon ihre Verfehlung Reichtum für
die Welt bedeutet und ihr Zurückblei-
ben Reichtum für die Heiden, wieviel
mehr wird es bedeuten, wenn ganz Is-
13 rael zum Ziel gelangt! Euch Heiden
aber sage ich: Weil ich Apostel der Hei-
14 den bin, preise ich meinen Dienst; viel-
leicht kann ich durch ihn meine
Stammverwandten zum Nacheifern
reizen und einige von ihnen retten.[c]
15 Denn wenn ihre Verwerfung die Ver-
söhnung der Welt ist, was wird ihre An-
nahme anderes sein als Leben aus den
16 Toten! Ist die [d]Erstlingsgabe vom Teig
heilig, so ist auch der ganze Teig heilig;
und wenn die Wurzel heilig ist, sind
auch die Zweige heilig.

a Apg 13,46 *b* Kap 10,19 *c* 1.Kor 9,20-22;
1.Tim 4,16 *d* 4.Mose 15,20

Warnung an die Heidenchristen vor Überheblichkeit

17 Wenn aber nun einige von den Zweigen
ausgebrochen wurden und du, der du
[a]ein wilder Ölzweig warst, in den edlen
Ölbaum eingepfropft worden bist und
an dem Saft aus seiner Wurzel Anteil
bekommen hast, so rühme dich nicht 18
gegenüber jenen Zweigen. Rühmst du
dich aber doch, so sollst du wissen, daß
[b]nicht du die Wurzel trägst, sondern
die Wurzel trägt dich. Nun sagst du: 19
Die Zweige sind ausgebrochen worden,
damit ich eingepfropft werden konnte.
Ganz recht! Sie wurden ausgebrochen 20
um ihres Unglaubens willen; du aber
stehst an ihrer Stelle nur durch den
Glauben. Sei nicht stolz, sondern fürch-
te dich![c] Hat Gott die ursprünglichen 21
Zweige nicht verschont, wird er dich
auch nicht verschonen. Darum beden- 22
ke die Güte und die Strenge Gottes: die
Strenge gegenüber denen, die gefallen
sind, die Güte Gottes aber dir gegen-
über, [d]sofern du bei seiner Güte
bleibst; sonst wirst du auch abgehauen
werden. Jene aber werden eingepfropft 23
werden, sofern sie nicht im Unglauben
bleiben; Gott kann sie sehr wohl wieder
einpfropfen. Denn wenn du aus dem 24
Ölbaum, der von Natur wild war, abge-
hauen und gegen die Natur in den edlen
Ölbaum eingepfropft worden bist, wie-
viel mehr werden die ursprünglichen
Zweige wieder in ihren eigenen Öl-
baum eingepfropft werden!

a Eph 2,11-14 *b* Joh 4,22 *c* 1.Kor 10,12
d Joh 15,2.4; Hebr 3,14

Israels endliche Errettung

Ich will euch, liebe Brüder, dieses Ge- 25
heimnis nicht verhehlen, damit ihr
euch nicht selbst für klug haltet: die
Verstockung, die einen Teil Israels ge-
troffen hat, dauert so lange, [a]bis die
volle Zahl der Heiden zum Heil gelangt
ist. [b]Dann wird ganz Israel gerettet 26
werden, wie geschrieben steht (Jesa-
ja 59,20; Jeremia 31,33): [c]»Aus Zion
wird der Erlöser kommen, der alle
Gottlosigkeit von Jakob abwenden
wird. Und dies ist mein Bund mit 27
ihnen, wenn ich ihre Sünden wegneh-
men werde.« Weil sie das Evangelium 28
ablehnen, sind sie Feinde Gottes, und
das um euretwillen; aber weil Gott sie
erwählt hat, sind sie von ihm geliebt um
der Väter willen. Denn Gottes Gaben 29
und seine Berufung sind unwiderruf-
lich.[d] Wie ihr einst Gott ungehorsam 30
gewesen seid, nun aber Barmherzigkeit
erlangt habt durch ihren Ungehorsam,
so sind auch jene jetzt ungehorsam ge- 31
worden um der Barmherzigkeit willen,
die euch widerfahren ist, damit auch sie

32 jetzt Barmherzigkeit erlangen. Denn
[e]Gott hat alle ins Gefängnis des Unge-
horsams eingeschlossen, um sich [f]aller
zu erbarmen.

a Joh 10,16 *b* Mt 23,39 *c* Ps 14,7
d 4.Mose 23,19 *e* Gal 3,22 *f* 1.Tim 2,4

Lobpreis der Wunderwege Gottes

33 *O [a]welch eine Tiefe des Reichtums, der*
Weisheit und der Erkenntnis Gottes!
[b]Wie unbegreiflich sind seine Entschei-
dungen und unerforschlich seine Wege!
34 *Denn [c]»wer hat den Geist des Herrn er-*
kannt, oder [d]wer ist sein Ratgeber gewe-
35 *sen?«* (Jesaja 40,13) *Oder »wer hat ihm*
etwas gegeben, so daß Gott es ihm vergel-
36 *ten müßte?«* (Hiob 41,3) *Denn von ihm*
und durch ihn und zu ihm sind alle Dinge.
Ihm sei Ehre in Ewigkeit! Amen.

a Jes 45,15 *b* Jes 55,8.9 *c* 1.Kor 2,16 *d* Jer 23,18

Der wahre Gottesdienst

12 Ich ermahne euch nun, liebe Brüder,
bei der Barmherzigkeit Gottes, daß ihr
[a]eure Leiber hingebt als ein Opfer, das
lebendig, heilig und Gott wohlgefällig
ist. Das sei für euch der wahre Gottes-
2 dienst. Und stellt euch nicht dieser
Welt gleich, sondern ändert euch
[b]durch Erneuerung eures Sinnes, [c]da-
mit ihr prüfen könnt, was Gottes Wille
ist, nämlich das Gute und Wohlgefälli-
ge und Vollkommene.

a Kap 6,13 *b* Eph 4,23 *c* Eph 5,10.17

Die Gnadengaben im Dienst der Gemeinde

3 So sage ich nun jedem unter euch durch
die Gnade, die mir gegeben ist, daß nie-
mand [a]höher von sich denken soll, als
sich's gebührt, sondern daß er maßvoll
von sich denke, [b]so wie Gott jedem das
4 Maß des Glaubens zugeteilt hat. Denn
[c]wie wir an *einem* Leib viele Glieder ha-
ben, aber nicht alle Glieder dieselbe
5 Aufgabe haben, so sind wir viele in
Christus *ein* Leib, aber als einzelne sind
6 wir füreinander Glieder[d] und [e]haben
verschiedene Gaben je nach der Gnade,
die uns gegeben ist. Hat jemand die
Gabe der prophetischen Rede, so übe
7 er sie dem Glauben gemäß. Hat jemand
die Gabe des Dienens, so diene er. Ist
jemand zum Lehren berufen, so lehre
8 er.[f] Ist jemand zum Ermahnen beru-
fen, so ermahne er. [g]Gibt jemand, so
gebe er mit lauterem Sinn. Wer der Ge-
meinde vorsteht, der sei mit Eifer da-
bei. Wer Barmherzigkeit übt, [h]der tue
es fröhlich.

a Mt 20,26; 1.Kor 4,6 *b* 1.Kor 12,11; Eph 4,7
c 1.Kor 12,12 *d* 1.Kor 12,27; Eph 4,4.25
e 1.Kor 4,7; 12,4; 1.Petr 4,10 *f* 1.Petr 4,11
g Mt 6,3 *h* 2.Kor 8,2; 9,7

Mahnung zur Liebe

Die [a]Liebe sei ohne Falsch. [b]Haßt das 9
Böse, haltet fest am Guten. [c]Eure brü- 10
derliche Liebe sei herzlich. [d]Einer
komme dem andern mit Ehrerbietung
zuvor. [e]Seid nicht träge in dem, was ihr 11
tun sollt. Laßt euch [f]vom Geist entzün-
den. [g]Dient dem Herrn. *Seid fröhlich in* 12
Hoffnung, geduldig in Bedrängnis, [h]be-
harrlich im Gebet. Nehmt euch der not- 13
leidenden Brüder an. [i]Seid stets gast-
freundlich. Segnet, die euch verfolgen; 14
[j]segnet, und flucht nicht. Freut euch 15
mit den Fröhlichen und [k]weint mit den
Weinenden. Seid [l]eines Sinnes unter- 16
einander. Trachtet nicht nach hohen
Dingen, sondern nehmt euch der gerin-
gen an. [m]Haltet euch nicht selber für
klug. [n]Vergeltet niemand Böses mit 17
Bösem. [o]Seid auf das Gute bedacht ge-
genüber jedermann. Ist's möglich, so- 18
viel an euch liegt, so [p]habt mit allen
Menschen Frieden. [q]Rächt euch nicht 19
selbst, meine Lieben, sondern gebt
Raum dem Zorn Gottes; denn es steht
geschrieben (5. Mose 32,35): »Die Ra-
che ist mein; ich will vergelten, spricht
der Herr.« Vielmehr, [r]»wenn dein 20
Feind Hunger hat, gib ihm zu essen;
hat er Durst, gib ihm zu trinken. Wenn
du das tust, so wirst du feurige Kohlen
auf sein Haupt sammeln« (Sprü-
che 25,21.22). Laß dich nicht vom 21
Bösen überwinden, sondern überwinde
das Böse mit Gutem.

a 1.Tim 1,5 *b* Am 5,15 *c* Joh 13,4-15 *d* Phil 2,3
e Offb 3,15 *f* Apg 18,25 *g* Kol 3,23 *h* Lk 18,1-8;
Kol 4,2; 1.Thess 5,17 *i* 3.Joh 5-8; Hebr 13,2
j Mt 5,44; Apg 7,59; 1.Kor 4,12 *k* Ps 35,13.14;
2.Kor 11,29 *l* Kap 15,5; Phil 2,2 *m* Jes 5,21
n Spr 20,22; 1.Thess 5,15 *o* 2.Kor 8,21
p Mk 9,50; Hebr 12,14 *q (19-21)* 3.Mose 19,18;
Mt 5,38-44 *r* 2.Kön 6,22

Die Stellung zur staatlichen Gewalt

[a]Jedermann soll sich denen unterord- **13**
nen, die die Regierungsgewalt ausüben.
Denn [b]es gibt keine staatliche Gewalt,
die nicht von Gott kommt; die beste-
henden Gewalten sind von Gott einge-
setzt. Wer sich also der staatlichen Ge- 2
walt widersetzt, der widerstrebt der
Anordnung Gottes; die ihr aber wider-
streben, ziehen sich selbst das Urteil
zu. Denn vor den Regierenden müssen 3
sich nicht die fürchten, die Gutes tun,
sondern die Böses tun. [c]Willst du dich

aber nicht vor der staatlichen Gewalt
fürchten, so tu Gutes; so wirst du An-
4 erkennung bei ihr finden. Denn sie ist
Gottes Dienerin dir zugut. Tust du
aber Böses, so fürchte dich; denn sie
trägt das Schwert nicht ohne Grund:
sie ist Gottes Dienerin und vollzieht die
5 Strafe an dem, der Böses tut.[d] Darum
ist es notwendig, sich unterzuordnen,
nicht nur um der Strafe, sondern auch
6 um des Gewissens willen. Deshalb
zahlt ihr ja auch Steuer; denn sie sind
Gottes Diener, indem sie diesen Auf-
7 trag wahrnehmen. So gebt nun jedem,
was ihr schuldig seid: Steuer, dem
Steuer zusteht; Zoll, dem Zoll zusteht;
Achtung, dem Achtung gebührt; Ehre,
dem Ehre gebührt.[e]

a Tit 3,1 *b* Spr 8,15; Joh 19,11 *c* 1.Petr 2,13.14
d 2.Chr 19,6.7 *e* Mt 22,21

Die Liebe als Erfüllung des Gesetzes

8 Seid niemand etwas schuldig, außer
daß ihr einander liebt; denn [a]wer den
andern liebt, der hat das Gesetz erfüllt.
9 Denn die Gebote (2. Mose 20,13-17):
»Du sollst nicht ehebrechen; du sollst
nicht töten; du sollst nicht stehlen; du
sollst nicht begehren«, und was es sonst
noch an Geboten gibt, sind in diesem
Wort zusammengefaßt (3. Mose 19,
18): »Du sollst deinen Nächsten lieben
10 wie dich selbst.« Die Liebe [b]tut dem
Nächsten nichts Böses. *So ist nun die
Liebe [c]die Erfüllung des Gesetzes.*

a Gal 5,14; 1.Tim 1,5 *b* 1.Kor 13,4 *c* Mt 22,40

Leben im Licht des kommenden Tages

11 [a]Und das tut, weil ihr die Zeit erkennt,
nämlich daß die Stunde für euch da ist,
[b]vom Schlaf aufzustehen; denn unser
Heil ist jetzt näher als zu der Zeit, da
12 wir zum Glauben kamen. Die Nacht ist
vorgerückt, [c]der Tag aber nahe herbei-
gekommen. So [d]laßt uns ablegen die
Werke der Finsternis und anlegen die
13 Waffen des Lichts. Laßt uns ein or-
dentliches Leben führen, das das Licht
des Tages nicht scheuen muß, [e]nicht
mit Fressen und Saufen, nicht in Un-
zucht und Ausschweifung, nicht in
14 Streit und Eifersucht; sondern [f]zieht
den Herrn Jesus Christus an und [g]sorgt
nicht so für euch, daß ihr den Begier-
den verfallt.

a (11 und 12) 1.Thess 5,6-8 *b* Eph 5,14
c 1.Joh 2,8 *d* Eph 5,11 *e* Lk 21,34; Eph 5,18
f Gal 3,27 *g* 1.Kor 9,27; Kol 2,23

Von den Schwachen und Starken im Glauben

Den Schwachen im Glauben nehmt an, **14**
aber streitet nicht über Meinungen.[a]
Der eine glaubt, daß er alles essen darf; 2
der Schwache aber ißt nur pflanzliche
Nahrung.[b] Wer ißt, der verachte den 3
nicht, der nicht ißt; und [c]wer nicht ißt,
der richte den nicht, der ißt; denn Gott
hat ihn angenommen. Wer bist du, daß 4
du einen fremden Knecht [d]richtest? Er
steht oder fällt seinem eigenen Herrn.
Er wird aber stehen bleiben; denn der
Herr kann ihn sehr wohl aufrecht hal-
ten.

Der eine [e]schätzt einen Tag höher als 5
den anderen; der andere aber achtet
alle Tage gleich. Ein jeder sei seiner
Meinung gewiß. Wer bestimmte Tage 6
beachtet, der tut's für den Herrn; wer
ißt, der ißt im Blick auf den Herrn,
denn er dankt Gott dabei; und wer
nicht ißt, der läßt es im Blick auf den
Herrn und dankt Gott auch. Denn *kei-* 7
*ner von uns lebt für sich selbst, und keiner
stirbt für sich selbst. Leben wir, so leben* 8
*wir dem Herrn; sterben wir, so sterben
wir dem Herrn. Darum, ob wir nun leben
oder sterben, gehören wir dem Herrn.*[f]
Denn dazu ist Christus gestorben und 9
*wieder lebendig geworden, daß er über
Tote und Lebende Herr sei.*

Du aber, warum richtest du deinen 10
Bruder? Oder du, warum verachtest du
deinen Bruder? [g]Wir werden alle vor
den Richterstuhl Gottes gestellt wer-
den. Denn es steht geschrieben (Jesaja 11
45,23): »So wahr ich lebe, spricht der
Herr, [h]mir sollen sich alle Knie beugen,
und alle Zungen sollen Gott bekennen.«
So wird nun jeder für sich selbst Gott 12
Rechenschaft geben.[i] Darum laßt uns 13
nicht mehr einer den andern richten;
sondern darauf [j]richtet vielmehr euern
Sinn, daß niemand seinem Bruder An-
stoß oder Ärgernis gibt.

Ich weiß und bin gewiß in dem 14
Herrn Jesus, daß [k]nichts an sich unrein
ist; nur für den, der es für unrein hält,
ist es unrein. Wenn aber dein Bruder 15
wegen deiner Speise angefochten wird,
so handelst du schon nicht mehr nach
der Liebe. [l]Bringe nicht durch deine
Speise den ins Verderben, für den
Christus gestorben ist. Darum seht zu, 16
daß nicht das Gute, das ihr habt, in
Verruf kommt. [m]*Das Reich Gottes ist* 17
*doch nicht Essen und Trinken, sondern
Gerechtigkeit und Friede und Freude im*

18 *heiligen Geist*. Wer Christus so dient,
der ist Gott wohlgefällig und bei den
Menschen geachtet.
19 Darum laßt uns dem nachstreben,
was [n]zum Frieden und [o]zum Aufbau
20 der Gemeinde dient. Zerstöre nicht um
der Speise willen Gottes Werk. Es ist
zwar alles rein; aber es ist nicht gut für
den, der es mit schlechtem Gewissen
21 ißt. Es ist besser, du ißt kein Fleisch
und trinkst keinen Wein und tust
nichts, woran sich dein Bruder stößt.[p]
22 Den Glauben, den du hast, behalte für
dich selbst vor Gott. Wohl dem, der
sich kein Gewissen macht und tut, was
23 er für recht hält. Wer aber dabei zwei-
felt und dennoch ißt, der ist gerichtet,
denn es kommt nicht aus dem Glauben.
Was aber nicht aus dem Glauben
kommt, das ist Sünde.

15 Wir aber, die wir stark sind, sollen
[q]das Unvermögen der Schwachen tra-
2 gen und nicht für uns selber leben. Je-
der von uns lebe so, daß er seinem
Nächsten zum Guten und zur Er-
3 bauung dient.[r] Denn auch Christus hat
nicht für sich selber gelebt, sondern wie
geschrieben steht (Psalm 69,10): »Die
Schmähungen derer, die dich schmä-
4 hen, sind auf mich gefallen.« Denn was
einst geschrieben wurde, [s]das ist uns
zur Lehre geschrieben, damit wir
durch Geduld und den Trost der
5 Schrift die Hoffnung festhalten. Der
Gott aber der Geduld und des Trostes
gebe euch, daß ihr [t]einträchtig gesinnt
seid untereinander nach dem Vorbild
6 Christi Jesu, damit ihr einmütig mit
einem Munde Gott, den Vater unsres
Herrn Jesus Christus, lobt.
7 Darum *nehmt einander an, wie uns*
Christus angenommen hat zu Gottes Lob.
8 Denn ich sage: [u]Christus ist ein Diener
der Juden geworden um der Wahrhaf-
tigkeit Gottes willen, [v]um die Verhei-
ßungen zu bestätigen, die den Vätern
9 gegeben waren; die Heiden aber sollen
Gott loben um der Barmherzigkeit wil-
len, wie geschrieben steht (Psalm 18,
50): »Darum will ich dich loben unter
den Heiden und deinem Namen sin-
10 gen.« Und weiter heißt es (5. Mose 32,
43): »Freut euch, ihr Heiden, mit sei-
11 nem Volk!« Und weiter (Psalm 117, 1):
»Lobt den Herrn, alle Heiden, und
12 preist ihn, alle Völker!« Und auch Jesa-
ja sagt (Jesaja 11,10): »Es wird kommen
der Sproß aus der [w]Wurzel Isais, der
aufstehen wird, um über die Heiden zu
herrschen; auf den werden die Heiden
hoffen.« Der Gott der Hoffnung aber 13
erfülle euch mit aller Freude und Frie-
den im Glauben, damit ihr an Hoff-
nung immer reicher werdet durch die
Kraft des heiligen Geistes.

a Kap 15,1; 1.Kor 8,9 *b* 1.Mose 1,29; 9,3
c Kol 2,16 *d* Mt 7,1; Jak 4,11.12 *e* Gal 4,10
f 2.Kor 5,15; Gal 2,20 *g* Mt 25,31.32; Apg 17,31;
2.Kor 5,10 *h* Phil 2,10.11 *i* Gal 6,5
j 1.Kor 10,33 *k* Mt 15,11; Apg 10,15; Tit 1,15
l 1.Kor 8,11-13 *m* 1.Kor 8,8; Hebr 13,9
n Kap 12,18 *o* Kap 15,2 *p* Vers 2;
1.Kor 10,25-27 *q* Kap 14,1 *r* 1.Kor 9,19;
10,24.33 *s* 1.Kor 10,11 *t* Phil 2,2 *u* Mt 15,24
v Apg 3,25 *w* Offb 5,5

Auftrag und Vollmacht des Apostels

Ich weiß aber sehr wohl von euch, liebe 14
Brüder, daß ihr voll Güte seid, erfüllt
mit aller Erkenntnis, so daß ihr euch
gegenseitig selbst ermahnen könnt. Ich 15
habe euch aber zum Teil sehr freimütig
geschrieben, um euch wieder daran zu
erinnern [a]kraft der Gnade, die mir von
Gott gegeben ist. Ich soll ja ein [b]Diener 16
Christi Jesu unter den Heiden sein, um
wie ein Priester den Dienst am Evange-
lium Gottes zu versehen, damit die
Heiden ein Opfer werden, das Gott
wohlgefällig ist, geheiligt durch den
heiligen Geist. So kann ich mich also 17
vor Gott rühmen in Christus Jesus.
Denn ich würde niemals wagen, von et- 18
was zu reden, [c]das nicht Christus durch
mich gewirkt hat, um die Heiden zum
[d]Gehorsam zu bringen durch Wort
und Werk, in der Kraft von [e]Zeichen 19
und Wundern und in der Kraft des
Geistes Gottes. So habe ich von Jerusa-
lem aus ringumher bis nach Illyrien das
Evangelium von Christus überall aus-
gerichtet. Dabei habe ich meine Ehre 20
darein gesetzt, das Evangelium nur
dort zu predigen, wo der Name Christi
noch nicht bekannt war, damit ich nicht
auf einen fremden Grund baute,[f] son- 21
dern ich habe getan, wie geschrieben
steht (Jesaja 52,15): »Denen nichts von
ihm verkündigt worden ist, die sollen
sehen, und die nicht gehört haben, sol-
len verstehen.«

a Kap 1,5; 12,3 *b* Kap 11,13 *c* 2.Kor 3,5
d Kap 1,5 *e* Mk 16,17; 2.Kor 12,12
f 2.Kor 10,15.16

Reisepläne des Apostels

Das ist auch der Grund, warum ich so 22
oft verhindert worden bin, zu euch zu
kommen.[a] Da ich nun aber meine Auf- 23
gabe in diesen Ländern erfüllt habe
und auch seit vielen Jahren das [b]Ver-

24 langen habe, zu euch zu kommen, will
ich euch besuchen, wenn ich nach Spa-
nien reisen werde. Denn ich hoffe, daß
ich bei euch durchreisen und euch se-
hen kann und von euch dorthin geleitet
werde, doch so, daß ich mich zuvor ein
25 wenig an euch erquicke. Jetzt aber fah-
re ich nach Jerusalem, um den Heiligen
26 zu dienen.[c] Denn die Christen in Ma-
zedonien und Achaja haben willig eine
gemeinsame Gabe zusammengelegt für
die Armen unter den Heiligen in Jeru-
27 salem.[d] Sie haben's willig getan und
sind ja auch ihre Schuldner. [e]Denn
wenn die Heiden an ihren geistlichen
Gütern Anteil bekommen haben, ist es
recht und billig, daß sie ihnen dafür mit
28 leiblichen Gütern dienen. Wenn ich
das nun ausgerichtet und ihnen den Er-
trag der Sammlung gewissenhaft über-
geben habe, will ich von euch aus nach
29 Spanien ziehen. Ich weiß aber, daß ich,
wenn ich zu euch komme, mit dem vol-
len Segen Christi kommen werde.

30 Ich ermahne euch aber, liebe Brüder,
durch unsern Herrn Jesus Christus und
durch die Liebe, die der Geist schenkt,
[f]daß ihr mir kämpfen helft durch eure
31 Fürbitte vor Gott, damit [g]ich vor den
Ungläubigen in Judäa errettet werde
und mein Dienst, den ich für Jerusalem
32 tue, den Heiligen willkommen ist, da-
mit ich mit Freuden – so Gott will – zu
euch komme und mich bei euch ausru-
33 he. Der Gott des Friedens aber sei mit
euch allen! Amen.

a Kap 1,13 *b* Kap 1,10.11 *c* Apg 18,21; 19,21; 20,22; 24,17 *d* 1.Kor 16,1; 2.Kor 8,1-4 *e* 1.Kor 9,11; Gal 6,6 *f* 2.Kor 1,11; 2.Thess 3,1 *g* 1.Thess 2,15

Empfehlung der Phöbe. Grüße

16 Ich empfehle euch unsere Schwester
Phöbe, die im Dienst der Gemeinde
2 von Kenchreä steht, daß ihr sie auf-
nehmt im Herrn, wie es sich für Chri-
sten ziemt, und ihr beisteht in jeder Sa-
che, in der sie euch braucht; denn auch
sie hat vielen beigestanden, auch mir
selbst.

3 Grüßt die [a]Priska und den Aquila,
meine Mitarbeiter in Christus Jesus,
4 die für mein Leben ihren Hals hinge-
halten haben, denen nicht nur ich zu
danken habe, sondern alle Gemeinden
5 unter den Heiden. Grüßt auch die Ge-
meinde in ihrem Haus. Grüßt meinen
lieben Epänetus, der aus der Provinz
Asien der Erstling für Christus ist.
6 Grüßt Maria, die sich viel Mühe um
7 euch gemacht hat. Grüßt Andronikus
und Junias, meine Stammverwandten
und Mitgefangenen, die berühmt sind
unter den Aposteln und schon vor mir
Christen waren. Grüßt meinen im 8
Herrn geliebten Ampliatus. Grüßt Ur- 9
banus, unsern Mitarbeiter in Christus,
und meinen lieben Stachys. Grüßt 10
Apelles, der sich in Christus bewährt
hat. Grüßt die aus dem Haus des Ari-
stobul. Grüßt Herodion, meinen 11
Stammverwandten. Grüßt die Chri-
sten aus dem Haus des Narzissus.
Grüßt die Tryphäna und die Tryphosa, 12
die sich mühen im Dienst des Herrn.
Grüßt meine liebe Persis, die im Dienst
des Herrn viel Mühe auf sich genom-
men hat. Grüßt [b]Rufus, den Auser- 13
wählten im Herrn, und seine Mutter,
die auch mir eine Mutter geworden ist.
Grüßt Asynkritus, Phlegon, Hermes, 14
Patrobas, Hermas und die Brüder bei
ihnen. Grüßt Philologus und Julia, Ne- 15
reus und seine Schwester und Olympas
und alle Gläubigen bei ihnen. Grüßt 16
euch untereinander mit dem heiligen
Kuß. Es grüßen euch alle Gemeinden
Christi.[c]

a Apg 18,2.18.26 *b* Mk 15,21 *c* 1.Kor 16,20

Warnung vor Irrlehrern

Ich ermahne euch aber, liebe Brüder: 17
Nehmt euch in acht vor denen, die
Zwietracht und Verwirrung anrichten
im Widerspruch zu der Lehre, die ihr
gelernt habt, und meidet sie.[a] Denn 18
solche Leute dienen nicht unserm
Herrn Christus, sondern [b]ihrem
Bauch; und durch [c]süße Worte und
prächtige Reden verführen sie die Her-
zen der Arglosen. Denn euer [d]Gehor- 19
sam ist bei allen bekannt geworden.
Deshalb freue ich mich über euch; ich
will aber, daß ihr [e]weise seid zum Gu-
ten, doch geschieden vom Bösen. Der 20
Gott des Friedens aber wird den Satan
unter eure Füße treten in Kürze. Die
Gnade unsres Herrn Jesus Christus sei
mit euch!

a Mt 7,15; 2.Thess 3,6; Tit 3,10 *b* Phil 3,19 *c* Kol 2,4 *d* Kap 1,8 *e* 1.Kor 14,20

Grüße der Mitarbeiter

Es grüßen euch mein Mitarbeiter [a]Ti- 21
motheus und meine Stammverwandten
Lucius, [b]Jason und [c]Sosipater. Ich, 22
Tertius, der diesen Brief geschrieben
hat, grüße euch im Herrn. Es grüßt 23
euch [d]Gajus, der mich und die ganze
Gemeinde gastlich aufgenommen hat.

Es grüßen euch der Stadtkämmerer
Erastus und der Bruder Quartus.*

a Apg 16,1-3; 19,22; Phil 2,19-22 *b* Apg 17,6
c Apg 20,4 *d* 1.Kor 1,14
*Zu Vers 24 s. die Anmerkung zu 25-27.

Lobpreis Gottes

25 [Dem aber, der euch stärken kann ge-
mäß meinem Evangelium und der Pre-
digt von Jesus Christus, durch die das
[a]Geheimnis enthüllt wurde, das von
26 Anbeginn verschwiegen war, nun aber
offenbart und kundgemacht ist durch
die Schriften der Propheten nach dem
Befehl des ewigen Gottes, den [b]Gehor-
sam des Glaubens aufzurichten unter
allen Heiden: dem Gott, der allein wei- 27
se ist, sei Ehre durch Jesus Christus von
Ewigkeit zu Ewigkeit! Amen.]*

a 1.Kor 2,7; Eph 1,9; 3,4-9 *b* Kap 1,5
*Verse 25-27: Der Schluß des Römerbriefes ist uneinheitlich überliefert: Die Verse 25-27 gehören aller Wahrscheinlichkeit nach nicht zum ursprünglichen Text. Vers 24 (»Die Gnade unsres Herrn Jesus Christus sei mit euch allen! Amen.«) ist sicher später hinzugefügt. Die beiden Texte finden sich in der Mehrzahl der Handschriften an verschiedenen Stellen des Römerbriefes.

DER ERSTE BRIEF DES PAULUS AN DIE KORINTHER

Inhaltsübersicht

1 Paulus, zum Apostel Jesu Christi beru-
fen durch den Willen Gottes, und So-
2 sthenes, unser Bruder, an die Gemein-
de Gottes in Korinth, an die [a]Geheilig-
ten in Christus Jesus, die berufenen
Heiligen samt allen, die [b]den Namen
unsres Herrn Jesus Christus anrufen an
jedem Ort, bei ihnen und bei uns:
3 Gnade sei mit euch und Friede von
Gott, unserm Vater, und dem Herrn
Jesus Christus!

a Kap 6,11 *b* Apg 9,14; 18,1-17

Dank für Gottes reiche Gaben in Korinth

4 Ich danke meinem Gott allezeit euret-
wegen für die Gnade Gottes, die euch
5 in Christus Jesus gegeben ist, daß ihr
durch ihn in allen Stücken reich ge-
macht worden seid, in aller Lehre und
6 aller Erkenntnis. Denn die Predigt von
Christus ist unter euch so wirksam ge-
7 worden, daß ihr keinen Mangel habt an
irgendeiner Gabe, [a]während ihr auf die
Offenbarung unsres Herrn Jesus Chri-
8 stus wartet. Der wird euch auch [b]fest
erhalten bis ans Ende, daß ihr [c]untade-
lig seid am Tag unsres Herrn Jesus
9 Christus. Denn [d]*Gott ist treu, durch den*
ihr berufen seid zur Gemeinschaft mit sei-
nem Sohn Jesus Christus, unserm Herrn.

a Tit 2,13; 2.Petr 3,13.14 *b* Phil 1,6
c 1.Thess 3,13 *d* 1.Thess 5,24

Spaltungen in der Gemeinde

Ich ermahne euch aber, liebe Brüder, 10
im Namen unsres Herrn Jesus Chri-
stus, daß ihr alle einmütig seid und kei-
ne [a]Spaltungen unter euch aufkommen
laßt; vielmehr haltet fest zusammen [b]in
einem Sinn und in *einer* Meinung. Denn 11
über euch, liebe Brüder, ist mir durch
die Leute der Chloë berichtet worden,
daß Streit unter euch herrscht. Ich 12
meine aber dies, daß unter euch der
eine sagt: [c]Ich gehöre zu Paulus, der
andere: Ich zu [d]Apollos, der dritte: Ich
zu [e]Kephas, der vierte: Ich zu Chri-
stus. Wie? Ist Christus etwa zerteilt? 13
Ist denn Paulus für euch gekreuzigt?
Oder seid ihr auf den Namen des Pau-
lus getauft? Ich danke Gott, daß ich 14
niemand unter euch getauft habe außer
[f]Krispus und [g]Gajus, damit nicht je- 15
mand sagen kann, ihr wäret auf meinen
Namen getauft worden. Ich habe aber 16
auch das Haus des [h]Stephanas getauft;
im übrigen weiß ich nicht, ob ich noch

17 jemand getauft habe. Denn Christus
hat mich nicht gesandt zu taufen, son-
dern das Evangelium zu predigen; aber
nicht mit klugen Worten, damit nicht
das Kreuz Christi zunichte wird.

a Kap 11,18 *b* Röm 15,5; Phil 2,2 *c* Kap 3,4
d Apg 18,24-27 *e* Joh 1,42 *f* Apg 18,8
g Röm 16,23 *h* Kap 16,15

Die Weisheit der Welt ist Torheit vor Gott

18 Denn *das Wort vom Kreuz ist Torheit*
denen, [a] die verloren gehen; uns aber, die
wir gerettet werden, ist es [b] Gottes Kraft.
19 Denn es steht geschrieben (Jesaja 29,
14): »Ich will die Weisheit der Weisen
zunichte machen, und den Verstand
der Verständigen will ich verwerfen.«
20 Wo sind nun die Klugen? Wo sind die
Schriftgelehrten? Wo sind die Weisen
dieser Welt? [c] Hat nicht Gott die Weis-
heit der Welt zur Torheit gemacht?
21 Denn weil die Welt, umgeben von der
Weisheit Gottes, durch ihre Weisheit
Gott nicht erkannte, gefiel es Gott,
durch die Torheit der Predigt die zu
22 retten, die glauben. Denn [d] die Juden
fordern Zeichen, und [e] die Griechen
23 fragen nach Weisheit, wir aber predi-
gen den gekreuzigten Christus, den Ju-
den ein [f] Ärgernis und den Griechen
24 eine [g] Torheit; denen aber, die berufen
sind, Juden wie Griechen, predigen wir
Christus als Gottes Kraft und [h] Gottes
25 Weisheit. Denn die göttliche Torheit
ist weiser, als die Menschen sind, und
die göttliche Schwachheit ist stärker,
als die Menschen sind.
26 Seht doch, liebe Brüder, auf eure Be-
rufung: Nicht viele Weise nach dem
Urteil der Menschen, nicht viele
Mächtige, nicht viele Vornehme sind
27 berufen.[i] Sondern was töricht ist vor
der Welt, das hat Gott erwählt, um die
Weisen zuschanden zu machen; und
was schwach ist vor der Welt, das hat
Gott erwählt, um zuschanden zu ma-
28 chen, was stark ist; und das Geringe vor
der Welt und das Verachtete hat Gott
erwählt, das, was nichts ist, um zunich-
29 te zu machen, was etwas ist, damit sich
kein Mensch vor Gott rühmen kann.[j]
30 Durch ihn aber seid ihr in Christus Je-
sus, der uns von Gott her zur Weisheit
und zur [k] Gerechtigkeit und zur [l] Heili-
gung und zur [m] Erlösung geworden ist,
31 damit gilt, wie geschrieben steht (Jere-
mia 9,22.23): [n] »Wer sich rühmt, der
rühme sich des Herrn!«

a 2.Kor 4,3 *b* Röm 1,16 *c* Mt 11,25; Röm 1,22
d Mt 12,38; Joh 4,48 *e* Apg 17,18-21 *f* Apg 17,32;
Gal 5,11 *g* Kap 2,14 *h* Kol 2,3 *i* Joh 7,48;
Jak 2,1-5 *j* Röm 3,27; Eph 2,9 *k* Jer 23,5.6;
2.Kor 5,21 *l* Joh 17,19 *m* Mt 20,28
n 2.Kor 10,17

Die Predigt des Apostels vom Gekreuzigten

Auch ich, liebe Brüder, als ich zu euch 2
kam, kam nicht mit hohen Worten und
hoher Weisheit, um euch das Geheim-
nis Gottes zu verkündigen. Denn ich 2
hatte beschlossen, unter euch nichts zu
wissen als allein Jesus Christus, den
Gekreuzigten.[a] So kam ich zu euch [b] in 3
Schwachheit und [c] in Furcht und mit
großem Zittern; und mein Wort und 4
meine Predigt geschah nicht mit über-
redenden Worten menschlicher Weis-
heit, sondern wirkte [d] durch den Erweis
des Geistes und der Kraft, damit euer 5
Glaube nicht auf Menschenweisheit
beruhen sollte, sondern auf [e] Gottes
Kraft.

a Gal 6,14 *b* Gal 4,13 *c* Apg 18,9; 2.Kor 10,1
d Mt 10,20 *e* 1.Thess 1,5

Weisheit für die Vollkommenen

Dennoch verkündigen wir Weisheit 6
unter den Vollkommenen; nicht eine
Weisheit dieser Welt, auch nicht der
Herrscher dieser Welt, die vergehen.
Sondern wir verkündigen die [a] geheim- 7
nisvolle Weisheit Gottes, die verborgen
ist; Gott hat sie vor aller Zeit zu unserer
Herrlichkeit vorherbestimmt, und kei- 8
ner von den Herrschern dieser Welt hat
sie erkannt; denn wenn sie die erkannt
hätten, so hätten sie den Herrn der
Herrlichkeit nicht gekreuzigt. Sondern 9
es ist gekommen, wie geschrieben steht
(Jesaja 64,3): »Was kein Auge gesehen
hat und kein Ohr gehört hat und in kei-
nes Menschen Herz gekommen ist, was
Gott bereitet hat denen, die ihn lieben.«
Uns aber hat es [b] Gott offenbart durch 10
seinen Geist; denn der Geist erforscht
alle Dinge, auch die Tiefen der Gott-
heit. Denn was im Menschen ist, weiß 11
niemand als allein der Geist des Men-
schen, der in ihm ist. So weiß auch nie-
mand, was in Gott ist, als allein der
Geist Gottes. Wir aber haben nicht den 12
Geist der Welt empfangen, sondern
[c] den Geist aus Gott, so daß wir wissen
können, was uns von Gott geschenkt
ist. Und davon reden wir nicht mit 13
Worten, wie sie menschliche Weisheit
lehren kann, sondern mit Worten, die
der Geist lehrt, und deuten das Wirken
des Geistes auf geistgewirkte Art. Der 14

natürliche Mensch aber nimmt nichts
an, was vom Geist Gottes kommt; es ist
ihm eine [d]Torheit, und er kann es nicht
verstehen; denn es muß geistlich beur-
15 teilt werden. Der geistliche Mensch
aber beurteilt alles und kann doch sel-
ber von niemand beurteilt werden.
16 Denn [e]»wer hat den Geist des Herrn er-
kannt, oder wer will ihn unterweisen«?
(Jesaja 40,13) Wir aber haben den
Geist Christi.

a Mt 11,25; Röm 16,25 *b* Mt 13,11; Kol 1,26
c Joh 14,16.17 *d* Kap 1,23; Joh 8,47 *e* Röm 11,34

Unmündigkeit der Korinther

3 Ich konnte jedoch zu euch, liebe Brü-
der, nicht reden wie zu geistlichen
Menschen, sondern nur wie zu natür-
lichen, [a]wie zu unmündigen Kindern
2 in Christus. [b]Milch habe ich euch gege-
ben und nicht feste Speise; denn ihr
konntet sie noch nicht vertragen. Auch
3 jetzt könnt ihr's noch nicht, weil ihr
noch in eurer natürlichen alten Art be-
fangen seid. Denn [c]wenn Eifersucht
und Zank unter euch sind, seid ihr da
nicht von eurer natürlichen alten Art
beherrscht und lebt nach Menschen-
4 weise? Denn wenn der eine sagt: Ich
gehöre zu Paulus, der andere aber: Ich
zu Apollos –, ist das nicht sehr mensch-
lich geredet?[d]

a Joh 16,12 *b* 1.Petr 2,2 *c* Kap 1,10.11; 11,18
d Kap 1,12

Zusammenwirken und Verantwortung der Mitarbeiter Gottes

5 Wer ist denn Apollos? Wer ist Paulus?
Diener sind wir, durch die ihr zum
Glauben gekommen seid, und das, wie
es der Herr jedem von uns gegeben hat:
6 Ich habe gepflanzt, [a]Apollos hat begos-
sen; aber Gott hat das Gedeihen gege-
7 ben. So ist nun weder der pflanzt noch
der begießt etwas, sondern Gott, der
8 das Gedeihen gibt. Der aber pflanzt
und der begießt, sind einer wie der an-
dere an der Arbeit. [b]Jeder von ihnen
wird seinen Lohn empfangen nach der
Arbeit, die er getan hat.
9 Denn wir sind Gottes Mitarbeiter;
ihr seid Gottes [c]Ackerfeld und Gottes
10 [d]Bau. Ich habe als ein weiser Baumei-
ster nach Gottes Gnade, die mir gege-
ben ist, den Grund gelegt; ein anderer
baut darauf. Jeder aber sehe zu, wie er
11 darauf baut. Denn *einen andern Grund*
kann niemand legen als den, der gelegt ist;
12 *das ist Jesus Christus.*[e] Ob aber jemand
auf diesen Grund baut Gold, Silber,
kostbare Steine, Holz, Heu oder Stroh
– das Werk eines jeden wird offenbar 13
werden. [f]Der Tag des Gerichts wird es
erweisen; denn mit Feuer wird er sich
offenbaren. Und von welcher Art das
Werk eines jeden ist, wird das Feuer er-
proben. Wird jemandes Werk bleiben, 14
das er darauf gebaut hat, so wird er
Lohn empfangen. Wird aber jemandes 15
Werk verbrennen, so wird er Schaden
leiden; er selbst aber wird gerettet wer-
den, doch so wie durchs Feuer hin-
durch.
Wißt ihr nicht, daß ihr Gottes Tem- 16
pel seid und der Geist Gottes in euch
wohnt?[g] Wenn jemand den Tempel 17
Gottes verdirbt, den wird Gott verder-
ben, denn der Tempel Gottes ist heilig;
der seid ihr.

a Apg 18,24-28 *b* Kap 4,5 *c* Mt 13,3-9
d Eph 2,20 *e* 1.Petr 2,4-6 *f* Kap 4,5 *g* Kap 6,19;
2.Kor 6,16

Alles ist euer

Niemand betrüge sich selbst. Wer un- 18
ter euch meint, weise zu sein in dieser
Welt, der werde ein Narr, um weise zu
werden.[a] Denn die Weisheit dieser 19
Welt ist Torheit bei Gott. Denn es steht
geschrieben (Hiob 5,13): »Er fängt die
Weisen in ihrer Klugheit«, und weiter 20
(Psalm 94,11): »Der Herr kennt die Ge-
danken der Weisen: sie sind nichtig.«
Darum rühme sich niemand eines 21
Menschen; denn alles ist euer: es sei 22
Paulus oder Apollos oder Kephas, es sei
Welt oder Leben oder Tod, es sei Ge-
genwärtiges oder Zukünftiges, alles ist
euer, ihr aber seid Christi, Christus 23
aber ist Gottes.[b]

a Offb 3,17.18 *b* Kap 11,3

Gegen voreiliges Richten

Dafür halte uns jedermann: für Diener 4
Christi und [a]Haushalter über Gottes
Geheimnisse. Nun fordert man von 2
den Haushaltern, daß sie sich als [b]treu
erweisen. Mir aber macht es nicht das 3
Geringste aus, wenn ich von euch ge-
richtet werde oder von einem menschli-
chen Gericht; auch richte ich mich
selbst nicht. Ich bin mir zwar keiner 4
Schuld bewußt, aber darin bin ich nicht
gerechtfertigt; sondern der Herr ist's,
der mich richtet. Darum richtet nicht 5
vor der Zeit, ehe der Herr kommt. Er
wird ans Licht bringen, was im Fin-
stern verborgen ist, und wird das
Trachten der Herzen offenbar machen.

Dann [c] wird ein jeder von Gott sein Lob
empfangen.

a Tit 1,7 *b* Lk 12,42 *c* Kap 3,8

Gegen die Überheblichkeit der Korinther

6 Dies alles habe ich um euretwillen, lie-
be Brüder, im Blick auf mich selbst und
Apollos gesagt, damit ihr an uns lernt,
was das heißt: Nicht über das hinaus,
was geschrieben steht!, [a] damit sich kei-
ner zugunsten des einen gegen den an-
7 dern aufbläht. Denn wer gibt dir einen
Vorrang? Was hast du, das du nicht
empfangen hast? Wenn du es aber
empfangen hast, was rühmst du dich
dann, als ob du es nicht empfangen hät-
8 test? Ihr [b] seid schon satt geworden?
Ihr seid schon reich geworden? Ihr
habt schon zu [c] herrschen begonnen
ohne uns? Ja, wollte Gott, ihr würdet
schon herrschen, damit auch wir mit
9 euch herrschen könnten! Denn mir
scheint, Gott hat uns Apostel auf den
letzten Platz gestellt, wie [d] zum Tode
Verurteilte. Denn wir sind ein
[e] Schauspiel geworden für die Welt, für
10 Engel und Menschen. Wir sind [f] Nar-
ren um Christi willen, ihr aber seid klug
in Christus; wir schwach, ihr aber
stark; ihr herrlich, wir aber verachtet.
11 Bis auf diese Stunde leiden wir Hunger
und Durst, sind dürftig gekleidet, wer-
den geschlagen und haben keine feste
12 Bleibe [g] und [h] mühen uns ab mit unsrer
Hände Arbeit. Man schmäht uns, so
[i] segnen wir; man verfolgt uns, so dul-
13 den wir's, man beschimpft uns, so re-
den wir freundlich. Wir sind wie der
Abschaum der Menschheit geworden,
jedermanns Kehricht, bis heute.

a Röm 12,3 *b* Offb 3,17 *c* Offb 3,21 *d* Röm 8,36
e Hebr 10,33 *f* Kap 3,18 *g* 2.Kor 11,23-27
h Kap 9,15; Apg 18,3 *i* Mt 5,44; Röm 12,14

Paulus der Vater der Gemeinde in Korinth

14 Nicht um euch zu beschämen, schreibe
ich dies; sondern ich ermahne euch als
15 meine lieben Kinder. Denn wenn ihr
auch zehntausend Aufseher hättet in
Christus, so habt ihr doch nicht viele
Väter; denn [a] ich habe euch gezeugt in
Christus Jesus durchs Evangelium.
16 Darum ermahne ich euch: [b] Seid meine
17 Nachfolger! Aus demselben Grund
habe ich [c] Timotheus zu euch gesandt,
der mein lieber und getreuer Sohn ist
im Herrn, damit er euch erinnere an
meine Wege und Weisungen in Chri-
stus Jesus, wie ich überall in allen Ge-
meinden lehre.
Einige haben den Mund voll genom- 18
men, ich würde ja doch nicht zu euch
kommen. Ich werde aber sehr bald zu 19
euch kommen, wenn der Herr will, und
erfahren, wie es um die Kraft der Wich-
tigtuer bestellt ist und nicht nur um
ihre Worte. Denn *das Reich Gottes be-* 20
steht nicht in Worten, sondern in [d] *Kraft.*
Was wollt ihr lieber? Soll ich mit dem 21
Stock zu euch kommen oder im Geist
der Liebe und der Sanftmut? [e]

a Kap 9,2; Gal 4,19 *b* Kap 11,1 *c* Apg 16,1-3
d Kap 2,4 *e* 2.Kor 10,2

Ausschluß der Unzüchtigen aus der Gemeinde

Überhaupt geht die Rede, daß Unzucht 5
unter euch ist, und zwar eine solche
Unzucht, wie sie nicht einmal unter
den Heiden vorkommt: daß [a] einer die
Frau seines Vaters hat. Und da seid ihr 2
[b] aufgeblasen und seid nicht vielmehr
traurig geworden, um den aus eurer
Mitte zu entfernen, der diese Tat be-
gangen hat? Ich aber, [c] der ich zwar 3
nicht persönlich bei euch bin, doch mit
dem Geist, habe schon, als wäre ich an-
wesend, über den, der solches getan
hat, beschlossen: wenn ihr im Namen 4
des Herrn Jesus versammelt seid und
mein Geist [d] samt der Kraft unsres
Herrn Jesus bei euch ist, soll dieser 5
Mensch [e] dem Satan übergeben werden
zum Verderben des irdischen Leibes,
damit der Geist am Tage des Herrn ge-
rettet wird.
Euer Rühmen ist nicht gut. Wißt ihr 6
nicht, daß [f] ein wenig Sauerteig den
ganzen Teig durchsäuert? [g] Darum 7
fegt den alten Sauerteig aus, damit ihr
ein neuer Teig seid, wie ihr ja wirklich
ungesäuert seid. Denn unser Passa-
lamm ist schon geopfert, das ist Chri-
stus. Darum laßt uns das Fest feiern, 8
nicht im alten Sauerteig, auch nicht im
Sauerteig der Bosheit und Schlechtig-
keit, sondern im ungesäuerten Teig der
Lauterkeit und Wahrheit.
Ich habe euch in meinem Brief ge- 9
schrieben, daß ihr nichts mit den Un-
züchtigen zu schaffen haben sollt. Da- 10
mit meinte ich nicht allgemein die Un-
züchtigen in dieser Welt oder die Geizi-
gen oder Räuber oder Götzendiener;
sonst müßtet ihr ja die Welt überhaupt
räumen. Vielmehr habe ich euch ge- 11
schrieben: Ihr sollt nichts mit jemand
zu schaffen haben, der sich Bruder nen-

nen läßt und ist ein Unzüchtiger oder
ein Geiziger oder ein Götzendiener
oder ein Lästermaul oder ein Trunken-
bold oder ein Räuber; mit dem sollt ihr
12 auch nicht essen.[h] Denn wie komme
ich dazu, die draußen zu richten? Habt
ihr nicht die zu richten, die drinnen
13 sind? Die draußen wird Gott richten.
[i] Schafft ihr den Bösen aus eurer Mitte!

a 3.Mose 18,8 *b* Kap 4,6-8 *c* Kol 2,5
d Mt 16,19; 18,18; 2.Kor 13,10 *e* 1.Tim 1,20
f Gal 5,9 *g* *(7 und 8)* 2.Mose 12,3-20; 13,7;
Jes 53,7; 1.Petr 1,19 *h* 2.Thess 3,6 *i* 5.Mose 13,6;
Mt 18,17

Rechtssachen unter Christen

6 Wie kann jemand von euch, wenn er
mit einem andern einen Rechtsstreit
hat, sein Recht vor den Ungerechten
suchen und nicht vor den Heiligen?
2 Wißt ihr nicht, daß [a]die Heiligen die
Welt richten werden? Wenn nun die
Welt von euch gerichtet werden soll,
seid ihr dann nicht auch für die gering-
3 sten Streitfälle zuständig? Wißt ihr
nicht, daß wir über Engel richten wer-
den? Wieviel mehr über Dinge des täg-
4 lichen Lebens! Ihr aber, wenn ihr sol-
che Rechtshändel habt, macht Ungläu-
bige, die in der Gemeinde nichts gelten,
5 zu euren Richtern. Euch zur Schande
muß ich das sagen. Ist denn gar kein
Weiser unter euch, auch nicht einer,
der zwischen Bruder und Bruder rich-
6 ten könnte? Sondern ein Bruder rech-
tet mit dem andern, und das vor Un-
7 gläubigen! Es ist schon schlimm genug,
daß ihr Rechtshändel miteinander
habt. Warum laßt ihr euch nicht lieber
Unrecht tun? Warum laßt ihr euch
8 nicht lieber übervorteilen?[b] Stattdes-
sen tut ihr Unrecht und übervorteilt,
und das Brüdern gegenüber!
9 [c]Oder wißt ihr nicht, daß Ungerech-
te das Reich Gottes nicht erben wer-
den? Laßt euch nicht irreführen! We-
der Unzüchtige noch Götzendiener,
Ehebrecher, Lustknaben, Knaben-
10 schänder, Diebe, Geizige, Trunken-
bolde, Lästermäuler oder Räuber wer-
11 den das Reich Gottes erben. Und sol-
che Leute sind einige von euch gewe-
sen. Aber ihr seid [d]reingewaschen, ihr
seid [e]geheiligt, ihr seid [f]gerecht gewor-
den durch den Namen des Herrn Jesus
Christus und durch den Geist unsres
Gottes.

a Mt 19,28 *b* Mt 5,38-41; 1.Thess 5,15;
1.Petr 3,9 *c* *(9-11)* 1.Tim 1,9-11; Gal 5,19-21
d Tit 3,3-7 *e* Kap 1,2 *f* Röm 3,26

Der Leib ein Tempel des heiligen Geistes

[a]Alles ist mir erlaubt, aber nicht alles 12
dient zum Guten. Alles ist mir erlaubt,
aber es darf mich nichts gefangenneh-
men. Die Speise ist für den Bauch und 13
der Bauch für die Speise; aber Gott
wird das eine wie das andere zunichte
werden lassen. [b]Der Leib ist aber nicht
für die Unzucht da, sondern für den
Herrn, und der Herr für den Leib. Gott 14
aber [c]hat den Herrn auferweckt und
[d]wird auch uns auferwecken durch sei-
ne Kraft. Wißt ihr nicht, daß eure Lei- 15
ber Glieder Christi sind? Sollte ich nun
die Glieder Christi nehmen und zu
Gliedern einer Hure machen? Nie-
mals! Oder wißt ihr nicht: wer sich an 16
eine Hure hängt, der ist *ein* Leib mit
ihr? Denn die Schrift sagt: »Die zwei
werden *ein* Leib sein« (1. Mose 2,24).
Wer aber dem Herrn anhängt, der ist 17
[e]*ein Geist* mit ihm. Flieht die Hurerei! 18
Alle Sünden, die der Mensch tut, be-
treffen nicht seinen Leib; wer aber Hu-
rerei treibt, der sündigt am eigenen
Leibe. Oder *wißt ihr nicht, daß* [f]*euer* 19
Leib ein Tempel des heiligen Geistes ist,
der in euch wohnt und den ihr von Gott
habt, so daß ihr nicht euch selbst gehört?
Denn [g]*ihr seid teuer erkauft; darum* 20
[h]*preist Gott mit eurem Leibe.*

a Kap 10,23 *b* 1.Thess 4,3-5 *c* Kap 15,20
d 2.Kor 4,14 *e* Joh 17,21.22 *f* Kap 3,16
g Kap 7,23; 1.Petr 1,18.19 *h* Phil 1,20

Ehe und Ehelosigkeit

Nun komme ich zu dem, was ihr mir **7**
geschrieben habt: Es ist gut für den
Mann, keine Frau zu berühren. Jedoch 2
um Unzucht zu vermeiden, soll jeder
seine eigene Frau haben und jede Frau
ihren eigenen Mann. Der Mann leiste 3
der Frau die eheliche Pflicht, ebenso
die Frau dem Mann. Die Frau verfügt 4
nicht über ihren Leib, sondern der
Mann. Ebenso verfügt der Mann nicht
über seinen Leib, sondern die Frau.
Entzieht euch einander nicht, es sei 5
denn nach Übereinkunft für eine Zeit-
lang, damit ihr zum Beten Ruhe habt;
und dann kommt wieder zusammen,
damit euch der Satan nicht versucht,
weil ihr euch nicht enthalten könnt.
Dies sage ich aber als Erlaubnis und 6
nicht als Gebot. Ich wollte zwar lieber, 7
alle Menschen wären, wie ich bin; doch
jeder hat seine eigene Gabe von Gott,
der eine so, der andere so.[a]

8 Den Unverheirateten und Witwen
aber sage ich: Es ist gut für sie, wenn sie
9 bleiben wie ich. Wenn sie sich aber
nicht enthalten können, sollen sie hei-
raten; denn es ist besser, zu heiraten als
sich in Begierde zu verzehren.[b]

a Mt 19,12 *b* 1.Tim 5,14

Ehescheidung

10 Den Verheirateten aber gebiete nicht
ich, sondern [a]der Herr, daß die Frau
sich nicht von ihrem Mann scheiden
11 soll – hat sie sich aber geschieden, soll
sie unverheiratet bleiben oder sich mit
ihrem Mann versöhnen – und daß der
Mann seine Frau nicht verstoßen soll.
12 Den andern aber sage ich, nicht der
Herr: Wenn ein Bruder eine ungläubi-
ge Frau hat und sie ist bereit, bei ihm
zu bleiben, so soll er sich nicht von ihr
13 scheiden. Und wenn eine Frau einen
ungläubigen Mann hat und er ist bereit,
bei ihr zu bleiben, so soll sie sich nicht
14 von ihm scheiden. Denn der ungläubi-
ge Mann ist geheiligt durch die Frau,
und die ungläubige Frau ist geheiligt
durch den gläubigen Mann. Sonst wä-
ren eure Kinder unrein; [b]nun aber sind
15 sie heilig. Wenn aber der Ungläubige
sich scheiden will, so mag er sich schei-
den. Der Bruder oder die Schwester ist
in solchen Fällen nicht gebunden.
[c]Zum Frieden hat euch Gott berufen.
16 Denn [d]was weißt du, Frau, ob du den
Mann retten wirst? Oder du, Mann, was
weißt du, ob du die Frau retten wirst?

a Mt 5,32 *b* Röm 11,16 *c* Röm 14,19 *d* 1.Petr 3,1

Gottes Ruf und der Stand der Berufenen

17 Nur führe jeder sein Leben so, wie es
der Herr ihm zugemessen, wie Gott
einen jeden berufen hat. So ordne ich es
18 in allen Gemeinden an. Ist jemand als
Beschnittener berufen, der bleibe bei
der Beschneidung. Ist jemand als Un-
beschnittener berufen, der lasse sich
19 nicht beschneiden. Beschnitten sein ist
nichts, und unbeschnitten sein ist
nichts, sondern es gilt allein: Gottes
20 Gebote halten.[a] Jeder bleibe seiner Be-
rufung treu, so wie er berufen wurde.
21 Bist du als Sklave berufen worden, so
laß es dich nicht bekümmern; doch
kannst du frei werden, so nutze die
22 Möglichkeit. Denn [b]wer als Sklave be-
rufen ist im Herrn, der ist ein Freigelas-
sener des Herrn; ebenso, wer als Freier
berufen ist, der ist ein [c]Sklave Christi.
23 *Ihr seid teuer erkauft; werdet nicht Skla-
ven der Menschen.*[d] Liebe Brüder, ein 24
jeder bleibe vor Gott, worin er berufen
worden ist.

a Gal 5,6; 6,15 *b* Phlm 16 *c* Eph 6,6 *d* Kap 6,20

Von den Unverheirateten

Über die Jungfrauen habe ich kein Ge- 25
bot des Herrn; ich sage aber meine
Meinung als einer, der vom Herrn die
Barmherzigkeit empfangen hat, in sei-
nem Auftrag zu reden. So meine ich 26
nun: [a]um der bevorstehenden Not wil-
len ist es gut für den Menschen, ledig
zu bleiben. Bist du an eine Frau gebun- 27
den, so suche nicht, von ihr loszukom-
men; bist du nicht gebunden, so suche
keine Frau. Wenn du aber doch heira- 28
test, sündigst du nicht, und wenn eine
Jungfrau heiratet, sündigt sie nicht;
doch werden die, die das tun, in äußere
Bedrängnis kommen. Ich aber möchte
euch gerne schonen.

Das sage ich aber, liebe Brüder: [b]*Die* 29
*Zeit ist kurz. Darum sollen auch die, die
Frauen haben, sein,* [c]*als hätten sie keine;
und die, die weinen, als weinten sie nicht;
und die sich freuen, als freuten sie sich* 30
*nicht; und die kaufen, als könnten sie es
nicht behalten; und die die Güter dieser* 31
*Welt gebrauchen, als brauchten sie sie
nicht.* [d]*Denn die Gestalt dieser Welt ver-
geht.* Ich möchte aber, daß ihr ohne 32
Sorge seid. Wer ledig ist, der sorgt sich
um die Sache des Herrn, nämlich wie er
dem Herrn gefällt; [e]wer aber verheira- 33
tet ist, der sorgt sich um die Dinge der
Welt, nämlich wie er der Frau gefällt,
und so ist sein Herz geteilt. Und die 34
Frau, die keinen Mann hat, und die
Jungfrau sorgen sich um die Sache des
Herrn, nämlich daß sie heilig sind am
Leib und auch am Geist; aber die ver-
heiratete Frau sorgt sich um die Dinge
der Welt, nämlich wie sie dem Mann
gefällt. Das sage ich zu eurem eigenen 35
Nutzen; nicht um euch einen Strick um
den Hals zu werfen, sondern damit ihr
in allen Ehren stetig und ungehindert
dem Herrn dienen könnt.

Wenn aber jemand meint, er handle 36
ungebührlich seiner Jungfrau gegen-
über, wenn sie erwachsen ist und es
nicht anders sein kann, so mag er tun,
was er will; er sündigt nicht, sie sollen
heiraten. Wenn einer aber in seinem 37
Herzen fest ist, weil er keinen Zwang
verspürt und sich in der Gewalt hat,
und er beschließt in seinem Herzen,
seine Jungfrau unberührt zu lassen, so
tut er gut daran. Wer also seine Jung- 38

frau heiratet, der handelt gut; wer sie
aber nicht heiratet, der handelt besser.

a Kap 10,11 *b* Röm 13,11 *c* Lk 14,26
d 1.Joh 2,15-17 *e* Lk 14,20

Von den Witwen

39 Eine Frau ist gebunden, solange ihr
Mann lebt; wenn aber ihr Mann stirbt,
ist sie frei, zu heiraten, wen sie will; nur
40 soll es im Herrn geschehen![a] Seliger zu
preisen ist sie aber, so meine ich, wenn
sie ledig bleibt. Ich glaube aber auch
den Geist Gottes zu haben.

a Röm 7,2

Vom Essen des Götzenopferfleisches

8 Was aber das [a]Götzenopferfleisch an-
geht, so haben wir ja alle die Erkennt-
nis. Die Erkenntnis bläht auf; aber die
2 Liebe baut auf. Wenn [b]jemand meint,
er habe etwas erkannt, so hat er noch
nicht erkannt, wie man erkennen soll.
3 Wenn aber jemand Gott liebt, der ist
[c]von ihm erkannt.
4 Was nun das Essen von Götzen-
opferfleisch angeht, so wissen wir, daß
es keinen Götzen gibt in der Welt und
5 [d]keinen Gott außer dem einen. Und
[e]obwohl es sogenannte Götter gibt, es
sei im Himmel oder auf Erden, wie es
ja wirklich viele Götter und viele Her-
6 ren gibt, *so haben wir doch nur* [f]*einen*
Gott, den Vater, von dem alle Dinge sind
und wir auf ihn hin; und einen Herrn,
Jesus Christus,[g] *durch den alle Dinge sind*
und wir durch ihn.
7 Aber nicht alle haben diese Erkennt-
nis. Vielmehr sind einige noch an die
Götzen gewöhnt und essen es als Göt-
zenopfer; dadurch [h]wird ihr Gewissen,
8 weil es noch schwach ist, befleckt. Spei-
se aber wird uns nicht vor Gottes Ge-
richt bringen. Essen wir nicht, so wer-
den wir darum vor Gott nicht weniger
gelten; essen wir, so werden wir darum
9 vor ihm nicht mehr gelten.[i] Seht aber
zu, daß diese eure Freiheit den Schwa-
10 chen nicht zum Anstoß wird![j] Denn
wenn jemand dich, der du die Erkennt-
nis hast, im Götzentempel zu Tisch sit-
zen sieht, wird dann nicht sein Gewis-
sen, da er doch schwach ist, verleitet,
11 das Götzenopfer zu essen? Und so wird
durch deine Erkenntnis der Schwache
[k]zugrunde gehen, der Bruder, für den
12 doch Christus gestorben ist. Wenn ihr
euch aber so an den Brüdern versündigt
und ihr schwaches Gewissen verletzt,
so versündigt ihr euch an Christus.
Darum, wenn Speise meinen Bruder zu 13
Fall bringen kann, will ich lieber nie
mehr Fleisch essen, um meinen Bruder
nicht zu verführen.[l]

a Apg 15,29 *b* Gal 6,3 *c* Kap 13,12; Gal 4,9
d 5.Mose 6,4 *e* Kap 10,19.20; Ps 136,2.3;
Röm 8,38.39 *f* Kap 12,5.6; 2.Mose 20,3; Mal 2,10;
Eph 4,5.6 *g* Joh 1,3; Kol 1,16 *h* Kap 10,28
i Röm 14,17 *j* Gal 5,13 *k* Röm 14,15
l Röm 14,21

Recht und Freiheit des Apostels

Bin ich nicht frei? Bin ich nicht ein **9**
Apostel? [a]Hab ich nicht unsern Herrn
Jesus gesehen? Seid nicht ihr mein
Werk im Herrn? Bin ich für andere 2
kein Apostel, so bin ich's doch für
euch; denn [b]das Siegel meines Apostel-
amts seid ihr im Herrn. Denen, die 3
über mich zu Gericht sitzen, antworte
ich so: Haben wir nicht das Recht, mit 4
Essen und Trinken versorgt zu wer-
den?[c] Haben wir nicht auch das Recht, 5
eine Schwester als Ehefrau mit uns zu
führen wie die andern Apostel und die
Brüder des Herrn und [d]Kephas? Oder 6
haben allein ich und [e]Barnabas nicht
das Recht, nicht zu [f]arbeiten? Wer 7
zieht denn in den Krieg und zahlt sich
seinen Sold selbst? Wer pflanzt einen
Weinberg und ißt nicht von seiner
Frucht? Oder wer weidet eine Herde
und nährt sich nicht von der Milch der
Herde? Sage ich das nur nach mensch- 8
lichem Gutdünken? Sagt das nicht
auch das Gesetz? Denn im Gesetz des 9
Mose steht geschrieben (5. Mose 25,4):
[g]»Du sollst dem Ochsen, der da drischt,
nicht das Maul verbinden.« Sorgt sich
Gott etwa um die Ochsen? Oder redet 10
er nicht überall um unsertwillen? Ja,
um unsertwillen ist es geschrieben:
Wer pflügt, soll auf Hoffnung pflügen;
und wer drischt, soll in der Hoffnung
dreschen, daß er seinen Anteil bekom-
men wird. Wenn wir unter euch Gaben 11
des Geistes säen, ist es dann zuviel ver-
langt, wenn wir irdische Gaben von
euch ernten?[h] Wenn andere dies Recht 12
bei euch haben, haben wir es dann nicht
viel mehr? Aber [i]wir haben von diesem
Recht keinen Gebrauch gemacht, son-
dern wir ertragen alles, damit wir nicht
dem Evangelium von Christus ein Hin-
dernis bereiten. Wißt ihr nicht, daß die, 13
[j]die den Dienst am Tempel versehen,
vom Tempel leben und die am Altar
dienen, von den Opfergaben genießen?
So hat auch der Herr befohlen, daß die, 14
die das Evangelium verkündigen, sich
vom Evangelium nähren sollen.[k] Ich 15

aber habe [l]von alldem keinen Ge-
brauch gemacht. Ich schreibe auch
nicht deshalb davon, damit es in Zu-
kunft mit mir so gehalten werden soll.
Lieber würde ich sterben, als daß mir
jemand meinen Ruhm zunichte macht.
16 Denn daß ich das Evangelium predige,
dessen darf ich mich nicht rühmen;
denn ich muß es tun. Und [m]wehe mir,
wenn ich das Evangelium nicht predig-
17 te! Wenn ich's aus freien Stücken pre-
digte, würde ich belohnt. Ich tue es
aber nicht aus freien Stücken, sondern
18 [n]ich bin mit einem Amt betraut. Was
ist denn nun mein Lohn? Daß ich das
Evangelium unentgeltlich predige und
so von meinem Recht am Evangelium
nicht Gebrauch mache.
19 Denn obwohl ich allen gegenüber
frei bin, [o]hab ich doch mich selbst zum
Knecht aller gemacht, damit ich mög-
20 lichst viele gewinne. [p]Den Juden bin
ich wie ein Jude geworden, damit ich
die Juden gewinne. Denen, die unter
dem Gesetz stehen, bin ich wie einer
unter dem Gesetz geworden – obwohl
ich selbst nicht unter dem Gesetz ste-
he–, damit ich die, die unter dem Ge-
21 setz sind, gewinne. Denen, die ohne
Gesetz sind, [q]bin ich wie einer ohne
Gesetz geworden – obwohl ich doch vor
Gott nicht ohne Gesetz bin, sondern im
Gesetz Christi lebe –, damit ich die, die
22 ohne Gesetz sind, gewinne. Den
Schwachen bin ich ein Schwacher ge-
worden, [r]damit ich die Schwachen ge-
winne. Ich bin allen alles geworden, da-
23 mit ich auf jeden Fall einige rette. Alles
aber tu ich um des Evangeliums willen,
um an ihm teilzuhaben.
24 Wißt ihr nicht, daß die Läufer [s]in der
Kampfbahn zwar alle laufen, aber nur
einer den [t]Siegespreis empfängt? Lauft
25 so, daß ihr ihn gewinnt! [u]Jeder aber,
der kämpft, legt sich jeden Verzicht
auf; jene nun, damit sie einen vergäng-
lichen Kranz empfangen, wir aber
26 einen [v]unvergänglichen. Ich jedenfalls
laufe nicht auf ein ungewisses Ziel; ich
kämpfe mit der Faust, aber nicht wie
27 einer, der in die Luft schlägt, sondern
[w]ich treffe meinen Leib und unterwer-
fe ihn, damit ich nicht den andern pre-
dige und selbst verworfen werde.

a Kap 15,8; Apg 9,3-5.15 *b* Kap 4,15; 2.Kor 3,2.3
c Lk 10,8 *d* Mt 8,14; Joh 1,42 *e* Apg 4,36
f 2.Thess 3,7-9 *g* 1.Tim 5,18 *h* Röm 15,27
i Apg 20,33-35; 2.Kor 11,9 *j* 4.Mose 18,18.19.31;
5.Mose 18,1-3 *k* Lk 10,7; Gal 6,6 *l* Apg 18,3
m Jer 20,9 *n* Kap 4,1 *o* Mt 20,27; Röm 15,2
p (20-22) Kap 10,33; Apg 16,3; 21,20-26
q Gal 2,3 *r* Röm 11,14 *s* 2.Tim 4,7 *t* Phil 3,14
u 2.Tim 2,4.5 *v* 1.Petr 5,4 *w* Röm 13,14

Das warnende Beispiel Israels

Ich will euch aber, liebe Brüder, nicht **10**
in Unwissenheit darüber lassen, daß
unsre Väter alle [a]unter der Wolke ge-
wesen und alle [b]durchs Meer gegangen
sind; und alle sind auf Mose getauft 2
worden mit der Wolke und im Meer
und haben alle dieselbe geistliche Spei- 3
se gegessen[c] und alle denselben geist- 4
lichen Trank getrunken; sie tranken
nämlich von dem geistlichen [d]Felsen,
der ihnen folgte; dieser Fels war Chri-
stus. Aber an den meisten von ihnen 5
hatte Gott kein Gefallen, denn er ließ
sie in der Wüste umkommen.[e] Das ist 6
aber als warnendes Beispiel für uns ge-
schehen, damit wir nicht am Bösen
unsre Lust haben [f]so wie jene. Werdet 7
auch nicht Götzendiener, wie einige
von ihnen es wurden, wie geschrieben
steht (2. Mose 32,6): »Das Volk setzte
sich nieder, um zu essen und zu trin-
ken, und stand auf, um zu tanzen.«
Auch laßt uns nicht Hurerei treiben 8
[g]wie einige von ihnen, so daß an einem
einzigen Tag dreiundzwanzigtausend
umkamen. Laßt uns auch nicht Chri- 9
stus versuchen, wie einige von ihnen
ihn versuchten und [h]von den Schlan-
gen umgebracht wurden. Murrt auch 10
nicht, wie einige von ihnen murrten
und durch den Verderber umgebracht
wurden.[i] Dies widerfuhr ihnen als Bei- 11
spiel für uns. Es ist uns zur Warnung
geschrieben, uns, auf die [j]das Ende der
Zeiten gekommen ist. Darum, *wer* 12
meint, er stehe, mag zusehen, daß er nicht
fällt. Bisher hat euch erst menschliche 13
Versuchung getroffen. Aber *Gott ist*
treu, [k]*der euch nicht über eure Kraft ver-*
suchen läßt, sondern mit der Versuchung
auch ihr Ende schafft, so daß ihr sie beste-
hen könnt.

a 2.Mose 13,21 *b* 2.Mose 14,22 *c* 2.Mose 16,4.35;
5.Mose 8,3 *d* 2.Mose 17,6 *e* 4.Mose 14,22-32
f 4.Mose 11,4 *g* 4.Mose 25,1.9 *h* 4.Mose 21,4-6
i 4.Mose 14,2.35.36; Hebr 3,11.17 *j* 1.Petr 4,7
k Ps 68,20; 2.Petr 2,9

Die Unvereinbarkeit von Abendmahl und Götzendienst

Darum, meine Lieben, flieht den Göt- 14
zendienst![a] Ich rede doch zu verständi- 15
gen Leuten; beurteilt selbst, was ich
sage. Der Segenskelch, über dem wir 16
den Segen sprechen, ist der nicht die
Gemeinschaft mit dem Blut Christi?[b]
Das Brot, das wir brechen, ist das nicht

die Gemeinschaft mit dem Leib Chri-
17 sti? Denn *ein* Brot ist's: also [c]sind wir
viele *ein* Leib, weil wir alle an *einem*
18 Brot Anteil haben. Seht doch das irdi-
sche Israel an! Stehen nicht alle, [d]die
vom Opfer essen, in Gemeinschaft mit
19 dem Altar? Was will ich nun damit sa-
gen? Daß das Götzenopfer etwas ist?
20 Oder [e]daß der Götze etwas ist? Nein,
sondern was man dort opfert, das opfert
man den bösen Geistern und nicht
Gott. Nun will ich nicht, daß ihr Ge-
meinschaft mit den bösen Geistern
21 habt. Ihr könnt nicht zugleich den
Kelch des Herrn trinken und den
Kelch der Dämonen; ihr könnt nicht
zugleich am Tisch des Herrn Anteil ha-
22 ben und am Tisch der Dämonen.[f] Oder
wollen wir den Herrn herausfordern?
Sind wir stärker als er?

a 1.Joh 5,21 *b* Kap 11,23-26; Mt 26,27; Apg 2,42
c Kap 12,27; Röm 12,5 *d* 3.Mose 7,6 *e* Kap 8,4
f Mt 6,24; 2.Kor 6,15.16

Rücksicht auf das Gewissen

23 *Alles ist erlaubt, aber nicht alles dient*
zum Guten. Alles ist erlaubt, aber nicht
24 *alles baut auf.*[a] *Niemand suche das Seine,*
25 *sondern was dem andern dient.*[b] Alles,
was auf dem Fleischmarkt verkauft
wird, das dürft ihr essen; forscht nicht
nach, damit ihr das Gewissen nicht be-
26 schwert.[c] Denn »die Erde ist des Herrn
und was darinnen ist« (Psalm 24,1).
27 Wenn euch einer von den Ungläubigen
einlädt und ihr wollt hingehen, so eßt
alles, was euch vorgesetzt wird, und
forscht nicht nach, damit ihr das Ge-
28 wissen nicht beschwert. Wenn aber je-
mand zu euch sagt: Das ist [d]Opfer-
fleisch, so eßt nicht davon, mit Rück-
sicht auf den, der es euch gesagt hat,
und mit Rücksicht auf das Gewissen.
29 Ich rede aber nicht von deinem eigenen
Gewissen, sondern von dem des an-
dern. Denn warum sollte ich das Ge-
wissen eines andern über meine Frei-
30 heit urteilen lassen? Wenn ich's [e]mit
Danksagung genieße, was soll ich mich
dann wegen etwas schmähen lassen,
31 wofür ich danke? Ob ihr nun eßt oder
trinkt oder was ihr auch tut, das tut alles
32 zu Gottes Ehre.[f] [g]Gebt keinen Anstoß,
weder den Juden noch den Griechen
33 noch der Gemeinde Gottes, so wie auch
[h]ich jedermann in allem zu Gefallen
lebe und nicht suche, was mir, sondern
was vielen dient, damit sie gerettet wer-
11 den. Folgt meinem Beispiel, wie ich
dem Beispiel Christi!

a Kap 6,12 *b* Röm 15,2; Phil 2,4
c Röm 14,2-10.22 *d* Kap 8,7 *e* 1.Tim 4,4
f Kol 3,17 *g* Röm 14,13 *h* Kap 9,20-22

Die Frau im Gottesdienst

Ich lobe euch, weil ihr in allen Stücken 2
an mich denkt und an den Überliefe-
rungen festhaltet, wie ich sie euch gege-
ben habe. Ich lasse euch aber wissen, 3
daß Christus das Haupt eines jeden
Mannes ist; [a]der Mann aber ist das
Haupt der Frau; [b]Gott aber ist das
Haupt Christi. Ein jeder Mann, der be- 4
tet oder prophetisch redet und dabei
sein Haupt bedeckt hat, der schändet
sein Haupt. Eine Frau aber, die mit un- 5
bedecktem Haupt betet oder prophe-
tisch redet, die schändet ihr Haupt;
denn es ist genauso, als wäre sie ge-
schoren. Will sie sich nicht bedecken, 6
so kann sie sich auch vollends das Haar
abschneiden lassen. Wenn es aber für
die Frau eine Schande ist, daß sie das
Haar abgeschnitten hat oder geschoren
ist, dann soll sie auch das Haupt bedek-
ken. Der Mann aber soll das Haupt 7
nicht bedecken, denn er ist Gottes Bild
und Abglanz; die Frau aber ist des
Mannes Abglanz. Denn der Mann 8
stammt nicht von der Frau, sondern
[c]die Frau vom Mann. Und der Mann 9
ist nicht um der Frau willen geschaffen,
sondern [d]die Frau um des Mannes wil-
len. Darum soll die Frau eine Macht* 10
auf dem Haupt haben um der Engel
willen. Doch im Herrn ist weder die 11
Frau etwas ohne den Mann noch der
Mann etwas ohne die Frau; denn wie 12
die Frau vom Mann, so kommt auch
der Mann durch die Frau; aber alles
von Gott. Urteilt selbst, ob es sich 13
ziemt, daß eine Frau unbedeckt vor
Gott betet. Lehrt euch nicht auch die 14
Natur, daß es für einen Mann eine
Schande ist, wenn er langes Haar trägt,
aber für eine Frau eine Ehre, wenn sie 15
langes Haar hat? Das Haar ist ihr als
Schleier gegeben. Ist aber jemand un- 16
ter euch, der Lust hat, darüber zu strei-
ten, so soll er wissen, daß wir diese Sitte
nicht haben, die Gemeinden Gottes
auch nicht.

a 1.Mose 3,16; Eph 5,23 *b* Kap 3,23
c 1.Mose 2,21-23 *d* 1.Mose 2,18
*Vers 10: »Macht« bedeutet wohl: Schleier.

Mißstände bei der Feier des Abendmahls

Dies aber muß ich befehlen: Ich kann's 17
nämlich nicht loben, daß ihr nicht zu

eurem Nutzen, sondern zu eurem
18 Schaden zusammenkommt. Zum ersten höre ich, daß es [a] Spaltungen unter
euch gibt, wenn ihr als Gemeinde zusammenkommt; und zum Teil glaube
19 ich's. Denn [b] es müssen ja Parteiungen
unter euch sein, damit die Bewährten
20 unter euch offenbar werden. Wenn ihr
nun zusammenkommt, so hält man da
21 nicht das Abendmahl des Herrn. Denn
jeder nimmt beim gemeinsamen Essen
sein eigenes Mahl vorweg, und so ist
der eine hungrig, der andere betrun-
22 ken.[c] Habt ihr denn nicht Häuser, wo
ihr essen und trinken könnt? Oder verachtet ihr die Gemeinde Gottes und
[d] beschämt die, die nichts haben? Was
soll ich euch sagen? Soll ich euch loben? Hierin lobe ich euch nicht.
23 [e] Denn ich habe vom Herrn empfangen, was ich euch weitergegeben habe:
Der Herr Jesus, in der Nacht, als er ver-
24 *raten wurde, nahm er das Brot, dankte*
*und brach's und sprach: *Das ist mein*
Leib, der für euch gegeben wird; dies tut
25 *zu meinem Gedächtnis. Ebenso nahm er*
auch den Kelch nach dem Mahl und
sprach: Dieser Kelch ist der neue Bund in
meinem Blut; dies tut, sooft ihr daraus
26 *trinkt, zu meinem Gedächtnis.* Denn
sooft ihr von diesem Brot eßt und aus
diesem Kelch trinkt, verkündigt ihr
den Tod des Herrn, [f] bis er kommt.
27 Wer nun [g] unwürdig* von diesem Brot
ißt oder aus dem Kelch des Herrn
trinkt, der wird schuldig am Leib und
28 Blut des Herrn. Jeder [h] prüfe sich
selbst, und dann esse er von diesem
Brot und trinke aus diesem Kelch.
29 Denn wer so ißt und trinkt, daß er den
[i] Leib des Herrn nicht achtet, der ißt
und trinkt sich selber zum Gericht.
30 Darum sind auch viele Schwache und
Kranke unter euch, und nicht wenige
31 sind entschlafen. Wenn wir uns selber
richten würden, so würden wir nicht
32 gerichtet. Wenn wir aber vom Herrn
gerichtet werden, so werden wir gezüchtigt, damit wir nicht samt der Welt
33 verdammt werden.[j] Darum, meine lieben Brüder, wenn ihr zusammenkommt, um zu essen, so wartet aufein-
34 ander. Hat jemand Hunger, so esse er
zu Hause, damit ihr nicht zum Gericht
zusammenkommt.

Das andre will ich ordnen, wenn ich komme.

a Kap 1,12; 3,3 *b* Mt 18,7; 1.Joh 2,19 *c* Jud 12
d Jak 2,5.6 *e* *(23-25)* Mt 26,26-28; Mk 14,22-24;
Lk 22,19.20 *f* Mt 26,29 *g* Vers 21.22
h Mt 26,22 *i* Kap 10,16.17 *j* Spr 3,11.12

*Vers 24: Spätere Handschriften haben aus dem Matthäusevangelium (Kap 26,26) die Worte »Nehmet, esset« übernommen und vor »Das ist mein Leib« eingefügt.

*Vers 27: unwürdig: d. h. in einer Weise, die die Heilstat Christi durch liebloses Verhalten mißachtet (vgl. die Verse 21 und 22).

Viele Gaben – ein Geist

Über die Gaben des Geistes aber will 12
ich euch, liebe Brüder, nicht in Un-
kenntnis lassen. Ihr wißt: als ihr noch 2
Heiden wart, zog es euch mit Macht zu
den [a] stummen Götzen. Darum muß 3
ich euch sagen, daß niemand Jesus verflucht, der durch den Geist Gottes redet; und [b] niemand kann Jesus den
Herrn nennen außer durch den heiligen
Geist. [c] *Es gibt* [d] *verschiedene Gnadenga-* 4
ben; aber es ist ein Geist. Und es gibt 5
[e] *verschiedene Dienste; aber es ist ein*
Herr. Und es gibt verschiedene Kräfte; 6
aber es ist ein Gott, der alles in allen
wirkt. Jedem einzelnen wird die Offen- 7
barung des Geistes gegeben zum Nutzen aller;[f] dem einen wird durch den 8
Geist gegeben, von der Weisheit zu reden; dem andern wird gegeben, von der
Erkenntnis zu reden, nach demselben
Geist; einem andern Glaube, in dem- 9
selben Geist; einem andern die Gabe,
gesund zu machen, in dem *einen* Geist;
einem andern die Kraft, Wunder zu 10
tun; einem andern prophetische Rede;
einem andern die Gabe, die Geister zu
unterscheiden; einem andern verschiedene Arten von [g] Zungenrede; einem
andern die Gabe, sie auszulegen. Dies 11
alles aber wirkt derselbe *eine* Geist und
[h] teilt jedem das Seine zu, wie er will.

a Hab 2,18.19 *b* Mk 9,39; 1.Joh 4,2.3 *c* *(4-6)*
Eph 4,4-6.11 *d* Röm 12,6 *e* Vers 28 *f* Kap 14,26
g Kap 14; Apg 2,4 *h* Röm 12,3; Eph 4,7

Viele Glieder – ein Leib

Denn wie der Leib *einer* ist und doch 12
viele Glieder hat, alle Glieder des Leibes aber, obwohl es viele sind, doch
einen Leib bilden: so auch Christus.
Denn [a] wir sind durch *einen* Geist alle 13
zu *einem* Leib getauft, wir seien Juden
oder Griechen, Sklaven oder Freie, und
sind alle mit *einem* Geist getränkt.
Denn auch der Leib ist nicht *ein* Glied, 14
sondern viele. Wenn aber der Fuß sa- 15
gen würde: Ich bin keine Hand, darum
gehöre ich nicht zum Leib, wäre er deshalb kein Glied des Leibes mehr? Und 16
wenn das Ohr sagen würde: Ich bin
kein Auge, darum gehöre ich nicht zum
Leib, wäre es deshalb kein Glied des

17 Leibes mehr? Wenn der ganze Leib
Auge wäre, wo bliebe das Gehör?
Wenn er ganz Gehör wäre, wo bliebe
18 der Geruch? Nun aber hat Gott jedem
einzelnen Glied seinen Platz im Leib
19 gegeben, wie er gewollt hat. Wenn aber
alle Glieder *ein* Glied wären, wo bliebe
20 der Leib? Nun aber gibt es viele Glie-
21 der, aber der Leib ist *einer*. Das Auge
kann nicht zu der Hand sagen: Ich
brauche dich nicht; oder der Kopf zu
den Füßen: Ich brauche euch nicht.
22 Vielmehr sind die Glieder des Leibes,
die uns als die schwächsten erscheinen,
23 die nötigsten; und die uns am wenig-
sten ehrbar erscheinen, die umkleiden
wir mit besonderer Ehre; und die, de-
ren wir uns schämen, bedecken wir um
24 so sittsamer. Denn die Glieder, die uns
Ehre machen, haben das nicht nötig.
Aber Gott hat den Leib zusammenge-
fügt und dem geringeren Glied höhere
25 Ehre gegeben, damit im Leib keine
Spaltung ist, sondern die Glieder ein-
26 trächtig füreinander sorgen. Und *wenn*
ein Glied leidet, so leiden alle Glieder
mit, und wenn ein Glied geehrt wird, so
freuen sich alle Glieder mit.
27 Ihr aber seid [b]der Leib Christi, und
28 jeder einzelne ist ein Glied an ihm. Und
Gott hat in der Gemeinde erstens Apo-
stel eingesetzt, zweitens Propheten,
drittens Lehrer, dann Wundertäter,
dann die Gabe, gesund zu machen, zu
helfen, zu leiten und verschiedene Ar-
29 ten von Zungenrede.[c] Sind etwa alle
Apostel? Sind alle Propheten? Sind alle
30 Lehrer? Sind alle Wundertäter? Haben
etwa alle die Gabe, gesund zu machen?
Reden alle in Zungen? Können alle
31 auslegen? Strebt aber nach den höhe-
ren Gaben![d]
Und ich will euch einen Weg zeigen,
der noch darüber hinausführt.

a Gal 3,28 *b* Röm 12,5 *c* Eph 4,11.12
d Kap 14,1.12

Das Hohelied der Liebe

13 Wenn ich mit Menschen- und mit En-
gelzungen redete und hätte die Liebe
nicht, so wäre ich ein tönendes Erz oder
2 eine klingende Schelle. Und wenn ich
[a]prophetisch reden könnte und wüßte
alle Geheimnisse und alle Erkenntnis
und [b]hätte allen Glauben, so daß ich
Berge versetzen könnte, und hätte die
3 Liebe nicht, so wäre ich nichts. Und
[c]wenn ich alle meine Habe den Armen
schenkte und wenn ich meinen Leib
hingeben würde, um Ruhm zu gewin-
nen*, und hätte die Liebe nicht, so
würde mir's nichts nützen.
Die Liebe ist langmütig und freund- 4
lich, die Liebe ist nicht eifersüchtig, die
Liebe treibt nicht Mutwillen, sie bläht
sich nicht auf, sie verletzt nicht den An- 5
stand, [d]sie sucht nicht das Ihre, sie läßt
sich nicht erbittern, sie trägt das Böse
nicht nach, sie freut sich nicht über das 6
Unrecht, sie freut sich vielmehr an der
Wahrheit;[e] sie erträgt alles, sie glaubt 7
alles, sie hofft alles, sie duldet alles.[f]
Die Liebe hört niemals auf, während 8
doch das prophetische Reden aufhören
wird und das Zungenreden aufhören
wird und die Erkenntnis aufhören
wird. Denn unser Wissen ist Stück- 9
werk, und unsere Prophetie ist Stück-
werk. Wenn aber kommen wird das 10
Vollkommene, so wird das Stückwerk
aufhören. Als ich ein Kind war, da re- 11
dete ich wie ein Kind und dachte wie
ein Kind und urteilte wie ein Kind; als
ich aber ein Mann wurde, tat ich ab,
was kindlich war. Wir [g]sehen jetzt nur 12
undeutlich wie in einem trüben Spie-
gel; dann aber von Angesicht zu Ange-
sicht. Jetzt erkenne ich stückweise;
dann aber werde ich erkennen, [h]wie ich
erkannt bin.
Nun aber bleiben [i]Glaube, Hoffnung, 13
[j]Liebe, diese drei; aber die Liebe ist die
Größte unter ihnen.

a Mt 7,22 *b* Mt 17,20 *c* Mt 6,2 *d* Phil 2,4
e Röm 12,9 *f* Spr 10,12; Mt 18,21.22; Röm 15,1
g 4.Mose 12,8; 2.Kor 5,7 *h* Kap 8,3
i 1.Thess 1,3 *j* 1.Joh 4,16
*Vers 3: Eine größere Anzahl von Handschriften und Kirchenvätern lesen, wie Luther übersetzt hat: »Und wenn ich alle meine Habe den Armen gäbe und ließe meinen Leib brennen ...«.

Zungenrede und prophetische Rede

Strebt nach der Liebe! Bemüht euch 14
um die Gaben des Geistes, am meisten
aber um die Gabe der prophetischen
Rede! Denn wer [a]in Zungen redet, der 2
redet nicht für Menschen, sondern für
Gott; denn niemand versteht ihn, viel-
mehr redet er im Geist geheimnisvolle
Dinge. Wer aber prophetisch redet, der 3
redet für die Menschen zur Erbauung,
zur Ermahnung und zur Tröstung.
Wer in Zungen redet, der erbaut sich 4
selbst; wer aber prophetisch redet, der
baut die Gemeinde auf. Ich wollte, 5
[b]daß ihr alle in Zungen reden könntet;
aber noch viel mehr, daß ihr prophe-
tisch reden könntet. Denn wer prophe-
tisch redet, ist größer als einer, der in
Zungen redet; es sei denn, er legt es

auch aus, damit die Gemeinde dadurch
aufgebaut wird.
6 Wenn ich nun also zu euch käme, lie-
be Brüder, und in Zungen redete, was
würde ich euch nützen, wenn ich nicht
verständlich mit euch redete in Worten
der Offenbarung oder der [c]Erkenntnis,
7 der Prophetie oder der Lehre? Verhält
es sich doch auch so mit leblosen Din-
gen, die Töne hervorbringen, wie Flöte
oder Harfe: wenn sie nicht deutlich
unterschiedene Töne von sich geben,
wie kann man erkennen, was geflötet
8 oder auf der Harfe gespielt wird? Und
wenn die Posaune einen undeutlichen
Ton gibt, wer wird sich zum Kampf rü-
9 sten? So ist es auch mit euch: wenn ihr
in Zungen redet und nicht mit deut-
lichen Worten, wie kann man wissen,
was gemeint ist? Ihr werdet in den
10 Wind reden. Es gibt doch so viele Spra-
chen in der Welt, und niemand ist ohne
11 Sprache. Wenn ich nun den Sinn der
Wörter nicht kenne, werde ich den
nicht verstehen, der redet, und der re-
12 det, wird mich nicht verstehen. So ist es
auch mit euch: da ihr euch um die Ga-
ben des Geistes bemüht, so trachtet
auch danach, daß ihr sie zum Aufbau
13 der Gemeinde in Fülle habt. Wer also
in Zungen redet, der bete, daß er's auch
14 auslegen kann.[d] Denn wenn ich in
Zungen bete, so betet mein Geist; aber
mein Verstand bringt für niemand
15 Frucht. Wie soll es denn nun sein? Ich
will mit dem Geist beten und will auch
mit dem Verstand beten; ich will mit
dem Geist [e]Psalmen singen und will
auch mit dem Verstand Psalmen sin-
16 gen. Wenn du Gott im Geist lobst, wie
soll der uneingeweihte Zuhörer auf
dein Dankgebet das Amen sprechen, da
17 er doch nicht weiß, was du sagst? Dein
Dankgebet mag noch so schön sein;
aber der andere wird dadurch nicht er-
18 baut. Ich danke Gott, daß ich mehr in
19 Zungen rede als ihr alle. Aber ich will
in der Gemeinde lieber fünf Worte mit
dem Verstand reden, damit ich auch
andere unterweise, als zehntausend
Worte in Zungen.

20 Liebe Brüder, seid nicht [f]Kinder im
Verstehen; vielmehr dem Bösen gegen-
über seid Kinder, im Verstehen aber
21 seid vollkommen. Im Gesetz steht ge-
schrieben (Jesaja 28,11.12): »Ich will in
andern Zungen und mit andern Lippen
reden zu diesem Volk, und sie werden
mich auch so nicht hören, spricht der
22 Herr.« Darum ist die Zungenrede ein
Zeichen nicht für die Gläubigen, son-
dern für die Ungläubigen; die prophe-
tische Rede aber ein Zeichen nicht für
die Ungläubigen, sondern für die Gläu-
bigen. Wenn nun die ganze Gemeinde 23
an einem Ort zusammenkäme und alle
redeten in Zungen, es kämen aber
Uneingeweihte oder Ungläubige hin-
ein, würden sie nicht sagen, ihr seid von
Sinnen? Wenn sie aber alle prophetisch 24
redeten und es käme ein Ungläubiger
oder Uneingeweihter hinein, würde er
von allen zur Rechenschaft gezogen
und von allen überführt; [g]was in sei- 25
nem Herzen verborgen ist, würde auf-
gedeckt, und so würde er sich nieder-
werfen, Gott anbeten und bekennen,
daß Gott wahrhaftig in eurer Mitte ist.

Wie ist es denn nun, liebe Brüder? 26
Wenn ihr zusammenkommt, [h]so hat je-
der einen Psalm oder eine Lehre oder
eine Offenbarung oder eine Zungenre-
de oder eine Auslegung. Laßt es alles
[i]zum Aufbau der Gemeinde dienen!
Wenn jemand in Zungen reden will, so 27
sollen es nur zwei oder höchstens drei
tun, und einer nach dem andern; und
einer lege es aus. Ist aber kein Ausleger 28
da, so schweige er in der Gemeinde und
rede für sich selber und für Gott. Auch 29
von den Propheten sollen zwei oder
drei reden, und die andern sollen die
Rede [j]prüfen. Wenn aber einem, der 30
zuhört, eine Offenbarung zuteil wird,
so schweige der erste. Ihr könnt alle 31
prophetisch reden, doch einer nach
dem andern, damit alle daraus lernen
und alle ermahnt werden. Die Geister 32
der Propheten sind den Propheten
untertan. Denn Gott ist nicht ein Gott 33
der [k]Unordnung, sondern des Frie-
dens.

Wie in allen christlichen Gemeinden
sollen [l]die Frauen in der Gemeindever- 34
sammlung schweigen; denn es ist ihnen
nicht gestattet, zu reden, sondern [m]sie
sollen sich unterordnen, wie auch das
Gesetz sagt. Wollen sie aber etwas wis- 35
sen, so sollen sie daheim ihre Männer
fragen. Es steht der Frau schlecht an, in
der Gemeinde zu reden. Oder ist von 36
euch das Wort Gottes ausgegangen?
Oder ist's allein zu euch gekommen?

Wer aber meint, er sei ein Prophet 37
oder vom Geist erfüllt, der [n]soll erken-
nen, daß es ein Gebot des Herrn ist, was
ich euch schreibe. Wer aber das nicht 38
anerkennt, der wird auch nicht aner-
kannt. Darum, liebe Brüder, bemüht 39
euch um die Gabe der prophetischen

Rede und hindert niemand, in Zungen
40 zu reden. Laßt aber alles ehrbar und
[o]ordentlich zugehen.

a Apg 2,4; 10,46 *b* Kap 12,10 *c* Kap 12,8
d Kap 12,10 *e* Eph 5,19 *f* Eph 4,14 *g* Joh 16,8
h Kap 12,8-10 *i* Eph 4,12 *j* Apg 17,11;
1.Thess 5,21 *k* Vers 40 *l* 1.Tim 2,11.12
m 1.Mose 3,16 *n* 1.Joh 4,6 *o* Vers 33; Kol 2,5

Das Zeugnis von der Auferstehung Christi

15 Ich erinnere euch aber, liebe Brüder, an
das Evangelium, das ich euch verkün-
digt habe, das ihr angenommen habt
2 und in dem ihr feststeht. Durch dies
Evangelium werdet ihr auch gerettet,
wenn ihr's festhaltet in der Gestalt, in
der ich es euch verkündigt habe; sonst
wärt ihr ja vergeblich zum Glauben ge-
3 kommen. Denn als erstes habe ich euch
weitergegeben, was ich selbst empfan-
gen habe: *Daß Christus gestorben ist für*
4 *unsre Sünden* [a]*nach der Schrift; und daß*
er begraben worden ist; und daß er aufer-
standen ist am dritten Tage [b]*nach der*
5 *Schrift; und daß er* [c]*erschienen ist dem*
6 *Kephas,* [d]*danach den Zwölfen.* Danach
ist er erschienen mehr als fünfhundert
Brüdern auf *einmal,* von denen die mei-
sten noch heute leben, einige aber sind
7 entschlafen. Danach ist er dem Jakobus
erschienen, danach [e]allen Aposteln.
8 Zuletzt von allen ist er [f]auch mir er-
schienen als einer unzeitigen Geburt.
9 Denn [g]ich bin der geringste unter den
Aposteln und nicht wert, daß ich ein
Apostel heiße, [h]weil ich die Gemeinde
10 Gottes verfolgt habe. Aber [i]durch Got-
tes Gnade bin ich, was ich bin. Und sei-
ne Gnade an mir ist nicht vergeblich
gewesen, sondern ich habe viel mehr
gearbeitet als sie alle; nicht aber ich,
sondern Gottes Gnade, die mit mir ist.
11 Ob nun ich es bin oder jene: so predi-
gen wir, und so habt ihr geglaubt.

a Jes 53,12 *b* Hos 6,2; Lk 24,27.44-46
c Lk 24,34 *d* Joh 20,19.26 *e* Lk 24,50 *f* Kap 9,1;
Apg 9,3-6 *g* Eph 3,8 *h* Apg 8,3 *i* 2.Kor 11,5.23

Gegen die Leugnung der Auferstehung der Toten

12 Wenn aber von Christus verkündigt
wird, daß er von den Toten auferstan-
den ist, wie sagen dann einige unter
euch: Es gibt keine Auferstehung der
13 Toten? Gibt es keine Auferstehung der
Toten, so ist auch Christus nicht aufer-
14 standen. *Ist aber Christus nicht aufer-*
standen, so ist unsre Predigt vergeblich, so
ist auch euer Glaube vergeblich. Wir 15
würden dann auch als falsche [a]Zeugen
Gottes dastehen, weil wir gegen Gott
bezeugt hätten, er habe Christus aufer-
weckt, den er nicht auferweckt hätte,
wenn doch die Toten nicht auferste-
hen. Denn wenn die Toten nicht aufer- 16
stehen, so ist auch Christus nicht aufer-
standen. Ist Christus aber nicht aufer- 17
standen, so ist euer Glaube nichtig, so
seid ihr noch in euren Sünden; so sind 18
auch die, die in Christus entschlafen
sind, verloren. Hoffen wir allein in 19
diesem Leben auf Christus, so sind wir
die elendesten unter allen Menschen.

Nun aber [b]*ist* Christus von den To- 20
ten auferstanden als [c]Erstling derer, die
entschlafen sind. Denn da durch *einen* 21
Menschen [d]der Tod gekommen ist, so
kommt auch durch *einen* Menschen die
Auferstehung der Toten.[e] Denn wie sie 22
in Adam alle sterben, so werden sie in
Christus alle lebendig gemacht werden.
Jeder aber in seiner Ordnung: als Erst- 23
ling Christus; [f]danach, wenn er kom-
men wird, alle, die Christus gehören;
danach kommt das Ende, wenn er das 24
Reich Gott, dem Vater, übergeben
wird, nachdem er [g]alle Herrschaft und
alle Macht und Gewalt vernichtet hat.
Denn er muß herrschen, bis Gott ihm 25
[h]»alle Feinde unter die Füße legt«
(Psalm 110,1). *Der letzte Feind, der ver-* 26
nichtet wird, ist der Tod.[i] Denn »alles 27
hat er unter seine Füße getan« (Psalm
8,7). Wenn es aber heißt, *alles* sei ihm
unterworfen, so ist offenkundig, daß
der ausgenommen ist, der ihm alles
unterworfen hat. Wenn aber alles ihm 28
unterworfen sein wird, dann wird auch
der Sohn selbst sich dem unterwerfen,
der ihm alles unterworfen hat, damit
Gott sei alles in allem.

Welchen Sinn hätte es sonst, daß sich 29
einige für die Toten taufen lassen?
Wenn die Toten überhaupt nicht auf-
erstehen, warum lassen sie sich dann
für sie taufen? Und wozu stehen *wir* 30
dann jede Stunde in Gefahr?[j] So wahr 31
ihr, liebe Brüder, mein Ruhm seid in
Christus Jesus, unserm Herrn: [k]ich
sterbe täglich. Hätte ich nur für dieses 32
Leben in Ephesus mit wilden Tieren
gekämpft, was würde es mir helfen?
Wenn die Toten nicht auferstehen,
dann »laßt uns essen und trinken; denn
morgen sind wir tot!« (Jesaja 22,13)
Laßt euch nicht verführen! Schlechte 33
Gesellschaft verdirbt gute Sitten. Wer- 34
det doch einmal recht [l]nüchtern und

sündigt nicht! Denn einige wissen
nichts von Gott; das sage ich euch zur
Schande.

a Apg 1,22 *b* Kap 6,14 *c* Kol 1,18
d 1.Mose 3,17-19 *e* Röm 5,18 *f* 1.Thess 4,16.17
g Röm 8,38 *h* Mt 22,44 *i* Offb 20,14; 21,4
j Röm 8,36; Gal 5,11 *k* 2.Kor 4,10 *l* 1.Thess 5,8

Der neue Leib bei der Auferstehung

35 Aber es könnte jemand fragen: Wie
werden die Toten auferstehen, und mit
was für einem Leib werden sie kom-
36 men? Du Narr: Was du säst, wird nicht
lebendig, [a] wenn es nicht zuvor stirbt.
37 Und was du säst, ist ja nicht der Leib,
der werden soll, sondern ein bloßes
Korn, etwa von Weizen oder einem an-
38 dern Gewächs. Gott aber gibt ihm
einen Leib, wie er will, und zwar jedem
39 Samen seinen eigenen Leib. Auch die
Lebewesen haben nicht alle den glei-
chen Leib, sondern einen andern Leib
haben die Menschen, einen andern das
Vieh, einen andern die Vögel und einen
40 andern die Fische. Und es gibt himmli-
sche Körper und irdische Körper; aber
die himmlischen haben eine andere
41 Herrlichkeit als die irdischen. Und
einen andern Glanz hat die Sonne,
einen andern hat der Mond, einen an-
dern haben die Sterne; denn ein Ge-
stirn unterscheidet sich vom andern
42 durch seinen Glanz. So ist es auch mit
der Auferstehung der Toten. *Es wird
gesät verweslich und wird auferstehen un-*
43 *verweslich. Es wird gesät in Unehre und
wird auferstehen in* [b] *Herrlichkeit. Es
wird gesät in Schwachheit und wird auf-*
44 *erstehen in Kraft. Es wird gesät ein na-
türlicher Leib und wird auferstehen ein
geistlicher Leib.* Gibt es einen natür-
lichen Leib, so gibt es auch einen geist-
45 lichen Leib. Wie geschrieben steht:
Der erste Mensch, Adam, »wurde zu
einem lebendigen Wesen« (1. Mose 2,
7), und der letzte Adam zum [c] Geist,
46 der lebendig macht.* Aber nicht der
geistliche Leib ist der erste, sondern
der natürliche, danach der geistliche.
47 Der erste Mensch ist von der Erde und
irdisch; der zweite Mensch ist vom
48 Himmel. Wie der irdische ist, so sind
auch die irdischen; und wie der himm-
lische ist, so sind auch die himmlischen.
49 Und wie wir [d] das Bild des irdischen
Menschen getragen haben, so werden
wir auch das Bild des himmlischen tra-
gen.

a Joh 12,24 *b* Phil 3,21; Kol 3,4 *c* 2.Kor 3,17
d 1.Mose 5,3

*Verse 44 und 45: Für »natürlicher Leib« steht im griechischen Text »seelischer Leib« und für »lebendiges Wesen« »lebendige Seele«, so daß der Schriftbeweis schlüssig ist.

Verwandlung der Gläubigen und Sieg über den Tod

Das sage ich aber, liebe Brüder, daß 50
Fleisch und Blut das Reich Gottes
nicht erben können; auch wird das Ver-
wesliche nicht die Unverweslichkeit er-
ben. Siehe, ich sage euch ein Geheim- 51
nis: Wir werden nicht alle entschlafen,
[a] wir werden aber alle verwandelt wer-
den; und das plötzlich, in einem Au- 52
genblick, zur Zeit der letzten Posaune.
Denn die [b] Posaune wird erschallen,
und die Toten werden auferstehen un-
verweslich, und wir werden verwandelt
werden. Denn dies Verwesliche muß 53
anziehen die Unverweslichkeit, und
dies Sterbliche muß anziehen die Un-
sterblichkeit.[c] Wenn aber dies Verwes- 54
liche die Unverweslichkeit anziehen
wird und dies Sterbliche die Unsterb-
lichkeit, dann wird das Wort erfüllt
werden, das geschrieben steht (Jesa-
ja 25,8; Hosea 13,14): »*Der Tod ist
verschlungen vom Sieg. Tod, wo ist dein* 55
Sieg? Tod, wo ist dein Stachel?«* Der 56
Stachel des Todes aber ist die Sünde,
und [d] die Kraft der Sünde ist das Ge-
setz. *Gott aber sei Dank, der uns den* 57
[e] *Sieg gibt durch unsern Herrn Jesus
Christus!*

Darum, meine lieben Brüder, seid 58
fest und unerschütterlich und nehmt
immer zu im Werk des Herrn, weil ihr
wißt, daß eure Arbeit nicht vergeblich
ist im Herrn.

a 1.Thess 4,15-17 *b* Mt 24,31 *c* 2.Kor 5,4
d Röm 7,8.11.13 *e* 1.Joh 5,4

*Verse 54 und 55: Luther übersetzte nach anderer Überlieferung: »Der Tod ist verschlungen in den Sieg. Tod, wo ist dein Stachel? Hölle, wo ist dein Sieg?«

Geldsammlung für die Gemeinde in Jerusalem

Was aber die [a] Sammlung für die Heili- **16**
gen angeht: wie ich in den Gemeinden
in Galatien angeordnet habe, so sollt
auch ihr tun! An jedem [b] ersten Tag der 2
Woche lege jeder von euch bei sich et-
was zurück und sammle an, soviel er
vermag, damit die Sammlung nicht erst
dann geschieht, wenn ich komme.
Wenn ich aber bei euch bin, will ich 3
einige Brüder, die ihr für geeignet hal-
tet, mit Briefen nach Jerusalem senden,
damit sie eure Gabe dorthin bringen.

4 Wenn es sich aber empfiehlt, daß ich
auch hinreise, sollen sie mit mir reisen.

a 2.Kor 8; 9; Gal 2,10 *b* Apg 20,7

Reisepläne

5 Ich will aber zu euch kommen, wenn
ich [a]durch Mazedonien gezogen bin;
denn durch Mazedonien werde ich nur
6 durchreisen. Bei euch aber werde ich,
wenn möglich, eine Zeitlang bleiben
oder auch den ganzen Winter zubrin-
gen, damit ihr mich dann geleitet, wo-
7 hin ich ziehen werde. Ich will euch
diesmal nicht nur auf der Durchreise
sehen; denn ich hoffe, [b]ich werde
einige Zeit bei euch bleiben, wenn es
8 der Herr zuläßt. Ich werde aber noch
bis Pfingsten in [c]Ephesus bleiben.
9 Denn mir hat sich [d]eine Tür zu rei-
chem Wirken aufgetan; aber auch viele
Widersacher sind da.
10 Wenn [e]Timotheus kommt, so seht
zu, daß er ohne Furcht bei euch sein
kann; denn auch [f]er treibt das Werk
11 des Herrn wie ich. Daß ihn ja keiner
verachtet! Geleitet ihn aber in Frieden,
daß er zu mir kommt; denn ich warte
12 auf ihn mit den Brüdern. Von dem Bru-
der [g]Apollos aber sollt ihr wissen, daß
ich ihn oft ermahnt habe, mit den Brü-
dern zu euch zu kommen; aber er konn-
te sich durchaus nicht entschließen,
jetzt zu kommen; er wird aber kom-
men, wenn es ihm gelegen sein wird.

a Apg 19,21 *b* Apg 20,2 *c* Apg 19,1.10
d 2.Kor 2,12; Kol 4,3 *e* Kap 4,17 *f* Phil 2,19-22
g Kap 1,12

Ermahnungen und Grüße

Wacht, steht fest im Glauben, seid mann- 13
haft und [a]*seid stark! Laßt alles bei euch* 14
in Liebe geschehen!
Ich ermahne euch aber, liebe Brü- 15
der: Ihr kennt [b]das Haus des Stepha-
nas; sie sind die Erstlinge in Achaja und
haben sich selbst zum Dienst für die
Gläubigen bereitgestellt. Ordnet euch 16
solchen Männern nun auch unter und
allen, die mitarbeiten und sich mühen!
Ich freue mich über die Ankunft des 17
Stephanas und Fortunatus und Achai-
kus; denn sie haben mir eure Gegen-
wart, die ich entbehren muß, ersetzt.
Sie haben meinen und euren Geist er- 18
quickt. [c]Erkennt solche Leute an!
Es grüßen euch die Gemeinden in 19
der Provinz Asien. Es grüßen euch im
Herrn vielmals [d]Aquila und Priska
samt der Gemeinde in ihrem Hause. Es 20
grüßen euch alle Brüder. Grüßt euch
untereinander mit dem heiligen Kuß.
Hier [e]mein, des Paulus, eigenhändi- 21
ger Gruß. Wenn jemand den Herrn 22
nicht lieb hat, der sei verflucht. [f]Mara-
nata!* Die Gnade des Herrn Jesus sei 23
mit euch! Meine Liebe ist mit euch al- 24
len in Christus Jesus!

a Eph 6,10 *b* Kap 1,16 *c* 1.Thess 5,12;
Phil 2,29 *d* Apg 18,2; Röm 16,3.5
e Gal 6,11; Kol 4,18; 2.Thess 3,17 *f* Offb 22,20
*Vers 22: Maranata bedeutet: »Unser Herr, komm!« oder: »Unser Herr kommt!«

DER ZWEITE BRIEF DES PAULUS AN DIE KORINTHER

Inhaltsübersicht

1 Paulus, [a]Apostel Jesu Christi durch
den Willen Gottes, und Timotheus,
unser Bruder, an die Gemeinde Gottes
in Korinth samt allen Heiligen in ganz
Achaja:
2 Gnade sei mit euch und Friede von
Gott, unserm Vater, und dem Herrn
Jesus Christus!

a 1.Kor 1,1

Dank für Gottes Trost in Bedrängnis

Gelobt sei Gott, der Vater unsres 3
Herrn Jesus Christus, der Vater der
Barmherzigkeit und [a]Gott allen Tro-
stes, der uns tröstet in aller unserer Be- 4
drängnis, damit auch wir die trösten
können, die in irgendeiner Bedrängnis

sind, mit dem Trost, mit dem wir selber
5 von Gott getröstet werden. Denn *wie
die [b] Leiden Christi reichlich über uns
kommen, so werden wir auch [c] reichlich
6 getröstet durch Christus.* [d] Werden wir
aber bedrängt, so geschieht es euch zu
Trost und Heil. Werden wir getröstet,
so geschieht es zu eurem Trost, der sich
darin wirksam erweist, daß ihr mit Ge-
duld dieselben Leiden ertragt, die auch
7 wir leiden. Und unsre Hoffnung für
euch steht fest, weil wir wissen: wie ihr
an den Leiden teilhabt, so werdet ihr
auch am Trost teilhaben.
8 Denn wir wollen euch, liebe Brüder,
nicht in Unkenntnis lassen über die
[e] Bedrängnis, die uns in der Provinz
Asien widerfahren ist, wo wir über die
Maßen beschwert waren und über un-
sere Kraft, so daß wir bereits am Leben
9 verzagten und es bei uns selbst für be-
schlossen hielten, daß wir sterben müß-
ten. Das geschah aber, damit wir unser
Vertrauen nicht auf uns selbst setzen
sollten, sondern auf Gott, der die Toten
10 auferweckt, der uns auch aus solcher
Todesnot errettet hat und erretten
wird. Auf ihn hoffen wir, daß er uns
11 auch in Zukunft erretten wird. Dazu
helft auch ihr durch [f] eure Fürbitte für
uns, damit uns zugut von vielen für das
Gnadengeschenk, das uns zuteil wurde,
vielfältig Dank dargebracht wird.

a Röm 15,5 *b* Ps 34,20; Röm 8,17 *c* Ps 94,19
d Kap 4,8-11.15 *e* Apg 19,23-40; 1.Kor 15,32
f Phil 1,19

Gegen den Vorwurf der Unwahrhaftigkeit

12 Denn dies ist unser Ruhm: das [a] Zeug-
nis unseres Gewissens, daß wir in Auf-
richtigkeit und göttlicher Lauterkeit,
nicht in [b] menschlicher Weisheit, son-
dern in der Gnade Gottes unser Leben
in der Welt geführt haben, und das vor
13 allem bei euch. Denn wir schreiben
euch nichts anderes, als was ihr lest und
auch versteht. Ich hoffe aber, ihr wer-
14 det es noch ganz verstehen, wie ihr uns
zum Teil auch schon verstanden habt,
nämlich, daß [c] wir euer Ruhm sind, wie
auch [d] ihr unser Ruhm seid am Tage
unsres Herrn Jesus.
15 Im Vertrauen darauf wollte ich zu-
nächst zu euch kommen, damit ihr zum
zweitenmal Gnade empfangen solltet.
16 Von euch aus wollte ich dann nach Ma-
zedonien reisen, aus Mazedonien wie-
der zu euch kommen und mich von
17 euch nach Judäa geleiten lassen.[e] Bin
ich etwa leichtfertig gewesen, als ich
mir dies vornahm? Oder lasse ich mich
bei meinen Entschlüssen von menschli-
chen Launen leiten, so daß das Ja Ja bei
mir auch ein Nein Nein ist? Gott ist 18
mein Zeuge, daß unser Wort an euch
nicht Ja und Nein zugleich ist. Denn 19
der Sohn Gottes, Jesus Christus, der
unter euch durch uns gepredigt worden
ist, durch mich und [f] Silvanus und Ti-
motheus, der war nicht Ja und Nein,
sondern in ihm ist das Ja erschienen.
Denn für alle Gottesverheißungen ist 20
in ihm das Ja; darum sprechen wir auch
durch ihn das [g] Amen, Gott zum Lobe.
Gott ist's aber, der uns samt euch in 21
Christus fest macht und der uns [h] ge-
salbt und [i] versiegelt und den Geist [j] als 22
Unterpfand in unsre Herzen gegeben
hat.
Ich rufe aber Gott zum Zeugen ge- 23
gen mich an, daß ich euch schonen
wollte und darum nicht wieder nach
Korinth gekommen bin. [k] Nicht als ob 24
wir Herren über euren Glauben wären,
sondern wir wollen euch zur Freude
verhelfen; denn im Glauben steht ihr ja
fest.
Ich hatte mich aber entschlossen, **2**
nicht zu euch zu kommen, damit nicht
wieder Betrübnis entsteht.[l] Denn wenn 2
ich euch traurig mache, wer könnte
mich dann fröhlich machen? Doch nur
der, der von mir betrübt wird. Und 3
eben dies habe ich euch geschrieben,
damit ich nicht, wenn ich komme, über
die traurig sein muß, über die ich mich
eigentlich freuen sollte. Habe ich doch
zu euch allen das Vertrauen, daß meine
Freude euer aller Freude ist. Denn ich 4
schrieb euch aus großer Bedrängnis
und Angst des Herzens unter vielen
Tränen; nicht, um euch zu betrüben,
sondern damit ihr die Liebe erkennt,
die ich ganz besonders zu euch habe.

a Kap 2,17; Hebr 13,18 *b* 1.Kor 1.17 *c* Kap 5,12
d Phil 2,16 *e* 1.Kor 16,5.6 *f* Apg 18,5
g Offb 3,14 *h* 1.Joh 2,27 *i* Eph 1,13 *j* Kap 5,5;
Röm 8,16 *k* Kap 4,5; 1.Petr 5,3 *l* Kap 12,21;
1.Kor 4,21

Vergebung für ein bestraftes Gemeindeglied

Wenn aber jemand Betrübnis bereitet 5
hat, der hat nicht mich betrübt, son-
dern – damit ich nicht zu viel sage –
mehr oder weniger euch alle. Es ist aber 6
genug, daß er von den meisten so be-
straft worden ist. Jetzt dagegen sollt ihr 7
ihm eher vergeben und ihn trösten, da-
mit er nicht in allzu große Traurigkeit

8 versinkt. Darum ermahne ich euch, daß
9 ihr ihm Liebe erweist. Denn darum
habe ich auch geschrieben, um zu er-
kennen, ob ihr euch bewährt und in al-
10 len Stücken gehorsam seid. Wem aber
ihr etwas vergebt, dem vergebe ich
auch. Denn auch ich habe, sofern ich
etwas zu vergeben hatte, es um euret-
willen [a]vor dem Angesicht Christi ver-
11 geben, damit wir nicht vom Satan über-
vorteilt werden; denn [b]wir wissen ge-
nau, was er im Sinn hat.

a Joh 20,23 *b* Lk 22,31; 1.Petr 5,8

Die Verkündigung des Evangeliums als Siegeszug Christi

12 Als ich aber nach Troas kam, um das
Evangelium von Christus zu predigen,
und mir [a]eine Tür aufgetan war im
13 Herrn, da hatte ich dennoch keine
Ruhe in meinem Geist, weil ich meinen
Bruder [b]Titus nicht fand; sondern [c]ich
nahm Abschied von ihnen und fuhr
nach Mazedonien.
14 Gott aber sei Dank, der uns allezeit
Sieg gibt in Christus und durch uns den
Duft seiner Erkenntnis an allen Orten
15 offenbart! Denn wir sind für Gott ein
Wohlgeruch Christi unter denen, die
gerettet werden, und unter denen, die
16 verloren gehen:[d] diesen ein Geruch des
Todes zum Tode, jenen aber ein Ge-
ruch des Lebens zum Leben.[e] [f]Wer
17 aber ist dazu fähig? Wir sind ja nicht
wie die vielen, die mit dem Worte Got-
tes Geschäfte machen; sondern [g]aus
Lauterkeit und von Gott her reden wir
vor Gott in Christus.

a Apg 14,27; 1.Kor 16,9 *b* Kap 7,6 *c* Apg 20,1
d 1.Kor 1,18 *e* Lk 2,34 *f* Kap 3,5 *g* Kap 1,12;
4,2; 1.Petr 4,11

Die Herrlichkeit des Dienstes im neuen Bund

3 Fangen wir denn schon wieder an, [a]uns
selbst zu empfehlen? Oder brauchen
wir, wie gewisse Leute, Empfehlungs-
2 briefe an euch oder von euch? Unser
Empfehlungsbrief seid ihr, in unser
Herz geschrieben, erkannt und gelesen
3 von allen Menschen![b] Denn es ist of-
fenbar, daß ihr ein Brief Christi seid,
durch unsern Dienst zubereitet, ge-
schrieben nicht mit Tinte, sondern mit
dem Geist des lebendigen Gottes, nicht
auf [c]Tafeln aus Stein, sondern auf Ta-
feln aus Fleisch, nämlich eure Herzen.
4 Solches Vertrauen aber haben wir
5 durch Christus zu Gott. Nicht daß wir
aus uns selber fähig wären, so daß wir
uns selbst etwas zuschreiben könnten;
sondern [d]unsere Befähigung kommt
von Gott. Er hat uns fähig gemacht, 6
Diener des [e]neuen Bundes zu sein, der
nicht vom [f]Buchstaben, sondern vom
Geist bestimmt ist. Denn *der Buchstabe*
tötet, aber der [g]Geist macht lebendig.
[h]Wenn aber schon der Dienst, der 7
den Tod bringt und der mit Buch-
staben in Stein gehauen war, Herrlich-
keit hatte, so daß die Israeliten das An-
gesicht des Mose nicht ansehen konn-
ten wegen der Herrlichkeit auf seinem
Angesicht, die doch aufhörte, wie sollte 8
nicht viel mehr der Dienst, der im Geist
geschieht, Herrlichkeit haben?[i] Denn 9
wenn schon der Dienst, der zur Ver-
dammung führt, Herrlichkeit hatte,
wieviel mehr hat dann der Dienst,
der [j]zur Gerechtigkeit führt, über-
schwengliche Herrlichkeit. Ja, im Ver- 10
gleich mit dieser überschwenglichen
Herrlichkeit kann die frühere gar nicht
als Herrlichkeit gelten. Denn wenn 11
schon das Herrlichkeit hatte, was auf-
hört, wieviel mehr wird das Herrlich-
keit haben, was bleibt.
Weil wir nun solche Hoffnung ha- 12
ben, sind wir voller Zuversicht und 13
handeln nicht wie Mose, der eine Dek-
ke auf sein Angesicht legte, damit die
Israeliten das Aufhören der Herrlich-
keit nicht sehen sollten. Aber [k]ihr Sinn 14
wurde verstockt. Denn bis zum heuti-
gen Tag liegt diese Decke über der Ver-
lesung des Alten Testaments und wird
nicht aufgedeckt, weil sie nur in Chri-
stus beseitigt wird. Vielmehr liegt bis 15
zum heutigen Tag die Decke auf ihren
Herzen, wenn Mose gelesen wird.
Doch wenn Israel [l]sich zum Herrn be- 16
kehrt, [m]wird die Decke weggenommen.
Der Herr aber ist der Geist; und *wo der* 17
Geist des Herrn ist, da ist Freiheit. Wir 18
aber schauen mit unverhülltem Ange-
sicht die [n]Herrlichkeit des Herrn wie in
einem Spiegel und werden dadurch in
sein Bild verwandelt von einer Herr-
lichkeit zur andern, wie es vom Herrn
des Geistes gegeben wird.

a Kap 5,12 *b* 1.Kor 9,2 *c* 2.Mose 24,12
d Kap 2,16 *e* Jer 31,31; 1.Kor 11,25 *f* Röm 7,6
g Joh 6,63 *h* (7-13) 2.Mose 34,29-35 *i* Gal 3,2.5
j Röm 1,17; 3,21 *k* Apg 28,27; Röm 11,25
l Röm 11,23.26 *m* 2.Mose 34,34 *n* Kap 4,6

Das helle Licht des Evangeliums

4 Darum, weil wir durch die [a]Barmher-
zigkeit, die uns widerfahren ist, einen
solchen [b]Dienst haben, werden wir
nicht mutlos, sondern wir meiden 2

schändliche Heimlichkeit und [c]gehen
nicht mit List um, fälschen auch nicht
Gottes Wort; vielmehr empfehlen wir
uns durch offene Verkündigung der
Wahrheit dem Gewissen aller Men-
3 schen vor Gott. Ist aber unser Evange-
lium verdeckt, so ist's für die verdeckt,
4 [d]die verloren gehen, für die Ungläubi-
gen, denen der Gott dieser Welt den
Sinn verblendet hat, damit sie das helle
Licht des Evangeliums nicht sehen, des
Evangeliums von der Herrlichkeit
Christi, der [e]das Ebenbild Gottes ist.
5 Denn wir predigen nicht uns selbst,
sondern Jesus Christus als den Herrn,
[f]uns aber als eure Knechte um Jesu wil-
6 len. Denn [g]Gott, der sprach: Licht soll
aus der Finsternis hervorleuchten, der
ist als [h]heller Schein in unsern Herzen
aufgegangen, damit wir erleuchtet wer-
den zur Erkenntnis der göttlichen
Herrlichkeit auf dem Angesicht Jesu
Christi.

a 1.Kor 7,25 *b* Kap 3,6 *c* Kap 2,17; 1.Thess 2,5
d 1.Kor 1,18 *e* Hebr 1,3 *f* Kap 1,24
g 1.Mose 1,3 *h* Kap 3,18

Leidensgemeinschaft mit Christus

7 [a]Wir haben aber diesen Schatz in irde-
nen Gefäßen, damit offenbar wird, daß
die überschwengliche Kraft von Gott
8 kommt und nicht von uns. Wir sind von
allen Seiten bedrängt, aber wir äng-
stigen uns nicht. Wir sind ratlos, aber
9 wir verzagen nicht. Wir leiden Verfol-
gung, aber wir werden nicht verlassen.
Wir werden unterdrückt, aber wir
10 kommen nicht um. Allezeit [b]tragen wir
das Sterben Jesu an unserm Leibe, da-
mit auch das Leben Jesu an unserm
11 Leibe offenbar wird. Denn mitten im
Leben werden wir [c]immerzu in den
Tod gegeben um Jesu willen, [d]damit
auch das Leben Jesu an unserm sterb-
12 lichen Leibe offenbar wird. So wirkt
nun in uns der Tod, aber in euch das
13 Leben. Weil wir aber denselben Geist
des Glaubens haben, wie geschrieben
steht (Psalm 116,10): »Ich glaube, dar-
um rede ich«, so glauben wir auch, dar-
14 um reden wir auch. Denn wir wissen,
daß der, der den Herrn Jesus aufer-
weckt hat, auch uns mit Jesus aufer-
wecken und samt euch vor sich stellen
15 wird.[e] Und [f]das alles geschieht um eu-
retwillen, damit die überschwengliche
Gnade durch die Danksagung vieler
noch reicher wird zum Lobe Gottes.
16 Darum werden wir nicht mutlos;
sondern wenn auch unser äußerer
Mensch zerfällt, so wird doch [g]der in-
nere von Tag zu Tag erneuert. Denn 17
unser gegenwärtiges Leiden, das leicht
wiegt, schafft uns eine ewige und über alle
Maßen gewichtige Herrlichkeit,[h] *uns, die* 18
wir nicht auf das Sichtbare sehen, sondern
[i] *auf das Unsichtbare. Denn was sichtbar*
ist, das ist vergänglich; was aber unsicht-
bar ist, das ist ewig.

a (7-10) 1.Kor 4,11-13; Kap 11,23-27
b 1.Kor 15,31; Gal 6,17 *c* Röm 8,36 *d* Phil 3,21
e 1.Kor 6,14 *f* Kap 1,6.11 *g* Eph 3,16
h Röm 8,17.18; 1.Petr 1,6 *i* Hebr 11,1

Sehnsucht nach der himmlischen Heimat

Denn wir wissen: wenn unsere irdische **5**
[a]Hütte abgebrochen wird, dann haben
wir einen Bau, von Gott erbaut, ein
ewiges Haus im Himmel, das nicht mit
Händen gemacht ist. Denn darum seuf- 2
zen wir auch und sehnen uns danach,
daß wir mit unserer Behausung, die
vom Himmel ist, überkleidet werden;
wir wollen ja doch nicht nackt daste- 3
hen, wenn wir unser irdisches Gewand
ablegen müssen. Denn solange wir in 4
dieser Hütte sind, seufzen wir und sind
beschwert, weil wir lieber nicht *ent*klei-
det, sondern [b]*über*kleidet werden wol-
len, damit das Sterbliche vom Leben
verschlungen wird. Gott aber ist es, der 5
uns dazu bereitet hat und der uns [c]als
Unterpfand den Geist gegeben hat. So 6
sind wir denn allezeit getrost und wis-
sen: solange wir im Leibe wohnen,
[d]weilen wir fern vom Herrn; denn *wir* 7
leben im Glauben und nicht im Schauen.[e]
Wir sind aber getrost und möchten am 8
liebsten den Leib verlassen und beim
Herrn daheim sein.[f] Deshalb bemühen 9
wir uns auch, ob wir nun daheim sind
oder in der Fremde, daß wir ihm wohl-
gefallen. Denn [g]*wir müssen alle vor dem* 10
Richterstuhl Christi offenbar werden, da-
mit [h]*jeder seinen Lohn empfängt für das,*
was er bei Lebzeiten getan hat, es sei gut
oder böse.

a 2.Petr 1,14 *b* 1.Kor 15,51-53 *c* Kap 1,22;
Röm 8,16.23; Eph 1,13.14 *d* Hebr 11,13
e Röm 8,24; 1.Petr 1,8 *f* Phil 1,23 *g* Apg 17,31;
Röm 2,16; 14,10 *h* Joh 5,29; Eph 6,8

Paulus als Botschafter der Versöhnung

Weil wir nun wissen, daß der Herr zu 11
fürchten ist, suchen wir Menschen zu
gewinnen; vor Gott aber sind wir of-
fenbar. Doch hoffe ich, daß wir auch
vor eurem Gewissen offenbar sind. Da- 12
mit [a]wollen wir uns nicht schon wieder
bei euch empfehlen, sondern euch An-

laß geben, euch unser zu rühmen. So
könnt ihr denen antworten, die sich
nicht des Herzens rühmen, sondern
13 dessen, was vor Augen ist. Denn wenn
wir in Verzückung geraten sind, so ge-
schah es für Gott; sind wir aber bei Sin-
14 nen, so sind wir's für euch. Denn dazu
drängt uns die Liebe Christi. Wir sind
ja überzeugt: Wenn *einer* für alle ge-
storben ist, so sind sie *alle* gestorben.
15 Und er ist darum für alle gestorben, da-
mit die Lebenden hinfort [b]nicht für
sich selbst leben, sondern für den, der
für sie gestorben und auferstanden ist.
16 Darum beurteilen wir von nun an
niemand mehr nach menschlichen
Maßstäben; und auch wenn wir Chri-
stus früher auf solche Weise beurteilt
haben, so beurteilen wir ihn doch jetzt
17 anders. Darum: [c]*Ist jemand in Christus,*
so ist er eine neue Schöpfung; das Alte ist
vergangen, siehe, [d]*ein Neues ist gewor-*
18 *den.* Aber das alles kommt von Gott,
der [e]uns durch Christus mit sich selber
versöhnt hat und uns das Amt anver-
traut hat, das die Versöhnung predigt.
19 Denn *Gott versöhnte in Christus die*
Welt mit sich selber und rechnete ihnen
ihre Sünden nicht an und hat unter uns
das Wort von der Versöhnung aufgerich-
20 *tet.*[f] *So sind wir nun* [g]*Botschafter an*
Christi Statt, denn Gott ermahnt durch
uns; so bitten wir nun an Christi Statt:
21 *Laßt euch versöhnen mit Gott! Denn er*
hat den, der [h]*ohne Sünde war,* [i]*für uns*
zur Sünde gemacht, damit wir in ihm die
[j]*Gerechtigkeit werden, die vor Gott gilt.**

a Kap 3,1; 10,12 *b* Röm 14,7.8 *c* Röm 8,10; Gal 2,20; 6,15 *d* Offb 21,5 *e* Röm 5,10 *f* Röm 3,24.25; Kol 1,19.20 *g* Lk 10,16 *h* Joh 8,46 *i* Jes 53,4-6; Gal 3,13 *j* Röm 1,17; 1.Kor 1,30
*Vers 21: Vgl. die Anmerkung zu Röm 1,17.

Die Bewährung des Apostels in seinem Dienst

6 Als Gottes [a]Mitarbeiter aber ermahnen
wir euch, daß ihr seine Gnade nicht
2 vergeblich empfangt. Denn er spricht
(Jesaja 49,8): »Ich habe dich zur Zeit
der Gnade erhört und habe dir am Tage
des Heils geholfen.« Siehe, [b]jetzt ist die
Zeit der Gnade, siehe, jetzt ist der Tag
3 des Heils! Und wir geben niemand ir-
gendeinen Anstoß, damit unser Dienst
4 nicht in Verruf kommt; sondern in al-
lem erweisen wir uns als Diener Got-
tes: in großer Geduld, [c]in Leiden, in
5 Nöten, in Ängsten, in Schlägen, in Ge-
fängnissen, in Verfolgungen, in Mü-
6 hen, in Wachen, in Fasten, in [d]Lauter-
keit, in Erkenntnis, in Langmut, in
Freundlichkeit, im heiligen Geist, in
ungeheuchelter Liebe, durch das 7
[e]Wort der Wahrheit, durch die [f]Kraft
Gottes, mit den [g]Waffen der Gerech-
tigkeit zur Rechten und zur Linken, in 8
Ehre und Schande; in Verleumdung
und Lob; als Verführer, und doch
wahrhaftig; als Unbekannte, und doch 9
bekannt; als [h]Sterbende, und siehe, wir
leben; als [i]Gezüchtigte, und doch nicht
getötet; als Traurige, aber allezeit fröh- 10
lich; [j]als Arme, aber die doch viele
reich machen; als die nichts haben, und
doch alles haben.

a Kap 1,24 *b* Lk 4,19.21 *c* Kap 11,23-27; 1.Kor 4,11-13 *d* 1.Tim 4,12 *e* Kap 4,2 *f* 1.Kor 2,4 *g* Eph 6,14-17 *h* Kap 4,10.11 *i* Ps 118,18; Apg 14,19 *j* Phil 4,12.13

Werbung um die Gemeinde und Warnung vor Götzendienst

O ihr Korinther, wir haben frei und of- 11
fen zu euch geredet, das Herz ist uns
weit geworden. In uns ist es nicht zu 12
eng für euch, eng ist's in eurem eigenen
Herzen. Ich rede mit euch als [a]mit mei- 13
nen Kindern; vergeltet uns Gleiches
mit Gleichem und macht auch ihr euer
Herz weit.
Zieht nicht gemeinsam mit den Un- 14
gläubigen am fremden Joch. Denn was
hat die Gerechtigkeit zu schaffen mit
der Ungerechtigkeit? [b]Was hat das
Licht für Gemeinschaft mit der Fin-
sternis? Wie stimmt Christus überein 15
mit Beliar? Oder was verbindet den
Gläubigen mit dem Ungläubigen? Was 16
hat der Tempel Gottes gemein mit den
Götzen? [c]Wir aber sind der Tempel
des lebendigen Gottes; wie denn Gott
spricht (3. Mose 26,11.12; Hesekiel
37,27): »Ich will unter ihnen wohnen
und wandeln und will ihr Gott sein,
und sie sollen mein Volk sein.«
Darum [d]»zieht aus von ihnen und son- 17
dert euch ab«, spricht der Herr; »und
rührt nichts Unreines an, so will ich
euch annehmen und euer [e]Vater sein, 18
und ihr sollt meine Söhne und Töch-
ter sein«, spricht der allmächtige Herr
(Jesaja 52,11; Hesekiel 20,41; 2. Samu-
el 7,14).
Weil wir nun diese Verheißungen 7
haben, meine Lieben, so wollen wir uns
von aller Befleckung des Leibes und
des Geistes reinigen und die Heiligung
vollenden in der Furcht Gottes.
Gebt uns doch Raum in euren Her- 2
zen! Wir haben niemand Unrecht ge-
tan, wir haben niemand zugrunde ge-

richtet, [f]wir haben niemand übervor-
3 teilt. Ich sage das nicht, um euch zu
verurteilen; denn ich habe eben schon
gesagt, daß ihr in unserm Herzen seid,
4 um mitzusterben und mitzuleben.[g] Ich
rede voller Zuversicht zu euch; ich rüh-
me viel von euch; ich bin erfüllt mit
Trost und habe überschwengliche
Freude in aller unsrer Bedrängnis.

a 1.Kor 4,14 *b* Eph 5,11 *c* 1.Kor 3,16
d Offb 18,4 *e* Jer 31,9; Jes 43,6; Hos 2,1
f Kap 12,17; Apg 20,33 *g* Kap 6,11-13; Röm 6,8

Die Freude des Paulus über die Reue der Gemeinde

5 Denn als wir nach [a]Mazedonien ka-
men, fanden wir keine Ruhe; sondern
von allen Seiten [b]waren wir bedrängt,
von außen mit Streit, von innen mit
6 Furcht. Aber Gott, der die Niedrigen
tröstet, der tröstete uns durch die An-
7 kunft des [c]Titus; aber nicht nur durch
seine Ankunft, sondern auch durch den
Trost, mit dem er bei euch getröstet
worden war. Er berichtete uns von eu-
rer Sehnsucht nach mir, von euren
Tränen, von eurem Eifer für mich, so
daß ich mich noch mehr freute.
8 Denn wenn ich euch auch durch den
Brief traurig gemacht habe, reut es
mich nicht. Und selbst wenn es mich
reuen würde – ich sehe ja, daß jener
Brief euch eine Weile betrübt hat –,[d]
9 dann freue ich mich doch jetzt nicht
darüber, daß ihr betrübt worden seid,
sondern darüber, daß ihr zur Reue be-
trübt worden seid. Denn ihr seid ja be-
trübt worden nach Gottes Willen, so
daß ihr von uns keinen Schaden erlitten
10 habt. Denn [e]*die Traurigkeit nach Gottes
Willen bewirkt eine Reue zum Heil, die
niemals reut;* [f]*die Traurigkeit der Welt
11 aber bewirkt den Tod.* Siehe: eben dies,
daß ihr betrübt worden seid nach Got-
tes Willen, welchen Eifer für mich hat
das bei euch bewirkt, dazu Verteidi-
gung, Entrüstung, Furcht, Sehnsucht,
Bemühen, Bestrafung! Durch das alles
habt ihr bewiesen, daß ihr rein seid in
12 dieser Sache. Wenn ich euch also ge-
schrieben habe, so ist es nicht ge-
schehen um dessen willen, der beleidigt
hat, auch nicht um dessen willen, der
beleidigt worden ist, sondern damit
euer Eifer für uns offenbar wird unter
13 euch und vor Gott. Dadurch sind wir
getröstet worden.
Außer diesem unserm Trost aber ha-
ben wir uns noch überschwenglicher
gefreut über die Freude des Titus;
denn sein Geist ist von euch allen er-
quickt worden. Denn wenn ich euch 14
früher vor ihm gerühmt hatte, so bin
ich darin nicht zuschanden geworden;
sondern wie alles wahr ist, was wir euch
gesagt haben, so hat sich auch unser
Rühmen vor Titus als wahr erwiesen.
Und er ist überaus herzlich gegen euch 15
gesinnt, wenn er an den Gehorsam von
euch allen denkt, wie ihr ihn mit Furcht
und Zittern aufgenommen habt. Ich 16
freue mich, daß ich mich in allem auf
euch verlassen kann.

a Apg 20,1.2 *b* Kap 4,8 *c* Kap 2,13 *d* Kap 2,4
e Mt 26,75; Lk 15,17-24 *f* Mt 27,3-5

Die Geldsammlung für die Gemeinde in Jerusalem

Wir wollen euch, liebe Brüder, von der **8**
Gnade berichten, die Gott den Ge-
meinden Mazedoniens geschenkt hat.[a]
Denn während sie durch schweres Lei- 2
den geprüft wurden, haben sie in über-
schwenglicher Freude trotz ihrer gro-
ßen Armut reichlich gegeben mit laute-
rem Sinn. Denn ich bezeuge, daß sie 3
nach Kräften und sogar über ihre Kräf-
te freiwillig gegeben und uns mit vie- 4
lem Zureden gebeten haben, daß sie an
dem [b]Liebeswerk für die Heiligen mit-
helfen dürften. Sie taten mehr, als wir 5
erwartet hatten, und gaben sich selbst,
zuerst dem Herrn und dann auch uns,
nach dem Willen Gottes. So konnten 6
wir Titus zureden, dieses Liebeswerk,
wie er es früher angefangen hatte, nun
unter euch zu vollenden.
Wie ihr aber [c]in allen Stücken reich 7
seid, im Glauben und im Wort und in
der Erkenntnis und in allem Eifer und
in der Liebe, die wir in euch erweckt
haben, so [d]seht zu, daß ihr auch in
diesem Liebeswerk reich seid. Ich sage 8
das nicht als Befehl; sondern weil ande-
re so eifrig sind, möchte ich, daß auch
eure Liebe sich als echt bewährt. Denn 9
*ihr kennt die Gnade unsres Herrn Jesus
Christus: obwohl er reich war, wurde er
doch* [e]*arm um euretwillen, damit ihr
durch seine Armut reich werdet.* Nur 10
meine Meinung gebe ich hierin; denn
das ist euch nützlich, die ihr seit vori-
gem Jahr nicht nur mit dem Tun ange-
fangen habt, sondern auch mit dem
Wollen. Nun aber vollendet auch das 11
Tun, damit der Bereitschaft zum Wol-
len auch das Vollbringen entspricht
nach dem Maß dessen, was ihr habt.
Denn wenn der gute Wille da ist, so ist 12
er willkommen nach dem, was einer

hat, nicht nach dem, was er nicht hat.[f]
13 Ich meine damit nicht, daß die andern
gute Tage haben sollen und ihr Not lei-
det, sondern es soll zu einem Ausgleich
14 kommen. Euer Überfluß soll jetzt ih-
rem Mangel abhelfen, damit auch ihr
Überfluß später eurem Mangel abhel-
fen kann und es zum Ausgleich kommt,
15 wie geschrieben steht (2. Mose 16,18):
»Wer viel sammelte, der hatte keinen
Überfluß, und wer wenig sammelte,
hatte keinen Mangel.«
16 Gott aber sei Dank, der dem Titus
solchen Eifer für euch ins Herz gegeben
17 hat. Denn [g]er ließ sich gerne zureden;
ja, weil er so sehr eifrig war, ist er von
18 selber zu euch gereist. Wir haben aber
[h]den Bruder mit ihm gesandt, dessen
Dienst am Evangelium in allen Ge-
19 meinden gerühmt wird. Aber nicht nur
das, sondern er ist auch von den Ge-
meinden dazu ausgewählt, uns zu be-
gleiten, [i]wenn wir diese Liebesgabe
überbringen dem Herrn zur Ehre und
20 zum Erweis unsres guten Willens. So
verhüten wir, daß uns jemand verleum-
det wegen dieser reichen Gabe, die
durch uns überbracht werden soll.
21 Denn wir sehen darauf, daß es redlich
zugeht nicht allein vor dem Herrn, son-
22 dern auch vor den Menschen. Auch ha-
ben wir unsern Bruder mit ihnen ge-
sandt, dessen Eifer wir oft in vielen
Dingen erprobt haben, nun aber ist er
noch viel eifriger aus großem Vertrauen
23 zu euch. Ob es sich nun um [j]Titus han-
delt, der mein Gefährte und mein Mit-
arbeiter unter euch ist, oder um unsere
Brüder, die die Abgesandten der Ge-
meinden sind und eine Ehre Christi:
24 erbringt den Beweis eurer Liebe öffent-
lich vor den Gemeinden und zeigt, daß
wir euch zu Recht vor ihnen [k]gerühmt
haben.

a Röm 15,26 *b* Apg 11,29 *c* 1.Kor 1,5
d 1.Kor 16,1.2 *e* Mt 8,20; Phil 2,7 *f* Spr 3,27.28;
Mk 12,43 *g* Vers 6; Kap 7,7.15 *h* Kap 12,18
i Gal 2,10 *j* Kap 7,13; 12,18 *k* Kap 7,14

Der Segen freudigen Gebens

9 Von dem Liebeswerk, das für die Heili-
gen geschieht, brauche ich euch nicht
2 ausführlicher zu schreiben. Denn ich
kenne [a]euren guten Willen, den ich zu
eurem Lob vor den Gemeinden aus
Mazedonien rühme, wenn ich sage:
Achaja ist schon voriges Jahr bereit ge-
wesen! Und euer Beispiel wurde vielen
3 ein Anreiz. Ich habe aber die Brüder
darum gesandt, damit wir auch in
dieser Sache nicht zu Unrecht gerühmt
haben und damit ihr bereit seid, wie ich
von euch gesagt habe. Denn wenn die 4
aus Mazedonien mit mir kämen und
euch nicht bereit finden würden, dann
müßten wir, um nicht zu sagen: ihr, zu-
schanden werden mit dieser unsrer Zu-
versicht. So habe ich es nun für nötig 5
angesehen, die Brüder zu ermahnen,
daß sie zu euch vorausreisen, um die
von euch versprochene Segensgabe
vollends zusammenzubringen, so daß
sie bereitliegt als eine Gabe des Segens
und nicht des Geizes.
Ich meine aber: *Wer kärglich sät, der* 6
wird auch kärglich ernten; und wer rei-
chen Segen sät, der wird auch reichen Se-
gen ernten.[b] Ein jeder gebe, wie er's sich 7
im Herzen vorgenommen hat, [c]nicht
mit Unwillen oder aus Zwang; denn
einen fröhlichen Geber hat Gott lieb. Gott 8
aber kann machen, daß seine Gnade
euch auf jede Weise reichlich zuteil
wird, damit ihr in allen Dingen allezeit
genug für euch selbst habt und noch
reich seid zu jedem guten Werk; wie 9
geschrieben steht (Psalm 112,9): »Er
hat ausgestreut und den Armen gege-
ben; seine Gerechtigkeit bleibt in
Ewigkeit.« Der aber dem Sämann Sa- 10
men gibt und Brot zur Speise, der wird
auch euch Samen geben und ihn meh-
ren und die Früchte eurer Gerechtig-
keit wachsen lassen.[d] So werdet ihr 11
reich sein in allen Dingen, damit ihr mit
lauterem Sinn geben könnt und so
durch uns Danksagung gegenüber Gott
bewirkt wird. Denn der Dienst an 12
diesem Liebeswerk füllt nicht nur den
Mangel der Heiligen aus, sondern
bringt auch reichen Segen dadurch,
daß viele Gott danken. Denn für diesen 13
treuen Dienst preisen sie Gott, weil ihr
dem Bekenntnis zum Evangelium
Christi gehorsam geworden seid und
mit lauterem Sinn das Eure mit ihnen
und dadurch mit allen geteilt habt. Und 14
in ihrem Gebet für euch sehnen sie sich
nach euch wegen der überschweng-
lichen Gnade, die Gott euch geschenkt
hat. Gott aber sei Dank für seine unaus- 15
sprechliche Gabe!

a Kap 8,19 *b* Spr 11,24.25; 19,17 *c* Röm 12,8
d Hos 10,12

Verteidigung des Apostels gegen persönliche Angriffe

Ich selbst aber, Paulus, der ich in eurer 10
Gegenwart unterwürfig sein soll, aber
mutig, wenn ich fern von euch bin, er-
mahne euch bei der Sanftmut und Güte

2 Christi. Ich bitte aber, daß ihr mich
nicht zwingt, wenn ich bei euch bin,
mutig zu sein und [a]mit der Kühnheit
aufzutreten, mit der ich gegen einige
vorzugehen gedenke, die unser Auftre-
3 ten für schwächlich halten. Denn ob-
wohl wir schwache Menschen sind,
kämpfen wir doch nicht mit schwachen
4 menschlichen Kräften. Denn die
[b]Waffen, mit denen wir kämpfen, sind
nicht schwach wie Menschenwaffen,
sondern mächtig durch die Kraft Got-
tes, um Befestigungen zu zerstören.
5 Wir zerstören nämlich damit Gedan-
kengebäude und alles Hohe, das sich
gegen die Erkenntnis Gottes erhebt,
und nehmen alles Denken gefangen
und führen es zum Gehorsam gegen
6 Christus. So sind wir bereit, allen Un-
gehorsam zu bestrafen, sobald euer Ge-
horsam völlig wiederhergestellt ist.
7 Seht doch, was vor Augen liegt! Ver-
läßt sich jemand darauf, daß er Chri-
stus angehört, so soll er doch anderer-
seits bei sich bedenken, daß wir genau-
8 so Christus angehören wie er. Auch
wenn ich mich darüber hinaus noch
[c]der Vollmacht rühmen würde, die uns
der Herr gegeben hat, um euch zu er-
bauen, und nicht, um euch zu verder-
ben, so würde ich nicht zuschanden
9 werden. Ich will aber nicht den An-
schein erwecken, als wollte ich euch mit
10 meinen Briefen einschüchtern. Denn
seine Briefe, sagen sie, sind gewichtig
und voll Kraft; aber wenn er selbst an-
wesend ist, ist er schwach und seine
11 Rede kläglich. Wer so redet, der soll be-
denken: so kraftvoll, wie wir aus der
Ferne in den Worten unsrer Briefe
sind, werden wir, wenn wir anwesend
sind, auch mit der Tat sein.[d]

a Kap 13,1.2; 1.Kor 4,21 *b* Eph 6,13-17
c Kap 13,10; 1.Kor 5,4.5 *d* Kap 13,2.10

Der Maßstab für die Beurteilung des Apostels

12 Denn wir wagen nicht, uns denen zuzu-
rechnen, die [a]sich selbst empfehlen,
oder uns mit ihnen zu vergleichen; aber
weil sie sich nur an sich selbst messen
und mit sich selbst vergleichen, sind sie
13 unverständig. [b]Wir aber wollen uns
[c]nicht über alles Maß hinaus rühmen,
sondern nur nach dem Maß, das uns
Gott zugemessen hat, nämlich daß wir
auch bis zu euch gelangen sollten.
14 Denn es ist ja nicht so, daß wir nicht bis
zu euch gelangt wären und uns also zu-
viel anmaßen wollten; denn wir sind ja
wirklich mit dem Evangelium Christi
bis zu euch gekommen. Wir rühmen 15
uns nicht über alles Maß hinaus mit
dem, was andere gearbeitet haben. Wir
haben vielmehr die Hoffnung, daß wir,
wenn euer Glaube in euch wächst, nach
unserm eigenen Maßstab über-
schwenglich zu Ehren kommen. Denn 16
wir wollen das Evangelium auch denen
predigen, die jenseits von euch woh-
nen, und rühmen uns nicht mit dem,
was auf fremdem Arbeitsfeld schon
vollbracht ist. »Wer sich aber rühmt, 17
der rühme sich des Herrn«[d] (Jeremia
9,22.23). Denn nicht der ist bewährt, 18
der sich selbst empfiehlt, sondern der,
[e]den der Herr empfiehlt.

a Kap 3,1; 5,12 *b (13-16)* Röm 15,20
c Röm 12,3; Gal 2,7 *d* 1.Kor 1,31 *e* 1.Kor 4,5

Paulus und die falschen Apostel

Wollte Gott, ihr ließet mich auch ein- **11**
mal ein wenig töricht reden! Doch ihr
tut es ja. Ich wache über euch mit gött- 2
licher Eifersucht; denn ich habe euch
mit einem einzigen Mann verlobt, da-
mit ich Christus [a]eine reine Jungfrau
zuführe. Ich fürchte aber: wie [b]die 3
Schlange mit ihrer List Eva verführte,
so könnten auch eure Gedanken von
der ungeteilten Hingabe an Christus
abgewendet werden. Denn wenn einer 4
zu euch kommt und [c]einen andern Je-
sus predigt, als wir gepredigt haben,
oder wenn ihr einen andern Geist emp-
fangt, als ihr empfangen habt, oder ein
anderes Evangelium, als ihr angenom-
men habt, so ertragt ihr das recht gern!
Ich meine doch, ich bin nicht weniger 5
als eure Überapostel.[d] Und wenn ich 6
schon [e]ungeschickt bin in der Rede, so
[f]bin ich's doch nicht in der Erkenntnis;
in jeder Hinsicht und vor allen haben
wir das bei euch gezeigt.
Oder habe ich eine Sünde begangen, 7
als ich mich erniedrigt habe, um euch
zu erhöhen? Denn [g]ich habe euch das
Evangelium Gottes unentgeltlich ver-
kündigt. Andere Gemeinden habe ich 8
beraubt und Geld von ihnen genom-
men, um euch dienen zu können.[h] Als 9
ich bei euch war und Mangel litt, fiel
ich niemand zur Last. Denn was mir
fehlte, brachten mir die Brüder, die aus
Mazedonien kamen. So bin ich euch in
keiner Hinsicht zur Last gefallen und
will es auch ferner so halten. So gewiß 10
die Wahrheit Christi in mir ist, so soll
mir dieser Ruhm im Gebiet von Achaja
nicht genommen werden. Warum das? 11

Weil ich euch nicht lieb habe? Gott
12 weiß es. Was ich aber tue, das will ich
auch ferner tun und dadurch denen den
Anlaß nehmen, die einen Anlaß su-
chen, sich zu rühmen, sie seien wie wir.
13 Denn diese Leute sind falsche Apostel,
unehrliche Arbeiter, und verkleiden
14 sich als Apostel Christi.[i] Und das ist
auch kein Wunder; denn der Satan
selbst verkleidet sich als Engel des
15 Lichts. Darum ist es nichts Besonderes,
wenn sich auch seine Diener als Predi-
ger der Gerechtigkeit verkleiden. Ihr
Ende wird ihren Taten entsprechen.

a Eph 5,26.27 *b* 1.Mose 3,4.13 *c* Gal 1,8.9
d Kap 12,11; 1.Kor 15,10 *e* 1.Kor 2,1.2.13
f Eph 3,4 *g* Kap 12,13; Mt 10,8; 1.Kor 9,12-18
h Phil 4,10.15 *i* Kap 2,17

Die Leiden und Mühen des Apostels

16 Ich sage noch einmal: niemand halte
mich für töricht; wenn aber doch, so
laßt euch meine Torheit gefallen, damit
17 auch ich mich ein wenig rühme.[a] Was
ich jetzt sage, das ist nicht im Sinn des
Herrn geredet, sondern in Torheit, weil
wir nun einmal ins Rühmen gekommen
18 sind. Da viele sich nach menschlicher
Weise rühmen, will ich mich auch rüh-
19 men. Denn ihr ertragt gerne die [b]Nar-
20 ren, ihr, die ihr klug seid! Ihr ertragt es,
wenn euch jemand zu Sklaven macht,
wenn euch jemand ausbeutet, wenn
euch jemand einfängt, wenn jemand
auf euch herabsieht, wenn euch jemand
21 ins Gesicht schlägt. Zu meiner Schande
muß ich sagen, dazu waren wir freilich
zu schwach!

Womit aber einer prahlt – ich rede in
Torheit –, damit kann ich auch prahlen.
22 Sie sind Hebräer – ich auch! Sie sind
Israeliten – ich auch! Sie sind Abra-
23 hams Kinder – ich auch![c] Sie sind Die-
ner Christi – ich rede töricht: ich bin's
weit mehr! [d]Ich habe mehr gearbeitet,
ich bin [e]öfter gefangen gewesen, ich
habe mehr Schläge erlitten, ich bin oft
24 in Todesnöten gewesen. Fünfmal habe
ich von den Juden [f]vierzig Geißelhiebe
25 weniger einen erhalten; dreimal bin ich
[g]mit Stöcken geschlagen und [h]einmal
gesteinigt worden; dreimal habe ich
Schiffbruch erlitten, einen Tag und
26 eine Nacht trieb ich auf hoher See. Ich
habe weite Strecken zurückgelegt, ich
bin in Gefahr gewesen durch Flüsse, in
Gefahr unter Räubern, in Gefahr unter
Juden, in Gefahr unter Heiden, in Ge-
fahr in Städten, in Gefahr in Wüsten, in
Gefahr auf dem Meer, in Gefahr unter
falschen Brüdern; in Mühe und Arbeit, 27
in viel Wachen, in Hunger und Durst,
in viel Fasten, in Frost und Blöße;[i] und 28
außer allem andern noch das, was täg-
lich auf mich einstürmt, und [j]die Sorge
für alle Gemeinden. Wer ist schwach, 29
und ich werde nicht schwach? Wer
kommt zu Fall, und ich brenne nicht?

Wenn ich mich also rühmen soll, 30
[k]will ich mich meiner Schwachheit
rühmen. Gott, der Vater des Herrn Je- 31
sus, der gelobt sei in Ewigkeit, weiß,
daß ich nicht lüge. In Damaskus be- 32
wachte der Statthalter des Königs Are-
tas die Stadt der Damaszener und woll-
te mich gefangennehmen, aber ich wur- 33
de in einem Korb durch ein Fenster die
Mauer hinuntergelassen und entrann
seinen Händen.[l]

a Kap 12,6 *b* 1.Kor 4,10 *c* Phil 3,5
d 1.Kor 15,10 *e* Kap 6,4.5 *f* 5.Mose 25,3
g Apg 16,22 *h* Apg 14,19 *i* Kap 6,5
j Apg 20,18-21.31 *k* Kap 12,5 *l* Apg 9,24.25

Die Visionen des Paulus und der Pfahl im Fleisch

Ihr wollt ja, daß ich mich rühme. Wenn **12**
es auch nichts nützt, so will ich doch
von Erscheinungen und Offenbarun-
gen sprechen, die der Herr gibt. Ich 2
kenne einen Menschen in Christus; es
war vor vierzehn Jahren – ist er im Leib
gewesen? ich weiß es nicht; oder ist er
außer dem Leib gewesen? ich weiß es
auch nicht; Gott weiß es –, da wurde er
entrückt bis in den dritten Himmel.
Und ich kenne diesen Menschen – ob er 3
im Leib oder außer dem Leib gewesen
ist, weiß ich nicht; Gott weiß es –; der 4
wurde entrückt in das Paradies und
hörte unaussprechliche Worte, die kein
Mensch sagen kann. Dieses Menschen 5
will ich mich rühmen; meiner selbst
aber will ich mich nicht rühmen, [a]nur
meiner Schwachheit. [b]Wenn ich mich 6
dennoch rühmen wollte, wäre ich nicht
töricht; denn ich würde die Wahrheit
sagen. Ich will aber darauf verzichten,
damit nicht jemand höher von mir
denkt, als er an mir sieht oder von mir
hört. Und damit ich mich wegen der 7
hohen Offenbarungen nicht überhebe,
ist mir ein Pfahl ins Fleisch gegeben,
nämlich der Engel des Satans, der mich
mit Fäusten schlagen soll, damit ich
mich nicht überhebe. Seinetwegen 8
habe ich dreimal zum Herrn gefleht,
daß er von mir ablassen möge. Aber er 9
hat zu mir gesagt: *Laß dir an meiner
Gnade genügen; denn meine Kraft ist in
den Schwachen mächtig.* * Darum will

ich mich am allerliebsten meiner
Schwachheit rühmen, damit die Kraft
10 Christi in mir wohnt. Darum bin ich
guten Mutes in Schwachheit, in Miß-
handlungen, in Nöten, in Verfolgungen
und Ängsten, um Christi willen; denn
wenn ich schwach bin, dann bin ich
stark.[c]

a Kap 11,30 *b* Kap 10,8 *c* Phil 4,13
*Vers 9: Wörtlich: »denn die Kraft kommt in Schwachheit zur Vollendung«.

Das Ringen des Apostels um seine Gemeinde

11 Ich bin ein Narr geworden! Dazu habt
ihr mich gezwungen. Denn ich sollte
von euch gelobt werden, da [a]ich doch
nicht weniger bin als die Überapostel,
12 obwohl ich nichts bin. Denn es sind ja
die Zeichen eines Apostels unter euch
geschehen in aller Geduld, mit Zei-
chen, mit Wundern und mit Taten.[b]
13 Was ist es denn, worin ihr zu kurz ge-
kommen seid gegenüber den andern
Gemeinden, außer [c]daß ich euch nicht
zur Last gefallen bin? Vergebt mir
14 dieses Unrecht! Siehe, ich bin jetzt be-
reit, zum dritten Mal zu euch zu kom-
men, und will euch nicht zur Last fal-
len; denn ich suche nicht das Eure, son-
dern euch. Denn nicht die Kinder sol-
len den Eltern Schätze sammeln, son-
15 dern die Eltern den Kindern. Ich aber
will gern alles hingeben, ja selbst [d]hin-
gegeben werden für eure Seelen. Wenn
ich euch mehr liebe, soll ich darum we-
niger geliebt werden?
16 Also gut, ich bin euch nicht zur Last
gefallen. Aber ich bin vielleicht heim-
tückisch gewesen und habe euch mit
17 List gefangen. Hab ich euch etwa über-
vorteilt durch einen von denen, die ich
18 zu euch gesandt habe? [e]Ich habe Titus
zugeredet und den Bruder mit ihm ge-
sandt. Hat euch etwa Titus übervor-
teilt? Haben wir nicht beide im selben
Geist gewirkt? Sind wir nicht in den-
selben Fußtapfen gegangen?
19 Ihr denkt wohl schon lange, daß wir
uns vor euch verteidigen wollen. Wir
reden jedoch in Christus vor Gott! Das
alles aber geschieht, meine Lieben,
20 zum Aufbau eurer Gemeinde. Denn
ich fürchte, [f]wenn ich komme, finde
ich euch nicht, wie ich will, und ihr fin-
det mich auch nicht, wie ihr wollt, son-
dern es herrschen Streit, Neid, Zorn,
Zank, üble Nachrede, Verleumdung,
21 Überheblichkeit und Unordnung. Ich
fürchte, wenn ich [g]komme, wird mein
Gott mich wieder bei euch demütigen,
so daß ich Leid tragen muß über viele,
die [h]vorher gesündigt und nicht Buße
getan haben für die Unreinheit, Un-
zucht und Ausschweifung, die sie ge-
trieben haben.

a Kap 11,5 *b* Röm 15,19; Hebr 2,4 *c* Kap 11,7-9 *d* Phil 2,17 *e* Kap 8,6.16-18 *f* Kap 10,2 *g* Kap 2,1 *h* Kap 13,2

Ankündigung vollmächtigen Auftretens beim dritten Besuch

Jetzt [a]komme ich zum dritten Mal zu 13
euch. [b]»Durch zweier oder dreier Zeu-
gen Mund soll jede Sache entschieden
werden« (5. Mose 19,15). Ich habe es 2
vorausgesagt und sage es noch einmal
voraus – damals bei meinem zweiten
Besuch und nun aus der Ferne – denen,
die früher gesündigt haben, und allen
andern: Wenn ich wieder komme, dann
kenne ich keine Schonung. Ihr verlangt 3
ja einen Beweis dafür, daß Christus in
mir redet, und der ist euch gegenüber
nicht schwach, sondern ist unter euch
mächtig. Denn wenn er auch gekreu- 4
zigt worden ist aus Schwachheit, so lebt
er doch aus Gottes Kraft. Und wenn
wir auch schwach sind in ihm, so wer-
den wir uns doch mit ihm lebendig er-
weisen an euch in der Kraft Gottes.
Erforscht euch selbst, ob ihr im 5
Glauben steht; prüft euch selbst! Oder
erkennt ihr nicht an euch selbst, daß
Christus Jesus in euch ist? Wenn nicht,
dann hättet ihr euch ja nicht bewährt.
Ich hoffe aber, ihr werdet erkennen, 6
daß wir nicht unbewährt sind. Wir bit- 7
ten aber Gott, daß ihr nichts Böses tut;
nicht damit wir recht behalten, sondern
damit ihr das Gute tut und wir gleich-
sam Unrecht bekommen. Denn wir 8
vermögen nichts gegen die Wahrheit,
sondern alles nur für die Wahrheit. Wir 9
freuen uns ja, wenn wir schwach sind
und ihr mächtig seid. Dafür beten wir
auch, daß ihr wieder ganz zurecht-
kommt. Deshalb schreibe ich auch dies 10
aus der Ferne, [c]damit ich nicht, wenn
ich anwesend bin, streng vorgehen muß
nach der [d]Vollmacht, die mir der Herr
gegeben hat, um aufzubauen, nicht um
niederzureißen.
Zuletzt, liebe Brüder, [e]freut euch, 11
laßt euch zurechtbringen, laßt euch
mahnen, habt einerlei Sinn, haltet Frie-
den! So [f]wird der Gott der Liebe und
des Friedens mit euch sein. Grüßt euch 12
untereinander mit dem heiligen Kuß.
Es grüßen euch alle Gläubigen. *Die* 13

Gnade unsres Herrn Jesus Christus und die Liebe Gottes und die Gemeinschaft des heiligen Geistes sei mit euch allen!

a Kap 10,2 *b* Mt 18,16 *c* Kap 10,11 *d* Kap 10,8 *e* Phil 4,4 *f* Röm 15,33

DER BRIEF DES PAULUS AN DIE GALATER

Inhaltsübersicht

1 Paulus – zum Apostel berufen [a]nicht
von Menschen, auch nicht durch einen
Menschen, sondern durch Jesus Chri-
stus und Gott, den Vater, der ihn von
2 den Toten auferweckt hat – und alle
Brüder, die bei mir sind, an die Ge-
meinden in Galatien:
3 Gnade sei mit euch und Friede von
Gott, unserm Vater, und dem Herrn
4 Jesus Christus, der [b]sich selbst für uns-
re Sünden dahingegeben hat, um uns
von dieser gegenwärtigen, [c]bösen Welt
zu erretten nach dem Willen Gottes,
5 unseres Vaters; dem sei Ehre von
Ewigkeit zu Ewigkeit! Amen.

a Vers 11.12 *b* Kap 2,20; 1.Tim 2,6; Tit 2,14 *c* 1.Joh 5,19

Gegen die Verfälschung des Evangeliums

6 Ich wundere mich, daß ihr euch so bald
von dem abbringen laßt, der euch in die
Gnade Christi berufen hat, und euch
einem andern Evangelium zuwendet,
7 obwohl es doch kein andres gibt; nur
daß einige da sind, die euch [a]verwirren
und das Evangelium Christi verdrehen
8 wollen. Aber selbst wenn wir oder ein
Engel vom Himmel euch ein Evangeli-
um predigen würden, das anders ist, als
wir es euch gepredigt haben, der sei
9 verflucht. Wie wir eben gesagt haben,
so sage ich noch einmal: [b]Wenn je-
mand euch ein Evangelium predigt, das
anders ist, als ihr es empfangen habt,
der sei verflucht.
10 Rede ich denn jetzt Menschen zulie-
be oder im Dienst Gottes? [c]Suche ich
Menschen gefällig zu sein? Wenn ich
immer noch den Menschen gefällig
wäre, so wäre ich ja Christi Knecht
nicht.

a Apg 15,1.24 *b* 1.Tim 6,3 *c* 1.Thess 2,4-6

Die Berufung des Paulus zum Apostel

Denn ich erkläre euch, liebe Brüder, 11
daß das Evangelium, das ich gepredigt
habe, nicht menschliche Lehre ist.
[a]Denn ich habe es nicht von einem 12
Menschen empfangen oder gelernt,
sondern durch eine Offenbarung Jesu
Christi. Ihr habt ja von meinem frühe- 13
ren Leben im Judentum gehört, wie ich
die Gemeinde Gottes bis zum äußer-
sten verfolgte und sie zu vernichten
suchte und im Judentum viele meiner 14
Altersgenossen in meinem Volk weit
übertraf und noch leidenschaftlicher
als alle [b]für die Satzungen der Väter
eintrat.
Als es aber Gott gefiel, der mich [c]von 15
Mutterleib an ausgesondert und durch
seine Gnade berufen hat, daß er mir 16
[d]seinen Sohn offenbarte, damit ich ihn
[e]unter den Heiden verkündigen sollte,
besprach ich mich nicht erst lange mit
Fleisch und Blut, ging auch nicht nach 17
Jerusalem hinauf zu denen, die vor mir
Apostel waren, sondern zog sogleich
nach Arabien und kehrte dann wieder
nach Damaskus zurück. Erst nach drei 18
Jahren kam ich nach Jerusalem, um
[f]Kephas kennenzulernen, und blieb
vierzehn Tage bei ihm. Von den andern 19
Aposteln aber sah ich keinen, nur [g]Ja-
kobus, den Bruder des Herrn. Was ich 20
euch hier schreibe – Gott weiß, ich lüge
nicht! Danach kam ich nach Syrien und 21
Zilizien.[h] Den christlichen Gemeinden 22
in Judäa aber war ich persönlich nicht
bekannt. Sie hatten nur gehört: Der 23
uns früher verfolgt hat, der verkündigt
jetzt den Glauben, den er früher zu ver-
nichten suchte. Und sie priesen Gott 24
um meinetwillen.

a (12-16) Apg 9,1-15 *b* Apg 23,6; 26,5 *c* Jer 1,5;
Röm 1,1 *d* Mt 16,17 *e* Kap 2,7 *f* Joh 1,42;
Apg 9,26.27 *g* Mt 13,55 *h* Apg 9,30

Die Anerkennung des Paulus durch die anderen Apostel

2 [a]Vierzehn Jahre später zog ich wieder
nach Jerusalem hinauf, zusammen mit
Barnabas, und nahm auch Titus mit.
2 Ich zog aber hin auf Grund einer Of-
fenbarung und legte dort das Evangeli-
um dar, das ich unter den Heiden ver-
kündige; besonders besprach ich mich
mit denen, die Ansehen hatten, damit
ich nicht etwa vergeblich laufe oder ge-
3 laufen wäre. Aber selbst Titus, der bei
mir war, wurde nicht gezwungen, sich
beschneiden zu lassen, obwohl er ein
4 Grieche war.[b] Denn es hatten sich
einige falsche Brüder eingedrängt und
eingeschlichen, um die Freiheit auszu-
kundschaften, die wir in Christus Jesus
haben, und uns zu Knechten zu ma-
5 chen. Doch wir gaben ihnen nicht einen
Augenblick nach und unterwarfen uns
ihnen nicht, [c]damit die Wahrheit des
Evangeliums für euch erhalten bliebe.
6 Von denen aber, die Ansehen hatten –
was sie früher gewesen sind, daran liegt
mir nichts; denn Gott achtet das Anse-
hen der Menschen nicht –, mir haben
die, die Ansehen hatten, nichts weiter
7 auferlegt. Im Gegenteil, als sie sahen,
daß mir das Evangelium an die Heiden
[d]anvertraut war so wie Petrus das
8 Evangelium an die Juden – denn der in
Petrus wirksam gewesen ist bei seinem
Aposteldienst unter den Juden, der ist
auch in mir wirksam gewesen unter den
9 Heiden –, und als sie die Gnade erkann-
ten, die mir gegeben war, gaben Jako-
bus und [e]Kephas und Johannes, die als
Säulen angesehen werden, mir und
Barnabas die rechte Hand. Sie wurden
mit uns einig, daß wir unter den Hei-
den, sie aber unter den Juden predigen
10 sollten, nur daß wir an die Armen den-
ken sollten, worum ich mich auch eifrig
bemüht habe.[f]

a (1-10) Apg 15,1-29; 4,36 *b* Apg 16,3;
1.Kor 9,21 *c* Kap 3,1 *d* Eph 3,1.2 *e* Joh 1,42
f Apg 11,29.30; 2.Kor 8; 9

Die Auseinandersetzung des Paulus mit Petrus in Antiochia

11 Als aber Kephas nach Antiochia kam,
trat ich ihm Auge in Auge entgegen,
12 denn er war schuldig geworden. Denn
bevor einige von Jakobus kamen, hatte
er [a]gemeinsam mit den Heiden geges-
sen; als sie aber kamen, zog er sich zu-
rück und sonderte sich ab, weil er die
aus dem Judentum fürchtete. Und mit 13
ihm heuchelten auch die übrigen Ju-
den, so daß selbst Barnabas dazu ver-
führt wurde, mit ihnen zu heucheln.
Als ich aber sah, daß sie nicht richtig 14
nach der Wahrheit des Evangeliums
handelten, sagte ich zu Kephas öffent-
lich vor allen: Wenn du, der du doch
ein Jude bist, heidnisch lebst und nicht
jüdisch, warum zwingst du dann die
Heiden, jüdisch zu leben?
Wir sind von Geburt Juden und 15
nicht Sünder wie die Heiden. Doch 16
weil wir wissen, daß [b]der Mensch
durch die Werke des Gesetzes vor Gott
nicht gerecht wird, sondern durch den
Glauben an Jesus Christus, sind auch
wir zum Glauben an Christus Jesus ge-
kommen, damit wir durch den Glauben
an Christus gerecht werden und nicht
durch die Werke des Gesetzes; denn
durch Gesetzeswerke wird kein
Mensch gerecht. Wenn aber wir, die 17
wir durch Christus gerecht zu werden
suchen, selbst als Sünder dastehen – ist
dann Christus nicht ein Diener der
Sünde? Nein! Wenn ich nämlich das, 18
was ich niedergerissen habe, wieder
aufbaue, dann mache ich mich selbst zu
einem Übertreter. Denn [c]ich bin 19
durchs Gesetz dem Gesetz gestorben,
damit ich Gott lebe. Ich bin mit Chri-
stus gekreuzigt. *Nun lebe nicht mehr ich,* 20
sondern [d] Christus lebt in mir. Solange ich
aber in diesem Leib lebe, lebe ich im Glau-
ben an den Sohn Gottes, der mich geliebt
und [e]sich selbst für mich dahingegeben
hat. Ich werfe die Gnade Gottes nicht 21
weg; denn wenn die Gerechtigkeit
durch das Gesetz kommt, dann ist
Christus vergeblich gestorben.

a Apg 11,2.3 *b* Röm 3,20.28; Eph 2,8 *c* Röm 7,6
d Joh 17,23 *e* Kap 1,4

Gerechtigkeit aus Glauben oder aus dem Gesetz?

O ihr unverständigen Galater! Wer hat **3**
euch behext? Euch ist doch Jesus Chri-
stus als der Gekreuzigte vor die Augen
gemalt worden! Das allein will ich von 2
euch erfahren: Habt ihr den Geist
durch die Werke des Gesetzes empfan-
gen oder durch die Predigt vom Glau-
ben? Seid ihr so unverständig? Mit 3
Gottes Geist habt ihr angefangen, wollt
ihr's denn nun durch eigene Kraft voll-
enden? Habt ihr denn so vieles vergeb- 4
lich erfahren? Wenn es wirklich ver-

5 geblich gewesen sein kann! Der euch
nun den Geist schenkt und solche Ta-
ten unter euch wirkt, tut er's durch die
Werke des Gesetzes oder durch die
Predigt vom Glauben?
6 So war es doch mit Abraham: »Er
glaubte Gott, und es wurde ihm als Ge-
rechtigkeit angerechnet«[a] (1. Mose 15,
7 6). Erkennt also: die aus dem Glauben
8 leben, das sind Abrahams Kinder. Die
Schrift aber hat es vorausgesehen, daß
Gott die Heiden durch den Glauben
gerecht macht. Darum verkündigte sie
dem Abraham (1.Mose 12,3): »In dir
9 sollen alle Heiden gesegnet werden.« So
werden nun die, die aus dem Glauben
leben, [b]mit dem glaubenden Abraham
10 gesegnet. Denn die aus den Werken des
Gesetzes leben, die sind unter dem
Fluch. Denn es steht geschrieben
(5.Mose 27,26): »Verflucht ist jeder,
der nicht bei alledem bleibt, was im
Buch des Gesetzes geschrieben steht,
11 um es zu tun!« Daß aber durchs Gesetz
niemand vor Gott gerecht wird, ist of-
fenbar; denn: [c]»Der Gerechte wird aus
12 Glauben leben« (Habakuk 2,4). Vor
dem Gesetz aber gilt nicht: »aus Glau-
ben«, sondern: »der Mensch, der es tut,
wird dadurch leben« (3. Mose 18,5).
13 *Christus aber hat uns von dem Fluch des
Gesetzes erlöst, als er für uns zum [d]Fluch
wurde;* denn es steht geschrieben
(5.Mose 21,23): »Verflucht ist jeder,
14 der am Holz hängt.« So sollte der Segen
Abrahams durch Christus Jesus zu den
Heiden kommen und wir durch den
Glauben den verheißenen Geist emp-
fangen.

a Röm 4,3 *b* Röm 4,16 *c* Röm 1,17; Hebr 10,38
d 2.Kor 5,21

Verheißung und Gesetz

15 Liebe Brüder, ich will nach menschli-
cher Weise reden: Man hebt doch das
Testament eines Menschen nicht auf,
wenn es bestätigt ist, und setzt auch
16 nichts dazu. Nun ist die Verheißung
Abraham zugesagt und seinem Nach-
kommen. Es heißt nicht: und den
Nachkommen, als würde es vielen gel-
ten, sondern es gilt einem: »und deinem
Nachkommen« (1.Mose 22,18), das ist
17 Christus. Ich meine aber dies: Das Te-
stament, das von Gott zuvor bestätigt
worden ist, wird durch das Gesetz nicht
aufgehoben, das [a]vierhundertdreißig
Jahre später gegeben worden ist, so daß
18 die Verheißung zunichte würde. Denn
wenn das Erbe durch das Gesetz erwor-
ben werden könnte, so wäre es nicht
durch Verheißung gegeben; Gott aber
hat es Abraham durch Verheißung frei
geschenkt.
Was soll nun das Gesetz? Es ist um 19
der Sünden willen [b]hinzugekommen,
bis der Nachkomme da ist, dem die
Verheißung gilt, und zwar ist es von
[c]Engeln verordnet durch die Hand
eines [d]Mittlers. Ein einzelner aber 20
braucht keinen Mittler, Gott aber ist
nur einer. Widerspricht dann das Ge- 21
setz den Verheißungen Gottes? Kei-
neswegs! Denn nur, wenn ein Gesetz
gegeben wäre, das [e]lebendig machen
könnte, käme die Gerechtigkeit wirk-
lich aus dem Gesetz. Aber die Schrift 22
[f]hat alles ins Gefängnis der Sünde ein-
geschlossen, damit die Verheißung
durch den Glauben an Jesus Christus
denen gegeben würde, die glauben.
Ehe aber der Glaube kam, standen 23
wir unter dem Gesetz, verwahrt und
verschlossen auf den Glauben hin, der
dann offenbart werden sollte.[g] So ist 24
das Gesetz unser Aufseher gewesen, bis
Christus kam, damit wir durch den
Glauben gerecht würden. Nachdem 25
nun aber der Glaube gekommen ist,
[h]stehen wir nicht mehr unter dem Auf-
seher. *Denn durch den Glauben seid ihr* 26
alle [i]Gottes Kinder in Christus Jesus.
Denn ihr alle, die ihr [j]auf Christus ge- 27
tauft seid, habt [k]Christus angezogen.
Hier ist [l]nicht Jude noch Grieche, hier ist 28
nicht Sklave noch Freier, hier ist nicht
Mann noch Frau; denn [m]ihr seid alle
einer in Christus Jesus. Gehört ihr aber 29
Christus, so seid ihr ja Abrahams Kin-
der und damit Erben nach der Verhei-
ßung.

a 2.Mose 12,40 *b* Röm 5,20 *c* Apg 7,38.53;
Hebr 2,2 *d* 5.Mose 5,5 *e* Röm 8,2-4
f Röm 3,9-20; 11,32 *g* Kap 4,3 *h* Röm 10,4
i Joh 1,12; Röm 8,17 *j* Röm 6,3 *k* Röm 13,14
l Röm 10,12 *m* 1.Kor 12,13

Befreiung vom Gesetz durch Christus

Ich sage aber: Solange der Erbe un- **4**
mündig ist, ist kein Unterschied zwi-
schen ihm und einem Knecht, obwohl
er Herr über alle Güter ist; sondern er 2
ist Vormündern und Pflegern unter-
stellt bis zu der Zeit, die der Vater be-
stimmt hat. So ist es auch mit uns: als 3
wir unmündig waren, standen wir un-
ter der Knechtschaft der [a]Mächte
dieser Welt. *Als aber [b]die Zeit erfüllt* 4
war, sandte Gott seinen Sohn, geboren
von einer Frau und unter das Gesetz ge-

5 *stellt, damit er die, die unter dem Gesetz*
standen, erlöste und wir als Kinder ange-
6 *nommen würden.* Weil ihr nun Kinder
seid, hat Gott den Geist seines Sohns in
unsre Herzen gesandt, der ruft: [c]Abba,
7 lieber Vater! So bist du also nicht mehr
Knecht, sondern Kind; wenn aber
Kind, dann bist du auch [d]Erbe durch
Gott.

a Vers 8-10; Kap 5,1; Kol 2,20 *b* Mk 1,15;
Eph 1,10 *c* Röm 8,15 *d* Röm 8,16.17

Warnung vor Rückfall in die Gesetzlichkeit

8 Aber zu der Zeit, als ihr Gott noch
nicht kanntet, dientet ihr denen, die in
9 Wahrheit keine Götter sind. Nachdem
ihr aber Gott erkannt habt, ja vielmehr
von ihm erkannt seid, wie wendet ihr
euch dann wieder den schwachen und
armseligen Mächten zu, um ihnen von
10 neuem zu dienen? Ihr haltet bestimmte
Tage und Monate und Festzeiten und
11 Jahre.[a] Ich fürchte für euch, daß ich
vielleicht [b]vergeblich an euch gearbei-
12 tet habe. Werdet doch wie ich, denn ich
wurde wie ihr, liebe Brüder, ich bitte
euch. Ihr habt mir kein Leid angetan.
13 Ihr wißt doch, daß ich [c]krank war, als
ich [d]euch das erstemal das Evangelium
14 gepredigt habe. Und obwohl meine
Krankheit euch Anstoß bereitete, habt
ihr mich nicht verachtet oder vor mir
ausgespuckt, sondern wie einen Engel
Gottes nahmt ihr mich auf, ja wie Chri-
15 stus Jesus. Wo ist nun eure Begeiste-
rung von damals? Ich kann euch bezeu-
gen: wenn es möglich gewesen wäre,
hättet ihr eure Augen ausgerissen und
16 sie mir gegeben. Bin ich denn damit
euer Feind geworden, daß ich euch die
17 Wahrheit vorhalte? Es ist nicht recht,
wie sie [e]euch umwerben; sie wollen
euch nur von mir abwendig machen,
18 damit ihr sie umwerben sollt. Umwor-
ben zu werden ist gut, wenn's im Guten
geschieht, und zwar immer und nicht
19 nur dann, wenn ich bei euch bin. Meine
lieben Kinder, [f]ich leide noch einmal
Geburtswehen um euch, bis Christus
20 in euch Gestalt gewinnt! Ich wollte,
daß ich jetzt bei euch wäre und auf ganz
andere Weise mit euch reden könnte;
denn ich weiß nicht mehr weiter mit
euch.

a Röm 14,5; Kol 2,16.20.21 *b* 2.Joh 8
c 1.Kor 2,3 *d* Apg 16,6 *e* Kap 1,7 *f* 1.Kor 4,15

Die beiden Testamente: Knechtschaft und Freiheit

Sagt mir, die ihr euch dem Gesetz 21
unterstellen wollt: Hört ihr nicht, was
das Gesetz sagt? Es steht doch ge- 22
schrieben, daß Abraham zwei Söhne
hatte, den [a]einen von der Magd, den
[b]andern von der Freien. Der Sohn, der 23
von der Magd stammt, ist nach
menschlichem Willen geboren worden,
[c]der aber von der Freien aufgrund der
Verheißung. Das hat eine tiefere Be- 24
deutung. Denn die beiden Frauen wei-
sen auf zwei Bundesschlüsse: einen
vom Berg Sinai, der zur [d]Knechtschaft
gebiert, das ist Hagar; denn Hagar be- 25
deutet den Berg Sinai in Arabien und
ist ein Gleichnis für das irdische Jeru-
salem, das mit seinen Kindern in der
Knechtschaft lebt. Aber [e]das Jerusa- 26
lem, das droben ist, das ist die Freie;
das ist unsre Mutter. Denn es steht ge- 27
schrieben (Jesaja 54,1): »Sei fröhlich,
du Unfruchtbare, die du nicht gebierst!
Brich in Jubel aus und jauchze, die du
nicht schwanger bist. Denn die Einsa-
me hat viel mehr Kinder, als die den
Mann hat.« Ihr aber, liebe Brüder, seid 28
wie Isaak Kinder der Verheißung. Aber 29
wie zu jener Zeit der nach mensch-
lichem Willen Geborene den verfolgte,
der nach dem Geist geboren war, so
geht es auch jetzt. Doch was sagt die 30
Schrift? »Stoß die Magd hinaus mit ih-
rem Sohn; denn der Sohn der Magd
soll nicht erben mit dem Sohn der Frei-
en« (1.Mose 21,10). So sind wir nun, 31
liebe Brüder, nicht Kinder der Magd,
sondern der Freien.

a 1.Mose 16,15 *b* 1.Mose 21,2 *c* Röm 9,7-9
d Kap 5,1; Röm 8,15 *e* Hebr 12,22; Offb 21,2

Aufruf zur rechten Freiheit

Zur [a]Freiheit hat uns Christus befreit! **5**
So steht nun fest und [b]laßt euch nicht
wieder unter das Joch der Knechtschaft
zwingen! Seht, ich, Paulus, sage euch: 2
Wenn ihr euch beschneiden laßt, so
wird euch Christus nichts nützen.
Noch einmal bezeuge ich jedem, der 3
sich beschneiden läßt, daß er verpflich-
tet ist, das ganze Gesetz zu halten. Ihr 4
habt Christus verloren, die ihr durch
das Gesetz gerecht werden wollt, und
seid aus der Gnade herausgefallen.
Denn wir warten im Geist durch den 5
Glauben darauf, daß unsere Hoffnung
auf Gerechtigkeit erfüllt wird. Denn 6
[c]*in Christus Jesus gilt weder Beschnei-*

dung noch Unbeschnittensein etwas, sondern der Glaube, der durch die Liebe tätig ist.

7 Ihr lieft so gut. Wer hat euch aufge-
halten, daß ihr der Wahrheit nicht
8 mehr gehorcht? Dies Überreden
kommt nicht von dem, der euch beru-
9 fen hat. Ein wenig Sauerteig durch-
10 säuert den ganzen Teig.[d] Ich habe das
Vertrauen zu euch im Herrn, ihr wer-
det nicht anders gesinnt sein. Der euch
aber [e]verwirrt, der wird sein Urteil tra-
gen müssen, er sei, wer er wolle.

11 Wenn aber ich, liebe Brüder, die Be-
schneidung noch predige, warum [f]leide
ich dann Verfolgung? Dann wäre ja der
[g]Anstoß, den das Kreuz erregt, besei-
12 tigt. Sie sollten sich doch lieber gleich
verschneiden lassen, die euch aufhet-
zen!

13 Ihr aber, liebe Brüder, seid zur Frei-
heit berufen. Nur [h]seht zu, daß ihr
durch die Freiheit nicht eurer Selbst-
sucht* Raum gebt; vielmehr diene
14 einer dem andern in Liebe! Denn das
ganze Gesetz findet seine Erfüllung in
dem *einen* Gebot (3.Mose 19,18): »Lie-
be deinen Nächsten wie dich selbst!«
15 Wenn ihr euch aber gegenseitig beißt
und freßt, dann seht zu, daß ihr nicht
voneinander verzehrt werdet.[i]

a Kap 4,5 *b* Apg 15,10 *c* Kap 6,15; Röm 2,26; 1.Kor 7,19 *d* 1.Kor 5,6 *e* Kap 1,7 *f* 1.Kor 15,30 *g* Kap 6,12; 1.Kor 1,23 *h* 1.Petr 2,16; 2.Petr 2,19 *i* Jak 4,2

*Vers 13: Luther übersetzte wörtlich: »dem Fleisch«. Das gleiche gilt für die in den Versen 16-24 und Kap 6, 8 verwendeten Begriffe: selbstsüchtiger Wille, Selbstsucht, (menschlicher) Eigenwille. Näheres siehe in den »Sach- und Worterklärungen« unter dem Stichwort »Fleisch«.

Das Leben im Geist

16 Ich sage aber: Führt euer Leben im
Geist, so werdet ihr nicht vollbringen,
was der selbstsüchtige Wille begehrt.
17 Denn die Selbstsucht widerstrebt dem
Geist Gottes und der Geist Gottes der
Selbstsucht; die beiden liegen im Streit
miteinander, so daß ihr nicht tun
18 könnt, was ihr eigentlich wollt.[a] Re-
giert euch aber der Geist, so steht ihr
19 nicht unter dem Gesetz. [b]Offenkundig
sind die Werke des menschlichen Ei-
genwillens, nämlich: Unzucht, Un-
20 reinheit, Ausschweifung, Götzen-
dienst, Zauberei, Feindschaft, Streit,
Eifersucht, Zorn, Zank, Zwietracht,
21 Spaltungen, Neid, Saufen, Fressen
und dergleichen. Ich habe es euch vor-
ausgesagt und sage es noch einmal: [c]die
solche Dinge tun, werden das Reich
Gottes nicht erben. *Die [d]Frucht des Gei-* 22
stes aber ist Liebe, Freude, Friede, Ge-
duld, Freundlichkeit, Güte, Treue,
Sanftmut, Selbstbeherrschung. Gegen 23
all dies ist das Gesetz nicht.[e] Die aber 24
Christus Jesus gehören, die [f]haben
ihren Eigenwillen samt allen Leiden-
schaften und Begierden gekreuzigt.
Wenn wir [g]im Geist leben, so wollen 25
wir uns auch nach dem Geist richten.
Laßt uns nicht nach [h]eitler Ehre trach- 26
ten, einander nicht herausfordern und
beneiden.

a Röm 7,15.23 *b* (*19-21*) 1.Kor 6,9.10 *c* Eph 5,5; Offb 22,15 *d* Eph 5,9 *e* 1.Tim 1,9 *f* Röm 6,6 *g* Röm 8,4 *h* Phil 2,3

Mahnung zur Brüderlichkeit

Liebe Brüder, [a]wenn einmal jemand **6**
bei einer Verfehlung ertappt wird, so
helft ihr, die ihr im Geist lebt, ihm wie-
der zurecht im Geist der Sanftmut;
und achte auf dich selbst, daß du nicht
auch versucht wirst. *Einer trage des an-* 2
dern Last, so werdet ihr das Gesetz Chri-
sti erfüllen.[b] Denn wenn jemand meint, 3
er sei etwas, obwohl er doch nichts ist,
betrügt er sich selbst. Jeder [c]prüfe sein 4
eigenes Werk; dann wird er seinen
Ruhm nur im Blick auf sich selbst ha-
ben und nicht im Blick auf einen an-
dern. Denn jeder wird seine eigene Last 5
tragen müssen.[d] Wer im Evangelium 6
unterrichtet wird, der gebe dem, der
ihn unterrichtet, von allem, was er hat.[e]

Irrt euch nicht! Gott läßt sich nicht 7
verspotten. Denn [f]was der Mensch sät,
das wird er ernten. Wer auf den selbst- 8
süchtigen Willen sät, der wird von ihm
das Verderben ernten; wer aber auf den
Geist Gottes sät, der wird von ihm das
ewige Leben ernten.[g] Darum laßt uns 9
nicht müde werden, das [h]Gute zu tun;
denn zur rechten Zeit werden wir auch
ernten, wenn wir nicht ablassen. Solan- 10
ge wir also noch Zeit haben, *laßt uns*
Gutes tun an jedermann, am meisten an
den Glaubensgenossen.[i]

a Mt 18,15; Jak 5,19 *b* 2.Kor 11,29 *c* 2.Kor 13,5 *d* Röm 14,12 *e* 1.Kor 9,14 *f* Jer 21,14 *g* Röm 8,13 *h* 2.Thess 3,13 *i* 2.Petr 1,7

Eigenhändiger Briefschluß

Seht, mit wie großen Buchstaben ich 11
euch mit eigener Hand schreibe! Die 12
vor Menschen etwas gelten wollen, die
zwingen euch zur Beschneidung, nur
[a]damit sie nicht um des Kreuzes Chri-
sti willen verfolgt werden. Denn auch 13
sie selbst, die sich beschneiden lassen,

halten das Gesetz nicht, sondern wollen
nur, daß ihr euch beschneiden laßt, da-
mit sie sich dessen rühmen können.
14 Von mir aber sei es fern, mich einer an-
dern Sache zu rühmen, [b]als allein des
Kreuzes unseres Herrn Jesus Christus,
durch den mir die Welt gekreuzigt ist
15 und ich der Welt. Denn [c]in Christus
Jesus gilt weder Beschneidung noch
Unbeschnittensein etwas, sondern nur
16 [d]die neue Schöpfung. Alle, die sich
nach diesem Maßstab richten – [e]Friede
und Barmherzigkeit über sie und über
das Israel Gottes! Hinfort mache mir 17
niemand weiter Mühe; denn [f]ich trage
die Malzeichen Jesu an meinem Leibe.
Die Gnade unseres Herrn Jesus 18
Christus sei mit eurem Geist, liebe
Brüder! Amen.

a Kap 5,11 *b* 1.Kor 1,31; 2,2 *c* Kap 5,6; 1.Kor 7,19 *d* 2.Kor 5,17 *e* Ps 125,5 *f* 2.Kor 4,10

DER BRIEF DES PAULUS AN DIE EPHESER

Inhaltsübersicht

Durch Christus erlöst	Kap 1–2
Heiden und Juden ein Leib in Christus	2–3
Das neue Leben in Christus	4–6

1 Paulus, Apostel Christi Jesu durch den
Willen Gottes, an die Heiligen in Ephe-
sus* und Gläubigen in Christus Jesus:
2 Gnade sei mit euch und Friede von
Gott, unserm Vater, und dem Herrn
Jesus Christus!

*Vers 1: In wichtigen alten Handschriften fehlt »in Ephesus«, aber auch sie haben die Briefüberschrift »An die Epheser«. Ob »in Ephesus« in der Urfassung des Briefes gestanden hat, ist nicht sicher zu entscheiden.

Lobpreis Gottes für die Erlösung durch Christus

3 Gelobt sei Gott, der Vater unsres
Herrn Jesus Christus, der uns gesegnet
hat mit allem geistlichen Segen in der
himmlischen Welt durch Christus.
4 Denn in ihm [a]hat er uns erwählt vor der
Schöpfung der Welt, damit wir [b]heilig
und untadelig vor ihm sein sollten; in
5 seiner Liebe hat er uns im voraus dazu
bestimmt, seine Kinder zu sein durch
Jesus Christus nach dem Wohlgefallen
6 seines Willens, zum Lob seiner herr-
lichen Gnade, mit der er uns in seinem
[c]geliebten Sohn begnadet hat.
7 In ihm haben wir die [d]Erlösung
durch sein Blut, die Vergebung der
Sünden, nach dem [e]Reichtum seiner
8 Gnade, mit der er uns überreich be-
schenkt hat in aller Weisheit und Klug-
9 heit. Denn Gott hat uns das [f]Geheim-
nis seines Willens wissen lassen nach
seinem Ratschluß, den er zuvor in ihm
10 gefaßt hatte, um ihn auszuführen,
[g]wenn die Zeit erfüllt wäre: nämlich al-
les in Christus zu vereinen, was im
Himmel und auf Erden ist.
In ihm sind wir auch als [h]Erben ein- 11
gesetzt worden, die wir dazu vorherbe-
stimmt sind nach dem Plan dessen, der
alles nach dem Ratschluß seines Wil-
lens wirkt; denn wir, die wir schon frü- 12
her auf Christus gehofft haben, sollten
ein Lobpreis seiner Herrlichkeit sein.
Auch ihr, die ihr das Wort der Wahr- 13
heit gehört habt, nämlich das Evangeli-
um von eurer Rettung, seid in ihm mit
dem verheißenen heiligen Geist [i]ver-
siegelt worden, als ihr zum Glauben
kamt. Er ist das [j]Unterpfand des Erbes, 14
das wir erhalten sollen, der Erlösung,
durch die wir sein Eigentum werden,
zum Lob seiner Herrlichkeit.

a Röm 8,28-30 *b* Kap 5,27 *c* Mt 3,17 *d* Kol 1,14 *e* Kap 2,7; 3,8.16 *f* Kap 3,3-6.9; Röm 16,25; Kol 1,26.27 *g* Gal 4,4 *h* Kol 1,12 *i* Kap 4,30 *j* 2.Kor 1,22; 5,5

Gebet um Erkenntnis der Herrlichkeit Christi

Darum höre ich auch nicht auf, für 15
euch zu danken, seit ich von eurem
Glauben an den Herrn Jesus und von
eurer Liebe zu allen Heiligen gehört
habe. [a]Ich denke an euch in meinem 16
Gebet und bitte, daß der Gott unsres 17
Herrn Jesus Christus, der Vater der
Herrlichkeit, euch den Geist der Weis-
heit und der Offenbarung gebe, damit

18 ihr ihn erkennt. Er erleuchte die Augen
eures Herzens, damit ihr seht, zu wel-
cher Hoffnung ihr von ihm berufen
seid, welcher Reichtum an Herrlichkeit
19 den Heiligen zuteil wird und wie über-
schwenglich groß sich seine Kraft an
uns erweist, die wir glauben. Mit dieser
20 Macht seiner Stärke hat er in Christus
gewirkt, als er ihn von den Toten aufer-
weckt und [b] zu seiner Rechten im Him-
21 mel eingesetzt hat über alle Reiche, Ge-
walt, Macht, Herrschaft und was sonst
noch Rang und Namen hat, nicht nur in
dieser Welt, sondern auch in der zu-
22 künftigen.[c] [d] Alles hat er unter seine
Füße getan und hat ihn, der das [e] Haupt
über alles ist, der Gemeinde zum
23 Haupt gegeben; sie ist sein [f] Leib, näm-
lich die [g] Fülle dessen, der alles in allem
erfüllt.

a (16 und 17) Kol 1,4.9 *b* Ps 110,1
c Röm 8,38.39; Phil 2,9; Kol 2,10 *d* Ps 8,7;
Mt 28,18 *e* Kap 4,15 *f* Kap 5,30; 1.Kor 12,27
g Kol 1,19

Das neue Leben als Geschenk der Gnade

2 Auch ihr wart tot in euren Übertretun-
2 gen und Sünden,[a] in denen ihr [b] früher
gelebt habt nach der Art dieser Welt,
unter dem [c] Machthaber, der in der
Luft herrscht, dem Geist, der jetzt
noch in denen am Werk ist, die Gott
3 nicht gehorchen. Zu ihnen haben auch
wir alle einst gehört, [d] als wir noch von
den Begierden unserer selbstsüchtigen
Art beherrscht wurden. Wir folgten
unsern bösen Trieben und Gedanken
und waren von Natur dem [e] Zorn Got-
4 tes verfallen wie die andern auch. Aber
Gott, der reich ist an Erbarmen, hat in
seiner großen Liebe, mit der er uns ge-
5 liebt hat, auch uns, die wir in Sünden
tot waren, mit Christus lebendig ge-
6 macht – aus Gnade seid ihr gerettet. Er
hat uns mit ihm auferweckt und zusam-
men mit ihm in die himmliche Welt
7 versetzt in Christus Jesus,[f] um in den
kommenden Zeiten den überschweng-
lichen [g] Reichtum seiner Gnade kund-
zutun durch die Güte, die er uns erwie-
8 sen hat in Christus Jesus. Denn [h] *aus
Gnade seid ihr gerettet durch den Glau-
ben, und* [i] *das nicht aus euch selbst: Gottes*
9 *Gabe ist es,* [j] *nicht aus Werken,* [k] *damit*
10 *sich niemand rühmen kann.* Denn wir
sind sein Werk, geschaffen in Christus
Jesus [l] zu guten Werken, die Gott im
voraus bereitet hat, damit wir sie tun.

a Lk 15,24.32; Kol 2,13 *b* Tit 3,3 *c* Kap 6,12;
Joh 12,31 *d* 1.Petr 4,3 *e* Kol 3,6 *f* Phil 3,20
g Kap 1,7 *h* Röm 3,23.24 *i* Gal 2,16 *j* Röm 3,28
k 1.Kor 1,29 *l* Tit 2,14

Die Einheit der Gemeinde aus Juden und Heiden

Darum denkt daran: Ihr wart [a] früher 11
Heiden und wurdet von denen, die äu-
ßerlich beschnitten sind, Unbeschnit-
tene genannt. Zu jener Zeit wart ihr 12
ohne Christus, [b] ausgeschlossen vom
Bürgerrecht Israels und ohne Anteil am
Bund der Verheißung; daher hattet ihr
[c] keine Hoffnung und lebtet ohne Gott
in der Welt. Jetzt aber in Christus Jesus 13
seid ihr, die ihr früher fern wart, nahe
gekommen durch das Blut Christi.

Denn er ist unser [d] Friede, der aus 14
beiden [e] *eines* gemacht hat und den
Zaun, der dazwischen war, abgebro-
chen hat, nämlich die Feindschaft.
Durch das Opfer seines Leibes hat er 15
[f] das Gesetz mit seinen Geboten und
Satzungen aufgehoben, um in sich sel-
ber aus den zweien *einen neuen* Men-
schen zu schaffen und Frieden zu ma-
chen. Er hat die beiden mit Gott ver- 16
söhnt in *einem* Leib durch das Kreuz,
an dem er die Feindschaft getötet hat.
Er ist gekommen und hat im Evangeli- 17
um [g] Frieden verkündigt euch, die ihr
fern wart, und denen, die nahe waren.
Denn durch ihn haben wir alle beide in 18
einem Geist den [h] Zugang zum Vater.

So seid ihr nun nicht mehr Gäste und 19
Fremdlinge, sondern [i] *Mitbürger der Hei-
ligen und Gottes Hausgenossen, ein Bau,* 20
erbaut auf dem [j] *Grund der Apostel und
Propheten, in dem Jesus Christus der*
[k] *Schlußstein* ist.* Durch ihn wird der 21
ganze Bau zusammengehalten und
wächst zu einem heiligen Tempel im
Herrn. Durch ihn werdet auch ihr mit- 22
erbaut zu einer Wohnung Gottes im
Geist.

a Kap 5,8 *b* Röm 9,4 *c* 1.Thess 4,13 *d* Jes 9,5
e Gal 3,28 *f* Kol 2,14 *g* Jes 57,19 *h* Kap 3,12
i Kap 3,6; Hebr 12,22.23 *j* Mt 16,18 *k* Jes 28,16;
1.Petr 2,4-6
*Vers 20: Luther übersetzte statt »Schlußstein«: Eckstein.

Das Amt des Apostels für die Heiden

Deshalb bete ich, Paulus, der ich der 3
[a] Gefangene Christi Jesu für euch Hei-
den bin. Ihr habt ja gehört, welches 2
Amt die Gnade Gottes mir für euch
[b] anvertraut hat: Durch Offenbarung 3
ist [c] mir das Geheimnis kundgemacht
worden, von dem ich soeben kurz ge-
schrieben habe. Daran könnt ihr, wenn 4

ihr's lest, meine Einsicht in das Ge-
5 heimnis Christi erkennen. Dies war in
früheren Zeiten den Menschen nicht
kundgemacht, jetzt aber ist es seinen
heiligen Aposteln und Propheten of-
6 fenbart durch den Geist;[d] nämlich daß
in Christus Jesus [e] die Heiden Miterben
sind und mit zu seinem Leib gehören
und mit an der Verheißung teilhaben
7 durch das Evangelium, dessen Diener
ich geworden bin durch das Geschenk
der Gnade Gottes, die mir nach seiner
mächtigen Kraft gegeben ist.
8 Mir, dem [f] allergeringsten unter allen
Heiligen, ist die Gnade geschenkt wor-
den, [g] den Heiden den unausforsch-
lichen [h] Reichtum Christi zu verkündi-
9 gen und für alle ans Licht zu bringen,
wie Gott seinen geheimen Ratschluß
ausführt, der von Ewigkeit her verbor-
gen war in ihm, der alles geschaffen
10 hat.[i] So sollte jetzt die mannigfaltige
Weisheit Gottes durch die Gemeinde
den [j] Mächten und Gewalten im Him-
11 mel kund werden. Diesen ewigen Rat-
schluß hat Gott ausgeführt in Christus
12 Jesus, unserm Herrn, durch den wir
freimütig zu Gott [k] kommen dürfen in
dem Vertrauen, das der Glaube an ihn
13 schenkt. Darum bitte ich euch, daß ihr
nicht verzagt wegen der Leiden, die ich
[l] für euch erdulde; denn sie sind für
euch eine Ehre.

a Phil 1,7.13 *b* Gal 2,7 *c* Kap 1,9.10; Gal 1,12
d Kol 1,26 *e* Kap 2,13.18.19; Apg 15,7-9
f 1.Kor 15,9.10 *g* Gal 1,16 *h* Kap 1,7
i Kap 1,9.10; Röm 16,25.26; Kol 1,16
j 1.Petr 1,12 *k* Röm 5,2 *l* Kol 1,24

Die Fürbitte des Apostels für die Gemeinde

14 *Deshalb beuge ich meine Knie vor dem*
15 *Vater, der der rechte Vater ist über alles,*
was Kinder heißt im Himmel und auf Er-
16 *den**, *und bitte ihn, daß er euch Kraft*
gebe nach dem [a] *Reichtum seiner Herr-*
lichkeit, [b] *stark zu werden durch seinen*
17 *Geist am inneren Menschen, so daß*
[c] *Christus durch den Glauben in euren*
Herzen wohnt und ihr in der Liebe [d] *ein-*
18 *gewurzelt und gegründet seid.* Dann
könnt ihr mit allen Heiligen begreifen,
welches die Breite und die Länge und
19 die Höhe und die Tiefe ist, und die
[e] Liebe Christi erkennen, die doch alle
Erkenntnis übertrifft, damit ihr erfüllt
werdet mit der ganzen Gottesfülle.
20 Dem aber, der überschwenglich mehr
tun kann als alles, was wir bitten oder
verstehen, nach der Kraft, die in uns
21 wirkt, dem sei Ehre in der Gemeinde
und in Christus Jesus zu aller Zeit, von
Ewigkeit zu Ewigkeit! Amen.

a Kap 1,7 *b* Kap 6,10; 2.Kor 4,16 *c* Joh 14,23
d Kol 2,7 *e* Kol 2,2.3
*Vers 15: Wörtlich: »von dem her jede Vaterschaft (d.i. Sippe, Geschlecht) im Himmel und auf Erden den Namen hat.«

Die Einheit im Geist und die Vielfalt der Gaben

So ermahne ich euch nun, der Gefange- 4
ne im Herrn, daß ihr [a] euer Leben
führt, wie es der Berufung entspricht,
durch die ihr berufen seid, in aller De- 2
mut und Sanftmut und in Geduld. [b] Er-
tragt einander in Liebe [c] und *bemüht* 3
euch, die [d] *Einigkeit im Geist zu wahren*
durch das Band des Friedens: [e] *ein Leib* 4
und ein Geist, wie ihr auch durch eure
Berufung zu einer Hoffnung berufen
seid; [f] *ein Herr, ein Glaube, eine* 5
Taufe; ein Gott und Vater aller, der 6
über allen und durch alle und in allen ist.[g]
Einem jeden aber von uns ist die 7
[h] Gnade gegeben nach dem Maß der
Gabe Christi. Darum heißt es (Psalm
68,19): »Er ist aufgefahren zur Höhe
und hat [i] Gefangene mit sich geführt
und hat den Menschen Gaben ge-
geben.« Daß er aber [j] aufgefahren ist, 9
was bedeutet das anderes, als daß er
auch herabgefahren ist in die Tiefe, auf
die Erde? Der herabgefahren ist, das ist 10
derselbe, der aufgefahren ist über alle
Himmel, um das All zu erfüllen. Und er 11
hat einige als [k] Apostel eingesetzt, ande-
re als Propheten, andere als [l] Evangeli-
sten, andere als Hirten und Lehrer, da- 12
mit die Heiligen für ihren Dienst zuge-
rüstet werden. Dadurch soll der Leib
Christi [m] aufgebaut werden, bis wir alle 13
zur Einheit des Glaubens und der Er-
kenntnis des Sohnes Gottes gelangen
und so zum vollkommenen Menschen
werden und das Maß der Fülle Christi
erreichen. Wir sollen [n] nicht mehr un- 14
mündig sein und uns [o] vom Wind jeder
Lehre bewegen und umhertreiben las-
sen in dem verschlagenen Gaukelspiel
der Menschen, mit dem sie uns verfüh-
ren wollen. *Laßt uns aber wahrhaftig* 15
sein in der Liebe und wachsen in allen
Stücken zu dem hin, der [p] *das Haupt ist,*
Christus, [q] von dem aus der ganze Leib 16
zusammengefügt ist und ein Glied am
andern hängt durch alle Gelenke, wo-
bei jedes Glied das andre nach dem
Maß seiner Kraft unterstützt. So
wächst der ganze Leib und baut sich
auf in der Liebe.

a Kol 1,10; 1.Thess 2,12 *b* Kol 3,12.13

c (3 und 4) Kol 3,15 *d* Phil 2,2 *e* Röm 12,5
f 1.Kor 8,6 *g* 1.Kor 12,6 *h* Röm 12,3.6;
1.Kor 12,11 *i* Kol 2,15 *j* Joh 3,13 *k* 1.Kor 12,28
l Apg 21,8 *m* 1.Kor 14,26; 1.Petr 2,5
n 1.Kor 14,20 *o* Hebr 13,9; Jak 1,6 *p* Kap 1,22;
5,23; Kol 1,18 *q* Kol 2,19

Der alte und der neue Mensch

17 So sage ich nun und bezeuge im Herrn,
daß ihr nicht mehr leben dürft wie die
Heiden [a]in ihren nichtigen Gedanken.
18 Ihr Verstand ist verfinstert, und sie sind
dem Leben, das Gott schenkt, [b]entfremdet durch ihre Unwissenheit und
durch die Verstockung ihres Herzens.
19 Sie sind abgestumpft und haben sich der
Ausschweifung ergeben, um in Habgier
jede Schamlosigkeit zu begehen.
20 Ihr aber habt Christus nicht so ken-
21 nengelernt, wenn ihr wirklich von ihm
gehört habt und in ihm unterwiesen
seid, wie es der Wahrheit in Jesus ent-
22 spricht. [c]Ändert euer bisheriges Leben
und legt den alten Menschen ab, der
[d]sich durch trügerische Begierden
23 selbst zugrunde richtet. *Erneuert euch*
24 *aber in eurem Geist und Sinn*[e] *und zieht*
den neuen Menschen an, [f]*der nach dem*
Bild Gottes geschaffen ist in wahrer Gerechtigkeit und Heiligkeit.

a Röm 1,21-24 *b* Kap 2,12 *c (22-25)* Kol 3,9.10
d Röm 8,13; Gal 6,8 *e* Röm 12,2 *f* 1.Mose 1,26.27

Weisungen für das neue Leben

25 Darum legt die Lüge ab und [a]redet die
Wahrheit, ein jeder mit seinem Nächsten, weil wir untereinander Glieder
26 sind. [b]Zürnt ihr, so sündigt nicht; [c]*laßt*
die Sonne nicht über eurem Zorn unterge-
27 *hen,* und gebt dem Teufel keinen
28 Raum. Wer gestohlen hat, der [d]stehle
nicht mehr, sondern [e]arbeite und erwerbe mit eigenen Händen das nötige
Gut, um auch dem Bedürftigen davon
29 geben zu können. Laßt kein [f]faules Geschwätz aus eurem Mund kommen,
sondern redet, [g]was gut ist und not tut,
damit es denen Segen bringt, die es hö-
30 ren. [h]Betrübt nicht den heiligen Geist
Gottes, mit dem ihr [i]versiegelt seid für
31 den Tag der Erlösung. Alle Bitterkeit,
Grimm, Zorn, Geschrei und Schmähung seien fern von euch samt aller
32 Bosheit.[j] Seid aber zueinander freundlich und herzlich und [k]vergebt einer
dem andern, wie auch Gott euch in
Christus vergeben hat.

a Sach 8,16 *b* Ps 4,5 *c* Jak 1,19.20
d 2.Mose 20,15 *e* 1.Thess 4,11 *f* Kap 5,4
g Kol 4,6 *h* Jes 63,10 *i* Kap 1,13.14 *j* Kol 3,8
k Mt 6,14; 18,22-35; Kol 3,13

Das Leben im Licht

5 So seid nun [a]Gottes Nachfolger als sei-
ne geliebten Kinder und lebt in der 2
Liebe, [b]wie auch Christus uns geliebt
und sich selbst für uns gegeben hat als
Gabe und Opfer, Gott zu einem lieblichen Geruch. Von Unzucht aber und 3
jeder Art Unreinheit oder Habsucht
soll bei euch nicht einmal die Rede sein,
wie es sich für Christen ziemt.[c] Auch 4
[d]unanständige und törichte Reden oder
zweideutige Scherze schicken sich
nicht für euch, sondern vielmehr
Danksagung. Denn das sollt ihr wissen, 5
daß kein Unzüchtiger oder Unreiner
oder Habsüchtiger – Habsucht ist nämlich Götzendienst – Anteil bekommt
am Reich Christi und Gottes.[e] Laßt 6
euch von niemand verführen mit leeren
Worten; denn [f]um dieser Dinge willen
kommt der Zorn Gottes über die, die
Gott nicht gehorchen. Darum habt 7
nichts mit ihnen gemein. Denn ihr wart 8
früher Finsternis; nun aber seid ihr
Licht im Herrn.[g] Lebt als [h]Kinder des
Lichts; [i]die Frucht des Lichts ist lauter 9
Güte und Gerechtigkeit und Wahrheit.
Prüft, was dem Herrn wohlgefällig ist,[j] 10
und habt keine Gemeinschaft mit den 11
unfruchtbaren Werken der Finsternis;
deckt sie vielmehr auf. Denn was von 12
manchen heimlich getan wird, davon
auch nur zu reden ist schändlich.[k] Alles 13
aber wird offenbar, wenn's vom Licht
aufgedeckt wird; denn alles, was offen- 14
bar wird, das ist Licht.[l] Darum heißt
es: [m]Wach auf, der du schläfst, und
steh auf von den Toten, so wird dich
Christus [n]erleuchten. So achtet nun ge- 15
nau darauf, wie ihr euer Leben führt,
nicht als Unweise, sondern als Weise,[o]
und kauft die Zeit aus; denn es ist böse 16
Zeit. Darum seid nicht unverständig, 17
sondern versteht, was der Wille des
Herrn ist. [p]Sauft euch nicht voll Wein, 18
denn das führt zur Zügellosigkeit, sondern laßt euch vom Geist erfüllen. Er- 19
muntert einander mit Psalmen und
Lobgesängen und geistlichen Liedern,
singt und spielt dem Herrn in eurem
Herzen[q] und [r]sagt Gott, dem Vater, al- 20
lezeit Dank für alles, im Namen unsres
Herrn Jesus Christus, und [s]ordnet euch 21
einander unter in der Furcht Christi.

a Lk 6,36 *b* Gal 2,20 *c* Kol 3,5 *d* Kap 4,29
e 1.Kor 6,9.10; Offb 21,8; 22,15 *f* Kol 3,6
g Kap 2,11; 1.Petr 2,9 *h* Mt 5,14; Joh 12,36;
1.Thess 5,5 *i* Gal 5,22; Phil 1,11 *j* Röm 12,2;
Phil 1,10 *k* Röm 1,24 *l* Joh 3,20.21
m Röm 13,11 *n* Jes 60,1; Joh 8,12 *o* Mt 10,16;

Kol 4,5 *p* Lk 21,34 *q* Ps 33,2.3; Kol 3,16
r 1.Thess 5,18 *s* 1.Petr 5,5

Die christliche Haustafel

(Kol 3,18-4,1; 1.Petr 2,18-3,7)

22 Die Frauen sollen sich ihren Männern
23 unterordnen wie dem Herrn.[a] Denn
[b]der Mann ist das Haupt der Frau, wie
auch [c]Christus das Haupt der Gemein-
de ist, die er als seinen Leib erlöst hat.
24 Aber wie nun die Gemeinde sich Chri-
stus unterordnet, so sollen sich auch die
Frauen ihren Männern in allem unter-
ordnen.
25 Ihr Männer, liebt eure Frauen, wie
auch Christus die Gemeinde geliebt
und sich selbst für sie dahingegeben
26 hat, um sie zu heiligen. Er hat sie [d]ge-
reinigt durch das Wasserbad im Wort,
27 um sie als seine Gemeinde vor sich zu
stellen in herrlichem Schmuck, ohne
Flecken oder Runzel oder etwas der-
gleichen, vielmehr heilig und untade-
28 lig.[e] So sollen auch die Männer ihre
Frauen lieben wie ihren eigenen Leib.
Wer seine Frau liebt, der liebt sich
29 selbst. Denn niemand hat je seinen ei-
genen Leib gehaßt; sondern er nährt
und pflegt ihn, wie auch Christus die
30 Gemeinde. Denn wir sind [f]Glieder sei-
31 nes Leibes. »Darum wird ein Mann Va-
ter und Mutter verlassen und sich an
seine Frau binden, und die zwei werden
32 *ein* Leib sein« (1.Mose 2,24). Dies Ge-
heimnis ist groß; ich aber deute es auf
33 Christus und die Gemeinde. Jedenfalls
sollt auch ihr, jeder einzelne, seine Frau
lieben wie sich selbst; die Frau aber soll
ihren Mann ehren.

6 [g]Ihr Kinder, seid euren Eltern ge-
horsam im Herrn; denn das ist recht.
2 »Ehre Vater und Mutter«, das ist das er-
ste Gebot, dem [h]eine Verheißung folgt:
3 »damit es dir gut geht und du lange
lebst auf Erden« (5.Mose 5,16).
4 Und ihr Väter, reizt eure Kinder
nicht zum Zorn, sondern [i]erzieht sie in
der Zucht und Weisung des Herrn.
5 [j]Ihr Sklaven, seid euren irdischen
Herren gehorsam wie dem Herrn Chri-
stus in Furcht und Zittern, mit aufrich-
6 tigem Herzen, nicht mit Liebedienerei,
um den Menschen zu gefallen, sondern
als Sklaven Christi, die den Willen
7 Gottes von Herzen tun. Tut euren
Dienst bereitwillig als dem Herrn und
8 nicht den Menschen; denn ihr wißt:
Was ein jeder Gutes tut, das wird er
vom Herrn wiederempfangen, er sei
Sklave oder Freier.[k]
Und ihr Herren, handelt ihnen ge- 9
genüber genauso und laßt das Drohen;
denn ihr wißt, daß ihr im Himmel einen
gemeinsamen Herrn habt, und bei ihm
gilt kein Ansehen der Person.

a 1.Mose 3,16; 1.Tim 2,11.12; Tit 2,5
b 1.Kor 11,3 *c* Kap 1,22.23 *d* Tit 3,5;
Hebr 10,22 *e* 2.Kor 11,2; Kol 1,22 *f* Kap 1,23
g (*1-3*) Mk 7,10-13 *h* 2.Mose 20,12
i 5.Mose 6,20-25 *j* (*5 und 6*) 1.Tim 6,1.2;
Tit 2,9.10; 1.Petr 2,18 *k* 2.Kor 5,10

Die geistliche Waffenrüstung

Schließlich: *Seid [a]stark im Herrn und in* 10
der Macht seiner Stärke. Zieht die Waf- 11
fenrüstung Gottes an, damit ihr gegen
die listigen Anschläge des Teufels be-
stehen könnt. Denn wir haben nicht 12
mit Fleisch und Blut zu kämpfen, son-
dern mit den [b]Mächtigen und Gewalti-
gen, mit den Beherrschern dieser fin-
steren Welt, mit den bösen Geistern
zwischen Himmel und Erde. Deshalb 13
ergreift die Waffenrüstung Gottes, da-
mit ihr an dem bösen Tag widerstehen
und alles überwinden und das Feld be-
halten könnt. So steht nun fest, [c]um- 14
gürtet mit Wahrheit und [d]gerüstet mit
dem Panzer der Gerechtigkeit, und 15
tragt als Schuhe die Bereitschaft, das
Evangelium des Friedens zu verkündi-
gen. *Vor allem aber ergreift den Schild* 16
des [e]Glaubens, mit dem ihr alle feurigen
Pfeile des Bösen auslöschen könnt, und 17
nehmt den [f]Helm des Heils und das
[g]Schwert des Geistes, das ist das Wort
Gottes. Und betet allezeit mit Bitten 18
und Flehen im Geist und wacht dabei
mit aller Ausdauer. Bittet für alle Heili-
gen und auch [h]für mich, damit mir das 19
rechte Wort gegeben wird, wenn ich
rede, und ich [i]freimütig das Geheimnis
des Evangeliums verkündigen kann, als 20
dessen [j]Bote ich in Ketten liege. Bittet,
daß ich mit [k]Freimut davon rede, wie
ich es muß.

a Kap 3,16; 1.Kor 16,13; 2.Tim 2,1; 1.Joh 2,14
b Kap 2,2; Lk 22,31 *c* Lk 12,35; 1.Petr 1,13
d 1.Thess 5,8 *e* 1.Petr 5,9; 1.Joh 5,4
f 1.Thess 5,8 *g* Hebr 4,12 *h* Kol 4,3; 2.Thess 3,1
i Apg 4,29 *j* 2.Kor 5,20 *k* Apg 28,31

Grüße und Segenswünsche

Damit auch ihr wißt, wie es um mich 21
steht und was ich tue, wird euch [a]Ty-
chikus, der liebe Bruder und treue Die-
ner im Herrn, alles berichten. Ich sende 22
ihn zu euch, damit ihr erfahrt, wie es
uns geht, und damit er eure Herzen
stärkt.
Friede sei mit den Brüdern und Lie- 23
be samt Glauben von Gott, dem Vater,

24 und dem Herrn Jesus Christus! Die Gnade sei mit allen, die unsern Herrn Jesus Christus in seiner unvergänglichen Herrlichkeit lieb haben.

a Apg 20,4; Kol 4,7.8; 2.Tim 4,12; Tit 3,12

DER BRIEF DES PAULUS AN DIE PHILIPPER

Inhaltsübersicht

1 Paulus und [a]Timotheus, Knechte
Christi Jesu, an alle Heiligen in Chri-
stus Jesus in Philippi samt den Verwal-
tern und Helfern:
2 Gnade sei mit euch und Friede von
Gott, unserm Vater, und dem Herrn
Jesus Christus!

a Apg 16,1

Dank und Fürbitte für die Gemeinde

3 Ich danke meinem Gott, sooft ich an
4 euch denke.[a] Immer wenn ich für euch
5 alle bete, tu ich das mit Freuden und
danke Gott dafür, daß ihr vom ersten
Tag an bis heute mit dem Evangelium
6 verbunden seid. *Ich habe die feste Zu-
versicht, daß der, der in euch das gute
Werk angefangen hat, es auch vollenden
7 wird bis zum Tag Christi Jesu.*[b] Es ist ja
nur recht und billig, daß ich so von
euch allen denke, weil ich euch in mei-
nem Herzen trage. Denn ihr alle habt
mit mir an der Gnade teil in meiner Ge-
fangenschaft und wenn ich das Evange-
8 lium verteidige und bekräftige. Denn
Gott ist mein Zeuge, wie sehr ich mich
nach euch allen sehne in der Liebe
9 Christi Jesu. Und ich bete darum, daß
eure Liebe immer reicher wird an Er-
10 kenntnis und jeder Erfahrung,[c] so daß
ihr [d]prüfen könnt, worauf es ankommt,
[e]damit ihr lauter und unanstößig seid
11 für den Tag Christi, erfüllt mit [f]Frucht
der Gerechtigkeit, die durch Jesus
Christus geschaffen wird zu Gottes
Ehre und Lob.

a Röm 1,8; 1.Kor 1,4 *b* Kap 2,13; 1.Kor 1,8
c Phlm 6 *d* Röm 12,2; Eph 5,10 *e* 1.Thess 5,23
f Eph 5,9

Der Prozeß des Paulus und die Verkündigung des Evangeliums

Ich lasse euch aber wissen, liebe Brü- 12
der, [a]daß die Lage, in der ich bin, eher
zur Förderung des Evangeliums ge-
führt hat. Denn daß ich meine Fesseln 13
für Christus trage, das ist [b]dem ganzen
Prätorium und bei allen übrigen offen-
bar geworden, und viele Brüder haben 14
durch meine Gefangenschaft Zuver-
sicht im Herrn gewonnen und sind um
so kühner geworden, Gottes Wort ohne
Scheu zu verkündigen. Einige predigen 15
Christus zwar aus Neid und Streit-
sucht, andere aber aus guter Gesin-
nung: die einen tun es aus Liebe, denn 16
sie wissen, daß ich zur Verteidigung des
Evangeliums berufen bin; die andern 17
aber verkündigen Christus aus Ehrgeiz
und nicht lauter, denn sie möchten mir
in meiner Gefangenschaft Kummer be-
reiten. Was tut's aber? Wenn nur Chri- 18
stus verkündigt wird auf jede Weise, es
geschehe zum Vorwand oder in Wahr-
heit, [c]so freue ich mich darüber und
will mich auch fernerhin freuen.
Denn ich weiß, daß dies zu meinem 19
Heil ausgehen wird [d]durch euer Gebet
und durch den Beistand des Geistes
Jesu Christi, so wie ich sehnlich warte 20
und hoffe, daß ich in keinem Stück zu-
schanden werde, sondern Christus frei
und offen, wie immer so auch jetzt, an
meinem Leibe verherrlicht wird, es sei
durch Leben oder durch Tod. Denn 21
[e]*Christus ist mein Leben, und Sterben ist
mein Gewinn.* Wenn ich aber am Leben 22
bleibe, so dient es mir dazu, noch mehr
Frucht zu schaffen; darum weiß ich
nicht, was ich wählen soll. Von beiden 23
Seiten werde ich bedrängt: [f]ich sehne

mich danach, aus der Welt zu scheiden
und bei Christus zu sein, was auch viel
24 besser wäre; aber um euretwillen ist es
25 nötiger, daß ich weiterlebe. In solcher
Gewißheit weiß ich, daß ich am Leben
bleiben und [g]bei euch allen bleiben
werde, euch zur Förderung und zur
26 Freude im Glauben, damit euer Ruhm
in Christus Jesus durch mich noch grö-
ßer wird, wenn ich wieder zu euch
komme.

a 2.Tim 2,9 *b* Kap 4,22 *c* Kap 2,17.18
d 2.Kor 1,11 *e* Gal 2,20 *f* 2.Kor 5,8 *g* Kap 2,24

Bereitschaft der Gemeinde zum Leiden für Christus

27 Nur lebt als Gemeinde, wie es dem
Evangelium Christi entspricht, damit
ihr – ob ich nun komme und euch sehe
oder abwesend von euch höre – in *einem*
Geist fest steht und mit uns einmütig
für den Glauben an das Evangelium
28 kämpft und euch in keinem Stück von
den Widersachern erschrecken laßt.
Das ist für sie [a]ein Anzeichen des Ver-
derbens, für euch aber der Rettung,
29 und das von Gott. Denn euch wurde
geschenkt, nicht nur an Christus zu
glauben, sondern auch für ihn zu lei-
30 den. Ihr steht ja in demselben Kampf,
den ihr an mir gesehen habt und nun
von mir hört.[b]

a 2.Thess 1,5 *b* Apg 16,22; 1.Thess 2,2

Leben nach dem Vorbild Christi

2 Gilt nun bei euch Ermahnung in Chri-
stus, gilt Zuspruch der Liebe, gilt Ge-
meinschaft des Geistes, gilt herzliche
2 Liebe und Barmherzigkeit, so macht
meine Freude vollkommen und seid
eines Sinnes, habt dieselbe Liebe, seid
3 einmütig und einträchtig. Tut nichts
aus Eigennutz oder [a]Ruhmsucht, son-
dern in Demut [b]achte einer den andern
4 höher als sich selbst, und ein jeder sehe
nicht auf das Seine, sondern auf das,
was dem andern dient.[c]

5 Seid untereinander so gesinnt, wie es
der Gemeinschaft mit Christus Jesus
6 entspricht: *Obwohl er [d]in göttlicher Ge-
stalt war, hielt er es nicht wie einen Raub
7 fest, Gott gleich zu sein, sondern entäu-
ßerte sich selbst und nahm [e]Knechtsge-
stalt an, [f]wurde den Menschen gleich und
durch seine ganze Erscheinung als
8 Mensch erwiesen. Er [g]erniedrigte sich
selbst und wurde [h]gehorsam bis zum
9 Tode, ja zum Tode am Kreuz. Darum
hat Gott ihn auch [i]erhöht und hat ihm den
Namen gegeben, der über alle Namen ist,
damit im Namen Jesu sich beugen sollen* 10
*aller derer Knie, die im Himmel und auf
Erden und unter der Erde sind,[j] und alle* 11
*Zungen bekennen sollen, daß Jesus Chri-
stus der Herr ist, zur Ehre Gottes, des
Vaters.[k]*

a Gal 5,26 *b* Röm 12,10 *c* 1.Kor 10,24; 13,5
d Joh 1,1.2; 17,5 *e* Jes 53,3; Mt 20,28; 2.Kor 8,9
f Hebr 2,14.17 *g* Lk 14,11; Hebr 12,2
h Hebr 5,8 *i* Apg 2,33; Eph 1,21; Hebr 1,3.4
j Jes 45,23; Joh 5,23; Offb 5,12.13 *k* Offb 5,13

Sorge um das Heil

Also, meine Lieben, wie ihr immer ge- 12
horsam gewesen seid, so seid es nicht
nur in meiner Gegenwart, sondern
noch viel mehr jetzt in meiner Abwe-
senheit, und *müht euch um euer Heil*
[a]mit Furcht und Zittern. Denn Gott ist's, 13
*der in euch das Wollen wie das Vollbrin-
gen wirkt zu seinem Wohlgefallen.[b]*

Tut alles ohne Murren und ohne 14
Zweifel, damit ihr ohne Tadel und 15
[c]lauter seid, Kinder Gottes ohne Makel
mitten unter einem verderbten und
verkehrten Geschlecht, unter dem ihr
leuchtet als [d]Lichter in der Welt, in- 16
dem ihr am Wort des Lebens festhaltet,
mir zum [e]Ruhm am Tage Christi, so
daß ich nicht vergeblich gelaufen bin
noch vergeblich gearbeitet habe. Und 17
wenn ich auch [f]geopfert werde beim
Opferdienst für euren Glauben, so
freue ich mich und freue mich mit euch
allen. Darüber [g]sollt auch ihr euch 18
freuen und sollt euch mit mir freuen.

a 1.Petr 1,17 *b* Kap 1,6 *c* Kap 1,10 *d* Mt 5,14;
Eph 5,8.9 *e* 2.Kor 1,14; 1.Thess 2,19
f 2.Tim 4,6 *g* Kap 4,4

Sendung des Timotheus und Rückkehr des Epaphroditus

Ich hoffe aber im Herrn Jesus, daß ich 19
Timotheus bald zu euch senden kann,
damit auch ich erquickt werde, wenn
ich erfahre, wie es um euch steht. Denn 20
ich habe keinen, der [a]so gesinnt ist wie
er und so herzlich für euch sorgen wird.
Denn [b]sie suchen alle das Ihre und 21
nicht die Sache Jesu Christi. Ihr wißt 22
doch, daß er sich bewährt hat; denn wie
ein Kind dem Vater hat er mit mir dem
Evangelium gedient. Ihn hoffe ich zu 23
senden, sobald ich erfahren habe, wie es
um mich steht. Ich vertraue aber im 24
Herrn darauf, daß auch ich selbst bald
kommen werde.[c]

Ich habe es aber für nötig angesehen, 25
den Bruder [d]Epaphroditus zu euch zu
senden, der mein Mitarbeiter und Mit-
streiter ist und euer Abgesandter und

26 Helfer in meiner Not; denn er hatte
nach euch allen Verlangen und war tief
bekümmert, weil ihr gehört hattet, daß
27 er krank geworden war. Und er war so-
gar todkrank, doch Gott hat sich über
ihn erbarmt; aber nicht nur über ihn,
sondern auch über mich, damit ich
nicht Kummer über Kummer hätte.
28 Ich sende ihn nun um so eiliger, damit
ihr ihn seht und wieder fröhlich werdet
und auch ich weniger Kummer habe.
29 So nehmt ihn nun auf im Herrn mit al-
ler Freude und haltet solche Leute in
30 Ehren.[e] Denn um des Werkes Christi
willen ist er dem Tod so nahe gekom-
men und hat sein Leben aufs Spiel ge-
setzt, um mir an eurer Statt zu dienen.

a 1.Kor 16,10 *b* 2.Tim 4,10.16 *c* Kap 1,25
d Kap 4,18 *e* 1.Kor 16,16

Warnung vor Rückfall in die Gesetzesgerechtigkeit

3 Weiter, liebe Brüder, [a]freut euch im
Herrn! Daß ich euch immer dasselbe
schreibe, verdrießt mich nicht und
macht euch um so gewisser.
2 Nehmt euch in acht vor den [b]Hun-
den, nehmt euch in acht vor den fal-
schen Predigern, nehmt euch in acht
3 vor der [c]Zerschneidung! Denn wir sind
die wahre Beschneidung, die wir Gott
[d]durch seinen Geist dienen und uns
Christi Jesu rühmen und uns nicht auf
4 uns selbst verlassen, obwohl auch ich
mein Vertrauen auf meine Vorzüge set-
zen könnte. Wenn ein anderer meint, er
könne sich auf menschliche Vorzüge
verlassen, so könnte ich es viel mehr:[e]
5 am achten Tag beschnitten, [f]aus dem
Volk Israel, vom Stamm Benjamin, ein
Hebräer von Hebräern, nach dem Ge-
6 setz ein [g]Pharisäer, nach dem Eifer [h]ein
Verfolger der Gemeinde, nach der Ge-
rechtigkeit, die das Gesetz fordert, un-
7 tadelig. Aber was mir Gewinn war, das
habe ich um Christi willen für Schaden
8 geachtet.[i] Ja, ich achte es noch alles für
Schaden gegenüber der überschweng-
lichen Erkenntnis Christi Jesu, meines
Herrn. Um seinetwillen ist mir das alles
ein Schaden geworden, und ich achte es
für Dreck, damit ich Christus gewinne
9 und bei ihm gefunden werde, damit ich
nicht meine eigene Gerechtigkeit habe,
die aus dem Gesetz kommt, sondern
die, die durch den Glauben an Christus
geschenkt wird, nämlich [j]die Gerech-
tigkeit, die von Gott kommt, auf Grund
10 des Glaubens. Ich möchte ja ihn erken-
nen und die Kraft seiner [k]Auferste-
hung und die [l]Gemeinschaft seiner
Leiden und so seinem Tode gleichge-
staltet werden, damit ich zur Auferste- 11
hung von den Toten gelange.

a Kap 2,18; 4,4 *b* Offb 22,15 *c* Gal 5,12
d Röm 2,29 *e* 2.Kor 11,18.22 *f* 2.Tim 1,3
g Apg 26,5 *h* Apg 8,3 *i* Mt 13,44-46 *j* Röm 3,22
k Röm 6,3-5 *l* Röm 8,17; Gal 6,17

Noch nicht am Ziel

Nicht, daß ich's schon ergriffen habe 12
oder schon vollkommen bin; [a]ich jage
ihm aber nach, um es zu ergreifen,
[b]nachdem ich von Christus Jesus er-
griffen bin. Meine Brüder, ich schätze 13
mich selbst noch nicht so ein, daß ich's
ergriffen habe. Eins aber sage ich: [c]*Ich*
vergesse, was dahinten liegt, und strecke
mich aus nach dem, was vor mir liegt, und 14
[d]*jage auf das Ziel zu, den Siegespreis der*
himmlischen Berufung Gottes in Christus
Jesus. Wir alle, die wir vollkommen 15
sind, wollen so gesinnt sein. Und solltet
ihr in irgend einem Stück anders den-
ken, so wird euch Gott auch das noch
offenbaren. Nur, was wir schon er- 16
reicht haben, dabei laßt uns auch blei-
ben!
Folgt mir, liebe Brüder, und seht auf 17
die, die so leben, wie ihr uns zum Vor-
bild habt.[e] Denn viele leben so, daß ich 18
euch schon oft gesagt habe, nun aber
sage ich's unter Tränen: [f]sie sind Fein-
de des Kreuzes Christi. Ihr Ende ist 19
Verdammnis, [g]ihr Gott ist der Bauch,
und ihre Ehre wird zur Schande; sie
sind irdisch gesinnt. [h]*Unsre Heimat* 20
aber ist im Himmel; von dort her [i]*erwar-*
ten wir den Heiland, den Herrn Jesus
Christus, der [j]*unsern nichtigen Leib ver-* 21
wandeln wird, daß er seinem verherr-
lichten Leibe gleich wird nach der Kraft,
mit der er sich alle Dinge unterwerfen
kann.

a Kol 1,29; 1.Tim 6,12 *b* Apg 9,3-6 *c* Lk 9,62
d 1.Kor 9,24 *e* 1.Kor 11,1 *f* 1.Kor 1,23; Gal 6,12
g Röm 16,18 *h* Eph 2,6; Kol 3,1; Hebr 12,22
i Tit 2,13 *j* 1.Kor 15,49; 2.Kor 5,1; 1.Joh 3,2

Mahnung zur Einigkeit und zur Freude im Herrn

Also, meine lieben Brüder, nach denen **4**
ich mich sehne, [a]meine Freude und
meine Krone, steht fest im Herrn, ihr
Lieben. Evodia ermahne ich und Syn- 2
tyche ermahne ich, *eines* Sinnes zu sein
im Herrn. Ja, ich bitte auch dich, mein 3
treuer Gefährte, steh ihnen bei; sie ha-
ben mit mir für das Evangelium ge-
kämpft zusammen mit Klemens und
meinen andern Mitarbeitern, [b]deren
Namen im Buch des Lebens stehen.

4 *Freut euch im Herrn allezeit, und*
5 *abermals sage ich: Freut euch![c] Laßt*
alle Menschen eure [d]Güte erfahren! Der
6 *Herr ist nahe! [e]Sorgt euch um nichts,*
sondern in allen Dingen laßt eure Bitten
in Gebet und Flehen mit Danksagung vor
7 *Gott kommen! Und der [f]Friede Gottes,*
der höher ist als alle Vernunft, wird eure
Herzen und Gedanken bewahren in Chri-
stus Jesus.
8 Weiter, liebe Brüder: Was wahrhaf-
tig ist, was ehrbar, was gerecht, was
rein, was liebenswert und erfreulich ist,
alles, was als Tugend gilt oder Lob ver-
9 dient – darauf seid bedacht! Was ihr
von mir gelernt und empfangen und ge-
hört und an mir gesehen habt, das tut;
so wird der Gott des Friedens mit euch
sein.

a 2.Kor 1,14; 1.Thess 2,19.20 *b* Lk 10,20
c Kap 3,1; 2.Kor 13,11; 1.Thess 5,16 *d* Tit 3,2
e Mt 6,25-34; 1.Petr 5,7 *f* Joh 14,27; Kol 3,15

Dank des Apostels für die Gabe der Gemeinde

10 Ich habe mich aber sehr gefreut im
Herrn, daß ihr jetzt wieder in der Lage
seid, für mich zu sorgen; ihr wart zwar
immer darauf bedacht, aber es fehlte
11 euch die Gelegenheit. Ich sage das
nicht, weil ich Mangel leide; denn ich
habe gelernt, mich mit dem zu [a]begnü-
12 gen, was ich vorfinde. Ich kann arm
sein, ich kann reich sein: mir ist alles
und jedes vertraut; satt sein und hun-
gern, Überfluß haben und Mangel lei-
13 den:[b] alles vermag ich durch den, der
mich stark macht.[c] Doch ihr habt gut 14
daran getan, daß ihr euch meiner Be-
drängnis angenommen habt. Ihr Phil- 15
ipper wißt ja, daß am Anfang meiner
Predigt des Evangeliums, als ich von
Mazedonien aus weiterzog, [d]keine Ge-
meinde außer euch mit mir Gemein-
schaft gehabt hat im Geben und Neh-
men. Denn auch nach Thessalonich 16
habt ihr einmal etwas für meinen Be-
darf gesandt und danach noch einmal.
Nicht, daß ich das Geschenk suche, 17
sondern ich suche die Frucht, damit sie
euch reichlich angerechnet wird. Ich 18
habe aber alles erhalten und habe jetzt
Überfluß. Ich habe in Fülle, nachdem
ich durch [e]Epaphroditus empfangen
habe, was von euch gekommen ist: ein
lieblicher Geruch, ein angenehmes
Opfer, Gott wohlgefällig. Mein Gott 19
aber wird all euren Mangel ausfüllen
nach seinem Reichtum in Herrlichkeit
in Christus Jesus. Gott aber, unserm 20
Vater, sei Ehre von Ewigkeit zu Ewig-
keit! Amen.

a 1.Tim 6,6 *b* 2.Kor 6,10 *c* 2.Kor 12,10
d 2.Kor 11,9 *e* Kap 2,25

Grüße und Segenswunsch

Grüßt in Christus Jesus jeden in der 21
Gemeinde. Es grüßen euch die Brüder,
die bei mir sind. Es grüßen euch alle 22
Gläubigen, besonders [a]die aus dem
Haus des Kaisers. Die Gnade des 23
Herrn Jesus Christus sei mit eurem
Geist!

a Kap 1,13

DER BRIEF DES PAULUS AN DIE KOLOSSER

Inhaltsübersicht

Christus ist das Heil der Welt	Kap 1–2
Das rechte Leben der Christen	2–4

1 Paulus, Apostel Jesu Christi durch den
Willen Gottes, und Bruder Timotheus
2 an die Heiligen in Kolossä, die gläubi-
gen Brüder in Christus:
Gnade sei mit euch und Friede von
Gott, unserm Vater!

Dank und Fürbitte für die Gemeinde

3 Wir danken Gott, dem Vater unsres
Herrn Jesus Christus, allezeit, wenn
wir für euch beten. Denn wir haben von 4
eurem Glauben gehört, der euch mit
Christus Jesus verbindet, und von der
Liebe, die ihr zu allen Heiligen habt,
um der [a]Hoffnung willen, die für euch 5
im Himmel bereit liegt. Von ihr habt
ihr schon früher gehört durch das Wort
der Wahrheit, das Evangelium, das zu 6
euch gekommen ist. Wie in aller Welt,

so bringt es auch bei euch Frucht und
wächst seit dem Tag, an dem ihr's ge-
hört und die Gnade Gottes in Wahrheit
7 erkannt habt. So habt ihr's von
[b]Epaphras, unserm lieben Mitknecht,
gelernt. Er ist ein treuer Diener Christi
8 für euch und hat uns auch von der Lie-
be berichtet, die der Geist in euch ge-
wirkt hat.
9 Darum [c]hören wir auch seit dem
Tag, an dem wir davon erfahren haben,
nicht auf, für euch zu beten und zu bit-
ten, daß ihr erfüllt werdet mit der Er-
kenntnis seines Willens in aller Weis-
heit und Einsicht, die der Geist
10 schenkt. Dann könnt ihr [d]des Herrn
würdig leben, ihm in allen Stücken ge-
fallen und Frucht bringen in jedem gu-
ten Werk und wachsen in der Erkennt-
11 nis Gottes; und ihr werdet gestärkt mit
aller Kraft durch seine herrliche Macht
12 zu aller Geduld und Langmut; dann
werdet ihr mit Freuden dem Vater
danksagen, der euch fähig gemacht hat
zur Teilhabe am [e]Erbe der Heiligen im
13 Licht. Er hat uns von der [f]Macht der
Finsternis errettet und uns in das Reich
14 seines lieben Sohnes versetzt, durch
den wir die Erlösung haben, nämlich
die Vergebung der Sünden.[g]

a 1.Petr 1,3.4 *b* Kap 4,12; Phlm 23
c Eph 1,15-17 *d* Eph 4,1; Phil 1,27 *e* Eph 1,11; 1.Petr 1,4 *f* Kap 2,15 *g* Eph 1,7

Christus, der Erste in Schöpfung und Erlösung

15 *Er ist das [a]Ebenbild des unsichtbaren*
Gottes, der [b]Erstgeborene vor aller
16 *Schöpfung. Denn in ihm ist alles geschaf-*
fen, was im Himmel und auf Erden ist,
das Sichtbare und das Unsichtbare, es sei-
en Throne oder Herrschaften oder Mäch-
te oder Gewalten; alles ist durch ihn und
17 *auf ihn hin geschaffen.[c] Und er ist vor al-*
18 *lem, und es besteht alles in ihm. Und er ist*
das [d]Haupt des Leibes, nämlich der Ge-
meinde. Er ist der Anfang, der [e]Erstgebo-
rene von den Toten, damit er in allem der
19 *Erste sei.[f] Denn es hat Gott gefallen, mit*
seiner ganzen [g]Fülle in ihm zu wohnen
20 *und durch ihn [h]alles zu versöhnen mit*
Gott, es sei auf Erden oder im Himmel,
indem er Frieden machte durch sein Blut
am Kreuz.
21 Auch euch, die ihr einst ihm [i]fremd
und [j]feindlich gesinnt wart in bösen
22 Werken, hat er nun dadurch versöhnt,
daß er seinen irdischen Leib in den Tod
gab, um euch [k]heilig und ohne Makel
und Tadel vor sein Angesicht zu stel-
len. Ihr müßt nur im Glauben behar- 23
ren, fest gegründet, und dürft euch
nicht abbringen lassen von der Hoff-
nung des Evangeliums, das ihr gehört
habt und das allen Geschöpfen unter
dem Himmel gepredigt wird. Sein Die-
ner bin ich, Paulus, geworden.

a Hebr 1,3 *b* Offb 3,14 *c* Joh 1,3.10; Hebr 1,2
d Eph 1,22 *e* Apg 26,23; 1.Kor 15,20; Offb 1,5
f (*19 und 20*) 2.Kor 5,19 *g* Kap 2,9; Joh 1,16; Eph 1,23 *h* 1.Joh 2,2 *i* Eph 2,12.13; 4,18
j Röm 5,10 *k* Eph 5,27

Das Amt des Apostels unter den Heiden

Nun freue ich mich in den Leiden, die 24
ich [a]für euch erdulde; denn damit er-
gänze ich in meinem irdischen Leben,
was an den Drangsalen Christi noch
fehlt, für seinen Leib, das ist die Ge-
meinde. Ihr Diener bin ich geworden 25
durch das Amt, das Gott mir anvertraut
hat, um euch sein Wort reichlich zu
predigen, nämlich das [b]Geheimnis, das 26
seit Urzeiten und von Geschlecht zu
Geschlecht verborgen war; nun aber ist
es seinen Heiligen offenbart worden.
Ihnen wollte Gott kundtun, was der 27
herrliche Reichtum dieses Geheimnis-
ses unter den Heiden ist, nämlich Chri-
stus in euch, die [c]Hoffnung auf Herr-
lichkeit. Den verkündigen wir und er- 28
mahnen jeden Menschen und lehren je-
den Menschen in aller Weisheit, um je-
den einzelnen vollkommen in Christus
vor Gott zu stellen. Dafür mühe ich 29
mich ab und kämpfe in der Kraft des-
sen, der mächtig in mir wirkt.

a Eph 3,13; 2.Tim 2,10 *b* Röm 16,25; Eph 3,3-6
c 1.Tim 1,1

Ermahnung zur Festigkeit im Glauben

Ich will euch nämlich wissen lassen, **2**
wie sehr ich um euch ringe und um die
in Laodizea und um alle, die mich nicht
von Angesicht gesehen haben, damit 2
ihre Herzen gestärkt und in der Liebe
zusammengefügt werden und sie zum
ganzen Reichtum der vollen Einsicht
gelangen, zur Erkenntnis des Geheim-
nisses Gottes, das Christus ist. *In ihm* 3
liegen alle Schätze der [a]Weisheit und der
Erkenntnis verborgen.
Ich sage das, damit euch niemand 4
[b]mit verführerischen Reden betrügt.
Denn obwohl ich persönlich abwesend 5
bin, so bin ich doch im Geist bei euch
und freue mich, wenn ich [c]eure Ord-
nung und euren festen Glauben an
Christus sehe. Wie ihr nun den Herrn 6

Christus Jesus angenommen habt, so
7 lebt auch in ihm, seid in ihm [d]verwur-
zelt und gegründet und steht fest im
Glauben, wie ihr gelehrt worden seid,
und seid von Herzen dankbar.

a 1.Kor 1,24.30 *b* Röm 16,18 *c* 1.Kor 14,40
d Eph 3,17

Warnung vor den Irrlehrern

8 Seht zu, daß euch niemand einfängt
durch Philosophie und leeren Trug, die
sich auf menschliche Überlieferung
gründen, auf die Mächte dieser Welt
9 und nicht auf Christus. Denn *in ihm*
wohnt die ganze Fülle der Gottheit leib-
10 *haftig,*[a] und an dieser Fülle habt ihr teil
in ihm, der das [b]Haupt aller Mächte
11 und Gewalten ist. In ihm seid ihr auch
beschnitten worden mit einer Be-
schneidung, die nicht mit Händen ge-
schieht, als ihr nämlich euer sündiges
Wesen ablegtet in der [c]Beschneidung,
12 die Christus gebracht hat. Mit ihm seid
ihr [d]begraben worden durch die Taufe,
und mit ihm seid ihr auch [e]auferstan-
den durch den Glauben an die Kraft
Gottes, der ihn von den Toten aufer-
13 weckt hat. Und er hat euch mit ihm le-
bendig gemacht, die ihr [f]tot wart in eu-
ren Sünden und in der Unbeschnitten-
heit eures selbstsüchtigen Wesens. Er
14 hat uns alle Sünden vergeben; er hat
unsern Schuldbrief getilgt, der [g]mit
seinen Forderungen gegen uns stand,
und hat ihn weggeschafft und an das
15 Kreuz geheftet. Er hat die Mächte und
Gewaltigen entwaffnet und sie öffent-
lich zur Schau gestellt und hat über sie
triumphiert in Christus.[h]
16 [i]So laßt euch nun von niemand ver-
urteilen wegen Speise und Trank oder
wegen eines Festes, Neumondes oder
17 Sabbats. Das alles ist nur ein [j]Schatten
von dem, was kommen sollte; die Wirk-
lichkeit aber ist in Christus erschienen.
18 Laßt euch den Siegespreis von nie-
mand aberkennen, der sich in Demuts-
übungen und Engelverehrung gefällt,
sich auf das beruft, was er geschaut hat,
und grundlos aufgeblasen ist in seinem
19 irdischen Sinn, aber sich nicht an das
Haupt hält, von dem her der ganze Leib
durch Gelenke und Bänder gestützt
und zusammengehalten wird und so
wächst, wie Gott es gibt.[k]
20 Wenn ihr nun mit Christus den
Mächten dieser Welt gestorben seid,
[l]warum laßt ihr euch dann Satzungen
auferlegen, als lebtet ihr noch in der
21 Welt: Du sollst das nicht anfassen, du
sollst dies nicht kosten, du sollst jenes
nicht anrühren? Das alles soll doch da- 22
durch, daß es verzehrt wird, vernichtet
werden. Solche Vorschriften sind [m]Ge-
bote und Lehren von Menschen, die 23
zwar einen Schein von Weisheit haben
durch [n]selbsterwählte Frömmigkeit
und Demut und dadurch, daß sie [o]den
Leib nicht schonen, aber keine Ehre
bringen, sondern nur der menschlichen
Eitelkeit dienen.

a Joh 1,14.16 *b* Eph 1,21 *c* Röm 2,29; 6,5;
1.Petr 3,21 *d* Röm 6,4 *e* Kap 3,1 *f* Eph 2,1.5
g Eph 2,15 *h* Kap 1,13; Eph 4,8
i (16-19) Röm 14,1-12 *j* Hebr 8,5; 10,1
k Eph 4,15.16 *l* Gal 4,9.10 *m* Mt 15,9
n 1.Tim 4,3 *o* Röm 13,14

Der alte und der neue Mensch

Seid ihr nun [a]mit Christus auferstan- 3
den, so sucht, was droben ist, wo Chri-
stus ist, der zur Rechten Gottes sitzt.
[b]*Trachtet nach dem, was droben ist, nicht* 2
nach dem, was auf Erden ist. Denn [c]*ihr* 3
seid gestorben, und euer Leben ist mit
Christus in Gott verborgen. Wenn aber 4
Christus, euer Leben, offenbar wird, dann
werdet auch ihr mit ihm offenbar werden
[d]*in Herrlichkeit.*
So tötet nun die Glieder, die auf Er- 5
den sind, Unzucht, Unreinheit, Lei-
denschaft, böse Begierde und die Hab-
sucht, die Götzendienst ist.[e] Um sol- 6
cher Dinge willen kommt der Zorn
Gottes über die, die Gott nicht gehor-
chen.[f] Zu diesen habt auch ihr einst ge- 7
hört, als ihr noch von all dem be-
herrscht wart. Nun aber legt das alles 8
von euch ab: Zorn, Grimm, Bosheit,
Verleumdung und häßliche Worte aus
eurem Munde.[g] Belügt einander nicht; 9
denn ihr habt [h]den alten Menschen mit
seinen Werken ausgezogen und [i]den 10
neuen angezogen, der erneuert wird zur
Erkenntnis nach dem [j]Ebenbild des-
sen, der ihn geschaffen hat. Da ist nicht 11
mehr Grieche oder Jude, Beschnittener
oder Unbeschnittener, Nichtgrieche,
Skythe, Sklave oder Freier, sondern al-
les und in allen Christus.[k]
So zieht nun an als die Auserwählten 12
Gottes, als die Heiligen und Geliebten,
herzliches Erbarmen, Freundlichkeit,
Demut, Sanftmut, Geduld. [l]Ertragt 13
euch und [m]vergebt einander, wenn
einer gegen den andern eine Klage hat;
wie der Herr euch vergeben hat, so ver-
gebt auch ihr! Vor allem aber zieht die 14
Liebe an, die das Band der Vollkom-
menheit ist.[n] [o]Der Friede Christi, zu 15
dem ihr auch berufen seid [p]in einem

Leibe, regiere in euren Herzen; und
16 seid dankbar. *Laßt das Wort Christi reichlich unter euch wohnen: lehrt und ermahnt einander in aller Weisheit [q]mit Psalmen, Lobgesängen und geistlichen Liedern, und singt Gott, in dessen Gnade*
17 *ihr steht, in eurem Herzen. Und [r]alles, was ihr tut mit Worten oder mit Werken, das tut alles im Namen des Herrn Jesus und dankt Gott, dem Vater, durch ihn.*

a Kap 2,12 *b* Mt 6,33 *c* Röm 6,2 *d* 1.Kor 15,43 *e* Eph 5,3 *f* Eph 5,6 *g* Eph 4,29.31 *h* Eph 4,22-25 *i* Eph 4,24 *j* 1.Mose 1,26.27 *k* Gal 3,28 *l* Eph 4,2 *m* Mt 6,14; Eph 4,32 *n* Röm 13,8.10 *o* Phil 4,7 *p* 1.Kor 12,13.27; Eph 4,3.4 *q* Eph 5,19 *r* 1.Kor 10,31

Die christliche Haustafel

(Eph 5,22-6,9)

18 Ihr Frauen, ordnet euch euren Männern unter, wie sich's gebührt im
19 Herrn. Ihr Männer, liebt eure Frauen
20 und werdet nicht zornig gegen sie.[a] Ihr Kinder, seid euren Eltern gehorsam in allem; denn das ist wohlgefällig im
21 Herrn. Ihr Väter, schüchtert eure Kinder nicht ein, damit sie nicht mutlos werden.
22 Ihr Sklaven, seid euren irdischen Herren gehorsam in allem, nicht mit Liebedienerei, um den Menschen zu gefallen, sondern mit aufrichtigem
23 Herzen in der Furcht des Herrn. *Alles, was ihr tut, das tut von Herzen als dem*
24 *Herrn und nicht den Menschen,* denn ihr wißt, daß ihr vom Herrn als Lohn das Erbe empfangen werdet. Dient dem
25 Herrn Christus! Denn wer unrecht tut, der wird für sein Unrecht die Strafe empfangen; und [b]es gilt kein Ansehen der Person.

4 Ihr Herren, gewährt euren Sklaven, was recht und billig ist, und bedenkt, daß auch ihr einen Herrn im Himmel habt.[c]

a 1.Petr 3,7 *b* Röm 2,11 *c* 3.Mose 25,43.53

Ermahnung zum Gebet und zum rechten Wort

2 [a]Seid beharrlich im Gebet, und wacht
3 dabei mit Danken! [b]Betet zugleich auch für uns, damit Gott uns eine [c]Tür für das Wort auftut und wir das [d]Geheimnis Christi predigen können. Sei-
4 netwegen bin ich auch gebunden, um es offenbar zu machen, wie ich es muß.

Verhaltet euch weise gegenüber de- 5
nen, die draußen sind, und kauft die
Zeit aus.[e] Eure Rede sei allezeit freund- 6
lich und [f]mit Salz gewürzt, [g]so daß ihr jedem in der rechten Weise antworten könnt.

a Röm 12,12; 1.Thess 5,17 *b* Röm 15,30; Eph 6,19; 2.Thess 3,1 *c* 1.Kor 16,9 *d* Kap 1,26.27 *e* Eph 5,15.16; 1.Thess 4,12 *f* Mk 9,50 *g* Eph 4,29

Grüße und Segenswünsche

Wie es um mich steht, wird Tychikus 7
euch alles berichten, der liebe Bruder und treue Diener und Mitknecht im
Herrn. Ich sende ihn zu euch, damit ihr 8
erfahrt, wie es uns geht, und damit er
eure Herzen stärkt.[a] Mit ihm sende ich 9
[b]Onesimus, den treuen und lieben Bruder, der einer der Euren ist. Alles, was hier vorgeht, werden sie euch berich-
ten. Es grüßen euch [c]Aristarch, mein 10
Mitgefangener, und [d]Markus, der Vetter des Barnabas – seinetwegen habt ihr schon Weisungen empfangen; wenn er
zu euch kommt, nehmt ihn auf! –, und 11
Jesus mit dem Beinamen Justus. Von den Juden sind diese allein meine Mitarbeiter am Reich Gottes, und sie sind
mir ein Trost geworden. Es grüßt euch 12
[e]Epaphras, der einer von den Euren ist, ein Knecht Christi Jesu, der allezeit in seinen Gebeten für euch ringt, damit ihr vollkommen dasteht und erfüllt seid
mit allem, was Gottes Wille ist. Ich be- 13
zeuge ihm, daß er sich sehr um euch müht und um die in [f]Laodizea und in
Hierapolis. Es grüßen euch der Arzt 14
Lukas, der Geliebte, und Demas.[g]
Grüßt die Brüder in Laodizea und 15
die Nympha und die Gemeinde in ih-
rem Hause. Und wenn der Brief bei 16
euch gelesen ist, so sorgt dafür, daß er auch in der Gemeinde von Laodizea gelesen wird und daß ihr auch den an die
Laodizener lest. Und sagt dem [h]Ar- 17
chippus: Sieh zu, daß du den Dienst erfüllst, den du im Herrn empfangen hast!
[i]Mein Gruß mit meiner, des Paulus, 18
Hand. Denkt an meine Ketten! Die Gnade sei mit euch!

a Eph 6,21.22 *b* Phlm 10 *c* Apg 19,29; 27,2 *d* Apg 12,12.25 *e* Kap 1,7; Phlm 23 *f* Offb 1,11; 3,14 *g* 2.Tim 4,10.11; Phlm 24 *h* Phlm 2 *i* 1.Kor 16,21; Gal 6,11; 2.Thess 3,17

DER ERSTE BRIEF DES PAULUS AN DIE THESSALONICHER

Inhaltsübersicht

1 [a]Paulus und Silvanus und Timotheus
an die Gemeinde der Thessalonicher in
Gott, dem Vater, und dem Herrn Jesus
Christus:
Gnade sei mit euch und Friede!

a Apg 15,40; 16,1-3.19; 17,1-9; 2.Thess 1,1

Der vorbildliche Glaube der Gemeinde

2 Wir danken Gott allezeit für euch alle
und gedenken euer in unserm Gebet
3 und denken unablässig vor Gott, un-
serm Vater, an euer Wirken im Glau-
ben und an eure Arbeit in der Liebe
und an eure Geduld in der Hoffnung
4 auf unsern Herrn Jesus Christus.[a] Wir
wissen ja, von Gott geliebte Brüder,
5 daß ihr erwählt seid; denn unsere Pre-
digt des Evangeliums kam zu euch
nicht nur im Wort, sondern auch in der
[b]Kraft und im heiligen Geist und in
großer Gewißheit. Ihr wißt ja, wie wir
uns unter euch verhalten haben um eu-
6 retwillen. Und ihr seid [c]unserm Bei-
spiel gefolgt und dem des Herrn und
habt das Wort unter großer Bedrängnis
angenommen mit der Freude, die der
7 heilige Geist schenkt. So seid ihr ein
Vorbild geworden für alle Gläubigen in
8 Mazedonien und Achaja. Denn von
euch aus ist das Wort des Herrn nicht
nur nach Mazedonien und Achaja ge-
drungen, sondern [d]an allen Orten ist
euer Glaube an Gott bekannt gewor-
den, so daß wir darüber nichts mehr zu
9 sagen brauchen. Denn sie selbst erzäh-
len von uns, welche Aufnahme wir bei
euch gefunden haben und [e]wie ihr euch
von den Götzen zu Gott bekehrt habt,
um dem lebendigen und wahren Gott
10 zu dienen und [f]seinen Sohn vom Him-
mel her zu erwarten, Jesus, den er von
den Toten auferweckt hat und der uns
aus dem kommenden Zorngericht er-
rettet.

a 1.Kor 13,13 *b* 1.Kor 2,5 *c* 2.Thess 3,7 *d* Röm 1,8 *e* Apg 14,15; 1.Kor 12,2 *f* Tit 2,13

Das Wirken des Apostels bei der Gründung der Gemeinde

Denn ihr wißt selbst, liebe Brüder, daß **2**
es nicht vergeblich war, daß wir zu euch
gekommen sind. [a]Obgleich wir, wie ihr 2
wißt, vorher in Philippi gelitten hatten
und mißhandelt worden waren, fanden
wir dennoch im Vertrauen auf unsern
Gott den Mut, [b]bei euch das Evangeli-
um Gottes zu predigen unter viel
Kampf. [c]Denn unsre Predigt kam nicht 3
aus betrügerischer oder unredlicher
Absicht, noch geschah sie mit List, son- 4
dern weil Gott uns für würdig befun-
den und uns das Evangelium anver-
traut hat, darum reden wir, [d]nicht, um
Menschen zu gefallen, sondern Gott,
der unsere Herzen prüft. Denn wir ha- 5
ben nie Schmeichelworte gebraucht,
wie ihr wißt, noch uns [e]heimlich zu be-
reichern versucht – Gott ist mein
Zeuge –; wir haben auch nicht Ehre ge- 6
sucht von Menschen, weder von euch
noch von andern – obwohl wir als Apo- 7
stel Christi ein Recht gehabt hätten,
Ansprüche zu stellen –, sondern wir
sind unter euch bescheiden aufgetre-
ten. Wie eine Mutter ihre Kinder
pflegt, so herzlich waren wir euch zuge- 8
tan und waren bereit, euch nicht nur
am Evangelium Gottes Anteil zu ge-
ben, sondern auch an unserm Leben;
denn [f]wir hatten euch lieb gewonnen.
Ihr erinnert euch doch, liebe Brüder, 9
an unsre Arbeit und unsre Mühe; denn
Tag und Nacht [g]arbeiteten wir, um
niemand unter euch zur Last zu fallen,
und predigten unter euch das Evangeli-
um Gottes. Ihr und Gott seid Zeugen, 10
wie heilig und gerecht und untadelig
wir euch Gläubigen gegenüber gewe-
sen sind. Denn ihr wißt, daß wir, wie 11

ein Vater seine Kinder, einen jeden von
12 euch ermahnt, ermutigt und beschwo-
ren haben, [h]sein Leben würdig vor
Gott zu führen, der euch zu seinem
Reich und zu seiner Herrlichkeit be-
ruft.

a Apg 16,20-24 *b* Apg 17,1-5 *c (3-7)* 2.Kor 4,2; 11,7; Joh 5,44 *d* Gal 1,10 *e* Mk 12,40; Apg 20,33 *f* 2.Kor 12,15 *g* Apg 18,3; 20,33.34; 1.Kor 4,12; 2.Thess 3,8 *h* Eph 4,1.2; Phil 1,27

Die Aufnahme des Evangeliums in der Gemeinde

13 Darum danken wir auch Gott unab-
lässig dafür, daß ihr das Wort Gottes,
das ihr durch unsre Predigt empfangen
habt, nicht als Menschenwort, sondern
als das [a]aufgenommen habt, was es in
Wahrheit ist, als Wort Gottes, das in
14 euch wirkt, die ihr glaubt. Denn, liebe
Brüder, ihr seid den gleichen Weg ge-
führt worden wie die Gemeinden Got-
tes in Judäa, die in Christus Jesus sind;
[b]ihr habt nämlich von euren Landsleu-
ten dasselbe erlitten, was jene von den
15 Juden erlitten haben. Die haben sogar
[c]den Herrn Jesus getötet und [d]die Pro-
pheten und haben auch uns verfolgt.
Sie gefallen Gott nicht und sind allen
16 Menschen feind. Und um [e]das Maß ih-
rer Sünden ganz vollzumachen, hin-
dern sie uns, den Heiden ihre Rettung
zu predigen. Aber der Zorn Gottes ist
schon in vollem Maß über sie gekom-
men.

a Gal 1,11.12 *b* Apg 8,1; 17,5.6 *c* Apg 2,23 *d* Mt 23,37; Apg 7,52 *e* Mt 23,32.33

Vereitelter Besuch des Paulus

17 Liebe Brüder, nachdem wir eine Weile
von euch geschieden waren – nur äu-
ßerlich, nicht dem Herzen nach –, ha-
ben wir uns in großer Sehnsucht um so
mehr bemüht, euch persönlich wieder-
18 zusehen. Darum wollten wir zu euch
kommen, ich, Paulus, sogar mehr als
einmal, doch der Satan hat uns daran
19 gehindert. Denn wer ist unsre Hoff-
nung und unsre Freude und unser
[a]Ruhmeskranz – seid nicht auch ihr es
vor unserm Herrn Jesus, wenn er
20 kommt? Ihr seid ja unsre Ehre und
Freude.

a Phil 2,16; 4,1

Die Sendung des Timotheus

3 Darum ertrugen wir's nicht länger und
beschlossen, allein [a]in Athen zurück-
2 zubleiben, und [b]sandten Timotheus,
unsern Bruder und Gottes Diener am
Evangelium Christi, um euch zu stär-
ken und in eurem Glauben zu ermuti-
gen, damit [c]nicht jemand durch diese 3
Bedrängnis ins Wanken kommt. Denn
ihr wißt selbst, daß wir [d]zum Leiden
bestimmt sind. Denn schon als wir bei 4
euch waren, sagten wir's euch voraus,
daß Bedrängnis über uns kommen
wird, wie es auch geschehen ist und wie
ihr wißt. Darum habe ich's auch nicht 5
länger ertragen und habe ihn gesandt,
um zu erfahren, wie es um euren Glau-
ben steht, ob der Versucher euch etwa
versucht hat und [e]unsre Arbeit vergeb-
lich war.
Nun aber [f]ist Timotheus von euch 6
wieder zu uns gekommen und hat uns
gute Nachricht gebracht von eurem
Glauben und eurer Liebe und uns be-
richtet, daß ihr uns immer in gutem
Andenken habt und euch danach sehnt,
uns zu sehen, wie auch wir uns nach
euch sehnen. Darum sind wir, liebe 7
Brüder, im Gedanken an euch getröstet
worden in all unsrer Not und Bedräng-
nis durch euren Glauben; denn nun 8
sind wir wieder lebendig, wenn ihr fest
steht im Herrn. Wie können wir Gott 9
euretwegen genug danken für all die
Freude, die wir an euch haben vor un-
serm Gott? Wir bitten inständig Tag 10
und Nacht, daß wir euch wiedersehen,
um zu ergänzen, was etwa an eurem
Glauben noch fehlt. Gott selbst aber, 11
unser Vater, und unser Herr Jesus len-
ke unsern Weg zu euch. Euch aber lasse 12
der Herr wachsen und immer reicher
werden in der Liebe zueinander und zu
jedermann, wie auch wir sie zu euch ha-
ben, damit eure Herzen gestärkt wer- 13
den und [g]untadelig sind in Heiligkeit
vor Gott, unserm Vater, wenn unser
Herr Jesus kommt mit allen seinen hei-
ligen Engeln. Amen.

a Apg 17,14-16 *b* Apg 16,1-3 *c* Apg 14,22; Eph 3,13; Hebr 10,39 *d* 2.Tim 3,12 *e* Phil 2,16 *f* Apg 18,5 *g* 1.Kor 1,8; Phil 1,10

Ermahnung zur Heiligung

Weiter, liebe Brüder, nachdem ihr von **4**
uns gelehrt worden seid, wie ihr leben
sollt, um Gott zu gefallen, was ihr ja
auch tut, bitten wir euch nun und er-
mahnen euch im Herrn Jesus, darin
noch vollkommener zu werden. Denn 2
ihr wißt, welche Gebote wir euch in der
Vollmacht des Herrn Jesus gegeben ha-
ben. Denn *das ist der Wille Gottes, daß* 3
ihr heilig lebt. Meidet also die Unzucht;
ein jeder von euch soll lernen, mit sei- 4
ner eigenen Frau in Heiligkeit und Ehr-

5 erbietung zusammenzuleben, nicht in
maßloser Gier wie die Heiden, die von
6 Gott nichts wissen. Niemand soll in
Geschäften zu weit gehen und [a]seinen
Bruder übervorteilen; denn der Herr
ist ein Richter über das alles, wie wir es
euch schon früher gesagt und bezeugt
7 haben. Denn *Gott hat uns nicht berufen*
zur Unreinheit, sondern zur Heiligung.
8 Wer nun dies mißachtet, der [b]mißach-
tet nicht Menschen, sondern Gott, der
seinen heiligen Geist in euch gibt.
9 Von der [c]brüderlichen Liebe aber
brauche ich euch nichts zu schreiben;
denn [d]ihr selbst seid von Gott gelehrt,
10 einander zu lieben. Und so tut ihr auch
an allen Brüdern, die in ganz Mazedo-
nien sind. Wir ermahnen euch aber, lie-
be Brüder, daß ihr darin noch vollkom-
11 mener werdet. Setzt eure Ehre darein,
daß ihr ein stilles Leben führt und euch
nur um [e]das Eure kümmert und mit eu-
ren eigenen Händen arbeitet, wie wir
12 euch geboten haben. So sollt ihr ehrbar
leben vor denen, [f]die draußen sind,
und auf niemand angewiesen sein.

a 3.Mose 19,11 *b* Lk 10,16 *c* Joh 13,34
d 3.Mose 19,18 *e* Kap 2,9; Eph 4,28;
2.Thess 3,8.12 *f* Kol 4,5

Von der Auferstehung der Toten

13 Wir wollen euch aber, liebe Brüder,
nicht im Ungewissen lassen über die,
die [a]entschlafen sind, damit ihr nicht
traurig seid wie die andern, die [b]keine
14 Hoffnung haben. Denn wenn wir glau-
ben, daß Jesus gestorben und aufer-
standen ist, so wird Gott ebenso auch
die Entschlafenen durch Jesus mit ihm
zum Leben führen.[c]
15 [d]Denn das sagen wir euch mit einem
Wort des Herrn: Wir, die wir noch le-
ben und bis zur Ankunft des Herrn am
Leben bleiben, werden denen nicht zu-
vorkommen, die entschlafen sind.
16 Denn der Herr selbst wird mit befeh-
lendem Wort, mit der Stimme des Erz-
engels und mit der Posaune Gottes vom
Himmel herabkommen, und zuerst
werden die Toten, die in Christus ge-
17 storben sind, auferstehen. Danach wer-
den wir, die wir noch am Leben sind,
zugleich mit ihnen auf den Wolken in
die Luft entrückt werden, dem Herrn
entgegen; und [e]so werden wir beim
18 Herrn sein für alle Zeit. So tröstet ein-
ander mit diesen Worten.

a 1.Kor 15,20 *b* Eph 2,12 *c* Röm 14,9;
1.Kor 15,3.4.12 *d (15-17)* Mt 16,28; 24,30.31;
1.Kor 15,51.52; Joh 17,24 *e* Joh 12,26

Leben im Licht des kommenden Tages

Über [a]Zeit und Stunde aber, liebe Brü- 5
der, brauche ich euch nicht zu schrei-
ben; denn ihr selbst wißt genau, daß 2
der Tag des Herrn kommen wird [b]wie
ein Dieb in der Nacht. Wenn sie sagen 3
werden: [c]Es ist Friede, es hat keine Ge-
fahr –, dann [d]wird sie das Verderben
schnell überfallen wie die Wehen eine
schwangere Frau, und sie werden nicht
entrinnen. Ihr aber, liebe Brüder, seid 4
nicht in der Finsternis, so daß der Tag
wie ein Dieb über euch kommt. Denn 5
ihr alle seid [e]Kinder des Lichtes und
Kinder des Tages. Wir sind nicht von
der Nacht noch von der Finsternis. So 6
laßt uns nun nicht schlafen wie die an-
dern, sondern [f]laßt uns wachen und
nüchtern sein. Denn wer schläft, der 7
schläft bei Nacht, und wer sich be-
trinkt, der betrinkt sich bei Nacht. Wir 8
aber als Kinder des Tages wollen nüch-
tern sein, gerüstet mit dem Panzer des
Glaubens und der Liebe und mit dem
Helm der Hoffnung auf das Heil.[g]
Denn Gott hat uns nicht für das Zorn- 9
gericht bestimmt, sondern dazu, das
Heil zu gewinnen durch unsern Herrn
Jesus Christus. Er ist für uns gestorben, 10
damit wir, [h]ob wir wachen oder schla-
fen, zugleich mit ihm leben. Darum 11
[i]ermahnt einander, und einer richte
den andern auf, wie ihr auch tut.

a Mt 24,36 *b* Mt 24,42-44; 2.Petr 3,10; Offb 3,3;
16,15 *c* Jer 6,14 *d* Mt 24,39 *e* Röm 13,12;
Eph 5,9 *f* 1.Petr 5,8 *g* Eph 6,14-17
h Röm 14,8.9 *i* Hebr 3,13

Ermahnungen und Grüße

Wir bitten euch aber, liebe Brüder: 12
[a]Erkennt die an, die an euch arbeiten
und euch vorstehen im Herrn und euch
ermahnen; achtet und liebt sie umso 13
mehr um ihres Werkes willen. Haltet
Frieden untereinander. Wir ermahnen 14
euch aber, liebe Brüder: [b]Weist die
Unordentlichen zurecht, tröstet die
Kleinmütigen, tragt die Schwachen,
seid geduldig gegen jedermann. Seht 15
zu, daß keiner dem andern [c]Böses mit
Bösem vergilt, sondern jagt immer dem
Guten nach untereinander und gegen
jedermann.
Seid allezeit fröhlich,[d] *betet, ohne* 16.17
nachzulassen,[e] *seid* [f]*dankbar für alles;* 18
denn das ist der Wille Gottes in Chri-
stus Jesus für euch. [g]Den Geist löscht 19
nicht aus. Prophetische Weisungen 20
verachtet nicht. [h]Prüft aber alles, und 21

22 das Gute behaltet. Meidet das Böse in
jeder Gestalt.
23 *Der Gott des Friedens aber heilige euch
durch und durch und bewahre euren Geist
samt Seele und Leib unversehrt, damit ihr
untadelig seid bei der Ankunft unsres
24 Herrn Jesus Christus. [i] Treu ist er, der
euch beruft; er wird's auch tun.*
25 Liebe Brüder, betet auch für uns.
Grüßt alle Brüder mit dem heiligen 26
Kuß. Ich beschwöre euch beim Herrn, 27
daß ihr diesen Brief vor allen Brüdern
lesen laßt. Die Gnade unsres Herrn Je- 28
sus Christus sei mit euch!

a 1.Kor 16,18 *b* 2.Thess 3,15 *c* Spr 20,22; Röm 12,17.21; 1.Petr 3,9 *d* Phil 4,4 *e* Lk 18,1-8; Röm 12,12; Eph 6,18; Kol 4,2 *f* Eph 5,20 *g (19 und 20)* 1.Kor 14,1.39 *h* 1.Kor 14,29 *i* 1.Kor 1,9; 2.Thess 3,3

DER ZWEITE BRIEF DES PAULUS AN DIE THESSALONICHER

Inhaltsübersicht

1 Paulus und Silvanus und Timotheus an
die Gemeinde der Thessalonicher in
Gott, unserm Vater, und dem Herrn
Jesus Christus:[a]
2 Gnade sei mit euch und Friede von
Gott, unserm Vater, und dem Herrn
Jesus Christus!

a 1.Thess 1,1

Die Bedrängnis der Gemeinde und das gerechte Gericht Gottes

3 Wir müssen Gott allezeit für euch dan-
ken, liebe Brüder, wie es sich gebührt.
Denn euer Glaube wächst sehr, und die
gegenseitige Liebe nimmt bei euch al-
4 len zu.[a] Darum [b] rühmen wir uns euer
unter den Gemeinden Gottes wegen
eurer Geduld und eures Glaubens in al-
len Verfolgungen und Bedrängnissen,
5 die ihr erduldet. Sie sind ein Anzeichen
dafür, daß Gott recht richten wird und
ihr des Reiches Gottes würdig werdet,
6 für das ihr auch leidet.[c] Denn [d] es ist ge-
recht bei Gott, denen, die euch bedrän-
gen, mit Bedrängnis zu vergelten,
7 [e] euch aber, die ihr Bedrängnis leidet,
Ruhe zu geben mit uns, wenn der Herr
Jesus sich mit seinen mächtigen Engeln
8 vom Himmel her offenbaren wird in
Feuerflammen. Dann wird er Vergel-
tung üben an denen, die Gott nicht
kennen und die dem Evangelium uns-
res Herrn Jesus [f] nicht gehorsam sind.
9 Die werden Strafe erleiden, das ewige
Verderben, fern vom Angesicht des
Herrn und von seiner herrlichen
10 Macht, wenn er an jenem Tage kom-
men wird, um inmitten seiner Heiligen
verherrlicht und im Kreis all derer be-
wundert zu werden, die zum Glauben
gekommen sind; denn was wir euch be-
zeugt haben, das habt ihr geglaubt.
Deshalb beten wir auch allezeit für 11
euch, daß unser Gott euch der Beru-
fung würdig mache und allen Willen
zum Guten und jede Tat des Glaubens
in seiner Kraft vollende, damit der 12
Name unsres Herrn Jesus in euch ver-
herrlicht wird und ihr in ihm, nach der
Gnade unsres Gottes und des Herrn Je-
sus Christus.

a 1.Thess 1,2.3 *b* 2.Kor 7,4 *c* Phil 1,28 *d* Röm 12,19; Offb 18,6.7 *e (7-10)* Mt 16,27; 25,31-46; 1.Thess 4,16 *f* Röm 2,8

Das Auftreten des Widersachers vor dem Kommen Christi

Was nun [a] das Kommen unsres Herrn 2
Jesus Christus angeht und unsre Verei-
nigung mit ihm, so bitten wir euch, lie-
be Brüder: Bleibt besonnen und laßt 2
euch nicht so schnell verwirren oder er-
schrecken, weder durch eine Weissa-
gung noch durch ein Wort oder [b] einen
Brief, die angeblich von uns stammen,
als ob der Tag des Herrn schon da sei.
Laßt euch [c] von niemand verführen, in 3
keinerlei Weise; denn zuvor muß der
Abfall kommen und der [d] Mensch der
Gesetzlosigkeit offenbart werden, der
Sohn des Verderbens. Er ist der Wider- 4
sacher, der [e] sich über alles erhebt, was
Gott oder Gottesdienst heißt, so daß er
[f] sich sogar in den Tempel Gottes setzt
und vorgibt, er sei Gott. Erinnert ihr 5
euch nicht daran, daß ich euch dies ge-

sagt habe, als ich noch bei euch war?
6 Ihr wißt auch, was ihn noch zurückhält,
bis er zu seiner Zeit offenbart wird.
7 Denn das Geheimnis der Gesetzlosig-
keit ist bereits am Werk; nur muß der,
der es jetzt noch zurückhält, vorher be-
8 seitigt werden, und dann wird der Ge-
setzlose offenbart werden. Ihn wird der
Herr Jesus mit dem Hauch seines
Mundes [g] umbringen und wird ihm ein
Ende machen durch seine Erschei-
9 nung, wenn er kommt. Der Gesetzlose
aber wird in der Macht des Satans auf-
treten mit großer Kraft und trügeri-
10 schen Zeichen und Wundern.[h] Damit
wird er alle zur Ungerechtigkeit ver-
führen, die verloren gehen, weil sie die
Liebe zur Wahrheit nicht angenommen
haben, durch die sie gerettet werden
11 sollten. Darum läßt sie Gott auch der
Macht des Irrtums verfallen, so daß sie
12 der Lüge glauben,[i] damit alle gerichtet
werden, die der Wahrheit nicht ge-
glaubt haben, sondern Gefallen an der
Ungerechtigkeit hatten.

a 1.Thess 4,13-17 *b* 2.Petr 3,15.16 *c* 1.Tim 4,1 *d* 1.Joh 2,18 *e* Dan 11,36 *f* Mt 24,15 *g* Jes 11,4; Offb 19,15.20 *h* Mt 24,24; Offb 13,11-14 *i* 2.Tim 4,4

Mahnung zum Festhalten an der Lehre

13 [a] Wir aber müssen Gott allezeit für
euch danken, vom Herrn geliebte Brü-
der, daß Gott euch als erste dazu er-
wählt hat, aufgrund der Heiligung
durch den Geist und im Glauben an die
14 Wahrheit gerettet zu werden. Dazu hat
er euch auch berufen durch unser
Evangelium, damit ihr die Herrlichkeit
15 unsres Herrn Jesus Christus erlangt. So
steht nun fest, liebe Brüder, und [b] haltet
euch an die Lehre, in der ihr durch uns
unterwiesen worden seid, es sei durch
16 Wort oder Brief. Unser Herr Jesus
Christus aber und Gott, unser Vater,
der uns geliebt und uns einen ewigen
Trost gegeben hat und eine gute Hoff-
17 nung durch Gnade, der mache eure
Herzen getrost und stärke euch in je-
dem guten Werk und Wort.

a (*13 und 14*) Röm 8,30 *b* Kap 3,6

Wünsche des Apostels für sich selbst und die Gemeinde

3 Weiter, liebe Brüder, betet für uns, daß
das Wort des Herrn laufe und gepriesen
2 werde wie bei euch[a] und daß wir von
den verkehrten und bösen Menschen
erlöst werden; denn der Glaube ist
3 nicht jedermanns Sache. Aber [b] *der*
Herr ist treu; der wird euch stärken und
[c] *vor dem Bösen bewahren.* Wir haben 4
aber das Vertrauen zu euch im Herrn,
daß ihr tut und tun werdet, was wir
euch gebieten.[d] Der Herr aber lenke 5
eure Herzen zur Liebe Gottes und zur
Geduld Christi.

a Eph 6,18.19; Kol 4,3; 1.Thess 5,25 *b* 1.Thess 5,24 *c* Joh 17,15 *d* 2.Kor 7,16; Gal 5,10

Warnung vor Müßiggang

Wir gebieten euch aber, liebe Brüder, 6
im Namen unsres Herrn Jesus Chri-
stus, daß ihr euch von jedem Bruder
zurückzieht, der unordentlich lebt und
nicht [a] nach der Lehre, die ihr von uns
empfangen habt. Ihr wißt ja, [b] wie ihr 7
uns nachfolgen sollt. Denn wir haben
bei euch kein unordentliches Leben ge-
führt, haben auch nicht umsonst von 8
jemand Brot angenommen, sondern
[c] mit viel Mühe haben wir Tag und
Nacht gearbeitet, um keinem von euch
zur Last zu fallen. Nicht, daß wir dazu 9
nicht das Recht gehabt hätten, sondern
[d] wir wollten euch uns selbst zum Vor-
bild geben, damit ihr uns nachfolgt.
Denn schon als wir bei euch waren, ge- 10
boten wir euch: *Wer nicht arbeiten will,*
der soll auch nicht essen. Denn wir hö- 11
ren, daß einige unter euch unordentlich
leben und nichts arbeiten, sondern un-
nütze Dinge treiben. Diesen Leuten 12
gebieten wir und ermahnen sie im
Herrn Jesus Christus, [e] in Ruhe ihrer
Arbeit nachzugehen und ihr eigenes
Brot zu essen. Ihr aber, liebe Brüder, 13
werdet nicht müde, Gutes zu tun.[f]

Wenn aber jemand unserm Wort in 14
diesem Brief nicht gehorsam ist, so
merkt ihn euch und habt nichts mit ihm
zu schaffen, damit er schamrot wird.
Doch behandelt ihn nicht als einen 15
Feind, sondern [g] weist ihn zurecht als
einen Bruder. [h] Der Herr des Friedens 16
aber gebe euch Frieden allezeit und auf
jede Weise. Der Herr sei mit euch al-
len!

a Kap 2,15; Mt 18,17; Röm 16,17 *b* 1.Thess 1,6 *c* 1.Thess 2,9 *d* Mt 10,10; Apg 20,35; Phil 3,17 *e* 1.Thess 4,11 *f* Gal 6,9 *g* 1.Thess 5,14 *h* Joh 14,27

Gruß und Segenswunsch

Der Gruß mit meiner, des Paulus, 17
Hand. Das ist mein Zeichen in allen
Briefen; so schreibe ich.[a] Die Gnade 18
unsres Herrn Jesus Christus sei mit
euch allen!

a 1.Kor 16,21; Gal 6,11; Kol 4,18

DER ERSTE BRIEF DES PAULUS AN TIMOTHEUS

Von der Gemeinde und ihren Ämtern

1 Paulus, Apostel Christi Jesu nach dem
Befehl Gottes, unsres Heilands, und
Christi Jesu, der [a]unsre Hoffnung ist,
2 an [b]Timotheus, [c]seinen rechten Sohn
im Glauben:
Gnade, Barmherzigkeit, Friede von
Gott, dem Vater, und unserm Herrn
Christus Jesus!

a Kol 1,27 *b* Apg 16,1.2 *c* Tit 1,4

Gegen falsche Gesetzeslehrer

3 Du weißt, wie ich dich ermahnt habe,
in Ephesus zu bleiben, als ich nach
[a]Mazedonien zog, und gewissen Leu-
ten zu gebieten, daß sie nichts Falsches
4 lehren und auch nicht auf die endlosen
[b]Fabeleien über Stammbäume achtha-
ben, die eher Fragen aufbringen als
zum Dienst für Gott im Glauben füh-
5 ren. Das [c]Ziel aller Ermahnung aber ist
Liebe aus reinem Herzen, aus gutem
Gewissen und aus ungeheucheltem
6 Glauben. Davon sind einige abgeirrt
und haben sich [d]unnützem Geschwätz
7 zugewandt, wollen die Schrift meistern
und verstehen selber nicht, was sie sa-
gen oder was sie so sicher behaupten.
8 Wir wissen aber, daß [e]das Gesetz gut
ist, wenn es jemand recht gebraucht,
9 [f]weil er weiß, daß das Gesetz nicht für
den Gerechten bestimmt ist, sondern
für die Ungerechten und Ungehorsa-
men, die Gottlosen und Sünder, die
Unheiligen und Frevler, die Vatermör-
der und Muttermörder, die Totschlä-
10 ger, die Unzüchtigen, die Knaben-
schänder, die Menschenräuber, die
Lügner, die Meineidigen und wenn
noch etwas anderes der rechten Lehre
11 zuwider ist. So sagt es das Evangelium
von der Herrlichkeit des seligen Gottes,
das mir anvertraut ist.

a Apg 20,1 *b* Kap 4,7 *c* Mt 22,37-40; Röm 13,10; Gal 5,6 *d* Kap 6,4.20 *e* Röm 7,12 *f (9-11)* 1.Kor 6,9-11

Lobpreis der göttlichen Barmherzigkeit

12 [a]Ich danke unserm Herrn Christus Je-
sus, der mich stark gemacht, für treu
erachtet und in das Amt eingesetzt hat
– mich, der ich früher ein Lästerer und 13
ein Verfolger und ein Frevler war; aber
mir ist Barmherzigkeit widerfahren,
denn ich habe es unwissend getan, im
Unglauben. Umso reicher aber war die 14
Gnade unsres Herrn samt dem Glau-
ben und der Liebe, die in Christus Je-
sus ist. *Wahr ist das Wort und der Aner-* 15
kennung aller wert, daß Christus Jesus in
die Welt gekommen ist, [b]*um die Sünder*
zu retten, unter denen ich an erster Stelle
stehe. Aber darum ist mir Barmherzigkeit 16
widerfahren, daß Christus Jesus an mir
zuerst alle Geduld erweisen konnte, zum
Vorbild denen, die an ihn glauben sollen,
um das ewige Leben zu erlangen. Aber 17
Gott, dem ewigen König, dem Unver-
gänglichen und Unsichtbaren, der al-
lein Gott ist, sei Ehre und Preis in
Ewigkeit! Amen.
Diese Botschaft vertraue ich dir an, 18
mein Sohn Timotheus – nach den
[c]Prophetenworten, die früher an dich
ergangen sind –, damit du in ihrer Kraft
[d]einen guten Kampf kämpfst und den 19
[e]Glauben und ein gutes Gewissen hast.
Das haben einige von sich gestoßen und
dadurch [f]am Glauben Schiffbruch er-
litten. Unter ihnen sind [g]Hymenäus 20
und Alexander, die ich [h]dem Satan
übergeben habe, damit ihnen das Lä-
stern ausgetrieben wird.

a (12-16) Apg 9,15; 1.Kor 15,9.10; Gal 1,13-16 *b* Lk 19,10 *c* Kap 4,14 *d* Kap 6,12; Jud 3 *e* Kap 3,9 *f* Kap 6,10 *g* 2.Tim 2,17 *h* 1.Kor 5,5

Das Gemeindegebet

So ermahne ich nun vor allem zu Bitte, **2**
Gebet, Fürbitte und Danksagung für
alle Menschen, für den Kaiser und für 2
alle Regierenden, damit wir in aller
Frömmigkeit und Ehrbarkeit ein ruhi-
ges und stilles Leben führen können.
Dies ist gut und gefällt Gott, unserm 3
Heiland, *welcher will, daß allen Men-* 4
schen geholfen wird und sie zur Erkennt-
nis der Wahrheit kommen.[a] *Denn es ist* 5
nur ein Gott und nur ein [b]Mittler zwi-
schen Gott und den Menschen, näm-

6 lich der Mensch Christus Jesus, der
[c]sich selbst gegeben hat zur Erlösung
für alle. Das sollte zur rechten Zeit be-
7 zeugt werden, und dazu bin ich [d]als
Prediger und Apostel eingesetzt – ich
sage die Wahrheit und lüge nicht –, [e]als
Lehrer der Heiden im Glauben und in
der Wahrheit.

a Hes 18,23; Röm 11,32; 2.Petr 3,9 *b* Hebr 9,15
c Gal 1,4; 2,20; Tit 2,14 *d* 2.Tim 1,11 *e* Gal 2,7.8

Männer und Frauen im Gottesdienst

8 So will ich nun, daß die Männer an al-
len Orten beten und dabei reine Hände
9 ohne Zorn und Streit erheben. Ebenso
will ich, daß die Frauen auf würdige
Haltung achten und sich mit Anstand
und Zurückhaltung schmücken, nicht
aber mit Haarflechten, Gold, Perlen
10 oder kostbaren Gewändern,[a] sondern,
wie sich's für Frauen ziemt, die ihre
Frömmigkeit bekunden wollen, [b]mit
11 guten Werken. Eine Frau soll lernen in
der Stille und [c]mit aller Unterordnung.
12 [d]Einer Frau gestatte ich nicht, daß sie
lehrt, auch nicht, [e]daß sie den Mann
13 zurechtweist, sondern sie sei still. Denn
Adam wurde zuerst geschaffen, danach
14 Eva. Und nicht Adam wurde verführt,
sondern die Frau wurde verführt und
15 ist der Versuchung erlegen.[f] Sie wird
aber dadurch gerettet werden, daß sie
Kinder zur Welt bringt, wenn sie im
Glauben bleibt und in der Liebe und in
der Heiligung samt der Zucht.[g]

a 1.Petr 3,3-5 *b* Kap 5,10 *c* Eph 5,22
d 1.Kor 14,34 *e* 1.Mose 3,16 *f* 1.Mose 3,6
g Kap 5,14; Tit 2,4.5

Von den Bischöfen

3 [a]Wahr ist das Wort: Wenn jemand
nach dem Bischofsamt strebt, begehrt
2 er ein wichtiges Amt. Ein Bischof aber
soll untadelig sein, Ehemann einer ein-
zigen Frau, nüchtern, maßvoll, würdig,
3 gastfrei, ein guter Lehrer, kein Trinker,
nicht gewalttätig, sondern gütig, nicht
4 streitsüchtig, nicht geldgierig, einer,
der seinem eigenen Haus gut vorsteht
und seine Kinder in Gehorsam und
5 Ehrbarkeit hält. Denn wenn jemand
seinem eigenen Haus nicht vorstehen
kann, wie soll er dann für die Gemeinde
6 Gottes sorgen? Er soll nicht ein Neu-
getaufter sein, damit er nicht hochmü-
tig wird und dem Gericht verfällt, wie
7 es der Teufel wünscht. Er muß aber
auch einen guten Ruf bei den Außen-
stehenden haben, damit ihm nichts Bö-
ses nachgesagt werden kann und er sich
nicht in der Schlinge des Teufels fängt.

a (1-7) Apg 20,28; Tit 1,5-9

Von den Diakonen

Ebenso sollen die [a]Diakone ehrbar 8
sein, nicht doppelzüngig, keine Trin-
ker, nicht gewinnsüchtig, sondern sie 9
sollen das Geheimnis des Glaubens mit
reinem Gewissen bewahren.[b] Man soll 10
sie vorher prüfen, und wenn sie untade-
lig sind, sollen sie den Dienst aufneh-
men. Ebenso sollen ihre Frauen ehrbar 11
sein, [c]nicht verleumderisch, nüchtern,
treu in allen Dingen. Ein Diakon soll 12
Ehemann einer einzigen Frau sein und
gut für seine Kinder und sein eigenes
Haus sorgen. Wer aber ein guter Dia- 13
kon ist, erwirbt sich selbst ein gutes An-
sehen und große Zuversicht im Glau-
ben, der in Christus Jesus seinen
Grund hat.

a Apg 6,3; Phil 1,1 *b* Kap 1,19 *c* Tit 2,3

Das Geheimnis des Glaubens

Dies schreibe ich dir und hoffe, bald zu 14
dir zu kommen; wenn ich aber erst spä- 15
ter komme, sollst du doch wissen, wie
man sich im [a]Hause Gottes verhalten
muß, das heißt in der Gemeinde des le-
bendigen Gottes, die ein Pfeiler und
eine Grundfeste der Wahrheit ist. Und 16
groß ist, wie jedermann bekennen muß,
das Geheimnis, das wir verehren: *Er ist*
[b]*offenbart im Fleisch, gerechtfertigt* [c]*im*
Geist, erschienen den Engeln, [d]*gepredigt*
den Heiden, geglaubt in der Welt, [e]*aufge-*
nommen in die Herrlichkeit.

a Eph 2,19-22 *b* Joh 1,14 *c* Röm 1,4
d Apg 28,28 *e* Mk 16,19; Eph 1,20.21

Falsche Enthaltsamkeit

Der Geist sagt deutlich, daß [a]in den **4**
letzten Zeiten einige von diesem Glau-
ben abfallen und irreführenden Gei-
stern und teuflischen Lehren anhängen
werden, verleitet durch Heuchelei der 2
Lügenredner, die ein Brandmal in ih-
rem Gewissen haben. Diese gebieten, 3
nicht zu heiraten und [b]Speisen zu mei-
den, die Gott doch dazu geschaffen hat,
daß sie von den Gläubigen und denen,
die die Wahrheit kennen, mit Danksa-
gung empfangen werden. Denn alles, 4
was Gott geschaffen hat, ist gut, und
nichts ist verwerflich, was mit Danksa-
gung empfangen wird;[c] denn es wird 5
geheiligt durch das Wort Gottes und
Gebet.

a Mt 24,24; 2.Thess 2,3; 2.Tim 3,1; 2.Petr 3,3;

1.Joh 2,18; Jud 18 *b* 1.Mose 9,3; 1.Kor 10,30.31;
Kol 2,23 *c* 1.Mose 1,31; Mt 15,11; Apg 10,15

Der Dienst des Timotheus

6 Wenn du die Brüder darüber belehrst,
so wirst du [a]ein guter Diener Christi
Jesu sein und von den Worten des
Glaubens und der guten Lehre leben,
7 bei der du immer geblieben bist. [b]Die
ungeistlichen Altweiberfabeln weise
zurück; übe dich selbst aber in der
8 Frömmigkeit! Denn es nützt wenig,
seinen Körper in Enthaltsamkeit zu
üben; aber [c]*die Frömmigkeit ist für alles
gut und hat die Verheißung dieses und des*
9 *zukünftigen Lebens.* Wahr ist das Wort
10 und der Anerkennung aller wert. Denn
dafür arbeiten und kämpfen wir, haben
wir doch unsre Hoffnung auf den le-
bendigen Gott gesetzt, der der Heiland
aller Menschen ist, vor allem der Gläu-
11 bigen. Dies gebiete und lehre.
12 [d]Niemand achte dich gering wegen
deiner Jugend; du aber [e]sei für die
Gläubigen ein Vorbild in Wort und
Wandel, in Liebe und Glauben und in
13 der Reinheit. Fahre fort vorzulesen, zu
ermahnen und zu lehren, bis ich kom-
14 me. Laß die Gabe nicht außer acht, die
dir durch eine [f]Weissagung unter
[g]Handauflegung der Ältesten gegeben
15 worden ist. Dies laß deine Sorge sein,
dabei bleibe, damit deine Fortschritte
16 für alle sichtbar werden. Hab acht auf
dich selbst und auf die Lehre; halte
daran fest! Denn wenn du das tust,
wirst du dich selbst [h] retten und alle, die
auf dich hören.

a 2.Tim 2,15 *b* Kap 6,20; 2.Tim 2,16.23; 4,4;
Tit 1,14; 3,9 *c* Kap 6,6 *d* Tit 2,15 *e* 2.Tim 2,22
f Kap 1,18 *g* Kap 5,22; Apg 6,6; 8,17; 2.Tim 1,6
h Röm 11,14

Verhalten gegen Männer und Frauen in der Gemeinde

5 [a]Einen älteren Mann behandle nicht
schroff, sondern ermahne ihn wie einen
Vater, die jungen Männer wie Brüder,
2 die älteren Frauen wie Mütter, die jun-
gen wie Schwestern, mit allem An-
stand.

a 3.Mose 19,32; Tit 2,2

Von den Witwen

3 Ehre und unterstütze die Witwen, die
4 wirklich Witwen sind. Wenn aber eine
Witwe Kinder oder Enkel hat, so sollen
diese lernen, zuerst in der eigenen Fa-
milie Gottes Gebot zu erfüllen und sich
den Eltern oder Großeltern dankbar zu
5 erweisen; denn das gefällt Gott. Das ist
aber eine wirkliche Witwe, die allein
steht, die ihre Hoffnung auf Gott setzt
und [a]beharrlich betet bei Tag und
Nacht. Die aber ausschweifend lebt, ist 6
lebendig tot. – Dies gebiete, damit sie 7
untadelig sind. Wenn aber jemand die 8
Seinen, vor allem die eigene Familie,
nicht versorgt, hat er den Glauben ver-
leugnet und ist schlimmer als ein Hei-
de.[b]

Für das Witwenamt soll nur eine 9
Frau ausgewählt werden, die über
sechzig Jahre alt ist, ein einziges Mal
verheiratet war und durch gute Werke 10
bekannt geworden ist: wenn sie Kinder
aufgezogen hat, wenn sie [c]gastfrei ge-
wesen ist, wenn sie [d]den Gläubigen die
Füße gewaschen hat, wenn sie den Be-
drängten beigestanden hat, wenn sie
sich in lauter guten Werken bewährt
hat. Jüngere Witwen aber nimm nicht 11
auf; denn wenn die Begierde sie dem
Dienst für Christus abspenstig macht,
so wollen sie heiraten; und dann lastet 12
auf ihnen der Vorwurf, daß sie Christus
die Treue gebrochen haben. Außerdem 13
sind sie müßig und stets auf neue Leh-
ren aus, wenn sie von Haus zu Haus
laufen; und nicht nur müßig sind sie,
sondern auch geschwätzig und vorwit-
zig und reden, was nicht sein soll. So 14
will ich nun, daß die jüngeren Witwen
heiraten, [e]Kinder zur Welt bringen,
den Haushalt führen und [f]dem Wider-
sacher keinen Anlaß zu Verdächtigun-
gen geben. Denn schon haben sich 15
einige abgewandt und folgen dem Sa-
tan. Wenn aber einer gläubigen Frau 16
Witwen anvertraut sind, so soll sie diese
versorgen, die Gemeinde aber soll nicht
belastet werden, [g]damit sie für die
wirklichen Witwen sorgen kann.

a Lk 2,37 *b* Mt 15,5.6 *c* Hebr 13,2 *d* Joh 13,14
e Kap 2,15 *f* 1.Kor 7,9 *g* Apg 6,1

Von den Vorstehern der Gemeinde

Die [a]Ältesten, die der Gemeinde gut 17
vorstehen, sollen doppelt geehrt und
entlohnt werden, vor allem, wenn sie
sich mit ganzer Kraft um Predigt und
Lehre bemühen. Denn die Schrift sagt 18
(5.Mose 25,4): [b]»Du sollst dem Och-
sen, der da drischt, nicht das Maul ver-
binden«; und [c]»Jedem Arbeiter steht
sein Lohn zu.« Gegen einen Ältesten 19
nimm keine Klage an ohne [d]zwei oder
drei Zeugen. Die sich verfehlen, [e]weise 20
öffentlich zurecht, damit sich auch die
andern fürchten. Ich beschwöre dich 21
vor Gott und Christus Jesus und den

auserwählten Engeln, daß du dich ohne
Vorurteil daran hältst und niemand be-
22 günstigst. [f]Die Hände lege niemand
übereilt auf; werde nicht mitschuldig
an fremden Sünden! Halte dich selber
23 rein! Trinke nicht mehr nur Wasser,
sondern nimm ein wenig Wein dazu
wegen deines Magens und weil du oft
krank bist.
24 Bei einigen Menschen sind die Sün-
den schon offenbar und gehen ihnen
zum Gericht voran; bei einigen werden
25 sie erst später offenbar. Ebenso sind
auch die guten Werke einiger Men-
schen vorher offenbar, und wenn es an-
ders ist, bleiben sie doch nicht verbor-
gen.

a Apg 14,23; Röm 12,8 *b* 1. Kor 9,9 *c* Lk 10,7
d 5. Mose 19,15; Mt 18,16 *e* Gal 2,14;
Mt 18,15-17 *f* Kap 4,14

Von den Sklaven

6 [a]Alle, die unter dem Joch der Sklaverei
leben, sollen ihre Herren in allen Ehren
halten, damit nicht der Name Gottes
und [b]die Lehre geschmäht werden.
2 Wenn sie gläubige Herren haben, sol-
len sie diese aber nicht weniger ehren,
weil sie Brüder sind, sondern ihnen um
so eifriger dienen, weil die Herren, die
gläubig und von Gott geliebt sind, sich
bemühen, Gutes zu tun. Dies lehre und
dazu ermahne![c]

a Eph 6,5 *b* Tit 2,9.10 *c* Eph 6,5-8; Phlm 16

Mahnung an Timotheus und alle Brüder

3 Wenn jemand [a]Falsches lehrt und
nicht bei den [b]heilbringenden Worten
unsres Herrn Jesus Christus bleibt und
4 bei der Lehre unsres Glaubens, der ist
verblendet und weiß nichts, sondern
leidet an der Sucht nach Streitgesprä-
chen und [c]Wortgefechten. Daraus ent-
springen Neid, Zank, Verleumdung,
5 böser Argwohn und Schulgezänk bei
den Menschen, die einen zerrütteten
Verstand haben und denen die Wahr-
heit geraubt worden ist, die meinen,
6 Frömmigkeit brächte Gewinn. *Und in*
der Tat ist die [d]Frömmigkeit ein großer
Gewinn, aber für den, der [e]genügsam ist.
7 *Denn [f]wir haben nichts in die Welt ge-*
bracht; darum [g]werden wir auch nichts
8 *hinausbringen. Wenn wir aber Nahrung*
und Kleider haben, so wollen wir uns da-
9 *mit begnügen.*[h] Die aber reich werden
wollen, fallen in Versuchung und ver-
stricken sich in viele törichte und
schädliche Begierden, die die Men-
schen in Verderben und Verdammnis
stürzen.[i] Denn [j]Habsucht ist eine 10
Wurzel aller Übel; der sind einige ver-
fallen und sind [k]vom Glauben abgeirrt
und machen sich selbst viele Schmer-
zen.
Aber du, [l]Gottesmensch, flieh da- 11
vor! [m]Jage der Gerechtigkeit nach, der
Frömmigkeit, dem Glauben, der Lie-
be, der Geduld, der Sanftmut! [n]*Kämp-* 12
fe den guten Kampf des Glaubens; ergrei-
fe das ewige Leben, wozu [o]du berufen bist
und für das du [p]das gute Bekenntnis vor
vielen Zeugen bekannt hast. Ich gebiete 13
dir vor Gott, der alle Dinge lebendig
macht, und vor Christus Jesus, der
[q]unter Pontius Pilatus das gute Be-
kenntnis bezeugt hat, daß du das Gebot 14
unbefleckt und untadelig hältst bis zum
Erscheinen unsres Herrn Jesus Chri-
stus. Das wird uns zur rechten Zeit der 15
Selige und allein Gewaltige schauen
lassen, [r]der König aller Könige und
Herr aller Herren, der allein Unsterb- 16
lichkeit hat, der in einem unzugäng-
lichen Licht wohnt, den [s]kein Mensch
je gesehen hat noch sehen kann. Dem
sei Ehre und ewige Macht! Amen.

a Gal 1,6-9 *b* 2. Tim 1,13 *c* 2. Tim 2,14;
Tit 3,10.11 *d* Kap 4,8 *e* Mt 6,25-34; Phil 4,11.12;
Hebr 13,5 *f* Hiob 1,21 *g* Ps 49,18; Pred 5,14
h Spr 30,8 *i* Spr 28,22; Mt 13,22 *j* Eph 5,5
k Kap 1,19 *l* 2. Tim 3,17 *m* 2. Tim 2,22
n Kap 1,18; 1. Kor 9,25.26; 2. Tim 4,7 *o* Kap 4,14
p Hebr 3,1 *q* Joh 18,36.37; Offb 1,5
r 5. Mose 10,17; Offb 17,14 *s* 2. Mose 33,20;
Joh 1,18

Mahnung an die Reichen

Den Reichen in dieser Welt gebiete, 17
nicht hochmütig zu sein und [a]ihre
Hoffnung nicht auf den unsicheren
Reichtum zu setzen, sondern auf Gott,
der uns alles reichlich darbietet, damit
wir es genießen. Sie sollen aber Gutes 18
tun, reich werden an guten Werken,
gerne geben, behilflich sein und sich 19
dadurch einen Schatz sammeln als gu-
ten Grund für die Zukunft, damit sie
das wahre Leben ergreifen.[b]
[c]Bewahre, was dir anvertraut ist, Ti- 20
motheus, und [d]meide das ungeistliche
Geschwätz und das Gezänk der fälsch-
lich so genannten »Erkenntnis«, zu der 21
sich einige bekannt haben und dadurch
[e]vom Glauben abgeirrt sind.
Die Gnade sei mit euch.

a Ps 62,11; Lk 12,15-21 *b* Mt 6,20; Lk 16,9
c 2. Tim 1,12-14 *d* Kap 4,7 *e* Kap 1,6; 2. Tim 2,18

DER ZWEITE BRIEF DES PAULUS AN TIMOTHEUS

Die rechte Lehre muß erhalten werden

1 Paulus, Apostel Christi Jesu durch den
Willen Gottes nach der Verheißung des
2 Lebens in Christus Jesus, an seinen lie-
ben Sohn Timotheus:
Gnade, Barmherzigkeit, Friede von
Gott, dem Vater, und Christus Jesus,
unserm Herrn!

Treue zum anvertrauten Evangelium

3 Ich danke Gott, [a]dem ich von meinen
Vorfahren her mit [b]reinem Gewissen
diene, wenn ich unablässig in meinem
Gebet an dich denke, bei Tag und
4 Nacht. Und wenn ich an deine Tränen
denke, [c]habe ich das Verlangen, dich
wiederzusehen, damit ich mich von
5 Herzen freuen kann. Denn ich erinnere
mich an den ungeheuchelten Glauben,
der in dir lebt wie auch schon in deiner
Großmutter Lois und in deiner Mutter
Eunike – und ich bin gewiß, auch in
dir.[d]
6 Deshalb erinnere ich dich daran, daß
du die Gabe Gottes neu belebst, die dir
durch [e]die Auflegung meiner Hände
7 zuteil geworden ist. Denn *Gott hat uns
nicht den Geist der Furcht gegeben, son-
dern den Geist der Kraft und der Liebe
8 und der Besonnenheit.*[f] Darum [g]schäme
dich nicht, daß unser Herr gelitten hat
und daß auch ich als sein Gefangener
leide, sondern leide mit mir in der Kraft
9 Gottes für das Evangelium. Er hat uns
gerettet und berufen mit einem heiligen
Ruf, [h]nicht nach unserm Verdienst,
sondern nach seinem eigenen Rat-
schluß und nach der Gnade, die uns mit
Christus Jesus vor der Zeit der Welt ge-
10 geben wurde, jetzt aber offenbart ist
durch die Erscheinung unseres Hei-
lands *Christus Jesus,* [i]*der dem Tode die
Macht genommen und unvergängliches
Leben ans Licht gebracht hat durch das
11 Evangelium.* Für dieses bin ich als Pre-
diger, Apostel und Lehrer eingesetzt.[j]
12 Deshalb leide ich auch dies alles; aber
ich schäme mich nicht; denn ich weiß,
auf wen ich mein Vertrauen gesetzt
habe, und bin gewiß, er besitzt die
Macht, das mir anvertraute Gut bis
zum Jüngsten Tag zu bewahren. Halte 13
dich an das Vorbild der [k]wahren Lehre,
die du von mir gehört hast, im Glauben
und in der Liebe in Christus Jesus.
Dies kostbare Gut, das dir anvertraut 14
ist, [l]bewahre durch den heiligen Geist,
der in uns wohnt.
Du weißt ja, daß sich alle in der Pro- 15
vinz Asien von mir abgewandt haben,
unter ihnen auch Phygelus und Her-
mogenes.[m] Der Herr erbarme sich über 16
das Haus des [n]Onesiphorus; denn er
hat mich oft erquickt und hat sich nicht
geschämt, daß ich in Ketten lag, son- 17
dern als er in Rom war, hat er eifrig
nach mir gesucht und mich auch gefun-
den. Der Herr gebe ihm, daß er am 18
Jüngsten Tag Erbarmen findet. Und
welche Dienste er in Ephesus geleistet
hat, weißt du am besten.

a Phil 3,5 *b* Apg 23,1; 24,16 *c* Kap 4,9
d Apg 16,1-3 *e* 1.Tim 4,14 *f* Röm 8,15
g Röm 1,16; 1.Petr 4,16 *h* Tit 3,5
i 1.Kor 15,55.57; Hebr 2,14 *j* 1.Tim 2,7
k 1.Tim 6,3; Tit 2,1 *l* 1.Tim 6,20 *m* Kap 4,16
n Kap 4,19

Ein guter Streiter Jesu Christi

So [a]sei nun stark, mein Sohn, durch die **2**
Gnade, die in Christus Jesus ihren
Grund hat. Und was du vor vielen Zeu- 2
gen von mir gehört hast, das vertraue
zuverlässigen Menschen an, die fähig
sind, auch andere zu lehren. [b]Leide mit 3
als ein guter Streiter Christi Jesu. Wer 4
in den Krieg zieht, gibt sich nicht mit
Erwerbsgeschäften ab, damit er dem
gefällt, der ihn angeworben hat. Und 5
wer an einem Wettkampf teilnimmt,
[c]erringt nur dann den Siegespreis,
wenn er nach den Regeln gekämpft hat.
Der Bauer, der die Arbeit tut, hat das 6
erste Anrecht auf die Früchte. Beden-
ke, was ich sage! Der Herr aber wird dir 7
in allen Dingen Einsicht geben.
Vergiß nicht Jesus Christus, der 8
[d]von den Toten auferstanden ist, der
[e]aus dem Geschlecht Davids stammt,
wie es mein Evangelium lehrt. Für 9
dieses leide ich sogar in Fesseln, wie ein

Übeltäter; aber [f]Gottes Wort ist nicht
10 gefesselt. Darum [g]dulde ich das alles
um der Auserwählten willen, damit
auch sie durch Christus Jesus gerettet
werden und die ewige Herrlichkeit
11 empfangen. Wahr ist das Wort: Ster-
ben wir mit ihm, so werden wir mit ihm
12 leben;[h] dulden wir, so werden wir mit
ihm herrschen; [i]verleugnen wir ihn, so
13 wird er uns auch verleugnen; sind wir
untreu, so bleibt er doch treu; denn er
kann sich selbst nicht verleugnen.[j]

a Eph 6,10 *b* Kap 1,8; 4,5 *c* Kap 4,8; 1.Kor 9,24-27 *d* 1.Kor 15,4.20 *e* Röm 1,3 *f* Phil 1,12-14 *g* Kol 1,24 *h* 2.Kor 4,11 *i* Mt 10,33 *j* 4.Mose 23,19; Ps 89,31-34; Röm 3,3.4; Tit 1,2

Warnung vor unnützem Streit

14 Daran erinnere sie und beschwöre sie
vor Gott, daß sie [a]nicht um Worte
streiten, was keinen andern Nutzen
bringt, als die Zuhörer zu verwirren.
15 Bemühe dich darum, dich vor Gott [b]als
einen rechtschaffenen und untadeligen
Arbeiter zu erweisen, der das Wort der
Wahrheit unverfälscht verkündigt.
16 Halte dich fern von [c]ungeistlichem Ge-
schwätz; denn das bringt solche Leute
17 nur immer weiter von Gott weg, und
ihr Wort frißt um sich wie der Krebs.
Unter ihnen sind [d]Hymenäus und Phi-
18 letus, die von der Wahrheit abgeirrt
sind und sagen, die Auferstehung sei
schon geschehen, und die dadurch
19 manche vom Glauben abbringen. Aber
der feste Grundstein, den Gott gelegt hat,
bleibt bestehen und trägt als Siegel die In-
schrift: [e]Der Herr kennt die Seinen;
und: Es lasse ab vom Unrecht, wer den
20 *Namen des Herrn nennt.* In einem gro-
ßen Hause aber sind nicht nur goldene
und silberne Gefäße, sondern auch
hölzerne und irdene, die einen zu eh-
renvollem, die andern zu weniger eh-
21 renvollem Gebrauch bestimmt. Wenn
nun jemand sich von solchen Leuten
reinigt, so wird er ein Gefäß zu ehren-
vollem Gebrauch sein, geheiligt, dem
Hausherrn nützlich und zu jedem gu-
ten Werk geeignet.
22 Fliehe vor den Begierden der Ju-
gend! [f]Jage aber der Gerechtigkeit
nach, dem Glauben, der Liebe, dem
Frieden mit allen, die aus reinem Her-
23 zen den Herrn anrufen. Die törichten
und unnützen Fragen [g]weise ab; denn
du weißt, daß sie nur Streit erzeugen.
24 Ein Knecht des Herrn soll aber nicht
streitsüchtig sein, sondern freundlich
zu allen und zum Lehren befähigt; er
soll Böses ertragen können[h] und die 25
Widerstrebenden mit Sanftmut zu-
rechtweisen – denn vielleicht läßt Gott
sie ja noch umkehren und die Wahrheit
erkennen, so daß sie zur Besinnung 26
kommen und sich aus der Schlinge des
Teufels befreien, der sie gefangen hält,
damit sie seinen Willen tun.

a 1.Tim 6,4; Tit 3,9 *b* 1.Tim 4,6; Tit 2,7.8 *c* 1.Tim 4,7 *d* 1.Tim 1,20 *e* 4.Mose 16,5; Mt 7,22.23; Joh 10,14.27 *f* 1.Tim 4,12; 6,11; Hebr 12,14 *g* 1.Tim 4,7 *h* Tit 1,7-9

Der Verfall der Frömmigkeit in der Endzeit

Das sollst du aber wissen, daß in den 3
letzten Tagen schlimme Zeiten kom-
men werden.[a] Denn die Menschen 2
werden zu viel von sich halten, geldgie-
rig sein, prahlerisch, hochmütig,
schmähsüchtig, den Eltern ungehor-
sam, undankbar, unheilig, lieblos, un- 3
versöhnlich, verleumderisch, zuchtlos,
wild, dem Guten feind, verräterisch, 4
verwegen und verblendet. Sie lieben
den Lebensgenuß mehr als Gott; sie 5
geben sich [b]den Anschein der Fröm-
migkeit, lassen aber deren Kraft ver-
missen; solche Menschen meide! Zu 6
ihnen gehören auch die, die sich in die
Häuser einschleichen und für ihre Irr-
lehre gewisse Frauen zu gewinnen su-
chen, die mit Sünden beladen sind und
von allen möglichen Begierden getrie-
ben werden, die immerzu auf neue 7
Lehren aus sind und doch nie zur Er-
kenntnis der Wahrheit kommen kön-
nen. Wie Jannes und Jambres sich 8
Mose entgegenstellten, so stellen sich
diese gegen die Wahrheit: es sind Men-
schen, deren Verstand zerrüttet ist und
die sich im Glauben nicht bewährt ha-
ben. Aber sie werden damit nicht weit 9
kommen; denn ihr Unverstand wird al-
len offenbar werden, wie es auch bei je-
nen geschah.

a 1.Tim 4,1 *b* Mt 7,15.21; Tit 1,16

Das Vorbild des leidenden Apostels

Du aber bist mir gefolgt in der Lehre, 10
in der Lebensführung, im Streben, im
Glauben, in der Ausdauer, in der Lie-
be, in der Geduld, und ebenso in den 11
Verfolgungen und Leiden, [a]die mich in
Antiochia, Ikonion und Lystra getrof-
fen haben. Welche Verfolgungen er-
trug ich da! Und [b]aus allen hat mich
der Herr erlöst. *Alle, die ihr Leben im* 12
Glauben an Christus Jesus führen wollen,
müssen Verfolgung leiden.[c] Mit den bö- 13

sen Menschen aber und Betrügern
wird's je länger, desto schlimmer: [d]sie
verführen und werden verführt.

a Apg 13,13-14,22 *b* Ps 34,20 *c* Mt 16,24; Apg 14,22; 1.Thess 3,3 *d* 1.Tim 4,1

Der Wert der Überlieferung

14 Du aber bleibe bei dem, was du gelernt
hast und mit dem du vertraut bist.
Denn du weißt ja, von wem du es ge-
15 lernt hast und daß du von Kind an die
heilige Schrift kennst, [a]die dich lehren
kann, daß du durch den Glauben an
16 Christus Jesus gerettet wirst. [b]*Jedes*
Schriftwort, von Gott eingegeben, dient
aber auch zur Lehre, zum Überführen der
Schuldigen, zur Besserung und zur Er-
17 *ziehung in der Gerechtigkeit.* So wird
[c]der Mensch Gottes vollkommen und
zu jedem guten Werk fähig.

a Joh 5,39 *b* 2.Petr 1,19-21 *c* 1.Tim 6,11

Treue bis zum Ende

4 So beschwöre ich dich vor Gott und
Christus Jesus, der [a]die Lebenden und
die Toten richten wird, und bei seiner
Wiederkunft und seiner Herrschaft:
2 [b]Predige das Wort, sei zur Stelle, ob's
den Menschen recht ist oder nicht;
weise zurecht, drohe und ermahne in
3 geduldiger Belehrung! Denn es wird
eine Zeit kommen, wo sie die rechte
Lehre nicht ertragen werden; sondern
nach ihrem eigenen Gutdünken wer-
den sie sich selbst Lehrer suchen, weil
4 sie stets auf Neues aus sind.[c] Von der
Wahrheit werden sie die Ohren abwen-
den und sich den [d]Fabeleien zukehren.
5 Du aber sei in allen Dingen nüch-
tern, [e]leide willig, tu deinen Dienst als
Prediger des Evangeliums, erfülle dei-
6 ne Aufgabe ganz. Denn [f]ich werde
schon geopfert, und die Zeit meines
7 Scheidens ist gekommen. Ich habe
[g]einen guten Kampf gekämpft, ich
habe [h]den Lauf vollendet, ich habe
8 Glauben gehalten; nun liegt für mich
die [i]Krone der Gerechtigkeit bereit, die
mir der Herr, [j]der gerechte Richter, am
Jüngsten Tage geben wird, aber nicht
nur mir, sondern auch allen, die seine
Wiederkunft lieb haben.

a 1.Petr 4,5 *b* Apg 20,20.31 *c* 1.Tim 4,1 *d* 1.Tim 4,7; 2.Thess 2,11 *e* Kap 2,3 *f* Phil 2,17 *g* 1.Kor 9,25; 1.Tim 6,12 *h* Apg 20,24; Phil 3,14 *i* Kap 2,5; 1.Petr 5,4; Jak 1,12; Offb 2,10 *j* Mt 25,21

Der Apostel und seine Mitarbeiter

Beeile dich, daß du [a]bald zu mir 9
kommst. [b]Denn Demas hat mich ver- 10
lassen und diese Welt liebgewonnen
und ist nach Thessalonich gezogen,
Kreszens nach Galatien, Titus nach
Dalmatien. Lukas ist allein bei mir. 11
[c]Markus nimm zu dir und bringe ihn
mit; denn ich kann seinen Dienst gut
gebrauchen. [d]Tychikus habe ich nach 12
Ephesus gesandt. Den Mantel, den ich 13
in Troas bei Karpus gelassen habe,
bringe mit, wenn du kommst, und auch
die Bücher, vor allem die Pergamente.
Der Schmied [e]Alexander hat mir viel 14
Böses angetan; der Herr wird ihm ver-
gelten nach seinen Werken. Hüte auch 15
du dich vor ihm; denn er hat sich un-
sern Worten sehr widersetzt.
Bei meinem ersten Verhör stand mir 16
niemand bei, sondern [f]sie verließen
mich alle. Möge es ihnen nicht ange-
rechnet werden! [g]Der Herr aber stand 17
mir bei und stärkte mich, damit durch
mich das Evangelium ausgebreitet
würde und alle Heiden es hören könn-
ten; so wurde ich aus dem Rachen des
Löwen errettet. Der Herr aber wird 18
mich von allem Bösen erretten und mir
zu seinem himmlischen Reich verhel-
fen. Ihm sei Ehre von Ewigkeit zu
Ewigkeit! Amen.
Grüße [h]Priska und Aquila und [i]das 19
Haus des Onesiphorus. [j]Erastus ist in 20
Korinth geblieben; [k]Trophimus aber
habe ich in Milet krank zurückgelassen.
Sieh nur zu, daß du noch vor dem Win- 21
ter kommst. Es grüßen dich Eubulus
und Pudens und Linus und Klaudia
und alle Brüder. Der Herr sei mit dei- 22
nem Geist! Die Gnade sei mit euch!

a Kap 1,4 *b (10-12)* Kol 4,7.10.14 *c* Apg 15,37; Kol 4,10 *d* Eph 6,21 *e* 1.Tim 1,20 *f* Kap 1,15 *g* Apg 23,11; 27,23 *h* Apg 18,2 *i* Kap 1,16 *j* Apg 19,22 *k* Apg 20,4

DER BRIEF DES PAULUS AN TITUS

Die rechte Lehre und die rechte Gemeindeordnung

1 Paulus, Knecht Gottes und Apostel
Jesu Christi, der seinen Dienst tut, wie
es dem Glauben der Auserwählten
Gottes und der Erkenntnis der Wahr-
heit entspricht, die zur Frömmigkeit
2 führt, aufgrund der Hoffnung auf das
ewige Leben, das Gott, [a] der nicht lügt,
vor der Zeit der Welt verheißen hat;
3 aber [b] zur rechten Zeit hat er sein Wort
offenbart durch die Predigt, die mir
nach dem Befehl Gottes, unseres Hei-
lands, anvertraut worden ist;
4 an Titus, [c] seinen rechten Sohn
durch den gemeinsamen Glauben:

Gnade und Friede von Gott, dem
Vater, und Christus Jesus, unserm Hei-
land!

a 2.Tim 2,13 *b* Eph 1,9.10 *c* 1.Tim 1,2

Von den Ältesten und Bischöfen

5 Deswegen habe ich dich in Kreta zu-
rückgelassen, damit du das zu Ende
führst, was ich liegenlassen mußte.
Überall [a] in den Städten sollst du Älte-
ste einsetzen, wie ich dir befohlen habe:
6 [b] jeder muß untadelig sein, Ehemann
einer einzigen Frau, mit gläubigen
Kindern, die nicht im Ruf stehen, lie-
7 derlich oder ungehorsam zu sein. Denn
ein Bischof als [c] Haushalter Gottes soll
untadelig sein, nicht eigenmächtig,
nicht jähzornig, kein Trinker, nicht ge-
8 walttätig, nicht gewinnsüchtig; [d] son-
dern gastfrei, gütig, besonnen, gerecht,
9 fromm und beherrscht. Er soll sich an
das zuverlässige Wort der Lehre halten,
damit er imstande ist, mit der rechten
Lehre zu ermahnen und die zurechtzu-
weisen, die widersprechen.

a Apg 14,23 *b* (6-9) 1.Tim 3,1-7 *c* 1.Kor 4,1
d 2.Tim 2,24

Gegen die Irrlehrer

10 Denn es gibt viele, die ungehorsam
sind, unnütze Schwätzer und Verfüh-
rer, vor allem unter denen, die aus dem
11 Judentum stammen. Ihnen muß man
das Maul stopfen, da sie ganze Häuser
verwirren mit ihren unnützen Lehren,
die sie aus reiner Gewinnsucht verbrei-
ten. Einer von ihnen war ein Prophet, 12
als er sagte: Die Kreter sind immer
Lügner, böse Tiere und faule Bäuche.
Dieser Spruch ist wahr. 13

Darum [a] weise sie scharf zurecht, da-
mit sie in ihrem Glauben wieder ge-
sund werden und nicht auf die jüdi- 14
schen [b] Fabeleien und die Gebote sol-
cher Menschen achten, die sich von der
Wahrheit abwenden. Den [c] Reinen ist 15
alles rein; den Unreinen aber und Un-
gläubigen ist nichts rein, sondern un-
rein ist ihr Verstand und ihr Gewissen.
Sie sagen, sie kennen Gott; aber [d] mit 16
den Werken verleugnen sie ihn, verab-
scheuenswert, wie sie sind, ungehor-
sam und zu jeder guten Tat unfähig.

a 2.Tim 4,2 *b* 1.Tim 4,7; 2.Tim 4,4 *c* Mt 15,11;
Röm 14,20 *d* 2.Tim 3,5

Alt und Jung in der Gemeinde

Du aber rede so, [a] wie es der rechten 2
Lehre entspricht. Den älteren Män- 2
nern sage, daß sie nüchtern sein sollen,
ehrbar, besonnen, gesund im Glauben,
in der Liebe, in der Geduld; [b] ebenso 3
sage den älteren Frauen, daß sie würdig
leben, [c] nicht verleumderisch, nicht
dem Trunk ergeben. Sie sollen aber
Gutes lehren und die jüngeren Frauen 4
zur Besonnenheit anhalten, daß sie ihre
Männer und Kinder lieben, beherrscht 5
und rein sind und gute Hausfrauen, die
sich [d] ihren Männern unterordnen, da-
mit nicht das Wort Gottes ihretwegen
geschmäht wird.

Ebenso ermahne die jüngeren Män- 6
ner, daß sie sich in Zucht halten. [e] Du 7
selbst aber sei [f] ein Vorbild in jeder gu-
ten Tat, sei als Lehrer zuverlässig und
redlich, mit wahren und untadeligen 8
Worten, damit der Gegner beschämt
wird, weil er uns nichts Böses nachsa-
gen kann.

[g] Den Sklaven sage, daß sie sich ihren 9
Herren in allen Dingen unterordnen,
ihnen gefällig sind, nicht widerspre-
chen, nichts veruntreuen, sondern sich 10
in jeder Hinsicht gut und treu erweisen,
damit sie der Lehre Gottes, unseres

Heilandes, in allen Stücken Ehre ma-
chen.

a 2.Tim 1,13 *b* 1.Tim 5,1 *c* 1.Tim 3,11
d Eph 5,22 *e* (*7 und 8*) 2.Tim 2,15; 1.Petr 2,15
f 1.Tim 4,12; 1.Petr 5,3 *g* (*9 und 10*) Eph 6,5.6;
1.Tim 6,1.2; 1.Petr 2,18

Die heilbringende Gnade

11 Denn es ist erschienen die rettende
12 Gnade Gottes für alle Menschen.[a] Sie
will uns dazu erziehen, dem Leben
ohne Gott und den weltlichen Begier-
den abzusagen und besonnen, gerecht
13 und fromm in dieser Welt zu leben und
dabei [b]auf die Erfüllung der seligma-
chenden Hoffnung zu warten, auf das
Erscheinen der Herrlichkeit des großen
Gottes und unseres Heilandes Jesus
14 Christus, der [c]sich selbst für uns dahin-
gegeben hat, um uns von aller Unge-
rechtigkeit zu erlösen und sich ein rei-
nes Volk als sein [d]Eigentum zu schaf-
fen, das bemüht ist, [e]gute Werke zu
tun.

15 Das sage und dazu ermahne und wei-
se mit allem Nachdruck zurecht. [f]Nie-
mand soll dich verachten.

a Kap 3,4 *b* 1.Kor 1,7; Phil 3,20; 1.Thess 1,10
c Gal 1,4; 1.Tim 2,6 *d* 2.Mose 19,5 *e* Eph 2,10
f 1.Tim 4,12

Der Christ in der Welt

3 Erinnere sie daran, daß [a]sie sich den
Verantwortlichen und Regierenden un-
terordnen, ihnen gehorsam sind und
2 zu jedem guten Werk bereit. Sie sollen
niemand verleumden, nicht streiten,
sondern [b]Güte und Rücksicht bewei-
sen gegen alle Menschen.

3 Denn auch wir waren [c]früher unver-
ständig und ungehorsam, gingen in die
Irre, waren vielen Begierden und Gelü-
sten hörig und lebten in Bosheit und
Neid, waren verhaßt und haßten uns
4 gegenseitig. Als aber [d]die Güte und
Menschenliebe Gottes, unsres Heilan-
5 des, erschien, [e]rettete er uns – nicht
[f]um der Werke der Gerechtigkeit wil-
len, die wir getan hatten, sondern nach
seiner Barmherzigkeit durch das [g]Bad
der Wiedergeburt und Erneuerung im
heiligen Geist. Den hat er über uns 6
reichlich ausgegossen durch Jesus
Christus, unsern Heiland, damit wir, 7
[h]durch seine Gnade gerecht geworden,
Erben des ewigen Lebens werden, wie
es unsre Hoffnung ist.

Wahr ist dies Wort, und ich will, daß 8
du es mit Nachdruck lehrst, damit alle,
die zum Glauben an Gott gekommen
sind, sich bemühen, gute Werke zu tun.
Das ist gut und nützt den Menschen.
Von törichten Streitgesprächen über 9
[i]Stammbäume, von [j]Zank und Streit
über das Gesetz halte dich fern; denn
sie sind unnütz und wertlos. Einen 10
[k]Menschen, der Spaltungen in der Ge-
meinde hervorruft, sollst du meiden,
wenn er [l]zum zweitenmal ermahnt
worden ist. Du weißt ja, daß so ein 11
Mensch völlig verwirrt ist und sündigt,
womit er sich selbst das Urteil gespro-
chen hat.[m]

a Röm 13,1; 1.Petr 2,13 *b* Phil 4,5 *c* 1.Kor 6,11;
Eph 2,2; 5,8; 1.Petr 4,3 *d* Kap 2,11
e (*5 und 6*) Joel 3,1 *f* 2.Tim 1,9 *g* Joh 3,5;
Eph 5,26 *h* Röm 3,26 *i* 1.Tim 1,4 *j* 1.Tim 4,7;
2.Tim 2,14 *k* 2.Joh 10 *l* Mt 18,15-17
m 1.Tim 6,4.5

Aufträge und Grüße

Wenn ich Artemas oder [a]Tychikus zu 12
dir senden werde, so komm rasch zu
mir nach Nikopolis; denn ich habe be-
schlossen, dort den Winter über zu
bleiben. Zenas, den Rechtsgelehrten, 13
und [b]Apollos versorge gut für ihre Rei-
se, damit ihnen nichts fehlt. Überhaupt 14
sollen die Unseren lernen, dort wo es
nötig ist, [c]gute Werke zu tun, [d]damit
sie kein fruchtloses Leben führen. Es 15
grüßen dich alle, die bei mir sind. Grü-
ße alle, die uns lieben im Glauben. Die
Gnade sei mit euch allen!

a Eph 6,21 *b* Apg 18,24; 1.Kor 3,5.6 *c* Kap 2,14
d Mt 7,19

DER BRIEF DES PAULUS AN PHILEMON

Fürsprache für einen entlaufenen Sklaven

1 Paulus, [a] Gefangener Christi Jesu, und
Timotheus, der Bruder, an Philemon,
2 unsern lieben Mitarbeiter, und an Ap-
phia, die Schwester, und [b] Archippus,
unsern Mitstreiter, und an die Gemein-
de in deinem Hause:
3 Gnade sei mit euch und Friede von
Gott, unserm Vater, und dem Herrn
Jesus Christus!

a Eph 3,1 *b* Kol 4,17

Glaube und Liebe des Philemon

4 Ich danke meinem Gott allezeit, wenn
ich in meinen Gebeten an dich denke.
5 Denn ich höre von deinem Glauben an
den Herrn Jesus und von deiner Liebe
6 zu allen Gläubigen. Ich bitte darum,
daß der Glaube, den wir gemeinsam
haben, [a] in dir kräftig wird in der Er-
kenntnis all des Guten, das wir haben,
7 zur Ehre Christi. Denn ich hatte [b] viel
Freude und Trost durch deine Liebe,
weil die Herzen der Gläubigen durch
dich, lieber Bruder, erquickt worden
sind.

a Phil 1,9 *b* 2.Kor 7,4

Fürsprache für Onesimus

8 Darum will ich, obwohl ich in Christus
volle Freiheit hätte, dir zu gebieten,
9 was sich gebührt, um der Liebe willen
doch nur bitten. So wie ich bin: Paulus,
ein alter Mann, nun aber auch ein Ge-
10 fangener für Christus Jesus, bitte ich
dich für meinen Sohn [a] Onesimus, den
ich in meiner Gefangenschaft [b] gezeugt
11 habe. Er war dir früher unnütz, jetzt
aber ist er dir und mir sehr nützlich.
12 Ihn sende ich dir wieder zurück und
13 damit mein eigenes Herz. Ich wollte
ihn gerne bei mir behalten, [c] damit er
mir in meiner Gefangenschaft an dei-
ner Stelle dienen sollte um des Evange-
liums willen. Aber ohne deinen Willen 14
wollte ich nichts tun, [d] damit deine gute
Tat nicht aus Zwang, sondern freiwillig
geschieht. Denn vielleicht ist er darum 15
eine Zeitlang von dir getrennt worden,
damit du ihn auf ewig wieder hättest,
nun nicht mehr als Sklaven, sondern als 16
einen, der mehr ist als ein Sklave: näm-
lich ein geliebter [e] Bruder, vor allem für
mich, wieviel mehr aber für dich, so-
wohl als Mensch wie auch im Herrn.
Wenn du mich nun für deinen Freund 17
hältst, so nimm ihn auf wie mich selbst.
Wenn er dich aber geschädigt hat oder 18
dir etwas schuldig ist, das rechne mir
an. Ich, Paulus, schreibe mit eigener 19
Hand: Ich will's bezahlen. Ich rede gar
nicht davon, daß du dich selbst mir
schuldest. Ja, lieber Bruder, laß mich 20
an dir eine Freude erleben im Herrn;
erquicke mein Herz in Christus.
Im Vertrauen auf deinen Gehorsam 21
schreibe ich dir; und ich weiß, du wirst
mehr tun, als ich sage. Zugleich bereite 22
für mich eine Unterkunft vor; denn ich
hoffe, [f] daß ich euch durch eure Gebete
wiedergeschenkt werde.

a Kol 4,9 *b* 1.Kor 4,15; Gal 4,19 *c* Phil 2,30
d 2.Kor 9,7 *e* 1.Tim 6,2 *f* Phil 1,25; 2,24

Grüße und Segenswunsch

[a] Es grüßen dich Epaphras, mein Mit- 23
gefangener in Christus Jesus, Markus, 24
Aristarch, Demas und Lukas, meine
Mitarbeiter. Die Gnade des Herrn Je- 25
sus Christus sei mit eurem Geist!

a (23 und 24) Kol 1,7; 4,10-14

DER ERSTE BRIEF DES PETRUS

Inhaltsübersicht

1 Petrus, Apostel Jesu Christi, an die aus-
erwählten [a]Fremdlinge, die in Pontus,
Galatien, Kappadozien, der Provinz
Asien und Bithynien verstreut wohnen
2 und die Gott, der Vater, [b]vorherbe-
stimmt hat in der Heiligung durch den
Geist zum Gehorsam und zur Bespren-
gung mit dem Blut Jesu Christi:

Gott gebe euch viel Gnade und Frie-
den!

a Hebr 13,14 *b* Röm 8,29

Lebendige Hoffnung

3 *Gelobt sei Gott, der Vater unsres Herrn
Jesu Christi, der uns in seiner großen
Barmherzigkeit wiedergeboren und mit
[a]Hoffnung auf Leben erfüllt hat durch
die Auferstehung Jesu Christi von den*
4 *Toten.* Damit hat er uns für ein unver-
gängliches, unbeflecktes und unver-
welkliches [b]Erbe ausersehen, das im
5 Himmel für euch aufbewahrt wird. Ihr
werdet ja aus Gottes Macht durch den
Glauben für das Heil [c]bewahrt, das am
Ende der Zeit offenbart werden soll.
6 Dann werdet ihr jubeln, nachdem [d]ihr
jetzt kurze Zeit, wenn es sein muß,
mancherlei Anfechtungen zu erleiden
7 habt, damit euer Glaube sich als echt
und noch wertvoller erweist [e]als das
vergängliche Gold, das durchs Feuer
geläutert wird, und damit er euch zu
Lob, Preis und Ehre gereicht, wenn Je-
8 sus Christus offenbart wird. Ihn habt
ihr nicht gesehen und habt ihn doch
lieb; und [f]ihr glaubt an ihn, obwohl ihr
ihn jetzt nicht seht; darum werdet ihr
mit unaussprechlicher und herrlicher
9 Freude jubeln, wenn ihr das Ziel eures
Glaubens erlangt, nämlich euer Heil.
10 Nach diesem Heil [g]haben die Pro-
pheten gesucht und geforscht, als sie
von der Gnade geweissagt haben, die
11 für euch bestimmt ist; sie haben ge-
forscht, auf welche Zeit und welche
Umstände der Geist Christi deutete,
der in ihnen war und der [h]die Leiden
ankündigte, die über Christus kommen
sollten, und auch die Herrlichkeit da-
nach. Ihnen ist offenbart worden, daß 12
sie nicht sich selbst, sondern euch mit
ihrer Botschaft dienen sollten, die euch
nun die Prediger des Evangeliums ver-
kündigt haben durch den heiligen
Geist, der vom Himmel gesandt ist –
[i]selbst die Engel würden das gerne
schauen.

a Kol 1,5 *b* Kol 1,12 *c* Joh 10,28 *d* Kap 5,10; 2.Kor 4,17 *e* Spr 17,3; Jes 48,10 *f* Joh 20,29; 2.Kor 5,7 *g* Lk 10,24 *h* Ps 22; Jes 52,13-53,12 *i* Eph 3,10

Geheiligtes Leben

Darum [a]umgürtet euch, seid nüchter- 13
nen Sinnes und setzt eure Hoffnung
ganz auf die Gnade, die euch angeboten
wird in der Offenbarung Jesu Christi.
[b]Gebt euch als gehorsame Kinder nicht 14
den Begierden hin, denen ihr früher in
der Zeit eurer Unwissenheit dientet;
sondern wie der, der euch berufen hat, 15
heilig ist, sollt auch ihr heilig sein in eu-
rem ganzen Leben! Denn es steht ge- 16
schrieben (3.Mose 19,2): »Ihr sollt hei-
lig sein, denn ich bin heilig.« Und da ihr 17
den als Vater anruft, der jeden [c]ohne
Ansehen der Person nach seinen Taten
richtet, so [d]führt euer Leben, solange
ihr hier als Fremdlinge weilt, in Gottes-
furcht; [e]denn *ihr wißt, daß ihr nicht mit* 18
*vergänglichem Silber oder Gold erlöst
seid aus eurem [f]nichtigen Leben, das ihr
wie die Väter führtet, sondern mit dem* 19
*kostbaren [g]Blut Christi, dem Blut eines
unschuldigen und unbefleckten [h]Lammes.*
Er ist zwar schon vor der Schöpfung 20
der Welt ausersehen worden, offenbart
aber wurde er um euretwillen erst am
Ende der Zeiten; [i] durch ihn seid ihr 21
zum Glauben an Gott gekommen, der
ihn von den Toten auferweckt und ihm

die Herrlichkeit gegeben hat, damit ihr
an Gott glauben und auf ihn hoffen
könnt.
22 Wenn ihr euch im Gehorsam gegen
die Wahrheit gereinigt habt und so zu
ungeheuchelter Bruderliebe fähig seid,
dann sollt ihr einander auch beständig
23 lieb haben aus reinem Herzen. Ihr seid
ja [j]wiedergeboren nicht aus vergäng-
lichem, sondern aus unvergänglichem
Samen, nämlich [k]aus dem lebendigen
24 Wort Gottes, das immer bleibt. Denn
»alles Fleisch ist wie Gras und alle seine
Herrlichkeit wie des Grases Blume.
[l]Das Gras ist verdorrt und die Blume
abgefallen; aber des Herrn Wort bleibt
in Ewigkeit« (Jesaja 40,6-8). Das ist
aber das Wort, welches euch verkün-
digt worden ist.

a Lk 12,35.36 *b* Röm 12,2 *c* Röm 2,11 *d* Phil 2,12 *e (18 und 19)* 1.Kor 6,20; 7,23 *f* Kap 4,3 *g* Hebr 9,14 *h* Jes 53,7; Joh 1,29 *i* Röm 16,25.26 *j* Joh 1,13; 3,5 *k* Jak 1,18 *l* Jak 1,10.11

Das neue Gottesvolk

2 So [a]legt nun alle Bosheit und Falsch-
heit ab, Heuchelei, Neid und alle üble
2 Nachrede. [b]Verlangt vielmehr, so wie
die neugeborenen [c]Kinder nach Milch,
nach dem unverfälschten Wort, damit
ihr dadurch wachst und gerettet wer-
3 det, da ihr ja geschmeckt habt, daß der
4 Herr freundlich ist.[d] Kommt zu ihm,
dem lebendigen [e]Stein, der von den
Menschen verworfen, aber bei Gott
5 auserwählt und kostbar ist. [f]Laßt euch
als lebendige Steine zum geistlichen
Haus aufbauen und zur heiligen Prie-
sterschaft, um [g]geistliche Opfer darzu-
bringen, die Gott gefallen, durch Jesus
6 Christus. Darum steht in der Schrift
(Jesaja 28,16): »Siehe, ich lege in Zion
einen auserwählten, kostbaren Eck-
stein; und wer an ihn glaubt, der soll
7 nicht zuschanden werden.« Für euch
nun, die ihr glaubt, ist er kostbar; für
die Ungläubigen aber ist »der Stein,
den die Bauleute verworfen haben und
8 der zum Eckstein geworden ist, ein
[h]Stein des Anstoßes und ein Fels des
Ärgernisses« (Psalm 118,22; Jesaja 8,
14); [i]sie stoßen sich an ihm, weil sie
nicht an das Wort glauben; dazu sind
9 sie bestimmt. *Ihr aber seid das auser-*
wählte Geschlecht, die [j]königliche Prie-
sterschaft, das heilige Volk, [k]Gottes eige-
nes Volk; deshalb sollt ihr die großen Ta-
ten dessen verkündigen, der euch [l]aus der
Finsternis in sein wunderbares Licht be-
10 *rufen hat. Einst wart ihr ja »nicht ein*
Volk«, nun aber seid ihr Gottes Volk,
einst wart ihr »nicht in Gnaden«, nun aber
seid ihr in Gnaden (Hosea 2,25).[m]

a Jak 1,21 *b* Hebr 5,12.13 *c* Mt 18,3 *d* Ps 34,9 *e* Ps 118,22; Mt 21,42 *f* Eph 2,21.22; Hebr 3,6 *g* Röm 12,1 *h* Röm 9,33 *i* Lk 2,34 *j* 2.Mose 19,6; Jes 43,21; Offb 1,6 *k* 5.Mose 4,20; 7,6 *l* Eph 5,8 *m* Röm 9,24-26

Das Verhalten in der Welt

Liebe Brüder, ich ermahne euch als 11
[a]Fremdlinge in dieser Welt: Haltet
euch frei von Eigensucht und Begierde,
die gegen die Seele streiten, und führt 12
ein rechtschaffenes Leben mitten unter
den Heiden, damit sie, die euch als
Übeltäter verleumden, [b]eure guten
Werke sehen und Gott preisen, wenn er
alles ans Licht bringt.
[c]Fügt euch jeder menschlichen Ord- 13
nung um des Herrn willen: dem Kai-
ser, weil er am höchsten steht, und den 14
Statthaltern, weil sie von ihm be-
auftragt sind, die Übeltäter zu bestra-
fen und die Rechtschaffenen zu beloh-
nen. Denn das ist der Wille Gottes, daß 15
ihr mit guten Taten den unwissenden
und törichten Menschen das Maul
stopft[d] – als [e]Freie und nicht als Leute, 16
die die Freiheit zum Deckmantel der
Bosheit machen, sondern als Men-
schen, die Knechte Gottes sind. [f]Ehrt 17
alle Menschen, habt die Brüder lieb,
[g]fürchtet Gott, ehrt den Kaiser!

a Ps 39,13 *b* Mt 5,16 *c* Röm 13,1-7; Tit 3,1 *d* Kap 3,16; Tit 2,8 *e* Gal 5,13; 2.Petr 2,19 *f* Röm 12,10 *g* Spr 24,21

Mahnungen an die Sklaven

Ihr [a]Sklaven, ordnet euch in aller Got- 18
tesfurcht den Herren unter, nicht nur
den gütigen und freundlichen, sondern
auch den launenhaften. Denn das ist 19
Gnade, wenn jemand ohne Schuld Un-
recht leidet, weil sein Gewissen an Gott
gebunden ist. Denn was ist das für ein 20
Ruhm, wenn ihr eurer Verfehlungen
wegen geschlagen werdet und es gedul-
dig ertragt? Aber [b]wenn ihr wegen eu-
rer guten Taten leidet und es ertragt,
das ist Gnade bei Gott. [c]Denn dazu 21
seid ihr berufen; hat doch auch Chri-
stus für euch gelitten und euch ein Vor-
bild hinterlassen, damit ihr seinen Fuß-
tapfen folgen sollt; er, der [d]keine Sün- 22
de getan hat und in dessen Munde
[e]kein Betrug war; der nicht mit Schmä- 23
hungen antwortete, als er geschmäht
wurde, der nicht drohte, als er litt, son-
dern es dem anheimstellte, der gerecht
richtet; der [f]unsre Sünde mit seinem 24

Leibe [g]ans Holz hinaufgetragen hat,
damit wir, wenn wir [h]für die Sünde ge-
storben sind, für die Gerechtigkeit le-
ben. Durch seine Wunden seid ihr ge-
25 heilt worden. Denn ihr wart [i]wie die ir-
renden Schafe; aber nun seid ihr be-
kehrt zu dem [j]Hirten und Bischof eurer
Seelen.

a Eph 6,5; Tit 2,9 *b* Kap 3,14; Mt 5,10 *c* (21-24) Kap 3,18; Mt 16,24 *d* Joh 8,46 *e* Jes 53,9 *f* 1.Joh 3,5 *g* Gal 3,13 *h* Röm 6,8.11 *i* Jes 53,6 *j* Joh 10,12

Mahnungen an Frauen und Männer

3 Ebenso [a]sollt ihr Frauen euch euren
Männern unterordnen, damit auch die,
die nicht an das Wort glauben, [b]durch
die Lebensführung ihrer Frauen ohne
2 Worte gewonnen werden, wenn sie se-
hen, wie ihr in Reinheit und Gottes-
3 furcht euer Leben führt. Euer
Schmuck soll nichts Äußerliches sein
wie Haarflechten, goldene Ketten oder
4 prächtige Kleider,[c] sondern das, was
im Herzen des Menschen verborgen
ist: das unvergängliche Gut eines sanf-
ten und stillen Geistes. Das allein ist
5 wertvoll vor Gott. Denn so haben sich
vorzeiten auch die heiligen Frauen ge-
schmückt, die ihre Hoffnung auf Gott
setzten und sich ihren Männern unter-
6 ordneten, wie auch Sara Abraham ge-
horchte und ihn [d]Herr nannte. Deren
Töchter seid ihr geworden, wenn ihr
recht tut und euch durch nichts beirren
laßt.
7 Desgleichen, ihr Männer, lebt rück-
sichtsvoll mit euren Frauen zusammen
und gebt dem weiblichen Geschlecht
als dem schwächeren seine Ehre, damit
euer gemeinsames Gebet nicht behin-
dert wird. Denn auch die Frauen sind
Miterben der Gnade des Lebens.[e]

a Eph 5,22 *b* 1.Kor 7,16 *c* Jes 3,18-23; 1.Tim 2,9 *d* 1.Mose 18,12 *e* 1.Kor 7,5; Eph 5,25

Mahnungen an die Gemeinde

8 Schließlich aber seid alle untereinander
einig, seid mitfühlend, brüderlich,
9 barmherzig, demütig. [a]*Vergeltet nicht
Böses mit Bösem oder Scheltwort mit
Scheltwort, sondern segnet vielmehr, weil
ihr dazu berufen seid, Segen zu ererben.*
10 Denn »wer das Leben lieben und gute
Tage sehen will, der [b]hüte sich davor,
daß seine Zunge Böses redet und seine
11 Lippen betrügen. Er wende sich vom
Bösen ab und tue Gutes; er suche Frie-
12 den und jage ihm nach. Denn die Au-
gen des Herrn sehen auf die Gerechten,
und seine Ohren hören auf ihr Gebet;
das Angesicht des Herrn aber wendet
sich gegen die, die Böses tun« (Psalm
34,13-17).
Und wer könnte euch schaden, wenn 13
ihr dem Guten nacheifert? Aber selbst 14
wenn ihr um der Gerechtigkeit willen
[c]leiden müßt, so seid ihr doch selig.
Fürchtet euch nicht vor ihrem Drohen
und erschreckt nicht; haltet aber den 15
Herrn Christus in euren Herzen heilig.
Seid allezeit zur Verantwortung bereit
vor jedem, der von euch Rechenschaft
fordert über die Hoffnung, die in euch
ist; und tut das mit Sanftmut und Got- 16
tesfurcht, und habt dabei ein gutes Ge-
wissen, damit die, die euch verleum-
den, beschämt werden, wenn sie euren
guten Wandel in Christus schmähen.
Wenn es Gottes Wille ist, ist es besser, 17
daß ihr wegen guter Taten leidet als
wegen böser.

a 1.Thess 5,15 *b* Jak 1,26 *c* Kap 2,20; Mt 5,10

Christi Predigt bei den Toten

Denn auch Christus hat ein für allemal 18
[a]zur Sühne für die Sünde gelitten, der
Gerechte für die Ungerechten, um
euch zu Gott zu führen. Auf Erden
wurde er getötet, aber lebendig ge-
macht bei Gott;* und so ist er auch hin- 19
gegangen und [b]hat den Geistern im
Gefängnis gepredigt. Diese waren einst 20
ungehorsam, als Gott wartete und Ge-
duld hatte zur Zeit Noahs, als man die
Arche baute.[c] In ihr wurden nur weni-
ge, nämlich acht Seelen, durchs Wasser
gerettet. Was diesen widerfahren ist, 21
das geschieht nun in der [d]Taufe zu eu-
rer Rettung. Denn in der Taufe wird ja
nicht der Schmutz vom Körper abge-
waschen, sondern in ihr bitten wir
Gott, uns [e]ein reines Gewissen zu
schenken, durch die Auferstehung Jesu
Christi, der [f]zur Rechten Gottes ist, 22
aufgefahren in den Himmel, und dem
Engel, Gewalten und Mächte unter-
worfen sind.

a Kap 2,21-24 *b* Kap 4,6 *c* 1.Mose 7,7; 2.Petr 2,5 *d* Eph 5,26 *e* Hebr 10,22 *f* Eph 1,20.21

*Vers 18: Luther übersetzte: Christus »ist getötet nach dem Fleisch, aber lebendig gemacht nach dem Geist.« Zur Erklärung siehe in den »Sach- und Worterklärungen« unter dem Stichwort »Fleisch«.

Vom Leiden und Leben des Christen

Weil nun Christus körperlich gelitten **4**
hat, so wappnet auch ihr euch mit der-
selben Gesinnung wie er; denn wer

körperlich gelitten hat, der hat aufge-
2 hört zu sündigen und lebt die ihm noch
verbleibende Zeit nicht nach menschli-
chen Begierden, sondern nach dem
3 Willen Gottes. Denn es ist genug, daß
ihr [a]die vergangene Zeit nach dem Wil-
len der Heiden zugebracht habt, als ihr
ein Leben in Schwelgereien, Begier-
den, Trunkenheit, Fresserei, Sauferei
und greulichem Götzendienst führtet.
4 Das befremdet sie, daß ihr euch nicht
mehr mit ihnen in dasselbe wüste,
unordentliche Treiben stürzt, und des-
5 halb schmähen sie euch; aber sie wer-
den dem Rechenschaft geben müssen,
[b]der bereitsteht, zu richten die Leben-
6 den und die Toten. Denn dazu ist ja
[c]sogar den Toten das Evangelium ver-
kündigt worden, damit sie zwar als
Menschen nach Menschenweise ge-
richtet sind, aber nach Gottes Weise im
Geist das Leben haben können.
7 Das Ende aller Dinge ist nahe her-
beigekommen.[d] So seid nun besonnen
und nüchtern, um beten zu können.
8 Vor allen Dingen habt einander bestän-
dig lieb; denn »die Liebe [e]deckt alle
9 Sünden zu« (Sprüche 10,12). Seid
[f]gastfrei untereinander ohne Murren.
10 Und dient einander, jeder mit der
Gabe, die er empfangen hat, als gute
Haushalter über die vielfältigen Gna-
11 dengaben Gottes: wenn jemand pre-
digt, so sollen es Gottes Worte sein;
[g]wenn jemand einen Dienst versieht, so
soll er's in der Kraft tun, die Gott gibt,
damit Gott in allem gepriesen wird
durch Jesus Christus. Sein sind Ehre
und Gewalt von Ewigkeit zu Ewigkeit!
Amen.

a Eph 2,2.3; Tit 3,3 *b* 2.Tim 4,1 *c* Kap 3,19
d 1.Kor 10,11; 1.Joh 2,18 *e* Jak 5,20 *f* Hebr 13,2
g Röm 12,7

Vom Ausharren in der Verfolgung

12 Ihr Lieben, wundert euch nicht, daß
euch die Versuchung wie ein [a]Feuer
bedrängt, als ob euch da etwas Unge-
13 wöhnliches widerfahren würde, son-
dern [b]freut euch, daß ihr mit Christus
leidet, [c]damit ihr auch zur Zeit der Of-
fenbarung seiner Herrlichkeit jubeln
14 und euch freuen könnt. [d]Selig seid ihr,
wenn ihr um des Namens Christi willen
geschmäht werdet; denn [e]der Geist der
Herrlichkeit, der Geist Gottes, ruht auf
15 euch. Niemand sei unter euch, der als
Mörder, Dieb oder Übeltäter zu leiden
hat oder als einer, der in ein fremdes
16 Amt eingreift. Leidet er aber als Christ,
so soll er sich nicht schämen, sondern
[f]Gott mit diesem Namen ehren. Denn 17
die Zeit ist da, daß das Gericht [g]am
Hause Gottes anfängt. Wenn aber
schon an uns zuerst, was wird es für ein
Ende nehmen mit denen, die dem
Evangelium Gottes nicht glauben?
Und wenn schon der Gerechte kaum 18
gerettet wird, wo soll dann der Gottlose
und Sünder zu finden sein?[h] Darum 19
sollen die, die nach dem Willen Gottes
leiden, ihm als dem treuen Schöpfer
[i]ihr Leben anvertrauen und Gutes tun.

a Kap 1,6.7 *b* Apg 5,41; Jak 1,2 *c* Röm 8,17
d Mt 5,11 *e* Eph 1,13 *f* Phil 1,20 *g* Jer 25,29;
Hes 9,6 *h* Spr 11,31 *i* Ps 31,6

Mahnungen an die Ältesten und die Gemeinde

Die Ältesten unter euch ermahne ich 5
als [a]Mitältester und [b]Zeuge der Leiden
Christi, der ich auch [c]an der Herrlich-
keit teilhabe, die offenbart werden soll:
[d]Weidet die Herde Gottes, die euch an- 2
vertraut ist; achtet auf sie, nicht ge-
zwungen, sondern freiwillig, wie es
Gott gefällt; [e]nicht aus Gewinnsucht,
sondern von Herzensgrund; [f]nicht als 3
Herrscher über die Gemeinden, son-
dern als [g]Vorbilder der Herde. Dann 4
werdet ihr, wenn der [h]Erzhirte erschei-
nen wird, die [i]unvergängliche Krone
der Herrlichkeit empfangen.
Ebenso, ihr jüngeren Männer, ord- 5
net euch [j]den Ältesten unter.
Alle aber sollen einander mit Demut
begegnen. Denn [k]Gott widersteht den
Hochmütigen, aber den Demütigen
gibt er Gnade. So demütigt euch nun 6
unter die gewaltige Hand Gottes, damit
er euch erhöht, wenn die Zeit gekom-
men ist.[l] *Alle eure Sorge werft auf ihn;* 7
denn er sorgt für euch.[m]
Seid [n]nüchtern und wacht; denn 8
euer Widersacher, [o]der Teufel, geht
umher wie ein brüllender Löwe und
sucht, wen er verschlingen kann. Dem 9
widersteht, fest im Glauben, weil ihr
wißt, daß dieselben Leiden über eure
Brüder in der Welt gekommen sind.

a 2.Joh 1 *b* Mt 26,37.69 *c* Röm 8,17 *d* Joh 21,16;
Apg 20,28 *e* 1.Tim 3,2-7 *f* Hes 34,2-4;
2.Kor 1,24 *g* Tit 2,7 *h* Hebr 13,20 *i* 1.Kor 9,25;
2.Tim 4,8 *j* Eph 5,21 *k* Hiob 22,29; Spr 3,34;
Mt 23,12; Jak 4,6 *l* Jak 4,10 *m* Ps 55,23; Mt 6,25;
Phil 4,6 *n* 1.Thess 5,6 *o* Lk 22,31; 2.Kor 2,11

Segenswunsch und Grüße

Der Gott aller Gnade, der euch zu sei- 10
ner ewigen Herrlichkeit in Christus Je-
sus berufen hat, der wird euch, die ihr

eine [a]kurze Zeit leiden müßt, aufrichten, stärken, kräftigen und auf einen fe-
11 sten Grund stellen. Sein ist die Macht
von Ewigkeit zu Ewigkeit! Amen.
12 Durch [b]Silvanus, den ich als treuen
Bruder kenne, habe ich euch wenige
Worte geschrieben, um euch zu ermahnen und euch zu bezeugen, daß dies die
rechte Gnade Gottes ist, in der ihr
steht. Es grüßt euch aus Babylon die 13
Gemeinde, die mit euch auserwählt ist,
und mein Sohn [c]Markus. Grüßt euch 14
untereinander mit dem Kuß der Liebe.
Friede sei mit euch allen, die ihr in
Christus seid!

a Kap 1,6 *b* Apg 15,22 *c* 2.Tim 4,11

DER ZWEITE BRIEF DES PETRUS

Inhaltsübersicht

1 Simon Petrus, Knecht und Apostel
Jesu Christi, an alle, die mit uns denselben kostbaren Glauben empfangen haben durch die Gerechtigkeit, die unser
Gott und der Heiland Jesus Christus
geben:
2 Gnade sei mit euch und Friede in
Fülle durch die Erkenntnis Gottes und
Jesu, unsres Herrn!

Mahnung zur Treue

3 Alles, was zum Leben und zur Frömmigkeit dient, hat uns seine göttliche
Kraft geschenkt durch die Erkenntnis
dessen, [a]der uns berufen hat durch sei-
4 ne Macht und Herrlichkeit. Durch sie
sind uns die kostbaren und allergrößten
Verheißungen geschenkt, damit ihr dadurch an der göttlichen Natur Anteil
bekommt, da ihr ja dem Verderben entronnen seid, das durch die Begierde in
5 der Welt herrscht. So gebt euch alle
Mühe und erweist euren [b]Glauben
durch Rechtschaffenheit, eure Recht-
6 schaffenheit durch Einsicht, eure Einsicht durch Selbstbeherrschung, eure
Selbstbeherrschung durch Geduld,
7 eure Geduld durch Frömmigkeit, eure
Frömmigkeit durch Brüderlichkeit,
eure Brüderlichkeit durch Nächstenlie-
8 be.[c] Denn wenn das alles reichlich bei
euch vorkommt, werdet ihr nicht faul
und unfruchtbar sein, wenn es um die
Erkenntnis unsres Herrn Jesus Chri-
9 stus geht. Wem dies aber fehlt, der ist
blind und [d]tappt im dunkeln und hat
vergessen, daß er von seinen früheren
10 Sünden rein geworden ist. Darum, liebe Brüder, bemüht euch um so mehr,
eure Berufung und Erwählung zu festigen. Denn wenn ihr das tut, werdet ihr
nicht zu Fall kommen, und so wird 11
euch der Eingang leicht gemacht werden in das ewige Reich unsres Herrn
und Heilands Jesus Christus.
Darum will ich euch unablässig an 12
diese Dinge erinnern, obwohl ihr es selber wißt und an der Wahrheit, die euch
bekannt ist, festhaltet. Ich halte es aber 13
für richtig, solange ich in diesem [e]Leib
lebe, euch zu erinnern und euch wachzuhalten; denn ich weiß, daß ich mei- 14
nen Leib bald verlassen muß, [f]wie mir
das auch unser Herr Jesus Christus angekündigt hat. Ich will aber dafür sor- 15
gen, daß ihr dies jederzeit auch nach
meinem Tod im Gedächtnis behalten
könnt.

a 1.Petr 2,9 *b* Gal 5,6.22 *c* Gal 6,10
d 1.Joh 2,9.11 *e* 2.Kor 5,1 *f* Joh 21,18.19

Der feste Grund des Glaubens

Denn wir sind nicht ausgeklügelten Fa- 16
beleien gefolgt, als wir euch die machtvolle Wiederkunft unseres Herrn Jesus
Christus angekündigt haben; sondern
wir haben es als Augenzeugen seiner
Herrlichkeit getan. Er empfing ja von 17
Gott, dem Vater, Ehre und himmlische
Herrlichkeit durch eine Stimme, die zu
ihm kam von der erhabenen Majestät:
[a]Dies ist mein lieber Sohn, an dem ich
Wohlgefallen habe. Und diese Stimme 18
haben wir vom Himmel kommen hören, als wir mit ihm auf dem heiligen
Berge waren.
Umso fester gilt daher *für uns das pro-* 19
*phetische Wort, und ihr tut gut, darauf zu
achten wie auf ein [b]Licht, das an einem
dunklen Ort scheint, bis der Tag anbricht*

und der Morgenstern in euren Herzen
20 *aufgeht*. Und das sollt ihr vor allem wis-
sen, daß keine Weissagung in der
Schrift eine eigenmächtige Auslegung
21 zuläßt. Denn noch nie ist eine Weissa-
gung durch menschliche Willkür zu-
stande gekommen, sondern [c]vom heili-
gen Geist getrieben, haben Menschen
im Namen Gottes geredet.

a Mt 17,5 *b* Ps 119,105 *c* 2.Tim 3,16.17

Gottes Gericht über die Irrlehrer

(vgl. Jud 3-19)

2 Es gab aber auch falsche Propheten un-
ter dem Volk Israel, wie auch unter
euch [a]falsche Lehrer auftreten werden,
die verderbliche Irrlehren einführen
und den Herrn verleugnen, der sie er-
kauft hat, und sich damit selbst einen
2 jähen Untergang bereiten. Und viele
werden ihnen in ihren Ausschweifun-
gen folgen; um ihretwillen wird der
Weg der Wahrheit in Verruf geraten.
3 Und aus Habsucht werden sie euch mit
lügnerischen Worten zu gewinnen su-
chen. Das Gericht über sie läßt nicht
mehr lange auf sich warten, und ihr
4 Verderben schläft nicht. Denn Gott hat
selbst die Engel, die gesündigt hatten,
nicht verschont, sondern hat sie in die
finsteren Höhlen der Unterwelt gesto-
ßen, damit sie dort bis zum Gericht
5 festgehalten werden. Auch die frühere
Welt hat er nicht verschont, sondern
[b]hat allein Noah, den Prediger der Ge-
rechtigkeit, mit sieben andern bewahrt,
als er die [c]Sintflut über die Welt der
6 Gottlosen hereinbrechen ließ. Auch die
[d]Städte Sodom und Gomorra hat er in
Schutt und Asche gelegt und ver-
dammt und damit den Gottlosen ein
warnendes Beispiel gegeben für das,
7 was ihnen bevorsteht. Und nur den ge-
rechten Lot hat er errettet, dem die
zuchtlosen Leute mit ihrem schänd-
lichen Treiben viel Leid zufügten.
8 Denn der Gerechte, der unter ihnen
wohnte, mußte alles mit ansehen und
anhören und seine gerechte Seele von
Tag zu Tag durch die Taten der Unge-
9 rechten quälen lassen. Der Herr [e]weiß
die Frommen aus der Versuchung zu
erretten, die Ungerechten aber bis zum
Tag des Gerichts aufzubewahren, um
10 sie dann zu bestrafen, vor allem aber
die, die ihren unreinen Begierden frei-
en Lauf lassen und jede Herrschaft ver-
achten. Frech und eigensinnig, wie sie
sind, schrecken sie nicht davor zurück,
11 himmlische Mächte zu lästern, gegen
die doch selbst die Engel, die größere
Stärke und Macht haben, bei dem
Herrn auf kein Verdammungsurteil
dringen.

Aber sie sind wie unvernünftige Tie- 12
re, die von Natur aus dazu bestimmt
sind, gefangen und geschlachtet zu
werden; sie lästern, was sie nicht ver-
stehen, und werden so an ihrer eigenen
Verdorbenheit zugrunde gehen und 13
unter dem Lohn ihrer Ungerechtigkeit
leiden müssen. Sie halten es für höchste
Lust, am hellen Tag zu schlemmen, sie
sind Schmutzfinken und Schandflek-
ken, mästen sich und betrügen euch,
wenn sie mit euch essen, ihre Augen 14
sind immer auf Ehebruch aus und
unablässig bereit zur Sünde, sie locken
ungefestigte Menschen an sich, ihr
Herz wird von Habsucht getrieben –
verfluchte Leute! [f]Sie haben den rich- 15
tigen Weg verlassen und sind in die Irre
gegangen, als sie dem Wege Bileams,
des Sohnes Beors, folgten; der liebte
ungerechten Lohn, wurde aber für sei- 16
ne Übertretung zurechtgewiesen: das
stumme Lasttier redete mit Menschen-
stimme und widersetzte sich der Tor-
heit des Propheten.

Das sind Brunnen ohne Wasser und 17
Wolken, vom Wirbelwind umherge-
trieben. Ihr Los ist die schwärzeste
Finsternis. Denn sie reden große Wor- 18
te, hinter denen nichts steckt, und lok-
ken aus niedriger Lust mit Ausschwei-
fungen diejenigen an, die kaum dem
Leben im Irrtum entronnen waren. Sie 19
versprechen ihnen [g]Freiheit, obwohl
sie selbst Knechte des Verderbens sind.
Denn von wem jemand überwunden
ist, dessen Knecht ist er geworden.
Wenn sie durch die Erkenntnis unsres 20
Herrn und Heilands Jesus Christus den
Verstrickungen der Welt entronnen
sind, aber wieder von ihnen eingefan-
gen werden, dann [h]ist's mit ihnen am
Ende schlimmer geworden als vorher.
Denn es wäre besser für sie gewesen, sie 21
hätten den Weg der Gerechtigkeit nie
erkannt, als daß sie ihn kennen und sich
doch von dem heiligen Gebot abwen-
den, das ihnen anvertraut worden ist.[i]
Bei ihnen erweist sich die Wahrheit des 22
Sprichworts: [j]Der Hund frißt wieder,
was er ausgespien hat; und: Die Sau
wälzt sich nach der Schwemme wieder
im Dreck.

a Mt 24,11; 1.Tim 4,1 *b* 1.Mose 8,18; 1.Petr 3,20
c Kap 3,6 *d* 1.Mose 19,24.25 *e* 1.Kor 10,13
f (*15 und 16*) 4.Mose 22,7-35 *g* Gal 5,13;
1.Petr 2,16 *h* Mt 12,45 *i* Lk 12,47.48 *j* Spr 26,11

Gewißheit über die Wiederkunft des Herrn

3 Dies ist nun der zweite Brief, den ich
euch schreibe, ihr Lieben, in welchem
ich wiederum klare Gedanken in euch
wecken und euch daran [a]erinnern will,
2 daß ihr an die Worte denkt, die früher
von den heiligen Propheten gesprochen
worden sind, und an das Gebot des
Herrn und Heilands, das durch eure
3 Apostel verkündet worden ist. Ihr sollt
vor allem wissen, daß [b]in den letzten
Tagen Spötter kommen werden, die
ihren Spott treiben, ihren eigenen Be-
4 gierden nachgehen und sagen: [c]Wo
bleibt seine verheißene Wiederkunft?
Denn nachdem die Väter entschlafen
sind, bleibt es alles so, wie es seit An-
5 fang der Schöpfung gewesen ist. Denn
[d]sie wollen nichts davon wissen, daß es
früher schon einmal einen Himmel gab,
dazu [e]eine Erde, die durch Gottes Wort
aus Wasser und durch Wasser Bestand
6 hatte; dennoch wurde damals die Welt
7 durch die Sintflut vernichtet.[f] So wer-
den auch der Himmel, der jetzt ist, und
die Erde durch sein Wort für das Feuer
aufgespart, bewahrt bis zum Tag des
Gerichts und des Untergangs der gott-
losen Menschen.
8 Eins aber sollt ihr nicht vergessen,
ihr Lieben, daß [g]*ein* Tag vor dem
Herrn wie tausend Jahre ist und tau-
9 send Jahre wie ein Tag. Der Herr [h]zö-
gert die Erfüllung seiner Verheißung
nicht hinaus, wie es manche für eine
Verzögerung halten; vielmehr hat er
Geduld mit euch und [i]will nicht, daß
jemand verloren geht, sondern daß alle
10 zur Buße finden. [j]Der Tag des Herrn
aber wird kommen wie ein Dieb; dann
[k]werden die Himmel mit großem
Krachen vergehen; die Elemente aber
werden vor Hitze schmelzen, und [l]die
Erde und alles, was darauf ist, werden
ihr Urteil finden.
Wenn nun das alles so vergehen 11
wird, wie wichtig ist es dann, daß ihr
ein geheiligtes und frommes Leben
führt und so den Tag Gottes erwartet 12
und seine Ankunft beschleunigt. Dann
werden die Himmel in Feuer aufgehen
und die Elemente vor Hitze zerschmel-
zen. *Wir warten aber auf [m]einen neuen* 13
Himmel und eine neue Erde, nach seiner
Verheißung, [n]in denen Gerechtigkeit
herrscht.

a Kap 1,13 *b* 1.Tim 4,1; Jud 18 *c* Jes 5,19; Hes 12,22; Mt 24,48 *d* Mt 24,38 *e* 1.Mose 1,2.6.9; Ps 24,2 *f* Kap 2,5; 1.Mose 7,21 *g* Ps 90,4 *h* Hab 2,3 *i* 1.Tim 2,4 *j* 1.Thess 5,2.3 *k* Mt 24,29; Offb 20,11 *l* Jes 24,19 *m* Jes 65,17; Offb 21,1 *n* Offb 21,27

Folgerung und Ermahnung

Darum, meine Lieben, während ihr 14
darauf wartet, gebt euch Mühe, daß ihr
von ihm makellos und untadelig im
Frieden angetroffen werdet,[a] und er- 15
kennt, daß in der [b]Geduld unsres
Herrn eure Rettung liegt, wie auch un-
ser lieber Bruder Paulus nach der Weis-
heit, die ihm gegeben worden ist, euch
geschrieben hat. Davon spricht er in al- 16
len seinen Briefen, wenn auch manches
in ihnen schwer zu verstehen ist. Dies
verdrehen die Unwissenden und Unge-
festigten, wie sie das auch bei den an-
dern Schriften zu ihrem eigenen Ver-
derben tun.
Ihr aber, meine Lieben, weil ihr das 17
nun im voraus wißt, so hütet euch, daß
ihr nicht durch den Irrtum dieser
zuchtlosen Leute mit ihnen verführt
werdet und euren festen Stand verliert.
Wachset aber in der Gnade und Er- 18
kenntnis unsres Herrn und Heilands
Jesus Christus. Dem sei Ehre jetzt und
für ewige Zeiten! Amen.

a 1.Kor 1,7.8 *b* Röm 2,4

DER ERSTE BRIEF DES JOHANNES

Inhaltsübersicht

Die Grundlage christlicher Gemeinschaft

1 Was [a]von Anfang an war, was wir ge-
hört haben, was wir mit unsern Augen
[b]gesehen haben, was wir betrachtet ha-
ben und unsre Hände betastet haben,
2 das Wort des [c]Lebens – denn das Le-
ben ist erschienen, und wir haben ge-
sehen und bezeugen und verkündigen
euch das Leben, das ewig ist, das beim
3 Vater war und uns erschienen ist –, was
wir also gesehen und gehört haben, das
verkündigen wir auch euch, damit auch
ihr mit uns Gemeinschaft habt; wir ha-
ben aber Gemeinschaft mit dem Vater
und mit seinem Sohn Jesus Christus.
4 Und [d]das schreiben wir, damit [e]unsere
Freude vollkommen ist.

a Joh 1,1 *b* Joh 1,14 *c* Joh 1,4 *d* Kap 5,13
e Joh 15,11; 16,24

Das Leben im Licht

5 Und das ist die Botschaft, die wir von
ihm gehört haben und euch verkündi-
gen: [a]Gott ist Licht, und in ihm ist kei-
6 ne Finsternis. Wenn wir sagen, daß wir
Gemeinschaft mit ihm haben, und le-
ben doch in der Finsternis, dann lügen
7 wir und tun nicht die Wahrheit.[b] *Wenn
wir aber im Licht leben, wie er im Licht
ist, haben wir Gemeinschaft miteinander,
und* [c]*das Blut Jesu, seines Sohnes, macht
8 uns rein von aller Sünde.* Wenn wir sa-
gen, wir haben keine Sünde, betrügen
wir uns selbst, und die Wahrheit ist
9 nicht in uns. Wenn wir aber [d]unsre
Sünden bekennen, ist er treu und ge-
recht und vergibt uns die Sünden und
macht uns rein von aller Ungerechtig-
10 keit. Wenn wir sagen, wir haben nicht
gesündigt, dann machen wir ihn zum
Lügner, und sein Wort ist nicht in
uns.[e]

a Jak 1,17 *b* Kap 2,4 *c* Hebr 9,14; Offb 1,5
d Spr 28,13 *e* Röm 3,10-18

Das Kennzeichen der Christen

Meine Kinder, dies schreibe ich euch, **2**
damit ihr nicht sündigt. *Wenn aber je-
mand sündigt, haben wir einen* [a]*Fürspre-
cher beim Vater, Jesus Christus, der ge-
recht ist. Er ist die* [b]*Versöhnung für unsre* 2
Sünden, doch nicht nur für unsre, sondern
[c]*auch für die der ganzen Welt.* Wenn wir 3
seine Gebote halten, dann merken wir
daran, daß wir ihn kennen. Wer sagt: 4
Ich kenne ihn, und seine Gebote nicht
hält, der ist ein Lügner, und in ihm ist
die Wahrheit nicht. Wer sich aber an 5
Christi Wort hält, in dem ist die Liebe
Gottes wirklich vollendet. Daran er-
kennen wir, daß wir in ihm sind.[d] Wer 6
sagt, daß er in ihm bleibt, der muß auch
leben, wie er gelebt hat.[e]

a Röm 8,34; Hebr 7,25 *b* Kap 4,10; Kol 1,20
c Joh 11,51.52 *d* Joh 14,21.23 *e* Joh 13,15;
1.Petr 2,21-23

Die Bruderliebe

Meine Lieben, ich schreibe euch kein 7
neues Gebot, sondern das alte Gebot,
[a]das ihr von Anfang an gehabt habt.
Dies alte Gebot ist das Wort, das ihr ge-
hört habt. Zugleich schreibe ich euch 8
doch ein neues Gebot, und das ist ver-
wirklicht in Christus und in euch; denn
die Finsternis vergeht, und [b]das wahre
Licht scheint jetzt. Wer sagt, er sei im 9
Licht, und doch [c]seinen Bruder haßt,
der ist immer noch in der Finsternis.
Wer seinen Bruder liebt, der bleibt im 10
Licht, und durch ihn kommt niemand
zu Fall. Wer aber seinen Bruder haßt, 11
der ist in der Finsternis und lebt in der
Finsternis und weiß nicht, wo er hin-
geht; denn die Finsternis hat seine Au-
gen blind gemacht.

a Joh 13,34; 2.Joh 5 *b* Joh 8,12; Röm 13,12
c Kap 4,20

Warnung vor der Welt

Liebe Kinder, ich schreibe euch, daß 12

euch die Sünden vergeben sind um sei-
13 nes Namens willen. Ich schreibe euch
Vätern; denn ihr kennt den, der [a]von
Anfang an ist. Ich schreibe euch jungen
Leuten; denn ihr habt den Bösen über-
14 wunden. Ich habe euch Kindern ge-
schrieben; denn ihr kennt den Vater.
Ich habe euch Vätern geschrieben;
denn ihr kennt den, der von Anfang an
ist. Ich habe euch jungen Leuten ge-
schrieben; denn [b]ihr seid stark, und das
Wort Gottes bleibt in euch, und ihr
15 habt den Bösen überwunden. *Habt
nicht lieb die Welt und was in der Welt ist.
[c]Wenn jemand die Welt lieb hat, ist die
16 Liebe des Vaters nicht in ihm. Denn alles,
was in der Welt ist, die körperliche Be-
gierde, die Begehrlichkeit der Augen und
die Überheblichkeit, ist nicht vom Vater,
17 sondern von der Welt. Und die Welt ver-
geht mit ihrem Reiz, wer aber den Willen
Gottes tut, der bleibt in Ewigkeit.*

a Joh 1,1 *b* Eph 6,10 *c* Jak 4,4

Das Kennzeichen des Antichrists

18 Kinder, [a]es ist Endzeit! Ihr habt ja ge-
hört, daß [b]der Antichrist kommt, und
nun sind schon viele Antichristen ge-
kommen; daran erkennen wir, daß
19 Endzeit ist. Sie sind [c]aus unsrer Mitte
hervorgegangen, aber sie gehörten
nicht zu uns. Denn [d]wenn sie zu uns
gehört hätten, wären sie ja bei uns ge-
blieben; aber es sollte offenbar werden,
20 daß nicht alle zu uns gehören. Doch ihr
habt die Salbung von dem, der heilig
21 ist, und seid alle Wissende. Ich habe
euch nicht geschrieben, weil ihr die
Wahrheit nicht kennt. Sondern ihr
kennt sie und wißt, daß keine Lüge aus
22 der Wahrheit kommt. Ist der nicht der
Lügner, der leugnet, daß Jesus der
Christus ist? Der ist der Antichrist, der
23 den Vater und den Sohn leugnet. [e]Wer
den Sohn leugnet, der hat auch den Va-
ter nicht; [f]wer den Sohn bekennt, der
24 hat auch den Vater. Was ihr von An-
fang an gehört habt, das soll in euch
bleiben. Wenn das in euch bleibt, was
ihr von Anfang an gehört habt, dann
werdet auch ihr im Sohn und im Vater
25 bleiben. Und das ist die Verheißung,
die er uns gegeben hat: das ewige Le-
26 ben. Das habe ich euch geschrieben
27 über die, die euch verführen. Und [g]die
Salbung, die ihr von ihm empfangen
habt, bleibt bei euch, und [h]ihr habt
nicht nötig, daß euch jemand belehrt;
vielmehr, wie euch seine Salbung über
alles belehrt, so ist's wahr und ist keine
Lüge, und wie sie euch belehrt hat, da-
bei bleibt.
Und nun, Kinder, bleibt in ihm, da- 28
mit wir, wenn er erscheinen wird, Zu-
versicht haben und bei seiner Wieder-
kunft vor ihm [i]nicht zuschanden wer-
den. Wenn ihr wißt, daß er gerecht ist, 29
dann erkennt ihr auch, daß der von ihm
geboren ist, der [j]recht tut.

a 1.Petr 4,7 *b* Mt 24,24; 2.Thess 2,3.4
c Apg 20,30 *d* 1.Kor 11,19 *e* Joh 5,23
f Kap 4,15 *g* Joh 16,13; 2.Kor 1,21.22
h Jer 31,34 *i* Kap 4,17 *j* Kap 3,7.10

Die Herrlichkeit der Gotteskindschaft

Seht, welch große Liebe uns der Vater **3**
*darin erwiesen hat, daß wir [a]Gottes Kin-
der heißen – und wir sind es auch! Darum
kennt uns die Welt nicht; denn [b]sie kennt
ihn nicht. Meine Lieben, wir sind schon* 2
*Gottes [c]Kinder; doch es ist noch nicht of-
fenbar geworden, was wir sein werden.
Wir wissen aber: wenn es offenbar wird,
[d]werden wir ihm gleich sein; denn wir
werden ihn sehen, wie er ist.* Und jeder, 3
der dies von ihm erhofft, der heiligt
sich, wie auch jener heilig ist. Wer Sün- 4
de tut, lehnt sich auch gegen Gott auf,
und die Sünde ist die Auflehnung ge-
gen Gott. Und ihr wißt, daß er erschie- 5
nen ist, [e]um die Sünden wegzuneh-
men, und [f]in ihm ist keine Sünde. Wer 6
in ihm bleibt, der sündigt nicht; wer
aber sündigt, der hat ihn nicht gesehen
und auch nicht erkannt.[g]
Kinder, laßt euch von niemand ver- 7
führen! [h]Wer recht tut, der ist gerecht,
wie auch jener gerecht ist. Wer Sünde 8
tut, der ist vom Teufel; denn [i]der Teu-
fel sündigt von Anfang an. Doch dazu
ist der Sohn Gottes erschienen, die
Werke des Teufels zu zerstören. [j]Wer 9
aus Gott geboren ist, der tut keine Sün-
de; denn Gottes Kinder bleiben in ihm
und können nicht sündigen, weil sie aus
Gott geboren sind. Daran wird offen- 10
bar, welches die Kinder Gottes und
welches die Kinder des Teufels sind:
Wer nicht recht tut, der ist nicht von
Gott, auch der nicht, der seinen Bruder
nicht lieb hat.
Denn das ist die Botschaft, die ihr 11
von Anfang an gehört habt, daß wir ein-
ander lieben sollen,[k] nicht wie Kain, 12
der vom Bösen stammte und [l]seinen
Bruder umbrachte. Und warum brach-
te er ihn um? Weil seine Werke böse
waren und die seines Bruders gerecht.
Wundert euch nicht, meine Brüder, 13
wenn euch die Welt haßt.[m] Wir wissen, 14

daß wir [n] aus dem Tod in das Leben ge-
kommen sind; denn wir lieben die Brü-
der. Wer nicht liebt, der bleibt im Tod.
15 Wer [o] seinen Bruder haßt, der ist ein
Mörder, und ihr wißt, daß in einem
Mörder das ewige Leben nicht bleibt.
16 Daran haben wir die Liebe erkannt,
daß jener sein Leben für uns gelassen
hat; und wir sollen auch das Leben für
17 die Brüder lassen.[p] Wenn aber jemand
hat, was er zum Leben braucht, und
sieht seinen Bruder Not leiden und
[q] verschließt sein Herz vor ihm, wie
bleibt dann die Liebe Gottes in ihm?[r]
18 Meine Kinder, laßt uns nicht lieben mit
Worten und mit dem Munde, sondern
mit der Tat und mit der Wahrheit.[s]
19 Daran erkennen wir, daß wir aus der
Wahrheit sind, und können unser Herz
20 vor Gott damit zur Ruhe bringen, daß
er größer ist als unser Herz, wenn es
uns verurteilt, und daß er alles weiß.[t] *
21 Ihr Lieben, wenn uns unser Herz nicht
verurteilt, können wir mit Zuversicht
22 zu Gott kommen, und [u] was wir bitten,
werden wir von ihm bekommen; denn
wir halten seine Gebote und tun, was
23 ihm gefällt. Und das ist sein Gebot, daß
[v] wir an den Namen seines Sohnes Jesus
Christus glauben und [w] einander lie-
24 ben, wie er uns geboten hat. Und wer
seine Gebote hält, der bleibt in Gott
und Gott in ihm. Und daran erkennen
wir, daß Gott in uns bleibt: [x] an dem
Geist, den er uns gegeben hat.

a Joh 1,12 *b* Joh 16,3 *c* Röm 8,17 *d* Phil 3,21; Kol 3,4 *e* Jes 53,4-6; Joh 1,29; 1.Petr 2,24 *f* Jes 53,9; Joh 8,46 *g* Röm 6,11.14 *h* Kap 2,29 *i* Joh 8,44 *j* Kap 5,18 *k* Joh 13,34 *l* 1.Mose 4,8 *m* Mt 5,11; Joh 15,18.19 *n* Joh 5,24 *o* Mt 5,21.22 *p* Joh 15,13 *q* 5.Mose 15,7 *r* Kap 4,20 *s* Jak 2,15.16 *t* Lk 15,20-22 *u* Mk 11,24 *v* Joh 6,29 *w* Joh 15,17 *x* Kap 4,13; Röm 8,9

*Verse 19 und 20: Andere Übersetzungsmöglichkeit: »... und können unser Herz vor Gott davon überzeugen: wenn schon unser Herz uns verurteilt, dann ist Gott ein noch größerer (Richter) als unser Herz und weiß alles«.

Der Geist der Wahrheit und der Geist des Irrtums

4 Ihr Lieben, glaubt nicht jedem Geist,
sondern prüft die Geister, ob sie von
Gott sind; denn es sind viele [a] falsche
2 Propheten in die Welt gekommen. Dar-
an sollt ihr den Geist Gottes erkennen:
Jeder Geist, der bekennt, daß Jesus
Christus als Mensch* gekommen ist,
3 der ist von Gott; doch jeder Geist, der
Jesus nicht bekennt, der ist nicht von
Gott. Und das ist der Geist des Anti-
christs, von dem ihr gehört habt, daß er
kommen wird, und er ist jetzt schon in
der Welt. Kinder, ihr seid von Gott und 4
habt jene überwunden; denn der in
euch ist, ist größer als der, der in der
Welt ist. Sie sind von der Welt; darum 5
reden sie, wie die Welt redet, und die
Welt hört auf sie.[b] Wir [c] sind von Gott, 6
und wer Gott erkennt, der hört auf uns;
wer nicht von Gott ist, der hört nicht
auf uns. Daran [d] erkennen wir den
Geist der Wahrheit und den Geist des
Irrtums.

a Mt 7,15 *b* Joh 15,19 *c* Joh 8,47 *d* 1.Kor 14,37

*Vers 2: Luther übersetzte wörtlich: »daß Jesus Christus ist in das Fleisch gekommen«. Zur Erklärung siehe in den »Sach- und Worterklärungen« unter dem Stichwort »Fleisch«.

Die Liebe Gottes und die Liebe zum Bruder

Ihr Lieben, laßt uns einander lieb ha- 7
ben; denn die Liebe ist von Gott, und
wer liebt, der ist aus Gott geboren und
kennt Gott. Wer nicht liebt, der kennt 8
Gott nicht; denn Gott ist Liebe. Daran 9
ist die Liebe Gottes zu uns offenbar ge-
worden, daß Gott seinen einzigen Sohn
in die Welt gesandt hat, damit wir
durch ihn leben sollen.[a] *Darin besteht* 10
die Liebe: nicht, daß wir Gott geliebt ha-
ben, sondern daß er uns geliebt hat und
seinen Sohn gesandt hat zur Versöhnung
für unsre Sünden.
Ihr Lieben, wenn uns Gott so geliebt 11
hat, sollen wir auch einander lieben.
[b] Niemand hat Gott jemals gesehen. 12
Wenn wir einander lieben, bleibt Gott
in uns, und seine Liebe ist in uns voll-
endet. Daran erkennen wir, daß wir in 13
ihm bleiben und er in uns, daß er uns
seinen Geist gegeben hat.[c] Und wir ha- 14
ben gesehen und bezeugen, daß der Va-
ter den Sohn [d] als Heiland der Welt ge-
sandt hat. Wer nun [e] bekennt, daß Jesus 15
Gottes Sohn ist, in dem bleibt Gott und
er in Gott. Und wir haben die Liebe er- 16
kannt, die Gott zu uns hat, und an sie
geglaubt.
Gott ist Liebe; und wer in der Liebe
bleibt, der bleibt in Gott und Gott in ihm.
Darin ist die Liebe bei uns vollendet, 17
daß wir [f] Zuversicht haben am Tag des
Gerichts; denn wie er ist, so sind auch
wir in dieser Welt. Furcht ist nicht in 18
der Liebe, sondern die vollkommene
Liebe treibt die Furcht aus; denn die
Furcht rechnet mit Strafe. Wer sich
aber fürchtet, der ist nicht vollkommen
in der Liebe. *Laßt uns lieben, denn er hat* 19
uns zuerst geliebt. Wenn jemand sagt: 20
Ich liebe Gott –, und haßt seinen Bru-
der, so ist er ein Lügner. Denn [g] wer

seinen Bruder nicht liebt, den er sieht,
wie kann er Gott lieben, den er nicht
21 sieht? Und dies Gebot haben wir von
ihm, daß, wer Gott liebt, auch seinen
Bruder lieben soll.[h]

a Joh 3,16 *b* Joh 1,18 *c* Kap 3,24 *d* Joh 3,17
e Kap 5,5 *f* Kap 2,28 *g* Kap 3,17 *h* Mk 12,29-31

Die Wirkung des Glauben

5 Wer glaubt, daß Jesus der Christus ist,
der ist aus Gott geboren; und wer den
Vater liebt, der liebt auch den, der aus
2 ihm geboren ist. Daran erkennen wir,
daß wir Gottes Kinder lieben, wenn wir
Gott lieben und seine Gebote halten.
3 Denn das ist die Liebe zu Gott, daß wir
[a]seine Gebote halten; und seine Gebo-
4 te [b]sind nicht schwer, denn alles, was
aus Gott geboren ist, [c]überwindet die
Welt; und *unser Glaube ist* [d] *der Sieg, der*
5 *die Welt überwunden hat*. Wer anders ist
es aber, der [e]die Welt überwindet, als
der, der glaubt, daß Jesus Gottes Sohn
ist?

a Joh 14,15.23.34 *b* Mt 11,30 *c* Joh 16,33
d 1.Kor 15,57 *e* Kap 4,4

Gottes Zeugnis für seinen Sohn

6 Dieser ist's, der [a]gekommen ist in Was-
ser und Blut, Jesus Christus; nicht in
Wasser allein, sondern in Wasser und
Blut; und der [b]Geist ist's, der das be-
zeugt, denn der Geist ist die Wahrheit.
7 Denn es sind drei, die das bezeugen:
8 der Geist und das Wasser und das Blut;
9 und die drei stimmen überein. Wenn
wir schon das Zeugnis von Menschen
annehmen, so ist doch Gottes Zeugnis
noch größer; darin besteht Gottes
Zeugnis, daß er zum Zeugen geworden
10 ist für seinen Sohn. Wer an den Sohn
Gottes glaubt, der hat dies Zeugnis in
sich. Wer Gott nicht glaubt, der macht
ihn zum Lügner; denn er glaubt nicht
dem Zeugnis, das Gott für seinen Sohn
11 abgelegt hat.[c] Und das ist das Zeugnis,
daß uns Gott das ewige Leben gegeben
hat, und dies Leben ist in seinem Sohn.
Wer den Sohn hat, der hat das Leben; 12
wer den Sohn Gottes nicht hat, der hat
das Leben nicht.

a Kap 4,2; Mk 1,9; Joh 19,34.35 *b* Joh 1,33
c Joh 3,32-34; Röm 8,16

Die Bitte für den sündigen Bruder

Das habe ich euch geschrieben, damit 13
ihr wißt, daß ihr das ewige Leben habt;
denn ihr glaubt an den Namen des Soh-
nes Gottes.[a] Das ist die Zuversicht, die 14
wir Gott gegenüber haben: [b]Wenn wir
um etwas bitten nach seinem Willen,
dann hört er uns. Und wenn wir wissen, 15
daß er unsre Bitten hört, wissen wir
auch, daß wir erhalten, was wir von ihm
erbeten haben.

Wenn jemand sieht, daß sein Bruder 16
eine Sünde tut, die nicht zum Tode
führt, dann kann er bitten; so wird Gott
ihm das Leben geben – nämlich allen,
die eine Sünde tun, die nicht zum Tode
führt. [c]Es gibt aber auch eine Sünde,
die zum Tode führt; bei dieser sage ich
nicht, daß jemand bitten soll. Nun ist 17
zwar alles Unrecht Sünde; aber es gibt
eben auch Sünde, die nicht zum Tode
führt.

a Joh 20,31 *b* Joh 14,13 *c* Mk 3,28-30

Die Bewahrung in Christus

Wir wissen, [a]daß der nicht sündigt, der 18
aus Gott geboren ist, sondern der aus
Gott geboren ist, den [b]bewahrt Gott,
und der Böse wird ihn nicht antasten.
Wir wissen, daß wir von Gott sind, und 19
[c]die ganze Welt ist in der Gewalt des
Bösen. Wir wissen aber, daß der Sohn 20
Gottes gekommen ist und uns fähig ge-
macht hat, den Wahrhaftigen zu erken-
nen. Und wir sind in dem Wahrhafti-
gen, in seinem Sohn Jesus Christus.
Dieser ist [d]der wahrhaftige Gott und
das ewige Leben.

Kinder, hütet euch vor den falschen 21
Göttern.[e]

a Kap 3,9 *b* Joh 17,15 *c* Gal 1,4 *d* Joh 17,3
e 1.Kor 10,14

DER ZWEITE BRIEF DES JOHANNES

Ermahnung zur Bruderliebe und Warnung vor Irrlehrern

Gruß an eine Gemeinde

1 Der Älteste an die auserwählte Herrin
und ihre Kinder, [a]die ich wahrhaftig
lieb habe, und nicht nur ich, sondern
auch alle, die die Wahrheit erkannt ha-
2 ben, und zwar liebe ich sie um der
Wahrheit willen, die in uns bleibt und
bei uns sein wird in Ewigkeit:
3 Gnade sei mit uns, Barmherzigkeit
und Friede von Gott, dem Vater, und
von Jesus Christus, dem Sohn des Va-
ters, in Wahrheit und Liebe!

a 3.Joh 1

Die Liebe zu den Brüdern

4 Ich bin sehr erfreut, daß ich unter dei-
nen Kindern solche gefunden habe, die
in der Wahrheit leben, nach dem Ge-
bot, das wir vom Vater empfangen ha-
5 ben. Und nun bitte ich dich, Herrin –
und damit schreibe ich dir [a]kein neues
Gebot, sondern das, was wir von An-
fang an gehabt haben –, daß wir einan-
6 der lieben. Und darin besteht die Lie-
be, daß wir nach seinen Geboten leben;
das ist das Gebot, das ihr von Anfang an
gehört habt, daß ihr in der Liebe lebt.

a 1.Joh 2,7

Die Ablehnung der Irrlehrer

Denn viele Verführer sind in die Welt 7
gekommen, die leugnen, daß Jesus
Christus als Mensch gekommen ist.
Das ist der Verführer, der [a]Antichrist.
Seht euch vor, [b]daß ihr nicht ver- 8
liert, was wir erarbeitet haben, sondern
daß ihr den vollen Lohn empfangt. Wer 9
über die Lehre Christi hinausgeht und
nicht bei ihr [c]bleibt, der hat Gott nicht;
wer bei dieser Lehre bleibt, der hat den
Vater und den Sohn. Wenn jemand zu 10
euch kommt und nicht diese Lehre
bringt, dann [d]nehmt ihn nicht ins Haus
und grüßt ihn auch nicht. Denn wer ihn 11
grüßt, der macht sich mitschuldig an
seinen bösen Werken.

a 1.Joh 2,18; 4,1-3 *b* Gal 4,11 *c* 1.Joh 2,23
d 2.Thess 3,6

Schlußworte

Ich hätte euch noch viel zu schreiben, 12
aber [a]ich wollte es nicht mit Papier und
Tinte tun, sondern ich hoffe, zu euch
zu kommen und mündlich mit euch zu
reden, damit unsre Freude vollkom-
men ist. Es grüßen dich die Kinder dei- 13
ner Schwester, der Auserwählten.

a 3.Joh 13

DER DRITTE BRIEF DES JOHANNES

Klage über einen herrschsüchtigen Gemeindeleiter

1 Der Älteste an den lieben Gajus, [a]den
ich wahrhaftig lieb habe.
2 Mein Lieber, ich wünsche, daß es dir
in allen Dingen gut geht und daß du ge-
sund bist, so wie es deiner Seele gut
3 geht. Denn ich habe mich sehr gefreut,
als die Brüder kamen und deine Treue
zur Wahrheit bezeugten, wie du ja wirk-
4 lich [b]in der Wahrheit lebst. Ich habe kei-
ne größere Freude als die, zu hören, daß
meine Kinder in der Wahrheit leben.

a 2.Joh 1 *b* 2.Joh 4

Die Gastfreundschaft des Gajus

Mein Lieber, du bist treu in dem, was 5
du an den Brüdern tust, noch dazu an
den auswärtigen, die deine Liebe vor 6
der Gemeinde bezeugt haben; und du
wirst gut daran tun, wenn du sie für die
Weiterreise so ausstattest, wie es der

7 Ehre Gottes angemessen ist.[a] Denn um
des Namens willen sind sie ausgezogen
und [b]nehmen von den Heiden nichts
8 an. Darum [c]sollen wir nun solche Leu-
te aufnehmen, damit wir Mitarbeiter
für die Wahrheit werden.

a Tit 3,13 *b* 1.Kor 9,12 *c* Hebr 13,2

Diotrephes und Demetrius

9 Ich habe der Gemeinde kurz geschrie-
ben; aber Diotrephes, der unter ihnen
viel gelten will, nimmt uns nicht auf.
10 Darum will ich, wenn ich komme, sein
Tun und Treiben zur Sprache bringen;
denn er macht uns mit bösartigen Wor-
ten schlecht. Und daran hat er noch
nicht genug: er selbst nimmt die Brü-
der nicht auf und hindert auch noch
die, die es tun wollen, und stößt sie aus
der Gemeinde aus.

Mein Lieber, richte dich nicht nach 11
dem Bösen, sondern nach dem Guten.
Wer Gutes tut, der ist von Gott; wer
Böses tut, der hat Gott nicht gesehen.
Demetrius hat von jedem ein gutes 12
Zeugnis, auch von der Wahrheit selbst;
und auch wir sind Zeugen für ihn, und
du weißt, daß unser Zeugnis wahr ist.

Schlußworte

Ich hätte dir noch viel zu schreiben; 13
aber [a]ich wollte nicht mit Tinte und
Feder an dich schreiben. Ich hoffe 14
aber, dich bald zu sehen; dann wollen
wir mündlich miteinander reden. Frie- 15
de sei mit dir! Es grüßen dich die
Freunde. Grüße die Freunde, jeden
einzelnen.

a 2.Joh 12

DER BRIEF AN DIE HEBRÄER

Inhaltsübersicht

Christus steht höher als Engel und Propheten	Kap 1–4
Christus ist der wahre Hohepriester	4–10
Leben in Glauben und Hoffnung	11–12
Ermahnungen	13

1 Nachdem Gott in früheren Zeiten viel-
fach und auf verschiedene Weise zu den
Vätern geredet hat durch die Prophe-
2 ten, hat er jetzt am Ende dieser Tage zu
uns geredet durch den Sohn. Ihn hat
Gott zum [a]Erben des Weltalls einge-
setzt, wie er auch [b]durch ihn die Wel-
3 ten erschaffen hat. *Er ist der Abglanz*
seiner Herrlichkeit und das [c]Abbild seines
Wesens und trägt das Weltall durch sein
machtvolles Wort. Er [d]hat die Reinigung
von den Sünden vollbracht und [e]sich
dann zur Rechten der Majestät in der
4 *Höhe gesetzt.* Dadurch ist er [f]so hoch
über die Engel erhoben worden, wie
der Name, den er ererbt hat, [g]höher ist
als ihr Name.

a Ps 2,8 *b* Joh 1,3; Kol 1,16 *c* Weish 7,26; 2.Kor 4,4; Kol 1,15 *d* Kap 9,14.26 *e* Mk 16,19 *f* 1.Petr 3,22 *g* Phil 2,9

Der Sohn höher als die Engel

5 Denn zu welchem Engel hat Gott je-
mals gesagt (Psalm 2,7): »Du bist mein
Sohn, heute habe ich dich gezeugt«?
und noch einmal (2.Samuel 7,14): »Ich
werde sein Vater sein, und er wird mein
Sohn sein«? Und wenn er den [a]Erstge- 6
borenen von neuem in die Welt ein-
führt, wird er sprechen (Psalm 97,7):
»Und es sollen ihn alle Engel Gottes an-
beten.« Von den Engeln heißt es (Psalm 7
104,4): »Er macht seine Engel zu Win-
den und seine Diener zu Feuerflam-
men«, aber von dem Sohn (Psalm 45, 8
7.8): »Gott, dein Thron währt von
Ewigkeit zu Ewigkeit, und das Zepter
der Gerechtigkeit ist das Zepter deiner
Herrschaft. Du hast die Gerechtigkeit 9
geliebt und die Ungerechtigkeit ge-
haßt; darum hat dich, o Gott, dein Gott
gesalbt mit Freudenöl wie keinen an-
dern neben dir.« Und (Psalm 102,26- 10
28): »Du, Herr, hast am Anfang die
Erde gegründet, und die Himmel sind
deiner Hände Werk. Sie werden verge- 11
hen, du aber bleibst. Sie werden alle
veralten wie ein Gewand; und wie 12
einen Mantel wirst du sie zusammen-
rollen, wie ein Gewand werden sie ge-

wechselt werden. Du aber bist dersel-
be, und deine Jahre werden nicht auf-
13 hören.« Zu welchem Engel aber hat er
jemals gesagt (Psalm 110,1): »Setze
dich zu meiner Rechten, bis ich deine
Feinde zum Schemel deiner Füße ma-
14 che«? Sind sie nicht alle nur [b]dienende
Geister, ausgesandt um denen zu hel-
fen, die das Heil erben sollen?

2 Darum müssen wir umso mehr auf
das Wort achten, das wir gehört haben,
damit wir nicht am Ziel vorbeitreiben.
2 Denn wenn schon das Wort, das [c]durch
Engel verkündigt wurde, Geltung hatte
und jede Übertretung und jeder Unge-
horsam die verdiente Strafe empfing,
3 wie wollen wir dann dem Gericht ent-
rinnen, [d]wenn wir eine solche Heils-
botschaft mißachten? Diese Botschaft
wurde ja zuerst durch den Herrn selbst
verkündigt und ist uns bestätigt wor-
den durch die, die sie gehört haben.
4 Auch Gott hat sie bezeugt durch [e]Zei-
chen, Wunder und [f]mancherlei mäch-
tige Taten und durch die [g]Austeilung
des heiligen Geistes nach seinem Wil-
len.

a Röm 8,29 *b* Ps 34,8; 91,11.12 *c* Apg 7,53; Gal 3,19 *d* Kap 10,29; 12,25 *e* Mk 16,20; 2.Kor 12,12 *f* 1.Kor 12,4-11 *g* Apg 2,1-13; 10,44.45

Die Erniedrigung und Erhöhung Christi

5 Denn nicht Engeln hat er die zukünfti-
ge Welt, von der wir reden, unterwor-
6 fen. Das bezeugt einer an einer Stelle
der Schrift und spricht (Psalm 8,5-7):
»Was ist der Mensch, daß du seiner ge-
denkst, und des Menschen Sohn, daß
7 du auf ihn achtest? Du hast ihn eine
kurze Zeit niedriger sein lassen als die
Engel; dann hast du ihn mit Herrlich-
8 keit und Ehre gekrönt; alles hast du un-
ter seine Füße getan.« Wenn er ihm al-
les unter die Füße getan hat, so hat er
nichts ausgenommen, was ihm nicht
unterworfen wäre. Jetzt aber sehen wir
noch nicht, daß ihm das Weltall unter-
9 worfen ist. Den aber, der »eine kurze
Zeit niedriger gewesen ist als die En-
gel«, nämlich Jesus, sehen wir durch
sein Todesleiden »gekrönt mit Herr-
lichkeit und Ehre«, damit er durch die
Gnade Gottes für alle den Tod schmek-
10 ken sollte.[a] Denn Gott kam es zu – um
dessentwillen das All ist und durch den
es besteht und der viele Söhne zur
Herrlichkeit geführt hat –, [b]daß er den
Begründer ihres Heils durch Leiden
11 vollendete. Denn er, [c]der heiligt, und
sie, die geheiligt werden, kommen alle
von *einem* her; darum schämt er sich
auch nicht, sie [d]Brüder zu nennen, und 12
spricht (Psalm 22,23): »Ich will deinen
Namen meinen Brüdern verkündigen
und mitten in der Gemeinde dir lobsin-
gen.« Und wieder (Jesaja 8,17): »Ich 13
will mein Vertrauen auf ihn setzen«;
und dann (Jesaja 8,18): »Siehe, hier bin
ich und die Kinder, die mir Gott gege-
ben hat.« Weil nun die Kinder von 14
Fleisch und Blut sind, hat auch er die
gleiche Art angenommen, um durch
seinen Tod [e]den zu vernichten, der die
Macht über den Tod hat, das ist der
Teufel, und um die zu erlösen, die 15
durch Todesfurcht ihr Leben lang
Sklaven sein mußten. Denn er nimmt 16
sich ja nicht der Engel an, sondern der
Kinder Abrahams nimmt er sich an.
Daher mußte er in allem [f]seinen Brüdern 17
gleich werden, damit er barmherzig wurde
und ein treuer Hoherpriester vor Gott, um
die Sünden des Volks zu sühnen. Denn 18
weil er selber gelitten hat und [g]versucht
worden ist, kann er denen helfen, die
versucht werden.

a Phil 2,8.9 *b* Kap 12,2 *c* Joh 17,19 *d* Mk 3,34.35; Joh 20,17 *e* 2.Tim 1,10; 1.Joh 3,8 *f* Phil 2,7 *g* Kap 4,15

Christus höher als Mose

3 Darum, liebe Brüder, die ihr an der
himmlischen Berufung Anteil habt,
schaut auf den Sendboten und [a]Ho-
henpriester unseres Bekenntnisses, auf
Jesus. Er ist dem treu, der ihn geschaf- 2
fen hat, wie auch [b]Mose in Gottes gan-
zem Hause treu war. Doch ist er größe- 3
rer Ehre wert als Mose, so wie der Er-
bauer des Hauses größere Ehre besitzt
als das Haus selbst. Denn jedes Haus 4
wird von jemand erbaut; Gott aber
ist's, der alles erbaut hat. Mose zwar 5
war treu in Gottes ganzem Hause als
Diener, um zu bezeugen, was später ge-
sagt werden sollte. Christus aber war 6
treu als Sohn über sein Haus. [c]Dieses
Haus sind wir, wenn wir die Zuversicht
und die freudige Hoffnung festhalten.

a Kap 4,14 *b* 4.Mose 12,7 *c* Eph 2,19; 1.Petr 2,5

Warnung vor Ungehorsam

Darum ist es so, wie der heilige Geist 7
spricht (Psalm 95,7-11): [a]»Heute,
wenn ihr seine Stimme hören werdet,
verstockt eure Herzen nicht, wie es ge- 8
schah bei der Verbitterung am Tage
der [b]Versuchung in der Wüste, wo 9
mich eure Väter versuchten und prüf-

ten und hatten doch vierzig Jahre lang
10 meine Werke gesehen. Darum wurde
ich zornig über dies Geschlecht und
sprach: Immer irren sie in ihrem Her-
zen! Aber sie verstanden meine Wege
11 nicht, so daß ich schwor in meinem
Zorn: Sie sollen nicht zu meiner Ruhe
kommen.«[c]
12 Seht zu, liebe Brüder, daß keiner von
euch ein böses, ungläubiges Herz hat,
das von dem lebendigen Gott abfällt;
13 sondern [d]ermahnt euch selbst jeden
Tag, solange es »heute« heißt, damit
keiner von euch durch die Sünde betro-
14 gen und verstockt wird. Denn wir ha-
ben an Christus Anteil bekommen,
wenn wir wirklich die Zuversicht [e]vom
Anfang bis zum Ende fest bewahren.
15 Wenn es heißt: »Heute, wenn ihr seine
Stimme hören werdet, verstockt eure
Herzen nicht, wie es bei der Verbitte-
16 rung geschah«, so frage ich: Wer hat
denn seine Stimme gehört und ihn
doch verbittert? Waren es nicht alle,
17 die mit Mose aus Ägypten zogen? Und
über wen war Gott vierzig Jahre lang
zornig? War's nicht über die, die sün-
digten und [f]deren Gebeine dann in der
18 Wüste zerfielen? Wem galt der
Schwur, daß sie nicht zu seiner Ruhe
kommen sollten, wenn nicht den Unge-
19 horsamen? Wir sehen ja, daß sie wegen
ihres Unglaubens nicht dahin kommen
konnten.

a Kap 4,7 *b* 2.Mose 17,7; 4.Mose 20,2-5
c Kap 4,3; 4.Mose 14,21-23 *d* 1.Thess 5,11
e Kap 6,11 *f* 4.Mose 14,29; 1.Kor 10,10

Das Erbe des Glaubens

4 So laßt uns nun mit Furcht darauf ach-
ten, daß keiner von euch auch nur den
Anschein erweckt zurückzubleiben, so-
lange die Verheißung noch besteht, daß
2 wir zu seiner Ruhe kommen. Denn
auch uns ist die Verheißung verkündigt
worden wie jenen. Aber das Wort der
Predigt half jenen, die es hörten, nichts,
3 weil sie nicht glaubten. Denn wir, die
wir glauben, kommen zu der Ruhe, wie
er gesprochen hat (Psalm 95,11): [a]»Ich
schwor in meinem Zorn: Sie sollen
nicht zu meiner Ruhe kommen.« Nun
waren ja die Werke von Anbeginn der
4 Welt fertig; denn so hat er an einer an-
dern Stelle der Schrift vom siebten Tag
gesprochen (1.Mose 2,2): »Und Gott
ruhte am siebten Tag von allen seinen
5 Werken.« Doch an unsrer Stelle heißt
es: »Sie sollen nicht zu meiner Ruhe
kommen.«

Da nun die Verheißung bestehen 6
bleibt, daß einige zu dieser Ruhe kom-
men sollen, und die, denen sie zuerst
verkündigt worden ist, nicht dahin ge-
kommen sind wegen ihres Ungehor-
sams, bestimmt er wieder einen Tag, 7
ein [b]»Heute«, und spricht nach so lan-
ger Zeit, durch David, wie schon gesagt
worden ist: »Heute, wenn ihr seine
Stimme hören werdet, verstockt eure
Herzen nicht.« Denn [c]wenn Josua sie 8
damals zur Ruhe geführt hätte, würde
Gott nicht später von einem andern
Tag geredet haben. So muß also eine 9
Sabbatruhe für das Volk Gottes noch
kommen. Denn wer zu Gottes Ruhe ge- 10
kommen ist, [d]der ruht auch von seinen
Werken so wie Gott von den seinigen.
So wollen wir uns darum bemühen, [e]zu 11
dieser Ruhe zu kommen, damit keiner
durch den gleichen Ungehorsam zu
Fall kommt.

Denn *das Wort Gottes ist lebendig und* 12
wirksam und [f]schärfer als jedes zwei-
schneidige Schwert, und es dringt durch,
bis es Seele und Geist, Mark und Kno-
chen scheidet, und es ist ein Richter der
Gedanken und Regungen des Herzens.[g]
Und kein Geschöpf ist vor ihm verbor- 13
gen, sondern es liegt alles nackt und
aufgedeckt vor den Augen Gottes, dem
wir Rechenschaft geben müssen.

a Kap 3,11 *b* Kap 3,7 *c* 5.Mose 31,7; Jos 22,4
d Offb 14,13 *e* Kap 3,16-19 *f* Offb 2,12
g Jer 23,29

Christus der wahre Hohepriester

Weil wir denn einen großen [a]Hohen- 14
priester haben, der die Himmel durch-
schritten hat, Jesus, den Sohn Gottes,
so [b]laßt uns am Bekenntnis festhalten.
Denn *wir haben ja nicht einen Hohen-* 15
priester, der mit unsern Schwächen kein
Mitleid haben könnte, sondern der wie wir
in allem [c]versucht worden ist, [d]doch ohne
Sünde. Darum laßt uns mit Zuversicht 16
vor den Thron der Gnade treten, damit
wir Barmherzigkeit empfangen und Gna-
de finden, wenn wir Hilfe nötig haben.[e]

Denn jeder Hohepriester, der aus 5
dem Kreis der Menschen genommen
wird, wird für die Menschen zum
Dienst vor Gott eingesetzt, um Gaben
und Opfer für die Sünden darzubrin-
gen. Er kann mitfühlen mit den Unwis- 2
senden und Irrenden, weil er auch sel-
ber Schwachheit an sich trägt. Darum 3
muß er nicht nur für das Volk, sondern
[f]auch für sich selbst Sündopfer dar-
bringen. Und niemand eignet sich 4

selbst die hohepriesterliche Würde an,
sondern [g] er wird von Gott berufen wie
5 schon Aaron. So hat auch Christus sich
nicht selbst die Würde des Hohenprie-
sters zugelegt, sondern der hat's getan,
der zu ihm gesagt hat (Psalm 2,7): »Du
bist mein Sohn, heute habe ich dich ge-
6 zeugt«. Wie er auch an anderer Stelle
spricht (Psalm 110,4): [h]»Du bist ein
Priester in Ewigkeit nach der Ordnung
7 Melchisedeks.« Und [i] er hat in seinem
Erdenleben Bitten und Flehen unter
lautem Geschrei und unter Tränen vor
den gebracht, der ihn vom Tod erretten
konnte; und er ist auch erhört worden,
8 weil er Gott in Ehren hielt. So hat er,
obwohl er Sohn war, durch sein Leiden
9 [j] Gehorsam gelernt. Und als er vollen-
det war, ist er für alle, die ihm gehorsam
sind, der Urheber ihres ewigen Heils
10 geworden und wurde von Gott ein Ho-
herpriester nach der Ordnung Melchi-
sedeks genannt.[k]

a Kap 3,1; 9,11.12 *b* Kap 10,23 *c* Kap 2,18
d Joh 8,46 *e* Röm 3,25; 5,2 *f* 3.Mose 9,7
g 2.Mose 28,1 *h* Kap 6,20 *i* Mt 26,39-46
j Phil 2,8 *k* Kap 7

Von der Gewißheit des Glaubens

11 Darüber hätten wir noch viel zu sagen;
aber es ist schwer, weil ihr so harthörig
12 geworden seid. Eigentlich müßtet ihr
schon längst selbst Lehrer sein; aber
ihr habt es noch nötig, daß man euch
die Anfangsgründe der göttlichen Bot-
schaft lehrt und daß man euch [a] Milch
13 gibt und nicht feste Speise. Denn wem
man noch Milch geben muß, der kann
noch keine richtige Rede verstehen; [b] er
14 ist ja wie ein kleines Kind. Feste Speise
aber ist für die Erwachsenen da; sie ha-
ben ihre Sinne durch den Gebrauch
geübt und können deshalb Gutes und
Böses unterscheiden.

6 Darum wollen wir jetzt nicht länger
über die Anfangsgründe der Lehre von
Christus reden, sondern uns dem zu-
wenden, was vollkommen ist; wir wol-
len nicht noch einmal mit den Grundla-
gen anfangen: mit der Abkehr von den
Werken, die den Tod bringen, mit dem
2 Glauben an Gott, mit der Lehre von
den Taufhandlungen, vom Hände-
auflegen, von der Auferstehung der
3 Toten und vom ewigen Gericht. Das
wollen wir tun, wenn Gott es zuläßt.

4 [c] Denn es ist unmöglich, Menschen
wieder zur Buße zuzulassen, die einmal
erleuchtet wurden, die himmlische
Gabe schmeckten, Anteil am heiligen
5 Geist empfingen, das gute Wort Gottes
und die Kräfte der zukünftigen Welt
schmeckten und die dann doch abgefal- 6
len sind. Damit kreuzigen sie von sich
aus den Sohn Gottes noch einmal und
machen ihn zum Gespött. Denn die 7
Erde empfängt Segen von Gott, wenn
sie den Regen trinkt, der oft auf sie fällt,
und dann für die, die sie bebauen, nütz-
liche Pflanzen hervorbringt. Wenn sie 8
aber Dornen und Disteln trägt, bringt
sie keinen Nutzen und ist vom Fluch
bedroht, so daß sie zuletzt abgebrannt
wird.

Wenn wir auch so reden, ihr Lieben, 9
sind wir doch davon überzeugt, daß es
besser mit euch steht und ihr gerettet
werdet. Denn Gott ist nicht ungerecht 10
und [d] vergißt nicht euer Werk und die
Liebe, die ihr seinem Namen erwiesen
habt, als ihr den Heiligen dientet, wie
ihr es auch jetzt noch tut. Wir wün- 11
schen aber, daß jeder einzelne von euch
denselben Eifer zeigt und so [e] seine
Hoffnung immer gewisser wird bis zum
Ende, damit ihr nicht träge werdet, 12
sondern Nachfolger derer, die durch
Glauben und Geduld die Verheißun-
gen erben.

Denn als Gott dem Abraham die 13
Verheißung gab, schwor er bei sich
selbst, da er bei keinem Größeren
schwören konnte, und sprach (1.Mose 14
22,16.17): »Wahrlich, ich will dich seg-
nen und mehren.« Und so wartete Ab- 15
raham in Geduld und erlangte die Ver-
heißung. Die Menschen schwören ja 16
bei einem Größeren, als sie selbst sind;
und [f] der Eid dient ihnen zur Bekräfti-
gung und schließt jeden Widerspruch
aus. Darum hat Gott, als er den Erben 17
der Verheißung nachdrücklich bewei-
sen wollte, daß sein Ratschluß unwan-
delbar ist, sich auch noch mit einem Eid
verbürgt. So sollten wir durch zwei un- 18
wandelbare Zusagen – denn es ist un-
möglich, daß Gott lügt –, umso stärkere
Ermutigung bekommen, da wir unsre
Zuflucht dazu genommen haben, an
der angebotenen Hoffnung festzuhal-
ten. Diese haben wir wie einen sicheren 19
und festen Anker für unsre Seele, und
sie reicht hinein bis in das Innere des
Tempels [g] hinter den Vorhang. Dort 20
hinein ging Jesus als Vorläufer für uns
und wurde ein [h] Hoherpriester nach der
Ordnung Melchisedeks in Ewigkeit.

a 1.Kor 3,1-3; 1.Petr 2,2 *b* Eph 4,14 *c* (4-6)
Kap 10,26-29; 2.Petr 2,20 *d* Kap 10,32-34
e Kap 3,14; Phil 1,6 *f* 2.Mose 22,10
g 3.Mose 16,2.12 *h* Kap 5,6

Christus, der Hohepriester nach der Ordnung Melchisedeks

7 [a]Dieser Melchisedek war König von
Salem und Priester Gottes des Höch-
sten; der ging Abraham entgegen, als er
von der Niederwerfung der Könige zu-
2 rückkam, und segnete ihn; ihm gab
Abraham auch den Zehnten von allem.
Sein erster Name heißt übersetzt: Kö-
nig der Gerechtigkeit. Dann aber heißt
er auch: König von Salem, das bedeu-
3 tet: König des Friedens. Er ist ohne
Vater, ohne Mutter, ohne Stamm-
baum, und sein Leben hat weder An-
fang noch Ende. [b]So gleicht er dem
Sohn Gottes und bleibt Priester in
4 Ewigkeit. Seht nun, wie groß der ist,
dem der Erzvater Abraham den Zehn-
5 ten von der eroberten Beute gab. Zwar
[c]haben auch die von den Söhnen Levi,
die das Priestertum empfangen, nach
dem Gesetz das Recht, den Zehnten
vom Volk zu nehmen, also von ihren ei-
genen Brüdern, obwohl diese wie sie
6 von Abraham abstammen. Hier aber
nahm einer, der nicht von ihrem
Stamm war, von Abraham den Zehnten
und segnete den, der die Verheißungen
7 hatte. Nun ist aber unbestritten, daß
das Geringere vom Höheren gesegnet
8 wird. Hier nehmen den Zehnten sterb-
liche Menschen, dort aber einer, dem
9 bezeugt wird, daß er lebt. Und sozusa-
gen ist auch Levi, der doch selbst den
Zehnten nimmt, in Abraham mit dem
10 Zehnten belegt worden. Denn er sollte
seinem Stammvater ja erst noch gebo-
ren werden, als ihm Melchisedek ent-
gegenging.

11 Wäre nun die Vollendung schon
durch das levitische Priestertum ge-
kommen – denn unter diesem hat das
Volk das Gesetz empfangen –, wozu
wäre es dann noch nötig gewesen, einen
andern als Priester nach der Ordnung
Melchisedeks einzusetzen, anstatt
einen nach der Ordnung Aarons zu er-
12 nennen? Denn wenn das Priestertum
verändert wird, dann muß auch das
13 Gesetz verändert werden. Denn der,
vom dem das gesagt wird, gehört einem
andern Stamm an, von dem nie einer
14 Zugang zum Altar gehabt hat. Denn es
ist ja offenbar, daß unser Herr [d]aus
Juda hervorgegangen ist, zu welchem
Stamm Mose nichts über das Priester-
15 tum gesagt hat. Und noch klarer ist es,
wenn, wie Melchisedek, ein anderer als
16 Priester eingesetzt wird, der nicht nach
dem Gesetz der leiblichen Herkunft
dazu bestimmt ist, sondern nach der
Kraft unzerstörbaren Lebens. Denn es 17
wird bezeugt (Psalm 110,4): [e]»Du bist
ein Priester in Ewigkeit nach der Ord-
nung Melchisedeks.« Damit wird die 18
frühere Vorschrift aufgehoben – weil
sie zu schwach und nutzlos war; denn 19
das Gesetz konnte nichts zur Vollen-
dung bringen –, und eingeführt wird
eine bessere Hoffnung, durch die wir
uns Gott nahen können. Und das ge- 20
schah nicht ohne Eid. Jene sind ohne
Eid Priester geworden, dieser aber 21
durch den Eid dessen, der zu ihm sagt
(Psalm 110,4): »Der Herr hat geschwo-
ren, und es wird ihn nicht reuen: Du
bist ein Priester in Ewigkeit.« So ist Je- 22
sus Bürge eines [f]viel besseren Bundes
geworden.

Außerdem sind von jenen viele nach- 23
einander Priester geworden, weil der
Tod sie hinderte zu bleiben; dieser aber 24
hat, weil er ewig bleibt, ein unvergäng-
liches Priestertum. Daher kann er auch 25
die für immer retten, die durch ihn zu
Gott kommen; denn er lebt für immer
und [g]bittet für sie. Denn einen solchen 26
Hohenpriester mußten wir haben, der
heilig, unschuldig, unbefleckt, von den
Sündern geschieden und höher ist als
der Himmel. Er hat es nicht nötig, wie 27
jene Hohenpriester, täglich [h]zuerst für
die eigenen Sünden und dann für die
des Volkes Opfer darzubringen; denn
das hat er ein für allemal getan, als er
sich selbst opferte. Denn das Gesetz 28
macht Menschen zu Hohenpriestern,
die Schwächen haben; dies Wort des
Eides aber, das erst nach dem Gesetz
gesagt worden ist, setzt den Sohn ein,
der in Ewigkeit vollkommen ist.

a (1 und 2) 1.Mose 14,18-20 *b* Joh 7,27
c 4.Mose 18,21 *d* 1.Mose 49,10; Mt 1,1-3
e Kap 5,6 *f* Kap 8,6; 12,24 *g* Röm 8,34;
1.Joh 2,1 *h* 3.Mose 9,7; 16,6.15

Der Mittler des neuen Bundes

Die Hauptsache von dem, was wir zu 8
sagen haben, ist dies: Wir haben solch
einen [a]Hohenpriester, der sich zur
Rechten des Thrones der Majestät im
Himmel gesetzt hat und der ein Diener 2
am Heiligtum und an der wahren
Stiftshütte geworden ist, die Gott auf-
gerichtet hat und nicht ein Mensch.
Denn jeder Hohepriester wird einge- 3
setzt, um Gaben und Opfer darzubrin-
gen. Darum muß auch dieser etwas ha-
ben, was er opfern kann. Wenn er nun 4
auf der Erde wäre, so wäre er kein Prie-

ster, weil es hier schon Priester gibt, die
5 nach dem Gesetz die Gaben opfern. Sie
dienen aber nur [b]dem Abbild und
Schatten des Himmlischen, wie ja auch
Mose, als er die Stiftshütte errichten
wollte, den Befehl empfing (2. Mose
25,40): »Sieh zu, daß du alles nach dem
Bild machst, das dir auf dem Berge ge-
zeigt worden ist.«
6 Nun aber hat er ein höheres Amt
empfangen, wie er ja auch der Mittler
eines [c]besseren Bundes ist, der sich auf
7 bessere Verheißungen gründet. Denn
wenn der erste Bund untadelig gewesen
wäre, so müßte man nicht versuchen,
einen andern an seine Stelle zu setzen.
8 Denn Gott tadelt sie, wenn er sagt (Je-
remia 31,31-34): »Siehe, es kommen
Tage, spricht der Herr, da will ich mit
dem Haus Israel und mit dem Haus
Juda [d]einen neuen Bund schließen,
9 nicht wie der Bund gewesen ist, [e]den
ich mit ihren Vätern schloß an dem
Tage, als ich sie bei der Hand nahm,
um sie aus Ägyptenland zu führen.
Denn sie sind nicht in meinem Bund
geblieben; darum habe ich auch nicht
mehr auf sie geachtet, spricht der Herr.
10 *Denn das ist der Bund, den ich nach*
diesen Tagen mit dem Haus Israel schlie-
ßen will, spricht der Herr: Ich will mein
Gesetz in ihren Sinn geben und es in ihr
Herz schreiben, und ich will ihr Gott sein,
11 *und sie sollen mein Volk sein.* Und es
wird keiner seinen Nächsten belehren
oder zu seinem Bruder sagen: Erkenne
den Herrn! Denn sie werden mich alle
kennen vom Kleinsten bis zum Größ-
12 ten. Denn ich will ihnen ihre Unge-
rechtigkeit vergeben, und an ihre Sün-
13 den will ich nicht mehr denken.« Indem
er sagt: »einen neuen Bund«, erklärt er
den ersten für veraltet. Was aber veral-
tet und überlebt ist, das ist seinem Ende
nahe.[f]

a Kap 4,14 *b* Kol 2,17 *c* Kap 7,22
d Kap 10,16.17 *e* 2.Mose 19,5.6 *f* Röm 10,4

Das einmalige Opfer Christi

9 Es hatte zwar auch der erste Bund seine
Ordnungen für den Gottesdienst und
2 sein irdisches Heiligtum. Denn die
Stiftshütte war da errichtet. In ihrem
vorderen Teil waren der [a]Leuchter,
der [b]Tisch und die [c]Schaubrote, und er
3 heißt: das Heilige. Hinter dem zweiten
Vorhang war der Teil der Stiftshütte,
4 der das [d]Allerheiligste heißt. [e]Hier
stand das goldene Räuchergefäß und
die Bundeslade, die ganz mit Gold
überzogen war; in ihr war der goldene
Krug mit dem Himmelsbrot und der
Stab Aarons, der gegrünt hatte, und die
Tafeln des Bundes. Über ihr standen 5
die Cherubim der Herrlichkeit, die den
Gnadenthron überschatteten. Von die-
sen Dingen ist jetzt nicht im einzel-
nen zu reden. Nachdem dies alles so 6
eingerichtet war, [f]gingen die Priester
fortan in den vorderen Teil der Stifts-
hütte und verrichteten den Gottes-
dienst. In den andern Teil aber ging 7
nur der Hohepriester [g]*einmal* im Jahr,
und das nicht ohne [h]Blut, das er für
die eigenen unwissentlich begangenen
Sünden und für die des Volkes opferte.
Damit macht der heilige Geist deutlich, 8
daß der [i]Weg ins Heilige noch nicht of-
fenbart worden war, solange der vorde-
re Teil der Stiftshütte stand. Dies ist 9
ein Gleichnis für die gegenwärtige
Zeit: es werden Gaben und Opfer dar-
gebracht, [j]die den nicht im Gewissen
vollkommen machen können, der im
Gottesdienst mitwirkt. Dies sind nur 10
äußerliche Ordnungen über [k]Speisen,
Getränke und verschiedene [l]Waschun-
gen, die so lange auferlegt bleiben, bis
die richtige Ordnung kommt.
Christus aber ist als Hoherpriester 11
der zukünftigen Güter gekommen
durch die bessere und vollkommenere
Stiftshütte, die nicht von Menschen-
hand gemacht ist, das heißt: die nicht
zu dieser Schöpfung gehört. Er ist auch 12
nicht durch das Blut von Böcken oder
Kälbern, sondern durch sein eigenes
Blut ein für allemal in das Heiligtum
gelangt und hat eine ewige Erlösung er-
worben. Denn wenn schon das Blut von 13
Böcken und Stieren und die [m]Asche
von der Kuh, mit Wasser ausgesprengt,
die Unreinen heiligt, so daß sie äußer-
lich rein sind, um wieviel mehr wird 14
dann das [n]Blut Christi, der sich selbst
als Opfer ohne Fehler durch den ewi-
gen Geist Gott dargebracht hat, unser
Gewissen [o]von den todbringenden
Werken reinigen, damit wir dem leben-
digen Gott dienen! Und darum ist er 15
auch der [p]Mittler des neuen Bundes,
damit durch seinen Tod, der zur Erlö-
sung von den Übertretungen unter
dem ersten Bund geschehen ist, die Be-
rufenen das verheißene ewige Erbe
empfangen.
Denn wo ein Testament* vorliegt, da 16
muß der Tod dessen nachgewiesen
werden, der das Testament gemacht
hat. Denn ein Testament tritt erst in 17

Kraft mit dem Tod; es ist noch nicht
gültig, solange der noch lebt, der es ge-
18 macht hat. Daher wurde auch der erste
19 Bund nicht ohne Blut gestiftet. Denn
als Mose alle Gebote des Gesetzes dem
ganzen Volk vorgetragen hatte, nahm
er das Blut von Kälbern und Böcken
mit Wasser und Scharlachwolle und
Ysop und besprengte das Buch und da-
20 nach das ganze Volk[q] und sagte (2.
Mose 24,8): »Das ist das Blut des Bun-
des, den Gott für euch angeordnet hat.«
21 Und die Stiftshütte und alle Geräte für
den Gottesdienst [r] besprengte er eben-
22 so mit Blut. Denn nach dem Gesetz
wird fast alles mit Blut gereinigt, und
[s] ohne Blutvergießen gibt es keine Ver-
gebung.
23 Auf diese Weise mußten die Abbil-
der der himmlischen Dinge gereinigt
werden; die himmlischen Dinge selbst
aber müssen bessere Opfer haben als
24 jene. Denn Christus ist nicht in ein
Heiligtum hineingegangen, das von
Menschenhand gemacht und nur ein
Abbild des wahren Heiligtums ist, son-
dern in den Himmel selbst, um jetzt vor
dem Angesicht Gottes für uns [t] einzu-
25 treten; auch nicht, um sich oftmals zu
opfern, wie der Hohepriester jedes Jahr
mit fremdem Blut in das Heiligtum
26 geht; sonst hätte er vom Anfang der
Welt an oft leiden müssen. Nun aber,
[u] am Ende der Weltzeit, ist er ein für al-
lemal erschienen, um durch sein eige-
27 nes Opfer [v] die Sünde aufzuheben. Und
wie es [w] den Menschen bestimmt ist,
einmal zu sterben und danach gerichtet
28 zu werden, so ist Christus auch *einmal*
[x] geopfert worden, um die Sünden vie-
ler auf sich zu nehmen; zum zweiten
Mal wird er nicht der Sünde wegen er-
scheinen, sondern denen, die auf ihn
warten, zum Heil.

10 Denn das Gesetz enthält nur das
[y] Schattenbild der zukünftigen Güter,
nicht aber die Gestalt der Güter selbst.
Deshalb kann es diejenigen, die vor
Gott treten, nicht für immer vollkom-
men machen, da man ja alle Jahre die
2 gleichen Opfer bringen muß. Hätte
man nicht aufhören können zu opfern,
wenn die, die im Gottesdienst mitwir-
ken, ein für allemal rein geworden und
sich keiner Sünde mehr bewußt gewe-
3 sen wären? Aber gerade dadurch wer-
den sie Jahr für Jahr [z] an die Sünden
4 erinnert. Denn es ist unmöglich, daß
das Blut von Stieren und Böcken Sün-
den wegnimmt.

Darum sagt er, wenn er in die Welt 5
kommt (Psalm 40,7-9): »Opfer und Ga-
ben hast du nicht gewollt; aber einen
Leib hast du mir gegeben. Brandopfer 6
und Sündopfer gefallen dir nicht. Da 7
sprach ich: Siehe, ich komme – im
Buch steht von mir geschrieben –, da-
mit ich, Gott, deinen Willen tue.«
Zuerst hatte er gesagt: »Opfer und Ga- 8
ben, Brandopfer und Sündopfer hast
du nicht gewollt, sie gefallen dir auch
nicht«, obwohl sie doch nach dem Ge-
setz geopfert werden. Dann aber sagte 9
er: »Siehe, ich komme, damit ich dei-
nen Willen tue.« Damit hebt er das erste
auf, um das zweite in Kraft zu setzen.
Nach diesem Willen sind wir [aa] ein für 10
allemal geheiligt durch das Opfer des
Leibes Jesu Christi.
Jeder Priester versieht [ab] Tag für Tag 11
seinen Dienst und bringt immer wieder
die gleichen Opfer dar, die doch nie-
mals die Sünden wegnehmen können.
Jesus Christus aber hat ein einziges 12
Opfer für die Sünden dargebracht und
hat sich für immer zur Rechten Gottes
gesetzt und wartet so lange, bis [ac] seine 13
Feinde zum Schemel seiner Füße ge-
macht werden. Denn mit *einem* Opfer 14
hat er für immer die vollendet, die ge-
heiligt werden sollen. Das bezeugt uns 15
auch der heilige Geist. Denn nachdem
der Herr gesagt hat (Jeremia 31,33.34):
»Das ist der [ad] Bund, den ich mit ihnen 16
schließen will nach diesen Tagen«,
spricht er: »Ich will mein Gesetz in ihr
Herz geben und es in ihren Sinn schrei-
ben, und an ihre Sünden und ihre Un- 17
gerechtigkeit will ich nicht mehr den-
ken.« [ae] *Wo aber die Sünden vergeben* 18
sind, gibt es kein Opfer mehr.

a 2.Mose 25,31 *b* 2.Mose 25,23 *c* 2.Mose 25,30
d 2.Mose 26,33 *e (4 und 5)* 2.Mose 16,33;
25,10-22; 4.Mose 17,23-25 *f* 4.Mose 18,3.4
g 2.Mose 30,10 *h* 3.Mose 16,2.14.15 *i* Kap 10,20
j Kap 7,19; 10,1.2 *k* 3.Mose 11 *l* 4.Mose 19
m 4.Mose 19,2.9.17 *n* 1.Petr 1,18.19; 1.Joh 1,7;
Offb 1,5 *o* Kap 1,3 *p* Kap 12,24; 1.Tim 2,5
q 4.Mose 19,6 *r* 3.Mose 8,15 *s* 3.Mose 17,11
t Kap 7,25; 1.Joh 2,1 *u* 1.Kor 10,11; Gal 4,4
v Kap 1,3 *w* 1.Mose 3,19 *x* Kap 10,10.12.14
y Kap 8,5 *z* 3.Mose 16,34 *aa* Joh 17,19
ab 2.Mose 29,38 *ac* Ps 110,1 *ad* Kap 8,10
ae Kap 8,12
*Kap 9,16: Das griechische Wort für Bund bedeutet auch Testament. Darum wird hier eine Regel, die für ein Testament gilt, auf den Bund Gottes angewandt.

Das Bekenntnis der Hoffnung

So haben wir nun, liebe Brüder, durch 19
das Blut Jesu die Freiheit zum [a] Eintritt
in das Heiligtum. Er hat uns einen neu- 20
en und lebendigen [b] Weg durch den

Vorhang eröffnet, das heißt durch sei-
21 nen Leib. Haben wir nun einen Hohen-
22 priester über das Haus Gottes, dann
[c]laßt uns eintreten mit wahrhaftigem
Herzen und in der Gewißheit des Glau-
bens, besprengt in unsern Herzen und
damit befreit von dem bösen Gewissen
und den [d]Leib gewaschen mit reinem
23 Wasser. [e]*Laßt uns am Bekenntnis der*
Hoffnung festhalten und nicht wanken;
denn treu ist der, der die Verheißung ge-
24 *geben hat;* und laßt uns aufeinander
achtgeben und uns anspornen zur Lie-
25 be und zu guten Werken. Verlaßt eure
Gemeindeversammlungen nicht, wie es
sich einige angewöhnt haben, sondern
[f]ermahnt euch gegenseitig, und das um
so mehr, [g]als ihr seht, daß sich der Tag
naht.
26 [h]Denn wenn wir absichtlich sündi-
gen, nachdem wir die Erkenntnis der
Wahrheit empfangen haben, gibt es
fortan kein andres Opfer mehr für uns-
27 re Sünden,[i] sondern es bleibt nichts als
ein schreckliches Warten auf das Ge-
richt und das gierige Feuer, das die Wi-
28 dersacher verzehren wird. Schon wenn
jemand das Gesetz des Mose bricht,
[j]muß er ohne Erbarmen sterben, wenn
zwei oder drei Zeugen gegen ihn aussa-
29 gen. Eine wieviel härtere Strafe, meint
ihr, wird der verdienen, der den Sohn
Gottes mit Füßen tritt und das Blut des
Bundes, durch das er doch geheiligt
worden ist, verachtet und den Geist der
30 Gnade schmäht?[k] Denn wir kennen
den, der gesagt hat (5.Mose 32,35.36):
»Die Rache ist mein, ich will vergelten«,
und wieder: »Der Herr wird sein Volk
31 richten.« Schrecklich ist's, in die Hände
des lebendigen Gottes zu fallen.[l]
32 Denkt an die früheren Tage, an de-
nen ihr, [m]nachdem ihr erleuchtet wor-
den wart, einen schweren Leidens-
33 kampf erduldet habt. Da seid ihr durch
Schmähungen und Bedrängnisse zum
[n]Schauspiel geworden oder hattet An-
teil an den Leiden derer, denen es so er-
34 ging. Denn ihr habt mit den Gefange-
nen gelitten und den Raub eures Eigen-
tums mit Freuden erduldet, weil ihr
wißt, daß ihr [o]einen besseren und blei-
35 benden Besitz habt. Darum *werft euer*
Vertrauen nicht weg, denn es findet rei-
36 *chen Lohn. Ihr braucht aber* [p]*Geduld,*
damit ihr den Willen Gottes tut und die
Verheißung empfangt.
37 Denn »nur noch eine kurze Zeit,
dann wird der kommen, der kommen
soll, und wird nicht auf sich warten las-
sen. Mein [q]Gerechter aber wird aus 38
Glauben leben. Wenn er aber zurück-
weicht, hat meine Seele kein Gefallen
an ihm« (Habakuk 2,3.4). *Wir aber* [r]*ge-* 39
hören nicht zu denen, die zurückweichen
und verloren gehen, sondern zu denen, die
glauben und das Leben gewinnen.

a Mt 27,51; Röm 5,2 *b* Kap 9,8 *c* Kap 4,16
d Eph 5,26; 1.Petr 3,21 *e* Kap 4,14 *f* Kap 3,13
g Röm 13,11.12 *h* (26–29) Kap 6,4-8
i 4.Mose 15,30 *j* 5.Mose 17,6 *k* Kap 2,3; 12,25
l Kap 12,29 *m* Kap 6,4 *n* 1.Kor 4,9 *o* Mt 6,20;
19,21.29 *p* Lk 21,19; Jak 5,7 *q* Röm 1,17
r 1.Thess 3,3

Der Glaubensweg im alten Bund

Der Glaube ist eine feste Zuversicht auf 11
das, was man hofft, und ein Nichtzwei-
feln an dem, was man nicht sieht.[a] Wegen 2
dieses Glaubens haben die Vorfahren
bei Gott Anerkennung gefunden.
Durch den Glauben erkennen wir, daß 3
[b]die Welten durch Gottes Wort er-
schaffen wurden, so daß alles, was man
sieht, aus nichts entstanden ist.
Durch den Glauben brachte [c]*Abel* 4
Gott ein besseres Opfer dar als Kain.
Deshalb wurde ihm bezeugt, daß er ge-
recht war; das tat Gott, als Abel seine
Gaben darbrachte. Und durch den
Glauben redet er immer noch, obwohl
er längst gestorben ist. Durch den 5
Glauben [d]wurde *Henoch* entrückt, da-
mit er den Tod nicht sehen sollte, und
er wurde nicht mehr gefunden, weil
Gott ihn entrückt hatte; denn vor sei-
ner Entrückung wurde ihm bezeugt,
daß er Gott gefiel. Aber *ohne Glauben* 6
ist's unmöglich, Gott zu gefallen; denn
wer zu Gott kommen will, der muß glau-
ben, daß er ist und daß er denen, die ihn
suchen, ihren Lohn gibt. Durch den 7
Glauben [e]ehrte *Noah* Gott und baute
die Arche zur Rettung seines Hauses,
als er ein göttliches Wort über das, was
man noch nicht sah, empfangen hatte.
Dadurch sprach er der Welt ihr Urteil
und wurde zum Erben der Gerechtig-
keit, die durch den Glauben kommt.
[f]Durch den Glauben wurde *Abra-* 8
ham gehorsam, als er berufen wurde, in
ein Land zu ziehen, das er erben sollte;
und er zog aus, ohne zu wissen, wohin
er kommen würde. Durch den Glauben 9
lebte er als Gast in dem verheißenen
Lande wie in einem fremden und
wohnte in Zelten mit Isaak und Jakob,
den Miterben derselben Verheißung.
Denn er wartete auf die Stadt, die einen 10
festen Grund hat, deren Baumeister
und Schöpfer Gott ist. Durch den 11
Glauben bekam er die Kraft, Vater zu

werden, obwohl er schon alt war und
Sara unfruchtbar; denn er hielt den für
12 treu, der es verheißen hatte. Darum
stammen auch von dem einen, der ei-
gentlich nicht mehr Vater werden
konnte, so viele ab wie die Sterne am
Himmel und wie der Sand am Ufer des
13 Meeres, der unzählbar ist. Diese alle
starben im Glauben, erlangten aber das
Verheißene nicht, sondern sahen es nur
von ferne, grüßten es und bekannten,
daß sie [g] Gäste und Fremdlinge auf Er-
14 den waren. Wenn sie aber so sprechen,
geben sie zu verstehen, daß sie ein Va-
15 terland suchen. Wenn sie das Land ge-
meint hätten, von dem sie ausgezogen
waren, hätten sie ja Zeit gehabt, wieder
16 umzukehren. Nun aber sehnen sie sich
nach einem besseren Vaterland, näm-
lich dem himmlischen. Darum schämt
sich Gott nicht, ihr Gott zu heißen;
denn er hat ihnen eine Stadt gebaut.
17 Durch den Glauben [h] opferte *Abra-
ham* den Isaak, als er versucht wurde,
und gab den einzigen Sohn dahin, ob-
wohl er schon die Verheißungen emp-
18 fangen hatte und ihm gesagt worden
war (1. Mose 21,12): »Was von Isaak
abstammt, soll deine Nachkommen-
19 schaft heißen.« Er dachte: Gott kann
auch von den Toten erwecken. Als Zei-
chen dafür hat er auch seinen Sohn
wiederbekommen.
20 [i] Durch den Glauben segnete *Isaak*
den Jakob und Esau mit dem Blick auf
21 die zukünftigen Dinge. Durch den Glau-
ben segnete *Jakob,* als er starb, die bei-
den Söhne Josefs und [j] neigte sich an-
22 betend über seinen Stab. Durch den
Glauben sprach *Josef,* als er starb, über
den künftigen Auszug der Israeliten
und bestimmte, was mit seinen Gebei-
nen geschehen sollte.
23 [k] Durch den Glauben wurde *Mose*
nach seiner Geburt drei Monate lang
von seinen Eltern verborgen gehalten,
weil sie sahen, daß er ein schönes Kind
war; und sie fürchteten sich nicht vor
24 dem Gebot des Königs. Durch den
Glauben wollte Mose, als er groß ge-
worden war, nicht mehr als Sohn der
25 Tochter des Pharao gelten, sondern
wollte viel lieber mit dem Volk Gottes
zusammen leiden, als durch eine Sünde
26 für kurze Zeit Vorteile zu haben. So
war ihm die Schmach Christi ein grö-
ßerer Reichtum als die Schätze Ägyp-
tens; denn er sah auf die Belohnung.
27 Durch den Glauben verließ er Ägypten
und fürchtete nicht den Zorn des Kö-
nigs; denn er hielt sich an den, den er
nicht sah, so als sähe er ihn. Durch den 28
Glauben hielt er das Passa und ließ die
Pfosten mit Blut bestreichen, damit der
Verderber ihre Erstgeburten nicht tö-
ten sollte. Durch den Glauben gingen 29
sie durchs Rote Meer wie über trocke-
nes Land; das versuchten die Ägypter
auch und ertranken.
[l] Durch den Glauben fielen die 30
Mauern Jerichos, als Israel sieben Tage
um sie herumgezogen war. Durch den 31
Glauben wurde die [m] Hure *Rahab* nicht
mit den Ungehorsamen umgebracht,
weil sie die Kundschafter freundlich
aufgenommen hatte.
[n] Was soll ich noch mehr sagen? Die 32
Zeit würde mir zu kurz, wenn ich noch
von Gideon, Barak, Simson, Jeftah,
David, Samuel und den Propheten er-
zählen sollte. Diese haben durch den 33
Glauben Königreiche bezwungen, Ge-
rechtigkeit geschaffen, Verheißungen
erlangt, Löwen den Rachen gestopft,
gewaltige Feuer ausgelöscht, sind der 34
Schärfe des Schwerts entronnen, als
Schwache zu Kräften gekommen, stark
geworden im Kampf und haben fremde
Heere zum Weichen gebracht. Frauen 35
haben [o] ihre Toten durch Auferstehung
wiederbekommen. Andere aber sind
[p] zu Tode gefoltert worden und haben
die Freilassung nicht angenommen, um
die Auferstehung, die besser ist, zu er-
langen. Wieder andere haben Spott 36
und Geißelung erlitten, dazu [q] Ketten
und Gefängnis. Sie sind [r] gesteinigt, 37
zersägt und durchs Schwert getötet
worden; sie sind umhergezogen in
Schafpelzen und Ziegenfellen; sie ha-
ben Mangel, Trübsal und Mißhand-
lungen erduldet. Sie, deren die Welt 38
nicht wert war, sind umhergeirrt in
Wüsten und auf Bergen, in Höhlen und
in Erdlöchern.
Diese alle [s] haben durch den Glauben 39
bei Gott Anerkennung gefunden und
doch nicht das erlangt, was verheißen
war, weil Gott etwas Besseres für uns 40
vorgesehen hat. Denn sie sollten nicht
ohne uns vollendet werden.

a 2.Kor 5,7 *b* 1.Mose 1,1-2,4; 2.Makk 7,28
c 1.Mose 4,3.4 *d* 1.Mose 5,24
e 1.Mose 6,8.9.13-22 *f (8-12)* 1.Mose 12-21
g 1.Mose 23,4; 47,9; 1.Chr 29,15
h 1.Mose 22,1-19; Jak 2,21 *i (20-22)*
1.Mose 27,1-40; 48; 50 *j* 1.Mose 47,31 *k (23-29)*
2.Mose 2; 12; 14 *l (30 und 31)* Jos 2; 6,1-25
m Jak 2,25 *n (32-34)* Ri 6,11-8,32; 4,4-24;
13,1-16,31; 11,1-12,7; 1.Sam 17; Dan 6
o 1.Kön 17,17-24; 2.Kön 4,8-37
p 2.Makk 6,18-31; 7 *q* 1.Kön 22,27; Jer 20,1-3;
37,11-16 *r* 2.Chr 24,21 *s* Vers 4.5

12 **Der Glaubensweg der Christen**
Weil wir eine solche Wolke von Zeugen
um uns haben, [a] laßt uns alles ablegen,
was uns beschwert, auch die Sünde, die
uns ständig umstrickt. Laßt uns mit
Ausdauer in dem Wettkampf laufen,
2 der uns bestimmt ist, und dabei auf Je-
sus sehen, den Begründer und Vollen-
der des Glaubens. Dieser hat wegen der
Freude, die ihn erwartete, die Schande
nicht geachtet, das Kreuz erduldet und
sich dann zur Rechten des Thrones
3 Gottes gesetzt.[b] Denkt an den, der so-
viel [c] Widerspruch von den Sündern er-
duldet hat, damit ihr nicht müde wer-
det und den Mut nicht sinken laßt.

4 Ihr habt im Kampf gegen die Sünde
noch nicht bis aufs Blut widerstanden,
5 und ihr habt bereits den Trost verges-
sen, der euch wie Kindern zugespro-
chen wird (Sprüche 3,11.12): »Mein
Sohn, mißachte die Züchtigung des
Herrn nicht und verzage nicht, wenn
6 du von ihm gestraft wirst. Denn [d] wen
der Herr lieb hat, den erzieht er mit
Strenge, und wen er als Sohn annimmt,
den schlägt er.«

7 Zu eurer Erziehung müßt ihr leiden.
Gott behandelt euch als seine Kinder;
denn wo ist ein Sohn, den der Vater
8 nicht züchtigt? Wenn ihr aber ohne
Züchtigung bleibt, die doch alle erfah-
ren haben, dann seid ihr Ausgestoßene
9 und nicht Kinder. Wenn unsre leib-
lichen Väter uns streng erzogen und wir
sie dennoch geachtet haben, sollten wir
uns dann nicht viel mehr dem gött-
lichen Vater unterordnen, damit wir le-
10 ben? Denn jene haben uns nur für kur-
ze Zeit und nach ihrem Gutdünken ge-
züchtigt, dieser aber tut es zu unserm
Besten, damit wir an seiner Heiligkeit
11 Anteil erlangen. *Jede Züchtigung aber
scheint uns, wenn sie da ist, nicht Freude,
sondern Leid zu sein; danach aber bringt
sie denen, die dadurch geübt worden sind,
Frieden und Gerechtigkeit als ihre
Frucht.*[e]

12 Darum stärkt die müden Hände und
13 die wankenden Knie[f] und [g] schafft ge-
rade Wege für eure Füße, damit das,
was lahm ist, nicht auch noch strau-
chelt, sondern vielmehr gesund wird.
14 *Bemüht euch um [h] Frieden mit jedermann
und um Heiligung, ohne die niemand den
15 Herrn sehen wird.* Achtet darauf, daß
niemand die Gnade Gottes verfehlt;
daß nicht etwa eine [i] bittere Wurzel
wieder ausschlägt und Schaden anrich-
tet und viele durch sie unrein werden;
daß niemand ein Abtrünniger oder 16
Gottloser wird wie [j] Esau, der für eine
einzige Mahlzeit sein Erstgeburtsrecht
verkaufte. Ihr wißt ja, daß er [k] später, 17
als er den Segen erben wollte, verwor-
fen wurde, denn er fand keine Gelegen-
heit mehr zur Umkehr, obwohl er sie
unter Tränen suchte.

Denn ihr seid nicht zu einem Feuer 18
gekommen, das loderte und in das man
hineingreifen könnte, noch in Dunkel-
heit, Finsternis und Ungewitter,[l] noch 19
zum Schall der Posaune und zum
Dröhnen der Stimme, wobei [m] die Hö-
rer baten, daß ihnen kein Wort mehr
gesagt wurde; denn sie konnten nicht 20
ertragen, was da gesagt wurde (2.Mose
19,13): »Und wenn auch nur ein Tier
den Berg anrührt, soll es gesteinigt wer-
den.« Und so schrecklich war die Er- 21
scheinung, daß Mose sagte (5.Mose 9,
19): »Ich bin erschrocken und zittere.«
Sondern ihr seid zu dem Berg Zion 22
gekommen und zu der Stadt des leben-
digen Gottes, dem [n] himmlischen Jeru-
salem, und [o] den vielen tausend Engeln,
und zu der Versammlung und Gemein- 23
de der Erstgeborenen, deren Namen
[p] im Himmel aufgeschrieben sind, und
zu Gott, dem Richter über alle, und zu
den Geistern der vollendeten Gerech-
ten und zu dem [q] Mittler des neuen 24
Bundes, Jesus, und zu dem Blut der Be-
sprengung, das besser [r] redet als Abels
Blut.

Gebt acht, daß ihr den nicht abweist, 25
der zu euch redet. Denn wenn jene
nicht entrinnen konnten, die den ab-
lehnten, der auf der Erde Weisungen
gab, um wieviel weniger werden wir
entrinnen, wenn wir den ablehnen, der
vom Himmel Weisungen gibt.[s] Damals 26
hat seine Stimme die Erde erschüttert,
jetzt aber verheißt er (Haggai 2,6):
»Noch einmal will ich erschüttern, dies-
mal aber nicht nur die Erde, sondern
auch den Himmel.« Dieses »Noch ein- 27
mal« zeigt an, daß das, was erschüttert
werden kann, als etwas Geschaffenes
verwandelt werden soll, damit allein
das bleibt, was nicht erschüttert wer-
den kann. Weil wir nun ein unerschüt- 28
terliches Reich empfangen, laßt uns
dankbar sein und so Gott in rechter
Furcht dienen, wie es ihm gefällt; denn 29
unser Gott ist ein verzehrendes Feuer.[t]

a 1.Kor 9,24 *b* Kap 5,8.9; Phil 2,8.10 *c* Mt 26,67; Lk 2,34 *d* Offb 3,19 *e* 2.Kor 4,17.18 *f* Jes 35,3 *g* Spr 4,26.27 *h* Röm 12,18; 2.Tim 2,22

i 5.Mose 29,17 *j* 1.Mose 25,33.34
k 1.Mose 27,30-40 *l* 2.Mose 19,12.16.18;
5.Mose 4,11 *m* 2.Mose 20,19 *n* Gal 4,26; Eph 2,6;
Phil 3,20; Offb 21,2 *o* Offb 5,11 *p* Lk 10,20
q Kap 9,15 *r* 1.Mose 4,10 *s* Kap 2,2; 10,28.29
t Kap 10,31; 5.Mose 4,24

Letzte Ermahnungen

13 Bleibt fest in der [a]brüderlichen Liebe.
2 Vergeßt nicht, [b]gastfrei zu sein; denn
dadurch haben einige ohne ihr Wissen
3 [c]Engel beherbergt. Denkt an die [d]Ge-
fangenen, als wäret ihr Mitgefangene,
und an die Mißhandelten, weil ihr
selbst nicht unverletzlich seid.
4 Die Ehe soll bei allen in Ehren gehal-
ten werden und das Ehebett soll rein
bleiben; denn die Unzüchtigen und die
Ehebrecher wird Gott richten.
5 Seid nicht geldgierig, und [e]begnügt
euch mit dem, was ihr habt. Denn er
selbst hat gesagt (Josua 1,5): »Ich will
dich nicht verlassen und nicht von dir
6 weichen.« So dürfen auch wir getrost
sagen: »Der Herr ist mein Helfer, ich
will mich nicht fürchten; was kann mir
ein Mensch antun?« (Psalm 118,6)
7 Denkt an eure Lehrer, die euch das
Wort Gottes gesagt haben; seht auf ihr
Ende und nehmt euch ihren Glauben
8 zum Vorbild. *Jesus Christus ist derselbe
gestern und heute und bleibt es auch in
9 Ewigkeit*[f] Laßt euch nicht [g]durch ver-
schiedenartige und fremde Lehren ir-
reführen; denn es ist gut, wenn das
Herz durch Gnade [h]fest wird, [i]nicht
durch das Halten von Speisegeboten,
von denen niemand einen Nutzen hat.
10 Wir haben einen Altar, von dem die
nicht essen dürfen, die noch der Stifts-
11 hütte dienen. Denn das Fleisch der
Opfertiere, deren Blut durch den Ho-
henpriester als Sündopfer in das Heili-
ge getragen wird, wird [j]außerhalb des
12 Lagers verbrannt. Darum hat auch Je-
sus, um das Volk durch sein eigenes
Blut zu heiligen, [k]draußen vor dem Tor
13 gelitten. So laßt uns nun zu ihm hinaus-
gehen aus dem Lager und seine
[l]Schmach mit ihm tragen. Denn *wir* 14
haben hier keine bleibende Stadt, sondern
[m]*wir suchen die zukünftige.* So laßt uns 15
nun durch ihn allezeit Gott [n]das Lob-
opfer darbringen; das ist die [o]Frucht
der Lippen, die seinen Namen beken-
nen. *Vergeßt nicht, Gutes zu tun und mit* 16
andern zu teilen; denn solche Opfer ge-
fallen Gott. [p]Gehorcht euren Lehrern 17
und folgt ihnen; denn sie wachen über
euch und müssen dafür [q]Rechenschaft
geben. Sie sollen das mit Freuden tun
können und nicht mit Seufzen, denn
das wäre nicht gut für euch.
[r]Betet für uns. 18
Wir sind aber überzeugt, daß wir
[s]ein gutes Gewissen haben, und wollen
in jeder Hinsicht ein ordentliches Le-
ben führen. Ich ermahne euch aber 19
ganz besonders, dies zu tun, damit ich
möglichst bald wieder zu euch komme.

a Joh 13,34; 2.Petr 1,7 *b* Röm 12,13; 1.Petr 4,9;
3.Joh 5-8 *c* 1.Mose 18,2.3; 19,2.3 *d* Mt 25,36
e 1.Tim 6,6 *f* Jes 41,4; 1.Kor 3,11; Offb 1,17.18;
22,13 *g* Eph 4,14 *h* 2.Kor 1,21 *i* Röm 14,17;
1.Tim 4,8 *j* 3.Mose 16,27 *k* Mt 21,39; Joh 19,17
l Kap 11,26; 12,2 *m* Kap 11,10; 12,22
n Ps 50,14.23 *o* Hos 14,3 *p* 1.Thess 5,12
q Hes 3,17-19 *r* Röm 15,30 *s* 2.Kor 1,11.12

Segenswunsch und Grüße

Der Gott des Friedens, der den großen 20
[a]Hirten der Schafe, unsern Herrn Je-
sus, durch das Blut des ewigen Bundes
von den Toten heraufgeführt hat, der 21
mache euch fähig zu allem Guten, da-
mit ihr seinen Willen tut. Er möge in
uns das bewirken, was ihm gefällt,
durch Jesus Christus; dem sei Ehre von
Ewigkeit zu Ewigkeit! Amen.
Ich bitte euch aber, liebe Brüder, 22
nehmt dies Wort der Ermahnung an;
ich habe euch ja nur kurz geschrieben.
Ihr sollt wissen, daß unser Bruder Ti- 23
motheus wieder frei ist; mit ihm will
ich euch besuchen, sobald er kommt.
Grüßt alle eure Lehrer und alle Heili- 24
gen. Es grüßen euch die Brüder aus Ita-
lien. Die Gnade sei mit euch allen! 25

a Joh 10,12; 1.Petr 2,25

DER BRIEF DES JAKOBUS

Glaube bewährt sich im rechten Tun

I Jakobus, Knecht Gottes und des Herrn
Jesus Christus, an die zwölf Stämme,
die unter den Völkern verstreut woh-
nen: Freut euch!

Der Christ in der Anfechtung

2 Meine lieben Brüder, haltet es für lau-
ter Freude, wenn ihr in mancherlei An-
3 fechtungen fallt,[a] weil ihr wißt, daß
euer Glaube, wenn er sich bewährt,
4 Geduld bewirkt. Die Geduld aber soll
ihr Werk tun bis ans Ende, damit ihr
vollkommen und ohne Tadel seid und
keinen Mangel aufweist.
5 Wenn es aber jemandem unter euch
an Weisheit mangelt, so bitte er Gott
darum, [b]der jedem gern gibt und keine
Vorhaltungen macht; dann wird sie
6 ihm gegeben werden. Er [c]bitte aber im
Glauben und zweifle nicht; denn [d]wer
zweifelt, der gleicht einer Meereswoge,
die vom Winde getrieben und hin und
7 her geworfen wird. Ein solcher Mensch
denke nicht, daß er etwas von dem
8 Herrn empfangen wird. Ein Zweifler
ist unbeständig auf allen seinen Wegen.
9 Ein Bruder, der arm ist, rühme sich
10 seiner Höhe;[e] [f]wer aber reich ist, rüh-
me sich seiner Niedrigkeit, denn [g]wie
eine Blume auf dem Felde wird er ver-
11 gehen. Die Sonne geht auf mit ihrer
Glut und [h]versengt das Gras, die Blu-
me fällt ab, und ihre schöne Gestalt
vergeht: so wird auch der Reiche verge-
hen mit allem, was er unternimmt.
12 *Selig ist der Mann, der die Anfechtung*
erduldet; denn nach seiner Bewährung
wird er die [i]Krone des Lebens empfangen,
die Gott denen verheißen hat, die ihn lieb
haben.

a Röm 5,3-5; 1.Petr 4,13 *b* Kap 3,15; Spr 2,3-6
c Mk 11,24 *d* 1.Tim 2,8 *e* Kap 2,5 *f* 1.Tim 6,17
g 1.Petr 1,24 *h* Jes 40,6.7 *i* 2.Tim 4,8

Der Ursprung der Versuchung

13 Keiner, der versucht wird, soll sagen,
daß er von Gott versucht werde. Denn
Gott kann nicht versucht werden zum
Bösen, und er selbst versucht niemand.
14 [a]Sondern jeder, der versucht wird,
wird [b]von seinen eigenen Begierden ge-
reizt und gelockt. Wenn die Begierde 15
dann empfangen hat, gebiert sie die
Sünde; wenn aber die Sünde vollendet
ist, [c]gebiert sie den Tod. Irrt euch 16
nicht, meine lieben Brüder. *Alle [d]guten* 17
Gaben und alle vollkommenen Gaben
kommen von oben herab, von dem [e]Vater
des Lichts, bei dem keine Veränderung ist
und kein Wechsel von Licht und Finster-
nis. Er hat [f]uns geschaffen nach seinem 18
Willen durch das Wort der Wahrheit,
damit wir gleichsam die Erstlinge unter
seinen Geschöpfen sind.

a (14 und 15) 1.Mose 3,6 *b* Röm 7,7.8 *c* Röm
d Mt 7,11 *e* 1.Joh 1,5 *f* Joh 1,13; 1.Petr 1,23

Hören und Tun des Wortes

Ihr sollt wissen, meine lieben Brüder: 19
jeder Mensch sei [a]schnell beim Hören,
langsam beim Reden, langsam im Zorn.
Denn [b]im Zorn tut kein Mensch, was 20
vor Gott recht ist. Darum [c]legt alle Un- 21
sauberkeit und alle Bosheit ab und
nehmt das Wort bereitwillig an, das in
euch eingepflanzt ist und das eure See-
len retten kann. [d]*Seid aber Täter des* 22
Worts und nicht nur Hörer; denn sonst
betrügt ihr euch selbst. Denn wenn je- 23
mand nur ein Hörer des Worts und
nicht auch ein Täter ist, so gleicht er
einem Mann, der sein Gesicht im Spie-
gel beschaut: nachdem er sich beschaut 24
hat, geht er davon und vergißt sofort,
wie er aussah. Wer aber durchblickt in 25
das vollkommene [e]Gesetz der Freiheit
und dabei bleibt und nicht ein vergeß-
licher Hörer, sondern ein Täter ist,[f] der
wird glücklich werden in seinem Tun.
Wenn jemand meint, er diene Gott, 26
und [g]seine Zunge nicht im Zaum hält,
sondern sein Herz betrügt, so ist sein
Gottesdienst nichts wert. Ein reiner 27
und unbefleckter Dienst vor Gott, dem
Vater, ist der: die Waisen und Witwen
in ihrer Not besuchen und sich selbst
von der Welt unbefleckt halten.

a Spr 29,20; Pred 5,1.2; 7,9 *b* Spr 29,22;
Eph 4,26 *c* 1.Petr 2,1 *d* Mt 7,26; Röm 2,13
e Kap 2,12; Röm 8,2 *f* Joh 13,17 *g* 1.Petr 3,10

Kein Ansehen der Person in der Gemeinde

2 Liebe Brüder, laßt euch in eurem Glau-
ben an unsern Herrn Jesus Christus,
den Herrn der Herrlichkeit, nicht
durch das Ansehen der Person bestim-
2 men. Denn wenn in eure Versammlung
ein Mann mit goldenen Ringen und
prächtiger Kleidung kommt und zu-
gleich kommt auch ein Armer in unsau-
3 berer Kleidung und ihr seht auf den,
der prächtig gekleidet ist, und sagt zu
ihm: Setz du dich hierher auf den guten
Platz! und sagt zugleich zu dem Ar-
men: Stell du dich dorthin! oder: Setz
4 dich hierher zu meinen Füßen!, ist's
recht, daß ihr solche Unterschiede bei
euch macht und mit so schlechten
Gründen urteilt?

5 Hört zu, meine lieben Brüder! Hat
nicht Gott [a]die Armen in dieser Welt
dazu erwählt, reich [b]im Glauben und
Erben des Reichs zu sein, das er denen
6 verheißen hat, die ihn lieb haben? Ihr
aber habt den Armen geringschätzig
behandelt. Sind es nicht die Reichen,
die euch Gewalt antun und euch vor
7 Gericht ziehen? Beschimpfen sie nicht
den guten [c]Namen, der über euch ge-
8 nannt ist? Wenn ihr das königliche Ge-
setz erfüllt nach der Schrift (3. Mose
19,18): »Liebe deinen Nächsten
wie dich selbst«, dann tut ihr recht;
9 wenn ihr aber [d]die Person anseht, be-
geht ihr eine Sünde und werdet vom
10 Gesetz als Übertreter verurteilt. Denn
wenn jemand das ganze Gesetz hält und
nur gegen ein einziges Gebot verstößt,
so ist er am ganzen Gesetz schuldig ge-
11 worden.[e] Denn der gesagt hat (2.Mose
20,13.14): »Du sollst nicht ehebre-
chen«, der hat auch gesagt: »Du sollst
nicht töten.« Wenn du nun nicht die
Ehe brichst, aber tötest, dann bist du
12 ein Übertreter des Gesetzes. So redet
und handelt nun wie Leute, die der-
einst durchs Gesetz der Freiheit ge-
13 richtet werden. Es wird nämlich ein un-
barmherziges Gericht über den erge-
hen, [f]der keine Barmherzigkeit geübt
hat; Barmherzigkeit aber triumphiert
über das Gericht.

a 1.Kor 1,26; 11,22 *b* Lk 12,21 *c* 1.Petr 4,14
d 5.Mose 1,17 *e* Mt 5,19 *f* Mt 5,7; 18,30.34;
25,45.46

Glaube ohne Werke ist fruchtlos

14 [a]Was hilft's, liebe Brüder, [b]wenn je-
mand sagt, er habe Glauben, hat aber
keine Werke aufzuweisen? Kann etwa
der Glaube ihn retten? Wenn ein Bru- 15
der oder eine Schwester nichts anzuzie-
hen und nicht genug zu essen hat und 16
jemand unter euch sagt zu ihnen: Geht
hin in Frieden, wärmt euch und sättigt
euch!, ohne daß ihr ihnen gebt, was sie
nötig haben – was hilft ihnen das?[c] *So* 17
*ist es auch mit dem Glauben: wenn er kei-
ne Werke aufzuweisen hat, ist er tot.*

Aber es könnte jemand sagen: »Du 18
hast Glauben, doch ich habe Werke
aufzuweisen.« Zeige mir deinen Glau-
ben ohne die Werke, so [d]will ich dir
meinen Glauben zeigen aus meinen
Werken. Du glaubst, daß es nur einen 19
Gott gibt? Du tust gut daran; die Teu-
fel glauben's auch und zittern dabei.
Willst du aber einsehen, du törichter 20
Mensch, daß der Glaube ohne Werke
fruchtlos ist? Ist nicht unser Vater Ab- 21
raham durch Werke gerecht geworden,
als er seinen Sohn Isaak auf dem Altar
opferte?[e] Da siehst du, daß sein Glaube 22
mit seinen Werken zusammengewirkt
hat und erst durch die Werke der Glau-
be vollkommen geworden ist. So ist die 23
Schrift erfüllt (1.Mose 15,6): »Abra-
ham glaubte Gott, und das wurde ihm
als Gerechtigkeit angerechnet«, und er
wurde »ein Freund Gottes« genannt
(Jesaja 41,8). So seht ihr nun, daß der 24
Mensch durch Werke gerecht wird,
nicht durch Glauben allein. Ist nicht 25
auch die [f]Hure Rahab durch Werke ge-
recht geworden, als sie [g]die Boten auf-
nahm und sie auf einem andern Weg
wieder hinausließ? Denn wie der Leib 26
ohne Geist tot ist, so ist auch der Glau-
be ohne Werke tot.

a (14–26) Röm 3,21-31 *b* Mt 7,21 *c* 1.Joh 3,18
d Gal 5,6 *e* 1.Mose 22,1-19; Hebr 11,17
f Hebr 11,31 *g* Jos 2

Die Macht der Zunge

Liebe Brüder, es sollen nicht zu viele **3**
von euch Lehrer werden; denn ihr
wißt, daß über uns Lehrer ein strenge-
res Urteil ergehen wird. Denn wir ver- 2
fehlen uns alle vielfach. Wer sich aber
im Reden nicht verfehlt, der ist voll-
kommen und kann auch den ganzen
Leib im Zaum halten. Wenn wir den 3
Pferden den Zaum ins Maul legen, da-
mit sie uns gehorchen, dann lenken wir
ihren ganzen Leib. Seht auch die Schif- 4
fe: obwohl sie so groß sind und von
starken Winden getrieben werden,
werden sie doch mit einem ganz klei-
nen Ruder dahin gelenkt, wohin der

5 Steuermann will. So ist auch die Zunge
ein kleines Glied und richtet große
Dinge an. Siehe, ein kleines Feuer,
6 welch einen Wald zündet's an! Auch
die Zunge ist ein [a]Feuer, eine Welt voll
Ungerechtigkeit. So wirkt die Zunge
unter unsern Gliedern: sie befleckt den
ganzen Leib, sie setzt den Lebenskreis
in Flammen und ist selbst von der Höl-
7 le entzündet.[b] Denn alle Landtiere und
Vögel und Schlangen und Seetiere las-
sen sich zähmen und sind vom Men-
8 schen gezähmt worden. Aber die Zunge
kann kein Mensch zähmen, das unruhi-
9 ge Übel, voll von tödlichem Gift. [c]Mit
ihr loben wir den Herrn und Vater, und
mit ihr fluchen wir den Menschen, [d]die
nach dem Bilde Gottes gemacht sind.
10 Aus ein und demselben Mund kommt
Loben und Fluchen. Das soll nicht so
11 sein, liebe Brüder![e] Läßt denn die
Quelle aus ein und demselben Loch sü-
12 ßes und bitteres Wasser fließen? Kann
auch, liebe Brüder, ein Feigenbaum
Oliven oder ein Weinstock Feigen tra-
gen? So kann auch eine salzige Quelle
nicht süßes Wasser geben.

a Spr 16,27 *b* Mt 12,36.37; 15,11.18 *c* *(9 und 10)* Ps 141,3 *d* 1.Mose 1,26.27 *e* Eph 4,29

Zweierlei Weisheit

13 Wer ist weise und verständig unter
euch? Der zeige das durch rechte Le-
bensführung und durch sein Handeln
14 in Sanftmut und Weisheit. Habt ihr
aber bittern Neid und Streitsucht in
eurem Herzen, so überhebt euch nicht
und lügt nicht der Wahrheit zum
15 Trotz. Das ist nicht die Weisheit, die
[a]von oben herabkommt, sondern sie ist
irdisch, allzu menschlich und teuflisch.
16 Denn wo Neid und Streitsucht herr-
schen, da herrscht auch Unordnung
17 und lauter Bosheit. Die Weisheit aber,
die von oben stammt, ist zuerst rein,
dann friedfertig, gütig, läßt sich etwas
sagen, ist reich an Barmherzigkeit und
guten Früchten, unparteiisch, ohne
18 Heuchelei. Die [b]Frucht der Gerechtig-
keit aber wird in Frieden gesät für die,
[c]die Frieden stiften.

a Kap 1,5 *b* Phil 1,11 *c* Mt 5,9

Freundschaft mit der Welt und Feindschaft gegen Gott

4 Woher kommen die Kämpfe und Strei-
tigkeiten unter euch? Kommen sie
nicht daher, daß in euren Gliedern die
2 Begierden gegeneinander streiten? Ihr
begehrt etwas und erlangt's nicht; ihr
mordet und seid eifersüchtig und ge-
winnt damit nichts; [a]ihr streitet und
kämpft. Ihr habt nichts, weil ihr nicht
bittet; ihr bittet und empfangt nichts, 3
weil ihr in böser Absicht bittet, nämlich
weil ihr's in eurer Gier verzehren wollt.
Ihr Abtrünnigen, wißt ihr nicht, daß 4
[b]Freundschaft mit der Welt Feind-
schaft mit Gott bedeutet? Wer ein
Freund der Welt sein will, der wird
Gottes Feind sein. Oder meint ihr, die 5
Schrift sage umsonst: Der Geist, den
Gott hat in uns wohnen lassen, begehrt
gegen den Neid auf? Er gibt aber um so 6
reichlicher Gnade. Darum heißt es
(Sprüche 3,34): »Gott widersteht den
Hochmütigen, aber [c]den Demütigen
gibt er Gnade.« So seid nun Gott gehor- 7
sam. [d]Widersteht dem Teufel, dann
flieht er von euch. [e]Naht euch Gott, 8
dann naht er sich euch. [f]Reinigt eure
Hände, ihr Sünder, und heiligt eure
Herzen, ihr Zweifler. Jammert und 9
klagt und weint; euer Lachen wandle
sich in Weinen und eure Freude in
Traurigkeit. Demütigt euch vor dem 10
Herrn, dann wird er euch erhöhen.[g]
Verleumdet euch nicht gegenseitig, 11
liebe Brüder. Wer seinen Bruder ver-
leumdet oder verurteilt, der verleum-
det und verurteilt das Gesetz. Verur-
teilst du aber das Gesetz, so bist du
nicht ein Täter des Gesetzes, sondern
ein Richter. Es gibt jedoch nur einen 12
Gesetzgeber und Richter, der retten
und verdammen kann. [h]Wer aber bist
du, daß du den andern verurteilst?

a Gal 5,15 *b* Lk 6,26; Röm 8,7; 1.Joh 2,15 *c* Hiob 22,29; Mt 23,12; 1.Petr 5,5 *d* 1.Petr 5,8.9 *e* Sach 1,3 *f* Jes 1,16 *g* 1.Petr 5,6 *h* Mt 7,1; Röm 14,4

Warnung vor Selbstsicherheit

Und nun zu euch, die ihr sagt: Heute 13
oder morgen wollen wir in die oder die
Stadt gehen und wollen ein Jahr dort
zubringen und Handel treiben und Ge-
winn machen –,[a] und [b]ihr wißt doch 14
nicht einmal, was morgen sein wird.
Denn was ist euer Leben? Eine Rauch-
wolke seid ihr, die nur kurze Zeit bleibt,
dann aber verschwindet. Stattdessen 15
solltet ihr sagen: [c]Wenn der Herr will,
werden wir leben und dies oder das tun.
Nun aber rühmt ihr euch in eurer 16
Überheblichkeit. All dieses Rühmen ist
böse. *Wer also Gutes zu tun weiß und* 17
tut's nicht, für den ist es Sünde.[d]

a Spr 27,1 *b* Lk 12,20 *c* Apg 18,21; 1.Kor 4,19 *d* Lk 12,47

Das Gericht über die Reichen

5 Und nun zu euch, ihr Reichen: Weint
und klagt über das Elend, das über euch
2 kommen wird![a] Euer Reichtum ist ver-
fault, eure Kleider sind [b]von Motten
3 zerfressen. Euer Gold und Silber ist
verrostet, und dieser Rost wird gegen
euch sprechen und wird euer Fleisch
verzehren wie Feuer. Ihr habt eure
Schätze gesammelt noch in diesen Ta-
4 gen der Endzeit! Ihr [c]habt den Arbei-
tern, die euer Land abgeerntet haben,
den Lohn vorenthalten. Siehe, das
schreit zum Himmel, und das Rufen
der Schnitter ist vor die Ohren des
5 Herrn Zebaot gekommen. Ihr habt
[d]geschlemmt auf Erden und gepraßt,
und ihr habt eure Herzen gemästet am
6 Schlachttag. Ihr habt den Gerechten
verurteilt und getötet, und er hat euch
nicht widerstanden.[e]

a Lk 6,24.25 *b* Mt 6,19 *c* 5.Mose 24,14.15
d Lk 16,19.25 *e* Kap 2,6

Mahnung zur Geduld

7 So seid nun [a]geduldig, liebe Brüder,
bis der Herr kommt. Siehe, der Bauer
wartet auf die kostbare Frucht der Erde
und ist geduldig, bis sie den Frühregen
8 und Spätregen empfangen hat. So seid
auch ihr geduldig und stärkt eure Her-
9 zen; denn der Herr kommt bald. Klagt
nicht übereinander, liebe Brüder, da-
mit ihr nicht verurteilt werdet. Siehe,
10 der Richter steht vor der Tür. Nehmt
euch, liebe Brüder, das Leiden und die
Geduld der [b]Propheten, die im Namen
des Herrn geredet haben, zum Vorbild.
11 Siehe, wir preisen die selig, die erduldet
haben. Von der [c]Geduld Hiobs habt ihr
gehört und [d]habt das Ende gesehen,
das der Herr ihm bereitet hat; denn der
Herr ist voll Mitleid und Erbarmen.

Vor allen Dingen aber, meine Brü- 12
der, schwört nicht, weder beim Him-
mel noch bei der Erde noch mit einem
andern Eid. Euer Ja sei ein Ja und euer
Nein ein Nein, damit ihr nicht dem Ge-
richt verfallt.[e]

a Lk 21,19; Hebr 10,36 *b* Mt 5,12 *c* Hiob 1,21
d Hiob 42,10-16 *e* Mt 5,34-37

Das Gebet für die Kranken

[a]Leidet jemand unter euch, dann bete 13
er; ist jemand guten Mutes, dann [b]sin-
ge er Psalmen. Ist jemand unter euch 14
krank, dann rufe er die Ältesten der Ge-
meinde zu sich, damit sie über ihm be-
ten und [c]ihn mit Öl salben im Namen
des Herrn. Und [d]das Gebet, das im 15
Glauben geschieht, wird dem Kranken
helfen, und der Herr wird ihn aufrich-
ten; und wenn er Sünden getan hat,
wird ihm vergeben werden. Bekennt 16
einander eure Sünden und betet fürein-
ander, damit ihr gesund werdet. [e]*Das
Gebet des Gerechten vermag viel, wenn es
inständig ist.* Elia war ein schwacher 17
Mensch wie wir; und er betete, daß [f]es
nicht regnen sollte, und es regnete drei
Jahre und sechs Monate nicht auf der
Erde. Dann betete er wieder, und der 18
Himmel gab Regen, und die Erde
brachte ihre Frucht.[g]

a Ps 50,15 *b* Kol 3,16 *c* Mk 6,13 *d* Mk 16,18
e Apg 12,5 *f* 1.Kön 17,1; Lk 4,25
g 1.Kön 18,41-45

Verantwortung für die Irrenden

Liebe Brüder, [a]wenn jemand unter 19
euch von der Wahrheit abirrt und ein
anderer ihn zurückführt, so soll er wis- 20
sen: [b]wer den Sünder von seinem Irr-
weg zurückbringt, der wird seine Seele
vom Tode erretten und [c]viele Sünden
bedecken.

a Gal 6,1 *b* Ps 51,15 *c* Spr 10,12; 1.Petr 4,8

DER BRIEF DES JUDAS

Warnung vor Irrlehrern

1 Judas, Knecht Jesu Christi und Bruder
des [a]Jakobus, an die Berufenen, die in
Gott, dem Vater, geliebt und für Jesus
Christus bewahrt sind:
2 Gott gebe euch viel Barmherzigkeit
und Frieden und Liebe!

a Mt 13,55

Gottes Gericht über die Irrlehrer

(vgl. 2.Petr 2)

Ihr Lieben, ich habe mir ernstlich vor- 3
genommen, euch über unser aller Heil
zu schreiben, und ich hielt es für nötig,
euch in meinem Brief zu ermahnen,

[a] daß ihr für den Glauben kämpft, der
den Christen ein für allemal überliefert
4 worden ist. Denn es haben sich gewisse
Leute eingeschlichen, für die schon
längst das Urteil geschrieben ist; Gott-
lose sind sie, mißbrauchen die Gnade
unseres Gottes für ihre Ausschweifung
und verleugnen unsern alleinigen
Herrscher und Herrn Jesus Christus.
5 Obwohl ihr dies alles schon wißt, will
ich euch daran erinnern, daß der Herr
das Volk zuerst aus Ägypten errettete,
[b] später aber die umbrachte, die nicht
6 glaubten. Auch die Engel, die ihren
himmlischen Rang nicht bewahrten,
sondern [c] ihre Wohnstatt verließen, hat
er für den großen Gerichtstag mit ewi-
gen Banden in der Finsternis festgehal-
7 ten. Ebenso sind Sodom und Gomorra
und die umliegenden Städte, die wie
jene Unzucht trieben und [d] andersgear-
teten Wesen nachstellten, zum warnen-
den Beispiel gesetzt und leiden die Pein
8 des ewigen Feuers. In ähnlicher Weise
beflecken auch diese Phantasten ihren
Leib, verachten jede Herrschaft und lä-
stern sogar die himmlischen Mächte.
9 Als aber der Erzengel [e] Michael mit
dem Teufel um den Leichnam des
Mose stritt, wagte selbst er nicht, gegen
ihn ein Verdammungsurteil zu fällen,
sondern sprach: [f] Der Herr soll dich be-
10 strafen! Diese aber lästern, was sie
nicht verstehen; was sie aber wie die
unvernünftigen Tiere von Natur aus
11 kennen, daran verderben sie. Weh
ihnen! Denn sie gehen den Weg [g] Kains
und verfallen aus Gewinnsucht dem
Irrtum [h] Bileams und kommen um in
12 dem [i] Aufruhr Korahs. Sie sind
Schandflecken bei euren Liebesmah-
len, [j] wenn sie ohne Scheu mitschmau-
sen; sie weiden sich selbst; sie sind
Wolken ohne Wasser, vom Wind um-
hergetrieben, kahle, unfruchtbare Bäu-
me, die zweimal abgestorben und ent-
13 wurzelt sind, wilde Wellen des Meeres,
[k] die ihre eigenen Schandtaten aus-
schäumen, aus der Bahn geratene Ster-
ne, denen die schwärzeste Finsternis
für ewig bestimmt ist.
14 Es hat aber auch [l] Henoch von ihnen
geweissagt, der siebte von Adam an,
und gesprochen: Siehe, der Herr
kommt mit vielen tausend Heiligen, um 15
über alle Gericht zu halten und die
Menschen für alle ihre gottlosen Taten
zu bestrafen, mit denen sie gefrevelt ha-
ben, und für alle frechen Reden, die die
gottlosen Sünder gegen ihn geführt ha-
ben. Diese murren und hadern mit ih- 16
rem Geschick; sie leben nach ihren Be-
gierden, ihr Mund redet große Worte,
und um ihres Vorteils willen schmei-
cheln sie den Leuten.

Ihr aber, meine Lieben, erinnert 17
euch an die Worte, die euch die Apostel
unsres Herrn Jesus Christus schon frü-
her gesagt haben; denn sie sprachen zu 18
euch: [m] In der letzten Zeit wird es Spöt-
ter geben, die nach ihren eigenen gott-
losen Begierden leben. Das sind die 19
Leute, die Spaltungen hervorrufen,
[n] irdisch Gesinnte, die den Geist nicht
haben.

a 1.Tim 1,18 *b* 4.Mose 14,35; 1.Kor 10,5
c 1.Mose 6,2-4 *d* 1.Mose 19,1.4-11 *e* Dan 12,1
f Sach 3,2 *g* 1.Mose 4,8 *h* 4.Mose 31,16
i 4.Mose 16 *j* 1.Kor 11,21 *k* Jes 57,20
l 1.Mose 5,21 *m* 1.Tim 4,1; 2.Petr 3,3
n 1.Kor 2,14

Mahnung und Gotteslob

Ihr aber, meine Lieben, [a] gründet euch 20
auf euren allerheiligsten Glauben und
betet in der Kraft des heiligen Geistes,
erhaltet euch in der Liebe Gottes und 21
wartet auf die Barmherzigkeit unsres
Herrn Jesus Christus zum ewigen Le-
ben. Erbarmt euch über die Zweif- 22
ler; andre reißt aus dem Feuer und 23
[b] rettet sie; mit wieder andern seid
barmherzig, doch hütet euch zugleich
vor ihnen und [c] verabscheut es sogar,
ihr beflecktes Gewand zu berühren!

Dem aber, der euch vor dem Strau- 24
cheln behüten und unter Frohlocken
untadelig vor seine Herrlichkeit stellen
kann, [d] dem einen Gott, unserm Hei- 25
land durch Jesus Christus, unsern
Herrn, sei Ehre und Majestät und Ge-
walt und Macht vor aller Zeit, jetzt und
in alle Ewigkeit! Amen.

a Kol 2,7; 1.Thess 5,11 *b* Jak 5,9 *c* Offb 3,4
d 1.Thess 5,23

DIE OFFENBARUNG DES JOHANNES

Inhaltsübersicht

1 Dies ist die Offenbarung Jesu Christi,
die ihm Gott gegeben hat, um seinen
Knechten zu zeigen, was in Kürze ge-
schehen muß; und er hat sie durch sei-
nen Engel gesandt und seinem Knecht
2 Johannes gedeutet, der das Wort Got-
tes bezeugt und das Zeugnis von Jesus
Christus kundgetan hat; denn er hat es
3 selbst gesehen. Selig ist, wer die Worte
der Weissagung liest, und selig sind, die
auf sie [a]hören und behalten, was darin
[b]geschrieben ist; denn [c]die Zeit ist
nahe.

a 1.Joh 1,1.2; *b* Joh 21,24 *c* Kap 22,10

Gruß an die sieben Gemeinden

4 Johannes an die sieben Gemeinden in
der Provinz Asien.
Gnade sei mit euch und Friede von
dem, [a]der ist, der war und der kommt,
und von [b]den sieben Geistern, die vor
5 seinem Thron sind, und von Jesus
Christus, der [c]der treue Zeuge ist, der
[d]Erstgeborene von den Toten und
Herr über die Könige auf Erden! Ihm,
der uns liebt und von unsern Sünden
6 erlöst hat mit seinem Blut und uns [e]zu
Königen und Priestern vor Gott, sei-
nem Vater, gemacht hat, ihm sei Ehre
und Gewalt von Ewigkeit zu Ewigkeit!
Amen.
7 Siehe, [f]er kommt mit den Wolken,
und es werden ihn sehen alle Augen
und [g]alle, die ihn durchbohrt haben,
und darum werden alle Völker der Erde
klagen. Ja, Amen.
8 *Ich bin [h]das A und das O, spricht Gott*
der Herr, [i]der ist und der war und der
kommt, der Allmächtige.

a 2.Mose 3,14.15 *b* Kap 3,1; 5,6 *c* Kap 3,14; Joh 18,37; 1.Tim 6,13 *d* Kol 1,18 *e* Kap 5,10; 2.Mose 19,6; 1.Petr 2,5.9 *f* Mt 24,30 *g* Sach 12,10; Joh 19,37 *h* Kap 21,6; Jes 41,4 *i* Kap 4,8

Der Auftrag an Johannes

Ich, Johannes, euer Bruder, der mit 9
euch teilhat an der Bedrängnis und am
Reich Gottes und mit euch ausharrt bei
Jesus, war auf der Insel Patmos um des
Wortes Gottes willen und des Zeugnis-
ses von Jesus. Am Tag des Herrn wur- 10
de ich vom Geist ergriffen und hörte
hinter mir eine mächtige Stimme wie
von einer Posaune, die sprach: Was du 11
siehst, das schreibe in ein Buch und
sende es an die sieben Gemeinden:
nach Ephesus und nach Smyrna und
nach Pergamon und nach Thyatira und
nach Sardes und nach Philadelphia und
nach Laodizea.
Da wandte ich mich um und wollte 12
nach der Stimme sehen, die mit mir re-
dete. Und als ich mich umwandte, sah
ich sieben goldene Leuchter und [a]mit- 13
ten unter den Leuchtern einen, der
[b]einem Menschensohn gleich war; er
trug ein langes Gewand und um die
Brust einen goldenen Gürtel. Sein 14
Haupt aber und sein Haar war weiß wie
weiße Wolle, wie der Schnee, und [c]sei-
ne Augen wie eine Feuerflamme, und 15
seine Füße wie Golderz, das im Ofen
glüht, und seine Stimme wie starkes
Wasserrauschen; und er hatte sieben 16
Sterne in seiner rechten Hand, und aus
seinem Mund ging ein scharfes, zwei-
schneidiges Schwert, und sein Ange-
sicht leuchtete wie die helle Sonne. Als 17

ich ihn sah, [d]fiel ich wie tot vor seine
Füße; er aber legte seine rechte Hand
auf mich und sprach zu mir: *Fürchte
dich nicht! Ich bin der Erste und der*
18 *Letzte und der Lebendige. Ich war tot,
und siehe, ich lebe von Ewigkeit zu Ewig-
keit und habe die Schlüssel zu Tod und*
19 *Hölle.* Schreibe, was du gesehen hast
und was ist und was künftig geschehen
20 soll. Das Geheimnis der sieben Sterne,
die du in meiner rechten Hand gesehen
hast, und der sieben goldenen Leuchter
ist dies: Die sieben Sterne sind Engel
der sieben Gemeinden, und die sieben
Leuchter sind die sieben Gemeinden.

a Kap 2,1 *b* Dan 7,13 *c* Kap 2,18; 19,12
d Dan 8,18

Die sieben Sendschreiben

2 Dem Engel der Gemeinde in [a]*Ephesus*
schreibe: Dies sagt, der die sieben Ster-
ne in seiner Rechten hält, der mitten
unter den sieben goldenen Leuchtern
2 einhergeht: Ich kenne deine Werke
und deine Mühsal und deine Geduld
und weiß, daß du die Bösen nicht ertra-
gen kannst; du [b]hast die geprüft, die
sich Apostel nennen und es nicht sind,
3 und hast sie als Lügner erkannt; du
hast Geduld und hast um meines Na-
mens willen Schweres ertragen und bist
4 nicht müde geworden. Aber ich habe
gegen dich, daß du die [c]erste Liebe ver-
5 läßt. Bedenke, wovon du abgefallen
bist, kehre um und tu die ersten Werke!
Sonst werde ich zu dir kommen und
deinen Leuchter von seiner Stelle weg-
6 stoßen – wenn du nicht umkehrst. Aber
das spricht für dich, daß du die Werke
der Nikolaiten [d]haßt, die ich auch has-
7 se. Wer Ohren hat, der höre, was der
Geist den Gemeinden sagt! Wer über-
windet, dem will ich zu essen geben von
[e]dem Baum des Lebens, der im Para-
dies Gottes ist.
8 Dem Engel der Gemeinde in [f]*Smyr-
na* schreibe: Dies sagt der Erste und der
Letzte, [g]der tot war und lebendig ge-
9 worden ist: Ich kenne deine Bedräng-
nis und [h]deine Armut – du bist aber
reich – und die Lästerung von denen,
die sich Juden nennen, aber es nicht
sind, sondern [i]die Synagoge des Sa-
10 tans. [j]Fürchte dich nicht vor all dem,
was du leiden wirst! Siehe, der Teufel
wird einige von euch ins Gefängnis
werfen, damit ihr auf die Probe gestellt
werdet, und ihr werdet bedrängt sein
zehn Tage. *Sei getreu bis an den Tod, so
will ich dir die* [k]*Krone des Lebens geben.*

Wer Ohren hat, der höre, was der Geist 11
den Gemeinden sagt! Wer überwindet,
dem soll vom [l]zweiten Tod kein Leid
geschehen.
Dem Engel der Gemeinde in *Perga-* 12
mon schreibe: Dies sagt, der [m]das
scharfe, zweischneidige Schwert hat:
Ich weiß, wo du wohnst: dort wo der 13
Thron des Satans ist; und du hältst an
meinem Namen fest und hast den
Glauben an mich nicht verleugnet,
auch nicht in den Tagen, als Antipas,
mein treuer Zeuge, bei euch getötet
wurde, dort wo der Satan wohnt. Aber 14
etwas habe ich gegen dich: es gibt bei
dir Leute, die sich an die Lehre [n]Bi-
leams halten, der Balak lehrte, die Is-
raeliten zu verführen, daß sie vom Göt-
zenopfer aßen und Hurerei trieben.
Ebenso gibt es bei dir Leute, die sich an 15
die Lehre der Nikolaiten halten. Kehre 16
um! Sonst werde ich bald zu dir kom-
men und mit dem Schwert meines
Mundes gegen sie Krieg führen. Wer 17
Ohren hat, der höre, was der Geist den
Gemeinden sagt! Wer überwindet,
dem will ich von dem verborgenen
[o]Manna geben und einen weißen
Stein; auf dem Stein aber steht [p]ein
neuer Name geschrieben, den niemand
kennt außer dem, der ihn empfängt.
Dem Engel der Gemeinde in [q]*Thya-* 18
tira schreibe: Dies sagt der Sohn Got-
tes, [r]der Augen hat wie Feuerflammen
und dessen Füße wie Golderz sind: Ich 19
kenne deine Werke und deine Liebe
und deinen Glauben und deinen Dienst
und deine Geduld und weiß, daß deine
letzten Werke mehr sind als die ersten.
Aber ich habe gegen dich, daß du [s]Ise- 20
bel duldest, diese Frau, die sich eine
Prophetin nennt und lehrt und meine
Knechte verführt, Hurerei zu treiben
und Götzenopfer zu essen. Und ich 21
habe ihr Zeit gegeben umzukehren,
doch sie will nicht umkehren von ihrer
Hurerei. Siehe, ich werfe sie auf ihr 22
Bett, und die mit ihr die Ehe gebrochen
haben, bringe ich in große Bedrängnis,
wenn sie nicht von den Werken der Ise-
bel lassen, und ihre Kinder will ich tot- 23
schlagen. Und alle Gemeinden sollen
erkennen, daß ich es bin, der [t]die Nie-
ren und Herzen erforscht, und ich wer-
de jedem von euch nach seinen Werken
vergelten. Euch aber, den andern in 24
Thyatira, die solche Lehre nicht haben
und nicht erkannt haben die Tiefen des
Satans, wie sie es nennen, euch sage
ich: Ich will euch nicht noch eine Last

25 auferlegen; doch [u]was ihr schon habt,
26 das haltet fest, bis ich komme. Und wer
überwindet und bis ans Ende sich an
die Werke hält, die ich gebiete, dem will
27 ich Macht über die Heiden geben, [v]und
er soll sie mit eisernem Stab weiden,
und wie die Gefäße eines Töpfers soll
28 er sie zerschmeißen, wie auch ich sol-
che Macht von meinem Vater emp-
fangen habe; und ich will ihm den
29 Morgenstern geben. Wer Ohren hat,
der höre, was der Geist den Gemein-
den sagt!

3 Dem Engel der Gemeinde in *Sardes*
schreibe: Dies sagt, der [w]die sieben
Geister Gottes hat und die sieben Ster-
ne: Ich kenne deine Werke; man sagt
von dir, daß du lebst, und bist doch tot.
2 Sei wachsam und [x]stärke die andern,
die sonst sterben werden; denn ich
habe erkannt, daß deine Werke vor
meinem Gott nicht vollkommen sind.
3 So denke nun an das, was du empfan-
gen und gehört hast, halte daran fest
und kehre um! Wenn du aber nicht
wachst, werde ich zu dir kommen [y]wie
ein Dieb, und du wirst nicht wissen, zu
welcher Stunde ich kommen werde.
4 Aber es gibt bei dir in Sardes einige we-
nige, die [z]ihre Kleider nicht besudelt
haben; die werden mit mir einhergehen
in weißen Gewändern, denn sie sind's
5 wert. Wer überwindet, der soll [aa]mit
weißen Gewändern bekleidet werden,
und ich werde seinen Namen nicht aus
dem Buch des Lebens tilgen, und [ab]ich
will mich zu seinem Namen bekennen
vor meinem Vater und vor seinen En-
6 geln. Wer Ohren hat, der höre, was der
Geist den Gemeinden sagt!

7 Dem Engel der Gemeinde in *Phila-
delphia* schreibe: Dies sagt der Heilige,
der Wahrhaftige, der [ac]den Schlüssel
Davids hat, der auftut, und niemand
schließt zu, der zuschließt, und nie-
8 mand tut auf: Ich kenne deine Werke.
Siehe, ich habe dir eine Tür aufgetan,
und niemand kann sie zuschließen;
denn du hast nur geringe Kraft und
hast doch mein Wort bewahrt und mei-
9 nen Namen nicht verleugnet. Siehe, ich
werde Leute [ad]aus der Synagoge des
Satans schicken, die sich Juden nennen
und es nicht sind, sondern lügen; siehe,
ich will sie dazu bringen, daß sie
[ae]kommen und zu deinen Füßen nie-
derfallen und erkennen, daß ich dich
10 geliebt habe. Weil du mein Gebot be-
wahrt hast, [af]geduldig zu sein, will ich
dich auch bewahren vor der Stunde der
[ag]Versuchung, die über den ganzen
Erdkreis kommen wird, um alle auf die
Probe zu stellen, die auf Erden wohnen.
Siehe, ich komme bald; *halte fest, was* 11
*du hast, damit niemand deine [ah]Krone
nimmt!* Wer überwindet, den will ich 12
zum Pfeiler im Tempel meines Gottes
machen, und er wird immer dort blei-
ben, und ich will auf ihn [ai]den Namen
meines Gottes schreiben und den Na-
men des [aj]neuen Jerusalem, der Stadt
meines Gottes, die vom Himmel her-
niederkommt von meinem Gott, und
meinen Namen, den neuen. Wer Ohren 13
hat, der höre, was der Geist den Ge-
meinden sagt!

Dem Engel der Gemeinde in [ak]*Lao-* 14
dizea schreibe: Dies sagt, der [al]Amen
heißt, [am]der treue und wahrhaftige
Zeuge, der [an]Anfang der Schöpfung
Gottes: Ich kenne deine Werke und 15
weiß, daß du weder kalt noch warm
bist. Ach, daß du kalt oder warm wärst!
Weil du aber lau bist und weder warm 16
noch kalt, werde ich dich ausspeien aus
meinem Mund. Du sagst: Ich bin reich 17
und habe alles im Überfluß und brau-
che nichts! und weißt nicht, daß du
elend und jämmerlich bist, arm, blind
und bloß.[ao] Ich rate dir, daß du von mir 18
Gold kaufst, das im Feuer geläutert ist,
damit du reich wirst, und weiße Ge-
wänder, um dich anzuziehen, damit du
nicht nackt und beschämt dastehst, und
Augensalbe, um deine Augen zu sal-
ben, damit du sehen kannst. [ap]Wen ich 19
lieb habe, den weise ich zurecht und er-
ziehe ihn mit Strenge. So setze nun al-
les daran und kehre um! *Siehe, ich stehe* 20
*vor der Tür und klopfe an. Wenn jemand
meine Stimme hört und die Tür auftut,
werde ich zu ihm hineingehen und das
Mahl mit ihm halten und er mit mir.*[aq]
Wer überwindet, dem will ich das Vor- 21
recht geben, [ar]mit mir auf meinem
Thron zu sitzen, so wie auch ich über-
wunden habe und mich mit meinem
Vater auf seinen Thron gesetzt habe.
Wer Ohren hat, der höre, was der Geist 22
den Gemeinden sagt!

a Apg 18,19 *b* 1.Joh 4,1 *c* 1.Tim 5,12
d Ps 139,21 *e* Kap 22,2; 1.Mose 2,9 *f* Kap 1,11
g Kap 1,18 *h* Jak 2,5 *i* Kap 3,9 *j* Mt 10,19.28
k Kap 3,11; 2.Tim 4,8 *l* Kap 20,14 *m* Hebr 4,12
n 4.Mose 31,16; 2.Petr 2,15; Jud 11 *o* Ps 78,24
p Jes 62,2 *q* Apg 16,14 *r* Kap 1,14.15
s 2.Kön 9,22 *t* Ps 7,10; Jer 17,10 *u* Kap 3,11
v *(27 und 28)* Ps 2,8.9 *w* Kap 1,4 *x* Lk 22,32
y 1.Thess 5,2 *z* Jud 23 *aa* Kap 7,13
ab Mt 10,32; Lk 10,20 *ac* Jes 22,22 *ad* Kap 2,9
ae Jes 49,23; 60,14 *af* Kap 14,12 *ag* Mt 6,13
ah Kap 2,10 *ai* Kap 14,1; 22,4 *aj* Kap 21,2
ak Kol 2,1; 4,13 *al* 2.Kor 1,20 *am* Kap 1,5

an Kol 1,15 *ao* 1.Kor 3,18; 4,8 *ap* Spr 3,12;
1.Kor 11,32; Hebr 12,6 *aq* Joh 14,23 *ar* Mt 19,28

Anbetung vor Gottes Thron

4 Danach sah ich, und siehe, im Himmel
war eine Tür aufgetan, und die Stim-
me, [a]die ich zuerst mit mir hatte reden
hören wie eine Posaune, die sprach:
Komm herauf, ich will dir zeigen, was
künftig geschehen muß.
2 [b]Sogleich wurde ich vom Geist er-
griffen. Und siehe, ein Thron stand im
3 Himmel; darauf saß jemand. Und der
dort saß, war anzusehen wie die Edel-
steine Jaspis und Sarder; und ein Re-
genbogen stand über dem Thron, an-
4 zusehen wie ein Smaragd. Und rings
um den Thron waren vierundzwanzig
Throne, und darauf saßen vierund-
zwanzig Älteste, die trugen weiße Ge-
wänder und hatten auf ihren Häuptern
5 goldene Kronen. Und von dem Thron
gingen [c]Blitze, Stimmen und Donner
aus; und vor dem Thron brannten sie-
ben helle Fackeln, das sind [d]die sieben
6 Geister Gottes. Und vor dem Thron
war es wie ein gläsernes Meer, gleich
einem Kristall, und in der Mitte rings
um den Thron waren [e]vier himmlische
Gestalten, voller Augen vorne und hin-
7 ten. Die erste Gestalt glich einem Lö-
wen, und die zweite Gestalt glich einem
Stier, und die dritte sah aus wie ein
Mensch, und die vierte Gestalt glich
8 einem fliegenden Adler.[f] Jede der vier
Gestalten hatte sechs Flügel, die waren
außen und innen voller Augen; und
Tag und Nacht sprachen sie ohne Auf-
hören: [g]Heilig, heilig, heilig ist Gott
der Herr, der Allmächtige, [h]der war
und der ist und der kommt.
9 Und wenn die Gestalten Preis, Ehre
und Dank dem gaben, der auf dem
Thron saß und der von Ewigkeit zu
10 Ewigkeit lebt, warfen sich die vierund-
zwanzig Ältesten vor dem nieder, der
auf dem Thron saß, und beteten den
an, der von Ewigkeit zu Ewigkeit lebt,
und legten ihre Kronen vor dem Thron
11 nieder und sprachen: Herr, unser Gott,
du bist würdig, zu nehmen Preis und
Ehre und Macht; denn du hast alle
Dinge geschaffen, und durch deinen
Willen waren sie und wurden sie ge-
schaffen.

a Kap 1,10 *b* Ps 47,9; Jes 6,1; Hes 1,26-28
c 2.Mose 19,16 *d* Kap 1,4 *e* Hes 1,5.10.22
f Hes 10,14 *g* Jes 6,2.3 *h* 2.Mose 3,14

Das Buch mit den sieben Siegeln

Und ich sah in der rechten Hand des- 5
sen, der [a]auf dem Thron saß, ein Buch,
[b]innen und außen beschrieben, versie-
gelt mit sieben Siegeln. Und ich sah 2
einen starken Engel, der rief mit lauter
Stimme: Wer ist würdig, das Buch zu
öffnen und seine Siegel aufzubrechen?
Aber niemand, weder im Himmel noch 3
auf Erden noch unter der Erde, konnte
das Buch aufmachen und hineinsehen.
Und ich weinte sehr, weil niemand ge- 4
funden wurde, der würdig war, das
Buch aufzumachen und hineinzusehen.
Und einer von den Ältesten sagte zu 5
mir: Weine nicht! Siehe, [c]der Löwe
aus dem Stamm Juda, der Sproß aus
der [d]Wurzel David, hat den Sieg errun-
gen. Er ist würdig, das Buch und seine
sieben Siegel aufzumachen.
Und ich sah zwischen dem Thron 6
mit den vier Gestalten und den Älte-
sten ein [e]Lamm stehen, das war ge-
schlachtet; es hatte sieben Hörner und
sieben Augen, das sind die sieben Gei-
ster Gottes, gesandt in alle Lande. Und 7
es trat heran und nahm das Buch aus
der rechten Hand dessen, der auf dem
Thron saß. Und als es das Buch nahm, 8
warfen sich die vier Gestalten und die
vierundzwanzig Ältesten vor dem
Lamm nieder, und jeder von ihnen hat-
te eine Harfe und goldene Schalen voll
Räucherwerk, das sind die Gebete der
Heiligen, und sie sangen [f]ein neues 9
Lied: Du bist würdig, das Buch zu neh-
men und seine Siegel aufzubrechen;
denn du bist geschlachtet worden und
hast mit deinem Blut Menschen für
Gott erkauft aus allen Stämmen, Spra-
chen, Völkern und Nationen und hast 10
sie [g]zu Königen und Priestern unseres
Gottes gemacht, und sie werden über
die Erde herrschen.
Und ich sah, und ich hörte die Stim- 11
me vieler Engel, die um den Thron und
die Gestalten und die Ältesten standen,
und [h]ihre Zahl war vieltausendmal tau-
send; [i]die sprachen mit lauter Stimme: 12
Das Lamm, das geschlachtet ist, ist
würdig, Kraft und Reichtum zu emp-
fangen, Weisheit und Stärke, Ehre,
Preis und Lob. Und alle Geschöpfe, die 13
im Himmel sind und auf Erden und un-
ter der Erde und auf dem Meer und al-
les, was darin ist, hörte ich sagen: Dem,
der auf dem Thron sitzt, und dem
Lamm sei Lob und Ehre, Preis und Ge-
walt von Ewigkeit zu Ewigkeit! Und 14

die vier Gestalten sprachen: Amen!
Und die Ältesten warfen sich nieder
und beteten an.

a Kap 4,2 *b* Hes 2,9.10 *c* 1.Mose 49,9.10
d Jes 11,1 *e* Jes 53,7; Joh 1,29 *f* Ps 33,3
g Kap 1,6; 2.Mose 19,6 *h* Hebr 12,22
i (12 und 13) 1.Chr 29,11; Phil 2,9.10

Die Öffnung der ersten sechs Siegel

6 Und ich sah, wie das Lamm das erste
der sieben Siegel aufbrach, und ich
hörte eine der vier Gestalten mit Don-
2 nerstimme sagen: Komm! [a]Und ich
sah, und siehe, ein weißes Pferd. Und
der darauf saß, hatte einen Bogen, und
ihm wurde eine Krone gegeben, und
siegreich zog er aus, um zu siegen.
3 Als es das zweite Siegel aufbrach,
hörte ich die zweite Gestalt sagen:
4 Komm! Da kam ein zweites Pferd, das
war feuerrot. Und dem, der darauf saß,
wurde aufgetragen, den Frieden von
der Erde wegzunehmen, damit die
Menschen sich gegenseitig umbringen
sollten, und ihm wurde ein großes
Schwert gegeben.
5 Als es das dritte Siegel aufbrach, hör-
te ich die dritte Gestalt sagen: Komm!
Und ich sah, und siehe, ein schwarzes
Pferd. Und der darauf saß, hielt eine
6 Waage in der Hand. Und ich hörte eine
Stimme mitten zwischen den vier Ge-
stalten sagen: Ein Maß Weizen für
einen Silbergroschen und drei Maß
Gerste für einen Silbergroschen; aber
Öl und Wein taste nicht an!
7 Als es das vierte Siegel aufbrach,
hörte ich die Stimme der vierten Ge-
8 stalt sagen: Komm! Und ich sah, und
siehe, ein fahles Pferd. Und der darauf
saß, dessen Name war der Tod, und die
Totenwelt folgte ihm. Und ihnen wur-
de die Macht gegeben, den vierten Teil
der Erde zu töten, [b]mit Schwert und
Hunger und Seuchen und durch die
wilden Tiere auf der Erde.
9 Als es das fünfte Siegel aufbrach, sah
ich unterhalb des Altars die Seelen de-
rer, die wegen des Wortes Gottes getö-
tet worden waren und wegen des Zeug-
10 nisses, das sie empfangen hatten. Und
sie schrien mit lauter Stimme: Herr, du
Heiliger und Wahrhaftiger, wie lange
soll es noch dauern, bis du richtest und
unser Blut an denen rächst, die auf der
11 Erde wohnen? Und jedem von ihnen
wurde ein weißes Gewand gegeben,
und ihnen wurde gesagt, daß sie noch
eine kurze Zeit ruhen müßten, bis ihre
Mitknechte und Brüder, die auch noch
wie sie getötet werden sollten, in voller
Zahl dazukämen.
[c]Und ich sah: als es das sechste Sie- 12
gel aufbrach, da geschah ein großes
Erdbeben, und die Sonne wurde finster
wie ein schwarzer Sack, und der Mond
wurde wie Blut, und die Sterne des 13
Himmels fielen auf die Erde, wie ein
Feigenbaum seine Feigen abwirft,
wenn er von heftigem Wind geschüttelt
wird. Und [d]der Himmel verschwand 14
wie eine Schriftrolle, die zusammenge-
rollt wird, und alle Berge und Inseln
wurden von ihrem Ort weggerissen.
Und die Könige auf Erden, die Großen 15
und die Obersten, die Reichen und Ge-
waltigen, alle Sklaven und alle Freien
[e]verbargen sich in den Klüften und
Felsen an den Bergen und [f]sagten zu 16
den Bergen und Felsen: Fallt über uns
und verbergt uns vor dem Angesicht
dessen, der auf dem Thron sitzt, und
vor dem Zorn des Lammes! Denn [g]der 17
große Tag ihres Zorns ist gekommen,
und [h]wer kann bestehen?

a (2-8) Sach 6,1-8 *b* Hes 14,21 *c (12-17)*
Jes 24,21-23; Joel 3,3.4; Mt 24,29 *d* Jes 34,4
e Jes 2,10.19 *f* Lk 23,30 *g* Am 5,18; Röm 2,5
h Mal 3,2

Die hundertvierundvierzig mit dem Siegel

Danach sah ich vier Engel an den vier 7
Ecken der Erde stehen, die hielten die
[a]vier Winde der Erde fest, damit kein
Wind über die Erde blies noch über das
Meer noch über irgendeinen Baum.
Und ich sah einen andern Engel vom 2
Aufgang der Sonne her kommen, der
hatte das Siegel des lebendigen Gottes
und rief den vier Engeln, die den Auf-
trag hatten, der Erde und dem Meer
Schaden anzutun, mit lauter Stimme
zu: [b]Tut der Erde, dem Meer und den 3
Bäumen keinen Schaden an, bis wir den
Knechten unsres Gottes [c]ein Siegel auf
die Stirn gedrückt haben.
Und ich hörte die Zahl derer, die das 4
Siegel empfingen. [d]Hundertvierund-
vierzigtausend aus allen Stämmen Is-
raels waren es: aus dem Stamm Juda 5
empfingen zwölftausend das Siegel, aus
dem Stamm Ruben zwölftausend, aus
dem Stamm Gad zwölftausend, aus 6
dem Stamm Asser zwölftausend, aus
dem Stamm Naftali zwölftausend, aus
dem Stamm Manasse zwölftausend,
aus dem Stamm Simeon zwölftausend, 7
aus dem Stamm Levi zwölftausend, aus
dem Stamm Isaschar zwölftausend, aus 8

dem Stamm Sebulon zwölftausend, aus
dem Stamm Josef zwölftausend, aus
dem Stamm Benjamin empfingen
zwölftausend das Siegel.

a Dan 7,2 *b* Kap 9,4 *c* Hes 9,4.6 *d* Kap 14,1.3

Die große Schar aus allen Völkern

9 Danach sah ich, und siehe, eine große
Schar, die niemand zählen konnte, aus
allen Nationen, Stämmen, Völkern und
Sprachen; die standen vor dem Thron
und vor dem Lamm, mit weißen Ge-
wändern bekleidet und mit Palmzwei-
10 gen in den Händen, und riefen mit lau-
ter Stimme: Die Rettung kommt von
dem, der auf dem Thron sitzt, unserm
11 Gott, und dem Lamm! Und alle Engel
standen im Kreis um den Thron und
um die Ältesten und um die vier Ge-
stalten und warfen sich vor dem Thron
12 nieder und beteten Gott an: Amen,
Lob und Ehre, Weisheit und Dank,
Preis, Kraft und Stärke sei unserm
Gott von Ewigkeit zu Ewigkeit! Amen.
13 Und einer der Ältesten fragte mich:
Wer sind diese, die mit weißen Gewän-
dern bekleidet sind, und woher sind sie
14 gekommen? Und ich antwortete ihm:
Herr, du weißt es. Und er sagte zu mir:
Das sind die, die aus [a] der großen Be-
drängnis gekommen sind und die ihre
Gewänder [b] im Blut des Lammes gewa-
15 schen und weiß gemacht haben. Darum
stehen sie vor dem Thron Gottes und
dienen ihm Tag und Nacht in seinem
Tempel; und der auf dem Thron sitzt,
16 wird über ihnen bleiben. Sie werden
nie mehr Hunger und Durst haben;
auch die Sonne oder irgendeine andere
Hitze wird ihnen nicht mehr schaden; [c]
17 denn das Lamm in der Mitte am Thron
[d] wird sie weiden und zu den Quellen
des Lebenswassers leiten, und [e] Gott
wird alle Tränen von ihren Augen ab-
wischen.

a Mt 24,21 *b* Kap 12,11 *c* Jes 49,10 *d* Ps 23,2
e Kap 21,4; Jes 25,8

Das siebte Siegel

8 Als das Lamm das siebte Siegel auf-
brach, entstand eine [a] Stille im Himmel
2 eine halbe Stunde lang. Und ich sah die
sieben Engel, die vor Gott stehen, und
ihnen wurden sieben [b] Posaunen gege-
3 ben. Und ein anderer Engel kam und
trat an den Altar und hatte ein goldenes
Räuchergefäß; dem wurde viel Räu-
cherwerk gegeben, das er auf dem gol-
denen Altar vor dem Thron verbren-
nen sollte, um das Gebet aller Heiligen
vor Gott zu bringen. Und der Rauch 4
des Räucherwerks stieg mit dem Gebet
der Heiligen aus der Hand des Engels
hinauf vor Gott. Und der Engel nahm 5
das Räuchergefäß und füllte es mit
Glut vom Altar und [c] schüttete sie auf
die Erde. Da geschahen Donner und
Stimmen, Blitze und Erdbeben.

a Hab 2,20 *b* Mt 24,31 *c* Hes 10,2

Die ersten sechs Posaunen

Die sieben Engel mit den sieben Posau- 6
nen machten sich bereit zu blasen. Und 7
der erste Engel blies seine Posaune; da
kam [a] Hagel und Feuer, mit Blut ver-
mengt, und fiel auf die Erde; und der
dritte Teil der Erde verbrannte, und
der dritte Teil der Bäume verbrannte,
und alles grüne Gras verbrannte.
Und der zweite Engel blies seine Po- 8
saune; da stürzte ein großer Berg, der
von Feuer glühte, ins Meer, und der
dritte Teil des Meeres wurde zu [b] Blut,
und der dritte Teil der lebendigen Ge- 9
schöpfe im Meer starb, und der dritte
Teil der Schiffe ging unter.
Und der dritte Engel blies seine Po- 10
saune; [c] da fiel ein großer Stern vom
Himmel, der brannte wie eine Fackel
und fiel auf den dritten Teil der Ströme
und auf die Quellen. Und der Name des 11
Sterns ist Wermut. Und der dritte Teil
des Wassers wurde bitter, und viele
Menschen starben von dem Wasser,
weil es so bitter geworden war.
Und der vierte Engel blies seine Po- 12
saune; da wurde der dritte Teil der
[d] Sonne zerstört und auch der dritte
Teil des Mondes und der dritte Teil der
Sterne, so daß ihr dritter Teil finster
wurde und den [e] dritten Teil des Tages
das Licht nicht schien, und in der
Nacht war es ebenso.
Und ich sah, und ich hörte, wie ein 13
Adler hoch oben am Himmel flog und
mit lauter Stimme rief: Weh, weh, weh
denen, die auf Erden wohnen! - Das
rief er wegen der Posaunen der drei En-
gel, die nun noch blasen sollten.
Und der fünfte Engel blies seine Po- **9**
saune; da sah ich einen Stern, der vom
Himmel auf die Erde gefallen war; und
ihm wurde der Schlüssel zum Brunnen
des Abgrunds gegeben. Und er schloß 2
den Brunnen des Abgrunds auf; da
kam Rauch aus dem Brunnen wie der
Rauch eines großen Ofens, und [f] die
Sonne und die Luft wurden von dem
Rauch aus dem Brunnen verfinstert.
Und aus dem Rauch kamen Heu- 3

schrecken auf die Erde; denen wurde
Macht gegeben, wie die Skorpione
Macht auf der Erde haben.
4 Und ihnen wurde befohlen, sie soll-
ten dem Gras auf Erden keinen
Schaden tun, auch nicht dem Grünen
und keinem einzigen Baum, sondern al-
lein den Menschen, die an ihren Stir-
nen nicht [g]das Siegel Gottes hatten.
5 Und den Heuschrecken wurde aufge-
tragen, die Menschen nicht zu töten,
sondern sie fünf Monate lang zu quä-
len; und der Schmerz, den sie zufüg-
ten, war so stark, wie wenn der Skor-
6 pion einen Menschen sticht. Und in je-
nen Tagen werden die Menschen den
Tod suchen und nicht finden, sie wer-
den begehren zu sterben, aber der Tod
7 wird sie fliehen.[h] Die Heuschrecken sa-
hen aus wie Rosse, die zum Krieg gerü-
stet sind, und auf ihren Köpfen war et-
was wie goldene Kronen, und ihr Ge-
8 sicht glich dem eines Menschen; sie
hatten Haar wie Frauenhaar und Zähne
9 wie Löwenzähne; sie hatten Panzer wie
aus Eisen, und das Rasseln ihrer Flügel
war wie das Rasseln vieler Streitwagen,
10 die in den Krieg fahren; sie hatten
Schwänze und Stacheln wie Skorpione,
und in ihren Schwänzen war ihre Kraft,
den Menschen fünf Monate lang
11 Schaden zu tun, und sie hatten einen
König über sich, den Engel des Ab-
grunds; sein Name ist auf hebräisch
Abaddon, und auf griechisch hat er den
12 Namen Apollyon. Das erste Wehe ist
vorüber; siehe, danach kommen noch
zwei Wehe.
13 Und der sechste Engel blies seine Po-
saune; da hörte ich eine Stimme aus
den vier Ecken des [i]goldenen Altars,
14 der vor Gott stand; die befahl dem
sechsten Engel, der die Posaune hatte:
Laß die vier Engel los, die am [j]großen
15 Strom Eufrat gefesselt sind. Und die
vier Engel wurden losgelassen, die be-
reitstanden für die Stunde und den Tag
und den Monat und das Jahr, um den
dritten Teil der Menschen zu töten.[k]
16 Und die Zahl des reitenden Heeres war
vieltausendmal tausend; ich hörte ihre
17 Zahl. Und ich sah während dieser Er-
scheinung, daß die Rosse und die dar-
auf saßen, feuerrote, blaue und schwe-
felgelbe Panzer hatten; und die Köpfe
der Rosse waren wie Löwenköpfe, und
aus ihren Mäulern kamen Feuer und
18 Rauch und Schwefel. Von diesen drei
Plagen kam der dritte Teil der Men-
schen um, vom Feuer und Rauch und
Schwefel, die aus ihren Mäulern ka-
men. Denn die Kraft der Rosse war in 19
ihrem Maul und in ihren Schwänzen;
und ihre Schwänze sahen aus wie
Schlangen und hatten Köpfe, und da-
mit richteten sie Schaden an. Und die 20
übrigen Leute, die von diesen Plagen
nicht getötet wurden, [l]wandten sich
doch nicht ab von den Werken ihrer
Hände und hörten nicht auf, die bösen
Geister anzubeten und die goldenen,
silbernen, ehernen, steinernen und
hölzernen Götzen, die weder sehen
noch hören noch gehen können, und 21
ließen nicht ab von Mord, Zauberei,
Unzucht und Diebstahl.

a 2.Mose 9,23-26 *b* 2.Mose 7,20.21 *c* Jes 14,12
d Kap 6,12 *e* 2.Mose 10,21 *f* Joel 2,2.10
g Kap 7,3 *h* Kap 6,16 *i* Kap 8,3; 2.Mose 30,1-3
j Kap 16,12 *k* Kap 8 *l* Kap 16,9

Der Engel mit dem Büchlein

Und ich sah einen andern starken Engel **10**
vom Himmel herabkommen; der war
von einer Wolke umhüllt, und der Re-
genbogen stand über seinem Haupt;
sein Antlitz war wie die Sonne und sei-
ne Füße wie Feuersäulen. In der Hand 2
hatte er ein aufgeschlagenes Büchlein.
Und er setzte seinen rechten Fuß auf
das Meer und den linken auf die Erde,
und [a]er schrie mit lauter Stimme, wie 3
ein Löwe brüllt. Und als er geschrien
hatte, erhoben die sieben Donner ihre
Stimme. Und als die sieben Donner ge- 4
sprochen hatten, wollte ich es auf-
schreiben. Da hörte ich eine Stimme
vom Himmel zu mir sagen: [b]Versiegle,
was die sieben Donner gesagt haben,
und schreib es nicht auf!
Und der Engel, den ich auf dem 5
Meer und auf der Erde stehen sah, hob
die rechte Hand zum Himmel auf und 6
[c]schwor bei dem, der von Ewigkeit zu
Ewigkeit lebt, der den Himmel ge-
schaffen hat und was darin ist, und die
Erde und was darin ist, und das Meer
und was darin ist: Es wird keine Zeit
mehr sein, sondern in den Tagen des 7
[d]siebten Engels, wenn er seine Posaune
blasen wird, dann [e]wird der geheime
Ratschluß Gottes vollendet, wie er es
seinen Knechten, den Propheten, ver-
kündigt hat.
Und die Stimme, die ich vom Him- 8
mel gehört hatte, redete noch einmal
mit mir und sagte: Geh hin, nimm das
offene Büchlein aus der Hand des En-
gels, der auf dem Meer und auf der
Erde steht! Und ich ging zu dem Engel 9
und sagte zu ihm: Gib mir das Büch-

lein! Und er sagte zu mir: [f]Nimm's
und verschling's! Es wird dir bitter im
Magen liegen, aber in deinem Mund
10 wird's süß sein wie Honig. Und ich
nahm das Büchlein aus der Hand des
Engels und verschlang's. In meinem
Mund war es süß wie Honig, aber als
ich's gegessen hatte, lag es mir bitter im
11 Magen. Und mir wurde gesagt: Du
mußt noch einmal weissagen von vielen
[g]Völkern, Nationen, Sprachen und
Königen.

a Ps 29,3-9 *b* Dan 12,4.9 *c* Dan 12,7
d Kap 11,15 *e* Apg 3,21 *f* Hes 3,1-3 *g* Jer 1,9.10

Die beiden Zeugen

11 Und es wurde mir ein [a]Meßstab gege-
ben, der glich einem Stock; und je-
mand sagte: Steh auf und [b]miß den
Tempel Gottes und den Altar und die
2 dort anbeten. Aber den äußeren Vorhof
des Tempel laß weg und miß ihn nicht,
denn er ist den Heiden preisgegeben;
und [c]die heilige Stadt werden sie zer-
treten zweiundvierzig Monate lang.
3 Und ich will meinen beiden Zeugen
den Auftrag geben, daß sie weissagen
sollen [d]tausendzweihundertsechzig Ta-
ge lang, bekleidet mit Trauergewän-
4 dern. Diese Zeugen sind jene [e]zwei Öl-
bäume und zwei Leuchter, die vor dem
5 Herrn der Erde stehen. Wenn ihnen je-
mand Schaden antun will, kommt
Feuer aus ihrem Mund und verzehrt
ihre Feinde; denn wenn ihnen jemand
Schaden antun will, muß er so getötet
6 werden. Sie haben Macht, [f]den Him-
mel zu verschließen, damit es in den
Tagen ihrer Weissagung nicht regnet,
und haben Macht über das Wasser, [g]es
in Blut zu verwandeln und die Erde mit
allen erdenklichen Plagen zu schlagen,
sooft sie wollen.
7 Wenn sie ihren Auftrag als Zeugen
erfüllt haben, so wird [h]das Tier, das aus
dem Abgrund aufsteigt, mit ihnen
Krieg führen und [i]wird sie überwinden
8 und wird sie töten. Dann liegen ihre
Leichname auf der Straße in der gro-
ßen Stadt, die geistlich gedeutet »So-
dom« und »Ägypten« heißt, wo auch ihr
9 Herr gekreuzigt wurde. Und Men-
schen aus allen Völkern, Stämmen,
Sprachen und Nationen sehen sich die
Leichen drei und einen halben Tag an
und lassen sie nicht ins Grab legen.
10 Und die auf Erden wohnen, freuen sich
über den Anblick und feiern Feste, und
sie werden einander Geschenke sen-
den; denn diese beiden Propheten ha-
ben alle gequält, die auf Erden wohnen.
Und nach drei und einem halben 11
Tag fuhr der Geist des Lebens von
Gott in die beiden, und sie standen wie-
der auf; und große Furcht überfiel alle,
die sie sahen. Und sie hörten eine laute 12
Stimme vom Himmel zu ihnen sagen:
Steigt herauf! Und sie stiegen in einer
Wolke in den Himmel auf, und ihre
Feinde sahen sie. Und zur selben Stun- 13
de geschah ein großes Erdbeben, und
der zehnte Teil der Stadt stürzte ein;
bei dem Erdbeben wurden siebentau-
send Menschen getötet, die andern
aber erschraken und gaben dem Gott
des Himmels die Ehre. Das [j]zweite 14
Wehe ist vorüber; siehe, das dritte
Wehe kommt schnell.

a Hes 40,2; Sach 2,5.6 *b* Hes 42,20 *c* Lk 21,24
d Kap 12,6 *e* Sach 4,3.11-14 *f* 1.Kön 17,1
g 2.Mose 7,19.20 *h* Kap 13,1 *i* Kap 13,7
j Kap 9,12

Die siebte Posaune

Und der siebte Engel blies seine Posau- 15
ne; da erhoben sich mächtige Stimmen
im Himmel, die sprachen: *Nun gehören*
die Reiche der Welt unserm Herrn und
seinem Christus, und er wird regieren von
Ewigkeit zu Ewigkeit. Und die [a]vier- 16
undzwanzig Ältesten, die vor Gott auf
ihren Thronen saßen, warfen sich nie-
der und beteten Gott an und sprachen: 17
Wir danken dir, Herr, allmächtiger
Gott, der du bist und der du warst, daß
du deine große Macht gebraucht und
die Herrschaft angetreten hast. [b]Die 18
Völker sind zornig geworden; darum
ist dein Zorn gekommen und die Zeit,
die Toten zu richten und deinen
Knechten, den Propheten, den Lohn
zu geben und den Heiligen und denen,
die deinen Namen fürchten, den Klei-
nen und den Großen, und zu verder-
ben, die die Erde verderben.
Und [c]der Tempel Gottes im Him- 19
mel wurde aufgetan und die Lade sei-
nes Bundes wurde im Tempel sichtbar;
und es geschahen Blitze und Stimmen
und Donner und Erdbeben und ein
großer Hagel.

a Kap 4,4.10 *b* Ps 2,1 *c* Kap 15,5

Die Frau und der Drache

Und es erschien ein großes Zeichen am **12**
Himmel: eine Frau, mit der Sonne be-
kleidet, und der Mond unter ihren Fü-
ßen und auf ihrem Haupt eine Krone
von zwölf Sternen. Und sie war 2
schwanger und schrie in Kindsnöten

und hatte große Qual bei der Geburt.
3 Und es erschien ein anderes Zeichen
am Himmel: siehe, ein großer, roter
Drache, der hatte sieben Köpfe und
zehn Hörner und auf seinen Köpfen
4 sieben Kronen, und sein Schwanz fegte
den [a]dritten Teil der Sterne des Him-
mels hinweg und warf sie auf die Erde.
Und der Drache stand vor der Frau, die
gebären sollte, um ihr Kind zu fressen,
5 sobald es geboren wäre. Und sie gebar
einen Sohn, einen Knaben; der sollte
alle Völker [b]mit eisernem Stab weiden.
Und ihr Kind wurde zu Gott und sei-
6 nem Thron entrückt. Und die Frau
entfloh in die Wüste, wo sie einen Zu-
fluchtsort hatte, der ihr von Gott be-
reitet war; dort sollte sie versorgt wer-
den [c]tausendzweihundertsechzig Tage
lang.
7 Und es entbrannte ein Krieg im
Himmel; Michael und seine Engel nah-
men den Kampf gegen den Drachen
auf. Auch der Drache und seine Engel
8 kämpften, doch sie konnten nicht
standhalten, und ihr Platz fand sich
9 nicht mehr im Himmel. Und der große
Drache, die alte Schlange, wurde hin-
untergeworfen. Er heißt auch Teufel
und Satan, der alle Welt verführt. Er
wurde auf die Erde geworfen, und mit
ihm wurden seine Engel dorthin ge-
10 worfen.[d] Und ich hörte eine mächtige
Stimme, die sprach im Himmel: *Nun
gehört das Heil und die Kraft und* [e]*die
Herrschaft unserm Gott und die Macht
seinem Christus; denn der Verkläger un-
serer Brüder ist hinuntergeworfen wor-
den, der sie Tag und Nacht vor unserm
11 Gott verklagt hat. Sie haben ihn über-
wunden durch* [f]*das Blut des Lammes und
durch* [g]*das Wort ihres Zeugnisses und ha-
ben nicht an ihrem Leben gehangen, son-
12 dern den Tod auf sich genommen.* Darum
freut euch, ihr Himmel und die darin
wohnen! Weh aber der Erde und dem
Meer! Denn der Teufel ist zu euch hin-
untergekommen und hat großen Zorn,
weil er weiß, daß er wenig Zeit hat.
13 Als der Drache sah, daß er auf die
Erde geworfen war, verfolgte er die
Frau, die den Knaben geboren hatte.
14 Und der Frau wurden die beiden Flü-
gel des großen Adlers gegeben, um in
die Wüste an ihren Zufluchtsort zu flie-
gen; dort wurde sie fern von der
Schlange versorgt eine Zeit und zwei
15 Zeiten und eine halbe Zeit. Und die
Schlange ließ aus ihrem Rachen Wasser
hervorschießen wie einen Strom hinter
der Frau her, um sie zu ersäufen. Aber 16
die Erde half der Frau und tat ihren
Mund auf und verschlang den Strom,
den der Drache aus seinem Rachen hat-
te hervorschießen lassen. Da wurde der 17
Drache zornig über die Frau und ging
weg, um nun gegen ihre andern Kinder
zu kämpfen, die Gottes Gebote halten
und von Jesus das Zeugnis empfangen
haben. Und er trat an den Strand des 18
Meeres.

a Dan 8,10 *b* Ps 2,9 *c* Kap 11,3 *d* Kap 19,2; 1.Mose 3,1; Lk 10,18 *e* Kap 11,15 *f* Kap 7,14 *g* Kap 6,9

Die beiden Tiere

Und ich sah [a]ein Tier aus dem Meer 13
steigen, das hatte zehn Hörner und sie-
ben Köpfe und auf seinen Hörnern
zehn Kronen und auf seinen Köpfen
einen gotteslästerlichen Namen. Und 2
das Tier, das ich sah, glich einem Pan-
ther, und seine Füße waren wie Bären-
tatzen und sein Rachen wie ein Löwen-
rachen. Und der Drache gab ihm seine
Kraft und seinen Thron und große
Macht. Und ich sah, daß einer von sei- 3
nen Köpfen tödlich verwundet war,
aber seine tödliche Wunde wurde heil.
Und die ganze Erde wunderte sich über
das Tier, und sie beteten den Drachen 4
an, weil er dem Tier die Macht gegeben
hatte, und beteten das Tier an und
sprachen: Wer kommt dem Tier gleich,
und wer kann mit ihm kämpfen? Und 5
ihm wurde ein Maul gegeben, um gro-
ße Dinge und Lästerungen auszuspre-
chen, und ihm wurde Macht gegeben,
es [b]zweiundvierzig Monate lang so zu
treiben. Und es tat sein Maul auf zur 6
Lästerung gegen Gott, um seinen Na-
men zu lästern und sein Haus und die
im Himmel wohnen. Und ihm wurde 7
gestattet, gegen die Heiligen [c]Krieg zu
führen und sie zu überwinden; und
ihm wurde Macht gegeben über alle
Stämme, Völker, Sprachen und Natio-
nen. Und alle, die auf Erden wohnen, 8
werden es anbeten, alle, deren Name
nicht vom Anfang der Welt an aufge-
schrieben ist im Lebensbuch des Lam-
mes, das geschlachtet ist. Hat jemand 9
Ohren, der höre! Wenn jemand ins 10
Gefängnis soll, dann wird er ins
Gefängnis kommen; [d]wenn jemand
durchs Schwert sterben soll, dann wird
er durchs Schwert sterben. – [e]Hier geht
es um Standhaftigkeit und Glauben der
Heiligen!
Und ich sah ein zweites Tier aus der 11
Erde heraufsteigen; das hatte zwei

Hörner wie ein Lamm und redete wie
12 ein Drache. Und es übt alle Macht des
ersten Tieres mit dessen Zustimmung
aus und bringt die Erde und die darauf
wohnen dazu, das erste Tier anzubeten,
dessen tödliche Wunde heil geworden
13 war. Und [f]es tut so große Zeichen, daß
es auch Feuer vom Himmel auf die
Erde fallen läßt vor den Augen der
14 Menschen; und es verführt die Menschen, die auf der Erde wohnen, durch
die Zeichen, die es mit Zustimmung
des Tieres tun darf; und befiehlt denen, die auf der Erde wohnen, ein Bild
zu errichten für das Tier, das die
Schwertwunde hatte und lebendig ge-
15 worden war. Und ihm wurde gestattet,
dem Bild des Tieres Geist zu verleihen,
damit es sprechen und bewirken könnte, daß alle, die es nicht anbeteten, getö-
16 tet würden. Und es bewirkt, daß sie allesamt, die Kleinen und Großen, die
Reichen und Armen, die Freien und
Sklaven, sich [g]ein Zeichen an die rechte
17 Hand oder an die Stirn machen, und
daß niemand kaufen oder verkaufen
kann, wenn er nicht das Zeichen hat,
nämlich den Namen des Tieres oder die
18 Zahl seines Namens. – Hier geht es um
Weisheit! – Wer Verstand hat, der deute [h]die Zahl des Tieres; denn es ist die
Zahl eines Menschen, und seine Zahl
ist sechshundertundsechsundsechzig.

a Dan 7,3-7 *b* Kap 11,2 *c* Kap 11,7; Dan 7,21 *d* 1.Mose 9,6; Mt 26,52 *e* Kap 14,12 *f* Mt 24,24; 2.Thess 2,9 *g* Kap 19,20 *h* Kap 15,2

Das Lamm und die Hundertvierundvierzigtausend

14 Und ich sah, und siehe, das Lamm
stand auf dem Berg Zion und mit ihm
[a]Hundertvierundvierzigtausend, die
trugen seinen Namen und [b]den Namen
seines Vaters auf ihrer Stirn geschrie-
2 ben. Und ich hörte eine Stimme vom
Himmel [c]wie die eines mächtigen Wassers und eines großen Donners, und die
Stimme, die ich hörte, war wie der
Klang von Harfen, die von Harfenspie-
3 lern geschlagen werden. Und sie sangen ein neues Lied vor dem Thron und
vor den vier Gestalten und den Ältesten; und niemand konnte das Lied lernen außer den Hundertvierundvierzigtausend, die von der Erde freige-
4 kauft sind. Das sind die, [d]die sich mit
Frauen nicht befleckt haben, denn sie
sind jungfräulich; sie folgen dem
Lamm, wo es hingeht; sie sind aus der
Menschheit herausgenommen als Erst-
linge für Gott und das Lamm, und in 5
ihrem Mund war nie eine Lüge; sie
sind untadelig.

a Kap 7,4 *b* Kap 3,12 *c* Kap 1,15 *d* 1.Kor 7,1.8

Die Botschaft der drei Engel

Und ich sah einen andern Engel hoch 6
oben am Himmel fliegen; der hatte ein
ewiges Evangelium denen zu verkündigen, die auf der Erde wohnen, allen Nationen, Stämmen, Sprachen und Völkern. Er rief mit lauter Stimme: Fürch- 7
tet Gott und gebt ihm die Ehre; denn
die Stunde seines Gerichts ist gekommen! Und betet den an, der Himmel
und Erde, das Meer und die Quellen
gemacht hat!

[a]Und ein zweiter Engel folgte, der 8
rief: Sie ist gefallen, sie ist gefallen, Babylon, die große Stadt; denn sie hat allen Völkern vom Wein ihrer leidenschaftlichen Hurerei zu trinken gegeben.

Und ein dritter Engel folgte ihnen 9
und rief mit lauter Stimme: [b]Wenn jemand das Tier und sein Bild anbetet
und das Zeichen an seiner Stirn oder an
seiner Hand trägt, dann soll er von dem 10
[c]Wein des Gotteszorns trinken, der unvermischt eingeschenkt ist in den
Kelch seines Zorns, und soll mit Feuer
und Schwefel gequält werden vor den
Augen der heiligen Engel und des
Lammes. Und der Rauch von dieser 11
qualvollen Strafe wird aufsteigen von
Ewigkeit zu Ewigkeit; und es wird Tag
und Nacht keine Ruhe geben für alle,
die das Tier und sein Bild anbeten und
das Zeichen seines Namens annehmen. – [d]Hier geht es um Standhaftig- 12
keit der Heiligen, die an den Geboten
Gottes und dem Glauben an Jesus festhalten!

Und ich hörte eine Stimme vom 13
Himmel zu mir sagen: Schreibe: [e]*Selig
sind die Toten, die von nun an im Herrn
sterben. Ja, spricht der Geist, sie sollen
[f]zur Ruhe kommen nach ihrer Mühe;
denn [g]ihre Taten folgen ihnen.*

a (8-10) Kap 18; Jes 21,9; Jer 25,15.16; 51,7 *b* Kap 13,12-17 *c* Ps 75,9 *d* Kap 13,10 *e* Phil 1,23 *f* Jes 57,2; Hebr 4,10 *g* 1.Tim 5,24.25

Ernte und Weinlese

Und ich sah, und siehe, eine weiße 14
Wolke. Und [a]auf der Wolke saß einer,
der einem Menschensohn gleich war;
er hatte eine goldene Krone auf dem
Haupt und in der Hand eine scharfe Sichel. Und ein andrer Engel kam aus 15

dem Tempel und rief dem, der auf der
Wolke saß, mit lauter Stimme zu: Setze
deine [b]Sichel an und ernte; denn die
Zeit zu ernten ist gekommen, denn [c]die
16 Ernte der Erde ist reif geworden. Und
der auf der Wolke saß, setzte seine Si-
chel an die Erde, und die Erde wurde
abgeerntet.
17 Und ein andrer Engel kam aus dem
Tempel im Himmel, der hatte ein
18 scharfes Winzermesser. Und vom Altar
kam ein andrer Engel, dem das Feuer
anvertraut war; er rief dem, der das
scharfe Messer hatte, mit lauter Stim-
me zu: Setze dein scharfes Winzermes-
ser an und schneide die Trauben am
Weinstock der Erde, denn seine Beeren
19 sind reif! Und der Engel setzte sein
Winzermesser an die Erde und schnitt
die Trauben der Erde und warf sie in
20 die große Kelter des Gotteszorns. Und
[d]die Kelter wurde draußen vor der
Stadt getreten, und das Blut von der
Kelter reichte den Pferden bis an den
Zaum und ging tausendsechshundert
Stadien weit.

a Dan 7,13; Mk 13,26 *b* Joel 4,13. *c* Mt 13,39
d Jes 63,3

Die Engel mit den sieben Plagen

15 Und ich sah ein andres Zeichen am
Himmel, das war groß und wunderbar:
[a]sieben Engel mit den letzten sieben
Plagen; denn damit kommt der Zorn
Gottes zu seinem Ende.
2 Und ich sah, und es war [b]wie ein glä-
sernes Meer, mit Feuer vermischt; und
die den Sieg behalten hatten über das
Tier und sein Bild und über die Zahl
seines Namens, die standen an dem glä-
sernen Meer und hatten Gottes Harfen
3 und sangen [c]das Lied Moses, des
Knechtes Gottes, und das Lied des
Lammes: [d]Groß und wunderbar sind
deine Werke, Herr, allmächtiger Gott!
[e]Gerecht und wahrhaftig sind deine
4 Wege, du König der Völker. Wer sollte
deinen Namen, Herr, nicht fürchten
und ihn nicht preisen? Denn du allein
bist heilig! Ja, [f]alle Völker werden
kommen und vor dir anbeten, denn dei-
ne gerechten Taten sind offenbar ge-
worden.
5 Danach sah ich: da [g]wurde der Tem-
pel, die Stiftshütte im Himmel, aufge-
6 tan, und aus dem Tempel kamen die
sieben Engel mit den sieben Plagen; die
waren in reines, helles Leinen gekleidet
und trugen um die Brust einen golde-
7 nen Gürtel. Und [h]eine der vier Gestal-
ten gab den sieben Engeln sieben gol-
dene Schalen voll vom [i]Zorn des Got-
tes, der von Ewigkeit zu Ewigkeit lebt.
Und [j]der Tempel füllte sich mit Rauch 8
von der [k]Herrlichkeit Gottes und von
seiner Kraft; und niemand konnte in
den Tempel gehen, bis die sieben Pla-
gen der sieben Engel beendet waren.

a Kap 16,1 *b* Kap 4,6 *c* 2.Mose 15,1.11
d Jer 10,6.7 *e* 5.Mose 32,4; Ps 145,17 *f* Ps 86,9;
Jer 16,19-21 *g* Kap 11,19 *h* Kap 4,6-8
i Kap 14,10 *j* Jes 6,4 *k* 2.Mose 40,34;
1.Kön 8,10.11; Hes 44,4

Die Schalen des Zorns

Und ich hörte eine mächtige Stimme 16
aus dem Tempel, die sprach zu den sie-
ben Engeln: Geht hin und gießt die sie-
ben Schalen des Gotteszorns auf die
Erde aus!
Und der erste ging hin und goß seine 2
Schale auf die Erde aus; da bildete sich
ein [a]böses und schlimmes Geschwür an
den Menschen, die das Zeichen des
Tieres trugen und sein Bild anbeteten.
Und der zweite Engel goß seine 3
Schale ins Meer aus; da wurde es zu
Blut wie von einem Toten, und alle le-
bendigen Wesen im Meer starben.
Und der dritte Engel goß seine 4
Schale in die Ströme und Quellen aus;
da [b]wurden sie zu Blut. Und ich hörte 5
den Engel des Wassers sagen: Gerecht
bist du, der du bist und der du warst,
du Heiliger, daß du dies Urteil gespro-
chen hast; denn das Blut der Heiligen 6
und Propheten haben sie vergossen,
und Blut hast du ihnen zu trinken gege-
ben; sie sind's wert.[c] Und [d]ich hörte 7
den Altar sagen: Ja, Herr, allmächtiger
Gott, deine Gerichte sind wahrhaftig
und gerecht.[e]
Und der vierte Engel goß seine 8
Schale über die Sonne aus; da wurde
ihr aufgetragen, die Menschen mit
Feuer zu versengen. Und die Men- 9
schen wurden von der großen Hitze
versengt und lästerten den Namen
Gottes, der Macht über diese Plagen
hat, und kehrten nicht um und wollten
ihm nicht die Ehre geben.
Und der fünfte Engel goß seine 10
Schale auf den Thron des Tieres aus;
da wurde sein Reich verfinstert, und
die Menschen zerbissen sich die Zunge
vor Schmerzen und lästerten Gott im 11
Himmel wegen ihrer Schmerzen und
Geschwüre und kehrten nicht um von
ihren Werken.
Und der sechste Engel goß seine 12
Schale auf den großen Strom Eufrat

aus; da versiegte [f]sein Wasser, damit
den Königen vom Aufgang der Sonne
13 der Weg bereitet würde. Und ich sah,
wie aus dem Mund des [g]Drachen und
aus dem Mund des Tieres und aus dem
Mund des falschen Propheten drei un-
reine Geister hervorkamen, die wie
14 Frösche aussahen; das sind Teufelsgei-
ster, die Zeichen tun und zu den Köni-
gen der ganzen Welt hingehen, um sie
zu versammeln zum Kampf am großen
15 Tag Gottes, des Allmächtigen. – Siehe,
[h]ich komme wie ein Dieb. Selig ist, der
wach bleibt und auf seine Kleider ach-
tet, damit er nicht nackt gehen muß
16 und man seine Blöße sieht. – Und die
drei Geister versammelten sie an einem
Ort, der auf hebräisch Harmagedon
heißt.

17 Und der siebte Engel goß seine
Schale in die Luft aus; da kam eine
mächtige Stimme aus dem Tempel
vom Thron, die sprach: Es ist ge-
18 schehen! Da geschahen Blitze und
Stimmen und Donner, und es gab ein
großes Erdbeben, wie es noch nie gewe-
sen war, seitdem Menschen auf der
Erde leben – so ein großes Erdbeben!
19 Und aus der großen Stadt wurden drei
Teile, und die Städte der Heiden stürz-
ten ein. Und Gott erinnerte sich an [i]Ba-
bylon, die große Stadt, und gab ihr den
Kelch mit dem Wein seines grimmigen
20 Zorns. Und alle Inseln verschwanden,
21 und es gab keine Berge mehr[j] Und ein
großer [k]Hagel wie Zentnergewichte fiel
vom Himmel auf die Menschen; und
die Menschen lästerten Gott wegen der
Plage des Hagels, denn diese Plage ist
sehr groß.

a 2.Mose 9,10.11 *b* 2.Mose 7,17-21
c Weish 11,16 *d* Kap 9,13 *e* Kap 6,9.10
f Jes 11,15.16 *g* Kap 12,3 *h* 1.Thess 5,2
i Kap 14,8-10 *j* Kap 6,14 *k* 2.Mose 9,23

Die große Hure Babylon

17 Und es kam einer von den [a]sieben En-
geln, die die sieben Schalen hatten, und
sprach zu mir: Komm, ich will dir das
Gericht über die große Hure zeigen, die
2 an vielen Wassern sitzt, mit der die Kö-
nige auf Erden Hurerei getrieben ha-
ben; und die auf der Erde wohnen, sind
von dem Wein ihrer Hurerei betrunken
3 geworden. Und er brachte mich im
Geist in die Wüste. Und ich sah eine
Frau auf einem scharlachroten Tier sit-
zen, das war voll gotteslästerlicher Na-
men und hatte sieben Köpfe und zehn
4 Hörner. Und die Frau war in Purpur
und Scharlach gekleidet und mit Gold
und Edelsteinen und Perlen ge-
schmückt und hatte [b]einen goldenen
Becher in der Hand, voll Greuel und
Unreinheit von ihrer Hurerei, und auf 5
ihrer Stirn war ein Name geschrieben,
ein Rätselwort: Das große Babylon, die
Mutter der Hurerei und aller Greuel
auf Erden. Und ich sah die Frau be- 6
rauscht vom [c]Blut der Heiligen und
vom Blut der Zeugen Jesu.

Und ich war sehr entsetzt, als ich die
Frau sah. Da sagte der Engel zu mir: 7
Warum bist du entsetzt? Ich will dich
einweihen in das Geheimnis der Frau
und des Tieres, das sie trägt und sieben
Köpfe und zehn Hörner hat. Das Tier, 8
das du gesehen hast, ist gewesen und ist
jetzt nicht und wird aus dem Abgrund
wieder emporsteigen und wird dann in
die Verdammnis fahren. Alle, die auf
der Erde wohnen und deren Name
nicht vom Anfang der Welt an im Buch
des Lebens geschrieben steht, werden
sich entsetzen, wenn sie sehen, daß das
Tier gewesen ist und jetzt nicht ist und
wieder sein wird. – Hier braucht man 9
Verstand, der [d]Weisheit hat!

Die sieben Köpfe sind die sieben
Berge, auf denen die Frau sitzt, und es
sind sieben Könige. Fünf sind gefallen; 10
einer ist da; der andre ist noch nicht ge-
kommen; und wenn er kommt, darf er
nur kurze Zeit bleiben. Und das Tier, 11
das gewesen ist und jetzt nicht ist, das
ist der achte und ist einer von den sie-
ben und fährt in die Verdammnis. Und 12
die [e]zehn Hörner, die du gesehen hast,
das sind zehn Könige, die ihr Reich
noch nicht empfangen haben; aber wie
Könige werden sie für eine Stunde
Macht empfangen zusammen mit dem
Tier. Diese sind einer Meinung und ge- 13
ben ihre Kraft und Macht dem Tier.
Sie werden gegen das Lamm Krieg 14
führen, und das Lamm wird sie besie-
gen, denn [f]es ist der Herr aller Herren
und der König aller Könige, und [g]die
mit ihm sind, sind die Berufenen und
Auserwählten und Gläubigen.

Und der Engel sagte zu mir: Die 15
[h]Wasser, die du gesehen hast, an denen
die Hure sitzt, sind Völker und Scha-
ren, Nationen und Sprachen. Und 16
die zehn Hörner, die du gesehen hast,
und das Tier, die werden die Hure has-
sen und werden sie ausplündern und
entblößen und werden ihr Fleisch essen
und werden sie mit Feuer verbrennen.
Denn Gott hat's ihnen ins Herz gege- 17
ben, seine Absicht auszuführen und

sich einig zu werden, ihre Herrschaft
dem Tier zu geben, bis die Worte Got-
18 tes erfüllt werden. Und die Frau, die du
gesehen hast, ist [i]die große Stadt, die
die Herrschaft hat über die Könige auf
Erden.

a Kap 15,1 *b* Jer 51,7 *c* Kap 18,24 *d* Kap 13,18
e Kap 13,1 *f* Kap 19,16 *g* Kap 19,14 *h* Jes 8,7;
Jer 47,2 *i* Kap 18,10

Der Untergang Babylons

18 Danach sah ich einen andern Engel
vom Himmel herabkommen, der hatte
große Macht, und [a]die Erde wurde von
2 seinem Glanz erleuchtet. Und er rief
mit lauter Stimme: [b]Sie ist gefallen, sie
ist gefallen, Babylon, die große Stadt,
und ist eine Behausung der Teufel ge-
worden und ein Gefängnis aller unrei-
nen Geister und ein Gefängnis aller un-
reinen Vögel und [c]ein Gefängnis aller
unreinen und verabscheuten Tiere.
3 Denn [d]von dem Wein ihrer leiden-
schaftlichen [e]Hurerei haben alle Völker
getrunken, und die Könige auf Erden
haben mit ihr Hurerei getrieben, und
die Kaufleute auf Erden sind reich ge-
worden von ihrem üppigen Wohlstand.
4 Und ich hörte eine andre Stimme
vom Himmel, die sprach: [f]Geht aus
der Stadt hinaus, mein Volk, daß ihr
nicht mitschuldig werdet an ihren Sün-
den und von ihren Plagen mitbetroffen
5 werdet! Denn ihre Sünden [g]reichen bis
an den Himmel, und Gott denkt an
6 ihren Frevel. [h]Zahlt ihr mit gleicher
Münze heim, gebt ihr doppelt zurück,
was sie getan hat! Und in den Kelch, in
den sie euch eingeschenkt hat, schenkt
7 ihr das doppelte Maß ein! [i]Sie hat in
Herrlichkeit und Überfluß gelebt,
schenkt ihr dafür ebensoviel Qual und
Leid ein! Denn sie spricht in ihrem
Herzen: Ich throne hier als Königin
und bin keine Witwe, und Leid werde
8 ich nicht sehen. Darum werden alle
ihre Plagen auf einen Tag kommen,
Tod, Leid und Hunger, und mit Feuer
wird sie verbrannt werden; denn stark
ist Gott der Herr, der sie gerichtet hat.
9 Und die Könige auf der Erde, die mit
ihr gehurt und gepraßt haben, werden
sie beweinen und beklagen, wenn sie
den Rauch des Feuers sehen werden, in
10 dem sie verbrennt. Sie werden weit ent-
fernt stehen aus Furcht vor dieser qual-
vollen Strafe und sagen: Weh, weh, du
große Stadt Babylon, du starke Stadt,
[j]in einer einzigen Stunde ist dein Ge-
11 richt gekommen! Und die Kaufleute
auf der Erde werden um sie weinen und
Leid tragen, weil ihnen niemand mehr
ihre Ware abkaufen wird: Gold und 12
Silber, Edelsteine und Perlen; feines
Leinen, Seide, Purpur und Scharlach;
wohlriechende Hölzer aller Art und alle
möglichen Geräte aus Elfenbein, kost-
barem Holz, Bronze, Eisen und Mar-
mor; Zimt, Salbe, Räucherwerk, 13
Myrrhen und Weihrauch; Wein, Öl,
feinstes Mehl und Weizen; Rinder und
Schafe, Pferde und Wagen und Leiber
und Seelen von Menschen.
Das Obst, wonach dein Herz immer 14
verlangt hat, ist dahin; und alles, was
glänzend und herrlich war, ist dir verlo-
ren gegangen, und man wird es nicht
mehr finden. Die Kaufleute, die durch 15
den Handel mit dieser Stadt reich ge-
worden sind, werden weit entfernt ste-
hen aus Furcht vor ihrer qualvollen
Strafe, sie werden weinen und klagen:
Weh, weh, du große Stadt, die du [k]in 16
feines Leinen und Purpur und Schar-
lach gekleidet und mit Gold, Edelstei-
nen und Perlen geschmückt warst, [l]in 17
einer einzigen Stunde ist all dieser
Reichtum verwüstet worden!
Und alle Schiffsherren und alle
Steuerleute und die Seefahrer und die
auf dem Meer arbeiten, standen weit
entfernt und riefen, als sie den Rauch 18
des Feuers sahen, in dem sie verbrann-
te: Wer ist der großen Stadt gleich?
Und sie warfen Staub auf ihre Häupter 19
und schrien, weinten und klagten:
Weh, weh, du große Stadt, von deren
Überfluß alle reich geworden sind, die
Schiffe auf dem Meer hatten; in einer
einzigen Stunde ist sie verwüstet wor-
den!
[m]Freue dich über sie, Himmel und 20
auch ihr, Heilige und Apostel und Pro-
pheten! Denn Gott hat sie gerichtet um
euretwillen!
Und ein starker Engel hob einen 21
Stein auf, so groß wie ein Mühlstein,
warf ihn ins Meer und sprach: [n]So wird
die große Stadt Babylon mit aller
Macht niedergeworfen und nicht mehr
gefunden werden. Und [o]kein Ton von 22
Saitenspielern und Sängern, Flöten-
spielern und Trompetern soll mehr in
dir gehört werden, und kein Handwer-
ker, gleich welchen Handwerks, soll
mehr in dir gefunden werden, und das
Geräusch der Mühle soll nicht mehr in
dir gehört werden, und [p]das Licht der 23
Lampe soll nicht mehr in dir leuchten,
und die Stimme des Bräutigams und

der Braut soll nicht mehr in dir gehört
werden. Denn [q]deine Kaufleute waren
Fürsten auf Erden, und durch deine
Zauberei wurden alle Völker verführt;
24 und [r]das Blut der Propheten und der
Heiligen und aller derer, die auf Erden
getötet worden sind, wurde in ihr gefunden.

a Hes 43,2 *b* Kap 14,8 *c* Jer 50,39 *d* Jer 51,7 *e* Nah 3,4 *f* Jes 48,20; Jer 50,8; 51,6.45; 2.Kor 6,17 *g* 1.Mose 18,20.21; Jer 51,9 *h* Ps 137,8; Jer 50,15.29; 2.Thess 1,6 *i (7 und 8)* Jes 47,7-9 *j* Jer 51,8 *k* Kap 17,4 *l (17-19)* Hes 27,27-36 *m* Jer 51,48 *n* Jer 51,63.64 *o* Jes 24,8; Hes 26,13 *p* Jer 25,10 *q* Jes 23,8 *r* Kap 6,10; 17,6

Jubel über den Untergang Babels

19 Danach hörte ich eine mächtige Stimme wie von einer großen Schar im
Himmel, die sprach: Halleluja! Das
Heil und die Herrlichkeit und die Kraft
2 gehören unserm Gott! Denn wahrhaftig und gerecht sind seine Gerichte: er
hat die große Hure verurteilt, die die
Erde mit ihrer Hurerei verdorben hat,
und hat [a]das Blut seiner Knechte an ihr
gerächt.
3 Und sie sprachen zum zweitenmal:
Halleluja! Denn Rauch steigt von ihr
4 auf in Ewigkeit. Und die [b]vierundzwanzig Ältesten und [c]die vier Gestalten fielen nieder und beteten Gott an,
der auf dem Thron saß, und sprachen:
5 [d]Amen, Halleluja! Und eine Stimme
kam von dem Thron her: Lobt unsern
Gott, alle seine Knechte, alle, die ihn
fürchten, Kleine und Große!
6 Und ich hörte eine Stimme wie von
einer großen Schar, wie von tosendem
Wasser und starkem Donner; die
sprach: *Halleluja! Denn der Herr, unser
Gott, der Allmächtige, hat die Herrschaft*
7 *angetreten. Laßt uns fröhlich sein und uns
freuen und ihm die Ehre geben; denn* [e]*die
Hochzeit des Lammes ist gekommen, und*
8 *seine Braut hat sich bereit gemacht!* Und
sie ist gewürdigt worden, [f]sich in reines, leuchtendes Leinen zu kleiden.
Das Leinen aber ist die Gerechtigkeit
9 der Heiligen. Und er sagte zu mir:
Schreibe: [g]*Selig sind alle, die zum
Hochzeitsmahl des Lammes berufen sind.*
Und er sagte zu mir: Dies sind zuver-
10 lässige Worte Gottes. Und ich [h]fiel ihm
zu Füßen, um ihn anzubeten. Doch er
sagte zu mir: Tu das nicht! Ich bin dein
und deiner Brüder Mitknecht, die von
Jesus das Zeugnis empfangen haben.
Bete Gott an! Das Zeugnis Jesu aber ist
der Geist der Weissagung.

a Kap 6,10; 5.Mose 32,43 *b* Kap 4,4; 5,11 *c* Kap 4,6 *d* Ps 106,48 *e* Kap 21,9 *f* Jes 61,10 *g* Lk 14,15 *h* Kap 22,8.9

Der Reiter auf dem weißen Pferd

[a]Und ich sah den Himmel offen; und 11
siehe, ein weißes Pferd. Und der darauf
saß, heißt [b]»Treu und wahrhaftig«, und
[c]mit Gerechtigkeit richtet und kämpft
er. [d]Seine Augen sind wie eine Feuer- 12
flamme, und auf dem Haupt trägt er
viele Kronen; und auf ihm steht ein
[e]Name geschrieben, den niemand
kennt als er selbst. Und er ist mit einem 13
Gewand [f]bekleidet, das mit Blut getränkt ist, und sein Name ist [g]»Das
Wort Gottes«. Und ihm folgte [h]das 14
Heer des Himmels auf weißen Pferden,
bekleidet mit weißem, reinem Leinen.
Und aus seinem Mund geht ein schar- 15
fes Schwert, um damit die Völker zu
schlagen; und [i]er wird sie mit eisernem
Stab regieren; und [j]er tritt die Kelter
voll vom Wein des grimmigen Zornes
Gottes, des Allmächtigen; und auf sei- 16
nem Gewand und auf seiner Hüfte
steht der Name geschrieben: [k]»König
aller Könige und Herr aller Herren«.

a (11-13) Mt 24,30 *b* Kap 3,14 *c* Jes 11,4.5 *d* Kap 1,14 *e* Kap 3,12 *f* Jes 63,1-3 *g* Joh 1,1 *h* Kap 17,14 *i* Ps 2,9 *j* Kap 14,19.20 *k* Kap 1,5; 1.Tim 6,15

Das Ende des Tieres und des falschen Propheten

Und ich sah einen Engel in der Sonne 17
stehen; der rief mit lauter Stimme [a]allen Vögeln zu, die oben am Himmel
fliegen: Kommt, versammelt euch zu
dem großen Mahl Gottes und eßt das 18
Fleisch der Könige und der Hauptleute
und das Fleisch der Starken und der
Pferde und derer, die darauf sitzen, und
das Fleisch aller Freien und Knechte,
der Kleinen und der Großen! Und ich 19
sah das Tier und die Könige auf Erden
und ihre Heere [b]versammelt, um Krieg
zu führen mit dem, der auf dem Pferd
sitzt, und mit seinem Heer. Und das 20
Tier wurde ergriffen und mit ihm der
falsche Prophet, der mit seiner Zustimmung Zeichen getan hatte, wodurch er
alle irreführte, die [c]das Zeichen des
Tieres angenommen und das Bild des
Tieres angebetet hatten. [d]Lebendig
wurden diese beiden in den feurigen
Pfuhl geworfen, der mit Schwefel
brannte. Und die andern wurden er- 21
schlagen mit dem Schwert, das aus dem
Mund dessen ging, der auf dem Pferd
saß. Und alle Vögel wurden satt von ihrem Fleisch.

a Hes 39,4.17-20 *b* Kap 16,14.16
c Kap 13,11-17 *d* 2.Thess 2,8

Das tausendjährige Reich

20 Und ich sah einen Engel vom Himmel
herabkommen, der hatte [a]den Schlüs-
sel zum Abgrund und eine große Kette
2 in der Hand. Und er ergriff den [b]Dra-
chen, die alte Schlange, das ist der Teu-
fel und Satan, und fesselte ihn für tau-
3 send Jahre, und warf ihn in den Ab-
grund, schloß zu und drückte ein Siegel
oben darauf, damit er die Völker nicht
mehr verführen könnte, bis die tausend
Jahre vollendet sind. Danach muß er
für kurze Zeit losgelassen werden.
4 Und ich sah [c]Throne. Und darauf
setzten sich einige, und [d]ihnen wurde
Macht gegeben zu richten. Und ich sah
die Seelen derer, die um des Zeugnisses
von Jesus und um des Wortes Gottes
willen enthauptet worden waren und
die das Tier und sein Bild nicht angebe-
tet hatten und die sein Zeichen nicht an
ihre Stirn und auf ihre Hand gemacht
hatten; diese wurden lebendig und re-
gierten mit Christus tausend Jahre.
5 [e]Die andern Toten aber wurden nicht
wieder lebendig, bis die tausend Jahre
vollendet sind. Dies ist die erste Aufer-
6 stehung. Selig und heilig ist, wer an der
ersten Auferstehung teilhat. Über sol-
che hat der zweite Tod keine Macht;
sondern sie werden Priester Gottes und
Christi sein und mit ihm die tausend
Jahre regieren.

a Kap 9,1 *b* Kap 12,9 *c* Kap 3,21; Mt 19,28
d 1.Kor 6,2 *e* 1.Thess 4,16

Der letzte Angriff der Feinde Gottes

7 Wenn die tausend Jahre vollendet sind,
wird der Satan aus seinem Gefängnis
8 losgelassen werden und wird auszie-
hen, um die Völker an den vier Enden
der Erde zu verführen und sie – [a]Gog
und Magog – zum Kampf zu versam-
meln; deren Zahl ist wie der Sand am
9 Meer. Und sie zogen über die ganze
Erde herauf und umringten das Heerla-
ger der Heiligen und die geliebte Stadt.
Da fiel Feuer vom Himmel und ver-
10 zehrte sie. Und der Teufel, der sie ver-
führte, wurde in den Pfuhl von Feuer
und Schwefel geworfen, [b]wo schon das
Tier und der falsche Prophet waren;
dort werden sie gequält werden Tag
und Nacht, von Ewigkeit zu Ewigkeit.

a Hes 38,2 *b* Kap 19,20

Das jüngste Gericht

Und ich sah einen großen, weißen 11
Thron und [a]den, der darauf saß; und
[b]vor seinem Angesicht flohen die Erde
und der Himmel, und ihr Platz fand
sich nicht mehr. Und [c]ich sah die To- 12
ten, große und kleine, vor dem Thron
stehen, und [d]Bücher wurden aufgetan.
Und ein andres Buch wurde aufgetan,
das ist das Buch des Lebens. Und die
Toten wurden gerichtet nach dem, was
in den Büchern geschrieben steht, nach
ihren Werken. Und das Meer gab die 13
Toten heraus, die darin waren, und der
Tod und sein Reich gaben die Toten
heraus, die darin waren; und sie wur-
den gerichtet, jeder nach seinen Wer-
ken. Und [e]der Tod und die Totenwelt 14
wurden in den feurigen Pfuhl gewor-
fen. Und wen man nicht im Buch des 15
Lebens aufgeschrieben fand, der wurde
in den feurigen Pfuhl geworfen.

a Mt 25,31-46 *b* 2.Petr 3,7.10.12 *c* Joh 5,28.29
d Dan 7,16 *e* 1.Kor 15,26.55

Das neue Jerusalem

Und ich sah einen [a]neuen Himmel und **21**
eine neue Erde; denn [b]der erste Him-
mel und die erste Erde sind vergangen,
und das Meer ist nicht mehr. Und ich 2
sah die heilige Stadt, [c]das neue Jerusa-
lem, von Gott aus dem Himmel herab-
kommen, bereitet [d]wie eine ge-
schmückte Braut für ihren Mann. Und 3
ich hörte eine mächtige Stimme von
dem Thron her, die sprach: *Siehe, die*
Stätte Gottes bei den Menschen! Und [e]er
wird bei ihnen wohnen, und [f]sie werden
sein Volk sein, und Gott selbst wird bei
ihnen sein; und [g]Gott wird abwischen alle 4
Tränen von ihren Augen, und der Tod
wird nicht mehr sein, [h]noch Leid noch Ge-
schrei noch Schmerz wird mehr sein;
denn das Alte ist vergangen. Und der auf 5
dem Thron saß, sprach: Siehe, ich ma-
che alles neu! Und er sagte: Schreibe,
denn diese Worte sind wahr und gewiß!
Und er sprach zu mir: Sie sind in Erfül- 6
lung gegangen. [i]Ich bin das A und das
O, der Anfang und das Ende. Ich will
dem Durstigen zu trinken geben aus
der Quelle des Lebenswassers, um-
sonst. Wer überwindet, der wird das al- 7
les zu eigen bekommen, und ich werde
sein Gott sein, und er wird mein Sohn
sein. Aber feige, ungläubige und verab- 8
scheuenswerte Menschen, Mörder und
Unzüchtige, Zauberer und Götzendie-
ner und alle Lügner – deren Los wird

der Pfuhl sein, der mit Feuer und
Schwefel brennt; das ist der zweite
Tod.
9 Und es kam zu mir einer von den
[j]sieben Engeln, die die sieben Schalen
hatten, die mit den letzten sieben Pla-
gen gefüllt gewesen waren; der sagte zu
mir: Komm, ich will dir die [k]Braut zei-
10 gen, die Frau des Lammes. Und er
führte mich im Geist auf einen großen
und hohen Berg und zeigte mir, wie die
heilige Stadt Jerusalem aus dem Him-
11 mel von Gott herabkam, erfüllt von der
Herrlichkeit Gottes. Sie glänzte wie der
alleredelste Stein, wie ein kristallklarer
12 Jaspis. Sie hatte eine große und hohe
Mauer mit [l]zwölf Toren und zwölf En-
geln darauf; und an den Toren standen
Namen geschrieben, die Namen der
13 zwölf Stämme Israels: im Osten drei
Tore, im Norden drei Tore, im Süden
drei Tore und im Westen drei Tore.
14 Und die Mauer der Stadt hatte zwölf
Grundsteine und auf ihnen die zwölf
Namen der zwölf Apostel des Lammes.
15 Und der mit mir redete, hatte einen
[m]Meßstab aus Gold, um die Stadt und
ihre Tore und ihre Mauer auszumes-
16 sen. Die Stadt ist viereckig angelegt,
ihre Länge und ihre Breite sind gleich.
Und er maß die Stadt mit dem Stab
und kam auf zwölftausend Stadien. Die
Länge und die Breite und die Höhe der
17 Stadt sind gleich. Und er maß ihre
Mauer: hundertvierundvierzig Ellen
nach Menschenmaß, das der Engel ge-
18 brauchte. [n]Die Mauer war aus Jaspis
und die Stadt aus reinem Gold, klar wie
19 Glas. Und die Grundsteine der Mauer
um die Stadt waren mit allen Arten von
Edelsteinen geschmückt. Der erste
Grundstein war ein Jaspis, der zweite
ein Saphir, der dritte ein Chalzedon,
20 der vierte ein Smaragd, der fünfte ein
Sardonyx, der sechste ein Sarder, der
siebte ein Chrysolith, der achte ein Be-
ryll, der neunte ein Topas, der zehnte
ein Chrysopras, der elfte ein Hyazinth,
21 der zwölfte ein Amethyst. Und die
zwölf Tore waren zwölf Perlen, jedes
Tor war aus einer einzigen Perle, und
der Marktplatz der Stadt war aus rei-
nem Gold, durchscheinend wie Glas.
22 Und ich sah keinen Tempel in der
Stadt; denn der Herr, der allmächtige
Gott, ist ihr Tempel, er und das Lamm.
23 [o]Und die Stadt braucht weder Sonne
noch Mond, damit es hell in ihr wird;
denn die Herrlichkeit Gottes erleuchtet
24 sie, und ihr Licht ist das Lamm. Und
die Völker werden im Licht dieser
Stadt leben; und die Könige auf Erden
werden ihre Herrlichkeit in sie bringen.
Und ihre Tore werden nicht ge- 25
schlossen werden, am Tag nicht, und
[p]Nacht gibt es ja dort nicht mehr. Und 26
man wird die Pracht und den Reichtum
der Völker in sie bringen. Aber nichts 27
Unreines wird hineinkommen und kei-
ner, der mit Greueltat und Lüge um-
geht, sondern nur, wer im Lebensbuch
des Lammes geschrieben steht.

[q]Und er zeigte mir den Strom des **22**
Lebenswassers, klar wie Kristall, der
von dem Thron Gottes und des Lam-
mes ausgeht. Mitten auf dem Platz und 2
zu beiden Seiten des Stromes wachsen
Bäume des Lebens; die tragen zwölf-
mal Früchte, jeden Monat bringen sie
Frucht, und die Blätter der Bäume die-
nen zur Heilung der Völker. Und es 3
wird nichts mehr geben, was [r]unter
dem Bannfluch steht. Und der Thron
Gottes und des Lammes wird in der
Stadt sein, und seine Knechte werden
ihm dienen und sein Angesicht sehen, 4
und [s]sein Name wird auf ihrer Stirn ge-
schrieben sein. Und es wird keine 5
Nacht mehr geben, und sie brauchen
keine Lampe und kein Sonnenlicht
mehr; denn Gott der Herr wird sie er-
leuchten, und sie werden regieren von
Ewigkeit zu Ewigkeit.

a Jes 65,17 *b* 2.Petr 3,13 *c* Gal 4,26; Hebr 12,22
d Kap 19,7.8 *e* 2.Mose 29,45 *f* Jer 7,23
g Kap 7,17; Jes 25,8 *h* Jes 35,10; 65,19 *i* Kap 1,8;
22,13 *j* Kap 15,1.6.7 *k* Kap 19,7
l Hes 48,31-35 *m* Hes 40,3 *n* *(18-21)*
Jes 54,11.12 *o* *(23-25)* Jes 60,3.5.11.19.20
p Sach 14,7 *q* *(1 und 2)* Hes 47,1.12; Sach 14,8;
1.Mose 2,9 *r* Jos 7,11-13 *s* Kap 3,12

Der Herr kommt

Und er sagte zu mir: Diese Worte sind 6
wahr und gewiß; und Gott, der Herr
über den Geist der Propheten, hat [a]sei-
nen Engel gesandt, um seinen Knech-
ten zu zeigen, was bald geschehen muß.
Siehe, ich komme bald. Selig ist, wer 7
die Worte der Weissagung dieses Bu-
ches behält.
Ich, Johannes, bin es, der dies alles 8
gehört und gesehen hat. Und als ich's
gehört und gesehen hatte, fiel ich dem
Engel zu Füßen, der mir dies gezeigt
hatte, und wollte ihn anbeten. Doch er 9
sagte zu mir: Tu das nicht! Denn ich
bin dein Mitknecht und der Mitknecht
deiner Brüder, der Propheten, und al-
ler, die die Worte dieses Buches behal-
ten. Bete Gott an!
Und er sprach zu mir: [b]Versiegle 10

nicht dies Buch mit den Worten der
Weissagung; denn [c]die Zeit ist nahe!
11 Wer Böses tut, soll weiterhin Böses tun,
und wer unrein ist, soll unrein bleiben;
aber wer recht tut, soll weiterhin recht
tun, und wer heilig ist, soll heilig blei-
12 ben.[d] Siehe, ich komme bald und mein
Lohn mit mir, um jedem zu geben, was
13 seine Werke wert sind. *Ich bin das A und
das O, der Erste und der Letzte, der An-
14 fang und das Ende.*[e] Selig sind alle, die
[f]ihre Kleider waschen, damit sie An-
recht auf den Baum des Lebens bekom-
men und durch die Tore in die Stadt
15 gehen dürfen. Draußen sind die »Hun-
de« und die Zauberer und die Unzüch-
tigen und die Mörder und die Götzen-
diener und alle, die die Lüge lieben und
mit ihr umgehen.[g]
16 Ich, Jesus, habe meinen Engel ge-
sandt, um euch dies alles für die Ge-
meinden zu bezeugen. Ich bin der
[h]Sproß aus der Wurzel und dem Ge-
schlecht Davids, [i]der helle Morgen-
17 stern. Und der Geist und die Braut
sprechen: Komm! Und wer es hört, der
spreche: Komm! Und [j]wer durstig ist,
der komme; und wer will, der nehme
das Wasser des Lebens umsonst.
Ich bezeuge allen, die die Worte der 18
Weissagung dieses Buches hören:
[k]Wenn jemand etwas hinzufügt, dann
wird Gott ihm die Plagen zufügen, die
in diesem Buch geschrieben stehen.
Und wenn jemand etwas wegnimmt 19
von den Worten des Buchs dieser Weis-
sagung, dann wird Gott ihm das An-
recht wegnehmen auf den Baum des
Lebens und auf die heilige Stadt, von
denen in diesem Buch geschrieben
steht.
Er, der dies alles bezeugt, spricht: Ja, 20
ich komme bald. – Amen. [l]*Komm, Herr
Jesus!*
Die Gnade des Herrn Jesus sei mit 21
allen!

a Kap 1,1 *b* Kap 10,4 *c* Kap 1,3 *d* Dan 12,10 *e* Kap 1,8; Hebr 13,8 *f* Kap 7,14 *g* Kap 21,8.27; 1.Kor 6,9.10 *h* Jes 11,10 *i* Lk 1,78 *j* Jes 55,1; Joh 7,37 *k* 5.Mose 4,2 *l* 1.Kor 16,22

ANHANG

MASSE, GEWICHTE UND MÜNZEN

Längenmaße

die Elle, etwa 46 cm; die Groß-Elle (2. Chr 3,3), etwa 52 cm
die Spanne (2. Mose 28,16), eine halbe Elle, etwa 23 cm
die Handbreite (2. Mose 25,25), ein Drittel der Spanne, etwa 8 cm
die Fingerbreite (Jer 52,21), ein Viertel der Handbreite, etwa 2 cm
die Rute (Hes 40,5), 6 Ellen, etwa 3 m
der Faden (Apg 27,28), 180 cm

Wegmaße im Neuen Testament

das griechische Stadion (Offb 14,20), 185 m
die römische Meile (Mt 5,41), 8 Stadien, etwa 1,5 km
der jüdische Sabbatweg (Apg 1,12), 2000 Ellen, etwa 1 km

Hohlmaße für Flüssigkeiten im Alten Testament

das Faß (hebr. homer), etwa 393 l
der Eimer (hebr. bat), der 10. Teil des Fasses, etwa 39,3 l
die Kanne (hebr. hin), der 6. Teil des Eimers, etwa 6,6 l
der Becher (hebr. log), der 12. Teil der Kanne, etwa 0,54 l

Hohlmaße für trockene Dinge im Alten Testament

der Sack (hebr. kor oder homer), etwa 393 l
der Scheffel, Sach 5,6–10 die Tonne (hebr. efa), der 10. Teil des Sacks, etwa 39,3 l
das Maß (hebr. sea), ein Drittelscheffel, etwa 13,1 l
der Krug (hebr. gomer oder issaron), ein Zehntelscheffel, etwa 3,9 l
eine Handvoll (hebr. ein Viertel-Kab), etwa ½ l

Hohlmaße im Neuen Testament

der Sack (griech. koros, Lk 16,7), etwa 393 l
der Eimer (griech. batos, Lk 16,6), etwa 39 l
der Scheffel (griech. modios, Mt 5,15), etwa 9 l

Gewichte

der Zentner (hebr. kikkar), gleich 3000 Lot, darum nach gefundenen Gewichtssteinen 33,6 bis 36,6 kg
das Pfund (hebr. manä), gleich 50 Lot, etwas mehr als unser Pfund
das Lot (hebr. schäqäl), nach gefundenen Gewichtssteinen 11,2 bis 12,2 g
das Gramm (hebr. gera), der 20. Teil eines Lots, etwa ½ g

Geld und Münzen im Alten Testament

Geprägte Münzen gab es in älterer Zeit nicht, man zahlte nach dem Gewicht des Edelmetalls. Zwar waren wohl schon früh abgewogene Metallstücke von bestimmter Form und bestimmtem Wert im Umlauf; doch pflegte man beim Handel das Metall mit einer Waage, die man samt den Gewichtssteinen im Beutel trug, abzuwägen (Jer 32,10). An geprägten Münzen kommen im Alten Testament die persische Darike und die griechische Drachme vor.

Gewichtswerte

das Goldtalent (»Zentner Gold«, 1. Kön 9,14), etwa 160000 Mark
der Goldschekel (»Lot Gold«, 1. Chr 21,25; »Goldgulden«, 2. Kön 5,5), etwa 50 Mark

das Goldstück (1. Mose 33,19; Jos 24,32; Hiob 42,11; hebr. qesita), in Gewicht und Wert unbekannt
das Silbertalent (»Zentner Silber«, 1. Kön 16,24), etwa 9000 Mark
die Silbermine (»Pfund Silber«, Esr 2,69), etwa 150 Mark
der Silberschekel (»Lot Silber«, 1. Mose 23,5; »Taler«, hebr. schäqäl, 2. Mose 30,13; »Silbertaler«, hebr. schäqäl käsäf, 1. Sam 9,8; »Silberstück«, hebr. käsäf, 1. Mose 20,16), etwa 3 Mark

Münzen

die Darike (»Gulden«, hebr. adarkon, 1. Chr 29,7; Esr 8,27), etwa 27 Mark
die Golddrachme (»Gulden«, hebr. darkemon, Esr 2,69; Neh 7,69–71), etwa 14 Mark

Geld und Münzen im Neuen Testament

Zur neutestamentlichen Zeit ist allgemein geprägtes Geld im Gebrauch. Zur Bestimmung höherer Summen werden jedoch weiterhin die alten Gewichtseinheiten (»Pfund«, »Zentner«) verwendet. Hellenistische Kultur und römische Herrschaft führten zu einem Nebeneinander von griechischer und römischer Währung (griechisch: Talent, Mine, Stater, Drachme, Lepton; römisch: Denar, Assarion, Quadrans).

Gewichtswerte

das Talent (»Zentner«, Mt 25,15), etwa 9000 Mark
die Mine (»Pfund«, Lk 19,13), etwa 150 Mark

Silbermünzen

der Stater (»Vierdrachmenstück«, Mt 17,27), etwa 4 Mark. Er dürfte auch mit dem »Silberstück« Mt 26,15 gemeint sein
die Doppeldrachme (»Zweidrachmenstück«, Mt 17,24), etwa 2 Mark
die Drachme (»Silbergroschen«, nur Lk 15,8.9), etwa 1 Mark
der Denar (»Silbergroschen«, Mt 18,28; 22,19), etwa 1 Mark

Kupfermünzen

das Assarion (»Groschen«, Mt 10,29), etwa 6 Pfennig
der Quadrans (»Pfennig«, Mt 5,26; Mk 12,42), etwa 1½ Pfennig
das Lepton (»Heller«, Mk 12,42; Lk 12,59), etwa ¾ Pfennig

Bei den angegebenen Gegenwerten in Mark handelt es sich durchweg um Näherungswerte. Die Kaufkraft des Geldes läßt sich daran nur bedingt ablesen. Für das Neue Testament gibt Mt 20,2 einen Anhaltspunkt zur Abschätzung der tatsächlichen Werte: Der »Silbergroschen« = 1 »Mark« ist der gewöhnliche Tageslohn eines Arbeiters. (Vgl. auch »Lot und Taler« unter den Sach- und Worterklärungen.)

SACH- UND WORTERKLÄRUNGEN

Die Worterklärungen wollen nicht in erster Linie Luthers Übersetzung erklären, sondern den zugrunde liegenden Urtext

A und O Alpha und Omega, der erste und der letzte Buchstabe des griechischen Alphabets; darum in der Offenbarung des Johannes Bezeichnung Gottes (1,8; 21,6) und Christi (22,13) als des Ersten und des Letzten, der am Anfang und am Ende der Herr ist, aus dem und zu dem alles ist.
Abaddon (hebräisch) = *Apollyon* (griechisch) Der »Verderber«, Name des über den Ort des Verderbens gesetzten Engels (Offb 9,11).
Abba Aramäischer Gebetsruf zu Gott dem Vater (Mk 14,36; Röm 8,15; Gal 4,6).
Abgrund Im Alten Testament (Hiob 26,6; Spr 15,11; 27,20) Aufenthaltsort der Toten; in der Offenbarung (9,1.11; 11,7; 17,8; 20,1.3) Gefängnis des Teufels und der abtrünnigen Geister (Lk 8,31).
Abib (Ährenmonat, 2. Mose 13,4) Der siebte Monat des althebräischen Jahres, später Nisan genannt, etwa Mitte März bis Mitte April.
Adar Siehe Monate.
Adria-Meer (Apg 27,27) Auch das Mittelländische Meer zwischen Kreta und Sizilien wurde im Altertum dazugerechnet.
Aloe Ein wohlriechendes Holz, dessen Harz zum Einbalsamieren von Toten verwendet wurde (Joh 19,39).
Älteste (griechisch »Presbyter«) Im Judentum Mitglieder des Hohen Rats, in den christlichen Gemeinden Vorsteher der Gemeinden; die vierundzwanzig Ältesten der Offenbarung (4,4) sind Vertreter der erlösten Gemeinde, je zwölf aus Israel und den Heiden.
Amen (hebräisch) Ein Wort feierlicher Bestätigung; Offb 3,14 ein Name Christi.
Apollyon Siehe Abaddon.
Apostel Die »Gesandten«, die »Boten«, Bezeichnung der Jünger Jesu, aber auch eines weiteren Kreises von Verkündigern des Evangeliums (Röm 16,7).
Arbe (3. Mose 11,22) Heuschreckenart.
Ariel »Gottesherd«; Hes 43,15.16 der oberste Teil des Brandopferaltars; daher Jes 29,1.2.7 dichterische Bezeichnung Jerusalems, weil dort der Brandopferaltar stand.
Artemis Göttin der Fruchtbarkeit; ihr Tempel in Ephesus wurde zu den sieben Weltwundern gezählt (Apg 19,23–40).
Asasel (3. Mose 16,8) Wüstendämon.
Aschera An vielen Stellen die Göttin der Fruchtbarkeit (auch Astoret oder Astarte genannt), deren Kult auch nach Israel eindrang (1. Kön 18,19; die »Himmelskönigin« Jer 7,18), an anderen Stellen der der Göttin heilige Holzpfahl.
Asidäer (1. Makk 2,42; 7,12) Die »Frommen«, eine Gruppe im Judentum, die aus treuen Anhängern des Gesetzes bestand und nur einen Hohenpriester aus dem Hause Aaron anerkennen wollte. Sie war zeitweise mit der makkabäischen Bewegung verbunden, ohne völlig in ihr aufzugehen, wie es in 2. Makk 14,6 angenommen wird.
Asien Siehe Vorderasien.
Atargatis (2. Makk 12,26) Die syrisch-aramäische Ausprägung der in Kanaan als Astarte oder Aschera verehrten Fruchtbarkeitsgöttin (vgl. 1. Kön 18,19).
Aufseher (Gal 3,24.25) Der Sklave, der im vornehmen griechischen Haus mit der Erziehung der Knaben beauftragt war; von Paulus als Bild für den Dienst benutzt, den das fordernde Gesetz Gottes tun sollte.
Ausländer Wer zu einem fremden Volk gehört, nur für eine gewisse Zeit (etwa

als Händler) in Israel weilt oder, wenn er im Land bleibt (z. B. 2. Sam 15,19; 1. Kön 11,1.8), die angestammte Religions- und Volkszugehörigkeit festhält, also nicht »Beisasse« oder »Fremdling« wird. In dieser Übersetzung des Alten Testaments ist dafür oft »Fremder« gesagt.

Aussatz Lepra, eine schwere, einst unheilbare, zum Abfaulen der Glieder führende Erkrankung der Haut, die den Kranken um der Ansteckung willen aus der menschlichen Gemeinschaft ausschloß. In der Bibel werden jedoch auch andere Hautkrankheiten mit diesem Wort bezeichnet.

Baal »Herr«, »Besitzer« (entspricht dem babylonischen Bel), wichtigste Bezeichnung der Gottheit bei den Kanaanitern, von den Israeliten vielfach übernommen (Hos 2,18; Namen wie Eschbaal, Merib-Baal). Da mit dem Namen vielfach auch die Formen des Baalsdienstes mit viel Zuchtlosigkeit übernommen wurden (1. Kön 14,24; 19,18), wurden die Propheten scharfe Gegner allen Baalsdienstes. Einzelne berühmte Lokalgötter sind Baal-Berit, der »Herr des Bundes« in Sichem (Ri 8,33; 9,4), Baal-Peor (4. Mose 25,3–5), Baal-Sebub, der »Herr der Fliegen« in Ekron (2. Kön 1,2), der Baal von Sidon (1. Kön 16,31).

Babylon Einst die Hauptstadt des babylonischen Reiches am Eufrat (Babel), in der Offenbarung des Johannes Verkörperung der gottfeindlichen Weltmacht und Deckname für die Weltstadt Rom.

Bann Der Rechtsakt, durch den im heiligen Krieg über Orte mit ihren Bewohnern und ihrem Vieh die Vernichtung verhängt wird (4. Mose 21,2; 5. Mose 13,16; 1. Sam 15,3); wer zuwiderhandelt, verfällt selbst dem Gericht Gottes (Jos 7,15.24.25; 1. Sam 15,23).

Bedolachharz (1. Mose 2,12; 4. Mose 11,7) Ein wohlriechendes Harz Südarabiens.

Beelzebul (Mt 10,25; 12,24; vgl. Baal-Sebub 2. Kön 1,2) Im Judentum Name des obersten der bösen Geister.

Beisasse (2. Mose 12,45; 4. Mose 35,15) Im Unterschied zu den Vollbürgern, den Fremdlingen und den Sklaven ein Schutzbürger, der – meist nur vorübergehend – an einem Ort ansässig ist, ohne das Bürgerrecht zu erlangen. Vgl. Ausländer und Fremdling.

Bel (Bar 6,41; St. zu Dan 2,1–21) Der babylonische Hauptgott Marduk.

Beliar (2. Kor 6,15) »Nichtsnutzigkeit«, »Verderben«; Name des Teufels.

Beschneidung In Israel das sakramentale Zeichen der Zugehörigkeit zum Gottesvolk, an allen Knaben am 8. Tag nach der Geburt vollzogen.

Bischof (= Aufseher) In den ältesten neutestamentlichen Gemeinden Bezeichnung aller an der Aufsicht über die Gemeinden beteiligten Ältesten; 1. Petr 2,25 auf Jesus übertragen.

Block (Hiob 13,27; Jer 20,2.3; Apg 16,24) Ein Holzblock, in den die Füße eines Gefangenen eingespannt wurden.

Bluträcher Siehe Erlöser.

Brandopfer Siehe Opfer.

Bul (1. Kön 6,38) Der zweite Monat des althebräischen Jahres, später Marcheschwan genannt, ungefähr Mitte Oktober bis Mitte November.

Buße 1. = Strafe (Esr 7,26); 2. = Bereuen (Hiob 42,6; Jer 31,19); 3. = Umkehr, Sinnesänderung, Bekehrung (Mt 3,2).

Cherub, Mehrzahl *Cherubim* Himmlische Wesen mit Flügeln. 1. Wächter des Paradieses (1. Mose 3,24); 2. Träger des Thrones Gottes (Ps 18,11; Hes 10,1; 11,22); 3. Nachbildungen der Cherubim über der Lade im Tempel.

Dachsfelle (2. Mose 25,5) Vielleicht die Haut einer Art Delphine.

Dagon Der wichtigste Gott der Philister (Tempel in Asdod 1. Sam 5,1–5 und Gaza Ri 16,23).

Dankopfer Siehe Opfer.

Dionysos (2. Makk 6,7; 14,33) Griechischer Gott, dem der Efeu heilig ist.

Drache Bezeichnung für verschiedene schreckenerregende Tiere, im Meer (Ps 74,13; Jes 27,1; 51,9) und auf dem Land, an einzelnen Stellen deutlich das Krokodil (Hes 29,3; 32,2) oder eine Schlange (5. Mose 32,33; Ps 91,13). In der Offenbarung Bild für den Teufel (12,3.9). Siehe auch Leviatan.

Dreschschlitten, *Dreschwagen* (2. Sam 24,22; 1. Chr 21,23; Jes 41,15) Ein nach vorn aufgebogenes Brett, in das auf der unteren Seite scharfe Steine oder Eisenstücke eingefügt waren, oder ein Holzrahmen mit Walzen; dadurch, daß der Schlitten oder Wagen mit dem Fahrer, der darauf saß oder stand, auf der Tenne von Tieren über das Getreide gezogen wurde, wurden die Körner ausgedroschen.

Einsetzungsopfer Siehe Opfer.

Elul Siehe Monate.

Efod (Luther: Leibrock) Ein Teil der Priesterkleidung (»Priesterschurz«); besonders vielleicht die Tasche mit den Stimmsteinen, die beim Orakelsuchen gebraucht wurden (1. Sam 14,18; 23,9; 30,7). Dagegen ist Ri 8,27 ein Gottesbild (oder sein Überzug?) gemeint.

Epikureer (Apg 17,18) Anhänger des griechischen Philosophen Epikur, Vertreter einer den Lebensgenuß lehrenden Weltanschauung.

Erlaßjahr Siehe Sabbatjahr.

Erlöser, Löser 1. Der Mensch, der das Eigentum der Sippe »auslöst« und zurückerwirbt (3. Mose 25,25), der einen in Schuldsklaverei Geratenen freikauft (3. Mose 25,48), der Verwandte, der z. B. eine kinderlose Witwe durch Heirat von der Kinderlosigkeit erlöst (Rut 3,9.12; 4,1.3.6; Luther übersetzte hier »Erbe«), der »Bluträcher«, der durch Tötung des Totschlägers die Schuld der Tötung einlöst (4. Mose 35,12; 5. Mose 19,6); 2. Gott, der die Seinigen aus fremder Gewalt befreit hat, so Israel aus der Knechtschaft in Ägypten (2. Mose 6,6; 15,13) und aus der babylonischen Gefangenschaft (Jes 41,14; 52,9), so den Frommen (Ps 19,15; 103,4), so die Witwen und Waisen (Spr 23,11). Gottes erlösendes Werk sieht das Neue Testament in Christus vollendet.

Ersticktes Fleisch von verendeten Tieren, in dem das Blut noch war; für den Juden ungenießbar, weil das Blut als Träger des Lebens galt; darum das Verbot Apg 15,20.29; 21,25.

Erstling, Erstlingsgabe Gott ist der Geber allen menschlichen, tierischen und pflanzlichen Lebens; darum gebührt ihm die Erstlingsgabe von allem Lebenden. Im Alten Testament handelt es sich um Dankesgaben der Menschen für Gott (durch Abgabe an die Priester), um Gott als den Herrn des Lebens zu ehren: Opfer des ersten Ertrags von Früchten (Getreide, Öl, Wein; 2. Mose 23,19; 4. Mose 18,12), der erstgeborenen männlichen Tiere (2. Mose 13,2); der erstgeborene Sohn wurde durch ein Tieropfer ausgelöst (2. Mose 13,13). – Im Neuen Testament hat der Begriff eine übertragene Bedeutung. Paulus verwendet Erstlingsgabe in Röm 11,16 für den Glauben der Erzväter, durch den das ganze Volk Israel geheiligt ist, in Röm 16,5 und in 1. Kor 16,15 für die ersten Christen einer Provinz und in Röm 8,23 in Umkehrung des Verhältnisses von Geber und Empfänger für den Geist Gottes, der den Christen als Unterpfand für das volle zukünftige Heil bereits gegeben ist (vgl. den Geist als erste Teilzahlung, durch die ein Vertrag gültig wird; 2. Kor 1, 22; Eph 1,14). Jesus Christus verbürgt als Erstling der Entschlafenen (1. Kor 15,20) die allgemeine Auferweckung der Toten.

Erz- (Erzengel, Erzhirte, Erzvater) Bezeichnet den im Range »Ersten«, also Höchsten.

Etanim Der erste Monat des althebräischen Jahres, später Tischri genannt, Mitte September bis Mitte Oktober.

Eurakylon (Apg 27,14) Name eines nur hier genannten Fallwindes, der aus nordöstlicher Richtung vom Gebirge Kretas herabstürmend die Schiffe vom Land wegtreibt.

Evangelist Verkündiger der frohen Botschaft von Christus, im Neuen Testament der Missionar, der die Botschaft über die Gemeinde hinausträgt (Apg 21,8; Eph 4,11; vgl. 2. Tim 4,5).

Evangelium Frohe Botschaft, besonders die Freudenbotschaft von der Gnade Gottes in Jesus Christus.

Fabel 1. Eine erdichtete kleine Erzählung, in der Pflanzen oder Tiere reden und handeln (Ri 9,8; 2. Kön 14,9). 2. Die Pastoralbriefe kennzeichnen als *Fabeleien* die phantastischen Spekulationen der Irrlehrer (1. Tim 1,4; 2. Tim 4,4), während 2. Petr 1,16 betont, daß das Wort vom Kommen Christi nicht eine klug erdachte Fabel ist.

Feldgeister Böse Geister, wohl in Bocksgestalt gedacht (Jes 13,21; 34,14), gefürchtet, aber auch abergläubisch verehrt (3. Mose 17,7; 2. Chr 11,15).

Feste Israels Die drei alten Jahresfeste waren zunächst Erntefeste und wurden dann mit der Erinnerung an Gottes Taten in der Geschichte Israels verbunden: das Passa zusammen mit dem Fest der ungesäuerten Brote, zum Beginn der Gerstenernte, mit dem Gedenken an den Auszug aus Ägypten; sieben Wochen später das Wochenfest (Pfingstfest) zum Beginn der Weizenernte, später mit der Erinnerung an die Gesetzgebung verknüpft; dann im Herbst bei der Obst- und Weinernte das Laubhüttenfest. Dazu kamen das Neujahrsfest am ersten Tag des siebten Monats und 10 Tage später der große Versöhnungstag. Jüngere Feste waren das Purimfest, dessen Anlaß im Esterbuch dargestellt wird, und das Fest der Tempelweihe zum Gedenken an die Wiederweihung des Tempels durch den Makkabäer Judas (1. Makk 4,59). Im Neuen Testament sind erwähnt das Passa (Mt 26,2), das Pfingstfest (Apg 2,1), das Laubhüttenfest (Joh 7,2), das Tempelweihfest (Joh 10,22) und der Versöhnungstag (Hebr 9,7).

Fischtor Eines der alten Stadttore Jerusalems, westlich von der späteren Burg Antonia (Neh 3,3; 12,39; Zef 1,10).

Fleisch Das griechische Wort, das Luther wörtlich mit »Fleisch« übersetzte, hat eine wesentlich größere Bedeutungsbreite als seine deutsche Entsprechung. Deshalb wurde bei der Nachrevision des Neuen Testaments versucht, die jeweilige Bedeutung durch eine sinnentsprechende Wendung wiederzugeben. Damit sollen auch Mißverständnisse vermieden werden, die sich durch einen einseitigen Gebrauch der Worte »Fleisch« und »fleischlich« eingebürgert haben. – Wo das Wort »Fleisch« übertragen gebraucht wird, bezeichnet es den Bereich des Irdischen, Kreatürlichen, Menschlichen und Leiblichen, der der Vergänglichkeit unterworfen ist (z. B. Jes 40,5.6). Wenn es also heißt: »Das Wort ward Fleisch« (Joh 1,14) oder: »daß Jesus Christus ist in das Fleisch gekommen« (1. Joh 4,2; 2. Joh 7) oder: »Gott sandte seinen Sohn in der Gestalt des sündigen Fleisches« (Röm 8,3), so bedeutet das, daß Gottes Sohn voll und ganz die menschliche Natur angenommen hat. Den Gegensatz zum irdischen Bereich bildet die Sphäre Gottes, die durch den Begriff »Geist« gekennzeichnet wird. So heißt es von Christus in 1. Tim 3,16: »Er ist offenbart im Fleisch, gerechtfertigt im Geist«, oder in Röm 1,3.4: »der geboren ist aus dem Geschlecht Davids nach dem Fleisch, und nach dem Geist, der da heiligt, eingesetzt ist als Sohn Gottes«, oder in 1. Petr 3,18: »Christus ... ist getötet nach dem Fleisch, aber lebendig gemacht nach dem Geist.« Der Gegensatz »Fleisch – Geist« ist hier nicht negativ aufzufassen, sondern kennzeichnet die verschiedenen Bereiche, in denen sich das Christusgeschehen vollzogen hat. – Anders ist es, wenn Paulus durch den Begriff »Fleisch« beschreibt, wie Denken, Wollen und Handeln des Menschen nicht von Gott und seinem Willen bestimmt wird, sondern nur vom Irdischen, vom Menschlich-Allzumenschlichen, ja von der Sünde. Der Mensch »lebt nach dem Fleisch« (Röm 8,13), er ist »fleischlich gesinnt« (Röm 8,5.6), er erfüllt »die Begierden des Fleisches« (Gal 5,16; Eph 2,3), er verläßt sich auf »Fleisch« (Phil 3,3.4). Das Wort »Fleisch« beschreibt hier also den Tatbestand, daß der Mensch einerseits mit seinem Ich willentlich gegen Gott und gegen seinen Mitmenschen steht (vgl. Gal 5,19 und Röm 8,7) und daß andererseits die Sünde sich des Menschen und seiner Glieder so bemächtigt, daß sein »Fleisch« wie eine fremde Macht sein ganzes Wesen bestimmt und ihn in den Tod führt (vgl. Röm 7,5–25). Gegenbegriff ist auch hier der Geist, durch den Gott in Christus rettend den Menschen ergreift, ihn zum Handeln in Liebe und Selbstzucht bestimmt und zum ewigen Leben führt (vgl. Röm 8,1–17; Gal 5,13–6,2). – Zur jeweils gewählten Wiedergabe in der Revision vgl. die angegebenen Stellen und besonders die Fußnoten zu Röm 8,3 und Gal 5,13.

Freigelassene (Apg 6,9) Juden, die aus der Sklaverei freigelassen wurden und nun in Jerusalem eine eigene Synagoge (mit griechischer Sprache im Gottesdienst) hatten.

Fremdling Wer den angestammten Sippenverband verlassen hat, in der Fremde Zuflucht suchte und dort als Schutzbürger gewisse Rechte genießt, ohne Vollbürger zu sein. Auch ein Israelit, der sich im Gebiet eines anderen israelitischen Stamms aufhält, kann als Fremdling bezeichnet werden.

Frühregen Gewöhnlich Ende Oktober oder Anfang November, zum Beginn der etwa 6 Monate währenden Regenzeit, nach der Trockenzeit des Sommers zur neuen Aussaat nötig.

Gabbata (Joh 19,13) Ein erhöhter, mit Steinplatten belegter Platz bei dem Schloß des Statthalters in Jerusalem, auf dem unter freiem Himmel die Gerichtsurteile gesprochen wurden.

Galbanum (2. Mose 30,34; Sir 24,21) Ein stark riechendes Harz.

Gebetsriemen (Mt 23,5) Die Juden befestigten zum Gebet mit langen Riemen auf der Stirn und am linken Arm lederne Kapseln, in denen mit Schriftworten beschriebene Pergamentstreifen verwahrt waren.

Geißel Ein Lederriemen mit eingeflochtenen Knochen oder Metallstückchen. Die *Geißelung* war eine römische Strafe für männliche Verbrecher, die nicht das römische Bürgerrecht besaßen (Apg 22,25). Meist ging sie der Kreuzigung voran (Mt 20,19; 27,26; Joh 19,1), wobei sie nicht selten bereits tödlich wirkte.

Gihon (1. Kön 1,33) Eine Quelle bei Jerusalem.

Gittit (Ps 8,1; 81,1; 84,1) Ein Musikinstrument oder eine Tonart.

Gog Nach Hes 38 und 39 ein Fürst im Land *Magog*, das im Norden zu suchen ist; Offb 20,8 ist Gog und Magog Bezeichnung der Weltmacht, die am Ende der Zeit gegen das Gottesvolk anstürmt.

Götzenopferfleisch Das Fleisch von Tieren, die heidnischen Göttern als Opfer geweiht wurden. Dazu gehört 1. alles Fleisch, das bei einer heidnischen Kultmahlzeit verzehrt wurde, aber auch 2. das auf dem Markt gekaufte Fleisch (weil übriggebliebenes Opferfleisch auf den Markt kam und das Schlachten eines jeden Tieres als Opfer aufgefaßt wurde). Paulus verbot den Christen die Teilnahme an heidnischen Kultmahlzeiten, gab aber den Genuß von Götzenopferfleisch frei, wenn dieser außerhalb des Kultaktes erfolgte. Wurde jedoch dabei das Fleisch ausdrücklich als Opferfleisch bezeichnet, dann sollte der Christ mit Rücksicht auf ängstliche (judenchristliche) Gemeindeglieder lieber darauf verzichten (1. Kor 8–10). Die Juden durften wegen des Verbots von Blutgenuß (1. Mose 9,4) nur Fleisch essen, das nach ritueller Vorschrift geschlachtet (= geschächtet) worden war.

gottesfürchtig (Apg 16,14; 17,17; 18,7) So werden Heiden genannt, die sich zur Synagoge hielten, ohne sich beschneiden zu lassen und das Halten der Gebote zu übernehmen.

Gräber (Mt 23,27) Sie galten in Israel als unrein. Damit sie nicht ahnungslos betreten würden, wurden sie durch Übertünchen mit weißer Farbe kenntlich gemacht.

Greuelbild der Verwüstung Bezeichnet in Dan 9,27; 11,31; 12,11 den heidnischen Kultgegenstand, durch den auf Befehl des Königs Antiochus IV. Epiphanes im Jahr 168 v.Chr. in den Jerusalemer Tempel heidnischer Gottesdienst eingeführt wurde. Hierbei handelt es sich entweder um ein Götterbild oder – wahrscheinlicher – um einen kleinen Altaraufsatz, der auf den großen Brandopferaltar gestellt wurde, um die fremden Opfer durchführen zu können. Durch diesen Gegenstand wurde das ganze Heiligtum kultisch unrein, »verwüstet«, so daß der jüdische Opferdienst unmöglich gemacht und Priester und Gemeinde vertrieben wurden. Dadurch verödete das Tempelgebiet (1. Makk 1,57; 6,7). – In Mt 24,15; Mk 13,14 wird der Ausdruck aus Daniel übernommen, um eine in der Endzeit erwartete Tempelschändung anderer Art (vielleicht die Aufstellung des Standbildes des Kaisers) zu bezeichnen.

Griechen »Juden und Griechen« = Juden und Heiden (Röm 1,16); »Griechen und Nichtgriechen (Barbaren)« = alle Völker (Röm 1,14). Die Griechen Joh 12,20 sind griechisch redende Proselyten (»Judengenossen«).

Grummet (Am 7,1) Vielleicht der durch den Spätregen gezeitigte Graswuchs.

Guthafen (Apg 27,8) Name eines Ankerplatzes an der Südküste von Kreta.

Hadad-Rimmon (Sach 12,11) Wahrscheinlich ist hier auf die Totenklage um den Gott der Vegetation hingewiesen, dessen Sterben in der Trockenheit des Sommers beklagt wurde, wie nach dem neu belebenden Frühregen im Herbst sein Auferstehen gefeiert wurde.

Hagab (3. Mose 11,22) Heuschreckenart.
Halleluja (hebräisch) Lobet den Herrn!
Harmagedon (Offb 16,16) Unerklärbarer Name eines Berges, auf dem sich in der Endzeit die Könige der Welt gegen Gott versammeln sollen. Die Anknüpfungsmöglichkeiten an biblische Bezugsstellen, die man erwogen hat, erweisen sich als nicht überzeugend. Der Name könnte aus der zur Zeit des Neuen Testaments weit verbreiteten apokalyptischen Literatur stammen, von der große Teile verloren sind.
Hanes (Jes 30,4) Grenzstadt in Süd-Ägypten.
Hargol (3. Mose 11,22) Heuschreckenart.
Hebopfer (2. Mose 29,27.28) Der Teil des Besitzes, der vom übrigen »abgehoben« (vielleicht auch »emporgehoben«) und Gott geweiht wird, auch der Anteil eines Opfers, der dem Priester zusteht, z. B. die rechte Keule beim Dankopfer.
Hebräer Im Alten Testament (z. B. 1. Mose 40,15; 2. Mose 3,18; Jona 1,9) die Israeliten im Unterschied zu anderen Völkern; im Neuen Testament Apg 6,1 die aramäisch redenden Juden im Unterschied zu den griechisch redenden, während Paulus 2. Kor 11,22 und Phil 3,5 damit seine Zugehörigkeit zu dem alten Gottesvolk betont.
Heer des Himmels 1. Die Engel um Gottes Thron (1. Kön 22,19; 2. Chr 18,18; Lk 2,13); 2. Die Gestirne (Jes 34,4; 40,26), häufig als Götter verehrt (5. Mose 4,19; Zef 1,5).
Herakles (2. Makk 4,19) Halbgöttlicher Held der griechischen Sage, dem kultische Opfer dargebracht wurden.
Hermes (Apg 14,12) Herold und Sprecher der Götter, Begleiter des höchsten Gottes Zeus und Gott des Handels (bei den Römern Merkur).
Himmelskönigin (Jer 7,18; 44,17–19) Die babylonische Göttin Ischtar, die Göttin des Venus-Sterns, auch in Jerusalem und von den nach Ägypten geflüchteten Juden verehrt.
Hoherpriester Im Alten Bund Aaron und seine Nachfolger oder der oberste Priester an den verschiedenen Heiligtümern wie Eli in Silo. Die makkabäischen Hohenpriester legten sich die Königswürde bei. Herodes und ebenso die Römer nahmen dem hohenpriesterlichen Amt die Lebenslänglichkeit und die Erblichkeit. Daher spricht das Neue Testament von Hohenpriestern in der Mehrzahl, weil auch die von den Römern abgesetzten Hohenpriester und die Glieder der (fünf) hohenpriesterlichen Familien so genannt wurden.
Hölle An 12 Stellen des Neuen Testaments (Mt 5,22.29.30; 10,28; 18,9; 23,15.33; Mk 9,43.45.47; Lk 12,5; Jak 3,6; im Alten Testament nur Hiob 11,8) der Ort der Verdammten (2. Petr 2,4), von Jesus unter verschiedenen Bildern beschrieben (ewiges Feuer, Finsternis und Kälte, nagender Wurm); dem entspricht in der Offenbarung des Johannes der feurige Pfuhl (Offb 19,20; 20,10.14.15).
Horn Sinnbild der Kraft und Macht (1. Kön 22,11), der Macht eines Staates (Jer 48,25), der Weltmacht (Sach 2,1). Die Hörner an den vier Ecken des Brandopferaltars sind Symbol der göttlichen Macht und Gegenwart, darum Zufluchtsstätte (1. Kön 1,50).
Hosanna (Mt 21,9; Mk 11,9.10) Ein Gebetsruf aus dem messianischen Psalm 118,25: »Ach, hilf!«, »Rette doch!«, »Gib doch Heil!«.
Hundegeld (5. Mose 23,19) Lohn für widernatürliche Unzucht (1. Kön 14,24; vgl. Offb 22,15).
Hurerei Oft bildlich für Untreue gegen Gott und für Götzendienst (besonders bei Hesekiel).
Ir-Heres (Jes 19,18) Heliopolis (On); Jer 43,13 dafür Bet-Schemesch.
Jachin und Boas (1. Kön 7,21) Säulen oder Pfeiler am Eingang des Tempels in Jerusalem. Die Namen sind vielleicht der Anfang von Verheißungen für das Königshaus: »Jachin« = »festmachen wird« (der Herr)...; »Boas« = »durch ihn (den Herrn) stark...«.
Jafo (Jona 1,3) Das heutige Jaffa.
Jareb (Hos 5,13; 10,6) Geheimname für den assyrischen Großkönig.
Jeschurun (5. Mose 32,15; 33,5.26; Jes 44,2) Dichterischer Name für Israel, »der Wackere, der Redliche«.

Judäa Zur Zeit der Römer der südliche Teil Palästinas mit der Hauptstadt Jerusalem oder auch das ganze Palästina.

Kalmus (2. Mose 30,23) Ein Rohrgewächs, aus dessen Wurzel ein Gewürz gewonnen wurde.

Kalno (Jes 10,9), *Kalne* (Am 6,2) Hauptstadt eines nordsyrischen Staates, 738 v.Chr. von den Assyrern unterworfen.

Kammer (Mt 6,6) Das Vorratshäuslein neben dem Bauernhaus, das bei geschlossener Tür völlig dunkel und sehr unfeierlich ist; aber dort, in der Verborgenheit, war echtes Beten möglich.

Kandake (Apg 8,27). Der Titel der Königinnen von Äthiopien.

Karkemisch (Jes 10,9) Am Eufrat, Hauptstadt eines hetitischen Staats, 712 v.Chr. von den Assyrern erobert; dort schlug Nebukadnezar den Pharao Necho von Ägypten (Jer 46,2).

Kassia (2. Mose 30,24; Hes 27,19) Ein Gewürz (eine Art Zimt?).

Kedar (Ps 120,5; Jes 21,16.17; 42,11; 60,7; Jer 2,10; Hes 27,21) Nomadisierende Händler in der arabischen Wüste, als Kämpfer gefürchtet.

Kemosch Der Hauptgott der Moabiter.

Kinneret (4. Mose 34,11) Im Neuen Testament der See Gennesaret.

Kislew Siehe Monate.

Kittim, Kittiter So hießen (von der phönizischen Gründung Kition auf Zypern) zunächst die Insel Zypern (Jes 23,1.12) und ihre Bewohner (1. Mose 10,4; 1. Chr 1,7; Hes 27,6). Später nannte man so die Inselwelt des Ägäischen Meers (Jer 2,10), Mazedonien (1. Makk 1,1; 8,5) und schließlich das römische Weltreich (Dan 11,30).

Knauf Verzierung am Leuchter (2. Mose 25,31); Kapitell der Säule (1. Kön 7,16; Am 9,1; Zef 2,14).

Korban Das Wort, das im Alten Testament das Gott dargebrachte Opfer bezeichnet (3. Mose 1,2ff, aber auch 4. Mose 7,3ff), leitet im frühen Judentum die Mk 7,11 zitierte Gelöbnisformel für Weihgeschenke ein. Mit dieser Formel konnte man den Tempel zum alleinigen Erben seines Besitzes einsetzen. Das Eigentum, das mit »Korban« Gott geweiht war, durfte nicht mehr verkauft werden; doch hatte der Besitzer bis zu seinem Tod das Nutznießungsrecht.

Kreter und Pleter Die Leibwache Davids; der Name bezeichnet die Söldner nach ihrer Herkunft als Philister (1. Sam 30,14; 2. Sam 15,18).

Kusch Der Name des Reiches, das von 645 v.Chr. bis 350 n.Chr. die Könige von Napata und Meroe südlich von Ägypten zwischen den 3. und den 6. Nilkatarakten, also im heutigen Sudan, beherrschten. Von Palästina her dachte man freilich bei dem Namen Kusch meist überhaupt an die Länder südlich von Ägypten; dieses Gebiet mit seinen hochgewachsenen, dunkelhäutigen Bewohnern (Jes 18,7; Jer 13,23) hieß in der Antike Äthiopien. Die Herrscher der 25. Dynastie (715–663 v.Chr.) gewannen von ihrer Hauptstadt Napata aus die Herrschaft über Ägypten und konnten Assyrien entgegentreten (vgl. 2. Kön 19,9; Jes 20,5; 37,9; Jer 26,9). Zur Zeit des Neuen Testaments herrschten über das zwischen Assuan und Kartum gelegene Reich Kusch Königinnen mit dem Titel Kandake (Apg 8,27). Luthers Übersetzung »Mohrenland« blieb in Ps 68,32 und Apg 8,27; häufiger blieb »Mohr« (für Kuschiter), z. B. Ps 87,4; Jer 13,23; 38,7; Am 9,7.

Lade (*Bundeslade,* »*Lade Gottes*« 1. Sam 3,3, »*Lade des Zeugnisses*« Jos 4,16) Aus Akazienholz gearbeitet, 1,25 m lang, 75 cm breit und hoch, mit Tragstangen (1. Kön 8,8) und der goldenen Deckplatte (»Gnadenthron«, »Sühnemittel«), das Zeichen der Gegenwart Gottes in seinem Heiligtum.

Last So heißen Jes 13–23; Nah 1,1 und sonst Prophetenworte meist drohender Art. Jer 23,33–39 sind die Spötter bedroht, die in den Gottesworten eine Last sahen.

Laststein (Sach 12,3) Der Stein, den die jungen Männer hoben, um ihre Kraft zu erweisen.

Laubhüttenfest Siehe Feste.

Legion Eine Einheit des römischen Heeres, etwa 6000 Mann (Mt 26,53); Ausdruck für eine hohe Zahl (»ein ganzes Regiment«; Mk 5,9).

Lesung des Gesetzes und der Propheten (Apg 13,15) Im Gottesdienst der Synagoge wurde regelmäßig nach bestimmter Ordnung je ein Abschnitt aus dem Gesetz (den fünf Büchern Mose) und aus den prophetischen und geschichtlichen Büchern des Alten Testaments (im jüdischen Kanon »Propheten« genannt) als Schriftlesung vorgetragen.

Leviatan Im Alten Orient erzählte man von Meerungeheuern mit mehreren Köpfen (Ps 74,14). Jes 27,1 heißt Assur, das Land des reißenden Tigris, ein flüchtiger, Babylonien mit dem gewundenen Eufrat ein gewundener Leviatan, an denen Gott das Gericht vollstreckt. Die Schilderung Hiob 40,25–41,26 zeichnet deutlich das Krokodil, doch auch mit den Farben eines Urdrachen.

Licht und Recht (*Urim und Tummim*, 2. Mose 28,30) Offenbar altheilige Orakelgegenstände, die in der Brusttasche des Hohenpriesters verwahrt und vom Priester (4. Mose 27,21) oder auch vom König (1. Sam 14,41) benützt wurden, um Gottes Willen zu erforschen.

Liebesmahl Die Einheit der urchristlichen Gemeinden, die sich als eine große Familie fühlten, sollte auch in gemeinsamem Essen sichtbar werden; doch zeigten sich früh böse Mißstände (1. Kor 11,17–34; Jud 12).

Löser Siehe Erlöser.

Lot und Taler Die älteste Form des Handels ist der Tausch von Naturalgütern; dann wurde mit ungemünzten Stücken von Silber und Gold bezahlt, die bei einem Kauf gewogen werden mußten (1. Mose 23,16). Daher gewann das Wort »wägen« die Bedeutung »bezahlen«, und das meist gebrauchte Gewicht, das »Lot«, wurde der gängige Geldwert. Geprägte Münzen gab es seit der persischen Zeit. Die ersten jüdischen Münzen schlug nach 1. Makk 15,6 der Hohepriester Simon. Die Einheit des Geldes war der Schekel – in dieser Übersetzung mit Lot (1. Mose 23,15; 1. Makk 10,40.42) und Taler (2. Mose 30,13; 1. Sam 9,8) wiedergegeben. Das Gewicht eines Silbertalers war etwa 14,5 g, sein Wert etwa 2,50 Mark; doch schwankten Gewicht und Wert, und es gab ein besonderes »Gewicht des Heiligtums« (2. Mose 30,13; 38,26). Über die Kaufkraft des Geldes hören wir wenig: nach 3. Mose 5,15 konnte man für zwei Silbertaler einen Widder kaufen, nach 2. Kön 7,16 für ein Silberstück 13 kg Weizen oder 26 kg Gerste. 50 (später 60) Taler ergaben eine Mine (ein Pfund; Hes 45,12), 60 Minen ein Talent (einen Zentner). Kleinere Werte waren ein Drittel (Neh 10,33) und ein Viertel (1. Sam 9,8) eines Talers.

Mal, Steinmal Ein aufrecht hingestellter heiliger Stein: 1. Als Denkstein für einen Vertragsschluß und Grenzstein (1. Mose 31,45); 2. Als Grabstein (1. Mose 35,20; 2. Sam 18,18); 3. Als Gedenkstein an heiliger Stätte (1. Mose 28,18; 2. Mose 24,4); 4. Steine zu Ehren heidnischer Götter, darum für Israel streng verboten (3. Mose 26,1; 5. Mose 7,5) und doch errichtet (1. Kön 14,23; 2. Kön 3,2).

Mammon (Mt 6,24) Zusammenfassende Bezeichnung für Geld und Gut.

Maranata In aramäischer Sprache das Bekenntnis »Unser Herr kommt« oder ein Gebetsruf »Komm, unser Herr!«.

Merodach (Jer 50,2) Marduk, der Hauptgott des babylonischen Reiches.

Meschech Die Moscher, ein Gebirgsvolk südöstlich vom Schwarzen Meer, meist neben Tubal genannt. Ps 120,5 ist eher an den nordarabischen Stamm Massa (Spr 31,1) zu denken.

Messias (hebräisch) = *Christus* (griechisch) Der »Gesalbte«, der zur Herrschaft in Gottes Reich Berufene.

Milkom (1. Kön 11,5) Gott der Ammoniter.

Millo In Sichem (Ri 9,6) und in Jerusalem (2. Sam 5,9; 1. Kön 9,15; 2. Kön 12,21) wohl die Akropolis (eigentlich die »Aufschüttung«), in Jerusalem das Gebiet der Davidsburg.

Minze (Lk 11,42) Ein Gartengewächs, als Gewürz geschätzt.

Mohrenland (Ps 68,32; Apg 8,27) Siehe Kusch.

Moloch (eigentlich Melech, »König«) Gott der Ammoniter, dem Kinder geopfert wurden (3. Mose 18,21), auch bei Jerusalem im Tal Hinnom (2. Kön 23,10; Jer 32,35); vgl. 1. Kön 11,7; Apg 7,43.

Monat, Jahr Die vorderasiatischen Kalender richteten sich nach dem Mondumlauf, der ägyptische nach dem Sonnenumlauf. Das Mondjahr hat 354 Tage und bleibt deshalb hinter dem Naturjahr (Sonnenjahr) zurück. Daher wurden

Schaltmonate eingefügt, ursprünglich wohl alle 3 Jahre ein Schaltmonat, seit dem 6. Jahrhundert v.Chr. in einem 8-Jahr-Turnus 3 Schaltmonate. Das altisraelitische Jahr begann im Herbst. Nach 722 v.Chr. wurde aber für Handel und Verkehr der assyrische Kalender übernommen, bei dem das Jahr im Frühjahr beginnt. Für Israels Feste blieb man nach wie vor beim Herbstkalender. Von den alten kanaanäischen Monatsnamen blieben vier länger im Gebrauch: Abib, Bul, Siw, Etanim (siehe diese Namen). Nach dem Exil verwendeten die Juden den neubabylonischen Kalender, der auch der persische Staatskalender war. Die babylonischen Monatsnamen heißen:

1. *Nisan* (Neh 2,1; Est 3,7) ungefähr Mitte März bis April
2. *Ijar* ungefähr Mitte April bis Mai
3. *Siwan* (Est 8,9; Bar 1,8) ungefähr Mitte Mai bis Juni
4. *Tammus* ungefähr Mitte Juni bis Juli
5. *Ab* ungefähr Mitte Juli bis August
6. *Elul* (Neh 6,15; 1. Makk 14,27) ungefähr Mitte August bis September
7. *Tischri* ungefähr Mitte September bis Oktober
8. *Marcheschwan* ungefähr Mitte Oktober bis November
9. *Kislew* (Sach 7,1; Neh 1,1) ungefähr Mitte November bis Dezember
10. *Tebet* (Est 2,16) ungefähr Mitte Dezember bis Januar
11. *Sebat* (Sach 1,7; 1. Makk 16,14) ungefähr Mitte Januar bis Februar
12. *Adar* (Esr 6,15; Est 3,7) ungefähr Mitte Februar bis März.

Mörser (Zef 1,11) Name eines Stadtteils von Jerusalem.

Myrrhe Ein wohlriechendes Harz, bei Salben und Räucherwerk verwendet (Mt 2,11), auch zum Einbalsamieren von Leichen (Joh 19,39) und als betäubender Zusatz zum Wein (Mk 15,23).

Nachtwache Die Nacht, vom Sonnenuntergang bis Sonnenaufgang – etwa 6 Uhr abends bis 6 Uhr morgens –, wurde ursprünglich in drei Nachtwachen geteilt, zur Zeit des Neuen Testaments in vier Nachtwachen zu je drei Stunden. Die letzte Nachtwache wurde auch Morgenwache genannt.

Narde, Nardenöl (Joh 12,3; Mk 14,3) Eine Pflanze, aus deren Wurzeln ein kostbares, duftendes Öl zum Salben gewonnen wurde.

Nebajot (Jes 60,7) Ein arabischer Stamm.

Nebo (Jes 46,1) Einer der Hauptgötter Babels, der Gott des Schicksals, der das Buch des Lebens hat, der Gott der Schreibkunst.

Neumond Der Tag, an dessen Vorabend der zunehmende Mond wieder sichtbar wurde, wurde als Monatsbeginn festlich begangen. Hos 5,7 droht an, daß gerade von dem entarteten Kult her das Gericht über Israel kommt.

Nieren Gelten als Sitz der Gemütsbewegungen in Freude und Leid (Ps 73,21), der Gewissensregungen, überhaupt des inneren Lebens (Jer 20,12), wie auch das Herz.

Nisan Siehe Monate.

Nisroch (2. Kön 19,37; Jes 37,38) Ein unbekannter assyrischer Gott.

Nof (Jes 19,13; Jer 2,16) Das alte Memfis, südlich von Kairo, die Hauptstadt der Pharaonen im »Alten Reich«.

Onych (Sir 24,21) Ein mineralischer Stoff (das feine weiß-graue Galmeiflugpulver), der einer Salbe beigemengt wurde.

Opfer Gabe an Gott, um ihm zu danken und zu huldigen, um seine Hilfe zu erbitten, um Schuld zu sühnen. Opfer werden in der Bibel von Anfang an (1. Mose 4,3) und bei allen Völkern vorausgesetzt; sie sind stets mit Gebet, mit Anrufung des Gottesnamens verbunden (1. Mose 12,8). Die Stätten des Opfers sind Altar und Tempel. Als Opfergaben werden dargebracht: im unblutigen Opfer Früchte, Mehl, Brot, Wein, Öl, Weihrauchkörner; im blutigen Opfer reine Tiere: Rinder, Kälber, Schafe, Ziegen und Tauben. Verboten ist in Israel das Menschenopfer (1. Mose 22,12). Wichtigste Opferarten sind das Brandopfer oder Ganzopfer, bei dem das ganze Tier auf dem Brandopferaltar verbrannt wurde (1. Mose 8,20), – das Dankopfer und Lobopfer, bei dem der größte Teil des Opfers von den Opfernden in froher Mahlzeit an heiliger Stätte verzehrt wurde zum Ausdruck der Gemeinschaft mit Gott und untereinander, – das Sündopfer und Schuldopfer, bei dem die sühnende Kraft in dem Blut des Tieres als dem Sitz des Lebens gesucht wurde, – das freiwillig dargebrachte Speis- und Trankopfer, mit dem der Mensch Gott als den Geber aller Gaben ehrte, – das Einsetzungsopfer bei der Priesterweihe (vgl. auch Hebopfer und Schwingopfer). Jesus hat wenig vom Opfer gesprochen und hat mit dem Untergang des Tempels (Mt 23,38; 24,2) das Aufhören allen Opferdienstes vorausgesagt. Jesu Gemeinde sah in Jesu Sterben das große, für alle Zeiten gültige Opfer und wußte von Gott wohlgefälligen Opfern im Christenleben (Röm 12,1; 1. Petr 2,5).

Ofel (2. Chr 27,3; 33,14; Neh 3,27) In Jerusalem der Teil des östlichen Höhenzugs zwischen der alten Davidsstadt im Süden und dem Tempel- und Palastbezirk im Norden.

Ofir (1. Kön 9,28) Wahrscheinlich in Südarabien.

Ordnung Melchisedeks (Ps 110,4; Hebr 7,17; vgl. 1. Mose 14,18-20) Die Weise, in der Melchisedek sein Priestertum führte, Priester und König zugleich.

Orion (Hiob 9,9; 38,31; Am 5,8) Ein Sternbild.

Palmenstadt Jericho (5. Mose 34,3; Ri 3,13; 2. Chr 28,15). Ri 1,16 ist wohl Tamar (1. Kön 9,18) gemeint.

Paradies (Lk 23,43; 2. Kor 12,4; Offb 2,7) Der Ort, an dem die durch Christus Erlösten auf die Auferstehung warten. Gottes Werk in der Vollendung wird als Wiederkehr des Paradieses am Anfang mit dem Lebensbaum gedacht (1. Mose 2,8.9; 3,24).

Parbar (1. Chr 26,18) und *Parwarhaus* (2. Kön 23,11) Wohl ein Anbau am Tempel.

Parwajim (2. Chr 3,6) Soll wohl der Name eines goldreichen Landes sein.

Passa Siehe Feste.

Patros (Jer 44,1) Oberägypten.

Pergamente Zum Schreiben hergerichtete, gern für heilige Texte benützte Tierhäute, wie Paulus einige (neben den aus Papyrusstreifen hergestellten Büchern) besaß (2. Tim 4,13).

Pharisäer »Abgesonderte«, die stärkste religiöse Partei seit den Makkabäerkriegen, die das Erbe Israels, das Gesetz und die Überlieferungen der Väter in Ehren hielt, der Verheißung Gottes vertraute, darum auch an die Auferstehung der Toten glaubte und vor allem mit leidenschaftlichem Eifer für pünktliche Beobachtung des Gesetzes bis in die Kleinigkeiten des alltäglichen Lebens hinein kämpfte, um die Erfüllung der messianischen Verheißungen vom Menschen her zu sichern. Zunächst eine Laienbewegung, waren sie doch bald eng verbunden mit dem Stand der Schriftgelehrten. Ihre Gefahr war die Gesetzlichkeit, die zu selbstgerechtem Stolz und liebloser Härte führte und Jesus zum unerbittlichen Gegner dieser Frömmigkeit machte. Mit den Pharisäern rangen um die Führung im Volk die Sadduzäer; seit dem Untergang Jerusalems (70 n.Chr.) beherrschten und prägten die Pharisäer das Denken des Judentums.

Posaune Nicht ein Instrument aus Metall, sondern aus dem Horn des Widders oder Ziegenbocks gefertigt, für kriegerische Signale verwendet (Jer 4,19.21), vielfach auch im Gottesdienst gebraucht (Ps 81,4), darum auch mit der Schilderung von Gottes künftigem Handeln verbunden (Jes 18,3; Zef 1,16; Offb 8,6).

Prätorium Begegnet im Neuen Testament in drei verschiedenen Zusammenhängen: 1. Im Prozeß Jesu (Mt 27,27; Mk 15,16; Joh 18,18.33; 19,9) bezeichnet es den Amtssitz des römischen Prokurators Pontius Pilatus in Jerusalem. Es ist wohl zu identifizieren mit der Burg Antonia im Nordwesten des Tempelplatzes. 2. Nach Apg 23,35 wurde Paulus in Cäsarea am Meer im »Prätorium des Herodes« gefangen gehalten, d.h. im Palast des Herodes, der als offizieller Sitz des römischen Statthalters (zu der Zeit des Felix) diente. 3. In Phil 1,13 hängt die Deutung von dem angenommenen Abfassungsort des Briefs ab. In Ephesus wäre Prätorium die Residenz des Prokonsuls für die Provinz Asien; in Rom wäre am wahrscheinlichsten an die Prätorianergarde zu denken; in Cäsarea am Meer wie unter Punkt 2.

Prophetie im Neuen Testament In der frühen Kirche waren Apostel, Propheten und Lehrer die wichtigsten Träger der Verkündigung des Evangeliums von Jesus Christus (1. Kor 12,28). Prophetie ist eine Gabe des Geistes neben andern Geistesgaben. Der Prophet verkündet, was ihm Gott offenbart hat (1. Kor

14,26.30). Zur prophetischen Rede können Weissagungen für die Zukunft gehören (Apg 11,27.28; Offb); die neutestamentlichen Propheten haben aber vor allem die Aufgabe, die gegenwärtige Lage im Licht des Willens Gottes aufzudecken, der Gemeinde Weisungen des Herrn zu übermitteln und sie zu ermutigen und zu trösten. Paulus gibt der prophetischen Rede den Vorrang vor der Zungenrede, weil der Prophet mit verständlichen Worten redet und der Erbauung der Gemeinde dient (1. Kor 12–14). Gleichwohl soll auch die prophetische Rede von der Gemeinde geprüft werden (1. Thess 5,20.21).

Psalter 1. Ein Saiteninstrument (Ps 33,2) 2. die Sammlung der Psalmen.

Purim Name eines jüdischen Festes am 14. und 15. Adar zur Erinnerung an die im Esterbuch erzählte Rettung der persischen Judenschaft.

Rabbi verstärkt *Rabbuni* (»mein Herr, mein Meister«): Ehrende Anrede an die Schriftgelehrten, die Kenner und Lehrer des Gesetzes (Theologen und Juristen in einem).

Rabsaris (2. Kön 18,17) Ein assyrischer Hofbeamter.

Rabschake (2. Kön 18,17; Jes 36,2) Ein hoher assyrischer Hofbeamter, vielleicht der Obermundschenk.

Räfan (Apg 7,43) Eine heidnische Sterngottheit (vgl. Am 5,26).

Rahab In der Dichtung Name eines Ungeheuers der Urzeit (Hiob 9,13; 26,12; Ps 89,11), dann auf Ägypten übertragen (Jes 30,7).

Rat, Hoher Rat Zur Zeit Jesu die oberste Behörde des Judentums unter dem Vorsitz des Hohenpriesters; die vornehmsten Priester, die führenden Schriftgelehrten und angesehene »Älteste«, zusammen 71 Männer, bildeten den Rat. Die Römer haben die weltliche Vollmacht des Rats eingeschränkt, jedoch seine Autorität in religiösen Entscheidungen anerkannt.

Räuchern, Räucheropfer Die Verbrennung wohlriechender Harze und Pflanzenteile auf glühenden Kohlen im Heiligen des Tempels; Offb 8,3.4 Sinnbild des Gebets.

Rauchopfersäule Ein säulenartiger Aufsatz auf einem Altarunterbau, der eine schalenartige Vertiefung zum Darbringen eines Weihrauchopfers besitzt (3. Mose 26,30).

Raute (Lk 11,42) Eine Gewürzpflanze.

Rosch (Hes 38,2.3; 39,1) Vermutlich ein im nördlichen Kleinasien wohnender Völkerstamm in der Nachbarschaft von Tubal und Meschech (siehe dort).

Rüsttag Der Freitag, an dessen Nachmittag man sich zur Sabbatfeier rüstete (Mk 15,42; Lk 23,54); der Tag vor dem Passa (Joh 19,14).

Sabbat Der siebte Tag der Woche, der in Israel in Erinnerung an Gottes Ruhen (1. Mose 2,2) geheiligt sein sollte (2. Mose 20,8–11 und 5. Mose 5,12–15, mit verschiedener Begründung), das Zeichen des Bundes zwischen Gott und Israel (2. Mose 31,13.17; Hes 20,12). Die Sabbatheiligung durch Unterlassung jeder Arbeit (vgl. 2. Mose 16,22; 4. Mose 15,32) vom Beginn des Sabbats am Freitagabend an wurde von den Pharisäern mit größtem Eifer überwacht; mit dieser gesetzlichen und lieblosen Sabbatheiligung stieß Jesus vielfach zusammen (Mt 12,1–8; Mk 1,21; Lk 13,10–17; Joh 5,9–16; 9,14).

Sabbatjahr Jedes 7. Jahr, in dem Felder und Weinberge brachliegen und ruhen (3. Mose 25,1–7) und alle Schulden erlassen werden sollten (5. Mose 15,1). Diese weitgehende Forderung wurde offenbar vielfach nicht beachtet (3. Mose 26,34; 2. Chr 36,21), von der nachexilischen Gemeinde jedoch neu übernommen (Neh 10,32).

Sabbatweg (Apg 1,12) Die Strecke, die nach der Sabbatsatzung zur Zeit Jesu ein Jude am Sabbat von seinem Wohnort aus gehen durfte: 2000 Ellen, etwa 1 km.

Sack Zu den Zeichen der Trauer und der Buße gehörte, daß als Trauergewand ein grobgewebtes Tuch mit einem Strick um den Leib gebunden wurde (2. Sam 3,31; Jes 3,24).

Sadduzäer Die Partei im Judentum, die in der Linie alter Überlieferung dem Pharisäismus widersprach, die Satzungen der »Ältesten« nicht anerkannte und den Versuch, das ganze Leben dem Gesetz zu unterwerfen, ablehnte, die in manchem freisinnig dachte, daher die Möglichkeit der Auferstehung und den volkstümlichen Engelglauben bestritt (Mt 22,23; Apg 23,8) und sich der hellenistischen Kultur öffnete. Ihr gehörten die führenden Familien des reich gewordenen hohenpriesterlichen Adels an. Mit dem Untergang des Tempels verschwinden Priestertum und Sadduzäismus.

Salzmeer (1. Mose 14,3) Das Tote Meer.

Satan Der Widersacher Gottes, als der Verkläger der Menschen (Hiob 1,6; Sach 3,1; Lk 10,18), der Versucher Jesu (Mk 1,13) und seiner Gemeinde (1. Kor 7,5; 2. Kor 11,14), der Anstifter zum Bösen (Lk 22,3; Apg 5,3; Offb 12,9), der Herr eines Reiches (Mt 12,26; Offb 2,13), der Feind des Gottesreiches (Mk 4,15; 2. Kor 12,7) bis hin zum letzten großen Endkampf (Offb 20,7); übertragen für Menschen, die zum Verführer werden (2. Sam 19,23; Mk 8,33).

Schatten (Kol 2,17; Hebr 8,5; 10,1) Im Unterschied zu dem Gegenstand selbst ein schattenhafter Hinweis auf ihn.

Schihor (1. Chr 13,5; Jes 23,3) Ein Arm des Nils.

Schlauch (Mt 9,17) Aus der Haut eines Tieres, gewöhnlich einer Ziege, verfertigt zur Aufbewahrung von Flüssigkeiten.

Schriftgelehrte Gesetzeskenner und Gesetzeslehrer, gleichzeitig Theologen und Juristen, die das Gesetz auslegten und Gruppen von Jüngern in der Gesetzeskenntnis unterwiesen. Die führenden Schriftgelehrten wurden die Häupter der pharisäischen Partei.

Schuldopfer Siehe Opfer.

Schwingopfer (2. Mose 29,24.27) Teile des Opfers wurden vor dem Altar »geschwungen«, d.h. hinundherbewegt.

Sebat Siehe Monate.

Sela Vielleicht eine Anweisung für die Musiker, die den Psalmengesang begleiteten.

Serafim (Jes 6,2) Engelwesen, den Cherubim ähnlich; siehe Cherub.

Sichelwagen (2. Makk 13,2) Der zweirädrige, von Pferden gezogene Streitwagen der orientalischen Heere seit der Perserzeit, der an der Wagenachse seitlich und nach unten herausstehende Schwerter hatte. Beim Angriff wurden mit ihm die Feinde wie mit einer Sichel »umgemäht«.

Sinear (1. Mose 11,2) Mesopotamien; Sach 5,11 Name für Babel.

Sinim (Jes 49,12) Wahrscheinlich Syene (das heutige Assuan) an der Südgrenze von Ägypten.

Siw (1. Kön 6,1.37) Der achte Monat des althebräischen Jahres, Mitte April bis Mitte Mai.

Siwan Siehe Monate.

Skorpion (5. Mose 8,15; Hes 2,6; Lk 10,19; 11,12) Ein zu den Spinnen zählendes giftiges Insekt, das mit seinem langen Stachel schmerzhaft stechen kann; in 1. Kön 12,11.14; 2. Chr 10,11.14 das Bild für eine mit Stacheln versehene Peitsche.

Solam (3. Mose 11,22) Heuschreckenart.

Spätregen (5. Mose 11,14; Jak 5,7) Am Ende der Regenzeit, etwa März/April, wichtig für die Entwicklung der Körner des Wintergetreides.

Spezerei Gewürze verschiedener Art zur Bereitung von Salben, Räucherwerk und Arzneien.

Stakte (2. Mose 30,34) Ein wohlriechendes Harz.

Steinpflaster Siehe Gabbata.

Stiftshütte (2. Mose 33,7) Das heilige Zelt, das »Zelt der Begegnung« zwischen Gott und Mose, das Heiligtum Israels während der Wüstenwanderung (2. Mose 25–27; 33–38).

Stoiker (Apg 17,18) Anhänger der Stoa, der griechischen Philosophenschule, die zur Überlegenheit des Menschen über die äußeren Bedingungen erziehen wollte.

Sturmbock (1. Makk 9,67) Belagerungsinstrument, mit dem die Mauern gerammt wurden, um eine Bresche zu schlagen.

Sündopfer (3. Mose 4,1–5,13; 6,17–23; 2. Mose 29,14) Siehe Opfer.

Stunde Siehe Tageszeiten.

Synagoge Der Betsaal einer jüdischen Gemeinde, in dem ein aus Gebet, Schriftlesung und Auslegung bestehender Gottesdienst gehalten und in der Kenntnis des Alten Testaments unterrichtet wurde.

Syrte (Apg 27,17) Ein Meerbusen des Mittelländischen Meers an der nordafrikanischen Küste mit gefährlichen Sandbänken.

Tachpanches (Jer 2,16) Eine ägyptische Stadt im östlichen Nildelta.

Tageszeiten/Stunden Im Bereich des israelitischen Kultus und Ritus begann der neue Tag am vorhergehenden Abend (1. Mose 1,5; 3. Mose 11,24), doch empfand man unter dem Einfluß des natürlichen Lebensrhythmus gelegentlich auch den Morgen als Tagesbeginn (Ps 104,22). Im Neuen Testament ist nach weitverbreiteter Sitte des späten Altertums der ungefähr von 6 Uhr morgens bis 6 Uhr abends laufende Tag in 12 Stunden eingeteilt. Demnach entspricht z.B. in Mk 15,34 die neunte Stunde ungefähr der Zeit um 3 Uhr nachmittags nach unserer Zeiteinteilung.

Tammus (Hes 8,14) Der im Vorderen Orient verehrte Gott der aufblühenden und welkenden Vegetation, um dessen Sterben auch in Jerusalem Totenklage gehalten wurde; auch Dan 11,37 ist wohl er gemeint.

Tanne Luther sah in den hohen, immergrünen Bäumen der Bibel Tannen, während es Zypressen sind; vielleicht ist an einigen Stellen auch der Wacholder gemeint. Auch an den beiden Stellen, an denen immer noch von Tannen die Rede ist (1. Mose 6,14; Hos 14,9), sind Zypressen gemeint.

Tarsisschiffe (1. Kön 10,22; Jes 23,1.14; 60,9; Hes 27,25) Große Handelsschiffe, wie sie etwa nach Tartessus, der phönizischen Siedlung in Südspanien (Jona 1,3), fuhren.

Tartan (2. Kön 18,17; Jes 20,1) Titel des Heerführers im assyrischen Heer.

Taumelbecher, Taumelkelch Der Kelch des Gerichts (Jes 51,17.22; Jer 25,15–17), den Gott im Zorn zu trinken gibt und der die Betroffenen wie Trunkene taumeln läßt (Ps 60,5; Sach 12,2).

Tebet Siehe Monate.

Teman (Am 1,12) Eine Landschaft in Edom mit der Hauptstadt Bozra.

Tempelweihe (Joh 10,22) Das Fest, das zur Erinnerung an die Wiedereinweihung des Tempels durch Judas Makkabäus im Jahr 165 v.Chr. jährlich 8 Tage lang gefeiert wurde (vgl. 1. Makk 4,59; 2. Makk 1,9); siehe Feste.

Tofet (2. Kön 23,10; Jer 7,31.32; 19,6.11–13) Die Stätte des Molochkults im Hinnomtal bei Jerusalem.

Trankopfer Siehe Opfer.

Tüpfelchen (Mt 5,18; Lk 16,17) Ein Strich, ein Häklein an einem Buchstaben.

Ulai (Dan 8,12) Ein Fluß in Persien.

Versöhnungstag Siehe Feste.

Vorderasien In den Makkabäerbüchern keine geographische Bezeichnung, sondern das Seleuzidenreich, das 312 v.Chr. aus dem asiatischen Teil des Alexanderreichs entstanden ist. *Asien* bezeichnet 1. in 2. Makk 10,24 einen nicht näher bestimmten Teil des Seleuzidenreichs, vielleicht Zilizien; 2. im Neuen Testament die 133 v.Chr. entstandene römische Provinz »Asia proconsularis«, die in Kleinasien aus dem Reich Pergamon und dem Küstenstreifen am Ägäischen Meer gebildet wurde.

Walker (Jes 7,3) Er bearbeitete Stoffe in einem laugehaltigen Wasser durch Stampfen und Schlagen, bis die Härchen sich verfilzten.

Wallen 1. = Überwallen (Ps 46,4); 2. = Wallfahren, eine Wallfahrt machen (Ps 42,5).

Wasser, lebendiges 1. Mose 26,19; Jer 2,13 Quellwasser; als Bild bleibenden Lebens Sach 14,8; Joh 4,10; 7,38; vgl. Offb 7,17; 21,6; 22,1.17.

weben; leben und weben (1. Mose 1,21; Hes 47,9; Apg 17,28) Sich regen und bewegen.

Ysop (2. Mose 12,22; 4. Mose 19,18; Ps 51,9; Joh 19,29) Ein Strauch, dessen Büschel bei der kultischen Reinigung zur Besprengung gebraucht wurden.

Zebaot (2. Sam 5,10; 1. Kön 22,19; Hos 12,6; Am 3,13; Lk 2,13) Gott heißt der »Gott der Heerscharen« – dabei ist wohl nicht an die Heerscharen Israels (1. Sam 17,45) gedacht, sondern an himmlische Scharen.

Zehnter Der zehnte Teil des Ernteertrages als Abgabe für die Leviten am Tempel (4. Mose 18, 20–24) und für die Armen (5. Mose 18,28.29; Tob 1,7) oder als weltliche Steuer (1. Makk 10, 31).

Zeloten Im Judentum eine Gruppe von glühenden Anhängern des Gesetzes, die – zum Handeln entschlossen, zum Einsatz des Lebens bereit – den Kampf gegen die römische Besatzungsmacht im Kleinkrieg aufnahmen. Unter den Jüngern Jesu war neben dem ehemaligen Zollbeamten, der mit der Besatzungsmacht zusammengearbeitet hatte, auch ein früheres Glied dieser Untergrundbewegung, Simon der Zelot (»Eiferer« Lk 6,15; Apg 1,13).

Zeus (2. Makk 6,2) Oberster Gott der Griechen, bei den Römern mit Jupiter gleichgesetzt. Sein Beiname Olympios kennzeichnet ihn als den Herrn der andern auf dem Olymp (Berg in Nordgriechenland) residierenden Götter, sein Beiname Xenios als Schützer der Fremden und der Gastfreundschaft. Antiochus IV. Epiphanes ließ im Jahr 168 v. Chr. den Tempel in Jerusalem, die zentrale Kultstätte der Juden, in ein Heiligtum des Zeus Olympios, den Tempel der als gastfrei geltenden Samariter auf dem Garizim in ein Heiligtum des Zeus Xenios umwandeln.

Zimbeln (2.Sam 6,5; Ps 150,5) Flache metallene Becken, die als Schlaginstrumente gebraucht wurden.

Zinne Mauerzinne; die Zinne des Tempels (Mt 4,5) war vielleicht ein Balkon an der mächtig aufragenden Mauer, die den Tempelplatz trug.

Zoan (Ps 78,12; Jes 19,13; 30,4) Eine Stadt im östlichen Teil des Nildeltas.

Zölesyrien (1. Makk 10,69; 2. Makk 3,5) Der südliche Teil des Seleuzidenreichs mit Damaskus als Hauptort.

Zunge 1. Mose 11,1 Sprache. Als eine Gabe des Geistes wurde in den ersten Christengemeinden das Reden »in Zungen« (Apg 10,46; 19,6; 1. Kor 14,2) hoch geschätzt: ein Reden oder Beten in der Verzückung (Ekstase), ohne daß die Laute für andere verständlich waren. Nach heutigen Erfahrungen geschieht das »Zungenreden« bei vollem Bewußtsein, jedoch so, daß der Sprecher sich dem Wirken des Geistes öffnet. Es wird von einer wachsenden Zahl als eine Weise des Gebets und als Mittel persönlicher Erbauung geschätzt.

Zyperblume (Hld 1,14; 4,13) Wohlriechende, traubenförmige Blüte, auch zum Färben benutzt (Hennatraube).

ZEITTAFEL

Das Alte Testament ist reich an chronologischen Angaben, doch läßt sich die Zeit der Patriarchen nicht festlegen, und auch noch der Aufenthalt der Israeliten in Ägypten und ihr Auszug lassen sich nur mit Wahrscheinlichkeit in das 14. und 13. Jahrhundert v.Chr. datieren. Erst mit der Königszeit beginnt eine zuverlässigere chronologische Überlieferung, die aber einer genaueren Auslegung bedarf. Einige Daten stehen jetzt durch assyrische und babylonische Quellen eindeutig fest, so die erste Eroberung Jerusalems und der Tribut des Jehu. Von daher ist es möglich, die Regierungszeiten der Könige von Israel und Juda ziemlich genau festzulegen. Gewisse Unstimmigkeiten ergeben sich daraus, daß die Königsjahre verschieden gezählt wurden; dazu haben sich wohl auch einige Fehler in die Überlieferung eingeschlichen.

I. ISRAELS FRÜHZEIT, ZEIT DES GEEINTEN REICHES

um 1230 Einbruch israelitischer Stämme unter Josua
etwa 1200–1012 Richterzeit bis auf Samuel; Philisterkämpfe
1012–1004 Saul
1004– 998 David König in Hebron
997– 965 David König in Jerusalem
965– 926 Salomo
962– 955 Tempelbau
926 Teilung des Reiches

II. DAS GETEILTE REICH

Juda	*Israel*	*Umwelt*
926–910 Rehabeam	926–907 Jerobeam I.	922 Palästinischer Feldzug Schischaks von Ägypten
910–908 Abia	907–906 Nadab	
908–868 Asa	906–883 Baësa	
	883–882 Ela	
	882–878 Kampf zwischen Tibni und Omri	
	882–871 Omri	
	876 Gründung Samarias	
868–847 Josafat	871–852 Ahab Prophet Elia	873–842 Ittobaal von Tyrus
	853 Ahab kämpft bei Karkar gemeinsam mit Damaskus gegen Salmanasser III.	858–824 Salmanasser III. von Assur
852 Joram Mitregent	852–851 Ahasja	
847–845 Joram	851–845 Joram	
845 Ahasja	845 Revolution des Jehu	
845–840 Atalja	845–818 Jehu	845–801 Hasaël von Damaskus
840–801 Joas	841 Tribut des Jehu an Salmanasser III.	
	818–802 Joahas	
801–787 (773) Amazja um 788 Kampf zwischen Amazja und Joas	802–787 Joas	nach 801 Benhadad von Damaskus

Juda	*Israel*	*Umwelt*
787–736 Asarja (Usia)	787–747 Jerobeam II.	
756–741 Jotam Mitregent und König	Prophet Amos Prophet Hosea	
	747 Sacharja (6 Monate)	
	747 Schallum (1 Monat)	
	747–738 Menahem	745–727 Tiglat-Pileser III. (Pul) von Assur
741–725 Ahas Mitregent und König	738 Tribut an Tiglat-Pileser III.	
736 Tod Usias, Berufung des Propheten Jesaja	737–736 Pekachja	
	735–732 Pekach	734 Zug gegen die Philister
733 Syrisch-efraimitischer Krieg	732–723 Hosea	733–732 Züge gegen Damaskus und Israel
725–697 Hiskia	722 Eroberung Samarias. Ende des Reiches Israel	726–722 Salmanasser V. von Assur

III. JUDA BIS ZUR ZERSTÖRUNG JERUSALEMS

Juda	*Umwelt*
725–697 Hiskia	721–705 Sargon von Assur
	711 Entsendung des Tartan gegen die Philister (Jes 20,1)
701 Belagerung Jerusalems durch Sanherib Prophet Micha	704–681 Sanherib von Assur
696–642 Manasse	690–663 Tirhaka von Ägypten
	680–669 Asar-Haddon von Assur, erobert 671 Ägypten (Memfis)
641–640 Amon	
639–609 Josia Prophet Zefanja	
628 Beginn der Reform des Josia	
627 Berufung des Propheten Jeremia	
622 Auffindung des Gesetzbuches; Zentralisation des Opferkultes in Jerusalem	612 Eroberung Ninives durch Babylonier und Meder
609 Josia fällt im Kampf gegen Necho bei Megiddo; Joahas König	609–594 Pharao Necho von Ägypten
608–598 Jojakim	605 Sieg des Kronprinzen Nebukadnezar über die Ägypter bei Karkemisch
605 Niederschrift der Reden des Propheten Jeremia	604–562 Nebukadnezar von Babylon
604 Jojakim unterwirft sich Nebukadnezar	604 Zug gegen Syrien; Einnahme Askalons (Jer 36,9)
601 Abfall Jojakims	601 unentschiedener Kampf Nebukadnezars gegen Ägypten
etwa 6.12.598 bis 16.3.597 Jojachin	
16.3.597 Einnahme Jerusalems, Gefangennahme Jojachins; 1. Exil	597 Zug Nebukadnezars gegen Jerusalem
597–587 Zedekia	
594 Koalition gegen Babylon (Jer 27)	594–588 Psammetich II. v. Ägypten
593 Berufung des Propheten Hesekiel	
589 Erneuter Abfall von Babylon	
Mitte Jan. 588 Beginn der Belagerung Jerusalems durch Nebukadnezar	
588 Die Ägypter unter Hofra von den Babyloniern zurückgeschlagen	588–569 Hofra von Ägypten
etwa Aug. 587 Jerusalem erobert; 2. Exil	561–560 Amelmarduk (Evil-Merodach)
März 560 Freilassung Jojachins	

IV. JUDA IN PERSISCHER ZEIT

Juda	*Persien*
	558 Cyrus König von Persien; seit 553 König von Medien
Prophet Deuterojesaja (Jesaja 40–55)	29.10.539 Einzug in Babel
538 Edikt des Cyrus, erste Rückkehr von Exulanten nach Jerusalem, Beginn des Tempelbaus	24.3.538–Aug. 530 König in Babel 12.4.529–522 Kambyses, erobert 525 Ägypten
520 Statthalter Serubabel Hoherpriester Josua (Jeschua) Propheten Haggai und Sacharja	521–486 Darius I.
1.4.515 Tempelweihe Prophet Maleachi	
	485–465 Xerxes (Ahasveros)
458 Esra (398?)	464–424 Artaxerxes (Artahsasta)
445–433 Nehemia; Mauerbau	

V. DIE ZWISCHENZEIT
ZWISCHEN ALTEM UND NEUEM TESTAMENT

Palästina	*Das Reich Alexanders*
	336 Alexander der Große wird König von Makedonien
332 Alexander in Jerusalem 332–323 Palästina unter makedonischer Herrschaft	332 Alexander erobert Tyrus und besetzt Syrien und Ägypten
	331 Gründung von Alexandria. Einnahme Babylons durch Alexander
	330 Tod Darius' III. Kodomanus. Ende des Perserreiches
	323 Tod Alexanders
323–312 Palästina unter der Herrschaft verschiedener Nachfolger Alexanders	323–301 Verwaltung und nachfolgende Aufteilung des Alexanderreiches durch seine Nachfolger, die sog. Diadochen

Palästina	*Ägypten*	*Syrien und Mesopotamien*
312–198 Palästina unter ägyptischer Herrschaft	323–283 Ptolemäus I. Lagi, Begründer der Dynastie der Ptolemäer (bis 30 v.Chr.)	312–280 Seleukus I. Nikator, Begründer der Dynastie der Seleuziden (bis 64 v.Chr.)
	305 Ptolemäus König von Ägypten	309/8 Seleukus König von Babylon
	285–246 Ptolemäus II. Philadelphos	280–261 Antiochus I. Soter
	274–271 Erster Syrischer Krieg um den Besitz von Palästina	
	260–253 Zweiter Syrischer Krieg	261–246 Antiochus II. Theos
	246–221 Ptolemäus III. Euergetes	246–226 Seleukus II.
	246–241 Dritter Syrischer Krieg	226–223 Seleukus III.
218–217 Palästina unter syrischer Herrschaft	221–205 Ptolemäus IV. Philopator	223–187 Antiochus III. der Große

Palästina	*Ägypten*	*Syrien und Mesopotamien*
217 Ptolemäus IV. besiegt Antiochus III. bei Rafia und zwingt ihn zur Aufgabe Palästinas	205–181 Ptolemäus V. Epiphanes	
198 Schlacht bei Paneas. Palästina endgültig unter syrischer Herrschaft		190 Antiochus III. unterliegt den Römern in der Schlacht bei Magnesia
175 Einsetzung Jasons als Hoherpriester	181–145 Ptolemäus VI. Philometor	187–175 Seleukus IV. Philopator
171 Menelaus wird Hoherpriester		175–164 Antiochus IV. Epiphanes
169 Antiochus beraubt den Jerusalemer Tempel		169 Erster Feldzug gegen Ägypten
168 Apollonius plündert und zerstört Jerusalem. Bau der sog. Akra (Burg). Verbot des jüdischen Gottesdienstes und Darbringung heidnischer Opfer im Tempel		168 Zweiter Feldzug gegen Ägypten

Palästina	*Syrien und Mesopotamien*
166 Beginn des jüdischen Widerstandes gegen die syrische Religionspolitik	
166–161 Judas Makkabäus Führer des jüdischen Kampfes gegen die Syrer	
166/5 Antiochus IV. beauftragt den Reichsverweser Lysias mit der Leitung des Kampfes gegen die Juden	
165 Lysias schließt Frieden mit Judas. Übergabe Jerusalems außer der Akra an die Juden. Reinigung und Wiederweihe des Tempels	164–162 Antiochus V. Eupator
163/2 Judas und seine Brüder kämpfen gegen syrische Truppen in verschiedenen Gegenden des Landes. Antiochus V. und Lysias ziehen gegen Jerusalem. Alkimus wird Hoherpriester	162–151/50 Demetrius I.
161 Judas besiegt Nikanor, fällt jedoch bald danach gegen Bakchides. Jonatan, Bruder des Judas, übernimmt die Leitung des Kampfes	
153 Jonatan übernimmt das Amt des Hohenpriesters	153 Alexander Balas erhebt sich gegen Demetrius
151/50 Jonatan wird als abhängiger Teilherrscher anerkannt	151/50–146/45 Alexander II. Balas
	148/47 Demetrius, Sohn Demetrius' I., tritt gegen Alexander auf
	146/45–139 Demetrius II. Nikator

143 Ermordung Jonatans durch Tryphon

143/2 Simon, Bruder des Jonatan und Judas, Hoherpriester und Fürst der Juden. Anerkennung der Unabhängigkeit durch Demetrius II.

141 Simon durch Volksbeschluß erblicher Hoherpriester, Feldherr und Fürst. Dynastie der Makkabäer bzw. Hasmonäer

135 Ermordung Simons

135–104 Johannes I. Hyrkan, Sohn des Simon, unterwirft die Idumäer und Samariter

104–103 Aristobul I., Sohn des Hyrkan, nimmt den Königstitel an

103–76 Alexander Jannäus, Bruder des Aristobul, kämpft gegen die Nabatäer und Pharisäer

76–67 Salome Alexandra, Witwe des Aristobul und Jannäus, Königin. Ihr Sohn Hyrkan II. Hoherpriester. Die Pharisäer werden zur herrschenden Partei

67–63 Aristobul II., Bruder Hyrkans II., Hoherpriester und König

63 Hyrkan und Antipater verbünden sich mit den Nabatäern. Pompejus nimmt Aristobul gefangen und erstürmt den Tempel. Hyrkan II. erneut Hoherpriester unter römischer Oberaufsicht. Ende des makkabäischen Königtums. Palästina unter römischer Herrschaft

145–40 Machtkämpfe zwischen Demetrius und Tryphon, dem Vormund Antiochus' VI.

140 Demetrius gerät in parthische Gefangenschaft

139–128 Antiochus VII. Sidetes

133 Pergamon fällt an Rom

129 Die Parther besetzen Babylon

86 Eroberung Athens durch die Römer

64 Pompejus macht den syrischen Reststaat zur römischen Provinz Syria

VI. NEUTESTAMENTLICHE ZEIT

Die Zeitangaben für das Leben Jesu sind unsicher. Nicht einmal das Geburts- und Todesjahr lassen sich mit Sicherheit festlegen. Daß unsere Zeitrechnung unrichtig angesetzt ist, zeigt sich daran, daß nach Mt 2,1 (vgl. auch Lk 1,5) Jesus unter dem König Herodes dem Großen geboren wurde, der bereits im Jahr 4 v.Chr. gestorben ist. Die in Lk 2,1 erwähnte Schätzung des Augustus unter dem Statthalter Quirinius (=Cyrenius) könnte hier einen Anhaltspunkt bieten, ihre Datierung ist jedoch umstritten. Für das Todesjahr steht auf Grund übereinstimmender Zeugnisse nur fest, daß die Kreuzigung Jesu während eines Passa-Festes unter der Statthalterschaft des Pontius Pilatus (26–36 n.Chr.) erfolgte. Die Angabe von Lk 3,1, wonach Johannes der Täufer im 15. Jahr des Kaisers Tiberius an die Öffentlichkeit trat (28 n.Chr.), läßt nur Vermutungen zu, da sich keine eindeutigen Aussagen über Beginn und Dauer der Wirksamkeit Jesu finden.

Auch bei der zeitlichen Festlegung der in der Apostelgeschichte berichteten Ereignisse muß vieles offen bleiben. Mit einiger Sicherheit lassen sich lediglich der in Apg 12,20–23 berichtete Tod des Herodes Agrippa (44) und die Amtszeit des Statthalters Gallio, vor dem Paulus gegen Ende seines Aufenthaltes in Korinth angeklagt wurde (Apg 18,12–18), bestimmen (Frühjahr 51 bis Frühjahr 52, eventuell auch 52/53). Alle übrigen Zeitangaben können nur von diesen Daten aus durch Zurück- und Vorrechnen gewonnen werden. Da sich hierbei infolge der nicht immer eindeutigen Angaben der Apostelgeschichte verschiedene Möglichkeiten ergeben, sind jeweils neben den gebräuchlichsten die nächstwahrscheinlichen Jahreszahlen in Klammern angeführt. Ereignisse, für deren Berechnung jeder Anhaltspunkt fehlt, sind in die Übersicht nicht aufgenommen.

Römische Kaiser	*Palästina*	*Jesus. Urgemeinde*
30 v.–14 n. Augustus (Lk 2,1)	4 v. Tod Herodes d. Gr. Archelaus wird Herrscher in Judäa, Samaria und Idumäa (Mt 2,22), Herodes Antipas in Galiläa und Peräa (Mk 6,14–29), Philippus im Ostjordanland und Lysanias im Antilibanosgebiet (Lk 3,1)	etwa 7 v. Geburt Jesu (Mt 2,1; Lk 2,1–7)
	6 n. Verbannung des Archelaus. Sein Gebiet wird römische Provinz	
14–37 Tiberius (Lk 3,1)	26–36 Pontius Pilatus Statthalter in Judäa und Samaria (Lk 3,1)	28 Auftreten Johannes des Täufers (Lk 3,1) um 30 Tod Jesu
	34 Der Vierfürst Philippus stirbt kinderlos. Sein Gebiet wird der römischen Provinz Syrien einverleibt	35 (32) Bekehrung des Paulus (Apg 9,1–9)
37–41 Kaligula	37 Herodes Agrippa I. erhält als Günstling Kaligulas die ehemaligen Herrschaftsbereiche des Philippus und Lysanias	37/38 (34/35) 1. Aufenthalt des Paulus in Jerusalem (Gal 1,18–19), anschließend Wirksamkeit in Syrien und Zilizien (Gal 1,21; vgl. auch Apg 15,41)
	39 Absetzung des Herodes Antipas. Galiläa und Peräa fallen an Herodes Agrippa I.	
41–54 Klaudius	41 Herodes Agrippa I. erhält auch das bisher von römischen Statthaltern verwaltete Gebiet von Judäa, Idumäa und Samaria	43/44 Verfolgung der Gemeinde in Jerusalem. Tod des Jakobus (Apg 12,1–6)
	44 Tod des Herodes Agrippa I. (Apg 12, 20–23). Sein Gebiet wird römische Provinz	um 47 1. Missionsreise
49 Vertreibung von Juden aus Rom (Apg 18,2)		48 (50) Zusammenkunft der Apostel in Jerusalem (Apg 15,1–29; Gal 2,1–10)
	50 Herodes Agrippa II., Sohn des Herodes Agrippa I., erhält vom Kaiser das kleine Königreich Chalkis, dazu das Recht der Aufsicht über den Jerusalemer	48/49–51/52 (50–52) 1. Reise des Paulus nach Kleinasien und Griechenland = 2. Missionsreise (Apg 15,36–18,22)

54–68 Nero

64 Brand Roms. Christenverfolgungen

Tempel, wenig später auch die ehemaligen Territorien des Philippus und Lysanias (Apg 25,13–27; 26,1–3.19–32). Judäa, Idumäa und Samaria bleiben römische Provinz

52–60 (53–55) Antonius Felix Statthalter von Judäa, Idumäa und Samaria (Apg 23, 24–35; 24,1–27)

60 (55) Porcius Festus Nachfolger des Antonius Felix (Apg 24,27–26,32)

66 Beginn des Jüdischen Aufstandes

70 Belagerung und Zerstörung Jerusalems

51 (52) In Korinth Zusammentreffen des Paulus mit dem Statthalter der Provinz Achaja L. Iunius Gallio (Apg 18,12–18)

51/52–55/56 (52–54) 2. Reise des Paulus nach Kleinasien und Griechenland = 3. Missionsreise (Apg 18,23–21,17)

57–60 Gefangenschaft des Paulus in Jerusalem und Cäsarea (Apg 21,33–26,32)

60/61 (55/56) Überführung des Paulus nach Rom (Apg 27,1–28,16)

62 (58) Ende des Lukanischen Berichts (Apg 28,30)

Die Zeittafel wurde von Alfred Jepsen, Greifswald, zur Verfügung gestellt.

ZEITTAFEL ZUR ÜBERLIEFERUNG DER BIBEL

Zeit der handschriftlichen Vervielfältigung

8.–2. Jh. v.Chr.	Entstehung der Schriften des Alten Testaments (z.T. aus sehr viel älteren Quellenschriften)
um 300–130 v.Chr.	Das hebräische Alte Testament in Ägypten ins Griechische übersetzt (Septuaginta, LXX)
2.–1. Jh. v.Chr.	Älteste erhaltene hebräische Handschriften des Alten Testaments. Funde im Fajum (Papyrus Nash), in Kairo (Geniza) und in den Höhlen am Toten Meer. Älteste erhaltene Handschriften der griechischen Übersetzung des Alten Testaments (Papyrus Manchester, Zwölf-Propheten-Rolle in Qumran)
um 27–30	Jesu Wirken in Palästina
50–64 (67?) n.Chr.	Abfassung der Briefe des Apostels Paulus
um 60–95	Niederschrift der vier Evangelien
ab Ende 1. Jh.	Zahlreiche Abschriften der biblischen Schriften auf Papyrus. Übergang der Christen von der Rolle zur Buchform (Kodex)
um 125	Ältestes Bruchstück des Neuen Testaments (Papyrus, P^{52})
um 144	Marcion in Rom stellt das Lukas-Evangelium und zehn Paulusbriefe in einer verkürzten Bearbeitung zusammen. Mit dieser sehr engen Auswahl gibt er der Kirche verstärkt Anlaß, das zahlreich gewordene christliche Schrifttum zu prüfen und einen »Kanon« der als verbindlich anerkannten Schriften abzugrenzen (Neues Testament)
2. Hälfte 2. Jh.	Übersetzung des Neuen Testaments ins Lateinische (altlateinisch, Vetus Latina, Itala) und ins Syrische
um 200	Der Kanon des Neuen Testaments steht im wesentlichen fest
um 200	Die Chester-Beatty-Papyri des Alten und Neuen Testaments und die Bodmer-Papyri mit den Evangelien werden geschrieben
240–245	Origenes (185–254) bearbeitet das Alte Testament (Hexapla)
350–380	Wulfila übersetzt im heutigen Bulgarien die Bibel ins Gotische
380	Das Christentum wird im Römischen Reich zur Staatsreligion erklärt
382–420	Hieronymus bearbeitet die lateinische Bibel (Vulgata)
4.–5. Jh.	Die großen Pergament-Kodizes werden geschrieben (Codex Vaticanus, Sinaiticus, Alexandrinus, Ephraemi rescriptus, Bezae Cantabrigiensis)
um 500	Der Codex Argenteus von Wulfilas gotischer Bibel wird geschrieben
8.–10. Jh.	Tätigkeit der Masoreten in Tiberias und Babylonien am hebräischen Text des Alten Testaments (Ben Ascher)
um 800	Revision der lateinischen Bibel durch Alkuin auf Veranlassung Karls des Großen. Übersetzung des Matthäus-Evangeliums ins Deutsche (althochdeutsch): Mondseer Matthäus
8.–11. Jh.	Prunkvolle Bibelhandschriften mit Miniaturmalereien entstehen

11. Jh.	Notker Labeo übersetzt den Psalter, Williram das Hohelied ins Deutsche
11.–15. Jh.	Zahlreiche Übersetzungen biblischer Schriften und der ganzen Bibel ins Deutsche und in andere Volkssprachen. Entstehung der Bilderbibeln. Übergang vom Pergament zum Papier. Drucke der Armenbibel von geschnittenen Holztafeln als Vorstufe des Bibeldrucks

Zeit des Bibeldrucks

um 1440	Erfindung des Buchdrucks mit beweglichen Lettern durch Johannes Gutenberg in Mainz
1452–1455	Erster Druck der lateinischen Bibel durch Gutenberg (42-zeilige Bibel)
1466	Mentelin in Straßburg druckt die erste deutsche Bibel. Es folgen Drucke von Bibelübersetzungen in anderen deutschen Städten und in zahlreichen anderen Sprachen
1477	Der Psalter in Oberitalien zum erstenmal hebräisch gedruckt (1488 das ganze Alte Testament)
1516	Das erste gedruckte griechische Neue Testament, bearbeitet von Erasmus, erscheint bei Froben in Basel
1522, September	Luthers deutsches Neues Testament erscheint in Wittenberg
1534	Luthers deutsche Bibel erscheint in Wittenberg
1710	Freiherr von Canstein gründet in Halle die erste Bibelgesellschaft der Welt
1734	Ausgabe des griechischen Neuen Testaments durch Bengel
1812	Gründung der Württembergischen Bibelanstalt in Stuttgart
1844 und 1859	Auffindung des Codex Sinaiticus durch Tischendorf auf dem Sinai
1898	Nestles Griechisches Neues Testament
seit Ende 19. Jh.	Funde biblischer Papyri in Ägypten
1906	Kittels Biblia Hebraica
1912	Lutherbibel neu durchgesehen nach dem vom Deutschen Evangelischen Kirchenausschuß genehmigten Text
1921	Beginn der dritten, umfassenden Revision von Luthers Bibelübersetzung
1937	Die Biblia Hebraica von Kittel, Eißfeldt, Alt und Kahle neu bearbeitet nach dem Ben-Ascher-Text
ab 1947	In Höhlen bei Qumran am Toten Meer werden Handschriften des hebräischen Alten Testaments gefunden (zwei Jesaja-Rollen, Habakuk und anderes)
1966	Gemeinsame Ausgabe des griechischen Neuen Testaments durch den Weltbund der Bibelgesellschaften (The Greek New Testament)
1968–1977	Neubearbeitung der Biblia Hebraica (Biblia Hebraica Stuttgartensia)
1975	Revision der Lutherbibel abgeschlossen
1977	Die Bibel oder Teile der Bibel sind in 1631 Sprachen übersetzt

REGISTER ZU DEN LANDKARTEN

AO = Der Alte Orient zur Zeit des Alten Testaments
PA = Palästina zur Zeit des Alten Testaments
PN = Palästina zur Zeit des Neuen Testaments
RP = Die Reisen des Apostels Paulus

Beispiele

Aram AO D2-D3 = die Gebietsbezeichnung »Aram« findet sich in den Quadraten D2 bis D3 der Karte AO

Maon PA B7/C7 = die Ortsbezeichnung »Maon« findet sich auf der Grenze der Quadrate B7 und C7 der Karte PA

Nikopolis RP C2; D1; G3/H2 = die Ortsbezeichnung »Nikopolis« findet sich in der Karte RP dreimal: die gesuchte Stadt ist entweder die im Quadrat C2 oder die im Quadrat D1 oder die auf der Grenze der Quadrate G3 und H2

Dan PA D2 (2mal) = die Bezeichnung »Dan« findet sich im Quadrat D2 der Karte PA zweimal – einmal als Orts- und einmal als Gebietsbezeichnung.

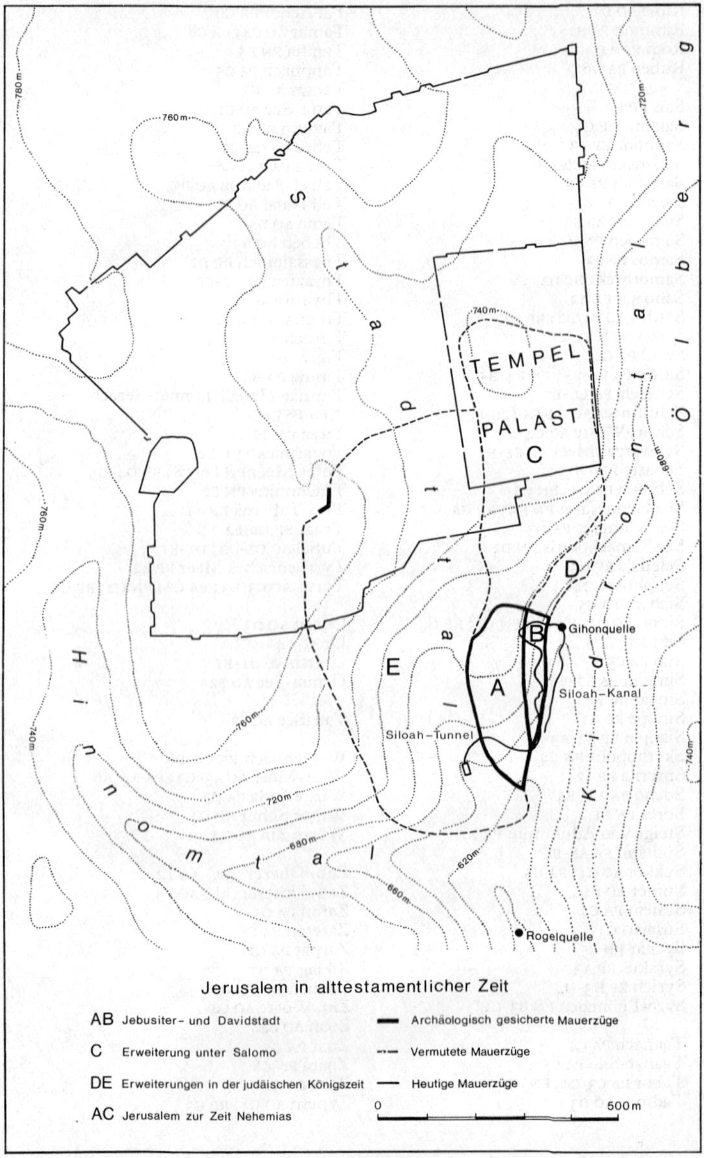

Jerusalem in alttestamentlicher Zeit

AB Jebusiter- und Davidstadt
C Erweiterung unter Salomo
DE Erweiterungen in der judäischen Königszeit
AC Jerusalem zur Zeit Nehemias

Archäologisch gesicherte Mauerzüge
Vermutete Mauerzüge
Heutige Mauerzüge

0 — 500 m

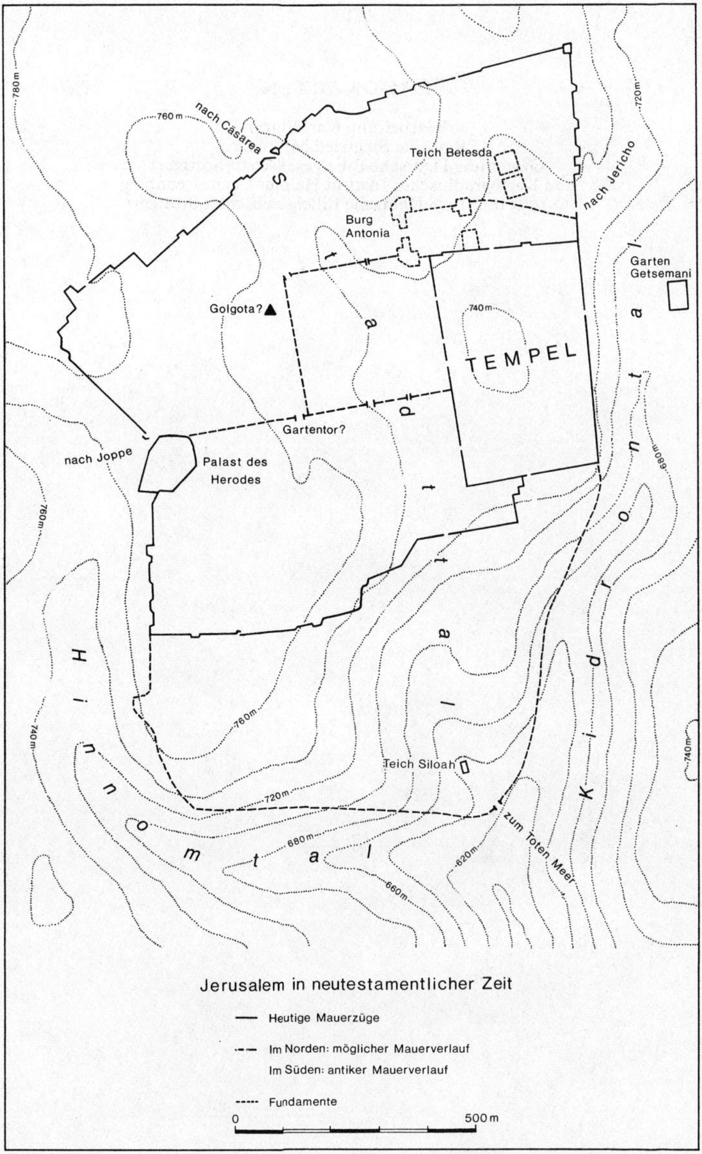
780 m
760 m
nach Cäsarea
Teich Betesda
nach Jericho
720 m
Burg
Antonia
Garten
Getsemani
Golgota?
740 m
TEMPEL
Gartentor?
nach Joppe
Palast des
Herodes
760 m
680 m
760 m
740 m
Teich Siloah
720 m
zum Toten Meer
680 m
620 m
660 m
740 m
Stadt
Tyropoeon
Hinnomtal
Kidrontal
Jerusalem in neutestamentlicher Zeit
Heutige Mauerzüge
Im Norden: möglicher Mauerverlauf
Im Süden: antiker Mauerverlauf
Fundamente
0
500 m

LANDKARTEN

Bearbeitung Karl Elliger
Revision Siegfried Mittmann
Gestaltung Deutsche Bibelgesellschaft Stuttgart
und Kartographisches Institut Helmut Fuchs Leonberg

DIE REISEN DES APOSTELS PAULUS
Maßstab 1 : 14 000 000
0 100 200
Kilometer
Erste Reise
Zweite Reise
Dritte Reise
Reise nach Rom
unter 0
0 bis 200
200 bis 500
500 bis 1000
1000 bis 2000
2000 bis 3000
über 3000
Die Zahlen geben die Höhen in Meter an
Schwarzes Meer
Mittelländisches Meer
Adria-Meer
Tyrrhenisches Meer
Große Syrte
Italien
Rom
Tres Tabernä
Forum Appii
Puteoli
Rhegion
Sizilien
Syrakus
Malta
Dalmatien
Illyrien
Thrazien
Mazedonien
Nikopolis
Philippi
Neapolis
Thessalonich
Amphipolis
Apollonia
Beröa
Samothrake
Epirus
Achaja
Griechenland
Athen
Korinth
Kenchreä
Kreta
Phönix
Lasäa?
Guthafen
Kauda
Salmone?
Troas
Assos
Adramyttion
Lesbos
Mitylene
Chios
Smyrna
Ephesus
Samos
Patmos
Milet
Kos
Knidus
Rhodos
Patara
Myra
Lyzien
Karien
Lydien
Mysien
Asia
Pergamon
Thyatira
Sardes
Philadelphia
Hierapolis
Laodizea
Kolossä
Phrygien
Bithynien
Pontus
Sinope
Galatia
Galatien
Ankyra
Pessinus
Tavium
Kappadozien
Armenien
Eufrat
Lykaonien
Ikonion
Lystra
Derbe
Antiochia
Pisidien
Pamphylien
Perge
Attalia
Zilizien
Tarsus
Nikopolis
Antiochia
Seleuzia
Syrien
Palmyra
Zypern
Salamis
Paphos
Phönizien
Sidon
Damaskus
Tyrus
Ptolemaïs
See Gennesaret
Cäsarea
Antipatris
Jerusalem
Totes Meer
Arabien
Petra
Ägypten
Alexandria
Saïs
Heliopolis
Memphis
Nil
Kyrene
Kyrenaika
Libyen